Sur tablette ou smartphone :
Téléchargez l'application «iMemento» sur l'Apple Store (iPhone & iPad) ou sur Google Play (Androïd)

Sur votre ordinateur :
RDV sur www.memento.efl.fr

Les avantages des versions numériques :

> Un contenu actualisé en permanence à chaque connexion.
> Des fonctionnalités pratiques : moteur de recherche, copier-coller, marque-page, notes, favoris...

?

COMMENT ÇA MARCHE

Vous disposez déjà de votre login et mot de passe ?

Votre login et votre mot de passe restent identiques.

Si vous avez perdu vos codes d'accès, vous pouvez contacter notre Service Relation Clients au **01 41 05 22 22** (du lundi au vendredi, de 9h à 18h).

Vous n'avez pas d'identifiant ?

Rendez-vous sur : www.efl.fr/activation

Et utilisez le code personnel d'activation ci-dessous :

1415591Y3JF

Cet ouvrage a été conçu et réalisé
par la **Rédaction des Éditions Francis Lefebvre**
en collaboration avec :

Anne CHARVÉRIAT
Avocat Honoraire
Pour les chapitres Clauses restreignant la cession, Autres empêchements, Paiement du prix et Cession de titres indivis ou démembrés

Vanessa JULIENNE
Juri-Editing
Pour les chapitres Plus-values des particuliers et Droits d'enregistrement

Amélie NITHART
Fiscaliste
Pour le chapitre Plus-values professionnelles

ÉDITIONS FRANCIS LEFEBVRE
42, rue de Villiers 92300 Levallois-Perret

ISBN 978-2-36893-614-6

MÉMENTO EXPERT

CESSIONS DE PARTS ET ACTIONS

23-24

À jour au 15 octobre 2022

EDITIONS
FRANCIS LEFEBVRE

LA RÉDACTION DES ÉDITIONS FRANCIS LEFEBVRE

Responsabilité éditoriale

Valérie Darbon

Rédacteurs

Quentin Abel

Sophie Claude-Fendt

Pauline Fleury

Benjamin Joret

Gaëlle Leduc

Sylvie Loyer

Dominique Loyer-Bouez

Marie-Anne Massiot

Valentine Oblin

Marie Ponsot

Chrystel Quiney

Claire Ribreau

Vanessa Vélin

Présentation et mode d'emploi du Mémento

Les cessions de parts sociales et d'actions sont des actes quotidiens de la vie économique. Elles représentent des enjeux financiers souvent très importants et, depuis quelques années, font l'objet d'un **contentieux très abondant,** spécialement lorsqu'elles tendent à la transmission d'entreprises.

Or, ces opérations sont souvent rendues complexes par la nécessaire coordination de **matières diverses** : droit des obligations, droit des sociétés, droit du travail, droit fiscal, réglementation boursière et méthodes d'évaluation. Le présent ouvrage a pour ambition de rapprocher ces différents éléments, habituellement dispersés dans des documentations approfondies. Il aborde ces questions de manière **pratique** et dans un langage clair.

Il ne concerne que les **cessions à titre onéreux des titres de capital des sociétés commerciales** françaises, qu'elles soient ou non « cotées en bourse ». Les cessions de titres de sociétés soumises à un régime particulier ne sont pas examinées.

Prétendant à l'**exhaustivité,** le Mémento comporte le résumé de toutes les solutions jurisprudentielles ou administratives disponibles. Celles-ci ont été regroupées dans des encadrés sous le titre « Illustrations ». Lorsqu'elles sont trop nombreuses, elles ont été annexées aux chapitres pour une meilleure lisibilité, des tableaux récapitulatifs classés par thèmes permettant d'y accéder commodément.

Le Mémento propose de nombreux **exemples** d'application. Il comporte des **modèles** de clauses proposés à titre indicatif, qui constituent une aide à la rédaction et doivent donc être adaptés à chaque situation particulière.

La consultation de l'ouvrage est facilitée par :

– des **sommaires** placés en tête de chaque chapitre, ainsi qu'un **plan général** très détaillé et une **table alphabétique** figurant respectivement en début et fin d'ouvrage ;

– l'emploi de **paragraphes numérotés** auxquels renvoient la table alphabétique et le plan général (la numérotation est discontinue, de manière à faciliter l'intégration de mesures nouvelles ou la création de nouveaux développements) ;

– un système de **mots-repères** en caractères gras.

Plus qu'un ouvrage, un service ! À jour au 15 octobre 2022, ce Mémento est assorti d'une **version numérique** (pour web, tablette, mobile) mise à jour en continu. Muni de votre code d'accès (directement transmis par e-mail ou après activation de ce code sur le site www.efl.fr), il vous suffit de télécharger l'application « iMémento » sur votre tablette/mobile ou de vous rendre sur mémento.efl.fr.

Plan général

Les chiffres renvoient aux paragraphes

Principales abréviations

ACPR	Autorité de contrôle prudentiel et de résolution
AMF	Autorité des marchés financiers
AN	Journal officiel, Débats parlementaires, Assemblée nationale
Ansa	Association nationale des sociétés par actions
Balo	Bulletin des annonces légales obligatoires
Bodacc	Bulletin des annonces civiles et commerciales
Bofip (Boi)	Bulletin officiel des finances publiques – impôts
BRDA	Bulletin rapide de droit des affaires Francis Lefebvre
Bull. civ.	Bulletin des arrêts de la Cour de cassation (chambres civiles)
Bull. crim.	Bulletin des arrêts de la Cour de cassation (chambre criminelle)
Bull. Joly	Bulletin Joly Sociétés
Bull. RCS	Bulletin du registre du commerce et des sociétés
CA	Cour d'appel
CAA	Cour administrative d'appel
Cass.	Cour de cassation (ass. plén. : assemblée plénière ; civ. : chambre civile ; com. : chambre commerciale ; crim. : chambre criminelle ; req. : chambre des requêtes ; soc. : chambre sociale)
C. ass.	Code des assurances
C. civ.	Code civil
C. com.	Code de commerce
C. étrangers	Code de l'entrée et du séjour des étrangers
C. exécution	Code des procédures civiles d'exécution
C. mon. fin.	Code monétaire et financier
C. pén.	Code pénal
C. trav.	Code du travail
CCRCS	Comité de coordination du registre du commerce et des sociétés
CE	Conseil d'État
CGI	Code général des impôts
CJCE ou CJUE	Cour de justice des Communautés européennes ou de l'Union européenne
CMF	Conseil des marchés financiers
CNCC	Compagnie nationale des commissaires aux comptes
COB	Commission des opérations de bourse
Cons. const.	Conseil constitutionnel
CPC	Code de procédure civile
CSS	Code de la sécurité sociale
D.	Recueil Dalloz
D. aff.	Dalloz Affaires
EEE	Espace économique européen
EIP	Entité d'intérêt public
Gaz. Pal.	Gazette du Palais
IR	Impôt sur le revenu
IS	Impôt sur les sociétés
J-Cl.	Jurisclasseur
JCP	Jurisclasseur périodique ou Semaine juridique
JO	Journal officiel
JOCE ou JOUE	Journal officiel des Communautés européennes ou de l'Union européenne
JO Déb. AN	Débats parlementaires, Assemblée nationale
JO Déb. Sén.	Débats parlementaires, Sénat

J. soc.	Journal des sociétés
LPF	Livre des procédures fiscales
PV	Plus-values
RCS	Registre du commerce et des sociétés
réf.	Référé
Rép.	Réponse ministérielle
Rev. jur. com.	Revue de jurisprudence commerciale
Rev. sociétés	Revue des sociétés
RNE	Registre national des entreprises
RTD com.	Revue trimestrielle de droit commercial
RJDA	Revue de jurisprudence de droit des affaires Francis Lefebvre
RJS	Revue de jurisprudence sociale Francis Lefebvre
RJF	Revue de jurisprudence fiscale Francis Lefebvre
S.	Recueil Sirey
SA	Société anonyme
SARL	Société à responsabilité limitée
SAS	Société par actions simplifiée
SCA	Société en commandite par actions
SCS	Société en commandite simple
SE	Société européenne
Sén.	Journal officiel, Débats parlementaires, Sénat
SMN	Système multilatéral de négociation
SMNO	Système multilatéral de négociation organisé
SNC	Société en nom collectif
TA	Tribunal administratif
TGI	Tribunal de grande instance
T. com.	Tribunal de commerce
T. corr.	Tribunal correctionnel
UE	Union européenne

TITRE

I

Généralités

SOMMAIRE

A. Définition et régime juridique de la cession

1. DÉFINITION DE LA CESSION

La cession peut être définie comme la « **transmission entre vifs,** du cédant au cessionnaire, d'un droit réel ou personnel, à titre onéreux ou gratuit » (G. Cornu, Vocabulaire juridique, PUF 2005 V° Cession) ou encore comme le « transfert à titre onéreux (voire à titre gratuit), à titre particulier, d'un bien » (H. Le Nabasque, note sous Cass. com. 15-12-2009 n° 08-21.037 F-PB : Rev. sociétés 2010 p. 291). Toutefois, la cession à titre gratuit (donation essentiellement) n'entre pas dans le périmètre des présents développements et nous examinerons uniquement la cession de parts ou actions **à titre onéreux** dont la qualification peut susciter des difficultés. **1000**

ILLUSTRATIONS

Préalablement à la cession du contrôle d'une société de famille à un repreneur, l'un des actionnaires avait transféré à sa sœur l'intégralité de ses actions, sans qu'un acte de cession ait été établi. Prétendant que ce transfert constituait une cession, le frère avait réclamé à sa sœur une partie du prix de revente des actions au repreneur tandis que cette dernière soutenait que l'opération s'analysait en une donation.

Cette opération a été qualifiée de cession, et non de donation, pour les raisons suivantes :

– le transfert des actions avait été réalisé à titre onéreux dès lors que le protocole par lequel la sœur s'était engagée à céder (ou à faire céder) les actions au repreneur précisait que le prix de cession serait payé par chèque établi à son ordre et qu'elle ferait son affaire personnelle de la remise de leur quote-part aux autres actionnaires ; elle avait réaffirmé, lors de la signature de l'acte de cession, qu'elle et son frère étaient les actionnaires principaux de la société et qu'elle faisait son affaire personnelle de la répartition du prix ;

– la preuve de l'existence d'un don manuel des actions n'était pas rapportée : en effet, la « surface financière » de la sœur, supérieure à celle de son frère, la circonstance que ce dernier était marié et avait deux enfants bénéficiant d'une réserve héréditaire et le fait que la sœur allait elle-même recevoir une somme similaire par la vente de la société étaient de nature à écarter la volonté du

frère de gratifier sa sœur ; celui-ci n'avait donc pas pu se déposséder à titre gratuit de titres d'une valeur importante qui avaient été immédiatement revendus.
Cass. com. 9-10-2007 n° 04-20.789 F-D : RJDA 12/08 n° 1267.

1005 L'opération de cession s'apparente très étroitement à la **vente,** définie par le Code civil comme la « convention par laquelle l'un s'oblige à livrer une chose, et l'autre à la payer » (C. civ. art. 1582, al. 1). Mais elle procède aussi de la **cession de droits incorporels** (dans le même sens, M. Cozian, A. Viandier et F. Deboissy, Droit des sociétés, LexisNexis 2021 n° 1223) ; cela explique la limitation des garanties dont bénéficie l'acquéreur (n°s 61000 s.).

DISTINCTION DE LA CESSION AVEC LES CONTRATS VOISINS

1010 D'autres opérations entraînant transfert de la propriété de parts ou actions sont plus ou moins voisines de la cession dont elles se distinguent par telle ou telle caractéristique.

1015 **Apport** L'apport est l'opération par laquelle l'apporteur transfère la propriété ou la jouissance d'un bien (somme d'argent, valeurs mobilières, immeuble, fonds de commerce, etc.) à la société ; en contrepartie il reçoit des parts ou des actions de la société bénéficiaire de l'apport. Il n'y a véritablement apport que si l'apporteur reçoit, en **rémunération** des biens qu'il transmet à la société, des parts sociales ou des actions soumises aux aléas sociaux.
Lorsque l'apporteur transmet à la société un ensemble composé d'éléments d'actif et d'un passif (dettes envers un tiers), l'apport véritable, rémunéré par des actions ou des parts sociales, correspond à la valeur nette (actif moins passif) de l'ensemble. Mais, si on décompose l'opération, on constate que l'actif est transmis en partie à titre d'apport pur et simple (à concurrence de la valeur nette) et le surplus à titre de vente, la transmission de propriété étant faite moyennant un prix consistant dans la reprise d'une dette.

ILLUSTRATIONS

Constitue une vente et non un apport en société la convention par laquelle une personne avait transmis son fonds de commerce à une société moyennant la prise en charge par celle-ci des sommes dont elle était redevable envers une banque (Cass. com. 6-12-1982 : Bull. Joly 1983 p. 100).
Une opération d'apport d'actions en contrepartie de laquelle sont attribuées des actions à bons de souscription d'actions et des obligations convertibles en actions ne peut pas être qualifiée de vente des actions ouvrant droit au paiement des honoraires prévus au profit de la banque chargée de rechercher un acquéreur en vue de lui vendre la totalité des actions formant le capital de la société (Cass. com. 9-3-2022 n° 20-14.773 F-D : RJDA 6/22 n° 342).
Est un apport en nature (soumis au contrôle d'un commissaire aux apports) l'acquisition d'une société d'actifs pour un prix symbolique, avec un complément de prix important sous la forme de bons de souscription d'actions exerçables en fonction de la réalisation d'objectifs de chiffre d'affaires (Bull. COB janvier 2003 p. 74, position reprise par l'AMF dans une communication sur les « apports d'actifs ou acquisitions rémunérés par des titres de créance complexes (ORA, OC) ou des bons de souscription d'actions », Rev. AMF janvier 2004 p. 156).

1016 Refusant d'assimiler un apport à une cession, la Cour de cassation a écarté l'application d'une clause de préemption dans les circonstances suivantes : les actionnaires de plusieurs sociétés appartenant à un groupe avaient conclu une convention par laquelle ils s'étaient consenti un droit de préemption mutuel « en cas de cession » de leurs actions respectives ; par la suite, certains signataires du pacte avaient effectué un apport en société de ces actions (Cass. com. 15-12-2009 n° 08-21.037 F-PB : RJDA 4/10 n° 377). La Cour de cassation n'a pas retenu l'argumentation de la cour d'appel selon laquelle l'apport qui avait consisté à transférer un élément de patrimoine personnel à une société en contrepartie de titres sociaux pour une valeur globale correspondant aux actifs apportés avait eu pour résultat un transfert à titre onéreux et constituait donc une cession soumise au droit de préemption (CA Versailles 30-10-2008 n° 07-4964 : RJDA 3/09 n° 229).

1020 **Fusion et scission** Les opérations de fusion et de scission entraînent transmission de l'ensemble des éléments d'actif et de passif composant le patrimoine de la société absorbée ou scindée au profit d'une ou plusieurs autres sociétés qui le recueillent en tout ou en partie (C. com. art. L 236-3, I). Autres **éléments caractéristiques,** qui les distinguent des cessions :
– les fusions ou scissions entraînent obligatoirement dissolution de la société absorbée ou scindée (art. L 236-3, I) ;
– les associés de la société absorbée ou scindée se voient attribuer des actions ou des parts sociales de la société absorbante ou nouvelle (art. L 236-1, al. 4). L'actif net transmis est nécessairement rémunéré par des actions ou parts de cette société, sous réserve de la possibilité du versement d'une soulte en espèces qui ne fait pas perdre à l'opération son caractère de fusion ou de scission si cette soulte ne dépasse pas 10 % de la valeur nominale des parts ou des actions attribuées (art. L 236-1, al. 4).

Échange Il y a échange, et non cession, lorsque « les parties se donnent respectivement une chose pour une autre » (C. civ. art. 1702). En principe, ce contrat ne comporte pas de prix. Néanmoins il peut s'accompagner du versement d'une somme d'argent si la valeur des deux biens n'est pas la même ; on est alors en présence d'un **échange avec soulte** si cette soulte n'est pas d'une importance telle par rapport à la valeur de la chose échangée qu'elle puisse être considérée comme la contrepartie principale de l'obligation (Cass. 3e civ. 26-6-1973 n° 72-12.489 : Bull. civ. III n° 436 ; cf. Cass. 3e civ. 9-1-1991 : Bull. civ. III n° 18). 1025

S'apparentent à cette technique d'échange les opérations financières qualifiées d'« **equity swaps** » qui recouvrent des montages tels que prises de participations croisées, échange de capitaux propres contre de la dette ou échange entre deux acteurs économiques des revenus et du risque d'évolution de la valeur de deux actifs différents pendant une période de temps déterminée (P. Quiry et Y. Le Fur : La lettre Vernimmen n° 15 décembre 2002). Entrent également dans cette qualification les contrats de cession d'actions qui organisent la couverture par une banque, qui achète une participation minoritaire ou d'autocontrôle en vue de sa revente, du risque d'une évolution défavorable de sa valeur (L. Assaya, Validité des opérations d'equity swap au regard de la prohibition des pactes léonins : Banque et droit, mars-avril 2002 n° 82 p. 25). 1028

Portage Une opération voisine de la cession consiste dans le portage de titres. Le portage est la convention par laquelle un organisme financier convient avec une personne physique ou morale qu'il souscrira ou achètera des actions pour le compte de celle-ci, à charge pour elle de les lui racheter au terme d'une période déterminée et moyennant un prix convenu d'avance. L'organisme financier n'est qu'un investisseur qui n'est pas appelé à conserver les actions ou à assumer une quelconque responsabilité de gestionnaire ou d'administrateur ; il est avant tout un bailleur de fonds et l'opération n'a pas d'autre objet que de permettre, moyennant un prix librement débattu, la rétrocession des actions à des conditions visant à assurer l'équilibre des conventions conclues entre les parties ; cette opération n'entre donc pas dans le champ d'application de l'article 1844-1 du Code civil prohibant les clauses léonines (CA Paris 7-2-2013 n° 11/05209 : RJDA 6/13 n° 512). 1030

La convention de portage revêt le plus souvent la **forme d'une promesse** unilatérale d'achat par le donneur d'ordre, assortie parfois d'une promesse unilatérale de vente du porteur sous réserve de précautions quant aux personnes, au prix et aux périodes de levée d'option pour que les promesses ne puissent pas être considérées comme valant vente définitive (nos 14040 s.). Les parties conviennent également, dans les promesses, des conditions d'exercice du droit de vote attaché aux actions « portées » (le plus souvent ce droit de vote est exercé par le porteur dans le sens indiqué par le donneur d'ordre) et du sort des dividendes qui seront versés pour ces actions (imputation ou non de ces dividendes sur les sommes dues par le donneur d'ordre).

ILLUSTRATIONS

Sur la suggestion d'un conseil financier, des particuliers avaient acquis, sur une période de deux ans, des actions émises par une société luxembourgeoise auprès des dirigeants de celle-ci ; ces achats s'accompagnaient d'un rachat immédiat des actions par la société émettrice ou les cédants à un prix supérieur payable à terme. N'ayant pas pu récupérer le capital placé et les intérêts, les acquéreurs avaient mis en cause la responsabilité du conseil financier et de son assureur. Cette opération a été considérée comme ne constituant pas un portage dès lors que les acquéreurs revendaient, le jour même de leur acquisition, les actions à la société émettrice ou à ses représentants sans qu'aucune stipulation ne vienne **retarder le transfert de propriété,** de telle sorte que les donneurs d'ordre ne perdaient pas la propriété des actions cédées et que les acquéreurs n'en devenaient pas propriétaires. Elle a été analysée en un prêt rémunéré dans la mesure où elle consistait en la mise à disposition immédiate de la société luxembourgeoise d'une somme à restituer à une échéance et moyennant une rémunération conventionnellement fixées. En conséquence, elle n'entrait pas dans l'activité du conseil et elle n'était pas couverte par l'assurance professionnelle de celui-ci (Cass. com. 23-1-2007 n° 05-15.652 F-PB : RJDA 5/07 n° 492).

Prêt de consommation Le prêt de consommation d'actions est une technique utilisée notamment pour des objectifs fiscaux (cf. CGI art. 38 bis). À la différence du prêt à usage (C. civ. art. 1877), le prêt de consommation a pour effet de transférer à l'emprunteur la **propriété** des choses prêtées (C. civ. art. 1893). Certes, le prêt de consommation ne s'applique, en principe, qu'aux « choses qui se consomment par l'usage » (C. civ. art. 1892), telles que des denrées ou de l'argent. Mais il peut porter aussi, par la volonté des parties, sur des **choses non consomptibles** lorsque l'emprunteur se voit reconnaître le droit de les « consommer », c'est-à-dire d'en disposer librement. 1035

Ainsi, les juges ont considéré que le prêt de consommation portant sur des actions est valable (Cass. civ. 8-5-1950 : JCP G 1950 II n° 5602 obs. Delaire ; CA Angers 8-11-1960 : JCP G 1961 II n° 11984 obs. P. E. ; CA Nancy 4-7-2012 n° 10/02380 : RJDA 11/12 n° 980).

Il convient toutefois que les titres prêtés soient « fongibles », c'est-à-dire interchangeables. S'agissant de parts de société d'exercice libéral à responsabilité limitée, la cour d'appel de Versailles a jugé que le fait que les parts de la société étaient numérotées et pouvaient donc être individualisées ne faisait pas obstacle à leur caractère fongible dès lors qu'elles pouvaient être restituées à l'issue du prêt (CA Versailles 11-10-2012 n° 10/05550 : RJDA 1/13 n° 42). La condition de fongibilité ainsi énoncée par l'arrêt nous paraît entendue de façon trop étroite : un prêt de consommation portant sur des parts numérotées est, à notre avis, valable dès lors que l'emprunteur s'est engagé à restituer non pas les titres individualisés qui lui ont été prêtés, mais des titres de même quantité, espèce et qualité.

1036 La Commission des études juridiques de la CNCC a estimé que le prêt de consommation d'actions consenti par une société à l'un de ses administrateurs afin de lui permettre de devenir administrateur d'une de ses filiales n'entre pas dans le champ d'application des **conventions interdites** visées à l'article L 225-43 du Code de commerce (Bull. CNCC mars 1999 p. 150). Le ministre de la justice s'est prononcé dans le même sens (Rép. Marini : Sén. 26-10-2000 n° 26594).

La cour d'appel de Paris a jugé que le **prêt** de consommation d'actions **constitue une cession** d'actions et que sa conclusion en violation d'un pacte d'actionnaires ouvre droit à des dommages-intérêts (CA Paris 2-7-2002 n° 01-19901, 3e ch. A : RJDA 1/03 n° 35).

Dans un cas où, par le biais d'un prêt de consommation, les administrateurs d'une SA s'étaient vu attribuer une action pour exercer leur mandat et avaient pris l'engagement, non formalisé par écrit, de la restituer à la fin dudit mandat, la cour d'appel de Paris a considéré que la **preuve du prêt** était établie sur le fondement d'une pratique suivie au sein de la société (CA Paris 10-6-2005 n° 04-12304 : RJDA 1/06 n° 39).

1038 La cour d'appel de Versailles a considéré que ne répondait pas aux caractéristiques d'un prêt de consommation d'actions la convention prévoyant certes que l'emprunteur pouvait disposer de l'action prêtée comme d'une chose lui appartenant en toute propriété, mais lui imposant de **reverser au prêteur le montant des dividendes** après déduction de l'impôt qu'il aurait effectivement versé (CA Versailles 25-2-2010 n° 08-8044 : RJDA 8-9/10 n° 856).

La cour de Versailles s'est fondée sur l'argumentation suivante : la propriété d'une chose mobilière donne droit sur tout ce qu'elle produit et sur ce qui s'y unit accessoirement, soit naturellement, soit artificiellement (C. civ. art. 546) ; or, l'emprunteur ne disposait pas librement des fruits de l'action dont il était censé être propriétaire, puisqu'il devait reverser les dividendes au prêteur, sans qu'il soit même stipulé que ce reversement des dividendes n'interviendrait qu'au moment de la restitution de l'action. Cette position selon laquelle l'article 546 du Code civil interdit à un propriétaire de décomposer son droit sur la chose d'une façon non envisagée par la loi, de sorte qu'il ne peut pas transférer une partie de ses prérogatives sur cette chose à une autre personne, nous paraît contestable. En effet, par une décision certes ancienne mais à notre connaissance non contredite au 15 octobre 2022, la Cour de cassation a jugé que les articles 544, 546 et 552 du Code civil sont déclaratifs du droit commun, relativement à la nature et aux effets de la propriété, mais ne sont pas prohibitifs et que ni ces articles ni aucune autre loi n'excluent les diverses décompositions dont le droit ordinaire de propriété est susceptible (Cass. req. 13-2-1834 : DP 1834 I p. 118).

Soulignons en outre que le prêt de consommation n'entraîne transfert de propriété des **actions prêtées** que si les conditions de l'article L 228-1, al. 6 du Code de commerce sont respectées (Cass. com. 15-11-2011 n° 10-19.620 FS-PB : RJDA 2/12 n° 171) : il faut que les actions soit **inscrites** au nom de l'emprunteur dans un compte-titres ou dans un dispositif d'enregistrement électronique partagé, telle une blockchain.

1045 **Location ou crédit-bail** Dispositif présenté comme de nature à faciliter la reprise et la transmission de petites entreprises à des personnes physiques ayant une surface financière limitée, les parts de SARL et les actions de sociétés par actions peuvent faire l'objet d'un contrat de location ou de crédit-bail dont le régime est fixé par les articles L 239-1 à L 239-5 du Code de commerce et par l'article L 313-7 du Code monétaire et financier. Ce contrat ne peut être mis en place que si les statuts de la société émettrice l'ont prévu et le locataire ou preneur en crédit-bail doit nécessairement être une personne physique (C. com. art. L 239-1, al. 1). Il ne peut concerner que des sociétés fermées puisque, s'il porte sur des actions, il doit nécessairement s'agir d'actions nominatives non négociables sur un marché réglementé et non inscrites aux opérations d'un dépositaire central (C. com. art. L 239-1, al. 2).

Pour plus de détails sur le régime applicable à ce contrat, voir Mémento Sociétés commerciales n°s 20000 s.

2. RÉGIME JURIDIQUE DE LA CESSION

La cession de droits sociaux est soumise à un certain nombre de **contraintes légales** issues notamment : 1050

– du droit commun de la vente qui, par exemple, impose un accord sur la chose et sur le prix pour que la cession soit formée (n° 37000) ou qui met à la charge du cédant l'obligation de garantir l'acquéreur des vices cachés (nos 61020 s.) et de l'éviction (nos 63000 s.) ;

– du droit commun des contrats en vertu duquel, par exemple, les parties à la cession doivent avoir la capacité de conclure un tel acte (nos 26000 s.) et leur consentement doit être exempt de vices (nos 19020 s.) ;

– du droit des sociétés qui soumet dans certains cas la cession à l'agrément des autres associés (nos 31000 s.) ;

– du droit de la concurrence qui contrôle les concentrations d'entreprises (nos 80150 s.).

Les **parties** à la cession conservent néanmoins une certaine part de **liberté** pour organiser leurs rapports contractuels, sous réserve de ne pas déroger aux règles d'ordre public (C. civ. art. 1102). D'ailleurs, les praticiens se sont évertués à pallier les règles supplétives qui ne convenaient pas aux intérêts de leurs clients ; par exemple, ils ont mis en place les garanties de passif ou les clauses de révision de prix en s'inspirant des pratiques anglo-saxonnes dans le domaine (nos 66000 s.).

> **Précisions** Les règles du **droit commun des contrats,** du régime général des obligations et de leur preuve, telles qu'elles étaient fixées aux ex-articles 1101 à 1381 du Code civil, ont été **réformées** par l'ordonnance 2016-131 du 10 février 2016 entrée en vigueur le 1er octobre 2016.

B. Nature civile ou commerciale de la cession

L'achat ou la cession de titres est en principe un acte de nature civile. Il revêt néanmoins un caractère commercial dans quelques hypothèses et, notamment, lorsque qu'il permet à l'acquéreur de prendre le contrôle de la société. La détermination de la nature de la cession permet en pratique de désigner les règles de preuve applicables pour établir la réalité de la cession. En outre, en cas de pluralité de cédants ou d'acquéreurs, leur engagement est solidaire si la cession est commerciale. 3000

1. ENJEUX DE LA DISTINCTION

Depuis que la nature de la cession est sans incidence pour **déterminer le tribunal compétent,** l'intérêt de déterminer si la cession, qui est en principe un acte de nature civile, revêt un caractère commercial a perdu beaucoup de son intérêt. Demeurent néanmoins deux conséquences de la qualification d'acte de commerce. 3010

Une cour d'appel a déduit du caractère commercial d'une cession d'actions que la **clause attributive de compétence territoriale** figurant dans l'acte de cession était opposable au cédant qui avait accompli un acte de commerce (CA Versailles 24-6-2010 n° 09-9730, 12e ch. sect. 1 : RJDA 11/10 n° 1124). Cette décision, qui est définitive, est contestable. En droit interne, une clause attributive de compétence territoriale n'est valable que si toutes les parties ont contracté en qualité de commerçant (CPC art. 48) et le cédant n'avait pas la qualité de commerçant. La Cour de cassation a jugé qu'une clause attributive de compétence ne peut pas être opposée à un non-commerçant ayant accompli un seul acte de commerce (Cass. com. 25-3-1997 n° 95-10.430 P : RJDA 7/97 n° 967 ; Cass. com. 28-10-2008 n° 07-17.149 F-D), la qualité de commerçant ne s'acquérant que par l'exercice d'actes de commerce à titre habituel et professionnel (C. com. art. L 121-1). 3011

> **Précisions** La **qualité de commerçant** a été reconnue à des personnes physiques ayant cédé la totalité des actions d'une société par actions, car il a été déduit des éléments suivants qu'elles se livraient de manière habituelle à des actes de commerce : la cession des titres conférait à l'acquéreur le contrôle de la société et constituait donc un acte de commerce ; les cédants avaient créé la société commerciale dont les titres étaient cédés qui avait pour activité principale la prestation de services informatiques ; ils étaient désignés dans le protocole de cession comme les garants, notamment du passif, et comme les « hommes clés » de la société ; ils participaient à l'exploitation de cette entreprise à titre professionnel (Cass. com. 6-12-2016 n° 15-16.577 F-D : RJDA 5/17 n° 382).

PREUVE DE LA CESSION

La preuve d'une cession de nature commerciale peut être rapportée par tous moyens dès lors que la partie à laquelle on oppose la cession est commerçante, par application de l'article L 110-3 du Code de commerce, aux termes duquel, à l'égard des commerçants, les actes de commerce peuvent se prouver par tous moyens. En application de ce même texte, une partie peut opposer à 3060 l'autre tous moyens de preuve en vue de combattre les mentions contenues dans l'acte de cession et déroger ainsi aux dispositions de l'article 1359 du Code civil prévoyant qu'il ne peut être prouvé contre et outre un écrit que par un autre écrit sous signature privée ou authentique.

SOLIDARITÉ ENTRE LES CÉDANTS OU LES ACQUÉREURS

3070 Par exception aux dispositions de l'article 1310 du Code civil, aux termes duquel la solidarité ne se présume pas, une jurisprudence constante considère que la **solidarité passive** est de règle en matière commerciale.

En cas de cession de titres revêtant un caractère commercial, tant les cédants que les acquéreurs sont solidairement tenus d'exécuter leurs engagements, la solidarité s'attachant de plein droit à l'obligation qu'ils ont contractée. Ainsi :

– les **acquéreurs** sont tenus solidairement de **payer le prix** de cession (Cass. com. 16-1-1990 n° 88-16.265 D : Bull. Joly 1990 p. 272 ; Cass. com. 11-3-2003 n° 99-20.331 F-D : RJDA 6/03 n° 599 ; Cass. com. 22-3-2005 n° 01-16.331 F-D : RJDA 8-9/05 n° 987) ;

– les **cédants** sont tenus solidairement de **payer le passif** qu'ils se sont engagés à supporter (Cass. com. 28-11-2006 n° 05-14.827 F-D : RJDA 5/07 n° 489) et l'un d'eux peut être condamné à la totalité de la dette même s'il n'était qu'associé minoritaire (Cass. com. 28-4-1987 n° 85-17.093 : Bull. civ. IV n° 103).

3073 L'engagement des cédants ou des acquéreurs est affecté d'une **présomption** simple **de solidarité** : la solidarité peut être écartée par les parties et l'absence de solidarité peut être déduite de la convention de cession.

Après avoir rappelé que, si la solidarité passive en matière commerciale est la règle même si elle n'a pas été stipulée, encore faut-il qu'elle n'ait pas été exclue et qu'il s'agisse d'une même dette, une cour d'appel a jugé que l'engagement pris par des sociétés commerciales, actionnaires d'une SA, de souscrire à une augmentation de capital n'était pas solidaire dès lors que chacune d'elles s'était engagée personnellement pour une **portion déterminée** du montant convenu de l'augmentation (CA Paris 29-10-1999 n° 96-16169 : Bull. Joly 2000 p. 298 n° 58 note P. Le Cannu).

3076 Principale **conséquence de la solidarité** passive : chacun des codébiteurs solidaires est tenu de toute la dette et le paiement fait par un seul libère les autres envers le créancier (C. civ. art. 1313, al. 1). Ainsi, le créancier peut poursuivre en paiement de la totalité de la dette l'un quelconque des débiteurs (art. 1313, al. 2). Pour une illustration, voir Cass. com. 22-3-2005 n° 01-16.331 F-D : n° 3250.

En outre, chaque débiteur solidaire représente, à l'égard du créancier, les autres débiteurs, même en l'absence de stipulation de mandat mutuel. Il en résulte, par exemple, que l'interruption de la prescription à l'égard de l'un d'entre eux vaut à l'égard de tous ; ainsi, en cas de cession du contrôle d'une société par plusieurs associés qui se sont engagés à garantir le passif pendant un certain délai, l'un des cédants ne peut pas utilement faire valoir que les poursuites engagées contre lui après l'expiration du délai sont prescrites dès lors que les autres cédants ont été assignés à temps (Cass. com. 28-11-2006 n° 05-14.827 F-D : RJDA 5/07 n° 489).

Pour de plus amples développements sur ces conséquences, voir Mémento Droit commercial n°s 50160 s.

3080

Clause de solidarité en cas de cession de titres par plusieurs associés ou à plusieurs acquéreurs

Lorsque la **cession** simultanée de parts sociales ou d'actions à plusieurs personnes ou par plusieurs associés est **civile**, les parties peuvent convenir que les cédants ou les acquéreurs seront tenus solidairement d'exécuter leurs engagements. En matière civile, la **solidarité** ne se présume pas, elle doit être **expressément stipulée** (C. civ. art. 1310). Ainsi, il appartient aux juges du fond de rechercher si la solidarité entre les acquéreurs ressort clairement et nécessairement du titre constitutif de l'obligation, alors même que celle-ci n'a pas été qualifiée de solidaire. Par exemple, après avoir constaté que le prix de cession de diverses actions cédées par un actionnaire à ses deux frères était fixé globalement sans que soit stipulé le versement de la moitié de la somme due à la charge de l'un et de l'autre, une cour d'appel a pu en déduire que chacun d'eux était débiteur de la totalité du prix de cession (Cass. 1e civ. 3-12-1974 n° 73-14.188 : Bull. civ. I n° 322). Les parties ont donc intérêt à exprimer clairement leur volonté à cet égard.

L'engagement de l'acquéreur de droits sociaux avec faculté de substitution de demeurer solidaire de toutes personnes qui se substitueraient à lui, notamment dans le cadre du règlement du prix d'achat des actions, ne constitue pas un **cautionnement** : en effet, il ne s'est pas engagé à payer la dette de l'acquéreur substitué, mais en est codébiteur solidaire ; par suite, son engagement personnel ne revêt pas un caractère accessoire et n'est pas soumis aux règles du cautionnement (Cass. com. 8-6-2017 n° 15-28.438 F-PB : RJDA 10/17 n° 661).

2. CESSION COMMERCIALE

La cour d'appel de Rouen a posé pour principe que la cession de titres est un acte civil qui ne revêt un caractère commercial que dans les **cas** suivants : le nombre des actions cédées assure à l'acquéreur le contrôle de la société ; la cession est l'accessoire d'opérations commerciales ou se rattache à la constitution ou au fonctionnement de la société ; la cession emporte des opérations commerciales ne pouvant pas être tenues pour des modalités accessoires de la cession (CA Rouen 22-9-1983 n° 83-995, 2e ch. civ.). Mais cette énumération des causes de commercialité de la cession de droits sociaux est incomplète. 3100

ACHAT DE TITRES EN VUE DE LA REVENTE

L'**achat** de parts sociales ou d'actions constitue, par application de l'article L 110-1, 2° du Code de commerce, un acte de commerce lorsqu'elle est faite **en vue de la revente** des titres. 3120

La Cour de cassation a considéré que, si les **opérations de bourse** ne sont pas nécessairement par elles-mêmes des actes de commerce, elles peuvent revêtir ce caractère à raison des circonstances et du but dans lesquels elles ont eu lieu (Cass. com. 30-7-1912 : D. 1914 I p. 86). Le caractère commercial peut ainsi résulter de la multiplicité et de l'importance des opérations effectuées (Cass. req. 9-6-1942 : Gaz. Pal. 1942 II p. 258).

Plus récemment, la cour d'appel de Paris a estimé que, en raison de la fréquence et de l'importance des opérations de bourse auxquelles il s'était livré, un particulier devait être regardé comme un commerçant qui exécutait des actes de commerce et en faisait sa profession habituelle dans la mesure où il ne justifiait pas d'une autre activité ou d'une situation de fortune qui lui aurait permis de **spéculer** uniquement en vue de la fructification de ses capitaux (CA Paris 13-1-1976, 5e ch. C : JCP G 1977 II n° 18576 note Boitard, RTD com. 1977 p. 73 obs. Jauffret).

PARTIES À LA CESSION COMMERÇANTES

Lorsque les deux parties à la cession, l'**acheteur et** le **vendeur,** ont la qualité de **commerçant** – ce qui est notamment le cas s'ils sont tous deux des sociétés commerciales (SNC, SCS, SARL ou société par actions) –, la cession est commerciale. En effet, un **acte** civil par nature accompli par un commerçant pour les besoins de son commerce est **commercial par accessoire** (jurisprudence constante, notamment : Cass. com. 18-3-1974 : Gaz. Pal. 1974 I som. p. 134 obs. Jauffret ; CA Limoges 29-1-1992, 2e ch. civ. : Navis Droit des affaires, jurisprudence). 3150

Il résulte des illustrations présentées ci-après que les tribunaux apprécient strictement la condition tenant à l'accomplissement de l'acte pour les besoins du commerce du commerçant.

Il nous semble néanmoins que l'**achat** de titres par une société commerciale en vue de **placer ses liquidités,** même s'il n'entre pas explicitement dans son objet social, devrait sans difficulté recevoir la qualification d'acte de commerce.

ILLUSTRATIONS

Ayant relevé qu'une société italienne, qui avait **acquis** des actions d'une SA française pour prendre des intérêts dans une affaire de spectacles française, l'avait fait **dans le cadre de son activité** propre, à savoir l'exploitation d'établissements cinématographiques telle que prévue par ses statuts, la cour d'appel a pu déduire de cette circonstance que cette acquisition d'actions et leur revente au vendeur initial 11 ans après ont constitué un acte de commerce et que la société italienne est recevable à opposer à un tiers le caractère commercial de la revente et, par suite, à faire la preuve de sa date par tous moyens.

Cass. 1e civ. 30-3-1966 : Bull. civ. I n° 219.

Une société qui avait acquis en bourse près de 20 % des actions d'une SA n'avait pas été agréée et les actions avaient été acquises par l'un des administrateurs qui avait en fait agi pour le compte d'une tierce société. La société non agréée avait alors exercé une action en annulation de l'opération.

Celle-ci relève de la compétence du tribunal de grande instance et non du tribunal de commerce dès lors qu'il n'était pas établi que les actions aient été **acquises** par la société **pour les besoins de sa propre activité.**

CA Paris 12-7-1983 n° K 9520, 1e ch. A.

Une **promesse d'achat** d'actions représentant 1,85 % du capital d'une société (A) souscrite par une SA ne saurait être qualifiée d'acte commercial pour les raisons suivantes : la souscription des actions de la société A par le bénéficiaire de la promesse, personne physique et ancien directeur général de celle-ci, au moment de la création de cette société, traduisait l'intérêt qu'il portait à la société, dont il était salarié et aux résultats de laquelle il était intéressé par son contrat de travail ; la SA avait initialement subordonné le rachat des titres du salarié à l'arrivée d'un investisseur et, bien que cette condition ne fût pas remplie, la SA avait maintenu la promesse d'achat en considération des demandes formulées par le salarié ; il existait un **lien entre la promesse et le contrat**

de travail puisqu'une compensation était prévue entre le rachat des titres et l'intéressement attribué au salarié ; il en résulte que la promesse ne saurait être qualifiée d'acte commercial par accessoire, la SA n'ayant pas consenti la **promesse dans l'intérêt de son commerce,** mais pour favoriser la solution du problème posé à la société A par son ancien directeur général ; même si les parties sont actionnaires de la même société, le litige qui les oppose ne trouve pas sa source dans les règles du pacte social mais dans la résiliation d'un contrat de travail.
T. com. Paris 5-11-1991, 2e ch. : RJDA 2/92 n° 161.

La présomption de commercialité des actes accessoires est une présomption simple et le commerçant peut rapporter la **preuve contraire** (CA Paris 11-1-1995, 1e ch. D : Navis Droit des affaires, jurisprudence). Il appartient au commerçant qui prétend que la cession ou l'achat est étranger à son commerce de le prouver (Cass. com. 10-3-2004 n° 02-15.256 F-D : RJDA 8-9/04 n° 994).

3155 Lorsque **une seule des parties** a la qualité de **commerçant** et agit pour les besoins de son commerce, la cession de titres est un **acte mixte,** commercial pour la partie commerçante et civil pour la partie non commerçante.

CESSION DU CONTRÔLE DE LA SOCIÉTÉ

3200 Depuis 1978, la Cour de cassation considère qu'une cession de droits sociaux revêt un caractère commercial si le **nombre de parts** qu'il a **acquises assure à l'acquéreur le contrôle** de la société (Cass. com. 28-11-1978 n° 77-12.609 : D. 1980 p. 316 note J.-C. Bousquet ; Cass. com. 3-1-1985 n° 81-13.360 : Bull. civ. IV n° 7 ; Cass. com. 2-7-2002 n° 1303 F-D : RJDA 5/03 n° 501 ; Cass. com. 11-3-2003 n° 457 F-D : RJDA 6/03 n° 599 ; Cass. 1e civ. 22-10-2014 n° 13-11.568 FS-PBI : RJDA 3/15 n° 227). Elle a même précisé que la cession est commerciale si elle permet d'**acquérir, directement ou indirectement, le contrôle** de la société, contrôle qui s'apprécie en fonction des dispositions de l'article L 233-3 du Code de commerce (Cass. com. 24-11-1992 n° 1775 P : n° 3230).

Allant plus loin, la Cour de cassation a jugé que la convention qui a pour objet l'organisation d'une société commerciale en transférant son contrôle ou en en **garantissant le maintien** à son titulaire est un acte commercial (Cass. com. 26-3-1996 n° 94-14.051 P : RJDA 7/96 n° 931). Au cas particulier, en vue d'éviter que les apports de nouveaux actionnaires fassent perdre le contrôle d'une SA à l'actionnaire jusque-là majoritaire, une société holding avait été créée dont ce dernier était associé majoritaire et à laquelle la majorité des actions avait été apportée ; pour protéger les actionnaires majoritaires en capital qu'un tel montage rendait minoritaires en voix, un droit de sortie leur avait été garanti par l'**engagement de rachat** pris par l'ancien majoritaire ; la clause de rachat avait bien un caractère commercial dès lors qu'elle ne constituait pas un engagement autonome, mais que son acceptation, imposée par les investisseurs, donnait audit actionnaire le contrôle des sociétés, et que, pour les parties, l'engagement litigieux n'était pas dissociable de la convention portant sur le contrôle de la société.

Dans le même sens, un tribunal a considéré qu'un pacte d'actionnaires conclu entre les actionnaires majoritaires d'une SA cotée et la société mère d'une autre société qui détenait 21,74 % du capital de la SA constituait un acte commercial dès lors qu'il portait sur le contrôle de la SA et qu'il pouvait avoir pour objet ou pour effet de transférer ce contrôle à la société mère ou au contraire de faire obstacle à ce transfert et de **renforcer le contrôle** exercé par les actionnaires majoritaires : en l'espèce, en vertu du pacte, les actionnaires majoritaires accordaient à la société mère un droit de préemption sur leurs actions tandis que la société mère leur accordait une option d'achat sur les actions détenues par sa filiale qui pouvait être levée si elle passait sous le contrôle d'un tiers et s'interdisait d'acquérir plus de 34 % de la SA (TGI Lyon 10-4-1992 n° 92-10926, 1e ch.).

3205 La **notion de contrôle** visée à l'article L 233-3 du Code de commerce est explicitée nos 80010 s. Nous présentons ci-après les différents **cas** dans lesquels les tribunaux ont estimé qu'il y avait eu un changement de contrôle.

3210 › **Précisions a.** Selon la cour d'appel de Paris, une cession de parts sociales peut constituer un acte commercial lorsqu'elle révèle la commune intention des parties de procéder à un **transfert de contrôle** et **d'influer ainsi sur la gestion** d'une société commerciale ; elle en a déduit que, par un acte prévoyant la cession d'une large majorité du capital d'une société (130 parts sur 200) et le remplacement du gérant alors en fonction par l'acquéreur, les parties ont entendu opérer le transfert total du contrôle de cette société commerciale au profit de l'acquéreur et lui abandonner la maîtrise entière de la gestion et qu'une telle opération concernant le fonctionnement de la société présente un caractère commercial (CA Paris 14-1-1988 n° 86-11957, 1e ch. sect. sup.). Il résulte des illustrations ci-après présentées (nos 3220 s.) que les tribunaux constatent fréquemment le **changement des dirigeants** lorsqu'ils affirment qu'il y a eu un changement de contrôle.

b. Sans même **se référer au nombre de titres acquis,** la cour d'appel de Paris a déduit des clauses suivantes qu'une **cession** d'actions d'une SA intervenue entre deux personnes physiques **assurait à l'acquéreur,** en raison de sa nature et de son importance, **le contrôle** de la société et revêtait donc un caractère commercial : le cédant garantissait l'exactitude et la sincérité des documents et situations comptables, il s'engageait à régler de ses deniers personnels toute somme supplémentaire au passif qui aurait été omise ou se révélerait ultérieurement ainsi que toute insuffisance d'actif par suite de surévaluation ou défaut de provision, il renonçait définitivement et irrévocablement au solde créditeur de son compte courant dans les livres de la société, il s'engageait à démissionner de ses fonctions de PDG et, jusqu'à modification corrélative au registre du commerce, il s'interdisait de prendre aucune décision, autre que concernant les opérations courantes, sans en avoir référé à l'acquéreur (CA Paris 29-9-1983 n° K 5142, 15e ch. B).

Acquisition de la majorité des titres La cession est bien sûr commerciale lorsqu'un associé cède **plus de la moitié des parts** ou actions représentant le capital social : totalité des titres (Cass. com. 5-3-1991 n° 89-19.940 D : RJDA 5/91 n° 409 som. ; CA Paris 19-12-1990 n° 90-11803, 1e ch. urg.) ; 2 250 parts sur les 3 000 parts d'une société (Cass. com. 28-11-1978 : D. 1980 p. 316 note J.-C. Bousquet) ; 1 982 actions sur les 2 000 représentant le capital social (Cass. com. 19-11-1985 n° 84-13.768 : Bull. civ. IV n° 272) ; 150 parts sur 200 (CA Paris 19-11-1984 n° L 11389, 5e ch. A). 3220

À l'inverse, dans un cas où les deux associés d'une SARL, dont les 3 000 parts étaient réparties à égalité entre eux, avaient agréé deux autres personnes comme associés et avaient cédé à chacune d'elles 690 parts, il a été jugé que cette cession a un caractère civil : elle n'a pas pour objet et pour effet le changement de contrôle de la société au profit des acquéreurs, puisque les **cédants conservaient plus de la moitié des parts** représentant le capital (Cass. com. 11-7-1988 : Rev. sociétés 1989 p. 45). De même, ne revêt pas un caractère commercial l'**achat en bourse de près de 20 % des actions** d'une SA, les actions n'ayant pas été en nombre suffisant pour assurer à leur acquéreur le contrôle de la SA et leur achat n'a donc pas pu influer sur la gestion de celle-ci ; en effet, elles représentent un pourcentage inférieur à celui qui est nécessaire pour disposer, au moins, d'une minorité de blocage ; il n'est pas démontré que le capital serait réparti dans des proportions telles que les actions litigieuses représenteraient beaucoup plus que leur pourcentage et il apparaît au contraire que, bien que cotées en bourse, les actions de la SA sont regroupées en grand nombre entre les mains de quelques porteurs ; le fait que le conseil d'administration et son président ont été maintenus en fonction puis changés selon que le droit de vote attaché aux actions en cause avait pu ou non être exercé est sans incidence dès lors que la formation de majorités différentes d'une assemblée générale à une autre relève de facteurs multiples et ne peut donc pas être attribuée au fait que les votes correspondant à ces actions aient été ou non émis (CA Paris 12-7-1983 n° K 9520, 1e ch. A).

La **cession** de plus de la moitié des titres est commerciale même si elle est opérée **par plusieurs associés au profit d'un seul acquéreur.** En effet, le transfert de contrôle s'apprécie au regard de l'acquéreur et non du cédant. 3225

ILLUSTRATIONS

Dans un cas où les seuls associés d'une SARL, dont le capital représenté par 200 parts était réparti entre eux par moitié, avaient, dans le même temps, cédé à une même personne l'un ses 100 parts, l'autre 47, la cour d'appel n'a pas donné de base légale à sa décision en décidant que ces cessions étaient de nature civile, sans rechercher si dans la commune intention des parties, les cessions litigieuses n'avaient pas pour but d'**assurer à l'acquéreur le contrôle** de la société et ne revêtaient pas en conséquence un caractère commercial.
Cass. com. 3-1-1985 n° 81-13.360 : Bull. civ. IV n° 7.

Par un seul acte, deux associés d'une SARL dont le capital était divisé en 60 parts avaient cédé, le premier (A) 13 parts, le second (B) 18 à un seul acquéreur (C), qui était devenu par le même acte gérant de la société après démission de A. Deux ans après, A avait cédé à C ses 29 parts restantes. B avait fait valoir qu'une cession de parts sociales n'a un caractère commercial que s'il y a une **cession de contrôle** de la société pour le **cédant** et l'acquéreur, ce qui n'était pas le cas puisqu'il n'était pas gérant de la société, qu'il n'en avait pas le contrôle et était seulement **associé minoritaire.**
Argument rejeté : la cour d'appel, ayant relevé que la première convention n'a pas consisté en une simple cession de parts d'un propriétaire à un autre, mais qu'elle a eu pour objet et pour effet le changement de majorité et de gérant au profit de C, a pu en déduire que l'opération avait un caractère commercial.
Cass. com. 28-4-1987 n° 85-17.093 : Bull. civ. IV n° 103.

3230 Certains juges du fond ont considéré que la cession est commerciale si elle a « pour objet ou pour effet l'**acquisition d'une minorité de blocage** conférant, à défaut du pouvoir de gestion, un pouvoir de contrôle certain susceptible d'avoir des effets directs sur la gestion normale de la société » (CA Paris 13-2-1991 n° 90-14552, 1e ch. urg. ; dans le même sens, CA Paris 14-11-1990 n° 90-9373, 1e ch. urg. ; voir aussi CA Paris 12-7-1983 n° K 9520 : n° 3220). La Cour de cassation a condamné cette jurisprudence en rappelant que la cession de titres ne peut constituer un acte commercial que si elle a pour objet et pour effet d'assurer aux acquéreurs le contrôle de la société dont les titres sont ainsi cédés (Cass. com. 24-11-1992 n° 1775 P : RJDA 2/93 n° 124, cassant CA Paris 14-11-1990 précité).

> **Précisions** En l'espèce, les associés d'une SARL s'étaient engagés à céder 74 % des parts de cette société à une autre société et, le même jour, ils s'étaient engagés à céder à celle-ci les 26 % restants ; pour la régularisation de la première cession, la société s'était fait substituer un tiers pour l'achat de 65 % des parts, se réservant pour elle-même les 9 % qui restaient. Pour décider que la seconde cession constituait un acte commercial relevant de la compétence du tribunal de commerce, la cour d'appel de Paris avait retenu que, même si la société n'était plus titulaire que de 9 % des parts de la SARL, il n'en restait pas moins que la cession de 26 % des parts invoquée, à défaut de lui conférer la direction de l'entreprise, lui permettrait d'exercer une influence certaine sur l'exécution de l'objet social et lui apporterait un pouvoir de contrôle effectif sur la gestion normale de la société. La Cour suprême a cassé cet arrêt, au motif qu'en statuant ainsi, alors qu'en l'état du litige elle avait constaté que le tiers avait acquis 65 % des parts de la SARL et sans relever que la société avait acquis ou était **susceptible d'acquérir, directement ou indirectement, le contrôle** de cette SARL, la cour d'appel n'a pas donné de base légale à sa décision.

3240 **Cession à une personne déjà associée** La cession d'une fraction du capital social inférieure à la moitié peut revêtir un caractère commercial lorsqu'elle permet à l'acquéreur, déjà associé, de prendre le contrôle de la société. Par exemple, donne à l'acquéreur le contrôle de la société et revêt un caractère commercial la cession de 34 % des actions d'une SA à un actionnaire qui en détenait déjà 28 % (Cass. com. 15-3-1994 n° 92-12.617 D).

À l'inverse, la cession revêt un caractère civil lorsque l'associé détenait déjà le contrôle de la société lorsqu'elle a été conclue. Ainsi, une promesse d'achat d'actions représentant 1,85 % du capital d'une société souscrite par une SA ne saurait être qualifiée d'acte commercial dès lors que, la SA détenant déjà la majorité des actions de la société, l'acquisition ne paraît pas susceptible de modifier l'équilibre existant entre les actionnaires (T. com. Paris 5-11-1991, 2e ch. : RJDA 2/92 n° 161).

3250 **Prise de contrôle par plusieurs personnes** Lorsque plusieurs personnes acquièrent ensemble des titres représentant plus de la moitié du capital social, chacun des achats est considéré comme commercial même s'il représente une fraction inférieure à la moitié des titres. Mais encore faut-il que l'acquisition conjointe soit invoquée.

ILLUSTRATIONS

Cession de nature commerciale

Présente un caractère commercial la cession d'un nombre de parts sociales entraînant le contrôle de la société, lequel s'apprécie au regard des acquéreurs et non des cédants. Par suite, a un caractère commercial la **cession** de la totalité des parts d'une SARL réalisée **dans un seul acte au profit de deux époux,** l'un ayant acquis d'un associé 416 des 500 parts de la SARL, l'autre de l'autre associé les 84 parts restantes.

CA Paris 17-10-2001 n° 00-21085, 1e ch. D : RJDA 4/02 n° 392.

La cession de parts sociales est un acte de commerce lorsqu'elle a pour but une modification substantielle du contrôle de la société.

Dans un cas où, par actes séparés, un associé d'une SARL avait cédé 25 % des parts à une personne et un autre associé 25 % à une autre, la seconde cession revêt un caractère commercial car, par l'effet des deux actes, la **moitié du capital** a changé de propriétaire, l'un des **nouveaux associés** en étant ensuite devenu le **gérant.**

CA Paris 30-6-1995 n° 93-24540, 2e ch. B.

Ndlr : Cette dernière solution est contraire à la jurisprudence de la Cour de cassation qui exige une prise de contrôle par l'acquéreur (n° 3200).

Par **acte unique,** les associés d'une SARL au capital réparti en 200 parts avaient cédé à une personne 100 parts et à une autre 60.

Si la cession de parts d'une SARL est en principe une convention civile, il en va différemment dans certaines circonstances particulières, notamment lorsque le nombre des parts cédées est tel qu'il assure aux acquéreurs le contrôle de la société. Si aucun des deux **acquéreurs** ne détient la majorité absolue des parts, leur situation doit être appréciée **globalement** et ils disposent ensemble de cette majorité.

CA Versailles 12-6-1984 n° 83-1513, 1e ch. 1e sect.

Dans un cas où la totalité des actions représentant le capital d'une SA avait été cédée à trois sociétés et où les cédants avaient demandé à l'une d'elles, qui avait acquis 5 % du capital, paiement du prix de cession, jugé que la cession globale de toutes les actions révèle l'intention et l'**objectif communs des cédants de transférer le contrôle** de la SA et que la cession litigieuse consentie à l'une des trois sociétés, bien que ne portant que sur 5 %, s'insère dans cette opération et revêt donc un caractère commercial.

CA Paris 21-3-1990 n° 89-10554, 1e ch. urg.

Les actionnaires d'une SA avaient promis de céder à une personne physique ou à toute personne physique ou morale qu'elle voudrait se substituer l'intégralité du capital de la SA pour un certain prix payable en deux échéances ; cette **personne** physique avait **acquis une action** et une autre société, qui s'était substituée partiellement à elle, avait acquis presque toutes les actions restantes. À la suite de la liquidation judiciaire de cette dernière société, la personne physique a été condamnée à payer la totalité de la seconde échéance du prix de cession demeurée impayée.
En effet, même si elle était devenue, par suite d'une substitution partielle dans ses droits, acquéreur minoritaire d'une action de la SA, la personne physique avait **participé à une cession portant sur la totalité des actions,** dès lors que le montant de la première échéance du prix de cession avait été payé concomitamment à la signature des ordres de mouvement de la totalité des actions au profit de la société pour la quasi-totalité de celles-ci et de plusieurs personnes, dont cette personne physique, pour une part minoritaire ; ayant participé à une cession portant sur la totalité des actions, cette dernière se trouvait débitrice de plein droit de l'obligation de nature commerciale contractée par les acquéreurs et elle était débitrice solidaire avec la société du montant des actions.

Cass. com. 22-3-2005 n° 01-16.331 F-D : RJDA 8-9/05 n° 987.

ILLUSTRATIONS

Cession de nature civile 3253

La cession de parts sociales est un acte civil. Toutefois, elle revêt une nature commerciale lorsqu'elle entraîne un changement de contrôle de la société ou lorsqu'elle s'accompagne de clauses dont l'objet est la réorganisation de la société ; il importe à cet égard de rechercher la commune intention des parties.
Après la **cession** de 500 des 1 000 parts d'une SARL, par un associé pour 400 parts et sa femme pour 100, **à des membres de la famille d'un associé** porteur de 400 parts, ce dernier ne détient pas plus de parts qu'il n'en possédait avant la cession et sa situation d'associé gérant n'a pas été modifiée ; il ne peut donc pas être affirmé qu'il a pris le contrôle de la société en qualité d'associé majoritaire. Par ailleurs, la cession a eu pour cause les dissensions survenues au sein de la société et la volonté de l'associé cédant d'en sortir. Son objet est l'aménagement des modalités de ce départ par le paiement de diverses indemnités de licenciement et par l'engagement de l'associé gérant de faire son affaire personnelle des obligations souscrites par les cédants dans l'intérêt de la société.

CA Dijon 27-11-1990, 1e ch. : Bull. Joly 1991 p. 719 note P. Le Cannu.

Pour l'application de la règle selon laquelle la cession de parts sociales revêt un caractère commercial lorsqu'elle a pour objet ou pour effet d'assurer à l'acquéreur le contrôle d'une société, la prise de contrôle s'apprécie non pas au regard du cédant, mais au regard de chacun des cessionnaires pris séparément.
Il n'y a pas cession en bloc de parts assurant le contrôle d'une société lorsque deux associés **cèdent,** par actes séparés, l'un 25 % et l'autre 50 % des parts d'une SARL **à deux personnes** physiques n'ayant **entre elles aucun lien** de parenté. Ces cessions constituent donc des actes civils.

CA Versailles 17-9-1998 n° 98-872, 1e ch. A : Bull. Joly 1998 p. 1266 note P. Etain.

Prise de contrôle en plusieurs fois ou en vertu d'une opération complexe

Le changement de contrôle peut résulter de plusieurs opérations qui, dans l'intention des parties, ont pour objet d'assurer à l'acquéreur le contrôle de la société. 3260

ILLUSTRATIONS

Une clause d'arbitrage insérée dans une convention prévoyant d'une part la cession de 80 % des actions d'une société et d'autre part une **promesse d'achat** sur les **20 %** restants n'est pas manifestement nulle et doit s'appliquer au litige né au sujet de la promesse d'achat, dès lors que la promesse portant sur les 20 % de titres faisait partie intégrante d'une **opération globale** visant au transfert de l'entier contrôle de la société dont les titres sont cédés.

Cass. 2e civ. 30-3-2000 n° 98-18.262 D : RJDA 9-10/00 n° 873.

3260 (suite) Si la cession d'actions ou de parts sociales est qualifiée d'acte civil dans les rapports entre le cédant et l'acquéreur, elle peut devenir commerciale s'il est démontré que le nombre de parts ou d'actions cédées assure à l'acquéreur la prise de contrôle de la société.

La **cession de 25 % des parts** d'une SARL revêt un caractère commercial dès lors que, ayant été subordonnée à l'acquisition par l'acquéreur de la moitié des parts sociales détenues par d'autres associés, elle s'inscrit, pour avoir été réalisée le même jour que la seconde acquisition, dans le cadre d'une **opération** juridique **globale** destinée à permettre à l'acquéreur de prendre le contrôle de la société en devenant propriétaire de 75 % des parts sociales.

CA Paris 22-9-1999 n° 99-777, 1e ch. D : RJDA 12/99 n° 1339.

Un litige portant sur la **cession de 13,38 %** des actions d'une SA relève de la compétence du juge des référés commerciaux dès lors que le problème posé par cette cession est un problème de pouvoir dans la société et non de prix, de nombre ou de disponibilité des actions. En effet, si ces actions n'avaient pas été cédées à l'acquéreur, celui-ci n'aurait détenu que 20 % du capital au lieu de 33,5 % ; lui et les **actionnaires** qui se sont **réunis autour de lui** ne détiendraient pas 50,3 % du capital mais 37 % seulement, qui ne lui assurerait qu'une minorité et non la majorité absolue dans la société. Les 13,38 % d'actions litigieuses, suivant que leur cession sera ou non reconnue régulière par les juges du fond, consacreront le contrôle de l'actionnaire sur la société ou l'en priveront.

T. com. Paris 2-4-1990 : Bull. Joly 1990 p. 444 note P. Le Cannu, D. 1990 p. 438 note A. Viandier.

Si l'on exclut du calcul des actions cédées les obligations convertibles en actions, il n'y a pas eu cession d'un bloc de contrôle (**cession** par plusieurs porteurs **de 22,90 %** et de 12,90 % de chacune des deux sociétés éditrices de journaux). Néanmoins, les **obligations convertibles** ont été cédées, cession qui fut suivie d'une augmentation de capital réservée aux détenteurs de ces obligations et il en est résulté la prise de contrôle des sociétés. Cette prise de contrôle revêt un caractère commercial indiscutable du fait de l'importance des transactions intervenues et de l'éviction des dirigeants en place avant l'opération.

T. com. Paris 18-6-1991 n° 91-852, 2e ch.

La cession par un actionnaire de 684 actions d'une SA sur les 2 760 représentant le capital social, qui a abouti à créer **deux groupes d'actions d'un nombre égal** (1 380 au groupe du cédant, celui-ci en possédant personnellement 1 328, et 1 380 au groupe de l'acquéreur, celui-ci en possédant personnellement 1 370), ne peut pas être qualifiée d'acte commercial et doit donc être soumise aux règles de droit civil, dès lors qu'elle n'a pas opéré un véritable changement de majorité. En effet :

– aucune situation de blocage n'est alléguée, à la suite de ce rééquilibrage dans la répartition des actions ;

– par cette cession, le cédant n'est pas devenu réellement actionnaire minoritaire et son « groupe » n'a pas perdu tout contrôle de la SA ; si l'**acquéreur** est devenu **administrateur,** cela n'a pas changé formellement l'équilibre dans la mesure où le **cédant** est **resté après la cession le PDG** de la SA avec le rôle limité qu'il avait auparavant et où l'acquéreur a conservé son poste de DG adjoint avec les fonctions importantes qu'il exerçait antérieurement ;

– c'est seulement au moment de la cession par le cédant de ses 1 380 actions intervenue 13 ans après que l'acquéreur a pris la totale maîtrise de la société en devenant actionnaire majoritaire.

De surcroît, le débat de fond portant, à la demande de l'acquéreur, sur la **gratuité de la première cession,** cette libéralité alléguée exclut nécessairement la notion d'acte de commerce.

CA Caen 15-3-1994 n° 93-1916, 1e ch. : Bull. Joly 1994 p. 1091 note P. Le Cannu.

La cession d'actions d'une société commerciale entre personnes non commerçantes a un caractère civil sauf lorsqu'elle emporte prise de contrôle de la société, auquel cas elle revêt alors un caractère commercial.

La **cession** entre deux personnes physiques **de 10 %** du capital d'une SA a une nature civile dès lors qu'elle n'a emporté aucune prise de contrôle de la SA, peu important que l'acquéreur ait entendu poursuivre cet objectif à la faveur de la conjonction d'**autres cessions consenties le même jour** par d'autres cédants et d'engagements de vendre qui, de surcroît, ne s'étaient **pas concrétisés.**

CA Paris 29-5-2008 n° 07-20819, 3e ch. B : RJDA 12/08 n° 1271.

Ndlr : La solution retenue par la cour d'appel est contraire à la jurisprudence dominante.

Si le fait de détenir des droits sociaux et de modifier leur nombre par un achat ou par une vente ou d'emprunter une somme déterminée pour une certaine durée selon un taux déterminé ne confère pas à ces opérations un caractère commercial, il n'en va pas de même lorsqu'il est prévu qu'un emprunt a pour contrepartie la cession d'un certain nombre de droits sociaux déterminée uniquement en fonction de l'accession à une proportion de 51 % du capital d'une société qu'il s'agit de contrôler.

Le juge commercial est donc compétent pour connaître de la demande de remboursement du prêt dès que ce remboursement s'inscrit dans le cadre des relations entre associés et d'un

montage entre associés leur permettant de devenir associés majoritaires d'une société et que le caractère commercial de l'ensemble des opérations a conféré au contrat de prêt un caractère lui-même non détachable de ces opérations.

CA Paris 9-10-2009 n° 07-4170, ch. 5-11 : RJDA 2/10 n° 193.

Ndlr : En l'espèce, deux personnes (A et B) avaient conclu un accord prévoyant une augmentation de capital d'une société, l'octroi d'un prêt par A à B pour lui permettre de souscrire à l'augmentation de capital et un engagement de B de céder à A le nombre de parts suffisant pour que A détienne 51 % du capital de la société.

AUTRES CAS DE CESSION COMMERCIALE

La cession est commerciale lorsqu'elle se rattache à la constitution ou au **fonctionnement de la société** dont les titres sont cédés, ce qui est rare. **3280**

ILLUSTRATIONS

Est étroitement liée au fonctionnement d'une société et revêt un caractère commercial la cession qui a fait naître des contestations entre les actionnaires sur l'application d'une clause d'**agrément** et qui était donc susceptible d'entraîner, en cas de refus d'agrément et de rachat des actions par la société, une réduction du capital social.

CA Rouen 22-9-1983 n° 83-995, 2e ch. civ.

Dans un cas où des associés d'une SARL avaient demandé l'annulation d'une cession de parts sociales (40 parts sur 200) et l'annulation par voie de conséquence d'une délibération d'une **assemblée générale tenue en présence de l'acquéreur** et ayant décidé le dépôt de bilan de la société, jugé que la contestation portant sur une cession de parts sociales « s'intègre dans une opération affectant la société elle-même » dès lors qu'elle s'inscrit dans une opération de liquidation de la société, si bien que le litige relève de la juridiction commerciale.

CA Colmar 17-11-1972, 2e ch. civ. : Bull. Joly 1973 p. 430.

La compétence prévue à l'article 631, 2° du Code de commerce est, par son caractère exceptionnel, strictement limitée aux litiges mettant en cause directement l'existence, les termes et l'application du pacte social, ce qui n'est pas le cas pour une simple cession d'une partie du capital social qui n'engendre aucune discussion intéressant directement la société elle-même.

Certes, une cession de parts peut avoir ensuite une incidence sur la gestion de la vie de la société et tel est le cas en l'espèce où, avant la cession litigieuse, les deux groupes d'associés (A et B) se trouvaient à égalité, chacun détenant la moitié des 3 000 parts de la société et où, du fait de la cession de 300 parts consentie par un membre du groupe A à un membre du groupe B, ce dernier est **devenu associé majoritaire,** ce qui lui a permis d'**obtenir** ensuite de l'assemblée générale la **révocation** de membres du groupe A de leurs fonctions de **gérants.** Mais cette circonstance ne saurait être de nature à donner à la cession un caractère d'acte commercial qu'elle ne comporte pas, étant par essence même une simple vente mobilière de nature civile.

Par suite, le tribunal de commerce est incompétent.

CA Lyon 23-12-1975, 1e ch. : Bull. Joly 1976 p. 420.

Ndlr : À noter que, si cette décision est intéressante en ce qu'elle relève que la cession litigieuse ne mettait pas en cause la société, elle est contraire à la jurisprudence en vigueur depuis 1978 décidant que la cession de contrôle est commerciale (n° 3200).

C. Éléments de procédure

1. TRIBUNAL COMPÉTENT POUR CONNAÎTRE DES LITIGES EN MATIÈRE DE CESSION DE TITRES

PRINCIPE

Les tribunaux de commerce connaissent des **contestations relatives aux sociétés commerciales** (C. com. art. L 721-3, 2°). **4000**

En application de ce texte, les litiges nés à l'occasion d'une cession de titres d'une société commerciale relèvent de la compétence de ces tribunaux (Cass. com. 10-7-2007 n° 06-16.548 FS-PBIR : RJDA 12/07 n° 1245 ; Cass. com. 12-2-2008 n° 07-14.912 F-PB : RJDA 5/08 n° 533), même si la cession est civile (Cass. com. 6-1-2021 n° 19-10.238 F-D : RJDA 7/21 n° 478) et est intervenue entre deux personnes non commerçantes (CA Paris 25-9-2018 n° 18/04571 : RJDA 12/18 n° 917). La compétence du tribunal de commerce n'est pas exclusive. Ainsi, la partie non commerçante dispose d'une option lui permettant de saisir le tribunal judiciaire (Cass. com. 31-3-2021 n° 19-17.900 F-D : RJDA 7/21 n° 534).

Avant ces arrêts, la cour d'appel de Versailles avait déjà retenu la même solution, mais par une voie détournée : en application du texte précité, a-t-elle jugé, les tribunaux de commerce peuvent statuer sur un contentieux dont l'objet est l'existence même de la qualité d'associé, dès lors qu'un tel litige a trait au pacte social et qu'une cession de droits sociaux, en tant qu'elle a pour effet de faire perdre ou d'acquérir la qualité d'associé, est relative à la société commerciale au sens de cet article (CA Versailles 13-5-2004 n° 03-8563, 12e ch. 2 : RJDA 12/04 n° 1136).

ÉTENDUE DE LA COMPÉTENCE DU TRIBUNAL DE COMMERCE

4002 Il résulte des arrêts rendus pour l'application de l'article L 721-3 du Code de commerce que l'ensemble du contentieux né des **obligations stipulées lors de la cession** doit être porté devant le tribunal de commerce, peu important qu'elles soient principales ou accessoires, qu'elles pèsent ou non sur les parties à la cession ou qu'elles présentent un caractère intrinsèquement civil.
Ainsi, dans un cas où l'acte de cession des actions d'une SA indiquait le montant du solde créditeur du **compte courant** du cédant dont il prévoyait le remboursement et stipulait que celui-ci cède à l'acquéreur la créance qu'il détient à ce titre à l'encontre de la société, le litige relatif à cette **cession** de créance, qui oppose les parties à l'acte de cession et porte sur une stipulation insérée dans ledit acte, est né à l'occasion de la cession des titres d'une société commerciale (Cass. com. 12-2-2008 n° 07-14.912 F-PB : RJDA 5/08 n° 533).
Par ailleurs, la Cour de cassation a estimé que le **litige qui oppose le cédant** des actions d'une SA **aux dirigeants** de celle-ci, qui n'étaient **pas parties à la cession,** à raison de la clause de non-concurrence contenue dans l'acte de cession était né à l'occasion d'une cession de titres d'une société commerciale (Cass. com. 10-7-2007 n° 06-16.548 FS-PBIR : RJDA 12/07 n° 1245).
Le tribunal de commerce a également été reconnu compétent pour connaître de l'action en **paiement d'honoraires** d'un **intermédiaire** dont la mission a eu pour objet la réalisation d'une cession de contrôle d'une société dont le caractère commercial n'était pas contesté (Cass. com. 15-1-2008 n° 07-12.102 F-PB : RJDA 6/08 n° 744).

CAS PARTICULIER : INTERVENTION D'UN SALARIÉ À LA CESSION

4003 Lorsque le cédant des droits sociaux est par ailleurs **salarié de la société dont il cède les titres,** le conseil de prud'hommes est compétent si le litige est né de son contrat de travail et non de la cession des titres.
Ainsi, lorsque, à la suite de son licenciement, un salarié actionnaire demande réparation d'un préjudice résultant des conditions particulières de cession de ses actions prévues en cas de licenciement par le pacte d'actionnaires qu'il a souscrit, cette demande constitue un **différend né à l'occasion du contrat de travail** et relève donc de la compétence du conseil de prud'hommes (Cass. soc. 9-7-2008 n° 06-45.800 F-PB : RJDA 12/08 n° 1261).
À l'inverse, le tribunal de commerce était compétent dans l'affaire suivante : à l'occasion de la cession de toutes les actions d'une société à une SA, les actionnaires minoritaires **cédants** avaient **conclu un contrat de travail** avec la société dont ils cédaient les titres et ils avaient souscrit une **clause de non-concurrence,** donnant lieu à une contrepartie financière en cas de licenciement ; après leur licenciement, les cédants avaient demandé au tribunal de commerce que la SA cessionnaire soit condamnée à leur payer la contrepartie financière prévue ; cassation de la décision d'une cour d'appel ayant estimé que le litige relevait de la compétence du conseil de prud'hommes : d'une part, les cédants s'étaient engagés, au titre de la clause de non-concurrence, **en leur qualité d'associés cédants** et, d'autre part, le **litige les opposait,** à propos de cette clause de non-concurrence contenue dans la convention de cession, non **pas à leur employeur,** la société dont les titres étaient cédés, mais à la SA cessionnaire des actions ; par suite, le litige était né à l'occasion de la cession des titres d'une société commerciale (Cass. soc. 26-1-2016 n° 14-17.942 FS-D : RJDA 5/16 n° 411).

2. CLAUSE D'ARBITRAGE

4020 Les parties à la cession peuvent, au moment où elles concluent celle-ci, convenir de soumettre à l'arbitrage les litiges qui naîtront à l'occasion de la cession (C. com. art. L 721-3, al. 5). Elles le peuvent quelle que soit la nature, civile ou commerciale, de la cession.
Conformément au droit commun, la clause d'arbitrage (ou clause compromissoire) doit avoir été **acceptée** par la partie à laquelle on l'oppose (C. civ. art. 2061, al. 1), ce qui devrait toujours être le cas si la clause figure dans l'acte de cession ou dans un document annexe.
L'efficacité de la clause risque d'être anéantie si l'une des **parties** n'a pas **contracté dans le cadre de son activité** professionnelle : dans ce cas, la clause d'arbitrage ne peut pas lui être opposée (C. civ. art. 2061, al. 2), mais cette partie pourra demander son application.
Le Code de procédure civile organise les **modalités de l'arbitrage** interne (CPC art. 1442 à 1503) et international (CPC art. 1504 à 1527). Sur cette question, voir le Mémento Procédure civile n°s 56200 s.

4021 Les parties peuvent limiter les **litiges** qui seront **soumis à l'arbitrage.** Elles doivent alors définir précisément l'étendue de la convention d'arbitrage. À défaut, et même si leur intention était bien de limiter le recours aux arbitres, elles devront d'abord saisir le tribunal arbitral qui est seul compétent pour statuer sur l'existence, la validité et l'étendue de la convention d'arbitrage, à moins que celle-ci ne soit manifestement nulle ou inapplicable. Pour une illustration, voir Cass. 1e civ. 9-7-2008 n° 07-18.623 F-D : RJDA 12/08 n° 1332.

3. PRESCRIPTION DES ACTIONS EN JUSTICE

DÉLAIS DE PRESCRIPTION

Il existe quelques **prescriptions spéciales** pour les actions en justice se rapportant à une cession de titres : par exemple, action en garantie des vices cachés ou action fondée sur le non-respect du droit des sociétés. Nous les exposerons avec la présentation des règles concernées. **4100**

À défaut de prescription spéciale s'applique la prescription de **droit commun.** Son délai est de cinq ans. Se prescrivent dans ce délai les actions entre commerçants ou entre commerçants et non-commerçants lorsque la cession a été conclue par le commerçant à l'occasion de son commerce (C. com. art. L 110-4, I), ainsi que les autres actions, qu'une partie au litige soit ou non commerçante (C. civ. art. 2224). **4105**

POINT DE DÉPART DE LA PRESCRIPTION

La prescription court du **jour** où le titulaire du droit a connu ou aurait dû connaître les faits lui permettant d'exercer son droit (C. civ. art. 2224). Le délai pour agir peut donc être reporté très longtemps après la conclusion de la cession. Pour limiter le risque d'incertitude qu'engendre ce report du point de départ de la prescription, un « **délai butoir** » de vingt ans est instauré, qui court à compter du fait générateur de l'obligation et qui ne peut faire l'objet d'aucune suspension ni interruption (art. 2232). Il en résulte notamment que le cédant ou l'acquéreur de parts sociales ne peut pas agir contre son cocontractant en invoquant la cession plus de vingt ans après la conclusion de celle-ci. **4150**

> **Précisions** Ce **délai butoir ne s'applique pas** à un droit né avant l'entrée en vigueur de la loi 2008-561 du 17 juin 2008 dont est issu l'article 2232, à savoir le 19 juin 2008 (Cass. 3e civ. 1-10-2020 n° 19-16.986 FS-PB : RJDA 1/21 n° 63).

AMÉNAGEMENTS CONVENTIONNELS DE LA PRESCRIPTION

Les parties à la cession peuvent apporter aux règles légales les aménagements suivants. **4160**
Elles peuvent modifier la **durée de la prescription,** en la réduisant ou en l'allongeant ; la durée ne peut cependant pas être réduite à moins d'un an ni étendue à plus de dix ans (C. civ. art. 2254, al. 1).
Elles peuvent ajouter aux **causes de suspension ou d'interruption** de la prescription prévues par la loi (art. 2254, al. 2).

TITRE II

Restrictions à la cession

CHAPITRE 1

CLAUSES RESTREIGNANT LA CESSION

SOMMAIRE

Avant toute cession, il convient de tenir compte des clauses qui limitent la liberté des associés de disposer de leurs parts ou actions en leur imposant par exemple une période d'incessibilité (clause d'**inaliénabilité**), l'obligation de demander l'agrément de l'acquéreur (clause d'**agrément**) ou l'obligation de proposer aux autres associés d'acquérir les parts ou actions dont la cession est envisagée (clause de **préemption** ou de préférence). Il peut également s'agir de clauses qui, sans porter atteinte à la liberté de céder les droits sociaux, rendent plus difficile la mise en œuvre de la cession ; il en est ainsi de la clause de **sortie conjointe.** **5000**
Nous étudierons ci-après le régime de ces clauses, à l'exception du régime de la clause d'agrément, qui fait l'objet de développements dans l'étude consacrée à l'agrément des cessions de parts ou d'actions.

CLAUSES STATUTAIRES ET EXTRASTATUTAIRES RESTREIGNANT LA CESSION

Les clauses restreignant la cession de parts ou d'actions peuvent figurer dans les statuts de la société émettrice ou dans des conventions extrastatutaires (généralement appelées « **pactes d'actionnaires** ») conclues par certains associés. Ces conventions sont **valables** dès lors qu'elles ne sont pas contraires à une règle d'ordre public, à une stipulation impérative des statuts ou à l'intérêt social (CA Rouen 9-12-1999, 2e ch. civ. : RJDA 6/00 n° 669 et, sur pourvoi, Cass. com. 7-1-2004 n° 15 F-D : RJDA 7/04 n° 840). **5010**

> **Précisions** Dans cette affaire, la cour d'appel de Rouen a recherché concrètement si la clause critiquée (une clause de préemption) n'était pas contraire à une règle d'ordre public (n° 5060) ou à une clause statutaire (n° 5016) ; en revanche, elle s'est contentée d'affirmer, sans plus le justifier, que la clause ne portait pas préjudice à l'**intérêt social.** Dans une autre affaire, un pacte d'actionnaires n'a pas été considéré comme contraire à l'intérêt social au motif qu'il tendait « au contraire à établir une meilleure synergie entre des groupes d'actionnaires aux intérêts divergents » (CA Aix-en-Provence 5-12-2003, 8e ch. B : RJDA 3/05 n° 276).

5012 **Articulation entre les clauses statutaires et extrastatutaires** Les pactes d'actionnaires peuvent être conclus en vue de **compléter les statuts** ; ils peuvent, par exemple, valablement organiser un droit de préemption lorsque les statuts n'envisagent qu'un agrément des nouveaux associés (CA Rouen 9-12-1999, 2e ch. civ. : RJDA 6/00 n° 669 et, sur pourvoi, Cass. com. 7-1-2004 n° 15 F-D : RJDA 7/04 n° 840).

Mais ils ne peuvent en aucun cas contenir des **mentions contraires** à celles des statuts (n° 5010), qui sont la loi de tous les associés. Aussi, en cas de contradiction entre les dispositions du pacte et celles des statuts, les secondes prévalent.

ILLUSTRATIONS

À l'occasion d'une augmentation du capital d'une SA réservée à un investisseur institutionnel, les quatre actionnaires majoritaires s'étaient engagés par convention extrastatutaire envers le nouvel actionnaire à lui acheter ou faire racheter, à un prix fixé, ses actions, l'acte précisant que les actions seraient réparties pour « maintenir une égalité de droits entre les actionnaires » et que les demandes de cession seraient présentées par un mandataire unique ; mais l'assemblée générale extraordinaire ayant décidé l'augmentation de capital avait dans le même temps accordé un droit de préférence pour le rachat de ces actions à l'un des quatre actionnaires qui s'était porté caution des engagements de la société. Fort de ce droit de préemption, cet actionnaire avait demandé que toutes les actions de l'investisseur lui soient cédées. Il a été fait droit à cette demande au motif que la décision de l'assemblée ne constituait pas une modification de la convention extrastatutaire, mais avait pour objet l'attribution d'un droit de préemption statutaire s'imposant à l'ensemble des actionnaires (Cass. com. 15-2-1994 n° 460 D : RJDA 6/94 n° 671). Un associé partie à un pacte extrastatutaire demanderait donc inutilement qu'un autre associé, lui aussi partie au pacte, exécute une clause de ce **pacte contraire aux statuts.**

5014 **Différences de régime** Contrairement aux clauses statutaires, qui s'appliquent de plein droit à tous les associés, les clauses extrastatutaires n'ont d'**effet** qu'**entre les** seuls **signataires** du pacte (C. civ. art. 1199). Elles ne s'imposent donc ni aux associés extérieurs au pacte ni aux nouveaux associés, à moins que ceux-ci soient devenus parties au pacte d'un commun accord avec les signataires d'origine.

ILLUSTRATIONS

Dans un cas où un pacte conclu entre deux groupes d'associés prévoyait qu'en cas de cession de ses actions par un membre de l'un des groupes, celles-ci devaient être offertes par priorité aux membres du même groupe et, à défaut d'acquéreur, à ceux de l'autre groupe, il a été jugé que cette convention ne liait pas deux associés cédants qui ne l'avaient ni signée ni ratifiée (Cass. com. 12-5-1975 : Bull. civ. IV n° 131).

Dans un cas où une convention de préemption conclue entre une société et son partenaire commercial mettait à la charge de la société l'obligation de soumettre à celui-ci toute promesse de cession des actions composant son capital, les juges ont estimé que l'un des actionnaires ayant cédé ses actions et l'acquéreur de celles-ci étaient des tiers à cette convention, qui ne pouvait pas leur nuire, de sorte que leur responsabilité contractuelle ne saurait être recherchée pour en avoir méconnu les termes (CA Paris 6-12-1996 n° 96-15963, 5e ch. C : D. aff. 1997 p. 409).

Les **nouveaux associés** ne peuvent pas se prévaloir de ces clauses tant qu'ils ne sont pas devenus parties au pacte. En effet, un acquéreur de parts ou d'actions ne succède pas de plein droit aux obligations personnelles mises à la charge du cédant par une convention extrastatutaire. La cour d'appel de Versailles a néanmoins admis qu'il peut en être autrement si l'acquéreur démontre que le pacte constitue le complément nécessaire et indissociable des parts ou actions cédées, de sorte qu'il lui aurait été transmis comme un accessoire de celles-ci (CA Versailles 22-5-2012 n° 11/04433, 12e ch. : RJDA 10/12 n° 862). Une telle preuve est évidemment très difficile à rapporter. Dans l'affaire précitée, où le pacte, conclu à l'origine entre deux actionnaires détenant à parts égales environ 90 % des actions d'une SA, interdisait à chacun d'eux d'acquérir seul les actions d'un minoritaire, la cour a considéré que ce pacte n'était pas indissociable des titres cédés par l'un d'eux à une filiale car il avait été conclu plusieurs années après l'entrée du cédant dans le capital de la SA sans que cela ait modifié la situation de parité existant à l'origine.

5016 Autre différence de régime entre les **clauses** statutaires et les clauses extrastatutaires, les premières peuvent être **modifiées ou supprimées** dans les conditions prévues pour la modification des statuts alors que les secondes ne peuvent l'être qu'à l'unanimité des signataires du pacte (C. civ. art. 1193).

En cas de **novation du pacte** extrastatutaire à la suite de la conclusion de nouveaux accords, le pacte initial n'a plus vocation à s'appliquer et les signataires ne peuvent plus s'en prévaloir (CA Paris 1-2-2012 n° 11/01362, ch. 5-8 : RJDA 6/12 n° 601).

Enfin, en cas de **violation** des clauses restreignant les transferts de droits sociaux, la sanction applicable diffère selon qu'elles figurent dans les statuts ou dans une convention extrastatutaire (sur cette question, voir nos 5700 s.). 5019

Application en cas d'offre publique Même lorsqu'elles sont statutaires, les clauses restreignant les transferts d'**actions** sont inopposables à l'auteur d'une offre publique visant la société à moins que ces clauses ne résultent d'une obligation législative (C. com. art. L 233-34). 5020

SECTION 1 OBJET DES CLAUSES

A. Clause de préemption (ou de préférence)

PRÉSENTATION DU MÉCANISME DE PRÉEMPTION

La clause de préemption confère à tous les associés (ou à certains d'entre eux) le droit d'acquérir par priorité les parts ou actions dont la cession est envisagée. Elle permet ainsi à l'associé qui en bénéficie d'augmenter sa participation dans le capital. Elle est constitutive d'un **pacte de préférence** défini comme le contrat par lequel une partie s'engage à proposer prioritairement à son bénéficiaire de traiter avec lui dans le cas où elle déciderait de contracter (C. civ. art. 1123, al. 1). 5030
Lorsque la clause de préemption ne vise que les cessions à des tiers, sa mise en œuvre permet d'éviter l'entrée de ceux-ci dans la société. Tel est généralement l'**objectif** poursuivi par les associés d'une société exploitant une grande surface au sein d'un réseau de distribution indépendant : le jeu de la clause permet aux seuls associés membres du réseau d'acquérir les droits sociaux, ce qui évite la cession de ceux-ci à un concurrent.
Cette clause peut aussi être le moyen d'empêcher que les proportions existantes dans la répartition du capital entre certains associés ou groupes d'associés (par exemple membres d'une même famille) soient modifiées en cas de retrait de l'un d'entre eux.

> **Précisions a.** Il peut arriver que le droit de **préemption** ne soit pas stipulé au profit d'un ou plusieurs associés, mais **au profit d'un tiers** ; il en est ainsi, par exemple, lorsqu'une convention conclue entre une société et son partenaire commercial impose à la société de soumettre à celui-ci toute promesse de cession des actions composant son capital. Une telle convention s'analyse en une obligation de faire diligence, mais ne comporte pas l'engagement pour la société de céder à ce partenaire des actions dont elle n'est pas propriétaire (CA Paris 6-12-1996 n° 96-15963, 5e ch. C, SA Spid distribution c/ SA Mai France : D. aff. 1997 p. 409). Ce type de clause, dont la validité ne fait pas de doute, se rencontre assez rarement en pratique, notamment en raison de son efficacité limitée. Nous n'en étudierons pas le régime dans les développements qui suivent.
> **b.** L'existence d'un pacte de préemption ne rend pas incessibles les parts ou actions sur lesquelles il porte. En conséquence, le titulaire de ces parts ou actions peut, malgré l'existence d'un tel pacte, présenter à l'**agrément** de la société une personne autre que le bénéficiaire de celui-ci (Cass. com. 26-4-1994 n° 983 P : RJDA 8-9/94 n° 932).

1. VALIDITÉ

VALIDITÉ DE PRINCIPE DES CLAUSES DE PRÉEMPTION

La question de la validité de principe des clauses de préemption ne s'est jamais posée en matière de cession de **parts sociales** ; en effet, aucune règle d'ordre public n'interdit de grever les parts sociales d'un droit de préemption. 5050
En revanche, elle s'est posée dans les sociétés par actions en raison de l'atteinte que de telles clauses peuvent porter à la négociabilité des **actions.** Les juges n'ont toutefois pas retenu cet argument et ont considéré que les clauses limitant la libre circulation des actions des SA par l'établissement d'un droit de préemption au profit d'une catégorie de personnes déterminées sont pleinement valables (T. com. Roanne 23-10-1935 : Gaz. Pal. 1935 p. 902). Ainsi, aucune prescription légale n'interdit l'instauration d'un droit de préemption en cas de cession d'actions entre actionnaires, de sorte que la disposition statutaire qui le prévoit ne saurait, pour cette seule raison, être tenue pour nulle (CA Paris 14-3-1990, 1e ch. A : Bull. Joly 1990 p. 353). Les statuts peuvent même valablement prévoir une clause de préemption en faveur de certains actionnaires, et celle-ci s'impose à l'ensemble des actionnaires (Cass. com. 15-2-1994 n° 460 D : RJDA 6/94 n° 671).

LIMITES DES CLAUSES DE PRÉEMPTION

5060 La clause de préemption doit répondre aux conditions exposées n° 5010.
En outre, le droit de préemption ne doit pas avoir pour effet d'**empêcher l'associé de céder ses parts ou actions.**

ILLUSTRATIONS

Ont été déclarés valables :
– un droit de préemption prévu dans les statuts d'une SA dès lors que le conseil d'administration avait huit jours pour porter à la connaissance des actionnaires le projet de cession qui lui avait été notifié, que ceux-ci avaient 30 jours pour exercer leur droit, que la préemption devait s'opérer au prix convenu dans l'offre d'acquisition des titres du cédant et qu'à défaut d'exercice de ce droit le cédant avait soit la faculté de poursuivre son projet initial de céder ses titres à l'un des actionnaires, soit la faculté de rechercher un tiers acquéreur aux prix, termes et conditions notifiés ; en effet, concluent les juges, cette clause, dont la mise en œuvre était limitée dans le temps, réservait un juste prix au cédant et lui laissait la **possibilité de céder** ses actions, même à un tiers, en cas de renonciation au droit de préemption (CA Paris 14-3-1990, 1e ch. A : Bull. Joly 1990 p. 353 ; dans le même sens, CA Aix-en-Provence 5-12-2003 n° 02-19692, 8e ch. B : RJDA 3/05 n° 276) ;
– un pacte instituant, en cas de projet de cession des actions d'un actionnaire à un tiers, un droit de préférence aux autres actionnaires sans porter préjudice à la **libre négociabilité** des actions, le prix de cession étant convenu conventionnellement entre les parties et, à défaut, déterminé à dire d'expert choisi sur une liste agréée par celles-ci (CA Rouen 9-12-1999, 2e ch. civ. : RJDA 6/00 n° 669 et, sur pourvoi, Cass. com. 7-1-2004 n° 15 F-D : RJDA 7/04 n° 840).

5063 Le droit de préemption doit également être licite au regard des **règles de la concurrence** prévues par le Code de commerce. Ainsi, dans un cas où un contrat d'adhésion liant les actionnaires d'une société franchisée au franchiseur prévoyait au profit de celui-ci un droit de préemption sur les actions de la société, il a été jugé que ce droit ne constituait pas un abus de position dominante ou de dépendance économique de la part du franchiseur dès lors qu'il n'a pas eu pour effet de fausser la concurrence, un éventuel désaccord sur le prix devant être tranché par un expert, et que, compte tenu des liens résultant du contrat de franchisage, il était légitime que le franchiseur fût mis en mesure d'acquérir, à un prix équitable, les actions de la société franchisée éventuellement cédées (Cass. com. 27-2-2001 n° 397 F-D).

5065 En revanche, la **prédétermination du prix** de cession n'est pas une condition de validité de la clause de préemption (Cass. 1e civ. 6-6-2001 n° 982 F-P : RJDA 1/02 n° 25 ; Cass. 3e civ. 15-1-2003 n° 2 FS-PBI : RJDA 4/03 n° 371). Cette solution, énoncée par la Cour de cassation en matière de cession de contrat et d'immeuble, nous paraît transposable au droit de préemption portant sur les cessions de parts ou d'actions.

5067 **Clause statutaire** Les clauses de préemption ne peuvent pas figurer dans les statuts des sociétés qui demandent l'admission de leurs actions aux négociations sur le marché **Euronext** Paris (Règles de marché d'Euronext harmonisées art. 6205). Les actionnaires de ces sociétés doivent avoir recours à des conventions extrastatutaires (pactes d'actionnaires notamment).

5068 Une clause de préemption constitue-t-elle une augmentation des engagements des associés, de sorte que son insertion dans les statuts en cours de vie sociale suppose l'**accord** unanime **des associés** (C. com. art. L 223-30, al. 5 et L 225-96, al. 1 ; C. civ. art. 1836, al. 2) ? Dans un arrêt ancien la Cour de cassation a répondu par la négative : « la réglementation du droit de préemption et les restrictions apportées à la cessibilité des actions, si elles peuvent constituer une diminution des droits des actionnaires, ne constituent cependant pas une **augmentation de leurs engagements** », une telle augmentation supposant une aggravation de la dette contractée par eux envers la société ou les tiers (Cass. civ. 9-2-1937 : DP 1937 I p. 73, 1e espèce, note A. Besson admettant que l'assemblée générale extraordinaire d'une société avait valablement étendu, par une modification des statuts, le droit de préemption des actionnaires, limité à l'origine aux cessions entre vifs, à tous les cas de transfert, y compris les transmissions par décès). La Cour de cassation n'est pas revenue sur cette analyse mais elle admet désormais l'existence d'une augmentation des engagements des associés dans des hypothèses de réduction de leurs droits (Cass. com. 24-6-1997 n° 95-20.056 P : RJDA 11/97 n° 1349 à propos du blocage des sommes déposées en compte courant par les associés ; Cass. com. 26-3-1996 n° 93-21.250 P : RJDA 8-9/96 n° 1066 pour l'insertion d'une clause statutaire de non-concurrence applicable aux associés qui se retirent de la société). Pour plus de détails sur cette question, voir Mémento Assemblées générales nos 5020 s.

5069 L'introduction de la clause de préemption dans les statuts en cours de vie sociale peut être annulée si elle constitue un **abus de majorité.** Tel est le cas de l'insertion d'une clause laissant le prix de cession des titres préemptés à l'appréciation de l'assemblée générale, alors que l'associé majoritaire détenait 87,5 % du capital et que cette clause avait été insérée dans les statuts dans le but de nuire à autrui puisque l'associé majoritaire n'avait fait voter la modification statutaire que dans le but de faire échec au droit de l'associé minoritaire de céder ses titres, lui causant ainsi un préjudice certain (Cass. com. 20-2-1957 : Bull. civ. III n° 67).

Les associés peuvent, à notre avis, valablement insérer dans les statuts une **clause** de préemption **inégalitaire** (n° 5183). 5070

2. CHAMP D'APPLICATION

OPÉRATIONS OUVRANT DROIT À PRÉEMPTION

Les **clauses** de préemption constituant pour l'associé une restriction à la liberté de céder ses parts ou actions, leur champ d'application doit être **interprété strictement.** Ainsi, si la clause n'institue qu'un droit de préemption « en cas de cession », ce droit ne s'applique pas à un **apport** des titres **en société** (Cass. com. 15-12-2009 n° 08-21.037 F-PB : RJDA 4/10 n° 377 et, sur renvoi, CA Versailles 13-1-2011 n° 10-486, 12e ch. sect. 1 : RJDA 4/11 n° 315). De même la clause qui ne vise que les **cessions entre associés** ne peut pas être mise en œuvre en cas de cession à un tiers. Inversement, la clause qui ne vise que les **cessions aux tiers** n'est pas applicable en cas de cession entre associés, ceux-ci n'étant pas considérés comme des tiers à la société. Si le droit de préemption ne porte que sur la cession « des parts » ou « des actions », sans autre précision, la clause ne peut pas, à notre avis, s'appliquer en cas de **cession de l'usufruit** ou de la nue-propriété des droits sociaux. 5090

Rappelons que le juge peut souverainement interpréter les clauses qui sont ambiguës mais pas celles qui sont claires et précises.

ILLUSTRATIONS

Le capital d'une SA était détenu par une filiale (A) d'un groupe familial de promotion immobilière et par une filiale (B) à 100 % d'une compagnie d'assurance. Les deux sociétés actionnaires de la SA avaient signé un pacte prévoyant, en cas de cession d'actions de la SA par l'une d'elles, un droit de préemption au profit de l'autre ainsi qu'une clause de sortie conjointe au cas où l'une d'elles voudrait céder l'intégralité de sa participation. Le pacte précisait, dans un préambule, qu'il visait à fixer les règles que les signataires avaient entendu rendre applicables en cas de mouvement sur le capital social de la SA, les modalités de gestion de la SA, leurs engagements respectifs en ce qui concerne le financement des travaux et des investissements que la SA devait réaliser dans le cadre de la restructuration de l'immeuble. L'article 5 du pacte, intitulé « champ d'application du **droit de préemption** et du droit de sortie conjointe », était ainsi rédigé : « Le présent protocole s'applique à toutes les actions composant le capital social de [la SA] et à tous titres tels qu'obligations (qu'elles soient simples, convertibles ou échangeables), Obsa, BSA ou toutes autres valeurs mobilières qui viendraient à être émises par [la SA] et, en cas de transformation de cette dernière en société d'une autre forme, à tous les titres qui seront émis en représentation du capital social, que détiennent ou détiendront les soussignées ou qui pourraient leur être attribués pour quelque cause que ce soit, ainsi qu'à tous les droits de souscription attachés auxdits titres. Le droit de préemption s'appliquera à toutes les aliénations par quelque mode que ce soit, par transfert direct ou indirect, cession, apport, donation, échange, fusion, prêt de consommation, nantissement, transfert universel de patrimoine, ou autrement, sous réserve des exceptions stipulées (...). »

La cession à un groupe tierce par la compagnie d'assurance de la participation qu'elle détient dans le capital de la société B n'entre pas dans le champ d'application du droit de préemption ainsi prévu :

– il résulte des termes du pacte, spécialement de son article 5, que le droit de préemption qu'il organise a pour seul objet les opérations emportant, de quelque manière que ce soit, **transfert de la propriété des titres émis par la SA** en représentation du capital social ;

– il ne peut pas être utilement soutenu qu'en soumettant au droit de préemption le **transfert indirect** des titres de la SA, l'article 5 permet d'appréhender la cession des actions représentant le capital d'une société détentrice d'une participation dans la SA ; en effet, après avoir précisé que le droit de préemption concerne les titres émis par la SA et eux seuls, les parties ont entendu marquer leur volonté de l'appliquer à tous les actes juridiques ayant pour effet d'opérer transfert de la propriété de ces titres, et ont donné des exemples d'opérations produisant, à leurs yeux, un tel effet translatif de propriété, directement ou indirectement ;

– le préambule du pacte conforte la lettre claire du contrat puisque, après avoir rappelé la structure de détention directe et indirecte du capital de la SA, il précise que les deux parties signataires de l'acte ont souhaité fixer les règles « applicables en cas de mouvement sur le capital social de la SA », ce qui exclut les opérations affectant le capital social d'autres personnes morales ;

– admettre le contraire revient à étendre, en violation des dispositions de l'article 1165 du Code civil (désormais art. 1199), l'effet obligatoire du pacte d'actionnaires à des tiers, les sociétés détentrices du capital des actionnaires de la SA, alors qu'ils n'y ont pas consenti.

Dans cette affaire, la SA était propriétaire d'un immeuble qu'elle louait à LVMH. La compagnie d'assurance, qui souhaitait se désengager du capital de sa filiale, avait prévu, en accord avec les associés de l'autre société actionnaire de la SA (une société immobilière), de faire absorber la SA

par sa filiale puis de céder le contrôle de celle-ci aux associés en question. Mais la compagnie d'assurance avait renoncé à cette opération et sa filiale avait finalement voté contre le projet de fusion. Ce revirement était lié au fait que la compagnie avait accepté l'offre de rachat de sa participation dans la filiale que lui avait présentée une société du groupe LVMH.
Ce rachat n'a pas été conclu dans l'intention frauduleuse d'éluder l'application du pacte. En effet, la preuve d'une **fraude** ne résultait ni du caractère asymétrique des offres du groupe LVMH, portant, l'une sur les actions de la filiale de la compagnie d'assurance, l'autre sur celles de la SA détenues par la société immobilière, ni des dates d'envoi distinctes (quatre jours d'écart), ni de la teneur de ces offres, ni d'aucune autre des circonstances ayant entouré l'émission de ces offres et l'acception de l'une d'elles par la compagnie d'assurance. En outre, l'opération litigieuse répondait à un motif légitime exclusif de fraude :
– la compagnie d'assurance n'avait fait qu'user de son droit de donner aux éléments d'actifs en cause l'affectation qui lui paraissait la plus conforme à ses intérêts patrimoniaux comme à ceux de ses assurés dès lors que l'offre d'achat du groupe LVMH, qu'elle n'avait ni suscitée ni préparée, avait été faite « sur la base d'une valeur de l'immeuble substantiellement supérieure à celle retenue dans le projet de fusion » et qu'en raison de la situation nouvelle ainsi créée, elle avait estimé que le processus de fusion initié devait être suspendu ;
– pour le groupe LVMH, l'achat des actions de la filiale de la compagnie d'assurance plutôt que celles de la SA était justifié, d'une part, par des considérations économiques et fiscales et, d'autre part, par la difficulté dans laquelle il se trouvait d'obtenir des informations financières et comptables sur la situation de la société immobilière, dont les associés avaient au demeurant refusé les offres d'achat présentées par le groupe LVMH tant pour leur participation dans le capital de cette société que pour la participation dans celui de la SA.

CA Paris 4-12-2007 n° 06-12554, 3e ch. A : RJDA 4/08 n° 422 et, sur pourvoi, Cass. com. 15-9-2009 n° 08-11.627 F-D : RJDA 2/10 n° 154.

La clause par laquelle l'acquéreur des actions d'une **société de presse** consent au cédant un droit de préemption sur ces actions en cas de « **vente directe de l'un** ou l'autre **des titres** » de la société ne s'applique pas à la revente des actions par l'acquéreur. Elle ne peut jouer qu'en cas de vente des journaux exploités par la société à la date de la cession initiale : la référence à « l'un ou l'autre des titres » porte nécessairement sur les titres de presse et non sur les actions qui, par nature, ne peuvent pas être individualisées ; en outre, si la revente des actions emporte indirectement celle des titres de presse, la condition de « vente directe » visée par la clause n'est pas remplie.

CA Paris 26-2-2009 n° 08-11735, 3e ch. B.

Dans un cas où un pacte de préférence conclu entre un distributeur automobile et une société exploitant un garage obligeait les actionnaires de celle-ci, s'ils décidaient de **vendre « leur fonds** de distribution automobile », à notifier au distributeur les conditions de la cession envisagée, aucune violation du pacte n'est imputable aux actionnaires qui ont cédé leurs actions à un tiers puisque cette opération n'est pas visée par le pacte. En effet, une cession de droits sociaux, même si elle porte sur la totalité de ceux-ci, ne peut pas être assimilée à la cession d'un fonds de commerce constituant un actif social. Il s'agit de deux opérations distinctes n'ayant pas le même objet et concernant des parties différentes.

CA Angers 6-12-2011 n° 10/01820, ch. com. : RJDA 3/12 n° 299.

Un pacte de préemption conclu entre les actionnaires d'une SA (le fondateur et des fonds d'investissement) prévoyait que le droit de préemption dont chacun bénéficiait sur les actions de la société que l'autre projetait de céder ne s'appliquait pas en cas de **cession à un « affilié »**. Le pacte définissait l'affilié comme toute « entité » dont plus de 75 % des droits de vote étaient détenus par le cédant ou dont plus de 75 % des droits de vote étaient détenus par une personne ou entité détenant également plus de 75 % des droits de vote du cédant (critère de contrôle), avec cette précision : en ce qui concerne les fonds d'investissement, l'affilié désignait « également » tout autre fonds d'investissement géré par la même société de gestion que le fonds actionnaire (critère de gestion).
Ayant relevé que la définition de l'affilié n'était ni claire ni précise et que le pacte ne donnait aucune définition de la notion d'entité, c'est par une interprétation, exclusive de dénaturation, de la convention des parties, que l'ambiguïté de ses termes rendait nécessaire, qu'une cour d'appel a retenu que le pacte prévoyait deux critères d'affiliation, l'un de contrôle, l'autre de gestion, non exclusifs l'un de l'autre et pouvant se combiner. Ayant relevé qu'une société de capital-risque, à qui les fonds avaient cédé des actions et dont la direction était assurée par la société de gestion, était l'affiliée de ces fonds, pour lesquels la société de gestion exerçait 100 % des droits de vote au sein de la société anonyme, une cour d'appel a pu en déduire que les cessions litigieuses n'étaient pas soumises au droit de préemption.

Cass. com. 21-6-2017 n° 15-24.534 F-D : RJDA 10/17 n° 634.

5092 **Clauses visant un changement de « contrôle »** Lorsqu'une clause institue un droit de préemption ou de préférence dans l'hypothèse d'un changement de contrôle de la société, mieux vaut qu'elle précise la **notion de contrôle** (notamment, en se référant à l'article

L 233-3 du Code de commerce), afin d'éviter toute contestation. Le litige suivant illustre l'intérêt d'une telle précision.
Une société exploitant un magasin de bricolage (A) avait conclu un contrat avec la société M. Bricolage pour utiliser cette enseigne. Le contrat, signé par les cogérants de la société A dont ils étaient les seuls associés, conférait à la société M. Bricolage un droit de préférence et de préemption « en cas de cession des parts sociales ou actions assurant le contrôle de la personne morale qui exploite le magasin concerné ». Les gérants de la société A avaient fait apport de leurs actions à une société tierce (B) qui en était ainsi devenue seule actionnaire. Cette dernière avait revendu 49 % des actions de la société A à la société Bricorama et résilié avec préavis le contrat d'enseigne. La société M. Bricolage avait demandé l'annulation de la cession pour violation de son droit de préférence. Elle soutenait que la notion de contrôle de la personne morale est ambiguë car elle fait l'objet de plusieurs définitions légales, qui reposent tantôt sur le critère de la détention d'une majorité des voix aux assemblées générales (C. com. art. L 233-3), tantôt sur des critères plus larges, tels que le pouvoir de nomination ou de révocation des organes sociaux ou le droit d'exercer une influence dominante sur l'entreprise en vertu d'un contrat ou de clauses statutaires (art. L 233-16). Or en l'espèce, faisait valoir la société M. Bricolage, même si la cession ne portait pas sur la majorité du capital, elle s'était accompagnée d'une modification des statuts de la société A conférant à l'acquéreur les pouvoirs d'un actionnaire majoritaire, tels ceux de révoquer le président de la société et d'opposer son veto à toute décision de gestion importante de la société.
La Cour de cassation a jugé qu'en présence d'une clause ne précisant pas ce qu'il faut entendre par « vente des parts sociales, actions ou autre titre assurant le contrôle de la personne morale qui exploite le magasin concerné », la cour d'appel avait souverainement interprété la commune intention des parties en retenant que seules les **cessions portant sur plus de 50 % des actions** représentant le capital de la société A étaient soumises au droit de préférence et de préemption de la société M. Bricolage (Cass. com. 26-2-2013 n° 12-13.721 F-D : RJDA 5/13 n° 421).
La Cour de cassation a néanmoins censuré la décision de la cour d'appel pour n'avoir pas recherché si la **cession de 49 % de ces actions** n'était pas néanmoins constitutive d'une **fraude** à ce droit de préemption compte tenu des prérogatives accordées à l'acquéreur, la société Bricorama, à la faveur de la modification des statuts survenue après la cession (même arrêt).
Devant la cour d'appel de renvoi, la société M. Bricolage avait soutenu que cette cession a bien eu pour conséquence de transférer le contrôle de la société A à la société Bricorama puisque les **statuts modifiés** lui donnent le pouvoir, en sa qualité de présidente du conseil de surveillance, de révoquer le dirigeant de la société A. La cour d'appel de renvoi avait rejeté l'argument, et refusé d'annuler la cession, car le pouvoir de révocation du président appartenant à la société Bricorama était subordonné à la caractérisation d'un motif grave. La Cour de cassation a cassé cette décision ; en effet, les statuts attribuaient à la seule société Bricorama le pouvoir de révocation du président qui, combiné aux autres prérogatives accordées à cet actionnaire minoritaire, était susceptible de lui **conférer le contrôle** sinon exclusif, à tout le moins conjoint, de la société A, éludant ainsi le droit de préemption de la société M. Bricolage (Cass. com. 15-3-2017 n° 15-20.440 F-D : RJDA 6/17 n° 412).
Le **contrôle** d'une société peut prendre différentes **formes.** Il peut notamment résulter de la détention d'une fraction du capital conférant la majorité des droits de vote, d'un contrôle conjoint avec un autre actionnaire agissant de concert ou encore du pouvoir de nommer ou de révoquer les dirigeants (C. com. art. L 233-3). Dans l'espèce ci-dessus, si la cession critiquée ne conférait pas directement la majorité des droits de vote à l'acquéreur, la société Bricorama, les modifications statutaires qui avaient accompagné la cession ouvraient à cette dernière les autres voies de contrôle. Les statuts de la SAS A lui donnaient, en qualité de président du conseil de surveillance, la possibilité de convoquer une assemblée en vue de révoquer le dirigeant, ce dernier étant exclu du vote. Ce dirigeant étant la société B, titulaire de 51 % du capital, la société Bricorama détenait le pouvoir exclusif de le révoquer. Selon les moyens, d'autres modifications statutaires conféraient à la société Bricorama un droit de veto et d'information sur « toute décision importante », un droit de « contrôle » sur tout acte excédant l'objet social et la possibilité de bloquer toute décision sociale par un absentéisme délibéré. Enfin, la société B semblait « acquise » à la société Bricorama puisqu'elle avait été créée, en vue de permettre l'opération, par les anciens dirigeants de la société A qui en étaient les seuls associés.

Dans un cas où un pacte d'actionnaires conclu entre deux actionnaires d'une société hôtelière (une société holding et une société civile immobilière) comportait une clause de préemption prévoyant qu'en cas de **transfert** de plus de 50 % **des droits de vote** de la holding par son associé majoritaire, celui-ci s'engageait à ce que la holding propose à la société civile la cession de sa participation dans le capital de la société hôtelière, a été jugé fautif l'apport par l'associé majoritaire de ses droits de vote dans la holding à une société luxembourgeoise qu'il contrôlait avec son épouse sans proposer la cession des titres concernés à la société civile. L'associé objectait qu'il n'avait pas à respecter la **5095** clause en faisant valoir que le transfert litigieux n'avait finalement pas entraîné de changement de contrôle de la holding. Néanmoins, l'apport des droits de vote avait bien eu pour effet de conférer à la société luxembourgeoise plus de 50 % des droits de vote de la holding, de sorte que le contrôle de celle-ci avait été transféré à cette société ; et le pacte, qui était clair et ne nécessitait aucune interprétation, ne prévoyait pas comme condition d'application de la clause l'absence de contrôle de l'acquéreur des droits par l'associé majoritaire (CA Paris 14-2-2012 n° 11/14683, ch. 1-3 : RJDA 6/12 n° 600, solution également applicable à une cession de titres).

> **Précisions** Dans cette affaire, la cour d'appel a estimé que la violation de ce pacte par l'associé majoritaire constituait un **trouble manifestement illicite** (au sens de l'article 873, al. 1 du Code de procédure civile) qu'il y avait lieu de faire cesser en déclarant l'apport inopposable à la société civile et en interdisant à l'associé majoritaire tout acte de disposition sur les actions de la société luxembourgeoise ; l'associé majoritaire a aussi été condamné sous astreinte à faire notifier par la holding à la société civile une offre de cession de la participation visée par la clause.

5096 **Opérations frauduleuses** En vertu du principe général du droit selon lequel « la fraude fait exception à toutes les règles » ou « corrompt tout », une cession ne relevant pas du droit de préemption convenu peut néanmoins être sanctionnée pour fraude lorsqu'il résulte des circonstances que le montage retenu a eu pour objet de faire obstacle à ce droit.

Pour un cas où l'existence d'une fraude a été retenue, voir Cass. com. 15-3-2017 n° 15-20.440 F-D : n° 5092 ; pour un cas où elle a été écartée, voir CA Paris 4-12-2007 n° 06-12554 et, sur pourvoi, Cass. com. 15-9-2009 n° 08-11.627 F-D : n° 5090.

TITRES VISÉS PAR LA CLAUSE DE PRÉEMPTION

5097 Lorsqu'il est statutaire, le droit de préemption porte tant sur les **parts ou actions détenues par les associés au jour de l'insertion de la clause** dans les statuts que sur celles acquises par les associés après cette insertion (à la suite de l'exercice de ce droit ou de la souscription à une augmentation de capital).

Lorsque la clause figure dans un pacte extrastatutaire, la question de savoir si le droit de préemption porte seulement sur les droits sociaux détenus au jour de la conclusion du pacte ou s'il porte à la fois sur ceux-ci et sur ceux acquis par la suite dépend de la rédaction de la clause : par exemple, il nous semble que le droit de préemption ne serait applicable qu'aux parts ou actions détenues par les associés au jour de la conclusion du pacte si la clause définit les parties au pacte par référence aux droits sociaux en leur possession. Une attention particulière doit donc être portée à la rédaction d'une telle clause.

5099 Rien ne s'oppose à ce que la clause **limite** le champ d'application du droit de préemption. Par exemple, il peut être prévu que les associés auront la faculté de céder librement chaque année un nombre d'actions correspondant à une fraction déterminée du capital ou des droits de vote, le droit de préemption ne s'appliquant qu'aux cessions réalisées au-delà de cette « franchise ».

La clause peut aussi prévoir un seuil de détention du capital au-delà duquel le droit de préemption ne peut plus être exercé (pour un exemple, voir CA Paris 23-11-2016 n° 14/21110 et, sur pourvoi, Cass. com. 18-9-2019 n° 17-18.143 F-D : n° 5180).

PRÉEMPTION EN CAS DE CESSION SOUS CONDITION SUSPENSIVE

5105 Le droit de préemption doit s'appliquer lorsque l'associé subordonne la cession de ses droits sociaux à la réalisation d'une **condition suspensive.** Il en a été ainsi décidé dans un cas où les associés d'une société exploitant un point de vente avaient cédé leurs titres à un tiers sous la condition suspensive de la résiliation des conventions (notamment un contrat de franchise) liant la société au groupement de distribution bénéficiant du droit de préemption sur ces titres. Le tiers avait fait valoir qu'il n'y avait pas lieu de mettre en œuvre ce droit car, la cession ayant été conclue sous condition suspensive, elle n'existait pas pendant la durée des conventions liant la société au groupement de distribution, de sorte que les associés étaient dispensés d'aviser ce dernier de la cession litigieuse ; les juges ont écarté cet argument au motif que, aux termes de la clause de préemption, les associés avaient l'obligation d'avertir le groupement dès lors qu'ils « envisageaient » une cession de leurs titres (Cass. com. 27-2-2001 n° 98-15.599 F-D).

PRÉEMPTION EN CAS DE CESSION FORCÉE DANS LE CADRE D'UNE PROCÉDURE COLLECTIVE

5110 La question se pose de savoir si une clause de préemption peut recevoir application en cas de cession forcée des parts ou actions décidée dans le cadre d'une procédure collective dont la société fait l'objet. Aucun texte ne permet de répondre à cette question. La loi ne neutralise expressément que les clauses d'agrément et seulement pour certaines cessions (n° 31061).

Quant aux solutions apportées par la jurisprudence, elles manquent parfois de cohérence. Ainsi, il a tout d'abord été jugé que le **tribunal subordonnant l'adoption du plan de redressement** de la société **à la cession des parts ou actions d'un ou plusieurs dirigeants** sociaux n'est pas tenu de prendre en compte les dispositions statutaires organisant un droit de préemption au profit des associés (CA Nancy 9-6-1992 n° 1393-92, 2e ch. civ.). 5111

À l'inverse, dans un cas où un droit de préemption extrastatutaire avait été conclu entre trois groupes d'actionnaires d'une SA placée ultérieurement en redressement judiciaire, une cour d'appel a jugé que l'un des groupes avait valablement pu exercer ce droit à l'occasion de la présentation par un autre groupe d'un **plan de continuation prévoyant la cession à un tiers des actions** du troisième groupe d'actionnaires (CA Aix-en-Provence 5-12-2003 n° 02-19692, 8e ch. B : RJDA 3/05 n° 276).

Par ailleurs, la Cour de cassation a énoncé qu'en cas de **liquidation judiciaire d'un associé** dont les parts ou actions sont grevées d'un **droit de préemption statutaire,** le liquidateur judiciaire, autorisé par le juge-commissaire à céder celles-ci (C. com. art. L 642-19), est tenu de respecter la clause de préemption, l'autorité de la chose jugée attachée à la décision du juge-commissaire ne faisant pas obstacle à l'application de cette clause (Cass. com. 23-1-1996 n° 180 P : RJDA 5/96 n° 704). 5113

À notre avis, cette solution peut être étendue à la cession des parts ou actions que l'administrateur judiciaire conclut dans le cadre d'un **plan de cession** décidé par le tribunal. En effet, dans un tel cas, la règle imposant à l'administrateur judiciaire de passer tous les actes nécessaires à la réalisation de la cession en exécution du plan (C. com. art. L 631-22, al. 2) ne le dispense pas de respecter les dispositions statutaires relatives aux biens transmis. En outre, l'autorité de la chose jugée attachée à la décision du tribunal ne fait pas non plus obstacle à l'application des statuts. Avant que les clauses d'agrément ne soient expressément neutralisées par la loi en cas de plan de cession, la Cour de cassation avait énoncé que l'administrateur judiciaire était tenu de respecter les clauses d'agrément insérées dans les statuts des sociétés dont il cédait les parts ou actions en exécution du plan (Cass. com. 31-1-1995 : n° 91-20.735 P : RJDA 5/95 n° 647, arrêt rendu sous l'empire de la loi du 25-1-1985).

La solution de l'arrêt de 1996 ne paraît toutefois pas applicable lorsque le droit de préemption figure dans une **convention extrastatutaire,** qui n'a d'effet qu'entre les seuls associés qui l'ont signée (n° 5014).

3. MISE EN ŒUVRE

La clause prévoit généralement que l'associé qui envisage de céder ses parts ou actions doit **notifier le projet de cession** aux bénéficiaires du droit de préemption (ou, selon le cas, à l'organe de gestion, d'administration ou de surveillance de la société). Les **bénéficiaires** doivent ensuite **se prononcer** sur l'acquisition des droits sociaux dans un délai déterminé. S'ils n'exercent pas leur droit, l'associé est libre de céder ceux-ci à l'acquéreur de son choix. 5140

L'incertitude sur les conditions dans lesquelles les bénéficiaires ont été mis en mesure d'exercer leur droit de préemption peut constituer une cause de **différend** sérieux justifiant que soit ordonnée la mise sous **séquestre** des parts ou actions faisant l'objet de ce droit. Une mesure de séquestre a ainsi été ordonnée dans un cas où des associés avaient renoncé à l'exercice de leur droit sous réserve que la cession à un tiers soit conclue au comptant dès lors que, en l'absence de toute précision sur l'affectation comptable de cette cession, réalisée dans le cadre d'un montage financier, les droits sociaux cédés avaient pu être comptabilisés avec des dettes reprises par le tiers à l'occasion de ce montage au lieu d'avoir été payés comptant (CA Paris 12-12-1990, 1e ch. A : Bull. Joly 1991 p. 595). 5143

> **Précisions** Dans cette affaire, la mesure de séquestre a été ordonnée en référé en raison de l'**urgence** qu'il y avait à préserver les droits des bénéficiaires de la clause de préemption, alors même que les droits sociaux cédés constituaient une minorité de blocage. En outre, les juges ont accordé au séquestre l'exercice du **droit de vote** attaché à ces droits sociaux pour toute résolution mettant en cause l'avenir de la société et les intérêts des associés ; compte tenu du caractère exceptionnel d'une telle mesure, ils ont toutefois nommé le séquestre pour une durée limitée à un an.

a. Notification du projet de cession

La plupart des clauses de préemption prévoient l'obligation pour le cédant de notifier, aux bénéficiaires du droit de préemption, non seulement les **modalités de la cession** envisagée (nombre de parts ou d'actions à céder, prix et autres conditions), mais aussi l'**identité de l'acquéreur** pressenti. Cette dernière indication ne nous paraît pas indispensable dans les clauses de préemption, mais elle a le mérite de permettre aux actionnaires de vérifier « la réalité, le sérieux et les modalités du 5160 projet de cession » (CA Paris 14-3-1990 : Bull. Joly 1990 p. 353 ; CA Aix-en-Provence 5-12-2003 n° 02-19692 : RJDA 3/05 n° 276). Elle présente aussi l'avantage d'obliger le cédant à trouver un acquéreur avant de mettre le bénéficiaire en mesure d'exercer son droit, ce qui permet à ce dernier de ne se porter acquéreur que si un tiers intéressé se manifeste.

5163 Lorsque la **clause ne prévoit pas l'obligation de notifier l'identité de l'acquéreur** pressenti, le cédant ne commet aucune faute en ne procédant pas à cette notification. Ainsi, dans un cas où un pacte de préférence imposait au cédant de notifier au bénéficiaire le prix offert ainsi que les modalités de paiement et toutes autres conditions auxquelles il était disposé à traiter, mais ne lui imposait pas d'indiquer l'identité des éventuels acquéreurs et ne permettait pas au bénéficiaire, en l'absence de tiers acquéreur, de négocier le prix tout en conservant son droit de préférence, il a été jugé que la cession consentie à un tiers, au prix initialement proposé au bénéficiaire, était régulière dès lors que le cédant avait rempli l'intégralité des obligations mises à sa charge et que le bénéficiaire n'avait pas notifié à celui-ci son intention d'acquérir dans le délai qui lui était imparti (Cass. 3e civ. 10-7-2002 n° 1221 FS-D : RJDA 11/02 n° 1125). Cette solution, énoncée en matière de vente d'immeuble, est transposable au droit de préemption portant sur les cessions de parts ou d'actions.

PRIX INDIQUÉ DANS LE PROJET DE CESSION NOTIFIÉ

5165 Le cédant doit être de bonne foi lorsqu'il notifie le projet de cession (C. civ. art. 1104, al. 1), ce qui ne serait pas le cas, par exemple, s'il proposait au bénéficiaire de lui céder ses droits sociaux à un **prix manifestement exorbitant,** en vue de l'empêcher d'exercer son droit de préemption. Il appartient alors au bénéficiaire de rapporter la preuve que le prix convenu entre le cédant et l'acquéreur a été frauduleusement surévalué en vue de le dissuader d'exercer son droit de préemption. Jugé que le bénéficiaire d'un droit de préemption sur les actions d'une société exploitant un supermarché ne rapportait pas cette preuve dès lors que rien ne permettait d'établir, d'une part, que le prix proposé par l'acquéreur était supérieur au prix qu'il était effectivement prêt à payer eu égard à l'intérêt qu'il avait à acquérir un nouveau point de vente dans le secteur de ce supermarché et, d'autre part, que le prix qu'il avait payé en réalité avait été inférieur à celui indiqué à l'acte de cession en raison d'accords occultes passés avec le cédant (Cass. com. 13-11-2003 n° 99-17.784 F-D).
Le cédant engagerait sa responsabilité à l'égard du tiers acquéreur s'il notifiait au bénéficiaire du droit de préemption une offre de cession à un **prix inférieur à celui proposé par le tiers.** Encore faut-il que celui-ci établisse alors n'avoir pas pu acquérir les droits sociaux en raison du comportement fautif du cédant. Tel n'est pas le cas lorsque le prix proposé par le tiers est bien celui que l'associé a notifié au bénéficiaire (CA Paris 8-11-1991 n° 90-12338, 3e ch. B).

5167 Lorsque la clause de préemption impose au cédant de notifier le **« prix offert » par le tiers,** il peut à notre avis, indiquer le prix provisoire négocié dès lors que celui-ci est réel et sincère et que sa fixation définitive à la date de réalisation de la cession est possible indépendamment de la volonté des parties (Cass. com. 11-1-2017 n° 15-13.025 F-D : RJDA 4/17 n° 256). Ce principe, posé à propos d'une demande d'agrément, est à notre avis transposable à la notification d'une cession soumise à un droit de préemption. Si la cession prévoit une révision à la hausse ou à la baisse du prix après la cession, il faut à notre avis indiquer les modalités de cette révision.

5168 Lorsque le projet de **cession** porte sur des **participations détenues dans plusieurs sociétés,** le cédant peut se contenter de notifier, aux bénéficiaires d'un droit de préemption sur une de ces participations, seulement le prix de celle-ci et non la clause de ventilation du prix du global dès lors qu'elle est sans incidence sur le prix définitif de la participation en cause (CA Paris 1-7-2008 n° 07-12166, 3e ch. A : n° 5810).

DÉFAUT DE NOTIFICATION DU PROJET DE CESSION

5170 La notification du projet de cession n'a pour objet que d'informer les bénéficiaires de l'existence de ce projet et de faire courir le délai accordé à ceux-ci par la clause pour préempter. Il en résulte que le défaut de notification du projet par le cédant n'a aucun caractère substantiel et ne peut pas faire **obstacle à l'exercice** régulier **du droit de préemption,** quel que soit le procédé par lequel son bénéficiaire a eu connaissance de la cession envisagée (CA Paris 14-3-1990, 1e ch. A : Bull. Joly 1990 p. 353 ajoutant que le droit de préemption serait inopérant et la disposition qui l'instaure dénuée de sens si sa mise en œuvre était laissée à la seule discrétion du cédant).

b. Exercice du droit de préemption

BÉNÉFICIAIRES DU DROIT DE PRÉEMPTION

5180 Lorsqu'il est prévu dans les statuts, le droit de préemption est généralement réservé à l'ensemble des **associés.** Mais, à notre avis, la **clause** peut être **modulée** en fonction des objectifs poursuivis par

les intéressés. Ainsi, il peut être prévu que le droit de préemption sera réservé à un ou plusieurs associés nommément désignés dans les statuts ou qu'il devra s'exercer selon un ordre déterminé, par exemple en priorité par les associés disposant d'un nombre de parts ou d'actions inférieur à un certain seuil. Des aménagements comparables peuvent figurer dans une clause de préemption extrastatutaire (par exemple, clause réservant le droit de préemption à certains signataires du pacte seulement). Il faut toutefois éviter une multiplication des bénéficiaires successifs qui obligerait le cédant à accomplir une sorte de « parcours d'obstacles » avant de retrouver la liberté de céder ses droits sociaux.
Lorsque le droit de préemption est réservé aux seuls associés de la société émettrice, est irrégulier l'exercice de ce droit par des associés agissant au nom d'une **société en formation** : celle-ci, qui ne détient pas de titres de la société émettrice, n'a aucune qualité pour en bénéficier (Cass. com. 28-3-2006 n° 03-19.751 F-D : RJDA 1/07 n° 57).

> **Précisions** Les statuts d'une SAS dont le capital était détenu à hauteur de 12 % par les salariés comportaient une clause d'agrément en cas de cession d'actions à un tiers et conféraient aux salariés le droit d'acquérir par priorité les actions de la société dont la cession à un tiers avait été notifiée (droit de préemption). La clause organisant l'exercice de ce droit prévoyait que, « à l'issue de toute cession, l'ensemble des **salariés** de la société au jour de la notification doivent détenir 25 % du capital de la société, tant que cette condition n'est pas remplie, ils sont **prioritaires sur toute cession** (...) ». À l'occasion de trois cessions portant sur 17 % du capital, des salariés ont exercé leur droit de préemption. L'acquéreur évincé ne peut pas obtenir l'annulation des cessions en faisant valoir que ce droit s'était exercé en violation du **seuil** de 25 % prévu par la clause et que les termes « à l'issue de toute cession » impliquaient d'intégrer dans le calcul de ce seuil les actions préemptées, pour les raisons suivantes : il résulte de la référence faite « au jour de la notification » que l'exercice du droit de préemption est ouvert, si à ce jour, les salariés ne disposaient pas déjà de 25 % du capital ; les termes « à l'issue de toute cession » introduisant la clause sont trop généraux pour pouvoir être réduits avec certitude à la signification très précise que leur donne l'acquéreur ; la clause d'agrément des cessions, qui précède la clause de préemption, fixe les conditions d'octroi de l'agrément en distinguant selon que « la part de capital cédé est supérieure à 5 % ou [que] l'acquéreur détien[t] après la cession une part supérieure à 5 % », intégrant donc par anticipation le capital cédé. Une telle précision ne se retrouvant pas dans la clause de préemption, il n'y a pas lieu d'intégrer par anticipation et fictivement les participations futures résultant des cessions notifiées aux salariés. Le plafond de 25 % n'ayant pas été atteint à l'issue de la préemption des actions faisant l'objet des deux premières cessions, les salariés pouvaient encore exercer leur droit sur les actions faisant l'objet de la troisième (CA Paris 23-11-2016 n° 14/21110 : RJDA 3/17 n° 183 et, sur pourvoi, Cass. com. 18-9-2019 n° 17-18.143 F-D : RJDA 12/19 n° 758).

Clause inégalitaire Il a été soutenu que la répartition des parts ou actions entre les asso- 5183
ciés exerçant leur droit de préemption doit être rigoureusement proportionnelle à leurs droits dans le capital ; toute clause statutaire inégalitaire contreviendrait au principe de l'article 1833 du Code civil selon lequel une société doit impérativement être constituée « dans l'intérêt commun des associés » (notamment, P. Le Cannu, Validité et effets d'une clause statutaire de préemption dans une société anonyme non cotée : Bull. Joly 1990 p. 325 ; M. Jeantin, Les clauses de préemption statutaires entre actionnaires : Dr. sociétés 1990 n° 7 p. 1). Mais qui, mieux que les associés agissant de façon unanime, peut déterminer quel est leur intérêt commun ? D'autant plus qu'une clause inégalitaire peut avoir précisément pour objet de rétablir entre les associés un équilibre qui n'avait pas pu être obtenu à l'origine. Par suite, nous pensons que les associés peuvent valablement convenir de clauses de préemption inégalitaires dans les statuts à **condition** qu'ils aient été dûment informés (cf. C. civ. art. 1112-1), qu'ils se soient tous prononcés en connaissance de cause et que leur consentement n'ait pas été obtenu frauduleusement. S'il est prévu de réserver le droit de préemption à certains associés seulement, une telle clause constitue un avantage stipulé au profit de ces derniers, de sorte que son insertion, soit dans les statuts d'une SA ou d'une SCA, soit dans les statuts d'une SAS en cours de vie sociale, nécessite, nous semble-t-il et compte tenu de la faveur ainsi octroyée, la mise en œuvre de la procédure d'approbation des avantages particuliers prévue par l'article L 225-8 du Code de commerce.

Acquéreur Lorsque l'acquéreur pressenti figure **parmi les bénéficiaires** du droit de préemp- 5186
tion, il doit pouvoir exercer son droit concurremment avec les autres associés, sauf stipulation contraire (CA Paris 14-3-1990, 1e ch. A : Bull. Joly 1990 p. 353).

FORME DE LA PRÉEMPTION

5190 Le bénéficiaire doit respecter le **formalisme prévu,** le cas échéant, par la clause de préemption. Notamment, une assignation en justice délivrée à l'associé par le bénéficiaire ne vaut pas mise en œuvre régulière du droit de préemption lorsque la clause prévoit que ce droit doit être exercé par lettre recommandée AR. Il en résulte que la règle procédurale autorisant dans tous les cas les notifications par acte d'huissier ou de commissaire de justice (CPC art. 651) est sans application à la notification du droit de préemption, qui n'est pas de nature contentieuse (Cass. com. 3-10-2006 n° 05-13.052 FS-PB : RJDA 3/07 n° 266). À notre avis, seul l'échec de la « procédure » contractuelle autorise à lui substituer une procédure judiciaire par voie d'assignation.

ÉTENDUE DE LA PRÉEMPTION

5200 La clause peut-elle permettre à chaque bénéficiaire du droit de préemption de n'exercer ce droit que sur **une partie des parts ou actions cédées** ? À notre avis, une telle clause n'est pas illicite en elle-même, mais elle ne peut être mise en œuvre que si elle prévoit un mécanisme destiné à éviter que le cédant reste « prisonnier » des parts ou actions non préemptées au cas où l'acquéreur initial ne se montrerait pas intéressé par l'acquisition d'une quantité réduite de droits sociaux (n° 5283).

> **Précisions** Relevons toutefois que, dans une décision ancienne, restée isolée, un tribunal a jugé qu'un droit de préemption grevant des actions ne pouvait pas être exercé sur une partie de ces titres pour les motifs suivants : les cessions d'actions grevées d'un droit de préemption sont affectées d'une condition résolutoire qui, une fois réalisée, place les parties dans la même situation que si elles n'avaient pas traité ; par ailleurs, dans une cession d'actions, le nombre des actions est un des éléments essentiels de la formation du contrat, si bien que le cédant et surtout l'acquéreur attribuent un rôle essentiel au nombre des titres qui font l'objet de l'opération, que, très souvent, l'acquéreur ne s'intéresse à une affaire qu'à raison du rôle que le nombre d'actions qu'il possédera lui permettra d'y jouer et que l'acquisition d'une quantité déterminée d'actions est, au fond, une opération indivisible, soit pour le cédant, soit pour l'acquéreur ; dès lors, conclut le tribunal, si, par suite d'un droit de préemption, une cession se trouve affectée d'une telle condition résolutoire, celle-ci doit jouer pour toutes les actions cédées, sinon les parties ne se trouveraient plus placées ensuite dans les mêmes conditions que si elles n'avaient pas traité (T. com. Roanne 23-10-1935 : Gaz. Pal. 1935 p. 902). En l'espèce, il semble que la clause ne prévoyait pas la possibilité d'exercer le droit de préemption sur une partie des actions cédées. Reste que l'analyse du tribunal est en partie contestable car, en pratique, la clause fait intervenir l'exercice du droit de préemption avant la conclusion de la cession, au moment où l'acquéreur présente son offre à l'associé cédant (n° 5140), de sorte que ce droit ne peut pas s'analyser comme la condition résolutoire de la cession.

DÉLAIS D'EXERCICE DU DROIT DE PRÉEMPTION

5210 Les délais d'exercice du droit de préemption ne doivent pas être d'une **durée** telle qu'ils conduisent à empêcher l'associé de céder ses parts ou actions, faute de quoi la clause serait nulle (n° 5060).

CONSEIL

Il paraît prudent de mentionner dans la clause des délais proches de ceux prévus par la loi pour l'agrément des acquéreurs de parts ou d'actions : trois mois dans les SA (C. com. art. L 228-24, al. 1) et les SARL (C. com. art. L 223-14, al. 2). Dans les SARL, ce délai de trois mois peut-être abrégé (C. com. art. L 223-14, al. 2 et L 223-16, al. 2).

5213 Si le **bénéficiaire ne respecte pas les délais** prévus par la clause pour l'exercice du droit de préemption, il en perd le bénéfice et le cédant est alors libre de céder ses droits sociaux à l'acquéreur de son choix. Ainsi, dans un cas où un pacte de préférence portant sur des actions accordait un droit de préemption à des actionnaires sous réserve que ceux-ci déclarent leur intention d'exercer leur droit dans un certain délai, faute de quoi ils en seraient déchus, les intéressés ne pouvaient pas **proroger** unilatéralement ce **délai** en réservant leur réponse **jusqu'à ce que le cédant** leur **transmette la proposition** écrite **du tiers acquéreur,** une telle exigence n'étant nullement prévue dans le pacte ; en conséquence, en formulant leur acceptation d'acquérir les titres après l'expiration de ce délai, les actionnaires se sont trouvés déchus du droit de préemption (CA Rouen 18-10-1990 n° 90-1732, 2e ch. civ.). Pour une autre illustration, voir CA Paris 1-7-2008 n° 07-12166, 3e ch. A : n° 5810.

PRIX D'EXERCICE DU DROIT DE PRÉEMPTION

5230 La clause de préemption doit réserver un **juste prix** au cédant. La Cour de cassation s'est ainsi prononcée dans un arrêt ancien, aux termes duquel, s'il est loisible à une assemblée générale de modifier les modalités d'exercice d'un droit de préemption contenu dans les statuts d'une SA et même de réserver ce droit au conseil d'administration dans l'intérêt de la société, c'est à la condition que l'associé subissant la préemption soit assuré de toucher le « juste prix » de l'action rachetée ; il en résulte qu'une assemblée générale autorisant par une délibération le rachat à un prix inférieur à sa **valeur réelle** commet un excès de pouvoir de nature à entraîner la nullité de cette délibération (Cass. civ. 9-2-1937 : DP 1937 I p. 73, 2e espèce, note A. Besson).

Le plus souvent, il est prévu que la préemption s'exercera aux mêmes **prix et conditions** que ceux **contenus dans le projet de cession** notifié par le cédant (n° 5250). À notre avis, cette solution est celle qui correspond le mieux à l'esprit des clauses de préemption puisque celles-ci ont pour objet de permettre à leurs bénéficiaires de se substituer à l'acquéreur potentiel dans tous les engagements pris par ce dernier envers le cédant.

Désaccord sur le prix Rien ne s'oppose à ce que les associés conviennent qu'en cas de désaccord sur le prix, celui-ci sera fixé par un **expert** désigné dans les conditions de l'article 1592 du Code civil ou dans les conditions de l'article 1843-4 du même Code (sur ce mode de fixation du prix, voir nos 37420 s.). 5231

EFFETS DE LA PRÉEMPTION

Si le bénéficiaire exerce son droit de préemption aux prix et conditions prévus dans le projet de cession qui lui a été notifié, le contrat de cession est formé entre le bénéficiaire et le cédant (Cass. 3e civ. 16-6-1999 n° 1128 PBR : RJDA 8-9/99 n° 904 et Cass. 3e civ. 22-9-2004 n° 899 FS-PB : RJDA 1/05 n° 15, rendus à propos de ventes immobilières mais transposables à une cession de droits sociaux). En effet, il y a alors **consentement réciproque des parties sur la chose et sur le prix, ce qui rend** la **cession parfaite** (C. civ. art. 1583), peu important que le cédant n'ait pas réagi à la notification de l'exercice du droit de préemption (Cass. 3e civ. 31-1-2007 n° 05-16.175 FS-D : RJDA 6/07 n° 596, rendu en matière de vente de fonds de commerce, mais transposable à une cession de droits sociaux). 5250

L'exercice du droit de préemption emporte alors de plein droit **transfert de propriété** des parts sociales, objet du projet de cession, sans que l'article 1142 du Code civil (dans sa rédaction alors applicable qui sanctionnait par l'octroi de dommages-intérêts toute obligation de faire ou de ne pas faire en cas d'inexécution de la part du débiteur) puisse faire obstacle aux effets de ce droit (CA Paris 14-3-1990, 1e ch. A : Bull. Joly 1990 p. 353). En cas de résistance du cédant, celui qui a régulièrement préempté peut donc obtenir l'exécution forcée de la cession (arrêt précité), faculté désormais reconnue par l'article 1221 du Code civil (n° 5750).

Encore faut-il que la préemption ait été exercée dans les conditions prévues. Ainsi, dans un cas où un pacte de préférence portant sur des actions réservait un droit de priorité à des actionnaires sous réserve qu'ils présentent une offre similaire à celle du tiers qui se proposait d'acheter les actions, jugé que ces actionnaires n'avaient pas formulé une offre équivalente dès lors qu'ils avaient écarté la possibilité de consentir un contrat de travail au cédant, élément qui entrait dans les conditions dont était assortie l'offre du tiers et dont les actionnaires avaient eu connaissance (CA Rouen 18-10-1990 n° 90-1732, 2e ch. civ.).

Dans un cas où le transfert des actions d'une société à un tiers en violation d'un droit de préemption était resté à l'état de projet (promesse unilatérale dont l'option n'avait pas été levée), les juges ont estimé qu'il n'y a pas eu substitution des bénéficiaires de ce droit au tiers en cause dans la propriété des actions, la cession à ce dernier n'ayant pas eu lieu. Les bénéficiaires sont donc fondés à soutenir que leur action a eu pour unique objet de constater la régularité de l'exercice de leur droit de préemption avant toute cession réalisée au profit de ce tiers et d'obtenir en conséquence la cession des titres à leur profit contre paiement du prix, sans qu'il y ait lieu de rechercher la bonne ou la mauvaise foi du tiers pour remettre en cause une cession qui n'a pas eu lieu (CA Lyon 15-11-1990, 1e et 2e ch., annexé à la chronique de B. Mercadal et Ph. Janin, Sanction des clauses de préemption dans les pactes d'actionnaires : RJDA 1/92 p. 3).

Lorsque les **statuts ne comportent aucune obligation** ni restriction quant aux modalités de paiement du prix ou à la date du transfert de propriété qui relèvent de la seule volonté du cédant et de l'auteur de la préemption, il n'y a pas lieu d'imposer à ce dernier **de se substituer** à l'acquéreur évincé **dans toutes les modalités accessoires de l'offre** initiale. Le bénéficiaire de la préemption peut donc exercer son droit pour le nombre d'actions concernées et le prix offert, en précisant que le transfert de propriété sera différé de six mois, sans que ce délai soit constitutif d'une condition nouvelle ajoutée au projet initial de cession (CA Paris 6-5-2014 n° 14/03884, ch. 5-8 : RJDA 10/14 n° 773 et, sur pourvoi, Cass. com. 2-2-2016 n° 14-20.747 FS-PB : RJDA 6/16 n° 446). 5253

IRRÉGULARITÉ DE LA PRÉEMPTION

La réponse du bénéficiaire à une notification ne comportant pas toutes les **indications prescrites** par la clause de préemption ne vaut pas mise en œuvre du droit ; elle ne constitue qu'une 5260 déclaration d'intention du bénéficiaire (Cass. com. 6-5-2008 n° 07-12.378 F-D : n° 5845). De même est sans effet, la préemption faite **hors délai** et pour un prix indéterminable (CA Paris 1-7-2008 n° 07-12166 : n° 5810).

Le tiers **acquéreur, évincé** à la suite de l'exercice irrégulier du droit de préemption, a intérêt à l'annulation de la préemption ; mais, tiers à la convention, il n'a pas qualité pour **agir** en nullité de la décision de préemption ainsi qu'en cession des actions à son profit, mais il peut, sur le fondement de la responsabilité extracontractuelle, invoquer un manquement contractuel lui ayant causé un dommage afin d'obtenir des dommages-intérêts (CA Paris 6-5-2014 n° 14/03884, ch. 5-8 : RJDA 10/14 n° 773 et, sur pourvoi, Cass. com. 2-2-2016 n° 14-20.747 FS-PB : RJDA 6/16 n° 446).

DROIT DE REPENTIR DU CÉDANT OU DU BÉNÉFICIAIRE DU DROIT DE PRÉEMPTION

5270 Le **cédant** ne bénéficie pas d'un « droit de repentir » lui permettant de renoncer à la cession une fois que le bénéficiaire du droit de préemption a manifesté l'intention d'exercer ce droit (CA Paris 14-3-1990, 1e ch. A : Bull. Joly 1990 p. 353 ; CA Paris 23-6-1987 : Bull. Joly 1987 p. 701 cassé par Cass. com. 7-3-1989 : D. 1989 p. 231 concl. M. Jeol, mais pour un autre motif). De même, le **bénéficiaire** du droit de préemption ne peut pas revenir sur sa décision une fois qu'il a exercé son droit (CA Versailles 25-6-2013 n° 12/01016, 12e ch. : RJDA 11/13 n° 904).

ILLUSTRATIONS

Dans un cas où un actionnaire avait promis de céder ses titres à un autre sans notifier ce projet aux autres actionnaires, qui bénéficiaient d'un droit de préemption sur ces titres, les juges ont estimé que le promettant n'était pas fondé à s'opposer à l'exercice de ce droit en prétendant avoir renoncé à la promesse dès lors que cette renonciation n'était intervenue que dans le but d'empêcher le déclenchement immédiat de la procédure de préemption (CA Paris 14-3-1990, 1e ch. A : Bull. Joly 1990 p. 353).

Est réputée sans effet la rétractation du bénéficiaire d'une clause de préemption qui avait notifié son intention d'exercer son droit dans les conditions prévues par le pacte d'actionnaires puis s'était rétracté deux mois plus tard, car la cession était devenue parfaite et il ne pouvait plus la remettre en cause unilatéralement ; le cédant pouvait donc en demander l'exécution forcée (CA Versailles 25-6-2013 n° 12/01016, 12e ch. : RJDA 11/13 n° 904).

La **clause** de préemption peut toutefois **réserver un droit de repentir** tant au cédant qu'au bénéficiaire préempteur. Le droit de repentir de l'associé cédant est souvent prévu lorsque le ou les préempteurs ont la faculté de faire fixer le prix par expert conformément à l'article 1843-4 du Code civil.

RENONCIATION À L'EXERCICE DU DROIT DE PRÉEMPTION

5280 **Renonciation de tous les bénéficiaires** Si les bénéficiaires n'exercent pas leur droit de préemption, l'associé est **libre de céder** ses parts ou actions à l'acquéreur de son choix, mais seulement aux mêmes **prix et conditions** que ceux contenus dans la notification initiale adressée aux bénéficiaires. La cession peut intervenir n'importe quand après la renonciation des bénéficiaires.

La **renonciation** peut ne pas être de **portée** générale. Ainsi, dans un cas où le signataire d'un pacte d'actionnaire comportant un droit de préemption avait consenti une promesse de vente de ses titres avec faculté pour le bénéficiaire de substituer un tiers, jugé que l'autre signataire du pacte pouvait exercer le droit de préemption après notification de la levée de l'option par la société que le bénéficiaire s'était substituée dès lors qu'il n'avait renoncé à son droit de préemption qu'en cas de cession au bénéficiaire (CA Paris 10-5-2011 n° 09-17683, ch. 5-8 : RJDA 10/11 n° 808).

Pour apprécier si l'associé a cédé ses droits sociaux à un **prix identique,** il y a lieu de se référer au prix de cession et non à la valeur de marché des droits au jour de cette cession. Il importe donc peu qu'entre le jour de la notification et le jour de la cession, cette valeur soit supérieure au prix de cession dès lors que ce dernier est égal au prix contenu dans la notification. En conséquence, un bénéficiaire ne peut pas utilement faire valoir que, compte tenu de l'évolution du marché et des conditions économiques, la cession, bien que réalisée au même prix que celui figurant dans l'offre qu'il a refusée plusieurs années auparavant, a eu lieu à des conditions plus avantageuses que celles contenues dans cette offre, de sorte que cette cession serait intervenue en violation de son droit de préférence (Cass. 3e civ. 29-1-2003 n° 123 FS-PB : RJDA 4/03 n° 372, rendu en matière de vente immobilière, mais transposable à une cession de droits sociaux).

5283 **Renonciation de certains bénéficiaires** La clause doit prévoir quelle solution envisager lorsque, faute pour certains bénéficiaires d'avoir exercé leur droit, le nombre de parts ou d'actions préemptées est inférieur à celui que l'associé envisage de céder. La solution la plus équitable pour celui-ci consiste à prévoir la **caducité** de l'exercice du droit de préemption, ce qui permet alors à l'associé de céder ses droits sociaux à l'acquéreur initial ; il est également possible de prévoir que le droit de préemption s'exercera sur le nombre de parts ou d'actions préemptées et que le cédant retrouvera la **liberté de céder le surplus** à l'acquéreur initial. Toutefois, pour éviter que le cédant reste « prisonnier » des parts ou actions non préemptées au cas où l'acquéreur initial ne se montrerait pas intéressé par l'acquisition d'une quantité réduite de droits sociaux, la clause doit prévoir le rachat de ces parts ou actions par un tiers ou par la société (H. Le Nabasque, P. Dunand et P. Elsen, Les clauses de sortie dans les pactes d'actionnaires : Actes pratiques 1992 n° 5 p. 4).

B. Clause d'inaliénabilité

PRÉSENTATION DU MÉCANISME D'INALIÉNABILITÉ

La clause d'inaliénabilité a pour **objet** d'interdire la cession des droits sociaux sur lesquels elle porte. **5310**
Une telle clause permet de renforcer l'affectio societatis et de constituer un « noyau dur » nécessaire à la pérennité de la société (surtout s'il s'agit d'une société familiale). Elle peut aussi permettre d'organiser le blocage des actions que les parties détiennent ou viendront à détenir dans le cadre d'un programme d'intéressement au capital par attributions d'actions gratuites ou levées de stock-options (cf. Décision AMF 210C0495 du 7-6-2010).
En outre, la clause d'inaliénabilité permet aux associés qui y ont souscrit dans une convention extrastatutaire (« **pacte Dutreil** ») de bénéficier d'une exonération partielle de **droits de mutation à titre gratuit** en cas de donation ou succession de parts ou actions de sociétés ayant fait l'objet d'un engagement collectif de conservation d'au moins deux ans conclu par le défunt ou donateur et d'autres associés, suivi par un engagement de chaque héritier, légataire ou donataire de conserver les titres transmis pendant une période de quatre ans (CGI art. 787 B ; sur cette question, voir Mémento Fiscal n°s 68090 s.).

> **Précisions** Jusqu'en 2017, cette clause permettait également de bénéficier d'un régime de faveur en matière d'**impôt de solidarité sur la fortune** : les parts ou actions d'un associé n'étaient comprises dans ses bases d'imposition qu'à concurrence du quart de leur valeur dès lors qu'elles avaient fait l'objet d'un engagement collectif de conservation conclu avec d'autres associés, d'une durée minimale de deux ans, suivi d'une obligation individuelle de conservation permettant d'atteindre une durée totale de détention d'au moins six ans (CGI art. 885 I bis, abrogé ; sur cette question, voir Mémento Fiscal 2017 n°s 71375 s.). Les engagements en cours doivent être respectés, sous peine de remise en cause des exonérations obtenues.

1. VALIDITÉ

Les **conditions** de validité d'une clause d'inaliénabilité **diffèrent** selon qu'elle figure ou non dans les statuts d'une SAS. **5320**
Toutefois, si elle grève des **actions,** son application nécessite que celles-ci revêtent la forme **nominative.**

CLAUSE D'INALIÉNABILITÉ NE FIGURANT PAS DANS LES STATUTS D'UNE SAS

Il s'agit des clauses figurant tant dans une **convention extrastatutaire** que dans les **statuts d'une société autre que la SAS.** **5330**
La Cour de cassation a jugé qu'une clause d'inaliénabilité peut être stipulée dans un acte à titre onéreux dès lors qu'elle est **limitée dans le temps** et **justifiée par un intérêt** sérieux et **légitime** (Cass. 1e civ. 31-10-2007 n° 05-14.238 FS-PB : RJDA 4/08 n° 390). La Haute Juridiction a ainsi étendu aux actes à titre onéreux les conditions posées à l'article 900-1, al. 1 du Code civil pour la validité des clauses d'inaliénabilité affectant les biens donnés ou légués. Ces conditions s'appliquent aussi, à notre avis, aux clauses organisant l'inaliénabilité de parts sociales ou d'actions (sous réserve de celles figurant dans les statuts d'une SAS qui font l'objet d'une réglementation spécifique ; n°s 5350 s.).

> **Précisions** Les clauses d'inaliénabilité ne peuvent pas figurer dans les statuts des sociétés qui demandent l'admission de leurs actions aux négociations sur le marché **Euronext** Paris (Règles de marché d'Euronext harmonisées art. 6205). En tout état de cause, le maintien de telles clauses ne serait pas en cohérence avec la demande d'admission.

Intérêt légitime L'intérêt légitime justifiant l'interdiction pour un associé de céder ses parts ou actions peut correspondre à l'intérêt social, lequel peut « postuler une certaine **stabilité de l'actionnariat,** notamment dans les sociétés engagées dans des activités à long terme » (Y. Guyon : Traité des contrats – Les sociétés, aménagements statutaires et conventions entre associés, LGDJ 2002 n° 110). **5333**

L'engagement d'inaliénabilité peut également être valablement consenti par un associé majoritaire dans l'**intérêt d'un créancier** de la société.

ILLUSTRATIONS

Dans un cas où une banque avait accordé un prêt à une filiale d'une société, a été déclaré valable l'engagement pris par la société à l'égard de la banque de ne pas céder sa participation dans la filiale dès lors que l'interdiction d'aliéner n'était imposée que pour un temps limité (la durée du prêt) et reposait sur un motif sérieux de la part de la banque, qui pouvait légitimement attacher intérêt à ce que les sociétés bénéficiant de ses concours financiers restent les filiales de certaines sociétés particulièrement importantes (CA Paris 4-5-1982 : Gaz. Pal. 1983 p. 152).

5336 **Durée de l'inaliénabilité** Cette durée doit être **raisonnable.** Des associés ont ainsi valablement pu convenir dans un pacte extrastatutaire que leurs droits sociaux seraient incessibles pendant trois ans (CA Poitiers 12-11-2002 n° 01-424, 2e ch. civ. : RJDA 10/03 n° 966).

5338 **Insertion dans les statuts en cours de vie sociale** Sur la question de savoir si l'insertion d'une clause d'inaliénabilité dans les statuts en cours de vie sociale constitue une augmentation des engagements des associés, supposant une **décision** unanime, voir n° 5068.

CLAUSE D'INALIÉNABILITÉ FIGURANT DANS LES STATUTS D'UNE SAS

5350 Dans une SAS, les statuts peuvent prévoir l'inaliénabilité des actions pour une **durée** n'excédant pas dix ans (C. com. art. L 227-13). La loi ne fixe aucune autre condition de validité que celle relative à la durée de l'inaliénabilité ; elle n'exige notamment pas que la clause soit justifiée par un intérêt légitime.

MODÈLE

Clause d'inaliénabilité

Les actions de la société (ou bien, selon le cas : les actions souscrites par les associés signataires des statuts ; ... % des actions détenues par chaque associé ; les actions de tel associé ou groupe d'associés) sont inaliénables pendant... (*maximum 10 ans*) à compter de leur souscription/de leur acquisition/de l'immatriculation de la société.

Cette interdiction d'aliéner concerne toutes les mutations à titre gratuit ou onéreux portant sur les actions elles-mêmes ou sur les droits d'usufruit et de nue-propriété desdites actions, y compris les cessions par voie d'adjudication publique en vertu d'une décision de justice (*ou : les seules cessions à des tiers ; ou encore : la cession à des tiers exerçant une activité concurrente ou complémentaire de celle de la société*).

Par exception aux dispositions qui précèdent, le président (*ou un autre organe au choix*) peut lever l'interdiction d'aliéner dans les cas suivants :

-... (*à préciser : par exemple, exclusion d'un associé dans les conditions fixées à l'article... des statuts ; modification dans le contrôle d'une société associée dont il résulterait la suspension de ses droits de vote et son exclusion dans les conditions fixées à l'article... des statuts ; révocation d'un dirigeant ayant la qualité d'associé ; etc.*).

Cette **clause** ne peut être **adoptée ou modifiée** qu'à l'unanimité des associés (C. com. art. L 227-19). L'unanimité est a fortiori requise, à notre avis, en cas de **suppression** de ces clauses (dans ce sens, CA Limoges 28-3-2012 n° 10-00576 : RJDA 12/12 n° 1091, sol. impl. ; en sens contraire, M. Germain et P.-L. Périn, La société par actions simplifiée : Bull. Joly 2016 n° 730).

› Précisions a. La **durée** de dix ans prévue à l'article L 227-13 du Code de commerce constitue un maximum que les associés peuvent **réduire,** de même qu'ils peuvent aménager les conditions d'application de la clause : serait par exemple valable une clause prévoyant une inaliénabilité totale des actions pendant une certaine période, puis une nouvelle période au cours de laquelle les titres ne seraient incessibles qu'à certaines personnes, sous réserve que la durée totale de ces deux périodes n'excède pas dix ans.

Rien ne s'oppose à ce que, au terme de la période fixée initialement dans les statuts, les associés prorogent la durée de l'inaliénabilité. La **prorogation** doit être décidée à l'unanimité des associés, puisqu'elle a pour effet de modifier la clause. À notre avis, la prorogation ne doit pas avoir pour effet de dépasser le délai maximal de dix ans car un tel dépassement nous semble contraire à l'esprit de la loi. Il ne nous paraît donc pas possible de proroger par exemple pour cinq ans une clause ayant interdit toute cession pendant sept ans.

b. La clause d'inaliénabilité ne saurait, à notre avis, rendre les **actions insaisissables.** On ne saurait déduire ni de la publication de la clause d'inaliénabilité (par le dépôt au greffe des statuts) ni de la nullité prévue en cas de violation de cette clause (C. com. art. L 227-15) une exception au droit de saisie. En effet, les exceptions au principe du droit de saisie des créanciers résultent de la loi (C. exécution art. L 112-2) et doivent être interprétées strictement. Or, l'insaisissabilité des actions de SAS inaliénables en vertu d'une clause statutaire ne figure pas dans la liste des exceptions prévues par ce texte.

2. APPLICATION

CHAMP D'APPLICATION DE LA CLAUSE D'INALIÉNABILITÉ

L'interdiction porte généralement sur l'intégralité des droits sociaux détenus par l'ensemble des associés de la société (ou, si la clause figure dans un pacte extrastatutaire, des signataires du pacte). Mais, à notre avis, la **clause** peut être **modulée** en fonction des objectifs poursuivis par les intéressés. Ainsi, il peut être prévu : 5380
– que l'inaliénabilité grève seulement les parts ou actions de certains associés nommément désignés dans les statuts ou dans le pacte (par exemple, les associés considérés comme le « noyau dur » essentiel à la pérennité de la société) ;
– de limiter l'inaliénabilité à une certaine proportion des droits sociaux de chaque associé, de sorte que la part excédant cette proportion reste cessible.
La clause peut également limiter l'étendue de l'inaliénabilité en interdisant seulement à chaque associé de céder ses parts ou actions aux tiers (les cessions restant alors possibles entre associés) ou à certains tiers déterminés (par exemple, à des concurrents de la société) ou encore aux autres associés (notamment afin d'éviter un déséquilibre dans la répartition initiale du capital social).

Les **clauses** d'inaliénabilité constituant une atteinte au droit des associés de disposer de leurs parts ou actions, elles doivent être **interprétées strictement.** Par exemple, si l'interdiction ne porte que sur la cession « des parts sociales » ou « des actions », sans autre précision, elle ne peut pas, à notre avis, s'appliquer en cas de cession de l'usufruit ou de la nue-propriété des droits sociaux. 5383
De même, lorsqu'une clause prévoit que des actions ne sont « ni négociables, ni cessibles, ni transmissibles par quelque procédé que ce soit ou pour quelque cause que ce soit » pendant une certaine durée et que l'interdiction concerne « toutes les mutations à titre onéreux d'actions ou de droits d'usufruit et de nue-propriété ainsi que les cessions par voie d'adjudication publique (...) », cette clause n'interdit pas à un actionnaire qui s'est retiré de la société en application d'une clause statutaire de variabilité du capital d'obtenir le remboursement de ses actions avant l'expiration de la durée d'inaliénabilité. En effet, ce remboursement n'intervient pas à l'occasion d'une opération de cession ou de transmission ; il ne constitue donc pas le paiement d'un prix de cession mais la contrepartie du retrait de l'associé (CA Grenoble 6-1-2011 n° 09-1686, ch. com. : RJDA 4/11 n° 316).

POINT DE DÉPART DU DÉLAI D'INALIÉNABILITÉ

En **principe,** le point de départ du délai correspond à la date de la signature du pacte (lorsque la clause figure dans une convention extrastatutaire) ou des statuts (lorsque la clause est statutaire). Toutefois, les parties peuvent **déroger** à cette règle et fixer un autre point de départ : il peut s'agir, par exemple, de la date à laquelle la société a été immatriculée ou encore de tout autre événement que les parties considèrent comme déterminant (par exemple, date de souscription d'un emprunt par la société). Si, dans une clause statutaire, le point de départ vise également la date d'acquisition des droits sociaux par un nouvel associé après l'expiration de la période d'inaliénabilité, ceux-ci sont soumis à une nouvelle période d'inaliénabilité. Une telle stipulation nous paraît licite dès lors qu'elle fait peser la nouvelle période d'incessibilité sur un nouvel associé et non sur un associé déjà présent dans la société. 5400

LEVÉE DE L'INALIÉNABILITÉ

Les associés dont les parts ou actions sont grevées d'inaliénabilité peuvent demander au **juge** l'**autorisation** d'en **disposer** si l'intérêt qui avait justifié la clause a disparu ou si un intérêt plus important l'exige (C. civ. art. 900-1, al. 1), auquel cas le juge apprécie souverainement si la situation nouvelle crée pour les associés un intérêt plus important que celui ayant justifié l'inaliénabilité. 5410
Cette règle n'est applicable qu'aux clauses extrastatutaires et aux clauses figurant dans les statuts d'une société autre qu'une SAS. Elle n'est pas applicable aux clauses figurant dans les statuts d'une SAS puisque ces clauses peuvent y être insérées sans qu'il soit nécessaire de justifier d'un intérêt légitime (n° 5350).

À notre avis, aucune autre circonstance que celle prévue à l'article 900-1, al. 1 du Code civil ne peut justifier la levée judiciaire de l'inaliénabilité, la clause devant être appliquée dès lors qu'elle est dépourvue d'ambiguïté (cf. C. civ. art. 1103). 5413
Reste que rien n'interdit aux parties de prévoir dans la clause des événements susceptibles d'en suspendre les effets (par exemple, mésentente entre associés entraînant une paralysie du fonctionnement de la société).

C. Clause de sortie conjointe (ou « tag along »)

PRÉSENTATION DU MÉCANISME DE SORTIE CONJOINTE

5450 La clause de sortie conjointe (ou « tag along ») est celle par laquelle un associé déterminé, dit « associé de référence » (en général l'associé majoritaire), s'engage à faire en sorte que, en cas de cession de tout ou partie de ses droits sociaux, l'**acquéreur propose aux** autres associés (généralement les **minoritaires) d'acquérir** également **leurs parts ou actions.**

Cette clause, qui figure généralement dans des pactes extrastatutaires ou dans les statuts de SAS, permet aux associés minoritaires de quitter la société dans de bonnes conditions financières puisque, en principe, elle prévoit que leurs droits sociaux sont cédés au même prix que celui proposé à l'associé majoritaire. Elle constitue une restriction à la cession des parts ou actions de ce dernier car elle en rend plus difficile la mise en œuvre en raison de l'obligation qu'elle fait peser sur lui.

5451 La clause peut aussi prévoir le **rachat de la participation des minoritaires par les majoritaires** à un certain prix au cas où ces derniers cèdent leurs titres. Une telle clause n'est pas léonine si le ou les cas de rachat sont indépendants de la volonté des minoritaires. Il en est ainsi pour une clause par laquelle les fondateurs d'une société s'étaient engagés à racheter la participation d'un minoritaire à un prix convenu au cas où l'un des événements suivants se réaliserait sans son accord : cession par un actionnaire de plus de 10 % des actions de la société ou d'un nombre d'actions ayant pour effet de porter la participation totale des fondateurs à moins de 50 % du capital ou des droits de vote ; entrée d'un industriel au capital de la société à hauteur de 20 % au moins ou au capital d'une filiale si cette entrée fait perdre à la société le contrôle de la filiale ; non-respect des clauses du pacte sur la déontologie des fondateurs et la cession des actifs de la société (CA Paris 3-7-2012 n° 11/08630, ch. 5-8).

ÉVÉNEMENT DÉCLENCHANT LA CLAUSE DE SORTIE CONJOINTE

5453 La clause doit être appliquée dès lors que ses conditions de mise en œuvre sont réunies.

Par exemple, en présence d'une clause selon laquelle « en cas de **cession partielle ou totale** comme en cas d'introduction sur un marché de valeurs mobilières, les majoritaires s'engagent à faire en sorte que les minoritaires puissent à leur convenance céder prioritairement tout ou partie des titres qu'ils détiennent », un actionnaire majoritaire ne saurait prétendre que seule une cession entraînant un **changement de contrôle** de la société ouvrirait un droit de sortie aux actionnaires minoritaires, alors que cette clause, rédigée en termes généraux, ne contient aucune disposition restrictive du droit de sortie des actionnaires minoritaires et qu'elle doit recevoir application en cas de « cession partielle ou totale », sans qu'il y ait lieu de distinguer selon que la cession emporte directement ou indirectement cession de contrôle et quelle que soit l'identité de l'acquéreur (CA Versailles 14-10-2004 n° 03-4586, 12e ch. sect. 1 : RJDA 5/05 n° 574).

Dans un cas où un pacte conclu entre les actionnaires d'une société anonyme prévoyait que l'actionnaire majoritaire s'engageait à acquérir ou faire acquérir les actions de la société détenues par des actionnaires minoritaires si sa participation devenait inférieure à 33 % du capital du fait d'une opération financière quelconque, l'actionnaire majoritaire ne peut pas soutenir que cet engagement ne devait être respecté qu'en cas de **franchissement à la baisse du seuil** de 33 % par suite d'une cession d'actions et non par suite d'une augmentation de capital (CA Paris 20-12-2012 n° 11/22841, ch. 5-9 : RJDA 4/13 n° 329).

> **Précisions** Dans l'affaire soumise à la cour d'appel de Paris, l'actionnaire majoritaire prétendait que ce droit de retrait s'analysait en une promesse unilatérale d'achat et, qu'en cas d'augmentation de capital, la promesse avait été souscrite sans **indication de prix** et ne comprenait aucune formule de calcul indépendante de la volonté des parties permettant de déterminer ce prix. Mais il a été jugé que le majoritaire, qui n'avait pas notifié aux minoritaires d'offre de rachat précisant le prix ou la valeur des actions rachetées, ne pouvait pas tirer parti de sa carence pour prétendre que l'absence de prix rendait nulle la clause de retrait. Il a été condamné à indemniser le minoritaire de la perte de chance de pouvoir encaisser le prix de ses actions à leur valeur au jour où le droit de retrait pouvait être exercé, indemnité qu'elle a évaluée en fonction du degré de probabilité de réaliser la cession compte tenu des circonstances (65 000 € en l'espèce, alors que le minoritaire demandait 66 200 €).

ÉTENDUE DE L'OBLIGATION DE SORTIE CONJOINTE

5455 Cette obligation est plus ou moins contraignante en fonction des termes dans lesquels la clause est rédigée. Ainsi, si la clause prévoit que l'associé de référence s'engage à « faire tout son possible »

pour que l'acquéreur propose aux autres associés le rachat de leurs droits sociaux, elle met à la charge de cet associé une simple **obligation de moyens** dont les bénéficiaires ne peuvent reprocher l'inexécution à ce dernier qu'en rapportant la preuve d'une faute de sa part.
Si, en revanche, l'associé « promet » dans la clause que l'acquéreur proposera ce rachat, il se **porte fort** pour celui-ci (C. civ. art. 1204), auquel cas son engagement est soumis au régime des promesses de porte-fort (n°s 29500 s.).

MODALITÉS D'APPLICATION DE LA CLAUSE DE SORTIE CONJOINTE

La clause de sortie conjointe précise généralement le **délai** dans lequel les bénéficiaires sont tenus de répondre à l'offre de l'acquéreur, auquel cas le non-respect de ce délai rend l'offre caduque, si bien que les bénéficiaires ne peuvent plus s'en prévaloir. 5460
En principe, la cession des parts ou actions des bénéficiaires de la clause est réalisée au même **prix** que celle des parts ou actions de l'associé de référence. Toutefois, rien n'interdit de prévoir que le prix versé aux bénéficiaires subira une décote sous réserve que celle-ci soit clairement déterminée ou déterminable dans la clause (H. Le Nabasque, P. Dunand et P. Elsen, Les clauses de sortie dans les pactes d'actionnaires : Actes pratiques 1992 n° 5 p. 6).

MODÈLE **Clause de sortie conjointe** 5465

Si l'actionnaire... (*par hypothèse l'actionnaire majoritaire*) projette de céder tout ou partie de ses actions à un tiers non actionnaire, il s'oblige, lorsque cette cession donne accès à la majorité du capital ou des droits de vote de la société, à proposer aux autres actionnaires (*ou à tel actionnaire ou telle catégorie d'actionnaires*) de céder leurs actions aux mêmes conditions et fait son affaire de la mise en œuvre de cette cession vis-à-vis du cessionnaire.
(*Mise en œuvre de la clause à préciser en fonction de chaque situation : modalités des notifications, délais, etc.*).

D. Clauses de cession « intuitu personae »

Les clauses de cession « intuitu personae » sont celles qui prévoient l'**interdiction de céder** les parts ou actions **en fonction de l'identité de l'acquéreur.** Il s'agit essentiellement : 5490
– de la clause interdisant à un associé de céder ses droits sociaux à d'autres personnes que celles qu'elle mentionne ;
– de la clause interdisant à une personne déterminée (associé ou tiers) d'acquérir des parts ou actions de la société ;
– de la clause interdisant à un associé de céder ses parts ou actions à une personne déterminée (autre associé ou tiers).
Le dernier type de clause constitue une forme d'inaliénabilité des droits sociaux ; en conséquence, son régime est identique à celui d'une clause d'inaliénabilité (n°s 5310 s.).

CLAUSE INTERDISANT LA CESSION À D'AUTRES PERSONNES QUE CELLES QU'ELLE VISE

À notre connaissance, ni la doctrine ni la jurisprudence ne se sont prononcées sur la **validité** d'une telle clause. 5500
Si l'on considère que cette clause constitue une forme d'inaliénabilité (dans la mesure où elle rend les droits sociaux incessibles à d'autres personnes que celles qu'elle mentionne), son régime est identique à celui d'une clause d'inaliénabilité (n°s 5310 s.). Si, en revanche, on considère que cette clause institue au profit des personnes qu'elle vise un droit prioritaire d'acquérir les parts ou actions dont l'associé envisage la cession, elle est assimilée à une clause de préemption, auquel cas elle est soumise aux conditions de validité propres à ces clauses (n°s 5060 s.).

CLAUSE D'INTERDICTION D'ACQUÉRIR

Une telle interdiction peut être mise **à la charge d'un associé ou d'un tiers.** Dans ce dernier cas, la clause figure nécessairement dans une convention extrastatutaire à laquelle ce tiers est partie. 5510
Cette interdiction d'acquérir peut être plus ou moins **étendue** : il peut être ainsi prévu qu'elle ne s'applique qu'au-delà d'un pourcentage déterminé de participation dans le capital social, ce, afin de maintenir un équilibre entre les associés. La participation de la personne ou des personnes auxquelles cette interdiction s'applique étant ainsi limitée (ou plafonnée), on parle alors de clause de limitation (ou de plafonnement) des participations.

EXEMPLE

Parmi les pactes **publiés par l'AMF,** on relève les clauses suivantes :

– dans le cadre d'un partenariat stratégique supposant un actionnariat stable, l'une des parties à laquelle avaient été attribués 5,78 % du capital et des droits de vote de la cible s'est engagée, dans le pacte d'une durée limitée à trois ans, à ne pas franchir à la hausse, seule ou de concert, le seuil de 8 % du capital ou des droits de vote de cette société avec, d'une part, ajustement de ce seuil à la hausse en cas de paiement du dividende en actions, d'augmentation de participation « passive » (du fait notamment d'une annulation d'actions par la cible) ou d'exercice de droits préférentiels de souscription, d'autre part, suspension du plafonnement en cas d'annonce d'un projet d'offre publique (Décision 210C0336 du 19-4-2010) ;

– dans le cadre d'un accord de participation stratégique à long terme, engagement de l'une des parties de ne pas augmenter directement ou indirectement sa participation (représentant 3,1 % du capital), de conserver sa participation et de ne pas exercer une quelconque influence sur le conseil d'administration de la cible ni de tenter d'en modifier la composition, étant précisé que l'ensemble de ces engagements, pris pour une durée de cinq ans, prendrait fin par anticipation en cas de résiliation de l'accord de coopération avant l'expiration de cette période de cinq ans (Décision 210C0324 du 14-4-2010) ;

– engagement d'un actionnaire étranger de limiter sa participation à tout moment, seul ou de concert, à 20 % du capital ou des droits de vote de la SA autre partie à l'accord, avec toutefois possibilité d'acquérir des droits de vote double ou de franchir le seuil ci-dessus de façon passive, mais sans pouvoir exercer les droits de vote correspondant à la fraction supérieure au seuil de 20 %, l'actionnaire étranger ayant la faculté de mettre fin à l'accord à tout moment en donnant un préavis d'au moins quatre mois (Décision 208C1048 du 30-5-2008).

5513 À notre connaissance, les tribunaux ne se sont pas prononcés sur la **validité** des clauses d'interdiction d'acquérir. Cette interdiction peut paraître licite puisqu'elle ne porte pas atteinte à la liberté des associés de céder leurs droits sociaux. Toutefois, dès lors qu'elle a pour effet de limiter le nombre de personnes à qui un associé peut céder ses parts ou actions, il nous semble qu'elle constitue un obstacle à la libre circulation des richesses, qui est un élément de l'ordre public de la liberté du commerce. Nous pensons donc qu'il est plus sûr, afin d'éviter toute contestation, de soumettre cette clause aux conditions de validité des clauses d'inaliénabilité (n°s 5310 s.).

5516 Pour être **efficace,** la clause d'interdiction d'acquérir doit prévoir que seront prises en compte non seulement les acquisitions directes, mais encore celles réalisées par personne interposée (par exemple par l'intermédiaire d'une société que contrôle la personne à laquelle s'applique l'interdiction). Par ailleurs, l'interdiction doit être expressément et clairement stipulée, faute de quoi, en cas de litige, le juge interprétera la volonté des parties pour déterminer si elles ont entendu ou non limiter la possibilité d'acquérir les parts ou actions de la société ; ainsi jugé, par exemple, que la prise de participation majoritaire dans une société n'était exclue ni par la règle statutaire posant le principe de répartition des droits sociaux entre de nombreux associés, ni par le début du préambule des statuts excluant la soumission de la société à un intérêt privé dominant ou à une quelconque tutelle (Cass. com. 13-2-1996 n° 93-19.654 P : RJDA 6/96 n° 795).

SECTION 2

DURÉE D'APPLICATION DES CLAUSES

ENCADREMENT DE LA DURÉE DES CLAUSES RESTREIGNANT LA CESSION

5600 Certaines clauses, on l'a vu, ne sont valables que si elles sont de courte durée (par exemple, clause d'inaliénabilité : n°s 5336 et 5350) ; il est donc nécessaire de fixer cette durée dans la clause.

DURÉE DES CLAUSES RESTREIGNANT LA CESSION NON FIXÉE PAR LES PARTIES

5603 Pour les clauses dont la validité n'est pas soumise à l'exigence de courte durée, il est possible de ne pas préciser leur durée, auquel cas la question se pose de savoir si celle-ci est déterminée ou indéterminée.

Lorsqu'une telle **clause** figure **dans les statuts,** sa durée est, à notre avis, déterminée et correspond à celle de la société, étant précisé que la prorogation de cette dernière par les associés entraîne la prorogation de la clause.

Lorsque la **clause** figure **dans un pacte extrastatutaire** dont les parties n'ont pas précisé la durée, ce pacte doit être considéré comme conclu pour une durée indéterminée, ce qui ouvre à chaque partie le droit d'y mettre fin unilatéralement à tout moment moyennant le respect du délai de préavis contractuellement prévu ou, à défaut, d'un délai raisonnable (C. civ. art. 1211). **5606**

Ont été considérés comme conclus pour une durée indéterminée, et donc résiliables unilatéralement à tout moment :

– un pacte prévoyant qu'il s'appliquerait **aussi longtemps que les parties** ou leurs substitués **demeureraient** ensemble **actionnaires** ; il en résultait, en effet, que ce pacte n'avait été affecté d'aucun terme, même incertain (Cass. com. 6-11-2007 n° 07-10.620 FS-D : RJDA 2/08 n° 155) ;

– un pacte liant une SA, ses actionnaires et une société de gestion de portefeuille qui conférait certains avantages à l'actionnaire majoritaire de la SA pour investir dans les fonds gérés par la société de gestion de portefeuille, « pour autant qu'il reste personnellement actionnaire de la SA » ; en effet, l'accord ne mentionnait aucune limitation de durée et ne comportait aucun terme déterminé ni déterminable ; notamment, il n'y était pas indiqué que l'engagement serait lié à la vie de l'actionnaire et continuerait à produire ses effets jusqu'à son décès ; la perte de la qualité d'actionnaire de ce dernier ne constituait pas un terme extinctif, mais une condition de validité de l'engagement dans le temps (Cass. com. 20-12-2017 n° 16-22.099 F-D : RJDA 5/18 n° 435).

Par ces arrêts, la Cour de cassation refuse de voir dans ce type de clause un terme par « ricochet » qui serait le décès de l'actionnaire, voire la fin de la durée de la société, événements qui mettent fin avec certitude à la qualité d'actionnaire.

Toutefois, certaines décisions – antérieures à celles précitées et ne se prononçant pas sur la libre révocabilité du pacte mais sur son éventuelle caducité – ont admis que la durée du pacte devait, en l'absence de précision, être calquée sur la **durée de la société** qui a émis les titres objet du pacte. La cour d'appel d'Angers en a jugé ainsi à propos d'un pacte fixant les règles de cession des actions d'une société mais elle a précisé que la prorogation de la durée de la société n'entraînait pas celle du pacte car les parties n'avaient pu agir qu'en fonction de ce qui était prévisible, soit la date normale de la fin de la société (CA Angers 20-9-1988, 1e ch. A : Bull. Joly 1988 p. 850). De même, la Cour de cassation a approuvé une cour d'appel d'avoir, dans l'exercice de son pouvoir souverain d'appréciation de la volonté des parties, retenu qu'un pacte de préférence n'engageait l'un de ses signataires que jusqu'au terme fixé à l'origine pour la durée de la société et non jusqu'au terme prorogé de celle-ci (Cass. com. 10-3-1981 : Bull. Joly 1981 p. 449).

DURÉE DES CLAUSES RESTREIGNANT LA CESSION FIXÉE PAR LES PARTIES

Les parties à un **pacte extrastatutaire** peuvent prévoir une **durée fixe** pour son application. A ainsi été déclaré valide un pacte conclu pour une durée de vingt ans et stipulant notamment un droit de préemption, dès lors qu'il prévoyait qu'il cesserait de produire effet à l'égard de tout actionnaire qui viendrait à perdre cette qualité et laissait en fait à chacun des actionnaires la faculté de céder ses titres à tout moment, ce qui excluait qu'il soit d'une durée excessive (Cass. com. 27-10-2005 n° 1138 : RJDA 12/05 n° 1359, 1e esp.). Il a aussi été jugé qu'un pacte conclu pour régler les relations contractuelles entre deux associés personnes morales pour la durée de la société, fixée à 99 ans, est à durée déterminée et ne peut pas faire l'objet d'une résolution unilatérale ; en effet, cette clause de durée du pacte établit que les parties ont entendu appliquer un terme précis à leurs engagements (CA Paris 15-12-2020 n° 20/00220 : RJDA 4/21 n° 246). La cour d'appel de Paris a précisé que la prorogation éventuelle de la société ne peut pas avoir pour effet d'entraîner la prorogation du pacte dès lors que cela n'a pas été expressément prévu par les parties. **5609**

Si elles ont retenu une durée fixe, les parties doivent exécuter le pacte jusqu'à son terme et nul ne peut exiger son renouvellement (C. civ. art. 1212 ; jurisprudence constante). Toutefois, elles peuvent le continuer dans les mêmes termes en manifestant leur volonté de le **proroger** avant son expiration (C. civ. art. 1213). Elles doivent alors fixer la durée de cette prorogation ; sinon le pacte devient à durée indéterminée et chaque partie peut y mettre fin unilatéralement à tout moment moyennant le respect du délai de préavis contractuellement prévu ou, à défaut, d'un délai raisonnable (C. civ. art. 1211).

Les parties peuvent décider de **renouveler** le pacte, ce qui donne naissance à un nouveau contrat dont le contenu est identique au précédent mais dont la durée est indéterminée (C. civ. art. 1214). Lorsqu'à l'expiration du terme du pacte les parties continuent d'en exécuter les obligations, il y a **tacite reconduction** qui produit les mêmes effets que le renouvellement (art. 1215). Ces dispositions ne nous paraissent toutefois pas interdire de prévoir pour quelle durée le pacte est renouvelé ou reconduit, ce qui évite que le pacte ne devienne à durée indéterminée et qu'il puisse y être mis fin unilatéralement à tout moment.

CADUCITÉ DES CLAUSES RESTREIGNANT LA CESSION

5612 Qu'elles figurent ou non dans des statuts, les clauses peuvent valablement prévoir que certains **événements** (par exemple, l'admission des actions aux négociations sur un marché réglementé et/ou la cession de ses droits sociaux par l'une des parties) entraîneront leur caducité.
On notera toutefois que, même si rien n'est prévu à cet égard, un pacte extrastatutaire devient caduc lorsque son exécution est devenue impossible en raison de la disparition, indépendamment de la volonté des parties, d'un de ses éléments essentiels (C. civ. art. 1186 ; Cass. com. 7-7-2004 n° 1156 : RJDA 11/04 n° 1222 ; Cass. com. 4-10-2011 n° 10-10.548 : RJDA 1/12 n° 63 ; CA Paris 15-12-2020 n° 20/00220 : RJDA 4/21 n° 246). Ainsi, un pacte prévoyant la répartition entre ses signataires du temps de travail, des congés, des revenus et des bénéfices au sein de la société ne s'applique qu'autant que les intéressés y travaillent encore effectivement (Cass. com. 11-1-2017 n° 15-18.613 F-D : RJDA 4/17 n° 257).

SECTION 3

SANCTION DE LA VIOLATION DES CLAUSES

PRINCIPES RELATIFS À LA VIOLATION D'UNE CLAUSE RESTREIGNANT LA CESSION

5700 Il existe différents moyens de prévenir la violation d'une clause restreignant la cession des droits sociaux. Par ailleurs, le régime des sanctions applicables en cas de violation d'une telle clause diffère selon que la clause figure dans les statuts ou dans une convention extrastatutaire, selon qu'elle offre au bénéficiaire un droit de préemption ou un autre droit ou encore selon la forme de la société.
Une sanction ne peut être prononcée qu'une fois caractérisée la violation de la clause. Par exemple, a été considéré comme ayant violé un droit de préemption l'associé qui, après avoir rompu les négociations avec le bénéficiaire du droit alors que celui-ci lui avait manifesté son intention d'acquérir, a cédé ses titres à un tiers sans avoir préalablement offert au bénéficiaire de s'en porter acquéreur aux mêmes conditions (Cass. com. 12-5-1992 n° 90-11.764 : RJDA 12/92 n° 1135).

A. Prévention de la violation des clauses

GESTION PAR UN MANDATAIRE DES TITRES SOUMIS À UNE CLAUSE RESTREIGNANT LA CESSION

5705 Afin de dissuader l'un d'eux de violer une clause restreignant les cessions de droits sociaux, les associés ayant souscrit une telle clause peuvent convenir de désigner un **mandataire commun** chargé d'administrer les inscriptions en compte ou dans un dispositif d'enregistrement partagé des parts ou actions ; ce mandataire a alors pour mission de n'effectuer que les inscriptions autorisées par les associés mandants. Toutefois, l'efficacité de cette mesure dissuasive est limitée car elle n'a pas pour effet d'empêcher la réalisation de la cession intervenue au mépris de la clause, l'acquéreur pouvant toujours demander au juge d'enjoindre au mandataire de lui transférer les parts ou actions cédées.
La seule mesure susceptible d'empêcher un associé de céder ses droits sociaux au mépris de la clause consisterait à les mettre en **indivision** ou à les **apporter à une société** civile et à confier la gestion de cette indivision ou de cette société à une personne de confiance. Mais les associés doivent alors accepter de perdre leur droit de propriété sur leurs parts ou actions pendant la durée d'application de la clause, ce qui peut sembler disproportionné par rapport à l'objectif qu'ils poursuivent.

CLAUSE PÉNALE SANCTIONNANT LA VIOLATION D'UNE CLAUSE RESTREIGNANT LA CESSION

5720 Afin de contraindre au respect des clauses – statutaires ou non – restreignant les cessions de droits sociaux et de sanctionner leur violation, les associés peuvent prévoir une pénalité conventionnelle en cas d'inexécution. Cette pénalité peut prendre la forme d'une évaluation forfaitaire de la somme due à titre de **dommages-intérêts** en cas de violation de la clause (cf. C. civ. art. 1231-5). Pour une clause de sortie conjointe, la pénalité peut consister à **obliger** l'associé de référence **à acquérir** les parts ou actions des autres associés si, pour une raison quelconque, il ne les a pas fait acquérir par le tiers ; de même, il peut être prévu que, en cas d'acquisition par le tiers d'une partie seulement de ces parts ou actions, l'associé de référence s'engage à acquérir le reliquat des droits sociaux encore détenu par les autres associés.

> **Précisions** A été annulée la clause d'un pacte de cession conjointe qui précisait que si l'un des signataires cédait ses actions sans l'accord des autres signataires, ces derniers pourraient à la majorité simple, l'intéressé étant exclu du vote, soit lui appliquer une pénalité financière dont le montant était fixé à la même majorité, soit décider l'exclusion du signataire, au motif qu'elle ignorait les droits à la défense et à un procès équitable, le **montant** de la **pénalité** n'étant en outre enfermé dans **aucune limite** (CA Paris 4-12-2012 n° 11/15313, ch. 5-8 : RJDA 4/13 n° 331).

MISE SOUS SÉQUESTRE JUDICIAIRE DES TITRES SOUMIS À UNE CLAUSE RESTREIGNANT LEUR CESSION

En cas de cession d'actions intervenue en violation d'un droit de préemption, le bénéficiaire du droit peut demander en référé la mise sous séquestre des actions litigieuses dès lors que cette demande est justifiée par l'**urgence,** par l'existence d'un **trouble manifestement illicite** ou d'un **dommage imminent** et par la nécessité d'assurer la **préservation des intérêts d'une partie** sans porter à l'autre une atteinte excessive et illégitime à ses prérogatives. La condition d'urgence n'a pas été jugée satisfaite dans un cas où plus de deux ans s'étaient écoulés avant que le bénéficiaire du droit ne prenne l'initiative de la demande et où il n'avait pas contesté en justice la validité de la cession pendant cette durée ; l'existence d'une action au fond en annulation de cette cession, parallèlement engagée devant le tribunal de commerce, ne suffisait pas à conférer à la demande un caractère d'urgence en raison de ce long délai qui s'était écoulé depuis la cession ; en outre, le bénéficiaire du droit ne pouvait pas se prévaloir d'un trouble manifestement illicite ou d'un dommage imminent car il n'était pas démontré que le tiers acquéreur envisageait de revendre les actions litigieuses (CA Versailles 1-4-2009 n° 08-3964, 14e ch. : RJDA 12/09 n° 1092). 5730

À l'inverse, un actionnaire invoquant l'existence à son profit d'un droit de préemption sur des titres cédés à un tiers a obtenu leur mise sous séquestre jusqu'au règlement définitif du litige au fond pour les raisons suivantes : la mesure sollicitée n'avait pour seul objet que de préserver ses droits jusqu'à l'issue de la procédure en cours, les propositions faites par le tiers acquéreur de maintenir la situation telle quelle s'avérant insuffisantes et sans garantie aucune pour l'actionnaire, qui avait déjà eu à subir la politique « du fait accompli » en raison de la cession litigieuse ; la mesure de séquestre se justifiait également pour prévenir un dommage imminent car l'équilibre et le développement de la société dont les actions étaient cédées étaient susceptibles d'être remis en cause par un nouveau partenariat imposé à l'actionnaire, partenariat qui aurait pu se révéler contraire aux objectifs recherchés à l'origine par les fondateurs de la société (CA Versailles 28-5-1998 n° 98-2661, ch. mixte : RJDA 8-9/98 n° 990).

Ces solutions sont transposables à des violations d'autres clauses restreignant les cessions d'actions.

INTERROGATION DU BÉNÉFICIAIRE D'UN DROIT DE PRÉEMPTION PAR LE TIERS ACQUÉREUR

Depuis le 1er octobre 2016 (n° 1050), le tiers acquéreur de droits sociaux qui sait ou présume que ceux-ci relèvent d'une clause de préemption peut demander par écrit au bénéficiaire de la clause de **confirmer** dans un délai qu'il fixe et qui doit être raisonnable, **l'existence** d'une telle clause et **s'il entend s'en prévaloir** ; l'écrit doit mentionner qu'à **défaut de réponse** dans ce délai, le bénéficiaire du pacte ne pourra plus solliciter sa substitution au contrat conclu avec le tiers ou la nullité du contrat (C. civ. art. 1123, al. 3 et 4 issu de ord. 2016-131 du 10-2-2016). 5735

> **Précisions** Lors de l'examen du projet de loi de ratification de l'ordonnance 2016-131, la proposition de substituer à l'exigence d'un **délai de réponse** raisonnable un délai fixe de deux mois a été rejetée car ce dernier pouvait s'avérer inadapté au regard des circonstances : selon la complexité du contrat projeté, le bénéficiaire peut avoir besoin d'un temps plus ou moins long pour évaluer s'il a intérêt à se prévaloir du pacte (Rapport AN n° 429 relatif à la loi 2018-287 du 20-4-2018). En cas de contestation, le caractère raisonnable du délai consenti est donc apprécié par le juge. Il est conseillé au tiers acquéreur d'évaluer plutôt largement la durée de ce délai afin de ne pas courir le risque d'être taxé par le juge d'avoir recherché à exercer une pression injustifiée en imposant un délai trop bref.

5737 **Précisions apportées par la Commission des lois** À l'occasion de l'examen de la loi qui a ratifié l'ordonnance 2016-131 du 10 février 2016 dont est issu l'article 1123 du Code civil, le rapporteur de la commission des lois du Sénat a entendu lever certaines difficultés d'interprétation, en précisant le sens à donner à certaines dispositions introduites par l'ordonnance dont l'article précité (Rapport Sén. n° 22 relatif à la loi 2018-287 du 20-4-2018).

Selon le rapporteur, le **tiers** qui, ayant **connaissance de l'existence du pacte** de préférence, omettrait d'interroger le bénéficiaire sur ses intentions commettrait une faute de nature à engager sa responsabilité.

Le rapporteur a en outre apporté les précisions suivantes sur les **conséquences de la réponse ou du défaut de réponse du bénéficiaire** à la demande du tiers.

Si le bénéficiaire n'a pas répondu dans le délai fixé par le tiers acquéreur, il ne peut plus, en cas de violation du pacte au profit du tiers, demander à être substitué à ce dernier dans le contrat conclu ou requérir l'annulation de ce contrat (C. civ. art. 1123, al. 4). Il peut seulement solliciter des dommages-intérêts pour le préjudice subi.

Si le pacte comporte une clause de confidentialité, le bénéficiaire aurait néanmoins intérêt à répondre à la demande du tiers.

Le bénéficiaire qui informe le tiers de l'existence du pacte et de son intention de s'en prévaloir n'est pas pour autant engagé à l'égard du promettant. De même, le défaut de réponse du bénéficiaire ne met pas fin au pacte, de sorte que le promettant reste tenu à son égard.

L'article 1123 est **supplétif** entre les parties mais celles-ci ne pourraient pas priver les tiers de leur action interrogatoire.

5739 **Portée du dispositif** Le mécanisme prévu par l'article 1123, al. 3 et 4 du Code civil paraît d'une portée pratique **limitée.**

Il est difficile à mettre en œuvre en présence d'une clause de préemption figurant dans un pacte d'actionnaires ; ce pacte peut être occulte et confidentiel ; or le tiers doit contacter tous les bénéficiaires de la clause pour avoir une chance de fiabiliser la cession.

Seul un défaut de réponse du ou de tous les bénéficiaires dans le délai donné permet de sécuriser la cession. Comme le relève un auteur, la réponse peut ne pas être tranchée, le bénéficiaire se réservant la faculté d'exercer ou non la préemption après notification de la cession (H. Le Nabasque, Le droit des sociétés et la réforme du droit des contrats : Bull. Joly 2016 p. 521).

L'opportunité pour le tiers de procéder à cette interrogation est discutable ; elle est en effet susceptible d'établir qu'il a procédé à l'achat de mauvaise foi et que les conditions requises pour l'annulation de la cession (n° 5750) sont remplies (H. Le Nabasque précité ; E. Schlumberger, Le droit des sociétés et la réforme du droit des contrats : Actes pratiques 2016 n° 197 p. 47 ; R. Mortier, Pacte de préférence et codification à droit constant et institution légale d'une action interrogatoire : Dr. sociétés 2016 comm. n° 53).

B. Violation d'une clause statutaire

1. ANNULATION DE LA CESSION

ANNULATION D'UNE CESSION DE PARTS OU D'ACTIONS (AUTRES QUE DE SAS)

5750 **Clause statutaire de préemption** Dans les sociétés autres que les SAS, la violation d'une clause de préemption statutaire n'emporte pas par elle-même nullité de la **cession** de parts conclue **entre associés** en l'absence de collusion frauduleuse entre le cédant et l'acquéreur (Cass. com. 11-3-2014 n° 13-10.366 F-PB : RJDA 7/14 n° 636, décision rendue en matière de cession de parts de SARL mais transposable aux cessions d'actions de SA ou de SCA).

Lorsque la **cession** a été conclue par un associé **avec un tiers,** les associés bénéficiaires de la clause de préemption violée peuvent agir en nullité de la cession ou demander au juge à être substitués au tiers dans la cession conclue à condition d'établir que le tiers connaissait cette clause et l'intention des bénéficiaires de s'en prévaloir (C. civ. art. 1123, al. 2 ; Cass. ch. mixte 26-5-2006 n° 03-19.376 PBRI : RJDA 8-9/06 n° 883 ; Cass. com. 11-3-2014 n° 13-10.366 F-PB précité, sol. impl.). La preuve de la connaissance par le tiers de l'intention des bénéficiaires de mettre en œuvre leur droit de préemption est particulièrement difficile à rapporter. Les bénéficiaires ont intérêt, dès que le projet de cession a été porté à leur connaissance, de notifier au tiers leur intention de préempter (pour une application, voir CA Rouen 9-12-1999 n° 1997-3595, 2e ch. civ. : n° 5810).

Le bénéficiaire de la clause ne peut toutefois pas obtenir l'**exécution forcée en nature** si cette exécution est impossible ou s'il existe une disproportion manifeste entre l'intérêt qu'elle présente pour lui et son coût pour le tiers acquéreur de bonne foi (C. civ. art. 1221).

Il ne peut alors obtenir que des dommages-intérêts. Il en est de même dans l'hypothèse où le bénéficiaire ne peut pas établir la connaissance par le tiers du pacte et de son intention de l'invoquer (C. civ. art. 1123, al. 2 ; Cass. 3e civ. 31-1-2007 n° 05-21.071 FS-PB : RJDA 6/07 n° 597).

> **Précisions** **a.** Seules peuvent agir en **nullité** les personnes dans l'intérêt desquelles la clause a été stipulée, c'est-à-dire les associés qui n'ont pas été parties à la cession irrégulière, et qui n'ont pas perdu leur droit à agir suite à l'éventuelle demande du tiers faite dans les conditions exposées nos 5735 s. Sur la faculté pour le tiers évincé de demander l'annulation d'une préemption irrégulière, voir n° 5260.
> L'action en nullité est soumise à la prescription de droit commun (n° 30675).
> **b.** Le bénéficiaire du droit de préemption peut, s'il justifie de l'existence d'un risque de dommage imminent, obtenir en justice la **mise sous séquestre des titres** litigieux jusqu'au règlement du fond du litige (CA Versailles 28-5-1998 n° 98-2661 : RJDA 8-9/98 n° 990).
> **c.** Pour des **illustrations** de ces principes en matière de violation d'une clause extrastatutaire de préemption, voir n° 5835.

Clause statutaire d'agrément La cession d'actions intervenue en violation d'une clause statutaire d'agrément est nulle (nos 32450 s.). 5755

ANNULATION D'UNE CESSION D'ACTION DE SAS

Toute cession d'actions d'une SAS effectuée en violation des clauses statutaires est nulle (C. com. art. L 227-15). La nullité est encourue quel que soit le contenu de cette clause (clause de préemption, d'agrément, d'inaliénabilité, etc.). S'il s'agit d'une clause de préemption, la cession est nulle même en l'absence de collusion frauduleuse entre les parties. 5760

2. INOPPOSABILITÉ DE LA CESSION

Même lorsqu'elle n'est pas annulable, la cession consentie en violation d'une clause figurant dans les statuts d'une société est, à notre avis, inopposable **à la société et aux autres associés** en raison de la publicité donnée aux statuts par leur dépôt en annexe au registre du commerce et des sociétés. S'il s'agit d'une cession d'actions, la société peut donc valablement refuser de procéder à l'inscription des actions au nom de l'acquéreur. 5770

ILLUSTRATIONS

Dans un cas où le liquidateur judiciaire d'une société avait, sur autorisation du juge-commissaire, cédé des parts sociales détenus par cette société sans respecter la clause de préemption figurant dans les statuts de la société émettrice, la Cour de cassation a cassé la décision d'une cour d'appel qui avait néanmoins déclaré la cession opposable à la société émettrice et à ses associés (Cass. com. 23-1-1996 n° 92-18.874 P : RJDA 5/96 n° 704).

L'inopposabilité empêchant l'acquéreur de se prévaloir de la qualité d'associé à l'égard de la société que ce soit pour percevoir les dividendes ou exercer les droits de vote attachés aux parts ou actions cédées, la question se pose de savoir si l'acquéreur peut se retourner contre le cédant en invoquant la **garantie d'éviction** en vertu de laquelle ce dernier doit garantir la jouissance paisible des parts ou actions cédées (C. civ. art. 1625). À notre avis, l'acquéreur ne peut pas bénéficier de cette garantie, qui est exclue lorsque celui-ci a connu « le danger de l'éviction » au moment de la cession (art. 1629). Tel nous paraît être le cas ici car l'acquéreur ne peut pas avoir ignoré l'existence de la clause dont la violation est la cause de son éviction : en effet, s'il est associé depuis la création de la société, il a nécessairement eu connaissance de cette clause lors de la signature des statuts ; dans les autres cas, il est présumé en avoir eu connaissance du fait de la publication des statuts. 5775

3. DOMMAGES-INTÉRÊTS

Le ou les associés dont le droit de préemption n'a pas été respecté peuvent agir en **responsabilité** contractuelle contre l'**associé cédant** afin de réclamer des dommages-intérêt pour le préjudice subi (C. civ. art. 1217 ; Cass. com. 11-3-2014 n° 13-10.366 F-PB : RJDA 7/14 n° 636, sol. impl.). C'est parfois leur seule option (n° 5750). 5780

Ils ne peuvent agir contre le **tiers acquéreur** que sur le fondement de la responsabilité extracontractuelle (C. civ. art. 1240) et donc à condition de prouver que celui-ci a commis une faute en concluant la cession et qu'ils ont ainsi subi un préjudice.

Pour des illustrations, voir n° 5845 celles relatives à la violation de clauses extrastatutaires qui sont transposables.

C. Violation d'une clause extrastatutaire

1. ANNULATION DE LA CESSION

CLAUSE EXTRASTATUTAIRE DE PRÉEMPTION

5810 En cas de cession de droits sociaux à un tiers en violation d'une **clause** extrastatutaire **de préemption,** les bénéficiaires de cette clause peuvent agir en nullité de la cession ou demander au juge à être substitués au tiers dans la cession conclue à condition d'établir que le tiers connaissait cette clause et l'intention des bénéficiaires de s'en prévaloir (C. civ. art. 1123, al. 2 ; Cass. ch. mixte 26-5-2006 n° 03-19.376 PBRI : RJDA 8-9/06 n° 883 et la jurisprudence ci-dessous).

Ce dispositif appelle les mêmes remarques que celles faites à propos de son application en cas de violation d'une clause statutaire de préemption (n° 5750).

ILLUSTRATIONS

Il y a lieu d'annuler la cession portant sur les actions d'une société du secteur de la grande distribution compte tenu de **collusion** frauduleuse entre le cédant et l'acquéreur ; en effet :
– la cession est intervenue après que le bénéficiaire du droit de préemption, informé du projet de cession, a notifié par acte d'huissier à l'acquéreur potentiel l'existence de ce droit et son intention de le mettre en œuvre ;
– le cédant et l'acquéreur ont en outre organisé la disparition des causes du droit de préemption – notamment cession du fonds de commerce de la société émettrice au détriment de l'intérêt social et en violation d'un autre pacte de préférence portant sur le fonds – pour se prévaloir ensuite de la caducité des différents engagements préférentiels puisqu'il n'il n'y avait plus d'enseigne à protéger et à exploiter.

CA Rouen 9-12-1999 n° 1997-3595, 2e ch. civ. : RJDA 6/00 n° 669 et, sur pourvoi, Cass. com. 7-1-2004 n° 00-11.692 F-D : RJDA 7/04 n° 840.

Doit être annulée une cession d'actions consentie au mépris d'un pacte de préférence dès lors qu'elle a résulté d'une **collusion** frauduleuse entre les parties, caractérisée, d'une part, par la connaissance que le tiers acquéreur a eue de l'existence de ce pacte et de l'intention du bénéficiaire de s'en prévaloir et, d'autre part, par la volonté des parties à la cession d'ignorer les droits de ce dernier.

En effet, l'acte de cession des actions de la société, qui exploitait un supermarché sous une enseigne fédérant des commerçants indépendants au sein d'un réseau de grande distribution, faisait expressément référence au pacte litigieux, dont les parties affirmaient la nullité, de sorte qu'elles connaissaient non seulement l'existence, mais également le sens et la portée de cette convention ; compte tenu du mode de fonctionnement du réseau (système de « parrainage » des nouveaux adhérents par les membres du réseau), auquel adhérait le bénéficiaire du pacte, lui-même exploitant d'une grande surface, le tiers acquéreur ne pouvait pas ignorer l'importance d'un tel pacte et croire qu'il ne serait pas invoqué par le bénéficiaire ; la cession a été conclue sans information préalable de ce dernier, qui n'en a été avisé que par une convocation au conseil d'administration de la société dont l'ordre du jour mentionnait, non pas la cession, mais « l'agrément d'un nouvel actionnaire ».

CA Versailles 20-6-2003 n° 01-3955, 3e ch. : RJDA 12/03 n° 1189.

Les actionnaires d'une SA avaient conclu un pacte prévoyant, en cas de cession par l'un d'eux de sa participation, un droit de préférence au profit des autres actionnaires. En vertu du pacte, l'actionnaire souhaitant céder ses actions devait préalablement notifier son projet aux autres membres du pacte en indiquant le nombre de titres concernés, le prix de cession envisagé et l'identité du cessionnaire et, de façon générale, « toutes les clauses et conditions, notamment de prix, de ce projet de cession ». Projetant de céder à un tiers toutes les participations qu'il détenait dans plusieurs sociétés, dont la SA, pour un prix global de 30 millions d'euros, un des actionnaires avait notifié aux autres membres du pacte le nombre d'actions de la SA, le prix et l'identité du cessionnaire. Un des actionnaires destinataire de la notification avait exercé son droit de préférence cinq mois après celle-ci en soutenant que la notification ne mentionnait pas un prix déterminable de cession puisqu'elle faisait état d'une clause de variation de prix (plus ou moins 15 %) dont les conditions n'étaient pas précisées et dont il n'avait pas pu obtenir la communication, de sorte que le délai d'un mois dans lequel il devait exercer son droit de préférence n'avait pas couru. Il avait en outre demandé l'annulation de la cession du bouquet de participations pour collusion frauduleuse entre le cédant et le tiers acquéreur.

Si le bénéficiaire d'un pacte de préférence est en droit d'exiger l'**annulation** du contrat passé avec un tiers en méconnaissance de ses droits et d'obtenir sa substitution à l'acquéreur, c'est à la condition que ce tiers ait eu connaissance, lorsqu'il a contracté, de l'existence du pacte de préférence et de l'intention du bénéficiaire de s'en prévaloir. Il y a lieu en l'espèce de rejeter la demande d'annulation de la cession dès lors que :
– si le tiers acquéreur du bouquet de participations connaissait, à la date de cette acquisition, l'existence de droit de préférence institué par le pacte d'actionnaires, il n'est pas établi qu'il avait

connaissance à cette date (ou à celle de la notification du projet de cession aux autres membres du pacte) que le demandeur avait l'intention de l'exercer, celui-ci n'ayant d'ailleurs fait connaître son intention que cinq mois plus tard ;
– le fait que la participation litigieuse ait été payée par le tiers acquéreur avant la signature de l'ordre de mouvement des titres ne prouve pas l'existence d'un concert frauduleux entre lui et le cédant, étant observé que la réalisation de la cession de ces actions était soumise par les parties à la condition du non-exercice de son droit de préférence par le demandeur, de sorte que ce dernier ne pouvait pas utilement soutenir que la notification du projet de cession n'avait pas été faite préalablement à cette opération.
Il y a lieu de rejeter également la demande de **dommages-intérêts** pour les raisons suivantes :
– l'actionnaire cédant, qui avait un intérêt légitime à ce que demeurent confidentielles les informations contenues dans l'accord de cession du bouquet de participations et mettant en jeu le secret des affaires, avait satisfait à son obligation de notifier le projet de cession en portant à la connaissance du demandeur toutes les informations nécessaires à l'exercice du droit de préférence : en effet, la notification qu'il lui avait adressée précisait le nombre de titres concernés, le prix de cession envisagé – soit 6 millions d'euros ou 26,22 € par actions –, l'identité du bénéficiaire et les modalités de paiement du prix (au comptant) ; par ailleurs, le pacte d'actionnaires n'imposait pas la communication d'une copie de l'accord de cession du bouquet ; le prix global de cession du bouquet de participations revêtait d'emblée un caractère définitif ; la clause de variation invoquée par le demandeur ne concernait que la ventilation du prix entre certaines des participations et l'indemnité prévue par le cédant et le cessionnaire en cas d'exercice d'un droit de préférence ou d'un refus d'agrément n'avait pas d'incidence sur le montant du prix définitif ; ce point était confirmé par le commissaire aux comptes du cessionnaire qui certifiait que l'acquisition de la participation dans la SA avait été comptabilisée et déclarée à l'administration fiscale pour le montant indiqué dans la notification ;
– par ailleurs, la mise en œuvre de son droit de préférence par le demandeur était irrégulière et donc sans effet : même s'il était fondé, eu égard aux particularités de l'espèce, à tenir pour insuffisante la notification du projet de cession et à saisir le juge des référés pour qu'elle soit complétée par un expert, le délai conventionnel de trente jours qui lui était imparti pour exercer son droit de préférence n'avait pu courir qu'à compter de la date de la remise aux parties du constat de l'expert ; or ce n'est qu'un mois après cette remise que le demandeur avait déclaré vouloir user de son droit ; en outre, en méconnaissance du pacte d'actionnaires qui lui imposait de faire sien le prix d'achat proposé par le cessionnaire, le demandeur avait offert de payer le prix qui lui avait été notifié « minoré de tout ou partie de la réduction du prix versée par le cédant au cessionnaire en application dudit protocole », ce qui ne permettait pas au cédant d'avoir connaissance d'un prix déterminé ou déterminable de cession.
CA Paris 1-7-2008 n° 07-12166, 3e ch. A : RJDA 10/08 n° 1029.

AUTRES CLAUSES EXTRASTATUTAIRES RESTREIGNANT LA CESSION

L'annulation de la cession prévue par l'article 1123 du Code civil en cas de violation d'un droit conventionnel de préférence ou de préemption (n° 5810) ne peut pas, à notre avis, être étendue à l'hypothèse de la violation d'une clause extrastatutaire restreignant les cessions d'une autre manière (par exemple, clause interdisant de vendre ou d'acheter des droits sociaux). **5820**

Une cession conclue en violation d'un pacte d'actionnaires comportant une interdiction temporaire de céder a toutefois été annulée dans un cas où une clause des statuts précisait que toute cession passée en violation du pacte était nulle (Cass. com. 27-6-2018 n° 16-14.097 F-D : RJDA 12/18 n° 919).

La cession est aussi susceptible d'annulation en cas de fraude, en vertu du principe selon lequel la fraude corrompt tout (cf. Cass. com. 15-3-2017 n° 15-20.440 F-D : RJDA 6/17 n° 412).

2. EXÉCUTION EN NATURE

En cas de cession de droits sociaux consentie à un tiers en violation d'une **clause** extrastatutaire de **5830**
préemption (ou de préférence), le bénéficiaire du droit de préemption peut demander à être substitué au tiers acquéreur sous réserve que les conditions posées par l'article 1123 du Code civil (n° 5810) soient remplies. La substitution ne peut être demandée que dans les limites exposées ci-dessous.

Pour les **autres clauses,** le bénéficiaire peut en demander l'exécution en nature, sauf si cette exécution est impossible (C. civ. art. 1217 et 1221 issus de ord. 2016-131 du 10-2-2016) ou, depuis le 1er octobre 2016 (n° 1050), s'il existe une disproportion manifeste entre l'intérêt qu'elle présente pour lui et son coût pour le débiteur de l'obligation dans la mesure où ce dernier est de bonne foi (C. civ. art. 1221 issu de ord. 2016-131 modifié par loi 2018-287 du 20-4-2018).

Lorsque l'exécution en nature est exclue, le bénéficiaire ne peut obtenir que des dommages-intérêts.

Avant l'ordonnance précitée, l'exécution forcée a parfois été refusée, l'ex-article 1142 du Code civil précisant que toute obligation de faire ou de ne pas faire se résout en dommages et intérêts en cas d'inexécution de la part du débiteur (CA Paris 2-7-2002 n° 01-19901, 3e ch. A : RJDA 1/03 n° 35 ; CA Paris 6-2-1992, 5e ch. B). Mais majoritairement, les tribunaux admettaient l'exécution en nature dès lors qu'elle était possible (voir jurisprudence ci-dessous).
La violation peut constituer un trouble manifestement illicite autorisant le juge des référés à prescrire les mesures conservatoires s'imposant (CPC art. 873, al. 1 ; pour une application, voir CA Paris 14-2-2012 n° 11/14683, ch. 1-3 : n° 5095).

5835 **ILLUSTRATIONS**

En vue de réaliser un ouvrage public, trois sociétés de construction (A, B et C) avaient constitué à parts égales une société D à la suite d'un accord prévoyant notamment que chaque associé participerait par tiers aux apports, le pouvoir étant réparti égalitairement. Ces trois sociétés avaient aussi conclu une convention extrastatutaire conférant à chacune d'elles le **droit d'acquérir par priorité les actions** qu'une autre envisagerait de céder (clause de préemption), sauf en cas de cession à une filiale appartenant au même groupe que la société cédante. La société A faisant partie d'un groupe dont la société de tête (E) avait été absorbée par la société B, cette dernière était devenue, par l'effet de la fusion, titulaire directement et indirectement des deux tiers des actions de la société D. La société C s'était ensuite rapprochée de la société B pour exercer son droit de préemption, mais les parties ne s'étaient pas mises d'accord sur le prix de cession.
Doit être rejetée pour les raisons suivantes la demande de la société C tendant à ce que la société B lui transfère le nombre d'actions nécessaire au maintien entre elles d'une **répartition égale dans le capital** de la société D :
– si les accords conclus entre les parties et les statuts de la société D montrent une inspiration commune entre elles dans la démarche de construction et les projets d'exploitation de cette société, rien dans les statuts ou dans la convention extrastatutaire ne permet d'exclure une répartition inégale des actions entre elles ; en effet, si elles avaient entendu exclure une telle répartition, elles l'auraient expressément prévu ; au contraire, la possibilité laissée à chaque société de céder librement les actions à des filiales de son groupe implique nécessairement une fragmentation du capital même si les effets de celle-ci sont limités par le maintien de ces filiales dans le groupe ;
– la convention extrastatutaire prévoit que la cession de titres par une partie à une société de son groupe est libre ; ce cas de figure s'est réalisé lors de la fusion, même si la concentration de la propriété de la majorité des titres entre les mains d'une seule d'entre elles est alors intervenue hors des prévisions initiales des parties ;
– celles-ci ont envisagé de telles situations puisque la convention prévoit que le droit de préemption doit s'exercer sur la totalité des titres objet de la cession, ce qui comporte la possibilité de mettre un préempteur en possession d'un nombre de titres supérieur à celui des autres associés originaires, l'existence même d'un droit de préemption impliquant qu'il peut s'exercer et rompre les équilibres initiaux dans la répartition du capital ;
– la cession des actions à la société C ne s'étant **pas** réalisée faute de **détermination d'un prix de cession** dans le cadre de la fusion ou de la procédure au cours de laquelle cette société a agi pour exercer son droit de préemption, il ne peut donc pas y avoir de substitution dans la propriété des titres.
La société C est en revanche fondée à poursuivre l'**indemnisation** de la violation de son droit de préemption, son **préjudice** résultant du manquement par la société B à l'obligation de lui proposer d'exercer ce droit à l'occasion de la fusion. Ce préjudice, lié à l'impossibilité pour la société C de devenir actionnaire égalitaire de la société D avec la société B, s'élève à 4 200 000 € et se décompose de la manière suivante :
– perte des revenus tirés de l'activité sociale : 3 750 000 € ;
– privation définitive pour la société C d'une position d'actionnaire égalitaire ainsi que des pouvoirs qui y sont associés et perte de la possibilité de céder sa participation dans la société D comme un ensemble ayant un poids décisionnel (perte de négociabilité) : 300 000 € ;
– atteinte à l'image de la société C du fait de la violation de son droit à se maintenir à parité dans le capital de la société D, car la société C peut paraître avoir manqué de capacité de réaction aux yeux de ses partenaires commerciaux à venir, ce qui n'a pu qu'abaisser leur degré de confiance : 150 000 €.
CA Paris 21-1-2005 n° 02-20546, 3e ch. B : RJDA 7/05 n° 824.

Deux actionnaires détenant à parts égales environ 90 % du capital d'une SA et désireux de maintenir cette **parité** avaient conclu un pacte par lequel chacun **s'interdisait d'acquérir seul,** directement ou indirectement, les actions détenues par l'un des minoritaires. L'un des signataires du pacte ayant néanmoins acheté des actions aux minoritaires, l'autre avait demandé la cession forcée à son profit de la moitié de ces actions.

Viole le principe de la réparation intégrale du préjudice et l'article 1143 du Code civil la cour d'appel qui fait droit à cette demande, la cession forcée imposée au signataire défaillant se traduisant par une majoration de la participation de l'autre signataire du pacte dans le capital de la SA.

Cass. com. 24-5-2011 n° 10-24.869 F-PB : RJDA 10/11 n° 816.

Un pacte d'actionnaires prévoyait qu'en cas d'exercice d'une activité concurrente, un actionnaire minoritaire par ailleurs salarié de la société promettait irrévocablement de céder ses actions à un ou plusieurs actionnaires déterminés à un prix minimum sans préjudice pour les parties, en cas de désaccord sur le prix, de faire déterminer le prix de cession par un expert auquel cas le prix serait alors payable dans les huit jours de sa fixation par l'expert. Le juge des référés qui a constaté que les conditions de cette promesse étaient remplies et que l'obligation n'était donc pas sérieusement contestable pouvait ordonner la **cession forcée des actions** sur le fondement de l'article 873, al. 2 du Code de procédure civile, bien que les parties soient encore en désaccord sur le prix de cession définitif.

Cass. com. 13-1-2021 n° 19-11.726 F-D : RJDA 4/21 n° 245.

Dans un cas où un actionnaire majoritaire avait violé une **clause de sortie conjointe** par laquelle, en cas de cession partielle ou totale de sa participation, il s'était engagé à faire en sorte que les actionnaires minoritaires puissent céder prioritairement tout ou partie de leurs titres, il y a lieu de faire droit à la demande des associés minoritaires qui réclamaient à l'actionnaire qu'il rachète leurs titres (pour plus d'un million d'euros) dès lors que, même si la clause s'analysait comme une obligation de faire, il n'était pas établi que son exécution forcée se heurterait à une impossibilité juridique, matérielle ou morale.

CA Versailles 14-10-2004 n° 03-4586, 12e ch. sect. 1 : RJDA 5/05 n° 574.

3. DOMMAGES-INTÉRÊTS

Le ou les associés dont le droit conventionnel de préemption n'a pas été respecté peuvent agir en **responsabilité** contractuelle contre l'**associé cédant** afin de réclamer des dommages-intérêts pour le préjudice subi (C. civ. art. 1217 ; Cass. 3e civ. 31-1-2007 n° 05-21.071 FS-PB : RJDA 6/07 n° 597). C'est parfois leur seule option (n° 5830). Encore faut-il que le manquement à la clause soit établi (pour un cas où la validité de la notification faite par le cédant aux bénéficiaires du pacte était contestée à tort, voir CA Paris 1-7-2008 n° 07-12166, 3e ch. A : n° 5810). **5840**

Ils ne peuvent agir contre le **tiers acquéreur** que sur le fondement de la responsabilité extracontractuelle (C. civ. art. 1240) et donc à condition de prouver que celui-ci a commis une faute en concluant la cession et qu'ils ont ainsi subi un préjudice. À défaut d'établir la faute du tiers acquéreur, les associés lésés n'ont aucun recours contre le tiers. Ainsi a-t-il été jugé qu'un pacte de préférence constitue une créance de nature personnelle sur celui qui y a consenti, de sorte que le bénéficiaire ne dispose d'aucun droit à dommages-intérêts à l'encontre du tiers acquéreur pour l'inexécution de ce pacte auquel ce dernier n'est pas partie (Cass. 3e civ. 24-3-1999 n° 611 PBR : RJDA 5/99 n° 536, arrêt rendu en matière de vente immobilière, mais transposable à une cession de droits sociaux). Le tiers ne commet pas de faute engageant sa responsabilité lorsqu'il acquiert les titres après l'expiration de la durée de la clause, peu important qu'il ait fait une offre d'achat avant (Cass. com. 6-5-2008 n° 07-12.378 F-D : n° 5845).

Sur le **recours du tiers évincé** à la suite d'une préemption irrégulière, voir n° 5260.

PRÉJUDICE EN CAS DE VIOLATION D'UNE CLAUSE RESTREIGNANT LA CESSION

ILLUSTRATIONS **5845**

Certains actionnaires d'une SA, détenant ensemble 50 % du capital social, s'étaient consentis mutuellement, par convention, un droit de préemption sur les actions dont ils étaient ou pourraient devenir propriétaires. L'un d'eux avait néanmoins cédé ses actions à un tiers sans respecter les **obligations de notification** prévues par la convention. Les actionnaires bénéficiaires du droit de préemption avaient alors réclamé des dommages-intérêts au cédant, soutenant avoir été privés de la possibilité de négocier la cession de leurs propres actions dans des conditions leur permettant d'obtenir d'un acquéreur la substitution des cautions personnelles qu'ils avaient consenties en faveur de la société.

Ces actionnaires ne peuvent pas reprocher à une cour d'appel d'avoir rejeté leur demande dès lors qu'ils n'apportent pas la **preuve du préjudice** allégué. En effet, sur la période considérée, ils cherchaient à céder leurs droits sociaux et non à acquérir une participation plus importante dans la société ; ils ne prétendaient pas avoir été en mesure d'acquérir les droits sociaux cédés en violation de la clause et ils n'établissaient pas avoir été, du fait du cédant, empêchés de céder de leur côté leurs propres droits sociaux avec une substitution de caution.

Cass. com. 9-4-2002 n° 98-22.851 F-D : JCP G 2003, II n° 10067 note J.-M. Tengang.

5845 (suite) Sur l'évaluation du préjudice subi à la suite de la violation d'un droit de préemption extrastatutaire ayant fait **perdre** au bénéficiaire la **possibilité de devenir** actionnaire **majoritaire** et ayant porté **atteinte à son image** à l'égard de ses partenaires commerciaux, voir CA Paris 21-1-2005 n° 02-20546, 3e ch. B : n° 5835.

Dans le cadre d'un contrat d'adhésion conclu avec une société (A) appartenant à un grand groupe de la distribution, les deux principaux actionnaires d'une société (B) propriétaire d'un supermarché avaient accordé à la société A un droit de préemption s'ils venaient à céder leurs actions de la société A. Par lettre recommandée AR du 29 mai 2000, les actionnaires avaient informé la société A de leur intention de vendre leurs titres, ce dont la société A avait pris acte dans une lettre deux mois plus tard en indiquant qu'elle entendait exercer son droit de préemption. En septembre 2000, les actionnaires avaient informé la société A qu'ils ne poursuivraient pas le contrat d'adhésion au-delà de son terme fixé au 8 octobre 2001. Par télécopie du 6 octobre 2001, confirmée par lettre recommandée adressée le 8 octobre et reçue le 10 octobre, la société A avait adressé aux actionnaires une offre d'achat pour leur titres mais ils avaient cédé ceux-ci à un tiers le 9 octobre 2001. La société A avait alors soutenu que cette cession était intervenue en violation de son droit de préemption et avait réclamé des dommages-intérêts aux actionnaires et au tiers acquéreur.

La société A ne peut pas reprocher à la cour d'appel d'avoir dit qu'elle n'avait **pas valablement exercé son droit de préemption** et d'avoir déclaré valable la cession consentie au tiers dès lors que, ayant relevé que le contrat d'adhésion liait l'exercice du droit de préemption à une proposition de vente détaillée comprenant notamment le nombre d'actions dont la cession était envisagée ainsi que leur prix et constaté que la lettre des actionnaires du 29 mai 2000 ne comportait pas ces indications, la cour d'appel en a exactement déduit que la lettre de la société A adressée deux mois plus tard ne pouvait valoir qu'à titre de déclaration d'intention et ne constituait pas l'exercice du droit de préemption.

La société ne peut pas plus reprocher à la cour d'appel d'avoir rejeté sa demande de **dommages-intérêts pour perte d'une chance** dès lors que :

– la cour d'appel a pu retenir des éléments suivants qu'il n'était pas démontré que le manquement des **actionnaires** aux règles contractuelles avait fait perdre à la société A une chance de se porter acquéreur des actions cédées : les actionnaires cédants n'avaient pas respecté la convention qui les obligeait à faire des propositions de vente détaillées et ce manquement n'avait pas échappé à la société A ; toutefois, cette dernière qui, en sa qualité de professionnel de la distribution, était rompue aux opérations de rachat des points de vente et qui ne contestait avoir reçu en temps utile les renseignements nécessaires à l'étude de la cession projetée, avait elle-même fait preuve de négligence dans le suivi de cette opération puisqu'après plusieurs mois de négociations, elle s'était contentée de présenter une offre de rachat tardive ;

– le **tiers acquéreur** n'avait commis aucune faute engageant sa responsabilité dès lors que le contrat stipulant le droit de préemption avait pris fin le 8 octobre 2001 et que le tiers avait acquis les actions litigieuses le 9 octobre 2001, peu important l'existence d'une offre faite antérieurement par celui-ci.

Cass. com. 6-5-2008 n° 07-12.378 F-D : RJDA 12/08 n° 1272.

Des investisseurs institutionnels détenant 37,18 % du capital d'une SA avaient conclu un pacte par lequel ils **s'engageaient à vendre simultanément** leurs actions à l'actionnaire majoritaire et avaient chargé un mandataire de négocier cette cession sur la base d'une valorisation minimale de la société fixée dans le pacte. L'un des investisseurs avait pourtant cédé seul ses actions à l'actionnaire majoritaire pour un prix inférieur à celui initialement prévu. Les autres investisseurs avaient alors réclamé des dommages-intérêts à l'investisseur défaillant.

Il y a lieu de faire droit à cette demande : en méconnaissant ses engagements contractuels, cet investisseur a engagé sa responsabilité et doit réparation du préjudice causé à ses anciens associés ; seule constitue une **perte de chance réparable** la disparition actuelle et certaine d'une éventualité favorable ; la réparation ne peut être que partielle ; elle doit être mesurée à la chance perdue et ne peut être égale à l'avantage qu'aurait procuré cette chance si elle s'était réalisée ; en acceptant de céder ses actions unilatéralement, l'investisseur a fait perdre aux quatre autres investisseurs financiers la chance **de** pouvoir **négocier** par leur mandataire commun la **vente en bloc** de leurs actions, dans les conditions initialement envisagées dans le pacte, c'est-à-dire sur la base minima d'une valorisation de la société de 21 millions d'euros, et de présenter en tout état de cause un front uni des actionnaires minoritaires bénéficiant d'une minorité de blocage ; le préjudice doit être évalué à 720 000 €, soit 60 % de la différence entre le prix auquel le mandataire était chargé de vendre les actions et celui auquel les investisseurs demandeurs les ont effectivement vendues.

CA Paris 29-9-2009 n° 08-14331, ch. 5-8 : RJDA 2/10 n° 157.

Les associés de trois sociétés exploitant des magasins de bricolage sous contrat de franchise avaient consenti au franchiseur un droit de préemption en cas de cession à un tiers de leurs titres. Informé par les associés de leur volonté de céder leur participation, le franchiseur avait

exercé son **droit de préemption** mais les intéressés avaient cédé leurs titres à une société tierce. Cette dernière ainsi que les sociétés franchisées avaient été absorbées par une société concurrente du franchiseur. N'ayant pas pu être substitué au cessionnaire compte tenu de l'absorption, le franchiseur avait demandé des dommages-intérêts aux associés ainsi qu'à la société absorbante. Les associés ne peuvent pas reprocher à une cour d'appel de les avoir condamnés in solidum à verser au franchiseur environ cinq millions d'euros d'indemnisation au titre :
– de la **perte de** la **chance** de tirer profit des titres acquis et de se développer ; en effet, le préjudice subi par le franchiseur ne s'analysait pas en la simple perte d'une chance de contracter puisque, aux termes d'un arrêt devenu définitif, sa préemption était valide et définitive ; le franchiseur aurait dû devenir « titulaire » des actifs du groupe constitué par les trois sociétés qui, exploitant trois magasins, possédaient une valeur remarquable en termes économiques, financiers, fonciers et concurrentiels ;
– du préjudice propre de **concurrence déloyale,** lié à la perte de représentation de l'enseigne, de l'image et à la dévalorisation de la marque ; l'acquisition des titres par un tiers avait privé le franchiseur de toute présence de sa marque sur les secteurs géographiques concernés ; la société concurrente avait elle-même admis avoir eu un intérêt stratégique à l'achat d'un magasin exploité à Nogent, qui lui permettait d'acquérir une position très favorable dans ce secteur, ainsi qu'à celui de biens immobiliers à Champigny et Épinay.
Cass. com. 20-9-2016 n° 15-10.963 F-D : RJDA 1/17 n° 23.

RECOURS DE LA SOCIÉTÉ EN CAS DE VIOLATION D'UNE CLAUSE RESTREIGNANT LA CESSION

La société émettrice des titres peut agir en dommages-intérêts sur le terrain de la responsabilité extracontractuelle lorsque la violation de la clause lui a causé un préjudice (cf. Cass. ass. plén. 6-10-2006 n° 05-13.255 PBRI : RJDA 1/07 n° 18 ; Cass. com. 18-1-2017 n° 14-16.442 F-D : D. 2017 pan. p. 1036 note D. Mazeaud), en portant **atteinte à l'intérêt social.** Il en est ainsi dans un cas où un tiers avait mené une entreprise de déstabilisation empreinte d'une totale déloyauté pour s'imposer dans le capital d'une SA et en prendre progressivement le contrôle dès lors qu'il avait incité les actionnaires, moyennant une indemnisation en cas de litige, à violer le pacte qui leur interdisait de lui céder leurs actions et qu'il avait obtenu, grâce à cette stratégie, la révocation des administrateurs et l'élection d'un nouveau conseil d'administration ; en conséquence, les juges ont condamné ce **tiers** à verser 3 000 000 F de dommages-intérêts à la société (soit 457 000 € environ) (CA Versailles 29-6-2000, 12e ch. 2e sect. : RJDA 1/01 n° 44). 5850

> **Précisions** En outre, dans l'affaire soumise à la cour d'appel de Versailles, l'un des administrateurs hostiles à la prise de contrôle n'avait pas été en mesure de participer à la **décision** prise par le nouveau conseil d'administration **d'agréer** le tiers en qualité d'actionnaire. La demande d'**annulation** de cette décision a été jugée recevable bien que n'ayant pas été engagée par l'administrateur écarté, mais par la société et un groupe d'actionnaires hostiles à la prise de contrôle : en effet, si l'action en nullité ayant pour objet la protection d'intérêts particuliers ne peut être invoquée que par la personne dont la loi assure la protection, l'action en nullité d'une délibération affectée d'un vice de portée générale est ouverte à toute personne justifiant d'un intérêt légitime ; tel est le cas de ce groupe d'actionnaires et de la société qui, en vertu du principe général selon lequel la fraude corrompt tout, invoquent le contexte frauduleux d'ensemble dans lequel s'est réuni le conseil d'administration ayant permis l'agrément du tiers. Le conseil d'administration litigieux a été annulé dès lors que, s'inscrivant dans une stratégie frauduleuse d'ensemble affectant le fonctionnement de la société, il s'est tenu dans des conditions de précipitation manifestement anormales en vue d'écarter du vote l'administrateur hostile à la prise de contrôle qui aurait pu empêcher l'agrément du tiers : en effet, cet administrateur, qui ne se trouvait pas dans la ville où devait se tenir le conseil, a été convoqué par télégramme téléphoné envoyé l'après-midi pour une réunion à 9 heures le lendemain matin et il n'est pas démontré qu'il ait eu personnellement connaissance de cette convocation ni qu'il ait été informé précisément de l'objet et de l'enjeu de celle-ci.
> Par ailleurs, les **actionnaires** qui ont favorisé l'entrée du tiers dans la société dans le seul but de réaliser une forte plus-value en cédant leurs actions à un partenaire dont l'agrément n'aurait pas été obtenu sans fraude ont été condamnés à réparer le préjudice subi par la société (condamnation à 1 500 000 F de dommages-intérêts, soit 228 000 € environ) dès lors qu'ils ont commis des fautes ayant gravement nui à l'intérêt social en incitant les autres actionnaires à violer le pacte leur interdisant de céder leurs titres, en votant dans des conditions déloyales la révocation des anciens dirigeants pour se substituer à eux et en votant frauduleusement l'agrément du tiers comme nouvel actionnaire.

4. CONSÉQUENCES FISCALES

5870 La **cession** de droits sociaux inclus dans un **pacte extrastatutaire d'inaliénabilité** est susceptible dans certains cas de remettre en cause les exonérations fiscales résultant de la conclusion de ce pacte en matière de droits de mutation à titre gratuit (sur cette question, voir Mémento Fiscal n° 68100) ou, avant 2018, d'impôt de solidarité sur la fortune (sur cette question, voir Mémento Fiscal 2017 n° 71390).

5. INCIDENCE SUR LE PACTE CONTENANT LA CLAUSE

5875 La violation d'une clause extrastatutaire peut remettre en cause la pérennité du pacte dans lequel figure la clause. Cette violation permet le cas échéant aux autres signataires de notifier ou demander la résolution du pacte (sur cette question, voir n°s 79463 s. les conditions de résolution de la cession qui sont applicables dans leurs principes à celle du pacte).

CHAPITRE 2

AUTRES EMPÊCHEMENTS À LA CESSION

EMPÊCHEMENTS LÉGAUX À LA CESSION

L'acquisition ou la cession de parts ou d'actions est dans certains cas restreinte ou interdite par des dispositions légales particulières. 6000

Des **incompatibilités professionnelles** ou des **condamnations** peuvent ainsi faire obstacle à l'entrée d'une personne dans une société en tant qu'associée ; elles font l'objet de développements particuliers n°s 27400 s. et 27450 s.

La transmission des titres des sociétés faisant l'objet d'une **procédure collective** est, elle aussi, soumise à certaines restrictions qui seront étudiées n°s 27650 s.

Par ailleurs, les actions souscrites dans le cadre d'une **augmentation de capital réservée aux adhérents d'un plan d'épargne d'entreprise** ne peuvent être cédées qu'après avoir été intégralement libérées (C. com. art. L 225-138-1, 6°). Cette règle présente une utilité pratique dans le cas où les salariés peuvent demander le déblocage anticipé de leurs titres (C. trav. art. L 3332-25). 6006

Sont encore incessibles les **parts sociales ou les actions données en location** ou faisant l'objet d'un crédit-bail, sauf clause contraire du contrat de bail ou de crédit-bail (C. com. art. R 239-1). 6009

CESSION DE TITRES FAISANT L'OBJET D'UNE SAISIE

La cession de parts ou actions faisant l'objet d'une saisie n'est pas libre car cette mesure d'exécution entraîne l'indisponibilité des droits pécuniaires du cédant, débiteur saisi (C. exécution art. R 232-8). Pour pouvoir céder de tels droits sociaux, il est nécessaire de respecter la réglementation décrite ci-après. 6020

S'agissant de la cession de **parts sociales** ou d'**actions non admises sur un marché réglementé** ou sur un SMN, le cédant doit informer l'huissier ou le commissaire de justice du créancier saisissant des propositions qui lui ont été faites en précisant notamment les coordonnées de l'acquéreur éventuel et le prix offert ; l'huissier ou le commissaire de justice communique ces informations au créancier pour accord de sa part (C. exécution art. R 221-31 sur renvoi de l'art. R 233-5). 6023

À défaut d'accord, la cession des titres serait inopposable au créancier qui pourrait faire valoir son gage à l'égard de l'acquéreur même si celui-ci est de bonne foi car la règle prévue à l'article 2276 du Code civil – selon laquelle « la possession vaut titre » – ne s'applique pas aux meubles incorporels. Une telle cession pourrait néanmoins prendre effet en cas de levée de la saisie par le créancier (CA Paris 22-1-1993 n° 92-16732, 25e ch. A : Bull. Joly 1993 p. 587, relatif à une saisie-arrêt de parts sociales et rendu sous le régime antérieur à la réforme des procédures civiles d'exécution, mais dont la solution conserve sa valeur sous le régime actuel).

Toutefois, **en pratique,** la cession de titres saisis effectuée en dehors du dispositif du Code des procédures civiles d'exécution est quasiment impossible car elle risque de tomber sous le coup du délit de détournement de biens saisis, puni d'une amende de 375 000 € et de trois ans d'emprisonnement (C. pén. art. 314-6), dès lors que le cédant connaissait l'existence de la saisie le jour où il a conclu la cession (Cass. crim. 24-9-1997 n° 94-86.197 : Dr. pén. 1998 comm. n° 18, rendu à propos de parts sociales qui faisaient l'objet d'une saisie-arrêt, mais transposable).

En effet, le délit de détournement d'objet saisi est constitué lorsque le bien en cause est mis sous main de justice par une autorité publique (Cass. crim. 9-1-1962 : Bull. crim. n° 17) et que le saisi a connaissance de cette mesure (Cass. crim. 28-4-1982 n° 81-90.839 : Bull. crim. n° 107). En matière de saisie de droits sociaux, la mise de ces droits sous main de justice résulte du fait que la saisie est effectuée par acte d'huissier ou de commissaire de justice, qui est un acte émanant d'une autorité investie d'une mission d'autorité publique ayant pour effet d'ôter au titulaire des droits toute faculté de décision sur leur sort ; quant à la connaissance de la saisie par le cédant, elle existe de manière certaine dès que la saisie lui a été dénoncée, dénonciation qui doit intervenir dans les huit jours de la réalisation de la saisie, en application de l'article R 232-6 du Code des procédures civiles d'exécution.

S'il s'agit d'**actions admises aux négociations sur un marché réglementé** ou sur un SMN, l'accord du créancier n'est pas nécessaire puisque le prix est déterminé par le marché ; le produit de la vente 6026 est seulement conservé par l'intermédiaire habilité chargé de la vente pour être versé au créancier (C. exécution art. R 233-3).

CESSION DE TITRES REMIS EN GARANTIE

6040 **Titres nantis** La possibilité de céder des **actions** figurant dans un compte nanti est laissée à la volonté du créancier gagiste et du titulaire du compte qui déterminent par convention les conditions dans lesquelles ce dernier peut céder les actions (C. mon. fin. art. L 211-20, IV). Le créancier gagiste bénéficie d'un droit de rétention sur les actions (art. précité), si bien que toute cession qui interviendrait en contravention de la convention lui serait inopposable. En pratique, il est peu vraisemblable qu'une cession d'actions inscrite dans un compte nanti puisse être matérialisée par un virement des titres au compte de l'acquéreur car le teneur de compte, qui doit être tenu informé du contenu de la convention des parties, refusera de procéder à ce virement sans avoir obtenu une mainlevée du nantissement de la part du créancier.

À notre avis, les **parts sociales** nanties ne peuvent être cédées qu'avec l'accord du créancier gagiste ; à défaut, la cession, valable entre les parties, serait néanmoins inopposable au créancier.

ATTENTION

Qu'il s'agisse de parts ou d'actions, le **délit de détournement** de biens gagés, qui est puni de trois ans d'emprisonnement et de 375 000 € d'amende (C. pén. art. 314-5) risque d'être retenu à l'encontre du propriétaire des droits nantis qui les céderait en connaissance de cause.

6043 **Titres placés sous séquestre** La mise d'**actions** ou de **parts** sous séquestre à la suite d'une contestation, qui a pour objet de bloquer celles-ci entre les mains d'un tiers, fait perdre au titulaire de ces titres le droit de les céder librement. En effet, le tiers séquestre ne peut remettre les titres, après la contestation terminée, qu'à la personne qui sera jugée devoir les obtenir (C. civ. art. 1956). Il peut le faire auparavant, mais à condition d'y avoir été autorisé par toutes les parties intéressées (art. 1960). Aussi, l'associé ou l'actionnaire dont les titres sont séquestrés peut les vendre et en transférer la propriété seulement s'il a obtenu l'accord de la personne à l'origine de la mesure de séquestre ou seulement sous la condition suspensive que les titres lui seront remis à l'issue de cette mesure.

L'associé dont les titres ont été placés sous séquestre judiciaire qui les céderait avant que la mesure ne soit levée commettrait le délit de détournement d'objet saisi réprimé par l'article 314-6 du Code pénal (Cass. crim. 14-4-1961 : Bull. crim. n° 197).

CESSION DE TITRES REPRÉSENTATIFS D'UN APPORT EN INDUSTRIE

6050 Les parts ou les actions remises à un associé en contrepartie d'un apport en industrie sont inaliénables. Ce principe, énoncé par l'article L 227-1, al. 4 du Code de commerce pour les actions de SAS, est applicable aux parts d'industrie. En effet, ces parts sont représentatives de l'exercice par leur titulaire d'une activité au profit de la société et cette activité, attachée à la personne de celui qui l'exerce, est intransmissible.

ACTIONNARIAT DES SALARIÉS OU DIRIGEANTS

6060 Il arrive que les organes de direction des sociétés par actions imposent des mesures de restriction qui affectent temporairement la cession des actions souscrites ou acquises par les salariés ou par les dirigeants.

Ainsi, les actions souscrites ou acquises dans le cadre de plans d'options de souscription ou d'achat d'actions (« **stock-option plans** ») peuvent ne pas être immédiatement cessibles. En effet, les organes de direction peuvent imposer un délai de conservation des titres ainsi acquis, sans que ce délai ne puisse toutefois excéder trois ans à compter de la levée de l'option (C. com. art. L 225-177, al. 2) ; ils peuvent aussi imposer à leurs dirigeants de conserver les actions issues des levées d'options ou de l'attribution gratuite d'actions jusqu'à la cessation de leurs fonctions (C. com. art. L 225-185, al. 4 et L 225-197-1, II-al. 4).

TITRE III

Conclusion de la cession

CHAPITRE 1

POURPARLERS PRÉALABLES À LA CESSION

SOMMAIRE

SECTION 1

CONDUITE DES POURPARLERS

10000 La cession ou l'achat de droits sociaux est précédée d'une période de négociation plus ou moins longue, plus ou moins dense, qui conduit à l'émission d'une offre de vendre ou d'acquérir éventuellement acceptée.

Les négociations consistent en un **ensemble d'échanges** (entretiens, réunions, échanges épistolaires, émission d'une offre...) précédant la formation de l'accord et permettant aux cocontractants éventuels de s'étudier réciproquement et d'apprécier les risques et les chances du contrat envisagé (CA Pau 14-1-1969 : D. 1969 p. 716).

10005 Les développements exposés n°s 10020 s. présentent le déroulement des pourparlers **étape par étape**, étant précisé que ce déroulement peut être plus ou moins complexe selon l'ampleur ou la nature de l'opération en cause (cession d'une participation non significative ou d'un bloc de contrôle, opération de capital-investissement, transmission interfamiliale). Ne sont exposées ici ni les règles particulières de négociation des instruments financiers sur les marchés réglementés ni les modalités de cession d'une entreprise faisant l'objet d'une procédure collective (sauvegarde, redressement ou liquidation judiciaire ; sur cette dernière question, voir Mémento Droit commercial n°s 63630 s.).

Les modalités de négociations sont très influencées par les pratiques anglo-saxonnes, ce qui conduit les praticiens à faire usage d'un vocabulaire anglais qui est explicité au fur et à mesure des développements.

I. PRÉPARATION DE LA CESSION

A. Définition du projet de cession

10020 Le cédant et le repreneur ont tout **intérêt** à définir leur projet avant d'engager une quelconque recherche ou négociation. Cette étape leur permettra notamment :

– de vérifier s'ils sont prêts, y compris psychologiquement, à se lancer dans une telle opération ;

– d'entamer les prises de contacts et les négociations sur des bases solides, ce qui ne peut que rassurer les partenaires, y compris financiers ;

– de procéder plus rapidement à une présélection des candidats en écartant d'office ceux qui ne répondent pas au projet ainsi défini.

10022 Le **cédant** doit notamment :

– déterminer ses priorités (les modalités financières de la cession, la pérennité de l'entreprise, etc.) ;

– s'interroger sur la nature et les modalités de l'opération – cession de fonds de commerce ou de droits sociaux ou autres modalités s'il envisage une transmission familiale de l'entreprise (donation, cession de la nue-propriété des droits sociaux ou encore location de ceux-ci) – et s'informer sur le régime fiscal de chacune de ces opérations ;

– définir le profil du repreneur qu'il est susceptible d'accepter : un proche (membre de la famille, collaborateur ou associé), un concurrent ou tout autre tiers (personne physique ou morale, groupe dominant le marché concerné ou encore société de capital-investissement) ; d'autres critères peuvent être pris en compte, comme l'expérience professionnelle du repreneur dans le secteur d'activité concerné ou sa surface financière ;

– diagnostiquer la société en faisant réaliser des audits et, le cas échéant, effectuer certaines opérations de toilettage pour la rendre plus attractive ;

– se renseigner sur le marché.

ATTENTION

Le cédant ne doit pas négliger les **aspects psychologiques de la cession** car ils peuvent constituer un frein à l'opération. Ainsi, le cédant peut utilement se poser les questions suivantes : est-il prêt à transmettre son entreprise ? Lorsqu'il s'agit d'une affaire familiale, l'entourage adhère-t-il au projet ?

Le cédant peut aussi utilement s'interroger sur l'après-cession : quels sont ses projets futurs ? Quels seront ses besoins et revenus ?

De son côté, le **repreneur** détermine quel type d'entreprise il peut et souhaite acquérir (domaine d'activité, taille de la société, société nouvelle ou déjà bien implantée sur un marché, localisation...) compte tenu de son expérience professionnelle et de ses aspirations personnelles. **10025**
Comme le cédant, il doit s'interroger sur la forme, les modalités et la fiscalité de l'opération envisagée et prendre connaissance du marché.
Il est important qu'il définisse son budget. Ce dernier devra couvrir, non seulement le prix de cession, mais aussi les honoraires des différents intervenants (conseils, audits, rédacteurs d'actes), le coût fiscal, l'éventuel remboursement des comptes courants d'associés, le besoin en fonds de roulement de la société... Doivent aussi être envisagés les possibles modes de financement : recours à l'emprunt ou à des partenaires qui deviendraient coassociés, création d'un holding de reprise...

B. Aménagements portant sur la société

La préparation de la **cession d'un bloc de contrôle** peut conduire le cédant à procéder à certaines modifications afin de **rendre la société plus attractive.** Si l'opération envisagée consiste à faire entrer dans le capital social une société de capital-risque ou un business angel, celui-ci fera généralement de ces modifications une condition de son engagement. **10040**
Nous exposons n°s 10045 s., à titre d'**illustrations,** certains **changements ou adaptations** qui peuvent intervenir à l'occasion de la cession d'un bloc de contrôle.

RESTRUCTURATION DES ACTIFS DE LA SOCIÉTÉ DONT LES TITRES SONT CÉDÉS

Avant la cession de la société, il peut être utile de **recentrer l'activité** de celle-ci sur son cœur de métier pour la valoriser. Par exemple, le cédant peut filialiser certaines activités accessoires en faisant apport de certains actifs à une autre société, nouvelle ou préexistante. Il peut aussi opérer une scission : la société initiale se scinde et disparaît après que ses activités ont été réparties dans des sociétés nouvelles ou préexistantes. **10045**
Afin d'alléger la valeur de l'entreprise, le cédant peut **séparer les actifs immobiliers des actifs d'exploitation** et exclure les immeubles du périmètre de la cession. En effet, la présence de l'immobilier alourdit le coût de la reprise et le cédant court le risque que les immeubles figurant à l'actif de la société soient bradés parce que le repreneur s'en désintéresse et que le coût de la sortie du bilan est élevé.

TRAITEMENT DU BILAN DE LA SOCIÉTÉ DONT LES TITRES SONT CÉDÉS

Le cédant a intérêt à ce que le bilan de la société représente l'**image** la plus **fidèle** possible **de l'entreprise.** Cela aura notamment une influence sur l'audit préalable à la cession ainsi que sur la mise en jeu de la garantie de passif et/ou d'actif ou de la clause de révision de prix éventuellement stipulée dans l'acte de cession. **10075**
Tous les postes du bilan doivent être examinés, en attachant une attention toute particulière aux postes suivants :
– les postes de provisions, notamment les provisions pour créances douteuses afin de constater leur réalité et, s'il y a lieu, de les modifier ;
– les comptes d'amortissement pour savoir s'ils correspondent à la dépréciation réelle des immobilisations ;
– les postes d'actifs immobilisés pour déterminer si, en fonction des objectifs poursuivis par le cédant, certains éléments doivent être cédés préalablement à la cession de la société puis retirés du bilan ;
– les comptes de capitaux propres pour s'interroger le cas échéant sur l'opportunité d'une distribution de réserves ; cette pratique, qui consiste à procéder à une distribution des réserves préalablement à la vente des titres, avantage le repreneur en diminuant le financement global de l'acquisition, mais elle est souvent déconseillée en raison de son coût fiscal, supérieur à celui des plus-values de cession.

> **Précisions** Les comptes annuels doivent être réguliers, sincères et donner une image fidèle du patrimoine, de la situation financière et du résultat de l'entreprise (C. com. art. L 123-14, al. 1). La présentation aux associés ou actionnaires ou la publication d'un **bilan inexact** est passible de sanctions pénales pour le dirigeant : cinq ans de prison et 375 000 € d'amende (C. com. art. L 241-3, 3°, L 242-6, 2°, L 242-30, al. 1, L 243-1, L 244-1 et L 248-1). En outre, la présentation par le cédant de **comptes infidèles** à l'acquéreur peut emporter l'annulation de la cession pour dol (n°s 19450 s.).

10100 **Comment rechercher un candidat à la cession ou à la reprise**

Les moyens de trouver des candidats à la reprise ou à la vente sont multiples.
Le cédant et le repreneur peuvent activer leurs **réseaux,** parler de leur recherche auprès de leur entourage, s'abonner aux **revues** spécialisées ou encore profiter des **salons** organisés sur le thème de la reprise d'entreprise. Le cédant peut aussi s'adresser à ses **concurrents** qui peuvent être naturellement intéressés par la reprise.
Le cédant et le repreneur peuvent contacter leur conseiller habituel afin qu'il les aide à identifier les candidats potentiels : banquier, notaire, expert-comptable, avocat ou commissaire aux comptes ; mais l'intervention de ce conseiller peut être limitée par les règles de sa profession. Ils peuvent également contacter des **conseils en rapprochement,** les **chambres de commerce** et de l'industrie et les **fédérations** ou syndicats professionnels. Il existe également des clubs, associations et **organismes** dédiés qui mettent à disposition des annonces de cession et de reprise.
La plupart des organismes dédiés disposent de **sites internet** présentant notamment l'état du marché de la cession/transmission d'entreprises, secteur d'activité par secteur d'activité et des annonces. Parmi les sites des organismes officiels, on peut citer :
– le site BPIfrance Création : https: //bpifrance-creation. fr ;
– le portail de la transmission-reprise des chambres de commerce et d'industrie : www.cci.fr/ressources/reprise-dentreprise/trouver-votre-entreprise-reprendre ;
– la bourse nationale des créateurs, des repreneurs, des cédants pour entreprendre dans l'artisanat, qui est le site du réseau des chambres de métiers et de l'artisanat entièrement dédié à la transmission des entreprises artisanales : https://entreprendre.artisanat.fr ;
– le site de France invest, qui est l'association des investisseurs pour la croissance spécialisée dans le capital-investissement : www.franceinvest.eu.

C. Recours à un intermédiaire

1. INTERMÉDIAIRES SUSCEPTIBLES D'INTERVENIR

10120 Il est recommandé de faire appel à un ou plusieurs professionnels de la cession de titres car cette opération peut s'avérer délicate et suppose un certain nombre de précautions. Ce recours est parfois obligatoire, notamment lorsque la cession est rédigée par acte notarié (sur les conditions de forme de la cession, voir n°s 70040 s.).
L'**intervention** du conseil peut être **de plusieurs ordres** : définition d'une stratégie pour optimiser l'opération, aide à la recherche d'un candidat (apport d'un réseau, sélection fine des offres et demandes), assistance à la négociation, réalisation d'un audit de l'entreprise, évaluation des droits sociaux, suivi des formalités juridiques et fiscales, rédaction de l'acte de cession, etc.
Pour des cessions significatives ou portant sur des sociétés présentant des particularités (par exemple, exploitation d'une installation classée ou développement de produits de haute technologie), le recours à plusieurs professionnels spécialisés et expérimentés dans des domaines différents (fiscalité, droit de l'environnement, de la propriété industrielle ou autres) sera nécessaire.

INTERVENTION D'UN AGENT IMMOBILIER

10125 Les agents immobiliers peuvent prêter leur concours à des opérations de souscription, d'achat, de vente d'actions ou de parts de sociétés immobilières donnant vocation à une attribution de locaux en jouissance ou en propriété ou à des opérations d'achat et de cession de parts sociales non négociables si l'actif de la société comprend un immeuble ou un fonds de commerce (Loi 70-9 du 2-1-1970 dite loi Hoguet art. 1, 4° et 5°), à la **condition** d'être titulaire d'une carte professionnelle précisant les opérations qu'ils peuvent accomplir (art. 3). Leur concours suppose alors un mandat écrit précisant notamment leur rémunération et l'étendue de leur intervention (Loi 70-9 art. 6, I ; Décret 72-678 du 20-7-1972 art. 72).
En revanche, les exigences posées par la loi Hoguet ne s'appliquent pas aux agents immobiliers qui interviennent dans :
– les cessions de parts non négociables si l'actif de la société émettrice ne comporte ni fonds de commerce ni immeuble (cf. Cass. com. 27-6-2018 n° 16-23.848 F-D : RJDA 11/18 n° 842) ;
– les cessions d'actions, quelle que soit la composition des actifs de la société émettrice (cf. Cass. com. 22-1-1991 n° 89-123.98 PB : RJDA 5/91 n° 408 ; Cass. 1e civ. 6-12-1994 n° 93-12.837 PB : RJDA 2/95 n° 158 ; Cass. 1e civ. 27-11-2008 n° 06-16.688 FS-D : RJDA 4/09 n° 349).

Outre les fonctions d'entremise, l'agent immobilier peut être chargé de rédiger l'acte de cession – il doit alors s'assurer que les conditions nécessaires à l'efficacité juridique du contrat sont réunies (Cass. 1e civ. 25-11-1997 no 96-12.325 : Bull. civ. I no 321) – ou encore être constitué séquestre des sommes versées par l'une ou l'autre des parties.

INTERVENTION D'UN AVOCAT

La profession d'avocat est incompatible avec toutes les activités de caractère commercial, qu'elles soient exercées directement ou par personne interposée (Décret 91-1197 du 27-11-1991 art. 111, a). **10135**
Cette incompatibilité ne fait toutefois pas obstacle à la commercialisation, à titre accessoire, de services connexes à l'exercice de la profession d'avocat si ces services sont destinés à des clients ou à d'autres membres de la profession (art. 111, al. 4). Les **opérations d'intermédiation ou de courtage,** qui constituent des activités commerciales, paraissent ouvertes à l'avocat dans les limites posées par l'article 111, al. 4 précité, sous réserve d'informer par écrit le Conseil de l'Ordre du barreau dont il relève dans un délai de trente jours suivant le début de l'activité concernée (art. 111, al. 5).
L'avocat peut conseiller, assister, rédiger, défendre, concilier, expertiser, être mandataire, évaluateur et auditeur ; à ce titre, il peut intervenir sur tous les **aspects juridiques de la cession** : préparation de l'acte de cession, rédaction ou relecture des documents clés de la négociation, conseils sur les actes à conclure, conseils sur le montage juridique et fiscal, audit juridique de l'entreprise dont les titres sont cédés, etc. Certains cabinets d'avocats sont spécialisés dans les opérations de capital-investissement compte tenu de leur complexité et de la nécessité de mettre en place des montages juridiques demandant des compétences techniques très spécifiques.
Pour l'ensemble de ces opérations, l'avocat n'est pas tenu d'être titulaire de la carte professionnelle prévue par la loi Hoguet (Loi 70-9 du 2-1-1970 art. 2 ; Décret 72-678 du 20-7-1972 art. 95 ; Décret 91-1197 art. 164).

> **Précisions** Lorsque l'avocat est chargé d'une **mission exclusivement juridique relative à l'acquisition** par son client de droits sociaux, il n'est pas tenu de renseigner ce dernier sur les aspects financiers et économiques de cette acquisition (Cass. 1e civ. 14-1-2016 no 15-11.156 F-D : RJDA 5/16 no 348).

INTERVENTION D'UNE BANQUE

Outre les opérations de crédit, les banques peuvent effectuer un certain nombre d'activités connexes, telles que le conseil et l'assistance en matière de gestion financière, l'ingénierie financière et d'une manière générale tous les services destinés à **faciliter la création et le développement des entreprises** (C. mon. fin. art. L 311-2, I-5o). Elles interviennent surtout dans les cessions d'une certaine ampleur. **10145**

INTERVENTION D'UN COMMISSAIRE AUX COMPTES

Les fonctions de commissaire aux comptes sont, notamment et sauf exceptions, incompatibles avec toute activité ou tout acte de nature à porter atteinte à son indépendance ainsi qu'avec toute activité commerciale, qu'elle soit exercée directement ou par personne interposée (C. com. art. L 822-10). Le **courtage et** la **négociation** lui sont donc interdits. **10150**
Par ailleurs, et d'une manière générale, le commissaire au comptes doit éviter toute situation de **conflits d'intérêts** (C. déont. art. 5 reproduit à l'annexe 8-1 sous C. com. art. R 822-20).

Le commissaire aux comptes d'une société peut être amené à réaliser, à la demande de cette dernière, des travaux en vue de réaliser un audit ou un examen limité ou de délivrer une attestation portant sur des informations particulières en dehors de toute obligation issue d'un texte légal ou réglementaire. Ces services entrent dans le cadre des **services autres que la certification des comptes.** **10155**
Le commissaire aux comptes (ou les membres de son réseau) d'une **entité d'intérêt public** (EIP) (société dont les titres financiers sont admis aux négociations sur un marché réglementé, établissement de crédit, entreprise d'assurance : cf. C. com. art. L 820-1, III) **peut fournir** à celle-ci ou aux sociétés qui la contrôlent ou qui sont contrôlées par elle au sens de l'article L 233-3, I et II du Code de commerce des services autres que la certification des comptes qui ne sont pas interdits, à condition d'être approuvés par le comité d'audit. Ce comité se prononce après avoir analysé les risques en matière d'indépendance et les mesures de sauvegarde appliquées par le commissaire aux comptes (C. com. art. L 822-11-2).
Sont interdits les services dont la liste figure à l'article 5, 1 du règlement UE 537/2014 du 16 avril 2014 (C. com. art. L 822-11, II-al. 1). Parmi la longue liste de services interdits figurent notamment les

services juridiques ayant trait à la fourniture de conseils généraux ou à la négociation au nom de l'entité contrôlée, les services liés à la fonction d'audit interne, la promotion, ou encore le commerce ou la souscription de parts de l'entité contrôlée.

Un guide d'application relatif aux services autres que la certification des comptes a été publié en novembre 2018 par la CNCC, l'Afep, le Medef, MiddleNext et l'Ansa afin d'aider les EIP et leurs commissaires aux comptes à appréhender les nouvelles règles et à préciser leurs modalités d'application.

> **Précisions** Dans les **sociétés qui ne sont pas des EIP,** il est désormais seulement interdit aux commissaires aux comptes d'accepter ou de poursuivre une mission de certification lorsqu'il existe un risque d'autorévision ou que leur indépendance est compromise et que des mesures de sauvegarde appropriées ne peuvent être mises en œuvre (C. com. art. L 822-11, III).

INTERVENTION D'UN EXPERT-COMPTABLE

10165 Les experts-comptables interviennent inévitablement lors d'une opération de cession de titres compte tenu de leur connaissance des **comptes** du repreneur ou du cédant. **Ils accompagnent tout au long du processus** de cession : côté cédant, ils peuvent préparer l'entreprise à la vente, procéder à son évaluation, constituer le dossier de présentation ; côté repreneur, ils peuvent participer à la présélection des cibles, mener l'audit d'acquisition et apporter des conseils sur le montage financier, juridique et fiscal. Ils sont souvent sollicités pour établir un arrêté des comptes proche de la date de la cession dans le but de négocier une clause de révision de prix (nº 66912).

Les experts-comptables peuvent, en outre, dans les limites autorisées par la réglementation qui leur est applicable, donner des **consultations juridiques** en matière comptable et rédiger des actes sous signature privée, à condition que ces actes constituent l'accessoire direct de la prestation fournie en matière comptable (Loi 71-1130 du 31-12-1971 art. 59 ; Cass. crim. 13-3-1996 nº 94-86.022 : Bull. crim. nº 111).

Il est interdit aux experts-comptables d'effectuer des **activités commerciales et d'intermédiaires** ; toutefois, ils peuvent faire du courtage ou négocier sous des conditions assez restrictives : l'activité doit être réalisée à titre accessoire, ne pas être de nature à mettre en péril notamment leur indépendance et enfin respecter les conditions et limites fixées par les normes professionnelles (Ord. 45-2138 du 19-9-1945 art. 22, al. 3). Par ailleurs, les experts-comptables ne peuvent pas être mandatés pour recevoir, conserver ou délivrer des fonds. Toutefois, à titre accessoire, ils peuvent, par le compte bancaire de leur client ou adhérent, procéder au recouvrement amiable de leurs créances et au paiement de leurs dettes, pour lesquels un mandat leur a été confié (art. 22, al. 4).

INTERVENTION D'UN NOTAIRE

10175 Le notaire peut intervenir à plusieurs titres. Il peut assister, rédiger des actes authentiques ou sous signature privée et conseiller. Outre son rôle sur tous les **aspects juridiques** de la cession, il peut être fait appel à lui pour aborder l'aspect **patrimonial et successoral de la cession** : il peut notamment aider à prendre des dispositions pour protéger le patrimoine familial ou à mesurer les risques que le repreneur prend au regard des garanties qu'il donne.

Le notaire peut également faire du **rapprochement et** de la **négociation.** Les textes lui reconnaissent en effet la possibilité d'exercer une activité de négociation : agissant en vertu d'un mandat écrit, le notaire peut ainsi rechercher un cocontractant et le mettre en relation avec son mandant, soit directement, soit par l'intermédiaire du représentant de ce cocontractant, recevoir l'acte ou participer à sa réception (C. com. annexe 4-9, I-4° b). Sauf stipulation contraire, l'honoraire de négociation est à la charge de celle des parties qui supporte les frais de l'acte ; les frais de publicité nécessaires à la recherche d'un cocontractant sont à la charge du notaire mais le mandant peut s'obliger à les lui rembourser sur justification, dans la limite d'une somme précisée dans le mandat (C. com. annexe 4-9, II). Pour ces opérations, le notaire n'est pas tenu d'être titulaire de la carte professionnelle prévue par la loi Hoguet (Loi 70-9 du 2-1-1970 art. 2 ; Décret 72-678 du 20-7-1972 art. 95).

2. MANDAT CONFIÉ À L'INTERMÉDIAIRE

10200 C'est en vertu d'un **contrat** de mandat que le cédant ou l'acquéreur va confier une mission à un intermédiaire ou un conseil. Ce mandat peut se limiter à la recherche d'un candidat ou viser plus généralement la vente des titres ou encore concerner la rédaction des actes de cession. Sur le régime général du mandat de vendre ou d'acheter, voir nºs 28040 s.

Il est conseillé de consigner ce mandat par écrit afin d'éviter toute contestation ultérieure, notamment sur son étendue et sur la rémunération de l'intermédiaire.

Le mandat contient :
– le descriptif le plus précis possible de la mission du mandataire ;
– les éléments à prendre en compte pour le calcul de la rémunération du mandataire, qui est souvent constituée d'un forfait et d'un pourcentage du montant de la vente (le sort de la commission de l'intermédiaire doit être envisagé dans le cas où l'acquéreur et le cédant se sont finalement trouvés directement sans son aide) ;
– le caractère exclusif ou non du mandat ;
– la durée du mandat, déterminée ou indéterminée ;
– une clause de confidentialité indiquant les documents et les informations que le mandataire est autorisé à transmettre aux candidats.

En pratique, le mandat confié est le plus souvent un mandat exclusif à durée déterminée. Il peut s'agir d'une exclusivité totale ou limitée (limitation à un secteur géographique ou impossibilité pour le mandant de faire appel à d'autres intermédiaires tout en gardant la possibilité de rechercher lui-même des candidats, par exemple).

II. PRINCIPES RÉGISSANT LES NÉGOCIATIONS

A. Liberté de négocier

En l'**absence de contrat encadrant les pourparlers,** il n'existe pas d'obligation de négocier et à plus forte raison de contracter. 10220

La liberté caractérise la situation des participants pendant la période de négociation : liberté de l'entreprendre, liberté de la poursuivre, liberté de la suspendre ou d'y mettre fin tant que le contrat n'est pas définitivement formé. Ces libertés sont consacrées par l'article 1112 du Code civil.

B. Obligation de bonne foi des négociateurs

Pèse sur les participants aux pourparlers contractuels une obligation de bonne foi (C. civ. art. 1104 et 1112, al. 1 ; notamment Cass. com. 20-3-1972 n° 70-14.154 P : Bull. civ. IV n° 93 ; Cass. 1e civ. 14-6-2000 n° 98-17.494 F-D : RJDA 11/00 n° 949 ; Cass. com. 21-1-2004 n° 99-20.898 F-D : RJDA 5/04 n° 565 ; Cass. com. 8-11-2005 n° 04-12.322 FS-D : RJDA 5/06 n° 490). À ce titre, est répréhensible le fait d'engager des pourparlers sans **intention de contracter,** ou de les poursuivre alors que l'on n'a plus cette intention (Cass. com. 18-6-2002 n° 99-16.488 F-D : n° 11590). 10230

L'obligation de bonne foi est d'**ordre public** (C. civ. art. 1104, al. 2 et 1112, al. 1) ; les négociateurs ne peuvent donc pas l'écarter contractuellement.

> **Précisions a.** Les **Principes d'Unidroit** qui codifient les us et coutumes du commerce international rappellent cette exigence : les parties sont tenues de se conformer aux exigences de la bonne foi dans le commerce international, et elles ne peuvent ni exclure cette obligation ni en limiter la portée (Principes d'Unidroit 2016 art. 1.7). Ainsi, est de mauvaise foi la partie qui entame ou poursuit des négociations en sachant qu'elle n'a pas l'intention de parvenir à un accord (art. 2.1.15, 3). Par ailleurs, est nul un contrat qui, au moment de sa conclusion, accorde injustement un avantage excessif à l'une des parties, notamment lorsque celle-ci « a profité d'une manière déloyale de l'état de dépendance, de la détresse économique, de l'urgence des besoins, de l'imprévoyance, de l'ignorance, de l'inexpérience ou de l'inaptitude à la négociation de son cocontractant » (art. 3.2.7).
> **b.** Avant l'ordonnance 2016-131 du 10 février 2016 dont sont issus les articles 1104 et 1112-1, les tribunaux ont parfois sanctionné, sous couvert du principe de bonne foi, le **défaut d'information de l'acquéreur par le cédant** (par exemple, Cass. 1e civ. 15-3-2005 n° 01-13.018 : RJDA 8-9/05 n° 984). À notre avis, tel ne doit plus être le cas : la réforme ayant institué un devoir général d'information dont elle a strictement défini les termes (nos 10240 s.), les obligations de bonne foi et d'information sont désormais distinctes.

C. Devoir d'information à la charge des négociateurs

OBLIGATION LÉGALE D'INFORMATION DES NÉGOCIATEURS

10240 Celle des parties qui connaît une information dont l'importance est déterminante pour le consentement de l'autre doit l'en informer dès lors que, légitimement, cette dernière ignore cette information ou fait confiance à son cocontractant (C. civ. art. 1112-1, al. 1).

> **Précisions** **Avant l'ordonnance 2016-131 du 10 février 2016** dont est issu l'article 1112-1, les tribunaux avaient retenu que la loyauté dans la négociation impliquait une certaine transparence, chaque négociateur étant tenu d'informer son partenaire de manière à ce que chacun intègre les contraintes ou exigences de l'autre. Ont ainsi été déclarés fautifs le dirigeant ayant cédé ses droits sociaux sans informer l'acquéreur des conséquences probables d'un accident du travail intervenu avant la cession (Cass. 1e civ. 15-3-2005 n° 01-13.018 F-PB : RJDA 8-9/05 n° 984) et l'acquéreur qui avait gardé le silence sur la nécessité pour lui de recourir à un prêt pour financer son achat, laissant se poursuivre des négociations génératrices de frais jusqu'au refus du prêt (Cass. 1e civ. 6-1-1998 n° 95-19.199 P : n° 11570 ; voir aussi CA Versailles 1-4-1999 : n° 11590, rendu à propos d'une société ayant dissimulé à son partenaire l'incidence de la cession dont elle allait faire l'objet). À notre avis, cette jurisprudence n'est pas nécessairement transposable au régime issu de l'ordonnance : il convient de vérifier, au regard des circonstances de chaque espèce, si les conditions spécifiques posées par l'article 1112-1 sont remplies.

PORTÉE DU DEVOIR D'INFORMATION DES NÉGOCIATEURS

10245 Aux termes de l'article 1112-1 du Code civil, le négociateur n'est tenu que de délivrer une « **information** ». Étymologiquement, il n'est donc tenu que de mettre au courant l'autre partie, autrement dit de lui révéler une donnée.

Le devoir d'information ne doit pas être confondu avec le devoir de **mise en garde,** parfois formulé comme le devoir d'attirer l'attention, ou avec le devoir de **conseil** qui suppose de la part de celui qui y est tenu une recommandation sur un choix à opérer.

Le devoir d'information est d'**ordre public,** les participants aux négociations ne pouvant ni le limiter ni l'exclure (C. civ. art. 1112-1, al. 5).

> **Précisions** Le **sens précis du devoir d'information** a été, à notre avis, mis clairement en lumière par un jugement du tribunal de commerce de Paris (T. com. Paris 13-11-2014 n° 2013054520 : GP 22-8-2015 p. 10) : l'information suppose une présentation claire et non équivoque du produit en négociation et une réponse aux questions posées ; mais elle ne va pas jusqu'à imposer à celui qui la doit de se substituer au choix de son vis-à-vis, l'information devant être adaptée au profil de ce dernier : si celui-ci est apte à comprendre, la remise d'une documentation écrite peut valoir exécution du devoir d'information.

NÉGOCIATEUR TENU AU DEVOIR D'INFORMATION

10250 L'obligation d'information n'est mise qu'à la charge de la **partie qui connaît** une information déterminante du consentement de son cocontractant (C. civ. art. 1112-1, al. 1). Elle pèse tant sur l'associé souhaitant céder ses titres que sur le candidat à l'achat. Le degré de connaissance de l'information par le cédant est naturellement différent selon la qualité de ce dernier : simple associé ou dirigeant de la société.

À la lettre, l'obligation d'information ne paraît pas pouvoir être mise à la charge de celui qui **devrait connaître** ou ne pouvait pas ignorer l'information ou son utilité pour l'autre partie. Mais la présomption de connaissance attachée à la qualité de professionnel doit, à notre avis, être tenue par les négociateurs comme un acquis jurisprudentiel qui ne sera pas remis en cause.

Celui qui doit l'information ne peut pas reprocher à l'autre de ne pas avoir procédé à des investigations pour pallier l'absence d'information qu'il ne lui a pas spontanément communiquée (Cass. 3e civ. 10-9-2013 n° 12-22.844 F-D : RJDA 4/14 n° 318).

NÉGOCIATEUR BÉNÉFICIAIRE DE L'INFORMATION

10255 L'information n'est due qu'à la partie qui légitimement ignore une information déterminante ou fait confiance à son cocontractant (C. civ. art. 1112-1, al. 1).

10256 La **partie ignorante** de l'information est, bien entendu, celle qui n'a aucune qualité pour la connaître. Cette qualité peut être appréciée en fonction de la compétence respective des participants et de la nature de leurs relations d'affaires.

En outre, la partie n'a droit à l'information que si elle peut « **légitimement** » l'ignorer dans les circonstances de l'espèce. Une partie ne peut donc pas se prévaloir de son ignorance légitime si elle a commis une faute ayant empêché le détenteur de l'information de mesurer qu'il était tenu de l'informer ou si elle connaît les risques attachés à l'exécution de la prestation due.

ILLUSTRATIONS

Est censé être informé l'investisseur qui, ayant eu connaissance de l'évaluation d'une société faite par une banque, a souscrit à une augmentation du capital de cette société dès lors qu'il était un professionnel de l'investissement financier et spécialisé dans les opérations de prises de participation (Cass. com. 10-2-2015 n° 13-24.684 F-D : RJDA 8-9/15 n° 549).

La **personne qui légitimement « fait confiance »** peut s'entendre comme la personne qui s'en remet naturellement à celui qui lui inspire confiance. Elle ne voit pas de raison de se méfier et se dispense ainsi de toute recherche pour mieux connaître la portée de la prestation qui lui est promise. Elle demeure alors passive dans la négociation comme la personne qui légitimement ignore. Une partie se tait parce qu'elle ne sait rien ou est fondée à ne rien savoir tandis qu'une autre se tait parce qu'elle n'a pas de raison de douter des propos du promettant. **10258**

INFORMATION DUE PAR LES NÉGOCIATEURS

L'information n'est due que si elle présente une **importance déterminante** pour le consentement de l'autre partie. Pour avoir une importance déterminante, l'information doit avoir un lien direct et nécessaire avec le contenu du contrat ou la qualité des parties (C. civ. art. 1112-1, al. 1 et 3). Mais elle ne peut pas porter sur la valeur des droits sociaux (art. 1112-1, al. 2). **10260**

Bien évidemment, les négociateurs doivent donner des **informations exactes,** la fourniture d'informations inexactes pouvant entraîner non seulement la réparation du préjudice subi mais aussi la nullité de la cession pour dol (n°s 19300 s.) ou encore sa résiliation pour vice caché (n°s 61020 s.).

Afin de s'**assurer de la sincérité des informations transmises** lors de la négociation, l'acte de cession comporte souvent un certain nombre de déclarations sur la situation de la société dont le cédant certifie l'exactitude sous peine de dommages-intérêts (n° 66440) ainsi qu'une garantie couvrant l'apparition d'un passif ou d'une dépréciation d'actif occulte (n°s 66000 s.).

> **Précisions a.** Sous le **régime antérieur** à l'ordonnance 2016-131 du 10 février 2016 dont est issu l'article 1112-1, il a été jugé que l'acquéreur n'était tenu d'informer le cédant ni des négociations tendant à l'acquisition par un tiers d'autres titres de la même société, ni de celles qu'il conduit lui-même avec ce tiers en vue de lui céder ou de lui apporter les titres faisant l'objet de la cession (Cass. com. 12-5-2004 n° 00-15.618 FS-P : n° 19630 ; CA Paris 6-8-2019 n° 17/09608 : RJDA 12/19 n° 756). En revanche, le fait pour le dirigeant d'une société de se porter acquéreur des titres des associés de celle-ci, sans les informer des négociations qu'il a engagées parallèlement pour la revente des parts à un prix supérieur, a pu être sanctionné sur le fondement du dol (n°s 19625 s.).

Il n'est pas certain que cette **jurisprudence** soit **transposable** au régime issu de l'ordonnance : il convient de vérifier, au regard des circonstances de chaque espèce, si les conditions spécifiques posées par l'article 1112-1 sont remplies. En tout état de cause, le fait d'informer son partenaire de la présence d'autres candidats à l'opération peut être considéré comme un indice de bonne foi (voir Cass. com. 15-9-2009 n° 08-11.627 F-D : n° 11670).

b. Si l'acheteur a déclaré dans l'acte de vente être parfaitement informé et faire son affaire personnelle d'une obligation relative au bien cédé, il ne peut pas invoquer une faute du notaire et du vendeur pour défaut d'information (Cass. 3e civ. 17-10-2019 n° 18-15.942 F-D : RJDA 1/20 n° 12, rendu en matière de vente d'immeuble mais à notre avis transposable).

c. Sur l'existence d'un accord d'**exclusivité** : n°s 10420 s.

Information liée au contrat A une importance déterminante l'information qui a un **lien direct et nécessaire** avec le contenu du contrat (C. civ. art. 1112-1, al. 3). Au premier chef, il s'agit de l'information qui se rapporte aux parts ou actions cédées. Mais toute autre clause de l'acte de cession envisagé peut justifier la communication d'une information utile à l'efficacité de celui-ci. En cas de cession de contrôle, on peut considérer que les informations doivent également porter sur l'activité économique de la société dont la prise de contrôle est envisagée (dans le même sens, Th. Massart, L'obligation générale d'information : Actes pratiques 2016 n° 147 p. 39 ; en sens contraire, B. Fages, L'obligation précontractuelle d'information, la dissimulation intentionnelle et les cessions de droits sociaux : Bull. Joly 2016 p. 529). **10264**

Il appartient à la partie qui se plaint de ne pas avoir été informée de prouver l'utilité de l'information pour servir l'objectif du contrat (Cass. com. 5-4-2016 n° 14-23.947 F-D : RJDA 7/16 n° 561 : preuve non rapportée).

10266 **Information liée à la qualité des parties** Sont aussi considérées comme ayant une importance déterminante et doivent être communiquées les informations en lien direct et nécessaire avec la qualité des parties (C. civ. art. 1112-1, al. 3). La finalité du devoir d'information étant de renseigner sur les prestations attendues, la qualité des parties doit s'entendre de l'aptitude de la partie qui s'engage à fournir une prestation donnée, à communiquer toute information utile susceptible de donner à l'autre le moyen d'apprécier qu'elle est en mesure d'assumer ce qu'elle propose.
Une partie pourrait aussi avoir à renseigner l'autre négociateur de sa mise sous procédure collective ou, s'agissant d'une société, des liens qui l'unissent à une autre société ou à un groupe concurrent.

10268 **Information sur la valeur des droits sociaux** Le devoir d'information ne porte pas sur l'estimation de la valeur de la prestation (C. civ. art. 1112-1, al. 2). Il ne peut donc pas porter sur la valeur des droits sociaux cédés. La règle légale rejoint ainsi la règle jurisprudentielle qui avait dispensé l'acheteur du devoir d'informer le vendeur sur la valeur réelle de la chose vendue (Cass. 1e civ. 3-5-2000 n° 98-11.381 : RJDA 9-10/00 n° 848 ; Cass. 3e civ. 17-1-2007 n° 06-10.442 : RJDA 6/07 n° 599).

PREUVE RELATIVE AU DEVOIR D'INFORMATION DES NÉGOCIATEURS

10270 La preuve de l'existence du devoir d'information **incombe à** la partie qui l'invoque, à charge pour la partie mise en cause de prouver qu'elle l'a fournie (C. civ. art. 1112-1, al. 4).
Dans le silence de l'article 1112-1 sur ce point, la preuve de l'existence et de l'exécution de l'obligation d'information peut être faite par tout **moyen,** car il ne s'agit pas de prouver un acte juridique (cf. C. civ. art. 1358).

DÉFAUT OU INSUFFISANCE D'INFORMATION DES NÉGOCIATEURS

10275 **Réparation du préjudice** Le défaut d'information est sanctionné par une action en **responsabilité** (C. civ. art. 1112-1, al. 6). Même si le texte ne le précise pas, la **nature** de la responsabilité encourue est extracontractuelle car le manquement a été commis avant la conclusion du contrat, peu important qu'il ait été invoqué après.
La nature du **préjudice indemnisable** n'est pas non plus précisée. À notre avis, celui-ci correspond, comme cela est jugé en matière de manquement à une obligation de conseil ou de mise en garde, à la perte d'une chance de ne pas contracter ou de contracter à d'autres conditions (par exemple, Cass. 1e civ. 5-3-2009 n° 08-11.374 F-PB : RJDA 6/09 n° 511 ; Cass. com. 20-10-2009 n° 08-20.274 FS-PB : RJDA 1/10 n° 68 ; Cass. 1e civ. 9-12-2010 n° 09-69.490 F-PBI : RJDA 5/11 n° 480). La réparation d'un préjudice né d'une perte de chance ne peut pas être en effet égale au bénéfice que le demandeur aurait retiré de la réalisation de l'événement escompté (Cass. 1e civ. 9-12-2010 précité).
Le **préjudice** n'existe pas si le **lien de causalité** entre le dommage invoqué et l'omission dénoncée n'est pas établi (Cass. 1e civ. 2-7-2014 n° 13-17.894 : RJDA 11/14 n° 833, rendu à propos du manquement d'un notaire à son devoir de conseil mais à notre avis transposable).

10277 **Annulation du contrat** Si le défaut d'information constitue un vice du consentement, le contrat peut également être annulé comme exposé nos 25140 s. (C. civ. art. 1112-1, al. 6).

D. Confidentialité des négociations

10285 Celui qui utilise ou divulgue sans autorisation une **information confidentielle** obtenue à l'occasion des négociations engage sa responsabilité dans les conditions du droit commun (C. civ. art. 1112-2 ; déjà en ce sens, Cass. com. 3-10-1978 n° 77-10.915 : Bull. civ. IV n° 208 sanctionnant pour concurrence déloyale l'utilisation sans autorisation d'un procédé technique communiqué lors de pourparlers). Il en est de même en cas d'utilisation ou de divulgation sans autorisation d'une information protégée par le **secret des affaires** (information qui n'est pas généralement connue ou aisément accessible, revêt une valeur commerciale et fait l'objet de mesures de protection raisonnables) (C. com. art. L 151-1 s. et R 152-1 s.).
Cette responsabilité est extracontractuelle, à moins que les négociateurs ne se soient liés par une clause de confidentialité (nos 10400 s.).

10286 L'article 1112-2 du Code civil ne définit pas ce qu'il faut entendre par une « **information confidentielle** ». Il est recommandé aux parties d'indiquer les informations qui sont pour elles confidentielles. À défaut, il appartiendra au juge de rechercher l'intention des parties en fonction des circonstances propres à chaque situation.

Cette information doit avoir été **obtenue au cours des négociations.** La partie détenant l'information peut la délivrer spontanément ou sur demande de l'autre partie. Elle agira prudemment en se ménageant la **preuve** qu'elle a communiqué l'information. En cas de négociation d'une prise de contrôle d'une société et de la mise à disposition des informations requises par voie numérique dans une data room (n°s 10840 s.), le clic de consultation vaut communication de l'information et acceptation des conditions de mise à disposition.
L'information communiquée doit avoir été **utilisée ou divulguée sans autorisation.** L'information est utilisée par un négociateur lorsque, comme le montrent les décisions existantes rendues dans d'autres domaines mais transposables aux cessions de droits sociaux, il l'a exploitée, soit à des fins commerciales ou malveillantes par communication à des concurrents (CA Paris 8-7-1972 : JCP G 1973. II.17509 : idée d'une chanson ; CA Aix-en-Provence 26-2-1981 : Bull. Cour d'Aix 1981/1 p. 25 : prix), soit par mise en œuvre pour son compte personnel (Cass. com. 3-10-1978 n° 77-10.915 : Bull. civ. IV n° 208 ; CA Aix-en-Provence 10-1-1985 : Bull. Cour d'Aix 1985/1 p. 24).

Le conseil de l'une des parties (avocat, expert-comptable, etc.) tenu au secret professionnel ou à une obligation de confidentialité peut voir sa responsabilité engagée s'il divulgue une information couverte par le secret professionnel ou la confidentialité. Pour un cas où la responsabilité d'un expert-comptable n'a pas été retenue, voir Cass. com. 27-1-2021 n° 18-18.191 F-D : RJDA 8-9/21 n° 548. **10288**

III. ENCADREMENT CONTRACTUEL DES NÉGOCIATIONS

Organiser contractuellement les négociations n'est pas obligatoire mais ce procédé présente certains **avantages** pour les participants ; notamment il permet : **10300**
– de mieux sélectionner les candidats, dans la mesure où ceux qui ne se sont pas sérieusement en position de vendre ou d'acheter rechigneront à s'engager et où des négociations exclusives peuvent être imposées ;
– de limiter les négociations dans le temps et, si elles n'aboutissent pas, de changer de candidat ou de projet ;
– de restreindre la diffusion des informations relatives à la société afin de préserver autant que possible le secret des affaires ;
– d'organiser les conséquences d'une éventuelle rupture des négociations.

Le cadre contractuel de la négociation sera avant tout celui que les participants auront choisi et adapté à leurs souhaits. C'est ici la liberté contractuelle qui prédomine, étant toutefois précisé que les négociateurs ne peuvent pas déroger aux **obligations de bonne foi et d'information** exposées n°s 10230 s. et 10240 s. **10305**
Il peut y avoir autant d'**accords différents** qu'il y a de situations particulières. La pratique attribue des noms divers à cet encadrement des négociations : lettre d'intention, accord de principe, protocole d'accord, contrat de négociation, contrat de pourparlers. Quelle que soit l'appellation de l'accord, c'est sur son **contenu** qu'il faut s'attarder pour apprécier le degré d'engagement des participants.

A. Lettre d'intention et contrats de pourparlers

1. LETTRE D'INTENTION

DÉFINITION DE LA LETTRE D'INTENTION

La lettre d'intention, aussi dénommée « letter of intent » ou « LOI », est un document (lettre, déclaration) dans lequel son auteur fait part de son intention d'engager ou de poursuivre une négociation avec le destinataire de la lettre. **10315**
Une telle lettre permet de **formaliser l'intention** de négocier et vise à instaurer une relation de confiance entre le cédant et l'acquéreur.

ATTENTION

Ce document ne doit **pas être confondu** avec la lettre d'intention, ou de confort, prévue par l'article 2322 du Code civil, qui a pour objet le soutien apporté à un débiteur dans l'exécution de son obligation envers son créancier.

CONTENU DE LA LETTRE D'INTENTION

10320 Selon l'enjeu de la négociation et la qualité des participants, la lettre d'intention peut avoir un contenu très **varié.** Par exemple, le repreneur peut manifester son intention d'examiner en détail, dans un certain délai, les informations qui lui seront fournies, avant de formuler ou non une offre d'acquisition. Mais il peut aussi s'agir, dans sa version la moins contraignante, d'une simple intention d'entrer en pourparlers ou encore, dans sa version la plus aboutie, d'une officialisation de l'intention d'acquérir les titres, sous réserve de parvenir à un accord sur certains points et de réaliser d'éventuelles conditions suspensives. Dans ce dernier cas, la lettre peut aussi préciser l'objet de la cession, une fourchette de prix à affiner, les modalités de la vente, etc.
La lettre d'intention peut être accompagnée d'une offre d'achat qui, sans engager l'acquéreur (« non binding offer » ; n° 11035), prouve son intérêt réel pour l'opération. En contrepartie de la signature d'une lettre d'intention par le repreneur, le cédant s'engage souvent à lui assurer l'exclusivité des négociations. Sur la clause d'exclusivité, voir n°s 10420 s.

FORCE OBLIGATOIRE DE LA LETTRE D'INTENTION

10325 Selon ce qu'elle contient, la lettre d'intention a un caractère plus ou moins contraignant. En principe, une lettre d'intention a une force obligatoire faible : elle est le fait d'un seul des négociateurs et traduit sa volonté de négocier ou d'étudier une proposition. Puisqu'elle a vocation à s'inscrire uniquement dans le cadre de la négociation, elle n'a en principe pas de **valeur contractuelle.** Son destinataire pourra seulement engager la responsabilité extracontractuelle de l'auteur en cas de négociation de mauvaise foi ou de rupture brutale de celle-ci. La lettre peut toutefois contenir de véritables engagements de la part de son auteur (tel un engagement de confidentialité) ; leur violation permettra la mise en cause de la responsabilité contractuelle de l'intéressé.
Par ailleurs, il peut arriver que les participants à la négociation s'adressent mutuellement des lettres d'intention en partageant une volonté commune de négocier. Dans ce cas, la lettre d'intention peut devenir un véritable contrat de pourparlers (n°s 10340 s.).

> **Précisions a.** Pour des cas où des **lettres d'intention ont été jugées non engageantes,** voir n° 12124.
> **b.** Les **obligations prévues par la lettre d'intention** sont **éteintes** dès lors que l'acte de cession qui s'est substitué à cette lettre ne fait plus allusion à ces obligations (CA Paris 24-10-2013 n° 12/14281, ch. 5-9 : RJDA 2/14 n° 120).

2. CONTRATS DE POURPARLERS

PRÉSENTATION DU CONTRAT DE POURPARLERS

10340 Le contrat de pourparlers intervient souvent dans le cadre de négociations longues et complexes ou dont l'enjeu est important. Issu de la pratique, ce type d'accord recouvre des situations diverses. Il a pour **objet** :
– de constater l'engagement des parties signataires d'entreprendre ou de poursuivre une négociation sur une opération déterminée et de la conduire de bonne foi sans toutefois obliger les parties à conclure ;
– de préciser les modalités matérielles de la négociation que les parties s'engagent à respecter ;
– lorsqu'il intervient alors que les pourparlers ont déjà commencé, de constater, le cas échéant, les points ayant fait l'objet d'un accord et ceux restant en discussion (technique dite de la « punctation »).

> **CONSEIL**
> Il est conseillé de formaliser le contrat de pourparlers dans un **écrit** ; à défaut, il sera particulièrement difficile pour la partie qui se plaint d'un manquement de l'autre partie de prouver la teneur exacte du contrat et sa force contraignante.

10345 Ce contrat peut revêtir des **dénominations** diverses : lettre d'intention (alors que celle-ci est en principe un acte unilatéral souvent non engageant ; n° 10315), accord de principe (qui constate, comme son nom l'indique, l'accord des parties sur une opération à venir dont les modalités ou certaines d'entres elles restent à définir), protocole d'accord (qui le plus souvent constitue l'avant-projet du contrat envisagé) ou autre.

CONTENU DU CONTRAT DE POURPARLERS

10360 Le contenu du contrat de pourparlers est variable, propre à chaque cas d'espèce. Il **dépend** également **du moment** auquel il intervient au cours **de la négociation** : envisagé tout au début de celle-ci, il fixe le plus souvent un cadre général pour la négociation à venir ; conclu à une époque où les négociations sont à un stade avancé, il est alors plus précis et peut ainsi faire état des points sur lesquels les parties sont d'ores et déjà parvenues à un accord et contenir un engagement de poursuivre la négociation sur les autres points.

Par exemple, le contrat peut prévoir : 10365
– l'objet des négociations et délimiter les questions à débattre ;
– les modalités matérielles des négociations : lieu, époque, date limite ;
– la réalisation d'audits et la mise en place d'une data room ;
– la rédaction, éventuellement, d'écrits constatant des accords partiels et la force obligatoire à reconnaître à ces accords, selon que le contrat définitif sera ou non conclu (pour un exemple de non-prise en compte des écrits échangés en cours de négociation dès lors qu'une partie avait précisé qu'elle ne serait engagée que par un acte « définitif et détaillé », voir Cass. com. 15-11-1994 n° 92-19.931 PB : RJDA 3/95 n° 264) ;
– la possibilité de confier, le cas échéant, à un tiers une mission de médiation ou de perfection de l'accord (notamment en ce qui concerne la fixation du prix ; nos 37420 s.) ;
– les informations communiquées au cours des négociations qui devront être gardées secrètes ;
– la charge des frais de négociation et d'études éventuellement produites ;
– l'affirmation du droit de rompre les négociations, à tout moment ou dans des cas déterminés et, le cas échéant, l'indemnité due en cas de rupture ;
– les modalités, le cas échéant, d'un essai des produits ou des services commercialisés par la société ;
– les éventuelles conditions suspensives (nos 55000 s.).

SANCTION EN CAS D'INEXÉCUTION DU CONTRAT DE POURPARLERS

En principe, le contrat de pourparlers organise l'éventuelle **responsabilité contractuelle** des négociateurs, en définissant par exemple les comportements sanctionnables : refus d'entamer la discussion, d'assister à une réunion ou encore de faire connaître les conditions considérées comme essentielles pour parvenir à la conclusion du contrat, non-respect du calendrier prévu pour la communication des documents, rupture des négociations. 10380

Dès lors que le contrat de pourparlers crée une obligation de négocier, et non une obligation de conclure le contrat envisagé, il n'est pas possible, à notre avis, de prévoir l'**exécution forcée** d'une telle obligation en cas d'inexécution : il apparaît en effet impossible de contraindre une partie à négocier. Ce sont donc généralement des **dommages-intérêts** qui sont prévus en cas de violation de l'obligation de négocier. Ce n'est que si les documents échangés par les parties établissent que celles-ci sont d'accord sur les droits sociaux cédés, sur leur prix et sur les autres conditions auxquelles les parties ont subordonné leur accord qu'une exécution forcée peut être envisagée car, dans ce cas, le contrat est purement et simplement conclu.

ILLUSTRATIONS

Des parties sont liées par des obligations de nature non pas quasi délictuelle mais **contractuelle** dès lors qu'elles ont entendu, après divers contacts préalables, organiser contractuellement leurs négociations, notamment au moyen, d'une part, d'une lettre par laquelle l'une d'elles confirmait son intérêt pour l'invention mise au point par l'autre et son **intention de conclure un contrat** et, d'autre part, de **projets de contrat.** Dans le cadre des relations qu'elles avaient ainsi nouées, chacune des parties avait le devoir de se conduire en partenaire de bonne foi désireux de mener à bien la négociation ou d'invoquer des motifs sérieux pour ne pas la poursuivre. Si l'importance du projet envisagé exigeait de longues études de faisabilité et de prospection du marché, il n'en reste pas moins que les différents tests réalisés rendaient le projet viable tant sur le plan de sa mise en œuvre industrielle que sur celui de ses débouchés commerciaux, même si d'autres modifications étaient encore nécessaires. En abandonnant le projet pour des raisons « purement internes » et en laissant espérer à son cocontractant un accord définitif, pendant près de quatre années, l'autre partie a occasionné à ce dernier par son manque de loyauté un préjudice dont elle lui doit réparation.
CA Versailles 21-9-1995, 12e ch. 2e sect. : RJDA 2/96 n° 179 et, sur pourvoi, ass. com. 7-4-1998 n° 95-20.361 D : RJDA 8-9/98 n° 937.

Des personnes discutant de la reprise d'une participation dans une SARL étaient encore au stade de la négociation qui pouvait donc être rompue à tout moment dès lors, d'une part, que l'**offre** de négociation, conclue pour deux mois, ne comportait ni l'obligation pour le bénéficiaire de souscrire un accord définitif ni le prix de la reprise et qu'elle était affectée, à l'initiative de son auteur, d'une **condition suspensive** relative à la confirmation de l'accord après analyse des conclusions des audits et, d'autre part, que les **projets d'acte** de cession étaient substantiellement **différents** de l'offre initiale et n'avaient pas été communiqués au bénéficiaire de l'offre, pas plus que le résultat des différents audits convenus.

CA Versailles 14-9-2006 n° 05-3005 : RJDA 1/07 n° 53.

La **lettre d'intention** adressée par un candidat à la reprise d'une société à l'actionnaire majoritaire et **retournée signée** par ce dernier ne constate pas une vente parfaite mais un simple accord de principe valable uniquement pour les stipulations qu'il comprenait dès lors que :
– si cette lettre fixe les principes de la cession des actions à intervenir, elle ne correspond qu'à un **document préparatoire** établissant l'intention des parties dans l'attente d'un protocole définitif devant lui-même être précédé de la révision des comptes et de la rédaction d'une convention de garantie d'actif et de passif dont les modalités, qui demeuraient à définir, pouvaient avoir une incidence sur le coût de l'opération et entraîner une révision de prix ;
– le **repreneur** a **modifié unilatéralement** deux points de cet accord sur des **éléments essentiels et déterminants** : il a inséré dans la garantie d'actif une clause par laquelle l'actionnaire majoritaire certifiait le maintien des contrats d'agent commercial dont bénéficiait la société alors qu'en raison de la possibilité pour de gros clients de la société de résilier leurs contrats en cas de changement de contrôle dans cette dernière, il ne pouvait pas en garantir la pérennité ; par ailleurs, outre le crédit-vendeur initialement prévu pour une partie du prix, le repreneur voulait financer son acquisition par prélèvement sur la trésorerie au profit d'une holding créée à cet effet en violation de l'article L 225-216 du Code de commerce.
Par suite, la responsabilité de l'actionnaire majoritaire ne peut pas être retenue au motif qu'il a rompu les négociations.

CA Versailles 2-10-2003 n° 01-5382.

B. Clauses usuelles du contrat de négociation

CLAUSE DE CONFIDENTIALITÉ

10400 La divulgation à des tiers de l'**existence de négociations** en cours et des **informations sensibles** échangées à cette occasion peut être néfaste tant pour le repreneur que pour le cédant et pour le succès de l'opération en général. Par exemple, le fait que des salariés, des clients ou des fournisseurs d'une société apprennent que celle-ci est en vente ou s'apprête à prendre une participation dans une autre société peut engendrer une perte de confiance ou des inquiétudes. De même, si elles venaient à être diffusées, des informations financières ou commerciales sur la société (par exemple, l'éminence du dépôt d'un brevet ou de la commercialisation d'un nouveau produit, des secrets de fabrication ou l'état financier précis de la société) pourraient tomber entre les mains d'un concurrent, ce qui risquerait de nuire à la société.
C'est pourquoi le contrat de pourparlers ou la lettre d'intention comportent souvent une clause de confidentialité. La validité d'une telle clause est reconnue par l'article 1230 du Code civil qui affirme expressément qu'elle survit à la résolution du contrat.
Sur l'obligation de confidentialité en l'absence de clause, voir nos 10285 s.

10405 **La clause** de confidentialité **peut prévoir,** soit pour tous les participants à la négociation, soit pour l'un d'entre eux, l'obligation de ne divulguer aucune information à des tiers, de limiter en interne la divulgation de l'information aux seules personnes dont l'intervention est nécessaire à l'évaluation de la société, de ne pas utiliser ces informations pour son compte personnel, directement ou indirectement, ou encore de restituer les documents transmis à l'issue de leur analyse.
Elle peut aussi préciser la durée pendant laquelle l'obligation de confidentialité s'imposera à l'issue des négociations et sanctionner la violation de l'obligation par une clause pénale ou une astreinte.

MODÈLE **Clause de confidentialité**

Le candidat à l'acquisition s'engage à garder secrètes toutes les informations, de quelque nature qu'elles soient – techniques, commerciales, financières ou autres – qui lui auront été communiquées lors de la négociation. Cette obligation s'impose pendant la durée de la négociation et, en cas d'échec de celle-ci, pendant [*trois*] années à compter de la constatation de l'échec.
Le candidat à l'acquisition se porte-fort du respect de cette obligation de confidentialité par ses conseils, ses mandataires sociaux, ses associés ou actionnaires et ses collaborateurs, permanents ou temporaires.
Le candidat à l'acquisition devra prendre toutes mesures, notamment informatiques, pour protéger la confidentialité des données communiquées, conformément aux recommandations de la Commission nationale de l'informatique et des libertés et aux meilleures pratiques en la matière. Il s'engage à prévenir le cédant sans délai de toute violation ou risque de violation, de l'accès à ces données.

La clause de confidentialité figurant dans la lettre d'intention ou le contrat de pourparlers ou encore dans le règlement de la data room précise parfois que les informations échangées lors des négociations ou contenues dans la data room sont non seulement confidentielles, mais également protégées au titre du **secret professionnel.** Le but d'une telle clause est de pouvoir invoquer, en cas de violation, les dispositions de l'article 226-13 du Code pénal. Ce texte sanctionne d'un an de prison et de 15 000 € d'amende la révélation d'une information à caractère secret par une personne qui en est dépositaire soit par état ou par profession, soit en raison d'une fonction ou d'une mission temporaire. Comme le relèvent MM. B. Dondero et Ch. Hausmann, on peut s'interroger sur la validité de l'extension conventionnelle de ce texte d'ordre public (Les data rooms : une pratique vue sous l'angle théorique : Droit et patrimoine 11/2008 p. 62). 10410

CLAUSE D'EXCLUSIVITÉ

Le devoir de bonne foi qui doit présider à la conduite des négociations (n° 10230) ne fait pas peser un devoir d'exclusivité sur les participants. L'existence d'une obligation d'exclusivité ne peut résulter que d'un **accord** précontractuel spécifique, à **défaut** duquel le fait de mener des négociations parallèles n'est pas fautif. 10420

ILLUSTRATIONS

Dans un cas où deux sociétés de reconditionnement industriel s'étaient rapprochées en vue de la cession d'une branche d'activité, jugé que la société candidate à l'acquisition reprochait en vain à la société cédante d'avoir négocié avec d'autres partenaires pendant qu'elle était elle-même en négociation et d'avoir rompu de manière fautive les pourparlers dès lors que :

– la société cédante ne s'était jamais engagée à ne pas conduire des négociations parallèles avec d'autres partenaires pour la cession en cause et les documents produits montraient au contraire que les pourparlers étaient ouverts à n'importe quel acquéreur éventuel ;

– si la société candidate à l'acquisition souhaitait avoir une exclusivité, il lui appartenait, comme il est d'usage en la matière, d'exiger la signature d'un protocole de confidentialité et d'exclusivité par lequel le vendeur se serait interdit de négocier avec n'importe quel autre acquéreur tant qu'elle-même n'aurait pas pris position ;

– la société cédante n'avait pas commis de faute dans la rupture des négociations et avait conclu un accord avec un tiers quatre mois après cette rupture (CA Versailles 5-3-1992, 12e ch. : Bull. Joly 1992 p. 636 note J. Schmidt).

La clause d'exclusivité **interdit** pour une durée déterminée à celui qui s'est engagé **de mener parallèlement des négociations** avec un tiers en vue d'une opération identique. L'obligation d'exclusivité peut être réciproque. 10421

La **violation** de cette clause peut être **sanctionnée** sur le terrain de la responsabilité civile contractuelle par l'allocation de dommages-intérêts ou par la mise en œuvre d'une clause pénale si les parties en ont prévu une. Par **exemple,** dans un cas où une clause d'exclusivité ne précisait pas de sanction en cas de non-respect, la partie qui avait violé cette obligation a été condamnée à indemniser l'autre partie pour les frais de conseil exposés pendant les négociations mais non pour la perte d'une chance de conclure l'opération et de l'espoir de gain attaché à son éventuelle réalisation (CA Versailles 14-9-2006 n° 05-3005, 12e ch. sect. 2 : RJDA 1/07 n° 53). 10425

La **preuve** de la violation de la clause d'exclusivité peut être rapportée par tous moyens.

ILLUSTRATIONS

L'associé majoritaire d'une SARL, qui détenait elle-même la quasi-totalité du capital d'une SA spécialisée dans la fabrication de matériel médical, avait reçu le 22 décembre 2001 une offre pour la reprise de sa participation dans la SARL. Cette offre comportait une clause d'exclusivité de négociation pendant deux mois et une clause de confidentialité que l'associé avait acceptées. Après la réalisation de divers audits et l'établissement d'un protocole d'accord, l'associé ne s'était pas présenté pour la signature du contrat qui devait intervenir le 31 janvier 2002. Ayant appris que le fonds de commerce de la SA avait été cédé en mars 2002 à une société tierce, l'auteur de l'offre avait réclamé des dommages-intérêts à l'associé notamment pour violation de la clause d'exclusivité. Jugé que la preuve de cette violation était rapportée dès lors qu'un extrait du registre du commerce et des sociétés montrait qu'une société avait été constituée le 10 avril 2002 pour exercer une activité commerciale après l'acquisition en mars 2002 du fonds de commerce de la SA. En effet, une opération de cession de fonds de commerce nécessite des contacts préalables afin d'en négocier le périmètre et les conditions techniques et financières ; la date de la cession faisait ressortir que des négociations avaient inévitablement été menées avant le 21 février 2002, ce qui était corroboré par le fait que l'associé avait annoncé cette cession dès le 8 février au personnel de la SA en présence de représentants de la société acquéreuse (CA Versailles 14-9-2006 précité).

10428 MODÈLE

Clause d'exclusivité

X [*titulaire des droits sociaux*] a bien pris note que Y [*candidat acquéreur*] envisage la possibilité d'acheter des actions [ou parts] de la société [*société cible*]. Afin de permettre à Y d'étudier cette possibilité, X s'interdit, pendant une durée de [*trois*] mois à compter de [*date*], de négocier ou de conclure un quelconque accord avec un tiers portant sur l'opération définie ci-dessus ou ayant un effet similaire à celle-ci, sauf autorisation préalable et écrite de Y.

Éventuellement, ajouter : Tout manquement à cette obligation d'exclusivité sera sanctionné par une indemnité forfaitaire de ... € due par le cédant à titre de clause pénale, sans préjudice des dommages-intérêts complémentaires qui pourraient être prononcés à son encontre.

CLAUSE DE SINCÉRITÉ OU DE RÉVÉLATION DE NÉGOCIATION CONCURRENTE

10435 La clause de sincérité ou de révélation de négociation concurrente oblige l'un des cocontractants à révéler à l'autre toute négociation qu'il aurait engagée ou engagerait avec un tiers en vue d'une **opération identique.** L'étendue des renseignements à fournir sur la négociation parallèle (révélation du nom du tiers, état d'avancement des discussions, fourchette de prix ou autres) et sur les modalités de cette communication (délai, lettre AR...) est très variable.

Cette clause peut aussi conférer un droit de préemption ou de préférence au candidat acquéreur en lui donnant la possibilité, dans un délai convenu à compter de la date à laquelle il est informé d'une offre d'achat concurrente, de conclure la vente aux conditions fixées par cette offre.

MODÈLE

Clause de sincérité

X [*titulaire des droits sociaux*] s'engage à informer Y [*candidat acquéreur*], par lettre recommandée avec demande d'avis de réception, dans les [*trois*] jours à compter de la date à laquelle il en a connaissance, de l'existence de tout pourparler avec un tiers pouvant conduire à la réalisation de l'opération définie ci-dessus. Cette information portera sur l'existence même des négociations parallèles ainsi que sur leur état d'avancement, étant précisé que X ne sera pas tenu de révéler le nom du tiers.

X s'engage en outre à notifier, par lettre recommandée avec demande d'avis de réception et dans les [*trois*] jours à compter de la date à laquelle il en a connaissance, les conditions et modalités de toute offre ferme d'acquisition portant sur les droits sociaux visés ci-dessus qu'il recevrait d'un tiers. À compter de la réception de cette notification, Y [*candidat acquéreur*] disposera d'un délai de [*trente*] jours pour se porter acquéreur aux prix et conditions proposés par le tiers.

CLAUSE IMPOSANT DE NÉGOCIER DE BONNE FOI

10445 Même en l'absence d'une clause imposant de négocier de bonne foi, les participants aux pourparlers contractuels sont tenus à une telle obligation (n° 10230). Mais l'intérêt d'insérer une clause prévoyant expressément cette obligation réside :

– dans le fait qu'elle peut aller au-delà du cadre de la formule des articles 1104 et 1112 du Code civil en créant, par exemple, une obligation de régler par voie de négociation les difficultés d'application de l'accord qui pourraient survenir ;

– dans la possibilité de sanctionner la violation de l'obligation par une clause pénale.

MODÈLE

Clause pénale assortissant une clause imposant de négocier de bonne foi

La violation, par l'une des parties, de l'engagement de négocier de bonne foi qu'elle a souscrit l'exposera au paiement d'une indemnité forfaitaire et globale dont le montant sera égal au double du montant total hors taxe de l'ensemble des frais et honoraires de conseils et auditeurs et des débours que l'autre partie aura engagés, sur présentation des justificatifs utiles.

ENGAGEMENT DE NON-DÉBAUCHAGE DU PERSONNEL DE LA SOCIÉTÉ

10450 Le cédant peut avoir intérêt à obtenir du candidat à l'acquisition l'engagement que celui-ci ne procédera pas au débauchage des **hommes clés** de l'entreprise (ingénieur, créateur, développeur informatique ou autre) si les négociations n'aboutissent pas.

> **Précisions** Le débauchage de salarié peut être aussi sanctionné sur le terrain de la concurrence déloyale à la condition d'entraîner une **désorganisation de l'entreprise** qui en est victime (sur cette question, voir Mémento Concurrence – Consommation n°s 12690 s.).

MODÈLE

Clause de non-débauchage du personnel de l'entreprise

Le candidat à l'acquisition s'engage, pendant toute la durée de validité de la présente offre et pendant un délai de [*cinq*] ans courant à compter de son expiration, à ne pas débaucher, offrir un emploi ou employer, inciter à mettre un terme à ses activités au sein de la société [*cible*] ou de ses éventuelles filiales, personnellement ou par personne interposée, et à quelque titre que ce soit, toute personne ayant la qualité de salarié ou de mandataire social de la société [*cible*] ou de l'une de ses filiales à un moment quelconque pendant la durée de validité de la présente offre.

Le non-respect du présent engagement par le candidat à l'acquisition engagera sa responsabilité et sera sanctionné par l'allocation de dommages-intérêts que la société [*cible*] sera en droit de solliciter.

CLAUSE AMÉNAGEANT LES EFFETS DE LA RUPTURE DES NÉGOCIATIONS

La clause dite de « **break-up fees** » prévoit des indemnités en cas de rupture des négociations en mettant à la charge de celui qui a pris l'initiative de la non-conclusion de l'opération les frais exposés par l'une et par l'autre des parties pendant la phase de négociation (frais de négociation, frais de conseil, d'audit, etc.) ou une somme forfaitaire (P. Mousseron, J. Raynard et J.-B. Seube, Technique contractuelle, Éditions Francis Lefebvre 5e éd. n° 717). Généralement, cette clause est rédigée en faveur de l'acquéreur potentiel qui a engagé des frais importants mais nécessaires pour valider la pertinence et le montant de son investissement : frais d'audit, honoraires de banques d'affaires, honoraires juridiques, consultations d'experts sur les technologies utilisées par la société dont les titres sont cédés, etc. (M. Albertini, Bouleversement du contrat par la crise : quelles clauses pour négocier ? : Actes pratiques et ingénierie sociétaire mai-juin 2010 n° 111 p. 1). En cas de rupture unilatérale des pourparlers par le cédant, l'ensemble de ces frais auront été engagés en pure perte. Cette clause a pour but de prévenir un tel risque. **10460**

MODÈLE

Clause de « break-up fees »

Clause prévoyant une réciprocité. Dans le cas où une des parties prendrait l'initiative de mettre fin aux négociations en cours, comme dans le cas où elle manquerait à son obligation de négocier de bonne foi, elle sera alors tenue d'indemniser l'autre partie du préjudice subi en lui remboursant l'ensemble des frais et honoraires de conseils et auditeurs qu'elle aura engagés, sur présentation des justificatifs utiles.

Clause en faveur du candidat acquéreur. Dans le cas où le cédant prendrait l'initiative de mettre fin aux négociations en cours, comme dans le cas où il manquerait à son obligation de négocier de bonne foi, il sera alors tenu d'indemniser le candidat acquéreur du préjudice subi en lui remboursant l'ensemble des frais et honoraires de conseils et auditeurs qu'il aura engagés, sur présentation des justificatifs utiles.

Les parties peuvent prévoir une **clause exclusive ou limitative de responsabilité** pour le cas où l'une ou l'autre déciderait de rompre les pourparlers pour quelque raison que ce soit. Une telle clause est licite et fait la loi des parties, même si elle est insérée dans l'engagement de confidentialité (CA Paris 16-2-2011 n° 09-16782, ch. 5-4 : RJDA 8-9/11 n° 704). Son effet est neutralisé lorsque la partie qui l'invoque est de mauvaise foi, a commis une faute grave (CA Paris 16-2-2011 précité) ou un dol (jurisprudence constante). **10462**

CLAUSE LIMITANT LES POUVOIRS DU DIRIGEANT CÉDANT

Lorsque le cédant est également le dirigeant de la société, il s'engage souvent, pendant la période de négociation, à la **gérer raisonnablement,** à limiter sa gestion aux seules **affaires courantes** (ce qui exclut la cession d'actifs importants ou un nouvel emprunt), toute autre décision du dirigeant supposant l'accord écrit du candidat acquéreur. L'acte définitif peut alors comporter une déclaration du cédant affirmant qu'il a bien respecté cet engagement sur la période donnée (n° 66450). **10470**

MODÈLE

Clause limitant les pouvoirs du chef d'entreprise pendant la période de négociation

Pendant toute la durée de la présente offre et jusqu'à la date de réalisation de l'acquisition envisagée ou de la fin des négociations, le cédant s'engage à gérer la société [*cible*] raisonnablement, dans le cours normal et ordinaire de ses affaires. Plus particulièrement :

– aucune modification des termes et conditions de paiement des fournisseurs ne devra intervenir, ni aucune acquisition ou cession d'éléments d'actifs d'une valeur supérieure à [...] € ;

– aucune création de filiale ou de nouvelle activité ne devra intervenir ;
– aucun cautionnement, aval ou autre garantie ne devra être consenti par la société [*cible*] qui, d'une manière générale, ne devra contracter aucun nouvel engagement hors bilan ;
– aucune embauche de salarié, ni aucune augmentation des rémunérations des salariés et/ou des dirigeants de la société [*cible*], ou octroi d'avantages, de primes, d'engagements en matière de retraite ou autrement, de quelque nature que ce soit, ne devra intervenir (sauf augmentations légales ou déjà prévues dans les contrats de travail en cours) ;
– aucune résiliation par la société [*cible*] des contrats en cours ne devra être opérée ;
– aucune modification des règles et principes comptables appliqués par la société [*cible*] ne devra être opérée, sans accord préalable et écrit du représentant légal du candidat acquéreur, qui pourra être délivré par tout moyen écrit dans un délai maximum de [*huit*] jours à compter de la réception de la demande circonstanciée exposant tous les détails de l'opération envisagée et ses motifs, qui devra lui être faite par le cédant au moyen d'une lettre recommandée ou d'une remise en main propre contre signature d'un accusé de réception.

CLAUSE DE CHANGEMENT SIGNIFICATIF DÉFAVORABLE

10480 Souvent appelée « **MAC clause** » (MAC étant l'abréviation du terme « material adverse change ») ou « deal stopping clause », la clause de changement significatif défavorable permet au candidat acquéreur de se prémunir contre d'éventuels changements défavorables de circonstances économiques qui peuvent avoir lieu avant la finalisation de l'opération et qui sont de nature à affecter l'économie générale du contrat, telles la hausse des cours d'une matière première largement utilisée par la société, une évolution de la réglementation rendant son activité plus onéreuse ou la non-conclusion d'un contrat important pour la société.
Fréquemment utilisée, elle permet de couvrir la période qui va de la signature du contrat à la réalisation effective de l'opération ; cette clause peut aussi être envisagée pour prévenir les changements susceptibles de survenir entre le début des négociations et la finalisation de l'opération.
Sur le mécanisme légal en cas de changement imprévisible des circonstances, voir n°s 75300 s.

10485 Les parties à la négociation peuvent pallier les **conséquences** du changement défavorable selon des modalités diverses, en prévoyant notamment :
– un engagement du cédant d'indemniser l'acquéreur des conséquences du changement ;
– une condition suspensive ou résolutoire de l'opération ;
– la caducité des accords déjà conclus ou de seulement certains d'entre eux et l'obligation de renégocier.

10490 Afin d'éviter une mise en œuvre intempestive ou dilatoire de la clause, les parties ont intérêt à fixer avec précision les changements visés et un **seuil de déclenchement** (par exemple, fixation à hauteur d'un certain pourcentage du chiffre d'affaires de la société cible). Les parties peuvent également préciser qu'un changement ne sera pas pris en compte s'il persiste au-delà d'une durée définie (par exemple, peuvent être exclues les variations saisonnières d'une activité, notamment pour les activités d'agriculture) (A. Gallot et G. Nataf, De l'importance de rédiger avec le plus grand soin les clauses de material adverse change (MAC clauses) : Option finance 10-3-2014 n° 1260 p. 40).

MODÈLE

« MAC Clause »

Si bon lui semble, le candidat acquéreur pourra, à tout moment à compter de la date des présentes jusqu'à la date de réalisation de l'opération envisagée, mettre fin aux discussions en cours et à son projet d'investissement, cela sans indemnité ni dédommagement quelconque au profit du cédant, en cas de survenance de l'un quelconque des événements suivants (ci-après un « cas de rupture ») :

a) cessation par Messieurs X et Y de leurs fonctions salariées et/ou de mandataire social de la société [*cible*], pour quelque cause que ce soit ;

b) perte par la société [*cible*] du contrat conclu avec la société [...] (ci-après le « client »), ou notification écrite du client faisant part de son intention de mettre fin audit contrat, ou notification écrite du client faisant part d'un litige relatif à l'exécution dudit contrat par la société [*cible*] susceptible d'entraîner des conséquences financières pour cette dernière d'au moins [*montant*] € ;

c) destruction totale ou partielle de l'immeuble dans lequel la société [*cible*] exerce ses activités, l'empêchant d'y continuer normalement ses activités pendant une durée d'au moins [*trente*] jours consécutifs ;

d) cas de force majeure empêchant l'exécution par le candidat acquéreur des engagements souscrits aux présentes ou remettant en cause l'économie de son projet d'acquisition.

Chacun des cas de rupture constitue une condition suspensive supplémentaire à celles d'ores et déjà stipulées dont seul le candidat acquéreur pourra se prévaloir ou à laquelle seul ce dernier pourra renoncer.
Toutefois, en cas de survenance d'un cas de rupture visé au paragraphe b) ci-dessus, le candidat acquéreur ne pourra pas s'en prévaloir si le cédant accepte expressément que le montant de ses conséquences dommageables fasse l'objet d'une réduction du prix, dont le montant sera fixé d'un commun accord entre les parties et, à défaut d'accord entre elles dans un délai maximum de [*quinze*] jours à compter de sa survenance, par [*nom du tiers expert*], d'ores et déjà désigné par les parties en qualité de tiers expert conformément aux dispositions de l'article 1592 du Code civil. La décision du tiers expert fixant le montant de la réduction à appliquer au prix ne sera pas susceptible d'appel ou de recours, sauf erreur grossière et manifeste.

IV. PRÉSENTATION DE LA SOCIÉTÉ OBJET DE LA CESSION ET/OU DU PROJET DE REPRISE

La présentation de la société dont les titres sont à vendre ou du projet de reprise (lorsque l'initiative vient d'un éventuel acquéreur) est une phase importante dans la négociation car elle vise, d'une part, à **informer** le partenaire et, d'autre part, à le **séduire.** **10500**
Cette présentation ne s'effectue pas nécessairement en une seule fois et son étendue peut varier selon la nature de l'opération.
Pendant cette phase, les parties doivent veiller à respecter le devoir légal d'information précontractuel (n°s 10240 s.).

NOTE ET DOSSIER DE PRÉSENTATION DE LA SOCIÉTÉ CÉDÉE

En **pratique,** le cédant adresse une note ou un dossier de présentation de la société aux candidats susceptibles d'être intéressés ou qui se sont déjà manifestés. Ce document (parfois appelé « information memorandum » ou « info memo ») est rédigé par le cédant ou son conseil. **10520**

Contenu Le **niveau de détail** des informations figurant dans le document de présentation de la société est **variable** selon qu'il s'agit d'une première prise de contact avec d'éventuels acquéreurs (on parle alors plutôt d'une note de présentation) ou d'un contact d'ores et déjà établi avec une personne intéressée (il s'agira alors plutôt d'un dossier de présentation incluant, le cas échéant, le résultat des audits et un business plan). **10522**
Si la société comporte des filiales, la présentation de chacune d'entre elles s'impose.

ATTENTION

En cas de **sollicitation d'investisseurs institutionnels** (sociétés de capital-risque ou business angel, par exemple), le cédant a tout intérêt à fournir une offre de partenariat présentée dans un dossier très précis comportant le résultat des audits réalisés et un business plan : un dossier incomplet ou peu attrayant risque d'être écarté sans que l'investisseur prenne le temps de solliciter d'autres informations.

La note présentée par le cédant **décrit** schématiquement la société et le **projet** de cession (motif de la cession ; pourcentage de la participation cédée ; prix et modalités de vente proposés ; calendrier...). **10525**
Concernant la **société,** la note ou le dossier comporte les éléments suivants :
– la désignation légale de la société : forme juridique, montant du capital, adresse du siège social, numéro d'immatriculation au registre du commerce et des sociétés ;
– les éventuels établissements ;
– la répartition du capital ;
– l'activité de la société : marché sur lequel elle évolue ; produits ou services qu'elle propose (gamme, répartition du chiffre d'affaires, marges...) ; clientèle (répartition notamment si la société exporte, réseau de distribution, délais de paiements, clients à risque) ; fournisseurs (liste, coût, conditions de paiement et de livraison...) ; principaux concurrents ; politique commerciale ; notoriété ; soumission de l'activité à une réglementation particulière (telle celle relative aux installations classées) ; etc. ;
– les actifs (terrains et locaux, fonds de commerce, matériels, brevets, marques, stocks) en en précisant le régime : location, crédit-bail, licence, existence de nantissement ou de gage ;
– le personnel : nombre de personnes, statut (éventuelle convention collective), organigramme, salaires et charges, instances de représentation, etc. ;

– la situation financière : bilans et comptes de résultats, liasses fiscales, plan de financement, trésorerie et besoin en fonds de roulement et divers ratios (solvabilité, rentabilité, rotation...) ;
– le business plan prévisionnel ;
– les motifs et les modalités de la cession : calendrier, objet, valorisation de la société, prix, conventions particulières envisagées (par exemple, l'accompagnement du repreneur dans le cadre d'un tutorat ; nos 83240 s.)...

10530 Mieux vaut que la **note** soit suffisamment **précise** sans être trop **détaillée,** de manière à ne pas décourager le candidat mais au contraire à aiguiser sa curiosité. Elle doit l'inciter à effectuer lui-même les démarches pour obtenir des renseignements supplémentaires.
Il est toutefois préférable d'**annexer** à cette note les trois derniers bilans et comptes de résultats de la société car le candidat acquéreur en fera de toute façon la demande lors du premier entretien ou se les procurera auprès du greffe du tribunal de commerce.

> **Précisions** Ne **pas présenter** immédiatement les **comptes sociaux** peut susciter des soupçons quant à leur sincérité. La production des comptes sociaux ne devrait pas poser de difficultés s'ils reflètent effectivement la réalité de l'activité de la société et si les opérations de toilettage exposées nos 10040 s. sont réalisées.

10535 **Confidentialité des informations transmises** Par précaution, la note ou le dossier est remis au candidat contre une lettre de confidentialité par laquelle il s'engage (ainsi que ses conseils) à ne pas divulguer les informations qui lui ont été ou qui lui seront communiquées sur la société (nos 10400 s.), étant précisé qu'une obligation de confidentialité pèse sur tout négociateur, même en l'absence de clause expresse (nos 10285 s.).

10540 **Délai** La note ou le dossier peut stipuler un délai au terme duquel le **candidat** devra **faire connaître sa position.** Il ne s'agit pas pour lui de donner son accord à la cession telle qu'envisagée dans la note, mais de manifester son intention d'engager des négociations.
À défaut de réponse dans ce délai, il sera réputé non intéressé mais devra respecter son engagement de confidentialité.

BUSINESS PLAN DE LA SOCIÉTÉ CÉDÉE

10550 Le business plan (ou plan de **stratégie** ou de développement) expose la stratégie à moyen terme de la société ou du repreneur, les objectifs poursuivis ainsi que les actions et moyens à mettre en œuvre pour les atteindre. Ce document peut être établi tant par le cédant que par le repreneur mais il ne le sera pas au même moment et son contenu ne sera pas exactement le même.
Pour le cédant, il s'agit de montrer au candidat acquéreur le potentiel de développement de la société (particulièrement lorsqu'il propose à une société de capital-investissement ou à un business angel d'entrer au capital) et la rentabilité de l'investissement envisagé. Sa préparation est donc souvent préalable (ou concomitante) à la recherche d'éventuels repreneurs ou investisseurs.
Pour le repreneur, le business plan doit lui permettre de convaincre les banques de la faisabilité et de la viabilité de son projet afin d'obtenir les financements requis, ce qui suppose qu'il comporte des informations précises sur la société cible ainsi que la stratégie de développement qu'il envisage. C'est donc généralement après avoir confirmé son intérêt au cédant (par exemple par une lettre d'intention) et procédé à un examen approfondi de la société que le repreneur finalise son business plan. Ce document ainsi que le plan de financement sont également communiqués au cédant, là aussi pour l'assurer de la viabilité de la reprise. L'importance du business plan est accrue lorsque le prix de cession définitif dépend des futurs résultats de la société cédée (clause d'earn out ou de complément de prix).
Quel qu'en soit l'auteur, le business plan comporte en tête un résumé (« executive summary ») qui en rappelle les points clés.

RÉUNIONS DE PRÉSENTATION ENTRE LES NÉGOCIATEURS

10555 La société objet de la cession ou le projet de reprise peut être présenté, non seulement au moyen de la remise de divers documents, mais aussi lors de réunions auxquelles participent le cédant et le repreneur ainsi que leurs équipes.
Il s'agira par exemple pour le cédant (lui-même ou l'un de ses salariés : cadre, ingénieur, commercial...) de présenter les différents aspects (ou seulement certains d'entre eux) de la société : démonstration portant sur les produits ou le savoir-faire ; présentation de la stratégie commerciale ou encore de l'équipe managériale...
Quant au candidat repreneur, il lui appartient de convaincre le cédant de sa motivation et du sérieux de son projet. Ces réunions lui permettront également de repérer les hommes clés de l'entreprise.

ACCÈS AUX INFORMATIONS SUR LA SOCIÉTÉ CÉDÉE ET SUR LE REPRENEUR

Le candidat acquéreur peut obtenir **directement** un certain nombre d'informations sur la société sans passer par le cédant ni solliciter son autorisation. De la même manière, le cédant peut se renseigner sur le candidat à la reprise. 10560

Ainsi, un **extrait K bis** qui comporte l'ensemble des mentions portées au registre du commerce et des sociétés (forme sociale, montant du capital, objet social, nom des dirigeants, des administrateurs, des commissaires aux comptes...) peut être obtenu sur simple demande auprès du **greffe du tribunal de commerce** du siège de la société. Ce document indique également si la société fait l'objet d'une procédure de sauvegarde, de redressement ou de liquidation judiciaires ; si tel est le cas, les décisions prises par le tribunal qui a ouvert la procédure collective y sont mentionnées. En outre, il est possible de demander au greffe :

– les **statuts** de la société ;

– les **comptes annuels** (bilan, compte de résultat et annexe) et le rapport de gestion si la société est tenue de le déposer (dans les sociétés non tenues de déposer le rapport de gestion, une copie peut en être demandée à la société ; voir Mémento Sociétés commerciales n° 76801) ;

– le cas échéant, les comptes consolidés et le rapport sur la gestion du groupe ;

– les rapports des commissaires aux comptes sur les comptes annuels et les comptes consolidés.

Les renseignements sur les **documents comptables** sont **délivrés** sous **forme** de copie ou en communication au titre des cinq derniers exercices (au-delà, seulement en extraits) (C. com. art. A 123-68).

À **défaut de publication au registre du commerce** des comptes annuels et des rapports, tout intéressé ou le ministère public peut demander au président du tribunal de commerce, statuant en référé, d'enjoindre sous astreinte aux dirigeants sociaux de procéder à ce dépôt ou de désigner un mandataire chargé d'effectuer cette formalité (C. com. art. L 123-5-1).

Le greffe peut aussi fournir des informations sur l'existence de : 10565

– certaines **garanties** prises sur les actifs sociaux : privilèges notamment du Trésor et de la sécurité sociale ; gage de droit commun sur les stocks, l'outillage et le matériel d'équipement ; nantissement... ;

– certains **incidents de paiements** (le non-paiement d'une lettre de change, d'un billet à ordre ou d'un chèque donnant lieu à un protêt ou à un certificat de non-paiement) ;

– certains **contrats** : contrat de crédit-bail et clause de réserve de propriété sur meubles.

Ces demandes peuvent être faites directement au greffe ou par courrier ou encore par voie électronique (http://www.infogreffe.fr) et sont payantes (tarifs sur le site précité). Le site infogreffe propose également un service de veille permettant d'être rapidement informé des modifications apportées aux inscriptions du registre du commerce et des sociétés.

À l'inverse des greffes, les centres de formalités des entreprises (CFE) n'ont pas le **droit de communiquer** leurs données **aux tiers** (C. com. art. R 123-1, II-al. 2).

ATTENTION

À compter du 1er janvier 2023, cette interdiction s'appliquera au guichet unique électronique des formalités d'entreprises, qui remplacera les CFE, ainsi qu'aux organismes destinataires (C. com. art. R 123-1, II-al. 2 modifié par décret 2021-300 du 18-3-2021).

De même, ni l'administration fiscale ni les organismes sociaux ne délivrent d'information sur les sociétés assujetties, mais l'inscription de leur **privilège** peut être un indice. Par exemple, l'administration fiscale est tenue d'inscrire son privilège lorsque les sommes dues par la société redevable à un même poste comptable ou service assimilé et susceptibles d'être inscrites dépassent, au terme d'un semestre civil, 200 000 €, à moins que la société n'ait obtenu un plan d'apurement échelonné de sa dette ou ait déposé une réclamation d'assiette recevable assortie d'une demande de sursis de paiement en application de l'article L 277 du LPF (CGI art. 1929 quater, 4 et ann. III art. 416 bis).

Le service du cadastre (http://www.cadastre.gouv.fr) et les services chargés de la publicité foncière peuvent communiquer des informations sur le **patrimoine immobilier** de l'entreprise, notamment en ce qui concerne les sûretés et les contrats de crédit-bail dont les immeubles font l'objet. 10570

En effet, les documents conservés par les services de la publicité foncière et le fichier immobilier sont des documents publics ; les services de la publicité foncière doivent donc les délivrer à tous ceux qui le requièrent (C. civ. art. 2443 modifié par ord. 2021-1192 du 15-9-2021) :

– copie ou extrait des documents (autres que les bordereaux d'inscription) déposés à leur bureau, dans la limite des cinquante années précédant celle de la demande ;

– copie ou extrait des inscriptions subsistantes ;

– s'il y a lieu, certificat qu'il n'existe aucun document ou inscription entrant dans le cadre de la demande ;

– copies ou extraits du fichier immobilier ;
– s'il y a lieu, certificat qu'il n'existe aucune fiche entrant dans le cadre de la demande.
Il est possible d'effectuer cette demande de renseignement (appelée réquisition) pour un immeuble donné (indication de la commune de situation, de la section et du numéro de plan cadastral et, pour les fractions d'immeubles, du numéro de lot) ou pour un propriétaire donné (dénomination, forme, siège social et numéro Siren, éventuellement complété de la mention RCS, ou nom, prénom, date et lieu de naissance) (Décret 55-22 du 4-1-1955 art. 9 et, sur renvoi, art. 6, 1). Des formulaires de demande ainsi que les tarifs sont disponibles sur le site impots.gouv.fr. La demande doit être envoyée ou déposée au service de la publicité foncière du lieu de situation des biens ou des personnes pour lesquels des renseignements sont demandés.

10575 En matière de **propriété intellectuelle,** l'Institut national de la propriété industrielle (Inpi) délivre notamment des copies des brevets, marques, dessins et modèles ou récompenses industrielles (la commande peut se faire sur le site www.inpi.fr ; service payant).
À la préfecture (ou sur le site www.interieur.gouv.fr, rubrique Mes démarches), il est possible de vérifier si les **véhicules** font l'objet d'un gage mais à condition de détenir déjà un certain nombre d'informations (numéro d'immatriculation, date de la première immatriculation et du certificat d'immatriculation, identité du titulaire).

10580 Les banques et les agences de renseignements spécialisées peuvent fournir à leurs clients des renseignements commerciaux d'ordre général et économique sur la **situation financière** d'une entreprise, ces données échappant au secret professionnel bancaire (Cass. com. 18-9-2007 n° 06-10.663 FS-PB : RJDA 1/08 n° 80). Relèvent en revanche du secret professionnel les données chiffrées, tel le montant du solde d'un compte ou d'un crédit consenti à un client.
Sur les informations financières disponibles au registre du commerce, voir n° 10560.

10585 Le candidat à la cession ou à la reprise peut se renseigner sur le **marché** sur lequel la société exerce son activité, sur sa **notoriété** ainsi que sur ces **concurrents** auprès des chambres de commerce et de l'industrie, des syndicats professionnels, dans la presse (notamment spécialisée) ou encore sur Internet (au premier chef, sur le site de la société).
Les banques de données payantes et les études sectorielles, boursières ou spécifiques telles que les études de la Banque de France ou de toute autre société d'étude privée nationale ou internationale peuvent procurer de nombreuses informations sur les enjeux stratégiques du secteur et sur ses acteurs.

10590 Bien évidemment, lors de ses **rendez-vous avec le cédant,** le candidat acquéreur peut demander des précisions de tout ordre (notamment sur les motivations de la cession, ses attentes, son caractère indispensable ou non pour l'activité de la société).
La **visite des locaux** peut aussi être source d'informations utiles : accès, état des locaux, non-respect visible de certaines règles de sécurité ou de protection de l'environnement, quantité et état du matériel, comportement des salariés...

V. AUDITS ET DATA ROOM

A. Organisation des audits

ENJEUX DES AUDITS PRÉALABLES À LA CESSION

10650 Les audits, qui portent sur différents aspects de la société, permettent à l'**acquéreur** d'identifier clairement ce qu'il achète, de collecter de nouvelles informations sur la société ou de contrôler celles déjà fournies par le cédant mais aussi de repérer les problèmes existants ou susceptibles d'apparaître (contentieux en germe, perte probable d'un client ou d'un fournisseur important, faille dans le système de production ou de distribution, non-respect d'une réglementation particulière, niveau de qualification ou coût du personnel, risques liés au changement du dirigeant en place compte tenu de son savoir-faire ou de ses liens privilégiés avec la clientèle, etc.). La connaissance de ces éléments est nécessaire pour apprécier la valeur de la société et le prix des droits sociaux ; elle lui permet de définir sa marge de manœuvre dans la négociation tant du prix que de la garantie de passif.
Le fait pour le **cédant** de prendre l'initiative de faire réaliser lui-même les audits peut être stratégique dans la négociation (n° 10665).

10652 Si les audits mettent en évidence les **risques** liés à l'acquisition, ils ne sont pas pour autant un frein à celle-ci. Au vu des constats en résultant, les professionnels qui les ont réalisés ainsi que les conseils proposent des **solutions pour remédier** aux problèmes ou risques détectés. Ces solutions (retraitement comptable, changement de politique commerciale ou managériale, acquisition ou cession de certains actifs, contrat de tutorat, etc.) peuvent entrer dans le champ de la négociation.

COÛT DES AUDITS PRÉALABLES À LA CESSION

Évaluation Le **montant** des frais d'audits est extrêmement **variable** d'une opération à l'autre, selon le nombre et l'étendue des audits à réaliser ou encore selon le nombre et la spécialisation des professionnels qui en sont chargés. 10655

Les professionnels peuvent proposer un montant fixe ou prévisionnel ou une fourchette d'honoraires ou encore une grille de tarifs horaires.

> **Précisions** Les **taux horaires** de ce type de mission sont usuellement plus élevés que sur des missions traditionnelles d'expertise comptable ou de commissariat aux comptes en raison de la forte implication de collaborateurs expérimentés et pluridisciplinaires et de la contrainte en termes d'organisation qu'elles occasionnent pour le cabinet.

Prise en charge Le plus souvent, les frais d'audits incombent à l'**acquéreur** qui « paye pour voir ». On parle alors de diligence d'acquisition ou de « due diligence ». 10660

En présence de plusieurs candidats à l'acquisition, le **cédant** préfère généralement, pour éviter que n'interviennent autant de diligences d'acquisition qu'il y a de candidats (ce qui peut perturber la vie de l'entreprise pour les audits réalisés sur place), **organiser une data room** dans laquelle chacun d'entre eux aura la possibilité d'examiner les données que le cédant aura mis à disposition (n°s 10820 s.). Dans ce cas, le coût peut être réparti entre le cédant (qui prend en charge l'organisation de la data room) et les candidats (qui assument le coût des audits).

Le **cédant** peut décider de faire **réaliser lui-même les audits** (diligences de cession ou « vendor due diligence ») et d'en assumer le coût. Ce choix peut être stratégique car il lui permet notamment : 10665

– de rectifier certains problèmes en amont ;

– de modifier son positionnement dans les négociations : il ne se trouvera pas en position « d'accusé » ayant à répondre aux questions de l'acquéreur et de ses conseils et à se justifier en permanence ; il sera plus à même de diriger les négociations au lieu de les subir ;

– de rendre l'opération plus attractive financièrement pour l'acquéreur ;

– d'éviter « l'intrusion » de l'acquéreur à ce stade de la négociation et de maîtriser la divulgation d'informations confidentielles ;

– d'accélérer le processus de négociations en évitant la multiplication des procédures d'audit.

Ce choix peut s'imposer au cédant lorsqu'il entend faire entrer dans la société une société de capital-risque ou organiser une vente aux enchères (open bid).

L'existence d'une « vendor due diligence » n'interdit pas aux candidats à l'acquisition de procéder à leurs propres audits ou contrôles afin de vérifier et compléter les informations transmises par le cédant.

> **Précisions** Le terme « vendor due diligence » recouvre souvent en pratique la **présentation simultanée des informations** mentionnées n° 10525, du résultat des audits (n°s 10650 s.) et du business plan (n° 10550). Ces informations ne sont alors communiquées qu'au candidat finalement retenu ou à une sélection restreinte des candidats les plus intéressants.

PÉRIMÈTRE DES AUDITS PRÉALABLES À LA CESSION

Dans les développements énoncés n°s 10685 s., les audits sont envisagés dans l'hypothèse d'une cession de titres d'une société isolée mais, dans le cas où celle-ci appartient à un groupe, les audits peuvent être étendus à la **société mère** (qui sera souvent le cédant) ou aux **filiales** de la société dont les titres sont cédés. 10675

Peuvent également être envisagés des audits auprès d'**autres tiers** tels les assureurs, les principaux clients ou fournisseurs afin d'obtenir une vision externe de certains risques. Ces audits, qui ne peuvent pas être réalisés sans l'accord des intéressés, fragilisent la confidentialité de l'opération projetée.

PERSONNES EN CHARGE DES AUDITS PRÉALABLES À LA CESSION

Tant l'acquéreur que le cédant peuvent faire appel à des **commissaires aux comptes** pour l'audit comptable et financier car il s'agit de professionnels avertis (l'analyse comptable et financière et la détection des risques y afférents relèvent de leurs missions habituelles) qui connaissent généralement déjà le contexte et/ou le secteur d'activité. Mais l'intervention du commissaire aux comptes est encadrée par la réglementation professionnelle (n°s 10150 s.). 10685

10687 Un **expert-comptable** peut aussi être désigné. Sa prestation peut varier de la simple présentation commentée d'informations financières résumées et basées sur les documents publiés par la société à l'investigation complète effectuée par une équipe structurée d'auditeurs.

10690 Peuvent également intervenir des **professionnels du droit** (notaires et avocats) ainsi que des banquiers et des cabinets spécialisés.

LETTRE DE MISSION PRÉALABLE À LA CESSION

10700 La lettre de mission précise la mission d'audit qui doit être parfaitement définie, compte tenu de l'impact que le résultat des audits a sur les négociations, notamment sur les termes de la garantie de passif (n°s 10650 et 10830). Cette mission peut être modifiée et précisée en cours de négociation par voie d'avenants.

La lettre de mission **détermine** aussi :
– la durée de la mission ;
– les modalités d'intervention des auditeurs ;
– leur obligation de confidentialité ;
– les limites de la responsabilité des auditeurs ;
– les honoraires des auditeurs et leur débiteur ;
– l'accès à l'information que le cédant et son personnel devront réserver aux auditeurs.

ATTENTION

Le **devoir d'information** est d'**ordre public** (n° 10245). Aussi, lorsque les informations accessibles auront été définies, la question se pose de savoir si l'acquéreur pourra se plaindre du défaut de communication d'une information qui n'était pas comprise dans le périmètre d'informations ainsi fixé.

Lorsque l'**audit** est **réalisé par un commissaire aux comptes,** une lettre de mission doit être établie par les parties préalablement à la réalisation de la prestation ; cette lettre doit préciser notamment les engagements des parties et le montant des honoraires, qui tient compte de l'importance des diligences à mettre en œuvre (C. com. R 823-17-1).

RAPPORT D'AUDIT PRÉALABLE À LA CESSION

10705 Dans le rapport d'audit qui est très détaillé, les experts attirent l'attention de leur client sur tout ce qui peut poser problème, émettent des réserves, mais proposent aussi des solutions. Ces informations permettent au client de déterminer sa marge de négociation. En tête de rapport, un « **executive summary** » met en avant des points les plus délicats.

B. Différents types d'audits

10740 Les audits sont généralement distingués selon leur objet : audit comptable et financier, audit juridique et fiscal, audit social... Cette **terminologie** et le contenu des audits ne sont pour autant pas figés. À chaque cession, ses audits. Le libellé et le contenu des audits peuvent varier d'une opération à l'autre, selon par exemple qu'on est en présence d'une société comportant ou non des filiales, que l'activité est axée sur la distribution de produits ou le développement de nouvelles technologies ou encore sur l'exploitation d'un site industriel. Dans cette dernière hypothèse, un audit environnemental approfondi (diagnostic amiante, évaluation du coût du traitement des déchets ou de la dépollution d'un site...) peut s'imposer au lieu d'une simple vérification des conditions d'exploitation dans le cadre d'un audit juridique. Si la société est propriétaire de nombreux immeubles (nécessaires ou pas à son activité), un audit strictement immobilier peut être envisagé.

AUDIT COMPTABLE ET FINANCIER PRÉALABLE À LA CESSION

10750 L'audit comptable et financier permet de contrôler que les **comptes** sociaux sont **conformes** aux normes comptables et correspondent bien à la réalité. Certains postes du bilan feront l'objet d'un examen attentif : les actifs (immeubles, marques, brevets et stocks) dont la réalité, la valorisation et l'amortissement seront vérifiés ; les comptes clients (particulièrement ceux des clients douteux ou litigieux) ; les provisions pour risques ou pour dépréciation...

Seront aussi appréciées la trésorerie à court et moyen terme et d'une manière générale la situation financière de la société.

Il appartiendra également aux auditeurs d'identifier et d'évaluer les **engagements hors bilan** susceptibles d'avoir un impact significatif sur le patrimoine social. Il s'agit par exemple des garanties (cautionnement, hypothèque, gage accordés par la société à un créancier ou qui garantissent ses propres engagements ; garantie de passif ou d'actif), des sommes dues aux dirigeants en cas de départ, des contrats de crédit-bail et des instruments de gestion des risques de taux et de change (par exemple, swap ou opération à terme).

AUDIT JURIDIQUE ET FISCAL PRÉALABLE À LA CESSION

L'audit juridique a pour finalité de vérifier si la **société** est en conformité avec l'ensemble des règles légales ou réglementaires à laquelle elle est soumise et d'identifier d'éventuels risques en la matière (tels des poursuites pénales ou l'annulation d'un contrat ou d'une décision prise par l'assemblée générale des associés). **10760**
Ce contrôle porte notamment sur :
– l'activité de la société : respect d'une réglementation spécifique (sanitaire, environnementale, douanière ou autres), des conditions d'un agrément ou d'une habilitation professionnelle particulière ;
– le patrimoine de la société et ses « outils » (actes de propriété, dépôt des marques et des brevets, contrats d'assurance, de bail, de licence, de location-gérance...) ; il s'agira par exemple de vérifier que la société, qui exerce son activité dans des locaux ne lui appartenant pas, bénéficie bien d'un bail soumis au statut des baux commerciaux et non d'une simple convention d'occupation précaire ou encore que les procédés technologiques mis au point par la société sont correctement protégés par un brevet ;
– le fonctionnement interne de la société (registres de procès-verbaux des assemblées générales et des conseils d'administration ; contrôle des opérations intervenues : désignation des dirigeants, fusion, augmentation de capital, précédentes cessions de droits sociaux ; rémunération des dirigeants) ;
– les contrats commerciaux (accords de distribution ou de fourniture, de partenariat ou encore de sous-traitance) et les marchés en cours ; un intérêt tout particulier sera porté aux clauses pénales, d'exclusivité ou de résiliation (comme celles permettant aux cocontractants de la société de résilier le contrat en cas de changement de contrôle de celle-ci) ;
– les contrats avec les banques, les autres sources de financement (telles les aides publiques) ainsi que les garanties accordées par la société ou celles dont elle bénéficie ;
– l'aspect fiscal (contrôle des déclarations et des règlements effectués par la société, des déductions appliquées ; examen du résultat d'éventuels contrôles ou de redressements antérieurs ; évaluation des risques de pénalités ou de redressement...) ;
– les accords liant la société à d'autres sociétés du groupe ;
– le contentieux en cours (actions en justice, arbitrages ou médiations en cours).

CONSEIL

Lors d'un audit, il peut être opportun de prévoir un contrôle spécifique du respect de la **piste d'audit fiable,** qui correspond aux contrôles internes d'une entreprise lui permettant d'établir un lien entre une facture émise ou reçue et l'opération qui en est à l'origine (CGI art. 289, VII-1° ; sur ce dispositif, voir Mémento TVA 2022 n° 46630). En cas d'absence ou d'insuffisance de la piste d'audit fiable, les risques financiers qui en découleraient (Mémento TVA 2022 n° 47250) peuvent alors être pris en compte lors de la négociation du prix de vente (C. Boulay, La piste d'audit fiable dans le cadre d'un audit d'acquisition : Le Monde du chiffre 18 mai 2022).

Lors de l'audit juridique, les **droits sociaux** proposés à la vente vont être également contrôlés en ce qui concerne : **10765**
– la propriété effective du cédant et sa capacité juridique à les céder (vérification de l'origine de la propriété, existence d'une indivision, régime matrimonial du cédant...) ;
– leur disponibilité : existence d'une saisie, d'un nantissement ou d'une mise sous séquestre des titres, d'une clause d'agrément, d'un droit de préemption ou de préférence prévus par les statuts ou par un pacte.

AUDIT SOCIAL PRÉALABLE À LA CESSION

Le nombre de salariés présents dans la société peut justifier un audit qui permettra d'identifier d'éventuels **risques sociaux** mais aussi les **hommes clés** dont le départ peut être préjudiciable à l'entreprise (par exemple, compte tenu de leur savoir-faire ou de leur notoriété auprès de la clientèle). **10775**
Seront notamment examinés :
– la convention collective dont relève la société, le règlement intérieur, les accords sur les salaires et le temps de travail, les accords d'intéressement des salariés ;
– le respect des règles d'hygiène et de sécurité et le taux d'accident du travail ;
– les questions de formation, de vieillissement (provisionnement des retraites), d'absentéisme ou de turn over du personnel, les licenciements intervenus ou envisagés ;

– les institutions représentatives du personnel (comité social et économique, délégués du personnel, représentants syndicaux) et l'existence de conflits sociaux ;
– les contrats de travail (particulièrement pour le personnel relevant d'un statut particulier : commerciaux, journalistes, contrat à durée déterminée ou autres) ;
– la situation de la société à l'égard des organismes sociaux (déclarations et paiement des cotisations, éventuels contrôles...) ;
– les contentieux en cours.

AUDIT ÉCONOMIQUE ET STRATÉGIQUE PRÉALABLE À LA CESSION

10785 L'audit économique et stratégique a pour **objet** :
– de connaître l'état du marché des produits ou services proposés par la société (étude de marché, positionnement de la société, état de la concurrence, évolutions prévisibles...) ;
– de vérifier la stratégie commerciale et la politique de marketing (développement de nouveaux produits, forces de vente et de distribution, publicité...) ;
– de s'assurer de l'état de l'outil de production (coût, adéquation à la production, productivité, obsolescence...), du savoir-faire et des compétences du personnel, de la logistique, de l'impact commercial des brevets et des marques dont la société est titulaire ou a la jouissance... ;
– de détecter la dépendance de la société à l'égard d'un client, d'un fournisseur ou d'une matière première ;
– de définir certains aspects financiers de la société (capitaux propres, concours bancaires en cours et leur maintien après la cession, niveau d'endettement, aides publiques...).

> **Précisions** On parle aussi parfois d'**audit organisationnel ou industriel** (regroupant l'analyse des aspects financiers et de l'outil de production) ou encore d'**audit commercial ou concurrentiel** (plus axé sur le marché, la stratégie commerciale et le potentiel économique de la société). Là encore, le contenu de l'audit est adapté à l'activité de la société.

C. Réalisation des audits dans une data room

INTÉRÊT DU RECOURS À UNE DATA ROOM POUR RÉALISER UN AUDIT

10820 Les audits peuvent être réalisés dans une data room (salle des données ou d'information), c'est-à-dire dans un **local** ou un **espace virtuel** (e-data room) spécialement **dédié** que le cédant ou son conseil met à la disposition des candidats à l'acquisition (et de leurs auditeurs) et dans lequel ces derniers trouveront les documents et informations transmises par le cédant.

10825 Le choix d'organiser une data room peut répondre à plusieurs **objectifs** :
– maintenir une relative confidentialité de l'opération dont le personnel du cédant n'aura ainsi pas nécessairement connaissance ; les recherches documentaires nécessaires pour alimenter la data room risquent toutefois d'être révélatrices ;
– éviter les perturbations dans l'organisation de la société par la présence des auditeurs dans les locaux ;
– accélérer le processus en cas de pluralité de candidats à l'acquisition ou de présence de candidats étrangers ;
– faciliter la mise en concurrence des candidats ;
– garder la maîtrise de l'information transmise aux candidats et des conditions d'accès à celle-ci par le biais du règlement de la data room.
La mise en place d'une data room est coûteuse ; elle ne se justifie que pour des opérations d'une certaine envergure.

10830 Certains praticiens mettent en avant le caractère stratégique de la data room en ce qui concerne la garantie de passif.
Plus sûrement que dans un autre cadre d'échanges, la data room permet d'établir avec précision (plus encore dans sa version virtuelle qui permet un traçage électronique) les **informations** auxquelles l'acquéreur ne peut pas nier avoir eu **accès.** La liste des documents mis à disposition dans la data room est souvent jointe à l'acte de cession et/ou à l'acte de garantie.
La consultation réalisée par l'acquéreur dans la data room pourrait ainsi l'empêcher d'invoquer une erreur – celle-ci étant inexcusable, puisqu'il a eu la faculté de consulter l'information (n°s 19230 s.) – ou encore la garantie des vices cachés, l'information figurant dans la data room rendant le vice apparent (n°s 61110 s.).
Comme le relèvent MM. B. Dondero et Ch. Haussmann, ce raisonnement ne peut pas être généralisé (Les data rooms : une pratique vue sous l'angle théorique : Droit et patrimoine 11/2008 p. 62). Les tribunaux peuvent en effet estimer qu'une mise à disposition d'informations parcellaires ou intervenue

trop peu de temps avant la signature de la cession pour permettre à l'acquéreur d'examiner les informations n'est pas exonératoire. Pour une illustration de communication tardive assimilable à un dol, voir Cass. com. 3-11-2004 n° 00-15.725 F-D : n° 20098 ; pour un cas où le juge a au contraire estimé que l'acquéreur avait accepté de ne disposer que d'un délai très court pour un audit, voir Cass. com. 13-1-1998 n° 68 D : n° 19235.
Il n'est pas certain que le fait que l'acquéreur se reconnaisse parfaitement informé de la situation de la société l'empêche de se prévaloir d'un manquement du cédant à son devoir légal d'information ; sur ce devoir, voir nos 10240 s.

La **data room électronique** se développe de plus en plus car elle présente certains **avantages** par rapport à la version classique. Elle simplifie la logistique et en réduit les coûts : pas de local ; suppression des déplacements des auditeurs et des contraintes d'horaires d'ouverture ou de fuseaux horaires ; simplification du contrôle de l'accès à la salle. Elle permet aussi une meilleure traçabilité des questions/réponses entre l'acquéreur et le cédant mais aussi des consultations faites par les auditeurs (ce qui n'est pas anodin ; n° 10830). 10840

> **Précisions** Il n'est pas nécessaire d'être un spécialiste de l'informatique pour mettre en place une e-data room : son **installation,** son « calibrage » au regard du règlement et la numérisation des documents peuvent être réalisés par l'un des conseils intervenant dans le rapprochement ou par un prestataire de services extérieur. C'est à ces professionnels qu'il incombera aussi d'assurer la sécurisation de la salle (procédure d'accès, cryptage, inaltérabilité des données).

ÉTABLISSEMENT DU RÈGLEMENT DE LA DATA ROOM PAR LES NÉGOCIATEURS

Généralement, le règlement est établi par le cédant et signé par le candidat à l'acquisition et ses auditeurs. Il est rarement négocié. 10855

Information mise à disposition La data room comporte généralement un grand nombre de **documents présentés** dans des classeurs et auxquels les auditeurs accèdent par l'intermédiaire d'un index ou d'un répertoire. Le règlement indique la liste de ces documents. 10860
Ces documents sont souvent **classés** selon un niveau de confidentialité. Par exemple, n'y auront accès que certains des auditeurs, eu égard par exemple au secret professionnel auquel ils sont soumis. Les documents comportant des données sensibles peuvent aussi ne devenir accessibles ou n'être introduits dans la data room qu'à partir d'un certain seuil d'avancement des négociations.
Il est important de vérifier au préalable que les documents listés sont effectivement **disponibles.**

Accès à l'information Le règlement détermine les **personnes habilitées** à accéder à la data room. L'accès est souvent limité aux seuls candidats sérieux (c'est-à-dire à ceux qui ont déjà formulés une offre indicative – non binding offer – proche des attentes du cédant) et à leurs auditeurs. 10865
Il fixe les jours et les horaires d'accès ainsi que les **modalités de consultation,** notamment la durée des consultations et leur nombre. Il interdit généralement la reproduction des documents (par photocopie, scannage ou autre) et tout contact de l'auditeur avec l'extérieur pendant la consultation (pas de téléphone ou d'ordinateur portable, pas de sortie temporaire). Pour assurer le respect de ces obligations, un surveillant est présent dans la salle. Les mêmes limites peuvent être apportées à une data room virtuelle.
Le règlement organise une procédure de **questions/réponses** entre le cédant et le candidat, souvent sous forme de formulaires.
Il expose aussi les obligations de **confidentialité** des personnes ayant accès aux informations, tant pour la durée de la data room qu'après clôture de celle-ci. Sur l'obligation de confidentialité en l'absence de clause, voir nos 10285 s.

USAGE D'UNE DATA ROOM LORS D'UNE CESSION D'ACTIONS « COTÉES »

Craignant que l'organisation de data rooms lors des cessions de blocs d'actions de sociétés dont les actions sont admises aux négociations sur un marché réglementé, sur Euronext Growth ou sur Euronext Access ne porte atteinte à certains principes boursiers – l'égalité d'accès à l'information des investisseurs et l'interdiction d'exploiter des informations privilégiées (opération d'initié) – l'AMF a émis des **recommandations** (Position-Recommandation AMF 2016-08 du 26-10-2016). En effet, les data rooms ouvrent à un ou plusieurs acquéreurs potentiels de cette participation l'accès à une somme parfois considérable de documents contenant des informations de toute nature sur la société. Certaines de ces informations sont protégées par des secrets, notamment le secret industriel (brevets) et commercial (clients), d'autres sont sensibles, c'est-à-dire susceptibles d'avoir une influence sur le cours du titre (comptes non encore publiés, états prévisionnels, plan de développement, négociations en cours, etc.). 10875

L'AMF préconise ainsi que :

a. l'usage des data rooms soit limité aux seules opérations significatives eu égard à leur taille et à leurs liens avec les processus de décisions stratégiques (telles la présence d'un ou plusieurs administrateurs au conseil ou l'existence d'un partenariat industriel et commercial entre les parties), en particulier si l'opération n'est pas suivie d'une offre publique ;

b. la data room ne donne accès à des informations privilégiées que si cet accès est strictement nécessaire à l'information des participants pour les besoins de l'opération concernée ;

c. l'accès à la data room soit limité et réservé aux signataires d'une lettre d'intention témoignant de leur intention de réaliser une opération financière et du sérieux de leur projet, et en particulier de leur capacité à financer l'acquisition, l'information communiquée devant permettre aux acquéreurs de confirmer ou non leur intention d'investir et de définir avec précision les conditions auxquelles ils sont prêts à réaliser la transaction ;

d. des engagements de confidentialité destinés à prévenir tout risque de divulgation et d'exploitation d'informations privilégiées soient mis en place préalablement à l'ouverture de la data room ;

e. lorsqu'une opération financière ayant motivé l'organisation d'une data room donne lieu à l'établissement d'un prospectus ou d'une note d'information intégrant les informations transmises dans le cadre de la data room, la mention suivante y figure : « L'émetteur déclare avoir rétabli en tous points significatifs l'égalité d'accès à l'information entre les investisseurs par la publication de ce prospectus/de cette note d'information » ;

f. quand la data room intervient à l'occasion d'une offre publique, dans le cas de la réception par la société d'offres concurrentes, celle-ci organise l'accès de tous les compétiteurs aux informations nécessaires contenues dans la data room, et notamment aux informations privilégiées ; elle doit alors conclure avec chacun d'entre eux un accord de confidentialité dans les termes énoncés ci-avant.

En outre, l'AMF attire l'attention des sociétés sur le fait qu'il leur appartient, à tout moment, y compris à l'issue de la data room, d'apprécier la nature des informations qu'elles détiennent. En particulier, un échec de l'opération ayant motivé l'organisation de la data room peut constituer en tant que telle une information privilégiée ; tel est le cas, par exemple, lorsque les perspectives annoncées intégraient l'hypothèse d'un financement qui n'a finalement pu être obtenu.

> **Précisions** Les **engagements de confidentialité** doivent stipuler que le participant à la data room est informé et prend acte que :
> – il se verra communiquer les informations privilégiées en toute connaissance de cause dans le cadre de la data room, que ce soit sous format papier ou par tout autre moyen (notamment électronique ou oral) ;
> – pendant la période de mise à disposition des données dans le cadre de la data room et jusqu'à la publication des informations privilégiées par la société, ces informations privilégiées ne pourront être ni transmises à des tiers, ni utilisées à d'autres fins que pour les besoins de l'opération projetée ayant justifié la mise en place de la data room ;
> – même après la clôture de la data room, il ne sera aucunement libéré de ses obligations d'abstention décrites dans l'engagement de confidentialité, tant que la société n'aura pas elle-même publié les informations privilégiées dans les formes requises par le règlement UE 596/2014 du 16 mars 2014 relatif aux abus de marché ;
> – il a connaissance des sanctions applicables aux opérations d'initiés et à la divulgation illicite d'informations privilégiées.

VI. SÉLECTION DES CANDIDATS À L'ACHAT

A. Critères de sélection

10920 Généralement, la sélection des candidats à l'achat intervient après une première série de rencontres avec les candidats. Ces rendez-vous doivent être l'occasion de recueillir un maximum d'informations afin de sélectionner les candidats les plus en adéquation avec le projet de cession. En réalité, il ne s'agit que d'une **présélection** qui va permettre d'engager les pourparlers, et non de la sélection définitive de l'acquéreur ou du vendeur.

CONSEIL

Dans la mesure du possible, il est conseillé de **retenir plusieurs candidats.** En effet, maintenir une certaine compétition donne plus de chances d'obtenir une offre proche de ses souhaits. En outre, cela permet en cas d'échec des pourparlers avec l'un des candidats de ne pas tout reprendre depuis l'origine.

Il n'existe pas de critères de sélection prédéfinis. Ils dépendent de **ce que recherche** exactement **le cédant ou le repreneur** et des points sur lesquels ce dernier est prêt ou pas à faire preuve de souplesse, à négocier ou non. 10925

Les critères peuvent notamment être les suivants :

– adéquation du profil du candidat avec le profil recherché ;

– motivation du candidat ;

– acceptation du prix proposé ou formulation d'une contre-proposition acceptable ;

– capacité financière du candidat.

Il faut également ajouter des critères psychologiques : personnalité du candidat, ses valeurs, pour un candidat acquéreur la façon dont il entend gérer les titres qu'il envisage d'acquérir et exercer les pouvoirs qui y sont associés, pour un candidat cédant la réalité de son intention de vendre.

B. Open bid (vente aux enchères d'entreprise)

DÉFINITION DE L'OPEN BID

La vente par open bid consiste à organiser une vente de l'entreprise en alternant des périodes d'information auprès des acquéreurs potentiels et des périodes de soumission d'offres (O. Meier et G. Schier : Transmettre ou reprendre une entreprise, Dunod 2008 p. 178). Il s'agit d'une vente aux enchères privée de nature purement contractuelle. La **mise en concurrence** directe **des acquéreurs potentiels** doit permettre au cédant d'obtenir le prix de vente le plus élevé possible. 10940

CONDITIONS DE RÉUSSITE DE L'OPEN BID

Plusieurs conditions doivent être réunies pour pouvoir procéder à ce type de vente avec succès. 10945

Avant de recourir à une telle vente, le cédant doit s'assurer que la taille de l'entreprise et la part de marché que celle-ci détient au niveau national ou régional sont significatives et que les titres peuvent être cédés dans leur totalité ou, à défaut, offrir à l'acquéreur une majorité absolue. Par ailleurs, plus la concurrence sera large, plus les chances d'obtenir le meilleur prix seront fortes.

Au cours de l'open bid, l'enjeu est celui de la diffusion des informations. L'existence de la mise en vente et les informations portées à la connaissance des acquéreurs potentiels doivent rester confidentielles. C'est pourquoi, avant toute remise de dossier ou d'information, les candidats doivent signer un engagement de confidentialité (sur l'obligation de confidentialité en l'absence de clause, voir nos 10285 s.). En outre, la circulation des informations doit être rapide, afin de préserver la confidentialité de l'opération ainsi que la crédibilité et la valeur de l'entreprise. Il faut aussi veiller au respect de l'égalité des chances entre les candidats potentiels (notamment, par des informations transparentes, communiquées dans le respect des délais).

CONSEIL

Il est conseillé de **recourir à un intervenant extérieur,** tel qu'une banque d'affaires ou un notaire, pour prendre en charge l'organisation de la vente. Cet intervenant constitue un gage d'indépendance favorisant le bon déroulement de la procédure.

DÉROULEMENT DE L'OPEN BID

Les étapes décrites nos 10955 s. sont purement indicatives. La nature de l'opération ou encore le choix de l'intervenant qui organise l'open bid peuvent donner lieu à un déroulement différent. 10950

Dans un premier temps, le cédant remet aux acquéreurs potentiels un document de présentation de l'entreprise à vendre qui contient généralement des informations plus ou moins précises sur les principales caractéristiques de l'entreprise, son marché et sa situation financière. À partir de ce dossier, les candidats émettent une **première offre** comprenant un prix indicatif et une proposition de projet de reprise. 10955

Le cédant analyse ces offres et sélectionne un nombre plus réduit de candidats. Ceux-ci ont alors accès, dans des conditions similaires pour tous, à des informations complémentaires et plus approfondies : documents d'ordre comptable, financier, économique ou juridique, rapports d'audit (audit comptable et économique et audit juridique et fiscal), possibilité de visiter les sites de l'entreprise, rencontres avec le management de l'entreprise à céder.

À l'issue de ces investigations, les candidats doivent faire une **offre ferme et définitive** dans un délai déterminé et identique pour tous. Cette offre est appelée « offre binding ». C'est après un examen comparatif des offres que le cédant effectue son choix. Celui-ci ne se porte pas nécessairement sur l'offre la mieux disante. Le plus souvent, le cédant s'est réservé la possibilité, quel que soit le prix proposé, de choisir l'acquéreur de façon discrétionnaire afin de pouvoir inclure d'autres

critères tels que les modalités de financement, les garanties offertes, le devenir du personnel et du management de la société dont les droits sont cédés, etc.
Une fois le **candidat sélectionné,** il convient de procéder à la vente. Si l'offre retenue contient des conditions suspensives prévoyant qu'elles ne seront levées qu'après la réalisation d'audits d'acquisition approfondis, ceux-ci doivent être réalisés avant de pouvoir procéder à la conclusion du contrat définitif, au transfert de propriété des titres et à leur paiement.

> **Précisions a.** Avant de réaliser les audits d'acquisition, l'acquéreur potentiel exige souvent une **période d'exclusivité.** Cette période garantit à l'acquéreur l'exclusivité de la cession dans le cas où les conditions suspensives sont levées par les résultats des audits. La demande d'exclusivité se justifie notamment par les coûts importants engendrés par les audits ainsi que les frais juridiques liés à la rédaction des différents actes nécessaires à la signature de la transaction. L'intérêt du vendeur commande naturellement de réduire cette période d'exclusivité. Ce point fait aussi partie des éléments de décision pour retenir l'offre définitive parmi les différentes offres proposées par les acquéreurs potentiels restant en lice au moment du dernier tour de négociation (O. Meier et G. Schier : Transmettre ou reprendre une entreprise, Dunod 2008 p. 179).
> **b.** Dans les entreprises employant au moins 50 salariés, le **comité social et économique** doit être **consulté** avant que le cédant n'ait officiellement accepté l'offre du candidat sélectionné et que le projet n'ait ainsi acquis un caractère irréversible (n°s 82384 s.).

VII. FORMALISATION DE L'ACCORD DES NÉGOCIATEURS

11020 De la prise de contact jusqu'à la signature de l'acte définitif de cession, l'accord des parties peut être formalisé au fur et à mesure des négociations par des actes intermédiaires de formes diverses. Il convient de s'assurer que les parties sont engagées par ces actes dont l'efficacité est en outre souvent subordonnée à la réalisation d'une condition (tels l'octroi d'un financement ou d'une autorisation ou l'accord des parties sur un autre point).
Par ailleurs, la négociation ne porte pas que sur la cession strictement dite mais aussi sur des accords annexes à celle-ci.

NÉCESSITÉ D'UN ÉCRIT FORMALISANT L'ACCORD DES NÉGOCIATEURS

11025 La cession portant sur les parts d'une SARL, d'une SNC ou d'une SCS ainsi que, dans les SCA, celle portant sur les parts détenues par les associés commandités requièrent un écrit (n°s 70040 s.). En revanche, un écrit n'est pas obligatoire pour constater une cession d'actions (n°s 71000 s.), y compris pour les formalités de l'enregistrement (n°s 41600 s.).
En pratique et tout particulièrement pour les cessions d'une fraction significative du capital, un écrit sera établi pour constater l'accord des parties sur les aménagements conventionnels de la cession : conditions suspensives, modalités particulières de paiement, garantie de passif ou clause de non-concurrence à la charge du cédant, reprise par l'acquéreur de certains engagements antérieurs du cédant (tel un cautionnement garantissant les dettes sociales)... À défaut d'écrit, l'existence et le contenu de ces aménagements seront difficiles voire impossibles à prouver et la cession sera soumise au seul droit commun de la vente qui n'offre que des garanties limitées à l'acquéreur.

ÉCHANGE D'OFFRES OU DE PROPOSITIONS

11035 Durant les négociations, les parties vont échanger des offres ou propositions portant le plus souvent sur un ou plusieurs points du contrat, plus rarement sur son ensemble. Ces échanges n'emporteront formation de la cession que si l'**offre** est **ferme** et porte sur les éléments essentiels du contrat et si son acceptation par l'autre partie est également ferme et intervient dans le délai convenu.
Afin d'éviter d'être liées dès l'émission d'une offre à un stade encore peu avancé des négociations tout en montrant leur intérêt réel à l'opération, les parties émettent des **offres** non engageantes ou **indicatives** (« non binding offer ») sous forme d'une lettre d'intention, aussi dénommée « letter of intent » ou « LOI » qui excluent expressément tout caractère ferme et définitif des propositions présentées.
Ces offres permettent également d'instaurer une relation de confiance entre le cédant et l'acquéreur.

MODÈLE

Lettre d'intention non engageante (« non binding offer »)

Nous vous confirmons notre intérêt de principe pour mettre en œuvre un processus de revue ayant pour finalité de nous permettre de procéder, le cas échéant, à l'acquisition de la totalité des titres composant le capital social de la société [*cible*], moyennant un prix indicatif de [...] € (établi à ce stade sur la base des premiers éléments que vous nous avez fournis, notamment les prévisions en termes de chiffre d'affaires et de résultat d'exploitation). Notre décision finale quant à la réalisation définitive de cette acquisition et aux modalités que nous pourrions offrir pour celle-ci dépendra de notre analyse des résultats obtenus dans le cadre des audits que nous souhaitons mener pour être en mesure, le cas échéant, de confirmer notre proposition de prix et notre intention de faire.

Nous attirons votre attention sur le fait que la présente lettre d'intérêt ne constitue pas et ne saurait être analysée comme constituant une offre d'acquisition de la société [*cible*] ou comme créant une quelconque obligation d'émettre ultérieurement une telle offre. Plus généralement, la présente lettre d'intérêt ne crée aucun engagement à notre charge, à l'exception toutefois de l'engagement de confidentialité visé ci-après.

PROMESSE DE VENTE OU D'ACHAT CONCLUE PAR LES NÉGOCIATEURS

La promesse **unilatérale** de vente ou d'achat engage, pendant un délai convenu, le promettant à **11045**
conclure (et non à négocier) mais la formation du contrat définitif n'interviendra qu'à la levée de l'option par le bénéficiaire de la promesse et, s'il existe des conditions suspensives, à la réalisation de celles-ci.

Lorsque la promesse comporte des **engagements réciproques** d'achat et de vente émanant de chacune des parties (promesse synallagmatique), la question se pose de savoir si elle vaut vente définitive (n°s 14040 s.).

ACCORD DE PRINCIPE, PROTOCOLE D'ACCORD ET CONTRAT DÉFINITIF

L'**accord de principe** est avant tout un contrat organisant les **pourparlers** et n'a de force obligatoire **11055**
que sur ce point.

Le **protocole d'accord** peut intervenir plus tard dans la négociation : il formalise par écrit le projet de contrat et surtout les points d'accord des parties. Sa force obligatoire est variable selon qu'il constate ou non l'accord ferme des parties sur les éléments essentiels du contrat.

ATTENTION

La **distinction entre accord de principe et protocole d'accord** telle qu'exposée ci-dessus est théorique : le juge appréciera la force obligatoire de l'acte au vu des termes employés pour sa rédaction et ce, quelle que soit la qualification que les parties auront donnée à l'acte. Pour des illustrations jurisprudentielles de la portée de l'accord intervenu, voir n°s 12020 s. et 12325.

Dans la mesure où une vente est parfaite et s'impose aux parties dès qu'il y a accord sur le bien vendu et son prix (C. civ. art. 1583 et 1589), les parties doivent prévoir dans le protocole les autres points qu'elles considèrent comme essentiels à la formation du contrat (telles les modalités de paiement, les garanties conventionnelles ou la reprise d'engagements antérieurs du cédant par l'acquéreur), même si elles ne sont pas encore parvenues à un accord à leur propos. Le protocole précise alors que ces points constituent des conditions suspensives ou sont déterminants du consentement de l'une des parties, de sorte qu'en l'absence d'accord sur ces points, le contrat ne pourra pas être considéré comme définitivement formé.

Il est fréquent que les parties conviennent que le protocole d'accord, même s'il fixe tous les éléments essentiels de la vente, n'engagera les parties qu'après réitération dans un **acte définitif** établi après la levée des conditions suspensives.

> **Précisions** Dans un cas où les parties à une cession n'avaient **pas formellement prévu** les **points** qu'elles considéraient comme **essentiels** à la formation du contrat, et où elles avaient signé l'acte de cession, il a été jugé qu'à la date de cette signature, leur consentement faisait défaut, dès lors qu'elles avaient continué à négocier certains aspects du contrat, subordonnant leur acceptation notamment à la mise en place de garantie et à la réalisation d'un nouvel audit (Cass. com. 10-10-2018 n° 17-12.527 F-D : n° 12440).

SUCCESSION D'ACTES DE CESSION

Lorsque, au cours des négociations, **plusieurs actes de cession successifs** ou projets d'acte sont **11060**
établis, il est recommandé, pour éviter toute contestation ultérieure, de préciser dans chaque nouvel acte qu'il se substitue au précédent.

C'est au regard du seul acte constituant le **contrat définitif** que les obligations des parties sont appréciées.

ILLUSTRATIONS

Dans un cas où la lettre d'intention signée par les parties prévoyait l'engagement du cédant de rembourser à l'acquéreur les pertes sociales susceptibles d'intervenir avant la signature de la cession, jugé que l'acquéreur ne pouvait pas demander l'exécution de cet engagement dès lors que l'acte de cession puis l'acte de fixation définitive du prix qui s'étaient substitués à cette lettre ne faisaient plus allusion à de quelconques pertes intercalaires (CA Paris 24-10-2013 nº 12/14281, ch. 5-9 : RJDA 2/14 nº 120). Pour un autre exemple à propos de promesses de vente successives comportant des modalités différentes de calcul du prix de cession, voir Cass. com. 23-9-2008 nº 07-16.330 F-D : nº 37085.

ACCORDS ACCESSOIRES À LA CESSION

11065 La cession des parts sociales ou des actions est bien sûr l'enjeu principal des négociations mais elle peut s'intégrer dans un **cadre contractuel plus vaste** comportant d'autres accords. Ainsi la cession peut être accompagnée :

– d'une promesse de porte-fort par laquelle le cédant ou l'acquéreur s'engage à ce que d'autres personnes cèdent d'autres titres de la société concernée ou les achètent ;

– d'un pacte d'actionnaires organisant les rapports entre les actionnaires après la cession (par des clauses limitant ou prédéfinissant les conditions des cessions ultérieures, préservant les droits des minoritaires notamment en matière d'information, répartissant les postes de direction...) ;

– de la constitution d'une autre société afin d'externaliser certains actifs (notamment immobiliers) de la société dont les titres sont cédés ou pour filialiser une branche d'activité de celle-ci, ces opérations étant généralement assorties de la conclusion de contrats entre les deux sociétés (bail, contrats commerciaux ou financiers...) ;

– des modifications des statuts de la société (par exemple, le changement de forme sociale, la mise en place d'une cogérance ou la modification des règles de quorum et de majorité) ;

– dans l'optique d'une prise de contrôle échelonnée dans le temps, de promesses en vue de la cession ultérieure d'une autre fraction du capital ;

– d'un contrat de tutorat permettant à l'acquéreur de profiter, après la cession, de l'expérience et du savoir-faire du cédant.

INCIDENCES DES NÉGOCIATIONS SUR L'INTERPRÉTATION DU CONTRAT DÉFINITIF

11075 C'est parfois après de nombreux projets intermédiaires que les parties aboutissent à un accord définitif. Pour éviter une éventuelle remise en cause de celui-ci, les parties peuvent convenir d'une clause par laquelle elles s'interdisent d'utiliser, pour l'interprétation du contrat définitif, tous les éléments évoqués au cours des pourparlers : correspondances, offres, documents préparatoires, projets d'accords intermédiaires antérieurs à la signature (J.-M. Mousseron, M. Guibal et D. Mainguy : L'avant-contrat, Éditions Francis Lefebvre 2001 nº 483). L'appellation de cette clause est variable : **clause des « quatre coins » ou de nettoyage** ou encore « entire agreement ».

VIII. VALORISATION DE LA SOCIÉTÉ ET FIXATION DU PRIX

DISTINCTION ENTRE VALEUR DES DROITS SOCIAUX ET PRIX DE CESSION

11100 La valeur des droits sociaux ne correspond pas à leur valeur nominale. Elle s'apprécie au regard de la valeur de la société fixée selon les méthodes exposées nºs 35000 s. qui tiennent notamment compte du patrimoine et de la rentabilité de la société.

Valeur n'est pas synonyme de prix car ce dernier dépend aussi d'autres éléments : l'état de l'offre et de la demande ; le seuil de participation cédé (bloc de contrôle, minorité de blocage, participation non significative) ; la négociabilité ultérieure des titres (en raison par exemple de clauses statutaires restrictives) ; la volonté des parties de vendre et d'acheter (l'un pouvant accepter de céder à un prix inférieur, l'autre pouvant accepter de payer un prix supérieur pour des raisons qui ne sont pas liées au marché) ; leur pouvoir respectif de négociation ; le montant du financement effectivement obtenu par l'acquéreur...

MODALITÉS DE FIXATION DU PRIX DES DROITS SOCIAUX CÉDÉS

11110 La fixation du prix des droits sociaux cédés incombe en principe aux **parties** mais ces dernières peuvent aussi s'en remettre à un tiers dont l'estimation s'imposera à elles (C. civ. art. 1592 ; nºs 37540 s.).

Dans certaines hypothèses, le prix peut être prédéterminé par les **statuts** ou par une clause d'un **pacte d'actionnaires** qui organise les conditions dans lesquelles un associé sort de la société. En cas de contestation de l'application de cette clause, le prix est alors fixé par un tiers désigné par les parties ou par le juge (C. civ. art. 1843-4 ; n° 37450).

En pratique, il est fréquent que les parties fixent un **prix provisoire** (aussi appelé prix d'ouverture), parfois sous forme d'une fourchette, sur la base des comptes du dernier exercice clos et prévoient que le prix **définitif** (ou de fermeture) tiendra compte des résultats de l'exercice en cours tels qu'ils seront arrêtés à une date convenue (qui peut être celle de la signature de l'acte ou celle de la clôture comptable de l'exercice). **11115**

Les parties peuvent aussi convenir que le prix est susceptible, après la cession, d'être revu à la baisse ou à la hausse au regard des résultats ultérieurs de la société au moyen d'une clause de révision de prix ou de complément de prix (earn out). En dehors de ces cas (et d'une éventuelle indexation), le prix n'est en principe plus **révisable** une fois que les parties l'ont fixé d'un commun accord.

IX. FORMALITÉS CONCOMITANTES AUX NÉGOCIATIONS

Certaines formalités incombent au cédant ou au repreneur **avant la conclusion de l'opération** sous peine de voir celle-ci bloquée ou purement annulée. **11160**

Voici les principales formalités concomitantes à la négociation qui peuvent être à la charge des parties : **11165**

– soumission préalable du projet de cession à **l'agrément** des autres associés (n°s 31000 s.) ;
– si les titres cédés font l'objet d'un **droit de préemption** ou de préférence (prévu par les statuts ou par une convention), obligation du cédant de proposer préalablement aux autres associés d'acquérir les parts ou actions dont la cession est envisagée en respectant la procédure prévue n°s 5030 s. ;
– information et consultation du comité social et économique sur les modifications de « l'organisation juridique de l'entreprise » dans les conditions exposées n°s 82380 s. ;
– autorisation administrative en cas de **prise de contrôle entraînant une concentration** d'entreprises (n°s 80150 s.) ;
– autorisation du transfert de propriété des titres en cas d'investissement étranger dans une société française exerçant son activité dans un secteur sensible (n°s 82100 s.) ;
– autorisation des cessions de contrôle entraînant le transfert d'une **entreprise du secteur public au secteur privé** (n° 82200) ;
– autorisation des cessions de participation, directes ou indirectes, dans un **établissement de crédit ou** une **entreprise d'investissement** (n° 82250) ;
– déclaration préalable des cessions de participation, directes ou indirectes, dans des **entreprises d'assurance** (n° 82300) ;
– en cas d'**offre publique d'acquisition**, déclarations destinées à informer la société et le marché sur le lancement et les conditions de l'opération (n°s 87000 s.) ;
– si la cession des titres s'accompagne de la **cession directe de certains actifs** à l'acquéreur, respect des formalités préalables spécifiques à la cession directe ;
– si la cession des titres est associée à la cession d'un **fonds artisanal,** d'un **fonds de commerce** ou d'un **bail commercial** situé dans un périmètre de sauvegarde du commerce et de l'artisanat de proximité préalablement délimité par la commune, ou à la cession d'un **terrain** situé dans ce même périmètre et portant (ou destiné à porter) des commerces d'une surface de vente comprise entre 300 et 1 000 m^2, respect de la procédure spécifique à cette cession prévue par les articles L 214-1 s. et R 214-1 s. du Code de l'urbanisme.

X. FINALISATION DES NÉGOCIATIONS (CLOSING)

Le closing (clôture) consiste à mettre fin aux négociations par la **signature** de tous les documents nécessaires à la finalisation de la cession. **11180**

ATTENTION

Il arrive parfois que la pratique distingue le **signing,** qui est une réunion lors de laquelle sont signés les actes, du **closing** qui, constituant la dernière étape de la cession, n'intervient qu'après la levée des conditions suspensives et peut donner lieu à une réitération des actes.

Avant la séance de signature, l'expert-comptable du cédant et celui de l'acquéreur réalisent, de manière contradictoire, un arrêté des comptes. Celui-ci constitue une base pour l'exécution de la garantie d'actif et de passif et permet éventuellement d'ajuster les chiffres présentés dans l'acte de cession. En fonction de ce que les parties ont prévu, cet arrêté des comptes peut aussi bien être intermédiaire que définitif.

Le jour du closing, l'ensemble des actes constituant l'accord définitif sont soumis à la signature du cédant et de l'acquéreur, le plus souvent assistés de leurs conseils.

La nature et le nombre de documents à signer varient en fonction du type d'opération. On peut notamment citer :

– l'acte de cession proprement dit ;
– la garantie d'actif et de passif ;
– les actes de cautionnement et les autres garanties ;
– les documents sociaux consécutifs au changement d'actionnaires ou de porteur de parts (procès-verbaux des assemblées générales, nominations, etc.) ;
– le pacte d'actionnaires ;
– les ordres de mouvement des actions ;
– en cas de cession de fonds de commerce associée à la cession des titres, les actes de vente du stock et de séquestre du prix de vente.

Si toutes les conditions suspensives et résolutoires n'ont pas été levées ce jour-là, il est possible qu'une **réitération des actes** de cession intervienne après cette levée, mais ce n'est pas systématiquement le cas en pratique.

SECTION 2 RUPTURE DES POURPARLERS

LIBERTÉ DE ROMPRE LES POURPARLERS SOUS CONDITION

11500 Chacun est **libre** de ne pas contracter (C. civ. art. 1102, al. 1). La rupture des négociations précontractuelles est donc libre sous les **limites** suivantes :

– il faut que les négociations soient encore en cours, ce qui n'est pas le cas si le contrat est formé par l'acceptation d'une offre ; à défaut, ce ne sont pas les négociations qui sont rompues mais le contrat ;
– la rupture doit être faite de bonne foi (cf. C. civ. art. 1112) ;
– si les négociations ont été encadrées contractuellement, la rupture doit intervenir selon les modalités convenues.

NATURE DE LA RESPONSABILITÉ POUR RUPTURE FAUTIVE DES POURPARLERS

11503 En l'**absence de contrat de négociation,** la rupture fautive de pourparlers entraîne la **responsabilité civile extracontractuelle** de son auteur (Cass. com. 20-3-1972 n° 70-14.154 P : Bull. civ. IV n° 93 ; Cass. com. 11-1-1984 n° 82-13.259 P : Bull. civ. IV n° 16), car le fait en cause se déroule, non pas dans la sphère d'un contrat formé, mais antérieurement à sa naissance et sans d'ailleurs qu'il soit certain qu'il naisse un jour. La solution n'est pas remise en cause par l'article 1112, al. 2 du Code civil : celui-ci, qui ne précise pas la nature de la responsabilité à retenir, se contentant d'exiger une « réparation » en cas de faute commise lors des négociations. Le succès de cette action suppose l'existence de trois éléments : une faute, un préjudice et un lien de causalité entre les deux.

Lorsque les parties ont fixé un cadre contractuel à leurs négociations, par exemple dans une lettre d'intention ou un **contrat de pourparlers**, la rupture des pourparlers peut aussi s'accompagner d'une violation de l'une des obligations que les parties s'étaient imposées (tel le non-respect d'une clause d'exclusivité ou de l'obligation de communiquer certains documents dans un délai déterminé). Cette violation engage la responsabilité civile contractuelle de son auteur qui sera sanctionné selon les règles de droit commun ou dans les termes prévus par le contrat (par une clause pénale, par exemple).

Les développements énoncés n°s 11505 s. sont exclusivement consacrés à la mise en œuvre de la responsabilité extracontractuelle de l'auteur de la rupture des pourparlers.

> **Précisions a.** Sur le débat doctrinal relatif au **fondement juridique** (abus de droit ou de liberté) de la **responsabilité civile extracontractuelle** de l'auteur de la rupture fautive, voir J. Ghestin, La responsabilité délictuelle pour rupture abusive des pourparlers : JCP G 2007 I n° 155.
> **b.** En matière extracontractuelle, la créance de réparation naît dès la date de réalisation du dommage et non à la date du jugement qui la rend certaine et liquide (Cass. crim. 3-11-2004 n° 04-80.665 F-PF : Bull. crim. n° 267). Il en résulte qu'en cas de rupture fautive de pourparlers, c'est la **date** de la rupture qui marque la **naissance de la créance d'indemnisation** (Cass. 3e civ. 16-12-2009 n° 08-19.067 FS-PB : RJDA 5/10 n° 537).

TRIBUNAL COMPÉTENT EN CAS DE RUPTURE FAUTIVE DES POURPARLERS

La victime de la rupture peut, **en droit interne,** engager son action en responsabilité extracontractuelle devant le tribunal soit du lieu où demeure le défendeur, soit du lieu du fait dommageable, soit dans le ressort duquel le dommage a été subi (CPC art. 46 ; Cass. com. 11-1-1984 n° 82-13.259 P : Bull. civ. IV n° 16). **11505**

ILLUSTRATIONS

Est compétent le tribunal du lieu où le négociateur évincé a reçu la lettre de rupture des pourparlers (CA Rennes 29-4-1992, 1e ch. B : Bull. Joly 1993 p. 463 note J.-J. Daigre).

En **droit communautaire,** l'action en responsabilité peut être engagée soit devant les juridictions de l'État membre sur le territoire duquel le défendeur est domicilié (Règl. UE 1215/2012 du 12-12-2012 art. 4), soit devant le tribunal du lieu où le fait dommageable s'est produit ou risque de se produire (Règl. UE 1215/2012 art. 7, 2).

I. RUPTURE FAUTIVE DES POURPARLERS

PRINCIPES RELATIFS À LA RUPTURE FAUTIVE DES POURPARLERS

La responsabilité du partenaire qui a pris l'initiative de rompre les pourparlers ne peut être mise en cause que s'il est établi que son **comportement** est **fautif.** Il ne peut pas en effet lui être seulement reproché d'avoir refusé de conclure le contrat objet des négociations, un tel refus constituant l'exercice d'un droit. **11520**
Indépendamment des conditions, même non abusives, dans lesquelles il est mis fin aux pourparlers, les négociations peuvent être le cadre de **fautes distinctes,** de nature à contraindre leur auteur à indemniser l'autre partie du préjudice qu'elles lui ont causé.

ILLUSTRATIONS

Dans un cas où des négociations menées entre un entrepreneur et une société en vue de la conclusion d'un contrat d'entreprise n'avaient pas été jugées suffisamment avancées pour que l'entrepreneur puisse croire qu'un contrat allait être conclu si bien que la société ne les avait pas rompues abusivement, il a été jugé que le fait pour la société d'avoir autorisé l'entrepreneur à s'installer sur le chantier dans le but de le préparer était une faute d'imprudence, distincte d'une rupture abusive des pourparlers (Cass. com. 20-6-2000 n° 96-16.497 F-D : RJDA 12/00 n° 1068).

A. Nature de la faute de l'auteur de la rupture des pourparlers

Conformément au droit commun de la responsabilité extracontractuelle, l'**intention de nuire** ou la **mauvaise foi** n'est pas requise pour caractériser la faute de l'auteur de la rupture (Cass. 3e civ. 3-10-1972 n° 71-12.993 P : Bull. civ. III n° 491 ; Cass. com. 11-7-2000 n° 1548 F-D : RJDA 1/01 n° 26). **11525**
Néanmoins, lorsqu'elle existe, l'intention de nuire ou la mauvaise foi peut caractériser la faute. Tel peut être le cas lorsque les pourparlers ont été engagés dans le but d'empêcher une partie de négocier avec un tiers ou afin d'obtenir la révélation d'informations confidentielles (en ce sens, Cass. com. 3-10-1978 n° 77-10.915 P : Bull. civ. IV n° 208 ayant condamné pour concurrence déloyale une société qui, après avoir pris connaissance d'un procédé de construction lors de négociations avec l'auteur de celui-ci, avait ensuite rompu les négociations et utilisé le procédé sans autorisation).
Pour des arrêts ayant retenu la mauvaise foi de l'auteur de la rupture, voir Cass. 1e civ. 6-1-1998 n° 95-19.199 P : n° 11570 et Cass. com. 26-11-2003 n° 00-10.243 FS-P : n° 11600.

Une faute simple suffit. Par exemple, la **légèreté dans le comportement** de l'auteur de la rupture peut entraîner sa responsabilité (Cass. com. 12-10-1993 n° 1462 D ; Cass. com. 22-2-1994 n° 91-18.842 P : RJDA 7/94 n° 765 ; CA Versailles 1-4-1999 n° 96-7613 : n° 11590). Le plus souvent, les juges se fondent **11530** sur un **manquement à la loyauté ou la bonne foi** (notamment, Cass. com. 20-3-1972 n° 70-14.154 : n° 11590 ; Cass. com. 7-4-1998 n° 95-20.361 D : n° 11700 ; Cass. 1e civ. 14-6-2000 n° 98-17.494 F-D : n° 11570 ; Cass. com. 8-11-2005 n° 04-12.322 FS-D : RJDA 5/06 n° 490).

B. Auteur de la faute commise lors de la rupture des pourparlers

11550 La responsabilité de la rupture est dans la plupart des cas imputée à **celui qui a matériellement mis fin** aux négociations mais elle peut aussi incomber à **l'autre** participant si son comportement est à l'origine de la rupture.

ILLUSTRATIONS

Dans un cas où deux personnes physiques avaient engagé des pourparlers en vue de la conclusion d'un accord d'association exclusive pour la location de villas à l'étranger et où, après plusieurs mois de négociation, l'une des parties s'étant substituée une société dans l'ultime projet de contrat, l'autre partie avait alors refusé de signer celui-ci, la rupture des pourparlers a été déclarée imputable à la partie ayant imposé la substitution dès lors que :
– il résultait des correspondances échangées que l'autre partie désirait que l'opération demeure une « petite affaire artisanale » et qu'elle n'ait pour cocontractant que la personne physique avec laquelle elle avait négocié ;
– le projet de collaboration ne faisait nullement état de la participation de la société et la substitution était intervenue au dernier moment sans information préalable de l'autre partie ;
– pendant plusieurs mois, la partie qui s'était substituée la société avait négocié à titre personnel, cachant qu'elle agissait en réalité au nom et pour le compte d'une personne morale ; elle avait ainsi maintenu l'autre partie dans la croyance d'une future collaboration et manqué à son obligation de contracter de bonne foi.
CA Versailles 21-12-2001 n° 99-6470 : RJDA 5/02 n° 466.

Dans un cas où le protocole d'accord signé par les négociateurs comportait un calendrier précis des différentes étapes de la négociation (fixant notamment les dates limites de remise des comptes sociaux, des audits, des réunions d'ajustement et de la signature de l'acte de cession) et précisait qu'en cas de non-obtention des financements par l'acquéreur, la rupture des négociations serait imputable à ce dernier qui ne pourrait pas réclamer la restitution de l'acompte versé au cédant, jugé que la rupture était en réalité imputable au cédant qui avait transmis les comptes sociaux à l'acquéreur avec plus d'un mois de retard sur le calendrier, documents sans lesquels les banques ne pouvaient pas se prononcer sur les financements.
CA Paris 21-9-2007 n° 05-6934.

C. Appréciation du caractère fautif de la rupture des pourparlers

CRITÈRES D'APPRÉCIATION

11560 L'appréciation du caractère fautif de la rupture des pourparlers relève du **pouvoir souverain des juges du fond.** Néanmoins, la **Cour de cassation** contrôle la motivation qu'ils ont retenue (par exemple, Cass. 2e civ. 17-12-1998 n° 97-14.970 D : D. aff. 1999 p. 254 cassant l'arrêt d'une cour d'appel qui avait sanctionné l'auteur de la rupture des pourparlers sur le fondement de l'ex-article 1382 du Code civil, désormais art. 1240, sans caractériser la faute commise par ce dernier).

11565 La question de savoir si la rupture des pourparlers est fautive ou non constitue essentiellement une question d'espèce. Les tribunaux se prononcent donc, au cas par cas, en examinant les circonstances dans lesquelles la rupture a eu lieu et se fondent sur un **faisceau d'indices.** Ils prennent notamment en considération la durée et l'état d'avancement des pourparlers, le caractère soudain de la rupture, l'existence ou non d'un motif légitime de rupture, le fait pour l'auteur de la rupture d'avoir suscité chez son partenaire la confiance dans la conclusion du contrat envisagé ou encore le niveau d'expérience professionnelle des participants.
Nous avons choisi de présenter séparément les indices les plus fréquemment relevés par les tribunaux et d'ajouter, aux **illustrations jurisprudentielles** rendues en matière de cession de parts sociales ou d'actions, des décisions concernant la rupture de négociations d'autres contrats (contrat de vente, de coopération ou encore de distribution) dans la mesure où elles faisaient application de principes ou comportaient des éléments de fait transposables aux cessions de droits sociaux.

1. DURÉE ET ÉTAT D'AVANCEMENT DES POURPARLERS

Il est traditionnellement admis que plus les parties s'approchent de la conclusion du contrat, plus la liberté de rompre se réduit. Les tribunaux considèrent souvent comme fautive la rupture de pourparlers avancés ayant atteint une certaine intensité et un certain degré de précision. **11570**

L'**avancement des négociations** est généralement lié à la longueur des pourparlers mais il peut aussi se déduire de la brièveté du délai prévu pour la signature du contrat définitif, celle-ci laissant supposer l'aboutissement des négociations (Cass. 1e civ. 6-1-1998 n° 95-19.199 P : ci-dessous). À l'inverse, lorsque les parties n'en sont qu'à une ébauche d'accord et que les discussions n'atteignent pas un degré de développement suffisant pour que soient abordés les points essentiels de la cession projetée, on parle de **négociations embryonnaires.** Dans ce cas, l'**aléa** fort qui pèse sur la conclusion du contrat permet aux parties de rompre les négociations sans avoir à craindre la mise en jeu de leur responsabilité.

ILLUSTRATIONS

Rupture abusive

Caractérisent l'abus dans la rupture de **pourparlers,** la **longueur,** la **complexité** et l'**avancée extrême** de ceux-ci, l'importance des frais engagés et de l'enjeu pour le cédant les circonstances suivantes : les négociations étaient engagées depuis onze mois et après un abondant échange de courriers et la tenue de laborieuses réunions de travail, les parties étaient parvenues à un accord complexe aplanissant la plupart des difficultés et portant tant sur les conditions de rachat des titres que sur d'autres projets de contrats et elles se trouvaient dans la **phase terminale** des pourparlers lorsque, quelques jours après avoir fait parvenir au cédant un courrier lui indiquant qu'il possédait tous les éléments pour transformer l'accord possible en accord définitif et lui avoir réclamé d'ultimes renseignements d'ordre prévisionnel, stratégique et confidentiel, le candidat acquéreur avait **brutalement, sans explication** et sans qu'aucun élément ne permette de prévoir une telle issue, **rompu** les pourparlers simplement parce qu'il avait décidé de ne pas réaliser l'acquisition sur les bases discutées.

CA Rennes 29-4-1992, 1e ch. B : Bull. Joly 1993 p. 463 note J.-J. Daigre.

Dans le cas où un marchand de biens était entré en pourparlers en vue d'acquérir l'intégralité du capital d'une société pour 90 000 000 F (soit plus de 13 millions d'euros), puis n'avait pas donné suite au projet faute d'obtention d'une garantie financière pour le financement de cet achat, une cour d'appel a pu déduire des constatations suivantes que l'acquéreur avait commis une réticence dolosive et donné de fausses indications caractérisant un comportement fautif :

– les **pourparlers** étaient **très avancés** compte tenu du court délai (deux semaines) entre la date de la réunion au cours de laquelle l'acquéreur avait exprimé un engagement inconditionnel et sans réserve d'acquérir et la date arrêtée pour la signature de la promesse chez un notaire et compte tenu également de l'engagement obtenu des vendeurs de ne pas louer l'immeuble qui constituait le seul actif de la société ;

– l'acquéreur était dans **la nécessité de recourir à un prêt** bancaire pour payer la totalité du prix, **sans** toutefois **en avoir fait état** auprès de ses cocontractants, leur laissant croire qu'il serait en mesure de payer le solde du prix à terme avec ses fonds propres ;

– ce n'était que **la veille** de la date fixée pour la signature de la promesse que l'acquéreur avait fait connaître qu'il n'avait pas obtenu la garantie bancaire.

En retenant que l'acquéreur avait ainsi laissé se poursuivre des pourparlers qui allaient inéluctablement se traduire par des frais, la cour d'appel a caractérisé le lien de causalité entre la faute et le dommage dont elle a souverainement apprécié la réparation (allocation de 500 000 F, environ 76 000 €, de dommages-intérêts).

Cass. 1e civ. 6-1-1998 n° 95-19.199 P : Bull. civ. I n° 7.

Une cour d'appel a pu déduire des motifs suivants que les actionnaires majoritaires d'une société exploitant une clinique avaient manqué à la loyauté qui doit régir les relations entre les parties, non seulement durant la période contractuelle, mais aussi pendant la période précontractuelle et avaient commis une faute : **pendant plusieurs mois,** les actionnaires avaient **négocié** la cession de leurs actions avec des médecins et c'est après avoir procédé à une évaluation de la société, **convenu d'un prix et négocié les conditions de la cession** et les avantages de l'un d'eux après cette cession qu'ils ne s'étaient **pas présentés le jour fixé** pour la signature des conventions, **aucune** pièce n'établissant les **raisons de leur abstention,** et qu'ils avaient **vendu leur participation à un tiers.**

Cass. 1e civ. 14-6-2000 n° 98-17.494 F-D : RJDA 11/00 n° 949.

Il résulte des circonstances suivantes qu'une société civile immobilière (SCI) a rompu de manière fautive les pourparlers engagés avec un fonds d'investissement en vue de lui vendre un immeuble :

– les parties, dès l'origine d'accord sur les conditions et éléments essentiels de la vente, avaient **négocié de façon constructive, pendant six mois,** durée importante justifiée par les enjeux en présence (acquisition projetée pour plus de 20 millions d'euros) ;

11570 (suite) – ces négociations s'étaient déroulées sous un **régime d'exclusivité** qui avait été prorogé compte tenu de leur caractère fructueux et de leur état d'avancement ;
– la SCI avait rompu ces négociations, de façon brutale, imprévisible, pour des motifs s'avérant être des prétextes alors que les parties étaient arrivées au stade ultime des négociations, un projet d'acte ayant été élaboré, et qu'aucune difficulté n'avait été soulevée ; en réalité, la SCI **négociait parallèlement,** depuis la fin de la période d'exclusivité, avec un autre acquéreur dont elle avait accepté l'offre d'achat le surlendemain de la rupture.

CA Versailles 10-9-2009 n° 08-4982 : RJDA 2/10 n° 111.

Constitue une rupture abusive de pourparlers le fait de **procéder unilatéralement à une modification** d'un projet de cession d'actifs d'une société, le **jour de la signature de l'acte de cession,** sans motif ni explication préalable, alors que les **négociations** étaient **engagées depuis plusieurs mois** avec sérieux et que les projets de cession avaient été rédigés par les conseils de la société à l'origine de la modification unilatérale.

Cass. com. 22-3-2017 n° 15-14.875 F-D : RJDA 6/17 n° 409.

Rupture non abusive

Des négociations s'étaient engagées entre la filiale d'une banque et un groupe de sociétés en vue de leur association éventuelle et de l'entrée de la filiale dans le capital des sociétés du groupe. Il a été déduit des constatations suivantes que la filiale n'avait pas commis de faute en rompant les pourparlers :
– au moment de la rupture, les **négociations** qui n'étaient engagées que depuis un peu plus de six mois étaient **très loin d'aboutir.** En effet, si les parties étaient d'accord sur l'opportunité d'un partenariat, le prix et les objectifs de celui-ci n'étaient pas encore définis, le plan de développement n'avait pas été ébauché ; en outre, les parties n'avaient discuté ni de la conclusion du pacte d'actionnaires ni de la possibilité pour la banque de contrôler les sociétés du groupe ; enfin, elles n'avaient rien décidé quant au sort des SCI appartenant au groupe et la vente éventuelle de leurs biens ;
– les dirigeants du groupe, **professionnels avertis, ne pouvaient pas ignorer** qu'à ce stade de **nombreux obstacles restaient à franchir** avant de parvenir à un accord définitif et que l'aboutissement du projet était étroitement lié à la conjoncture économique du moment ; dans ces conditions, ils ne pouvaient donc pas prétendre que les négociations étaient sur le point d'aboutir et que leur rupture brutale était fautive alors qu'elle était survenue à un moment où les parties en étaient encore à évaluer les risques et les chances du contrat envisagé sans d'ailleurs disposer de tous les éléments nécessaires à la décision et que, par suite, elles étaient libres de tout remettre en cause sans avoir à fournir de justification légitime ;
– les dirigeants du groupe n'apportaient pas la preuve que, pendant les négociations, la filiale était intervenue dans la gestion de leur groupe ;
– si pendant la période de négociation, leurs **choix stratégiques** avaient pu être **influencés par la perspective du partenariat** alors envisagé, ils avaient, en « pariant » ainsi sur la réussite des négociations engagées, **délibérément pris un risque** qu'ils devaient assumer.

Cass. com. 12-1-1999 n° 96-14.604 D : RJDA 4/99 n° 371.

Dans le cadre de négociations engagées en vue de la cession des actions d'une société, la partie dont la proposition a été rejetée la veille d'une réunion destinée à finaliser le projet de cession ne peut pas reprocher à l'autre partie d'avoir ainsi abusivement rompu les pourparlers dès lors que :
– les négociations avaient été de **faible durée** (7 mois) par rapport à l'importance de l'opération envisagée (plus de 9 millions d'euros) ;
– la prétendue victime avait la **qualité de professionnel** ;
– l'autre partie n'avait jamais donné son accord aux différents projets d'actes de cession dont aucun n'avait été finalisé, révélant **l'absence de préparation de l'opération** ;
– les conditions de déroulement de l'audit, sur la base duquel devait être fixé le prix de cession et dont le rapport n'avait pas été communiqué par le demandeur, ainsi que les conditions de convocation de la réunion, pour laquelle ce dernier avait demandé, la veille, la communication de documents impossibles à réunir en si peu de temps, avaient suscité une défiance chez la partie à l'origine de la rupture.

CA Rouen 5-9-2002 n° 00-359 : RJDA 1/03 n° 351.

Dans un cas où deux sociétés (A et B) exploitant des laboratoires d'analyses de biologie médicale avaient mené, dans la perspective d'une fusion, des négociations que la société A avait rompues, une cour d'appel a pu déduire des éléments suivants que si la rupture avait été subite et déceptive, la société A n'avait fait, à ce stade des négociations, qu'user de la liberté qu'elle avait de ne pas contracter :
– après avoir refusé en novembre 2007 un premier projet de convention portant sur la cession des parts de l'un des deux associés de la société A, l'autre associé, devenu associé unique avait, le 11 avril 2008, notifié son intention de rompre les **pourparlers,** repris en janvier, qui n'avaient **abouti qu'à une ébauche de pacte d'associés** élaborée le 8 avril sur la base de modalités financières discutées la veille ;

– la société B, qui avait **engagé prématurément les démarches** et investissements préparatoires à une association dont le principe n'était nullement acquis, ne pouvait pas invoquer la mauvaise foi de son partenaire à l'occasion des tentatives infructueuses de rapprochement.

Cass. 1e civ. 20-12-2012 n° 11-27.340 F-D : RJDA 4/13 n° 290.

Seul l'abus dans l'exercice du droit de rompre les pourparlers peut donner lieu à indemnisation. L'exploitant d'un restaurant italien avait engagé des pourparlers en vue de la reprise de son fonds de commerce par l'exploitant d'un restaurant-salon de thé puis les avait rompus. Justifie sa décision la cour d'appel qui considère qu'aucun abus n'est démontré après avoir relevé que, si des documents avaient été adressés à un notaire chargé de l'éventuelle rédaction des actes, il n'y avait cependant **pas encore d'accord sur** l'ensemble des éléments de la cession, notamment sur **le prix,** faisant ainsi ressortir que les pourparlers n'étaient pas aussi avancés que le candidat à la reprise le prétendait.

Cass. com. 16-2-2016 n° 13-28.448 F-D : RJDA 7/16 n° 503.

2. CROYANCE DANS LA FORMATION DU CONTRAT

MAINTIEN DU PARTENAIRE DANS L'ILLUSION DE LA FORMATION DU CONTRAT

Est fautif le fait de **susciter** chez son partenaire **la confiance** dans la conclusion du contrat envisagé avant de rompre brutalement et sans raison les pourparlers (Cass. com. 20-3-1972 n° 70-14.154 : n° 11590) ou de **maintenir** celui-ci **dans la croyance** d'un accord prochain alors que l'on n'a plus l'intention de contracter (Cass. com. 18-6-2002 n° 99-16.488 F-D ; CA Versailles 25-9-2003 n° 01-4672 ; CA Versailles 3-3-2005 n° 03-8008 : n° 11590 ; Cass. com. 18-1-2011 n° 09-14.617 F-D : n° 11600). La jurisprudence sanctionne ainsi la rupture tardive, c'est-à-dire le fait de laisser se prolonger des pourparlers dont on sait qu'ils ne seront pas menés à terme. **11580**

La croyance de la victime de la rupture doit être **légitime** : les juges tiennent alors compte de la durée et/ou de l'état d'avancement des pourparlers, des encouragements ou assurances données par l'auteur de la rupture ainsi que des compétences respectives des parties en matière de négociations (sur ce dernier point, voir n° 11595).

Dans le même ordre d'idée, est fautif le fait pour une personne physique de poursuivre pendant plusieurs mois des **négociations à titre personnel,** en cachant à son partenaire qu'elle agissait en réalité au nom et **pour le compte d'une personne morale,** la maintenant ainsi dans la croyance d'une future collaboration (CA Versailles 21-12-2001 n° 99-6470 : n° 11550). **11582**

Cette croyance peut avoir **incité** une partie **à engager** certaines **dépenses** ou à accomplir certains **actes dans la perspective de la réalisation** prochaine du contrat (par exemple, actionnaires s'engageant à immobiliser un bien : Cass. 1e civ. 6-1-1998 n° 95-19.199 : n° 11570) et les juges en tiennent compte lorsqu'ils se prononcent sur le caractère fautif de la rupture. Par exemple, dans un cas où une compagnie pétrolière avait pris contact avec un fabricant de produits destinés à lutter contre les effets des marées noires, la compagnie a été condamnée à indemniser le fabricant pour avoir rompu les négociations à la suite d'un changement de politique commerciale, après deux ans de relations étroites, et avoir encouragé son partenaire à réaliser des investissements, entretenant sa confiance par l'énoncé et le rappel de perspectives communes ambitieuses (Cass. com. 15-10-2002 n° 00-13.738 F-D : RJDA 3/03 n° 218). **11585**

ILLUSTRATIONS

Cas de rupture abusive **11590**

Manque aux règles de bonne foi dans les relations commerciales la société qui rompt, **sans raison légitime, brutalement** (par un simple coup de téléphone) et unilatéralement les pourparlers avancés qu'elle entretenait avec un partenaire qui avait déjà, à sa connaissance, engagé de **gros frais,** et qu'elle a **maintenu volontairement dans une incertitude** prolongée.

Cass. com. 20-3-1972 n° 70-14.154 P : Bull. civ. IV n° 93.

A manqué de bonne foi et de loyauté, agi avec légèreté dans la phase précontractuelle qu'il avait initiée en vue de la distribution de ses produits aux Pays-Bas et ainsi eu un comportement fautif le fabricant qui, d'une part, a entretenu pendant deux mois et demi des relations avec une société néerlandaise qui se sont concrétisées notamment par l'élaboration d'une brochure publicitaire et des démarches dans l'intérêt commun, **sans informer** cette société **de l'incidence de la cession dont il était sur le point de faire l'objet** et, d'autre part, a **fait croire à sa partenaire,** par des courriers encourageants, **à la poursuite des négociations,** puis par son silence, l'a tenue dans l'ignorance de sa position, pour, en définitive, laisser sans suite les pourparlers déjà avancés pour des **raisons internes et étrangères aux difficultés d'un accord.**

CA Versailles 1-4-1999 n° 96-7613 : RJDA 12/99 n° 1285.

A justifié sa décision la cour d'appel qui, pour condamner une société pour **rupture tardive** des pourparlers engagés en vue de la reprise d'une autre société, a relevé que son dirigeant avait été informé dès l'ouverture des négociations que la situation de la société cible était désespérée, puis

11590 (suite) avait poursuivi les pourparlers après la mise en redressement judiciaire de celle-ci, **entretenant** ainsi **de manière illusoire l'espoir d'une cession,** alors que les motifs invoqués pour la rupture lui étaient connus depuis le début des pourparlers et auraient dû être portés beaucoup plus tôt à la connaissance de la société cible qui avait perdu, de ce fait, une chance de trouver un autre repreneur (allocation de 500 000 F de dommages-intérêts, soit environ 76 200 €).

Cass. com. 18-6-2002 n° 99-16.488 F-D : RJDA 11/02 n° 1111.

Dans un cas où deux laboratoires pharmaceutiques s'étaient rapprochés en vue d'une collaboration pour la création de médicaments génériques, la responsabilité de l'un d'eux a été retenue pour manquement à l'obligation de loyauté qui doit présider dans les négociations contractuelles. En effet, après échanges et examens de projets de contrats, ce laboratoire n'avait plus donné aucune information sur le sort de ceux-ci pendant quatre mois, **contraignant son partenaire à maintenir ses efforts** commerciaux et techniques, **alors que** le laboratoire **avait d'ores et déjà opté pour une autre stratégie** commerciale consistant à créer sa propre filiale pour développer les médicaments génériques objets des projets de contrats (allocation de 75 000 € de dommages-intérêts).

CA Versailles 25-9-2003 n° 01-4672 : RJDA 2/04 n° 123.

N'ont pas fait preuve de la bonne foi qui doit présider à l'abandon d'une négociation les cédants de la totalité des actions d'une société qui, en dépit de plusieurs courriers recommandés de relance émanant du candidat acquéreur, ont mis près de trois mois pour refuser une offre claire et complète résultant de plusieurs échanges écrits, contacts et rendez-vous intervenus dans le cadre d'une négociation de six mois assortie d'un engagement d'exclusivité. En ne répondant pas rapidement, ils ont **maintenu abusivement l'autre partie dans la quasi-certitude qu'un accord définitif allait intervenir** et l'ont **laissée s'engager dans des démarches** que l'importance de l'opération envisagée rendait nécessaires (prévision de financements et réalisation d'études et d'audits).

CA Versailles 3-3-2005 n° 03-8008 : RJDA 12/05 n° 1356.

Pour un cas où les pourparlers étaient arrivés à un stade avancé, **l'une des parties ayant satisfait à l'essentiel des exigences de l'autre partie,** voir CA Versailles 18-3-2004 n° 02-369 : n° 11650.

Une société (A) spécialisée dans les assurances et une société (B), dont l'une des filiales avait une activité en matière d'assurances, s'étaient rapprochées en vue d'une prise de participation majoritaire de la société A dans la filiale. Les sociétés A et B avaient signé un accord de confidentialité en mai 2005, un accord sur le principe d'une prise de participation à hauteur de 60 % du capital de la filiale en juin 2006 puis, deux mois plus tard, une lettre d'intention. En avril 2007, la société B ayant refusé de signer l'acte de cession, la société A avait réclamé en justice une indemnisation pour rupture abusive de pourparlers.

Il résulte des éléments suivants que la **rupture** des pourparlers est intervenue brutalement, de manière imprévisible et **sans motif légitime, alors que la société A pouvait croire, sans imprudence de sa part, que les actes de cession allaient être finalisés** :

– le déroulement des opérations avait été le suivant : dès l'été 2006, la société A avait associé la filiale de la société B à ses projets de développement en France et à l'étranger ; le comité d'entreprise (désormais comité social et économique) avait été consulté et le conseil de surveillance de la société A avait donné son autorisation ; en octobre 2006, les équipes de direction de la société A et de la filiale s'étaient réunies et la société A avait publié dans son journal interne un article sur le rapprochement, faisant état d'une « alliance prometteuse » ; les parties avaient formalisé la documentation d'acquisition et des projets et contre-projets avaient été échangés ; en novembre 2006, la société B avait fait savoir qu'elle ne voulait plus réaliser l'opération en raison notamment de l'absence de garanties de la part de la société A sur les synergies attendues du rapprochement, de divergences sur la garantie de passif et de l'absence d'accords sur les rémunérations ;

– la question des synergies, seul argument avancé par la société B comme étant de nature à empêcher la finalisation des actes, constitue un prétexte fallacieux ; en effet, ce sujet avait été examiné par les deux parties dès le début de leurs discussions ; il avait donné lieu à un accord de confidentialité et avait constitué le préalable à l'accord de principe et à la lettre d'intention ; le dirigeant de la société B avait lui-même déclaré, lors de la réunion du conseil de surveillance d'octobre 2006, que la filiale et la société A se connaissaient depuis longtemps et que, dès 2001, les deux sociétés avaient travaillé sur un projet de coopération commerciale et il avait « incité les équipes commerciales des deux groupes à se mettre à l'œuvre » ; dans l'entretien paru dans le journal de la société A, ce même dirigeant avait officialisé l'alliance avec cette société, en insistant sur la complémentarité des activités et des implantations géographiques des deux groupes et, la qualifiant d'essentielle, il avait précisé qu'elle constituait « un accélérateur de croissance ».

CA Paris 8-12-2009 n° 08-21540 : RJDA 7/10 n° 747.

Une SAS attributaire d'un programme immobilier dans une commune avait approché un promoteur national pour mener à bien ce programme pour lequel elle rencontrait des difficultés. Il résulte des circonstances suivantes que la rupture de pourparlers par la SAS, matérialisée par l'**annulation du jour au lendemain** d'une réunion avec le promoteur **sans** que la SAS ne justifie

avoir formulé à celui-ci des **réserves ou des réticences pouvant** lui **laisser entendre que les relations parvenaient à leur terme,** était fautive : **11590** (suite)
– de nombreux courriels et courriers échangés pendant 16 mois entre le président de la SAS et le promoteur démontrent que la SAS a profité des avis et conseils du promoteur jusqu'à l'obtention du permis de construire l'immeuble ;
– tous les documents techniques à destination du maire ont été réalisés conjointement par la SAS et le promoteur ;
– le promoteur a accompagné la SAS dans différents entretiens avec le donneur d'ordre et d'autres intervenants ;
– un mois avant la rupture des pourparlers, le promoteur avait envoyé par courriel au président de la SAS le projet de bilan avec une répartition 50/50 des honoraires de gestion et le président de la SAS avait répondu le même jour « bien reçu », puis avait continué à adresser au promoteur pour avis des éléments de commercialisation du programme ;
– la **collaboration** entre la SAS et le promoteur avait **duré 16 mois** ;
– il importe peu que le promoteur ne soit intervenu que ponctuellement dans la phase amont du projet car la compétence première requise de sa part était son savoir-faire en matière de commercialisation outre son assise financière ;
– l'absence d'antériorité des relations commerciales entre les parties n'est pas une condition exonératoire d'une rupture brutale de celles qui ont pu s'instaurer.

CA Versailles 18-11-2014 n° 13/01825 : RJDA 4/15 n° 233.

Le fondateur d'une SARL unipersonnelle (EURL), entré en relation d'affaires avec un prestataire de services après avoir immatriculé la société, a commis une faute **en laissant croire** à ce dernier, pendant les deux ans qu'ont duré leurs relations d'affaires, qu'il avait vocation à devenir associé : il avait présenté le prestataire aux tiers comme son associé ; il avait aussi fait état dans une lettre d'une « participation à parts égales » avec le prestataire mais avait expliqué que ces termes s'appliquaient à la répartition des tâches entre eux et concernaient une « méthode de rémunération » des travaux du prestataire « fondée sur la performance de l'entreprise » ; en outre, le prestataire avait demandé pour ses travaux une somme inférieure à leur juste prix en raison de la participation qu'il s'attendait à percevoir sur les résultats de la société.
En renonçant au projet de s'associer avec son cocontractant sans faire état d'un grief quelconque à son encontre ni offrir de l'indemniser pour les travaux qui n'avaient pas été payés à leur juste prix, le fondateur lui a causé un préjudice dont il doit réparation par le versement de 10 000 € de dommages-intérêts.

CA Paris 16-10-2014 n° 13/12434 : RJDA 1/15 n° 1.

Cas de rupture non abusive

Dans le cadre de pourparlers engagés en vue de l'acquisition des actions d'une société, le cédant avait adressé au candidat acquéreur une promesse de vente et d'achat des actions mentionnant un certain prix ; en retour, le candidat acquéreur avait manifesté dans une lettre son intention d'acquérir l'ensemble des actions sous certaines conditions. Invoquant une rupture fautive des pourparlers, le cédant avait mis en cause la responsabilité extracontractuelle de l'acquéreur.
A légalement justifié sa décision une cour d'appel qui, pour juger que le candidat acquéreur n'avait commis ni faute, ni légèreté blâmable, ni comportement déloyal, a retenu que :
– le projet de promesse d'achat et de vente des actions non signé par les parties n'était pas un engagement valant promesse de vente à un prix ferme et définitif ;
– il n'était **pas démontré que** le **cédant** aurait par la suite été **entretenu dans l'illusion de la réalisation de la cession** sur les bases qu'il proposait et reprises dans la lettre de l'acquéreur, laquelle subordonnait l'acceptation à certaines conditions qui ont nourri les discussions portant sur le prix de cession ;
– l'acquéreur avait ensuite exprimé une **contre-proposition** qui n'était pas contraire aux conditions énoncées dans sa première lettre.

Cass. com. 3-12-2002 n° 99-14.210 F-D.

L'associé majoritaire d'une SARL, qui détenait elle-même la quasi-totalité du capital d'une SA spécialisée dans la fabrication de matériel médical, avait reçu le 22 décembre 2001 une offre pour la reprise de sa participation dans la SARL. Cette offre comportait une clause d'exclusivité de négociation pendant deux mois et une clause de confidentialité que l'associé avait acceptées. Divers audits comptables et financiers avaient été engagés et un protocole d'accord établi mais l'associé ne s'était pas présenté pour la signature du contrat qui devait intervenir le 31 janvier 2002. Ayant appris que le fonds de commerce de la SA avait été cédé en mars 2002 à une société tierce, l'auteur de l'offre avait réclamé des dommages-intérêts à l'associé, soutenant que la rupture des pourparlers était abusive.
Le refus de signer un contrat envisagé dans le cadre de négociations constitue un droit dont l'exercice ne peut être sanctionné que s'il dégénère en abus. La rupture des pourparlers par l'associé n'est pas fautive dès lors que, si les circonstances montraient la **volonté** de l'auteur de l'offre **de conclure rapidement l'accord** (brièveté des délais entre l'offre, le début des audits et la

signature définitive de l'accord, défaut de communication des projets d'actes unilatéralement établis, fixation sans concertation du rendez-vous pour la signature), il n'est démontré de la part de l'associé **aucun acte ou comportement de nature à laisser croire à l'auteur de l'offre que la négociation en cours devait aboutir favorablement.** N'ayant souscrit aucun autre engagement que celui de mener une négociation exclusive, l'associé, qui s'est borné à transmettre les informations sur la SARL sollicitées dans le cadre des audits, pouvait mettre fin aux pourparlers à tout moment.

CA Versailles 14-9-2006 n° 05-3005 : RJDA 1/07 n° 53.

L'associé majoritaire d'une société de logistique, qui souhaitait céder sa participation dans le capital de celle-ci, avait engagé des pourparlers avec la filiale d'un groupe de transport. Neuf mois après, alors qu'un projet d'acte de cession avait été établi, l'associé avait adressé à la filiale un e-mail par lequel il faisait état de son « accord sur la rédaction du protocole d'accord » et avait demandé l'envoi de certains documents, dont la liste des clients du groupe, « pour lesquels le chiffre d'affaires réalisé par la société devra être exclu » du calcul du prix de cession (plus précisément d'un complément de prix). « En résumé », concluait l'e-mail, « nous sommes d'accord sur tout ». Trois semaines plus tard, après la visite d'un représentant de la filiale sur le site de la société, l'associé avait décidé de ne plus donner suite à la cession.
La responsabilité de la rupture des pourparlers ne peut pas être imputée à l'associé, dont il n'est **pas démontré** qu'il aurait été **négligent, tardif ou brutal** dans sa décision d'y mettre fin compte tenu des éléments suivants :
– il résultait de l'e-mail que l'associé n'avait donné qu'un accord de principe, sous réserve que soient communiqués des éléments déterminants dans la mesure où ils étaient nécessaires à la fixation du complément de prix, la filiale s'étant engagée à payer, outre un prix de base de 1,7 million d'euros, un complément de prix de 300 000 € conditionné par la constatation d'un certain niveau de chiffre d'affaires ne tenant pas compte de la facturation aux clients du groupe ;
– la liste des clients n'avait été communiquée qu'après la décision de l'associé de ne plus donner suite à la cession, de sorte que, au moment de cette décision, le sort du complément de prix, loin d'être négligeable par rapport au prix de cession total, était en suspens et les parties étaient toujours en phase de négociation, aucun accord « sur tout » n'étant intervenu.

CA Paris 29-11-2018 n° 15/14661 : RJDA 4/19 n° 262.

11595 La **qualité** de professionnel **des parties** ou de l'une d'elles peut également être prise en compte par les juges. Ainsi lorsque les négociations sont loin d'aboutir, les juges écartent l'existence d'une faute à l'encontre de l'auteur de la rupture dès lors que l'autre partie ne pouvait, en sa qualité de **professionnelle avertie,** nourrir aucune illusion sur le sort réservé à la suite des négociations et ne pouvait pas davantage croire à une réalisation imminente de la phase de formation (CA Paris 12-5-2006 n° 04-9488, 25e ch. A : RJDA 11/06 n° 1101) ou lorsque, professionnelle avertie, elle ne pouvait pas ignorer que de nombreux obstacles restaient à franchir avant de parvenir à un accord définitif et que l'aboutissement du projet était étroitement lié à la conjoncture économique du moment (Cass. com. 12-1-1999 n° 96-14.604 D : n° 11570). Voir également CA Rouen 5-9-2002 n° 00-359 : n° 11570.

11597 Si, pour apprécier le caractère fautif de la rupture de pourparlers relatifs à certains contrats (contrat de vente, d'entreprise ou encore distribution), les juges prennent parfois en considération l'**existence entre les parties de relations d'affaires** confiantes depuis plusieurs années (CA Riom 10-6-1992, 3e ch. civ. et com : RJDA 10/92 n° 893) ou au contraire l'absence de relations antérieures entre elles (Cass. com. 20-6-2000 n° 96-16.497 F-D : RJDA 12/00 n° 1068), ce critère n'apparaît pas, à notre connaissance, dans la jurisprudence rendue en matière de pourparlers engagés en vue d'une cession de droits sociaux. Il est vrai que l'hypothèse est rare en ce domaine, sauf l'hypothèse d'une cession en plusieurs étapes d'une société.

MAINTIEN DES POURPARLERS MALGRÉ UN ACCORD CONCLU AVEC UN TIERS

11600 Est sanctionné le fait de continuer les discussions avec le partenaire tout en étant déjà parvenu à un accord avec un tiers aux termes de **négociations parallèles** demeurées **occultes.** Cela revient en effet à entretenir son partenaire dans l'illusion d'un contrat à venir.

ILLUSTRATIONS

L'actionnaire majoritaire d'une SA avait engagé des pourparlers avec une autre société pour lui céder ses actions. Peu de temps après, **tout en maintenant les négociations en cours et sans en avertir son partenaire, il avait cédé** ses actions **à un tiers.**
En agissant ainsi, cet actionnaire avait engagé sa responsabilité envers la société avec laquelle il avait entamé les négociations. En effet, en tenant cette société dans l'ignorance complète de la réalisation d'un projet qui mettait à néant leurs pourparlers, il avait privé celle-ci, de manière fautive, de la possibilité d'intervenir dans un débat où elle avait conservé des intérêts importants

qu'elle était en droit de défendre et lui avait enlevé, par un procédé blâmable, une chance d'expansion de son activité commerciale.

CA Paris 13-5-1988 n° 14804-87 : BRDA 12/89 p. 17.

Dans une espèce où des négociations avaient été engagées en vue de la cession des actions d'une société, les pourparlers ayant, à l'issue de plusieurs rencontres et de divers échanges de courriers s'étalant sur plusieurs mois, conduit à l'établissement d'un projet de cession avant que l'offrant n'apprenne que les cédants avaient **entre-temps** consenti à un **tiers** une **promesse de cession** des actions de la société, la cour d'appel a légalement justifié sa décision de condamner ces derniers à lui payer des dommages-intérêts dès lors qu'après avoir relevé, d'un côté, que les parties étaient parvenues à un projet d'accord aplanissant la plupart des difficultés et que l'offrant était en droit de penser que les actionnaires étaient toujours disposés à lui céder leurs actions et, d'un autre côté, que ceux-ci avaient, à la même époque, conduit des négociations parallèles avec le tiers et conclu avec ce dernier un accord dont ils n'avaient informé l'offrant que quatorze jours après sa signature, **tout en continuant à** lui **laisser croire** que seule l'absence de l'expert-comptable de la société retardait la signature du protocole, elle a retenu que les actionnaires avaient ainsi rompu unilatéralement et avec mauvaise foi des pourparlers qu'ils n'avaient jamais paru abandonner et que l'offrant poursuivait normalement.

Cass. com. 26-11-2003 n° 00-10.243 FS-P : RJDA 5/04 n° 511.

Pour un cas où les actionnaires **cédants** ne s'étaient **pas présentés à la signature** de l'acte de vente **après avoir négocié toutes les conditions de la cession** de leurs titres, voir Cass. 1e civ. 14-6-2000 n° 98-17.494 F-D : n° 11570.

Une promesse synallagmatique de cession d'actions prévoyait que la cession et le transfert de propriété devaient intervenir au plus tard le 27 avril 2006. Faute de réalisation de la cession à cette date, la promesse était devenue caduque. Le cédant avait engagé des démarches pour trouver un autre acquéreur, sans en informer son partenaire, et avait finalement cédé ses actions à un tiers. Son ex-partenaire avait alors réclamé des dommages-intérêts pour rupture fautive des pourparlers.

Il y a lieu d'accueillir cette demande dès lors qu'il résulte des éléments suivants que le cédant a rompu sans raison légitime, brutalement et unilatéralement, les pourparlers avancés qu'il entretenait avec son partenaire qui avait déjà, à sa connaissance, engagé des frais et qu'il avait maintenu volontairement dans une incertitude prolongée en lui laissant croire que l'affaire allait être conclue à son profit :

– les **pourparlers** étaient bien avancés, ceux-ci **ayant continué d'un commun accord** après le terme du 27 avril 2006 stipulé dans la promesse initiale ;

– tandis que des discussions étaient en cours avec son partenaire, le cédant avait dès juin et juillet 2006 **pris l'initiative de céder ses parts** dans la société à une autre personne sans en avertir son partenaire qui avait engagé des frais ;

– la cession au profit du tiers avait été autorisée le 26 juillet 2006 lors d'une assemblée générale mixte de la société dont les titres étaient cédés, ce qui avait nécessité des convocations préalables ;

– ce n'est que la veille de cette assemblée que les discussions avec le partenaire s'étaient arrêtées et celui-ci n'avait appris qu'à son retour de vacances que les actions avaient été cédées à un tiers.

Cass. com. 18-1-2011 n° 09-14.617 F-D : RJDA 5/11 n° 430.

Ndlr : Le cédant soutenait que la caducité de la promesse initiale constituait un motif légitime de rupture des pourparlers. En effet, rien ne l'obligeait ensuite à poursuivre des négociations avec son partenaire initial. Mais l'ayant fait, il devait alors négocier de bonne foi.

3. BRUTALITÉ DE LA RUPTURE DES POURPARLERS

Les juges retiennent fréquemment comme élément constitutif d'une rupture fautive de pourparlers le fait que la rupture est intervenue brutalement. Ce critère est difficilement dissociable d'autres éléments tels que la durée des négociations, leur état d'avancement, la croyance de l'autre partie dans la conclusion d'un accord ou l'absence de persistance de désaccords. **11620**

Est ici sanctionnée la **soudaineté du revirement** d'attitude du partenaire ainsi que, souvent, la **forme de la rupture.** Même si l'auteur de la rupture n'est en principe pas tenu de justifier sa décision, le caractère brutal de la rupture peut être déduit de l'absence de justification.

ILLUSTRATIONS

Ont ainsi été considérés comme fautifs :

– le fait pour l'une des parties, après des mois de négociations ayant atteint un stade avancé, de ne **pas** se **présenter le jour fixé pour la signature** du contrat, aucune pièce n'établissant les raisons de cette abstention (Cass. 1e civ. 14-6-2000 n° 98-17.494 : n° 11570) ;

– le fait de n'**avertir** son partenaire de la non-obtention d'une garantie bancaire **que la veille de la date** fixée pour la **signature** de la promesse de cession (Cass. 1e civ. 6-1-1998 n° 95-19.199 : n° 11570) ;

– le fait d'avoir, **sans raison** légitime, mis brutalement un terme, sur simple **appel téléphonique,** à des négociations avancées (Cass. com. 20-3-1972 n° 70-14.154 : n° 11590 ; CA Paris 16-12-1998 n° 97-7313 : n° 11650) ;

– le fait d'avoir rompu les négociations **sans explication** et sans qu'aucun élément ne permette à l'autre partie de prévoir une telle issue (CA Rennes 29-4-1992 : n° 11570 ; dans le même sens, CA Versailles 18-11-2014 n° 13/01825 : n° 11590) ;

– le fait d'avoir **rompu** les discussions avec le partenaire **la veille** seulement **de la tenue d'une assemblée ayant accordé la cession au profit d'un tiers,** laquelle avait nécessité des convocations préalables (Cass. com. 18-1-2011 n° 09-14.617 F-D, : n° 11600).

En revanche, n'a pas été considérée comme fautive la rupture intervenue **la veille de la réunion de finalisation** de l'opération compte tenu de la courte durée des négociations eu égard à l'ampleur de l'opération et du caractère prématuré de cette réunion (CA Rouen 5-9-2002 n° 00-359, 2e ch. : n° 11570).

4. MOTIFS DE LA RUPTURE DES POURPARLERS

NÉCESSITÉ OU PAS DE JUSTIFIER LA RUPTURE DES POURPARLERS

11640 Les parties sont libres de rompre les pourparlers et l'auteur de la rupture n'a pas en principe à donner les motifs de sa décision. L'existence de tels motifs peut toutefois être retenue pour justifier une rupture qui, sans eux, serait considérée comme fautive. Par exemple, la rupture des pourparlers, même survenue à un stade avancé, n'est pas fautive dès lors qu'elle est fondée sur une raison légitime (notamment Cass. com. 20-11-2007 n° 06-20.332 F-D : n° 11690).

11645 Mais la jurisprudence va plus loin en retenant, généralement entre autres éléments, l'**absence de motif légitime** pour caractériser la faute de l'auteur de la rupture.

En pratique, plus les négociations sont embryonnaires et plus les parties sont libres de les interrompre sans avoir à fournir de justification (voir en ce sens : Cass. com. 12-1-1999 n° 96-14.604 D ; Cass. 1e civ. 14-6-2000 n° 98-17.494 F-D et Cass. 1e civ. 20-12-2012 n° 11-27.340 F-D : n° 11570). Un motif légitime de rupture est en revanche nécessaire pour échapper à toute responsabilité dans la mesure où la rupture intervient alors que les parties sont proches de la conclusion de la cession.

Par **exemple,** a été jugée dépourvue de motif légitime la rupture de négociations engagées entre deux architectes en vue d'une collaboration compte tenu des éléments suivants : les négociations avaient été très avancées ; au cours des pourparlers, l'auteur de la rupture avait présenté l'autre architecte comme son associé et les tiers l'avaient considéré comme tel ; il avait ainsi entretenu son confrère dans l'espoir d'une association à laquelle il avait renoncé sans démontrer des manquements professionnels de celui-ci, guidé seulement par un **excès de prudence** (Cass. com. 11-7-2000 n° 97-18.275 F-D : RJDA 1/01 n° 26).

11650 L'absence de motif légitime de rupture est appréciée avec d'autant plus de sévérité que la partie victime s'est toujours conformée aux exigences de son partenaire en procédant par exemple aux modifications demandées.

ILLUSTRATIONS

Après avoir retenu que les pourparlers entre deux sociétés s'étaient déroulés **pendant une longue période** et que des contacts prolongés avaient été volontairement maintenus pour parvenir au projet final en demandant qu'il soit apporté des modifications aux trois propositions élaborées par l'une des sociétés et que la seconde avait, **sans explication, refusé** ces trois propositions et, sans motif légitime, rompu brutalement les pourparlers, la cour d'appel a pu en déduire que la seconde société avait eu un comportement fautif.

Cass. com. 7-1-1997 n° 94-21.561 D : D. 1998 p. 45.

A rompu de manière abusive les pourparlers engagés en vue de céder ses actions l'actionnaire qui a mis **brutalement** un terme, sur simple appel téléphonique, **aux négociations** qui avaient **duré deux ans** et se trouvaient à un **stade avancé,** alors que le candidat acquéreur s'était **conformé aux exigences de son partenaire en procédant aux modifications qu'il lui avait demandées,** prouvant ainsi le sérieux de sa démarche.

CA Paris 16-12-1998 n° 97-7313, 5e ch. A : RJDA 4/99 n° 372.

Dans un cas où, un associé d'une société en nom collectif s'étant engagé à l'égard d'une banque à transformer cette société en société anonyme, puis à lui en céder toutes les actions, les parties étaient aussi convenues d'établir un acte de **garantie de bilan** au plus tard lors de la signature des premiers ordres de mouvement des actions, la banque, qui avait fait savoir qu'elle n'entendait pas poursuivre les pourparlers bien que l'associé ait procédé à la transformation et lui ait transmis les ordres de mouvement ainsi qu'un projet de garantie de bilan, a manqué, pour les raisons suivantes, à son obligation de **négocier de bonne foi** les conditions de cette garantie, dont le principe avait été arrêté d'un commun accord entre les parties : l'associé avait adressé à la banque un premier projet de garantie deux mois après le début des pourparlers, puis une réplique de ce projet complétée de certaines mentions environ un mois et demi plus tard ; ces deux projets précisaient que toutes les pertes ou charges probables avaient été provisionnées, que la société n'avait consenti aucun engagement hors bilan et qu'elle n'était concernée par aucun litige susceptible de réduire l'actif social ; pour sa part, la banque s'était **bornée à indiquer que** la **garantie** offerte lui paraissait **incomplète,** sans proposer de projet précis et en invoquant l'existence éventuelle d'un différend quant à la notion même de garantie de bilan et elle avait mis fin aux pourparlers douze jours après avoir reçu le projet de garantie complété en faisant notamment valoir qu'il ne constituait pas une garantie de bilan.

Cass. com. 21-1-2004 n° 99-20.898 F-D : RJDA 5/04 n° 565.

Si chaque partie à la négociation peut y mettre fin tant que le contrat n'est pas définitivement formé par l'acceptation pure et simple d'une offre, l'auteur de la rupture engage sa responsabilité extracontractuelle lorsque son initiative est intervenue brutalement alors même que les pourparlers se trouvaient à un stade avancé. Tel est le cas de l'acquéreur qui, en rompant **brutalement et sans motif légitime** les négociations conduites depuis plus d'une année avec le cédant, et parvenues désormais à un **stade très avancé,** a manqué à son obligation de loyauté dans les relations commerciales avec son partenaire, qu'il a **maintenu de manière fautive dans l'illusion d'un très prochain dénouement** de l'opération de cession de ses titres, **alors** pourtant **que** le cédant **avait satisfait à** l'essentiel de **ses exigences.**

CA Versailles 18-3-2004 n° 02-369 : RJDA 12/04 n° 1332.

Pour un cas de rupture fondée sur le **prétexte fallacieux** de l'absence de garantie des synergies escomptées du projet de rapprochement entre deux sociétés, voir CA Paris 8-12-2009 n° 08-21540 : n° 11590.

DÉSACCORD PERSISTANT ABOUTISSANT À LA RUPTURE DES POURPARLERS

La rupture des négociations n'est pas fautive lorsqu'elle est le résultat inéluctable d'un désaccord 11660
profond des parties sur les **conditions de l'opération projetée** (Cass. com. 29-1-2002 n° 98-19.800 F-D : n° 11670) et notamment d'une divergence sur le **prix** des parts sociales ou des actions objet de la cession (Cass. 1e civ. 28-10-2003 n° 00-11.493 D).

ILLUSTRATIONS

Dans un cas où des parties étaient en pourparlers pour l'achat d'un terrain depuis deux ans, jugé que la rupture des négociations par le propriétaire du terrain ne pouvait pas être considérée comme fautive dès lors qu'il avait toujours fait connaître à l'autre partie la condition à laquelle il subordonnait son accord (à savoir obtenir un **accord ferme et définitif d'achat**) tandis que l'autre partie n'entendait obtenir qu'une **promesse de vente sans engagement d'achat** de sa part.

Cass. 3e civ. 19-12-1977 : Gaz. Pal. 1978 pan. p. 89.

Après avoir engagé des négociations avec une société de production pour la réalisation d'un film, une personne avait finalement réalisé son projet avec une autre société de production. La première société avait alors soutenu que cette rupture de négociations était abusive.
A légalement justifié sa décision la cour d'appel qui, pour écarter l'existence d'une faute à l'encontre de la seconde société de production et de l'auteur du projet de film, a retenu qu'avant la rupture des négociations, les **éléments essentiels pour contracter entre professionnels** n'étaient pas réunis, qu'en interrompant des négociations qui n'aboutissaient pas après plusieurs mois, l'auteur du projet ne s'était pas rendu coupable d'une brusque rupture et que la seconde société de production n'avait fait qu'user normalement de la liberté d'entreprendre sans qu'aucune manœuvre délictuelle ne soit prouvée à son encontre.

Cass. 2e civ. 5-1-1994 n° 92-13.856 D.

Dans un cas où un associé avait accepté l'offre d'achat de la totalité des actions d'une société formulée par un candidat acquéreur dans un document qualifié « lettre d'intention », un « protocole définitif » devant être signé un mois plus tard et où l'associé cédant avait par la suite notifié à l'acquéreur sa volonté de ne pas donner suite et de ne pas signer ce « protocole » en faisant valoir des **différences existant sur le prix minimum de cession** entre les termes de la « lettre d'intention » et ceux du projet de « protocole », une cour d'appel a pu rejeter l'action en responsabilité extracontractuelle engagée par le candidat acquéreur après avoir justement estimé que la lettre d'intention était susceptible de deux interprétations différentes et retenu que le cédant avait repris des négociations avec un tiers après avoir rompu celles engagées avec le candidat acquéreur rapidement après l'apparition de la difficulté en matière de prix, qu'une réunion n'avait pas permis de résoudre, ce dont il résultait qu'il n'avait pas poursuivi des pourparlers sans l'intention de les faire aboutir.

Cass. com. 10-3-1998 n° 95-21.126 D.

11660 (suite) Dans un cas où un chanteur-compositeur avait engagé avec des sociétés de production des négociations portant sur l'acquisition d'un catalogue éditorial et d'enregistrements, ainsi que sur la conclusion d'un contrat d'enregistrement exclusif, jugé que la rupture des négociations par ces dernières n'était pas fautive dès lors qu'il n'était pas démontré que les sociétés avaient commis une faute en exerçant leur **liberté de mettre un terme aux pourparlers infructueux** qui s'étaient poursuivis pendant huit mois et au cours desquels elles avaient présenté à l'artiste de **multiples offres** que celui-ci n'a **jamais acceptées** avant la rupture desdits pourparlers.

Cass. 2e civ. 4-3-2004 n° 02-14.022 F-D.

Un fabricant s'était rapproché en 2002 d'une société en vue d'un partenariat pour la distribution d'un de ses produits au Canada. Les négociations avaient d'abord porté sur un accord de distribution puis finalement sur la création d'une société commune chargée de la distribution. Le fabricant ayant rompu les pourparlers en septembre 2003, la société lui avait réclamé des dommages-intérêts pour rupture fautive.

Il y a lieu de rejeter cette demande, dès lors qu'il résulte des circonstances suivantes que la société et le fabricant étaient conscients des **désaccords subsistants sur des éléments essentiels de la négociation** et que ce dernier n'a commis aucune faute :

– il n'était pas acquis que les parties avaient trouvé un accord sur les termes principaux du projet de contrat au moment de la rupture des pourparlers ; en effet, le projet de création d'une société commune de distribution avait été profondément modifié deux mois auparavant, le fabricant s'étant substitué une société dont il était actionnaire, et de nombreux points, notamment sur la propriété des actions de la société à créer, les pouvoirs attachés à celles-ci et l'existence d'un droit de veto, restaient en discussion fin août 2003 ;

– la négociation sur la création de cette société n'a duré en réalité que deux mois ; la densité et l'âpreté des échanges montraient que les points en discussion étaient pour les parties de la plus haute importance ; dans un courrier adressé au fabricant le 13 septembre 2003, la société faisait elle-même état des « désaccords profonds » subsistant entre eux, et de « certains éléments inacceptables » risquant « de faire très sérieusement échouer » le contrat.

Cass. com. 19-10-2010 n° 09-65.382 F-D : RJDA 2/11 n° 100.

L'initiative prise par des candidats à la cession d'actions de rompre les négociations engagées trois mois plus tôt avec un repreneur n'est pas abusive dès lors que :

– les négociations sont demeurées à un stade peu avancé ; les parties ne sont pas parvenues à un accord sur les points essentiels et les cédants n'ont pas entretenu une croyance légitime du repreneur en la conclusion prochaine d'un contrat puisqu'ils ont exprimé, dès réception du premier projet d'acte de cession, leurs réserves quant à la poursuite de la transaction et clairement énoncé les éléments qui étaient, selon eux, essentiels pour la cession de leurs titres ;

– le second **projet d'acte** adressé par le repreneur, et présenté comme une version quasi définitive, **n'intégrait pas les modifications souhaitées** par les cédants et comportait des lacunes sur des éléments spécifiés par ces derniers comme étant essentiels **ainsi que des stipulations nouvelles** ou contraires à celles sur lesquelles les parties s'étaient précédemment entendues ; la perte de confiance que les cédants invoquaient envers le repreneur, qui n'avait pas pris en compte leurs exigences et avait eu un comportement incompatible avec une relation de travail pérenne, constituait un motif légitime de rupture des pourparlers ;

– si les cédants avaient finalement cédé leurs actions à une autre personne, il n'est pas établi qu'ils avaient violé la clause d'exclusivité souscrite à l'égard du premier repreneur, dès lors que les documents produits par ce dernier sont postérieurs à l'expiration de cet engagement et que la transaction incriminée s'était faite dix-huit mois plus tard, à un prix inférieur à celui qui était projeté avec le premier repreneur, avec un acquéreur qui a pris en compte leurs préoccupations.

CA Paris 20-9-2011 n° 10-11664 : RJDA 3/12 n° 396.

Dans un cas où une société (A), qui avait formulé l'offre ferme de prendre une participation – sous forme d'une augmentation de capital réservée – dans une autre société (B), avait finalement rompu les négociations et où la société B et le cabinet ayant procédé au rapprochement des deux sociétés avaient alors réclamé des dommages-intérêts pour rupture abusive, a légalement justifié sa décision la cour d'appel qui a rejeté cette demande pour les raisons suivantes :

– l'offre de la société A comportait diverses exigences juridiques et financières auxquelles elle subordonnait son apport, notamment la désignation de son président au poste d'administrateur de la société B, la signature avec les fondateurs de la société B d'un pacte d'actionnaires contenant une garantie de passif des sociétés entrant dans le périmètre de l'opération ;

– il résultait des projets de procès-verbaux d'assemblées générales de la société B et de pacte d'actionnaires qu'**aucune** de ces **conditions** n'était **remplie à la date du courrier de rupture** de la société A ; au contraire, les modalités de rémunération et de révocation du président et du directeur général de la société apparaissaient déraisonnables ;

– dans ces conditions, la société A était fondée à refuser de poursuivre la réalisation d'une opération qui ne correspondait pas aux conditions de son offre.

Cass. com. 17-1-2012 n° 10-28.509 F-D : RJDA 4/12 n° 406.

La rupture des pourparlers n'est pas fautive lorsque son auteur invoque comme motif une **modification** substantielle des conditions **du projet d'origine** par l'autre partie (Cass. com. 29-1-2002 n° 98-19.800 F-D : ci-dessous) ou lorsque l'échec des négociations résulte du refus légitime d'une **contre-proposition désavantageuse** (CA Paris 17-10-1997 n° 96-11757, 5e ch. C : RJDA 2/98 n° 133 rendu à propos de la négociation d'un contrat de location d'avion), particulièrement dans un contexte de mise en concurrence de plusieurs partenaires potentiels (Cass. com. 26-3-2008 n° 07-11.026 F-D : ci-dessous). La rupture peut également être justifiée par une **offre plus intéressante** émanant **d'un tiers** (CA Versailles 4-12-2007 n° 06-12554, 3e ch. A et, sur pourvoi, Cass. com. 15-9-2009 n° 08-11.627 : ci-dessous). 11670

ILLUSTRATIONS

Une partie n'a pas rompu abusivement les pourparlers avancés sans raison légitime dès lors que son partenaire a remanié le contrat projeté (un contrat de franchise) à plusieurs reprises et que ces **remaniements** étaient **radicalement contraires aux propositions d'origine** quant à la fourniture de fonds propres et de garanties ; cette âpreté pouvait laisser mal augurer de la passation effective d'un contrat ; cette cause réelle était une raison légitime.

CA Paris 1-6-1995, 15e ch. B.

Une société qui souhaitait prendre le contrôle d'une société de presse étrangère avait offert à un associé de cette dernière de lui acheter pour un certain prix toutes les actions qu'il pourrait posséder à condition que l'ensemble corresponde à plus de 50 % des droits de vote. Des pourparlers s'étaient poursuivis de fin 1989 à début 1991, l'associé cédant prenant progressivement, par l'intermédiaire d'une société constituée par lui et dont il avait souscrit le capital, le contrôle de la société de presse étrangère. Après qu'un projet de convention portant cession de la majorité des actions de la société de presse lui avait été présenté début 1991, la société cessionnaire avait fait savoir au cédant qu'elle ne pouvait pas accepter les conditions proposées et qu'elle mettait fin à leurs pourparlers.

Cette rupture des pourparlers à l'initiative de la société cessionnaire est fondée sur une raison légitime et n'est donc pas fautive dès lors que :

– à l'issue des pourparlers conduits loyalement, il subsistait entre les parties, non pas une simple divergence sur un projet qui n'aurait plus correspondu exactement à l'objectif initial de la société cessionnaire, mais un **désaccord important sur le projet** soumis à sa signature par le cédant ;

– les pourparlers avaient dévié de la simple mise au point d'un texte concrétisant l'accord d'origine en vue d'assurer à la société cessionnaire, qui n'avait jamais renoncé à cet objectif, la maîtrise de la société de presse, vers la discussion de la prétention du cédant de limiter à son profit cette maîtrise et le projet soumis par ce dernier début 1991 **ajoutait unilatéralement des conditions à la cession contraires aux accords d'origine** et rendant illusoire la maîtrise que la société cessionnaire aurait obtenue de la majorité des droits de vote.

Cass. com. 29-1-2002 n° 98-19.800 F-D.

Une SA, ayant pour objet la gestion d'un immeuble lui appartenant et situé rue Montaigne à Paris, louait celui-ci au groupe L qui y avait installé son siège après avoir réalisé d'importants travaux. Le capital de la SA était détenu par une filiale (A) d'un groupe familial de promotion immobilière et par une filiale (B) à 100 % d'une compagnie d'assurances.

Les deux sociétés actionnaires de la SA avaient signé un pacte prévoyant, en cas de cession d'actions de la SA par l'une d'elles, un droit de préemption au profit de l'autre ainsi qu'une clause de sortie conjointe au cas où l'une d'elles voudrait céder l'intégralité de sa participation.

Quelques années plus tard, la compagnie d'assurances, qui souhaitait se désengager du capital de la société B, avait négocié avec le groupe familial contrôlant la société A un processus comportant, dans un premier temps, la fusion-absorption de la SA par la société B puis, dans un deuxième temps, la cession de sa participation dans la société B au groupe familial. Mais lors de l'assemblée générale de la SA appelée à statuer sur la fusion, la compagnie d'assurances (par l'intermédiaire de la société B) avait voté contre le projet, mettant ainsi un terme à l'opération. Simultanément, elle avait accepté l'offre que lui avait faite, un mois auparavant, une filiale du groupe L de racheter sa participation dans la société B (moyennant la somme d'environ 40 millions d'euros, à laquelle s'ajoutait le remboursement de son courant dans les livres de la SA pour 51 millions d'euros).

La SA et la société A avaient alors mis en cause la responsabilité de la compagnie d'assurances pour avoir fait échouer le projet de fusion entre la SA et la société B alors qu'il était arrivé en phase ultime après des mois de négociations. Elles soutenaient que le refus de la compagnie d'assurances de voter ledit projet avait été brutal et unilatéral.

Il y a lieu de juger, au contraire, que la compagnie d'assurances n'a commis **aucun manquement à son obligation de bonne foi en cédant sa participation et en abandonnant le projet de fusion** :

– ce projet, dont la négociation avait commencé environ quatre mois avant la cession litigieuse, avait pour but de permettre à la compagnie d'assurances de se désengager de la SA et de transmettre la totalité de sa participation au groupe contrôlant la société A ; il comportait deux

étapes : l'absorption de la SA par la société B, qui réduisait la participation de la compagnie d'assurances dans le capital de celle-ci à 23 %, puis la cession de cette participation deux ans plus tard au groupe contrôlant la société A ;
– le processus devant conduire à la réalisation de la première étape de cette opération (rendue publique par le dépôt du projet de traité de fusion au greffe du tribunal de commerce) était certes proche de son terme mais la compagnie d'assurances avait pu **légitimement reconsidérer les données économiques de l'opération** après avoir reçu l'offre de rachat de sa participation qui lui permettait de se désengager totalement et sans délai de la société B et à des **conditions financières plus favorables** ;
– le groupe contrôlant la société A avait été **immédiatement informé** de l'offre de rachat tant par la compagnie d'assurances que par l'auteur de celle-ci et il avait pris acte de la suspension du processus de fusion demandée par la compagnie d'assurances pour étudier l'offre ; ni lui ni la société A ne peuvent donc utilement soutenir avoir découvert « avec la plus grande surprise », le jour de l'assemblée générale de la SA, que la société B avait décidé de voter contre le projet de fusion ;
– l'accord de la compagnie d'assurances au projet de fusion impliquait que les parties se soient entendues à la date de l'assemblée sur toutes les modalités contractuelles appelées à régir la seconde étape de son désengagement ; or, il n'est pas établi que tel était le cas ;
– enfin, le projet de traité de fusion comportait une clause prévoyant qu'il serait nul et non avenu et qu'aucune indemnité ne serait due de part et d'autre à défaut de son approbation dans les mêmes termes par les assemblées générales extraordinaires de la SA et de la société B.

CA Versailles 4-12-2007 n° 06-12554 : RJDA 4/08 n° 422 et, sur pourvoi, Cass. com. 15-9-2009 n° 08-11.627 F-D : RJDA 2/10 n° 154.

Le propriétaire d'un terrain était entré en pourparlers avec une société de la grande distribution en vue de la construction d'un supermarché mais il avait finalement conclu un contrat de franchise avec un autre distributeur. La société avait alors réclamé des dommages-intérêts pour rupture fautive des pourparlers.
Après avoir constaté que la société était consciente de l'**existence de concurrents** et du fait que les **conditions financières** de l'opération étaient **au cœur des négociations** puis relevé que la rupture des pourparlers était intervenue lorsque la société avait manifesté son intention de revenir à ses **offres d'origine,** alors qu'elles avaient été **discutées à la baisse,** une cour d'appel a pu décider que chacun des partenaires connaissait parfaitement les conditions de l'autre et que l'échec des pourparlers n'était pas dû à une faute.

Cass. com. 26-3-2008 n° 07-11.026 F-D : RJDA 6/08 n° 599.

11675 Dans certaines affaires, les juges ont parfois relevé que les conditions dans lesquelles s'étaient déroulées les négociations avaient généré un **climat de défiance** qui pouvait justifier la rupture (CA Rouen 5-9-2002 n° 00-359 : n° 11570).

DÉGRADATIONS DES PERSPECTIVES ÉCONOMIQUES DE L'ENTREPRISE CIBLE

11690 Peut constituer un motif valable de rupture la dégradation des perspectives économiques qui fondent l'opération envisagée. Lorsque l'audit réalisé à l'occasion du projet de reprise d'une société laisse apparaître que la **situation financière** de celle-ci est **mauvaise,** le candidat repreneur peut légitimement rompre les pourparlers (voir les illustrations ci-dessous). Mais il doit le faire **dès qu'il a connaissance de la situation,** même s'il peut être de son intérêt de poursuivre les négociations tout en attendant l'ouverture d'une procédure collective pour acheter les actifs à moindre prix. À défaut, il peut engager sa responsabilité pour rupture tardive (Cass. com. 18-6-2002 n° 99-16.488 F-D : n° 11590).

ILLUSTRATIONS

Le préposé d'une société A avait fait diverses propositions au président du conseil d'administration d'une société B en vue de « solder » les engagements que celui-ci avait contractés pour le compte de cette dernière société au profit de la société A et, selon cette lettre, le président du conseil d'administration et les actionnaires de la société B devaient céder leurs titres moyennant la somme d'un franc à la société A qui devait en contrepartie reprendre le passif de la société. La société A n'ayant pas donné son agrément au projet, le dirigeant de la société B, mise en liquidation judiciaire, avait demandé à ce qu'elle soit condamnée pour rupture abusive des pourparlers.
Il y a lieu de rejeter cette demande dès lors que la situation financière de la société B s'est fortement dégradée et que l'engagement de cession des autres actionnaires des sociétés n'a pas été produit ; il n'est dès lors pas surprenant que les éventuels repreneurs aient renoncé à leur projet et que la société A n'ait pas cru devoir prolonger des pourparlers alors qu'une **perspective de redressement** de la société B devenait tout à fait **illusoire.**

Cass. com. 23-10-1990 n° 89-10.196 D.

Dans un cas où, dans le cadre de négociations, une société s'était déclarée prête à prendre une participation dans le capital d'une autre sous réserve de vérifications, une cour d'appel a pu juger que la rupture des pourparlers par la société candidate à la reprise était fondée sur une raison légitime et n'était pas fautive, **même** si elle était intervenue à un **stade avancé des négociations,** dès lors que la prise de participation était conditionnée par un résultat satisfaisant des vérifications prévues lesquelles ont révélé des **informations défavorables tant juridiques que financières sur la situation de la société cible,** de sorte que le désengagement tenait aux charges réelles de la société cible et à la régularité de son fonctionnement et que la **rupture** était **intervenue dix jours seulement après la remise des documents** nécessaires pour effectuer les vérifications prévues.

Cass. com. 20-11-2007 n° 06-20.332 F-D.

Une cour d'appel a pu juger qu'une société avait légitimement rompu des pourparlers avancés relatifs à l'acquisition de plusieurs fonds de commerce dès lors que :

– la société avait rompu les pourparlers après avoir **pris connaissance d'une étude** conduite au cours du même mois mais ayant révélé la non-conformité d'éléments de nature à jeter le **trouble sur le devenir de l'un des fonds,** peu important que le partenaire ait été en mesure de pallier cette non-conformité ;

– la société n'avait pas entretenu son partenaire dans la croyance d'une issue certaine des négociations en précisant qu'elle ne se déterminerait définitivement qu'après avoir pu apprécier la situation exacte de chacun des fonds de commerce, ce qu'elle avait encore expressément indiqué dans un courrier rappelant les difficultés rencontrées lors d'achats antérieurs avec ce même partenaire.

Cass. com. 3-5-2012 n° 11-14.959 F-D : RJDA 12/12 n° 1027.

REMISE EN CAUSE DE LA VIABILITÉ DU PROJET DE CESSION

11695 La rupture des pourparlers peut être fondée sur une absence de viabilité du projet convenu, en raison notamment de la dégradation de la situation économique ou financière de la société cible au cours des négociations ou de la mauvaise préparation du projet. Encore faut-il que ce motif soit réel.

ILLUSTRATIONS

Une entreprise de conseil en hautes technologies avait apporté une aide administrative et financière à la création d'une société destinée à développer une plate-forme d'échanges sur internet. Elle avait envisagé avec les fondateurs de cette société d'entrer dans le capital social et, à cette fin, une lettre prévoyant la conclusion d'un pacte d'actionnaires avait été signée. Deux mois après, l'entreprise de conseil s'était désengagée de ce projet en indiquant à la société qu'elle renonçait à conclure le pacte.

Une cour d'appel a pu déduire des circonstances suivantes que la rupture brutale des pourparlers était justifiée :

– les obligations de faire contenues dans la lettre (signature d'un accord de confidentialité et réalisation d'un audit sur le projet) constituaient des conditions suspensives de la conclusion du pacte d'actionnaires dont aucune n'avait été levée ;

– l'analyse du projet informatique avait révélé ses nombreuses insuffisances, l'existence de produits identiques et l'absence d'axe commercial, de sorte qu'après neuf mois d'activité de la société, il n'y avait qu'un **projet aux objectifs mal définis** malgré l'embauche de 30 salariés et plus de 680 000 € de dépenses engagées.

Cass. com. 16-2-2010 n° 09-12.097 F-D : RJDA 6/10 n° 636.

Pour un cas où l'auteur de la rupture avait invoqué l'**absence de garantie sur les synergies attendues** du rapprochement envisagé, voir CA Paris 8-12-2009 n° 08-21540, ch. 5-8 : n° 11590.

MOTIFS DE RUPTURE DES POURPARLERS EXTÉRIEURS AUX NÉGOCIATIONS

11700 L'abandon d'un projet pour des **considérations internes à l'une des parties** engagée dans la négociation n'a pas été admis comme une cause légitime de la rupture.

ILLUSTRATIONS

Dans un cas où un fabricant de médicaments s'était rapproché d'une société, titulaire d'un brevet, en vue d'une exploitation en commun de celui-ci, jugé que le laboratoire qui avait mis définitivement un terme à ses relations avec la société, avait manqué de loyauté à l'égard de la société à laquelle il avait laissé espérer pendant quatre ans un accord définitif qui n'avait été abandonné que pour des considérations internes au groupe auquel le fabricant appartenait, de sorte que la rupture des pourparlers, d'une durée très longue et ayant occasionné de nombreuses études de faisabilité, ne tenait aucunement aux résultats de ces études et se trouvait dénuée de motif légitime (Cass. com. 7-4-1998 n° 95-20.361 D : RJDA 8-9/98 n° 937). Voir également CA Versailles 1-4-1999 n° 96-7613 : n° 11590 pour un cas où la rupture reposait sur des « **raisons** internes et **étrangères aux difficultés d'un accord** ».

II. RÉPARATION DE LA RUPTURE FAUTIVE DES POURPARLERS

CONDITIONS DE LA RÉPARATION

11720 Conformément au droit commun de la responsabilité, la partie qui s'estime victime d'une rupture fautive des pourparlers peut obtenir réparation à **condition** qu'elle établisse l'existence d'un **préjudice** et d'un **lien de causalité** entre la faute commise et ce préjudice.

11722 La **réparation en nature** du préjudice est exclue : ni la reprise de la négociation interrompue, ni la conclusion forcée du contrat ne peuvent être la sanction d'une rupture fautive des pourparlers puisque ce qui est sanctionné, ce n'est pas la cessation de la négociation, laquelle est soumise à un principe de liberté, mais la manière dont la rupture est intervenue.

La réparation du préjudice résultant d'une rupture fautive de pourparlers ne peut donc prendre la forme que de **dommages-intérêts.** Le montant de l'indemnisation est souverainement apprécié par les juges du fond (Cass. com. 22-4-1997 n° 94-18.953 D : RJDA 8-9/97 n° 996 ; Cass. 1e civ. 6-1-1998 n° 95-19.199 P : n° 11570).

> **Précisions** En matière extracontractuelle, la **créance de réparation** naît dès la **date** de réalisation du dommage et non à la date du jugement qui la rend certaine et liquide (Cass. crim. 3-11-2004 n° 04-80.665 F-PF : Bull. crim. n° 267). Il en résulte qu'en cas de rupture fautive de pourparlers, c'est la date de la rupture qui marque la naissance de la créance d'indemnisation (Cass. 3e civ. 16-12-2009 n° 08-19.067 FS-PB : RJDA 5/10 n° 537).

A. Préjudice indemnisable

1. PERTE D'UNE CHANCE LIÉE À LA RUPTURE DES POURPARLERS

11740 La victime de la rupture des pourparlers ne peut être indemnisée ni de la **perte des avantages attendus du contrat** non conclu ni de la **perte de chance d'obtenir ces avantages** (C. civ. art. 1112, al. 2 ; auparavant, Cass. com. 26-11-2003 n° 00-10.243 FS-P : RJDA 5/04 n° 511 ; Cass. com. 1-3-2011 n° 10-12.268 F-D : RJDA 6/11 n° 494 ; Cass. com. 18-9-2012 n° 11-19.629 FS-PB : RJDA 1/13 n° 2 ; Cass. 3e civ. 19-9-2012 n° 11-10.532 FS-D : RJDA 1/13 n° 14 ; Cass. com. 16-9-2014 n° 13-16.524 F-D : RJDA 1/15 n° 2).

Par suite, dans un cas où des négociations engagées en vue de l'acquisition des actions d'une société exploitant un fonds de commerce avaient été rompues de mauvaise foi par l'une des parties, la Cour de cassation a jugé qu'en l'absence d'accord ferme et définitif, le préjudice subi par le partenaire évincé n'incluait que les frais occasionnés par la négociation et les études préalables auxquelles il avait fait procéder et non les gains qu'il pouvait, en cas de conclusion du contrat, espérer tirer de l'exploitation du fonds de commerce ni même la perte d'une chance d'obtenir ces gains (Cass. com. 26-11-2003 n° 00-10.243 FS-P précité). Ces principes s'appliquent en cas de rupture des négociations relatives à une cession de parts sociales ou d'actions (CA Paris 8-12-2009 n° 08-21540 : RJDA 7/10 n° 747).

Ainsi que l'a relevé une ancienne décision (CA Rennes 8-7-1929 : DH 1929 p. 548), admettre la réparation de la perte de la chance de réaliser les gains que permettait d'espérer la conclusion du contrat rendrait indirectement la convention non conclue obligatoire, en dissuadant les parties d'abandonner l'idée d'un contrat par crainte d'encourir des coûts excessifs.

Il a ainsi été jugé que le préjudice indemnisable étant celui qui résulte de l'exercice fautif du droit de rompre des négociations, et non pas du refus de vendre les titres, le candidat acquéreur à l'acquisition de la totalité des actions d'une société ne peut pas inclure dans son préjudice la perte de chance de l'**économie fiscale** qui aurait pu résulter pour lui de l'opération qui ne s'est pas faite (CA Versailles 3-3-2005 n° 03-8008 : RJDA 12/05 n° 1356).

11745 La **perte d'une chance de trouver un autre repreneur** ou d'acheter une autre société peut être indemnisée à la condition de prouver que cette chance existait.

ILLUSTRATIONS

Le candidat à la reprise d'une société en difficultés qui avait tardivement rompu les négociations après la mise en redressement judiciaire de cette dernière a été condamné à indemniser la société de la perte d'une chance de trouver un autre repreneur (Cass. com. 18-6-2002 n° 99-16.488 F-D : n° 11590). En revanche, jugé qu'une personne qui avait engagé des négociations en vue de l'acquisition des actions d'une société exploitant un cabinet de courtage ne pouvait pas, au titre de la rupture abusive des pourparlers par le cédant, réclamer à ce dernier une indemnisation pour la perte d'une chance d'acquérir une autre société de courtage dès lors qu'il n'établissait pas l'existence de pourparlers distincts (CA Versailles 3-3-2005 n° 03-8008, 12e ch. sect. 2 : RJDA 12/05 n° 1356). De même, le cédant évincé n'apporte pas la preuve de la perte d'une chance de céder ses actions à un tiers dès lors qu'il ne présente aucun document prouvant que ses actions pouvaient intéresser un acquéreur potentiel, ni aucun élément prouvant, compte tenu de la spécificité du secteur d'activité concerné, la vraisemblance d'une absorption possible par une autre société que celle auteur de la rupture (son principal concurrent) ou d'éventuelles offres dont il aurait été privé (CA Rennes 29-4-1992 n° 297-92 : Bull. Joly 1993 p. 463 n° 132 note J.-J. Daigre).

2. FRAIS ENGAGÉS PAR LE NÉGOCIATEUR ÉVINCÉ

Lorsque les efforts déployés, le temps consacré et les frais engagés pour faire aboutir le projet deviennent sans objet à la suite de la rupture fautive, le négociateur évincé peut prétendre en être dédommagé. Son droit à réparation porte en conséquence sur les dépenses inutilement causées par la négociation et les mesures qu'elle a nécessitées. **11770**

Ainsi peut-il obtenir l'indemnisation :

– des frais et **études préalables** engagés pour la négociation (Cass. com. 26-11-2003 n° 00-10.243 FS-P : RJDA 5/04 n° 511) ;

– des démarches effectuées, sans contrepartie financière, pour l'**étude de marché** (CA Versailles 1-4-1999 n° 96-7613 : RJDA 12/99 n° 1285) ;

– des **frais externes** (factures de société d'expertise comptable, honoraires d'avocats, etc.), des **heures de travail,** de la **perte de temps,** d'énergie et de disponibilité des personnes impliquées dans le projet de rachat (CA Versailles 3-3-2005 n° 03-8008 : RJDA 12/05 n° 1356) ;

– des **honoraires** versés à un **cabinet de conseil** qui l'a assisté pendant les négociations (CA Rennes 29-4-1992, 1e ch. B : Bull. Joly 1993 p. 463 note J.-J. Daigre) ;

– des « dépenses et dérangements » (CA Rennes 8-7-1929 : DH 1929 p. 548) ;

– de la facture représentant le **temps consacré** à l'étude du projet (Cass. com. 7-1-1997 n° 94-21.561 D : D. 1998 p. 45) ;

– des dépenses et du temps consacrés pour mener les pourparlers (CA Paris 7-5-2004 n° 02-6330, 25e ch. A. : RJDA 10/04 n° 1078).

Toutefois, conformément au droit commun de la responsabilité, la victime ne peut en principe pas obtenir l'indemnisation de **frais engagés de manière inconsidérée** ou précipitée (n° 11800).

> **› Précisions** Dans une **décision isolée,** la cour d'appel de Paris a refusé à la victime d'une rupture injustifiée de pourparlers l'indemnisation des frais exposés (honoraires de conseil, frais d'audit, temps perdu, etc.) au motif qu'ils seraient en tout état de cause restés à la charge des parties quelle qu'eût été l'issue des négociations (CA Paris 16-12-1998 n° 1997-7313 : RJDA 4/99 n° 372).

CLAUSE DE RÉPARTITION DES FRAIS ENGAGÉS LORS DES NÉGOCIATIONS

Dans le cadre d'un contrat de pourparlers, les **parties** à la négociation ont pu **prévoir les conséquences de la rupture** des négociations, par exemple par le biais d'une clause pénale fixant forfaitairement une indemnisation ou prévoyant la répartition de la charge des frais engagés. Cette clause doit alors recevoir application. **11780**

ILLUSTRATIONS

La victime d'une rupture fautive s'est vu refuser le remboursement des frais qu'elle avait exposés dès lors que la lettre d'intention signée par celle-ci précisait, s'agissant des « coûts liés à la transaction », que chaque partie était responsable de ses propres frais engagés dans le cadre des négociations (CA Paris 8-12-2009 n° 08-21540, ch. 5-8 : RJDA 7/10 n° 747).

3. ATTEINTE À LA RÉPUTATION DES NÉGOCIATEURS

La rupture de pourparlers peut avoir des conséquences fâcheuses sur l'image des parties impliquées dans la négociation, et particulièrement sur le négociateur évincé en jetant par exemple le discrédit sur ses compétences. **11790**

ILLUSTRATIONS

Constituent un préjudice indemnisable :

– l'atteinte à l'image commerciale (CA Versailles 31-3-2005 n° 03-8452, 12e ch. sect. 2 : RJDA 1/06 n° 2) ;

– l'atteinte maligne à la réputation et à la « surface » d'homme d'affaires du partenaire évincé (CA Riom 10-6-1992, 3e ch. civ. et com. : RJDA 10/92 n° 893) ;

– l'altération de l'image du négociateur délaissé, société nouvelle dont la réputation auprès d'autres partenaires commerciaux est sensible aux premiers échecs (CA Versailles 1-4-1999 n° 96-7613, 12e ch. 1e sect. : RJDA 12/99 n° 1285).

Toutefois, une cour d'appel a exclu la réparation du préjudice résultant d'une atteinte à la réputation du négociateur au motif qu'il ne s'agissait que d'un préjudice éventuel, réparé le cas échéant par sa décision, nécessairement connue des autres intervenants du secteur restreint de l'activité concernée (CA Versailles 10-9-2009 n° 08-4982, 12e ch. sect. 2 : RJDA 2/10 n° 111).

B. Limitation de la réparation de la rupture abusive des pourparlers

11800 La réparation du préjudice causé par la rupture fautive des négociations peut n'être que partielle lorsque la **victime** a commis une **faute** qui a contribué à la réalisation de son dommage (Cass. com. 15-10-2002 n° 00-13.738 F-D : RJDA 3/03 n° 218).

Ainsi, le fait qu'une partie ait réalisé des **opérations préparatoires** de manière **imprudente** peut venir limiter son droit à indemnisation. En effet, si la cession de titres envisagée, et particulièrement la cession de contrôle d'une société, suppose que les parties s'y préparent, certaines mesures préparatoires ne doivent raisonnablement être mises en œuvre qu'une fois les négociations bien engagées (en ce sens, voir Cass. com. 12-1-1999 n° 96-14.604 D : n° 11570, relevant que les dirigeants qui réorganisent la structure juridique de leur groupe et aménagent sa politique commerciale pendant les négociations prennent délibérément un risque qu'ils doivent assumer).

11805 Les parties peuvent avoir prévu une **clause limitative ou exclusive de responsabilité** pour le cas où l'une ou l'autre déciderait de rompre les pourparlers pour quelque raison que ce soit (n° 10462).

C. Responsabilité d'un tiers dans la rupture abusive des pourparlers

11820 Lorsque l'auteur de la rupture conclut en définitive le contrat envisagé avec un **tiers,** ce dernier n'engage sa responsabilité envers la victime de la rupture qu'en cas d'intention de nuire ou de manœuvres frauduleuses. En effet, hormis ces hypothèses, le simple fait de **contracter,** même **en connaissance de cause,** avec une personne ayant engagé des pourparlers avec un tiers ne constitue pas, en lui-même, une faute de nature à engager la responsabilité de son auteur (Cass. com. 26-11-2003 n° 00-10.243 FS-P : RJDA 5/04 n° 511).

Au cas particulier, la Cour de cassation a rejeté l'action en responsabilité formée par l'acquéreur évincé contre le tiers qui avait en définitive acquis les titres dès lors que la clause, figurant dans la promesse de cession signée par celui-ci, par laquelle il s'engageait à garantir les cédants de toute indemnité due pour rupture abusive de pourparlers ne suffisait pas à établir qu'il avait usé de procédés déloyaux pour obtenir la cession ni même qu'il avait une connaissance exacte de l'état d'avancement des négociations poursuivies avec la société et du manque de loyauté des cédants à l'égard de celle-ci, peu important qu'il en ait en définitive profité.

Reconnaître la responsabilité du tiers hors le cas de fraude rendrait en effet délicate toute mise en concurrence.

11825 Par ailleurs, l'**intermédiaire** qui rapproche les parties doit les **renseigner correctement,** mais il n'est tenu que d'une obligation de moyens.

La responsabilité de l'intermédiaire est plus sévèrement appréciée lorsque l'intéressé a donné une opinion circonstanciée sur la valeur des informations présentées. Une obligation particulière d'information pèse sur le dirigeant lorsqu'il intervient comme intermédiaire entre les associés et un tiers (nos 19625 s.).

ILLUSTRATIONS

Une banque qui a présenté à un client un projet de prise de participation dans une société d'édition n'est pas responsable d'avoir transmis à ce client des informations qui ne se sont révélées erronées que par la suite, même si en fait la cessation des paiements de la société d'édition était imminente, dès lors qu'il eût fallu, pour découvrir cette menace en temps utile, une investigation financière approfondie qui aurait nécessité l'accord des dirigeants de la société concernée (Cass. com. 18-10-1988 : D. 1989 som. p. 325 obs. M. Vasseur).

Un cabinet chargé d'assister et de conseiller un client lors de la reprise d'une société n'a pas manqué à son obligation de conseil dès lors qu'il a clairement informé son client sur les points faibles et les risques de la reprise et que ce dernier l'a néanmoins poursuivie, procédant lui-même à l'évaluation (Cass. com. 3-4-2012 n° 11-13.370 F-D : RJDA 6/12 n° 597).

Ne peut pas reprocher au notaire un manquement à son devoir de conseil l'acheteur d'un fonds de commerce qui a déclaré connaître l'état et le degré de conformité des installations à la réglementation et qui a déchargé le cédant de toute responsabilité (Cass. 1e civ. 10-4-2019 n° 18-12.805 F-D : RJDA 8-9/19 n° 553). **11825 (suite)**

Un conseiller en gestion de patrimoine qui n'a pas informé son client, une SCI réalisant un investissement immobilier de défiscalisation, que la bonne fin de l'opération n'était pas garantie a manqué à son obligation d'information et de conseil. En revanche, un notaire n'est pas soumis à une obligation de conseil et de mise en garde concernant la solvabilité des parties ou l'opportunité économique d'une opération en l'absence d'éléments d'appréciation qu'il n'a pas à rechercher. Il n'était donc pas tenu d'informer la SCI du risque d'échec du programme immobilier, qu'il ne pouvait pas suspecter au jour de la signature de la vente (Cass. 1e civ. 26-9-2019 n° 18-21.405 F-D : RJDA 1/20 n° 11).

Une banque ayant recommandé à un avocat spécialisé en conseil en investissement d'investir dans des « trackers » n'avait pas à le mettre en garde contre les risques liés à ces produits, risques qu'il connaissait pour avoir déjà, de sa propre initiative, décidé d'investir dans ce type de supports (Cass. com. 25-9-2019 n° 16-24.151 F-D : RJDA 1/20 n° 22).

La responsabilité de l'intermédiaire ne peut être engagée que pour un manquement à la **mission** qui lui a été **confiée.**

ILLUSTRATIONS

Un mandataire seulement chargé de trouver un acquéreur pour un bloc de contrôle n'a pas à conseiller au cédant, professionnel et bien informé de la situation de l'acquéreur proposé, de faire réaliser un audit de ce dernier (Cass. com. 29-3-2011 n° 09-71.443 : RJDA 10/11 n° 810).

Il n'entre pas dans la mission du banquier intermédiaire de financer l'opération pour laquelle il s'entremet (Cass. ass. plén. 9-10-2006 n° 06-11.056 PBRI : RJDA 1/07 n° 50).

Le notaire chargé de dresser un acte doit consulter les publications légales pour vérifier si une partie à l'acte n'est pas en liquidation judiciaire mais il n'entre pas dans sa mission de faire d'autres recherches sur internet (Cass. 1e civ. 28-11-2018 n° 17-31.144 F-PB : RJDA 3/19 n° 176).

Un expert-comptable qui accepte de vérifier le calcul des plus-values et « des droits y afférents », contenu dans un acte de cession de parts d'un associé, doit aussi déterminer le **régime fiscal** applicable (CA Paris 9-1-2020 n° 18/20501 : RJDA 6/20 n° 313) et celui qui a assisté son client dans la réalisation d'un apport de fonds de commerce en société doit l'informer des **incidences fiscales** de l'opération (CA Paris 3-3-2020 n° 17/04661 : RJDA 10/20 n° 504). L'expert-comptable, qui n'est pas chargé de rédiger l'acte de cession de droits sociaux mais seulement d'établir la déclaration fiscale relative à la plus-value de cette cession, doit informer son client des conditions de l'avantage fiscal lié à la déclaration établie (Cass. com. 24-11-2021 n° 20-15.378 F-D : RJDA 2/22 n° 92).

L'expert-comptable qui établit un acte de cession de droits sociaux en sa qualité de cédant, et non pour le compte d'autrui dans l'exercice de ses activités juridiques accessoires, n'est pas tenu d'informer et d'éclairer de manière complète les parties sur les effets et la portée de l'opération projetée, notamment sur ses incidences fiscales (Cass. com. 2-12-2020 n° 17-23.188 F-D : RJDA 5/21 n° 323).

L'avocat rédacteur d'un acte de cession de parts d'une société qui exploite un fonds de commerce situé sur le domaine public en vertu d'un contrat de concession doit mettre en garde l'acquéreur de la totalité des parts de la société sur les risques liés à l'exploitation d'un fonds de commerce présentant de telles spécificités, notamment sur la précarité de la concession (Cass. 1e civ. 10-11-2021 n° 20-12.235 FS-B : RJDA 2/22 n° 83).

CHAPITRE 2

OFFRE DE VENTE OU D'ACHAT DE DROITS SOCIAUX ET ACCEPTATION DE L'OFFRE

SOMMAIRE

12000 La cession, contrat consensuel, est le résultat de la **rencontre des volontés des parties** manifestée par l'acceptation par l'une de l'offre de vente ou d'achat que l'autre lui a faite. L'offre et l'acceptation doivent satisfaire à certaines conditions pour engager leur auteur ; la rétractation de l'une et de l'autre est encadrée.

Ne sont pas ici présentées les règles particulières de négociation des **instruments financiers sur les marchés réglementés.**

LIBERTÉ DE CONTRACTER OU PAS

12010 Chacun est libre de contracter ou de ne pas contracter, de choisir son cocontractant et de déterminer le contenu et la forme du contrat dans les limites fixées par la loi (C. civ. art. 1102).

Dès avant l'ordonnance 2016-131 du 10 février 2016, le principe de liberté contractuelle a été déduit de l'article 6 du Code civil, de l'ex-art. 1134 du même Code ou encore de l'article 4 de la Déclaration des droits de l'Homme et du citoyen de 1789 (Cons. const. 10-6-1998 : D. 2000. som. 60 obs. Favoreu) et les juges s'y référaient (par exemple, Cass. 1e civ. 7-4-1987 n° 85-13.976 P : Bull. civ. I n° 119 ; Cass. com. 18-9-2012 n° 11-21.790 F-D : RJDA 4/14 n° 375). Ils en ont notamment déduit la liberté de **choisir son cocontractant** (Cass. com. 7-4-1998 n° 96-13.219 P : RJDA 8-9/98 n° 975) ou encore la faculté de déroger aux règles non impératives de la loi (jurisprudence constante). De même, les juges ont admis que le seul refus de contracter ou de renégocier un contrat ne peut pas constituer une faute (Cass. com. 18-9-2012 précité). Mais, que ce soit avant ou après l'ordonnance, les circonstances dans lesquelles intervient ce refus peuvent constituer une rupture fautive de pourparlers entraînant la responsabilité de son auteur (nos 11500 s.).

12015 **Limites** La liberté contractuelle n'est pas totale. Ainsi, le choix du cocontractant est limité, par exemple, par le droit de la concurrence qui contrôle les concentrations d'entreprises (nos 80100 s.), par l'exigence légale ou statutaire d'un agrément préalable de l'acquéreur (nos 31100 s.), par l'existence d'un droit statutaire ou conventionnel de préférence ou de préemption (nos 5030 s.) ou encore par une clause de non-concurrence (nos 57000 s.). De même, les cessions de droits sociaux susceptibles d'intervenir dans le cadre d'une procédure collective sont soumises à des règles contraignantes.

SECTION 1

ÉMISSION D'UNE OFFRE DE VENTE OU D'ACHAT

A. Précision de l'offre de vente ou d'achat

MENTION DANS L'OFFRE DES ÉLÉMENTS ESSENTIELS DE LA CESSION

Pour qu'une proposition de contracter constitue une offre susceptible d'engager son auteur, elle doit contenir les éléments essentiels du contrat envisagé (C. civ. art. 1114, al. 1). **À défaut**, la proposition s'analyse en une simple invitation à entrer en pourparlers (art. précité) et n'est pas susceptible d'emporter la formation du contrat par sa seule acceptation par le destinataire. Ainsi, la lettre par laquelle une personne demande à une autre quelles sont ses intentions quant au contrat envisagé n'est pas une offre de contrat dès lors qu'elle ne précise pas les éléments essentiels de celui-ci (Cass. 1e civ. 24-11-1998 n° 95-21.074 P : RJDA 1/99 n° 7). 12020

Pour une cession de droits sociaux, certains éléments sont objectivement essentiels, d'autres peuvent être tenus pour essentiels par les parties.

ATTENTION

Celui qui émet une offre (ou une contre-proposition) doit garder à l'esprit qu'il doit respecter les obligations impératives de **bonne foi** et d'**information précontractuelle** qui président à la négociation et à la formation d'un contrat (nos 10230 et 10240 s.). Ces obligations peuvent influer sur le contenu de l'offre (ou de la contre-proposition) tel qu'il est exposé ci-dessous.

ÉLÉMENTS OBJECTIVEMENT ESSENTIELS DE L'OFFRE DE VENTE OU D'ACHAT

C'est l'article 1583 du Code civil, affirmant que la vente est parfaite dès lors qu'il y a accord des parties sur la chose vendue et sur son prix, qui détermine les éléments objectivement essentiels du contrat de vente. Aucune proposition de vendre ou d'acheter des parts sociales ou actions ne constitue une offre d'achat ou de vente si elle ne mentionne pas les **titres visés** et leur **nombre** ainsi que le **prix** de cession (en ce sens, CA Paris 5-7-1990 n° 90-5432 : Dr. sociétés 1990 n° 422 ; CA Versailles 26-1-2007 n° 05-7535 : RJDA 8-9/07 n° 827) ou son mode de détermination (Cass. com. 23-9-2008 n° 07-16.330 F-D : RJDA 1/09 n° 30). 12040

Lorsque la proposition comporte ces indications, elle est constitutive d'une offre, sauf précision contraire, même si elle est muette sur les autres modalités de la cession, telles les modalités de paiement du prix (Cass. req. 1-12-1885 : S. 1887 I p. 167), sur les conséquences fiscales de la cession (Cass. 3e civ. 14-1-1975 n° 73-13.922 P : Bull. civ. III n° 11) ou encore sur la mise en place d'une garantie de passif. Il n'est pas possible d'invoquer un défaut d'accord sur les **modalités de la cession** pour se soustraire à son exécution s'il n'est pas établi que les parties ont entendu retarder la formation du contrat jusqu'à la fixation de ces modalités (Cass. 1e civ. 26-11-1962 n° 60-11.634 P : Bull. civ. I n° 504).

ILLUSTRATIONS

Deux groupes d'actionnaires avaient conclu des promesses croisées d'achat et de vente d'actions échelonnées dans le temps, les cessions devant intervenir en trois étapes avec paiement échelonné des actions. C'est à bon droit qu'une cour d'appel a condamné solidairement les acquéreurs au paiement de la dernière cession : les conventions litigieuses comportant accord des parties sur la chose et le prix valaient vente et les délais convenus étaient des **délais de paiement.** En conséquence, ces conventions n'étant affectées d'aucune **condition attachée à l'obligation des acquéreurs,** ces derniers ne pouvaient pas invoquer, pour s'exonérer de leur obligation, l'absence de notification par les vendeurs de leur intention de céder le reliquat des actions.

Cass. com. 16-1-1990 n° 88-16.265 D : Bull. Joly 1990 p. 272.

La lettre par laquelle une personne a annoncé aux associés d'une société son intention de reprendre l'activité d'hôtel-restaurant exercée par la société pour un prix de 3 millions de francs (plus de 450 000 €), le **choix** étant laissé aux associés d'opter soit pour une « **vente du fonds de commerce** soit pour une **cession de** l'intégralité des **parts sociales** », et précisant la durée de validité de cette proposition constitue une offre précise et irrévocable susceptible de recevoir acceptation pure et simple, peu important qu'elle ne précise pas les modalités de la cession et ne contienne pas de clause de garantie de passif.

CA Paris 27-11-1992, 3e ch. B.

Après son licenciement, un salarié d'une société anonyme, dont il était également actionnaire et administrateur, avait **cédé** ses **actions** à deux autres actionnaires, dont l'un était intervenu à l'acte tant en son nom personnel qu'en sa qualité de président du conseil d'administration, **pour une somme** de 515 000 € **dans laquelle était inclus** le montant de ses **indemnités** de licenciement et

d'indemnités compensant les engagements qu'il prenait par ailleurs de ne pas concurrencer la société et de ne pas la poursuivre en justice au titre du licenciement.
Doit être cassé l'arrêt d'une cour d'appel qui a condamné solidairement les acquéreurs à verser les 515 000 €. En effet, la cession n'était pas parfaite faute d'accord sur le prix de cession dès lors que la somme de 515 000 € incluait, outre le prix de cession des actions dû par les acquéreurs, le montant des **indemnités dues par la société** et que l'acte litigieux ne permettait pas de connaître ou de déterminer, de manière objective et sans qu'un nouvel accord de volonté soit nécessaire, le montant de l'un ou l'autre de ces deux éléments.

Cass. com. 5-4-2005 n° 99-13.224 F-D : RJDA 2/06 n° 143.

Lors de négociations engagées en vue de la reprise du capital d'une société, le candidat repreneur avait adressé une **lettre d'intention d'acquérir** aux associés qui l'avaient signée. Cet acte constitue un simple accord de principe et n'emporte pas formation de la cession. En effet, la lettre indiquait « Nous vous proposons que le prix de cession définitif soit déterminé (...) sur la base d'une situation comptable en forme de bilan qui serait établie de manière contradictoire, à la date du 30 septembre 2008, destinée notamment à déterminer le passif envers les tiers » ; le montant du passif social était inconnu au jour de la lettre d'intention et le **prix** des parts sociales n'était donc **ni déterminé ni déterminable** au vu de cet acte, sa fixation impliquant un nouvel accord de volonté des parties.

Cass. com. 6-11-2012 n° 11-26.582 F-D, Sté du Roi Albert c/ Sté Baudry Dutour : RJDA 3/13 n° 240.

Une société commerciale avait fait connaître à une SCI propriétaire d'un terrain son intention de lever de manière anticipée l'option d'achat du terrain dont elle était locataire pour un prix qu'elle avait proposé. Le 17 octobre 2006, la société commerciale avait accepté que la SCI conservât la partie du terrain dont elle avait défini les contours et lui avait proposé la réduction du prix à proportion de la surface ainsi conservée par la SCI.
La cour d'appel, après avoir retenu, par une appréciation souveraine de l'intention des **parties** et sans dénaturation, qu'après rejet par la société commerciale de la proposition de la SCI de réduire le prix du mètre carré de la partie qu'elle conservait, celle-ci avait, par lettre du 13 novembre 2006, accepté que le prix de vente du terrain soit réduit proportionnellement à la surface conservée, et qu'ainsi elles **étaient convenues d'une nouvelle vente** en déterminant un nouvel objet résultant de la délimitation effectuée par la SCI et acceptée par la société commerciale et un nouveau prix déterminable par réduction du prix proposé à proportion de la surface effectivement vendue comme l'avait accepté la SCI le 13 novembre 2006, a pu en déduire que la vente était parfaite dès le 13 novembre 2006.

Cass. 3e civ. 17-12-2013 n° 12-27.125 F-D : RJDA 4/14 n° 312.

Les deux associés d'une SARL étaient convenus que chacun d'eux déposerait, entre les mains d'un tiers et dans un délai déterminé, une offre de rachat des parts sociales détenues par l'autre. L'un avait déposé une offre libellée « néant » et l'autre une offre de rachat au prix de 5 000 €. Ce dernier avait demandé l'exécution forcée de la cession tandis que son coassocié avait invoqué l'absence d'un accord sur le prix puisqu'il n'avait pas accepté le prix unilatéralement fixé par son coassocié.
L'exécution forcée a été ordonnée. En effet, les associés étaient convenus d'une **procédure** précise **d'achat par l'associé le plus offrant des parts sociales appartenant à l'autre,** chacune des parties s'engageant à accepter le prix proposé par l'autre s'il était le plus élevé et à renoncer par avance à formuler toute surenchère ultérieure. Le prix de vente des parts sociales ne dépendait pas de la seule volonté de l'associé auteur de l'offre chiffrée ni d'accords ultérieurs entre les parties. La vente, faite au prix le plus élevé, était donc parfaite.

Cass. com. 29-9-2015 n° 14-15.040 F-D : RJDA 3/16 n° 198.

12055 **Modalités accessoires de la cession** Dans le **silence de l'offre,** les modalités accessoires de la cession peuvent se régler par référence à la loi ou aux usages (Cass. req. 1-12-1885 : S. 1887 1 p. 167). Ainsi, l'article 1651 du Code civil dispose que s'il n'a rien été réglé à cet égard lors de la vente, l'acheteur doit payer au lieu et temps où doit se faire la délivrance, c'est-à-dire comptant.

ÉLÉMENTS CONSIDÉRÉS COMME ESSENTIELS PAR L'AUTEUR DE L'OFFRE

12065 La règle selon laquelle l'accord sur la chose et le prix vaut vente (C. civ. art. 1583 et 1589) est supplétive de la volonté des parties (Cass. 3e civ. 10-5-2005 n° 03-19.238 F-D : RJDA 10/05 n° 1087) ; elle ne s'applique donc que si ces dernières n'ont rien prévu à cet égard. Le principe de l'autonomie de la volonté permet en effet à l'une des parties de décider qu'un élément habituellement accessoire de la cession sera pour elle un élément constitutif de son consentement et donc essentiel à la formation du contrat (Cass. 3e civ. 2-5-1978 : D. 1979 p. 317 ; Cass. com. 16-4-1991 n° 89-20.697 P : RJDA 7/91 n° 559 ; CA Paris 5e ch. A 27-2-2008 n° 06-11824 : RJDA 7/08 n° 778), à charge pour l'autre partie de l'accepter ou pas. Les juges du fond apprécient souverainement l'**intention des parties** (Cass. 3e civ. 2-2-1978, précité).

12065 (suite)

ILLUSTRATIONS

La cession portant sur les parts d'une SCI et correspondant à divers lots d'un immeuble inachevé n'est pas parfaite dès lors que l'accord ne s'est pas fait sur l'**insertion** dans l'acte de cession d'une **condition suspensive** subordonnant l'existence de la cession à la délivrance du certificat de conformité car, si l'acquéreur considérait que cette clause devait figurer dans le contrat, le cédant s'y était opposé.

Cass. 3e civ. 26-4-1976 n° 14-13.527 P : Bull. civ. III n° 175.

Il ressort des circonstances suivantes que les parties ont entendu soumettre la conclusion de la cession des parts d'une société civile à un accord sur les **garanties de paiement du solde du prix stipulé payable à terme** : d'une part, la proposition d'achat des parts de la société civile faisait état de l'élaboration, en cas d'accord du cédant, d'un projet définitif et la réponse du cédant faisait allusion à la mise au point de la cession ; d'autre part, il se déduisait d'une lettre la preuve que l'acquéreur reconnaissait indirectement l'existence d'un différend sur la question des garanties de paiement.

Cass. 1e civ. 21-2-1979 : JCP G 1980 II n° 19482 note P. Fieschi-Vivet.

Il ne peut pas être déduit de la clause prévoyant que l'acquéreur sera propriétaire du bien vendu à compter seulement de la **réitération par acte authentique** que les parties ont fait de cette réitération un élément constitutif de leur consentement.

Cass. 3e civ. 20-12-1994 n° 92-20.878 P : RJDA 4/95 n° 419 ; dans le même sens, Cass. 3e civ. 28-5-1997 n° 95-20.098 P : RJDA 8-9/97 n° 1022.

Il ne peut pas être déduit de l'indication dans une promesse de vente selon laquelle la détermination des **modalités de paiement** devra avoir lieu lors de la réalisation de la promesse que les parties ont entendu faire dépendre la réalisation de la vente d'un accord sur le paiement du prix.

Cass. req. 20-1-1941 : DA 1941 p. 179.

Un associé (X) d'une SARL avait adressé une lettre à son coassocié (Y) pour lui faire part de son intention de démissionner de ses fonctions de cogérant et de lui vendre ses parts sociales, ainsi que celles détenues par sa femme et ses enfants, à leur valeur nominale. Après quelques mois de négociation et des échanges de courriers, l'**acte définitif de cession** n'avait **pas** été **signé.**

Néanmoins, la cession s'était valablement formée dès lors qu'il résultait des **échanges de courriers** qu'un **accord de volonté non équivoque** était intervenu entre les parties sur les titres cédés et leur prix :

– l'avocat de Y avait adressé, en réponse à la première lettre, un courrier à X l'informant des conditions mises par son client à la cession : « La cession des parts sociales aura lieu à la valeur nominale. Votre cautionnement personnel se poursuivra jusqu'à la fin de vos engagements. S'agissant de votre compte courant d'associé, mon client considère qu'il convient de le minorer pour tenir compte d'un certain nombre d'incidents » ; suivait la liste des sommes devant être prises en compte pour cette minoration ;

– X adressait, un mois plus tard, un nouveau courrier à Y : « Un accord peut intervenir entre nous selon les modalités suivantes : je donnerai ma démission de cogérant de la société. Je vous céderai, ou à toute personne que vous désignerez, les parts que ma femme, mes enfants et moi-même détenons dans la société contre paiement de leur valeur nominale. La société me remboursera mon compte courant d'associé minoré d'une somme forfaitaire fixée à 10 000 F. » X demandait en outre confirmation de l'accord de Y sur ces points et précisait qu'il ferait parvenir sa lettre de démission dès réception de la lettre de ce dernier ;

– un mois plus tard, Y confirmait, par lettre, son accord concernant ces différents points ; dans les dix jours, X remettait sa démission de ses fonctions de cogérant.

En conséquence, le cédant ne pouvait pas ultérieurement contester la validité de la cession en soutenant que sa **demande tendant à être déchargé de son engagement de caution** constituait une condition déterminante à la cession et n'avait pas été satisfaite. En effet, cette demande figurait dans son premier courrier mais non dans le second par lequel il acceptait les conditions émises par son coassocié, notamment celle relative au maintien du cautionnement jusqu'au terme de ses engagements, ce dont il résultait qu'il avait renoncé à la reprise du cautionnement.

En outre, la cession avait été tenue pour parfaite par les parties elles-mêmes puisqu'elle avait été exécutée dans toutes ses modalités : le cédant avait démissionné, son compte courant lui avait été remboursé et le prix de cession payé par chèques, peu important que le cédant n'en ait encaissé qu'un et qu'il ait renvoyé le second à l'avocat de l'acquéreur.

CA Paris 17-9-2004 n° 03-1599, 25e ch. A : RJDA 3/05 n° 268.

Le contrat de cession d'actions, soumis au droit commun de la vente, est conclu dès lors que les parties sont d'accord sur la chose et sur le prix, indépendamment de tout formalisme. Il n'en est autrement qu'autant que les parties ont érigé ce formalisme en condition suspensive.

Par suite, dans un cas où, à la suite de négociations portant sur la reprise par un actionnaire d'une SA de la participation détenue par un autre actionnaire, ce dernier avait réclamé le paiement du prix des titres au premier qui avait alors contesté l'existence d'un accord sous prétexte

12065 (suite) que, d'une part, la cession était indissociable d'une **augmentation de capital** et d'une **acquisition échelonnée** des titres détenus par un troisième actionnaire et, d'autre part, que le **formalisme exigé par le pacte d'actionnaires** dont ils étaient signataires, qui accordait un droit de préemption aux autres actionnaires, n'avait pas été respecté, a légalement justifié sa décision la cour d'appel qui, pour condamner l'acquéreur à régler le prix convenu, a souverainement retenu qu'il n'était pas établi que les parties avaient eu la volonté de faire des événements invoqués par l'acquéreur des conditions suspensives de leur accord.

Cass. com. 30-11-2004 n° 02-16.229 F-D : RJDA 4/05 n° 392 som.

Une société (A) spécialisée dans les assurances et une société (B), dont l'une des filiales avait une activité en matière d'assurances, s'étaient rapprochées en vue d'une prise de participation majoritaire de la société A dans la filiale. Les sociétés A et B avaient signé un accord de confidentialité en mai 2005, un accord sur le principe d'une prise de participation à hauteur de 60 % du capital de la filiale en juin 2006 puis, deux mois plus tard, une **lettre d'intention.** En avril 2007, la société B ayant refusé de signer l'acte de cession, la société A avait réclamé en justice l'exécution forcée de l'accord qu'elle prétendait conclu et, à titre subsidiaire, une indemnisation pour rupture abusive de pourparlers. Elle soutenait que la lettre d'intention, loin de servir de simple cadre à une négociation à venir, était le résultat de plusieurs mois de négociations et qu'elle fixait non seulement la chose et le prix au sens de l'article 1583 du Code civil, mais aussi d'autres éléments considérés comme essentiels par les parties, tels que les modalités de calcul du complément de prix éventuellement dû au cédant, le principe d'une garantie d'actif et de passif, une option de vente sur le reliquat du capital de la filiale et les termes d'un pacte d'actionnaires. Pour cette société, la vente était donc formée.

Il y a lieu de rejeter cette analyse et de considérer au contraire qu'aucun accord définitif n'est intervenu entre les parties sur la cession et que la société B avait le droit de rompre les pourparlers.

En effet, dans la lettre d'intention, les parties évoquaient notamment « l'intérêt pour la poursuite des négociations en vue de la prise de contrôle majoritaire » de la filiale, la situation qui existerait « si les négociations devaient aboutir », « les conditions et modalités selon lesquelles [la société A] serait amenée à acquérir le contrôle de [la filiale] », la signature d'une garantie d'actif et de passif qui « prévoirait un plafond et une franchise que nous fixerons ensemble après la réalisation de l'audit et dans le cas où nous donnerions une suite favorable au projet ». L'annexe de la lettre d'intention, censée préciser les principales dispositions du pacte d'actionnaires, était constituée d'une « énumération des principales dispositions que pourrait comporter le pacte » et contenait une liste de clauses et d'obligations générales qui n'étaient ni détaillées ni adaptées précisément au cas d'espèce. Enfin, la lettre précisait que « la réalisation de la cession de contrôle de la société dans les conditions ci-dessus serait expressément subordonnée à l'accord conjoint sur les protocoles d'accord, garantie d'actif et de passif et autres documents annexes que les conseils rédigeraient dès lors que toutes les autres conditions auront été satisfaites ».

Il se déduit des termes utilisés dans la lettre d'intention et de l'**emploi du conditionnel** que celle-ci ne contenait ni une offre précise, complète et ferme, ni une acceptation claire portant sur les éléments essentiels du contrat, ni même une volonté non équivoque et délibérée de s'engager. Au contraire, ses stipulations claires et précises démontraient que les parties étaient toujours, au moment de la signature de cette lettre, au stade des pourparlers précontractuels et que la signature d'un **pacte d'actionnaires** et d'une convention de **garantie de passif** et d'actif étaient des éléments essentiels à la conclusion de la cession.

CA Paris 8-12-2009 n° 08-21540, ch. 5-8 : RJDA 7/10 n° 747.

Pour un cas où une offre ferme de prise de participation dans une société précisait les **modalités** de l'opération, certaines d'entre elles étant **présentées comme des exigences** et d'autres comme de simples souhaits, voir Cass. com. 17-1-2012 n° 10-28.509 F-D : n° 11660.

L'acte de vente d'un terrain précisait que la vente est consentie et acceptée sous diverses conditions suspensives dont une autorisation de lotir et de construire et que, si les conditions suspensives se réalisaient, la vente aurait lieu devant notaire, dans le délai de deux mois de la réalisation des conditions. Sept ans plus tard et alors que l'autorisation de lotir, qui avait fait l'objet de plusieurs recours, était devenue définitive, l'acheteur avait demandé l'exécution forcée de la vente tandis que le vendeur invoquait la caducité de celle-ci, faute de réitération par acte authentique dans le délai convenu. L'acheteur avait alors soutenu que cette condition, qui laissait la conclusion de la vente au seul pouvoir du vendeur, était potestative et donc nulle.

Il ne peut pas être reproché à la cour d'appel d'avoir déclaré la vente caduque dès lors qu'ayant relevé que le **consentement** du vendeur à la vente et la mutation de propriété étaient **subordonnés** à la condition de la signature de l'acte authentique avec le paiement du prix convenu et des frais dans le délai de deux mois de la réalisation des conditions suspensives, la cour d'appel en a déduit, par une appréciation souveraine de la valeur et de la portée des stipulations du contrat, sans faire application d'une condition potestative, que les parties avaient entendu faire de la

réitération de l'acte en la forme authentique un élément de leur consentement et non une simple modalité d'exécution de la vente.

Cass. 3e civ. 8-2-2012 n° 11-11.143 FS-D : RJDA 6/12 n° 575.

Une **promesse synallagmatique de vente** ne vaut pas vente parfaite au jour de sa signature si les parties ont subordonné l'existence du contrat de vente à la **signature ultérieure d'un acte authentique.**

Cass. com. 25-9-2012 n° 11-24.524 F-D : RJDA 1/13 n° 23 ; dans le même sens, Cass. 3e civ. 7-9-2022 n° 21-17.628 F-D : BRDA 19/22 inf. 9.

Dans un cas où les parties étaient liées entre elles par une **promesse synallagmatique** de cession de parts sociales qui valait vente au sens de l'article 1589 du Code civil dès lors qu'il y avait consentement réciproque sur la chose et sur le prix, la circonstance que l'acte ait **fixé** un **terme pour la régularisation des actes de cession et pour le paiement du prix** n'impliquait pas que la promesse se serait trouvée caduque à défaut de signature des actes de cession dans le délai prévu. L'acte de vente étant parfait dès l'origine, sa force obligatoire ne pouvait être affectée ni par des circonstances nouvelles, ni par la constatation qu'aucune des parties n'avait pris l'initiative de solliciter la régularisation de la cession de parts.

Cass. com. 23-10-2012 n° 11-24.349 F-D : RJDA 2/13 n° 126.

Lorsque les **parties** ont fait des modalités accessoires un élément constitutif de leur consentement et qu'elles ne se sont **pas entendues sur ces modalités,** la cession ne peut pas être considérée comme parfaite, même si les parties sont d'accord sur la chose et sur le prix. Dans un cas où une offre de vente prévoyait que le paiement du prix devait être réglé partie comptant, partie à crédit selon des modalités à débattre, les juges du fond ne peuvent pas se substituer aux parties pour exercer en leur nom un choix que celles-ci s'étaient réservé afin de convenir des modalités de paiement du prix à défaut desquelles la cession ne pouvait être considérée comme parfaite ; d'où la cassation de l'arrêt d'appel qui avait décidé que 60 % du prix serait payé comptant et 40 % à crédit (Cass. com. 7-6-1971 n° 70-10.220 P : Bull. civ. IV n° 161). **12080**

PARTICULARITÉS DE L'OFFRE FAITE PAR VOIE ÉLECTRONIQUE

Lorsque l'offre est faite par voie électronique, l'offrant agissant à titre professionnel doit mettre à disposition les stipulations contractuelles applicables d'une manière qui permette leur conservation et leur reproduction (C. civ. art. 1127-1, al. 1). **12100**

L'offre doit en outre contenir certaines informations (différentes étapes à suivre pour conclure le contrat par voie électronique, langue proposée pour la conclusion du contrat...) (C. civ. art. 1127-1, 1° à 5°). Cette obligation ne s'impose pas pour les contrats conclus exclusivement par échange de courriers électroniques et il peut y être dérogé entre professionnels (C. civ. art. 1127-3).

Encore faut-il que l'acceptation par courriel d'une offre d'achat émane de celui ayant le pouvoir d'accepter (CA Paris 17-9-2013 n° 12/05435 : n° 12435). En l'absence d'une signature électronique sécurisée, c'est-à-dire propre au signataire et créée par des moyens que le signataire peut garder sous son contrôle exclusif, c'est au regard des circonstances de l'espèce que les juges estiment que le courriel litigieux émane ou non de la personne à laquelle on l'attribue.

B. Fermeté de l'offre de vente ou d'achat

VOLONTÉ DE S'ENGAGER DE L'OFFRANT

Pour constituer une offre engageant celui dont elle émane, une proposition de contrat doit être ferme et exprimer la **volonté** de son **auteur** d'être **lié** dans le cas où elle serait acceptée (C. civ. art. 1114, voir jurisprudence ci-dessous rendue sous l'empire du droit antérieur à l'ordonnance 2016-131 du 10-2-2016 mais transposable au régime actuel). **12120**

Au cours des négociations, la **lettre d'intention,** par laquelle un candidat à l'acquisition informe le cédant de son intérêt pour les droits sociaux proposés à la vente, peut constituer, selon la façon dont elle est rédigée, une offre simplement indicative non engageante (« non binder offer ») ou au contraire une offre ferme. S'il n'entend pas être lié dès l'acceptation de l'offre, celui qui l'émet a tout intérêt à indiquer expressément qu'elle ne constitue pas une offre ferme mais une simple invitation à entrer en pourparlers.

Si l'offre est ferme, elle constitue déjà le consentement de son auteur à la cession, auquel il manque seulement le consentement du destinataire pour qu'il y ait accord des volontés.

CAS OÙ L'OFFRE A ÉTÉ TENUE POUR FERME

ILLUSTRATIONS **12122**

Dans un cas où une SARL avait refusé d'agréer l'acquéreur présenté par un associé et où ce dernier avait mis chaque coassocié en demeure d'acquérir ses parts à une valeur déterminée et sans autre condition que le paiement du prix au comptant, jugé que cette injonction constituait une offre manifestant une volonté ferme de contracter et la cession s'était formée au profit d'un des coassociés qui avait accepté l'offre avant que l'associé qui l'avait émise ne la retire.

Cass. com. 9-4-1991 n° 645 D : RJDA 7/91 n° 558.

Après discussions entre un promoteur immobilier et une SCI, le premier avait adressé à la seconde une proposition, valable trois mois, pour l'achat d'un terrain au prix de 8 250 000 €, en vue de la réalisation d'un programme immobilier d'environ 15 000 m² de Shon. Ce document indiquait : « En cas d'accord sur la présente proposition, nous vous proposons d'**établir** et de conclure **une promesse** unilatérale de vente par devant notaire, **après validation de notre comité d'engagement** foncier. » Deux mois plus tard, le promoteur informait la SCI qu'il ne donnait pas suite à la proposition, celle-ci n'ayant pas été validée par ledit comité.

En retirant sa proposition d'achat avant l'expiration du délai de trois mois, le promoteur a commis une faute, engageant sa responsabilité délictuelle. En effet, la proposition détaillait le terrain concerné, le prix proposé, les conditions suspensives, les conditions particulières, la prorogation du délai de la promesse de vente en cas de recours sur le permis de construire, le planning prévisionnel, l'indemnité d'immobilisation et la durée de validité de la proposition. Elle s'analysait donc en une **offre** de contracter **dont l'acceptation suffisait à former le contrat** et elle n'était pas assortie d'une réserve tenant à la validation par le comité d'engagement foncier de l'offrant.

Par suite, le promoteur a été condamné à payer 412 500 € de dommages et intérêts à la SCI en réparation du préjudice financier et d'image qu'elle avait subi.

Cass. 3e civ. 7-7-2015 n° 14-20.536 F-D : RJDA 12/15 n° 816.

CAS OÙ L'OFFRE A ÉTÉ TENUE POUR INDICATIVE

12124 **ILLUSTRATIONS**

Une société A, dont l'objet était la prise de participations dans des entreprises intervenant dans le domaine du commerce électronique, avait mené des négociations pour acquérir la totalité des actions d'une société B qui contrôlait plusieurs sociétés spécialisées dans le secteur de la communication. Cette dernière soutenait avoir accepté l'offre d'achat de la société A et demandait la réparation du préjudice subi du fait de l'inexécution par l'acquéreur de ses obligations contractuelles.

Demande rejetée. En effet, le document adressé par la société A qui portait en en-tête la **mention « sous réserve de contrat » et** « sous réserve **d'audit** » et dans lequel il y était énoncé sous la rubrique « conditions essentielles » que « l'**offre indicative** » qu'il contenait était basée sur les informations fournies à une date donnée et qu'une offre définitive exigerait la réalisation d'un audit satisfaisant et la conclusion d'un contrat de vente acceptable, loin d'exprimer la volonté de l'acquéreur d'être lié par la seule acceptation de la partie à laquelle la lettre était destinée, ne constituait qu'une lettre d'intention de la société A, laquelle s'était expressément réservé la faculté de ne pas acquérir. Par suite, en l'absence de proposition ferme et univoque de contracter, aucune convention ne s'était formée entre les parties.

CA Paris 9-3-2004 n° 02-18445 : RJDA 12/04 n° 1331.

Le candidat à l'acquisition de la totalité des actions d'une société de courtage n'est pas fondé à invoquer le caractère pur et parfait de la cession, faute d'apporter la preuve d'un accord complet sur la chose et le prix dès lors que, si des échanges de courriers montraient que les négociations progressaient entre les parties, aucun accord complet n'était intervenu sur les conditions financières de la vente envisagée. En particulier, ne pouvait pas être comprise comme la confirmation d'un accord intervenu sur la totalité de l'opération la lettre adressée par le candidat acquéreur aux cédants prévoyant des modalités financières différentes des demandes de ces derniers et qui indiquait « La présente lettre constitue une **déclaration d'intention de procéder à l'acquisition** susvisée sous réserve notamment des **conditions suspensives** visées ci-dessus et non une offre ferme », et ce d'autant qu'elle s'achevait par la phrase suivante : « Si les termes de la présente vous agréent, nous vous serions obligés de nous retourner le double après paraphe et signature dans les meilleurs délais. »

CA Versailles 3-3-2005 n° 03-8008, 12e ch. sect. 2 : RJDA 12/05 n° 1356.

L'acte, par lequel une personne avait proposé de céder un de ses biens à une personne et à un prix déterminés, précisait : « Cette vente se fera dans les termes écrits par Me X, notaire, à savoir sans condition suspensive et avec le dépôt d'un chèque de 5 % du prix remis entre les mains de Me Y, notaire, le jour de la signature de la promesse de vente. »

Cet écrit ne constitue pas une offre de vente dès lors que l'**usage du futur,** la **référence à la signature d'une promesse** de vente et à une indemnité d'immobilisation ou à **un acompte sur le prix** de vente excluent toute volonté de l'auteur d'émettre une offre de vente ferme et définitive dont l'acceptation emporterait la formation d'une vente.

Par suite, le destinataire de cette proposition, qui l'a acceptée, ne peut pas réclamer à l'auteur de celle-ci des dommages-intérêts pour avoir finalement cédé le bien litigieux à un tiers. **12124** (suite)

CA Paris 13-9-2007 n° 06-9366, 2e ch. B : RJDA 1/08 n° 18.

Pour un cas où l'existence d'une offre ferme a été écartée à propos une **lettre d'intention rédigée au conditionnel,** voir CA Paris 8-12-2009 n° 08-21540 : n° 12065.

Pour financer son développement, une société s'était rapprochée d'une entreprise de **capital-risque.** Les parties avaient signé un premier acte qui précisait les modalités d'entrée de l'investisseur dans le capital de la société puis une « lettre d'intention » qui détaillait les conditions de l'investissement. La société ayant finalement fait entrer dans son capital un autre investisseur, le premier avait soutenu que la lettre d'intention avait un caractère obligatoire pour chacune des parties et que la société avait engagé sa responsabilité en ne la respectant pas.

Il y a lieu de rejeter cette demande pour les raisons suivantes :

– ce qui est ambigu dans une convention conclue dans un secteur économique clairement circonscrit s'interprète par ce qui est d'**usage dans ce secteur** ; le « guide de la lettre d'intention » « capital-risque » édité par l'Association française des investisseurs pour la croissance (Afic) qui, de ses termes mêmes, « vise à refléter un état des pratiques en privilégiant les bonnes pratiques » permet de connaître les usages du capital-risque ; selon ce guide, « une lettre d'intention n'a pas en principe valeur d'engagement des parties pour la réalisation finale de l'investissement ; elle reste une expression d'intérêt et de l'intention de poursuivre les négociations en vue de trouver un accord final. Elle permet de donner un cadre sécurisé aux négociations précontractuelles, en précisant les conditions d'exclusivité et de confidentialité, le partage des frais ainsi que le choix du droit applicable et de la juridiction compétente » ; « pour les entrepreneurs qui auront réussi à susciter l'intérêt de plusieurs investisseurs, la lettre d'intention reçue de chacun d'eux permettra de comparer le terme des propositions et donc de faire un choix. Elle est un élément de concurrence entre les investisseurs » ;

– la lettre d'intention litigieuse répond aux indications de contenu préconisées par l'Afic et n'a pas de caractère définitivement liant dès lors qu'elle indique liminairement « nous avons le plaisir de vous confirmer notre souhait de participer, sous certaines conditions, à l'opération de renforcement de fonds propres que vous projetez de réaliser », que la **liberté offerte à chacune des parties de,** finalement, **réaliser ou de ne pas réaliser l'opération** d'investissement y est stipulée, sous la rubrique « frais » dans les termes suivants : « Si cette opération venait à être réalisée (...). Si l'opération venait à ne pas être réalisée du fait de la Société (...). Si l'opération venait à ne pas être réalisée du fait des Investisseurs financiers (...) » et qu'enfin, dans la lettre d'intention, la société de capital-risque rappelle expressément à la fin que son offre n'est qu'« indicative ».

La société n'avait en outre commis aucune faute en s'engageant avec un tiers car la lettre ne comportait pas de mention d'exclusivité de négociation.

CA Versailles 30-6-2011 n° 10-06302, 12e ch. sect. 2 : RJDA 12/11 n° 989.

Dans un cas où les associés d'une SARL et d'une SCI, la première exploitant une clinique dans un immeuble appartenant à la seconde, avaient engagé des négociations en vue de la cession de l'intégralité des parts des deux sociétés à un tiers et où, estimant être parvenus à un accord avec ce dernier, a été rejetée la demande des associés en exécution forcée de la cession, pour les raisons suivantes :

– une proposition de contracter ne constitue une offre que si elle implique la volonté de son auteur d'être lié en cas d'acceptation ; or le courrier adressé par le tiers aux associés, qui prévoyait un **audit** de la clinique et de la SCI et précisait qu'à l'issue de cet audit et en l'absence d'événement significatif défavorable, il serait en mesure de confirmer une offre ferme sans condition suspensive, ne comportait **pas** lui-même une **offre ferme** ;

– le contrat de vente n'est parfait que s'il permet, à partir des stipulations qu'il contient, de déterminer le prix par des éléments ne dépendant pas de la volonté de l'une des parties ou de la réalisation d'accords ultérieurs ; tel n'est pas le cas dès lors que, d'une part, les associés cédants avaient subordonné leur accord notamment à une **valorisation des parts** de la SCI sur la base du montant des loyers à diminuer de la dette financière et à augmenter de la trésorerie et des créances clients, sans préciser la date à laquelle ces éléments devaient être pris en compte, d'autre part, le prix de cession de parts de la SARL renvoyait à des résultats financiers et comptables sans indication de la date de référence et enfin le fait que le tiers avait accepté ces conditions n'emportait pas plus accord définitif sur les prix de cession et plusieurs courriers ultérieurs confirmaient la poursuite des négociations sans accord définitif notamment sur la valorisation des parts sociales.

Cass. com. 25-9-2012 n° 11-23.319 F-D : RJDA 1/13 n° 24.

Il ne peut pas être reproché à une cour d'appel d'avoir jugé qu'une vente immobilière n'était pas parfaite dès lors qu'elle a souverainement retenu qu'il résultait des **correspondances échangées** entre les parties que, si celles-ci avaient envisagé de vendre pour l'une et d'acheter pour l'autre certains lots de la division de l'immeuble pour un prix déterminé, l'accord ne portait que sur la

rédaction d'un avant-contrat, que de **nombreux points importants** n'étaient **pas réglés** définitivement, les parties ayant envisagé de faire de la justification de la commercialité des locaux une **condition suspensive.**

Cass. 3e civ. 30-1-2013 n° 11-21.163 FS-D : RJDA 4/13 n° 305.

Dans un cas où une offre d'achat portant sur du matériel informatique d'occasion précisait le **prix** proposé et que « le **paiement** sera effectué **après audit** du matériel en nos ateliers », c'est par une appréciation souveraine des termes ambigus de cette offre qu'une cour d'appel a estimé que la mention relative au paiement à effectuer après l'audit du matériel s'analysait en une **réserve** à la proposition de prix, ayant pour effet de subordonner la conclusion définitive du contrat à une nouvelle manifestation de volonté de son auteur en fonction des résultats de l'audit technique, de sorte que la proposition commerciale n'était pas une offre de prix ferme, définitive et sans équivoque.

Cass. com. 25-10-2017 n° 16-18.948 F-D : RJDA 2/18 n° 113.

C. Destinataire de l'offre de vente ou d'achat

INDICATION DU DESTINATAIRE DE L'OFFRE

12130 La validité d'une offre d'achat ou de vente n'est pas subordonnée à l'indication d'un destinataire précis. Il résulte du contentieux, rare en la matière, que la question de la détermination du destinataire ne se pose guère en pratique, si ce n'est le cas échéant pour savoir si la personne ayant accepté l'offre avait la capacité ou le pouvoir de le faire (pour une illustration, voir CA Paris 17-9-2013 n° 12/05435 : n° 12435).

Sur l'**offre en blanc,** voir n° 30012.

OFFRE FAITE À PERSONNE DÉTERMINÉE

12135 L'offre peut être faite à une personne déterminée (C. civ. art. 1114), c'est-à-dire à une personne nommément désignée ou qui est à tout le moins identifiable. En effet, l'offrant est en principe libre de choisir son cocontractant (nos 12010 s.).

OFFRE FAITE À PERSONNE INDÉTERMINÉE

12140 L'offre peut être valablement faite à une personne indéterminée (C. civ. art. 1102, al. 1 et 1114), par exemple par voie d'annonces. Cela n'en fait pas une simple invitation à entrer en pourparlers.

Elle lie l'offrant à l'égard du premier acceptant dans les mêmes conditions que l'offre faite à une personne déterminée (cf. Cass. 3e civ. 28-11-1968 n° 67-10.935 P : Bull. civ. IV n° 507 ; Cass. 3e civ. 12-2-1975 n° 73-14.407 P : Bull. civ. III n° 60 ; Cass. 3e civ. 1-2-1998 n° 96-20.605 PB : RJDA 11/98 n° 1198, rendus à propos d'offres de vente immobilière faites au public mais transposables aux cessions de droits sociaux).

Néanmoins, l'agrément de l'acceptant peut être requis en vertu soit de la loi soit d'une clause statutaire.

D. Événements susceptibles d'affecter l'offre de vente ou d'achat avant son acceptation

1. RÉTRACTATION DE L'OFFRE DE VENTE OU D'ACHAT

RÉTRACTATION DE L'OFFRE AVANT SA RÉCEPTION PAR LE DESTINATAIRE

12150 L'offre peut être librement rétractée tant qu'elle n'est pas parvenue à son destinataire (C. civ. art. 1115).

Il en résulte notamment que l'**offre** verbale ou écrite **faite** directement **en présence du destinataire** n'est en principe pas rétractable.

Lorsque l'**offre** est **faite entre absents,** par exemple par courrier, la date butoir de la rétractation est celle de la réception du courrier par le destinataire et non, à notre avis, celle à laquelle il en a effectivement pris connaissance. En cas de contestation, l'offrant doit donc prouver la **date** à laquelle l'offre a été reçue par le destinataire et la date à laquelle il l'a révoquée. À notre avis, en cas de rétractation par courrier, seule la date de l'envoi de la rétractation doit être antérieure à celle de la réception de l'offre ; celle à laquelle le destinataire a reçu la révocation n'a pas d'incidence.

En l'absence de distinction en ce sens dans l'article 1115 du Code civil, l'offre non parvenue au destinataire peut être rétractée même si elle comporte un délai pendant lequel elle doit être maintenue ; la rétractation vaut tant pour l'offre que pour le délai dont elle est assortie.

RÉTRACTATION DE L'OFFRE APRÈS RÉCEPTION PAR LE DESTINATAIRE

Une fois parvenue à son destinataire, l'offre ne peut pas être rétractée avant l'expiration du délai fixé par son auteur ou, à défaut, à l'issue d'un délai raisonnable (C. civ. art. 1116, al. 1). **12160**

ILLUSTRATIONS

Dans un cas où, le 24 juin 2000, une personne avait fait une offre d'achat pour un appartement, accompagnée du versement d'un dépôt de garantie au propriétaire et où elle s'était rétractée par lettre recommandée du 26 juin, a été cassé l'arrêt d'une cour d'appel qui, pour condamner le propriétaire à restituer le dépôt de garantie, avait estimé que la rétractation était valable car elle était intervenue avant que ce dernier accepte l'offre par lettre recommandée du 27 juin, alors que l'offre d'achat accordait au propriétaire du bien un délai expirant le 27 juin 2000 pour donner son accord et qu'il en résultait que l'auteur de l'offre s'était engagé à maintenir celle-ci jusqu'à cette date (Cass. 3e civ. 7-5-2008 n° 07-11.690 FS-PB : RJDA 2/09 n° 83, rendu sous l'empire du régime antérieur à l'ordonnance 2016-131 du 10-2-2016 mais transposable au régime actuel).

Lorsque l'offrant n'a pas stipulé de délai de validité de son offre, le **caractère raisonnable du délai** pendant lequel il est tenu de maintenir son offre est **apprécié** souverainement par les juges du fond (Cass. 3e civ. 10-5-1972 n° 71-11.393 : Bull. civ. III n° 297 ; Cass. com. 6-2-1973 n° 72-10.140 : Bull. civ. IV n° 65 ; Cass. com. 27-4-2011 n° 10-17.177 F-D et les arrêts rapportés ci-dessous), au regard de la nature du bien cédé, de la qualité du destinataire de l'offre (personne physique ou morale, par exemple) ou encore de l'évolution des circonstances dans lesquelles l'offre avait été faite (Cass. 3e civ. 25-5-2005 n° 03-19.411 : voir ci-dessous ; CA Paris 15e ch. 25-11-2005 n° 04-24142 : RJDA 3/06 n° 331). Ces principes, dégagés sous l'empire du régime antérieur à l'ordonnance 2016-131 du 10 février 201, sont transposables au régime actuel. **12165**

ILLUSTRATIONS

Une cour d'appel a pu déduire des constatations suivantes que l'acceptation d'une offre de vente immobilière intervenue **10 mois** après celle-ci était inefficace :
– en raison de la cadence rapide à laquelle les parties échangeaient habituellement leur correspondance, l'offrant ne pouvait pas raisonnablement prévoir que le destinataire de l'offre ne répondrait qu'après un délai de 10 mois à la lettre contenant ses dernières prétentions, bien qu'il eût précisé attendre une prompte réponse ;
– on aurait compris que le destinataire ait demandé un temps prolongé de réflexion si les exigences de l'offrant quant au prix d'achat avaient différé, dans des proportions considérables, des propositions antérieures, ce qui n'était pas le cas.

Cass. 3e civ. 10-5-1972 n° 71-11.393 : Bull. civ. III n° 297.

Appréciant souverainement si une offre de vente immobilière comportait implicitement un délai raisonnable d'acceptation, une cour d'appel a pu estimer que l'acceptation donnée **9 ans** après l'offre était tardive et ne pouvait pas former le contrat.

Cass. 3e civ. 21-10-1975 n° 74-11.599 : Bull. civ. III n° 302.

Les juges du fond apprécient souverainement si l'offre comporte implicitement un délai raisonnable d'acceptation. En état d'une offre précisant qu'elle devait être rapidement acceptée, l'acceptation donnée **3 mois** plus tard est tardive et ne peut former le contrat.

Cass. 3e civ. 8-2-1968 n° 65-10.600 : Bull. civ. III n° 52.

En raison d'une grave mésentente avec un associé, le dirigeant d'une société, propriétaire de 51 % des actions de celle-ci, avait fait une offre d'achat des 49 % détenus par cet associé, offre que celui-ci avait acceptée **26 mois** après. Il a été jugé que le contrat n'a pas pu valablement être formé dès lors que l'offre d'achat était devenue caduque à l'expiration d'un délai raisonnable, ce qui était le cas au moment où l'associé avait formulé son acceptation.

CA Riom 29-2-1996, 1e ch.

Dans un cas où une offre de vente immobilière mentionnait « **réponse immédiate souhaitée** », une cour d'appel en a déduit, par une interprétation souveraine que l'imprécision de ces termes rendait nécessaire, que l'offre avait été faite sans stipulation de terme et qu'elle devait être acceptée dans un délai raisonnable. Elle a souverainement retenu que compte tenu de la nature du bien et de la qualité de l'acquéreur (une société anonyme) qui devait consulter son conseil d'administration pour obtenir le consentement à l'acquisition, le délai de **cinq semaines** dans lequel était intervenue l'acceptation de la société n'était pas déraisonnable. Elle a pu retenir qu'il y avait eu vente et ordonner l'exécution forcée de la vente et le paiement des honoraires du mandataire qu'elle avait chargé de la vente.

Cass. 3e civ. 25-5-2005 n° 03-19.411 FS-PB : RJDA 12/05 n° 1335.

Une société anonyme (SA) qui avait décidé, lors d'un conseil d'administration, d'acquérir un terrain appartenant à une société civile immobilière (SCI) avait transmis un **16 avril,** à un notaire chargé de rédiger le projet d'acte de vente, le procès-verbal de la délibération du conseil. Le **13 août suivant,** la SCI avait fait délivrer à la SA une sommation pour régulariser la vente.

La cour d'appel a exactement déduit des constatations suivantes que, l'offre d'achat n'ayant pas été acceptée dans un délai raisonnable et la rencontre des volontés n'étant pas effective, la vente ne pouvait pas être régularisée :
– le procès-verbal du conseil d'administration de la SA constituait une offre d'achat du terrain, émise le 16 avril, mais rien ne démontrait la volonté de la SCI d'accepter l'offre avant la sommation du 13 août ;
– la déclaration d'intention d'aliéner, rédigée et signée par le notaire, ne constituait pas un commencement de preuve par écrit d'une promesse synallagmatique de vente et d'achat.
Cass. 3e civ. 24-1-2012 n° 10-27.965 F-D : RJDA 5/12 n° 487.

Ndlr : Au cas particulier, le fait que la SCI ait utilisé la procédure précontentieuse de la sommation pour accepter l'offre montrait que les parties n'étaient plus en accord au mois d'août, la SA n'ayant plus la volonté d'acheter.

CONSÉQUENCE DE LA RÉTRACTATION PRÉMATURÉE DE L'OFFRE

12220 La rétractation de l'offre avant l'expiration du délai fixé par son auteur (ou, à défaut, à l'issue d'un délai raisonnable) empêche la conclusion du contrat ; elle engage la responsabilité extracontractuelle de son auteur dans les conditions du droit commun sans l'obliger à compenser la perte des avantages attendus du contrat (C. civ. art. 1116, al. 2 et 3).

ILLUSTRATIONS

Le destinataire d'une offre de vente d'un fonds de commerce avait réclamé des dommages-intérêts à l'auteur de l'offre pour avoir retiré celle-ci et refusé de signer l'acte de vente. Il n'a pas pu être reproché à une cour d'appel d'avoir rejeté cette demande dès lors qu'appréciant souverainement les documents produits, elle a estimé que l'offre de vente formulée un 23 août comportait implicitement un délai raisonnable d'acceptation et que ce délai était expiré le 17 septembre, date à laquelle le destinataire avait accepté l'offre ; la cour d'appel a ainsi constaté qu'il n'y avait jamais eu accord de volonté, l'offre ayant été retirée le 12 septembre (Cass. com. 6-2-1973 n° 72-10.140 : Bull. civ. IV n° 65, rendu sous l'empire des textes antérieurs à l'ordonnance 2016-131 du 10-2-2016 mais transposable au régime actuel).

RÉTRACTATION DE L'OFFRE FAITE PAR VOIE ÉLECTRONIQUE

12250 Lorsque l'offre est faite par voie électronique autrement que par courrier électronique, l'offrant, s'il propose les droits sociaux à titre professionnel, reste engagé par son **offre** tant qu'elle est **accessible** par voie électronique de son fait, sans préjudice des conditions de validité mentionnées dans l'offre (C. civ. art. 1127-1, al. 2). En conséquence, une offre électronique émise expressément pour une durée limitée engage son auteur au-delà de cette durée si ce dernier ne l'a pas retirée de son site ou, dans le cas où elle figure sur un site dont il n'a pas la maîtrise technique, s'il n'en a pas demandé le retrait au gestionnaire du site.

RÉTRACTATION DE L'OFFRE DE REPRISE D'UNE SOCIÉTÉ EN PROCÉDURE COLLECTIVE

12260 Celui qui propose de reprendre une société en sauvegarde, en redressement ou en liquidation judiciaire ne peut plus, une fois qu'il a transmis son offre à l'administrateur ou au liquidateur judiciaire, ni la **retirer** ni la **modifier** sauf dans un sens plus favorable aux objectifs que doit poursuivre le plan (dans l'ordre, maintien d'activités susceptibles d'exploitation autonome, de tout ou partie des emplois qui y sont attachés et apurement du passif ; C. com. art. L 642-2, V). Il reste lié par son offre jusqu'à la décision du tribunal arrêtant le plan (art. précité). Celui dont l'offre a été retenue par le tribunal demeure lié en cas d'appel de la décision arrêtant le plan (même art.).

2. CADUCITÉ DE L'OFFRE DE VENTE OU D'ACHAT

CAUSES DE CADUCITÉ DE L'OFFRE DE VENTE OU D'ACHAT

12270 **Expiration du délai de validité de l'offre** L'offre de vente ou d'achat est caduque à l'expiration du délai fixé par son auteur ou, à défaut, à l'issue d'un délai raisonnable (C. civ. art. 1117, al. 1). Il s'en suit que si l'acceptation est reçue le lendemain du jour où expirait l'offre, elle est sans effet (Cass. 1e civ. 6-1-2021 n° 19-21.071 F-D : RJDA 8-9/21 n° 543).
Sur l'appréciation du délai raisonnable, voir n° 12165.

12275 **Refus de l'offre par le destinataire** L'offre de vente ou d'achat qui a été refusée est caduque. Le destinataire ne peut plus accepter une offre qu'il a précédemment rejetée, même si son repentir se manifeste dans le délai de l'offre, ou dans un délai raisonnable après l'émission de celle-ci. Ainsi en a-t-il été jugé à propos de l'exercice d'un droit légal de rétractation (n° 12420) et la solution est à notre avis transposable.

12280 **Décès ou incapacité de l'offrant** L'**offre non acceptée** est caduque en cas de décès ou d'incapacité de son auteur (C. civ. art. 1117, al. 2). L'article 1117, al. 2 du Code civil ne distingue pas selon que l'offre est **assortie ou non d'un délai.** Ainsi, bien que toute offre – non expressément limitée dans le temps – doive être considérée comme assortie d'un délai raisonnable (C. civ. art. 1116), l'offre ne saurait être maintenue pendant un délai raisonnable dans le cas du décès ou de l'incapacité de l'auteur, d'autant que, dans ce dernier cas, l'inefficacité de l'offre tient à ce que l'offrant n'est plus apte à s'engager.

Le décès de l'offrant **après l'acceptation de l'offre** est sans incidence, la vente étant conclue par l'effet de l'acceptation (Cass. 3e civ. 27-11-1990 n° 89-14.033 P : RJDA 1/91 n° 14, rendu sous l'empire du droit antérieur à l'ordonnance 2016-131 du 10-2-2016 mais transposable au régime actuel).

En revanche, la question peut se poser de la validité de la vente lorsque l'offre est acceptée avant que l'incapacité de l'offrant soit reconnue. En effet, pour que l'acte soit valable, il faut que l'offrant soit sain d'esprit (C. civ. art. 414-1) ; il appartiendra à celui qui veut contester l'acte de prouver que l'offrant était déjà incapable au jour de l'acceptation de l'offre.

> **Précisions** Avant le 1er octobre 2016 (n° 12010), le décès de l'offrant ne rendait pas caduque l'offre assortie d'un délai déterminé, l'offre étant alors transmise aux héritiers du défunt (Cass. 3e civ. 9-11-1983 n° 82-12.996 P : Bull. civ. III n° 222 ; Cass. 3e civ. 10-12-1997 n° 95-16.461 P : RJDA 4/98 n° 402). En revanche, l'offre à durée indéterminée devenait caduque au décès de l'offrant (Cass. 1re civ. 25-6-2014 n° 13-16.529 FS-PBI : RJDA 10/14 n° 754).

Décès du destinataire L'offre de vente ou d'achat est caduque en cas de décès de son destinataire (C. civ. art. 1117, al. 2). Si cette disposition n'est entrée en vigueur que le 1er octobre 2018 pour les actes accomplis à compter de cette date (Loi 2018-287 art. 16, I), la solution prévalait auparavant. En effet, la Cour de cassation a admis la caducité de l'offre en cas de décès du destinataire survenant **avant l'acceptation** : elle a estimé que, dans cette hypothèse, aucune créance mobilière ni aucun droit susceptible, comme dans l'hypothèse d'une promesse unilatérale de vente, d'être transféré aux ayants droit du défunt n'est entré dans le patrimoine de ce dernier (Cass. 1e civ. 5-11-2008 n° 07-16.505 F-D : Petites affiches 2009 n° 47 p. 8 note Loir, en déduisant que l'ayant droit qui a accepté l'offre après le décès n'a pas commis un recel successoral). 12295

Si le destinataire a **accepté** l'offre avant de mourir, son décès ne remet pas en cause la cession.

EFFETS DE LA CADUCITÉ DE L'OFFRE DE VENTE OU D'ACHAT

L'**offre** de vente ou d'achat devenue caduque est **éteinte** (cf. C. civ. art. 1187, en vertu duquel la caducité met fin au contrat). Elle n'a plus d'effet pour l'avenir, à compter de la date de survenance de la cause de caducité. 12305

En dehors de l'offre par voie électronique (n° 12250), l'offrant n'est pas tenu de retirer l'offre caduque pour cesser d'être lié par celle-ci. Mais il peut le faire **sans** avoir à adresser préalablement une **mise en demeure** au destinataire d'accepter l'offre (Cass. 3e civ. 5-5-1976 n° 74-14.978 P : Bull. civ. III n° 191). S'il s'agit d'une offre de vente, il n'est pas tenu de lui notifier la cession à un tiers, une telle offre ne conférant à son destinataire aucun droit général de préférence (Cass. 3e civ. 20-5-1992 n° 90-17.647 P : RJDA 11/92 n° 998). Dans cette dernière affaire, le propriétaire d'un appartement avait fait connaître à un autre son intention de vendre à un prix déterminé cet appartement, en lui donnant la priorité et en lui demandant si l'offre l'intéressait, faute de quoi il commencerait une publicité dans les journaux. Huit mois plus tard, le destinataire de l'offre avait répondu positivement alors que l'appartement avait été vendu à un tiers. Jugé qu'au moment de cette acceptation l'offre était devenue caduque. En effet, il résultait des termes de l'offre que la volonté du propriétaire était de réaliser à bref délai son projet de vente, au besoin en recherchant d'autres acquéreurs ; le destinataire ne lui avait fourni aucune réponse dans un délai raisonnable et n'avait pas davantage réagi à une lettre du propriétaire réitérant l'offre mais à un prix plus élevé ; contrairement à ce que soutenait le destinataire de l'offre, cette dernière ne lui conférait aucun droit général de préférence, de sorte que le propriétaire n'était pas tenu de lui adresser préalablement une notification de la vente à un tiers.

L'**acceptation d'une offre caduque** est sans effet et n'emporte pas la formation du contrat (notamment Cass. 3e civ. 20-5-1992 n° 90-17.647 P : RJDA 11/92 n° 998 ; Cass. 3e civ. 7-5-2008 n° 07-11.690 FS-PB : RJDA 2/09 n° 83 et la jurisprudence citée n° 12165). 12306

SECTION 2

ACCEPTATION DE L'OFFRE DE VENTE OU D'ACHAT

A. Caractéristiques de l'acceptation de l'offre de vente ou d'achat

VOLONTÉ DE S'ENGAGER DE L'ACCEPTANT DE L'OFFRE

12315 L'acceptation est la manifestation de volonté de son auteur d'**être lié** dans les termes de l'offre (C. civ. art. 1118). Cette définition correspond à celle dégagée par la jurisprudence avant l'ordonnance 2016-131 du 10 février 2016 ; les décisions rapportées ci-dessous sont transposables au régime actuel.

Il résulte de cette définition que l'acceptant doit exprimer la volonté de s'engager dans l'opération proposée. Les tribunaux distinguent ainsi l'acceptation au sens strict du terme du simple fait de **prendre acte de l'offre,** cette prise d'acte intervenant parfois sous le vocable d'« acceptation ».

ILLUSTRATIONS

Le fait pour le destinataire d'une offre de vente de signer celle-ci et d'y apposer la mention « vu et pris connaissance » ne traduit pas le consentement du destinataire de l'accepter (Cass. 3e civ. 19-10-2011 n° 10-30.655 FS-D : RJDA 3/12 n° 276).

Dans un cas où le propriétaire d'un immeuble avait reçu pour celui-ci une offre d'achat et avait indiqué le même jour et sur le même document qu'il « acceptait cette offre d'acquérir », jugé que la vente n'était pas conclue, faute d'engagement du propriétaire à vendre dans le délai prévu (Cass. 3e civ. 4-12-2007 n° 06-18.574 F-D : RJDA 6/08 n° 621).

L'**acceptation** d'une offre d'achat, qu'elle soit formulée directement par le vendeur ou par son mandataire, doit être **claire et délibérée** (Cass. 3e civ. 17-1-2019 n° 17-26.162 F-D : RJDA 3/19 n° 161). Tel n'est pas le cas lorsque l'auteur d'une offre d'achat, ici immobilière, reçoit du mandataire de la société cédante un courrier électronique retraçant l'historique de leurs échanges et par lequel il révèle, de sa propre initiative, l'existence d'une acceptation verbale et qu'un accord écrit du service juridique de la société est nécessaire (même arrêt).

CONFORMITÉ DE L'ACCEPTATION AUX TERMES DE L'OFFRE

12320 La cession ne peut se former que si le destinataire accepte l'offre de vente ou d'achat dans les termes où elle lui a été faite (C. civ. art. 1118, al. 1) et, comme indiqué plus haut, si cette offre est ferme et suffisamment précise. L'acceptation non conforme de l'offre n'emporte pas conclusion de la cession (art. 1118, al. 3).

L'**acceptation** de l'offre doit donc être **pure et simple** (Cass. 3e civ. 16-9-2003 n° 02-13.508 F-D : RJDA 1/04 n° 29) et ne comporter ni modifications ni restrictions (Cass. civ. 3-2-1919 : DP 1923 I p. 126) ou **réserves** (Cass. 1e civ. 12-2-1962 : Bull. civ. I n° 94). La cession n'est pas conclue en cas d'acceptation au prix proposé mais hors frais alors que l'offre d'achat incluait les frais de cession (Cass. 3e civ. 28-6-2006 n° 05-12.412 FS-D : RJDA 12/06 n° 1251), ou lorsque l'acquéreur n'a donné qu'un accord conditionnel au projet de compromis signé du vendeur seul et qu'il n'est pas établi que ce dernier ait consenti à subordonner la vente à la réalisation de la condition insérée dans l'acte par l'acquéreur (Cass. 1e civ. 12-2-1962 précité).

Il importe peu que les réserves portent sur un élément accessoire de la cession, telles les modalités de paiement du prix, et que les parties se soient entendues sur la chose et sur le prix. Faute d'accord sur un élément de l'offre, la cession n'est pas conclue.

À l'inverse, elle l'est si le destinataire de l'offre se réserve seulement la possibilité d'invoquer une disposition de droit commun, telle la garantie d'éviction.

12325 **ILLUSTRATIONS**

Dans un cas où le propriétaire d'un bien avait offert de le vendre moyennant un prix déterminé payable après accomplissement de diverses formalités et où le destinataire de cette offre l'avait acceptée en précisant qu'en raison d'une action en annulation pendante entre le propriétaire et son propre vendeur, le prix ne serait payé qu'après la solution du procès, cette acceptation, qui n'était pas contraire à l'offre, a rendu la vente parfaite. En effet, l'acheteur pouvait, compte tenu de la **menace d'éviction,** surseoir au paiement en vertu de l'article 1653 du Code civil et, dans le silence de l'offre sur le risque d'éviction, le propriétaire n'avait pas entendu stipuler que le paiement devrait avoir lieu nonobstant ce risque.

Cass. 1e civ. 21-1-1958 : Bull. civ. I n° 50.

Il n'y a pas formation d'un contrat de vente, faute de rencontre des consentements, dès lors qu'en réponse à l'offre du propriétaire d'un bien de le lui vendre à un **prix** déterminé **payable comptant,** le destinataire a répondu qu'il acceptait d'acheter au prix proposé avec **facilités de paiement.** **12325** (suite)

Cass. 1e civ. 19-2-1958 : Bull. civ. I n° 108.

La réponse à une offre comporte une réserve qui la rend équivoque dès lors que le bénéficiaire a précisé qu'il désirait que soit compris dans le prix offert le **coût des commissions dues à l'intermédiaire.** Par suite, le bénéficiaire de l'offre n'a pas accepté celle-ci valablement.

Cass. 1e civ. 26-3-1962 n° 57-11.729 : Bull. civ. I n° 179.

Dans un cas où des époux avaient acquis les parts sociales d'une SARL en règlement judiciaire moyennant la somme symbolique d'un franc et la prise en charge du passif de la société, les acquéreurs ne peuvent pas prétendre obtenir l'annulation pour indétermination du prix et de l'objet et absence d'accord sur le principe même de la cession dès lors qu'il résulte des éléments suivants que l'**accord des parties** s'était réalisé sur la chose et le prix et sur des modalités de paiement déterminées, et que les acquéreurs avaient commencé à exécuter leurs obligations, renonçant ainsi par des **actes positifs** à invoquer la nullité de l'acte litigieux :

– la convention litigieuse avait été signée par l'un des intéressés avec la mention de sa main : « Bon pour acquisition totale et conjointe des parts sociales » ;

– l'assemblée générale des associés, à laquelle l'un des acquéreurs était présent et à laquelle le projet de cession avait été présenté, avait décidé à l'unanimité des associés, représentant par conséquent la totalité des parts sociales, de ratifier cette cession ;

– le prix en avait été fixé à la somme symbolique d'un franc et à celle représentant le passif de la société, soit 1 181 024 francs (environ 18 000 €), fixée « ne varietur » par l'état des créances déposé au greffe du tribunal et qui devait être acquittée selon concordat devant être homologué par ledit tribunal par paiement à 100 % aux créanciers privilégiés en trois ans et chirographaires en sept ans ;

– l'acquéreur présent avait signé le procès-verbal de séance et il avait immédiatement acquis avec l'autorisation du juge-commissaire une fraction des titres auprès de certains associés ;

– l'acquéreur avait signifié ces cessions à la société cédée et au syndic de son règlement judiciaire et il était devenu gérant de la société après avoir acquis le solde des parts.

Cass. com. 11-2-1992 n° 89-14.596 P : RJDA 5/92 n° 466.

Le télex comportant les mentions suivantes : « Nous vous prions de noter par la présente notre accord d'acheter les 300 actions que détient M. X... dans la société Y... pour un prix de 460 000 F » ne s'analyse pas en une proposition d'achat mais en un **accord,** non soumis à une quelconque condition, **pour l'achat** d'actions déterminées à un prix fixé. Par suite, les cédants sont fondés à réclamer au cessionnaire qui refuse de respecter son engagement d'achat la réparation du préjudice résultant de la perte qu'ils ont subie en vendant ensuite les actions à un prix inférieur à celui stipulé.

CA Paris 28-2-1992, 25e ch. B.

La formation du contrat suppose une rencontre de volontés des cocontractants manifestée par l'acceptation d'une offre sans réserve. Les actionnaires d'une société anonyme n'ont pas consenti à la cession d'une partie de leurs actions dès lors qu'ils ont demandé au candidat acquéreur de modifier le projet d'acte qu'il leur a adressé sur des **éléments** (suppression de la formule « dans la mesure du possible » dans la clause sur la recapitalisation de la société, prise en compte de l'ancienneté des cédants pour le calcul de l'indemnité de licenciement et suppression de l'exclusion de l'indemnité valant rémunération de la clause de non-concurrence en cas de licenciement pour faute grave ou lourde) qui n'étaient certes pas essentiels – puisqu'il ne s'agissait pas de la chose et du prix – mais qui, si **accessoires** soient-ils, étaient importants pour eux : en effet, ces éléments leur garantissaient que la répartition du capital serait maintenue pendant trois ans au moins et qu'en cas de rupture du contrat de travail qui leur était consenti, une indemnité substantielle compenserait la perte de leur emploi et l'obligation mise à leur charge de ne pas concurrencer la société.

Par suite, le contrat ne s'étant pas formé, le candidat acquéreur ne peut pas utilement reprocher aux actionnaires d'avoir refusé de l'exécuter.

CA Versailles 9-10-1998 n° 96-4182, 3e ch. : RJDA 3/99 n° 271.

Une convention n'est formée entre les parties qu'à la condition que soit constatée l'existence d'un accord parfait des volontés sur l'ensemble des éléments déterminants de cette convention. Tel n'est pas le cas d'un projet portant à la fois sur une cession de parts de SARL et sur la conclusion d'un contrat de travail au bénéfice du cédant, pour les raisons suivantes :

– le contrat de cession et le contrat de travail avaient été établis sous forme de **projets** à une date à laquelle ils étaient **destinés à être amendés** en fonction de l'état d'avancement des pourparlers alors en cours entre les parties ;

– une clause du projet prévoyait que la cession des parts aurait lieu sous **réserve** qu'à la date de sa réalisation, le cédant remette à l'acquéreur le contrat de travail dûment signé de sorte que les

deux contrats étaient dépendants l'un de l'autre, l'absence de signature du premier faisant obstacle à la conclusion du second ;
– un **désaccord** sur les termes du contrat de travail étant survenu entre les parties, il avait été mis fin aux pourparlers sans qu'aucun accord dûment établi ne soit intervenu sur l'ensemble des éléments de la négociation et sans que le **prix de la cession** des parts ne soit définitivement arrêté, le prix initialement fixé à 800 000 F (près de 122 000 €) étant susceptible d'être revalorisé en fonction des résultats d'une nouvelle analyse de la situation financière de la SARL décidée à l'initiative de l'acquéreur.
En conséquence, la demande du cédant tendant à voir condamner l'acquéreur à exécuter les termes du projet et à payer le prix des parts sociales doit être rejetée.
CA Versailles 18-3-2004 n° 03-2369, 12e ch. 2e sect. : RJDA 12/04 n° 1332.

Après la mise en liquidation judiciaire d'une société anonyme, le liquidateur judiciaire avait demandé aux actionnaires de s'acquitter du solde du capital qui n'avait été libéré que de la moitié lors de la souscription. Le président du conseil d'administration avait alors invoqué la nullité de l'**achat d'actions** qu'il avait effectué **afin d'être nommé président du conseil d'administration** en soutenant, d'une part, que, engagé comme salarié, il avait été nommé président du conseil d'administration un mois plus tard sous la contrainte de l'actionnaire majoritaire et, d'autre part, que le tribunal de commerce qui avait jugé sa nomination de président purement fictive ne pouvait pas le condamner à libérer le solde de ses actions dont la prétendue cession faisait partie intégrante de manœuvres consistant à le placer à la tête de la société sans pouvoir réel de décision.
Jugé au contraire que la cession d'actions n'était pas nulle et elle a condamné le président du conseil d'administration à payer sa part de capital non libérée pour les raisons suivantes : le fait que l'intéressé ne disposait d'aucun pouvoir de direction demeurait étranger au contrat de cession d'actions par lequel il était devenu actionnaire, même sans en avoir payé le prix ; il ne justifiait d'aucune manœuvre dolosive de l'actionnaire majoritaire ni même de la contrainte qu'il alléguait et il ne démontrait pas avoir accepté d'être porteur de titres par surprise ; en acceptant d'acquérir des actions, il avait manifesté son **intention de devenir actionnaire** et donc de participer aux bénéfices et aux pertes.
CA Paris 4-1-2005 n° 04-1068, 3e ch. A : RJDA 2/06 n° 163.

Dans un cas où, dans un courrier envoyé en septembre, le locataire-gérant d'un fonds de commerce de restauration **avait fait part** au propriétaire du fonds **de sa « décision d'acquérir »** celui-ci vers la fin du mois d'octobre, **en lui demandant de faire une offre si cette proposition l'intéressait** et où, par retour de courrier, le propriétaire avait, d'une part, proposé la vente du fonds pour un prix déterminé devant être réglé au plus tard le jour de la signature de l'acte de vente et, d'autre part, rappelé que les clefs devaient lui être remises au plus tard le 31 décembre, date d'échéance du contrat de location-gérance, si la vente n'intervenait pas entre-temps, le locataire, qui n'avait pas répondu à cette offre, ne pouvait pas prétendre que celle-ci valait acceptation de son offre d'achat, de sorte que la vente était parfaite dès lors que, en l'absence de réponse du locataire-gérant à l'offre de vente du propriétaire du fonds, l'accord des parties sur le prix n'avait pas été formalisé. En effet, il ne pouvait pas être déduit de l'offre d'achat pour un montant indéterminé que celle-ci était valable à n'importe quel prix et aucun élément ne permettait de constater que le locataire avait accepté le prix proposé par le propriétaire. En outre, le locataire-gérant n'avait pas formellement accepté l'offre du propriétaire pendant son délai de validité, clairement exprimé comme expirant le 31 décembre, si bien que l'offre de vente était devenue caduque.
CA Paris 25-10-2006 n° 05-13556, 16e ch. A : RJDA 3/07 n° 241.

La vente n'est pas parfaite dès lors que le **conditionnel employé** par le cédant, **dans** sa **réponse à l'offre** d'achat qu'il a reçue, démontre que son accord était réservé et que certains aspects du contrat, considérés comme essentiels par l'offrant, n'ont pas fait l'objet d'un accord du cédant, ce dont il résulte que les échanges entre les parties n'ont jamais dépassé le stade des pourparlers.
Cass. 3e civ. 16-11-2017 n° 15-12.268 F-D.

ÉMISSION D'UNE CONTRE-PROPOSITION

12330 L'acceptation non conforme à l'offre peut constituer une **nouvelle offre** (C. civ. art. 1118, al. 3) que l'« acceptant » adresse à l'offrant initial. Pour qu'il en soit ainsi la contre-proposition doit répondre aux critères de fermeté et de précision exposés nos 12120 s. Souvent, seul un aspect de l'offre initiale est remis en cause (montant du prix ou modalités de sa détermination, nature et étendue des garanties à fournir, conditions du maintien du cédant au sein de la société...).
Les positions d'offrant ou d'acceptant se trouvent ainsi inversées et les intéressés entrent dans une phase de pourparlers ou poursuivent ceux engagés auparavant. Tant que les contre-propositions ne sont pas acceptées purement et simplement, la cession n'est pas formée.

B. Délai de l'acceptation de l'offre de vente ou d'achat

DÉLAI DE VALIDITÉ DE L'OFFRE DE VENTE OU D'ACHAT

L'acceptation de l'offre de vente ou d'achat n'est susceptible d'emporter la formation de la cession que si elle intervient avant que l'offre ne devienne caduque et donc notamment avant l'expiration du délai pour lequel l'offre a été consentie (n°s 12270 s.). **12340**

DÉLAI DE RÉFLEXION DU DESTINATAIRE DE L'OFFRE

L'offre peut prévoir un délai **avant l'expiration duquel** le destinataire de l'offre ne peut **pas** manifester son **acceptation** (C. civ. art. 1122). Ce dispositif a pour but d'éviter une acceptation précipitée susceptible d'être ensuite contestée par le destinataire. Ce dernier ne pourra pas prétendre avoir été surpris par l'offre, ce qui présente un avantage pour l'offrant. **12345**

Dès avant l'ordonnance précitée, rien n'interdisait à l'auteur de l'offre de l'assortir d'un délai de réflexion.

C. Forme de l'acceptation de l'offre de vente ou d'achat

LIBRE MANIFESTATION DE L'ACCEPTATION DE L'OFFRE

L'acceptation de l'offre de vente ou d'achat n'est soumise à aucune forme déterminée (Cass. 3e civ. 27-11-1990 n° 89-14.033 P : RJDA 1/91 n° 14), sauf **mention contraire** de l'offre elle-même. Il suffit qu'elle exprime la volonté de la partie qui accepte de contracter (C. civ. art. 1118, al. 1). **12350**

› Précisions a. Un tempérament doit être apporté à ce principe pour les **contrats sous forme électronique** lorsque l'offre émane d'une personne agissant à titre professionnel : pour que le contrat soit valablement conclu, le destinataire de l'offre doit avoir eu la possibilité de vérifier le détail de sa commande et son prix total et de corriger les éventuelles erreurs avant de confirmer celle-ci pour exprimer son acceptation ; par ailleurs, l'auteur de l'offre doit accuser réception par voie électronique de la commande (C. civ. art. 1127-2, al. 1 et 2). Ces dispositions ne s'appliquent toutefois pas aux contrats conclus exclusivement par échange de courrier électronique (art. 1127-3, al. 1). Quel que soit le type de contrat, la commande, la confirmation de l'acceptation de l'offre et l'accusé de réception sont considérés comme reçus lorsque la partie à laquelle ils sont adressés peut y avoir accès (C. civ. art. 1127-2, al. 3). Entre professionnels, il peut être dérogé à l'ensemble des dispositions de l'article 1127-2 du Code civil (C. civ. art. 1127-3, al. 2).

b. Sur la distinction entre l'**acceptation et** le simple fait de **prendre acte de l'offre,** voir n° 12315.

c. L'acceptation par courriel d'une offre d'achat doit émaner de celui ayant le **pouvoir d'accepter** (CA Paris 17-9-2013 n° 12/05435 : n° 12435).

ACCEPTATION EXPRESSE DE L'OFFRE

Constitue une manifestation expresse toute extériorisation de la volonté qui n'a pas besoin d'être interprétée pour que l'on considère qu'il y a eu acceptation de l'offre de vente ou d'achat. **12360**

L'acceptation peut résulter d'une déclaration non équivoque de son auteur (C. civ. art. 1113, al. 2). Elle peut ainsi prendre la forme d'un **écrit** : apposition d'une formule d'acceptation sur le document comportant l'offre, rédaction d'un contrat, échange de lettres, de messages électroniques exprimant la volonté de leur auteur (pour une illustration en matière d'échange de courriers, voir CA Paris 17-9-2004 : n° 12065).

L'acceptation peut aussi être **verbale** ou résulter d'un geste dépourvu de toute ambiguïté. La preuve de l'acceptation peut être alors plus difficile à établir en cas de contestation.

ACCEPTATION TACITE DE L'OFFRE

L'acceptation de l'offre de vente ou d'achat peut être tacite, ou implicite, et résulter d'un comportement **non équivoque** de son auteur (C. civ. art. 1113, al. 2), telle l'**exécution du contrat,** objet de l'offre. Le Code civil n'assimile expressément exécution et acceptation que pour le mandat (C. civ. art. 1985, al. 2), mais les tribunaux étendent la solution à tous les contrats. Ainsi l'exécution de la cession « en connaissance de cause » constitue-t-elle une acceptation (Cass. 1e civ. 25-6-1991 n° 90-11-485 : Bull. civ. I n° 205 ; CA Paris 11-3-1999 n° 1996-13860, 5e ch. B : RJDA 7/99 n° 754 et, sur **12370** pourvoi, Cass. com. 9-4-2002 n° 99-15.315 F-D), peu important l'absence de signature d'un contrat (Cass. com. 25-6-1991 n° 90-11.230 P : RJDA 10/91 n° 787).

ILLUSTRATIONS

Dans un cas où une personne avait adressé à une autre personne une offre d'achat de son immeuble en y joignant un chèque de 80 000 F à titre « d'indemnité d'immobilisation » et où elle avait retiré son offre quinze jours après, viole l'ex-article 1101 du Code civil la cour d'appel qui, pour condamner l'offrant à payer 80 000 F en contrepartie de l'immobilisation du bien, a retenu que le chèque avait été accepté par le propriétaire qui le produisait aux débats et que celui-ci avait aussi accepté comme telle la proposition, qui s'analysait en une offre d'achat, alors que la **réception d'un chèque** ne pouvait pas valoir, à elle seule, acceptation de l'offre (Cass. 3e civ. 3-2-1993 n° 91-11.995 D : RJDA 5/93 n° 376).
Selon les circonstances, l'existence d'une cession de droits sociaux peut être déduite de l'**ordre de virement** qui la matérialise (CA Paris 24-9-2004 n° 03-2406 : n° 71060) ou au contraire écartée nonobstant un tel ordre (Cass. com. 22-1-1985 : n° 12435).

SILENCE DU DESTINATAIRE DE L'OFFRE

12380 La volonté de s'engager suppose à tout le moins un comportement non équivoque (C. civ. art. 1113, al. 2 ; notamment Cass. 25-5-1870 : D. 1870 I p. 257 ; Cass. 1e civ. 16-4-1996 n° 94-16.528 P : RJDA 7/96 n° 873). Le silence est souvent trop ambigu pour que l'on puisse en déduire une volonté réelle et certaine du destinataire de l'offre de conclure la cession. La liberté contractuelle suppose par ailleurs qu'une personne est libre de répondre ou de ne pas répondre lorsqu'elle reçoit une offre de contracter.
Le silence ne vaut donc pas acceptation, à moins qu'il n'en résulte autrement de la loi, des usages, des relations d'affaires ou de circonstances particulières (C. civ. art. 1120 ; Cass. 1e civ. 24-5-2005 n° 02-15.188 F-PB : Bull. civ. I n° 223 ; Cass. com. 18-1-2011 n° 09-69.831 F-PB . RJDA 5/11 n° 377 ; Cass. com. 3-4-2012 n° 10-24.641 F-D : RJDA 8-9/12 n° 796).
A été considéré comme constituant une acceptation « silencieuse » le fait d'avoir exécuté le contrat prévu (Cass. 1e civ. 4-6-2009 n° 08-14.481 FS-PB : RJDA 12/09 n° 1032).

OFFRE ASSIMILANT L'ABSENCE DE REFUS À UNE ACCEPTATION

12382 S'agissant de l'efficacité de la clause prévoyant que l'offre est considérée comme acceptée si le destinataire ne la refuse pas expressément dans un certain délai (et donc s'il garde le silence), la jurisprudence paraît partagée. Ainsi, dans un cas où une partie s'était obligée à manifester expressément son désaccord dans un délai de quinze jours si le prix proposé ne lui convenait pas, il a été jugé que le silence gardé par elle pendant ce délai après avoir reçu la proposition chiffrée de l'autre partie valait acceptation du prix et que la vente était parfaite (Cass. 1e civ. 12-1-1988 n° 86-12.849 P : Bull. civ. I n° 8 à propos de la vente d'un manège forain). Jugé en revanche, dans un cas où, à la suite de négociations, une personne avait versé des fonds pour acheter des titres d'une société et avait demandé à percevoir un intérêt conventionnel sur ces fonds en attendant la réalisation de l'opération, qu'aucune convention définitive n'était intervenue et que les fonds devaient être restitués à l'intéressé : il ne pouvait pas être utilement soutenu que celui-ci avait implicitement accepté l'offre de cession en gardant le silence au-delà du délai de quinze jours qui lui avait été imparti pour refuser ; le silence ne vaut pas nécessairement acceptation ; si, par la suite, l'intéressé avait donné son accord, il l'a assorti de la condition expresse du paiement des intérêts, condition qui n'avait jamais été acceptée (Cass. com. 6-4-1965 n° 60-11.728 P : Bull. civ. III n° 264). La différence de solution s'explique, à notre avis, par le fait que, dans la première espèce, c'est le destinataire de l'offre lui-même qui s'était engagé à donner une réponse expresse dans un certain délai tandis que, dans la seconde espèce, ce délai lui était imposé.
En présence d'une telle clause, le destinataire a donc tout intérêt à répondre dans le délai indiqué, le cas échéant négativement, afin d'éviter toute contestation ultérieure.

D. Rétractation de l'acceptation de l'offre de vente ou d'achat

CONDITIONS LÉGALES DE RÉTRACTATION DE L'ACCEPTATION DE L'OFFRE

12400 L'acceptation peut être librement rétractée tant qu'elle n'est pas parvenue à l'offrant et à **condition** que la rétractation parvienne à l'offrant avant l'acceptation (C. civ. art. 1118, al. 2). Ces exigences ne sont pas applicables si l'offre comporte un délai de rétractation au profit du destinataire (n° 12420).
En privilégiant la **théorie de la réception** (n° 12470), l'article 1118, al. 2 du Code civil rend particulièrement difficile la rétractation de l'acceptation. Elle est impossible si l'acceptation a été faire en

présence de l'offrant (ou par téléphone à celui-ci), compte tenu de la simultanéité de l'émission et de la réception de l'acceptation. Elle reste possible en cas d'acceptation donnée par correspondance mais suppose que le mode de communication de la rétractation soit plus rapide que celui utilisé pour la transmission de l'offre et, pour éviter toute contestation, qu'il permette de prouver le moment où la rétractation est parvenue à l'offrant. Par exemple, pour une acceptation adressée par courrier postal, remise en main propre contre émargement de la rétractation.
De ce point de vue, la rétractation de l'acceptation est plus strictement encadrée que ne l'est celle de l'offre. Reste qu'il suffit que la rétractation soit parvenue à l'offrant avant l'acceptation, peu important qu'il ait pris ou non connaissance de l'une ou de l'autre.

Alors que les dispositions légales précisent les **sanctions** de la rétractation prématurée de l'offre, elles sont muettes sur celles d'une **rétractation tardive** de l'acceptation. Ce qui est cohérent puisque la loi donne un effet à la première mais pas à la seconde. 12410
Si elle est conforme aux termes de l'offre, l'acceptation emporte la formation de la cession qui, dès lors, a force obligatoire entre les parties (C. civ. art. 1103). En dehors de l'étroite fenêtre exposée ci-dessus, l'acceptant ne dispose pas d'un droit de repentir, à moins que le contrat ne lui en réserve un. Toutefois, la révocation de la cession d'un commun accord des parties est possible (C. civ. art. 1193). En outre, le contrat peut être annulé si une des conditions de sa validité fait défaut.

DROIT CONVENTIONNEL DE RÉTRACTATION

Le contrat peut prévoir un délai de rétractation, qui est le délai avant l'expiration duquel le bénéficiaire de l'offre peut rétracter son consentement (C. civ. art. 1122). En d'autres termes, le contrat est formé, chaque partie y ayant donné son consentement, mais l'une d'elles est autorisée à se rétracter dans un délai (de quelques jours) et à mettre ainsi un terme au contrat. 12420
Le bénéficiaire de l'offre peut-il se **repentir après** avoir exercé son droit de **rétractation** et accepter à nouveau l'offre valablement ? Statuant à propos du droit de rétractation que confère la loi à l'acquéreur immobilier non professionnel (CCH art. L 271-1), la troisième chambre civile de la Cour de cassation a jugé que l'exercice de ce droit entraîne l'anéantissement du contrat et que l'acquéreur ne peut plus ensuite se repentir de sa décision et accepter à nouveau l'offre qui lui a été faite, même si le délai de rétractation n'est pas encore expiré (Cass. 3e civ. 13-2-2008 n° 06-20.334 FS-PB : RJDA 7/08 n° 789 ; Cass. 3e civ. 13-3-2012 n° 11-12.232 F-PB : RJDA 6/12 n° 581 rendus au double visa de l'art. L 271-1 du CCH et de l'ex-art. 1134 C. civ.). Mais, plus récemment, la première chambre civile de la Haute Juridiction a jugé que la partie qui, faisant usage de la faculté contractuellement stipulée, a exercé son droit de rétractation peut y renoncer en poursuivant l'exécution du contrat et en effectuant des actes d'exécution incompatibles avec cette faculté de rétractation (Cass. 1e civ. 1-7-2020 n° 19-12.855 F-PB : RJDA 11/20 n° 549, rendu également au visa de l'ex-art. 1134 C. civ.). Faut-il considérer qu'il y a une différence de régime selon que le droit de rétractation est légal ou conventionnel ou selon les circonstances d'espèce (l'auteur de l'offre a ou non accepté le repentir de l'acceptant : dans l'affaire de 2020, l'offrant avait commencé à exécuter les travaux prévus au contrat et le rétractant l'avait laissé accéder à ses locaux et avait accepté les travaux sans réserve ; dans les affaires de 2008 et 2012, aucun commencement d'exécution n'était intervenu de part et d'autre) ? Reconnaître au bénéficiaire du droit de rétractation la possibilité de se repentir (même à l'intérieur du délai d'exercice du droit de rétractation) est source d'insécurité juridique pour l'offrant puisque, même après exercice de la rétractation, il ne serait pas libre de céder à un tiers.

CONSEIL

Afin d'éviter les contestations ultérieures, il est important de **préciser** dans l'offre ou dans le contrat, qui comporte un droit de rétractation, les **modalités** précises de sa **mise en œuvre** – durée et modalités de computation du délai de rétractation ; forme de la rétractation (de préférence par écrit, selon un procédé qui garantit l'identité de l'auteur et la date) – et ses **effets** (par exemple, caducité du contrat ; absence de faculté pour le rétractant de revenir sur sa rétractation ; charge des frais déjà engagés ou d'une perte de valeur intercalaire des droits sociaux concernés).

E. Preuve de l'acceptation de l'offre de vente ou d'achat

La preuve de l'acceptation de l'offre de vente ou d'achat n'est pas autre chose que la preuve du contrat. En effet, puisque le contrat est formé par l'acceptation de l'offre, la preuve de son existence se confond avec celle de l'acceptation. 12430

Nous présentons ci-après quelques illustrations d'**objet de la preuve.** Les **modes de preuve** admissibles sont présentés aux n°s 70070 s.

12435 **ILLUSTRATIONS**

Une cour d'appel, qui a retenu que les **termes d'une lettre** échangée au cours de pourparlers de vente entre le propriétaire d'un bien et un acquéreur étaient assez **équivoques** pour rendre plausibles les prétentions des deux parties **quant au montant du prix,** a pu en déduire que, chacune d'elles en ayant retenu un prix différent, la preuve d'un accord sur le prix n'est pas rapportée.

Cass. 1e civ. 28-1-1963 n° 60-10.887 : Bull. civ. I n° 62.

Les actionnaires d'une SA avaient prévu de transférer progressivement l'intégralité de leurs actions à une personne. Cette dernière, après avoir acquis 815 actions, soutenait que la cession du reliquat des actions avait été opérée par un bordereau de transfert signé par l'un des actionnaires à qui elles appartenaient.

C'est par une appréciation souveraine du sens et de la portée des éléments soumis à son examen qu'une cour d'appel a retenu que l'acquéreur ne rapportait pas la preuve de la cession d'actions, antérieure au bordereau de transfert litigieux, dès lors que ce **bordereau ne mentionnait ni** le **nom de la société émettrice ni** le **prix** des actions et qu'il portait, comme titulaire des nouveaux certificats, le **nom de l'acquéreur écrit de sa propre main.**

Par suite, la cour d'appel, qui n'avait pas à rechercher si le prix de la cession dont elle ne retenait pas l'existence était déterminé ou déterminable, qui n'a constaté l'existence des cessions antérieures que sur les affirmations concordantes des parties et qui ne s'est prononcée sur le bordereau de transfert litigieux que pour relever que l'acquéreur ne faisait pas la preuve de la cession alléguée, a légalement justifié sa décision et n'a pas inversé la charge de la preuve.

Cass. com. 22-1-1985 n° 83-14.042 D : Bull. Joly 1985 p. 309.

Le **procès-verbal de l'assemblée générale** d'une SARL (A), qui avait décidé une augmentation du capital et la transformation de la société en SA, faisait état du désir d'un associé de céder l'intégralité de ses parts à un associé. Un associé avait accepté cette proposition et s'était engagé par ailleurs à lui céder les parts qu'il détenait dans une autre SARL (B).

Il a été jugé que le procès-verbal de l'assemblée générale mentionnant la volonté des deux associés de céder des titres ne prouvait pas l'existence d'un contrat entre les parties dès lors que le **prix** de cession des parts de la société B n'était **pas indiqué** et que les **conditions et les modalités de la** double **cession** des titres **restaient à débattre** entre les parties.

Cass. com. 19-5-1987 n° 85-11.481 D : Bull Joly 1987 p. 491 n° 209.

Il y a lieu d'annuler la cession d'actions intervenue entre deux actionnaires d'une SA dès lors que, si la volonté du cédant de vendre ses titres est établie par divers documents versés aux débats (lettres dans lesquelles il déclarait transférer la propriété de certaines de ses actions, lettre de démission de ses fonctions d'administrateur à compter du lendemain de la cession, feuille de présence d'une assemblée générale tenue quelques mois plus tard où l'intéressé avait émargé pour un nombre résiduel de titres), les **lettres portant transfert de** la **propriété** des actions **ne comportent aucun prix** ni aucune indication permettant de le déterminer. En outre, la preuve de l'**existence d'une contrepartie** à la cession n'est **pas établie.** En effet, la rente servie au cédant pendant les dix années suivant la cession avait pour cause la reconnaissance des services rendus par ce dernier depuis la fondation de la société et avait pour débiteur cette dernière et non l'acquéreur. Par ailleurs, l'engagement souscrit par le cédant de restituer à son départ de la société les 50 actions acquises grâce à l'aide financière de l'acquéreur ne saurait être retenu comme la contrepartie à la cession de 164 actions survenue 18 ans plus tard.

CA Paris 21-4-1989 n° 86-13332, 25e ch. B : Bull. Joly 1989 p. 610 n° 221 note Y. Streiff.

A légalement justifié sa décision refusant de constater que le bénéficiaire d'une offre de vente d'actions était propriétaire desdites actions la cour d'appel qui a relevé que l'intéressé n'avait **jamais payé le prix ni retiré les actions** et qu'il n'était produit **aucun acte portant sa signature** ou énonçant son accord pour le transfert des actions ou établissant l'inscription en compte des titres en cause et qui en a déduit que le demandeur ne rapportait en aucune manière la preuve de son acceptation de l'offre.

Cass. com. 15-2-1994 n° 92-10.069 D : RJDA 7/94 n° 810.

Un des deux associés d'une SCI ne peut pas utilement prétendre être devenu l'unique associé par l'effet d'une cession de parts à son profit dès lors que :

– le **document** dont il se prévaut et qui émane de son coassocié ne constitue pas un acte de cession dans la mesure où il **ne comporte ni le prix de cession ni l'indication que la cession doit intervenir à titre gratuit** ;

– ce document constitue une attestation d'intention de céder et s'analyse en un projet de cession qui n'a **pas été suivi d'effets,** analyse corroborée par le procès-verbal d'une assemblée générale qui s'est tenue un an et demi après l'établissement de ce document et qui indique que la société était représentée par ses deux associés.

CA Versailles 26-1-2007 n° 05-7535, 3e ch. : RJDA 8-9/07 n° 827.

Après le décès d'un associé, les deux autres associés, désirant acheter les parts sociales revenant aux enfants mineurs, avaient adressé à la veuve un **projet d'acte de cession** avec la demande d'en transmettre un exemplaire au juge des tutelles afin qu'il donne son agrément à la cession, lequel agrément serait annexé à l'acte de cession. Le juge avait donné son autorisation mais les associés n'avaient pas donné suite au projet. La veuve avait alors demandé l'exécution forcée de la vente. **12435** (suite)

Il y a lieu de faire droit à cette demande dès lors que :

– si l'acte ainsi transmis portait la mention « projet » au tampon encreur sur chaque page et n'était **ni daté ni signé,** il explicitait suffisamment la volonté de ses auteurs d'acheter les 300 parts sociales au prix de 8 570 € ; si tel n'avait pas été le cas, le projet portant ce prix n'aurait pas été envoyé ;

– le juge des tutelles avait autorisé la vente à ce prix ; le fait que l'acte de cession ait dû normalement être signé ultérieurement entre les associés et la veuve ne retirait rien au fait qu'il y a eu au jour de la signature de l'ordonnance du juge un **accord des parties sur la chose et sur le prix.**

CA Montpellier 15-9-2009 n° 08/04251, 2e ch. et, sur pourvoi, Cass. com. 1-2-2011 n° 09-17.235 F-D. : Navis Droit des affaires.

Dans un cas où une cession de parts sociales n'avait pas donné lieu à l'établissement d'un écrit signé par les parties et notifié à la société, l'un des associés avait invoqué les procès-verbaux de plusieurs assemblées tenues après la cession ainsi que certains documents déposés au greffe du tribunal (déclaration de conformité et statuts modifiés) postérieurement pour prouver la cession. Il soutenait que, le cédant ayant signé ces différents documents, il ne pouvait plus contester la nouvelle répartition du capital en application du principe selon lequel « nul ne peut se contredire au détriment d'autrui ».

A légalement justifié sa décision une cour d'appel qui, pour juger que la preuve de la réalité de la cession n'était pas rapportée et que le cédant était recevable à contester la répartition du capital social telle qu'elle résultait des **documents produits,** a constaté, après avoir retenu qu'entre les parties la cession de parts sociales est parfaite dès l'accord des volontés, que des **incohérences** existaient, **sur le nombre de parts attribuées à chaque associé,** entre les procès-verbaux de deux assemblées générales tenues après la cession contestée, la déclaration de conformité et les statuts modifiés déposés au greffe du tribunal.

Cass. com. 2-11-2011 n° 10-24.624 F-D.

Un actionnaire avait reçu mandat des autres actionnaires pour trouver un acquéreur de l'intégralité du capital de la société. Le mandataire et son frère, également actionnaire, étaient entrés en contact avec un candidat à l'acquisition mais le mandataire avait cédé les actions à une autre personne. Le candidat évincé avait alors soutenu avoir adressé par courriel daté de la veille de la vente une **offre ferme d'achat** au mandataire qui l'avait **acceptée par courriel** du même jour, ce qui avait emporté formation de la vente à son profit, de sorte que l'acte de cession signé avec un tiers le lendemain lui était inopposable. De son côté, le mandataire faisait valoir que la vente avait été conclue avec le tiers un mois auparavant.

Il y a lieu de rejeter la demande du candidat évincé. La preuve de l'acceptation d'une offre de cession, fait juridique, peut se faire par tout moyen et le demandeur produisait l'impression d'un courriel d'acceptation de l'offre qui **provenait de l'adresse électronique du mandataire et de l'adresse IP de l'ordinateur de celui-ci.** Mais il résultait des circonstances suivantes que l'**envoi de ce courriel** n'était **pas le fait du mandataire,** seul détenteur du pouvoir de conclure la cession des actions :

– le candidat évincé avait correspondu par courriel avec le frère du mandataire qui lui avait indiqué le préférer à tout autre acquéreur mais avait précisé qu'il ne lui appartenait pas de décider ;

– le frère du mandataire avait transmis au candidat évincé, le jour de son offre et avant qu'il n'émette celle-ci, une copie du projet de cession établi au profit du tiers sur la base du prix demandé par les cédants, ce qui démontrait que l'offre d'achat de celui-ci était antérieure à celle du candidat évincé ;

– une banque attestait avoir reçu dès la fin du mois précédant l'offre du candidat évincé une demande de prêt du tiers pour financer l'achat des actions au prix demandé par les cédants ;

– au début du même mois, le mandataire avait demandé à ses coactionnaires de lui fournir les procurations et leur avait indiqué avoir privilégié l'acquéreur qui seul avait fait une offre au prix demandé dès le départ.

La signature par le mandataire de l'acte de cession au profit du tiers était donc inconciliable avec l'envoi par celui-ci, la veille, d'un courriel acceptant l'offre du demandeur et il y a lieu de considérer que l'envoi de ce courriel n'était pas le fait du mandataire.

Le candidat évincé ne peut en conséquence pas se prévaloir d'une cession parfaite des actions à son profit. Il est ainsi sans droit ni intérêt à contester la validité et l'opposabilité de la cession intervenue au profit du tiers.

CA Paris 17-9-2013 n° 12/05435 : RJDA 2/14 n° 119.

F. Effets de l'acceptation de l'offre de vente ou d'achat

RENCONTRE DES CONSENTEMENTS DES PARTIES À LA CESSION

12440 **Conclusion de la cession** L'acceptation de l'offre, dans la mesure où l'une comme l'autre ont été émises dans les conditions exposées ci-dessus, rend la cession parfaite (C. civ. art. 1113). La cession est conclue même si le prix n'a pas été payé ou si les droits sociaux n'ont pas été transférés en possession de l'acquéreur (C. civ. art. 1583). Une éventuelle diminution de la valeur des droits sociaux entre l'émission de l'offre et celle de l'acceptation est sans influence à moins, bien sûr, que les parties n'en aient conventionnellement réglé les conséquences.

ILLUSTRATIONS

Dans un cas où une personne avait acquis 80 % des parts d'une SARL et avait pris l'engagement irrévocable d'acheter le surplus dans un délai de cinq ans pour un prix fixé à l'avance et où cet engagement avait été accepté par le cédant, il a été jugé que la vente était parfaite et que les acquéreurs devaient s'exécuter, même si la SARL avait été entre-temps mise en redressement judiciaire, compte tenu des éléments suivants : la volonté des parties était de transférer l'affaire dans son entier et l'artifice imaginé d'une vente en deux temps ne pouvait avoir d'autre explication que la volonté d'éviter de lourds droits de mutation attachés à la vente totale d'un fonds de commerce, le délai de cinq ans étant justifié par le fait que c'est le délai nécessaire pour que la vente du solde des actions n'entraîne pas l'exigibilité des droits de mutation en cause (CA Versailles 13-9-1990 n° 89-4451, 13e ch. : Rev. sociétés 1990 p. 645 note Y. Guyon).

Toutefois, il a été jugé que la **poursuite des négociations** par les parties **après la signature d'un acte de cession** peut traduire une absence de consentement à la cession (Cass. com. 10-10-2018 n° 17-12.527 F-D : RJDA 1/19 n° 7). Dans cette affaire, une société avait confié à une filiale à 100 % l'exploitation d'une centrale photovoltaïque réalisée sur la toiture d'un immeuble, toiture prise ensuite en location par une autre société. La société locataire avait adressé deux ans plus tard à la société mère un projet d'acte par lequel cette dernière lui cédait 50 % du capital de la filiale. La société mère avait signé le projet, mais un litige était survenu entre la société mère et la locataire sur la nature de cet acte : la première soutenait qu'il s'agissait d'une simple offre de cession qui était devenue caduque faute d'avoir été acceptée par la locataire ; cette dernière faisait valoir que l'acte valait vente en l'absence d'indication de toute condition suspensive ou réserve, car il mentionnait les droits sociaux visés et leur prix. La Cour de cassation a estimé qu'une cour d'appel, appréciant souverainement la commune intention des parties, avait pu déduire des circonstances suivantes l'absence de consentement réel des parties à l'acte de cession et prononcer la nullité de ce contrat : si les sociétés avaient régularisé un acte de cession prévoyant l'achat, par la seconde, de la moitié des parts détenues par la première dans le capital de la filiale, elles étaient néanmoins restées en pourparlers après cette date ; dans le cadre des négociations en cours, les parties avaient fait part de leurs exigences après la signature de l'acte litigieux, la société locataire subordonnant notamment son acceptation à l'intervention de sa propre filiale dans l'opération et à la mise en place de prêts bancaires par la filiale de la société cédante ; les parties avaient prévu d'autres éléments essentiels subordonnant leur accord à la cession, tels que la conclusion d'une garantie de passif par la société cédante au bénéfice de la société acquéreuse, la mise en place d'une contre-garantie par la société cédante, le vote d'une délibération du conseil d'administration de cette dernière et la réalisation d'un nouvel audit ; plus de trois mois après la signature de l'acte, le conseil de la société acquéreuse avait transmis par courriel à l'ensemble des parties un « projet de promesse de cessions d'actions » et un « projet de pacte d'associés ».

12445 **Force obligatoire de la cession** Une fois la cession conclue, aucune des parties ne peut déclarer **retirer** son **offre** ou son acceptation (Cass. com. 9-4-1991 n° 89-21.517 D : RJDA 7/91 n° 558 ; Cass. 3e civ. 8-6-2010 n° 09-66.495 FD : RDC 2011 p. 25 obs. E. Savaux), à moins qu'elle ne bénéficie d'une faculté contractuelle de rétractation (n° 12420), ou la **modifier** unilatéralement. Ainsi, l'offrant ne peut pas utilement faire valoir qu'il se réservait d'agréer son cocontractant dès lors que son offre ne comportait aucune restriction (Cass. 3e civ. 1-7-1998 n° 96-20.605 PB : RJDA 11/98 n° 1198). Si une **partie refuse d'exécuter ses engagements,** l'autre partie peut notamment l'y contraindre en justice ou demander la résolution judiciaire de la cession et l'octroi de dommages-intérêts.

> **Précisions** Dans une affaire où elle était saisie d'une demande en résolution d'une cession de droits sociaux aux torts d'une partie, la cour d'appel de Paris s'est contentée de **constater la rupture du contrat** (CA Paris 17-6-2009 n° 08-2214, 16e ch. A : RJDA 12/09 n° 1040). En l'espèce, des époux, actionnaires avec leurs enfants de trois sociétés (ayant pour activité le

gardiennage et le nettoyage de locaux), avaient conclu un contrat de cession de l'ensemble de leurs actions avec deux repreneurs en décembre 2005 : la cession était soumise à huit conditions suspensives (dont l'obtention par les acquéreurs d'un prêt et d'une autorisation administrative d'exercice pour la société de gardiennage) ; le prix était composé d'un prix de base ajustable et d'un complément de prix ; l'un des cédants s'engageait à accompagner les repreneurs pendant deux ans pour leur transmettre sa connaissance des sociétés et pour les faire bénéficier de ses relations commerciales dans le cadre d'un contrat d'apporteur d'affaires qui restait à négocier. Des désaccords étaient apparus entre les parties notamment sur l'ajustement du prix de base, l'autorisation administrative et les commissions prévues par le contrat d'apporteur d'affaires. En février 2006, au cours de la dernière discussion intervenue entre les parties, l'un des repreneurs avait quitté la réunion. Les cédants avaient alors informé celui-ci par courrier qu'ils constataient l'impossibilité de parvenir à la mise au point des accords et lui rendaient toute liberté quant aux engagements conclus et qu'ils reprenaient eux-mêmes leur liberté. Le repreneur avait, également par lettre, pris acte en précisant que l'acquisition, qui supposait l'accompagnement de l'un des cédants, n'était plus réalisable compte tenu des propos échangés lors de la réunion. De son côté, l'autre repreneur indiquait par courrier vouloir poursuivre l'acquisition avec un nouveau partenaire financier. Les cédants avaient alors répondu ne pas vouloir donner suite, le remplacement du partenaire financier modifiant complètement l'optique de la reprise. Il y a lieu, a jugé la cour d'appel, non pas de prononcer la résolution judiciaire de la cession aux torts des cédants, mais seulement de constater la rupture réciproquement intervenue sans faute de l'une ou l'autre partie dès lors que :

– la plupart des difficultés invoquées par les parties avaient été résolues dans le délai prorogé de la réalisation de l'acquisition ; seul le montant des commissions d'apporteur était contesté mais la discussion restait ouverte sur ce point ; jusqu'à l'ultime réunion, chacune des parties entendait donc poursuivre le contrat et il n'existait pas jusque-là de faute particulière ou de mauvaise foi de l'une ou l'autre des parties dans l'exécution du contrat ni d'impossibilité de mener à bien la cession qui aient été susceptibles d'expliquer la rupture des relations et la non-réalisation de la cession ;

– il résultait du courrier adressé par les cédants au repreneur qui avait quitté la réunion que la dynamique de leur association n'existait plus et de la lettre de réponse dudit repreneur que la rupture provenait d'une perte mutuelle de confiance générée par des discussions estimées infondées de part et d'autre ; cette perte de confiance réciproque concernait aussi les relations entre les cédants et le second repreneur si on se réfère aux courriers échangés et empêchait la poursuite du contrat à l'égard de ce repreneur ; en effet, la cession avait été conclue en considération de l'expérience du repreneur qui s'était retiré et sa poursuite supposait la recherche d'un nouveau partenaire que les cédants n'étaient pas tenus d'accepter ; la rupture occasionnée par cette perte de confiance mutuelle et l'impossibilité de poursuivre les relations sans la présence de toutes les parties étaient déjà consommées.

Accord des parties pour modifier la cession ou y renoncer Les parties peuvent néanmoins, d'un **commun accord,** renoncer à la cession ou modifier les modalités qu'elles avaient préalablement arrêtées (C. civ. art. 1193 ; nos 79431 s.). Dans ce cas, les parties ont intérêt, pour éviter toute contestation ultérieure, à constater par écrit cette renonciation ou cette modification et à indiquer que l'acte précédemment établi ou les modalités initialement convenues sont nuls et non avenus. 12447

ILLUSTRATIONS

Dans un cas où les parties à une cession de la totalité des parts d'une SARL avaient conclu deux **actes successifs,** le premier prévoyant un prix de vente de 650 000 F et le paiement par l'acquéreur d'un acompte de 65 000 F, tandis que le second prévoyait la cession de l'ensemble des parts pour 50 000 F et l'engagement de l'acquéreur à garantir le passif de la société jusqu'à concurrence de 585 000 F, il a été jugé que le second acte, régulièrement enregistré, qui ne modifiait pas l'économie de l'opération – le montant du passif existant, garanti à titre personnel par l'acquéreur, ajouté à l'acompte de 65 000 F, correspondait exactement au prix initialement retenu de 650 000 F –, traduisait le dernier état de la volonté des parties. En effet, il est de principe que le contrat se forme par le seul échange des consentements et les parties peuvent, en vertu du libre consensualisme qui prévaut en matière contractuelle, modifier à tout moment des engagements arrêtés précédemment entre elles.

CA Versailles 16-6-1994 n° 93-2821, 12e ch. : RTD com. 1994 p. 728 obs. C. Champaud et D. Danet.

Deux personnes avaient conclu une promesse synallagmatique de cession d'actions portant sur la quasi-totalité des titres d'une société en trois cessions successives. Des difficultés naquirent entre les parties et l'acquéreur refusa d'exécuter son engagement. Condamné au paiement du prix en exécution de la promesse de cession, l'acquéreur avait soutenu que la volonté concordante des parties de renégocier impliquait nécessairement révocation d'un commun accord de la convention initiale. Son argument a été rejeté car les pourparlers engagés par les parties n'avaient pas abouti et aucune convention nouvelle, remplaçant ou modifiant la promesse initiale, n'avait été conclue entre les parties.

Cass. com. 31-1-1989 n° 87-18.780 D.

Pour un cas où les parties avaient conclu, pour les mêmes droits sociaux, deux promesses de vente successives comportant des modes différents de détermination du prix, voir Cass. com. 23-9-2008 n° 07-16.330 F-D : n° 37085.

MOMENT ET LIEU DE LA CONCLUSION DE LA CESSION

12460 **Intérêt pratique** La **date** de formation de la cession marque, sauf clause contraire, le point de départ de ses effets, notamment le moment à partir duquel la propriété est transférée – du moins lorsque la cession porte sur des parts sociales (n° 75000) – et le prix devient exigible. C'est aussi à cette date que sont appréciées, en cas de contestation, les conditions de validité du contrat, notamment l'absence de vice du consentement et la capacité des parties à contracter.

Sur la date de formation de la cession lorsque la détermination du prix est confiée à un tiers, voir n° 37470.

La détermination du **lieu** de conclusion de la cession a perdu beaucoup de son intérêt pratique : en effet, avant la réforme du Code de procédure civile opérée en 1975, la compétence territoriale des tribunaux appelés à statuer en matière contractuelle dépendait du lieu de formation du contrat, mais, aujourd'hui, l'article 46 du Code de procédure civile ne s'y réfère plus.

12470 **Problématique** Lorsqu'une cession est formée par la rencontre instantanée des volontés des parties qui sont en présence physiquement l'une de l'autre (ou par l'intermédiaire de leur représentant), on parle de « **contrat entre personnes présentes** ». Dans cette hypothèse, la détermination du moment et du lieu de la formation de la cession ne pose pas de problème. La cession est conclue au lieu et date de la rencontre définitive des volontés.

La situation est différente et une difficulté apparaît lorsque l'offrant et l'acceptant ne sont pas au même lieu au moment de l'acceptation et que leurs manifestations de volontés sont séparées par un certain délai. L'expression et la rencontre des volontés cessent de coïncider. On parle alors de « **contrat par correspondance** » ou de « contrat **entre absents** » puisque l'acceptation est exprimée en l'absence de l'offrant. La question de la date et du moment de la formation dans cette hypothèse a suscité beaucoup de controverses doctrinales et deux grandes conceptions permettant de rechercher l'événement qui traduit la concordance des volontés ont été développées :

– d'une part, la **théorie de l'émission** en vertu de laquelle la cession est conclue au moment et à l'endroit où le destinataire de l'offre donne son acceptation, par exemple par courrier ;

– d'autre part, la théorie **de la réception** selon laquelle la cession n'est conclue que lorsque chacune des parties à la cession a connu la volonté de l'autre ou, du moins, a été en mesure de la connaître : la cession est supposée conclue dès que la lettre d'acceptation est parvenue à l'offrant.

Cette distinction a perdu de son intérêt depuis la réforme du droit des contrats issue de l'ordonnance 2016-231 du 10 février 2016, celle-ci ayant surtout privilégié la réception de l'offre ou de l'acceptation pour déterminer la date butoir pour une éventuelle rétractation (n°s 12150 et 12400) et pour fixer la date de la rencontre des consentements.

12480 **Primauté de la théorie de la réception** Le contrat est conclu dès que l'acceptation parvient à l'offrant ; il est réputé l'être au lieu où l'acceptation est parvenue (C. civ. art. 1121).

Ce texte fait primer la date de réception de l'acceptation (théorie dite de la réception) sur celle de son émission parfois retenue avant la réforme issue de l'ordonnance 2016-131 du 10 février 2016.

ILLUSTRATIONS

Le propriétaire d'un immeuble avait reçu une offre d'achat de celui-ci. En réponse il avait adressé à l'acquéreur potentiel une contre-offre de vente valable jusqu'au 9 janvier 2015. À l'issue de négociations entre les parties ce même jour le candidat acquéreur avait accepté la contre-offre par courriel envoyé à 22 h 00 mais celle-ci n'avait été reçue que le 10 janvier à 5 h. Le propriétaire de l'immeuble avait considéré l'acceptation comme ayant été reçue tardivement et avait refusé de vendre. La Cour de cassation a approuvé ce raisonnement : le courriel d'acceptation ayant été reçu par le propriétaire de l'immeuble le lendemain du jour de l'expiration de l'offre, devenue caduque, cette acceptation ne pouvait produire aucun effet (Cass. 1e civ. 6-1-2021 n° 19-20.071 F-D : RJDA 8-9/21 n° 543).

CHAPITRE 3

PROMESSE DE CESSION

SOMMAIRE

INTÉRÊTS DE LA PROMESSE DE CESSION

Il arrive fréquemment que la réalisation définitive de la cession de parts sociales ou d'actions soit précédée d'un **avant-contrat** prenant la forme d'une promesse de vente ou d'achat. 14000

Les raisons qui président à ce choix sont nombreuses et variées.

La complexité croissante des contrats de vente, notamment ceux portant sur des parts sociales ou des actions, peut inciter les cocontractants à prévoir l'écoulement d'un certain temps avant la conclusion du contrat définitif, afin par exemple d'accomplir certaines démarches.

Ainsi, l'acquéreur peut avoir intérêt à retarder la conclusion définitive de la cession pendant le temps nécessaire :

– à la **réalisation** préalable **d'un audit** comptable ou technique de la société ou d'une étude complémentaire de la situation juridique et fiscale de la société ;

– à l'**obtention d'agréments** ou d'autorisations diverses pour l'exercice de l'activité ;

– à la **recherche de capitaux.**

La promesse assure aussi une certaine sécurité juridique à son bénéficiaire pendant l'écoulement de ce temps.

L'acquéreur de parts sociales ou d'actions peut aussi utiliser la promesse d'achat en vue d'**étaler la cession** sur une période plus ou moins longue et d'acquérir ainsi les parts sociales ou les actions par 14001 tranches successives pour un prix convenu majoré d'un taux d'intérêts annuels en promettant d'acheter, dans un délai déterminé et pour un prix convenu, le reliquat des parts du cédant. Outre le fait que le **financement** de l'opération, échelonné dans le temps, s'en trouve facilité, ce procédé permet, le cas échéant, de compenser le **solde du prix** qui sera dû au cédant avec les sommes dont ce dernier pourrait être débiteur au titre d'une garantie de passif.

14002 La promesse peut aussi être conçue par les parties en dehors de toute perspective déterminée d'acheter ou de vendre des titres. Elle peut ainsi constituer un **élément d'un ensemble** contractuel. Notamment, la promesse est fréquemment utilisée dans les pactes d'actionnaires ou dans les opérations de portage de titres en vue d'assurer leur dénouement.

SECTION 1 DÉFINITION ET VARIÉTÉ

A. Définition et autonomie de la promesse de cession

DÉFINITION DE LA PROMESSE DE CESSION

14020 Constitue une promesse de vente (ou d'achat) toute convention, quelle que soit la terminologie employée, par laquelle une partie, le **promettant,** s'engage à l'égard d'une autre partie, le **bénéficiaire,** à lui vendre (ou à lui acheter) des parts ou actions, pendant un délai déterminé ou indéterminé.

À notre avis, doit être considérée comme une promesse la **clause** dite « **buy or sell** » utilisée quelquefois dans les sociétés dont le capital est partagé également entre deux associés et aux termes de laquelle un associé s'engage à l'égard de l'autre, à réception d'une proposition de vente de sa part, soit à lui acheter ses parts, soit à lui vendre les siennes au prix proposé.

De même, doit à notre avis être considéré comme une promesse de cession l'engagement parfois qualifié de **promesse d'égalité** : les statuts de la société ou un pacte d'actionnaires prévoient qu'en cas d'acquisition de parts sociales ou d'actions par un associé, l'acquéreur devra rétrocéder une partie de ses parts pour assurer l'égalité entre les associés.

En revanche, l'acte par lequel une personne s'engage à procurer des parts sociales ou des actions à une autre constitue, non pas une promesse de vente, mais une **convention de « porte-fort »** (sur la distinction entre la promesse d'achat ou de vente et le porte-fort, voir n° 29552).

Sur les **cessions signées en blanc,** voir n° 30013.

DISTINCTION ENTRE PROMESSE UNILATÉRALE ET OFFRE DE CESSION

14025 La promesse unilatérale de vente se distingue de l'offre de vente en ce que, qu'elle ait été ou non acceptée par son bénéficiaire, elle laisse à celui-ci le choix d'acheter ou non en levant ou pas l'option. Au contraire, l'offre de vente, une fois acceptée par son destinataire, vaut vente. L'offre de vente faite à un acquéreur sans lui réserver un droit d'option ne saurait être qualifiée de promesse unilatérale de vente.

ILLUSTRATIONS

Ne constitue pas une promesse unilatérale de vente l'acte intitulé « **offre unilatérale de vente** » par lequel le propriétaire d'un immeuble s'est s'engagé à le vendre par préférence à son locataire pour un prix déterminé, l'offre étant valable trois ans. En signant cet acte, en y portant la mention « vu et pris connaissance », le locataire n'a pas accepté cette offre (Cass. 3e civ. 19-10-2011 n° 10-30.655 FS-D : RJDA 3/12 n° 276).

Dans un cas où une personne avait acquis en indivision avec une autre un immeuble dont le prix avait été payé à l'aide d'un prêt et où elle avait signé un acte intitulé « **compromis de vente** » par lequel elle s'engageait à céder ses droits indivis à son coïndivisaire, à charge pour celui-ci de rembourser seul le prêt, cassation de l'arrêt ayant retenu que l'acte unilatéral s'analysait en une promesse unilatérale de vente alors que l'acte, qui prévoyait, en contrepartie de l'engagement pris par l'un des indivisaires de vendre, l'obligation pour l'autre indivisaire d'acquérir en payant seul la totalité du prêt souscrit pour l'acquisition de l'immeuble, ne conférait pas de droit d'option au profit de son destinataire (Cass. 3e civ. 5-12-2007 n° 06-20.009 FS-D : RJDA 5/08 n° 502).

PROMESSE SYNALLAGMATIQUE OU UNILATÉRALE DE CESSION

14030 Constitue une **promesse unilatérale** le contrat par lequel une partie, le promettant, accorde à l'autre, le bénéficiaire, le droit d'opter pour la conclusion d'un contrat dont les éléments essentiels

sont déterminés, et pour la formation duquel ne manque que le consentement du bénéficiaire (C. civ. art. 1124, al. 1).
La promesse de vente de parts sociales ou d'actions est unilatérale lorsque seul le propriétaire des titres – qualifié de promettant – s'engage à vendre, le candidat acquéreur – qualifié de bénéficiaire – ayant une option discrétionnaire lui permettant de conclure ou non le contrat définitif dont les éléments essentiels (la chose et le prix) sont prédéfinis. La promesse unilatérale d'achat est un mécanisme strictement inverse de celui de la promesse unilatérale de vente. Le candidat acquéreur – qualifié de promettant – s'engage à acheter des parts sociales ou des actions lorsque leur propriétaire – qualifié de bénéficiaire – décidera de les vendre en levant l'option.
Il résulte de l'article 1106, al. 1 du Code civil que la **promesse** est **synallagmatique** lorsque chacune des parties s'engage envers l'autre. Elles peuvent promettre réciproquement l'une d'acheter, l'autre de vendre mais les parties ne doivent pas avoir convenu de droit d'option. L'engagement réciproque de l'une des parties à la promesse de vendre (ou d'acheter) de l'autre peut être tout autre qu'une promesse d'acheter (ou de vendre). Par exemple, il a été jugé qu'est synallagmatique une promesse de vente insérée dans une transaction et dont la contrepartie est l'abandon par le bénéficiaire de la promesse d'une action en justice (Cass. ass. plén. 24-2-2006 n° 04-20.525 P : RJDA 10/06 n° 1003).

L'essentiel des décisions de justice ayant déterminé si une promesse doit être tenue pour unilatérale ou synallagmatique a été rendu pour l'application de l'ancien article 1840 A du Code général des impôts, repris à l'article 1589-2 du Code civil, applicable notamment aux ventes immobilières ou de fonds de commerce. Cet article prévoit que la **promesse unilatérale de vente afférente à un immeuble,** à un droit immobilier, à un droit à un bail portant sur tout ou partie d'un immeuble ou à un fonds de commerce est **nulle, si** elle n'est **pas** constatée par un acte authentique ou par un acte sous signature privée **enregistré** dans le délai de dix jours à compter de la date de son acceptation par le bénéficiaire. 14031
Les cessions de parts sociales ou d'actions ne sont pas soumises à un tel formalisme, à l'exception des cessions de titres de sociétés qui ont pour unique objet la construction, l'acquisition, la gestion ou la location d'immeubles, visées à l'article 1655 ter du CGI, et de celles conférant à leurs possesseurs le droit à la jouissance d'immeubles ou de fractions d'immeubles, visées à l'article 728 du CGI (C. civ. art. 1589-2), étant rappelé que les cessions de ces titres ne sont pas examinées dans les présents développements.
La très grande majorité de ces décisions est de peu d'intérêt s'agissant des cessions de parts et d'actions de sociétés commerciales puisque ce texte ne s'applique pas et qu'aucun enjeu ne conduit à distinguer entre une promesse unilatérale et une promesse synallagmatique en cette matière. Nous avons néanmoins retenu certaines décisions rendues pour l'application de ce texte dans la mesure où elles apportent un éclairage intéressant à la qualification des promesses.

Ce qui importe concernant les cessions de **parts et d'actions de sociétés commerciales** est de déterminer si la promesse vaut vente ou ne vaut pas vente. 14032

PROMESSE DE CESSION VALANT VENTE OU NE VALANT PAS VENTE

Définition Aux termes de l'article 1589, al. 1 du Code civil, la promesse de vente vaut vente, lorsqu'il y a consentement réciproque des deux parties sur la chose et sur le prix. En outre, en application de l'article 1583 du même Code, on sait que la vente est parfaite en cas d'accord sur ces deux éléments essentiels. 14040
La promesse de vente qui ne contient pas, **en contrepartie** de l'engagement de vendre à la charge du promettant, un **engagement corrélatif** d'acheter à la charge du bénéficiaire ne peut pas constituer une promesse synallagmatique de vente au sens de l'article 1589 du Code civil (Cass. com. 8-11-1972 n° 71-12.459 : Bull. civ. IV n° 280 ; Cass. com. 25-4-1989 n° 87-17.281 : Bull. civ. IV n° 136). De même, ne vaut pas vente l'acte qui comporte une promesse de vente et un bail consenti par le promettant au bénéficiaire, dès lors que ce dernier ne s'est pas engagé à lever l'option et qu'il n'est pas contraint à ce choix (Cass. 3e civ. 31-1-2001 n° 184 FS-D : RJDA 5/01 n° 569).

La promesse réciproque ne valant pas vente existe-t-elle ? Lorsqu'une partie s'engage à vendre tandis que l'autre s'engage à acheter un bien déterminé à un prix déterminé, peut-il ne pas y avoir vente ? En d'autres termes, quelle est l'**autonomie** de la promesse synallagmatique **au regard de la vente** ? Les parties à une promesse synallagmatique disposent-elles d'un droit d'option leur permettant de conclure ou non le contrat définitif ? 14045

À la lecture des articles 1583 et 1589 du Code civil, on serait tenté de conclure à l'**absence d'autonomie de la promesse synallagmatique.** Certains auteurs réduisent la promesse synallagmatique à trois figures : une vente conditionnelle, une vente à terme ou un simple projet ; ils estiment que la promesse ne constitue qu'un projet lorsque c'est la formation de la vente qui dépend d'un événe- 14046 ment futur, surtout si la survenance de l'événement dépend du bon vouloir des parties. En effet, « comme on ne peut pas en même temps s'obliger et ne pas s'obliger, seul un événement ne dépendant pas des parties peut constituer une condition, car lui seul est incertain » (Ph. Malaurie, L. Aynès et P.-Y. Gautier, Les contrats spéciaux : Éd. Defrénois 11e éd. nos 117 à 127).

D'autres auteurs au contraire estiment que la **promesse synallagmatique** peut être **autonome** de la vente (Lamy Droit du contrat sous la direction de B. Fages, juin 2022, n° 268). Notamment, elle se distingue du contrat définitif si la conclusion de ce dernier nécessite, outre l'accord des volontés, l'accomplissement d'une certaine formalité telle que l'exigence d'une réitération des consentements par acte notarié (F. Terré, Ph. Simler, Y. Lequette et F. Chénedé, Les obligations : Précis Dalloz 12e éd. n° 259).

Cette autonomie de la promesse synallagmatique trouve sa justification dans la liberté contractuelle, étant en outre précisé que la règle selon laquelle la promesse de vente vaut vente lorsqu'il y a accord des parties sur la chose et sur le prix (C. civ. art. 1589) n'a qu'un caractère supplétif (Cass. 3e civ. 10-5-2005 n° 568 F-D : RJDA 10/05 n° 1087).

14050 **Enjeux de la distinction** La **promesse** synallagmatique **valant vente** engage les parties à vendre et acheter les parts sociales ou les actions ; chacune peut en poursuivre l'exécution forcée et faire constater judiciairement la vente ; à défaut, elle doit être résolue.

La promesse emporte notamment transfert de la propriété et des risques et paiement du prix.

Ainsi, la donation d'un terrain qui a été consentie en méconnaissance d'une promesse synallagmatique de vente conclue sans délai de régularisation et sans condition suspensive doit être annulée (Cass. 3e civ. 30-1-2020 n° 18-25.381 FS-PBI : RJDA 5/20 n° 267).

C'est à la date de la promesse valant vente :

– qu'il convient de se placer pour déterminer si les deux parties ont la capacité et le pouvoir d'acheter ou de vendre (n° 14281) ;

– que le droit de mutation est exigible (nos 14870 s.) ;

– qu'intervient l'imposition de la plus-value (nos 14945 s.).

Rien n'empêche les parties d'assortir la promesse valant vente d'une **condition suspensive.** L'existence d'une telle condition ne retarde pas la formation du contrat de vente. L'exécution de celui-ci se trouve simplement suspendue à la réalisation de la condition. En conséquence, lors de la conclusion de la promesse, aucune des parties n'est d'ores et déjà engagée à exécuter le contrat de vente placé sous la condition et aucune d'elles ne peut exiger de l'autre l'exécution de ce contrat tant que la condition n'est pas réalisée (C. civ. art. 1304-6).

Les **clauses et conditions** de la cession prévues par la promesse ne peuvent pas être **modifiées** unilatéralement par une partie (C. civ. art. 1193).

ILLUSTRATIONS

Lorsque la promesse valant vente prévoit que l'acquéreur doit rembourser au vendeur les acomptes de TVA que ce dernier a reversés au Trésor public, encourt la cassation l'arrêt d'une cour d'appel qui a refusé de condamner l'acheteur à rembourser ces acomptes au vendeur au seul motif que la promesse avait été réitérée par acte authentique sans que la mention de prise en charge de la TVA figure dans l'acte, alors qu'il n'avait pas relevé que le vendeur avait, en accord avec l'acheteur, renoncé à l'exécution de cette clause de la promesse (Cass. com. 23-2-1999 n° 442 D : RJDA 5/99 n° 505).

Dans le même sens, jugé que le bénéficiaire d'une promesse peut refuser de conclure un acte authentique qui n'est pas conforme aux termes de la promesse s'il n'a pas consenti à la modification imposée par son cocontractant (Cass. 3e civ. 27-6-2019 n° 18-18.310 F-D : RJDA 10/19 n° 608).

De même, dans un cas où des cédants d'actions avaient garanti l'exhaustivité de la liste des contrats clients de la société dans un protocole de cession mais pas dans l'acte de cession définitif, jugé que cette garantie était applicable car elle s'était ajoutée à celle prévue dans l'acte de cession (CA Paris 2-6-2020 n° 17/18974 : RJDA 10/20 n° 500).

Lorsque la promesse prévoit que la vente doit être **réitérée par acte authentique** dans un délai déterminé, l'expiration du délai n'entraîne pas la caducité de la promesse, sauf clause contraire (notamment, Cass. 3e civ. 30-11-2017 n° 16-25.107 F-D : RJDA 3/18 n° 219 ; Cass. com. 27-6-2018 n° 17-16.529 F-D : RJDA 11/18 n° 813), et chaque partie peut poursuivre l'exécution forcée de la vente une fois le délai expiré (cf. Cass. 3e civ. 15-12-2004 n° 1459 FS-D : RJDA 5/05 n° 519).

14051 La **promesse** synallagmatique **ne valant pas vente** permet de retarder, non pas le transfert de propriété, mais la formation de la vente à une date ultérieure ; si les parties renoncent en définitive à l'opération, nul besoin de résoudre une vente qui n'a pas eu lieu. Chacune d'elles peut demander l'exécution de la vente en levant l'option.

B. Qualification de la promesse de cession

14100 Pour **déterminer si une promesse réciproque vaut vente ou ne vaut pas vente,** les tribunaux recherchent s'il peut être déduit des clauses du contrat qu'existe ou non un accord de volonté des parties de vendre pour l'une et d'acheter pour l'autre auquel cas la promesse vaut ou ne vaut pas vente.

ACCEPTATION DE LA PROMESSE DE CESSION

14110 Il résulte d'une jurisprudence constante que l'acceptation de la promesse par le bénéficiaire n'est pas de nature à rendre la promesse synallagmatique. Ainsi jugé que l'**apposition sur une promesse de vente de la signature de son bénéficiaire** n'est pas de nature, en l'absence d'engagement d'achat de sa part, à conférer à cette promesse un caractère synallagmatique (Cass. com. 11-6-1979 n° 78-10.704 : JCP G 1979 IV p. 275).

Il convient néanmoins de souligner que le bénéficiaire doit veiller à bien accepter seulement la promesse. L'emploi du terme « acceptation » est parfois interprété comme une manifestation du consentement du bénéficiaire à la cession.

ILLUSTRATIONS

Constitue une promesse synallagmatique de cession d'actions valant cession un acte qui contient une clause par laquelle une société promet de céder des actions à une autre **société qui accepte cette promesse** et qui précise à la fois l'**objet** de la promesse, le **prix** stipulé, les **modalités et échéances** de son paiement, lesquelles ont d'ailleurs été respectées.

Un tel acte fait ainsi ressortir qu'en contrepartie de l'engagement de vendre pris par une des sociétés, l'autre contracte un engagement corrélatif d'acheter.

Cass. com. 22-10-1991 n° 90-10.798 P : RJF 12/91 n° 1608.

Ndlr : Quelle qu'elle soit, une promesse n'est valable que si son objet et le prix sont déterminés. Par ailleurs, les parties à la promesse peuvent librement fixer les modalités de la cession à intervenir. En l'espèce, où était en cause l'application de l'article 726 du CGI qui soumet « les cessions de droits sociaux » à un droit d'enregistrement, les juges du fond avaient relevé que la société qui se prétendait simple bénéficiaire d'une promesse de cession avait exécuté ses obligations en payant le prix selon les modalités prévues.

L'acte par lequel une société promet d'acquérir des titres auprès d'une autre société qui l'accepte constate une promesse unilatérale d'achat et non une cession. Il contient **acceptation formelle des termes de la promesse** mais pas engagement de la part de son bénéficiaire.

CA Paris 14-6-2001 n° 00-6191 : RJF 6/02 n° 719.

ENGAGEMENTS RÉCIPROQUES DES PARTIES À LA PROMESSE DE CESSION

14115 Il ne peut y avoir promesse de vente valant vente que si l'engagement des parties est réciproque : l'une doit s'engager à vendre, l'autre à acheter un bien déterminé à un prix déterminé (Cass. 3e civ. 26-3-2008 n° 06-21.308 F-D : RJDA 10/08 n° 1000). La promesse ne vaut pas vente si elle réserve à l'une des parties un droit d'option.

Pour caractériser le caractère réciproque de l'engagement des parties, un courant jurisprudentiel se rattache à la notion de déséquilibre manifeste de l'engagement des parties examinant si les deux parties ont pris l'engagement l'une de vendre et l'autre d'acheter (n° 14125).

ILLUSTRATIONS 14125

Si la commune intention des parties à une convention relative à la cession de parts sociales ne résulte pas à l'évidence du sens littéral des termes employés, il s'induit nécessairement de l'interprétation des différentes clauses les unes par rapport aux autres que cette convention constitue une **promesse unilatérale** de vente pour les raisons suivantes :

– la convention stipulait que le **bénéficiaire** était en **droit de demander** que les parts lui soient cédées pendant une certaine période et qu'il pouvait en devenir propriétaire avant la fin de cette période ;

– la convention était assortie de trois **conditions suspensives** déclarées **facultatives** uniquement **pour le bénéficiaire** ;

– la convention précisait que le **bénéficiaire** était **seul en droit de refuser l'achat** des parts si les conditions n'étaient pas remplies et il s'était réservé la faculté de renoncer à la réalisation de l'achat moyennant le versement d'une certaine somme ;

– l'affirmation du bénéficiaire selon laquelle les parts sociales auraient fait l'objet d'une vente ferme qu'il ne s'agissait que de régulariser ultérieurement par la passation d'un acte authentique était dénuée de toute vraisemblance et ne pouvait pas prévaloir contre le droit que possède le tribunal de restituer aux conventions leur véritable qualification.

T. com. de la Seine 28-12-1949, 3e ch. : Rev. sociétés 1950 p. 430.

Dans un cas où, par acte sous signature privée, une personne, qualifiée de « vendeur », avait déclaré vendre à une autre, qualifiée d'« **acquéreur** », sous la condition suspensive que ce dernier **confirme dans un délai d'un mois son intention définitive d'acheter,** viole l'article 1103 du

14125 (suite) Code civil (devenu l'article 1106, al. 2) la cour d'appel qui a décidé que cette convention ne pouvait pas s'analyser en une promesse unilatérale de vente alors que la condition à laquelle la vente était soumise impliquait que le vendeur était seul engagé.

Cass. 3e civ. 21-11-1984 n° 83-13.919 : Bull. civ. III n° 198.

Dans un cas où une promesse de cession d'un fonds de commerce prévoyait que le **promettant s'engageait à céder** le fonds à un prix déterminé payé au comptant et à réaliser la vente par acte authentique lors de la prise de possession prévue le 1er janvier 1986, le **bénéficiaire devant verser, à titre de « dépôt d'arrhes », une certaine somme,** viole l'article 1103 du Code civil (devenu l'article 1106, al. 2) la cour d'appel qui avait retenu que cette convention entrait dans le champ d'application de l'article 1589 du Code civil et se confondait avec une vente produisant immédiatement ses effets alors que la promesse de vente qui ne contenait pas, en contrepartie de l'engagement de vendre, un engagement corrélatif d'acheter à la charge du bénéficiaire, nécessaire pour constituer une promesse synallagmatique, ne pouvait pas être considérée comme une telle promesse.

Cass. com. 25-4-1989 n° 87-17.281 : Bull. civ. IV n° 136.

Lorsque, dans un acte sous signature privée, le **propriétaire** d'un immeuble **consent** à un tiers une « **option sur les biens à vendre** », il s'agit d'une promesse unilatérale de vente – et non d'une vente – même si les parties se sont accordées sur la chose et sur le prix, ainsi que sur le choix du notaire chargé de recevoir l'acte, dès lors que cet accord ne pouvait prendre effet que dans la mesure où le bénéficiaire déciderait de lever l'option.

CA Versailles 24-5-1991 n° 89-8146.

Ne constitue pas une promesse unilatérale de vente l'acte intitulé « compromis de vente » qui prévoit, en contrepartie de l'engagement de vendre pris par le propriétaire d'un bien, l'obligation pour l'autre partie d'acquérir en payant seule la totalité du prêt souscrit pour l'achat du bien dès lors qu'il ne confère pas de **droit d'option** au profit de cette dernière.

Cass. 3e civ. 5-12-2007 n° 06-20.009 FS-D : RJDA 5/08 n° 502.

Par acte sous signature privée, le locataire d'un bien s'était engagé à l'acheter et il avait versé la moitié du prix ; un autre acte sous signature privée signé du bailleur indiquait que, si en cours de bail, ce dernier désirait vendre le bien loué, il s'engageait à donner la priorité d'achat au locataire et que, si la vente ne se réalisait pas, il s'engageait à rembourser la somme encaissée.
En l'**absence d'obligation de vendre** de la part du bailleur, la convention conclue entre les parties s'analyse en une promesse unilatérale d'achat, et non en une promesse valant vente, et le versement effectué par le locataire comme un acompte.

Cass. 3e civ. 26-3-2008 n° 06-21.308 F-D : RJDA 10/08 n° 1000.

Un acte dans lequel il était notamment énoncé que la promesse de vente était « consentie et acceptée pour une durée de trente jours à compter de ce jour et renouvelable pour une durée de trente jours à compter de ce jour également » présente une ambiguïté rendant nécessaire l'interprétation à laquelle la cour d'appel a procédé en retenant que l'acte ne mettait à la charge des bénéficiaires **aucune obligation d'acquérir** le bien ; c'est à bon droit qu'elle en a déduit que l'acte constituait une promesse unilatérale.

Cass. 3e civ. 13-12-1978 n° 77-13.408 P : RJF 4/79 n° 262.

Le juge peut décider qu'un acte sous signature privée constitue une promesse unilatérale de vente d'un immeuble dès lors qu'après avoir relevé que cet acte confère à son bénéficiaire la **faculté d'acquérir** « si bon lui semble », « **sans engagement d'achat** » de sa part, il retient par l'interprétation souveraine de la commune intention des parties que celle-ci s'exprime par les termes mêmes de l'acte.

Cass. com. 29-11-1994 n° 92-17.432 D : RJF 3/95 n° 417.

Les parties à un contrat de location-gérance d'un fonds de commerce avaient conclu une promesse de vente du fonds qu'elles avaient intitulée « promesse unilatérale de vente » et qui mentionnait, sous la rubrique « indemnité d'immobilisation », qu'elle devait s'analyser en une promesse unilatérale. Mais sous la rubrique « frais et honoraires », les parties avaient indiqué « avoir connaissance de l'article 1589-2 du Code civil et, en raison du caractère réciproque des obligations conférées aux parties (...), vouloir expressément les considérer comme un contrat synallagmatique ».
La promesse doit être considérée comme unilatérale compte tenu du **déséquilibre manifeste entre les obligations des parties** ; en effet, il ressort de l'acte que l'engagement irrévocable de vendre du promettant était sanctionné par la poursuite de l'exécution forcée alors que l'engagement d'acheter du bénéficiaire n'était sanctionné que par le paiement d'une indemnité d'immobilisation représentant 5 % du prix de vente sans que le promettant ne puisse, dans ce cas, poursuivre la vente de façon forcée. Par suite, elle doit être annulée pour défaut d'enregistrement de celle-ci dans le délai de dix jours de son acceptation.

CA Paris 3-2-2016 n° 14/10546 : RJDA 7/16 n° 517.

C'est par une interprétation souveraine des termes ambigus d'un acte intitulé « promesse synallagmatique de vente et d'achat » portant sur des terrains qu'une cour d'appel a estimé que l'acte devait être qualifié de promesse unilatérale de vente compte tenu des éléments suivants : la vente était subordonnée à la réalisation de conditions suspensives ; l'acte fixait une date limite pour la levée de l'option qui était postérieure à la date de réalisation des conditions suspensives ; il prévoyait l'abandon des acomptes versés au promettant à titre d'indemnité d'immobilisation si le bénéficiaire ne manifestait pas son intention d'acquérir ; si celui-ci pouvait renoncer à acquérir sous la seule sanction de perdre les sommes versées représentant 10 % du prix de vente hors taxe, le promettant ne pouvait pas renoncer à vendre et il pouvait donc y être contraint, ce qui démontrait un **déséquilibre significatif dans les prestations réciproques** des parties.
Cass. 3e civ. 7-6-2018 no 17-18.670 F-D : RJDA 10/18 no 713.

INCIDENCE D'UNE CLAUSE DE DÉDIT SUR LA PROMESSE DE CESSION

Le contrat préparatoire peut contenir une clause de dédit permettant à l'une et/ou à l'autre partie de se départir de son engagement moyennant le versement ou la restitution d'une somme d'argent à son cocontractant. **14150**

La Cour de cassation estime que l'existence d'une faculté de dédit n'implique pas nécessairement que l'engagement n'est pas une **promesse de vente valant vente,** la faculté discrétionnaire de dédit étant **compatible** avec une telle promesse (Cass. 1e civ. 10-1-1961 no 58-11.413 : Bull. civ. I no 27).

> **Précisions** Au cas particulier, deux personnes avaient conclu, par échange de lettres, un accord relatif à une vente de parts de SARL. Dans sa lettre, le cédant déclarait : « Je suis prêt à vous vendre 575 parts... Vous devez réaliser cette vente au plus tard le 1er janvier 1936 (...). Le prix pourra être modifié au jour de la vente... Dans le cas où pour une raison quelconque je ne pourrais tenir l'engagement pris dans cette lettre, je verserai une indemnité égale à 10 % de la valeur des parts ». En réponse, l'acquéreur précisait : « Je m'engage à vous acheter 575 parts (...) » et reproduisait les termes de la lettre du cédant.
> La Cour de cassation a jugé que, s'il résultait de ces lettres une imprécision sur le point de savoir si les parties considéraient que la vente était conclue par leur accord sur la chose et sur le prix, l'exécution de cet accord étant seule différée, la faculté pour les deux parties de ne pas donner suite à leur engagement moyennant indemnité n'impliquait pas nécessairement que cet engagement n'était pas une promesse de vente valant vente, une faculté de dédit étant compatible avec une telle promesse. Par suite, elle a considéré que les parties étant d'**accord sur la chose et sur le prix,** l'échange de lettres dans lesquelles elles avaient exprimé leur consentement constituait entre elles une promesse synallagmatique de vente valant vente et que, si la cession des parts n'avait eu lieu qu'à la date extrême fixée par le contrat, cette cession n'avait été que la réalisation de l'accord intervenu qui prenait effet à cette date.

INCIDENCE D'UNE CLAUSE DE SUBSTITUTION SUR LA PROMESSE DE CESSION

Il arrive fréquemment, notamment en cas de reprise d'une société par achat de la majorité ou de la totalité des titres émis par elle, que la promesse contienne une clause permettant au bénéficiaire de se substituer toute personne physique ou morale, de son choix. **14160**

La faculté de substitution stipulée dans une promesse de vente est sans **effet sur le caractère synallagmatique ou unilatéral** du contrat (Cass. 3e civ. 28-6-2006 no 05-16.084 FP-PBRI : RJDA 1/07 no 24 ; Cass. 3e civ. 28-6-2006 no 05-11.897 FP-D : RJDA 1/07 no 24 ; Cass. 3e civ. 4-7-2007 no 06-13.376 FS-PB : RJDA 12/07 no 1203). Doit donc être cassée la décision d'une cour d'appel qui retient que la possibilité pour l'acquéreur de se substituer un autre acquéreur est incompatible avec la conclusion d'un contrat de vente, contrat instantané qui se réalise par l'accord entre l'acquéreur et le vendeur sur la chose et le prix, et qu'en l'absence de certitude sur l'identité de la partie susceptible d'acquérir, l'acte s'analyse comme une promesse unilatérale de vente, même s'il comporte des engagements réciproques (Cass. 3e civ. 28-6-2006 no 05-16.084 FP-PBRI : RJDA 1/07 no 24).

RÉITÉRATION PAR ACTE AUTHENTIQUE DE LA PROMESSE DE CESSION

Réitération prévue comme simple modalité de la cession Il peut arriver que les parties prévoient que la promesse, généralement conclue par acte sous signature privée, fera l'objet d'une réitération par acte authentique pour constater la cession. **14165**

Cette réitération peut n'être qu'une simple modalité d'exécution du contrat définitif. Dans ce cas, la promesse de vente vaut vente (Cass. 3e civ. 11-6-1992 no 90-12.415 : Bull. civ. III no 206), l'exigence d'une réitération ne visant pas à différer la formation du contrat de cession mais visant uniquement à retarder ses effets.

En principe, le dépassement du délai prévu par la promesse synallagmatique pour la réitération par acte authentique n'est pas sanctionné par la caducité de la promesse et de la vente déjà formée (Cass. 3e civ. 18-2-2009 no 08-10.677 FS-PB : Bull. civ. III no 47). L'expiration du délai dans lequel la réitération doit intervenir détermine le moment à partir duquel chaque partie peut mettre l'autre en demeure de régulariser l'acte et, à défaut pour celle-ci de s'exécuter spontanément, de demander en justice soit l'exécution forcée du contrat – si les conditions suspensives sont réalisées à cette date (Cass. 3e civ. 4-2-2021 n° 20-15.313 F-D : BPIM 2/21 inf. 128) – soit sa résolution (Cass. 3e civ. 29-11-2000 n° 98-20.502 FS-D : RJDA 4/01 n° 434 ; Cass. 3e civ. 1-10-2020 n° 19-16.561 FS-PBI : RJDA 1/21 n° 15).

Il en va autrement si la promesse prévoit que le non-respect de ce délai est sanctionné par la caducité (Cass. 3e civ. 9-7-2014 n° 13-12.470 FS-D : RJDA 2/15 n° 77).

14168 Lorsque la promesse de cession sous signature privée est suivie d'une réitération par acte authentique, il n'existe aucune primauté de celui-ci ni en raison de son caractère authentique, ni en raison de sa date plus récente. En cas de discordance entre l'acte authentique et la promesse sous signature privée, ce sont les dispositions de cette dernière qui doivent recevoir application (Cass. com. 23-2-1999 n° 422 D : RJDA 5/99 n° 505 ; CA Poitiers 20-2-1991 : D. 1991 som. p. 315). Les parties peuvent, si elles le souhaitent, modifier tout ou partie des stipulations de l'acte sous signature privée à l'occasion de l'établissement de l'acte authentique. Elles doivent alors préciser clairement leur intention. En effet, une partie ne peut pas modifier unilatéralement le contenu de la promesse (C. civ. art. 1193). Le bénéficiaire d'une promesse peut donc **refuser** de conclure un **acte authentique** qui n'est pas conforme aux termes de la promesse s'il n'a pas consenti à la modification imposée par son cocontractant (Cass. 3e civ. 27-6-2019 n° 18-18.310 F-D : RJDA 10/19 n° 608).

14171 **Réitération prévue comme un élément constitutif du consentement** La réitération par acte authentique **retarde la formation du contrat** de vente si les parties ont fait de la signature de l'acte authentique un élément constitutif de leur consentement au contrat de vente (Cass. 3e civ. 20-12-1994 n° 2013 P : RJDA 4/95 n° 419 ; Cass. com. 25-9-2012 n° 11-24.524 F-D : RJDA 1/13 n° 23). Dès lors, la promesse ne vaut pas vente parfaite (Cass. com. 20-12-1994 précité ; Cass. com. 25-9-2012 n° 11-24.524 précité) et, en l'absence d'établissement de l'acte authentique de vente dans le délai convenu, la promesse devient caduque (Cass. 3e civ. 9-7-2014 n° 13-12.470 FS-D : RJDA 2/15 n° 77 ; Cass. 3e civ. 30-11-2017 n° 16-25.107 F-D : RJDA 3/18 n° 219 ; Cass. 3e civ. 7-9-2022 n° 21-17.628 F-D : BRDA 19/22 inf. 9).

> **Précisions** Dans une décision ancienne, la Cour de cassation a précisé que les parties peuvent valablement subordonner le caractère parfait et définitif de la vente à la **condition suspensive** de la signature de l'acte authentique (Cass. 3e civ. 11-12-1984 n° 83-14.829 : Bull. civ. III n° 212). Elle ne retient plus désormais les termes de « condition suspensive » qui sont inappropriés : la réitération par acte authentique ne peut pas être érigée en condition car il ne s'agit pas d'un événement incertain ; en outre, sa réalisation dépend de la seule volonté de chacune des parties. Ainsi doit être censurée la décision d'une cour d'appel qui a retenu que la clause, insérée dans une promesse de cession de fonds de commerce, selon laquelle la vente devait donner lieu à régularisation dans les plus brefs délais et au plus tard le 31 décembre 1988 par acte authentique, devait être analysée comme une condition suspensive dont le défaut de réalisation rendait inexistante la promesse, alors qu'elle avait relevé que la réitération en la forme authentique devait intervenir avant une date déterminée, ce dont il résultait que cet événement n'était pas incertain, et qu'elle ne faisait état d'aucun élément établissant la volonté des parties de subordonner la formation de la vente à l'accomplissement de cette formalité (Cass. com. 11-3-1997 n° 648 D).

14175 **Applications jurisprudentielles de la distinction**

ILLUSTRATIONS

N'a pas donné de base légale à sa décision la cour d'appel qui, après avoir constaté l'accord sur la chose et sur le prix au jour de l'acte de vente sous signature privée et relevé que les parties, en décidant que la vente ne prendrait son effet définitif qu'à la date où elle serait reçue par acte notarié, avaient réservé le transfert de la propriété jusqu'au jour de la signature de cet acte, a décidé que, jusqu'à cette date, le vendeur pouvait refuser d'exécuter son obligation, alors qu'elle n'a pas précisé si la solennité d'un acte notarié était nécessaire pour engager vendeur et acquéreur dans les liens du contrat définitif (Cass. 3e civ. 5-1-1983 n° 81-14.890 P : Bull. civ. III n° 7, D. 1983 p. 617 note P. Jourdain).

La vente est parfaite dès la signature de l'acte sous signature privée dès lors que les parties à l'acte se sont entendues sur la chose et sur le prix et que, si elles ont prévu d'entériner l'acte par notaire, il ne résulte ni des dispositions de cet acte ni des circonstances de la cause qu'elles ont voulu faire de cette modalité accessoire un élément constitutif de leur consentement (Cass. 3e civ. 14-1-1987 n° 85-16.306 : D. 1988 p. 80).

Doit être censurée la cour d'appel qui, pour débouter l'acquéreur d'un terrain de sa demande en réalisation forcée de la vente, retient que cet acte prévoyait un terme pour la signature de l'acte notarié auquel était subordonné le transfert de propriété, sans rechercher si les parties avaient entendu que la solennité de l'acte fût une condition nécessaire pour les engager (Cass. 3e civ. 17-7-1991 n° 90-11.940 P : Bull. civ. III n° 218).

N'a pas donné de base légale à sa décision la cour d'appel qui, pour rejeter une demande en réalisation forcée de la vente d'un immeuble, retient que le « compromis » stipule que l'acquéreur sera propriétaire des biens vendus à compter seulement de la réitération par acte authentique, après avoir constaté l'accord des parties sur la chose et sur le prix et sans relever d'autres circonstances de nature à démontrer que les parties avaient fait de la réitération par acte notarié un élément constitutif de leur consentement (Cass. 3e civ. 20-12-1994 n° 2013 P : RJDA 4/95 n° 419 ; Cass. 3e civ. 28-5-1997 n° 935 P : RJDA 8-9/97 n° 1022).

L'accord des parties sur la chose et le prix ne peut pas être déduit des divers documents signés par les parties qui ne font mention que d'une vente au jour de la signature de l'acte authentique (Cass. 3e civ. 17-7-1997 n° 1252 D : RJDA 12/97 n° 1475).

Dans un cas où une promesse de vente, dont l'option avait été levée le jour même de son établissement, précisait que le consentement du promettant était subordonné à la signature de l'acte authentique à une date donnée et du règlement du prix à cette date et où l'acte authentique de vente n'avait pas été signé et le prix pas versé, viole l'article 1134 du Code civil (devenu l'article 1103) en dénaturant les termes clairs et précis de la promesse la cour d'appel qui, pour constater la perfection de la vente à la demande du bénéficiaire, retient que la vente avait été formée à la date de la levée de l'option (Cass. 3e civ. 10-5-2005 n° 568 F-D : RJDA 10/05 n° 1087).

INCIDENCE DE L'INDEMNITÉ D'IMMOBILISATION SUR LA PROMESSE DE CESSION

La promesse de vente peut mettre à la charge du bénéficiaire l'obligation de verser au promettant une somme déterminée, appelée « **indemnité** d'immobilisation » (sur cette indemnité, voir nos 14795 s.), qui viendra en déduction du prix de cession si le bénéficiaire lève l'option ou demeurera acquise au promettant si la cession ne se réalise pas. 14200

Modérée, l'indemnité n'est que le prix de l'immobilisation et la promesse reste unilatérale. **Élevée,** elle altère de fait la liberté de décision du bénéficiaire et le contraint à acquérir. La promesse unilatérale est alors requalifiée en promesse synallagmatique en raison de la réciprocité des obligations souscrites par chacune des parties.

Pour déterminer si l'indemnité est à ce point importante qu'elle prive le bénéficiaire de sa liberté d'acheter ou de ne pas acheter, il faut se référer au prix de vente (Cass. 3e civ. 26-9-2012 n° 10-23.912 FS-D : RJDA 1/13 n° 21).

La **stipulation d'une « indemnité d'immobilisation »** n'implique pas nécessairement la qualification de promesse unilatérale. Ainsi, en présence d'un acte intitulé « promesse synallagmatique de vente » qui mentionnait que « le promettant s'engage à vendre au bénéficiaire, qui accepte et s'engage à acquérir », les juges du fond ont retenu que la stipulation intitulée « indemnité d'immobilisation » ne devait pas être prise dans son **sens littéral** mais traduisait dans la commune intention des parties un dédit propre à satisfaire la condition particulière tenant à l'obtention du prêt nécessaire à l'acheteur pour procéder à l'acquisition envisagée (Cass. 3e civ. 15-1-2014 n° 12-27.716 FS-D : RJDA 6/14 n° 512).

ILLUSTRATIONS

Requalification d'une promesse unilatérale en promesse synallagmatique 14201

Une promesse de cession d'un fonds de commerce prévoyait, d'une part, que la signature des actes définitifs interviendrait avant une certaine date sous peine pour la partie défaillante d'avoir à payer un dédit de 100 000 F (environ 15 245 €) et, d'autre part, que, dans le cas où le bénéficiaire de la promesse n'obtiendrait pas le prêt dont il avait besoin pour acquitter le prix, les conventions seraient résiliées purement et simplement, sans indemnité de part et d'autre.

Cette promesse est synallagmatique dès lors, d'une part, que **par son importance, l'indemnité** ne constituait pas simplement la compensation de l'immobilisation du fonds mais qu'elle **traduisait l'engagement de l'acheteur** de prendre possession du fonds à la date convenue et, d'autre part, que les parties avaient marqué avec la plus grande netteté l'**accord de** leurs **volontés en prévoyant une résiliation** pure et simple en cas de non-obtention par l'acheteur du prêt sollicité et en laissant, en outre, à chacune des parties la possibilité de se dégager en abandonnant ou en doublant les arrhes.

Cass. com. 13-2-1978 n° 76-13.429 : Bull. civ. IV n° 60.

La promesse unilatérale de vente d'un fonds de commerce qui stipulait le versement d'une indemnité d'immobilisation importante (70 000 F) (environ 10 670 €) compte tenu moins du pourcentage retenu par rapport au prix de vente (10 %) que de la **courte durée de l'indisponibilité** (cinq semaines) doit être assimilée à une véritable promesse synallagmatique car elle constitue un moyen détourné d'obliger le bénéficiaire à lever l'option.

CA Paris 22-10-1991 n° 90-14007, 16e ch. A.

Absence de requalification

Doit être confirmée la décision d'une cour d'appel qui, sans méconnaître que le dédit stipulé à la charge du promettant sanctionnait la promesse de vente à laquelle celui-ci s'était obligé, avait recherché la cause de la stipulation mettant à la charge du bénéficiaire de la promesse le versement d'une indemnité au cas où il n'exercerait pas sa faculté d'acquérir et avait retenu que cette indemnité était destinée à rémunérer le promettant de l'avantage temporaire consenti au bénéficiaire de la promesse et à compenser l'immobilisation de son bien pendant le délai convenu tout en précisant que l'indemnité fixée, dont le montant représentait approximativement le **dixième du prix,** était exclusive de toute contrainte à l'achat sous une forme détournée et n'altérait en rien la **liberté de décision du bénéficiaire.** Elle avait donc pu constater que si la convention comportant des obligations réciproques présentait un caractère synallagmatique, ces obligations n'étaient pas régulièrement symétriques et ne pouvaient donc constituer une promesse synallagmatique de vente.

Cass. com. 8-11-1972 nos 71-12.459 et 71-12.479 : Bull. civ. IV n° 280, JCP G 1973 II n° 17565 note B. Boccara.

Constitue une promesse unilatérale de vente la convention par laquelle un promettant conférait la faculté d'acquérir des biens immobiliers à un bénéficiaire qui l'acceptait « sans obligation pour lui d'acquérir » et qui, en cas de non-exercice de cette faculté, s'engageait à verser au promettant une indemnité égale à **5 % du prix** de vente.

Cass. 3e civ. 16-11-1994 n° 1737 P : RJDA 2/95 n° 125.

La cour d'appel, qui constate que le bénéficiaire d'une promesse de vente d'un appartement moyennant le prix de 350 000 F (environ 53 357 €) avait versé un dépôt de garantie de 35 000 F (environ 5 335 €) et remis un **chèque de 105 000 F** (environ 16 007 €) **ne représentant qu'une fraction du prix,** retient exactement que ni l'acte sous signature privée ni l'acte notarié le réitérant ne pouvaient s'analyser en une convention synallagmatique, le bénéficiaire n'ayant accepté la promesse de vente qu'en tant que promesse en se réservant la faculté d'en demander ou non la réalisation suivant ce qui lui conviendrait.

Cass. 3e civ. 19-3-1997 n° 462 D : RJDA 6/97 n° 762.

Les parties à un contrat de location-gérance d'un fonds de commerce avaient conclu une **promesse** de vente du fonds qu'elles avaient **intitulée « promesse unilatérale de vente »** et qui mentionnait, sous la rubrique « indemnité d'immobilisation », qu'elle devait s'analyser en une promesse unilatérale. Mais sous la rubrique « frais et honoraires », les parties avaient indiqué « avoir connaissance de l'article 1589-2 du Code civil et, en raison du caractère réciproque des obligations conférées aux parties (...), vouloir expressément les considérer comme un contrat synallagmatique ».

La promesse doit être considérée comme unilatérale compte tenu du déséquilibre manifeste entre les obligations des parties ; en effet, il ressort de l'acte que l'engagement irrévocable de vendre du promettant était sanctionné par la poursuite de l'exécution forcée alors que l'engagement d'acheter du bénéficiaire n'était sanctionné que par le paiement d'une indemnité d'immobilisation représentant 5 % du prix de vente sans que le promettant ne puisse, dans ce cas, poursuivre la vente de façon forcée.

CA Paris 3-2-2016 n° 14/10546 : RJDA 7/16 n° 517.

CAS DES PROMESSES UNILATÉRALES DE CESSIONS CROISÉES

14210 Il arrive souvent que des parts sociales ou des actions fassent l'objet simultanément de deux promesses unilatérales croisées : l'une d'achat, l'autre de vente.

> **Précisions a.** Les promesses unilatérales croisées sont notamment utilisées pour mettre en œuvre une **clause d'earn out** ou organiser un **portage.** On les rencontre aussi très souvent dans les pactes d'actionnaires.
> **b.** On trouve aussi parfois, dans certains contrats de joint-venture prévoyant la création d'une société et sa gestion à parité, des clauses dites « **clauses de dead lock** » ou « **clauses Texas shoot out** » insérées afin d'éviter tout blocage dans les prises de décision en incitant chaque partenaire à rechercher une solution. Leur objet consiste à faire naître deux promesses de cessions, croisées, de vente et d'achat d'actions, en cas de blocage, à un prix déterminé. Il arrive même que ces clauses permettent à celui qui constate une situation de blocage de la dénoncer à son partenaire afin de lui imposer la cession de ses actions dans la joint-venture, à un prix qu'il choisit, le partenaire pouvant alors, en retour, imposer la cession de ses actions au même prix.

Qualification Lorsque les parties souscrivent simultanément des promesses unilatérales croisées, chacune d'elles s'engage envers l'autre partie, **dans l'éventualité où elles voudraient acheter ou vendre,** l'une à vendre, l'autre à acheter, acceptant ainsi tout à la fois la qualité de promettant et celle de bénéficiaire. Du fait de leur réciprocité et de leur interdépendance, les deux promesses unilatérales de vente et d'achat perdent leur autonomie, « la **cause de l'engagement de chaque promettant** résidant dans celui, parfaitement symétrique, de l'autre partie » (J. Moury : D. 1993 p. 258 ; la disparition de la notion de cause au profit de celle de contrepartie n'a pas d'incidence sur ce raisonnement). 14220

Cette perte d'autonomie a pour effet de soustraire les promesses à la qualification de promesse unilatérale qui pourrait leur être attribuée en l'absence de réciprocité. 14221

ATTENTION

La Cour de cassation a jugé que, du fait de la réciprocité qui les caractérise, les promesses unilatérales croisées de vente et d'achat de parts sociales ou d'actions se muent en **promesse synallagmatique valant vente** dans le cas où les promesses réciproques ont le **même objet** et si elles sont stipulées dans les **mêmes conditions** ou dans les mêmes termes (Cass. com. 22-11-2005 n° 04-12.183 F-PB : RJDA 4/06 n° 396, Rapport et Avis de Mme Betch et M. Main p. 339 ; déjà en ce sens, Cass. com. 16-1-1990 n° 88-16.265 D : JCP G 1991 II n° 21748 note Hannoun et Cass. 3e civ. 26-6-2002 n° 00-20.244 FS-D : Defrénois 2002 art. 37607 p. 1261 note E. Savaux). Un arrêt isolé de la Cour de cassation a préféré parler d'engagement synallagmatique plutôt que de promesse synallagmatique (Cass. com. 18-7-1989 n° 88-12.543 D : Bull. Joly 1989 p. 822 note C. Bacrot et P. Berger).

La Cour de cassation a toutefois plus récemment jugé que des promesses croisées d'achat et de vente ayant le même objet et stipulées dans les mêmes termes étaient synallagmatiques, mais que la vente s'était **formée** lorsque l'un des bénéficiaires avait **levé l'option** (Cass. com. 27-9-2017 n° 16-13.112 F-D : RJDA 2/18 n° 133). Dans cette affaire, chaque promesse comportait une option explicite de conclure pour le bénéficiaire et, bien que réciproques, les promesses ne valaient pas vente. En revanche, dans l'affaire jugée en 2005, les promesses étaient rédigées dans des termes manifestant des engagements réciproques et fermes d'achat et de vente « au plus tard » à une date donnée, mais elles ne comportaient pas à proprement parler d'option ; la vente pouvait être considérée comme formée par l'échange des promesses.

Si ces **solutions différentes** paraissent justifiées au regard des faits de chaque espèce, il est souhaitable que la Cour de cassation clarifie sa position en ce qui concerne le maintien ou non du principe énoncé en 2005.

Les **promesses** unilatérales croisées ayant le même objet mais n'ayant **pas été stipulées dans les mêmes conditions** demeurent des promesses unilatérales (Cass. 3e civ. 26-6-2002 n° 00-20.244 précité).

ILLUSTRATIONS

Promesses valant vente 14222

Dans un cas où l'acte de cession de 1 350 des 1 500 actions détenues par des associés dans le capital d'une société stipulait deux promesses de vente et d'achat rédigées dans les termes suivants : « Le groupe [des acquéreurs] s'engage d'une façon solidaire et indivisible **à acquérir au plus tard le 31 décembre 1987** les 10 % restants, soit 150 actions au prix définitif de 140 000 F (environ 21 343 €) de manière à porter sa participation à 100 %, les [cédants] s'engagent d'une façon solidaire et indivisible **à vendre au plus tard le 31 décembre 1987** les 10 % restants soit 150 actions au prix définitif de 140 000 F », la Cour de cassation a cassé un arrêt ayant refusé d'ordonner l'exécution forcée de ces engagements à la demande des cédants au seul motif que ces derniers constituaient un échange de promesses unilatérales de vente et d'achat devenues caduques à l'expiration du délai imparti à chacune des parties pour lever l'option.

Cass. com. 22-11-2005 n° 04-12.183 F-PB : RJDA 4/06 n° 396.

Le 23 juin 1990, l'actionnaire majoritaire d'une SA, qui avait par un acte du même jour cédé à un tiers 45 % du capital, et l'acquéreur avaient, en outre, établi, le premier, une **promesse de vente,** portant sur les 2 200 actions lui restant de la SA, **valable jusqu'au 2 janvier 1992,** le second, une **promesse d'achat** desdites actions, **valable du 3 au 31 janvier 1992** ; le cédant avait signé un ordre de mouvement portant sur 2 200 titres, non daté, au bénéfice de l'acquéreur, tandis que celui-ci avait souscrit, au bénéfice du cédant, un billet à ordre, daté du 23 juin 1990, à échéance du 2 janvier 1992, d'un montant correspondant au prix de cession des 2 200 actions, avalisé par une banque ; pour le compte des deux parties, la banque avait été constituée séquestre du billet à ordre et de l'ordre de mouvement, en s'engageant à remettre ledit ordre de mouvement à l'acquéreur le 3 janvier 1992 à défaut de demande antérieure de sa part et à « virer », à la même date, le montant du billet à ordre au cédant.

La cession des 2 200 actions de la SA était parfaite le 23 juin 1990, dès lors que les **deux promesses litigieuses** constituaient seulement un « **habillage pour des raisons fiscales** ».

Cass. com. 17-10-1995 n° 93-19.582 D : Dr. sociétés 1996 n° 21 obs. D. Vidal.

Promesses ne valant pas vente

Dans un cas où un protocole d'accord conclu entre des financiers et des commerçants était destiné à permettre la création d'une société civile immobilière (SCI) propriétaire d'un local dans lequel les commerçants s'engageaient à exploiter un fonds de commerce, jugé que la promesse unilatérale de vente des parts de la SCI souscrite par les financiers et la promesse unilatérale d'achat de ces mêmes parts souscrite par les commerçants n'avaient pas le caractère d'une promesse synallagmatique dès lors que, si les promesses avaient bien le même objet, elles n'étaient pas stipulées dans les mêmes conditions : la **promesse de vente** consentie par les financiers prévoyait une **possibilité d'acquisition** des parts par les associés commerçants **à partir de la huitième année suivant la prise d'effet du contrat de crédit-bail** que leur avait consenti la SCI tandis que la **promesse** réciproque **d'achat** prévoyait que les financiers, bénéficiaires de cette promesse, pourraient obtenir l'achat de leurs parts **en cas de non-achèvement du local par les exploitants et d'impossibilité de prise d'effet du crédit-bail.**

Cass. 3e civ. 26-6-2002 n° 00-20.244 FS-D.

14240 **Appréciation critique** La requalification jurisprudentielle des promesses unilatérales croisées en promesse synallagmatique valant vente n'emporte pas l'adhésion de la **doctrine.**
Certains auteurs considèrent que les promesses croisées rentrent « dans la vaste et hétérogène catégorie des **avant-contrats** et constituent un processus original de formation du contrat projeté » (J. Moury : D. 1993 p. 258) ou que « loin de se réduire à une promesse synallagmatique de vente, les promesses unilatérales réciproques constituent un type particulier d'avant-contrat » dès lors que « les parties entendent subordonner la conclusion du contrat définitif à une nouvelle manifestation de volonté mais acceptent quand même de s'engager davantage que si elles avaient conclu entre elles un avant-contrat synallagmatique de vente ne valant pas vente » (A. Bac, L'échange de promesses unilatérales ne vaut pas vente : JCP E 1993 pan. p. 240).
Un auteur estime que ces promesses ne peuvent pas être qualifiées de promesse synallagmatique « puisque les parties n'ont pas consenti à une vente, mais à l'échange d'option, et la **levée d'option,** plus qu'une formalité, constitue un élément essentiel du contrat qui, en son absence, demeure seulement virtuel » (Y. Streiff : Bull. Joly 1990 p. 272). « Chacun est certes engagé à vendre et à acheter mais les engagements correspondants étant inclus dans des promesses unilatérales, ceux-ci ne seront mis en œuvre qu'à la condition que le bénéficiaire lève l'option le concernant, l'absence de levée d'option dans les délais convenus rendant les engagements caducs » (C. Bacrot et P. Berger sous Cass. com. 18-7-1989 : Bull. Joly 1989 p. 822 ; voir également J. Moury : D. 1993 p. 258).

14241 Dans ce sens, la cour d'appel de Douai a jugé que par l'effet combiné, d'une part, d'une promesse de vente d'actions avec faculté de lever l'option pour l'acquéreur et, d'autre part, d'une promesse d'achat de ces mêmes actions avec faculté de lever l'option en faveur du vendeur, chacune des parties à la promesse a la faculté de contraindre l'autre à réaliser la vente en levant l'option dans les conditions et délais prévus contractuellement sans que cet **engagement** réciproque ne soit définitif, ce qui aurait pour effet de rendre la vente parfaite, mais reste **dépendant d'une levée d'option** émanant de l'une ou l'autre des parties de sorte que, à défaut de levée d'option dans le délai et selon les formes convenues, la promesse de vente d'actions était devenue caduque (CA Douai 15-6-1992, 1e ch. civ. : D. 1993 p. 258 ; voir aussi Cass. com. 27-9-2017 n° 16-13.112 : n° 14221). La solution serait évidemment différente si l'on considérait que les promesses réciproques valent vente sous la condition suspensive que l'option soit levée.
Cela reviendrait toutefois à « confondre le consentement comme condition des contrats (C. civ. art. 1108 devenu art. 1128), et la condition comme modalité d'exécution d'un contrat parfait » (Y. Streiff sous Cass. com. 16-1-1990 : Bull. Joly 1990 p. 272).

ILLUSTRATIONS

Dans un cas où, dans le cadre d'une promesse de cession de la totalité des actions d'une société, les parties avaient conclu deux actes, l'un intitulé « promesse de vente » qui prévoyait que la levée de l'option devait intervenir avant une date déterminée et que la **vente** était **soumise à la condition suspensive de la signature d'un contrat de travail** pour le promettant et sa fille, l'autre « promesse d'**achat** » qui prévoyait la même levée d'option et plusieurs **conditions** suspensives dont la signature par le promettant d'une **garantie de passif,** la cour d'appel de Versailles a jugé que les deux promesses croisées de vente et d'achat, qui comportaient des engagements réciproques, constituaient une seule **promesse synallagmatique** souscrite **sous conditions** et que la levée de l'option, opérée dans le délai convenu par l'une des parties, rendait irrévocable l'engagement de l'autre et l'obligeait à le respecter, sous la seule réserve de la réalisation des conditions suspensives au jour prévu pour la signature de l'acte de vente (CA Versailles 30-10-1992 n° 90-9990, 3e ch. : Bull. Joly 1993 p. 82).

14242 Comment **limiter le risque de requalification** ? Le plus simple, en théorie, est de souscrire des promesses croisées n'ayant pas exactement le même objet ou le même prix, ce qui ne sera que rarement satisfaisant en pratique. Les parties peuvent aussi ne pas s'engager réciproquement aux mêmes conditions. Il paraît prudent de spécifier expressément dans chaque promesse que celle-ci n'entraînera vente qu'à partir de la levée de l'une ou l'autre des deux options dans le délai et selon les formes convenus et qu'à défaut l'accord concernant la vente deviendra caduc. Des auteurs conseillent d'inclure une **clause** selon laquelle « par la volonté des contractants, l'échange d'une promesse unilatérale d'achat et d'une promesse unilatérale de vente ne vaut pas vente » ou une clause précisant la date à laquelle « la vente sera réputée formée » (J.-C. Hallouin et E. Lamazerolles : D. 2007 pan. p. 271).

> **Précisions a.** Les **dérogations** à la règle selon laquelle la promesse synallagmatique de vente vaut vente sont **valables** car il ne s'agit pas d'une règle d'ordre public (Cass. 3e civ. 10-5-2005 nº 568 : RJDA 10/05 nº 1087).
b. Ne suffit pas à retarder la formation du contrat de cession le seul fait de subordonner le transfert de propriété des titres à la **signature d'un acte notarié** de cession (cf. Cass. 3e civ. 20-12-1994 nº 92-20.878 : RJDA 4/95 nº 419 ; Cass. 3e civ. 28-5-1997 nº 95-20.098 : RJDA 8-9/97 nº 1022, rendus en matière de vente immobilière mais transposables à la cession de droits sociaux).

SECTION 2

CONDITIONS DE VALIDITÉ DE LA PROMESSE

A. Conditions de fond de la promesse de cession

Les promesses de vente ou d'achat de parts sociales ou d'actions sont soumises aux conditions de validité de tous les contrats. Notamment, leur contenu et leur but doivent être licites et certains (C. civ. art. 1128 et 1162). **14270**
En outre, la promesse étant un contrat préparatoire à la vente, elle doit comporter les éléments constitutifs du contrat définitif à savoir la chose et le prix (C. civ. art. 1583). Dans le cas de la promesse synallagmatique, parce que celle-ci vaut en principe vente ; dans le cas de la promesse unilatérale, parce que le promettant prend immédiatement l'engagement de conclure la vente.
Après avoir formulé quelques remarques relatives aux conditions de validité des promesses de vente (nos 14280 s.), nous envisagerons les dispositions légales particulières susceptibles de concerner les promesses de vente ou d'achat de parts sociales ou d'actions (nos 14340 s.).

1. GÉNÉRALITÉS

CONSENTEMENT ET CAPACITÉ DES PARTIES À LA PROMESSE DE CESSION

La validité du consentement doit être appréciée au moment de la formation du contrat (Cass. 3e civ. 7-4-2004 nº 00-22.025 FS-D : RJDA 10/04 nº 1084 ; Cass. 1e civ. 12-7-2007 nº 06-15.090 F-PB : RJDA 2/08 nº 100). **14280**
Pour l'application de ce principe, la question se pose de savoir si les parties à une **promesse unilatérale** doivent, dès la conclusion de la promesse, avoir la capacité requise à la conclusion du contrat définitif. De même, est-ce à cette date que s'apprécient l'existence et l'intégrité de leur consentement ?
La réponse est affirmative en ce qui concerne le **promettant** qui est engagé dès la conclusion de la promesse (Cass. 3e civ. 7-1-1982 nº 80-14.396). En outre et pour les mêmes raisons, c'est à cette date qu'il doit avoir le pouvoir de disposer des parts sociales ou des actions qu'il se propose de vendre. Ainsi celui qui s'est engagé à donner préférence au bénéficiaire d'un pacte de préférence lorsqu'il décide de vendre son bien ne peut pas signer une promesse unilatérale de vente avec un tiers avant le terme du pacte, même si la levée d'option ne doit avoir lieu qu'après (Cass. 3e civ. 6-12-2018 nº 17-23.321 FS-PBI : RJDA 3/19 nº 175).
Il en va différemment pour le **bénéficiaire** dont la capacité et le consentement ne s'apprécient qu'au moment de la levée de l'option (Cass. civ. 24-10-1950 : JCP 1950 IV p. 174 ; Cass. 3e civ. 10-9-2020 nº 19-13.818 F-D).

Lorsque la **promesse synallagmatique vaut vente,** il va de soi que les parties doivent, dès l'accord de volonté, avoir la capacité de conclure le contrat définitif ainsi que, en ce qui concerne le promettant, le pouvoir de céder les parts sociales ou les actions et, en ce qui concerne le bénéficiaire, le pouvoir d'acheter. C'est aussi à cette date que s'apprécient l'existence et l'intégrité de leur consentement. **14281**

En conséquence, si l'un des contractants vient à être frappé de démence après avoir signé la promesse, mais avant que celle-ci ait été réitérée par acte authentique, la vente est néanmoins valable (Cass. 3e civ. 30-11-1971 : JCP G 1972 II n° 17018). En l'espèce, la Cour suprême a cassé la décision d'une cour d'appel qui, pour déclarer nulle une vente d'immeuble pour cause de démence du vendeur, avait retenu qu'à l'époque de cette vente constatée par acte authentique le vendeur se trouvait dans un état d'affaiblissement intellectuel qui ne lui permettait pas de comprendre et vouloir les actes juridiques de disposition qu'il pouvait signer sans s'expliquer sur les conclusions de l'acheteur qui soutenait qu'une promesse de vente portant sur le même immeuble lui avait été consentie antérieurement par le vendeur, que cette promesse valait vente et que rien ne démontrait qu'au moment de cet engagement le vendeur n'était pas en état de lucidité.
À notre avis, en cas de **promesse ne valant pas vente,** c'est à la date de formation du contrat définitif que le respect des conditions de validité doit s'apprécier.

CONTENU DE LA PROMESSE DE LA CESSION

14285 Comme tout contrat, la promesse d'achat ou de vente de droits sociaux doit avoir un contenu certain (C. civ. art. 1128 et 1163, al. 2). Les parties doivent donc veiller à ce que le nombre des droits sociaux faisant l'objet de la promesse soit **déterminé ou déterminable** en fonction d'éléments ne dépendant pas de la volonté du promettant.
Elles doivent notamment prévoir les conséquences des **modifications du capital** (augmentation ou réduction) pouvant intervenir pendant la durée de la promesse.

ILLUSTRATIONS

Il a été jugé :
– qu'une promesse d'achat d'actions moyennant un prix déterminé ne pouvait plus être exécutée dès lors qu'une partie de ces actions avait été annulée à la suite d'une réduction du capital (Cass. com. 19-12-1989 n° 88-10.967) ;
– que l'évaluation forfaitaire du prix unitaire des actions qui devaient, le cas échéant, être remises en paiement de la garantie de passif demeurait valable après la réduction du capital et la diminution du nombre des actions (Cass. com. 8-1-1991 n° 89-19.112 : Bull. Joly 1991 p. 299 note A. Couret) ;
– que l'engagement contracté par une société qui, après avoir vendu au président de sa filiale 15 % des actions de celle-ci, s'était engagée à lui racheter ses actions au cas où il cesserait ses fonctions portait sur l'ensemble des actions détenues par l'intéressé au moment de sa démission, y compris celles souscrites lors d'une augmentation de capital, et non pas seulement sur celles qui lui avaient été cédées à l'origine (Cass. com. 22-6-1993 n° 1185 D : RJDA 1/94 n° 3).

14290 Il arrive que l'acte de cession contienne une clause faisant entrer dans le champ contractuel certaines **caractéristiques de la société** dont le maintien est déterminant de l'engagement d'achat. À défaut de maintien de ces caractéristiques, la cession devient sans contenu certain.

ILLUSTRATIONS

Dans un cas où l'acte de cession de 225 parts d'une société qui détenait la totalité du capital d'une société exploitant un débit de boissons précisait que, jusqu'au jour du transfert des parts, le cédant garantissait à l'acquéreur que les deux sociétés ne faisaient pas l'objet d'une procédure collective et qu'elles n'étaient pas en cessation des paiements, une cour d'appel a jugé que l'acquéreur était fondé à refuser le transfert à son profit des parts dans la mesure où l'objet qu'il souhaitait acquérir ne correspondait plus à celui initialement convenu ; en effet, le cédant ne pouvait réclamer le prix à l'acquéreur que s'il était en mesure de remettre à ce dernier ce qui avait été convenu, à savoir les 225 parts d'une société, qui, selon la garantie, ne devait pas être en cessation des paiements, or, d'une part, les parts sociales n'avaient jamais été transférées à l'acquéreur et, d'autre part, trois mois avant l'assignation, la filiale avait été mise en redressement judiciaire et la date de cessation de ses paiements fixée à une date antérieure à la signature de l'acte de cession (CA Colmar 1-6-2004 n° 02-3135, 1e ch. civ. A : RJDA 5/06 n° 541).

14291 Les parties doivent également veiller à ce que les parts sociales ou actions, objet de la promesse, soient dans le commerce. En effet, l'article 1128 du Code civil exige que le contenu d'un contrat soit licite et l'article 1162 dispose que le contrat ne peut pas déroger à l'ordre public par ses stipulations. Les parties doivent notamment veiller à ce que la promesse ne porte pas sur une succession non encore ouverte, sans quoi elle pourrait tomber sous le coup de la prohibition des **pactes sur succession future** (C. civ. art. 722).
Lorsque les parties prévoient que le bénéficiaire d'une promesse de cession de parts sociales ou d'actions ne pourra exercer son option qu'après survenance du décès du promettant, cette promesse ne constitue pas un pacte sur succession future interdit, mais une **promesse post mortem** licite (Cass. 1e civ. 8-7-1986 n° 85-12.878 : Bull. civ. I n° 202, en l'espèce, l'associé majoritaire d'une société et son épouse s'étaient engagés à conférer aux deux autres associés la faculté d'acquérir, sur des bases déterminées

par l'acte, la totalité des parts de la société qui appartiendraient encore aux héritiers ou ayants droit du dernier mourant des époux).

Pour qu'il en soit ainsi, il convient toutefois que :

– l'engagement du promettant soit immédiat et irrévocable, toute aliénation des parts ou des actions lui étant désormais interdite ;

– le droit reconnu au bénéficiaire soit certain et non pas simplement éventuel, dès l'octroi de la promesse.

PRIX DE CESSION PRÉVU DANS LA PROMESSE

Le prix auquel la cession interviendra en cas de levée de l'option doit, lui aussi, être déterminé ou déterminable et réel et sérieux. **14300**

Les parties peuvent convenir que ce prix sera fixé par un tiers.

Si le délai pour lever l'option est long ou, a fortiori, en absence de délai, elles peuvent également assortir le prix d'une clause d'indexation.

Sur la détermination du prix, voir n°s 37000 s.

CONTREPARTIE À LA PROMESSE DE CESSION

Les promesses de vente doivent avoir une contrepartie non illusoire ou dérisoire (C. civ. art. 1169) et ne doivent pas déroger à l'ordre public par leur but (C. civ. art. 1162). Si cette terminologie, issue de l'ordonnance 2016-131 du 10 février 2016, est différente de celle utilisée par les textes antérieurs (C. civ. ex-art. 1131 et ex-art. 1133) aux termes desquels les promesses de vente ne pouvaient avoir aucun effet lorsqu'elles étaient sans cause ou reposaient sur une fausse cause ou sur une cause illicite, la substance des nouvelles dispositions est, à notre avis, similaire à celle des anciennes dispositions. Les solutions retenues sur le fondement de ces dernières sont donc transposables sous l'empire des nouveaux textes. **14310**

Alors que l'obligation de chaque cocontractant à un contrat synallagmatique trouve sa cause dans l'obligation envisagée par lui comme devant être effectivement exécutée de l'autre cocontractant (Cass. com. 11-1-2005 n° 80 F-D : RJDA 5/05 n° 494), il en va différemment lorsque la **promesse** est **unilatérale** puisque le promettant souscrit un engagement qui, le plus souvent, ne reçoit aucune contrepartie directe. La cause réside alors dans l'intérêt du promettant à conclure le contrat de vente définitif ; elle peut aussi être trouvée dans une autre opération, par exemple dans le financement de l'achat des parts sociales (Cass. com. 13-3-2019 n° 17-15.449 F-D : RJDA 12/19 n° 734).

L'existence de la contrepartie s'apprécie à la **date** où la promesse est souscrite (C. civ. art. 1169 issu de ord. 2016-131 du 10-2-2016 ; auparavant à propos de la cause : Cass. 3e civ. 17-7-1996 n° 1425 P : RJDA 11/96 n° 1292).

> **Précisions** Dans cette dernière espèce, a été cassée la décision d'une cour d'appel qui avait annulé un acte par lequel le bénéficiaire d'une promesse unilatérale de vente d'un hôtel particulier s'était engagé à verser, lors du départ des vendeurs, une somme de 2 800 000 F (environ 426 857 €) pour dédommagement de frais de déménagement et de perte de clientèle, après avoir relevé qu'il n'y avait eu aucune perte de clientèle et que les frais de déménagement n'avaient finalement pas dépassé 15 000 F (environ 2 287 €). En effet, en statuant ainsi, la cour d'appel s'était fondée sur des **faits postérieurs à la naissance de l'obligation pour apprécier l'existence de la cause.**

OPTION PRÉVUE DANS LA PROMESSE DE CESSION

Sans être une condition de fond obligatoire, la **fixation** dans la promesse unilatérale de vente **d'un délai** pour lever l'option est fortement recommandée aux parties (sur ce point, voir n°s 14610 s.). **14320**

2. DISPOSITIONS LÉGALES PARTICULIÈRES

Pour être valable, la promesse de cession de parts sociales ou d'actions doit également respecter un certain nombre de dispositions légales particulières susceptibles de la concerner. **14340**

PROHIBITION DE CERTAINS ENGAGEMENTS DANS LA PROMESSE DE CESSION

Chaque cocontractant peut mettre fin à un **engagement perpétuel** à tout moment, sous réserve de respecter le délai de préavis contractuellement prévu ou, à défaut, un délai raisonnable (C. civ. art. 1210 et 1211). **14350**

Par ailleurs, les **obligations purement potestatives,** dont l'exécution dépend du seul pouvoir discrétionnaire du débiteur, sont également prohibées et sont sanctionnées par la nullité de la convention (C. civ. art. 1304-2).

Comme tout contrat, une promesse de vente et/ou d'achat de parts sociales ou d'actions peut tomber sous le coup de ces prohibitions.

ILLUSTRATIONS

Une simple promesse d'achat portant sur les titres d'une société à un **prix** qui devait être **calculé sur la base,** notamment, **des résultats de deux exercices** civils n'enfreint pas la prohibition des engagements perpétuels et des obligations purement potestatives dès lors que les vendeurs avaient introduit dès l'exercice suivant une demande en exécution de cet engagement.
Cass. com. 15-6-1982 : Bull. Joly 1982 p. 771.

Un pacte conclu entre les actionnaires d'une société anonyme pour une durée de trois ans prévoyait notamment que la démission de ses fonctions par l'un quelconque des dirigeants dans ce délai entraînerait de plein droit promesse irrévocable de sa part de céder une partie de ses actions à la société ou à toute personne physique appelée à le remplacer et que, pour l'application de cette clause, la **révocation** d'un dirigeant pour une faute équivalant en droit social à une faute grave serait assimilable à une démission.
Ayant retenu que la **constatation de la faute grave** visée par cette clause pouvait être contestée en justice et ne dépendait pas de la seule volonté de la société, qui était tenue de justifier du manquement allégué en se fondant sur des éléments objectifs et vérifiables, une cour d'appel en a justement déduit que l'obligation de cession forcée pesant sur le dirigeant révoqué n'était pas nulle pour avoir été contractée sous une condition potestative.
Cass. com. 11-3-2014 nº 12-12.074 F-D : RJDA 6/14 nº 537.

POUVOIRS DES ÉPOUX DE CONSENTIR UNE PROMESSE DE CESSION

14360 Sur le pouvoir des époux de consentir une promesse de cession ou d'achat de parts sociales ou d'actions, voir les règles de droit commun applicables à la vente nos 26900 s.

PROHIBITION DES CLAUSES LÉONINES DANS LA PROMESSE DE CESSION

14370 La stipulation attribuant à un associé la totalité du profit procuré par la société ou l'exonérant de la totalité des pertes, comme celle excluant un associé totalement du profit ou mettant à sa charge la totalité des pertes sont réputées non écrites (C. civ. art. 1844-1).
Il peut arriver qu'à l'occasion d'une cession de parts sociales ou d'actions les parties conviennent d'une clause privant un associé de sa vocation aux **bénéfices** et tombant, de ce fait, sous le coup de l'interdiction des clauses léonines.

14371 Mais le cas de loin le plus fréquent est celui où l'une des parties obtient certains engagements destinés à la prémunir contre le risque de **pertes** en se faisant consentir une **promesse d'achat de titres pour un prix convenu.** Il en va ainsi lorsque :
– un associé, souhaitant se désengager de la société, se fait promettre à l'occasion d'une cession de ses parts ou actions l'achat par l'acquéreur du solde de sa participation dans la société pour un prix minimal ;
– le cédant s'engage à racheter à l'acquéreur tout ou partie des droits sociaux cédés pour un prix convenu, un tel engagement se rencontrant notamment dans les conventions de portage d'actions.
De telles promesses violent-elles la prohibition des clauses léonines ?

14372 Depuis plus de vingt ans, la **chambre commerciale** de la Cour de cassation valide les clauses de rachat à prix convenu au motif que la prohibition des clauses léonines ne s'applique qu'au seul contrat de société.
Dans une jurisprudence beaucoup moins nourrie, la **première chambre civile** de la Haute Juridiction applique cette prohibition aux conventions extra-statutaires.
Il convient de souligner que l'ensemble du contentieux en matière de cession de titres d'une société commerciale relève de la chambre commerciale, même si la cession est de nature civile. Il convient donc à notre avis de ne se fier qu'à la solution retenue par cette chambre.

14373 **Promesses d'achat régulières** Pour la chambre commerciale de la Cour de cassation, la prohibition des clauses léonines ne s'applique qu'aux **conventions** relatives à la répartition des bénéfices et des pertes entre les associés, c'est-à-dire **portant atteinte au pacte social** (Cass. com. 10-1-1989 nº 87-12.155 : Bull. civ. IV nº 19 ; Cass. com. 24-5-1994 nº 1258 P : RJDA 10/94 nº 1034 ; Cass. com. 12-3-1996 nº 537 P : RJDA 8-9/96 nº 1064).
Dès lors, elle ne concerne ni les clauses figurant dans des conventions qui ont pour seul **objet** d'assurer, moyennant un prix librement convenu, une transmission de droits sociaux, même si ces conventions sont conclues entre associés (Cass. com. 19-5-1992 nº 879 D : RJDA 3/93 nº 220 ; Cass. com. 24-5-1994 nº 1258 P, précité ; Cass. com. 19-10-1999 nº 1683 P : RJDA 3/00 nº 268 ; Cass. com. 16-11-2004 nº 1643 FS-PB : RJDA 3/05 nº 260), ni celles dont les modalités de la levée de l'option sont fixées de telle manière que le bénéficiaire n'est pas en réalité à l'abri de tout risque de perte (Cass. com. 22-2-2005 nº 279 FS-PBIR : RJDA 6/05 nº 702).

La chambre commerciale a parfois précisé que ce principe devait être écarté en cas de **fraude** (Cass. com. 20-5-1986 n° 85-16.716 : Bull. civ. IV n° 95 ; Cass. com. 19-5-1992 n° 879 D, précité), mais cette réserve semble avoir été abandonnée. 14374

ILLUSTRATIONS 14380

Est valable une promesse de cession d'actions datée du 30 décembre 1970 par laquelle les acquéreurs d'un certain nombre d'actions d'une société anonyme avaient promis aux vendeurs d'**acquérir** les **actions restantes** à partir du 1er janvier 1975 sur la base de la **valeur** de la société au 30 décembre 1970 « **majorée par un coefficient** égal au rapport des résultats des deux derniers exercices et du résultat de 1970 » dès lors qu'elle ne constitue pas une disposition statutaire mais une convention portant sur les conditions de cession des actions.

Cass. com. 15-6-1982.

Ayant retenu, dans un cas où l'actionnaire d'une société s'était engagé, après avoir cédé une partie de ses titres, à les **racheter** à l'acquéreur « **pour au moins le même prix** », que la promesse d'achat n'avait pas d'autre objet, en l'absence de toute fraude, non alléguée par le cédant, que de permettre, moyennant un prix librement débattu, la rétrocession des actions à des conditions visant à assurer l'équilibre des conventions précédemment conclues entre les parties, à la suite de diverses négociations aménageant les accords antérieurement intervenus, une cour d'appel a décidé à bon droit que la convention litigieuse n'avait pas porté atteinte, dans les termes de l'article 1844-1 du Code civil, aux statuts de la société dont les titres étaient ainsi cédés.

Cass. com. 19-5-1992 n° 879 D : RJDA 3/93 n° 220.

Une **promesse d'achat, à un prix minimal,** des actions détenues par le PDG d'une société anonyme, dans les six mois de la cessation de ses fonctions, n'est pas nulle dès lors que la réalisation de cette promesse est subordonnée à la **condition suspensive de la cessation des fonctions** de ce PDG au sein de la société, quelle que soit la raison de son départ, d'où il résulte que la promesse n'a pas d'autre objet que de permettre l'achat des actions du dirigeant à un prix librement débattu, dans l'hypothèse où il cesserait ses fonctions au sein de la société, et qu'elle est sans incidence sur la participation aux bénéfices et la contribution aux pertes dans les rapports sociaux.

Cass. com. 12-3-1996 n° 537 P : RJDA 8-9/96 n° 1064.

N'est pas prohibée par l'article 1844-1 du Code civil la **promesse d'achat et de vente** conclue à l'occasion de la cession par un actionnaire de plus de la moitié du capital d'une société anonyme par laquelle le cédant s'engage à céder à l'acquéreur les actions restées en sa possession, ce dernier s'engageant à les acquérir sur simple demande, pendant un certain délai d'option, à un **prix** minimal, **au moins égal à celui des actions précédemment cédées.**

Cass. com. 19-5-1998 n° 1068 D : RJDA 8-9/98 n° 986.

Dans le cas d'une cession échelonnée dans le temps pour un prix forfaitaire, ne constitue pas une clause léonine la convention par laquelle, en cas de distribution de dividendes, les **dividendes versés au cédant seront déduits du prix fixé** pour l'acquisition des parts restantes.

CA Paris 14-12-1990 n° 89-4650, 25e ch. B : Bull. Joly 1991 p. 320 note P. Le Cannu.

C'est à bon droit qu'une cour d'appel (CA Paris 15-9-2000 n° 99-2444 : RJDA 1/01 n° 27), ayant constaté que la convention litigieuse constituait une **promesse d'achat d'actions** et relevé qu'elle avait pour objet, en fixant un **prix minimal de cession,** d'assurer l'équilibre des conventions conclues entre les parties en assurant au bénéficiaire, lequel est avant tout un bailleur de fonds, le remboursement de l'investissement auquel il n'aurait pas consenti sans cette condition déterminante, a décidé que cette clause ne contrevenait pas aux dispositions de l'article 1844-1 du Code civil dès lors qu'elle n'avait pour objet que d'assurer, moyennant un prix librement débattu, la **transmission de droits sociaux** entre associés et qu'elle était sans incidence sur la participation aux bénéfices et la contribution aux pertes dans les rapports sociaux, peu important à cet égard qu'il s'agisse d'un engagement unilatéral de rachat.

Cass. com.16-11-2004 n° 1643 FS-PB : RJDA 3/05 n° 260.

Ne tire pas les conséquences légales de ses constatations la cour d'appel (CA Versailles 27-2-2002 n° 00-237 : RJDA 8-9/02 n° 890) qui retient qu'une **promesse d'achat d'actions** stipule la possibilité de lever l'option si les actions ont perdu toute valeur et de conserver ces actions dans le cas contraire et que cette promesse d'achat, considérée isolément, est donc léonine comme permettant à son bénéficiaire d'échapper aux dispositions de l'article 1844-1 du Code civil en vertu duquel la part de chaque associé dans les bénéfices et sa contribution aux pertes se déterminent à proportion de sa part dans le capital social, alors qu'elle constatait que le bénéficiaire ne pouvait **lever l'option qu'à l'expiration d'un certain délai et pendant un temps limité,** ce dont il résulte qu'il restait, en dehors de cette période, soumis au **risque de disparition ou de dépréciation des actions.**

Cass. com. 22-2-2005 n° 279 FS-PBIR : RJDA 6/05 n° 702.

14380 (suite) Un actionnaire avait conclu avec une banque une **convention de portage** par laquelle il lui avait cédé des actions pour un prix de 3 millions de francs (environ 460 000 €). Cette opération avait été complétée par des **promesses croisées de rachat de ces actions** par l'actionnaire et de vente par la banque au prix de 3 millions de francs plus un intérêt de 8,5 % par an, par lesquelles la banque s'était engagée à ne pas céder les actions avant le troisième anniversaire de leur transfert et à ne les céder qu'à l'actionnaire à l'issue de cette période et l'actionnaire s'était engagé à racheter ces actions au terme de cette même période. Ayant constaté que les conventions litigieuses de promesses croisées de rachat et de vente des actions étaient rédigées en termes identiques au profit de chacune des parties, notamment quant au prix et aux modalités de leur réalisation, la cour d'appel (CA Paris 2-5-2003 n° 02-252 : RJDA 10/03 n° 959), qui relève que ces conventions ne faisaient qu'organiser, moyennant un **prix librement débattu** et dans des conditions assurant l'équilibre des droits respectifs des parties, la rétrocession des actions litigieuses sans incidence sur la participation aux bénéfices et la contribution aux pertes dans les rapports sociaux, décide exactement qu'elles échappent aux dispositions de l'article 1844-1 du Code civil prohibant les pactes léonins.

Cass. com. 22-2-2005 n° 259 F-D : RJDA 6/05 n° 701.

Dans un cas où un actionnaire d'une société anonyme avait promis d'acheter les actions qu'un investisseur institutionnel avait souscrites lors d'une augmentation de capital à un prix égal au prix de souscription majoré d'un intérêt, la **promesse** pouvant être levée six ans après, pendant une période prédéfinie de trois mois, une cour d'appel (CA Paris 21-12-2001 n° 99-18069 : Dr. sociétés 2002 comm. n° 44), qui a relevé que la promesse tendant à assurer à l'actionnaire, qui est avant tout un bailleur de fonds, le remboursement de l'investissement auquel il n'aurait pas consenti sans ce désengagement déterminant et que cette promesse avait ainsi pour objet d'assurer l'équilibre des conventions conclues entre les parties, a décidé à bon droit que la fixation au jour de la promesse d'un **prix minimum de cession** ne contrevenait pas aux dispositions de l'article 1844-1 du Code civil, peu important à cet égard qu'il s'agisse d'un engagement unilatéral de rachat.

Cass. com. 27-9-2005 n° 1165 F-D : RJDA 7/06 n° 777.

Ne tombe pas sous le coup de la prohibition des clauses léonines la convention par laquelle un groupe d'investisseurs accepte de participer à une opération de financement d'une société anonyme, réalisée par une **augmentation de capital réservée** à ce groupe, **en échange de la promesse** par les fondateurs de cette société **de racheter les titres** ainsi acquis, dans l'hypothèse où le résultat net cumulé de la société serait égal ou inférieur à un montant déterminé sur les deux années suivant la conclusion de cet accord.

CA Paris 17-4-1996 n° 95-23323, 25e ch. B : RJDA 10/96 n° 1203.

La promesse de rachat des parts sociales et actions de sociétés d'un même groupe, souscrite par l'associé majoritaire du holding et consacrant un **droit de sortie, à un prix fixé par avance, pour des associés minoritaires** apporteurs de fonds, est, de la part du promettant, un engagement unilatéral de faire à première demande des bénéficiaires, qui n'a pas d'incidence sur les actes des sociétés auxquels elle est étrangère.

Elle échappe ainsi aux prévisions de l'article 1844-1, al. 2 du Code civil et le promettant doit l'exécuter de bonne foi, sans pouvoir arguer de sa turpitude en invoquant l'illicéité.

CA Paris 18-10-1996 n° 95-3327, 5e ch. C : RJDA 3/97 n° 365 et, sur pourvoi, Cass. com. 19-10-1999 n° 1683 P : RJDA 3/00 n° 268.

Ne constitue pas une clause léonine l'acte par lequel une société (A) s'est engagée, en cas de défaillance d'une autre société (B) dans le remboursement des prêts bancaires qui lui ont été consentis pour l'achat d'actions d'une société (C), à racheter les actions de celle-ci à un prix minimal fixé de manière à désintéresser la banque. Cet acte s'analyse en effet comme un engagement de **garantie de remboursement de l'emprunt** souscrit par la société B, dont la promesse d'achat d'actions n'est qu'une modalité d'exécution, et non pas comme un contrat attribuant à un associé la totalité du profit procuré par la société ou l'exonérant des pertes.

CA Paris 20-11-1998 n° 96-11379, 5e ch. C : RJDA 5/99 n° 556.

Un protocole d'accord par lequel une personne s'est engagée à **acheter** un nombre déterminé **d'actions sur une période de onze ans à un prix ferme** et non révisable ne présente pas un caractère léonin dès lors que cette clause extra-statutaire, portant sur un achat d'actions dont le prix a été librement fixé, a pour objet d'assurer la transmission des droits sociaux entre actionnaires et non de garantir l'un des contractants contre toute évolution défavorable des actions ; elle est en conséquence étrangère au pacte social et sans incidence sur l'attribution des bénéfices aux associés et sur leur contribution aux pertes dans les rapports sociaux.

CA Paris 12-5-2000 n° 98-14477, 25e ch. B : RJDA 12/00 n° 1097, Bull. Joly 2000 p. 1142 note J.-Ph. Dom.

La promesse d'achat de titres pour un **prix plancher** relève de l'organisation de la transmission des droits sociaux moyennant un prix librement convenu, sans incidence sur la participation aux bénéfices et la contribution aux pertes dans les rapports sociaux, et sans qu'il y ait lieu de rechercher la preuve de l'équilibre contractuel par l'existence de conventions extra-statutaires conclues entre les parties ; peu importe que la transmission des droits sociaux ait lieu entre associés et au profit d'un associé déjà majoritaire, l'achat de droits sociaux ne contenant pas, en lui-même, l'exonération de toute perte ou l'attribution de tout profit.

CA Paris 12-3-2004 n° 03-13772, 25e ch. B : RJDA 11/04 n° 1216.

Les dirigeants majoritaires d'une société avaient promis de racheter à un prix défini à l'avance et pendant un temps limité les actions que d'autres actionnaires de la société avaient souscrites lors d'une augmentation de capital. Ces **promesses d'achat** d'actions ne contreviennent pas aux dispositions de l'article 1844-1 du Code civil, dès lors que les bénéficiaires des promesses n'avaient consenti à souscrire à l'augmentation du capital qu'en contrepartie de l'engagement de rachat des actions, que ces promesses n'étaient donc que la **contrepartie du service financier rendu par leurs bénéficiaires** aux dirigeants majoritaires et qu'ainsi lesdites promesses avaient eu pour objet d'assurer l'équilibre des engagements en garantissant aux bénéficiaires, qui avaient été avant tout dans cette opération des bailleurs de fonds, le remboursement de l'investissement auquel ils n'auraient sinon pas consenti.

Cass. com. 3-3-2009 n° 08-12.359 F-D : RJDA 5/09 n° 434.

Un protocole conclu entre une banque et une société anonyme (SA) prévoyant que la banque doit souscrire à l'augmentation de capital d'une filiale de la SA et conserver les actions de la filiale pendant trois ans, la SA ayant promis d'acheter ou faire racheter les actions à l'issue de ce délai pour un prix correspondant au prix de souscription augmenté de la moitié de la plus-value éventuelle constatée sur ces titres, ne constitue pas une clause léonine réputée non écrite.
En effet, seule est prohibée par l'article 1844-1, al. 2 du Code civil la clause qui porte atteinte au pacte social en attribuant la totalité du profit à un associé ou en l'exonérant de la totalité des pertes ainsi que celle qui exclut un associé des profits ou qui met à sa charge la totalité des pertes ; or, le protocole précise que la SA, en relation d'affaires avec la banque depuis de nombreuses années, lui a proposé de **participer en tant que partenaire financier** au projet de développement de la filiale et que la banque n'entend ni jouer un rôle d'opérateur au sein de celle-ci, ni en demeurer actionnaire au-delà du délai de trois ans. La banque n'est donc qu'un investisseur non appelé à conserver les actions ou à assumer une quelconque responsabilité de gestionnaire ou d'administrateur ; les relations des parties au protocole ne se situent pas dans le cadre d'un contrat de société, la banque ne pouvant pas être considérée comme un associé, mais dans le cadre d'une convention de portage, la banque ayant acquis des actions pour le compte de la SA, à charge pour elle de les lui racheter à l'issue du délai de trois ans et moyennant un prix déterminé.
La banque est avant tout un **bailleur de fonds** et la promesse d'achat prévue dans le protocole n'a pas d'autre objet que de permettre, moyennant un prix librement débattu, la rétrocession des actions à des conditions visant à assurer l'équilibre des conventions conclues entre les parties. Il en est ainsi puisque le remboursement de l'investissement consenti par la banque a été la condition déterminante de sa souscription à l'augmentation de capital.

CA Paris 7-2-2013 n° 11/05209 : RJDA 6/13 n° 512.

Ne constitue pas une clause léonine prohibée par la loi la clause statutaire fixant à la **valeur nominale** le **rachat** des droits sociaux en cas de sortie d'un associé sans autre indemnisation dès lors qu'elle a pour **corollaire** le fait que l'entrée dans la société se fait également à la valeur nominale.

Cass. 1e civ. 22-9-2021 n° 20-15.817 FS-B : RJDA 2/22 n° 96.

Promesses d'achat irrégulières La première chambre civile de la Cour de cassation a 14400
une conception extensive du champ d'application de l'article 1844-1 du Code civil et déclare non écrite la clause de rachat à un prix convenu. Peu importe pour elle l'objet de l'engagement ou le fait qu'il soit contenu dans un acte distinct de la convention de cession : elle s'attache au seul **résultat** de la promesse d'achat à prix garanti, qui est bien d'exonérer son bénéficiaire de toute participation aux pertes sociales. On observera cependant que la Cour de cassation ne s'est exprimée que dans une seule décision, non publiée au Bulletin des arrêts de la Cour.

ILLUSTRATIONS 14405

L'**engagement de rachat** de parts sociales **au prix d'achat initial, majoré d'un intérêt** de 10 % par année écoulée, a pour effet d'affranchir l'associé de toute participation aux pertes de la société et constitue donc un pacte léonin nul, peu important que cet engagement ait été pris dans un **acte distinct** de la convention de cession et soit limité dans le temps.

Cass. 1e civ. 7-4-1987 : Rev. sociétés 1987 p. 395.

La clause d'un protocole d'accord de cession de parts sociales qui permet à l'acquéreur d'exiger du cédant le rachat des participations prises, au prix d'achat initial majoré de 10 %, a pour effet d'affranchir le cessionnaire de toute contribution aux pertes dans la société dont les parts ont été vendues et en conséquence est nulle, dès lors que, loin de constituer une simple convention de rétrocession de parts sociales à un prix déterminé, elle porte **atteinte à l'équilibre du pacte social.**

CA Caen 16-1-1990 n° 87-1563 : Bull. Joly 1991 p. 916.

Ndlr : Il s'agit de l'arrêt de renvoi de Cass. 1e civ. 7-4-1987 présenté ci-dessus.

La clause du **contrat de travail** d'un salarié actionnaire, prévoyant que le dirigeant actionnaire s'engage, en cas de rupture du contrat, à **racheter** à ce salarié, qui a vocation à devenir à terme actionnaire égalitaire, les actions qu'il a achetées au **prix d'acquisition majoré d'un intérêt,** exonère cet actionnaire de la totalité des pertes et doit être réputée non écrite car elle a pour objet, en cas d'absence de réalisation de la prise de participation égalitaire envisagée, de faire en sorte que l'opération soit pour lui sans conséquences financières.

CA Rouen 24-11-1999 n° 97-4953 : RJDA 6/00 n° 658.

14420 L'article 1844-1 du Code civil répute non écrites les clauses léonines. Cette sanction entraîne-t-elle la **nullité de la cession** de parts ? Dans un cas où elle avait estimé qu'une clause déclarée léonine n'était pas une condition déterminante de l'engagement des parties, la cour d'appel de Rouen a répondu par la négative (CA Rouen 24-11-1999 n° 97-4953 : RJDA 6/00 n° 658).

Cette solution nous semble néanmoins inexacte. En effet, sous le régime antérieur à la loi du 4 janvier 1978, les clauses léonines étaient nulles (ancien article 1855 du Code civil) et, conformément au droit commun, il y avait lieu, comme l'a fait la cour de Rouen, d'apprécier si cette nullité entraînait celle du contrat selon que la clause litigieuse était ou non essentielle aux yeux des parties. Mais désormais la clause léonine est déclarée non écrite, ce qui devrait permettre le maintien du contrat amputé de cette stipulation. Toutefois, lorsque la disparition de cette clause fait aussi disparaître le prix convenu, la cession tombe dans son entier (nos 37380 s.).

PROMESSE DE CESSION PRÉVOYANT LA RÉVOCATION DES DIRIGEANTS SOCIAUX

14430 Il arrive que, au moyen d'une clause insérée dans une promesse de vente ou d'achat de parts sociales ou d'actions, les parties subordonnent la réalisation de la promesse au maintien ou à la cessation des fonctions des organes de direction de la société dont les parts sont cédées. Une telle clause peut faire échec à la libre révocation des dirigeants sociaux. Le **principe de la libre révocation** est d'ordre public ; toute convention contraire est réputée non écrite.

Il en est ainsi pour la révocation du président du conseil d'administration (C. com. art. L 225-47, al. 3 ; Cass. com. 3-5-1995 n° 93-17.776 D : RJDA 10/95 n° 1113), des administrateurs (Cass. com. 14-5-2013 n° 11-22.845 FS-PB : RJDA 11/13 n° 899), des membres du conseil de surveillance comme pour celle des directeurs généraux (Cass. soc. 30-3-1999 n° 97-42.061 D : RJDA 10/99 n° 1094), des directeurs généraux délégués, des membres du directoire de SA, des gérants de SARL (Cass. com. 2-6-1987 n° 85-16.467 : Bull. civ. IV n° 131 ; Cass. com. 6-11-2012 n° 11-20.582 F-PB : RJDA 2/13 n° 135), de SNC ou de SCS pour lesquels ces dispositions sont transposables. En revanche, ne sont pas concernés les gérants de SCA dont les conditions de révocation sont déterminées par les statuts (C. com. art. L 226-2, al. 3). Il en est de même des dirigeants de SAS, les articles du Code de commerce relatifs à la révocation à tout moment des dirigeants de SA faisant partie des dispositions dont l'application à la SAS est écartée par l'article L 227-1, al. 3 du Code de commerce.

ILLUSTRATIONS

Est contraire au principe de libre révocation des mandataires sociaux l'article d'un protocole d'accord aux termes duquel une société qui acquiert les parts d'une autre société s'engage, en cas de révocation du président de cette dernière, à lui **racheter ses parts au double de leur valeur** au jour de la cession, cette clause ayant incontestablement pour but de dissuader l'acquéreur de mettre fin aux fonctions de l'intéressé.

CA Versailles 11-7-1991, 12e ch. : RJDA 12/91 n° 1040.

Une cour d'appel avait estimé qu'une promesse d'achat des actions d'une société anonyme (A) à un prix déterminé consentie par une autre société (B) au bénéfice du président-directeur général de la société A sous la condition suspensive de la cessation des fonctions du PDG, quelle que soit la raison de son départ, faisait échec au principe de libre révocation des dirigeants sociaux et devait être réputée non écrite (CA Paris 14-12-1993, 3e ch. A : RJDA 3/94 n° 290, 1re espèce). En effet, dans l'hypothèse où la société aurait décidé de révoquer son PDG, cette clause aurait mis à sa charge le paiement d'une somme importante et injustifiée compte tenu de la **différence entre le prix fixé dans la promesse pour le rachat des actions et l'absence totale de valeur** de celles-ci en raison de pertes sociales.

La cour d'appel a privé sa décision de base légale en se déterminant ainsi sans préciser en quoi la société B pouvait influer sur la décision de révocation du bénéficiaire de la promesse de ses fonctions de PDG de la société A.

Cass. com. 12-3-1996 n° 94-11.954 P : RJDA 8-9/96 n° 1064.

PROHIBITION DES CLAUSES D'INTÉRÊT FIXE DANS LA PROMESSE DE CESSION

Est réputée non écrite toute stipulation d'un intérêt fixe ou intercalaire au profit des associés d'une société commerciale (C. com. art. L 232-15, al. 1). La Cour de cassation a jugé que ces dispositions sont sans application à la stipulation d'intérêts insérée dans une **promesse d'achat d'actions,** qui oblige le seul acquéreur et non la société ; par suite, est valable la promesse d'achat consentie par un actionnaire d'une SA et portant sur les actions qu'un investisseur institutionnel avait souscrites lors d'une augmentation de capital, cette promesse ayant été **consentie à un prix égal au prix de souscription majoré d'un intérêt** et pouvant être levée par l'investisseur six ans après pendant une période prédéfinie de trois mois (Cass. com. 27-9-2005 n° 1165 F-D : RJDA 7/06 n° 777). **14450**

B. Conditions de forme de la promesse de cession

FORME DE LA PROMESSE SYNALLAGMATIQUE DE CESSION

Comme la vente, la promesse synallagmatique de vente est un contrat consensuel (cf. C. civ. art. 1109) qui, en principe, ne requiert pas l'accomplissement de formalités particulières. **14460**

Lorsqu'elle vaut vente, la promesse synallagmatique de cession de parts sociales ou d'actions doit être **enregistrée** (n° 14880). **14461**

L'existence de la promesse synallagmatique de vente et d'achat de parts sociales ou d'actions peut être déduite d'éléments autres que la rédaction d'un contrat **écrit** comme, par exemple, l'envoi de déclaration d'intention d'aliéner contenant indication de la chose, du prix et de l'identité de l'acquéreur (Cass. 3e civ. 8-11-1995 n° 1990 P : RJDA 12/95 n° 1432). Toutefois, les parties ont intérêt à se ménager une **preuve** de la promesse en signant un acte sous signature privée. Dans ce cas, la promesse est soumise aux dispositions de l'article 1325 du Code civil (devenu C. civ. art. 1375, al. 1) aux termes duquel les actes sous signature privée qui contiennent des conventions synallagmatiques ne sont valables qu'autant qu'ils ont été faits en autant d'originaux qu'il y a de parties ayant un intérêt distinct (Cass. civ. 25-5-1948 : S. 1949 I p. 76). Cependant, les parties peuvent prévoir qu'il peut être suppléé à cette formalité par la remise d'un exemplaire unique entre les mains d'un tiers (C. civ. art. 1375, al. 1 ; Cass. 1e civ. 5-1-1973 n° 71-13.779 : Bull. civ. I n° 8 ; Cass. 3e civ. 5-3-1980 n° 78-15.747 : Bull. civ. III n° 52). **14462**

FORME DE LA PROMESSE UNILATÉRALE

La promesse unilatérale de vente de parts sociales et d'actions étant un contrat consensuel, elle se forme valablement par le seul consentement des parties (cf. C. civ. art. 1109) sans qu'aucune formalité particulière ne soit requise pour sa validité à défaut de dispositions prévoyant le contraire. Notamment, bien qu'unilatérale, la promesse de cession de parts sociales ou d'actions échappe à la formalité de l'**enregistrement** prévue par l'article 1589-2 du Code civil (n° 14907). **14480**

Lorsque la promesse unilatérale est consentie par acte sous signature privée, sa **preuve** n'est pas soumise à la formalité du double original prévue par l'article 1375, al. 1 du Code civil. **14481**
Toutefois, il en va différemment lorsque l'importance de l'indemnité d'immobilisation souscrite confère à la promesse unilatérale un caractère synallagmatique (nos 14200 s.) ou lorsque la promesse unilatérale se trouve incluse dans un ensemble d'obligations contractuelles réciproques (nos 14115 s.).

SECTION 3

ACCEPTATION DE LA PROMESSE

NATURE DE LA PROMESSE DE CESSION AVANT SON ACCEPTATION

La promesse est un contrat comportant un engagement unilatéral de la part du promettant (C. civ. art. 1124, al. 1), cédant ou acquéreur. Mais tout contrat supposant un accord de volontés entre au moins deux personnes (C. civ. art. 1101), la promesse n'est parfaite que si elle a été acceptée par le bénéficiaire. **Jusqu'à cette acceptation,** la promesse ne constitue qu'une offre de promesse. Sur le régime de l'offre, voir nos 12000 s. **14530**

ATTENTION

Il convient de ne pas confondre l'**acceptation** de la **promesse et** l'acceptation de la **vente.** Dans le premier cas, seul le promettant est lié, le bénéficiaire, quant à lui, restant libre d'acquérir ou non les parts. Au contraire, l'acceptation de la vente, qui correspond à la « levée d'option », rend le contrat de vente parfait et engage les deux parties (n° 14680).

MODALITÉS D'ACCEPTATION DE LA PROMESSE DE CESSION

14535 L'**acceptation** de la promesse peut être **expresse** ou résulter du **comportement du bénéficiaire,** par exemple du versement de l'indemnité d'immobilisation convenue à l'acte. En revanche, elle ne peut pas se déduire du seul exercice par celui-ci de la faculté de se faire remettre l'acte de promesse afin de détenir la preuve littérale de l'obligation contractée à son profit (Cass. com. 7-6-1979 : JCP N 1980 II p. 21). Elle ne peut pas non plus résulter du simple silence du bénéficiaire.

EFFETS DE L'ACCEPTATION DE LA PROMESSE DE CESSION

14540 S'il s'agit d'une **promesse unilatérale,** l'acceptation confère irrévocablement au bénéficiaire le droit de décider s'il lèvera ou non l'option qui lui a été consentie. Elle ne crée à sa charge aucune obligation de vendre ou d'acheter. Le bénéficiaire n'est pas tenu de lever l'option et peut soit renoncer à la vente ou à l'achat, soit renégocier les conditions proposées. Par suite, encourt la cassation la décision qui condamne le bénéficiaire d'une promesse d'achat à vendre au prix offert par le promettant au seul motif que le prix porté dans la promesse avait été « nécessairement accepté par l'éventuel vendeur, lequel se réservait seulement la faculté de vendre si la réalisation de la promesse était demandée dans le délai fixé à l'acte », alors que le propriétaire du bien avait accepté la promesse d'achat « sans toutefois prendre l'engagement de vendre » (Cass. com. 15-10-1996 n° 1517 D, en l'espèce, le propriétaire avait proposé au promettant de vendre son bien à un prix supérieur à celui fixé par la promesse et la cour d'appel l'avait condamné à régulariser la vente à ce dernier prix).

La promesse unilatérale de vente n'a pas pour effet de transmettre au bénéficiaire la propriété du bien qui en est l'objet (Cass. req. 26-11-1935 : DP 1936 I p. 37).

De même, l'acceptation d'une **promesse synallagmatique ne valant pas vente** ne rend pas la vente parfaite et chaque bénéficiaire dispose d'une option, qu'il peut lever ou ne pas lever.

SUBSTITUTION D'UN TIERS DANS LA PROMESSE DE CESSION

14551 Il arrive fréquemment que la promesse, qu'elle soit unilatérale ou synallagmatique, contienne une **clause** permettant au bénéficiaire de **se substituer** toute personne (physique ou morale) de son choix.

Cette clause s'analyse, à notre avis, en une cession de contrat. Celle-ci est définie comme l'opération par laquelle un contractant, le cédant (en l'espèce le bénéficiaire de la promesse) cède sa qualité de partie au contrat à un tiers, le cessionnaire, avec l'accord de son cocontractant, le cédé (le promettant) (C. civ. art. 1216, al. 1). Sur une étude sur la question de la qualification de la clause de substitution, voir l'article de M. Mekki : La clause de substitution dans les promesses de vente : une cession de contrat, what else ? : BRDA 20/18 inf. 20.

Lorsque l'accord du promettant est ainsi donné dans la promesse, le contrat entre le cédant et le cessionnaire doit lui être notifié ou il doit en prendre acte pour que la cession de la promesse produise effet (art. 1216, al. 2). Pour que cette faculté de substitution soit valable, la promesse doit être constatée par écrit (cf. art. 1216, al. 3, prévoyant que « la cession doit être constatée par écrit, à peine de nullité »).

SECTION 4 LEVÉE DE L'OPTION

A. Formalités de la levée d'option de la promesse de cession

14600 Les conditions de réalisation de la promesse sont **librement fixées par les parties.** Celles-ci peuvent prévoir, par exemple, que l'option devra être levée en respectant certaines formalités ou procédures (notamment, envoi d'une lettre, généralement recommandée AR, enregistrement de l'acte de levée d'option, notification de cet acte par huissier ou commissaire de justice) ou que la cession devra être réitérée par acte notarié.

Toute **levée d'option accomplie sans respecter les formes** prescrites est privée d'effet. 14601

ILLUSTRATIONS

Jugé qu'en présence d'une clause prévoyant la levée d'option par lettre recommandée AR, un reçu de sommes d'argent délivré par le promettant au bénéficiaire « en compte et à valoir à titre de levée de la promesse » ne pouvait pas valoir levée de l'option (Cass. 3e civ. 7-1-1987 : Bull. civ. III no 7).

Jugé que le bénéficiaire d'une promesse unilatérale d'achat prévoyant la levée d'option par lettre recommandée AR n'avait pas valablement levé l'option dès lors qu'il n'avait pas respecté cette formalité ; dans cette affaire, il est d'ailleurs permis de s'interroger sur la réalité de l'intention de vendre du bénéficiaire puisque, environ deux ans après la date à laquelle il pouvait lever l'option, il avait participé à une assemblée générale extraordinaire de la société au cours de laquelle il avait souscrit à une augmentation de capital ; en outre, il avait attendu huit ans avant de manifester par une sommation son intention de réaliser la cession (CA Douai 15-6-1992 : D. 1993 p. 257 note J. Moury).

Dans un cas où une promesse de cession de parts sociales prévoyait que l'option devait être levée par le bénéficiaire de la promesse par lettre recommandée AR, jugé que ce dernier, qui avait été contraint de poursuivre le promettant en justice pour faire constater la validité de la promesse, avait régulièrement levé l'option en signifiant ses conclusions récapitulatives le premier jour du délai prévu à cet effet (Cass. 3e civ. 11-5-2005 no 548 FS-D : RJDA 3/06 no 280).

En cas de promesse unilatérale, il est conseillé de préciser dans l'acte l'**adresse** à laquelle le bénéficiaire pourra **joindre le promettant** pour lui faire part de son intention de lever l'option (M. Storck : J.-Cl. Sociétés fasc. 73-20 no 52). En effet, toute levée d'option notifiée à l'adresse mentionnée dans la promesse est opposable au promettant, sauf si celui-ci prouve avoir manifesté son intention de recevoir la notification à une autre adresse. A ainsi été censurée une cour d'appel qui, pour déclarer irrégulière une levée d'option notifiée à l'adresse indiquée dans la promesse, avait retenu que le promettant avait entre-temps **changé d'adresse** et que la levée d'option aurait dû être notifiée à sa nouvelle adresse, sans rechercher si ce dernier avait fait connaître au bénéficiaire sa volonté de voir notifier l'acceptation à un nouveau domicile (Cass. 3e civ. 4-7-1990 no 89-10.249 : Bull. civ. III no 169). 14602

Si la promesse ne prévoit **aucun formalisme** particulier, le droit commun des contrats trouve à s'appliquer. La volonté du bénéficiaire de lever l'option peut résulter de tout acte la manifestant sans équivoque. La **levée de l'option** peut donc être **verbale.** 14603

ILLUSTRATIONS

Jugé que l'option est régulièrement levée lorsque le promettant a été informé oralement par son notaire de la décision du bénéficiaire avant l'échéance (Cass. 3e civ. 19-12-2012 no 08-14.225 FS-PB : RJDA 3/13 no 207).

En cas de doute, le juge recherchera les éléments caractérisant la volonté des parties de réaliser la promesse (nos 14680 s.).

B. Délai pour lever l'option de la promesse de cession

STIPULATION D'UN DÉLAI DANS LA PROMESSE DE CESSION

Généralement, les promesses sont consenties pour un certain délai. 14610

Mieux vaut prévoir la sanction du **non-respect du délai,** par exemple, que la promesse devient caduque ou est résolue si, à l'expiration de ce délai, le bénéficiaire n'a pas levé l'option. Dans le cas où la sanction est prononcée, les parties ne sont alors plus liées par leur engagement ; il en résulte notamment que le promettant peut à nouveau traiter avec les tiers et est en droit de se faire attribuer l'indemnité d'immobilisation s'il en a été prévu une dans cette hypothèse (nos 14795 s.).

Lorsque les **parties** n'ont **pas expressément sanctionné le non-respect du délai** par la caducité ou la résolution de la promesse, le juge peut prononcer cette sanction si le dépassement de délai est suffisamment important ; il a ainsi été jugé qu'un retard de quelques jours apporté par le bénéficiaire à la signature de l'acte définitif de cession ne constituait pas une violation suffisamment grave de la promesse de nature à en entraîner la résolution (Cass. com. 1-6-1993 no 1013 D : RJDA 12/93 no 1009, 1e espèce).

Le promettant ne peut pas demander au juge de prononcer la caducité ou la résolution de la promesse pour dépassement du délai s'il est établi qu'il a **renoncé au bénéfice de ce délai.** 14611

ILLUSTRATIONS

Jugé qu'un promettant avait renoncé tacitement au délai stipulé dans la promesse dès lors que la cession n'avait pas pu intervenir à la date prévue par suite du désaccord des parties sur la détermination de la valeur des parts et que cette date était si peu essentielle que, un mois après environ, le promettant avait demandé au juge des référés la désignation d'un huissier pour procéder à un inventaire contradictoire des actifs de la société en exécution de la promesse (Cass. com. 1-6-1993 n° 1015 D : RJDA 12/93 n° 1009, 2e espèce).

Le fait de **lever l'option prématurément** ne vaut pas renonciation du bénéficiaire à se prévaloir du délai contractuel prévu à cet effet et n'entraîne donc pas la caducité de la promesse. Ainsi, dans un cas où le bénéficiaire d'une promesse de vente avait levé l'option avant la date de validité de la clause d'option d'achat, il a été jugé que, si cette levée d'option n'avait pu produire aucun effet en l'absence d'acceptation par le promettant, l'échange des consentements s'était en revanche opéré par la réitération de cette levée d'option à l'intérieur du délai contractuellement prévu à cet effet (Cass. 3e civ. 15-2-2005 n° 249 F-D : RJDA 8-9/05 n° 947).

14612 Dans un cas où le bénéficiaire d'une promesse unilatérale, qui devait lever l'option dans un délai déterminé soit par lettre recommandée AR, soit par tout écrit à remettre entre les mains du promettant ou du rédacteur de la promesse, prétendait avoir remis à ce dernier un acte de levée d'option le dernier jour de ce délai et demandait en conséquence la réalisation de la vente, les juges ne peuvent pas écarter cette demande en retenant que le bénéficiaire ne produisait pas d'acte de levée d'option portant une date d'enregistrement ; en effet, en exigeant du bénéficiaire la **preuve de la date certaine de l'acte,** que la convention des parties n'avait pas prévue, les juges ont inversé la charge de la preuve (Cass. 3e civ. 24-3-1993 n° 91-14.080).

14614 Il a été jugé qu'avait été **levée** à temps l'option notifiée par un courrier recommandé la veille de l'expiration de la promesse et reçue après cette **date** par le promettant, seule la date d'envoi devant être prise en considération pour déterminer la date de manifestation de volonté du bénéficiaire tandis que le délai d'option ne pouvait pas être raccourci en fonction des aléas d'acheminement du courrier (CA Paris 27-10-2015 n° 14/14101 : RJDA 3/16 n° 199). On peut se demander si cette jurisprudence, en ce qu'elle fait sienne la théorie dite de l'émission de l'acceptation, se maintiendra compte tenu de l'article 1121 du Code civil, issu de l'ordonnance 2016-131 du 10 février 2016, aux termes duquel le contrat est parfait lorsque l'acceptation parvient à l'offrant, bien que cet article ne soit pas en tant que tel applicable aux promesses.

14615 En cas de **décès du bénéficiaire** de la promesse, ses héritiers doivent lever l'option dans le délai prévu ; lorsqu'une promesse d'achat de parts sociales prévoit que l'option devait être levée dans les trois mois du décès du bénéficiaire, ni le délai de quatre mois pendant lequel l'héritier ne peut être contraint par les créanciers de prendre parti sur la succession prévu par l'article 771, al. 1 du Code civil ni le délai de prescription de dix ans de la faculté d'option de l'héritier prévu par l'article 780, al. 1 du même Code ne permettent aux héritiers du bénéficiaire de s'affranchir des stipulations de la convention et d'imposer au promettant un allongement du délai (Cass. 1e civ. 4-7-2012 n° 11-10.594 FS-PBI : RJDA 12/12 n° 1030).

14620 **Prorogation du délai** Avant son expiration, le délai pour lequel la promesse a été consentie peut être prorogé **par les parties.** Si le délai est prorogé sans qu'un terme précis ait été fixé, la promesse est maintenue pour une durée indéterminée.

Les juges doivent appliquer la **clause de prorogation** dès lors que celle-ci est claire et précise. Ainsi, en présence d'une promesse comportant une clause prorogeant de plein droit sa durée pour expirer dix jours à partir de la date où la dernière des pièces prévues à l'acte aurait été remise au notaire du bénéficiaire, c'est à tort qu'une cour d'appel a constaté la caducité de la promesse en retenant que cette clause de prolongation de plein droit ne pouvait pas avoir pour effet de prolonger la promesse au-delà d'un délai raisonnable (Cass. 3e civ. 17-7-1997 n° 1251 P : RJDA 12/97 n° 1454). En effet, dans cette affaire, si les parties n'avaient stipulé aucune limitation dans le temps pour la remise de la dernière pièce exigée, elles avaient bien prévu une durée de prorogation limitée à dix jours après cette remise de pièce. Il y avait donc lieu de faire application de cette clause.

ABSENCE DE DÉLAI STIPULÉ DANS LA PROMESSE DE CESSION

14630 Si aucun délai n'a été stipulé, la promesse ne devient, à notre avis, caduque qu'à l'expiration du délai de prescription de droit commun de cinq ans prévu par l'article 2224 du Code civil, sauf si les parties ont fixé un délai raisonnable pour la levée de l'option (Cass. com. 27-1-2021 n° 18-22.492 F-D : RJDA 6/21 n° 375, estimant que tel était le cas d'une promesse unilatérale de vente de parts sociales en l'absence de mécanisme d'indexation du prix de cession et déclarant tardive l'option levée 11 ans après que la promesse a été consentie et acceptée). Le promettant peut néanmoins se libérer de la promesse soit après avoir mis en demeure le bénéficiaire d'accepter ou de refuser de conclure le contrat dans un délai déterminé, soit en prouvant la renonciation du bénéficiaire à se prévaloir de la promesse (Cass. civ. 4-4-1949 : D. 1949 p. 316 ; Cass. 3e civ. 24-4-1970 n° 68-10.536 : Bull. civ. III n° 279 ; pour une renonciation, Cass. com. 26-1-1993 n° 91-12.606 D : RTD civ. 1994 p. 587 obs. J. Mestre).

DÉLAI D'OPTION ET CONDITION PRÉVUE DANS LA PROMESSE DE CESSION

Lorsqu'une promesse unilatérale est soumise à une condition suspensive (par exemple l'obtention d'un prêt ou d'une autorisation administrative), la question se pose de savoir s'il est possible de **lever l'option dans le délai** prévu alors même que la **condition** n'est **pas réalisée.** Les juges ont répondu à cette question à l'occasion de litiges portant sur des promesses de vente immobilière prévoyant à la fois un délai d'option et un **délai pour la réalisation de la condition.** Les solutions apportées, dont l'application est à notre avis transposable aux promesses conditionnelles de cession de parts ou d'actions, sont les suivantes (D. Pronier, Option et condition suspensive dans une promesse unilatérale de vente : Rapport de la Cour de cassation pour 1998 p. 129). 14645

1. Lorsque les deux **délais** sont **identiques,** le bénéficiaire en faveur de qui la condition a été stipulée peut choisir de lever l'option le dernier jour de ces délais même si cette condition ne s'est pas réalisée, auquel cas il renonce à se prévaloir des conséquences juridiques de ce défaut de réalisation.

En effet, en cas de condition suspensive stipulée dans l'intérêt des bénéficiaires, ceux-ci peuvent y renoncer, tant que celle-ci n'est pas accomplie ou n'a pas défailli (C. civ. art. 1304-4 ; Cass. 3e civ. 13-10-1999 n° 1560 D : RJDA 12/99 n° 1305) et valablement lever l'option tant que la promesse est maintenue (Cass. 3e civ. 13-10-1999 n° 1560 D précité). La solution serait identique en cas de condition stipulée en faveur des deux parties.

2. Lorsque le **terme du délai d'option est antérieur au terme du délai de réalisation de la condition,** le bénéficiaire peut lever l'option sous la condition non encore réalisée (ce qui transforme la promesse en cession conclue sous condition) ou en renonçant au bénéfice de celle-ci.

En revanche, le bénéficiaire est tenu de payer au promettant l'indemnité d'immobilisation prévue dans la promesse s'il ne lève pas l'option (sur cette indemnité, voir nos 14795 s.) alors même que la condition ne s'est pas réalisée à l'expiration du délai d'option. Les juges ne peuvent donc pas déclarer ce paiement dépourvu de fondement contractuel pour défaillance de la condition, sans préciser si les parties ont fixé un terme pour la réalisation de celle-ci correspondant au terme fixé pour la levée de l'option ou s'il est certain que la réalisation de la condition est devenue impossible à l'expiration du délai d'option (Cass. 3e civ. 24-6-1998 n° 1109 PF : RJDA 12/98 n° 1341). Jugé, de même, qu'un bénéficiaire ne pouvait pas se prévaloir d'une levée d'option intervenue après le délai d'option dès lors que rien dans la promesse ne liait ce délai au délai de réalisation de la condition et que, par suite, les délais supplémentaires accordés pour cette réalisation ne pouvaient pas entraîner de report du délai d'option, aucune des pièces n'établissant un accord quelconque des parties sur une prorogation de ce délai (Cass. 3e civ. 22-11-1995 n° 2143 P : RJDA 3/96 n° 324).

3. Lorsque le **terme du délai d'option est postérieur au terme du délai de réalisation de la condition,** le bénéficiaire peut lever l'option en renonçant, en cas de défaillance de la condition, à se prévaloir des conséquences juridiques de cette défaillance.

En cas de condition stipulée en faveur du promettant ou des deux parties, on considère que le promettant qui a accordé, dès l'origine ou par une prorogation postérieure, un délai d'option plus long que celui stipulé pour réaliser la condition a entendu maintenir son offre au-delà de ce dernier délai et a donc nécessairement renoncé à se prévaloir des conséquences juridiques de la défaillance de la condition. Il en résulte que la promesse est toujours valable après l'expiration du délai de réalisation de la condition, sans qu'il y ait lieu de rechercher si la défaillance de celle-ci a eu pour effet de rendre la promesse caduque (Cass. 3e civ. 12-4-1995 n° 854 P : RJDA 7/95 n° 831).

S'il n'est stipulé **aucun délai pour la réalisation de la condition,** le bénéficiaire peut lever l'option dans le délai prévu par la promesse même si la condition n'est pas réalisée. S'il ne le fait pas, le défaut de réalisation de la promesse lui est imputable. La levée d'option accomplie sous la condition non encore réalisée transforme la promesse en cession conclue sous condition. 14646

En présence d'une **condition mise à la charge du promettant,** le bénéficiaire qui n'a pas levé l'option dans le délai prévu par la promesse ne peut pas imputer la caducité de celle-ci à son cocontractant en lui reprochant de ne pas l'avoir informé de la réalisation de la condition. Il n'en irait autrement que si la promesse mentionnait l'obligation pour le promettant d'aviser le bénéficiaire de la réalisation de la condition avant l'expiration du délai de levée d'option (Cass. 3e civ. 7-3-2001 n° 364 FS-D). 14647

C. Cas particulier de la mise en liquidation judiciaire du promettant

DESSAISISSEMENT DU PROMETTANT EN LIQUIDATION JUDICIAIRE

14660 Le promettant mis en liquidation judiciaire est dessaisi de l'administration et de la disposition de ses biens (C. com. art. L 641-9, I-al. 1). Se pose donc la question du sort de la promesse.

EFFET DE LA LIQUIDATION JUDICIAIRE DU PROMETTANT SUR LA PROMESSE

14661 La liquidation judiciaire du promettant est sans effet sur la **promesse unilatérale de vente** qu'il a consentie alors qu'il était maître de ses biens et ne prive pas le bénéficiaire de son droit de lever l'option d'achat ; excède donc ses pouvoirs le juge-commissaire qui, après la levée de l'option d'achat par le bénéficiaire, autorise la cession à un tiers du fonds de commerce objet de la promesse (Cass. com. 7-3-2006 n° 05-10.371 FS-PBRI : RJDA 7/06 n° 811).

> **Précisions** En l'espèce, un contrat de location-gérance d'un fonds de commerce comportait une promesse de vente du fonds consentie au locataire-gérant avec fixation d'une date limite pour la levée de l'option. La société **propriétaire** fut mise en liquidation judiciaire et le locataire-gérant **notifia** la **levée de l'option au liquidateur avant l'arrivée du terme fixé par le contrat.** Sur la requête du liquidateur, le juge-commissaire autorisa la vente de gré à gré du fonds à une société tierce dont l'offre était plus avantageuse. Le recours formé contre cette ordonnance fut rejeté par le tribunal et l'appel interjeté à l'encontre du jugement fut déclaré irrecevable par application de l'article L 623-4, 2° du Code de commerce dans sa rédaction antérieure à la loi 2005-845 du 26 juillet 2005, au motif que l'option d'achat était devenue caduque dès le prononcé de la liquidation judiciaire, le juge-commissaire ayant, dès lors, agi dans la limite de ses attributions en accédant à la requête du liquidateur.

14662 La liquidation judiciaire du promettant est également sans effet sur la **promesse synallagmatique de vente** dans la mesure où celle-ci valait vente avant l'ouverture de la liquidation judiciaire. Ainsi, l'absence du liquidateur du promettant vendeur à l'acte réitérant la vente parfaite avant le jugement d'ouverture n'a pas pour effet de rendre inopposable à la procédure collective le droit de propriété de l'acquéreur (Cass. com. 6-3-2019 n° 17-24.608 F-D : RJDA 6/19 n° 451).

EFFET DE LA LIQUIDATION JUDICIAIRE SUR LE PAIEMENT DU PROMETTANT

14665 Si le promettant en liquidation judiciaire est le vendeur, il n'a plus le pouvoir de recevoir le paiement du prix ; le paiement fait entre ses mains est inopposable à la procédure collective (Cass. com. 6-3-2019 n° 17-24.608 F-D : RJDA 6/19 n° 451).

SECTION 5 ISSUE DE LA PROMESSE

I. RÉALISATION

RÉALISATION DE LA PROMESSE DE CESSION PAR LA LEVÉE DE L'OPTION

14680 La levée de l'option qui emporte réalisation de la promesse et conclusion de la vente doit intervenir dans les conditions fixées par les parties (n°s 14600 s.). En l'absence de formalité spécifiquement définie au contrat, la levée de l'option doit traduire une **volonté ferme, certaine et définitive du bénéficiaire** d'acquérir ou de vendre. En outre, la levée de l'option doit être **conforme à l'offre** telle qu'elle est contenue dans la promesse (Cass. com. 9-10-2012 n° 11-14.498 F-D : RJDA 2/13 n° 133). C'est dans l'exercice de leur pouvoir souverain d'appréciation des faits et de la volonté des parties que les juges du fond retiennent l'existence de la levée de l'option.

ILLUSTRATIONS

Le **bénéficiaire** d'une promesse unilatérale de vente n'a pas levé l'option lorsqu'il s'est borné à solliciter qu'il lui soit donné acte de ce qu'il **réitérait,** si besoin était, **sa volonté de réaliser la promesse** de vente et de payer le prix dès la réalisation des conditions suspensives.

Cass. 3e civ. 27-3-2008 n° 07-11.721 FS-D : RJDA 10/08 n° 1001.

Les parties à une promesse unilatérale de cession d'actions étaient convenues de compenser le prix de cession avec un prêt de même montant précédemment accordé au promettant par le bénéficiaire, pour la garantie duquel ce dernier avait obtenu un nantissement sur les actions en cause.
Le bénéficiaire n'était pas simplement titulaire d'un droit de gage sur les titres mais les parties avaient **exécuté la convention par le transfert des actions et le paiement du prix** : le procès-verbal d'une assemblée générale de la société réunie deux mois et demi après la conclusion de la promesse indiquait que le bénéficiaire était attributaire du même nombre de titres que celui indiqué dans cette promesse ; la levée de l'option était intervenue environ un mois après la conclusion de celle-ci ; les parties avaient réalisé la cession dès avant le point de départ du délai fixé pour la réalisation d'une condition suspensive ; les écritures de régularisation relatant le paiement du prix par compensation avec le prêt avaient été passées dans les livres comptables du promettant.
Cass. com. 2-7-1974 : D. 1975 p. 762 note J.-C. Bousquet.

Le bénéficiaire peut lever l'option **après le décès du promettant** contre les héritiers de celui-ci, tenus de la dette contractée par lui (Cass. 3e civ. 8-9-2010 n° 09-13.345 FS-PB : RJDA 12/10 n° 1142 rapport L. Jacques p. 1003). Le promettant étant valablement engagé dès la promesse, son décès, avant la levée d'option, n'implique pas qu'un nouveau consentement des héritiers (ou, s'ils sont mineurs, de leur représentant) soit nécessaire. **14682**

EFFETS DE LA LEVÉE DE L'OPTION PRÉVUE PAR LA PROMESSE DE CESSION

Sauf cas particuliers (n° 14690), la levée de l'option par le bénéficiaire d'une **promesse unilatérale** rend la cession parfaite. Une vente immobilière a ainsi été considérée comme parfaite dès lors que le bénéficiaire de la promesse de vente avait levé l'option avant l'expiration du délai prévu en rencontrant le promettant chez le notaire, en présentant à cette occasion le chèque établi pour payer le prix de vente et en réitérant sa volonté de signer l'acte définitif de vente, alors même que le promettant avait refusé de signer cet acte (Cass. 3e civ. 26-6-1996 n° 1167 P : RJDA 7/96 n° 905). En l'espèce, la Cour de cassation a précisé que les juges n'avaient pas à procéder à une recherche qui ne leur était pas demandée sur la signification par le promettant de sa décision de ne plus vendre avant la levée de l'option, ce qui, indique M. le conseiller Pronier, rapporteur dans cette affaire, sous-entend que si cette recherche avait été demandée, « elle aurait été efficiente, montrant ainsi que seule la levée de l'option est de nature à justifier que le promettant, tenu alors d'une obligation de donner, soit obligé de s'exécuter et que, à défaut, sa volonté soit suppléée par une décision judiciaire » (D. Pronier, Promesse unilatérale de vente, nature de l'obligation du promettant : RJDA 7/96 n° 16 p. 636). **14685**

Par la levée de l'option, la promesse devient une convention synallagmatique obligeant d'une manière définitive et irrévocable les parties, l'accord des volontés étant alors acquis entre elles sur les éléments essentiels du contrat. La **propriété** des droits sociaux se trouve donc **transférée** à l'acheteur, la signature de l'acte définitif de cession n'étant que la matérialisation de l'accord des parties et du transfert de propriété et non la condition de sa validité (CA Paris 17-6-1987 n° 87-1611). En l'espèce, le fait que la date fixée dans la promesse unilatérale pour signer l'acte de cession de parts sociales ait été retardée par le promettant au motif qu'il attendait une réponse de l'administration fiscale sans incidence sur le prix de cession et les obligations du bénéficiaire a été jugé sans portée sur le transfert de propriété des parts réalisé par la levée de l'option. De même, les modifications de la promesse proposées par le bénéficiaire n'avaient pas pu remettre en cause l'accord conclu, ces changements constituant seulement des adaptations sur des points secondaires de la promesse, consécutives au retard apporté par le promettant à la réalisation de la cession. En conséquence, bien que les parties ne se soient finalement pas rencontrées pour signer l'acte de cession, le promettant a été condamné à payer le prix de cession convenu dans la promesse, la décision prononçant cette condamnation valant vente des parts à défaut pour le promettant de réaliser la cession dans le mois de la signification de cette décision. **14686**
Rien n'interdit aux parties de prévoir dans la promesse une **clause retardant le transfert de propriété** des parts ou actions à une date postérieure à la levée de l'option (par exemple, à la date de paiement du prix). Une telle clause doit alors être expressément prévue dans la promesse.

ILLUSTRATIONS

Dans un cas où l'exécution forcée d'une promesse de vente immobilière avait été ordonnée bien que le bénéficiaire n'ait jamais offert de payer le prix de vente, jugé que l'examen de la promesse litigieuse ne faisait pas apparaître que les parties avaient entendu subordonner la « perfection de la vente » au paiement du prix, car il y était seulement question de la vente de l'immeuble moyennant un prix déterminé, de sorte qu'à la levée de l'option, le consentement des parties sur la chose et sur le prix s'était réalisé et que la propriété de l'immeuble s'était trouvée transférée indépendamment du paiement du prix (CA Bordeaux 29-6-1964 : Gaz. Pal. 1964 p. 362).

14687 La conclusion de la cession à la date de la levée de l'option entraîne les conséquences suivantes :
– si le **promettant cède les mêmes parts ou actions à un tiers** après cette date, cette cession, considérée comme la vente d'une chose appartenant à autrui, est nulle en application de l'article 1599 du Code civil (CA Paris 4-10-1991, 15e ch. B : Bull. Joly 1991 p. 1131 note P. Le Cannu, en l'espèce, la cour a renvoyé le bénéficiaire « à faire constater la cession par acte notarié ou sous signature privée, sauf en cas de refus du cédant, à agir par voie judiciaire », pour demander l'exécution de la cession ou sa résolution) ou inopposable au bénéficiaire (CA Paris 19-11-1993, 3e ch. B : Bull. Joly 1994 p. 193) ;
– en cas de **refus de l'une des parties de réaliser la cession** après cette date, l'autre partie peut obtenir en justice soit l'exécution forcée de cette cession par un jugement valant contrat, soit sa résolution et l'octroi de dommages-intérêts en réparation de son préjudice.

> **Précisions** Il n'est pas possible de **demander à la fois la résolution de la cession et son exécution** ; il en résulte que le bénéficiaire d'une promesse de cession d'actions, qui, à sa demande, avait obtenu du juge une indemnisation pour défaut de réalisation de celle-ci et avait ainsi nécessairement renoncé à exiger l'exécution directe de la cession, était devenu irrecevable à contester la validité de la cession des actions consentie à un tiers après la levée de l'option (Cass. com. 21-2-1995 n° 387 D : Bull. Joly 1995 p. 404 note P. Le Cannu).

14688 **Anéantissement de la cession après la levée de l'option** Une fois l'option levée, la cession ne peut plus être anéantie que par l'**application d'une clause résolutoire** ou par l'effet d'une **décision de justice prononçant la résolution** pour manquement d'une partie à ses obligations (CA Paris 19-11-1993, 3e ch. B : Bull. Joly 1994 p. 193), par exemple en cas de défaut de paiement du prix ou, comme nous venons de le voir (n° 14687), en cas de refus d'une des parties de réaliser la cession.

ILLUSTRATIONS

Dans un cas où le bénéficiaire d'une promesse de vente immobilière avait valablement levé l'option et où les parties, qui avaient renoncé au délai fixé pour la réalisation de la vente par acte authentique, l'avaient prorogé sans parvenir à s'entendre sur un nouveau terme, les juges ne peuvent pas accueillir la demande du promettant tendant à faire constater le défaut de réalisation de la vente du fait du bénéficiaire en retenant que, le délai étant devenu indéterminé et le promettant ayant fixé une date en précisant qu'à défaut il reprendrait sa liberté, le bénéficiaire n'avait pas déféré à cette mise en demeure sans justifier d'un motif légitime ; en effet, le bénéficiaire était devenu propriétaire à la suite de la levée de l'option et la condition résolutoire de la vente était caduque du fait de la renonciation au délai impératif qu'elle contenait, de sorte que le droit de propriété du bénéficiaire ne pouvait pas être anéanti par l'effet d'une simple **mise endemeure** d'exécuter une obligation consécutive à la vente (Cass. 3e civ. 14-11-1996 n° 1662 D : RJDA 3/97 n° 337 et, sur renvoi, CA Versailles 13-1-1999 n° 96-9686, ch. civ. réunies : RJDA 5/99 n° 538). Le promettant ne pouvait donc pas décider unilatéralement de la date à laquelle serait signé l'acte notarié, s'octroyer le montant de l'indemnité d'immobilisation et vendre le bien à un tiers sans avoir obtenu préalablement du tribunal une décision prononçant la résolution de la vente. En vue d'obtenir cette résolution aux torts du bénéficiaire, le promettant ne pouvait pas utilement faire valoir que ce dernier n'était pas en possession des fonds nécessaires au jour de la levée de l'option ; en effet, le promettant n'ayant pas mis en demeure le bénéficiaire de payer à cette date alors que la promesse prévoyait un paiement comptant du prix, il peut en être déduit que les parties avaient implicitement reporté ce paiement au jour de la signature de l'acte notarié (CA Versailles 13-1-1999, précité).

Dans un cas où le bénéficiaire d'une promesse unilatérale d'achat d'actions avait **levé l'option après la mise en redressement judiciaire de la société** ayant émis ces actions, le promettant a été condamné à exécuter la promesse en payant le prix de cession des titres pour les raisons suivantes : le promettant ne pouvait pas utilement prétendre que la promesse était devenue nulle pour défaut de cause à la suite de la défaillance de la société puisque l'existence de la cause doit s'apprécier au moment de la formation du contrat ; il était également vain de soutenir qu'en application des dispositions de l'article 1601 du Code civil, la vente était nulle du fait de la perte de la « chose vendue » à la date de levée de l'option, puisque cette chose n'était pas la société même mais les titres composant son capital ; dans une cession de droits sociaux, l'acquéreur accepte de courir les risques en perte de valeur et aménage ses obligations en fonction de ces risques, de sorte qu'il est tenu d'honorer ses engagements, même si les titres ont perdu leur valeur (T. com. Paris 10-3-1992, 2e ch. : RJDA 8-9/92 n° 834, solution transposable sous l'empire du nouvel article 1169 du Code civil, issu de l'ordonnance 2016-131 du 10-2-2016, qui a substitué à l'exigence d'une cause celle d'une contrepartie ni illusoire ni dérisoire au profit de celui qui s'engage à la date de formation du contrat).

De même, le bénéficiaire d'une promesse unilatérale d'achat portant sur des actions d'une société anonyme, qui avait levé l'option **avant la mise en redressement judiciaire** de la SA, a été condamné à payer le prix de cession des actions pour les raisons suivantes : la cession était formée dès la levée de l'option, cette dernière, effectuée dans le délai et dans les formes

convenues, ayant emporté l'accord des parties sur les titres cédés et leur prix ; le transfert de propriété avait donc eu lieu à cette date, même si la possession effective des titres et le paiement d'une partie du prix étaient différés ; la mise en redressement judiciaire de la société émettrice après la levée de l'option n'avait pas eu pour effet de rendre nulle la cession dès lors qu'à la date de cette levée les actions de la société existaient toujours et qu'elles n'avaient perdu leur valeur que postérieurement (CA Versailles 19-1-2006 n° 05-414, 12e ch. sect. 1 : RJDA 5/06 n° 541).
Sur la possibilité pour le bénéficiaire de la promesse de se prémunir contre le risque de devoir acquérir des parts sociales ou des actions ayant perdu leur valeur du fait de l'ouverture d'une procédure collective, voir CA Colmar 1-6-2004 : n° 14290.

Cas particuliers La levée de l'option ne rend pas la cession parfaite dans les cas suivants : 14690
– si la promesse est consentie sous une **condition suspensive non réalisée,** auquel cas la levée de l'option transforme la promesse en cession conclue sous condition ;
– si le bénéficiaire lève l'option sous une **condition non prévue dans la promesse,** une telle levée d'option nous paraissant privée d'effet ;
– si les parties ne sont pas d'accord sur l'application de la clause de **détermination du prix** de cession, auquel cas la levée de l'option transforme la promesse unilatérale en promesse synallagmatique ne valant pas vente.

> **Précisions** En cas de désaccord des parties sur la détermination du prix après la levée de l'option, la cession n'est appelée à devenir effective qu'une fois ce prix fixé, de sorte que, tant que cette fixation n'est pas intervenue, le **promettant** demeure associé de la société dont les parts ou actions font l'objet de la promesse, ce qui lui permet de **demander la désignation d'un expert** chargé de présenter un rapport sur une ou plusieurs opérations de gestion accomplies par la société (Cass. com. 21-10-1997 n° 2083 P : RJDA 1/98 n° 64).

II. DÉFAUT DE RÉALISATION DE LA PROMESSE DE CESSION

A. Défaut de réalisation de la promesse imputable au promettant

1. RÉTRACTATION DE LA PROMESSE UNILATÉRALE

DÉFINITION DE LA RÉTRACTATION DE LA PROMESSE UNILATÉRALE DE CESSION

Le promettant se rétracte lorsqu'il revient sur son engagement de céder ses parts ou actions au bénéficiaire, s'il s'agit d'une promesse unilatérale de vente, ou s'il refuse d'acheter, en cas de promesse unilatérale d'achat. 14700

a. Rétractation d'une promesse assortie d'un délai d'option

Il convient de distinguer le régime de la rétractation applicable depuis le 1er octobre 2016 et celui applicable avant cette date. 14701
Avant le 1er octobre 2016, les tribunaux retenaient que la rétractation du promettant avant la levée de l'option ne permettait pas au bénéficiaire d'obtenir l'exécution forcée de la vente, le nouvel article 1124, al. 2, issu de l'ordonnance 2016-131 du 10 février 2016 et entré en vigueur le 1er octobre 2016, a pris le contre-pied de cette jurisprudence.

ATTENTION

La question se pose de savoir si les nouvelles dispositions de l'article 1124, al. 2 s'appliquent à la **rétractation intervenue depuis le 1er octobre 2016 d'une promesse conclue avant cette date.** Appelée à se prononcer sur cette question, la troisième chambre civile de la Cour de cassation a jugé, en se fondant sur les textes antérieurs, que la révocation pendant le délai d'option d'une promesse de vente conclue avant le 1er octobre 2016 n'empêche pas la conclusion de la vente, sauf clause contraire (Cass. 3e civ. 23-6-2021 n° 20-17.554 FS-B : RJDA 11/21 n° 708 ; Cass. 3e civ. 20-10-2021 n° 20-18.514 FS-B : RJDA 2/22 n° 70). Reste donc à savoir si la chambre commerciale de la Cour de cassation compétente en matière de cession de droits sociaux se prononcera dans le même sens.

RÉTRACTATION DE LA PROMESSE DE CESSION AVANT LE 1er OCTOBRE 2016

Sous le régime applicable **avant le 1er octobre 2016,** la rétractation de la promesse après acceptation interdit au bénéficiaire d'obtenir l'**exécution forcée** de la vente, même avant l'expiration du 14702 délai d'option (notamment, Cass. 3e civ. 15-12-1993 n° 1954 P : RJDA 3/94 n° 274 ; Cass. 3e civ. 11-5-2011 n° 10-12.875 FS-PB : RJDA 8-9/11 n° 690 ; Cass. com. 13-9-2011 n° 10-19.526 F-D : RJDA 1/12 n° 25) ; il peut seulement réclamer des dommages-intérêts (CA Paris 5-12-1991 : RJDA 2/92 n° 160 ; CA Paris 27-9-2012 n° 11-20031 : RJDA 1/13 n° 22 ; CE 2-4-2015 n° 364539 : RJDA 10/15 n° 641 ; Cass. 3e civ. 6-12-2018 n° 17-21.170 FS-D : RJDA 5/19 n° 323).

14703 Les parties peuvent **convenir expressément dans la promesse que le promettant ne pourra en aucun cas se rétracter** et que, s'il venait à le faire, le bénéficiaire pourra exiger la réalisation forcée de la vente (Cass. 3e civ. 27-3-2008 n° 07-11.721 FS-D : RJDA 10/08 n° 1001 ; CA Paris 26-10-2006 n° 06-13448, 2e ch. B).

14706 **Réparation du préjudice subi par le bénéficiaire** Le préjudice subi par le bénéficiaire peut résulter de la **perte d'une plus-value** sur les parts ou actions qu'il n'a pas été en mesure d'acquérir. Si les parts ou actions litigieuses ont pris de la valeur depuis la conclusion de la promesse, le bénéficiaire peut demander le versement de dommages-intérêts correspondant à cette appréciation. Il est alors nécessaire de déterminer la valeur « actuelle » des droits sociaux en cause pour connaître le montant de la plus-value. À l'occasion d'un litige concernant l'inexécution par le promettant d'une promesse de cession d'actions, les juges ont souverainement estimé que, pour apprécier la valeur actuelle de ces actions, donc le préjudice subi par le bénéficiaire, il y avait lieu, non pas de rechercher la valeur des actifs sociaux (en l'espèce des immeubles), mais de tenir compte des différentes transactions intervenues sur les actions de la société au cours des dernières années (Cass. 1e civ. 4-12-1973 : JCP G 1974 II n° 17724 note A. Rabut).
Le préjudice subi par le bénéficiaire peut également consister dans la **perte d'une chance** de percevoir les **bénéfices futurs** des parts ou actions qu'il n'a pas été en mesure d'acquérir.

ILLUSTRATIONS

Dans une affaire où un promettant avait refusé de céder au bénéficiaire la majorité des actions d'une société exerçant ses activités dans le même domaine que les sociétés du groupe contrôlé par ce dernier, jugé qu'il résultait des éléments suivants que le bénéficiaire avait perdu une chance de percevoir les bénéfices futurs des actions qu'il n'avait pas été en mesure d'acquérir : en acquérant ces actions, le bénéficiaire était fondé à prévoir que, grâce aux effets de l'intégration de la société au sein de ce groupe, le chiffre d'affaires de celle-ci se développerait au terme de deux à trois ans à un rythme sensiblement égal à celui des activités du groupe et que, à part l'exercice au cours duquel seraient absorbées les charges résultant des réformes de structure, les bénéfices suivraient l'évolution du chiffre d'affaires ; même si les regroupements d'entreprises n'échappent pas aux risques généraux et imprévisibles de l'activité économique, l'élément de préjudice constitué par la perte d'une chance peut présenter un caractère direct et certain chaque fois qu'est constatée la disparition de la probabilité d'un événement favorable, encore que, par définition, la réalisation d'une chance ne soit jamais certaine. L'inexécution de la promesse litigieuse ayant privé le bénéficiaire des bénéfices qu'il pouvait raisonnablement espérer au cours des cinq années postérieures à la conclusion de cette promesse, le préjudice subi a été fixé à la différence entre le montant de ces bénéfices et le produit du placement du prix de cession pendant la même période (CA Paris 12-11-1980, 3e ch. A : Bull. Joly 1982 p. 959 ; en se prononçant ainsi, les magistrats ont écarté les conclusions d'un expert selon lesquelles les bénéfices effectivement réalisés par la société au cours des quatre ans ayant suivi la conclusion de la promesse avaient considérablement baissé et étaient inférieurs au produit du placement du prix de cession pendant la même période).

14708 Lorsque le **promettant** fait l'objet d'une **procédure collective,** le **bénéficiaire** doit veiller à **déclarer sa créance** de dommages-intérêts au passif de ce dernier ; à défaut, sa demande d'indemnisation est inopposable à la procédure collective (CA Paris 27-9-2012 n° 11-20031, ch. 5-9 : RJDA 1/13 n° 22).
Dans le même sens, lorsque le propriétaire d'un bien conclut avec le locataire de ce bien une promesse unilatérale de vente prévoyant l'imputation des loyers déjà payés sur le prix de vente et que le promettant est mis en redressement judiciaire, le locataire peut déclarer sa créance éventuelle au passif du promettant afin d'invoquer la compensation s'il lève l'option (Cass. com. 9-10-2019 n° 18-18.818 F-D : RJDA 1/20 n° 28).

RÉTRACTATION DE LA PROMESSE DE CESSION DEPUIS LE 1er OCTOBRE 2016

14710 **Depuis le 1er octobre 2016,** la rétractation du promettant avant l'expiration du délai d'option n'empêche pas la formation du contrat promis (cf. C. civ. art. 1124, al. 2 issu de ord. 2016-131 du 10-2-2016 ; disposition jugée conforme à la Constitution : Cass. 3e civ. QPC 17-10-2019 FS-PBI n° 19-40.028 : RJDA 1/20 n° 10). Le bénéficiaire de la promesse peut donc lever l'option malgré la rétractation et demander l'exécution forcée de la cession. Si le promettant refuse, il s'expose à ce que le juge constate l'existence du contrat et le condamne à verser des dommages-intérêts (n° 14687).
À notre avis, le promettant peut néanmoins se réserver, dans la promesse, une **faculté de révoquer** celle-ci. En effet, la nouvelle disposition ne saurait être d'ordre public, car elle n'est pas édictée

pour assurer la défense d'un intérêt privé ou général ; elle ne tend qu'à briser une jurisprudence et à mettre un terme aux controverses qu'elle suscitait.

b. Rétractation d'une promesse conclue pour une durée indéterminée

14715 En l'absence de délai d'option, le promettant peut se rétracter après avoir en vain **mis en demeure** le **bénéficiaire** de prendre parti dans un délai raisonnable (C. civ. art. 1211 ; Cass. civ. 4-4-1949 : D. 1949 p. 316 ; Cass. 3e civ. 24-4-1970 n° 68-10.536 P : Bull. civ. III n° 279).

ILLUSTRATIONS

Une personne avait acheté toutes les parts composant le capital d'une SARL et promis, par un acte signé le même jour et sans limites de délai, d'en revendre la quasi-totalité pour 25 000 € à l'un des cédants. Ce dernier avait accepté la promesse, se réservant le droit d'en demander ou non la réalisation. Près de douze ans après, il avait notifié sa décision d'acquérir au promettant qui avait invoqué la caducité de la promesse.

Une cour d'appel a souverainement déduit des éléments suivants que les parties avaient eu la commune intention de fixer un délai raisonnable pour la levée de l'option et que, compte tenu des circonstances, la caducité de la promesse unilatérale de vente était acquise au moment où son bénéficiaire avait exercé l'option qui lui avait été consentie : la convention conclue constituait, non pas une simple offre de contracter, mais une promesse unilatérale de vente à durée indéterminée, qui doit demeurer tant que le bénéficiaire n'a pas renoncé à acquérir les parts sociales et l'engagement du promettant ne peut être rétracté sans que l'autre partie soit préalablement mise en demeure d'accepter ou de refuser l'achat ; toutefois, l'option, qui ne pouvait pas être levée par le bénéficiaire avant un délai d'un an, l'avait été plus de onze ans et quatre mois plus tard ; ce délai ne pouvait pas être analysé, eu égard à la volonté manifestée par les parties au moment de la signature de la convention, comme un délai raisonnable, faisant ainsi disparaître le consentement donné au moment de la conclusion de la promesse ; malgré l'absence de fixation d'un terme à la promesse, la volonté réelle du promettant n'était pas de s'engager à titre perpétuel envers le bénéficiaire de la promesse à lui céder la majorité du capital de la société à un prix dépourvu de tout mécanisme d'indexation.

Cass. com. 27-1-2021 n° 18-22.492 F-D : RJDA 6/21 n° 375.

14716 La mise en demeure du **bénéficiaire** n'est pas nécessaire s'il est prouvé qu'il a **renoncé à se prévaloir de la promesse** (Cass. civ. 4-4-1949 : D. 1949 p. 316 ; Cass. 3e civ. 24-4-1970 n° 68-10.536 P : Bull. civ. III n° 279 ; Cass. com. 27-1-2021 n° 18-22.492 F-D : RJDA 6/21 n° 375). Une telle renonciation ne se présume pas et ne saurait s'induire nécessairement d'un oubli, d'une abstention ou d'une omission (Cass. 1e civ. 15-10-1962 : Bull. civ. I n° 418).

ILLUSTRATIONS

Dans un cas où un associé avait consenti une promesse unilatérale de cession de ses parts, jugé que le bénéficiaire avait tacitement renoncé à se prévaloir de la promesse compte tenu des éléments suivants : plus d'un an après la signature de la promesse, le promettant avait clairement manifesté son intention de ne pas donner suite à ce que, par confusion, il croyait être une cession de parts en blanc sans provoquer d'autre réaction de la part du bénéficiaire que de lui préciser qu'il s'agissait d'une promesse de cession ; par la suite, le bénéficiaire n'avait pas davantage réagi à une lettre dans laquelle le promettant lui avait fait savoir qu'il n'entendait plus donner aucune suite à quelque engagement que ce soit qui le priverait de ses droits dans la société ; deux mois après l'envoi de cette lettre, le promettant avait fait signifier au bénéficiaire qu'il estimait la promesse litigieuse dépourvue de tout effet. Il en résulte que le silence du bénéficiaire jusqu'à la date où il avait levé l'option démontrait qu'il avait accepté la position du promettant et renoncé à se prévaloir de la promesse.

Cass. com. 26-1-1993 n° 141 D : D. 1994 p. 69 note J. Moury.

Ndlr : Dans cette affaire, la renonciation tacite du bénéficiaire a été déduite, à notre avis, du silence prolongé de celui-ci face aux refus répétés du promettant ; en revanche, il nous semble qu'une telle renonciation ne serait pas retenue si le bénéficiaire s'abstenait de réagir à un seul refus exprimé par le promettant.

14718 Le promettant ne doit pas commettre d'**abus** en usant de son **droit de rétractation.**

ILLUSTRATIONS

Dans un cas où, le délai d'une promesse ayant été prorogé d'un commun accord par les parties sans qu'un terme précis ait été fixé, la promesse avait été maintenue pour une durée indéterminée, jugé que le promettant n'avait pas résilié celle-ci abusivement en notifiant sa décision de ne plus vendre cinq mois après l'expiration du délai initialement convenu, les bénéficiaires n'ayant, ni pendant le délai de prorogation ni après la décision du promettant, signifié leur volonté de réaliser la vente dans les formes prescrites par la promesse (CA Versailles 8-11-1991, 3e ch.).

c. Rétractation autorisée par une clause de dédit

14720 Les parties peuvent prévoir dans la promesse une **clause de dédit stipulée en faveur du promettant,** qui lui permet de se départir de son engagement, soit en perdant les arrhes qu'il a versées au bénéficiaire (ou en restituant le double de celles qu'il a reçues de ce dernier) (C. civ. art. 1590), soit gratuitement si la clause n'a pas prévu le versement d'arrhes ; en effet, rien n'interdit à une partie de s'engager envers une autre avec une faculté de dédit gratuite (Cass. com. 30-10-2000 n° 1789 F-D : Contrats, conc., consom. 2001 comm. n° 21 note L. Leveneur, solution énoncée en matière de vente de navire mais transposable aux promesses de cession de parts ou d'actions).

La faculté de dédit doit avoir été **expressément prévue par les parties.**

ILLUSTRATIONS

Dans un cas où une promesse prévoyait une clause de dédit en faveur du bénéficiaire, mais non au profit du promettant, jugé que celui-ci ne pouvait pas se prévaloir d'une faculté que la convention, claire et précise, ne contenait pas, dont il n'avait jamais été question au cours des pourparlers et dont les parties ne paraissaient même pas avoir envisagé la possibilité (Cass. 1e civ. 16-7-1956 : D. 1956 p. 609).

Jugé, de même, que, bien qu'ayant accepté du bénéficiaire le versement d'une somme « à titre d'arrhes », un promettant ne pouvait pas se départir de sa promesse puisqu'il n'en avait pas fait l'offre au bénéficiaire en restituant le double de cette somme, cette abstention étant l'aveu que le mot « arrhes » avait la signification d'une manifestation de volonté de passer l'acte (Cass. 3e civ. 3-4-1973 : Bull. civ. III n° 257).

14721 La clause de **dédit** ne joue qu'à **condition** que le promettant manifeste sans équivoque sa volonté de s'en prévaloir.

ILLUSTRATIONS

N'a pas manifesté sans équivoque sa volonté de se prévaloir de la clause de dédit le promettant qui, le dernier jour du délai prévu pour réaliser une promesse, a refusé de signer l'acte définitif de vente pour des motifs étrangers à l'intention d'exercer la faculté de dédit et sans faire aucune offre de restitution du double des arrhes qu'il a reçues (Cass. 3e civ. 12-2-1971 : Bull. civ. III n° 119).

Jugé que l'exercice de la faculté de dédit ouverte au promettant résultait de son refus de signer l'acte définitif de vente pour les raisons suivantes : la promesse précisait que le transfert de propriété n'aurait lieu qu'à la signature de cet acte et le promettant avait offert de régler le dédit stipulé en cas de défaillance de sa part ; l'acceptation de la promesse par le bénéficiaire ne l'autorisait pas à demander la réalisation de la vente, alors qu'une clause laissait au promettant la faculté de refuser l'exécution de la promesse à condition de payer le dédit (Cass. 3e civ. 16-12-1970 : Bull. civ. III n° 716).

14722 La faculté de dédit ne s'analysant pas en une **clause pénale,** le juge n'a pas le pouvoir d'en diminuer ou d'en supprimer le montant (Cass. com. 14-10-1997 n° 2016 P : RJDA 1/98 n° 14 ; Cass. 3e civ. 15-2-2006 n° 231 FS-PB : RJDA 5/06 n° 503 ; Cass. com. 18-1-2011 n° 08-13.230 FS-PB : RJDA 5/11 n° 383).

À la différence de la clause pénale qui a pour but d'assurer l'exécution de la convention et qui en sanctionne l'inexécution fautive, la clause de dédit permet en effet à l'une ou l'autre des parties de se libérer du contrat, moyennant une compensation contractuellement fixée, sans commettre de faute mais en exerçant simplement son droit.

ILLUSTRATIONS

Dans un cas où un acte de vente immobilière sous signature privée précisait que l'acquéreur s'engageait à verser un acompte sur le prix de vente dans un court délai et à payer le solde au plus tard trois mois après, lors de la signature devant un notaire, et qu'en cas de renonciation de sa part, les fonds versés resteraient la propriété du vendeur, celui-ci étant tenu, en cas de renonciation lui incombant, de payer le double de cette somme, jugé que cette clause ne s'analysait pas comme une clause pénale susceptible de minoration mais comme une faculté de dédit dès lors que l'indemnité mise à la charge de l'acquéreur lui permettait de se libérer de son engagement (Cass. 3e civ. 15-2-2006 n° 04-17.595 FS-PB précité).

2. ALIÉNATION DES DROITS SOCIAUX AU MÉPRIS DE LA PROMESSE

14745 Si le promettant cède ses parts ou ses actions à un tiers en violation de la promesse unilatérale de vente, le bénéficiaire peut demander l'annulation de cette cession à condition d'établir que le **tiers connaissait l'existence de la promesse** (C. civ. art. 1124, al. 3). La simple connaissance du contrat suffit à justifier la sanction. Il s'agit d'une nullité relative destinée à protéger les intérêts du bénéficiaire. Le contrat conclu en violation de la promesse étant annulé, le promettant et le bénéficiaire se retrouvent dans la situation contractuelle d'origine. Le bénéficiaire peut, à la condition d'avoir levé l'option dans les conditions prévues par la promesse, poursuivre la réalisation de la vente.

Le bénéficiaire n'a aucun recours contre le **tiers** de **bonne foi.**

Lorsque la cession consentie au tiers ne peut pas être remise en cause, le bénéficiaire de la promesse peut réclamer des dommages-intérêts au **promettant** sur le terrain de la **responsabilité** contractuelle. 14747

3. AUTRES CAS DE DÉFAUT DE RÉALISATION DE LA PROMESSE IMPUTABLE AU PROMETTANT

Il arrive que le promettant prenne l'engagement de changer la forme juridique de la société dont les parts ou actions font l'objet de la promesse. Cette transformation est alors un **préalable nécessaire à la réalisation de la promesse.** Si cet engagement n'est pas exécuté, le bénéficiaire peut obtenir en justice la résolution de la promesse aux torts du promettant. 14760

ILLUSTRATIONS

Dans un cas où, à l'occasion de l'embauche d'un salarié en qualité de directeur commercial et financier, l'associé majoritaire d'une SNC avait promis à ce dernier, d'une part, de lui céder 500 parts sociales au prix de 5 000 F (soit 760 € environ), d'autre part, de **transformer la société** en SA avant la date prévue pour la levée de l'option et, enfin, de racheter au prix de 1 500 000 F (soit 230 000 € environ) les actions que le salarié détiendrait dans le capital de la SA à la suite de la transformation de la société, jugé que l'associé majoritaire est responsable d'avoir empêché la réalisation des promesses de cession et de rachat pour les raisons suivantes : en ne réalisant pas avant la date prévue la transformation de la SNC en SA à laquelle il s'était engagé, l'associé majoritaire avait privé le salarié de toute possibilité d'exercer son droit d'option dans la mesure où cette transformation était un préalable à l'exercice de ce droit ; si le salarié avait levé l'option, l'acquisition des 500 parts de la SNC, loin de lui procurer le complément de rémunération escompté, aurait eu pour conséquence de lui faire répondre indéfiniment et solidairement des dettes sociales en raison de la forme de la société ; l'engagement pris d'associer le salarié au capital social en lui assurant une plus-value importante à très brève échéance à titre d'accessoire et de complément de sa rémunération avait déterminé le salarié à accepter ses fonctions ; il incombait donc à l'associé majoritaire de lui permettre de lever l'option avant la date prévue. En conséquence, les promesses doivent être résolues et l'associé condamné à verser au salarié des dommages-intérêts correspondant à la différence entre le prix de cession des actions dont ce dernier aurait dû devenir propriétaire et le prix d'acquisition des parts sociales (CA Paris 14-1-1997 n° 94-8839, 3e ch. A : RJDA 4/97 n° 520).

B. Défaut de réalisation de la promesse imputable au bénéficiaire

Lorsque le bénéficiaire d'une **promesse synallagmatique** revient sur son engagement d'acquérir les parts ou actions du promettant, ce dernier peut demander en justice la résolution de la promesse (ou, si celle-ci vaut cession, la résolution de la cession) et l'octroi de dommages-intérêts en réparation de son préjudice. Par exemple, le bénéficiaire, qui s'était emparé de la direction et du contrôle de la société avant la réalisation des conditions suspensives et avait pillé ses actifs et a mis en péril sa survie, a été condamné à verser des dommages-intérêts à la société (CA Paris 9-6-2009 n° 08-4351, ch. 5-8). 14790

En cas de promesse valant vente, le promettant peut demander, à la place de la résolution, l'exécution forcée de la cession par un jugement valant contrat puisque l'acceptation de la promesse a rendu la cession parfaite.

En cas de **promesse unilatérale,** le défaut de levée de l'option n'entraîne aucune conséquence pour le bénéficiaire, sauf si les parties ont prévu en pareil cas le versement au promettant d'une indemnité d'immobilisation. Si le bénéficiaire refuse de réaliser la cession après la levée de l'option, le promettant peut demander en justice soit la résolution de la cession et l'octroi de dommages-intérêts en réparation de son préjudice, soit l'exécution forcée de cette cession (n° 14687). Les parties peuvent également prévoir que le refus du bénéficiaire de réitérer la cession sera sanctionné par le versement d'une indemnité au promettant, auquel cas celle-ci peut être réduite par le juge (CA Paris 9-11-1981 : n° 14800).

> **Précisions** Dans un cas où une promesse prévoyait qu'en cas de non-paiement du prix à la date fixée pour la signature de l'acte authentique de vente, le **promettant** disposait d'une **option** lui permettant soit de renoncer à la vente en conservant l'indemnité d'immobilisation, soit d'en poursuivre la réalisation forcée, qu'il ne pouvait exercer qu'après la mise en

demeure préalable du bénéficiaire de payer le prix, et où le promettant, informé que le bénéficiaire de la promesse ne pourrait pas payer le prix à la date prévue, avait avisé ce dernier qu'il entendait reprendre sa liberté, il a été jugé que la promesse était caduque sans qu'il y ait lieu de respecter les formalités fixées par le contrat (mise en demeure du bénéficiaire) en cas de non-paiement du prix (Cass. 3e civ. 26-5-2004 n° 634 FS-D : RJDA 1/05 n° 17).

INDEMNITÉ DUE PAR LE BÉNÉFICIAIRE DE LA PROMESSE DE CESSION

14795 Dans les **promesses unilatérales,** il est généralement prévu qu'en cas de défaut de réalisation de la promesse **du fait du bénéficiaire** (refus de lever l'option et, le cas échéant, de signer l'acte définitif de cession), celui-ci devra verser au promettant une somme déterminée, appelée « **indemnité d'immobilisation** » (parfois qualifiée à tort de « dédit »). Il arrive même que cette somme soit versée dès la conclusion de la promesse : si le bénéficiaire ne lève pas l'option (ou ne signe pas l'acte de cession), le promettant conserve l'indemnité ; dans le cas contraire, celle-ci vient en déduction du prix de cession.

14796 **Nature de l'indemnité** L'indemnité d'immobilisation constitue le **prix de l'exclusivité** consentie au bénéficiaire. En conséquence, la Cour de cassation a jugé que les juges n'ont pas le pouvoir de l'écarter en constatant que, le promettant ayant renoncé à la cession, il ne justifie pas du préjudice résultant de la nécessité de rechercher un nouvel acquéreur (Cass. 1e civ. 5-12-1995 n° 1862 P : RJDA 4/96 n° 477). Dans cette affaire, la promesse prévoyait le versement d'une indemnité « compte tenu de la promesse faite au bénéficiaire par le promettant et en contrepartie du préjudice qui pourrait en résulter pour ce dernier en cas de non-réalisation, notamment par suite de la perte qu'il éprouverait du fait de l'obligation dans laquelle il se trouverait de rechercher un nouvel acquéreur après l'expiration du délai fixé ». Statuant sur renvoi après cassation, la cour d'appel de Paris a considéré qu'il résultait de ces énonciations claires et précises que l'indemnité litigieuse constituait bien le prix de l'exclusivité consentie au bénéficiaire, de sorte que ce dernier devait la verser au promettant, peu important que, postérieurement au délai fixé pour la réalisation de la cession, le promettant ait renoncé à celle-ci (CA Paris 7-5-1997 n° 96-45 : RJDA 10/97 n° 1181).

14798 La cause de l'obligation de verser l'indemnité résidant dans l'avantage que procure le promettant au bénéficiaire en s'interdisant de vendre à une autre personne pendant un délai déterminé, cette obligation n'est pas nulle pour **défaut de cause** (Cass. com. 23-6-1958 : D. 1958 p. 581 note Ph. Malaurie, solution transposable sous l'empire de l'actuel article 1169 du Code civil qui a substitué à l'exigence d'une cause celle d'une contrepartie ni illusoire ni dérisoire au profit de celui qui s'engage à la date de formation du contrat).
En outre, dans un cas où le bénéficiaire d'une promesse de cession d'actions avait fait savoir au promettant qu'il n'acquerrait pas ces actions, l'intéressé a été condamné à payer à ce dernier l'indemnité prévue dans la promesse au motif que cette indemnité avait un caractère forfaitaire et que l'obligation de la payer avait pour cause « le manquement à l'engagement donné » (Cass. com. 12-11-1985 : Bull. Joly 1986 p. 223, solution transposable de l'actuel article 1169 du Code civil qui a substitué à l'exigence d'une cause celle d'une contrepartie ni illusoire ni dérisoire au profit de celui qui s'engage à la date de formation du contrat). Cette dernière formule est critiquable car le bénéficiaire d'une promesse unilatérale ne souscrit aucun engagement d'acquérir. Or, en l'espèce, il semble bien que la promesse litigieuse était unilatérale et non synallagmatique puisque, dans son pourvoi en cassation, le bénéficiaire soutenait que l'indemnité était destinée à réparer le préjudice subi par le promettant « en raison de la non-levée de l'option ».

14799 L'indemnité d'immobilisation reste **acquise au promettant** en cas de non-réalisation de la promesse seulement si la non-réalisation est imputable au bénéficiaire (Cass. 3e civ. 15-12-2010 n° 09-15.211 FS-PB : RJDA 4/11 n° 297 ; Cass. 3e civ. 28-2-2018 n° 17-11.657 F-D : RJDA 8-9/18 n° 628).

14800 Le **bénéficiaire d'une promesse unilatérale** n'est pas tenu d'acquérir et ne manque ainsi à aucune obligation contractuelle en s'abstenant de lever l'option, de sorte que la stipulation d'une indemnité d'immobilisation au profit du promettant ne constitue pas une **clause pénale** susceptible de réduction par le juge (Cass. 3e civ. 5-12-1984 : Bull. civ. III n° 208 ; dans le même sens, Cass. 3e civ. 5-12-1984 : Bull. civ. III n° 207). De même, en cas de **promesse synallagmatique** conclue sous condition suspensive, la stipulation de cette indemnité, qui n'a pas non plus pour objet de faire assurer par l'une des parties l'exécution de son obligation, ne constitue pas une clause pénale (Cass. 3e civ. 29-6-1994 n° 1233 PF : RJDA 10/94 n° 1004 ; Cass. 3e civ. 30-4-2002 n° 750 FS-PB : RJDA 10/02 n° 981).
Ainsi est une indemnité d'immobilisation et non une clause pénale l'indemnité prévue dans un contrat de vente dans le cas de l'absence de réalisation de la condition suspensive même si cette absence ne résulte pas d'une faute de l'acquéreur (CA Versailles 12-3-2020 n° 18/01551 : RJDA 7/20 n° 352).

Toutefois, lorsque la promesse prévoit de sanctionner le défaut de réitération de la cession par l'octroi de l'indemnité d'immobilisation au promettant, cette indemnité, convenue en cas de défaillance du bénéficiaire après la levée de l'option, perd alors sa nature d'origine pour devenir une clause pénale puisqu'elle sanctionne l'inexécution de l'engagement du bénéficiaire qui, ayant levé l'option, est ainsi devenu acquéreur et s'est délibérément obligé à régulariser la cession et à en payer le prix ; dans ce cas, l'indemnité peut être réduite par le juge (CA Paris 9-11-1981 : D. 1982 p. 171 note J.-L. Aubert). Est également une clause pénale l'indemnité due en cas de refus de l'acquéreur de signer la vente si toutes les conditions suspensives sont réalisées (Cass. 3e civ. 30-1-2020 n° 18-24.105 FS-D : RJDA 5/20 n° 264).

L'indemnité constituant le prix de l'exclusivité consentie au bénéficiaire, elle se distingue aussi de la **clause de dédit,** dont l'objet est différent puisque cette clause permet à un contractant de se départir de son engagement moyennant le versement ou la restitution d'une somme d'argent (C. civ. art. 1590).

Montant de l'indemnité Le montant de l'indemnité d'immobilisation est librement fixé par les parties à une **somme** déterminée ou en fonction d'un **pourcentage** du prix de cession. 14805
Rappelons que si l'importance de l'indemnité est telle qu'elle oblige le bénéficiaire à acquérir, la promesse unilatérale est requalifiée en promesse valant vente (nos 14200 s.).

Les parties peuvent convenir de calculer l'indemnité en fonction de la **durée d'immobilisation** des parts ou actions objet de la promesse, dans le cas où le bénéficiaire manifesterait son intention de ne pas réaliser celle-ci avant l'expiration du délai pour laquelle elle a été consentie. Même en l'absence d'une telle clause, le juge doit rechercher si l'indemnité n'a pas été fixée par les parties en fonction de la durée d'immobilisation et si son montant ne doit pas être réduit du fait de la renonciation anticipée du bénéficiaire (Cass. 3e civ. 5-12-1984 : Bull. civ. III n° 208). Toutefois, le juge n'a pas à procéder à une telle recherche s'il résulte de l'intention des parties que l'indemnité est due automatiquement, même en cas de renonciation anticipée du bénéficiaire ; tel est par exemple le cas lorsque les parties ont stipulé que l'indemnité serait acquise « de plein droit » au promettant (Cass. 3e civ. 10-12-1986 : JCP G 1987 II n° 20857 note G. Paisant).

Défaut de versement de l'indemnité Lorsque, en présence d'une clause prévoyant le versement de l'indemnité au jour de la conclusion de la promesse ou avant l'expiration du délai pour lequel elle a été consentie, le bénéficiaire manque à cette obligation, le promettant est en droit de demander en justice la **résolution de la promesse** et l'octroi de dommages-intérêts en réparation de son préjudice (application des articles 1227 et 1228 du Code civil). 14810

ILLUSTRATIONS

A légalement justifié sa décision la cour d'appel qui a prononcé la résolution de la promesse de vente d'un immeuble aux torts du bénéficiaire dès lors qu'elle a constaté que ce dernier n'avait pas versé la somme prévue à l'échéance de la prorogation convenue entre les parties pour son paiement.

Cass. 3e civ. 10-12-1986 : JCP G 1987 II n° 20857 note G. Paisant.

Dans un cas où un chèque avait été déposé entre les mains d'un notaire par le bénéficiaire « en considération de la promesse qui lui [avait été] faite », jugé que le paiement effectif de ce chèque constituait la contrepartie de l'engagement pris par le promettant de ne pas vendre et justifiait la demande de ce dernier en résolution de la promesse pour défaut de provision du chèque.

Cass. com. 4-6-1996 n° 1041 D : RJDA 11/96 n° 1311.

Ndlr : En l'espèce, la cour d'appel avait considéré que le dépôt du chèque ne constituait pas la contrepartie de la promesse de vente, mais seulement une garantie destinée à assurer le paiement de l'indemnité d'immobilisation si, en cas de réalisation de la condition dont la promesse était assortie, le bénéficiaire refusait d'acquérir, de sorte que le défaut de provision du chèque était sans influence sur la validité de la promesse, une telle circonstance ne pouvant avoir de conséquences qu'au cas où, la condition étant réalisée, la garantie aurait dû jouer, ce qui n'avait pas été le cas. Censurant cette analyse, la Cour de cassation a estimé au contraire que le paiement du chèque litigieux, déposé « en considération de la promesse », constituait bien la contrepartie de l'engagement du promettant.

Le défaut de versement de l'indemnité justifie également que soit rejetée la demande du bénéficiaire tendant à contraindre le promettant à **réitérer la cession,** même en cas de réalisation des conditions suspensives dont la promesse est assortie (Cass. 3e civ. 27-2-1991 n° 407 P : RJDA 4/91 n° 286).

SECTION 6
CONSÉQUENCES FISCALES

14860 Une promesse de vente d'actions ou de parts sociales ne peut avoir de conséquences fiscales que si elle vaut **vente**. En effet, seule la cession des droits sociaux rend exigibles les droits d'enregistrement et la plus-value de cession ne peut pas être imposée avant le transfert effectif de propriété.
Nous nous attacherons donc ci-après à déterminer les cas dans lesquels une promesse peut constituer un fait générateur d'imposition.
Si la promesse comporte une clause de **dédit** ou, s'agissant d'une promesse unilatérale, si elle prévoit une **indemnité** d'immobilisation en cas de non-levée de l'option, le traitement fiscal du dédit et de l'indemnité ainsi stipulés mérite également d'être précisé.

A. Droits d'enregistrement

14870 L'article 726 du CGI soumet « les cessions de droits sociaux » à un droit d'enregistrement qui ne frappe toutefois les cessions de titres cotés que si elles sont constatées par un acte.
Conformément à l'article 1583 du Code civil, une **vente** est **parfaite** lorsqu'il y a accord réciproque entre le vendeur et l'acheteur sur un bien moyennant un prix déterminé ou déterminable. Lorsqu'une promesse de vente ou d'achat est conclue, le droit de vente de titres est exigible si la promesse vaut vente.

PROMESSE SYNALLAGMATIQUE

14880 En principe, une promesse synallagmatique de vente **vaut vente** lorsqu'elle emporte consentement réciproque des deux parties sur la chose et sur le prix (C. civ. art. 1589). La promesse synallagmatique de vente de droits sociaux est alors soumise au même régime fiscal qu'une vente proprement dite : enregistrement de l'acte au service de l'enregistrement du service des impôts des entreprises (SIE) et, sauf cas particulier d'exonération, paiement du droit de mutation. Voir, pour plus de détails, les développements consacrés au droit de mutation, n°s 41000 s.

14885 Il en va différemment toutefois si la promesse est assortie d'une **condition suspensive,** auquel cas la promesse de vente vaut vente sous condition suspensive : l'exigibilité du droit de mutation est alors retardée à la date de réalisation de la condition (n° 55305).
Si la promesse est assortie d'un **terme suspensif,** elle vaut vente à terme, mais celui-ci n'empêche pas la perception immédiate de l'impôt dans les conditions ordinaires.

PROMESSE UNILATÉRALE DE VENTE OU D'ACHAT

14895 Ainsi qu'il a été précisé n°s 14030 s., la promesse est unilatérale lorsqu'une seule partie à l'accord s'engage à vendre ou à acheter des titres, en maintenant son offre pendant un délai fixé par la convention. Tant qu'elle n'est pas acceptée, une promesse unilatérale de vente ou d'achat vaut simplement comme **offre** de vente ou d'achat. En tant que telle, elle n'entraîne aucune conséquence fiscale.
L'**acceptation** de l'offre a seulement pour effet de transformer celle-ci en promesse unilatérale : elle ne vaut donc pas vente (n°s 14530 s.), à condition toutefois que le bénéficiaire de la promesse ne soit pas engagé (n° 14115).
Il s'ensuit qu'une promesse unilatérale de vente acceptée par son bénéficiaire n'entre pas dans le champ d'application de l'article 726 du CGI et ne rend pas exigible le droit de mutation. Il en est de même d'une promesse unilatérale d'achat de titres.

14900 C'est seulement lors de la **levée d'option** de la promesse que la vente devient en principe parfaite (n°s 14685 s.) et entraîne l'exigibilité du droit de mutation prévu à l'article 726 du CGI.
L'acte dont l'existence justifie la perception du droit de cession de droits sociaux peut notamment résulter du rapprochement entre :
– un acte synallagmatique signé du cessionnaire et une lettre missive portant à la fois le paraphe du cessionnaire et la signature du cédant, le premier constatant la cession d'un groupe d'actions moyennant un prix et des dates de paiement déterminés, la seconde ayant trait au règlement du prix et aux conditions de livraison des titres (Cass. civ. 20-5-1963 n° 58-12.583 ; BOI-ENR-DMTOM-40-10-10 n° 70) ;
– deux lettres missives portant la même date et révélant l'accord des parties sur les modalités de leur contrat (nombre d'actions et règlement du prix) (Cass. civ. 6-1-1965 : REI 14505) ;

– compte tenu de leur teneur, les trois actes suivants : promesse unilatérale de vente d'actions, délibération du conseil d'administration de la société bénéficiaire acceptant la promesse, lettre portant levée de l'option (Cass. com. 27-10-1992 n° 1553 D, Cie Financière Matignon : RJF 1/93 n° 159 ; BOI-ENR-DMTOM-40-10-10 n° 70).

Lorsque la promesse contient une **condition suspensive** non réalisée, la levée de l'option transforme la promesse en cession sous condition suspensive et l'exigibilité du droit de mutation est soumise à la réalisation de la condition (voir n° 55305). 14905

Formalités La promesse unilatérale de cession de titres de sociétés n'est en principe soumise à **aucune formalité** particulière sur le plan fiscal. Elle échappe en particulier au formalisme de l'article 1589-2 du Code civil, qui n'impose la formalité obligatoire de l'enregistrement et le paiement du droit correspondant que pour les promesses unilatérales de vente portant sur des immeubles (lesquels incluent néanmoins certains titres de sociétés immobilières) ou sur des fonds de commerce et la cession de parts d'une société commerciale, même si elle porte sur la totalité ou la majorité des parts, ne constitue pas la cession du fonds de commerce figurant à l'actif de la personne morale (n° 83000). 14907

Lorsque la promesse unilatérale est **présentée volontairement** à la formalité de l'**enregistrement,** elle est soumise au droit fixe des actes innomés prévu à l'article 680 du CGI, soit 125 €.

> **Précisions** L'**enregistrement obligatoire** des promesses de cession concerne les titres des **sociétés immobilières d'attribution** fiscalement transparentes (visées à l'article 1655 ter du CGI) et des sociétés dont les actions ou parts, ou certaines d'entre elles, confèrent à leurs possesseurs le droit à la jouissance d'immeubles ou de fractions d'immeubles, ou sont destinées à leur conférer ce droit (visées à l'article 728 du CGI).
> En revanche, les promesses de cession de titres de sociétés que la fiscalité considère à **prépondérance immobilière** (nos 41450 s.) ne sont pas concernées par cette obligation.

CESSION DE LA PROMESSE DE VENTE DE TITRES

Sauf clause contraire de l'acte ou preuve du caractère « intuitu personae » de la promesse, le bénéficiaire de la promesse peut la céder en y substituant un tiers (n° 14551). 14925

La cession d'une promesse unilatérale de vente de titres suit le même régime fiscal que la promesse de vente cédée : elle échappe à l'obligation d'enregistrement dès lors qu'elle ne porte pas sur les titres de sociétés visées aux articles 1655 ter et 728 du CGI (n° 14907) ; mais si elle est présentée volontairement à l'enregistrement, elle est passible du droit fixe des actes innomés prévu à l'article 680 du CGI (125 €).

B. Taxation de la plus-value

Il faut distinguer les promesses synallagmatiques, les promesses unilatérales et les promesses croisées. 14945

ATTENTION

Une **promesse de porte-fort** par laquelle une personne s'engage à procurer des parts sociales ou des actions à une autre (voir nos 29500 s.) ne constitue pas une promesse de vente et ne justifie pas l'imposition immédiate d'une plus-value.

Il résulte en effet des dispositions des articles 1203 et 1240 du Code civil (ex-articles 1119 et 1120 du Code civil) que le tiers pour lequel une personne s'est portée fort est un tiers à l'acte conclu sans son consentement et n'est engagé par un tel acte qu'autant qu'il accepte de tenir l'engagement pris en son nom. Par suite, dès lors qu'une convention de cession de parts de société à responsabilité limitée a été signée par une personne agissant « pour elle-même et en se portant fort » du contribuable n'a pas été ratifiée par ce dernier, expressément ou tacitement, le transfert de propriété des parts sociales détenues par le contribuable n'est pas intervenu et l'administration n'est pas en droit d'assujettir l'intéressé à l'impôt sur le revenu à raison d'une plus-value qui aurait été dégagée par ladite cession (TA Orléans 8-4-2003 n° 00-247 : RJF 8-9/03 n° 976).

PROMESSE SYNALLAGMATIQUE

La promesse synallagmatique de vendre et d'acheter constitue une **véritable vente,** au regard de l'article 1589 du Code civil, lorsqu'elle enregistre le consentement réciproque et définitif des deux parties sur la chose et sur le prix (nos 14040 s.). Dès lors, le fait générateur d'imposition intervient à la date à laquelle les parties se sont mises d'accord sur la chose et sur le prix, sauf s'il est convenu que le transfert de propriété interviendra à une date différente ou si la promesse est assortie d'une condition suspensive (dans ce dernier cas, c'est la réalisation de la condition qui déclenche l'imposition). 14955

ILLUSTRATIONS

La cour administrative d'appel de Paris a jugé qu'une promesse de vente vaut vente dès qu'il y a eu consentement réciproque des parties sur la chose et sur le prix. La plus-value est alors imposable au titre de l'année au cours de laquelle la promesse de vente a été conclue nonobstant le fait que l'option ait été exercée au cours d'une année ultérieure (CAA Paris 31-12-2001 n° 97-982).

À noter que le juge peut **requalifier** une promesse synallagmatique en promesse unilatérale : voir n° 15006.

PROMESSE UNILATÉRALE

14965 En cas de promesse unilatérale de vente, l'imposition de la plus-value intervient à la date de la **levée de l'option** puisque c'est celle-ci qui opère le transfert de propriété (nos 14685 s.), sauf toutefois si les parties en ont décidé autrement (dans ce cas, le transfert de propriété interviendra à la date convenue entre les parties).

ILLUSTRATIONS

Il a par exemple été jugé, dans des affaires concernant des cessions de biens immobiliers mais transposables aux cessions de droits sociaux, que :
– la circonstance que le conseil d'administration d'une société anonyme a donné mandat à l'un de ses membres pour intervenir à l'acte de vente d'un immeuble social pour lequel elle avait consenti une promesse unilatérale de vente et que la société a immédiatement tiré les conséquences comptables de cette cession ne saurait, en l'absence d'un contrat antérieur ayant comporté une promesse synallagmatique de vente, permettre de considérer que la cession a été réalisée avant la date de la signature de l'acte authentique à laquelle ce dernier situe lui-même le transfert de propriété. La plus-value retirée de la cession de cet élément d'actif ne peut, par suite, être réputée avoir été réalisée avant cette date (CE 4-10-1972 n° 83422 : Dupont 19/2 p. 402 et 403 ; BOI-BIC-PVMV-10-10-20 n° 120) ;
– ni la promesse unilatérale de vente accompagnée du versement d'un acompte, ni la prise de possession des biens avant la signature de l'acte de vente ne constituent un transfert de propriété avant la constatation de la vente par acte authentique (CAA Nancy 26-12-1991 n° 689 : RJF 6/92 n° 777).

14966 Le juge de l'impôt peut **requalifier** une promesse unilatérale en une **promesse synallagmatique.** Le débat sur la nature exacte de la promesse devrait toutefois rester sans conséquence si une clause spécifique précise la date à laquelle doit intervenir le transfert de propriété. Dans ce cas, le transfert de propriété s'opérera à la date convenue entre les parties même si la promesse unilatérale est requalifiée de synallagmatique. Cela résulte clairement de la jurisprudence du Conseil d'État selon laquelle lorsqu'un acte de cession de titres mentionne que l'acquéreur en sera propriétaire et en aura la jouissance à compter de telle date, cette date est celle du transfert de propriété (CE 4-3-1987 n° 58113 : RJF 5/87 n° 478).

PROMESSE CROISÉE

14975 Les conséquences fiscales d'une promesse croisée dépendent de sa nature juridique véritable.
Une promesse croisée peut déclencher la taxation immédiate de la plus-value de cession lorsqu'elle constitue en réalité une **véritable promesse synallagmatique** valant vente, ce qui devrait généralement être le cas si on se réfère à la jurisprudence la plus récente de la Cour de cassation en la matière (voir sur ce point nos 14210 s.). La plus-value est alors imposable à la date à laquelle la promesse est conclue par les parties, sauf s'il est expressément convenu que le transfert de propriété des droits sociaux interviendra à une date différente.
En revanche, si les **deux promesses unilatérales** croisées ne valent pas vente, le fait générateur d'imposition de la plus-value intervient à la date à laquelle l'option croisée est exercée sauf, là encore, si les parties ont décidé d'une autre date de transfert de propriété.
Sur le plan **fiscal,** il n'existe pratiquement pas de solution en la matière, hormis une décision de la cour administrative d'appel de Bordeaux rendue dans le cadre d'un portage d'actions d'une société nouvelle souhaitant bénéficier du régime d'exonération de l'article 44 bis du CGI en vigueur à l'époque des faits. Au cas particulier, la cour a considéré que la promesse croisée n'avait pas emporté transfert de propriété (CAA Bordeaux 7-7-1998 n° 96-2317 : RJF 11/98 n° 1276, concl. D. Péano BDCF 6/98). Mais on peut s'interroger sur la conformité de cette décision avec la jurisprudence, déjà évoquée, de la Cour de cassation.

> **Précisions** Les **circonstances de l'affaire** jugée par la cour administrative d'appel de Bordeaux étaient les suivantes.
> Pour bénéficier du régime de faveur réservé à l'époque des faits aux sociétés nouvelles, les droits de vote de la société concernée ne devaient pas être détenus directement ou indirectement à plus de 50 % par d'autres sociétés. La cour devait se prononcer sur les conséquences, au regard de ce régime de

faveur, de conventions de portage conclues entre des personnes physiques et deux sociétés de développement régional (SDR) qui détenaient ensemble 57 % du capital de la société nouvelle. La convention conclue avec l'une des deux sociétés de développement régional détenant 28,5 % du capital de la société nouvelle stipulait que la SDR « s'engageait à vendre, selon un échéancier précis et au prix convenu dans la convention, les 1 000 actions dont elle était « propriétaire » aux trois cocontractants, qui, de leur côté, s'engageaient à procéder à l'achat desdites actions aux mêmes conditions ».

Les actionnaires personnes physiques, fondateurs de cette société nouvelle, considéraient que, compte tenu des termes de cette convention, la SDR n'était pas propriétaire de 28,5 % du capital de la société nouvelle et qu'en conséquence celle-ci pouvait bénéficier du régime fiscal de faveur.

La cour en a décidé autrement et a jugé que « ces stipulations, non plus qu'aucune autre contenue dans ladite convention, n'ont eu pour effet d'ôter à la SDR l'un quelconque des droits attachés aux actions dont elle était propriétaire ; qu'ainsi, la SDR doit, elle aussi, être regardée comme ayant détenu, à la date de constitution de la société nouvelle, les droits de vote attachés aux actions qu'elle avait souscrites ». Par suite, contrairement à ce que soutenait la société requérante, les personnes physiques ne pouvaient être regardées comme ayant été, à la date de la création de la société, les véritables détentrices des droits de vote attachés aux actions souscrites par les SDR.

CESSION DE LA PROMESSE DE VENTE

Le régime d'une telle cession au regard des impôts directs n'a à notre connaissance encore jamais été précisé. **14985**

Lorsque la promesse est cédée par une **entreprise** (entreprise individuelle ou société), le produit de la cession fait à notre avis partie du résultat imposable dans les conditions de droit commun. Il ne peut pas bénéficier du régime des plus-values à long terme, lorsque l'entreprise relève de l'impôt sur le revenu, même si la promesse a été conclue depuis plus de deux ans. Le Conseil d'État refuse en effet la qualification d'élément d'actif incorporel à un droit qui n'est pas susceptible d'exercer une incidence sur les résultats d'exploitation (en ce sens à propos d'une promesse de vente à terme d'une licence de fabrication : CE 20-7-1983 n° 28453 : RJF 10/83 n° 1104).

Lorsque la promesse est cédée par une **personne physique** agissant à titre privé, le produit de la cession devrait relever du régime des plus-values sur biens meubles (CGI art. 150 UA) si on considère qu'on est en présence d'une vente de bien meuble incorporel.

C. Indemnité d'immobilisation, dédit et autres versements stipulés

INDEMNITÉ D'IMMOBILISATION

On a vu que les **promesses unilatérales** de vente prévoient généralement le versement d'une indemnité d'immobilisation au profit du promettant lorsque le bénéficiaire de la promesse ne lève pas l'option qui lui a été consentie (n°s 14795 s.). **15000**

Traitement fiscal chez le promettant Le traitement fiscal des indemnités d'immobilisation est en accord avec l'analyse juridique qui voit en elles le prix de l'exclusivité consentie au bénéficiaire de la promesse. Selon le Conseil d'État, en effet, les indemnités perçues par les contribuables en contrepartie d'une promesse unilatérale de vente doivent être considérées comme la rémunération d'un service rendu. Il s'ensuit qu'elles constituent un **revenu imposable** : **15005**

– à l'impôt sur le revenu dans la catégorie des bénéfices non commerciaux lorsqu'elles sont perçues par des particuliers ;

– à l'impôt sur le revenu dans la catégorie des bénéfices industriels et commerciaux si les titres sont inscrits à l'actif d'une entreprise commerciale ;

– à l'impôt sur les sociétés lorsqu'elles sont perçues par des sociétés passibles dudit impôt.

ILLUSTRATIONS **15006**

Lorsqu'un contribuable consent une promesse unilatérale de vente à une société, lui accordant ainsi le droit d'exercer une option d'achat pendant un délai de cinq ans, il réalise une prestation dont la rémunération a le caractère d'un revenu imposable dans la catégorie des bénéfices non commerciaux en application de l'article 92 du CGI.

CE 26-7-1991 n° 81253 : RJF 10/91 n° 1180.

L'indemnité versée au contribuable ayant consenti une promesse unilatérale de vente qui ne comporte, dans le chef du bénéficiaire, aucune obligation d'achat ni, dans le chef de celui qui l'a consentie, aucune autre obligation que celle consistant à s'interdire de vendre à un tiers pendant une certaine durée ne compense aucun préjudice. Rémunérant un service rendu au bénéficiaire, consistant pour le propriétaire du bien à réserver au bénéficiaire la possibilité d'acheter et à s'interdire de vendre à un tiers, cette contrepartie financière est imposable dans la catégorie des bénéfices non commerciaux en application de l'article 92, 1 du CGI.

CE 19-2-2014 n° 354380 : RJF 5/14 n° 452, concl. C. Legras BDCF 5/14 n° 55.

Un contribuable qui a consenti une option d'achat d'actions d'une durée d'un mois dans le cadre d'une promesse unilatérale de vente perçoit à l'expiration de ce délai une indemnité contractuelle pour non-exercice de l'option.

Cette indemnité présente un caractère imposable dès lors qu'elle constitue la rémunération d'une prestation consistant dans le droit d'exercer une option d'achat pendant un mois. Est sans incidence à cet égard le fait que les parties l'aient qualifiée de « dommages-intérêts ». Conformément à l'article 92 du CGI, ces sommes, qui ne se rattachent à aucune catégorie de revenus, doivent être imposées dans la catégorie des bénéfices non commerciaux.

CAA Nantes 17-4-2001 n° 98-840, 98-999 : RJF 10/01 n° 1224.

Constitue la rémunération d'un service rendu imposable dans la catégorie des bénéfices non commerciaux la somme que l'actionnaire d'une société française perçoit d'une société canadienne en contrepartie de la promesse de vendre une partie de ses actions à l'actionnaire principal de ladite société française, condition mise par ce dernier à l'entrée de la société canadienne dans le capital de la société française.

CE 23-11-1992 n° 64305 : RJF 1/93 n° 44.

Par un pacte d'associés, des époux ont consenti à une société une promesse unilatérale de vente des titres qu'ils détenaient dans une autre société et se sont engagés à ne pas céder ces titres avant plusieurs années. En contrepartie de cet engagement, le pacte prévoyait le versement à chaque époux, dès sa signature, d'une indemnité, indépendamment de l'éventuelle levée d'option d'achat des titres par la société. Une telle indemnité, dont la qualification donnée par les parties ne s'impose pas au juge, doit être regardée, non comme ayant pour objet de compenser un préjudice dans le cadre de relations synallagmatiques, mais comme la rémunération d'un service rendu à la société, alors même que celle-ci avait consenti, par le pacte d'associés, une promesse unilatérale d'achat, sans obligation de levée d'option. Est sans incidence la circonstance que les parties ont choisi d'imputer le montant de l'indemnité sur le prix de transaction dans l'hypothèse où l'option d'achat serait levée, dès lors qu'il résulte du pacte d'associés que l'indemnité était en tout état de cause acquise aux deux intéressés.

Les indemnités versées aux époux ont la nature d'un bénéfice non commercial au sens de l'article 92, 1 du CGI. Elles trouvent en effet leur source dans un accord conclu avec la société signataire de la promesse unilatérale d'achat, à la suite du rachat par celle-ci à une autre société des parts sociales que cette dernière détenait dans une SARL, au sein de laquelle, d'une part, l'époux exerçait les fonctions de producteur et de directeur opérationnel et l'épouse les fonctions de gérante et, d'autre part, tous deux avaient la qualité d'actionnaires minoritaires. C'est donc à bon droit que ces indemnités ont été regardées comme liées à l'activité d'ensemble, à caractère lucratif, déployée par les intéressés, en dépit du caractère unique de leur versement.

CE 1-10-2015 n° 368565 : RJF 12/15 n° 1009.

Par convention, des époux, qualifiés de « promettants », ont pris l'engagement irrévocable de céder à une société la totalité des parts qu'ils détenaient dans trois SCI pour une durée d'environ six mois, s'interdisant de vendre à un tiers pendant cette période. La société bénéficiaire de la promesse n'était pour sa part tenue à aucune obligation d'achat mais devait verser aux promettants, en cas de renonciation, une indemnité d'immobilisation égale à 10 % du prix de cession des parts prévu dans la convention, laquelle précisait qu'elle ne constituait pas un dédit en faveur de l'une ou l'autre partie.

Il résulte explicitement de ces stipulations contractuelles que la convention ne peut s'analyser que comme une promesse unilatérale de vente. Elle ne constitue pas une promesse synallagmatique, en dépit de l'intitulé que les parties ont retenu. Par suite, l'indemnité d'immobilisation reçue par les époux n'a pas pour objet de compenser le préjudice qu'ils ont subi du fait de la renonciation par la société d'acquérir les parts mais doit être regardée comme rémunérant le service rendu à cette dernière en immobilisant les parts et en lui réservant la possibilité de les acquérir. Cette indemnité est donc imposable dans la catégorie des bénéfices non commerciaux.

CE 25-11-2015 n° 380817 : RJF 2/16 n° 135.

15010 La **date d'imposition** peut varier selon la qualité du promettant :

– lorsqu'elle est perçue par une personne physique, l'indemnité d'immobilisation est imposable au titre de l'année au cours de laquelle elle est effectivement encaissée, conformément aux règles en vigueur en matière de bénéfices non commerciaux ;

– lorsqu'elle est perçue par une entreprise ou une société, la taxation intervient dès que l'indemnité a le caractère de créance acquise dans son principe et dans son montant, même si elle n'est pas encore recouvrée, conformément aux principes en vigueur en matière de bénéfices industriels et commerciaux (voir n° 15021 pour une application de cette règle dans le cas d'un dédit).

Traitement fiscal chez le bénéficiaire de la promesse Il faut distinguer selon que le bénéficiaire de la promesse est une **personne physique** agissant à titre privé ou une entreprise. 15011

Dans le premier cas, le bénéficiaire de la promesse ne peut à notre avis déduire l'indemnité versée au promettant :

– ni de son revenu global car elle ne fait pas partie des charges dont l'article 156 du CGI autorise la déduction ;

– ni de ses revenus catégoriels car il s'agit par hypothèse d'une dépense exposée dans le cadre de la gestion du patrimoine privé, qui ne se rattache à aucune catégorie de revenus.

En revanche, lorsque le bénéficiaire de la promesse est une **entreprise** ou une **société,** rien ne s'oppose selon nous à l'inscription en charge de l'indemnité d'immobilisation versée au promettant, dans la mesure où son montant n'est pas excessif et où l'opération s'inscrit dans le cadre d'une gestion normale (il ne faudrait pas, par exemple, que l'existence d'une communauté d'intérêts entre les parties puisse conduire à penser que l'indemnité constitue une libéralité consentie au promettant).

DÉDIT

La situation ici envisagée est celle dans laquelle l'une ou l'autre partie fait jouer la clause de dédit ou de rétractation qui lui permet de se départir de son engagement moyennant le versement ou la restitution d'une somme d'argent à son cocontractant. Sur le plan fiscal, se pose alors la question de savoir si cette somme constitue un produit imposable pour son bénéficiaire et une charge déductible pour la partie versante. 15020

Traitement fiscal chez le bénéficiaire Lorsque le **dédit** est **perçu par une entreprise** (entreprise individuelle ou société), il doit à notre avis être pris en compte pour la détermination du bénéfice imposable au taux de droit commun. La jurisprudence du Conseil d'État intervenue en ce sens à propos d'une promesse de vente de fonds de commerce paraît en effet parfaitement transposable aux promesses de cession de titres de sociétés. 15021

ILLUSTRATIONS

Le Conseil d'État a ainsi jugé que la somme restant acquise à un commerçant en vertu d'une promesse de vente de son fonds de commerce non suivie de la vente correspondante, qui trouve son origine dans une opération de cession d'actif n'ayant pu aboutir du fait de l'acquéreur, constitue une recette commerciale entrant dans la détermination du bénéfice imposable. Le projet de vente n'ayant pas été réalisé, cette somme ne se rattache pas à la cession d'un élément de l'actif immobilisé non amortissable, détenu depuis plus de deux ans, et ne peut, par suite, être imposée selon le régime des plus-values à long terme (CE 28-7-2000 n° 194153 : RJF 11/00 n° 1217).

Le dédit est imposable dès qu'il peut être considéré comme acquis, tant dans son principe que dans son montant. Par exemple, lorsque la promesse de vente stipule qu'une somme à valoir sur le prix de vente, versée par l'acquéreur au vendeur, reste acquise à ce dernier en cas de non-réalisation de la vente quelle qu'en soit la cause, la créance correspondant à cette somme est regardée comme acquise, tant dans son principe que dans son montant, à la date à laquelle l'acquéreur a fait connaître son intention de ne pas donner suite à sa promesse d'achat (CE 28-7-2000 précité).

Lorsque le **dédit** est **perçu par une personne physique** agissant à titre privé, en application d'une clause de rétractation en faveur du cessionnaire prévue par une promesse synallagmatique d'achat et de vente d'actions, il compense le préjudice subi par le cédant du fait de la rupture de l'accord conclu et ne peut pas être considéré comme une indemnité d'immobilisation imposable sur le fondement de l'article 92, 1 du CGI en tant que bénéfice non commercial ni comme un autre revenu entrant dans le champ de cet article (CE 7-5-2014 n° 359781 : RJF 8-9/14 n° 792, concl. M.-A. Nicolazo de Barmon BDCF 8-9/14 n° 80). 15022

Il ne peut pas non plus selon nous être imposable sur un autre fondement dès lors :

– qu'il ne se rattache pas à l'exercice d'une profession ou d'une activité, à l'exploitation d'une entreprise, ou encore à la gestion d'un patrimoine immobilier ou mobilier ;

– qu'il ne s'agit pas d'une plus-value réalisée sur la cession d'un élément du patrimoine immobilier ou mobilier.

15023 **Traitement fiscal chez la partie versante** Lorsque le **dédit** est **versé par une entreprise** (entreprise individuelle ou société), il fait partie des charges déductibles, sauf bien sûr dans le cas où l'opération ne serait pas conforme à l'intérêt de l'entreprise et relèverait d'une gestion anormale. C'est ce qui résulte de la jurisprudence intervenue à propos des promesses de cession de biens immobiliers, laquelle est à notre avis transposable aux titres de sociétés.

ILLUSTRATIONS

Il a ainsi été jugé qu'un dédit versé par une entreprise au propriétaire d'installations immobilières, en raison de la résiliation de l'option qu'elle avait prise pour l'acquisition de ces installations destinées à un projet de développement de l'entreprise (abandonné en raison de son coût), est déductible des résultats, même si la quittance délivrée par le propriétaire n'a pas, par erreur, été libellée au nom de l'entreprise mais d'une société que l'exploitant envisageait de créer (CE 28-12-1988 n° 57390 : RJF 3/89 n° 260).

15024 Lorsque le **dédit** est **versé par une personne physique** agissant à titre privé, il ne peut à notre avis être déduit :
– ni du revenu global de l'intéressé car il ne fait pas partie des charges dont l'article 156 du CGI autorise la déduction ;
– ni de ses revenus catégoriels puisqu'il s'agit par hypothèse d'une dépense exposée dans le cadre de la gestion du patrimoine privé, qui ne se rattache à aucune catégorie de revenus.

« INTÉRÊTS » STIPULÉS DANS UNE PROMESSE UNILATÉRALE

15030 Le juge a eu à connaître d'une affaire dans laquelle la **promesse** unilatérale signée pour la **vente d'un fonds de commerce** prévoyait que le prix à verser par l'acquéreur serait augmenté d'« intérêts » courant sur la période comprise entre la date de la promesse et celle de la passation de l'acte authentique. L'entreprise bénéficiaire de la promesse soutenait que les intérêts ainsi stipulés constituaient des charges financières déductibles de son résultat imposable, tandis que l'administration fiscale prétendait au contraire qu'il s'agissait d'un **élément du prix de vente** du fonds. Le Conseil d'État a validé l'analyse de l'administration en jugeant que les « intérêts » stipulés dans la promesse de vente constituaient une modalité de détermination du prix du fonds de commerce à la date de la réalisation de la vente, et non la rémunération d'un délai de paiement du prix d'une vente qui, en l'espèce, n'avait, jusqu'à la levée de l'option d'achat, qu'un caractère éventuel (CE 10-3-1999 n° 169342 : RJF 5/99 n° 54, concl. G. Goulard BDCF 5/99 n° 50).
Cette solution est selon nous **transposable** à une **promesse** unilatérale de **cession de droits sociaux** qui comporterait le même type de clause.

ATTENTION

Au cas particulier, les parties avaient vraisemblablement prévu cette clause parce que la date de cession du fonds n'avait pas été fixée avec précision lors de la conclusion de la promesse et qu'il était prévisible que l'acquisition définitive ne se ferait qu'avec un décalage important. Selon le commissaire du gouvernement, il s'agissait en réalité d'une clause d'indexation, le prix total convenu se déterminant par addition de la somme figurant dans la promesse et des intérêts dus. Les intérêts étaient donc clairement un élément du prix de cession du fonds et non des intérêts versés en sus du prix pour couvrir des délais de paiement. C'est pourquoi la jurisprudence du Conseil d'État selon laquelle le prix d'acquisition d'un élément d'actif moyennant un prix indexé est fixé de manière définitive d'après le prix stipulé et les sommes excédant ce prix constituent des charges financières déductibles (CE plén. 28-6-1991 n° 47656 : RJF 8-9/91 n° 1048) ne pouvait s'appliquer en l'espèce, car elle ne concerne que les charges nées d'une clause d'indexation ayant joué postérieurement au transfert de propriété. Le commissaire a également écarté la possibilité de déduire les intérêts en tant qu'indemnité d'immobilisation car une telle indemnité est due même si le titulaire de la promesse n'acquiert pas le bien, ce qui n'était pas le cas, en l'espèce.

15031 Il est intéressant de signaler, bien qu'il ne s'agisse pas d'une promesse unilatérale de vente, que la cour administrative d'appel de Nancy s'est prononcée dans le même sens dans un cas voisin de cession de droits sociaux.
La cour a en effet jugé que les **« intérêts » stipulés dans une convention de cession de titres,** qui ont pour seul objet de compenser le manque à gagner subi par le cédant du fait que les titres ont été évalués, pour des motifs d'opportunité et de technique comptable, à une date antérieure à celle de la cession, constituent un élément du prix d'acquisition des titres et non des frais financiers déductibles. Ces sommes qui ont été intégralement payées au jour de la signature de l'acte notarié de vente des actions ne peuvent, en effet, être regardées comme « l'intérêt du prix de la vente jusqu'au paiement du capital » au sens de l'article 1652 du Code civil. Elles ne peuvent pas davantage être justifiées par une incitation pour la société acquéreuse à conclure le contrat dans les meilleurs délais, dès lors que la clause régissant ces prétendus intérêts est apparue pour la première fois dans l'acte notarié (CAA Nancy 21-12-2000 n° 97-353 : RJF 11/01 n° 1359).

La cour administrative d'appel de Paris a rendu une décision dans le même sens dans une affaire où des titres de participation ont été acquis par une société à la suite à l'exercice, par la société cédante, de son **option de vente prévue par le pacte d'actionnaires** conclu entre ces deux sociétés et après augmentation du capital de la société cible, un accord prévoyant le remboursement intégral de cette augmentation de capital à la société cédante lors de la vente des titres. Des « intérêts » étaient prévus sur la période intercalaire. La cour a jugé que ces intérêts calculés sur la période courant de la date de l'option de vente des titres de participation jusqu'à la date de réalisation effective de la vente constituent un élément du prix d'acquisition des titres devant être immobilisé (CAA Paris 26-1-2022 n° 20PA03705 : RJF 7/22 n° 621). **15031** (suite)

CHAPITRE 4

CONSENTEMENT DES PARTIES À LA CESSION

SOMMAIRE

SECTION 1

PORTÉE DE L'EXIGENCE DU CONSENTEMENT DES PARTIES À LA CESSION

CONSENTEMENT REQUIS POUR LA FORMATION ET LA VALIDITÉ DE LA CESSION

La cession de droits sociaux est un **contrat** et non un engagement unilatéral : pour être valable, les parties, cédant et acquéreur, doivent y avoir donné leur consentement (C. civ. art. 1128, 1°). Il s'agit même d'un contrat **consensuel,** c'est-à-dire qui se forme par la seule volonté des parties (art. 1109) et, plus exactement s'agissant d'une vente, dès que les parties sont d'accord sur le bien cédé et son prix (art. 1583). 18950
Sur l'erreur faisant obstacle à l'existence du consentement, n° 19110.

L'**affectio societatis** n'est pas une condition requise pour la formation d'une cession de droits sociaux (Cass. com. 11-6-2013 n° 12-22.296 F-PB : RJDA 10/13 n° 805). L'affectio societatis n'a pas à exister chez un acquéreur de parts ou d'actions qui entre dans la société en cours de vie sociale, même lorsque la cession vise à lui transférer le contrôle de la société ou à partager ce contrôle. 18952

CONSENTEMENT LUCIDE À LA CESSION

Le consentement doit être donné par une personne apte à exprimer une volonté lucide, ce qui suppose que la personne soit saine d'esprit (nos 26320 s.). La loi protège par ailleurs les mineurs ainsi que certains majeurs dont la lucidité peut être altérée en limitant leur capacité à conclure un contrat. 18960

CONSENTEMENT À LA CESSION EXEMPT DE VICE

Typologie des vices La loi prévoit trois vices susceptibles d'affecter la validité du consentement donné à la conclusion d'un contrat. Ainsi, l'**erreur,** le **dol** et la **violence** vicient le consentement lorsqu'ils sont de telle nature que, sans eux, l'une des parties n'aurait pas contracté ou aurait contracté à des conditions substantiellement différentes (C. civ. art. 1130, al. 1). 19000
Chacun de ces vices correspond à une hypothèse différente :
– l'erreur : une des parties s'est trompée toute seule en s'engageant ;
– le dol : une des parties s'est engagée parce qu'elle a été trompée par l'autre ;
– la violence : une des parties a conclu par crainte de menaces.
En matière de cession de parts sociales ou d'actions, ces vices sont le plus souvent invoqués par l'acquéreur déçu qui, s'étant aperçu que la société dont il a acquis les parts ou actions n'est pas dans une santé financière florissante, cherche à revenir sur l'opération. Le consentement du cédant peut aussi avoir été vicié.

Distinction des vices Si la distinction entre les trois vices du consentement est en théorie nettement tracée, en pratique, les frontières sont quelquefois délicates à délimiter, surtout **entre l'erreur et le dol.** En effet, il n'est pas toujours évident de savoir si une des parties s'est trompée toute seule ou si elle a été trompée par l'autre. C'est pourquoi les plaideurs invoquent bien souvent cumulativement ces deux vices du consentement et il est parfois difficile de déterminer quel vice sanctionne le juge. 19001

Sanction des vices Lorsqu'une partie a donné son consentement à la suite d'une erreur, d'un dol ou d'une violence, le contrat est vicié dès l'origine ; la sanction naturelle de l'absence de consentement valable, qui est seule envisagée par le Code civil, est la **nullité,** sanction qui est particulièrement lourde. Mais le dol et la violence se rattachent aussi à la faute intentionnelle de l'article 1240 du Code civil, la sanction adéquate étant l'allocation de **dommages-intérêts,** sanction souvent prononcée en cas de dol. 19002
L'annulation est une sanction si inadéquate pour l'entreprise que tant la chambre commerciale de la Cour de cassation que les juges du fond répugnent à la prononcer : en effet, tout transfert d'entreprise a des incidences « collatérales » importantes (sur les salariés, les orientations stratégiques, etc.) ; en outre, la pérennité de l'entreprise commande souvent qu'elle soit cédée, ce qui advient par exemple lorsque son animateur atteint l'âge de se retirer ; enfin, l'annulation intervient après que l'acquéreur a pris en mains la société et qu'il a pris des options souvent irréversibles ; il en résulte que faire droit aux demandes d'annulation fragiliserait l'économie.

L'ensemble de ces considérations rend difficile une présentation « académique » des dispositions du Code civil régissant les vices du consentement telles que les juges en font application aux cessions de droits sociaux.

SECTION 2

RÈGLES COMMUNES AUX VICES DU CONSENTEMENT

A. Appréciation de l'existence du vice du consentement

DATE D'APPRÉCIATION DU VICE DU CONSENTEMENT

19020 La validité du consentement des cocontractants doit être appréciée au **moment de la formation du contrat** (Cass. 1e civ. 26-10-1983 : Bull. civ. I n° 249 ; Cass. com. 20-6-1995 n° 1441 P : RJDA 12/95 n° 1321 ; Cass. 1e civ. 12-7-2007 n° 06-15.090 F-PB : RJDA 2/08 n° 100 ; CA Paris 24-5-2011 n° 10-13447 : n° 20160). En conséquence, les événements survenus postérieurement à la cession, qui par définition n'ont pas pu avoir d'incidence sur le consentement exprimé lors de celle-ci, ne peuvent pas être retenus comme vices du consentement.

ILLUSTRATIONS

Une cession de parts sociales ne peut pas être annulée au vu de la présentation d'un bilan établi antérieurement à la cession mais porté postérieurement à la connaissance de l'acquéreur dès lors que seul le dol antérieur à la cession de parts est de nature à vicier le consentement (CA Paris 22-6-1993 n° 92-739 : JCP E 1994 I n° 331 p. 94 obs. A. Viandier et J.-J. Caussain).

L'acquéreur de parts sociales ne peut pas se fonder sur les résultats d'un exercice non encore connus au moment de la négociation de la cession pour établir que le cédant lui a dissimulé la situation réelle de la société (CA Paris 16-6-1987, 25e ch. A : Bull. Joly 1987 p. 852).

La demande de l'acquéreur de parts sociales en annulation de la cession pour dol doit être rejetée dès lors que l'acquéreur s'appuie, pour reprocher au cédant d'avoir omis de comptabiliser certaines charges et minoré les provisions, sur un arrêté de comptes et un rapport d'audit établis après la cession alors qu'il ne peut ainsi faire établir un nouvel arrêté tenant compte d'événements non connus à la date de la cession et basé sur une méthode comptable non utilisée précédemment (Cass. com. 27-5-1997 n° 1359 D : JCP E 1997 I n° 710 § 5 obs. A. Viandier et J. J. Caussain).

Dans le cas d'une **promesse synallagmatique** de cession de droits sociaux **réitérée par un second acte** deux mois plus tard qui modifiait substantiellement les conditions de la cession en introduisant une clause de révision de prix et en spécifiant expressément qu'il annulait et remplaçait les actes antérieurs, il a été jugé que la validité du consentement de l'acquéreur devait être appréciée, non au jour de la signature de la promesse, mais à la date de l'acte de cession (Cass. com. 4-10-2011 n° 10-15.790 F-D : Rev. sociétés 2012 p. 151 note M. Menjuck).

19023 Des **éléments postérieurs** peuvent être utilisés par le juge pour apprécier l'existence d'un vice du consentement au moment de la formation du contrat (Cass. com. 2-12-1965, Sté franco-américaine des Machines c/ B. : Bull. civ. III n° 621 ; Cass. com. 13-12-1994 n° 2336 P : RJDA 4/95 n° 397 ; Cass. com. 6-12-2005 n° 1589 F-D ; Cass. com. 1-3-2011 n° 10-11.260 F-D : n° 20149).

ILLUSTRATIONS

Dans un cas où, à l'expiration du délai de la garantie de passif accompagnant la cession de la totalité des actions d'une société exploitant une agence immobilière, l'un des cédants et les membres de sa famille avaient résilié les mandats qu'ils avaient donnés à la société pour la gestion de leurs propres immeubles, l'action en réparation du préjudice constitué par la perte de chiffre d'affaires formée par l'acquéreur qui soutenait avoir été victime d'un dol de la part des cédants doit être rejetée pour les raisons suivantes :

– il n'était pas établi que les cédants avaient eu l'intention, au moment de la cession, de diminuer la valeur des actions cédées par la résiliation ultérieure des mandats de gestion confiés à la société ;

– en outre, le fait que cette résiliation soit intervenue peu de temps après l'expiration du délai de la garantie de passif ne suffisait nullement à faire présumer une intention qui aurait existé dès le moment de la cession, antérieure de plus de trois ans (Cass. com. 18-2-1997 n° 362 P : RJDA 7/97 n° 911).

Un courrier signé par l'acquéreur, postérieurement à la cession d'actions, peut établir qu'il connaissait depuis longtemps le fonctionnement de la société, qu'il n'ignorait rien des difficultés de cette dernière et que par conséquent son consentement n'a pas été vicié (Cass. com. 13-3-2001 n° 512 F-D : n° 20058).

POUVOIR DES JUGES DU FOND POUR APPRÉCIER LES VICES DU CONSENTEMENT

La Cour de cassation laisse à l'appréciation souveraine des juges du fond la constatation des éléments constitutifs des vices du consentement mais contrôle la qualification qu'ils leur donnent au regard des notions de dol, d'erreur et de violence telles qu'elles sont définies par la loi (sur cette question, voir J. et L. Boré, La cassation en matière civile : Dalloz action 2015-2016 § 67-61 s.). 19025

B. Preuve du vice du consentement

CHARGE DE LA PREUVE DU VICE DU CONSENTEMENT

Conformément au droit commun (C. civ. art. 1353), la preuve de l'erreur, du dol ou de la violence est à la charge de la **partie qui prétend que son consentement a été vicié** (Cass. com. 20-10-1970 : JCP G 1971 II n° 16916 ; Cass. 1e civ. 26-1-1972 : D. 1972 p. 517 ; Cass. soc. 7-10-1987 : Bull. civ. V n° 532). 19050

Ainsi en matière de dol, il appartient à l'acquéreur de prouver que les documents comptables transmis comportent des erreurs ou omissions volontaires ou que certains documents ne lui ont pas été communiqués (Cass. com. 23-4-1985 : Bull. Joly 1985 p. 623 ; Cass. com. 25-3-1991 n° 553 D ; CA Paris 11-10-1984, 15e ch. B : JCP G 1985 II n° 20499 note A. Viandier ; CA Paris 14-5-1993 n° 91-19486 : Bull. Joly 1993 p. 1036 note J.-J. Daigre ; CA Paris 10-1-2003, 25e ch. A, P. c/ SARL PPA Audit : RJDA 5/03 n° 502, 2e espèce et, sur pourvoi, Cass. com. 5-10-2004 n° 03-12.006 F-D : RJDA 12/04 n° 1333). Il appartient au cédant de prouver que des informations essentielles sur le développement de l'activité de la société dont il a cédé les actions lui ont été délibérément cachées par l'acquéreur et les dirigeants de la société qui sont intervenus dans l'opération de cession (CA Paris 1-6-2010 n° 08-6286 : n° 20145 ; CA Paris 15-6-2010 n° 09-20695 : n° 20147).

ILLUSTRATIONS

Inverse la charge de la preuve, et viole les articles 1116 et 1315 du Code civil (désormais art. 1137 et 1353), la cour d'appel qui annule une cession de parts sociales pour dol au seul motif que le cédant ne justifiait pas de la régularité d'écritures comptables qui étaient contestées par l'acquéreur, alors qu'il appartenait à ce dernier de rapporter la preuve de leur irrégularité (Cass. com. 4-6-2002 n° 1104 F-D).

Le **défendeur,** tant qu'il se borne à nier le fait allégué contre lui, n'a pas de démonstration à faire. Mais il arrive que, sans nier les affirmations du demandeur, le défendeur invoque à son tour une exception ou un moyen de défense au fond. Il lui revient alors de justifier du bien-fondé de son exception (C. civ. art. 1353, al. 2 ; Cass. com. 27-10-1981, Sté Coréma c/ SA des établissements W. Donny : Bull. civ. IV n° 372). 19053

ILLUSTRATIONS

Inverse la charge de la preuve la cour d'appel qui, pour rejeter la demande de l'acquéreur de parts sociales en annulation de la cession pour dol, retient que celui-ci ne prouve pas que le rapport de gestion qui lui est opposé par le cédant ait été antidaté et réalisé en fait postérieurement à la cession, ni qu'il n'ait pas été porté à sa connaissance avant cette date, alors qu'il appartient au cédant qui oppose ce rapport à l'acquéreur de démontrer que ce dernier, qui le conteste, en a eu connaissance avant la cession (Cass. com. 28-1-1992 n° 90-16.210).

Ainsi se produit ce que l'on peut appeler un « va-et-vient », une alternance de la preuve : la charge de la preuve passe de l'une à l'autre partie, au fur et à mesure de leurs allégations successives.

MOYENS DE PREUVE DU VICE DU CONSENTEMENT

Les vices du consentement sont des faits juridiques et peuvent donc être prouvés par tous moyens (CA Paris 17-9-2013 n° 12/14712 : RJDA 12/13 n° 1017), y compris par témoignages et présomptions, et ce, même à l'encontre d'un acte authentique (CA Colmar 30-1-1970 : D. 1970 p. 297 note E. Alfandari). 19055

ILLUSTRATIONS

L'achat d'actions sans valeur sur la foi de documents comptables surévaluant la valeur de l'actif fait présumer l'erreur substantielle commise par l'acquéreur et, en l'absence d'un quelconque élément probatoire déterminant, exclut l'éventuelle acceptation par lui d'un pareil aléa (CA Paris 11-9-1990, 5e ch. A, B. c/ SCI Yoko Erdian).

Pour des illustrations de prise en compte par le juge des modalités financières de la cession pour apprécier l'existence ou l'absence d'un dol, voir nos 19895 s.

19057 Une partie peut demander au juge qu'il ordonne des **mesures d'instruction** afin de se ménager des éléments de preuve susceptibles d'être utiles à la solution d'un litige à venir (expertise préventive ou « in futurum » ; CPC art. 145). Ces mesures **préventives** ne peuvent être ordonnées qu'en dehors de tout procès et à condition qu'il existe un motif légitime de conserver ou d'établir la preuve de certains faits.

ILLUSTRATIONS

Dans un cas où le président-directeur général d'une société holding soutenait avoir été victime de manœuvres dolosives l'ayant déterminé à vendre à un prix dérisoire les actions qu'il détenait dans une filiale de la holding, sa demande de nomination d'un expert afin d'évaluer le prix des actions cédées a été rejetée dès lors que :

– l'intéressé savait avant la cession que le prix de l'action était presque vingt-cinq fois inférieur à sa valeur trois ans auparavant, de sorte qu'il ne pouvait pas invoquer ce différentiel comme motif légitime ;

– seul le fait pour lui de ne pas avoir disposé des moyens de trouver l'origine de ce différentiel pouvait légitimer sa demande ; or, en sa qualité de président-directeur général de la holding et d'actionnaire majoritaire de la filiale, il avait eu accès à des éléments d'information suffisants pour analyser la situation ; à tout le moins, il pouvait se faire assister à cette fin avant de prendre la décision de céder les actions litigieuses ; d'ailleurs, à l'occasion de l'assemblée générale ordinaire des actionnaires de la filiale, il avait pu consulter le bilan et le compte de résultat, les rapports du conseil d'administration et du commissaire aux comptes, autant d'éléments lui ayant permis de connaître la valeur des actions au jour de la cession (CA Paris 17-11-2006 n° 06-7544 : RJDA 4/07 n° 435).

C. Incidence de l'existence d'une garantie conventionnelle

19065 Bien souvent, la cession de droits sociaux est assortie d'un engagement du cédant garantissant à l'acquéreur la consistance du passif et/ou de l'actif (par exemple, garantie de passif ou d'actif ou déclaration de sincérité de certaines informations communiquées sur la société ; nos 66000 s.).

Cette **garantie** conventionnelle s'ajoute aux dispositions légales garantissant l'acquéreur de droits sociaux ; elle ne lui interdit pas d'invoquer au principal la nullité de l'acte de cession pour vice du consentement qui constitue une protection légale à laquelle il n'a pas renoncé (Cass. com. 3-11-2004 n° 00-15.725 F-D : RJDA 3/05 n° 269, 1e espèce ; dans le même sens, Cass. com. 2-5-2007 n° 05-21.975 F-D : RJDA 8-9/07 n° 847).

L'acquéreur peut donc tant invoquer un vice du consentement que mettre en œuvre la garantie conventionnelle, étant précisé que cette dernière permet une indemnisation directe ou indirecte de l'acquéreur et non l'annulation de la cession. Agir sur le fondement d'un vice du consentement peut présenter un intérêt particulier : le cas échéant, l'acquéreur peut obtenir des dommages-intérêts d'un montant supérieur au plafond d'indemnisation prévu par la garantie conventionnelle ou encore réclamer une indemnisation alors même que le délai de la garantie est expiré.

Le fait que l'acquéreur ait accepté d'acheter les droits sociaux **sans garantie** conventionnelle ne saurait être interprété comme une renonciation à invoquer les recours qu'il tient du droit commun (en ce sens, Cass. com. 4-12-2007 n° 06-18.099 F-D : RJDA 4/08 n° 423).

19070 C'est surtout en matière de **dol** que les tribunaux ont tiré les conséquences des principes ci-dessus, les éléments dissimulés par le cédant étant souvent les mêmes que ceux couverts par la garantie qu'il a pu consentir. Ainsi, le juge ne peut pas rejeter une demande d'annulation de la cession pour dol en se contentant de constater l'existence d'une garantie de passif (Cass. com. 3-2-2015 n° 13-12.483 F-PB : RJDA 5/15 n° 349). Il ne peut pas être déduit de ce que le cédant a consenti une telle garantie qu'il n'avait pas l'intention de tromper l'acquéreur en lui présentant une situation fausse de la société (Cass. com. 9-2-1999 n° 96-16.378 D).

Toutefois, l'absence ou la présence d'une telle garantie ou les termes dans lesquelles elle est rédigée sont souvent pris en compte par les juges du fond pour exclure ou caractériser le vice du consentement. Ainsi, certains d'entre eux ont retenu l'existence d'une garantie de passif comme un gage de loyauté du cédant (en ce sens, CA Paris 24-9-1998 n° 95-13640 : n° 20040 et CA Paris 4-12-2007 n° 06-19471 : n° 19855) ou ont écarté le caractère déterminant de l'information dissimulée dès lors que l'acquéreur n'a pas mis en œuvre la garantie consentie.

ILLUSTRATIONS

Après avoir jugé que l'acquéreur ne démontrait pas que la perte d'une marque l'aurait conduit, s'il l'avait connue, à renoncer à son achat, la cour d'appel de Paris a précisé qu'il lui était en tout état de cause loisible de mettre en jeu la clause par laquelle le cédant garantissait toute diminution d'actifs, ce qu'il n'avait pas fait (CA Paris 25-10-1996 n° 95-24380).

Peut aussi être pris en considération le contenu de la garantie, notamment l'indication ou non de l'information dont l'acquéreur invoque la dissimulation (CA Paris 11-6-2009 n° 07-11400 et CA Paris 24-3-2011 n° 10/06918 : n° 19525). Le dol peut résulter des indications mensongères qu'elle comporte (CA Dijon 18-5-1999 n° 97-2618 : n° 19535).
Pour un cas où l'absence de garantie de passif a été retenue pour établir que la présentation de documents comptables inexacts avait été déterminante du consentement de l'acquéreur, voir CA Paris 3-12-2009 n° 08-16768 : n° 20134. Pour un cas où, au contraire, le fait pour l'acquéreur d'avoir contracté sans garantie de passif a été considéré comme une prise volontaire de risque, voir Cass. com. 13-11-2003 n° 1510 F-D : n° 20085.

SECTION 3

ERREUR DES PARTIES À LA CESSION

A. Différentes erreurs des parties à la cession

L'unique article du Code civil relatif à l'erreur (ex-art. 1110) a été remplacé par cinq articles par l'ordonnance 2016-131 du 10 février 2016 portant **réforme du droit des contrats** (C. civ. art. 1132 à 1136), lesquels reprennent, pour l'essentiel, les solutions jurisprudentielles antérieures : l'erreur sur la substance ou les qualités substantielles est remplacée par l'erreur sur les qualités essentielles de la prestation due ou du cocontractant ; l'erreur sur les motifs reste strictement encadrée. Une interrogation demeure toutefois sur le maintien de la notion d'erreur-obstacle. 19100

1. ERREUR-OBSTACLE

ERREUR-OBSTACLE DANS LES CESSIONS CONCLUES AVANT LE 1er OCTOBRE 2016

Notion d'erreur-obstacle On distingue parfois, à côté de l'erreur vice du consentement visée par les articles 1132 à 1136 du Code civil (ex-art. 1110), celle qui ferait obstacle à la rencontre des volontés des parties, l'« erreur-obstacle ». Issue d'une **construction essentiellement doctrinale,** la notion d'erreur-obstacle apparaît rarement dans la jurisprudence de la Cour de cassation. Si elle y a fait parfois référence (Cass. 3e civ. 21-5-2008 n° 07-10.772 FS-PB : Bull. civ. III n° 92 ; Cass. 3e civ. 16-12-2014 n° 14-14.168 F-D : Contrats, conc., consom. 2015 comm. n° 54 estimant que l'erreur par le vendeur sur l'objet même de la vente faisait obstacle à la rencontre des consentements des parties), d'autres décisions retiennent l'existence d'un « malentendu fondamental » entre les parties empêchant l'existence du consentement (Cass. 1e civ. 28-11-1973, Régie communale des Sources Nessel c/ SARL Eurogadget : D. 1975 p. 21 ; voir aussi Cass. com. 15-2-1961 : Bull. civ. III n° 91, retenant qu'en raison d'une divergence de volonté, due à un malentendu entre les parties, le contrat n'avait pas pu se former), voire un simple vice du consentement (Cass. 1e civ. 2-4-1996 n° 94-15.029 P : RJDA 7/96 n° 874 ; en sens contraire, Cass. com. 15-2-1961 précité). 19110
Pour certains auteurs, l'erreur-obstacle n'existe pas et ne s'analyse que comme une erreur sur la substance dont la sanction est la nullité relative (J. Ghestin, Traité de droit civil, La formation du contrat : LGDJ 1993 n° 495).

Entre dans la catégorie de l'erreur-obstacle **l'erreur sur la nature du contrat.** Tel est le cas lorsqu'une partie pense réaliser deux ventes concomitantes et l'autre un échange (Cass. 3e civ. 18-3-1980 : Bull. civ. III n° 65). 19115

De même, il y a absence et non vice du consentement en cas d'**erreur sur l'objet ou le contenu du contrat,** c'est-à-dire sur l'existence ou sur l'identité du bien cédé (Cass. 3e civ. 1-2-1995 n° 92-16.729 P : RJDA 5/95 n° 535 ; Cass. 3e civ. 15-4-2008 n° 07-12.645 F-D : RDC 2008 p. 716 note T. Genicon ; Cass. 3e civ. 21-5-2008 n° 07-10.772 FS-PB : Bull. civ. III n° 92 à propos d'erreur sur l'objet même de ventes immobilières). C'est le cas du cédant qui s'est trompé en faisant figurer dans son offre de cession de parts sociales, ultérieurement acceptée, le pourcentage de sa participation au capital au lieu du nombre de parts à céder, alors qu'il projetait de se retirer de la société et de céder l'intégralité de ses titres (CA Paris 15-9-1989, 25e ch. B : Navis Droit des affaires, estimant que l'erreur a porté matériellement sur la détermination de la chose et non sur la substance de celle-ci ; de sorte qu'aucun contrat n'a pu se former en l'absence de consentement). C'est aussi le cas de l'acquéreur qui croyait, sur la foi des offres faites par le mandataire du cédant, acheter un appartement, alors que ce dernier entendait lui céder des parts sociales donnant droit à l'attribution de l'appartement (CA Paris 8-7-1966, 2e ch. : Gaz. Pal. 1967 I p. 33 ; en réalité, l'objet de la cession était un appartement bien déterminé et l'erreur portait sur la nature des droits acquis par l'acquéreur ; il n'y avait pas d'erreur d'identification mais plutôt erreur sur la substance de l'objet).

19118 L'erreur **sur la cause du contrat** – c'est-à-dire sur la raison déterminante que le cocontractant croyait avoir de s'engager – constitue également un obstacle à l'existence du consentement et justifie l'annulation de la convention (Cass. 1e civ. 2-4-1996 n° 94-15.029 P : RJDA 7/96 n° 874).

ILLUSTRATIONS

Dans un cas où l'intégralité des titres d'une société exploitant une clinique avait été cédée après que la société avait été autorisée par le propriétaire de l'immeuble qu'elle occupait, également associé de la société, à effectuer tous travaux d'agrandissement et où le règlement général de l'ensemble immobilier dans lequel était située la clinique excluait l'installation de nouveaux établissements destinés à recevoir des malades, admettant seulement le maintien des établissements de repos déjà existants, il a été jugé que la cession devait être annulée pour erreur sur la cause de la cession telle qu'elle résultait de l'intention des parties : en effet, il existait un rapport entre l'autorisation donnée par le propriétaire de l'immeuble et la cession des titres ; la société était définie dans la promesse de cession comme ayant pour objet l'exploitation d'une maison de santé, clinique chirurgicale médicale et d'accouchement ; l'acquéreur n'aurait pas donné son consentement s'il avait su non seulement que ses projets d'agrandissement et d'extension de la clinique étaient irréalisables, mais aussi que la régularité de son fonctionnement sur les bases actuelles pouvait être contestée au regard du règlement général (Cass. 3e civ. 25-5-1972 : JCP G 1972 II n° 17249 note J. Ghestin).

19119 Enfin, l'**erreur matérielle sur le prix** (à ne pas confondre avec l'erreur sur la valeur des titres : n° 19162) peut être également révélatrice d'une absence de consentement.

ILLUSTRATIONS

Est inexistant le contrat conclu sur la base d'une offre faite par l'une des parties à un prix dix fois supérieur à celui qu'elle entendait proposer (Cass. com. 15-2-1961 : Bull. civ. III n° 91) ou d'une offre faite par lettre type à un prix ne correspondant pas à celui du bien vendu mais à celui, très inférieur, d'un autre bien précédemment cédé (CA Paris 15-9-1995 n° 94-9726, 2e ch. B) ou d'une offre à un prix résultant d'une confusion entre euros et francs (CA Orléans 13-5-2004 n° 03-1013 : Com. com. électr. 2004 comm. n° 144 obs. Ph. Stoffel-Munck).

L'erreur matérielle sur le prix est parfois qualifiée d'erreur sur les qualités substantielles ou essentielles (n° 19162).

19120 **Régime** Différente de l'erreur visée par le Code civil, en ce qu'elle révèle non pas un vice mais une absence de consentement, l'erreur-obstacle n'est pas soumise au même régime juridique.
En ce qui concerne la nature de la sanction applicable, la jurisprudence, peu abondante sur cette question, semblait opter pour la **nullité absolue** (Cass. 3e civ. 15-4-1980, Association de vacances et de loisirs culturels de la vallée de l'Huveaune : Bull. civ. III n° 73) ; elle retenait parfois **l'inexistence** du contrat ainsi conclu (Cass. com. 15-2-1961 : Bull. civ. III n° 91 ; CA Paris 8-7-1966, 2e ch. : Gaz. Pal. 1967 I p. 33) ou plus simplement l'absence de conclusion du contrat (CA Orléans 13-5-2004 n° 03-1013 : Com. com. électr. 2004 comm. n° 144 obs. Ph. Stoffel-Munck). D'autres décisions qualifiaient l'erreur-obstacle de vice du consentement mais sans préciser la nature de la nullité prononcée en l'espèce (Cass. 3e civ. 25-5-1972 n° 19115 ; Cass. 1e civ. 2-4-1996 n° 94-15.029 P : RJDA 7/96 n° 874).
La troisième chambre civile de la Cour de cassation a retenu, plus récemment, la **nullité relative** d'un contrat de vente en cas d'erreur-obstacle : dès lors que l'erreur sur l'objet de la vente ne porte pas atteinte à l'intérêt général, l'action en nullité du contrat est, s'agissant d'une nullité relative, soumise à la prescription quinquennale de l'article 2224 du Code civil (Cass. 3e civ. 26-6-2013 n° 12-20.934 FS-PB : RJDA 1/14 n° 3).

Ce débat sur la nature absolue ou relative de la nullité avait un intérêt pratique avant la réforme de la prescription par la loi 2008-561 du 17 juin 2008 dans la mesure où la prescription applicable était différente selon la nullité : prescription trentenaire pour la nullité absolue ou prescription quinquennale pour la nullité relative. La loi du 17 juin 2008 ayant uniformisé les délais de prescription des actions en nullité à cinq ans (C. civ. art. 2224 ; C. com. art. L 110-4), le débat ne conserve d'intérêt que pour la détermination des personnes ayant qualité à agir (n° 30670) et l'éventuelle confirmation de l'acte (n°s 30570 s.).

Enfin, contrairement à ce qui est admis en matière d'erreur vice du consentement (n° 19230), le **caractère inexcusable de l'erreur**-obstacle ne paralyse pas l'action de la victime (Cass. 3e civ. 1-2-1995 n° 285 : RJDA 5/95 n° 535 ; Cass. 3e civ. 21-5-2008 n° 07-10.772 FS-PB : Bull. civ. III n° 92 ; Cass. 3e civ. 16-12-2014 n° 14-14.168 F-D : Contrats, conc., consom. 2015 comm. n° 54).

> **Précisions** **L'évolution de la jurisprudence** concernant la sanction applicable à l'erreur-obstacle est **à rapprocher** de la jurisprudence rendue par la troisième chambre civile en matière de nullité d'un contrat pour absence de cause ou de contrepartie et de celle de la chambre commerciale à propos de la nullité pour indétermination du prix : la nullité est relative lorsque n'est visée que la protection des intérêts particuliers du demandeur (n° 30530).

ERREUR-OBSTACLE DANS LES CESSIONS CONCLUES DEPUIS LE 1er OCTOBRE 2016

La théorie de l'erreur-obstacle exposée n°s 19110 s. survit-elle à la réforme du droit des contrats issu de l'ordonnance 2016-131 du 10 février 2016 ? La question fait débat et reste intimement liée à celle de l'autonomie de sa sanction. **19125**

Les textes issus de l'ordonnance 2016-131, comme les textes antérieurs, sont muets sur l'erreur-obstacle et sur sa sanction.

Pour certains auteurs, ce silence signifie le refus d'un texte jugé inutile : l'absence de consentement conserve son autonomie par rapport au consentement vicié et l'**inexistence du contrat** est la seule solution logique en cas d'absence de rencontre de consentements (B. Mercadal, Réforme du droit des contrats, Dossier pratique Francis Lefebvre 2016 n° 513 ; voir aussi, Pratiques contractuelles, Ce que change la réforme du droit des obligations, Éditions Législatives 2016 p. 55, ouvrage collectif en collaboration avec J.-B. Seube, citant les auteurs de l'avant projet de réforme Terré ; N. Dissaux et C. Jamin, Réforme du droit des contrats, du régime général et de la preuve des obligations Dalloz 2016 p. 39 relevant que les nouveaux articles relatifs à l'erreur vice du consentement ont trait à l'intégrité du consentement et non à son existence, ce qui permet de maintenir le concept d'erreur-obstacle et sa sanction, l'inexistence du contrat).

Pour d'autres, l'erreur-obstacle ne se différencie pas de l'erreur sur les qualités essentielles dans la mesure où l'inexistence ne se distingue pas en droit positif de la nullité (Ph. Malaurie, L. Aynes et P. Stoffel-Munck, Droit des obligations LGDJ 2018 n° 503).

En attendant que la Cour de cassation tranche le débat, on peut avancer les arguments suivants en faveur d'une absorption de l'erreur-obstacle par l'erreur vice du consentement :

– la définition de l'erreur donnée par l'article 1132 du Code civil est particulièrement large : erreur de droit ou de fait sur les qualités essentielles de la prestation due ou sur celles du cocontractant ; elle est donc susceptible d'englober les cas dans lesquels une erreur-obstacle a été retenue par la jurisprudence antérieure (n°s 19115 s.) ;

– la réforme a modifié le régime des nullités : désormais la nullité est relative ou absolue selon que la règle violée protège un intérêt particulier ou un intérêt général, sans qu'il y ait lieu de s'attacher à la question de savoir s'il manque un élément essentiel à la formation du contrat, ce qui jusqu'à la réforme était un critère de l'erreur-obstacle.

2. ERREUR SUR LES MOTIFS

L'erreur sur les motifs peut se définir comme celle portant sur les mobiles qui ont déterminé l'une des parties à conclure, tels par exemple les avantages fiscaux liés à l'acquisition ou la prise de contrôle de la société. **19130**

Pour les cessions conclues depuis le 1er octobre 2016, l'erreur sur un simple **motif, étranger aux qualités essentielles de la prestation** due **ou du cocontractant,** n'est pas une cause de nullité, à moins que les parties n'en aient fait expressément un élément déterminant de leur consentement (C. civ. art. 1135, al. 1 issu de ord. 2016-131 du 10-2-2016).

Pour les cessions conclues avant cette date, le principe est similaire : l'erreur sur un **motif extérieur à l'objet du contrat** n'est pas une cause de nullité de la convention, à moins qu'une stipulation expresse ne l'ait fait entrer dans le champ contractuel en l'érigeant en condition du contrat (Cass. 1e civ. 13-2-2001 n° 231 F-P : RJDA 5/01 n° 553 ; Cass. 3e civ. 24-4-2003 n° 503 FS-PB : RJDA 8-9/03 n° 805 ; Cass. com. 11-4-2012 n° 11-15.429 F-PB : RJDA 12/12 n° 1035). Certes la chambre commerciale de la

Cour de cassation a admis la manifestation tacite d'une telle volonté, en autorisant les juges du fond à déduire des circonstances de l'espèce qu'une caution avait fait de la solvabilité du débiteur garanti un élément déterminant de son engagement (Cass. com. 1-10-2002 n° 1528 FS-P : RJDA 2/03 n° 187 ; Cass. com. 19-5-2015 n° 14-10.860 F-D : RJDA 10/15 n° 705). Mais cette jurisprudence, qui ne devrait pas survivre à l'article 1135 du Code civil, ne paraît pas avoir été appliquée à d'autres contrats.

Si le motif n'a pas été expressément érigé en élément déterminant du contrat (ou en condition du contrat), l'erreur sur ce motif n'est pas constitutive d'un vice du consentement, y compris si elle a été déterminante du consentement de la partie qui l'invoque (Cass. com. 24-4-1984 : Bull. Joly 1984 p. 768 ; Cass. com. 11-4-2012 n° 11-15.429 précité) et si ce motif était connu de l'autre partie (Cass. 1e civ. 13-2-2001 n° 231 précité). Ces solutions, rendues avant la réforme, demeurent à notre avis transposables au régime actuel. Le juge est en effet tenu de respecter les termes du contrat, dans la mesure toutefois où le motif déclaré déterminant par les parties n'est pas contraire à l'ordre public (cf. C. civ. art. 1102 et 1162 ; ex-art. 1131 et 1133).

ILLUSTRATIONS

Il a été jugé que l'erreur commise par l'acquéreur de parts sociales sur l'état de la société ne portait pas sur les qualités substantielles de l'objet du contrat mais seulement sur les motifs et ne constituait donc pas une cause de nullité de la convention : l'acquéreur spécialiste de « tous problèmes de gestion des entreprises industrielles, commerciales, agricoles... », informé des difficultés de la société, avait établi une évaluation de situation globale qui faisait état d'un bilan extrêmement défavorable et des comptes d'exploitation catastrophiques. Néanmoins, fort de ses compétences affirmées en matière de gestion d'entreprise, il avait pris librement la décision d'acquérir une participation dans le capital de la société (Cass. com. 24-4-1984, précité).

Dans un cas où les parties étaient convenues de la cession des parts d'une société créée de fait exploitant une officine de pharmacie et où, l'opération étant juridiquement impossible (une société créée de fait ne pouvant pas être propriétaire d'une officine), le juge avait ordonné l'exécution de l'opération sous forme de vente de fonds de commerce, l'acquéreur ne peut utilement prétendre avoir commis une erreur sur la substance de la vente pour refuser d'exécuter celle-ci dès lors que, d'une part, l'offre de vente, l'acte d'acceptation et le mandat de vente faisaient seulement référence à la vente d'un fonds de commerce et que la faculté réservée à l'acquéreur de choisir entre la vente du fonds ou des parts ne constituait, dans l'intention des parties, qu'une modalité de la vente de la pharmacie que l'acquéreur pouvait éluder pour des raisons fiscales et non un élément substantiel et que, d'autre part, l'impossibilité de céder les seuls droits sociaux n'avait eu qu'une incidence éventuellement fiscale, de sorte que l'erreur alléguée ne portait que sur un motif du contrat extérieur à l'objet de celui-ci, à savoir la recherche d'un avantage fiscal représenté par un droit d'enregistrement sur le prix de cession à un moindre taux (Cass. com. 12-12-2006 n° 04-19.083 F-D : RJDA 8-9/07 n° 846).

3. ERREUR SUR LE COCONTRACTANT

19140 L'erreur de droit ou de fait sur les **qualités essentielles du cocontractant** n'est une cause de nullité que dans les **contrats conclus en considération de la personne** (C. civ. art. 1132 et 1134 issus de ord. 2016-131 du 10-2-2016 ; ex-art. 1110, al. 2) ; elle doit avoir été déterminante et être excusable (art. 1130 et 1132 issus de ord. 2016-131 ; sur ces notions, voir nos 19220 s.). Dans une cession de droits sociaux, particulièrement lorsqu'elle emporte transfert du contrôle de la société, la personne de l'acquéreur peut être déterminante pour le cédant.

Pour les cessions conclues avant le 1er octobre 2016 (date d'entrée en vigueur des textes précités), l'ex-article 1110, al. 2 du Code civil n'admettait l'erreur sur la personne de l'autre cocontractant que si la considération de cette personne était la cause principale de la convention. Elle était donc déjà réservée aux cessions conclues « intuitu personae ». La jurisprudence – rare sur cette question et, à notre connaissance, inexistante en matière de cession de droits sociaux – déclarait constitutive d'un vice du consentement l'erreur commise sur l'identité de l'autre partie (Cass. 1e civ. 27-2-2007 n° 05-11.603 F-D rendu dans un cas d'homonymie ; CA Rouen 4-3-1969, 1e ch. civ. : JCP G 1969 II n° 15911) ou sur une qualité substantielle de cette dernière (Cass. com. 19-11-2003 n° 1583 F-PB : RJDA 8-9/04 n° 937) à condition, comme aujourd'hui, d'être déterminante (CA Versailles 22-12-2000 n° 98-2069 : RJDA 4/01 n° 408 ; CA Paris 14-11-2012 n° 11/12847 rejetant une erreur sur l'identité du dirigeant de la société cocontractante) et excusable (Cass. soc. 3-7-1990 n° 87-40.349 F-PB : Bull. civ. V n° 329 ; Cass. 1e civ. 27-2-2007 précité).

Les solutions ci-dessous, rendues par les tribunaux avant la réforme à propos de contrats autres que des cessions de droits sociaux, sont transposables à de telles cessions qu'elles aient été conclues avant ou depuis le 1er octobre 2016.

ILLUSTRATIONS

Ont été annulés pour erreur sur la personne :
– la vente d'un bien dès lors que le cédant ignorait que l'acquéreur avait été condamné à la confiscation de ses biens présents et à venir et qu'en vendant son bien pour une somme importante, il n'avait voulu traiter qu'avec un acquéreur libre de ses droits et juridiquement capable de s'acquitter du prix par un paiement opposable à tous (Cass. 1e civ. 20-3-1963 : Bull. civ. I n° 179) ;
– le cautionnement garantissant le remboursement d'un prêt destiné à l'acquisition d'un fonds de commerce dès lors que la caution et le prêteur, bénéficiaire de la garantie, ont commis une erreur commune portant sur une qualité substantielle du débiteur principal, à savoir son interdiction d'exercer une activité commerciale (Cass. com. 19-11-2003 n° 1583 F-PB : RJDA 8-9/04 n° 937).
En revanche, une entreprise qui, pensant contracter avec une SARL exploitant un cabinet de recrutement, a conclu un contrat de recherche avec l'ancien gérant de celle-ci qui a repris l'activité de recrutement en exploitation individuelle avec le même nom commercial, ne peut pas demander l'annulation du contrat pour erreur sur la personne dès lors qu'elle ne démontre pas en quoi la forme juridique du cabinet de recrutement, société ou exploitation individuelle, a été la cause principale ou déterminante de son engagement (CA Versailles 22-12-2000 précité).

4. ERREUR DE DROIT

L'erreur qui porte sur la signification et les exigences de la loi peut être constitutive d'un vice du consentement. 19150

Avant le 1er octobre 2016, la jurisprudence l'admettait malgré le silence de la loi en ce domaine (Cass. 1e civ. 4-11-1975 n° 73-13.701 P : Bull. civ. I n° 307 ; Cass. 3e civ. 8-11-2005 n° 04-16.126 F-D : RJDA 4/06 n° 397). A ainsi été annulée une vente au seul motif que le vendeur, ignorant l'inexistence du droit de préemption de l'acquéreur, croyait ne pouvoir vendre qu'à ce dernier (Cass. 3e civ. 5-7-1995 : Bull. civ. III n° 174 ; Cass. 3e civ. 24-5-2000 n° 837 FS-PB : RJDA 9-10/00 n° 828). Outre son caractère déterminant (n° 19220), l'erreur de droit devait être excusable (Cass. com. 5-1-1999 n° 96-10.519 D : RJDA 4/99 n° 470 ; sur cette notion, voir nos 19230 s.).

Depuis le 1er octobre 2016, l'erreur de droit est expressément reconnue par la loi. Elle ne présente aucune autonomie par rapport à l'erreur de fait (C. civ. art. 1132 issu de ord. 2016-131 du 10-2-2016) : pour entraîner la nullité du contrat, elle doit être **excusable** (n° 19230) et porter sur les qualités essentielles de la prestation due (nos 19160 s.) ou, dans les contrats conclus en considération de la personne du cocontractant, sur les qualités essentielles de ce dernier (nos 19140 s.).

5. ERREUR SUR LA PRESTATION DUE

CRITÈRES DE L'ERREUR SUR LA PRESTATION DUE

Dans les cessions conclues depuis le 1er octobre 2016, l'erreur de droit ou de fait est une cause de nullité du contrat lorsqu'elle porte sur les **qualités essentielles de la prestation** due (C. civ. art. 1132 issu de ord. 2016-131 du 10-2-2016), qu'il s'agisse de la prestation due par le cédant ou par l'acquéreur (art. 1133, al. 2 issu de ord. précitée). Les qualités essentielles sont celles qui ont été expressément ou tacitement convenues et en considération desquelles les parties ont contracté (art. 1133, al. 1). 19160

Pour les cessions antérieures à cette date, l'ex-article 1110, al. 1 exigeait que l'erreur tombe sur la **substance même** de la chose qui en est l'objet mais une jurisprudence constante a étendu l'erreur sur la substance à celle sur les qualités substantielles du bien objet du contrat (origine, authenticité, utilisation, etc.). En matière de cession de droits sociaux, il a ainsi été admis que la viabilité de la société constituait une qualité substantielle des titres cédés (voir jurisprudence citée nos 19185 s.).

À notre avis, le changement de terminologie (erreur sur les qualités substantielles de l'objet du contrat/erreur sur les qualités essentielles de la prestation) ne remet pas en cause les solutions posées avant la réforme qui demeurent applicables (dans le même sens, M. Caffin-Moi : Le droit des sociétés et la réforme du droit des contrats : Actes pratiques et ingénierie sociétaire : mai-juin 2016 p. 52 nos 226 s.).

> **Précisions** Les **juges apprécient souverainement,** non seulement l'existence de l'erreur, mais également quelles qualités doivent être tenues pour substantielles (Cass. 1e civ. 22-11-1977 : Bull. civ. I n° 430 ; Cass. 1e civ. 22-6-1980 : Bull. civ. I n° 66) ou désormais essentielles.

Erreur matérielle sur le prix L'erreur matérielle sur le prix de cession peut être assimilée à une erreur sur les qualités essentielles ou substantielles de la prestation attendue par le cédant. Cela a été admis en cas d'**erreur sur l'unité monétaire** employée pour mesurer le prix (et à condition d'être excusable, n° 19230). Ainsi a-t-il été jugé à propos d'une confusion entre anciens et nouveaux francs (Cass. com. 14-1-1969 n° 67-10.920 : Bull. civ. III n° 13) ou d'une erreur de conversion 19162 en euros d'un prix négocié en francs (Cass. 3e civ. 4-7-2007 n° 06-15.881 FS-PB : RJDA 12/07 n° 1204). Mais ce type d'erreur, comme celle portant sur le prix annoncé, est parfois considérée par la jurisprudence comme une erreur-obstacle (n° 19119).

19165 **Erreur sur la viabilité de la société et erreur sur la valeur des titres** Il y a erreur sur la viabilité de la société, et vice du consentement, lorsque l'acquéreur a ignoré, à la date de la cession, que la société n'était plus en mesure de **poursuivre l'activité économique constituant son objet social** (notamment, Cass. com. 18-2-1997 n° 362 P : n° 19185). Le caractère substantiel (ou essentiel) de la viabilité de la société est particulièrement évident en cas de cession d'un bloc de contrôle ou de la totalité des titres car, dans ce cas, l'acquéreur « a contracté dans le but déterminé, nécessairement connu et accepté du cédant en raison de l'universalité de la cession, de poursuivre une activité économique conforme à l'objet social » (CA Paris 19-3-1999, 3e ch. C : RJDA 6/99 n° 679, 1e espèce).

L'absence de viabilité peut notamment résulter de la disparition d'un actif essentiel à l'activité de la société : matériel, droit au bail, contrat, etc. (par exemple, Cass. com. 1-10-1991 n° 1146 : n° 19185 ; Cass. com. 7-2-1995 n° 315 : n° 19185) ou d'une situation financière obérée lui interdisant la poursuite de celle-ci (Cass. com. 21-11-2000 n° 1934 : n° 19195).

ILLUSTRATIONS

Dans un cas où l'acquéreur de l'intégralité des actions d'une société d'expertise comptable avait agi en nullité de la cession pour erreur sur les qualités substantielles des actions, se prévalant du fait que la société ne remplissait pas les conditions requises pour exercer en tant que personne morale l'activité d'expertise comptable, la décision d'une cour d'appel d'annuler la cession doit être censurée dès lors que celle-ci avait omis de rechercher si la société n'avait pas toujours exercé son activité sans être inquiétée avant la cession et si la cession n'avait pas eu pour effet de régulariser la situation, de sorte que l'irrégularité dénoncée n'avait pas empêché la société de poursuivre l'activité économique constituant son objet social, excluant ainsi la qualification d'erreur sur la substance (Cass. com. 30-9-2020 n° 18-18.239 F-D : RJDA 1/21 n° 1).

19166 L'**erreur sur la valeur** par laquelle, sans se tromper sur les qualités essentielles de la prestation, un contractant fait seulement de celle-ci une **appréciation économique inexacte,** n'est pas une cause de nullité (C. civ. art. 1136 issu de ord. 2016-131 du 10-2-2016). Une telle erreur peut en effet être assimilée à la lésion – défaut d'équivalence entre les prestations – qui n'est pas une cause de nullité de la cession (C. civ. art. 1168 issu de ord. précitée ; voir n° 37245), à moins qu'elle ne résulte d'un dol (n° 19710).

Avant l'entrée en vigueur de l'article 1136, le 1er octobre 2016, la Cour de cassation avait déjà interdit à l'**acquéreur** de se prévaloir d'une erreur sur la valeur des titres ou de la société si elle n'était pas la conséquence d'une erreur sur la viabilité de la société (notamment, Cass. com. 26-3-1974 : n° 19190 ; Cass. com. 30-6-1998 n° 1380 D : n° 19190 ; Cass. com. 26-3-2002 n° 713 F-D : n° 19235 ; Cass. com. 10-11-2015 n° 14-11.370 F-D : n° 19168).

Les nombreuses illustrations de ces principes sont exposées nos 19185 s.

19168 L'exigence d'une atteinte à la viabilité de la société n'a pas de sens lorsque c'est le **cédant** qui invoque l'erreur. Certes, comme l'acquéreur, il peut invoquer une erreur tant sur la prestation qu'il doit fournir (par exemple, sur la fraction de participation qu'il entend céder ; CA Paris 15-9-1989, 25e ch. B : Navis Droit des affaires) que sur celle qu'il attend en contrepartie. Dans une cession, la contrepartie est le prix convenu (et/ou les engagements de l'acquéreur pris à l'égard du cédant, telle la prise en charge du passif social ou sa substitution dans les cautionnements donnés par le cédant pour garantir le passif social). Comme on l'a vu, le cédant peut invoquer une erreur matérielle sur le prix (n° 19162). Mais en dehors de cette hypothèse, il devient délicat de distinguer l'erreur sur la valeur de celle sur les qualités essentielles de la contrepartie constituée par le prix. La Cour de cassation s'est prononcée à deux reprises sur ce point.

En premier lieu, elle a jugé qu'un associé, qui avait cédé ses parts pour leur valeur nominale (15 € la part) sans commune mesure avec leur valeur objective (près de 490 €), avait commis une erreur sur la substance justifiant l'annulation de la cession dès lors que, dépressif et peu habitué à la pratique des affaires, il était incapable de mesurer la portée des actes qu'il signait et s'était ainsi trouvé écarté d'une société florissante sans contrepartie réelle (Cass. com. 12-2-2008 n° 06-19.204 F-D : RJDA 6/08 n° 667).

Dans une seconde affaire, l'un des deux associés d'un groupement agricole d'exploitation en commun (Gaec) avait contesté, lors de son retrait du groupement, les assemblées générales (tenues en janvier et en mars) et une convention signée en mai qui avaient fixé notamment la valorisation de ses parts sur la base d'un bilan comptable arrêté en février. Pour demander l'annulation des assemblées et de la convention pour vice du consentement, le retrayant avait fait valoir que l'attribution de certains biens sociaux et le transfert de certains emprunts à son profit avaient

été comptabilisés par anticipation dans la situation comptable de référence. Il ne peut pas être reproché, a jugé la Cour de cassation, à une cour d'appel d'avoir fait droit à la demande du retrayant dès lors qu'elle a relevé que la présentation erronée du bilan, qui devait servir de référence à la fixation de la valeur des parts sociales, avait eu pour conséquence l'établissement d'une valorisation très inférieure à la valeur réelle de celles-ci et que l'erreur de l'intéressé sur la valorisation de ses parts n'était que la conséquence de cette méprise ; faisant ainsi ressortir que l'erreur portait sur la situation financière de la société dont les parts étaient cédées, la cour d'appel avait pu déduire que cette erreur affectait les données objectives de la cession et avait été déterminante du consentement du retrayant (Cass. com. 10-11-2015 n° 14-11.370 F-D : RJDA 12/16 n° 867).
Dans ces deux affaires, la qualification d'erreur sur la valeur paraissait pourtant s'imposer. À notre avis, ces décisions – critiquées par la doctrine (pour l'arrêt de 2015, M. Caffin-Moi : JCP E 2016 chron. n° 1217 ; J.-J. Ansault : Rev. sociétés 2016 p. 362 ; B. Dondero : Gaz. Pal. 28-10-2016 jur. p. 73) – demeurent des arrêts d'espèce, sans portée générale, et on peut s'interroger sur le maintien de ces solutions sous l'empire des textes issus de l'ordonnance 2016-131 du 10 février 2016.

Cession à un prix symbolique Le fait que la cession soit intervenue pour un prix dérisoire n'interdit pas à l'acquéreur de remettre en cause celle-ci pour erreur, en l'absence de viabilité de la société (pour des applications, voir Cass. com. 7-2-1995 n° 315, retenant l'erreur : n° 19185 ; Cass. com. 30-6-1998 n° 1380, écartant l'erreur : n° 19190). En effet, dans ce type de cession, l'acquéreur s'engage souvent à se substituer au cédant dans les cautionnements précédemment souscrits par ce dernier pour garantir les dettes de la société ou à prendre directement en charge une partie du passif. Il a donc un intérêt financier évident à se désengager de la cession. 19170

Sociétés en état de cessation des paiements La distinction entre l'erreur sur la viabilité et l'erreur sur la valeur devient délicate lorsque la société dont les titres ont été cédés fait l'objet d'une procédure de **redressement** et/ou de **liquidation judiciaire** quelques mois après la cession. Le seul fait que la société soit en état de cessation des paiements à la date de la cession ou, ce qui revient souvent au même, le fait que peu de temps a séparé la cession de l'ouverture de la procédure collective ne suffit pas à établir que la société n'était pas viable lors de la cession (en ce sens, Cass. com. 4-2-1997 n° 248 D : n° 19190 ; Cass. com. 2-5-2007 n°s 05-21.295 et 05-21.436 F-D : RJDA 4/08 n° 420) ; il convient en outre d'établir que la poursuite de son activité est impossible ou illusoire. Toutefois, certains juges du fond déduisent de la seule cessation des paiements l'impossibilité de cette poursuite (CA Paris 18-2-2000, 5e ch. B, B. c/ Sté CFA : n° 19195 ; CA Amiens 28-1-2003 n° 01-4279 : n° 19195). D'autres exigent que la situation soit irrémédiablement compromise pour retenir l'existence d'une erreur viciant le consentement (CA Paris 19-3-1999, 3e ch. C : n° 19195). 19175

> **Précisions** La notion de **cessation des paiements,** spécifique aux procédures de redressement et de liquidation judiciaires, est **définie** comme l'impossibilité pour la société de faire face au passif exigible avec son actif disponible (C. com. art. L 631-1, al. 1 et L 641-1, IV).

Cas particuliers Constitue également une erreur sur les qualités substantielles (ou essentielles) celle portant sur l'**identité de la société** dont les titres sont cédés. Jugé ainsi que l'erreur de l'acquéreur de parts d'une société civile immobilière résultait de l'ignorance dans laquelle il était des éléments de fait suivants, qui touchaient à la personne même de la société civile : cette **société constituait avec une société anonyme une société de fait** et les **patrimoines** des deux sociétés étaient **confondus** de telle sorte qu'en raison de leur situation financière désastreuse, elles avaient fait l'objet d'une procédure collective commune ; le consentement de l'acquéreur avait été vicié par une erreur concernant les qualités substantielles des parts acquises, ces parts étant celles d'une société ayant une individualité et un patrimoine différents de la société dont il comptait acquérir les parts, et cette erreur était excusable car elle résultait de la réticence dolosive du mandataire du cédant (Cass. 1e civ. 23-5-1977 n° 76-10.716 : Bull. civ. I n° 244). 19180

ERREUR TENANT À LA DISPARITION D'UN ACTIF SOCIAL

ILLUSTRATIONS 19185

Le préambule d'un acte de cession de 48 % des actions d'une société (A) mentionnait que celle-ci détenait une **participation majoritaire** (75 %) **dans deux** autres **sociétés,** l'une exploitant une concession forestière, l'autre une scierie, mais il était apparu que **la société** A **n'avait pas versé le prix d'acquisition de cette participation** à la date de la cession de ses propres actions. La cession ne peut néanmoins pas être annulée pour vice du consentement pour les raisons suivantes : il n'est pas démontré, en l'absence de toute mention sur ce point, que le paiement de ce prix ait été, dans l'esprit de l'acquéreur, à la date du contrat, une condition déterminante de l'acquisition des parts de la société A ; au jour de la cession, cette dernière était effectivement propriétaire de la

majorité des actions des deux autres sociétés, la vente de ces titres étant parfaite dès lors qu'il y avait eu accord sur la chose et le prix ; malgré le défaut de règlement du prix, la société A avait pu, par l'intermédiaire des deux autres sociétés, procéder à l'exploitation forestière envisagée et remplir ainsi son objet social.
CA Paris 17-5-1985, 15e ch. B, M. c/ Sté Landerdof Investments Limited : Navis Droit des affaires, jurisprudence.

Une cession portant sur 3 994 des 4 000 actions d'une société doit être annulée dès lors qu'il ressort des circonstances suivantes que le consentement de l'acquéreur a été vicié par une erreur portant sur les qualités substantielles des actions cédées : l'acquéreur ignorait que la **société avait cédé,** à son insu, la quasi-totalité de **ses actifs** (vente du fonds de commerce) avant la conclusion de la cession et il ne pouvait raisonnablement pas acquérir en connaissance de cause une société privée non seulement de l'essentiel de son actif mais surtout de la possibilité de réaliser l'objet social, d'avoir une activité économique, et donc privée de toute rentabilité.
Cass. com. 1-10-1991 n° 1146 P : RJDA 11/91 n° 930.

Une personne avait **acquis pour un franc** (15 centimes d'euro) **76 % des parts d'une SARL,** dont l'objet social était l'exploitation d'un restaurant, moyennant l'engagement de garantir le cédant des sommes qui pourraient lui être réclamées en sa qualité de caution de la société. Quelques mois après la cession, la société avait été mise en redressement judiciaire.
La cession doit être annulée pour erreur sur les qualités substantielles des parts sociales cédées dès lors que la cession n'avait eu pour objet que le transfert, à l'insu de l'acquéreur, d'une **société** déjà **privée** de l'essentiel **de son actif** et devenue dans l'impossibilité manifeste de réaliser son objet social, de poursuivre une activité économique et donc d'avoir une rentabilité.
Cass. com. 7-2-1995 n° 315 D : RJDA 5/95 n° 584.

Dans un cas où la **vente** d'un **matériel essentiel** (« ligne de calandrage ») appartenant à une société faisait l'objet d'une **action en résolution à la date de la cession** de trois cents parts sociales représentant 60 % du capital de la société, il a été jugé que la cession de ces titres devait être annulée pour erreur sur la substance dès lors que l'acquéreur n'aurait pas traité s'il avait connu l'indisponibilité du matériel constituant l'essentiel de l'actif immobilisé de la société cédante, sans lequel l'entreprise ne pouvait avoir aucune activité et à défaut duquel l'acquisition perdait toute substance.
Cass. com. 17-10-1995 n° 1706 P : RJDA 1/96 n° 70.

Une personne, qui avait cédé la totalité des actions composant le capital d'une société dont l'**objet social** était l'exploitation d'un fonds de commerce de **gestion d'immeubles** et de transactions immobilières, avait, trois ans **après la cession, résilié les mandats de gestion** portant sur des immeubles lui appartenant pour les confier à un autre cabinet de gestion. L'acquéreur avait alors demandé réparation du préjudice constitué par la perte de chiffre d'affaires qui en était résultée et la nullité de la cession pour erreur sur les qualités substantielles de la chose vendue.
Il a été jugé que l'erreur alléguée n'affectait que la valeur des actions cédées et n'avait pas empêché la société de poursuivre l'activité économique constituant son objet social et qu'elle ne pouvait pas être assimilée à une erreur sur la substance constitutive d'un vice du consentement dès lors que le chiffre d'affaires de la société avait continué de progresser avec la nouvelle équipe dirigeante, que les mandats nouveaux avaient été plus nombreux que les mandats résiliés et qu'il importait peu que les mandats litigieux aient été pris en compte au titre du chiffre d'affaires servant de base à la détermination du prix de cession des titres.
Cass. com. 18-3-1997 n° 362 P : RJDA 7/97 n° 911.

Sur le caractère substantiel d'une **autorisation d'exercer le commerce de banque** eu égard à l'intention des parties, voir Cass. com. 16-12-1970 : n° 19225.
Sur l'erreur commise par un acquéreur sur l'existence d'un **droit au bail** en raison de la confusion entretenue par le cédant entre les deux personnes morales qu'il gérait, voir Cass. com. 29-10-2003 n° 1428 F-D : n° 19235.

ERREUR TENANT À LA DÉCOUVERTE D'UN PASSIF

19190 **ILLUSTRATIONS**

Dans un cas où l'acquéreur soutenait avoir été induit en erreur sur la situation exacte de la société cédée et avoir ainsi cru acquérir une entreprise saine, alors qu'il s'agissait en réalité d'une **entreprise « malade »,** il a été jugé que ne constitue pas une cause de nullité l'erreur portant, non pas sur les qualités substantielles de l'objet du contrat, mais sur la valeur attribuée aux actions dès lors que la cause déterminante du consentement de l'acquéreur était qu'il avait entendu **prendre une participation dans une société concurrente** de la sienne et susceptible de remplir son objet social, ce dont la société cédée, bien que déficitaire, n'était pas incapable.
Cass. com. 26-3-1974 : Bull. civ. IV n° 108.

L'acquéreur de la quasi-totalité des actions d'une société, consentie moyennant la prise en charge du passif de la société, ne peut pas utilement faire valoir que l'**importance du passif** de la société portait atteinte à la viabilité de celle-ci et qu'il y a erreur sur la substance même de la chose. En effet, la finalité même de la cession d'actions était la prise de contrôle de la société et il ne peut pas être soutenu que l'objet de la cession n'a pas été atteint. En outre, la qualité substantielle de la société dont la cession permettait d'acquérir le contrôle ne peut pas être mise en cause dès lors que la **société** ne s'est pas révélée incapable de remplir son rôle et était **encore in bonis** au jour où les juges ont statué, et ce, malgré les difficultés de gestion rencontrées par l'acquéreur. **19190** (suite)

CA Bordeaux 11-7-1986, 2e ch. : Rev. sociétés 1986 p. 596, note P. Le Cannu.

Dans un cas où une **société** avait été mise **en redressement judiciaire 18 mois après la cession** d'une partie de ses actions puis en liquidation judiciaire 4 mois plus tard, l'acquéreur des actions ne peut pas prétendre obtenir l'annulation de la cession pour erreur sur la substance dès lors que les **irrégularités comptables** qu'il invoque ne suffisent pas à démontrer qu'il a pu se convaincre d'une représentation inexacte des qualités substantielles des titres. En effet, s'agissant du défaut de provision pour les grosses réparations des locaux industriels occupés par la société et que le bail mettait à la charge de celle-ci, l'acquéreur connaissait avant de signer le contenu du bail et l'état de l'immeuble et ne justifiait pas avoir exposé la moindre somme depuis lors au titre de ces réparations. Les erreurs concernant la comptabilisation de certaines charges et dépenses afférentes à l'exercice ayant précédé la cession ont été considérées comme marginales par des experts. L'absence de réalisation par la société d'un programme d'innovation, objet d'une subvention de l'État, a eu pour conséquence la restitution d'une somme de 40 000 F environ (près de 6 100 €), qui n'était pas de nature à permettre à l'acquéreur de se prévaloir d'une erreur sur la substance économique de l'entreprise. L'évaluation des stocks, qui ne prenait pas en compte la vétusté de certains éléments au regard notamment de l'évolution technologique, avait été faite sans changement de méthode d'évaluation et contradictoirement entre deux professionnels et n'avait été contestée qu'un an plus tard alors que la société était en état de cessation des paiements ; cette évaluation n'apparaissait pas inexacte au regard des règles du plan comptable général, et ce, même si le dirigeant, dans le souci de tenir compte de l'évolution technologique, avait pu vouloir constater une dépréciation comptable prenant selon lui en compte la réalité du moment. Enfin, l'acquéreur ne soutenait pas que le dépôt de bilan de la société provenait de l'erreur qui aurait été initialement commise sur l'utilité qui était attendue de la cession.

CA Toulouse 10-5-1995, 2e ch. : Bull. Joly 1995 p. 959 n° 348 note A. Couret.

Dans un cas où une personne avait acquis les parts d'une **SARL** qui, **quelques mois après,** avait été mise **en redressement puis en liquidation judiciaires,** la demande en annulation de la cession pour vice du consentement a été rejetée dès lors que l'erreur invoquée par l'acquéreur, qui soutenait n'avoir pas eu connaissance de la situation comptable qui s'était traduite par un déficit social, portait en réalité sur la valeur des parts cédées, et non sur leurs qualités substantielles, et que celui-ci se fondait sur la disproportion existant entre le prix élevé des parts et la valeur économique de la société.

Cass. com. 4-2-1997 n° 248 D : Quot. jur. 18 mars 1997 p. 6 note P. M.

Une cour d'appel a pu déduire des éléments suivants que les titres ne permettaient pas à l'acquéreur de poursuivre l'activité économique constituant l'objet social et prononcer en conséquence l'annulation de la cession de la totalité des parts d'une SARL pour erreur sur les qualités substantielles : les cédants avaient fourni à l'expert-comptable, pour l'établissement du bilan présenté à l'acquéreur avant la cession, des éléments incomplets et des faux renseignements ; entre la date du bilan et la date de la cession, un **passif important** était **apparu,** dû à des agissements délictueux de l'un des cédants, et la société avait été mise **en liquidation judiciaire quatre mois après** la cession.

Cass. com. 21-10-1997 n° 2154 D : RJDA 1/98 n° 61.

En contrepartie de l'acquisition de la moitié des parts d'une société hôtelière au **prix symbolique** de un franc, l'acquéreur s'était engagé à se substituer au cédant dans les cautions personnelles que celui-ci avait consenties à une banque en garantie des engagements de la société. Assigné par le cédant en remboursement des sommes que celui-ci avait été condamné à verser à la banque, l'acquéreur avait reconventionnellement demandé l'annulation de l'acte de cession de parts pour erreur. Il invoquait des **inexactitudes relatives aux engagements financiers de la société** qu'indirectement il s'était engagé à garantir et il prétendait que son erreur avait été provoquée par des dissimulations du cédant sur l'inexécution de l'engagement pris envers la banque de bloquer une certaine somme en compte courant, sur de prétendus délais de paiement consentis par celle-ci et sur l'état d'un litige avec une autre société.

La demande en nullité de la cession a été rejetée dès lors que l'erreur invoquée par l'acquéreur portait en réalité sur la valeur des parts cédées et que celui-ci se contentait d'affirmer qu'il avait contracté à la suite d'une erreur sur les qualités substantielles des parts de la société l'empêchant de poursuivre l'activité économique de celle-ci et de réaliser l'objet social.

Cass. com. 30-6-1998 n° 1380 D : RJDA 11/98 n° 1233.

Dans un cas où, après la mise en redressement judiciaire de la société dont il avait acquis les actions quatre mois plus tôt, l'acquéreur avait demandé l'annulation de la cession litigieuse en se fondant notamment sur une erreur sur les qualités substantielles des titres en raison de la découverte d'une **perte sociale importante** après la cession, une cour d'appel a pu rejeter cette demande en retenant que les conditions dans lesquelles la cession s'était négociée démontraient que l'acquéreur, qui avait obtenu tous les documents souhaités et avait pu procéder à un audit comptable à l'issue duquel il avait obtenu une **réduction du prix,** était pleinement et exactement informé de la situation de la société.

Cass. com. 16-11-2004 n° 1625 F-D : RJDA 5/05 n° 563.

ERREUR TENANT À LA CESSATION DES PAIEMENTS DE LA SOCIÉTÉ

19195 **ILLUSTRATIONS**

Une cession de parts sociales ne peut pas être annulée pour erreur sur les qualités substantielles des titres dès lors que la valeur des actions n'était pas nulle au jour de la cession, que la **mise en redressement judiciaire de la société cinq mois plus tard puis la mise en liquidation judiciaire** ne peuvent pas suffire à priver rétroactivement lesdites actions de leur valeur étant observé que l'existence du **bail, dont la société était titulaire,** rendait la cession intéressante pour l'acquéreur en dépit des résultats financiers et comptable de la société.

CA Paris 24-6-1994, 25e ch. B, Sté Electro Legendre c/ D. : RJDA 12/94 n° 1300.

L'acquéreur de l'intégralité des parts d'une société en nom collectif **mise en liquidation judiciaire un an après** la cession ne peut pas utilement soutenir avoir commis une erreur sur la substance même des parts dès lors que, si la **société était, huit mois avant la cession, en état de cessation des paiements** avec un actif de 47 926 F (environ 7 300 €) pour des dettes échues d'un montant de 448 544 F (presque 70 000 €), des charges sociales et taxes partiellement impayées, un compte bancaire en passe d'être clôturé et un fonds de roulement fortement négatif, il ne résultait pas de ces éléments qu'à la date de la cession, elle était dans une situation irrémédiablement compromise.

CA Paris 19-3-1999, 3e ch. C : RJDA 6/99 n° 679, 1e espèce.

Ndlr : Au cas particulier, la cession a néanmoins été annulée pour dol (n° 20043).

Dans un cas de cession de l'intégralité des parts d'une SARL, mise en **liquidation judiciaire cinq mois plus tard,** il y a lieu d'annuler la cession pour erreur, de la part de l'acquéreur, sur la substance même des titres dès lors qu'il résultait des éléments suivants que la **société** n'était en réalité **plus en mesure de développer une activité** conforme à son objet social, se trouvant déjà en état de **cessation des paiements** depuis plus de deux mois à la date de la cession :
– les documents auxquels ont eu accès l'acquéreur et son expert-comptable ne reflétaient pas la réalité, à défaut de quoi l'acquéreur n'aurait certainement pas contracté ;
– le fait que l'acquéreur ait commencé à s'initier au fonctionnement de l'entreprise quatre mois avant la cession et ait pu dès cette époque consulter avec son expert-comptable les éléments mis à sa disposition par le gérant n'impliquait pas qu'il avait la maîtrise de la société dès avant la cession ;
– la constatation de l'état de cessation des paiements à une date à laquelle l'acquéreur avait la jouissance des parts sociales cédées et la maîtrise effective de la gestion de la société, est opposable au cédant, et il n'est pas besoin de rechercher si, après la cession et le transfert effectif des parts, la gestion de la société sous la responsabilité de l'acquéreur a pu encore aggraver la situation.

CA Paris 18-2-2000, 5e ch. B, B. c/ Sté CFA : Bull. Joly 2000 p. 715 note A. Couret.

Il y a erreur portant sur les qualités substantielles des parts sociales entraînant la nullité de leur cession dès lors que l'acquéreur, trompé par le cédant, a acquis les parts d'une **société en état de cessation des paiements** et que l'existence d'un **passif caché** rendait illusoire toute possibilité de poursuite de l'exploitation du fonds de commerce exploité par la société, faisant ainsi ressortir que l'acquéreur se trouvait empêché de poursuivre l'activité économique de la société et de réaliser l'objet social.

Cass. com. 21-11-2000 n° 1934 F-D : Bull. Joly 2001 p. 166.

Pour un cas où l'acquéreur se plaignait d'avoir ignoré la **situation financière catastrophique** de la société, voir Cass. com. 26-3-2002 n° 713 F-D : n° 19235.

Les parts sociales ont pour qualité substantielle de permettre à leur propriétaire de diriger une société ayant une activité économique et commerciale et d'en tirer profit, notamment par la perception des répartitions des bénéfices générés par l'activité sociale.

Par suite, la cession de la totalité des parts sociales d'une SARL, intervenue peu avant la mise en liquidation judiciaire de la société, doit être annulée pour erreur sur les qualités substantielles dès lors que :
– les parts cédées se sont révélées être celles d'une société **en cessation des paiements depuis cinq mois** environ et, donc, insusceptible de réserver aux détenteurs de son capital quelque pouvoir de direction ou espoir de gain que ce soit ;
– la réalisation de l'**activité économique** constituant l'objet de la société s'est dès lors révélée **impossible** et les qualités substantielles attendues, et non pas seulement la valeur, des parts cédées, inexistantes.

CA Amiens 28-1-2003 n° 01-4279 : RJDA 11/03 n° 1078, 2e espèce.

Dans un cas où la totalité des parts d'une **société** à responsabilité limitée avait été cédée près de quinze mois avant la mise en liquidation judiciaire de la société et alors qu'elle était **en état de cessation des paiements** depuis trois mois, une cour d'appel a pu considérer que l'acquéreur avait commis une erreur sur les qualités substantielles des titres compte tenu des circonstances suivantes : en raison de sa **situation financière irrémédiablement compromise,** la société n'était déjà plus en mesure, lors de la cession de ses parts, de se redresser économiquement, de remplir durablement son objet social et d'exploiter son fonds de commerce ; le fait que l'acquéreur ait accepté un prix de cession de près de 150 000 € au lieu du prix initialement prévu de près de 200 000 € démontrait que ce dernier avait l'intention d'acheter une société certes en difficulté, mais non pas dans une situation irrémédiablement compromise.

Cass. com. 28-2-2006 n° 285 F-D : RJDA 10/06 n° 1036.

B. Caractéristiques de l'erreur d'une partie à la cession

1. ERREUR DÉTERMINANTE DU CONSENTEMENT

Pour être constitutive d'un vice du consentement, l'erreur doit être de telle nature que, sans elle, la partie qui l'invoque n'aurait pas contracté ou aurait contracté à des conditions substantiellement différentes (C. civ. art. 1130, al. 1). La victime doit donc établir que l'erreur a été le motif principal et déterminant de son consentement, c'est-à-dire qu'elle a entraîné chez celle-ci la conviction de conclure le contrat (Cass. com. 29-3-1971 : Bull. civ. IV n° 94 ; Cass. 1e civ. 26-1-1972 : Bull. civ. I n° 32 ; Cass. 3e civ. 3-10-1972 : Bull. civ. III n° 485). 19220

ATTENTION

Cette exigence n'est toutefois requise ni pour l'**erreur-obstacle,** qui caractérise une absence de consentement et non un vice du consentement, ni pour l'**erreur portant sur un élément** que les parties ont **érigé en élément déterminant** de leur consentement (n° 19130).

Le caractère déterminant s'apprécie eu égard aux personnes et aux circonstances dans lesquelles le consentement a été donné (art. 1130, al. 2).

L'erreur n'est pas déterminante lorsqu'elle porte sur une qualité de la prestation pour laquelle les parties ont admis un certain **aléa** (C. civ. art. 1133, al. 3 ; Cass. 1e civ. 2-3-1964 : Bull. civ. I p. 91 ; Cass. 1e civ. 24-3-1987 : Bull. civ. I n° 105) ou, plus simplement, lorsque celui qui invoque l'erreur avait en réalité **connaissance,** au moment de la cession, des éléments sur lesquels il prétend s'être trompé. La qualité de professionnel de l'intéressé est prise en compte par les tribunaux pour apprécier l'existence de cet aléa ou de cette connaissance.

Outre les illustrations exposées ci-dessous, il est utile de se reporter à celles rendues en matière de dol qui sont transposables (nos 19730 s.).

ILLUSTRATIONS 19225

Une cour d'appel répond aux conclusions de l'acquéreur des actions d'une société qui demandait l'annulation de la cession pour cause d'erreur sur la substance, en énonçant que l'examen du contrat démontre que la contrepartie du prix de vente était constituée par la cession des actions et non par une autorisation d'exercer le commerce de banque, que si cette autorisation avait été déterminante et constituait la substance même de la chose vendue, il apparaît que la convention en aurait fait état de façon expresse, que les termes mêmes du contrat révèlent qu'il s'agissait d'une **opération aléatoire,** que ce caractère est confirmé par la **modicité du prix** convenu et exclut toute notion d'erreur.

Cass. com. 16-12-1970 : Bull. civ. IV n° 346.

Une personne avait versé une certaine somme sur le compte courant d'une société en contrepartie de l'engagement d'un associé de lui céder la totalité des parts sociales lui appartenant. La

19225 (suite) valeur de celles-ci devait être déterminée selon les modalités prévues au contrat par un expert. Ce dernier avait conclu à l'impossibilité d'attribuer une valeur aux parts cédées compte tenu du mode de calcul arrêté par les parties car la valeur de l'actif social était négative. Débouté de sa demande en annulation de la vente et en remboursement de la somme acquittée, l'acquéreur avait fait valoir, d'une part, que l'incertitude existant sur la valeur des parts impliquait néanmoins que celles-ci aient une valeur positive, laquelle devait être prise pour référence du prix à fixer et, d'autre part, que l'hypothèse d'une **valeur négative** n'avait pas nécessairement été envisagée et qu'il appartenait à la cour de rechercher si une telle hypothèse était entrée dans les prévisions de l'acquéreur à défaut de quoi son consentement aurait été vicié.

Après avoir constaté que l'objet de la convention passée entre les parties était la cession de parts sociales dont la valeur, non déterminée à l'époque de leur accord, devait l'être selon les éléments d'appréciation contractuellement définis, et que **l'acquéreur « connaissait,** en s'engageant, l'**incertitude** existant **sur** la **valeur des parts** », c'était à bon droit que la cour d'appel, qui n'avait pas à faire la recherche prétendument omise, avait retenu que, l'hypothèse d'une valeur négative des parts sociales viendrait-elle à se réaliser, l'erreur d'appréciation alléguée par l'acquéreur n'était pas de nature à entraîner la nullité de la convention.

Cass. com. 6-1-1987 : Bull. Joly 1987 p. 25.

L'**acquéreur** des titres d'une SA ne peut pas utilement demander l'annulation de la cession pour erreur sur la substance de la société dès lors que, **spécialiste** en analyse de gestion et de restructuration de sociétés, il **avait effectué au sein de la société,** quelques mois avant la cession, une **mission d'investigation et de contrôle** au cours de laquelle tous les documents qu'il avait souhaité voir avaient été mis à sa disposition et qu'il n'ignorait donc nullement, lors de l'acquisition, que la société affichait un passif très largement supérieur au capital social et que c'est en considération de ces éléments qu'il avait acquis les actions pour un prix correspondant à la moitié de leur valeur nominale.

CA Colmar 7-11-1990 n° 4319-88.

La demande en nullité de la cession formée par l'acquéreur de la quasi-totalité des parts d'une SARL qui soutenait que son consentement avait été vicié par une erreur sur la valeur des parts acquises doit être rejetée dès lors que :

– il a **déclaré avoir eu connaissance de** l'ensemble de **la situation juridique et comptable** de la société permettant d'établir l'actif et le passif au moment de la cession ;

– il ne peut pas se prévaloir des **irrégularités** formelles de la promesse de cession et de la convention relative à la détermination du prix de cession puisqu'il les a **acceptées en signant** ces actes ; peu importe d'ailleurs la fausse indication dans cette dernière convention sur la consistance du patrimoine social, cette mention n'ayant été d'aucun effet sur le prix de cession des parts de la société.

CA Paris 17-12-1991, 3e ch. : RJDA 4/92 n° 353.

Une personne qui a souscrit des actions **Eurotunnel** ne saurait demander l'annulation de sa souscription en faisant valoir que son consentement a été vicié par l'effet d'une erreur sur la qualité substantielle des actions souscrites. En effet la décision d'acquérir les actions en cause comportait, indépendamment de l'aléa inhérent à tout investissement en valeurs mobilières, une part de risque accrue liée aux caractéristiques de l'entreprise ; en outre, les **notes d'information** publiées par la société **mettaient en évidence le risque** d'investissement en attirant l'attention du lecteur sur les incertitudes affectant les perspectives de développement de l'entreprise et sur le fait que les prévisions financières ne constituaient pas des comptes prévisionnels et que leur degré de crédibilité était affaire d'appréciation personnelle.

CA Paris 21-9-1998, 1e ch. A, V. c/ SA Eurotunnel : RJDA 3/99 n° 298.

Une cour d'appel a pu retenir que la cession de la quasi-totalité des actions d'une société n'avait pas été conclue sous l'empire d'une erreur sur les qualités substantielles des actions cédées après avoir relevé que les acquéreurs **connaissaient,** à la date de la cession, **l'absence de rentabilité** de la société, qu'ils savaient qu'ils devraient financer une importante trésorerie négative pendant dix-huit mois et qu'ils **projetaient une réorientation totale** de l'entreprise.

Cass. com. 2-5-2007 nos 05-21.295 et 05-21.436 F-D : RJDA 4/08 n° 420.

Une promesse synallagmatique de vente et d'achat d'actions d'une société pour le prix de 3 050 000 € prévoyait qu'en cas de non-paiement du prix de cession avant une date déterminée, le candidat acquéreur verserait au promettant une somme de 200 000 €. L'accord n'ayant pas été régularisé, l'acquéreur, mis en demeure de payer cette somme, prétend en vain avoir commis une **erreur sur les conditions de financement de l'opération** et ne pas avoir appréhendé la portée de l'acte qu'il a signé compte tenu des éléments suivants :

– ni le projet de promesse ni la promesse elle-même ne comportaient de condition suspensive quant à l'obtention d'un prêt bancaire et, à supposer même que l'acquéreur ait cherché à obtenir un crédit auprès des banques, l'**absence de toute référence à l'obtention d'un prêt bancaire** n'a

pu le tromper quant à la portée des engagements qu'il souscrivait ; l'absence de condition suspensive s'explique indéniablement par le fait que l'acquéreur, âgé de 28 ans à l'époque des faits, ne percevant qu'un salaire de 2 000 € et ne prétendant pas faire le moindre apport personnel, aucune banque ne lui aurait assuré un financement à hauteur de 3 050 000 € sans une autre garantie que ce soit une caution familiale ou un apport par des tiers et l'acquéreur aurait d'ailleurs informé son cocontractant de ce qu'il pouvait bénéficier d'un concours familial ;
– l'acquéreur, **diplômé d'une école de commerce,** qui à l'époque des faits travaillait en tant que commercial au sein d'une société ayant la même activité que la société dont les titres étaient cédés, avait nécessairement eu connaissance du premier projet de convention mentionnant les mêmes conditions que celles exposées dans la promesse et il ressort d'un courriel envoyé au cédant que le financement de l'opération avait été trouvé ; en outre, la technicité des termes du courriel montrait que l'acquéreur **appréhendait les mécanismes de l'opération** et n'était pas le néophyte qu'il prétendait être ;
– l'**acquéreur** avait été **assisté,** non seulement d'une personne qui avait été son professeur, mais également d'un avocat qui l'a conseillé pendant toute la durée de l'opération ;
– l'acquéreur ne saurait arguer du caractère déséquilibré de la promesse au motif qu'aucune indemnité n'était mise à la charge du cédant dans le cas où il ne respecterait pas son engagement dès lors que la promesse formait un tout, que le cédant s'était engagé irrévocablement à céder ses actions sans exiger de l'acquéreur le versement d'un acompte et qu'en cas d'inexécution par le cédant de son engagement, l'acquéreur conservait la possibilité d'en poursuivre l'exécution forcée, voire d'obtenir le paiement de dommages-intérêts.

CA Versailles 6-11-2007 n° 06-6790 : RJDA 5/08 n° 529.

L'acquéreur de 45 % du capital d'une société pour 1 € avait demandé, après la mise en redressement judiciaire de cette société, l'annulation de la cession pour erreur sur les qualités substantielles des titres cédés, faisant valoir qu'au moment de la cession, la société était en cessation des paiements et donc plus en mesure de développer une activité économique conforme à son objet social.
Cette demande doit être rejetée dès lors qu'il résultait des éléments suivants que la situation financière de la société n'avait pas eu, lors de la cession, de caractère déterminant pour l'acquéreur qui en connaissait le caractère très obéré :
– l'**acte de cession précisait** que la **société,** dont le chiffre d'affaires avait chuté de 80 % lors des deux derniers mois, était **menacée** de manière certaine **par la cessation des paiements,** les banques lui ayant supprimé toute facilité de caisse et son affactureur ayant rompu toute relation avec elle ;
– l'**acquéreur** avait **disposé de tous les documents utiles** relatifs à la situation financière et comptable de la société et il avait pu réaliser un audit complet de cette dernière avec le concours de son expert-comptable ;
– il était complètement **informé de la situation désastreuse de la société** à la date de la cession ; il savait notamment que, à la suite de la rupture des concours bancaires, la trésorerie de la société ne lui permettrait pas, à très bref délai, de financer la poursuite de son activité, un redressement n'étant envisageable que par un apport de fonds ; cela était confirmé par la fixation du prix des actions à l'euro symbolique, cependant que le cédant les avait acquises quelques semaines auparavant pour un prix de 9 000 €.

Cass. com. 13-3-2019 n° 17-19.501 F-D : RJDA 12/19 n° 731.

2. ERREUR EXCUSABLE

En dehors de l'erreur-obstacle (n° 19120) ou de l'erreur sur un motif déclaré déterminant par les parties (n° 19130), l'erreur n'ouvre un recours à la victime, même si elle est déterminante de son consentement, qu'à la condition d'être excusable (C. civ. art. 1132), ce qui suppose qu'elle ne soit pas le résultat d'une **faute,** tel un manquement **de la victime** à son obligation de se renseigner. 19230
Jugé ainsi que le fait d'avoir négligé de prendre connaissance de la comptabilité interdit ensuite d'invoquer une erreur sur les possibilités réelles du fonds de commerce (Cass. com. 11-2-1992 n° 229 D : RJDA 5/92 n° 423 rendu à propos d'une location-gérance de fonds de commerce mais transposable à une cession de droits sociaux).

La faute est **appréciée** de manière concrète, en tenant compte des aptitudes ou des connaissances personnelles de la victime, de sa qualité de professionnel expérimenté ou de novice ou encore de la présence de conseils à ses côtés. Il a ainsi été jugé, s'agissant d'une vente immobilière, qu'était inexcusable l'erreur sur le prix résultant d'une conversion erronée en euros du prix négocié en francs, dès lors qu'elle est commise par un marchand de biens, professionnel de la vente, et censé à ce titre savoir déterminer et contrôler la conversion (Cass. 3e civ. 4-7-2007 n° 06-15.881 FS-PB : RJDA 12/07 n° 1204).

Toutefois, l'erreur est toujours excusable lorsqu'elle a été provoquée par la dépendance psychologique de la victime à l'égard de son cocontractant et ce, même si la victime avait contracté dans le domaine de son activité professionnelle (Cass. com. 29-4-2002 n° 894 FS-P : RJDA 10/02 n° 1026). Ce type d'hypothèse relève à notre avis plutôt de la violence par abus d'une situation de dépendance (n°s 25035 s.).

Depuis le 1er octobre 2016, l'erreur provoquée par un dol est toujours excusable (n°s 19750 s.).

19235 **ILLUSTRATIONS**

Dans un cas où un **cédant** soutenait avoir été amené à céder ses titres en **consentant une garantie de passif dans des conditions défavorables** en raison du délai imparti par le tribunal de commerce pour éviter une procédure collective, sa demande en nullité de la cession fondée sur l'erreur sur la portée réelle du mécanisme juridique complexe adopté et sur une violence issue de la mise à profit par l'acquéreur de la nécessité où se trouvait le cédant de vendre pour obtenir un avantage excessif doit être rejetée dès lors que le cédant, **professionnel expérimenté,** n'établissait pas la preuve des vices du consentement dont il faisait état, alors que l'opération critiquée menée avec l'**assistance de** ses **conseils spécialisés et** sous l'égide d'un **mandataire de justice** lui avait été avantageuse.

Cass. com. 22-2-1983, M. c/ Sté Primistères : Bull. civ. IV n° 72.

Un **acquéreur** de la totalité des actions d'une société ne peut pas prétendre avoir ignoré la situation réelle de celle-ci dès lors que, avant la cession, il **avait dirigé et représenté cette société** et qu'il s'était, néanmoins, abstenu de procéder aux vérifications supplémentaires qu'appelait le bilan provisoire établi sur ses diligences.

Cass. com. 15-11-1983, Sté Soaf c/ S. : Bull. Joly 1984 p. 55.

Dans un cas où, peu après la cession de la totalité des actions d'une société exploitant une usine fabriquant des plastiques industriels, de nombreux clients s'étaient plaints des **défauts des produits fabriqués** et livrés par la société et où, suite à la mise en redressement judiciaire de celle-ci, l'acquéreur avait demandé l'annulation de la cession pour erreur sur la substance, jugé qu'il y avait lieu de prononcer, non pas la nullité de la cession, mais un **partage de responsabilité** entre les deux parties dès lors que :

– l'**acquéreur** a participé à l'erreur commise qu'il aurait pu éviter en exerçant les diligences normales : en effet, chacune des parties étant un **professionnel** de l'outil de production litigieux, il incombait à l'acquéreur, spécialiste des « gaines PVC », de se renseigner sur les possibilités techniques de production de l'usine ; il s'était laissé imposer un délai de réflexion très court et avait accepté de signer le contrat en ne disposant que de deux jours pour l'exécution de l'audit confié à un expert-comptable ; il avait, en sa qualité de professionnel des produits fabriqués par « l'usine achetée », failli à son obligation de se renseigner, comme aurait dû l'y inciter un document faisant état de « points faibles sur les lignes de production » ;

– le **cédant avait caché** à l'acquéreur l'importance des **problèmes** liés à la qualité des produits fabriqués en ne lui donnant que des informations parcellaires et non l'ensemble des dossiers clients, cette faute ayant participé à la réalisation du dommage subi par celui-ci.

Cass. com. 13-1-1998 n° 68 D : RJDA 6/98 n° 671.

L'acquéreur d'un bloc de contrôle dans une société exploitant des parcs à huîtres ne peut pas demander la nullité de la cession d'actions dès lors que l'erreur sur la **consistance des stocks** qu'il invoque résulte de sa propre négligence. En effet, la prudence la plus élémentaire commandait à l'acquéreur, **professionnel** de l'ostréiculture et **rompu aux affaires,** de faire procéder à un examen sérieux de la situation de la société, notamment de la consistance des stocks, dont les termes du protocole manifestaient l'importance qu'y attachaient les parties, s'agissant de l'élément essentiel de valorisation des actions.

Cass. com. 19-12-2000 n° 2191 F-D.

L'acquéreur de la totalité des parts d'une société qui exploitait un restaurant fait valoir en vain qu'il n'a pas été informé de la **situation financière catastrophique** de la société et qu'il a donné son consentement par erreur dès lors que :

– si l'acquéreur avait pris conseil et consulté l'ensemble des documents susceptibles de l'être, il aurait pris conscience de l'importance de la perte subie l'année précédant la cession ;

– la qualité, alléguée par l'**acquéreur,** de **novice** en matière commerciale ne peut pas avoir pour effet d'effacer le caractère inexcusable de son erreur, qui a porté sur la valeur de la société, et donc sur le prix des parts sociales, et non sur les qualités substantielles de celles-ci, dès lors que l'acquisition de ces titres lui permettait de devenir associé d'une société exploitant un restaurant dont l'activité se poursuivait, et qui pouvait devenir rentable grâce à de nouveaux choix de gestion.

Cass. com. 26-3-2002 n° 713 F-D.

Une personne qui avait acquis le contrôle d'une SARL (« le Relais de Turin VPC ») constituée depuis deux mois s'était aperçue que le **bail** des locaux occupés par celle-ci était en réalité **au**

nom d'une autre SARL (« le Relais de Turin ») qui n'avait plus d'activité depuis 10 mois et dont le cédant était également gérant. Il en résultait que la société cédée était occupante sans droit ni titre et non seulement dans l'impossibilité manifeste de réaliser son objet social mais encore de faire face avec l'actif disponible au passif exigible caché.
Jugé dans ces conditions que l'erreur de l'acquéreur portait sur les qualités substantielles des parts et qu'elle était excusable dès lors que celui-ci n'avait pas été dûment renseigné sur la situation réelle de la société (date de constitution, comptabilité, bail commercial, etc.) et avait été abusé par le cédant qui avait entretenu la **confusion entre les deux sociétés** qu'il gérait.
Cass. com. 29-10-2003 n° 1428 F-D : RJDA 7/04 n° 828.

L'acquéreur des parts d'une SARL mise en liquidation judiciaire deux mois après la cession avait demandé l'annulation de la cession pour erreur sur les qualités substantielles en faisant valoir qu'il ignorait que la **société** était **en cessation des paiements** depuis sept mois et qu'elle était promise à l'ouverture immédiate d'une procédure de liquidation judiciaire rendant impossible la poursuite de son objet social.
Cette demande a été écartée au motif que l'**acquéreur, associé** majoritaire **depuis la création de la SARL** et devenu unique porteur des parts après la cession, avait non seulement participé à toutes les assemblées générales, mais encore **approuvé** à « l'unanimité » **les comptes** de l'exercice ayant précédé la cession qui reflétaient la situation économique réelle de la société à la date considérée et n'avaient pas été manipulés.
Cass. com. 10-12-2003 n° 1795 F-D : RJDA 4/04 n° 430.

SECTION 4

DOL SUBI PAR UNE PARTIE À LA CESSION

ÉVOLUTION DE LA DÉFINITION LÉGALE DU DOL

Contrairement à l'erreur où le cocontractant s'est trompé, le dol suppose que le cocontractant a été trompé. En vertu de l'ancien article 1109 du Code civil, le consentement ne devait pas avoir été « surpris par dol ». L'ordonnance 2016-131 du 10 février 2016 portant **réforme du droit des contrats** n'a pas repris cette formule mais il est désormais précisé que le dol vicie le consentement (C. civ. art. 1130, al. 1 issu de ord. 2016-131) et, comme c'était déjà le cas (ex-art. 1116), qu'il est en conséquence une cause de nullité du contrat (C. civ. art. 1131 issu de ord. précitée). Le dol se traduit en pratique par des manœuvres, des mensonges ou par la dissimulation d'une information déterminante (C. civ. art. 1137 issu de ord. précitée) de la part d'un cocontractant ou d'une personne qui agit pour le compte de celui-ci ou de concert avec lui (art. 1138 issu de ord. précitée). Ces textes codifient pour l'essentiel la jurisprudence rendue sous les anciens textes sans modifier en profondeur le régime du dol. **19300**
La loi 2018-287 du 20 avril 2018 ratifiant l'ordonnance 2016-131 est venue préciser qu'il ne peut y avoir de dol en cas de silence gardé par une partie sur son estimation de la valeur de la prestation (C. civ. art. 1137, al. 3 ; voir n°s 19406 s.).

ATTENTION

Le **dol dans la formation du contrat,** visé par les articles 1130 et 1137 s. du Code civil, doit être distingué du **dol** (ou désormais de la faute dolosive) **dans l'exécution du contrat,** prévu et sanctionné par les articles 1231-3 et 1231-4 du Code civil (ex-art. 1150 et 1151), et défini comme l'inexécution délibérée d'une obligation contractuelle.

Sur l'incidence d'une garantie de passif ou d'actif sur la faculté d'agir pour dol ou sur la caractérisation du dol, voir nos 19065 s.

A. Auteur du dol

DOL ÉMANANT D'UNE PARTIE À LA CESSION

La loi sanctionne au premier chef le dol émanant d'un cocontractant (C. civ. art. 1137). Dans une cession de parts sociales ou d'actions, il peut donc être aussi bien le fait du **cédant** que de l'**acquéreur.** Le contentieux montre que, en pratique, le premier cas est le plus courant. **19310**

Sous l'empire de l'ancien article 1116 du Code civil dont l'article 1137 a repris les dispositions, les tribunaux avaient même affirmé que le dol viciant le consentement d'une partie à un contrat ne pouvait en emporter la nullité que s'il émanait de l'autre partie, excluant ainsi que le dol d'un tiers puisse avoir une influence sur la validité du contrat (Cass. 1e civ. 27-6-1973 n° 72-11.564 P : Bull. civ. IV n° 219 ; Cass. com. 22-7-1986 n° 85-12.392 P : Bull. civ. I n° 163 à propos d'un cautionnement ; Cass. 1e civ. 1-12-1999 n° 97-15.043 D : RJDA 2/00 n° 200 à propos d'un prêt). Mais ils avaient admis quelques exceptions, aujourd'hui reprises par la loi.

DOL ÉMANANT D'AUTRES INTERVENANTS À LA CESSION

19317 Le dol est constitué lorsqu'il émane du **représentant du cocontractant** (C. civ. art. 1138, al. 1), que ce représentant soit légal, conventionnel ou judiciaire. Mais pour que le comportement dolosif du représentant affecte la validité de la cession, il doit avoir **agi en cette qualité** (Cass. com. 23-11-1993 n° 92-10.284 P : Bull. civ. IV n° 421 ; Cass. com. 18-6-2002 n° 00-16.629 F-D : RJDA 12/02 n° 1223 ; CA Paris 10-11-1989, 25e ch. B : Bull. Joly 1990 p. 101).

ILLUSTRATIONS

Ont commis un dol le président-directeur général et l'administrateur d'une société qui, agissant dans l'exercice de leurs fonctions de représentants légaux et dans l'intérêt immédiat de la société, ont conduit un actionnaire à souscrire à une augmentation de capital en lui faisant croire qu'ils assumeraient avec lui une partie des charges résultant de la souscription (Cass. com. 27-11-1972 n° 70-12.609 P : Bull. civ. IV n° 308).

Dans un cas où une femme avait succédé à son époux dans les fonctions de président-directeur général d'une SA et s'était chargée de vendre les titres détenus par celui-ci dans la société, l'acquéreur ne pouvait pas utilement invoquer le dol commis par cette femme, qui avait donné au comptable l'ordre de modifier le projet de bilan, dès lors qu'elle avait ainsi agi comme mandataire de la société et non pour le compte de son époux (CA Paris 10-11-1989, 25e ch. B : Bull. Joly 1990 p. 101).

La société cédante ne peut pas être tenue pour responsable du dol commis par le **dirigeant** agissant à titre personnel ou par un **associé** (Cass. com. 23-11-1993 précité). Inversement, les associés pris en leur nom personnel ne peuvent pas être condamnés pour le dol commis par la société, seule partie à l'acte, même si elle était représentée par l'un d'eux (Cass. com. 18-6-2002 précité). La société cédante peut se voir reprocher le dol commis à l'égard de la société acheteuse par son dirigeant, peu important que ce dirigeant soit commun aux deux sociétés, dès lors que celui-ci a favorisé la société cédante au détriment de la société acheteuse (Cass. 3e civ. 11-5-2022 n° 21-16.992 F-D : RJDA 8-9/22 n° 458). Sur le devoir de loyauté du dirigeant à l'égard de l'associé dont il acquiert la participation ou lorsqu'il intervient dans le reclassement de cette participation, dont le manquement peut être constitutif d'un dol, voir nos 19625 s.

19320 Le cocontractant peut se voir reprocher le dol commis par son **gérant d'affaires** (C. civ. art. 1138, al. 1 issu de ord. 2016-131 du 10-2-2016). Les tribunaux avaient auparavant admis que tel était cas dans la mesure où la gestion d'affaires avait été ratifiée par le maître de l'affaire (Cass. 1e civ. 7-7-1960 : Bull. civ. I n° 371). À notre avis, cette exigence demeure, la ratification étant toujours requise pour que le maître de l'affaire soit considéré comme le mandant du gérant (n° 26400).

19325 Le dol est également constitué lorsqu'il émane du **porte-fort** du cocontractant (C. civ. art. 1138, al. 1 ; Cass. com. 27-2-1996 n° 94-11.241 P : n° 19630).

19327 L'article 1138 du Code civil vise également le dol commis par le **préposé** du cocontractant, tel un salarié. La jurisprudence antérieure à ce texte ne comporte pas, à notre connaissance, d'illustration d'un dol imputable au salarié du cocontractant dans le cadre d'une cession de droits sociaux.

DOL ÉMANANT D'UN TIERS À LA CESSION

19330 S'il émane d'un tiers, le dol est en principe sans effet sur la validité de la cession (Cass. com. 14-12-1977 n° 75-12.206 P : Bull. civ. IV n° 293 ; Cass. 1e civ. 1-12-1999 n° 97-15.043 D : RJDA 2/00 n° 200 ; CA Paris 24-5-2011 n° 10-13447 : n° 20160).

La nullité est toutefois encourue dans les cas suivants.

1. Il est établi que le tiers était de connivence avec le cocontractant de la victime (C. civ. art. 1138, al. 2 ; Cass. com. 25-3-1974 n° 73-10.910 P : Bull. civ. IV n° 104 à propos d'une vente d'objets mobiliers ; Cass. com. 10-7-1978 n° 77-10.194 : Bull. civ. IV n° 193 et Cass. 1e civ. 20-3-1989 n° 87-15.450 P : Bull. civ. I n° 127 à propos de cautionnements).

ILLUSTRATIONS

Dans un cas où des inexactitudes affectant des documents comptables étaient dues à des fautes commises par l'expert-comptable et le commissaire aux comptes de la société, mais où aucune intention de tromper n'avait été relevée à leur encontre, jugé qu'aucune complicité ne pouvait être retenue à la charge du cédant, peu important à cet égard que ce dernier ait eu les connaissances techniques qui lui auraient permis de déceler ces inexactitudes (Cass. com. 2-5-2007 n°s 05-21.295 et 05-21.436 F-D : RJDA 4/08 n° 420).

2. En l'absence de connivence, si l'erreur que le dol du tiers a provoquée porte sur une qualité essentielle des droits sociaux (cf. Cass. 1e civ. 3-7-1996 n° 1359 P : RJDA 11/96 n° 1291 ; CA Paris 24-5-2011 n° 10-13447 précité, rendus sous l'empire des anciens textes exigeant une erreur sur la substance des titres mais transposables sur le principe au régime actuel) ; la nullité est alors prononcée pour erreur et non pour dol (n° 19160).

La victime des agissements d'un **tiers** pourra agir contre lui en **responsabilité** extracontractuelle sur le fondement de l'article 1240 du Code civil, mais seulement pour obtenir des dommages-intérêts en réparation du dommage que lui cause le contrat ainsi conclu. **19335**

B. Comportements constitutifs d'un dol

1. DÉFINITIONS DU DOL

Le dol est le fait pour un cocontractant d'obtenir le consentement de l'autre par des manœuvres ou des mensonges ou en dissimulant intentionnellement une information déterminante (C. civ. art. 1137 issu de ord. 2016-131 du 10-2-2016). L'ex-article 1116 du Code civil se référait exclusivement aux « manœuvres » pratiquées par l'une des parties, ce qui ne visait que les actes positifs et non les comportements passifs ; néanmoins, les tribunaux avaient de longue date admis l'existence d'un dol en cas de rétention volontaire d'informations, la qualifiant de réticence dolosive. **19370**

a. Manœuvres dolosives

Par manœuvres, on entend tous les **agissements malhonnêtes** tendant à surprendre une personne en vue de lui faire souscrire un engagement qu'elle n'aurait pas souscrit si on n'avait pas usé de la sorte envers elle (CA Colmar 30-1-1970 : D. 1970 p. 297 note E. Alfandari). Les manœuvres peuvent consister en une véritable mise en scène, en actes combinés en vue d'une tromperie (Cass. com. 18-3-1974 n° 72-12.383 : Bull. civ. IV n° 92), en artifices (Cass. com. 19-12-1961 : Bull. civ. IV n° 492 ; Cass. com. 10-7-1989 n° 87-19.426), telle la création d'une situation apparente de nature à inspirer confiance (CA Paris 14-12-1999 n° 98-11748 : n° 20049) ou plus généralement, en toute espèce d'agissements tendant à créer une fausse apparence. **19380**

> **Précisions** En tant que telle, une **faute de gestion** n'est pas constitutive d'une manœuvre dolosive. Seule sa dissimulation à un cocontractant en vue de le conduire à contracter, ce qu'il n'aurait pas fait s'il avait eu connaissance de cette faute, peut être considérée comme une telle manœuvre (Cass. com. 19-6-2001 n° 1222 F-D : Bull. Joly 2001 p. 1093 n° 245 note B. Saintourens).

MANŒUVRES CONSTITUTIVES D'ESCROQUERIE

Les manœuvres invoquées peuvent constituer le délit d'escroquerie, défini comme le fait, soit par l'usage d'un faux nom ou d'une fausse qualité, soit par l'abus d'une qualité vraie, soit par l'emploi de manœuvres frauduleuses, de tromper une personne et de la déterminer ainsi, à son préjudice ou au préjudice d'un tiers, à remettre des fonds, des valeurs ou un bien quelconque (C. pén. art. 313-1). Toutefois, la **notion de dol** est **plus large** que celle d'escroquerie. Ainsi, le mensonge d'une certaine gravité peut à lui seul constituer un dol mais il ne peut caractériser une escroquerie que s'il est corroboré par un élément extérieur lui donnant force et crédit (Cass. crim. 24-9-1998 n° 97-81.748 : Bull. crim. 1998 n° 236). L'escroquerie requiert des actes positifs tandis que le dol recouvre aussi la réticence dolosive (Cass. com. 14-6-2016 n° 14-24.843 F-D : RJDA 12/16 n° 844). Compte tenu de ces différences d'appréciation, la relaxe du chef d'escroquerie n'interdit pas au juge civil de reconnaître l'existence d'un dol pour les mêmes fautes (Cass. com. 10-6-1960 : Bull. civ. III n° 224 ; Cass. com. 26-5-2009 n° 08-15.980 F-D : RJDA 8-9/09 n° 749 ; Cass. com. 14-6-2016 précité). **19382**

Il a été jugé qu'ayant eu lieu après la signature de l'acte de cession de parts sociales, la remise par le cédant à l'acquéreur d'un état du passif inexact ne constituait pas une escroquerie car elle ne pouvait pas avoir été déterminante de son consentement ; les assurances verbales sur le montant du passif que l'acquéreur indiquait avoir reçu ne pouvaient s'analyser qu'en des mensonges non pénalement punissables (Cass. crim. 8-1-2014 n° 13-80.442 F-D : RJDA 12/14 n° 909).

b. Mensonge constitutif d'un dol

19390 Le dol peut être retenu en cas de mensonge (C. civ. art. 1137, al. 1). Il n'est pas requis que le mensonge soit appuyé d'actes extérieurs (Cass. 3e civ. 6-11-1970 : JCP G 1971 II n° 16942 note J. Ghestin), comme cela est exigé pour caractériser l'escroquerie (n° 19382).

Le cas le plus patent est celui du cédant qui, pour faire croire à une situation parfaitement saine de la société, indique un chiffre d'affaires et des bénéfices supérieurs à ceux effectivement réalisés (Cass. com. 9-6-2004 n° 908 F-D : en l'espèce le cédant avait notamment affirmé que les bénéfices étaient de 30 490 € alors qu'ils n'étaient que de 1 617 €).

Encore faut-il que le mensonge soit d'une certaine **gravité.** En effet, n'est pas visé par l'article 1137 du Code civil (ex-art. 1116) le « bon dol » (dolus bonus, par opposition au dolus malus, seul sanctionné), c'est-à-dire les menus mensonges, les exagérations, ou les comportements simplement destinés à vanter la qualité des biens cédés, car le caractère intentionnel du dol (nos 19660 s.) fait alors défaut (Cass. com. 13-12-1994 n° 2281 D : RJDA 4/95 n° 420, exagérations contenues dans un document publicitaire ne dépassant pas ce qui est habituel dans les pratiques commerciales ; pour des cas contraires, Cass. 1e civ. 1-2-1960 : Bull. civ. I n° 67 concernant un vendeur de tableaux qui avait dépassé l'exagération permise à tout vendeur ; Cass. 3e civ. 7-4-2016 n° 14-24.164 F-D : RJDA 7/16 n° 518 relevant que les affirmations mensongères relatives à un investissement locatif défiscalisable allaient bien au-delà de la simple exagération publicitaire).

ILLUSTRATIONS

Jugé que ne constitue pas un dol l'affirmation du cédant contenue dans un document établi au cours des négociations selon laquelle l'activité de la société « devrait être équilibrée » dès lors que le cédant n'avait pas affirmé que l'exercice serait équilibré, que l'acquéreur savait que le cédant avait refusé de lier le montant du prix de cession au résultat de l'exercice en cours et avait apporté des restrictions aux clauses envisagées dans le cadre de la garantie de passif et qu'au moment de s'engager, l'acquéreur connaissait le résultat négatif de la société (Cass. com. 7-7-2004 n° 1157 F-D).

c. Dissimulation d'information constitutive d'un dol

19400 Constitue également un dol la dissimulation **intentionnelle** par l'un des contractants d'une information dont il sait le caractère déterminant pour l'autre partie (C. civ. art. 1137, al. 2 issu de ord. 2016-131 du 10-2-2016).

Dès avant l'ordonnance 2016-131 et malgré l'ex-article 1116 du Code civil qui visait les seules « manœuvres », les tribunaux avaient sanctionné la **réticence dolosive,** c'est-à-dire le **silence** d'une partie dissimulant à son cocontractant un fait qui, s'il avait été connu de lui, l'aurait empêché de contracter (notamment, Cass. 3e civ. 2-10-1974 n° 73-11.901 P : Bull. civ. III n° 330 ; Cass. com. 20-6-1995 n° 1441 P : RJDA 12/95 n° 1321) ou, désormais, l'aurait incité à contracter à des conditions substantiellement différentes (nos 19700 s.).

> **Précisions** **a.** Avant l'ordonnance 2016-131, l'**assimilation du silence au dol** était parfois justifiée par l'obligation de contracter de bonne foi (Cass. 1e civ. 13-5-2003 n° 624 FS-PB : RJDA 12/03 n° 1243 ; Cass. 1e civ. 15-3-2005 n° 548 F-PB : RJDA 8-9/05 n° 984) ou par l'obligation de loyauté contractuelle (Cass. com. 27-2-1996 n° 439 P : RJDA 6/96 n° 794 ; voir toutefois, distinguant le dol du manquement à la bonne foi ou à la loyauté, CA Paris 6-5-2014 n° 12-19322 : n° 19835).
> **b.** Sur le **caractère intentionnel** de la dissimulation, voir nos 19660 s.

19405 La réticence, comme la dissimulation, n'est pas qualifiée de dolosive s'il est établi que la **partie qui l'invoque** avait en réalité **connaissance de l'information** litigieuse (par exemple, Cass. com. 3-11-2004 n° 03-11.662 F-D : RJDA 3/05 n° 269 ; CA Paris 2-5-2003 n° 01-8314 : n° 20079 ; CA Paris 11-6-2009 n° 07-11400 : n° 19535). Toutefois, la connaissance de l'existence d'un problème par l'acquéreur ne signifie pas qu'il a conscience de son ampleur (Cass. com. 12-5-2015 n° 14-12.473 F-D : n° 20195). De même, savoir que la société a fait l'objet d'un contrôle fiscal n'implique pas de connaître le redressement qui lui a été notifié (CA Reims 8-6-1988 n° 88-329 : n° 19525 ; voir toutefois Cass. com. 21-3-1995 n° 587 D : n° 19835).

La réticence dolosive est écartée s'il n'est pas démontré que la **partie à laquelle elle est reprochée** avait quant à elle bien connaissance de l'information (Cass. 1e civ. 19-2-2002 n° 99-13.034 FS-P : RJDA 7/02 n° 749 concernant la vente d'un véhicule d'occasion ; Cass. com. 31-3-2015 n° 14-10.965 F-D : RJDA 6/15 n° 427 à propos d'une cession d'actions). On ne peut dans ce cas ni parler de dissimulation ni d'intention de tromper.

ILLUSTRATIONS

Un acquéreur de parts sociales ne peut pas prétendre que le cédant lui a caché la défection d'un certain nombre de clients de la société dont les titres sont cédés dès lors que rien ne démontrait que, au jour de la signature de la promesse de cession, le cédant, qui avait cessé d'exercer des fonctions de direction au sein de la société, savait que les principaux clients de cette société allaient la quitter (Cass. com. 7-4-1998 n° 96-11.767 D).

Dans un cas où l'acquéreur de la totalité des actions d'une société prétendait que le cédant lui avait dissimulé une pratique généralisée dans la société consistant à délivrer de faux certificats de conformité à destination de sa clientèle, une cour d'appel avait annulé la cession pour dol estimant qu'aux termes de courriels échangés entre un salarié en charge de la certification et le directeur général adjoint de la société, cette pratique était non seulement connue de la direction de cette société, mais initiée ou, à tout le moins, tolérée par elle et qu'en présentant au futur acquéreur, comme constituant un incident isolé, la découverte des certificats matières inexacts transmis à un client, le cédant lui a volontairement dissimulé cette pratique ancienne de fabrication de faux documents ; cette décision a été cassée car la cour d'appel s'était déterminée par des motifs impropres à établir que le cédant des actions avait connaissance de l'existence de la pratique en cause (Cass. com. 31-3-2015 n° 14-10.965 précité).

L'acquéreur des actions d'une société titulaire d'un bail commercial avait poursuivi le cédant en indemnisation sur le fondement du dol suite au congé avec refus de renouvellement du bail donné par le bailleur à la société quelques mois après la cession. Il reprochait au cédant d'avoir eu connaissance de cette décision du bailleur avant la cession et de ne pas l'en avoir informé.

A légalement justifié sa décision la cour d'appel qui, pour rejeter cette demande, a relevé que l'acte de cession indiquait que le bail devait se terminer à la fin de l'année en cours et que le cédant avait déclaré qu'aucun acte de renouvellement de bail n'avait été régularisé entre la société et le bailleur, et a retenu que l'acquéreur n'a pu ignorer, compte tenu du statut des baux commerciaux, qu'il n'avait pas de droit acquis au renouvellement du bail et qu'il lui appartenait donc de s'entourer des assurances nécessaires auprès du bailleur qu'il n'avait pas pris soin d'interroger, ce dont elle a pu déduire l'absence de manquement du cédant à son obligation précontractuelle d'information et l'absence de réticence dolosive (Cass. com. 20-4-2017 n° 15-21.843 F-D : RJDA 7/17 n° 465).

Pour un cas où il n'était pas établi que le cédant avait connaissance du montant réel du passif de la société cédée, voir Cass. com. 17-3-2004 n° 539 D : n° 20091. Pour un cas où il n'était pas établi que le cédant avait connaissance de l'état de cessation des paiements de la société cédée, voir Cass. com. 21-4-2022 n° 20-12.846 F-D : n° 20200.

DOL PAR DISSIMULATION PORTANT SUR LA VALEUR DE LA PRESTATION

Contrats conclus depuis le 1er octobre 2018 Depuis le 1er octobre 2018, ne 19406
constitue pas un dol le fait pour une partie de ne pas révéler à son cocontractant son estimation de la valeur de la prestation (C. civ. art. 1137, al. 3 issu de loi 2018-287 du 20-4-2018), ici des titres cédés. Cela concerne aussi bien la **dissimulation de l'acquéreur** que celle **du cédant.** Le dol est néanmoins constitué si l'acquéreur ou le cédant cache à son cocontractant non pas la valeur des droits sociaux elle-même, mais une information susceptible d'avoir une influence sur celle-ci (pour des illustrations rendues sous le régime antérieur à la loi 2018-287 mais transposables, voir n° 19408).

Sur l'articulation entre la réticence dolosive et le devoir d'information précontractuel de l'article 1112-1 du Code civil, voir nos 19410 s.

Contrats conclus avant le 1er octobre 2018 Avant le 1er octobre 2018, aucun 19407
texte n'envisageait la question de savoir si le cédant (ou l'acquéreur) pouvait invoquer le dol lorsque l'acquéreur (ou le cédant) lui avait simplement caché la valeur des droits sociaux. La jurisprudence s'était prononcée sur cette question. Ainsi, sur le fondement de l'ancien article 1116 régissant le dol, la première chambre civile de la Cour de cassation avait refusé de retenir le dol en cas de **silence gardé par l'acheteur** sur la valeur du bien acquis : une cour d'appel avait annulé pour dol la vente de photographies en retenant que l'acheteur savait qu'il contractait à un prix dérisoire par rapport à la valeur des clichés sur le marché de l'art, manquant ainsi à l'obligation de contracter de bonne foi qui pèse sur tout contractant et que, par sa réticence à faire connaître au vendeur la valeur exacte des photographies, il avait incité ce dernier à conclure une vente qu'il n'aurait pas envisagée dans ces conditions ; cassation de cette décision par la Haute Juridiction, aucune obligation d'information ne pesant sur l'acheteur (Cass. 1e civ. 3-5-2000 n° 98-11.381 P : RJDA 9-10/00 n° 848). La troisième chambre civile avait retenu la même solution, jugeant, sur le fondement du même article, que l'acquéreur, même professionnel, d'un bien immobilier n'est pas tenu d'une obligation d'information au profit du vendeur sur la valeur du bien acquis (Cass. 3e civ. 17-1-2007 n° 06-10.442 FS-PB : RJDA 6/07 n° 599).

La chambre commerciale de la Cour de cassation avait retenu une solution inverse, dans une décision non publiée au Bulletin civil : elle avait jugé que le cédant peut valablement demander réparation du préjudice subi par l'insuffisance du prix de vente en invoquant le dol de l'acquéreur qui lui a caché « la véritable valeur » des titres (Cass. com. 27-1-1998 n° 96-13.253 D ; sur l'action en réparation du préjudice ouverte à la victime d'un dol, voir nos 25390 s.). Dans cette affaire, le président du conseil d'administration d'une SA qui détenait plus de la moitié des actions avait avisé ses coassociés que la société devait s'ouvrir à des capitaux extérieurs ou être cédée et qu'il avait reçu une proposition d'achat d'un investisseur, lequel exigeait de n'avoir à traiter qu'avec un actionnaire unique ; il avait alors acheté les titres de ses coassociés au prix de 330 F l'un (environ 50 €) puis il avait revendu six mois après l'intégralité des actions à l'investisseur pressenti au prix de 1 592 F l'action (environ 240 €). Il nous semble que, compte tenu des faits de l'espèce, ce qui était en définitive reproché au président était d'avoir caché à ses coassociés, non pas la véritable valeur des actions, mais les conditions d'achat des titres formulées par l'investisseur.

19408 Le dol par réticence est constitué si l'acquéreur ou le cédant a caché à son cocontractant une information susceptible d'avoir une incidence sur la valeur des droits sociaux.

ILLUSTRATIONS

Dans un cas où un actionnaire avait chargé une société de vendre ses titres et où c'est cette dernière qui les avait acquis, le cédant ne peut pas prétendre que la société cessionnaire a commis un dol en lui indiquant une valeur marchande minorée dès lors que la société n'a jamais prétendu communiquer une évaluation financière ou comptable mais qu'elle s'est contentée d'indiquer une valeur de transfert par référence aux très récentes négociations dont elle avait eu connaissance, que les termes utilisés ne pouvaient laisser place à aucune confusion sur la nature et la portée de l'information ainsi donnée et qu'il appartenait au cédant, qui était assisté d'un notaire, professionnel qualifié, de procéder à toutes vérifications utiles s'il avait ressenti un doute quelconque sur l'évaluation proposée. En outre, lorsque la société cessionnaire a indiqué au notaire du cédant le montant du cours du titre, la société n'avait aucune intention d'acquérir les actions qu'elle n'a achetées que six mois plus tard, sur offre du cédant fixant le prix des actions à un montant inférieur à celui qu'elle avait mentionné. Enfin, la société cessionnaire n'a tiré aucun bénéfice de cette acquisition puisqu'elle a revendu l'intégralité des actions au prix où elle les avait achetées (CA Paris 17-9-1999 n° 98-7169).

Une holding détenait 80 % des actions d'une SAS ; les deux sociétés avaient le même dirigeant qui était aussi l'associé unique de la holding. Après avoir démissionné de ses fonctions, l'ancien directeur général de la SAS avait cédé en 2015 les actions qu'il détenait dans celle-ci, au prix de 350 € l'une, à la holding. Puis, il avait mis en cause la responsabilité de la holding pour dol : il lui reprochait de ne pas l'avoir informé des négociations engagées avec un tiers avant la cession afin de lui vendre toutes les actions de la SAS au prix unitaire de 1 000 €. Il y a lieu de rejeter l'action formée contre la holding. En effet, l'acquéreur de titres d'une société n'est pas tenu d'informer le cédant ni des négociations tendant à l'acquisition par un tiers d'autres titres de la même société, ni de celles qu'il conduit lui-même avec ce tiers en vue de lui céder les titres objets de la cession. La holding n'était donc pas, en sa qualité d'acquéreur, débitrice envers le cédant d'une obligation d'information sur les éventuelles négociations conduites avec le tiers et, partant, elle ne pouvait pas, en s'abstenant d'en révéler l'existence, avoir commis un dol ou s'être rendue complice d'un dol (CA Paris 6-8-2019 n° 17/09608 : RJDA 12/19 n° 756, 1e esp.).

Pour un cas où un associé minoritaire, qui s'était engagé à céder ses titres à un coassocié majoritaire, soutenait que ce dernier lui avait dissimulé la valeur des actifs de la société, voir n° 19630.

DOL PAR DISSIMULATION ET DEVOIR D'INFORMATION PRÉCONTRACTUEL

19410 L'ordonnance 2016-131 du 10 février 2016 a introduit en droit commun des contrats un devoir général d'information précontractuel que les parties ne peuvent ni limiter ni exclure : celle des parties qui connaît une information dont l'importance est déterminante pour le consentement de l'autre doit l'en informer dès lors que, légitimement, cette dernière ignore cette information ou fait confiance à son cocontractant. Ce devoir d'information ne porte pas sur l'estimation de la valeur de la prestation (C. civ. art. 1112-1 : nos 10240 s.). Comment ce devoir s'articule-t-il avec la dissimulation intentionnelle prévue par l'article 1137, al. 2 du Code civil qui dessine elle aussi, en creux, une obligation d'information ?

19412 **Absence de connexion générale entre la dissimulation intentionnelle et le devoir d'information précontractuel** La dissimulation intentionnelle d'une information déterminante est sanctionnée par l'article 1137, al. 2 du Code civil même si cette information ne relève pas du devoir d'information précontractuel de l'article 1112-1 (sur le cas particulier où l'information porte sur l'estimation de la valeur de la prestation, voir n° 19420). Autrement dit, la dissimulation intentionnelle est susceptible d'être sanctionnée même en l'absence de manquement au devoir d'information.

Admettre le contraire reviendrait à subordonner la sanction de la dissimulation non seulement aux conditions prévues par l'article 1137 (caractère intentionnel de la dissimulation ; caractère déterminant de l'information dissimulée ; connaissance de ce dernier caractère par celui auquel la dissimulation est reprochée), mais aussi aux conditions posées par l'article 1112-1 (notamment, caractère légitime de l'ignorance de celui qui invoque la dissimulation). Serait incidemment remis en cause le principe selon lequel l'erreur causée par le dol (y compris par réticence) est toujours excusable (C. civ. art. 1139).
La **volonté du législateur** a été de distinguer le régime de la dissimulation visé par l'article 1137, al. 2 du manquement à l'obligation de l'article 1112-1. Selon le rapport au président de la République sur l'ordonnance 2016-131 du 10 février 2016, « l'exigence que l'information retenue ait été d'une importance déterminante pour le consentement de l'autre partie, rapproche les conditions du devoir précontractuel d'information de celles du dol par réticence, mais s'en distingue par un élément essentiel : ainsi, ce n'est que si la violation de l'obligation d'information a été faite intentionnellement pour tromper l'autre contractant, qu'elle sera constitutive d'un dol entraînant la nullité du contrat, comme le prévoit l'article 1137, al. 2. En l'absence d'intention de tromper, le défaut d'information, qui peut ne résulter que d'une simple négligence, ne sera sanctionné que par l'octroi de dommages et intérêts. À l'inverse, le texte fait le choix de ne pas subordonner la réticence dolosive à l'existence d'un devoir d'information, conformément à une conception plus solidaire du contrat qui met l'accent sur la sanction de l'intention de tromper (l'erreur provoquée étant toujours excusable) ». Cette volonté a été réaffirmée lors des débats relatifs à la loi de ratification de l'ordonnance 2016-131. Face au Sénat qui proposait que la nullité pour réticence dolosive soit subordonnée aux hypothèses dans lesquelles une obligation d'information préalable existe, le Gouvernement a fait valoir que « la réticence dolosive, qui implique une intention de tromper, ne doit pas être assujettie aux mêmes limites [que l'article 1112-1 du Code civil] (...). La mauvaise foi implique en effet que le dol doit être sanctionné de façon plus large et plus sévère que ne l'est la simple négligence dans la délivrance d'informations » (Débats Sén. du 17-10-2017 relatifs à loi de ratification 2018-287 du 20-4-2018).

Le choix du législateur de dissocier le dol et l'obligation d'information a soulevé certaines **critiques** chez la **doctrine.** Pour B. Fages notamment, un souci de bonne articulation voudrait que la dissimulation intentionnelle ne puisse être caractérisée que si, préalablement, il existe à la charge de son auteur une obligation précontractuelle d'information dans les conditions de l'article 1112-1 : en effet, on ne peut reprocher à un contractant d'avoir dissimulé ce qu'il n'était pas légalement tenu de révéler et admettre l'inverse aboutirait à une incompréhensible coexistence entre deux obligations d'information de portée différente (Le droit des sociétés et la réforme du droit des contrats : Bull. Joly 2016 p. 532 s.). Selon cet auteur, l'article 1112-1 devrait être considéré comme un texte pilote, autour duquel devrait venir s'ordonner la dissimulation dolosive. Si un acquéreur n'a volontairement pas consulté les documents mis à sa disposition dans une data room, poursuit-il, son ignorance doit être considérée comme illégitime au sens de l'article 1112-1 et il ne peut reprocher au cédant de n'y avoir sciemment pas fait figurer tel ou tel document ; l'éventuelle erreur commise par l'acquéreur résulte alors moins d'un dol que de sa propre négligence. Elle est inexcusable et l'article 1139 selon lequel « l'erreur qui résulte d'un dol est toujours excusable » ne devrait pas être applicable. B. Fages a exprimé de nouveau ces inquiétudes après l'adoption de la loi 2018-287 du 20 avril 2018 ratifiant l'ordonnance 2016-131 (Droit des obligations LGDJ 2018 n° 118). Selon lui, la clarification apportée par cette loi à propos de la dissimulation de la valeur de la prestation (n° 19420) n'a pas tout réglé. 19415

Comme le relève une auteure qui regrette aussi le manque de clarté du dispositif, une dichotomie similaire existait dans la **jurisprudence antérieure** à la réforme du droit des contrats en matière de réticence dolosive (G. Cattalano-Cloarec, La formation du contrat : AJ contrats 2018 p. 257). Jugé ainsi que la circonstance qu'un kinésithérapeute aurait dû savoir, en tant que professionnel, qu'il n'était pas autorisé à utiliser l'appareil qu'il avait acheté n'excluait pas l'existence d'un dol de la part du vendeur, la réticence dolosive rendant toujours excusable l'erreur provoquée (Cass. com. 8-3-2016 n° 14-23.135 F-D : RJDA 7/16 n° 508). 19417

À notre avis, l'**autonomie de la dissimulation dolosive** par rapport à l'obligation d'information précontractuelle est justifiée, car : 19418
– le dol par dissimulation suppose l'intention de tromper tandis qu'à la lettre de l'article 1112-1, le manquement au devoir d'information peut être sanctionné même s'il n'est pas intentionnel ;
– l'erreur provoquée par le dol est toujours excusable, alors qu'au regard du devoir d'information, l'ignorance doit être légitime.

Alignement entre les deux obligations pour la dissimulation de la valeur La loi 2018-287 du 20 avril 2018 ratifiant l'ordonnance 2016-131 a procédé à un alignement partiel 19420 de l'article 1137 du Code civil sur l'article 1112-1, en précisant que ne constitue pas un dol le silence gardé par l'une des parties sur son **estimation de la valeur de la prestation** (art. 1137, al. 3 ; n° 19406). La révélation de cette estimation est également exclue du devoir d'information précontractuel (art. 1112-1, al. 2). Cet alignement fait suite aux critiques de la doctrine (notamment, M. Mekki : Les incidences de la réforme du droit des obligations sur le droit des sociétés : rupture ou continuité ? – Le contrat : Rev. sociétés 2016 p. 483 s. n° 11).

La dissimulation de la valeur de la prestation ne pourra donc entraîner ni une action fondée sur un manquement au devoir d'information ni une demande fondée sur le dol. En revanche, la dissimulation d'une information qui participe de l'évaluation de la valeur (en matière de cession de droits sociaux, par exemple, la dissimulation d'un contentieux en cours à charge contre la société ou de la perte par cette dernière d'un gros client) peut toujours être qualifiée de réticence dolosive (dans le même sens, B. Saintourens, Les aspects de droit des sociétés de la loi du 20 avril 2018 ratifiant l'ordonnance du 10 février 2016 réformant le droit des contrats : Bull. Joly p. 373 s.).

J.-D. Pellier s'interroge toutefois sur l'articulation entre l'article 1137, al. 3 et l'article 1139, en vertu duquel l'erreur résultant d'un dol est une cause de nullité alors même qu'elle porterait sur la valeur de la prestation ou sur un simple motif du contrat : exclure le silence gardé sur la valeur de la prestation du domaine de la réticence dolosive ne revient-il pas à vider cette dernière disposition d'une partie de sa substance ? (L'ordonnance portant réforme du droit des contrats, du régime général et de la preuve des obligations enfin ratifiée !, Dalloz actu. 30-4-2018).

2. DOL DU CÉDANT

19440 Le cédant a l'obligation de donner à l'acquéreur des **renseignements complets et exacts** sur la situation de la société dont il cède les parts (CA Paris 9-7-1987, 25ᵉ ch. A : n° 20010).

Il doit ainsi communiquer toutes les informations sur les **caractéristiques de l'entreprise cédée** : consistance des actifs sociaux (n° 19535) ; conditions d'exploitation de l'entreprise (nᵒˢ 19545 s.). Une information incomplète est susceptible de constituer une réticence dolosive.

Par renseignements exacts, il faut entendre une information sincère et fiable sur la **situation de la société,** à défaut de quoi, il y a manœuvre ou mensonge dolosif du cédant. Les exemples d'informations inexactes concernent principalement la manipulation des documents comptables (nᵒˢ 19450 s.).

Au regard des circonstances de l'espèce, l'inexactitude d'une information ou sa dissimulation peut ne pas avoir été déterminante du consentement de l'autre partie (nᵒˢ 19735 s.).

Sur l'étendue de l'obligation d'information du cédant quant à la valeur des droits sociaux, voir nᵒˢ 19406 s.

a. Comptabilité irrégulière

19450 Le cédant de parts sociales se rend coupable de dol lorsqu'il présente sciemment à l'acquéreur une comptabilité inexacte (CA Paris 8-1-1979 : RJ com. 1981 p. 253) qui ne reflète pas la situation réelle de la société (CA Paris 8-6-1990, 25ᵉ ch. B : Rev. sociétés 1990 p. 409 note Y. Guyon ; CA Paris 6-12-2005 n° 05-988 : RJDA 6/06 n° 653). La présentation de comptes infidèles peut constituer un dol indépendamment des manœuvres frauduleuses constitutives de l'escroquerie (Cass. com. 26-5-2009 n° 08-15.980 F-D : RJDA 8-9/09 n° 749).

Encore faut-il que la comptabilité litigieuse ait vraiment **influencé** le résultat des **négociations** ; tel n'est pas le cas lorsque la cession a été finalisée sur la base d'une situation comptable ultérieure et retraitée (Cass. com. 5-10-2004 n° 1467 F-D : n° 20094).

Lorsque les parties se sont fondées sur des documents comptables prévisionnels pour déterminer les modalités, notamment financières, de la cession, il n'y a pas dol du seul fait que les résultats prévus ne se sont pas réalisés. La **différence entre les résultats constatés et les résultats prévisionnels** figurant dans l'acte de cession ainsi que celle entre certaines évaluations et les valeurs effectivement constatées ne peuvent suffire à caractériser une manœuvre dolosive du cédant dès lors qu'il n'est pas prétendu que les prévisions avaient été établies sur la base de chiffres mensongers ou d'éléments dont disposaient les cédants qui auraient été délibérément cachés à l'acquéreur (CA Paris 25-10-1996 n° 95-24380). En revanche, commet un dol le cédant qui indique un chiffre d'affaires prévisionnel de 5 945 000 € pour l'exercice en cours alors qu'il connaît le caractère très largement déficitaire de l'activité de la société au titre des quatre premiers mois de cet exercice (moins 165 933 €) (CA Paris 6-12-2005 n° 05-988 : RJDA 6/06 n° 653).

19455 La **falsification ou** l'**inexactitude des comptes** sociaux peut résulter notamment du mode de comptabilisation des factures ou de leur défaut de comptabilisation (n° 19465), de l'absence ou de l'insuffisance d'une provision (n° 19475), ou encore de la méthode d'évaluation des stocks retenue (n° 19470).

Ont été regroupées dans les tableaux ci-dessous les principales inexactitudes comptables invoquées devant les tribunaux à l'appui d'une action de l'acquéreur fondée sur le dol.

CAS OÙ LE DOL DU CÉDANT A ÉTÉ RETENU

Comptabilisation des factures 19465

Factures d'achat non comptabilisées si bien que le passif a été largement sous-estimé (CA Paris 9-7-1987, 25e ch. A : n° 20010) ou ce qui a permis la présentation d'un bilan fallacieux (Cass. com. 10-7-1989 n° 87-19.426).
Comptabilisation avec retard de plusieurs factures de fournisseurs (CA Paris 9-7-1987, 25e ch. A : n° 20010).
Double comptabilisation des factures (à la commande puis à la livraison) ayant fait apparaître un chiffre d'affaires fictif (CA de 34,5 millions de francs devant être ramené à 30 millions de francs, soit de 5,30 à 4,5 millions d'euros) (CA Paris 16-4-1992, 1e ch. B, Sté Alpha associés c/ D. : Bull. Joly 1992 p. 624 note Y. Chaput).
Production de bilans erronés comportant une **double comptabilisation des retenues de garantie et une double émission de factures** ayant eu pour finalité de valoriser faussement les capacités d'exploitation de l'entreprise pour donner de celle-ci l'image d'une société très bénéficiaire (Cass. com. 5-11-2002 n° 1792 F-D).
Système frauduleux mis en place par le cédant des actions de plusieurs sociétés constituant un groupe, consistant notamment à gonfler systématiquement et artificiellement le chiffre d'affaires d'une des sociétés du groupe par la **passation de « ventes » d'acomptes reçus** au titre de chantiers non commencés, et à fausser la comptabilité de cette société par le biais de **factures fictives, de doubles factures, de surfacturations** ou de doubles règlements pour une même facture (Cass. com. 12-5-2021 n° 19-18.500 F-D : n° 19970).
Dissimulation du **caractère exceptionnel de ressources** représentant plus des deux tiers de la valeur de l'actif de la société et **provenant de la facturation de travaux** qui n'avaient **pas** été **facturés depuis des années** (Cass. com. 15-11-1994 n° 2053 D : Dr. sociétés 1995 n° 19 obs. Vidal).
Dans un cas où le prix de cession avait été établi sur la base des comptes de l'exercice N, **préfacturation,** fin de l'année N, de prestations non encore fournies, suivies, au cours du premier semestre de l'année N + 1, d'une nouvelle facture puis d'une annulation, cette préfacturation ayant permis de transférer les pertes de l'exercice N à l'exercice N + 1 (CA Paris 19-10-1993 nos 91-21497 et 93-5343 : n° 20022). Concernant la préfacturation, voir aussi Cass. com. 12-1-1999 n° 96 D : n° 19735.
Comptabilisation de marchés qui n'avaient **jamais** été **conclus** (Cass. com. 21-1-1997 n° 140 D : Bull. Joly 1997 p. 417 n° 176 note J.-C. Hallouin).
Présentation de comptes sociaux comportant une majoration du chiffre d'affaires de 948 000 francs (soit environ 145 000 €) pour un chiffre d'affaires de 5,6 millions de francs (850 000 €) par **décalage de la comptabilisation** des chiffres d'affaires sur deux années à hauteur de 528 000 francs (soit 80 500 €), **majoration fictive du poste « facture à établir »** pour 146 500 francs (soit environ 22 300 €) et **établissement de créances fictives** pour 295 859 francs (soit environ 45 100 €) (CA Amiens 28-1-2003 n° 01-4279 : RJDA 11/03 n° 1078).
Modification de la date d'une facture relative à des travaux d'aménagement dans les locaux occupés par la société **afin que** leur coût **ne figure pas dans la situation comptable** ayant servi de base à la promesse de cession (Cass. com. 3-11-2004 n° 1539 F-D : n° 20098).
Factures fictives établies au nom d'entreprises n'ayant été bénéficiaires d'aucune prestation de la part de la société (CA Paris 6-12-2005 n° 05-988 : RJDA 6/06 n° 653).

Stocks 19470

Méthode d'évaluation des stocks retenue ayant abouti à la prise en compte de bénéfices non encore réalisés et donc fictifs, et à une surestimation des valeurs d'actifs (CA Paris 9-7-1987, 25e ch. A : n° 20010).
Surévaluation des stocks (CA Versailles 19-5-1995, 3e ch. : n° 20025 ; Cass. com. 3-11-2004 n° 1539 F-D : n° 20098).
Inclusion injustifiée dans le bilan de certains éléments du stock pourtant pris en compte pour le prix de cession (CA Versailles 31-5-2002 n° 01-573 : n° 20061).
Transfert de marge commerciale par **manipulation comptable** des stocks (CA Amiens 28-1-2003 n° 01-4279 : RJDA 11/03 n° 1078).

19475 Provisions

Absence de provisions pour **congés payés** (CA Paris 9-7-1987, 25e ch. A : n° 20010).
Dissimulation de l'existence d'une **dette pour malfaçons,** d'un montant (200 000 F, soit environ 30 500 €) sans commune mesure avec la **provision pour risque** prévue au bilan (28 000 F soit environ 4 270 €) et de nature à compromettre la survie de l'entreprise (CA Lyon 29-3-1991 n° 89-1638).
Insuffisance de provisions pour **créances douteuses** (CA Versailles 19-5-1995, 3e ch. : n° 20025).
Absence de provisions **pour risque** (CA Amiens 28-1-2003 n° 01-4279 : RJDA 11/03 n° 1078).

19480 Autres inexactitudes affectant la comptabilité

Méthode d'évaluation des **travaux** en cours retenue ayant abouti à la prise en compte de bénéfices non encore réalisés et donc fictifs, et à une surestimation des valeurs d'actifs ; passif largement sous-estimé par l'omission du coût des travaux à terminer (CA Paris 9-7-1987, 25e ch. A : n° 20010).
Absence des livres comptables obligatoires, des pièces justificatives et des comptes individuels (CA Paris 9-7-1987, 25e ch. A : n° 20010).
Présentation des comptes sociaux faite par le cédant à l'acquéreur, en toute connaissance de cause, lors de la signature du protocole d'accord, **inexacte,** compte tenu des **détournements** qu'il avait effectués (dépenses strictement personnelles telles que frais de restaurant, factures de téléphone privé, golf, etc., pour près de 43 000 €) (CA Versailles 6-3-2003 n° 01-4849 : RJDA 10/03 n° 965, 2e espèce).
Indication d'un résultat négatif de l'exercice trois fois moins important qu'en réalité, inscription **à l'actif** d'un **contrat** de franchise **dont le cédant ne pouvait pas ignorer la résiliation** deux ans auparavant (22 840 €), **absence d'inscription** au passif de **pénalités fiscales et sociales** et majorations de retard (7 528 €) (CA Paris 3-12-2009 n° 08-16768 : n° 20134).

CAS OÙ LE DOL DU CÉDANT N'A PAS ÉTÉ RETENU

19490

Imperfections et insuffisances du bilan sur la base duquel les parts sociales avaient été évaluées n'ayant pas été utilisées pour ce seul bilan mais résultant d'**habitudes antérieures** (Cass. com. 26-4-1988 : Bull. Joly 1988 p. 476).
Méconnaissance des règles comptables et **irrégularités constantes sur plusieurs exercices,** la seule surévaluation d'éléments d'actifs ne traduisant pas la volonté du cédant de tromper l'acquéreur (CA Lyon 8-12-2005 n° 04-4772 : n° 20120).
Présentation de comptes inexacts par le cédant, l'**ancienneté et** la **constance des manquements** établissant qu'ils n'étaient pas liés à la cession d'actions, ni à la volonté du cédant de cacher la situation financière de la société, connue de l'acquéreur (CA Orléans 4-10-2012 n° 12/01341 : n° 20175).
Bilan intégrant des recettes mais pas les factures des fournisseurs liées à ces recettes mais non encore parvenues à la société dès lors que le cédant croyait que la permanence de l'**utilisation** de la méthode **durant les exercices antérieurs** en compensait les effets d'un exercice à l'autre (CA Paris 17-9-2009 n° 08-14866 : n° 20132).
Comptabilité incomplète et irrégulière mais qui, **transmise après la cession,** n'avait pas pu avoir d'influence sur le consentement de l'acquéreur (CA Paris 11-1-2005 n° 04-5264 : n° 20110).
Comptabilité irrégulière ayant provoqué un redressement fiscal, dès lors qu'il n'était pas établi que le cédant avait personnellement connaissance de ces irrégularités (CA Versailles 4-3-2014 n° 12/05295 : n° 20190).
Silence gardé par le cédant **sur l'intention du commissaire aux comptes de ne pas certifier les comptes** annuels, qui ne constitue pas une réticence dolosive (CA Paris 26-3-1993, 3e ch. B : RJ com. 1993 p. 361 note D. Vidal).
Ignorance de l'**absence de certification des comptes** de l'exercice précédant l'année d'acquisition imputable à l'acquéreur qui n'a pas cru utile de demander ces comptes (CA Paris 21-3-2006 n° 04-21490 : n° 20122).
Impossibilité de faire valoir que la **comptabilité** n'était pas **régulièrement tenue** dès lors que la cession des actions est intervenue avant la fin du premier **exercice,** soit **cinq mois** après la création de la société, de sorte qu'aucun bilan ne pouvait encore avoir été déposé au greffe du tribunal de commerce (CA Paris 5-12-1997 n° 96-16051).
Bilan faux mais ne constituant qu'un document de base auquel il était référé **dans l'attente d'une situation comptable à établir ultérieurement** et contradictoirement et devant être remplacé dans la ligne des bilans et comptes de résultats antérieurs et « **retraité** », c'est-à-dire diminué de diverses charges antérieures et augmenté des charges nouvelles, de manière à approcher les capacités financières véritables de l'entreprise (Cass. com. 5-10-2004 n° 1467 F-D : n° 20094).
Changement de méthode comptable intervenu **deux ans avant** que les discussions entre les parties sur **la cession** des actions ne soient engagées, excluant que puisse être caractérisée la volonté du cédant de dissimuler la situation de la société en vue du projet de cession (Cass. com. 7-7-2020 n° 18-19.173 F-D : RJDA 11/20 n° 548).

b. Dissimulation de documents comptables

Il y a dol lorsque le cédant des droits sociaux retient volontairement des documents comptables. 19500
Tel est le cas lorsque :
– dans le but de valoriser faussement les capacités d'exploitation de l'entreprise pour donner de celle-ci l'image d'une société très bénéficiaire, le cédant ne fournit les pièces comptables, qui seules permettaient d'établir les bilans, qu'en cours d'expertise judiciaire, ce qui montre que cet ancien gérant, qui avait quitté l'entreprise dès le lendemain de la cession, avait gardé par-devers lui des documents qui n'avaient pas été communiqués à l'acquéreur (Cass. com. 5-11-2002 n° 1792 F-D) ;
– le cédant ne remet les documents comptables faisant état d'une provision pour redressement fiscal que le jour de la signature des actes définitifs, empêchant ainsi l'acquéreur d'analyser sérieusement des documents informatiques représentant près de 200 pages (Cass. com. 3-11-2004 n° 1539 F-D : n° 20098) ;
– le bilan visé par l'acte notarié de cession n'est pas annexé à cet acte et la lettre adressée à la société par son expert-comptable mentionnant l'envoi au notaire de la situation provisoire des comptes sociaux ne démontre pas que le bilan produit aux débats a été porté à la connaissance de l'acquéreur (Cass. com. 17-6-2003 n° 987 F-D : n° 20082).

En revanche, **ne constitue pas** de la part du cédant **une réticence dolosive,** susceptible de justifier l'octroi de dommages-intérêts à l'acquéreur :
– le défaut de communication à celui-ci d'un rapport sur la situation de la société dès lors que ce rapport ne comportait pas de renseignements différents de ceux disponibles par ailleurs (Cass. com. 20-10-1998 n° 1577 D : RJDA 2/99 n° 181) ;
– l'absence de remise à l'acquéreur du bilan arrêté quelques jours avant la cession contredisant largement les éléments chiffrés de la balance des comptes arrêtés à la même date qui lui avait été communiquée, car l'acte de cession indiquait les résultats « commerciaux » des quatre exercices précédents et le dernier exercice faisait apparaître un résultat annuel négatif, à la différence des résultats des années précédentes qui étaient tous positifs (Cass. com. 28-9-2004 n° 02-20.740 F-D).

c. Présentation inexacte de l'actif et du passif

Outre les manipulations comptables évoquées ci-dessus, il nous a paru intéressant d'isoler des **illustrations** de dissimulations portant sur le passif ou l'actif social. 19510
L'acquéreur bénéficie parfois d'une **garantie contractuelle** de la part du cédant en ce qui concerne le passif ou la dépréciation d'actif qui se révélerait après la cession. Cette garantie ne lui interdit pas d'agir sur le fondement du dol mais peut néanmoins avoir une incidence sur l'appréciation de l'atteinte au consentement (n°s 19065 s.).

DOL DU CÉDANT TENANT À LA DISSIMULATION D'UN PASSIF

Il y a dol lorsque le cédant dissimule à l'acquéreur l'existence d'une dette d'une importance telle qu'elle affecte la survie de l'entreprise ou qui est susceptible de modifier la valeur des parts. Mais encore faut-il, naturellement, qu'il y ait dissimulation. 19525

ILLUSTRATIONS

Il y a lieu d'octroyer des dommages-intérêts à l'acquéreur de parts sociales qui a été laissé dans l'ignorance des **dettes de la société envers des organismes sociaux et fiscaux** et a ainsi été amené à verser un prix notablement supérieur à la valeur des parts acquises.
Cass. com. 20-2-1979 n° 183.

Commet un dol le cédant qui dissimule à l'acquéreur, au cours de la période précontractuelle, le **redressement fiscal** qui lui avait été notifié, dont l'importance a eu pour conséquence d'épuiser et de faire disparaître entièrement le capital de la société et de réduire à néant la valeur des parts. Il est indifférent que l'**acquéreur** ait eu **connaissance,** avant la cession, de l'existence d'un **contrôle fiscal,** celui-ci n'impliquant pas un redressement fiscal qu'aucun élément comptable ne permettait à l'acquéreur d'imaginer au moment de la cession et il importe peu que ce redressement fiscal n'ait pas eu un caractère définitif lors de la cession, le cédant n'établissant nullement que l'administration fiscale ait renoncé à sa créance ou admis le principe d'une remise.
CA Reims 8-6-1988 n° 88-329.

A commis un dol, justifiant l'annulation de la cession de parts sociales et la restitution des fonds versés par l'acquéreur, le cédant qui a fourni une situation de l'entreprise faisant état d'une exploitation équilibrée alors qu'il connaissait l'**existence d'un sinistre** non couvert par la compagnie d'assurance de nature à compromettre la survie de la société, d'un montant sans commune mesure avec la provision pour risque de sinistre prévue au bilan.
CA Lyon 29-3-1991 n° 89-1638.

19525 (suite) A commis une réticence dolosive, justifiant la nullité d'une cession de parts sociales, le cédant qui a occulté la situation réelle de la société en présentant des bilans inexacts aux acquéreurs **sans** les **aviser de l'éventualité d'un passif fiscal** dû à sa gestion dont le montant était tel que la vie même de l'entreprise était compromise.

Cass. com. 12-10-1993 n° 1487 D : RJDA 12/93 n° 1042.

Dans un cas où les documents comptables établis par le cédant et ayant servi à fixer le prix de cession des parts sociales ne présentaient pas une image fidèle du patrimoine et de la situation financière de la société en raison de la **dissimulation comptable d'un découvert bancaire** important, jugé que cette dissimulation a eu des incidences sur les conditions de la cession dans la mesure où l'existence d'un déficit bancaire n'est pas, pour une entreprise, signe de santé florissante et ce, d'autant plus qu'il n'a pas été comblé par les fonds de la société mais par un virement du cédant imputé sur son compte courant, conduisant à majorer le montant de ce compte que l'acquéreur s'était engagé à rembourser.

CA Paris 14-10-1994 n° 93-11501.

Lorsque la cession de la totalité des actions d'une SA a été consentie à une autre société avec une garantie de passif comportant une clause excluant formellement de son champ d'application « l'éventuel rejet par l'administration fiscale du bénéfice des exonérations d'impôt sur les sociétés au titre des entreprises nouvelles » et que la SA a ultérieurement fait l'objet d'un **redressement fiscal** sur ces exonérations, l'acquéreur ne peut pas obtenir la réduction du prix d'acquisition des actions en faisant notamment valoir que les exonérations en cause ont été frauduleusement obtenues au bénéfice de la SA, qu'un passif fiscal potentiel de plus du tiers de l'actif net lui a été dissimulé et qu'il n'aurait pas acquis les titres au prix convenu ni accepté l'exclusion de tels redressements de la garantie de passif s'il avait connu les risques encourus. En effet, loin de constituer la manifestation de dissimulations dolosives, la présence de cette **clause non usuelle** était **de nature à appeler spécialement l'attention de l'acquéreur** sur cette question et à le conduire à recueillir, le cas échéant, tous renseignements complémentaires avant d'acquérir des titres dont, de surcroît, le prix élevé devait l'inciter à une prudence particulière.

CA Versailles 17-10-1996 n° 95-1663 : Bull. Joly 1997 p. 451 n° 184 note G. Frechet.

A commis une réticence dolosive justifiant l'annulation de la cession des actions d'une SA le cédant qui a **omis de comptabiliser certains litiges** et d'en informer les acquéreurs, cette réticence lui ayant permis d'occulter un passif dont l'importance réduisait la valeur des actions à néant.

Cass. com. 14-12-1999 n° 2040 D.

A commis un dol, justifiant l'annulation de la cession de parts sociales et la restitution des sommes versées, le cédant qui a déclaré, au moment de la signature de l'acte de cession, un montant des dettes actuelles de la société purement arbitraire et ne correspondant pas à la situation réelle de la société, sinon au moyen d'un artifice comptable puisqu'il ne comprenait pas une **dette de remboursement d'un prêt consenti à la société** ; peu importe que la promesse de cession mentionnât cette dette de remboursement, son omission lors de la signature de l'acte définitif, plusieurs semaines après, ayant nécessairement eu pour effet de faire croire à l'acquéreur que, depuis lors, le sort de cette dette avait été réglé et qu'elle ne correspondait plus à une dette à terme de la société.

CA Versailles 5-4-2001 n° 97-4841.

Dans un cas où l'acquéreur de la totalité des actions d'une SA de construction navale, envers lequel le cédant s'était engagé à garantir le passif de cette société, avait demandé l'annulation de la cession pour dol, reprochant au cédant de lui avoir dissimulé le **risque social lié au recours massif** par la société **à des contrats de travail à durée déterminée non autorisés** pour la construction navale et qui avaient été requalifiés en justice après la cession en contrat à durée indéterminée, sa demande doit être rejetée dès lors que l'acquéreur connaissait l'existence de ces contrats et le risque qui y était lié. En effet, une clause de la garantie de passif mentionnait que l'acquéreur était informé du recours au travail précaire et qu'il en prenait acte. En outre, lors d'une séance du conseil d'administration tenue après la cession à laquelle l'acquéreur était représenté, un point sur la baisse probable du nombre des salariés titulaires d'un contrat à durée déterminée avait été fait et différentes possibilités de reclassement avaient été envisagées ; or l'acquéreur avait préféré assumer ce risque au lieu de le neutraliser car le reclassement proposé n'avait pas été suivi d'effet et le recours aux contrats à durée déterminée avait continué. Enfin, le risque lié au recours aux contrats à durée déterminée avait été exclu de la garantie de passif.

CA Paris 11-6-2009 n° 07-11400 : RJDA 12/09 n° 1089 et, sur pourvoi, Cass. com. 28-9-2010 n° 09-16.261 F-D.

Un mois après la cession pour 112 000 € des parts composant son capital, une société avait dû acquitter un redressement fiscal de 80 000 €. Le cédant a été condamné à verser 80 000 € de dommages-intérêts à l'acquéreur pour réticence dolosive car l'acquéreur n'avait pas été informé

que, l'année précédant la cession, la **société** avait **fait l'objet d'une vérification de comptabilité et de deux avis de recouvrement** ; ni l'acte de cession ni la clause de garantie de consistance d'actif et de passif ne le mentionnaient, ce dernier document affirmant au contraire que la société était en situation régulière vis-à-vis des administrations et que toutes les dettes et passifs avaient été portés au bilan.
L'expert-comptable, rédacteur de l'acte de cession, a été condamné in solidum avec le cédant dès lors qu'il avait indivisiblement concouru avec ce dernier à la réalisation du dommage subi par l'acquéreur. En effet, il avait reçu mission d'assister la société lors de la cession et de procéder à la rédaction du compromis de vente et de la garantie de passif ; il avait précédemment reçu mandat d'assister la société lors de la vérification de la comptabilité qui s'était déroulée dans les bureaux de l'acquéreur. Il avait donc commis une faute au sens de l'article 1382 du Code civil (désormais art. 1240) à l'égard de cet acquéreur en portant, en connaissance de cause, sur l'acte de cession et la garantie de passif des mentions inexactes concernant la régularité de la situation de la société et la sincérité du bilan produit lors de la cession qui ne comportait aucune provision au titre du redressement fiscal ; cette faute présente un lien de causalité direct et certain avec le préjudice de l'acquéreur qui, dûment informé, aurait acquis à un moindre coût.

CA Paris 24-3-2011 n° 10/06918 : RJDA 3/12 n° 297.

L'acquéreur d'actions d'une société anonyme avait poursuivi les cédants en responsabilité sur le fondement du dol, reprochant à ces derniers de ne pas l'avoir informé spécifiquement d'une **dette envers une société détenue par les cédants,** dette qui était incluse dans le compte dettes fournisseurs figurant au passif du bilan de la société acquise.
Une cour d'appel a pu écarter cette demande, l'absence d'information quant à l'existence de la dette envers la société détenue par les cédants ne caractérisant pas une manœuvre ou une réticence dolosive.

Cass. com. 11-5-2017 n° 15-25.301 F-D : RJDA 10/17 n° 633.

DOL DU CÉDANT TENANT À LA PRÉSENTATION INEXACTE DES ACTIFS SOCIAUX

Une présentation partielle ou erronée de la consistance des actifs sociaux, notamment des sûretés qui les grèvent, peut être constitutive d'un dol. Il en est de même des manœuvres réalisées par le cédant dans le but de surévaluer les actifs de la société, notamment celles qui visent à gonfler artificiellement la trésorerie. **19535**

Absence d'information sur la **situation hypothécaire** du domaine agricole exploité par la société (CA Paris 25-6-1992 n° 90-16928 : n° 20019).
Affirmation dans l'acte de cession selon laquelle le fonds de commerce exploité par la société n'était grevé d'aucune sûreté alors qu'un **nantissement,** modifiant l'équilibre économique de l'accord, avait été consenti sur le fonds pour l'octroi d'un prêt (CA Versailles 19-1-1995 n° 93-4000).
Insertion dans l'acte portant garantie d'actif et de passif d'une clause selon laquelle « aucun des **actifs** dont se sert la société pour la conduite de ses activités n'appartient au vendeur », alors que les machines, matériels et outillages utilisés par la société étaient la **propriété du cédant** ; il importe peu à cet égard que cette clause ne figure pas dans l'acte de cession lui-même dès lors que sa présence dans la garantie de passif donnée par acte séparé a déterminé les acquéreurs, convaincus que l'ensemble du matériel nécessaire à la société lui appartenait, à s'engager (CA Dijon 18-5-1999 n° 97-2618).
Silence gardé par une société de services informatiques, sur la **vente de** ses **logiciels et de leurs programmes sources** à un tiers, vente qui avait privé les parts de cette société de toute valeur (Cass. com. 4-7-2000 n° 1501 F-D : RJDA 12/00 n° 1105).
Fausses indications sur la disponibilité réelle des **actifs** sociaux qui se révèlent être **en possession du cédant,** contrairement aux termes de l'acte de cession qui précisait que l'intégralité des biens et actifs de la société se trouvait au siège de la société (CA Versailles 31-5-2002 n° 01-573 : n° 20061).
Prise en compte d'actifs fictifs, les **immobilisations** inscrites au titre des frais de développement **ne reposant sur aucune donnée objective vérifiable** et n'ayant pas à être comptabilisées (CA Paris 6-12-2005 n° 05-988 : RJDA 6/06 n° 653).
Inscription à l'actif d'un **contrat de franchise résilié** depuis deux ans (CA Paris 3-12-2009 n° 08-16768 : n° 20134).
Dissimulation de la **résiliation de contrats de crédit-bail** relatifs aux machines à imprimer utilisées par la société exploitant une imprimerie (Cass. com. 8-7-2003 n° 1252 F-D : RJDA 1/04 n° 51).
Documents comptables viciés en raison d'une **insuffisance de reconstitution du capital** (CA Versailles 19-5-1995, 3e ch. : n° 20025).

Affirmation que le prix de cession a été corrigé en raison d'une **augmentation de capital,** en réalité totalement **fictive** (CA Rouen 30-4-1997 n° 94-4807).
Dissimulation d'une **réduction de capital ayant entraîné la disparition** de la totalité **des actions** cédées (Cass. com. 10-5-2006 n° 587 F-D : RJDA 8-9/06 n° 861).
Manœuvres consistant à modifier le mode de gestion de la société dans le but d'en **majorer artificiellement la trésorerie** avant la cession et après l'audit réalisé par l'acquéreur (Cass. com. 5-6-2019 n° 16-10.391 F-D : RJDA 10/19 n° 605).

d. Autres cas constitutifs du dol du cédant

DOL DU CÉDANT CACHANT LES CONDITIONS D'EXPLOITATION DE L'ENTREPRISE

19545 Le silence gardé par le cédant sur les obstacles juridiques ou administratifs empêchant la société dont les parts ou actions sont cédées d'exercer son activité ou sur la précarité des droits lui permettant de disposer de locaux, ainsi que le mensonge ou la présentation fallacieuse des conditions d'exploitation de la société peuvent être constitutifs de dol.

19555 Activité de la société

Dissimulation du **caractère illégal** de plus de la moitié **de l'activité de la société** constituée par la commercialisation directe de produits vétérinaires, activité prohibée par la loi (CA Riom 18-11-1992 n° 92-1028).
Dissimulation de la nature des **activités autorisées par le bail des locaux** abritant la société : l'acte de cession et l'extrait K bis du registre du commerce et des sociétés communiqués à l'acquéreur indiquent que la société a pour objet l'alimentation générale, les fruits et légumes et la boucherie alors que cette dernière activité n'est pas autorisée par le bail des locaux occupés par la société ; l'acte de cession ne mentionne pas que l'acquéreur a eu communication du bail qui seul lui aurait permis de vérifier les activités autorisées ; le cédant n'a informé celui-ci ni de la correspondance échangée avec le bailleur en vue d'obtenir l'autorisation d'exercer l'activité de boucherie ni du fait que le bailleur avait subordonné la délivrance de cette autorisation à une augmentation d'un tiers du loyer annuel (CA Paris 3-2-1998, 2e ch. A : RJDA 5/98 n° 601).
Formulation ambiguë dans l'acte de cession laissant croire que la société est titulaire d'une **autorisation administrative d'exploiter** l'énergie hydraulique alors que celle-ci avait été donnée au cédant à titre personnel (CA Dijon 18-5-1999 n° 97-2618).
Affirmation dans l'acte de cession que la société exploitant un fonds de commerce de café, bar, dancing bénéficie d'une **autorisation d'exploiter de nuit** alors que cette autorisation a été accordée au cédant à titre personnel (Cass. com. 3-7-2001 n° 1295 F-D).
Silence du cédant de parts d'une société exploitant un **camping** sur l'existence d'une lettre du préfet relative à un reclassement d'office des campings en l'absence de demande de reclassement formée par les propriétaires de ceux-ci, le **classement** ayant en outre été occulté dans l'acte de cession (Cass. 1re civ. 16-10-2001 n° 1577 F-D : RJDA 1/02 n° 50).

19560 Locaux de la société

Dissimulation de l'existence d'une **interdiction de passage** des véhicules dans la cour de l'immeuble abritant les ateliers de la société alors que la société devait, pour son fonctionnement, réunir des camions de livraison devant ses ateliers (CA Paris 11-12-1992, 25e ch. B : RJDA 11/93 n° 909).
Silence gardé par le cédant sur le fait que les parties communes d'une copropriété et un local appartenant à un autre copropriétaire étaient utilisés pour l'exploitation du fonds de commerce constituant le seul actif de la société en vertu d'une simple tolérance dont il n'avait aucune assurance qu'elle serait maintenue au profit de l'acquéreur, le laissant ainsi délibérément s'exposer à un **risque évident d'expulsion** qui aurait pour conséquence la cessation d'activité de la société, privée du seul bien constituant son actif (Cass. com. 4-3-1997 n° 568 D : RJDA 6/97 n° 746).
Silence du cédant sur l'**inadaptation des travaux d'isolation phonique** réalisés par lui avant la cession et rendant impossible l'exploitation du fonds de commerce de discothèque de la société (Cass. com. 13-1-1998 n° 62 D : RJDA 5/98 n° 600).
Dissimulation de **réclamations du voisinage relatives aux nuisances importantes provoquées par l'exploitation du restaurant** auxquelles il était impossible de remédier (CA Paris 18-11-1998, 16e ch. A : RJDA 5/99 n° 562 et, sur pourvoi, Cass. com. 28-1-2003 n° 172 F-D : Bull. Joly 2003 p. 572).

DOL DU CÉDANT DISSIMULANT DES INSTANCES EN COURS

La dissimulation d'une instance en cours constitue un dol lorsqu'elle peut entraîner un passif supplémentaire ou peut entraver l'activité de la société. 19570

Dissimulation, tant au cours des pourparlers préalables à la cession d'actions que dans les bilans annexés au protocole de cession ayant servi à la fixation du prix de cession, d'**instances prud'homales en cours** de nature à entraîner un passif supplémentaire diminuant considérablement la valeur des actions (CA Paris 31-5-1990, 5e ch. B).
Affirmation dans l'acte par le cédant qu'il n'existe aucun litige en cours ou en instance susceptible de réduire notablement l'actif social alors que le cédant était au courant de l'**assignation** délivrée quelques jours avant la cession à la société **en réparation de malfaçons** (Cass. com. 15-7-1992 : Dr. sociétés 1992 n° 210 p. 12).
Dissimulation par le cédant d'une **société de bâtiment** d'un **litige l'opposant à un client** depuis deux ans et ayant abouti, un mois après la cession, à la condamnation de la société à payer audit client 34 000 € alors que le prix de cession des parts s'élevait à 61 000 € (CA Versailles 2-2-2007 n° 05-1149 : n° 20124).
Dissimulation de l'existence d'une **procédure judiciaire** engagée contre la société exploitant des ambulances par une caisse primaire d'assurance maladie **pour surfacturation des prestations** réalisées par la société, ces irrégularités ayant conduit au prononcé de sanctions financières contre la société et au déconventionnement de cette dernière pendant trois mois (CA Paris 19-3-1999, 3e ch. C : n° 20043).
Dissimulation aux acquéreurs des parts d'une SCI, qui souhaitaient achever l'important programme immobilier entrepris par la société avant la cession, de l'existence d'un **recours contre un permis de construire** qui empêchait la poursuite de l'opération immobilière (CA Paris 8-11-2002, 25e ch. B, M. c/ Banque AGF : n° 20064).

DOL DU CÉDANT DISSIMULANT DES RISQUES DE POLLUTION

19580

Information donnée à l'acquéreur des parts d'une société ayant une activité industrielle sur l'existence de **rejets polluants** nécessitant une nouvelle installation de traitement des eaux dans l'usine, mais dissimulation du fait que ces rejets avaient détruit le réseau de collecte des eaux usées de la commune, de sorte que ce n'était pas seulement la réfection de l'usine qu'il fallait envisager mais aussi celle du réseau public d'assainissement (CA Orléans 21-3-2002 n° 01-541).
Dissimulation de la **pollution d'un site d'exploitation** de la société ayant privé l'acquéreur d'un élément essentiel d'appréciation de la valeur de l'entreprise compte tenu du risque de poursuites de la part de l'administration ainsi que des frais importants en cas d'obligations de dépollution imposées par celle-ci, ce qui avait nécessairement une incidence sur son consentement (CA Lyon 10-4-2003 n° 01-6915 : n° 20076).

DOL DU CÉDANT DISSIMULANT DES INFORMATIONS SUR LA CLIENTÈLE

19590

Dissimulation par le cédant des actions d'une SA d'une information relative au développement par le **principal client** de la société d'une nouvelle technologie qui devait entraîner la **perte du marché conclu avec celui-ci** : est notamment mensongère l'affirmation de la convention de garantie conclue entre les parties selon laquelle, à la connaissance du cédant, aucun client de la SA n'avait l'intention de modifier ou d'arrêter ses relations commerciales avec la société, notamment du fait de la cession des actions de cette dernière (CA Lyon 3-4-2003 n° 02-6347 : n° 20073).
Dissimulation par le cédant de l'**impact** de la perte d'un client **sur la rentabilité** de la société (CA Paris 12-4-2005 n° 04-8281 : n° 20114).
Silence gardé par le cédant de parts d'une société d'expertise comptable sur la **structure et la fragilité de la clientèle** de la société (CA Paris 14-2-2008 n° 06-17371 : n° 20126).
Dissimulation du **mécontentement d'un gros client** de la société dont les actions sont cédées qui a incité l'acquéreur à conclure à des conditions moins avantageuses (CA Paris 17-6-2008 n° 07-9557 : n° 20128).
Acquéreur invoquant en vain la dissimulation de la **perte du principal client** de la société dès lors qu'il était **informé** du litige en cours avec ce client, l'assignation délivrée à la société cédée ayant été annexée à l'acte de cession paraphé par les parties (CA Paris 28-4-2000 n° 99-2196 : n° 20055).

DOL DU CÉDANT TENANT AU SILENCE GARDÉ SUR UNE SOCIÉTÉ CONCURRENTE

Manque à son obligation de renseignement et commet ainsi un dol par réticence le vendeur d'un fonds de commerce, lié par une obligation de non-concurrence et de non-rétablissement à l'égard de l'acheteur, qui ne l'informe pas de l'existence à proximité du fonds racheté d'une **société concurrente dirigée par son épouse,** laquelle n'avait cessé son activité et vendu ses parts qu'après la vente du fonds de commerce (Cass. com. 20-6-1995 n° 1441 P : RJDA 12/95 n° 1321). De même, 19600 commet une réticence dolosive le cédant de la totalité des parts d'une société exploitant un magasin de bricolage qui précise dans l'acte de cession n'avoir connaissance d'aucun événement susceptible d'avoir un effet défavorable sur la situation, l'activité ou le fonctionnement de la société alors qu'il est informé de l'existence d'un **projet d'implantation à proximité** d'une enseigne de bricolage concurrente, fait de nature à remettre en cause la volonté de l'acquéreur d'acheter ou de contracter aux mêmes conditions (CA Rouen 7-4-2005 n° 03-4059 : RJDA 8-9/05 n° 985).

> **Précisions** Dans cette dernière affaire, la cour d'appel avait estimé que la **demande d'indemnisation** présentée par l'acquéreur pour la perte de chiffre d'affaires était **prématurée,** dans la mesure où, le magasin concurrent n'ayant pas encore ouvert, le préjudice n'était pas actuel. Tel n'était plus le cas lorsque l'acquéreur a renouvelé sa demande après l'ouverture dudit magasin (Cass. com. 21-6-2016 n° 14-29.874 F-D : RJDA 11/16 n° 761).

3. CAS PARTICULIER DU DIRIGEANT ACQUÉREUR OU INTERMÉDIAIRE POUR LE RACHAT DES TITRES

OBLIGATION D'INFORMATION DU DIRIGEANT ACQUÉREUR OU INTERMÉDIAIRE

19625 **Existence de l'obligation d'information** Indépendamment du droit des contrats, les tribunaux font peser sur le dirigeant une obligation de **loyauté envers les associés** qui donne naissance à une obligation d'information lorsqu'il se porte acquéreur des titres des associés ou intervient comme intermédiaire pour le reclassement de leur participation (notamment, Cass. com. 27-2-1996 n° 94-11.241 P : n° 19630 ; Cass. com. 12-5-2004 n° 00-15.618 FS-P : n° 19630 ; Cass. com. 12-4-2016 n° 14-19.200 F-D : n° 19630). En revanche, il n'a pas d'obligation d'information s'il n'intervient pas à la cession, mais un manquement à la loyauté pourrait être retenu en cas de collusion avec l'acquéreur (Cass. com. 11-10-2005 n° 04-14.188 F-D : n° 19630 ; CA Paris 29-5-2008 n° 06 19015 : n° 19630).

À notre avis, cette jurisprudence spécifique, qui trouve sa source dans les fonctions que la loi confère aux dirigeants (B. Petit, L'évolution du devoir de loyauté en droit des sociétés : RJDA 4/15 p. 243), n'a pas été remise en cause par l'introduction dans le Code civil d'un devoir général d'information précontractuel (C. civ. art. 1112-1 issu de ord. 2016-131 du 10-2-2016 ; n°s 10240 s.) – que les associés peuvent aussi invoquer lorsque le dirigeant acquiert leur participation – ni par le fait que la réticence dolosive est exclue en cas de dissimulation de la valeur des titres pour les contrats conclus depuis le 1er octobre 2018 (C. civ. art. 1137, al. 3 issu de loi 2018-287 du 20-4-2018 ; n°s 19406 s.).

19627 **Étendue de l'obligation d'information** Le dirigeant qui achète des titres des associés ou qui intervient comme intermédiaire pour le reclassement de leur participation est tenu de révéler aux associés cédants toute **information de nature à influer sur** leur **consentement** (Cass. com. 27-2-1996 n° 94-11.241 P : n° 19630 ; Cass. com. 6-5-2008 n° 07-13.198 F-D : n° 19630 ; Cass. com. 12-3-2013 n° 12-11.970 F-D : n° 19630), mais seulement dans la mesure où il s'agit d'informations qu'il peut seul connaître (Cass. com. 12-4-2016 n° 14-19.200 F-D : n° 19630) et à condition que l'information soit de nature à influer sur la décision des associés de céder ou non leurs titres (CA Paris 6-8-2019 n° 17/09608 : RJDA 12/19 n° 756, 1e esp.).

Le dirigeant doit ainsi informer les associés cédants de l'existence de **négociations parallèles** avec un tiers en vue du rachat des titres (notamment Cass. com. 27-2-1996 n° 94-11.241 précité ; Cass. com. 12-5-2004 n° 00-15.618 FS-P : n° 19630), quel que soit l'état d'avancement de ces négociations (Cass. com. 10-7-2018 n° 16-27.868 F-D : n° 19630). Il doit aussi communiquer les conditions de ce rachat, y compris le prix (Cass. 1e civ. 25-3-2010 n° 08-13.060 F-D : n° 19630), même s'il est tenu par une clause de confidentialité envers le tiers (Cass. com. 12-3-2013 n° 12-11.970 précité).

> **Précisions** L'**acquéreur non dirigeant** n'est pas tenu d'informer le cédant sur l'existence de négociations en vue de l'achat d'autres parts ou actions de la société ou de la revente immédiate de la participation à un tiers (Cass. com. 12-5-2004 n° 00-15.618 précité ; CA Paris 29-5-2008 n° 06-19015 : n° 19630 ; CA Paris 15-6-2010 n° 09-20695).

19628 **Sanction en cas de manquement à l'obligation d'information** Le manquement du dirigeant à son obligation d'information à l'égard des associés cédants est parfois assimilé à une **réticence dolosive** (Cass. com. 27-2-1996 n° 94-11.241 P : n° 19630 ; Cass. 1e civ. 25-3-2010 n° 08-13.060 F-D : n° 19630). Si celle-ci a été déterminante du consentement des associés, elle leur permet de demander l'annulation de la cession (C. civ. art. 1130, 1131 et 1137, al. 2). En pratique, seuls des dommages-intérêts sont généralement demandés sur le fondement de la responsabilité extracontractuelle de droit commun (C. civ. art. 1240). Dans ce cas, la preuve d'une intention frauduleuse du dirigeant n'est pas exigée : la simple omission, le simple fait de laisser dans l'ignorance d'un élément déterminant caractérise le manquement à l'obligation de loyauté (Cass. com. 18-12-2012 n° 11-24.305 F-PB : RJDA 3/13 n° 243 ; Cass. com. 12-3-2013 n° 12-11.970 F-D : n° 19630).

MANQUEMENT DU DIRIGEANT À SON OBLIGATION D'INFORMATION : ILLUSTRATIONS

ILLUSTRATIONS **19630**

Lorsque, sur l'initiative de son neveu, un associé d'une société de famille a cédé ses actions, au prix de 330 F l'une (environ 50 €), à une société dont son neveu était dirigeant après que ce dernier avait assuré que le prix proposé correspondait bien à la valeur des actions, constitue une manœuvre dolosive le **silence** sciemment gardé par ledit neveu **sur les négociations engagées simultanément** par la société qu'il dirigeait **pour l'achat,** à plus de 12 000 F le titre (environ 1 830 €), **d'un bloc de contrôle** détenu au sein de la société de famille par une indivision dès lors que, d'une part, si le cédant, qui n'appartenait pas à l'indivision, n'avait certes pas vocation à participer à la cession du bloc de contrôle, la cession litigieuse répondait néanmoins manifestement au besoin de faciliter la prise de contrôle de la société de famille par l'acquéreur en réduisant le nombre d'actionnaires minoritaires et que, d'autre part, ce silence avait été déterminant du consentement du cédant qui, compte tenu des relations de confiance existant avec son neveu, n'était pas fondé à suspecter l'évaluation des parts qui lui avait été communiquée.

CA Paris 29-4-1994, 25e ch. B : RJDA 12/94 n° 1299, cassé par Cass. com. 18-6-1996 n° 1180 : RJDA 10/96 n° 1211 mais sur un autre point.

Dans un cas où le dirigeant d'une SA avait, en son nom et en celui de plusieurs actionnaires membres de sa famille (en qualité de porte-fort de ceux-ci), acheté des actions de la société à un autre actionnaire au prix unitaire de 5 650 F (environ 860 €) et où, quatre jours plus tard, les acquéreurs avaient revendu l'intégralité de leur participation à un tiers au prix de 8 000 F (environ 1 220 €) l'action, une cour d'appel a valablement pu condamner, pour réticence dolosive, le dirigeant à verser des dommages-intérêts à l'actionnaire cédant après avoir retenu, d'une part, qu'il avait caché à ce dernier qu'une banque avait été chargée de rechercher un acquéreur pour le bloc de contrôle détenu par sa famille et, d'autre part, qu'il ne lui avait pas proposé de signer le mandat de vente, au prix minimal de 7 000 F (environ 1 065 €), qu'il avait établi à l'intention de certains actionnaires minoritaires et qu'ainsi, en acquérant lui-même les titres litigieux au prix de 5 650 F (environ 860 €) **sans informer le cédant des négociations** qu'il avait **engagées parallèlement** pour la vente de ces mêmes titres au prix de 7 000 F (environ 1 065 €), il avait manqué à l'**obligation de loyauté** qui s'impose au **dirigeant** d'une société à l'égard de tout associé, notamment lorsqu'il est **intermédiaire pour le reclassement de sa participation.**

Cass. com. 27-2-1996 n° 439 P : RJDA 6/96 n° 794.

Un associé, qui détenait 20,4 % du capital d'une SARL et quelques actions d'une SA, filiale opérationnelle de celle-ci, avait promis de céder ses titres à l'un des dirigeants sociaux de la SA trois mois et demi avant que cette dernière ne soit introduite en bourse sur la base d'une valorisation quatre fois supérieure à celle retenue pour déterminer le prix de cession des titres.

Il résulte des éléments suivants que la dissimulation par le dirigeant de la **décision d'introduire la SA en bourse** constitue une réticence dolosive sans laquelle le cédant n'aurait manifestement pas consenti à la cession aux conditions prévues :

– la décision d'introduire la SA en bourse avait effectivement été prise avant la signature de la promesse ainsi qu'il ressortait d'un contrat, conclu trois jours avant la promesse, par lequel la société avait chargé un tiers de préparer le dossier d'introduction en bourse ;

– le cédant, qui était administrateur de la SA, avait été informé six mois avant la cession d'une possible introduction en bourse, mais il ne s'agissait alors que d'un projet éventuel à échéance lointaine ; en revanche, évincé par la suite de la direction stratégique du groupe, il ne savait pas, lorsqu'il avait négocié et signé la promesse de vente de ses titres, que la décision d'introduire la société en bourse quelques mois plus tard avait été prise, ni que les études préliminaires pouvaient laisser penser que ses titres avaient une valeur nettement supérieure à la valeur retenue dans ses négociations avec le dirigeant ;

– en application des **principes de loyauté et de bonne foi** qui s'imposaient à lui, en sa qualité de dirigeant, à l'égard d'un autre associé s'engageant à lui céder ses titres, lui-même ancien dirigeant évincé de cette société, l'acquéreur avait l'obligation d'informer le cédant, au cours de la négociation, de la décision prise d'introduire en bourse à très court terme les actions de la société, cette information privilégiée étant de nature à modifier sensiblement l'appréciation par le cédant de la valeur des titres qu'il prenait l'engagement irrévocable de céder ; il y était tenu alors même qu'il n'aurait pas eu conscience que le prix des actions introduites en bourse reposerait sur une valorisation de la société nettement supérieure à celle ayant servi à déterminer le prix de cession des titres de l'associé.

CA Paris 4-7-2003 n° 01-3919 : RJDA 3/04 n° 315.

19630 (suite) Des actionnaires minoritaires d'une SA de famille avaient accepté, sur proposition du président de la société, de céder leurs actions à une société holding fondée et dirigée par ce dernier, au prix unitaire de 274 €. Deux mois après cette cession, un tiers avait acquis des actions de la SA et de la holding au prix unitaire de 613 €. Les actionnaires minoritaires avaient alors fait valoir que le silence gardé par le président et la holding sur l'existence de négociations en cours au moment de la cession constituait une réticence dolosive et ils avaient demandé que ceux-ci soient condamnés à leur verser des dommages-intérêts.

Cette demande, en ce qu'elle est dirigée contre la holding, doit être rejetée car l'**acquéreur** n'est tenu d'**informer** le cédant ni des négociations tendant à l'acquisition par un tiers d'autres titres de la même société ni de celles qu'il conduit lui-même avec ce tiers en vue de lui céder ou de lui apporter les titres faisant l'objet de la cession.

En revanche, une cour d'appel ne peut pas refuser de retenir la responsabilité du **dirigeant** au motif qu'au jour de la cession de leurs actions par les actionnaires minoritaires, le prix du rachat des actions par le tiers n'était pas connu puisqu'il dépendait de l'attitude des minoritaires. En effet, après avoir constaté que le dirigeant et associé de la SA et de la holding avait été à l'initiative de la cession des actions de la première au bénéfice de la seconde, la cour d'appel ne pouvait pas écarter la responsabilité du dirigeant sans rechercher s'il n'avait pas caché l'existence des **négociations** conduites **avec un tiers** en vue du rachat ou de l'apport de ces mêmes actions, et ainsi manqué à l'**obligation de loyauté** qui s'impose au dirigeant de société **à l'égard de tout associé** en dissimulant aux cédants une information de nature à influer sur leur consentement.

Cass. com. 12-5-2004 n° 772 FS-P : RJDA 8-9/04 n° 989.

Le président du conseil d'administration d'une société, cessionnaire des actions de certains des associés, avait vendu la majorité des actions de la société à un tiers à un prix plus de huit fois supérieur au prix de son acquisition. Estimant avoir été victimes d'un dol lors de la cession de leurs actions, les cédants avaient réclamé la condamnation de ce dirigeant au paiement de dommages-intérêts.

Encourt la cassation l'arrêt qui rejette cette demande, alors qu'il n'était pas contesté qu'à l'époque de la cession litigieuse, le **dirigeant** avait **engagé avec une autre société des négociations** qui avaient conduit à l'adoption d'un projet, non agréé par le conseil d'administration de sa société, comportant un prix unitaire de cession près de sept fois supérieur à celui versé aux cédants, et sans rechercher si le dirigeant n'avait pas caché à ceux-ci l'existence ou les conditions de ces négociations et ainsi manqué au **devoir de loyauté** qui s'impose au dirigeant de société à l'égard de tout associé en leur dissimulant une information de nature à influer sur leur consentement.

Cass. com. 22-2-2005 n° 268 F-D : RJDA 6/05 n° 713.

Dans un cas où l'actionnaire d'une société (A) avait cédé ses titres à une société holding (B) ayant le même dirigeant que la société A, une cour d'appel a pu annuler la cession des actions en déduisant des éléments suivants l'existence de **manœuvres** dolosives **commises par le dirigeant en tant que représentant de la société** B afin de conduire l'actionnaire à vendre ses actions à un prix inférieur à leur valeur réelle :

– le manque de transparence manifesté par la société A et la société B, dans le cadre de l'acquisition par la seconde de la totalité des actions de la première, contribue à démontrer que la valeur réelle de l'action était nettement supérieure à celle proposée et que les deux sociétés en avaient pleinement conscience ;

– la cession des actions a été traitée directement par le dirigeant, en sa double qualité de PDG des deux sociétés, lequel ne pouvait pas ignorer que les **actions** avaient une **valeur très supérieure à celle à laquelle elles ont été cédées** ;

– la cession litigieuse s'est inscrite dans le cadre d'une opération destinée à faire acquérir par le dirigeant, au moyen de la société B, la totalité des titres de la société A et, si le dirigeant n'apparaît pas comme directement propriétaire des actions rachetées, il en tirait tout le profit puisqu'il contrôlait entièrement la société B ;

– la société B représentée dans le cadre de la cession par son PDG connaissait la **finalité frauduleuse de l'opération** qu'elle réalisait.

Cass. com. 14-6-2005 n° 912 FS-PB : RJDA 3/06 n° 279.

Un actionnaire qui détenait 4 % du capital d'une société avait, à l'occasion de la cessation de ses fonctions de directeur commercial, promis de céder ses titres au président du conseil d'administration de la société. Ce dernier avait levé l'option et, quelques mois plus tard, avait revendu les titres à une autre société avec une forte plus-value. Estimant avoir été victime d'un dol par réticence et d'un manquement de son cocontractant au devoir de loyauté pesant sur lui en sa qualité de dirigeant social, d'associé et d'acquéreur, l'actionnaire cédant avait demandé sa condamnation à des dommages-intérêts.

Une cour d'appel a pu, sans inverser la charge de la preuve, rejeter sa demande en retenant que :

– le cédant ne peut pas reprocher à l'acquéreur des actions de lui avoir caché des informations

19630 (suite)

importantes sur le **rachat de la société dont les titres ont été cédés par une société tierce** dès lors que ce rachat n'était qu'une **simple éventualité** au moment de la promesse de vente des actions ;
– le cédant ne peut pas valablement prétendre que l'éventualité du rachat d'une partie ou de la totalité du capital de la société par la société tierce lui a été cachée puisqu'il connaissait la nécessité d'un apport extérieur ainsi que les liens entre les deux sociétés, avait accès aux documents sociaux qui lui permettaient de connaître la valeur de l'entreprise et participait aux réunions de directions ;
– le cédant ne démontre pas l'existence d'une offre financière de la société tierce au moment de la promesse de vente de ses actions.

Cass. com. 27-9-2005 n° 1156 F-D : RJDA 12/05 n° 1357.

Après en avoir informé le dirigeant de la société, des actionnaires avaient cédé leurs actions à un tiers. Quatre mois plus tard, le dirigeant avait cédé ses propres actions à la même personne pour un prix bien supérieur. Les anciens actionnaires avaient réclamé des dommages-intérêts au dirigeant pour manquement à son devoir de loyauté.
A légalement justifié sa décision la cour d'appel qui, pour rejeter cette demande, a retenu que le **dirigeant** n'était **pas intervenu lors de la cession** de leurs actions et que les demandeurs ne rapportaient pas la preuve de l'existence d'une collusion entre celui-ci et l'acquéreur à la date de cette cession. La cour d'appel n'était pas tenue de rechercher si le dirigeant avait dissimulé aux actionnaires des négociations antérieures à la cession de leurs titres.

Cass. com. 11-10-2005 n° 04-14.188 F-D : Bull. Joly 2006 p. 632 note T. Massart.

Dans le cadre d'un plan de souscriptions d'actions mis en œuvre au sein d'une SA, un salarié avait acquis une participation représentant 2 % du capital social et avait obtenu de la société actionnaire majoritaire de la SA une promesse d'achat, au bout de sept ans, de tout ou partie des actions dont il serait propriétaire moyennant un prix déterminé par l'application d'une formule prévue dans cette promesse. Cinq ans après la souscription, le salarié avait cédé la totalité de sa participation à l'actionnaire majoritaire et, six mois après, il avait appris que le dirigeant de la SA, également dirigeant de la société actionnaire majoritaire, avait cédé à un tiers le contrôle de la totalité du groupe auquel appartenaient la SA et son actionnaire majoritaire.
Compte tenu des éléments suivants, le salarié, actionnaire minoritaire de la SA, ne peut pas valablement soutenir que le dirigeant aurait personnellement manqué à son obligation de loyauté en l'incitant à céder sa participation tout en lui dissimulant l'**existence de négociations engagées avec un tiers** en vue de la cession ultérieure de ses actions :
– il résulte des attestations produites par le salarié que le dirigeant souhaitait qu'il accepte de vendre ses actions à l'actionnaire majoritaire afin qu'aucune demande ne soit présentée, après la cession du contrôle du groupe, au titre du plan de souscriptions d'actions et de la promesse d'achat de l'actionnaire majoritaire, et que le salarié était désireux de céder sa participation, ce qu'il a fait dès l'expiration du délai de cinq ans lui permettant d'y procéder sans être pénalisé sur le plan fiscal ;
– le dirigeant de la SA n'était pas tenu de révéler au salarié, lorsque celui-ci a cédé la totalité de ses actions, l'existence des négociations qu'il conduisait avec un tiers **en vue de céder le contrôle de l'ensemble du groupe** dès lors, d'une part, que la cession d'actions envisagée ne portait pas sur les titres représentant le capital de la SA et, d'autre part, que la révélation de ces négociations n'aurait **pas** été **de nature à influer sur le consentement du salarié** qui ne justifie pas du préjudice allégué ;
– il n'est pas établi que le tiers auquel a été cédé le contrôle du groupe avait fait du rachat préalable de la participation détenue par le salarié une condition de l'acquisition du contrôle du groupe, de sorte qu'après cette acquisition, le salarié, s'il était demeuré propriétaire de ses actions, non cotées, n'aurait pu prétendre qu'à l'application de la promesse d'achat de l'actionnaire majoritaire qui, seule, lui garantissait la liquidité de son investissement ;
– l'évaluation du dommage allégué, par voie de rapprochement des 92 446 € obtenus par le salarié en contrepartie de la cession de sa participation de 2 % dans le capital de la SA avec la somme de 249 406 € représentant 2 % du prix de la cession de contrôle, est dénuée de toute pertinence dans la mesure où la SA n'est que l'une des deux entités opérationnelles incluses dans le périmètre du groupe cédé et où ce groupe comprenait également une société leader sur son marché ainsi qu'une société propriétaire d'un important ensemble immobilier.

CA Paris 15-11-2005 n° 04-18524 : RJDA 5/06 n° 544.

Le président du conseil d'administration d'une société avait acheté des actions de la société à d'autres actionnaires au prix unitaire de 525 € et, un mois et demi plus tard, il avait revendu la totalité des actions de la société à un tiers au prix de 786 € l'action. Estimant que le président avait commis une faute en leur dissimulant l'**existence de pourparlers avec un tiers,** les cédants avaient demandé sa condamnation au paiement de dommages-intérêts.
Encourt la cassation l'arrêt qui, pour rejeter cette demande, retient que les cédants n'établissent pas que le président ait pu connaître avec certitude le prix de revente des actions à un tiers au

19630 (suite) moment où est intervenu l'accord sur le prix de cession de leurs actions et relève que les actionnaires cédants, qui exerçaient respectivement dans la société les fonctions d'administrateur et de directeur salarié, étaient nécessairement informés de la situation comptable et financière de la société et ne pouvaient en conséquence reprocher au président d'avoir manqué à l'obligation de loyauté qui ne s'impose qu'à l'égard des actionnaires non dirigeants ; en effet, la cour d'appel n'a pas recherché si le président n'avait pas caché l'existence des négociations conduites avec le tiers en vue de la revente des actions dont il se portait acquéreur et ainsi manqué à l'**obligation d'information** qui s'impose au dirigeant de société, **à l'égard de tout associé,** en dissimulant aux cédants une information de nature à influer sur leur consentement.

Cass. com. 11-7-2006 n° 935 F-D : RJDA 11/06 n° 1146.

Encourt la censure l'arrêt qui, pour écarter l'existence d'une réticence dolosive à la charge de l'acquéreur de parts sociales et rejeter la demande d'annulation formée par les associés cédants, retient que ces derniers ne rapportent pas la preuve que l'acquéreur a détenu une information ignorée d'eux-mêmes qui, s'ils l'avaient connue, les aurait empêchés de contracter, qu'ils avaient à leur disposition l'intégralité des documents comptables et qu'il leur appartenait de se faire assister de conseils vigilants et compétents susceptibles de les informer sur le prix qu'ils pouvaient demander ; en effet, la cour d'appel n'a pas recherché, comme il lui était demandé, si l'**acquéreur, dirigeant** de la société dont les parts ont été cédées, n'avait pas manqué à l'**obligation de loyauté** à laquelle il était, en cette qualité, tenu **à l'égard des associés cédants** en s'abstenant d'attirer leur attention sur l'**existence dans le patrimoine de cette société de bénéfices distribuables d'un montant supérieur à celui du prix stipulé.**

Cass. com. 6-5-2008 n° 07-13.198 F-D : RJDA 11/08 n° 1127.

Un actionnaire minoritaire d'une SA avait notifié à celle-ci son projet de céder la totalité de ses actions à un tiers au prix unitaire de 35 €. Un autre actionnaire minoritaire avait exercé le droit de préemption prévu par les statuts et acquis les actions à ce prix, puis les avait revendues un mois plus tard à un tiers au prix unitaire de 761 €.
L'actionnaire cédant avait demandé l'annulation de la cession et des dommages-intérêts pour dol en reprochant à l'acquéreur des actions et au président du conseil d'administration de la SA de ne pas l'avoir informé des **négociations en cours au jour de la cession.**
Ces demandes doivent être rejetées pour les raisons suivantes :
– l'acquéreur n'était tenu d'aucune **obligation d'information** car, en sa seule **qualité d'actionnaire,** il ne disposait pas de plus d'informations que le cédant, peu important que l'acquéreur ait par ailleurs été la concubine du président du conseil d'administration de la société ;
– dans le cadre du droit de préemption, l'actionnaire acquéreur s'était uniquement substitué à l'acquéreur pressenti par le cédant et n'avait pas pris une part active à la négociation initiale, de sorte qu'il ne lui appartenait pas de remettre en cause les conditions de la cession librement négociées entre le cédant et l'acquéreur pressenti ;
– le **président du conseil d'administration** de la société, actionnaire majoritaire, ne se trouvait débiteur d'aucune obligation d'information dès lors qu'il était totalement **étranger à la cession** à laquelle il n'était pas partie et dont il n'avait pas pris l'initiative, qu'il n'était pas intervenu afin d'inciter le cédant à vendre ses actions et n'avait pas manœuvré pour l'évincer du bénéfice retiré de la revente.

CA Paris 29-5-2008 n° 06-19015 : RJDA 1/09 n° 31.

Des actionnaires minoritaires d'une SA familiale avaient accepté, sur proposition du président, de céder leurs actions à une société holding fondée et dirigée par ce dernier, au prix unitaire de 274 €. Deux mois après la cession, une société tierce avait acquis toutes les actions de la SA et de la holding au prix unitaire de 613 €. Les actionnaires minoritaires avaient alors fait valoir que le silence gardé par le président sur l'existence de **négociations en cours au moment de la cession** constituait une réticence dolosive et ils avaient demandé que celui-ci soit condamné à leur verser des dommages-intérêts.
Il y a lieu de retenir la responsabilité du président de la société pour avoir manqué à son **obligation d'informer les actionnaires minoritaires** de perspectives de nature à influencer leur consentement. En effet, même si la négociation ayant abouti à la cession à la société tierce n'avait véritablement commencé que quinze jours après l'achat des actions aux actionnaires minoritaires, l'existence de contacts antérieurs était établie ; en outre, le groupe auquel appartenait cette société avait manifesté son intérêt pour la SA et formulé des propositions aux dirigeants de celle-ci avant la cession litigieuse, ce dont les actionnaires minoritaires n'avaient pas été informés.

CA Paris 18-12-2008 n° 07-17137 : RJDA 10/09 n° 851.

Dans un cas où le dirigeant de plusieurs sociétés avait acquis des parts de ces dernières sous la condition suspensive d'en revendre une partie à un tiers et où la revente avait effectivement eu lieu mais à un prix bien supérieur au prix d'acquisition, il y a lieu d'accueillir la demande de dommages-intérêts formée par le cédant en raison de la **réticence dolosive du dirigeant.** Ce dernier a manqué à son obligation de loyauté en tant que dirigeant des sociétés dont les titres ont été cédés dès lors que, lors de la cession de ses parts, le cédant n'a pu être informé de façon précise des **termes de la négociation** ayant conduit à la revente des titres au tiers ainsi que des conditions de l'accord de principe déjà donné sur la valorisation de l'ensemble du groupe. Par ailleurs, le cédant n'aurait pas consenti à la cession de ses parts ou, à tout le moins, en aurait subordonné la réalisation à la définition d'un prix supérieur, s'il avait été effectivement informé de la différence importante de valeur entre les parts qu'il a cédées au dirigeant et celles revendues par ce dernier au tiers. **19630** (suite)

Cass. 1e civ. 25-3-2010 n° 08-13.060 F-D : RJDA 8-9/10 n° 852.

Une société (A), dont le capital était détenu à parts égales par un père et ses deux fils, avait pris une participation de plus de 40 % dans une autre société (B) spécialisée dans la restauration rapide et dont l'un des fils était dirigeant. Celui-ci était aussi dirigeant et principal actionnaire d'un holding auquel son frère avait cédé sa participation dans la société A. Au cours de l'année de la cession, il était apparu que le prix de cession des titres était très inférieur à leur valeur ; le cédant avait demandé l'annulation de la cession pour dol et manquement de son frère à son **devoir de loyauté** en tant que dirigeant. Cette demande a été rejetée dès lors que, professionnel expérimenté, le cédant ne démontrait pas que des informations essentielles, et auxquelles il ne pouvait pas avoir accès, lui avaient été délibérément cachées.

CA Paris 17-5-2011 n° 09/23481 : n° 20150.

Un actionnaire d'une SA avait cédé des actions représentant 10 % du capital au directeur général de la société. Un mois plus tard, le directeur général vendait à un tiers 10 % du capital social pour un prix bien supérieur (1,7 million d'euros) à celui versé à l'actionnaire (762 000 €). Ce dernier avait alors mis en cause la responsabilité du dirigeant.

Une cour d'appel ne peut pas écarter cette demande au motif que le directeur général n'avait pas l'obligation de divulguer l'accord, confidentiel quant au prix convenu, avec le tiers repreneur, alors que le dirigeant social qui s'abstient d'informer l'associé cédant de **circonstances de nature à influer sur son consentement** manque à son devoir de loyauté.

Cass. com. 12-3-2013 n° 12-11.970 F-D : RJDA 7/13 n° 634 et Cass. com. 15-3-2017 n° 15-14.419 F-D : RJDA 6/17 n° 410.

Le dol est un fait juridique qui peut être prouvé par tout moyen, y compris par des éléments postérieurs à la conclusion du contrat s'ils permettent d'établir le dol au moment de celle-ci.

Un associé, détenant 1,8 % du capital d'une société spécialisée dans le traitement des déchets industriels, avait vendu sa participation, le 30 mars 2007, à l'associé majoritaire, également dirigeant de la société. Le 16 novembre 2007, l'intégralité du capital social avait été cédée à une autre société, la réalisation définitive de la cession étant intervenue le 13 février 2008. L'ancien associé avait alors réclamé au dirigeant des dommages-intérêts pour dol, lui reprochant de ne pas l'avoir informé, au moment de la cession, de l'existence de **négociations parallèles avec un tiers en vue de l'acquisition de la société à une valorisation supérieure** à celle qui lui avait été offerte. Le dirigeant avait contesté la concomitance de la cession et des négociations.

Il y a lieu de faire droit à la demande de l'ancien associé dès lors que :

– la signature par le dirigeant le 15 mai 2007, soit un mois et demi à peine après avoir acquis les titres du demandeur, d'un **accord de négociation** avec la société tierce établissait à elle seule, compte tenu notamment de la durée incompressible des discussions préalables à la formalisation d'un accord de négociation impliquant de nombreuses personnes physiques et morales (notamment, outre les cédants et la société acquéreuse, une importante filiale et une banque), que le dirigeant était nécessairement informé de l'intérêt manifesté par la société tierce à la date de la conclusion de la cession avec l'associé minoritaire ;

– loin de combattre cette présomption en produisant l'accord de négociation, qui permet de connaître la date à laquelle le candidat acquéreur a manifesté son intérêt, le dirigeant avait invoqué le secret des affaires pour produire seulement un constat d'huissier ne mentionnant que certains aspects de cet accord, alors que l'acquisition était consommée depuis plus de cinq ans et qu'un accord de négociation ne comporte par définition aucune indication sur les conditions dans lesquelles la cession est intervenue ; la **clause de confidentialité** figurant dans cet accord et invoquée par le dirigeant, était caduque et pouvait en tout état de cause, selon les mentions portées sur le constat d'huissier, être levée sur accord préalable de l'autre partie, ce que le dirigeant ne justifiait pas avoir tenté d'obtenir, alors qu'il produisait par ailleurs plusieurs documents en rapport direct avec la cession elle-même (prix de cession, garantie à première demande, mise en œuvre de cette garantie par la société acquéreuse) ;

– il importait peu qu'à la date de signature de l'accord de négociation les audits d'acquisition n'aient pas été réalisés ni les pourparlers en vue de fixer le prix entamés, dès lors que la seule **dissimulation** par le dirigeant à l'associé cédant de l'intérêt alors manifesté par un candidat au rachat de la totalité du capital de la société constitue un **manquement à la loyauté** entre associés de nature à vicier le consentement ;

19630 (suite)

– compte tenu des caractéristiques de l'acquéreur intéressé (une société du groupe Veolia) et de celles de la société cible (troisième opérateur du marché) ainsi que de la différence de valorisation de la société lors de chacune des deux opérations conclues à quelques mois d'intervalle (45 millions d'euros en mars 2007, 147 millions en novembre 2007), le dirigeant ne pouvait pas utilement soutenir que la réticence qui lui était reprochée n'avait pas déterminé le minoritaire à contracter aux conditions fixées par l'accord du 30 mars 2007.

CA Paris 17-9-2013 n° 12/14712 : RJDA 12/13 n° 1017.

Les actionnaires minoritaires d'une SA exploitant une clinique avaient vendu leur participation aux membres du conseil de surveillance. Quelques mois plus tard, ceux-ci avaient cédé à un investisseur l'intégralité des actions de la société pour un prix unitaire supérieur à celui consenti aux minoritaires. Ces derniers avaient agi en réparation contre les membres du conseil et le président du directoire, leur reprochant d'avoir manqué à leur obligation de loyauté en **dissimulant,** au moment de la première vente, **l'existence de négociations en vue d'une cession globale des actions** de la société.

Une cour d'appel avait accueilli cette action en retenant les éléments suivants : des projets d'expansion de la clinique et des opérations de rapprochement avec d'autres établissements de soins avaient été envisagés et débattus au cours des mois ayant précédé la vente des actions des minoritaires ; pendant la même période, des fonds d'investissement avaient réalisé de nombreuses acquisitions tant sur le territoire national que régional et avaient clairement annoncé leur volonté de procéder à de nouvelles acquisitions, ce que ne pouvaient pas ignorer le président et les membres du conseil, qui auraient dû tenir informé l'ensemble des actionnaires, fussent-ils minoritaires, de ces opérations et de l'intérêt potentiel que présentait la société à court ou moyen terme pour des fonds d'investissement ; le président et les membres du conseil ne justifiaient pas avoir examiné avec soin la matérialité des faits pris en compte et la situation du marché pour informer utilement les minoritaires sur les conditions d'évaluation du prix offert pour le rachat de leurs titres.

Cassation de cette décision. La cour d'appel n'avait pas constaté que, à l'époque de la vente des titres des minoritaires, le président et les membres du conseil détenaient des **informations, qu'ils pouvaient seuls connaître,** de nature à influer sur le consentement des minoritaires, ni que des négociations étaient en cours en vue de la revente globale des actions.

Cass. com. 12-4-2016 n° 14-19.200 F-D : RJDA 7/16 n° 539.

Le capital des sociétés d'un groupe exploitant plusieurs hôtels était réparti entre deux associés : l'un en détenait 85 % ainsi que des droits sur les immeubles, l'autre, qui détenait le solde, fournissait des prestations de services concernant la gestion des hôtels. Le majoritaire avait conclu avec un tiers un protocole d'accord pour la cession du groupe et l'associé minoritaire s'était engagé à céder à son coassocié l'intégralité de ses titres dans les sociétés du groupe, pour un prix forfaitaire. Les fonds de commerce des sociétés du groupe avaient été ensuite cédés aux sociétés d'exploitation de l'acquéreur. Le minoritaire avait poursuivi le majoritaire en paiement de dommages-intérêts, soutenant que le majoritaire avait manqué à son obligation de loyauté et avait commis un dol pour s'être abstenu de lui révéler les informations dont il disposait sur la **valeur réelle des fonds de commerce des sociétés du groupe** ; il prétendait que, informé du prix auquel les actifs de ces sociétés avaient été cédés, il aurait subordonné la réalisation de la cession de ses titres à la fixation d'un prix supérieur.

Sa demande a été rejetée dès lors qu'il résultait des éléments suivants que le défaut d'information par le majoritaire sur le prix des actifs cédés n'était pas de nature à avoir influé sur le consentement du minoritaire : le protocole d'accord conclu entre le majoritaire et l'acquéreur faisait explicitement référence à la vente du groupe, présentée comme conduisant l'associé minoritaire à céder lui-même les droits sociaux détenus dans les sociétés d'exploitation des hôtels appartenant au groupe ; la qualité d'associé des sociétés d'exploitation permettait au minoritaire de participer aux assemblées de ces sociétés et d'en connaître les délibérations ainsi que d'avoir accès aux comptes sociaux et de disposer ainsi d'informations sur les résultats comptables et financiers des hôtels ; les activités du **minoritaire,** qui était chargé de la gestion des hôtels, en particulier de la préparation du compte d'exploitation prévisionnel des unités d'exploitation du groupe, lui permettaient de **disposer des informations utiles** à la fixation de la valeur de ses titres ; l'évaluation des fonds de commerce des hôtels du groupe ressortant d'un rapport d'expertise produit par le minoritaire repose sur des données relatives aux chiffres d'affaires annuels des hôtels auxquelles il avait lui-même accès.

Cass. com. 13-12-2016 n° 15-18.002 F-D : RJDA 4/17 n° 253.

Un associé de SARL, également gérant, avait acheté les parts de son coassocié pour une valeur de 25 000 €, et lui avait remboursé son compte courant d'associé d'un montant d'environ 38 000 €. Un mois plus tard, il avait fait apport de toutes les parts de la SARL à une SA sur la base d'une valorisation fixée à 475 000 €. Peu de temps après, suite à la transformation de la SARL en SAS, toutes les actions de celle-ci avaient été cédées pour 528 000 € à une troisième société dont

l'ancien gérant de la SARL était le dirigeant. L'associé cédant avait alors demandé des dommages-intérêts au gérant acquéreur, faisant valoir que ce dernier avait manqué à son devoir de loyauté à son égard en lui **dissimulant les négociations en cours** tendant au rachat de la SARL **pour un prix par titre bien supérieur** à celui qu'il avait perçu.
Viole l'article 1382 du Code civil (devenu art. 1240) la cour d'appel qui, pour rejeter cette demande, a jugé qu'en l'absence de preuve d'un engagement ferme de la troisième société quant au rachat ultérieur de la SARL et de la fixation dans cet engagement contractuel d'un prix de cession des parts sociales plus important que leur valeur nominale, il ne pouvait pas être retenu que le gérant avait manqué à son obligation de loyauté en n'informant pas expressément le cédant de l'existence de ce qui n'était alors que de simples pourparlers, engagés avant cette date, et en a déduit que la preuve que ceux-ci étaient alors suffisamment avancés pour être de nature à influer sur le consentement du cédant à la cession n'était pas rapportée. En effet, manque à son devoir de loyauté le dirigeant acquéreur qui n'informe pas l'associé cédant de négociations en cours avec un tiers en vue de la revente des titres objet de la cession, **peu important leur état d'avancement.**
Cass. com. 10-7-2018 n° 16-27.868 F-D : RJDA 11/18 n° 841.

L'un des deux associés d'une SARL, créée en 2010 pour fournir des certificats de conformité pour l'importation en France de véhicules d'occasion déjà immatriculés à l'étranger, avait cédé ses parts en janvier 2014 au prix unitaire de 41 € à son coassocié qui était aussi le gérant de la société. Il lui avait ensuite reproché un dol et un manquement à son obligation de loyauté en tant que dirigeant, invoquant la dissimulation volontaire des résultats réels de la société à la date de la cession, des pressions pour céder rapidement ses parts sociales et une valorisation bien supérieure des parts lorsqu'elles avaient été ensuite apportées à une holding.
La demande du cédant doit être rejetée pour les raisons suivantes :
– la cession était intervenue avant l'établissement des comptes de l'exercice 2013, les **parts** étant **valorisées sur la base** d'un « tableau de **chiffres clés estimés** » ; des différences étaient apparues entre ces chiffres et ceux résultant de l'arrêté des comptes pour cet exercice en mars 2014 : le chiffre d'affaires s'élevait à 1 360 000 €, somme proche de celle prévue dans le tableau (1 300 000 €), la marge brute à 50 % au lieu des 36 % estimés, le résultat courant avant impôt à 210 000 € au lieu des 12 000 € estimés ; ces différences ne suffisaient pas à caractériser l'existence de manœuvres ou de réticences dolosives de la part du dirigeant acquéreur ; la marge brute avait été estimée sur la base des taux des exercices 2011 (33 %) et 2012 (37 %) ; elle pouvait varier significativement en fonction du prix d'achat des certificats (elle atteignait 58 % pour 2010) et la marge effectivement réalisée ne pouvait être connue avec précision qu'à la clôture des comptes ; jeune et petite, la société n'avait acquis un outil de gestion interne permettant le suivi courant et exhaustif de son activité qu'en juin 2013 et seule l'année 2014 avait pu faire l'objet d'un suivi complet ; il ne pouvait donc pas être déduit de l'acquisition de cet outil, comme le prétendait le cédant, que le dirigeant disposait avant l'arrêté des comptes d'informations précises sur le taux de marge réalisé et qu'il avait sciemment communiqué une estimation fausse ; le taux incriminé avait été présenté seulement comme une estimation au cédant, qui ne pouvait pas se méprendre sur son caractère fluctuant puisqu'il avait lui-même dirigé la société pendant les dix-huit mois suivant sa création ;
– l'existence de **pressions du dirigeant sur le cédant** pour que la cession intervienne avant l'arrêté des comptes pour 2013 n'était pas établie : si le dirigeant avait fixé une date limite pour finaliser la cession, il avait aussi informé le cédant qu'il était libre d'y renoncer s'il estimait ne pas disposer d'éléments comptables suffisants ou de faire stipuler un complément de prix ;
– enfin, si, cinq mois après la cession, le **dirigeant** avait **apporté** la quasi-totalité de **ses parts à une holding sur la base d'une valorisation supérieure** (373 € l'unité), cette valorisation correspondait à une valeur comptable et non à un prix de cession ; cette valeur avait été établie, conformément au règlement alors en vigueur du Comité de la réglementation comptable, sur la base de la situation nette comptable de la société, qui était alors de 270 000 € environ, et pour un apport de 99,86 % du capital de la SARL ; le fait que l'apport ait porté sur la quasi-totalité du capital de la SARL, alors que la cession ne concernait qu'une participation minoritaire, était manifestement de nature à majorer la valeur des parts.
CA Paris 6-8-2019 n° 16/22277 : RJDA 12/19 n° 756, 2e esp.

C. Intention de tromper de l'auteur du dol

EXIGENCE D'UNE FAUTE INTENTIONNELLE DE L'AUTEUR DU DOL

Le dol, qui est qualifié de délit civil, repose sur une faute intentionnelle. L'article 1137 du Code civil (issu de ord. 2016-131 du 10-2-2016) vise un consentement obtenu par manœuvres et mensonges – ce qui sous-tend que les manœuvres et mensonges ont été déployés dans ce but – ou une 19660 dissimulation intentionnelle d'une information déterminante. Sous l'empire de l'ex-article 1116 du Code civil, les tribunaux ont avec constance affirmé que les actes constitutifs du dol doivent être accomplis avec l'intention délibérée de tromper le cocontractant (s'agissant des manœuvres positives, Cass. 3e civ. 6-3-1969 n° 67-10.439 : Bull. civ. III n° 198 ; Cass. com. 10-7-1989 n° 87-19.426 ; s'agissant de la réticence dolosive, Cass. 1e civ. 7-3-1979 : Bull. civ. I n° 84 ; Cass. 3e civ. 25-2-1987 : Bull. civ. III n° 36 ; Cass. com. 28-6-2005 n° 956 F-PB : RJDA 12/05 n° 1314 ; Cass. com. 10-2-2015 n° 13-25.008 F-D : RJDA 12/15 n° 818). La jurisprudence antérieure, qui a illustré ce principe, est à notre avis transposable au régime actuel.

ATTENTION

Le manquement à un **devoir d'information précontractuel,** à le supposer établi, ne peut suffire à caractériser le dol par réticence, si ne s'y ajoute pas la constatation du caractère intentionnel de ce manquement et d'une erreur déterminante provoquée par celui-ci (Cass. com. 28-6-2005 n° 03-16.794 F-PB : RJDA 12/05 n° 1314 ; Cass. 2e civ. 30-6-2011 n° 10-16.330 F-D : n° 20166).

En revanche, la caractérisation du dol ne requiert pas la démonstration de l'**intention de nuire,** c'est-à-dire de la volonté de l'auteur du dol de causer un préjudice à l'autre partie.

19665 Faute d'intention de tromper, ne sont pas constitutives de dol :
– les **négligences,** même graves (Cass. com. 10-3-1981 n° 79-16.234 : Bull. civ. IV n° 128) ou l'omission involontaire d'un renseignement (Cass. req. 3-1-1900 : S. 1901 I p. 321 note Wahl ; CA Aix-en-Provence 19-5-1982 : Bull. Cour d'Aix 1982/2 p. 55) ; ainsi, le dol n'a pas été retenu dans un cas où il existait un doute sur le caractère volontaire des irrégularités relevées dans le bilan fourni par le cédant compte tenu de leur importance limitée (CA Aix-en-Provence 27-10-1995 n° 92-4120) ;
– la seule **insistance** manifestée par les démarches fréquentes entreprises par les acquéreurs de parts sociales pour convaincre le cédant de contracter (Cass. com. 2-6-1981 n° 79-13.931 : Bull. civ. IV n° 259) ;
– les **pressions** et la violence morale dont il n'est pas constaté qu'elles sont destinées à provoquer une erreur de nature à vicier le consentement de la victime (Cass. 1e civ. 10-7-1995 n° 93-17.388 : D. 1997 p. 20 note P. Chauvel rendu dans un cas où l'auteur des pressions avait ainsi obtenu une reconnaissance de dette correspondant à ce que lui devait la victime) ;
– de simples **exagérations** destinées à vanter l'intérêt des titres cédés (n° 19390).

Il n'y a pas non plus dol si la partie poursuivie pour dol a provoqué l'erreur de l'autre partie en **se trompant elle-même** (CA Paris 20-12-1934 : S.1935 II p. 190) ou si elle n'avait pas connaissance de l'information prétendument dissimulée (n° 19405).

19670 **ILLUSTRATIONS**

Commet un dol le cédant qui omet d'informer l'acquéreur sur la **situation hypothécaire de l'actif social** dès lors qu'il savait, compte tenu des engagements hypothécaires de l'acquéreur sur son propre patrimoine immobilier, que le paiement comptant prévu par la convention ne pourrait être réalisé que grâce à un financement bancaire avec prise de sûreté sur le fonds.

CA Paris 25-6-1992 n° 90-16928 : n° 20019.

Le seul fait que le cédant ait présenté à l'acquéreur un **bilan inexact** masquant les risques fiscaux dus à sa gestion suffit à caractériser sa volonté de tromper l'acquéreur.

Cass. com. 12-10-1993 n° 1487 D.

Le cédant, qui a communiqué à l'acquéreur un **chiffre d'affaires et** des **bénéfices inexacts,** ne peut pas utilement soutenir qu'il s'agit d'une erreur de sa part et que l'écart constaté entre les chiffres qu'il a mentionnés et les résultats réels s'explique par l'application de règles comptables dès lors qu'il résulte des éléments suivants qu'il a ainsi voulu surévaluer le prix de cession et le montant de sa créance en compte courant et faire croire à une situation parfaitement saine de la société : il a affirmé qu'il n'y avait pas eu de changements importants affectant la situation financière ou commerciale de la société depuis la clôture du bilan de l'exercice précédant la cession et ne pas pouvoir fournir la situation bilantielle qu'il s'était engagé à fournir avant la signature de l'acte de cession sans en donner la raison et alors qu'il n'en avait pas parlé à son comptable ; il a dissimulé que, pendant l'année de la cession, il s'était remboursé certaines sommes figurant sur son compte courant.

Cass. com. 9-6-2004 n° 908 F-D.

Le capital d'une SAS était détenu directement ou indirectement par deux familles à hauteur de 45 % pour l'une (A) et de 55 % pour l'autre (B). La famille A, qui avait reçu une **offre de rachat** de sa participation pour 41 millions d'euros, avait conformément aux statuts de la SAS, notifié le projet de cession au conseil de surveillance et demandé à ce dernier l'agrément du tiers acquéreur. L'**agrément** avait été **refusé** et la famille B avait exercé le **droit de préemption** que lui donnaient les statuts en pareil cas en proposant un prix qui, faute d'acceptation de la proposition qu'elle faisait (environ 7 millions d'euros), serait fixé par un expert désigné en application de l'article 1843-4 du Code civil. Cette proposition ayant été rejetée par la famille A, le prix avait été fixé à environ 41 millions d'euros par l'expert. La famille B avait alors refusé de régler le prix de cession estimant que son exercice du droit de préemption et la cession qui en résultait étaient nuls pour vices du consentement puisque les **termes** exacts **de l'offre faite par le tiers** acquéreur n'avaient **pas** été **communiqués** au conseil de surveillance et que cette offre, qui faisait état de la volonté du tiers de faire également l'acquisition de la participation détenue par la famille B, n'était pas ferme et définitive. **19670** (suite)

Il y a lieu de condamner la famille B à régler le prix de cession à la famille A dès lors que la famille B ne démontre pas la volonté de la famille A de la tromper en la conduisant à exercer son droit de préemption :

– c'est à la demande du tiers acquéreur que la famille A a notifié le projet de cession au conseil de surveillance de la SAS ; cette notification, qui mentionnait l'identité de l'acquéreur, le nombre d'actions cédées et le prix offert, était strictement conforme aux exigences statutaires ;

– en outre, si pour constituer la matière d'un accord de volontés, l'offre d'acquisition doit comporter les éléments essentiels du contrat et indiquer la chose offerte et le prix demandé, il apparaît que ces exigences étaient satisfaites en l'espèce : en effet, l'offre du tiers acquéreur précisait le périmètre de l'acquisition et contenait les éléments permettant d'en déterminer le prix sans nouvel accord de volonté des parties, même si des discussions devaient se poursuivre pendant un temps limité selon les modalités usuelles en ce domaine, pour parfaire le contrat sur les points secondaires ;

– si cette offre mentionne la volonté de celui-ci de « pouvoir racheter simultanément » les titres de la famille B, il n'a pas pour autant fait de la réalisation de cette opération un élément constitutif de son consentement à l'offre d'acquisition qui avait bien pour objet les actions détenues par la famille A ;

– le prix d'acquisition, soit 45 % de « la valeur d'entreprise moins l'endettement net », était déterminable à partir des éléments figurant dans l'offre et ses annexes, renvoyant notamment aux comptes des exercices 2005 et 2006 et aux projections pour 2007 et 2008 ;

– la demande d'agrément était donc motivée par la formulation d'une véritable offre d'acquisition de la participation de la famille A.

CA Paris 14-10-2008 n° 08-12642 : RJDA 2/09 n° 110.

Dans un cas où le **bilan** d'une société commercialisant des voyages **intégrait les recettes** liées aux voyages vendus par la société, **sans prendre** corrélativement en compte **les factures** non encore parvenues correspondant à des prestations achetées à des fournisseurs **en relation directe avec les recettes** réalisées, le dol doit être écarté dès lors que, si le cédant connaissait l'existence de ce mode de comptabilisation et n'a pas spécialement attiré l'attention de l'acquéreur sur ses conséquences, il n'était pas démontré qu'il a voulu tromper l'acquéreur puisqu'il croyait que la permanence de l'utilisation de la méthode durant les exercices antérieurs en compensait les effets d'un exercice à l'autre, pas plus qu'il n'est établi qu'il connaissait l'importance que l'acquéreur a ensuite prétendu avoir porté à la connaissance de cette méthode et son incidence sur la valeur nette comptable de la société.

CA Paris 17-9-2009 n° 08-14866 : n° 20132 *et, sur pourvoi, Cass. com. 8-2-2011 n° 09-17.177 F-D : Bull. Joly 2011 p. 412 note F.-X. Lucas.*

Caractérise la réticence dolosive des cédants de parts sociales justifiant l'annulation de la cession la cour d'appel qui relève que le consentement de l'acquéreur a été obtenu sur la foi d'un bilan inexistant et sur la croyance d'un investissement durable et que les cédants, qui connaissaient les difficultés financières de la société, avaient l'**intention** dissimulée **de** la **dissoudre** à court terme.

Cass. 1e civ. 11-2-2010 n° 08-18.087 F-D : RJDA 7/10 n° 748.

Une société (A), dont le capital était détenu à parts égales par un père et ses deux fils, avait pris une participation de plus de 40 % dans une autre société (B) spécialisée dans la restauration rapide et dont l'un des fils était dirigeant. Celui-ci était aussi dirigeant et principal actionnaire d'un holding auquel son frère avait cédé sa participation dans la société A en janvier 2004. Au cours de cette année, il était apparu que le **prix de cession** des titres était très **inférieur à leur valeur.** Le cédant avait alors demandé l'annulation de la cession pour dol et manquement de son frère à son devoir de loyauté en tant que dirigeant. Cette demande a été rejetée dès lors que, professionnel expérimenté, le cédant ne démontrait pas que des **informations essentielles,** et auxquelles il ne pouvait pas avoir accès, lui avaient été **délibérément cachées.**

CA Paris 17-5-2011 n° 09/23481 : n° 20150.

Une société, qui avait acquis la totalité des actions d'une autre société en février 2006, avait réclamé des dommages-intérêts au cédant pour dol, estimant avoir été trompée sur la valeur de la société cédée dont les résultats avaient été mauvais pour les exercices 2006 et 2007.

La société acquéreuse ne peut pas reprocher à une cour d'appel d'avoir rejeté sa demande dès lors qu'elle ne démontrait pas que le cédant avait fourni volontairement au dirigeant de celle-ci

de **fausses estimations de commandes** afin de lui donner une idée erronée de la valeur de la société cédée :
– entre l'offre d'achat et la signature d'un protocole d'accord, trois mois s'étaient écoulés, au cours desquels les négociations s'étaient poursuivies entre les parties assistées de leurs experts-comptables ; le dirigeant de la société acquéreuse, pleinement informé de la situation de la société cédée et de son insuffisante rentabilité, avait pu effectuer un audit de cette société et de ses perspectives ;
– les commandes prises en 2006 avaient bien été inférieures aux prévisions mais le dirigeant de la société acquéreuse, qui n'était pas un néophyte en affaires, et son expert-comptable qui l'assistait ne pouvaient pas sérieusement prétendre confondre prévisions et certitude d'un chiffre d'affaires, pas plus qu'ignorer le caractère aléatoire des commandes dans un contexte économique général difficile, et surtout dans une entreprise qui n'avait pas, selon eux, la rentabilité espérée et dont le chiffre d'affaires dépendait du maintien des commandes d'un petit nombre de clients ayant des exigences techniques bien précises ;
– le chiffre d'affaires de la société était en constante progression au cours des années ayant précédé la cession ; il n'était pas exclu que les mauvais résultats en 2006 et 2007 soient en relation avec les choix de gestion de l'acquéreur de cette société en 2006.

Cass. com. 4-11-2014 n° 13-24.665 F-D : RJDA 4/15 n° 278.

Dans un cas où l'acquéreur d'actions d'une société avait poursuivi les cédants en responsabilité sur le fondement du dol, reprochant à ces derniers de lui avoir laissé croire que la **société détenait des titres d'une autre société,** le prix de cession négocié au cours des pourparlers incluant la valeur de ceux-ci, une cour d'appel a pu écarter cette demande après avoir relevé que la société acquise n'avait jamais détenu de titres dans le capital de la société tierce et que l'acquéreur, rompu aux affaires, était en mesure de connaître cette circonstance avant la signature, aucun élément du débat n'établissant que les cédants aient cherché, lors des pourparlers et de la conclusion du contrat, à lui dissimuler la réalité de la situation, ce dont il se déduit que l'intention de tromper n'est pas démontrée.

Cass. com. 11-5-2017 n° 15-25.301 F-D : RJDA 10/17 n° 633.

Quelques mois après avoir acquis toutes les actions d'une société de production de spots publicitaires, l'acquéreur s'était plaint d'une forte chute des bénéfices et avait demandé l'annulation de la cession pour dol. Il faisait valoir que le cédant ne lui avait pas signalé que les clients de la société lui avaient été envoyés par une agence de publicité dirigée par la compagne du cédant, qui seule avait un contact direct avec les annonceurs.
Doit être cassé l'arrêt d'une cour d'appel qui, pour rejeter la demande, a estimé que l'acquéreur ne prouvait pas que c'était intentionnellement que le cédant lui avait dissimulé ces informations et la dépendance économique dans laquelle la société se trouvait à l'égard de cette agence. En effet, la cour d'appel avait constaté que ces éléments étaient de nature à affecter les résultats et les perspectives de la société cédée. Il en résultait que le **silence gardé par le cédant** sur ces **informations,** dont il ne pouvait pas ignorer l'importance dans la mesure où elles **faisaient peser un aléa sur la pérennité de la société,** était nécessairement intentionnel.

Cass. com. 9-1-2019 n° 17-28.725 F-D : RJDA 4/19 n° 263.

L'acquéreur de la totalité des titres d'une société ne pouvait pas invoquer une dissimulation par le cédant de la situation très obérée de la société dès lors qu'il avait eu accès, avant la cession, à tous les documents comptables et que l'**intention du cédant de le tromper** n'était **pas établie,** aucun élément du dossier ne permettant de démontrer que le cédant avait connaissance de l'état de cessation des paiements de la société.

Cass. com. 21-4-2022 n° 20-12.846 F-D : n° 20200.

INCIDENCE DE LA NATURE DE LA DEMANDE DE LA VICTIME DU DOL

19675 L'intention de tromper est-elle requise lorsque la **victime** d'une réticence dolosive ne **demande** pas l'annulation de la cession mais **seulement** l'allocation de **dommages-intérêts** ?
La **chambre commerciale** de la Cour de cassation exige que le caractère intentionnel de la réticence dolosive soit caractérisé pour demander sur le fondement du dol tant l'annulation de la cession (notamment, Cass. com. 21-3-2000 n° 97-11.177 D ; Cass. com. 28-6-2005 n° 03-16.794 F-PB : RJDA 12/05 n° 1314 ; Cass. com. 10-2-2015 n° 13-25.008 F-D : RJDA 12/15 n° 818) que des dommages-intérêts (Cass. com. 7-6-2011 n° 10-13.622 FS-PB : RJDA 8-9/11 n° 691 ; déjà en ce sens Cass. com. 3-11-2004 n° 03-11.662 F-D : RJDA 3/05 n° 269, 2e espèce ; Cass. com. 28-6-2005 n° 03-16.794 F-PB : RJDA 12/05 n° 1314). Ainsi, dans un cas où l'acheteur d'un fonds de commerce de pharmacie invoquait une réticence dolosive du vendeur pour lui réclamer des dommages-intérêts, la Cour de cassation a jugé qu'une cour d'appel qui a souverainement estimé qu'il n'était établi ni l'intention du vendeur de tromper l'acheteur ni le caractère déterminant de l'information litigieuse sur les conditions de la vente en a exactement déduit que la demande fondée exclusivement sur le dol devait être rejetée

(Cass. com. 7-6-2011 n° 10-13.622 FS-PB précité). Plus récemment, pour condamner une société d'ingénierie à verser des dommages-intérêts pour réticence dolosive à un consultant financier avec lequel cette société avait conclu un « accord de service relatif à une augmentation de capital », la chambre commerciale a relevé que la dissimulation des antécédents extrêmement graves de l'un des dirigeants de la société était déloyale et intentionnelle (Cass. com. 7-2-2012 n° 11-10.487 F-PB : n° 20170).

Il résulte de l'arrêt de 2011 que la chambre commerciale de la Cour de cassation distingue deux cas de figure : soit le demandeur invoque seulement le dol pour fonder sa demande d'indemnisation et il doit alors prouver l'intention de son cocontractant de le tromper ; soit il invoque à titre subsidiaire la responsabilité civile extracontractuelle de son cocontractant (C. civ. art. 1240 s. issus ord. 2016-131 du 10-2-2016 ; ex-art. 1382 s.), auquel cas, selon une jurisprudence établie, la démonstration de l'intention n'est pas requise (Cass. 2e civ. 23-11-1972 n° 71-13.202 P : Bull. civ. II n° 299 ; dans le même sens, Cass. com. 12-5-2004 n° 02-19.199 FS-PB : RJDA 11/04 n° 1279).

> **Précisions** Pour la **première chambre civile** de la Cour de cassation, la caractérisation de l'intention ne s'impose pas lorsque la victime qui invoque un dol demande seulement une indemnisation : elle a jugé qu'une cour d'appel, qui n'était pas saisie d'une demande tendant à l'annulation de la vente, avait pu, sans avoir à se prononcer expressément sur le caractère intentionnel de la réticence qu'elle constatait et qui s'analysait aussi en un manquement à l'obligation précontractuelle d'information du vendeur, allouer des dommages-intérêts à l'acquéreur en réparation de son préjudice (Cass. 1e civ. 28-5-2008 n° 07-13.487 F-PB : RJDA 5/09 n° 406 rendu à propos d'une vente immobilière).
> **L'ordonnance 2016-131 du 10 février 2016** portant réforme du droit des contrats n'a pas réglé ce point de désaccord : en effet, les dispositions relatives au dol ne visent, comme auparavant, que l'annulation du contrat – de sorte que le régime de l'indemnisation du dol demeure jurisprudentiel – tandis que l'article 1112-1 du Code civil, relatif au devoir d'information précontractuel, prévoit à titre de sanction la responsabilité de l'auteur du manquement, voire l'annulation du contrat si un vice du consentement est caractérisé.

D. Atteinte au consentement de la victime du dol

NÉCESSITÉ D'UNE ERREUR PROVOQUÉE PAR LE DOL

Les faits constitutifs de dol doivent avoir provoqué une erreur chez la victime l'ayant déterminée à donner son consentement au contrat (cf. C. civ. art. 1137 ; Cass. 1e civ. 10-7-1995 : D. 1997 p. 20 note P. Chauvel ; Cass. 2e civ. 25-6-2015 n° 14-18.486 F-D), c'est-à-dire avoir vicié le consentement de la **partie qui s'oblige** ou de son mandataire (n° 28370). 19700

ILLUSTRATIONS

Dans un cas où la société gérée par l'acquéreur de parts sociales s'était engagée, dans un acte distinct des actes de cession comportant une garantie d'actif, à rembourser au cédant son compte courant d'associé, cette société ne peut pas se prévaloir de déclarations mensongères du cédant figurant dans la garantie d'actif dès lors que ces garanties avaient été souscrites par le cédant vis-à-vis de l'acquéreur et que le dol imputé au cédant dans le cadre des conventions de cession était sans incidence quant à l'obligation au remboursement du compte courant pesant sur la société (CA Paris 22-9-1992 n° 91-11269 : Bull. Joly 1992 p. 1302).

L'examen de la jurisprudence montre que l'existence d'une erreur peut être écartée lorsque celui qui s'en prévaut a en réalité **accepté en connaissance de cause de s'exposer au risque** dont il invoque la dissimulation. 19705

ILLUSTRATIONS

Dans un cas où l'acquéreur de l'intégralité du capital d'une société, détentrice elle-même à 100 % d'une autre société, avait demandé, après la mise en liquidation judiciaire des deux sociétés, l'annulation de la cession pour dol prétendant que le montant réel du passif social lui avait été dissimulé, sa demande a été rejetée pour les raisons suivantes : le bilan de référence annexé à l'acte de cession n'était qu'une situation estimative donc approximative, l'acquéreur ne pouvait l'ignorer et c'est en connaissance de cause qu'il a été pris comme base pour les opérations de cession ; ce document faisait déjà apparaître un passif de 2 665 000 francs (environ 406 000 €) ; en se fondant sur une situation provisoire établie dans de telles conditions, l'acquéreur avait pris sciemment le risque, qu'il avait accepté, d'être confronté à une augmentation de ce passif ; l'acquéreur n'avait été victime d'aucune erreur et il était donc inutile de rechercher s'il avait été victime de dissimulations volontaires ou de mensonges de la part du cédant (Cass. com. 7-7-2004 n° 00-22.310 F-D). Pour une autre application, voir Cass. 2e civ. 30-6-2011 n° 10-16.330 : n° 20166.

1. OBJET DE L'ERREUR PROVOQUÉE PAR LE DOL

19710 Contrairement à l'erreur visée par les articles 1132 et suivants du Code civil (nos 19160 s.), l'erreur provoquée par le dol est une cause de nullité même si elle porte sur la **valeur** de la prestation ou sur un simple **motif** du contrat (C. civ. art. 1139 ; Cass. 1e civ. 13-2-1967 : Bull. civ. I n° 58 ; Cass. 3e civ. 2-10-1974 : Bull. civ. III n° 330 ; Cass. 3e civ. 7-4-2016 n° 14-24.164 F-D : RJDA 7/16 n° 518). Elle peut ainsi porter sur la valeur des parts sociales ou des actions (Cass. com. 27-2-1996 n° 439 P : RJDA 6/96 n° 794 ; Cass. com. 12-5-2015 n° 14-12.473 F-D : n° 20195 ; CA Paris 30-6-1992 n° 91-25079 ; CA Paris 1-4-1997 n° 94-11867) et pas seulement sur leurs qualités essentielles.
Sur l'articulation entre l'article 1139 et l'article 1137, al. 3 issu de la loi 2018-287 du 20 avril 2018 ratifiant l'ordonnance 2016-131, voir n° 19420.

2. NATURE DE L'ERREUR PROVOQUÉE PAR LE DOL

a. Erreur provoquée par le dol déterminante du consentement

19730 Le dol vicie le consentement lorsqu'il est de telle nature que, sans lui, **une des parties n'aurait pas contracté** ou aurait contracté à des conditions substantiellement différentes (C. civ. art. 1130, al. 1 issu ord. 2016-131 du 10-2-2016). L'erreur provoquée par le dol doit avoir été déterminante du consentement de la victime pour entraîner l'annulation du contrat ou l'allocation d'une indemnisation.
L'ancien article 1116 du Code civil était à la lettre plus restrictif, n'admettant le dol comme cause de nullité que si, sans lui, la partie victime n'aurait pas contracté. Il ne visait pas le **dol incident,** c'est-à-dire celui sans lequel la victime **aurait** néanmoins **contracté mais à des conditions plus avantageuses** ou moins onéreuses pour elle. Il pouvait en être déduit que cette partie ne pouvait réclamer que des dommages intérêts. La Cour de cassation a néanmoins admis sous l'empire de ce texte que le dol incident pouvait être sanctionné par l'annulation du contrat (Cass. 3e civ. 22-6-2005 n° 781 FS-PB : RJDA 1/06 n° 15 ; Cass. com. 30-3-2016 n° 14-11.684 FS-PB : RJDA 6/16 n° 418).
Dans cette dernière affaire, un cédant de droits sociaux reprochait à une cour d'appel d'avoir annulé la cession en méconnaissance de l'ex-article 1116 en se contentant de retenir un dol incident. Argument rejeté : par une hausse massive des prix de vente pratiqués par la société dont les droits étaient cédés, le cédant avait donné une image trompeuse des résultats atteints par celle-ci au cours des mois ayant précédé la cession ; il avait dissimulé à l'acquéreur les informations qu'il détenait sur l'effondrement prévisible du chiffre d'affaires réalisé avec au moins deux des principaux clients de l'entreprise ; ces éléments étaient déterminants pour l'acquéreur, qui n'avait pas été mis en mesure d'apprécier la valeur de la société et ses perspectives de développement et n'aurait pas accepté les mêmes modalités d'acquisition s'il avait connu la situation exacte de cette société ; la cour d'appel n'a pas méconnu les conséquences légales de ces constatations en décidant que les réticences dolosives imputables au cédant entraînaient la nullité de la cession.

19732 **Appréciation du caractère déterminant** Le caractère déterminant du dol s'apprécie **eu égard aux personnes** et **aux circonstances** dans lesquelles le consentement a été donné (C. civ. art. 1130, al. 2). Le juge doit donc faire une appréciation concrète de l'incidence du dol sur le consentement de celui qui l'invoque.

19735 L'**erreur** provoquée par le dol a été considérée comme **déterminante** de l'engagement de l'acquéreur lorsque le cédant :
– a privé l'acquéreur d'une information complète sur la situation hypothécaire du fonds exploité par la société nécessaire pour lui permettre d'arrêter les conditions de son engagement (CA Paris 25-6-1992 n° 90-16928 : n° 20019) ;
– a dissimulé le fait que la société allait perdre son principal client (CA Lyon 3-4-2003 n° 02-6347 : n° 20073 ; CA Paris 12-4-2005 n° 04-8281 : n° 20114) ;
– a masqué, en augmentant massivement les prix des produits de la société, la réalité des résultats de celle-ci (Cass. com. 30-3-2016 n° 14-11.684 FS-PB : n° 19730) ;
– a présenté des documents comptables inexacts et alors que les parties avaient expressément écarté toute convention de garantie, « le prix ayant été déterminé connaissance prise de l'exacte situation financière de la société » (CA Paris 3-12-2009 n° 08-16768 : n° 20134) ;
– après avoir conclu un contrat de travail à durée indéterminée avec la société, a dissimulé son intention de n'y rester que quelques mois, alors qu'il savait que ce délai était trop court pour assurer le transfert du savoir-faire attendu par l'acquéreur (Cass. com. 12-2-2013 n° 11-22.641 F-D : n° 20180).

19738 L'**erreur** n'est **pas** considérée comme **déterminante** lorsqu'elle est minime ou, en tout état de cause, n'a pas influé sur la décision de celui qui l'invoque.

ILLUSTRATIONS

L'**acquéreur** de droits sociaux se plaint en vain :
– de l'inexactitude des comptes qui lui ont été présentés, résultant d'une préfacturation habituelle par la société de prestations non encore accomplies, dès lors que les différences retenues entre les résultats de la société communiqués à l'acquéreur et ceux corrigés des préfacturations n'ont pas pu entraîner une modification sensible de l'opinion que pouvait avoir ce dernier du fonctionnement de la société et de la valeur des actions et que l'irrégularité du recours à ces préfacturations était sans conséquence pour lui (Cass. com. 12-1-1999 n° 96 D) ;
– de la dissimulation des courriers émanant du principal fournisseur de la société informant cette dernière de sa décision de ne plus distribuer une certaine gamme de produits qu'il avait vendue à un tiers dès lors que, d'une part, si ces courriers n'avaient pas été transmis matériellement à l'acquéreur, le cédant l'avait informé de l'intention du fournisseur et, d'autre part, il n'était pas établi que la détention des courriers en cause aurait déterminé l'acquéreur à ne pas acheter dans la mesure où ils ne présentaient pas un caractère alarmant mais rassuraient au contraire la société cédée sur les perspectives de commercialisation des produits distribués par l'ancien fournisseur (CA Versailles 27-11-2003 n° 03-383 : RJDA 7/04 n° 830, 1e espèce) ;
– des surfacturations figurant dans les documents comptables transmis par le cédant dès lors qu'à supposer même ces surfacturations établies, leur montant était manifestement insuffisant pour considérer qu'elles l'ont trompé au point de lui faire souscrire des engagements qu'il n'aurait pas pris si le cédant ne s'était pas comporté de la sorte (Cass. com. 23-6-2004 n° 1016 F-D : RJDA 11/04 n° 1219) ;
– de l'absence de comptabilisation du solde à payer d'une assurance garantie décennale qui constituait une anomalie d'une importance très relative et qui, au regard des circonstances de l'acquisition des parts sociales et de la personnalité de l'acquéreur, n'avait pas déterminé le consentement de ce dernier (CA Rennes 28-11-2006 n° 05-7259 : n° 19875) ;
– du défaut de communication d'un rapport faisant état de la non-conformité d'une unité de production dès lors que, s'il relevait les mises en conformité nécessaires, ce rapport n'invoquait aucune urgence ni infraction à des règles de sécurité et que l'acquéreur avait attendu onze ans pour invoquer sa non-communication (CA Paris 26-11-2009 n° 08-21930 et, sur pourvoi, Cass. com. 15-3-2011 n° 10-12.186 F-D) ;
– de la dissimulation de la perte d'un client dès lors que ce dernier ne représente que 7 % de l'activité de la société et que l'acquéreur a signé la promesse alors qu'aucune liste des principaux clients n'y figurait (Cass. com. 1-3-2011 n° 10-11.260 F-D : n° 20149) ;
– de la différence entre le niveau de trésorerie disponible annoncé dans les documents de présentation de la société et celui constaté à la suite d'un audit dès lors qu'il résultait des circonstances de l'espèce que l'acquéreur connaissait le niveau réel de la trésorerie (CA Paris 6-5-2014 n° 12/19322 : n° 19835) ;
– de la dissimulation des détournements de fonds sociaux ayant permis au cédant de présenter en vue de la cession un bilan avec un résultat apparemment positif, alors qu'il était en réalité négatif, dès lors que, si la société affichait bien une décrue de ses résultats entre les deux années ayant précédé la cession et si, en raison des abus et fautes du gérant, le résultat de l'année antérieure à la cession était en réalité légèrement négatif, il n'était pas acquis que l'acquéreur aurait renoncé à son projet en considération des paiements indus dans la mesure où, en dépit des pertes d'exploitation enregistrées du fait des agissements du gérant, l'actif comprenait encore des valeurs mobilières de placement d'un attrait suffisant (Cass. com. 20-1-2015 n° 13-24.195 F-D : RJDA 5/15 n° 348) ;
– de la dissimulation de la fin d'un contrat d'exclusivité avec un fournisseur dès lors qu'un compte-rendu de réunion émanant de la société faisait état, non pas de relations exclusives établies avec ce fournisseur, mais d'un début de collaboration, et qu'il résultait de ce compte-rendu que la société n'était satisfaite ni de la qualité des produits du fournisseur ni des prix pratiqués, qu'elle jugeait trop élevés (CA Paris 26-9-2017 n° 16/02854 : RJDA 12/17 n° 810).
De même, **le cédant** de droits sociaux ne peut pas invoquer le dol de la société acquéreuse en faisant valoir que son frère avait bénéficié de la part de celle-ci d'une valorisation plus élevée lorsqu'il avait cédé ses titres un mois plus tôt et que cette cession lui avait été dissimulée, dès lors qu'il résulte des éléments suivants que ladite cession ne formait pas un tout indivisible, de sorte que sa dissimulation n'a pas pu provoquer d'erreur déterminante du consentement du second cédant : le montant des sommes allouées au premier cédant ne suffit pas à caractériser, en dépit du caractère occulte des négociations ayant précédé la cession, un dol dans la mesure où les indemnité, commission et rémunération versées ne constituaient pas un complément au prix d'achat de ses actions ; ces versements complémentaires avaient pour cause le licenciement du premier cédant, la rémunération de ses diligences pour la cession d'une filiale et sa rémunération au titre de l'exercice de son mandat social de président du directoire de cette dernière (Cass. com. 17-1-2018 n° 16-14.914 F-D : RJDA 6/18 n° 503).

Les tribunaux considèrent parfois que le **dol** n'a **pas déterminé** la victime à contracter lorsqu'il résulte des circonstances qu'elle aurait en tout état de cause consenti à l'opération. **19740**

ILLUSTRATIONS

Jugé que l'acquéreur ne peut pas utilement invoquer une surévaluation de l'actif par les cédants pour demander l'annulation de la cession dès lors que, homme d'affaires averti qui ne pouvait se méprendre sur la situation de la société, il était en réalité très intéressé par l'acquisition de l'usine dont cette société était propriétaire, ce dont il résultait que la remise du bilan comportant la surévaluation de l'actif n'avait pas déterminé son consentement (Cass. com. 2-7-1996 n° 1258 D : n° 20031).

De même, dans un cas où le cédant avait affirmé dans l'acte de cession qu'il n'existait aucun litige en cours, jugé que l'acquéreur ne démontre pas que la perte d'une marque qui serait la conséquence d'un litige l'aurait conduit à renoncer à son acquisition s'il l'avait connue puisqu'il a manifesté ultérieurement son intérêt pour l'entreprise (CA Paris 25-10-1996 n° 95-24380). Voir également CA Paris 31-5-1990, 5e ch. C, B. c/ SARL Linéa Vinci : n° 19900 et CA Paris 21-3-2006 n° 04-21490 : n° 20122.

Aucune erreur déterminante ne saurait être invoquée par l'acquéreur qui, informé de la situation financière de la société par le commissaire aux comptes de celle-ci et malgré les tentatives de dissuasion de ce dernier, a néanmoins procédé à l'acquisition (Cass. 2e civ. 30-6-2011 n° 10-16.330 : n° 20166).

b. Erreur provoquée par le dol excusable ou non

RÉGIME DE L'ERREUR PROVOQUÉE PAR LE DOL DEPUIS LE 1er OCTOBRE 2016

19750 L'erreur provoquée par le dol est toujours excusable (C. civ. art. 1139 issu de ord. 2016-131 du 10-2-2016). Il en est ainsi que le dol résulte de manœuvres, de mensonges ou de la dissimulation volontaire d'une information déterminante. En effet, la loi assimilant cette dissimulation à un dol à part entière (C. civ. art. 1137, al. 2 issu de ord. 2016-131), il n'y a pas lieu de distinguer entre le dol par commission et celui par omission. C'est aussi le sens de l'adverbe « toujours » figurant à l'article 1139 du Code civil.
Selon le rapport au président de la République sur l'ordonnance 2016-131 du 10 février 2016, l'article 1139 met l'accent sur l'intention de tromper. Il faut en déduire que celle-ci absorbe l'éventuelle faute de la victime. Dès lors, il n'y a pas lieu d'écarter l'existence d'un dol lorsque la victime a commis une négligence, par exemple parce qu'elle aurait pu éviter d'être trompée en se renseignant par elle-même sur la situation de la société.
Sur l'articulation de cette règle avec l'article 1112-1 du Code civil, qui oblige tout cocontractant à communiquer à l'autre toute information déterminante que celui-ci ignore légitimement, et avec l'article 1137, voir nos 19412 s.

RÉGIME DE L'ERREUR PROVOQUÉE PAR LE DOL AVANT LE 1er OCTOBRE 2016

19760 **Erreur provoquée par des manœuvres ou un mensonge** Avant la réforme issue de l'ordonnance 2016-131 du 10 février 2016, le caractère excusable de l'erreur provoquée par le dol avait déjà été affirmé par la chambre commerciale de la Cour de cassation en cas de manœuvres ou de mensonges : dans un tel cas, il ne pouvait pas être reproché à l'acquéreur, victime d'un dol du cédant, de ne pas s'être renseigné par lui-même ou de ne pas avoir fait procéder à un audit de la société qu'il entendait acquérir (Cass. com. 10-7-1989 n° 87-19.426 D ; Cass. com. 21-1-1997 n° 140 D et Cass. com. 3-7-2001 n° 1295 : n° 19761, rendus en matière de cession de droits sociaux ; pour des applications à d'autres contrats, Cass. com. 22-5-2001 n° 1030 F-D : RJDA 10/01 n° 1013 ; Cass. com. 24-5-1994 n° 1269 P : RJDA 11/94 n° 1122).

19761 **ILLUSTRATIONS**

La cour d'appel qui a constaté que, pour dissimuler la situation financière réelle de la société qu'il dirigeait et dont il a cédé les parts, le cédant avait présenté un **bilan fallacieux** et qui a retenu que, sans cet artifice, l'acquéreur n'aurait pas contracté aux conditions retenues, a pu décider que ces agissements revêtaient un caractère dolosif, peu important que l'**acquéreur** ait été **assisté d'un expert-comptable** ou qu'il ait **omis de recueillir l'avis du commissaire aux comptes.**

Cass. com. 10-7-1989 n° 87-19.426.

Dans un cas où le cédant des parts d'une société exploitant un fonds de commerce et le rédacteur de l'acte de cession avaient utilisé la voie de la cession d'actions pour se soustraire à l'obligation légale de présenter à l'acquéreur le résultat gravement déficitaire des derniers exercices du fonds de commerce, jugé que l'acquéreur, parfaitement inexpérimenté, avait eu son consentement vicié par des **manœuvres** dolosives **ayant consisté à mener l'affaire dans une hâte injustifiée,** le laissant dans l'ignorance de ce qu'il achetait et sans qu'il soit à même d'apprécier ce à quoi il s'engageait.

Cass. com. 4-12-1990 n° 88-14.335 : n° 20013.

Même si elle a eu connaissance de la situation financière tendue de la société qui rendait nécessaire son intervention, la société cessionnaire a été trompée sur l'importance du chiffre d'affaires en raison d'une **double comptabilisation des factures** et, en sa qualité de **professionnel du placement à risque de capitaux,** elle n'avait pas l'obligation de suspecter les comptes qui lui étaient soumis et de procéder à des vérifications complémentaires.

CA Paris 16-4-1992, 1e ch. B, Sté Alpha associés c/ D. : Bull. Joly 1992 p. 624 note Y. Chaput.

Dans un cas où les cédants de la totalité des parts d'une société avaient garanti que le passif social était constitué de certaines dettes et où un **contrôle fiscal** postérieur à la cession mais portant en partie sur des exercices antérieurs avait révélé un passif fiscal, une cour d'appel ne peut pas rejeter la demande de l'acquéreur en annulation de la vente pour dol au motif que les dettes fiscales ne sont apparues que postérieurement à la cession et qu'il appartenait à l'acquéreur de se renseigner sur la situation de la société dont il envisageait de prendre le contrôle dès lors que la **véritable situation** de la société lui a été **volontairement cachée,** aucune comptabilité ne lui ayant été fournie et les cédants ne l'ayant pas informé du **risque fiscal** encouru du fait du défaut de déclarations obligatoires par le précédent gérant.

Cass. com. 5-7-1994 n° 1583 D : Bull. Joly 1994 p. 1222 note A. Couret.

Ndlr : En l'espèce, il n'y avait pas simple réticence dolosive mais mensonge : en effet la consistance du passif de la société telle que définie par le cédant était fausse et il n'avait pas remis à l'acquéreur les documents qui lui auraient permis de s'en apercevoir.

A commis un dol engageant sa responsabilité le **cédant** de parts sociales qui a présenté à l'acquéreur des comptes ne reflétant pas la réalité de la situation de la société alors qu'il **savait** qu'avaient été **comptabilisés des marchés** qui n'avaient **jamais été conclus.**

Le commissaire et l'expert-comptable de la société, condamnés solidairement avec le cédant à payer des dommages-intérêts à l'**acquéreur,** ne peuvent pas prétendre que ce dernier aurait commis une **faute en ne faisant pas procéder à un audit comptable** préalablement à la prise de contrôle de la société dès lors que l'acquéreur pouvait légitimement accorder foi à leurs travaux.

Cass. com. 21-1-1997 n° 140 D : Bull. Joly 1997 p. 417 note J.-C. Hallouin.

Le dol du cédant qui a présenté des **documents** comptables **sans rapport avec la situation** réelle de la société et **dissimulé** l'existence d'un **litige** rend excusable l'erreur commise par l'acquéreur.

CA Paris 19-3-1999, 3e ch. : n° 20043.

Cassation de l'arrêt qui pour refuser d'annuler la cession de parts d'une société exploitant un fonds de commerce de café, bar, dancing a retenu que les acquéreurs étaient à même de **se renseigner sur la teneur** précise **des autorisations** dont l'existence était mentionnée dans l'acte de cession et qu'une intention de tromper imputable au cédant n'est pas établie, alors que les cédants avaient indiqué dans l'acte de cession que la société bénéficiait d'une autorisation permanente lui permettant **d'exploiter de nuit** et qu'il n'est pas contesté que cette autorisation n'avait été accordée au cédant qu'à titre personnel.

Cass. com. 3-7-2001 n° 1295 F-D.

Compte tenu des manœuvres et **dissimulations** commises par le cédant, il ne saurait être reproché à l'acquéreur une **erreur inexcusable ou un défaut de diligence,** alors au demeurant que celui-ci a estimé nécessaire de se faire consentir une garantie concernant les actifs de la société.

CA Versailles 31-5-2002 n° 01-573 : n° 20061.

Si l'erreur commise par un acquéreur peut être tenue pour inexcusable en cas de simple réticence dolosive, il n'en est pas de même en cas de dol par commission.

Dans un cas où le **cédant** d'actions d'une SA avait **menti en affirmant qu'aucun client n'avait l'intention d'arrêter ses relations** avec la SA alors qu'il savait que celle-ci allait perdre son principal client, il ne saurait être reproché à l'acquéreur de n'avoir pas procédé à des **contrôles** plus approfondis de toutes les **déclarations** qui ont pu lui être faites, n'ayant pas à mettre systématiquement en doute les renseignements fournis par le cédant.

CA Lyon 3-4-2003 n° 02-6347 : n° 20073.

Tenu de contracter de bonne foi, le **cédant,** qui a **menti sur l'impact de la perte d'un client** sur la rentabilité de la société, fait vainement valoir que l'acquéreur était un professionnel du même domaine d'activité que l'entreprise cédée, qu'il était assisté de conseils et qu'il pouvait faire toutes **investigations utiles** pendant la durée des négociations.

CA Paris 12-4-2005 n° 04-8281 : n° 20114.

Erreur provoquée par une réticence dolosive En cas d'erreur provoquée par une réticence dolosive, la **jurisprudence de la chambre commerciale** de la Cour de cassation a évolué. 19765

Dans un **premier temps,** elle a jugé que cette erreur devait être excusable. Elle refusait en conséquence de sanctionner la réticence dolosive invoquée lorsque l'acquéreur agissait à titre professionnel, celui-ci devant se renseigner par lui-même (Cass. com. 20-5-2003 n° 852 FS-D : RJDA 8-9/03 n° 836) ou lorsqu'il s'était contenté de documents reflétant une situation sociale bien antérieure à la cession, cette négligence lui étant imputable (Cass. com. 25-3-1991 n° 89-20.849 D). Ainsi, une cour d'appel avait pu considérer que n'était pas constitutif d'un dol le défaut d'information spontanée de la part du vendeur d'un fonds de commerce quant au fait que le classement de l'établissement ne pouvait être maintenu qu'à la condition de mettre dans un délai déterminé les chambres en conformité avec les règlements en vigueur, en retenant que, même s'il n'était pas un professionnel de l'hôtellerie, l'acquéreur devait savoir, en sa qualité d'ancien exploitant d'une pizzeria, que l'exploitation d'un établissement ouvert au public suppose le respect de certaines normes administratives et qu'il lui appartenait dès lors, après avoir procédé à la visite détaillée des lieux au cours de laquelle, rien ne lui ayant été dissimulé, il avait été mis en mesure de se rendre compte de ce qui poserait difficulté sur le plan réglementaire, de se renseigner à ce sujet (Cass. com. 13-5-1997 n° 1214 D : RJDA 8-9/97 n° 1029).

En **2007,** par deux arrêts non publiés au bulletin de la Cour de cassation, la chambre commerciale a jugé que la réticence dolosive rend toujours excusable l'erreur commise par la victime (Cass. com. 13-2-2007 n° 04-16.520 F-D et 13-3-2007 n° 05-21.564 F-D : RJDA 11/07 n° 1076), comme l'avait fait avant elle la troisième chambre civile (Cass. 3e civ. 21-2-2001 n° 233 FS-PBI : RJDA 5/01 n° 554 à propos d'une vente d'immeuble et de fonds de commerce) et la première chambre civile de la Cour de cassation (Cass. 1e civ. 23-5-1977 n° 76-10.716 : Bull. civ. I n° 244 à propos de la cession des parts d'une société civile).

ILLUSTRATIONS

Dans l'affaire ayant donné lieu au **premier arrêt de 2007** (n° 04-16.520), le vendeur d'un fonds de commerce de boulangerie-pâtisserie avait dissimulé à l'acheteur, au moment de la promesse, l'ouverture prochaine à proximité d'un commerce similaire à celui exploité dans le fonds cédé. Une cour d'appel avait refusé d'annuler la vente, jugeant que l'ignorance de l'acquéreur était inexcusable car, en tant que professionnel, il avait l'obligation de s'informer et donc de vérifier avant l'acquisition du fonds de commerce l'état du marché de la boulangerie dans le secteur où il comptait s'installer. La chambre commerciale a cassé cette décision aux motifs qu'une réticence dolosive rend toujours excusable l'erreur provoquée et que l'erreur de l'acquéreur, provoquée par la réticence dolosive du vendeur, avait été déterminante dans sa décision de signer la promesse.

Dans la **seconde affaire de 2007** (n° 05-21.564), une esthéticienne avait acquis du matériel d'amincissement qu'elle ne pouvait pas utiliser sans exercer illégalement la profession de masseur-kinésithérapeute et les fiches descriptives du matériel ne contenaient pas d'information sur les compétences requises pour mettre en œuvre les traitements décrits ; le vendeur, spécialisé dans les systèmes d'amincissement, devait, au besoin après s'être renseigné sur la conformité de ses produits aux normes médicales, informer son acheteur sur les conséquences de son achat au regard du respect de ces normes ; une cour d'appel a pu déduire de ces constatations que la réticence dolosive du vendeur rendait excusable l'erreur provoquée commise par l'esthéticienne en acquérant un matériel qui ne pouvait être utilisé sans enfreindre la réglementation et justifiait l'annulation du contrat de vente. Au cas particulier, l'argument du vendeur, selon lequel il n'avait pas d'obligation d'information à l'égard d'un acheteur professionnel, a été écarté.

Un doute subsistait toutefois sur la constance de cette solution. Outre l'absence de publication des arrêts de 2007, les arrêts qu'elle a rendus ensuite sont ambigus. Il y est souvent fait référence aux compétences professionnelles de celui qui invoque le dol pour écarter l'existence d'une réticence dolosive mais il n'est pas toujours précisé si cette exclusion résulte d'une absence totale d'erreur, du défaut de caractère déterminant de l'erreur ou encore du caractère inexcusable de celle-ci. Jusqu'en 2016, aucun arrêt n'a, à notre connaissance, affirmé à nouveau le principe posé en 2007.

Par ailleurs, certaines **cours d'appel,** notamment celles de Paris (CA Paris 15-6-2010 n° 09-20695 : n° 20147 ; CA Paris 1-6-2010 n° 08-6286 : n° 20145 ; CA Paris 17-5-2011 n° 09/23481 : n° 20150 ; CA Paris 21-6-2011 n° 10-06181 : n° 20165) ou de Versailles (CA Versailles 7-6-2007 n° 05-9460 : RJDA 11/07 n° 1115), maintenaient l'exigence d'une erreur excusable.

Ce n'est qu'en **2016,** juste avant l'entrée en vigueur de l'article 1139 du Code civil, que la chambre commerciale a réaffirmé le principe (Cass. com. 8-3-2016 n° 14-23.135 F-D : RJDA 7/16 n° 508). Dans cette affaire où un kinésithérapeute avait acheté un matériel dont l'utilisation était en fait réservé aux seuls médecins, une cour d'appel avait refusé d'annuler la vente pour dol, estimant qu'il incombait à l'acheteur de connaître les activités réservées aux médecins et celles qui sont autorisées aux kinésithérapeutes. La Cour de cassation a censuré cette décision : la réticence dolosive rend toujours excusable l'erreur provoquée et la circonstance que l'acheteur aurait dû savoir, en tant que professionnel, qu'il n'était pas autorisé à utiliser le matériel acheté n'excluait pas l'existence d'un dol de la part du vendeur.

3. ERREUR PROVOQUÉE PAR LE DOL DANS LES CESSIONS DE DROITS SOCIAUX

19810 Le dol dont s'est rendue coupable une partie ne peut pas être invoqué par l'autre **partie** lorsqu'elle **connaissait la situation de la société dont elle a acquis ou cédé les parts.** Dans un tel cas, en effet, elle ne peut pas soutenir que le dol l'a déterminée à donner son consentement. C'est ce qu'a jugé la Cour de cassation dans un cas où le cédant s'était abstenu de porter certains renseignements à la connaissance de l'acquéreur en vue de cacher la situation difficile et précaire de la société au moment de la cession et où cette situation était en réalité parfaitement connue de l'acquéreur (Cass. com. 19-3-1985 n° 83-17.316 : Bull. Joly 1985 p. 533). De même, les juges du fond n'ont pas à rechercher l'existence d'une manœuvre dolosive dès lors qu'il résulte des éléments suivants que l'acquéreur n'a été victime d'aucune erreur : l'acquéreur ne pouvait pas ignorer que le bilan ayant servi de base aux opérations de cession n'était qu'une situation estimative donc approximative ; ce document faisait déjà apparaître un passif de 2 665 362 francs (plus de 400 000 €) ; en se fondant sur une situation provisoire établie dans de telles conditions, l'acquéreur avait pris sciemment le risque, qu'il avait accepté, d'être confronté à une augmentation de ce passif (Cass. com. 7-7-2004 n° 00-22.310 F-D).

Cette connaissance de la situation sociale par la victime exclut par ailleurs le recours aux **mesures d'instruction** de l'article 145 du Code de procédure civile pour établir la preuve du dol (n° 19057).

CONNAISSANCE EXCLUANT LE DOL DÉDUITE DE STIPULATIONS CONTRACTUELLES

Le caractère déterminant de l'erreur commise par la victime est écarté lorsqu'il ressort de l'**acte de** 19830
cession lui-même que cette dernière a eu connaissance des documents sociaux (statuts, comptes sociaux...), dont il n'est pas établi qu'ils aient été falsifiés, et a acquiescé aux conditions de la cession, en connaissance de la situation juridique et comptable de la société. Il en est de même lorsque, par une **déclaration ou** une **mention expresse,** la victime a reconnu avoir eu connaissance de certaines informations.

ILLUSTRATIONS Cas où la connaissance de la victime a été retenue 19835

La demande de l'acquéreur de parts sociales en annulation de la cession pour dol doit être rejetée dès lors qu'il était parfaitement informé de la **mauvaise situation financière** de la société : dans une **lettre** au cédant, écrite après un long entretien avec son propre notaire, l'acquéreur déclarait que l'évaluation de l'actif net avait été faite à partir d'un chiffre négatif, que la société pourrait rembourser les comptes courants créditeurs du cédant lorsque ce chiffre serait revenu à zéro et formulait plusieurs propositions de règlement des parts représentant selon lui un net retour en arrière par rapport à ses propositions initiales sauf en cas de redressement brillant, lequel lui paraissait hors de portée ; en outre, moins de trois mois après la cession, l'acquéreur devenu gérant de la société avait **déclaré aux salariés** que la situation financière de la société n'était pas florissante et qu'il envisageait de prendre des mesures de réorganisation.

CA Paris 11-10-1984, 15e ch. B : JCP G 1985 II n° 20499 note A. Viandier.

Des acquéreurs de parts sociales font valoir en vain que leur consentement a été vicié, dès lors qu'ils ont **déclaré avoir eu connaissance** de l'ensemble de la **situation juridique et comptable de la société** permettant d'établir l'actif et le passif au moment des cessions ; ils ne peuvent en outre se prévaloir des **irrégularités formelles** de la promesse de cession et de la convention relative à la détermination du prix de cession puisqu'ils les ont acceptées en signant ces actes ; peu importe d'ailleurs la fausse indication dans cette dernière convention sur la consistance du patrimoine social, cette mention n'ayant été d'aucun effet sur le prix de cession des parts de la société.

CA Paris 17-12-1991, 3e ch. : RJDA 4/92 n° 353.

Les acquéreurs, dont l'un était au surplus commerçant, ne peuvent pas se prévaloir de l'inexactitude de la déclaration du cédant concernant le **règlement par la société de ses créances envers les tiers** dès lors qu'ils ont **déclaré dans l'acte de cession** avoir pris leur décision en toute connaissance de cause au vu du bilan de l'exercice précédant la cession et en dépit de l'absence de documents comptables postérieurs.

Cass. com. 15-3-1994 n° 92-10.813 D.

Dans un cas où l'acquéreur de parts sociales invoquait l'insuffisance de la provision qui avait été constituée au bilan au regard du montant d'un redressement fiscal dont la société avait fait l'objet après la cession, une cour d'appel a pu estimer que son consentement n'avait pas été vicié dès lors qu'ayant eu **connaissance du dossier du contrôle fiscal** et procédé à un **examen des comptes sociaux,** il avait accepté la cession en connaissance du montant réel du redressement fiscal et de l'état du contentieux opposant la société à l'administration.

Cass. com. 21-3-1995 n° 587 D : Bull. Joly 1995 n° 185 note A. Couret.

Ndlr : L'acquéreur faisait valoir qu'il avait eu certes connaissance du contrôle fiscal mais qu'il n'avait pas eu la possibilité d'en mesurer les conséquences au regard du passif de la société.

Sur la connaissance par l'acquéreur de la **perte du principal client** de la société de transport acquise, voir CA Paris 28-4-2000 n° 99-2196 : n° 20055.

Les acquéreurs de parts sociales, mis en possession de la comptabilité avant la cession, ne peuvent pas soutenir qu'ils ignoraient lors de la signature du protocole que la **méthode d'évaluation**

19835 (suite) **comptable des stocks** pratiquée par la société n'était pas conforme aux principes comptables généralement admis. En effet, la rédaction du protocole, qui précise que les stocks sont établis contradictoirement entre les parties et selon les mêmes méthodes que précédemment, démontre que leur attention a été expressément attirée sur cette question ; en acceptant la cession dans les termes proposés, ils ont **accepté, en connaissance de cause** et sans que leur consentement ait été vicié, la méthode d'évaluation des stocks jusqu'alors utilisée par les cédants.

CA Paris 6-10-2000 n° 99-16910.

Dans un cas où après la restructuration d'un groupe de sociétés, la société holding et son dirigeant avaient cédé leurs actions dans l'une des filiales, l'acquéreur de ces titres invoque en vain la dissimulation de la **situation désastreuse de la filiale** dès lors que **les termes mêmes de l'acte de cession,** qui précisaient qu'il avait eu communication de tous les documents utiles à son information, montraient que la situation financière était mauvaise.

CA Paris 21-12-2001 n° 99-16548.

Sur la connaissance par l'acquéreur des **difficultés de la société,** voir Cass. com. 13-3-2001 n° 512 F-D : n° 20058 ; Cass. com. 13-11-2003 n° 1510 F-D : n° 20085 et CA Paris 2-4-2004 n° 02-14106 : n° 20092.

L'acquéreur de droits sociaux ne peut pas prétendre ne pas avoir été informé de l'**existence d'un litige** opposant une société tierce qui éditait un ouvrage « L'annuaire des banques » et la société cédée qui publiait un annuaire concurrent « L'annuaire des professions bancaires », à l'issue duquel cette dernière a été condamnée à verser des dommages-intérêts et s'est vu interdire de vendre son annuaire, dès lors que, en classant dans l'annexe « liste des litiges » à l'acte de garantie le différend avec la société tierce dans la liste des « **litiges en cours** » et non dans celle des « **litiges potentiels** » et en précisant ainsi son objet : « selon le demandeur l'annuaire des établissements bancaires publié par la société cédée présente les mêmes caractéristiques que l'annuaire des banques publié par la société tierce », le cédant avait donné toutes les informations dont il disposait.

Cass. com. 3-6-2003 n° 913 F-D.

Pour un cas où la connaissance qu'avait l'acquéreur des difficultés financières du groupe de sociétés dont il faisait l'acquisition a été déduite des termes du **préambule de l'acte de cession** et de ce dernier, voir CA Paris 2-4-2004 n° 02-14106 : n° 20092.

Dans le cas de la cession de la totalité des actions d'un groupe industriel, l'acquéreur reproche en vain aux cédants de ne pas lui avoir communiqué des documents comptables faisant apparaître une dégradation de la situation financière sans commune mesure avec celle prise en compte lors des négociations des conditions de la cession alors notamment que, dans un **courrier antérieur à la cession, l'acquéreur** a au contraire **exprimé sa satisfaction quant aux possibilités d'investigations** qui lui avaient été offertes et que ce courrier démontre en outre que l'acquéreur **avait connaissance** dès cette époque **de la détérioration de la situation financière,** qu'il qualifiait « d'en dessous du budget », et avait constaté que l'activité de la principale filiale du groupe continuait sa régression.

CA Paris 27-5-2005 n° 04-03930 : n° 20118.

Pour un cas où le **recours massif** de la société **au travail précaire** et les risques afférents étaient mentionnés dans la garantie de passif, voir CA Paris 11-6-2009 n° 07-11400 : n° 19525.

Aucune **réticence dolosive** n'est imputable au cédant en ce qui concerne le **niveau de trésorerie du holding.** Certes, les documents de présentation, remis par le cédant lors des négociations et établis par l'un des futurs acquéreurs alors salarié du holding, évoquaient une trésorerie disponible de 900 000 € et l'audit diligenté par les acquéreurs concluait à un montant de 816 000 € au 31 décembre 2010. Mais le cédant ne s'était pas engagé sur un niveau minimal de trésorerie à la date de la cession. Les acquéreurs, qui avaient la faculté de ne pas acheter si l'audit révélait des non-conformités, n'avaient pas fait de ce point une condition suspensive. Ces documents et le rapport d'audit mentionnaient aussi la créance en compte courant du cédant (250 000 €) dont le remboursement avant la cession était acquis et une dette senior de 380 000 € à remboursement mensuel. Il résultait d'une lecture même sommaire de ces documents que la trésorerie disponible à la date de la cession serait nécessairement inférieure au montant annoncé. Les acquéreurs en avaient conscience puisqu'ils avaient présenté aux banques des demandes de financement fondées sur une trésorerie de 550 000 €. Le fait que la trésorerie n'ait été que de 285 000 € pour le mois au cours duquel la cession a été réalisée était peu significatif, compte tenu du remboursement du compte courant (250 000 €) et d'une partie de la dette senior (140 000 € entre janvier et mai 2011) et de l'évolution du poste « Créances clients » (encours de plus de 550 000 €).

Les acquéreurs ne peuvent pas non plus invoquer un manquement du cédant à la bonne foi ou à la loyauté contractuelle pour les avoir laissés établir leur business plan sur la base d'une trésorerie de 550 000 € au 1er juin. Le cédant, qui ne garantissait pas le niveau de la trésorerie à la date de la cession, n'était tenu, relativement à des prévisions futures, à aucun devoir de conseil à l'égard des acquéreurs, tous professionnels du monde des affaires et ayant contracté en connaissance de cause après avoir fait réaliser un audit comptable du holding. Ce holding était en outre parfaitement connu de l'un d'eux, qui y travaillait en qualité de responsable de la direction commerciale et de la régie publicitaire. Un autre des acquéreurs avait **adressé au cédant, quinze jours après la cession, un tableau établissant une trésorerie de 285 000 € sans formuler de réserve ou d'objection,** ce qui confirmait que ce niveau de trésorerie ne se révélait alors ni anormal ni inattendu au regard des propres prévisions des acquéreurs.

CA Paris 6-5-2014 n° 12-19322 : RJDA 11/14 n° 842.

ILLUSTRATIONS

Cas où la connaissance de la victime n'a pas été retenue 19840

Dans un cas où les cédants de parts d'une SCI avaient dissimulé aux acquéreurs, qui souhaitaient achever l'important programme immobilier entrepris par la société avant la cession, l'existence d'un **recours contre un permis de construire** qui empêchait la poursuite de l'opération immobilière, il ne peut pas être déduit des **déclarations relatives à la parfaite connaissance de l'opération** et des renonciations des acquéreurs à tout recours contre les cédants une connaissance par les acquéreurs du recours que les actes de cession n'évoquent même pas.

CA Paris 8-11-2002 n° 00-20904 : n° 20064.

CONNAISSANCE EXCLUANT LE DOL DÉDUITE DE LA QUALITÉ DE LA VICTIME

Exercice par la victime de fonctions dans la société dont les parts sont cédées 19850 Les tribunaux tiennent compte des fonctions exercées par la victime dans la société dont les parts sont transmises ou du cautionnement des dettes de celle-ci avant la cession pour déterminer si elle connaissait la situation de celle-ci. Quelle qu'elle soit, la qualité de la victime ne suffit pas toujours à elle seule à ôter tout caractère déterminant à l'erreur commise.

ILLUSTRATIONS

Cas où la connaissance de la victime a été retenue 19855

Dans un cas où une société en avait absorbé quatre autres et où, à la suite de l'opération, un administrateur de la société absorbante avait acheté aux actionnaires des sociétés absorbées les actions nouvelles créées en contrepartie des apports effectués, il y a lieu de rejeter la demande de l'administrateur en annulation de la cession pour dol, en raison d'une majoration frauduleuse des apports, dès lors qu'il avait fait contrôler les avoirs des sociétés absorbées en recherchant leur potentiel de fabrication et de commercialisation, sans se préoccuper sérieusement de la valeur réelle de leurs actifs et que, **membre du conseil d'administration de la société absorbante** et jouant un **rôle prépondérant au sein de celle-ci,** il ne pouvait pas prétendre ignorer la véritable valeur des sociétés absorbées qu'il **connaissait de longue date,** alors par ailleurs qu'il avait eu à sa disposition, pour apprécier la valeur des apports réalisés, des documents d'où ressortait la surévaluation des actifs et que les conditions de l'absorption avaient été examinées dans le détail par le conseil d'administration de la société absorbante.

Cass. com. 31-3-1981 n° 380.

L'acquéreur des actions d'une société ne peut pas prétendre que le cédant l'a trompé sur la situation réelle de la société dès lors qu'il ne rapporte pas la preuve de la falsification ou de l'inexactitude des bilans et documents comptables ayant servi à déterminer le prix de cession des actions et qu'il s'est obligé en connaissance de cause, informé de la situation de la société, en tout cas, n'ayant pas été empêché de l'être avant de contracter. En effet, ayant **travaillé dans la société plus d'un mois avant la cession,** l'acquéreur a pu, librement, examiner les livres comptables, faire toutes les constatations utiles sur les éléments actifs et passifs de la société et sur les méthodes de gestion, éléments et méthodes sur lesquels il pouvait porter, compte tenu de son **expérience de gestionnaire de sociétés** et de ses **compétences professionnelles,** un jugement critique et objectif avant de se rendre acquéreur des actions.

CA Paris 17-6-1992, 15e ch. A : Bull. CNCC 1992 n° 88 p. 595 note E. du Pontavice.

L'acquéreur de parts sociales soutient en vain que les cédants lui ont frauduleusement fait croire que la société n'avait pas de difficultés dès lors que, **fondateur de la société, administrateur et directeur commercial** depuis l'origine, il savait par ses fonctions que le chiffre d'affaires nécessaire pour assurer la rentabilité de l'entreprise était loin d'être atteint.

CA Paris 5-12-1997 n° 96-16051.

Après avoir acquis en avril d'une année une partie des actions d'une société et être devenus, vingt jours après, administrateurs à la place des cédants, les acquéreurs s'étaient engagés en novembre de la même année à acquérir le reste des actions détenues par les cédants dans cette société. Les acquéreurs invoquent en vain, pour refuser d'exécuter leur promesse d'acquérir le reste des actions, le silence gardé par les cédants sur l'absence de valeur de la clientèle de la société, la défection de certains clients ayant eu lieu un an après la conclusion de la promesse, dès lors que les **acquéreurs, devenus dirigeants** à la suite de la première cession, **ne pouvaient** pas **ignorer** les rapports que la société entretenait avec ses clients, si tant est qu'ils ne s'en étaient pas préoccupés auparavant.

Cass. com. 7-4-1998 n° 903 D.

S'agissant de l'acquéreur des parts d'une société d'assurance, **actionnaire fondateur** de cette dernière, voir Cass. com. 13-3-2001 n° 512 F-D : n° 20058.

L'administrateur d'une SA qui a acquis les actions de celle-ci soutient en vain que les cédants lui ont frauduleusement fait croire que la société n'avait pas de difficultés dès lors qu'ayant souscrit un engagement de **caution** à l'occasion d'un emprunt contracté par la société, il connaissait de ce fait l'existence de cette dette sociale qui constitue l'essentiel du déficit de la société.

CA Paris 5-12-1997 n° 96-16051.

Dans un cas où, un mois après la cession de 31 % du capital d'une SA, celle-ci avait été mise en redressement judiciaire et où la date de cessation des paiements avait été fixée à une date antérieure à la cession, l'acquéreur fait valoir en vain que le cédant lui aurait caché la situation catastrophique de la société dès lors que, **cadre de la SA et proche de son président,** il **connaissait nécessairement la situation** financière de la société qui était **révélée par les procès-verbaux des conseils d'administration** que tout acheteur diligent doit se faire remettre.

Cass. com. 16-11-1999 n° 1758 D.

Sur la connaissance de l'état de cessation des paiements par l'acquéreur, déjà **actionnaire** et exerçant des **fonctions commerciales importantes** dans la société, voir CA Paris 2-5-2003 n° 01-8314 : n° 20079.

L'acquéreur des actions d'une SA ne peut pas prétendre que la situation effective de la SA lui a été malicieusement masquée par les cédants avec production de faux pour le déterminer à fournir son consentement dès lors qu'il ne démontre pas l'existence des faux qu'il dénonce et qu'il a manifestement disposé d'une connaissance particulièrement approfondie de la situation de la SA. En effet, ayant été l'**actionnaire majoritaire** pendant quatre années et l'**administrateur** de la société avant la cession, lui ayant fourni une assistance administrative, juridique et commerciale rémunérée pendant deux ans et ayant fait établir préalablement à la cession un **audit interne,** l'acquéreur, de par ses fonctions, connaissait la situation de la société, son état et en était lui-même responsable.

CA Paris 24-9-2004 n° 03-21364 : RJDA 10/05 n° 1114.

Il y a lieu de rejeter la demande de l'acquéreur de parts sociales en annulation de la cession pour dol, compte tenu des éléments suivants :

– l'acquéreur ne rapporte pas la preuve que les comptes de l'exercice ayant servi de base à l'évaluation du prix de cession aient été erronés, ou qu'à le supposer, le cédant ait eu connaissance du caractère erroné des comptes, ni encore qu'ayant su qu'ils étaient erronés, il les ait utilisés en vue d'obtenir son consentement, étant précisé que le **cédant** s'était **engagé à garantir le passif** de la société si un élément de passif réel ni comptabilisé ni provisionné à la clôture de l'exercice venait à se révéler, situation peu compatible avec la mauvaise foi invoquée par l'acquéreur ;

– l'acquéreur, homme d'affaires avisé, administrateur de près d'une centaine de sociétés, était associé depuis presque deux ans à hauteur de 30 % dans la société dont les parts ont été cédées, il en était devenu le **président du conseil d'administration** six mois avant la cession, avait nommé des proches comme premiers administrateurs et avait choisi lui-même le nouveau commissaire aux comptes de la société ; il en résulte qu'il a eu **accès à toutes les informations financières et comptables** ; au surplus, il avait eu seul la responsabilité de la présentation des comptes annuels ayant servi de base à l'évaluation du prix de cession en vue de leur approbation et il avait convoqué une assemblée générale extraordinaire un mois avant la cession pour prélever sur les bénéfices figurant au bilan de cet exercice la somme de 3 millions de francs (environ 457 000 €) afin de l'incorporer au capital.

CA Paris 4-12-2007 n° 06-19471 : RJDA 7/08 n° 750.

Sur la connaissance du niveau de trésorerie d'un holding par l'un de ses **acquéreurs** qui y travaillait en qualité de **responsable de la direction commerciale et de la régie publicitaire** et **avait** lui-même **établi les documents de présentation** de la trésorerie du holding, voir CA Paris 6-5-2014 n° 12-19322 : n° 19835.

19860 ILLUSTRATIONS

Cas où la connaissance de la victime n'a pas été retenue

Le cédant ne peut pas prétendre que l'acquéreur connaissait la situation obérée de la société et pouvait procéder à des vérifications dès lors que, bien qu'**associé,** l'acquéreur ne **participait pas à la gestion de la société,** n'avait **pas** été **convoqué à des assemblées** où il aurait pu être informé des résultats de l'exploitation et ne disposait pas des éléments nécessaires pour vérifier l'endettement de la société, les documents comptables indispensables pour procéder à de telles vérifications ayant été conservés par les cédants jusqu'à la signature de l'acte de cession.

CA Paris 9-7-1987, 25e ch. A : n° 20010.

Dans un cas de cession des parts d'une société exploitant un fonds de commerce nouvellement transformé en bar-vidéo-discothèque, cassation de l'arrêt qui, pour écarter la réticence dolosive du cédant concernant l'inadaptation des travaux d'isolation phonique réalisés par lui préalablement pour remédier aux nuisances sonores causées par la discothèque à l'hôtel incorporé à l'immeuble, retient que l'un des acquéreurs, pour avoir exercé un emploi **salarié** dans les lieux, ne pouvait pas ignorer la nécessité de travaux d'isolation phonique pour l'exploitation de l'établissement en discothèque sans risque de trouble anormal pour le voisinage, sans rechercher si cette personne n'avait pas été **abusée** par le fait que d'importants travaux d'isolation avaient été effectués par les cédants.

Cass. com. 13-1-1998 n° 62 D : RJDA 5/98 n° 600.

La cession de parts sociales doit être annulée en raison de la rétention de documents comptables et d'informations sur la situation financière de la société, le fait que l'acquéreur ait été, durant les deux mois ayant précédé la cession, **employé** par la société ne suffisant pas à justifier sa connaissance de l'état de cessation des paiements antérieur à la cession.

Cass. com. 17-6-2003 n° 987 F-D : n° 20082.

Concernant l'absence de connaissance par le cédant d'actions d'une SA, **administrateur** de celle-ci, de l'introduction imminente en bourse des actions de la société, voir CA Paris 4-7-2003 n° 01-3919 : n° 19630.

Dans un cas où le cédant des parts d'une **société de bâtiment** avait dissimulé à l'acquéreur un **litige l'opposant à un client** depuis deux ans et ayant abouti, un mois après la cession, à la condamnation de la société à payer audit client 34 000 € alors que le prix de cession des parts s'élevait à 61 000 €, le fait que l'**acquéreur** ait été présent dans l'entreprise comme **maçon** ne permet pas de présumer qu'il avait connaissance du détail du passif et de l'existence du contentieux et le fait qu'il ait pu par la suite aggraver ce passif ne peut pas enlever à la dissimulation de faits déterminants son caractère fautif.

CA Versailles 2-2-2007 n° 05-1149 : n° 20124.

Expérience professionnelle de la victime et/ou assistance d'un professionnel Même si elle n'était pas membre de la société dont les parts sont acquises ou cédées, la victime ne peut pas utilement faire valoir que le dol de son cocontractant l'a incitée à s'engager lorsque son expérience personnelle ou l'assistance des experts dont elle s'est entourée laissent penser qu'elle connaissait la situation exacte de la société. En tout état de cause, les tribunaux considèrent que la victime, compte tenu de son expérience ou de l'avis des experts, ne pouvait pas l'ignorer. 19870

ILLUSTRATIONS

Cas où la connaissance de la victime a été retenue 19875

L'acquéreur de parts sociales conteste en vain la sincérité du bilan sur la base duquel les parts avaient été évaluées, dès lors que, « **dirigeant d'entreprise d'expérience** », il s'était mis en rapport avec le cédant par l'intermédiaire de son **conseil** et n'avait acquis les parts qu'après avoir pu se familiariser avec la société et consulter les documents comptables.

Cass. com. 26-4-1988 : Bull. Joly 1988 p. 476.

Il y a lieu de rejeter l'action en nullité de la cession des parts d'une **société, concessionnaire automobile,** formée par l'**acquéreur** dès lors que ce dernier, qui était un **professionnel de la concession automobile** et qui avait la possibilité de se faire assister d'un expert, ne pouvait ignorer que le projet de bilan que le cédant lui avait présenté et au vu duquel il avait contracté n'était pas le bilan définitivement arrêté et approuvé et, alors que le prix des parts était provisoire, il n'était pas revenu sur le principe de son acquisition, même après avoir su que le bilan définitif différait du projet qui lui avait été soumis avant la signature de l'acte de cession.

Cass. com. 17-11-1992 n° 90-19.862.

Il y a lieu de rejeter l'action en nullité formée par l'acquéreur en raison d'irrégularités du bilan compte tenu des éléments suivants : l'importance limitée des irrégularités constatées fait douter de leur caractère volontaire ; l'acquéreur, disposant d'une compétence certaine en matière de gestion et de comptabilité, était une **personne avertie quant à l'examen des comptes,** censée connaître les diligences auxquelles il était nécessaire de procéder avant l'acquisition des parts d'une société ; il avait en outre **disposé,** compte tenu de la durée des négociations (huit mois), **du temps** nécessaire **pour s'entourer de toute information utile** sur la situation financière de la société ; enfin, il avait eu en sa possession, avant même la cession, d'autres d'éléments d'appréciation pour se déterminer (comptes sociaux postérieurs au bilan litigieux).

CA Aix-en-Provence 27-10-1995 n° 92-4120.

19875 (suite) L'acquéreur de parts sociales ne peut pas prétendre que le cédant lui aurait délivré des données comptables faisant apparaître une évolution trompeuse des chiffres d'affaires des années antérieures à la cession alors qu'il a fait réaliser, avant la cession, une **étude financière par un cabinet spécialisé** dans les acquisitions d'entreprises qui a relevé des risques non nuls de dégradation du besoin en fonds de roulement mais a constaté en revanche que les forces de l'entreprise cédée résidaient notamment dans la qualité de sa structure financière et dans la reprise de la croissance des marges.

CA Paris 22-10-1996 n° 96-14103 : n° 20034.

Une société d'expertise comptable ayant acquis les actions d'une société exerçant la même activité, pour un prix déterminé en accord avec le cédant, ne peut pas prétendre que ce dernier l'aurait trompée sur la **valeur de la clientèle cédée** et obtenir ainsi une réduction du prix de cession dès lors que les documents remis à l'acquéreur par le cédant étaient de nature à lui permettre, en sa qualité de **société d'expertise comptable, spécialiste** de l'analyse comptable et de l'estimation de la valeur d'une société, d'en apprécier la pertinence. En outre, si, à l'examen des documents communiqués, elle avait douté de la véracité du bilan présenté et des éléments fournis par le cédant, il lui appartenait de subordonner la cession à la production de tous autres documents et de recueillir du cédant toutes explications complémentaires qu'elle aurait jugé utiles. Familier des problèmes comptables, elle était suffisamment armée pour savoir comment utiliser et vérifier les renseignements fournis. Enfin, l'acquéreur, en **professionnel averti,** ne pouvait pas ignorer les risques inhérents à toute prise de contrôle d'une société, notamment, sur la fluctuation de sa valeur, dont il s'était d'ailleurs prémuni par l'insertion d'une clause de garantie de bilan dans l'acte de cession.

CA Paris 1-4-1997 n° 94-11867.

Il y a lieu de rejeter la demande d'annulation de la cession au motif que le cédant aurait dissimulé la défection d'un client représentant près de la moitié du chiffre d'affaires de la société dès lors que les dirigeants de la société cessionnaire, **assistés de leurs conseils,** avaient procédé à des **vérifications approfondies** avant de contracter et qu'un **mémorandum, établi par un cabinet extérieur,** avait attiré leur attention sur l'importance des pertes, la nécessité de revoir la stratégie de l'entreprise et le chiffre d'affaires espéré de cette dernière et qu'il résultait des échanges de correspondances, intervenus après la cession, que les relations commerciales avec le principal client de l'entreprise n'étaient pas rompues et que celui-ci avait reporté d'une année la conclusion d'un marché.

CA Versailles 10-11-1999 n° 97-6928 : RJDA 2/00 n° 168.

Il résulte notamment des constatations suivantes que les acquéreurs d'actions d'une société de bourse étaient parfaitement avisés de l'incertitude pesant sur la sincérité des comptes qui leur ont été présentés :

– **spécialistes de la finance** et pratiquant régulièrement des opérations de rachat de sociétés, ils ne pouvaient pas ignorer les difficultés notoires du secteur boursier qui faisait l'objet depuis deux ans avant la cession d'une réorganisation complète tenant notamment à l'apurement des « suspens » ;

– le cabinet d'expertise comptable, mandaté par les futurs acquéreurs aux fins de déterminer s'il était possible d'attester que les risques n'étaient pas supérieurs à 60 millions de francs (9 millions d'euros), avait conclu que l'état de la comptabilité et l'insuffisance notoire des systèmes de contrôle interne ne permettaient pas une **certification des comptes,** ni même de circonscrire les risques à un plafond déterminé.

CA Paris 10-1-2003 n° 00-22016 : n° 20067 *et, sur pourvoi, Cass. com. 3-11-2004 n° 1536 F-D : RJDA 3/05 n° 269, 2e espèce.*

Il y a lieu de rejeter la demande de dommages-intérêts pour tromperie formée par la société cessionnaire dès lors que cette dernière et son gérant se définissaient comme des industriels de l'habillement féminin tandis que la société dont les actions étaient cédées exploitait un fonds de création d'articles de mode et de prêt-à-porter féminin. Il en résultait que les deux sociétés évoluaient dans le **même milieu professionnel** et que la première ne pouvait pas prétendre avoir ignoré la réputation douteuse de l'autre société.

Cass. 1e civ. 28-1-2003 n° 112 F-D : n° 20070.

L'action en nullité de la cession des parts d'une société, intervenue six mois avant sa mise en redressement judiciaire, doit être rejetée dès lors que :

– la preuve de manipulations comptables ou d'une volonté frauduleuse de dissimulation de la perte de deux clients importants de la part du cédant n'est pas rapportée ;

– l'actionnaire majoritaire de la société acquéreur, qui a négocié la cession pendant trois mois, était un **homme d'affaires averti, notamment en matière de reprise d'entreprises** : en effet, en sa qualité d'ingénieur des mines, docteur ès sciences et diplômé de l'école Harvard Business School, parlant plusieurs langues, directeur international d'un groupe fournissant les industries du bâtiment, et ayant eu dans le passé la responsabilité de la négociation de cinq importantes

acquisitions, il possédait toutes les compétences nécessaires pour appréhender la situation de la société cédée dans tous ses éléments ; **19875 (suite)**
– l'actionnaire majoritaire de la société acquéreur s'était fait **assister d'un avocat spécialisé dans la négociation et la reprise d'entreprises** et avait **chargé un expert-comptable,** commissaire aux comptes, **d'établir un audit** technique, comptable, fiscal et juridique de l'entreprise cédée préalable à la cession, dont le volumineux rapport lui avait permis de se renseigner pleinement sur la future acquisition conformément à l'obligation lui incombant en tant qu'acheteur ; en outre, il n'était ni allégué ni démontré que l'expert-comptable ayant procédé à cet audit n'ait pas pu obtenir tous les documents utiles à l'accomplissement de sa mission.

CA Versailles 20-11-2003 n° 00-7871 : RJDA 7/04 n° 830, 2ᵉ espèce.

L'existence du dol et spécialement son caractère déterminant s'apprécient en considération de la personne et des capacités du cocontractant. Le fait que la **société cessionnaire de parts d'une société exploitant une clinique** soit une **société dont l'objet est la reprise de cliniques** et le rachat de parts sociales dans les sociétés qui les exploitent présuppose qu'elle a une bonne connaissance des principes d'exploitation des sociétés, de leur gestion et de la direction de leur personnel. En conséquence, lorsqu'elle s'est présentée pour reprendre la société, la société cessionnaire ne pouvait être trompée que par des manœuvres et dissimulations telles qu'elles devaient échapper à l'examen attentif d'un spécialiste. Or, la cession s'est déroulée suivant un processus comportant une approche de la valeur des parts. En effet, l'établissement d'un arrêté de comptes juste avant la cession devait permettre aux parties d'avoir un aperçu sérieux de la valeur de l'entreprise à travers ses résultats comptables, ce qui a été le cas puisque le prix des parts a été réduit d'un tiers entre le jour où les parties sont tombées d'accord sur la cession de parts et le jour de la réalisation de cette dernière. Cette modification du prix est révélatrice d'une discussion survenue sur ce point.

CA Paris 10-9-2004 n° 03-4283 : n° 20093.

Il résulte notamment des circonstances suivantes que les faits reprochés au vendeur de **parts d'une société d'édition de textes d'érudition** grecs et latins, mise en redressement judiciaire six mois après la cession, n'avaient pas pour but de surprendre le consentement de la société cessionnaire sur la valeur des parts et ne pouvaient pas égarer son consentement compte tenu de son degré de connaissance de l'entreprise objet de l'acquisition :
– la **société cessionnaire, société d'édition spécialisée,** n'était pas ignorante du type d'activité très spécifique de la société cédée, menée dans un secteur identique au sien et sur un mode commercial différent ; elle ne pouvait pas non plus ignorer, du fait de la proximité de leurs activités sur un marché restreint, que son mode d'exploitation assez archaïque ne pouvait garantir sa santé commerciale ; c'est ainsi que la société cessionnaire a été conduite à rechercher un rapprochement avec la société dont elle a acquis les parts pour combiner leurs compétences et compléter leurs activités ;
– une **note de synthèse sur la situation financière de la société cédée** avait été **établie par un cabinet d'audit** à la demande de la société cessionnaire avant l'acquisition, sur la base de pièces et renseignements fournis par le vendeur, sans apparemment que la gérance de la société cédée adopte une attitude ni de dissimulation matérielle ni de collaboration active ; aux termes de cette note, la situation de la société objet de la transaction était suffisamment alarmante et les anomalies de comptabilité suffisamment manifestes pour que la société cessionnaire puisse en tirer dès ce moment la plupart des conclusions nécessaires pour se prémunir des conséquences des négligences, inexactitudes et incertitudes qu'elle pouvait constater dans le fonctionnement de la société cédée ; ces anomalies résultaient d'un mode de gestion défectueux, et non pas de la construction d'apparences destinées à tromper le cocontractant.

CA Paris 19-11-2004 n° 03-19193 : n° 20106.

Dans le cas de la cession de la quasi-totalité des parts d'une société spécialisée dans la réalisation de piscines, le fait que le solde du paiement de la prime d'assurance garantie décennale n'ait pas été provisionné dans les comptes de l'exercice ayant servi de base à l'établissement du prix de cession constitue une **anomalie** d'une **importance très relative** qui résulte plus d'une erreur de gestion que d'une volonté de tromper le cocontractant. Cependant, il convient de l'apprécier au regard des circonstances de l'acquisition des parts et de la personnalité de l'acquéreur, afin de savoir si elle a pu déterminer l'acquisition.
– Tout d'abord, il apparaît que l'**opération** relative à l'acquisition et aux modalités de détermination du prix s'est déroulée **sur plusieurs mois** : l'offre d'acquisition a été faite en avril, la signature de l'acte de cession est intervenue en juillet, le prix définitif a été établi en février de l'année suivante.
– Ensuite, l'**acquéreur** était manifestement un **professionnel averti,** de surcroît **conseillé et assisté** par son comptable. Il s'est montré d'ailleurs déterminé à s'entourer de toutes les précautions puisque, dans l'offre d'acquisition qu'il a adressée aux cédants, il a indiqué que, dès la levée des conditions suspensives, il effectuerait un audit des contrats et marchés pour être assuré de

19875 (suite) ces éléments et qu'en cas de distorsions à cet égard, une réunion des experts-comptables et conseils respectifs aurait lieu pour apporter une solution définitive au moins huit jours avant la date de cession ; il a eu, en outre, **communication des documents sociaux,** des factures, des bilans des exercices antérieurs, qui sont déterminants pour fixer la valeur des parts sociales.

– Enfin, il a pu faire toutes les **investigations nécessaires** jusqu'au protocole de constat de l'établissement définitif des bilans de réalisation, protocole signé après établissement des comptes contractuels « de façon définitive et contradictoire entre l'acquéreur, le vendeur et le garant, assistés de leurs experts-comptables respectifs », qui laissait apparaître un actif net comptable inférieur et entraînait une diminution du prix.

Il résulte de ces éléments que l'anomalie litigieuse n'a pas été déterminante du consentement de l'acquéreur.

CA Rennes 28-11-2006 n° 05-7259.

Aucun dol n'est imputable à la société acheteuse d'actions inscrites sur le marché libre d'Euronext dont le cours a connu une forte augmentation dès après la cession, dès lors qu'il entre dans l'objet de cette société d'investir dans des sociétés innovantes performantes, de le faire dans les plus brefs délais, et de réaliser ses opérations avant certaines dates butoirs ; il ne peut lui être reproché d'avoir mené à bien ses missions au mieux des intérêts de ses clients en participant à des réunions professionnelles officielles et en choisissant les meilleurs placements. Le cédant ne stigmatise d'ailleurs aucune anomalie dans le processus d'acquisition mais incrimine seulement la hâte avec laquelle la société acheteuse a agi et les informations privilégiées dont elle a bénéficié en participant à un forum public sur la promotion de l'innovation.

CA Paris 1-6-2010 n° 08-6286 : n° 20145.

Les actions composant le capital d'une société avaient été cédées tandis que la compagne du cédant et le fils de celle-ci en demeuraient salariés. La société les avait licenciés l'année suivante et l'un d'eux avait constitué une société concurrente. Puis la société émettrice des actions avait été mise en liquidation judiciaire. L'acquéreur avait demandé l'annulation de la cession pour dol en soutenant que le cédant lui avait caché ses liens avec ces salariés et que les difficultés de la société résultaient d'une captation de clientèle réalisée par la société nouvelle et fomentée par le cédant. Cette demande a été rejetée compte tenu notamment que l'acquéreur, **ancien directeur de banque et dirigeant de société,** était un **professionnel** particulièrement **averti.**

CA Paris 24-5-2011 n° 10-13447 : n° 20160.

Le dol ne saurait résulter de la seule circonstance que, trois ans et demi après une réduction de capital, le rachat de la société familiale par une autre société serait intervenu dans des conditions beaucoup plus favorables pour l'actionnaire majoritaire restant.

Ainsi, le cédant ne saurait sérieusement se prévaloir de son jeune âge pour soutenir n'avoir pas été en mesure d'apprécier les conditions de la réduction de capital par rachat de titres, dès lors qu'il disposait des **conseils** éclairés de son **père,** lui-même **chef d'entreprise** et que ses parents bénéficiaient des services d'un **cabinet d'experts-comptables** et d'un **avocat** qui suivait ses affaires patrimoniales et fiscales.

CA Paris 21-2-2012 n° 10/24934 : n° 20172.

Une société, qui avait acquis la totalité des actions d'une autre société en février 2006, avait réclamé des dommages-intérêts au cédant pour dol, estimant avoir été trompée sur la valeur de la société cédée dont les résultats avaient été mauvais pour les exercices 2006 et 2007.

La société acquéreuse ne peut pas reprocher à une cour d'appel d'avoir rejeté sa demande dès lors qu'elle ne démontrait pas que le cédant avait fourni volontairement au dirigeant de celle-ci de fausses estimations de commandes afin de lui donner une idée erronée de la valeur de la société cédée :

– entre l'offre d'achat et la signature d'un protocole d'accord, trois mois s'étaient écoulés, au cours desquels les négociations s'étaient poursuivies entre les parties assistées de leurs experts-comptables ; le dirigeant de la société acquéreuse, pleinement informé de la situation de la société cédée et de son insuffisante rentabilité, avait pu effectuer un audit de cette société et de ses perspectives ;

– les commandes prises en 2006 avaient bien été inférieures aux prévisions mais le dirigeant de la **société acquéreuse,** qui n'était **pas un néophyte en affaires,** et son **expert-comptable** qui **l'assistait** ne pouvaient pas sérieusement prétendre confondre prévisions et certitude d'un chiffre d'affaires, pas plus qu'ignorer le caractère aléatoire des commandes dans un contexte économique général difficile, et surtout dans une entreprise qui n'avait pas, selon eux, la rentabilité espérée et dont le chiffre d'affaires dépendait du maintien des commandes d'un petit nombre de clients ayant des exigences techniques bien précises ;

– le chiffre d'affaires de la société était en constante progression au cours des années ayant précédé la cession ; il n'était pas exclu que les mauvais résultats en 2006 et 2007 soient en relation avec les choix de gestion de l'acquéreur de cette société en 2006.

Cass. com. 4-11-2014 n° 13-24.665 F-D : RJDA 4/15 n° 278.

A légalement justifié sa décision la cour d'appel qui a déduit des éléments suivants que l'acquéreur de la totalité des parts d'une société ne peut pas utilement soutenir que le cédant a dissimulé des irrégularités comptables et qu'il avait été victime d'un dol justifiant l'annulation de la cession :
– l'**acquéreur,** qui disposait de toute la logistique comptable et financière pour mener à bien les analyses des documents comptables, avait fait procéder avant l'achat à un **examen approfondi de la comptabilité** de la société cédée et avait eu **accès à tous les documents comptables** dont il avait eu besoin pour faire ces analyses, de sorte que, soit les analyses avaient été bien faites et l'acquéreur, qui avait repéré des anomalies comptables avant l'achat, avait fait signer au cédant une clause de garantie de passif en sachant qu'il allait la mettre en œuvre, soit les analyses avaient été mal faites et l'acquéreur ne pouvait le reprocher qu'à ses propres agents ;
– les irrégularités comptables avaient été commises par un salarié qui n'avait ni participé à la négociation du contrat de cession ni à sa signature.

Cass. com. 9-12-2014 n° 13-21.774 F-D : RJDA 7/15 n° 498.

L'**acquéreur** de parts sociales, estimant ne pas avoir été informé que le dernier exercice comptable de la société était déficitaire, demande en vain la nullité de la cession sur le fondement du dol, dès lors que :
– il disposait d'une évaluation des parts sociales réalisée par un cabinet d'expertise comptable sur la base des résultats nets des trois exercices antérieurs ;
– titulaire d'un diplôme de notaire et ingénieur patrimonial et financier, il **dirigeait une société exerçant une activité de conseil et gestion de patrimoine** identique à celle de la société dont les parts lui étaient cédées et dans les locaux de laquelle elle disposait de locaux depuis plusieurs mois ;
– **professionnel expérimenté,** il avait, en toute connaissance de cause, expressément déclaré dans l'acte de cession avoir une parfaite connaissance de tous les éléments fiscaux et financiers relatifs à la société et renoncé à toute réclamation d'informations dans ce domaine envers le cédant.

Cass. com. 11-5-2017 n° 15-14.239 F-D : RJDA 10/17 n° 632.

L'acquéreur d'actions d'une société avait poursuivi les cédants en responsabilité sur le fondement du dol, reprochant à ces derniers de lui avoir laissé croire que la société détenait des titres d'une autre société, le prix de cession négocié au cours des pourparlers incluant la valeur de ceux-ci.
Une cour d'appel a pu écarter cette demande après avoir relevé que la société acquise n'avait jamais détenu de titres dans le capital de la société tierce et que l'**acquéreur, rompu aux affaires,** était en mesure de connaître cette circonstance avant la signature, aucun élément du débat n'établissant que les cédants aient cherché, lors des pourparlers et de la conclusion du contrat, à lui dissimuler la réalité de la situation, ce dont il se déduit que l'intention de tromper n'est pas démontrée.

Cass. com. 11-5-2017 n° 15-25.301 F-D : RJDA 10/17 n° 633.

ILLUSTRATIONS Cas où la connaissance de la victime n'a pas été retenue 19880

L'absence d'information complète sur la situation hypothécaire du fonds exploité par la société est dolosive, le fait que le candidat **repreneur** soit un **familier des opérations hypothécaires** étant sans incidence dès lors que celui-ci a **répondu à l'offre du cédant par l'intermédiaire d'un professionnel de la négociation** en matière de domaines agricoles et qu'il était donc en droit d'estimer que toutes les informations utiles sur les éléments substantiels des droits qu'il entendait acquérir lui avaient été communiquées.

CA Paris 25-6-1992 n° 90-16928 : n° 20019.

A été vicié le consentement de l'acquéreur des parts d'une société, dont plus de la moitié de l'activité était constituée au jour de la cession par la commercialisation directe de produits vétérinaires auprès des particuliers, activité prohibée par la loi, dès lors que le cédant a manqué à son obligation de renseignement en ne l'**informant pas du caractère illégal de cette commercialisation** et que l'**acquéreur, sans expérience** de la commercialisation de tels produits, n'aurait pas acquis les parts sociales de cette société ou, tout au moins, les aurait négociées à un prix plus bas s'il avait connu cette situation.

CA Riom 18-11-1992 n° 92-1028.

Il résulte de l'examen de la jurisprudence que l'expérience de la victime ou l'assistance d'un tiers ne constitue bien souvent que l'un des éléments permettant aux juges de considérer que le dol n'a pas déterminé la victime à conclure le contrat. 19885
C'est ce qui a été jugé, notamment, s'agissant :
– d'acquéreurs non néophytes en matière de tractations commerciales et assistés par une société spécialisée (CA Paris 26-6-1997 n° 96-11630 : n° 20037) ;
– de professionnels appartenant au même secteur d'activité que la société dont les parts sont acquises (CA Paris 24-9-1998 n° 95-13640 : n° 20040 ; CA Paris 28-4-2000 n° 99-2196 : n° 20055) ;

– d'un acquéreur habitué au monde des affaires (CA Paris 14-12-1999 n° 98-11748 : n° 20049) ;
– des acquéreurs assistés de l'expert-comptable ayant établi le bilan qui leur a été présenté (Cass. com. 8-2-2000 n° 357 D : n° 20052) ;
– d'acquéreurs, professionnels du chiffre, se plaignant de l'inexactitude du bilan (Cass. com. 5-10-2004 n° 1467 F-D : n° 20094) ;
– d'un homme d'affaires averti (Cass. com. 2-7-1996 n° 1258 D : n° 20031) ;
– d'un acquéreur, société de gestion de fonds commun de placement spécialisée dans les opérations de reprise de sociétés, qui a fait procéder avant la cession à de multiples audits par plusieurs cabinets spécialisés (CA Paris 27-5-2005 n° 04-03930 : n° 20118 ; dans le même sens, CA Lyon 8-12-2005 n° 04-4772 : n° 20120).

CONNAISSANCE EXCLUANT LE DOL DÉDUITE DU PRIX DE LA CESSION

19895 La connaissance par l'acquéreur de la situation obérée de la société dont il a acquis les titres est parfois déduite de la **réduction** du prix de la cession négociée par lui **ou** de la **modicité de ce prix.** Il a été jugé que « le prix d'un franc retenu pour la cession prouve, à lui seul, qu'il existait un aléa quant à la reprise de la société » (CA Versailles 10-11-1999 n° 97-6928 : RJDA 2/00 n° 168). Une cour d'appel est même allée jusqu'à déduire du caractère aléatoire de la cession non pas la connaissance de la situation de la société par l'acquéreur mais le fait qu'il a entendu prendre en charge tous les risques et qu'il n'a fondé son consentement sur aucun élément comptable ou financier produit par le cédant (CA Paris 29-11-1995 n° 94-389 : n° 19900).
Parfois, les tribunaux relèvent en outre la **renonciation** de l'acquéreur à toute **garantie de passif** pour en déduire qu'il connaissait bien l'état de la société (voir notamment CA Paris 29-11-1995 n° 94-389 : n° 19900 ; CA Paris 2-4-2004 n° 02-14106 : n° 20092 ; CA Versailles 7-6-2007 n° 05-9460 : RJDA 11/07 n° 1115).

19900 ILLUSTRATIONS

Cas où la connaissance de la victime a été retenue

Les acquéreurs de parts sociales ne peuvent pas prétendre que leur consentement a été vicié au motif que le passif réel de la société se serait révélé supérieur à celui annoncé par les cédants dès lors que :
– les circonstances dans lesquelles est intervenue l'opération impliquaient de leur part la prise d'un risque : la cession était intervenue quatre mois seulement après la création de la société, à une période où les éléments de nature à les renseigner de façon objective sur l'état financier de la société faisaient défaut et **sans** qu'il ait été prévu de **garantie de passif** et la **fixation du prix des parts à leur valeur nominale** ne pouvait que donner à penser que les cédants ne cherchaient qu'à rentrer dans leur mise, ce qui n'était pas de nature à prédisposer à l'optimisme ;
– la preuve du caractère déterminant sur leur consentement de leur croyance à la limitation du passif à un certain montant n'est pas acquise, leur volonté de passer outre à l'absence de justification du montant qu'ils affirment leur avoir été indiqué montrant qu'ils **voulaient, en toute hypothèse, acquérir** les parts qui leur paraissaient correspondre à un placement avantageux et la déception ultérieurement éprouvée par eux, en présence de dettes, qui même relativement élevées, correspondaient à ce qu'impliquait l'activité de l'entreprise, ne suffit pas à faire ressortir que leur consentement a été vicié lors de la cession.

CA Paris 31-5-1990, 5e ch. C, B. c/ SARL Linéa Vinci : Rev. sociétés 1990 p. 409 note Y. Guyon.

Dans un cas où la **cession** de la totalité des actions d'une société et celle du compte courant du cédant, largement créditeur, sont intervenues chacune **pour** le prix symbolique d'**un franc** et où les acquéreurs ont **déclaré** dans l'acte de cession **renoncer expressément à toute garantie** de la part du cédant relative à la consistance des éléments actifs et passifs de la société et se sont interdit en conséquence toute mise en cause directe ou indirecte du cédant à cet égard, jugé que ces dispositions contractuelles suffisent à conférer à l'opération un **caractère aléatoire** d'où il résulte que les acquéreurs ont pris à leur charge tous les risques, alors par ailleurs qu'ils n'ont fondé leur consentement sur aucun élément comptable ou financier produit par les cédants et se sont **abstenus de toute vérification** ou demande de renseignements.

CA Paris 29-11-1995 n° 94-389.

Dans un cas où l'acquéreur des deux tiers des actions composant le capital d'une société de transport avait demandé, après le prononcé de la liquidation judiciaire de la société, l'annulation de la cession pour erreur et dol en soutenant que les parts avaient été acquises au vu d'une comptabilité dissimulant des pertes importantes, une cour d'appel a pu estimer que le consentement de l'acquéreur n'avait pas été vicié dès lors que ce dernier connaissait la situation de la société de transport et en avait tenu compte en **réduisant le prix de cession** convenu dans la promesse d'achat et que, bien que parfaitement informé des difficultés de l'entreprise, il avait pris la décision de poursuivre l'acquisition.

Cass. com. 30-1-1996 n° 208 D : RJDA 4/96 n° 453.

Après avoir acquis l'ensemble des parts d'une société exploitant un fonds de commerce de bar-restaurant-traiteur au **prix symbolique d'un franc,** repris les **comptes courants d'associés** pour un **montant très inférieur à leur valeur comptable,** accepté de prendre en charge le **solde d'un prêt** et donné leur **cautionnement** pour couvrir des engagements de la société, les acquéreurs, qui n'étaient **pas** des **néophytes** en matière de tractations commerciales puisqu'ils avaient déjà créé une société ayant pour objet « la restauration sous toutes ses formes » et qui avaient été **assistés** par une société spécialisée, ne sauraient soutenir qu'ils ignoraient que la situation financière de la société dont ils prenaient le contrôle était très fortement obérée, ce que confirmaient les précisions chiffrées figurant dans l'acte de cession. **19900 (suite)**

CA Paris 26-6-1997 n° 96-11630 : n° 20037.

L'acquéreur de parts sociales invoque en vain la dissimulation par le cédant de la situation gravement compromise de la société avant la cession dès lors qu'il savait nécessairement compte tenu de la **modicité du prix de cession** (70 francs pour 70 parts) que la société n'était pas dans une situation florissante, alors de surcroît que l'acte de cession stipulait que « le cédant, en sa qualité d'associé, n'est pas responsable des irrégularités comptables et juridiques, de l'absence de comptabilité ou de formalités juridiques, comme de tout passif existant ou se déclarant ultérieurement ».

CA Versailles 11-5-1999 n° 96-7734 : n° 20046.

Pour un cas où, en achetant les titres pour un **franc symbolique,** l'acquéreur avait tenté une opération risquée en connaissance de cause, voir Cass. com. 8-2-2000 n° 357 D : n° 20052.

Dans un cas où après la restructuration d'un groupe de sociétés, la société holding et son dirigeant avaient cédé leurs actions dans l'une des filiales, l'acquéreur de ces titres invoque en vain la dissimulation de la situation désastreuse de la filiale dès lors qu'acquérant cette **société pour un franc,** l'acquéreur ne pouvait pas s'imaginer la trouver dans une situation florissante.

CA Paris 21-12-2001 n° 99-16548.

Il y a lieu de rejeter la demande de dommages-intérêts pour tromperie formée par l'acquéreur de parts sociales qui, connaissant la mauvaise situation comptable de la société au moment de la cession ainsi que l'inscription de privilèges du Trésor public et d'organismes sociaux, n'avait accepté d'acquérir les actions qu'au **prix symbolique de un franc.**

Cass. 1e civ. 28-1-2003 n° 112 F-D : n° 20070.

Les acquéreurs de la totalité des parts d'une société exploitant un fonds de commerce, mise moins de trois mois après en liquidation judiciaire, demandent en vain l'annulation de la cession pour dol dès lors qu'ils avaient une connaissance suffisante de l'état du passif réel et de la situation financière de la société dont le caractère irrémédiablement compromis au moment de la cession n'est pas démontré et que la **transformation du projet initial de simple acquisition du fonds de commerce** pour 800 000 francs (soit environ 122 000 €), **en une acquisition pour le franc symbolique de la totalité des parts de la société propriétaire du fonds** correspondait à un choix spéculatif conscient et réfléchi des acquéreurs, dans l'espoir d'opérer un rétablissement et se trouver à terme à la tête d'une société assainie, propriétaire d'un actif correspondant à la valeur du fonds, sans avoir eu à le financer pour la totalité.

CA Paris 31-1-2003 n° 01-15038.

Dans le cas de la cession de la totalité des actions d'un groupe industriel, l'acquéreur prétend en vain ne pas avoir été informé de la tendance à la baisse de la rentabilité du groupe, compte tenu, notamment, des éléments suivants :

– les audits comptables, fiscaux, sociaux et juridiques mais aussi stratégiques et environnementaux réalisés par trois cabinets spécialisés avant la cession avaient mis en évidence une baisse de rentabilité du groupe sur la base de laquelle l'acquéreur avait obtenu la **renégociation du prix** d'acquisition finalement diminué de 21,50 millions de francs (environ 3 200 000 €) ;

– la baisse de rentabilité était à tel point perçue que le complément de prix de cession de 10 millions de francs (1 524 500 € environ) stipulé dans l'acte de cession n'avait à être versé que si la baisse attendue de l'excédent brut d'exploitation du groupe par rapport à l'exercice précédent se révélait finalement inférieure à 10 %.

CA Paris 27-5-2005 n° 04-03930 : n° 20118.

Dans un cas où l'acquéreur des actions d'une société détenant à 99 % une société civile immobilière (SCI) reprochait au cédant de lui avoir dissimulé un passif par absence de prise en compte d'une quote-part du résultat déficitaire de la SCI et par provisions insuffisantes dans le bilan ayant servi de référence lors de la cession, une cour d'appel a pu rejeter sa demande de dommages-intérêts pour dol en déduisant des constatations suivantes que la **situation déficitaire de la SCI** ne lui a pas été dissimulée :

– un expert en évaluation de cabinets immobiliers a évalué, sur la base des bilans de la société dont les actions ont été cédées comportant les résultats de la SCI, les conséquences des pertes enregistrées par cette dernière et prévisibles pendant dix ans en indiquant qu'il faudrait baisser la valeur de cession des actions ;

– les parties ont finalement convenu d'un **prix qui tenait compte de la situation** de la SCI, l'acte de cession mentionnant également qu'il a été tenu compte de l'insuffisance de financement de la participation immobilière relative à la SCI et des pertes enregistrées par cette dernière.

Cass. com. 11-10-2005 n° 1213 F-D : RJDA 2/06 n° 145.

Pour d'autres cas où la connaissance par l'**acquéreur** des difficultés financières de la société a été notamment déduite du fait qu'il **avait négocié à la baisse le prix des titres**, voir CA Paris 10-9-2004 n° 03-4283 : n° 20093 ; Cass. com. 16-11-2004 n° 1625 F-D : n° 20102.

L'acquéreur de la totalité des parts d'une société demande en vain l'annulation de la cession pour dol dès lors qu'il a **acheté pour 1 franc** les parts d'une société dont le dernier bilan révélait une perte de 354 630 F (environ 54 000 €), qu'il a été **informé** au cours d'une réunion avec le cédant et un autre candidat à l'acquisition des parts **de la situation d'endettement** de la société comprise entre 800 000 (près de 122 000 €) et 900 000 F (environ 137 200 €) et qu'il a pu conserver les pièces comptables pour examen.

Cass. com. 18-12-2007 n° 06-16.950 F-D : RJDA 7/08 n° 751.

19905 ILLUSTRATIONS **Cas où la connaissance de la victime n'a pas été retenue**

Dans un cas où les cédants de parts d'une SCI avaient dissimulé aux acquéreurs qui souhaitaient achever l'important programme immobilier entrepris par la société avant la cession l'existence d'un recours contre un permis de construire qui empêchait la poursuite de l'opération immobilière, il ne peut pas être déduit des stipulations de la cession, notamment du **prix symbolique de cession** des parts et créances, de l'**absence de garantie d'actif et de passif** et de l'équilibre envisagé de l'opération, une connaissance par les acquéreurs du recours que les actes de cession n'évoquent même pas.

CA Paris 8-11-2002, 25e ch. B, M. c/ Banque AGF . n° 20064.

E. Dol en cas de cession de titres d'une société en difficulté

19960 Le plus souvent, les manœuvres du cédant ont pour but de masquer les difficultés financières de la société dont les parts sont cédées. Lorsque ces difficultés sont telles que la société se trouve déjà en état de cessation des paiements au moment de la cession, l'acquéreur peut chercher à obtenir l'annulation de la cession en faisant valoir que lui a été cachée cette situation compromise. Mais la cession d'une entreprise en difficulté est licite et n'est pas à elle seule suffisante à établir l'existence d'un vice du consentement (CA Versailles 10-4-1992, 3e ch. : Bull. Joly 1992 p. 652 note J.-Ph. Dom ; CA Paris 26-6-1997 n° 96-11630 : n° 20037 ; CA Versailles 11-5-1999 n° 96-7734 : n° 20046).

Les **conditions** requises pour que le dol soit retenu en cas de cession de titres d'une société en difficulté sont celles de droit commun exposées ci-dessus : l'acquéreur doit établir que le cédant a volontairement gardé le silence sur l'état de cessation des paiements et qu'il n'aurait pas contracté s'il avait connu cette situation ; lorsque tel est le cas, le juge peut sanctionner le dol sans être tenu de rechercher si la société était bien en état de cessation des paiements (Cass. com. 9-2-1999 n° 366 D : n° 19970) ; le dol est écarté lorsqu'il résulte des circonstances de l'espèce (communication des documents comptables faisant état des difficultés de l'entreprise, modicité du prix de cession) et/ou des compétences de l'acquéreur, que celui-ci s'est engagé en connaissance de cause (nos 19810 s.).

Il nous a néanmoins paru utile de regrouper ci-après quelques-unes des décisions rendues en la matière. La plupart de ces décisions ont été rendues à propos de sociétés mises en procédure collective sous l'empire de régimes antérieurs mais elles restent transposables pour illustrer l'appréciation du dol. Avant 2006, la cessation des paiements permettait de distinguer traitement amiable et traitement judiciaire des difficultés de l'entreprise : tant que l'entreprise n'était pas en état de cessation des paiements, elle relevait, si elle le désirait, du domaine des procédures préventives, mandat ad hoc et/ou règlement amiable ; dès qu'elle était en état de cessation des paiements, elle devait obligatoirement être soumise au redressement ou à la liquidation judiciaire.

19970 ILLUSTRATIONS

Ayant relevé que le **cédant** de parts sociales, préoccupé par la situation de la société qui faisait depuis plusieurs années de mauvaises affaires, l'avait **volontairement cachée** aux banques puis à l'**acquéreur** en profitant de son **inexpérience** et que ce dernier avait acheté une affaire pratiquement en cessation des paiements, une cour d'appel n'a fait qu'user de son pouvoir souverain d'apprécier les faits allégués comme constitutifs d'un dol, en décidant, sans avoir à rechercher la valeur réelle des actions, que l'acquéreur avait été sciemment trompé par son cocontractant sur la **situation gravement compromise** de la société, au moment de la cession des actions, tant en ce qui concerne la trésorerie que l'exploitation, et qu'il n'aurait pas acquis ces dernières s'il avait connu cet état. **19970** (suite)

Cass. 1e civ. 9-3-1983 : Bull. Joly 1983 p. 506.

A caractérisé le dol du cédant, justifiant l'annulation de la cession des parts d'une société, la cour d'appel qui, après avoir relevé que l'actif social était sans valeur au moment de la cession et que cette société était en état de cessation des paiements avant la cession, a retenu que le **cédant** avait **sciemment dissimulé les difficultés financières** de la société dont l'actif était purement fictif, que son comportement avait eu pour effet de surprendre les acquéreurs et de les amener à contracter et que ceux-ci n'auraient pas acquis les parts de la société s'ils avaient eu connaissance de la situation financière de celle-ci.

Cass. com. 21-3-1983 : Bull. Joly 1983 p. 510.

Il y a lieu d'annuler la cession de la totalité des parts d'une société, intervenue cinq jours avant sa mise en redressement judiciaire et celle de sa filiale détenue à 100 % en état de cessation des paiements depuis plus d'un an, et de condamner le cédant au paiement de dommages-intérêts dès lors que ce dernier a dissimulé la situation compromise de la société dont les parts sont cédées et la **procédure collective** de sa filiale, a volontairement gardé le silence sur le **montant réel du passif** et offert des **garanties mensongères,** ces manœuvres ayant eu pour effet de vicier le consentement de l'acquéreur qui n'aurait pas conclu s'il avait connu un tel passif.

CA Paris 22-6-1993 n° 92-9357.

S'agissant d'une **liquidation judiciaire** de la société **fatalement inscrite dans les faits** avant la signature de l'acte de cession, voir CA Versailles 19-5-1995, 3e ch. : n° 20025.

Dans un cas où le président du conseil d'administration d'une SA, agissant en son nom personnel et au nom de tous les actionnaires, s'était engagé à céder pour un certain prix la totalité des actions de la société, la cession doit être annulée dès lors que les cédants ont **faussement affirmé que la société n'était pas en cessation des paiements** au moment de la cession alors que la date de cette cessation a été reportée à une date antérieure de dix-huit mois à celle de la cession, et que la société était dans cette situation depuis plusieurs années, ne parvenant à satisfaire à ses engagements qu'artificiellement grâce à un découvert bancaire important et permanent, garanti par le cautionnement personnel du président du conseil d'administration, qui connaissait donc la situation de la société.

Cass. com. 4-3-1997 n° 568 D : RJDA 6/97 n° 746.

La cour d'appel, qui a relevé qu'il résulte des propres écritures de l'un des cédants de parts sociales que la **situation présentée** aux acquéreurs était **fausse,** sans que ceux-ci en aient été avisés, et que le conseil de la société avait signalé à celle-ci, avant la cession, sa situation précaire et **conseillé de toute urgence son dépôt de bilan,** a justifié sa décision d'annuler l'acte de cession et de condamner les cédants au paiement de dommages-intérêts, sans avoir à caractériser un état de cessation des paiements.

Cass. com. 9-2-1999 n° 366 D.

Ont commis un dol par réticence justifiant la nullité de la cession de parts d'une société, mise quelques mois après en redressement puis en liquidation judiciaires et dont la date de cessation des paiements a été fixée à une date antérieure à la cession, et leur condamnation à des dommages-intérêts, les cédants qui ont manqué à leurs obligations contractuelles en **omettant d'informer** les acquéreurs **sur la situation financière réelle** de la société, à savoir l'impossibilité d'apurer son passif exigible malgré son actif existant au moment de la vente et celui susceptible d'être généré par son exploitation.

Cass. com. 24-10-2000 n° 1731 F-D.

Justifie l'annulation de la cession de la totalité des parts d'une société, intervenue peu avant sa mise en liquidation judiciaire et alors qu'elle était en cessation des paiements depuis plus de six mois, ainsi que l'allocation de dommages-intérêts, la présentation à l'acquéreur de **comptes ne reflétant pas les résultats réels** de l'exploitation dans le but de dissimuler la véritable situation sociale de l'entreprise.

CA Amiens 28-1-2003 n° 01-4279 : RJDA 11/03 n° 1078.

Ndlr : La nullité de la cession a également été prononcée pour erreur sur les qualités substantielles des parts cédées, voir n° 19195.

Sur la **connaissance de l'état de cessation des paiements** : par l'acquéreur, déjà actionnaire et exerçant des fonctions commerciales importantes dans la société, voir CA Paris 2-5-2003 n° 01-8314 : n° 20079 ; par l'acquéreur, cadre de la société et proche de son dirigeant, voir Cass. com. 16-11-1999 n° 1758 D : n° 19855.

19970 (suite) La cession de la moitié des parts d'une SARL intervenue peu avant la mise en liquidation judiciaire de celle-ci et alors qu'elle était en état de cessation des paiements depuis huit mois a été annulée pour dol dès lors que le cédant et le gérant de la société ont **retenu volontairement des documents comptables et des informations** sur la situation financière de la SARL, l'acte de cession précisant qu'aucun incident de paiement n'avait été provoqué par la société alors que celle-ci était déjà en cessation des paiements avant la cession.

Cass. com. 17-6-2003 nº 987 F-D : nº 20082.

L'acquéreur d'actions des sociétés d'un groupe ne peut pas valablement reprocher au cédant de lui avoir **caché l'existence d'une mesure d'enquête ordonnée par le président du tribunal de commerce** et en cours à la date de la cession ou d'un état de cessation des paiements avéré lors de la cession des actions, dès lors qu'il ressort des conclusions du rapport d'enquête que si la société devait être surveillée, il n'y avait pas lieu d'ouvrir une procédure de redressement judiciaire à la date de la cession. En outre, en ne versant que la moitié de l'avance de trésorerie reconnue comme nécessaire à la survie de la société qu'il s'était engagé à lui verser, l'acquéreur a lui-même paralysé la pérennité du groupe.

L'acquéreur ne peut pas davantage prétendre que le report de la date de cessation des paiements à une date antérieure à la cession permet de caractériser l'existence de manœuvres de la part du cédant, alors que la décision ayant prononcé ce report est frappée d'appel et que l'**acquéreur a toujours affirmé connaître, à la date de cession, la situation financière** du groupe.

CA Paris 2-4-2004 nº 02-14106 : nº 20092.

L'actionnaire majoritaire d'une société anonyme qui a cédé 51 % de ses actions à des investisseurs étrangers s'est rendu coupable de manœuvres dolosives ayant vicié leur consentement, même si ces derniers savaient qu'il était nécessaire de recapitaliser la société pour la doter des moyens nécessaires à son développement, compte tenu des éléments suivants : le cédant avait communiqué aux investisseurs un rapport présentant les **perspectives** financières et la production de manière particulièrement **optimiste**, de façon à rassurer sur la future rentabilité de la société, rapport qui avait été établi sur la base d'informations qu'il savait fausses puisque les audits qu'il avait fait réaliser (et qu'il n'avait communiqués aux acquéreurs que le lendemain de la cession) révélaient que la **société** était **en état de cessation des paiements** ; dans le mois ayant précédé la vente, il avait **pressé les investisseurs de se prononcer** au plus vite, laissant entendre qu'une offre ferme lui avait déjà été faite et qu'il était dans l'attente d'autres offres émanant d'autres investisseurs étrangers ; quelques mois après la cession, la société avait déposé le bilan et été mise en redressement judiciaire.

Par suite, le cédant doit verser à titre de **dommages et intérêts** la moitié du prix d'achat des titres, la valeur de la société n'étant pas nulle du fait de son état de cessation des paiements.

CA Paris 15-5-2008 nº 07-5668 : RJDA 11/08 nº 1083.

Dans un cas où le dirigeant et actionnaire de plusieurs sociétés de travaux constituant un groupe avait cédé la totalité du capital de celles-ci à un tiers, où, quelques mois plus tard, l'acquéreur et toutes les sociétés du groupe avaient été mis en redressement puis en liquidation judiciaire et où le liquidateur de l'acquéreur avait, sur la base d'anomalies comptables, agi en annulation des cessions pour dol, il ressort des éléments suivants que l'**intention dolosive du cédant** et le **caractère déterminant de l'erreur provoquée** par ses agissements devaient conduire à annuler les cessions :

– dans le **protocole de cession,** le cédant avait déclaré qu'aucune des sociétés du groupe n'était en état de cessation des paiements et que les comptes annuels, réguliers et sincères, donnaient une image fidèle de la situation financière et des résultats de chaque société à la date de clôture ;

– il ressortait des éléments de la vérification fiscale opérée sur les trois exercices antérieurs à la date de référence des cessions, du rapport du commissaire aux comptes, du rapport du liquidateur judiciaire de l'une des sociétés du groupe (A) et des éléments de comptabilité reconstitués par un mandataire ad hoc que le **chiffre d'affaires** d'une deuxième société du groupe (B) était systématiquement et artificiellement gonflé par la passation de « ventes » d'acomptes reçus au titre de chantiers non commencés, que la comptabilité de cette société présentait des **factures** fictives, des doubles factures, des surfacturations ou des doubles règlements pour une même facture et que des **paiements** avaient été effectués en faveur de personnes physiques tierces à la relation contractuelle visée par la facture correspondante ;

– les **produits d'exploitation** de la société B étaient artificiellement majorés par de fausses facturations ou, inversement, minorés par la facturation de nombreux chantiers exécutés au **profit personnel du cédant** sur des bases inférieures au prix de revient et les **charges** de cette société comprenaient des sommes versées à une société dirigée par le cédant, en dehors de toute convention, cependant que des paiements étaient intervenus dans des conditions manifestement anormales ;

– une troisième société du groupe (C) avait acquitté des **sommes conséquentes** au profit de sociétés contrôlées par le cédant, **sans contreparties réelles** et, pour retenir sa responsabilité

dans l'insuffisance d'actif d'une quatrième société du groupe (D), le tribunal de commerce avait relevé que sa comptabilité présentait des doubles facturations ;
– l'**importance des fraudes** opérées à la fois pour présenter une image fausse de la situation des entreprises et pour dissimuler des détournements au profit de particuliers était suffisamment illustrée par la **rectification de l'administration fiscale,** qui avait mis à la charge de la société B des pénalités pour fraude délibérée ;
– la baisse importante de la marge de cette dernière société au cours du trimestre ayant précédé la cession, la fonte de sa trésorerie et l'aggravation du solde débiteur des sociétés A et D, qui, en dehors de la société B, représentaient l'essentiel de l'activité et du résultat du groupe, n'avaient **pas suscité la moindre information ou explication** lors de la conclusion des contrats de cession ;
– les dates de **cessation des paiements** des sociétés A et D avaient été fixées judiciairement à des dates antérieures aux cessions et toutes les sociétés étaient de fait en état de cessation des paiements avant celles-ci ;
– enfin, si l'**acquéreur** avait poursuivi son projet alors qu'il était informé, par un cabinet d'expertise comptable, que le mode de gestion de l'entreprise ne permettait pas d'analyser la pertinence des comptes présentés, il **ne pouvait pas imaginer** que les factures passées en comptabilité étaient pour certaines fausses, pour d'autres doublées, ou pour d'autres acquittées en faveur d'un tiers à la relation contractuelle, les comptes de résultat et les bilans communiqués ne permettant pas de déceler les falsifications qui, opérées de manière habituelle, ne nuisaient pas à leur **cohérence apparente** ; les diligences du cabinet comptable n'étaient donc pas de nature à informer l'acquéreur sur le **système frauduleux entachant l'ensemble de la gestion** des sociétés dont il projetait d'acquérir les actions.
Cass. com. 12-5-2021 n° 19-18.500 F-D : RJDA 10/21 n° 633.

ANNEXE AU DOL

Il nous a paru utile de présenter ci-après quelques-unes des décisions de justice rendues en matière de dol dans lesquelles les juges ont été appelés à se prononcer sur les **différents éléments constitutifs du dol.** 20000

La cession de parts d'une **SARL,** intervenue moins d'un an avant la mise en liquidation des biens de la société et alors qu'elle était, de l'avis de l'expert-comptable désigné par le syndic, déjà en état de **cessation des paiements,** doit être annulée dès lors qu'il résulte des circonstances suivantes que les cédants ont fourni des renseignements erronés aux acquéreurs dans le but de parvenir à la cession des parts : 20010
– Les cédants, qui avaient l'obligation de donner aux acquéreurs auxquels ils cédaient la totalité de leurs parts et le contrôle de la société, des renseignements exacts et complets sur la situation de celle-ci, avaient certifié l'exactitude de l'analyse comptable ayant servi à la détermination du prix de cession alors que la **comptabilité** tenue et conservée jusqu'à la signature des actes de cession par l'un des cédants était **irrégulière** (absence des livres comptables obligatoires, des pièces justificatives et des comptes individuels, comptabilisation semestrielle au lieu de mensuelle, comptabilisation avec retard de plusieurs factures de fournisseurs), que la méthode d'évaluation des stocks et travaux en cours retenue avait abouti à la prise en compte de bénéfices non encore réalisés et donc fictifs, et à une surestimation des valeurs d'actifs, et que le passif, au contraire, avait été largement sous-estimé par l'omission du coût des travaux à terminer, l'absence de provision pour congés payés et l'omission d'une partie des factures fournisseurs. Les résultats de l'exploitation avaient ainsi été faussés de manière grossière puisque, au lieu d'un bénéfice de 44 760 francs (soit près de 7 000 €), la perte avait été évaluée à 205 422 francs (soit 31 000 €), soit une différence de 250 000 francs.
– Les cédants ne pouvaient pas prétendre que l'**acquéreur connaissait la situation** de la société et pouvait procéder à des vérifications dès lors que ce dernier, bien qu'**associé,** ne participait pas à la gestion de la société, qu'il n'a pas été convoqué à des assemblées où il aurait pu être informé des résultats de l'exploitation et qu'il ne disposait pas des éléments nécessaires pour vérifier l'endettement de la société, les documents comptables indispensables pour procéder à de telles vérifications ayant été conservés par les cédants jusqu'à la signature de l'acte de cession.
CA Paris 9-7-1987, 25e ch. A : Bull. Joly 1987 p. 779 note L. Faugérolas.

Ont commis un dol justifiant l'annulation de la cession de parts d'une société exploitant un fonds de commerce et leur condamnation solidaire au paiement de dommages-intérêts le cédant, 20013

pressé de récupérer sa mise, et le **conseil juridique mandataire de l'acheteur** qui a manqué à son devoir de conseil et induit son client à signer des actes dans des conditions déraisonnables. Pour se soustraire à l'obligation légale de présenter à l'acquéreur le résultat gravement déficitaire des derniers exercices du fonds de commerce, le cédant et le rédacteur d'acte avaient utilisé la voie de la cession d'actions et l'**acquéreur, parfaitement inexpérimenté,** avait eu son consentement vicié par des manœuvres dolosives ayant consisté à mener l'affaire dans une hâte injustifiée, le laissant dans l'ignorance de ce qu'il achetait et sans qu'il soit à même d'apprécier ce à quoi il s'engageait.
Cass. com. 4-12-1990 n° 88-14.335 : Bull. Joly 1991 p. 194 note C. Rocca.

20016 A commis un dol le cédant d'actions d'une SA qui :
– en vue de vendre ses parts, a fait paraître une annonce dans un journal manifestement **de nature à tromper** l'acquéreur **sur le contenu de la vente,** supposée concerner des terrains et des bâtiments alors que ceux-ci ne pouvaient pas être inclus dans la convention, les terrains ayant été loués à la société par bail emphytéotique et les constructions devant revenir au bailleur à l'expiration du bail ;
– a laissé subsister à l'actif du bilan présenté à l'acquéreur des **immeubles** et des constructions sans pratiquer les **amortissements** que nécessitait l'existence du bail emphytéotique, une telle mention ne pouvant qu'abuser l'acquéreur sur la valeur réelle des actions.
La circonstance que l'**acquéreur** était **assisté d'un expert-comptable** ne peut faire disparaître le comportement frauduleux du cédant. De même, est sans incidence le caractère forfaitaire du **prix** convenu dès lors que c'est en fonction du bilan qui ne reflétait pas la valeur réelle de l'actif que l'acquéreur s'est obligé.
CA Grenoble 30-4-1991 n° 89-2218, aud. sol.

20019 Il y a lieu d'annuler la promesse unilatérale de cession de parts d'une société exploitant un domaine agricole et d'ordonner la restitution de la somme séquestrée lors de la signature de la promesse dès lors que le cédant a privé le candidat acquéreur d'une **information complète sur la situation hypothécaire** du fonds. Aucun état hypothécaire n'avait en effet été produit dans le cadre des pourparlers ayant précédé la signature de la promesse alors que cet élément était essentiel à l'acquéreur pour lui permettre d'arrêter les conditions de son engagement et l'importance du prix à payer au comptant, alors que le cédant savait, compte tenu des engagements hypothécaires de l'acquéreur de son propre patrimoine immobilier, que le paiement au comptant prévu par la convention ne pouvait être réalisé que grâce à un financement bancaire avec prise de sûreté sur le fonds. Par ailleurs, le fait que le candidat **repreneur** soit un **familier des opérations hypothécaires** est sans incidence dès lors que celui-ci a répondu à l'offre du cédant par l'intermédiaire d'un professionnel de la négociation en matière de domaines agricoles et qu'il était donc en droit d'estimer que toutes les informations utiles sur les éléments substantiels des droits qu'il entendait acquérir lui avaient été communiquées.
CA Paris 25-6-1992 n° 90-16928 : Bull. Joly 1992 p. 1226 note F. Benac-Schmidt et, sur pourvoi, Cass. 1e civ. 21-2-1995 n° 92-18.394 D.

20022 Il y a lieu de prononcer l'annulation des cessions de parts d'une société mise en liquidation judiciaire six mois après et d'ordonner les restitutions qui en découlent dès lors que :
– le cédant, dirigeant de cette société, a présenté des comptes qui n'étaient ni réguliers ni sincères, reposant sur une **préfacturation** dont il pouvait ignorer l'impact sur les résultats, dans le but de tromper l'acquéreur en l'amenant à contracter sur la base d'un prix de cession qui ne correspondait pas à la valeur des parts, à peu près nulle étant donné l'importance du passif dissimulé ;
– ni les visites de l'entreprise faites par l'**acquéreur,** qui n'avait pas eu accès aux documents comptables, ni l'absence de transparence des comptes de la société ne lui avaient permis d'être **alerté** sur la situation réelle de l'entreprise qu'il n'avait pu découvrir qu'en prenant la direction de celle-ci.
CA Paris 19-10-1993 nos 91-21497 et 93-5343 : Bull. Joly 1993 p. 1224 note A. Couret.

20025 Dans un cas où une société dont les parts avaient été cédées avait été mise en liquidation judiciaire un an après la cession, la date de cessation des paiements ayant été fixée moins d'un mois après la désignation de l'acquéreur en tant que gérant de la société, il y a lieu d'annuler la cession et de déclarer le cédant responsable, sur le fondement de l'article 1382 du Code civil (devenu art. 1240), du préjudice subi par l'acquéreur et constitué notamment par la perte de la valeur des parts sociales dont il a fait l'acquisition dès lors que l'acquéreur s'est engagé au vu de documents comptables viciés en raison de **stocks surévalués,** d'une **insuffisance de provisions pour créances douteuses** et d'une **insuffisance de reconstitution du capital social** et que l'expert judiciaire a conclu que la **liquidation judiciaire** de la société était **fatalement inscrite dans les faits** avant la signature de l'acte de cession.
CA Versailles 19-5-1995, 3e ch. : Bull. Joly 1995 p. 865 n° 308 note A. Couret.

20031 Dans un cas où, à l'occasion d'une cession de parts sociales, l'**actif** de la société avait été **surévalué** par les cédants, une cour d'appel a pu rejeter la demande de l'acquéreur en annulation de la

cession et en réparation du préjudice subi, après avoir relevé, tout d'abord, que l'**acquéreur, homme d'affaires averti** qui ne pouvait se méprendre sur la situation financière de la société, était en réalité très intéressé par l'acquisition de l'usine dont cette société était propriétaire et, ensuite, que les cédants, acceptant de garantir l'actif surévalué, ont réduit « par compensation » de 1 300 000 F (environ 200 000 €) le montant de leurs demandes au titre des paiements restant dus. Il résultait en effet de ces constatations que la remise d'un bilan comportant une surévaluation de l'actif n'avait pas **déterminé** le **consentement** de l'acquéreur et que le **préjudice** par lui subi n'avait consisté qu'en l'acceptation d'un prix excessif au regard du bilan de référence, préjudice qui avait été réparé par la renonciation des cédants à percevoir cette part du prix.
Cass. com. 2-7-1996 n° 1258 D : RJDA 12/96 n° 1482.

L'acquéreur de la totalité des parts d'une société distribuant des moquettes ne peut reprocher aucun dol au cédant qui lui aurait dissimulé le fait qu'une moquette, principal argument de vente de la société, allait cesser d'être fabriquée compte tenu des circonstances suivantes : **20034**
– il ne résulte ni de la promesse de cession de parts, ni de l'acte de cession lui-même, ni de la convention de garantie, dans lesquels toute référence à la moquette en cause est absente, que, **plus que les titres d'une société,** l'acquéreur **aurait acheté un produit particulier** de cette société et le droit de le commercialiser ; au surplus, cette moquette, qui ne représente que 25 à 30 % du montant total des ventes de la société cédée, ne constitue pas l'activité quasi unique et essentielle de la société ;
– seul un courrier postérieur à la cession établit avec certitude la date à laquelle la société cédée a été avisée de l'arrêt de la production de cette moquette, qui a continué d'être distribuée pendant trois ans et qui a reçu le relais d'un produit de substitution.
L'acquéreur ne peut pas davantage prétendre que le cédant lui aurait délivré des données comptables faisant apparaître une évolution trompeuse des chiffres d'affaires des années antérieures à la cession alors qu'il a fait réaliser, avant la cession, une **étude financière par un cabinet spécialisé** dans les acquisitions d'entreprises qui a relevé des risques non nuls de dégradation du besoin en fonds de roulement mais a constaté en revanche que les forces de l'entreprise cédée résidaient notamment dans la qualité de sa structure financière et dans la reprise de la croissance des marges.
CA Paris 22-10-1996 n° 96-14103.

Les acquéreurs de la totalité des parts d'une société exploitant un fonds de commerce de bar-restaurant-traiteur, **non néophytes** en matière de tractations commerciales puisqu'ils avaient déjà créé une société ayant pour objet « la restauration sous toutes ses formes » et **assistés** par une société spécialisée, invoquent en vain des manœuvres ou réticences du cédant ayant pour objet ou pour effet de masquer la véritable situation financière et comptable de la société dès lors que : **20037**
– après avoir acquis l'ensemble des parts au **prix symbolique d'un franc,** repris les comptes courants d'associés pour un montant très inférieur à leur valeur comptable, accepté de prendre en charge le solde d'un prêt et donné leur cautionnement pour couvrir des engagements de la société, les acquéreurs ne sauraient soutenir qu'ils **ignoraient** que la situation financière de la société dont ils prenaient le contrôle était très fortement obérée, ce que confirmaient les précisions chiffrées figurant dans l'acte de cession ;
– l'**ouverture de la procédure collective** de la société cédée, quatre mois et demi après la cession, ne peut **pas** suffire **à elle seule** à démontrer qu'il y a eu tromperie sur la valeur des parts cédées, les acquéreurs portant la responsabilité d'une ultime dégradation financière qui a conduit la société à sa liquidation.
CA Paris 26-6-1997 n° 96-11630.

Les acquéreurs des parts d'une société exploitant un fonds de commerce de coiffure ne peuvent pas prétendre que leur consentement plusieurs fois réitéré a été vicié par erreur ou par dol dès lors que : **20040**
– si la société cédée éprouvait de sérieuses difficultés d'exploitation et de trésorerie lorsque les acquéreurs ont décidé d'en prendre le contrôle, il n'est pas établi que la **comptabilité** transmise par les cédants était irrégulière ou n'avait pas été remise dans sa totalité ni que la société se trouvait en état de **cessation des paiements avant la cession** ;
– il n'est **pas** justifié de ce que le **fonds** de commerce était **inexploitable** et il n'est pas vraisemblable, quand bien même la cession aurait été précipitée, que les acquéreurs, **professionnels avertis de la coiffure,** n'aient pas visité les salons de coiffure et contrôlé leurs situations à tous points de vue ;
– cédants et acquéreurs étaient convenus d'une **garantie** d'actif et de passif qui constitue un gage de loyauté de la part des cédants ;
– les acquéreurs **connaissaient les pertes** de l'exercice clos et les pertes supplémentaires attendues pour l'exercice suivant ;

– les acquéreurs avaient **rendu la cession irréversible** par leurs actes de gestion et de disposition puisqu'ils admettaient qu'une remise en état des parties était impossible.
CA Paris 24-9-1998 n° 95-13640.

20043 Il y a lieu de prononcer l'annulation de la cession de la totalité des parts d'une SNC ayant pour activité le transport en ambulance pour dol dès lors que le cédant a :
– d'une part, **caché** aux acquéreurs la **véritable situation de la société** en leur présentant des documents comptables sans rapport avec la situation réelle de la société, ces derniers ayant donné leur consentement au vu d'« états de synthèse » arrêtés sous la responsabilité du cédant, gérant de la société, et faisant apparaître un bénéfice net et un chiffre d'affaires alors que la **société** était **en état de cessation des paiements** et que les chiffres présentés ne prenaient en compte ni les importantes dettes sociales et fiscales de la société ni les prélèvements personnels du gérant ;
– et, d'autre part, **dissimulé l'existence d'une procédure judiciaire** engagée contre la société par une caisse primaire d'assurance maladie pour surfacturation des prestations réalisées par la société, ces irrégularités ayant conduit au prononcé de sanctions financières contre la société et au déconventionnement de cette dernière pendant trois mois.
Ce dol **rend excusable l'erreur commise** par les **acquéreurs** dès lors que ceux-ci, l'un, ancien directeur d'une maison de retraite et l'autre, associé d'une SARL spécialisée dans la restauration collective, n'étaient pas rompus à la technique comptable et ne bénéficiaient pas d'une grande **expérience** commerciale.
CA Paris 19-3-1999, 3e ch. C : RJDA 6/99 n° 679, 1e espèce.

20046 Il appartient à l'acquéreur qui prétend que lui a été dissimulée la situation irrémédiablement compromise de la société dont il a acquis les parts d'établir que le cédant lui a volontairement caché la situation réelle de la société mais aussi qu'il était réellement informé de ladite situation, étant précisé que la **cession d'une entreprise en difficulté** n'est pas à elle seule suffisante à établir l'existence d'un vice du consentement.
Par suite, l'acquéreur de parts sociales invoque en vain la dissimulation par le cédant de la situation gravement compromise de la société avant la cession dès lors qu'il savait nécessairement, compte tenu de la **modicité du prix de cession** (70 francs pour 70 parts), que la société n'était pas dans une situation florissante, alors de surcroît que l'acte de cession stipulait que « le cédant, en sa qualité d'associé, n'est pas responsable des irrégularités comptables et juridiques, de l'absence de comptabilité ou de formalités juridiques, comme de tout passif existant ou se déclarant ultérieurement » et que la société n'était pas en situation virtuelle de cessation des paiements au moment de la cession, l'ouverture de la procédure collective de la société intervenue quatre ans après la cession excluant toute relation de cause à effet entre la prétendue mauvaise qualité des comptes sociaux et la liquidation de l'entreprise.
CA Versailles 11-5-1999 n° 96-7734.

20049 En avril 1995, une société appartenant à un groupe et détenant 39 994 actions sur les 40 000 composant le capital social d'une filiale spécialisée dans la monétique, la télématique et les paiements en ligne avait, en son nom personnel et en qualité de porte-fort des personnes détenant les 6 actions restantes, cédé l'intégralité des titres à une société qui avait pour activité le traitement de moyens de paiement scripturaux (essentiellement les chèques).
La société cessionnaire ne peut pas, pour demander l'annulation de la cession et l'allocation de dommages-intérêts pour dol, utilement soutenir que les cédants lui ont dissimulé la situation patrimoniale et financière de la société mise en redressement judiciaire seize mois après la cession dès lors que :
– même si elle n'intervient pas dans le même secteur d'activité que la filiale cédée, la société **cessionnaire** ne peut pas sérieusement invoquer son **manque d'expérience** alors qu'en tant que société anonyme, elle est habituée au monde des affaires ;
– elle **savait** qu'elle se rendait acquéreur d'une **société en difficulté** puisqu'il ressortait des documents comptables que la filiale avait enregistré, sur les deux exercices précédant la cession, des pertes pour un montant de 4 400 000 F et présentait une situation nette négative de 311 571 F au 31 décembre 1994 ;
– la société cessionnaire ne démontre pas que les cédants lui aient caché des renseignements ou aient refusé de lui communiquer des documents ; certains éléments auraient dû l'alerter sur les obstacles que l'acquisition allait lui faire rencontrer : en effet, le procès-verbal du conseil d'administration de la société mère tenu en décembre 1994, dont la société cessionnaire a eu connaissance ou pouvait avoir connaissance si elle le désirait, fait état, sans ambiguïté, des difficultés de la filiale et notamment du budget prévisionnel qui n'apparaissait pas de nature à entraîner une amélioration dans un bref délai ; sur ce procès-verbal était précisé : « bien que positif, ce résultat prévisionnel est insuffisant à augurer d'un redressement rapide de la société qui devrait avoir un

chiffre d'affaires de 1 000 000 F par salarié. La société aura perdu fin 1994 la totalité de son capital et présente un endettement de 2 750 000 F à moyen terme » ; au vu de cette situation, le conseil d'administration décidait d'examiner les solutions de désengagement ;
– la société cessionnaire avait envisagé l'acquisition en partenariat avec le directeur de la filiale cédée jusqu'à ce qu'il soit licencié quatre mois environ avant la cession et qui, par ses fonctions, était parfaitement au courant de la situation de celle-ci ;
– si la société cessionnaire reproche aux cédants de ne pas lui avoir communiqué l'intégralité du rapport d'audit sur l'évaluation des actifs incorporels, elle ne démontre pas qu'elle en ait vainement réclamé la communication ;
– alors qu'elle reproche aux cédants de lui avoir dissimulé le coût de l'énergie informatique fournie par une autre filiale du groupe, dont le prix a été multiplié par trois peu après la cession, la société cessionnaire aurait pu faire pratiquer un audit des principaux contrats passés par la filiale cédée, notamment de celui conclu pour la fourniture d'énergie informatique ;
– la société cessionnaire ne démontre pas que les comptes sociaux ne reflètent pas la réalité de la situation de la filiale et n'a d'ailleurs pas recherché la responsabilité de l'expert-comptable qui a établi le bilan ni celle du commissaire aux comptes qui les a certifiés sans réserve ;
– les comptes prévisionnels, dont la société cessionnaire invoquait la manipulation, avaient été contrôlés par le commissaire aux comptes mais non certifiés s'agissant d'une situation intermédiaire ; ils montraient des résultats décevants et un examen attentif de ceux-ci permettait de se rendre compte que le chiffre d'affaires prévu ne serait pas atteint.
CA Paris 14-12-1999 n° 98-11748.

Les acquéreurs des parts d'une SCI et d'une SARL demandent en vain l'annulation des **cessions** intervenues **pour un franc** dès lors qu'**assistés de leur expert-comptable,** qui a établi le bilan, ils avaient été informés de la situation de la société et qu'ils avaient tenté en connaissance de cause une opération risquée, la situation pouvant n'être pas considérée comme totalement obérée au moment de la cession, même si, par la suite, le **tribunal** de commerce avait rétroactivement **reporté la date de cessation des paiements à une date antérieure à la cession.** **20052**
Cass. com. 8-2-2000 n° 357 D.

Les acquéreurs de la totalité des parts d'une société ayant pour activité le transport de marchandises ne peuvent pas utilement prétendre que le cédant leur a remis des comptes sociaux inexacts, leur a caché l'endettement réel de la société et la perte du principal client de la société dès lors que : **20055**
– la valeur des parts avait fait l'objet d'une discussion entre les parties sur la base d'**éléments comptables** annexés à l'acte de cession et paraphés par les parties et qu'il n'était pas établi que le montant de certaines dettes ait été minoré, ni que les autres opérations critiquées relevaient de l'exercice en cours, ou qu'elles aient été effectuées en fraude de leurs droits ;
– les acquéreurs étaient parfaitement **informés du litige en cours** avec le principal client de la société puisque l'assignation délivrée à la société cédée était annexée à l'acte de cession paraphé par les parties ;
– de surcroît, les **acquéreurs** étaient des **professionnels du secteur** d'activité concerné et avaient été **assistés** d'un conseil.
CA Paris 28-4-2000 n° 99-2196.

Il y a lieu de rejeter l'action en nullité pour dol de la cession d'actions d'une société d'assurance compte tenu des circonstances suivantes : l'acquéreur, **homme d'affaires avisé,** ancien président d'un groupement mutualiste d'assurance et actionnaire fondateur de la société cédée, n'était pas un simple profane en matière d'assurances ; il avait assisté aux réunions, conseils et assemblée de la société dont il avait d'ailleurs établi le dernier bilan avant la cession ; il résultait d'un courrier signé par lui, postérieurement à la cession, qu'il **connaissait** depuis longtemps le fonctionnement de la société et n'ignorait rien de ses difficultés ; enfin, il ressortait de l'information pénale visant la gestion de la société avant la cession qu'il était **informé** des agissements, selon lui délictueux, de son prédécesseur. **20058**
Cass. com. 13-3-2001 n° 512 F-D.

Il résulte des circonstances suivantes que le cédant de parts sociales s'est rendu coupable de manœuvres ou de réticences dolosives opérées intentionnellement dans le but de dissimuler l'état réel de la société et d'amener l'acquéreur à acheter les actions au prix souhaité, alors que celles-ci avaient une valeur moindre : **20061**
– certains éléments d'**actifs** ont été retrouvés **en possession du cédant,** alors que l'acte de cession précisait que l'intégralité des biens et actifs de la société se trouvait au siège de la société ;
– certains éléments du **stock,** pourtant pris en compte pour le prix de cession des actions, ont été **inclus de manière injustifiée** dans le bilan ;

– le cédant avait attesté que depuis la situation comptable établie six mois avant la cession et ayant servi de base au calcul du prix de cession, la gestion de la société avait été effectuée dans des conditions normales et qu'il n'y avait eu aucun changement défavorable important dans la situation financière, les éléments de l'actif et du passif, les biens ou l'activité de la société, aucune augmentation anormale des rémunérations, aucune vente ou aucun transfert par la société de ses biens corporels ou incorporels. Or la société avait procédé entre-temps à une importante **cession de Sicav** et les cédants avaient bénéficié de primes, d'un remboursement de frais sans justificatif et d'**augmentations de rémunérations, injustifiées** au regard de la situation obérée de la société.
Compte tenu de ces dissimulations ou réticences, il ne saurait être reproché à l'acquéreur une **erreur inexcusable ou un défaut de diligence,** alors au demeurant que celui-ci a estimé nécessaire de se faire consentir une garantie concernant les actifs de la société.
CA Versailles 31-5-2002 n° 01-573.

20064 Les acquéreurs des parts d'une SCI, qui souhaitaient achever l'important programme immobilier entrepris par la société avant la cession, reprochaient aux cédants de leur avoir dissimulé l'**existence d'un recours contre un permis de construire** qui empêchait la poursuite de l'opération immobilière et demandaient en conséquence réparation du préjudice subi.
Il y a lieu de faire droit à cette demande dès lors que les cédants ont manqué à leur obligation d'information à l'égard des acquéreurs, à qui aucun défaut de diligence ne peut être reproché, et commis un dol par réticence. En effet, l'élémentaire loyauté impose que préalablement à la conclusion de la cession de la totalité des parts d'une SCI permettant aux acquéreurs d'achever la construction entreprise, les cédants, s'ils n'ont pas communiqué aux acquéreurs les informations dont ils disposent déjà, leur fournissent, fussent-ils professionnels, de manière claire et expresse les renseignements décisifs en leur possession, tels en l'espèce la situation des permis de construire et les recours dont ils font l'objet, et qu'il leur est aisé de donner, sans imposer aux acquéreurs des diligences et recherches supplémentaires qui pourraient être évitées. Or, il ressort des actes de cession qu'aucune information claire et expresse de l'existence de ce recours n'a été fournie alors qu'il était pourtant particulièrement aisé aux cédants de communiquer un tel renseignement et que ni la visite des lieux, ni l'examen de la comptabilité, ni celui de l'état descriptif de division, des actes de vente ou des procès-verbaux des assemblées de la SCI n'étaient de nature à **informer les acquéreurs.** Par ailleurs, il ne peut pas être déduit des stipulations de la cession, notamment du **prix symbolique** de cession des parts et créances, de l'absence de garantie d'actif et de passif et de l'équilibre envisagé de l'opération, pas plus que des déclarations relatives à la parfaite connaissance de l'opération et des **renonciations des acquéreurs à tout recours** contre les cédants, une connaissance par les acquéreurs du recours que les actes de cession n'invoquent même pas.
CA Paris 8-11-2002, 25e ch. B, M. c/ Banque AGF : Dr. sociétés 2003 p. 15 n° 66.

20067 Quelques mois après avoir acquis 43 % du capital d'une société de bourse, les acquéreurs avaient dû souscrire à une augmentation de capital de la société qui avait néanmoins été mise en redressement judiciaire l'année suivante. Les acquéreurs ne peuvent pas utilement faire valoir qu'ils ont été trompés sur la situation financière réelle de la société, la preuve des manœuvres ou des réticences n'étant pas rapportée. Il résulte en effet des constatations suivantes que les **acquéreurs** étaient parfaitement **avisés de l'incertitude pesant sur la sincérité des comptes** :
– les acquéreurs, **spécialistes de la finance** et pratiquant régulièrement des opérations de rachat de sociétés, ne pouvaient pas ignorer les difficultés notoires du secteur boursier qui faisait l'objet depuis deux ans avant la cession d'une réorganisation complète, tenant notamment à l'apurement des « suspens » ;
– le cabinet d'expertise comptable, mandaté par les futurs acquéreurs aux fins de déterminer s'il était possible d'attester que les risques n'étaient pas supérieurs à 60 millions de francs (9 millions d'euros), avait conclu que l'état de la comptabilité et l'insuffisance notoire des systèmes de contrôle interne ne permettaient pas une **certification des comptes,** ni même de circonscrire les risques à un plafond déterminé ;
– l'un des acquéreurs avait écrit à l'un des cédants que, faute d'avoir pu établir un **audit** traditionnel compte tenu de la carence des dirigeants de la société de bourse dans le traitement des écritures comptables quotidiennes, qui laissaient apparaître des soldes inexpliqués pour des montants considérables, il avait accepté que le prix soit fixé en fonction d'une situation arrêtée par les dirigeants de cette société, sous condition de la souscription de conventions de garantie.
Les acquéreurs ne pouvaient donc pas reprocher aux cédants d'avoir certifié que les bilans et comptes de résultats arrêtés six mois avant la cession reflétaient la situation financière réelle, sachant eux-mêmes les désordres affectant la comptabilité et ayant décidé, alors même qu'un audit sérieux s'imposait à la suite du rapport du cabinet d'expertise comptable, de passer outre et d'exiger la garantie des cédants pour les risques qu'ils présentaient.

Par ailleurs, quand bien même le rapport des autorités de marché antérieur à la cession n'aurait pas été porté à la connaissance des acquéreurs, cette omission était sans incidence, puisque les informations contenues dans ce rapport (faisant état des graves lacunes de l'organisation administrative et comptable de la société de bourse et de la nécessité d'une révision complète de la comptabilité) n'étaient pas différentes de celles en la possession des acquéreurs. En tout état de cause, le caractère délibéré de cette omission n'est pas démontré car les cédants avaient pu croire que les acquéreurs avaient pris tous les renseignements auprès des autorités de marché, dont l'agrément constituait une condition de réalisation de la cession.
CA Paris 10-1-2003 n° 00-22016 et, sur pourvoi, Cass. com. 3-11-2004 n° 1536 F-D : RJDA 3/05 n° 269, 2e espèce.

La demande de dommages-intérêts pour tromperie formée par la société cessionnaire de la quasi-totalité des actions d'une société doit être rejetée pour les raisons suivantes : **20070**
– la société cessionnaire et son gérant se définissaient comme des industriels de l'habillement féminin tandis que la société dont les actions étaient cédées exploitait un fonds de création d'articles de mode et de prêt-à-porter féminin. Il en résultait que les deux sociétés évoluaient dans le **même milieu professionnel** et que la première **ne pouvait pas prétendre avoir ignoré** la réputation douteuse de l'autre société ;
– la société cessionnaire, qui **connaissait la mauvaise situation comptable** de la société au moment de la cession ainsi que l'inscription de privilèges du Trésor public et d'organismes sociaux, n'avait accepté d'acquérir les actions qu'au **prix symbolique de un franc.**
Cass. 1e civ. 28-1-2003 n° 112 F-D : RJDA 5/03 n° 502, 1e espèce.

Ont commis un dol les cédants d'actions d'une SA qui ont dissimulé aux acquéreurs une information dont ils disposaient relative au développement par le **principal client** de la société d'une nouvelle technologie qui devait entraîner la **perte** du marché conclu avec celui-ci. Est notamment mensongère l'affirmation de la convention de garantie conclue entre les parties selon laquelle, à la connaissance des cédants, aucun client de la SA n'a l'intention de modifier ou d'arrêter ses relations commerciales avec la société, notamment du fait de la cession des actions de cette dernière. **20073**
Le **mensonge** a été **déterminant** du consentement des acquéreurs car il résulte du rapport établi à leur demande que le client représentait 40 % du chiffre d'affaires de la SA et il apparaissait nettement que son importance était un élément essentiel de valorisation de la SA.
Si l'**erreur** commise par un acquéreur peut être tenue pour **inexcusable** en cas de simple réticence dolosive, il n'en est pas de même en cas de dol par commission. En l'espèce, les acquéreurs, professionnels dont la compétence est reconnue par les cédants, ont fait procéder à un audit dont les auteurs ont eu pour principal interlocuteur le président-directeur général de la SA, l'un des cédants, ainsi que le commissaire aux comptes. Il ne saurait leur être reproché de n'avoir pas procédé à des **contrôles** plus approfondis de toutes les **déclarations** qui ont pu leur être faites, n'ayant pas à mettre systématiquement en doute les renseignements fournis par leurs cocontractants, eux-mêmes présumés de bonne foi.
CA Lyon 3-4-2003 n° 02-6347 : RJDA 7/05 n° 821.

Engage sa responsabilité sur le fondement de l'article 1382 du Code civil (devenu art. 1240) le cédant de la totalité des parts d'une société ayant pour activité le transport et le négoce de carburants qui n'a pas informé l'acquéreur de l'**existence d'un puits pollué sur un terrain appartenant à la société.** **20076**
En effet, cette dissimulation a privé l'acquéreur d'un élément essentiel d'appréciation de la valeur de l'entreprise compte tenu du risque de poursuites de la part de l'administration ainsi que des frais importants en cas d'obligations de dépollution imposées par celle-ci, ce qui avait nécessairement une incidence sur son consentement. À tout le moins, le cédant a commis une faute en n'informant pas complètement l'acquéreur de l'état du site, même si aucune mesure administrative n'avait encore été prise, alors qu'il était informé de cette pollution qui l'affectait et qu'en sa qualité de professionnel du transport et du négoce de carburants pendant de nombreuses années, il connaissait les dispositions applicables en matière de protection de l'environnement concernant les obligations de dépollution et les conséquences financières que la pollution pouvait avoir pour l'acquéreur.
CA Lyon 10-4-2003 n° 01-6915 : RJDA 7/04 n° 831.

L'acquéreur de plus de la moitié des parts d'une société ne peut pas prétendre que le cédant lui a caché les difficultés financières de la société, et notamment le fait que cette dernière était en état de cessation de paiements au jour de la cession, compte tenu des circonstances suivantes : **20079**
– l'**acquéreur** possédait **déjà un tiers du capital** de la société, exerçait des **fonctions commerciales importantes** concrétisées par un contrat d'agence commerciale, avait fait entrer son épouse dans la société comme agent administratif et gérait en fait la société depuis un an, tandis que l'acte de

cession mentionnait que le cédant, gérant à la date de la cession, était contraint « en raison de graves problèmes de santé », qui l'avaient conduit depuis trois ans à des arrêts de travail fréquents, de démissionner de ses fonctions et de céder une partie de ses parts ;
– il est établi qu'avant la cession, l'acquéreur avait discuté avec le cédant de la marche de l'entreprise, **analysé les comptes** et procédé à l'arrêté du bilan sur la base duquel la cession était intervenue ;
– enfin, est significatif d'une cession de parts contractée en connaissance de cause le fait que l'acquéreur soit déjà désigné comme gérant dans l'acte de cession, qu'il ait changé de comptable et licencié pour raisons de santé le cédant peu après la cession, qu'il n'ait tenu lui-même aucune comptabilité pour l'année suivant la cession – ce qui lui a valu d'être condamné pour banqueroute – et qu'il ait déclaré la **cessation des paiements** presque un an après la cession, alors que la date avait été rétroactivement fixée par le tribunal six mois avant la cession, sans justifier aucunement des efforts prétendument faits pour redresser une situation obérée.
CA Paris 2-5-2003 n° 01-8314 : RJDA 5/04 n° 566, 2e espèce.

20082 La cession de la moitié des parts d'une SARL intervenue peu avant la mise en liquidation judiciaire de celle-ci et alors qu'elle était en état de cessation des paiements depuis huit mois a été annulée pour dol car il a été déduit des circonstances suivantes que le cédant et le gérant de la société avaient **retenu volontairement des documents comptables et des informations sur la situation financière** de la SARL : le bilan visé par l'acte notarié de cession n'était pas annexé à cet acte ; la lettre adressée à la SARL par son expert-comptable mentionnant l'envoi au notaire de la situation provisoire des comptes sociaux ne démontrait pas que le bilan produit aux débats avait été porté à la connaissance de l'acquéreur ; l'acte précisait qu'aucun incident de paiement n'avait été provoqué par la société alors que celle-ci était déjà en cessation des paiements avant la cession et le fait que l'acquéreur, durant les deux mois ayant précédé la cession, avait été employé par la SARL ne suffisait pas à justifier sa connaissance de cet état.
Cass. com. 17-6-2003 n° 987 F-D : RJDA 11/03 n° 1078.

20085 Dans le cas de la **cession** de la totalité des actions d'une société holding **pour un franc,** sans garantie de passif ou d'actif, la société cessionnaire ne peut pas prétendre avoir été **trompée sur l'importance du passif** du groupe et, par voie de conséquence, sur la valeur des titres de la société holding qu'elle a achetés, compte tenu des éléments suivants :
– la société cessionnaire n'ignorait pas la situation difficile dans laquelle la société holding se trouvait puisqu'elle avait mené une réflexion et une étude approfondies sur les chances et les risques du groupe, l'accord de cession mentionnant expressément que la cession intervenait en l'état actuel de la société holding et que la société cessionnaire déclarait bien connaître cet état pour avoir procédé à un **audit,** après avoir eu accès à tous les documents et éléments d'information sur l'ensemble des sociétés du groupe lui permettant d'apprécier, non seulement la situation active et passive de cet ensemble et de chacune des structures le composant, mais, plus globalement, les chances et les risques de l'opération de reprise envisagée et, par voie de conséquence, l'opportunité de la réaliser puisque, sur la base de cette information, elle a estimé pouvoir acquérir les actions de la société holding sans garantie d'actif ni de passif ;
– le **document établi par** la société **cessionnaire,** intitulé « Propositions pour le redressement du groupe », consacrait des développements spécifiques aux **comptes,** en précisant que les comptes annuels de l'année précédant la cession n'étaient pas encore arrêtés mais qu'il était d'ores et déjà certain que la perte serait très supérieure à celle provisoire que faisait apparaître le cumul des résultats des sociétés du groupe et faisait état de litiges de tous ordres pouvant venir obérer les comptes ;
– la société cessionnaire ne pouvait interpréter le **refus** des banques cédantes d'accorder une **garantie de passif** que comme un souci de prudence impliquant une incertitude relative de celles-ci, majoritaires depuis un an dans le capital de la société sans en avoir la maîtrise effective, quant à l'étendue exacte du passif ; en acceptant néanmoins de contracter sans cette garantie, la société cessionnaire ne pouvait donc ignorer alors, au surplus, que les comptes n'étaient pas définitifs à la date de la cession, que le coefficient de risque affectant l'opération se trouvait majoré, l'éventualité d'un passif supérieur à ce que pouvaient révéler les documents comptables auxquels la société cessionnaire avait eu accès devant être envisagée comme une hypothèse sérieuse et non purement théorique ;
– près d'un an après la cession, les parties avaient conclu un avenant à l'acte de cession ayant pour objet de régler tous les différends pouvant exister entre elles et contenant une **transaction** complémentaire pour solde de tout compte, de sorte qu'ainsi, ayant pris **connaissance des comptes définitifs** et ayant pu se faire une opinion plus précise encore sur les sociétés du groupe, dont elle avait désormais la maîtrise et le contrôle, la société cessionnaire n'estimait nullement avoir été

victime d'un dol, ne faisait état d'aucune tromperie, obtenait des cédantes des avantages complémentaires et acceptait d'exécuter son engagement pris lors de la cession d'apporter 10 millions de francs (soit 1,5 million d'euros) à la holding, arguant par là que, loin de vouloir remettre en cause l'opération de reprise de la société, elle entendait la sceller définitivement en parfaite connaissance de cause.
Cass. com. 13-11-2003 n° 1510 F-D : RJDA 5/04 n° 566, 1e espèce.

Il y a lieu d'annuler une cession d'actions pour dol dès lors que : **20088**
– l'inscription au bilan de la société d'une dette à l'égard de l'Urssaf et d'une provision de 1 000 000 F (150 000 € environ) n'équivaut ni à l'information sur l'**instance en redressement judiciaire ouverte contre la société** sur assignation de l'Urssaf, ni à la connaissance par les acquéreurs de ce que la provision résultait d'une **sentence arbitrale rendue au profit d'un tiers** ;
– ces réticences procèdent d'une **volonté du cédant de tromper** les acquéreurs, dans la mesure où il ne pouvait pas ignorer l'importance de ces informations, ni l'obligation s'imposant à lui de les communiquer dans le cadre d'une conclusion loyale de la cession ;
– les acquéreurs n'auraient pas contracté s'ils avaient connu ces informations.
Cass. com. 13-11-2003 n° 1511 F-D : RJDA 11/04 n° 1220, 1e espèce.

L'acquéreur des actions d'une société, dont le passif après la cession dépassait de façon importante le montant évalué dans l'acte de cession, demande en vain la condamnation du cédant, pour réticence dolosive, au paiement d'une somme égale au dépassement dès lors qu'il n'est pas établi, compte tenu des circonstances suivantes, que le **cédant** a eu **connaissance** lors de la cession de ce que le passif dépasserait le montant prévu à l'acte de cession, ni qu'il a dissimulé à l'acquéreur une information sans laquelle ce dernier n'aurait pas contracté : **20091**
– le caractère particulièrement méticuleux des négociations en vue de la cession, l'assistance juridique et comptable dont s'étaient assurées les parties, leur accord sur un document prévisionnel envisageant un déficit de 68 600 €, alors qu'il était seulement de 29 000 € à la date de référence et la limitation délibérée du **risque, évident pour chacun,** à 45 000 €, qui se fondait sur des documents comptables non discutés et accessibles à tous, ne permettaient pas de retenir que le consentement de l'acquéreur avait été vicié ;
– il n'était pas établi que le **cédant** avait voulu **tromper l'acquéreur** sur la valeur des actions cédées compte tenu du provisionnement très large des créances douteuses, reconnu par le commissaire aux comptes lui-même, et de l'impossibilité pour le cédant, ancien dirigeant et alors principal actionnaire, licencié peu auparavant par l'acquéreur, d'assurer le suivi des opérations de recouvrement et de veiller à l'établissement conforme des comptes comme il en avait été convenu dans l'acte de cession.
Cass. com. 17-3-2004 n° 539 D : RJDA 11/04 n° 1220, 2e espèce.

L'acquéreur d'actions des sociétés d'un groupe spécialisé dans l'horlogerie, **professionnel averti** opérant sur le même marché, fait valoir en vain que la situation financière du groupe lui a été masquée compte tenu des circonstances suivantes : **20092**
– le préambule de l'acte de cession faisait état des **difficultés économiques** du groupe et précisait que l'acquéreur, les connaissant, consentait une avance de trésorerie de 3 millions de francs (environ 457 000 €) qualifiée d'« apport nécessaire à (sa) survie » ;
– l'**acte de cession** exprimait en outre **sans équivoque** que l'acquéreur déclarait connaître la situation financière et notamment de trésorerie difficile de la société ;
– il résulte, par ailleurs, du protocole qu'ont été remis à l'acquéreur les comptes certifiés par les commissaires aux comptes, ainsi que les situations comptables dont la fausseté ou le caractère manifestement erroné ne sont pas démontrés, étant précisé que la situation comptable laissait apparaître une perte d'environ 5 millions de francs (762 000 € environ), ce qui atteste encore que l'acquéreur connaissait déjà la situation financière et notamment la trésorerie difficile du groupe ;
– devant ces stipulations claires et réitérées, l'acquéreur ne peut pas soutenir qu'il n'a pas disposé de documents loyaux lui permettant d'apprécier la valeur et l'état de la société alors qu'il a pourtant **renoncé à toute garantie de passif** par le cédant, l'acte de cession l'excluant expressément, et a exprimé avec force, à diverses reprises, qu'il n'ignorait rien des difficultés financières du groupe.
Par ailleurs, l'acquéreur ne peut pas valablement reprocher au cédant de lui avoir caché l'existence d'une mesure d'enquête ordonnée par le président du tribunal de commerce et en cours à la date de la cession ou d'un **état de cessation des paiements** avéré lors de la cession des actions, dès lors qu'il ressort des conclusions du rapport d'enquête que si la société devait être surveillée, il n'y avait pas lieu d'ouvrir une procédure de redressement judiciaire à la date de la cession. En outre, en ne versant que la moitié de l'avance de trésorerie reconnue comme nécessaire à la survie de la société qu'il s'était engagé à lui verser, l'acquéreur a lui-même paralysé la pérennité du groupe.
Enfin, l'acquéreur ne peut pas prétendre que le report de la date de cessation des paiements à une date antérieure à la cession permet de caractériser l'existence de manœuvres de la part du cédant,

alors que la décision ayant prononcé ce report est frappée d'appel et que l'acquéreur a toujours affirmé connaître, à la date de cession, la situation financière du groupe.
CA Paris 2-4-2004 n° 02-14106 : RJDA 11/05 n° 1227, 2e espèce.

20093 La société cessionnaire de parts d'une société exploitant une clinique, mise un an après la cession en redressement puis en liquidation judiciaires, demande en vain la nullité de la cession pour dol des cédants compte tenu des éléments suivants :
– L'existence du **dol,** et spécialement son **caractère déterminant** s'apprécient **en considération de la personne et des capacités du cocontractant.** Le fait que la société cessionnaire soit une société dont l'objet est la reprise de cliniques et le rachat de parts sociales dans les sociétés qui les exploitent présuppose qu'elle a une bonne connaissance des principes d'exploitation des sociétés, de leur gestion et de la direction de leur personnel. En conséquence, lorsqu'elle s'est présentée pour reprendre la société, la société cessionnaire ne pouvait être trompée que par des manœuvres et dissimulations telles qu'elles devaient échapper à l'examen attentif d'un spécialiste. Or la cession s'est déroulée suivant un processus comportant une approche de la valeur des parts. En effet, l'établissement d'un arrêté de comptes juste avant la cession devait permettre aux parties d'avoir un aperçu sérieux de la valeur de l'entreprise à travers ses résultats comptables, ce qui a été le cas puisque le prix des parts a été réduit d'un tiers entre le jour où les parties sont tombées d'accord sur la cession de parts et le jour de la réalisation de cette dernière. Cette **modification du prix** est **révélatrice d'une discussion** survenue sur ce point.
– La société cessionnaire ne peut pas se prévaloir, pour établir le dol des cédants, d'un **rapport d'audit** dont la **valeur probante** est en elle-même très faible, puisque le cabinet d'audit a été missionné par elle seule, les cédants n'ayant pas été interrogés sur les points qui en font la matière et leurs observations n'ayant pas été recueillies sur le rapport ni avant ni après sa clôture.
– Enfin, le fait que l'expert-comptable a été maintenu par la société cessionnaire au service de la société cédée bien après la cession et jusqu'à sa liquidation judiciaire contredit clairement le grief de manœuvres de la part de l'expert-comptable sur demande du cédant des parts.
CA Paris 10-9-2004 n° 03-4283 : RJDA 6/05 n° 712.

20094 Une cour d'appel a pu considérer que la preuve de manœuvres mises en œuvre dans l'intention délibérée de tromper et sans lesquelles l'acquéreur n'aurait pas contracté n'était pas rapportée et qu'en conséquence le dol n'était pas constitué après avoir constaté :
– que les affirmations d'un expert selon lesquelles le **bilan** sur la base duquel la cession avait été conclue était **faux** devaient être éclairées par le constat selon lequel le bilan n'était, aux termes mêmes de la convention de cession, qu'un document de base auquel il était référé **dans l'attente d'une situation** comptable **à établir ultérieurement** et contradictoirement ;
– que, si, sur le plan formel, ce **bilan** était faux, il devait être replacé dans la ligne des bilans et comptes de résultats antérieurs et « **retraité** », ce que ne pouvaient ignorer les **acquéreurs** en leur qualité de **professionnels** des comptes d'entreprises (en l'espèce, acquisition des actions d'une société d'expertise comptable par des experts-comptables).
Cass. com. 5-10-2004 n° 1467 F-D : RJDA 12/04 n° 1333.

20098 Le cédant des parts de deux sociétés, mises en redressement judiciaire neuf mois après la signature des actes de cession, reproche en vain à une cour d'appel d'avoir annulé ces cessions et de l'avoir condamné à rembourser le prix qu'il avait perçu dès lors que :
– les **documents comptables** faisant état d'une provision pour redressement fiscal n'avaient été **remis** à l'acquéreur **que le jour même de la signature des actes définitifs** et celui-ci n'avait pu sérieusement analyser des documents informatiques représentant 120 pages pour la première société et 73 pages pour la seconde ;
– sans inverser la charge de la preuve, la cour d'appel a retenu, d'une part, que rien n'indiquait que l'acquéreur savait que des travaux d'aménagement des locaux occupés par l'une des sociétés, qui avaient fait l'objet d'une **facture** dont la **date** avait été **surchargée manuellement** afin qu'ils ne figurent pas dans la situation comptable ayant servi de base à la promesse de cession, seraient facturés à cette société et, d'autre part, que le cédant n'apportait pas d'élément décisif pour contredire l'analyse de l'expert faisant état d'une forte présomption de **surévaluation des stocks.**
Cass. com. 3-11-2004 n° 1539 F-D : RJDA 3/05 n° 269, 1e espèce.

20102 Dans un cas où, après la mise en redressement judiciaire de la société dont il avait acquis les actions quatre mois plus tôt, l'acquéreur avait demandé l'annulation de la cession pour vice du consentement en se prévalant d'une perte sociale importante révélée après la cession, une cour d'appel a légalement justifié sa décision rejetant cette demande dès lors que les conditions dans lesquelles la cession s'est négociée démontrent que l'**acquéreur,** qui avait obtenu tous les documents souhaités et avait pu procéder à un audit comptable à l'issue duquel il avait obtenu une **réduction du prix,** était pleinement et **exactement informé de la situation de la société,** qu'il n'est en rien établi qu'il

ait été victime d'une erreur sur les qualités substantielles des titres ainsi acquis et qu'aucune manœuvre dolosive n'est démontrée, en l'absence de toute dissimulation sur la situation de l'entreprise de nature à modifier l'opinion de l'acquéreur sur leur valeur.
Cass. com. 16-11-2004 n° 1625 F-D : RJDA 5/05 n° 563.

En principe, tout contractant, en particulier s'il est un professionnel, a le devoir de s'informer sur l'objet du contrat, même s'il est créancier à titre principal d'une obligation d'information pesant sur le vendeur. Cette charge ne fait pas disparaître ni n'allège l'obligation d'information du vendeur qui est remplie lorsqu'il fournit, avec les moyens dont il dispose, les informations nécessaires à l'acquéreur pour qu'il se fasse une idée exacte de la situation de la société objet de la vente. **20106**
Il convient donc de rechercher si les parties ont correctement rempli leur rôle respectif et, en l'occurrence, si le vendeur de **parts d'une société d'édition de textes d'érudition** grecs et latins, mise en redressement judiciaire six mois après la cession, a manqué à son obligation en se livrant à des manœuvres dolosives.
Il résulte des circonstances suivantes que les faits reprochés au vendeur n'avaient pas pour but de surprendre le consentement de la société cessionnaire sur la valeur des parts et ne pouvaient pas égarer son consentement compte tenu de son degré de connaissance de l'entreprise objet de l'acquisition :
– la **société cessionnaire, société d'édition spécialisée,** n'était pas ignorante du type d'activité très spécifique de la société cédée, menée dans un secteur identique au sien et sur un mode commercial différent ; elle ne pouvait pas non plus ignorer, du fait de la proximité de leurs activités sur un marché restreint, que son mode d'exploitation assez archaïque ne pouvait garantir sa santé commerciale ; c'est ainsi que la société cessionnaire a été conduite à rechercher un rapprochement avec la société dont elle a acquis les parts pour combiner leurs compétences et compléter leurs activités ;
– une **note de synthèse sur la situation financière de la société cédée** avait été **établie par un cabinet d'audit** à la demande de la société cessionnaire avant l'acquisition, sur la base de pièces et renseignements fournis par le vendeur, sans apparemment que la gérance de la société cédée adopte une attitude ni de dissimulation matérielle ni de collaboration active ; aux termes de cette note, la situation de la société objet de la transaction était suffisamment alarmante et les anomalies de comptabilité suffisamment manifestes pour que la société cessionnaire puisse en tirer dès ce moment la plupart des conclusions nécessaires pour se prémunir des conséquences des négligences, inexactitudes et incertitudes qu'elle pouvait constater dans le fonctionnement de la société cédée ; ces anomalies résultaient d'un mode de gestion défectueux, et non pas de la construction d'apparences destinées à tromper le cocontractant ;
– il n'y a pas eu dissimulation, mais continuation et aggravation de la situation gravement obérée de la société cédée puisque son exploitation après la cession a persisté à accumuler les déficits importants qu'elle engendrait déjà antérieurement et qui ressortaient de la nature et de la composition du passif porté à la connaissance de la société cessionnaire avant la signature des actes.
CA Paris 19-11-2004 n° 03-19193 : RJDA 6/05 n° 711, 1e espèce.

L'acquéreur des parts d'une société, mise en liquidation judiciaire quatre mois après la cession, ne peut pas prétendre que le cédant lui aurait dissimulé la réalité financière de la société compte tenu des circonstances suivantes : **20110**
– la cession est intervenue alors que la société n'avait pas un an d'exercice, qu'aucun bilan n'avait été établi et que le **seul document produit au moment de la cession** était **un bilan prévisionnel** établi sur trois années au moment de la constitution de la société ; il ne pouvait échapper à l'acquéreur qu'il s'agissait uniquement de prévisions et que **s'il s'estimait insuffisamment informé** en raison de l'absence de fourniture des comptes réels, **il lui appartenait de s'abstenir d'acquérir** ;
– les irrégularités comptables et la tenue incomplète de comptabilité alléguées sont inopérantes puisque les **documents incriminés** ont été **produits après la cession** et qu'ils n'ont eu aucune influence sur le consentement de l'acquéreur ;
– il n'est nullement démontré qu'au jour de la cession l'acquéreur restait redevable des dettes créées sous la gérance du cédant et que la situation n'était pas saine, le cédant justifiant au contraire que lors de la cession, la société était à jour de ses loyers ainsi que de ses factures envers son principal fournisseur et que son compte bancaire était normalement clôturé sans solde débiteur.
CA Paris 11-1-2005 n° 04-5264 : RJDA 6/05 n° 711, 2e espèce.

A commis une réticence dolosive justifiant l'annulation de la promesse de cession de parts d'une société le cédant qui n'a pas informé l'acquéreur que la **perte d'un client** de la société aurait un impact négatif significatif sur ses résultats, information importante sur la rentabilité de l'entreprise, qui était un élément déterminant de son consentement. **20114**

En effet, l'acquéreur avait consenti à être bénéficiaire de la promesse de vente au regard de la rentabilité de l'entreprise appréciée sur la base d'une situation provisoire révélant un résultat net bénéficiaire et des perspectives d'avenir en découlant. Mais, trois mois après, au moment d'arrêter la situation nette, le résultat d'exploitation avait diminué de près de 60 %, en partie à cause de la perte d'un client représentant 50 % du chiffre d'affaires de la situation provisoire. Or, si l'acquéreur avait été informé de la perte du client, ce dernier lui avait été présenté à tort comme « non rentable et dangereux ».
Tenu de **contracter de bonne foi,** le cédant fait vainement valoir que l'acquéreur était un professionnel du même domaine d'activité que l'entreprise cédée, qu'il était assisté de conseils et qu'il pouvait faire toutes investigations utiles pendant la durée des négociations.
CA Paris 12-4-2005 n° 04-8281 : RJDA 11/05 n° 1227, 1e espèce.

20118 Un fonds commun de placement, désirant reprendre un groupe de sociétés spécialisées dans l'extraction, le traitement et la vente de matériaux rocheux, avait constitué à cette fin une société. Cette dernière avait acquis en mai 2000 l'intégralité des actions de la société mère du groupe moyennant un prix de 80 millions de francs (12 195 000 € environ) et un complément de prix en cas de baisse limitée de l'activité du groupe pour l'exercice en cours.
Un an plus tard, la société acquéreuse réclamait des dommages-intérêts aux cédants pour dol. Elle soutenait que ne lui avaient pas été communiqués des documents relatifs au premier semestre de l'exercice 2000 faisant apparaître une dégradation de la situation financière du groupe sans commune mesure avec celle prise en compte lors des négociations, au cours desquelles les cédants avaient indiqué que le résultat prévisionnel de la principale filiale du groupe au titre de cet exercice était positif de 1,4 million de francs (environ 213 400 €) alors qu'il s'est avéré être négatif de 4,449 millions de francs (presque 680 000 €). Elle faisait également valoir que cette dissimulation portait sur un élément déterminant dans la mesure où un fonds d'investissement ne peut pas s'engager dans des opérations dont les prévisions de résultats ne sont pas suffisantes pour rémunérer les fonds propres à hauteur du taux de rentabilité interne minimum exigé par les souscripteurs du fonds.
Il y a lieu de rejeter cette demande dès lors qu'il résulte des circonstances suivantes que la **société acquéreuse** était **informée** de la tendance à la **baisse de rentabilité** du groupe, particulièrement accentuée au sein de la principale filiale, et avait **accepté l'aléa** existant sur son ampleur :
– la cession s'était faite sur la base des comptes des exercices 1998 et 1999 qui avaient fait l'objet, de la part de la société acquéreuse, d'**audits** comptables, fiscaux, sociaux et juridiques mais aussi stratégiques et environnementaux par trois cabinets spécialisés parmi les plus importants du secteur ; ces opérations avaient mis en évidence une baisse de rentabilité du groupe qui avait donné lieu à une **renégociation du prix,** finalement diminué de 21,50 millions de francs (environ 3 200 000 €) ;
– à supposer démontré l'engagement des cédants sur un résultat prévisionnel de 1,4 million de francs (environ 213 400 €) pour 2000 pour la principale filiale du groupe, il ne pouvait pas être retenu que les professionnels de l'audit et la **société acquéreuse,** société de gestion de **fonds commun de placement** elle-même spécialisée dans les opérations de reprise, avaient omis de réclamer aux cédants toutes pièces et documents comptables complémentaires si ceux mis à leur disposition ne leur paraissaient pas suffisants pour apprécier ce résultat prévisionnel et appréhender l'ampleur de la tendance à la baisse ; dans un **courrier antérieur à la cession,** la société acquéreuse avait au contraire exprimé sa satisfaction quant aux possibilités d'investigations qui lui avaient été offertes ; ce courrier **démontrait** en outre **qu'elle avait connaissance** dès cette époque **de la détérioration** de la situation durant les premiers mois de 2000, qu'elle qualifiait « d'en dessous du budget », et avait constaté que l'activité de la principale filiale continuait sa régression ;
– la baisse de rentabilité était à tel point perçue que le complément de prix de 10 millions de francs (1 524 500 € environ) stipulé dans l'acte de cession n'avait à être versé que si la baisse attendue de l'excédent brut d'exploitation du groupe en 2000 par rapport à l'exercice précédent se révélait finalement inférieur à 10 % ;
– en juillet 2000, le nouveau dirigeant du groupe avait écrit au mandataire des cédants pour lui communiquer les comptes de résultat de la filiale au 31 mai 2000 qui faisaient apparaître une forte dégradation par rapport à l'année précédente et il n'avait fait alors nullement état du caractère imprévu ou surprenant de celle-ci.
CA Paris 27-5-2005 n° 04-03930 : RJDA 10/06 n° 989.

20120 La demande d'une société cessionnaire de droits sociaux en réduction du prix d'acquisition sur le fondement des anciens articles 1116 et suivants du Code civil (devenus art. 1137 s.) doit être rejetée dès lors qu'il n'apparaît pas que des agissements ou même des réticences dolosives directement imputables aux cédants aient vicié son consentement.

L'existence d'un dol ne peut pas résulter de seules surévaluations d'éléments d'actif dès lors que, pour importantes qu'elles soient, elles ne trahissent pas une volonté des cédants de tromper le futur acquéreur de l'entreprise. Or, comme l'ont signalé différents experts, les méthodes et pratiques comptables de la société dont les actions sont cédées ont été constantes par rapport aux exercices précédents et l'examen comparé des comptes du quatrième trimestre de l'exercice ayant servi de référence à la cession avec ceux des trois trimestres précédents n'ajoute rien à la constatation des surestimations relevées qui apparaissaient naturellement au 31 décembre, c'est-à-dire en fin de dernier trimestre, compte tenu de leur nature (pour l'essentiel des majorations indues des créances clients).

De manière générale, les différents redressements comptables qui ont dû être opérés tiennent pour l'essentiel à une **méconnaissance des règles de l'orthodoxie comptable,** notamment pour l'évaluation des travaux en cours, qui ne peut être imputée à titre exclusif aux cédants ; ceux-ci n'ont pas mis en place de procédés frauduleux caractérisés et il n'est pas établi qu'ils aient refusé à la société cessionnaire l'accès à des informations déterminantes, notamment lors de l'**audit pratiqué deux mois avant la cession** par le cabinet d'expertise comptable de la société cessionnaire. Ainsi que l'admettent les experts de la société cessionnaire, cet audit a révélé que la société, ayant pour activité la chaudronnerie industrielle, ne maîtrisait pas la séparation des exercices sur les chantiers à long terme et qu'elle avait rattaché à l'exercice ayant servi de référence à la cession des chantiers non terminés au 1er janvier de l'année suivante. Sans doute le caractère limité de la mission d'audit n'a pu permettre à son auteur d'effectuer l'ensemble des ajustements ultérieurement proposés par les différents experts, mais il lui a suffi pour déceler les pratiques comptables à l'origine des principaux redressements retenus.

Par ailleurs, les causes du déficit de l'année de la cession tenant à la surconsommation globale de main-d'œuvre au cours de cet exercice et à la nécessité de provisionner le coût de litiges clients au titre des travaux de cette même année étaient **normalement prévisibles pour un acquéreur attentif,** au vu des éléments d'information dont il disposait. La croissance rapide de l'entreprise, outre la tension de sa trésorerie signalée dans le dossier de présentation de la banque ayant assisté à la négociation des parties, ne pouvait qu'engendrer des difficultés dans l'exécution de commandes en forte augmentation dans une structure aux ressources humaines limitées.

CA Lyon 8-12-2005 n° 04-4772 : RJDA 11/06 n° 1145.

L'acquéreur de la totalité des actions d'une société demande en vain l'annulation de la cession **20122**
pour dol en invoquant la découverte postérieure à l'acquisition d'une procédure d'alerte mise en œuvre par le commissaire aux comptes, la résiliation d'un concours bancaire, l'absence de fiabilité des comptes et un déficit très important dès lors que :

– son **principal objectif** est d'**acquérir une part de marché,** il a **connaissance des difficultés financières** « extrêmement préoccupantes » de la société cédée et a fait effectuer un **audit** sur la situation de celle-ci dont il a lui-même précisé les limites et auquel le cédant a participé sans réserve ;

– il ne démontre pas que des informations essentielles lui auraient été cachées ;

– l'**ignorance** dans laquelle il dit s'être trouvé **de l'absence de certification des comptes** de l'année ayant précédé celle de l'acquisition a été sans conséquence directe, le commissaire aux comptes s'étant contenté d'en aviser le conseil d'administration de la société cédée ; de surcroît, cette ignorance lui incombe dès lors qu'il n'a **pas cru utile de demander ces comptes** ;

– il savait que des concours bancaires avaient été accordés à la société cédée en raison de son appartenance à un groupe et pouvaient être renégociés en cas de changement d'associés ;

– il a démontré, en exigeant une **garantie de passif égale au prix de cession,** que la situation financière de la société cédée ne constituait pas l'élément essentiel de sa volonté d'acquérir cette société et qu'il avait ainsi opéré, aux dires de l'expert, un « jeu à somme nulle ».

CA Paris 21-3-2006 n° 04-21490 : RJDA 7/06 n° 745.

A commis un dol, justifiant l'annulation de la cession des parts d'une **société de bâtiment,** le **20124**
cédant qui n'a pas informé l'acquéreur d'un **litige l'opposant à un client** depuis deux ans et ayant abouti, un mois après la cession, à la condamnation de la société à payer audit client 34 000 €. En effet, au regard du prix de cession des parts de près de 61 000 €, un tel montant doit être considéré comme constituant un élément déterminant du consentement de l'acquéreur et la dissimulation ainsi commise par le cédant suffit à établir l'existence de l'élément moral de la faute.

Les arguments du cédant, selon lesquels il n'avait pas à provisionner ce risque, ou que c'était par accident qu'il n'avait pas pu être représenté devant les premiers juges, le devoir de se défendre étant de ce fait reporté sur l'acquéreur qui aurait dû interjeter appel comme il le lui avait conseillé, ou encore que l'existence de contentieux est générale dans le bâtiment, sont sans pertinence dès lors que ces circonstances ne le dispensaient pas de délivrer loyalement toute l'information en sa possession sur ce litige.

Par ailleurs, le fait que l'**acquéreur** ait été **présent dans l'entreprise comme maçon** ne permet pas de présumer qu'il avait connaissance du détail du passif et de l'existence du contentieux et le fait qu'il ait pu par la suite aggraver ce passif ne peut pas enlever à la dissimulation de faits déterminants son caractère fautif.

Enfin, l'**erreur certaine commise par l'acquéreur,** consistant dans le fait d'avoir acquis sans se soucier de la présentation de documents comptables suffisamment récents et significatifs de la situation financière de la société, doit cependant être **écartée** compte tenu du dol par réticence commis par le cédant.

CA Versailles 2-2-2007 n° 05-1149 : RJDA 3/08 n° 280.

20126 Il y a lieu d'annuler la cession des parts d'une société d'expertise comptable en raison de la réticence dolosive du cédant qui n'a pas informé la société cessionnaire de la **structure** et de la **fragilité d'une partie de la clientèle** de la société.

Pendant la négociation, le dirigeant de la société cessionnaire n'a eu à sa disposition qu'une liste non nominative de la clientèle et rien ne démontre qu'il a pu avoir accès à des informations précises sur celle-ci ; la liste nominative des clients annexée à la promesse unilatérale de vente ne comportait aucune réserve sur les clients susceptibles de partir, ni aucune information sur les liens de dépendance entre différents clients.

De ce fait, la société cessionnaire n'a pas pu savoir qu'il existait une hypothèque sur un client en raison du départ d'un autre client et lui a été cachée la fragilité d'une société cliente représentant 10 000 € de chiffre d'affaires dont les difficultés financières étaient forcément connues du cédant, son expert-comptable, et risquaient fortement d'avoir une incidence sur le contrat conclu avec la société. Dans le même ordre d'idée, même si le projet de rapprochement entre deux sociétés clientes n'était pas connu au jour de la cession des parts sociales, le cédant savait que ces sociétés avaient le même dirigeant et que celui-ci avait déjà manifesté son souci de remettre en cause la structure de son groupe de sociétés, ce qui constituait un germe d'instabilité de ce contrat.

Le fait que l'**acquéreur** soit un **professionnel de l'activité vendue** ne dispense pas le **cédant** de son **obligation spontanée d'information** et, pour l'appréciation du dol au jour de la cession, le fait que les clients en question soient ou non effectivement partis et la raison qu'ils ont donnée à leur départ importent peu.

Cette rétention des informations n'a pu qu'être commise **sciemment** dans l'intention d'amener le dirigeant de la société cessionnaire à acheter les parts à un niveau de prix ne pouvant se justifier autrement que par l'excellence de son portefeuille de clientèle.

CA Paris 14-2-2008 n° 06-17371 : RJDA 11/08 n° 1128.

20128 Dans le cas de la cession de la totalité des actions d'une société ayant pour activité le nettoyage de locaux, a commis une réticence dolosive sans laquelle l'acquéreur aurait signé à des conditions différentes le cédant qui a **dissimulé des lettres de protestations d'un client important** (une université parisienne). Le cédant n'a communiqué les lettres de l'université, qui se plaignait de la qualité du travail effectué par la société et mettait en doute le renouvellement du contrat d'entretien, que postérieurement à la cession et, compte tenu de l'importance de ce contrat sur le chiffre d'affaires de la société, le risque de son non-renouvellement avait nécessairement une influence sur le prix de cession, même si ce risque ne s'est pas réalisé, le contrat étant allé jusqu'à son terme et son non-renouvellement étant le fait de l'acquéreur qui a augmenté les tarifs de la société. Le montant de la **réduction du prix** en conséquence de l'absence de révélation de ces lettres de protestation s'élève à 30 000 € de dommages-intérêts.

CA Paris 17-6-2008 n° 07-9557 : RJDA 12/08 n° 1268.

20132 L'acquéreur des actions d'une société commercialisant des voyages, mise un an et demi après la cession en liquidation judiciaire, fait valoir en vain que le cédant a commis un dol en annexant à l'acte de cession des documents comptables ne reflétant pas la réalité des pertes réelles de la société compte tenu des éléments suivants :

– le dernier bilan arrêté avant la cession intégrait les recettes liées aux voyages vendus par la société à cette date, sans prendre corrélativement en compte les factures non encore parvenues correspondant à des prestations achetées à des fournisseurs en relation directe avec les recettes réalisées ; il s'agissait toutefois là du mode habituel de comptabilisation de l'entreprise durant les exercices sociaux antérieurs et si un expert avait critiqué la validité de la méthode en estimant qu'elle entraînait des anomalies ne permettant pas au bilan de refléter l'exacte situation économique, il avait aussi admis que le cédant avait régularisé ces anomalies en présentant une balance fournisseurs annexée à l'acte de cession ;

– pour que la violation d'une obligation précontractuelle de renseignement puisse être sanctionnée par le dol, il faut qu'elle soit délibérée, dans le dessein de tromper l'autre ; or s'il est certain que

le cédant connaissait l'existence de ce mode de comptabilisation et qu'il n'a pas spécialement attiré l'attention de l'acquéreur sur ses conséquences, il n'est pas démontré qu'il a voulu tromper l'acquéreur puisqu'il croyait que la permanence de l'utilisation de la méthode durant les exercices antérieurs en compensait les effets d'un exercice à l'autre ;
– enfin, il n'est pas démontré que le cédant connaissait l'importance que l'acquéreur prétend aujourd'hui avoir portée à la connaissance de ce mode de comptabilisation et à son éventuelle incidence négative sur la valeur nette comptable de la société.
CA Paris 17-9-2009 n° 08-14866 et, sur pourvoi, Cass. com. 8-2-2011 n° 09-17.177 F-D : Bull. Joly 2011 p. 412 note F.-X. Lucas.

L'acquéreur de parts sociales est bien fondé à soutenir avoir été victime d'un dol dès lors que la **20134** situation financière réelle de la société lui a été dissimulée par la présentation de **documents comptables inexacts** : le résultat de l'exercice précédant la cession présente une situation négative plus de trois fois supérieure à ce qui était indiqué ; un droit incorporel a été porté à l'actif à hauteur de 22 840 € correspondant à un contrat de franchise alors que le cédant avait nécessairement connaissance de sa résiliation deux ans auparavant ; des pénalités fiscales et sociales et majorations de retard pour un montant de 7 528 € qui auraient dû figurer au passif ont été occultées ; enfin, aucune information n'a été donnée lors de la cession sur l'**absence de règlement des loyers** depuis quatre mois.
L'acquéreur peut d'autant mieux prétendre que la situation financière était déterminante de son engagement que les parties avaient prévu, dans la clause « ajustements et garanties » figurant dans le protocole de cession, une absence de convention de garantie, « le prix ayant été déterminé connaissance prise de l'exacte situation financière de la société ».
CA Paris 3-12-2009 n° 08-16768 : RJDA 7/10 n° 749.

Il appartient à l'acquéreur qui demande l'annulation d'une cession de droits sociaux pour dol **20145** d'établir que l'auteur du dol est bien son cocontractant ou le représentant de celui-ci et de caractériser les manœuvres illicites et intentionnelles destinées à le tromper qui ont provoqué une erreur de nature à vicier son consentement.
Une personne, devenue actionnaire d'une SA après l'introduction de celle-ci sur le marché libre d'Euronext, avait quelques années plus tard vendu sa participation à une société déjà actionnaire de la SA par l'entremise du dirigeant de cette dernière. Le cours des actions ayant connu une forte augmentation dès après la cession, le cédant avait demandé l'annulation de la cession pour dol émanant de la société acheteuse et du dirigeant de la SA qui lui avaient **délibérément caché des informations essentielles sur le développement fulgurant de l'activité** de la SA (octroi d'un label, sortie de nouveaux produits et extension des marchés à l'étranger).
Aucun **dol** n'est **imputable à la société acheteuse** pour les raisons suivantes : le cédant ne stigmatise aucune anomalie dans le processus d'acquisition mais incrimine seulement la hâte avec laquelle la société acheteuse a agi et les informations privilégiées dont elle a bénéficié en participant à un forum public sur la promotion de l'innovation et l'entrepreneuriat ; il entre dans l'objet de la société acheteuse d'investir dans des sociétés innovantes performantes, de le faire dans les plus brefs délais et de réaliser ses opérations avant certaines dates butoirs ; il ne peut lui être reproché d'avoir mené à bien ses missions au mieux des intérêts de ses clients (des fonds communs de placement à risques ou dans l'innovation), en participant à des réunions professionnelles officielles et en choisissant les meilleurs placements ; l'acquisition des titres de la SA a été réalisée à la même époque, auprès d'autres actionnaires, et par d'autres fonds, aux mêmes conditions financières ; enfin l'acquéreur des titres n'est pas tenu d'une obligation d'information au profit du cédant sur la valeur du bien acquis.
Aucun **dol** n'est **imputable au dirigeant** de la SA dès lors que :
– le cédant n'invoque ni artifices, ni fraude, ni mensonge, ni tromperie mais seulement une grande insistance qui, à supposer qu'elle soit caractérisée, ne suffit pas à caractériser le dol ; il n'établit ni même n'allègue le caractère malhonnête de l'abstention du dirigeant ;
– dès le début des négociations, les actions de la SA étaient très demandées et « à tout prix » ; il appartenait donc au cédant de se renseigner plus complètement, si cela lui semblait utile ; il a d'ailleurs réalisé une plus-value très conséquente en cédant ses titres à cette époque ;
– la presse spécialisée recommandait déjà le titre à l'achat et la communication financière de la société était complète et très incitative (progression des ventes de 15 % grâce à un nouveau produit ; forte hausse du chiffre d'affaires et du résultat net ; développement de l'exportation) ;
– le **demandeur,** vendeur **professionnel et averti,** pouvait avoir accès aux informations qui lui paraissent aujourd'hui essentielles relatives aux nouveaux produits mis sur le marché, aux nouveaux

territoires de distribution et accords récents de distribution à l'étranger et pouvait se renseigner auprès du dirigeant de la SA avec lequel il avait des relations privilégiées ; il ne peut pas invoquer sa propre carence ; à supposer qu'il ait commis une erreur, celle-ci est inexcusable (sur l'erreur inexcusable, voir n° 19765).
CA Paris 1-6-2010 n° 08-6286 : RJDA 4/11 n° 313, 1e espèce.

20147 Il appartient à l'acquéreur qui demande l'annulation d'une cession de droits sociaux pour dol d'établir que l'auteur du dol est bien son cocontractant ou le représentant de celui-ci et de caractériser les manœuvres illicites et intentionnelles destinées à le tromper qui ont provoqué une erreur de nature à vicier son consentement.

Le cofondateur d'une société avait cédé sa participation dans celle-ci à deux filiales de ladite société. Il soutenait n'avoir pas eu connaissance au moment de la cession des bonnes perspectives d'avenir de la société dans la mesure où il n'avait **pas** eu **communication des comptes sociaux,** ni approuvés ni publiés depuis plusieurs années, et n'avait eu en sa possession qu'un **rapport de gestion tronqué** ne concernant que le dernier exercice clos (médiocre) et non l'exercice en cours (très favorable).

Il y a lieu de rejeter sa demande d'annulation de la cession pour dol compte tenu des circonstances suivantes : les actes de cession précisaient expressément que le prix avait été librement débattu et que les parties renonçaient à le remettre en cause pour quelque raison que ce soit ; le cédant avait la possibilité de demander la communication des comptes de l'exercice en cours ; il n'invoque ni artifices, ni fraude, ni mensonges, ni tromperie mais seulement une réticence ; il n'établit ni même n'invoque le caractère malhonnête de l'abstention du dirigeant auteur du rapport ; l'acquéreur n'est pas tenu d'une obligation d'information au profit du cédant sur la valeur du bien acquis ; à supposer que le cédant ait commis une erreur, celle-ci est inexcusable, l'intéressé étant un professionnel de la finance.
CA Paris 15-6-2010 n° 09-20695 : RJDA 4/11 n° 313, 2e espèce.

20149 Pour se prononcer sur l'existence d'un dol dont l'acquéreur d'une société (spécialisée dans l'expertise et le règlement des sinistres pour le compte de sociétés d'assurance) aurait été victime au moment de la formation du contrat, une cour d'appel pouvait faire état d'éléments d'appréciation postérieurs à cette date et retenir que le cédant n'avait pas commis de réticence dolosive en **cachant la rupture** de relations commerciales **avec un client** :
– l'acquéreur, expérimenté en matière de rachat de sociétés et professionnel de l'expertise pour le compte de compagnies d'assurance, avait nécessairement eu des contacts avec les différents clients de la société afin de les informer de la reprise de celle-ci et il avait ainsi eu connaissance, avant même la signature de la promesse de vente, de la décision prise par l'un d'eux de cesser toute collaboration avec la société ;
– la valeur intrinsèque de la clientèle n'avait pas été déterminante dans la volonté de l'acquéreur de conclure la promesse de vente puisque, selon les indications fournies par la plaquette de présentation de la société cédée, communiquée à l'acquéreur avant la promesse de vente, le client qui avait été perdu ne représentait que 7 % de l'activité globale de la société, et non pas 21 % comme le prétendait l'acquéreur, et que la promesse de vente avait été signée alors qu'elle ne comportait même pas la liste des principaux clients de la société cédée.
Cass. com. 1-3-2011 n° 10-11.260 F-D : RJDA 7/11 n° 630.

20150 La portée de manœuvres ou de réticences dolosives doit s'apprécier en fonction de la qualité de celui qui en est victime et de sa capacité à avoir accès aux informations qui ne lui auraient pas été spontanément communiquées.

Une société (A), dont le capital était détenu à parts égales par un père et ses deux fils, avait pris une participation de plus de 40 % dans une autre société (B) spécialisée dans la restauration rapide et dont l'un des fils était dirigeant. Celui-ci était aussi dirigeant et principal actionnaire d'un holding auquel son frère avait cédé sa participation dans la société A en janvier 2004. Au cours de cette année, il était apparu que le **prix de cession** des titres était **très inférieur** à leur valeur. Le cédant avait alors demandé l'annulation de la cession pour dol et manquement de son frère à son **devoir de loyauté** en tant que dirigeant.

Cette demande doit être rejetée dès lors que, professionnel expérimenté, le cédant ne démontre pas que des informations essentielles, et auxquelles il ne pouvait pas avoir accès, lui ont été délibérément cachées :
– le cédant a exercé des fonctions de directeur financier dans de grandes sociétés (Arcelor Mittal, Usinor Auto, Clininvest) ; il a été consultant dans le domaine des stratégies financières et de l'évaluation des projets d'investissement, notamment chez Andersen Consulting, et enseigne la finance et la gestion de projet au Conservatoire national des arts et métiers ; ses compétences pour obtenir et analyser les informations financières dont il pouvait avoir besoin pour se déterminer sont donc évidentes ;

– à supposer que les **rapports de gestion** de la société A à lui communiqués en 2000, 2001 et 2002 aient été **irréguliers** faute de comporter des informations sur la filiale, cette irrégularité ne suffit pas à établir l'existence d'une réticence dolosive dès lors que le cédant n'a fait précédemment aucune observation sur ces rapports et qu'il a eu l'occasion, à plusieurs reprises, d'analyser la situation financière de cette filiale au conseil d'administration de laquelle il avait siégé en qualité de représentant de la société A en décembre 1999 et janvier 2000 ; le cédant suivait donc avec attention le développement de la filiale et était en mesure d'obtenir sur son compte toutes les informations utiles ;
– le cédant ne peut prétendre ignorer le développement commercial de cette filiale dès lors que l'objectif d'ouvrir 100 magasins en 2000 avait été rendu public dès 1998 dans la presse et que les informations sur l'ouverture de nouvelles franchises étaient disponibles sur le site internet de l'observatoire des franchises ;
– il ne démontre pas que l'augmentation de la participation de la société A dans la société B, passée en 2003 de 40 % à 80 %, lui a été délibérément cachée ; il ne peut pas reprocher à l'acquéreur de ne pas lui avoir communiqué le rapport sur l'exercice 2003, dans lequel apparaissait la valorisation des titres de la filiale pour une somme trois fois supérieure à celle qui figurait dans les comptes 2002, dès lors qu'en janvier 2004 ce rapport n'était par hypothèse pas publié ;
– s'agissant d'une société cotée en bourse, le **cédant** pouvait **obtenir toutes les informations financières utiles** sur la filiale, notamment sur le site internet de l'AMF mais il ne justifie pas avoir sollicité des informations complémentaires, ni au moment de la réalisation de l'opération ni dans la période de négociation qui l'a précédée, qui a débuté au plus tard le 1er juin 2003.
CA Paris 17-5-2011 n° 09/23481 : RJDA 4/12 n° 407.

Les manœuvres dolosives doivent être antérieures ou concomitantes à l'acte dont la nullité est demandée et elles doivent émaner du cocontractant et non d'un tiers, sauf si l'erreur provoquée par le dol porte sur la substance même du contrat. En outre, la portée des manœuvres ou des réticences dolosives s'apprécie en fonction de la qualité de la victime. **20160**
Au cas particulier, les actions composant le capital d'une société avaient été cédées en 2003 tandis que la compagne du cédant et le fils de celle-ci en demeuraient salariés. La société les avait licenciés l'année suivante et l'un d'eux avait constitué une société concurrente. En 2005, la société dont les actions avaient été cédées avait été mise en liquidation judiciaire. L'acquéreur avait demandé l'annulation de la cession pour dol en soutenant que le cédant lui avait caché ses liens avec les salariés précités et que les difficultés de la société résultaient d'une **captation de clientèle** réalisée par la société nouvelle et fomentée par le cédant.
En application des principes précités, cette demande doit être rejetée dès lors que :
– les agissements reprochés à la compagne du cédant et au fils de celle-ci, à les supposer établis, ne peuvent fonder la demande en nullité ;
– l'acquéreur ne peut pas utilement invoquer son ignorance des liens unissant les personnes en cause dès lors qu'il indique dans ses conclusions que le cédant en avait fait état dès avant la signature de l'acte de cession en manifestant la volonté de mettre sa famille à l'abri du besoin ;
– la création de la société concurrente n'est pas la preuve d'un dol du cédant dès lors que l'engagement de non-concurrence souscrit par ce dernier lors de la cession ne s'imposait qu'à lui et qu'il n'est pas établi qu'il soit intervenu dans la création de cette société, survenue quinze mois après la cession, ou dans son exploitation ;
– si cette création a pu jouer un rôle dans les difficultés ayant conduit à la liquidation judiciaire de la société cédée, elles trouvent aussi leur origine dans des dysfonctionnements imputables à cette dernière ;
– l'acquéreur, ancien directeur de banque et dirigeant de société, est un **professionnel** particulièrement **averti.**
CA Paris 24-5-2011 n° 10-13447 : RJDA 5/12 n° 504.

Une société, qui avait acquis en 2006 l'intégralité des parts d'une société exploitant une imprimerie, avait demandé l'annulation de la cession pour dol se plaignant que le **cédant** lui avait **caché la perte imminente du principal client.** **20165**
Cette demande doit être rejetée dès lors qu'il résulte des éléments suivants qu'aucune manœuvre ou réticence dolosive n'est imputable au cédant :
– le prix de cession a été déterminé au cours de l'exercice, sans qu'aucun bilan intermédiaire ne soit établi ; toutefois, le cédant a mis à la disposition de la société acquéreuse les comptes complets des exercices 2003, 2004 et 2005, dont le chiffre d'affaires et les résultats ont été annexés à l'acte de cession, ainsi que tous autres registres et documents comptables ; le rapport de gestion sur l'exercice 2005, également communiqué, précisait que les premiers mois d'activité de 2006

laissaient présager une production en baisse et que l'objectif était de maintenir le chiffre d'affaires et la marge brute au niveau de ce qu'ils étaient fin 2004 ; la société acquéreuse a fait procéder avant la cession à un audit technique et financier ;
– entre la signature de la promesse unilatérale de vente des titres et celle de l'acte de vente, la société acquéreuse a rencontré les deux principaux clients de la société et a donc eu la possibilité de se renseigner sur l'intention des intéressés, à l'égard desquels les documents comptables et un audit lui révélaient la très grande dépendance économique de la société cédée ;
– ce n'est que deux mois et demi après la cession que le plus gros client de la société a informé celle-ci de sa décision de réduire progressivement le courant d'affaires qu'ils entretenaient (avec maintien du portefeuille pour l'exercice suivant, réduction de 50 % pour l'exercice d'après, puis arrêt total des achats au cours du troisième exercice) ;
– exerçant elle-même une activité d'audit en organisation et méthode, conseils en gestion et investissements et ayant pour dirigeant un expert en audit financier et comptable, la société acquéreuse était particulièrement à même de solliciter, si elle estimait celles mises à sa disposition insuffisantes, la communication de toutes pièces et de poser toute question lui permettant d'apprécier la situation de la société cédée et le risque lié à la dépendance vis-à-vis d'un unique client ; elle ne démontre pas avoir été privée de la possibilité de consulter les documents afférents à l'activité des trimestres précédant la cession.
CA Paris 21-6-2011 n° 10-06181 : RJDA 5/12 n° 505.

20166 Dans un cas où, au cours des trois années suivant la cession de la totalité des droits sociaux d'un **groupe de sociétés,** ces sociétés avaient toutes fait l'objet d'une **liquidation judiciaire** et où le cessionnaire avait mis en cause la responsabilité du cédant lui reprochant d'avoir commis un dol en n'attirant pas son attention sur la mauvaise situation financière des sociétés du groupe, sa demande a été rejetée au motif que le lien de causalité entre la faute du cédant et le préjudice du cessionnaire n'était pas caractérisé compte tenu des éléments suivants :
– la **réticence dolosive** commise par le cédant n'avait pas provoqué une **erreur déterminante** du cessionnaire dès lors que le commissaire aux comptes de celui-ci avait tenté de le dissuader de conclure la cession, au vu des documents comptables de l'une des sociétés du groupe qu'il avait pu consulter, mais le cessionnaire n'avait pas tenu compte de ces conseils ;
– le **manquement à une obligation précontractuelle d'information,** à le supposer établi, ne peut suffire à caractériser le dol par réticence si ne s'y ajoute la constatation du caractère intentionnel de ce manquement et d'une erreur déterminante provoquée par celui-ci.
Cass. 2e civ. 30-6-2011 n° 10-16.330 F-D : RJDA 12/11 n° 1040.

20170 Un consultant financier avait conclu avec une société d'ingénierie un « accord de service relatif à une augmentation de capital », par lequel il s'engageait à assister la société dans la **recherche de partenaires financiers,** moyennant une commission de 1,5 % sur les sommes investies par les candidats présentés par son entremise. Un des candidats s'était retiré du projet après avoir découvert qu'un des salariés de la société, présenté comme ingénieur spécialisé, en était un **dirigeant de fait** et qu'il avait été condamné à une **interdiction de gérer.** Le consultant avait alors réclamé des dommages-intérêts à la société pour réticence dolosive.
C'est à juste titre que la cour d'appel a retenu la réticence dolosive : la **dissimulation** invoquée avait été **déterminante** car le salarié en question n'était pas seulement un technicien mais un dirigeant de la société : directeur du développement de la société, il était l'interlocuteur privilégié du consultant dans l'exécution du contrat ; il était intervenu auprès des clients présentés par ce dernier et, traduisant la situation qui lui avait été présentée, le consultant exposait dans ses documents de présentation aux tiers investisseurs potentiels que la société avait deux gestionnaires, l'un et l'autre ingénieurs, le premier prenant ses décisions après consultation avec le second, et que le directeur du développement était « l'homme clé de l'équipe » ; la lourde condamnation prononcée contre ce directeur, si elle avait été connue du consultant, l'aurait empêché de contracter, car elle rendait illusoire l'acceptation d'une participation dans la société de la part de partenaires financiers. La dissimulation par ce salarié de ses antécédents extrêmement graves, cependant qu'il exerçait des fonctions de responsabilité au sein de la société et qu'il avait un rôle essentiel vis-à-vis des tiers, était donc déloyale et constituait une réticence dolosive, ce dont il résultait que cette dissimulation était **intentionnelle.**
Cass. com. 7-2-2012 n° 11-10.487 F-PB : RJDA 6/12 n° 557.

20172 Le dol ne se présume pas et ne saurait, en tout état de cause, résulter de la seule circonstance que, trois ans et demi après la réduction de capital, le rachat de la société familiale par une autre société serait intervenu dans des conditions beaucoup plus favorables pour l'actionnaire majoritaire restant.
L'opération de réduction de capital entreprise répondait à des nécessités familiales, et en particulier au vœu de la mère du cédant, atteinte d'une longue maladie, d'organiser l'avenir de son fils.

Le **cédant** ne saurait sérieusement **se prévaloir de son jeune âge** pour soutenir n'avoir pas été en mesure d'apprécier les conditions de la réduction de capital par rachat de titres, dès lors qu'il disposait des **conseils** éclairés de son père, lui-même chef d'entreprise et que ses parents bénéficiaient des services d'un cabinet d'experts-comptables, et d'un avocat qui suivait ses affaires patrimoniales et fiscales.
Enfin, le cédant **maîtrisait** parfaitement **la gestion de ses affaires** puisqu'il a proposé à l'usufruitier une répartition du prix de cession plus avantageuse pour lui qu'il n'est d'usage au regard de l'âge de cet usufruitier et qu'il a acquis des parts d'une SCI le jour même de la réalisation de la cession.
CA Paris 21-2-2012 n° 10/24934 : RJDA 12/12 n° 1081.

L'acquéreur des actions d'une société exploitant un fonds de commerce d'électricité générale avait demandé la nullité de la cession pour dol, des travaux d'installations électriques non encore achevés ayant été inclus dans le bilan qui avait servi de base à l'évaluation des actions. La preuve d'agissements malhonnêtes constitutifs d'un dol n'est pas rapportée compte tenu des circonstances suivantes : **20175**
– Pour la comptabilisation des chantiers répartis sur plusieurs exercices, l'industrie du bâtiment utilise soit la méthode de l'achèvement, par laquelle la constatation du résultat est repoussée jusqu'à la terminaison des travaux, soit la méthode de l'avancement, par laquelle le résultat est appréhendé à chaque arrêté de comptes, au fur et à mesure de la réalisation des travaux ; comme beaucoup de petites entreprises, la société utilisait depuis des années la méthode de l'avancement mais de manière très empirique, sans calcul basé sur un prix de revient précis ; les travaux en cours avaient certes été surévalués d'un montant d'environ 70 000 €, mais la **présentation de comptes inexacts** n'est pas forcément constitutive d'un dol ; l'**ancienneté et** la **constance des manquements** révélaient qu'ils étaient sans lien avec la cession des actions et ne traduisaient pas la volonté du cédant de cacher la véritable situation de la société.
– Le bilan litigieux n'avait été pris en considération que pour la détermination du prix provisoire de cession, le prix définitif ayant été fixé en fonction de l'actif net au jour de la réalisation de la cession, selon une situation intermédiaire révisée par un expert-comptable choisi par l'acquéreur ; à l'issue des opérations, l'acquéreur avait obtenu une réduction de 90 000 € et une **convention de fixation de prix définitif** avait été **signée par les parties.** L'**acquéreur,** qui avait donc eu **connaissance de la situation financière** et du défaut de rentabilité de la société, n'en avait pas moins confirmé son consentement en signant cette convention.
CA Orléans 4-10-2012 n° 12/01341 : RJDA 1/13 n° 5.

Dans un cas où, le jour même où il cédait l'intégralité des parts de la société qu'il dirigeait, le **cédant avait conclu** avec celle-ci un **contrat de travail** et où il avait démissionné sept mois plus tard, une cour d'appel a légalement justifié sa décision d'annuler la cession dès lors qu'elle a retenu que le cédant avait commis un dol ayant déterminé le consentement de l'acquéreur en **omettant** de l'**informer,** au plus tard le jour de la signature de l'acte de cession, **de son intention de ne rester dans la société que quelques mois** alors qu'il savait que son maintien, pour être efficace et répondre à l'attente de l'acquéreur, ne pouvait se limiter à une aussi courte période. En effet : **20180**
– il résultait d'un rapport sur le projet de reprise que l'entreprise reposait essentiellement sur la personnalité du cédant et que celui-ci souhaitait y rester au moins cinq ans ; le cédant ne pouvait pas prétendre ne pas avoir eu connaissance de ce rapport qui avait été élaboré avec son concours puisque y étaient exposées les motivations l'ayant conduit à vendre sa société ; ce document non contractuel était corroboré par la promesse synallagmatique de cession des parts sociales qui, de nature contractuelle, posait comme condition déterminante de l'opération la signature par le cédant d'un contrat de travail à durée indéterminée ;
– un contrat de travail avait été effectivement signé le jour de la cession des parts ; le maintien du cédant, ancien dirigeant, dans la société n'avait de sens que s'il était d'une durée suffisante pour permettre à celle-ci de mettre à profit la notoriété, la connaissance du marché et le savoir-faire de l'intéressé avant de pouvoir poursuivre, sans son concours, son activité ; le délai de sept mois était dérisoire et manifestement insuffisant pour atteindre ces objectifs.
Cass. com. 12-2-2013 n° 11-22.641 F-D : RJDA 6/13 n° 520.

L'acquéreur de la totalité des actions d'une société anonyme avait réclamé des dommages-intérêts à l'un des cédants, ancien **président du conseil d'administration** de la société, lui reprochant d'avoir commis un dol en cachant des irrégularités comptables qui avaient fait l'objet d'un **redressement fiscal** après la cession. Sa demande a été rejetée pour les raisons suivantes : **20190**
– la majoration de 40 % pour « manquements délibérés » appliquée par l'administration fiscale, sur laquelle l'acquéreur se fondait pour soutenir que les agissements du dirigeant ne pouvaient être qu'intentionnels, portait sur la TVA déduite et ne concernait que l'une des irrégularités relevées à l'appui du redressement ;

– cette erreur de comptabilisation de la TVA ne portait que sur 5 écritures, à comparer au nombre important d'écritures passées (1,3 million) ;
– la circonstance que l'administration fiscale ait retenu que ces irrégularités ne pouvaient pas être le fait de simples erreurs et n'avaient pas pu échapper à la direction de la SA n'établissait pas la **participation du président à ces irrégularités** ni même sa simple connaissance de ces comptabilisations erronées ; le dol repose sur une faute intentionnelle destinée à tromper le cocontractant et son existence suppose que son auteur ait connu l'information qu'on lui reproche d'avoir tue ;
– pour caractériser le dol du président lors de la cession des actions de la société, dont il détenait 14,17 % du capital, la question n'est pas de savoir si l'intéressé aurait pu ou dû connaître les irrégularités comptables dont étaient affectés les comptes qu'il présentait à l'acquéreur mais si, les ayant connues, il s'est sciemment abstenu d'en faire état et d'aviser l'acquéreur du risque fiscal qui en résultait, ce qui n'était pas établi ;
– il n'était pas davantage prouvé que cette **dissimulation,** à la supposer établie, ait été **déterminante du consentement de l'acquéreur** quant aux conditions de l'acquisition, étant observé que le prix de cession avait été déterminé, à titre principal, en fonction du chiffre d'affaires réalisé par la société, lequel n'était pas affecté par les irrégularités comptables relatives à la TVA déductible ;
– enfin, l'acquéreur n'avait pris la décision d'acquérir qu'après la réalisation d'un audit complet des comptes.
CA Versailles 4-3-2014 n° 12/05295 : BRDA 9/14 inf. 5.

20195 Neuf mois après la cession de l'intégralité de son capital, une SA avait été mise en liquidation judiciaire et sa cessation des paiements fixée à une date postérieure d'à peine deux mois à celle de la cession. L'acquéreur des actions, une autre société, avait demandé l'annulation de la cession pour dol.
Il ne peut pas être reproché à une cour d'appel d'avoir accueilli cette demande :
– l'erreur de l'acquéreur sur la valeur des titres sociaux, si elle a été provoquée par une manœuvre du cédant, peut justifier l'annulation de l'acte de cession pour dol ; en l'espèce, cette erreur avait pour origine la **dissimulation** volontaire par les cédants, à la société acquéreuse, **de la situation financière réelle de la société** émettrice ;
– la **baisse significative de l'activité** de cette société ne pouvait pas être ignorée du dirigeant de la société acquéreuse qui s'était impliqué dans la cession mais l'ampleur de cette baisse, qui n'avait pas pu échapper aux cédants dont l'un était le dirigeant de la société émettrice jusqu'à la cession, et la perte certaine de rentabilité économique de cette société avaient été sciemment dissimulées à la société acquéreuse.
Cass. com. 12-5-2015 n° 14-12.473 F-D : RJDA 1/16 n° 33.

20200 L'acquéreur de la totalité des titres d'une société, qui soutenait que le cédant lui avait intentionnellement **dissimulé des informations déterminantes sur la pérennité de la société,** l'avait poursuivi en annulation de la cession et en dommages-intérêts. Sa demande doit être rejetée car il résulte des éléments suivants que l'**intention du cédant de tromper l'acquéreur** n'était **pas établie** :
– au jour de la signature de l'avant-contrat de cession, l'acquéreur avait à sa disposition la situation intermédiaire de la société qui faisait apparaître un résultat courant avant impôts de 28 557 € et, pour l'exercice précédent, un résultat courant avant impôts négatif à hauteur de 27 774 €, le bénéfice de 22 872 € réalisé pour cet exercice trouvant son origine dans des produits exceptionnels sur opérations de gestion et en capital ;
– le cédant avait accepté le principe d'un audit comptable avant la cession et il avait transmis les documents demandés par l'expert-comptable mandaté par l'acquéreur ;
– les mois précédant la cession, l'acquéreur était présent deux jours par semaine dans l'entreprise et il n'était pas démontré qu'il aurait été dans l'impossibilité d'avoir accès aux documents comptables (le cédant lui avait au contraire remis le grand-livre et les balances clients et fournisseurs) ;
– le rapport du commissaire aux comptes établi le mois précédant la cession faisait état d'une trésorerie tendue, sans évoquer un état de cessation des paiements, et aucun autre élément du dossier ne permettait d'établir que la société se serait trouvée en état de cessation des paiements avant la cession ni que le cédant pouvait avoir connaissance de cet état.
Cass. com. 21-4-2022 n° 20-12.846 F-D : RJDA 10/22 n° 546.

SECTION 5

VIOLENCE SUBIE PAR UNE PARTIE À LA CESSION

A. Définition de la violence

25000 Les articles du Code civil relatifs à la violence (ex-art. 1111 à 1115) ont été remaniés par l'ordonnance 2016-131 du 10 février 2016 portant réforme du droit des contrats (C. civ. art. 1140 à 1143 issus de ord. 2016-131), sans modification fondamentale du régime de ce vice du consentement qui demeure une cause de nullité de la cession.
Pour les cessions conclues depuis le 1er octobre 2016 (n° 1050), il y a violence lorsqu'une partie s'engage sous la **pression** d'une contrainte qui lui inspire la **crainte** d'exposer sa personne, sa fortune ou celles de ses proches à un **mal considérable** (C. civ. art. 1140 issu de ord. 2016-131). Pour les cessions antérieures à cette date, il y a violence lorsqu'elle est de nature à faire impression sur une personne raisonnable, et qu'elle peut lui inspirer la crainte d'exposer sa personne ou sa fortune à un mal considérable et présent ; elle est aussi une cause de nullité lorsqu'elle a été exercée sur son époux ou sur son épouse, sur ses descendants ou ses ascendants (ex-art. 1112, al. 1 et 1113). Sur la substitution de la notion de proches à la liste des parents susceptibles d'être victimes de violence, voir n° 25020.

25003 Comme les autres vices du consentement, la violence doit avoir été **déterminante du consentement** de la partie qui en a été victime : la violence doit être de telle nature que, sans elle, cette partie n'aurait pas contracté ou aurait contracté à des conditions substantiellement différentes (C. civ. art. 1130, al. 1 issu de ord. 2016-131 du 10-2-2016). Ce caractère déterminant s'apprécie **eu égard aux personnes** et aux circonstances dans lesquelles le consentement a été donné (art. 1130, al. 2).
Sous l'empire des anciens textes, l'existence de la violence devait être appréciée par référence à une personne raisonnable, en tenant compte de l'âge, du sexe et de la condition de la victime (ex-art. 1112). La différence de rédaction entre les anciens et les nouveaux textes ne devrait pas modifier la façon dont les juges apprécient l'existence de ce vice du consentement, la nouvelle formulation plus générale englobant l'ancienne. L'appréciation doit être faite de manière concrète, au regard des faits de l'espèce.
En conséquence, comme auparavant, il peut être tenu compte, notamment, de l'éventuelle vulnérabilité de la victime de la violence (Cass. com. 4-6-1973 n° 72-10.782 P : Bull. civ. IV n° 193 ; Cass. 3e civ. 13-1-1999 n° 58 PB : RJDA 3/99 n° 252, retenant que la victime était une femme seule avec des enfants à charge), de la présence d'un conseil professionnel à ses côtés (Cass. com. 27-5-1997 n° 1350 D : n° 25037 ; CA Versailles 2-6-1987, 1e ch. : n° 25032) ou encore de l'expérience professionnelle de la victime (Cass. com. 27-5-1997 n° 1350 D ; CA Versailles 28-2-1992 n° 90-2645 et CA Versailles 27-2-2003 n° 01-5881 : n° 25037).
Le seul fait que la victime (ou un de ses proches) est un salarié du cocontractant auquel la violence est reprochée ne suffit pas à caractériser l'existence du vice du consentement, en l'absence de menace (Cass. 1e civ. 3-4-2002 n° 02-12.932 FS-P : n° 25037 ; CA Poitiers 14-11-2000 n° 98-1196 : n° 25032).
L'ordonnance 2016-131 du 10 février 2016 a supprimé l'ancien article 1114 du Code civil, en vertu duquel la seule crainte révérencielle envers le père, la mère, ou autre ascendant, sans qu'il y ait eu de violence exercée, n'est pas constitutive d'un vice du consentement. Le principe peut néanmoins perdurer, compte tenu de la latitude laissée au juge pour apprécier la violence.
En tout état de cause, l'abus d'un état de dépendance est sanctionnable (nos 25035 s.).

B. Auteur de la violence

25005 La violence est une cause d'annulation de la cession, qu'elle ait été exercée par une partie ou par un **tiers** (C. civ. art. 1142 ; Cass. com. 4-6-1973 n° 72-10.782 P : Bull. civ. IV n° 193), tel un parent d'une partie, une société mère ou une filiale de la société dont les titres sont cédés ou encore un créancier de celle-ci.
L'auteur de la violence peut être une personne physique, mais aussi une **personne morale** (cf. Cass. com. 18-2-1997 n° 617 P : RJDA 5/97 n° 659, chron. A. Couret p. 391).

C. Victime de la violence

COCONTRACTANT VICTIME DE LA VIOLENCE

25015 La violence vicie le consentement d'une partie lorsqu'elle pèse directement sur celle-ci lui faisant craindre pour sa personne ou sa fortune (C. civ. art. 1140). Il importe peu qu'il s'agisse d'une **personne physique** ou d'une personne morale. En effet, le consentement d'une **société** est exprimé par ses représentants légaux, personnes physiques vis-à-vis desquelles la violence peut avoir effet (Cass. soc. 8-11-1984 n° 82-14.816 P : Bull. civ. V n° 423).

PROCHES DU COCONTRACTANT VICTIMES DE LA VIOLENCE

25020 La violence est également retenue lorsqu'elle fait craindre à une partie d'y exposer ses proches (C. civ. art. 1140 issu de ord. 2016-131 du 10-2-2016), que le risque soit physique ou patrimonial. La notion de « proche » englobe à l'évidence l'époux ou l'épouse, les descendants et les ascendants que l'ancien article 1113 du Code civil visait expressément et de manière limitative. Elle s'étend, désormais, aux autres membres de la famille ainsi qu'aux amis. On peut se demander si, à l'égard d'une société, les menaces visant ses filiales pourraient également être retenues.

D. Nature de la violence

VIOLENCE PHYSIQUE OU MORALE

25025 Il y a violence si l'une des parties a exercé sur l'autre une contrainte physique telle que des voies de fait (CA Douai 16-6-1982, 1e ch. civ., Union locale CFDT de Boulogne-sur-Mer c/ Sté Transorient Freight transports Corporation : JCP G 1983 II n° 20035 note R. Jambu-Merlin et, sur pourvoi, Cass. soc. 8-11-1984 n° 82-14.816 P : Bull. civ. V n° 423).

La contrainte peut n'être que morale (Cass. com. 4-6-1973 n° 72-10.782 P : Bull. civ. IV n° 193 ; Cass. soc. 30-10-1973 n° 73-40.233 P : Bull. civ. V n° 541) mais elle n'est alors prise en considération que si elle n'est pas légitime. Depuis la réforme issue de l'ordonnance 2016-131 du 10 février 2016, le Code civil envisage expressément l'hypothèse de la menace d'une voie de droit illégitime et celle de l'abus d'un état de dépendance, qui avaient déjà été retenues par la jurisprudence antérieure.

MENACES DE VOIE DE DROIT

25030 La menace d'une voie de droit (par exemple, de **poursuites judiciaires** ou d'une procédure d'exécution, telle une saisie) ne constitue pas une violence, sauf lorsque la **voie** de droit est **détournée de son but** ou lorsqu'elle est invoquée ou exercée **pour obtenir un avantage** manifestement **excessif** (C. civ. art. 1141 issu de ord. 2016-131 du 10-2-2016 ; auparavant Cass. 1e civ. 17-7-1967 n° 65-13.807 P : Bull. civ. I n° 263 ; Cass. 3e civ. 17-1-1984 n° 82-15.753 P : Bull. civ. III n° 13 ; Cass. com. 16-5-2006 n° 05-15.794 F-D). Est aussi illégitime la menace d'exercer une action en justice dénuée de toute chance de succès (Cass. 1e civ. 4-2-2015 n° 14-10.920 F-D : RDC 2015.445 obs. Savaux ; voir aussi Cass. 1e civ. 17-7-1967 précité, à propos de la menace d'un droit de poursuite judiciaire n'appartenant pas à l'auteur de la menace et éteint par prescription). Une telle menace peut aussi caractériser l'exploitation d'une contrainte économique lorsqu'elle est susceptible de mettre en échec une opération coûteuse (Cass. 1e civ. 4-2-2015 précité).

Peu de décisions ont précisé la notion d'« avantage manifestement excessif » en matière de cession de parts ou d'actions (voir toutefois, CA Poitiers 24-3-1998 ci-dessous et, à propos d'une garantie de passif et d'un engagement de non-concurrence, Cass. com. 11-1-2005 n° 73 F-D : n° 25037).

25032 **ILLUSTRATIONS**

Ne constitue pas une contrainte le fait d'intenter une **action judiciaire** contre le cédant d'actions d'une société dès lors que cette procédure se bornait, lors de l'échange des consentements, à la **nomination d'un expert,** que la prétendue menace sur sa fortune ne pesait sur lui qu'au travers de la société dont il était le dirigeant et l'actionnaire majoritaire et que le cédant a bénéficié de l'**assistance de son avocat** lors de la réitération de son accord pour la vente des actions.

CA Versailles 2-6-1987, 1e ch. : Bull. Joly 1987 p. 691.

La seule **crainte** éprouvée par le cédant **de voir l'acquéreur,** qui était également son principal créancier, **demander** l'**ouverture d'une procédure collective** à son encontre, si elle a pu être un mobile influant sur sa décision, ne suffit pas à établir que son consentement lui a été extorqué par la violence. En effet, loin de faire pression sur le cédant pour obtenir paiement de ses créances, l'acquéreur a au contraire consenti des reports d'échéances.

CA Paris 26-9-1989, 3e ch. A : Bull. Joly 1989 p. 963.

Il n'y a pas lieu d'annuler une cession de parts sociales pour vice du consentement du cédant par violence dès lors que, s'il est exact que le cédant, gérant démissionnaire d'une société, a été **menacé** par téléphone **de poursuites pénales** pour avoir perçu un salaire excessif, ces propos ne peuvent être constitutifs de violence au sens de l'ancien article 1111 du Code civil (devenu art. 1142), dès lors que le **conseil juridique** du cédant pouvait le rassurer en lui faisant observer que son salaire avait été approuvé par l'assemblée générale et que la cession était intervenue près d'un mois après l'appel téléphonique.

CA Paris 13-6-1990, 13e ch. A.

Si une délibération d'associés de SARL peut autoriser la cession de parts consentie par l'un d'eux et entraînant son départ de la société et lui imposer une obligation de non-concurrence, c'est à la condition que cet engagement soit le fruit d'un échange de consentements libres. Les délibérations d'assemblée générale portant ces engagements doivent être annulées pour vice du consentement dès lors que le **gérant démissionnaire** avait subi des pressions fortes de l'assemblée générale, un chantage comportant des menaces de poursuites judiciaires, de nature à entraîner un vice de son consentement l'ayant conduit à consentir, outre sa démission, la **cession de ses parts à vil prix,** ainsi qu'un **engagement de non-concurrence** portant gravement atteinte à son avenir professionnel. En effet, l'engagement de non-concurrence était excessif faute d'être limité dans sa durée et la vente des parts sociales au franc symbolique n'était aucunement justifiée par des difficultés financières de la société faisant l'objet de la cession qui ne sont intervenues que postérieurement à son départ.

CA Poitiers 24-3-1998, 1e ch. civ., Sté technique de communication d'Aquitaine c/ Sté des techniques aéronautiques de radiocommunication : Bull. Joly 1999 p. 982 note E. Claudel et, sur pourvoi, Cass. com. 21-11-2000 n° 1967 F-D.

L'actionnaire d'une SA, dont il est aussi salarié, ne peut pas invoquer la violence pour remettre en cause la cession de ses actions aux autres actionnaires au motif que cet acte lui aurait été imposé à la suite du vol commis par son époux, employé de la société, à l'encontre de son employeur. La pression morale ne se présume pas et la cédante, juridiquement étrangère à l'infraction, ne prouve pas que la menace de dépôt de **plainte** dirigée **contre son mari** pour obtenir sa démission puisse être assimilée à une menace directe exercée **contre** elle, d'autant plus que des difficultés conjugales ont abouti à une procédure de divorce, libérant l'épouse de tout scrupule, et que la plainte n'a jamais été déposée. L'état dépressif invoqué par la cédante n'est pas plus établi par un certificat médical délivré trois jours après les faits et dépourvu de tout élément circonstancié. Enfin, la qualité de salariée de la cédante est sans incidence dès lors qu'elle a accepté la cession en toute connaissance de cause et sans contester son statut d'employée remplie de ses droits.

CA Poitiers 14-11-2000 n° 98-1196.

VIOLENCE PAR ABUS DE DÉPENDANCE

Pour les cessions conclues depuis le 1er octobre 2016, il y a violence lorsqu'une partie, abusant de l'état de dépendance dans lequel se trouve son cocontractant, obtient de lui un engagement qu'il n'aurait pas souscrit en l'absence d'une telle contrainte et **en tire un avantage manifestement excessif** (C. civ. art. 1143 issu de ord. 2016-131 du 10-2-2016). La partie qui invoque cet abus doit être en état de dépendance à l'égard de la partie à laquelle elle l'impute (C. civ. art. 1143 modifié par loi 2018-287 du 20-4-2018 et rétroactivement applicable aux contrats conclus depuis le 1-10-2016). À la lettre, la violence ne peut pas être retenue lorsque l'une des parties est dans une situation de dépendance à l'égard d'un tiers. **25035**

L'abus de dépendance était déjà admis pour les cessions conclues avant le 1er octobre 2016 mais dans les termes suivants, un peu différents : seule l'exploitation abusive d'une situation de dépendance économique, faite pour tirer profit de la crainte d'un mal menaçant directement les intérêts légitimes de la personne, peut vicier de violence son consentement (Cass. 1e civ. 3-4-2002 n° 00-12.932 FS-P : RJDA 8-9/02 n° 851 ; Cass. com. 3-10-2006 n° 14-13.987 F-D : RJDA 2/07 n° 187 ; CA Paris 16-2-2010 n° 09-12380 : RJDA 1/11 n° 6).

La formulation de l'article 1143 est plus générale et vise toute dépendance, quelle qu'en soit la nature ; elle englobe donc la dépendance économique. On peut noter que la jurisprudence antérieure visait une menace sur les intérêts légitimes de la victime alors que l'article 1143 s'attache à l'avantage manifestement excessif obtenu par l'auteur de l'abus, ce qui oblige désormais le juge à caractériser cet excès, notion qui apparaissait déjà dans certaines décisions antérieures (voir ci-dessous et, à propos de la cession d'actions à bas prix à la suite de menaces de poursuites judiciaires, CA Poitiers 24-3-1998 : n° 25032).

Comme l'a relevé un auteur, il existe un problème d'articulation entre les articles 1143 et 1130 du Code civil (M. Cafin-Moi, Le droit des sociétés et la réforme du droit des contrats – La cession d'actions et de parts sociales : Actes pratiques et ingénieries sociétaires mai-juin 2016 p. 58 n° 256) : tandis que ce dernier considère que le consentement est vicié, notamment en cas de violence, si la partie **victime n'« aurait » pas contracté ou l'aurait fait à des conditions** substantiellement **différentes,** le premier de ces textes n'assimile l'abus de dépendance à la violence que si, en son absence, la partie victime n'aurait pas souscrit l'engagement ; il n'envisage pas l'hypothèse d'un abus « incident » qui aurait eu une influence, non sur la volonté de contracter de la victime, mais seulement sur les conditions que celle-ci a été contrainte d'accepter.

25037 **ILLUSTRATIONS**

Compte tenu de la rareté des illustrations d'abus de dépendance en matière de cession de parts, il nous a paru utile de présenter aussi des **décisions rendues à l'occasion d'autres opérations** qui permettent de cerner comment les juges apprécient cette notion.

Manque de base légale l'arrêt qui, pour déclarer nulles les stipulations d'un contrat de concession exclusive de vente à durée déterminée, en ce qu'elles ont de contraire aux clauses d'un précédent contrat de concession, retient que le concessionnaire a été contraint de souscrire à ces stipulations pour **échapper** au mal considérable que représentait pour lui la **fermeture de son entreprise,** le concédant abusant de sa force économique contraignante, sans préciser en quoi les agissements du concédant ont été illégitimes.

Cass. com. 20-5-1980 n° 78-10.833 P : Bull. civ. IV n° 212.

La violence ne saurait résulter de l'usage par une société de sa force économique dans ses rapports avec des **dirigeants** d'entreprise **rompus aux affaires,** dont elle a obtenu qu'ils se portent garants à première demande des sommes qui lui sont dues par leur entreprise. Le fait pour une société d'**user de sa position économique** essentiellement pour s'assurer des garanties de paiement proposées ne constitue pas un avantage excessif dans les rapports entre les parties.

CA Versailles 28-2-1992 n° 90-2645.

Dans un cas où une convention prévoyait le versement d'une indemnité forfaitaire à l'acquéreur d'un fonds de commerce, en contrepartie de son accord pour le transfert d'un fonds similaire opéré par le cédant en violation de la clause de non-concurrence insérée au contrat de cession du fonds, et où le cédant avait fait valoir qu'il avait été obligé de signer la convention sous **la menace de la fermeture de son fonds,** la violence morale a été écartée non seulement en raison de l'**expérience professionnelle** du cédant du fonds de commerce, mais également parce que l'accord avait fait l'objet de **négociations entre les conseils des deux parties** plusieurs jours avant la signature de la convention.

Cass. com. 27-5-1997 n° 1350 D : RJDA 10/97 n° 1158.

Les actionnaires d'une société anonyme, qui, à la suite de lourdes pertes sociales, avaient voté une augmentation de capital réservée au **principal client** de celle-ci et avaient en conséquence subi une dilution de leur participation dans le capital, avaient réclamé des dommages-intérêts à ce client en soutenant qu'il avait **provoqué les difficultés de la société pour en prendre le contrôle par une augmentation de capital** qui leur avait été imposée par la violence sous la menace d'une ruine de la société. Cette demande a été rejetée dès lors que, même si une part non négligeable des pertes de la société était due à l'exécution des marchés conclus avec ce client, son comportement n'était pas la cause du préjudice subi par les actionnaires évincés. Il résultait en effet des circonstances suivantes que la société anonyme avait créé elle-même les conditions de sa propre ruine : les commandes du client, qui s'étaient étalées sur quatre années, avaient été conclues au prix le plus proche des propositions de la société ; les difficultés de trésorerie rencontrées par celle-ci dès la troisième année, alors qu'elle avait au départ profité d'une rentrée de fonds importante, révélaient qu'elle n'avait pas su planifier les commandes ni maîtriser son expansion ; à ce titre, elle n'avait pas adapté ses effectifs à la charge de travail ni suffisamment recouru à la sous-traitance et au travail temporaire ; les dirigeants n'avaient pris aucune disposition pour remédier aux difficultés rencontrées mais s'étaient au contraire alloué des rémunérations importantes et des primes exceptionnelles ; la société avait par ailleurs progressivement transféré une part non négligeable de son résultat à une société tierce dans laquelle l'un des actionnaires avait des intérêts.

CA Douai 15-11-1999, ass. ch., G. c/ Sté Dassault Aviation : RJDA 1/00 n° 41, rendu sur renvoi de Cass. com. 18-2-1997 n° 617 P : RJDA 5/97 n° 659.

Seule l'exploitation abusive d'une situation de dépendance économique, faite pour tirer profit de la crainte d'un mal menaçant directement les intérêts légitimes de la personne, peut vicier de violence son consentement.

Cassation de l'arrêt qui, pour accueillir la demande d'une ancienne salariée en nullité de la **cession à son employeur des droits d'exploitation d'un dictionnaire** à la mise au point duquel elle avait fourni, dans le cadre de son contrat de travail, une activité supplémentaire, retient qu'elle avait été contrainte d'accepter la convention sans pouvoir en discuter les termes qu'elle estimait contraires à ses intérêts personnels, eu égard au risque réel et sérieux de licenciement inhérent à l'époque à la perspective d'une compression du personnel au sein de l'entreprise, sans constater que, lors de la cession, l'intéressée était elle-même menacée par le plan de licenciement et que l'employeur avait exploité auprès d'elle cette circonstance pour la convaincre. **25037** (suite)

Cass. 1e civ. 3-4-2002 n° 02-12.932 FS-P : RJDA 8-9/02 n° 851.

Le dirigeant d'une société, qui s'était porté caution des dettes de la société envers une banque, avait demandé l'annulation du **cautionnement** en faisant valoir que son consentement avait été extorqué par violence compte tenu des circonstances dans lesquelles il l'avait donné : la banque ayant refusé de payer un important fournisseur, celui-ci avait cessé tout crédit et exigé le paiement comptant de ses fournitures ; il n'avait alors **consenti** le cautionnement qu'**en vue de l'octroi d'un** nouveau **prêt** à la société mais la banque, loin d'avoir accordé un prêt, avait un mois après rompu ses concours.

Cette demande a été rejetée. En effet, si la contrainte économique est susceptible de se rattacher à la violence, il convient cependant d'apprécier la réalité de cette violence en considération de la personne qui en est victime. La caution, compte tenu de son âge, de sa formation et de son expérience au sein de la société garantie, qu'elle présidait depuis près de trente ans, pouvait être considérée comme un **homme d'affaires averti** ; elle **connaissait** en outre parfaitement au moment où elle s'était engagée **la situation difficile** de la société (manque de capitaux permanents) et les risques encourus.

CA Versailles 27-2-2003 n° 01-5881 : RJDA 5/04 n° 619.

Dans le cadre de la **restructuration du capital social** et de la prise de contrôle d'une société fabricant de broderies à façon par un groupe financier, le gérant de la société avait cédé pour le franc symbolique au repreneur sa créance en compte courant et avait renoncé à ses fonctions de gérant. Par protocole d'accord, il avait cédé à la société qu'il gérait, pour un certain montant, un métier à broder dont il était propriétaire et qu'il louait auparavant à cette société, mais dont il avait provisoirement, jusqu'à ce que le résultat de la société soit bénéficiaire, renoncé à percevoir le paiement du prix. Cet acte comportait, par ailleurs, une disposition stipulant des garanties d'actif et de passif à la charge du gérant.

A légalement justifié sa décision une cour d'appel qui, pour juger que si le gérant avait pu consentir à l'accord litigieux sous la **contrainte économique,** les clauses critiquées par lui n'étaient **pas** illégitimes et ne procuraient pas à la société bénéficiaire un **avantage excessif,** a relevé notamment que :

– le gérant s'était engagé à garantir ses propres écritures comptables dans les livres d'une société qui servait d'écran à ses activités propres d'exploitation du métier à broder ;

– cette clause était l'accessoire de l'ensemble des opérations de sauvetage de la société et plus particulièrement de l'acquisition des parts sociales ;

– la clause du protocole d'accord, par laquelle le gérant renonçait provisoirement à recevoir paiement du prix jusqu'à ce que la société ait « dégagé un résultat bénéficiaire » constituait la loi des parties et une obligation sous condition suspensive valable, celle-ci ne pouvant être qualifiée de potestative dès lors qu'il n'était ni prétendu ni démontré que sa réalisation dépendait du bon vouloir d'une seule partie.

Cass. com. 11-1-2005 n° 73 F-D : RJDA 5/05 n° 562.

Deux associés, après la résiliation par une banque de la convention de compte courant ouvert au nom de leur société en raison d'un dépassement de plus de 300 000 € du découvert autorisé, avaient consenti à renouveler leurs engagements de caution en les assortissant de nouvelles garanties hypothécaires. La banque avait alors accepté de maintenir son concours dont elle avait finalement notifié la rupture un an après. La société ayant été placée en redressement puis en liquidation judiciaires, les associés avaient assigné la banque en annulation de leurs engagements de caution, l'un d'eux prétendant notamment n'avoir souscrit l'engagement que sous l'effet de la contrainte et des pressions exercées par le dirigeant de la banque, celui-ci ayant faussement fait croire que, sans cet engagement, la société serait privée du concours dont elle bénéficiait.

Une cour d'appel ayant relevé que l'associé avait disposé, **avant de souscrire le cautionnement** litigieux, d'un **délai** de deux mois pendant lequel il lui aurait été loisible de prendre conseil mais que son seul objectif avait été de poursuivre absolument l'activité entreprise en **repoussant tout constat d'échec,** il ne saurait lui être fait grief d'avoir jugé que les pressions de la banque, qui n'avaient été ni illégitimes en l'état des difficultés financières alors éprouvées par la société ni constitutives de tromperie, n'étaient pas de nature à avoir vicié le consentement de l'associé.

Cass. com. 11-7-2006 n° 929 F-D : RJDA 10/06 n° 991.

Après la mise en redressement judiciaire d'une société anonyme, les actifs de celle-ci avaient été cédés à une société à responsabilité limitée que les anciens dirigeants de la SA avaient

25037 (suite) constituée. La banque habituelle de la SA avait financé ce rachat et consenti aux dirigeants des prêts personnels destinés à rembourser les fausses traites créées par l'ancien comptable de la SA et pour lesquelles la banque avait déclaré une créance dans le cadre de la procédure collective de cette dernière. La SARL ayant été elle aussi mise en redressement judiciaire, les **dirigeants** avaient demandé l'annulation de leurs **prêts personnels** consentis, selon eux, sous l'empire de la violence.

Cassation de l'arrêt qui, pour faire droit à cette demande, a retenu que la banque avait abusé de sa « situation prédominante » de banquier habituel de la SA sollicité par les anciens dirigeants pour financer sa reprise par une nouvelle société qu'ils constituaient, afin d'éviter, pour une somme importante, le concours avec les autres créanciers de la procédure collective de la SA et que les intéressés n'avaient pas donné librement leur consentement à ces prêts personnels qu'ils avaient uniquement souscrits en raison d'une situation qui les faisait **dépendre économiquement de la banque,** de tels motifs étant impropres à justifier de l'état de contrainte économique dans lequel les dirigeants auraient été placés à l'égard de la banque et de l'existence d'un mal menaçant directement les intérêts légitimes de ces derniers.

Cass. com. 3-10-2006 n° 1081 F-D : RJDA 2/07 n° 187.

Dans un cas où le créancier d'une société spécialisée dans la préparation et l'exploitation de voitures de courses avait saisi et mis sous séquestre, trois jours avant une compétition, deux véhicules devant y participer et où une transaction avait été conclue aux termes de laquelle la société s'engageait à verser la somme réclamée (910 000 € environ) en contrepartie de la suspension de la mesure de séquestre pendant la course automobile, la demande de la société tendant à l'annulation de cette **transaction** pour violence a été rejetée compte tenu des circonstances suivantes :

– les cocontractants étaient des professionnels avertis ;

– la dépendance économique entre eux n'était pas caractérisée par le seul fait de l'existence d'une créance contestée et de la mise en œuvre d'une saisie légalement prévue et autorisée en justice ; l'**inégalité dans la situation économique des cocontractants,** seule de nature à créer des liens de dépendance, n'était en tout état de cause pas établie dès lors qu'il n'était pas démontré que l'absence de participation des véhicules à la course aurait conduit la société à la faillite ; loin d'exercer un recours contre la décision ayant autorisé la saisie, la société avait exécuté la transaction en procédant au paiement après la course.

CA Paris 16-2-2010 n° 09-12380 : RJDA 1/11 n° 6.

L'Association pour la gestion du régime de garantie des créances des salariés (AGS) avait confié à un avocat la défense de ses intérêts dans une série de dossiers concernant les salariés d'un même employeur. Dessaisi en cours d'instance, l'avocat avait demandé au bâtonnier de son ordre de fixer ses honoraires. Le premier président d'une cour d'appel avait retenu que l'avocat était en difficulté financière et était donc dépendant de l'AGS ; il avait annulé en conséquence la convention d'honoraires conclue entre les parties, qui fixait à 90 000 € HT le montant des honoraires forfaitaires de l'avocat pour la procédure d'appel, et avait fixé ce montant à 350 000 €. Confirmation de cette décision par la Cour de cassation : s'il résulte des articles 1 et 3 de la loi 71-1130 du 31 décembre 1971 que l'avocat doit en toutes circonstances exercer ses fonctions avec dignité, conscience, probité et humanité et qu'il doit, en particulier, veiller à préserver son indépendance, ces dispositions ne sauraient priver l'**avocat,** qui se trouve **dans une situation de dépendance économique vis-à-vis de son client,** du droit dont dispose tout contractant d'invoquer un consentement vicié par la violence et de se prévaloir ainsi de la nullité de l'accord d'honoraires conclu avec ce client. Le premier président de la cour d'appel, ayant caractérisé l'état de dépendance économique dans lequel l'avocat se trouvait à l'égard de l'AGS ainsi que l'**avantage excessif** que cette dernière en avait tiré, a donc pu en déduire que cette situation de contrainte constituait un vice du consentement au sens de l'article 1111 du Code civil (désormais art. 1130 et 1131), excluant la réalité d'un accord d'honoraires librement consenti entre les parties, et fixer les honoraires dus à l'avocat en application des critères définis à l'article 10 de la loi du 31 décembre 1971.

Cass. 2e civ. 9-12-2021 n° 20-10.096 F-PB : BRDA 4/22 inf. 8.

SECTION 6

SANCTIONS DU VICE DU CONSENTEMENT D'UNE PARTIE À LA CESSION

A. Sanctions en cas de cumul de qualifications du vice du consentement

1. VICE DU CONSENTEMENT ET DÉLIT PÉNAL

Les vices du consentement font l'objet de sanctions civiles spécifiques mais le dol et la violence peuvent également tomber sous le coup d'une qualification pénale, telle que l'escroquerie (C. pén. art. 313-1) ou le chantage (C. pén. art. 312-10). 25070

L'**escroquerie,** punie de 5 ans d'emprisonnement et de 375 000 € d'amende, est le fait de tromper une personne notamment par l'emploi de manœuvres frauduleuses et de la déterminer ainsi à remettre des fonds ou bien à consentir un acte opérant obligation ou décharge (C. pén. art. 313-1). Par exemple, constitue une manœuvre frauduleuse caractérisant le délit d'escroquerie la présentation de bilans inexacts en vue de céder des parts sociales (Cass. crim. 18-1-1988 n° 87-80.298 P : Bull. crim. n° 22). Il importe peu qu'un bilan falsifié, présenté à des acquéreurs éventuels de parts sociales, n'ait pas été, à l'origine, dans ce dessein particulier dès l'instant où il a été utilisé par la suite à cette fin (Cass. crim. 4-1-1969 n° 67-92.289 : Bull. crim. n° 5, 1er arrêt).

La partie victime peut se constituer partie civile devant le juge pénal pour obtenir la réparation du préjudice subi mais doit demander l'annulation du contrat devant le juge civil.

Sur les conséquences d'une relaxe au pénal sur la caractérisation du dol, voir n° 19382.

2. VICE DU CONSENTEMENT ET VICE CACHÉ

En pratique, les défauts dont sont affectées les parts sociales ou les actions cédées peuvent, dans certaines circonstances, constituer simultanément un vice du consentement et un vice caché (sur cette notion, voir nos 61100 s.). Au titre de ce dernier, l'acheteur a le choix de rendre le bien vendu et de se faire restituer le prix (action dite rédhibitoire) ou de garder le bien vendu et de se faire rendre une partie du prix (action estimatoire ; C. civ. art. 1644). La question de savoir si l'acquéreur dispose d'une option pour agir contre le cédant n'est pas réglée de la même façon selon la nature du vice du consentement en cause. 25075

Les règles exposées ci-dessous résultent de la jurisprudence rendue avant la réforme du droit des contrats issue de l'ordonnance 2016-131 du 10 février 2016 et entrée en vigueur le 1er octobre 2016. Les textes issus de cette réforme sont silencieux sur l'articulation entre les sanctions spécifiques aux vices du consentement et d'autres sanctions, de sorte que les principes précédemment dégagés demeurent, à notre avis, applicables depuis cette date.

VICE CACHÉ ET ERREUR

Lorsque le défaut invoqué s'analyse à la fois comme une **erreur sur les qualités substantielles** (désormais sur les qualités essentielles) des titres et comme un vice caché, les première et troisième chambres civiles de la Cour de cassation ont jugé que l'existence du vice caché interdit à l'acquéreur d'invoquer la nullité de la vente pour erreur et que la garantie des vices cachés constitue l'unique fondement possible de l'action de l'acquéreur (Cass. 1e civ. 14-5-1996 n° 955 P : RJDA 10/96 n° 1177 ; Cass. 3e civ. 7-6-2000 n° 894 FS-D : RJDA 9-10/00 n° 852 ; Cass. 3e civ. 17-11-2004 n° 1190 F-PB : RJDA 3/05 n° 241 ; Cass. 3e civ. 30-3-2011 n° 10-15.309 FS-D : RJDA 10/11 n° 786 ; Cass. 3e civ. 30-11-2017 n° 16-24.518 F-D : RJDA 3/18 n° 221). 25077

Cette exclusion s'explique par le fait que ces notions visent toutes deux les caractéristiques des titres, appréciées au regard de leur destination (en matière de vice caché) ou de l'aptitude de la société à remplir son objet social et à poursuivre une activité économique (en cas d'erreur sur la substance). Or, lorsque deux règles de droit régissent une même situation, la règle spéciale, ici la garantie des vices cachés, prime sur la règle générale (C. civ. art. 1105, al. 3). C'est également pour cette raison qu'en cas de défaut s'analysant à la fois comme un vice caché et un manquement à l'obligation de délivrance, seule l'action en garantie des vices cachés est ouverte à l'acquéreur (Cass. 3e civ. 1-10-1997 n° 1371 P : RJDA 12/97 n° 1476 ; Cass. 3e civ. 15-3-2000 n° 385 PB : RJDA 5/00 n° 526 ; Cass. 3e civ. 24-4-2003 n° 515 FS-PB : RJDA 8-9/03 n° 826 ; Cass. 1e civ. 28-10-2015 n° 14-18.771 F-D : RJDA 4/16 n° 269).

En conséquence :
– si l'acquéreur a demandé la nullité de la vente pour erreur sur les qualités substantielles (ou essentielles) de la chose vendue tout en invoquant, à l'appui de sa demande, des défauts rendant la chose impropre à sa destination, le juge doit rechercher si l'action en annulation ne doit pas être requalifiée en une demande en garantie des vices cachés (Cass. 1e civ. 12-7-2001 nº 1355 FS-PB : RJDA 1/02 nº 27) ; mais, si l'acheteur n'a invoqué que la garantie des vices cachés, le juge n'est pas tenu de rechercher un autre fondement juridique éventuel (Cass. ass. plén. 21-12-2007 nº 06-11.343 PBRI : Bull. civ. nº 10) ;
– l'acquéreur doit agir, non pas dans les délais de prescription applicables en matière de vices du consentement mais dans le délai prévu par l'article 1648 du Code civil (nºs 61360 s.) ; à défaut l'action est prescrite et le juge n'a pas à rechercher si l'acquéreur n'a pas commis une erreur sur la substance (ou sur les qualités essentielles) des titres (Cass. 1e civ. 14-5-1996 nº 955 précité).

25079 La portée de cette exclusion est limitée. D'une part, elle ne vise que l'erreur sur la substance (ou sur les qualités essentielles) si bien que la cœxistence d'une **erreur** d'un **autre** type (erreur sur la personne du cédant par exemple) et d'un vice caché ne devrait pas interdire à l'acquéreur de choisir entre l'une et l'autre des actions, celles-ci n'ayant alors pas le même objet.
D'autre part, elle n'a pas été, à notre connaissance, reprise par la **chambre commerciale de la Cour de cassation** qui a, à plusieurs reprises depuis la prise de position de la première chambre civile, prononcé l'annulation de cessions de titres sur le fondement d'une erreur sur la substance sans requalifier d'office la demande (Cass. com. 21-10-1997 nº 2154 D : RJDA 1/98 nº 61 ; Cass. com. 21-11-2000 nº 1934 : Bull. Joly 2001 p. 166, affaires dans lesquelles la garantie des vices cachés n'était pas invoquée).

VICE CACHÉ ET DOL OU VIOLENCE

25081 Lorsqu'il y a simultanément vice caché et dol, l'acquéreur peut choisir d'agir sur l'un ou l'autre de ces fondements (Cass. 3e civ. 29-11-2000 nº 1610 FS-PBI : RJDA 4/01 nº 435 ; Cass. 3e civ. 10-4-2002 nº 717 FS-D : RJDA 8-9/02 nº 875 ; Cass. 1e civ. 6-11-2002 nº 1561 P : RJDA 3/03 nº 249 ; Cass. 3e civ. 23-9-2020 nº 19-18.104 FS-PBI : RJDA 12/20 nº 637).
À la différence de l'erreur sur les qualités essentielles (ou substantielles) et du vice caché, l'erreur provoquée par le dol est une cause de nullité même si elle porte seulement sur la valeur des titres ou sur un motif de la cession (C. civ. art. 1139) ; le dol suppose en outre des manœuvres ou une réticence intentionnelle. Ainsi, les notions de vice caché et de dol ne recouvrent pas exactement les mêmes choses. Dès lors, le fondement de la règle du non-cumul d'actions en cas de vice et d'erreur, à savoir qu'un texte spécial prime un texte général, ne peut ici exister puisque les deux règles en cause ne sont pas de même nature.
Par analogie de raisonnement, la solution est à notre avis transposable au cas de violence.

3. VICE DU CONSENTEMENT ET GARANTIE DU VENDEUR DE FONDS DE COMMERCE

25095 Lorsque le dol subi par l'acquéreur porte sur des éléments tels que le chiffre d'affaires et les résultats réalisés par la société du fait de l'exploitation de son fonds de commerce, les nantissements ou privilèges inscrits sur le fonds ou les conditions du bail des locaux dans lequel il est exploité, l'acquéreur peut-il invoquer les dispositions de l'article L 141-3 du Code de commerce qui, en cas d'inexactitude des énonciations du vendeur, ouvre droit aux sanctions prévues en cas de vice caché (nº 25075) ? La réponse est négative : la cession de l'intégralité des parts ou actions d'une société exploitant un fonds de commerce n'est **pas assimilée à une vente de fonds de commerce** (nº 83000) de sorte que les dispositions précitées n'ont pas vocation à s'appliquer (Cass. com. 13-2-1990 nº 88-10.661 P : Bull. civ. IV nº 42 ; Cass. com. 20-6-2006 nº 04-20.539 F-D). Il en résulte également que le délai d'un an dans lequel sont enfermées les actions fondées sur l'article L 141-3 n'est pas applicable à l'action en nullité fondée sur le dol (Cass. com. 4-12-1990 nº 88-14.335 D : Bull. Joly 1991 p. 194 note C. Rocca).

> **Précisions** **Depuis le 21 juillet 2019,** le vendeur de fonds de commerce n'est **plus tenu d'énoncer dans l'acte de vente** les mentions qui étaient imposées à peine de nullité de l'acte par l'ancien article L 141-1 du Code de commerce, ce texte ayant été abrogé par la loi 2019-744 du 19 juillet 2019. Le contenu de l'acte de vente est donc désormais libre. Il reste néanmoins **conseillé à l'acheteur,** pour prévenir d'éventuels contentieux relatifs au fonds de commerce, de demander au vendeur de lui indiquer dans l'acte de vente les mentions prévues par l'ex-article L 141-1 (informations sur le précédent vendeur, état des privilèges et nantissements grevant le fonds, chiffres d'affaires et résultats d'exploitation réalisés par le vendeur au cours des trois derniers exercices, conditions du bail le cas échéant).

B. Sanctions spécifiques aux vices du consentement

OPTION OUVERTE À LA VICTIME D'UN VICE DU CONSENTEMENT

Le Code civil ne sanctionne l'erreur, la violence ou le dol que par la **nullité** du contrat (art. 1131). 25105
Toutefois, indépendamment de l'annulation du contrat, la partie lésée peut demander réparation du dommage subi dans les conditions du droit commun de la **responsabilité extracontractuelle** (C. civ. art. 1178, al. 4). Il en est ainsi en cas de dol (Cass. 1e civ. 4-2-1975 : JCP 1975 II n° 18100 note C. Larroumet ; Cass. com. 18-10-1994 n° 92-19.390 P : RJDA 2/95 n° 102 ; Cass. com. 15-1-2002 n° 118 FS-P : RJDA 5/02 n° 490) y compris incident (n° 19730), ou de violence (Cass. 1e civ. 17-7-1967 : D. 1967 p. 509).
La victime d'un vice du consentement a donc le **choix** entre l'annulation de la cession, accompagnée le cas échéant de dommages-intérêts, ou le maintien du contrat moyennant la perception d'une indemnisation pécuniaire qui peut prendre la forme de la restitution de l'excès de prix qu'elle a été conduite à payer (Cass. com. 27-5-1997 n° 1392 D : BRDA 12/97 p. 7 ; Cass. com. 27-1-1998 n° 281 D : RD bancaire et bourse 1998 p. 146 note M. Germain et M.-A. Frison-Roche, rendus en matière de dol). Ainsi la victime d'un dol peut conclure à la seule réduction du prix (Cass. 3e civ. 6-6-2012 n° 11-15.973 FS-D : RJDA 2/13 n° 87).
Si la recevabilité d'une action en responsabilité relève de l'évidence en matière de dol ou de violence, car il y a alors bien faute de la part de son auteur, elle l'est moins en matière d'**erreur.** Dans ce cas, l'action en responsabilité n'est ouverte à la victime que si son erreur est le résultat d'une faute de son cocontractant, tel un défaut d'information précontractuelle qui, en raison de son absence de caractère intentionnel, ne pourrait pas être qualifié de dolosif (Cass. 3e civ. 29-11-1968, B. c/ Sté Caliqua : Gaz. Pal. 1969 I p. 63).

Exercice de l'option Si la victime du vice du consentement est en principe libre d'opter pour la seule indemnisation (Cass. com. 14-3-1972 : D. 1972 p. 547 ; Cass. com. 18-2-1997 n° 879 D : RJDA 5/97 n° 659), cette liberté comporte des **limites.** 25107
Ainsi, seule la voie des dommages-intérêts est ouverte à la victime du vice du consentement lorsque la remise des parties dans l'état antérieur est impossible, par exemple du fait de la disparition de la société émettrice des titres cédés (Cass. 1e civ. 9-3-1983 : Bull. Joly 1983 p. 506). De même, un acquéreur de parts sociales, victime d'un dol du cédant qui lui avait présenté un faux bilan, a pu légitimement demander des dommages-intérêts pour le préjudice qu'il avait subi, sur le fondement de l'article 1382 du Code civil (désormais art. 1240), plutôt que la nullité de la cession, dès lors que la situation financière exacte de la société dont il avait acheté les actions s'était révélée à une époque où il avait pris des mesures de redressement, ce qui rendait impossible le rétablissement de la situation antérieure à la cession (Cass. com. 5-12-2000 n° 2050 F-D : RJDA 3/01 n° 323).
La nullité de la cession ne peut pas non plus être demandée lorsque le dol émane d'un tiers qui n'est pas de connivence (n° 19330).

L'**action en nullité** et l'**action en responsabilité** extracontractuelle engagées par la victime d'un vice du consentement étant des actions **distinctes,** il en résulte notamment les conséquences suivantes : 25109
– même en cas de **renonciation** à l'**action en nullité** ou de désistement, la victime peut agir en responsabilité contre son cocontractant (Cass. 1e civ. 4-10-1988, V. c/ Sté Laboratoires Bio Codex : Bull. civ. I n° 265 ; Cass. com. 18-10-1994 n° 1848 P : RJDA 2/95 n° 102, rectificatif RJDA 4/95 n° 401) ;
– la victime du vice du consentement, qui a choisi d'agir en nullité de la cession en première instance, ne peut pas en **appel** opter pour une demande en dommages-intérêts (Cass. com. 18-1-1984 : Bull. civ. IV n° 23 ; Cass. com. 30-11-1999 n° 1929 PB : RJDA 4/00 n° 496). En effet, l'action en nullité ou en résolution, qui a pour objet de mettre à néant le contrat, ne tend pas aux mêmes fins que l'action en responsabilité, qui laisse subsister le contrat. Cette dernière constitue en conséquence une prétention nouvelle au sens de l'article 564 du Code de procédure civile, irrecevable à ce titre en appel ;
– même si une précédente décision de justice a rejeté l'action en nullité, la victime peut engager une action en responsabilité contre son cocontractant ; l'exception de chose jugée ne peut pas lui être opposée, les demandes n'ayant pas le même objet (Cass. 3e civ. 11-1-2012 n° 10-23.141 FS-PB : RJDA 5/12 n° 467) ;
– le **juge** ne peut pas **substituer** des dommages-intérêts à la nullité, seule demandée, sans avoir au préalable invité les parties à présenter leurs observations (Cass. com. 3-10-2000 n° 1620 FS-D : RJDA 1/01 n° 3) ; à défaut, il modifie l'objet du litige et statue « ultra petita » en contravention aux articles 4 et 5 du Code de procédure civile.

1. ANNULATION DE LA CESSION EN CAS DE VICE DU CONSENTEMENT

25140 Les vices du consentement sont une cause de **nullité relative** de la cession (C. civ. art. 1131 issu de ord. 2016-131 du 10-2-2016). Avant ce texte, ils étaient également expressément sanctionnés par la nullité de la cession (C. civ. ex-art. 1110 pour l'erreur, 1111 pour la violence et 1116 pour le dol) et les tribunaux avaient affirmé avec constance que cette nullité était relative.
Les dispositions de l'ancien article 1117 du Code civil, en application desquelles la cession conclue sous l'empire d'une erreur, d'un dol ou de violence n'est **pas** nulle **de plein droit,** n'ont pas été reprises lors de la réforme du droit des contrats. Le principe perdure néanmoins. Il appartient à la victime du vice de demander l'annulation de la cession, celle-ci pouvant être, comme avant la réforme, **prononcée par le juge** mais, aussi pour les contrats conclus depuis le 1er octobre 2016 (n° 1050), **constatée par les parties** d'un commun accord (C. civ. art. 1178, al. 1 issu de ord. 2016-131 ; nos 30650 s.).
Le **régime** de la nullité applicable à une cession conclue à la suite d'un vice du consentement est celui exposé nos 30500 s. sous réserve de certaines **spécificités** exposées ci-dessous.

> **Précisions a.** L'existence d'un vice du consentement ouvre une action en nullité et non pas une action en **résiliation** ou en **résolution** de la cession (Cass. com. 3-3-1975, Le matériel moderne c/ Sté Fontainebleau Offset : JCP G 1976 II n° 18463 note Ch. Larroumet ; Cass. 1e civ. 22-4-1997 n° 704 P : RJDA 10/97 n° 1183). Par suite, viole l'article 1116 du Code civil (devenu art. 1137) et l'article 12 du Code de procédure civile la cour d'appel qui, pour rejeter la demande d'un acquéreur fondée sur l'existence d'un dol, retient que celui-ci demande la résolution de la vente alors qu'il appartenait au juge de restituer à la sanction du dol son exacte qualification (Cass. 1e civ. 22-4-1997 précité).
b. Lorsque sont **cédées concomitamment** des parts sociales et des **créances de compte courant** détenues sur la société, l'annulation de la cession des parts pour dol entraîne aussi celle de la cession des créances dès lors que la cession, conclue pour un prix global, est indivisible (Cass. com. 7-7-2021 n° 19-20.746 F-D : RJDA 2/22 n° 84).
c. Sur la particularité de la nullité sanctionnant une **erreur-obstacle,** voir nos 19110 s.

DEMANDEUR À L'ACTION EN NULLITÉ POUR VICE DU CONSENTEMENT

25150 La nullité relative ne peut être demandée que par la partie que la loi entend protéger (C. civ. art. 1181, al. 1). Le droit d'invoquer la nullité de la cession pour vice du consentement n'appartient qu'à la partie dont le consentement a été vicié, l'autre cocontractant ne pouvant pas s'en prévaloir (Cass. 1e civ. 1-3-1988 : Bull. civ. I n° 56 ; Cass. 3e civ. 18-10-2005 n° 1117 F-PB : RJDA 4/06 n° 371).
Jugé qu'en raison de son caractère patrimonial, l'action se transmet néanmoins, après le décès de la victime, à ses ayants cause universels (Cass. 1e civ. 4-7-1995 n° 93-15.005 P : Bull. civ. I n° 291 à propos de l'annulation d'un contrat de mariage pour dol).
L'action en nullité pour vice du consentement, réservée à celui des cocontractants dont le consentement a été vicié, n'est pas attachée aux titres vendus et n'est pas transmise aux **sous-acquéreurs** de ceux-ci (S. Sana-Chaillé de Néré, J.-Cl. Civil art. 1304 à 1314 fasc. 40 n° 16 ; en ce sens, Cass. 3e civ. 18-10-2005 n° 04-16.832 F-PB : RJDA 4/06 n° 371, l'excluant y compris en présence d'une clause de subrogation générale de l'acquéreur dans les droits du cédant).
À notre connaissance, la question de savoir si les **créanciers** de la victime du vice du consentement peuvent, en cas de carence de celle-ci, agir en nullité par voie oblique (cf. C. civ. art. 1341-1) n'a pas été tranchée par les tribunaux. L'action oblique n'est admise que pour les droits et actions à caractère patrimonial et non les actions exclusivement rattachées à la personne du débiteur (art. 1341-1). La jurisprudence précitée, retenant le caractère patrimonial ou purement personnel de la nullité dans d'autres hypothèses, ne permet pas de trancher.

25152 Dans le cas où c'est la **caution** de l'acquéreur, qui n'est pas partie au contrat principal, qui entend se prévaloir du consentement vicié de ce dernier, il convient de distinguer deux situations.
Si le cautionnement a été souscrit **depuis le 1er janvier 2022,** date d'entrée en vigueur de l'ordonnance 2021-1192 du 15 septembre 2021 portant réforme du droit des sûretés, la caution peut opposer au créancier toutes les exceptions, personnelles ou inhérentes à la dette, qui appartiennent au débiteur mais elle ne peut toutefois pas se prévaloir des mesures légales ou judiciaires dont bénéficie ce dernier en conséquence de sa défaillance, sauf disposition spéciale contraire (C. civ. art. 2298 issu de ord. 2021-1192 ; Ord. 2021-1192 art. 37, I). Elle peut donc invoquer contre un cédant de droits sociaux la nullité de la cession à raison du vice affectant le consentement de l'acquéreur.
Si le cautionnement a été conclu **avant le 1er janvier 2022,** la caution peut opposer au créancier toutes les exceptions qui appartiennent au débiteur principal et qui sont inhérentes à la dette, mais

pas celles qui sont purement personnelles au débiteur (C. civ. art. 2313 dans sa version antérieure à l'ord. 2021-1192). Ainsi, elle n'est pas recevable à invoquer la nullité relative d'un contrat de vente tirée du dol affectant le consentement de l'acquéreur et qui, destinée à protéger ce dernier, constitue une exception purement personnelle (Cass. ch. mixte 8-6-2007 n° 03-15.602 PBRI : RJDA 3/08 n° 327). La solution est à notre avis transposable aux autres vices du consentement.

PRESCRIPTION DE L'ACTION EN NULLITÉ POUR VICE DU CONSENTEMENT

L'action en nullité pour vice du consentement est soumise à la prescription de droit commun (n° 30675). 25160

Le **point de départ du délai** de prescription est (C. civ. art. 1144) :
– en cas de violence, le jour où elle a cessé ;
– en cas d'erreur, le jour où elle a été découverte ;
– en cas de dol, le jour où il a été découvert.

En cas de vice affectant le consentement d'un **mineur** ou d'un **majeur protégé,** le point de départ du délai de l'action en nullité est le même que celui applicable à l'action en nullité pour violation des règles de capacité (pour le mineur n° 26154, pour le majeur sous tutelle n° 26456, pour le majeur sous curatelle n° 26518).

> **Précisions** **a.** Le délai de l'action en nullité pour erreur ne court que du jour, souverainement déterminé par les juges du fond, où cette **erreur** a été découverte, et non du jour où elle a été seulement **soupçonnée** (Cass. 1e civ. 31-5-1972 n° 71-10.571 : Bull. civ. I n° 142) ; la précision vaut aussi pour dol.
> **b.** La nullité d'une adhésion à une **société en participation** ne saurait être demandée pour dol ou erreur par des associés refusant de participer aux pertes sociales plus de cinq ans après leur adhésion, dès lors que cette obligation figurait dans les statuts (Cass. 3e civ. 2-7-2003 n° 820 FS-D : RJDA 5/04 n° 514).
> **c.** Le **caractère inexcusable de l'erreur** qu'a pu commettre l'acquéreur est sans incidence sur le point de départ du délai de l'action en nullité (CA Paris 15-11-1990, 1e ch. B : Gaz. Pal. 1992 p. 51).
> **d.** Le **report du point de départ** du délai pour agir en nullité ne peut pas avoir pour effet de porter le délai de prescription au-delà de vingt ans à compter de la naissance du droit (C. civ. art. 2232).
> **e.** Sur le cas particulier de la coexistence d'un vice du consentement et d'un **vice caché,** voir n° 25077.

CONFIRMATION DE L'ACTE NUL POUR VICE DU CONSENTEMENT

La cession, atteinte de nullité pour vice du consentement, est susceptible d'être confirmée dans les conditions exposées nos 30570 s. sous réserve des précisions suivantes. 25185

En cas de violence, la confirmation ne peut intervenir qu'après que la violence a cessé (C. civ. art. 1182, al. 3). Pour l'erreur et le dol, le contrat ne peut être valablement confirmé qu'une fois que la victime a découvert l'erreur ou le dol (Cass. com. 12-1-2010 n° 08-21.247 FS-D : RJDA 4/10 n° 418).

2. INDEMNISATION DE LA VICTIME D'UN VICE DU CONSENTEMENT

CONDITIONS DE L'ACTION EN INDEMNISATION D'UN VICE DU CONSENTEMENT

La partie dont le consentement a été vicié peut demander réparation du dommage subi dans les conditions du droit commun de la responsabilité extracontractuelle (n° 25105), c'est-à-dire sur le fondement des articles 1240 s. du Code civil. Les principes régissant la responsabilité extracontractuelle n'ont pas été modifiés sur le fond par la réforme issue de l'ordonnance 2016-131 du 10 février 2016 ; les dispositions ont seulement été renumérotées. Les solutions rendues en ce domaine avant la réforme demeurent donc applicables. 25390

Le succès de l'action en responsabilité suppose l'existence de trois éléments : une **faute,** un **préjudice** et un **lien de causalité** entre les deux. En effet, le droit de demander la nullité d'un contrat pour dol n'exclut pas l'exercice, par la victime des manœuvres dolosives, d'une action en responsabilité délictuelle pour obtenir de leur auteur réparation du préjudice qu'elle a subi, mais c'est à la condition d'établir que :
– ces manœuvres ont été la cause directe et exclusive du préjudice invoqué (Cass. com. 4-3-1997 n° 568 D : RJDA 6/97 n° 746 ; Cass. com. 16-5-2000 n° 1069 F-D : RJDA 11/00 n° 974 ; Cass. 3e civ. 26-5-2004 n° 625 FS-D : RJDA 10/04 n° 1082) ;
– ce préjudice est actuel et certain (Cass. 2e civ. 3-11-1971 n° 70-12.053 : D. 1972 p. 667 note Ch. Lapoyade-Deschamps ; CA Rouen 7-4-2005 n° 03-4059 : n° 25391 ; Cass. com. 15-11-2011 n° 10-26.511 F-D : n° 25391) ; le préjudice futur est réparable lorsqu'il est la prolongation certaine et directe d'un état de choses actuel (Cass. com. 7-7-2020 n° 18-20.934 F-D : RJDA 10/20 n° 541) ;

– lorsqu'une indemnisation est demandée concomitamment à l'annulation de la cession, l'annulation et les remises réciproques qui en résultent ne réparent pas intégralement le préjudice subi (notamment Cass. com. 9-10-2007 n° 05-22.023 ; Cass. com. 12-7-2011 n° 10-19.297 F-D ; CA Rouen 7-4-2005 n° 03/4059 : n° 25391).

Lorsque l'indemnisation est réclamée en dehors de toute demande d'annulation et sur le seul fondement du dol, le caractère intentionnel du dol doit être établi (n° 19660).

Les articles 1240 et 1241 du Code civil sont d'**ordre public.** Leur application ne peut pas être neutralisée par avance contractuellement, de sorte que les clauses d'exonération ou d'atténuation de responsabilité en matière extracontractuelle sont nulles (Cass. 1e civ. 5-7-2017 n° 16-13.407 FS-D : RJDA 11/17 n° 768). Jugé dans cette affaire que le cédant des titres d'une société, poursuivi par l'acquéreur en indemnisation pour le dol qu'il aurait commis, ne peut pas lui opposer la clause limitative d'indemnisation contenue dans le contrat de garantie du passif accessoire à la cession des titres.

25391 **ILLUSTRATIONS**

Dans un cas où l'acquéreur de la totalité des parts d'une SARL avait formé une action en réparation du préjudice causé par le silence du cédant sur l'existence d'un passif social qui ne figurait pas au bilan au vu duquel avait été calculé le prix de cession, il a été jugé :

– d'une part, qu'en condamnant le **cédant** au paiement d'une somme représentant le **montant de la dette,** la cour d'appel n'a pas mis à la charge du cédant le passif social litigieux mais l'a condamné à réparer le préjudice causé à son cocontractant par ses agissements dolosifs ;

– d'autre part, qu'en le condamnant au paiement de **dommages-intérêts** à l'acquéreur, elle n'a pas sanctionné la gravité de la faute mais a réparé le dommage découlant de sa mauvaise foi.

Cass. com. 3-4-1979 : Rev. sociétés 1980 p. 723 note E. du Pontavice.

Une cour d'appel avait annulé, pour dol des cédants, la cession des actions d'une société et des locaux dans lesquels elle exploitait un fonds de commerce. Il ne peut pas être reproché à la cour d'appel d'avoir condamné solidairement les cédants à verser des dommages-intérêts à l'acquéreur. En effet, il résultait de ses constatations que les **faits dolosivement cachés** à l'acquéreur étaient **à l'origine de la procédure collective** dont celle-ci faisait l'objet, procédure ayant révélé l'ampleur du préjudice subi par l'acquéreur : le refus délibéré du cédant d'informer l'acquéreur de la précarité de l'utilisation de locaux indispensables à l'exploitation du fonds de commerce l'a conduit à courir le risque d'une éviction devant avoir pour conséquence la perte de l'essentiel de l'actif social ; en outre, le cédant a faussement affirmé, dans les actes de cession, que la société n'était pas en état de cessation des paiements alors que, non seulement la date en a été reportée à une date antérieure de dix-huit mois à celle de l'acte de cession, mais encore la société était depuis plusieurs années dans l'incapacité de faire face à son passif exigible avec son actif disponible, ne parvenant, artificiellement, à satisfaire à ses engagements que grâce à un découvert bancaire important et permanent.

Cass. com. 4-3-1997 n° 568 D : RJDA 6/97 n° 746.

À la suite de l'annulation d'une cession de parts pour erreur sur les qualités substantielles de celles-ci, il y a lieu de **condamner** les **cédants** à restituer les acomptes versés sur le prix de cession et à payer, **in solidum,** des dommages-intérêts à l'acquéreur pour les raisons suivantes :

– par leur mauvaise foi, résultant de leurs déclarations inexactes et de leurs réticences, les cédants ont causé à l'acquéreur un **préjudice,** indépendant du retard dans la restitution du prix de cession, consistant dans les intérêts que l'acquéreur a dû payer au titre de l'**emprunt** qu'il a contracté pour s'acquitter d'une partie du prix de cession ;

– le recours à l'emprunt était expressément mentionné à l'acte de cession et donc connu des cédants.

Le coût de l'emprunt est toutefois limité au capital emprunté pour le solde du prix tel qu'il figure dans l'acte de cession, soit 1 000 000 F (environ 152 500 €), et non pour 1 200 000 F (près de 183 000 €) comme le demande l'acquéreur, le surplus des sommes empruntées ayant été manifestement utilisé à d'autres fins.

CA Paris 18-2-2000, 5e ch. B, B. c/ Sté CFA : Bull. Joly 2000 p. 715 note A. Couret.

Dans un cas où la cession de l'intégralité des parts d'une société avait été annulée pour erreur sur les qualités substantielles des parts et pour dol du cédant en raison de la présentation de comptes sociaux irréguliers dissimulant l'état de cessation des paiements de l'entreprise, le cédant a été condamné à **indemniser,** d'une part, l'**acquéreur** pour les **frais** exposés pour l'acquisition des titres (droits d'enregistrement, honoraires d'avocat, frais de recherche Inpi) mais non pour ceux exposés pour le fonctionnement de la société et, d'autre part, la personne qui s'était portée **caution** après la cession des engagements de la société à l'égard d'une banque et qui n'aurait pas contracté un tel engagement sans les manœuvres dolosives du cédant, pour la somme qu'elle avait dû verser à la banque en exécution de son cautionnement ainsi qu'un euro au titre du préjudice moral. **25391 (suite)**

CA Amiens 28-1-2003 n° 01-4279 : RJDA 11/03 n° 1078, 2e espèce.

Commet une réticence dolosive le cédant de la totalité des parts d'une **société exploitant un magasin de bricolage** qui a précisé dans l'acte de cession n'avoir connaissance d'aucun événement susceptible d'avoir un effet défavorable sur la situation, l'activité ou le fonctionnement de la société alors qu'il était informé de l'existence d'un **projet d'implantation à proximité d'une enseigne de bricolage concurrente,** fait qui pouvait être de nature à remettre en cause la volonté des acquéreurs de contracter aux mêmes conditions.
Toutefois, il y a lieu de rejeter la demande d'indemnisation formée par les acquéreurs, faute pour ces derniers d'établir l'existence de **préjudices actuels et certains** :
– la perte d'exploitation du fait de l'implantation du concurrent à proximité était future et éventuelle tant que le magasin concurrent n'avait pas commencé à être exploité ;
– les acquéreurs n'avaient pas subi un préjudice résultant du fait que la connaissance du projet d'implantation leur aurait permis de négocier à un prix moins élevé, dès lors qu'ils avaient refusé sans raison la proposition de rachat des parts formulée par un tiers au prix auquel ils venaient eux-mêmes de les acquérir ; ce dernier s'était d'ailleurs déjà porté candidat à l'acquisition au moment de la cession litigieuse pour le même prix, voire pour un prix plus élevé, et en connaissance du projet d'implantation ;
– le préjudice moral lié à la nécessité d'introduire un contentieux contre le vendeur et la société concurrente n'était pas établi : la nécessité d'une action contre le vendeur n'était pas démontrée et aucune procédure n'avait été engagée contre la société concurrente ;
– le préjudice lié à l'endettement des acquéreurs et au fait que l'un d'eux avait quitté son emploi pour se consacrer au magasin était sans lien de causalité avec la réticence dolosive du vendeur.

CA Rouen 7-4-2005 n° 03-4059 : RJDA 8-9/05 n° 985.

Dans l'affaire ci-dessus, le magasin concurrent ayant ouvert ses portes après la décision de la cour d'appel, l'acquéreur avait de nouveau assigné les cédants en dommages-intérêts.
L'ouverture du magasin concurrent ayant modifié la **situation antérieurement reconnue par la première décision,** l'acquéreur est recevable, sans méconnaître l'autorité de la chose jugée, à demander l'indemnisation des préjudices qu'il invoquait au titre de la perte du chiffre d'affaires et des frais de déménagement.
Mais, l'acquéreur ayant fait le choix de ne pas demander l'annulation du contrat à la suite du dol dont il avait été victime, son préjudice réparable correspondait uniquement à la **perte d'une chance** d'avoir pu contracter à des conditions plus avantageuses, ou de ne pas contracter.

Cass. com. 21-6-2016 n° 14-29.874 F-D : RJDA 11/16 n° 761.

Doit être cassé l'arrêt qui, pour écarter le dol invoqué par l'acquéreur d'actions, retient qu'il n'est nullement établi qu'il n'aurait pas acquis les actions litigieuses s'il avait connu, avant la vente, l'**existence d'un passif supplémentaire** qu'il reproche au cédant de lui avoir dissimulé et observe à cet égard que ce passif apparaît limité par rapport à celui apparu ultérieurement ; en se déterminant ainsi, après avoir retenu que les demandes de l'acquéreur devaient être appréciées sur le fondement de l'article 1382 du Code civil (désormais art. 1240), sans rechercher si ce dernier n'avait pas subi un **préjudice en acceptant de payer un prix auquel il n'aurait pas consenti s'il avait eu connaissance** de l'existence de ce passif, la cour d'appel n'a pas donné de base légale à sa décision au regard des articles 1116 et 1382 du Code civil (désormais art. 1130, 1131 et 1240).

Cass. com. 2-5-2007 n° 05-21.975 F-D : RJDA 8-9/07 n° 847.

Ayant relevé que les acquéreurs de la quasi-totalité des actions d'une société, mise en redressement judiciaire huit mois après la cession et dont la date de cessation des paiements a été reportée à une date antérieure à la cession, avaient connaissance lors de la cession de la situation financière et du défaut de rentabilité de la société et retenu que la décision d'acquérir avait été déterminée par leur conviction d'avoir la capacité de réorienter la société et de lui restituer sa rentabilité, la cour d'appel en a exactement déduit que les **fautes** imputées aux cédants, à l'expert-comptable et au commissaire aux comptes (inexactitude des documents comptables) étaient **sans lien de causalité** avec la décision d'acquisition et ne pouvaient pas engager leur responsabilité.

Cass. com. 2-5-2007 nos 05-21.295 et 05-21.436 F-D : RJDA 4/08 n° 420.

Ne donne pas de base légale à sa décision au regard de l'article 1382 du Code civil (désormais art. 1240) la cour d'appel qui, pour condamner le cédant de parts sociales à payer à chacun des acquéreurs une certaine somme à titre de dommages-intérêts, retient que les manœuvres dolosives leur ont causé un préjudice personnel, sans caractériser le **préjudice subi personnellement, non réparé par l'annulation de la cession et la restitution du prix.**

Cass. com. 9-10-2007 n° 05-22.023 F-D : RJDA 12/07 n° 1243.

25391 (suite) La réparation par des dommages-intérêts peut être demandée en plus de l'annulation du contrat si celle-ci laisse subsister un préjudice. Dans un cas où la cession des parts d'une société d'expertise comptable avait été annulée en raison de la réticence dolosive du cédant qui n'avait pas informé la société cessionnaire de la fragilité de la clientèle de la société, le **préjudice invoqué par le dirigeant de la société cessionnaire,** qui n'est pas l'acquéreur des parts sociales, découle de la liquidation judiciaire de la société dont les parts ont été cédées ; cet événement ne peut **pas** être **relié uniquement et directement au dol,** étant donné les trois années écoulées depuis la cession, la fragilité d'une partie de la clientèle (élément ayant été retenu pour la caractérisation du dol) ne pouvant pas suffire à entraîner la faillite de la société d'expertise comptable et il n'est pas démontré que le cédant l'aurait évincé de sa clientèle.

Seul le **coût du crédit** pourrait constituer un chef de préjudice découlant du dol et subsistant après les restitutions et seulement vis-à-vis de l'emprunteuse, la société cessionnaire.

CA Paris 14-2-2008 n° 06-17371 : RJDA 11/08 n° 1128.

Pour un cédant condamné à verser, **à titre de dommages et intérêts,** la **moitié du prix d'achat des titres** pour avoir caché aux acquéreurs l'état de cessation des paiements de la société et les avoir pressés à acheter, voir CA Paris 15-5-2008 n° 07-5668 : n° 19970.

Ne justifie pas sa décision la cour d'appel qui, après avoir annulé une cession de parts sociales en raison du dol commis par le cédant, condamne ce dernier à verser des dommages-intérêts à l'acquéreur car le dol dont il a été victime lui aurait causé un préjudice. En effet, le motif relevé par la cour d'appel est impropre à caractériser l'existence d'un **préjudice distinct de celui réparé par l'annulation** de la cession et la restitution du prix.

Cass. com. 12-7-2011 n° 10-19.297 F-D : RJDA 11/11 n° 922.

Après avoir acquis presque toutes les actions d'une société, fournisseur de premier rang pour Airbus, l'acquéreur avait soutenu que le **cédant** lui avait **caché une détérioration des relations de la société** avec son donneur d'ordre. Il avait réclamé des dommages-intérêts pour dol.

Sa demande a été rejetée car il résultait des éléments suivants que les dissimulations invoquées ne lui avaient causé **aucun préjudice** :

– la société dont les titres avaient été cédés n'avait pas été déréférencée par Airbus ;

– la perte de valeur alléguée de la société après l'annonce par Airbus d'une réduction du nombre de ses sous-traitants n'était pas démontrée, puisque la société avait pu maintenir son activité et faire progresser son chiffre d'affaires en constituant avec d'autres sous-traitants une nouvelle société ayant accès aux contrats avec Airbus pour un volume de production beaucoup plus important ;

– l'acquéreur avait été informé d'une baisse des prix imposée par Airbus et une aggravation de cette baisse due à des facteurs conjoncturels postérieurs de trois ans à la cession ne pouvait pas être imputée au cédant.

Cass. com. 15-11-2011 n° 10-26.511 F-D : RJDA 2/12 n° 118.

Une SARL avait acquis l'intégralité des actions d'une SAS. Trois ans plus tard, l'assemblée générale de la SAS avait décidé la dissolution de celle-ci, ce qui avait entraîné la transmission universelle du patrimoine de la SAS à la SARL. Un salarié de la SAS avait été déclaré pénalement coupable de participation frauduleuse à une **entente illicite intervenue avant la cession** ; il avait été condamné à payer des dommages-intérêts, in solidum avec la SARL, venue aux droits de la SAS, en sa qualité de civilement responsable. L'Autorité de la concurrence avait en outre prononcé une condamnation contre la SARL pour des motifs en relation avec la procédure pénale.

La SARL avait alors réclamé des dommages-intérêts pour dol à ceux qui lui avaient cédé les actions de la SAS, leur reprochant de lui avoir volontairement **dissimulé l'existence de cette procédure.** Les cédants avaient été condamnés à garantir la SARL des condamnations au titre de l'accusation d'entente illicite.

Cassation de la décision d'une cour d'appel qui, pour refuser à la SARL une indemnisation pour le **temps passé par** son **gérant à traiter ce contentieux,** a estimé qu'il entrait dans les fonctions du dirigeant, non seulement d'assumer la gestion courante de son entreprise, mais aussi de veiller à prendre toutes les décisions utiles à la défense de ses intérêts lorsque ceux-ci sont menacés par des actions en justice, comme d'en contrôler leur exécution. En effet, l'obligation pour le dirigeant de consacrer du temps et de l'énergie au traitement de procédures contentieuses au détriment de ses autres tâches de gestion et de développement de l'activité de la société cause un préjudice à cette dernière.

Cass. com. 12-4-2016 n° 14-29.483 F-D : RJDA 7/16 n° 540.

Des associés avaient cédé la majorité des parts d'une société à un tiers, qui avait ensuite acquis le solde des parts composant le capital social. Après cette dernière cession, l'expert-comptable de la société avait averti l'acquéreur que des **factures d'achat** d'un montant important n'avaient **pas** été **enregistrées** dans les comptes l'année de la cession. L'**acquéreur** avait alors agi en responsabilité contre lui ainsi que contre les cédants, estimant que ce défaut de comptabilisation procédait d'une erreur dans la tenue des comptes et qu'il avait ainsi été **trompé sur la situation financière** de la société.

Cette demande doit être rejetée dès lors qu'il ressort des éléments suivants que le **lien de causalité** entre les erreurs affectant les comptes critiqués et les préjudices invoqués par l'acquéreur n'était **pas établi** :

– l'acquéreur s'était déjà engagé dans le processus d'acquisition de la société lorsque les comptes litigieux avaient été déposés, si bien que ces comptes ne pouvaient pas avoir influé sur sa décision d'acheter les premières parts sociales ;

– lorsqu'il avait acquis les parts restantes, l'acquéreur, qui était déjà associé majoritaire et cogérant, avait en charge la gérance « totale » de la société et était donc en mesure d'apprécier la situation financière de cette dernière, de sorte que les anomalies des comptes n'avaient pas non plus eu d'incidence sur sa décision d'acquérir les parts sociales restantes, près de huit mois après l'approbation des comptes critiqués.

Cass. com. 4-11-2020 n° 18-17.614 F-D : RJDA 2/21 n° 100.

RÉPARATION DE LA PERTE DE CHANCE CAUSÉE PAR UN VICE DU CONSENTEMENT

La victime réclame parfois à l'auteur du dol une indemnisation pour avoir perdu une chance de conclure la cession à de meilleures conditions ou de ne pas conclure celle-ci. La perte d'une chance est en effet indemnisable, mais la réparation est **mesurée à la chance perdue** et ne peut pas être égale à l'avantage qu'aurait procuré cette chance si elle s'était réalisée (Cass. 1e civ. 9-4-2002 n° 00-13.314 F-PB : RJDA 8-9/02 n° 855 ; Cass. com. 6-5-2003 n° 00-10.502 FD : RJDA 11/03 n° 1044). 25395

Lorsque la **victime** d'un dol a **fait le choix de ne pas demander l'annulation du contrat** mais seulement une indemnisation, le préjudice réparable correspond, non à la perte d'une chance de ne pas contracter, mais uniquement à la perte d'une chance d'avoir pu contracter à des conditions plus avantageuses (Cass. com. 10-7-2012 n° 11-21.954 FS-PB : RJDA 11/12 n° 932). Parce qu'elle a choisi de maintenir le contrat, la victime ne peut pas être replacée dans la situation qui aurait été la sienne si le contrat n'avait pas été conclu ; il en résulte que seul son préjudice résultant du paiement d'un prix excessif dû aux informations incomplètes ou inexactes données par le cédant est de nature à constituer un préjudice certain relié de manière directe à la faute précontractuelle de l'auteur du dol ; en revanche, sa décision de maintenir le contrat rompt le lien de causalité entre cette faute précontractuelle et la perte d'une chance de réaliser un autre investissement. Dans un arrêt ultérieur, la chambre commerciale de la Cour de cassation a toutefois jugé que le préjudice réparable subi par l'acquéreur ayant choisi de ne pas demander l'annulation de la cession à la suite du dol dont il a été victime correspondait uniquement à la perte d'une chance d'avoir pu contracter à des conditions plus avantageuses, ou de ne pas contracter (Cass. com. 21-6-2016 n° 14-29.874 F-D : RJDA 11/16 n° 761). Cet arrêt avait jeté un doute sur la position de la chambre commerciale sur cette question. Le doute a finalement été levé par la chambre commerciale qui, dans une décision récente, a réaffirmé le principe posé en 2012 (Cass. com. 5-6-2019 n° 16-10.391 F-D : RJDA 10/19 n° 605). La première chambre civile de la Cour de cassation a quant à elle admis l'indemnisation de la perte d'une chance tant de contracter à d'autres conditions que de ne pas contracter (Cass. 1e civ. 25-3-2010 n° 09-12.895 F-D : ci-dessous).

ILLUSTRATIONS

Dans un cas où la responsabilité du dirigeant d'une SA avait été retenue pour avoir dissimulé aux actionnaires minoritaires, qu'il avait incités à vendre leurs actions à une holding qu'il dirigeait, l'existence de négociations parallèles avec un tiers en vue de la reprise des actions de la SA et de la holding (n° 19630), il y a lieu de condamner le dirigeant à réparer le préjudice subi par les actionnaires consistant non à la différence entre le prix auquel ils avaient cédé leurs actions et le prix d'acquisition de ces dernières par le tiers, mais dans la **perte de chance de céder leurs actions dans de meilleures conditions** (allocation de 271 000 € de dommages-intérêts) dès lors qu'à la date de la cession de leurs titres par les actionnaires minoritaires, le prix de cession au tiers n'était pas fixé et qu'il existait encore un aléa sur la réalisation de cette cession, qu'il n'était donc pas certain que les actionnaires, même pleinement informés, auraient conservé leurs actions et que, même s'ils l'avaient fait, le tiers aurait accepté de racheter leurs actions représentant 11,71 % au prix unitaire qu'il avait payé pour prendre le contrôle de la SA et de sa holding.

CA Paris 18-12-2008 n° 07-17137 : RJDA 10/09 n° 851.

Dans le cas de la cession, pour plus de sept millions d'euros, de la totalité des actions d'une société de location longue durée de matériel informatique, encourt la cassation l'arrêt qui, pour évaluer à dix millions d'euros le préjudice subi par l'acquéreur du fait de la réticence dolosive du vendeur, retient que ce dernier a caché à l'acquéreur, lors des négociations, l'existence de contre-lettres consenties par la société cédée à certains de ses locataires afin de leur permettre d'acquérir le matériel loué à un prix résiduel avantageux en fin de contrat, que le préjudice résultant de cette dissimulation se confond nécessairement avec celui résultant du fait dissimulé et qu'ainsi le vendeur ne peut pas prétendre que, ces options d'achat ne lui étant pas directement imputables, il ne serait pas responsable de leurs conséquences.

En statuant ainsi, alors que le préjudice ne pouvait résulter que de la perte d'une chance de ne pas contracter ou de contracter à des conditions plus avantageuses que celles qu'avait acceptées l'acquéreur, et non de la **perte d'une chance d'obtenir les gains attendus** par lui qu'interdisaient les contre-lettres litigieuses, même si elles n'avaient pas été dissimulées, la cour d'appel a replacé l'acquéreur dans une situation qui n'aurait jamais pu exister, même en l'absence de réticence dolosive du vendeur, et violé les articles 1116 et 1382 du Code civil (désormais art. 1130 et 1240).

Cass. 1e civ. 25-3-2010 n° 09-12.895 F-D : RJDA 6/10 n° 610.

Toutes les parts d'une société avaient été cédées « coupon attaché » sous la condition suspensive de l'obtention d'un prêt par l'acquéreur. Malgré la réalisation de la condition, le cédant avait refusé de régulariser la cession. Une cour d'appel avait prononcé la résolution du contrat aux torts exclusifs du cédant et condamné celui-ci à verser des dommages-intérêts à l'acquéreur.

L'acquéreur ne peut pas utilement reprocher à la cour d'appel d'avoir fixé le montant des dommages-intérêts à une somme inférieure à l'intégralité des dividendes versés par la société au titre des exercices ayant suivi la cession et dont la faute du cédant l'avait privé dès lors que la résolution de la convention de cession des parts sociales emporte son anéantissement rétroactif et la remise des choses en leur état antérieur et que le préjudice de l'acquéreur concernant ces exercices s'analysait donc seulement en une **perte de chance de percevoir les dividendes escomptés** de l'exploitation de la société.

Cass. com. 6-9-2011 n° 10-15.525 F-D : RJDA 12/11 n° 1042.

Sur la perte d'une chance pour le cédant de **participer aux augmentations de capital** intervenues avant l'annulation de la cession, voir CA Paris 5-1-2016 n° 14/21649 : n° 30795.

Dans un cas où un dirigeant de SA avait manqué à son devoir de loyauté à l'égard d'un associé en lui rachetant ses titres pour 760 000 € et en les revendant une semaine plus tard à un investisseur pour 1 736 000 €, sans informer l'associé des négociations en cours avec l'investisseur et du prix d'achat que celui-ci proposait, une cour d'appel a souverainement estimé que la **perte pour l'associé d'une chance de céder ses titres à un meilleur prix** était très limitée dès lors que l'investisseur ne souhaitait pas acheter les actions de l'intéressé et que ce dernier n'avait pas été destinataire d'une offre émanant d'un tiers.

Cass. com. 15-3-2017 n° 15-14.419 F-D : RJDA 6/17 n° 410.

DÉBITEUR DE L'INDEMNISATION DUE EN RAISON D'UN VICE DU CONSENTEMENT

25400 En cas de **dol imputable à une société,** seule cette dernière peut être poursuivie par l'intermédiaire de son représentant légal, mais non les associés de celle-ci qui ne sont pas parties à la cession (Cass. com. 18-6-2002 n° 1196 F-D : RJDA 12/02 n° 1223). La solution est identique en cas de violence. En cas de dol émanant d'un mandataire, voir n° 28400.

25401 Lorsque le **dol ou la violence** sont **commis par l'un des cédants,** lui seul peut être condamné à indemniser l'acquéreur du préjudice subi, les autres cédants ne pouvant pas être condamnés solidairement à réparer ce préjudice (Cass. com. 12-7-2005 n° 1077 F-D : RJDA 11/05 n° 1228).

ATTENTION

La solidarité entre les cédants ne peut pas être déduite du fait que la cession a donné lieu à un **acte unique** et que le dol de l'un d'eux l'a vicié en son entier. Elle ne peut pas non plus résulter de la **clause de solidarité** figurant dans l'acte annulé (Cass. com. 12-7-2005 précité).

25402 Lorsque le **dol** ou la **violence émane de plusieurs personnes,** celles-ci doivent être condamnées « in solidum » à indemniser la victime (en ce sens, Cass. 2e civ. 26-2-1970 : Bull. civ. II n° 75 ; Cass. 2e civ. 12-1-1984, Fonds de garantie automobile c/ A. : Bull. civ. II n° 5 ; Cass. com. 3-12-2002 n° 2047 FS-D : RJDA 5/03 n° 468 ; CA Paris 24-3-2011 n° 10/06918 : RJDA 3/12 n° 297 som.). La victime peut en conséquence demander la réparation intégrale de son dommage à l'un quelconque des coauteurs, sans avoir à tenir compte d'un éventuel partage de responsabilité entre eux (Cass. 3e civ. 22-6-1994 n° 1193 P : RJDA 11/94 n° 1180). Celui qui a indemnisé la victime dispose d'un recours contre les autres coauteurs.

Sur un **partage de responsabilité entre l'acquéreur et le cédant** en raison de leur faute respective, voir Cass. com. 13-1-1998 n° 68 D : n° 19235.

25405 **Recours en garantie de l'auteur du dol** Le dol commis par le cédant des parts sociales ou des actions ne fait pas obstacle à la condamnation du **notaire,** qui a établi l'acte de cession, à le garantir partiellement en considération de la **faute professionnelle** commise par ce dernier (Cass. 1e civ. 14-10-1997 : Bull. civ. I n° 275). Le juge saisi dispose à cet égard d'un pouvoir souverain d'appréciation. Mais, il n'est pas tenu de faire droit au recours en garantie du cédant (Cass. 1e civ. 16-6-1992 n° 89-17.305 : Bull. civ. I n° 185 ; Cass. 1e civ. 17-12-1996 : Bull. civ. I n° 458 ; Cass. 1e civ. 16-1-2001 n° 7 FS-P : RJDA 8-9/01 n° 844 ; Cass. 1e civ. 11-2-2010 n° 08-18.087 F-D : RJDA 7/10 n° 748).

La restitution du prix de vente à laquelle le cédant est condamné à la suite de l'annulation d'un contrat ne constitue pas par elle-même un préjudice indemnisable et le notaire ne peut donc pas être condamné à garantir le cédant du chef de la restitution à l'acquéreur du prix de cession (Cass. 1e civ. 14-10-1997 ; Cass. 1e civ. 16-1-2001 n° 7 précité ; Cass. 1e civ. 27-2-2007 n° 05-21.677 F-PB : RJDA 7/07 n° 709), sauf en cas d'insolvabilité du cédant (Cass. 1e civ. 1-6-1999 n° 1047 P : RJDA 12/99 n° 1313 ; Cass. 3e civ. 1-12-2004 n° 1256 FS-D : RJDA 7/05 n° 797 ; Cass. 3e civ. 5-10-2011 n° 09-70.571 FS-D : RJDA 1/12 n° 52).

En revanche, l'auteur du dol ne peut pas obtenir qu'un tiers, auteur d'une faute d'**imprudence ou** de **négligence,** soit condamné à le garantir intégralement des condamnations prononcées au profit de la victime. Jugé, à la suite de l'annulation d'une cession de fonds de commerce pour dol du cédant, que ce dernier ne pouvait pas appeler en garantie son expert-comptable qui avait fourni une comptabilité erronée lors de la cession dès lors que, si cette erreur technique constituait un manquement de l'expert-comptable à son obligation de moyens, le cédant avait utilisé cette comptabilité en connaissance de cause (Cass. com. 28-4-2004 n° 679 F-D : RJDA 10/04 n° 1087).

PRESCRIPTION DE L'ACTION EN RESPONSABILITÉ POUR VICE DU CONSENTEMENT

L'action en dommages-intérêts se prescrit par cinq ans (C. civ. art. 2224 et C. com. art. L 110-4) à compter du jour où le titulaire du droit a connu ou aurait dû connaître les faits lui permettant d'exercer son droit (C. civ. art. 2224). **25410**

CHAPITRE 5

CAPACITÉ ET POUVOIRS DES PARTIES À LA CESSION

SOMMAIRE

Pour déterminer la capacité ou le pouvoir requis pour acquérir ou céder des droits sociaux, on doit, dans le silence de la loi sur les sociétés commerciales, se référer aux règles du droit commun. **26000**
Par ailleurs, il faut tenir compte de différentes situations (mariage, profession, qualité d'étranger...) qui rejaillissent plus ou moins profondément sur la libre faculté d'acquérir ou de céder des droits sociaux.
La question de la cession des titres indivis et démembrés est étudiée nos 89000 s.

SECTION 1

CAPACITÉ DES MINEURS ET MAJEURS DE CÉDER DES DROITS SOCIAUX

A. Capacité des mineurs

1. CAPACITÉ DES MINEURS NON ÉMANCIPÉS

a. Capacité des mineurs non émancipés d'être associés commerçants

Le mineur non émancipé ne peut pas acquérir de droits sociaux le rendant **associé de société en nom collectif** (SNC) ou associé **commandité de société en commandite simple** (SCS) **ou par actions** (SCA) car ces associés ont la qualité de commerçant (C. com. art. L 226-1 pour les SCA, art. L 221-1 pour les SNC et pour les SCS sur renvoi de l'article L 222-1). En effet, bien que depuis la loi 2010-658 du 15 juin 2010 sur l'EIRL, entrée en vigueur le 17 juin 2010, il n'existe plus de texte interdisant aux mineurs non émancipés d'être commerçants, les mineurs non émancipés ne peuvent toujours pas, à notre avis, avoir cette qualité puisqu'un mineur non émancipé ne peut agir que par représentation (C. civ. art. 388-1-1 pour les mineurs sous administration légale et art. 408 pour les mineurs sous tutelle) et que les articles 387-2, 3° et 509 du Code civil interdisent respectivement à l'administrateur légal d'un mineur sous administration légale et au tuteur d'exercer le commerce au nom de la personne protégée. **26020**

b. Capacité des mineurs non émancipés d'être associés non commerçants

Le mineur non émancipé peut être associé d'une société anonyme (SA), d'une société à responsabilité limitée (SARL), d'une société par actions simplifiée (SAS) ou associé commanditaire d'une société en commandite simple (SCS) ou par actions (SCA) car ces associés n'ont pas la qualité de commerçant. **26060**
Cependant, même lorsqu'il peut être associé, le mineur non émancipé ne peut pas agir personnellement. Les droits sociaux doivent être souscrits ou cédés en son nom par son représentant légal dans des conditions qui diffèrent selon le **régime de protection** auquel il est soumis.

CAPACITÉ DES MINEURS SOUS ADMINISTRATION LÉGALE D'ÊTRE ASSOCIÉS

Sous le régime de l'administration légale, si l'autorité parentale est exercée en commun par les deux parents, chacun d'eux est administrateur légal ; dans les autres cas, l'administration légale appartient à celui des parents qui exerce l'autorité parentale (C. civ. art. 382). Lorsque les deux parents exercent l'administration légale, chacun d'eux est réputé, à l'égard des tiers, avoir reçu de l'autre le pouvoir de faire seul les actes d'administration portant sur les biens du mineur (C. civ. art. 382-1). Bien qu'aucun texte ne le précise expressément, le parent exerçant seul l'administration légale peut accomplir seul les actes d'administration. **26070**

Achats de droits sociaux Les **parents qui exercent conjointement l'administration légale** peuvent chacun décider seul d'acheter au nom du mineur des droits sociaux par emploi ou remploi de sommes d'argent qui ne sont ni des capitaux ni des excédents de revenus et dont l'usage n'est pas judiciairement prescrit par le juge des tutelles ou le conseil de famille (C. civ. art. 382-1 ; Décret 2008-1484 annexe 1, colonne 1-II) ; le juge des tutelles n'intervient qu'en cas de **26072**

désaccord entre eux (C. civ. art. 387). Les parents doivent en revanche agir en commun pour effectuer un tel achat par emploi ou remploi de capitaux ou d'excédents de revenus (cf. C. civ. art. 382, 382-1 et 387-1 ; Décret 2008-1484 annexe 1, colonne 2-II).
Lorsque l'**administration légale** est **exercée par un seul parent,** ce dernier peut acheter des droits sociaux, sans autorisation préalable du juge des tutelles (cf. C. civ. art. 382 ; Décret 2008-1484 annexe 1, colonne 1 et 2-II).

> **Précisions** Lorsque le **juge des tutelles** est amené à se prononcer sur un acte grave accompli au nom du mineur, il peut, s'il l'estime indispensable à la sauvegarde des intérêts du mineur, décider que l'achat de droits sociaux doit être soumis à son **autorisation préalable** ; pour prendre sa décision, le juge doit prendre en considération la composition ou la valeur du patrimoine, l'âge du mineur ou sa situation familiale (C. civ. art. 387-3, al. 1). L'autorisation préalable du juge peut être également requise par les parents ou l'un d'eux, le ministère public ou tout tiers ayant connaissance d'actes ou omissions qui compromettent manifestement et substantiellement les intérêts patrimoniaux du mineur ou d'une situation de nature à porter un préjudice grave à ceux-ci (C. civ. art. 387-3, al. 2).

26074 **Cession de droits sociaux** Les parents qui exercent conjointement l'administration légale doivent consentir ensemble à la cession des **parts sociales** du mineur au nom de celui-ci (cf. C. civ. art. 382, 382-1 et 387-1 ; Décret 2008-1484 annexe 2, colonne 2-II). En cas de désaccord entre eux, la cession doit être autorisée par le juge des tutelles (C. civ. art. 387). Si les circonstances permettent de considérer que cette cession correspond aux critères d'un acte d'administration en raison de ses faibles conséquences sur le contenu ou la valeur du patrimoine du mineur, sur les prérogatives de celui-ci ou sur son mode de vie, la cession peut être effectuée par l'un des parents agissant seul (C. civ. art. 382-1 ; Décret 2008-1484 du 22-12-2008 art. 2 et ann. 2, colonne 2-II). Lorsque l'administration légale est exercée par un seul parent, ce dernier peut agir seul, sans autorisation préalable du juge des tutelles (cf. C. civ. art. 382 ; Décret 2008-1484 annexe 2, colonne 2-II).
Lorsque le juge des tutelles est amené à se prononcer sur un acte grave accompli au nom du mineur, il peut, s'il l'estime indispensable, décider que la cession des parts sociales doit être soumise à son autorisation préalable ; pour prendre sa décision, le juge doit prendre en considération la composition ou la valeur du patrimoine, l'âge du mineur ou sa situation familiale (C. civ. art. 387-3, al. 1). L'autorisation préalable du juge peut être également requise par les parents ou l'un d'eux, le ministère public ou tout tiers ayant connaissance d'actes ou omissions qui compromettent manifestement et substantiellement les intérêts patrimoniaux du mineur ou d'une situation de nature à porter un préjudice grave à ceux-ci (C. civ. art. 387-3, al. 2).

26076 La cession d'**actions** au nom du mineur sous administration légale nécessite l'autorisation préalable du juge des tutelles si cet acte engage le patrimoine du mineur pour le présent ou pour l'avenir par une modification importante de son contenu, une dépréciation significative de sa valeur en capital ou une altération durable des prérogatives du mineur (C. civ. art. 387-1, 8°). À défaut, les deux parents agissant en commun ou, le parent exerçant seul l'administration légale, peuvent effectuer la cession (cf. C. civ. art. 382, 382-1 et 387-1).

> **Précisions a.** Les administrateurs légaux doivent demander l'**autorisation** du juge des tutelles **avant la réalisation de l'acte.** L'autorisation donnée **après** ne vaut pas confirmation de l'opération et l'acte peut être annulé (Cass. 1e civ. 7-11-2006 n° 04-15.799 : Bull. civ. I n° 460, rendu sous l'empire de dispositions antérieures à l'ordonnance 2015-1288 du 15-10-2015 ayant réformé l'administration légale mais à notre avis toujours applicable). L'autorisation du juge détermine les **conditions de la cession** (C. civ. art. 387-1, al. 10).
> **b.** La loi n'exige pas expressément que le juge se prononce après **rapport d'un expert.** Mais, bien souvent, le juge a recours à cette expertise à titre d'information avant de donner (ou de refuser) son autorisation.

26080 **Cas particulier de la gestion des actions par un tiers** Lorsque le **mineur** est **titulaire d'actions,** les parents exerçant conjointement l'administration légale doivent agir en commun pour conclure avec un tiers un **contrat de gestion** de ces actions ; le parent exerçant seul l'administration légale peut conclure seul un tel contrat (cf. C. civ. art. 382, 382-1 et 387-1 et Décret 2008-1484 annexe 1, colonne 2-II). Sur le pouvoir du tiers, voir n° 26127.

CAPACITÉ DES MINEURS SOUS TUTELLE D'ÊTRE ASSOCIÉS

26110 Un mineur est sous tutelle lorsque son père et sa mère sont tous les deux décédés ou se trouvent privés de l'exercice de l'**autorité parentale.** La tutelle s'ouvre aussi à l'égard d'un enfant dont la filiation n'est pas légalement établie (C. civ. art. 390).
Le tuteur est le représentant légal du mineur (C. civ. art. 408).

Acquisition de droits sociaux L'acquisition de droits sociaux est un mode parmi d'autres d'emploi des liquidités du mineur. Seul l'intérêt de celui-ci doit être pris en compte pour déterminer le type de placement à réaliser. 26115

L'acquisition de droits sociaux au nom du mineur sous tutelle doit être réalisée par le **tuteur** conformément aux instructions qui lui ont été données à cet égard par le **conseil de famille** (C. civ. art. 501 ; Décret 2008-1484 du 22-12-2008 ann. 1). Lorsque la valeur des droits sociaux est inférieure à 50 000 €, l'instruction d'emploi peut être donnée par le juge des tutelles agissant seul (C. civ. art. 502, al. 2 ; Décret 2008-1484 art. 4).

Il est possible pour le conseil de famille de prévoir d'avance la possibilité pour le tuteur d'acquérir des droits sociaux en emploi de fonds (C. civ. art. 501) mais il semble difficile d'imaginer en pratique les caractéristiques et les modalités de l'acquisition longtemps à l'avance. La soumission d'un projet d'acquisition au conseil de famille préalablement à sa conclusion permet à ce dernier d'apprécier l'utilité et l'intérêt de l'opération.

Cession de droits sociaux Le tuteur ne peut pas vendre des **actions** appartenant au mineur sans y être autorisé par le conseil de famille (C. civ. art. 505, al. 1 ; Décret 2008-1484 du 22-12-2008 ann. 1, colonne 2, II-2°). Il a seul qualité pour solliciter cette autorisation (Cass. 1e civ. 19-3-2014 n° 13-12.016 F-PBI : RJDA 6/14 n° 501). 26120

En cas de cession d'actions **non admises à la négociation sur un marché réglementé,** l'autorisation ne peut être donnée qu'après la réalisation d'une mesure d'instruction par un technicien ou le recueil de l'avis d'au moins deux professionnels qualifiés (C. civ. art. 505, al. 4).

ATTENTION

Par exception à ces règles, la cession d'**actions incluses dans un portefeuille d'instruments financiers suivie de leur remplacement** constitue un acte d'administration et n'est donc pas soumise à autorisation du conseil de famille, à moins que les circonstances de l'espèce ne permettent pas au tuteur de considérer que cette cession correspond aux critères d'un acte d'administration en raison de ses conséquences sur le contenu ou la valeur du patrimoine du mineur, sur les prérogatives ou le mode de vie de ce dernier (C. civ. art. 504 ; Décret 2008-1484 art. 1 et ann. 2, colonne 1, I-2°).

Lorsque la **valeur** des actions à céder est **inférieure à 50 000 €,** l'autorisation du conseil de famille peut être suppléée par celle du juge des tutelles (C. civ. art. 502, al. 2 ; Décret 2008-1484 art. 4).

S'il y a **urgence,** le juge des tutelles peut également, à la requête du tuteur, autoriser la cession au lieu et place du conseil de famille, mais à charge qu'il en soit rendu compte dans le plus bref délai au conseil de famille qui décidera du remploi (C. civ. art. 505, al. 4).

Le tuteur doit obtenir l'autorisation du conseil de famille avant de vendre les **parts sociales** appartenant au mineur, sauf si les circonstances de l'espèce ne permettent pas au tuteur de considérer que la vente correspond à la définition d'un acte de disposition en raison de ses conséquences sur le contenu ou la valeur du patrimoine du mineur, sur ses prérogatives ou son mode de vie (C. civ. art. 505 ; Décret 2008-1484 du 22-12-2008 art. 1 et ann. 2, colonne 2, I-3°). Lorsque la valeur des parts sociales à céder est inférieure à 50 000 €, l'autorisation du conseil de famille peut être suppléée par celle du juge des tutelles (C. civ. art. 502, al. 2 ; Décret 2008-1484 art. 4). 26125

Cas particulier de la gestion des actions par un tiers Lorsque le mineur sous tutelle est titulaire d'actions, le tuteur peut conclure avec un tiers un **contrat de gestion** de celles-ci (C. civ. art. 500, al. 3). 26127

Le législateur n'a pas précisé l'étendue des **pouvoirs du tiers.** Sous l'ancienne réglementation, une disposition similaire à l'article 500 était prévue (C. civ. art. 468, al. 2 ancien) et le ministère de la justice avait estimé que le contrat de gestion devrait permettre au tiers désigné de céder les actions et de remployer immédiatement les fonds sans avoir besoin d'aucune autorisation, le but de ce contrat étant d'assurer une gestion dynamique du portefeuille d'actions du mineur (Circulaire du 1-7-1966 : JO du 7-7 texte n° 72). Il nous semble qu'il doit en être de même sous la nouvelle réglementation.

c. Sanctions des cessions conclues irrégulièrement au nom d'un mineur non émancipé

CESSION CONCLUE IRRÉGULIÈREMENT PAR LE MINEUR NON ÉMANCIPÉ

L'acquisition ou la cession de droits sociaux conclue par un mineur non émancipé agissant seul est **nulle,** en raison de son incapacité, sur le fondement des articles 1147 et 1178 du Code civil. 26150

Cette nullité est relative (C. civ. art. 1147). Seuls le mineur, son représentant légal ou ses héritiers peuvent engager l'**action en nullité** ; le cocontractant du mineur, capable de s'engager au moment de l'acte, et les héritiers de celui-ci, qui sont saisis de ses biens, droits et actions, ne le peuvent donc pas (Cass. 1e civ. 14-1-2009 n° 07-16.451 : Bull. civ. I n° 6, rendu à propos de l'acquisition d'un immeuble par un mineur non émancipé mais transposable à l'acquisition ou à la cession de droits sociaux).

Le contractant capable peut faire **obstacle à l'action en nullité** engagée contre lui en établissant que l'acte était utile au mineur et exempt de lésion ou qu'il a profité à celui-ci (C. civ. art. 1151, al. 1).

26152 Le mineur ne peut plus agir en nullité lorsqu'il a **ratifié** l'acte une fois majeur ou émancipé (C. civ. art. 1151, al. 2).

26154 À défaut de disposition contraire, l'**action** en nullité se **prescrit** par cinq ans (C. civ. art. 2224) à compter de la majorité du mineur ou de l'émancipation de celui-ci (C. civ. art. 1152).

26156 Les **effets** de la nullité d'une cession conclue par un mineur sont les mêmes que ceux de la nullité de droit commun exposés nos 30700 s. Signalons toutefois que, par dérogation à ces règles, le mineur qui obtient l'annulation de l'acte qu'il a effectué irrégulièrement peut exiger la restitution de ce qu'il a remis à son cocontractant sans être tenu de restituer ce qu'il a reçu de celui-ci : il n'est tenu à la **restitution** qu'à hauteur du profit qu'il a retiré de l'acte annulé (C. civ. art. 1352-4), c'est-à-dire dans la limite de son enrichissement, celui-ci étant apprécié au jour de la demande en nullité (Y. Picot : Rép. civ. Dalloz v° Nullité n° 143).

> **Précisions** L'article 1312 du Code civil (désormais art. 1352-4) concerne les seuls **paiements faits entre les mains d'un mineur,** ce qui n'est pas le cas d'un paiement fait au représentant légal du mineur pendant sa minorité (Cass. 1e civ. 18-1-1989 n° 87-12.019 : Bull. civ. I n° 13).

CESSION CONCLUE IRRÉGULIÈREMENT PAR LE REPRÉSENTANT LÉGAL DU MINEUR

26170 **Effet à l'égard du mineur** La cession ou l'acquisition de droits sociaux conclue par le représentant légal d'un mineur non émancipé au-delà de ses pouvoirs est **inopposable** au mineur (C. civ. art. 1156, al. 1). Ce dernier n'est donc pas tenu par un tel acte. Il en va différemment si le tiers contractant a légitimement cru en la qualité des pouvoirs du représentant légal, notamment en raison du comportement ou des déclarations du mineur (C. civ. art. 1156, al. 1 précité). Sur la sanction de l'achat par le représentant légal de droits sociaux rendant le mineur commerçant, voir n° 26172.

> **Précisions** **a.** L'article 1156 est applicable car aucun texte spécifique à la représentation des mineurs n'envisage la **sanction des actes accomplis irrégulièrement** par le représentant légal.
> **b.** Concernant les **mineurs sous tutelle,** la sanction de l'article 1156 du Code civil est moins protectrice que la sanction d'un acte irrégulièrement accompli par le tuteur d'un majeur sous tutelle (n° 26455), ce qui ne nous semble pas conforme à la finalité des dispositions sur la représentation des incapables.

26171 **Effet à l'égard du tiers contractant** Le tiers contractant du représentant légal peut demander l'**annulation de la cession** que ce dernier a conclue irrégulièrement au-delà de ses pouvoirs ; cette faculté ne lui est ouverte que si, au moment de l'acte, il ignorait que le représentant légal n'était pas habilité pour agir (C. civ. art. 1156, al. 2).

À notre avis, cette nullité est relative puisqu'elle tend à protéger le tiers contractant. L'**action en nullité** ne peut donc être exercée que par le mineur (C. civ. art. 1181, al. 1 issu de ord. 2016-131). Elle se prescrit par cinq ans à compter de la majorité ou de l'émancipation (C. civ. art. 2224 et 1152, al. 1 et 2). Le tiers contractant perd sa faculté de demander l'annulation si le **mineur a ratifié l'acte** (sur la confirmation de la nullité, voir nos 30570 s.). Il ne semble pas que le représentant légal puisse procéder lui-même à la confirmation.

26172 **Achat de droits sociaux rendant le mineur commerçant** L'acquisition par le représentant légal de droits sociaux rendant le mineur associé commerçant est nulle, pour **défaut de capacité** (C. civ. art. 1147 et 1178 sur le fondement des articles 1147 et 1178 du Code civil). Sur cette nullité, voir nos 26150 s.

2. CAPACITÉ DES MINEURS ÉMANCIPÉS

26210 Le mineur émancipé ne peut être commerçant que s'il y a été autorisé par le juge des tutelles au moment de l'émancipation ou par le président du tribunal judiciaire après l'émancipation (C. civ. art. 413-8 et C. com. art. L 121-2). Sans cette autorisation, il ne peut donc pas **acquérir de droits sociaux** le rendant **associé** d'une société en nom collectif ou commandité d'une société en commandite simple ou par actions, même avec l'autorisation de ses parents, car ces associés ont la qualité de **commerçant.**

En revanche, il a la même capacité qu'un majeur pour tous les actes de la vie civile (C. civ. art. 413-6). Il peut donc librement acquérir des parts ou actions le rendant **associé** d'une société à responsabilité limitée ou d'une société par actions simplifiée, actionnaire d'une société anonyme ou associé commanditaire d'une société en commandite simple ou par actions, puisque ces associés n'ont **pas** la qualité de **commerçant.**
Il peut également **céder** seul les parts ou les actions qu'il détient.

> **Précisions a.** Bien que la souscription d'actions ou de parts sociales dans une commandite soit considérée comme un acte de commerce (CA Paris 31-1-1908 : D. 1909.2.257 note Levillain, pour les actions, et Cass. civ. 7-11-1899 : D. 1900 I p. 369, pour les parts de commandite), ce qui vaut aussi par analogie de solution pour la souscription de parts sociales de société à responsabilité limitée, cet **acte de commerce isolé** peut être accompli par un mineur émancipé sans aucune habilitation. En effet, dans les sociétés à responsabilité limitée ou par actions, le souscripteur accomplit en vérité un placement, un acte sûr, sans gros aléas. En aucun cas, il ne s'expose à assumer des risques comparables à ceux du commerce. Cette analyse est d'ailleurs confirmée par l'article 505, al. 3 du Code civil qui admet la possibilité d'apporter à une société des biens en nature tels qu'immeubles et fonds de commerce pour le compte d'un mineur non émancipé.
> **b.** Sur le cas du mineur émancipé sous **habilitation familiale** ou sous **mandat de protection future,** voir n°s 26527 s.

B. Capacité des majeurs protégés

1. CAPACITÉ DES MAJEURS ATTEINTS D'UN TROUBLE MENTAL

Pour faire un acte valable, il faut être sain d'esprit (C. civ. art. 1129 et art. 414-1). Par suite, l'acquisition ou la cession de parts ou d'actions effectuée par un majeur encourt la nullité s'il est établi que, au **moment** de l'acte, l'intéressé était atteint d'un **trouble mental** (suite à une maladie ou une infirmité, un état de faiblesse, l'emprise de l'alcool, de médicaments ou de stupéfiants…) l'ayant rendu hors d'état de vouloir et de comprendre ce à quoi il s'engageait. La nullité est relative (C. civ. art. 1147) puisqu'elle a pour objectif de protéger l'intérêt de la personne dont les facultés mentales sont altérées. **26320**

La charge de la **preuve** de l'existence du **trouble mental** au moment de l'acte incombe au demandeur en nullité (C. civ. art. 414-1). La preuve s'effectue par tous moyens (Cass. 1e civ. 18-12-1984 : Gaz. Pal. 1985 p. 387 ; Cass. 1e civ. 27-1-1987, Association tutélaire du Puy-de-Dôme : JCP G 1988 II n° 20981, 2e esp., note T. Fossier, arrêt rendu en matière de vente d'immeuble, mais transposable à l'acquisition ou à la cession de droits sociaux). Ainsi, elle peut être déduite du certificat médical établi deux jours après la conclusion d'une vente et faisant ressortir que le vendeur présentait des troubles psychiques qui le mettaient dans l'impossibilité de gérer ses biens au point qu'il était nécessaire de le mettre sous tutelle, ces constatations étant corroborées par des anomalies relevées dans l'acte de vente (Cass. 1e civ. 27-1-1987, précité ; dans le même sens, CA Paris 26-6-2018, précité). **26325**
Le demandeur en nullité doit prouver que le trouble existait au moment de la signature du contrat et que celui-ci était d'une gravité suffisante pour empêcher son signataire d'exprimer une volonté consciente (Cass. 3e civ. 22-6-2010 n° 09-14.979 F-D : RJDA 11/10 n° 1055).

ILLUSTRATIONS

Jugé que le signataire d'une promesse de vente n'avait pas rapporté la preuve de l'existence de son trouble mental pour les raisons suivantes : il était certes atteint d'un trouble bipolaire diagnostiqué plusieurs années auparavant pour lequel le psychiatre qui le suivait avait précisé que, durant les phases aiguës de sa maladie, le patient n'était pas toujours en mesure de prendre les décisions importantes avec un parfait discernement et de donner un consentement éclairé ; toutefois, aucune des périodes d'hospitalisation dont la liste exhaustive avait été fournie et qui correspondaient à des phases aiguës de la maladie n'était soit concomitante, soit même proche de la date de signature de la promesse (Cass. 3e civ. 22-6-2010, précité).

L'**existence du trouble** mental est souverainement appréciée par les tribunaux (Cass. 1e civ. 17-5-1977 n° 75-15.504 : Bull. civ. I n° 241 ; Cass. 2e civ. 23-10-1985 n° 83-11.125 : Bull. civ. II n° 158 ; Cass. 1e civ. 25-3-1991 n° 88-15.973 : Bull. civ. I n° 106 ; Cass. 1e civ. 2-12-1992 n° 91-11.428 : Bull. civ. I n° 299). **26330**

ILLUSTRATIONS

Jugé qu'étaient nulles les cessions de parts sociales effectuées par une personne alors qu'il résultait des conclusions du rapport d'expertise que ses facultés de discernement ne lui permettaient pas d'avoir la pleine responsabilité de ses actes. Il importe peu que l'expert n'ait pas visité cette personne, devenue ininterrogeable en raison de l'évolution de sa démence, dès lors qu'il a procédé à une analyse approfondie de son état mental. En effet, il avait analysé de manière approfondie le rapport d'un précédent expert ayant examiné la personne malade 16 mois avant les cessions et cette analyse, combinée avec des considérations scientifiques concernant l'**évolution des maladies d'Alzheimer et de Parkinson,** avait révélé que le processus de démence s'était installé très progressivement et avait débuté plusieurs années auparavant avec une évolution descendante par paliers successifs, ce dont il résultait que la démence déjà avancée était largement installée avant l'année au cours de laquelle les cessions avaient été conclues (CA Paris 5-4-1996 n° 92-2708, 15e ch. B).

Est nulle la promesse de vente conclue par une personne qui ne disposait pas de toutes ses facultés mentales compte tenu des circonstances suivantes : cette personne avait été placée sous sauvegarde de justice puis sous curatelle renforcée un an après la signature de la promesse ; des certificats médicaux établis par des psychiatres indiquaient que cette personne était suivie depuis de nombreuses années pour des **troubles graves du comportement et du jugement** ; l'intéressée avait été hospitalisée à plusieurs reprises en milieu psychiatrique et bénéficiait d'un **traitement lourd et constant** ; les conclusions d'une expertise médicale effectuée par l'assurance de l'intéressée quelques mois avant la signature de la promesse avaient retenu un taux d'invalidité supérieur à 66 % et une **perte totale et irréversible d'autonomie** (Cass. 1e civ. 20-2-2007 n° 04-19.943 F-D, arrêt rendu à propos d'une promesse de vente d'un terrain mais transposable à la vente de droits sociaux).

Sont nulles deux cessions portant sur les mêmes titres sociaux par une personne à 24 heures d'intervalle au profit de deux cessionnaires différents dès lors qu'il résulte des circonstances suivantes que le cédant était sous l'empire d'un trouble mental au moment de ces actes : il souffrait d'une **pathologie mentale depuis 22 ans** susceptible lors de certaines périodes d'affecter gravement son discernement ; il était, au moment des deux actes, particulièrement vulnérable car très affecté par la mort de son frère (CA Paris 20-11-2014 n° 14/01149 : RJDA 1/15 n° 192).

Sont nulles l'assemblée générale d'une société civile et l'ensemble des résolutions qui y ont été votées dès lors qu'il résulte des éléments suivants que l'associé unique âgé de 98 ans était atteint d'un trouble mental lors de la tenue de cette assemblée : dans les jours précédant celle-ci, l'associé unique avait été examiné par deux psychiatres qui avaient conclu à sa mise sous tutelle en raison notamment d'un important trouble visuel ne permettant pas de comprendre un document, d'une grande vulnérabilité, d'une perturbation des valeurs de l'évaluation des montants d'argent et d'une volonté de faire confiance à ceux qui l'entourent sans prendre connaissance de ce qu'elle signe (CA Paris 26-6-2018 n° 17/03617 : RJDA 1/19 n° 17, arrêt rendu à propos d'une assemblée générale mais transposable à la vente de droits sociaux).

26335 De son vivant, le majeur est seul **titulaire de l'action en nullité** (C. civ. art. 414-2, al. 1), même s'il fait l'objet d'une procédure de liquidation judiciaire car cette action est exclusivement attachée à la personne du demandeur (Cass. com. 16-12-2014 n° 13-21.479 FS-PB : RJDA 4/15 n° 298).

Après son décès, ses héritiers peuvent poursuivre l'action en nullité si elle a été engagée avant (Cass. 1e civ. 14-6-1977 : Bull. civ. I n° 272, rendu sur le fondement de l'ancien article 504 du Code civil mais transposable au régime actuel). Si elle ne l'a pas été, l'action des héritiers n'est recevable que dans les trois cas suivants (C. civ. art. 414-2, al. 2).

1. L'acte porte en lui-même la preuve d'un trouble mental, quelle que soit l'origine du trouble (Cass. 1e civ. 12-11-1975 : Bull. civ. I n° 319). Il importe peu que l'acte ait été rédigé par un tiers et n'ait été que signé par celui dont le trouble mental est invoqué (Cass. 1e civ. 23-6-1964 : Bull. civ. I n° 332 ; Cass. 1e civ. 12-11-1975, précité).

La preuve du trouble mental ne peut pas résulter d'éléments extérieurs à l'acte tels que : un certificat médical (Cass. 1e civ. 15-3-1977 : Bull. civ. I n° 131), une expertise mentale accompagnée de documents administratifs et de témoignages (Cass. 1e civ. 13-7-1960 : JCP G 1960 II n° 11798), l'incapacité du majeur de faire face au paiement du prix au moment de la signature de l'acte d'achat (CA Orléans 22-9-1992, précité), les conséquences économiques et familiales de l'acte (Cass. 1e civ. 23-6-1964, précité). Les juges ne peuvent donc pas ordonner une mesure d'instruction pour rechercher cette preuve (Cass. 3e civ. 28-9-1982 : Gaz. Pal. 1983 jur. p. 455).

La preuve du trouble mental ne peut pas non plus résulter de l'incohérence de la répétition d'actes distincts dès lors que, pris isolément, aucun d'entre eux ne permet d'établir l'existence d'un trouble.

ILLUSTRATIONS

Il a été jugé que la preuve du trouble mental ne pouvait pas être déduite de la clause d'une promesse unilatérale d'achat selon laquelle la promesse était conclue sous condition suspensive d'obtention d'un prêt « pour financer les frais d'acquisition », une telle clause, en dépit de sa rédaction maladroite, pouvant être interprétée comme signifiant que le prêt était destiné à faire face au prix, au coût et à la charge de l'acquisition (CA Orléans 22-9-1992 n° 90-2309).

Dans un cas où une épouse bénéficiaire d'une procuration de son mari l'avait dépouillé de son patrimoine mobilier et immobilier en procédant à quatorze ventes en quatre mois sans aucun motif, jugé qu'une cour d'appel ne pouvait pas prononcer la nullité de ces ventes en retenant que celles-ci, qui constituaient en réalité une opération unique, apparaissaient insensées compte tenu de la façon dont elles avaient été conclues et portaient dès lors en elles la preuve de l'insanité d'esprit de l'épouse contractante, sans rechercher si la preuve de la démence résultait des ventes elles-mêmes (Cass. 1e civ. 12-1-1955 : JCP 1955 II n° 8833).

2. L'acte a été fait dans un temps où son auteur était placé sous sauvegarde de justice.
3. Une action a été introduite avant le décès de l'auteur de l'acte aux fins de faire ouvrir une tutelle, une curatelle, une habilitation familiale ou effet a été donné au mandat de protection future. Il importe peu que cette action ait été introduite avant ou après la date de l'acte dont la nullité est demandée (Cass. 1e civ. 27-1-1987 : JCP G 1988 II n° 20981, 2e esp., note T. Fossier). N'est pas considérée comme introduite l'action aux fins de curatelle qui n'est pas accompagnée du certificat médical exigé pour l'ouverture de la procédure, le juge des tutelles n'étant alors pas valablement saisi (Cass. 1e civ. 11-3-1975 : Bull. civ. I n° 101, arrêt rendu sur le fondement de l'ancien Code de procédure civile, mais transposable au régime actuel).

> **Précisions** L'article 414-2, al. 2 est **conforme à la Constitution** car il apporte au droit d'agir des héritiers des limitations justifiées par des motifs d'intérêt général et proportionnées au regard de ces objectifs (Cons. const. 17-1-2013 n° 2012-288 QPC : RJDA 8-9/13 n° 686).

L'**action en nullité** doit être engagée dans un **délai** de cinq ans à compter du jour où le majeur a connu ou aurait dû connaître les faits lui permettant d'agir (C. civ. art. 414-2, al. 6 et 2224), c'est-à-dire à compter du jour de l'acte. Toutefois, cette prescription peut être suspendue en cas d'impossibilité pour le majeur à agir (C. civ. art. 2234). **26345**

ILLUSTRATIONS

Un majeur qui venait d'être mis sous tutelle a pu demander la nullité d'un bail portant sur un immeuble qu'il avait conclu treize ans avant car, selon les conclusions d'un médecin, il était atteint d'un trouble mental à la date de conclusion de cet acte et jusqu'à la date de son placement sous tutelle, de sorte que la prescription quinquennale avait été suspendue jusqu'à la date de son placement sous tutelle (Cass. 1e civ. 1-7-2009 n° 08-13.518 FS-PBI : RJDA 10/09 n° 810, rendu à propos de la conclusion d'un bail mais transposable à l'achat ou la cession de droits sociaux).

Sur les autres aspects de la nullité, voir nos 30700 s.

2. CAPACITÉ DES MAJEURS SOUS SAUVEGARDE DE JUSTICE

Les personnes concernées par le placement sous sauvegarde de justice sont celles qui, en raison de l'altération, médicalement constatée, de leurs facultés mentales ou corporelles de nature à empêcher l'expression de leur volonté, ont besoin d'une protection juridique temporaire ou d'être représentées pour l'accomplissement de certains actes déterminés (C. civ. art. 425 et 433). **26360**
La sauvegarde de justice est une mesure de protection légère, mais d'application large qui peut concerner les personnes qui :
– n'ont pas besoin d'un régime de protection plus complet, en raison d'une incapacité légère ou temporaire, ou qui sont susceptibles de mener une vie sociale à peu près normale ;
– ou, pour des raisons psychologiques, familiales ou sociales, n'admettraient pas une mesure d'incapacité ;
– ou, encore, ont un besoin urgent de protection dans l'attente d'une tutelle ou d'une curatelle.

a. Capacité des majeurs sous sauvegarde de justice d'être associés commerçants

Aucun texte n'interdit au majeur sous sauvegarde de justice d'être commerçant. Toutefois, les sociétés dans lesquelles les associés ont la qualité de commerçant (SNC, SCS et SCA pour les commandités) sont dissoutes si un jugement arrêtant une mesure d'incapacité est devenu définitif à l'égard d'un associé, à moins que leur continuation ne soit prévue par les statuts ou que les autres associés ne la décident à l'unanimité (C. com. art. L 221-16, al. 1 pour les SNC et L 222-11 pour les SCS et SCA). Sans **autorisation des statuts ou des associés,** un majeur sous sauvegarde de justice ne peut donc pas acquérir de droits de l'une de ces sociétés. **26365**

b. Capacité des majeurs sous sauvegarde de justice d'être associés non commerçants

GESTION DES BIENS PAR LE MAJEUR SOUS SAUVEGARDE DE JUSTICE

Le majeur sous sauvegarde de justice conserve l'exercice normal de ses droits, sauf si un mandataire spécial a été désigné pour gérer ses biens (n° 26405) (C. civ. art. 435, al. 1). Sous cette réserve, il **26370**

peut donc céder ou acquérir seul des droits de toute société dont les associés n'ont pas la qualité de commerçant (SARL, SA, SAS, SCS ou SCA concernant les commanditaires). Néanmoins, ces actes peuvent :
– être annulés pour trouble mental dans les conditions exposées n°s 26320 s. (C. civ. art. 435, al. 2) ;
– être rescindés pour lésion ou réduits en cas d'excès (C. civ. art. 435, al. 2), s'ils ont été effectués par le majeur après sa mise sous sauvegarde de justice (Cass. 1e civ. 17-7-1979 n° 77-12.199 : Bull. civ. I n° 215).

26372 **Action en rescision pour lésion** L'**action en rescision pour lésion** est possible à condition que le majeur ait subi un préjudice financier, quelle que soit son importance. Du vivant du majeur protégé, lui seul a qualité pour agir ; après son décès, l'action peut être exercée par ses héritiers (C. civ. art. 435, al. 3).
L'existence de la lésion, qui s'apprécie au moment de la conclusion de l'acte, peut être prouvée par tous moyens et relève de l'appréciation souveraine des juges du fond (Cass. 1e civ. 24-5-1989 n° 88-12.940 D). Pour accueillir ou non une demande en rescision, les juges doivent tenir compte de la fortune de la personne protégée, de la bonne ou de la mauvaise foi de ceux qui ont traité avec elle, et de l'utilité ou de l'inutilité de l'opération (C. civ. art. 435, al. 2).

26374 Cette **action** en rescision **se prescrit** par cinq ans (C. civ. art. 435, al. 3 et 2224) à compter du jour où le majeur protégé a eu connaissance de l'acte, après la mainlevée de la sauvegarde de justice (C. civ. art. 1152, al. 3).

26376 La **rescision** de l'acquisition ou de la cession de parts ou d'actions entraîne l'anéantissement de tous les **effets** que ces contrats ont produits dans les rapports entre les parties et, par suite, une obligation de restitution à la charge de chacune d'elles (sur le régime des restitutions, voir n°s 30720 s.).

26378 Le cocontractant capable du majeur peut faire **obstacle à l'action en rescision** (qui est assimilée à l'action en nullité relative) engagée contre lui en établissant que l'acte était utile au majeur et exempt de lésion ou qu'il a profité à celui-ci ; en outre, il peut opposer à l'action en nullité la **confirmation de l'acte** par le majeur devenu ou redevenu capable (C. civ. art. 1151).

26380 **Action en réduction pour excès** Dans les mêmes **conditions** que l'action en rescision pour lésion (n° 26372), la personne protégée ou ses héritiers peuvent exercer une action en réduction de ses engagements excessifs, c'est-à-dire ceux qui présentent un caractère inutile ou disproportionné à ses besoins ou ses ressources, par exemple des prodigalités.
L'action en réduction a en principe des **effets** plus limités que l'action en rescision. En effet, lorsque c'est possible, l'acte contesté est maintenu et les engagements du majeur protégé sont réduits pour être ramenés à des proportions raisonnables, en rapport avec le patrimoine du majeur. Les juges apprécient souverainement s'il y a lieu ou non de prononcer la réduction, en s'appuyant sur les critères exposés n° 26372.
L'**action** en réduction se **prescrit** dans les mêmes conditions que l'action en rescision pour lésion (n° 26374).

GESTION DES BIENS DU MAJEUR SOUS SAUVEGARDE DE JUSTICE PAR UN TIERS

26388 **Mandat d'administration** Si le majeur sous sauvegarde de justice a désigné un **mandataire** chargé d'administrer ses biens **avant d'être mis sous protection,** le mandat continue à recevoir exécution, à moins qu'il ne soit révoqué ou suspendu par le juge (C. civ. art. 436, al. 1).
Ce mandat est régi par les règles du droit commun du mandat. Nous renvoyons donc sur l'étude de ces règles pour déterminer si le mandataire peut acquérir ou céder des droits sociaux d'une société dont les associés ne sont pas commerçants au nom du majeur sous sauvegarde de justice (n°s 28000 s.).

26400 **Gestion d'affaires** Lorsque le majeur placé sous la sauvegarde de justice demeure inactif et n'a pas désigné de mandataire, il peut être nécessaire de prendre en sa faveur certaines mesures afin d'éviter que son patrimoine ne dépérisse.
Ainsi, en l'absence de mandat, les règles de la gestion d'affaires sont applicables (C. civ. art. 436, al. 2).
La gestion d'affaires est **définie** comme le fait pour une personne de gérer sciemment et utilement l'affaire d'autrui, à l'insu ou sans opposition du maître de cette affaire (C. civ. art. 1301). Les actes effectués par le gérant sont opposables au géré qui doit alors l'indemniser des dépenses engagées par la gestion (C. civ. art. 1301-2).
Elle existe si les **conditions** suivantes sont réunies :

– la gestion d'affaires ne doit pas être exclue par une disposition législative (en ce sens, Cass. com. 7-4-2010 n° 09-11.196 F-PB : RJDA 7/10 n° 775 ; Cass. 1e civ. 22-3-2012 n° 11-13.000 F-PBI : RJDA 10/12 n° 844) ;
– le gérant doit agir avec l'intention de s'occuper de l'affaire d'autrui (C. civ. art. 1301) ;
– le gérant doit agir spontanément et accomplir un acte auquel il n'est pas tenu en vertu d'un contrat (C. civ. art. 1301 ; notamment, Cass. 1e civ. 14-6-1988 n° 88-17.428 : Bull. civ. I n° 191) ;
– l'acte accompli doit avoir été utile au géré (C. civ. art. 1301 ; Cass. com. 26-6-1990 n° 89-10.163 : Bull. civ. IV n° 195 ; Cass. com. 27-11-1991 n° 1492 P : RJDA 2/92 n° 149 ; Cass. 1e civ. 31-1-1995 n° 93-11.974 P), cette condition étant satisfaite lorsque le géré ratifie, même tacitement, l'action du gérant (Cass. com. 4-12-1972 n° 71-11.729 : Bull. civ. IV n° 318).

> **Précisions** À notre avis, la **condition d'utilité** est difficilement satisfaite en cas d'**acquisition de droits sociaux.**
> Dans une affaire où l'usufruitier de titres provenant d'une succession avait vendu ceux-ci pour le compte de ses neveux, nus-propriétaires et mineurs, afin de payer les droits de succession et de conserver la valeur de la masse héréditaire, la Cour de cassation a admis l'existence de la gestion d'affaires en raison de l'opportunité de l'initiative du gérant relevant qu'au moment de la cession la hausse des titres cédés paraissait ne devoir être que passagère (Cass. civ. 28-10-1942 : DC 1943 p. 29 note P. L.-P.). Elle a été plus exigeante dans une affaire mettant en cause les relations d'un professionnel avec son client. Ainsi, dans un cas où une banque avait pris l'initiative de céder, dans l'intérêt d'un client qu'elle ne parvenait pas à joindre, les titres d'une société cotée que celui-ci avait déposés dans une de ses agences, elle a jugé qu'en l'absence de ratification de l'acte par le client, la banque devait, pour justifier la gestion d'affaires, établir non seulement l'utilité de la gestion, mais également l'impossibilité pour le client d'agir lui-même et caractériser les risques que le maintien de la situation pouvait lui faire courir (Cass. com. 12-1-1999 n° 131 P : RJDA 2/99 n° 143).

Mandataire spécial Lorsque le recours au mandat conventionnel ou à la gestion d'affaires est impossible, ou ne protège pas suffisamment le majeur, le juge des tutelles peut nommer un mandataire spécial chargé d'effectuer un ou plusieurs actes déterminés, même de disposition lorsque l'acte est nécessaire pour la gestion du patrimoine de l'intéressé (C. civ. art. 437, al. 2). Ce mandataire peut donc **acquérir ou céder des droits sociaux** au nom du majeur. 26405

Le majeur protégé ne peut, à peine de nullité, faire un acte pour lequel un mandataire spécial a été désigné (C. civ. art. 435, al. 1).

3. CAPACITÉ DES MAJEURS SOUS TUTELLE

Un majeur est mis sous tutelle quand, en raison de l'altération de ses facultés mentales ou corporelles, il a besoin d'être représenté d'une manière continue dans les actes de la vie civile (C. civ. art. 440, al. 3). Il s'agit du régime de protection le plus fort : le majeur est en principe atteint d'une incapacité absolue, la gestion de ses biens étant confiée au tuteur qui va le représenter. 26440

Le majeur sous tutelle ne peut pas acquérir de **droits sociaux** le **rendant associé commerçant** (associé d'une société en nom collectif ou associé commandité dans une société en commandite simple ou par actions) car il ne peut pas être commerçant, même par représentation de son tuteur (C. civ. art. 509, 3°). 26442

Les textes applicables au majeur sous tutelle sont les mêmes que ceux applicables au mineur sous tutelle. Dès lors, tout ce qui a été dit à propos de la cession par un mineur sous tutelle des droits sociaux dont il est propriétaire et à propos de l'acquisition par un tel mineur de **droits sociaux ne rendant pas associé commerçant** peut être ici transposé (nos 26110 s.). Cependant, la **capacité** du majeur sous tutelle peut être **augmentée** (C. civ. art. 473). Ainsi, une décision de justice peut, à l'ouverture de la tutelle ou dans un jugement postérieur, permettre au majeur sous tutelle de céder ou acquérir lui-même, soit seul, soit avec l'assistance du tuteur ou de la personne qui en tient lieu.

CESSIONS CONCLUES IRRÉGULIÈREMENT APRÈS LA MISE SOUS TUTELLE

La **cession ou l'acquisition** de parts ou actions **effectuée par le majeur** sous tutelle **agissant seul,** à compter du jour où le jugement d'ouverture de la tutelle est opposable aux tiers, est **sanctionnée** dans les conditions suivantes (C. civ. art. 465) : 26454

– en principe, la cession ou l'acquisition est nulle de plein droit, c'est-à-dire que le juge ne peut pas refuser de prononcer la nullité, sans qu'il soit nécessaire de justifier d'un préjudice ;
– si la capacité du majeur a été augmentée par le juge, dans une mesure telle qu'elle lui permet de conclure l'un de ces contrats avec l'assistance de son tuteur, ce contrat ne peut être annulé que si le majeur a subi un préjudice ;

– si l'augmentation de la capacité du majeur par le juge aboutit à lui permettre de conclure un contrat de vente ou d'achat seul, ce contrat peut être « annulé » ou réduit dans les mêmes conditions que s'il avait été effectué par un majeur sous sauvegarde de justice (nos 26370 s.), à moins que le majeur n'ait été expressément autorisé par le juge ou par le conseil de famille.

L'**action en nullité** peut être exercée par le tuteur autorisé à cet effet, par le juge des tutelles ou le conseil de famille (C. civ. art. 465, al. 6), par le majeur redevenu capable ou par ses héritiers après son décès (Cass. 1e civ. 31-1-1995 n° 93-125.613 : Bull. civ. I n° 60).

26455 Si le **tuteur** a **conclu seul** l'acte d'acquisition ou de cession de droits sociaux alors qu'il devait être autorisé par le conseil de famille ou par le juge, l'acte est nul de plein droit sans qu'il soit nécessaire de justifier d'un préjudice ; la même sanction est encourue si le tuteur a conclu seul l'un de ces actes alors que l'augmentation de la capacité du majeur lui permettait d'agir seul ou avec son assistance (C. civ. art. 465, 4°). Toutefois, tant que la mesure de protection est ouverte et que l'action en nullité n'est pas prescrite, l'acte peut être confirmé avec l'autorisation du juge ou du conseil de famille s'il a été constitué (C. civ. art. 465, dern. al.).

26456 La **nullité** peut être **demandée** dans le **délai** de cinq ans (C. civ. art. 2224 sur renvoi de l'art. 465, al. 7) à compter du jour où le majeur a eu connaissance de l'acte effectué, après la cessation de la tutelle (C. civ. art. 1152, 2°) ; à l'égard des héritiers du majeur, le délai ne commence à courir qu'à compter du jour du décès de celui-ci, sauf s'il a commencé à courir avant (C. civ. art. 1152, 3°). En toute hypothèse, l'action est prescrite vingt ans après la date de l'acte en raison du délai butoir instauré par l'article 2232 du Code civil. Ce délai butoir ne s'applique néanmoins pas à un droit né avant l'entrée en vigueur de la loi 2008-561 du 17 juin 2008 dont est issu l'article 2232, à savoir le 19 juin 2008 (Cass. 3e civ. 1-10-2020 n° 19-16.986 : RJDA 1/21 n° 63).

26458 Les **effets** de la nullité d'une cession conclue par un majeur sous tutelle sont en principe les mêmes que ceux de la nullité de droit commun exposés nos 30700 s. Signalons toutefois que, par dérogation à ces règles, le majeur sous tutelle qui obtient l'annulation de l'acte qu'il a effectué irrégulièrement peut exiger la **restitution** de ce qu'il a remis à son cocontractant sans être tenu de restituer ce qu'il a reçu de celui-ci : il n'est tenu à la restitution qu'à hauteur du profit qu'il a retiré de l'acte annulé (C. civ. art. 1352-4), c'est-à-dire dans la limite de son enrichissement, celui-ci étant apprécié au jour de la demande en nullité (Y. Picot : Rép. civ. Dalloz v° Nullité n° 143).

CESSIONS CONCLUES IRRÉGULIÈREMENT AVANT LA MISE SOUS TUTELLE

26468 Les **obligations** résultant des **cessions ou acquisitions** qui ont pu être effectuées par le majeur sous tutelle moins de deux ans avant la publicité du jugement d'ouverture de la tutelle sont susceptibles d'être **réduites** sous la seule preuve que l'inaptitude du majeur à défendre ses intérêts, par suite de l'altération de ses facultés personnelles, était notoire ou connue du cocontractant à l'époque où la cession ou l'acquisition a été conclue ; la cession ou l'acquisition peut même être **annulée** si le majeur protégé a subi un préjudice (C. civ. art. 464, al. 1 et 2).

L'action en réduction ou en nullité doit être exercée dans un **délai** de cinq ans à compter du jugement d'ouverture de la tutelle (C. civ. art. 464, al. 3).

ATTENTION

L'**articulation entre les deux actions en réduction et en nullité** n'est pas évidente. Si la réduction est demandée, c'est a priori parce que l'acte a été dommageable pour le majeur. On peut dès lors se demander ce que signifie l'exigence d'un préjudice pour pouvoir exercer l'action en nullité. Ce préjudice doit-il être plus important que celui qui permettrait (seulement) une action en réduction ? C'est à la jurisprudence de répondre à cette question (sur ce sujet, voir K. Salhi, La régularité des actes passés avant et après les mesures de protection : JCP N 2008 n° 36 art. 1273 p. 44).

26472 La question se pose de savoir si les règles de **restitutions** dérogatoires au droit commun prévues en faveur du majeur sous tutelle (n° 26458) sont également applicables lorsque l'acte annulé a été effectué par le majeur avant sa mise sous tutelle. À notre connaissance, les tribunaux ne se sont jamais prononcés sur cette question.

Sur les autres aspects de cette action en nullité, voir nos 30700 s.

4. CAPACITÉ DES MAJEURS SOUS CURATELLE

26510 La mise sous curatelle concerne le majeur qui, en raison de l'altération de ses facultés mentales ou corporelles, a besoin, même s'il n'est pas hors d'état d'agir lui-même, d'être conseillé ou contrôlé d'une manière continue dans les actes importants de la vie civile (C. civ. art. 440).

26512 Le majeur sous curatelle ne peut, sans l'assistance de son curateur, faire aucun acte qui, sous le régime de la tutelle des majeurs, requerrait une autorisation du juge des tutelles ou du conseil de famille (C. civ. art. 467, al. 1), étant précisé que le régime de la tutelle des majeurs est soumis aux

mêmes règles que celles concernant les mineurs sous tutelle (n° 26442). Il ne peut donc pas **céder** des parts ou des actions sans l'assistance de son curateur car il s'agit d'actes que le tuteur ne peut pas effectuer sans l'autorisation du conseil de famille (n°s 26120 s.).
Il a également besoin de l'assistance de son curateur pour faire emploi de capitaux (C. civ. art. 468, al. 2) et donc pour **acquérir** des droits sociaux.
Dans tous les cas, si le **curateur refuse son assistance** à un acte, le majeur peut demander au juge des tutelles l'autorisation de l'accomplir seul (C. civ. art. 469, al. 3).

ATTENTION

Aucun texte n'interdit à un majeur sous curatelle d'exercer le commerce (Cass. 1e civ. avis 6-12-2018 n° 18-70.011 PBI : RJDA 5/19 n° 315). Toutefois, l'**acquisition de parts rendant le majeur sous curatelle associé commerçant** est soumise à certaines conditions (n° 26365).

À tout moment, le **juge** des tutelles peut, par dérogation aux règles de droit commun de la curatelle, **augmenter la capacité** du majeur sous curatelle (C. civ. art. 471). Il peut ainsi lui permettre d'acquérir ou de céder seul des droits sociaux ne rendant pas le majeur commerçant. 26515

CESSIONS IRRÉGULIÈREMENT CONCLUES APRÈS LA MISE SOUS CURATELLE

L'**acquisition ou la cession** de droits sociaux **conclue par le majeur sous curatelle** seul alors qu'il devait être assisté de son curateur ne peut être **annulée** que s'il est établi que le majeur a subi un préjudice (C. civ. art. 465, 2°). Si, dans le cadre d'une augmentation de sa capacité, le majeur sous curatelle a été autorisé à conclure seul l'acquisition ou la cession, cette dernière peut être « annulée » ou réduite dans les mêmes conditions que si elle avait été effectuée par un majeur sous sauvegarde de justice (n°s 26370 s.), à moins que le majeur n'ait été expressément autorisé par le juge (C. civ. art. 465, 1°). 26518
Avec l'autorisation du juge, le curateur peut engager seul l'**action en nullité** (C. civ. art. 465, al. 6).

L'**acquisition ou la cession** de droits sociaux **conclue par le curateur** seul, alors qu'elle aurait dû être passée par le majeur avec ou sans son assistance, est nulle de plein droit sans qu'il soit nécessaire de justifier d'un préjudice (C. civ. art. 465, 4°). Toutefois, tant que la mesure de protection est ouverte et que l'action en nullité n'est pas prescrite, l'acte peut être confirmé avec l'autorisation du juge ou du conseil de famille s'il a été constitué (C. civ. art. 465, dern. al.). 26520

L'**action en nullité** de droit des actes conclus par le majeur sous curatelle ou par son curateur ne peut être **exercée** que **par** le majeur assisté du curateur, pendant la durée de la curatelle, par le majeur protégé après la mainlevée de cette mesure de protection et par ses héritiers après son décès (Cass. 1e civ. 5-3-2014 n° 12-29.974 F-PB : RJDA 8-9/14 n° 686). Elle se **prescrit** dans le même délai et dans les mêmes conditions que pour le majeur sous tutelle (n° 26456). 26522

CESSIONS CONCLUES IRRÉGULIÈREMENT AVANT LA MISE SOUS CURATELLE

Les **sanctions** applicables en cas d'acquisition ou de cession de droits sociaux par le majeur avant sa mise sous curatelle sont les mêmes, par identité de textes, que celles exposées pour le majeur sous tutelle n°s 26468 s. 26525

5. CAPACITÉ D'UN MAJEUR SOUS HABILITATION FAMILIALE

Le **majeur** (ou le **mineur émancipé**), qui est dans l'impossibilité de pourvoir seul à ses intérêts en raison d'une altération, médicalement constatée, soit de ses facultés mentales, soit de ses facultés corporelles de nature à empêcher l'expression de sa volonté peut être placé sous habilitation judiciaire (C. civ. art. 494-1, al. 1). 26527
Les **personnes pouvant être habilitées** sont les ascendants du majeur (ou du mineur émancipé), ses descendants, frère ou sœur ou, à moins que la communauté de vie ait cessé entre eux, son conjoint, partenaire de Pacs ou concubin) (C. civ. art. 494-1, al. 1).

PORTÉE DE L'HABILITATION

La cession ou l'acquisition de droits sociaux peuvent entrer dans le **champ d'application de l'habilitation** accordée (C. civ. art. 494-6, al. 2, 504 et 505 ; Décret 2008-1484 art. 1 et 2, annexe 1, colonne 2-II-2° et annexe 2, colonne 2-II-3°). 26528
Dans ce cas, lorsque la **personne habilitée** a pour **mission** de représenter le majeur (ou le mineur émancipé), c'est elle qui doit acquérir ou céder les droits sociaux au nom du majeur ; lorsque la personne habilitée a pour mission d'assister le majeur, l'acquisition ou la cession par celui-ci s'effectue dans les mêmes conditions que pour le majeur sous curatelle (C. civ. art. 494-1, al. 1 et, sur renvoi, art. 467 ; voir n° 26510).

ATTENTION

L'**acquisition de parts rendant le majeur** sous habilitation familiale **associé commerçant** (SNC ou associé commandité dans une SCS ou une SCA) est soumise à certaines conditions (nº 26365).

26532 Lorsque la personne habilitée est investie d'une mission de représentation, le **majeur** (ou le mineur émancipé) **sous habilitation** perd la **capacité** d'accomplir les actes faisant l'objet de l'habilitation (C. civ. art. 494-8, al. 1). Il ne peut donc pas conclure seul une acquisition ou une cession de droits sociaux si un tel acte relève de l'habilitation (C. civ. art. 494-8, al. 1). À défaut, l'acte de cession est nul de plein droit, sans qu'il soit nécessaire de justifier d'un préjudice (C. civ. art. 494-9, al. 1).
Lorsque la personne habilitée est investie d'une mission d'assistance, l'acquisition ou la cession de droits sociaux conclues par le majeur (ou le mineur émancipé) agissant seul alors qu'une telle conclusion nécessitait une assistance ne peut être annulée que s'il est établi que le majeur a subi un préjudice (C. civ. art. 494-9, al. 2).

6. CAPACITÉ D'UN MAJEUR SOUS MANDAT DE PROTECTION FUTURE

26550 Si le **mandat** est donné par acte **sous signature privée,** le mandataire ne peut effectuer que les actes qu'un tuteur peut faire sans autorisation (C. civ. art. 493, al. 1). En conséquence, il ne peut ni acquérir ni céder de droits sociaux.
Si le **mandat** est conclu **par acte notarié,** le mandataire peut effectuer tous les actes patrimoniaux que le tuteur peut faire seul ou avec une autorisation (C. civ. art. 490). Il peut donc céder des droits sociaux appartenant à son mandant ; il peut également acquérir des droits sociaux (nº 26442).

26552 L'**acquisition de parts rendant le majeur** sous mandat de protection future **associé commerçant** (SNC ou associé commandité dans une SCS ou une SCA) est soumise à certaines conditions (nº 26365).

26555 La **mise en exécution du mandat** de protection future ne fait pas perdre au **mandant** sa **capacité juridique.** Celui-ci peut donc seul acquérir ou céder des droits sociaux mais ces actes peuvent être annulés pour lésion ou réduits en cas d'excès. Les tribunaux doivent notamment prendre en considération l'utilité ou l'inutilité de l'opération, l'importance ou la consistance du patrimoine du mandant et la bonne ou la mauvaise foi de ceux avec qui il a contracté. Cette action appartient au mandant et, après son décès, à ses héritiers. Elle se prescrit par cinq ans (C. civ. art. 488, al. 2).

SECTION 2 CAPACITÉ DES ÉTRANGERS DE CÉDER DES DROITS SOCIAUX

A. Capacité des étrangers, personnes physiques

1. PRINCIPES GÉNÉRAUX

26600 La capacité d'un étranger d'**acquérir ou de céder des droits sociaux** dépend de sa loi nationale et non pas de la loi française. En effet, l'article 3, al. 3 du Code civil disposant que les lois concernant l'état et la capacité des personnes régissent les Français, même résidant dans un pays étranger, les lois nationales des étrangers s'appliquent, par réciprocité, à ceux qui résident en France. Par exemple, pour apprécier si une personne de nationalité anglaise peut acquérir des parts ou des actions d'une société soumise au droit français, c'est dans la loi anglaise qu'il faut rechercher si des incapacités s'opposent à son entrée dans la société. La Cour de cassation a toutefois reconnu, dans un arrêt ancien, l'existence de restrictions à l'opposabilité aux Français de l'incapacité résultant de la loi nationale de l'étranger. Ainsi, après avoir constaté la difficulté pour un Français qui contracte avec un étranger de vérifier la capacité civile de ce dernier, le ressortissant français ne pouvant pas être tenu de connaître les dispositions de toutes les lois étrangères relatives à la capacité civile, elle a jugé que la règle qui impose de connaître la capacité de celui avec qui on contracte ne peut pas être aussi strictement et rigoureusement appliquée à l'égard des étrangers contractant en France qu'entre Français ; elle en a déduit qu'un contrat conclu entre un Français et un étranger est valable dès lors que le ressortissant français a contracté sans légèreté ni imprudence et avec bonne foi (Cass. req. 16-1-1861 : DP 1861 I p. 193).

En revanche, les **conditions dans lesquelles s'acquiert, se conserve ou se perd la qualité d'associé** sont déterminées, quel que soit le pays où les titres sont détenus, par la loi nationale de la société, donc la loi française pour les sociétés françaises (Cass. 1e civ. 17-10-1972 : Rev. sociétés 1974 p. 127 note J.-L. Bismuth). Il en résulte que si un étranger veut acquérir des parts ou actions d'une société française le rendant associé ayant la qualité de commerçant (associé en nom d'une SNC ou associé commandité d'une SCS ou d'une SCA), il lui faut, outre l'aptitude reconnue par sa loi nationale, satisfaire aux conditions requises par la loi française pour l'exercice du commerce en France (absence d'interdictions ou d'incompatibilités, titre de séjour éventuellement, etc.). **26622**

26630

Formalités requises des associés étrangers résidant en France

Les **étrangers**, autres que les ressortissants européens, qui souhaitent exercer une activité en France tout en y établissant leur **résidence** doivent être titulaires d'un document de séjour (visa, carte de séjour temporaire, carte de séjour pluriannuelle ou carte de résident) (C. étrangers art. L 411-1 s. issu de ord. 2020-1733 du 16-12-2020 et art. R 420-1 issu de décret 2020-1734 du 16-12-2020). S'ils conservent leur résidence à l'étranger, ils sont dispensés de toute formalité.

Associés ressortissants européens résidant en France

Les citoyens de l'Union européenne et les ressortissants d'un autre État de l'Espace économique européen (l'Islande, le Liechtenstein et la Norvège) ou de la Suisse qui souhaitent établir leur **résidence** habituelle **en France** et **devenir associés d'une société française** sont dispensés de détenir un titre de séjour quelconque (C. étrangers art. L 200-3, art. L 231-1 et art. L 233-1 issus de ord. 2020-1733). Ils doivent seulement se faire enregistrer auprès du maire de leur commune de résidence dans les trois mois de leur arrivée en France (C. étrangers art. L 231-2 issu de ord. 2020-1733 et R 231-1 s. issu du décret 2020-1734).

Associés non ressortissants européens résidant en France

Détention d'un titre de séjour par les étrangers

Sous réserve des engagements internationaux de la France, les **étrangers** non ressortissants européens doivent être titulaires d'un document de séjour (visa, carte de séjour temporaire, carte de séjour pluriannuelle ou carte de résident) s'ils souhaitent exercer en France une activité professionnelle tout en y établissant leur résidence (C. étrangers art. L 411-1 issu de ord. 2020-1733).

Lorsque ces étrangers envisagent de devenir associés de certaines sociétés, ils peuvent obtenir une **carte** de séjour temporaire portant la mention « entrepreneur/profession libérale ». À l'issue d'une première année de séjour sous couvert d'une telle carte, ils se voient délivrer une carte pluriannuelle puis, après cinq années de séjour, une carte de résident. Dans certains cas, une carte pluriannuelle « passeport talent » peut être délivrée dès le début du séjour.

Les engagements internationaux concernent les ressortissants de la République populaire d'**Algérie**, des vallées d'**Andorre** et de la principauté de **Monaco** s'établissant en France (Accord franco-algérien du 27-12-1968 ; Convention du 4-12-2000 entre la République française, le royaume d'Espagne et la principauté d'Andorre relative à l'entrée, à la circulation, au séjour et à l'établissement de leurs ressortissants ; Convention de voisinage entre la France et la principauté de Monaco du 18-5-1963). En vertu de ces engagements, ces ressortissants ne sont pas tenus de détenir un titre de séjour.

Sanctions

Le défaut de détention d'un titre de séjour est sanctionné par un emprisonnement d'un an et une amende de 3 750 € ; le tribunal peut en outre interdire à l'étranger condamné de pénétrer ou de séjourner en France pour une durée de trois ans au plus (C. étrangers art. L 821-1 issu de ord. 2020-1733).

Si l'étranger non titulaire d'une carte se dissimule derrière un prête-nom, l'un et l'autre s'exposent aux sanctions pénales. Il en a été jugé ainsi à propos de gérants de SARL (Cass. crim. 29-1-1980 : Bull. crim. n° 36 ; CA Paris 22-5-1963 : D. 1963 p. 670 ; CA Paris 7-10-1967 : JCP G 1968 II n° 15525).

Carte de séjour temporaire « entrepreneur »

Qualités permettant la détention d'une carte « entrepreneur »

Une **carte de séjour temporaire** portant la mention « entrepreneur/profession libérale » est délivrée à un étranger pour l'exercice d'une activité non salariée, économiquement viable et dont il tire des moyens d'existence suffisants (C. étrangers art. L 421-5 issu de ord. 2020-1733). Une telle carte peut être délivrée à l'étranger dont l'activité nécessite une immatriculation au RCS

(C. étrangers art. R 421-7 issu du décret 2020-1734). À notre avis, sont visés, bien qu'ils ne fassent pas à proprement parler l'objet d'une immatriculation au registre, mais seulement d'une inscription, les associés tenus indéfiniment et solidairement des dettes sociales (cas des associés d'une SNC et des associés commandités d'une société en commandite).

Délivrance de la carte

La carte de séjour temporaire doit être **demandée** (C. étrangers art. R 421-8 issu du décret 2020-1734) :

– si l'étranger ne réside pas encore en France, auprès des autorités diplomatiques ou consulaires françaises territorialement compétentes dans son pays de résidence ;

– s'il est déjà titulaire d'une carte de séjour, au préfet du département de son lieu de résidence.

Les modalités de présentation et d'instruction des demandes de carte sont précisées dans les articles R 431-1 et suivants du Code de l'entrée et du séjour des étrangers.

L'étranger qui demande la carte de séjour « entrepreneur/profession libérale » doit présenter à l'appui de sa demande les **pièces** mentionnées à l'article R 431-10 du Code de l'entrée et du séjour des étrangers et à l'annexe 10 du même Code (issue de l'arrêté du 30-4-2021).

Durée de la carte

La carte de séjour temporaire est valable pour une durée maximale d'un an ; à l'expiration de la durée de validité de sa carte, l'étranger doit quitter la France, à moins qu'il n'en obtienne le renouvellement ou qu'il ne lui soit délivré un autre document de séjour (C. étrangers art. L 411-2, al. 1 et art. L 411-3, al. 2 issu de ord. 2020-1733).

Carte de séjour pluriannuelle

Bénéficiaires

L'étranger qui était titulaire d'une carte de séjour temporaire peut, à l'issue d'une première année de séjour régulier en France, bénéficier à sa demande d'une carte de séjour pluriannuelle portant la mention « **entrepreneur** » s'il remplit les conditions suivantes (C. étrangers art. L 433-4 issu de ord. 2020-1733) :

– il a participé aux formations prescrites par l'État dans le cadre d'un contrat d'intégration républicaine prévu par l'article L 413-2 du Code de l'entrée et du séjour des étrangers ;

– il continue à remplir les conditions de délivrance de la carte de séjour temporaire.

Certains investisseurs peuvent aussi séjourner en France sous couvert d'une carte de séjour pluriannuelle portant la mention « **passeport talent** », qui leur est délivrée dès la première admission sur le territoire français. Il s'agit de l'étranger qui personnellement ou par l'intermédiaire d'une société qu'il dirige ou dont il détient au moins 30 % du capital, investit en France au moins 300 000 € afin de créer ou de sauvegarder de l'emploi en France (C. étrangers art. L 421-18 issu de ord. 2020-1733 et art. R 421-35 s. issus de ord. 2020-1734).

Délivrance de la carte

Pour obtenir une carte de séjour pluriannuelle, l'étranger doit présenter les pièces mentionnées à l'annexe 10 du Code de l'entrée et du séjour des étrangers (issue de l'arrêté INTV2212654A du 4-5-2022).

Durée de la carte

La carte de séjour pluriannuelle « entrepreneur » est valable pour une durée de quatre ans (C. étrangers art. L 411-4 issu de ord. 2020-1733). La durée de validité de la carte « passeport talent », qui ne peut pas excéder quatre ans, est déterminée au regard du projet de l'étranger (C. étrangers art. L 421-13, issu de ord. 2020-1733).

Carte de résident

Les étrangers qui justifient d'une **résidence ininterrompue** d'au moins cinq ans **en France** au titre d'une carte de séjour temporaire ou pluriannuelle (autre que la carte de séjour pluriannuelle portant la mention « passeport talent » ou d'une carte de résident, de ressources stables, régulières et suffisantes pour subvenir à ses besoins (d'un montant au moins égal au Smic) et d'une assurance maladie se voit délivrer une carte de résident portant la mention « résident de longue durée-UE » d'une durée de dix ans (C. étrangers art. L 426-17 et L 426-18 issus de ord. 2020-1733). Cette carte confère à son titulaire le droit d'exercer la profession de son choix (C. étrangers art. L 414-10 issu de ord. 2020-1733).

2. CAPACITÉ ET POUVOIRS DES ÉTRANGERS MARIÉS

a. Capacité de la femme étrangère mariée

26632 Il semble que toute disposition interne du droit d'un pays étranger limitant la capacité de la femme mariée serait contraire à l'**ordre public international français** (B. Audit, Droit international privé, éd. Economica 2000 n° 652) et à ce titre ne pourrait pas s'appliquer en France.

b. Pouvoirs des époux étrangers

Pour que l'étranger marié puisse effectuer une acquisition ou une cession de droits sociaux, il faut vérifier que son régime matrimonial, qui régit les pouvoirs respectifs de chacun des époux sur les biens, ne s'oppose pas à cet acte. Il convient donc de rechercher la **loi applicable.** 26638

En matière de loi applicable, trois **corps de règles coexistent** selon la date du mariage : les règles françaises de source jurisprudentielle pour les époux mariés avant le 1er septembre 1992 ; les règles de la convention de La Haye du 14 mars 1978 pour les époux mariés à compter du 1er septembre 1992 (Convention art. 21, al. 1) et jusqu'au 28 janvier 2019 ; les règles issues du règlement 2016/1103 du 24 juin 2016, dit « règlement Régimes matrimoniaux », pour les époux mariés à compter du 29 janvier 2019.

Cette présentation est rendue plus complexe en cas de **changement de loi applicable** : si les époux mariés avant 1992 ont procédé à un changement de loi entre 1992 et 2019, le praticien pourra être conduit à appliquer le droit commun et le droit conventionnel. Si le couple s'est marié après 1992 et a procédé à un changement de loi après 2019, c'est alors la convention et le règlement qu'il conviendra d'appliquer successivement (S. Godechot-Patris, Commentaire du règlement du 24 juin 2016 relatif aux régimes matrimoniaux : le changement dans la continuité : D. 2016 p. 2292).

> **Précisions a.** La **convention de La Haye** s'applique dans tout État signataire à tous les époux même si leur nationalité, leur résidence habituelle ou la loi applicable en vertu de ladite convention n'est pas celle d'un État contractant (Convention art. 2). Les pays qui ont ratifié cette convention sont : l'Autriche, la France, le Luxembourg, les Pays-Bas et le Portugal. Signalons qu'un État contractant de cette convention peut, aux termes de l'article 21, al. 2 , étendre par déclaration l'application des dispositions de la convention aux époux mariés avant le 1er septembre 1992 ; à notre connaissance, aucun État contractant n'a, à ce jour, usé de cette faculté. La convention ne remet pas en cause les traités internationaux signés par la France en matière de régimes matrimoniaux (Convention art. 20), dont l'existence doit être systématiquement recherchée.
>
> **b.** Le **règlement 2016/1103** a vocation à s'appliquer dans le cadre de régimes matrimoniaux ayant une incidence transfrontière (Règl. 2016/1103 du 24-6-2016 considérant 14). Il concerne aujourd'hui 18 États membres participants : Allemagne, Autriche, Belgique, Bulgarie, Chypre, Croatie, Espagne, Finlande, France, Grèce, Italie, Luxembourg, Malte, Pays-Bas, Portugal, République tchèque, Slovénie et Suède. Bien que la précision ne figure pas dans le texte du règlement, il est logique de considérer que les références aux États membres dans le texte du règlement sont des références aux États membres participant à la procédure de coopération renforcée. Le règlement peut s'appliquer à des époux mariés avant le 29 janvier 2019 si ces derniers procèdent après cette date à la désignation (ou à la modification) de la loi applicable à leur régime matrimonial (Règl. 2016/1103 du 24-6-2016 art. 69, § 3).

ÉPOUX ÉTRANGERS MARIÉS AVANT LE 1-9-1992

Par **contrat de mariage,** les époux étrangers mariés avant le 1er septembre 1992 ont pu librement déterminer la loi applicable à leur régime matrimonial à condition que celui-ci ne soit pas contraire à l'ordre public de leur pays. 26642

À défaut de contrat de mariage, il convient de **déterminer** quelle a été leur **volonté.** Les tribunaux ont établi une présomption en faveur du premier domicile matrimonial. Il s'agit du lieu où les époux ont fixé, après le mariage et de façon stable, leurs intérêts pécuniaires, étant souligné que, pour la pratique notariale, seul un premier domicile de plus de deux ans présente un caractère effectif. Il s'agit cependant d'une présomption simple qui peut, à ce titre, être écartée si d'autres circonstances révèlent que les époux ont voulu soumettre leurs intérêts pécuniaires à une autre loi. Ces circonstances peuvent être antérieures, concomitantes ou postérieures au mariage dès lors qu'elles révèlent la volonté des époux au moment du mariage (notamment, Cass. 1e civ. 12-1-1982 : Defrénois 1984 art. 33224 note M. Revillard ; Cass. 1e civ. 12-11-1986 no 84-17.500 : Bull. civ. I no 256, 2e arrêt ; Cass. 1e civ. 2-12-1997 no 95-20.308 : Bull. civ. I no 338). La volonté des époux est appréciée souverainement par les juges du fond (Cass. req. 4-6-1935 : D. 1936 p. 7 ; Cass. 1e civ. 12-1-1982 : Defrénois 1984 art. 33224 note M. Revillard). Bien entendu, c'est le **régime légal** en vigueur dans la législation ainsi désignée qui s'applique aux époux.

ILLUSTRATIONS

C'est dans l'exercice de son pouvoir souverain qu'une cour d'appel a pu déduire des circonstances suivantes que deux Français qui s'étaient mariés en Grande-Bretagne sans faire de contrat de mariage n'avaient pas eu la volonté de localiser leurs intérêts pécuniaires dans ce pays et avaient établi leur premier domicile matrimonial à Paris : les époux avaient **acquis un apparte-**

26642 (suite) **ment** à Paris ; le **salaire** de l'époux et ses frais de mission étaient **versés en France** ; la **carte d'identité** de l'épouse **indiquait un domicile à Paris.**

Cass. 1e civ. 12-1-1982 : Defrénois 1984 art. 33224 note M. Revillard.

Dans un cas où un Français et une Britannique s'étaient mariés en Grande-Bretagne sans contrat et s'étaient établis en France cinq ans plus tard, il résulte des circonstances suivantes que les époux ne souhaitaient pas s'établir de manière durable en Grande-Bretagne et avaient eu, au moment du mariage, la volonté de localiser en France leurs intérêts pécuniaires et de les faire régir par la loi française : l'époux français avait fait part à sa femme de sa **volonté de regagner son pays d'origine** et d'y établir leur foyer, et seules les difficultés qu'il avait eues dans la recherche d'un emploi avaient retardé ce retour en France ; l'époux français avait créé en France, avant de s'y établir, deux **sociétés commerciales** et avait **acquis un studio** puis un appartement où sa femme et ses enfants étaient venus le rejoindre ; dans un acte de vente d'une propriété, les **époux avaient déclaré être mariés sous le régime de la communauté légale de biens,** à défaut de contrat de mariage, et cette déclaration a été réitérée devant le tribunal de grande instance (devenu le tribunal judiciaire) français à l'occasion de la vente d'un bien.

Cass. 1e civ. 12-11-1986 n° 85-10.574 : Bull. civ. I n° 256, 1e esp.

Dans un cas où un Égyptien et une Italienne s'étaient mariés en Égypte, une cour d'appel qui a constaté que les époux étaient restés muets sur leur résidence et leurs domiciles successifs dans les années suivant leur mariage ne peut pas, pour considérer que leur régime matrimonial était soumis au régime légal français de communauté de meubles et d'acquêts, retenir le fait que les **époux** avaient **fixé leur domicile** en France **plus de vingt ans après leur mariage,** sans rechercher si pendant ces vingt ans les époux n'avaient pas établi un premier domicile dans un autre pays.

Cass. 1e civ. 12-11-1986 n° 84-17.500 : Bull. civ. I n° 256, 2e esp.

Dans un cas où un Allemand, au service d'une société ayant son siège dans l'État de l'Alabama, avait épousé une Française au Pakistan, et où les époux, après leur mariage, avaient vécu successivement plusieurs mois au Pakistan, au Maroc où le mari était en mission pour le compte de sa société et enfin en France après sa démission, il résulte des circonstances suivantes que les époux étaient mariés sous le régime légal de la séparation en vigueur en Alabama : le **mari** était, au moment du mariage, **domicilié dans cet État des États-Unis** dans lequel il résidait depuis dix-sept ans et **travaillait** depuis sept ans **pour une société y ayant son siège** ; par un acte fait devant notaire peu de temps après le mariage, les **époux avaient déclaré** qu'ils avaient entendu **se rattacher au régime matrimonial légal** de l'État dans lequel le mari était domicilié.

Cass. 1e civ. 9-10-1991 : JCP G 1992 II n° 21873 note E. Kerckhove.

Dans un cas où un Marocain et une Française s'étaient mariés au Maroc sans contrat de mariage, leur régime matrimonial est soumis à la loi marocaine dès lors qu'ils **travaillaient au Maroc** au moment de leur mariage ou peu de temps après et qu'ils n'ont **quitté ce pays,** deux ans plus tard, que **contraints et forcés.**

Cass. 1e civ. 3-12-1991 : JCP G 1992 II n° 21948 note E. Kerckhove.

Il résulte des circonstances suivantes que des époux, l'un de nationalité marocaine et l'autre de nationalité française, avaient voulu, au jour de leur union, localiser en France leurs intérêts pécuniaires et les faire régir par la loi française : les époux se sont mariés à Rennes où ils ont ensuite **fixé** leur **domicile conjugal** ; le **mari a indiqué lors de son immatriculation au registre du commerce** qu'il était marié sous le régime de la communauté légale ; les époux ont **acquis une maison** en France et l'acte notarié confirmait que les époux étaient mariés sous le régime de la communauté légale. L'annexion d'un certificat de coutume marocain à l'acte de mariage des époux importe peu car elle répond à une simple prescription administrative et ne peut à elle seule caractériser la volonté des époux d'adopter le régime légal marocain de la séparation des biens.

Cass. 1e civ. 13-12-1994 : Rev. crit. DIP 1995 p. 319.

Dans un cas où un Français et une Libanaise s'étaient **mariés** au Koweït **devant l'autorité religieuse maronite libanaise** sans contrat de mariage et où l'époux soutenait que la célébration du mariage devant cette autorité religieuse entraînait le choix du régime libanais de la séparation de biens, il résulte des circonstances suivantes que les époux sont au contraire soumis au régime français de la communauté réduite aux acquêts : les époux avaient fixé leur **résidence** en France après leur mariage ; l'enregistrement du mariage religieux devant les autorités koweïtiennes et la déclaration selon laquelle les époux étaient mariés sous un régime de communauté n'avaient pas opéré de changement de régime matrimonial mais constituaient des éléments déterminants de la volonté des parties quant à leur régime matrimonial.

Cass. 1e civ. 19-9-2007 n° 06-15.295 FS-PB : Bull. civ. I n° 282.

Il résulte des circonstances suivantes que des époux, tous deux de nationalité tunisienne, avaient voulu, lors de la conclusion de leur mariage, fixer en Tunisie et non en France le centre de leurs

intérêts matériels : les époux s'étaient **mariés en Tunisie** où l'époux, bien que travaillant en France, était domicilié et où se situait également le **domicile** de l'épouse ; l'épouse n'était venue résider en France que **40 ans plus tard** ; les époux avaient **acquis** plus de **biens** en Tunisie qu'en France ; ils avaient fait **établir leur déclaration de changement de régime matrimonial** en Tunisie et, dans cet acte, ils s'étaient domiciliés en Tunisie.
CA Paris 19-3-2008 n° 06-10683, 16e ch. sect. A.

Si les époux souhaitent **changer de régime matrimonial** durant leur union, ils doivent interroger la loi applicable à leur régime matrimonial et vérifier que celle-ci autorise les changements de régime matrimonial (Cass. 1e civ. 4-6-1935 : Rev. crit. DIP 1936 p. 755 note Basdevant). **26644**
Le changement de la loi applicable au régime matrimonial n'est pas permis selon le droit international privé commun français. Cette question a toutefois perdu son intérêt pratique dès lors que les époux, même mariés avant le 1er septembre 1992, bénéficient des dispositions de la convention de La Haye du 14 mars 1978 permettant de changer la loi applicable au régime matrimonial et, par la même occasion, de choisir le régime matrimonial dans la loi ainsi désignée n° 26654.

ÉPOUX ÉTRANGERS MARIÉS ENTRE LE 1-9-1992 ET LE 28-1-2019

Les **époux** étrangers mariés entre le 1er septembre 1992 et le 28 janvier 2019 peuvent avoir **fixé** contractuellement, avant leur mariage, la **loi** interne **applicable** à leur régime matrimonial (Convention de La Haye art. 3, al. 1). Toutefois, ce choix n'est pas entièrement libre puisque les époux ne peuvent choisir qu'entre (Convention de La Haye art. 3, al. 2) : **26650**
– la loi d'un État dont l'un d'eux a la nationalité au moment du choix ;
– la loi de l'État sur le territoire duquel l'un d'eux a sa résidence habituelle au moment du choix ;
– la loi du premier État sur le territoire duquel l'un d'eux établira une nouvelle résidence habituelle après le mariage.
À l'occasion de la désignation de la loi applicable, les époux peuvent désigner la nature du régime matrimonial choisi par eux (C. civ. art. 1397-3, al. 3).

Lorsque les **époux** n'ont **pas,** avant le mariage, **fixé la loi applicable** à leur régime matrimonial, celui-ci est en principe soumis à la loi interne de l'État sur le territoire duquel ils établissent leur première **résidence principale habituelle** après le mariage (Convention de La Haye art. 4, al. 1). Par exemple, une Anglaise et un Italien qui se sont mariés en France en 2016 sans déclaration expresse ni contrat de mariage préalable et y ont fixé aussitôt leur résidence sont soumis au régime légal français de la communauté d'acquêts. La notion de « première résidence habituelle » paraît plus large, plus souple que celle de « premier domicile matrimonial » retenue par les règles françaises de droit international privé (n° 26642). **26652**
Toutefois, s'ils ont une **nationalité commune,** leur régime matrimonial est soumis à la loi de l'État dont ils sont l'un et l'autre nationaux (Convention de La Haye art. 4, al. 2 et 5 , al. 2).
À défaut de résidence habituelle et de nationalité commune, leur régime matrimonial est soumis à la loi interne de l'État avec lequel, compte tenu de toutes les circonstances, il présente les liens les plus étroits (Convention de La Haye art. 4, al. 3). Par exemple, deux **époux de nationalité différente,** n'ayant **pas de résidence habituelle commune** en raison de leurs professions respectives et ayant fixé néanmoins l'ensemble de leurs intérêts pécuniaires aux Pays-Bas, seront soumis au régime légal néerlandais de la communauté universelle.

Normalement, la **loi** compétente en vertu des dispositions de la convention de La Haye demeure applicable au régime matrimonial **pendant toute la durée du mariage,** même si les époux changent de nationalité ou de résidence habituelle (Convention de La Haye art. 7, al. 1). Toutefois, la convention prévoit que les **époux** peuvent, au cours du mariage, **soumettre** leur **régime matrimonial à une loi interne autre** que celle applicable, cette possibilité étant limitée à la désignation de deux lois : celle d'un État dont l'un d'eux a la nationalité au moment de cette désignation ou celle d'un État dans lequel l'un d'eux a sa résidence habituelle au moment de cette désignation (Convention de La Haye art. 6, al. 1 et 2). À l'occasion de la désignation de la loi applicable, les époux peuvent également désigner la nature du régime matrimonial choisi par eux (C. civ. art. 1397-3, al. 3). **26654**

EXEMPLE

Des **époux portugais** ont établi leur **premier domicile matrimonial au Portugal** en 1991. Leur régime matrimonial est donc soumis au droit portugais, qui n'autorise pas le changement de régime matrimonial. Ils se sont établis en France en 2001. Ils peuvent demander aujourd'hui à changer la loi applicable à leur régime matrimonial, et **choisir la loi française.** Le droit français autorisant le changement de régime matrimonial, ils pourront ainsi indirectement changer de régime matrimonial.

Dans certains cas, la **loi** jusque-là **applicable** au régime matrimonial peut être automatiquement remplacée par la loi interne de l'État où les époux ont tous deux leur nouvelle résidence habituelle. **26655**

La **substitution automatique** n'intervient qu'en l'absence de contrat de mariage ou de désignation de la loi applicable et lorsque (Convention de La Haye art. 7, al. 2-1° à 3°) :
– les **époux** fixent leur nouvelle résidence dans l'État dont ils ont tous deux la nationalité ou dès qu'ils l'acquièrent ;
– les époux, après le mariage, ont fixé cette nouvelle résidence habituelle depuis au moins dix ans ;
– les **époux** fixent leur résidence habituelle dans le même État, alors qu'auparavant ils étaient soumis à la loi de leur nationalité commune à défaut de résidence dans un même État lors du mariage. Par exemple, l'arrivée en France de l'**épouse** turque restée lors du mariage en Turquie alors que le **mari** turc était venu travailler en France rend aussitôt applicable à leur régime matrimonial la loi française (communauté légale d'acquêts) au lieu de la loi turque.
La substitution automatique ne produit d'effets que pour l'avenir (Convention de La Haye art. 8).

26656 L'application de la loi déterminée par la convention ne peut être écartée que si elle est manifestement incompatible avec l'**ordre public** (Convention de La Haye art. 14).

ÉPOUX MARIÉS DEPUIS LE 29-1-2019

26660 **Choix des époux de la loi applicable à leur régime matrimonial** Les futurs époux étrangers peuvent choisir la loi applicable à leur régime matrimonial. Ce choix est toutefois encadré puisque les **lois susceptibles d'être choisies** sont uniquement les suivantes (Règl. 2016/1103 du 24-6-2016 art. 22) :
– la loi de l'État de la résidence habituelle de l'un des époux ou futurs époux ;
– la loi d'un État dont l'un des époux ou futurs époux a la nationalité.
L'existence de l'élément de rattachement s'apprécie au moment de la conclusion du contrat et non au moment de la célébration du mariage.
Le **choix** peut intervenir à tout **moment,** avant le mariage, lors de sa célébration ou au cours de ce dernier (Règl. 2016/1103 du 24-6-2016 considérant 45).

26662 Le choix porte-t-il nécessairement sur le **régime légal prévu par la loi désignée ou** les époux peuvent-ils, à l'occasion de la désignation, **désigner la nature du régime matrimonial** choisi par eux comme cela est prévu par le droit français en application de la convention de La Haye ? Certains auteurs estiment que le **texte du règlement** laisse la place au doute (H. Péroz, Le nouveau règlement européen sur les régimes matrimoniaux : JCP N 2016 n° 1241). Il nous semble cependant que le **préambule** prévoit expressément la faculté pour les époux de fixer les règles régissant leur régime matrimonial conformément à la loi applicable (Règl. 2016/1103 du 24-6-2016 considérant 18 ; en ce sens, L. Perreau-Saussine, Le nouveau Règlement européen « Régimes matrimoniaux » : JCP G 2016 n° 1116), même si l'article 1397-3 du Code civil n'est pas applicable (H. Péroz, Le nouveau règlement européen sur les régimes matrimoniaux : JCP N 2016 n° 1241). Néanmoins, les modalités (et la forme) du choix devraient logiquement dépendre de la loi désignée.

EXEMPLE

Des Français se marient en janvier 2022 en France où ils vivent plusieurs années. Ils vont ensuite s'établir en Allemagne. Ils décident alors de choisir la loi applicable à leur régime matrimonial ; ils pourront désigner soit la loi française, soit la loi allemande. S'ils choisissent la loi française, ils pourront opter pour le régime de la séparation de biens.

26665 **Loi applicable au régime matrimonial en l'absence de choix des époux**
En l'absence de choix par les époux étrangers, le règlement prévoit une **« cascade » de rattachements** (Règl. 2016/1103 du 24-6-2016 art. 26). La loi applicable sera :
– la loi de l'État de la première résidence habituelle commune des époux après la célébration du mariage, ou à défaut ;
– la loi de l'État de la nationalité commune des époux au moment de la célébration du mariage, ou à défaut ;
– la loi de l'État avec lequel les époux ont ensemble des liens les plus étroits au moment de la célébration du mariage, compte tenu de toutes les circonstances, ces liens devant être appréciés en se référant au moment de la conclusion du mariage (Règl. 2016/1103 du 24-6-2016 art. 49).
Si les époux ont plus d'une nationalité commune, au moment de la célébration du mariage, le rattachement à la nationalité commune est inopérant, et, en l'absence de résidence habituelle commune, il faudra donc rechercher la loi des liens les plus étroits.

26670 **Modification de la loi applicable au régime matrimonial** Le règlement prévoit, à titre exceptionnel, un rattachement alternatif qui s'apparente à une **modification volontaire unilatérale** de la loi applicable sous contrôle judiciaire (en ce sens, L. Perreau-Saussine, Le nouveau Règlement européen « Régimes matrimoniaux » : JCP G 2016 n° 1116). La loi de l'État de la dernière résidence habituelle commune des époux sera applicable à la place de la loi de leur première résidence habituelle, sous réserve que plusieurs conditions soient réunies (Règl. 2016/1103 du 24-6-2016 art. 26, 3). Cette modification ne peut être que judiciaire et faite à la demande de l'un des époux. Elle requiert en outre que soit démontré que les époux avaient leur dernière résidence habituelle commune dans cet autre État pendant une période significativement plus longue que dans l'État de la première résidence habituelle et qu'ils s'étaient fondés sur la loi de ce même autre État pour organiser ou planifier leurs rapports patrimoniaux. En revanche, ce rattachement alternatif ne peut pas jouer si la loi applicable est celle de la nationalité commune des époux, en l'absence de résidence habituelle commune. À cela s'ajoute une condition négative : l'absence de convention matrimoniale entre les époux avant leur établissement dans l'État de la dernière résidence habituelle commune.

Les **époux** étrangers peuvent **d'un commun accord** décider à tout moment de modifier la loi choisie pour régir leur régime matrimonial ou lorsqu'ils n'ont pas procédé à ce choix, de choisir une loi différente de celle qui régit leur régime en l'absence de choix (Règl. 2016/1103 du 24-6-2016 art. 22). Cette modification peut avoir lieu même si les époux se sont mariés avant l'entrée en vigueur du règlement et que leur régime matrimonial est régi par le droit commun ou la convention de La Haye de 1978. Cette modification est également possible alors que le droit applicable au régime interdit le changement de régime matrimonial pendant la durée du mariage. Les époux devraient pouvoir choisir à cette occasion la nature du régime matrimonial, comme le permet le droit français adopté en application de la convention de La Haye (n° 26654). **26672**

B. Capacité des étrangers, personnes morales

RECONNAISSANCE DE LA PERSONNALITÉ MORALE DES SOCIÉTÉS ÉTRANGÈRES

Pour qu'une société étrangère ait la capacité d'acheter ou de vendre des droits sociaux **en France,** il faut au préalable qu'elle y soit reconnue en tant que personne morale. À cet égard, il convient de distinguer selon que la société est ou non établie dans un pays de l'Union européenne. **26680**

Les **sociétés ressortissantes de pays de l'Union européenne** et ayant leur siège statutaire, leur administration centrale ou leur principal établissement à l'intérieur de l'Union peuvent s'établir dans les autres États membres et y exercer leur activité dans les mêmes conditions que les ressortissants de ces États (Traité sur le fonctionnement de l'Union européenne art. 49 et 54).

La personnalité morale des sociétés ayant leur siège social à l'étranger peut être reconnue en France par des traités bilatéraux.

ILLUSTRATIONS

En application de l'article 14, 4 et 5 de la convention franco-américaine d'établissement du 25 novembre 1959, les partnerships constitués conformément aux lois et règlements en vigueur aux États-Unis d'Amérique voient leur personnalité morale reconnue en France. Par suite, encourt la cassation l'arrêt qui déclare irrecevable l'action en responsabilité formée contre un partnership au motif que ce dernier est dépourvu en France de la personnalité juridique (Cass. 1e civ. 17-3-2011 n° 10-30.283 FS-PBI : RJDA 10/11 n° 807).

Toutefois, même lorsque de tels traités ne sont pas intervenus, toute personne morale, quelle que soit sa nationalité, peut, en vertu de l'article 6, 1 de la convention européenne de sauvegarde des droits de l'Homme, agir en justice en France pour la protection de ses biens et de ses intérêts (Cass. 1e civ. 25-6-1991 : Bull. civ. I n° 207 ; Cass. com. 8-7-2003 n° 1266 : RJDA 2/04 n° 163) et ce, même si elle a son siège social dans un État qui n'est pas partie à la Convention (Cass. com. 15-11-1994 : RJDA 3/95 n° 286). Notamment, si elle se prétend victime d'une infraction, elle peut se constituer partie civile devant une juridiction française, qu'elle ait ou non un établissement en France (CEDH 15-1-2009 nos 36497/05 et 37172/05 : RJDA 5/09 n° 450 ; Cass. crim. 8-12-2009 n° 09-81.607 : RJDA 4/10 n° 402).

CAPACITÉ DES SOCIÉTÉS ÉTRANGÈRES

Les **sociétés** étrangères **dont la personnalité morale est reconnue** en France jouissent en France de tous les droits qui ne leur sont pas refusés par une disposition expresse de la loi (Cass. civ. 27-7-1948 : D. 1948 p. 535 ; Cass. 1e civ. 25-2-1981 : Bull. civ. I n° 72, rendu à propos de personnes physiques mais transposable aux personnes morales). Toutefois, leur **capacité** ne peut pas excéder celle qui leur est reconnue dans leur pays d'origine. En effet, les lois sur la capacité sont attachées aux personnes : elles les régissent dans le pays de leur nationalité et les suivent en dehors de ce pays (en ce sens, Cass. 1e civ. 6-6-1990 : Bull. civ. I n° 137, rendu pour les personnes physiques mais transposable aux personnes morales). **26682**

Il s'ensuit que la capacité d'une société d'acheter ou de vendre des parts ou des actions dépend de sa loi nationale, c'est-à-dire la loi du lieu de son siège social (Cass. ass. plén. 21-12-1990 : Bull. civ. n° 12), sous réserve de ne pas porter atteinte à l'ordre public français (nos 82100 s.). L'étendue des pouvoirs des dirigeants pour agir au nom de la société est également appréciée en fonction de la loi nationale de la société (Cass. com. 9-4-1991 n° 599 P, Sté Professionnelle des Papiers de Presse c/ Sté Interpart : RJDA 7/91 n° 613 ; Cass. com. 9-3-1993 n° 444 P, Société Générale c/ Sté Ejendomsselskabet : RJDA 7/93 n° 617 ; Cass. 1e civ. 8-12-1998 n° 1872 P, Sté General accident c/ BNP : RJDA 4/99 n° 415).

SECTION 3

POUVOIR DES PARTENAIRES PACSÉS DE CÉDER DES DROITS SOCIAUX

26800 Chaque partenaire d'un pacte civil de solidarité (Pacs) conserve la pleine **capacité de droit** mais ses **pouvoirs** peuvent être limités par l'effet du Pacs.
La loi 2006-728 du 23 juin 2006 portant réforme des successions et des libéralités a modifié profondément le régime juridique du Pacs, notamment en substituant au régime d'**indivision** complexe issu de la loi 99-944 du 15 novembre 1999 (C. civ. art. 515-1 à 515-7 anciens) un régime de **séparation des patrimoines** (C. civ. art. 515-1 à 515-7) applicable uniquement aux pactes conclus après son entrée en vigueur, soit depuis le 1er janvier 2007. Les partenaires pacsés peuvent donc être soumis à l'un ou l'autre des régimes, selon que le Pacs a été conclu avant ou après le 1er janvier 2007.

PACS CONCLUS DEPUIS LE 1er JANVIER 2007

26802 Depuis le 1er janvier 2007, les partenaires qui concluent un Pacs sont automatiquement soumis à un régime de **séparation des biens.** Chacun reste propriétaire de ses biens personnels et en conserve l'administration, la jouissance et la libre disposition (C. civ. art. 515-5, al. 1). Il en résulte que le partenaire qui acquiert des droits sociaux en est l'unique propriétaire. Il a donc seul la qualité d'associé et peut librement céder ses titres.
Chaque partenaire peut prouver par tout moyen qu'il a la propriété d'un bien. Mais s'il n'y parvient pas, le bien est réputé appartenir indivisément pour moitié aux deux (C. civ. art. 515-5, al. 2).

26805 Les partenaires qui concluent un Pacs peuvent choisir dans leur **convention** (ou dans une convention modificative) d'écarter le régime de la séparation des patrimoines pour soumettre leurs biens au **régime de l'indivision** : les biens qu'ils acquièrent ensemble ou séparément à compter de l'enregistrement du Pacs sont alors réputés indivis pour moitié ; si l'un des partenaires finance plus de la moitié d'un bien, il ne peut pas demander à l'autre de lui rembourser l'excédent (C. civ. art. 515-5-1).
Les droits sociaux acquis par un partenaire sont donc indivis pour moitié (sur l'octroi de la qualité d'associé aux partenaires, voir nos 26824 s.). Ils demeurent néanmoins la propriété exclusive de l'acquéreur lorsque celui-ci a réalisé l'achat avec des fonds qui lui appartenaient avant l'enregistrement de la convention initiale (ou de la convention modificative par laquelle les partenaires ont adopté le régime de l'indivision), à condition qu'une déclaration d'emploi des deniers soit effectuée dans l'acte d'acquisition ; à défaut, les droits sociaux sont indivis pour moitié, mais celui qui a investi ses fonds propres dispose d'une créance contre son partenaire (C. civ. art. 515-5-2).
Pour les titres indivis, chaque partenaire est gérant de l'indivision, sauf clause contraire de leur convention, et dispose des pouvoirs reconnus par les articles 1873-6 à 1873-8 du Code civil (C. civ. art. 515-5-3, al. 1). Ainsi, en application des dispositions de l'article 1873-6, al. 2, il peut acquérir ou céder des droits sociaux sous les mêmes restrictions que celles apportées aux pouvoirs dont disposent les époux sur les biens communs (nos 26920 s.).

> **Précisions** Pour administrer leurs droits indivis, les partenaires peuvent conclure une **convention d'indivision** dans les conditions fixées aux articles 1873-1 à 1873-15 du Code civil, étant précisé que cette convention est conclue pour la durée du Pacs (et non pour une durée maximale de cinq ans comme le prévoit l'article 1873-3 du Code civil) et que les partenaires peuvent décider, lors de la dissolution du Pacs, qu'elle continuera à produire ses effets (C. civ. art. 515-5-3, al. 2 et 3).

PACS CONCLUS AVANT LE 1er JANVIER 2007

Propriété des parts ou actions Si les partenaires n'ont pas opté pour le régime actuel exposé nos 26802 s., le pacte conclu avant le 1er janvier 2007 est soumis au régime de l'**indivision** issu de la loi du 15 novembre 1999. 26815

Les biens autres que les meubles meublants dont les partenaires deviennent propriétaires à titre onéreux après la conclusion du pacte sont présumés indivis par moitié si l'acte d'acquisition n'en dispose autrement (C. civ. art. 515-5, al. 2 ancien). 26817
Il en résulte que les parts ou les actions acquises par un partenaire ne sont pas soumises au même régime selon qu'elles ont été acquises avant ou après la conclusion du Pacs. Dès lors, pour savoir dans quelles conditions une personne pacsée peut céder des droits sociaux, il convient de distinguer selon la date d'acquisition de ces droits.

Les **droits sociaux acquis avant la conclusion du Pacs** n'étant pas visés par l'ancien article 515-5, al. 2 précité, ils sont exclus de l'indivision et demeurent donc la propriété personnelle de chaque partenaire. En conséquence, celui-ci peut librement céder ses titres. 26819

Quant aux **droits sociaux acquis après la conclusion du Pacs,** il résulte de l'ancien article 515-5, al. 2 précité que, à défaut de convention contraire, ils sont présumés indivis pour moitié même si l'acte d'acquisition n'a été effectué que par un seul des partenaires. La cession de ces droits est alors soumise aux règles applicables aux parts soumises au régime de l'**indivision** légale (sur la cession des titres indivis, voir nos 89060 s.). 26821
La question de savoir suivant quelles modalités la présomption d'**indivision** peut être **écartée** fait l'objet de controverses. Le Conseil constitutionnel a donné un avis contradictoire sur la question. En effet, il a estimé, dans un premier considérant, que la présomption d'indivision pour moitié ne peut tomber que devant la production d'un acte d'acquisition qui en dispose autrement et, dans un second considérant, qu'en toute hypothèse, les partenaires, s'ils veulent éviter les effets juridiques attachés au régime de l'indivision et, en particulier, les difficultés de gestion auxquelles il peut conduire, peuvent librement choisir de soumettre à un autre régime l'ensemble des biens qu'ils viendraient à acquérir à titre onéreux après la conclusion du pacte (Cons. const. 9-11-1999 n° 99-419 : RJDA 1/00 n° 29). La doctrine est également partagée sur le sujet. Ainsi, pour certains auteurs, qui invoquent la lettre de l'ancien article 515-5, al. 2 du Code civil et le premier considérant de la décision du Conseil constitutionnel, il n'est possible de faire échapper des titres sociaux au régime de l'indivision par moitié que par une mention expresse dans chaque acte d'acquisition (P. Catala, Critique de la raison médiatique, Droit de la famille : Hors-série décembre 1999 p. 63 ; D. Velardocchio, Le Pacs et le droit des sociétés : une liaison dangereuse, Lamy droit des affaires 2000 n° 26 p. 5). Pour d'autres, qui invoquent le bon sens et le second considérant du Conseil constitutionnel, les partenaires peuvent écarter ce régime d'indivision, pour tout ou partie des biens concernés, à l'avance dans le pacte (J. Charlin, La fameuse indivision de l'article 515-5 du Code civil, JCP N 2000 p. 1851 ; J. Aubagnier et J.-P. Bertrel : Droit du patrimoine Tome 1 n° 298-40 ; B. Savouré : Le Pacs : propositions d'interprétation, Droit et patrimoine 2000 n° 81 p. 59).
Si la première thèse prévaut, son application posera certaines difficultés pratiques : on peut ainsi se demander si le partenaire acquéreur des actions doit faire mentionner sur tous les bordereaux de transfert qu'il achète pour son propre compte.
En attendant que les juges se prononcent sur le sujet, nous conseillons aux partenaires d'un Pacs de mentionner dans les actes d'acquisition de droits sociaux qui est propriétaire, chaque fois que cela est possible.

Qualité d'associé Lorsqu'un **partenaire** à un Pacs **acquiert** des droits sociaux **avec des fonds personnels,** il convient de distinguer deux situations : 26824
– le partenaire acquéreur avise la société de l'existence du Pacs et informe dans le même temps son partenaire de son intention ; si ce dernier accepte d'entrer dans la société par la voie de l'indivision, rien ne s'oppose à ce que la qualité d'associé lui soit attribuée dès lors que tel est son souhait ;
– le partenaire acquéreur n'avertit pas son partenaire ; dans ce cas, celui-ci n'acquiert pas, selon nous, automatiquement la qualité d'associé et ne peut pas non plus la revendiquer. En effet, dès lors que l'intéressé n'a pas consenti à l'achat, on ne peut pas considérer qu'il avait l'intention de s'associer (« affectio societatis »), condition requise pour acquérir la qualité d'associé. On peut raisonnablement penser que les droits indivis des partenaires s'exerceront alors uniquement sur la valeur des titres et que la qualité d'associé reviendra exclusivement à celui des deux partenaires qui a effectué l'achat selon la distinction du « titre » et de la « finance » (dans le même sens, H. Hovasse : Dr. sociétés juin 2000 p. 3).

26826 Lorsqu'un **partenaire** à un Pacs **acquiert** des droits sociaux **avec des fonds indivis,** deux situations doivent également être distinguées :
– si le partenaire de l'acquéreur a consenti à l'achat, chaque partenaire acquiert à notre avis la qualité d'associé ;
– si le partenaire de l'acquéreur n'a pas consenti à l'achat, celui-ci lui est inopposable (Cass. 1e civ. 15-6-1994 n° 91-20.633 : Bull. civ. I n° 212) pour la part correspondant à ses droits (Cass. 1e civ. 5-4-2005 n° 02-15.459 F-PB : RJDA 4/06 n° 475) ; dans ce cas, bien que les parts acquises soient elles-mêmes indivises, on peut émettre de sérieux doutes sur la qualité d'associé de ce partenaire et ce, pour les mêmes raisons que celles évoquées n° 26824.

26828 Lorsque la **société exerce une activité réglementée** et que l'accès à la qualité d'associé est subordonné à la détention d'un titre professionnel, chaque partenaire du Pacs doit remplir cette condition pour être associé. Si tel n'est pas le cas, il convient de distinguer entre le « titre » et la « finance » pour ne faire entrer dans la masse indivise que la valeur des droits sociaux.
Sur la question de la mise en œuvre de la procédure d'agrément lorsque les deux partenaires veulent entrer dans la société, voir n° 89156.

SECTION 4

POUVOIR DES ÉPOUX DE CÉDER DES DROITS SOCIAUX

PRINCIPES GÉNÉRAUX

26900 Chaque époux a la pleine **capacité** de droit, mais ses droits et **pouvoirs** peuvent être limités par l'effet du régime matrimonial et des dispositions des articles 212 et suivants du Code civil (C. civ. art. 216).
Ainsi, le pouvoir des époux d'acquérir ou de céder des titres est fonction du **régime matrimonial** sous lequel ils sont mariés : communauté ou séparation de biens. Il résulte des textes régissant ces régimes matrimoniaux (C. civ. art. 1400 s.) que ce pouvoir diffère selon que les titres dont la cession est envisagée ou les ressources avec lesquelles l'acquisition sera effectuée sont des biens faisant partie de la communauté (nos 26920 s.) ou des biens appartenant à un époux (nos 27190 s.). Ces règles doivent être combinées avec celles applicables à tous les époux quel que soit le régime matrimonial qu'ils ont adopté, appelé « **régime primaire** » (C. civ. art. 212 s.), destinées pour l'essentiel à préserver l'intérêt de la famille ou des tiers (nos 27250 s.).
Sur le pouvoir des **époux étrangers** d'acquérir ou de céder des droits sociaux en France, voir nos 26600 s.
Signalons que, depuis l'abrogation de l'article 1595 du Code civil par la loi 85-1372 du 23 décembre 1985, la **vente entre époux** est libre, sous réserve toutefois que les règles relatives aux régimes matrimoniaux soient respectées. Ainsi, un époux marié sous un régime de séparation de biens peut sans restriction céder ses droits sociaux à son conjoint. Concernant les époux mariés sous un régime de communauté de biens, le transfert de droits sociaux appartenant en propre à un époux dans le patrimoine propre de son conjoint est licite si celui-ci paie avec des deniers propres et fait une déclaration d'emploi ou de remploi (sur cette déclaration, voir n° 27194). En revanche, la cession de droits sociaux appartenant en propre à un époux au profit de la communauté ainsi que la cession de droits sociaux communs au profit du patrimoine propre de l'un des époux ne serait pas licite car elle serait contraire au principe de l'immutabilité des conventions matrimoniales et à l'interdiction des pactes de liquidation anticipée de la communauté (en ce sens, Rép. Ceyrac : AN 5-1-1987 p. 69 n° 10476).
Dans les développements qui suivent nous n'envisageons que les règles applicables en cas de cession de droits sociaux à des tiers.

A. Pouvoir des époux de céder des droits sociaux communs

26920 Les règles présentées ci-après s'appliquent quel que soit le **régime communautaire** choisi par les époux : communauté réduite aux acquêts (régime applicable de plein droit lorsque les époux n'ont pas conclu de contrat de mariage), communauté universelle, etc. Un traitement particulier doit toutefois être appliqué lorsqu'il existe une clause d'administration conjointe. Elles s'appliquent également aux époux mariés sous le régime de la séparation de biens assorti d'une **société d'acquêts,** pour les biens affectés à cette société.

1. POUVOIR DES ÉPOUX D'ACQUÉRIR OU DE CÉDER DES ACTIONS COMMUNES

MODALITÉS D'ACHAT OU DE CESSION D'ACTIONS COMMUNES PAR UN ÉPOUX

Chacun des époux a le pouvoir d'administrer seul les biens communs et d'en disposer, sauf à répondre des fautes qu'il aurait commises dans sa gestion (C. civ. art. 1421, al. 1). Chaque époux peut donc acquérir seul des actions (de société anonyme, de société en commandite par actions ou de société par actions simplifiée) au moyen de biens de la communauté ou céder seul des actions constituant des biens de communauté. **26930**

QUALITÉ D'ACTIONNAIRE RÉSULTANT DE L'ACHAT D'ACTIONS COMMUNES

Si l'**achat** d'actions a été effectué conjointement **par les deux époux,** chacun d'eux acquiert la qualité d'actionnaire (Cass. com. 15-5-2012 n° 11-13.240 F-PB : RJDA 12/12 n° 1071) et exerce personnellement les droits attachés aux actions (participation aux assemblées, droit de vote...). Si des actions sont attribuées en propre à l'un d'eux dans l'acte d'achat, seul l'époux a la qualité d'actionnaire. **26940**

Si l'**achat** d'actions a été réalisé avec des biens communs **par un seul des époux,** celui-ci a seul la qualité d'actionnaire. Cependant, les actions restent des biens communs et, en cas de liquidation de la communauté, elles doivent être partagées entre les deux époux, étant observé que, s'il existe dans les statuts une clause d'agrément, celle-ci n'est pas applicable (C. com. art. L 228-23, al. 3). Durant l'indivision postcommunautaire, l'aliénation d'actions réalisée par un époux seul est inopposable à l'autre, de sorte que la valeur des actions au jour du partage doit être portée à l'actif de la masse à partager (Cass. 1e civ. 7-10-2015 n° 14-22.224 F-PB : RJDA 12/15 n° 836). **26942**

2. POUVOIR DES ÉPOUX D'ACQUÉRIR OU DE CÉDER DES PARTS SOCIALES COMMUNES

a. Acquisition par des époux de parts sociales communes

PARTS SOCIALES COMMUNES ACQUISES CONJOINTEMENT PAR DES ÉPOUX

Les époux peuvent acquérir conjointement des parts sociales (de SARL, SNC ou SCS) au moyen de biens communs. Dans ce cas, chacun d'eux a la qualité d'associé et reçoit la moitié des parts (Cass. com. 15-5-2012 n° 11-13.240 F-PB : RJDA 12/12 n° 1071). **26960**

PARTS SOCIALES COMMUNES ACQUISES PAR UN SEUL ÉPOUX

Avertissement du conjoint Il arrive fréquemment que l'achat de parts sociales (de SARL, SNC ou SCS) soit fait par un époux agissant seul. Dans ce cas, l'époux **acquéreur** doit en **avertir son conjoint** et justifier de cette information dans l'acte d'acquisition (C. civ. art. 1832-2, al. 1). Ces dispositions ne sont pas applicables lorsque l'acquisition des parts a été faite pour **un franc** (soit environ 0,15 €) et moyennant l'engagement pris par l'acquéreur de se substituer au cédant dans un cautionnement bancaire souscrit par ce dernier. En effet, la somme de 1 F est purement symbolique et ne constitue pas une valeur patrimoniale dont il y aurait eu lieu de déterminer le caractère propre ou commun. Quant à l'acte de substitution de caution, il n'engage que les biens propres et les revenus de l'époux acquéreur (C. civ. art. 1415 ; Cass. 1e civ. 17-1-1995 n° 93-10.462 P : RJDA 10/95 n° 1101). **26961**

La loi n'exige qu'une simple information du conjoint lors de l'achat. Il n'est pas nécessaire d'obtenir une **autorisation** de sa part. **26962**
La **preuve de l'avertissement** peut résulter d'une mention dans l'acte de cession ; il semble même que la preuve par témoins est admissible.

ILLUSTRATIONS

Il a été jugé que la preuve de l'avertissement du conjoint d'un époux ayant acquis des parts d'une SARL au moyen de biens communs n'était pas rapportée compte tenu des circonstances suivantes (CA Versailles 14-10-1999, 12e ch. 1e sect. : RJDA 2/00 n° 163) :
– il n'était pas contesté que la mention portée dans l'acte de cession de parts, selon laquelle celle-ci aurait été notifiée au conjoint par lettre recommandée, était inexacte, la copie de cette prétendue notification n'étant d'ailleurs pas annexée à l'acte de cession comme il y était stipulé ;

– la preuve de l'avertissement du conjoint ne pouvait pas non plus résulter de l'attestation établie par le rédacteur de l'acte de cession dès lors que celui-ci avait intérêt à voir écarter les conséquences d'une irrégularité pouvant engager sa responsabilité et que cette attestation était dactylographiée et non manuscrite (CPC art. 202) ;
– la preuve que le conjoint aurait ratifié la cession ultérieurement n'était pas davantage rapportée par la production d'attestations établies par des salariés de la société, ces personnes ne disposant pas de l'indépendance nécessaire ;
– enfin, cette preuve ne pouvait pas non plus résulter de la domiciliation du conjoint à l'adresse de la société pour les besoins d'une correspondance unique et personnelle.

26965 **Revendication de la qualité d'associé par le conjoint** Seul l'époux qui acquiert les parts sociales a la qualité d'associé (C. civ. art. 1832-2, al. 2). Toutefois, son conjoint bénéficie d'un droit de revendication de cette qualité pour la moitié des parts acquises.

26967 Pour **exercer** son **droit de revendication,** le conjoint doit notifier à la société son intention d'être personnellement associé (C. civ. art. 1832-2, al. 3). La forme de cette notification peut être fixée librement par les statuts. À défaut, nous préconisons la notification par lettre recommandée AR ou remise au siège de la société contre récépissé.
On ne peut en aucun cas déduire de la mention statutaire, selon laquelle deux époux, dont l'un a acquis des parts sociales, sont mariés sous le régime de la communauté, que l'autre a exercé son droit de revendication.

ILLUSTRATIONS

Doit être censurée la décision d'une cour d'appel qui, pour condamner solidairement des époux à payer une certaine somme à un créancier d'une société civile, a retenu qu'il résultait des mentions portées dans les statuts de la société que ces époux étaient mariés sous le régime de la communauté réduite aux acquêts et que, les parts souscrites pendant le mariage étant des biens de la communauté, le conjoint de l'époux associé était engagé par les dettes sociales au même titre que celui-ci, sans rechercher si le conjoint de l'époux associé avait lui-même la qualité d'associé de la société (Cass. 3e civ. 20-2-2002 n° 99-15.474 FS-PB : RJDA 5/02 n° 501, solution transposable aux associés de SNC et de SCS car ces associés sont indéfiniment responsables des dettes sociales).

26969 Le conjoint peut effectuer la **notification** au **moment** de l'entrée de l'époux acquéreur dans la société, mais il peut aussi le faire après, l'article 1832-2, al. 4 lui offrant la possibilité de revendiquer jusqu'à la dissolution de la communauté.
En cas de divorce, la revendication est possible jusqu'à ce qu'un jugement de divorce soit passé en force de chose jugée (Cass. com. 18-11-1997 n° 2313 P : RJDA 6/98 n° 719, arrêt rendu sous le régime antérieur à la loi du 26-5-2004 portant réforme de la procédure de divorce mais transposable au régime actuel). La qualité d'associé peut donc valablement être revendiquée, en ce qui concerne les biens des époux (Cass. com. 14-5-2013 n° 12-18.103 F-PB : RJDA 8-9/13 n° 715), après la date à laquelle le divorce a pris effet entre eux (date du dépôt de la convention de divorce au rang des minutes d'un notaire ou de l'homologation judiciaire de la convention pour les divorces par consentement mutuel ; date de la demande en divorce ou date de l'ordonnance de non-conciliation pour les autres divorces : C. civ. art. 262-1).

26971 Si le **conjoint revendique la qualité d'associé lors de l'acquisition,** il n'a pas à solliciter personnellement un agrément par les associés : l'acceptation ou l'**agrément** donné à l'époux acquéreur vaut automatiquement pour son conjoint (C. civ. art. 1832-2, al. 3). Les associés n'ont ainsi pas la possibilité d'agréer l'un des époux et de refuser l'autre. Ils doivent les accueillir l'un et l'autre ou les écarter tous les deux. En pratique, les deux époux interviennent à l'acte d'achat et la moitié des parts sociales est attribuée à chacun d'eux.
Lorsque l'époux acquéreur est dispensé d'agrément, au motif par exemple qu'il est déjà associé, cette dispense ne peut pas profiter à son conjoint si la personnalité de ce dernier n'a pas été prise en considération au moment où l'époux est devenu associé (succession ou acquisition de parts au moyen de biens propres, par exemple).

26973 Hors le cas particulier de la SNC (n° 26974), si **le conjoint exerce son droit de revendication postérieurement** à la réalisation de l'achat, deux situations doivent être distinguées.
1. Si une clause statutaire impose l'agrément du conjoint qui revendique, celui-ci est soumis à l'agrément des autres associés ; son époux est alors exclu du vote et ses parts ne sont pas prises en compte pour le calcul du quorum et de la majorité (C. civ. art. 1832-2, al. 3). En effet, la revendication de la qualité d'associé par le conjoint ne constituant pas une cession, les dispositions légales et statutaires relatives à l'agrément des tiers étrangers à la société en cas de cession de parts sociales ne sont pas applicables. En conséquence, si les associés veulent se réserver la possibilité de ne pas agréer le conjoint, il faut qu'ils insèrent dans leurs statuts une clause à cet effet (cf. JO Déb. Sénat 12-5-1982 p. 1953). En l'absence de précision complémentaire de la loi sur le régime de l'agrément, les statuts peuvent fixer librement les conditions de cet agrément (forme de la demande, délai de

réponse, majorité requise, etc.). Ils peuvent aussi se référer purement et simplement aux règles applicables en cas de cession entre vifs.
Si le conjoint n'est pas agréé, l'époux acquéreur a seul la qualité d'associé pour la totalité des parts sociales.
2. Si les statuts ne comportent pas de clause d'agrément visant spécialement cette situation, le conjoint devient de droit associé dès que la société a reçu la notification de sa revendication puisqu'il n'est soumis à l'agrément que si une clause le prévoit (CA Paris 18-2-2020 n° 17/08258 : RJDA 6/20 n° 307). Cette solution est concordante avec la règle selon laquelle l'acceptation ou l'agrément donné à l'acquéreur vaut automatiquement pour son conjoint lorsque celui-ci revendique la qualité d'associé au moment de l'apport ou de l'acquisition (C. civ. art. 1832-2, al. 3).

Dans un cas où aucune clause d'agrément spécifique n'était prévue, la Cour de cassation a jugé que, même si elle ne constitue pas une cession, la revendication du conjoint d'un associé de **SNC** après la réalisation de l'apport ou de l'achat est subordonnée au consentement des autres associés (Cass. com. 18-11-2020 n° 18-21.797 FS-PBR : RJDA 2/21 n° 102 ; sur cette solution, voir aussi R. Mortier, La revendication de la qualité d'associé en nom se heurte à l'agrément légal : Dr. sociétés 2021 comm. n° 3). La Cour a estimé que le caractère indéfini et solidaire de l'obligation des associés de SNC aux dettes sociales justifiait une application combinée de l'article L 221-13, qui impose un agrément de tous les associés en cas de cession de parts de SNC, et de l'article 1832-2 du Code civil, relatif à l'absence de participation de l'époux associé au vote de l'agrément de son conjoint. **26974**

La **revendication** de la qualité d'associé par le conjoint de l'acquéreur a pour **effet** de conférer aux deux époux la propriété de la moitié des parts acquises à l'aide des biens communs et, en conséquence, le droit pour chacun d'intervenir dans la vie sociale et de gérer la moitié des parts. La présomption de communauté résultant de l'article 1402 du Code civil dispense les juges du fond de rechercher si les parts sociales ont été souscrites par l'époux apporteur à l'aide de deniers communs ; il appartient aux tiers qui contestent la revendication de la qualité d'associé par le conjoint de rapporter la preuve du caractère propre des deniers ayant servi à l'apport (Cass. 1e civ. 11-6-1996 n° 94-17.771 P : RJDA 1/97 n° 55). **26975**

Lorsque le **conjoint** dûment informé a déclaré par écrit, en se référant au texte de l'article 1832-2, al. 1 du Code civil (n° 26961), ne pas revendiquer la qualité d'associé, sa **renonciation** est définitive. **26977**

ILLUSTRATIONS

N'a pas la qualité d'associée l'épouse de l'associé majoritaire d'une SARL qui, lors de la constitution de la société, a déclaré par écrit, en se référant à l'article 1832-2, al. 1 du Code civil, ne pas revendiquer cette qualité au titre de l'apport effectué par son mari, lequel constituait un emploi de biens communs. En effet, déclarer expressément ne pas revendiquer une qualité équivaut à y renoncer. Cette renonciation, claire et sans réserve, exprimée à la naissance de la société, interdit à l'intéressée une rétractation ultérieure car la prérogative accordée par la loi à l'épouse du souscripteur de parts sociales se trouve éteinte par l'effet de sa renonciation. L'intéressée n'aurait pu, en conséquence, devenir associée au cours de la vie sociale, avec l'agrément des autres associés, que si elle ne s'était pas prononcée lorsque son mari a souscrit une part du capital (CA Paris 16-10-1990, 3e ch. A : Bull. Joly 1991 p. 90 et, sur pourvoi, Cass. com. 12-1-1993 n° 33 P : RJDA 2/93 n° 119).

L'**époux** qui n'a **pas revendiqué** la qualité d'associé ne peut pas intervenir dans la vie sociale pendant la durée de la **communauté.** Il se trouve dans la même situation que l'époux qui n'a pas été agréé (n° 26975). **26978**

EFFET DU DÉCÈS D'UN ÉPOUX ASSOCIÉ

Lorsque les **deux époux** sont **associés** et que **l'un d'eux décède,** la qualité d'associé attachée aux parts sociales dépendant de la communauté n'entre pas dans l'indivision postcommunautaire, qui ne recueille que la valeur des parts. En conséquence, le conjoint survivant associé peut transmettre ou céder son titre sans l'accord de ses coïndivisaires (Cass. 1e civ. 12-6-2014 n° 13-16.309 : RJDA 10/14 n° 755). **26980**
En cas de **décès du conjoint non associé,** l'indivision successorale porte seulement sur la valeur des parts sociales, de sorte que les indivisaires n'ont aucun droit de participer à la vie sociale et notamment n'ont pas à être convoqués aux assemblées de la société (Cass. 1e civ. 9-7-1991 : Bull. Joly 1991 p. 1030 à propos de parts d'un Gaec mais transposable).
En cas de **dissolution de la communauté,** la qualité d'associé attachée aux parts sociales ne tombe pas dans l'indivision qui n'en recueille que leur valeur, de sorte que le conjoint associé peut disposer seul de ces parts qui doivent être portées à l'actif de la communauté pour leur valeur au jour du partage (Cass. 1e civ. 22-10-2014 n° 12-29.265 FS-PBI : RJDA 1/15 n° 15). Le conjoint non associé peut obtenir que les revenus des parts sociales perçus par l'époux en sa qualité d'associé pendant

l'indivision postcommunautaire soient inclus dans la masse à partager (Cass. 1e civ. 10-2-1998 : Bull. civ. I n° 47 et Cass. 1e civ. 28-3-2018 n° 17-16.198 F-PB : RJDA 7/18 n° 575, à propos de parts de société civile professionnelle mais transposables). Au moment du partage, seul l'époux associé peut se voir attribuer les parts sociales (Cass. 1e civ. 4-7-2012 n° 11-13.384 FS-PBI : RJDA 10/12 n° 857), sauf application éventuelle de l'article L 223-13 (nos 31207 s.).

b. Cession de parts sociales par des époux

26990 Les époux ne peuvent l'un sans l'autre céder des titres non négociables (parts de SARL, SNC ou SCS) ou percevoir les capitaux provenant d'une telle cession (C. civ. art. 1424). Ces dispositions sont également applicables en cas de promesse de cession de parts (CA Paris 28-6-1994, 3e ch. A : Bull. Joly 1994 p. 1230 note G. Lesguillier).
Même si les parts cédées ont été acquises par un seul des époux, le consentement de son conjoint est requis, peu important que celui-ci n'ait jamais notifié son intention d'être personnellement associé (Cass. 1e civ. 9-11-2011 n° 10-12.123 FS-PBI : RJDA 2/12 n° 142).
Cette règle de cogestion ne souffre aucune exception, pas même celle de l'article 1421 du Code civil (n° 27030).

26991 Le **consentement du conjoint** peut être **exprès ou tacite** (Cass. 1e civ. 1-2-2017 n° 16-11.599 FS-PB : Bull. inf. C. cass. 15-2-2017 n° 790). Pour autant, le conjoint qui a donné son consentement n'est pas de ce fait covendeur. Il ne l'est que s'il est partie à l'acte de cession.

26992 Malgré la formule « les époux ne peuvent l'un sans l'autre » utilisée dans l'article 1424 du Code civil, il n'est pas nécessaire que les **époux** soient **tous les deux présents lors de la signature du contrat** de cession. En effet, si la loi 85-1372 du 23 décembre 1985 a substitué à la condition exigeant le consentement du conjoint celle interdisant aux époux d'agir l'un sans l'autre, elle n'a pas modifié l'objet de l'intervention du conjoint, celui-ci devant seulement donner son consentement à la vente ; or, sous le régime antérieur à la loi de 1985, les tribunaux avaient admis que le consentement du conjoint pouvait être donné préalablement ou postérieurement à l'acte. Il nous semble donc que cette jurisprudence peut être transposée au régime actuel.

26994 Si un **accord anticipé** du conjoint est possible, il ne peut toutefois pas être donné dans n'importe quelles conditions. Ainsi, le conjoint peut exprimer son consentement en donnant mandat à son époux (C. civ. art. 218) ; ce mandat, qui est librement révocable (C. civ. art. 218), doit être spécial (Cass. 1e civ. 29-6-1983, Nègre c/ Fournier : Bull. civ. I n° 192, rendu à propos d'une donation mais transposable à la cession par identité des textes applicables), c'est-à-dire qu'il doit préciser l'acte ou les biens à propos desquels le mandat est donné ; le mandat ne peut en aucun cas être général.
Sur la possibilité de retenir un mandat apparent entre époux justifiant le consentement, voir nos 28170 s.
Sur la possibilité pour un époux de se porter fort du consentement de son conjoint et les problèmes posés en cas de non-ratification de la promesse, voir nos 29521 s.
Sur la possibilité pour le conjoint de donner son **consentement ultérieurement** à l'acte, voir n° 27095.
Sur la possibilité d'invoquer un mandat tacite sur le fondement des règles de droit commun, voir n° 28090.

26996 En principe, la cession effectuée par un époux agissant seul peut également être valable si les conditions de la **gestion d'affaires** sont réunies (application de l'article 219, al. 2 du Code civil). On peut toutefois émettre certaines réserves quant à l'application de ces dispositions à la cession de parts sociales en raison de l'atteinte au principe de cogestion qu'elle entraîne.

27000 Le **paiement** irrégulier **fait à un seul époux** commun en biens est nul en application de l'article 1427 du Code civil et doit normalement aboutir à une restitution des fonds et à un nouveau paiement en présence des deux époux. Mais si l'époux qui a reçu le paiement l'a entre-temps dilapidé, l'autre époux est en droit de réclamer un second paiement à l'acquéreur, à moins que celui-ci ne prouve que le premier paiement a bénéficié à la communauté (Cass. 1e civ. 30-10-2006 n° 03-20.589 FS-PB : RJDA 5/07 n° 488).

3. CAS PARTICULIERS

INAPTITUDE DE L'UN DES ÉPOUX

27020 Un époux peut demander en justice que son conjoint soit privé du pouvoir d'acquérir ou de céder des titres communs et ainsi se retrouver seul à pouvoir effectuer de tels actes, s'il se trouve confronté à l'une des trois circonstances suivantes (C. civ. art. 1426, al. 1) :
1. Son **conjoint** se trouve, de manière durable, **hors d'état de manifester sa volonté ;**

2. Son **conjoint** est **inapte** à gérer les biens communs. Il importe peu que le conjoint soit de bonne ou de mauvaise volonté. En effet, l'inaptitude n'implique pas nécessairement un comportement fautif et peut découler d'un simple défaut de compétences pour gérer (en ce sens, F. Terré et Ph. Simler, Régimes matrimoniaux et statut patrimonial des couples non mariés, Précis Dalloz 8e éd. n° 490) ;
3. La gestion de son **conjoint** révèle qu'il **fraude.** La fraude suppose que le conjoint commet volontairement des actes nuisibles aux intérêts communs du couple.
La demande en justice ne peut émaner que de l'un des époux. Les créanciers de ceux-ci n'ont aucun pouvoir pour agir (C. civ. art. 1446 sur renvoi de l'art. 1426).
L'époux frappé d'incapacité peut demander au tribunal de retrouver ses pleins pouvoirs en établissant que cette mesure n'est plus justifiée (C. civ. art. 1426, al. 3).

PROFESSION SÉPARÉE DE L'UN DES ÉPOUX

Lorsque l'un des deux époux exerce une profession séparée, il a seul le pouvoir d'accomplir les **27030** actes d'administration et de disposition nécessaires à celle-ci (C. civ. art. 1421, al. 2). Ainsi, un époux a seul le pouvoir d'**acquérir** avec des fonds communs des **actions** nécessaires à l'exercice de cette profession ou de **céder** de telles **actions.** Cet article ne précise pas ce qu'il faut entendre par « profession séparée ». Il semble qu'il y ait profession séparée lorsque le conjoint a une activité différente ou la même activité mais exercée de façon distincte ou même est salarié de son époux ; en revanche, il n'y a pas profession séparée lorsque les époux coexploitent une entreprise agricole, commerciale ou artisanale. La question demeure lorsque le conjoint collabore à l'activité de l'époux.

À notre avis, les dispositions de l'article 1421, al. 2 du Code civil sont également applicables en cas d'**acquisition** par un époux **de parts sociales** nécessaires à l'exercice de sa profession. En effet, ces dispositions ne sauraient être mises en échec par le droit de revendication prévu par l'article 1832-2 du Code civil au profit du conjoint (n° 26965) car elles traduisent la primauté accordée par la loi de réforme des régimes matrimoniaux (Loi 85-1372 du 23-12-1985) à l'autonomie professionnelle de chaque époux (dans le même sens, F. Vialla, L'autonomie professionnelle en régime communautaire et droit des sociétés : des conflits d'intérêts : RTD civ. 1996 p. 841 s.).

En revanche, ces dispositions ne sont pas applicables en cas de **cession de parts sociales** ou de perception des capitaux provenant d'une telle cession (C. civ. art. 1424, sur renvoi de l'article 1421, al. 3). Ainsi, il a été jugé que, si l'article 1421, al. 2 du Code civil autorise l'époux exerçant une profession séparée à accomplir seul les actes de disposition nécessaires à celle-ci, l'article 1424 dudit Code apporte une exception formelle à ce principe en disposant que les époux ne peuvent, l'un sans l'autre, aliéner des droits sociaux non négociables. Par suite, dans un cas où un époux, qui avait créé une entreprise artisanale, avait cédé seul des parts sociales à sa mère, il a été jugé que la demande en nullité de cette cession introduite par son épouse devait être accueillie sur le fondement de l'article 1427 du Code civil dès lors que les parts cédées étaient des biens communs, peu important que la cession ait été nécessaire à la poursuite de l'activité professionnelle de l'époux ou ait appauvri la communauté (Cass. 1e civ. 28-2-1995 n° 92-16.794 P : Bull. civ. I n° 104).

Le conjoint de l'époux exerçant une profession séparée n'a donc en principe aucun pouvoir pour **27032** effectuer des actes nécessaires à l'exercice de cette activité. Toutefois, il peut avoir reçu de l'époux **mandat** d'effectuer de tels actes, un tel mandat étant librement révocable (C. civ. art. 218). L'acquisition de droits sociaux et la cession d'actions s'effectuent alors selon les règles applicables au mandat de droit commun (nos 28000 s.).

Si le conjoint de l'époux exerçant une profession séparée a acquis ou cédé seul des droits sociaux **27034** nécessaires à l'exercice de cette profession, cet acte peut toutefois être valable si les conditions de la **gestion d'affaires** sont réunies.

CLAUSE D'ADMINISTRATION CONJOINTE

Les époux peuvent convenir qu'ils administreront conjointement tout ou partie des biens com- **27044** muns. Les actes d'administration et de disposition des biens soumis à gestion conjointe sont faits sous la **signature conjointe des deux époux** et ils emportent de plein droit **solidarité** des obligations (C. civ. art. 1503).

4. SANCTIONS DES CESSIONS IRRÉGULIÈREMENT CONCLUES PAR UN ÉPOUX

a. Dépassement de pouvoirs par un époux

Si l'un des époux a outrepassé ses pouvoirs sur les biens communs, l'autre peut demander l'**annu- 27070** **lation** de l'acte ainsi effectué (C. civ. art. 1427, al. 1). Sont donc nuls les actes effectués par un époux alors qu'il n'en avait pas le pouvoir, soit qu'il ne pouvait pas faire un tel acte seul (n°s 26990 s. et 27250 s.), soit qu'il n'avait aucun pouvoir en la matière (n°s 27030 s.), soit qu'il a réalisé cet acte en violation d'une mesure judiciaire restrictive de pouvoirs (n°s 27020 et 27274 s.). L'acquisition de parts sociales avec des biens communs effectuée par un époux au mépris des règles applicables en la matière (n° 26960) est soumise à la même sanction (C. civ. art. 1832-2, al. 1).

ILLUSTRATIONS

Il a été jugé qu'était nulle la promesse de cession de parts sociales d'une société exploitant une pharmacie consentie par un époux sans le consentement de sa femme alors que ces parts constituaient des biens communs (T. com. Paris 19-11-1991, 2e ch.). De même, dans un cas où un couple de Portugais mariés à Lisbonne s'était installé en France, a été annulée l'acquisition de parts sociales effectuée avec des fonds communs par l'époux, sans en avertir son conjoint, à une date où le mariage, publié au Portugal, était opposable aux tiers (CA Paris 9-2-2017 n° 15/15891 : RJDA 5/17 n° 336).

Dans un cas où, par un même acte, une société (A) avait acquis 80 parts d'une autre société (B) et son gérant, marié sous le régime de la communauté de biens, en avait acquis 20 avec des fonds communs sans que son conjoint en ait été averti, il a été jugé que l'acte d'acquisition devait être annulé mais en ses seules dispositions concernant l'achat des 20 parts (Cass. 1e civ. 20-10-2011 n° 10-19.818 F-D : RJDA 1/12 n° 55).

ACTION EN NULLITÉ DE LA CESSION IRRÉGULIÈREMENT CONCLUE PAR L'ÉPOUX

27080 **Titulaire** La nullité de l'article 1427 du Code civil est une nullité relative dont l'action est réservée à l'époux victime du dépassement de pouvoirs. En conséquence, elle ne peut être invoquée ni par le conjoint auteur du dépassement (Cass. 1e civ. 20-1-1998 n° 96-10.433 D : Navis Droit des affaires) ni par le cocontractant (Cass. 3e civ. 8-1-1992 n° 90-11.921 : Bull. civ. III n° 8). L'action se transmet néanmoins, après le décès de l'époux victime, à ses héritiers à condition qu'ils n'agissent pas en qualité d'acquéreurs des titres litigieux afin d'échapper au paiement du prix (Cass. 1e civ. 4-7-2007 n° 04-10.494 F-D : RJDA 11/07 n° 1103).

27085 **Délai pour agir** L'action en nullité est ouverte pendant deux ans **à partir** du jour où le conjoint de l'époux auteur du dépassement a eu connaissance de l'acte, sans jamais pouvoir être intentée plus de deux ans après la dissolution de la communauté (C. civ. art. 1427, al. 2). Ce délai n'est pas applicable à l'action tendant à l'annulation de la revente de droits sociaux par l'acquéreur au sous-acquéreur (Cass. 1e civ. 17-2-2010 n° 09-11.447 F-D : RJDA 5/10 n° 522).

ILLUSTRATIONS

L'action en nullité de la souscription par une épouse commune en biens de parts d'une SNC constituée à l'initiative de son fils, introduite par son conjoint en octobre 1994, a été jugée recevable dès lors qu'il ne résultait d'aucun élément du dossier que l'intéressé avait eu **connaissance** de cette **acquisition** avant le 22 mars 1993, jour de la convocation de l'épouse à comparaître devant le tribunal de commerce en vue de l'ouverture à son encontre d'une procédure collective (CA Paris 28-11-1995, 3e ch.). En revanche, a été déclarée prescrite l'action en nullité d'une cession de parts sociales effectuée par une épouse agissant seule au motif qu'elle avait été introduite plus de deux ans après le jugement de divorce et l'établissement de la convention définitive entre les ex-époux (CA Paris 7-3-2003 n° 02-4380, 25e ch. B).

Bien que l'article 1427, al. 2 prévoie que l'action en nullité ne peut jamais être intentée plus de deux ans après la **dissolution de la communauté,** la Cour de cassation a considéré que, si générale soit cette formule, celle-ci ne peut pas avoir pour effet de priver le conjoint du droit d'agir en nullité pendant les deux années qui suivent la réalisation de l'acte (Cass. 1e civ. 2-6-1981 n° 79-14.396 : Bull. civ. I n° 187). Ainsi, dans un cas où un époux avait conclu une promesse de vente d'un immeuble constituant un bien de communauté sans le consentement de sa femme et où l'acquéreur avait levé l'option deux ans après le décès du mari, elle a jugé que le délai de deux ans pour agir en nullité de la promesse ne pouvait pas commencer à courir avant la levée de l'option, même si la communauté des époux avait été dissoute depuis plus de deux ans (Cass. 1e civ. 2-6-1981, précité).
Par ailleurs, dans un cas où un époux agissant seul avait cédé des parts sociales dépendant de la communauté **sous la condition suspensive** du paiement du prix par l'acquéreur, elle a jugé que le délai de prescription de l'action en nullité de cette cession avait couru à partir du jour où la vente était devenue parfaite, c'est-à-dire à la date où la condition suspensive avait été réalisée (Cass. 1e civ. 15-7-1993 n° 91-18.368 : Bull. civ. I n° 255).

27087 Ce délai est soumis aux règles de droit commun des **délais de prescription** (Cass. 1e civ. 12-7-1982 : D. 1982 p. 540 ; Cass. 1e civ. 11-1-1983 n° 80-15.945 : Bull. civ. I n° 14). Sur ces règles (notamment, computation, interruption, suspension du délai), voir Mémento Droit commercial n°s 71745 s.

L'expiration du délai de prescription éteint l'action en nullité, mais pas le droit d'opposer cette nullité comme exception en défense à une action en justice (**exception** dite **de nullité**) (Cass. 1e civ. 8-12-1981 n° 80-15.090 P : Bull. civ. I n° 366 ; Cass. 1e civ. 23-1-1996 n° 93-21.442 P : Bull. civ. I n° 34). Sur cette question, voir nos 30680 s. **27089**

Confirmation de la cession irrégulière L'époux victime du dépassement de pouvoirs par son conjoint peut toutefois régulariser l'acte de cession en le ratifiant ; il ne peut alors plus en demander l'annulation (C. civ. art. 1427, al. 1). **27095**

La ratification peut résulter de tout acte qui implique, sans équivoque, sa volonté de le confirmer (Cass. 1e civ. 17-3-1987 : Bull. civ. I n° 95 ; Cass. 1e civ. 12-7-1994 n° 92-17.197 P : Bull. civ. I n° 246).

ILLUSTRATIONS

Une femme a tacitement et définitivement accepté la transaction portant sur des parts sociales passée par son conjoint sans son accord dès lors qu'elle ne s'est pas opposée à l'encaissement d'une lettre de change destinée à assurer l'exécution de cette transaction. En effet, la remise à l'encaissement de la lettre de change porte la signature de la femme ; il n'y avait aucune raison pour que, sur le plan personnel, son mari soit débiteur d'une somme de 210 000 F (environ 32 000 €) envers le tireur de la lettre ; elle connaissait pertinemment les engagements financiers intervenus professionnellement entre eux.

Cass. 1e civ. 12-7-1994 n° 92-17.197, précité.

Une épouse ayant demandé, sur le fondement des articles 1424 et 1427 du Code civil, l'annulation d'une cession de parts sociales acquises avec des biens communs, effectuée par son mari au profit de sa belle-fille, cette demande doit être rejetée pour les motifs suivants : cette épouse a concomitamment cédé le même nombre de parts à son fils ; chaque acte de cession a été signé par le conjoint concerné en présence de l'autre ; ces cessions procédaient de l'intention commune des époux de transmettre leurs parts égalitairement à leurs fils et belle-fille. En outre, ces mêmes circonstances ont pu légitimement convaincre l'épouse que le signataire de chaque acte agissait au nom et pour le compte de l'autre. La ratification est également confirmée par le fait que postérieurement aux cessions les époux ont accepté sans contestation de ne plus participer aux réunions de l'assemblée générale.

CA Versailles 2-12-1999, 12e ch. sect. 1.

Dans un cas où un époux avait consenti sans l'accord de sa femme une promesse de cession de parts de SARL communes, pour un prix symbolique et en contrepartie de la libération de son engagement de cautionnement des dettes de la société, il résulte des éléments suivants que cette promesse a été ratifiée par l'épouse : l'épouse a profité de l'acte souscrit par son mari dans la mesure où celui-ci s'est vu dégagé des liens de son cautionnement ; elle a passé sous silence le renoncement au cautionnement lors de l'action en nullité de la promesse, ce qui révèle qu'elle n'entendait aucunement voir revivre ce cautionnement alors pourtant que sa suppression est la cause (désormais contrepartie ; cf. C. civ. art. 1169 issu de ord. 2016-131 du 10-2-2016) déterminante de la cession.

CA Nancy 23-4-1986, 1e ch. civ. : JCP N 1988 II p. 26, 2e esp., note P. Simler.

Ndlr : Cette décision de la cour d'appel de Nancy, qui semble faire prévaloir l'équité sur le droit, est contestable. En effet, aucun des éléments qu'elle a retenus n'est de nature à établir la volonté expresse ou tacite de l'épouse de ratifier la cession.

Il ne peut pas être sérieusement soutenu que la ratification de la souscription et de l'acquisition de parts effectuées par une femme mariée sous le régime de la communauté seule, qui implique sans équivoque la volonté de les confirmer, peut s'induire du profit que le mari a retiré de l'exploitation de la société en sa qualité de conjoint de l'associée, alors que l'exploitation n'a pas dégagé de bénéfice durant la courte période d'activité de la société.

CA Paris 28-11-1995, 3e ch.

Effets de l'annulation de la cession L'**acte** de cession annulé est, conformément au droit commun, privé de tout effet. Il a en effet été jugé que cette action tend non pas à l'**inopposabilité** de l'acte à l'épouse, mais à une **nullité** qui prive l'acte de tout effet non seulement à l'égard de l'époux victime de l'excès de pouvoirs mais aussi dans les rapports entre l'époux qui a outrepassé ses pouvoirs et le cocontractant (Cass. 1e civ. 27-6-1978 : JCP 1980 II n° 19424 note M. Henry ; Cass. 3e civ. 5-5-1981 n° 792 ; Cass. 1e civ. 17-6-1981 : JCP G 1982 II n° 19809 note J. Patarin ; Cass. 3e civ. 28-3-1984 : Bull. civ. III n° 119, arrêts rendus sous l'empire de l'ancien article 1427, qui sanctionnait les excès de pouvoirs du mari sur les biens communs, dont la solution est transposable sous la rédaction actuelle de l'article 1427). L'acte est nul envers le cocontractant, même si celui-ci est de bonne foi (Cass. 1e civ. 6-2-1979 n° 83-10.848 : Bull. civ. I n° 43 ; CA Paris 26-5-1992 n° 90-2081, 16e ch. A). **27100**

Dans une décision isolée, la cour d'appel de Paris a jugé que la nullité d'une cession de parts sociales rend l'acte de cession inopposable aux deux époux (CA Paris 4-11-1993 nos 91-4088 et 91-22543, 5e ch. B : Bull. Joly 1994 p. 34 note B. Saintourens). Cette référence au concept de la double inopposabilité n'est d'aucune utilité : le concept de nullité se suffit à lui-même et permet d'éviter toute confusion quant à la portée de la sanction de l'article 1427 (B. Saintourens, note précitée).

27102 La **nullité** d'une cession de parts sociales consentie par un époux agissant seul ne fait pas naître à la charge de cet époux une **obligation de garantie** à l'égard de son cocontractant ; il appartient en effet à l'acquéreur de s'assurer de la réalité des pouvoirs du cédant (Cass. 1e civ. 20-10-1987 : Bull. civ. I n° 271). La Cour de cassation a précisé que les parties pouvaient toutefois stipuler un engagement de garantie (Cass. 1e civ. 27-6-1978 : JCP 1980 II n° 19424 note M. Henry). Selon M. Henry (note précitée), cette exception vise la promesse de porte-fort.
Sur les autres effets de la nullité, voir nos 30700 s.

b. Cession conclue en fraude des droits du conjoint

27120 L'acquisition de droits sociaux avec des biens communs ou la cession de droits sociaux communs peut avoir été effectuée par un époux en fraude des droits de son conjoint.
La fraude suppose que l'époux a agi dans l'**intention de nuire** aux droits de son conjoint dans la communauté (F. Terré et Ph. Simler, Les régimes matrimoniaux, Précis Dalloz 8e éd. n° 505 ; A. Colomer, Les régimes matrimoniaux, Litec 10e éd. n° 522).
La **preuve** de la fraude peut être rapportée par tous moyens.

27122 L'époux qui se prétend victime d'une fraude peut **agir** pendant le cours du régime de communauté, sans avoir à attendre la dissolution du régime matrimonial (en ce sens, A. Colomer, Les régimes matrimoniaux, Litec 10e éd. n° 483 ; F. Terré et Ph. Simler, Les régimes matrimoniaux, Précis Dalloz 8e éd. n° 506).

27124 Aucun texte ne prévoit expressément la **sanction** des actes accomplis frauduleusement par un époux dans la gestion des biens communs. Deux cas doivent être distingués.
1. En cas de **fraude** commise par un époux **à l'occasion d'un dépassement de pouvoirs,** les actes accomplis par l'époux relèvent de l'action en nullité de l'article 1427 du Code civil (sur cette sanction, voir nos 27070 s.) et non des textes frappant les actes frauduleux, lesquels ne trouvent à s'appliquer qu'à défaut d'autre sanction (Cass. 1e civ. 30-3-1999 n° 97-16.252 : Bull. civ. I n° 111 ; Cass. 1e civ. 4-12-2001 n° 99-15.629 F-PB : JCP G 2002 II n° 10059 note J. Causey ; Cass. 1e civ. 23-3-2011 n° 09-66.512 FS-PBI : RJDA 6/11 n° 535).

27126 **2.** Pour les **actes frauduleux accomplis par un époux dans la limite de ses pouvoirs,** son conjoint ne peut agir que sur le terrain de la fraude (Cass. 1e civ. 30-3-1999 n° 97-16.252 : Bull. civ. I n° 111 ; Cass. 1e civ. 4-12-2001 n° 99-15.629 : JCP G 2002 II n° 10059 note J. Causey ; Cass. 1e civ. 23-3-2011 n° 09-66.512 FS-PBI : RJDA 6/11 n° 535). La sanction de cette fraude est l'inopposabilité de l'acte frauduleux (Cass. 1e civ. 23-3-2011, précité). Le délai de prescription de cette action est, conformément au droit commun, de cinq ans à compter du jour où le conjoint a eu connaissance de la fraude (C. civ. art. 2224). Ce délai est toutefois suspendu pendant la durée du mariage puisque la prescription ne court pas entre époux (C. civ. art. 2236).

EFFET À L'ÉGARD DU CONJOINT DE LA FRAUDE COMMISE PAR UN ÉPOUX

27140 Les époux doivent répondre des fautes qu'ils ont commises en acquérant ou en cédant des **droits sociaux dont ils avaient chacun la libre disposition** (sur les droits sociaux visés, voir n° 26930) (C. civ. art. 1421, al. 1). À notre avis, ce principe de responsabilité entre époux est également applicable en cas de faute commise par un époux lors de la cession de **droits sociaux relevant de sa gestion exclusive** (sur les droits sociaux visés, voir n° 27030).
La question se pose de savoir si l'accomplissement par un époux d'**actes irréguliers** et tombant sous le coup de la sanction de la nullité (sur ces actes et le régime de leur nullité, voir nos 27070 s.) peut être constitutif d'une faute engageant la responsabilité de l'époux à l'égard de son conjoint. Certains auteurs considèrent que, dans la mesure où les tribunaux n'admettent pas dans une telle hypothèse la responsabilité de l'époux à l'égard de son cocontractant (n° 27160), la possibilité de retenir une faute à l'encontre du conjoint et de lui octroyer une réparation refusée au tiers est difficilement concevable (F. Terré et Ph. Simler, Les régimes matrimoniaux, Précis Dalloz 8e éd. n° 509). D'autres auteurs estiment au contraire que cette jurisprudence n'exclut pas radicalement toute responsabilité de l'époux envers son conjoint si un préjudice subsiste en dépit de la nullité de l'acte (J. Flour et G. Champenois, Les régimes matrimoniaux, éd. Armand Colin 2e éd. n° 351 note n° 6).

27142 Il semble que les **fautes** qui peuvent être reprochées par un époux à son conjoint doivent être d'une certaine **gravité,** sans qu'il soit besoin d'une faute lourde. En effet, il convient d'éviter de faire peser sur les époux une surveillance trop tatillonne (A. Colomer, Les régimes matrimoniaux, éd. Litec 10e éd. n° 500 ; dans le même sens, Ph. Malaurie et L. Aynès, Les régimes matrimoniaux, éd. Cujas 2e éd. n° 429).

27144 La **charge de la preuve de la faute** de l'époux et du préjudice de son conjoint pèse sur l'époux demandeur à l'action en responsabilité, dans la mesure où la Cour de cassation a jugé que l'emploi de fonds par un époux est réputé avoir été fait conformément aux intérêts de la communauté et donc à ceux de son conjoint (Cass. 1e civ. 11-6-1991 n° 89-21.305 : Bull. civ. I n° 190, arrêt rendu pour l'emploi de fonds, mais transposable à notre avis à tout acte effectué par un époux).

La **créance de dommages-intérêts** résultant de la responsabilité de l'époux constitue une **créance commune** et non une **créance personnelle** du conjoint (Cass. 1e civ. 1-2-2012 n° 11-17.050 FS-PBI : Bull. civ. I n° 21). **27146**

L'action est soumise à la **prescription** de cinq ans à compter du jour où l'époux qui agit a connu ou aurait dû connaître l'acte irrégulier commis par son conjoint (C. civ. art. 2224). Ce délai de prescription est toutefois suspendu pendant la durée du mariage puisque la prescription ne court pas entre époux (C. civ. art. 2236). **27150**

EFFET À L'ÉGARD DES TIERS DE LA FRAUDE COMMISE PAR UN ÉPOUX

Le fait pour un époux d'avoir acquis ou cédé des droits sociaux en outrepassant ses pouvoirs ne constitue pas une faute qui engage la responsabilité de celui-ci envers son cocontractant (Cass. 1e civ. 24-3-1981 n° 79-14.965 : JCP 1982 II n° 19746, arrêt émettant toutefois une réserve en cas de dol ; Cass. 1e civ. 11-1-1983 n° 80-15.945 : Bull. civ. I n° 14 ; Cass. 1e civ. 28-3-1984 n° 83-10.848 : Bull. civ. I n° 119). **27160**

B. Pouvoirs des époux de céder des droits sociaux propres ou personnels

GESTION AUTONOME DES ÉPOUX DE LEURS BIENS PROPRES OU PERSONNELS

La gestion des biens qui appartiennent à un seul époux (« biens propres » pour les époux mariés sous un régime communautaire ou « biens personnels » pour les époux mariés sous le régime de la séparation de biens ou de la participation aux acquêts) est simple : chacun des époux peut administrer et vendre seul ses biens personnels. Ce principe, énoncé à l'article 225 du Code civil, dont les dispositions sont applicables à tous les époux quel que soit leur régime matrimonial, est repris tant par l'article 1428 qui énonce que chaque époux marié sous un **régime communautaire** a l'administration et la jouissance de ses biens propres et peut en disposer librement, que par les articles 1536, al. 1 et 1569, aux termes desquels chacun des **époux séparés de biens** (ou mariés sous le régime de la participation aux acquêts) conserve l'administration, la jouissance et la libre disposition de ses biens personnels. **27190**
En conséquence, chaque époux peut donc librement acquérir des droits sociaux avec ses biens personnels ou céder des droits sociaux lui appartenant personnellement.

Conséquences de l'achat de titres par un époux avec ses biens propres ou personnels Lorsque les époux sont mariés sous le **régime de la séparation des biens ou de la participation aux acquêts,** les titres acquis par un époux au moyen de ressources propres deviennent eux-mêmes des biens personnels et seul l'époux qui les a acquis prend la qualité d'associé. **27194**
Lorsque les époux sont mariés sous un **régime de communauté,** les parts et actions ainsi acquises restent propres si l'époux a pris soin d'insérer dans l'acte d'achat une déclaration d'emploi ou de remploi, selon que l'achat a été effectué avec de l'argent propre ou au moyen de la vente d'un bien propre (C. civ. art. 1434). La déclaration d'emploi ou de remploi peut également être faite par anticipation mais, pour que le bien soit considéré comme propre, l'époux doit rembourser la communauté des sommes avancées dans un délai maximal de cinq ans à compter de l'achat (C. civ. art. 1435). La déclaration par anticipation peut être utilisée par exemple dans le cas où l'époux n'a pas encore vendu le bien qui permettra de financer les droits sociaux qui sont achetés.
À défaut de déclaration, le remploi est inopposable aux tiers et n'a d'effet entre les époux que si ces derniers sont d'accord (C. civ. art. 1434).

ILLUSTRATIONS

Il a été jugé qu'une cour d'appel ne pouvait pas, pour qualifier de biens propres les parts sociales acquises par un époux sans déclaration de remploi, retenir que cet époux avait payé ces parts à l'aide d'espèces provenant du prix de vente à la société des éléments matériels d'un fonds de commerce lui appartenant en bien propre et que l'opération par laquelle la société et l'époux s'étaient donné respectivement des titres sociaux et des deniers avait eu pour effet de faire rentrer ces titres dans le patrimoine de l'époux, sans constater qu'il y avait eu accord entre l'époux et son conjoint pour que ces parts prennent, par subrogation, la qualité de bien propre de l'époux (Cass. 1e civ. 5-3-1991 n° 87-18.298 : D. 1991 p. 565 note R. Le Guidec).

GESTION DES BIENS PROPRES OU PERSONNELS D'UN ÉPOUX PAR SON CONJOINT

27204 **Mandat exprès** Un époux peut donner mandat à l'autre de le représenter dans l'exercice des pouvoirs que le régime matrimonial lui attribue (C. civ. art. 218) ; il peut donc lui donner mandat en vue de céder des droits sociaux dont il est personnellement propriétaire ou d'acquérir des titres au moyen de ressources personnelles. Dans un tel cas, les règles du mandat sont applicables (nos 28000 s.), étant précisé que l'époux mandataire n'a pas à rendre compte de la perception des fruits produits par les droits sociaux si le mandat ne l'y oblige pas expressément (C. civ. art. 1431 pour les époux communs en biens et art. 1539 pour les époux séparés de biens).
Ce mandat est librement révocable (C. civ. art. 218).

27210 **Mandat tacite** Quand l'un des époux prend en main la gestion des biens de l'autre, au su de celui-ci et néanmoins **sans opposition** de sa part, il est censé avoir reçu un mandat tacite, couvrant les actes d'administration et de jouissance, mais non les actes de disposition (C. civ. art. 1432, al. 1 et 1540, al. 1).
Ces dispositions n'autorisent pas un époux à **céder** les titres appartenant à son conjoint. La question de savoir si elles l'autorisent à **acquérir** des droits sociaux au moyen des ressources de son conjoint dépend de la qualification de l'achat : acte d'administration ou acte de disposition (sur cette question, voir n° 28042).
Ces restrictions ne valent toutefois que dans les relations entre époux, les **tiers** pouvant, si les conditions en sont réunies, invoquer un **mandat apparent** (sur ce mandat, voir nos 28170 s.).

27215 **Gestion d'affaires** À défaut de pouvoir légal, de mandat apparent ou d'habilitation judiciaire, les actes faits par un époux en représentation de l'autre ont effet à l'égard de celui-ci suivant les règles de la gestion d'affaires (C. civ. art. 219, al. 2). Sur les conditions de la gestion d'affaires, voir n° 26400.

27220 **Sanction d'une intervention du conjoint irrégulière** L'acte passé par un époux concernant un bien propre ou personnel de son conjoint sans mandat est nul (Cass. 1e civ. 6-7-1976 n° 73-13.182 : Bull. civ. I n° 246), sous réserve des règles de la gestion d'affaires, du mandat apparent et du jeu des présomptions de pouvoirs du régime primaire. L'action en **nullité** est soumise aux conditions de droit commun ; elle n'est pas, à notre avis, régie par l'article 1427 du Code civil, car ce texte est spécifique aux biens communs et il vise le cas où un époux a outrepassé ses pouvoirs, alors que l'époux qui agit sur les biens propres ou personnels de son conjoint ne dispose d'aucun pouvoir. La nullité est régie par le droit commun des nullités relatives (dans le même sens, F. Terré et Ph. Simler, Les régimes matrimoniaux, Précis Dalloz 8e éd. n° 540). Sur ces règles, voir les développements nos 30500 s.
En outre, si l'époux s'est immiscé dans la gestion des biens appartenant à son conjoint au mépris d'une opposition de la part de celui-ci, il est **responsable** de toutes les suites de son immixtion et comptable sans limitation de tous les fruits qu'il a perçus, négligé de percevoir ou consommés frauduleusement (C. civ. art. 1432, al. 3 et art. 1540, al. 3).

C. Mesures applicables à toute cession de titres par un époux

1. MESURES DE PROTECTION DE LA FAMILLE

PROTECTION DU LOGEMENT FAMILIAL DES ÉPOUX

27250 Les époux ne peuvent l'un sans l'autre céder des **droits sociaux donnant vocation à la jouissance ou à la propriété** du logement familial (C. civ. art. 215, al. 3).

ATTENTION

Cet article ne s'applique pas aux **logements de fonction** qui sont couramment mis à la disposition des dirigeants associés par les sociétés car cette mise à disposition est attachée à la qualité de dirigeant et non à la qualité d'associé. Ainsi, dans un cas où le gérant d'une SARL, qui occupait avec son épouse une partie des locaux à usage d'habitation loués par la société pour l'exploitation de son fonds de commerce, avait, après s'être séparé de sa femme qui était alors restée seule dans le logement, cédé à sa fille issue d'un premier mariage la totalité des parts qu'il détenait dans la SARL et où cette fille, ayant été nommée gérante en remplacement de son père, avait demandé à sa belle-mère de quitter le logement, il a été jugé que cette dernière ne pouvait pas demander l'annulation de la cession de parts en soutenant que celle-ci entraînait disposition du logement familial et, à ce titre, nécessitait le consentement des deux époux, dès lors que cette cession n'emportait pas, par elle seule, disposition du logement occupé par le gérant et sa famille. En effet, le logement était inclus dans l'ensemble des locaux loués par la société et n'avait été mis à la disposition du gérant qu'en cette seule qualité (Cass. 1e civ. 4-10-1983 : Bull. Joly 1983 p. 1118).

Il n'est pas nécessaire que le **consentement du conjoint** soit constaté par écrit ; il suffit qu'il soit certain (Cass. 1e civ. 13-4-1983 n° 82-11.121 : Bull. civ. I n° 120). L'établissement d'un écrit est néanmoins recommandé afin de se ménager une preuve du consentement. **27252**

Le consentement peut être donné au moment de la conclusion de l'acte ou préalablement à cette conclusion, notamment par le biais d'un mandat donné à l'autre époux sur le fondement de l'article 218 du Code civil. Sur la possibilité d'invoquer un mandat apparent entre époux justifiant le consentement, voir nos 28170 s. Sur la possibilité pour un époux de se porter fort du consentement de son conjoint, voir nos 29521 s.

Quant au fond, le consentement doit porter non seulement sur le principe de la disposition des droits par lesquels est assuré le logement de la famille, mais également sur les conditions de leur cession (Cass. 1e civ. 16-7-1985 : JCP N 1986 II p. 71 note P. Simler). Signalons qu'en dépit de la généralité de la formule utilisée dans cet arrêt, il semble que le consentement doit porter non pas sur toutes les conditions de l'acte, mais sur celles qui sont essentielles, sauf à paralyser la réalisation de l'opération projetée (A. Karm : J.-Cl. civ. art. 212 à 215 fasc. 30 n° 50 ; G. Champenois : Rép. Defrénois 1985 art. 33636 p. 1470).

Si l'un des **époux a cédé seul** les droits sociaux par lesquels est assuré le logement de la famille, l'acte peut être valable si les conditions de la gestion d'affaires sont remplies (C. civ. art. 219, al. 2) ; sur ces conditions, voir n° 26400. **27254**

Sanctions Si l'un des époux n'a pas donné son consentement à la cession, il peut en demander l'**annulation** (C. civ. art. 215, al. 3). **27260**

L'époux dont le consentement fait défaut a seul **qualité à agir.** Il doit toutefois justifier d'un intérêt à agir ; tel n'est pas le cas de l'époux qui ne résidait plus dans le logement qu'il avait quitté plus d'un an auparavant, au cours de l'instance en divorce (Cass. 1e civ. 3-3-2010 n° 08-13.500 FS-PB : RJDA 6/10 n° 611). Après le décès de l'époux, l'action se transmet à ses héritiers.

L'époux demandeur peut intenter l'**action** en nullité dans un **délai** d'un an à compter du jour où il a eu connaissance de l'acte, et au plus tard un an après la dissolution du régime matrimonial (C. civ. art. 215, al. 3). Lorsque les droits sociaux cédés sont des biens communs, le conjoint demandeur bénéficie du délai de prescription prévu pour la sanction des dépassements de pouvoir effectués par un époux sur les biens communs ; sur ce délai, voir n° 27085.

Ce délai est à notre avis soumis aux règles de droit commun des **délais de prescription.** Sur ces règles (notamment, computation, interruption, suspension du délai), voir Mémento Droit commercial nos 71745 s.

L'expiration du délai de prescription éteint l'action en nullité, mais pas le droit d'opposer cette nullité comme exception en défense à une action en justice (**exception** dite **de nullité**). Sur cette question, voir les développements aux nos 30680 s.

La **nullité** est **de droit,** c'est-à-dire que le juge doit la prononcer si les conditions la justifiant sont réunies (A. Colomer, Les régimes matrimoniaux, éd. Litec 10e éd. n° 78 ; J. Flour et G. Champenois, Les régimes matrimoniaux, éd. Armand Colin 2e éd. n° 129). **27264**

Cette nullité prive de tout **effet** l'acte conclu par l'époux ayant agi seul, y compris dans les rapports entre cet époux et son cocontractant (Cass. 1e civ. 3-3-2010 n° 08-18.947 F-PB : RJDA 5/10 n° 486).

Sur les autres effets de la nullité, voir nos 30700 s.

PROTECTION CONTRE L'INCAPACITÉ D'UN ÉPOUX

Si l'un des **époux** se trouve **hors d'état de manifester sa volonté,** l'autre peut se faire habiliter par justice à le représenter, d'une manière générale, ou pour certains actes particuliers, y compris à notre avis la cession, les conditions et l'étendue de cette représentation étant fixées par le juge (C. civ. art. 219, al. 1). **27274**

Les causes pour lesquelles l'un des époux se trouve hors d'état de manifester sa volonté sont multiples : il peut s'agir notamment d'un époux qui a disparu, qui est atteint de troubles mentaux ou qui est absent.

ILLUSTRATIONS

Un époux a été judiciairement autorisé à céder seul l'immeuble appartenant à sa femme pour acquérir en remplacement un autre logement plus adapté à sa situation dès lors que sa femme, atteinte de la maladie d'Alzheimer, se trouvait dans l'impossibilité de prendre quelque décision que ce fût et que son état de complète dépendance lui interdisait définitivement d'envisager son retour à domicile (CA Paris 16-12-1999, 2e ch. B).

L'article 219 du Code civil est applicable même si le conjoint aurait pu, en raison de son état, être placé sous le régime de la tutelle (Cass. 1e civ. 9-11-1981 : JCP G 1982 II n° 19808) ou est déjà placé sous l'un des régimes de protection des majeurs incapables (Cass. 1e civ. 18-2-1981 : Bull. civ. I n° 60).

27275 Lorsque l'un des **époux** est **hors d'état de manifester son consentement ou refuse de consentir à la cession,** ce refus n'étant pas justifié par l'intérêt de la famille, son conjoint peut se faire autoriser judiciairement à conclure l'acte de cession seul (C. civ. art. 217, al. 1). Si les droits sociaux qui assurent le logement familial appartiennent personnellement au conjoint de celui qui prétend les vendre, ce dernier ne peut pas se voir habiliter à passer seul ce contrat sur le fondement de l'article 217 ; il doit alors saisir le juge sur le fondement de l'article 219 du Code civil (n° 27274).
Les causes pour lesquelles un époux est hors d'état de manifester son consentement sont les mêmes à notre avis que celles envisagées à propos de l'article 219, al. 1 (n° 27274).

27276 Si l'un des **époux manque gravement à ses devoirs et met ainsi en péril les intérêts de la famille,** le juge aux affaires familiales peut prescrire toutes les mesures urgentes que requièrent ces intérêts ; il peut notamment assujettir au double consentement les actes qui relèvent en principe de la gestion concurrente ou de la gestion exclusive. La durée des mesures prescrites par le juge doit être déterminée et ne saurait, prolongation éventuellement comprise, dépasser trois ans (C. civ. art. 220-1).
Si l'époux contre lequel les mesures ont été ordonnées y contrevient et que son cocontractant est de mauvaise foi, l'autre époux peut demander la nullité de l'acte dans les deux ans à partir du jour où il a eu en connaissance (C. civ. art. 220-3, al. 2).

2. MESURES DE PROTECTION DES TIERS

27300 Afin d'assurer l'indépendance des époux, la loi a instauré des **présomptions de pouvoir** qui permettent aux tiers de traiter en toute sécurité avec un seul conjoint et qui sont appelées à s'appliquer tant aux biens propres ou personnels qu'aux biens communs.

PROTECTION DES TIERS POUR LES TITRES INSCRITS EN COMPTE

27305 Concernant les titres inscrits en compte, le déposant est toujours réputé, à l'égard du dépositaire, avoir la **libre disposition des titres** en dépôt (C. civ. art. 221, al. 2).
En conséquence, l'époux au nom duquel le compte-titres est ouvert peut librement céder les titres inscrits, sans que le dépositaire puisse s'y opposer, sauf s'il a reçu une « saisie » ou une opposition à la restitution (C. civ. art. 1944) signifiée par un huissier de justice. Le **dépositaire** peut exécuter un ordre que lui donne le **déposant** sans être tenu de procéder à aucune vérification et il n'engage pas sa responsabilité s'il apparaît que les titres n'appartiennent pas au déposant.
Le dépositaire doit restituer les fonds déposés seulement à celui au nom duquel le dépôt a été fait ou à celui qui a été indiqué pour les recevoir (C. civ. art. 1937). Par suite, il engage sa responsabilité envers l'époux déposant s'il transfère des titres du compte ouvert au nom du mari sur le compte personnel de son épouse, à la demande de cette dernière, et il doit réparer le préjudice résultant nécessairement pour le titulaire du compte du fait de la dépossession des titres qui y étaient déposés (Cass. 1e civ. 3-7-2001 n° 99-19.868 F-PB : RJDA 1/02 n° 76 ; Cass. 1e civ. 29-6-2011 n° 10-11.683 F-D : RJDA 11/11 n° 954).
La présomption de l'article 221 est inefficace dans les **relations des époux entre eux.** Même si des titres sont inscrits dans un compte ouvert au nom d'un époux, son conjoint peut faire la preuve que les titres lui appartiennent ou sont des biens communs. Néanmoins, la revendication de la propriété des titres sera sans incidence sur la validité des actes d'administration ou de disposition effectués par le titulaire du compte et elle donne seulement lieu à indemnisation.
À l'égard des tiers, la présomption de l'article 221 est sans application, seule la présomption de l'article 222 étant appelée à jouer (n° 27315).

PROTECTION DES TIERS POUR LES TITRES « DÉTENUS INDIVIDUELLEMENT »

27315 Si l'un des époux se présente seul pour faire un acte d'administration ou de disposition sur des titres qu'il « détient individuellement », il est réputé à l'égard des **tiers de bonne foi** avoir le pouvoir de faire seul cet acte (C. civ. art. 222). Cette présomption complète celle de l'article 221 (nº 27305) en ce qu'elle concerne les tiers autres que le dépositaire des titres : société ou acquéreur, par exemple. Le tiers doit être de bonne foi, ce qui suppose qu'il n'ait pas connaissance du défaut de pouvoir de l'époux qui détient les titres sur ceux-ci.

SECTION 5

FONCTIONS INCOMPATIBLES AVEC LA CESSION DE DROITS SOCIAUX

Les personnes dont la **profession** est incompatible avec l'exercice d'une profession commerciale ne peuvent pas acquérir de droits sociaux les rendant associés de SNC ou associés commandités de SCS ou de SCA. Tel est le cas par exemple : des avocats (Décret 91-1197 du 27-11-1991 art. 111), des commissaires de justice (Ord. 2016-728 du 2-6-2016 art. 5, al. 1). La diversité des fonctions est telle que seule l'analyse des textes applicables à chaque profession permet de déterminer si les personnes exerçant cette profession peuvent prendre une participation dans ces sociétés. 27400
En revanche, aucune incompatibilité professionnelle ne limite l'accès aux SARL, SA, SAS, SCS et SCA (pour l'accès aux fonctions de commanditaire) : toute personne capable qui le désire peut acquérir des parts ou actions de ces sociétés.

En dehors des incompatibilités légales, les **statuts** des sociétés peuvent imposer une **qualité professionnelle** déterminée pour être associé. Seules les personnes ayant cette qualité peuvent alors acquérir des titres sociaux de cette société. 27402

En outre, l'entrée en qualité d'associé dans une **société exerçant une activité réglementée** peut être réservée à des personnes ayant une certaine qualité professionnelle ou un diplôme déterminé. La liste de ces activités et des règles particulières auxquelles elles sont soumises est extrêmement longue et sortirait du cadre de cet ouvrage. Indiquons, à titre d'exemples, que : 27404
– dans les sociétés d'architecture, plus de la moitié du capital social doit être détenue soit par un ou plusieurs architectes personnes physiques, ou une ou plusieurs personnes physiques établies dans un autre État membre de l'Union européenne (ou dans un autre État partie à l'accord sur l'Espace économique européen) et exerçant légalement la profession d'architecte, soit par des sociétés d'architecture ou des personnes morales établies dans un autre État membre de l'Union européenne (ou partie à l'accord sur l'Espace économique européen) dont plus de la moitié du capital et des droits de vote est détenue par des personnes qualifiées et exerçant légalement la profession d'architecte ; les personnes morales qui ne sont pas des sociétés d'architecture ne peuvent pas détenir plus de 25 % du capital social et des droits de vote des sociétés d'architecture (Loi 77-2 du 3-1-1977 art. 13) ;
Les investisseurs peuvent s'adresser au ministère dont relève l'activité en cause afin de savoir si cette activité est soumise à un statut légal particulier et, dans l'affirmative, quelles sont les règles applicables.

SECTION 6

CONDAMNATIONS INTERDISANT DE CÉDER DES DROITS SOCIAUX

Le juge peut interdire aux personnes ayant fait l'objet de certaines condamnations d'exercer une profession commerciale ou de contrôler une société commerciale. Ces personnes ne peuvent donc pas **acquérir de droits sociaux les rendant associés de SNC ou associés commandités de SCS ou de SCA.** 27450

En revanche, sauf si elles acquièrent un nombre de parts ou actions leur conférant le contrôle d'une société commerciale, ces personnes peuvent **acquérir** des **droits sociaux** les **rendant associées** de **SARL, SA, SAS,** ou associées **commanditaires de SCS ou de SCA** car ces associés n'ont pas la qualité de commerçant.

Par ailleurs, certaines personnes sont frappées d'une interdiction d'acheter des droits sociaux en raison de leur profession.

27452 Sur l'incidence d'une **interdiction** de gérer **prononcée dans le cadre d'une procédure collective,** voir nos 27760 s.

INTERDICTIONS RÉSULTANT DE CONDAMNATIONS JUDICIAIRES

27460 **Peine complémentaire** Les personnes physiques coupables des **infractions au droit des sociétés** prévues aux articles L 241-1 à L 248-1 du Code de commerce (abus de biens sociaux, présentation de comptes infidèles, défaut d'établissement des comptes annuels ou de convocation de l'assemblée annuelle dans les délais, etc.) encourent notamment à titre de peine complémentaire l'interdiction d'**exercer une profession commerciale** ou de **contrôler** à un titre quelconque, directement ou indirectement, pour leur propre compte ou pour le compte d'autrui, **une société commerciale.** Ces interdictions d'exercice peuvent être prononcées cumulativement pour la même infraction (C. com. art. L 249-1).

Outre certains crimes, de nombreux **délits autres que ceux du droit des sociétés** peuvent être sanctionnés à titre de peine complémentaire par des interdictions d'exercer une profession commerciale ou de contrôler à un titre quelconque, directement ou indirectement, pour leur propre compte ou pour le compte d'autrui, une société commerciale. On peut citer, par exemple : des délits de droit commun comme le vol (C. pén. art. 311-14, 2°), l'escroquerie (art. 313-7, 2°), l'abus de confiance (art. 314-10, 2°) ; la plupart des délits en matière fiscale (CGI art. 1750) ; le travail dissimulé (C. trav. art. L 8224-3, 1°) et des délits du droit de la consommation comme le démarchage irrégulier (C. consom. art. L 242-8). Comme pour l'article L 249-1 du Code de commerce, ces interdictions peuvent être prononcées cumulativement pour la même infraction.

27462 L'interdiction d'exercer une profession commerciale ou de contrôler à un titre quelconque, directement ou indirectement, pour son propre compte ou pour le compte d'autrui, une société commerciale est soit définitive, soit temporaire, auquel cas sa durée ne peut pas excéder quinze ans (C. pén. art. 131-27, al. 2).

Comme toutes les peines complémentaires, ces interdictions ne peuvent s'appliquer que si elles ont été expressément **prononcées** par le juge (C. pén. art. 132-17).

Toute **violation de l'interdiction** est punie de deux ans d'emprisonnement et de 375 000 € d'amende (C. pén. art. 434-40-1).

27464 **Peine alternative** Lorsqu'un délit est puni d'une **peine complémentaire** d'interdiction d'exercer une activité commerciale ou de contrôler une société commerciale (nos 27460 s.), la juridiction peut ne prononcer **à titre de peine principale** que la peine complémentaire encourue (C. pén. art. 131-11).

Lorsqu'un **délit** (quel qu'il soit) est **puni** d'une peine **d'emprisonnement,** le tribunal peut prononcer, à la place de l'emprisonnement, l'interdiction, pour une **durée** de cinq ans au plus, d'exercer une profession commerciale ou de contrôler à un titre quelconque, directement ou indirectement, pour son propre compte ou pour le compte d'autrui, une société commerciale (C. pén. art. 131-6, 15°).

Les peines ci-dessus peuvent également être prononcées, à la place de l'amende, pour les **délits** qui sont **punis** seulement **d'une peine d'amende** (C. pén. art. 131-7).

27470 **Fichier national des interdits de gérer** Un fichier national automatisé des interdits de gérer est tenu par le Conseil national des **greffiers des tribunaux de commerce** dans les conditions fixées par les articles L 128-1 à L 128-5 et R 128-1 à R 128-10 du Code de commerce.

Y sont **inscrites** les faillites personnelles et les autres mesures d'interdiction de diriger, de gérer, d'administrer ou de contrôler, directement ou indirectement, une entreprise commerciale, industrielle ou artisanale, une exploitation agricole, une entreprise ayant toute autre activité indépendante ou une personne morale, prononcées à titre de sanction civile ou commerciale ou à titre de peine et résultant des décisions juridictionnelles passées en force de chose jugée.

La **consultation** du fichier n'est pas publique. Elle est réservée aux greffiers des tribunaux de commerce et à certains autres professionnels, pour les besoins de leur mission.

Aucune **interconnexion** ne peut être effectuée entre ce fichier et tout autre fichier ou traitement de données à caractère personnel détenu par une personne quelconque ou par un service de l'État ne dépendant pas du ministère de la justice.
En cas de relèvement de la mesure d'interdiction, d'arrivée de son terme ou d'amnistie, la mesure est **radiée** du fichier et ne peut plus être communiquée.

> **Précisions** Les mesures d'interdiction de gérer qui frappent des non-commerçants, ce qui est le cas de la plupart des dirigeants de sociétés, ne sont pas inscrites au **registre du commerce et des sociétés,** hors le cas où elles sont prononcées dans le cadre de la procédure collective d'une société. Elles sont mentionnées au **casier judiciaire,** auquel les greffes des tribunaux de commerce n'ont pas accès. Le fichier centralisé des interdits de gérer a pour but de lutter contre les fraudes et de favoriser l'exécution des mesures d'interdiction de gérer prononcées par les juridictions judiciaires. Il permet de simplifier la procédure de contrôle des immatriculations (Rapport AN n° 3787 relatif à la loi 2012-387 du 22-3-2012 p. 281).

INTERDICTION SPÉCIALE D'ACQUÉRIR

Il est interdit aux gens et auxiliaires de justice d'acquérir des **droits litigieux** qui sont de la compétence du tribunal dans le ressort duquel ils exercent leurs fonctions (C. civ. art. 1597). 27478
L'interdiction trouve son fondement dans le souci d'éviter que des gens de justice ne soient amenés à solliciter la juridiction dont ils dépendent ou dans laquelle ils exercent pour juger des suites d'une acquisition qu'ils ont réalisée. Il s'agit de préserver l'institution judiciaire des suspicions que de telles situations pourraient faire naître, et du discrédit qui en résulterait pour elle. Cela explique que ces personnes peuvent en revanche acquérir des droits qui ne relèvent pas de la compétence du tribunal dans le ressort duquel elles exercent.

ILLUSTRATIONS

Il ne peut pas être reproché à un juge consulaire d'avoir acquis des parts sociales d'une société civile immobilière dès lors que le litige concernant la cession de ces parts était purement civil et relevait de la seule compétence du tribunal de grande instance (devenu le tribunal judiciaire) dans lequel le juge consulaire n'exerçait aucune fonction (Cass. 1e civ. 5-6-2008 n° 06-18.967 F-PB : RJDA 11/08 n° 1134).

L'interdiction porte sur l'acquisition de droits litigieux. Un droit est litigieux dès qu'il y a un procès et une contestation sur le fond (C. civ. art. 1700). Il s'agit, par exemple, de parts sociales dont la propriété est contestée ou revendiquée par un tiers. Un droit est litigieux non seulement lorsque le procès est déjà ouvert et la difficulté déjà soulevée, mais également lorsqu'il est de nature à donner lieu à procès (Cass. req. 11-2-1851 : DP 1851 I p. 242). 27480

Les **personnes concernées** par l'interdiction sont : les juges, leurs suppléants, les magistrats remplissant le ministère public, les greffiers, huissiers, avocats, défenseurs officieux et notaires (C. civ. art. 1597). En revanche, les experts judiciaires ne sont pas touchés par la prohibition (Cass. 1e civ. 2-5-1961 : D. 1961 p. 454). 27483

La **sanction** d'un **acte passé en violation de l'interdiction** est la nullité. Celle-ci peut être invoquée non seulement par le vendeur des droits litigieux, mais aussi par le tiers à la vente qui a émis une prétention sur tout ou partie de ces droits (Cass. 3e civ. 15-5-1991 n° 89-19.455 : Bull. civ. III n° 146). Cet élargissement de l'action en nullité s'explique par le fait que la prohibition est fondée sur l'intérêt public de préserver la dignité de la justice plutôt que sur l'intérêt privé du vendeur. 27485

SECTION 7

PERSONNE MORALE DE DROIT PRIVÉ

S'il convient d'étudier quels sont les droits sociaux pouvant être acquis par une personne morale de droit privé, il convient également d'envisager qui peut effectuer de tels actes au nom de cette personne morale. 27540
Sur la question des cessions intervenant entre une personne morale et un de ses dirigeants, voir nos 70020 s.

A. Capacité de la personne morale

27542 La capacité des **personnes morales** est limitée par les **règles applicables à chacune d'elles** (C. civ. art. 1145, al. 2). En matière de sociétés commerciales, ce principe général s'applique par exemple à la limitation de capacité des sociétés à objet particulier ou à celle des sociétés en liquidation.

B. Droits sociaux pouvant être acquis par la personne morale

27550 Les personnes morales de droit privé qui ont la capacité juridique peuvent, dans les limites de cette capacité, acquérir des parts sociales ou actions de sociétés. Cette règle s'applique néanmoins sous certaines conditions relatives aux titres acquis.
La **réglementation de certaines activités** oblige parfois les associés à être des **personnes physiques.** Il convient de se renseigner avant de s'associer.
Sur la capacité des personnes morales étrangères d'acquérir des titres de sociétés françaises, voir n°s 26680 s.

1. ACQUISITION DE PARTS DE SNC OU DE SOCIÉTÉS EN COMMANDITE

ACQUISITION PAR UNE SOCIÉTÉ COMMERCIALE

27555 Toutes les sociétés commerciales qui ont la personnalité juridique peuvent acquérir des parts sociales leur donnant la qualité d'associé de SNC ou d'associé commandité de SCS ou de SCA.

ACQUISITION PAR UN GROUPEMENT CIVIL

27560 Les sociétés civiles, les GIE à objet civil et les associations déclarées ne peuvent pas acquérir de parts sociales leur donnant la qualité d'associé de SNC ou d'associé commandité de SCS ou de SCA car, en devenant associées de ces sociétés, ces personnes morales prendraient la **qualité de commerçant,** en vertu de l'article L 221-1 du Code de commerce (applicable aux SNC et, sur renvoi de l'article L 222-1 du Code de commerce, aux SCS) et de l'article L 226-1 du même Code (applicable aux SCA).
L'**acquisition volontaire** de telles parts sociales par l'une de ces personnes morales encourt la nullité pour défaut de capacité sur le fondement de l'article 1147 du Code civil.
L'incapacité de la personne morale est une **incapacité de jouissance,** puisque la personne morale hors de son objet social n'a vocation à aucune aptitude juridique. La nullité encourue est donc une nullité absolue.

27562 Le **droit d'invoquer la nullité** de l'acquisition appartient à toute personne ayant un intérêt à agir (CPC art. 31), notamment un associé.
L'**acquisition** irrégulière ne peut pas faire l'objet d'une **confirmation.**

27564 Le **délai pour agir** en nullité est de cinq ans à compter du jour où celui qui agit a connu ou aurait dû connaître l'acquisition irrégulière (C. civ. art. 2224).
Ce délai est soumis aux règles de droit commun des **délais de prescription.** Sur ces règles (notamment, computation, interruption, suspension du délai), voir Mémento Droit commercial n°s 71745 s.
L'expiration du délai de prescription éteint l'action en nullité, mais pas le droit d'opposer cette nullité comme exception en défense à une action en justice (**exception** dite **de nullité**). Sur cette question, voir les développements n°s 30680 s.
Sur les **effets** de la **nullité,** voir n°s 30700 s.

27566 Si la **nullité** de l'acquisition n'est **pas demandée,** le groupement civil est considéré à l'égard des tiers comme un groupement ayant la qualité de commerçant. En effet, l'exercice d'une activité commerciale par une société civile immatriculée entraîne l'apparition d'une société commerciale « créée de fait » soumise, par renvoi de l'article 1873 du Code civil, au régime juridique des sociétés en participation (dans ce sens, CA Rouen 22-11-1995, 1e ch. civ. : JCP E 1997 II p. 992). Les associés, dès lors qu'ils ont agi en cette qualité au vu et su des tiers, peuvent être tenus indéfiniment et solidairement des dettes nées de cette activité à l'égard des tiers (C. civ. art. 1872-1, al. 2).

2. ACQUISITION DE PARTS DE SARL ET D'ACTIONS

27576 Toutes les sociétés et les groupements qui ont la personnalité morale peuvent acquérir des droits sociaux leur donnant la qualité d'associé de SARL, SA, SAS ou d'associé commanditaire de SCS ou de SCA.

Il en est ainsi notamment des **sociétés commerciales** (SA, SARL, SNC, SCS, SCA et SAS) et des **sociétés civiles.**

Il en est de même des **GIE,** à condition que l'opération entre dans leur objet social. Rappelons à cet égard qu'aux termes de l'article L 251-1, al. 2 du Code de commerce, l'objet social d'un GIE est de contribuer à faciliter ou à développer l'activité économique de ses membres, à améliorer ou accroître les résultats de cette activité.

En ce qui concerne les **associations déclarées,** elles peuvent également acquérir de tels titres sociaux. En effet, interrogé sur la possibilité pour une association déclarée d'être l'associée unique d'une EURL, le ministre de la justice a répondu qu'aucune des dispositions de la loi du 1er juillet 1901 sur les associations et de celles de la loi du 24 juillet 1966 (désormais Livre II du Code de commerce) n'interdit à une association d'être associée d'une SARL et donc, le cas échéant, d'être ou de devenir associée unique d'une EURL (Rép. Herment : Sén. 2-2-1995 p. 279 n° 08532). Les sociétaires doivent néanmoins veiller à ce que l'objet social soit conforme à l'objet de l'association et, bien qu'il s'agisse d'une personne morale juridiquement distincte, à ce que son activité, si elle est de nature commerciale, s'exerce dans les limites et les conditions fixées par les tribunaux (Rép. Herment, précitée).

C. Représentation de la personne morale pour acquérir ou céder des droits sociaux

PERSONNE HABILITÉE À REPRÉSENTER LA PERSONNE MORALE

En dehors du cas où la **société** est engagée par un mandataire apparent, l'**acquisition ou la cession** de droits sociaux ne peut être valablement **conclue en son nom** que par son représentant légal ou une personne investie d'une délégation de pouvoirs. À défaut, l'acte est nul. Cette nullité étant relative, seule la société peut s'en prévaloir et non les tiers (Cass. 1e civ. 12-11-2015 n° 14-23.340 F-PB : RJDA 2/16 n° 115). Toutefois, la société ne peut pas l'invoquer lorsqu'elle y a renoncé dans les conditions prévues par l'article 1182 du Code civil, c'est-à-dire en confirmant la convention expressément ou en l'exécutant volontairement et sans ambiguïté. Il en est de même en cas de résiliation de la convention dès lors que la société a ratifié tacitement la décision de résiliation (Cass. com. 17-1-2018 n° 16-22.285 F-D : RJDA 4/18 n° 325). 27590

> **Précisions** L'acte est valable si la **société** a la **capacité juridique** de le conclure, peu important que son représentant légal n'ait pas cette capacité. Ce dernier peut ainsi passer au nom de la société un acte qui lui serait personnellement interdit.

Incidence du Code civil Le Code civil prévoit un **régime général de représentation du cocontractant** (C. civ. art. 1153 s.). En vertu de ce régime, général car applicable aussi bien à la représentation légale, judiciaire ou conventionnelle, le représentant n'est « fondé à agir que dans la limite des pouvoirs qui lui ont été conférés » (art. 1153). 27592

Les dispositions de ce régime qui encadrent les pouvoirs du représentant ont-elles vocation à régir les conditions d'engagement de la société par son représentant légal ?

Nous pensons que non. En effet, les règles générales du Code civil s'appliquent sous réserve des règles particulières propres aux contrats spéciaux (C. civ. art. 1105, al. 3), tel le contrat de société. Or, pensons-nous, les pouvoirs de représentation des dirigeants sociaux sont exhaustivement définis par le **droit de sociétés,** qui **déroge sur ce point** au droit commun des contrats et en exclut totalement l'application.

Ainsi, aux termes de l'article 1155, al. 1 du Code civil, « lorsque le pouvoir du représentant est défini en termes généraux, il ne couvre que les actes conservatoires et d'administration ». Les règles de fonctionnement de la SNC ou de la SCS prévoient que le gérant ne peut engager celle-ci que par les actes entrant dans l'objet social (C. com. art. L 221-5 pour les SNC et, sur renvoi de l'art. L 222-2, pour les SCS). Les représentants légaux des autres sociétés (SARL et sociétés par actions) sont investis des pouvoirs les plus étendus pour agir en toute circonstance au nom de la société et ont même le pouvoir d'engager la société par les actes qui ne relèvent pas de l'objet social, sauf à prouver que le tiers savait que l'acte dépassait cet objet ou qu'il ne pouvait pas l'ignorer compte tenu des circonstances (C. com. art. L 223-18, al. 5, L 225-56, I, L 225-64, al. 2, L 226-7, al. 2 et L 227-6, al. 2). Par leur étendue (engager la société par les actes entrant dans l'objet social ; être investi des pouvoirs les plus étendus pour agir en toute circonstance au nom de la société), ces pouvoirs sont conçus en des termes très généraux. Il n'en résulte pas pour autant que les pouvoirs des dirigeants doivent être limités aux seuls actes conservatoires et d'administration, comme le prescrit l'article 1155, ce qui interdirait aux dirigeants de conclure un acte de disposition telle une vente au nom de la société. En effet, le droit des sociétés envisage toute la question des pouvoirs du représentant légal de la société et lui seul doit donc être appliqué.

POUVOIR DU REPRÉSENTANT D'ENGAGER LA SOCIÉTÉ À L'ÉGARD DES TIERS

27593 Pour que la société soit engagée à l'égard des tiers, l'acte d'**acquisition** ou de **cession** doit en principe **se rattacher à l'objet social,** c'est-à-dire qu'il doit en faciliter la réalisation.

L'acte ne se rattachant pas à l'objet social est traité différemment selon qu'il est effectué au nom d'une SNC ou d'une SCS ou au nom d'une SARL ou une société par actions.

Si l'acte a été effectué au nom d'une SNC ou d'une SCS, la société peut en demander la nullité (C. com. art. L 221-5 pour les SNC et, sur renvoi de l'art. L 222-2, pour les SCS). En effet, il y a violation d'une disposition impérative de la loi au sens de l'article L 235-1, al. 2 du Code de commerce car le texte fixant les pouvoirs des représentants légaux (C. com. art. L 221-5), en ce qu'il apporte un élément de sécurité juridique aux actes conclus entre la société et les tiers, paraît d'ordre public.

Si l'acte a été effectué par une SARL ou une société par actions, dans les rapports avec les tiers, ces sociétés sont engagées, sauf si elles prouvent que le tiers savait que l'acte dépassait cet objet ou qu'il ne pouvait l'ignorer compte tenu des circonstances, étant précisé que la seule publication des statuts ne suffit pas à constituer cette preuve (C. com. art. L 223-18, al. 5, L 225-56, I, L 225-64, al. 2, L 226-7, al. 2 et L 227-6, al. 2).

ILLUSTRATIONS

Une Selarl de pharmacie, qui avait acquis des parts d'une société civile agricole auprès d'un associé et créancier de celle-ci, a été condamnée à rembourser au cédant une fraction de sa créance sur la société civile mise en redressement judiciaire (application de l'article 1857 du Code civil) car, en vendant ses parts, le créancier n'avait pas eu conscience que cette cession n'était pas conforme à l'objet de la Selarl (CA Colmar 10-1-2012 n° 11/03566 : RJDA 5/12 n° 511 transposable à une SARL ou à une société par actions). En revanche, la promesse de cession des parts qu'une SA gérant un supermarché détenait dans le capital d'une société civile propriétaire des murs du supermarché a été jugée conforme à l'objet de la SA, qui consistait dans le commerce de détail et la participation directe ou indirecte dans toute entreprise se rattachant à cet objet. En effet, cette opération portait bien sur une participation de la SA (Cass. com. 8-10-2013 n° 12-25.192 F-D : RJDA 1/14 n° 38).

27595 L'**acquisition** ou la **cession** ne doit pas avoir pour effet de **modifier l'objet social** car une telle modification des statuts relève de la compétence des associés. Les statuts ne peuvent pas déroger à cette règle, sauf dans les SAS. En effet, dans cette forme de société, les statuts peuvent réserver au président le droit de modifier l'objet social.

La **cession** de titres accomplie par un dirigeant au nom de la société relevant du pouvoir des associés est **nulle** (cf. C. com. art. L 235-1). Le tiers qui a conclu avec le dirigeant un tel **acte** ne peut cependant pas invoquer cet excès de pouvoirs pour se soustraire à ses engagements si la société a **ratifié** l'acte litigieux.

27598 Dans les **illustrations** que nous présentons ci-dessous, les juges ont considéré que les **dirigeants** avaient **excédé leurs pouvoirs** en cédant des participations représentant l'essentiel de l'actif social sans même rechercher si l'objet social avait ou non été épuisé par ces cessions. À notre avis, ces décisions limitent de façon trop restrictive les pouvoirs des dirigeants en matière de cession de titres au nom de la société.

ILLUSTRATIONS

Les dirigeants d'une société A ont excédé leurs pouvoirs en cédant au nom de cette société 15 800 actions d'une société B exploitant un journal alors que ces actions constituaient l'actif essentiel de la société A. En effet, si cette dernière avait pour objet social, selon ses statuts, de **prendre et de gérer des participations dans toute entreprise de presse,** sa gestion comprenant autant l'achat que la vente de participations, son véritable et unique objet était de contrôler la société B, dont elle possédait la majorité du capital, les autres participations qu'elle détenait étant soit négligeables, soit directement liées à l'exploitation du journal par la société B.

CA Grenoble 31-5-1983 : Navis Droit des affaires.

Le PDG d'une SA, holding d'un groupe, a outrepassé ses droits en procédant, sans y être autorisé par une délibération de l'assemblée générale extraordinaire des actionnaires, à la cession des actions de trois filiales. En effet, le holding, dont l'objet social était la **prise de participation de toute nature,** sous quelque forme que ce soit, ainsi que l'acquisition et la gestion de droits immobiliers, ne possédait qu'un portefeuille de titres composé principalement des participations détenues dans les trois filiales et accessoirement d'autres participations très minoritaires ou destinées à assurer l'autocontrôle de la société charnière du groupe, de sorte que la cession litigieuse constituait une cession globale de ses actifs.

Même si l'**objet social** figurant dans les statuts du holding était **très général,** l'acquéreur ne pouvait pas ignorer qu'en agissant ainsi le PDG de celle-ci outrepassait ses droits. En effet, professionnel averti et entouré de conseils éminents, l'acquéreur ne pouvait pas prétendre s'être engagé dans une transaction « menée au pas de charge » et mettant en jeu des intérêts considérables, sans s'être renseigné de façon très précise sur la structure de la société avec laquelle il négociait. En outre, les bilans de cette dernière, traitée au hors-cote à la bourse de Paris, étaient publiés avec des annexes comportant l'inventaire des participations détenues ; l'acquéreur ne pouvait donc pas ignorer que le fonds de commerce du holding était composé des participations objets de la cession. La cession doit donc être annulée.

T. com. Paris 28-6-1982.

SECTION 8

INCAPACITÉS DE CÉDER DES DROITS SOCIAUX ISSUES DU DROIT DES PROCÉDURES COLLECTIVES

Les procédures collectives d'apurement du passif (sauvegarde, redressement ou liquidation judiciaire) peuvent limiter la possibilité pour la personne qui y est soumise (appelée le débiteur) d'acquérir ou de céder des droits sociaux. Elles peuvent également limiter la possibilité pour les dirigeants et pour les associés de la société soumise à la procédure de céder leurs titres. Par ailleurs, le prononcé d'une interdiction de gérer dans le cadre d'une procédure collective a également des conséquences sur les pouvoirs de la personne sanctionnée. **27650**

1. CAPACITÉ DE LA PERSONNE SOUMISE À UNE PROCÉDURE COLLECTIVE

CESSION CONCLUE PENDANT LA PÉRIODE SUSPECTE

Conditions d'annulation de la cession Pendant la période suspecte, c'est-à-dire **entre** la **date de cessation des paiements et l'ouverture du redressement ou de la liquidation judiciaire,** le débiteur dispose de la pleine capacité juridique et peut acquérir ou céder des droits sociaux. Toutefois, ces actes peuvent être annulés. De tels actes effectués avant la mise sous sauvegarde de l'acquéreur ou du cédant échappent aux nullités exposées ci-dessous. **27660**

Les acquisitions ou les cessions effectuées par un débiteur pendant la période suspecte sont **nulles de plein droit** lorsqu'elles déguisent une libéralité et, partant, doivent être considérées comme des actes à titre gratuit, ou encore lorsque les obligations du débiteur excèdent notablement celles de l'autre partie (C. com. art. L 632-1, I-1° et 2° et L 641-14).

ILLUSTRATIONS

A été annulée la cession d'actions consentie à un débiteur à une date à laquelle celui-ci était en état de cessation des paiements :

– dès lors que l'actif net de la société dont les titres lui avaient été cédés était négatif à la date de la cession, de sorte que ces derniers n'avaient plus aucune valeur (Cass. com. 27-5-2014 n° 13-15.540 F-D : Bull. Joly 2014 p. 522 note E. Mouial-Bassilana) ;

– lorsque le prix était notablement supérieur à la valeur des actions cédées (CA Versailles 30-9-1993 n° 42-92, 13e ch.).

En revanche, la **nullité** de l'acquisition ou la cession de droits sociaux est **facultative** dans les cas suivants : si elle a été effectuée dans les six mois précédant la date de cessation des paiements du cédant ou du cessionnaire et si elle déguise une libéralité et doit être considérée comme un acte gratuit (C. com. art. L 632-1, II et L 641-14) ; si elle a été conclue après la date de cessation des paiements du cédant ou de l'acquéreur avec une personne qui avait connaissance de l'état de cessation des paiements de celui-ci (C. com. art. L 632-2, al. 1 et L 641-14).

> **Précisions** Saisie d'une **question prioritaire de constitutionnalité** concernant les dispositions de l'article L 632-2 dont il était soutenu qu'elles portaient atteinte notamment au principe d'égalité devant la loi et au droit de propriété, la Cour de cassation a refusé de transmettre cette question au Conseil constitutionnel pour les motifs suivants : le but poursuivi par ce texte est d'intérêt général car il tend à reconstituer l'actif du débiteur en difficulté et à sanctionner un acte ayant rompu l'égalité entre les créanciers ; la nullité facultative prévue par ce texte, qui peut être prononcée seulement à l'encontre d'un créancier ayant connaissance de la cessation des paiements du débiteur, n'éteint pas la créance de celui qui a traité avec ce dernier ou de celui qui a reçu un paiement, mais a pour effet de la soumettre à la procédure de déclaration de créance (Cass. com. QPC 26-3-2013 n° 12-40.106 FS-D : RJDA 8-9/13 n° 738).

27662 **Annulation de la cession** L'**action** en nullité peut être **exercée** par l'administrateur judiciaire, le mandataire judiciaire, le commissaire à l'exécution du plan, le ministère public (C. com. art. L 632-4) ou le liquidateur judiciaire (Cass. com. 1-4-2014 n° 13-14.086 F-PB : RJDA 8-9/14 n° 711). Seules ces personnes peuvent intenter cette action (Cass. com. 2-12-2014 n° 13-24.308 F-PB : RJDA 3/15 n° 205) ; ne le peuvent donc ni un créancier ni le débiteur (arrêt précité).
L'action en nullité a pour **effet** de reconstituer l'actif du débiteur (C. com. art. L 632-4). Par exemple, si le redressement ou la liquidation judiciaire frappe le cédant, les droits sociaux que doit lui restituer l'acquéreur après l'annulation de la cession ont vocation à être cédés dans le cadre de la procédure collective et les fonds distribués aux créanciers. La créance de restitution du prix perçu étant considérée comme étant née avant l'ouverture de la procédure, l'acquéreur doit la déclarer au passif du cédant (Cass. com. 28-1-2004 n° 00-22.905 F-D : RJDA 7/04 n° 856, 2e espèce), sous peine de ne pas être admis dans les répartitions et dividendes prévus par le cadre de la procédure collective (C. com. art. L 622-26, al. 1 ; art. L 631-14 et art. L 641-3, al. 4).

CESSION INTERDITE

27665 **Cession au débiteur, au dirigeant ou à leurs proches** Ni le **débiteur,** au titre de l'un quelconque de ses patrimoines, ni les **dirigeants** de droit ou de fait de la personne morale soumise à une procédure de sauvegarde, de redressement ou de liquidation judiciaire, ni leurs **parents** ou alliés jusqu'au deuxième degré inclusivement, ni les personnes ayant ou ayant eu la qualité de **contrôleur** au cours de la procédure ne sont admis, directement ou par personne interposée, à présenter une offre de reprise de l'entreprise ; de même, il est fait interdiction à ces personnes d'**acquérir,** dans les cinq années suivant la cession, tout ou partie des biens compris dans cette cession, directement ou indirectement, ainsi que d'acquérir des parts ou titres de capital de toute société ayant dans son patrimoine, directement ou indirectement, tout ou partie de ces biens, ainsi que des valeurs mobilières donnant accès, dans le même délai, au capital de cette société (C. com. art. L 642-3, al. 1 pour la liquidation judiciaire, sur renvoi de l'article L 626-1 pour la sauvegarde, et sur renvoi de l'article L 631-22 pour le redressement judiciaire). Est assimilé à un dirigeant l'administrateur provisoire nommé avant l'ouverture de la procédure collective (Cass. com. 13-11-2002 n° 99-10.631 FS-PB : RJDA 4/03 n° 410 ; Cass. com. 4-10-2005 n° 04-15.060 F-PB : RJDA 1/06 n° 53).
Tout acte passé en **violation de cette interdiction** est nul. L'action en nullité, ouverte à tout intéressé ou au ministère public, doit être présentée dans un délai de trois ans à compter de la conclusion de l'acte ou de la publicité de l'acte, si celui-ci est soumis à publicité (C. com. art. L 642-3, al. 3).

> **Précisions** **a.** L'**interposition** est caractérisée lorsqu'une personne morale masque, de quelque manière que ce soit, la participation des dirigeants de la société débitrice à l'achat, peu important qu'ils ne soient ni dirigeants ni associés de cette personne morale (Cass. com. 8-3-2017 n° 15-22.987 F-PBI : RJDA 5/17 n° 359). Par exemple, dans un cas où le plan de cession de tous les actifs d'une société en redressement judiciaire avait été arrêté au profit d'une SARL constituée par des salariés de la société, ont été annulés pour but illicite les actes par lesquels certains des salariés, détenant plus de 70 % du capital, avaient ensuite cédé leurs parts sociales à l'ancien dirigeant dès lors que celui-ci avait prêté les fonds nécessaires à la constitution de la SARL, qu'il avait été immédiatement embauché par celle-ci en qualité de directeur avec les plus larges pouvoirs et qu'il s'était fait remettre les actes de cession comme garantie de bonne fin du prêt (Cass. com. 25-9-2012 n° 11-23.667 : RJDA 2/13 n° 144).
> **b.** L'**ancien dirigeant de droit** de la société en procédure collective peut présenter une offre de reprise, sauf en cas de fraude ou s'il est demeuré dirigeant de fait de la société (Cass. com. 23-9-2014 n° 13-19.713 : RJDA 12/14 n° 920).
> **c.** Le tribunal peut **déroger à ces interdictions** et autoriser, sur requête du ministère public, la cession de certains biens à un dirigeant ou à un parent ou allié (sauf un contrôleur) par un jugement spécialement motivé (art. L 642-3, al. 2 et L 642-20, al. 2 et 3).
> **d.** Saisie d'une **question prioritaire de constitutionnalité relative aux dispositions de l'article L 642-3, al. 1,** la Cour de cassation

a refusé de transmettre au Conseil constitutionnel cette question pour les raisons suivantes : les interdictions en cause ont pour objectif de moraliser les reprises d'entreprise en interdisant au débiteur de reprendre directement ou indirectement les actifs de l'entreprise mise en liquidation judiciaire, sans en payer le passif ; l'article L 642-3, al. 3 autorise toutefois le tribunal à décider, sur la requête du ministère public, la levée de toutes les interdictions qu'elles prévoient, sauf en faveur des contrôleurs, de sorte que les dispositions contestées ne portent manifestement pas une atteinte disproportionnée aux principes d'égalité, de la liberté d'entreprendre et de la liberté contractuelle, au regard de l'objectif poursuivi (Cass. com. QPC 7-7-2016 n° 14-50.066 F-D : RJDA 3/17 n° 198).

Cession à un organe de la procédure collective Il est interdit à tout administrateur, mandataire judiciaire, liquidateur, commissaire à l'exécution du plan ou toute autre personne, à l'exception des représentants des salariés, ayant participé à un titre quelconque à la procédure collective, de se rendre acquéreur pour son compte, directement ou indirectement, des biens du débiteur, sous peine de sept ans d'emprisonnement, d'une amende de 750 000 €, d'annulation de l'acquisition et d'éventuels dommages-intérêts (C. com. art. L 654-12, II). 27667

CESSION AU COURS DE LA SAUVEGARDE OU DU REDRESSEMENT JUDICIAIRE

En cas de procédure de **sauvegarde,** l'administration de l'entreprise est assurée par le chef d'entreprise (C. com. art. L 622-1, I) qui n'est donc pas dessaisi. Celui-ci continue à exercer sur le patrimoine de l'entreprise les actes de disposition et d'administration ainsi que les droits et actions qui ne sont pas compris dans la mission de l'administrateur (C. com. art. L 622-3, al. 1) et peut donc, dans cette limite, acquérir ou céder des titres sociaux. 27672

En cas de **redressement judiciaire,** il résulte de l'article L 631-12 du Code de commerce que le débiteur peut être partiellement ou totalement dessaisi de ses pouvoirs d'acheter ou de vendre des droits titres sociaux selon la mission confiée à l'administrateur judiciaire par le tribunal (assistance ou représentation pour tout ou partie des actes de gestion).

La cession conclue par le seul débiteur alors que l'intervention de l'administrateur était requise n'est pas nulle mais inopposable à la procédure (cf. Cass. soc. 5-11-2014 n° 13-19.662 : RJDA 4/15 n° 291 ; CA Versailles 20-2-2018 n° 17/02746 : RJDA 6/18 n° 516), à moins que l'administrateur n'ait ratifié la cession (cf. Cass. soc. 17-10-2006 n° 04-45.827 F-D : RJDA 2/07 n° 176 ; Cass. com. 19-5-2021 n° 19-23.877 F-D : Rev. proc. coll. 2021 comm. n° 151 note C. Lebel).

Quelle que soit la procédure ouverte, les **actes** de disposition **étrangers à la gestion courante** doivent être autorisés par le juge-commissaire (C. com. art. L 622-7, II et L 631-14). L'inobservation de cette disposition permet à tout intéressé ou au ministère public de demander la nullité de l'acte irrégulier dans un délai de trois ans à compter de la conclusion de l'acte ou, s'il est soumis à publicité, à compter de celle-ci (C. com. art. L 622-7, III). En outre, les dirigeants sociaux de la société débitrice s'exposent à des sanctions pénales : emprisonnement de deux ans et amende de 30 000 € (C. com. art. L 654-8, 1°). 27674

La question de savoir si la cession de droits sociaux constitue un acte de disposition étranger à la gestion courante dépend bien entendu de l'activité du débiteur. S'agissant de l'acquisition de droits sociaux, il est délicat de déterminer si celle-ci fait partie des actes visés par l'article L 622-7, II précité car la question même de savoir si l'acquisition de droits sociaux est un acte de disposition fait l'objet d'une controverse (sur cette question, voir n° 28042).

ATTENTION

Après l'arrêté d'un plan de sauvegarde ou de redressement, le débiteur redevient maître de ses biens (in bonis) (Cass. com. 21-2-2006 n° 04-10.187 FS-PB : RJDA 10/06 n° 1055 ; Cass. com. 2-3-2010 n° 09-14.425 F-D : Rev. proc. coll. 2010 p. 57 note J.-J. Fraimout). Sous réserve de ceux que le tribunal a déclaré inaliénables (C. com. art. L 626-14, al. 1), le débiteur peut vendre ses biens et disposer de leur prix, sans avoir à solliciter l'autorisation du tribunal ou du juge-commissaire (Cass. com. 21-2-2006, précité).

CESSION AU COURS DE LA LIQUIDATION JUDICIAIRE

Le **débiteur** mis en liquidation judiciaire ne peut pas **acquérir ou céder** des droits sociaux puisque, à partir de la date du jugement prononçant la liquidation judiciaire et jusqu'à la clôture de celle-ci, il est dessaisi de l'administration et de la disposition de tous ses biens. Les droits et actions concernant son patrimoine sont exercés par le liquidateur jusqu'à la clôture de la procédure (C. com. art. L 641-9, I-al. 1). 27682

Si le **débiteur accomplit** un tel **acte,** celui-ci n'est pas frappé de nullité mais d'inopposabilité à la procédure collective (Cass. com. 23-5-1995 n° 93-16.930 P : RJDA 11/95 n° 1295 ; Cass. com. 26-4-2000 n° 97-10.335 P : RJDA 7-8/00 n° 783 ; Cass. 3e civ. 18-2-2004 FS-D, SA Carriere Puy de Mur c/ SCI Le Mer :

RJDA 12/04 n° 1357), même si le tiers qui en bénéficie est de bonne foi (Cass. com. 16-9-2014 n° 02-16.371 : RJDA 1/15 n° 34 : obligation pour l'acquéreur de parts sociales cédées au mépris du dessaisissement de restituer les dividendes perçus bien qu'il fût de bonne foi). L'acte reste donc valable entre les parties encore que, dans la plupart des cas, cette règle soit sans portée pratique.

> **Précisions a.** Lorsque le débiteur a conclu une **vente à l'insu du liquidateur** et en a perçu le prix, ce paiement n'est pas libératoire pour l'acquéreur et celui-ci s'expose à payer le prix une seconde fois entre les mains du liquidateur (Cass. com. 12-7-2011 n° 10-19.430 F-D : Rev. jur. com. 2012 p. 74 note J.-P. Sortais).
> **b.** Saisie d'une **question prioritaire de constitutionnalité relative aux dispositions de l'article L 622-9** dans sa rédaction antérieure à la loi du 26 juillet 2005 de sauvegarde des entreprises, la Cour de cassation a refusé de transmettre au Conseil constitutionnel cette question pour les raisons suivantes : selon l'interprétation qu'en donne la jurisprudence constante de la Cour de cassation, ces dispositions ouvrent au liquidateur une action en inopposabilité des actes juridiques accomplis en violation du dessaisissement et n'entraînent pas une privation de propriété ; les restrictions aux conditions d'exercice du droit de propriété qui peuvent en résulter poursuivent un but d'intérêt général (Cass. com. QPC 18-12-2012 n° 12-40.076 FS-D : RJDA 8-9/13 n° 741, solution transposable à l'article L 641-9, al. 1 du Code de commerce dans sa rédaction, applicable au 15 octobre 2014, issue de la loi de sauvegarde des entreprises qui a repris à l'identique la règle du dessaisissement du débiteur en liquidation judiciaire prévue par l'ancien texte).

2. CAPACITÉ DES DIRIGEANTS D'UNE SOCIÉTÉ SOUMISE À UNE PROCÉDURE COLLECTIVE

27690 Les mesures exposées ici concernent les dirigeants de sociétés en **redressement judiciaire** et non ceux des sociétés sous sauvegarde.
Sur la capacité des dirigeants à acquérir des droits sociaux de la société dans le cadre d'un plan de cession, voir n°s 27665 s.

CONTRÔLE DES CESSIONS DES TITRES DES DIRIGEANTS

27700 À compter du jugement ouvrant la procédure de redressement judiciaire d'une société, ses dirigeants, de droit ou de fait, rémunérés ou non, ne peuvent céder leurs parts sociales ou leurs actions dans la société que dans les **conditions** fixées par le tribunal de commerce, à peine de nullité de la cession (C. com. art. L 631-10, al. 1). Cette interdiction concerne les parts sociales, les **titres** de capital ou les valeurs mobilières donnant accès au capital de la société **détenus directement ou indirectement par les dirigeants** (art. précité) qui sont en fonctions au jour du jugement ouvrant le redressement judiciaire (Cass. com. 13-12-1976 : Rev. sociétés 1977 p. 290 note A. Honorat, rendu sous l'empire de la loi de 1967, mais transposable au régime actuel en raison de l'identité des textes applicables). Elle prend fin avec l'adoption du plan de redressement, sauf décision contraire du tribunal (Cass. com. 17-11-2015 n° 14-12.372 FS-PB : RJDA 3/16 n° 215).
L'article L 631-10, al. 1 ne vise que les dirigeants, y compris les administrateurs et les représentants permanents des personnes morales administrateurs (Cass. com. 20-10-2009 n° 08-18.942 F-D : RJDA 2/10 n° 166). Elle ne s'applique pas à leurs créanciers personnels qui peuvent donc faire procéder à une saisie sur les parts ou actions de leur débiteur (Cass. com. 2-5-1985 : Rev. sociétés 1986 p. 81 note B. Bouloc).
En application de ce texte, un dirigeant ne peut plus, après la mise en redressement judiciaire de la société, lever l'option d'une promesse unilatérale d'achat de ses titres qui lui a été faite avant l'ouverture de la procédure (Cass. com. 20-10-2009 précité). En revanche, ce texte a été jugé inapplicable à une **promesse de cession** d'actions conclue par le dirigeant d'une SA avant la mise en redressement judiciaire de cette société, même si le bénéficiaire a levé l'option après cette date, dès lors que l'accord entre les parties sur les termes de la cession était intervenu avant le jugement d'ouverture de la procédure de redressement (CA Versailles 11-5-2000 n° 97-6454). L'acquéreur de parts d'une SARL ne peut pas se prévaloir des dispositions de l'article 28, al. 1 de la loi du 25 janvier 1985 (C. com. art. L 631-10) pour s'opposer à la demande d'exécution de la cession présentée par le cédant postérieurement au jugement de mise en liquidation de cette société dès lors que les négociations entre les parties ont abouti à un **accord neuf mois avant ce jugement** (Cass. com. 10-3-1992 : Bull. civ. IV n° 109).

27702 Les droits sociaux visés n° 27700 doivent être virés à un **compte spécial** bloqué, ouvert par l'administrateur judiciaire au nom de leur titulaire et tenu par la société émettrice (titres nominatifs) ou l'intermédiaire financier (titres au porteur). Aucun mouvement ne peut être effectué sur ce compte sans l'autorisation du juge-commissaire (C. com. art. L 631-10, al. 2).

L'incessibilité des **parts sociales** des dirigeants est mentionnée sur les **registres de la personne morale** (C. com. art. L 631-10, al. 3).

Sauf décision contraire du tribunal, il est mis **fin au compte spécial,** à la demande de la personne intéressée la plus diligente après l'adoption d'un plan de redressement ou après la clôture des opérations (C. com. art. R 631-14, al. 2). **27704**

Si un **dirigeant cède** ses droits sociaux **sans respecter les conditions** fixées par le tribunal, cette cession est nulle (C. com. art. L 631-10, al. 1). **27706**

Le **droit d'invoquer cette nullité** appartient à toute personne ayant un intérêt à agir (CPC art. 31).

L'action en nullité n'interdit pas d'engager une **action en responsabilité** à l'encontre du mandataire judiciaire qui a laissé s'opérer une cession non autorisée. La personne qui demande réparation de son préjudice doit porter son action devant le tribunal judiciaire (C. com. art. R 662-3). L'action se prescrit par cinq ans à compter de la fin de la mission du mandataire (C. civ. art. 2225). **27708**

INCESSIBILITÉ DES TITRES DES DIRIGEANTS

Lorsque la société fait l'objet d'une procédure de **redressement judiciaire** et que sa survie le requiert, le tribunal peut prononcer, sur demande du ministère public, l'incessibilité des actions et des parts sociales détenues par un ou plusieurs dirigeants de fait ou de droit rémunérés ou non, et décider que le droit de vote attaché à ces titres sera exercé, pour la durée qu'il fixe, par un mandataire de justice désigné à cet effet (C. com. art. L 631-19-1, al. 1). Généralement, ces mesures sont arrêtées pour la durée du plan, soit dix ans au plus. **27718**

Les **dirigeants visés** par ces mesures sont les dirigeants de droit ou de fait de la société (C. com. art. L 631-19-1). La qualité de dirigeant du détenteur des titres s'apprécie à la date du jugement qui ordonne la mesure et au regard de l'exercice effectif des fonctions de dirigeant (Cass. com. 19-2-2008 n° 06-18.446 : RJDA 5/08 n° 555 et Cass. com. 9-2-2010 n° 09-10.800 : RJDA 4/10 n° 409, rendus sous l'empire des anciens textes mais transposable au régime actuel). Ainsi, en cas de démission, doit être prise en compte la date à laquelle celle-ci est devenue effective et non celle à laquelle elle a été publiée (Cass. com. 19-2-2008 précité). Les dirigeants doivent donc veiller à se ménager une preuve de la date de la cessation de leurs fonctions s'ils veulent éviter d'être expropriés.

> **Précisions** Le dispositif de l'article L 631-19-1, al. 1 ne porte pas atteinte aux textes qui garantissent le respect du **droit de propriété** car elles sont justifiées par l'intérêt général (Cass. com. 12-7-2005 n° 03-14.045 FP-PBIR : RJDA 2/06 n° 169).

3. CAPACITÉ DES ASSOCIÉS D'UNE SOCIÉTÉ SOUMISE À UNE PROCÉDURE COLLECTIVE

LIBERTÉ DES ASSOCIÉS D'ACHETER OU DE CÉDER DES TITRES

L'ouverture d'une procédure collective à l'encontre d'une société ne produit, en principe, aucun effet sur la capacité des associés de celle-ci à disposer de leur patrimoine, même s'ils sont indéfiniment et solidairement responsables du passif social. Les associés non dirigeants peuvent donc librement acquérir ou céder leurs droits sociaux. Sur les règles applicables aux associés dirigeants, voir nos 27690 s. **27750**

ILLUSTRATIONS

Dans un cas où les actionnaires non dirigeants d'une société s'étaient engagés à vendre à un tiers 360 de leurs actions moyennant 160 F (soit environ 24 €) par action, cette acquisition devant être réalisée ultérieurement, et où la société avait été mise en liquidation des biens avant que l'acquéreur n'eût payé le prix, il a été jugé que celui-ci ne pouvait pas prétendre, pour se soustraire à son obligation, que cette procédure collective avait mis les cédants dans l'impossibilité de livrer les actions. En effet, la vente était parfaite entre les parties puisque celles-ci étaient d'accord sur la chose, les 360 actions, et sur le prix, peu important que les parties aient convenu que les actions seraient livrées à la date du paiement, une telle clause ne pouvant réduire une vente parfaite en un simple projet. En outre, rien n'empêchait les actionnaires de livrer les actions après le jugement prononçant la liquidation des biens de la société dès lors que l'article 21 de la loi du 13 juillet 1967 n'exige l'autorisation du juge-commissaire que dans le cas où le cédant est un dirigeant de droit ou de fait de la société (CA Paris 2-3-1983, 15e ch. A : Rev. sociétés 1983 p. 835 note A. Honorat, rendu sous l'empire de la loi de 1967, mais transposable au régime actuel).

LIMITATIONS

Toutefois, la procédure collective de la société peut être étendue à un associé s'il est établi que ce dernier a **confondu son patrimoine** avec celui de la société (C. com. art. L 621-2, al. 2, pour la sauvegarde, art. L 631-7, al. 1 pour le redressement judiciaire et art. L 641-1, I-al. 1 pour la liquidation judiciaire). Cet associé est alors soumis aux règles exposées nos 27660 s. **27752**

27755 En cas de redressement judiciaire, le **tribunal** peut **imposer**, sous certaines conditions (société d'une certaine taille, trouble grave à l'économie nationale ou régionale ou à un bassin d'emploi...), l'augmentation de capital prévue par le projet de plan en ordonnant la **cession** de tout ou partie des droits sociaux détenus par associés opposants au profit des personnes qui se sont engagées à exécuter le projet de plan (art. L 631-19-2). Les associés non opposants peuvent alors se retirer de la société et demander simultanément le rachat de leurs droits sociaux par les personnes achetant ceux des opposants (art. précité). Pour plus de détails, voir Mémento Sociétés commerciales n°s 91340 s.

4. INCAPACITÉS RÉSULTANT DU PRONONCÉ D'UNE INTERDICTION DE GÉRER

ÉTENDUE DE L'INTERDICTION DE GÉRER

27760 Les personnes physiques contre lesquelles a été prononcée une mesure de **faillite personnelle** sont frappées d'une interdiction de diriger, gérer, administrer ou contrôler directement ou indirectement toute entreprise commerciale et toute personne morale (C. com. art. L 653-2). Ces personnes ne peuvent donc pas, en principe, **acquérir de droits sociaux** les **rendant associées d'une SNC ou associées commanditées** d'une SCS ou d'une SCA, faute pour elles d'avoir la capacité d'être gérant de ces sociétés. En effet, sauf stipulation contraire des statuts, tous les associés de SNC et tous les associés commandités sont gérants (C. com. art. L 221-3, al. 1 pour les SNC, pour les SCS sur renvoi de l'article L 222-2 et pour les SCA sur renvoi de l'article L 226-1, al. 2).

Il en est de même pour les personnes contre lesquelles le tribunal a prononcé l'**interdiction de diriger,** gérer, administrer ou contrôler, directement ou indirectement, soit toute entreprise commerciale ou toute personne morale, soit une ou plusieurs de celles-ci sur le fondement de l'article L 653-8 du Code de commerce. Signalons cependant que cette interdiction de gérer peut être limitée à la gestion de certaines entreprises, contrairement à l'interdiction qui résulte de la faillite personnelle.

27765 L'interdiction d'exercer des fonctions de direction, d'administration ou de contrôle laisse subsister en revanche la possibilité pour la personne sanctionnée d'**acquérir** librement des **droits sociaux** les **rendant associés de SARL, SA, SAS ou associés commanditaires** de SCS ou de SCA, peu important le nombre de droits sociaux ainsi acquis. En effet, l'interdiction de contrôler directement ou indirectement toute entreprise commerciale prévue par les articles L 653-2 et L 653-8 du Code de commerce doit être interprétée dans son sens juridique strict : elle vise l'interdiction d'être commissaire aux comptes ou commissaire aux apports (B. Soinne, Traité des procédures collectives, Litec 2e éd. n° 2698). Elle n'interdit donc pas à la personne sanctionnée de détenir une importante fraction du capital social d'une société.

27768 Le tribunal qui prononce la faillite personnelle ou l'interdiction de gérer peut aussi enjoindre aux dirigeants qui en sont frappés ou à certains d'entre eux de **céder** leurs **actions ou parts sociales** dans la société ou ordonner leur cession forcée par les soins d'un mandataire de justice, au besoin après expertise (C. com. art. L 653-9, al. 2).

27770 Le tribunal qui prononce la faillite personnelle ou l'**interdiction** de gérer d'un dirigeant social doit fixer la **durée** de cette mesure, laquelle ne peut pas être supérieure à quinze ans (C. com. art. L 653-11, al. 1).

VIOLATION DE L'INTERDICTION DE GÉRER

27775 Le dirigeant condamné à la faillite personnelle ou à une interdiction de gérer qui exercerait une activité interdite s'expose à de lourdes **sanctions pénales** : emprisonnement de deux ans et amende de 375 000 € (C. com. art. L 654-15).

Une peine d'emprisonnement ferme peut être prononcée contre le dirigeant lorsque la gravité de l'infraction, la personnalité de son auteur et le caractère inadéquat de toute autre sanction rendent cette peine nécessaire.

ILLUSTRATIONS

Un dirigeant contre qui **plusieurs mesures d'interdiction de gérer** avaient été prononcées a ainsi été condamné à un an de prison ferme pour violation de ces interdictions en raison du caractère répétitif des liquidations des sociétés qu'il avait gérées, de son absence de remise en question devant les juges et de l'inefficacité de ces mesures (Cass. crim. 29-11-2016 n° 15-86.116 F-PBRI : RJDA 3/17 n° 179).

SECTION 9

POUVOIR D'UNE SOCIÉTÉ SOUS ADMINISTRATION JUDICIAIRE DE CÉDER DES DROITS SOCIAUX

L'administrateur judiciaire – ou encore, selon la terminologie courante, l'administrateur provisoire – est un mandataire désigné en justice et chargé, en cas de difficultés graves empêchant le fonctionnement normal de la société, d'assurer momentanément la gestion des affaires sociales (Mémento Sociétés commerciales nos 10200 s.). **27800**

L'**administrateur provisoire** peut-il céder les titres appartenant à la société administrée et en acquérir au nom de celle-ci ? Tout dépend de la **mission** qui lui a été confiée par l'ordonnance l'ayant nommé. **27802**

Si l'administrateur est chargé d'un mandat général de gestion de la société, il peut seulement accomplir les actes conservatoires et d'administration (C. civ. art. 1155, al. 1 issu de ord. de 2016 ; auparavant, Cass. 3e civ. 3-5-2007 n° 05-18.486 : RJDA 10/07 n° 942). Il ne peut donc pas effectuer des actes de disposition, tels que la cession de droits sociaux. Il nous semble que l'administrateur a intérêt à se faire spécialement autoriser par l'autorité qui l'a désigné s'il veut acquérir des droits sociaux au nom de la société. En effet, la question même de la qualification de l'acte d'acquisition comme acte de disposition ou d'administration est discutée (sur cette discussion, voir n° 28042).

SECTION 10

POUVOIR D'UNE SOCIÉTÉ EN LIQUIDATION AMIABLE DE CÉDER DES DROITS SOCIAUX

Les droits sociaux détenus par la société en liquidation amiable ne peuvent être cédés que par le liquidateur nommé dans le cadre de la liquidation de la société suite à sa dissolution car celui-ci est investi des pouvoirs les plus étendus pour réaliser l'actif social, même à l'amiable. Aucune restriction de ces pouvoirs, qu'elle résulte des statuts ou de l'acte de nomination, n'est opposable aux tiers (C. com. art. L 237-24, al. 1). Cependant, le législateur a pris un certain nombre de précautions destinées à éviter les opérations frauduleuses. **27810**

CESSION AU LIQUIDATEUR ET À SES PROCHES

La **cession** totale ou partielle de biens, notamment des droits sociaux composant l'actif social, **au liquidateur ou à ses employés** ou à leurs conjoints, ascendants ou descendants est interdite (C. com. art. L 237-7). **27815**

Le liquidateur qui violerait de mauvaise foi cette disposition serait passible d'un emprisonnement de cinq ans et d'une amende de 9 000 € (C. com. art. L 247-8, 2°). Selon le ministre de la justice, cette interdiction est applicable même si le liquidateur démissionne de ses fonctions (Rép. Buot : AN 24-7-1971 p. 3791 n° 18868). Une telle opinion nous paraît contestable car elle méconnaît le principe d'interprétation stricte des interdictions légales. Cependant une démission donnée frauduleusement et dans le seul but de réaliser la cession interdite pourrait être pénalement sanctionnée.
Cette interdiction concerne toute cession, qu'elle soit directe ou indirecte.

ILLUSTRATIONS

Il a été jugé que le liquidateur d'une société, qui avait vendu à sa tante un immeuble appartenant à sa société puis l'avait racheté moyennant une rente viagère, s'exposait à des sanctions pénales, peu important que l'immeuble ait été acheté à sa juste valeur (Cass. crim. 8-12-1999 n° 98-86.216 PF : RJDA 5/00 n° 539).

27818 Lorsque la fonction de **liquidateur** est confiée à un associé, celui-ci peut, en sa qualité d'**associé,** se faire attribuer en nature tout ou partie des biens subsistant dans l'actif social une fois le passif intégralement payé ou, tout au moins, suffisamment certain pour que la part de chacun des associés dans la répartition de l'actif soit connue. En effet, cette attribution en nature relève alors des règles juridiques applicables au partage et non pas de celles relatives à la liquidation puisque celle-ci est, au sens strict, la réalisation de l'actif et le paiement du passif. Mais, comme toute opération de partage, elle suppose l'accord unanime des associés (en ce sens, Rép. Bayou : AN 4-2-1978 p. 421 n° 40921, qui estime cependant que la prohibition prévue par l'article L 237-7 pourrait s'appliquer si l'attribution en nature s'effectuait avec soulte à la charge de l'associé liquidateur).

Pendant la liquidation, et jusqu'à la clôture de celle-ci, les **parts ou actions** des associés conservent leur **caractère mobilier,** et peuvent donc être cédées ou saisies (Cass. com. 3-10-2006 n° 04-14.611 FS-PB : RJDA 2/07 n° 193).

ILLUSTRATIONS

En matière de société à responsabilité limitée, par exemple, il a été jugé que la cession des parts sociales à une personne étrangère à la société demeurait soumise à l'agrément des coassociés du cédant (Cass. com. 15-11-1950 : JCP 1951 II n° 6146 note Bastian).

CESSION À UNE PERSONNE AYANT PARTICIPÉ À LA DIRECTION OU AU CONTRÔLE DE LA SOCIÉTÉ

27820 Toute cession, totale ou partielle, de l'actif de la société en liquidation à une personne ayant eu dans cette société la qualité d'associé en nom, de commandité, de gérant, d'administrateur, de directeur général, de membre du conseil de surveillance, de membre du directoire, de commissaire aux comptes ou de contrôleur est subordonnée, sauf consentement unanime des associés, à l'**autorisation du tribunal** de commerce ; le tribunal statue après audition du liquidateur et, s'il en existe, du commissaire aux comptes ou du contrôleur (C. com. art. L 237-6). À notre avis, l'audition du commissaire aux comptes n'est toutefois pas requise lorsque ce dernier a été désigné dans le cadre de l'audit légal « petites entreprises » instauré par la loi 2019-486 du 22 mai 2019 qui a modifié l'article L 823-12-1, notamment pour dispenser le commissaire aux comptes de cette audition.

Le liquidateur qui méconnaît cette règle encourt un emprisonnement de cinq ans et une amende de 9 000 € (C. com. art. L 247-8, 2°).

CHAPITRE 6

INTERVENTION D'UN TIERS À LA CONCLUSION DE LA CESSION

SOMMAIRE

SECTION 1

MANDAT DE CESSION

DÉFINITION ET QUALIFICATION DU MANDAT

Le mandat est le contrat par lequel une personne (le mandant) donne à une autre (le mandataire) le pouvoir de faire quelque chose pour son compte et en son nom (C. civ. art. 1984, al. 1). 28000

La **caractéristique fondamentale** du mandat réside dans le fait que le mandataire représente le mandant : les actes que le mandataire accomplit engagent en effet le mandant en le rendant

débiteur ou créancier de la personne qui a traité avec le mandataire, sans que celui-ci en soit tenu, à quelque titre que ce soit (cf. C. civ. art. 1154, al. 1).
Sur la distinction entre le mandat et la **promesse de porte-fort,** voir n° 29591.

28001 **Distinction du mandat avec le contrat de courtage** Ce mécanisme de représentation du mandat permet de le distinguer du contrat de courtage dans lequel le courtier se contente de mettre des personnes en relation en vue de la conclusion d'un contrat mais ne traite pas au nom et pour le compte de l'une de ces personnes.

ILLUSTRATIONS

L'intermédiaire entre une entreprise et un fournisseur a agi en qualité de courtier et non comme mandataire dès lors que le contrat passé grâce à lui a été signé par les parties elles-mêmes et que le fournisseur a lui-même établi la facture, laquelle a été directement payée par l'entreprise au moyen de lettres de change (Cass. com. 3-1-1967 : Bull. civ. III n° 4).
Un contrat de courtage et non un contrat de mandat liait un intermédiaire à son donneur d'ordre pour les raisons suivantes : le premier intervenait pour mettre le second en contact avec des acheteurs potentiels ; les factures, relevés de chiffre d'affaires, courriers et attestations versés aux débats étaient de nature à établir l'existence d'opérations de courtage et non celle d'un mandat, en l'absence de production de toutes prises d'ordre ou de commandes ou de conclusion de contrats au nom et pour le compte du donneur d'ordre (Cass. com. 6-3-2001 n° 487 FS-P : RJDA 6/01 n° 710).
Malgré la présence du terme « mandat » dans la correspondance échangée entre une compagnie aérienne et une société qui avait reçu de la compagnie la mission de lui trouver des acquéreurs pour des avions, cette société n'avait pas la qualité de mandataire mais celle de courtier car elle n'avait pas eu le pouvoir d'agir au nom et pour le compte de la compagnie aérienne (T. com. Paris 18-2-1997, 2e ch. B, Sté Euro aircraft Trading Ltd c/ SA Compagnie Nationale Air France).
En revanche, l'avocat qui n'a pas mis en relation les parties à la vente mais a été chargé par son client acheteur de négocier avec le vendeur les conditions du contrat de vente n'est pas lié par un contrat de courtage (CA Paris 11-10-1991, 1e ch. B : Gaz. Pal. 1992 p. 374).

28003 **Distinction du mandat avec la délégation de paiement** Le mandataire agit pour le compte d'autrui et non pour son propre compte. C'est là une différence essentielle avec la délégation de paiement. En effet, en cas de délégation de paiement, une personne, dite délégant, obtient d'une autre, qualifiée de délégué, qu'elle s'engage envers une troisième, le délégataire (C. civ. art. 1336). Contrairement au mandataire, le délégué contracte un engagement personnel.

ILLUSTRATIONS

La personne qui a été chargée par un bailleur, ayant par ailleurs souscrit un emprunt auprès d'une banque, d'encaisser les loyers en son nom et pour son compte et de les reverser à la banque n'est pas tiers débiteur de ces loyers dont elle est seulement dépositaire ; elle n'agit donc pas comme délégué mais comme mandataire (Cass. com. 3-12-2002 n° 1996 F-D : RJDA 5/03 n° 536, rendu à propos de loyers d'immeuble mais transposable à une cession de parts).
En revanche, l'opération suivante a été analysée non pas en un mandat de payer mais en une délégation de paiement instaurée au profit du vendeur initial d'un bien qui était resté impayé : le vendeur initial avait reçu du sous-acquéreur un document intitulé « accord de mandatement » aux termes duquel le premier acquéreur donnait ordre au sous-acquéreur d'effectuer le règlement entre les mains du vendeur initial ; une attestation établie par le crédit-preneur à qui le sous-acquéreur avait livré le bien confirmait l'accord de toutes les parties pour que le paiement soit effectué directement par le sous-acquéreur, ce dont il pouvait être déduit que non seulement ce dernier avait connaissance du « montage » décidé, qui concernait trois parties et non deux comme le mandat de payer, mais qu'il l'avait accepté (Cass. com. 3-4-2001 n° 732 FS-D : RJDA 8-9/01 n° 902).

A. Conclusion du mandat

1. ÉTENDUE DU MANDAT

CARACTÈRE OBLIGATOIRE D'UN MANDAT EXPRÈS

28040 Lorsqu'une personne souhaite confier à un mandataire le soin de **vendre** ses **droits sociaux,** elle doit donner à celui-ci un mandat exprès (C. civ. art. 1988, al. 2), c'est-à-dire un mandat qui détermine précisément la nature des actes que le mandataire va pouvoir effectuer.

ATTENTION

L'**expression mandat « exprès »** utilisée par le Code civil suscite la **confusion.** Ainsi, la cour d'appel de Versailles a jugé que le mandat exprès s'entend d'un pouvoir écrit et spécial (CA Versailles 11-2-2005 n° 02-5528, 3e ch. : RJDA 6/05 n° 688). Or, l'existence d'un mandat exprès est sans incidence sur la forme du mandat (voir n° 28140).

Le fait que certains éléments du contrat que le mandataire est autorisé à conclure (comme le prix des droits sociaux vendus) ne soient pas spécifiés dans le mandat mais laissés à la libre détermination du mandataire n'enlève pas au mandat son caractère exprès. Jugé ainsi que constituait un mandat exprès de céder les biens du mandant l'acte par lequel celui-ci avait chargé le mandataire de vendre tout ou partie de ses biens mobiliers et immobiliers aux prix, charges et conditions que ce dernier aviserait (Cass. 1e civ. 6-7-2000 n° 1267 FS-P : RJDA 1/01 n° 23).
En revanche, un mandat qui autoriserait le mandataire à « gérer les droits sociaux » du mandant serait trop imprécis pour lui permettre de céder ces droits.
Ainsi, il a été jugé que ne constituait pas un mandat exprès de vendre un bien immobilier la procuration par laquelle le propriétaire d'un domaine a donné à un tiers le pouvoir de « gérer et administrer toutes les affaires concernant l'exploitation du domaine » avec, en cas de difficulté, le pouvoir de traiter, transiger et compromettre (Cass. 1e civ. 17-1-1973 : Bull. civ. I n° 25).
De même, il a été jugé que la décision de mandater un notaire pour élaborer le projet définitif d'une vente et en établir les formalités ne caractérisait pas l'existence d'un mandat exprès d'aliéner donné à l'intéressé (Cass. 3e civ. 17-7-1991 : Bull. civ. III n° 216).
Jugé également que ne comportait pas un mandat exprès la lettre par laquelle le propriétaire d'un immeuble s'était contenté d'informer un agent immobilier de son intention de vendre au plus vite l'immeuble à un prix déterminé en lui demandant de le prévenir s'il pensait avoir trouvé un acquéreur (Cass. 1e civ. 21-12-1976 : Bull. civ. I n° 421).

Plus délicate est la question de savoir si le mandataire a besoin d'un mandat exprès pour **acquérir des droits sociaux** au nom du mandant ou si un mandat conçu en termes généraux, c'est-à-dire imprécis, suffit. Pour répondre à cette question, il est nécessaire de déterminer si l'acquisition de droits sociaux est un acte d'administration, auquel cas un mandat imprécis est suffisant en vertu de l'article 1988, al. 1 du Code civil, ou s'il s'agit d'un acte de disposition pour lequel l'article 1988, al. 2 exige un mandat exprès. Or, la solution n'est pas évidente. En effet, un acte de disposition est un acte qui affecte durablement le patrimoine du mandant. Tel ne semble pas être le cas de l'acquisition d'un bien qui n'aboutit qu'à un paiement. Pour certains auteurs (Ph. Le Tourneau : Rép. civ. Dalloz v. Mandat n° 111 ; R. Verdot, La notion d'acte d'administration en droit privé français, LGDJ 1963), c'est le critère économique de l'acte envisagé qui va permettre de classer celui-ci dans telle ou telle catégorie si bien que la qualification d'acte d'administration ou de disposition doit être déterminée au cas par cas et ne peut pas l'être a priori et de manière générale. En tout état de cause, il nous semble que l'acquisition de parts d'une SNC ou de parts de commandités d'une société en commandite, compte tenu des conséquences qu'elle emporte, devrait être tenue pour un acte de disposition. 28042
En l'absence de réponse certaine, les parties ont tout intérêt à recourir au mandat exprès pour éviter une remise en cause du mandat.

CONNAISSANCE DU MANDAT PAR LES TIERS CONTRACTANTS

Pour celui qui s'apprête à acheter ou à vendre des droits sociaux par le biais d'un mandataire du vendeur ou de l'acquéreur, il n'est pas toujours facile de savoir si ce mandataire dispose des pouvoirs nécessaires. Le tiers qui doute de l'étendue du pouvoir du mandataire peut **demander au mandant** de lui **confirmer** que celui qui se présente comme son mandataire est habilité à acheter ou vendre les droits sociaux (C. civ. art. 1158). 28045
Le tiers doit faire sa demande par écrit ; il doit fixer le délai, qui doit être raisonnable, dans lequel il attend une réponse et préciser qu'à défaut de réponse dans ce délai, le mandataire sera réputé habilité à conclure l'acte (art. 1158, al. 2).
Pour que cette disposition serve la sécurité juridique, il est conseillé à l'auteur de la réponse de répondre sans équivoque, le mieux étant d'écrire que le mandataire est ou n'est pas habilité à conclure tel contrat et de préciser l'étendue de ses pouvoirs.

2. CONDITIONS GÉNÉRALES DE VALIDITÉ DU MANDAT

Le mandat de cession est soumis aux règles générales de validité de tous les contrats (consentement des parties exempt de vices, etc.) avec cependant quelques particularités. 28070

CAPACITÉ À ÊTRE MANDANT OU MANDATAIRE

Un mineur non émancipé peut être **mandataire** (C. civ. art. 1990). Cette possibilité est reconnue d'une manière générale à tout incapable car, en raison du principe de représentation, le mandataire ne souscrit aucun engagement pour son propre compte. Néanmoins, le choix d'un incapable comme mandataire peut conduire à des résultats inopportuns, car l'article 1990 précise que le mandant n'a alors d'action contre le mandataire que « d'après les règles générales relatives aux 28080 obligations des mineurs », ce dont il résulte que le mandataire n'est tenu que dans la mesure de son enrichissement (application de C. civ. art. 1352-4).

Cette possibilité n'est pas incompatible avec l'article 1160 du Code civil qui prévoit que les pouvoirs du représentant cessent s'il est atteint d'une incapacité. En effet, cette disposition interdit seulement la poursuite de la représentation par un représentant devenu incapable, mais pas le choix délibéré d'un mineur incapable.

28082 En revanche, le **mandant** étant réputé avoir lui-même conclu l'acte effectué par le mandataire (cession ou achat de droits sociaux), il doit avoir la capacité juridique requise par le droit commun pour accomplir un tel acte.

CONSENTEMENT DU MANDANT ET DU MANDATAIRE

28090 En matière de cession de droits sociaux, le consentement du **mandant** doit se manifester de manière expresse au moyen d'une déclaration de volonté. En effet, un simple consentement tacite ne suffit pas car, comme nous l'avons vu n° 28040, le mandat de vendre doit être précis. La solution est incertaine pour l'acquisition de droits sociaux car elle dépend de la qualification donnée à cet acte : en tant qu'acte d'administration, un simple consentement tacite suffit alors qu'un consentement exprès est exigé si l'acquisition est considérée comme un acte de disposition (sur la nature de l'acquisition, voir n° 28042).

L'accord du **mandataire** peut en revanche n'être que tacite et résulter de l'exécution du mandat (art. 1985, al. 2), et ce, qu'il s'agisse d'une acquisition ou d'une cession de droits sociaux.

28092 Le **contrat** de mandat de cession ne se **forme** que par l'acceptation de l'offre de mandat par le mandataire (art. 1984, al. 2).

Tant que l'offre n'est pas parvenue au mandataire, le mandant peut la rétracter librement (art. 1115). Une fois qu'elle a été reçue, le mandant peut encore la rétracter mais à condition de respecter le délai fixé dans l'offre ou, à défaut, un délai raisonnable (art. 1116).

CONTENU DU MANDAT

28100 Le mandat de cession doit, sous peine de nullité, porter sur un acte licite. Il ne peut donc pas valablement avoir pour objet la **vente** de la **chose d'autrui** car une telle vente est nulle par application de l'article 1599 du Code civil. Ainsi, il a été jugé qu'était nul comme portant sur la vente de la chose d'autrui le mandat par lequel une société avait confié à un mandataire le soin de rechercher un acquéreur pour la totalité des actions représentant son capital social dès lors que la société, qui n'était pas propriétaire des actions et n'avait reçu aucune procuration de ses actionnaires à cette fin, n'avait pas qualité pour donner mandat de vendre les actions (CA Paris 3-11-1989 n° 86-18004, 25e ch. B).

3. CHOIX DU MANDATAIRE

28120 Le mandataire chargé d'acquérir ou de céder des droits sociaux peut être **associé** de la société concernée ou être un **tiers.**

Lorsque l'acquéreur et le cédant sont des personnes physiques, une **même personne** ne peut pas être leur **mandataire** s'ils sont en opposition d'intérêts (C. civ. art. 1161, al. 1). En matière de cession de droits sociaux, cette opposition n'existe pas en soi car le vendeur et l'acquéreur ont certes des rapports antagonistes, mais ils ne sont pas en conflit d'intérêts ; un même mandataire peut donc représenter les deux parties. Il n'en irait autrement que dans le cas où l'une des parties aurait un intérêt particulier à pousser l'autre à l'achat ou à la vente.

En tout état de cause, une double représentation est possible si elle est autorisée ou ratifiée par l'acquéreur et le cédant (C. civ. art. 1161, al. 2).

4. FORME ET PREUVE DU MANDAT

28140 Le mandat de cession est un contrat consensuel qui n'est donc assujetti à aucune **forme.** Il peut ainsi être donné non seulement par écrit mais aussi verbalement (C. civ. art. 1985, al. 1).

Lorsque le **mandat** est **écrit,** il peut être constaté dans un acte authentique, un acte sous signature privée, voire même dans une lettre (art. 1985, al. 1 précité). En raison de l'absence de formalisme entourant la formation du mandat, la mention d'une date ou de la formule manuscrite « bon pour mandat » ou « bon pour pouvoir » n'est pas indispensable. Le mandat peut même ne pas préciser le nom du mandataire : on parle alors de « procuration en blanc » ou de « mandat en blanc ». Dans ce cas, la personne qui a reçu le mandat en blanc est réputée avoir été chargée de choisir le mandataire (Cass. 1e civ. 28-2-1989 : Bull. civ. I n° 98).

Le **mandat** peut être **verbal** même lorsqu'il a pour objet la cession de droits sociaux, car le consentement nécessairement exprès du mandant peut être exprimé autrement que par écrit (en ce sens,

A. Bénabent, Droit des contrats spéciaux civils et commerciaux, LGDJ 2019 n° 654). Cette possibilité a d'ailleurs été implicitement reconnue par la Cour de cassation à l'occasion d'un arrêt dans lequel elle s'est prononcée sur la preuve de l'existence d'un tel mandat (Cass. 1e civ. 20-4-1983 : Bull. civ. I n° 126) : dans cette affaire, le cédant d'actions d'une société de construction a été condamné à payer à un agent immobilier une commission sur cette cession dès lors que la lettre adressée par le cédant à l'agent, en réponse à un compte-rendu de celui-ci, intégrait intellectuellement ce premier document et rendait vraisemblable l'existence du mandat verbal donné à l'agent immobilier.

S'agissant de la **preuve** du mandat, celle-ci s'effectue conformément aux règles de droit commun (C. civ. art. 1985, al. 1), lesquelles sont exposées nos 70070 s. **28143**

Ces règles s'appliquent aussi bien entre le mandant et le mandataire que dans les rapports du mandant avec les tiers qui ont traité avec le prétendu mandataire (Cass. 1e civ. 22-5-1959 : D. 1959 p. 490 ; Cass. 1e civ. 19-12-1995 n° 1974 P : RJDA 6/96 n° 779 ; Cass. 1e civ. 21-5-1997 n° 930 D).

En revanche, les tiers totalement étrangers au mandat peuvent prouver par tous moyens l'existence de celui-ci. Ainsi, l'administration fiscale, qui réclamait les droits d'enregistrement dus à l'occasion d'une cession de parts sociales réalisée, selon elle, par un mandataire, a été jugée recevable à prouver par simples présomptions l'existence du mandat qu'elle invoquait (Cass. com. 5-3-1969 : Bull. civ. IV n° 87).

S'agissant de la notion de tiers au mandat et des conséquences qui en résultent en matière de preuve, il a été récemment jugé que le banquier dépositaire qui se borne à exécuter les ordres de paiement transmis par le mandataire du déposant est un tiers totalement étranger au mandat et peut donc prouver par tous moyens l'existence de celui-ci (Cass. 1e civ. 3-6-2015 n° 14-19.825 FS-PB : RJDA 1/16 n° 50). Il faut attendre d'autres décisions de la Cour de cassation pour savoir si tous les tiers qui traitent avec le mandataire seront considérés comme des tiers étrangers.

5. CAS PARTICULIER DU MANDAT APPARENT

Une personne peut être engagée à l'égard des tiers, alors même qu'elle n'a pas consenti à être représentée par celui qui a traité avec eux, lorsque ces **tiers** ont légitimement pu croire que celui avec lequel ils contractaient agissait au nom et pour le compte de cette personne (C. civ. art. 1156, al. 1). **28170**

L'existence de cette **croyance légitime** peut résulter notamment du comportement ou des déclarations du prétendu mandant (C. civ. art. 1156, al. 1). Le « mandant » doit ne pas être complètement étranger à la formation de l'apparence (Cass. com. 29-6-2022 n° 20-16.035 F-D : RJDA 11/22, n° 632).

Compte tenu du terme « notamment » utilisé par la formule légale, ces indices ne sont mentionnés qu'à titre d'exemples. De ce fait, peut encore être pris en considération le **faisceau d'indices** que les juges avaient forgé, avant la légalisation de cette règle jurisprudentielle, pour établir si le contrat avait été conclu dans des circonstances autorisant le tiers à ne pas vérifier la réalité et les limites des pouvoirs du prétendu mandataire : cette technique du faisceau d'indices résultait de la combinaison de circonstances objectives et subjectives. **28171**

S'agissant des circonstances objectives, elles résultent d'abord de l'acte lui-même qui permet de déceler si le prétendu mandataire a déclaré ou donné à croire qu'il agissait au nom d'autrui (par exemple, emploi de la formule « pour ordre », affirmation dans l'acte de sa qualité fausse de mandataire, utilisation du papier à en-tête de la société) ; la **durée des relations** d'affaires est également prise en considération ; enfin, il est tenu compte de la **nature,** de la gravité ou de l'urgence **de l'acte** pour apprécier si l'absence de vérification des pouvoirs du mandataire apparent par le tiers est justifiée. Ainsi, la jurisprudence apparaît plus exigeante en présence d'un acte de disposition que d'un acte d'administration.

Les circonstances subjectives sont celles qui tiennent à la personne du mandataire apparent et/ou du tiers. Ainsi, le fait que l'acquisition ou la cession de droits sociaux a été effectuée par un mandataire exerçant une **profession** dans laquelle la réalisation de tels actes a un caractère apparemment normal est un élément en faveur de la reconnaissance de la croyance légitime du tiers, sauf cas particulier où chaque partie est représentée par un notaire (n° 28045). À l'inverse, la croyance légitime est plus difficilement retenue lorsque le tiers agit pour les besoins de son activité professionnelle. Les **liens familiaux** existant entre le « mandant » et le « mandataire » peuvent également être pris en compte pour apprécier la légitimité de la croyance du tiers. L'hypothèse fréquemment rencontrée est celle du mandat entre époux, pour l'existence duquel les tribunaux se montrent stricts et l'admettent assez difficilement. Par ailleurs, l'apparence ne peut pas être utilement invoquée par le **tiers** lorsque celui-ci aurait pu avoir connaissance de la véritable situation en prenant quelques **précautions,** notamment en demandant confirmation au « mandant » de la réalité des pouvoirs de celui qui se présente comme mandataire (n° 28045). Enfin, les circonstances permettant d'établir l'existence de la croyance légitime doivent être extérieures aux seules **déclarations** du prétendu **mandataire** (Cass. com. 23-3-1993 n° 514 D : RJDA 6/93 n° 501).

28175 ILLUSTRATIONS

Profession du prétendu mandataire

Dans une affaire concernant une vente immobilière, mais la solution est à notre avis transposable aux cessions de titres, il a été admis qu'un tiers avait pu légitimement croire qu'un **notaire,** chargé de régler une succession comprenant notamment un bien immobilier, avait reçu le mandat de vendre ce bien.

Cass. 3e civ. 2-10-1974 : Bull. civ. III n° 331.

Pour déclarer parfaite la vente d'un ensemble immobilier par le nu-propriétaire et l'usufruitier à un couple d'acheteurs, une cour d'appel avait jugé que la **négociation** était intervenue **entre** les **notaires** des parties, celui des acheteurs ayant présenté une offre d'achat au nom et pour le compte de ses clients, et celui des vendeurs, qui l'a acceptée, se comportant en mandataire apparent de ceux-ci, notamment en encaissant l'acompte sur le prix de vente.
En statuant ainsi, la cour d'appel n'a pas tiré les conséquences légales de ses propres constatations, dont il se déduisait que le mandat apparent ne pouvait pas être admis, les mandataires des parties étant tenus, en leur qualité de notaires, de procéder à la vérification de leurs pouvoirs respectifs, violant ainsi l'article 1998 du Code civil.

Cass. 1e civ. 22-11-2007 n° 05-14.732 F-D : RJDA 6/08 n° 646.

Le notaire du vendeur d'un garage avait adressé au notaire du candidat acquéreur un projet de promesse de vente non signé mentionnant un prix de 25 000 €, avec faculté de substitution. Le vendeur avait par la suite refusé de signer l'acte de vente définitif au profit d'une SCI qui s'était substituée dans les droits du candidat acquéreur.
Pour déclarer la vente parfaite au profit de la SCI, une cour d'appel avait retenu que le notaire du vendeur s'était présenté comme son mandataire dans différents courriers adressés à son confrère et à la mairie du lieu de situation du garage et qu'il ressortait de l'ensemble de ces éléments un accord sur la chose et sur le prix.
La Cour de cassation a censuré cette décision au motif que le mandat apparent ne peut pas être admis pour l'**établissement d'un acte par un notaire instrumentaire avec** le **concours d'un confrère** car les deux officiers publics sont tenus de procéder à la vérification de leurs pouvoirs respectifs.

Cass. 1e civ. 20-3-2013 n° 12-11.567 F-PBI : RJDA 7/13 n° 612.

28180 ILLUSTRATIONS

Attitude du mandant

Une personne, qui a **encaissé le prix** du contrat conclu par celui qui se présentait comme son mandataire, a, par cette attitude, laissé créer à l'égard du tiers contractant une apparence de mandat.

Cass. com. 5-12-1989, Sté Gullivers travel c/ Sté Air charter : Bull. civ. IV n° 309.

S'est comporté comme un mandant celui qui s'est **abstenu de protester** lorsqu'il a reçu la facture concernant le bien qu'il était censé avoir acheté par l'intermédiaire d'une personne, mandatée par lui à plusieurs reprises pour effectuer des achats du même type.

Cass. com. 15-3-1984, SARL Bretmat c/ SARL Grands garages de la Sarthe : Bull. civ. IV n° 106.

Dans un cas où le mandant avait rompu les **relations** qu'il entretenait **depuis plusieurs années** avec son mandataire sans en informer les tiers contractants, il a été jugé que ces derniers avaient pu légitimement croire que le mandataire continuait à représenter le mandant.

Cass. com. 20-4-1982, Sté Sovoda c/ Sté Sodex loisirs : Bull. civ. IV n° 133.

28185 ILLUSTRATIONS

Mandat entre membres d'une même famille

L'époux qui, **en présence de son fils,** s'était **prétendu le mandataire de son épouse** pour conclure la vente d'un bien commun et s'était **porté fort** de la signature de celle-ci pour la réitération par acte authentique a eu l'apparence d'un véritable mandataire et a engagé son épouse.

Cass. 1e civ. 14-12-1976 : Bull. civ. I n° 403.

Dans un cas où un notaire avait établi un acte en vertu duquel un **époux,** déclarant agir tant en son nom personnel qu'en qualité de mandataire de son épouse, avait reconnu devoir une somme d'un million de francs (environ 150 000 €) à des tiers, auxquels il promettait de vendre des biens pour le cas où cette somme ne serait pas remboursée à la date convenue, il a été jugé que les tiers acquéreurs avaient pu légitimement croire aux pouvoirs du mandataire dès lors que ces pouvoirs résultaient en apparence d'une procuration notariée, mentionnée dans l'**acte dressé par le notaire,** officier public tenu par son devoir de conseil de s'assurer de l'existence de la procuration à laquelle il se référait et de l'étendue des pouvoirs du mandataire.

Cass. 1e civ. 11-3-1986 : Bull. civ. I n° 67.

Dans un cas où un mari s'était engagé à vendre un immeuble dépendant de la communauté de biens, jugé que la preuve de l'apparence d'un **mandat entre le mari et son épouse** ne pouvait pas résulter de l'attitude passive de celle-ci, présente à l'acte, car son **silence** pouvait s'expliquer par le souci de ne pas s'opposer à son mari en présence de tiers et que ni la **profession** d'administrateur de biens du **mari** vendeur, ni le **concours de deux avocats** à la rédaction de l'acte ne dispensaient l'acquéreur de s'assurer de l'étendue des pouvoirs du vendeur qu'il savait marié.

Cass. 1e civ. 24-3-1981 : JCP G 1982 II n° 19746 note R. le Guidec.

Dans un cas où le mari s'était engagé à vendre l'immeuble dépendant de la communauté des biens, la mention du nom des deux époux dans le document écrit constatant l'acte, rédigé par l'**époux** vendeur, ne constitue pas une circonstance dispensant l'acquéreur de s'assurer de la réalité des pouvoirs du vendeur.

Cass. 1e civ. 28-3-1984 : Bull. civ. I n° 119.

La croyance de l'acquéreur de parts sociales n'est pas légitime dès lors qu'il a versé le prix des parts au **conjoint** du cédant alors que celui-ci avait donné mandat à un tiers de céder ses parts et que l'acquéreur connaissait l'existence et la qualité de ce **mandataire réel** au moment de la « passation » de l'acte de cession.

Cass. com. 15-3-1988 : BRDA 8/88 p. 22.

Un tiers à qui un **époux** a consenti un bail rural portant sur un bien propre de son conjoint ne peut pas se prévaloir d'un mandat apparent de l'époux dès lors qu'il savait les époux **en instance de divorce** depuis plusieurs années et que, s'agissant d'une convention importante, il n'était pas dispensé de **vérifier la qualité** du bailleur.

Cass. 1e civ. 6-7-1976 : Bull. civ. I n° 246, rendu à propos d'un bail rural mais à notre avis transposable à la cession de droits sociaux.

Dans un cas où une société qui souhaitait réaliser un lotissement avait conclu avec un époux seul un protocole stipulant que les deux époux donnaient leur accord à la vente d'un terrain qui leur appartenait en commun, jugé que la société n'avait pas pu légitimement croire que l'époux disposait d'un mandat apparent pour engager son épouse. En effet, la preuve d'un tel mandat ne pouvait pas résulter de l'**attitude passive de l'épouse** lors des négociations ayant précédé et suivi la signature du protocole ; en outre, la société, qui savait que le terrain était un bien commun, aurait dû, en tant que **professionnel** de l'immobilier, **s'assurer de l'accord** de l'épouse.

Cass. 1e civ. 31-3-2010 n° 08-19.649 : RJDA 6/10 n° 617.

Dans un cas où le client d'une banque avait d'abord inscrit sur son compte personnel des titres de rente appartenant à son fils, les avait ensuite transférés dans un autre établissement puis les avait cédés, il a été jugé que les circonstances suivantes ne suffisaient pas à caractériser l'apparence d'un **mandat consenti par le fils à son père** pour la cession de ses titres : le fils n'était jamais intervenu du vivant de son père pour reprendre **possession des titres,** y compris lorsque celui-ci avait pour la première fois inscrit sur un compte ouvert à son seul nom des titres dont son fils était nu-propriétaire ; ce dernier avait en conséquence connu et **toléré la gestion** des titres par son père.

Cass. com. 12-7-1993 n° 1371 P : Bull. civ. IV n° 292.

Il a été jugé que les circonstances suivantes ne suffisaient pas à autoriser les cédants de parts sociales à ne pas vérifier les pouvoirs de celui qui se présentait comme le mandataire de l'acquéreur :

– le mandataire supposé avait signé l'acte de cession en son nom personnel et avait apposé sa **signature avec les lettres P/P** précédant le nom du « mandant » ;

– le **« mandant »** s'était **fortement impliqué** dans le projet en adressant plusieurs courriels relatifs à des frais de structures, des prévisionnels dans lesquels il révélait ses compétences et capacités, en recevant systématiquement les courriels relatifs à la situation des sociétés devant être acquises, et en constituant, peu avant avec le « mandataire », dans le cadre du projet de rachat, une société dont l'objet était la transaction et la location d'immeubles et la participation dans toute société ayant cet objet social ;

– le « mandant » avait été présenté comme étant le **fils du « mandataire »** et il n'avait pas hésité à signer des lettres en accolant son nom à celui du « mandataire », laissant ainsi se créer une apparence de parenté entre les intéressés de nature à faire croire en l'existence d'une harmonie, d'une confiance réciproques et d'une communauté d'intérêts des deux acquéreurs dans leurs rapports personnels.

Cass. com. 2-12-2020 n° 18-22.742 F-D : RJDA 3/21 n° 165.

Il n'y a pas d'**incompatibilité** entre **mandat exprès** et **mandat apparent** (Cass. 3e civ. 2-3-2005 n° 292 FS-PB : RJDA 8-9/05 n° 967). Dans les cas où l'exigence d'un mandat exprès est incontournable dans les rapports entre mandant et mandataire, cette exigence est tempérée, vis-à-vis des tiers diligents et de bonne foi, par la théorie de l'apparence qui a pour but d'assurer à leur égard la sécurité des transactions quels que soient la nature et l'objet du mandat (Cass. 1e civ. 11-5-1999 n° 919 D). Les caractéristiques de l'apparence vont être appréciées plus sévèrement dans ce cas particulier où la volonté du mandant fait l'objet d'une protection renforcée, mais l'apparence peut parfaitement reposer sur un mandat ad litem confié à un avocat (Cass. 3e civ. 2-3-2005, précité). **28192**

28193 Les règles de **publicité légale** entourant la **nomination** et la **cessation des fonctions de dirigeant** de société ne suffisent pas à **exclure** qu'une société puisse être engagée sur le fondement d'un **mandat apparent** (Cass. com. 9-3-2022 n° 19-25.704 F-D : RJDA 6/22 n° 335).

28195 La **croyance légitime** s'apprécie au **moment** de l'acte passé par le prétendu « mandataire » (Cass. 3e civ. 20-4-1988 : JCP E 1989 II n° 21229). Les faits générateurs de cette croyance ne peuvent donc pas être postérieurs à cet acte (Cass. 3e civ. 11-1-1995 n° 111 D : RJDA 3/95 n° 280).

28197 Le mandat apparent a pour **effet** d'obliger le mandant à exécuter les engagements pris envers les tiers par le mandataire apparent, mais non d'y obliger ce dernier (Cass. com. 21-3-1995 n° 614 P : RJDA 8-9/95 n° 974). Par ailleurs, les dommages qui seraient causés aux tiers contractants doivent être réparés par le mandant apparent, comme s'il était le véritable mandant (Cass. 1e civ. 31-5-1983 : Bull. civ. I n° 161 ; voir n° 28400). Par exemple, il doit répondre des agissements du mandataire apparent qui a détourné les fonds que lui ont remis les tiers (CA Paris 5-3-2009 n° 07-7222, 15e ch. B : RJDA 1/10 n° 25).

B. Effets du mandat

1. EFFETS DU MANDAT ENTRE LES PARTIES

a. Obligations du mandataire à l'égard du mandant

EXÉCUTION DU MANDAT

28230 **Pouvoirs du mandataire** Le mandataire doit exécuter la mission qui lui a été confiée sans rien pouvoir faire au-delà de ce qui a été prévu dans son mandat (C. civ. art. 1989). Il en résulte que l'étendue du pouvoir de représentation du mandataire est appréciée strictement par les tribunaux. Celui qui donne mandat à un tiers doit donc être très attentif aux termes qu'il utilise dans la procuration.

Dans des affaires ne concernant pas des droits sociaux mais dont la solution retenue est transposable, il a par exemple été jugé que le **mandat de vendre** un bien n'est pas **compris** dans le fait de confier à un tiers la gestion de ce bien (CA Paris 2-10-1965 : D. 1966 p. 545) et qu'il n'est pas inclus non plus dans le mandat de négocier une vente, lequel confère seulement au mandataire le pouvoir de rechercher un acquéreur (CA Lyon 25-2-1957 : D. 1957 p. 491 ; CA Paris 2-10-1965 précité).

De la même façon, il a été jugé que le **mandat de vendre** un bien ne **comporte** pas le pouvoir d'en percevoir le prix (CA Toulouse 3-6-1996, 2e ch. : D. 1996 IR p. 215) ou d'ester en justice sur la validité de la vente (Cass. soc. 3-2-1955 : Bull. civ. IV n° 94). Il ne confère pas non plus le pouvoir d'inclure, dans l'acte de cession, une clause interdisant au cédant d'utiliser son nom de famille (Cass. com. 10-7-2018 n° 16-23.694 FS-PB : RJDA 12/18 n° 956).

La Cour de cassation reconnaît toutefois au mandataire le pouvoir d'accomplir tous les **actes** qui sont **en relation directe** et étroite **avec la cession** de droits sociaux. Elle a ainsi admis qu'un mandataire chargé d'acquérir des parts sociales était resté dans les limites de son mandat en incluant dans l'acte de cession une clause de décharge de garantie du cédant ainsi qu'une clause pénale en cas de non-réalisation de la condition résolutoire liée à l'obtention de la décharge (Cass. com. 16-6-2004 n° 958 F-D : RJDA 10/04 n° 1110). Un arrêt de la cour d'appel de Lyon, il est vrai ancien, avait au contraire retenu que le mandat de vendre ne comporte pas le pouvoir d'inclure dans le contrat de vente une clause pénale en cas de dédit de l'acquéreur (CA Lyon 7-2-1946 : D. 1947 som. p. 7). Sur la question de savoir si un mandat de vendre peut comporter le pouvoir de conclure une convention de garantie au nom du mandant, voir n° 66165.

28232 **Exécution loyale du mandat** L'obligation de loyauté qui s'impose au mandataire à l'égard de son mandant suppose la révélation de toute **information de nature à influer sur le consentement** de celui-ci (Cass. com. 18-5-2017 n° 15-28.683 FS-I : RJDA 8-9/17 n° 546).

ILLUSTRATIONS

Grâce au concours financier de la SDBO, filiale du Crédit Lyonnais, une SA faisant partie du groupe Tapie (le « groupe ») avait acquis 78 % du capital d'une société allemande qui détenait le contrôle de la société Adidas. Près de deux ans plus tard, le « groupe » avait donné mandat à la SDBO de rechercher des acquéreurs pour cette participation à un prix de 2,085 milliards de francs. En exécution de ce mandat, les titres avaient été cédés à divers acquéreurs dont une autre filiale du Crédit Lyonnais (Clinvest), qui avait acquis 9,9 % des titres, et une société constituée par un homme d'affaires suisse qui en avait acquis 15 %. La plupart des autres acquéreurs avaient financé cet achat grâce à un prêt « à recours limité » consenti par le Crédit Lyonnais ; ce prêt spécifique prévoyait notamment que, en cas de revente des titres, la plus-value serait partagée à raison d'un tiers pour l'emprunteur et de deux tiers pour le Crédit Lyonnais. Dans le même temps, l'ensemble des acquéreurs avait consenti à l'homme d'affaires une promesse de vente d'une durée de deux ans, pour un prix de 3,498 milliards de francs ; cette option avait été levée. Le « groupe » avait alors reproché à la SDBO un défaut de loyauté pour ne pas l'avoir informé sur les prévisions de valorisation d'Adidas.

La Cour de cassation a écarté l'existence d'une violation par le mandataire de son obligation de loyauté, dès lors qu'il résulte des éléments suivants que le « groupe » disposait des informations essentielles lui permettant de décider en toute connaissance de cause de céder les titres et d'en déterminer le prix, et que, même s'il avait été informé des négociations en cours avec l'homme d'affaires en vue de lui consentir une option d'achat valable pendant deux ans, cette information n'aurait pas été de nature à influer sur sa décision (Cass. com. 18-5-2017 précité) :

– la cession des titres Adidas était imposée par l'entrée du dirigeant du « groupe » au Gouvernement qui exigeait la transformation des actifs industriels du groupe en actifs patrimoniaux, par le règlement de la seconde échéance du prêt consenti pour l'acquisition des titres d'Adidas et par la nécessité de recapitaliser Adidas ;

– près d'un an avant de confier le mandat à la SDBO, le « groupe » avait commencé à rechercher en vain des acquéreurs ; les procédures d'alertes lancées par les commissaires aux comptes du « groupe » ainsi que la renonciation, pour des motifs juridiques et économiques, de l'un des actionnaires d'Adidas à acquérir les titres détenus par le « groupe » ont créé un climat défavorable vis-à-vis des autres repreneurs éventuels ;

– le mandat confié à la SDBO de rechercher des acquéreurs pour un prix de 2,085 milliards de francs correspondait à la valeur réelle d'Adidas à cette date ;

– à la date de conclusion du mandat, le « groupe » disposait des mêmes éléments d'analyse que les banques pour apprécier l'évolution future d'Adidas et, à la date de la vente, les dirigeants du « groupe » connaissaient les perspectives de redressement d'Adidas, telles qu'elles ressortaient du business plan de sa direction.

Interdiction de se porter contrepartie Le **mandataire** doit toujours agir dans l'intérêt exclusif de son mandant. C'est la raison pour laquelle il n'a pas le droit d'**acheter,** par lui-même ou par personne interposée, les **biens** qu'il est chargé de vendre, sous peine de nullité de la vente (C. civ. art. 1596 ; Cass. 1e civ. 2-10-1980 : Bull. civ. I n° 241). Cette interdiction s'applique même si la vente est conclue au prix fixé par le mandant (Cass. 1e civ. 27-1-1987 : Bull. civ. I n° 32). 28234

Par ailleurs, le mandataire chargé d'acquérir des droits sociaux ne peut pas **vendre** ses propres titres au mandant lorsque celui-ci est une personne physique. En effet, l'article 1161 du Code civil interdit d'une manière générale au mandataire de contracter pour son propre compte avec le mandant personne physique.

ILLUSTRATIONS

Il a été jugé qu'en la personne de ses associés une société mandataire avait acquis, par **personne** morale **interposée,** le bien qu'elle était chargée de vendre, l'interposition ayant été déduite des circonstances suivantes : la société mandataire et la société acquéreur étaient animées et dirigées par les mêmes personnes, lesquelles détenaient le capital social ; les sociétés avaient leur siège à la même adresse où se déroulaient leurs activités (Cass. 1e civ. 17-6-1986 : Bull. civ. I n° 170).

La **nullité** qui sanctionne toute vente ou acquisition conclue au mépris des articles 1596 et 1161 du Code civil a pour objectif de protéger le mandant. Il s'agit donc d'une nullité relative (Cass. 1e civ. 29-11-1988 : Bull. civ. I n° 341). Sur les effets de cette nullité, voir nos 30700 s. 28235

Il arrive que la violation de l'interdiction de se porter contrepartie soit sanctionnée par la seule attribution de **dommages-intérêts** au mandant. Il en est ainsi, par exemple, lorsque la nullité de la cession ne peut pas être prononcée car les titres ont été revendus puis introduits en bourse.

Une telle violation peut même être constitutive du délit d'**escroquerie.** Celui-ci a d'ailleurs été retenu à l'encontre de l'employé d'une banque qui avait laissé croire à un client de la banque à sa qualité de mandataire alors qu'en réalité il s'était porté contrepartie aux opérations de bourse pour lesquelles ce client avait donné des ordres : en effet, malgré les formules des ordres et des avis d'opéré énonçant qu'il y avait contrat direct, certaines formules artificieusement juxtaposées à ces formules avaient fait croire au client, confiant et inexpérimenté, que l'employé conservait vis-à-vis de lui la qualité d'intermédiaire et que les honoraires et commissions portés dans le compte constituaient la rémunération des services rendus par lui en cette qualité (Cass. crim. 23-1-1913 : D. 1915 I p. 57).

L'**interdiction** peut être **écartée** si le mandant personne physique autorise le mandataire à acquérir ou vendre des biens qu'il était chargé de vendre ou acheter, ou s'il ratifie l'opération (C. civ. art. 1161, al. 2) ; dans ce cas, le mandataire n'a droit à aucune rémunération (Cass. civ. 28-6-1934 : Gaz. Pal. 1934 p. 430). 28237

Il en est de même de l'interdiction prévue par l'article 1596 du Code civil si le mandant renonce à invoquer la nullité de la cession en confirmant cette dernière par un acte exprès ou tacite, mais qui, dans ce dernier cas, doit alors être non équivoque.

ILLUSTRATIONS

La **renonciation** à invoquer la nullité affectant la vente n'a **pas** été **retenue** dans un cas où un mandataire, chargé par un ami, unique actionnaire d'une société, de « vendre et d'acheter » les actions de celle-ci, avait acquis ces actions. En effet, en l'absence d'autres actes susceptibles de conforter cette renonciation, l'ambiguïté des termes de la procuration ne permettait pas d'établir la volonté certaine du mandant de renoncer aux dispositions protectrices de l'article 1596 (CA Paris 21-1-2010 n° 09-11936, ch. 5-9 : RJDA 6/10 n° 619).

Dans l'affaire « Tapie » dont les faits ont été exposés au n° 28232, il a été déduit des constatations suivantes que le mandant (le « groupe ») avait donné son **consentement éclairé à la vente** des titres **à son mandataire** (la SDBO), directement ou par personne interposée (Cass. com. 18-5-2017 n° 15-28.683 FS-I : RJDA 8-9/17 n° 546) :

– la SDBO n'était pas la dispensatrice des prêts à recours limité ;

– le projet d'acte de cession des titres, qui avait été préparé par le propre avocat du « groupe » et avait été transmis par fax au « groupe » quinze jours avant la vente, mentionnait que des sociétés luxembourgeoises et la société Clinvest figuraient parmi les acquéreurs, même si l'auteur du fax indiquait qu'il lui manquait certaines données, notamment la répartition précise des parts achetées, ainsi que l'identité et l'actionnariat des sociétés luxembourgeoises ;

– dans un fax envoyé la veille au « groupe », l'avocat avait confirmé un accord téléphonique sur la facturation d'un forfait à titre d'honoraires pour la rédaction du protocole de vente des droits sociaux à trois établissements financiers, dont Clinvest, et à leurs affiliées luxembourgeoises ;

– dans les semaines précédant la vente, la liste des acquéreurs n'était pas définitivement arrêtée mais il était clair pour les dirigeants du « groupe » qu'il s'agissait de ces trois établissements financiers, auxquels la liberté était laissée de déterminer les conditions dans lesquelles, directement ou par leurs affiliées, ils apparaîtraient à l'acte ;

– il résulte des conditions d'élaboration de l'acte de vente des titres que les trois établissements financiers recueillaient ouvertement aux yeux du « groupe » les risques mais aussi les profits éventuels de l'opération et faisaient par conséquent leur affaire de la reprise de la société Adidas ;

– le secret entourant l'opération ne concernait pas le « groupe », qui avait accepté que les acquéreurs puissent être les trois établissements financiers et leurs discrètes émanations ; en revanche, le recours à une pluralité d'acquéreurs et la confidentialité se justifiaient par le souci de ne pas faire entrer Adidas dans le secteur public et de ne pas attirer l'attention sur ce qui pouvait être – et a été – regardé par la presse comme une faveur consentie à un ministre en exercice par des banques publiques qui endossaient l'intégralité des risques de l'opération.

28240 **Substitution de mandataire** Sauf clause contraire, le mandataire n'est pas tenu d'exécuter personnellement sa mission et il peut se substituer un tiers sans être tenu de requérir l'autorisation du mandant.

Le **mandataire** qui recourt à la substitution répond de la gestion de celui qu'il s'est substitué si cette substitution n'a pas été acceptée, expressément ou tacitement, par le mandant ; il en va de même, en cas de substitution autorisée, lorsque le mandataire a choisi une personne notoirement incapable ou insolvable (C. civ. art. 1994, al. 1).

Que la substitution ait été ou non autorisée par le mandant, le mandataire est tenu d'une **obligation** de surveillance de son substitué pour la bonne exécution du mandat (Cass. 1e civ. 29-5-1980 : Bull. civ. I n° 163 ; Cass. 1e civ. 29-1-1991, Sté Marmara c/ CPAM d'Île-de-France : Bull. civ. I n° 40).

28243 Le **mandant** peut **agir directement** contre le mandataire substitué même s'il n'a pas autorisé la substitution (C. civ. art. 1994, al. 2), notamment pour obtenir réparation du préjudice causé par la mauvaise exécution du mandat. Le mandataire substitué est donc directement responsable de sa faute envers le mandant (Cass. 1e civ. 26-11-1981 : Bull. civ. I n° 355 ; Cass. com. 23-11-1993 n° 1838 P : RJDA 5/94 n° 515 ; Cass. 1e civ. 23-1-1996 n° 197 P : RJDA 6/96 n° 780).

ILLUSTRATIONS

La responsabilité d'un mandataire substitué a été retenue à l'égard du mandant pour avoir remis au mandataire d'origine les fonds qui revenaient au mandant sans s'assurer que le mandataire d'origine présentait toutes les garanties à cet égard (Cass. 1e civ. 23-1-1996, précité).

A également commis une faute engageant sa responsabilité à l'égard du mandant le mandataire substitué qui a attendu plusieurs mois pour assigner le mandataire initial en remboursement des droits et taxes qu'il avait acquittés et n'a pas avisé le mandant de la précarité de la situation financière du mandataire initial qu'il connaissait puisqu'il avait engagé à son encontre une action en redressement judiciaire et déposé une plainte pour escroquerie (Cass. com. 23-11-1993, précité).

Le mandant peut agir contre le mandataire substitué même si celui-ci n'a pas été informé que son donneur d'ordre n'était lui-même qu'un mandataire (Cass. com. 14-10-1997 n° 2130 P : RJDA 2/98 n° 169).

Quant au **mandataire substitué,** la jurisprudence lui reconnaît une **action directe contre le mandant** d'origine pour obtenir le remboursement de ses avances et frais ainsi que le paiement de sa rémunération, cette action pouvant être exercée dans tous les cas, que la substitution ait été, ou non, autorisée par le mandant (Cass. com. 9-11-1987, SA Les Établissements Laurent c/ Sté SNTC Tramar : Bull. civ. IV n° 233 ; Cass. com. 19-3-1991 n° 522 P : RJDA 7/91 n° 589). Toutefois, le mandataire substitué ne peut plus agir contre le mandant lorsque l'action du mandataire initial est elle-même éteinte, ce qui est notamment le cas si ce dernier a reçu du mandant les fonds destinés au mandataire substitué (Cass. com. 3-12-2002 n° 2139 FS-PBR : RJDA 5/03 n° 486 ; Cass. 1e civ. 30-5-2006 n° 915 F-PB : RJDA 3/07 n° 259). 28245

Le mandant peut opposer à l'action directe du mandataire substitué la faute commise par celui-ci, quel qu'en soit le degré de gravité si elle est à l'origine du préjudice dont il se plaint (Cass. com. 25-6-1991 n° 1004 P : RJDA 8-9/91 n° 706). Par exemple, le mandataire substitué qui aurait avancé des sommes pour le compte du mandant ne pourrait pas lui demander remboursement de celles-ci, s'il avait imprudemment renoncé à une garantie de paiement dont il disposait sur le mandataire intermédiaire.

Responsabilité du mandataire Le mandataire est responsable envers le mandant de l'inexécution, totale ou partielle, de sa mission (C. civ. art. 1991, al. 1). En outre, il répond des fautes qu'il commet dans sa gestion (C. civ. art. 1992). 28250

En cas d'**inexécution totale** du mandat et sauf cas fortuit, la responsabilité du mandataire est présumée : le mandant n'a donc pas à prouver que l'inexécution est due à une faute du mandataire (Cass. soc. 30-11-1945 : D. 1946 p. 155 ; Cass. 1e civ. 1-6-1954 : D. 1954 p. 611 ; Cass. 1e civ. 18-1-1989 : D. 1989 p. 302 ; Cass. 1e civ. 16-5-2006 n° 836 F-PB : RJDA 1/07 n° 41). Cette présomption ne joue pas en cas de **mauvaise exécution** du mandat ; dans ce cas, la responsabilité du mandataire n'est engagée que s'il a commis une faute ayant entraîné l'inexécution partielle (Cass. 1e civ. 18-1-1989 et Cass. 1e civ. 16-5-2006, précités).

ILLUSTRATIONS

A été **rejetée** l'**action en responsabilité** engagée par le cédant d'un bloc de titres cotés qui reprochait à la société de bourse à laquelle il avait confié le soin de vendre ses titres de ne pas avoir mené à bien l'opération sur le marché boursier dans le délai prévu. En effet, le cédant n'établissait aucune négligence fautive à la charge de la société, tenue seulement d'une obligation de moyens en raison du caractère aléatoire de la recherche d'un acquéreur pour des titres à diffusion restreinte et à risque, alors que la société, au contraire, justifiait des diligences accomplies pour la bonne exécution du mandat (Cass. com. 7-10-1997 n° 1976 P : RJDA 12/97 n° 1499). De même, jugé que le cabinet chargé de rechercher un acquéreur pour un bloc de titres n'avait pas commis de faute en ne préconisant pas un audit du candidat qu'il avait présenté au cédant, dès lors qu'au moment de la conclusion de la cession le cédant, professionnel du secteur industriel concerné, disposait de toutes les informations utiles sur la situation financière de l'acquéreur proposé (Cass. com. 29-3-2011 n° 09-71.443 F-D : RJDA 10/11 n° 810).

En revanche, jugé qu'avait **commis** une **faute** contractuelle à l'égard du mandant le mandataire qui avait donné au tiers, avec lequel il avait conclu un contrat au nom du mandant, une interprétation erronée de la volonté de ce dernier et contraire à ses intérêts (Cass. 1e civ. 11-4-1995 : Bull. civ. I n° 171). De même, jugé qu'avait engagé sa responsabilité à l'égard du mandant le mandataire, spécialiste du financement et de la transmission d'entreprises, qui avait fait signer un engagement de caution à une entreprise sans vérifier le pouvoir du signataire alors que cette vérification était élémentaire et que son expérience aurait dû lui permettre d'en apprécier l'opportunité et la nécessité (Cass. com. 24-3-2015 n° 14-10.255 F-D : RJDA 7/15 n° 492).

La responsabilité pour faute du mandataire est plus sévèrement appréciée lorsque le **mandat** est salarié que lorsqu'il est **gratuit** (C. civ. art. 1992, al. 2). Les juges du fond sont donc fondés à ne pas retenir certains manquements comme faute lorsque le mandataire a agi à titre gratuit (Cass. 1e civ. 16-5-2006 n° 03-19.936 F-PB : RJDA 1/07 n° 41). 28253

ILLUSTRATIONS

Le mandataire auquel a été confié, par mandat gratuit, une somme pour souscrire à l'augmentation de capital d'une société n'a pas commis de faute en se bornant à déposer, le jour de l'augmentation de capital, cette somme au compte courant de la société contre une quittance du gérant mentionnant que cette somme était « à valoir sur l'augmentation de capital en cours », dès lors, d'une part, qu'il n'apparaît pas que le mandataire a eu mission de conserver les fonds et, d'autre part, qu'il a ainsi exécuté l'obligation mise à sa charge par un mandat gratuit dont l'objet ne s'étendait pas à une surveillance de l'emploi des capitaux (Cass. 1e civ. 2-4-1962 : Bull. civ. I n° 190).

Cependant, la gratuité du mandat a seulement une incidence sur l'appréciation de la faute et non sur l'étendue de la réparation lorsque la faute est retenue (Cass. 1e civ. 4-1-1980 : Bull. civ. I n° 11 ; Cass. com. 24-3-2015 n° 14-10.255 F-D : RJDA 7/15 n° 492).

28256 Le mandataire doit **réparer** le **dommage** qu'il a causé par sa faute. Il peut donc être condamné à indemniser la perte de chance subie par le mandant (CA Paris 30-9-2005 n° 96-12548, 3e ch. B : RJDA 2/06 n° 135 ; Cass. com. 24-3-2015 n° 14-10.255 F-D : RJDA 7/15 n° 492 ; Cass. com. 21-10-2020 n° 19-15.829 F-D : RJDA 2/21 n° 73). En revanche, si l'inexécution de ses obligations n'a causé aucun préjudice au mandant, sa responsabilité n'est pas engagée (Cass. com. 30-3-2005 n° 519 F-D : RJDA 7/05 n° 807).

En principe, la réparation du dommage doit être **intégrale.**

28257 Le mandataire peut être **déchargé,** au moins **partiellement,** de sa **responsabilité** lorsqu'une clause limitative ou exclusive de responsabilité est stipulée à son profit dans le mandat. Conformément au droit commun, une telle clause est écartée en cas de dol ou faute lourde du mandataire et n'est opposable au mandant que si celui-ci est réputé l'avoir acceptée.

Par ailleurs, un partage de responsabilité peut être prononcé entre le mandataire et le mandant lorsque celui-ci a contribué à la réalisation de son préjudice. Le seul fait pour le mandant de s'être abstenu d'accomplir les actes juridiques entrant dans la mission du mandataire ne peut pas, bien entendu, constituer une faute justifiant un tel partage (Cass. com. 5-2-2008 n° 06-18.720 F-D : RJDA 7/08 n° 794 ; Cass. 1e civ. 8-4-2010 n° 09-12.824 F-PBI : RJDA 7/10 n° 741).

28258 La responsabilité du mandataire envers son mandant **se prescrit** par cinq ans à compter du jour où le mandant a connu ou aurait dû connaître les faits lui permettant d'agir (C. civ. art. 2224 et C. com. art. L 110-4).

REDDITION DES COMPTES PAR LE MANDATAIRE

28266 Le mandataire est tenu de **rendre compte à** son **mandant de tout ce qu'Il a reçu** en sa qualité et dans l'accomplissement de sa mission de représentation, même ce qui n'est pas dû au mandant (C. civ. art. 1993). Il a été jugé que les sommes remises au mandataire pour le compte du mandant et dont le mandataire a donné décharge au nom de celui-ci doivent être considérées comme reçues en vertu du mandat et que le mandataire est alors tenu de faire raison de la totalité de ces sommes au mandant sauf si ce dernier a accepté expressément l'utilisation que le mandataire en a faite (Cass. 1e civ. 8-7-1975 : Bull. civ. I n° 226, à propos d'un bail mais transposable). Dans cette affaire, le mandataire, chargé par un locataire de négocier au meilleur prix une indemnité de résiliation d'un bail, a ainsi été condamné à restituer au mandant la totalité des sommes qu'il avait perçues de la part du bailleur alors même qu'il avait rendu à celui-ci une partie des fonds, conformément à un accord passé entre eux, dès lors qu'il avait donné quittance au nom du mandant pour la totalité des sommes perçues et pas seulement pour celles qu'il n'avait pas restituées au bailleur, et qu'il n'était pas établi que le mandant avait approuvé la convention relative à la restitution d'une partie des fonds.

L'obligation de rendre compte concerne même les sommes illicites reçues par le mandataire dans l'exécution de son mandat (Cass. com. 14-5-2013 n° 11-20.981 F-D : RJDA 1/14 n° 29). Tel est le cas des commissions occultes qu'une société a versées au mandataire en contrepartie des achats qu'il a effectués auprès de celle-ci au nom et pour le compte du mandant (même arrêt).

Le mandataire peut être **dispensé** de cette obligation par une convention spéciale (Cass. civ. 22-12-1851 : DP 1852 I p. 37) ou tacite, laquelle résulte alors des circonstances, notamment des liens entre le mandant et le mandataire, qui auraient rendu impossible ou inutile l'obtention d'un quitus formel par le mandant (CA Versailles 29-11-1993 n° 92-6913, 1e ch. sect. 1). En revanche, l'absence de dépassement du mandat n'est pas un motif de dispense (Cass. 1e civ. 16-5-2006 n° 831 F-PB : RJDA 11/06 n° 1131).

28268 La **reddition** des comptes **s'opère** en général par voie d'inventaire, comportant la liste des recettes et des dépenses du mandataire, avec pièces justificatives à l'appui. Celles-ci peuvent consister en des lettres, factures, récépissés, livres de commerce régulièrement tenus (Cass. req. 26-12-1923 : Gaz. Pal. 1924 I p. 515). En revanche, un simple arrêté de compte courant faisant ressortir un solde débiteur a été jugé insuffisant (Cass. com. 19-10-1993 n° 1527 D : RJDA 3/94 n° 286).

Les juges du fond apprécient souverainement les moyens justificatifs produits par le mandataire et peuvent, pour ce faire, prendre en considération la nature des rapports existant entre les parties (Cass. req. 26-12-1923, précité).

28270 Le mandataire doit **prouver** l'utilisation qu'il a faite des fonds reçus ou prélevés (Cass. 1e civ. 12-11-2015 n° 14-28.016 F-PB : RJDA 3/16 n° 188).

En revanche, il appartient au mandant de rapporter la preuve que le mandataire a perçu d'autres sommes que celles portées à l'inventaire ou qu'il y a porté des dépenses fictives.

28272 La **restitution** au mandant des biens ou des sommes lui revenant à la suite de l'exécution du contrat s'opère **en nature.** Il a ainsi été jugé qu'un mandataire chargé d'encaisser une somme en dollars devait la remettre à son mandant soit en dollars, soit en euros évalués d'après le cours du change, non pas au jour de l'encaissement mais au jour de la remise des fonds (Cass. req. 9-3-1925 : DH 1925 p. 237).

Outre les sommes perçues en vertu de l'exécution de sa mission, le mandataire doit l'**intérêt** de celles qu'il a employées à son usage, à dater de cet emploi (C. civ. art. 1996) et non à compter de la sommation de payer qui lui est délivrée (Cass. 1e civ. 14-11-2007 n° 06-19.067 : RJDA 3/08 n° 264). Si le mandant se trouve dans l'impossibilité d'établir la date de l'emploi, les intérêts courent à partir du jour où le mandataire a cessé sa gestion (Cass. req. 3-5-1865 : DP 1865 I p. 379). **28274**
Il doit également l'intérêt des sommes dont il reste débiteur, mais seulement à compter de sa mise en demeure (C. civ. art. 1996), étant précisé qu'une simple demande en reddition de compte ne vaut pas mise en demeure (Cass. req. 20-4-1863 : DP 1864 I p. 40). Le mandataire de mauvaise foi peut en outre être condamné à des dommages-intérêts, à condition toutefois que le mandant ait subi un préjudice indépendant de celui causé par le simple retard du mandataire (Cass. 1e civ. 9-5-1990 : Bull. civ. I n° 100).

Le défaut de restitution des sommes dues par le mandataire peut être constitutif du délit d'**abus de confiance** prévu à l'article 314-1 du Code pénal, à condition d'établir le détournement ou la dissipation commis par le mandataire (Cass. crim. 20-1-1939 : DH 1939 p. 151). L'abus de confiance peut exister aussi bien lorsque la somme reçue a été remise au mandataire par un tiers que lorsqu'elle lui a été remise par le mandant lui-même (Cass. crim. 15-2-1939 : DH 1939 p. 294). Au cas particulier, le délit d'abus de confiance a été retenu à l'encontre du mandataire qui, chargé de céder un bien, avait détourné une partie du prix de vente que l'acquéreur lui avait versé, en dissimulant au mandant le montant exact du prix de la vente. **28277**

b. Obligations du mandant à l'égard du mandataire

DESSAISISSEMENT DU MANDANT

Depuis le 1er octobre 2016, il est expressément prévu que le contrat de mandat laisse au mandant l'exercice de ses droits (C. civ. art. 1159, al. 2 issu de ord. 2016-131 du 10-2-2016) : le mandant peut donc accomplir des actes relevant de la mission du mandataire. Avant cette date, cette solution n'était pas précisée par la loi ; elle dépendait de la commune intention que les parties avaient exprimée explicitement ou implicitement. Il en est encore ainsi pour les mandats conclus avant le 1er octobre 2016, car la loi nouvelle ne peut imposer une solution contraire à la volonté des parties. **28280**

REMBOURSEMENT AU MANDATAIRE DE SES FRAIS ET AVANCES

Le mandant doit rembourser au mandataire la totalité des avances et frais que celui-ci a faits pour l'exécution du mandat, même si l'affaire n'a pas réussi et si les dépenses auraient pu être moindres (C. civ. art. 1999). Le mandataire a droit à ce remboursement dès lors qu'aucune faute ne peut lui être reprochée (Cass. 1e civ. 23-3-1982 : Bull. civ. I n° 119). **28290**
Le remboursement s'opère en général au **moment** de la reddition des comptes mais il a été jugé que le mandataire pouvait l'exiger immédiatement, notamment en opposant l'exception d'inexécution et en refusant d'exécuter sa mission si le mandant refusait de lui régler les avances qu'il avait faites (Cass. com. 16-6-1981 : Bull. civ. IV n° 276).
Le mandataire a droit aux **intérêts** des avances à compter du jour où celles-ci ont été faites (C. civ. art. 2001), sans qu'une mise en demeure soit nécessaire. Il a d'ailleurs été jugé que la circonstance que les frais et débours du mandataire ont été liquidés par les juges n'empêchait pas les intérêts de courir à partir de la date prévue à l'article 2001 précité (Cass. 1e civ. 13-5-1981 : Bull. civ. I n° 164).

INDEMNISATION DES PERTES DE GESTION DU MANDATAIRE

Le mandant doit aussi indemniser le mandataire des pertes que celui-ci a subies à l'occasion de sa gestion (C. civ. art. 2000). **28300**
Sont visées sans distinction toutes les pertes essuyées par le mandataire, soit dans la gestion de son mandat, soit simplement à l'occasion de celle-ci (Cass. com. 19-11-1996, n° 1705 D : RJDA 3/97 n° 350). Peuvent ainsi être indemnisées les pertes résultant de redressements fiscaux mis en recouvrement à l'encontre du mandataire (Cass. 1e civ. 28-6-1989 : Bull. civ. I n° 260 et, dans la même affaire, Cass. 1e civ. 3-3-1993 n° 413 D : RJDA 5/93 n° 398). Il en va de même des dommages matériels ou corporels d'origine étrangère au mandat mais supportés par le mandataire à l'occasion de sa gestion (Cass. 1e civ. 4-12-2001 n° 1881 FS-P : RJDA 4/02 n° 379).
Bien entendu, encore faut-il que le mandataire démontre l'existence de ces pertes (Cass. com. 22-5-2012 n° 11-10.586 F-D : RJDA 7/12 n° 741).

ATTENTION

Le **mandataire** a le droit d'être indemnisé de ses pertes de gestion, à condition qu'aucune **imprudence** ne lui soit imputable (C. civ. art. 2000). La moindre imprudence du mandataire dans la gestion de son mandat peut exonérer le mandant de son obligation d'indemniser les pertes. C'est pourquoi le mandataire qui a commis une faute, quelle qu'elle soit, ne peut pas espérer s'abriter derrière l'argument de pertes structurellement imputables au mandant pour obtenir l'indemnisation de ses pertes (Cass. com. 7-5-2019 n° 17-29.004 F-D : RJDA 8-9/19 n° 557).

28303 L'article 2000 du Code civil n'est pas d'ordre public si bien que les parties au mandat peuvent écarter son application (Cass. req. 9-2-1938 : DH 1938 p. 213 ; Cass. com. 4-12-1990 n° 1441 P : RJDA 2/91 n° 115 ; Cass. 1e civ. 6-12-2007 n° 05-14.419 F-D : RJDA 5/08 n° 516), en prévoyant par exemple un **forfait** pour couvrir les pertes subies par le mandataire.

ILLUSTRATIONS

Il a été jugé qu'un mandataire, chargé du recouvrement d'une créance, devait supporter tous les frais et dépenses occasionnés par l'exercice du mandat dès lors que le mandat avait prévu un forfait de 25 % pour le recouvrement de cette créance et avait, de ce fait, exclu tout autre versement par le mandant au mandataire (Cass. req. 9-2-1938, précité).

Jugé en revanche que les parties à un mandat n'avaient pas dérogé aux dispositions de l'article 2000 du Code civil en insérant dans leur contrat une clause selon laquelle le mandataire percevrait une « commission couvrant forfaitairement sa rémunération et l'ensemble de ses frais », dès lors que cette stipulation contractuelle ne précisait pas que la commission englobait les pertes essuyées à l'occasion de la gestion du mandat (Cass. com. 17-12-1991 n° 1672 P : RJDA 3/92 n° 230, 1e espèce).

Une telle clause forfaitaire n'empêche toutefois pas le mandataire de demander une indemnisation supplémentaire pour les pertes qui ont pour origine un fait imputable au mandant (Cass. com. 26-10-1999 n° 1735 P : RJDA 12/99 n° 1328 ; Cass. com. 18-5-2010 n° 09-15.227 F-D : RJDA 8-9/10 n° 844).

RÉMUNÉRATION DU MANDATAIRE

28313 Le **mandat** est en principe **gratuit,** sauf si les parties en ont convenu autrement (C. civ. art. 1986). Lorsque aucune rémunération n'a été prévue dans le mandat, le mandataire ne peut donc pas réclamer de rémunération en contrepartie des démarches qu'il a accomplies dans l'exécution de sa mission (Cass. 1e civ. 4-5-2012 n° 11-10.943 F-PBI : RJDA 10/12 n° 851).

La stipulation d'une rémunération peut être expresse ou simplement tacite (Cass. req. 1-12-1891 : DP 1892 I p. 209 ; Cass. req. 1-7-1936 : DH 1936 p. 428). L'appréciation des juges du fond est, à cet égard, souveraine (Cass. req. 1-12-1891, précité).

Le **mandat** est toutefois présumé **salarié** lorsqu'il est donné à des personnes dont la profession consiste à s'occuper des affaires d'autrui (Cass. 1e civ. 19-12-1989 : Bull. civ. I n° 399 ; Cass. com. 22-1-1991 n° 212 P : RJDA 5/91 n° 397 ; Cass. 1e civ. 16-6-1998 n° 1087 P : RJDA 11/98 n° 1215). Il incombe au mandant de prouver que le mandataire a renoncé à ses honoraires (Cass. 1e civ. 16-6-1998, précité).

ILLUSTRATIONS

Jugé qu'avaient droit à une rémunération pour leurs interventions et études effectuées dans le cadre de la cession d'actions d'une société les personnes qui étaient intervenues activement dans les négociations ayant abouti à la cession de la majorité des actions de la société, avaient signé une partie des actes en tant que représentants du mandant et avaient reçu de la société mandat d'étudier et de mettre en place une nouvelle ligne de production (Cass. com. 22-1-1991, précité).

28318 **Conditions** Il va de soi que la rémunération n'est due que si le mandataire a **exécuté** sa **mission,** lequel doit en rapporter la preuve (Cass. 1e civ. 17-1-1973 : D. 1973 IR p. 53) par tous moyens (Cass. 1e civ. 2-2-1966 : Bull. civ. I n° 83). Par exemple, s'il lui a été donné mandat de vendre des titres, il doit avoir recherché un acquéreur. Mais la rémunération lui est due même si l'« affaire » n'a pas réussi, sauf si l'échec est dû à une faute de sa part (C. civ. art. 1999, al. 2). Ainsi, le mandataire chargé de vendre des titres doit être rémunéré s'il a recherché activement un acquéreur, même si, en définitive, il n'en a pas trouvé.

ILLUSTRATIONS

Commet une faute justifiant le refus du mandant de payer la commission :

– le mandataire qui, par son manque de diligences et de recherches nécessaires, a fait acquérir à son mandant un bien non conforme à la destination envisagée (Cass. 1e civ. 5-5-1971 : Bull. civ. I n° 147) ;

– le mandataire qui a passé un ordre d'achat important sans s'assurer de l'acceptation par le mandant du prix demandé et s'est abstenu de toute tentative pour obtenir les conditions les plus avantageuses (Cass. com. 10-2-1970, Sté générale de publicité Contesse c/ SA des Hôtels Président : D. 1970 p. 588).

Les parties peuvent avoir fait de l'**exécution effective** de l'opération objet du mandat (acquisition ou cession de droits sociaux, par exemple) une condition de l'octroi de la rémunération au mandataire. 28320

ILLUSTRATIONS

Un mandataire chargé de vendre des actions n'a droit à aucune rémunération, bien que son entremise ait abouti à la signature d'une promesse d'achat avec clause de dédit, dès lors que le versement de la commission était soumis, en vertu du mandat, non seulement à la signature de l'acte par le souscripteur des actions mais au versement, par ce dernier, de 30 % du montant du prix d'achat, condition qui n'était pas réalisée.

Cass. 3e civ. 18-12-1972, Sté Mazet et Valette c/ Sté Baloise transports.

Un mandataire, chargé de la cession de parts sociales, doit être débouté de sa demande en paiement d'une commission dès lors que le mandat ne prévoyait de rémunération que dans le cas d'une cession effective et qu'une telle cession n'a pas eu lieu puisqu'elle a été résolue, de sorte que le mandat n'a pas reçu exécution.

Cass. com. 30-10-1984 : Bull. Joly 1985 p. 91.

Dans un cas où un mandat prévoyait que les honoraires dus au mandataire chargé de vendre des actions seraient payés lors de la signature du protocole d'accord avec l'acquéreur ou, en cas d'absence de protocole, lors du premier versement de fonds, la demande de paiement d'honoraires formée par le mandataire doit être rejetée car la rencontre des consentements entre le vendeur et l'auteur de l'offre d'achat présenté par le mandataire n'a pas été effective.

Cass. com. 29-10-1991 n° 1319 D : RJDA 1/92 n° 35.

La rémunération peut être due lorsque le **contrat conclu par l'entremise du mandataire** a, par la suite, été **résolu** (Cass. 1e civ. 19-1-2022 n° 20-11.985 F-D : RJDA 5/22 n° 269) ou est resté **inexécuté,** à condition bien entendu, comme nous venons de le voir (nos 28318 et 28320), que le mandataire n'ait commis aucune faute et que l'octroi de la rémunération n'ait pas été lié à l'exécution de ce contrat. 28323

Le droit à commission a ainsi été reconnu à un intermédiaire chargé de vendre un certain nombre d'actions d'une société, pour les motifs suivants : le contrat de mandat n'était assorti d'aucune condition suspensive ou résolutoire ; la cession d'actions avait bien été réalisée et avait même reçu un début d'exécution ; la résolution amiable de cette cession, qui avait été convenue par la suite entre le vendeur (mandant) et l'acquéreur, faute pour celui-ci de pouvoir faire face aux paiements prévus, était intervenue en dehors de l'intermédiaire et ne pouvait avoir eu pour effet de le priver de la commission qui lui était due dès l'accord sur la chose et sur le prix (Cass. 1e civ. 18-2-1975 : Bull. civ. I n° 65).

Enfin, le mandataire peut avoir droit à sa rémunération même si le **bénéfice** de son **action** ne **revient** pas au mandant mais **à un tiers,** dès lors que c'est le mandant qui a investi le tiers des droits que l'exécution du mandat lui avait procurés. L'affaire suivante constitue une illustration de ce principe : dans le cadre du mandat qu'il avait donné à un intermédiaire de rechercher pour lui une clientèle comptable, un expert-comptable avait acquis 34 % des actions de la société qu'il avait constituée avec un professionnel pour l'acquisition de la clientèle de ce dernier, que l'intermédiaire lui avait présentée, et était convenu avec son associé qu'il acquerrait la totalité des actions dans un certain délai. Or, il n'en avait acquis que 6 % supplémentaires et avait renoncé à ses droits sur les actions restantes (60 %) au profit d'un tiers. Il a été jugé que l'expert-comptable devait verser à l'intermédiaire une commission sur la cession de 66 % des actions, pour les raisons suivantes : l'expert-comptable s'était engagé, selon le mandat de représentation, en cas d'acquisition de la clientèle ou de la participation présentée, à verser à l'intermédiaire une commission calculée sur les montants bruts de la valeur de cession, payable comptant et quelles que soient les conditions de délai d'exécution ou les modalités de règlement stipulées entre les parties ; il avait confirmé, dans l'attestation de présentation, que l'intermédiaire lui avait présenté la clientèle tandis que lui-même s'y engageait à verser une commission sur la cession de 66 % d'actions de cette société, d'un montant forfaitaire, payable dès la signature du contrat de cession, quel que soit le mode de règlement prévu entre le cédant et l'acquéreur ; l'expert-comptable s'était engagé à payer la commission et il lui appartenait de négocier, avec le tiers au profit duquel il avait renoncé à ses droits sur 60 % des actions, la prise en charge de la commission (Cass. com. 17-3-2004 n° 518 F-D : RJDA 8-9/04 n° 973). 28325

Montant de la rémunération La rémunération est librement **fixée** par les parties dans le contrat de mandat et peut consister en une somme forfaitaire ou en un pourcentage sur le montant de l'opération réalisée. 28330

Lorsque la **clause** fixant la rémunération est **imprécise, ambiguë** ou **absente,** le mandataire peut fixer lui-même sa rémunération, à charge pour lui d'en motiver le montant en cas de contestation du mandant ; en outre, si ce dernier considère que le montant est abusif, il peut demander au juge des dommages-intérêts ou la résolution du contrat (C. civ. art. 1165).

> **Précisions** L'article 1165 s'applique aux contrats de prestations de services et est, à notre avis, applicable au contrat de mandat, car le mandataire chargé de vendre ou d'acquérir des titres sociaux accomplit de telles prestations dans le cadre de sa recherche d'un acquéreur ou d'un vendeur.

28335 **Modalités de paiement** L'**obligation** de verser la rémunération du mandataire **pèse** sur le mandant.

En cas de **pluralité de mandants** pour une affaire commune, chacun est tenu solidairement envers le mandataire (C. civ. art. 2002).

La rémunération doit être versée au **moment** de la reddition des comptes.

ILLUSTRATIONS

Dans un cas où dix actionnaires avaient chargé un mandataire de céder l'ensemble de leurs droits sociaux et s'étaient engagés à payer à celui-ci une « commission de succès assise sur le prix de cession de 100 % des actions », chaque actionnaire devant régler sa quote-part de la commission globale calculée en fonction de sa part sur le prix de cession, ces dix actionnaires ont été condamnés à payer au mandataire la totalité de la commission calculée sur la totalité du prix de cession, bien qu'une partie de ce prix n'ait pas été perçue par eux car, après la conclusion du contrat de mandat, une fraction des actions avait été transmise à un dirigeant de la société qui les avait immédiatement cédées à l'acquéreur trouvé par le mandataire. En effet, même s'il y avait eu onze actionnaires cédants au jour de la cession, seuls ces dix actionnaires étaient parties au mandat et s'étaient engagés à payer la commission assise sur la totalité du prix de cession, et il importait peu qu'une quote-part de ce prix n'ait pas été perçue par eux (CA Paris 31-1-2003 n° 01-16719, 25e ch. A : RJDA 6/03 n° 588).

2. EFFETS DU MANDAT À L'ÉGARD DES TIERS

ENGAGEMENT CONTRACTUEL DU MANDANT

28370 Le mandataire qui a accompli les actes juridiques au nom et pour le compte du mandant et est resté dans les limites de son mandat n'est pas engagé personnellement à l'égard des tiers (Cass. com. 21-3-1995 n° 614 P : RJDA 8-9/95 n° 974) car, en application du principe de représentation, désormais codifié à l'article 1154, al. 1 du Code civil, tout se passe comme si ces actes avaient été directement conclus entre le tiers et le mandant : celui-ci est tenu d'exécuter les **engagements contractés par le mandataire** (C. civ. art. 1998, al. 1). Le mandant est en effet considéré comme ayant traité lui-même avec les tiers si bien que c'est à lui seul qu'incombe l'exécution des obligations contractées par le mandataire (Cass. 1e civ. 14-11-1978 : Bull. civ. I n° 346 ; Cass. 3e civ. 23-11-1988 n° 1591 D ; Cass. com. 5-12-1989 n° 1467 D). Il assume donc toutes les obligations résultant des actes que le mandataire a conclus avant que la révocation du mandat prenne effet, y compris celles dont l'exécution n'intervient qu'après la fin du mandat (Cass. 1e civ. 8-11-1994 : Bull. civ. I n° 323).

Il en résulte notamment que les clauses du contrat conclu par le mandataire s'imposent au mandant (Cass. com. 21-3-1983 : Bull. civ. IV n° 109 : clause limitative de responsabilité), que les significations faites au mandataire font courir les délais contre le mandant (Cass. 3e civ. 5-6-1984 : Bull. civ. III n° 109), que les vices qui affectent le consentement du mandataire affectent également le consentement du mandant (Cass. com. 2-3-1976 : Bull. civ. IV n° 78), et que la mise en demeure adressée au mandataire produit effet à l'égard du mandant (Cass. 1e civ. 29-9-2004 n° 1315 F-D : RJDA 4/05 n° 375).

28375 Toutefois, le mandant n'est pas tenu par les actes juridiques que le **mandataire** a accomplis **sans révéler aux tiers qu'il agissait au nom et pour le compte de son mandant.** Seul le mandataire est alors obligé à l'égard des tiers (Cass. 3e civ. 17-10-1972 : Bull. civ. III n° 528 ; Cass. 3e civ. 30-6-1976 : Bull. civ. I n° 241 ; Cass. com. 31-3-1981 n° 377 ; Cass. 3e civ. 10-2-1988 : JCP G 1989 II n° 21192 note C. Atias ; Cass. 1e civ. 17-11-1993 n° 1454 : RJDA 1/94 n° 27).

ABSENCE OU DÉPASSEMENT DE POUVOIRS DU MANDATAIRE

28380 Lorsque le mandataire a agi au-delà de ses pouvoirs, l'acte de **dépassement** est inopposable au mandant ; celui-ci n'est donc pas tenu de l'exécuter (C. civ. art. 1156, al. 1 issu de ord. 2016-131 du 10-2-2016 ; C. civ. art. 1998, al. 2). Le mandant demeure en revanche tenu pour ce qui a été exécuté conformément au mandat (Cass. 1e civ. 26-1-1999 n° 152 P : RJDA 3/99 n° 283). Quant au mandataire, il n'est tenu à aucune garantie vis-à-vis du tiers contractant dès lors qu'il lui a donné une suffisante connaissance de ses pouvoirs (C. civ. art. 1997). Il n'est pas non plus engagé à l'égard du tiers négligent qui aurait pu connaître l'étendue exacte des pouvoirs du mandataire s'il s'était donné la peine de se faire présenter la procuration mentionnée au contrat (Cass. 1e civ. 16-6-1954 : Bull. civ. I n° 200).

Lorsque le « mandataire » a agi **sans pouvoir,** la sanction diffère selon que le contrat de mandat a été conclu avant ou depuis le 1er octobre 2016 (sur cette date, n° 1050). Dans le premier cas, visant l'article 1984 du Code civil, la Cour de cassation a jugé que l'acte ainsi conclu est entaché d'une nullité relative dont seul le « mandant » peut se prévaloir (Cass. 1e civ. 2-11-2005 n° 1437 FS-PB : RJDA 6/06 n° 643 ; Cass. 1e civ. 9-7-2009 n° 08-15.413 F-D : RJDA 12/09 n° 1077 ; Cass. 3e civ. 7-12-2011 n° 10-27.092 FS-D : RJDA 3/12 n° 284 ; Cass. 1e civ. 17-6-2015 n° 14-14.568 F-D : RJDA 10/15 n° 653) ; si cet acte est notarié, la nullité relative a pour effet de retirer à l'acte son caractère notarié (Cass. 1e civ. 15-10-2014 n° 13-22.473 F-D : RJDA 2/15 n° 89). Dans le second cas, l'acte est inopposable au « mandant » (C. civ. art. 1156, al. 1 précité).

Le tiers contractant peut demander l'**annulation de l'acte** conclu par un mandataire sans pouvoir **28384**
ou au-delà de ses pouvoirs ; cette faculté ne lui est ouverte que si, au moment de l'acte, il ignorait que le mandataire n'était pas habilité pour agir (C. civ. art. 1156, al. 2). À notre avis, cette nullité est relative puisqu'elle tend à protéger le tiers contractant.

Le mandant peut toutefois **ratifier** les **actes** accomplis par le mandataire sans pouvoir (C. civ. **28388**
art. 1156, al. 3) ou au-delà des ses pouvoirs (C. civ. art. 1998, al. 2). Dans ce cas, le tiers contractant perd sa faculté de demander l'annulation de l'acte ratifié (C. civ. art. 1156, al. 3).

La ratification valide rétroactivement les actes irréguliers qui sont donc considérés comme valables depuis leur conclusion (Cass. 1e civ. 4-12-1979 : Bull. civ. I n° 304 ; Cass. 1e civ. 25-3-1981 : Bull. civ. I n° 104 ; Cass. 3e civ. 8-7-1987).

Elle **suppose** bien entendu que le mandant ait connaissance de ces actes (Cass. civ. 30-12-1935 : DH 1936 p. 81). Le fait que le mandataire qui dépasse son mandat a déclaré agir en son nom personnel ne s'oppose pas à ce que le mandant ratifie cet acte (Cass. 1e civ. 28-4-1980 : Bull. civ. I n° 129).

La ratification n'est soumise à aucune condition de **forme** et elle peut donc être expresse mais aussi tacite et résulter de tous actes, faits et circonstances qui manifestent de la part du mandant la volonté certaine de ratifier (Cass. req. 1-6-1880 : S. 1880 I p. 405 ; Cass. req. 23-3-1897 : DP 1897 I p. 152 ; Cass. req. 9-6-1931 : S. 1931 I p. 312). L'appréciation de ces faits et circonstances relève du pouvoir souverain des juges du fond (Cass. 3e civ. 2-5-1978 : Bull. civ. III n° 173 ; Cass. 1e civ. 6-2-1996 n° 284 P : RJDA 8-9/96 n° 1041).

ILLUSTRATIONS

Il n'y a pas eu ratification tacite de la convention conclue par le mandataire en dépassement de ses pouvoirs dans un cas où le mandant avait adressé à celui-ci plusieurs courriers dans lesquels il émettait des doutes voire son opposition à cette convention (Cass. 1e civ. 6-2-1996 précité).

L'existence d'une telle ratification a en revanche été retenue dans un cas où le mandant avait accepté sans protestation ni réserve les sommes qu'il avait reçues sur un compte à la suite du contrat conclu par le mandataire en dépassement de ses pouvoirs, ces circonstances démontrant une exécution volontaire de ce contrat (Cass. req. 9-6-1931, précité).

DÉTOURNEMENT DE MANDAT

Le fait pour le mandataire de détourner ses pouvoirs au détriment du mandant est formellement **28394**
sanctionné (C. civ. art. 1157) : le mandant peut invoquer la nullité de l'acte accompli si le tiers avait connaissance du détournement ou ne pouvait l'ignorer. Il suffit donc que le tiers soit de mauvaise foi ; la collusion frauduleuse avec le mandataire n'est pas exigée.

RESPONSABILITÉ DU MANDANT

Le mandant est responsable contractuellement envers les tiers des **fautes commises par le manda-** **28400**
taire dans l'exercice de sa mission (Cass. 1e civ. 31-3-1981 : Bull. civ. I n° 108 ; Cass. 1e civ. 8-7-1986 : Bull. civ. I n° 195). Sa responsabilité est également engagée s'il a commis une faute personnelle qui est à l'origine du comportement du mandataire, source du dommage causé aux tiers.

En revanche, les **manœuvres dolosives** commises par le **mandataire** dans l'exercice de sa mission n'engagent pas la responsabilité extracontractuelle du mandant, sauf si celui-ci a personnellement commis une faute, ce qu'il incombe au tiers victime d'établir (Cass. ch. mixte 29-10-2021 n° 19-18.470 BR : RJDA 5/22 n° 270).

ILLUSTRATIONS

Dans un cas où une cession de parts sociales avait été annulée en raison de la réticence dolosive du mandataire du cédant sur la situation financière de la société, le cédant a été condamné à verser des dommages-intérêts à l'acquéreur en réparation du dommage résultant non seulement du dol commis par le mandataire mais également de sa faute personnelle : en effet, le cédant, en raison des liens étroits de parenté qu'il avait avec le mandataire, gérant de la société, et de ses intérêts personnels dans celle-ci, ne pouvait ignorer la situation réelle de la société, dont il avait donné néanmoins mandat de vendre les parts sans se réserver le moindre contrôle sur les conditions dans lesquelles ces cessions pouvaient intervenir (Cass. 1e civ. 23-5-1977 n° 76-10.716 : Bull. civ. I n° 244). En revanche, dans un cas où, à l'occasion de la cession du contrôle d'une société, l'un des principaux actionnaires avait reçu de son épouse et de ses enfants le mandat de vendre aussi leurs actions de cette société, jugé que le dol commis par le mandataire à l'égard de l'acquéreur ne justifiait pas le versement de dommages-intérêts de la part des mandants pour les raisons suivantes : si l'existence de manœuvres dolosives de la part de l'actionnaire mandataire était avérée, aucun élément ne permettait d'établir que son épouse et ses enfants (les mandants) avaient personnellement participé aux arrangements dolosifs, ce dont il résultait qu'aucune faute de leur part n'était démontrée, et leur responsabilité civile ne pouvait pas être engagée du seul fait d'avoir donné mandat à l'intéressé de céder leurs actions (Cass. ch. mixte 29-10-2021 n° 19-18.470 précité).

RESPONSABILITÉ DU MANDATAIRE

28410 Le mandataire est personnellement responsable envers les tiers des **délits et quasi-délits** qu'il peut commettre, soit spontanément, soit même sur les instructions du mandant, dans l'accomplissement de sa mission (jurisprudence constante, notamment, Cass. ch. mixte 26-3-1971 : JCP G 1971 II n° 16762 ; Cass. soc. 6-1-1972 : Bull. civ. V n° 6 ; Cass. com. 9-3-1977, Huet, ès qual. c/ Sté Centrale immobilière de la Caisse des dépôts : Bull. civ. IV n° 79 ; Cass. 1e civ. 13-10-1992 : Bull. civ. I n° 250 ; Cass. 1e civ. 30-4-2014 n° 13-10.582 F-D : RJDA 2/15 n° 133).

La faute du mandataire peut consister aussi bien dans une abstention que dans un acte positif (Cass. 1e civ. 1-2-1984 : Bull. civ. I n° 47 ; Cass. 1e civ. 11-4-1995 : Bull. civ. I n° 171). L'action du tiers est de nature extracontractuelle, même si la faute du mandataire a été commise dans l'exécution du mandat (Cass. ch. mixte 26-3-1971, précité ; Cass. 1e civ. 18-5-2004 n° 01-13.844 F-P : RJDA 8-9/04 n° 974 ; Cass. 1e civ. 30-9-2010 n° 09-69.129 F-D : RJDA 12/10 n° 1149).

ILLUSTRATIONS

Jugé que le mandataire chargé de vendre un bien avait commis une faute génératrice d'un préjudice à l'égard de l'acquéreur en informant tardivement celui-ci du refus du vendeur de céder le bien et en conservant le chèque remis par l'acquéreur, si bien que ce dernier, croyant que la vente allait se réaliser, avait renoncé à l'acquisition d'autres biens de même nature (Cass. 2e civ. 23-10-1996 n° 1037 PB : RJDA 3/97 n° 349).

En revanche, jugé que le mandataire du vendeur n'avait pas commis de faute envers l'acquéreur en ne recherchant pas si des vices cachés affectaient le bien vendu (Cass. 1e civ. 20-6-1995 n° 1159 P : RJDA 3/96 n° 342).

28415 Le mandataire est **pénalement responsable** des infractions qu'il commet en accomplissant sa mission (Cass. crim. 28-3-1996 n° 95-80.395 : Bull. crim. n° 142). A par exemple été condamné pour faux en écriture de commerce le mandataire qui, tenu de justifier sur le plan comptable les mouvements de fonds effectués en vertu de son mandat, avait porté dans ses écritures des mentions inexactes concernant les opérations correspondantes (Cass. crim. 14-5-1990 n° 89-84.807 : Bull. crim. n° 188).

C. Fin du mandat

RÉVOCATION DU MANDAT PAR LE MANDANT

28460 Le mandant peut **révoquer** le **mandat** quand bon lui semble (C. civ. art. 2004). Ce droit de révocation existe même si, par des aménagements contractuels, les parties ont prévu une durée limitée à la mission du mandataire ou ont soumis la révocation de celui-ci à des conditions déterminées. Il en va de même si les parties ont décidé que le mandat était « irrévocable » car l'irrévocabilité du mandat de céder un bien ne prive le mandant ni de son droit de disposer personnellement du bien en qualité de propriétaire (Cass. 1e civ. 16-6-1970 : D. 1971 p. 261), ni de son droit de renoncer à l'opération (Cass. 1e civ. 5-2-2002 n° 185 FS-P : RJDA 7/02 n° 760 ; Cass. 1e civ. 30-5-2006 n° 04-18.972 F-PB : RJDA 3/07 n° 260 ; CA Paris 25-3-2008 n° 07-1437, 1e ch. A : RJDA 10/08 n° 984). De tels aménagements peuvent seulement avoir des conséquences sur l'ouverture du droit à indemnisation du mandataire évincé.

Le mandant peut choisir de ne **révoquer** que **partiellement** le mandat, sauf si celui-ci comporte une clause d'irrévocabilité (Cass. 1e civ. 25-2-2010 n° 08-22.066 F-PBI : RJDA 5/10 n° 501).

28462 La révocation n'est soumise à aucune **forme** déterminée. Elle peut être expresse ou tacite. Dans ce dernier cas, elle peut résulter soit de la désignation d'un autre mandataire pour la même affaire (C. civ. art. 2006), soit de l'exécution par le mandant lui-même de l'acte que le mandataire avait été chargé d'accomplir (Cass. 1e civ. 16-6-1970 : Bull. civ. I n° 204 ; Cass. com. 8-12-2015 n° 14-20.307 F-D : RJDA 6/16 n° 434). Elle n'a pas à être acceptée par le mandataire (Cass. 1e civ. 8-1-1968 n° 64-10.400 : Bull. civ. I n° 7 ; Cass. 1e civ. 25-2-2010 n° 08-22.066 F-PBI : RJDA 5/10 n° 501).

En principe, la révocation n'ouvre droit à aucune **indemnité** au profit du mandataire évincé (CA Paris 1-2-1984, 5e ch. B). 28465
Il en va différemment si la révocation du mandataire est intervenue dans des **conditions fautives.** Tel est le cas si le mandant a utilisé son droit de révocation de manière abusive (Cass. req. 9-7-1885 : DP 1886 I p. 310 ; Cass. 1e civ. 2-5-1984 : Bull. civ. I n° 143 ; Cass. com. 11-3-2014 n° 13-11.777 F-D : RJDA 6/14 n° 520) ou en violation des aménagements contractuels prévus par les parties (Cass. req. 9-7-1885, précité) : ainsi, le mandataire a droit à des dommages-intérêts si le mandat est révoqué avant l'arrivée du terme prévu (Cass. soc. 22-6-1977 : Bull. civ. V n° 418) ou malgré l'irrévocabilité qui avait été stipulée (Cass. 1e civ. 5-2-2002 n° 185 FS-P : RJDA 7/02 n° 760).
Par ailleurs, les dispositions de l'article 2004 du Code civil n'étant pas d'ordre public, les parties peuvent **prévoir contractuellement** une indemnisation au profit du mandataire évincé (Cass. 1e civ. 6-3-2001 n° 386 FS-P : RJDA 7/01 n° 751). Une telle clause ne constitue pas une pénalité susceptible d'être modérée par le juge (même arrêt). Elle ne s'applique pas lorsque la révocation a été rendue nécessaire par une faute du mandataire (Cass. 1e civ. 23-5-1979 : Bull. civ. I n° 153).

La révocation **prend effet** à compter du jour où le mandataire en a connaissance et non à partir du jour où le mandant a exprimé sa volonté de révoquer le mandat (Cass. 3e civ. 28-2-1984 : Bull. civ. III n° 52). La révocation demeure cependant inopposable aux tiers qui ont traité dans l'ignorance de cette révocation, sauf au mandant son recours contre le mandataire (C. civ. art. 2005). Le mandant reste donc tenu des actes passés par le mandataire révoqué s'il ne prouve pas que le tiers qui a traité avec le mandataire était informé de la révocation du mandat (Cass. 3e civ. 13-6-1978 : D. 1979 IR p. 11 ; Cass. com. 17-6-1997 n° 1572 P : RJDA 11/97 n° 1341). 28468

RENONCIATION DU MANDATAIRE

Le mandataire peut renoncer à sa mission à condition de notifier au mandant sa décision ; il peut néanmoins être condamné à indemniser le mandant si cette renonciation cause à celui-ci un préjudice, sauf s'il établit que la poursuite de sa mission entraînerait pour lui-même un préjudice considérable (C. civ. art. 2007). 28478
Il n'existe pas, à notre connaissance, d'illustration jurisprudentielle de cette impossibilité de poursuivre la mission. À notre avis, la maladie ou l'infirmité du mandataire pourrait constituer une telle impossibilité.

DÉCÈS DU MANDANT OU DU MANDATAIRE

Le mandat **prend fin** par le décès du mandant ou du mandataire (C. civ. art. 2003, al. 3). Les parties peuvent toutefois convenir que le mandat **continuera avec les héritiers** du défunt (Cass. crim. 12-10-1995 n° 4835 PF : RJDA 1/96 n° 57). Cette volonté peut être tacite. 28488

En cas de **décès du mandant,** le mandataire doit en tout état de cause achever les choses commencées avant le décès du mandant s'il y a « péril en la demeure » (C. civ. art. 1991, al. 2). Tant que le mandataire ignore la mort du mandant, les engagements qu'il prend sont valides et doivent être exécutés à l'égard des tiers de bonne foi (C. civ. art. 2008 et 2009). C'est au mandataire qu'il appartient de prouver son ignorance (Cass. soc. 22-6-1978 : Bull. civ. V n° 511). 28490

En cas de **mort du mandataire,** ses héritiers doivent en aviser le mandant et pourvoir, en attendant, à ce que les circonstances exigent pour l'intérêt de celui-ci (C. civ. art. 2010). 28493

INCAPACITÉS ET INTERDICTIONS FRAPPANT LE MANDANT OU LE MANDATAIRE

Le mandat prend fin lorsqu'une partie, qui est majeure, vient d'être mise sous tutelle (C. civ. art. 2003). Cette extinction se produit dans les mêmes conditions que celle consécutive au décès de l'une des parties (nos 28488 s.). 28503
Le mandat prend également fin si le mandataire est frappé d'une interdiction (condamnation à une mesure de faillite personnelle ou à une interdiction de gérer) ou s'il fait l'objet de l'une des mesures de protection suivantes : sauvegarde de justice, curatelle, habilitation familiale ou mandat de protection future ayant pris effet (C. civ. art. 1160 ; cf. art. 1146).

DÉCONFITURE DU MANDANT OU DU MANDATAIRE

Le mandat prend fin par la déconfiture soit du mandant, soit du mandataire (C. civ. art. 2003). Toutefois, par dérogation à cette disposition, la mise en **liquidation judiciaire du mandataire** ne met pas fin au mandat qui lui a été confié, dès lors qu'il n'a pas été exécuté à la date du jugement d'ouverture (Cass. com. 28-6-2017 n° 15-17.394 FS-PBI : RJDA 11/17 n° 747). 28513

> **Précisions** Dans l'arrêt du 28 juin 2017, la Cour de cassation fait **prévaloir** le **droit des procédures collectives** sur les règles particulières du mandat car l'article L 641-11-1, I du Code de commerce exclut expressément toute résiliation d'un contrat en cours du seul fait de l'ouverture d'une liquidation judiciaire et ce, nonobstant toute clause ou disposition contraire.
> Ce faisant, la Cour revient sur une solution précédente qu'elle avait adoptée sous l'empire du régime antérieur à la loi du 26 juillet 2005 (Cass. com. 1-12-2009 n° 07-21.441 F-PB : RJDA 8-9/10 n° 847). Cette évolution de jurisprudence s'explique par le fait que les textes alors applicables ne posaient pas expressément la règle de la poursuite des contrats en cours nonobstant toute disposition contraire en cas de procédure collective, comme le font les textes actuels relatifs aux contrats en cours.

SECTION 2 PORTE-FORT

DÉFINITION DU PORTE-FORT

29500 Le porte-fort (ou promesse de porte-fort) est la convention par laquelle une personne (le **promettant,** parfois appelé « porte-fort ») s'engage envers une autre (le **bénéficiaire**) à obtenir l'approbation d'un **tiers** à l'acte envisagé (C. civ. art. 1204).

29501 Il est permis de se porter fort pour tout fait susceptible de faire l'objet d'une convention (Cass. civ. 24-10-1905 : DP 1906 I p. 153). Une promesse de porte-fort peut donc intervenir à l'occasion d'une cession de droits sociaux.

En **pratique,** la convention de porte-fort se rencontre fréquemment lorsque la cession de la totalité ou de la quasi-totalité des parts ou actions d'une société est envisagée. Dans un tel cas, le principal associé s'engage auprès du ou des candidats à l'acquisition à ce que les autres associés vendent également leurs parts ou actions aux conditions convenues ; ce peut être à l'inverse un candidat à l'acquisition qui se porte fort pour que d'autres personnes achètent des parts ou actions, le porte-fort étant particulièrement utile lorsque le candidat souhaite que se porte acquéreur une société non encore immatriculée. La convention est aussi utilisée lorsque des parts ou actions d'une société sont en indivision : l'un des indivisaires négocie avec un futur acheteur les conditions de la cession et s'engage à obtenir le consentement de ses coïndivisaires à la cession.

Remarque : Le promettant peut promettre non seulement qu'un tiers vendra ou achètera les parts ou actions objets des négociations (**porte-fort de ratification**), mais aussi qu'il prendra tout autre engagement (souscription d'une garantie de passif, octroi d'un contrat de travail au cédant, etc.). On parle alors de « **porte-fort de l'exécution** » examiné n°s 56010 s.

A. Conclusion de la promesse de porte-fort

1. FORMATION DE LA PROMESSE DE PORTE-FORT

CONDITIONS DE LA FORMATION DE LA PROMESSE DE PORTE-FORT

29510 La promesse de porte-fort obéit aux **conditions** habituelles de **validité des contrats.**

29511 Conformément au droit commun, la promesse de porte-fort peut être **expresse ou tacite.** Dans ce dernier cas, elle doit être non équivoque et ne peut résulter que d'actes manifestant l'**intention** certaine du **promettant** de s'engager pour un tiers (Cass. com. 17-7-2001 n° 98-10.827 F-D : Contrats, conc., consom. 2001 comm. n° 170 ; Cass. com. 8-3-2016 n° 14-24.921 FS-D : RJDA 5/16 n° 345).

ILLUSTRATIONS

Jugé que la clause d'un mandat mettant la rémunération du mandataire à la charge du tiers avec lequel le mandataire aura conclu l'opération pour laquelle il a été mandaté ne peut **pas,** à elle seule, être considérée comme contenant un engagement du mandant de se **porter fort** pour le tiers, en promettant le fait de celui-ci.

CA Paris 13-6-1980 n° G-4866, 23e ch. B.

Il a été jugé que la proposition suivante, envoyée par l'associé majoritaire d'une société, également gérant de celle-ci, à l'un des associés minoritaires qui s'était porté candidat à l'acquisition de la totalité des parts sociales en s'alignant sur les conditions offertes par un autre acquéreur potentiel, constituait une **promesse de porte-fort tacite** de l'associé majoritaire pour ses autres coassociés : « Pour faire suite à nos récents entretiens, je vous confirme par la présente ma proposition de vous céder le contrôle de la société sur la base d'une valorisation de 35 millions de francs (environ 5,3 millions d'euros) pour l'ensemble des parts composant le capital social. Je suis en effet personnellement disposé à vous céder les parts dont je suis propriétaire, étant précisé que les autres associés m'ont fait savoir qu'ils étaient eux-mêmes vendeurs à ces conditions de la totalité de leurs parts. (...) La réalisation de cette cession présente un caractère indivisible. » En effet, les associés minoritaires avaient indiqué, dès la première offre de l'autre acquéreur potentiel, qu'ils étaient décidés à céder l'intégralité du capital de la société. En outre, l'actionnaire majoritaire, gérant dynamique de la société bien connu de son milieu professionnel, avait été investi par ses coassociés pour faire monter les enchères et s'engager pour leur compte avec le plus offrant.

T. com. Nanterre 9-6-1990 n° 89-6821, 2e ch.

Dans un cas où, après s'être portée fort de l'acquisition par une personne morale non encore constituée de la majorité des actions d'une autre société possédant un hélicoptère dans ses actifs, une personne s'était engagée, par avenant souscrit le même jour, à mettre l'hélicoptère à la disposition du cédant, le fait que cette dernière société ait été propriétaire de l'appareil ne permet **pas** de déduire que la personne avait **tacitement** mais nécessairement pris l'engagement de mise à disposition en se portant fort de cette société.

Cass. com. 17-7-2001 n° 98-10.827 F-D : Contrats, conc., consom. 2001 comm. n° 170.

Dans un cas où une société (A) avait cédé à une autre société (B) l'une de ses filiales qui exploitait un centre d'enfouissement technique (CET) dans l'Essonne, une **cour d'appel** avait jugé que constituait une **promesse de porte-fort tacite** l'engagement pris par la société A de ne pas s'intéresser ou participer directement ou indirectement, pendant dix ans et dans les départements d'Île-de-France, sous quelque forme et à quelque titre que ce soit, à toute activité similaire ou susceptible de concurrencer les activités de la filiale cédée et de la société B et, en particulier, de ne pas exploiter un CET dans l'Essonne. En effet, cet engagement manifestait l'intention certaine de la société A de s'engager pour un tiers :

– la société A était une holding sans activité opérationnelle de sorte que, sauf à priver de toute portée l'obligation souscrite, l'engagement de non-concurrence ne pouvait se comprendre que comme visant ses filiales opérationnelles non cédées, et particulièrement la société C qui disposait d'une autorisation d'exploiter un CET directement concurrent de la première filiale cédée en cas de mise en œuvre de l'autorisation ;

– cette interprétation se trouvait corroborée par la locution « en particulier » qui rattachait directement l'obligation de ne pas exploiter de CET dans l'Essonne à l'interdiction faite à la société A de s'intéresser directement ou indirectement à une activité concurrente aux activités cédées ;

– dans la clause de non-concurrence, l'interdiction d'exploitation d'un CET dans l'Essonne faisait l'objet d'un paragraphe distinct, alors que le paragraphe précédent qui visait, pour tous les départements d'Île-de-France, l'obligation de la société A de ne s'intéresser à aucune activité concurrente aurait été suffisant en lui-même, ce qui conférait à l'interdiction un caractère déterminant dans l'équilibre de la convention compte tenu de la détention par la société C d'une autorisation d'exploiter un CET ;

– il importait peu que le tiers tenu de l'obligation souscrite par la société A ne soit pas précisément désigné dès lors qu'il résultait des circonstances ayant présidé à la stipulation de la clause de non-concurrence que la société C était spécialement concernée puisqu'elle disposait d'une autorisation d'exploiter directement concurrente des activités cédées et que le promettant et le tiers entretenaient des liens étroits à la date de la convention, la société C étant filiale à 100 % de la société A.

Décision censurée par la **Cour de cassation** : la société A avait souscrit un engagement personnel de non-concurrence mais les **éléments** relevés par la cour d'appel étaient **insuffisants** pour faire ressortir l'intention certaine et non équivoque de cette société de se porter fort pour sa filiale.

Cass. com. 8-3-2016 n° 14-24.921 FS-D : RJDA 5/16 n° 345.

CAS PARTICULIER DES ÉPOUX COMMUNS EN BIENS QUI SE PORTENT FORT

Certains **droits sociaux** sont **soumis à la cogestion** des époux communs en biens et ne peuvent être cédés qu'avec le consentement des deux époux (application de l'article 1424 du Code civil). La question s'est posée de savoir si un des époux pouvait valablement se porter fort du consentement de son conjoint à la cession de tels droits. La réponse est délicate car elle dépend de la combinaison entre les impératifs des régimes matrimoniaux et le mécanisme de la promesse de porte-fort. 29521

Si la **promesse de porte-fort** est reconnue **valable,** sa non-ratification par le conjoint entraîne pour l'époux promettant l'obligation de verser des dommages-intérêts au bénéficiaire de la promesse (sur cette obligation, voir n° 29740). Or, en tant que dette contractée par l'un des époux pendant le mariage, cette indemnisation est à la charge de la communauté (C. civ. art. 1413 sous le régime de la communauté réduite aux acquêts ; art. 1499 sous le régime de la communauté de meubles et acquêts ; art. 1526, al. 2 sous le régime de la communauté universelle) et donc partiellement à celle du conjoint non partie à 29522 l'acte. On peut donc craindre, comme l'ont souligné plusieurs auteurs, que le conjoint perde sa liberté de décision quant à la ratification et se retrouve face à un véritable dilemme : ratifier un acte auquel il n'adhère pas totalement ou supporter en partie les conséquences de l'inexécution de la promesse par son époux ; la technique du porte-fort serait alors un moyen de forcer le consentement du conjoint et, par voie de conséquence, d'éluder les règles de cogestion (G. Tillement, Promesse de porte-fort et droit des sociétés : Rev. sociétés 1993 p. 51 ; B. Vareille : RTD civ. 1991 p. 387 ; G. Champenois, Régimes matrimoniaux – Libéralités successions, Defrénois 1989 art. 34633 p. 1420 ; J.-L. Goascoz, Promesse de porte-fort relative à la cession d'un fonds de commerce commun aux époux et respect de la cogestion : JCP N 1997 I p. 1347 ; G. Venandet : JCP N 1990 II p. 261).

À l'inverse, considérer que la **promesse de porte-fort** est atteinte de **nullité** conduit à méconnaître totalement les intérêts du candidat acquéreur, bénéficiaire de la promesse, puisqu'il se trouve alors privé de la réparation du préjudice qu'il a subi du fait de la non-ratification (J.-L. Goascoz, B. Vareille précités ; A. Jonville, Pratique de la promesse de porte-fort : Dr. et patrimoine fév. 1998 p. 28 ; M. Henri : JCP G 1990 II n° 21549). Par ailleurs, comme le relèvent J.-L. Goascoz et B. Vareille, cette solution tend à favoriser la multiplication des dépassements de pouvoirs par un époux, voire les risques de collusions entre les époux qui, conscients de pouvoir refuser la cession sans subir de conséquences financières, peuvent être tentés d'utiliser abusivement la technique du porte-fort.

Pour pallier les inconvénients de ces deux alternatives, P. Simler (JCP G 1998 I n° 135 p. 867) propose une **solution intermédiaire** et estime qu'il faudrait admettre la validité de la promesse, mais faire peser les conséquences financières d'une éventuelle absence de ratification sur le seul patrimoine de l'époux porte-fort (dans le même sens : M. Henri précité).

29523 Appelées à se prononcer sur cette question, la première chambre civile et la chambre commerciale de la Cour de cassation ont adopté des **solutions divergentes,** la première considérant qu'une promesse de porte-fort consentie dans ces circonstances est nulle lorsque le conjoint refuse de ratifier l'acte de cession (Cass. 1e civ. 11-10-1989 : Bull. civ. I n° 315 ; Cass. 1e civ. 15-7-1993 : Bull. civ. I n° 255), la seconde validant une telle promesse (Cass. com. 1-10-1996 : JCP N 1997 I p. 1347 note J.-L. Goascoz). Le règlement définitif de la question de la validité d'une telle promesse demeure ainsi dans l'attente d'un revirement de jurisprudence de l'une des chambres de la Cour de cassation ou d'une décision de la chambre mixte.

2. CONSÉQUENCES DE LA CONCLUSION D'UNE PROMESSE DE PORTE-FORT

CONSÉQUENCES DE LA PROMESSE DE PORTE-FORT POUR LE PROMETTANT

29550 **Nature de l'engagement du promettant** Par la convention de porte-fort, le **promettant s'engage à rapporter la ratification du tiers** et souscrit ainsi une obligation de résultat (CA Rouen 17-2-1993 n° 91-3638, 1e ch. civ. ; CA Rouen 13-12-1995, 1e ch. civ. : Navis droit des affaires, jurisprudence ; CA Paris 19-6-1998 n° 96-10761, 25e ch. B : Navis droit des affaires, jurisprudence et, sur pourvoi, Cass. com. 18-12-2001 n° 98-19.524 F-D ; CA Versailles 19-11-1998 n° 96-4098, 12e ch. sect. 2 : RJDA 7/99 n° 755).

ILLUSTRATIONS

Un indivisaire qui s'est obligé « à **aider par tous moyens à légaliser l'acte** de vente » n'a pas promis de procurer le consentement de son coïndivisaire et ne s'est donc pas porté fort pour celui-ci ; il n'a contracté qu'une obligation de moyens et il appartient donc à son cocontractant d'établir qu'il n'a pas fait tout ce qui était en son pouvoir pour obtenir le consentement de l'autre indivisaire (Cass. 3e civ. 7-3-1978 : Bull. civ. III n° 108).

De même, l'acquéreur qui a indiqué dans l'acte qu'il a « l'**intention de prendre toutes les mesures nécessaires afin d'obtenir** » quelque chose n'a pas souscrit un engagement de porte-fort (CA Paris 26-6-1990, 15e ch. A).

29551 En souscrivant une promesse de porte-fort, le **promettant** ne **s'engage** pas personnellement **à exécuter l'acte envisagé** (Cass. com. 13-12-2005 n° 1630 F-PBR : RJDA 5/06 n° 491).

ILLUSTRATIONS

Lorsqu'un contrat entre deux personnes (X et Y) a été conclu grâce à l'entremise d'un intermédiaire et qu'une convention conclue par X avec cet intermédiaire prévoit, d'une part, que celui-ci recevra une somme déterminée dont la moitié payable par X et l'autre par Y et, d'autre part, que X **se chargera du règlement global** de l'intermédiaire, « **charge à lui de retenir la quote-part** imputée à Y à sa convenance », X n'a pas promis de faire en sorte que Y ratifiera cette convention et qu'il s'engagera personnellement et directement à l'égard de l'intermédiaire ; par cette convention conclue entre deux parties, constatant que l'une, l'intermédiaire, a rempli une mission ouvrant droit à une commission, l'autre partie, X, s'est engagée à lui payer une certaine somme, en se réservant, à titre indicatif, « d'exercer une rétention sur une quote-part devant être supportée à la fin de l'opération par un tiers », Y (CA Nancy 19-3-1986, 1e ch. civ.).

Cette absence d'engagement personnel du porte-fort distingue la promesse de porte-fort de la **promesse d'achat ou de cession** de droits sociaux puisque, dans cette dernière, le promettant s'engage, selon le cas, à acheter ou céder lui-même les droits sociaux si le bénéficiaire de la promesse lui en fait la demande dans un délai déterminé. 29552

ILLUSTRATIONS

L'engagement contracté par une société dans le contrat de travail d'un salarié, stipulant que les 750 actions de ce salarié lui seraient rachetées à leur prix d'acquisition (600 000 F, soit 91 500 €) en cas de rupture de son contrat de travail du fait de la société, s'analyse en une promesse de porte-fort de la société et non en une promesse d'achat par celle-ci, dès lors que la clause n'indiquait pas l'identité de la ou des personnes tenues de racheter les actions, que le rachat par la société était juridiquement impossible car contraire à l'article 217 de la loi du 24 juillet 1966 (devenu C. com. art. L 225-206) et qu'aucune offre d'achat n'avait été proposée par l'actionnaire majoritaire ou d'autres actionnaires (CA Bourges 7-2-2000 n° 98-1302, 1e ch.).

Rétractation du promettant Le promettant peut-il se rétracter **tant que le tiers** pour lequel il s'est porté fort n'a **pas fait connaître sa décision** de ratifier ou non l'acte ? À notre connaissance, seule une décision, restée isolée, s'est prononcée sur cette question (CA Grenoble 16-6-1997 n° 93-1328, 1e ch. civ.), refusant cette possibilité au promettant, dans une affaire dont les faits étaient les suivants : quatre mois après s'être porté fort auprès du vendeur d'un bien de ce qu'un tiers déterminé ratifierait la vente, le promettant avait, par acte unilatéral, déclaré purement et simplement rétracter son engagement et avait repris la vente pour son propre compte, aucune décision de ratification par le tiers n'étant intervenue ; trente-sept ans plus tard, ce dernier avait contesté la validité de la décision de rétractation et demandé l'annulation de l'acte qualifié de rétractation de porte-fort ; la cour d'appel avait fait droit à sa demande. À notre avis, cette décision n'est pas exempte de toute critique : on peut en effet se demander par quel artifice juridique le tiers a pu se voir reconnaître le droit de se prévaloir d'un contrat auquel il était resté totalement étranger puisqu'il n'avait pas ratifié la promesse. 29562

CONSÉQUENCES DE LA PROMESSE DE PORTE-FORT POUR LE TIERS

La conclusion de la promesse de porte-fort ne produit aucun effet sur le tiers pour lequel on s'est porté fort puisque celui-ci est étranger à l'acte envisagé. Le tiers n'étant pas lié par l'acte, il ne peut pas, de ce fait, se voir imposer l'exécution de l'engagement pris en son nom (Cass. com. 25-1-1994 n° 221 P, : RJDA 6/94 n° 618 ; CA Paris 12-4-1996 n° 95-3418, 5e ch. B : Bull. Joly 1996 p. 668). 29590

ILLUSTRATIONS

Dans un cas où trois associés détenant ensemble la totalité du capital d'une SARL avaient consenti une promesse de cession de toutes leurs parts à un tiers sous la condition suspensive que celui-ci obtienne un prêt bancaire dans un certain délai et où ils s'étaient portés chacun respectivement fort de l'accord des autres pour la réalisation de la totalité de la cession, la prorogation de délai accordée par deux des associés à l'acquéreur n'engage pas le troisième dès lors que celui-ci n'a pas ratifié cette prorogation (Cass. com. 25-1-1994 n° 221 P : RJDA 6/94 n° 618).

C'est là une **différence** essentielle avec le contrat de **mandat.** En effet, en cas de mandat, une personne (le mandant) donne à une autre personne (le mandataire) le pouvoir de conclure un acte juridique pour son compte et en son nom (C. civ. art. 1984). Contrairement au promettant, le mandataire ne souscrit personnellement aucun engagement ; en outre, contrairement à ce qui advient en cas de porte-fort, le mandant n'est pas un tiers à l'acte conclu. 29591

Lorsque le signataire d'un acte précise qu'il agit en se portant fort d'un tiers, tout mandat doit être exclu, la qualité de porte-fort étant exclusive de celle de mandataire (CA Colmar 5-12-1990 n° 86-3412, 1e ch. civ.). Réciproquement, lorsqu'une personne déclare agir en qualité de mandataire d'une autre, il est exclu qu'elle ait promis le fait de cette dernière prise comme tiers (Cass. com. 6-6-2000 n° 1256 FS-D : RJDA 11/00 n° 950).

ILLUSTRATIONS

Contient une promesse de porte-fort et non un contrat de mandat l'acte qui mentionne qu'une personne agit **« au nom et se portant fort » d'un tiers** et que la cession n'aura lieu que sous la condition suspensive de la ratification de la cession par le tiers. En effet, même si les mots « au nom de » peuvent laisser présumer l'existence d'un mandat tacite, la mention dans l'acte de la qualité de porte-fort du tiers est exclusive de celle de mandataire de celui-ci ; en outre, la présence de la condition suspensive ne peut s'expliquer que par la clause de porte-fort car l'existence d'un mandat, qui implique l'engagement immédiat du mandant dès la signature de l'acte par le mandataire, la rendrait injustifiée ; enfin, la rédaction de l'acte en trois exemplaires peut avoir d'autres motifs que l'existence de trois parties à cet acte (CA Riom 14-1-1982, 1e ch. civ.).

29593 Le tiers pour lequel on s'est porté fort est **libre de ratifier** ou non.

29595 Étant donné que le tiers reste étranger au contrat de cession tant qu'il ne ratifie pas la promesse, il n'a donc pas **qualité pour demander** la **résolution** du **contrat** le cas échéant. Cette action en résolution ne peut être exercée que par le promettant (Cass. 3e civ. 25-5-1976 : Bull. civ. III n° 229) ou son cocontractant, bénéficiaire de la promesse.
Dans un cas où un indivisaire agissant tant en son nom personnel qu'en se portant fort pour ses coïndivisaires avait vendu un bien à un acquéreur agissant lui-même tant en son nom personnel qu'en se portant fort pour ses coacquéreurs, il a été jugé que la **résolution** du contrat de vente devait être **prononcée** dès lors que ni le cédant indivisaire ni l'acquéreur indivisaire n'avaient rapporté les ratifications promises, commettant ainsi des fautes respectives (Cass. 3e civ. 25-5-1976 précité).

29605 **Situation du tiers héritier du promettant décédé** Il peut arriver que le tiers devienne l'héritier du promettant à la suite du décès de celui-ci. Dans un tel cas, le tiers conserve-t-il le droit de ne pas ratifier la promesse ou perd-il au contraire cette liberté ? Le tiers recueille par le jeu de la dévolution successorale les obligations du promettant décédé. Or, la seule obligation à laquelle celui-ci était tenu était celle de faire ratifier le contrat de cession ou d'acquisition de droits sociaux à propos duquel il s'était porté fort, sous peine de devoir verser des dommages-intérêts. Par conséquent, le tiers héritier conserve sa liberté de ratifier ou non la promesse mais doit, s'il refuse cette ratification et en sa nouvelle qualité d'héritier du promettant, **indemniser** le bénéficiaire de la promesse inexécutée, comme aurait dû le faire le promettant (Cass. req. 22-7-1879 : S. 1880 I p. 952 ; Cass. req. 5-3-1935 : S. 1935 I p. 150 ; Cass. 1e civ. 3-11-1955 : Bull. civ. I n° 372 ; Cass. 1e civ. 26-11-1975 : Bull. civ. III n° 351 ; CA Bordeaux 11-2-1946, 1e ch. : JCP G 1948 II n° 4092 note G. Hubrecht).

29606 Dans certains cas néanmoins, le tiers héritier peut être tenu d'**exécuter le contrat.** Tel est le cas lorsque le promettant décédé s'était engagé non seulement à titre de porte-fort, mais également en son nom personnel à céder les droits sociaux qu'il détenait en indivision avec le tiers car ce dernier se trouve alors obligé à la garantie d'éviction. En effet, l'obligation de garantie d'éviction étant indivisible, le tiers héritier qui a accepté purement et simplement la succession du promettant est tenu de cette obligation comme l'était ce dernier en tant que cédant et il ne peut donc pas soustraire sa part dans le bien vendu, bien qu'il n'ait pas ratifié la promesse de porte-fort (CA Bordeaux 11-2-1946, précité ; CA Rennes 20-3-1950, 1e ch. : S. 1950 II p. 121).

B. Ratification de la promesse de porte-fort

1. MODALITÉS DE LA RATIFICATION DE LA PROMESSE DE PORTE-FORT

29640 La ratification est un **acte unilatéral** qui n'exige donc pas le concours du bénéficiaire de la promesse de porte-fort (Cass. 3e civ. 7-3-1979 n° 443).

29641 Elle n'est soumise à aucune **forme** particulière (Cass. civ. 24-10-1905 : DP 1906 I p. 153).
Elle peut même être tacite, mais doit alors résulter d'un fait qui révèle une volonté certaine du tiers d'approuver l'engagement pris par le promettant (Cass. 1e civ. 26-11-1975 : Bull. civ. III n° 351 ; Cass. 1e civ. 16-2-1977 n° 163).
Lorsque le tiers est une société en formation, la ratification n'a pas à être effectuée selon les formes prévues pour la reprise des actes passés au nom d'une société en formation qui, rappelons-le, supposent l'annexion aux statuts des actes repris ou une décision des associés prise à la majorité de ceux-ci (Cass. com. 24-10-2000 n° 1861 FS-D : RJDA 2/01 n° 164).

ILLUSTRATIONS

Dans un cas où, par acte sous signature privée, un actionnaire d'une SA avait promis, tant en son nom personnel qu'en se portant fort de l'engagement de deux autres actionnaires, de céder à un acquéreur déterminé des actions représentant la majorité du capital de la SA et où, en contrepartie, l'acquéreur s'était engagé à consentir aux cédants un prêt garanti par le nantissement des actions de la SA et dont le remboursement deviendrait immédiatement exigible s'il levait l'option qui lui avait été consentie, il a été jugé que les actionnaires pour le compte desquels le premier actionnaire s'était porté fort avaient **ratifié,** au moins **tacitement**, tous les termes de cette convention : en effet, ils avaient eu connaissance de celle-ci et, par conséquent, de l'engagement pris pour leur compte ; ils avaient laissé leurs actions nanties en garantie du prêt pendant la durée de l'option et n'avaient commencé à prétendre ne pas avoir ratifié la promesse de porte-fort qu'à l'occasion du litige les opposant à l'acquéreur (Cass. com. 22-7-1986 n° 609 S).

De même, dans un cas où le gérant associé d'une société s'était porté fort pour la cession des parts des autres associés et, comme accessoire à cette cession, pour la garantie du passif supérieure à un million de francs (150 000 € environ), il a été jugé qu'en cédant leurs parts par une convention signée neuf mois plus tard, les associés avaient ratifié l'acte passé par le gérant et étaient tenus par les engagements que celui-ci avait pris (Cass. com. 2-5-2001 n° 836 F-D).
Il a également été déduit des éléments suivants que des actionnaires d'une société pour lesquels un autre actionnaire s'était porté fort de la cession de leurs actions avaient tacitement ratifié l'engagement pris en leur nom : après la cession, la société avait été administrée par les acquéreurs, l'un d'eux étant devenu le dirigeant de celle-ci ; tant la feuille de présence que le procès-verbal des délibérations de l'assemblée générale tenue l'année ayant suivi la cession mentionnaient le nom des cessionnaires, ce qui démontrait que les actions avaient été transférées par les actionnaires, avec toutes les prérogatives qui y étaient attachées (Cass. ass. plén. 22-4-2011 n° 09-16.008 PB-RI : RJDA 8-9/11 n° 676).
En revanche, jugé que l'autorisation du juge des tutelles (remplacé par le juge du contentieux et de la protection) de céder les parts sociales d'un associé sous tutelle ne vaut **pas ratification** de la promesse de porte-fort par le tuteur (Cass. com. 28-9-2010 n° 09-69.305 F-D : RJDA 1/11 n° 4).
Les juges du fond ne peuvent pas admettre, par simple affirmation, l'existence de la ratification d'une promesse de porte-fort, mais doivent dire par quels actes cette ratification se serait manifestée (Cass. 1e civ. 26-11-1975, précité).

La loi n'impose aucun **délai** pour ratifier la promesse de porte-fort. Il appartient donc aux parties de fixer un délai dans le contrat de cession comportant la promesse. **29645**
À défaut, le silence du tiers pour lequel on s'est porté fort ne peut pas être interprété comme un refus de ratifier (CA Grenoble 16-6-1997 n° 93-1328, 1e ch. civ.) ; pour contraindre le tiers à prendre une décision, le promettant ou le bénéficiaire de la promesse pourront néanmoins le mettre en demeure de ratifier l'acte (CA Grenoble 16-6-1997, précité).

2. EFFETS DE LA RATIFICATION DE LA PROMESSE DE PORTE-FORT À L'ÉGARD DU PROMETTANT

Si le tiers ratifie l'engagement pris par le promettant, celui-ci est **libéré** de sa promesse (C. civ. art. 1204, al. 2). **29670**
Malgré la ratification de la promesse par le tiers, le promettant peut néanmoins avoir **qualité pour demander** en justice **l'exécution** de la cession lorsqu'il s'est également engagé à titre personnel à céder des parts sociales. En effet, dans ce cas, il n'agit plus en tant que promettant, mais en qualité de stipulant (Cass. 2e civ. 29-6-1988 : Bull. civ. II n° 155).

3. EFFETS DE LA RATIFICATION DE LA PROMESSE DE PORTE-FORT À L'ÉGARD DU TIERS

Lorsque le porte-fort s'est engagé à ce que le tiers vende ou achète des droits sociaux, la ratification de la promesse a un effet rétroactif et remonte au jour de l'acte ratifié ; le tiers est alors considéré comme partie au contrat à compter de cette date (C. civ. art. 1204, al. 3). **29690**

C. Défaut de ratification de la promesse de porte-fort

1. EFFETS DU DÉFAUT DE RATIFICATION DE LA PROMESSE DE PORTE-FORT À L'ÉGARD DU PROMETTANT

a. Exécution du contrat principal

En principe, le promettant ne peut pas se voir imposer d'exécuter lui-même le contrat pour lequel il a promis l'engagement d'un tiers (Cass. com. 13-12-2005 n° 1630 F-PBR : RJDA 5/06 n° 491). La solution est toutefois différente lorsque la promesse de porte-fort contient une **clause de substitution** aux termes de laquelle le promettant sera, à titre personnel et non plus comme porte-fort, accepté comme cocontractant au cas où le tiers ne ratifierait pas l'acte (Cass. 3e civ. 6-11-1970 : Bull. civ. III n° 591 ; Cass. 3e civ. 26-6-1996 n° 1183 P : RJDA 10/96 n° 1151). **29720**
La possibilité d'insérer une clause de substitution au profit du promettant résulte du fait que l'article 1120 du Code civil (devenu l'article 1204) n'interdit pas à celui qui, par une clause de porte-fort, promet pour autrui, de stipuler pour lui-même (Cass. com. 30-3-1971 : Bull. civ. IV n° 102).

› Précisions a. Comporte une **clause de substitution** l'acte par lequel une personne a acheté un bien au nom et pour le compte d'un tiers en déclarant « se porter fort de celui-ci, en s'obligeant à faire ratifier la convention et, à défaut, à conserver l'acquisition pour son compte » (Cass. 3e civ. 6-11-1970, précité).

b. Lorsque le bénéficiaire de la promesse a accepté l'insertion d'une telle clause dans le contrat, il ne peut pas ensuite **refuser** de **contracter directement** avec le promettant (Cass. 3e civ. 26-6-1996, précité).

b. Responsabilité de celui qui s'est porté fort

NATURE DE LA RESPONSABILITÉ DE CELUI QUI S'EST PORTÉ FORT

29740 En s'engageant à rapporter la ratification du tiers pour lequel il s'est porté fort, le promettant souscrit une obligation de résultat. À défaut d'exécuter la promesse, il met en jeu sa **responsabilité contractuelle à l'égard** de son cocontractant, **bénéficiaire** de la promesse, qui peut donc lui réclamer des dommages-intérêts (C. civ. art. 1204, al. 2 ; Cass. com. 14-1-1980 : Bull. civ. IV n° 16 ; Cass. 1e civ. 7-3-2018 n° 15-21.244 F-PB : RJDA 6/18 n° 486 ; Cass. com. 25-5-2022 n° 20-18.666 F-D : RJDA 10/22 n° 547).

La cour d'appel de Basse-Terre a précisé que le porte-fort ne peut voir sa responsabilité engagée par le bénéficiaire de la promesse qu'à la condition que celui-ci rapporte la preuve, par sommation préalable adressée au tiers, que celui-ci a ratifié la promesse et refusé d'exécuter ses obligations propres (CA Basse-Terre 17-1-2000 n° 98-1807, 1e ch.). Ce faisant, la cour semble laisser ouverte une possible responsabilité du promettant même en cas de ratification. À notre avis, cette décision doit se comprendre en ce sens que le bénéficiaire ne peut pas se retourner indifféremment contre le porte-fort ou le tiers pour demander l'exécution de l'engagement ; c'est seulement si le tiers refuse de tenir l'engagement qu'il peut engager la responsabilité du porte-fort.

29741 Lorsque le **promettant** s'est non seulement porté fort d'obtenir le consentement de telle personne au contrat de cession mais s'est également **engagé** à vendre **à titre personnel,** la non-ratification de la promesse ne rend pas le contrat inopposable au promettant pris en sa qualité de vendeur. S'il n'exécute pas son propre engagement de vendre, il doit alors indemniser le bénéficiaire de la promesse tant au titre du non-respect de celle-ci qu'au titre de l'inexécution du contrat de cession (CA Rouen 17-2-1993 n° 91-3638, 1e ch. civ.).

À l'inverse, le fait que le promettant exécute l'engagement qu'il a pris à titre personnel (cession de ses parts) n'est pas sans inconvénient pour le bénéficiaire lorsque celui-ci envisageait de prendre le contrôle de la société : en effet, le bénéficiaire se retrouve alors propriétaire des seules parts du promettant, ce qui lui est inutile si elles ne lui permettent pas d'acquérir le contrôle de la société. Pour éviter cette situation et lui permettre de se dégager de tout engagement partiel, il peut être inséré dans le contrat une clause stipulant l'**indivisibilité des cessions** (en ce sens, G. Tillement, Promesse de porte-fort et droit des sociétés : Rev. soc. 1993 p. 51 n° 21 ; A. Jonville, Pratique de la promesse de porte-fort : Dr. et patrimoine février 1998 p. 28).

29742 La **responsabilité** contractuelle du promettant joue seulement **dans les** rapports entre ce dernier et le bénéficiaire de la promesse et non **à l'égard des tiers.** Par suite, en cas de non-ratification d'un contrat de cession d'actions par les actionnaires dont l'engagement a été garanti par une promesse de porte-fort, le promettant ne peut pas être condamné à indemniser le préjudice causé à l'**intermédiaire** qui avait été mandaté par les actionnaires pour rechercher des repreneurs, en raison du non-aboutissement de son mandat (Cass. com. 6-1-1998 n° 37 D : RJDA 5/98 n° 550).

RÉPARATION DE LA NON-RATIFICATION DE LA PROMESSE DE PORTE-FORT

29750 En présence d'une **promesse de porte-fort d'acquisition,** le cédant (bénéficiaire de la promesse) n'est pas tenu d'accepter le promettant comme acquéreur en remplacement du tiers défaillant, mais il a le choix soit de l'accepter, soit de demander la réparation de son préjudice. La question ne se pose pas lorsque le cédant, associé majoritaire, s'est **porté fort de la cession** des droits sociaux détenus par les minoritaires puisqu'il ne peut céder plus de droits qu'il n'en détient ; l'acquéreur ne peut alors réclamer que des dommages-intérêts.

29752 L'indemnisation du bénéficiaire de la promesse peut être convenue d'avance et arbitrairement par les cocontractants au moyen d'une **pénalité** insérée dans la promesse de porte-fort (Cass. com. 4-10-1988 n° 920 ; CA Aix-en-Provence 16-4-1986, 11e ch. : Bull. Aix 1/1986 p. 45).

29753 À défaut, ce sont les **tribunaux** qui **fixent** le montant de l'indemnisation accordée au bénéficiaire, en fonction de la perte que celui-ci a subie et éventuellement du manque à gagner résultant de l'inexécution de la promesse (application de l'article 1231-2 du Code civil). En application du principe de réparation intégrale du préjudice, ces deux types de dommage ne sont ni exclusifs l'un de l'autre ni alternatifs. Aussi, le fait que la non-ratification de la promesse n'entraîne aucune variation de la

situation de son bénéficiaire n'empêche pas celui-ci d'obtenir des dommages-intérêts s'il justifie d'un manque à gagner (Cass. soc. 9-4-1957 : D. 1957 p. 335).
Les juges du fond déterminent souverainement les éléments devant servir à calculer le montant des dommages-intérêts (Cass. 1e civ. 28-2-1966 : Bull. civ. I n° 143) lesquels sont néanmoins limités à ceux prévus ou prévisibles au jour de la promesse de porte-fort, sauf dol ou faute extracontractuelle du promettant (Cass. 1e civ. 10-3-1954 : Bull. civ. I n° 91).

ILLUSTRATIONS

Un actionnaire qui s'était porté fort pour ses coassociés de la cession de leurs actions pour une somme de 8 millions de francs (1 220 000 € environ) a été condamné, du fait de la non-ratification de la promesse, à verser 500 000 F (76 200 €) à la société bénéficiaire de la promesse, somme représentant la perte éprouvée par celle-ci du fait des **dépenses inutilement engagées** pour la mise en œuvre de la cession, telles que le financement de l'opération imposant des montages bancaires importants et les frais de dossiers (CA Paris 19-6-1998 n° 96-10761, 25e ch. B : Bull. Joly 1998 p. 1152 et, sur pourvoi, Cass. com. 22-12-2001 n° 2122 F-D).

EXONÉRATION DE RESPONSABILITÉ DE CELUI QUI S'EST PORTÉ FORT

Le promettant étant tenu d'une obligation de résultat, l'**absence de faute** de sa part est sans incidence sur la mise en jeu de sa responsabilité. De même, le fait qu'il ait rapidement notifié au bénéficiaire de la promesse la décision de refus de ratification prise par les actionnaires pour lesquels il s'est porté fort n'est pas de nature à atténuer sa responsabilité (CA Paris 19-6-1998 n° 96-10761, 25e ch. B : Navis Droit des affaires, jurisprudence et, sur pourvoi, Cass. com. 18-12-2001 n° 98-19.524 F-D). **29763**

Le promettant peut échapper à sa responsabilité en prouvant, conformément à l'article 1231-1 du Code civil, que l'inexécution de la promesse provient d'un cas de **force majeure.** **29764**
Néanmoins, la cause étrangère peut être, à notre avis, source d'exonération du promettant, car la responsabilité de ce dernier suppose que le dommage lui soit imputable. Or, l'existence d'une cause étrangère établit qu'il n'a pas commis le dommage. Par conséquent, le promettant peut notamment établir que l'absence de ratification est due à la **faute du bénéficiaire** de la promesse (Cass. com. 22-5-2002 n° 00-12.523 F-D : RJDA 11/02 n° 1112, rendu en application de l'ex-article 1147 qui reconnaissait la cause étrangère mais transposable), cette faute ne l'exonérant toutefois totalement que lorsqu'elle est la cause exclusive de la non-ratification.

Le promettant peut également éviter le paiement de toute indemnité si le **bénéficiaire** de la promesse a **renoncé** à ce droit. **29765**

2. EFFETS DU DÉFAUT DE RATIFICATION DU PORTE-FORT À L'ÉGARD DU TIERS

Si le tiers refuse de ratifier, il reste étranger au contrat de cession ou d'acquisition pour la ratification duquel le promettant s'était porté fort. **29790**
Le contrat étant inopposable au tiers, la pénalité contenue dans ce contrat lui est inapplicable (CA Rouen 17-2-1993 n° 91-3638, 1e ch. civ.).

ILLUSTRATIONS

Dans un cas où l'actionnaire majoritaire d'une société s'était engagé, dans un protocole, à céder 2 999 actions sur les 3 000 composant le capital, agissant en son nom personnel et pour le compte des minoritaires dont il s'était porté fort, la cession n'a pu porter que sur les actions appartenant à l'actionnaire majoritaire dès lors que les minoritaires n'ont pas ratifié le protocole (CA Paris 12-4-1996 n° 95-3418, 5e ch. B : Bull. Joly 1996 p. 668).

SECTION 3 CESSION EN BLANC DE DROITS SOCIAUX

UTILITÉ DE LA CESSION EN BLANC

Une cession en blanc de droits sociaux est un acte signé par le cédant, mais dont certaines mentions (nom de l'acquéreur, date de cession, voire même le prix ou le nombre de parts cédées) sont laissées en blanc et peuvent être complétées à tout moment par le porteur de l'acte. **30000**

Ce procédé répond à différentes **motivations** : il peut être un moyen de contrôler un associé peu sûr ou dont l'appartenance à la société est de pure complaisance ; il peut être utilisé comme garantie d'une créance, le porteur de l'acte de cession en blanc éludant ainsi le formalisme du gage ; il peut aussi permettre de s'assurer qu'un dirigeant ne conservera pas sa qualité d'associé lorsque son mandat social prendra fin (P. Le Cannu, note sous CA Versailles 26-2-1988 : Bull. Joly 1988 p. 355).

Cette **pratique** est courante et n'est pas illicite en elle-même. Néanmoins, elle ne permet pas d'assurer aux parties une sécurité juridique satisfaisante car elle est entourée de suspicion et a même été qualifiée d'« imprudente » par les tribunaux (CA Versailles 26-2-1988, 3e ch. : Bull. Joly 1988 p. 355 note P. Le Cannu). Pourtant, elle ne fait pas l'objet d'une jurisprudence très fournie, ce qui laisse penser que les parties ont d'autres moyens que le recours aux tribunaux pour régler leurs différends.

A. Qualification de la cession en blanc

30010 La nature juridique de la cession en blanc n'est pas clairement établie car les tribunaux qui se sont prononcés sur cette question n'ont pas opté pour une qualification unique et la Cour de cassation s'est contentée jusqu'à présent de renvoyer aux constatations des juges du fond.

30011 La cession en blanc a parfois été considérée comme un **mandat** donné par l'associé cédant au porteur de l'acte et conférant à celui-ci le pouvoir de trouver un acquéreur.

ILLUSTRATIONS

Dans un cas où l'un des deux associés d'une SARL avait remis à son coassocié, gérant de la société, un acte de cession des parts sociales qu'il possédait, en y laissant en blanc le nom de l'acquéreur, la Cour de cassation a estimé que les juges du fond, qui avaient constaté que le gérant, en recevant l'acte signé par celui qui était son seul associé, avait été constitué mandataire pour trouver l'acquéreur des parts du mandant et régulariser la cession, n'avaient fait qu'user du pouvoir qui leur appartient en déduisant de ces constatations la preuve du mandat dont ils affirmaient l'existence (Cass. com. 25-1-1956 : Bull. civ. III n° 39).

30012 La cession en blanc a également été analysée en une **offre de contracter** (appelée aussi pollicitation), qui est une proposition comprenant les éléments essentiels du contrat de cession et exprimant la volonté de son auteur d'être lié en cas d'acceptation (C. civ. art. 1114).

ILLUSTRATIONS

La Cour de cassation a approuvé une cour d'appel qui avait jugé que constituait une simple pollicitation l'acte qu'un associé avait remis à son seul coassocié après l'avoir signé et qui portait promesse de cession de ses parts sans mentionner le nom de l'acquéreur ni la date de la cession (Cass. com. 27-6-1956 : JCP G 1956 II n° 9604).

30013 Enfin, la cession en blanc peut constituer une **promesse de cession** (CA Paris 23-9-1982 n° H 8732, 23e ch. B ; CA Versailles 26-2-1988, 3e ch. : Bull. Joly 1988 p. 355 note P. Le Cannu ; CA Paris 11-5-1993 n° 97-8782, 9e ch. corr. A), laquelle est un contrat par lequel le cédant s'engage à vendre ses parts au bénéficiaire de la promesse si celui-ci en fait la demande (C. civ. art. 1124, al. 1).

30014 L'**intérêt** de déterminer la nature juridique d'une cession en blanc n'est pas seulement théorique. En effet, selon la qualification retenue, certains éléments seront ou non exigés pour la validité de la cession en blanc (voir nos 30050 s.). Par ailleurs, la possibilité pour le cédant de se rétracter avant que le porteur de l'acte ait rempli les indications manquantes dépend également de cette qualification (voir n° 30120).

B. Conclusion de la cession en blanc

1. VALIDITÉ DE LA CESSION EN BLANC

30050 La cession en blanc est soumise aux conditions de validité de tous les contrats (capacité, consentement, contenu licite et certain). Ces conditions de validité appellent les remarques suivantes.

CONSENTEMENT DES PARTIES À LA CESSION EN BLANC

30060 Le consentement du **cédant** à l'opération doit être certain. L'absence de volonté de contracter ne peut pas être déduite du seul fait que le cédant a signé l'acte de cession avant que n'y soient mentionnés le nom de l'acquéreur et la date de la cession.

ILLUSTRATIONS

Jugé qu'était valable une cession de droits sociaux constatée dans un acte comportant, d'une part, la **signature** du cédant précédée de la **mention manuscrite** « Lu et approuvé – **Bon pour cession** ferme et irrévocable des actions et parts sociales ci-dessus désignées » et, d'autre part, des stipulations précisant que cette cession d'actions et de parts sociales constituait une vente ferme et irrévocable, consentie et acceptée par les parties, de toutes les parts et actions du cédant à un prix expressément déterminé et que l'acquéreur (dont le nom était resté en blanc) pourrait se substituer toute personne physique ou morale. En effet, la circonstance que l'acte de cession a été signé par le cédant avant que le nom de l'acquéreur ait été mentionné dans l'acte ne peut pas entraîner la nullité de la cession, dès lors que le cédant a accepté de signer l'acte en blanc et a précisé que l'acquéreur pourrait se substituer toute personne physique ou morale (CA Versailles 17-3-1994, 13e ch. : Bull. Joly 1994 p. 658).

De même, dans un cas où une personne, qui avait accepté de porter la majorité des parts d'une SARL en qualité de prête-nom, avait, d'une part, signé une convention de croupier permettant notamment au véritable associé majoritaire de participer aux bénéfices et aux pertes à hauteur de 95 % et, d'autre part, remis à celui-ci un acte de cession de ses parts pour un prix correspondant à leur valeur nominale, acte qu'elle avait signé mais qui ne comportait ni la date, ni l'identité de l'acquéreur et où, plusieurs années après, le possesseur de cet acte de cession y avait apposé son nom et l'avait daté avant de signifier à la société la cession des parts à son profit, jugé que le seul fait que l'acte ait été signé avant que ne soient mentionnés la date et le nom de l'acquéreur ne permettait pas d'établir que le prête-nom n'avait pas consenti à la cession ; en effet, en **signant** l'acte litigieux et en y apposant la mention « **bon pour cession** », celui-ci avait manifestement accepté par avance la cession de ses parts au véritable associé ou à toute autre personne que celui-ci aurait désignée (CA Paris 7-2-2003 no 99-21460, 25e ch. B : RJDA 7/03 no 728).

Conformément au droit commun, la **preuve du consentement** des parties peut être faite par tous moyens. Par exemple, le consentement de l'**acquéreur** peut exister et être démontré bien que ce dernier n'ait pas signé l'acte de cession. Ce consentement peut notamment être déduit de l'action en justice que l'acquéreur a engagée et par laquelle il a demandé l'exécution de la convention de cession en s'engageant implicitement à en remplir les obligations (CA Versailles 17-3-1994, 13e ch. : Bull. Joly 1994 p. 658). Il importe peu par ailleurs que ce consentement ait été donné postérieurement à la signature de l'acte de cession par le cédant (même arrêt). **30061**

OBJET DE LA CESSION EN BLANC

L'objet de la cession en blanc s'apprécie différemment selon la qualification donnée à la cession en blanc. **30070**

Mandat L'obligation essentielle ou caractéristique du mandat réside dans l'acte juridique à accomplir, c'est-à-dire la vente de droits sociaux. Le **nombre** des droits à vendre et leur **prix** de cession peuvent ne pas être déterminés car un mandat peut être rédigé en termes très larges. Les mentions manquantes sur l'acte de cession vont seulement avoir un effet sur l'étendue du mandat confié par le cédant au porteur de l'acte (le mandataire). Ainsi, ce dernier peut certes avoir le pouvoir de trouver un acquéreur pour un nombre de droits sociaux et un prix déterminés dans l'acte de cession, mais ces deux éléments peuvent aussi rester en blanc et être laissés au pouvoir du mandataire qui agira au mieux. **30071**

Offre ou promesse de cession Au contraire, si la cession en blanc est considérée comme une offre de contracter, elle doit comporter les éléments essentiels du contrat de vente envisagé (cf. C. civ. art. 1114), à savoir la **chose** (les droits sociaux) et le **prix,** qui doivent être déterminés ou au moins déterminables (application de l'article 1583 du Code civil). **30075**

Ces mêmes éléments sont exigés pour le cas où la cession en blanc est qualifiée de promesse de cession car toute promesse doit comporter les éléments essentiels du contrat définitif (application de C. civ. art. 1124, al. 1). Il a ainsi été jugé qu'une cession en blanc, même complétée par la suite par le nom de l'acquéreur et la date de la cession, était valable en tant que promesse de cession dès lors qu'elle contenait l'accord des parties sur la chose et sur le prix, lequel avait d'ailleurs été intégralement payé (CA Paris 23-9-1982 no H 8732, 23e ch. B).

Pour qu'il y ait accord sur la **chose,** il est nécessaire, à notre avis, que le **nombre et** la **nature des droits sociaux** faisant l'objet de la cession soient définis dans l'acte de cession en blanc, que celui-ci soit conclu avant ou depuis le 1er octobre 2016 (sur cette date, no 1050). En effet, l'ex-article 1129 exigeait expressément que l'espèce et la quotité de la chose soient déterminées. Dans les nouvelles dispositions, seule la qualité de la prestation est envisagée (C. civ. art. 1166 issu de ord. 2016-131 du 10-2-2016). Il n'empêche que la quantité doit être fixée pour que la prestation soit déterminée ou déterminable. **30076**

Néanmoins, dans une affaire dont les circonstances étaient particulières, la cour d'appel de Paris a reconnu la validité d'une cession en blanc alors que le nombre de droits sociaux effectivement cédés ne correspondait pas à celui qui était prévu dans l'acte : une personne qui avait accepté de porter la majorité des parts d'une SARL en qualité de prête-nom avait signé et remis au véritable associé un acte de cession sur lequel étaient indiqués le nombre des parts cédées, à savoir 1 325, ainsi que leur prix de cession, mais pas le nom de l'acquéreur ni la date de la cession. Lorsque, plusieurs années plus tard, l'associé possesseur de l'acte avait apposé son nom et la date de la cession avant de signifier à la société la cession des parts à son profit, le prête-nom avait prétendu que la cession était nulle car il avait déjà cédé une des parts à l'associé de sorte que le nombre de parts cédées indiqué dans l'acte, qui avait été exact à l'origine, ne l'était plus à la date portée sur l'acte, ce nombre ayant été réduit à 1 324. Cet argument n'a pas été retenu par la cour d'appel qui l'a déclaré « inopérant » (CA Paris 7-2-2003 n° 99-21460, 25ᵉ ch. B : RJDA 7/03 n° 728). Bien que la cour n'ait pas précisé les raisons pour lesquelles elle s'est prononcée ainsi, sa solution peut, nous semble-t-il, s'expliquer par le fait que la part manquante et les 1 324 autres parts ont été acquises par la même personne, en l'occurrence le véritable associé, donnant ainsi un caractère global à la cession. Il est donc permis de se demander si la solution aurait été la même si les parts avaient été acquises par deux personnes différentes.

30077 S'agissant du **prix,** il doit, par application de l'article 1591 du Code civil, être précisé dans l'acte ou au moins être **déterminable** selon une méthode de calcul y figurant (CA Versailles 26-2-1988, 3ᵉ ch. : Bull. Joly 1988 p. 355 note P. Le Cannu). À défaut, la cession en blanc est nulle à moins d'un échange réitéré et non équivoque des consentements du cédant et de l'acquéreur sur le prix de cession, effectué dans le respect des règles générales de la promesse de vente et du contrat de vente telles qu'elles résultent des articles 1589 et 1591 du Code civil (CA Paris 11-5-1993 n° 92-8782, 9ᵉ ch. corr. A).

ILLUSTRATIONS

A été annulé un acte de cession signé par le cédant et sur lequel celui-ci s'était borné à apposer la formule « Bon pour cession de 80 parts sociales ; Bon pour quittance », toutes les autres mentions, y compris l'indication du prix, ayant été ajoutées postérieurement à la signature sans qu'il soit fait état d'un autre acte consacrant l'accord du cédant sur le prix de cession (CA Versailles 26-2-1988, précité).

De même, dans un cas où, lors de la constitution d'une SA, un actionnaire et administrateur de celle-ci avait signé un bordereau de transfert avec cession en blanc de l'action qu'il détenait, jugé que cet ordre de transfert ne pouvait être compris que comme une promesse de vente imparfaite puisque, lors de sa signature par l'actionnaire, il ne comportait ni indication du prix ni méthode permettant de déterminer celui-ci. Cette promesse de cession telle qu'elle résultait de l'ordre de transfert signé en blanc ne pouvait pas, à elle seule, valoir vente et priver l'actionnaire de son action par le seul effet de la volonté du tiers qui avait complété l'acte en mentionnant son nom en tant qu'acquéreur. La cession en blanc ne pouvait pas produire son effet, en raison des omissions essentielles de l'acte de transfert, faute d'échange réitéré et non équivoque des consentements entre l'actionnaire cédant et l'acquéreur sur le prix de cession (CA Paris 11-5-1993, précité).

Les tribunaux semblent seulement exiger la mention d'un prix, laissant aux parties toute liberté pour en déterminer le **montant,** qu'il corresponde ou non à leur valeur réelle.

Il reste néanmoins que la mention d'un prix dans l'acte de cession en blanc ne met pas celle-ci à l'abri de toute critique. Tel serait le cas d'un prix dérisoire ou d'un prix de cession susceptible d'être considéré comme une « clause léonine » interdite.

CONTREPARTIE DE LA CESSION EN BLANC

30087 L'engagement du cédant doit avoir eu, au moment où il a été pris, une contrepartie réelle (C. civ. art. 1169). Pour une cession d'actions ou de parts sociales, la contrepartie de l'engagement du cédant de transmettre les droits sociaux réside dans l'obligation de l'acquéreur de payer le prix.

Pour obtenir l'annulation de la cession de ses parts réalisée au profit de son coassocié majoritaire, l'associé minoritaire d'une SARL avait fait valoir que cette cession était dépourvue de cause (devenue contrepartie) dès lors qu'elle avait été consentie, lors de la constitution de la société, dans un acte ne comportant ni la date ni l'identité de l'acquéreur, pour la valeur nominale des parts et non pour leur valeur réelle, et qu'elle n'avait donné lieu à aucun paiement. Cette demande a été rejetée pour les raisons suivantes : l'associé minoritaire avait remis l'acte de cession en blanc au majoritaire en contrepartie de l'avance que celui-ci lui avait accordée sur les fonds nécessaires à la souscription de ses parts ; c'était donc manifestement à titre de **garantie de remboursement des fonds** que l'acte de cession en blanc avait été établi (CA Paris 23-5-2003 n° 02-14421, 3ᵉ ch. C : RJDA 1/04 n° 54).

AUTRE ÉLÉMENT POUVANT AFFECTER LA VALIDITÉ DE LA CESSION EN BLANC

La mention du nom du **cédant** sur l'acte de cession en blanc est la plupart du temps accompagnée de celle de son **domicile.** À notre avis, cette dernière indication sert seulement à faciliter la preuve de l'identité du cédant, mais n'est pas une condition de validité de la cession en blanc car aucun texte ne l'exige à ce titre. D'ailleurs, il a été jugé que le fait que le domicile figurant sur l'acte en blanc n'était plus celui où le cédant résidait au jour de la cession effective ne pouvait pas rendre l'acte de cession douteux et critiquable (CA Paris 5-3-1999, 1e ch. B : RJDA 7/99 n° 795). **30097**

2. RÉTRACTATION DU CÉDANT SIGNATAIRE D'UNE CESSION EN BLANC

Si le cédant qui a signé un acte de cession en blanc ne souhaite plus vendre, il peut revenir sur sa décision si l'acte est encore « en blanc ». Cette **possibilité** lui est reconnue quelle que soit la qualification juridique donnée à la cession en blanc. En revanche, la date limite pour changer d'avis va différer selon cette qualification. Sur la détermination de cette date, voir n° 28092 pour un mandat, nos 12160 s. pour une offre et n° 14530 pour une promesse de cession. **30120**

La rétractation du cédant peut intervenir notamment au **moyen** d'une lettre (recommandée avec AR, de préférence) envoyée au porteur de l'acte.

En pratique, cette faculté de rétractation n'est pas aussi aisée qu'il y paraît car le cédant peut très bien ignorer l'identité du porteur actuel de l'acte. En outre, le cédant doit prouver qu'il s'est rétracté avant que les mentions manquantes de l'acte aient été complétées. Or, cette preuve peut s'avérer difficile à rapporter. En effet, s'il a connaissance de la volonté du cédant de se rétracter, le porteur de l'acte peut alors compléter l'acte en indiquant une date de cession antérieure de quelques jours à la rétractation du cédant, rendant ainsi celle-ci inefficace (en ce sens, D. Bastian : JCP G 1954 II n° 8214 note sous CA Lyon 12-1-1953).

ILLUSTRATIONS

Une cour d'appel, approuvée par la Cour de cassation, a retenu la rétractation du cédant et prononcé la nullité d'une cession de parts de SARL après avoir constaté que le projet de cession remis par le cédant à son coassocié, qui portait seulement le nom du cédant et l'indication de la société, constituait une simple offre que le cédant avait révoquée avant que son coassocié complète les mentions manquantes concernant la date de la cession et le nom de l'acquéreur (Cass. com. 27-6-1956 : JCP G 1956 II n° 9604).

C. Obstacles à la réalisation de la cession en blanc

Même si la cession en blanc remplit les conditions de validité requises, certains événements peuvent faire échouer la réalisation de la cession ou tout au moins la rendre plus difficile. **30150**

Tout d'abord, si les **droits sociaux** sur lesquels porte l'acte en blanc constituent des **biens communs** soumis à la cogestion des époux en vertu de l'article 1424 du Code civil, leur acquisition par le détenteur de l'acte qui a complété les mentions en blanc est subordonnée au consentement du conjoint du signataire. Celui qui fait signer un acte en blanc à un associé a donc tout intérêt à vérifier le régime matrimonial de celui-ci et, le cas échéant, à demander l'accord préalable du conjoint. **30151**

Par ailleurs, lorsque la cession en blanc a été accordée dans le cadre d'une convention de prête-nom, le **décès** du signataire de l'acte en blanc (le prête-nom) peut placer le porteur de cet acte, véritable propriétaire des droits sociaux, dans une situation délicate. En effet, les droits sociaux objet de l'acte de cession en blanc restent dans le patrimoine du signataire de l'acte jusqu'à ce que les mentions manquantes aient été complétées. Par conséquent, en cas de décès du prête-nom, les droits sociaux entrent dans l'actif successoral et sont à ce titre transmis aux héritiers du signataire. Le véritable propriétaire qui souhaite récupérer ses droits peut alors être amené à devoir payer le prix de cession des titres aux héritiers, soit parce que ces derniers ignoraient l'existence de la convention de prête-nom et ne sont pas convaincus par les explications données par le porteur de l'acte, soit parce qu'ils sont de mauvaise foi (en ce sens, J.-F. Bulle, Un statut anachronique source de fâcheux errements : la gérance majoritaire : JCP N 1987 I p. 323 nos 99 s.). **30152**

En outre, si le signataire de l'acte en blanc **« cède » une seconde fois ses droits** sociaux et effectue immédiatement les formalités destinées à rendre cette cession opposable aux tiers, le porteur de l'acte en blanc ne peut plus utilement compléter les mentions manquantes pour acquérir ces **30154** droits, sauf s'il réussit à démontrer la mauvaise foi du cédant, mais cette preuve sera difficile à rapporter.

30155 Enfin, la réalisation de la cession est suspendue à l'obtention de **l'agrément** de l'acquéreur par les coassociés, lorsque cet agrément est nécessaire.

D. Incidences d'une cession en blanc

INCIDENCE DE LA CESSION EN BLANC SUR L'AFFECTIO SOCIETATIS

30190 L'existence d'une cession en blanc peut être un des éléments retenus pour démontrer le défaut d'affectio societatis d'un ou plusieurs associés, c'est-à-dire leur absence de volonté de collaborer avec les autres associés sur un pied d'égalité à la poursuite de l'œuvre commune.

Ce défaut d'affectio societatis peut conduire à constater la **fictivité** de la **société** et entraîner la nullité de celle-ci ou l'extension de sa procédure collective au seul véritable maître de l'affaire qui a fait signer les actes en blanc à ses prétendus coassociés. Soulignons toutefois que la fictivité n'est pas une cause de nullité des SARL et des sociétés par actions (Dir. 2017/1132 du 14-6-2017 art. 11).

ILLUSTRATIONS

La **nullité** d'une **société** pour défaut d'affectio societatis chez l'un des associés, véritable maître de l'affaire, doit être prononcée compte tenu des éléments suivants : par une lettre antérieure à la constitution de la société, le maître de l'affaire avait notifié à son futur associé que le projet de pacte social avait un caractère fictif quant à la propriété des parts qui lui seraient attribuées ; lors de la création de la société, l'associé avait remis au maître de l'affaire un acte qu'il avait signé et qui stipulait qu'il cédait sa part à un tiers dont le nom était laissé en blanc ; le nom de l'acquéreur, le prix et la date de la cession avaient été inscrits dix-huit mois après la constitution de la société pour évincer l'associé de la société au cours d'une assemblée à laquelle celui-ci n'avait pas assisté.
Cass. com. 6-10-1953 : D. 1954 p. 25.

Il résulte des circonstances suivantes qu'une **SA** n'était qu'une **façade** pour l'activité personnelle et exclusive de son dirigeant associé, et qu'il y a donc lieu d'**étendre** à celui-ci la **faillite** de la société :
– lors de la constitution de la société, le dirigeant a versé lui-même sur ses fonds personnels la totalité de la somme libérant le quart du capital social, aucun des six autres souscripteurs n'ayant fait le moindre versement ;
– ces autres souscripteurs ont reconnu avoir signé en blanc une cession des actions qui leur étaient officiellement et apparemment attribuées, et avoir été des prête-noms pour être agréables au dirigeant ;
– le dirigeant n'a jamais convoqué ni assemblée générale ni conseil d'administration et n'a pratiquement pas tenu de comptabilité ;
– il a considéré les biens sociaux comme ses biens propres, la caisse de la société comme la sienne, et la société comme son affaire personnelle pour laquelle il n'avait de comptes à rendre à personne.
Cass. com. 30-10-1967 : Bull. civ. III n° 346.

Il y a lieu d'**étendre** la **faillite** d'une SARL à son gérant dès lors qu'il peut être déduit des constatations suivantes que celui-ci avait créé une **société de façade** dont il était le maître absolu, derrière laquelle il a exercé le commerce :
– le gérant a avancé les fonds apportés par ses coassociés et « distribué les parts sociales comportant contrepartie de cession en blanc » ;
– il a consacré son activité à la société sans l'établissement préalable d'un contrat prescrivant ses droits et sa rémunération ;
– la société n'a produit ni livres d'inventaire ni registre de délibérations.
Cass. com. 2-1-1967 : Bull. civ. III n° 1.

30194 Le défaut d'affectio societatis constaté chez un titulaire de parts d'une SARL qui avait consenti une cession en blanc a même conduit une cour d'appel à refuser à l'intéressé le droit de se prévaloir de sa **qualité d'associé** et de critiquer la validité de la cession intervenue (CA Bordeaux 13-10-1997 n° 95-6611, 2e ch : Defrénois 1999 art. 36942-1 p. 235 note P. Le Cannu). Cette décision, dont la solution reste isolée, suscite à notre avis des réserves. En effet, la cour d'appel a déduit le défaut d'affectio societatis de l'associé, ainsi que son rôle de prête-nom, de la cession en blanc qu'il avait consentie dès la constitution de la société et de l'absence de tout apport personnel. Or, les statuts indiquaient que chaque associé avait apporté en espèce la somme correspondant à ses parts. En outre, les mentions manquantes de l'acte de cession en blanc ont été remplies dix-huit ans après la constitution de la société, période pendant laquelle l'associé a assumé les fonctions de gérant et a donc participé à la vie sociale.

DISSIMULATION D'UNE VENTE SOUS COUVERT D'UNE CESSION EN BLANC

30195 La cession en blanc peut constituer un indice établissant l'existence d'une vente dissimulée **sous le couvert d'un apport en société,** le prétendu apporteur ayant en réalité vendu à la société le bien apporté. Pour établir l'existence de l'acte secret, les parties disposent d'une action en justice particulière, l'action en déclaration de simulation.

Ainsi, dans un cas où une action en déclaration de simulation avait été introduite par l'apporteur d'un immeuble en société qui, en rémunération de son apport effectué lors de la constitution de la société, avait reçu 45 % des parts de la SARL puis avait consenti le même jour une promesse de vente de ses parts aux autres associés et signé des actes de cession en blanc de celles-ci, il a été jugé que la **preuve** de la simulation était rapportée et résultait des écrits (promesse de vente et actes de cession en blanc) établis par les parties contractantes concomitamment à l'acte de constitution et rendant vraisemblable la volonté des contractants de ne pas considérer l'apporteur en nature comme un associé, mais comme un vendeur ayant définitivement abandonné son apport en pleine propriété contre paiement immédiat de sa valeur (Cass. com. 10-6-1953 : JCP G 1954 II n° 7908 note D. Bastian).

RÉVOCATION DU DIRIGEANT PAR LE BIAIS D'UNE CESSION EN BLANC

30196 Le fait de faire signer un acte de cession en blanc à un dirigeant peut permettre de se séparer de lui sans avoir à décider sa révocation conformément aux dispositions légales, du moins lorsque les **fonctions de direction** ne peuvent être exercées **que par un associé.** En effet, il suffit de remplir le nom de l'acquéreur sur l'acte de cession pour que le dirigeant cesse d'être associé ; or, s'il n'est plus propriétaire de droits sociaux de la société, il ne remplit plus la condition nécessaire pour être mandataire social.

C'est ce qu'a jugé un tribunal dans l'affaire suivante : un administrateur d'une SA, également président-directeur général de celle-ci, avait formellement reconnu, d'une part, que les 3 712 actions dont il était titulaire avaient été souscrites au moyen de fonds fournis sans contrepartie par un tiers, seul propriétaire des actions, et, d'autre part, que le transfert correspondant signé en blanc avait été établi pour permettre au tiers de récupérer les actions sans aucun paiement quand bon lui semblerait ; selon le tribunal, dès le jour où le tiers lui avait fait savoir qu'il reprenait immédiatement possession de la totalité de ses actions, l'administrateur avait cessé d'être actionnaire, ce qui avait entraîné de plein droit sa révocation de ses fonctions d'administrateur et de président-directeur général (T. com. Seine 23-1-1959 : D. 1960 p. 323 note A. Dalsace).

Ce jugement du tribunal de commerce est à notre connaissance la seule décision qui s'est prononcée sur la question. Dans cette affaire, l'administrateur s'est retrouvé démis de ses fonctions par la **décision d'un tiers à la société** alors que la révocation des administrateurs de SA relève de la seule compétence de l'assemblée générale (application de l'article L 225-18, al. 2 du Code de commerce).

Cette utilisation des cessions en blanc appelle, nous semble-t-il, de sérieuses réserves car, en permettant à la personne qui détient l'acte en blanc de mettre fin aux fonctions du dirigeant, elle conduit à tourner les dispositions légales accordant à un organe déterminé le pouvoir exclusif de révoquer les dirigeants.

> **Précisions** Les **mandataires sociaux** concernés par l'**obligation d'être associé** de la société qu'ils dirigent sont :
> – les administrateurs et les membres du conseil de surveillance de SA, lorsque les statuts leur imposent de détenir un nombre d'actions déterminé, à défaut de quoi ils sont réputés démissionnaires d'office s'ils n'ont pas régularisé leur situation dans le délai de six mois (C. com. art. L 225-25, al. 1 et 2 pour les administrateurs et art. L 225-72, al. 1 et 2 pour les membres du conseil de surveillance) ;
> – le président du conseil d'administration de SA ainsi que le président et le vice-président du conseil de surveillance de SA puisqu'ils sont choisis parmi les membres de leur conseil, lorsque les statuts exigent que ceux-ci soient associés (application des articles L 225-47, al. 1 et L 225-81, al. 1 du Code de commerce) ;
> – les membres du conseil de surveillance de SCA (C. com. art. L 226-4, al. 1) ;
> – les gérants de SCS, SNC et de SCA sauf si les statuts prévoient que la gestion peut être assurée par une personne non membre de la société (C. com. art. L 221-3, al. 1 applicable aux SCS sur renvoi de l'article L 222-2 du même Code et aux SCA sur renvoi de l'article L 226-1, al. 2 et L 222-2) ;
> – les gérants de SARL (C. com. art. L 223-18, al. 2) ou les dirigeants de SAS, si les statuts réservent ces fonctions aux seuls associés.

RÉPERCUSSIONS FISCALES D'UNE CESSION EN BLANC

30197 L'existence d'un acte de cession en blanc de parts d'une SARL peut avoir des répercussions fiscales sur l'appréciation du **caractère majoritaire de la gérance.** Le Conseil d'État considère en effet que le gérant minoritaire qui a bénéficié, dès la création de la société, d'une cession en blanc des parts de son coassocié majoritaire a, dès cette date, assuré en réalité le contrôle de la société ; ses rémunérations sont donc imposées, non dans la catégorie des traitements et salaires, mais dans celle des rémunérations des gérants majoritaires (CE 3-10-1990 n° 75001 : RJF 11/90 n° 1340) : en l'espèce, un associé non gérant qui détenait 51 % des parts d'une SARL avait, dès la constitution de la société, cédé en blanc ses parts à ses coassociés gérants (à raison de 50 % chacun), lesquels détenaient ensemble et à parts égales 49 % des parts ; les associés gérants avaient donc détenu chacun la moitié du capital social avant même la réalisation de la cession intervenue huit ans plus tard.

E. Utilisation abusive d'un acte de cession en blanc

30230 L'utilisation d'un acte de cession en blanc doit être conforme à la volonté des parties, faute de quoi cette utilisation est frauduleuse et engage la **responsabilité** de son auteur.
Ainsi, le gérant d'une SARL, bénéficiaire d'une cession en blanc, a été condamné à 15 000 F (environ 2 300 €) de dommages-intérêts et la cession intervenue a été annulée pour les raisons suivantes : alors que les conditions de la cession, au profit du gérant, de 120 des 180 parts détenues par un associé avaient été définies dans un document signé par les deux parties et que l'associé cédant avait remis un acte de cession en blanc au gérant pour lui permettre d'effectuer les démarches et formalités d'agrément nécessaires, celui-ci avait **complété l'acte en blanc à l'insu de l'associé** en y indiquant la cession de 180 parts au lieu des 120 prévues, à un prix différent de celui qui avait été convenu et en y mentionnant faussement que quittance du prix avait été donnée par l'associé (CA Grenoble 20-12 1988 n° 87-546, 2e ch. civ.).
De même, lorsque le porteur de l'acte en blanc se sert de cet acte pour mettre fin aux fonctions du dirigeant, comme nous l'avons vu précédemment n° 30196, le mandataire social peut obtenir des dommages-intérêts pour révocation abusive.

30231 L'utilisation abusive d'une cession en blanc constitue un abus de blanc-seing et peut être **sanctionnée pénalement.**
Est ainsi coupable du délit d'abus de blanc-seing le gérant d'une SARL qui, sous un prétexte fallacieux, a obtenu directement des associés la signature en blanc de formules de cession de parts puis les a utilisées après les avoir complétées au nom de bénéficiaires lui étant favorables, dès lors que ces agissements étaient de nature à compromettre la fortune des signataires, ces derniers n'ayant reçu aucun paiement ni aucune contrepartie (Cass. crim. 11-7-1988 : Rev. soc. 1989 p. 70 note B. Bouloc).
Pour un autre exemple de délit d'abus de blanc-seing, voir n° 30232.
Le délit d'abus de blanc-seing n'a pas été repris dans le nouveau Code pénal entré en vigueur le 1er mars 1994, mais les faits qui en étaient constitutifs restent punissables au titre de l'abus de confiance (C. pén. art. 314-1) ou du faux en écriture (art. 441-1) selon les circonstances (Cass. crim. 18-5-1994 n° 93-82.003 : Bull. crim. n° 187 ; Cass. crim. 21-9-1994 n° 93-85.297 : Bull. crim. n° 300).

30232 La personne qui acquiert des parts sociales alors qu'elle en connaît l'origine frauduleuse peut être condamnée pour **recel.**
Tel a été le cas dans l'affaire suivante : le gérant d'une SCI avait persuadé la plupart des porteurs de parts de la nécessité de céder celles-ci à un tiers anonyme susceptible de les acheter au prix de 2 000 F (environ 305 €) ; après avoir reçu les actes de cessions signés en blanc, sans indication du nom de l'acquéreur et du prix, il avait complété les mentions manquantes en indiquant son nom comme acquéreur et en y faisant figurer le prix de 200 F (30 €). Le gérant avait ensuite revendu les parts à un tiers au prix de 6 700 F (environ 1 020 €) la part. Il avait alors été condamné pour délit d'abus de blanc-seing et de faux en écriture privée. Le tiers, quant à lui, a été déclaré coupable de recel pour avoir acquis les parts auprès du gérant alors qu'il en connaissait l'origine frauduleuse. En effet, il savait, d'une part, que le gérant était seulement un intermédiaire entre lui-même et les associés cédants à qui les parts n'avaient pas été payées et, d'autre part, que le prix proposé aux cédants était d'au moins 2 000 F alors que le prix d'acquisition, porté abusivement à 200 F maximum la part dans les actes de cession au nom du gérant, était dérisoire par rapport à la valeur réelle des parts (Cass. crim. 11-5-1992 n° 90-97.849 : Bull. Joly 1992 p. 1067).

CHAPITRE 7

NULLITÉ DE LA CESSION ET RESTITUTIONS

SOMMAIRE

SECTION 1

PRINCIPES GÉNÉRAUX RÉGISSANT LA NULLITÉ DE LA CESSION

CAUSES DE NULLITÉ D'UNE CESSION DE DROITS SOCIAUX

30500 La cession de droits sociaux est nulle si elle ne remplit pas les conditions requises pour sa validité (C. civ. art. 1178, al. 1). Sont ici visées les conditions de validité posées par le **droit** commun **des contrats,** par le droit **de la vente** et, le cas échéant, par des dispositions plus spécifiques, telles celles du droit **des sociétés.**

Les causes de nullité de la cession sont exposées sous les développements qui les concernent.

30510 **Incidence de la disparition d'une clause sur la validité de la cession** En cas d'**annulation** d'une de ses **clauses,** la cession n'est nulle en son entier que si cette clause a constitué un élément déterminant de l'engagement des parties ou de l'une d'elles (C. civ. art. 1184, al. 1 ; Cass. 3e civ. 24-6-1971 n° 70-11.730 P : Bull. civ. III n° 405 ; Cass. 1e civ. 16-3-1983 n° 82-10.334 P : Bull. civ. I n° 100). À défaut, la cession est maintenue, amputée de la clause.

À notre avis, le juge doit annuler le contrat si les parties ont prévu qu'il serait nul intégralement si telle clause est invalidée (Cass. com. 19-1-1967 n° 65-10.493 P : Bull. civ. III n° 39), sauf si cette stipulation constitue une fraude à la loi (Cass. 3e civ. 6-6-1972 n° 71-11.279 P : D. 1973.151 note Malaurie ; Cass. 3e civ. 31-1-2001 n° 98-12.895 FS-D : RJDA 4/01 n° 428). En effet, cette jurisprudence rendue sous l'empire des textes antérieurs à l'ordonnance 2016-131 du 10 février 2016 devrait perdurer sous l'empire des nouveaux textes.

Sur le sort du contrat en cas de disparition d'un **engagement indivisible** de la cession, voir n°s 60000 s.

30512 La cession est également maintenue si une **clause** est **réputée non écrite** (C. civ. art. 1184, al. 2), par exemple une clause privant de sa substance l'obligation essentielle d'une des parties (art. 1170). L'article 1184, al. 2 ne réservant pas l'hypothèse de la clause déterminante du consentement des parties comme il le fait pour une clause annulée, celle qui conditionnerait le maintien du contrat à celui d'une clause réputée non écrite est dépourvue d'effet.

AUTRES CAUSES PRIVANT LA CESSION D'EFFET

30520 L'extinction de la cession de droits sociaux peut résulter d'autres mécanismes que celui de l'annulation, notamment :
– la **résolution** qui sanctionne l'inexécution de la cession (C. civ. art. 1217) et l'impossibilité d'exécuter résultant un cas de force majeure (art. 1218, al. 2) ;
– la **caducité** qui met fin à un contrat valablement formé mais dont l'un des éléments essentiels a disparu ou à un contrat indivisible d'un autre contrat qui lui-même disparaît (C. civ. art. 1186 et 1187 ; Cass. 1e civ. 10-9-2015 n° 14-20.498 F-D : RJDA 11/15 n° 732 pour la disparition d'un élément essentiel ; Cass. com. 26-3-2013 n° 12-11.688 F-D : RJDA 8-9/13 n° 685 ; Cass. com. 4-11-2014 n° 13-24.270 FS-PB : RJDA 2/14 n° 66 pour la disparition d'un contrat interdépendant).
La nullité doit aussi être distinguée de l'**inopposabilité.** La cession inopposable est valable mais ceux qui l'ont conclue ne peuvent s'en prévaloir à l'égard d'autres personnes : par exemple, inopposabilité de la cession de parts sociales à la société émettrice et aux tiers à défaut d'exécution des formalités de publicité (nos 70270 s.) ou encore du contrat occulte (contre-lettre) qui modifie les termes de la cession apparente (nos 38320 s.).
Sur la nullité ou l'**inexistence** de la cession en cas d'erreur faisant obstacle à la rencontre des consentements, voir nos 19110 s.

NULLITÉ RELATIVE OU ABSOLUE DE LA CESSION

30530 **Critère de distinction** La nullité d'une cession de droits sociaux est absolue en cas de violation d'une règle ayant pour objet la sauvegarde de l'**intérêt général** ou relative si la règle violée a pour seul objet la sauvegarde d'un **intérêt privé** (C. civ. art. 1179).
Selon le rapport au Président de la République sur l'ordonnance 2016-131 du 10 février 2016 dont sont issus les articles 1179 s. du Code civil, ces textes consacrent la **théorie moderne des nullités** par opposition à la théorie dite classique. Comme l'a explicité la chambre commerciale de Cour de cassation juste avant l'entrée en vigueur de la réforme, le 1er octobre 2016, c'est non pas en fonction de l'existence ou de l'absence d'un élément essentiel du contrat au jour de sa formation, mais au regard de la nature de l'intérêt, privé ou général, protégé par la règle transgressée qu'il convient de déterminer le régime de nullité applicable (Cass. com. 22-3-2016 n° 14-14.218 FS-PB : RJDA 5/16 n° 359).
En dehors des cas où la nature de la nullité est précisée par la loi (par exemple, C. civ. art. 1131 affirmant le caractère relatif de la nullité encourue en cas de vice du consentement) ou la jurisprudence sur la base du critère posé par l'article 1179 précité, il faut apprécier au cas par cas si la règle en cause protège un intérêt général ou exclusivement privé, ce qui peut s'avérer délicat.

30532 **Intérêts de la distinction** Selon qu'elle est relative ou absolue, la nullité n'est pas soumise aux mêmes règles en ce qui concerne la faculté de sommer une partie de se prononcer sur le sort de la cession (n° 30560), l'éventuelle confirmation de la cession (n° 30570) et les personnes pouvant demander l'annulation (n° 30670). Pour le reste, le **régime** est identique.

SOMMATION DE SE PRONONCER SUR LA NULLITÉ

30560 **Champ d'application** L'une des parties à un contrat peut sommer celle qui pourrait se prévaloir d'une cause de nullité de prendre position sur le sort du contrat (C. civ. art. 1183).

ATTENTION

Cette faculté, introduite dans le Code civil par l'ordonnance 2016-131 du 10 février 2016, peut être utilisée depuis le 1er octobre 2016 (Ord. 2016-131 du 10-2-2016 art. 9, al. 3), y compris pour une cession conclue avant cette date.

Même si l'article 1183 du Code civil ne le précise pas, cette faculté n'est pas utilisable en présence d'une cause de **nullité absolue** car elle est susceptible d'aboutir à la confirmation de la cession, ce qui n'est pas possible si celle-ci est atteinte d'une cause de nullité absolue (C. civ. art. 1180, al. 2). Elle est ouverte en cas de nullité relative mais, à notre avis, elle devrait être neutralisée pour certaines causes de nullité **relative** dont la confirmation paraît difficile pour les raisons exposées n° 30570.
La distinction, parfois délicate, entre nullité relative ou absolue doit inciter à la prudence dans l'utilisation de cette faculté de sommer l'autre cocontractant ; elle est totalement privée d'effet si la cession s'avère atteinte de nullité absolue.

30565 **Mise en œuvre et effets** Le cocontractant qui entend s'assurer de la validité du contrat sur laquelle il a un doute doit demander par **écrit** à la partie en droit de soulever la nullité du contrat soit de confirmer ce dernier, soit d'agir en nullité dans un délai de six mois à peine de forclusion (C. civ. art. 1183, al. 1). La demande doit aussi préciser qu'à défaut d'action en nullité exercée avant l'expiration du délai de six mois, le contrat sera réputé confirmé (art. 1183, al. 2). Cette mention ainsi que celle de l'alternative (agir ou confirmer) doivent figurer dans la demande pour que cette dernière puisse aboutir à la confirmation de l'acte.

CONSEIL

Bien que l'article 1183 soit muet sur la **forme** de cette demande, il est recommandé au demandeur de procéder par lettre recommandée AR, pour que la preuve de l'interpellation soit préconstituée et que le point de départ du délai de six mois soit fixé.

La **cause de la nullité** doit avoir **cessé** pour que la demande puisse être présentée (art. 1183, al. 1). Il n'est donc pas requis par la loi que la nullité ait été supprimée et ne puisse plus être invoquée ; il est seulement exigé que le vice qui ouvre la voie à la nullité ait cessé. Jusque-là, la partie qui en est victime ne sachant pas que le contrat comporte une cause de nullité, ne peut pas en effet réagir.

› Précisions S'agissant d'un **vice du consentement,** la victime pourra agir le jour où elle aura connu son erreur, ou le dol du cocontractant ou d'un tiers ou du jour où elle ne sera plus sous l'emprise de la violence (cf. C. civ. art. 1144).

Si le vice tient à son **incapacité,** elle ne peut valablement agir que le jour où elle est devenue, ou redevenue, capable ; tant que ce moment n'est pas arrivé, elle est toujours incapable ; partant si elle est mise en demeure de prendre parti par son cocontractant, son défaut de réponse comme sa réponse seront l'acte d'un incapable sanctionné par la nullité de la réponse ou par l'inopposabilité de la confirmation attachée au défaut de réponse dans les six mois.

Si le vice tient à une **autre cause,** et pour autant qu'il est sanctionné d'une nullité relative, elle sera en mesure d'agir le jour où elle aura connu ou aura dû avoir connu la cause de nullité ; il en sera ainsi par exemple lorsqu'elle invoquera le caractère dérisoire ou illusoire de la contrepartie.

CONFIRMATION D'UNE CESSION NULLE

Faculté La faculté de confirmer une cession nulle est admise en cas de **nullité relative** (C. civ. art. 1181, al. 2). **30570**

Nonobstant les termes de l'article 1181, on peut néanmoins se demander si toutes les causes de nullité relative peuvent donner lieu à confirmation. La cession conclue à la suite d'un vice du consentement ou pour un prix dérisoire ou « potestatif » peut toujours être confirmée. Mais qu'en est-il de la cession dont le contenu (l'objet) ou le prix est indéterminable ? Il ne s'agit pas alors de confirmer le contrat mais plutôt de le compléter. Selon M. Mignot, la nullité liée à l'absence des éléments essentiels du contrat, même si elle est relative, n'est pas confirmable ; c'est le cas, selon lui, de l'absence de consentement, d'objet ou de cause (Commentaire article par article de l'ordonnance du 10-2-2016 portant réforme du droit des contrats, du régime général et de la preuve des obligations art. 1172 à 1192 : Petites affiches 22-3-2016 p. 6 s.). C'est, le concède-t-il, une résurgence de la théorie classique des nullités (n° 30530).

L'acte de cession atteint de **nullité absolue** ne peut pas être confirmé (C. civ. art. 1180, al. 2). **30575**
Mais les parties peuvent renouveler leur accord (refaire le contrat) ou le maintenir lorsque la cause de nullité a disparu (Cass. 1e civ. 8-1-1985 n° 83-15.771 P : Bull. civ. I n° 6 ; Cass. soc. 25-6-1996 n° 94-19.992 P : Bull. civ. V n° 255).

Modalités Dans la mesure où la nullité encourue est une nullité relative, la **partie qui peut s'en prévaloir** peut choisir de confirmer la cession (C. civ. art. 1181, al. 1 et 1182, al. 1). **30580**
La confirmation ne se présume pas (Cass. 1e civ. 27-4-1953 : Bull. civ. I p. 115). Elle peut être expresse ou tacite à condition de ne pas être équivoque.
Elle peut ainsi résulter :
– d'un **acte de confirmation** ; celui-ci doit indiquer que la partie qui peut invoquer la nullité y renonce ainsi que la substance de l'obligation et le vice affectant le contrat (C. civ. art. 1182, al. 2 et 3) ;
– du **défaut** de **réponse** à la **sommation** de confirmer ou d'agir en nullité (nos 30565 s. et, en cas de violation d'une clause de préemption, nos 5735 s.) ;
– de l'**exécution volontaire du contrat,** en connaissance de la cause de nullité (art. 1182, al. 1 ; Cass. com. 8-1-2002 n° 98-16.037 F-D : RJDA 5/02 n° 504 ; Cass. 1e civ. 27-2-2013 n° 12-15.972 F-D : RJDA 6/13 n° 480 ; Cass. com. 21-4-2022 n° 20-16.295 F-D : RJDA 8-9/22 n° 459).

ILLUSTRATIONS

S'agissant d'une cession de droits sociaux dont l'acquéreur demandait l'annulation pour dol, une cour d'appel ne peut faire droit à la demande sans rechercher, comme elle y était invitée, si, en recourant, après l'acte de vente, à un arbitre pour que soit déterminé le prix définitif de cession des parts sociales, alors que les vices affectant cet acte étaient connus et avaient été réparés, l'acquéreur n'avait pas entendu l'exécuter et renoncer ainsi à la nullité dont l'acte était affecté (Cass. com. 21-4-2022 n° 20-16.295 précité).

Dans tous les cas, la confirmation ne peut intervenir qu'après la conclusion du contrat (art. 1182, al. 2) et elle suppose qu'à la **date** où elle survient, son auteur a connaissance de la cause de nullité (cf. art. 1182, al. 1 et 3). Sur les spécificités de la confirmation d'une cession nulle pour vice du consentement, voir n° 25185.

› Précisions a. Les **mentions** prévues par l'article 1182 pour une **confirmation écrite** étaient déjà requises par l'ancien article 1338 du Code civil, qui exigeait en outre que l'acte manifeste l'intention de réparer le vice cause de nullité. Cette précision, non reprise par le nouveau texte, n'a plus d'utilité dans la mesure où il n'y a confirmation du contrat qu'en cas de renonciation à en invoquer la nullité (art. 1182, al. 1), ce qui ne laisse aucune ambiguïté sur le sens de la confirmation.

b. Des **actes équivoques,** c'est-à-dire qui pourraient s'expliquer autrement que par la double condition d'avoir été accomplis volontairement et en connaissance de cause, ne sauraient avoir un effet confirmatif. Par exemple, il n'y a pas confirmation en cas d'exécution partielle d'une convention nulle par la partie susceptible d'invoquer la nullité dès lors qu'elle s'est exécutée sous la menace réitérée de poursuites judiciaires de la part de l'autre cocontractant (Cass. civ. 16-3-1948 : JCP G 1948 II n° 4319) ou en cas d'acceptation sans réserve par un acquéreur de parts sociales du versement du boni de liquidation de la société correspondant aux droits cédés (CA Paris 10-6-1988 n° 86-4370). La stipulation que « la nullité de l'une des clauses d'un contrat, quelle qu'en soit la cause ou la date de prise d'effet, n'entraînera pas la nullité du contrat » constitue une simple affirmation du principe de l'autonomie des clauses du contrat et ne peut pas être interprétée comme une renonciation à toute action en nullité pour vice du consentement ou défaut de cause (désormais, pour défaut de contrepartie) (CA Paris 14-4-1995 n° 93-8334).

c. Pour un cas où l'**attitude** du cédant a été considérée comme **valant renonciation** à invoquer la nullité de la cession de titres, voir Cass. com. 11-2-1992 n° 89-14.596 P : n° 12325.

30590 **Effets** La confirmation d'une cession de droits sociaux susceptible d'annulation a pour effet d'interdire à l'**auteur de la confirmation** d'attaquer la cession tant par voie d'action que par voie d'exception, sans préjudice toutefois du droit des tiers (C. civ. art. 1182, al. 4).

Entre les parties, la renonciation a un effet rétroactif et la cession est réputée valable depuis son origine (Cass. com. 23-6-1981 n° 79-15.316 : Bull. civ. IV n° 289 rendu sur le fondement des textes antérieurs mais, à notre avis, transposable au régime actuel). En revanche, la confirmation n'est pas rétroactive à l'égard des **tiers** ; la cession leur est donc opposable à compter, non pas de la date à laquelle elle a été conclue, mais de la date à laquelle elle a été confirmée.

Si l'**action** en nullité relative a **plusieurs titulaires** (pluralité de cédants ou d'acquéreurs), la renonciation de l'un n'empêche pas les autres d'agir (C. civ. art. 1181, al. 3).

INDEMNISATION EN COMPLÉMENT DE L'ANNULATION

30600 Indépendamment de l'annulation du contrat, la partie lésée peut demander **réparation du dommage subi** dans les conditions du droit commun de la responsabilité extracontractuelle (C. civ. art. 1178, al. 4), telles que fixées par les articles 1240 s. du Code civil.

Toutefois, à notre avis, la partie ayant subi un préjudice du fait de la conclusion du contrat annulé peut en demander réparation à **condition** d'être de bonne foi (Cass. ch. mixte 9-7-2004 n° 02-16.302 P : RJDA 2/05 n° 116) et d'invoquer un préjudice personnel distinct de celui réparé par l'annulation du contrat et les restitutions qui en résultent (Cass. com. 9-10-2007 n° 05-22.023 F-D : RJDA 12/07 n° 1243 ; Cass. com. 12-7-2011 n° 10-19.297 F-D : RJDA 11/11 n° 922 rendus à propos d'annulation de cession de parts sociales pour dol). En effet, cette jurisprudence, rendue sous l'empire des textes antérieurs à l'ordonnance 2016-131 du 10 février 2016 dont est issu l'article 1178, devrait perdurer sous l'empire du régime actuel.

SECTION 2 MODALITÉS D'ANNULATION DE LA CESSION

A. Constatation amiable de la nullité de la cession

CONDITIONS DE L'ANNULATION AMIABLE

Les parties à une cession peuvent constater la nullité de celle-ci d'un commun accord (C. civ. art. 1178, al. 1). L'article 1178, de portée générale, s'applique que la cession soit affectée de nullité absolue ou relative. **30650**

L'annulation amiable de la cession suppose « un **commun accord** » des parties. Comme tout accord de volonté entraînant des effets de droit, ici éteignant des obligations, cet accord correspond à un contrat (cf. C. civ. art. 1101) ; il doit donc remplir les conditions de validité du contrat (consentement et capacité de contracter des parties, contenu certain et licite de l'accord ; C. civ. art. 1128).

Même si l'article 1178 ne fait pas de l'existence d'un écrit une condition de validité de cet accord, il est préférable d'en établir un, ne serait-ce qu'à titre de preuve, en y mentionnant la cause de nullité qui affectait la cession.

> **Précisions a.** Les parties peuvent préférer révoquer le contrat d'un commun accord (nos 75270 s.).
> **b.** À notre avis, si la cession est une **convention réglementée** qui a été autorisée, son annulation conventionnelle est également soumise à autorisation (Cass. com. 27-2-1996 n° 94-12.454 P : RJDA 6/96 n° 802 posant aussi le principe pour la révocation et la modification de la convention).

EFFETS DE L'ANNULATION AMIABLE

Le constat amiable de la nullité entraîne les effets habituels de la nullité, l'article 1178, al. 1 du Code civil ne mettant aucune restriction aux effets prévus dans ses autres alinéas : **30655**

– le contrat annulé est censé n'avoir jamais existé (art. 1178, al. 2) ; cet anéantissement se produit à la date de l'accord constatant la nullité ;

– le cas échéant, l'annulation donne lieu aux restitutions exposées nos 30720 s. (art. 1178, al. 3) ;

– indépendamment de l'annulation du contrat, la partie lésée peut demander réparation du dommage subi dans les conditions du droit commun de la responsabilité extracontractuelle (art. 1178, al. 4).

Toutefois, l'annulation amiable n'a pas exactement les mêmes effets que l'annulation judiciaire en ce qui concerne le remboursement des droits d'enregistrement (nos 30830 s.) et, le cas échéant, le sort du financement (nos 30810 s.).

B. Annulation judiciaire de la cession

PERSONNE POUVANT DEMANDER L'ANNULATION DE LA CESSION

La **nullité absolue** de la cession peut être demandée par toute personne justifiant d'un intérêt ainsi que par le ministère public (C. civ. art. 1180, al. 1). **30670**

La nullité **relative** peut être demandée par la partie que la loi entend protéger (C. civ. art. 1181, al. 1), à moins qu'elle n'ait confirmé la cession atteinte de nullité (n° 30590). Ni l'autre partie ni les tiers ne peuvent invoquer la nullité (pour des applications en matière de vices du consentement : n° 25150 ; en cas de prix de cession indéterminable ou dérisoire : n° 37402).

Quelle que soit la nature de la nullité, le demandeur doit justifier d'un intérêt légitime à agir (CPC art. 31).

PRESCRIPTION DE L'ACTION EN NULLITÉ DE LA CESSION

Le **délai** pour agir en nullité de la cession sur le **fondement du droit commun des contrats** ou de la vente est de cinq ans (C. civ. art. 2224 ; C. com. art. L 110-4). Ce délai court à compter du jour où celui qui agit a connu ou aurait dû être connu la cause de nullité (C. civ. art. 2224) sauf exceptions (celles-ci sont exposées sous la cause de nullité concernée). **30675**

La prescription de trois ans prévue par l'article L 235-9 du Code de commerce ne concerne que les **actions fondées sur une irrégularité affectant une décision ou une délibération sociale.** La

prescription triennale s'applique ainsi à l'action en nullité d'une cession de parts fondée sur l'irrégularité affectant la décision sociale s'étant prononcée sur l'agrément exigé par la loi ou les statuts (Cass. com. 9-11-1993 n° 91-19.724 P : RJDA 2/94 n° 175 ; et à propos de cessions de parts de société civile, mais transposables, Cass. 3e civ. 6-10-2004 n° 01-00.896 FS-PB : RJDA 12/04 n° 1330 ; Cass. 3e civ. 15-10-2015 n° 14-17.517 F-D : RJDA 1/16 n° 32). En revanche, ce délai abrégé n'est pas applicable :
– à l'action en nullité d'une cession de parts sociales ou d'actions pour vice du consentement (Cass. 3e civ. 6-10-2004 n° 01-00.896 précité ; CA Paris 19-9-2003 n° 01-19651 : RJDA 7/04 n° 829), ou pour vileté ou indétermination du prix (Cass. com. 22-3-2016 n° 14-14.218 FS-PB : RJDA 5/16 n° 359) ;
– à l'acte de rachat par la société des parts ou actions d'un associé qui se retire, la demande d'annulation de l'acte étant fondée non sur une irrégularité préexistante de la délibération ayant autorisé sa conclusion, mais sur un vice affectant l'acte lui-même (Cass. com. 20-3-2012 n° 11-13.534 FS-PB : RJDA 6/12 n° 596, décision rendue à propos du retrait d'un associé de société civile, mais transposable).

EXCEPTION DE NULLITÉ DE LA CESSION

30680 **Notion** L'exception de nullité consiste à opposer la nullité du contrat en **défense à une action en justice** tendant à l'exécution de celui-ci. Elle constitue une défense au fond (Cass. 3e civ. 16-3-2010 n° 09-13.187 F-PB : Bull. civ. III n° 63), destinée à obtenir le rejet de la demande. Elle se distingue de la demande reconventionnelle qui permet au défendeur de prétendre obtenir un avantage autre que le simple rejet de la prétention de son adversaire (CPC art. 64), telle la restitution des sommes versées ou le versement de dommages-intérêts.

ILLUSTRATIONS

La demande par laquelle, en réponse à une action en paiement du solde du prix d'un bloc d'actions, un acquéreur **invoque la nullité** de la cession, **pour obtenir le remboursement des sommes** déjà **versées** au cédant, ne constitue pas une simple exception de nullité ayant pour objet de faire écarter la demande principale mais constitue une demande reconventionnelle en nullité assujettie à la prescription quinquennale (Cass. com. 17-11-1998 n° 1777 D : RJDA 2/99 n° 182). Dans le même sens à propos de la location de matériel, voir Cass. com. 14-9-2022 n° 21-12.744 F-D : BRDA 19/22 inf. 13.

30682 **Caractère perpétuel** L'exception de nullité ne se prescrit pas si elle se rapporte à un contrat qui n'a reçu aucune exécution (C. civ. art. 1185).
L'accomplissement du délai de **prescription** éteint l'action en nullité mais n'éteint pas le droit, qui est perpétuel, d'opposer celle-ci comme exception en défense à une action principale (notamment, Cass. com. 10-7-1978 : Bull. civ. IV n° 195 ; Cass. com. 28-3-2006 n° 02-13.852 F-D : RJDA 6/06 n° 659) ou à une demande reconventionnelle (Cass. 3e civ. 18-6-2002 n° 01-03.209 F-D : RJDA 12/02 n° 1234 ; Cass. com. 15-11-2011 n° 10-26.907 F-D : RJDA 3/12 n° 245) tendant à l'exécution du contrat.

30684 **Restriction au caractère perpétuel** Lorsque la prescription de l'action en nullité est acquise, l'exception de nullité ne peut être invoquée que pour faire échec à la demande d'exécution d'une **cession** qui n'a reçu **aucune exécution** (C. civ. art. 1185 ; Cass. 1e civ. 4-5-2012 n° 10-25.558 F-PBI : RJDA 4/13 n° 294) ni un commencement d'exécution (Cass. com. 31-1-2017 n° 14-29.474 FP-PBI : RJDA 4/17 n° 225 ; Cass. com. 19-1-2022 n° 20-14.010 F-B : RJDA 4/22 n° 199), à la condition toutefois que cette exécution soit régulière (cf. Cass. com. 13-12-1976 : D. 1977 p. 375 note M. Jeantin) ; il importe peu que le commencement d'exécution ait porté sur une clause du contrat autre que celle dont la nullité est invoquée (Cass. com. 13-5-2014 n° 12-28.013 précité, solution rendue en matière de contrat de prêt mais transposable). Lorsqu'une obligation est assortie d'une condition suspensive, la réalisation de cette condition ne constitue pas l'exécution de cette obligation (Cass. com. 19-1-2022 n° 20-14.010 F-B, précité).
Il en est ainsi que l'acte soit atteint d'une cause de **nullité relative ou absolue** (Cass. 1e civ. 24-4-2013 n° 11-27.082 F-PBI : RJDA 8-9/13 n° 689 ; Cass. 3e civ. 16-3-2017 n° 16-13.063 FS-PB : RJDA 7/17 n° 442).

> **Précisions** Contrairement à ce qu'elle avait jugé auparavant (Cass. com. 26-5-2010 n° 09-14.431 F-PB : RJDA 8-9/10 n° 819 ; Cass. com. 3-12-2013 n° 12-23.976 F-PB : RJDA 4/14 n° 374), la Cour de cassation n'exige plus, pour accueillir l'exception de nullilté, que l'action en exécution de l'acte litigieux ait été introduite après l'expiration du délai de prescription de l'action en nullité (Cass. com. 31-1-2017 n° 14-29.474 précité ; Cass. com. 18-3-2020 n° 18-16.099 F-D : RJDA 6/20 n° 310).

SECTION 3

EFFETS DE L'ANNULATION DE LA CESSION

A. Anéantissement de la cession

DISPARITION RÉTROACTIVE DE LA CESSION

L'annulation d'une cession de parts sociales ou d'actions entraîne l'anéantissement rétroactif de tous les effets que cette **cession** a produits dans les rapports entre les parties : celle-ci est **censée n'avoir jamais existé** (C. civ. art. 1178, al. 2 ; Cass. 1e civ. 16-7-1998 n° 96-18.404 P : Bull. civ. I n° 251 ; Cass. 3e civ. 2-10-2002 n° 1431 FS-D : RJDA 1/03 n° 8). Il en est ainsi que la nullité ait été obtenue en justice par voie d'action ou d'exception (CA Versailles 1-4-1999, 1e ch. A, n° 97-8657 : RJDA 8-9/99 n° 884) ou qu'elle ait été constatée par les parties (nos 30650 s.) et, ce, dès l'annulation. 30700

> **Précisions** Sous l'empire des textes antérieurs à la réforme issue de l'ordonnance 2016-131 du 10 février 2016 où la résolution d'un contrat avait le même effet que son annulation, la Cour de cassation a jugé que la résolution d'une cession de droits sociaux emporte l'anéantissement de cette cession et entraîne la remise des situations des parties dans le même état, fût-ce en valeur, que si les obligations nées de ce contrat n'avaient jamais existé, de sorte que le juge qui la prononce ne peut pas décider qu'elle ne prendra effet qu'à la **date** de sa décision (Cass. com. 5-5-2009 n° 08-15.296 FS-D : RJDA 10/09 n° 860). Au cas particulier, une cour d'appel avait ainsi tenté de pallier le fait que la résolution de la cession, qui portait sur des parts d'une Selarl exploitant plusieurs laboratoires d'analyses médicales, entraînait, en application de la réglementation professionnelle de cette activité, l'irrégularité de tous les actes passés par les laboratoires gérés sous la direction des acquéreurs et l'invalidation des analyses biologiques effectuées sous leur direction.
> Si, désormais la résolution met fin au contrat avec le cas échéant restitution des prestations échangées (C. civ. art. 1229), de sorte qu'elle n'est pas nécessairement **rétroactive,** la solution posée par la Cour de cassation dans l'arrêt ci-dessus reste applicable à l'annulation du contrat.

SORT DES CLAUSES PARTICULIÈRES

Extinction En principe, aucune clause de l'acte de cession annulé ne peut **plus** recevoir **application,** comme, par exemple, la clause de dédit (Cass. 1e civ. 27-6-1978 : Bull. civ. I n° 241) ou la clause pénale (cf. C. civ. art. 1178, al. 2 ; Cass. com. 20-7-1983 n° 82-12.145 P : Bull. civ. IV n° 230 ; Cass. 1e civ. 20-3-2007 n° 06-12.770 F-D : RJDA 7/08 n° 783). 30705

ILLUSTRATIONS

Dans un cas où le propriétaire d'un fonds de commerce avait cédé celui-ci en violation d'une promesse de vente qu'il avait consenti à un tiers, jugé que la **clause par lequel le cédant déclarait assumer seul la responsabilité** et les conséquences de l'acte de cession de telle sorte que l'acquéreur ne soit pas inquiété ne pouvait plus recevoir application après l'annulation de l'acte de cession (Cass. com. 10-9-2013 n° 12-21.678 F-D).

Dans un cas où un contrat de location-gérance de fonds de commerce avait été conclu par une société en cours de constitution et donc dépourvue de toute capacité juridique, jugé que la nullité absolue affectant ce contrat emportait celle des **promesses** de vente du fonds et des murs qui figuraient dans le contrat (Cass. com. 21-10-2014 n° 13-22.428 F-D : RJDA 1/15 n° 13).

Exception La **clause d'arbitrage** (ou clause compromissoire) présente, par rapport au contrat dans lequel elle s'insère, une autonomie juridique qui exclut, sauf clause contraire, qu'elle puisse être affectée par la nullité du contrat (Cass. 2e civ. 4-4-2002 n° 356 FS-PBR et Cass. com. 9-4-2002 n° 839 FS-PB : RJDA 10/02 n° 1100 ; Cass. 2e civ. 20-3-2003 n° 303 F-PB : RJDA 10/03 n° 1030). Il en est de même de la clause **attributive de compétence** territoriale (Cass. 1e civ. 8-7-2010 n° 07-17.788 F-PBI : RJDA 11/10 n° 1120). 30707

Sur le sort des **garanties,** voir nos 30815 s.

B. Restitutions consécutives à l'annulation

REMISE EN ÉTAT DES PARTIES APRÈS L'ANNULATION DU CONTRAT

Compte tenu du caractère rétroactif de l'annulation de la cession, les parties doivent être remises dans l'état où elles se trouvaient avant la conclusion de la cession : chacune doit restituer à l'autre 30720 ce qu'elle a, le cas échéant, reçu d'elle (C. civ. art. 1178, al. 3 ; notamment Cass. com. 29-2-1972 n° 69-14.728 : D. 1972 p. 623 ; Cass. 1e civ. 11-6-2002 n° 843 F-PB : RJDA 10/02 n° 980), par exemple restitution du prix par le cédant, restitution des droits sociaux, en nature ou en valeur, par l'acquéreur.

> **Précisions a.** L'ordonnance 2016-131 du 10 février 2016 portant réforme du droit des contrats a institué un **régime général des restitutions** (C. civ. art. 1352 s.) qui s'applique notamment en cas d'annulation (C. civ. art. 1178, al. 3) ou de résolution (C. civ. art. 1229, al. 4) d'un contrat.
> À notre avis, ce régime s'applique à l'annulation après le 1er octobre 2016 d'un contrat conclu avant cette date, sous réserve des instances en cours (Ord. 2016-131 art. 9, al. 3). Si les contrats conclus avant la date précitée demeurent soumis à la loi ancienne y compris pour leurs effets légaux (Ord. 2016-131 du 10-2-2016 art. 9 modifié par loi 2018-287 du 20-4-2018), le principe ne saurait être appliqué aux restitutions consécutives à l'annulation d'un contrat (ou à sa rupture) car leur régime avant la réforme a été fixé par la jurisprudence en l'absence de dispositions légales spécifiques. En outre, nul ne peut se prévaloir d'un droit acquis à une jurisprudence figée (Cass. 1e civ. 9-10-2001 n° 00-14.564 P : Bull. civ. I n° 249 ; Cass. 3e civ. 2-10-2002 n° 01-02.073 FS-PB : RJDA 2/03 n° 214 ; CEDH 18-12-2008 n° 20153-04 : RJS 6/09 n° 596).
> **b.** L'annulation d'une vente entraînant **de plein droit** la remise des parties en l'état où elles se trouvaient avant sa conclusion, le **juge** n'est pas tenu **d'ordonner** expressément les restitutions réciproques qui découlent de l'annulation, sauf s'il a été saisi d'une demande en ce sens (notamment Cass. 1e civ. 6-2-2019 n° 17-25.859 F-PB : RJDA 6/19 n° 421), tout comme il peut les ordonner même en l'absence de demande en ce sens (Cass. 3e civ. 29-1-2003 n° 01-03.185 FS-D : RJDA 4/03 n° 473).

RESTITUTION DU PRIX DE CESSION PAR LE CÉDANT

30723 Le cédant doit restituer le prix (voir notamment, Cass. com. 22-5-2012 n° 11-13.086 : RJDA 8-9/12 n° 759). Il doit restituer le prix même si celui-ci a été versé à un tiers, conformément à la volonté des parties (Cass. com. 25-5-2022 n° 19-24.770 : RJDA 10/22 n° 554).

> **ATTENTION**
> Le cédant a tout intérêt à faire insérer dans l'**acte de cession** une **clause** mettant à la charge du tiers, entre les mains duquel le prix est versé, la restitution de ce prix en cas d'annulation de la cession et à appeler ce tiers à signer l'acte, afin de s'assurer que la clause lui soit bien opposable.

30725 Le prix que doit restituer le cédant à la suite de l'annulation de la cession est le **montant** nominal de la somme qu'il a reçue de l'acquéreur (Cass. 1e civ. 7-4-1998 n° 96-18.790 P : RJDA 8-9/98 n° 946) et non la valeur des droits sociaux (cf. Cass. 1e civ. 19-3-1996 n° 94-12.760 P : RJDA 7/96 n° 883). Dans cette dernière affaire, la Cour de cassation a cassé la décision d'une cour d'appel qui, après anéantissement rétroactif d'une cession d'actions, avait ordonné à l'acquéreur de restituer les actions au cédant et à ce dernier de rendre « le prix des actions, selon leur valeur estimée par expertise ».
Sur la restitution d'un **complément de prix** versé en vertu d'une contre-lettre **illicite,** voir n° 38334.

30726 Le cédant doit en outre les **intérêts** au taux légal à compter du paiement s'il a perçu le prix de mauvaise foi (par exemple, cédant auteur d'un dol à l'égard de l'acquéreur) ou, dans le cas contraire, à compter de la demande (C. civ. art. 1352-6 et 1352-7).

30727 Le cédant est-il tenu de restituer le **profit tiré du placement des sommes** versées à la conclusion de la cession ? L'article 1352-6 du Code civil, spécifique à la restitution d'une somme d'argent, ne le prévoit pas ; il n'envisage nullement la restitution des fruits ou de la valeur de la jouissance procurée comme cela est prévu pour la restitution d'un bien (C. civ. art. 1352-3). Quant à l'article 1352-7, il ne fixe pas ce qui doit être restitué mais seulement l'étendue de la restitution dans le temps. À notre avis, est donc maintenue la solution jurisprudentielle antérieure à ces textes, qui dénie à l'acquéreur le droit de demander que ce profit lui soit reversé (Cass. 1e civ. 7-4-1998 n° 96-18.790 P : RJDA 8-9/98 n° 946).

> **Précisions** En l'espèce, l'achat de parts d'une SCP avait été financé par un prêt. Après résolution de la cession aux torts du cédant, l'acquéreur avait invoqué la règle de la **réparation intégrale** pour exiger qu'outre le prix de cession, le cédant lui restitue le bénéfice issu du placement des sommes qui lui avaient été versées à la conclusion du contrat au moyen d'un prêt dont l'acquéreur avait supporté les conséquences financières. La Cour de cassation a rejeté la demande : si, en cas de résolution d'un contrat de vente, le vendeur doit restituer le prix, ce prix ne peut s'entendre que de la somme qu'il a reçue, éventuellement augmentée des intérêts, et sauf au juge du fond à accorder en outre des dommages-intérêts. Rendue à propos d'une résolution et avant la réforme de l'ordonnance 2016-131 du 10 février 2016, la solution reste applicable à l'annulation d'un contrat sous l'empire des textes actuels.

RESTITUTION DES DROITS SOCIAUX PAR L'ACQUÉREUR

Restitution en nature En cas d'annulation de la cession, l'acquéreur doit restituer les **droits sociaux** en nature, sauf impossibilité (C. civ. art. 1352 ; auparavant, Cass. com. 14-6-2005 n° 03-12.339 : RJDA 3/06 n° 279). Mais il n'est pas tenu de restituer la **fraction du capital qu'ils représentaient** si celle-ci a subi une dilution importante entre la conclusion de la cession et son annulation (CA Paris 5-1-2016 n° 14/21649 : n° 30795). La dilution peut toutefois donner lieu à indemnisation. 30730

Lorsqu'une cession de parts de **SARL** a été annulée après la **transformation** de cette société **en SA,** la remise, nombre pour nombre, des actions substituées aux parts constitue une restitution en nature valable (CA Besançon 25-2-1982 : Bull. Joly 1983 p. 370).

La restitution a lieu en nature même si la cession a été annulée après la dissolution de la société dont les parts ont été cédées (Cass. com. 21-4-2022 n° 20-10.809 : RJDA 7/22 n° 422, rendu dans un cas de liquidation judiciaire mais transposable, à notre avis, à toutes les causes de dissolution de l'article 1844-7 du Code civil entraînant la liquidation de la société).

Restitution en valeur Lorsque la **restitution en nature** des droits sociaux après l'annulation de la cession est **impossible,** ce qui peut advenir par exemple s'ils ont été annulés dans le cadre d'une réduction de capital, la restitution a alors lieu en valeur estimée, depuis le 1er octobre 2016 (sur cette date, n° 1050), au jour de la restitution (C. civ. art. 1352). À notre avis, le jour de la restitution est le jour du jugement ayant prononcé l'anéantissement du contrat, même si le juge ne s'est pas expressément prononcé sur la restitution. Avant le 1er octobre 2016, la Cour de cassation admettait la restitution en valeur sur la base d'une estimation à la date de l'acte annulé (Cass. com. 14-6-2005 n° 03-12.339 FS-PB : RJDA 3/06 n° 279 ; Cass. com. 14-5-2013 n° 12-17.637 F-D : Bull. Joly 2013 p. 717 note F. Danos). 30735

Il incombe au cédant de prouver que les titres avaient bien une valeur à la date de l'évaluation (Cass. com. 8-11-2011 n° 10-18.314 F-D : RJDA 2/12 n° 169, rendu avant la réforme mais transposable sur ce point).

Figure ci-dessous de la jurisprudence antérieure au 1er octobre 2016 illustrant les modalités d'évaluation des titres (exposée ci-dessous) qui est à notre avis transposable au régime actuel, en dehors de la date à laquelle l'évaluation doit être faite.

ILLUSTRATIONS

La cession de la majorité des parts d'une société commercialisant des véhicules, conclue le 1er novembre 2004 pour 45 000 €, avait été annulée pour dol et la restitution des parts au cédant avait été ordonnée en valeur en raison de l'impossibilité de les restituer en nature. Il ne peut pas être reproché à une cour d'appel d'avoir jugé que la valeur vénale des parts au jour de la cession était égale à la **valeur nominale** fixée par les associés le 31 décembre 2003, à l'occasion de la transformation de la société (8 460 €), dès lors qu'elle a retenu que :
– le périmètre des actifs sociaux cédés avec les parts, qui n'incluait pas le contrat de concession automobile conclu par la société avec un constructeur, ne permettait pas de se fonder sur l'activité de la société antérieure à la cession pour déterminer la valeur vénale ;
– deux mois après la cession (le 31-12-2004), la société avait enregistré un déficit qui avait absorbé les réserves constituées en 2003 ;
– aucun acte anormal de gestion n'avait été mis en évidence au cours de ces deux mois.

Il résultait de ces éléments que les résultats de l'activité postérieure au 31 décembre 2003 ne permettaient pas de constater une valorisation des parts, de sorte qu'au jour de la cession, la valeur des parts correspondait toujours à leur valeur nominale déterminée lors de l'exercice précédent.

Cass. com. 11-6-2013 n° 12-18.962 F-D : RJDA 10/13 n° 807.

À la suite de l'annulation de la cession des parts d'une société d'expertise comptable pour réticence dolosive du cédant (n° 20126), une cour d'appel a ordonné la restitution en valeur des parts car la société avait entre-temps été mise en liquidation judiciaire. Il y a lieu de déterminer la valeur des parts de la manière suivante : même si le dol a consisté en une dissimulation de la fragilité du portefeuille de clients de la société, si bien que la **valorisation de la clientèle,** constituant le poste principal de la valeur de la société, ne correspondait pas du tout à la réalité, il appartient à la cour d'évaluer le prix de cession dans sa globalité et pas seulement par diminution du poste clientèle car il s'agit en effet d'appliquer les conséquences de l'annulation de la cession et non pas de déterminer le préjudice résultant du dol. Cependant, pour fixer le prix réel des parts de la société au jour de la cession, la cour n'est pas tenue de reprendre les différents postes du prix figurant dans l'acte de cession. Au vu des rapports d'audit fournis par les parties, il est justifié d'évaluer la société simplement par application d'un coefficient sur son chiffre d'affaires annuel le plus proche de la cession. Le coefficient appliqué sera inférieur à la fourchette normale des transactions constatées dans la profession pour tenir compte des éléments défavorables concernant la clientèle.

CA Paris 3e ch. B 27-11-2008 n° 06-17371 : RJDA 4/09 n° 350.

30742 **Revente des droits sociaux avant l'annulation.** En cas de revente des droits sociaux, l'acquéreur ne doit restituer que le **prix de la revente** s'il a pris possession des droits de bonne foi ; s'il a reçu les droits sociaux de mauvaise foi (par exemple, s'il a commis un dol), il en doit la **valeur** au jour de la restitution, à condition que cette valeur soit supérieure au prix de revente (C. civ. art. 1352-2).

SORT DE LA PLUS-VALUE DES TITRES

30745 Lorsque la valeur des parts ou des actions a augmenté entre la date de la cession et celle de la restitution (en nature ou en valeur), la plus-value revient a priori au cédant qui n'est tenu de restituer que le prix reçu.

L'acquéreur, dépossédé des droits sociaux, ne peut prétendre qu'au remboursement des **dépenses nécessaires à la conservation** de ces droits et de celles qui en ont augmenté la valeur dans la limite de la plus-value estimée au jour de la restitution (C. civ. art. 1352-5 ; Cass. com. 29-3-1994 n° 92-14.245 P : RJDA 10/94 n° 1032). Par exemple, si le capital social n'était pas entièrement libéré au moment où il a acquis les droits sociaux et, s'il a dû répondre à des appels de fonds, l'acquéreur peut obtenir remboursement de ces appels.

Si la plus-value des droits sociaux est due à sa **gestion efficace** comme dirigeant de la société, l'**acquéreur** n'a aucun droit à en profiter (Cass. com. 29-3-1994 n° 92-14.245 : RJDA 10/94 n° 1032). L'investissement personnel de l'acquéreur dans la gestion ne saurait être assimilé à une dépense au sens de l'article 1352-5.

> **Précisions** Dans l'affaire précitée, le cédant avait obtenu l'annulation de la cession de ses actions pour indétermination du prix mais pas celle de leur revente à un tiers. Il avait réclamé une valorisation de ses actions sur la base de leur prix de revente, les actions ayant bénéficié d'une plus-value d'environ 750 000 F (environ 114 400 €) entre les deux ventes. La cour d'appel avait partiellement fait droit à cette demande : estimant que 10 % de cette plus-value était imputable à la gestion dynamique et avisée de l'acquéreur, elle avait réduit d'autant le montant des restitutions allouées au cédant. La Cour de cassation a cassé cette décision : l'actionnaire d'une société anonyme profite seul de la plus-value de ses actions, le président du conseil d'administration n'ayant, en cette qualité et quelles qu'aient été ses diligences, aucun droit à en profiter.

SORT DE LA MOINS-VALUE DES TITRES

30750 Celui tenu de restituer le bien après l'annulation du contrat répond des dégradations et détériorations qui en ont diminué la valeur, à moins qu'il ne soit de bonne foi et que celles-ci ne soient pas dues à sa faute (C. civ. art. 1352-1). Les termes de « dégradations » et de « détériorations », adéquats pour un bien corporel, le sont moins pour des parts sociales ou des actions, ce qui fait douter certains auteurs de l'applicabilité de l'article 1352-1 à la moins-value subie par les titres devant être restitués (M. Buchberger, Le droit des sociétés et la réforme du droit des contrats – La cession d'actions et de parts sociales : Actes pratiques et ingénierie sociétaire, mai-juin 2016 p. 62 n° 282). Néanmoins, les tribunaux n'ont jusqu'à présent pas hésité à appliquer aux droits sociaux des textes initialement conçus pour des biens corporels, tels ceux relatifs à l'erreur sur la substance ou aux vices cachés.

Si on admet que l'article 1352-1 est ici applicable, la moins-value subie par les titres est **à la charge** du cédant sauf, et ces conditions sont cumulatives, si l'acquéreur est de mauvaise foi et si la moins-value a été causée par la faute de ce dernier. En dehors de cette exception, le cédant doit donc restituer le prix perçu même si les parts ou actions qui lui sont restituées ont perdu toute valeur.

RESTITUTION DES FRUITS ET DE LA VALEUR DE LA JOUISSANCE DES TITRES

30760 La restitution des droits sociaux, consécutive à l'annulation de la cession, inclut les fruits et la valeur de la jouissance qu'ils ont procurés à l'acquéreur (C. civ. art. 1352-3). Entre la date de conclusion de la cession et son annulation, l'acquéreur a pu bénéficier, par exemple, d'une distribution de dividendes ou d'une attribution gratuite d'actions.

L'inclusion des fruits et de la valeur de jouissance vaut que la restitution des droits sociaux intervienne en nature ou en valeur, l'article 1352-3 ne distinguant pas et venant préciser l'article 1352 qui vise les deux hypothèses. La question de la restitution de la valeur de la jouissance des droits sociaux est, à notre avis, limitée à l'hypothèse où la propriété des droits sociaux confère à l'associé un droit particulier, par exemple la mise à disposition d'un local à usage d'habitation ou autre. Si tel peut être le cas dans certaines sociétés civiles à objet immobilier (par exemple sociétés dont les parts donnent vocation à l'attribution en jouissance ou en propriété d'immeubles d'habitation), elle est assez rare dans les sociétés commerciales. La valeur de la jouissance est évaluée par le juge au jour où il se prononce (art. 1352-3, al. 2).

Celui qui a reçu de **mauvaise foi** doit les fruits qu'il a perçus ou la valeur de la jouissance à compter du paiement tandis que celui qui a reçu de **bonne foi** ne les doit qu'à compter du jour de la demande en nullité (C. civ. art. 1352-7). L'acquéreur était considéré comme étant de bonne foi à compter de la date où il avait acquis cette connaissance (Cass. com. 2-2-2016 précité). 30762
Est de bonne foi l'acquéreur qui n'avait pas connaissance du vice affectant la cession (notamment, Cass. com. 5-5-1970 : Bull. civ. IV n° 147 ; Cass. com. 2-2-2016 n° 14-19.278 F-D : RJDA 4/16 n° 294, rendus sur le fondement des articles 549 et 550 du Code civil, mais transposables). L'acquéreur peut connaître le vice dès la conclusion de la cession et donc être de mauvaise foi, par exemple parce qu'il est l'auteur du dol ou de la violence qui a déterminé cette conclusion ou parce qu'il n'était pas en droit d'acheter les titres notamment en vertu d'une interdiction légale ou encore car il a procédé à l'achat en sachant qu'un tiers bénéficiait d'un droit de préférence sur les titres et avait l'intention de l'exercer.

ILLUSTRATIONS

Dans un cas où une cession d'actions avait été annulée pour indétermination du prix, le sous-acquéreur des actions a été déclaré de mauvaise foi et condamné à restituer les dividendes perçus, semble-t-il, depuis la date de la sous-cession au motif qu'il ne pouvait pas ignorer, en sa qualité de représentant légal du premier acquéreur, la précarité des droits de celui-ci ; en effet, un an avant la sous-cession, un rapport d'expert avait déjà reconnu l'impossibilité de fixer un prix réel et certain et le cédant initial avait sur la base de ce rapport demandé l'annulation de la cession (Cass. com. 5-5-1970 n° 68-13.523 P : Bull. civ. IV n° 147).

Lorsqu'entre la conclusion de la cession et son annulation, la **participation** cédée a été **diluée,** le cédant ne peut réclamer que les dividendes afférents au nombre de titres cédés et non ceux correspondant à la fraction du capital qu'ils représentaient au moment de la cession ; toutefois, il peut invoquer la perte d'une chance de participer aux augmentations de capital qui ont entraîné la dilution de sa participation (CA Paris 5-1-2016 n° 14/1649 : n° 30795). 30765

Sauf stipulation contraire, la restitution des **fruits,** s'ils **ne se retrouvent pas en nature,** a lieu selon une valeur estimée à la date du remboursement, suivant l'état de la chose au jour du paiement de l'obligation (C. civ. art. 1352-3, al. 3). 30768

Pour produire ses effets à l'égard de la **société,** l'annulation de la cession doit toutefois avoir été portée à la connaissance de celle-ci. Ainsi, dans un cas où l'inscription d'une cession d'actions nominatives sur le registre de la société émettrice n'avait pas été modifiée après l'annulation judiciaire de la cession, il a été jugé que la société avait valablement pu verser à l'acquéreur les dividendes correspondant aux actions litigieuses, dès lors que les effets de l'annulation ne pouvaient être opposables à la société, tiers de bonne foi, que si le cédant ou l'acquéreur lui avait demandé de constater cette nullité dans ses registres (Cass. com. 8-3-1983 n° 248). 30770
Mais même si l'annulation n'a pas été transcrite dans les registres de la société, ni l'acquéreur ni le sous-acquéreur ne peuvent conserver les dividendes (Cass. com. 24-1-1989 n° 87-14.997 P : Bull. civ. IV n° 39).

C. Autres conséquences de l'annulation de la cession

QUALITÉ D'ASSOCIÉ APRÈS L'ANNULATION DE LA CESSION

L'annulation de la cession de droits sociaux a pour effet de faire perdre à l'acquéreur la qualité d'associé. Toutefois, le cédant ne peut exercer ses droits d'associé que si l'annulation a été portée à la connaissance de la société. 30790
Dans les sociétés où l'**agrément** des nouveaux associés est prévu, il n'y a pas lieu d'agréer le cédant suite à l'annulation de la cession dès lors que celui-ci est réputé n'avoir jamais perdu sa qualité d'associé, ni même quitté la société (CA Paris 27-6-2001 n° 01-6053 rendu à propos d'une donation de parts mais transposable à la cession).

DÉCISIONS COLLECTIVES PRISES AVANT L'ANNULATION DE LA CESSION

L'annulation de la cession de droits sociaux remet-elle en cause la régularité des **assemblées** générales **convoquées entre la** date de **conclusion de la cession et** celle de **son annulation** et auxquelles l'acquéreur a participé ? En effet, le défaut de convocation d'un associé (ici le cédant) peut, tant dans les SARL que les SA, entraîner l'**annulation** des assemblées ainsi tenues (application de C. com. art. L 223-27, dernier al. et L 225-104, al. 2). 30795
Appelée à statuer dans un cas de ce type, la troisième chambre civile de la Cour de cassation a précisé que tout associé peut se prévaloir de l'absence de convocation d'un autre associé à une

assemblée générale pour demander la nullité de celle-ci (Cass. 3e civ. 21-10-1998 no 1257 PF : RJDA 12/98 no 1371 rapport C. Daum p. 993 et chron. P. Le Cannu p. 987). Cette solution très rigoureuse a été adoptée dans une affaire concernant une société civile mais elle est fondée sur la règle de principe de l'article 1844 du Code civil, applicable à toutes les formes de sociétés civiles ou commerciales, selon laquelle tout associé a le droit de participer aux décisions collectives. La chambre commerciale de la Cour de cassation, compétente en matière de sociétés commerciales, ne s'est, à notre connaissance, jamais prononcée sur ce point.
L'annulation de l'assemblée est une simple **faculté pour le juge** (C. com. art. L 223-27 et L 225-104) ; celui-ci est libre d'apprécier si la nullité doit ou non être prononcée (Cass. com. 5-12-2000 no 2101 F-P : RJDA 2/01 no 175 ; Cass. com. 9-7-2002 no 1421 FS-P : RJDA 11/02 no 1153). Comme souvent en matière de remise en cause de décisions collectives, l'intérêt social doit primer sur l'intérêt individuel du demandeur.

ILLUSTRATIONS

Un associé d'une SARL avait cédé les cent parts qu'il possédait et qui représentaient 3,3 % du capital. Il avait obtenu en justice 27 ans plus tard l'annulation de la cession des parts et sa réintégration comme associé. Une assemblée de la SARL l'avait alors rétabli dans ses droits d'associé à hauteur des cent parts vendues (représentant désormais moins d'un cent millième des parts sociales). Espérant obtenir sa réintégration à hauteur de 3,3 % du capital ainsi que les dividendes attachés à cette fraction, l'associé avait à nouveau saisi la justice pour demander l'annulation de l'ensemble des décisions prises par la SARL depuis la cession annulée. Il faisait valoir qu'il n'avait pas été convoqué aux assemblées générales et qu'il n'avait pas pu participer aux augmentations de capital successives, ce qui avait entraîné une forte dilution de sa participation au capital.
La cour d'appel a rejeté les demandes d'annulation des assemblées tenues depuis la cession en se fondant sur l'argumentation suivante (CA Paris 5-1-2016 no 14/21649 : RJDA 4/16 no 293). L'article L 223-27 du Code de commerce exclut toute nullité automatique des assemblées irrégulièrement convoquées et confère au juge un pouvoir d'**appréciation** en fonction de l'**atteinte à l'intérêt social.** Or, l'associé n'établissait pas que les décisions votées entre la date de la cession et son annulation étaient contraires à l'intérêt social, alors que la SARL s'était développée, avec un résultat supérieur à 12 millions d'euros en 2013 ; il ne justifiait d'aucun motif d'annulation des deux assemblées tenues après sa réintégration, auxquelles il avait été régulièrement convoqué.
La dilution importante subie par l'associé du fait des augmentations de capital successives intervenues alors qu'il était privé de ses droits d'associé ne lui permettait pas d'être réintégré dans une fraction du capital égale à celle de ses parts à la date de la cession, l'annulation de la vente ayant seulement fait naître une créance de restitution de l'objet de la cession, soit des cent parts cédées.
L'annulation n'ayant eu pour effet que de restituer à l'associé les cent parts qu'il avait vendues et non une fraction de participation, la cour d'appel a considéré que ses droits à dividendes s'élevaient à 23 000 € environ sur la base de cent parts. Toutefois, la cour a reconnu que la dilution importante de la participation de l'associé résultant de son impossibilité à participer aux augmentations de capital postérieures à la cession caractérisait une **perte de chance** de percevoir des dividendes se rapportant à une participation plus élevée. Cette perte de chance était marginale et a été évaluée à 30 000 €. En effet, l'associé ne produisait pas d'éléments justifiant de son implication dans la SARL ou de sa capacité financière à souscrire aux augmentations de capital, sachant qu'il s'était abstenu de participer à une augmentation de capital modeste avant la cession.

OPPOSABILITÉ DE LA NULLITÉ DE LA CESSION AUX TIERS

30800 La nullité de la cession constitue une situation juridique opposable aux **tiers** qui se prévalent de la cession (Cass. 1e civ. 21-2-1995 no 344 PF : RJDA 6/95 no 678).
Elle peut ainsi être opposée à la **société émettrice** des titres cédés qui, par exemple, procéderait à un appel de fonds auprès de l'ancien acquéreur.
Il convient donc de faire connaître l'annulation de la cession à la société en procédant, par application du principe de parallélisme des formes, aux mêmes formalités que pour la cession elle-même (nos 70150 s. pour les cessions de parts sociales et nos 71100 s. pour les cessions d'actions).

EFFETS À L'ÉGARD DU SOUS-ACQUÉREUR DES TITRES

30805 Du fait de l'annulation de la cession, l'acquéreur se trouve rétroactivement privé de tout droit sur les parts ou actions concernées, de sorte que toute revente par lui de ces parts ou actions doit, elle aussi, être rétroactivement annulée. Le sous-acquéreur ne peut donc, en principe, conserver ni les **titres** ni les dividendes perçus, même s'il est de bonne foi et si la décision prononçant l'annulation n'a pas été transcrite dans les livres de la société (Cass. com. 24-1-1989 no 87-14.997 P : Bull. civ. IV no 39).
Il doit les **restituer** au cédant initial, quitte à se retourner contre son propre cédant pour obtenir le remboursement du prix qu'il lui a versé et éventuellement l'attribution de dommages-intérêts en réparation du **préjudice** qu'il a subi.

› Précisions Toutefois, après avoir annulé une cession d'actions pour indétermination du prix, la cour d'appel de Paris a rejeté la demande d'annulation de la revente de ces actions en estimant que la nullité de la cession initiale n'avait pas affecté les cessions ultérieures dès lors que cette nullité n'avait d'effet qu'entre les parties et que les **sous-cessions** litigieuses avaient fait l'objet d'**inscription dans les registres de la société,** ce qui aux termes de l'ex-article 265, al. 2 de la loi du 24 juillet 1966 (abrogé par la loi 83-1 du 3-1-1983) permettait aux tiers et à la société de s'en prévaloir ; elle en a déduit que le cédant initial ne pouvait réclamer au sous-acquéreur ni la restitution des actions, ni le paiement de leur prix, ni des dommages-intérêts (CA Paris 21-4-1989, 25e ch. B : Bull. Joly 1989 p. 610 note Y. Streiff).

SORT DES CONTRATS LIÉS À LA CESSION ANNULÉE

Financement de la cession Si l'acquéreur a eu recours à un prêt qui entre dans le champ d'application de la réglementation sur le **crédit à la consommation** (C. consom. art. L 312-1 s.) et si le prêt mentionne l'**affectation des fonds** à l'achat des titres, l'annulation judiciaire de la cession emporte de plein droit celle du contrat de prêt en application de l'article L 312-55 du Code de la consommation, à condition que le prêteur soit intervenu à l'instance ou ait été mis en cause par l'emprunteur ou le cédant. Ce mécanisme, admis en cas d'annulation ou de résolution judiciaire du contrat financé, n'est pas applicable si l'annulation de celui-ci résulte d'une décision amiable des parties. 30810

ATTENTION

Le dispositif de l'article L 312-55 du Code de la consommation est applicable lorsque l'acquéreur et le prêteur sont convenus de **soumettre le prêt à la réglementation sur le crédit à la consommation alors** même **qu'il n'en relève pas,** faculté que leur reconnaît la jurisprudence (Cass. 1e civ. 30-3-1994 n° 92-12.485 P : RJDA 7/94 n° 821). Dans cette hypothèse, les parties ne peuvent pas exclure conventionnellement l'article L 312-55 précité. En effet, la Cour de cassation a jugé qu'en cas d'option volontaire (même partielle) pour un régime d'ordre public, les parties ne peuvent plus y déroger (Cass. com. 4-2-1992 n° 90-15.668 P : RJDA 5/92 n° 425 ; Cass. ass. plén. 17-5-2002 n° 488 P : RJDA 8-9/02 n° 861). Cette solution est transposable en cas d'application conventionnelle de la réglementation sur le crédit à la consommation qui est également d'ordre public (C. consom. art. L 314-26 ; Cass. 1e civ. 9-12-1997 n° 96-04.172 P : RJDA 4/98 n° 491).

L'annulation conjointe de la cession et du **crédit** à la consommation ne joue pas si ce dernier **ne précise pas l'affectation** des fonds prêtés. Dans ce cas ou lorsque l'acquéreur a recouru à un **prêt ne relevant pas** de la réglementation **du crédit à la consommation,** il convient de se référer à l'intention des parties et de déterminer si les contrats de prêt et de cession sont interdépendants, auquel cas l'extinction de l'un emporte celle de l'autre (nos 60000 s.). Dans la pratique, les banquiers ont l'habitude d'insérer une clause aux termes de laquelle l'annulation de l'opération financée emporte de plein droit la déchéance du terme du prêt, ce qui impose à l'acquéreur de rembourser immédiatement l'intégralité des sommes restant dues. 30812

Garanties En cas d'annulation de la cession (ainsi que dans les autres cas d'extinction de celle-ci), les sûretés constituées pour l'exécution de la cession sont **reportées** de plein sur l'obligation de **restitution** consécutive à l'annulation (C. civ. art. 1352-9). 30815

Le report n'intervient que sur l'obligation de restitution et non sur l'éventuelle indemnisation du préjudice causé par l'annulation du contrat : ainsi dans un cas où une cession de parts avait été annulée à la suite du dol émanant d'un seul des cédants, la Cour de cassation a cassé l'arrêt qui, pour condamner solidairement les cédants à indemniser l'acquéreur au titre du préjudice subi par lui du fait de l'annulation de la cession, avait retenu qu'il y avait lieu de tenir compte de la solidarité énoncée dans l'acte de cession, dans toutes les conséquences de l'annulation de cet acte, alors que la cour d'appel avait préalablement prononcé l'annulation de l'acte dans lequel la clause de solidarité était stipulée (Cass. com. 12-7-2005 n° 02-13.583 F-D : RJDA 11/05 n° 1228).

La **garantie autonome,** aussi appelée garantie à première demande et qui est une sûreté personnelle, n'échappe pas à la règle du report exposée n° 30815. 30816

En tout état de cause, le garant ne peut pas, en raison du caractère autonome de cette garantie par rapport au contrat de base, invoquer la nullité de la cession pour refuser d'exécuter son engagement (C. civ. art. 2321, al. 3 ; Cass. com. 20-12-1982 : D. 1983 p. 365 note M. Vasseur). Mais le garant n'est pas tenu en cas d'abus ou de fraude manifestes du bénéficiaire ou de collusion de celui-ci avec le donneur d'ordre (C. civ. art. 2321 ; pour un exemple à propos d'une garantie autonome couvrant l'exécution d'une garantie de passif, voir Cass. com. 30-10-2007 n° 06-14.846 F-D : n° 67070). L'appel est considéré comme abusif ou frauduleux notamment lorsque le bénéficiaire de la garantie l'exerce alors qu'il a conscience de ne pas en avoir le droit (Cass. com. 12-1-1993 n° 31 P : RJDA 5/93 n° 432 ; Cass. com. 4-6-2002 n° 1069 F-D : RJDA 11/02 n° 1196).

Lorsque la garantie a été exécutée, sans qu'ait pu être invoqué une fraude ou un abus manifeste pour la paralyser, le donneur d'ordre dispose d'un recours contre le bénéficiaire qui en a reçu le montant, en établissant qu'il s'agit d'un avantage indu en raison de la nullité de la cession (Cass. com. 7-6-1994 n° 1488 P : RJDA 11/94 n° 1196 ; Cass. com. 4-7-2006 n° 04-19.577 FS-PB : RJDA 12/06 n° 1266).

30820 **Contrats indivisibles de la cession** À l'occasion de la cession de titres, le cédant et l'acquéreur ont pu conclure, entre eux ou avec des tiers, d'autres contrats qui sont liés à la cession, tels un bail ou une promesse d'embauche. L'annulation de la cession emporte celle de ces **contrats** si ceux-ci forment avec la cession un ensemble indivisible.

ILLUSTRATIONS

Des époux avaient cédé l'intégralité du capital d'une société et les créances de compte courant qu'ils détenaient sur celle-ci. Une cour d'appel ayant annulé les deux cessions pour dol des cédants, ces derniers avaient contesté l'annulation de la cession de créances, non demandée par l'acquéreur ni justifiée par l'indivisibilité des cessions qui étaient susceptibles d'exécution séparée. La cour d'appel a considéré que la demande de l'acquéreur, même si elle était formulée comme une demande d'annulation de la cession des parts sociales, tendait également à l'annulation de la cession des créances de compte courant, dès lors qu'il résultait des éléments suivants que les parties étaient convenues de souscrire des obligations cumulatives : aux termes de l'acte en cause, les époux cédaient, d'une part, 800 parts de la société au prix de 8 000 € et, d'autre part, les créances attachées aux comptes courants dont ils étaient titulaires contre la société, à concurrence de 126 000 € pour l'un et de 50 000 € pour l'autre ; l'acte précisait, sans faire de distinction, que la cession était consentie et acceptée moyennant le prix global de 184 000 € ; il ressortait de cet acte, comme du protocole d'accord préalable, que l'objet de la cession était indivisible, la cession de parts sociales étant conditionnée à la cession des comptes courants. La cour d'appel n'avait donc pas à rechercher si ces obligations pouvaient être exécutées séparément (Cass. com. 7-7-2021 n° 19-20.746 F-D : RJDA 2/22 n° 84).

Sur la question de la divisibilité ou de l'indivisibilité des engagements accessoires, voir nos 60000 s.

D. Conséquences fiscales de l'annulation de la cession

DROITS D'ENREGISTREMENT EN CAS DE NULLITÉ DE LA CESSION

30830 **Droit à restitution** L'annulation de la cession par **voie judiciaire** ouvre **en principe** droit au remboursement des droits d'enregistrement acquittés sur l'opération annulée.

L'article 1961, al. 2 du CGI autorise en effet la restitution des droits perçus « en cas de rescision d'un contrat pour cause de lésion ou d'annulation d'une vente pour cause de vices cachés et, au surplus, dans tous les cas où il y a lieu à annulation », lorsque l'annulation, la résolution ou la rescision a été prononcée par un jugement ou un arrêt passé en force de chose jugée.

> **Précisions** Les **droits remboursables** sont les droits régulièrement perçus qui, au moment où la formalité a été donnée, étaient exactement déterminés par la véritable nature de l'acte ou de la mutation, dont la quotité est celle que le tarif a fixée, et qui ont été liquidés sur les valeurs réelles établies selon la loi (BOI-ENR-DG-70-20 n° 40).

30835 En revanche, n'ouvrent pas droit à restitution, même lorsqu'elles sont prononcées par un jugement ou un arrêt passé en force de chose jugée, les **résolutions** énoncées à l'article 1961, al. 1 du CGI, obtenues pour l'un des motifs suivants :

- accomplissement d'une **condition résolutoire** expresse (C. civ. art. 1304 et 1304-7) ;
- résolution du contrat résultant soit de l'application d'une **clause résolutoire,** soit, en cas d'**inexécution** suffisamment **grave,** d'une notification du créancier au débiteur ou d'une décision de justice (art. 1224 à 1230 ; nos 79463 s.) ;
- **défaut de paiement de prix** (art. 1654) ;
- exercice de la faculté de **rachat** ou de **réméré** réservée au profit du vendeur (art. 1659).

Lorsqu'un acte est **à la fois résolu** pour un de ces motifs **et annulé** en vertu de textes non compris dans cette énumération, la restitution n'est possible qu'à la condition que l'acte ait fait l'objet d'une annulation judiciaire passée en force de chose jugée (BOI-ENR-DG-70-20 n° 120).

Conditions de la restitution Le remboursement de l'impôt est subordonné à deux conditions (CGI art. 1961, al. 2) : 30840
– l'annulation, la résolution ou la rescision doit être judiciaire ;
– le jugement ou l'arrêt qui l'a prononcée doit avoir force de chose jugée.
L'annulation n'étant un motif de restitution qu'à la condition d'être constatée en justice, les **annulations amiables** par lesquelles les parties reconnaissent elles-mêmes l'existence du vice qui a entraîné dès le début la nullité de leur convention n'ouvrent pas droit à restitution, même dans le cas où il s'agit d'une nullité absolue (BOI-ENR-DG-70-20 n° 60).

La **décision judiciaire** justifiant la restitution des droits perçus sur l'acte annulé doit être **contentieuse,** quelle que soit la juridiction dont elle émane (BOI-ENR-DG-70-20 n° 90). 30842
Il n'est possible d'attribuer les effets de jugement contentieux qu'aux décisions judiciaires dont le dispositif implique l'exercice du **pouvoir d'appréciation des juges** à l'exclusion de celles dont le dispositif n'est que la constatation d'un accord des parties ou l'expression des conséquences qui dérivent d'un tel accord.
Aussi, dans l'hypothèse où l'annulation ou la résolution trouve son fondement dans un **accord amiable** des parties, **antérieur à l'instance ou conclu au cours de la procédure,** et où les juges, sans vérifier les causes qui l'ont motivé, se bornent à donner acte de cet accord ou à constater l'annulation ou la résolution qui en découle, celle-ci n'est pas l'œuvre du tribunal : elle procède exclusivement de la volonté des parties. Par conséquent, elle n'ouvre pas droit à la restitution des droits régulièrement perçus sur l'acte résolu ou annulé.
Mais si, au contraire, à la constatation de l'accord des parties, le juge ajoute, touchant l'objet de cet accord, une décision impliquant l'examen ou la vérification des causes de l'annulation ou de la résolution, cette décision imprime à l'annulation ou à la résolution convenue le caractère judiciaire et peut motiver la restitution.

ILLUSTRATIONS

N'a pas le caractère d'annulation judiciaire une **décision d'un tribunal de commerce qui homologue,** uniquement en raison de l'état de règlement judiciaire de l'acquéreur, et à la seule requête de l'administration, une transaction atténuant le prix antérieurement convenu pour une cession d'actions.
TGI Paris 13-2-1970 Ind. 11.913.

L'**ordonnance du juge-commissaire refusant** à une société en redressement judiciaire **l'autorisation de céder des actions** n'a ni pour objet ni pour effet d'annuler rétroactivement la cession déjà irrégulièrement intervenue.
Dès lors, faute d'annulation prononcée par jugement ou arrêt passé en force de chose jugée, les droits d'enregistrement acquittés sur cette cession ne peuvent pas être restitués.
TGI Saint-Nazaire 7-10-1996 n° 451-96 : RJF 10/97 n° 994.

Pour motiver le remboursement des droits perçus sur l'acte annulé, la décision judiciaire contentieuse doit avoir **force de chose jugée,** c'est-à-dire qu'elle ne doit plus être attaquable par les voies de recours ordinaires (appel ou opposition). 30845
La circonstance que les voies de recours extraordinaires (tierce opposition, recours en révision, pourvoi en cassation, prise à partie) seraient encore ouvertes contre la décision portant annulation, résolution ou rescision ne met pas obstacle à la restitution des droits perçus sur l'acte annulé, et n'a pas non plus pour effet de reculer le point de départ du délai de réclamation (BOI-ENR-DG-70-20 n° 100).

ILLUSTRATIONS

Jugé en ce sens qu'il y a décision judiciaire passée en force de chose jugée – rendant restituable le droit d'enregistrement et marquant le point de départ du délai de restitution – du jour où elle n'est plus attaquable par les voies de recours ordinaires (appel ou opposition), et non du jour où, ne pouvant plus être attaquée par les voies de recours extraordinaires (tierce opposition, recours en révision, pourvoi en cassation, prise à partie), elle est devenue irrévocable (Cass. com. 7-5-1935).

Il appartient aux parties de **justifier** que la décision d'annulation motivant leur demande de restitution a acquis force de chose jugée. À cet égard, l'administration exige la production (BOI-ENR-DG-70-20 n° 110) : 30847
– soit de la copie de l'exploit de signification du jugement accompagnée d'un certificat de non-opposition ou de non-appel délivré par le greffier à une date postérieure à l'expiration des délais, le certificat de non-appel devant d'ailleurs émaner non du greffier du tribunal judiciaire (ex-TGI) mais du greffier de la juridiction d'appel ;
– soit d'un acte régulier d'acquiescement de la partie condamnée.

30850 **Modalités de la demande en restitution** Les demandes en restitution doivent satisfaire aux **conditions générales de forme** imposées pour la présentation des réclamations (conditions énoncées aux articles R 197-1 à R 197-5 du LPF).
Elles doivent, en outre, être accompagnées de toutes **justifications** utiles telles que (BOI-ENR-DG-70-20 n° 140) :
– copie des actes sur lesquels les droits à restituer ont été perçus et, le cas échéant, copie des autres titres que les parties jugent utile de produire à l'appui de leur demande ;
– copie du jugement portant annulation de cet acte ;
– documents visés n° 30847 établissant que le jugement est passé en force de chose jugée.

30852 Les demandes en restitution doivent être **présentées à partir de** la date à laquelle le jugement ou l'arrêt intervenu est devenu définitif, et **jusqu'au** 31 décembre de la deuxième année suivante (délai de droit commun prévu à l'article R 196-1 du LPF).

30855 Lorsque l'**annulation,** la révocation, la résolution ou la rescision est **prononcée,** pour quelque cause que ce soit, par jugement ou arrêt, aucun droit proportionnel d'enregistrement n'est dû (CGI art. 1961, al. 3).

30860 Si la **décision judiciaire** ayant fondé la demande de restitution vient à être **rétractée, annulée ou cassée,** les droits restitués redeviennent exigibles et le reversement doit en être réclamé dans un délai expirant le 31 décembre de la troisième année suivant celle au cours de laquelle a été enregistré le jugement de rétractation, l'arrêt d'annulation ou de cassation (BOI-ENR-DG-70-20 n° 100).

IMPÔT ACQUITTÉ SUR LA PLUS-VALUE EN CAS D'ANNULATION DE LA CESSION

30870 Le cédant peut-il, lorsque la vente est annulée ou résolue, obtenir la restitution de l'impôt sur la plus-value acquitté au moment de la vente ? La réponse varie selon que le cédant est un particulier relevant du régime des plus-values privées (CGI art. 150-0 A) ou un contribuable (société, entreprise individuelle ou associé de société de personnes exerçant son activité dans le cadre de la société) soumis au régime des plus-values professionnelles (CGI art. 39 duodecies s. et 219, I).

30875 **Plus-value privée** Dans le silence de la loi, l'administration autorise le cédant à demander le **dégrèvement** et la restitution de l'impôt initialement versé. Cette **demande** peut être présentée à partir de la date de l'annulation ou de la résolution de la vente, et jusqu'au 31 décembre de la deuxième année suivante (BOI-RPPM-PVBMI-30-10-10 n° 70). Elle doit bien entendu satisfaire aux conditions générales de forme imposées pour la présentation des réclamations (conditions énoncées aux articles R 197-1 à R 197-5 du LPF).

> **Précisions** Le Conseil d'État a jugé que le contribuable peut obtenir la restitution de l'impôt sur la plus-value initialement acquitté, non sur le terrain de la loi fiscale (la résolution étant sans incidence sur le bien-fondé de l'imposition initiale), mais sur celui de la doctrine administrative énoncée au BOI-RPPM-PVBMI-30-10-10 n° 70 (CE 9-9-2020 n° 433821 : RJF 12/20 n° 1004).

30877 **Plus-value professionnelle** Le cédant ne peut pas dans ce cas obtenir le remboursement de l'impôt acquitté initialement mais doit faire application des dispositions de l'article 39 duodecies, 9 du CGI, lequel fixe expressément les conséquences fiscales de l'annulation ou de la résolution d'une cession d'éléments d'actif immobilisé. Aux termes de ce texte, le cédant doit :
– d'une part, procéder à la **reprise à l'actif des titres restitués** pour leur valeur comptable à la date de la cession, en distinguant, d'une part, leur valeur d'origine et, d'autre part, les provisions dont ils faisaient le cas échéant l'objet ;
– d'autre part, constater un **résultat inverse de celui** pris en compte lors **de la cession** et le soumettre à un régime fiscal symétrique.

30880 Lorsque la vente avait dégagé une **plus-value à long terme,** son annulation se traduit par conséquent par la constatation d'une moins-value à long terme. À l'inverse, l'annulation d'une vente ayant conduit à la constatation d'une moins-value à long terme dégage un profit imposable selon le régime des plus-values à long terme.
De la même manière, l'annulation d'une cession ayant donné lieu à la constatation d'une **plus-value** ou d'une moins-value **à court terme** dégage un résultat inverse, perte ou profit, qui est pris en compte pour la détermination du résultat ordinaire.

> **Précisions** Lorsque la cession a donné lieu à l'application du régime des **plus ou moins-values à long terme,** son annulation suit ce régime quel que soit le traitement fiscal auquel serait soumise une cession intervenant à la date de l'annulation. Mais le **taux** applicable à la plus-value ou à la moins-value à long terme constatée du fait de l'annulation est le taux en vigueur lors de l'annulation (BOI-BIC-PVMV-40-40-20 n° 100).

Lorsque la cession a bénéficié d'un régime d'**exonération,** de **report** ou de **sursis** d'imposition, son annulation n'a pas d'incidence sur le résultat imposable. 30885

Cette règle vaut notamment pour les plus-values à long terme réalisées par les **sociétés soumises à l'IS** lors de la cession de **titres de participation** ou de titres assimilés, qui sont exonérées sous réserve de la taxation d'une quote-part de frais et charges comprise dans le résultat ordinaire de l'exercice (nos 52570 s.). En contrepartie de cette exonération, les moins-values nettes à long terme ne sont pas déductibles du résultat imposable et ne peuvent pas davantage être prises en compte pour compenser les autres plus-values à long terme. En conséquence, lorsqu'une cession de titres de participation ayant généré une plus-value à long terme est annulée, la moins-value à long terme constatée du fait de cette annulation ne peut donner lieu à aucune imputation. Réciproquement, si c'est une moins-value à long terme qui a été réalisée, la plus-value d'annulation sera exonérée.

L'annulation ou la résolution de la vente reste par ailleurs sans incidence sur la **quote-part de frais et charges** qui a été réintégrée au résultat imposable au taux de droit commun de l'exercice de cession. Cette quote-part étant assise sur le montant brut des plus-values, et non sur le résultat net diminué des moins-values, la moins-value à long terme résultant de l'annulation ne peut pas être prise en compte pour calculer la quote-part de frais et charges imposable de l'exercice au cours duquel la remise en cause de la cession présente un caractère définitif (BOI-IS-BASE-20-20-10-20 n° 95). À l'inverse, si la cession a dégagé une moins-value, la plus-value à long terme résultant de l'annulation devrait entrer dans l'assiette de la quote-part de frais et charges imposable de l'exercice d'annulation.

Signalons enfin que : 30890

– si l'annulation de la vente est assortie de **dommages-intérêts** à la charge du cédant, celui-ci peut passer en charges les sommes versées à ce titre (au cas où il percevrait lui-même des dommages-intérêts, il devrait à l'inverse les comprendre dans son résultat ordinaire) ;

– l'entreprise cédante peut être amenée à constituer, à la clôture de l'exercice de cession ou d'un exercice ultérieur, une **provision** destinée à faire face au risque d'annulation ou de résolution de la vente, dès lors que ce risque présente un caractère de probabilité suffisant. Cette provision est soumise au même régime (long terme ou résultat ordinaire) que la perte à laquelle elle est destinée à faire face.

TITRE IV

Agrément de la cession

SOMMAIRE

FINALITÉS ET FONDEMENTS DE L'AGRÉMENT DE LA CESSION

L'agrément permet de contrôler l'entrée dans la société de **nouveaux associés** et d'écarter ceux dont la présence est, pour une raison quelconque, jugée non souhaitable. Il vise aussi, dans certains cas, à maintenir la répartition du capital telle qu'elle a été établie lors de la constitution de la société afin d'éviter un changement de majorité. 31000

L'agrément peut être d'origine légale, statutaire ou extrastatutaire. Il peut exister dans tous les **types de sociétés.** Il est de règle dans les sociétés dites fermées, c'est-à-dire dominées par l'intuitus personae (SARL, SNC, SCS), mais il se rencontre également dans les sociétés par actions où les titres sont en principe librement négociables.

31000 (suite) L'agrément est en outre plus ou moins **coercitif** selon le type de société et selon la qualité de l'acquéreur. Obligatoire dans les SNC, l'agrément est facultatif dans les SAS et les SA.

> **Précisions** La **réglementation particulière à certaines SA** peut imposer l'agrément des nouveaux actionnaires ; il en est ainsi notamment pour les sociétés exploitant une entreprise de presse (Loi 86-897 du 1-8-1986 art. 4). C'est également le cas pour les sociétés exerçant certaines activités libérales lorsque ces sociétés peuvent revêtir la forme anonyme, par exemple, des sociétés de commissaires aux comptes (C. com. art. L 822-9, al. 3) et des sociétés d'architecture (Loi 77-2 du 3-1-1977 art. 13, 4°). Par ailleurs, un agrément préalable est exigé dans les sociétés d'exercice libéral à forme anonyme, en commandite par actions et par actions simplifiées (Loi 90-1258 du 31-12-1990 art. 10, al. 4 et 5).

CHAPITRE 1 DOMAINE DE L'AGRÉMENT

SECTION 1 OPÉRATIONS CONCERNÉES

OPÉRATIONS SOUMISES À AGRÉMENT

Notion de cession et opérations assimilables Le Code de commerce impose ou autorise l'agrément pour les cessions de parts ou d'actions, ce qui recouvre principalement la **vente** moyennant un prix. 31030

Toutefois, sont assimilables à une cession et relèvent donc de la procédure d'agrément les **donations** (CA Bordeaux 4-1-1961 : Rev. sociétés 1961 p. 65), les **échanges** ou les **apports** isolés (cf. Cass. com. 2-1-1970 : JCP 1970 II n° 16541 note B. Oppetit).

À notre avis, l'agrément est aussi requis en cas de constitution d'une **fiducie** portant sur des droits sociaux car le constituant transfère la propriété de ces droits au bénéficiaire et modifie la répartition du capital social.

Sur le cas particulier des transferts résultant d'une fusion ou d'une scission, voir n° 31110.

Dans une décision ancienne et demeurée isolée, la Cour de cassation a jugé que l'agrément n'était pas applicable à une simple **promesse** unilatérale **de vente,** celle-ci ne comportant pas d'effet translatif de propriété au regard des tiers et ne concernant que les parties à l'avant-contrat. Elle a donc déclaré valable l'acte par lequel deux associés avaient promis de céder un certain nombre de leurs parts à une personne étrangère à la société sans l'avoir notifié aux autres associés (Cass. com. 3-6-1953 n° 7.528 : Bull. civ. III n° 207, décision rendue sous l'empire de la loi du 7-3-1925). Il a aussi été jugé que, lorsque les termes ou dispositions du contrat sont révélateurs de la volonté des parties de ne pas transmettre immédiatement la propriété des titres, la convention est un avant-contrat, non translatif de propriété, qui n'a pas à être soumis à l'agrément du conseil d'administration de la société (TGI Nancy 27-11-1989 : Bull. Joly 1990 p. 84). 31032

À notre avis, cette jurisprudence est obsolète. La procédure d'agrément doit être mise en œuvre préalablement à la réalisation de la cession tant que celle-ci est au stade de projet (n° 32020). Or, la levée de l'option d'une promesse unilatérale de vente emporte formation de la cession et transfert de propriété des parts à l'acquéreur sauf clause contraire et sous réserve de la réalisation des conditions suspensives convenues. Sous les mêmes réserves, la promesse synallagmatique de vente vaut vente.

Catégories de titres concernées Dans les sociétés par actions, l'agrément peut être limité aux cessions de certains titres seulement (J.-J. Daigre, F. Monod, F. Basdevant, Les actions à privilèges non financiers : Actes pratiques novembre 1997 p. 9). On se trouve alors en présence de deux catégories d'actions, les unes dont la cession est soumise à contrôle, les autres dont la cession est libre. La création de catégories d'actions permet ainsi de constituer, dans une certaine mesure, un « noyau dur » au sein de la société. 31035

Ces actions auxquelles sont attachés des droits non financiers sont qualifiées d'**actions de préférence** (C. com. art. L 228-11 à L 228-19).

Lorsqu'elle figure dans les statuts d'origine, la **clause d'agrément** est valable puisque, dans ce cas, tous les actionnaires l'ont acceptée en signant les statuts lors de la constitution de la société. Elle l'est aussi, nous semble-t-il, lorsqu'elle est introduite dans les statuts d'une **SA** en cours de vie sociale sur décision d'une assemblée générale extraordinaire sans qu'il soit nécessaire de recueillir l'accord unanime des actionnaires car elle ne constitue qu'une simple restriction des droits des actionnaires, laquelle ne peut pas, en soi, être considérée comme l'équivalent d'une augmentation de leurs engagements interdite par la loi (Cass. civ. 9-2-1937 : D. 1937.1 p. 73 note A. Besson). En conséquence, l'actionnaire auquel cette clause serait imposée ne serait pas fondé à la contester car elle ne porte pas atteinte à son droit de céder ses actions.

Dans la **SAS,** la **clause d'agrément** des cessions d'actions (C. com. art. L 227-14), qui a pour objet de garantir la stabilité du capital de la SAS et la cohésion de son actionnariat, ne peut être adoptée ou modifiée en cours de vie sociale que par une décision prise collectivement par les associés dans les conditions et formes prévues par les statuts (art. L 227-19, al. 2). À notre avis, une décision collective des associés est a fortiori requise en cas de suppression de ces clauses (dans ce sens, CA Limoges 28-3-2012 n° 10/00576 : RJDA 12/12 n° 1091, sol. impl. ; en sens contraire, M. Germain et P.-L. Périn : La société par actions simplifiée, Joly éditions 2016 n° 730).

31039 Dans une société dont les **actions** ne sont **pas admises aux négociations sur un marché réglementé,** la cession d'actions ou de valeurs mobilières donnant accès au capital, à quelque titre que ce soit, peut être soumise à l'agrément de la société par une clause des statuts (C. com. art. L 228-23, al. 1). Les titres visés sont les actions ordinaires, les actions de préférence, les titres de créance et, à titre résiduel, les certificats d'investissement.

L'agrément ne peut être imposé que si les **titres** sont **nominatifs** en vertu de la loi ou des statuts (art. L 228-23, al. 2).

L'insertion d'une clause d'agrément dans les statuts doit faire l'objet des mesures de **publicité** suivantes :

– insertion dans un support d'annonces légales (C. com. art. R 210-3 et R 210-9) ;
– dépôt d'une demande d'inscription modificative au registre du commerce et des sociétés (art. R 123-103 et R 123-105) ;
– à compter du 1er janvier 2023, inscription modificative au registre national des entreprises par l'intermédiaire du guichet unique électronique des formalités d'entreprises (art. L 123-37, 1° issu de ord. 2021-1189 du 15-9-2021 et Ord. 2021-1189 art. 47).

Ces mêmes formalités doivent être accomplies en cas de suppression d'une clause d'agrément existante, ainsi qu'en cas de modification de la clause (n° 32162).

> **Précisions** **a.** Les **certificats d'investissement** ne peuvent plus être émis depuis le 27 juin 2004, date d'entrée en vigueur de l'ordonnance 2004-604 du 24 juin 2004. Toutefois, les titres émis antérieurement survivent (A. Couret et H. Le Nabasque, Valeurs mobilières – Augmentations de capital : éd. Francis Lefebvre 2004 n° 498).
> **b.** L'acquéreur d'**actions nominatives** n'a pas à justifier au jour de la cession de la propriété d'actions revêtant également la forme nominative. Sa qualité d'actionnaire peut résulter de la détention d'actions au porteur (Cass. com. 24-2-1987 : Bull. civ. IV n° 55 ; JCP N 1987 II p. 189, note D. Randoux).

31044 **Nombre de titres concernés** L'agrément est nécessaire quel que soit le nombre de titres cédés. En effet, admettre une dispense d'agrément en cas de cession d'une part ou d'une action permettrait au tiers, devenu associé, d'acquérir tous les titres disponibles sans avoir à obtenir le consentement de ses coassociés, sauf dispositions statutaires contraires (dans le même sens, J. Hémard, F. Terré, P. Mabilat, Sociétés commerciales : Dalloz 1978 T. III n° 118 ; J. Moury, Des clauses restrictives de la libre négociabilité des actions : RTD com. 1989 p. 202 n° 23 ; Lamy Sociétés commerciales 2022 n° 3314).

31049 **Cession de titres indivis ou démembrés** Sur la nécessité d'un agrément en cas de cession de titres indivis ou démembrés, voir nos 89155 et 89305 s.

31054 **Vente sur saisie** La procédure d'agrément (légal ou conventionnel) doit être mise en œuvre en cas de vente par adjudication, dans le cadre d'une saisie, de droits d'associé et de valeurs mobilières non admises aux négociations sur un marché réglementé (C. exécution art. R 233-9).

Pour être opposables à l'adjudicataire, les conventions instituant un agrément doivent figurer dans le **cahier des charges** (C. exécution art. R 233-6, al. 4). Les observations sur le contenu du cahier des charges ne sont plus recevables à l'expiration d'un délai de deux mois courant à compter de la notification d'une copie du cahier des charges à la société (C. exécution art. R 233-7).

ILLUSTRATIONS

Lorsque le cahier des charges précise que l'adjudication des parts sociales d'une société sera réalisée sous la condition résolutoire d'obtention de l'agrément dans les conditions prévues aux statuts, l'adjudicataire qui n'a pas contesté ce cahier des charges avant le jour de l'adjudication n'est plus recevable à en contester les clauses et conditions quand un associé de la société lui notifie son refus d'agrément et lui présente une offre de rachat cinq mois après le jugement d'adjudication (Cass. 3e civ. 14-1-2009 n° 07-17.619 FS-PB : RJDA 11/09 n° 972, solution rendue pour une société civile, mais à notre avis transposable aux sociétés commerciales).

31059 **Cession dans le cadre d'une procédure collective** Dans le cadre d'un redressement ou d'une liquidation judiciaire, le tribunal peut arrêter un **plan de cession,** total ou partiel, de l'entreprise concernée (C. com. art. L 631-22 et L 642-1). Lors d'une procédure de sauvegarde, le plan de sauvegarde adopté par le tribunal peut prévoir la cession d'une ou plusieurs activités de l'entreprise (art. L 626-1). Lorsque ces cessions portent sur des parts sociales ou des actions, l'agrément du repreneur – souvent un tiers à la société – est-il requis ? La réponse doit être nuancée selon la procédure collective en cause.

Sauvegarde. Lorsqu'elle intervient dans le cadre d'un plan de sauvegarde, la cession de droits sociaux est subordonnée, en l'absence de disposition contraire dans la loi, au respect de l'agrément, qu'il soit légal ou statutaire. **31060**

Redressement judiciaire. En cas de **cession** des droits sociaux **prévue** dans le projet de plan ou dans le **plan de redressement,** les clauses d'**agrément** sont réputées non écrites (C. com. art. L 631-19, II). **31061**
Ainsi, bien que conformes aux conditions requises, les clauses d'agrément sont écartées en cas d'admission de nouveaux actionnaires qui acceptent de participer à une augmentation de capital destinée à assurer le redressement judiciaire de la société.
Cette disposition n'appelle aucune observation en ce qui concerne les SA et les SAS puisque, dans ces sociétés, l'agrément des nouveaux actionnaires ne peut être exigé qu'en vertu d'une clause statutaire. Celle-ci est donc neutralisée.
Mais, s'il s'agit d'une **SARL,** d'une **SNC** ou d'une **SCS,** l'agrément des tiers non associés résulte de la loi (C. com. art. L 223-14, L 221-13 et L 222-8, I). Il n'est donc pas visé, à notre avis, par l'article L 631-19, II du Code de commerce puisque celui-ci n'écarte que les « clauses » d'agrément. Dès lors, l'acquéreur des parts sociales, qui n'est pas déjà associé, doit être agréé même pour l'exécution d'un plan de redressement. Toutefois, lorsque l'agrément a une origine statutaire comme c'est le cas pour le conjoint, l'ascendant ou le descendant d'un associé de SARL (C. com. art. L 223-13), il doit être écarté.
Rédigé en termes très généraux, l'article L 631-19 pourrait être interprété comme visant la **cession** tant des **parts ou actions** composant le capital de la société objet de la procédure que celles qu'elle détient **dans une autre société.** À notre avis, il ne vise que les titres de la société en redressement judiciaire. Ce dispositif, destiné à faciliter l'entrée dans celle-ci de nouveaux associés, n'a aucune raison d'être imposé en dehors de la société concernée.
Les clauses d'agrément sont également écartées lorsque le tribunal ordonne la **cession forcée** de tout ou partie des actions des actionnaires qui se sont opposés à la modification du capital au profit des personnes qui se sont engagées à exécuter le projet de plan (C. com. art. L 631-19-2, 2°).

> **Précisions** L'**opinion** selon laquelle les agréments qui résultent de la loi ne sont pas visés par l'article L 631-19, II du Code de commerce est **controversée.**
> Sous l'empire des textes antérieurs à l'ordonnance 2014-326 du 12 mars 2014, mais l'argument est toujours d'actualité, certains auteurs considéraient que, l'esprit de la loi étant de faire prévaloir l'intérêt de l'entreprise sur celui des associés, il convenait en application de l'ancien article L 626-3, al. 4 du Code de commerce de neutraliser l'agrément prévu par des dispositions légales (voir notamment J.-J. Daigre, Encyclopédie Dalloz V° Entreprises en difficultés – Redressement judiciaire (Personnes morales et dirigeants n° 262).

Liquidation judiciaire. La cession des parts ou des actions composant le capital de la société objet d'une liquidation judiciaire n'est pas envisagée, cette société ayant vocation à être dissoute (sauf, hypothèse assez rare en pratique, en cas de clôture de la procédure pour extinction du passif ; C. civ. art. 1844-7, 7°). Est donc ici visée la cession des parts et actions que cette société détient dans une autre société. Aucune neutralisation de l'agrément légal ou statutaire n'étant prévue par les dispositions spécifiques à la liquidation judiciaire, celui-ci doit être demandé par les organes de la procédure collective auprès de la société émettrice (cf. Cass. com. 31-1-1995 n° 91-20.735 P : RJDA 5/95 n° 647 ; Cass. com. 23-1-1996 n° 92-18.874 P : RJDA 5/96 n° 704, à propos d'une clause de préemption, mais transposable ; voir aussi, CA Paris 24-2-2006 n° 04-22666, 25ᵉ ch. B : RJDA 4/07 n° 367). **31062**
Pour un cas où la suspension d'une clause d'agrément susceptible de bloquer la cession des actifs de la société détentrice a été refusée en référé, voir CA Aix-en-Provence 7-4-2022 n° 22/00785 : BRDA 19/22 inf. 1.

Cession à l'occasion de la dissolution et de la liquidation de la société

Lorsque la cession des titres d'un associé à un tiers intervient après la dissolution de la société et au cours de la procédure de liquidation, il y a lieu de respecter la procédure d'agrément, que celle-ci soit d'origine légale ou conventionnelle. **31065**

ILLUSTRATIONS

Le capital d'une société était réparti entre deux associés, le premier (A) détenant 195 parts et le second (B) 5. Par ailleurs, les statuts prévoyaient que A pouvait, à tout moment, acquérir, pour leur valeur, les parts de B et que le consentement de B était nécessaire pour valider toute cession de parts de A à un tiers. Après la dissolution de la société, et au cours de la procédure de liquidation, A avait cédé 180 de ses parts à un tiers et notifié à B sa volonté de tenir pour acquis

l'achat de ses 5 parts, lequel refusa. Passant outre ce refus, il avait cédé les 20 parts restantes à une société qui, ayant acquis du tiers les 180 parts restantes, se prétendit propriétaire de la totalité de l'actif de la société dissoute.
Les actes de cession et de rétrocession des parts à la société ont été déclarés nuls et sans effet à l'égard de B et de la société en liquidation pour les raisons suivantes :
– d'une part, la première cession constituait une vente ferme dont la validité dépendait, par application des statuts, du consentement de B, lequel n'avait pas été donné ;
– d'autre part, la dissolution de la société avait fait disparaître le droit d'option relatif à l'acquisition des parts de B (Cass. com. 15-11-1950 : JCP 1951 II n° 6146 note D. Bastian).

OPÉRATIONS NON SOUMISES À AGRÉMENT

31085 **Convention de croupier** La convention de croupier, par laquelle un associé convient de partager avec un tiers les bénéfices et les pertes résultant de sa participation dans la société, n'est en principe pas soumise à l'agrément de la société puisque le tiers (« croupier ») n'a aucun rapport direct avec la société et qu'il ne peut exercer aucune des prérogatives attachées à la qualité d'associé.
Toutefois, cette convention ne doit pas être utilisée pour détourner les dispositions légales ou statutaires concernant l'entrée dans la société de nouveaux associés. Il a ainsi été jugé que le contrat qui porte sur la majorité des parts d'une SNC et dont la durée est la même que celle de la société, tend, lorsque les droits du croupier sont beaucoup plus importants que ceux du titulaire des parts, vers une cession de ces parts et peut même constituer une cession déguisée, laquelle, faite sans le consentement des autres associés, est interdite (CA Paris 19-2-1979, 3e ch. A et T. com. Paris 12-3-1979 : Rev. sociétés 1980 p. 284 note D. Randoux). Au cas particulier, le croupier dictait à son partenaire, associé gérant de la SNC, la conduite qu'il devait tenir pour gérer la société.

31090 **Cession de titres admis aux négociations sur un marché réglementé** Les clauses d'agrément ne sont pas autorisées dans les sociétés dont les actions sont admises aux négociations sur un marché réglementé (C. com. art. L 228-23, al. 1 et Règles de marché Euronext harmonisées art. 6205).
Ces clauses doivent donc être supprimées des statuts si la société demande l'admission de ses actions aux négociations sur un marché de titres d'Euronext.
Pour limiter l'entrée dans la société de tiers indésirables, les actionnaires des sociétés dont les titres sont admis aux négociations sur un marché réglementé (Euronext Paris) doivent avoir recours à des conventions extrastatutaires (pactes d'actionnaires notamment) qui sont soumises au droit commun des obligations.

31095 **Prise de contrôle d'une société associée** Lorsqu'une société a des associés personnes morales, toute prise de participation dans le capital d'un de ces associés permet l'entrée indirecte d'un tiers dans la société.
Se pose alors la question de savoir si de telles cessions indirectes entrent ou non dans le champ d'application de l'agrément, sachant que dans cette hypothèse il n'y a pas transfert de propriété des parts ou actions de la société dont les statuts comportent une clause d'agrément et que la personnalité morale de la société associée n'est pas modifiée par une cession de titres intervenue en son sein (dans ce sens, D. Randoux, note sous Cass. com. 13-12-1994 n° 2335 : Rev. sociétés 1995 p. 304 ; Lamy Sociétés commerciales 2022 n° 4554).
Les dispositions du Code de commerce relatives à l'agrément dans les sociétés commerciales ne visent que les cessions intervenant directement dans la société.

ILLUSTRATIONS

Une clause insérée dans les statuts d'une SARL prévoyant l'agrément des cessions indirectes a été jugée inefficace pour les raisons suivantes : cette clause portait atteinte au principe selon lequel nul ne peut être contraint de céder un bien dont il est propriétaire, si ce n'est pour une cause d'utilité publique (C. civ. art. 545) ; la contestation par une minorité d'associés de tout changement dans l'équipe de direction d'une personne morale coassociée conduirait à une paralysie de gestion ; les risques d'atteinte à l'« affectio societatis » n'existent pas moins dans le cas d'associés personnes physiques dont le comportement et/ou les intérêts peuvent avec le temps évoluer dans un sens qui les rendrait eux aussi indésirables.
T. com. Versailles 26-4-1989, 2e ch.

Ndlr : À noter que l'argument relatif à l'atteinte au droit de propriété ne tient plus, la Cour de cassation ayant admis la validité des clauses d'exclusion sous certaines conditions (n° 31099).

31097 Dans une affaire concernant une **SA** de presse, la Cour de cassation a rejeté une demande d'exclusion de deux sociétés actionnaires dont le contrôle avait été pris par un tiers, mais en se fondant sur le fait que « la loi du 24 juillet 1966, tout comme les statuts de la société ne prévoyaient la

procédure d'agrément que pour la cession des propres actions d'une société, et non pas pour la cession des parts ou actions composant le capital de ses actionnaires » (Cass. com. 13-12-1994 n° 2335 : RJDA 3/95 n° 292).
En visant non seulement la loi, mais aussi les statuts, la Cour de cassation semble à notre avis admettre implicitement que la solution aurait pu être différente si une **clause statutaire** avait expressément soumis à agrément les changements de contrôle pouvant survenir dans les sociétés actionnaires. Mais cette interprétation est critiquée, notamment par H. Le Nabasque pour qui les statuts d'une société qui auraient étendu la clause d'agrément aux cessions de sociétés associées ne lieraient ni les cédants ni les acquéreurs des titres de ces sociétés associées, en application de la règle de l'effet relatif des contrats (H. Le Nabasque, Agrément des cessions d'actions et exclusion d'actionnaires : RJDA 3/95 p. 202).

Pour contester la validité d'une cession indirecte de titres, seule l'introduction dans les statuts de **clauses** dites **d'exclusion ou de rachat forcé** semble vraiment efficace (L. Faugérolas, Les moyens de défense face à une acquisition indirecte d'actions : JCP E 1995 Études 483 n° 10). Dans l'arrêt du 13 décembre 1994 précité n° 31097, la Cour de cassation a d'ailleurs affirmé la **validité** de principe des clauses statutaires d'exclusion d'un actionnaire (dans le même sens, Cass. com. 20-3-2012 n° 11-10.855 F-PB : RJDA 6/12 n° 603 ; CA Lyon 4-3-1994, SA coopérative pharmaceutique française c/ SNC pharmaceutique de l'Esplanade). **31099**
Une telle clause n'est valable que si elle figure dans les statuts d'origine ou si elle y a été introduite en cours de vie sociale par décision unanime des associés (CA Paris 27-7-2001 n° 00-12023, 3e ch. A : RJDA 10/01 n° 973 ; CA Grenoble 16-9-2010 n° 10-62, ch. com. : RJDA 6/11 n° 536). Elle n'est pas contraire à l'essence même du contrat de société, lequel peut valablement prévoir, dans l'intérêt social, que les associés renoncent à leur droit de le demeurer si les **conditions du rachat** (motifs du rachat, organe compétent, procédure à suivre) sont suffisamment déterminées ou déterminables pour éviter tout risque d'exclusion arbitraire (CA Grenoble 16-9-2010 précité). La société est en effet considérée comme fondée sur un contrat qui peut donner naissance à une personne morale et dont le fonctionnement est soumis au respect de l'ordre public. Or, ce dernier s'oppose à ce qu'un contractant subisse une décision que son cocontractant pourrait lui imposer arbitrairement en vertu du contrat, car tout contrat – et, partant, toute obligation – doit avoir un « contenu certain » (C. civ. art. 1128). Il suffit donc, pour que la clause de rachat forcé soit valable, que les conditions de sa mise en jeu soient déterminées dans les statuts ou déterminables à partir des dispositions de ceux-ci. Au surplus, l'exclusion d'un associé ne constitue pas une atteinte à un droit fondamental puisque, s'il est interdit d'imposer à une personne de céder ses droits, il ne lui est pas défendu d'y renoncer, sous réserve de l'ordre public tel que défini ci-dessus.
En particulier, en cas de contestation, et si les statuts ne permettent pas de déterminer le prix de rachat, celui-ci doit être fixé par un expert (cf. C. civ. art. 1843-4, II-al. 1). Dans le silence des statuts sur la date à laquelle les titres doivent être évalués, ce prix peut être fixé par l'expert à la date la plus proche du rachat et non à la date de l'exclusion de l'associé (Cass. com. 16-9-2014 n° 13-17.807 FS-PB : RJDA 1/15 n° 30).
La clause d'exclusion ou de rachat forcé doit définir sans ambiguïté la notion de contrôle. À cet égard, il est souhaitable de se référer aux dispositions de l'article L 233-3 du Code de commerce.
Si les statuts subordonnent la mesure à une décision collective, ils ne peuvent pas priver l'associé dont l'exclusion est envisagée de son droit de participer à cette décision et de voter sur la proposition (Cass. com. 23-10-2007 n° 06-16.537 FS-PBI : RJDA 1/08 n° 50 et rapport de B. Petit p. 9).

Les clauses d'exclusion en cas de changement de contrôle d'une société associée sont légalement autorisées dans les **SAS** (C. com. art. L 227-17, al. 1 ; nos 83310 s.). **31100**

Fusion ou scission de sociétés Les apports de droits sociaux effectués au titre d'une fusion ou d'une scission échappent en principe à la procédure d'agrément. En pareil cas, la transmission des parts est faite directement de la société ancienne à la société nouvelle par voie de **dévolution de patrimoine** ; elle ne peut donc pas être considérée comme une cession isolée faite à un tiers et, dès lors, ne doit pas être soumise aux formalités prévues pour de telles cessions (Cass. com. 19-4-1972 n° 69-14.054 : D. 1972 p. 538, rendu à propos de parts de SARL mais transposable à d'autres sociétés commerciales). **31110**
Toutefois, en cas de transfert de parts de **SNC,** cette solution incontestable ne saurait permettre d'écarter l'obligation d'agréer la société absorbante ou nouvelle qui recueille les parts de la société car, même en cas de transmission universelle, le contrat de société et la qualité d'associé de SNC restent empreints d'un fort « intuitus personae » et ne peuvent être repris qu'avec l'accord du cocontractant.

Une **clause des statuts** peut imposer l'agrément pour les transmissions de droits sociaux résultant d'une fusion, d'une scission. Aucun intérêt d'ordre public ne paraît, en effet, limiter la liberté pour **31115** les associés d'étendre la procédure d'agrément à des opérations autres que les cessions, mais qui, comme elles, se traduisent par l'entrée de nouveaux associés dans la société. La validité d'une telle clause a d'ailleurs été affirmée par la Cour de cassation à propos d'actions de SA (Cass. com. 3-6-1986 n° 85-12.657 : Bull. civ. IV n° 115, Rev. sociétés 1987 p. 52 note Y. Reinhard ; Cass. com. 6-5-2003 n° 01-12.567 FS-P : RJDA 8-9/03 n° 837, 1e espèce ; dans le même sens, Cass. com. 15-5-2007 n° 06-13.484 F-D : RJDA 11/07 n° 1110). La solution est transposable aux parts de SARL par identité de motifs.

CONSEIL

La clause qui impose l'agrément pour les transmissions de droits sociaux résultant d'une fusion ou d'une scission doit être **rédigée avec le plus grand soin,** les juges interprétant souverainement le sens et la portée de toute clause ambiguë. À défaut de viser expressément ces opérations, ce qui est le plus sûr, les associés ont intérêt à recourir à une expression telle que « transmission par quelque moyen que ce soit » (Cass. com. 6-5-2003 précité) ou « transmission par tout moyen impliquant l'entrée d'un nouvel associé » et à éviter toute expression rappelant la formulation légale telle que « toutes cessions entre vifs, volontaires ou forcées, à quelque titre et sous quelque forme que ce soit », les juges ayant pu estimer qu'elle ne recouvrait pas la transmission de titres dans le cadre d'une fusion (Cass. com. 6-5-2003 n° 01-03.172 FS-D : RJDA 8-9/03 n° 837, 2e espèce ; voir aussi Cass. com. 12-2-2008 n° 06-20.966 FS-D : RJDA 12/08 n° 1275, décision rendue en matière de société civile mais transposable).

SECTION 2 PERSONNES DEVANT ÊTRE AGRÉÉES

DÉLIMITATION

31150 Seules les cessions à titre onéreux font l'objet de la présente étude. Sont donc volontairement écartées les transmissions de parts ou d'actions en cas de décès d'un associé ou d'un actionnaire, ou en cas de liquidation de communauté des biens entre époux.

Selon que les parts ou actions de sociétés commerciales sont cédées à des tiers, entre associés ou aux conjoint, ascendants et descendants, le Code de commerce peut imposer, autoriser ou exclure l'agrément. Il peut aussi être limité à certaines catégories de personnes, par exemple uniquement les ascendants ou uniquement le conjoint, etc.

AGRÉMENT DE LA CESSION À DES TIERS

31160 **Notion de tiers** Par « tiers », il faut entendre toute personne, physique ou morale, non associée au jour de la cession. Il peut s'agir notamment d'un ancien associé (Cass. com. 29-3-1955 : Bull. civ. III n° 120), de salariés ou de gérants non associés.

Il n'est pas possible, pour éviter de respecter l'agrément, d'invoquer une précédente cession de parts de SARL intervenue entre les parties qui aurait eu pour effet d'accorder la qualité d'associé à l'acheteur et lui faire perdre celle de « tiers étranger » lors de la conclusion d'un protocole d'accord qui a justement eu pour objet de mettre à néant la cession antérieure (CA Versailles 12-2-1987, 3e ch. : Bull. Joly 1987 p. 395).

31165 **Nécessité d'un agrément** Le Code de commerce impose que les cessions à des tiers de parts de **SARL** (C. com. art. L 223-14, al. 1) et de **SNC** (art. L 221-13, al. 2) soient autorisées par les associés. Il en va de même en cas de cession de parts de **SCS** (art. L 222-8, I), mais les statuts peuvent assouplir les règles de majorité applicables en cas de cession des parts d'un associé commanditaire ou d'une partie de celles appartenant à un associé commandité (art. L 222-8, II-2° et 3° ; n° 32237).

La Cour de cassation a refusé de transmettre au Conseil constitutionnel une question prioritaire de constitutionnalité relative à l'article L 223-14 du Code de commerce, estimant que ce dernier ne porte pas atteinte aux principes de sécurité juridique et d'égalité devant la loi invoqués et que la question ne présentait donc pas un caractère sérieux (Cass. com. QPC 27-9-2013 n° 13-40.045 F-D : RJDA 3/14 n° 229).

31168 Dans les **SA,** l'agrément statutaire n'est écarté qu'en cas de succession, de liquidation du régime matrimonial ou de cession soit à un conjoint, soit à un ascendant ou à un descendant (C. com. art. L 228-23, al. 1 et 3).

Une clause des statuts peut donc prévoir que la cession d'actions à un tiers est soumise à agrément, à condition que les titres revêtent la forme nominative (n° 31039).

Le particularisme de la **SCA** conduit à distinguer la cession des titres des associés commandités qui obéissent aux règles fixées en matière de SCS, de la cession des actions des associés commanditaires qui suivent les règles édictées en matière de SA (C. com. art. L 222-8, I sur renvoi de l'art. L 226-1, al. 2). **31170**

Les statuts de la **SAS** peuvent soumettre les cessions d'actions à des tiers à agrément préalable de la société, le Code de commerce prévoyant cette faculté pour « toute cession » (C. com. art. L 227-14). **31172**

AGRÉMENT DE LA CESSION ENTRE ASSOCIÉS OU ACTIONNAIRES

SNC Dans les SNC, les cessions de parts entre associés doivent être autorisées par tous les associés. Cette règle est impérative et toute clause contraire est réputée non écrite (C. com. art. L 221-13, al. 2 et 3). **31182**

SCS En principe, dans les SCS, les parts sociales ne peuvent être cédées entre associés qu'avec le consentement de tous les associés (C. com. art. L 222-8, I). **31184**

Toutefois, les statuts des SCS peuvent modifier cette règle (art. L 222-8, II-1° et 3°) : les parts d'associés commanditaires peuvent être déclarées librement cessibles et, en cas de cession partielle des titres des associés commandités, l'agrément peut être donné selon des modalités plus souples (n° 32237).

SARL Les parts de SARL sont en principe librement cessibles entre associés, l'article L 223-14 du Code de commerce ne visant que la cession à des tiers étrangers. Cependant, afin de maintenir l'équilibre social existant et d'éviter une prise de contrôle par un groupe d'associés, les statuts peuvent limiter la libre cessibilité. Sont alors applicables les règles exposées n° 31165. **31186**

SA Dans les SA, une clause d'agrément peut être prévue pour les cessions entre actionnaires (C. com. art. L 228-23, al. 1). Cette disposition permet, à l'instar des SARL et des SAS, de maintenir un équilibre entre groupes d'actionnaires à l'intérieur d'une société. **31188**

ATTENTION

Si l'on souhaite ne soumettre à agrément que les cessions à des personnes étrangères à la société, il faut que la clause le prévoie expressément. La clause selon laquelle « sauf dispense de la loi, toute cession ou transmission d'actions, quelles qu'en soient la nature et la forme, est soumise à l'agrément préalable du conseil d'administration » s'applique en cas de cession entre actionnaires, peu important qu'elle ait été introduite dans les statuts à une époque où la loi n'autorisait l'agrément qu'en cas de cession à des tiers (CA Paris 8-4-2021 n° 19/12367 : RJDA 7/21 n° 480).

SCA En principe, dans les SCA, les droits détenus par les commandités ne peuvent être cédés entre associés qu'avec le consentement de tous les associés (C. com. art. L 222-8, I sur renvoi de l'article L 226-1, al. 2). Toutefois, les statuts des SCA peuvent modifier cette règle et prévoir des modalités plus souples en cas de cession partielle des parts des associés commandités à un commanditaire (art. L 222-8, II-3° ; n° 32237). **31190**

Comme dans les SA, les cessions entre associés des actions des commanditaires peuvent être soumises à agrément (art. L 222-8, II-1°).

SAS Les statuts des SAS peuvent soumettre à agrément les cessions intervenant entre associés (C. com. art. L 227-14). **31192**

AGRÉMENT DE LA CESSION AUX CONJOINT, ASCENDANTS ET DESCENDANTS

SNC Dans les SNC, la généralité des termes de l'article L 221-13 du Code de commerce impose l'autorisation des associés pour toute cession au conjoint et aux ascendants et descendants. **31202**

SCS et SCA Dans les SCS et les SCA, et en l'absence d'indication contraire dans le Code de commerce, les droits sociaux des **associés commandités** ne sont pas librement cessibles à leur conjoint et à leurs ascendants et descendants. **31205**

Il en va de même pour les cessions de parts des **associés commanditaires** de SCS. En revanche, les clauses d'agrément ne sont pas applicables à la cession des actions des actionnaires commanditaires de SCA sauf dérogation : voir n° 31210, à propos de la SA, qui obéit au même régime.

SARL Dans les SARL, les parts sociales sont en principe librement cessibles entre conjoints et entre ascendants et descendants (C. com. art. L 223-13, al. 1). Cette libre cessibilité dérogeant au **31207**

principe d'ordre public de l'agrément des cessions à des tiers, elle doit être interprétée restrictivement. Elle ne saurait donc être étendue par les statuts à d'autres personnes que celles expressément visées. Sont ainsi exclus du champ d'application de cette disposition les concubin, frères ou sœurs, beaux-frères, belles-sœurs, beaux-parents ou neveux (CA Bordeaux 4-1-1961, 1e ch. : Rev. sociétés 1961 p. 65).

Toutefois, les statuts peuvent stipuler que le conjoint, un ascendant ou un descendant ne peut devenir associé qu'après avoir été agréé dans les conditions prévues à l'article L 223-14 (C. com. art. L 223-13, al. 2) pour les cessions aux tiers (nº 31165). La clause statutaire doit également être interprétée restrictivement ; il a ainsi été jugé que la clause selon laquelle, en cas de décès d'un associé, la société continue entre les associés survivants et les héritiers et ayants droit de l'associé décédé, lesquels ne sont pas soumis à l'agrément des associés survivants, dispense d'agrément le légataire d'un associé décédé (Cass. com. 5-4-2018 nº 16-18.097 F-D : RJDA 6/18 nº 505, décision rendue à propos d'une société civile mais transposable à la SARL).

Lorsque l'**acquéreur** possède déjà la qualité d'**associé,** l'agrément n'est en principe pas requis. La Cour de cassation a jugé, en effet, que l'article 44 de la loi du 24 juillet 1966 (désormais art. L 223-13) n'autorise une limitation statutaire à la libre transmissibilité des parts sociales par voie successorale que pour l'agrément des personnes qui ne sont pas déjà associées (Cass. com. 28-10-1974 nº 73-12.368 : D. 1975 p. 209 note Y. Guyon, rendu à propos d'une transmission par voie successorale, mais transposable). Cette solution doit être étendue aux cessions et donations entre vifs aux conjoint, ascendants ou descendants, situations également visées par l'article L 223-13.

Toutefois, l'accord des autres associés est, à notre avis, nécessaire si les statuts contiennent une clause limitant la libre cessibilité des parts entre associés car il s'agit alors d'exercer un contrôle sur la répartition de ces parts. Or, la possibilité de ce contrôle est expressément prévue par le législateur dans l'article L 223-16 pour toutes les cessions entre associés sans aucune distinction.

31210 **SA** Dans les SA, la clause statutaire d'agrément est écartée en cas de cession à un conjoint, à un ascendant ou un descendant (C. com. art. L 228-23, al. 3). Cette liste est limitative et une telle clause peut par exemple être opposée au gendre d'un actionnaire (CA Colmar 30-1-1970, 2e ch. civ. : Rev. sociétés 1970 p. 299, note P. Nocquet).

En revanche, lorsqu'une SA dont les actions ne sont pas admises aux négociations sur un marché réglementé réserve des actions à ses **salariés,** les statuts peuvent prévoir une clause d'agrément en cas de cession à un conjoint, un ascendant ou un descendant dès lors que la clause a pour objet d'éviter que ces actions ne soient dévolues ou cédées à des personnes n'ayant pas la qualité de salarié de la société (C. com. art. L 228-23, al. 4).

31213 **SAS** Dans les SAS, les statuts pouvant soumettre toute cession d'action à l'agrément (C. com. art. L 227-14), celui-ci peut valablement être étendu aux cessions au conjoint, à un ascendant ou un descendant.

CHAPITRE 2 PROCÉDURE D'AGRÉMENT

SECTION 1 DEMANDE D'AGRÉMENT

OBLIGATION DE NOTIFIER LA DEMANDE D'AGRÉMENT

Lorsqu'une cession est soumise à agrément, le projet de cession pour les **SARL** (C. com. art. L 223-14, al. 2 et R 223-11, al. 1), ou la demande d'agrément pour les **SA** (art. L 228-24, al. 1) doit faire l'objet d'une notification qui ouvre un délai au cours duquel l'agrément peut être accordé ou refusé. 32000

Aucune prescription légale n'étant donnée pour les **autres sociétés,** il convient de se reporter aux statuts.

SARL Pour les cessions de parts de SARL, il ne peut pas être passé outre la notification du projet de cession, à peine de nullité de l'opération. En effet, il résulte de la jurisprudence exposée ci-dessous que les tribunaux refusent majoritairement tout **formalisme par équivalent** (par exemple, participation des associés à l'acte de cession) et toute confirmation ou ratification implicite de la cession (telle la participation active des associés non destinataires d'une notification à une assemblée générale entérinant indirectement la cession). Comme le martèlent plusieurs des décisions rapportées ci-dessous, les parts d'une SARL ne peuvent être cédées à des tiers étrangers à la société que dans les conditions et selon les modalités prescrites par l'article L 223-14 du Code de commerce. 32015

La **notification** n'est donc pas un simple mode d'information des associés, mais bien une **étape indispensable** de la procédure d'agrément qui est d'ordre public, toute clause contraire étant réputée non écrite (C. com. art. L 223-14, dernier al. ; Cass. com. 14-4-2021 n° 19-16.468 F-D : RJDA 10/21 n° 667).

Si un arrêt isolé de la Cour de cassation a jugé valable la notification résultant de l'envoi en recommandé de la convocation à l'assemblée appelée à statuer sur l'agrément (Cass. com. 8-7-1997, exposé n° 32070), on ne saurait en déduire que la notification peut être ainsi supplée ; une décision plus récente a d'ailleurs écarté cette possibilité, énonçant qu'il « convenait de respecter scrupuleusement le formalisme légal » (Cass. com. 14-4-2021 n° 19-16.468 précité).

Il est donc vivement recommandé au cédant de procéder aux notifications requises qui, en outre, font courir le délai à l'issue duquel l'absence de réponse lui permettra de réaliser la cession projetée.

ILLUSTRATIONS

Est nul l'acte par lequel l'un des deux associés d'une SARL a cédé sa participation dans la société sans respecter la procédure d'agrément prévue par la loi et reprise par les statuts. Le fait que son **coassocié** soit **intervenu lors de la signature de l'acte de cession** ne satisfait pas aux exigences légales en l'absence de notification préalable du projet de cession ou de ratification de la cession par une assemblée générale des associés réunis dans des conditions régulières.

CA Versailles 12-2-1987 et, sur pourvoi, Cass. com. 9-5-1990 n° 87-14.375 P : Bull. civ. IV n° 145.

Est nulle la cession de parts de SARL à une personne non associée, qui n'a pas été précédée de la notification du projet de cession à la société et à chacun des associés, peu important que le **consentement** de la majorité **des associés** représentant au moins les trois quarts des parts sociales ait été recueilli **dans un acte annexé à celui de la cession.**

CA Paris 26-2-1992, 15e ch. A : RJDA 5/92 n° 467.

Les dispositions de l'article 45 de la loi du 24 juillet 1966 (désormais C. com. art. L 223-14) sont d'ordre public, l'alinéa 6 de ce texte (désormais art. L 223-14, al. 7) réputant non écrite toute clause qui leur serait contraire. La notification préalable du projet de cession aux associés et à la société ainsi que la réunion de l'assemblée des associés ne peuvent ainsi être remplacées par la **participation des associés et de la société aux actes de cession.**

CA Douai 2-4-1992 n° 1832-91, 2e ch. civ. : JCP N 1993 II p. 273 ; dans le même sens, Cass. com. 26-3-1996 n° 93-17.895 P : RJDA 8-9/96 n° 1054.

32015 (suite)

Le gérant d'une SARL, agissant tant en son nom personnel qu'au nom de tous les autres associés en vertu de pouvoirs qu'il avait reçus, s'était engagé à céder à un tiers la totalité des parts d'une SARL. La cession qui était intervenue sans notification préalable aux associés ni décision de l'assemblée générale, avait été contestée par certains des associés.
Il ne peut pas être reproché à une cour d'appel d'avoir écarté l'annulation de la cession, dès lors qu'ayant retenu que tous les **associés** avaient cédé leurs parts et que ceux-ci et le représentant légal de la **société** avaient eu **connaissance de la cession et l'avaient acceptée,** la cour d'appel avait pu déduire que l'accomplissement des formalités prévues par l'article 45 de la loi du 24-7-1966 (désormais C. com. art. L 223-14) se trouvait sans objet et déclarer la cession parfaite.
Cass. com. 10-5-1994 n° 92-19.240 D.

Ndlr : Cet arrêt, non publié au Bulletin civil des arrêts de la Cour de cassation et demeuré isolé, ne saurait remettre en cause les principes affirmés avec constance par la Cour de cassation dans les arrêts qu'elle a souvent choisi de publier au Bulletin précité pour en souligner la portée.

Deux des associés d'une SARL avaient cédé le même jour leurs parts à un tiers sans procéder aux formalités prévues par l'article 45 de la loi du 24 juillet 1966 (désormais C. com. art. L 223-14). Les autres associés, dont le gérant, avaient alors demandé l'annulation des cessions.
Il ne peut pas être reproché à la cour d'appel, qui a annulé les cessions, de ne pas avoir recherché si les demandeurs et la société n'avaient pas ratifié sans équivoque les cessions en **participant activement** à deux **assemblées générales tenues après** les cessions en présence de l'acquéreur et en signant le procès-verbal de ces assemblées qui faisaient apparaître la nouvelle répartition des parts sociales.
En effet, les parts sociales d'une SARL ne peuvent être cédées à des tiers étrangers à la société que dans les conditions et selon les modalités prescrites par l'article 45 de la loi du 24 juillet 1966. Cette procédure n'avait pas été ici respectée.
Cass. com. 21-3-1995 n° 93-14.564 P : RJDA 7/95 n° 854.

Les parts d'une SARL ne peuvent être cédées à des tiers étrangers à la société que dans les conditions et selon les modalités prescrites par l'article L 223-14 du Code de commerce.
Il ne peut pas être reproché à une cour d'appel d'avoir annulé une cession de parts de SARL notifiée au seul gérant, en sa qualité d'associé et de dirigeant, dès lors qu'ayant relevé qu'un autre associé contestait avoir reçu notification de la cession et que le cédant ne produisait pas l'accusé de réception de la notification par cet associé, la cour d'appel a retenu exactement que ce vice affectant la régularité de la procédure d'agrément ne saurait être purgé par la **lettre du gérant** qui, faisant état du dépouillement des réponses des associés, avait informé le cédant du refus de la société de consentir à la cession projetée.
Cass. com. 7-7-2004 n° 00-22.411 F-D : Dr. sociétés 2004 comm. n° 173 note J. Monnet.

Lorsque la SARL comporte plus d'un associé, le projet de cession est notifié à la société et à chacun des associés par acte extrajudiciaire ou lettre recommandée AR (C. com. art. L 223-14, al. 2 et R 223-11). Ces règles sont d'ordre public et leur violation entraîne la nullité de l'acte de cession.
Il y a lieu d'annuler la cession à la demande d'un associé auquel le projet de cession n'a pas été notifié, peu important que cet **associé** ait pu **donner son consentement** antérieurement à la cession ou postérieurement **lors d'une assemblée générale,** dès lors que l'action n'est pas fondée sur le vice du consentement mais sur la violation de règles de procédure imposées en la matière.
CA Montpellier 4-11-2008 n° 07-5368, 2e ch. : RJDA 11/09 n° 970.

La **notification** du protocole de cession à la société en la personne de son **gérant,** qui était partie à l'acte de cession et **qui s'était** explicitement **porté fort** au visa de l'article L 223-14 du Code de commerce **des** autres **associés,** a valablement fait courir le délai dans lequel la société aurait dû faire connaître sa décision et, à défaut, l'agrément doit être réputé acquis à l'expiration de ce délai.
CA Paris 15-1-2013 n° 11/05664, ch. 5-8 : RJDA 7/13 n° 637 et, sur pourvoi, Cass. com. 20-5-2014 n° 13-16.187 F-D : RJDA 7/15 n° 500.

L'un des deux associés d'une SARL avait cédé ses parts sociales à un tiers sans notification préalable. L'autre associé avait demandé l'annulation de l'opération.
Manque de base légale la décision d'une cour d'appel qui, pour rejeter la demande, a jugé que la cession, atteinte d'une nullité relative, pouvait être confirmée et qu'en l'espèce le demandeur avait confirmé l'opération en **autorisant lors d'une « assemblée générale »** le tiers acquéreur, devenu gérant, à vendre le fonds de commerce de la société puis, lors d'une « assemblée générale extraordinaire » ayant décidé la transformation de la SARL en SCI, la désignation de celui-ci comme cogérant. En effet, les parts d'une SARL ne peuvent être cédées à des tiers étrangers à la société que dans les conditions et selon les modalités prescrites par l'article L 223-14 du Code de commerce. Or, la cour d'appel n'avait pas constaté que le projet de cession de parts avait été notifié à la société et à l'associé demandeur.
Cass. com. 21-1-2014 n° 12-29.221 F-PB : RJDA 6/14 n° 533.

L'absence de notification d'un projet de cession de parts de SARL ne peut pas être suppléée par la **convocation à une assemblée extraordinaire** dont l'ordre du jour comportait l'approbation de la cession et au cours de laquelle l'**agrément** a été **voté à l'unanimité,** aucune confirmation implicite de la cession ne pouvant faire échec à l'annulation d'une cession effectuée en violation du formalisme requis par l'article L 223-14 du Code de commerce en raison du caractère d'ordre public de cette disposition.

Cass. com. 14-4-2021 n° 19-16.468 F-D précité.

Procédure d'agrément de cession de parts de SARL 32016

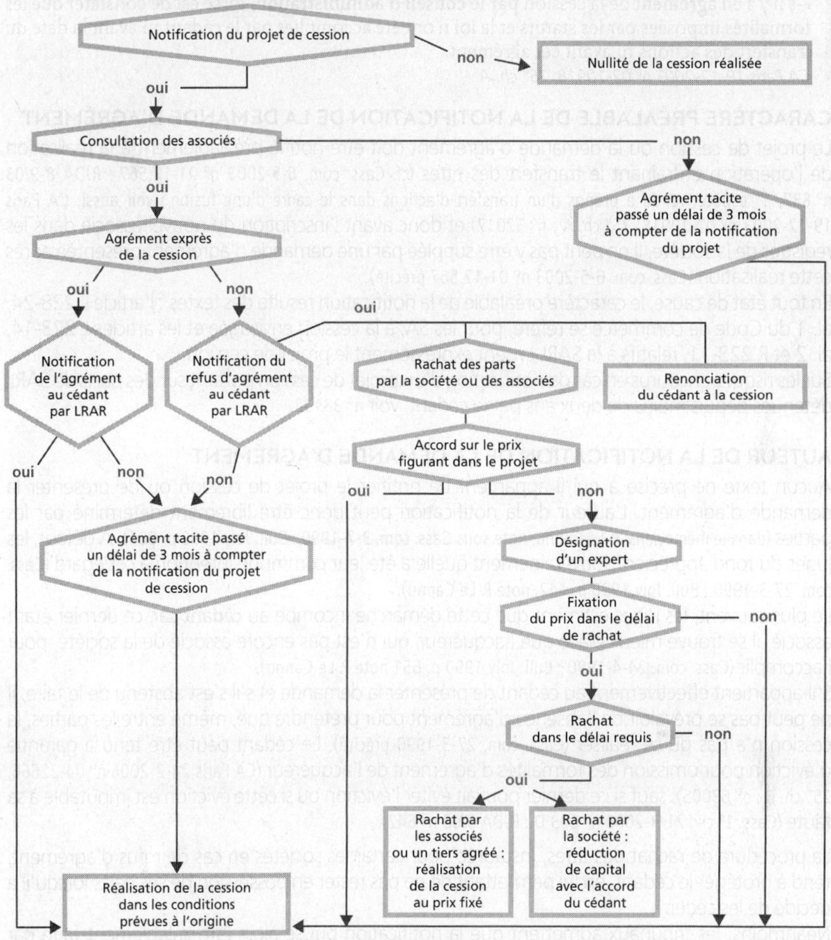

SA Dans les SA, l'agrément ne peut être imposé que par une clause statutaire. Mais, même en présence d'une telle clause, certaines des modalités de mise en œuvre de la procédure d'agrément sont fixées par la loi, telle l'exigence d'une demande préalable d'agrément à la société sous une forme et un contenu précis (C. com. art. L 228-24, al. 1). 32017

Contrairement aux cessions de parts de SARL, les tribunaux ont rarement eu l'occasion de se prononcer sur la possibilité de recourir à un formalisme par équivalent ou à une régularisation implicite en cas d'omission d'une telle demande. Mais là encore la réponse est négative.

ILLUSTRATIONS

Lorsqu'une société, à laquelle sont transmises des actions dans le cadre d'une fusion-absorption, n'a pas notifié le transfert des titres préalablement à la fusion envisagée, la **demande** qu'elle a **présentée postérieurement** en vue de régulariser l'opération est sans effet et la fusion est nulle.

Cass. com. 6-5-2003 n° 750 : RJDA 8-9/03 n° 837, 1ᵉ espèce.

L'un des actionnaires d'une SA avait cédé, par bordereau de transfert, ses actions à un tiers. Dix-sept mois plus tard, le conseil d'administration de la SA avait autorisé la cession qui avait été inscrite sur le registre des transferts.

Il y a lieu d'annuler cette cession dès lors que :
– elle est intervenue sans respect de la clause statutaire qui imposait au cédant, en cas de cession projetée, d'en faire la déclaration à la société par acte extrajudiciaire ou par lettre recommandée AR en indiquant les nom, prénoms, profession et domicile du cessionnaire ou la dénomination de son siège social, le nombre d'actions dont la cession est envisagée et le prix offert ; ces dispositions reprennent celles de l'article L 228-24 du Code de commerce qui est d'ordre public ; cette clause impose la notification préalable du projet de cession et non celle, a posteriori, d'une cession qui serait déjà intervenue (« en cas de cession projetée ») ;
– s'il y a eu **agrément** de la cession **par le conseil d'administration,** force est de constater que les formalités imposées par les statuts et la loi n'ont été accomplies par le cédant ni avant la date du transfert des actions ni avant cet agrément.
CA Paris 19-12-2003 n° 02-10918, 25e ch. A.

CARACTÈRE PRÉALABLE DE LA NOTIFICATION DE LA DEMANDE D'AGRÉMENT

32020 Le projet de cession ou la demande d'agrément doit être notifié préalablement à la réalisation de l'opération entraînant le transfert des titres (cf. Cass. com. 6-5-2003 n° 01-12.567 : RJDA 8-9/03 n° 837, 1e espèce, rendu à propos d'un transfert d'actions dans le cadre d'une fusion ; voir aussi, CA Paris 19-12-2003 n° 02-10918, 25e ch. A ; n° 32017) et donc avant l'inscription du nouvel associé dans les registres de la société. Il ne peut pas y être suppléé par une demande d'agrément présentée après cette réalisation (Cass. com. 6-5-2003 n° 01-12.567 précité).

En tout état de cause, le caractère préalable de la notification résulte des textes : l'article L 228-24, al. 1 du Code de commerce se réfère, pour les SA, à la cession envisagée et les articles L 223-14, al. 2 et R 223-11, relatifs à la SARL, visent expressément le projet de cession.

Sur les risques encourus en cas de notification d'un projet de cession portant sur des parts de SARL détenues depuis moins de deux ans par le cédant, voir n° 33132.

AUTEUR DE LA NOTIFICATION DE LA DEMANDE D'AGRÉMENT

32031 Aucun texte ne précise à qui il appartient de notifier le projet de cession ou de présenter la demande d'agrément. L'auteur de la notification peut donc être librement déterminé par les parties (dans le même sens, P. Le Cannu, note sous Cass. com. 3-7-1990 : Bull. Joly 1990 p. 885). À défaut, les juges du fond apprécient souverainement quelle a été leur commune intention à cet égard (Cass. com. 27-3-1990 : Bull. Joly 1990 p. 442, note P. Le Cannu).

Le plus souvent, les juges estiment que cette démarche incombe au **cédant** car, ce dernier étant associé, il se trouve mieux placé que l'acquéreur, qui n'est pas encore associé de la société, pour l'accomplir (Cass. com. 24-4-1990 : Bull. Joly 1990 p. 651 note P. Le Cannu).

S'il appartient effectivement au cédant de présenter la demande et s'il s'est abstenu de le faire, il ne peut pas se prévaloir de l'absence d'agrément pour prétendre que, même entre les parties, la cession n'a pas pu se réaliser (Cass. com. 27-3-1990 précité). Le cédant peut être tenu à garantie d'éviction pour omission des formalités d'agrément de l'acquéreur (CA Paris 24-2-2006 n° 04-22666, 25e ch. B : n° 63005), sauf si ce dernier pouvait éviter l'éviction ou si cette éviction est imputable à sa faute (Cass. 1e civ. 21-3-2000 n° 603 D : RJDA 6/00 n° 642).

32033 La procédure de rachat des titres, instaurée pour certaines sociétés en cas de refus d'agrément, tend à protéger le cédant, en lui permettant de ne pas rester en possession de ses parts lorsqu'il a décidé de les céder.

Néanmoins, les tribunaux admettent que la notification puisse alors être valablement faite par l'**acquéreur** (Cass. com. 26-3-1996 n° 93-17.895 : RJDA 8-9/96 n° 1054, en matière de SARL ; CA Aix 21-9-2001 n° 99-5391, 8e ch. B : Bull. d'Aix 2001-2 p. 362 obs. J.-M. Marmayou, en matière de SA).

Cette solution, approuvée par la majorité de la doctrine (Ph. Merle, Droit commercial – Sociétés commerciales : Dalloz 2022/2023 n° 261 note 3 ; Lamy Sociétés commerciales 2022 n° 3316 ; contra G. Veiga, L'agrément : Thèse Toulouse 2002 nos 482 s.), est d'autant plus appropriée qu'elle permet de pallier l'éventuelle négligence du cédant et d'éviter la sanction de la nullité résultant du non-respect de cette formalité.

DESTINATAIRES DE LA NOTIFICATION DE LA DEMANDE D'AGRÉMENT

32041 Dans les **SA,** la notification doit être adressée à la société (C. com. art. L 228-24, al. 1 et R 228-23, al. 1).

ILLUSTRATIONS

La **notification** d'une cession d'actions faite **à un administrateur provisoire,** chargé de gérer la société dans l'attente de la nomination de nouveaux administrateurs, ne peut pas valablement faire courir le délai d'un mois imparti au conseil d'administration par les statuts de la société pour prendre sa décision.
Cass. com. 27-10-1969 n° 67-11.996 : Bull. civ. IV n° 314.

Une demande d'agrément qui n'a pas été notifiée par le cédant à la société émettrice des titres, mais au **siège de l'une de ses filiales** qui avait le même représentant légal, ne peut pas faire courir le délai de trois mois prévu par l'article L 228-24 du Code de commerce et à l'expiration duquel l'agrément est réputé acquis.
CA Paris 19-2-2008 n° 07-2991 : RJDA 7/08 n° 808.

Dans les **SARL,** le projet de cession doit être notifié à la société et à chacun des associés (C. com. art. L 223-14, al. 2). La notification du projet de cession à tous les associés ne dispense pas de celle qui doit être faite à la société (Cass. com. 21-7-1981 : Rev. sociétés 1981 p. 771 note J.-J. Daigre). **32046**
Pour être opposable à la société, le projet de cession doit avoir été notifié à son **représentant légal.** Toutefois, la Cour de cassation semble admettre que si le gérant a participé ès qualités à l'acte de cession, la société doit être considérée comme ayant été valablement informée du projet de cession. Ainsi, deux cessions de parts sociales réalisées sans notification préalable des projets à la société, et dont l'une avait été consentie par le gérant de celle-ci, ont été déclarées inopposables à la société dès lors que le gérant n'était pas intervenu aux actes de cession en cette qualité (Cass. com. 21-7-1981 précité : interprétation a contrario).
Les **associés** doivent être informés individuellement du projet de cession. Le défaut de notification à un seul d'entre eux rendant l'opération annulable, il est important que la personne chargée de cette notification vérifie que son destinataire a bien la qualité d'associé (CA Versailles 26-5-1989 n° 89-548, 14e ch.). Le fait que les associés aient participé à l'acte de cession ou aux assemblées tenues après la cession et tirant les conséquences de la cession ne constitue pas une régularisation du défaut de notification (n° 32015).

Dans le Code de commerce, rien n'est prévu pour les **SNC** ni pour les **sociétés en commandite,** mais la nécessité d'obtenir le consentement des associés pour céder les titres les désigne naturellement comme destinataires de la notification. **32051**

Dans les **SAS,** il convient de se reporter aux statuts pour connaître le destinataire de la notification. Ces derniers peuvent notamment prévoir que la notification soit adressée au président de la société. **32055**

CONTENU DE LA NOTIFICATION DE LA CESSION

Dans les **SA** (et les **SCA** pour les actions des commanditaires), la demande d'agrément doit indiquer les nom, prénoms et adresse de l'acquéreur, le nombre d'actions dont la cession est envisagée et le prix offert (C. com. art. L 228-24, al. 1). **32065**

ILLUSTRATIONS

Dans un cas où les statuts d'une SA prévoyaient que la demande d'agrément devait indiquer l'identité de l'acquéreur « de manière complète », cette dernière est suffisamment établie lorsque sont mentionnées la forme et la dénomination sociale de la société cessionnaire ainsi que l'adresse de son siège social.
Cass. com. 26-4-1994 n° 92-18.173 : RJDA 8-9/94 n° 932.

Ndlr : L'exigence posée par les statuts de fournir l'identité complète de la société acquérant des actions ne peut pas signifier, comme le soutenait le pourvoi, que le cédant ait à fournir les renseignements permettant de connaître la situation économique de cette dernière. On remarquera au demeurant que, s'agissant d'une personne morale, la publicité des actes au RCS permet d'obtenir les renseignements nécessaires.

Une demande d'agrément faite pour un apport d'actions à une société en formation est nulle car, dénuée de personnalité morale, une telle société n'est pas identifiable, peu important qu'elle puisse, une fois immatriculée, reprendre les actes passés pour son compte.
CA Paris 22-9-2015 n° 14/16486 : RJDA 5/16 n° 375.

Une lettre de notification dont les termes ne permettent pas, compte tenu des anomalies les affectant (texte en partie masqué par une tache noire et erreur de frappe), de déterminer avec certitude le nombre des actions dont la cession est envisagée ni leur prix unitaire, ne satisfait pas aux exigences des articles L 228-24 et R 228-23 du Code de commerce et ne peut pas faire courir le délai de trois mois, prévu par l'article L 228-24 précité.
CA Paris 19-2-2008 n° 07-2991, 3e ch. A : RJDA 7/08 n° 808.

La notification de la demande d'agrément d'une cession d'actions, qui mentionne un prix provisoire, satisfait à l'exigence légale et statutaire de mention du prix offert dès lors que le prix est réel et sincère et que sa fixation définitive à la date de réalisation de la cession ne dépend pas de la volonté des parties.
Cass. com. 11-1-2017 n° 15-13.025 F-D : RJDA 4/17 n° 256.

Ndlr : Lorsque la cession prévoit une révision à la hausse ou à la baisse du prix après la cession, il faut à notre avis indiquer les modalités de cette révision dans la demande d'agrément.

Pour les **sociétés autres** que les SA (et les SCA pour les actions des commanditaires), aucun texte ne précise le contenu des informations devant être notifiées. Il convient de se reporter aux statuts. **32070**

Dans le silence de ceux-ci, la notification doit, pour être efficace, mentionner les nom, prénoms et adresse de l'acquéreur ou, s'il s'agit d'une personne morale, sa forme, sa dénomination et l'adresse de son siège, ainsi que le nombre de parts dont la cession est envisagée et le prix offert.

ILLUSTRATIONS

La convocation à l'assemblée des associés d'une SARL, adressée par lettre recommandée AR et à laquelle était joint le rapport de gérance, proposait à l'approbation des associés la cession à un tiers déterminé de la nue-propriété de 374 parts sociales numérotées de 1 à 374. La cession s'étant en définitive réalisée pour un même nombre de parts autrement numérotées, un associé avait demandé l'annulation de la cession pour irrespect de la procédure, les associés n'ayant pas été informés avant la tenue de l'assemblée de la numérotation exacte. Une cour d'appel a pu décider que cette convocation valait notification au sens de l'article L 223-14 du Code de commerce puisqu'elle contenait toutes les informations requises, au nombre desquelles ne figurait pas la numérotation des parts dont la cession était proposée.
Cass. com. 8-7-1997 n° 95-16.878.

Ndlr : Cet arrêt isolé nous paraît remis en cause par une décision plus récente de la Cour de cassation qui considère que l'absence de notification ne peut pas être suppléée par la convocation à une assemblée extraordinaire dont l'ordre du jour comportait l'approbation de la cession (Cass. com. 14-4-2021 n° 19-16.468 F-D, exposé n° 32015).

32072 **MODÈLE**

Notification d'un projet de cession de parts de SARL soumis à agrément

Lettre recommandée AR

Objet : Notification d'un projet de cession de parts soumis à agrément

Madame, Monsieur,

En application des dispositions de l'article L 223-14 du Code de commerce et de la clause (*numéro*) des statuts de la Société (*dénomination sociale*), je vous informe de mon projet de céder (*nombre*) parts sur les (*nombre*) parts que je possède à (*nom et adresse de l'acquéreur ou, s'il s'agit d'une personne morale, dénomination sociale, forme, adresse du siège et numéro d'inscription au RCS*). Les (*nombre*) parts seraient cédées moyennant le prix global de (*montant*) euros.

Je sollicite donc l'agrément de (*nom de l'acquéreur*) en qualité de nouvel associé de la Société et vous remercie de faire le nécessaire auprès de mes coassociés en vue de statuer sur l'agrément sollicité.

En cas de refus d'agrément, je me réserve le droit de renoncer à la cession comme le permet l'article L 223-14 précité, y compris si le prix de rachat de mes parts devait être fixé par un expert en application de l'article 1843-4 du Code civil.

Je vous prie d'agréer, Madame, Monsieur, l'expression de mes sentiments distingués.

(*Signature*)

FORME DE LA NOTIFICATION DE LA DEMANDE D'AGRÉMENT

32080 La notification de la demande d'agrément, pour les **SA,** ou du projet de cession, pour les **SARL,** doit être faite par acte extrajudiciaire ou par lettre recommandée AR (C. com. art. R 223-11, al. 1 pour les SARL ; art. R 228-23, al. 1 pour les SA).

32081 La notification du projet de cession peut-elle être faite par remise contre émargement ou récépissé, en application de l'article 667, al. 2 du Code de procédure civile qui prévoit une telle possibilité même lorsque la loi n'a prévu que la notification par la voie postale ? Selon le ministre de la justice, ce texte n'a qu'un objet procédural, de sorte qu'il n'est pas applicable à la convocation des assemblées de SARL (Rép. Candelier : AN 1-10-2013 n° 18357). Le motif invoqué étant d'ordre général, la prohibition doit s'entendre comme s'appliquant aussi aux notifications prévues en matière d'agrément. Cette solution nous paraît sévère. En effet, la Cour de cassation a déjà appliqué l'article 651 du Code de procédure civile (qui autorise, dans les procédures judiciaires, à remplacer la lettre recommandée par une signification) « dans les rapports extrajudiciaires des parties » (Cass. soc. 8-11-1978 n° 77-40.249 : Bull. civ. V n° 746 ; Cass. 3e civ. 10-3-1993 n° 91-15.280 : RJDA 7/93 n° 607), ce procédé présentant une meilleure garantie pour toutes les parties (Cass. soc. 8-11-1978 précité). Le même raisonnement pourrait selon nous être tenu à propos de la remise contre émargement ou récépissé, procédé lui aussi plus fiable que la lettre recommandée.
En cas d'inobservation des formes ainsi prévues, le délai de trois mois à l'expiration duquel l'agrément est réputé acquis lorsque la société n'a pas donné de réponse (n° 32297) ne court pas (T. com. Paris 5-11-1979 : Gaz. Pal. 1980 jur. p. 100).

32082 Aucune forme particulière n'est prévue par la loi pour les **autres sociétés commerciales.** Il convient donc de se reporter aux modalités prévues par les statuts.

DÉLAI DE NOTIFICATION DE LA DEMANDE D'AGRÉMENT

Le **Code de commerce** n'impose aucun délai pour procéder à la notification du projet de cession. **32090**
Par suite, il peut être régularisé après l'annulation d'une assemblée générale extraordinaire ayant agréé l'acquéreur alors que le projet n'avait pas été notifié à l'ensemble des associés (Cass. com. 3-7-1990 n° 88-19.381 D : Bull. Joly 1990 p. 883 note P. Le Cannu).
Cette régularisation qui est faite par l'auteur de la notification ne doit pas être confondue avec la régularisation de la procédure d'agrément proprement dite qui émane de l'organe compétent pour statuer sur l'agrément (n° 32475).

Cette absence de délai légal, que l'on peut parfaitement comprendre, les parties ayant généralement intérêt à ce que la procédure d'agrément se déroule le plus rapidement possible, peut néanmoins présenter des inconvénients. C'est pourquoi P. Le Cannu suggère de fixer dans le **projet de cession** le délai pendant lequel les notifications doivent être opérées et de préciser que l'inobservation de ce délai conventionnel entraîne, outre la caducité de l'accord, l'octroi d'une indemnité pour la partie bénéficiaire de l'engagement (note sous Cass. com. 3-7-1990 : Bull. Joly 1990 p. 883). D'une manière plus générale, cet auteur propose d'affecter le projet de cession d'une condition d'obtention de l'agrément assortie d'un terme certain. **32092**

SECTION 2 DÉCISION DE LA SOCIÉTÉ SUR L'AGRÉMENT

A. Organe compétent

SNC

Dans les SNC, l'assemblée est seule compétente pour statuer sur le projet de cession. **32150**

SARL

Dans les SARL, la décision d'agréer ou non l'acquéreur appartient aux associés : le gérant dispose d'un délai de huit jours à compter de la notification du projet de cession des parts sociales soit pour convoquer l'assemblée, soit, si les statuts le permettent, pour consulter les associés par écrit sur ledit projet (C. com. art. R 223-12, al. 1). Ce délai court, conformément au droit commun (CPC art. 640, 653, 668 et 669), à compter du lendemain de la date de réception du projet si celui-ci est notifié par lettre recommandée AR ou à compter du jour de la signification en cas de notification par acte d'huissier ou de commissaire de justice. **32153**
En cas de carence du gérant, les associés, y compris le cédant, peuvent demander en justice la nomination d'un administrateur provisoire (Cass. com. 26-1-1993 n° 91-13.862 : RJDA 4/93 n° 324).

Les associés peuvent aussi, nous semble-t-il, donner leur agrément dans l'**acte de cession** lui-même puisque, sous réserve que cette faculté soit prévue par les statuts, les décisions collectives peuvent résulter du consentement de tous les associés exprimé dans un acte et rien ne s'oppose à ce que cet acte constate une cession de parts sociales. **32154**

SCS ET SCA

Dans les SCS et les SCA, il convient de se reporter aux statuts pour connaître l'organe compétent pour statuer sur la demande d'agrément. **32157**

SA

Dans les SA, en l'absence de disposition législative ou réglementaire sur ce point, ce sont les statuts qui déterminent l'organe compétent pour statuer sur l'agrément. En pratique, la compétence est fréquemment dévolue au conseil d'administration, au directoire ou au conseil de surveillance. **32160**
L'organe compétent ne peut toutefois valablement statuer que s'il est régulièrement composé ; ainsi, l'agrément d'une cession d'actions donné par un conseil d'administration réduit à deux membres n'est pas valable (Cass. com. 18-11-1974 : Rev. sociétés 1975 p. 273 note Y. Chartier).
Les statuts peuvent également avoir prévu que la décision d'agrément sera prise par l'assemblée générale ordinaire ou extraordinaire (dans le même sens, B. Jadaud, Qui décide de l'agrément à la cession d'actions ? : JCP E 2001 comm. p. 1946 n° 11). La validité de la compétence de l'assemblée générale extraordinaire est toutefois controversée. Pour certains, l'assemblée générale extraordinaire ne

peut prendre que des décisions emportant modification statutaire ou changement de nationalité (C. com. art. L 225-96 et L 225-97), les autres décisions relevant de l'assemblée générale ordinaire (art. L 225-98), ces dispositions étant d'ordre public (art. L 225-121) (Lamy Sociétés commerciales 2022 n° 4558). Cette argumentation ne nous paraît pas probante car, à notre avis, les articles L 225-96 à L 225-98 ne prévoient que la répartition des compétences entre assemblées pour les décisions soumises à leur vote en vertu de la loi ; or, l'organe compétent pour agréer les cessions est librement fixé par les statuts.

32161 L'organe compétent prononce l'agrément de l'acquéreur au nom de la société, sauf si les statuts prévoient que l'autorisation donnée devra être **ratifiée par l'assemblée générale** des actionnaires. La validité d'une telle clause est admise (CA Paris 31-3-1981, 1e ch. A : Bull. Joly 1981 p. 912, obs. J.-M. Buguburu et W. Le Bras p. 887 ; Gaz. Pal. 1981 II p. 513 note A.P.S.).
De même, serait licite à notre avis, par analogie avec la solution précédente, une clause statutaire prévoyant la possibilité pour le cédant ou un administrateur de faire « appel » de la décision du conseil devant l'assemblée générale ordinaire.
En revanche, il convient d'éviter les clauses aboutissant à écarter l'actionnaire cédant du droit de voter à l'assemblée (Cass. com. 23-10-2007 n° 06-16.537 FS-PBI : RJDA 1/08 n° 50, rendu à propos d'une clause d'exclusion mais transposable).
En outre, rien ne paraît interdire à notre avis de prévoir dans les statuts que la décision relève d'une **commission spécialement composée à cet effet** comprenant, le cas échéant, des personnes étrangères au conseil d'administration ou au conseil de surveillance. Certains auteurs estiment néanmoins qu'une telle commission serait incompétente car elle n'est pas un organe social habilité à statuer sur les demandes d'agrément au sens de l'article R 210-4 du Code de commerce concernant l'annonce légale relative à la constitution des sociétés commerciales (B. Jadaud, Qui décide de l'agrément à la cession d'actions ? : JCP E 2001 comm. p. 1946 n° 9 ; Lamy Sociétés commerciales 2022 n° 4558).

32162 En cas de **changement de l'organe compétent** pour délivrer l'agrément, la clause d'agrément n'est opposable à l'acquéreur qu'après l'accomplissement des formalités de publicité résultant de la modification statutaire.

ILLUSTRATIONS

Dans un cas où une société, constituée sous forme de **SA avec conseil de surveillance et directoire,** avait adopté deux ans plus tard la **forme du conseil d'administration** et où la clause des statuts soumettant les cessions d'actions à l'agrément du conseil de surveillance avait été modifiée au profit du conseil d'administration, la demande de la SA et de trois de ses actionnaires en annulation d'une cession a été rejetée pour les raisons suivantes :
– la clause d'agrément aurait dû, pour continuer ses effets, faire l'objet d'une publicité adéquate dans la mesure où la modification du mode d'administration de la société avait rendu caduque la désignation du conseil de surveillance comme organe habilité à autoriser une cession d'actions et où cette vacance ne conduisait pas à conférer ce pouvoir au conseil d'administration ;
– les acquéreurs n'avaient pas participé à la mise en œuvre de la procédure d'agrément de la cession, de sorte qu'ils n'étaient pas supposés avoir eu connaissance, même indirectement, de cette clause figurant dans les statuts.
Cass. com. 31-5-2005 n° 03-10.955 F-D : RJDA 10/05 n° 1116.

32163 Lorsqu'une cession soumise à agrément intervient après la **dissolution de la société,** le liquidateur n'est compétent pour statuer sur l'agrément que s'il est expressément habilité à cet effet par les statuts. À défaut, la décision doit être prise par l'assemblée générale des actionnaires.
Ainsi, le conseil d'administration n'ayant plus, du fait de la dissolution de la société, le pouvoir d'agréer les cessions d'actions et aucune disposition légale ou statutaire ne conférant ce pouvoir au liquidateur, seule l'assemblée générale des actionnaires, qui avait délégué le droit d'autoriser les transferts d'actions, en recouvre l'exercice (CA Paris 22-10-1999 : Dr. sociétés février 2000 n° 22 obs. Th. Bonneau, confirmé par Cass. com. 12-5-2004 n° 00-10.335 FS-PB : RJDA 10/04 n° 1128 ; solution rendue à propos d'une société anonyme d'habitation à loyer modéré, mais transposable aux SA).

SAS

32165 Dans les SAS, il convient de se reporter aux statuts pour connaître l'organe compétent pour statuer sur l'agrément. En effet, les statuts peuvent désigner le président ou la collectivité des associés, ce qui est plus fréquent, ou encore un associé ou un groupe d'associés.
Ainsi, dans une SAS comprenant deux catégories d'associés, il pourrait être stipulé que les cessions d'actions de catégorie A doivent être agréées par les associés de catégorie B et inversement. Un tel procédé permet en effet de maintenir l'équilibre existant à l'origine entre les différents groupes

d'associés (Société par actions simplifiée : éd. Francis Lefebvre 2007 n° 2038). Il est également envisageable de confier cette décision à un organe collégial, tel un conseil de gérance ou un conseil de surveillance (J.-P. Dom, L'existence du droit de vote de l'associé, principe fondamental du droit des sociétés : RJDA 1/08 p. 5).

Si l'agrément est arrêté par une décision collective des associés, les statuts ne peuvent pas prévoir que l'associé cédant ne participera pas au vote de cette décision. En effet, la Cour de cassation a posé pour principe qu'il résulte des dispositions de l'article 1844, al. 1 du Code civil que « tout associé a le droit de participer aux décisions collectives et de voter et que les statuts ne peuvent déroger à ces dispositions que dans les cas prévus par la loi » (Cass. com. 23-10-2007 n° 06-16.537 FS-PBI : RJDA 1/08 n° 50). Lorsqu'il est prévu que l'agrément sera décidé par une décision collective, il convient d'aménager les modalités de celle-ci de telle sorte que l'associé cédant puisse voter sans pouvoir, s'il est majoritaire, imposer la décision. On peut ainsi envisager soit que chaque associé ne dispose que d'une seule voix quelle que soit sa participation en capital, soit un plafonnement des voix.

B. Délai pour statuer

DURÉE

La décision d'accorder ou de refuser l'agrément doit être prise dans un délai de trois mois pour les **SA** (C. com. art. L 228-24, al. 1). **32175**

Ce même délai est applicable dans les **SARL** (art. L 223-14, al. 2). Toutefois, il peut être abrégé par les statuts :

– en cas de cession entre associés (art. L 223-16, al. 2) ;

– en cas de cession entre conjoints et ascendants et descendants car il ne peut alors pas être plus long que celui prévu par l'article L 223-14 (art. L 223-13, al. 2).

Aucune prescription légale relative au délai de prise de décision n'existe pour les **autres sociétés** commerciales. Il convient donc de se reporter aux statuts.

> **Précisions** Dans les **SARL**, même si, depuis l'ordonnance 2004-274 du 25 mars 2004, les conditions de l'agrément d'un conjoint, d'un ascendant ou d'un descendant sont les mêmes que celles de la cession à un tiers (art. L 223-13, al. 2), on doit considérer, à notre avis, qu'il est toujours possible de prévoir dans les statuts un **délai plus court** que trois mois.

POINT DE DÉPART

Il s'agit, dans les **SA,** de la date de la notification de la demande d'agrément (C. com. art. L 228-24, al. 1 et R 228-23, al. 1) et, dans les **SARL,** de la dernière des notifications faite à la société et à chacun des associés (art. L 223-14, al. 2). **32180**

Dans les **autres sociétés,** il convient de se reporter aux statuts.

SUSPENSION DU DÉLAI

Le délai imparti pour prendre la décision d'agréer ou non l'acquéreur n'est pas suspendu lorsque la société a adressé une demande de renseignements complémentaires au cédant ou lorsqu'elle l'a assigné en nullité de la demande d'agrément (Cass. com. 26-4-1994 n° 92-18.173 : RJDA 8-9/94 n° 932, décision rendue pour une SA, mais transposable aux autres sociétés). **32183**

Dans cette décision, la Cour de cassation a jugé qu'il était toutefois possible de demander une **prolongation judiciaire** de ce délai. Cependant cette faculté n'est prévue par la loi que pour le délai dans lesquels les parts sociales ou les actions doivent être rachetées après refus d'agrément (C. com. art. L 223-14, al. 3 et L 228-24, al. 3).

C. Modalités d'adoption de la décision

RÔLE DU CÉDANT DANS LA DÉCISION D'AGRÉMENT

Les modalités d'adoption de la décision varient selon le type de société et la qualité de l'acquéreur. **32210**

Mais dans tous les cas, lorsque le cédant est membre de l'organe décideur, il peut participer au **vote.**

Néanmoins, il ne peut pas se prononcer contre la cession car il évincerait alors l'acquéreur auquel il doit la garantie de son fait personnel. S'il venait à le faire, il serait alors possible d'obtenir en justice que son vote soit réputé favorable à l'admission dudit acquéreur.

ILLUSTRATIONS

Dans un cas où le conseil d'administration d'une SA devait statuer sur une demande d'agrément de cession d'actions de plusieurs administrateurs, la Cour de cassation a admis que l'intérêt personnel que ces derniers avaient à la décision qui devait être prise n'impliquait aucune incapacité de voter (résultant d'une quelconque incompatibilité). En effet, il ne s'agissait pas d'un intérêt personnel susceptible de s'opposer à l'intérêt social, mais seulement pour les administrateurs d'exercer leurs droits d'actionnaires comprenant celui de céder leurs actions.

Cass. com. 24-2-1975 : Rev. sociétés 1976 p. 92 note B. Oppetit.

Dans un cas où, après avoir promis de céder des parts à un tiers, un associé d'une société avait refusé de l'agréer, c'est à bon droit qu'un administrateur provisoire a été nommé avec mission de convoquer l'assemblée générale et de tenir pour favorable à l'admission de l'acquéreur le vote de l'associé cédant, quel qu'en soit le sens, au motif que tout créancier peut exiger l'exécution d'une obligation lorsque celle-ci est possible.

Cass. 3e civ. 19-2-1970 n° 68-13.866 : Bull. civ. III n° 123, rendu dans le cadre d'une cession de parts de société civile, mais transposable aux sociétés commerciales.

32211 Il peut être prévu dans l'acte de cession que le cédant s'engage à voter l'agrément, ou qu'il se **porte fort** (C. civ. art. 1204) de son obtention.
La personne pour laquelle un associé s'est porté fort est un tiers à l'acte conclu sans son consentement préalable ; c'est seulement si elle accepte de tenir l'engagement qu'elle devient obligée vis-à-vis du bénéficiaire de la promesse de porte-fort. Si elle refuse de ratifier l'acte, le bénéficiaire peut seulement demander des dommages-intérêts au promettant porte-fort sans pouvoir obtenir l'exécution de l'acte (C. civ. art. 1204, al. 2).

MAJORITÉ REQUISE POUR L'OBTENTION DE L'AGRÉMENT

32221 **SNC** Dans les SNC, toute cession doit, malgré toute clause contraire des statuts, être autorisée par les associés statuant à l'unanimité (C. com. art. L 221-13). La généralité de ces termes indique que la règle de l'unanimité est requise quel que soit le bénéficiaire de la cession.
La Cour de cassation a jugé que cet article n'impose pas que la société donne son consentement à la cession des parts des associés (Cass. com. 13-2-1996 n° 93-21.140 : Bull. civ. IV n° 53 ; Bull. Joly 1996 p. 404, note P. Le Cannu).
Par ailleurs, le silence d'un associé ne suffit pas à démontrer son accord à la cession (CA Rouen 27-11-1986, 2e ch. civ. : Gaz. Pal. 1987 I p. 335 note APS).

32226 **SARL** Dans les SARL, en cas de **cession à un tiers,** l'autorisation ne peut être donnée qu'à la majorité en nombre des associés représentant au moins la moitié des parts à moins que les statuts ne prévoient une majorité plus forte (C. com. art. L 223-14, al. 1). Toute clause contraire est réputée non écrite (art. L 223-14, al. 7). Le texte n'autorisant qu'une majorité, les statuts ne peuvent pas à notre avis imposer l'unanimité, celle-ci ne constituant pas une majorité (contra, H. Lécuyer, « Commentaire de l'ordonnance du 25 mars 2004 dans ses dispositions relatives aux SARL » : Petites affiches 16-4-2004 n° 77 p. 10). L'unanimité sera toutefois requise si les associés usent de la faculté que leur donnent les statuts d'exprimer leur consentement dans un acte.
La détermination de la **double majorité** (par tête et en parts sociales) prévue par le texte appelle les remarques suivantes :
– le cédant doit être pris en compte puisqu'il peut participer au vote (n° 32210) ;
– lorsque certaines parts sont indivises entre plusieurs personnes, chacun des coïndivisaires doit, à notre avis, être pris en compte pour le calcul de la majorité par tête car chacun a la qualité d'associé (notamment Cass. com. 21-1-2014 n° 13-10.151 F-PB : RJDA 5/14 n° 443) ;
– lorsque certaines parts sont grevées d'usufruit, c'est le nombre des nus-propriétaires qu'il faut prendre en considération pour le calcul de la majorité par tête car ce sont eux qui ont la qualité d'associé (cf. Cass. com. avis 1-12-2021 n° 20-15.164 FS-D : RJDA 2/22 n° 79 et Cass. 3e civ. 16-2-2022 n° 20-15.164 FS-B : RJDA 5/22 n° 273 rendus en matière de société civile mais à notre avis transposables) ;
– dans les SARL ne comprenant que deux associés, l'accord des deux est requis pour que la cession se réalise ; le refus de l'associé non cédant de consentir à la cession pourrait être contesté sur le terrain de l'abus de droit (nos 32360 s.).

32229 Si les statuts soumettent les **cessions entre associés** à l'agrément des autres associés, les règles de majorité de l'article L 223-14 du Code de commerce pour les cessions à des tiers sont applicables, mais il est possible de prévoir une majorité moins forte (C. com. art. L 223-16, al. 2).

32232 Les statuts peuvent soumettre l'agrément des **cessions entre conjoints et ascendants et descendants** à la même **majorité** que celle **prévue pour les cessions à des tiers** par l'article L 223-14 du Code de commerce, sans pouvoir toutefois prévoir une majorité plus forte (C. com. art. L 223-13, al. 2).

Comment doit être interprétée l'interdiction d'une **majorité** « **plus forte** que celle de l'article L 223-14 », dès lors qu'en vertu de cet article, la majorité en cas de cession de parts à un tiers peut être la majorité des associés représentant au moins la moitié des parts sociales ou une majorité plus forte prévue par les statuts ? À notre avis, il convient de comprendre que les statuts ne peuvent pas imposer pour l'agrément des conjoints, ascendants et descendants des conditions de majorité plus fortes que celles qui seront choisies par la société pour la cession à un tiers.

Est-il possible de prévoir une **majorité moins forte** que celle prévue pour les cessions aux tiers ? La cour d'appel de Pau l'a admis, estimant que la majorité de l'article L 223-13 ne constitue qu'un plafond (CA Pau 21-2-2012 n° 10/01495, 2e ch. sect. 1 : RJDA 6/12 n° 598). Cette décision rendue à propos de l'agrément d'un héritier vaut pour les cessions entre conjoints, ascendants et descendants, l'article L 223-13 s'appliquant à tous ces cas de transmission des parts.

> **Précisions** **a.** Au cas particulier, les statuts d'une SARL soumettaient la transmission, l'attribution ou la dévolution de parts sociales pour cause de décès d'un associé à l'agrément des associés subsistants donné à la majorité des trois quarts des parts sociales. Après le **décès de l'associé majoritaire** qui détenait les trois quarts du capital, ses héritiers avaient invoqué la nullité de la clause, prétendant qu'aucune loi ne permettait « qu'une infime minorité des parts sociales puisse refuser l'agrément d'une énorme majorité d'entre elles ». La cour d'appel de Pau a, au contraire, déclaré cette clause valable pour les raisons suivantes :
> – l'article L 223-13 autorise les dérogations statutaires à la libre transmission des parts par succession ;
> – il résulte de la combinaison des articles précités que la majorité exigée par les statuts pour l'agrément d'un héritier ne doit pas être plus forte que celle requise pour celui d'un tiers et que les statuts peuvent prévoir une majorité moins forte pour l'agrément d'un héritier que pour celui d'un tiers, l'article L 223-13 ne fixant qu'un plafond ; en l'espèce, la majorité des trois quarts des parts sociales possédées par les associés survivants, requise par les statuts de la société, était conforme à ces dispositions, cette majorité étant moins forte que la majorité légale.
>
> **b.** Mieux vaut prévoir dans les statuts que seuls les **survivants** pourront se prononcer sur l'agrément. En effet, si la majorité prévue par les statuts ne peut pas être atteinte en raison de la participation détenue par l'associé décédé, ses héritiers n'en deviennent pas pour autant automatiquement associés (Cass. com. 5-2-1991 n° 89-16.844 : RJDA 4/91 n° 304) ; le fonctionnement de la société peut s'en trouver bloqué, ce qui peut conduire à sa dissolution.

SCS Dans les SCS, la cession de parts sociales est en principe soumise à la règle du consentement de tous les associés (C. com. art. L 222-8, I). Mais les statuts peuvent apporter des assouplissements concernant les **parts des associés commanditaires** et prévoir qu'elles seront cédées à des tiers étrangers à la société avec le consentement de tous les associés commandités et de la majorité en nombre et en capital des associés commanditaires (art. L 222-8, II-2° ; Cass. 1e civ. 12-11-1987 : Bull. civ. I n° 287). 32237

En ce qui concerne les **parts des associés commandités,** les statuts ne peuvent déroger à la règle de l'unanimité qu'en cas de cession partielle à un commanditaire ou à un tiers étranger à la société. La règle est la même : consentement de tous les autres commandités et majorité en nombre et en capital des commanditaires (art. L 222-8, II-3°). Il s'agit ici d'éviter que la société ne perde l'un de ses garants sans le consentement de tous les commanditaires (P. Le Cannu et B. Dondero, Droit des sociétés : Lextenso 2022 n° 1429).

> **Précisions** Lorsqu'un commandité cède une partie de ses parts à un commanditaire, ce dernier ne devient pas un commandité. Soit l'acquéreur demeure dans la société en qualité de commanditaire, les parts achetées au commandité deviennent alors des parts de commanditaire, soit l'acquéreur succède au commandité en prenant cette qualité tout en conservant ses parts de commanditaire (J. Hémard, F. Terré, P. Mabilat, Sociétés commerciales : éd. Dalloz t. 1 1972 n° 346).

SA Dans les SA, lorsque les statuts ont désigné le **conseil d'administration** ou le **conseil de surveillance** comme organe compétent pour se prononcer sur la demande d'agrément, la décision est prise à la majorité des membres présents (ou réputés tels en cas de recours à un procédé de visioconférence ou de télécommunication) ou représentés à moins que les statuts n'aient prévu une majorité plus forte (C. com. art. L 225-37, al. 2 et 3 et art. L 225-82, al. 2 et 3). 32242

Si la compétence est attribuée à l'**assemblée générale** ordinaire, le vote s'effectue à la majorité des actionnaires présents (ou réputés tels) ou représentés (C. com. art. L 225-98, al. 3 et art. L 225-107, II). Lorsque l'assemblée générale extraordinaire des actionnaires est compétente, elle statue à la majorité des deux tiers des voix dont disposent les actionnaires présents (ou réputés tels) ou repré-

sentés (art. L 225-96, al. 3 et L 225-107, II). Les règles relatives au vote dans les assemblées étant impératives (art. L 225-121, al. 1), certains auteurs estiment qu'il n'est pas possible de prévoir une majorité renforcée ou un vote à l'unanimité (Lamy Sociétés commerciales 2022 n° 4558).
Si la compétence pour statuer sur la demande d'agrément est attribuée à une **commission** ad hoc (n° 32160), les conditions de majorité doivent avoir été déterminées dans les statuts.

32247 **SCA** Les droits des **commanditaires** de SCA étant représentés par des actions, leur cession obéit aux mêmes règles de compétence et de majorité que celles fixées dans les SA (n° 32242).
Lorsque les **commandités** de SCA veulent céder leurs titres, il convient de distinguer selon qu'il s'agit de titres non négociables (assimilés à des parts sociales) ou d'actions.
Le régime applicable aux cessions de parts sociales des commandités de SCA est le même que celui des SCS (n° 32237) : accord préalable de tous les commandités et, en principe, de tous les commanditaires ou, si les statuts le prévoient, de la majorité en nombre et en capital des commanditaires, mais seulement si le commandité cède une partie de ses droits (C. com. art. L 222-8 sur renvoi de l'art. L 226-1).
L'application stricte de cette disposition risque d'empêcher un associé commandité de céder ses parts lorsque, par exemple, les actions des commanditaires sont au porteur et appartiennent à des personnes inconnues de la société. Aussi pensons-nous, malgré le caractère apparemment impératif de l'article L 222-8, que la règle doit être adaptée aux SCA et que les statuts peuvent valablement subordonner la cession des parts sociales d'un commandité à l'accord unanime des autres commandités et de l'assemblée générale extraordinaire des commanditaires puisque cette cession entraînera modification des statuts (contra, J. Hémard, F. Terré et P. Mabilat, Sociétés commerciales : éd. Dalloz 1974 t. 2 n° 1307).
Les associés commandités pouvant posséder des **actions,** la question se pose de savoir si la règle de l'unanimité de l'article L 222-8 du Code de commerce doit être respectée ou non en cas de cession. Contrairement à l'opinion exprimée par le ministre de la justice (Rép. Rufenacht : AN 19-10-1979 n° 18739), nous pensons que les dispositions de l'article L 222-8 ne s'appliquent qu'aux parts sociales des commandités. En effet, le commandité qui possède des actions de sa société cumule deux qualités, celle de commandité et celle de commanditaire. Lorsqu'il cède ses actions, il agit en qualité de commanditaire et doit donc être soumis aux mêmes conditions que les autres actionnaires (dans le même sens, Y. Dereu, Sociétés en commandite par actions : J.-Cl. Sociétés fasc. 152-10 n° 41 ; G. Desmure, Joly Sociétés V° Commandite par actions n° 230 ; Lamy Sociétés commerciales 2022 n° 4134).

32252 **SAS** Dans les SAS, il convient de se reporter aux statuts pour connaître les règles de majorité propres à l'agrément (C. com. art. L 227-14).

D. Décision relative à la demande d'agrément

AGRÉMENT EXPRESS DE LA CESSION

32280 La décision favorable à la cession peut être expresse. Elle doit être dépourvue d'ambiguïté.

ILLUSTRATIONS

Dans un cas où les associés d'une SARL avaient adopté le principe d'admission d'un tiers comme associé en précisant que l'admission officielle ferait l'objet d'un acte notarié à l'occasion d'une augmentation de capital prévue à la fin de l'exercice en cours, à moins d'un avis contraire du comptable, il a été jugé que les termes ambigus de cette décision devaient s'analyser non en un engagement définitif, mais en un simple projet.
Cass. com. 3-1-1980 : Gaz. Pal. 1980 p. 498 note A.P.S.

Doit être déclarée régulière la cession d'actions faite à un tiers qui avait été désigné le même jour comme administrateur et président-directeur général, alors que les statuts exigeaient une délibération du conseil mentionnée au procès-verbal de la réunion, dès lors que les juges du fond, interprétant souverainement les termes ambigus et obscurs du procès-verbal, ont considéré comme certain l'agrément du conseil d'administration à la cession, qui avait eu lieu en présence de ses membres et avait été entérinée par eux.
Cass. com. 30-6-1975 : Bull. Joly 1976 p. 19.

32283 L'**agrément** doit être **global.** La décision ne peut pas limiter l'autorisation de cession à une fraction seulement des titres dont la cession est envisagée, sauf accord du cédant et de l'acquéreur proposé.

32287 L'agrément doit porter sur le **candidat** à l'achat des titres, ce qui rend sans effet une autorisation de principe donnée avant même que ne soit connu l'acquéreur (CA Angers 9-11-1949 : D. 1950 p. 146

note G. Ripert ; CA Paris 4-1-1957, 3e ch. : Gaz. Pal. 1957 I p. 235 ; CA Paris 4-11-1964 : Gaz. Pal. 1965 I p. 280). Généralement, ce nom figure dans la demande ; si tel n'est pas le cas, le cédant peut établir par tous moyens que les membres de l'organe décisionnaire en avaient connaissance (en ce sens, G. Ripert, note sous CA Angers 9-11-1949, précité).
En revanche, il est possible d'autoriser par avance une cession au profit d'une ou plusieurs personnes nommément désignées (A. Bougnoux, Sociétés en nom collectif : J.-Cl. Sociétés, fasc. 59-20 n° 67).

L'agrément doit être pur et simple, de sorte que les **conditions** posées par l'organe social habilité à autoriser la cession sont réputées non écrites (Cass. com. 17-1-2012 n° 09-17.212 FS-PB : RJDA 4/12 n° 409). La Cour de cassation a posé ce principe à propos de l'agrément statutaire dans les SA et les SCA, mais il est à notre avis transposable à l'agrément dans les SARL. **32290**
Ce principe ne vaut pas pour l'agrément des cessions d'actions de SAS dont le régime est librement fixé par les statuts (C. com. art. L 227-14). Ceux-ci peuvent donc prévoir la possibilité de subordonner l'octroi de l'agrément à la réalisation d'une condition, sous réserve toutefois que celle-ci ne dépende pas de la volonté discrétionnaire de celui qui s'oblige (cf. C. civ. art. 1304-2 prohibant la condition potestative).

> **Précisions** Tant dans les SA que dans les SARL, l'agrément peut être tacite (défaut de réponse au cédant ; n° 32297) ou obtenu par déchéance (défaut de rachat après refus d'agrément ; n° 33198). Ces mécanismes sont d'ordre impératif (C. com. art. L 223-14, al. 7 pour les SARL ; Cass. com. 8-4-2008 n° 06-18.362 F-PB : RJDA 7/08 n° 809 pour les SA). La société ne peut donc pas y déroger en prévoyant que le défaut d'agrément peut résulter de la défaillance d'une **condition suspensive** dont elle aurait assorti l'octroi de l'agrément.
> Dans l'affaire de 2012 précitée, la Cour de cassation a censuré un arrêt d'appel qui avait déclaré nulle une cession d'actions soumise à l'agrément du conseil d'administration de la société pour la seule raison que les conditions d'octroi de l'agrément imposées par le conseil (signature d'accords entre le cédant et la société) n'étaient pas réalisées.

AGRÉMENT « TACITE » DE LA CESSION

SA et SARL Dans les SA et les SARL, l'agrément est réputé acquis lorsque la société n'a **pas** donné **de réponse** dans le délai imparti (nos 32175 s.). Mais encore faut-il que l'écoulement du délai soit régulier (n° 32360). **32297**

Autres sociétés commerciales En l'absence de dispositions spécifiques dans le Code de commerce, il convient de se reporter aux **statuts** des SNC, SCS, SCA et SAS pour savoir si l'absence de réponse dans un délai déterminé équivaut ou non à une autorisation. Néanmoins, l'autorisation tacite, qui revient à imposer un associé qui n'a pas été réellement accepté par les associés en place, semble, à notre avis, difficilement compatible avec le fonctionnement de ces sociétés où l'**intuitus personae** est très poussé. Certains statuts de SAS prévoient que l'agrément est réputé acquis à défaut de réponse ; d'autres stipulent qu'en l'absence de réponse dans un certain délai le cédant adressera à la société une mise en demeure de prendre position sur son projet de cession et, à défaut de réponse dans un autre délai, que l'agrément sera réputé refusé. **32305**

REFUS D'AGRÉMENT DE LA CESSION

Le refus d'agrément doit être exprès. Il doit également être global ; il ne peut pas être limité à une fraction seulement des titres dont la cession est envisagée, sauf accord du cédant et de l'acquéreur proposé. En outre, il n'a pas à être motivé mais il peut être constitutif d'un abus (n° 32360). **32315**
Sur la possibilité pour le cédant de réaliser la cession initialement prévue lorsque les associés ou la société, après avoir refusé l'agrément, n'ont pas procédé au rachat des titres dans le délai imparti, voir nos 33198 s.

E. Notification de la décision

Quel qu'en soit le sens, la décision relative à l'agrément doit être notifiée au cédant. Cette notification revêt une importance particulière en cas de refus d'agrément dans les SA et les SARL puisque, comme nous l'avons vu (nos 32297 s.), l'agrément est réputé acquis, faute de réponse dans le délai requis. **32340**
Dans les **SARL,** la décision doit être notifiée au cédant par lettre recommandée AR (C. com. art. R 223-12, al. 2). Selon le ministre de la justice, il n'est pas possible de procéder par remise contre émargement ou récépissé, comme le prévoit l'article 667, al. 2 du Code de procédure civile (cf. Rép. Candelier : AN 1-10-2013 n° 18357). Sur les réserves que nous émettons à propos de cette réponse, voir n° 32081.

Dans les **SA,** la forme de la notification n'est pas fixée par les textes. Il est conseillé de notifier la décision de refus dans les mêmes formes que la demande d'agrément, c'est-à-dire par acte extrajudiciaire, par lettre recommandée AR ou par remise contre émargement.
Dans les **autres sociétés** commerciales, les formes de la notification sont définies par les statuts.

F. Contrôle judiciaire de la décision

32360 Il n'appartient pas en principe aux tribunaux d'apprécier l'opportunité de la décision d'agréer ou non l'acquéreur. Toutefois, celle-ci peut, quelle qu'en soit l'issue, être contestée en cas de fraude, d'irrégularité ou d'abus (Cass. com. 21-1-1970 : JCP 1970 II n° 16541 note B. Oppetit).

ILLUSTRATIONS

Jugé qu'il n'avait pas été régulièrement statué sur un projet de cession de parts d'une SARL dès lors que l'assemblée convoquée pour statuer sur la cession des parts de l'un des deux associés n'avait pas pu se prononcer en l'absence de l'associé cédant et du gérant qui était lui-même concerné par la cession et que ce dernier avait ensuite refusé de convoquer une nouvelle assemblée, bien qu'il fût encore dans le délai de trois mois pour le faire, malgré la demande réitérée de l'associé qui avait répondu à la première convocation. En conséquence, le gérant et le cédant ne pouvaient pas utilement faire valoir que le consentement aux cessions était acquis du seul fait de l'écoulement du délai de trois mois ayant couru à compter de la dernière notification du projet de cession.
Cass. com. 26-1-1993 n° 91-13.862 : RJDA 4/93 n° 324.

32362 Il résulte de la jurisprudence, peu fournie, que l'**abus** peut être caractérisé lorsque la décision n'est pas justifiée par l'intérêt social ou lorsqu'elle a été motivée par la volonté de nuire ou de réaliser un profit indu au détriment du cédant. L'abus de majorité est essentiellement invoqué devant les tribunaux pour sanctionner des décisions prises par l'assemblée des associés mais, dans une décision demeurée isolée, la cour d'appel de Paris a jugé qu'il peut s'appliquer à toute résolution d'un organe social (CA Paris 31-3-2000 n° 98-12764, 3e ch. C. : RJDA 1/01 n° 43).

ILLUSTRATIONS

A été considéré comme abusif le refus d'agrément d'un nouvel associé fondé sur des considérations étrangères à l'intérêt social, dès lors que la société avait déclaré agréer par principe tout acquéreur remplissant certaines conditions et que ces conditions étaient remplies.
CA Paris 7-4-1995, 3e ch. B : RJDA 3/96 n° 355, solution rendue pour une SCI, mais transposable aux sociétés commerciales.

Un associé de SARL, animé par la seule volonté de nuire à son coassocié, commet un abus de droit à l'encontre de celui-ci dès lors qu'en donnant son agrément à la cession des parts sociales de son coassocié, il a profité des contraintes financières pesant sur celui-ci pour lui imposer une clause de non-rétablissement dont les limites géographiques – accrues par rapport aux propositions qu'il avait faites et aux exigences de l'acquéreur – ne présentaient aucune utilité au regard de la situation de concurrence du fonds de commerce appartenant à la société et avait pour seul objet d'empêcher le cédant d'acquérir l'entreprise similaire qu'il s'était engagé à acheter.
Cass. com. 13-6-1995 n° 1219 : RJDA 12/95 n° 1481.

N'est pas abusif le refus de la filiale d'un franchiseur, associée minoritaire d'une SARL franchisée, d'agréer la cession, à un tiers, des parts détenues par les associés majoritaires dont l'un d'entre eux est gérant de la SARL dès lors que la procédure prévue par les textes en cas de refus d'agrément de la cession n'a pas été mise en œuvre, que les intéressés ont entretenu une confusion dans leurs projets entre une cession de parts et la vente du fonds de commerce exploité par la SARL, cette dernière opération ayant entraîné la dissolution anticipée, et que ce refus était motivé par l'existence d'un procès opposant la filiale du franchiseur au cessionnaire proposé.
CA Paris 29-6-1995 n° 94-280, 5e ch. B : Dr. sociétés 1995 comm. n° 221 note D. Vidal.

Ne peuvent pas être déclarées nulles pour abus de droit les décisions du conseil d'administration d'une SA et la délibération d'une assemblée générale extraordinaire relatives à la cession et à l'apport des actions de cette société à une autre dès lors que :
– les propositions de la société cessionnaire, qui étaient faites non à la SA, mais à ses actionnaires, ont été transmises à tous ceux-ci sans exception ;
– le conseil d'administration de la SA n'a pas donné aux associés des renseignements inexacts ou dissimulé d'utiles éléments d'information ;
– les décisions n'ont pas été prises sans égard pour l'intérêt social et uniquement en vue de favoriser certains actionnaires au détriment des autres.
Cass. com. 21-1-1970 : JCP 1970 II n° 16541 note B. Oppetit.

Les administrateurs d'une SA n'ont pas commis d'abus de majorité en donnant leur agrément à une cession d'actions à une société concurrente de la SA plutôt qu'aux actionnaires minoritaires, dès lors que n'est pas rapportée la preuve d'une fraude à l'encontre de la société cessionnaire et que le conseil d'administration de la SA a, dans les limites de ses pouvoirs et en conformité de ceux-ci, régulièrement accordé son agrément à cette cession sans compromettre l'intérêt social, l'offre d'achat de l'acquéreur ayant été faite aux mêmes conditions à tous les actionnaires de la SA.

Cass. com. 24-2-1975 n° 73-14.141 : Bull. civ. IV n° 58.

Dans un cas où l'assemblée générale extraordinaire d'une société civile immobilière (SCI), dont le capital était réparti de façon égale entre trois associés, avait agréé la cession des parts de l'un d'entre eux à un tiers, ne donne pas de base légale à sa décision la cour d'appel qui, pour annuler sur le fondement de l'abus de droit la décision d'agrément du tiers acquéreur, retient que la cession avait pour but de favoriser ce dernier en lui permettant de détenir les deux tiers du capital – en raison de liens l'unissant déjà à l'un des associés – et de pouvoir prendre sans opposition les décisions sociales ordinaires et extraordinaires dans son intérêt propre et au détriment d'un associé, devenu minoritaire du fait de cette cession, alors que les juges auraient dû rechercher en quoi la résolution était contraire à l'intérêt de la SCI.

Cass. 3e civ. 18-6-1997 n° 95-17.122 P : RJDA 11/97 n° 1360.

Ndlr : Rendue à propos d'une SCI, la solution est transposable aux sociétés commerciales.

L'abus de droit peut être caractérisé par une abstention, telle l'**absence de rachat** des titres **dans le délai** imparti ou le silence gardé par un associé sur les candidats à l'achat proposés. **32364**

ILLUSTRATIONS

Dans un cas où l'agrément d'un acquéreur présenté par un actionnaire avait été refusé et nonobstant l'agrément réputé acquis du fait du défaut de réalisation de l'achat par la société dans le délai de trois mois, la Cour de cassation a censuré une cour d'appel qui avait rejeté une demande de dommages-intérêts formée par le cédant contre la société et les dirigeants à la suite du désistement de l'acquéreur, sans rechercher s'il n'y avait pas eu des abstentions fautives et des manœuvres de la part de ces derniers, ayant conduit à empêcher toute cession et génératrices de préjudice.

Cass. com. 25-2-1992 n° 90-14.975 : RJDA 5/92 n° 468.

Dans un cas où un associé de SNC avait reçu, pendant plusieurs années, diverses propositions d'acquéreurs potentiels pour les parts de son unique coassocié, la Cour de cassation a jugé que l'associé restant dans la société s'était fautivement abstenu d'exercer son droit d'agrément dès lors qu'il avait gardé le silence sans motif valable face aux différentes propositions et qu'il n'avait fait connaître son intention de se porter acquéreur des parts qu'au cours de la procédure d'appel six ans après la première notification faite par son coassocié de sa volonté de céder ses parts.

Cass. com. 6-2-2019 n° 17-20.112 FS-D : RJDA 6/19 n° 430.

SECTION 3

SANCTION DE L'INOBSERVATION DE LA PROCÉDURE D'AGRÉMENT

NULLITÉ OU INOPPOSABILITÉ DE LA CESSION NON AGRÉÉE

SA, SAS et SCA Lorsque la cession concerne des actions de SA, de SAS ou de SCA, le non-respect de la **procédure** d'agrément, qu'elle soit d'origine **légale ou statutaire,** entraîne la nullité de la cession (C. com. L 228-23, al. 5 pour les SA et les SCA ; art. L 227-15 pour les SAS). **32450**

La nullité doit être prononcée même si l'acquéreur prétend ne pas avoir eu connaissance de la clause statutaire. En effet, celle-ci figurant dans les statuts déposés au greffe du tribunal de commerce et tenus à la disposition de tout intéressé, nul ne saurait prétendre l'ignorer.

Sur les effets de la nullité, voir nos 30700 s.

> **Précisions** La cession des **droits sociaux des associés commandités de SCA** n'obéit pas aux mêmes règles que la cession des actions des associés commanditaires. En effet, les droits des commandités ne peuvent pas être représentés par des titres négociables et leur cession doit, à notre avis, être effectuée conformément aux modalités prévues pour les SNC. En conséquence, la cession des droits des associés commandités de SCA réalisée sans l'agrément des associés (ou malgré leur refus) est, à notre avis, inopposable à la société et aux associés (voir n° 32452).

32451 **SARL** La **cession** de parts de SARL **réalisée sans l'agrément** des associés (ou malgré leur refus) est nulle (Cass. com. 21-3-1995 n° 93-14.564 P : RJDA 7/95 n° 854 ; Cass. com. 21-1-2014 n° 12-29.221 F-PB : RJDA 6/14 n° 533 ; Cass. com. 14-4-2021 n° 19-16.468 F-D : RJDA 10/21 n° 667).

La nullité de la cession est également encourue en cas de **non-respect** de la clause **des statuts imposant une majorité renforcée** pour l'agrément des associés, conformément à la faculté offerte par les articles L 223-14 et L 223-16 du Code de commerce (Cass. com. 10-2-2015 n° 13-25.588 : RJDA 6/15 n° 429 rendu à propos d'une cession entre associés mais transposable à la cession à un tiers). La nullité doit être prononcée même si l'acquéreur prétend ne pas avoir eu connaissance de la clause statutaire. En effet, celle-ci figurant dans les statuts déposés au greffe du tribunal de commerce et tenus à la disposition de tout intéressé, nul ne saurait prétendre l'ignorer.

> **Précisions** Il a été jugé que le défaut d'agrément d'une cession de parts de SNC entraîne l'**inopposabilité** de cette cession à la société et aux associés (Cass. com. 16-5-2018 n° 16-16.498 F-D, exposé n° 32452). On pouvait penser que cette solution était transposable à la SARL. Néanmoins, dans la SNC, aucune formalité de notification du projet de cession n'est imposée, de sorte qu'en l'absence d'agrément l'opération reste valable entre les parties, l'acquéreur ne pouvant toutefois exercer aucun droit d'associé auprès de la société en raison de l'effet relatif des contrats. En revanche, dans la SARL, compte tenu de l'obligation de notification préalable du projet de cession à la société et aux associés, l'acte de cession ne peut pas exister en cas de non-respect de ce formalisme.

32452 **SNC et SCS** La cession de parts de SNC réalisée sans l'agrément des associés (ou malgré leur refus) est inopposable à la société et aux associés (Cass. com. 16-5-2018 n° 16-16.498 FS-PB : RJDA 10/18 n° 735 ; auparavant, CA Paris 4-7-1991 : Dr. sociétés 1991 n° 476 et CA Paris 25-4-1997 : D. aff. 1997 p. 771).

Bien que rendue à propos d'une SNC, la solution est, selon nous, transposable, par identité de régime, aux cessions de parts de SCS (C. com. art. L 222-2).

Les conséquences de cette solution sont lourdes : l'opération reste valable entre les parties mais l'acquéreur ne peut pas exercer ses droits d'associé auprès de la société (participation aux assemblées, perception des dividendes, etc.).

> **Précisions** On pouvait soutenir que le défaut ou le refus d'agrément rendait l'**opération nulle,** comme c'est le cas pour les cessions de parts de SARL (n° 32451) et les cessions d'actions (n° 32450). En effet, l'article L 223-14 précise que toute clause écartant l'agrément est réputée non écrite ; il s'agit donc d'un texte d'ordre public dont la violation peut être la nullité de la cession pour contenu ou but illicite (C. civ. art. 1128 et 1162).

32453 **Cas de la fraude** La question se pose de savoir si la nullité ou l'inopposabilité de la cession est prononcée lorsque des acquéreurs cherchent à entrer dans la société en échappant à la procédure d'agrément. Encore faut-il que la fraude soit prouvée.

ILLUSTRATIONS

L'opération consistant pour un groupe d'actionnaires détenant une minorité de blocage à céder leurs actions à une société déjà actionnaire (et donc non soumise à agrément) qu'ils contrôlaient à 100 % puis à transférer la totalité des actions de cette société à un tiers a eu pour seul objet, sous couvert de deux cessions en apparence licites, de tourner frauduleusement la clause d'agrément figurant dans les statuts. En conséquence, la première cession a été annulée et la seconde déclarée inopposable à la société émettrice.

CA Grenoble 30-6-1988 : JCP 1989 II n° 21238 note B. Oppetit, et, sur pourvoi, Cass. com. 27-6-1989 : D. 1990 jur. p. 314.

La prise de participation, même majoritaire, dans le capital d'une ou plusieurs sociétés actionnaires d'une autre société ne constitue pas, à elle seule, une fraude ayant pour objet ou pour effet d'éluder des clauses statutaires de cette société, à défaut d'éléments permettant de caractériser cette fraude.

Cass. com. 13-12-1994 n° 93-11.569 : RJDA 3/95 n° 292.

N'a pas justifié sa décision la cour d'appel qui a rejeté l'action en annulation d'une cession de parts pour fraude sans rechercher si l'opération par laquelle l'associé d'une SARL, en cédant ses

parts à sa mère qui n'était animée d'aucune volonté de s'associer et les avait à son tour cédées à sa fille quelques jours plus tard, n'avait pas pour seul objet de permettre la cession desdites parts à celle-ci, tiers à la société, en évitant d'avoir à solliciter l'agrément des associés.
Cass. com. 21-1-1997 n° 142 : RJDA 4/97 n° 521.

Cependant, il peut arriver que l'acquéreur ait accepté le risque de ne pas être agréé et qu'il ait envisagé la cession comme une opération aléatoire. Dans ce cas, la cession est à notre avis valable entre les parties, l'acquéreur se trouvant alors pratiquement dans la même situation qu'un **croupier** (n° 31085). **32455**

TITULAIRES DE L'ACTION EN NULLITÉ OU EN INOPPOSABILITÉ DE LA CESSION NON AGRÉÉE

Les formalités de la procédure d'agrément sont prescrites pour protéger les intérêts privés de la société et des associés dont le consentement est requis. Il en résulte qu'ils sont les seuls à pouvoir **se prévaloir de l'inobservation des formalités** imposées et que l'action visant à faire sanctionner le non-respect de la procédure doit être réservée à ceux qu'il s'agit de protéger : la société et les associés autres que le cédant. Sont donc exclus les tiers étrangers à la société (Cass. com. 11-2-1992 n° 89-14.956 : RJDA 5/92 n° 466 ; Cass. com. 20-5-2014 n° 13-16.187 : RJDA 7/15 n° 500 ; CA Paris 14-11-2003 n° 03-2210, 25e ch. B : RTD com. 2004 p. 106) et les parties à l'acte de cession, le cédant comme l'acquéreur (Cass. 3e civ. 6-12-2000 n° 99-11.332 : RJDA 3/01 n° 328 ; Cass. com. 16-10-2019 n° 17-18.494 : RJDA 1/20 n° 21, décisions rendues à propos d'une société civile, mais transposables aux sociétés commerciales ; Cass. com. 14-12-2004 n° 00-20.287 F-D : RJDA 4/05 n° 387). **32460**

> **Précisions a.** Dans l'arrêt du 11 février 1992, un tiers acquéreur de parts sociales, désireux de se désengager de l'opération, avait fait valoir que la méconnaissance des dispositions d'ordre public de l'article L 223-14 du Code de commerce pouvait être invoquée par tout intéressé, signifiant par là même que la **nullité** encourue était **absolue.**
En affirmant au contraire que seuls les associés et la société pouvaient invoquer ces dispositions, la Cour suprême a pris position en faveur de la nullité relative, ce qui était également la solution retenue par la doctrine, laquelle critiqua un arrêt de la cour d'appel de Paris (CA Paris 26-2-1992, 15e ch.) qui optait pour la nullité absolue (P. Le Cannu : Bull. Joly 1992 p. 546 et H. Le Nabasque : Dr. sociétés 1992 n° 165).
b. L'acquéreur n'est **pas recevable** à invoquer les dispositions de l'article L 223-14 relatives à l'agrément des tiers étrangers à la société pour se soustraire aux obligations qu'il a contractées à l'égard de l'associé cédant (CA Paris 15-1-2013 n° 11/05664, ch. 5-8 : RJDA 7/13 n° 637).

PRESCRIPTION DE L'ACTION EN INOPPOSABILITÉ DE LA CESSION NON AGRÉÉE

L'inopposabilité, dès lors qu'elle est opposée à celui qui cherche à se prévaloir de l'acte de cession irrégulier, est un moyen de défense ; en tant que tel, elle n'est pas soumise à prescription. Par suite, dans le cas d'une cession de parts de SNC ou de SCS (n° 32452), la société ou l'associé non partie à la cession peut se prévaloir de l'inopposabilité de l'opération à tout moment. **32462**

PRESCRIPTION DE L'ACTION EN NULLITÉ DE LA CESSION NON AGRÉÉE

L'action en nullité est prescrite à l'expiration d'un délai de trois ans à compter du jour où la nullité est encourue (C. com. art. L 235-9, al. 1), à défaut de disposition contraire. Ce délai de prescription abrégé ne concerne que les actions fondées sur une irrégularité affectant une décision ou une délibération sociale. **32465**

La Cour de cassation a jugé que la prescription triennale s'applique à l'action en nullité d'une cession de parts sociales pour **inobservation de la procédure d'agrément** (Cass. com. 9-11-1993 n° 91-19.724 : RJDA 2/94 n° 175 rendu à propos de SARL mais transposable aux SA ; Cass. 3e civ. 6-10-2004 n° 01-00.896 FS-PB : RJDA 12/04 n° 1330 rendu à propos d'une cession de parts d'une société civile, mais transposable ; dans le même sens, CA Paris 30-6-1995 n° 93-24540, 2e ch. B : Dr. sociétés 1996 comm. n° 14 obs. D. Vidal). Le délai de trois ans s'applique aussi à notre avis lorsque l'action en nullité est engagée pour violation des dispositions des statuts d'une SAS réglementant les cessions d'actions.

En revanche, ce délai de prescription de trois ans n'est pas applicable à la demande d'annulation de l'acte de rachat par une société des parts d'un associé qui se retire de celle-ci fondée, non sur une irrégularité préexistante des assemblées ayant autorisé sa conclusion, mais sur un vice qui affecte l'acte lui-même (en l'espèce un vice du consentement) (Cass. com. 20-3-2012 n° 11-13.534 FS-PB : RJDA 6/12 n° 596). La troisième chambre civile de la Cour de cassation a apporté la même précision en matière d'agrément d'une cession de parts de société civile immobilière, estimant que la prescription abrégée de l'article 1844-14 du Code civil n'est applicable à l'action en annulation d'une cession de droits sociaux que dans la mesure où cette action est fondée sur une irrégularité affectant la décision sociale ayant accordé à l'acquéreur l'agrément exigé par la loi ou les statuts (Cass. 3e civ. 6-10-2004 n° 01-00.896 FS-PB précité, écartant cette prescription pour l'action en nullité fondée sur un vice du consentement).

La prescription triennale **court à compter** du jour où la nullité est encourue (C. com. art. L 235-9). Dans l'arrêt de 1993 précité, la Cour de cassation a estimé qu'en l'espèce, la prescription courrait à compter de la date du dépôt au greffe de l'acte de cession.

Après prescription de l'action en nullité, l'**exception de nullité** – qui est perpétuelle (C. civ. art. 1185) – peut encore être invoquée en défense mais seulement pour faire échec à une demande d'exécution d'un acte juridique (Cass. com. 15-5-2012 n° 11-13.240 FS-PB : RJDA 12/12 n° 1071), par exemple la cession elle-même. Jugé ainsi que le cédant ne pouvait plus, trois ans après l'assemblée générale ayant refusé d'agréer son projet de cession, invoquer la nullité de cette assemblée (en contestant la qualité d'associé de certains votants) pour se défendre contre une action des autres associés qui tendait seulement à la constatation de la validité de cette assemblée et non à la mise en œuvre d'une obligation issue de celle-ci (arrêt précité).

32467 La prescription triennale de l'article L 235-9 du Code de commerce s'applique-t-elle **en cas de fraude** ? La troisième chambre civile de la Cour de cassation a répondu par l'affirmative pour l'application de l'article 1844-14 du Code civil, dont la rédaction est identique à celle de l'article L 235-9 du Code de commerce, estimant que le texte ne distingue pas selon le caractère relatif ou absolu de la nullité ni selon que l'irrégularité procède d'une simple omission ou d'une fraude (Cass. 3e civ. 15-10-2015 n° 14-17.517 F-D : RJDA 1/16 n° 32, rendu pour une société civile et confirmant CA Paris 1-2-2012 n° 10/03998, ch.5-8 : RJDA 11/12 n° 973). Il résulte de cette décision que, même en cas de fraude, l'action en nullité est enfermée dans la prescription triennale, tout au moins si elle est formée par un associé ou la société. La solution est moins certaine si l'action est engagée par un tiers (Cass. 3e civ. 3-12-2013 n° 12-22.118 F-D : Rev. sociétés 2014 p. 569 note B. Lecourt).

S'il est vrai qu'aucun des textes précités ne réserve l'hypothèse d'un manquement frauduleux à la procédure d'agrément, la solution est, à notre avis, contestable. En effet, il est de principe que la fraude fait exception à toutes les règles, ce qui justifie l'application de la prescription de droit commun.

> **Précisions** Dans l'affaire ayant donné lieu à l'arrêt de la Cour de cassation du 15 octobre 2015, un associé d'une société civile avait demandé l'annulation d'une cession de parts consentie six ans auparavant par un autre associé à un tiers en invoquant le non-respect de la procédure d'agrément et la fraude. Son action ayant été engagée plus de trois ans après ces actes, la question se posait de savoir si elle était prescrite, en application de l'article 1844-14 du Code civil (selon lequel les actions en nullité d'actes et délibérations postérieurs à la constitution d'une société se prescrivent par trois ans à compter du jour où la nullité est encourue), ou bien si la fraude dont l'associé avait été victime empêchait l'application de la prescription spéciale de l'article 1844-14, ainsi que le soutenait l'associé.

RENONCIATION À INVOQUER LA NULLITÉ DE LA CESSION NON AGRÉÉE

32470 Les personnes autorisées à agir en justice peuvent renoncer à se prévaloir de l'inobservation de la procédure d'agrément. Cette renonciation ne peut résulter que d'actes manifestant sans équivoque la volonté de renoncer.

Une cour d'appel avait ainsi jugé que devait être considéré comme ayant renoncé à invoquer la nullité d'une cession de parts de SARL à un tiers étranger à la société pour défaut de notification du projet de cession le coassocié qui n'avait pas contesté avoir eu connaissance de la cession projetée par son épouse avant sa réalisation, celle-ci étant ensuite parfaitement connue de lui puisqu'il avait indiqué dans son assignation le nombre exact de parts dont l'acquéreur était porteur (CA Paris 4-7-1991, 3e ch. B). Le pourvoi formé contre cette décision a été rejeté par la Cour de cassation car l'action était prescrite (Cass. com. 9-11-1993 n° 1709 : RJDA 2/94 n° 175). Toutefois, en écartant comme inopérant le motif de la cour d'appel fondé sur la connaissance par l'associé du projet de cession et sur sa renonciation implicite à se prévaloir de la nullité, la Cour suprême signifie que, conformément au droit commun, la renonciation à un droit ne se présume pas. Si le principe énoncé par la cour d'appel est juste, l'application qu'elle en a fait au cas particulier était critiquable.

RATIFICATION DE LA CESSION NON AGRÉÉE

32475 L'acte de cession nul pour inobservation de la procédure d'agrément peut-il être ratifié ? La cour d'appel de Paris l'a affirmé, en précisant que la loi « ne prohibe pas la possibilité d'une régularisation ultérieure et n'interdit ni la ratification postérieure de la cession irrégulière ni la renonciation de l'associé intéressé à se prévaloir de la nullité de la cession » (CA Paris 4-7-1991 n° 90-10578, 3e ch. B : Dr. sociétés 1991 n° 476). La Cour de cassation exige une ratification expresse émanant de l'organe

compétent pour statuer sur l'agrément (nos 32150 s.), par exemple en assemblée pour une SARL (Cass. com. 21-3-1995 n° 93-14.564 : RJDA 7/95 n° 854). La ratification ne saurait donc être implicite et ne peut pas être déduite du fait que l'associé qui demande la nullité a : **32475 (suite)**
– néanmoins eu connaissance de la cession litigieuse qui n'a été notifiée qu'à la société (n° 32470) ;
– participé à l'acte de cession ou aux assemblées postérieures à la cession auxquelles l'acquéreur a pris part (n° 32015).

> **Précisions** La notification de l'agrément est obligatoire et il ne peut pas y être procédé par équivalent (n° 32015) ; il n'est donc pas possible de procéder à la **ratification** d'un **acte** qui n'aurait **pas** été **notifié**. À notre avis, la position stricte de la jurisprudence ne vise que cette étape de la procédure. Ainsi, des **manquements autres**, tels que l'agrément donné par un organe non compétent, peuvent être couverts par une ratification postérieure.
> Sur l'intérêt de dissocier la sanction du défaut de notification du reste de la procédure, voir A. Lecourt : Rev. sociétés 2014 p. 437.

CHAPITRE 3

CONSÉQUENCES DU REFUS D'AGRÉMENT

SECTION 1

RACHAT DES TITRES

A. Droit de retrait du cédant

SARL ET SA

Lorsque l'acquéreur proposé par le cédant n'est pas agréé, le Code de commerce met à la charge des associés de SARL et de la société (C. com. art. L 223-14, al. 3 et 4) ou du conseil d'administration ou du directoire des SA (art. L 228-24, al. 2), une obligation de rachat des titres dont la cession était envisagée, sauf si le cédant renonce à l'opération (sur cette renonciation, voir nos 33400 s.). **33000**

ATTENTION

L'associé d'une SARL ne peut bénéficier de la procédure de rachat forcé de ses parts prévue en cas de défaut d'agrément que s'il a proposé un tiers acquéreur (CA Paris 17-11-2009 n° 08-10301, ch. 5-8 : RJDA 5/10 n° 530). En effet, il n'a pas le droit de se retirer de la société en demandant le remboursement de ses droits sociaux par la société contrairement à ce qui est prévu dans les sociétés civiles (C. civ. art. 1869) ou dans les sociétés à capital variable (C. com. art. L 231-6, al. 1).

SAS L'article L 227-14 du Code de commerce ne se prononce pas sur les conséquences, dans la SAS, du refus d'agrément de l'acquéreur proposé. À notre avis, l'associé cédant doit pouvoir se retirer de la société ; les autres associés sont tenus de racheter ou de faire racheter (au besoin par la société elle-même) les actions dont la cession était envisagée. Certes, la SAS est caractérisée par un « intuitus personae » très fort de telle sorte qu'on pourrait considérer que les associés ne doivent pas pouvoir se retirer de la société sans l'accord des autres associés. Mais le droit pour tout associé de céder ses actions est une règle impérative. Si ce droit peut être aménagé (clause d'agrément, clause de préemption, voire clause d'inaliénabilité dès lors que celle-ci est temporaire), il ne peut pas être supprimé. **33015**

Il appartient aux associés de déterminer, dans les **statuts** de la SAS, les conditions dans lesquelles doit s'effectuer le rachat des actions de l'associé, notamment si ce dernier dispose ou non d'un droit de repentir et si la société peut ou non effectuer ce rachat.

Dans le **silence des statuts**, l'article L 228-24, al. 2 du Code de commerce, qui prévoit une procédure de rachat en cas de refus d'agrément, pourrait s'appliquer. En effet, les dispositions légales régissant les valeurs mobilières émises par les sociétés par actions – cas de l'article L 228-24 – sont applicables aux SAS dans la mesure où elles ne sont pas contredites par une disposition particulière prévue pour cette forme de société (application du principe selon laquelle la règle spéciale déroge à la règle générale). Or, l'article L 227-14 ne déroge pas à l'article L 228-24 sous une seule réserve : le recours à l'expert de l'article 1843-4 du Code civil ne serait requis que si les statuts de la SAS ne précisent pas les modalités de calcul du prix de cession.

> **Précisions** Cette solution est partagée majoritairement par la doctrine (P. Delebecque, Société par actions simplifiée et pacte d'actionnaires in Sociétés par actions simplifiée GLN Joly éditions 1994 n° 141 ; D. Randoux, Une forme sociale ordinaire : la société par actions simplifiée : JCP N 1999 p. 1567 ; J.-J. Uettwiller et P. Larrive, Guide de rédaction des statuts de la SAS, EFE 1995 nos 74 s.). Pour une position plus nuancée, voir M. Germain et P.-L. Périn, La société par actions simplifiée Joly 2016 n° 369.

SNC ET SCS

Le Code de commerce n'impose aucune obligation d'achat des parts des associés de SNC et de SCS. La question se pose donc de savoir si les statuts peuvent valablement prévoir une obligation de rachat des parts en cas de refus d'agrément. **33020**

Une cour d'appel s'est prononcée en faveur de la validité de telles clauses statutaires dans les SNC. Elle a estimé que la clause de rachat des parts de l'associé sortant à proportion du capital détenu par les associés restants constituait la contrepartie nécessaire et équilibrée au refus d'agrément unanime de la cession projetée (CA Aix-en-Provence 25-5-2007 n° 05-3172, 8e ch. B : RJDA 3/08 n° 282). Certains auteurs estiment aussi que dans le silence du Code de commerce sur ce point, la validité des **clauses statutaires de rachat** des parts par la société ou les associés doit être retenue (Lamy Sociétés commerciales 2022 n° 2964 ; J. Hémard, F. Terré, P. Mabilat, Sociétés commerciales : Dalloz 1972 T. 1 n° 250 ; A. Bougnoux, Sociétés en nom collectif : J.-Cl. Sociétés fasc. 59-20 n° 67).
À notre sens, de telles clauses ne sont pas valables. En effet, en soumettant, malgré toute clause contraire, les cessions de parts sociales au consentement de tous les associés, l'article L 221-13 subordonne à l'accord de chacun les modifications dans la répartition d'origine des droits sociaux. Cela paraît exclure la validité d'une clause de rachat puisque celle-ci permettrait une nouvelle répartition des parts sociales contre la volonté du ou des associés qui se seraient opposés à la cession.

> **Précisions** Le rachat des parts sociales est admis sans difficulté lorsqu'il s'agit d'un rachat en vue d'une **égalisation des droits.** Les associés de SNC peuvent, lors de la constitution de la société, s'engager réciproquement à se rétrocéder, à un prix forfaitaire (ou à déterminer en fonction d'éléments d'ores et déjà définis), le nombre de parts sociales nécessaires pour établir l'égalité de leurs droits dans la société (Cass. com. 12-11-1951 : Bull. civ. II n° 327).

SCA

33025 Dans la SCA, si les commanditaires bénéficient d'un droit de retrait de la société, le gérant étant tenu de faire acquérir les actions dont la cession était envisagée (C. com. art. L 228-24, al. 2), les commandités se trouvent dans la même situation que les associés de SNC ou de SCS (n° 33020).

B. Procédure de rachat des titres après refus d'agrément

PRINCIPES

33060 Le Code de commerce définit précisément les modalités de rachat des titres à la suite du refus d'agrément de l'acquéreur pour les **SARL** (C. com. art. L 223-14, al. 3 à 5) ainsi que les **SA** et les **SCA** (art. L 228-24, al. 2 et 3).
Sauf dispositions spécifiques signalées dans nos développements, il convient de se reporter aux statuts des **SAS** pour connaître les modalités de rachat des actions, étant précisé qu'à défaut de précision statutaire, les règles applicables aux valeurs mobilières émises par les sociétés par actions sont applicables (voir n° 33015).

1. PERSONNES HABILITÉES À RACHETER LES TITRES

ACHAT DE TITRES PAR LES ASSOCIÉS APRÈS REFUS D'AGRÉMENT

33070 **SA et SCA** Les statuts des SA et des SCA peuvent avoir prévu qu'à défaut d'agrément de l'acquéreur proposé, certaines personnes (le plus souvent, les actionnaires autres que le cédant ou une catégorie d'actionnaires) bénéficient d'un **droit de préférence** pour acheter les actions dont la cession est envisagée. Une telle clause est à notre avis licite. En effet, l'article L 228-24 du Code de commerce met apparemment sur un pied d'égalité les trois catégories d'acquéreurs éventuels (actionnaires, tiers étrangers à la société ou société elle-même). En introduisant dans les statuts une faculté d'achat prioritaire au profit de telle ou telle catégorie de bénéficiaires, on détermine un ordre de préférence parmi les bénéficiaires du droit de rachat. Par exemple, la priorité peut être donnée aux actionnaires sur les tiers, ou encore à un groupe d'actionnaires sur les autres associés, ou encore aux tiers désignés par le conseil d'administration sur les actionnaires, etc. Ces clauses ne contredisent pas les articles L 228-23 et L 228-24 qu'elles se bornent à préciser. Elles doivent donc être tenues pour valables, toutes les autres conditions étant supposées remplies.

33072 **SAS** Les statuts des SAS peuvent prévoir qu'à défaut d'agrément de l'acquéreur proposé, les associés bénéficient d'une **faculté de rachat** des actions dont la cession est envisagée (pour une illustration, voir CA Paris 14-10-2008 n° 08-12642, 3e ch. A : RJDA 2/09 n° 84).
Pour éviter tout conflit entre deux ou plusieurs associés, également désireux d'acheter les actions offertes, les statuts prévoient fréquemment que la répartition de celles-ci est faite par le président de la société proportionnellement à leur participation dans le capital et dans la limite de leurs demandes.

Pour **éviter que l'associé cédant ne soit bloqué** par un rachat partiel, les statuts prévoient aussi souvent que si la totalité des actions n'a pas été rachetée dans un certain délai à compter de la notification du refus d'agrément, le cédant peut réaliser la cession au profit de l'acquéreur primitif pour la totalité des actions cédées, malgré les offres d'achat partielles qui auraient pu être faites.

SARL Dans les SARL, un conflit peut s'élever entre deux ou plusieurs associés, également désireux d'acheter les parts du cédant aux conditions légales. En l'absence de dispositions légales, une **répartition** proportionnelle nous semble la meilleure des solutions pour respecter l'égalité entre les associés (dans le même sens, G. Ripert, R. Roblot, M. Germain et V. Magnier, Traité de droit des affaires t. 2 LGDJ 2022 n° 234). Si celle-ci n'était pas possible, M. Germain et V. Magnier estiment qu'il faudrait procéder à un tirage au sort. **33075**

ACHAT DE TITRES PAR UN TIERS APRÈS REFUS D'AGRÉMENT

Lorsque les titres sont acquis par un tiers étranger à la société, celui-ci doit être agréé par les associés dans les conditions exposées nos 32000 s. **33085**

ACHAT DE TITRES PAR LA SOCIÉTÉ ELLE-MÊME APRÈS REFUS D'AGRÉMENT

La société peut, avec le consentement du cédant, décider de **réduire son capital** du montant de la valeur nominale des actions ou des parts du cédant et de racheter ces parts ou actions au prix déterminé dans les conditions prévues à l'article 1843-4 du Code civil (C. com. art. L 223-14, al. 4 pour les SARL ; art. L 228-24, al. 2 pour les SA et les SCA ; nos 33210 s.). Le consentement de l'associé cédant constitue une condition préalable au rachat de ses parts par la société en raison des conséquences fiscales attachées à l'opération, le prix perçu relevant du régime des plus-values de cession (Mémento Fiscal n° 24470). **33095**

Dans les **SAS**, la société est tenue de céder les actions dans un délai de six mois ou de les annuler (art. L 227-18, al. 2). Pour éviter les contraintes liées au rachat des actions, les SAS peuvent se doter d'une clause de variabilité du capital facilitant l'entrée et la sortie des associés. Il convient donc de se reporter aux statuts.

> **Précisions** Dans un cas de **rachat par une SAS** d'actions qu'un associé avait offert par la suite d'acquérir, il a été jugé que le président n'avait pas commis de faute à l'égard de cet associé en écartant son **offre** qui était **incertaine** : présentée plus de six mois après le rachat, à une date où les actions auraient dû être annulées, l'associé avait subordonné son offre à la validité des actions autodétenues, qui était douteuse (Cass. com. 18-9-2019 n° 17-18.143 : RJDA 12/19 n° 758).

2. TITRES VISÉS PAR LE RACHAT APRÈS REFUS D'AGRÉMENT

a. Nombre de parts ou d'actions soumises au rachat

Sauf accord du cédant, le rachat par les associés ou la société doit porter sur le nombre de parts dont la cession était envisagée ; un **rachat partiel** n'est pas possible. **33120**

ILLUSTRATIONS

Dans un cas où trois des quatre associés d'une SARL avaient manifesté leur volonté de consentir une cession commune de leurs parts à un même acquéreur, ne satisfait pas à cette volonté le quatrième associé qui, après avoir refusé de donner son agrément à l'opération, se propose de racheter les parts de seulement deux des cédants.

Cass. com. 11-2-1980 : Rev. sociétés 1980 p. 477 note D. Schmidt.

b. Durée de détention des titres

DURÉE DE DÉTENTION DES PARTS DE SARL

Cession à des tiers En cas de refus d'agrément, l'associé cédant ne peut se prévaloir du droit d'exiger le rachat de ses parts que s'il les détient depuis au moins deux ans, à moins qu'il n'en soit devenu propriétaire à la suite d'une succession, de la liquidation de communauté de biens entre époux, ou d'une donation du conjoint, d'un ascendant ou d'un descendant (C. com. art. L 223-14, al. 6). **33130**

Le délai de deux ans est une **durée minimale** d'ordre public. Il ne peut donc pas être abrégé. En revanche, les statuts peuvent prévoir un allongement de la durée de détention des parts. Il convient donc de se reporter aux statuts.

L'associé cédant ne pouvant, sauf cas particuliers (n° 33130), se prévaloir du droit d'exiger le rachat de ses parts que s'il les détient depuis au moins deux ans, la question se pose de savoir s'il doit attendre l'expiration de ce délai pour notifier le **projet de cession.** **33132**

En droit, la réponse ne peut être que négative puisque le législateur n'a établi aucun lien entre l'article L 223-14, al. 6 du Code de commerce relatif à la durée de détention et l'alinéa 2 relatif à la notification du projet de cession. Néanmoins, en pratique, il est préférable d'attendre l'écoulement complet du délai car si l'agrément est refusé avant l'expiration dudit délai, l'associé cédant ne pourra pas se prévaloir de son droit d'exiger le rachat de ses parts (dans le même sens, P. Le Cannu, Traité pratique des sociétés commerciales : t. 8 n° 246).

33136 **Cession entre associés** Les **règles** de l'article L 223-14 du Code de commerce sont **assouplies** en cas de cession entre associés puisque les délais prévus par cette disposition peuvent être abrégés (C. com. art. L 223-16, al. 2). En effet, l'article L 223-16 ne fait pas de distinction dans les délais dont il autorise la réduction ; il convient donc de se reporter aux statuts.

33140 **Cession entre conjoints et ascendants et descendants** Contrairement au régime applicable en cas de cession à des tiers, l'associé peut exiger le rachat de ses parts même s'il les détenait depuis moins de deux ans. En effet, l'article L 223-13, al. 2 du Code de commerce relatif aux cessions entre conjoints, ascendants et descendants ne renvoie pas à l'alinéa 6 de l'article L 223-14 qui prévoit cette condition particulière de durée de détention.

DURÉE DE DÉTENTION DES TITRES DES AUTRES SOCIÉTÉS COMMERCIALES

33150 Le Code de commerce n'imposant, dans les sociétés commerciales autres que les SARL, aucune durée minimale de détention des titres pour faire valoir son droit au rachat en cas de refus d'agrément, il convient de se reporter aux statuts.

3. DÉLAI DE RACHAT

DURÉE DU DÉLAI DE RACHAT DES TITRES APRÈS REFUS D'AGRÉMENT

33170 Le rachat des titres après refus d'agrément doit être réalisé dans le délai de trois mois à compter de la notification du refus d'agrément (C. com. art. L 223-14, al. 3 et 4 pour les SARL ; art. L 228-24, al. 2 pour les SA et les SCA).

Seule cette notification fait courir le délai. Ainsi, la date de l'assemblée au cours de laquelle le refus d'agrément a été prononcé ne peut pas en constituer le **point de départ,** même si le cédant a présidé cette assemblée et a donc eu connaissance de la décision de celle-ci (Cass. com. 18-5-1993 n° 91-15.096 : Rev. sociétés 1993 p. 809 note J.-F. Barbièri).

En cas de rachat par la société elle-même, le délai court à compter de la date à laquelle est intervenu l'accord entre le cédant et la société, et non à compter de l'assemblée générale appelée à ratifier cet accord et à décider la réduction corrélative du capital social (Cass. com. 17-10-1989 : Rev. sociétés 1990 p. 270 note Y. Chartier, décision rendue pour une SA, mais transposable). En effet, le rachat est réalisé dès que le cédant et l'acquéreur substitué se sont mis d'accord sur le nombre d'actions cédées et sur le prix.

PROLONGATION DU DÉLAI DE RACHAT DES TITRES APRÈS REFUS D'AGRÉMENT

33180 Le délai de rachat des titres peut être prolongé sur décision de justice à la demande des dirigeants sociaux aussi bien pour les SARL que pour les SA et les SCA (C. com. art. L 223-14, al. 3 pour les SARL ; art. L 228-24, al. 3 pour les SA et les SCA). Cette mesure appelle les remarques suivantes :

– elle est impérative et les parties ne peuvent pas y **déroger par convention** en prévoyant un mode de prorogation autre que la prorogation judiciaire qu'elle prévoit (Cass. com. 8-4-2008 n° 06-18.362 F-PB : RJDA 7/08 n° 809) ;

– le délai de rachat peut être prolongé pour une **durée** maximale de six mois pour les SARL (C. com. art. L 223-14, al. 3) ; en revanche, dans les SA et les SCA, à défaut de dispositions similaires, le juge peut prolonger le délai pour une durée supérieure ;

– la **demande de prolongation** doit être introduite avant l'expiration du délai de rachat, le juge statuant valablement même si la décision intervient postérieurement (Cass. com. 13-6-1984 : Rev. sociétés 1985 p. 631, note D. Ravaud ; CA Paris 8-11-1982 : Rev. sociétés 1984 p. 90 note D. Ravaud).

33184 **En cas de litige sur le prix** de cession et de désignation d'un expert pour fixer celui-ci (nos 33210 s.), les dirigeants sociaux agiront prudemment en demandant une prolongation du délai car, s'ils ne le font pas, ils risquent de se trouver forclos si l'expert ne parvient pas à achever sa mission avant l'expiration du délai imparti pour réaliser l'opération.

En l'absence d'acceptation par le cédant du prix de rachat offert par l'acquéreur, la désignation à l'amiable d'un expert ne rend pas la cession parfaite dès lors que ce dernier n'a rempli sa mission qu'après l'expiration du délai fixé pour déterminer le prix des titres et réaliser leur achat. L'accord du cédant à l'allongement du délai de la mission de l'expert importe peu, dans la mesure où il n'emporte ni reconnaissance par celui-ci de son obligation de céder ses droits sociaux à l'associé ou actionnaire au prix à déterminer par l'expert, ni sa renonciation aux droits qu'il tient des articles L 223-14, al. 3 ou L 228-24, al. 2 du Code de commerce.

ILLUSTRATIONS

L'accord donné par le cédant, qui se limite au seul allongement du délai d'expertise, ne dispense pas la société d'obtenir par décision de justice la prorogation du délai de trois mois imposé pour réaliser l'achat des titres, faute de quoi l'agrément est considéré comme donné.

Cass. com. 8-4-2008 n° 06-18.362 F-PB : RJDA 7/08 n° 809.

Une cour d'appel a pu condamner solidairement une SARL et les associés à payer des dommages-intérêts au cédant dès lors que :

– la demande de désignation d'un expert tardivement formée par la société et les associés à quelques jours de l'expiration du délai de rachat des parts sociales caractérisait une manœuvre dilatoire destinée à obtenir artificiellement une prolongation illicite du délai de rachat ;

– les associés avaient sans fondement légitime contesté la cession réalisée après l'expiration du délai de rachat et avaient ainsi abusivement obtenu le placement sous séquestre des parts sociales cédées, alors qu'ils ne pouvaient pas ignorer que l'associé cédant n'avait jamais exprimé la volonté de leur céder ses parts.

Cass. com. 4-7-2006 n° 03-16.698 F-PB : RJDA 12/06 n° 1227.

Les tribunaux prolongent souvent le délai de rachat en fonction du temps nécessaire à l'expert pour établir son rapport : par exemple, quinze jours à compter de l'expédition par l'expert de son rapport aux parties (CA Paris 8-11-1982 : Bull. Joly 1983 p. 171), ou un mois à compter du dépôt de ce rapport (CA Rouen 22-9-1983, 2e ch. civ.).

Les juges peuvent valablement se fonder sur les textes relatifs à la prolongation pour fixer d'emblée le délai d'acquisition des titres à une durée supérieure à trois mois, même si la société n'en a pas fait la demande (Cass. com. 6-5-2003 n° 01-12.567 : RJDA 8-9/03 n° 837, 1re espèce, solution rendue pour une SA, mais transposable).

Le **tribunal compétent** pour statuer sur une demande de prolongation de délai est selon les cas : 33188

– pour les SARL, le président du tribunal de commerce statuant sur requête en cas de rachat par les associés et, en référé, en cas de rachat par la société (C. com. art. R 223-11, al. 2) ;

– pour les SA et les SCA, le président du tribunal de commerce statuant en référé et sans recours possible, l'actionnaire cédant et l'acquéreur dûment appelés (art. R 228-23, al. 2).

SITUATION À L'EXPIRATION DU DÉLAI DE RACHAT DES TITRES

Si, à l'expiration du délai imparti, les **titres** n'ont **pas** été **achetés,** le cédant peut réaliser la cession initialement prévue (C. com. art. L 223-14, al. 5 pour les SARL ; art. L 228-24, al. 3 pour les SA et les SCA). 33198

Par « délai imparti » il faut entendre non seulement le délai légal de trois mois, mais encore le délai prorogé par le juge. La simple désignation de l'expert chargé de l'évaluation dans le délai imparti n'est pas suffisante. Il faut que, avant l'expiration de celui-ci, le prix de rachat ait été fixé et que la société ait proposé au cédant des acquéreurs qui offrent de verser ce prix (CA Paris 26-10-1971 : Gaz. Pal. 1972.1 p. 178 et, sur pourvoi, Cass. com. 3-4-1973 : D. 1973 p. 580 note J. Lacombe). Si malgré sa prolongation, le délai de rachat des parts par la société et les associés expire avant la fin de la mission de l'expert évaluateur, le cédant qui n'a pas manifesté la volonté de s'en remettre à l'avis de l'expert, peut réaliser la cession initialement prévue (Cass. com. 4-7-2006 n° 03-16.698 F-PB : RJDA 12/06 n° 1227).

Un cédant a été autorisé à vendre ses parts à l'acquéreur initial dès lors qu'après remise de son rapport par l'expert chargé de fixer le prix, les associés qui s'étaient portés acquéreurs des titres du cédant n'avaient pas procédé au rachat dans le délai légal, même s'ils avaient versé un acompte (Cass. com. 2-11-2011 n° 10-15.887 F-PB : RJDA 2/12 n° 170).

Si l'**acquéreur renonce à l'opération,** le cédant ne peut plus exiger le rachat de ses titres par la société. Ainsi, dans un cas où l'expert désigné pour fixer le prix de cession avait rendu son rapport après l'expiration du délai et où le bénéficiaire de l'offre de cession y avait renoncé, l'associé cédant, qui avait recouvré la liberté de réaliser la vente projetée, n'était pas fondé à exiger le rachat desdites parts par la société (Cass. com. 29-11-1982 : Bull. civ. IV n° 379, arrêt transposable aux SA par analogie des textes applicables ; CA Angers 26-2-1990, 1re ch. B : BRDA 6/91 p. 15 cassé par Cass. com. 25-2-1992 n° 375 : RJDA 5/92 n° 468, mais pour un autre motif). 33200

Sur la possibilité de mettre en jeu la **responsabilité de la société** et de ses dirigeants lorsque, par des manœuvres de leur part, la cession initialement prévue est devenue impossible, voir n° 32364.

4. PRIX DE RACHAT DES TITRES CÉDÉS APRÈS REFUS D'AGRÉMENT

PRIX DE RACHAT DES TITRES FIXÉ PAR EXPERTISE APRÈS REFUS D'AGRÉMENT

33210 Le Code de commerce prévoit expressément, pour les **SARL** et les **SA** (ainsi que les **SCA** s'agissant des actions des commanditaires), que le prix de rachat des parts sociales ou actions après refus d'agrément de l'acquéreur est fixé, à **défaut d'accord entre les parties,** selon les modalités prévues par l'article 1843-4 du Code civil (C. com. art. L 223-14, al. 3 pour les SARL ; art. L 228-24, al. 2 pour les SA et les SCA), c'est-à-dire par un tiers, couramment appelé expert.

Dans les **SAS,** le prix de rachat des actions n'est fixé par recours à l'expertise de l'article 1843-4 que si les statuts ne précisent pas les modalités du prix de cession et que les parties sont en désaccord sur ce prix (C. com. art. L 227-18, al. 1).

Pour les **autres sociétés** commerciales, les statuts prévoient généralement le recours à l'expertise organisée par l'article 1843-4.

Avant que l'article 1843-4 ne soit modifié en 2014, le champ d'application de l'expertise prévue par le texte était très large puisqu'il visait « tous les cas où sont prévus la cession des droits sociaux d'un associé, ou le rachat de ceux-ci par la société ». La Cour de cassation en avait déduit que l'expertise s'imposait, non seulement aux rachats organisés par la loi, mais aussi à ceux prévus par les statuts, y compris en présence d'une clause statutaire fixant les modalités de détermination du prix de rachat (Cass. com. 4-12-2007 n° 06-13.912 FS-PB : RJDA 4/08 n° 421) sauf, évidemment, pour les SAS. Cette jurisprudence est désormais obsolète (n° 37432).

> **Précisions** En supprimant la formule « Toute **clause contraire à l'article 1843-4** est réputée non écrite » de l'alinéa 3 de l'article L 223-14, l'ordonnance 2004-274 du 25 mars 2004 n'a pas pour autant autorisé que les statuts des SARL prévoient un autre mode de fixation du prix puisque l'alinéa 7 répute non écrite toute clause contraire aux dispositions de ce texte.
> Dans les SA, toute clause contraire à l'article 1843-4 du Code civil est également réputée non écrite (C. com. art. L 228-24, al. 2).

33212 **Champ d'application de l'expertise de l'article 1843-4** L'expertise de l'article 1843-4 du Code civil a vocation à être mise en œuvre seulement dans les cas où (C. civ. art. 1843-4) :

– la **loi renvoie à l'article 1843-4** pour fixer les conditions de prix d'une cession des droits sociaux d'un associé ou le rachat de ceux-ci par la société (art. précité, I-al. 1) ;

– les **statuts prévoient** la cession des droits sociaux d'un associé ou **le rachat** de ces droits par la société **sans que** leur **valeur soit** déterminée ni **déterminable** (art. précité, II-al. 1).

À notre avis, il faut en déduire que :

– en présence d'un renvoi légal à l'article 1843-4, l'expertise est ouverte même en présence d'une clause statutaire (ou conventionnelle) de détermination du prix mais son intérêt est alors limité dans la mesure où l'expert devra faire application de cette clause (n° 37595) ;

– pour les cessions prévues par les statuts, et donc celles faisant suite à l'échec d'une procédure statutaire d'agrément, l'expertise n'est ouverte qu'en l'absence de clause statutaire de fixation du prix de rachat ou si celle-ci ne permet pas de procéder à cette fixation.

Entre dans le premier cas de figure le rachat de parts de **SARL,** l'article L 223-14 du Code de commerce comportant bien un renvoi exprès. À notre avis, il en est de même pour le rachat d'actions de **SA** car, même si l'agrément ne peut être imposé que par les statuts, l'article L 228-24 du Code de commerce renvoie à l'article 1843-4 et précise que toute clause contraire est réputée non écrite. Tel est aussi le cas pour les **SAS** mais seulement en l'absence de clause statutaire de détermination du prix (C. com. art. L 227-18). S'il existe une telle clause, le rachat des actions de SAS relève du second cas de figure.

33214 Ces distinctions s'appliquent en cas de **refus d'agrément de l'adjudicataire** de titres vendus sur saisie puisque les procédures légales et conventionnelles d'agrément sont mises en œuvre conformément aux dispositions propres à chacune d'elles (C. exécution art. R 233-9).

Le fait qu'un débiteur saisi ait consenti au prix d'adjudication proposé par un tiers ne lui interdit pas de contester ce prix après le refus de la société d'agréer celui-ci et l'absence de protestation du débiteur saisi n'emporte pas renonciation de sa part à voir fixer la valeur des parts à dire d'expert en cas de cession à une autre personne, fût-elle associée (Cass. com. 28-9-2004 n° 03-13.068 : RJDA 2/05 n° 152).

SPÉCIFICITÉS DE L'EXPERTISE EN CAS DE RACHAT APRÈS REFUS D'AGRÉMENT

Le régime de l'**expertise** prévue par l'article 1843-4 du Code civil est exposé nos 37480 s. mais il présente les particularités énoncées nos 33222 s. lorsque l'expertise est mise en œuvre pour le rachat des droits sociaux après un refus d'agrément. **33220**

Désignation du tiers À **défaut d'accord** entre les parties, le tiers chargé de fixer le prix est désigné par décision de justice. **33222**

Dans les **SARL**, la désignation du tiers est faite par le président du tribunal de commerce statuant selon la procédure accélérée au fond, sans recours possible (C. com. art. R 223-11, al. 2).

Dans les **SA**, la désignation du tiers relève également de la compétence du président du tribunal de commerce, cette décision n'étant pas susceptible de recours (art. R 228-23). Même si l'article R 228-23 ne le précise pas, il est à notre avis statué selon la procédure accélérée au fond. Cette disposition fait, en effet, un renvoi global à l'article 1843-4 du Code civil, donc également à la procédure accélérée au fond qu'il prévoit.

ILLUSTRATIONS

Dans un cas de refus d'agrément portant sur la cession de parts de SARL, jugé que l'expert chargé d'évaluer les parts pouvait être désigné sur requête et qu'il n'était pas nécessaire de former une demande par assignation en la forme des référés.

Cass. com. 6-2-2019 n° 16-13.636 F-D : RJDA 4/19 n° 306.

Ndlr : La procédure en la forme des référés est désormais remplacée par la procédure accélérée au fond.

Seuls le cédant, les associés ou la société peuvent demander au président du tribunal la désignation de l'expert ; le **tiers acquéreur** ne le peut pas dès lors qu'il n'a pas été agréé (Cass. 3e civ. 6-12-2000 n° 1644 : RJDA 3/01 n° 325). **33225**

> **Précisions** Au cas particulier, un associé d'une **société civile immobilière** avait reconnu qu'un tiers à la société avait droit à une partie des parts qu'il détenait.
> Après le décès de ce dernier, son héritière avait engagé une action afin d'obtenir la reconnaissance de ses droits dans la société, et c'est au cours de l'instance qui constata le refus d'agrément des associés qu'elle avait demandé, en application de l'article 1843-4 du Code civil, la nomination d'un expert pour que soit fixé le montant de l'indemnité qui lui était due. Malgré le caractère spécifique de l'affaire soumise à la Cour, la règle qu'elle dégage est transposable aux **sociétés commerciales.**

Exécution de sa mission par le tiers Dans le silence de la loi sur la **date** à laquelle les parts sociales ou les actions doivent être **évaluées,** la Cour de cassation a jugé que leur valeur doit être déterminée à la date la plus proche de celle de leur remboursement (Cass. com. 4-5-2010 n° 08-20.693 FS-PB : RJDA 8-9/10 n° 861 ; Cass. com. 15-1-2013 n° 12-11.666 : RJDA 4/13 n° 340, solutions rendues en matière de retrait volontaire d'un associé de société civile, mais à notre avis transposables), donc celle de leur rachat et non celle de la notification du projet de cession ou du refus d'agrément. **33230**

Sur l'erreur commise par l'expert ayant retenu comme date d'évaluation celle inadéquate que lui a donnée le magistrat qui l'a désigné, voir Cass. com. 3-5-2012 n° 11-12.717 : n° 37625.

Si l'expert ne dépose pas son rapport d'évaluation dans le **délai** imparti pour le rachat des titres (n° 33170), le cédant peut réaliser la cession initiale (Cass. com. 4-7-2006 n° 03-16.698 : RJDA 12/06 n° 1227 ; dans le même sens, Cass. com. 8-4-2008 n° 06-18.362 : RJDA 7/08 n° 809). Il a été jugé que l'ordonnance prolongeant la mission d'un expert chargé de fixer le prix d'une cession d'actions emporte prorogation du délai imparti pour la cession ou le rachat des titres même si cette décision avait omis d'y faire référence (Cass. com. 7-3-1995 : JCP E 1995 II p. 729 note D. Vidal).

Frais d'expertise Dans les **SARL**, les frais d'expertise sont à la charge de la société, nonobstant toute clause statutaire contraire (C. com. art. L 223-14, al. 3 et 7). **33240**

Dans les **SA, SCA et SAS,** aucune disposition légale ne prévoit les conditions dans lesquelles les frais d'expertise doivent être pris en charge. Les associés peuvent donc librement déterminer ces conditions dans les statuts : généralement les frais sont partagés par moitié entre le cédant et l'acquéreur.

Il a cependant été jugé que ces frais devaient être supportés intégralement par une société malgré une clause statutaire les mettant à la charge du cédant compte tenu de la négligence dont cette société avait fait preuve lors de la procédure de rachat, notamment en rendant l'expertise inutile puisque, par sa faute, le rachat n'avait pas pu être réalisé dans les délais prescrits (T. com. Paris 25-5-1970, T. c/ Sté Bodemer : Rev. sociétés 1970 p. 666, décision censurée, mais pour d'autres motifs ; Cass. com. 3-4-1973 n° 71-14.661 : D. 1973 p. 580 note J. Lacombe).

b. Paiement du prix de rachat des titres cédés

33310 **SARL** Dans le cas où le **rachat** est effectué **par la société** elle-même, celle-ci peut obtenir, sur justification, du président du tribunal de commerce statuant par ordonnance de référé, un **délai de paiement** qui ne peut pas excéder deux ans. Les sommes dues portent intérêt au taux légal en matière commerciale (C. com. art. L 223-14, al. 4 et R 223-11, al. 2).

Le rachat des parts par la société s'accompagne d'une réduction corrélative du capital (nº 33095). Si le prix de rachat de chaque part est supérieur à la valeur nominale, la réduction du capital est limitée à cette valeur nominale. Le surplus doit être prélevé sur les réserves, à l'exclusion de la réserve légale, des réserves statutaires et de l'écart de réévaluation puisque celles-ci ne peuvent pas être distribuées.

33312 Lorsque le **rachat** est effectué **par les associés ou** par **un tiers,** le Code de commerce ne prévoit pas la possibilité pour ces acquéreurs d'obtenir un délai de paiement. Les parts doivent donc en principe être payées comptant, sauf accord contraire des parties. À notre avis, le ou les acquéreurs peuvent néanmoins demander au juge des délais de grâce sur le fondement du droit commun (cf. C. civ. art. 1343-5).

33316 **Autres sociétés** Aucune disposition analogue n'est prévue dans le Code de commerce pour les sociétés commerciales autres que les SARL dans lesquelles le rachat est admis, mais les statuts pourraient à notre avis prévoir une telle disposition.

SECTION 2

RENONCIATION À LA CESSION AU COURS DE LA PROCÉDURE D'AGRÉMENT

A. Droit du cédant de renoncer à la cession

RENONCIATION DU CÉDANT À LA CESSION APRÈS REFUS D'AGRÉMENT

33400 En cas de refus d'agrément de l'acquéreur proposé, le cédant peut renoncer à l'opération envisagée, c'est-à-dire exercer un « droit de repentir » et conserver ses parts ou actions.

D'abord affirmé par les tribunaux (notamment Cass. com. 10-3-1976 : Rev. sociétés 1976 p. 332 note J. H. ; Cass. com. 27-10-1992 nº 90-20.963 : RJDA 1/93 nº 37), ce droit est expressément reconnu par le Code de commerce :

– tant dans les **SARL,** pour lesquelles l'article L 223-14, al. 3 dudit Code précise que « si la société a refusé de consentir à la cession, les associés sont tenus, dans le délai de trois mois à compter de ce refus, d'acquérir ou de faire acquérir les parts à un prix fixé dans les conditions prévues à l'article 1843-4 du Code civil, sauf si le cédant renonce à la cession de ses parts » ;

– que dans les **SA** (et les **SCA** pour les actions des commanditaires), l'article L 228-24, al. 2 affirmant que « le cédant peut à tout moment renoncer à la cession de ses titres de capital (...) ».

Les statuts ne peuvent pas priver le cédant de ce droit de repentir (cf. C. com. art. L 223-14, al. 7 pour les SARL ; Cass. com. 10-3-1976 précité pour les SA ; voir aussi Rép. min. nº 3241, JO Déb. AN séance du 1-2-1969 p. 267 ; Rép. min. nº 3584, JO Déb. AN séance du 8-3-1969 p. 596).

> **› Précisions** Cette consécration législative a mis fin à une **controverse** qui avait surgi à la suite d'un arrêt de la Cour de cassation (Cass. com. 27-10-1992 nº 90-20.963 : RJDA 1/93 nº 37, rejetant le pourvoi formé contre CA Versailles 26-10-1990 : Bull. Joly 1991 nº 138) vivement critiqué en son temps (Ph. Merle, Refus d'agrément et droit de repentir dans les SARL : RJDA 1/93 p. 4 nº 5).
> La Cour laissait en effet entendre qu'une clause statutaire pouvait valablement prévoir que, dès la décision de refus d'agrément, la société aurait le droit de se porter acquéreur des parts (ou de les faire acquérir par un associé ou un tiers) sans que l'associé cédant puisse retirer son offre.

RENONCIATION DU CÉDANT À LA CESSION HORS LE CAS DU REFUS D'AGRÉMENT

La loi semble laisser toute latitude au cédant pour exercer son droit de repentir. Toutefois dans les hypothèses exposées nos 33415 s., certaines limites s'imposent à lui. **33410**
D'une manière générale, le cédant pourrait se trouver privé du bénéfice de la renonciation si les circonstances révélaient un **abus de droit.** Tel pourrait être le cas d'une renonciation très tardive (par exemple, entre la signature de l'acte de cession et la notification de celle-ci à la société) ou inspirée par une intention de nuire aux acquéreurs déclarés.

Avant refus d'agrément À notre avis, la loi n'autorise pas le cédant à renoncer au projet initial de cession **avant** même sa **notification** à la société et aux associés s'il est d'ores et déjà engagé à l'égard de l'acquéreur (par exemple par une promesse unilatérale de vente : C. civ. art. 1124). La loi ne prévoit en effet la renonciation qu'après refus d'agrément et ne lui permet pas de renoncer discrétionnairement au projet avant même que l'acquéreur initial ait eu une chance d'être agréé. Si le cédant renonçait néanmoins, l'acquéreur pourrait, selon nous, notifier le projet de cession (n° 32033) en vue d'obtenir l'agrément. **33415**

En cas de fixation du prix de rachat par un expert Le cédant peut-il exercer son droit de repentir même après fixation du prix de rachat par un expert désigné en application de l'article 1843-4 du Code civil, ce prix pouvant être inférieur à celui négocié avec l'acquéreur initial ? Pour les **SA** (et les **SCA** pour les actions des commanditaires), l'article L 228-24 du Code de commerce lui permettant de renoncer « à tout moment », la réponse est positive (dans le même sens, Rapport relatif à l'ordonnance 2004-604 du 24-6-2004 : JO du 30-7-2004 p. 13577). **33420**

Pour les **SARL,** l'article L 223-14 du Code de commerce ne comporte pas la même précision. Mais, majoritairement, la doctrine considère que, depuis la modification de ce texte par l'ordonnance 2004-274 du 25 mars 2004, est devenue caduque la jurisprudence antérieure qui interdisait au cédant d'user de son droit de repentir s'il avait clairement manifesté sa volonté de vendre ses parts en acceptant la procédure d'expertise demandée par les associés repreneurs en vue d'en fixer le prix (Cass. com. 13-10-1992 n° 91-10.600 P : RJDA 1/93 n° 36 et, dans la même affaire, Cass. com. 2-7-1996 n° 94-13.454 D : RJDA 11/96 n° 1341). **33425**
Selon certains auteurs, la jurisprudence antérieure a, au contraire, toujours vocation à s'appliquer (J.-F. Barbièri, Incidence d'un refus d'agrément sur un projet de cession de parts sociales : Rev. sociétés 2007 p. 80 ; H. Lécuyer, Commentaire de l'ordonnance2004-274 du 25-3-2004 dans ses dispositions relatives aux SARL : PA 16-4-2004 p. 4).
La Cour de cassation n'a pas eu, à notre connaissance, l'occasion de trancher ce débat.
À notre avis, rien n'interdit de penser que le **cédant** puisse être **considéré comme ayant renoncé à exercer son droit** de renonciation. Tel pourrait être le cas, comme avant la modification de l'article L 223-14, si, en cas de recours à une expertise pour fixer le prix de rachat, le cédant n'avait pas réservé l'exercice de son droit jusqu'à l'issue de l'expertise mais avait manifesté la volonté de s'en remettre à l'avis de l'expert désigné (cf. Cass. com. 4-7-2006 n° 03-16.698 F-PB : RJDA 12/06 n° 1227 a contrario) ou, en dehors de toute procédure d'expertise, s'il avait adressé à chacun des autres associés une mise en demeure d'acquérir ses parts à un prix donné et si son offre avait été acceptée (Cass. com. 9-4-1991 n° 645 D : RJDA 7/91 n° 558).
Le cédant peut, une fois né son droit à refuser la cession, parfaitement y renoncer même si ce droit est d'ordre public (cf. Cass. 1e civ. 17-3-1998 n° 96-13.972 P : RJDA 7/98 n° 904 admettant la renonciation au droit acquis au bénéfice d'une réglementation d'ordre public). La Cour de cassation a d'ailleurs jugé que l'accord donné par le cédant à l'allongement du délai de la mission de l'expert n'emporte ni reconnaissance du cédant de son obligation de céder ses titres au prix à déterminer par l'expert, ni sa renonciation aux droits qu'il tient de la loi (Cass. com. 8-4-2008 n° 06-18.362 F-PB : RJDA 7/08 n° 809).
Pour éviter la prolongation d'une période d'incertitude sur l'intention définitive du cédant ainsi que d'éventuels litiges sur la validité de la renonciation, il nous paraît souhaitable de **prévoir,** dans les statuts, une disposition impartissant au cédant un **délai** (par exemple, quinze jours après notification du prix fixé par l'expert) **au terme duquel** son **consentement** à la cession sera **réputé acquis,** à défaut de manifestation contraire de sa part.
Pour les mêmes raisons, en l'absence d'une telle disposition statutaire, la société ou les associés qui décident de se porter acquéreurs des parts auront intérêt à préciser, dès la notification au cédant de leur intention d'acheter, que si celui-ci ne leur a pas notifié sa renonciation dans un délai de X jours à compter de la date de réception de l'avis de l'expert, il sera réputé avoir définitivement accepté la cession à leur profit, au prix fixé par cet expert.
De son côté, le cédant a tout intérêt, dès la notification du projet de cession ou en réponse à une offre rachat, à réserver expressément l'exercice de son droit de repentir jusqu'au rapport d'expertise.

> **Précisions a.** Dans la décision du 13 octobre 1992 précitée, la Cour de cassation avait fait **primer le droit commun de la vente** et jugé qu' « en s'en remettant ainsi à l'estimation d'experts désignés conformément aux articles 45 de la loi du 24 juillet 1966 (désormais C. com. art. L 223-14) et 1843-4 du Code civil, tant le cédant que les cessionnaires (ont fait) de la décision des experts leur loi, de sorte que, l'accord sur la chose et le prix étant réalisé, la vente était parfaite et que les parties ne pouvaient plus retirer leurs offres ».
Cette solution était critiquée. Pour Ph. Merle, elle « aboutit à ce paradoxe que le système protecteur du cédant se retourne contre lui : il est contraint de vendre ses titres à un prix inférieur à celui pour lequel il avait trouvé preneur. Le devoir de préemption instauré par la loi de 1966 au profit du seul cédant est ainsi transformé en droit de préemption au profit des associés. Cette solution heurte de plein fouet les dispositions d'ordre public de l'article 45 (art. L 223-14) » (Ph. Merle, Refus d'agrément et droit de repentir dans les SARL : RJDA 1/93 p. 3 ; voir aussi H. Le Nabasque, La force obligatoire du rapport d'expertise dans la procédure d'agrément : Dr. sociétés décembre 1992 p. 1).
b. Parmi les auteurs pour lesquels la **jurisprudence antérieure** a **toujours vocation à s'appliquer** figure H. Lécuyer pour lequel le refus d'agrément a rendu caduque l'offre de cession faite à un acquéreur dénommé, de sorte que le cédant ne se trouve pas en position d'offrant. L'offre de rachat faite par les associés ne suffit donc pas à former le contrat de cession entre eux et le cédant. Toujours selon cet auteur, la réforme de 2004 consacre « seulement la liberté d'acceptation d'une offre de contracter par son destinataire » et, si les parties décident de s'en remettre à l'expert, il y a accord sur la chose et sur le prix déterminable, ce qui suffit à former la vente, au regard de l'article 1583 du Code civil.

33430 **Après publication de la cession** La loi ne permet pas, à notre avis, au cédant de revenir, à l'égard des tiers, sur une cession qui aurait déjà été publiée conformément aux prescriptions légales car les tiers sont alors en droit de se prévaloir de la cession et de tenir l'acquéreur dont le nom a été publié comme le propriétaire des parts.

B. Droit de l'acquéreur de renoncer à la cession

33440 **En cas d'acceptation par les parties de recourir à un expert** pour fixer le prix de rachat des titres, les associés ou les tiers acquéreurs ne peuvent pas se rétracter (Cass. com. 13-10-1992 n° 91-10.600 : RJDA 1/93 n° 36).
Si cette solution ne paraît plus valoir pour le cédant eu égard au droit que lui reconnaît la loi de renoncer à la cession (n° 33420), elle demeure valable pour les associés ou tiers acquéreurs qui ne bénéficient pas de la même prérogative.
Pour un cas où les associés d'une SAS avaient tenté d'obtenir l'annulation de leur engagement de rachat pour dol, voir CA Paris 14-10-2008 n° 08-12642, 3e ch. A : n° 19670.

33442 **À défaut d'acceptation** de la procédure d'expertise **par le cédant,** les acquéreurs peuvent à notre avis renoncer à l'acquisition s'ils estiment que le prix fixé par l'expert est excessif.
Les articles L 223-14, al. 5 pour les SARL et L 228-24 , al. 3 pour les SA (et les **SCA** pour les actions des commanditaires) envisagent expressément l'éventualité selon laquelle les associés (ou la société), après avoir refusé l'agrément, n'ont pas pu, dans le délai de trois mois qui leur est imparti, procéder au rachat des parts. Or, ces textes ne font aucune distinction entre les différentes causes qui peuvent être à l'origine du défaut de réalisation de la cession. On ne saurait donc considérer que les associés ou les tiers qui se portent acquéreurs pour répondre à l'obligation d'achat consécutive au refus d'agrément sont définitivement engagés dès l'instant où ils ont exprimé leur intention d'achat. Cette solution a d'ailleurs été confirmée en justice (Cass. com. 29-11-1982 : Bull. civ. IV n° 379).
Par ailleurs, on ne saurait prétendre que cette solution rend le cédant prisonnier de ses titres s'il ne peut pas réaliser la vente de ceux-ci au motif notamment que l'acquéreur initial avait subordonné son achat à la condition qu'il fût agréé par les autres associés ou que la cession intervînt dans un délai déterminé. En effet, cette situation est la conséquence de la convention conclue entre les parties et c'est au cédant qu'il appartient d'apprécier s'il peut ou non accepter les conditions fixées par son cocontractant ; elle est indépendante de la procédure prévue par les articles L 223-14 et L 228-24. Ce texte ne crée pas au profit du cédant un droit de retrait de la société.
On observera d'ailleurs que, dans son arrêt du 13 octobre 1992 cité n° 33440 concernant les SARL mais transposable aux SA et aux SCA, la Cour de cassation ne contredit pas cette interprétation. Elle n'a pas pris parti sur la portée de l'alinéa 5 de l'article L 223-14 du Code de commerce. Elle a

seulement considéré que les deux parties étaient définitivement engagées par leur acceptation commune de la procédure d'expertise. Cette solution est controversée. Selon J.-P. Storck, lorsque seuls les associés prennent l'initiative de mettre en œuvre l'expertise, le cédant conserve son entière liberté ; à défaut de manifestation de volonté du cédant, aucun contrat ne peut en effet se former (J.-P. Storck, note sous Cass. com. 13-10-1992 n° 1490 : Rev. jur. com. 1993 p. 114). **33442 (suite)**
Afin d'écarter toute ambiguïté, il est prudent qu'en émettant leur offre de rachat les associés ou les tiers se réservent la faculté de ne pas y donner suite si le prix proposé par l'expert excède un montant déterminé qu'ils auront fait connaître au cédant.

TITRE V

Évaluation des titres et prix de cession

CHAPITRE 1

ÉVALUATION DES TITRES DE SOCIÉTÉS NON COTÉS

SOMMAIRE

A. Principes fondamentaux

1. ENJEUX DE L'ÉVALUATION

ENJEUX ÉCONOMIQUES

L'évaluation financière préalable à toute opération de transmission d'entreprise consiste à considérer l'ensemble des éléments constitutifs de l'entreprise afin d'en déterminer la valeur. Ce travail est habituellement confié à des professionnels indépendants chargés, au terme d'un **audit d'évaluation,** de donner une valeur à l'entreprise. Cette valeur doit être la plus objective possible de manière à servir de point de départ aux négociations. 35000

La notion de **valeur** est différente de celle de **prix.** Le prix est fixé par le jeu de l'offre et de la demande tandis que la valeur résulte des qualités intrinsèques du bien à évaluer. Alors que la détermination du prix dépend en partie d'éléments subjectifs (intérêt particulier de l'acquéreur pour le bien, capacité et pouvoir de négociation, etc.) et traduit la volonté de procéder à un échange, la valeur donnée à l'entreprise existe indépendamment de tout échange. Dès lors, le prix définitif fixé pour la transaction pourra s'écarter de cette valeur, la phase de négociation passant par la prise en compte d'éléments parfois non quantifiables.

35005 C'est essentiellement dans le cadre des opérations de restructuration que les experts mandatés par les éventuels repreneurs, les associés ou parfois la société pour pratiquer des audits d'évaluation ont développé et affiné les **méthodes d'évaluation.** L'application plus ou moins combinée de ces méthodes permet de dégager une valeur de l'entreprise, qui est le reflet de ses qualités intrinsèques indépendamment de tout échange.
Aux difficultés techniques rencontrées dans la détermination de la valeur des titres d'une société non cotée s'ajoute un risque fiscal de voir cette valeur contestée par l'administration.

ENJEUX FISCAUX

35010 **Impôts concernés** Les **droits** proportionnels ou progressifs **d'enregistrement** sont dus sur les valeurs des biens concernés (CGI art. 666).
Excepté les cas où il existe une base légale d'évaluation, la valeur à retenir pour la liquidation des droits d'enregistrement est, en règle générale, la valeur vénale réelle des biens appréciée au jour du **fait générateur de l'impôt,** à savoir au jour de la mutation.
La valeur vénale peut constituer l'assiette unique des droits : il en est ainsi en matière de droits de mutation à titre gratuit (successions, donations).
Jusqu'au 31 décembre 2017, les parts ou actions des sociétés ne constituant pas des biens professionnels étaient imposables à **l'impôt sur la fortune** (ISF) pour leur valeur vénale au 1er janvier de l'année d'imposition, fait générateur de l'impôt.
Depuis le 1er janvier 2018, les parts ou actions des sociétés (établies en France ou à l'étranger) sont, en dehors des participations minoritaires dans des sociétés opérationnelles, imposables à **l'impôt sur la fortune immobilière (IFI)** et ce, à hauteur de la seule fraction de leur valeur, au 1er janvier de l'année, représentative de **biens ou droits immobiliers** détenus directement ou indirectement par la société.
Cette valeur peut aussi être retenue comme base de perception des droits uniquement lorsqu'elle est supérieure au prix convenu entre les parties augmenté, le cas échéant, du capital des charges qui peuvent s'y ajouter. Tel est en particulier le cas en matière de cession de droits sociaux ou de fonds de commerce.
La question de l'évaluation revêt donc une grande importance pour les personnes physiques ou morales qui cèdent ou reçoivent des titres. Il est utile de connaître les **méthodes et procédés techniques** utilisés pour l'appréciation des valeurs par les experts, par l'administration fiscale et par les différentes juridictions appelées à trancher des litiges en matière d'évaluation.
En matière d'**impôts directs** (impôt sur le revenu, impôt sur les sociétés), pour le calcul des plus-values, le prix de cession à retenir est le prix tel qu'il a été stipulé entre les parties dans l'acte. Il ne peut être remis en cause par l'administration que dans deux cas :
– lorsque celle-ci établit une **dissimulation de prix** (dans le cas où les parties ont volontairement inscrit dans l'acte une somme inférieure au prix réellement payé ; nos 41575 s.) ;
– ou, en matière de plus-values professionnelles, si la fixation d'un prix trop faible relève d'une **gestion anormale** (cette situation se rencontre en général lorsque l'acheteur est associé ou dirigeant de l'entreprise cédante, ou d'une société juridiquement liée, et que l'avantage qui lui est consenti ne comporte aucune contrepartie pour l'entreprise).
En l'absence de dissimulation de prix ou d'acte anormal de gestion, les insuffisances de prix constatées par le service de l'enregistrement sont sans incidence sur le montant de la plus-value (sauf si la cession fait l'objet d'un acte rectificatif).

> **Précisions** La procédure dite de « **rescrit valeur** » (LPF art. L 18) qui, en cas de donation des titres, permet de s'assurer que la valeur retenue comme base des droits de mutation ne sera pas remise en cause n'est pas applicable en cas de cession. De même, le **contrôle sur demande** des actes de donation et des déclarations de succession (LPF art. L 21 B) n'est pas applicable aux cessions à titre onéreux.

35015 **Contrôle de l'administration fiscale** L'administration fiscale exerce un contrôle sur les prix ou les valeurs déclarés dans les actes ou déclarations. En matière d'**enregistrement,** les articles 666 du CGI et L 17 du LPF l'autorisent à retenir la valeur vénale réelle si elle se révèle supérieure au prix, dans le cas d'une cession à titre onéreux, ou à la valeur déclarée, dans le cas d'une transmission à titre gratuit, donation ou succession, ou encore d'une déclaration d'impôt sur la fortune immobilière.

En matière d'**impôts directs, d'impôt sur les sociétés ou d'impôt sur le revenu,** l'administration peut être amenée à requalifier une opération en **« acte anormal de gestion »** dans le cas, par exemple, de cessions de titres entre sociétés, à un prix qui ne correspondrait pas à la valeur vénale réelle.
S'agissant de **titres non cotés,** il n'existe pas, sur le plan fiscal, de « valeur administrative » qui permettrait de mettre les contribuables à l'abri de contestations. La Direction Générale des Finances Publiques a néanmoins publié en 2007 un **guide de l'évaluation des entreprises et des titres de sociétés** (lien : https://www.impots.gouv.fr/portail/files/media/3_Documentation/guides_notices/guide_eval_entreprises.pdf), sur lequel nous reviendrons au n° 35150 ci-après et à propos des méthodes d'évaluation proprement dites.
La valeur vénale, à laquelle il est fait référence, est en pratique difficile à déterminer.
Dans le cadre d'une **négociation,** le prix qui emporte l'adhésion des parties tient compte, en général, d'un jugement de valeur que l'acquéreur porte sur l'évolution prévisible de l'entreprise.
La **démarche de l'administration** fiscale, qui est tenue d'apporter la preuve de l'insuffisance des prix exprimés et des évaluations fournies dans les actes ou déclarations (LPF art. L 55), est par nature différente. Celle-ci aura davantage tendance à tenir compte des éléments certains, c'est-à-dire de l'ensemble des données comptables et financières de l'entreprise constatées au cours des dernières années.
Si l'avenir probable de l'entreprise peut être projeté à partir des résultats acquis dans le passé, le contribuable aura intérêt, en cas de contrôle, à justifier auprès de l'administration les circonstances de nature à entraîner à terme une baisse de la rentabilité (raréfaction de certains marchés, absence d'investissements réalisés en temps utile, etc.), ou, à l'inverse, une amélioration de celle-ci (diversification de l'activité, conquête de nouveaux marchés, baisse des coûts de production, etc.).
Sur la **rectification** et les **majorations et intérêts de retard** encourus lorsque l'administration fiscale apporte la preuve de l'insuffisance de prix, voir n° 41570.

2. FACTEURS DE LA VALEUR DES TITRES NON COTÉS

Comme pour l'évaluation des autres catégories de biens (terrains, immeubles bâtis, fonds de **35040**
commerce, etc.), il convient de tenir compte de facteurs juridiques et économiques pour la détermination de la valeur vénale de titres non cotés. Lorsque l'évaluation par comparaison avec des transactions récentes portant sur des titres de la même société n'est pas possible, il convient d'exercer un choix parmi ces facteurs pour la combinaison des autres méthodes d'évaluation.

DIAGNOSTIC GÉNÉRAL DE L'ENTREPRISE

Cette démarche préalable est essentielle. Une **analyse financière,** même sommaire (mise en **35050**
lumière et/ou en perspective de certains ratios, comparés à ceux du secteur, comme ceux de rentabilité, d'endettement, de la capacité d'autofinancement notamment), ainsi que les **principales données économiques** de l'entreprise et du secteur dans lequel elle évolue sont de nature à influer fortement sur les différents paramètres de l'évaluation, préfigurant le choix des méthodes qui seront retenues.
L'évaluateur est amené à analyser :
– la valeur vénale des éléments de l'actif de l'entreprise ;
– son aptitude à produire des bénéfices ;
– la valeur des hommes (valeur des équipes, adéquation des effectifs) ;
– la structure financière de l'entreprise ;
– son activité (créneau porteur ou non porteur) ;
– la conjoncture économique générale.
Bien entendu, ces éléments n'ont pas tous le même **poids** dans la détermination de la valeur ; certains constituent la base même de l'évaluation (valeur vénale des éléments d'actif, productivité, marge brute d'autofinancement), d'autres représentent des éléments d'appréciation complémentaires permettant d'affiner la valeur précédemment déterminée.
Il conviendra également de dégager les **perspectives d'avenir** de l'entreprise, en fonction de la branche d'activité à laquelle elle appartient, notamment par une étude de l'évolution du chiffre d'affaires, de la valeur de productivité et, le cas échéant, de la marge brute d'autofinancement.

Cette analyse sera confortée par l'examen des **conditions de fonctionnement** de l'exploitation. **35055**
En effet, la bonne marche d'une entreprise dépend directement :
– des conditions du marché et de la concurrence ;
– des produits mis en vente ou des prestations de services rendues ;
– de la technologie et des procédés de fabrication ;
– de la qualité des décisions prises par le ou les dirigeants et du climat social de l'entreprise.

FACTEURS JURIDIQUES

35065 Aux termes de l'article 1832 du Code civil, « la société est instituée par deux ou plusieurs personnes qui conviennent par un contrat d'affecter à une entreprise commune des biens ou leur industrie en vue de partager le bénéfice ou de profiter de l'économie qui pourra en résulter. Elle peut être instituée, dans les cas prévus par la loi, par l'acte de volonté d'une seule personne. Les associés s'engagent à contribuer aux pertes ».

Le **contrat de société** contribue à la création d'une personne morale dont l'existence est juridiquement distincte de celle des associés. La propriété des biens apportés est juridiquement transférée du patrimoine des apporteurs au patrimoine de la société bénéficiaire de l'apport. Lorsque la société est définitivement créée, les **associés** sont uniquement **propriétaires d'un bien meuble,** au sens de la distinction du Code civil entre biens meubles et immeubles.

Ce bien meuble, dont il convient d'apprécier la valeur vénale, est soit une part sociale (société en nom collectif, société en commandite simple, SARL), soit une action (société anonyme, société par actions simplifiée, société en commandite par actions).

35070 Il était communément admis que les **parts sociales** pouvaient être évaluées selon des procédés plus sommaires que les **actions,** les premières étant présumées être des « petites sociétés » alors que les secondes étaient qualifiées de « sociétés importantes ».

L'évolution dans le choix des différents types de sociétés ne permet plus de retenir un tel critère pour les raisons suivantes :

– il existe des SARL très importantes ayant conservé une structure familiale ;

– de toutes petites sociétés anonymes ont été créées pour l'exploitation d'un fonds de commerce dit « de quartier » en vue de faire bénéficier le dirigeant et principal associé des avantages sociaux et fiscaux attachés à la qualité de salarié ; cet engouement pour les sociétés de capitaux pourrait être encore accentué par la « flat-tax », ou prélèvement forfaitaire unique (PFU), qui limite le montant global des prélèvements fiscaux et sociaux sur les dividendes à 30 % (12,8 % de prélèvement fiscal et 17,2 % de prélèvements sociaux) à compter de l'imposition des revenus de 2018 (Loi 2017-1837 du 30-12-2017 art. 28 et Loi 2017-1836 du 30-12-2017 art. 8) ;

– des sociétés en nom collectif sont constituées par les grands groupes cotés en bourse afin de permettre la « remontée » au niveau du groupe des déficits d'exploitation.

35075 Certains facteurs juridiques sont liés aux **clauses stipulées dans les statuts** de la société. Ce sont notamment les suivantes :

– clauses restreignant les possibilités de cession de titres, plus particulièrement au niveau des sociétés anonymes ;

– clauses statutaires permettant la détermination du prix de cession. Elles ne concernent le plus souvent que les cessions entre associés. Elles ne s'imposent à l'administration que pour autant qu'elles permettent une approche réelle de la valeur vénale ;

– clauses relatives aux conditions de quorum dans les assemblées générales ordinaires et extraordinaires.

Ces clauses, qui varient selon les différents types de sociétés, constituent une référence primordiale permettant de déterminer la valeur vénale des titres transmis en fonction des notions de :

– participation minoritaire ;

– minorité de blocage au niveau des assemblées générales extraordinaires appelées à prendre les décisions sur l'avenir de la société (n° 35820) ;

– participation majoritaire.

FACTEURS ÉCONOMIQUES

35085 La valeur d'une entreprise se fonde principalement sur sa capacité à générer des revenus dans le futur et conduit, par conséquent, à faire des hypothèses sur les performances futures. Les graves crises qui se succèdent, crise financière de 2008, aléas climatiques de plus en plus conséquents, crise économique liée à la pandémie de 2019, guerre en Ukraine en 2022, rendent les prévisions de performances des entreprises difficiles à établir et peuvent même créer des difficultés pour certaines entreprises, jusqu'à la continuité de leur exploitation. Le contexte de « stagflation », reprise de l'inflation dans nombre de pays associée à une tendance à la stagnation économique (croissance très faible, voire nulle), doit aussi être pris en considération. Plus que jamais, il conviendra de prendre en compte de façon plus précise les capacités dynamiques de l'entreprise, d'innovation et d'adaptation, et les risques sociaux, sociétaux, et environnementaux, inhérents à l'exercice de l'activité de l'entreprise.

Partant de ces constatations générales, la détermination de la valeur vénale des titres non cotés doit être effectuée en prenant en compte :

– le **contexte économique général** : ainsi, par exemple, dans une période de forte inflation et de marasme économique, les titres des sociétés constituant des valeurs refuges (parts ou actions de sociétés à vocation immobilière ou parts de sociétés foncières) seront plus recherchés que des titres de sociétés à vocation industrielle ou commerciale ;
– le **contexte économique lié à la branche d'activité** : secteur de pointe en plein développement ou secteur concurrencé par les productions des pays en voie de développement, secteur affecté ou non par les modifications des comportements sociaux liés aux changements (climat, rareté croissante de certaines ressources, environnement, pandémie, par exemple) ;
– le **secteur économique particulier à la région** : on distingue, par exemple, les activités de distribution dans les zones en voie de dépeuplement, à population dont la moyenne d'âge est élevée, et les activités de distribution dans les quartiers à fort développement ;
– mais aussi le **contexte propre à l'entreprise** considérée : une entreprise appartenant à une activité économique en déclin peut avoir trouvé un créneau de production ou de distribution particulièrement rentable.
Ces facteurs juridiques et économiques, dont l'énumération ci-dessus est loin d'être exhaustive, concourent directement à la détermination de la valeur vénale des titres de sociétés non cotées.

3. DÉTERMINATION DE LA VALEUR VÉNALE DES TITRES NON COTÉS

De même qu'il n'existe pas de définition unanimement admise de la valeur vénale d'un terrain, **35100**
d'un immeuble ou d'un fonds de commerce, il n'existe aucune définition de la valeur vénale d'une société. Seul l'article R 123-178 du Code de commerce précise que la valeur vénale d'un bien correspond au prix qui aurait été acquitté dans des conditions normales de marché. En revanche, de nombreuses définitions sont proposées par les auteurs spécialisés en matière d'évaluation et par les experts. Ainsi, s'agissant de l'évaluation d'une entreprise, L. Rétail a défini la valeur vénale comme « le prix auquel, sur un marché fonctionnant sous un régime de libre concurrence, un bien peut être acheté ou vendu » (L'évaluation des entreprises, Sirey, 5e édition, 1963).
D'autres définitions sont contenues dans des décisions de justice, en particulier dans certains arrêts de la Cour de cassation rendus en matière fiscale.

> **Précisions** La **jurisprudence** qui a contribué à donner une définition de la valeur vénale des titres non cotés est née à l'occasion des litiges ayant opposé l'administration fiscale aux contribuables à la suite de l'institution, en 1945, d'un impôt de solidarité nationale, premier impôt sur le capital assorti, par ailleurs, d'un impôt sur l'enrichissement.
> L'administration de l'enregistrement se forgea, à cette occasion, une doctrine assez sommaire et assez rigide, essentiellement basée sur la valeur mathématique du titre, c'est-à-dire la valeur tirée de l'examen du dernier bilan après réévaluation éventuelle des divers postes d'actif et déduction des dettes sociales, valeur qu'elle assortissait d'un abattement variant de 10 à 30 %, selon les cas, pour tenir compte de la faiblesse du rendement ou de l'étroitesse du marché.

Le **Conseil constitutionnel** a été amené à préciser, à l'occasion de la promulgation des lois de **35105**
nationalisation des entreprises du secteur privé de 1982, puis des mesures de privatisation qui ont suivi en 1986, la portée de l'article 17 de la Déclaration des droits de l'Homme et du citoyen de 1789, selon lequel la privation du droit de propriété pour cause de nécessité publique requiert une juste et préalable indemnité.
Dans ses décisions du 11 février 1982 (Cons. const. 11-2-1982 no 82-139 DC) et des 25 juin et 18 septembre 1986 (Cons. const. 25-6-1986 no 86-207 DC ; Cons. const. 18-9-1986 no 86-217 DC), le Conseil constitutionnel a posé le principe que les règles d'évaluation des entreprises et la détermination des prix d'offre, qui ne peuvent être inférieurs à la valeur vénale réelle, doivent être établies à partir de méthodes objectives couramment pratiquées en matière de cession totale ou partielle d'actifs de société, en tenant compte, selon une pondération appropriée à chaque cas, de la valeur boursière des titres, de la valeur des actifs, des bénéfices réalisés, de l'existence de filiales et des perspectives d'avenir.
Il précise dans sa décision de 1986 que le prix d'acquisition d'un ensemble d'actions donnant à un groupe d'acquéreurs le contrôle de la société doit être fixé en tenant compte de cet avantage spécifique.
Ces grands principes ont été repris par le Code monétaire et financier et le règlement général de l'Autorité des marchés financiers en matière de retrait obligatoire à l'issue d'une offre publique de retrait ou de toute offre publique (voir no 87407).

35110 **Jurisprudence administrative** Le Conseil d'État et les cours administratives d'appel ont rendu de nombreuses décisions en matière d'évaluation des titres non cotés dans le cadre de litiges nés de la contestation du prix d'acquisition ou de cession des titres (ainsi qu'en matière d'appréciation des provisions pour dépréciation déductibles à la clôture de chaque exercice, les règles à mettre en œuvre pour apprécier la valeur réelle des titres étant les mêmes).

Selon le Conseil d'État, la méthode de détermination de la valeur vénale qui doit être privilégiée est la **méthode par comparaison.** Cette méthode prend comme référence le prix auquel ont été conclues d'autres transactions portant sur les titres de la même société, effectuées dans un délai raisonnable dès lors que ces transactions sont intervenues dans des conditions équivalentes (CE 8e et 9e s.-s. 25-6-1975 nos 92185 et 92186 : RJF 9/75 no 399 ; CE 8e et 9e s.-s. 19-11-1975 no 92041 : RJF 1/76 no 21 ; CE 7e et 8e s.-s. 14-6-1978 no 9403 : RJF 7-8/78 no 316 ; CE 8e et 9e s.-s. 6-6-1984 nos 35415 et 36733 : RJF 8-9/84 no 940 ; CE 20-6-2012 no 343033 : RJF 10/12 no 919 ; CE 16-3-2020 no 421057 : RJF 7/20 no 559) ou que la valeur « ne résulte pas d'un prix de convenance » (CE 23-7-2010 no 308019 : RJF 11/10 no 1024). Sur la possibilité de se référer à des transactions portant non pas sur des titres de la même société, mais sur des **sociétés similaires,** voir no 35212.

Sur la qualification de **transactions** « **récentes** », la **jurisprudence** considère que celles-ci doivent être intervenues antérieurement dans un délai raisonnable : trois jours avant la date de la cession en cause (Cass. com. 2-12-1997 no 95-22.256 D, Petitjean : RJF 4/98 no 488), deux mois (Cass. com. 7-7-2009 no 08-14.855 F-D, Zorn : RJF 12/09 no 1173), voire même vingt-deux mois auparavant (CE 7e et 8e s.-s. 14-6-1978 no 9403 : RJF 7-8/78 no 316).

Le Conseil d'État a reconnu le bien-fondé de la référence à une transaction effectuée environ un an auparavant, dès lors qu'aucun changement n'est intervenu depuis dans l'activité de la société, ses conditions d'exploitation et sa situation nette comptable et qu'aucune modalité particulière de paiement du prix ne peut justifier une différence de valeur (CE 3e et 8e s.-s. 10-11-2010 no 309148, Sté Corbfi : RJF 2/11 no 153).

> **Précisions** Notons toutefois que la cour administrative d'appel de Paris a jugé qu'une opération d'échange intervenue un an plus tôt était trop éloignée pour servir de référence (CAA Paris 8-7-1999 no 96-3047, Sté générale de transport et d'industrie : RJF 12/99 no 1504).

Sur la notion de « **conditions équivalentes** », le Conseil d'État a jugé que l'évaluation ne pouvait, pour déterminer la valeur des titres de la société objet du litige, se référer à la cession d'actions de cette société intervenue le 25 novembre 2004, dès lors que cette cession n'avait porté que sur 25 actions, alors que les opérations d'acquisition et d'apport en litige, intervenues en mai et juin 2015 avaient porté sur 20 289 actions, et alors même que ces opérations ne conféraient pas le pouvoir de contrôle sur cette société (CE plén. 9-5-2018 no 387071, Sté Cérès, § 5 et 6, RJF 7/18 no 726).

De même, il a jugé que la cour a pu écarter, sans erreur de droit, d'une part la référence à des transactions survenues deux ans auparavant sur les **titres** de la même société, alors que la situation économique de la société dont les titres étaient cédés avait significativement évolué et, d'autre part, la référence à une transaction portant sur 330 actions (0,4 % du capital), alors que les cessions litigieuses portaient, dans des conditions sensiblement différentes, sur 7 490 et 9 633 actions (CE 9e-10e ch. 20-4-2021 no 437991 RJF 7/21).

Confirmant que l'évaluation des titres non cotés doit s'appuyer prioritairement sur la comparaison avec des transactions récentes intervenues sur des titres de la même société, le Conseil d'État juge que **cette méthode ne peut pas être combinée** avec les méthodes alternatives qui sont également acceptées ; il précise que si la comparaison est pertinente, l'administration est fondée à opposer les prix qui ont été stipulés dans les transactions invoquées et que, si elle ne l'est pas, elle doit recourir aux méthodes subsidiaires pour motiver les rectifications qu'elle entend opérer (CE 10e-9e ch. 21-10-2016 no 390421 ; RJF 1/17 no 8).

À défaut de transaction équivalente de référence, l'appréciation de la valeur vénale des titres est effectuée suivant des méthodes d'évaluation, dites subsidiaires ou alternatives, qui permettent d'obtenir un chiffre aussi voisin que possible de celui qu'aurait entraîné le jeu normal de l'offre et de la demande à la date où la cession est intervenue (CE 7e et 8e s.-s. 26-5-1982 no 29053 : RJF 7/82 no 636 ; CE 8e et 9e s.-s. 29-12-1999 no 171859, Robardey : RJF 2/00 no 153 ; CAA Paris 2e ch. B 13-2-2001 no 97-1308, Laurent : RJF 10/01 no 1192 ; CE 23-7-2010 no 308019 : RJF 11/10 no 1024 ; CE 6-2-2019 no 410248, SARL Alternance : RJF 5/19 no 466 ; CE 30-9-2019 no 419860, Sté VP Santé et CE 30-9-2019 no 419855, Sté Hôtel Restaurant Luccotel : RJF 12/19 no 1123).

> **Précisions** Ne répond pas à cet objectif, et doit donc être écartée, l'estimation des titres d'une société fondée uniquement sur la valeur retenue lors de l'**apport antérieur d'une branche** complète **d'activité,** valeur qui avait suscité des réserves des commissaires à la scission en raison de la faible rentabilité de la branche concernée et des difficultés à prévoir son évolution future (CE 10-12-2014 no 371422 : RJF 5/15 no 381).

Le Conseil d'État a été amené à préciser la **hiérarchie des méthodes d'évaluation** des titres non cotés dans un arrêt de 2016 qui fixe les règles suivantes : **35110** (suite)
– la **méthode par comparaison** doit être utilisée, en **priorité,** à l'exception de toute autre ;
– cette méthode ne peut **pas** être **combinée avec des méthodes alternatives** ou subsidiaires ;
– toutefois, **en l'absence de transactions** intervenues dans des conditions équivalentes et portant sur les titres de la même société ou, à défaut, de sociétés similaires, l'administration peut également se fonder sur l'une des méthodes destinées à déterminer la valeur de l'actif par capitalisation des bénéfices ou d'une fraction du chiffre d'affaires annuel, ou sur la combinaison de plusieurs de ces méthodes (CE 21-10-2016 n° 390421 : RJF 1/17 n° 8 ; CE 21-10-2020 n° 434512, Sté Nouvelle Cap Management : RJF 1/21 n° 11).

La valeur vénale des titres peut ainsi être évaluée par référence à la **valeur mathématique** (CE plén. 2-12-1977 n° 1247 : RJF 1/78 n° 5) reconstituant l'actif et le passif réels, sous réserve qu'elle ne corresponde pas à un taux de capitalisation manifestement excessif en regard de la situation de l'entreprise et de ses perspectives (CE 7e et 9e s.-s. 21-11-1979 n° 7512 : RJF 1/80 n° 29). En revanche, le recours à la **valeur** purement **comptable** doit être exclu (voir n° 35330) car cette estimation ne prend en compte ni les plus-values latentes ni la valeur du fonds de commerce (CE 7e et 8e s.-s. 28-11-1979 n° 10150 : RJF 2/80 n° 135 ; CE 10e et 9e s.-s., 10-12-2010 n° 308050, SARL Prunus : RJF 3/11 n° 278).

La valeur mathématique doit, dans la plupart des cas, être combinée avec d'autres éléments d'appréciation tels que la **valeur patrimoniale** de la société (situation nette consolidée dans le cas d'une société comportant de nombreuses filiales : CAA Paris 5e ch. 8-7-1999 n° 96-3047, Sté générale de transport et d'industrie : RJF 12/99 n° 1504), la valeur de **rendement** et la valeur de **productivité** des titres (CE 10e et 9e s.-s., 14-11-2003 n° 229446, Lafarge : RJF 2/04 n° 124) ou la valeur tirée de la **marge brute d'autofinancement** ou du « cash-flow » net, corrigée ou non d'un « goodwill » à la hausse, ou d'un « badwill » à la baisse (CAA Paris 3e ch. 23-1-1990 n° 89-342, Solobail : RJF 5/90 n° 543 ; CE 29-6-2001 nos 212347 et 212375).

La combinaison de ces différentes méthodes peut faire l'objet d'une **pondération** en fonction des circonstances propres à l'opération de cession (CE 26-5-1982 n° 29053 : RJF 7/82 n° 636).

EXEMPLES

Associant différentes méthodes d'évaluation :
– la valeur réelle des titres d'une SNC exploitant un hypermarché peut être estimée en prenant en compte sa situation nette à la date de la cession de ses parts, en évaluant son fonds de commerce à 40 % de son chiffre d'affaires, par comparaison avec sept transactions portant sur des fonds d'hypermarchés, et en intégrant une survaleur tenant compte de la situation particulière du cessionnaire, qui a renforcé sa position concurrentielle par l'acquisition des parts de la SNC (CE 20-12-2011 n° 313435) ;
– l'administration est en droit de calculer la valeur vénale de titres en recourant à la **combinaison de deux méthodes** consistant à déterminer une moyenne à partir d'une valeur mathématique et d'une valeur de productivité, puis à lui appliquer un abattement de 20 % destiné à tenir compte de l'absence de liquidité des titres de participation. À cet égard :
• la **valeur mathématique** peut valablement être calculée à partir de la valeur de l'immeuble formant l'essentiel de l'actif de la société, elle-même estimée par comparaison, augmentée du montant des capitaux propres retenus pour leur valeur d'inscription ;
• la **valeur de productivité** peut, quant à elle, être calculée en convertissant en capital le résultat net moyen de l'entreprise des trois exercices précédant la cession, hors charges et produits exceptionnels, par application à ce bénéfice moyen d'un taux de capitalisation égal au taux de rendement des emprunts d'état à long terme après prise en compte d'une hypothèse d'inflation, et d'une prime de risque, soit au total un taux de 4,20 % (CAA Douai 31-12-2012 n° 11DA01594 : RJF 6/13 n° 583).

La combinaison de ces différentes méthodes peut faire l'objet d'une **pondération** en fonction des circonstances propres à l'opération de cession (CE 26-5-1982 n° 29053 : RJF 7/82 n° 636).

Enfin, il est recommandé de tenir compte des **perspectives d'avenir** de la société à la date de la transmission (CE 9e et 8e s.-s. 3-10-1984 n° 48928 : RJF 12/84 n° 1444 ; CE 9e et 7e s.-s. 25-6-1986 n° 43592 : RJF 8-9/86 n° 753 ; CAA Paris 2e ch. 10-7-1990 n° 2243, SA Safral : RJF 3/91 n° 253 ; CAA Paris 2e ch. B 17-10-2000 n° 97-3224, min. c/ Gautier : RJF 4/01 n° 491).

Le Conseil d'État a jugé qu'en présence de transactions récentes intervenues sur des titres de la même société, la **méthode par comparaison** doit être utilisée à l'exception de toute autre. Cette méthode **ne peut pas être combinée avec les méthodes alternatives** ou subsidiaires, telles que celles visées au n° 35110, applicables à défaut de cessions comparables pertinentes (CE 21-10-2016 n° 390421 : RJF 1/17 n° 8). Cette décision précise utilement les modalités de mise en œuvre des différentes méthodes d'évaluation. On peut néanmoins se demander si l'exclusion des méthodes alternatives joue uniquement en cas de cessions pertinentes portant sur les titres de la même société ou si elle est également susceptible de s'appliquer lorsque l'évaluation par comparaison fait référence à des transactions portant sur des titres « similaires » à ceux ayant fait l'objet de la transaction contestée. Cette conception « large » de la comparaison semble pouvoir se déduire de l'arrêt du 21 octobre 2016 qui autorise le recours aux méthodes alternatives « en l'absence de transactions intervenues dans des conditions équivalentes et portant sur les **titres de la même société ou à défaut de sociétés similaires** » (cf. n° 35210). Il est néanmoins permis de considérer que la comparaison de transactions portant sur des titres de sociétés différentes ne présente pas une fiabilité supérieure à celle résultant de la combinaison de plusieurs méthodes subsidiaires. On observera d'ailleurs que, selon la **jurisprudence civile,** la méthode par comparaison ne prime toute autre méthode de valorisation que lorsqu'elle se réfère à des cessions de titres de la même société (n° 35122). Le débat ne nous paraît donc pas définitivement tranché.

35120 **Jurisprudence civile** Les litiges relatifs à l'évaluation des titres non cotés en matière de droits d'enregistrement (et d'ISF) ont également fait l'objet d'une jurisprudence fournie de la Cour de cassation ; celle-ci retient la même approche que le Conseil d'État. Par des arrêts rendus de 1952 à 1956 (en matière d'impôt de solidarité nationale), elle a posé le principe général selon lequel « la valeur réelle des titres doit être appréciée en tenant compte de tous les éléments dont l'ensemble permet d'obtenir un chiffre aussi proche que possible de celui qu'aurait entraîné le **jeu normal de l'offre et de la demande** ».
Cette jurisprudence a été confirmée par la suite (Cass. com. 19-12-1989 n° 1594 D, Condemine : RJF 3/90 n° 357 ; Cass. com. 7-12-1993 n° 1950 P, Delloye : RJF 3/94 n° 356 ; Cass. com. 21-10-1997 n° 95-13.769 P, Sté Marlène Pour : RJF 3/98 n° 325 ; Cass. com. 23-4-2003 n° 99-19.901 F-D, Charlot : RJF 10/03 n° 1180).

35122 L'analyse de la jurisprudence permet de dégager les **grands principes** que la Haute Assemblée retient pour parvenir à la détermination de la valeur vénale des titres non cotés.

1. Lorsqu'il existe une possibilité de comparaison avec des transactions récentes portant sur les mêmes titres, la **méthode comparative** doit être retenue si les éléments de référence produits répondent aux critères d'objectivité et de pertinence exigés par la jurisprudence (voir n° 35215). Dans ce cas, cette méthode prime sur les autres méthodes d'évaluation, celles-ci ne pouvant intervenir qu'à titre subsidiaire (Cass. com. 7-7-2009 n° 08-14.855 F-D, Zorn : RJF 12/09 n° 1173, pour une vente intervenue deux mois auparavant), et ce même si la société comporte peu d'associés et même si les mutations de parts ne sont pas très fréquentes.
Il convient aussi de s'assurer que la cession de titres prise pour base porte sur un **nombre de titres** comparable à celui que l'on veut évaluer (Cass. com. 15-9-2009 n° 08-16.444 F-D, Andrieu : RJF 1/10 n° 78), l'importance de la « participation » pouvant avoir une influence sur la valeur.

À défaut d'éléments de comparaison pertinents, une évaluation réaliste des parts pourra être obtenue par la **combinaison de plusieurs méthodes.** La Cour de cassation a ainsi validé l'évaluation des titres d'une société holding non cotée, détenant près de 25 % du capital d'une société anonyme cotée en bourse, à partir d'une combinaison de valeurs incluant la valeur mathématique et la valeur de productivité (Cass. com. 3-2-2015 n° 13-25.306 : RJF 5/15 n° 444).

Aussi, il appartient à l'administration de préciser le cas échéant qu'elle ne dispose d'aucun élément de comparaison de cessions antérieures de titres de la société en cause avant de recourir aux autres méthodes d'évaluation, sous peine de vicier la procédure de proposition de rectification (en ce sens, CA Reims 12-3-2013 n° 11-01583, ch. civ., Mécréant).

Dans un arrêt du 24 mai 2016 (Cass. com. n°s 15-17.788 n° 487 FS-PB : RJF 8-9/16 n° 763), la Cour de cassation indique en outre que la détermination de la valeur vénale de titres par référence au prix de transactions récentes ne peut être établie qu'à la **triple condition** que :
– les transactions dont elle se prévaut aient porté sur des titres ayant les mêmes caractéristiques que ceux qu'il s'agit d'évaluer ;
– qu'elles n'aient pas été assorties de contreparties ou été réalisées dans des conditions particulières dont les titres en litige ne bénéficieraient pas ;
– et qu'elles aient été négociées dans des conditions de pleine concurrence dans un marché réel.
Dans ce même arrêt, rendu en matière d'évaluation d'actions de sociétés en commandite par actions à caractère familial, la Cour a validé la valeur fixée par l'administration fiscale, reprise comme critère de comparaison avec les cessions des mêmes actions s'effectuant lors d'une bourse annuelle.

> **Précisions** En l'espèce, cette bourse interne aux sociétés en cause a lieu le 1er juillet de chaque année, à laquelle intervient une caisse de rachat, dans la limite de 2 % du capital des sociétés. Au-delà de ce pourcentage, les cessions doivent intervenir au profit d'acheteurs définis par les statuts.

La Cour relève que : **35122** (suite)
– le prix en est fixé par un collège d'experts, quels que soient la forme de la mutation et le nombre d'actions objet de celle-ci, et les contraintes spécifiques qui leur sont attachées font partie des éléments d'appréciation pris en considération par les experts ;
– ce prix se rapproche le plus possible de celui qu'aurait entraîné, dans un marché réel, le jeu normal de l'offre et de la demande.

2. Le **seul recours à la valeur mathématique,** « fût-elle tirée des écritures sociales et affectée d'un abattement, dont, à défaut de justifications, le montant paraît arbitrairement fixé », doit être proscrit (en ce sens notamment : Cass. com. 9-10-1985, Mordoh : Indicateur de l'Enregistrement n° 14548 ; Cass. com. 28-1-1992 n° 140 P, Obadia : RJF 4/92 n° 568).

De même, l'évaluation de titres d'une société ayant pour objet la gestion d'un patrimoine foncier doit tenir compte de l'activité exercée en raison des conséquences que celle-ci peut avoir sur la valeur des droits sociaux et, par conséquent, ne peut se limiter à la seule **valeur patrimoniale** ou mathématique (Cass. com. 23-4-2003 n° 639 F-D, Charlot : RJF 10/03 n° 1180, Indicateur de l'Enregistrement n° 18255).

Toutefois, la jurisprudence de la Cour de cassation approuve une évaluation à partir de la seule valeur mathématique, à condition qu'elle soit justifiée par les circonstances particulières de l'espèce. Il en a été jugé ainsi dans le cadre d'une évaluation des parts d'une société civile immobilière dont l'actif était constitué par la nue-propriété de droits immobiliers (Cass. com. 19-1-2010 n° 09-10.836 F-D : RJF 5/10 n° 539).

La Cour a également considéré que l'existence d'un contrat de location-gérance du fonds de commerce d'un an renouvelable par tacite reconduction était de nature à empêcher toute autre méthode de valorisation de rendre compte de la précarité de l'existence du fonds et du pouvoir attaché aux titres (Cass. com. 6-11-2012 n° 1102 F-D : RJF 2/13 n° 227, voir n° 35830).

Plus récemment, la Cour a admis que la nature de l'activité d'une société exerçant une activité de marchand de biens, son placement en redressement judiciaire, ainsi que le fait qu'il ne puisse être justifié de la réalité et du volume de l'activité de celle-ci durant le plan de continuation pendant lequel était intervenue la cession de titres, permettaient à l'administration fiscale de ne recourir qu'à la seule méthode de la valeur patrimoniale (Cass. com. 28-11-2018 n° 17-18.409 F-D : RJF 4/19 n° 390).

En définitive, l'évaluation d'un titre selon une seule méthode n'est admise que dans de très rares hypothèses, telles que la valorisation à la seule valeur mathématique d'une **société holding** (voir n° 36090), dont l'objet serait limité à la détention et à la gestion plus rationnelle d'un patrimoine privé (en ce sens Cass. com. 1-2-1982 n° 105 : Bull. Cass. IV n° 38) ou d'une société holding qui ne percevrait aucun flux de revenus.

3. Évaluation par référence à la **valeur de l'immeuble** qui constitue le **principal actif**

L'évaluation des titres non cotés en bourse doit être effectuée en tenant compte de tous les **éléments disponibles**, et notamment de la nature de l'actif social, de façon à faire apparaître une valeur aussi proche que possible de celle qu'aurait entraînée le jeu normal de l'offre et de la demande sur un marché réel à la date du fait générateur de l'impôt.

Ayant constaté que le principal actif de la société consistait dans une **demeure luxueuse** à la pointe du cap d'Antibes, la cour d'appel a pu en déduire qu'il y avait lieu, pour estimer les parts sociales de déterminer la valeur de cette propriété par référence à des transactions intervenues dans des conditions équivalentes et de déduire de l'**actif social** ainsi obtenu le **passif** de la société (Cass. com. 26-9-2018 n° 17-20.000 F-D : RJF 2/19 n° 217).

4. Il convient donc de **déterminer la valeur** des titres **en combinant la valeur mathématique avec d'autres valeurs** qui peuvent résulter, selon les cas évoqués dans les arrêts de la Cour de cassation :
– du rendement des titres et de l'importance des bénéfices ;
– de l'évaluation retenue à une époque voisine du fait générateur de l'impôt dans un acte passé entre parties ayant des intérêts opposés ;
– de l'activité de la société, de l'ampleur et du crédit de l'entreprise, de la situation économique ; mais, sur ce dernier point, on ne peut faire appel à des considérations d'ordre général que si elles se trouvent justifiées par les circonstances propres à chaque affaire.

5. Enfin, il convient de tenir compte des **perspectives d'avenir** de la société à la date de la transmission (Cass. com. 19-12-1989 n° 88-13.519 D, Condemine : RJF 3/90 n° 357 ; Cass. com. 7-12-1993 n° 1950 P, Delloye : RJF 3/94 n° 356 ; Cass. com. 6-11-2007 n° 06-16.510 F-D, Sté Sathel : RJF 2/08 n° 232 ; Cass. com. 15-9-2009 n° 08-16.444 F-D, Andrieu : RJF 1/10 n° 78). L'évaluation devant se faire au jour du fait générateur de l'impôt, il ne peut pas être tenu compte de l'évolution effective des titres postérieurement au fait générateur de l'impôt ; en revanche, il peut être tenu compte de leur évolution supposée en se plaçant rétroactivement à la date du fait générateur de l'impôt.

35130 Les **principes dégagés par la jurisprudence, tant administrative que civile,** analysée nos 35110 et 35120 s'imposent naturellement aux évaluateurs. Mais, compte tenu des progrès faits par l'analyse financière, il serait incongru de ne pas évoquer les **moyens modernes de détermination de la valeur vénale** des entreprises, moyens utilisés par les analystes financiers pour déterminer la valeur d'échange des titres dans le cadre d'une procédure de fusion ou la valeur d'introduction en bourse pour une société sollicitant son admission à la cote officielle.

Sans renier les méthodes dites traditionnelles, les analystes contemporains s'attachent essentiellement à déterminer la valeur des titres dans une perspective dynamique déjà évoquée par un arrêt de la Cour de cassation du 4 mars 1953 qui recommandait de rechercher les **perspectives d'avenir** de la société à l'époque du fait générateur. Cette jurisprudence a été confirmée par la suite (voir ci-avant n° 35122 § 5), et dans le même sens, par les tribunaux administratifs, notamment : CE 3-10-1984 n° 48928 : RJF 12/84 n° 1444 ; CE 25-6-1986 n° 43592 : RJF 8-9/86 n° 753 ; CAA Paris 10-7-1990 n° 2243 : RJF 3/91 n° 253).

Il convient donc de faire l'analyse des différentes sortes de « valeurs » susceptibles d'être retenues afin d'en effectuer ensuite la synthèse pour parvenir à une « valeur vénale » des titres appréciée en fonction des impératifs juridiques et économiques qui ont été évoqués ci-dessus, tout en ayant présent à l'esprit que la valeur vénale des titres non cotés est essentiellement fonction de la valeur d'un potentiel économique, le plus souvent extrêmement composite, dont la valeur globale n'est pas toujours égale – en plus ou en moins – à la somme des valeurs de ses composants.

Grandes familles méthodologiques d'évaluation De façon générale, la majorité des experts s'accordent pour distinguer **deux grandes familles méthodologiques** d'évaluation qui correspondent à deux visions différentes de l'entreprise sociétaire, et qui résultent de la double composante de la définition de la société :

– d'une part, la vision patrimoniale, qui se réfère à « la mise en commun de biens ou d'industrie », et qui aura tendance à privilégier le vendeur ;

– d'autre part, la vision fondée sur la rentabilité, que l'on peut relier au deuxième volet de la définition, se référant à la finalité de la société, qui est de « partager le bénéfice ou de profiter de l'économie pouvant en résulter » ; dans cette optique, plus proche des préoccupations de l'acquéreur, la valeur de l'entreprise sera essentiellement fonction de sa capacité à générer des profits dans l'avenir.

La **vision patrimoniale** a donné naissance aux notions de valeur mathématique, de valeur patrimoniale ou valeur d'actif net corrigé ; il s'agit d'une conception statique tournée vers le passé de l'entreprise.

L'**optique de rentabilité,** plus dynamique, tournée vers le futur, se porte sur les prévisions de résultats à venir et fait appel aux notions de valeur de rendement, de productivité, fondée sur la capitalisation d'un flux financier sur une période déterminée.

Entre ces deux familles méthodologiques, la **notion de goodwill** – dont la détermination retient deux composantes essentielles, l'actif net, d'une part, emprunté à la conception patrimoniale, et le bénéfice, d'autre part, emprunté à la conception fondée sur la rentabilité – constitue en théorie une méthode intermédiaire, d'arbitrage entre ces deux optiques – acheteur, vendeur –, mais ne peut trouver une application systématique.

Enfin, les méthodes de **comparaisons boursières** permettent d'établir un lien avec la réalité d'un marché véritable et de conforter une évaluation théorique ; elles restent cependant d'une application délicate et nécessitent la réunion d'un ensemble important de données tirées de l'étude du marché boursier.

Dans la réalité, l'évaluateur doit s'attacher à retenir les méthodes les mieux adaptées au cas rencontré, au terme d'un diagnostic économique, financier et comptable de l'entreprise. Cette démarche doit aboutir à la détermination d'une **fourchette de valeurs** cohérentes. En l'absence d'éléments de comparaison récents et pertinents, qui excluent toute autre méthode d'évaluation, la combinaison des différentes valeurs obtenues doit permettre de fixer une valeur vénale tenant compte de tous les éléments d'appréciation susceptibles de l'affecter.

35135 Pour la détermination des différentes valeurs de l'entreprise à une date donnée, il n'est pas indispensable de retenir les éléments du **dernier exercice clos** avant cette date.

La Cour de cassation s'est prononcée en ce sens dans un cas de transmission par décès. Elle a en effet jugé, dans une instance où le rapport d'expertise avait pris en compte des éléments postérieurs à la date d'ouverture de la succession, concrétisés par l'exercice arrêté à une date postérieure au décès, que la valeur vénale des actions au moment du décès ne pouvait pas ne pas tenir compte des potentialités de l'entreprise, et que la prise en compte par l'expert de l'**évolution de l'entreprise** postérieure au décès n'était donc pas critiquable en soi (Cass. com. 7-12-1993 n° 1950 P, Delloye : RJF 3/94 n° 356).

Cette faculté qu'accorde la jurisprudence ne peut s'appliquer qu'à un exercice clos peu de temps après la date d'évaluation. C'était le cas dans une instance où l'évaluation avait été faite par l'administration en procédant à une application combinée de la valeur mathématique et de la valeur de productivité, pour une partie des cessions de parts intervenues avant la clôture de l'exercice (CA Caen 1e ch. sect. civ. 3-1-2006 n° 04-1913, SA Soparcor : Ind. n° 18.797). Un dépassement de quelques mois semble raisonnable, à défaut d'un bilan provisoire arrêté à la date d'évaluation, rarement disponible dans les faits.

À titre d'illustration, les méthodes que nous préconisons seront appliquées, dans la suite de notre exposé, au **cas fictif d'une entreprise industrielle de mécanique de précision** travaillant en sous-traitance pour l'industrie aéronautique (société anonyme « **S** » présentée n° 35332). 35140

Guide de l'évaluation de l'administration fiscale En **1982,** l'administration fiscale avait publié un **guide de l'évaluation** pour apporter une aide à ses services et aux contribuables en matière de valorisation des biens et droits mobiliers et immobiliers, des fonds de commerce et des ensembles industriels. 35150

S'agissant plus spécialement des **sociétés non cotées** en bourse, l'administration fiscale préconisait d'utiliser essentiellement trois sortes de méthodes (valeur mathématique, valeur de rendement et valeur de comparaison) et d'en faire la synthèse pour dégager la valeur totale des titres de ces sociétés.

Une **nouvelle édition du guide** de l'évaluation, disponible sur le **site Internet impots.gouv.fr** depuis le 20 mars 2007, est venue actualiser ce guide en y apportant un certain nombre d'adaptations et une modernisation des méthodes. À la différence du guide « papier » de 1982 qui intéressait toutes les catégories de biens, cette nouvelle édition électronique concerne uniquement l'évaluation des entreprises et des titres de sociétés. Elle a vocation à permettre à tout usager d'accéder aux principes et méthodes qui orientent l'administration fiscale, et ainsi d'améliorer les garanties offertes aux entreprises.

Le nouveau guide de l'évaluation des entreprises et des titres de sociétés aménage et complète la doctrine administrative antérieure en exposant et décrivant :

– la méthodologie et la démarche à suivre pour évaluer une entreprise ;

– le choix et la combinaison des méthodes à opérer.

B. Valeur de comparaison

On distinguera successivement trois sortes de valeurs de comparaison, en en précisant les limites : 35200

– cession ou transfert antérieur de titres de la même société ;

– à défaut de cession ou transfert antérieur constitutif d'un élément de comparaison pertinent, cours hors cote ;

– comparaisons boursières de sociétés ayant le même type d'activité.

1. COMPARAISON AVEC DES CESSIONS ANTÉRIEURES DE TITRES DE LA MÊME SOCIÉTÉ

La méthode de détermination de la valeur vénale des titres non cotés **qui doit être privilégiée** est la méthode par comparaison avec des cessions antérieures de titres de la même société, dès lors que cette valeur ne résulte pas d'un prix de convenance. Des cessions antérieures portant sur des titres de la même société constituent des termes de comparaison de référence si elles ont été effectuées à des dates récentes et dans des conditions équivalentes. 35210

Sur la qualification de **transactions** « **récentes** », la **jurisprudence** considère que celles-ci doivent être intervenues antérieurement dans un délai raisonnable : trois jours avant la date de la cession en cause (Cass. com. 2-12-1997 n° 95-22.256 D, Petitjean : RJF 4/98 n° 488), deux mois (Cass. com. 7-7-2009 n° 08-14.855 F-D, Zorn : RJF 12/09 n° 1173), voire même vingt-deux mois auparavant (CE 7e et 8e s.-s. 14-6-1978 n° 9403 : RJF 7-8/78 n° 316). Le Conseil d'État a également reconnu le bien-fondé de la référence à une transaction effectuée environ un an auparavant, dès lors qu'aucun changement n'est intervenu depuis dans l'activité de la société, ses conditions d'exploitation et sa situation nette comptable et qu'aucune modalité particulière de paiement du prix ne peut justifier une différence de valeur (CE 3e et 8e s.-s. 10-11-2010 n° 309148, Sté Corbfi : RJF 2/11 n° 153).

Notons toutefois que la cour administrative d'appel de Paris a jugé qu'une opération d'échange intervenue un an plus tôt était trop éloignée pour servir de référence (CAA Paris 8-7-1999 n° 96-3047, Sté générale de transport et d'industrie : RJF 12/99 n° 1504).

Sur la notion de « **conditions équivalentes** », le Conseil d'État a jugé que l'évaluation ne pouvait, pour déterminer la valeur des titres de la société objet du litige, se référer à la cession d'actions

de cette société intervenue le 25 novembre 2004, dès lors que cette cession n'avait porté que sur 25 actions, alors que les opérations d'acquisition et d'apport en litige, intervenues en mai et juin 2015 avaient porté sur 20 289 actions, et alors même que ces opérations ne conféraient pas le pouvoir de contrôle sur cette société (CE plén. 9-5-2018 n° 387071, Sté Cérès, § 5 et 6 : RJF 7/18 n° 726).
De même, il a jugé que la cour a pu écarter, sans erreur de droit, d'une part la référence à des transactions survenues deux ans auparavant sur les titres de la même société, alors que situation économique de la société dont les titres étaient cédés avait significativement évolué et, d'autre part, la référence à une transaction portant sur 330 actions (0,4 % du capital), alors que les cessions litigieuses portaient, dans des conditions sensiblement différentes, sur 7 490 et 9 633 actions (CE 9ᵉ-10ᵉ ch. 20-4-2021 n° 437991 RJF 7/21).
Le **guide de l'évaluation de l'administration fiscale** préconise de ne pas retenir, en principe, de mutations antérieures de plus de 24 mois, ni postérieures à la date prise en compte pour l'évaluation.
Relevons qu'une **proposition de rachat** de titres qui n'a pas abouti à une cession effective ne peut pas servir de terme de comparaison pour évaluer la valeur réelle des titres cédés lors d'une transaction ultérieure (CE 23-7-2010 n° 308019, 8ᵉ et 3ᵉ s.-s., Marmajou : RJF 11/10 n° 1024).

35212 On relèvera que la jurisprudence administrative ne limite pas la comparaison avec d'autres transactions portant sur les titres de la même société. Elle admet, dans certaines hypothèses particulières, que la comparaison puisse porter sur des **transactions portant sur des actions de sociétés « similaires »** ou « exerçant la même activité » (CE 29-12-1999 n° 171859 : RJF 2/00 n° 153 ; CE 14-11-2003 n° 229446 : RJF 2/04 n° 124, BDCF 2/04 n° 18 ; CE 20-12-2011 n° 313435 : RJF 3/12 n° 212).
Le Conseil d'État a également admis que les titres d'une société holding soient évalués par référence à une **transaction** qui a porté **sur les titres de sa filiale,** sous réserve que celle-ci occupe une part suffisante dans l'actif de la société holding pour pouvoir en déduire une estimation de la valeur de marché des titres de cette société holding (CE 20-6-2012 n° 343033 : RJF 10/12 n° 919).
La cour administrative de Bordeaux a jugé que cette condition n'est pas remplie par les **cessions** de titres **réalisées au profit d'une société holding** (au cas particulier un sous-holding) dès lors que la filiale ainsi acquise ne représente que 42 % du montant des titres de participation détenus par cette société. Par conséquent, cette transaction ne peut servir de terme de comparaison pertinent pour déterminer le prix à retenir lors de la cession, moins de deux ans après, des titres du sous-holding par une société holding (CAA Bordeaux 22-11-2016 n° 14BX03020 : RJF 3/17 n° 215).

35215 Pour que les **conditions** des cessions servant de référence soient **équivalentes,** il convient de s'assurer :
– que la ou les cessions de référence soient récentes ;
– que l'**activité de la société** n'a pas été modifiée depuis la précédente mutation (adjonction d'une activité nouvelle ou abandon d'une branche d'activité) ;
– que la situation nette comptable de la société et les conditions d'exploitation sont inchangées (CE 3ᵉ et 8ᵉ s.-s. 10-11-2010 n° 309148, min. c/ Sté Corbfi : RJF 2/11 n° 153) ;
– que les titres n'ont pas été regroupés ou au contraire divisés, donc que leur **valeur nominale** est demeurée inchangée ;
– qu'il n'y a **pas** eu depuis la précédente mutation **augmentation de capital,** notamment par incorporation de réserves ;
– que la cession de titres prise pour base porte sur un **nombre de titres** comparable à celui que l'on veut évaluer (Cass. com. 15-9-2009 n° 08-16.444 F-D, Andrieu : RJF 1/10 n° 78), l'importance de la « participation » pouvant avoir une influence sur la valeur.
Dans un arrêt du 24 mai 2016, la Cour de cassation indique en outre que la détermination de la valeur vénale de titres par référence au prix de transactions récentes ne peut être établie qu'à la **triple condition** que :
– les transactions dont elle se prévaut aient porté sur des titres ayant les **mêmes caractéristiques** que ceux qu'il s'agit d'évaluer ;
– **qu'elles n'aient pas été assorties de contreparties ou été réalisées dans des conditions particulières dont les titres en litige ne bénéficieraient pas** ;
– et **qu'elles aient été négociées dans des conditions de pleine concurrence dans un marché réel.**
Dans ce même arrêt, rendu en matière d'évaluation d'actions de sociétés en commandite par actions à caractère familial, la Cour a validé la valeur fixée par l'administration fiscale, reprise comme critère de **comparaison avec les cessions des mêmes actions s'effectuant lors d'une bourse annuelle.**

En l'espèce, cette bourse interne aux sociétés en cause a lieu le 1ᵉʳ juillet de chaque année, à laquelle intervient une caisse de rachat, dans la limite de 2 % du capital des sociétés. Au-delà de ce pourcentage, les cessions doivent intervenir au profit d'acheteurs définis par les statuts.

La Cour relève que :
– le prix en est fixé par un collège d'experts, quels que soient la forme de la mutation et le nombre d'actions objet de celle-ci, et les contraintes spécifiques qui leur sont attachées font partie des éléments d'appréciation pris en considération par les experts ;
– ce prix se rapproche le plus possible de celui qu'aurait entraîné, dans un marché réel, le jeu normal de l'offre et de la demande (Cass. com. 24-5-2016 n° 15-17.788, n° 487 FS-PB : RJF 8-9/16 n° 763).

La comparaison doit tenir compte des **conditions spécifiques** des transactions de référence qui ont pu avoir une influence sur la détermination du prix, tel un **paiement différé** (CE 8e et 9e s.-s. 6-6-1984 nos 35415 et 36773 : RJF 8-9/84 n° 940) ou le **pouvoir de négociation** des parties (CE 8e et 3e s.-s. 3-7-2009 n° 306363, Min. c/ Plessis de Pouzilhac : RJF 11/09 n° 941). **35220**

En outre, il faut bien évidemment que les **prix des cessions** antérieures soient **sincères,** c'est-à-dire qu'ils aient été débattus contradictoirement et qu'ils soient intervenus à une date proche du fait générateur de l'évaluation.

Plus la transaction apparaît sincère et proche du fait générateur, plus elle s'impose comme élément déterminant.

À noter que la différence de prix éventuellement constatée par l'administration entre le prix convenu dans une transaction contestée et celui pratiqué dans d'autres transactions portant sur les mêmes titres ne suffit pas pour établir l'existence d'un avantage occulte. Encore faut-il que cet **écart** soit **significatif.** À titre indicatif, le Conseil d'État juge qu'un écart de 14,75 % ne l'est pas (CE 10e et 9e s.-s. 31-3-2010 n° 297307, Petit : RJF 6/10 n° 591).

EXEMPLE

En raisonnant sur le cas de la **société « S »** présentée n° 35332, supposons que nous ayons à évaluer un portefeuille de 5 000 actions de cette société au 1er janvier 2022.

Nous avons eu connaissance que, le 30 décembre 2019, 3 000 actions avaient été cédées par M. X à M. Y moyennant le prix de 100 €.

En 2019, la société « S » a réalisé un chiffre d'affaires de 7 500 000 € et a dégagé un bénéfice après impôt de 400 000 €. Entre 2019 et 2021, la progression du chiffre d'affaires a été de 20 % et celle du bénéfice de 10 %.

Il devient envisageable, dans la mesure où la cession entre X et Y d'un paquet minoritaire de titres n'est pas une cession de convenance (entre le père et son fils, par exemple), d'extrapoler la valeur vénale du titre au 1er janvier 2022, en appliquant au prix de cession au 30 décembre 2019 la moyenne de la progression du chiffre d'affaires et du bénéfice de la société, soit :

$$\frac{20\,\% + 10\,\%}{2} = 15\,\%,$$

ce qui nous donne une valeur vénale au 1er janvier 2022 égale à 100 € × 1,15 = **115 €.**

Cette **extrapolation** doit toutefois être effectuée avec prudence car elle n'introduit aucune considération économique liée notamment à l'évolution de la conjoncture dans la branche considérée.

Elle devrait être écartée dans le cas où la cession prise pour référence (vente du 30 décembre 2019) aurait porté sur un nombre très faible de titres (10, par exemple) au profit de M. Y pour lui permettre de devenir administrateur de la société « S », ou, à l'opposé, aurait porté sur 42 000 titres et permis à M. Y de posséder sans partage le pouvoir de décision dans la société.

2. COURS DE L'EURONEXT ACCESS

À côté du grand marché réglementé Euronext, existe un marché lancé le 23 septembre 1996, Euronext Access (ex-Marché libre), marché non réglementé au sens de l'article L 421-1 du Code monétaire et financier, et qui s'est substitué au marché hors-cote. Il accueille essentiellement des entreprises très jeunes ou trop petites pour accéder à un autre compartiment, et aussi des valeurs radiées du marché réglementé, mais dans un compartiment spécialement dédié. Les nouvelles directives d'Euronext concernant Euronext Access, qui regroupe 256 valeurs, sont entrées en vigueur le 19 juin 2017. Pour être cotées sur Euronext Access, les entreprises devront obligatoirement recourir aux services d'un listing sponsor, pour les aider à remplir leurs obligations réglementaires, issues de la directive européenne d'abus de marché (Market Abuse Regulation, MAR). Elles devront notamment fournir deux années de comptes audités (incluant la dernière année de comptes audités) aux normes comptables actuelles (International Financial Reporting Standards, IFRS) ou local (Generally Accepted Accounting Principles, Gaap), et leur capitalisation flottante (valeur des actions réparties dans le public) devra atteindre un million d'euros. **35230**

Au-delà des obligations de diffusion d'information, les sociétés doivent également mettre à disposition une liste d'initiés (nos 86700 s.) et les déclarations d'opérations sur titres (nos 86625 s.).

La plupart d'entre elles réalisaient un chiffre d'affaires de plus ou moins 5 millions d'euros et employaient une vingtaine de personnes avant leur introduction en bourse. Ce marché peut être

considéré comme une sorte de rampe de lancement pour certaines valeurs qui seront transférées sur Euronext Growth (ex-Alternext) si elles font leurs preuves, puis sur un marché réglementé.
Ce marché étant d'une taille réduite, la liquidité est faible et donc les fluctuations de cours importantes.
À côté d'Euronext Access, il existe aussi un **marché de gré à gré** où les prix sont directement négociés entre les investisseurs. Il est uniquement utilisé par les professionnels.
En principe, la valeur des titres négociés sur le marché de gré à gré résulte du **libre jeu de la loi de l'offre et de la demande.** Le cours qui se dégage des transactions n'est pas une base d'évaluation légale, mais lorsque l'offre de cession de titres sur ce marché est régulière, qu'elle porte sur un nombre significatif de titres, il peut être pris en compte pour la détermination de la valeur vénale du titre.
De même que lorsque le nombre des actions offertes n'est pas significatif, il serait inopportun de retenir les cours des transactions intervenues sur ce marché lorsque des transactions de faible valeur sont intervenues à des périodes relativement éloignées les unes des autres.

3. VALEUR VÉNALE FONDÉE SUR LES COMPARAISONS BOURSIÈRES

35240 Selon l'administration, l'utilisation des comparaisons boursières doit être limitée aux **grandes entreprises** susceptibles d'être, à plus ou moins bref délai, admises aux négociations sur un marché financier. Sur les marchés financiers sont négociés des titres de placement et donc des participations minoritaires. En cas de cession de titres représentatifs d'un **bloc de contrôle**, la valeur vénale est supérieure, comme le montre la pratique des OPA.
Sous ces réserves, les données boursières sont utilisables pour déterminer le **taux de capitalisation** de la valeur de rendement ou de productivité (n°s 35500 s.) et pour choisir le **coefficient multiplicateur** à appliquer à la marge brute d'autofinancement (n° 35245).
La jurisprudence administrative admet, comme on l'a vu précédemment (n° 35212), que la comparaison puisse porter, dans certaines hypothèses particulières, sur des **transactions portant sur des actions de sociétés « similaires »** ou **« exerçant la même activité »** et, en l'occurrence, cotées en bourse. Dans ces hypothèses, l'évaluation du titre par comparaison ne pourra pas être réalisée de façon directe, mais seulement après reconstitution de la valeur globale de l'entreprise présumée comparable à la société à évaluer et ce, pour pouvoir dégager des ratios significatifs, tels que Valeur/Chiffre d'affaires, Valeur/Marge brute d'autofinancement, Valeur/Bénéfice, par exemple, et les appliquer à l'entreprise sociétaire à évaluer pour en dégager la valeur unitaire des titres constitutifs.
À notre avis, les comparaisons boursières doivent être utilisées avec prudence. Un fort mouvement à la hausse ou à la baisse des cours peut trouver son origine dans des circonstances propres aux marchés financiers. Dans ce cas, la valeur des titres non cotés ne suit pas nécessairement la même évolution.
De plus, on sait que les marchés boursiers sont influencés par des **facteurs psychologiques.** Ainsi, en période de crise économique et financière, on constate une très forte volatilité des cours qui peut fausser l'analyse des indicateurs.
Néanmoins, en période normale, la capitalisation boursière (produit du cours boursier par le nombre de titres de la société cotée) est un indicateur de marché qu'on ne peut négliger et qui correspond en tout état de cause à la perception que des **investisseurs minoritaires** ont de l'entreprise, même si cette perception est subjective. Ces derniers, généralement bien informés sur les résultats et les perspectives d'avenir de la société, ne se livrent que rarement à la détermination de la valeur théorique de rentabilité de l'action. Le cours constitue le prix qui se fixe au niveau de rencontre entre l'offre et la demande, et, à ce titre, il peut servir de référence en tant que **complément des autres méthodes** d'évaluation, qu'elles soient à caractère patrimonial ou fondées sur la rentabilité.

MARGE BRUTE D'AUTOFINANCEMENT (MBA)

35245 La marge brute d'autofinancement (appelée en anglais méthode du **« cash-flow »**) permet d'apprécier la capacité bénéficiaire d'une entreprise, à partir de l'ensemble des disponibilités qu'elle dégage pendant une période déterminée.
La MBA comprend :
– le bénéfice net (après IS) ;
– les amortissements pratiqués en fin d'exercice ;
– les variations des provisions pour dépréciation d'actifs immobilisés ;

– les variations des provisions réglementées et des provisions pour risques et charges à caractère de réserves (provisions ne correspondant pas à une charge réelle de l'entreprise, par exemple : les provisions pour amortissements dérogatoires, pour investissement, pour hausse des prix ou de propre assureur).

La méthode de la MBA consiste à appliquer à celle-ci un **coefficient multiplicateur** pour obtenir la valeur globale de l'entreprise. La détermination de ce coefficient est des plus délicates. Son montant est d'autant plus faible que les investissements sont importants et inversement. Dans son **guide de l'évaluation des entreprises** et des titres de sociétés accessible sur internet (http://www.impots.gouv.fr.), l'administration fiscale préconise une fourchette de taux de 4 à 10.

Cette méthode ne peut être utilisée que pour des **sociétés importantes,** à partir d'éléments de **comparaison tirés de sociétés cotées** du même secteur et d'importance comparable. Le coefficient multiplicateur est alors obtenu par le rapport entre la capitalisation boursière et la MBA de chaque société de référence.

EXEMPLE

Dans le cas de la **société « S »** (présentée n° 35332), en supposant que cette société ait pratiqué une dotation aux amortissements au titre de l'exercice 2021 de 400 000 € et que la provision pour amortissements dérogatoires (80 000 €) ait été constituée en 2021, on obtient une MBA égale à :
440 000 € + 400 000 € + 80 000 € = 920 000 €.
Cependant, on ne peut déterminer la valeur de la société « S » en appliquant le coefficient de MBA constaté chez Dassault Aviation, ou même le coefficient moyen constaté dans le secteur aéronautique. En effet, il y a dans ce cas une différence d'échelle qui enlève toute valeur au ratio de comparaison.

RAPPORT COURS/BÉNÉFICE (PRICE EARNING RATIO OU PER)

C'est une méthode d'évaluation par **capitalisation du bénéfice net.** Le **coefficient** à appliquer est obtenu par comparaison avec le rapport constaté dans une société cotée entre le cours de l'action et le bénéfice net par action. 35255

EXEMPLE

Si l'action d'une société cotée en bourse dont l'activité se situe dans le secteur aéronautique se négocie sur la base de 75 € alors que le bénéfice net du dernier exercice, ramené à l'action, est de 5 €, le ratio de price earning est de 15.

Voir les développements avec un exemple d'application exposé au n° 35555.

La validité d'une telle comparaison dépend largement du **choix des sociétés cotées prises comme références.** Elles doivent si possible présenter des caractéristiques comparables à la société non cotée dont la valeur des titres est recherchée, notamment, quant à la taille, le secteur d'activité et la structure financière. 35260

La **politique de dividende** de la société cotée ne devra pas être négligée. Une distribution importante peut en effet faire apprécier le titre et élever le cours sans que cette augmentation soit en rapport avec celle de la valeur substantielle de l'entreprise. La régularité du versement du dividende et de sa progression constitue en général un élément favorable pour la comparaison.

Dans le choix des sociétés prises comme références, il convient d'écarter celles dont le **rapport cours/bénéfice** diverge de manière **extrême.** Une moyenne prenant en compte ces divergences n'aurait aucune signification. La méthode repose en effet sur l'existence d'un rapport supposé stable pour un secteur économique considéré.

Le **cours à prendre en considération** est bien entendu un cours moyen. On peut valablement retenir le cours moyen constaté la dernière année ou, pour une période suffisamment longue, précédant la date de l'évaluation du titre non coté auquel on procède.

L'utilisation de cette méthode avec les précautions qui s'imposent ne peut être préconisée que pour l'**évaluation des grandes entreprises.** Elle ne peut donc permettre valablement de déterminer l'action de la société « S » car il existe une différence de dimension qui exclut toute extrapolation sur des bases sérieuses (voir n° 35555).

MULTIPLE DU RÉSULTAT D'EXPLOITATION ET MULTIPLE DE L'EXCÉDENT BRUT D'EXPLOITATION

Cette méthode consiste à appliquer aux données de l'entreprise le multiple dégagé à partir de comparaisons avec des sociétés cotées du même secteur d'activité et de taille similaire. Ces données représentent des soldes intermédiaires de gestion couramment utilisés dans l'analyse financière. 35270

Le **résultat d'exploitation** (RE, ligne GG du tableau 2052 de la liasse fiscale) découle de l'activité industrielle et commerciale de l'entreprise. 35275

Les **produits d'exploitation** sont principalement constitués :
– des produits de la vente (chiffre d'affaires) ;
– des variations de stocks de marchandises et produits finis (production stockée) ;
– des immobilisations créées pour elle-même (production immobilisée) ;
– des subventions d'exploitation.

La réalisation de ces produits engendre nécessairement des coûts. Ce sont les **charges d'exploitation,** dont les principales sont :
– les achats de marchandises ou de matières premières ;
– les frais de sous-traitance, énergie, fournitures, locations, assurances, formation, publicité, transport, téléphone... (autres achats et charges externes) ;
– les salaires bruts dus au personnel (salaires et traitements) ;
– les cotisations patronales dues aux organismes sociaux (charges sociales) ;
– les pertes de valeur subies par les immobilisations et l'actif circulant au cours de l'exercice (dotation aux amortissements et aux provisions).

Le résultat d'exploitation est obtenu par différence entre les produits d'exploitation et les charges d'exploitation ; il correspond à la **notion anglo-saxonne d'Ebit** (earning before interest and tax).

35280 L'**excédent brut d'exploitation** (EBE) est le solde généré par l'activité courante de l'entreprise sans prendre en compte sa politique d'investissement et sa gestion financière. Cet indicateur donne une vision objective de l'entreprise et permet de déterminer la rentabilité de son exploitation courante.

L'excédent brut d'exploitation **se calcule** à partir de la valeur ajoutée, de laquelle sont déduits les charges de personnel, les impôts et taxes et sont ajoutées les subventions d'exploitation et certaines provisions.

Il s'obtient également à partir du résultat d'exploitation, majoré des dotations d'exploitation (amortissements, provisions sur immobilisations, dotations aux provisions sur actif circulant et pour risques et charges) et autres charges, et sous déduction des reprises et transferts sur charges d'exploitation et autres produits. Son **équivalent anglo-saxon** est l'**Ebitda** (earning before interest, tax, depreciation and amortization).

Les **multiples** sont **calculés** à partir de la capitalisation boursière (cours du titre multiplié par le nombre de titres) des sociétés de référence, selon la formule : CB/RE et CB/EBE.

ILLUSTRATIONS

1. Le Conseil d'État a validé l'application de la méthode de l'Ebitda dans les circonstances suivantes. Une société a évalué les titres de sociétés apportés à une autre entreprise **en multipliant par six les résultats d'exploitation** avant impôts, amortissements et provisions de ces sociétés et en majorant le résultat ainsi obtenu de leur **trésorerie moyenne disponible.**

La société bénéficiaire de l'apport distribue, trois ans plus tard, à la société apporteuse des dividendes en actions, lesquelles correspondent aux titres initialement apportés. Pour procéder à l'évaluation des actions reçues à titre de dividendes, la société retient la même méthode que précédemment mais multiplie par 5, 5 le résultat d'exploitation avant impôts, amortissements et provisions, puis majore le résultat obtenu de la moitié de la trésorerie moyenne disponible.

Si la **dégradation du contexte économique,** entre la date de l'apport des titres et celle de la distribution, dans le secteur d'activité des sociétés concernées, a justifié la **diminution du coefficient multiplicateur,** cette circonstance ne saurait, selon le rapport établi par un expert, être utilement invoquée pour ne retenir que la **moitié de la trésorerie moyenne disponible.**

Dès lors que la société ne fait état d'aucun changement intervenu dans les conditions d'exploitation ou la situation financière des sociétés en cause, l'administration est fondée à réintégrer à son résultat imposable l'insuffisance d'évaluation résultant de la modification apportée à l'une des variables de la méthode de valorisation. Sans contester la méthode de l'Ebitda mise en œuvre par deux fois par la société pour évaluer les titres, le Conseil d'État a sanctionné l'utilisation de paramètres de trésorerie différents lors de la seconde évaluation sans qu'il ait été fait état de circonstances particulières pouvant les justifier (CE 16-11-2016 n° 387576 SA Havas : RJF 2/17 n° 111).

2. L'Observatoire des valorisations des petites et moyennes entreprises non cotées de la Compagnie des conseils et experts financiers (CCEF) a publié, pour 2021, les multiples d'Ebit selon les secteurs et par niveau d'Ebit, nous en reproduisons ci-après à titre indicatif les moyennes tous secteurs confondus.

Valeurs des multiples moyens d'Ebit en fonction de la taille de l'entreprise et tous secteurs confondus

Multiples d'Ebit en fonction de la taille des sociétés non cotées								
Ebit (en M€)	0,1	0,5	1	5	10	20	50	100
Multiple moyen	7,36	8,36	8,87	10,36	11,17	12,13	13,68	15,16

Selon ces critères, la société S serait évaluée, en retenant les ratios de la colonne « 10 M€ », en rapport avec la taille de la société S (9 M€ de chiffre d'affaires) à :
L'EBIT de la société S étant égale à 550 K€, la valorisation s'établit à : 550 × 11,17 = 6 143 500 €, soit 123 € par action.
NB : À rapprocher de la valeur de productivité exposée au n° 35565 et calculée à 140 € l'action.
Ce tableau a l'avantage de fournir des éléments d'approche de la valeur des PME non cotées en fonction de leur taille, et complète utilement l'exemple chiffré du guide de l'Administration, exposé ci-après.

Remarque : Le **guide de l'administration** de 2007 retient comme numérateur la notion de **valeur d'entreprise** (VE), à savoir la capitalisation boursière majorée du montant de l'endettement financier. Nous ne sommes pas convaincus de la pertinence de ce retraitement ; en effet, le cours de bourse est censé refléter la valeur du titre de la société, compte tenu de sa situation financière, et en particulier de son endettement. Aussi, ce retraitement est, à notre avis, de nature à fausser le résultat tiré des données comparatives.
Par ailleurs, dans l'exemple chiffré de l'application des méthodes, le même guide précise que l'évaluateur a utilisé des indications parues dans les bases documentaires spécialisées, qui donnaient les multiples suivants pour les secteurs des services à l'industrie : VE/RE = 9,8 ; VE/EBE = 6,5.
Toutefois, aucune information n'est donnée sur l'**origine des sources utilisées,** ce qui retire une grande part de l'intérêt pratique de la démonstration.
Il nous paraît mieux fondé de pratiquer comme indiqué ci-dessus une étude de marché retenant un **panel** de sociétés cotées **de référence** (secteur et taille comparables) et de dégager les multiples en cause, qui compléteront le cas échéant les multiples de PER (voir n°s 35255), et les taux de rendement des actions.
Enfin, dans le cas d'une **entreprise industrielle moyenne,** le guide retient la mise en place d'une valeur par un multiple de l'EBE observé dans une transaction d'entreprise intervenu dans le même secteur. Cette méthode ne paraît pas réellement applicable en pratique dans la mesure où, d'une part, il est très difficile d'obtenir des publications de transactions d'entreprises et que, d'autre part, s'agissant d'une entreprise moyenne, la comparaison boursière n'est pas appropriée.
Cette méthode doit être considérée comme une approche de valorisation dans le cadre d'une négociation à venir. En tout état de cause, l'évaluateur devra tenir compte de l'état d'endettement, la dette venant en déduction de cette valeur d'entreprise, ou de la trésorerie, qui viendra en augmentation de cette même valeur.

C. Valeur mathématique

1. DISTINCTION ENTRE « VALEUR MATHÉMATIQUE » ET « VALEUR COMPTABLE »

VALEUR COMPTABLE DE L'ENTREPRISE

La valeur comptable de l'entreprise correspond au montant de son **actif net,** tel qu'il résulte du dernier bilan déposé à la date du fait générateur. 35330
Il peut être procédé de deux manières différentes pour parvenir au calcul de cet actif net :
– actif net = actif net figurant à l'actif du bilan diminué des postes sans valeur de réalisation (frais d'établissement et pertes) et diminué des dettes envers les tiers ;
– actif net = capital + réserves + report à nouveau + bénéfice de l'exercice diminué éventuellement des postes sans valeur de réalisation énumérés ci-dessus (frais d'établissement et pertes).

EXEMPLE 35332

Le **bilan fictif de la société anonyme « S »** (entreprise industrielle de mécanique de précision travaillant en sous-traitance pour l'industrie aéronautique) arrêté **au 31 décembre 2021** se présente schématiquement de la façon suivante.
Le **capital** de 1 000 000 € est divisé en 50 000 actions de 20 € chacune.
Le **chiffre d'affaires** hors taxe de l'exercice 2021 est de 9 000 000 €.
Celui de l'exercice 2020 était de 7 200 000 €.
Le **bénéfice net après impôt** de l'exercice 2021 s'élève à 440 000 €.
La détermination de la **valeur nette comptable** à partir de la première formule conduit aux résultats chiffrés suivants :
(4 208 000 – 14 000) – (160 000 + 520 000 + 1 134 000) = 2 380 000 €.
L'application de la deuxième formule conduit au même résultat d'une manière différente, soit :
1 000 000 + 848 000 + 26 000 + 80 000* + 440 000 – 14 000 = 2 380 000 €.
*La provision pour amortissements dérogatoires n'est pas une charge mais est incluse dans les fonds propres.
La valeur nette comptable de chaque action ressort à :
2 380 000/50 000 = 47,60 €.

Bilan de la société « S »

Actif			Passif	
Frais de 1er établissement	21 000 €		Capital (50 000 actions de 20 €)	1 000 000 €
– Amortissements	7 000 €	14 000 €		
Terrains		120 000 €	Réserves	848 000 €
Constructions[1]	1 300 000 €		Report à nouveau	26 000 €
– Amortissements	500 000 €	800 000 €	Bénéfice après impôt	440 000 €
Matériel	1 700 000 €			
– Amortissements	1 220 000 €	480 000 €	Provision pour amortissements dérogatoires	80 000 €
Mobilier	128 000 €		Provision pour IS à payer	160 000 €
– Amortissements	76 000 €	52 000 €		
Agencements installations	720 000 €		Dettes à long terme	520 000 €
– Amortissements	560 000 €	160 000 €	Autre passif exigible	1 134 000 €
Stocks		700 000 €		
Autres valeurs réalisables		1 882 000 €		
		4 208 000 €		4 208 000 €

1. Il n'est pas tenu compte, par simplification, de la décomposition par composants.

VALEUR MATHÉMATIQUE DE L'ENTREPRISE

35340 Elle s'obtient après correction de la valeur comptable, en **substituant aux valeurs** figurant au **bilan** – qui sont, sauf cas de réévaluation, les valeurs d'entrée dans l'actif social – les **valeurs réelles** de chacun des postes à la date du fait générateur de l'impôt.

Lorsque cette date ne coïncide pas avec celle du bilan, on retient, en principe, sous réserve de ce qui a été exposé n° 35135, le dernier bilan établi avant le fait générateur de l'impôt, en tenant compte des modifications substantielles intervenues entre ces deux dates.

D'une façon générale, la détermination de la valeur mathématique a pour but de **remédier aux distorsions du bilan** dues :

– à la dépréciation de la monnaie : la valeur des terrains et des immeubles ne correspond souvent plus à la valeur au bilan ;

– à l'absence de comptabilisation de certains éléments incorporels (fonds de commerce, clientèle, etc.), qui s'attachent à l'entreprise commerciale ou industrielle.

2. PRINCIPAUX RÉAJUSTEMENTS

35350 D'une manière générale, les réajustements à faire subir à la valeur comptable pour parvenir à la valeur mathématique se font, pour ce qui est spécialement des **immeubles** et **fonds de commerce,** en utilisant les **méthodes d'évaluation** propres à ces catégories de biens.

TERRAINS

35360 On a recours soit à l'évaluation directe en fonction des conditions du ou des marchés locaux, soit à l'évaluation par réajustement de valeurs d'acquisition lorsque ces dernières sont récentes.

EXEMPLE

Pour la détermination de la **valeur mathématique de la société « S »** (présentée n° 35332), supposons que le terrain figurant au bilan pour une somme de 120 000 € ait une superficie de 30 000 m² et que 10 000 m² de constructions aient été édifiés sur ce terrain. La valeur moyenne actuelle du m² de terrain dans la zone industrielle où est implantée l'usine ressort à 40 € le m².

La valeur actualisée du terrain au 31 décembre 2021 ressort à : 40 € × 30 000	1 200 000 €
Abattement à appliquer pour tenir compte de la partie construite (50 %), soit 20 € × 10 000	– 200 000 €
Valeur réévaluée	1 000 000 €
Valeur selon bilan	– 120 000 €
Plus-value latente sur terrain	880 000 €

CONSTRUCTIONS

35370 Il convient d'utiliser les méthodes d'évaluation spécifiques aux **immeubles à usage industriel** en appliquant soit une méthode par comparaison (la plus utilisée par les experts, les tribunaux et

l'administration fiscale), soit, en cas d'acquisition récente, par réajustement d'une valeur antérieure, soit par la méthode du coût de reconstruction.
Valeur d'acquisition (en cas d'investissements successifs sur plusieurs années) : on calcule la somme des investissements actualisés et corrigés du coefficient de vétusté (actualisation par indice Insee de la construction).
Valeur de reconstruction : la valeur à neuf (superficie bâtie × coût du m^2 neuf) est affectée d'un coefficient de vétusté.
Coefficient de vétusté = durée de vie restante/durée de vie totale (entre 25 et 30 ans).

EXEMPLE

En supposant que, dans la même zone industrielle, une usine d'une superficie comparable construite à la même époque (7 ans environ) ait été vendue sur la base d'un prix de 200 € le m^2 de SDPHO (surface développée pondérée hors œuvre) terrain exclu, la **valeur actualisée** des constructions ressort à :

200 € × 10 000 .... 2 000 000 €

Cette valeur actualisée doit être comparée non seulement avec la valeur nette comptable du poste « Constructions » figurant au bilan, mais aussi avec celle du poste « Agencements ». En effet, la valeur selon la SDPHO tient compte de ces deux postes qui ne sont scindés au bilan que pour des raisons de taux d'amortissement.
La **valeur nette au bilan** est donc de :

800 000 + 160 000 .... 960 000 €
Plus-value latente sur construction .... 1 040 000 €

MATÉRIEL

Généralement, les amortissements comptabilisés correspondent à la dépréciation qui peut résulter soit de l'usure, soit de l'obsolescence. 35380
Toutefois, il est des cas (amortissements exceptionnels, pratique de l'amortissement dégressif) où la valeur vénale peut être supérieure à la valeur comptable.

ÉLÉMENTS INCORPORELS

Pour l'évaluation des éléments incorporels, il est indispensable de faire la distinction entre les **commerces de détail,** d'une part, qui sont évalués le plus souvent à partir de la méthode dite des « barèmes » (voir Mémento Transmission d'entreprise nos 71180 s.) et, d'autre part, les **fonds de commerce de gros et les fonds industriels,** évalués sur la base d'une à deux années de bénéfices nets, voire trois années de bénéfices nets (méthode validée dans un arrêt de la Cour de cassation : Cass. com. 14-12-2010 n° 10-10.139) (voir Mémento Transmission d'entreprise nos 71230 s.). 35390
Dans certains secteurs (publicité, par exemple), la pratique est de retenir une année de marge brute ; la référence à deux années d'excédent brut d'exploitation constitue parfois une première approche d'estimation d'un fonds industriel.
Lorsqu'on évalue un **fonds de commerce de détail** sur la base d'un pourcentage du chiffre d'affaires, il convient, pour la détermination de la plus-value latente, de faire la différence entre le chiffre obtenu par l'application du barème et la valeur nette comptable des immobilisations incorporelles, du matériel et des agencements.

EXEMPLE

Soit une société exploitant un fonds de commerce de café réalisant un chiffre d'affaires de 400 000 € (soit 300 recettes journalières) dont le bilan au 31 décembre 2021 fait apparaître les valeurs nettes comptables suivantes :

Matériel .... 60 000 €
Agencements .... 50 000 €
Éléments incorporels .... 40 000 €

L'application du barème pour l'évaluation du fonds (600 fois la recette journalière) donne approximativement une valeur de 400 000 × 2 = 800 000 €.
La plus-value latente sera égale à :
800 000 – (60 000 + 50 000 + 40 000) = 650 000 €
et non 800 000 – 40 000 = 760 000 €.

En ce qui concerne les **fonds industriels** et les **fonds de commerce de gros,** l'évaluation sur la base du bénéfice ne tient compte ni du matériel ni des agencements. 35395

Par ailleurs, dans le secteur industriel, un certain nombre d'**éléments incorporels** ont une valeur difficilement appréciable. Il en est ainsi des marques de fabrique, des brevets, du « know-how » (savoir-faire).

Compte tenu des difficultés d'évaluation des divers éléments incorporels, il est préférable de recourir, lorsque le cas s'y prête, à la méthode d'évaluation par le **goodwill** (ou survaleur) qui permet d'établir un lien entre la valeur mathématique et l'évaluation fondée sur la rentabilité (voir n°s 35660 s.).

Lorsqu'on ne fait pas appel à la notion de « goodwill », il convient de ne pas omettre de procéder à la réévaluation ou à l'évaluation d'**éléments** incorporels **spécifiques à chaque profession** : marques de fabrique, brevets, know-how, cartes de représentants, contrats d'exclusivité, licences de transports, contingents de mouture ou de distillation, etc.

BIENS ACQUIS PAR CONTRAT DE CRÉDIT-BAIL (CRÉDIT-BAIL MOBILIER ET IMMOBILIER)

35405 Bien qu'elles ne soient pas la propriété de l'entreprise, et par conséquent non inscrites à l'actif, on ne peut négliger les immobilisations financées par crédit-bail.

Une attention particulière doit être portée aux **contrats dont le terme est proche.** Il est possible d'évaluer ces biens comme s'ils étaient en pleine propriété, et de prendre en contrepartie au passif le montant des annuités restant à payer, ainsi que le montant de l'option de rachat. Ces biens doivent subir l'amortissement qui aurait dû être pratiqué, et être estimés comme les autres biens de même nature.

Bien entendu, les différents montants sont à retenir pour leur valeur actuelle.

La **plus-value acquise** pourra ainsi être calculée par **différence entre** :

1. La valeur du bien à une date déterminée :

selon la formule : $V(1-a)^n$

où **V** est le montant de l'investissement initial,

a le taux d'amortissement économique,

n le nombre d'années d'utilisation du bien ;

2. La valeur actuelle des loyers et montant de l'option restant à payer :

selon la formule :

$$L \times \frac{1-(1+i)^{-(n'-n)}}{i} + \frac{O}{(1+i)^{n'-n}}$$

où **L** est le montant du loyer annuel, supposé fixe,

i le taux d'intérêt courant du marché,

n' le nombre total d'années de durée du contrat de crédit-bail,

n le nombre d'années écoulées à la date d'évaluation,

O le montant de l'option de rachat au terme du bail.

EXEMPLE

Soit un contrat de crédit-bail prévoyant, pour un bien d'équipement d'une valeur initiale de 200 000 €, le paiement d'un loyer annuel de 27 000 € sur 10 ans, et une option d'achat pour 20 000 € en fin de contrat.

L'amortissement économique est retenu à 5 % l'an.

Le taux d'intérêt est de 6 %.

La plus-value acquise au bout de 7 années d'utilisation du bien sera évaluée à :

1. Valeur du bien au terme des 7 années (compte tenu de l'amortissement économique) : $200\,000 € \times (1-0{,}05)^7 = 139\,666 €$;

2. Valeur actuelle des sommes restant à payer :

$$27\,000 \times \frac{[1-(1+0{,}06)^{-3}]}{0{,}06} + \frac{20\,000}{(1+0{,}06)^3}$$

$= 72\,171 + 16\,792 = 88\,963 €$.

La plus-value acquise, sous réserve de la non-réévaluation du bien en fonction de la valeur vénale réelle, sera égale à :

$139\,666 - 88\,963 = 50\,703 €$.

TITRES DE PARTICIPATION ET DE PLACEMENT

35415 Le **portefeuille-titres** d'une société est susceptible de contenir des plus-values latentes importantes. Les règles fiscales permettent de constater, dans certaines conditions et limites, les moins-values par voie de provisions pour dépréciation mais n'obligent pas à constater en profits les plus-values.

Il convient donc d'évaluer le portefeuille-titres selon les règles générales :
– valeur boursière à la date du fait générateur de l'impôt s'il s'agit de **titres cotés** en bourse ; l'évaluation se fait généralement sur la base du cours moyen du dernier mois précédant la date d'évaluation ;
– d'après les diverses méthodes exposées ici, lorsqu'il s'agit de **titres non cotés** (ce qui complique encore l'évaluation de la société en cause).

STOCKS ET VALEURS RÉALISABLES À COURT TERME OU DISPONIBLES

Les stocks sont évalués au **prix de revient** ou au **cours du jour,** si ce cours est inférieur au prix de revient (CGI art. 38, 3). En cas d'évaluation au cours du jour, il convient de tenir compte de la provision pour dépréciation constituée par l'entreprise (provision égale à la différence entre le prix de revient et le cours du jour). **35425**
Les valeurs comptables de ces biens n'ont donc pas, en principe, à être modifiées.
Cependant, pour l'assiette des **droits de mutation** (et de l'ISF jusqu'en 2017), l'**administration** indique que les stocks doivent être évalués à leur **valeur vénale réelle** (conformément au principe général d'évaluation des autres biens) et non au prix de revient comme en matière de bénéfices industriels et commerciaux (BOI-ENR-DMTG-10-40-10-10 n° 80). En retenant la valeur marchande (qui englobe la marge de commercialisation), l'administration raisonne à partir d'une hypothèse de vente isolée à un acquéreur quelconque.

Dans la perspective de l'évaluation d'ensemble d'une entreprise, il paraît logique de retenir le prix qu'un acheteur de l'ensemble des éléments de l'entreprise est disposé à payer pour les stocks, c'est-à-dire en général leur prix de revient et non pas leur valeur marchande. C'est cette dernière approche que la Cour de cassation a d'ailleurs validée en jugeant que la valeur des actions d'une société déterminée à partir d'une évaluation des stocks à leur seule valeur comptable est celle qui se rapproche le plus du prix résultant du jeu normal de l'offre et de la demande dès lors que, la société étant déficitaire, la valeur des titres s'en est trouvée amoindrie et que l'estimation des stocks à leur valeur marchande ne pouvait avoir pour effet que de dissuader tout candidat à l'acquisition de la société, attiré par la seule perspective de réaliser des profits sur la vente (Cass. com. 7-10-2008 n° 07-8.113 F-D, DGI c/ Garnotel : RJF 1/09 n° 80, arrêt rendu à propos d'une société de négoce de vins de Champagne mais à notre avis de portée générale).

PROVISIONS POUR PERTES ET CHARGES

Au niveau de ce compte, il convient de distinguer soigneusement : **35440**
1. Les **pertes et charges certaines** dans leur principe, c'est-à-dire dont l'objet est nettement précisé et la survenance probable à la clôture de l'exercice (provisions pour impôt, provisions pour congés payés, comptes de régularisation passif) ; ces provisions constituent un passif réel ;
2. Les **pertes et charges éventuelles** (provisions pour risques non déterminés ou non actualisés, provisions pour propre assureur) : ces provisions doivent être assimilées à des réserves, partie intégrante de l'actif net :

a. Provisions pour dépréciation d'éléments d'actif non amortissables (fonds de commerce, portefeuille-titres, etc.) : il n'y a pas lieu d'en tenir compte dès lors que les écarts de valeur affectant ces éléments ont été pris en considération à l'occasion de la réévaluation des postes d'actif dans les conditions indiquées ci-dessus,
b. Provisions réglementées par les textes fiscaux telles que :
– provisions pour hausse des prix,
– provisions autorisées spécialement pour certaines professions (édition, presse),
– amortissements dérogatoires, qui excèdent les amortissements techniques normalement pratiqués, dans le cadre des amortissements dégressifs.

Ces provisions constituent en fait des réserves constituées en franchise d'impôt. Elles doivent, selon l'administration fiscale, être incluses dans le calcul de l'actif net, mais il convient d'en déduire le montant de l'impôt qu'elles n'ont pas supporté, mais qu'elles subiront lors de leur réintégration ultérieure aux bénéfices imposables.

SUBVENTIONS D'ÉQUIPEMENT

Si elles sont versées de façon définitive, à fonds perdus, elles constituent de véritables réserves. **35450**
Si elles doivent être remboursées sur résultats futurs, elles constituent un passif réel.

DETTES À LONG TERME ET COURT TERME

La modification des évaluations comptables ne peut résulter en principe que d'une vérification de comptabilité par l'administration fiscale ou d'un contrôle interne (rapport d'audit). **35460**

CHARGES DE LIQUIDATION

La valeur mathématique doit être distinguée de la valeur liquidative de l'entreprise. La valeur mathématique porte, en effet, sur un potentiel économique en activité. Il n'y a donc pas lieu de **35470** tenir compte des charges éventuelles de liquidation. De même, le passif réel ne doit pas être augmenté des **impositions latentes** sur les plus-values latentes de l'actif social. Il en irait autrement en revanche si la société dont les titres sont évalués se trouvait dans une situation telle que sa **liquidation prochaine** apparaîtrait avec une probabilité suffisante.

En ce sens, la Cour de cassation a jugé qu' il n'y avait pas lieu de pratiquer un abattement au titre d'une fiscalité latente, motif pris « qu'il ressort des explications données à l'administration et de l'activité de la société en cause qui était la location de bien immobilier, que les conditions nécessaires à l'application de la fiscalité latente liée à une cession future ne sont pas remplies » et « que la résidence était destinée à être utilisée à titre personnel » (Cass. com. 26-9-2018 n° 17-20.000 F-D : RJF 2/19 n° 217).

Il en irait autrement en revanche si la société dont les titres sont évalués se trouvait dans une situation telle que sa liquidation prochaine apparaîtrait avec une probabilité suffisante, ou lorsqu'un élément d'actif non essentiel à l'activité de la société pouvait être cédé.

Ainsi, un arrêt de la Cour de cassation est venu préciser qu'un abattement pour fiscalité latente pouvant affecter la valeur de titres sociaux à raison de leur revente pouvait être retenu lorsque ces titres n'étaient pas nécessaires à la poursuite de l'activité de la société détentrice de ces titres (Cass. Com. 3-7-2019 n° 17-27.888 F-D : Indicateur de l'enregistrement n° 21022).

3. CALCUL DE LA VALEUR MATHÉMATIQUE DES TITRES

35480 Une fois la **valeur réelle de l'actif net social** déterminée, il suffit de **rapporter** cette valeur **au nombre de titres** émis par la société pour dégager une valeur mathématique unitaire (VM).

EXEMPLE

Dans l'hypothèse envisagée de la **société « S »** (présentée n° 35332), en supposant que seuls les postes « Terrains », « Constructions » et « Éléments incorporels » doivent faire l'objet d'une évaluation ou d'une réévaluation, on obtient une valeur mathématique en appliquant à la valeur comptable dégagée ci-dessus les majorations suivantes :

Valeur nette comptable	2 380 000 €
Plus-value latente sur terrain	880 000 €
Plus-value latente sur constructions	1 040 000 €
Évaluation du fonds (une fois et demie le bénéfice)	660 000 €
Valeur mathématique	4 960 000 €

Dans la mesure où toutes les actions confèrent les mêmes droits à leurs porteurs, la valeur unitaire s'obtient en divisant la valeur mathématique réévaluée de la société par le nombre de titres qui composent le capital.

La valeur mathématique unitaire de chaque action de la société « S » ressort ainsi à :

4 960 000 €/50 000 = 99,20 € arrondis à 99 €.

L'hypothèse où les droits des porteurs ne sont pas égaux sera examinée plus loin après avoir déterminé une valeur combinée (voir n° 36030).

35485 La méthode consistant à apprécier la valeur vénale d'un titre à partir de la seule valeur mathématique après avoir fait subir à cette dernière un abattement en pourcentage a été formellement écartée par la Cour de cassation (voir n° 35122).

Le **modèle patrimonial** présente en effet certaines **limites** :

a. La revalorisation des actifs d'une société, lorsqu'elle fait apparaître des **plus-values latentes** importantes, se traduit ipso facto pour l'acquéreur par une baisse de la rentabilité ;

EXEMPLE

Pour un actif net de 200 € qui rapporte 20 €, la rentabilité est de 20/200, soit 10 %.
Ce même actif, réévalué à 300 €, réduit la rentabilité à 6,66 % (20/300).

b. Ce modèle ne permet pas la distinction entre les biens nécessaires et les biens non nécessaires à l'exploitation ; or, l'acquéreur ne s'intéressera qu'à la valeur des **biens nécessaires à l'exploitation** en fonction de l'**utilité** que l'entreprise pourra en retenir ;

c. Dans l'hypothèse d'une **revente de certains actifs par l'acquéreur,** leur liquidation entraînera des prélèvements fiscaux (impôt sur les plus-values notamment) qui réduiront d'autant le produit de la vente.

La valeur mathématique doit donc être rapprochée de la **valeur de rendement** car, pour l'acquéreur, la rentabilité de l'entreprise constitue le critère essentiel de sa valeur.

Toutefois, l'importance de la valeur mathématique peut être prépondérante lorsque l'évaluation porte sur un **fonds de commerce de détail** qui, bien qu'exploité sous une forme sociale, recouvre en réalité une véritable entreprise individuelle (n° 35830). Il en va de même pour les **sociétés immobilières** en raison de la prépondérance immobilière des actifs (n° 35835).

D. Valeur de rendement et valeur de productivité

Dans la majorité des cas, cette méthode doit être intégrée dans le processus de détermination de la valeur vénale d'un titre non coté car le but même du contrat de société, dans sa définition de l'article 1832 du Code civil, est le **partage des bénéfices** qui pourra résulter de la formation du contrat. 35500

Toutefois, ce partage peut être ordonné de deux façons totalement différentes selon que la société pratique une politique systématique de distribution de dividendes ou conserve en réserve ses bénéfices en recherchant le gain en capital qui est dans certains cas exonéré d'impôt, alors que les distributions de dividendes sont taxables.

La valeur de rendement des titres d'une société, prise en son sens large, recouvre donc **deux notions** :

– celle de rendement proprement dit, calculée en capitalisant le bénéfice distribué ;

– celle de productivité calculée en capitalisant le bénéfice disponible après paiement de l'impôt sur les sociétés.

La **capitalisation** s'entend de la somme actualisée d'une suite infinie du montant de référence : dividende ou bénéfice.

1. VALEUR DE RENDEMENT PROPREMENT DITE

Elle s'obtient en **capitalisant** à un taux approprié le **dividende** net moyen mis en distribution par la société au cours des deux ou trois dernières années. Lorsque l'évaluation porte sur une **société dont la croissance est très forte,** la moyenne des trois années peut donner un résultat qui n'est pas significatif. Si des perspectives favorables sont prévisibles, seuls les résultats de la dernière année connue peuvent être pris en compte. 35505

EXEMPLE

Si l'on suppose que l'assemblée générale ordinaire de la **société « S »** (présentée n° 35332) statuant en juin 2022 sur l'affectation des résultats de l'exercice 2021 décide de mettre en **distribution** la somme de **200 000 €,** le reste, soit 240 000 €, étant affecté à la réserve de prévoyance, c'est à partir de cette somme de 200 000 € que l'on déterminera la valeur de rendement de cette entreprise.

Ce modèle de valorisation s'applique plus particulièrement aux **participations minoritaires,** l'acquéreur cherchant avant tout à encaisser des dividendes ou à réaliser une plus-value à plus ou moins long terme. Dans cette optique, la valeur du titre sera déterminée par la somme des dividendes futurs actualisés sur une période de capitalisation allant à l'infini ; aussi, en théorie, le **taux de référence** à employer serait soit le taux d'un placement sans risque, soit le taux d'intérêt à long terme. 35510

L'évaluateur devra justifier le choix du taux retenu pour capitaliser le dividende en se substituant à l'investisseur qui est alors censé faire un arbitrage entre plusieurs placements. À cet effet, il pourra s'appuyer sur les informations statistiques, publiées notamment par l'Insee, en matière de taux de rendement et d'intérêt tirés des marchés monétaire et financier.

Ce **taux** peut être **modulé** en fonction de critères économiques ou financiers propres à chaque entreprise et notamment :

– augmenté pour des entreprises à hauts risques ;

– diminué pour des entreprises dont une partie importante de l'actif constitue une valeur refuge (terrains, constructions...).

Bien entendu, l'évaluation d'une participation, même minoritaire, ne saurait se limiter à sa seule valeur de rendement. Comme on l'a vu n° 35122, la Cour de cassation impose, sauf cas exceptionnel, de retenir une **combinaison de valeurs** (sur la combinaison des différentes méthodes d'évaluation, voir n°s 35800 s.).

COMPARAISONS BOURSIÈRES

L'évaluateur peut être aussi amené à se référer aux ratios boursiers pour fonder une estimation par comparaison. 35520

Le tableau ci-après montre que le rendement moyen des sociétés cotées à la bourse de Paris, qui évoluait autour de 3 % depuis 2015, décroche à 2,39 % en 2021.

Rendement du dividende des valeurs admises au SRD (service de règlement différé de la bourse de Paris) tous secteurs confondus

Années	2015	2016	2017	2018	2019	2020	2021
Taux	2,88 %	2,95 %	3,04 %	3,36 %	3,32 %	3,47 %	2,39 %

Source : Les Échos-Bourse

Enfin, le tableau ci-après, non actualisé depuis 2009, fournit à titre indicatif le taux de rendement des actions cotées, selon le secteur d'activité (statistiques européennes).

Taux de rendement net – Secteurs paneuropéens										
Année	**Auto-mobile**	**Biotech-nologie**	**Chimie**	**Défense**	**Institu-tions finan-cières**	**Immo-bilier**	**Télé-com**	**Utili-ties**	**Ali-men-taire**	**Pétrole & Gaz**
2006	2,7 %	0,3 %	2,7 %	2,6 %	2,8 %	2,4 %	4,9 %	3,2 %	2,6 %	3,3 %
2007	1,9 %	0,2 %	2,0 %	2,3 %	2,7 %	2,3 %	4,6 %	2,9 %	2,3 %	3,2 %
2008	3,4 %	0,5 %	2,8 %	2,6 %	3,6 %	4,2 %	6,1 %	3,5 %	3,2 %	3,4 %
2009	1,0 %	3,3 %	1,6 %	1,6 %	0,8 %	0,5 %	2,0 %	1,6 %	2,2 %	1,6 %

Source : Datastream

Pour les sociétés importantes, l'évaluateur pourra utilement se référer à ces bases de données, en retenant, éventuellement selon le secteur, les taux les plus élevés pour les grosses sociétés qui distribuent une part importante de leur bénéfice, ou des taux moyens (tirés du marché SRD, notamment) pour des sociétés de moyenne importance ayant une politique de distribution régulière.

S'agissant d'évaluer des titres non cotés par référence à des valeurs cotées, l'absence de liquidité devra être prise en compte en majorant le taux de rendement d'un pourcentage de 25 %.

Il est précisé que le **taux de distribution** des sociétés cotées (« pay out ») est, sur la période récente, en moyenne de l'ordre de 45 % suivant le graphique ci-après (En 2021, le taux de distribution pour l'ensemble des entreprises du CAC 40 s'est élevé à 42 %, la moyenne historique pour le CAC 40 étant de 45 %).

35525 En ce qui concerne le **choix du taux de capitalisation,** l'**administration fiscale** recommandait traditionnellement, pour les sociétés ayant un objet industriel ou commercial, un taux de 5 % sur la base du dividende net distribué, ou 7,5 % sur la base du dividende brut, avoir fiscal inclus (guide de l'évaluation de 1982).

Dans son guide de 2007 (n° 35150), elle indique que ces taux sont désormais inadaptés dès lors qu'ils sont déconnectés du marché boursier. Elle invite désormais l'évaluateur à se rapprocher, sous réserve de retraitement, du marché boursier.

– Pour les **sociétés dont la taille est proche de celle des sociétés cotées,** et toutes choses étant égales par ailleurs (secteur d'activité, politique de distribution), le recours aux comparaisons boursières permettra de dégager un taux de rendement ajusté à l'entreprise, la valeur obtenue (dividende/taux) étant affectée d'une décote de l'ordre de 30 % pour absence de liquidité.

– Pour les **sociétés de moindre importance,** le guide prescrit de retenir le taux moyen de rendement des actions cotées, observé sur le marché boursier français, et de corriger le résultat obtenu de la même décote de 30 % environ.
– Pour les **petites sociétés,** le taux de base préconisé est de 3 %, taux moyen de rendement des actions cotées calculé sur une plus longue période (taux net de 2,8 % pour un taux de rendement brut de 4,12 % sur la période 1970 à 2000), avec décote de non-liquidité.
À notre sens, cette méthode ne paraît pas plus pertinente que celle résultant de l'application de l'ancien taux net de 5 %, abandonné pour raison de décrochage du marché, puisque la nouvelle référence se fonde sur un marché du passé. En dehors des comparaisons boursières applicables aux sociétés de taille similaire aux sociétés cotées en bourse, la référence aux taux courants du marché nous semble mieux adaptée. Par ailleurs, le guide de l'administration prescrit l'application d'une **décote pour non-liquidité** de 30 %. À ce stade, la pratique d'une décote aussi importante ne nous paraît pas pertinente, d'autant moins qu'au terme des différentes approches, après la combinaison des valorisations obtenues, une décote globale sera généralement pratiquée (voir n°s 35800 s.). Tout au plus, pour tenir compte de cette différence fondamentale entre un titre coté et un titre non coté au regard de la valeur de rendement par comparaison, une majoration de 25 % du taux retenu pourra être pratiquée.

EXEMPLE

Le taux de distribution de la société « S » (présentée n° 35332) pour 2021 ressort à plus de 45 % ; la référence au taux du marché se révèle donc appropriée. La société « S » étant une PME, la comparaison boursière n'est pas directement applicable. L'évaluation du titre peut être effectuée par référence à un taux de rendement exigé de l'investisseur par référence aux taux du marché monétaire ou financier. Nous proposons de retenir comme taux de référence le taux moyen de rendement des sociétés du SRD, qui sera majoré de 25 % compte tenu de l'absence de liquidité du titre, qui est non coté :
Soit un taux de 2,39 % (pour 2021) × 1,25 = 2,99 %.
Ce taux appliqué à la situation de la société « S » conduit à la détermination d'une valeur de rendement (VR) égale à : 200 000 €/2,99 % = 6 694 561 €, soit **134 € par action.**

Cas particulier de certaines entreprises à structure familiale Pour ces entreprises, le rendement indirect de l'entreprise peut résulter de l'octroi de **rémunérations très importantes aux associés** sous forme de salaires. 35530
Dans les **toutes petites entreprises** exploitées sous la forme de sociétés, mais assimilables à des entreprises individuelles, on pourrait considérer que c'est la totalité de la rémunération du ou des associés dirigeants qui doit être réintégrée pour apprécier la valeur de rendement.
Dans les **PME,** il semble raisonnable de n'intégrer à la valeur de rendement que l'éventuel supplément de rémunération alloué aux associés par comparaison avec les rémunérations des salariés non associés dans l'entreprise exerçant des fonctions de cadre supérieur.

EXEMPLE

Supposons que, dans la **société « S »** (présentée n° 35332), les fonctions de direction soient assurées par le père et ses deux fils détenant, à eux trois, 95 % des actions et que chacun d'eux ait perçu une rémunération de 100 000 € par an alors que le directeur commercial, non associé, perçoit une rémunération annuelle de 80 000 €, il est vraisemblable que, dans cette situation, la société « S » dégagerait un bénéfice moins important et s'abstiendrait de distribuer un dividende. Dans ce cas, la valeur de rendement pourrait éventuellement être appréciée en capitalisant la « surrémunération » des trois associés dirigeants, soit :
(100 000 € – 80 000 €) × 3 = 60 000 €.

Limites de la méthode de la valeur de rendement Ce modèle de valorisation trouve sa principale limite dans le fait qu'il suppose une certaine constance de la **politique** adoptée par les dirigeants de la société en matière **de distribution** des dividendes. 35535
Or, dans la majorité des cas, cette politique de distribution est fluctuante, d'abord en fonction des résultats réalisés, et surtout en période de développement de l'entreprise, quand celle-ci doit consacrer une part importante de sa capacité bénéficiaire à son autofinancement au détriment des distributions.
C'est pourquoi, afin de surmonter les aléas de la « volatilité » des dividendes, il est fait appel au modèle qui retient comme base de la capitalisation, non plus le dividende, mais l'ensemble du résultat net d'impôt, qu'il soit distribué ou mis en réserve ; il s'agit de la valeur de productivité.

2. VALEUR DE PRODUCTIVITÉ

Un grand nombre de sociétés, soit en raison de la structure de leur capital (caractère familial), soit en raison d'une politique commerciale ou industrielle hardie (valeurs dites de croissance), 35545 ne distribuent qu'un très **faible dividende** ou même s'abstiennent de procéder à des distributions en réservant tous les bénéfices pour l'autofinancement et le développement de la société.

Pour apprécier la valeur de ces sociétés, on ne fait donc plus appel à la notion de rendement exposée ci-dessus (le rendement étant nul, la valeur de rendement serait égale à zéro alors qu'il s'agit souvent de sociétés particulièrement dynamiques), mais à la notion de productivité. On obtient la valeur de productivité en **capitalisant,** non plus la somme affectée au paiement des dividendes, mais la totalité du **bénéfice disponible après impôt sur les sociétés.**

35550 L'évaluateur doit alors centrer son étude sur l'analyse des résultats récurrents et apprécier les risques affectant la reproduction de ces résultats à moyen ou long terme.

a. La première démarche consistera à **déterminer la rentabilité courante,** en dehors des événements exceptionnels, en fonction des moyens actuels et dans les conditions normales d'exploitation. Cette recherche s'effectuera à partir de l'analyse des comptes de résultat.

Pour la détermination de la valeur de productivité, les amortissements doivent être déduits : L'administration fiscale et le contribuable s'étaient accordés pour définir une méthode d'évaluation de **titres de SCI,** par **combinaison** avec des coefficients différents, des **valeurs mathématique,** de **capitalisation** et de productivité des sociétés.

Concernant l'application de la méthode de la valeur de productivité, la cour d'appel relève qu'elle repose sur la notion de **résultat net courant,** soit le résultat courant avant impôt, et retient à bon droit que le plan comptable général inclut le **traitement des amortissements** dans la détermination de ce résultat net courant.

En l'état de ces constatations et appréciations, par lesquelles elle s'est assurée que les conditions d'application de la méthode de valorisation de productivité utilisée tenait compte d'éléments permettant d'obtenir une évaluation des parts sociales des sociétés civiles aussi proche que possible de celle qu'aurait entraînée le jeu normal de l'offre et de la demande, elle a pu faire droit à la demande du contribuable visant à la décharge des rappels d'ISF (Cass. com. 24-10-2018 n° 17-17.597 F-D : RJF 4/19 n° 394).

Pour l'administration, la déduction des amortissements du résultat net courant revenait à réduire artificiellement la situation nette des sociétés, et donc à s'éloigner de la valeur réelle des titres à évaluer.

Le guide de l'administration précise à cet égard que le résultat net courant s'entend après déduction de la participation des salariés au résultat de l'entreprise.

Dans le cas particulier de certaines **entreprises à structure familiale,** pour la détermination de la valeur de productivité, il convient d'ajouter éventuellement au bénéfice comptable la rémunération ou le « supplément de rémunération » alloué aux associés dirigeants (n° 35530).

b. La seconde démarche aura pour objet de **fixer le taux de capitalisation.** Ce taux pourra être déterminé en deux temps.

1. Dans un premier temps, on sélectionnera un **taux de base,** appelé taux d'opportunité, défini comme étant le taux de rendement attendu par l'investisseur dans le cadre d'un arbitrage opéré par rapport à d'autres placements.

Ce pourra être le taux de rendement à l'émission des obligations du secteur public ou privé, ou certains taux du marché monétaire, tels que le taux de base bancaire ou le taux des prêts à long terme, par exemple.

À titre indicatif, sont indiqués ci-après les **taux moyens annuels de rendement des emprunts d'État à long terme** pour les années 2014 à 2021, publiés par la Banque de France sur son site internet (BDF – Webstat : http://www.webstat.banque-france.fr). Il s'agit plus précisément du taux. TME, qui est le taux moyen de rendement d'un échantillon d'emprunts d'État et d'obligations assimilables du Trésor (OAT) émises par l'État français, à taux fixe, et d'une durée supérieure à 7 ans (moyenne annuelle calculée sur les données mensuelles).

Années	2014	2015	2016	2017	2018	2019	2020	2021
Taux	3,14 %	2,02 %	1,35 %	1,83 %	1,66 %	1,06 %	0,58 %	0,18 %

Comme le montre ce tableau, les programmes d'achats d'obligations d'État à grande échelle des banques centrales, en particulier de la Banque centrale européenne, afin d'éviter à la zone euro de sombrer dans la crise, ont entraîné un niveau exceptionnellement bas des taux d'intérêt.

En effet, afin de relancer la croissance dans le sillage de la crise financière mondiale, les grandes banques centrales ont abaissé leurs taux courts à zéro (ou quasiment), voire en dessous de zéro dans la zone euro, avant d'exercer une pression directe à la baisse sur les taux longs.

Dans ces **conditions très particulières,** il apparaît que la référence aux taux actuels, particulièrement et « artificiellement » bas, est de nature à fausser la valorisation des entreprises par la méthode de capitalisation fondée sur un taux de « marché ».

En conséquence, afin de conserver une certaine **cohérence méthodologique,** nous recommandons de retenir provisoirement, pour cette méthode de la valeur de productivité, le **taux du marché antérieur** à la mise en œuvre de ces politiques monétaires, soit jusqu'en 2014, avant la chute ainsi constatée. **35550** (suite)

La théorie de la valeur de productivité est fondée sur la reproduction du résultat dans l'avenir. L'incidence de l'**inflation** doit donc, en principe, être intégrée dans les calculs d'actualisation et de capitalisation. En effet, l'inflation affecte non seulement les données de référence (en euros courants, c'est-à-dire en montants exprimés dans la monnaie d'une période), mais aussi les taux de référence (les taux de rendement prennent en compte une hypothèse d'inflation). C'est pourquoi, si les paramètres utilisés sont retenus pour un montant exprimé en euros constants, il convient, par souci de cohérence de la recherche d'une valeur actuelle, de retraiter le taux de base (taux de rendement à long terme) de l'incidence de l'inflation implicitement intégrée pour la période future.

Pour les données de référence, en particulier les résultats passés, il conviendra de neutraliser les effets de l'inflation :

– en cas d'inflation peu élevée, par la pratique de la **pondération,** en affectant le résultat du coefficient 1 pour l'année N – 2, du coefficient 2 pour l'année N – 1, et du coefficient 3 pour l'année N ;

– en cas d'inflation plus élevée, en retraitant les données des années précédentes du **taux de dépréciation monétaire.**

Pour les taux de référence, tel le taux de rendement des obligations du secteur public par exemple, on procédera à un retraitement global en utilisant le taux courant de dépréciation monétaire.

En pratique, l'Insee calcule depuis 1996 l'**inflation sous-jacente** comprise dans l'évolution de l'indice des prix à la consommation (moyennes annuelles Insee conjoncture). Cf : Insee – Bulletin statistique – Indice d'ensemble « Sous-jacent » – Mensuel – Corrigé des mesures fiscales et CVS : http://www.insee.fr/fr/bases-de-donnees.

Ces taux sont de :

Années	2014	2015	2016	2017	2018	2019	2020	2021
Taux	– 0,1 %	0,9 %	0,5 %	1 %	1,8 %	1,1 %	0,57 %	1,1 %

2. Dans un second temps, on **ajoutera** à ce taux de base un **différentiel,** calculé en pourcentage du taux de base, plus ou moins important selon le risque estimé pour l'activité de l'entreprise, soit de façon générale compte tenu des aléas inhérents à toute activité industrielle ou commerciale, soit de façon particulière en fonction des forces et des faiblesses de l'entreprise et de la situation de son secteur d'activité. Ce différentiel traduira le **niveau de rendement supplémentaire** exigé par rapport au rendement minimal attendu.

Cette phase de l'estimation est particulièrement délicate, car elle implique d'analyser et surtout de quantifier les différents risques et d'en calculer l'incidence sur le taux de capitalisation. Le principe est que le taux de rémunération sera d'autant plus élevé que le risque de l'entreprise sera important.

En pratique, l'**échelle de risque** de secteur peut être classée en cinq classes, à chacune desquelles sera affecté un pourcentage de risque, majorant le taux de rémunération minimale :

Classe 1 (ex. : immobilier locatif) :	secteur très faiblement risqué de 20 % à 35 %
Classe 2 (ex. : distribution) :	secteur faiblement risqué de 35 % à 50 %
Classe 3 (ex. : agroalimentaire) :	secteur à risque moyen de 50 % à 75 %
Classe 4 (ex. : pétrole, BTP) :	secteur fortement risqué de 75 % à 90 %
Classe 5 (ex. : automobile, matières premières) :	secteur très fortement risqué de 90 % à 100 %

La marge ainsi définie de façon indicative permettra d'intégrer le risque interne de l'entreprise, la fourchette haute venant sanctionner un risque interne élevé, tenant compte des faiblesses et points faibles, la fourchette basse s'appliquant à un risque interne faible, eu égard aux forces et points forts de l'entreprise à évaluer.

Sur le marché boursier, la prime de risque correspond au surplus de rendement offert par un placement par rapport à un placement sans risque. Autrement dit, elle mesure la rémunération du risque pris.

Supposons qu'une action valorisée 100 € laisse espérer une distribution annuelle moyenne de 5 €, soit 5 % de rendement. Si le taux sans risque est de 1 %, la prime de risque est de 4 %.

La même analyse peut être menée à l'échelle d'un marché. Pour avoir une estimation du rendement sans analyser l'ensemble des dividendes, le calcul peut être effectué en prenant comme taux de rendement l'inverse du PER. Si le PER est de 17 et le taux sans risque de 1 %, la prime de risque est de : 1/17 = 5,88 % – 1 % = 4,88 %.

À titre indicatif, le tableau ci-après retrace l'évolution de la prime de risque constatée sur le marché des actions des sociétés du CAC 40 :

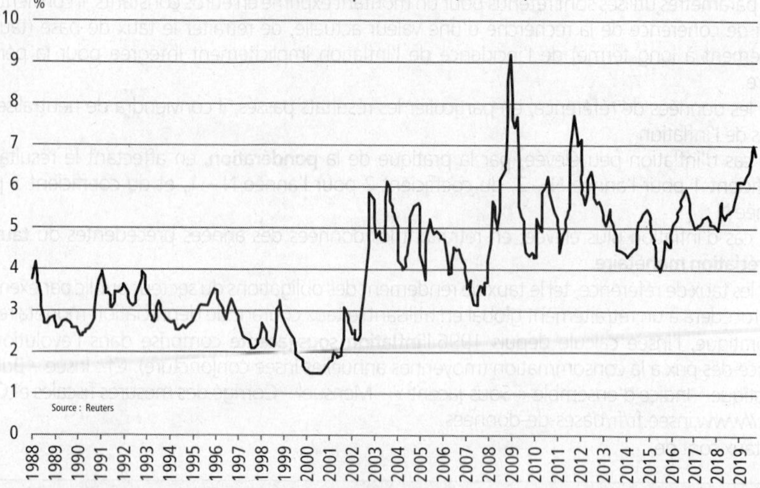

Fairness Finance a procédé au calcul de la prime de risque sur le marché des 120 valeurs de l'indice SBF 120 du marché Euronext de Paris sur les premiers mois de 2022 :

Date du calcul	Capitalisation boursière moyenne (en M€)	Prime de risque du marché
26/07/2022	21 560	7,45 %
30/06/2022	21 980	7,42 %
31/05/2022	22 720	7,39 %
29/04/2022	23 003	7,51 %
31/03/2022	23 394	7,56 %
28/02/2022	23 457	7,63 %

NB : La chute des rendements des obligations d'État vers un taux nul (voire négatif) a mécaniquement fait augmenter les primes de risque de façon significative.

35555 **Remarque** : il existe un **mode de recoupement du taux** de capitalisation (que l'on aura établi) par comparaison avec les ratios tirés de l'analyse boursière des sociétés cotées.

En effet, la **méthode du PER** (« price earning ratio »), très utilisée en matière boursière, permet de valoriser des entreprises pouvant se comparer à des sociétés cotées, notamment des sociétés de croissance, celles qui présentent des taux d'accroissement de leurs chiffres d'affaires et de leurs résultats de l'ordre de 15-20 %.

Le PER se calcule (n°s 35255 s.) par le rapport cours/bénéfice qui constitue l'inverse du rapport bénéfice/cours, c'est-à-dire précisément le taux de capitalisation du bénéfice défini ci-dessus.

Ainsi, à un PER de 12 correspond en principe un taux de 1/12 = 8 1/3 % (0,0833).

Toutefois, le PER boursier du secteur de référence fait généralement l'objet, dans la pratique des évaluateurs, d'une décote de 20 à 30 % pour tenir compte de l'absence de liquidité des titres non cotés en bourse.

Pour reprendre le même exemple, à un PER de 12 correspondra un multiple compris entre 9,6 (décote de 20 %) et 8,4 (décote de 30 %). Parallèlement, le taux de capitalisation évoluera entre 10,41 % (1/9,6) et 11,90 % (1/8,4).

La consultation des publications spécialisées en matière de bourse et d'informations financières peut permettre de sélectionner un échantillon d'entreprises du même secteur d'activité, cotées en

bourse, et présentant des caractéristiques proches de celles de l'entreprise à évaluer, au regard des critères suivants :
– structure financière, en particulier d'endettement ;
– taux de croissance ;
– politique de distribution ;
– taux de risque.

Le graphique ci-après récapitule les PER moyens de 30 secteurs européens en date du 28 juillet 2022, qui couvre 450 valeurs européennes.

(Source AlphaValue, publiée par ZoneBourse)

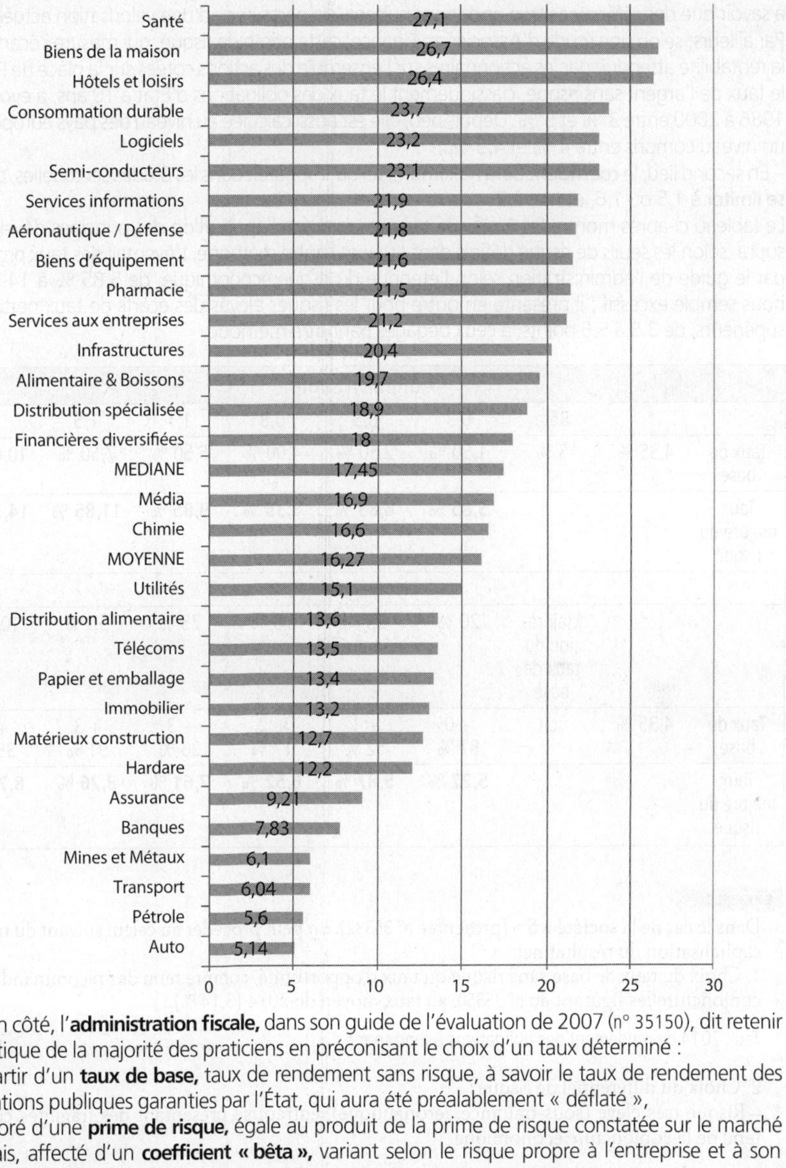

De son côté, l'**administration fiscale,** dans son guide de l'évaluation de 2007 (n° 35150), dit retenir la pratique de la majorité des praticiens en préconisant le choix d'un taux déterminé : **35560**
– à partir d'un **taux de base,** taux de rendement sans risque, à savoir le taux de rendement des obligations publiques garanties par l'État, qui aura été préalablement « déflaté »,
– majoré d'une **prime de risque,** égale au produit de la prime de risque constatée sur le marché français, affecté d'un **coefficient « bêta »,** variant selon le risque propre à l'entreprise et à son secteur :

1. La première est retenue à 5 %, observée sur une période de 100 ans,
2. Le second est décliné de la façon suivante :
– de 0,3 à 0,5 pour un risque faible : immobilier, par exemple ;
– de 0,5 à 0,8 pour un risque faible à moyen, par exemple secteurs de la distribution, des biens de consommation, des produits de base, des services financiers ;

– de 0,8 à 1,1 pour un risque moyen à important : secteurs de l'alimentation, de l'énergie, de la construction, des sociétés d'investissement, ou autres services ;
– de 1,1 à 1,5 pour un risque important : secteur de l'automobile, des biens d'équipement ;
– de 2, maximum exceptionnel, pour certains secteurs des nouvelles technologies.

Cette pratique analytique proposée par le guide de l'administration, qui décline la majoration du taux de base en deux éléments, prime de risque associée à un bêta, s'applique plus à notre sens aux études du marché boursier. Elle introduit **à notre avis** une marge d'incertitude supplémentaire par rapport à la méthode que nous préconisons.
– En effet, nous considérons en premier lieu que la prime de risque retenue à 5 % sur une période de 100 ans soulève la même réserve que celle formulée à propos du taux de rendement (n° 35525), à savoir que des **références trop anciennes** nuisent à la pertinence d'une valorisation actuelle. Par ailleurs, selon une étude d'Associés en Finance, cette prime de risque, qui mesure l'écart entre la rentabilité attendue par les actionnaires sur l'ensemble des actions cotées sur la place de Paris et le taux de l'argent sans risque, classiquement le taux des obligations d'État à 10 ans, a évolué de 1986 à 2000 entre 3 % et 5 %. Depuis peu, elle est aussi calculée au niveau des pays européens à un niveau compris entre 4 % et 4,5 %.
– En second lieu, le **coefficient bêta** maximum, tel qu'il apparaît dans les études sectorielles, devrait **se limiter** à 1,5 ou 1,6, et non à 2.
Le tableau ci-après montre les **écarts de taux** résultant de l'application des principes développés supra, selon les seuils de risque définis dans l'une et l'autre méthode. L'éventail des taux proposés par le guide de l'administration selon l'étendue du risque économique, de 5,85 % à 14,35 %, nous semble excessif ; il présente en outre pour les risques élevés des écarts de taux nettement supérieurs, de 3,5 à 5,6 points, à ceux dégagés par notre méthode.

					Administration			
		Bêta	0,3	0,5	0,8	1,1	1,5	2
Taux de base	4,35 %	5 %	1,50 %	2,50 %	4,00 %	5,50 %	7,50 %	10,00 %
Taux majoré du risque			**5,85 %**	**6,85 %**	**8,35 %**	**9,85 %**	**11,85 %**	**14,35 %**
					Notre avis			
		Majoration du taux de base	20 %	35 %	50 %	75 %	90 %	100 %
Taux de base	4,35 %	soit	+ 0,87 %	+ 1,52 %	+ 2,17 %	+ 3,26 %	+ 3,91 %	+ 4,35 %
Taux majoré du risque			**5,22 %**	**5,87 %**	**6,52 %**	**7,61 %**	**8,26 %**	**8,70 %**

35565 **EXEMPLE**

Dans le cas de la **société « S »** (présentée n° 35332), on peut procéder au calcul suivant du taux de capitalisation du résultat net :
1. Choix du taux de base sans risque ou taux d'opportunité, compte tenu des recommandations conjoncturelles figurant au n° 35550, au taux moyen de 2014 (3,14 %).

Taux 2014 de rendement des obligations à long terme : .... 3,14 %

2. Choix du différentiel de risque :
– Risque très élevé (sous-traitance aéronautique), entreprise présentant des fragilités compte tenu de la conjoncture économique.

Dans ces conditions, un pourcentage compris dans la fourchette de 90 % à 100 % peut être retenu, par exemple 100 % : 3,14 % × 100 % = ... + 3, 14 %
Taux de capitalisation : 3,14 % + 3, 14 % = 6,28 %

À partir de ce taux de capitalisation de 6,28 %, la valeur de productivité sera égale à : (440 000 € × 100)/6,28 = 7 006 359 €, soit **140 € par action.**

Compte tenu de la faiblesse, à la fois, du taux de rendement et du taux de l'inflation, il ne paraît pas opportun de procéder au retraitement.

Un **autre calcul** peut être effectué de la façon suivante **à partir du multiple correspondant au PER du secteur.**

1. Soit un multiple de 17 correspondant au taux sans risque du marché financier et au secteur économique en cause (en l'occurrence, le secteur technologique, cf. tableaux ci-avant n° 35555).

2. Évaluation du risque externe (ou risque de marché) à 0,9 (soit une probabilité de ne pas réaliser de bénéfice une année sur dix).

Évaluation du risque interne (ou risque d'exploitation propre à l'entreprise) à 1.

On obtient un multiple final de :

17 × 0,9 × 1 = 15,3 auquel correspond un taux de capitalisation de 1/15,3, soit 6,54 %.

Soit une valeur de l'action de : 440 000 € × 100/6,54 % = 6 732 000, soit **135 € par titre.**

Cette méthode suppose toutefois une connaissance sectorielle suffisamment approfondie du marché pour justifier un multiple moyen de base et les pondérations à lui appliquer en fonction des données de l'entreprise.

Elle permet de s'assurer d'une certaine cohérence entre l'approche théorique du taux de capitalisation et les données du marché financier.

Remarque : Dans le cas de la société « S », la **valeur de rendement** est **inférieure à la valeur de productivité.** Cet état de fait est assez courant dans la pratique, la valeur de rendement étant généralement la valeur la plus faible, correspondant à la valeur minimale d'un paquet minoritaire de titres. 35570

Cette valeur est tributaire de la politique de distribution des bénéfices. Celle-ci est plus généreuse dans les sociétés où les actions sont à peu près également réparties entre des groupes de porteurs ayant des intérêts contraires.

Il est beaucoup plus fréquent de rencontrer des sociétés qui ne distribuent qu'une faible fraction du bénéfice ; dans ce cas, la **valeur de productivité** est nettement **supérieure à la valeur de rendement.**

Dans cette dernière hypothèse, les paquets de titres minoritaires ont une valeur plus faible, à l'unité, que les paquets de titres emportant un pouvoir de décision dans l'entreprise.

EXEMPLE

Supposons qu'au lieu de décider la distribution de 200 000 € l'assemblée générale de la société « S » décide de ne distribuer que 100 000 €.

La capitalisation à 2,99 % (n° 35525) donne une valeur de rendement (VR) de 67 € l'action (134 €/2), alors que la valeur de productivité reste fixée à 140 € l'action.

L'**évaluation de 10 % des actions** de la société va privilégier le rendement immédiat, car le possesseur de ce paquet minoritaire ne peut influer sur les décisions des assemblées, mais tiendra compte des plus-values potentielles qu'acquièrent ces actions grâce aux mises en réserves. L'évaluateur sera donc amené à apprécier la valeur de rentabilité, au sens large, par une formule du genre :

V Rentabilité = [(3 × VR) + VP]/4 = [(3 × 67) + 140]/4 = 85 € l'action.

Au contraire, l'**évaluation de 76 % des actions** de la société, dont l'acquéreur potentiel deviendra maître du pouvoir de décision au sein des assemblées, y compris extraordinaires, va, dans la détermination de la valeur de rentabilité, privilégier la valeur de productivité en établissant celle-ci selon une formule inversée par rapport au premier cas, soit :

V Rentabilité = [(3 × VP) + VR]/4 = [(3 × 140) + 67]/4 = 122 € l'action.

3. DÉTERMINATION DE LA VALEUR MOYENNE DE RENTABILITÉ

Les deux méthodes exposées ci-dessus (nos 35505 s.) aboutissent en général à des résultats différents. Il est donc préconisé de combiner entre elles ces différentes évaluations. À noter que, pour l'appréciation tant de la valeur de rendement que de la valeur de productivité, on ne prend pas généralement les sommes distribuées ou les bénéfices dégagés au cours du dernier exercice. Il est de coutume de faire la **moyenne** à partir des distributions et des bénéfices **des deux** derniers exercices **ou** des **trois derniers exercices,** mais en utilisant, dans ce dernier cas, des correctifs monétaires en période de forte inflation (voir n° 35550). 35580

La combinaison des différentes méthodes s'effectuera à partir des critères suivants :

– nature de l'activité (commerce de gros ou détail, industrie légère ou lourde...) ;

– importance du chiffre d'affaires ;

– répartition du capital entre les associés (détermination du pouvoir de décision, existence d'une minorité de blocage...).

EXEMPLE

Pour revenir au cas de **la société « S »,** qui procède chaque année à une **distribution de dividende importante** (proche de 50 % du bénéfice), il convient de tenir compte à la fois de la valeur de rendement et de la valeur de productivité, car la société distribue largement ses bénéfices en favorisant l'actionnaire. Il paraît donc raisonnable de déterminer une valeur de rentabilité qui pondère de façon égale les deux valeurs unitaires dégagées ci-dessus par une moyenne simple : (VP + VR)/2.

Soit une valeur moyenne de rentabilité de : **VmR : (140 + 134)/2 = 137 €.**

4. VALEUR DE RENDEMENT PAR ACTUALISATION DE PRÉVISIONS

35590 Cette méthode diffère des précédentes par un certain nombre d'aspects, à savoir :

1. L'actualisation est basée sur des **prévisions** et non sur une valeur historique (ou une moyenne de valeurs historiques) ;

Il convient de remarquer que cette méthode va dans le sens de la jurisprudence de la Cour de cassation qui avait recommandé, dès 1953, de tenir compte non seulement du présent et de l'évolution passée de l'entreprise, mais aussi des perspectives la concernant. Le juge s'attache en effet aux données prévisionnelles opérationnelles « dans la limite des perspectives existantes lors de l'opération » (Cass. com. 19-12-1989 n° 88-13519).

2. Cette méthode peut très difficilement être utilisée par l'**administration** car elle impliquerait, de la part de cette dernière, une ingérence dans la gestion de l'entreprise, mais elle peut toutefois être parfaitement opposée à une évaluation de l'administration basée sur d'autres méthodes ;

3. Elle se révèle être, selon la jurisprudence administrative, la méthode à utiliser en cas d'évaluation de l'usufruit de titres (voir n° 35955) ;

4. Dans le cadre de cette méthode, les prévisions sont établies pour deux horizons différents :

– prévisions sur les **cinq années à venir** pour lesquelles l'entreprise peut disposer d'informations utilisables ;

– projection à long terme **à partir de la sixième année.**

NB : L'exemple qui suit n'a pour but que d'exposer la méthodologie du modèle d'évaluation fondé sur des prévisions, en l'illustrant d'éléments chiffrés.

Il va sans dire que, selon la conjoncture que rencontre l'activité de la société à évaluer, les prévisions de résultats porteront sur des périodes plus ou moins longues. Ainsi, dans le contexte d'une pandémie mondiale qui a affecté tout particulièrement le transport aérien, le secteur de la construction aéronautique et par conséquent celui de la sous-traitance aéronautique, dans lequel exerce la société S, se trouvaient dans une incapacité certaine à prévoir l'évolution du marché, de surcroît sur une période de cinq ans.

La remarque vaut bien entendu tout autant pour la méthode des cash-flows actualisés, exposée n° 35600, également fondée sur des prévisions de résultats sur une période générale de cinq années.

EXEMPLE

Ainsi, en ce qui concerne la **société « S »,** un taux de croissance des dividendes de 5 % par an est prévu pour les cinq années à venir (soit « g » ce taux). Ce taux reviendra à 4 % pour les années postérieures car il est, par exemple, le taux de croissance à long terme du secteur (soit « g' » ce taux).

La **valeur de l'entreprise** peut être appréciée comme la somme des dividendes à recevoir pendant les cinq ans à venir majorée d'une valeur résiduelle. Ces **valeurs,** qui sont des valeurs futures calculées d'après la croissance du dividende (g ou g'), doivent être elles-mêmes **actualisées,** c'est-à-dire ramenées à des « valeurs 2021 » en fonction du taux de rentabilité attendu (k) dont la définition est donnée ci-dessous.

La valeur de l'entreprise est donnée par la formule suivante :

$$V = \frac{D\ 2022}{(1+k)} + \frac{D\ 2023}{(1+k)^2} + \frac{D\ 2024}{(1+k)^3} + \frac{D\ 2025}{(1+k)^4} + \frac{D\ 2026}{(1+k)^5} + \frac{VR}{(1+k)^5}$$

VR = valeur résiduelle au bout de 5 ans.

D 2022 = dividende de l'année 2022 = (1 + g) D 2021.

k = taux de rentabilité attendu estimé ici à 6,28 % sur la base des prévisions suivantes, soit : 3,14 % en tant que taux de rendement sans risque (obligations d'État) + 3, 14 % en tant que prime pour le risque associé à l'entreprise.

Ce « taux de rentabilité attendu » sera particulièrement élevé :
– en période de forte inflation car le taux des obligations d'État augmente,
– dans les entreprises « à hauts risques » par suite de la croissance de la « prime de risque ».
Le **calcul des dividendes actualisés** des cinq premières années est le suivant :

Années	Dividendes	$1/(1+k)^n$	Dividendes actualisés
2021	200 000		
2022	210 000	0,940910802	197 591
2023	220 500	0,885313137	195 212
2024	231 525	0,833000693	192 860
2025	243 101	0,783779350	190 538
2026	255 256	0,737466456	188 243
		Total :	964 444

La valeur résiduelle (VR) nous est donnée par la formule générale :

$$VR = \frac{D\ 2027}{k-g'}$$

(pour g', voir ci-dessus l'hypothèse d'une croissance à long terme du secteur de 4 % au-delà des 5 ans)
D 2027 = D 2026 × 1,04
= 255 256 € × 1,04
= 265 466 €.
D'où la valeur résiduelle en l'an 2027 :

$$VR = \frac{265\ 466}{(0{,}0628-0{,}04)} = 11\ 643\ 256\ €.$$

Il reste à actualiser cette valeur en lui appliquant le coefficient de $\frac{1}{(1+k)^5}$, soit 0,737466456

$VR/(1+k)^5 = 8\ 586\ 510$ €.
La valeur globale par actualisation des dividendes futurs s'élève dans ces conditions à :
964 444 + 8 586 510 = 9 550 954 €.
Soit **191 €** par action.

Cette méthode, fondée sur une politique de distribution régulière, et une projection dynamique des dividendes futurs, aboutit logiquement à une valeur haute (191 €), si on la compare à la valeur de rendement (134 € unitaire), fondée sur la capitalisation statique du dernier dividende.

5. MÉTHODE DES CASH-FLOWS ACTUALISÉS OU DES FLUX DE TRÉSORERIE ACTUALISÉS

Cette méthode adopte la même optique que la méthode précédente. Elle se différencie des valorisations traditionnelles par la productivité et le rendement fondées sur les résultats passés en supposant que ces résultats seront récurrents, ce qui n'est pas certain. Par ailleurs, les méthodes de la valeur de rendement ou de productivité ne peuvent pas, par définition, s'appliquer à des **entreprises déficitaires.** **35600**

La méthode que nous exposons ci-après s'appuie sur des **prévisions des performances futures,** établies à partir de comptes de résultats simplifiés prévisionnels.

Elle convient à l'acquéreur qui se préoccupe particulièrement des bénéfices réalisables et de la rentabilité attendue. Celui-ci aura rentabilisé son investissement quand la somme des flux de trésorerie dégagés par l'entreprise sera égale au prix d'achat ; il commencera alors à gagner de l'argent.

Il convient, en outre, d'actualiser ces flux de trésorerie pour tenir compte du temps de récupération de l'investissement.

La **pratique des établissements financiers** et des cabinets d'expertise s'oriente de plus en plus vers l'utilisation de cette méthode des flux de trésorerie actualisés (DCF en abréviation anglo-saxonne pour « discounted cash-flows ») selon laquelle la valeur d'une entreprise est égale à la valeur actualisée des flux de trésorerie qu'elle est censée dégager (il existe une variante de cette méthode : l'analyse globale par le tableau des flux financiers).

Pour **calculer les flux,** l'évaluateur doit se livrer à un examen très complet de l'entreprise et de son environnement, en intégrant ses forces et ses faiblesses, et disposer d'informations suffisantes pour établir et valider les comptes prévisionnels.

Le flux de trésorerie dégagé par l'exploitation est le **flux financier** dégagé :
– après financement de la croissance, en particulier des investissements, de l'augmentation des stocks ;
– avant les opérations financières, frais financiers, remboursement des anciens emprunts ou dividendes.

Il se calcule comme suit :
Résultat d'exploitation
– impôt sur les sociétés
+ dotation aux amortissements
+ dotation aux provisions (ne correspondant pas à des charges réelles)
= cash-flow brut (ou marge brute d'autofinancement : voir n° 35245)
– reprises éventuelles d'amortissement
– augmentation du besoin en fonds de roulement
– investissements (immobilisations corporelles et autres actifs)
= flux de trésorerie dégagé par l'exploitation ou cash-flow net.

On utilise également le terme « Dafic » (disponible après financement interne de la croissance).

Le modèle s'applique sur la **période** des cinq à sept années à venir ; en effet, au-delà, les prévisions seraient de plus en plus aléatoires et perdraient en crédibilité.

Toutefois, au terme de la période de prévision, la société aura une certaine valeur, égale à la valeur actuelle du cash-flow après cette période ; ces flux de trésorerie ultérieurs seront supposés constants de la dernière année de la période de prévision à l'infini, ce qui reviendra à capitaliser le flux de la dernière année de la période au taux retenu et à actualiser la valeur résiduelle de l'entreprise ainsi déterminée.

Enfin, comme on l'a vu précédemment, le modèle n'intègre aucun des **cash-flows liés aux financements,** tels que frais financiers ou dividendes, ce qui évite de prévoir la politique de financement de l'entreprise. En conséquence, il faut retirer de la valeur des flux de trésorerie actualisés le montant des **dettes.**

Sous forme d'équation, la valeur V de l'entreprise est définie selon la formule suivante :

$$V = \sum \frac{Ft}{(1+k)^t} + \sum \frac{Ft}{(1+k)^n} - \text{Dettes}$$

où :
Ft = flux de trésorerie prévu pour la période de prévision **t,**
t = période de prévision (correspondant en principe à la période de récupération de l'investissement exigée de l'acquéreur),
k = taux de rentabilité attendu (cf. taux de capitalisation retenu pour le résultat dans la méthode de la valeur de productivité),
n tendant vers l'infini.

Ainsi, sur une période de cinq ans, la valeur de l'entreprise sera égale à :

$$V = \frac{F1}{(1+k)} + \frac{F2}{(1+k)^2} + \frac{F3}{(1+k)^3} + \frac{F4}{(1+k)^4} + \frac{F5}{(1+k)^5} + \frac{VR}{(1+k)^5} - \text{Dettes}$$

valeurs actuelles des flux de trésorerie pendant la période de prévision. — valeur résiduelle actualisée du flux de trésorerie après la période de prévision

35605 **EXEMPLE**

Calcul des flux de trésorerie actualisés

En 2021, le chiffre d'affaires de la **société « S »** (présentée n° 35332) est de 9 000 000 €, le résultat d'exploitation de 550 000 €.

La période de prévision sera de cinq ans ; les comptes prévisionnels se fondant sur une progression du chiffre d'affaires de 5 % par an :

– le rapport $\frac{\text{résultat d'exploitation}}{\text{CA}}$ sera supposé constant ;
– la dotation aux amortissements, de 400 000 € en 2021, doit augmenter de 20 000 € par an ; la dotation aux provisions, de 80 000 € en 2021, augmentera du même montant ;
– les besoins d'investissements seront évalués à 400 000 € par an ;
– l'augmentation du besoin en fonds de roulement sera estimée à 10 % de l'augmentation du chiffre d'affaires ;
– le taux d'actualisation sera retenu à 6,28 %, à savoir un taux d'opportunité de 3,14 % (taux de rendement sans risque : il s'agit du taux que l'acquéreur percevrait s'il plaçait son capital sous une autre forme : taux de base bancaire, taux des prêts directs à long terme, taux d'émission des obligations), majoré d'une prime de risque égale à 3,14 %. S'agissant d'un calcul en euros courants, l'incidence de l'inflation sur les taux de rendement n'est pas à retraiter.

Le **calcul des flux de trésorerie actualisés** pour la période de prévision de 2022 à 2027 est le suivant :

Montant	Données	Période de prévision				
(en milliers d'euros)	**2021**	**2022**	**2023**	**2024**	**2025**	**2026**
Chiffre d'affaires (1)	9 000	9 450	9 922	10 418	10 940	11 486
Résultat d'exploitation	550	578	607	637	669	702
– Impôt sur les sociétés (2)	146	145	152	159	167	176
+ Dotation aux amortissements	400	420	440	460	480	500
+ Dotation aux provisions	80	100	120	140	160	180
– Augmentation du fonds de roulement		45	47	50	52	55
– Investissements		400	400	400	400	400
= Flux de trésorerie		508	568	628	690	751
× Coefficient d'actualisation (3)		0,940910802	0,885313137	0,833000693	0,783779350	0,737466456
= Flux de trésorerie actualisés		**478**	**503**	**523**	**541**	**554**
Total des flux de trésorerie actualisés				**2 599 K€**		
Valeur résiduelle		751/6,28 % =		11 959		
Actualisée		**à 0,737466456**		**8 819 K€**		
Valeur globale		**2 599 + 8 819**		11 418 K€		
Dettes				**– 1 654 K€**		
Valeur nette		11 418 – 1 654 =		**9 764 K€**		
Valeur unitaire				**195 €**		

(1) Croissance prévisionnelle de 5 % par an.
(2) Taux d'IS à 26,5 % pour 2021, 25 % pour 2022 et années suivantes
(Cf. art. 39 de la loi de finances pour 2020).
(3) Valeur de $(1 + k)^{-n}$ ou valeur actuelle de **1 €** payable dans **n** périodes au taux **k.**

En résumé :
A. Somme des valeurs actuelles des flux de trésorerie pendant la période de prévision = 2 599 000 €.
A. Somme des valeurs actuelles des flux de trésorerie pendant la période de prévision = 8 819 000 €.
B. Valeur résiduelle actualisée du flux de trésorerie après la période de prévision :
VR = (751 000 × 100 × 0,737466456)/6,28 = 8 819 000 €.
C. Montant de la dette (voir bilan de la société « S » au 31-12-2021) : 1 654 000 €. 1 654 000 €.

Valeur de la société S : A + B – C = 9 764 000 €, soit **195 € par action.**

La principale **difficulté d'application** de cette méthode, outre bien entendu la difficulté de prévision des résultats futurs, réside dans l'évaluation des besoins d'investissement, qui peuvent varier de façon importante et affecter dans la même proportion le flux de trésorerie. **35607**
Cette méthode, fondée sur une projection dynamique de résultats futurs, aboutit logiquement à une valeur haute (195 €), si on la compare à la valeur de productivité (140 €), fondée sur la capitalisation statique du dernier résultat.

La **variante de cette méthode,** appelée **« fonds d'amortissement ou de reconstitution »** (tirée de l'expression anglo-saxonne « sinking fund ») part du raisonnement que le flux d'autofinancement dégagé par l'entreprise doit permettre à l'investisseur, dans la période qu'il s'est fixée, non seulement de reconstituer en fin de période le capital investi, mais aussi de le rémunérer normalement pendant toute la période. **35610**
Il est supposé que la **quote-part destinée à reconstituer le capital** investi est **placée** sur un compte bloqué rémunéré, d'où le nom de « fonds d'amortissement » ou « de reconstitution ».

Cette méthode permet d'évacuer la question de la valeur résiduelle ; elle introduit par ailleurs une distinction entre le taux de rendement destiné à reconstituer le capital investi et celui exigé pour la rémunération de l'investisseur.
La formule générale est :
V = KCF

où $K = \dfrac{1}{tr + ti/[(1 + t1)^n - 1]}$

CF = cash-flow représentant la moyenne des cash-flows futurs actualisés de la période fixée ;
n = période fixée par l'investisseur pour récupérer son capital ;
tr = taux de rémunération exigé de l'investisseur pour le capital investi ;
ti = taux d'intérêt auquel est placé le fonds d'amortissement (ou de reconstitution).

E. « Survaleur » ou « goodwill »

35660 De création récente, cette méthode permet essentiellement une estimation des éléments incorporels à partir d'un raisonnement financier.
La consultation du Dictionnaire économique et financier « De l'anglais au français » (Eugène Lafond, Éd. de l'Homme) fournit la **définition** suivante : « Goodwill : achalandage, fonds de clientèle, fonds de commerce (clientèle, plus droit au bail, plus nom commercial, plus marques de commerce...). »
Une définition littéraire, traduite librement de l'anglais, est la suivante : « La valeur immatérielle d'une entreprise représentée par sa réputation basée sur l'habileté de son organisme de direction et de gestion (management), de son noyau d'ouvriers spécialisés, de sa situation géographique favorable et de sa réputation auprès de la clientèle. »
Ces deux définitions se recoupent et recouvrent la notion de « fonds de commerce et d'industrie ».
La notion de survaleur ou goodwill correspond à une **valorisation d'opportunité stratégique,** contrepartie financière de la notoriété, du savoir-faire et des performances de l'entreprise, et mesure les avantages incorporels dont celle-ci dispose. Ces avantages permettent d'expliquer les raisons pour lesquelles cette entreprise génère une rentabilité supérieure au bénéfice normal que justifierait son actif net, et qui constitue un « **superbénéfice** ».

CONTENU PRATIQUE DE LA NOTION DE SURVALEUR

35670 Une entreprise engage un ensemble de moyens, des actifs corporels, pour générer un profit. Si ce profit excède la rémunération normale des actifs corporels employés, la différence positive, ce superprofit, traduit l'existence d'un autre actif, un actif incorporel. C'est cet actif incorporel, fonds de commerce, fonds d'industrie ou survaleur, qui doit être évalué.
La méthode consiste à **capitaliser la rente** de superprofit ou de superbénéfice généré, sur une certaine période ; le montant obtenu viendra s'**ajouter à la valeur patrimoniale** (actif net réévalué : voir n° 35675).
En revanche, si la différence est négative, c'est une dépréciation des actifs corporels, et par conséquent de la valeur patrimoniale, qui est mise en évidence. On est alors en présence d'un **« badwill »,** qui viendra en déduction de la valeur patrimoniale.
Équation de la valorisation par la survaleur :
V = A + SV,
V = valeur de l'entreprise,
A = valeur patrimoniale (actif net corrigé),

$$SV = \text{survaleur} = \frac{\text{Super bénéfice}}{1 + i} + \frac{\text{Super bénéfice}}{(1 + i)^2} + \ldots + \frac{\text{Super bénéfice}}{(1 + i)^n},$$

où i = taux d'actualisation retenu,
n = période retenue.
Superbénéfice = B – (A × t),
où B = capacité bénéficiaire de l'entreprise,
A = montant de l'actif net,
t = taux de rémunération de l'actif net corrigé.

35675 Comme la survaleur correspond le plus souvent dans l'esprit des évaluateurs à un « plus » au-delà de l'**actif net réévalué,** fondement de la valeur mathématique ou patrimoniale, le calcul du superbénéfice ou superprofit se fait principalement par rapport à l'actif net réévalué (hors estimation du fonds commercial).
Toutefois, la référence à l'actif net comptable reste utilisée par une minorité d'experts. Selon un sondage publié par la revue « Banque » (n° 508 de septembre 1990), 64 % utilisaient l'actif net réévalué et 16 % l'actif net comptable, les autres professionnels ayant recours à d'autres notions.

VARIATIONS DANS LA DÉTERMINATION DE LA SURVALEUR

Ces variations se manifestent à un triple niveau : 35680
– quant au choix de « t », taux de rémunération de l'actif net ;
– quant au choix de « i », taux d'actualisation de la rente de survaleur ;
– quant à la durée de la période « n ».

Variations quant au choix de « t » Le **taux du loyer de l'argent** est différent selon que l'on se place sur le plan des **placements à revenu variable** (où le taux de la rémunération escomptée est assez faible mais les perspectives de plus-values en capital non négligeables) ou sur le plan des placements **à revenu fixe.** Cette différence est illustrée par le fait que le taux des obligations convertibles en actions est toujours plus faible que le taux des obligations. 35685

Dès lors qu'il s'agit d'apprécier le rendement d'une valeur à revenu variable, il paraît logique de retenir comme valeur de « t » le taux du loyer de l'argent afférent à des placements à revenu variable, mais cette position n'est pas toujours admise par les analystes financiers.

En effet, selon plusieurs méthodes, on retient le plus souvent le taux de l'intérêt à moyen ou long terme, ou celui des obligations garanties.

Variations quant au choix de « i » La survaleur étant obtenue par capitalisation de la rente sur la période « n » durant laquelle celle-ci peut être assurée pour l'acquéreur, il conviendra de retenir le plus souvent un taux d'actualisation « i » supérieur au taux « t » car le superbénéfice ou superprofit a un caractère risqué et aléatoire. Ce pourra être le taux « t » majoré d'un certain pourcentage, variable selon le risque économique de l'entreprise, d'autant plus important que le risque sera jugé élevé (voir nos 35550 s.). 35695

Le taux d'actualisation « i » retenu pour la rente de superbénéfice peut être repris pour le montant du taux de capitalisation du bénéfice (voir nos 35500 s.), ou d'actualisation des cash-flows (voir no 35600), car il tient compte des mêmes facteurs de risque.

Variations quant à la durée de la période « n » choisie Le choix pourra porter sur une période très courte, dans le cas où les **perspectives de réaliser un superbénéfice** apparaîtront comme très **limitées** dans le temps, par exemple pour une production dans un secteur où l'évolution de la technologie est très rapide (logiciels, informatique). 35705

La période pourra être au contraire très longue, dans le cas où les perspectives de réaliser un superprofit apparaîtront solides dans l'avenir, par exemple dans l'hypothèse d'une commercialisation de produits sous une marque de fabrique prestigieuse, garantie d'une certaine pérennité, la période pouvant dans ces conditions tendre vers l'infini, soit :

$$SV = \frac{\text{Super bénéfice}}{i}$$

Modalités de calcul de la valeur actuelle de la rente de survaleur

L'équation relative à la valeur actuelle d'une suite de « n » annuités de 1 €, compte tenu d'un taux d'actualisation « i », est la suivante : 35715

$$V = \frac{1-(1+i)^{-n}}{i}$$

Afin de guider l'évaluateur dans le calcul de capitalisation de la rente de survaleur, nous présentons ci-après no 35755 une table pratique à double entrée avec :
– d'une part, en ligne, la durée de la période de réalisation du superbénéfice (de 1 à 50 ans),
– d'autre part, en colonne, les différents taux d'actualisation variant de 5 % à 20 %.

C'est à l'intersection de la ligne correspondant à la durée de la période retenue et de la colonne correspondant au taux d'actualisation choisi que figure le **coefficient multiplicateur** à appliquer à la rente de survaleur.

35725

EXEMPLE

Application au cas de la société « S » présentée no 35332 : à partir d'un taux « t » de 3,14 %, retenu pour le calcul de la rémunération des capitaux investis, le **taux « i » d'actualisation** sera arrêté à 6,28 % arrondi à 6 % compte tenu de la prime de risque économique (voir no 35565).

La **durée de la période** « n » est estimée à 5 ans, correspondant à un délai raisonnable de reproduction du superbénéfice.

La valeur actuelle d'une suite de 5 annuités de superbénéfice au taux de 6 % est égale à cette annuité multipliée par le **coefficient** de 4,212364.

1. Montant de l'actif net corrigé	4 960 000 €
2. Valeur du fonds de commerce	660 000 €
3. Montant de l'actif net corrigé hors fonds de commerce* (1) – (2)	4 300 000 €

1. Montant de l'actif net corrigé	4 960 000 €
* La survaleur représentant les éléments incorporels, il convient de retirer de la valeur de l'actif net corrigé toute estimation de fonds commercial pour éviter les doubles emplois.	
4. Taux de rémunération des capitaux investis	3,14 %
5. Rémunération des capitaux investis (3) × (4)	135 020 €
6. Bénéfice	440 000 €
7. Superbénéfice (6) – (5)	304 980 €
8. Coefficient d'actualisation (rente de 5 années à 6 %)	4,212364
9. Montant de la survaleur (7) × (8)	1 284 687 €
10. Valeur de l'entreprise (3) + (9)	5 584 687 €
Valeur unitaire arrondie	**112 €**

35730 En **résumé,** la méthode d'évaluation des titres de société par la survaleur consiste à :
– dégager la rente de « survaleur », c'est-à-dire la fraction de bénéfice qui excède la rémunération des capitaux engagés ;
– calculer le potentiel incorporel de la société en appliquant à cette rente de survaleur un coefficient multiplicateur représentant la somme actualisée d'une suite de n rentes sur une certaine période de réalisation ;
– ajouter à ce potentiel économique la valeur patrimoniale ;
– et enfin à diviser le total obtenu par le nombre d'actions émises par la société.

35735 **Équation de valorisation en présence d'un « badwill »** V = A – Bw.
Bw = badwill.

Le « badwill » sera égal à la somme des manques à gagner de l'investisseur par rapport au niveau de rentabilité normal de l'actif net de l'entreprise.

La période d'insuffisance du bénéfice sera alors égale au nombre d'années jugé nécessaire pour que l'entreprise atteigne une rentabilité normale au regard de son actif net.

35745 **Remarque** Les explications données ci-dessus n'ont nullement pour but d'évoquer l'ensemble des méthodes d'appréciation de la survaleur ou du « goodwill ». Celles-ci étant très nombreuses, leur développement ne peut trouver sa place dans le cadre de cette étude.

Le choix effectué a été guidé par la nécessité de parvenir, plus particulièrement au niveau des **fonds d'industrie,** à une meilleure approche de la valeur que par l'emploi de la méthode des barèmes reconnue par tous les auteurs comme très approximative dans ce cas.

La méthode de la survaleur permet en outre d'analyser l'écart important qui peut, dans certains cas, exister entre la valeur de productivité et la valeur mathématique et d'en déterminer les facteurs. Elle permettra alors de justifier la **pondération** proposée entre ces deux valeurs et d'aboutir en théorie à une valeur intermédiaire.

En tout état de cause, cette méthode, procédant de l'actif net corrigé, majoré d'une rente actualisée sur un certain nombre d'années, aboutit logiquement à une valeur intermédiaire (dans notre exemple, 118 €) entre la valeur purement patrimoniale (99 €) et la valeur de rentabilité (137 €), moyenne des valeurs de rendement et de productivité.

Le **guide de l'administration** applique cette méthode dans un exemple chiffré ; or, dans le cas de la société retenue, la valorisation par la survaleur se révèle assez éloignée des autres résultats. Cette différence s'explique partiellement, selon le guide, par le montant des capitaux engagés qui ne sont pas tous nécessaires à l'exploitation.

En l'occurrence, c'est cette seule valeur qui est retenue comme apparentée à la valeur patrimoniale, et donc prise en compte comme telle dans la formule de pondération des différentes valorisations. Mais à notre sens, l'évaluation de cette société, même si elle ne répond pas strictement aux critères de la PME (moins de 250 salariés, et soit chiffre d'affaires n'excédant pas 50 M€, soit total du bilan n'excédant pas 43 M€), ne peut faire l'économie d'une approche purement patrimoniale ; en effet, cette dernière devrait permettre d'actualiser la valeur réelle des capitaux engagés, et la survaleur de mieux apprécier dans ces conditions la valeur des immobilisations incorporelles.

Tableau pratique d'actualisation de la rente de survaleur 35755

« i » « n »	5 %	6 %	7 %	8 %	9 %	10 %	11 %	12 %
1	0,952 381	0,943 396	0,934 579	0,925 926	0,917 431	0,909 091	0,900 901	0,892 857
2	1,859 410	1,833 393	1,808 018	1,783 265	1,759 111	1,735 537	1,712 523	1,690 051
3	2,723 248	2,673 012	2,624 316	2,577 097	2,531 295	2,486 852	2,443 715	2,401 831
4	3,545 950	3,465 106	3,387 211	3,312 127	3,239 720	3,169 865	3,102 446	3,037 349
5	4,329 477	4,212 364	4,100 197	3,992 710	3,889 651	3,790 787	3,695 897	3,604 776
6	5,075 692	4,917 324	4,766 540	4,622 880	4,485 919	4,355 261	4,230 538	4,111 407
7	5,786 373	5,582 381	5,389 289	5,206 370	5,032 953	4,868 419	4,712 196	4,563 757
8	6,463 213	6,209 794	5,971 299	5,746 639	5,534 819	5,334 926	5,146 123	4,967 640
9	7,107 822	6,801 692	6,515 232	6,246 888	5,995 247	5,759 024	5,537 048	5,328 250
10	7,721 735	7,360 087	7,023 582	6,710 081	6,417 658	6,144 367	5,889 232	5,650 223
11	8,306 414	7,886 875	7,498 674	7,138 964	6,805 191	6,495 061	6,206 515	5,937 699
12	8,863 252	8,383 844	7,942 686	7,536 078	7,160 725	6,813 692	6,492 356	6,194 374
13	9,393 573	8,852 683	8,357 651	7,903 776	7,486 904	7,103 356	6,749 870	6,423 548
14	9,898 641	9,294 984	8,745 468	8,244 237	7,786 150	7,366 687	6,981 865	6,628 168
15	10,379 658	9,712 249	9,107 914	8,559 479	8,060 688	7,606 080	7,190 870	6,810 864
16	10,837 770	10,105 895	9,446 649	8,851 369	8,312 558	7,823 709	7,379 162	6,973 986
17	11,274 066	10,477 260	9,763 223	9,121 638	8,543 631	8,021 533	7,548 794	7,119 630
18	11,689 587	10,827 603	10,059 087	9,371 887	8,755 625	8,201 412	7,701 617	7,249 670
19	12,085 321	11,158 116	10,335 595	9,603 599	8,950 115	8,364 920	7,839 294	7,365 777
20	12,462 210	11,469 921	10,594 014	9,818 147	9,128 546	8,513 564	7,963 328	7,469 444
21	12,821 153	11,764 077	10,835 527	10,016 803	9,292 244	8,648 694	8,075 070	7,562 003
22	13,163 003	12,041 582	11,061 241	10,200 744	9,442 425	8,771 540	8,175 739	7,644 646
23	13,488 574	12,303 379	11,272 187	10,371 059	9,580 207	8,883 218	8,266 432	7,718 434
24	13,798 642	12,550 358	11,469 334	10,528 758	9,706 612	8,984 744	8,348 137	7,784 316
25	14,093 945	12,783 356	11,653 583	10,674 776	9,822 580	9,077 040	8,421 745	7,843 139
26	14,375 185	13,003 166	11,825 779	10,809 978	9,928 972	9,160 945	8,488 058	7,895 660
27	14,643 034	13,210 534	11,986 709	10,935 165	10,026 580	9,237 223	8,547 800	7,942 554
28	14,898 127	13,406 164	12,137 111	11,051 078	10,116 128	9,306 567	8,601 622	7,984 423
29	15,141 074	13,590 721	12,277 674	11,158 406	10,198 283	9,369 606	8,650 110	8,021 806
30	15,372 451	13,764 831	12,409 041	11,257 783	10,273 654	9,426 914	8,693 793	8,055 184
35	16,374 194	14,498 246	12,947 672	11,654 568	10,566 821	9,644 159	8,855 240	8,175 504
40	17,159 086	15,046 297	13,331 708	11,924 613	10,757 360	9,779 051	8,951 051	8,243 777
45	17,774 070	15,455 832	13,605 522	12,108 402	10,881 197	9,862 808	9,007 910	8,282 516
50	18,255 925	15,761 861	13,800 746	12,233 485	10,961 683	9,914 814	9,041 653	8,304 498

« i » « n »	13 %	14 %	15 %	16 %	17 %	18 %	19 %	20 %
1	0,884 956	0,877 193	0,869 565	0,862 069	0,854 701	0,847 458	0,840 336	0,833 333
2	1,668 102	1,646 661	1,625 709	1,605 232	1,585 214	1,565 642	1,546 501	1,527 778
3	2,361 153	2,321 632	2,283 225	2,245 890	2,209 585	2,174 273	2,139 917	2,106 481
4	2,974 471	2,913 712	2,854 978	2,798 181	2,743 235	2,690 062	2,638 586	2,588 735
5	3,517 231	3,433 081	3,352 155	3,274 294	3,199 346	3,127 171	3,057 635	2,990 612
6	3,997 550	3,888 668	3,784 483	3,884 736	3,589 185	3,497 603	3,409 777	3,325 510
7	4,422 610	4,288 305	4,160 420	4,038 565	3,922 380	3,811 528	3,705 695	3,604 592
8	4,798 770	4,638 864	4,487 322	4,343 591	4,207 163	4,077 566	3,954 366	3,837 160
9	5,131 655	4,946 372	4,771 584	4,606 544	4,450 566	4,303 022	4,163 332	4,030 967
10	5,426 243	5,216 116	5,018 769	4,833 227	4,658 604	4,494 086	4,338 935	4,192 472
11	5,686 941	5,452 733	5,233 712	5,028 644	4,836 413	4,656 005	4,486 500	4,327 060
12	5,917 647	5,660 292	5,420 619	5,197 107	4,988 387	4,793 225	4,610 504	4,439 217
13	6,121 812	5,842 362	5,583 147	5,342 334	5,118 280	4,909 513	4,714 709	4,532 681
14	6,302 488	6,002 072	5,724 476	5,467 529	5,229 299	5,008 062	4,802 277	4,610 567
15	6,462 379	6,142 168	5,847 370	5,575 456	5,324 187	5,091 578	4,875 863	4,675 473
16	6,603 875	6,265 060	5,954 235	5,668 497	5,405 288	5,162 354	4,937 700	4,729 561
17	6,729 093	6,372 859	6,047 161	5,748 704	5,474 605	5,222 334	4,989 664	4,774 634
18	6,839 905	6,467 420	6,127 966	5,817 848	5,533 851	5,273 164	5,033 331	4,812 195
19	6,937 969	6,550 369	6,198 231	5,877 455	5,584 488	5,316 241	5,070 026	4,843 496
20	7,024 752	6,623 131	6,259 331	5,928 841	5,627 767	5,352 747	5,100 862	4,869 580

« i » « n »	13 %	14 %	15 %	16 %	17 %	18 %	19 %	20 %
21	7,101 550	6,686 957	6,312 462	5,973 139	5,664 758	5,383 683	5,126 775	4,891 316
22	7,169 513	6,742 944	6,358 663	6,011 326	5,696 375	5,409 901	5,148 550	4,909 430
23	7,229 658	6,792 057	6,398 837	6,044 247	5,723 397	5,432 120	5,166 849	4,924 525
24	7,282 883	6,835 137	6,433 771	6,072 627	5,746 493	5,450 949	5,182 226	4,937 104
25	7,329 985	6,872 927	6,464 149	6,097 092	5,766 234	5,466 906	5,195 148	4,947 587
26	7,371 668	6,906 077	6,490 564	6,118 183	5,783 106	5,480 429	5,206 007	4,956 323
27	7,408 556	6,935 155	6,513 534	6,136 364	5,797 526	5,491 889	5,215 132	4,963 602
28	7,441 200	6,960 662	6,533 508	6,152 038	5,809 851	5,501 601	5,222 800	4,969 668
29	7,470 088	6,983 037	6,550 877	6,165 551	5,820 386	5,509 831	5,229 243	4,974 724
30	7,495 653	7,002 664	6,565 980	6,177 199	5,829 390	5,516 806	5,234 658	4,978 936
35	7,585 572	7,070 045	6,616 607	6,215 338	5,858 196	5,538 618	5,251 215	4,991 535
40	7,634 376	7,105 041	6,641 778	6,233 497	5,871 335	5,548 152	5,258 153	4,996 598
45	7,660 865	7,123 217	6,654 293	6,242 143	5,877 327	5,552 319	5,261 061	4,998 633
50	7,675 242	7,132 656	6,660 515	6,246 259	5,880 061	5,554 151	5,262 279	4,999 451

F. Combinaison des différentes méthodes d'évaluation et ajustements

35800 Lorsqu'il existe une possibilité de comparaison avec des transactions récentes portant sur les mêmes titres, la méthode comparative doit être retenue si les éléments de référence produits répondent aux critères d'objectivité et de pertinence exigés par la jurisprudence (voir n°s 35110 et 35120). On rappelle qu'en matière de droits d'enregistrement et d'IFI (ISF avant 2018), cette méthode prime sur les autres méthodes, ces dernières ne pouvant intervenir qu'à titre subsidiaire. **À défaut** de transaction comparable pertinente, il convient de recourir à une analyse multicritères par la combinaison de différentes méthodes d'évaluation.

1. COMBINAISONS ENTRE VALEUR MATHÉMATIQUE ET VALEUR DE RENTABILITÉ

35810 Ces combinaisons sont fondées sur l'utilisation de l'environnement juridique et économique au moment de la mutation et du diagnostic de l'entreprise dont les principes de détermination ont été évoqués dans la première partie de cette étude.

Les éléments de choix qui vont être développés ci-après constituent seulement un **modèle de raisonnement** ou un modèle de négociation pour, en cas de litige, parvenir à un accord avec l'administration fiscale.

La combinaison de la valeur mathématique et de la valeur de rendement pourra s'effectuer à partir de **deux critères de choix.**

CRITÈRE LIÉ AU POUVOIR DE DÉCISION DANS L'ENTREPRISE

35820 Le premier critère est lié au fait que la possession ou la transmission des titres permet d'avoir ou d'acquérir le pouvoir de décision dans l'entreprise.

– Dans l'**affirmative,** la valeur mathématique sera privilégiée par rapport à la valeur de rentabilité. En effet, dans l'hypothèse d'une transmission d'un paquet majoritaire, la position « vendeur » aura tendance à s'appuyer sur la valeur patrimoniale, résultante des bénéfices passés.

– Dans la **négative,** la valeur de rentabilité sera privilégiée car l'acquisition ou la possession des titres constitue une valeur de placement ; ainsi, l'acquéreur, tourné vers l'avenir, se fondera sur le rendement attendu de son acquisition.

– Entre les deux, il est possible d'envisager des **situations intermédiaires,** notamment lorsqu'il existe une minorité dite « de blocage » au niveau des règles de quorum et de majorité dans les assemblées générales extraordinaires.

CRITÈRE LIÉ À LA NATURE ET À L'IMPORTANCE DE L'ACTIVITÉ DE L'ENTREPRISE

35830 **Sociétés exploitant un commerce de détail ou de gros** Il s'agit plus particulièrement d'exploitations individuelles, de petite ou moyenne importance, ayant pris la forme de sociétés pour lesquelles la **valeur mathématique** est prépondérante (voir n° 36080).

Il ne serait pas logique, en effet, d'évaluer un fonds de commerce de marchand de chaussures ou de café-tabac d'une manière différente selon que ce fonds est exploité sous la forme individuelle ou qu'il figure à l'actif d'une SARL constituée entre les membres d'une même famille ou d'une entreprise unipersonnelle à responsabilité limitée (EURL). Dans ce cas, on utilisera tout de même la **valeur de rentabilité,** qui sera le plus souvent la seule valeur de productivité, réajustée par le compte « Salaires », mais la **pondération** sera très forte en faveur de la valeur mathématique.

ILLUSTRATIONS

Évaluation de titres de sociétés non cotées exploitant des fonds de commerce en location-gérance

1. Pour déterminer la valeur vénale de titres de participation non cotés en bourse en l'absence de transactions intervenues dans des conditions équivalentes et portant les titres de la même société ou de sociétés similaires, l'administration a pu valablement, d'une part, calculer la valeur mathématique des titres et, d'autre part, déterminer leur valeur de rendement, en faisant la moyenne entre la valeur de productivité et la valeur par la marge brute d'autofinancement puis retenir la moyenne arithmétique de ces deux résultats. La seule circonstance que les sociétés dont les titres ont été cédés ne soient **pas propriétaires des fonds de commerce** qu'elles exploitent en vertu d'un contrat de location-gérance ne fait pas, par elle-même, obstacle à la mise en œuvre des méthodes de la valeur de productivité et de la marge brute d'autofinancement.

CE 8e-3e ch. 6-2-2019 n° 410248, Sté Alternance : RJF 5/19 n° 466.

Ndlr : Selon la société requérante, l'évaluation de la valeur vénale des titres aurait dû être fondée uniquement sur la valeur mathématique, seule méthode selon elle permettant de prendre en compte la précarité des entreprises qui exploitent un fonds de commerce en location-gérance. Mais il résulte des conclusions du rapporteur public que l'administration avait pris en compte cette spécificité en acceptant de retenir dans la détermination du taux de capitalisation utilisé un coefficient de risque propre à l'entreprise maximum. Le rapporteur public indique en outre qu'il n'a jamais été jugé qu'en cas de location-gérance seule la méthode de la valeur mathématique devait être utilisée et que si la Cour de cassation a pu, en matière de droits d'enregistrement, valider le recours à la seule méthode mathématique dans un cas de location-gérance, il s'agissait d'une appréciation d'espèce, en fonction des caractéristiques spécifiques de la situation en cause (Cass. com. 6-11-2012 n° 11-25.878 (n° 1102 F-D)).

Signalons que les titres de participation avaient été cédés à un prix significativement inférieur à leur valeur vénale telle que déterminée ci-dessus.

2. Dans une succession où le propriétaire des 499 parts sur 500 d'une SARL donnait **le fonds, dont il était** par ailleurs **propriétaire**, en location-gérance à la société, la transmission au seul héritier n'appelait pas selon la jurisprudence la prise en compte de cette modalité d'exploitation, au motif notamment que la valeur mathématique avait exclu les actifs afférents au fonds de commerce et que les droits patrimoniaux étant détenus par une même personne physique, il n'y avait pas lieu d'écarter les valeurs de rendement et de productivité de la société pour évaluer ses parts sociales.

Cass. com. 19-4-2005 n° 03-19.890 F-D, Faure : RJF 8-9/05 n° 970.

Voir également l'arrêt du 6 novembre 2012 cité n° 35122, considéré toutefois comme un arrêt d'espèce.

Sociétés immobilières Le principe de la nécessité de prendre en compte la valeur d'un immeuble figurant à l'actif d'une société non cotée en bourse, telle une société civile immobilière, selon la méthode comparative est acquis (Cass. com. 10-12-2013 n° 12-28.421 : RJF 4/14 n° 401 ; Cass. com. 20-1-2015 n° 14-13.007 (n° 47 F-D) : RJF 4/15 n° 368). **35835**

La valeur vénale des titres d'une société immobilière, propriétaire d'immeubles qu'elle loue à usage d'habitation et/ou de commerce, est généralement fondée sur une forte pondération de la valeur mathématique (coefficient 3), où l'estimation immobilière est pratiquée en faisant état d'éléments de comparaison se rapportant à la cession de biens intrinsèquement similaires, et d'une valeur de productivité. Cette formule 3VM + VP/4 a été validée par la Cour de cassation (Cass. com. 16-9-2014 n° 737 F-D : Indicateur de l'Enregistrement n° 20306).

ILLUSTRATIONS

La cour d'appel a répondu aux conclusions prétendument délaissées, relatives à l'évaluation des parts d'une SCI détenue à 100 % par des conjoints, en constatant que la valeur des titres a été établie par l'administration selon **deux méthodes,** la première dite « **mathématique** », fondée sur la valeur des immeubles, prenant en compte l'absence de passif pour la quasi-totalité d'entre eux et l'évolution de la valeur des éléments de comparaison produits en distinguant les années en litige tandis que la seconde s'appuyait sur la **productivité** de la société obtenue par capitalisation des bénéfices disponibles après déduction de l'impôt sur les sociétés, puis en relevant que l'une comme l'autre conduisaient à des résultats très proches.

Cass. com. 27-6-2018 n° 16-20.468 F-D : RJF 12/18 n° 1288.

Ndlr : En l'espèce, les redevables reprochaient à l'administration d'avoir fixé la valeur des parts de la société civile immobilière à partir de leur seule valeur mathématique alors que la valeur des parts d'une société propriétaire d'immeubles ne se confond pas avec la valeur de ces derniers.

35840 **Sociétés exploitant une activité industrielle** Sauf pour les très petites sociétés ayant une structure quasi artisanale, où la valeur mathématique peut rester prépondérante, la combinaison entre valeur mathématique et valeur de rentabilité sera plus équilibrée, car la pérennité d'une telle entreprise est liée à ses possibilités d'autofinancement, à sa capacité de générer du « cash-flow », et donc à sa valeur de rentabilité.

35850 **Sociétés importantes ayant un objet commercial ou industriel** Pour déterminer la valeur de ces sociétés, il sera pertinent d'utiliser des méthodes plus élaborées, notamment la méthode de la survaleur, pour déterminer la valeur des éléments incorporels (nos 35660 s.). En tout état de cause, la pondération entre valeur de rentabilité et valeur mathématique tendra vers l'égalité et pourra parfois même s'inverser en faveur de la valeur de rentabilité.

35860 **Combinaisons proposées** À titre indicatif, l'illustration de l'utilisation des critères développés ci-dessus pour parvenir à la valeur vénale à partir de la **valeur mathématique** (VM) et de la **valeur moyenne de rentabilité** (VmR) (moyenne entre valeur de rendement et valeur de productivité) a été effectuée suivant le **tableau indicatif** des combinaisons de valeur figurant ci-dessous, étant précisé que ce tableau doit être adapté à chaque cas d'espèce.

Pouvoir de décision	**Commerce de détail ou de gros de petite ou moyenne importance**		**Activité industrielle**	**Sociétés importantes**		**Holdings patrimoniaux**
	Petite	Moyenne		Objet commercial	Objet industriel	
OUI	$\frac{4VM + VR}{5}$	$\frac{3VM + VR}{4}$	$\frac{2VM + VR}{3}$	$\frac{VM + VR}{2}$	$\frac{VM + 2VR}{3}$	$\frac{4VM + VR}{5}$
NON	$\frac{VM + VR}{2}$	$\frac{VM + VR}{2}$	$\frac{VM + 2VR}{3}$	$\frac{VM + 3VR}{4}$	$\frac{VM + 3VR}{4}$	$\frac{2VM + VR}{3}$

VM : valeur mathématique.
VR : valeur de rendement, prise au sens large car elle peut être le résultat d'une combinaison :
– de la valeur de rendement proprement dite et de la valeur de productivité (petites entreprises ou commerces) ;
– de la valeur de productivité et de la valeur de la marge brute d'autofinancement (entreprises industrielles moyennes) ;
– des trois valeurs : rendement + productivité + marge brute d'autofinancement (entreprises industrielles importantes).

35865 **EXEMPLE**

Dans l'hypothèse de la **société « S »** (présentée n° 35332), qui exerce une activité industrielle de moyenne importance, les différentes approches théoriques ont abouti aux valeurs unitaires suivantes :

Valeur mathématique (VM)	99
Valeur de rendement (VR)	134
Valeur de productivité (VP)	140
Valeur moyenne de rentabilité VmR = (VR + VP)/2	137
Valeur par actualisation des dividendes	191
Valeur par actualisation des cash-flows	195
Survaleur (SV)	112
Valeur par le PER du secteur	135
Valeur par le multiple de l'Ebit	123
Pour mémoire, valeur de comparaison (minoritaire absolu)	115

On remarquera que les valeurs de projection de données intrinsèques (actualisation des dividendes et cash-flows actualisés) constituent logiquement la fourchette haute (pour la seconde 9 746 000 €) puisqu'elle correspond à la position vendeur, s'appuyant sur une projection de résultats sur 5 ans, en hausse constante, et que la survaleur représente une valeur d'équilibre pour l'estimation de la valeur globale de l'entreprise (5 584 687 €), entre la valeur mathématique (4 960 000 €) et la valeur moyenne de rentabilité (6 850 465 €).

Le tableau récapitulatif des différentes pondérations fourni par l'**administration** dans son **guide de 2007,** à titre indicatif, est un peu différent s'agissant des PME-PMI de celui proposé n° 35860 (établi à partir des règles que préconisait l'administration fiscale dans son ancien guide) : 35870

	PME-PMI		Sociétés importantes		
	Petite	Moyenne	Objet commercial	Objet industriel	Holdings patrimoniaux
Paquet majoritaire	$\frac{3VM + VRent.}{4}$	$\frac{2VM + VRent.}{3}$	$\frac{VM + VRent.}{2}$	$\frac{VM + 2VRent.}{3}$	$\frac{4VM + VRent.}{5}$
Paquet minoritaire	$\frac{VM + VRent.}{2}$	$\frac{VM + 2VRent.}{3}$	$\frac{VM + 3VRent.}{4}$	$\frac{VM + 3VRent.}{4}$	$\frac{2VM + VRent.}{3}$

VM : valeur mathématique.
VRent. : valeur de rentabilité, moyenne pondérée le cas échéant des valeurs de productivité ou par un multiple du RE, valeur par l'EBE ou la MBA, valeur de rendement.

Le **Medef** (anciennement CNPF) a présenté, en 1982, des observations qui aboutissent à une approche de la valeur vénale modifiant très sensiblement les combinaisons de valeurs présentées dans le tableau ci-dessus (n°s 35870). Ainsi, il estimait que la valeur mathématique pourrait n'être généralement prise en compte que pour une proportion faible, voire éventuellement nulle, dans le cas des entreprises dont la situation justifie une approche se situant dans une optique de continuité. 35875

Dans certains secteurs, une référence trop exclusive aux **notions de rentabilité** risquant d'aboutir à des valeurs très élevées (voir ci-dessus la valeur par actualisation des cash-flows), la prudence peut justifier dans de tels cas un recours plus prononcé à la valeur mathématique. 35880

Dans d'autres cas, au contraire, les valeurs liées à la rentabilité peuvent être déterminantes.

Ainsi, la valeur de rendement pourrait constituer un élément d'appréciation prépondérant pour les **associés** ne détenant **pas** le **pouvoir de décision.** En l'absence de distribution, ou en cas de distributions très faibles, on pourrait retenir la valeur de productivité (ou combinée), affectée d'un abattement très important, de l'ordre de 50 %.

De même, la valeur de productivité pourrait constituer l'élément d'appréciation quasi exclusif (à tout le moins prépondérant) pour :

– les associés détenant le pouvoir de décision ;
– les entrepreneurs individuels.

L'attention du juge à la correcte application des méthodes retenues appelle de façon corollaire son **souci de la cohérence** du résultat ; ainsi, tout en reconnaissant à l'administration le droit de se fonder sur une méthode déterminée, il écartera celle-ci si elle aboutit à un résultat exagéré peu concordant avec les données économiques du secteur de la société en cause. Le Conseil d'État s'est notamment prononcé en ce sens dans une espèce où le vérificateur, utilisant la valeur mathématique, avait abouti à un résultat qui capitalisait vingt-trois fois le bénéfice net par action obtenu par la société au cours du dernier exercice clos, alors que celle-ci, spécialisée, appartenait à un secteur économique en difficulté (CE 21-11-1979 n° 7512, 7e et 9e s.-s. : RJF 1/80 n° 29). 35885

2. AJUSTEMENTS

L'évaluation de titres non cotés ne résulte pas uniquement de données objectives mais également du **contexte particulier** de l'opération qui peut avoir une influence sur le prix de vente des titres. 35895

Un **abattement** peut être appliqué pour tenir compte de l'absence de liquidité qui caractérise les titres non cotés, ou, le cas échéant, de la faiblesse de la participation détenue par l'associé, ou du risque de dilution en cas d'existence d'obligations convertibles. Il faut toutefois observer qu'un abattement peut déjà être pris en compte de manière indirecte dans l'évaluation, par exemple à travers la combinaison des différentes valeurs.

Par ailleurs, doivent être évoqués le cas des participations dont la cession ouvre droit à une **prime** de contrôle ou à la prise de contrôle d'un concurrent, le cas des titres grevés d'un droit d'**usufruit** et celui des titres détenus en **indivision.**

Enfin, la **situation propre de l'associé** doit rester sans incidence sur l'évaluation des titres.

NON-LIQUIDITÉ DES TITRES NON COTÉS

35905 L'absence de liquidité des titres justifie l'application d'un **abattement.**

La **Cour de cassation** a rappelé, à plusieurs reprises, la nécessité pour l'administration de pratiquer des abattements sur la valeur théorique dégagée, afin de prendre en considération l'étroitesse du marché. Elle admet implicitement la validité d'une décote de 25 % (Cass. com. 8-2-2000 n° 97-17.307 D, Mazoyer : RJF 5/00 n° 717).

Elle a également validé la fixation d'une décote résultant de l'existence de clauses destinées à protéger les associés contre la perte de contrôle du pouvoir de direction (clause d'agrément, droit de préemption) qui restreignent la cessibilité des titres et entraînent à ce titre une dépréciation de leur valeur. Elle a ainsi reconnu le bien-fondé de l'abattement destiné à tenir compte de l'incidence d'une **clause d'agrément** du cessionnaire dès lors que sont pris en considération tant les avantages que les inconvénients de cette clause pour apprécier son influence sur la valeur des titres, ce qui a conduit, au cas particulier, à une dépréciation de 10 % (Cass. com. 1-4-1997 n° 95-12.723 D, Marion : RJF 7/97 n° 752).

Dans le cadre d'une **liquidation judiciaire,** la Haute Cour a également reconnu, s'agissant de parts de SCI, que leur valeur pouvait être amoindrie en raison de l'obligation prévue par les statuts de soumettre leur vente à l'**agrément** de l'ensemble des associés (Cass. com. 18-10-2017 n° 1287 F-D, Indicateur de l'enregistrement n° 20745).

Elle a jugé en revanche qu'en sa qualité d'actionnaire majoritaire d'une société le titulaire n'était soumis à aucun risque de blocage, peu important que la décision d'autorisation d'aliénation des biens immobiliers propriétés de la société ait appartenu au conseil d'administration, et qu'en conséquence, il n'y avait pas lieu à application d'une décote supplémentaire de liquidité. Ayant constaté que l'acquisition par le contribuable des actions de la société avait été réalisée pour lui assurer la jouissance personnelle de la propriété, la cour d'appel a pu écarter l'application d'une décote supplémentaire au titre de la fiscalité latente des plus-values, liée à une cession future (Cass. com. 26-9-2018 n° 17-20.000 F-D : RJF 2/19 n° 217).

La cour administrative de Bordeaux a, pour sa part, validé l'application d'une **décote générale** de 30 % à la valeur de titres non cotés obtenue par une combinaison de la valeur mathématique et de la valeur de productivité, pour tenir compte de la **difficile liquidité** des titres et du **caractère minoritaire** des titres cédés. Cette décote a été portée de 30 % à 40 % en raison des risques liés à la forte dépendance de la société à un cadre salarié, qui occupe une position d'« homme-clé » (CAA Bordeaux 22-11-2016 : voir n° 73855).

Le tribunal administratif de Paris a jugé que « l'application d'une décote de non-liquidité pour l'évaluation de titres d'entreprises non cotées, laquelle n'est imposée par aucune disposition législative ou réglementaire, ne trouve communément sa justification, hormis le cas où les titres non cotés sont valorisés par comparaison avec des titres cotés, que lorsque l'évaluation de la société, fondée sur la seule valorisation de son patrimoine, doit nécessairement prendre en compte le caractère non liquide de ses actifs immobilisés », considérant ainsi qu'un abattement pour non-liquidité des titres non cotés, en l'espèce de 25 %, n'était applicable qu'en cas d'évaluation patrimoniale ou de comparaison avec des titres cotés (TA Paris 17-5-2017 n° 1518376 : RJF 2/18 n° 170).

Appelé à se prononcer sur la **donation de la nue-propriété d'actions,** assortie d'un **droit de retour et d'une interdiction d'aliéner** jusqu'au décès des deux parents donateurs, le tribunal de grande instance de Lille a jugé que la clause d'incessibilité ne conférait pas aux actions un caractère définitif d'inaliénabilité ; en effet, il était stipulé dans l'acte que la réserve du droit de retour ne mettait pas obstacle aux cessions qui pourraient être faites avec le consentement des donateurs (TGI Lille 9-11-1998, n° 97-5936, confirmé par CA Douai 7-2-2000, n° 1998-10603 : Indicateur de l'Enregistrement n° 17677).

De même, l'insertion dans les statuts d'une SCI gestionnaire d'immeubles d'une **clause d'accroissement,** qui a pour conséquence une incessibilité temporaire et révocable des parts, ne prive pas ces dernières de toute valeur vénale, un abattement de 20 % appliqué par l'administration ayant été jugé suffisant pour tenir compte de l'absence de liquidité des titres en cause (CA Chambéry 18-2-2014, n° 13/00032 ; Indicateur de l'Enregistrement n° 20281).

L'existence d'un **pacte d'actionnaires,** qui s'oppose à la libre cessibilité des titres, renforce la non-liquidité de ces mêmes titres.

En revanche, la Cour de cassation a considéré que **l'engagement de conservation des titres transmis pendant un certain délai pour bénéficier de l'exonération partielle des droits de mutation à titre gratuit** prévue par l'article 787 B du CGI ne permettait pas d'attribuer une décote de holding sur la valeur mathématique (voir n° 36090).

À noter que la Cour de cassation a refusé de prendre en compte une **clause d'inaliénabilité** pour appliquer une décote sur la valeur des titres transmis, estimant que la limite apportée par le donateur à la liberté de disposer des biens donnés n'affectait pas leur valeur vénale réelle (Cass. com. 6-2-2007 n° 05-12.939 (n° 163 F-PB) : RJF 6/07 n° 759 ; solution rendue à propos de titres non cotés donnés avec interdiction temporaire d'aliéner et de nantir). Cette solution a été réitérée en matière d'ISF (Cass. com. 27-10-2009 n° 08-11.362 (n° 942 F-PB) : RJF 2/10 n° 175) ainsi qu'en matière de donation immobilière (Cass. com. 11-9-2012 n° 11-21.234 F-D : RJF 12/12 n° 1168). La position de la Cour peut surprendre : comment un bien inaliénable peut-il avoir une valeur vénale, laquelle suppose de pouvoir le vendre ? Les motifs supposés de la solution peuvent, semble-t-il, être tirés du caractère relatif de la clause d'inaliénabilité à laquelle il pourrait être dérogé avec le consentement du donateur bénéficiaire pendant la durée de son usufruit. En tout cas, il est à rappeler qu'une inaliénabilité absolue, telle une inaliénabilité ou une incessibilité légale, prive le bien de valeur patrimoniale, de sorte qu'il est exclu de l'assiette des droits d'enregistrement comme de l'ISF (CA Paris 5-12-2002 n° 01-10672 : RJF 11/03 n° 1322 ; Cass. com. 19-4-2005 n° 66 FS-PB : RJF 8-9/05 n° 973 ; Cass. com. 31-5-2005 n° 824 F-D : RJF 11/05 n° 1321).

Dans une situation particulière, le **Conseil d'État** a écarté l'application d'un abattement de 33 % pour non-liquidité sur le prix de vente des titres en relevant que les cédants bénéficiaient, dans le cadre du plan d'actionnariat, d'un engagement de rachat de leurs titres à une valeur de marché fixée à dire d'expert (CE 3-7-2009 n° 301299, 8e et 3e s.-s., Hérail : RJF 11/09 n° 940).

Le Conseil d'État a en revanche censuré l'arrêt d'une cour administrative d'appel ayant jugé qu'il n'y avait pas lieu de tenir compte de l'illiquidité des titres cédés au seul motif que « la cession a porté sur la totalité des titres de la société en cause dont l'unique actif est, avec le terrain qui lui est associé, un château qu'elle gère sans l'exploiter » (CE plén. 21-12-2018 n° 402006, Sté Croë Suisse : RJF 3/19 n° 246).

Le **guide de l'administration de 2007** indique que, dans l'hypothèse où l'utilisation d'autres métho- **35910**
des que celle de la valeur patrimoniale aboutit à établir la valeur intrinsèque de la société, l'application d'un abattement pour non-liquidité ne se justifie pas (voir n° 35525 pour un exemple d'application de décote au taux de rendement retenu).

Cette position nous paraît tout à fait contestable ; en effet, si l'ensemble des méthodes aboutit à établir une valeur intrinsèque, objective, mais théorique, de l'entité économique que représente l'entreprise sous sa forme sociétale, il n'en reste pas moins que la valeur vénale réelle du titre non coté de cette même société, égale à la quote-part représentative de cette valeur globale d'entreprise, est nécessairement affectée par le défaut structurel de liquidité de ce titre :

– de fait, d'une part, en l'absence d'un marché ouvert ;
– de droit, d'autre part, en raison de l'existence générale de clauses restrictives de cession (clause d'agrément, droit de préemption).

Et ce quelles que soient les méthodes employées, comparatives avec des sociétés cotées en bourse, ou strictement financières.

Cela étant, l'application d'une **décote pour non-liquidité** ne peut être automatique et elle **doit être justifiée,** y compris en ce qui concerne sa quotité, par **des éléments de fait.** Ainsi, le tribunal administratif de Paris a annulé le rehaussement pour « **distribution occulte** » notifié à un dirigeant de presse soupçonné d'avoir bénéficié d'un prix anormalement élevé lors de la vente de titres de son entreprise à une société dans laquelle il détenait une participation (indirecte) importante. Or, l'écart constaté entre la valeur vénale des titres estimée par l'administration et le prix déclaré était la conséquence de l'application d'une décote pour non-liquidité de 25 % à l'évaluation résultant de la combinaison de trois méthodes différentes : la valeur mathématique, la valeur de productivité et la valeur professionnelle. Le tribunal administratif a jugé cette décote non justifiée et a donc annulé le rehaussement notifié par l'administration (TA Paris 17-5-2017 n° 1518376/1-1). Le raisonnement du tribunal administratif nous semble fondé car, la cession ayant porté sur une fraction significative du capital de la société, l'application d'une décote de 25 % apparaissait pour le moins excessive (une telle décote n'est généralement applicable qu'aux sociétés holdings financières). Le juge pénalise ici l'absence de justification par l'administration de la non-liquidité des titres alors que ceux-ci ont été cédés massivement, avec transfert, semble-t-il, du pouvoir de décision, signe au contraire d'une bonne liquidité.

DÉCOTE DE MINORITÉ

L'associé minoritaire peut – à la différence du gérant majoritaire (ou investi de tous les pouvoirs de **35920**
décision) – appliquer un fort coefficient de réduction en raison du fait qu'il n'a aucun pouvoir effectif ; ce coefficient sera d'autant plus élevé que la possibilité qu'a l'associé de céder ses parts dans de bonnes conditions est faible (présence d'une clause d'agrément, faible liquidité, notamment).

Une décote de minorité **peut être appliquée** lorsque les valeurs unitaires dégagées dans les différentes approches sont très proches (alors que, en principe, la valeur de rendement devrait être inférieure aux autres valeurs) ou que, à défaut de distribution, la valeur de rendement n'a pu être retenue.

Une décision de la **Cour de cassation** a validé une décote de 15 % au titre du statut d'associé minoritaire (Cass. com. 6-5-2003 n° 01-13.118 F-D, Dupouy : RJF 8-9/03 n° 1056).

Le **Conseil d'État** a validé une décote de 23,50 % pour une participation minoritaire représentant 1,1 % du capital de la société (CE 28-2-2001 n° 199295, Thérond : RJF 5/01 n° 620) et la cour administrative d'appel de Paris a admis un abattement de minorité de 25 % dans le cadre d'une participation minoritaire (CAA Paris 27-2-2004 n° 99PA02598).

Dans une situation particulière, le Conseil d'État a toutefois exclu que des titres détenus par un actionnaire ne possédant que 1 % du capital puissent faire l'objet d'une décote de minorité de 20 % car, dans les circonstances de l'espèce, le pouvoir de négociation du vendeur n'était pas affecté par sa position minoritaire : la cession des titres détenus par les minoritaires était en effet la condition de la fusion entre la société dont les titres étaient cédés et une autre société du même groupe (CE 8e et 3e s.-s. 3-7-2009 n° 301299, Hérail : RJF 11/09 n° 940).

35925 Le **guide de l'administration de 2007** ne propose pas l'application d'une décote de minorité, les formules qu'il préconise étant censées prendre en compte le caractère majoritaire ou minoritaire du paquet de titres à évaluer. Toutefois, sont évoquées deux solutions visant la spécificité de titres minoritaires.

– Lorsque la **société ne distribue pas de dividende,** la valeur moyenne étant établie à partir de la valeur mathématique et de la valeur de productivité, le caractère minoritaire n'est pas alors véritablement pris en compte.

Il nous paraîtrait logique, dans ce cas, de retenir dans la formule proposée par le guide une valeur de rendement nulle, qui de fait intégrerait une décote de minorité ; cette pratique aurait aussi l'intérêt d'évacuer le problème du quantum du taux de décote à appliquer, dont le maximum est arbitrairement fixé dans le guide à 25 %.

– Lorsque la **valeur patrimoniale** est **inférieure à la valeur de productivité** et à la valeur de **rendement,** cela justifie un ajustement de la pondération favorisant la valeur de rendement. Tel est le cas présenté dans un exemple d'application des méthodes, où les valeurs finales font ressortir des décotes de 12 % à 18 % par rapport à la valeur du titre majoritaire.

Cet exemple montre les nécessaires limites des formules générales. Il nous semble plus pertinent dans cette hypothèse de se limiter à deux méthodes d'approche de la valeur, valeur mathématique et valeur de rendement, suivant une moyenne simple reprenant des valeurs a minima.

ÉMISSION D'OBLIGATIONS CONVERTIBLES EN ACTIONS

35935 L'émission d'obligations convertibles en actions par une société non cotée crée en principe, pour un tiers acquéreur d'actions existantes, un **risque** de voir sa **participation diluée** en cas d'exercice par les détenteurs des obligations de leur droit à les convertir en actions nouvelles. L'existence de ces obligations convertibles est donc de nature à influencer le prix unitaire des actions en fonction de la probabilité de conversion d'un certain pourcentage d'obligations.

Le Conseil d'État considère qu'il convient de tenir compte des circonstances concrètes de la transaction pour apprécier l'influence réelle de ce risque sur la valeur des titres cédés. Dans le cas particulier où un même groupe familial contrôle les titres de la société cédée et de la société cédante, aucune décote ne doit être pratiquée car le risque de conversion des obligations en actions nouvelles est inexistant (CE 9e et 10e s.-s. 1-7-2010 n° 304673, Sté Financière du Val : RJF 11/10 n° 995).

PRIME DE CONTRÔLE

35945 Le **guide de l'administration** évoque le seul cas d'une participation majoritaire de titres cotés détenue par une société holding non cotée.

Dans cette hypothèse, le guide précise que la valorisation de cette participation justifie une **majoration du cours de bourse** du titre (surcote), du fait de ce pouvoir de contrôle, sans toutefois proposer de taux à appliquer ou une méthode permettant de la déterminer. En effet, aucune étude ne semble avoir été menée sur le sujet, à la différence de celles, nombreuses, qui se sont penchées sur les décotes de holding.

Par ailleurs, le guide affirme que « lorsque le paquet d'actions à valoriser emporte pouvoir de contrôle, la décote pour non-liquidité peut se compenser par l'application d'une prime de contrôle ». Cette observation nous paraît discutable. Rien n'indique en effet qu'une telle compensation, si elle existe, soit totale, sans étude au cas par cas.

ILLUSTRATIONS

Dans un arrêt du 3 février 2015, visé au n° 36090, qui concerne une société détenue par les membres d'une même famille, et dont l'actif prépondérant était constitué par les titres d'une société cotée en bourse (représentant près de 25 % du capital de cette dernière), la Cour de cassation a décidé qu'il y avait lieu d'appliquer une **prime de contrôle de 20 % sur la valeur mathématique,** combinée en l'espèce avec une valeur de productivité ; en revanche, elle n'a pas accordé une décote de holding sur cette valeur mathématique. L'impact de cette solution, au demeurant peu étayée, est toutefois atténué, en l'espèce, par la prise en compte d'une « décote implicite » pour moindre liquidité et d'une prime de risque du marché boursier de 5 %.

SURVALEUR POUR PRISE DE CONTRÔLE D'UN CONCURRENT

Le prix d'acquisition de titres non cotés peut être déterminé en majorant la valeur mathématique de la société d'une survaleur correspondant aux avantages résultant pour l'acquéreur de la prise de contrôle d'un de ses concurrents et du renforcement de sa position relative sur le marché (CE 10e et 9e s.-s. 10-12-2010 n° 308050, SARL Prunus : RJF 3/11 n° 278). **35950**

DÉMEMBREMENT DE PROPRIÉTÉ DE TITRES

Il est certain que la valeur vénale d'un bien est affectée par l'existence du démembrement (moindre liquidité liée à la nécessité d'un accord conjoint de l'usufruitier et du nu-propriétaire pour vendre la pleine propriété). La question de savoir si la **valeur économique des titres grevés d'usufruit** doit être corrigée pour tenir compte du démembrement de propriété a reçu une réponse positive : **35955**

– d'abord, dans un jugement de TGI (TGI Rochefort-sur-Mer 18-5-1988 : RJF 5/89 n° 647) qui a validé un abattement de 10 % sur la valeur théorique des titres litigieux ;

– puis, de manière implicite, dans un arrêt de la Cour de cassation (Cass. com. 7-12-1993 n° 1950 P, Delloye : RJF 3/94 n° 356).

Cette solution ne vaut pas dans le cas où le **démembrement** de propriété n'est pas **fiscalement pris en compte.** Il en est ainsi, par exemple, en matière d'**ISF** (**IFI** à partir de 2018), lorsque les titres sont compris dans le patrimoine de l'usufruitier pour leur valeur en pleine propriété, ce qui s'oppose à l'application de tout abattement dont l'objet serait de constater une diminution de valeur du bien au titre de ce démembrement (Cass. com. 20-3-2007 n° 05-16.751 F-PB, Vrillaud : RJF 7/07 n° 858).

Par ailleurs, la valeur de la nue-propriété et de l'usufruit est déterminée, pour la liquidation des **droits d'enregistrement,** par une quotité de la valeur de la propriété entière (CGI art. 669, I). Selon la Cour de cassation, ces dispositions excluent la possibilité d'appliquer à la valeur de la propriété entière un abattement supplémentaire résultant du seul démembrement de la propriété (Cass. com. 24-6-1997 n° 1686 P, Delloye : RJF 11/97 n° 1069). Il s'agit, en effet, dans cette hypothèse, d'évaluer séparément chacun des droits démembrés selon un barème fiscal fixé par la loi, déconnecté du marché.

Le Conseil d'État a apporté un éclairage inédit sur les modalités d'évaluation de l'usufruit de titres de sociétés non cotées dans un contexte d'application par l'administration de la **méthode d'évaluation des flux de trésorerie actualisés.** Selon la Haute Juridiction, l'évaluation du revenu futur attendu par un usufruitier de parts sociales ne peut avoir pour objet que de déterminer le montant des distributions prévisionnelles conformément à l'article 582 du Code civil selon lequel l'usufruitier n'a droit qu'aux dividendes distribués. Dès lors, la méthode retenue par l'administration fondée sur les résultats imposables prévisionnels de la société, alors qu'il aurait fallu retenir les distributions prévisionnelles, est irrégulière (CE 9e-10e ch. 30-9-2019 n° 419855, Sté Hôtel Restaurant Luccotel ; CE 9e-10e ch. 30-9-2019 n° 419860, Sté VP Santé : RJF 12/19 n° 1123). Au cas particulier, l'administration avait déterminé la valeur attendue de l'usufruit temporaire des titres sur la base de la capitalisation, avec un taux d'actualisation de 5 %, des résultats nets d'activité de la société avec un abattement correspondant à un impôt théorique d'impôt sur les sociétés. Or, le montant des distributions prévisionnelles peut être fonction notamment des annuités prévisionnelles de remboursement d'emprunts ou des éventuelles mises en réserves pour le financement d'investissements futurs.

TITRES DÉTENUS EN INDIVISION

En cas d'indivision, l'application d'un abattement est justifiée si cette situation est antérieure à la mutation. L'indivision est en revanche sans incidence sur la valeur du bien lorsqu'elle résulte de la mutation (Cass. com. 20-3-2007 n° 05-17.139 F-D, DGI c/ Changeur : RJF 7/07 n° 855). **35965**

SITUATION PROPRE DE L'ASSOCIÉ

35975 La situation propre de l'associé dont les titres sont évalués ne peut justifier un abattement particulier.

Ainsi, il ne doit pas être tenu compte de l'**intérêt** que l'**acquéreur** peut tirer de l'opération d'acquisition ; en effet, cet élément est contraire au principe selon lequel l'évaluation doit être déterminée en fonction des qualités intrinsèques des biens et indépendamment des éléments intéressant la personne de l'acquéreur (Cass. com. 7-3-1995 n° 503, Dumas : Ind. n° 16693).

De même, la **fiscalité personnelle** de l'acquéreur ou du cédant ne peut être prise en compte pour déterminer la valeur vénale. La Cour de cassation s'est prononcée en ce sens à propos de l'évaluation de titres faisant l'objet d'une donation en nue-propriété par un couple de parents à leur fille, la solution valant également à notre avis en cas de cession des titres ; l'expert avait tenu compte de la fiscalité dans la détermination de la valeur vénale des actions en pratiquant un abattement correspondant au coût de l'impôt sur les donations à acquitter, estimant qu'un acquéreur tenait compte dans le montant qu'il était prêt à débourser du coût des éventuels impôts à acquitter.

La Haute Juridiction a censuré cette interprétation admise en appel en précisant que la valeur des actions n'est pas affectée par la charge fiscale personnelle à l'acquéreur pesant sur ce dernier à la suite de la donation (Cass. com. 14-2-2006 n° 03-18.742, Oberti : RJF 6/06 n° 791).

DÉPENDANCE DE L'ENTREPRISE À UN CADRE SALARIÉ

35980 En l'absence de transactions pertinentes permettant d'utiliser la méthode par comparaison, l'administration peut évaluer des titres non cotés en combinant les valeurs mathématique et de productivité, puis en appliquant une **décote** de 30 % pour **absence de liquidité.** Selon la cour administrative de Bordeaux, cette décote doit être portée à 40 % pour tenir compte des risques liés à la **forte dépendance de la société** à son cadre salarié, qui occupe une **position d'« homme-clé »** (CAA Bordeaux 22-11-2016 n° 14BX03020 : RJF 3/17 n° 215). Cette solution est inédite à notre connaissance. Dans ses conclusions, le rapporteur public se réfère au guide de l'évaluation des entreprises publié par l'administration qui retient parmi les éléments d'évaluation les risques éventuels liés à une forte dépendance de l'entreprise à son dirigeant ou à un membre de l'entreprise dont le talent ou le savoir-faire participe à la renommée de l'entreprise. Il relève qu'en l'espèce, le **cadre salarié,** également associé de la société dont les titres ont été cédés, était **omniprésent à tous les niveaux de responsabilité** de cette société et que l'une de ses absences pour raison médicale avait eu une incidence sur les comptes d'exploitation de la société.

DÉPRÉCIATION ÉVENTUELLE DES TITRES RÉSULTANT DU DÉCÈS DU DIRIGEANT

35985 En cas de décès du dirigeant d'une entreprise, il est tenu compte, pour la liquidation des **droits de mutation par décès** dus par ses héritiers ou légataires, de la dépréciation éventuelle résultant du décès et affectant la valeur des titres non cotés ou des actifs incorporels transmis (CGI art. 764 A).

La doctrine administrative (BOI-ENR-DMTG-10-40-10-40 n°s 180 à 250) apporte les précisions suivantes en ce qui concerne l'évaluation des titres non cotés recueillis par les ayants droit du dirigeant.

35990 **Dirigeants concernés** Le défunt devait avoir la qualité :

– d'associé en nom d'une société de personnes (sociétés en nom collectif, en commandite simple, en participation, sociétés créées de fait, entreprises unipersonnelles et agricoles à responsabilité limitée, etc.) ; ne sont pas retenus les commanditaires dans les sociétés en commandite simple ;

– de gérant d'une société à responsabilité limitée ou d'une société en commandite par actions (SCA) ;

– de dirigeant d'une société par actions simplifiée (SAS) désigné par les statuts ;

Il résulte des dispositions de l'article 1655 quinquies du CGI que pour l'application de ce Code et de ses annexes, la **SAS** est assimilée à la société anonyme (SA). Pour que les dispositions de l'article 764 A du CGI soient applicables, le défunt devait exercer des fonctions dont l'étendue est au moins équivalente à celles énumérées pour les SA.

Par ailleurs, lorsqu'une **SCA** a pour **gérant** une **personne morale,** ou lorsque le **dirigeant** d'une **SAS** est une personne morale, le décès de l'associé exerçant la gérance ou la direction générale de cette personne morale peut affecter la situation de la société opérationnelle qu'il dirigeait indirectement. Dès lors, les dispositions de l'article précité pourront être mises en œuvre pour l'évaluation des titres détenus par le défunt dans la société opérationnelle.

– de directeur général d'une société anonyme (SA) ou de membre du directoire dans les SA avec directoire.

36000 **Titres concernés** La dépréciation concerne les **titres non cotés détenus par le défunt** : actions, parts de SARL, actions des SA et SAS, des SCA et parts des sociétés de personnes qui exercent une activité professionnelle.

Prise en compte de la dépréciation Deux situations peuvent se présenter. 36005
1. Les **héritiers ont vendu les titres** dans les six mois du décès (délai pour souscrire la déclaration de succession).
Le prix de cession pourra constituer l'assiette des droits de succession ; dans ce cas en effet, le prix sera censé prendre en compte la dépréciation subie par les titres après décès du dirigeant et refléter la valeur réelle des titres, sous réserve du contrôle ultérieur de l'administration, notamment lorsque des facteurs étrangers au décès ont entraîné une vente à un prix inférieur à la valeur vénale au jour du décès.
2. **Poursuite de l'activité** malgré le décès du dirigeant.
La dépréciation des titres consécutive au décès du dirigeant peut être prise en compte lors de la **mise en œuvre des différentes méthodes** :
– au niveau de la **valeur mathématique,** lors de l'estimation des immobilisations incorporelles inscrites à l'actif, dès lors qu'il est prouvé que leur valeur, liée au travail du dirigeant, est durablement affectée ;
– au niveau de la **valeur de rentabilité** (valeur de productivité, marge brute d'autofinancement, valeur de rendement) et de la **survaleur.** Celles-ci seront calculées en intégrant la dépréciation, soit dans le bénéfice retenu, soit dans le taux de capitalisation ou le coefficient retenus en majorant par exemple la prime de risque affectant le taux de base.
La dépréciation étant prise en compte dans ces différentes approches, la valeur résultant de la pondération ne doit pas être affectée d'une décote spécifique liée au décès du dirigeant.

Lorsque l'entreprise a souscrit une **assurance « homme-clé »,** et dès lors qu'elle percevra une indemnité dont l'objet est de compenser la perte de chiffres d'affaires, la valeur des biens transmis ne devrait normalement pas être affectée par le décès du dirigeant. À cet égard, les héritiers doivent préciser dans leur déclaration estimative s'il existait un tel contrat souscrit par l'entreprise et dont les primes versées constituent des charges d'exploitation déductibles au titre de l'exercice en cours à la date de leur échéance.

Dans la déclaration estimative de la valeur des titres, les héritiers qui entendent se prévaloir des règles ci-dessus doivent établir le **lien entre le décès** du dirigeant et la **modification des perspectives d'avenir** de la société concernée.

G. Détermination de la valeur des différentes catégories de titres

Jusqu'à présent, il a été supposé que tous les titres d'une société avaient la même valeur unitaire. 36030
Tel n'est pas toujours le cas dans la réalité.
Les différentes catégories de titres se trouvent essentiellement dans les **sociétés anonymes** mais peuvent exister également dans d'autres types de sociétés.
C'est la lecture attentive des statuts qui permet de déceler la présence de titres ne conférant pas à tous les associés les mêmes droits.
On distingue ordinairement :
– les actions en capital ;
– les actions amorties ou partiellement amorties ;
– les actions de préférence ;
– les parts de fondateur dont la création est toutefois interdite par la loi du 24 juillet 1966 depuis le 1er avril 1967 (C. com. art. L 228-4).
Les **actions en capital** donnent droit à la répartition annuelle des bénéfices et, en cas de dissolution, au remboursement du capital ainsi qu'à une quote-part proportionnelle du boni de liquidation.
Les **actions amorties** ou partiellement amorties confèrent les mêmes droits que les actions en capital, à l'exception du droit au remboursement du capital (en tout ou en partie).
Les **actions de préférence** sont des actions en capital qui peuvent notamment conférer un droit à un superdividende ou un droit à un partage inégal du boni de liquidation.

Lorsqu'il n'est pas tenu compte, à l'occasion d'une cession portant sur des actions ordinaires du capital d'une société comprenant également des actions de préférence, de l'existence de ces dernières et des droits particuliers qui y sont attachés, pour l'évaluation de la valeur vénale des actions ordinaires, cette absence de prise en compte doit être justifiée par des circonstances particulières permettant d'estimer que ces actions de préférence n'ont pu avoir en l'espèce aucun effet sur la détermination de la valeur vénale des actions ordinaires ayant fait l'objet de la cession (CE 3e et 8e s.-s. 23-12-2011 n° 327562, Sté Lagardère : RJF 03/12 n° 220).

Les **parts de fondateur** (émission interdite depuis le 1er avril 1967) ne confèrent qu'un droit aux dividendes et à participer à la distribution du boni de liquidation.

Les **certificats d'investissement** (émission interdite depuis le 27 juin 2004 : cf. C. com. art. L 228-29-8) sont issus du fractionnement des droits attachés aux actions. Ils correspondent aux droits pécuniaires (droits aux dividendes, aux réserves et au boni de liquidation). L'ensemble des autres droits, notamment le droit de vote, sont représentés par les **certificats de droit de vote.**

36035 **EXEMPLE**

En supposant :
a) d'une part que le capital de la **société « S »** prise comme exemple soit composé de :
– 50 000 actions non amorties d'une valeur nominale de 20 € dont 20 000 actions de préférence conférant à elles seules, d'après les statuts, le droit à la répartition de 50 % du boni de liquidation ;
– 10 000 actions totalement amorties ;
– 10 000 parts de fondateur ;
b) d'autre part que la valeur vénale globale de la société soit

de 90 € × 50 000 =	4 500 000 €
Montant du capital non amorti	1 000 000 €
Boni éventuel de liquidation	3 500 000 €
dont 50 % reviendrait aux 20 000 actions de préférence non amorties ...	1 750 000 €
Le surplus, soit	1 750 000 €

est à répartir entre :
– 30 000 actions ordinaires non amorties,
– 10 000 actions totalement amorties,
– 10 000 parts de fondateur.
Total : 50 000 titres
Soit pour chaque titre : 1 750 000 : 50 000 = 35 €.
La **valeur unitaire de chaque catégorie** d'actions ou de parts ressort à :
1. Action de préférence : $20 + \frac{1\,750\,000}{20\,000} = 107{,}5$ €
2. Action ordinaire non amortie : 20 € + 35 € = 55 €
3. Action amortie : 35 €
4. Part de fondateur : 35 €.

H. Cas particuliers

1. SOCIÉTÉ COMMERCIALE EXPLOITANT UN PETIT FONDS DE COMMERCE

36080 Le cas typique est celui de la chemiserie ou du café-restaurant exploité sous forme de SARL et relevant du régime du réel simplifié pour l'imposition des bénéfices.
Dans ce cas, les évaluateurs se bornent souvent à réajuster la valeur comptable en tenant compte de la valeur du fonds par la **méthode des barèmes** (n° 35390). Cette pratique peut être contestée par l'administration dans la mesure où elle ne respecte pas les principes jurisprudentiels exigeant l'association de plusieurs méthodes d'évaluation. On préférera donc une **combinaison** de valeurs favorisant très largement la valeur mathématique ainsi calculée (pondérée trois fois, par exemple) avec une valeur de rentabilité intégrant, le cas échéant, la fraction jugée excessive du salaire du dirigeant (voir n°s 35530 et 35550).

ILLUSTRATIONS

La Cour de cassation a validé l'évaluation d'une **société exploitant une activité d'hôtellerie** résultant de la combinaison de deux méthodes.
S'agissant d'apprécier la valeur de titres sociaux non cotés, et non d'un fonds de commerce, la méthode d'évaluation par comparaison ne pouvait pas être appliquée en l'absence de transactions de référence portant sur des parts de la même société. Aussi, l'évaluation des titres s'était fondée sur la combinaison des valeurs mathématique et de productivité. Le coefficient de 2,5 (compris dans la fourchette 0,8 – 3,5) du chiffre d'affaires pour obtenir la valeur mathématique a été validé par la Cour au vu des constatations suivantes : la société gérait un hôtel trois étoiles, sa situation géographique favorisait l'activité du fonds et ses résultats progressaient régulièrement. L'arrêt précise que le coefficient de 2,5 avait été fixé à partir de données utilisées par les professionnels (barème des fonds de commerce) publiées par les Éditions Francis Lefebvre (Cass. com. 25-1-2017, n° 129-130 F-D : Ind. 20663-20696).

2. SOCIÉTÉS HOLDINGS

ÉVALUATION DES SOCIÉTÉS HOLDINGS FINANCIÈRES

Les sociétés holdings financières se distinguent des autres sociétés, notamment sur le plan économique et fiscal. Ce sont des sociétés de patrimoine, sans activité industrielle ou commerciale propre. **36090**

Pour déterminer leur valeur, l'**approche patrimoniale** est recommandée ; la valeur correspond au montant des capitaux propres de la société, majoré de la réévaluation de la valeur de marché (ou liquidative) du portefeuille de participation, corrigé de la **décote dite de holding.**

Si la participation est constituée d'un portefeuille de valeurs mobilières cotées, l'évaluation se fait généralement sur la base du cours moyen des trois derniers mois précédant la date d'évaluation.

La décote de holding couvre les principaux éléments suivants :

– une **décote structurelle,** qui traduit la nécessité de tenir compte de la fiscalité latente sur les plus-values de cession des participations ; toutefois, cette décote n'a désormais qu'une existence historique ; en effet, les plus-values nettes à long terme réalisées à l'occasion de la cession de titres de participation ou de titres assimilés détenus depuis au moins 2 ans sont exonérées (sous réserve de la taxation d'une quote-part de frais et charges) ;

Si la société n'est pas soumise à l'IS (société civile n'ayant pas opté pour ce régime, par exemple), l'éventuelle imposition sur les plus-values sera due non pas par la société, mais par les associés ; dans ce cas, aucune décote ne sera pratiquée.

– une **décote de liquidité,** du fait de l'existence d'une structure juridique qui s'oppose à la libre cessibilité des parts.

En pratique, le **taux de la décote globale** de holding s'est réduit sensiblement ces dernières années en passant d'une fourchette de 30 à 40 % à une fourchette de 10 à 20 % de la valeur théorique. D'une manière générale, cette décote sera d'autant plus importante que les participations de la holding sont éparses et variées. À l'inverse, lorsque la holding a pour seul actif une participation dans une **unique filiale,** la décote de holding sera alors très faible, de sorte qu'il devient possible d'approcher le prix des titres de la mère à partir de celui des titres de la filiale. Autrement dit, l'évaluation peut être effectuée, « à défaut ou en complément, par référence au prix d'une transaction, intervenue dans des conditions équivalentes, portant sur les titres d'une société filiale lorsque, eu égard à la part que la filiale représente dans l'actif de la société holding, une telle transaction peut être regardée comme révélant de manière suffisamment précise et probante la valeur de marché » des titres de cette société holding (CE 20-6-2012 n° 343033 : RJF 10/12 n° 919).

ILLUSTRATIONS

1. Dans l'arrêt déjà cité du 3 février 2015 (voir nos 35122 et 35945), la Cour de cassation fournit un exemple d'évaluation des titres d'une société holding non cotée (P) détenant des titres d'une société anonyme (M) cotée en bourse. Les titres de la société holding avaient été donnés par des parents à leurs quatre enfants. Pour fixer la valeur de ces actions, la cour d'appel s'était appuyée sur les constatations suivantes :

– la société P était détenue par les membres d'une même famille ;
– elle possédait près de 25 % du capital de la société M ;
– s'agissant de son actif prépondérant, la détermination de la valeur mathématique de ses parts dépendait largement de la valeur boursière de cette dernière société ;
– les demandeurs admettaient que la valeur des titres de la société P devait être établie à partir d'une combinaison de valeurs incluant la valeur mathématique et la valeur de productivité ;
– compte tenu de sa participation inférieure au tiers du capital ou des droits de vote de la société M, la société P n'était pas tenue de déposer une offre publique sur les titres de cette société ;
– la valeur de productivité de la société P s'appuyait sur les revenus provenant de ses prestations de services auprès de la société M, laquelle exerçait une activité de production en sus de son activité d'exploitation pétrolière, en sorte qu'il n'y avait pas de risque lié à son activité ;
– la prise en compte d'une valeur de productivité conduisait à l'application d'une décote implicite d'autant plus élevée que cette valeur était faible et qu'il ne pouvait donc être soutenu que la moindre liquidité des actifs immobilisés n'était pas prise en compte ;
– dans le calcul de la valeur de productivité, les services fiscaux ont retenu une prime de risque du marché boursier de 5 %.

La Cour de cassation juge que la cour d'appel a pu déduire à bon droit de ces constatations souveraines :

1° que le contrôle de fait de la société M justifiait l'application d'une prime de contrôle de 20 % sur la valeur mathématique ;

2° que l'engagement de conservation des titres transmis, pendant un certain délai, pour bénéficier de l'exonération des droits de mutation prévue par l'article 787 B du CGI, ne permettait **pas** d'attribuer une décote de holding sur cette valeur mathématique ;

3° qu'il n'y avait pas lieu de retenir une décote de holding liée aux actions de la société M.

Cass. com. 3-2-2015 n° 13-25.306 F-D : RJF 5/15 n° 444.

En conséquence, les décotes structurelle et de liquidité ne seraient applicables qu'en présence d'une évaluation fondée sur la seule valeur patrimoniale, sous réserve que le seuil de détention soit au moins égal à 20 % (titres cotés) ou à 34 % (autres titres) – conditions de l'engagement collectif de conservation prévues par l'article 787 B du Code général des impôts –, d'une part, et la valeur mathématique d'un portefeuille de titres cotés en bourse pourrait être majorée d'une prime de contrôle, de 20 % en l'occurrence, lorsque le seuil de détention serait égal ou proche de 25 % du capital de la société, d'autre part.

2. Dans le cas d'une société en participation (SEP) détenant des actions d'une société anonyme (SA), la Cour de cassation retient que la SEP, qui exerce un contrôle total sur la SA, s'apparente à une société holding, évaluée de ce fait avec une décote de 30 % sur sa valeur mathématique, en écartant la valeur de rendement. En outre, la mise à disposition des titres de la SA n'entraînant pas transfert de propriété, les contraintes juridiques en cas de cession de titres minoritaires ont été prises en compte par l'application d'une décote de 10 % pour non-liquidité pour les titres majoritaires.

Cass. com. 25-1-2017 n° 116 F-D : Indicateur de l'Enregistrement n° 20710.

3. Un arrêt de la Cour de cassation est venu préciser qu'un abattement pour fiscalité latente pouvant affecter la valeur de titres sociaux à raison de leur revente pouvait être retenu lorsque ces titres n'étaient pas nécessaires à la poursuite de l'activité de la société détentrice de ces titres.

Cass. com. 3-7-2019 n° 17-27.888 F-D : Indicateur de l'Enregistrement n° 21022.

Enfin, lorsque la société financière procède à des **distributions régulières,** la valeur patrimoniale de holding pourra être rapprochée d'une **combinaison** entre valeur d'actif net corrigé (sans décote) et **valeur de rendement** (en fonction du dividende distribué), à raison de :
(2VM + VR)/3
ou
(3VM + VR)/4.

ÉVALUATION DES SOCIÉTÉS HOLDINGS ANIMATRICES DE GROUPE

36110 Pour évaluer un groupe d'entreprises bénéficiant d'une unité de direction et de contrôle, il convient de recourir aux **comptes consolidés** du groupe (CAA Paris 8-7-1999 n° 96-3047, 5e ch., Sté générale de transport et d'industrie : RJF 12/99 n° 1504).

Les comptes consolidés sont établis pour présenter la situation financière et les résultats d'un groupe de sociétés comme si celles-ci ne formaient qu'une seule entité.

Dans la consolidation, toutes les **opérations intervenues au sein du groupe** sont éliminées, et les seuls résultats pris en compte sont ceux provenant des transactions avec les tiers.

36120 **Périmètre de consolidation** Il est nécessaire de connaître précisément le périmètre de consolidation, qui définit les sociétés prises en compte et leurs règles d'intégration dans le groupe consolidé, en fonction du pourcentage d'intérêt ou de contrôle que la société holding, société mère, détient dans ces sociétés.

Ainsi, chaque consolidation est unique, car fonction d'un périmètre donné de sociétés et d'une interprétation des règles de retraitement des comptes ou d'intégration. C'est pourquoi les analyses et comparaisons pluriannuelles et entre groupes, la détermination des résultats de référence du groupe et leur caractère récurrent seront délicats à cerner, la situation pouvant varier très sensiblement d'un exercice à l'autre.

À côté de ces sociétés qui font partie du périmètre de consolidation, il faut également prendre en compte, **hors comptes consolidés,** les sociétés qui, bien que détenues directement ou indirectement par la société holding, ne sont pas consolidées, alors qu'elles sont porteuses de plus-values et de résultats récurrents par rapport aux valeurs comptables enregistrées dans les comptes du groupe.

36130 **Méthodes de consolidation** Il existe trois méthodes (C. com. art. L 233-18).

– L'**intégration globale**

Cette méthode vise les sociétés placées sous le **contrôle exclusif** de la société consolidante, qui résulte :

• soit d'un **contrôle de droit,** résultant de la détention directe ou indirecte de la majorité des droits de vote dans une autre société ;

• soit d'un **contrôle de fait,** fondé sur la désignation pendant deux exercices successifs de la majorité des membres des organes d'administration, de direction ou de surveillance d'une autre société (présomption lorsque la société consolidante a disposé pendant la même période d'une fraction supérieure à 40 % des droits de vote, celle-ci étant restée la fraction dominante) ;

• soit d'un **contrôle contractuel,** à savoir le droit d'exercer une influence dominante sur une société en vertu d'un contrat ou de clauses statutaires (exemple : filiales étrangères placées sous contrat de domination).

L'intégration globale consiste à inclure dans les comptes de la société consolidante tous les éléments de patrimoine et d'exploitation des sociétés contrôlées, après réalisation des retraitements et éliminations nécessaires (notamment pour les créances et dettes croisées).

Dans les **travaux d'évaluation,** il sera nécessaire de distinguer, dans les comptes consolidés établis selon cette méthode :

– dans les capitaux propres, la part correspondant aux intérêts de la société mère (« part du groupe ») de la part correspondant aux intérêts des actionnaires autres que la société mère (« part des intérêts minoritaires ») ;

– dans le résultat, la quote-part revenant aux intérêts de la société mère (« résultat groupe ou part du groupe ») de la quote-part revenant aux tiers (« résultat hors groupe ou intérêts minoritaires »).

Ce sont ces paramètres correspondant aux intérêts de la société mère (« groupe ou part du groupe ») qui seront utilisés pour évaluer la société holding.

– L'**intégration proportionnelle**

Cette méthode concerne les sociétés contrôlées conjointement.

Le **contrôle conjoint** s'entend du « partage du contrôle d'une société exploitée en commun par un nombre limité d'actionnaires ou d'associés, de sorte que les décisions résultent de leur accord » (exemples : filiales communes, sociétés de services communs, qui fournissent divers services aux sociétés participantes, certaines sociétés en participation).

Dans l'intégration proportionnelle, les éléments du bilan et du compte de résultat des sociétés contrôlées sont repris dans les comptes consolidés au prorata de chacune des sociétés participantes.

En pratique, l'évaluateur retiendra directement les chiffres des comptes consolidés, représentant les quotes-parts de capitaux propres et de résultat revenant à la société mère, puisque la méthode consiste à ne reprendre dans la consolidation que les pourcentages d'actifs, de passifs, et d'opérations de résultats correspondant aux seuls intérêts de la société mère.

– La **mise en équivalence**

Cette dernière méthode s'applique aux sociétés sur lesquelles la société consolidante exerce une **influence notable.** L'influence notable sur la gestion et la politique financières d'une société est présumée lorsqu'une autre société dispose, directement ou indirectement, d'une fraction au moins égale à 20 % des droits de vote de la première.

Il s'agit aussi de la méthode d'exception lorsque les comptes annuels de sociétés consolidables par intégration globale ou proportionnelle sont structurés de manière telle que leur consolidation selon ces méthodes se révélerait impropre à donner une image fidèle du groupe (cas par exemple de sociétés industrielles contrôlées par une banque).

La méthode de consolidation s'apparente à une technique de réévaluation, car elle consiste à substituer au coût d'acquisition des titres détenus la part des capitaux propres (y compris le résultat de l'exercice) qu'ils représentent dans la société sur laquelle l'influence notable est exercée. Pour l'estimation de la valeur patrimoniale de la société holding, cette réévaluation des participations pourra généralement constituer, pour les sociétés relevant de cette méthode de consolidation, une valeur a minima.

Méthodes générales à retenir L'évaluateur retiendra que la consolidation ne propose qu'une information et une présentation comptables du groupe. 36140

Il lui reviendra de procéder comme pour les comptes sociaux individuels à une **réévaluation économique du patrimoine** (valeur mathématique ou patrimoniale) et aux ajustements techniques des résultats pour les rendre exploitables comme données ou paramètres de référence pour l'évaluation.

S'agissant en général de l'évaluation d'entités importantes, le recours aux **méthodes comparatives** pourra être privilégié ; à partir d'un panel de sociétés cotées comparables, l'évaluateur recherchera par année des **ratios boursiers moyens ou médians,** tels que le PER, le coefficient de MBA, le taux de rendement net, capitalisation boursière/chiffre d'affaires, capitalisation boursière/capitaux propres, notamment.

Les méthodes comparatives les plus couramment utilisées en l'espèce seront les suivantes :

– **méthode du PER,** applicable au résultat dégagé par le groupe (n°s 35255 s.) ;

– **méthode MBA,** applicable à la marge brute d'autofinancement (n° 35245) ; il convient de souligner toutefois que dans la consolidation globale, les comptes consolidés ne détailleront pas les dotations d'amortissements et de provisions « part du groupe » et celles relatives aux « intérêts minoritaires ». Un prorata calculé sur la répartition du résultat entre la part du groupe et celle des intérêts minoritaires pourra être retenu ;

– **valeur de rendement,** fondée sur la politique régulière de distribution ;
– **valeurs de recoupement,** par les ratios capitalisation boursière/CA (valeur de « part de marché ») et capitalisation boursière/capitaux propres ;
– **survaleur,** qui devrait logiquement tendre vers une valeur moyenne, comparable à la valeur pondérée résultant de l'application des combinaisons pour les sociétés importantes.

3. SOCIÉTÉS CIVILES

SOCIÉTÉS DONT L'ACTIF EST ESSENTIELLEMENT COMPOSÉ D'IMMEUBLES

36150 **Sociétés civiles immobilières** Elles sont généralement utilisées pour des opérations de construction, de commercialisation ou de gestion d'immeubles.
En fonction de la très grande diversité de leur objet et de leur régime fiscal, on en distingue trois grandes catégories :
1. Les sociétés civiles du type le plus courant, et pour cette raison le plus souvent dénommées **« sociétés civiles immobilières »** tout court, qui ont pour objet de faire construire ou d'acquérir des immeubles en vue de les louer ou de les mettre à la disposition gratuite de leurs associés.
Ces sociétés peuvent être constituées :
– soit sur l'initiative de simples particuliers ou d'entreprises, ce qui est le cas le plus fréquent,
– soit par des investisseurs institutionnels (banques, compagnies d'assurances, caisses de retraite...) qui font appel public à l'épargne pour placer leurs titres : il s'agit des sociétés civiles de placement immobilier (**SCPI**), strictement réglementées sur le plan juridique ;
2. Les **sociétés civiles d'attribution,** qui tirent leur originalité du fait que :
– sur le plan juridique, les parts sociales donnent droit aux associés à l'attribution en toute propriété ou en jouissance d'une fraction des immeubles (généralement des appartements) construits ou acquis par la société, d'où leur appellation courante de « sociétés immobilières de copropriété »,
– sur le plan fiscal, il est fait abstraction de la personnalité juridique de la société (régime de la transparence fiscale) ;
3. Les **sociétés civiles de construction-vente,** qui ont pour objet de construire des immeubles en vue de la vente ; généralement constituées par des promoteurs immobiliers, elles jouissent sur le plan fiscal d'un régime de faveur ; en effet, bien qu'ayant un objet commercial, elles échappent à l'IS (CGI art. 239 ter).
Il ne sera question ici que des parts de **sociétés civiles immobilières de location** ; en effet, en ce qui concerne les parts de sociétés dites transparentes, leur évaluation se confond entièrement avec celle des immeubles auxquels elles donnent droit, de sorte qu'elle consiste en une évaluation purement immobilière.
Quant aux parts de sociétés de construction-vente, elles s'évaluent comme des titres de sociétés commerciales non cotées, en tenant compte toutefois du caractère généralement éphémère de ces sociétés, le plus souvent dissoutes à la suite de l'extinction de leur objet, c'est-à-dire après la vente des immeubles qu'elles ont construits. Ne sont pas concernées ici les parts de SCPI, évoquées ci-après (n° 36170).
Les sociétés immobilières de location, ou de gestion patrimoniale, ont essentiellement pour objet la gestion et la location d'un ou plusieurs immeubles (bâtis ou non bâtis) dont elles sont devenues propriétaires par suite d'apport, d'achat ou de construction.
Ce type de société, appelé dans le langage courant SCI, est très répandu en pratique, car il permet à plusieurs personnes de réaliser ensemble des placements immobiliers qu'elles ne pourraient entreprendre isolément.
Il permet en outre d'éviter le démembrement d'un patrimoine foncier lorsque la personne qui a constitué ce patrimoine vient à décéder en laissant plusieurs héritiers. Ceux-ci ne peuvent en effet demander le partage en nature du ou des immeubles constituant ce patrimoine puisque leurs droits successoraux portent non sur des immeubles mais sur les parts du défunt dans la SCI qui en est propriétaire. À la précarité de l'indivision s'oppose ainsi la pérennité de la SCI, associée à la souplesse qu'elle assure en facilitant la transmission, soit à titre onéreux, soit à titre gratuit.
Il permet enfin dans le cadre d'une activité commerciale d'affecter des biens immeubles à un actif social en les soustrayant du patrimoine personnel du propriétaire, en bénéficiant le cas échéant du régime du bail à construction.

36160 **Principes généraux d'évaluation** La jurisprudence et la doctrine fournissent peu d'éléments précis sur l'évaluation des parts de SCI. Aussi convient-il de se référer aux principes généraux qui se sont dégagés progressivement.
À la suite de nombreux litiges ayant opposé les contribuables à l'administration en matière d'évaluation de titres de sociétés, la Cour de cassation a posé le principe général, comme on l'a vu, selon

lequel « la valeur réelle des titres doit être appréciée en tenant compte de tous les éléments dont l'ensemble permet d'obtenir un chiffre aussi proche que possible de celui qu'aurait entraîné le jeu normal de l'offre et de la demande ». Pour établir la valeur vénale réelle de parts d'une SCI, le juge ne peut donc pas se borner à retenir qu'elle résulte du prix d'acquisition de l'immeuble augmenté du coefficient de l'augmentation du prix du mètre carré de l'arrondissement où sont situés les locaux (Cass. com. 21-10-1997 n° 2132 : RJF 3/98 n° 333). **36160** (suite)

Lorsqu'il existe un **marché des parts sociales,** la valeur vénale doit désormais être dégagée par la méthode par comparaison à partir des transactions ayant porté sur les mêmes parts ou sur des parts similaires.

À défaut de valeur de marché, l'analyse des différents arrêts rendus par la Cour de cassation permet de retenir les enseignements suivants : le seul recours à la valeur mathématique, « fût-elle tirée des écritures sociales et affectée d'un abattement, dont, à défaut de justifications, le montant paraît arbitrairement fixé », doit être proscrit (voir toutefois au n° 35122 les exceptions admises dans certaines situations particulières) ; il y a donc lieu de déterminer la valeur des titres en **combinant la valeur mathématique avec** d'autres valeurs qui peuvent résulter :

– « du **prix des transactions** intervenues sur les mêmes titres à une date récente (ndlr : méthode qui prime de façon exclusive désormais toute autre approche) ;

– du **rendement** des titres et de l'importance des bénéfices ;

– de l'évaluation retenue à une époque voisine du fait générateur de l'impôt dans un acte passé entre parties ayant des intérêts opposés ;

– de l'**activité** de la société, de l'ampleur et du crédit de l'entreprise, de la situation économique propre à la société ;

– de l'attrait spéculatif plus ou moins grand qui résulte de la manière dont l'affaire est gérée et de ses perspectives d'avenir ».

Ces principes ont été confirmés dans la réponse ministérielle Balligand (Rép. AN 28-1-1991 p. 299 n° 26720).

En raison de la nature particulière de la SCI, de son activité de gestion patrimoniale d'un actif principalement constitué de biens immobiliers, par définition statiques, du non-assujettissement à l'IS, excluant la notion de distribution, les valeurs de rendement, de MBA, et la survaleur ne trouvent pas à s'appliquer. Le guide de l'évaluation de l'administration (page 103) réserve toutefois le cas des SCI soumises à l'IS et qui distribuent des dividendes pour lesquelles la valeur de rendement peut être utilisée.

À défaut de termes de comparaison de cessions de parts similaires ou comparables, la **valeur patrimoniale** semble particulièrement s'imposer.

Valeur patrimoniale ou mathématique (VM) La démarche de l'évaluateur consistera à apprécier les valeurs portées dans les différents postes du dernier bilan à la date de l'évaluation.

Les SCI de location n'ayant pas d'obligation en matière d'établissement de leurs comptes annuels, sauf si elles ont une taille les rendant passibles des prescriptions de l'article L 612-1 du Code de commerce, la reconstitution d'un bilan peut se révéler nécessaire.

La principale tâche résidera dans l'actualisation des valeurs des biens immobiliers inscrits à l'actif, afin de substituer la valeur vénale réelle des biens à leur valeur historique d'acquisition.

Dans cette phase, les méthodes traditionnelles d'évaluation immobilière (comparaison, revenu, méthodes techniques) seront bien entendu utilisées.

L'**administration** a précisé que, dans la mesure où la valeur retenue prend en considération des prix réels constatés sur le marché, il n'y a pas lieu de déduire de la valeur ainsi obtenue l'imposition des plus-values latentes (Rép. Bonnefous Sén. 30-10-1982 p. 4968). Il est aussi fait observer que la vente des immeubles n'entre pas dans l'objet normal de ces sociétés ; certes, de telles opérations peuvent être rendues indispensables dans un souci de bonne gestion patrimoniale, mais elles doivent demeurer exceptionnelles, sous peine d'être considérées comme constitutives d'une activité de marchand de biens taxable à l'IS.

En outre, cette même réponse précise que la valeur mathématique retraçant un potentiel économique et permettant de mesurer la valeur d'un titre dans la perspective de sa cession et non d'une liquidation totale de l'entreprise, il n'y a pas lieu de tenir compte de l'imposition éventuelle d'un boni de liquidation. Il ne pourrait en être autrement que dans le cas exceptionnel où la dissolution de la société serait prévisible à brève échéance.

La valeur mathématique ou patrimoniale des titres sera alors égale à l'actif net réévalué (actif brut réévalué moins passif exigible, dont, le cas échéant, le montant des comptes courants créditeurs, des dépôts de garantie et des emprunts) divisé par le nombre de titres.

La **Cour de cassation** avait un moment admis, revenant ainsi sur sa jurisprudence antérieure, que la méthode de la valeur mathématique soit la seule utilisée lorsqu'il s'agit d'évaluer les titres d'une

36160 (suite) société patrimoniale, c'est-à-dire dont l'objet essentiel est la détention et une gestion plus rationnelle d'un patrimoine privé (Cass. com. 1-2-1982, consorts de Montrichard, Bull. Cass. n° 38 p. 33).

Voir ci-après un arrêt de la Cour résumant ces principes en présence d'une société **purement patrimoniale.**

Dans le même sens, une cour d'appel a décidé que dans une société de famille où le détenteur des titres exerce le pouvoir de décision dans l'entreprise (paquet majoritaire), la valeur mathématique doit être privilégiée, et que l'évaluation par la méthode des valeurs de rendement est particulièrement peu adaptée pour la détermination de la valeur de la SCI, celle-ci ne dégageant pas, en l'occurrence, de bénéfices et ne distribuant pas de dividendes (CA Aix-en-Provence, 1e ch. C, 28-6-2005 n° 01-3450 : Indicateur de l'Enregistrement n° 18729).

À défaut de comparaison possible avec des cessions de parts similaires ou comparables, la **combinaison de plusieurs méthodes, privilégiant la valeur mathématique,** reste cependant la règle pour la Cour de cassation. La Haute Juridiction a également posé en principe que la valeur d'un immeuble figurant à l'actif d'une société non cotée en bourse, telle une société civile immobilière, doit être fixée selon la méthode comparative (Cass. com. 10-12-2013 n° 12-28.421 : RJF 4/14 n° 401 ; 20-1-2015 n° 14-13.007 : RJF 4/15 n° 368).

Il s'ensuit que la **valeur vénale des titres d'une société immobilière,** propriétaire d'immeubles qu'elle loue à usage d'habitation et/ou de commerce, est généralement fondée sur une forte pondération de la valeur mathématique (coefficient 3), où l'estimation immobilière est pratiquée en faisant état d'éléments de comparaison se rapportant à la cession de biens intrinsèquement similaires, et d'une valeur de productivité. Cette formule 3 VM + VP/4 a été validée par la Cour de cassation dans un arrêt du 16 septembre 2014 (Cass. com. 16-9-2014 n° 737 F-D : RJF 12/14 n° 1154, Indicateur de l'Enregistrement n° 20306).

ILLUSTRATIONS

Titres d'une SCI : combinaison de la valeur mathématique et de la valeur de productivité

La cour d'appel a répondu aux conclusions prétendument délaissées, relatives à l'évaluation des parts d'une SCI détenue à 100 % par des conjoints, en constatant que la valeur des titres a été établie par l'administration selon **deux méthodes,** la première dite « **mathématique** », fondée sur la valeur des immeubles, prenant en compte l'absence de passif pour la quasi-totalité d'entre eux et l'évolution de la valeur des éléments de comparaison produits en distinguant les années en litige tandis que la seconde s'appuyait sur la **productivité** de la société obtenue par capitalisation des bénéfices disponibles après déduction de l'impôt sur les sociétés, puis en relevant que l'une comme l'autre conduisaient à des résultats très proches.

Cass. com. 27-6-2018 n° 16-20.468 F-D : RJF 12/18 n° 1288

Ndlr : En l'espèce, les redevables reprochaient à l'administration d'avoir fixé la valeur des parts de la société civile immobilière à partir de leur seule valeur mathématique alors que la valeur des parts d'une société propriétaire d'immeubles ne se confond pas avec la valeur de ces derniers.

À titre de recoupement, et spécialement en présence d'une **société immobilière soumise à l'IS** (sur option ou société sous forme de SA par exemple) et dégageant des bénéfices, on pourra retenir une valeur de productivité (VP), en capitalisant le bénéfice net (ou le revenu net foncier) à un taux de base (taux de rendement des obligations publiques) majoré d'une prime de risque de 20 % à 25 %, et pondérer une valeur finale à : (2 VM + VP)/3, à rapprocher d'une valorisation à une VM – 20 %, appliqué sur la valeur patrimoniale, eu égard à l'étroitesse extrême et même à l'absence totale d'une liberté de marché en la circonstance.

S'agissant de **titres majoritaires,** le guide de l'administration (p. 103) précise que la pondération doit permettre de privilégier largement la valeur patrimoniale. Dans ce cas, la pondération indicative de (4 VM + VP)/5 peut être retenue.

Abattement final Il conviendra enfin d'examiner les clauses légales (en particulier les dispositions résultant des articles 1861 à 1864 du Code civil) et les clauses statutaires (clauses d'agrément notamment) qui régissent les modalités de cession.

Dans le cadre de la mise en œuvre de la **clause d'agrément,** si la cession de ses titres par un associé n'est pas autorisée, le cédant ne reste pas prisonnier de ses titres pour autant. À l'inverse des SNC, la société civile sera, en effet, tenue de racheter les parts dont la cession n'a pas reçu son agrément. D'ailleurs, si aucune offre d'achat n'est faite au cédant dans le délai de six mois à compter de la dernière des notifications faite par le cédant au titre de la demande d'agrément (ou dans le délai prévu par les statuts), cet agrément sera réputé acquis (Code civil art. 1863, al. 1).

Ce dernier aspect peut toutefois affecter de manière significative la valeur réelle des parts sociales, justifiant l'application d'un **abattement** dont l'appréciation est des plus délicates.

Il n'existe en la matière aucune règle absolue, et chaque cas devra faire l'objet d'un examen minutieux en fonction de la situation au sein de la société et de la qualité de ses membres.

Ainsi, un **associé minoritaire** cédant à un tiers non associé, supposé agréé par les autres associés, verrait la valeur de ses parts subir un certain abattement.

De même, dans certaines hypothèses, l'initiative dans la fixation du prix peut revenir à l'organe social, compétent pour agréer ou refuser la cession initialement envisagée, et non plus au cédant. Dans ces conditions, un abattement de l'ordre de 10 % à 20 % pourra être pratiqué.
Dans le contexte d'une **liquidation judiciaire,** la Cour de cassation a reconnu, s'agissant de parts de SCI, que leur valeur pouvait être amoindrie en raison de l'obligation prévue par les statuts de soumettre leur vente à l'agrément de l'ensemble des associés (Cass. com. 18-10-2017 n° 1287 F-D : Indicateur de l'enregistrement n° 20745).
Statuant sur l'évaluation de parts d'une **SCI ayant conclu un bail à construction** d'une durée inférieure à 30 ans, avec remise de l'immeuble sans indemnité au bailleur à l'expiration du bail, la Cour de cassation a jugé :
– que la valeur vénale réelle d'un bien devant s'évaluer au moyen d'éléments de comparaison intrinsèquement similaires, antérieurs au fait générateur d'imposition, le terme proposé, postérieur de près de deux ans, n'était pas probant ;
– que la SCI devant accéder aux constructions réalisées par le preneur au terme du bail et devant être soumise, en application de l'article 33 ter, II du CGI, à une imposition soumise à différentes conditions dont rien ne permettait de dire qu'elles se seraient réalisées, le refus de la cour d'appel de pratiquer un abattement au titre de la fiscalité latente liée au contrat de bail à construction conclu par la SCI était fondé ;
– que le caractère hypothétique de loyers commerciaux que l'immeuble aurait pu procurer n'était pas de nature à diminuer la valeur de l'immeuble (Cass. com. 26-4-2017 n° 583 F-D : Indicateur de l'enregistrement n° 20728).

ILLUSTRATIONS

Société immobilière purement patrimoniale : évaluation par référence à la valeur de l'immeuble qui constitue le principal actif

Rappel de la Cour : L'évaluation des titres non cotés en bourse doit être effectuée en tenant compte de tous les éléments disponibles, et notamment de la nature de l'actif social, de façon à faire apparaître une valeur aussi proche que possible de celle qu'aurait entraînée le jeu normal de l'offre et de la demande sur un marché réel à la date du fait générateur de l'impôt.
Attendus de la Cour :
– ayant constaté que le principal actif de la société consistait dans une demeure luxueuse à la pointe du cap d'Antibes, la cour d'appel a pu en déduire qu'il y avait lieu, pour estimer les parts sociales de **déterminer la valeur** de cette propriété **par référence** à des transactions intervenues dans des conditions équivalentes et de déduire de l'actif social ainsi obtenu le passif de la société.
Ndlr : C'est bien le principe de la valeur mathématique, ou patrimoniale, qui est ici validé, valeur de l'actif, constitué d'un immeuble, évalué par comparaison, sous déduction du passif social.
– par ailleurs, ayant relevé que le contribuable, en sa qualité d'**actionnaire majoritaire**, n'était soumis à aucun risque de blocage, peu important que la vente de l'immeuble soit soumise à l'autorisation du conseil d'administration, la cour d'appel a pu en déduire qu'il n'y avait pas lieu à application d'une **décote supplémentaire de liquidité.**
– ayant constaté, enfin, que l'acquisition par le contribuable des actions de la société avait été réalisée pour lui assurer la **jouissance personnelle de la propriété,** la cour d'appel a pu écarter l'application d'une décote supplémentaire au titre de la fiscalité latente des plus-values, liée à une cession future.
Cass. com. 26-9-2018 n° 17-20.000 F-D : RJF 2/19 n° 217.

Sociétés civiles de placement immobilier La valeur des parts de sociétés civiles qui font publiquement appel à l'épargne, telles que les sociétés civiles de placement immobilier (**SCPI**), est fixée par les dirigeants responsables. Ces valeurs sont publiées périodiquement par l'Autorité des marchés financiers (AMF). Les porteurs de parts ne peuvent que s'en tenir à ces évaluations, sous réserve de la déduction des frais de négociation, de l'ordre de 5 %. **36170**
Toutefois, il convient parfois de se référer, lorsque la demande devient inférieure à l'offre, ce qui fut le cas dans les années 1990, au **prix du marché de gré à gré.** À cette époque, au creux de la dépression de la demande, la décote pouvait atteindre en moyenne 40 % à 50 %, voire plus dans certains cas extrêmes, des valeurs « conseillées ».
Au cours de la période récente, au contraire, les SCPI ont démontré leur caractère de **valeur refuge** par temps d'incertitude ou de crise économique. Toutefois, la tendance est actuellement baissière, malgré un léger rebond en 2021, le rendement moyen s'élevant à 4,45 %, contre 4,18 % en 2020. La meilleure performance appartient aux SCPI diversifiées, qui ont rapporté, en 2020, 4,82 % aux actionnaires sur la valeur de leurs parts.
Sur le risque de marché, la grande crainte est que le télétravail, nouvelle donne liée à la crise sanitaire 2020, impacte durablement la demande placée (en Île-de-France, la demande placée sur le marché physique des bureaux est en baisse de près de 50 % en glissement annuel sur les trois

premiers trimestres de 2020, avec une accélération sur le troisième trimestre), et vienne contracter de façon structurelle l'absorption nette et, in fine, fasse baisser les loyers sur le moyen terme. La rentabilité devrait par conséquent en être affectée.

Le tableau ci-dessous retrace l'évolution des performances des SCPI Immobilier d'entreprise entre 2019 et 2020 (taux de rendement moyen par année, à savoir le taux de distribution sur la valeur de marché, et variation du prix moyen de la part).

Les performances des SCPI Immobilier d'entreprise	Taux de Distribution sur Valeur de Marché (DVM)		Variation du Prix Moyen de la part (VPM)	
	2019	2020	2019	2020
SCPI Bureaux	4,28 %	4,04 %	1,43 %	1,40 %
SCPI Commerces	4,42 %	4,67 %	0,18 %	0,23 %
SCPI Spécialisées	4,50 %	4,41 %	0,06 %	0,03 %
SCPI Diversifiées	5,03 %	4,82 %	1,01 %	0,91 %
SCPI Immobilier d'entreprise	4,40 %	4,18 %	1,20 %	1,12 %

Source : Institut de l'épargne immobilière et foncière (IEIF).

SOCIÉTÉS CRÉÉES POUR L'EXERCICE D'UNE ACTIVITÉ LIBÉRALE

36180 Ce sont essentiellement les sociétés civiles professionnelles et les sociétés civiles de moyens.

Sociétés civiles de moyens Le but principal de ces sociétés est de faire des économies et non de dégager des bénéfices.

Dans ces conditions, la valeur de rendement n'a pas de sens. Seule la valeur mathématique, à défaut bien entendu de valeur par comparaison avec des cessions récentes, pourra être retenue pour déterminer la valeur vénale.

Sociétés civiles professionnelles Constituées entre membres de professions libérales, leur fonctionnement est réglementé par la loi et des décrets d'application spécifiques à chaque profession.

En principe, la cession des parts de sociétés civiles professionnelles (SCP) équivaut à la **cession de la clientèle.** Pour la détermination de la valeur vénale de ces titres, la valeur mathématique sera privilégiée étant observé que, parfois, les décrets d'application déterminent l'autorité ou la juridiction qui sera compétente pour déterminer la valeur vénale à défaut d'accord entre les parties.

Toutefois, il ne faut pas penser que la clientèle est systématiquement attachée à la possession des parts des SCP. Il convient donc, avant toute tentative de détermination de la valeur, de consulter attentivement les statuts de la SCP :

– si l'associé a fait un **apport en « industrie »,** il est resté toujours propriétaire de sa clientèle et cette dernière doit constituer un élément de son patrimoine individuel. Dans ce cas, la valeur des parts de la SCP se limite à la valeur des réserves éventuellement accumulées ;

– si l'associé a fait **apport de sa clientèle** en toute propriété, la valeur de la clientèle fait partie de l'actif de la société civile professionnelle.

La Cour de cassation a jugé qu'était attaché aux parts sociales « le droit pour l'associé de partager les bénéfices ou de profiter de l'économie qui résulte de l'exploitation en société, indépendamment de la personne du cessionnaire » (Cass. 1e civ. 3-3-1993 n° 91-160.157 PFR : BRDA 6/93 p. 17).

En tout état de cause, l'évaluation des clientèles se fait de moins en moins à partir du chiffre d'affaires, comme en matière de fonds de commerce, mais plutôt à partir du bénéfice, ce qui est financièrement mieux fondé.

On peut distinguer à cet égard les **offices à caractère judiciaire** (avocats notamment) qui valent généralement une annuité de bénéfice, **et ceux à caractère juridique** (conseils fiscaux, notaires), qui se négocient plutôt sur la base de deux annuités de bénéfices.

Dans une instance jugée par la Cour de cassation (Cass. com. 16-1-2001 n° 82 F-D), la Haute Juridiction précise que la valeur des parts d'une **SCP gérant un greffe du tribunal de commerce** dépend de la valeur de l'office, laquelle est déterminée selon les bénéfices réalisés, le développement de l'office, sa situation géographique et les perspectives d'avenir, indépendamment de la répartition des bénéfices. Elle ajoute qu'à cet effet le tribunal avait pu valablement retenir la moyenne de trois éléments constitués par le montant des produits bruts de la dernière année, la moyenne des cinq dernières années des produits demi-nets de l'office, affectée d'un coefficient et les produits nets des trois dernières années, pour corroborer la méthode par comparaison avec la cession de trois autres greffes. Mais cette dernière remarque est désormais obsolète du fait du revirement jurisprudentiel consacrant la primauté de la valeur par comparaison. **36180** (suite)

CHAPITRE 2

DÉTERMINATION DU PRIX DE CESSION

SOMMAIRE

LE PRIX, ÉLÉMENT ESSENTIEL DE LA CESSION

La vente est parfaite entre les parties, et la propriété acquise de droit à l'acheteur, dès qu'on est convenu de la chose et du prix, quoique la chose n'ait pas encore été livrée ni le prix payé (C. civ. art. 1583). En conséquence, « le prix constitue un élément essentiel de la vente : pas de prix, pas de vente » (Ph. Malaurie, L. Aynès et P.-Y. Gauthier, Droit civil – les contrats spéciaux : LGDJ 2020 n° 185). La règle vaut pour les cessions de droits sociaux (CA Paris 5-7-1990 n° 90-5432, 15e ch. : Dr. sociétés 1990 n° 422 et, sur pourvoi, Cass. 1e civ. 16-7-1992 n° 1130 : RJDA 12/92 n° 1138). **37000**
La **fixation** du prix incombe aux **parties** (C. civ. art. 1591) ; celles-ci peuvent y procéder elles-mêmes ou s'en remettre à un **tiers** (C. civ. art. 1593 ; nos 37450 s.). Le rôle du **juge** en la matière est en revanche très réduit (nos 37340 s.).

Le prix peut prendre différentes formes. La plus commune est celle d'une **somme d'argent,** dont le paiement s'effectue en une fois ou par fractions étalées dans le temps ou encore sous forme de rente. **37002**
Le prix peut aussi être exprimé sous forme d'un **autre** type de **contrepartie** : la prise en charge par l'acquéreur du passif de la société dont il acquiert les titres ou encore des engagements précédemment souscrits par le cédant en vue de garantir les dettes de celle-ci (comme c'est généralement le cas dans les cessions pour 1 € symbolique ; nos 37210 s.), ou encore de la reprise du crédit précédemment souscrit par le cédant pour financer l'acquisition initiale des titres.

Les principes énoncés nos 37020 s. sont applicables : **37003**
– aux cessions de parts sociales et actions, nonobstant la **dématérialisation des titres** (CA Paris 16-12-2005 n° 04-18608, 25e ch. sect. B : RJDA 7/06 n° 790) ;
– aux **cessions** de titres **en blanc** (nos 30070 s.) ;
– aux **promesses** de vente ou d'achat qui, une fois l'option levée par le bénéficiaire, valent vente ;
– aux clauses prévoyant un **complément de prix** ou la **révision** de celui-ci.
Sur la révision du prix en l'absence de clause, voir nos 75250 s.

SECTION 1 CARACTÉRISTIQUES DU PRIX DE CESSION

CARACTÉRISTIQUES FIXÉES PAR LA JURISPRUDENCE

Le prix de la vente doit être déterminé et désigné par les parties (C. civ. art. 1591). Sur la base de ce texte, les tribunaux ont fixé les critères auxquels le prix doit répondre pour que la vente soit valable. Il est ainsi admis que le prix peut ne pas être déterminé, mais simplement déterminable (nos 37040 s.). En revanche, il est impératif qu'il soit réel et sérieux, mais pas nécessairement qu'il soit juste (nos 37190 s.) ou sincère (nos 38300 s.). **37020**

I. PRIX DE CESSION DÉTERMINÉ OU DÉTERMINABLE

A. Obligation de convenir d'un prix de cession déterminé ou déterminable

DÉTERMINATION DU PRIX PAR L'ACTE DE CESSION

L'article 1591 du Code civil exige que le prix de la vente soit déterminé. Aux termes d'une jurisprudence ancienne et constante, il n'est pas pour autant nécessaire que le **montant** en soit **fixé,** dans le principe, d'une manière absolue ; il suffit, pour la formation de la vente, que le prix soit déterminable en vertu des clauses du contrat (notamment Cass. req. 7-1-1925 : DH 1925 p. 57 ; Cass. req. 14-2-1927 : D. 1928 I p. 80 ; Cass. 3e civ. 5-1-1972 n° 70-13.759 : Bull. civ. III n° 4 ; dans le même sens, Cass. 3e civ. 26-9-2007 n° 06-14.357 F-PB : RJDA 1/08 n° 19). **37040**
Autrement dit, à défaut de chiffrage du prix dans l'acte de cession, ce dernier doit indiquer les **éléments de référence** sur la base desquels les parties sont convenues de le fixer et, le cas échéant,

la **méthode de calcul** qu'elles ont retenue. Le juge ne peut pas pallier un manque ou une imprécision du contrat en prenant en considération des éléments extérieurs à celui-ci (n°s 37340 s.).

> **Précisions** Le prix de vente d'un immeuble a été déclaré déterminable, bien que l'**acte de cession n'en fasse pas mention,** dès lors que le cédant reconnaissait dans cet acte avoir reçu paiement du prix, ce qui démontrait à l'évidence que celui-ci avait été déterminé et désigné entre les parties au jour de sa signature, voire antérieurement, ce qui était corroboré par des courriers émanant de l'un des cédants et du notaire instrumentaire et faisant état d'un prix de 550 000 F (Cass. 3e civ. 26-9-2007 n° 06-14.357 précité).

DÉTERMINATION DU PRIX POUR TOUS LES TITRES CÉDÉS

37041 Le prix doit être déterminé ou déterminable pour toutes les parts sociales ou les actions cédées et non seulement pour une partie d'entre elles. L'**indétermination partielle** du prix remet en cause l'intégralité de la cession, sauf à établir qu'elle est divisible (cf. Cass. com. 9-10-2012 n° 11-14.498 F-D : RJDA 2/13 n° 133).

ILLUSTRATIONS

Dans cette affaire, le bénéficiaire d'une promesse unilatérale d'achat portant sur les 5 360 actions qu'il détenait dans le capital d'une société avait levé l'option. N'ayant obtenu aucune réaction du promettant, il avait cédé ses titres à un tiers à un prix inférieur à celui prévu dans la promesse. Il avait alors réclamé au promettant des dommages-intérêts pour un montant couvrant la différence. Une cour d'appel avait fait droit à cette demande. La Haute Juridiction a cassé cette décision pour les raisons suivantes :
– la promesse stipulait que l'acquisition par le promettant des 5 360 actions « sera consentie moyennant le prix minimum de 185 F l'action, à due concurrence de 1 621 titres soit 299 885 F, majoré, au prorata des actions cédées, des résultats après impôt de la société cumulés des exercices clos à compter de ce jour jusqu'à la levée d'option, et ce, déduction faite des dividendes distribués » ; un prix n'était donc fixé que pour une partie des actions et celui des autres actions n'était ni déterminé ni déterminable, de sorte que la promesse était nulle ;
– le bénéficiaire ayant levé l'option pour l'acquisition de 5 360 actions au prix unitaire de 185 F, pour un prix global de 991 600 F, la levée de l'option n'était pas conforme aux stipulations de la promesse d'achat ;
– les juges du fond n'avaient pas pu retenir l'existence d'un accord des parties sur le rachat de 1 621 actions au prix de 185 F l'une, sans rechercher, comme ils y étaient invités, si la promesse d'achat portant sur 5 360 actions était divisible et autorisait le bénéficiaire à ne céder qu'une partie de ses titres.

VENTILATION DU PRIX

37042 **Pluralité de cédants ou d'acquéreurs** L'exigence de la détermination du prix n'implique pas, en cas de pluralité de **cédants,** que la part revenant à chacun d'eux soit déterminée par le contrat (Cass. 3e civ. 6-7-1983 n° 82-12.022 : Bull. civ. III n° 162 ; Cass. 3e civ. 19-3-1986 n° 84-13.582 : Bull. civ. III n° 36 à propos d'une vente immobilière ; CA Paris 23-9-1988, 25e ch. A, rendu en matière de cession d'actions).

Cette exigence ne conduit pas non plus à ce qu'une clause de ventilation du prix insérée au dernier moment par les **acquéreurs** dans l'acte notarié de vente remette en cause l'accord des parties sur la chose et sur le prix constaté dans un acte sous signature privée préalable ; cette clause est seulement inopposable au cédant (Cass. 3e civ. 21-3-1990 n° 88-19.924 : Bull. civ. III n° 84).

37043 **Cession des titres de plusieurs sociétés** Lorsque la cession porte sur les titres composant le capital de plusieurs sociétés, la ventilation du prix entre les titres de chacune d'entre elles n'est pas requise pour la détermination du prix et pour la validité de l'opération, dès lors qu'elle ne constitue pas une condition de la vente, mais a seulement des conséquences fiscales pour l'acquéreur (Cass. com. 8-4-2008 n° 06-18.042 F-PB : RJDA 12/08 n° 1270). En l'espèce, aux termes d'un accord conclu entre deux sociétés, la première s'était engagée à acheter, pour un prix global, les titres composant le capital de trois sociétés contrôlées par la seconde. Poursuivie en paiement de dommages-intérêts pour avoir rompu cet accord, la société acheteuse avait alors soutenu qu'il était nul, le prix des titres de chacune des sociétés cédées n'étant ni déterminé ni déterminable. La Cour de cassation a écarté cet argument et validé la cession en se fondant sur le raisonnement suivant : il résultait du protocole d'accord que l'objet de l'opération était la **cession** d'un ensemble de sociétés **formant un tout** objectivement défini ; l'article 1591 du Code civil n'exige ni la ventilation du prix se rapportant à chacune des sociétés, ni la fixation des conséquences fiscales du prix de cession. Soulignons qu'au cas particulier, le protocole d'accord exposait avec précision les modalités de calcul du prix global des participations à partir de la situation nette comptable des trois sociétés concernées à une date donnée et prévoyait, en cas de désaccord entre les parties sur ce point, que le prix serait fixé par deux experts-comptables nommément désignés ou, si ces derniers ne parvenaient pas non plus à un accord, par un tiers désigné par le tribunal de commerce. Ces précautions rendaient le prix parfaitement déterminable et le fait que le protocole prévoyait que la ventilation du prix entre les trois sociétés cédées serait fixée ultérieurement par les parties ne remettait pas celui-ci en cause.

ATTENTION

Si cette solution présente l'avantage de valider la cession d'un point de vue juridique, l'absence de ventilation du prix dans une telle hypothèse doit néanmoins être évitée car elle pose des **problèmes fiscaux** pour chacune des parties à l'opération : pour le cédant, il sera difficile de déterminer le montant et le régime d'imposition des plus-values de cession ; pour l'acquéreur, le problème se situera au niveau du calcul des droits d'enregistrement dont le régime peut varier selon la nature des titres cédés.

Convention multiple incluant une cession de titres Lorsque les parties choisissent de consigner dans un **acte unique** des conventions de teneur différente dont une cession de droits sociaux, elles ont tout intérêt à individualiser le prix de cession, quand bien même elles sont convenues du versement d'une **somme forfaitaire** pour l'ensemble des conventions ; à défaut, la validité de la cession peut être remise en cause (Cass. com. 5-4-2005 n° 566 F-D : n° 12040). L'absence de ventilation du prix pose en outre des problèmes fiscaux identiques à ceux exposés n° 37043. 37045

B. Choix des éléments constitutifs du prix de cession

1. DÉFINITION DES ÉLÉMENTS RETENUS POUR FIXER LE PRIX DE CESSION

Lorsqu'elles n'optent pas pour le chiffrage du prix des droits sociaux, souvent délicat à établir, les parties prévoient généralement que le **prix** sera **déterminé par référence** aux résultats de la société tels qu'ils résulteront des comptes sociaux à une date donnée. Peuvent ainsi être pris en compte les bilans des derniers exercices, celui de l'exercice en cours tel qu'arrêté provisoirement au début et à la fin des négociations en cours (bilan dit « d'ouverture » et de « clôture ») et, par exemple en cas de clause d'earn out (ou de complément de prix) ou de révision de prix, le futur bilan définitif de l'exercice en cours ainsi que ceux des exercices suivants. Les parties peuvent convenir de majorer ou de minorer ces résultats, en prenant en considération certains éléments dont l'importance influe sur la valeur des titres : valeur de certains actifs, montant du passif et du solde du compte courant d'associé du cédant, litiges en cours ou autres. Il leur est également possible de renvoyer à des cotations officielles. 37080

Les **éléments** retenus par les parties doivent être **définis avec précision** dans l'acte de cession afin d'éviter tout risque de confusion ou de contestation ultérieure. En présence d'accords obscurs et ambigus, les **juges** du fond disposent du pouvoir souverain d'**interpréter** l'intention des parties (Cass. com. 5-5-1970 n° 68-13.523 : n° 37120). En outre, une imprécision ou une ambiguïté sur les éléments de référence ou la méthode de calcul peuvent rendre la détermination du prix impossible. 37085

ILLUSTRATIONS

L'**actif net** servant de base à l'évaluation des parts sociales s'entend de l'actif net avant impôt sur les sociétés, en l'absence d'autre indication du contrat.

Cass. com. 4-4-1995 n° 755 D : RJDA 10/95 n° 1102.

Les parties à une promesse d'achat d'actions conclue, pour un prix déterminé par référence notamment au montant des **fonds propres** de la SA, le jour même de l'**augmentation du capital** de celle-ci, n'ont pas entendu exclure cette augmentation du calcul du prix, dès lors que la promesse précisait que le montant des fonds propres était, au jour de sa signature, celui arrêté trois mois auparavant et que, si la situation provisoire de la société à la date de la promesse établie par le commissaire aux comptes faisait apparaître un montant différent, cette différence viendrait s'imputer en plus ou en moins.

Cass. com. 24-3-1998 n° 746 D : RJDA 6/98 n° 731.

Dans un cas où l'annexe d'un acte de cession de titres comportait une clause prévoyant une méthode d'**évaluation des stocks** non conforme aux règles comptables alors que l'acte de cession précisait que l'évaluation de l'inventaire se ferait conformément aux lois et aux règles et

37085 (suite) usages comptables définis par le Conseil national de la comptabilité, jugé que cette clause devait être appliquée dès lors que, s'agissant d'une clause contractuelle ayant pour finalité la détermination du prix d'une cession conventionnelle de titres, et non l'établissement d'un bilan et de comptes sociaux devant donner aux tiers une image fidèle et sincère de la situation d'une société, le seul caractère dérogatoire de cette clause aux règles habituellement usitées ne suffit pas à en écarter l'application.

Cass. com. 4-2-2004 n° 272 F-D : RJDA 3/05 n° 271.

L'acte portant cession de la branche d'activité « petites annonces » d'une société prévoyait que le prix, fixé à 3 millions de francs, serait révisé sur la base du « **chiffre d'affaires** annonces presse **encaissé, exprimé en prix tarif** support **brut** hors taxe, issu de la facturation [par l'acquéreur] aux clients » cédés pour l'année suivant la cession.

Cette clause, claire et précise, ne pouvait pas être interprétée comme imposant de prendre en compte le chiffre d'affaires effectivement encaissé par l'acquéreur auprès des clients cédés et donc de déduire le **montant des remises accordées aux clients** par l'acquéreur. En effet, une telle interprétation dénaturait la clause et elle conduisait à rendre le prix de cession totalement indéterminé, son calcul ne dépendant d'aucun élément objectif mais résultant de la seule volonté de l'une des parties et de sa politique commerciale, cette partie étant en outre débitrice du prix. L'expression « chiffre d'affaires encaissé » devait s'entendre du chiffre d'affaires calculé sur les opérations menées à terme et facturées et le chiffre d'affaires devait être calculé selon le tarif brut, c'est-à-dire le prix public de parution tel qu'il apparaissait sur les journaux en tarif officiel, avant toute négociation ou remise.

Par suite, le chiffre d'affaires de référence correspondait au montant des sommes encaissées par l'acquéreur auprès de clients cédés, majoré d'un taux correspondant à la moyenne des remises accordées auxdits clients.

CA Paris 12-9-2006 n° 05-14926, 3e ch. A : RJDA 1/07 n° 54.

La vente n'est parfaite que si les parties sont convenues de la chose et du prix ou de son mode de détermination.

Dans un cas où une personne s'était engagée à acquérir les actions d'une société, dans une **première promesse,** « sur la base de la **valeur mathématique du dernier bilan** arrêté » puis, dans une **seconde promesse** établie deux mois plus tard, « sur la base de la **situation nette du dernier bilan** arrêté », et où le cédant avait levé l'option en visant la méthode de calcul du premier acte tandis que le promettant-acquéreur invoquait la seconde méthode, viole les articles 1134 (désormais art. 1103 issu de ord. 2016-131 du 10-2-2016), 1583 et 1591 du Code civil la cour d'appel qui, pour condamner l'acquéreur à payer le prix calculé par un expert sur la base de la première méthode, a retenu que, le premier acte n'étant pas annulé, c'était en fonction de ses termes, représentant la commune intention des parties, que devait être déterminée la valeur des actions cédées.

Cass. com. 23-9-2008 n° 07-16.330 F-D : RJDA 1/09 n° 30.

Sur la clarté d'une clause fixant le prix au regard du **résultat d'exploitation d'un exercice non encore clos** à la date de la cession, voir CA Paris 18-6-2009 n° 08-12008, ch. 5-9 : n° 37120.

Un investisseur était entré à hauteur de 10 % dans le capital d'une société en se faisant consentir une promesse de rachat de sa participation dans une fenêtre d'option. L'assemblée générale de la société avait, quelques années plus tard, décidé une augmentation de capital par émission d'actions nouvelles, opération qui avait porté le nombre des actions de 184 800 à 246 400. L'investisseur avait renoncé à participer à cette augmentation de capital et, six mois plus tard, il avait levé l'option de la promesse de rachat. La promesse prévoyait que le prix de rachat unitaire des actions était égal « à la moyenne pondérée de la capacité d'autofinancement après impôt des deux derniers exercices publiés avant la levée de l'option, multipliée par le coefficient 9 et divisée par le nombre d'actions composant le capital social ». L'investisseur soutenait que pour la mise en œuvre de cette méthode de **calcul,** il fallait **prendre en compte le nombre d'actions existant avant l'augmentation de capital** tandis que le promettant se référait au **nombre d'actions après augmentation.**

Il y a lieu de rejeter la prétention de l'investisseur dès lors qu'il résulte de la clause de fixation du prix, qui est claire et insusceptible d'interprétation, que les parties ont entendu se placer au jour de la levée d'option pour procéder au calcul de la valorisation des actions, qu'elles n'ont aucunement prévu que l'action ne devait pas être mise en rapport avec un exercice n'ayant pas intégré la valorisation résultant des apports de capitaux correspondant à l'augmentation de capital et que, faute par les parties d'avoir convenu d'autres stipulations, il s'en déduit que le nombre d'actions composant le capital social doit s'apprécier au jour de la levée d'option.

CA Paris 18-3-2010 n° 09-3861, ch. 5-9 : RJDA 1/11 n° 48.

Sur l'interprétation d'une clause faisant référence à la **valeur de marché** pour déterminer le prix des actions d'une SAS, voir CA Paris 27-10-2015 n° 14/14101 : n° 37160.

Le directeur général d'une SA s'était engagé en juillet 2011 envers l'actionnaire majoritaire de celle-ci à lui céder les actions qu'il détenait dans la société s'il venait à cesser ses fonctions avant

la fin de l'année 2013. Aux termes de cette promesse, le prix de cession était fixé à la moins élevée des deux valeurs suivantes : prix d'acquisition ou **valeur de marché,** celle-ci étant définie comme la juste valeur des actions **déterminée à chaque semestre par le conseil d'administration** de la SA, qui s'engageait à faire ses meilleurs efforts afin de déterminer cette valeur dès que possible **après la publication des résultats de l'actionnaire majoritaire.** La promesse ajoutait que, si le conseil d'administration n'avait pas déterminé la valeur de marché applicable pour le semestre concerné, la valeur retenue pour le semestre précédent demeurait applicable jusqu'à ce que le conseil se prononce, celle-ci étant fixée à 19,50 € par action pour le second semestre 2011.
Le conseil d'administration de la société avait révoqué le directeur général en février 2012 et fixé, le jour de la révocation, la valeur de marché à 4,30 € l'action.
Il y a lieu d'appliquer la clause fixant la valeur de marché à 19,50 € par action, la valeur de marché pour le second semestre 2011 n'ayant pas été régulièrement déterminée par le conseil d'administration et cette valeur n'ayant pas été fixée après la publication des résultats de l'actionnaire majoritaire. En effet, la clause selon laquelle le conseil d'administration devait faire ses meilleurs efforts pour déterminer la valeur de marché dès que possible après la publication des résultats impliquait nécessairement que le conseil se prononce après cette publication, de sorte qu'il ne pouvait valablement déterminer cette valeur avant que les résultats n'aient été publiés.
CA Paris 29-10-2019 n° 18/00226 : RJDA 6/20 n° 311.

2. EFFICACITÉ DES ÉLÉMENTS RETENUS POUR FIXER LE PRIX DE CESSION

PRINCIPE

Les parties doivent être prudentes dans le choix des éléments qu'elles retiennent pour fixer le prix. En effet, aux termes d'une jurisprudence constante et ancienne, le prix est indéterminé ou indéterminable lorsque les éléments de référence retenus dépendent de la volonté de l'une des parties ou de la réalisation d'accords ultérieurs (notamment, Cass. 3e civ. 15-11-1968 n° 67-10.663 : Bull. civ. III n° 477 ; Cass. 1e civ. 12-11-1974 n° 73-10.850 : Bull. civ. I n° 301 ; Cass. com. 25-9-2012 n° 11-23.319 F-D : RJDA 1/13 n° 24 ; Cass. com. 21-9-2022 n° 20-16.994 F-B). **37100**

ATTENTION

Prévoir un plafond pour le prix peut être insuffisant comme le montre l'affaire suivante. Un salarié actionnaire avait adhéré à un pacte d'actionnaires, en vertu duquel il s'engageait, en cas de rupture de son contrat de travail, à céder ses actions à X qui s'engageait à les acheter. Une clause du pacte fixait les modalités de calcul du prix de cession. Une seconde clause précisait qu'en cas de rupture résultant d'un licenciement, d'une révocation ou d'une démission, le prix des actions cédées par le salarié ne pouvait pas excéder leur prix d'acquisition si le salarié les avait acquises dans les 24 mois précédant la rupture. La Cour de cassation a censuré l'arrêt d'une cour d'appel qui, pour ordonner l'exécution forcée du pacte après le licenciement du salarié, avait retenu que la situation de l'ancien salarié étant régie par la clause limitant le prix en cas de licenciement, il était inutile d'examiner si le prix était déterminable au regard de la première clause. La cour d'appel aurait dû en effet rechercher, comme elle y était invitée, si le prix fixé par la première clause du pacte, dont la seconde clause ne faisait que plafonner le montant dans certaines hypothèses, était déterminable (Cass. com. 21-9-2022 n° 20-16.994 F-B).

ÉLÉMENTS DE RÉFÉRENCE POTESTATIFS

La prohibition d'une **détermination** du prix **laissée à l'appréciation d'une seule des parties** à la cession s'apparente à première vue à celle prévue par l'article 1304-2 du Code civil (ex-art. 1174) qui déclare nulle toute obligation contractée sous une condition dont la réalisation dépend de la volonté du débiteur (sur cette condition, voir nos 55110 s.). Même si quelques décisions font expressément référence à l'ancien article 1174 ou au fait que la clause fixant le prix soit soumise à une condition dont la réalisation dépend d'une partie (par exemple, Cass. com. 15-6-1982 et CA Paris 8-6-1990, 5e ch. C : n° 37140 ; Cass. com. 14-6-2005 n° 907 F-D : n° 37120), l'assimilation est contestable. D'une part, l'article 1304-2 ne vise que la condition, elle-même modalité d'une obligation ; or la fixation du prix n'est pas une condition mais un élément constitutif du contrat de vente (en ce sens, M.-A. Frison-Roche, L'indétermination du prix : RTD civ. 1992 p. 269 nos 30 s. ; D. Mainguy, Bref retour sur l'indétermination du prix : JCP E 1998, Cah. dr. entr. n° 2 p. 24 ; B. Wertenschlag, Prix déterminable et cession de droits sociaux : JCP E 1991 I p. 221). D'autre part, l'article 1304-2 n'a vocation à s'appliquer que si l'exécution de l'obligation est laissée à la discrétion du seul débiteur de celle-ci alors qu'en matière de prix de vente, la prohibition vise tant le prix laissé à la volonté du cédant (notamment Cass. com. 5-5-1959 n° 57-11.318 : n° 37130) que celui abandonné à la volonté de l'acquéreur (par exemple CA Paris 22-11-1972, et sur pourvoi, Cass. 1e civ. 12-11-1974 n° 73-10.850 : n° 37140 ; CA Nancy 20-10-2004 n° 98-3311, 2e ch. com. et, sur pourvoi, Cass. com. 19-12-2006 n° 05-10.199 F-D : n° 37160). Enfin, si, dans les deux cas, la prohibition est sanctionnée par la nullité, celle prononcée en application de **37104** l'article 1304-2 du Code civil n'affecte pas nécessairement l'intégralité de la cession (n° 5510) alors que celle prononcée sur le fondement de l'article 1591 atteint le contrat dans son ensemble (n° 37380).

ILLUSTRATIONS

Ne dépend pas de la seule volonté de l'acquéreur :
– la clause d'un pacte d'actionnaires prévoyant le rachat forcé des titres des signataires sur la base d'un prix déterminé au regard notamment des bénéfices non distribués (CA Paris 18-10-2005 n° 04-4322, 3e ch. A : n° 37160) ;
– la clause prévoyant la révision du prix de cession sur la base du chiffre d'affaires encaissé l'année suivant la cession, eu égard aux éventuelles remises accordées par l'acquéreur aux clients de la société (CA Paris 12-9-2006 n° 05-14926, 3e ch. A : n° 37085).

ÉLÉMENTS DE RÉFÉRENCE INSUFFISANTS

37108 L'interdiction faite aux parties de retenir des éléments de fixation du prix qui **exigent la conclusion d'un nouvel accord** après la cession a pu être considérée comme abandonnée par la chambre commerciale de la Cour de cassation à la suite d'une décision rendue en 1998 (Cass. com. 10-3-1998 n° 657 P : RJDA 7/98 n° 865). Dans cette espèce, une promesse d'achat d'actions échelonné sur huit ans précisait que le prix des titres serait « fonction de l'évolution des résultats et de la valeur réelle de l'entreprise au moment de chaque transaction ». Le promettant, poursuivi en exécution de la promesse, avait reproché à une cour d'appel d'avoir retenu que le prix était déterminable alors que, soutenait-il, la seule référence à l'évolution des résultats et à la valeur réelle de l'entreprise, sans indiquer la méthode de calcul pour y parvenir, était nécessairement imprécise, dépourvue de sérieux et d'objectivité. La chambre commerciale avait écarté ce grief au motif que, après avoir constaté que l'acte de cession faisait référence à la « valeur réelle de l'entreprise et à l'évolution des résultats » et que ces éléments étaient indépendants de la seule volonté des parties, la cour d'appel, faisant ainsi ressortir le caractère objectif du critère choisi pour la fixation du prix, avait pu en déduire que celui-ci était déterminable et, dès lors, sans se substituer aux parties, charger un expert de le chiffrer en application du critère retenu. Mais, dans plusieurs décisions ultérieures, elle a de nouveau écarté le caractère déterminable du prix lorsque celui-ci nécessitait un nouvel accord des parties (Cass. com. 14-12-1999 n° 2042 P : n° 37120 ; Cass. com. 5-12-2000 n° 2052 F-D : n° 37150).
De même, il y a indétermination du prix lorsque la **mise en œuvre des éléments** de référence retenus s'avère **impossible** (Cass. com. 5-5-1970 et Cass. com. 13-1-1971 n° 69-12.174 : n° 37120 ; Cass. com. 19-12-2006 n° 05-10.199 F-D : n° 37160).

37109 La clause de détermination du prix peut renvoyer à des **formules de calcul incluant des seuils** concernant par exemple le montant du passif ou des capitaux propres. Les parties ont tout intérêt à envisager expressément l'hypothèse où les **seuils** convenus ne sont **pas atteints** sous peine d'annulation de la cession pour indétermination du prix (cf. CA Paris 25-3-2014 n° 12/19426, ch. 5-8 : n° 37120).

ORIENTATION

37112 Les **illustrations jurisprudentielles** de ces principes, présentées ci-dessous, sont classées en fonction de l'élément de référence retenu par les parties : situation comptable (n° 37120) ; prise en charge du passif ou d'une dette (n° 37130) ; autres éléments (n° 37160). Les décisions relatives aux clauses d'earn out, qui prévoient la fixation du prix des titres au regard des futurs résultats de la société, sont exposées au n° 37140 et celles afférentes aux clauses de révision du prix au n° 37150.

PRIX TENANT COMPTE DE LA SITUATION COMPTABLE

37120 **ILLUSTRATIONS**

Dans un cas où les parties étaient convenues, pour des cessions successives d'actions, d'un **prix** unitaire des titres **susceptible d'être réduit** en cas de constatation de différences entre les divers postes figurant à l'actif ou au passif **après vérification de la situation comptable** sur la base de laquelle le **prix** initial avait été fixé, une cour d'appel n'a fait qu'user de son pouvoir souverain d'interpréter les termes obscurs et ambigus des accords entre les parties en jugeant qu'il résultait des éléments suivants que le prix énoncé était seulement **provisoire** et que les parties entendaient se réserver de fixer définitivement le prix de l'action jusqu'à ce qu'un accord soit intervenu entre elles concernant le montant des redressements à opérer sur les divers postes du bilan :
– la rectification du bilan ayant posé problème, l'acquéreur avait par courrier proposé un prix plus bas, demandé le remboursement d'une partie du prix qu'il avait versé, écrivait-il, à titre provisionnel ainsi que la confirmation de la rectification de la valeur des stocks ;
– dans un autre courrier, il avait qualifié le prix initial de provisoire ;
– de son côté, le cédant avait soutenu que la vérification des postes d'actif et de passif supposait l'établissement d'un inventaire contradictoire et qu'à défaut, un des éléments du prix faisait défaut ;

37120 (suite)

– enfin, les experts avaient estimé que le chiffre réel et certain de l'action était impossible à fixer en raison de l'absence de valeur du stock.
Par suite, elle a pu prononcer la nullité des cessions.

Cass. com. 5-5-1970 n° 68-13.523 : Bull. civ. IV n° 147.

La cession de l'intégralité des parts d'une SARL convenue moyennant un **prix unitaire,** provisoirement fixé à **1 F, à déterminer lors de l'établissement du bilan de la société, outre la prise en charge** par l'acquéreur du **passif social** à hauteur de 400 000 F (environ 61 000 €), est nulle pour absence de prix déterminable dès lors que :
– il n'est pas possible de soutenir que le prix serait déterminable sous prétexte que le passif social s'appliquant au remboursement des créanciers privilégiés et chirographaires ne dépend nullement de la volonté des parties ; en effet, ce montant n'était pas connu, puisque l'établissement préalable d'un bilan était prévu, le cédant avait seulement indiqué qu'il supporterait l'excédent de passif s'il était supérieur à 400 000 F mais n'avait rien stipulé dans l'hypothèse inverse ;
– le fait qu'un prix de principe ait été attribué à chaque part sociale, indépendamment de l'engagement de prise en charge du passif, prouve que cette prise en charge ne constituait pas le prix d'acquisition mais l'un des éléments de ce prix ;
– aucune explication n'avait été donnée sur la méthode ou le mode de calcul selon lequel le prix de la part sociale serait fixé après l'établissement du bilan pour perdre sa valeur provisoire et acquérir sa valeur définitive ;
– en réalité, l'établissement du bilan n'était pas de nature, à lui seul, à entraîner la détermination du prix d'une façon objective, c'est-à-dire sans l'intervention d'un nouvel acte de volonté du cédant.

Cass. com. 13-1-1971 n° 69-12.174 : Bull. civ. IV n° 13.

En cas de cession des actions d'une SA en contrepartie de l'**obligation** pour l'acquéreur **de régler le passif tel qu'il ressort de la situation comptable de la société à une date donnée,** ce prix doit être considéré comme n'étant pas déterminable à la date de la cession dès lors que le montant du passif ne pouvait pas être connu en raison de l'état de la **comptabilité** sociale qui n'était **ni sincère ni probante** et ne reflétait pas la situation réelle de la société, peu important que l'acquéreur ait reconnu dans l'acte de cession avoir eu connaissance de tous les documents comptables et que le cédant ne se soit pas opposé à la communication de ceux-ci.
CA Paris 8-1-1979, 13e ch. A : Rev. jur. com. 1981 p. 253 n° 948.

Ndlr : Les comptes sociaux faisaient état de 310 000 F (47 000 €) de pertes alors qu'après un an de recherches, l'expert n'avait pu établir qu'une fourchette allant de 2 330 000 à 3 560 000 F (355 000 à 542 000 €) de pertes.

Est conforme aux prescriptions de l'article 1591 du Code civil la cession d'actions qui prévoit que le **prix** de base des titres fixé à 1 000 F (environ 150 €) sera **majoré** d'une somme égale à 50 % de l'éventuel **boni d'inventaire** constaté à la clôture de l'exercice en cours et que le chiffrage du stock sera fait au prix d'inventaire de l'acquéreur. En effet, ce prix d'inventaire est une donnée qui résulte des documents comptables établis par l'acquéreur et n'est pas fixé arbitrairement par lui. Cette cession étant valable, il y a lieu d'ordonner, sous astreinte, le transfert des actions à l'acquéreur ainsi que celui des fruits et produits des actions.
CA Paris 26-9-1989 n° 87-10779, 3e ch. A.

Une cession d'actions est nulle dès lors que, pour déterminer la valeur des titres, les parties ont introduit dans la convention, à côté de données non contestables, tels les éléments incorporels du fonds de commerce évalués à 25 000 F et la référence au prix de revient pour estimer les marchandises en stock, d'autres données nécessitant un accord ultérieur des **parties** puisque celles-ci **avaient entendu se référer,** non pas au bilan approuvé par les actionnaires qui leur aurait été opposable sans contestation possible, mais **à une situation comptable établie par elles-mêmes** et qui pouvait donc donner lieu à contestation, comme cela avait d'ailleurs été le cas pour la prise en compte des créances douteuses, du compte courant du cédant et des marchandises dépréciées ou difficiles à vendre.
En effet, en l'absence d'accord sur un des éléments destinés à permettre le calcul du prix des actions et à défaut de désignation par les parties elles-mêmes, seules habilitées à le faire, d'un expert pour évaluer les marchandises en stock, le prix de cette cession n'était ni déterminé ni déterminable.

Cass. com. 23-1-1990 n° 88 D : Bull. Joly 1990 p. 275.

Dans un cas où l'acte de cession précisait que le prix des parts et actions cédées serait déterminé en fonction de l'**actif net social** tel qu'il résulterait d'une situation comptable établie à une date donnée, il y a lieu d'annuler la cession pour indétermination du prix dès lors que la situation de cessation des paiements de la société, évidente dès avant la cession, était masquée par des écritures douteuses et que les registres des assemblées générales ne faisaient pas mention de l'approbation de chacun des exercices, ce dont il résultait que les **comptes sociaux** n'étaient **pas fiables** et que le critère même de la détermination du prix faisait défaut.

Cass. com. 19-5-1992 : Bull. Joly 1992 p. 747.

37120 (suite) Un acte de cession de parts sociales signé le 1er octobre 1991 avait été conclu moyennant un prix égal au montant des capitaux propres de la société au 30 septembre 1991, moins le résultat bénéficiaire de l'exercice courant du 30 mars 1991 au 30 septembre 1991, majoré d'une somme fixée dans l'acte et diminué de la valeur nette comptable des immobilisations corporelles et incorporelles au 30 septembre 1991, le bilan au 30 septembre 1991 devant être établi par un cabinet d'experts-comptables avant le 31 décembre de la même année.

Une cour d'appel avait annulé la cession en considérant que le prix était lié au **bilan** de septembre 1991, **non établi à la date de la signature de l'acte,** de sorte que les éléments sur lesquels était fondée la détermination du prix étaient totalement inconnus du signataire.

La Cour de cassation a censuré cette décision au motif que les parties avaient précisément défini les éléments constitutifs du prix dont la valeur exacte serait fixée par le bilan, non établi au jour de la signature de l'acte.

Cass. com. 18-6-1996 n° 1151 D : RJDA 10/96 n° 1202.

Sur l'appréciation de la validité d'une cession dont l'**évaluation** du prix avait été confiée à un collège d'experts selon une méthode de calcul prédéterminée par les parties et faisant **référence à plusieurs postes du bilan de la société,** mais dont les paramètres avaient été **faussés par le cédant,** voir Cass. 2e civ. 8-4-1999 n° 598 : n° 37582.

Ne peut pas être considéré comme déterminable le prix de cession de parts sociales lorsque la fixation du **prix définitif nécessite l'établissement contradictoire du bilan** par les parties au moment de la régularisation de la cession, sans que les parties aient prévu la désignation, en cas de désaccord, d'un expert chargé d'arrêter l'estimation définitive, un nouvel accord de volonté des parties étant alors nécessaire.

Cass. com. 14-12-1999 n° 2042 P : RJDA 4/00 n° 425, 1e esp.

Dans un cas où le bénéficiaire d'une promesse d'achat d'actions a levé l'option conformément aux conditions de forme et de délai prévues par la promesse, quelques jours avant la mise en redressement judiciaire de la société dont les actions faisaient l'objet de la promesse, le promettant ne peut pas, pour se soustraire à son obligation d'exécuter sa promesse et de payer le prix convenu, utilement invoquer l'indétermination du prix de cession dès lors que la promesse prévoyait un mécanisme de détermination du prix indépendant de la volonté des parties. En effet, le prix d'acquisition des actions devait être égal au plus élevé des deux montants suivants : soit 304 936,15 € correspondant au prix auquel le bénéficiaire avait lui-même acheté ces actions, soit un montant égal au **pourcentage de la participation** du bénéficiaire de la promesse **dans la société,** multipliée par le résultat de la somme de la **situation nette** de la société et de 381 122,54 €, étant précisé que la situation nette prise en compte résultait des comptes arrêtés au 31 décembre de l'année de la conclusion de la promesse, **certifiés** sans réserve par les commissaires aux comptes et approuvés par l'assemblée générale des actionnaires.

CA Versailles 13-11-2003 n° 01-8374, 12e ch. sect. 2 : RJDA 8-9/04 n° 990.

Dans un cas où une promesse de vente prévoyait la fixation d'un **prix provisoire ne tenant pas compte des provisions pour dépréciation,** risques et charges et que l'écart de prix constaté serait ensuite imputé sur le solde du prix restant dû sur l'échéance la plus lointaine, le cédant avait soutenu que le prix était indéterminable et ne pouvait pas être chiffré par l'expert compte tenu de l'imprécision relative à la prise en compte des provisions, de sorte qu'un nouvel accord des parties était nécessaire pour le fixer.

Une cour d'appel a souverainement estimé, au vu des éléments suivants, que la fixation du prix reposait sur des éléments objectifs et précis, appréciés par le tiers expert conformément à la convention des parties :

– une clause de la promesse de vente précisait que le prix définitif serait fixé en fonction du bilan de la société arrêté au 15 juillet 1990 et énonçait, de façon très précise, les directives à suivre pour l'établissement de ce bilan ;

– une autre clause prévoyait que le prix définitif des actions serait égal au coût provisoire, fixé le jour de la signature, majoré ou diminué de la variation des capitaux propres de la société entre le 30 septembre 1989 et le 15 juillet 1990 ;

– une autre clause précisait que le prix définitivement fixé par les parties aurait entre elles l'effet donné aux transactions par les articles 2052 s. du Code civil ;

– il n'est pas établi que l'expert n'avait pas appliqué les directives convenues par les parties.

Cass. com. 5-4-2005 n° 579 F-D.

S'agissant d'une promesse de cession de la totalité des parts composant le capital social d'une société civile immobilière, une cour d'appel a pu déduire des éléments suivants que, les éléments de calcul du prix de cession des parts ayant été définis sans ambiguïté, ce prix ne dépendait pas de la seule volonté des cédants, qu'il était déterminable et la promesse valable :

– la promesse stipulait que la cession aurait lieu pour un prix global égal au montant de l'actif net comptable positif tel qu'il résulterait du bilan de la SCI arrêté à une certaine date, étant précisé que, pour la détermination du prix de cession, l'ensemble des valeurs d'actif « **immobilisations**

corporelles » serait évalué à une somme globale d'ores et déjà fixée forfaitairement et que le bilan arrêté à cette même date pour servir d'application à la garantie d'actif et de passif serait établi en prenant en compte les valeurs comptables à cette date pour l'ensemble des éléments y compris les « immobilisations corporelles » ; **37120 (suite)**

– l'élément essentiel de l'actif de la SCI était constitué de ces immobilisations, les autres postes du bilan n'étant pas significatifs dès lors que les cédants s'étaient engagés à poursuivre la gestion de la SCI sans prendre d'engagements financiers ou faire d'investissements excédant le cadre de la gestion courante.

Cass. 3e civ. 11-5-2005 n° 548 FS-D : RJDA 3/06 n° 280.

L'acquéreur de la totalité des actions d'une SA soutenait que la clause fixant le prix de cession en fonction d'une **évaluation de l'actif net** de la société **par l'expert-comptable et le commissaire aux comptes de la société émettrice** était nulle car elle constituait une condition dont la réalisation dépendait de la seule volonté de personnes qui n'étaient **pas indépendantes des parties.** Après avoir relevé que le prix était déterminé par l'acte de cession à 2 400 000 F (environ 366 000 €) comme résultant des comptes sociaux établis par un expert-comptable et certifiés par un commissaire aux comptes, dont il n'était pas soutenu qu'ils aient manqué à leurs obligations professionnelles, une cour d'appel a exactement retenu que le prix des actions n'était assorti d'aucune condition dont la réalisation dépendait de la seule volonté du débiteur puisque sa détermination dépendait des travaux des personnes précitées, tiers à l'acte de cession.

Cass. com. 14-6-2005 n° 907 F-D.

Une promesse de rachat d'actions prévoyait que, « dans l'hypothèse où le résultat d'exploitation tel qu'il résultera des comptes approuvés des quatre exercices annuels précédant celui où l'option sera levée aurait progressé de plus de 20 % en moyenne », le prix de cession par titre sera calculé sur la base de « 8 fois le **résultat d'exploitation** moyen annuel de deux exercices, à savoir l'exercice précédant l'**exercice au cours duquel l'option aura été levée** et l'exercice au cours duquel l'option aura été levée (le « résultat d'exploitation moyen de base »), ce montant étant divisé par le nombre des titres composant le capital de la société au moment de la cession des titres ».

Il résulte de cette clause, particulièrement claire et insusceptible d'interprétation, que les parties ont décidé de prendre en compte les résultats de l'année n (année de levée de l'option) et ceux de l'année n – 1 et que le prix qui prend en compte un **bilan non encore établi** est certes inconnu mais aucunement indéterminé puisque ses éléments constitutifs ont été définis ; à cet égard, il est indifférent que d'autres stipulations de la convention, non applicables à l'espèce, se fondent sur des exercices arrêtés et non en cours et que la levée d'option devait être exercée au cours du premier trimestre de chaque année aux termes de la convention.

CA Paris 18-6-2009 n° 08-12008, ch. 5-9 : RJDA 10/09 n° 852.

Est nul pour indétermination du prix l'acte portant cession de 50 % du capital social d'une société civile immobilière et prévoyant que le prix de cession serait fixé par rapport au capital et au report des bénéfices dès lors que l'acte ne précise pas quel est l'exercice dont les **comptes sociaux** sont **à prendre en considération,** ceux de l'exercice en cours à la date de la cession n'étant pas encore arrêtés, et que le report de bénéfices relève d'une décision future de l'assemblée générale.

CA Douai 25-5-2010 n° 09/04352, ch. 1 sect. 1 et, sur pourvoi, Cass. 3e civ. 21-6-2011 n° 10-21.964 F-D.

Dans le cadre de négociations engagées en vue de la reprise du capital d'une société, le candidat repreneur avait adressé une lettre d'intention d'acquérir aux associés qui l'avaient signée, avant de vendre leur participation à une autre personne.

Le candidat repreneur ne peut pas reprocher à une cour d'appel d'avoir jugé que cette lettre constituait un simple accord de principe, de sorte qu'il n'était pas devenu propriétaire des parts sociales litigieuses. En effet, cette lettre indiquait : « Nous vous proposons que le prix de cession définitif soit déterminé (...) sur la base d'une **situation comptable** en forme de bilan qui serait **établie de manière contradictoire,** à la date du 30 septembre 2008, destinée notamment à déterminer le passif envers les tiers » et le montant du **passif** était **inconnu** au jour de la lettre d'intention. Il en résultait que la fixation du prix des parts sociales impliquait un nouvel accord de volonté des parties. Ce prix n'était ni déterminé ni déterminable suivant les seules stipulations de la lettre.

Cass. com. 6-11-2012 n° 11-26.582 F-D : RJDA 3/13 n° 240.

Pour une lettre d'intention qui, pour fixer le prix d'acquisition de parts sociales, renvoyait à des **éléments comptables sans** indication de la **date de référence,** voir Cass. com. 25-9-2012 n° 11-23.319 F-D : n° 12124.

La cession de l'intégralité des actions d'une société avait été consentie au prix de **10 € l'action à la condition que** le **total** des **dettes sociales** qui figurerait dans un bilan arrêté à la date de la cession **ne dépasse pas un montant** fixé par rapport à un bilan antérieur de référence. Poursuivi en paiement du prix, l'acquéreur avait soutenu que celui-ci était indéterminable et la cession

nulle dès lors que les dettes inscrites au bilan consolidé excédaient le seuil convenu et que l'acte de cession ne comportait aucune méthode de fixation du prix dans cette hypothèse.
Il n'y a pas lieu d'annuler la cession pour indétermination du prix. En effet, l'**omission d'une méthode de détermination du prix en cas de dépassement du seuil** ne peut entraîner la nullité de la cession que si ce dépassement est démontré. Or, tel n'est pas le cas. L'augmentation invoquée par l'acquéreur entre le bilan de référence et le bilan consolidé, établis à deux mois d'écart, résulte à la fois :
– d'un changement de méthode de la comptabilisation des acomptes clients ; ce changement était connu de l'acquéreur qui ne l'a pas contesté et il n'est pas établi qu'il est contraire aux règles comptables en vigueur ; le grand livre des tiers figurant dans le bilan de référence présente un solde correspondant exactement à la différence entre le total du compte clients figurant à l'actif du bilan consolidé et le montant des acomptes figurant au passif du même bilan ; le changement comptable n'a donc pas modifié le solde et n'a eu aucun effet économique ;
– d'un retard d'encaissement d'un crédit de TVA par rapport aux prévisions du bilan de référence, ainsi que des effets de la hausse au dernier trimestre de l'année des encours de production de machines livrables en début d'année suivante ; cette hausse a entraîné une augmentation du compte fournisseur au passif mais en contrepartie une hausse des stocks et des clients à l'actif ; ces éléments ne caractérisent donc pas une réelle augmentation du passif par rapport aux prévisions du bilan de référence.

CA Paris 25-3-2014 n° 12/19426, ch. 5-8 : RJDA 10/14 n° 770 som.

Est valable la clause d'une promesse de cession d'actions stipulant que le prix serait fonction du montant des **capitaux propres** de la société sur la **base du dernier bilan** arrêté à la date de la levée d'option, ce qui conférait à ce prix un caractère déterminable.

Cass. com. 5-2-2015 n° 13-26.078 F-D : RJDA 5/15 n° 350.

PRIX TENANT COMPTE DE LA PRISE EN CHARGE DU PASSIF OU D'UNE DETTE

37130 **ILLUSTRATIONS**

La **cession** d'un fonds de commerce **moyennant** l'**acquittement du passif** et la prise en charge par l'acquéreur du **désintéressement d'un créancier** à hauteur de 50 000 F est parfaite, le prix ainsi stipulé devant être définitivement établi en dehors de tout accord nouveau.

Cass. req. 7-1-1925 : DH 1925 p. 57.

Est nulle pour indétermination du prix la **cession** de parts sociales consentie pour un prix égal à la valeur nominale des titres, avec réserve d'usufruit au cédant et **moyennant** en outre **le paiement,** après la mort du cédant, à sa veuve **de la moitié des appointements touchés par l'acquéreur en sa qualité de gérant de la société** dès lors que ce prix est composé d'une part fixe relativement peu importante mais essentiellement d'une somme dont la détermination dépend principalement de la volonté unilatérale de l'acquéreur qui, eu égard à sa qualité de gérant majoritaire, peut discrétionnairement réduire le montant de ses appointements ou même renoncer à ses fonctions et donc à son gré diminuer ou supprimer les mensualités revenant à la veuve.

Cass. com. 5-5-1959 n° 57-11.318 : Bull. civ. III n° 193.

Pour un cas où une cession d'actions avait été convenue pour un **prix** unitaire **provisoire** à déterminer définitivement lors de l'établissement du bilan de la société, **outre** la prise en charge par l'acquéreur du **passif social,** voir Cass. com. 13-1-1971 n° 69-12.174 : n° 37120.

Le **prix** de cession des actions d'une SA est déterminé dès lors qu'il est fixé à une somme déterminée qui **comprend** forfaitairement à la fois la valeur des actions et le **montant,** à une date donnée, du **compte créditeur du cédant** et que, s'agissant d'un forfait, le prix est définitif et ne peut plus être modifié en plus ou en moins en considération du solde positif ou négatif du compte courant.

Cass. com. 12-4-1976 n° 74-15.159 : Bull. civ. IV n° 121.

Dans un cas où l'**acquéreur** des parts **d'une SARL en règlement judiciaire** s'était engagé notamment à **prendre en charge les dettes de la société à l'égard du Trésor public et des créanciers privilégiés,** jugé que ce prix était déterminable dès lors qu'il résultait des éléments suivants que le passif visé était celui qui serait fixé à l'issue de la vérification des créances, c'est-à-dire en fonction d'éléments indépendants de la volonté des parties :
– l'état des créances avait été déposé quelques jours avant la cession et l'acquéreur pouvait en prendre connaissance ;
– ce dernier avait déclaré dans l'acte de cession être parfaitement au courant de la situation précaire de la société ;
– l'acte de cession prévoyait que toutes les indications concernant le passif privilégié seraient fournies par le syndic à l'acquéreur.

Cass. com. 7-12-1976 n° 75-12.464 : Bull. civ. IV n° 311.

Sur la prise en charge par l'acquéreur du **passif figurant dans une comptabilité qui n'était ni sincère** ni probante, voir CA Paris 8-1-1979, 13e ch. A : n° 37120.

Est nulle pour indétermination du prix la cession de parts sociales mettant à la charge de l'acquéreur l'obligation de reprendre la créance du cédant afférente à son **compte courant d'associé** dès lors que le cédant pouvait faire varier comme il lui plaisait les sommes figurant sur ce compte.

Cass. com. 1-3-1982 : Bull. Joly 1982 p. 386.

Sur la prise en charge par l'acquéreur du **passif d'une société faisant l'objet d'une procédure collective,** voir Cass. com. 11-2-1992 n° 302 P : n° 12325.

Il y a lieu de rejeter la demande en annulation de la cession des parts d'une SARL et d'une SCI pour indétermination du prix dès lors que les éléments de calcul de celui-ci avaient été définis sans ambiguïté dans l'acte de cession : le **prix** était mentionné comme **devant résulter de la différence entre la valeur des actifs** de chaque société arrêtée à une somme d'ores et déjà fixée forfaitairement **et le montant du passif** tel qu'il figurera au bilan de chacune des sociétés établi à une date donnée, les éléments à prendre en compte pour le calcul de ce passif étant précisés.

Cass. com. 23-3-1999 n° 665 D.

La totalité des actions d'une SA avait été cédée pour **1 F** symbolique, avec prise en charge par l'acquéreur du **passif social.** Le cédant, qui avait semble-t-il trouvé une meilleure offre de reprise ailleurs, avait demandé l'annulation de la cession en raison de l'absence de détermination du passif social et donc du prix de cession. Pour rejeter cette demande, la cour d'appel avait relevé qu'était joint à l'acte de cession un état des endettements de la société datant de quatre mois mais dont il n'était pas établi qu'il ait enregistré postérieurement des fluctuations telles que le montant s'en soit trouvé modifié substantiellement.

Cassation de cette décision au motif que la date de reprise du passif était fixée au jour de l'acte de cession et que la « prise de possession réelle » ne deviendrait effective qu'après cette date, ce dont il résultait que son montant n'était, au jour de l'acte, ni déterminé ni déterminable par voie de relation avec des éléments ne dépendant pas de la volonté de l'une des parties.

Cass. com. 13-2-2001 n° 287 F-D : Bull. Joly 2001 p. 426 n° 105 note A. Couret.

PRIX TENANT COMPTE DES RÉSULTATS À VENIR (CLAUSE D'EARN OUT)

ILLUSTRATIONS **37140**

La quasi-totalité (99,4 %) des actions d'une société ayant pour objet la construction d'un ensemble immobilier avait été cédée **moyennant** le paiement de 19 900 000 F (environ 3 033 000 €) au comptant et « d'une **somme supplémentaire** actuellement indéterminée » dont le mode de calcul, **à partir du prix de revient de l'immeuble et des loyers qu'il rapporterait,** était précisé par le contrat et qui devait être versée **pendant dix ans** à compter de l'achèvement de l'immeuble. Par ailleurs, l'acquéreur prenait en charge le passif social de 21 400 000 F (environ 3 262 000 €) alors que le cédant s'engageait à le garantir contre tout passif dont le montant n'aurait pas figuré au bilan.

Cette « somme supplémentaire actuellement indéterminée » constitue bien une partie du prix de cession et non une prime de rentabilité indépendante et aléatoire, soustraite aux exigences de l'article 1591 du Code civil, dès lors que :

– la cession n'est nullement un contrat aléatoire dans l'intention commune des parties ; elle a pour objet la cession des actions moyennant le paiement d'un prix ; elle est complexe en raison du soin minutieux avec lequel est réglé le calcul de la partie du prix non payé au comptant ; ces précautions ayant précisément pour objet d'écarter autant que possible l'aléa quant à l'évaluation du complément de prix ;

– il est impensable que le cédant, qui a lui-même acquis les titres pour 47 200 000 F (environ 7 195 000 €) et a engagé des frais importants, ne les revende ensuite que 19 900 000 F si le complément de prix avait dû avoir un caractère aléatoire, même compte tenu de la prise en charge du passif par l'acquéreur ;

– il résulte des documents versés aux débats que cette somme, loin d'être regardée comme aléatoire, a toujours été évaluée à un chiffre certes variable, mais toujours considérable (entre 30 et 50 millions de francs) ;

– la clause de l'acte de cession relative à l'enregistrement, mentionnant un « prix total de cession » de 41 250 000 F (environ 6 288 000 €), précise que ce montant ne concerne que l'assiette des droits d'enregistrement et que les droits afférents à la « somme indéterminée représentant un complément de prix » sont évalués séparément.

La cession doit être annulée dès lors que ce complément de prix, « fonction de l'excédent des loyers bruts encaissés pendant dix ans à compter de la terminaison de l'immeuble, par la location de l'immeuble au-delà d'un loyer de base », ne pouvait pas être déterminé indépendamment du jeu de la volonté de l'acquéreur qui pouvait agir, postérieurement à la cession, sur la surface louée et les conditions de location.

En effet, en ce qui concerne la surface des locaux, l'acquéreur s'était engagé à utiliser au maximum les possibilités du permis de construire, initialement déposé par le cédant pour une surface de 54 000 m², mais il n'avait fait construire, sur la base d'autres plans, que 49 600 m², sans que

37140 (suite) l'expert, ultérieurement désigné, établisse que l'acquéreur avait pour autant manqué à son obligation d'utilisation maximum du permis de construire, ce qui laissait apparaître que ce critère était susceptible d'une interprétation subjective et ne faisait pas échapper la détermination de la surface à construire à la volonté de l'acquéreur.

S'agissant des loyers, l'acquéreur s'était engagé à communiquer au cédant tout projet de bail, celui-ci conservant la possibilité de proposer un autre locataire auquel la préférence devait être donnée s'il proposait un loyer supérieur d'au moins 5 % à celui envisagé et s'il était d'une solvabilité indéniable. Cette possibilité d'intervention du cédant était certes susceptible de diminuer la liberté d'action de l'acquéreur, mais ne la supprimait pas complètement puisque, seul juge de la solvabilité du locataire et continuant à fixer les conditions du contrat de bail, l'acquéreur pouvait évincer les candidats ainsi proposés et décider en dernier ressort du montant du loyer.

Enfin le loyer de base, intervenant dans le calcul du complément, était déterminé par référence au prix de revient de l'opération immobilière, qui incluait lui-même le montant des dépenses nécessaires pour la construction dont l'acquéreur avait la maîtrise.

CA Paris 22-11-1972 : D. 1974 p. 93 note Ph. Malaurie et, sur pourvoi, Cass. 1e civ. 12-11-1974 n° 73-10.850 : Bull. civ. I n° 301.

Outre le versement d'une somme de 450 000 F (environ 68 000 €), l'acte de cession d'actions réservait au cédant la **perception** pendant douze ans d'un **pourcentage sur le chiffre d'affaires** de la société et sur les opérations réalisées par celle-ci sur les locaux d'un centre commercial et prévoyait qu'à l'expiration de cette période, ces pourcentages seraient perçus pendant trente ans par le cédant à titre de **complément de prix** des actions.

L'obligation souscrite par l'acquéreur n'était pas soumise à une condition dont la réalisation dépendait de sa seule volonté dès lors que le prix était pour partie dépendant du chiffre d'affaires réalisé et de certains loyers perçus par la société dont l'activité et l'intérêt étaient distincts de ceux de la personne physique débitrice de l'obligation.

Cass. com. 15-6-1982 : JCP G 1984 II n° 20141 note D. Grillet-Ponton.

La cession des éléments transmissibles d'un cabinet d'expertise automobile avait été convenue au prix fixé pour la perception des droits d'enregistrement à la somme de 227 500 F (environ 34 000 €), le **prix** étant **payable en huit ans au moyen de mensualités d'une valeur égale chacune à 10 % du chiffre d'affaires** tel qu'arrêté le dernier jour de chaque mois, chaque annuité ne pouvant être inférieure à 28 437 F (environ 4 300 €).

Saisis par le cédant qui soutenait que le prix, inhérent au chiffre d'affaires réalisé et donc aux modalités d'exploitation du cabinet, dépendrait de la seule volonté de l'acquéreur et qu'en conséquence, la convention contrevenait aux dispositions de l'article 1591 du Code civil, les juges du fond ont au contraire, par une appréciation souveraine de la commune intention des parties, estimé que le prix était déterminé par la redevance minimale de 227 500 F dans le cadre d'un paiement au comptant et que, pour le surplus, le prix ne dépendait que de l'aléa de l'activité du cabinet prévu et accepté par les parties dans l'intérêt de l'acquéreur, s'il ne payait pas au comptant.

Cass. 1e civ. 28-6-1988 n° 86-12.812 : Bull. civ. I n° 212.

Est valable la cession d'actions prévoyant un **prix** unitaire de 100 F **auquel doit s'ajouter** la **somme** de 58 F **payable** soit à la clôture des comptes de l'exercice suivant la cession **si l'exploitation est équilibrée** soit, dans la négative, à la clôture de l'exercice qui permet de constater le retour à l'équilibre.

En effet, le complément de prix est défini sans aucune marge d'appréciation dans sa consistance et la réalisation de la condition mise à son versement ne dépend pas de la seule volonté de l'acquéreur, et ne tombe donc pas sous le coup de la nullité de l'article 1174 du Code civil (devenu art. 1304-2). En effet, si la preuve du retour à l'équilibre d'exploitation suppose une expertise comptable, longue et coûteuse, à chaque exercice, ce retour est néanmoins susceptible de se réaliser à raison de données objectives s'imposant à l'acquéreur.

CA Paris 8-6-1990, 5e ch. C : Navis Droit des affaires, jurisprudence.

Les actionnaires d'une société avaient consenti une promesse de cession de la totalité des actions de celle-ci, au profit d'une autre société selon les modalités suivantes, contenues dans un protocole signé par les parties : la cession devait être exercée en deux temps ; dans un délai de cinq ans, cession des actions du président-directeur général à hauteur de 34 % du capital puis, dans un délai de cinq ans supplémentaire, cession du solde des actions de celui-ci et de celles des autres actionnaires. Cette opération s'inscrivait dans le cadre plus large d'un crédit consenti au président-directeur général et garanti par une des sociétés du groupe de la société bénéficiaire de la promesse. Le protocole prévoyait en outre qu'il entrerait en vigueur au jour où le montant du prêt serait mis à la disposition du président-directeur général et que la société bénéficiaire de la promesse pourrait lever l'option en une seule fois à tout moment pendant la période de six mois suivant l'approbation des comptes du cinquième exercice clos.

N'est pas indéterminé ni indéterminable le prix de cession des actions calculé par application de la formule figurant dans l'annexe du protocole, qui indique que la valeur de la société, et par conséquent son prix, à une date donnée, sera égale à la **moyenne du résultat de chacun des deux derniers exercices clos** avant cette date multipliée par 15, le résultat étant convenu égal à la moitié de la somme correspondant à 3 % du chiffre d'affaires après déduction de la participation des salariés et du montant de l'impôt sur les sociétés, étant précisé qu'en cas de désaccord sur l'application de la **formule** ainsi arrêtée, un tiers expert trancherait, en tant qu'arbitre (désormais tiers estimateur), selon l'article 1592 du Code civil, ses décisions étant définitives sauf erreur manifeste ; en effet, le calcul du prix, qui devait se faire selon les modalités précitées, sur les deux derniers exercices clos précédant l'expiration du délai de cinq ans convenu pour chacune des deux promesses, constitue un mode tout à fait objectif de fixation du prix qui n'encourt aucune nullité.

CA Versailles 27-6-2003 n° 01-234, 3e ch. : RJDA 1/04 n° 52.

CLAUSE DE RÉVISION DU PRIX

ILLUSTRATIONS

37150

Une promesse de cession d'actions prévoyait que le **prix** de 650 000 F (environ 99 000 €) serait augmenté de certaines sommes (les dépôts et fonds de garantie, les stocks et travaux en cours, les créances ou avances figurant à l'actif du bilan, les crédits d'impôts et les avoirs en banque) et diminué d'autres sommes (celles dues aux fournisseurs, les découverts bancaires, les impôts latents et les comptes courants d'actionnaires), **sur la base d'une situation comptable établie par le comptable de la société à la date de la cession et contrôlée par un expert-comptable désigné par l'acquéreur ou, en cas de désaccord entre les parties, fixée par un troisième expert.** Par ailleurs, la promesse laissait à l'acquéreur trois mois pour lever l'option et le libre accès à l'entreprise pendant cette période.

Jugé que ce processus complexe et singulier imaginé par les parties ne pouvait pas être considéré comme permettant d'aboutir à la détermination d'un prix répondant aux prescriptions légales et ne nécessitant pas un accord ultérieur de leur part dès lors que :

– les éléments retenus pour le calcul des majorations et des minorations, qui pouvaient faire l'objet de contestations, étaient susceptibles, pendant la période de trois mois, de subir l'influence de la volonté de l'une ou l'autre des parties, le cédant reprochant d'ailleurs à l'acquéreur son attitude ambiguë au sein de l'entreprise visant à l'affaiblir et à l'acheter à des conditions plus favorables ;

– en cas de désaccord entre les parties sur les évaluations faites par leurs experts-comptables respectifs, la convention ne prévoyait pas le mode de désignation du troisième expert dont la décision devait être définitive.

CA Paris 23-5-1986, 15e ch. B : Bull. Joly 1986 p. 948.

Dans un cas où le prix d'une cession de parts sociales a été déterminé sur la base du bilan arrêté au 30 juin 1986 et où l'acte de cession prévoyait une clause de révision aux termes de laquelle le **prix** devait être **proportionnellement réduit si le bilan** au 31 janvier 1987 faisait apparaître une **perte ou un bénéfice supérieur à 60 000 F** (environ 9 100 €), **et renégocié** entre les parties **si le** même **bilan faisait apparaître une perte ou un bénéfice supérieur à 150 000 F** (environ 23 000 €), c'est à tort qu'une cour d'appel a estimé que cette clause rendait le prix indéterminable de façon objective lors de la conclusion de la cession, sans rechercher si le bilan au 31 janvier 1987 était tel qu'il aurait rendu nécessaire une renégociation du prix alors que, excepté en cas de perte ou de bénéfice à cette date supérieur à 150 000 F, le prix était déterminé ou déterminable.

Cass. com. 5-12-2000 n° 2052 F-D : RJDA 3/01 n° 324.

La cession de la totalité des parts d'une SARL avait été convenue, le 26 janvier 1994, moyennant un prix déterminé sur la base d'un bilan arrêté au 31 décembre 1992, une clause de **révision** étant prévue en fonction des résultats d'un bilan à établir au plus tard au 31 janvier 1994 « **selon les méthodes de comptabilisation habituelles** ». Celui-ci ayant révélé une surévaluation des stocks et de ce fait un actif net négatif, le prix s'était trouvé réduit à 1 F. Le cédant avait alors demandé l'annulation de la cession pour indétermination du prix en soutenant que la mise en œuvre de la clause de révision dépendait du montant réel de l'actif net de la société tel que déterminé par l'acquéreur par application d'une méthode comptable différente.

Cette demande a été rejetée aux motifs que les clauses de l'acte de cession fixaient clairement les obligations de l'acquéreur quant au montant du prix qui, bien que subordonné à l'établissement d'un **bilan rectificatif,** lequel devait être établi en adoptant les méthodes de comptabilisation habituelles et ne concernant que la période de gestion de la société par le cédant, ne dépendait pas de la volonté de l'une des parties, l'acquéreur se réservant seulement le contrôle de ce bilan, mais d'une constatation purement comptable par un professionnel.

Cass. com. 16-1-2001 n° 58 F-D : Bull. Joly 2001 p. 391, note A. Couret.

Sur le caractère déterminable du prix de cession notifié à l'occasion de l'exercice d'un droit de préemption, voir CA Paris 1-7-2008 n° 07-12166, 3e ch. A : n° 5810.

Une promesse de cession d'actions d'une SAS prévoyait une réduction de prix de 40 000 € si le chiffre d'affaires consolidé de la SAS et de ses filiales n'atteignait pas un certain seuil à certaines dates.
Le cédant ne peut utilement soutenir que cette **clause** est nulle car soumise à une **condition dont la réalisation dépendait de la seule volonté de l'acquéreur.** En effet, l'article 1174 du Code civil (devenu art. 1304-2) ne prévoit la nullité que de l'obligation contractée sous une condition dont la réalisation dépend de la seule volonté de celui qui s'oblige ; or aux termes du protocole d'accord, c'était le cédant qui s'obligeait à consentir une réduction du prix ; en se bornant à prétendre que la réalisation des chiffres d'affaires prévus aurait dépendu de la seule volonté de l'acquéreur des titres, lequel n'était pas celui qui s'oblige à la réduction du prix, le cédant ne rapportait pas la preuve de l'existence d'une condition de nature à rendre nulle la clause invoquée.

CA Paris 17-2-2011 n° 09/20618, ch. 5-9 : RJDA 8-9/11 n° 707.

Ndlr : Le pourvoi formé contre cette décision par l'acquéreur, qui contestait seulement les conditions de mise en œuvre de la clause, a été rejeté (Cass. com. 3-4-2012 n° 11-16.154 F-D) sans que celui-ci soutienne devant la Cour de cassation que la clause était subordonnée à une condition dont la réalisation dépendait de la seule volonté du cédant.

AUTRES ÉLÉMENTS DE RÉFÉRENCE POUR FIXER LE PRIX

37160 **ILLUSTRATIONS**

Est valable la **vente** d'un immeuble consentie **moyennant** diverses obligations à la charge de l'acquéreur dont celle de verser au vendeur, au cas où celui-ci viendrait à perdre ses revenus, une **pension** lui **permettant de vivre décemment,** cette clause laissant au juge la possibilité de déterminer le prix de la vente par voie de relation avec des éléments ne dépendant pas de la volonté des parties.

Cass. 3e civ. 5-1-1972 n° 70-13.759 : Bull. civ. III n° 4.

Ayant constaté que le prix de cession de l'intégralité des titres d'une société avait été, d'un commun accord, fixé à 9 000 000 F (1 372 000 €) payables en dix annuités, une cour d'appel a pu décider que l'imprécision de la clause accessoire qui prévoyait l'**indexation** de ce prix **sur la base de trois indices sans indiquer les modalités de combinaison de ceux-ci,** même si elle était sujette à interprétation, n'entraînait néanmoins qu'une difficulté d'exécution pour l'avenir et ne conférait pas au prix convenu un caractère indéterminé affectant la validité du contrat.

Cass. 3e civ. 16-7-1974 n° 73-11.275 : D. 1974 p. 681 note Ph. Malaurie.

La cession de parts sociales moyennant le paiement au comptant d'une somme donnée et le versement d'une **rente viagère** annuelle **indexée sur les variations du chiffre d'affaires de la société** est valable dès lors que le chiffre d'affaires retenu comme indice n'était pas susceptible de varier d'après la seule volonté de l'une des parties, bien que l'époux de l'acquéreur ait été gérant de la société, la prospérité d'une entreprise ne dépendant pas uniquement de l'intention et de la diligence de celui qui l'anime mais aussi d'événements extérieurs liés à la conjoncture économique.

CA Paris 28-1-1982 : Navis Droit des affaires, jurisprudence.

La cession de la quasi-totalité des actions d'une SA et du compte courant d'associé du cédant avait été convenue pour un prix de 300 000 F (environ 46 000 €), pouvant être réduit à 220 000 F (environ 33 000 €) si la responsabilité de la société était recherchée pour des dettes ayant leur origine pendant la gestion du cédant, le **prix** devant être **payé,** d'une part, **par** le **salaire** versé par la société en rémunération de services que le cédant se réservait de rendre et, d'autre part, **par** la **remise au cédant de titres de participation** dans telle ou telle opération de son choix réalisée par la société.
Le cédant avait demandé l'annulation de la cession estimant que le prix était indéterminé, la partie « salaire » dépendant selon lui d'une décision prise par l'assemblée générale de la société. Cette demande a été rejetée. En effet, le prix était déterminé par l'acte de cession même au regard d'éléments qui ne dépendaient pas de la seule volonté de l'une ou l'autre des parties et quelle qu'ait été la nature des modalités de paiement laissées, quant au détail de leur réalisation, au choix du cédant lui-même.

Cass. com. 11-2-1986 : Bull. Joly 1986 p. 219.

Est nulle la promesse de cession des actions d'une société de transport prévoyant une fixation du prix en fonction notamment de la **valeur vénale des licences de transport** détenues par celle-ci dès lors que le prix des licences n'est pas fixé officiellement, ne fait pas l'objet de mercuriales ni même de barèmes d'évaluation du type argus et s'établit selon la loi de l'offre et de la demande sur laquelle vient de surcroît se greffer l'incidence des délivrances gratuites par l'État des autorisations de transport, dans une fourchette plus ou moins large, de sorte que cette valeur n'est pas précisément déterminable sans discussion ultérieure et nouvel accord des parties.

Cass. com. 10-12-1991 n° 1600 D : RJDA 2/92 n° 162.

Un employé d'une **société d'agents de change,** qui s'était engagé, au cas où il quitterait celle-ci, à rétrocéder les actions qu'il détenait au prix de la « fourchette haute au 31 décembre de l'année précédant la cession », ne peut pas demander l'annulation, faute de prix déterminable, de la cession survenue deux ans plus tard dès lors que : **37160** (suite)

– « le **prix de la fourchette haute** » était **calculé par la chambre syndicale** des agents de change pour toutes les charges exploitées par des SA ou SCA en prenant en compte les éléments du bilan de la société, la valeur du fonds de commerce, la moyenne du chiffre d'affaires et des bénéfices sur cinq ans ; il s'agit d'une méthode classique d'évaluation du prix de cession en fonction de la valeur de l'entreprise se référant à la fois à des valeurs patrimoniales et à des critères de rentabilité rapportés à plusieurs exercices ; cette méthode est objective car elle implique la prise en compte des résultats des exercices sociaux constatés dans des documents comptables et insusceptibles d'être modifiés et le calcul effectué par la chambre syndicale, qui n'a pas pour objet de fixer le prix en dehors de toute convention des parties, mais de mettre en œuvre une méthode d'évaluation convenue entre elles, garantit l'impartialité de la méthode ;

– en signant l'accord de rétrocession, l'intéressé, employé depuis deux ans dans la société, n'a pas pu se méprendre sur le sens de ce mécanisme de détermination du prix ni sur ses modalités d'application ; en outre, la période de référence pour le calcul étant antérieure à la date de la cession, il lui était loisible de déterminer le prix en examinant les documents comptables de la société ;

– enfin l'intéressé n'établissait pas que le prix retenu par la société ne se situait pas dans la « fourchette haute ».

CA Paris 11-2-1992, 1e ch. A : Bull. Joly 1992 p. 421.

Une cour d'appel avait refusé d'annuler, pour indétermination du prix, une promesse de ventes échelonnées d'actions et les cessions déjà réalisées en exécution de celle-ci en relevant que si la **promesse ne portait pas d'indication du prix de cession,** celui-ci était déterminable au regard de l'**offre de cession** formulée précédemment et à laquelle se rattachait directement la promesse. Cette décision a été censurée au motif que cette offre se bornait à rappeler que, selon le dernier bilan social, une **action** était **estimée à un certain montant « environ »** et que l'auteur de l'offre était décidé dans un premier temps à céder le nombre d'actions nécessaire à l'extinction d'une certaine dette contractée à l'égard de l'acquéreur sans qu'il soit précisé que la valeur approximative de l'action énoncée correspondait au prix proposé pour la cession, ni de méthode permettant de fixer le prix pour des cessions devant intervenir dans un futur indéterminé sur plusieurs années et laissé à la libre appréciation de l'acquéreur.

Cass. com. 9-6-2004 n° 931 F-D : RJDA 12/04 n° 1306.

Un pacte de préférence, conclu entre les actionnaires d'une société exploitant un hypermarché à l'enseigne Leclerc, comportait une promesse de vente d'actions souscrite par l'actionnaire majoritaire au profit des minoritaires (dont la centrale régionale d'achats du « groupe » Leclerc) aux termes de laquelle l'**expert chargé de fixer** le prix, en l'absence d'accord des parties, devait **faire application des « règles posées par le mouvement Leclerc » pour évaluer** le fonds de commerce, le droit au bail et les autres éléments corporels de la société. L'actionnaire majoritaire ayant décidé de vendre ses actions à un tiers appartenant à un réseau de distribution concurrent, la centrale d'achats avait levé l'option ; l'actionnaire majoritaire avait alors contesté la validité de la promesse de vente.

Il y a lieu de considérer que cette promesse est nulle pour indétermination du prix.

En effet, d'une part, la seule référence aux règles Leclerc était dépourvue de précision suffisante et ne garantissait pas que le **prix** serait **estimé en fonction d'éléments extérieurs à la volonté de l'acquéreur** dès lors que :

– ni la promesse de cession, ni aucun document existant à la date de la promesse ne précisait la consistance des règles fixées en matière d'évaluation du fonds de commerce ou de droits sociaux ;

– il était impossible de dégager une règle précise d'évaluation d'un tableau établi par les entreprises Leclerc et répertoriant toutes les cessions dès lors que n'y étaient mentionnés ni la surface des magasins concernés, ni leurs chiffres d'affaires, ni leurs résultats annuels, ni le prix des titres cédés ;

– les « règles en usage au sein du mouvement Leclerc », qui n'étaient pas recensées et recueillies de manière complète et objective, ne pouvaient être connues qu'à travers les pratiques des adhérents du mouvement et ceux-ci risquaient d'influencer la détermination du prix dans un sens favorable à la centrale d'achats.

D'autre part, l'**expert** chargé de fixer le prix en application de l'article 1592 du Code civil a été, dès l'origine, **empêché d'accomplir sa mission** en raison des procédés illégitimes généralement employés par la centrale d'achats et par les coopératives d'approvisionnement du mouvement : la référence aux règles du mouvement Leclerc ne laissait pas à l'expert la liberté de fixer la valeur des titres en fonction de l'évolution des résultats et de la valeur réelle de l'entreprise au moment de chaque transaction ; cette référence supposait en effet que l'expert prenne en considération les prix de cession pratiqués à l'occasion d'exclusion d'adhérents n'ayant pas respecté leur engagement de fidélité ; or ces prix avaient été minorés du fait de l'application de pénalités consistant

37160 (suite) en la rétention des ristournes, pratique que les tribunaux avaient à plusieurs reprises condamnée ; cette forme de pénalité avait nécessairement pour effet de fausser substantiellement les données de référence devant servir de base à l'estimation et interdisait à l'expert de les reconstituer dans la mesure où les contentieux afférents à ces pénalités s'étalaient dans le temps et portaient sur un grand nombre de magasins situés sur tout le territoire.

CA Nancy 20-10-2004 n° 98-3311, 2e ch. com. : RJDA 10/05 n° 1115 et, sur pourvoi, Cass. com. 19-12-2006 n° 05-10.199 F-D.

Ndlr : La décision de la cour d'appel de Nancy, qui a rendu le même jour et dans des termes quasi identiques deux autres arrêts concernant d'autres exploitants de centres Leclerc, apporte des précisions inédites.
En effet, si elle condamne en l'espèce la fixation du prix par référence aux « règles du mouvement », elle donne en négatif les critères auxquels celle-ci doit répondre pour être validée. Il est possible de demander à l'expert chargé de fixer le prix des titres qu'il tienne compte des usages habituellement suivis au sein du groupe ; mais, ces usages doivent être identifiés, connus des parties à la date de la promesse et suffisamment précis pour que l'expert puisse en dégager des règles d'estimation. Enfin, comme il est rappelé ci-dessus, l'élaboration de ces règles ne doit pas dépendre de la volonté de l'une des parties à la cession.

Dans un cas où une promesse de cession de leurs actions consentie par les actionnaires d'une société exploitant un hypermarché à l'enseigne Leclerc au profit des minoritaires (dont la centrale régionale d'achats du « groupe » Leclerc) précisait que l'expert chargé de fixer le prix, en l'absence d'accord des parties, devait faire application des **« règles posées par le mouvement Leclerc » pour évaluer** le fonds de commerce, le droit au bail et les autres éléments corporels de la société, a légalement justifié sa décision et décidé à bon droit que le prix de cession n'était pas déterminable la cour d'appel qui a relevé que la seule référence aux règles du mouvement Leclerc était dépourvue de précision suffisante et ne garantissait pas que le prix serait estimé en fonction d'éléments extérieurs à la volonté de l'acquéreur puisque ni la promesse ni aucun document existant au plus tard à la date de la promesse ne précisait la consistance de ces règles en matière d'évaluation de fonds de commerce ou plus généralement d'évaluation de droits sociaux, ce dont il résultait que le tiers chargé de fixer le prix de cession avait reçu mission de le faire par référence à des règles qui n'étaient pas déterminées.

Cass. com. 19-12-2006 n° 05-10.199 F-D : RJDA 4/07 n° 365.

Est nulle la promesse de cession de l'intégralité des parts d'une SARL qui, d'une part, prévoit que la cession interviendra pour un prix global de 2 500 000 F (environ 381 000 €), ce prix devant être déterminé en fonction de la situation comptable sociale telle qu'elle résulte du dernier bilan avec des corrections et selon des modalités définies et qui, d'autre part, précise que la situation comptable devra tenir compte « des événements importants et dettes nouvelles importantes portés à la connaissance des vendeurs » entre la date de signature et celle de la réitération du protocole d'accord, qu'elle devra « notamment tenir compte de la décision de justice qui doit être rendue dans l'affaire X » et qu'une provision de 50 000 F (environ 7 600 €) devra être inscrite au passif pour couvrir le risque lié à l'affaire Y.
En effet, le prix définitif des titres cédés n'étant ni déterminé ni déterminable à la date de la promesse dès lors que la **prise en considération** pour la fixation du prix définitif **« des événements importants et dettes nouvelles** importantes... », sans autre précision que la référence faite aux **litiges en cours** X et Y dont le caractère d'exemples est souligné par l'emploi du terme « notamment », renvoie nécessairement les parties, laissées dans l'incertitude du prix définitif, à une discussion ultérieure sur son montant exact.

CA Paris 29-10-2004 n° 02-21955, 25e ch. A : RJDA 2/05 n° 151 som. et, sur pourvoi, Cass. com. 23-5-2006 n° 669 F-D : RJDA 8-9/06 n° 914.

Alors qu'un **pacte d'actionnaires** prévoyait la cession des titres des « actionnaires salariés » en cas de perte de leur qualité de salarié aux signataires du pacte, l'un de ces actionnaires avait refusé de céder ses actions après son licenciement au motif que son engagement n'était pas valable et que le pacte était nul, notamment pour indétermination du prix.
Il n'y a pas lieu de constater la nullité du pacte d'actionnaires compte tenu des éléments suivants :
– le fait que la clause de sortie, dont les bénéficiaires sont déterminés, peu important que la proportion d'une éventuelle **répartition entre eux** ne soit pas précisée, prévoie plusieurs formules de détermination du prix des actions n'est pas en lui-même critiquable puisque ces formules correspondent à des situations de fait et de droit différentes ; de même la **référence aux bénéfices non distribués** dans la formule utilisée est valable, dès lors que la détermination de ces derniers se fonde sur des éléments indépendants de la volonté des parties au rachat d'actions, la distribution de bénéfices ou l'affectation de ceux-ci en réserve relevant de la décision non des dirigeants mais de l'assemblée générale des actionnaires ; quant à la condition relative au licenciement, s'il émane du dirigeant de la société, il ne demeure pas sans contrôle puisqu'il peut être contesté devant les juridictions compétentes, ce qui a été le cas en l'espèce, le licenciement ayant été reconnu comme opéré pour cause réelle et sérieuse ; la nullité tirée de l'existence d'une clause soumise à une condition dont la réalisation dépend de la seule volonté du débiteur de l'obligation n'est donc pas encourue ;

– tout associé est libre de s'engager, lorsqu'il acquiert ses titres, à ce que ses actions lui soient un jour rachetées à un prix déterminé ou déterminable ; la clause du pacte relative aux modalités de sortie n'est donc pas une clause d'exclusion contraire aux statuts, mais une promesse unilatérale de cession d'actions par laquelle les « actionnaires salariés » s'engageaient à céder leurs actions en cas de cessation de leurs fonctions, quelle qu'en soit la cause, au sein de la société ; il s'agit donc d'une promesse de vente conclue sous la condition suspensive de la **perte de la qualité de salarié.**

CA Paris 18-10-2005 n° 04-4322, 3e ch. A : RJDA 7/06 n° 791.

Pour une lettre d'intention qui, pour fixer le prix d'acquisition des parts d'une SCI, renvoyait au montant des **loyers,** de la dette financière et des **créances clients,** sans préciser la **date** à laquelle ces éléments devaient être pris en compte, voir Cass. com. 25-9-2012 n° 11-23.319 F-D : n° 12124.

Est déterminable le prix de cession des actions d'une SAS prévu par une promesse de vente dans les termes suivants :

« – le prix des actions sera égal à la **valeur de marché** des actions promises en tenant compte de la dette consolidée du groupe, étant précisé que ce prix ne prendra pas en compte la quote-part des capitaux propres de la société à laquelle les actions promises donnent droit, correspondant à l'augmentation de capital souscrite par le seul bénéficiaire » ;

– en cas de contestation de ce prix par le promettant, « les parties soumettront les points de désaccord à un expert indépendant qu'elles désigneront d'un commun accord » ;

– « l'expert agira comme mandataire commun des parties conformément à l'article 1592 du Code civil, appliquera les principes prévus par la promesse et remettra un rapport final précisant sa détermination du prix ».

La promesse prévoit en effet le recours à un tiers expert, chargé de déterminer la valeur de marché, c'est-à-dire, s'agissant d'une société dont les titres ne sont pas admis aux négociations sur un marché réglementé, le prix pouvant être obtenu en fonction de l'offre et de la demande, en tenant compte de certains éléments objectifs. Même s'il repose sur des critères pouvant varier et sur une méthode de détermination laissée à l'appréciation de l'expert, ce prix n'est pas laissé à l'initiative d'une partie.

CA Paris 27-10-2015 n° 14/14101 : RJDA 3/16 n° 199.

II. PRIX DE CESSION RÉEL ET SÉRIEUX

Le montant du prix de cession des droits sociaux est librement fixé par les parties mais doit-il être juste et correspondre exactement à la valeur des droits cédés ? Peut-on fixer un prix nettement surévalué (nos 37210 s.) ou sous-évalué (nos 37240 s.) ? Une cession à prix symbolique (cession à un euro) est-elle valable (nos 37280 s.) ? **37190**

A. Prix de cession excessif

INCIDENCE DU PRIX EXCESSIF SUR LA VALIDITÉ DE LA CESSION

La stipulation d'un prix supérieur à la valeur des titres ne peut en principe pas entraîner l'annulation de la cession ou la réduction du prix au profit de l'acquéreur. En l'état actuel de la jurisprudence et contrairement au prix dérisoire, le prix excessif est un prix réel, même s'il est exorbitant. **37210**

Pour les **contrats conclus avant le 1er octobre 2016** (sur cette date, voir n° 1050), le recours à l'ancien article 1131 du Code civil, qui privait d'effet tout contrat dénué de cause, n'était déjà pas nécessairement efficace (Cass. com. 19-7-1971 : Bull. civ. IV n° 217 ; Cass. com. 27-6-1995 n° 1357 D, analysés nos 37210 s.). Cette jurisprudence est, à notre avis, transposable à l'exigence de contrepartie ni illusoire ni dérisoire imposée par l'article 1169 du Code civil qui se substitue à la notion de cause pour les **contrats conclus à compter du 1er octobre 2016.**

La restitution d'une partie du prix ne peut pas non plus être réclamée sur le fondement de la répétition de l'indu ou de l'enrichissement sans cause (CA Paris 22-1-2013 n° 11/19753, ch. 5-8 : RJDA 7/13 n° 636).

En outre, d'autres éléments que la valeur des droits sociaux, comme l'existence de relations d'affaires entre les parties, peuvent justifier un prix de cession élevé (pour un cas où le prix de cession était justifié non seulement par la valeur des parts mais aussi par la renonciation du cédant à poursuivre une instance judiciaire contre l'acquéreur, voir Cass. com. 27-6-1995 n° 1357 D, ci-dessous).

Toutefois, l'absence de valeur des titres peut entraîner, sous des conditions strictes, l'annulation de la cession pour vice du consentement ou pour vice caché. Sur la réduction des actes excessifs passés par un majeur sous sauvegarde de justice, voir n° 26380.

ILLUSTRATIONS

L'acquéreur d'actions d'une société ayant fait l'objet d'une procédure collective après la cession doit être débouté de sa demande en nullité de la cession fondée sur l'absence de cause en invoquant la **faible valeur des titres par rapport au prix payé** dès lors qu'au jour de la cession litigieuse, qui comportait l'accord des parties sur la chose et sur le prix, il connaissait la situation de la société dont il achetait les actions car il était devenu administrateur de celle-ci bien avant la cession et avait eu toutes facilités et tout le temps nécessaire pour obtenir des renseignements précis sur le bilan contesté par le cédant mais approuvé par lui.

Cass. com. 19-7-1971 : Bull. civ. IV n° 217.

L'acquéreur des parts d'une société n'est pas fondé à demander l'annulation de la cession, notamment pour violation de l'ancien article 1131 du Code civil, en soutenant qu'une société en état de cessation des paiements présentant un déficit de 739 862 F (environ 112 700 €) ne peut voir ses parts évaluées à 730 000 F (environ 111 300 €) pour un capital de 50 000 F (environ 7 600 €). En effet, la somme versée a eu pour **contrepartie** non seulement la valeur des parts mais également l'**extinction de plusieurs instances** judiciaires engagées par le cédant contre l'acquéreur, en raison de litiges survenus entre les parties dans le cadre de leurs relations d'associés et rien n'établit que le passif de la société obérait la valeur des parts sociales au point de priver ce versement de **cause.**

Cass. com. 27-6-1995 n° 1357 D.

INCIDENCES FISCALES DU PRIX EXCESSIF

37215 Sur le plan fiscal, les **droits d'enregistrement** et la **plus-value** imposable sont calculés dans les conditions habituelles sur la base du prix stipulé, même si celui-ci présente un caractère excessif. Cela dit, si l'**acquéreur** est une **entreprise**, l'acceptation d'un prix exagéré peut être considérée comme un **acte anormal de gestion**. Cette situation se rencontre en général lorsque l'entreprise acquiert des titres appartenant à un dirigeant, un associé ou une entreprise liée et qu'elle ne justifie pas de son intérêt propre, notamment commercial, à réaliser une telle transaction. Il faut aussi savoir que, dans les groupes de sociétés, l'intérêt général du groupe ne peut en aucun cas justifier, à lui seul, la réalisation d'opérations pour un prix supérieur à la valeur vénale.

Lorsque l'existence d'un acte anormal de gestion est établie (voir n° 52245 pour des illustrations), l'administration n'est pas autorisée à rehausser directement le résultat déclaré par l'acquéreur au titre de l'exercice d'acquisition des titres, dès lors que ceux-ci ont été inscrits à l'actif pour le prix convenu et qu'aucune diminution de la valeur d'actif net ressortant du bilan à la clôture de l'exercice n'a été constatée. Mais elle peut refuser la déduction des **provisions pour dépréciation** des titres constituées par la suite, à concurrence de la fraction du prix excédant leur valeur réelle à la date de la transaction (CE 27-4-2001 n° 212680 : RJF 7/01 n° 905, concl. J. Courtial BDCF 7/01 n° 87). On notera toutefois que cette règle est dépourvue de portée pratique lorsque aucune déduction ne peut être opérée à raison de la dépréciation de titres de participation qui relèvent du régime d'exonération (CGI art. 219, I- a quinquies : voir n°s 52570 s.).

L'administration peut également remettre en cause le calcul des plus ou moins-values constatées sur les titres lors de leur **cession ultérieure** (voir à ce sujet n°s 52242 s.).

Il convient enfin de préciser que l'achat de titres par une société soumise à l'impôt sur les sociétés, pour un prix supérieur à leur valeur réelle, peut être considéré comme une **distribution de bénéfices** au profit du **vendeur.** Si ce dernier est une personne physique, il est alors imposable sur la différence entre le prix de vente et la valeur réelle des titres dans la catégorie des revenus mobiliers, sans abattement, en application de l'article 109, 1-1° du CGI (bénéfices qui ne sont pas demeurés investis dans l'entreprise) ou 109, 1-2° du CGI (sommes mises à la disposition d'un associé et non prélevées sur les bénéfices) (notamment CE 18-12-2002 n° 238602 : RJF 3/03 n° 343 ; CE 19-7-2011 n° 327762 : RJF 11/11 n° 1153) : dans ce cas, les sommes imposables sont retenues, pour le calcul de l'impôt sur le revenu et des prélèvements sociaux, pour 125 % de leur montant (CGI art. 158, 7-2°). Cette rectification est indépendante de tout rehaussement chez la société.

En pratique, la plupart des rehaussements sont effectués sur le fondement de l'article 111, c du CGI. Le Conseil d'État a ainsi jugé que la libéralité consentie au vendeur peut être qualifiée d'**avantage occulte** même si les écritures comptables permettent d'identifier l'objet de l'opération et son bénéficiaire. La preuve d'une distribution occulte doit être regardée comme apportée par l'administration lorsque est établie l'existence, d'une part, d'un **écart significatif entre le prix convenu et la valeur vénale** des titres cédés, d'autre part, d'une intention, pour la société, d'octroyer et, pour le cocontractant, de recevoir une **libéralité** du fait des conditions de la cession (CE 28-2-2001 n° 199295, sect. : RJF 5/01 n° 620 avec chronique J. Maïa p. 395, concl. G. Bachelier BDCF 5/01 n° 67 ; CE 23-7-2010 n° 308019, 308020, 308021 : RJF 11/10 n° 1024 ; CE 31-3-2010 n° 297307 : RJF 6/10 n° 591, jugeant non significatif un écart de 14,75 % entre le prix convenu et la valeur vénale). L'**absence de**

contrepartie ne révèle pas, par elle-même, que le cédant ait eu l'intention de recevoir une libéralité (CE 19-7-2011 n° 327762 : RJF 11/11 n° 1153). L'**intention libérale** est **présumée** en cas de liens familiaux entre le cédant et les associés de la société qui achète les titres (CE 23-7-2010 n° 308019, 308020 et 308021, précité) ou lorsque le cédant et le cessionnaire sont en relations d'intérêt et d'affaires (CE 16-10-2016 n° 329420 : RJF 1/14 n° 36, concl. D. Hedary BDCF 1/14 n° 7), mais pas si les titres sont cédés à des associés de la société cessionnaire, qui étaient salariés de la société dont les titres étaient cédés (CE 5-10-2016 n° 390700 et CE 5-10-2016 n° 390706 et 390707 : RJF 12/16 n° 1086, concl. M.-A. Nicolazo de Barmon (C 1086)).

B. Prix de cession insuffisant

Les possibilités pour le cédant de remettre en cause la cession s'il s'aperçoit qu'il a reçu un prix manifestement insuffisant par rapport à la valeur des droits sociaux sont limitées. En outre, même dans les hypothèses où cette remise en cause est admise, le pouvoir du **juge** se limite à une simple constatation de celle-ci (nos 37340 s.). 37240
Sur les effets d'une **sous-évaluation volontaire** du prix par les parties afin d'échapper à leurs obligations fiscales ou de consentir une libéralité, voir nos 38300 s.
Sur le cas particulier de la cession **pour un euro symbolique,** voir nos 37280 s.

1. CESSION LÉSIONNAIRE

La lésion ne vicie les conventions que dans certains **cas prévus par la loi** ou à l'égard de certaines personnes (C. civ. art. 1168 issu de ord. 2016-131 du 10-2-2016 ; ex-art. 1118) ; elle est notamment admise en matière de contrat d'exploitation de droits d'auteur (CPI art. L 131-5), de partage d'une indivision (C. civ. art. 889) ou encore de vente d'immeuble (C. civ. art. 1674). Aucune disposition en ce sens n'est prévue pour les cessions de droits sociaux. 37245
La Cour de cassation a jugé que l'article 1674 du Code civil qui permet au vendeur d'un immeuble d'obtenir l'annulation de la vente (dite rescision) lorsque le prix convenu est inférieur aux sept douzièmes de la valeur de l'immeuble ne peut pas être invoqué en cas de cession de droits sociaux car cette dernière revêt un **caractère mobilier** qui rend irrecevable l'action (Cass. 3e civ. 9-4-1970 : Rev. sociétés 1972 p. 268, note J.-P. Sortais ; CA Paris 11-10-1984, 15e ch. B : JCP G 1985 n° 20499, obs. Viandier), même en cas de cession de parts de société civile immobilière (Cass. 3e civ. 9-4-1970, précité).
Sur l'application de la lésion aux cessions de droits sociaux conclues avec un **mineur,** ou avec un **majeur sous sauvegarde** de justice, voir n° 26150 et nos 26370 s.

2. DÉSÉQUILIBRE SIGNIFICATIF DU PRIX DE CESSION

Dans les contrats d'adhésion conclus entre le 1er octobre 2016 et le 30 septembre 2018, la clause qui crée un déséquilibre significatif entre les droits et obligations des parties est réputée non écrite (C. civ. art. 1171, al. 1 issu de ord. 2016-131 du 10-2-2016). Dans les contrats d'adhésion conclus à compter du 1er octobre 2018, une telle clause est réputée non écrite seulement si elle est non négociable et déterminée à l'avance par l'une des parties (C. civ. art. 1171, al. 1 modifié par loi 2018-287 du 20-4-2018). À supposer qu'une cession de droits sociaux puisse être qualifiée de contrat d'adhésion (sur cette question, voir A. Reygrobellet, Le déséquilibre significatif : Bull. Joly 2016 p. 534 ; et après la loi de ratification, C. Peulvé et G. Mouy, Les effets en droit des sociétés de la loi de ratification : BRDA 18/18 inf. 19 n° 5), l'article 1171, al. 2 précise expressément que le déséquilibre significatif ne concerne pas l'adéquation du prix avec la prestation (le transfert des titres en cas de cession de droits sociaux). 37247

> **Précisions** La définition du **contrat d'adhésion** varie selon la date de sa conclusion : pour les contrats conclus entre le 1er octobre 2016 et le 30 septembre 2018, le contrat d'adhésion est celui dont les conditions générales, soustraites à la négociation, sont déterminées à l'avance par l'une des parties (C. civ. art. 1110, al. 2) ; pour les contrats conclus à compter du 1er octobre 2018, le contrat d'adhésion est celui qui comporte un ensemble de clauses non négociables déterminées à l'avance par l'une des parties (art. 1110, al. 2). L'abandon de toute référence à la notion de « conditions générales » ancre la définition du contrat d'adhésion autour de l'absence de négociabilité des clauses du contrat, ce qui devrait permettre de qualifier beaucoup plus facilement les cessions de droits sociaux en contrats d'adhésion (en ce sens, C. Peulvé et G. Mouy, Les effets en droit des sociétés de la loi de ratification : BRDA 18/18 inf. 19 n° 5).

3. PRIX DE CESSION DÉRISOIRE

RISQUE D'ANNULATION DE LA CESSION POUR UN PRIX DÉRISOIRE

37250 Les tribunaux considèrent que la cession est nulle lorsque le prix est **dérisoire ou vil.**
Avant le 1er octobre 2016 (sur cette date, voir n° 1050), plusieurs décisions retenaient dans cette hypothèse l'absence de cause de la cession sur le fondement de l'ancien article 1131 du Code civil (Cass. com. 22-3-2016 n° 14-14.218 FS-PB : RJDA 5/16 n° 359, sol. impl. ; Cass. 3e civ. 24-10-2012 n° 11-21.980 FS-D : RJDA 2/13 n° 100, à propos de la vente de parts de SCI). En effet, la vente est un contrat synallagmatique où l'obligation de chacune des parties trouve sa cause dans l'obligation de l'autre partie (remise du bien vendu contre remise du prix) ; si le prix est inexistant, l'obligation du vendeur de remettre le bien à l'acquéreur n'a plus de cause et ne peut plus avoir d'effet. Depuis le 1er octobre 2016, il n'est plus fait référence à la cause mais cette dernière subsiste toutefois au travers de l'exigence d'une contrepartie ni dérisoire ni illusoire dans tout contrat à titre onéreux (C. civ. art. 1169 issu de ord. 2016-131 du 10-2-2016).
Le fait que la cession de droits sociaux a été consentie moyennant un **prix inférieur à la valeur des titres** ne constitue donc pas à lui seul un motif suffisant pour justifier la nullité de la cession (CA Paris 21-2-2012 n° 10/24934, ch. 5-8 : n° 37255). En effet, le caractère réel et sérieux du prix librement convenu entre les parties ne se confond pas avec la valeur du bien vendu (Cass. 1e civ. 4-7-1995 n° 93-16.198 P : Bull. civ. I n° 303 ; Cass. 1e civ. 18-11-1997 n° 95-20.540 : n° 37255). Néanmoins, si le prix désavantageux n'a été accepté qu'en raison de manœuvres dolosives du cocontractant, la partie victime peut demander l'annulation de la cession ou une indemnisation pour vice du consentement. Sur la faculté pour le cédant d'invoquer une erreur sur la valeur des titres, voir n° 19168.
Pour déterminer si le prix est dérisoire, les **juges,** dont l'**appréciation** est souveraine (Cass. 1e civ. 18-11-1997 n° 95-20.540 : n° 37255), doivent se placer au jour de la cession (Cass. com. 15-3-2017 n° 15-22.314 F-D : RJDA 6/17 n° 411 ; Cass. com. 25-10-2017 n° 15-24.219 FS-PB : RJDA 2/18 n° 114) et tenir compte non seulement du montant du prix mais aussi de l'ensemble des engagements souscrits par l'acquéreur (Cass. 3e civ. 26-9-2007 n° 06-16.292 FS-D : RJDA 1/08 n° 27) ; ils s'appuient le plus souvent sur une expertise comptable qui détermine la valeur objective des titres.

APPLICATIONS JURISPRUDENTIELLES DU PRIX DÉRISOIRE

37255 **ILLUSTRATIONS**

Doit être considéré non seulement comme vil mais inexistant le prix d'une cession de parts que les parties ont compensé avec une somme équivalente due par le cédant à l'acquéreur dès lors qu'après déduction des frais laissés à la charge du cédant, ce **prix ne représente pas même le revenu net des parts** cédées pour l'exercice en cours lors de la cession.
D'autre part, la cour d'appel n'a fait qu'user de son pouvoir souverain d'appréciation en matière de preuve, en retenant, pour déterminer la valeur des parts litigieuses au jour de leur cession, les estimations qui avaient été faites par l'**expert** en considérant la **valeur réelle des immeubles sociaux** et non leur évaluation comptable portée aux bilans et en tenant compte de l'**excellente situation de la société** dont la constante progression était révélée tant par les trois bilans antérieurs que par celui de l'exercice en cours au moment de la cession et dont le résultat pouvait déjà être escompté à cette date, vu le chiffre d'affaires alors réalisé.

Cass. com. 25-4-1967 : Bull. civ. III n° 168.

Le caractère réel et sérieux du **prix** de la cession de cinq cents parts d'une SARL fixé à la somme de 3 000 F (environ 457 €) **payé comptant et** au versement d'une **rente annuelle viagère** de 18 000 F (environ 2 700 €), indexée en fonction des variations du chiffre d'affaires de la société, ne peut pas être valablement contesté. En effet, en raison du caractère aléatoire du mode de paiement des parts, le cédant, qui a accepté ce mode de paiement, doit démontrer, pour établir l'absence de caractère réel et sérieux du prix, que, compte tenu de son montant et de l'âge de la crédirentière, la rente viagère représente une **valeur dérisoire** par rapport à celle de la moitié de l'actif net de la société, les parts cédées constituant la moitié du capital social, divisé en mille parts d'une valeur nominale de 100 F (environ 15 €) chacune. Or, non seulement cette preuve n'est pas rapportée, mais il apparaît que le prix de cession fixé dans l'acte de cession initial représentant, après capitalisation de la rente, une somme globale de 129 000 F (environ 20 000 €), les parts ont été cédées pour un prix supérieur de plus du double à leur valeur nominale. Ainsi, même en faisant abstraction du supplément de prix occulte convenu dans des actes postérieurs, ce prix apparent peut être tenu pour réel et sérieux compte tenu, notamment, du **chiffre d'affaires réalisé à l'époque** par la société.

CA Paris 28-1-1982 : Navis Droit des affaires, jurisprudence.

Peu de temps avant de décéder, un père avait cédé à certains de ses enfants des actions de plusieurs sociétés familiales. Les enfants non bénéficiaires des cessions ne peuvent pas valablement fonder leur action en nullité de celles-ci pour vileté du prix sur le fait que la cour d'appel n'a pas recherché si l'évaluation qui a servi à fixer le prix de cession des actions était conforme à leur valeur vénale, l'expertise judiciaire ayant exclu qu'elle le soit. En effet, d'une part le **caractère réel et sérieux du prix** ne se confond pas avec la **valeur du bien vendu** et la cour d'appel n'était dès lors pas tenue de procéder à la recherche invoquée pour **apprécier souverainement** que le prix auquel les titres avaient été cédés n'était pas dérisoire. D'autre part, la cour d'appel, qui s'est fondée sur les autres éléments qui lui étaient soumis, n'était pas tenue d'analyser le rapport d'**expertise judiciaire** qu'elle a écarté en le qualifiant d'inutile. **37255** (suite)

Cass. 1e civ. 18-11-1997 n° 95-20.540.

Doivent être annulées les cessions pour 6 000 F (environ 915 €) de la moitié des parts d'une **société civile immobilière** (SCI) propriétaire d'un immeuble en région parisienne acquis 10 ans plus tôt pour 300 000 F (environ 45 700 €). En effet, il n'est pas justifié d'un passif de la société et il est notoire que le prix de l'immobilier a connu, notamment en région parisienne, un essor certain ; les deux années au cours desquelles sont intervenues les cessions litigieuses ont correspondu à une période de forte hausse des prix, la situation active de la SCI étant donc nécessairement supérieure à celle du jour de l'acquisition de l'immeuble ; même en se fondant sur la méthode d'évaluation retenue par l'administration fiscale, il est flagrant que la valeur de la part sociale au jour de chaque cession était bien supérieure à celle du **prix de vente** qui paraît **dérisoire au regard du prix d'achat de l'immeuble** ; enfin, il n'est pas sans intérêt de constater que l'emprunt qui grevait le patrimoine de la SCI au moment de l'achat de l'immeuble a été remboursé et que, nonobstant cette décharge, le capital social n'aurait eu d'autre valorisation que celle de 2 000 F (environ 305 €), correspondant à l'écart entre le montant du capital lors de l'acquisition de l'immeuble et celui affiché lors des cessions.

CA Versailles 14-12-2000 n° 98-8179, 1e ch. A.

Doit être annulée, pour fixation d'un prix dérisoire en violation de l'article 1591 du Code civil, la cession par un frère et une sœur à leur mère de onze parts chacun d'une SARL chargée de la gestion d'un patrimoine familial au prix unitaire de 250 F (environ 38 €) alors qu'une **expertise** effectuée de façon particulièrement méticuleuse sur des bases comptables et financières réalistes a retenu, en fonction de la valeur de réalisation des biens gérés et en tenant compte des investissements de viabilisation dont ils avaient fait l'objet, un **prix** de cession des parts **cinquante fois supérieur** à celui auquel elles ont été cédées, la preuve de la prétendue contrepartie fournie par l'acquéreur dans le cadre de la succession à laquelle étaient liées les cessions de parts n'étant pas rapportée.

CA Rennes 3-7-2002 n° 01-6734, 2e ch. com.

Le cédant des parts sociales d'une SARL ne peut pas utilement invoquer la nullité de la cession pour défaut de prix sérieux dès lors que la vileté du prix ne saurait se déduire de sa fixation à la **valeur nominale,** qu'il n'est pas prouvé qu'en raison de sa valeur réelle largement supérieure, le prix ne serait pas sérieux et que, si l'acquéreur admet que les résultats de la société se sont améliorés depuis la cession, ces résultats sont en partie imputables à l'important renforcement des fonds propres auxquels les sous-acquéreurs des parts ont procédé.

CA Paris 12-3-2009 n° 08-9471, 3e ch. B.

Le principe de liberté contractuelle posé par l'article 1134 du Code civil (désormais art. 1103 issu de ord. 2016-131 du 10-2-2016) s'oppose à ce qu'une cession soit tenue pour nulle au seul motif que le prix de cession librement consenti serait inférieur à la valeur réelle des titres. Il ne peut en être ainsi, par application de l'ancien article 1131 du Code civil, que si le prix de cession est à ce point dérisoire que l'obligation du cédant se trouve dépourvue de cause.

Le prix de rachat de ses actions par une société en vue d'une réduction de capital, fixé à la valeur nominale (15 €), soit **31,44 % de la valeur réelle** (47,70 €) n'est ni vil ni dérisoire. S'agissant d'une société non cotée, il résulte en effet des éléments suivants que l'économie générale de la transaction trouve sa **cause** dans l'**immédiate liquidité** qu'elle procure à l'actionnaire minoritaire plaignant qui, nu-propriétaire des actions rachetées, ne percevait jusqu'alors aucun dividende :

– le cédant ne peut pas utilement se référer au prix, beaucoup plus élevé, auquel les actions de la société ont été vendues par l'actionnaire majoritaire trois ans et demi plus tard, alors que la société a entre-temps réalisé de lourds investissements et conclu d'importants marchés aux risques desquels il n'a pris aucune part en se retirant du capital ;

– l'estimation de la valeur des titres par le cédant à 133,07 € sur son calcul théorique ne tient pas compte de l'intérêt social car à ce prix, le rachat d'actions aurait largement excédé l'actif circulant de la société ;

– le rachat d'actions et la réduction de capital, décidés par l'assemblée générale à l'unanimité des actionnaires, y compris du cédant, répondaient très largement à des considérations familiales et de transmission patrimoniale ;

– le cédant ne disposant que de la nue-propriété de ses actions, ce qui excluait la perception de dividendes, a immédiatement réinvesti le produit de la cession dans l'achat de parts de SCI lui rapportant une rente annuelle de près de 145 000 €.

CA Paris 21-2-2012 n° 10/24934, ch. 5-8 : RJDA 12/12 n° 1081.

4. CONSÉQUENCES FISCALES DE L'INSUFFISANCE DU PRIX

37260 L'insuffisance du prix stipulé peut-elle avoir des conséquences sur le plan fiscal ?
En matière de **droits d'enregistrement,** l'insuffisance de prix fait courir un **risque de rehaussement** sur l'un des deux fondements suivants.
Premièrement, l'administration peut asseoir la **taxation sur la valeur vénale réelle** des droits sociaux, sans pour autant remettre en cause le caractère onéreux de l'opération, si elle apporte la preuve que cette valeur est supérieure au prix convenu (LPF art. L 17). Une fois l'insuffisance établie, la rectification correspondante est opérée suivant la procédure normale et les droits supplémentaires exigibles sont majorés d'un intérêt de retard, assorti d'une majoration en cas de manquement délibéré ou de manœuvres frauduleuses. Voir à ce sujet nos 41570 s.
Deuxièmement, l'administration peut dans certains cas soutenir que la vente des titres pour un prix volontairement fixé en dessous de leur valeur réelle est constitutive d'une **donation « indirecte »**. Si elle parvient à faire la preuve de cette donation, elle peut alors réclamer au bénéficiaire les droits de donation qui auraient dû être perçus (avec en plus un intérêt de retard). Pour plus de détails sur les donations indirectes, voir nos 38550 s.

37265 En revanche, même si elle entraîne un rehaussement en matière de droits d'enregistrement, une simple insuffisance de prix n'affecte pas en principe le montant de la **plus-value taxable** (ou de la moins-value déductible) qui reste calculée à partir du prix stipulé.
Lorsque les **titres** sont **cédés par une entreprise,** la fixation d'un prix de cession anormalement bas peut toutefois être considérée dans certains cas comme un **acte anormal de gestion** (voir n° 52201 pour des exemples). Dans une telle situation, l'administration est fondée à écarter le prix convenu pour calculer la plus-value ou moins-value à partir de la valeur vénale réelle des titres. La différence constatée est considérée comme une libéralité accordée à l'**acquéreur,** assimilable à une **distribution de bénéfices** lorsque l'entreprise cédante relève de l'impôt sur les sociétés. Celle-ci est soumise à due concurrence à l'impôt sur les sociétés au taux de droit commun (CE 9-7-1980 n° 12050 : RJF 10/80 n° 762) et, lorsque l'acquéreur est une personne physique, la libéralité consentie est imposable à son nom dans la catégorie des revenus mobiliers, sans abattement, en application de l'article 109, 1-1° ou 2° du CGI (CE 27-4-1981 n° 21453 : RJF 7-8/81 n° 672 ; CAA Paris 2-2-1993 n° 91-842 : RJF 5/93 n° 660). Lorsque l'acquéreur est une entreprise, l'administration est fondée à corriger la valeur d'origine des titres, comptabilisée pour leur prix d'acquisition, pour y substituer leur valeur vénale, augmentant ainsi l'actif net dans la mesure de l'acquisition faite à titre gratuit.
La libéralité consentie à l'acquéreur peut en outre être qualifiée de **distribution occulte,** au sens de l'article 111, c du CGI, lorsque l'administration établit l'existence, d'une part, d'un écart significatif entre le prix convenu et la valeur vénale des titres cédés et, d'autre part, d'une intention, pour la société, d'octroyer et, pour le cocontractant, de recevoir une libéralité, cette intention étant présumée lorsque les deux parties sont en relation d'intérêt (CE 5-1-2005 n° 254556 : RJF 3/05 n° 213, concl. E. Glaser BDCF 3/05 n° 23 ; CE 26-9-2011 n° 327782 : RJF 12/11 n° 1297). Notons qu'un écart de 14,75 % entre le prix convenu et la valeur vénale n'a pas été jugé assez significatif pour conclure à l'existence d'une distribution occulte (CE 31-3-2010 n° 297307 : RJF 6/10 n° 591, concl. J. Burguburu BDCF 6/10 n° 67).

C. Cas particulier : prix de cession symbolique

1. CONDITIONS DE VALIDITÉ DU PRIX SYMBOLIQUE

CONTEXTE DES CESSIONS À PRIX SYMBOLIQUE

37280 Les parts ou actions des **sociétés ayant des difficultés financières,** que ces entreprises soient ou non placées sous sauvegarde ou en redressement judiciaire, sont fréquemment cédées pour un prix symbolique (un euro), voire parfois pour un prix stipulé « nul » (zéro euro). Il s'agit en général de cessions de la totalité des titres constituant le capital social ou, au moins, de la cession du contrôle de l'entreprise. L'opération s'accompagne le plus souvent de la prise en charge par l'acquéreur de tout ou d'une partie du passif social ou de la reprise d'engagements souscrits par le cédant (notamment, des engagements de caution). La contrepartie au transfert de propriété des titres existe donc.
Sur l'information du **conjoint commun en biens** en cas d'acquisition de parts sociales pour un prix symbolique, voir nos 26961 s.

37283 Les contentieux naissent généralement lorsque le montant du passif dépasse celui que l'acquéreur avait envisagé de prendre en charge quand il a consenti à l'opération (on parle alors de « **prix**

négatif ») : l'acquéreur est alors tenté de soutenir que le caractère symbolique du prix rend celui-ci inexistant et de demander la nullité de la cession. La **validité** de ces opérations pose en effet problème **au regard du droit de la vente** : celle-ci ne nécessite-t-elle pas l'expression en valeur monétaire d'un prix réel et sérieux ? Autrement dit, la prise en charge d'un passif peut-elle être considérée comme un prix de la cession ?
Sur la possibilité de demander l'annulation d'une cession à prix négatif pour défaut de contrepartie (anciennement de cause), voir n° 66534.

CONTREPARTIE À LA CESSION OU OPÉRATION COMPLEXE

La validité de cessions de droits sociaux pour un prix symbolique a été admise par les tribunaux, 37285
notamment lorsque la cession a une **autre contrepartie** onéreuse **que le paiement de la somme symbolique** et qu'elle s'inscrit dans une opération d'ensemble. Ces cessions sont d'ailleurs parfois qualifiées d'« opérations complexes » puisqu'elles comprennent généralement plusieurs contrats (cession des droits sociaux, substitution de caution, remboursement de comptes courants, etc.).
Si la reprise du passif de la société par l'acquéreur peut constituer un prix réel et sérieux des titres, ce prix ne constitue pas nécessairement un prix déterminable (notamment CA Paris 8-1-1979 : n° 37120 ; Cass. com. 11-2-1992 n° 302 : n° 12325 ; Cass. com. 13-2-2001 n° 287 : n° 37130).

ILLUSTRATIONS

Une contestation étant intervenue lors de la cession par le fondateur et président-directeur général d'une SA de 7 392 des 9 240 actions de celle-ci à une autre société et les parties ayant signé un **compromis d'arbitrage** à la suite duquel l'arbitre a constaté que la valeur des actions cédées était nulle, la demande du cédant tendant à faire constater l'inexistence de la vente pour défaut de prix doit être rejetée dès lors que la société **acquéreur a pris en charge le passif** ressortant au bilan pour plus de 5 millions de francs (environ 762 200 €), l'expression de la sentence arbitrale selon laquelle le **transfert** des actions s'effectuerait « **au prix de zéro franc** » signifiant qu'aucune somme ne devait être versée par l'acquéreur au vendeur et n'impliquant nullement que la cession était faite sans **contrepartie,** l'arbitre ayant précisément souligné dans sa décision l'importance du passif pris en charge par la société acquéreur.

Cass. 1e civ. 12-12-1984 n° 1009.

Un associé d'une SARL avait cédé à un autre associé toutes les parts qu'il détenait dans la société moyennant le **prix symbolique d'un franc mais à charge** pour l'acquéreur de se substituer au cédant dans le **remboursement d'une dette** qu'il avait contractée et dans les **cautionnements** qu'il avait accordés au profit de différents créanciers de la société. L'acquéreur ne peut pas valablement refuser de prendre en charge les dettes auxquelles il s'était engagé en faisant notamment valoir l'exception d'inexécution et le fait que, six mois après la cession, le cédant avait, à son insu, déposé le bilan de la société, le mettant dans l'impossibilité de rechercher les solutions nécessaires à la survie de celle-ci. En effet, il relève du pouvoir souverain des juges du fond d'apprécier si l'inexécution partielle de ses obligations par une des parties à un contrat synallagmatique est de nature à affranchir l'autre de ses obligations corrélatives, et également d'apprécier si cette inexécution présente un caractère de gravité suffisant pour en justifier la résolution ; en l'espèce, la cour d'appel, après avoir constaté que le protocole litigieux constituait un acte complexe comportant plusieurs obligations réciproques non assorties d'un calendrier précis pour leur exécution, a analysé le comportement de chacun des cocontractants au regard de leurs engagements respectifs ; en relevant qu'en définitive le cédant avait rempli la plupart de ses obligations alors que l'acquéreur s'était abstenu d'exécuter les siennes, elle n'a fait qu'user du pouvoir souverain qui lui est conféré. La cour d'appel a pu, ensuite, retenir que la date de cessation des paiements de la société et le jugement déclaratif de règlement judiciaire étaient sans incidence sur le protocole d'accord des parties et n'interdisaient pas son exécution.

Cass. 1e civ. 10-7-1990 n° 87-18.702.

En se portant acheteur de toutes les parts d'une société en redressement judiciaire, l'acquéreur a repris l'intégralité du patrimoine de celle-ci comprenant l'actif et le passif. C'est d'ailleurs parce qu'il devait assumer le passif de la société que l'acquéreur a proposé un plan de continuation prévoyant l'apurement du passif antérieur à l'ouverture de la procédure de redressement judiciaire. De même, il devait assumer le passif né de la poursuite de l'exploitation, rendu nécessaire pour permettre la reprise par la voie de la continuation. Cet acquéreur ne peut donc pas refuser d'exécuter le plan de continuation pour la raison que le **passif** créé avant et après le redressement judiciaire s'est révélé être **supérieur à celui sur la base duquel ont eu lieu les négociations,** alors que la **contrepartie** de la **cession des parts sociales pour un franc** est l'obligation d'assumer le passif avec l'aléa que comporte la détermination de son montant. En effet, le passif créé avant le redressement judiciaire n'a pas besoin d'être vérifié pour que le tribunal arrête le plan et le passif né de la poursuite de l'activité évolue avec celle-ci.

CA Paris 4-2-1992 n° 90-17341, 3e ch. A et, sur pourvoi, Cass. com. 28-6-1994 n° 1534 P : RJDA 1/95 n° 69.

37285 (suite) Une cour d'appel a, à bon droit, écarté la nullité pour vil prix de la cession pour un euro d'une participation majoritaire dans le capital d'une SA dès lors qu'il résultait des éléments suivants que la cession était causée par une contrepartie réelle :
– trois ans avant la cession, le **cédant** et l'**acquéreur** avaient créé une **société en participation occulte** dont l'objet était le partage entre eux à parts égales des bénéfices résultant des participations qu'ils avaient dans la SA, le partage des fruits pouvant résulter de la cession de tout ou partie de ces participations à des tiers ;
– les statuts de la société en participation indiquaient que le cédant avait acquis un droit d'option sur 87 % du capital de la SA qui contrôlait deux sociétés dirigées l'une par le cédant, l'autre par l'acquéreur ; selon les statuts, le cédant s'était engagé à faire bénéficier l'acquéreur de la faculté d'acquérir la moitié des titres de ces sociétés au prix où il pourrait les acheter ;
– le prix de la cession litigieuse devait donc être considéré comme la conséquence des promesses de vente de la moitié des titres, promesses formulées verbalement avant la création de la société en participation et réitérées indirectement par cette création ; la vileté du prix devait donc s'apprécier au regard de ces promesses ; l'économie générale de la transaction trouvait sa cause dans les accords conclus antérieurement entre les parties et rappelés dans les statuts de la société en participation.

Cass. com. 17-11-2009 n° 09-11.824 F-D : RJDA 2/10 n° 152.

Deux personnes avaient constitué une SARL dont le capital était réparti par moitié entre elles ; le montant de l'apport correspondant aux parts attribuées à l'une d'elles (X) avait été réglé par l'autre (Y). Un an plus tard, X avait cédé pour un euro symbolique ses parts à Y qui avait alors demandé le remboursement de la somme versée au titre de la libération de l'apport de son ancien associé.
A légalement justifié sa décision une cour d'appel qui, pour rejeter cette demande, a retenu que l'acquisition pour le prix symbolique d'un euro des parts de X, qui avait permis de réunir entre les mains de X la totalité des parts de la SARL, s'expliquait par la volonté des parties d'**apurer la dette du cédant** et que, sans la compensation ainsi opérée, le prix de la cession aurait été dérisoire, de sorte que l'acte de cession avait eu pour effet d'éteindre les obligations réciproques des parties, nées l'une de la libération de l'apport pour le compte de X, l'autre de la cession des parts de ce dernier.

Cass. com. 9-3-2010 n° 09-13.453 F-D.

La vente pour le prix symbolique d'un euro n'est pas nulle dès lors qu'elle est assortie de contreparties suffisantes à la charge de l'acquéreur ou qu'elle est intégrée dans une opération globale formant un tout indivisible et procurant au cédant un avantage réel.
La cession pour un euro de 51 % du capital d'une société exploitant une clinique et possédant 100 % du capital d'une autre clinique n'est pas nulle pour vileté du prix dès lors qu'il résulte des éléments suivants que les cédants ont fait le choix de **céder la majorité du capital** de la société **pour sauvegarder leur entreprise,** sans risque pour eux, **tout en conservant une part non négligeable du capital** et la possibilité de la vendre à un moment plus favorable, stratégie qui s'est révélée gagnante :
– la cession, consentie sans aucune garantie d'actif ou de passif de la part des cédants, prévoyait que l'un d'eux continuerait à exercer les fonctions de directeur médical des deux établissements et que le loyer payé par la seconde clinique à une société civile immobilière détenue par les cédants serait maintenu lors de la prolongation ou du renouvellement du bail ;
– en application de l'acte de cession, cédants et acquéreur avaient signé un pacte d'actionnaires engageant l'acquéreur à acheter dans un délai de cinq ans le solde des actions détenues par les cédants pour un prix fixé, à défaut d'accord amiable, conformément aux dispositions de l'article 1843-4 du Code civil ; à l'issue des cinq ans, la valeur de ces actions, représentant 49 % du capital, avait ainsi été estimée à 15 000 000 € ;
– à la date de la cession, la société était dans une situation financière compromise qui n'était pas purement conjoncturelle : sa filiale lui devait des sommes importantes (apports en compte courant destinés à financer des travaux de rénovation non encore terminés), générait des pertes d'exploitation et connaissait d'importantes difficultés de trésorerie ; la société était gravement déficitaire ; son bailleur avait fait pratiquer une saisie conservatoire en raison du non-paiement du loyer du trimestre ; la sécurité sociale avait inscrit un privilège pour des cotisations impayées ; les honoraires destinés aux médecins étaient utilisés à des fins de trésorerie et versés avec retard ; des travaux devaient être effectués avant la fin de l'année pour répondre aux exigences de la Ddass, sous peine de fermeture ;
– les cédants ne pouvaient pas prétendre avoir amorcé une politique de restructuration ; il ressortait au contraire des pièces versées aux débats que le nouvel actionnaire avait conduit un programme de remise à niveau des établissements et une politique d'investissement soutenue qui avait permis de rétablir la confiance des tiers et la rentabilité des établissements après la cession.

CA Paris 28-6-2011 n° 10/22840, ch. 5-8.

Après la mise en redressement judiciaire d'une SA, les actionnaires majoritaires avaient conclu un protocole d'accord avec un investisseur, aux termes duquel ils s'engageaient à lui vendre 51 % du capital de la société pour un euro symbolique. Le tribunal avait arrêté un plan prévoyant l'entrée de l'investisseur dans le capital de la SA et les actions lui avaient été cédées.
Cassation de la décision d'une cour d'appel qui a déclaré la cession des actions faite à vil prix et condamné en conséquence l'investisseur à verser 500 000 € de dommages-intérêts aux actionnaires cédants, sans rechercher, comme elle y était invitée, si le prix d'un euro ne devait pas être tenu pour sérieux compte tenu de l'**engagement** souscrit par l'investisseur **d'apporter en compte courant,** non rémunéré, pendant toute la durée du plan, la somme de 500 000 € et **de se porter caution** de l'exécution du plan à concurrence de cette somme.

Cass. com. 15-1-2013 n° 11-12.495 F-D : RJDA 5/13 n° 420.

La cession au prix symbolique d'un euro de 25 % du capital d'une société dont l'**endettement** est très largement **supérieur à la valeur de ses actifs,** lesquels sont susceptibles de faire l'objet de manière imminente d'une vente par adjudication, n'est pas nulle faute de prix, de cause ou de contrepartie, dès lors que le cessionnaire est devenu acquéreur d'actions sans valeur immédiate tout en s'exposant à l'aléa affectant l'activité et, le cas échéant, à l'endettement non résorbé au prorata de sa participation au capital, quand le cédant, groupe international spécialisé dans le négoce d'hôtellerie parfaitement au fait des transactions financières, a quant à lui escompté que le crédit dont le nouvel actionnaire jouissait auprès des investisseurs serait susceptible de **permettre une restructuration de la dette** et la préservation des actifs immobiliers.

CA Paris 19-3-2013 n° 12/03157, ch. 5-8 : RJDA 7/13 n° 635.

La cession de parts sociales au prix d'un euro n'est pas nulle si elle est assortie de contreparties suffisantes à la charge de l'acquéreur. Ainsi, un associé ayant cédé pour 608 371 € ses parts de trois sociétés à une société holding créée pour l'occasion, et, trois ans plus tard, ayant racheté 3 000 parts de la holding à un associé pour un euro, cette dernière cession n'est pas nulle car l'acquéreur :
– avait accepté de **prendre en charge le remboursement du compte courant** d'un ancien associé pour un montant de 9 000 € ainsi que les conséquences des procédures lancées par ce dernier contre le cédant ou la holding ;
– s'était engagé à arrêter toute procédure lancée contre le cédant ou ses sociétés et à **faire son affaire du passif** de la holding et de ses filiales et notamment du risque de condamnation de l'une des filiales pour cent trente-trois contraventions, du retard de TVA due par cette société à l'État d'un montant de 106 744,09 €, ainsi que des sommes dues par une autre filiale pour un montant de 717 386,14 € ;
– avait **apporté en compte courant** d'associé la somme de 160 906,55 € dans les livres de l'une des filiales et avait fait procéder à une **augmentation** de 192 000 € dans le **capital** de cette société ;
– s'était engagé à **reprendre le cautionnement** consenti par le cédant en garantie de prêts bancaires souscrits par la holding, prêts dont le capital restant dû au jour de la cession s'élevait à 352 076 €.

Cass. com. 10-10-2018 n° 17-12.564 : RJDA 1/19 n° 20.

ABSENCE DE CONTREPARTIE À LA CESSION

Si la nécessité d'une contrepartie onéreuse autre que le prix symbolique est affirmée par la doctrine dominante (notamment, T. Lambert, L'exigence du prix sérieux dans les cessions de droits sociaux : Rev. sociétés 1993 p. 22 ; Ch. Freyria, Le prix de vente symbolique : D. 1997 chron. p. 51), certaines décisions ont admis la validité de cessions pour un prix symbolique sans autre contrepartie. **37290**
Ainsi, un arrêt a retenu qu'une promesse de vente des actions d'une SA ne pouvait pas être annulée pour inexistence du prix dès lors qu'elle avait été consentie pour un prix laissé à l'arbitrage d'un tiers, que celui-ci avait estimé que les **actions** étaient **sans valeur** en raison d'une perte sociale de 5 millions de francs (environ 762 200 €) et que le prix payé avait été, en conséquence, d'un franc (Cass. com. 3-1-1985 : Bull. civ. IV n° 8).
Une cour d'appel a aussi jugé, sans référence à la contrepartie, que rien n'interdit la cession de droits sociaux pour un prix symbolique ou à titre gratuit (CA Paris 12-11-1991, 3e ch. A : RJDA 2/92 n° 155).

2. CONSÉQUENCES FISCALES DU PRIX SYMBOLIQUE

Du point de vue fiscal, le fait de céder des droits sociaux pour un prix symbolique n'encourt en soi aucune critique et n'emporte pas de conséquences particulières si, à la date de leur cession, les titres sont effectivement dépourvus de valeur en raison des **difficultés financières** et de l'**insuffisance d'actif** de la société émettrice (la valeur d'une société dont l'actif net est négatif ne peut guère être que nulle) ou si le cédant en retire une **contrepartie** (par exemple, l'apurement de ses dettes personnelles : CE 1-10-1986 n° 44835 : RJF 11/86 n° 982). **37295**

De même, une opération de cession de valeurs, droits ou titres ne peut être requalifiée en libéralité n'entrant pas dans le champ des dispositions des articles 150-0 A et 150-0 D du CGI, alors même qu'elle interviendrait pour un prix nul ou symbolique ou sans paiement du prix convenu au contrat, en l'**absence d'intention libérale** du cédant vis-à-vis du cessionnaire. En outre, l'existence d'un prix nul n'exclut pas nécessairement l'existence d'une **cession à titre onéreux** (CE 25-1-2017 n° 392063 et 392065 : RJF 4/17 n° 330).

Ce n'est que si le **prix** stipulé peut être considéré comme **insuffisant** que les parties s'exposent à un risque de redressement fiscal, dans les conditions exposées ci-dessus n°s 37260 s.

37296 Les cessions pour un prix symbolique impliquant des **entreprises** (en tant que cédant ou acquéreur) ont toutefois suscité un abondant contentieux fiscal, qui tient au fait que ce type d'opération s'accompagne souvent d'**aides à la société en difficulté,** généralement sous forme d'abandons de créances. Ces aides peuvent être accordées :

– soit par l'entreprise cédante, avant la cession, pour faciliter son désengagement ;

– soit par l'acquéreur, après la cession, pour accélérer le redressement de la société.

37297 Lorsqu'une **société mère** accorde un **abandon de créances à sa filiale** peu de temps **avant la cession** de sa participation, la question peut se poser de savoir si cet abandon constitue une charge déductible ou s'il doit être assimilé à une réduction du prix de vente des titres qui devrait donc être imputée sur la plus ou moins-value réalisée.

La **jurisprudence** avait admis que l'abandon consenti a le caractère de charge déductible et ne peut en aucun cas être soumis au régime des moins-values à long terme, dès lors que le prix symbolique correspond au **juste prix** (CE 6-11-1998 n° 155498 : RJF 12/98 n° 1399, concl. F. Loloum BDCF 6/98 n° 119 ; CAA Nancy 9-2-1995 n° 93-83 : RJF 5/95 n° 574).

La portée pratique de cette jurisprudence a toutefois été restreinte par la loi pour les abandons de créances consentis au cours des exercices clos depuis le 4 juillet 2012. Depuis cette date, les abandons de créances consentis pour permettre la cession d'une filiale en difficulté pour un prix symbolique ne sont en effet déductibles, dans la mesure où il s'agit d'**aides à caractère financier,** que si la filiale dont les titres sont cédés fait l'objet d'une procédure de sauvegarde, de redressement ou de liquidation judiciaires, ou d'une procédure de conciliation en application d'un accord constaté ou homologué dans les conditions prévues à l'article L 611-8 du Code de commerce (CGI art. 39, 13). On notera que l'administration admet plus largement la déduction des abandons de créances consentis dans le cadre de toute procédure d'insolvabilité mentionnée à l'annexe A du règlement CE 1346/2000 du 29 mai 2000 (BOI-BIC-BASE-50-20-10 n° 63).

Les aides financières consenties dans le cadre des procédures collectives visées ci-dessus ne sont en outre **déductibles** qu'à hauteur de la situation nette négative de l'entreprise qui en bénéficie et, pour le montant excédant cette situation nette négative, à proportion des participations détenues par d'autres personnes que l'entreprise qui consent les aides.

37298 Lorsque c'est l'**acquéreur** des droits sociaux qui **consent l'aide à la société reprise,** à une date proche de sa prise de participation, la question est de savoir si l'avantage ainsi consenti a le caractère de complément du prix d'acquisition des droits, ce qui, en cas de réponse positive, aurait pour conséquence d'en interdire la déduction. Selon la jurisprudence, la proximité temporelle de la prise de contrôle d'une société et de l'octroi à celle-ci d'une aide financière ne permet pas de conclure que l'avantage consenti par le repreneur a nécessairement le caractère d'un complément du prix d'acquisition des titres. Il est admis qu'un abandon de créance consenti au cours du même exercice qu'une prise de contrôle constitue une charge immédiatement déductible des résultats lorsqu'il répond à l'**intérêt commercial** de l'acquéreur et que celui-ci a payé les droits sociaux à leur **juste prix** (CE 25-5-1988 n° 50138 : RJF 7/88 n° 842 ; CE 23-10-1991 n°s 71791, 71792 et 72822 : RJF 12/91 n° 1482 avec concl. O. Fouquet p. 852 s.).

Lorsqu'elle présente un **caractère autre que commercial,** l'aide consentie à l'entreprise reprise ne peut en revanche être déduite, au titre des exercices clos depuis le 4 juillet 2012, que selon les conditions énoncées à l'article 39, 13 du CGI (voir ci-dessus n° 37297).

III. SANCTIONS DU PRIX DE CESSION INDÉTERMINABLE OU DÉRISOIRE

37320 Outre les sanctions énoncées ci-dessous, la fixation par les parties d'un prix de cession dérisoire ou nettement inférieur à la valeur réelle des titres comporte des risques au regard du droit fiscal et du droit des successions (n°s 38400 s. et 38440 s.).

A. Fixation judiciaire du prix de cession

En présence d'une cession de droits sociaux dont le prix est indéterminable (nos 37040 s.) ou dérisoire (nos 37210 s.), entre-t-il dans les **pouvoirs du juge** de fixer ce prix ? **37340**
La réponse est clairement négative. Les termes de l'article 1591 du Code civil, qui réserve la fixation du prix aux parties, interdisent au juge de se substituer à ces dernières lorsqu'elles n'ont pas satisfait à cette obligation.
Sans doute appartient-il au juge de **rechercher** quelle a été, à cet égard, la commune **intention des parties.** Il dispose, alors, d'un large pouvoir d'interprétation (notamment Cass. com. 16-11-1993 : RJDA 4/94 n° 394 ; Cass. com. 5-5-1970 n° 68-13.523 : n° 37120).
Encore faut-il qu'il se réfère bien à la volonté des parties telle qu'elle lui paraît résulter du contrat ; il ne peut donc pas **se référer à des éléments extérieurs à l'acte de cession** et procéder ainsi à une fixation judiciaire du prix (Cass. 1e civ. 19-1-1999 n° 100 P : RJDA 3/99 n° 272 ; Cass. 1e civ. 28-11-2000 n° 1798 F-D : RJDA 3/01 n° 284). Ce principe a été clairement affirmé en matière de cession de droits sociaux dans les décisions exposées ci-dessous.

ILLUSTRATIONS

L'indétermination du prix ne peut résulter que des stipulations contractuelles. Par suite doit être censuré l'arrêt d'une cour d'appel qui déduit des diverses **contradictions, insuffisances et erreurs du rapport de l'expert** désigné par les parties que le prix de la cession litigieuse était indéterminable.
Cass. com. 9-3-1993 n° 434 D : RJDA 10/93 n° 806.

Viole l'article 1591 du Code civil la cour d'appel qui, pour fixer le prix de cession d'actions, retient qu'en l'absence de désaccord entre les parties à l'époque de la cession, il y a lieu de se référer au principe selon lequel le **prix d'une action** est au moins celui de **sa valeur au jour de la négociation.** En effet, en se déterminant par des éléments extérieurs à l'acte de cession, elle a procédé à une fixation judiciaire du prix.
Cass. 1e civ. 24-2-1998 n° 96-13.414 P : RJDA 5/98 n° 575.

Dans un cas où, après avoir attribué à ses salariés des options de souscription d'actions, une société non cotée faisant partie d'un groupe avait annoncé la mise en place d'un mécanisme de contrepartie permettant la cession des actions souscrites à une autre société du groupe sans préciser les modalités de fixation du prix de cession, il y a lieu de rejeter la demande de certains salariés bénéficiaires des options visant à fixer ce prix à la **valeur « réelle » de l'action au jour de la cession** dès lors que le choix d'un prix au moyen d'éléments extérieurs à l'acte de cession revient à opérer une fixation judiciaire du prix contraire à l'article 1591 du Code civil. En conséquence, il ne peut qu'être donné acte à la contrepartie de sa proposition de rachat des actions de ces salariés au prix qu'elle a fixé en fonction de la valeur nette consolidée de la société.
CA Versailles 26-9-2003 n° 00-7141, 3e ch. : RJDA 1/04 n° 573.

Le juge ne peut pas non plus leur **imposer une méthode de détermination du prix** lorsque celle retenue par les parties est devenue inapplicable (Cass. 1e civ. 25-4-1972 : D. 1973 p. 661), par exemple en raison d'une modification législative ou réglementaire (Cass. com. 29-6-1981 : Bull. civ. IV n° 298, où les juges du fond avaient établi une méthode faisant référence aux accords initiaux survenus entre les parties en faisant application aux prix limites imposés par un nouvel arrêté ministériel des remises habituellement pratiquées par le fournisseur à ses clients et par des sociétés concurrentes). **37343**

De même, en dehors de certaines hypothèses particulières (refus d'agrément ; cession forcée des titres détenus par le dirigeant d'une société en redressement judiciaire), le juge ne peut **désigner un expert** chargé de fixer le prix des titres que si celui-ci est déterminable au vu de la méthode de calcul retenue par les parties (Cass. 1e civ. 16-7-1998 n° 96-17.414 : Bull. civ. I n° 265 ; pour une application, voir notamment Cass. com. 10-3-1998 n° 657 P : n° 37108). **37346**

Sur le **pouvoir** du **juge à l'égard du prix fixé par un tiers** désigné à cette fin par les parties, voir nos 37600 s. **37348**

B. Nullité de la cession

PRINCIPE

Lorsque le prix est indéterminable (nos 37040 s.) ou lorsque, bien que déterminé, il n'est ni réel ni sérieux (nos 37210 s.), la cession de droits sociaux est nulle (notamment Cass. com. 5-5-1959 n° 57-11.318 : Bull. civ. III n° 193 ; Cass. com. 13-1-1971 n° 69-12.174 : Bull. civ. IV n° 13 ; Cass. com. 22-3-2016 n° 14-14.218 FS-PB : RJDA 5/16 n° 359) et il n'est pas possible de pallier cela en demandant une fixation judiciaire du prix (nos 37340 s.). **37380**

La nullité d'une cession de parts pour prix indéterminé ou dérisoire est une **nullité relative** dès lors qu'elle ne tend qu'à la protection des intérêts du cédant (nos 30530 s.). L'annulation du contrat est soumise aux règles exposées nos 30500 s., y compris la faculté désormais ouverte aux parties de constater à l'amiable la nullité du contrat. Ne sont exposées ci-dessous que les **règles spécifiques** relatives à l'annulation de la cession pour **prix indéterminé ou dérisoire.**

CONFIRMATION DE LA CESSION NULLE

37392 Compte tenu du caractère relatif de la nullité (n° 30530), la cession litigieuse peut, en **principe,** être confirmée par la partie protégée par la nullité (C. civ. art. 1181 issu de ord. 2016-131 du 10-2-2016). Rien n'interdit au cédant de confirmer un prix dont l'acte de cession laisse la détermination au seul acquéreur ou qui est d'un montant dérisoire. À notre avis, la confirmation n'est, en revanche, pas ouverte au cédant lorsque le prix est indéterminé ou indéterminable car il ne s'agirait pas de confirmer le contrat mais de le compléter.

Pour les mêmes raisons, cette distinction s'applique, selon nous, à la faculté ouverte à l'acquéreur, depuis le 1er octobre 2016, de demander par écrit au cédant soit de confirmer le contrat soit d'agir en nullité dans un délai de six mois à peine de forclusion (C. civ. art. 1183 issu de ord. 2016-131 ; sur cette faculté, voir nos 30560 s.).

La confirmation, lorsqu'elle est possible, **peut résulter** du transfert de la propriété des droits sociaux réalisé par le cédant en connaissance du vice affectant le prix (nos 30570 s.). Cette connaissance ne peut toutefois pas être déduite de la mention de la cession dans les déclarations fiscales de l'acquéreur ou des ordres de mouvement des titres cédés dès lors que l'accomplissement de ces formalités était rendu nécessaire par l'acte de cession et que le cédant n'avait pas pris position sur le prix (CA Paris 18-12-2008 n° 08-5219, 3e ch. B : RJDA 4/09 n° 351).

ANNULATION JUDICIAIRE DE LA CESSION

37402 Autre conséquence de la nullité relative de la cession (n° 37380), l'**action** en nullité n'est **ouverte qu'à** la partie que la loi entend protéger (C. civ. art. 1181, al. 1 issu de ord. 2016-131 du 10-2-2016 ; auparavant, Cass. com. 22-3-2016 n° 14-14.218 FS-PB : RJDA 5/16 n° 359). Il en résulte que seul le cédant peut se prévaloir de la nullité pour prix indéterminé ou dérisoire (Cass. com. 22-3-2016 n° 14-14.218 précité).

L'action ne peut pas être engagée par la société dont les titres ont été cédés, contrairement à ce qui a été jugé auparavant (CA Grenoble 28-11-2002 n° 01-2333, ch. com. : RJDA 1/04 n° 317).

37404 L'action en nullité se prescrit par cinq ans (C. civ. art. 2224 et C. com. art. L 110-4) à compter du jour où l'absence de prix ou son caractère dérisoire a été connu ou aurait dû être connu par celui qui l'invoque (C. civ. art. 2224 et 2227).

37406 Le **juge** qui constate l'impossibilité de déterminer le prix n'est pas **tenu de prononcer** la nullité de la cession si celle-ci n'est pas demandée (Cass. 1e civ. 20-1-1993 n° 90-21.321 : Bull. civ. I n° 31, rendu dans le cas d'une action tendant exclusivement au paiement du solde du prix d'une vente).

SECTION 2

FIXATION DU PRIX DE CESSION PAR UN TIERS

I. COEXISTENCE DE DEUX RÉGIMES POUR LA FIXATION DU PRIX DE CESSION PAR UN TIERS

UN TIERS ESTIMATEUR PRÉVU PAR LE DROIT DE LA VENTE ET LE DROIT DES SOCIÉTÉS

37420 **Deux dispositions du Code civil** sont consacrées au tiers chargé de fixer le prix de cession à la place des parties :

– l'**article 1592** tel que modifié par la loi 2019-744 du 19 juillet 2019 relatif au contrat de vente et aux termes duquel « le prix peut être laissé à l'estimation d'un tiers ; si le tiers ne veut ou ne peut faire l'estimation, il n'y a point de vente, sauf estimation par un autre tiers » ;

– l'**article 1843-4,** tel que modifié par l'ordonnance 2019-738 du 17 juillet 2019, texte spécifique aux sociétés : dans les cas où la loi renvoie à cet article pour fixer les conditions de prix d'une cession des droits sociaux d'un associé ou le rachat de ceux-ci par la société ainsi que dans les cas où les statuts prévoient la cession des droits sociaux d'un associé ou le rachat de ces droits par la société sans que leur valeur soit ni déterminée ni déterminable, la valeur de ces droits est déterminée, en cas de contestation, par un expert désigné, soit par les parties, soit à défaut d'accord entre elles, par jugement du président du tribunal judiciaire ou du tribunal de commerce statuant selon la procédure accélérée au fond et sans recours possible.

L'**articulation** entre ces deux textes est parfois problématique dans la mesure où le premier donne simplement la faculté aux parties de recourir à un tiers pour fixer le prix, tandis que le second est d'ordre public, de sorte que l'expertise ainsi prévue s'impose aux parties dès lors que les conditions d'application du texte sont remplies.

› Précisions En cas de litige après la cession, l'une quelconque des parties peut aussi demander une **mesure d'instruction, dite « in futurum »,** s'il existe un motif légitime de conserver ou d'établir la preuve de faits dont pourrait dépendre la solution du litige (CPC art. 145). À ce titre, peut être demandée une expertise tendant à fixer la valeur des titres cédés (pour des applications, voir notamment Cass. 2e civ. 29-9-2011 n° 10-24.015 F-D : RJDA 3/12 n° 364 ; Cass. com. 15-11-2011 n° 10-28.036 F-D : RJDA 2/12 n° 230 ; CA Aix-en-Provence 16-9-2021 n° 21/01433 : RJDA 2/22 n° 85). Mais cette expertise est soumise à un régime différent de ceux prévus par les articles 1592 et 1843-4 du Code civil.

RÉFORME DE L'EXPERTISE DE L'ARTICLE 1843-4

L'expertise de l'article 1843-4 du Code civil a été créée par la loi 78-9 du 4 janvier 1978. Cet article a été modifié en 2014, par voie d'ordonnance (Ord. 2014-863 du 31-7-2014 art. 37 ; Rapport au Président de la République : JO du 2-8 p. 12820 s.). Le champ d'application de l'expertise organisée par ce texte a été restreint et la mission de l'expert encadrée, ce qui a remis en cause en grande partie la jurisprudence antérieure. **37422**

N'est exposé ci-dessous que le régime actuel, entré en vigueur le 3 août 2014. Toutefois, la jurisprudence antérieure est maintenue dans les présents développements, quand elle est transposable au droit positif.

› Précisions S'agissant de l'**application dans le temps** des rédactions successives de l'article 1843-4, la Cour de cassation a jugé que la loi applicable était celle en vigueur à la date de désignation de l'expert (Cass. 1e civ. 9-5-2019 n° 18-12.073 FS-PB : RJDA 8-9/19 n° 567 ; Cass. 1e civ. 8-1-2020 n° 17-13.863 FS-PBI : RJDA 3/20 n° 159 ; Cass. com. 18-11-2020 n° 19-13.402 FS-PB : Dr. sociétés 2021 comm. n° 17 note R. Mortier). Explicitant le fondement de cette jurisprudence, la chambre commerciale de la Cour de cassation a précisé qu'il fallait se fonder sur la date où se produisent les effets légaux du contrat, en l'occurrence celle où la mise en œuvre du mécanisme d'ordre public qu'est l'article 1843-4 du Code civil se concrétise par la désignation de l'expert (arrêt précité ; pour une analyse critique, voir J. Moury, Application dans le temps de l'article 1843-4 du Code civil : la messe n'est pas dite : Rev. sociétés 2021 p. 287).
Pour un cas où l'ancienne version de l'article 1843-4 a néanmoins été déclarée applicable, bien que l'expert ait été désigné après l'entrée en vigueur de la nouvelle version, dès lors que, par une ordonnance devenue irrévocable, un juge avait décidé qu'en espèce il convenait de se référer à l'ancienne rédaction de ce texte, voir Cass. com. 9-2-2022 n° 20-15.320 F-D : RJDA 6/22 n° 339.

A. Application impérative de l'article 1843-4 pour fixer le prix de cession

RÉGIME D'ORDRE PUBLIC

Avant la réforme de 2014, il était jugé de manière constante que les dispositions de l'article 1843-4 étaient d'ordre public (Cass. 1e civ. 25-11-2003 n° 00-22.089 F-SP : RJDA 5/04 n° 568 ; Cass. com. 10-10-2018 n° 16-22.215 FS-PB : RJDA 5/19 n° 339 ; CA Paris 30-1-2009 n° 08-13762, 14e ch. B : RJDA 5/09 n° 440) ou impératives (Cass. 1e civ. 18-6-1996 n° 94-16.159 P : Bull. civ. I n° 264 ; Cass. 1e civ. 30-10-2008 n° 07-19.459 F-D : Bull. Joly 2009 p. 568 note F. X. Lucas ; Cass. com. 16-2-2010 n° 09-11.668 F-D : RJDA 5/10 n° 523). **37425**

Ce principe demeure applicable mais sa portée est moindre. Désormais, il est possible d'**échapper à l'expertise** pour les cessions prévues par les statuts si ceux-ci comportent une clause de détermination du prix (C. civ. art. 1843-4, II-al. 1). Pour les cessions prévues par la loi, une telle clause ne permet pas d'éluder l'expertise mais cette clause devra être respectée par l'expert (art. 1843-4, I-al. 1 et 2).

Si l'opération n'entre pas dans le champ d'application de l'article 1843-4, les parties peuvent néanmoins opter pour cette expertise dans les conditions exposées n° 37460 ; mais si elles ne le font pas, le juge ne peut pas le leur imposer.

ILLUSTRATIONS

À la suite d'une mésentente entre deux frères administrateurs d'une SA, dont l'un était président du conseil d'administration et l'autre directeur technique, ce dernier avait démissionné de ses fonctions salariées et, tout en demeurant administrateur, avait acquis le contrôle d'une société concurrente. La SA et son président avaient alors engagé une action en justice pour obtenir, d'une part, des dommages-intérêts pour concurrence déloyale et, d'autre part, le rachat par ce dernier des actions détenues par son frère. Saisi de l'ensemble du contentieux, le tribunal avait **désigné d'office** un expert pour recueillir son avis sur le prix. La cour d'appel ordonna, en dépit du refus du candidat acquéreur d'accepter ce prix, le rachat des actions au prix fixé par l'expert en considérant qu'il s'agissait d'une application de l'article 1843-4 du Code civil. La Cour de cassation a censuré cette décision au motif que les parties, qui ne se trouvaient pas dans un des cas où sont prévus la cession des droits sociaux d'un associé ou le rachat de ceux-ci par la société, n'étaient pas convenues de la vente des actions en cause au prix fixé par un expert à désigner par le tribunal (Cass. com. 26-11-1996 n° 94-15.403 P : RJDA 2/97 n° 213).

Sur les **recours** contre la décision du président du tribunal ordonnant la désignation d'un expert alors que les **conditions** d'application de l'article 1843-4 ne sont **pas remplies,** voir n°s 37537 et 37538.

CESSIONS VISÉES PAR L'ARTICLE 1843-4

37430 **Cession pour laquelle la loi renvoie à l'article 1843-4** L'expertise prévue par l'article 1843-4 du Code civil s'applique dans les cas où la loi renvoie à ce texte pour fixer les conditions de prix d'une cession des droits sociaux d'un associé ou le rachat de ceux-ci par la société (C. civ. art. 1843-4, I-al. 1).

Ainsi le Code de commerce renvoie expressément à l'article 1843-4 notamment pour la fixation du prix de rachat des droits sociaux en cas de **refus d'agrément** de l'acquéreur proposé (C. com. art. L 223-14, al. 3, L 227-18, al. 1 et L 228-24, al. 2) et de l'héritier d'un associé décédé (C. com. art. L 221-15, al. 6 et L 223-13, al. 5 ; C. civ. art. 1870-1). **Dans les SAS,** l'article L 227-18 du Code de commerce prévoit aussi le recours à l'expertise de l'article 1843-4 pour fixer les modalités de rachat des titres par la société en cas d'exclusion, de retrait d'un associé ou de refus d'agrément de l'acquéreur, mais seulement si ces modalités ne sont pas déjà fixées par les statuts (C. com. art. L 227-18).

Il résulte de la rédaction de l'article 1843-4 qu'en cas de renvoi légal à ce texte, la présence d'une **clause** statutaire ou conventionnelle de **détermination du prix** ne fait pas obstacle à l'expertise, sauf dans les SAS. Mais l'expert devra appliquer cette clause (n° 37595).

37432 **Cession prévue par les statuts** Le recours à l'expertise s'impose dans les cas où les statuts prévoient la cession des droits sociaux d'un associé ou le rachat de ces droits par la société **sans que** leur **valeur** soit ni déterminée ni **déterminable** (C. civ. art. 1843-4, II-al. 1).

Est ici visée tant l'hypothèse de l'absence d'une clause statutaire de détermination du prix que celle où cette clause ne permet pas d'aboutir à la fixation du prix (Rapp. au président de la République relatif à l'ordonnance 2014-863 du 31-7-2014).

Si le prix est déterminable au regard des statuts, il ne paraît pas possible de recourir à l'expertise. Est donc devenue obsolète la jurisprudence antérieure à l'ordonnance 2014-863 selon laquelle l'expertise de l'article 1843-4 pouvait être mise en œuvre nonobstant l'existence d'une clause statutaire de détermination du prix (Cass. com. 4-12-2007 n° 06-13.912 FS-PB : RJDA 4/08 n° 421).

37435 **Cession prévue par un acte extrastatutaire** En visant expressément les seules cessions prévues par la loi ou par les statuts, l'article 1843-4 du Code civil **exclut** l'**application de plein droit** de l'expertise pour les autres cessions ou rachats, notamment celles organisées par un pacte d'actionnaires.

À notre avis, rien n'interdit aux parties à une cession qui ne relève pas de l'article 1843-4 de choisir de faire une **application conventionnelle** de cette disposition (n° 37460).

> **Précisions** L'ancien article 1843-4 visait « tous les cas où sont prévus la cession de droits sociaux ou le rachat de ceux-ci par la société ». La Cour de cassation avait imposé le recours à l'expertise pour les cessions prévues par un **pacte d'actionnaires** y compris s'il comportait une clause de détermination du prix (Cass. com. 24-11-2009 n° 08-21.369 FS-PB : RJDA 4/10 n° 375, Rapport B. Petit p. 319 ; Cass. com. 4-12-2012 n° 10-16.280 F-PB : RJDA 3/13 n° 239). Mais elle avait exclu l'intervention de l'expert en cas de mise en œuvre d'une **promesse**

unilatérale de vente de parts librement consentie par un associé dans un pacte d'actionnaires (Cass. com. 11-3-2014 n° 11-26.915 FS-PBRI : RJDA 5/14 n° 442, rapport H. Le Dauphin et avis Ph. Mollard p. 385).
De même, jugé que les dispositions de l'article 1843-4 du Code civil étaient sans application à la cession de droits sociaux ou à leur rachat résultant de la mise en œuvre d'une promesse unilatérale de vente librement consentie par un associé, sauf stipulations contractuelles contraires. Ainsi, dans un cas où **des associés étaient convenus dans un acte** que celui d'entre eux qui quitterait la société céderait ses parts aux autres, leur valeur étant fixée selon des modalités prévues à cette convention, un associé cédant pouvait demander en justice l'exécution de cet acte, s'agissant d'une cession entre associés, ni les stipulations de l'acte de cession ni les statuts ne prévoyant de soumettre l'évaluation des parts cédées à la procédure prévue par l'article 1843-4 du Code civil (Cass. com. 14-11-2018 n° 17-15.828 FS-PBRI : RJDA 2/19 n° 93).

Cession prévue ou conclue Sous l'empire de l'ancienne rédaction de l'article 1843-4 du Code civil, qui visait tous les cas où la cession était « prévue », la Cour de cassation en avait déduit que ce texte n'était pas applicable si la **cession** était d'ores et déjà **parfaite** (Cass. com. 24-11-2009 n° 08-21.369 FS-PB : RJDA 4/10 n° 375, Rapport B. Petit p. 319, solution rendue à propos d'une application conventionnelle de l'article 1843-4 à une cession ne portant pas sur des droits sociaux ; Cass. com. 26-2-2013 n° 11-27.521 F-D : RJDA 10/13 n° 806 relatif à une cession de parts sociales intervenue en dehors de toute prévision légale ou statutaire). Au sens de l'ancien texte, une cession était « prévue » si elle était envisagée comme un événement futur ou incertain et non lorsque les parties décidaient d'une cession certaine et immédiate pour un prix librement déterminé par elles ; le texte était sans application lorsque la vente était déjà formée, le prix étant définitif (en ce sens : J.-C. Hallouin : D. 2009 p. 323). 37440
Compte tenu de la rédaction actuelle de l'article 1843-4, on peut s'interroger sur la pérennité de cette solution. En effet, l'expression « cession prévue » n'apparaît plus pour les cessions ou rachats pour lesquels la loi renvoie à ce texte mais seulement pour les cessions organisées pour les statuts (art. 1843-4, II-al. 1). Dans ce dernier cas, l'expertise suppose que le prix ne soit pas déterminable au regard des statuts ; or cette circonstance empêche la formation du contrat de cession.

CONTESTATION PERMETTANT L'APPLICATION DE L'ARTICLE 1843-4

Nature de la contestation L'expertise prévue par l'article 1843-4 du Code civil ne peut intervenir qu'« en cas de contestation » (C. civ. art. 1843-4, I-al. 1 et II-al. 2), c'est-à-dire lorsque les parties n'ont pas réussi à s'accorder **sur le prix.** 37450
Comme le souligne le professeur A. Viandier, la contestation n'est pas née tant que la négociation continue ; la contestation naît lorsque les positions contradictoires se sont cristallisées sans espoir de rapprochement (A. Viandier, note sous Cass. com. 20-12-1988 : JCP G 1989 II n° 21260).

ILLUSTRATIONS

Associés dans une société en participation et dans trois sociétés civiles de moyens, deux **médecins** s'en étaient retirés. À défaut d'avoir pu entreprendre une négociation amiable avec les trois sociétés civiles sur la valeur de rachat de leurs parts, n'ayant pu obtenir de situations comptables utilement exploitables, ils avaient saisi le juge des référés pour obtenir la désignation d'un expert. Celui-ci, outrepassant sa mission qui était « de fournir tous éléments de nature à permettre de déterminer la valeur des droits sociaux », avait procédé à l'évaluation des parts. Les deux médecins avaient alors assigné les trois sociétés pour obtenir paiement de leurs parts au prix ainsi fixé. Jugé qu'une cour d'appel avait pu estimer que l'expertise ordonnée en référé ne l'avait pas été sur le fondement de l'article 1843-4 du Code civil. En effet, l'expertise n'avait pas été sollicitée « en invoquant un désaccord sur la valeur de leurs droits sociaux », mais sur le fait « qu'ils n'avaient pas pu utilement entreprendre une négociation ». Par ailleurs, l'objet de l'expertise n'avait pas été de déterminer la valeur des parts, mais de procéder à une **mesure d'instruction** pour fournir tous les éléments permettant de déterminer ceux-ci alors que, jusqu'à présent, les demandeurs n'avaient pu obtenir ces éléments (Cass. com. 10-3-1998 n° 95-21.329 P : RJDA 7/98 n° 866).

Cette « contestation » doit porter sur la valeur des titres, mais non sur la **quantité de titres** à céder (B. Paulze d'Ivoy, Expertise et prix de cession de droits sociaux : Bull. Joly 1995 p. 313). De même, la procédure de l'article 1843-4 du Code civil n'est pas applicable lorsque la contestation porte sur l'**existence de l'obligation de cession ou de rachat,** la qualité d'associé du vendeur ou l'existence des titres (A. Couret, L. Cesbron, B. Provost, Ph. Rosenpick, J.-Ch. Sauzey, Les contestations portant sur la valeur des droits sociaux : Bull. Joly 2001 p. 1045).

Antériorité de la contestation Sous l'empire de l'ancienne rédaction de l'article 1843-4 du Code civil, la Cour de cassation a précisé que la contestation doit être antérieure **à la conclusion de la cession** (Cass. com. 24-11-2009 n° 08-21.369 FS-PB : RJDA 4/10 n° 375, Rapport 37452

B. Petit p. 319). Là encore, si la solution est transposable sous le régime actuel, elle a perdu de son intérêt. Elle permettait en effet d'éviter le recours à l'expertise aux promesses unilatérales de vente ou d'achat figurant dans des pactes d'actionnaires. En pratique, il était en effet rare que la contestation s'élève avant la levée de l'option, laquelle emporte formation du contrat de cession (sur ce sujet, voir P. Le Cannu, Article 1843-4 : sécurité des promesses de vente, mais... : Bull. Joly 2010 p. 318 ; J. Moury, Cession de droits sociaux en exécution d'une convention extrastatutaire et applicabilité de l'article 1843-4 : Rev. sociétés 2010 p. 21). Mais ces mécanismes conventionnels sont désormais exclus du champ d'application de l'expertise (n° 37435).

B. Option entre les deux régimes de fixation du prix

APPLICATION VOLONTAIRE DE L'ARTICLE 1843-4

37460 Les parties peuvent convenir de l'application de l'article 1843-4 du Code civil **hors des cas où il s'impose** (Cass. com. 30-11-2004 n° 03-13.756 FS-PBIR : RJDA 3/05 n° 270, 1e esp. ; Cass. com. 14-2-2018 n° 16-24.790 F-D : RJDA 5/18 n° 433). À notre avis, la réforme de l'article 1843-4 du Code civil par l'ordonnance 2014-863 du 31 juillet 2014 n'a pas remis en cause ce principe (voir toutefois les interrogations de B. Dondero, L'ordonnance du 31 juillet 2014 relative au droit des sociétés : D. 2014 p. 1885 s. § 54).

Si les parties choisissent de renvoyer conventionnellement à ce régime impératif, elles s'engagent, à notre avis, à l'**appliquer en intégralité**. En effet, chaque fois que la Cour de cassation a admis l'application conventionnelle d'un régime d'ordre public, elle a jugé que ce régime doit s'appliquer en intégralité même si les parties n'y ont fait qu'un renvoi partiel (Cass. com. 4-2-1992 n° 90-15.668 P : RJDA 5/92 n° 425 ; Cass. 1e civ. 9-12-1997 n° 96-04.172 P : RJDA 4/98 n° 491 ; Cass. 1e civ. 23-3-1999 n° 97-11.525 P : RJDA 5/99 n° 597, 1e esp.). Les parties qui procéderaient à un **panachage** des régimes des articles 1592 et 1843-4 du Code civil s'exposent donc à une application complète du régime de l'article 1843-4.

CRITÈRES D'OPTION ENTRE LES ARTICLES 1843-4 ET 1592

37465 En dehors des cas où l'article 1843-4 du Code civil s'applique impérativement (nos 37425 s.), le **choix** entre ce texte et l'article 1592 du Code civil est **discrétionnaire** (même si la négociation sur ce point peut s'avérer difficile) mais il n'est **pas neutre** car ces régimes ne sont que partiellement communs. Ils diffèrent sur les points suivants :
– la date de formation du contrat (n° 37470) ;
– la faculté pour le juge de désigner le tiers à défaut d'accord des parties sur ce point (nos 37520 s.) ;
– la définition de la mission du tiers et de ses limites (nos 37560 s.) ;
– l'obligation du tiers de procéder à l'évaluation (n° 37547).

INFLUENCE DU RECOURS À UN TIERS SUR LA DATE DE FORMATION DE LA CESSION

37470 La détermination du prix est, on l'a vu, une condition de formation de la vente (nos 37000 s.). Lorsque cette détermination est laissée à un tiers, doit-on considérer que la vente est formée à la date de la rencontre des consentements des parties (par exemple, en présence d'une promesse unilatérale de vente ou d'achat, lors de la levée de l'option) ou au moment où le tiers accepte sa mission ou encore à la date à laquelle il rend son rapport ?

Lorsque le **tiers** est **désigné en application de l'article 1592 du Code civil,** la cession n'est valablement formée qu'à la date où il a effectivement réalisé sa mission (Cass. 1e civ. 24-11-1965 : Bull. civ. I n° 651 ; CA Paris 15-10-1982 et, sur pourvoi, Cass. com. 16-10-1984 : Bull. Joly 1984 p. 1197 ; voir aussi H. Hovasse, note sous Cass. com. 30-11-2004 n° 1742 FS-PBIR : Defrénois 2005 art. 38166 § 12). En effet, le tiers de l'article 1592 est en droit de refuser cette mission (n° 37547) ; en outre, celle-ci peut s'avérer impossible (n° 37582).

Si les parties sont convenues que le prix sera fixé par un **tiers** dans les conditions de l'**article 1843-4 du Code civil** (ou encore s'en sont remises à l'estimation « d'un expert ayant les pouvoirs prévus à l'article 1843-4 du Code civil »), la date de formation de la cession est alors celle de la désignation du tiers (Cass. com. 30-11-2004 n° 03-13.756 FS-PBIR : RJDA 3/05 n° 270, Defrénois 2005 art. 38166 § 12 note Hovasse). En effet, le tiers prévu par l'article 1843-4 est tenu de procéder à l'estimation. On peut donc considérer que le renvoi à l'article 1843-4 rend le prix déterminable, même s'il n'est pas encore déterminé, emportant ainsi la formation du contrat de vente.

> **Précisions a.** La **modification** de l'expertise **de l'article 1843-4 du Code civil** par l'ordonnance 2014-863 du 31 juillet 2014 n'a, à notre avis, pas remis en cause ces principes. La rédaction actuelle de l'article 1843-4 ne réserve pas plus qu'auparavant à l'expert la faculté de ne pas procéder à l'évaluation.
> **b.** Sur les règles particulières applicables au **rachat** de titres faisant **suite à un refus d'agrément,** voir nos 33420 s.

II. NATURE DE L'INTERVENTION DU TIERS FIXANT LE PRIX DE CESSION

QUALIFICATIONS EXCLUES

La formulation des articles 1592 et 1843-4 du Code civil, le premier parlant de prix laissé à l'« estimation d'un tiers », le second d'« expert », a conduit à s'interroger sur la nature juridique de l'intervention du tiers chargé de déterminer le prix de cession. **37480**

Contrairement à ce que pourrait laisser supposer la lecture de ces textes, le tiers n'est pas un **expert judiciaire** au sens des articles 263 et suivants du Code de procédure civile (Cass. com. 12-11-1962 n° 61-10.656 : Bull. civ. III n° 444 ; CA Paris 30-1-2009 n° 08-13762, 14e ch. B : RJDA 5/09 n° 440 ; CA Bastia 1-2-1892 : D. 1892.2 p. 201) puisque le prix fixé par le tiers s'impose, comme nous le verrons, aux parties et aux juges contrairement à l'avis rendu dans le cadre de l'expertise judiciaire. De même, il a été jugé que l'expertise visée par l'article 1843-4 du Code civil ne correspondait pas aux mesures d'instruction prévues par l'article 145 du Code de procédure civile (Cass. com. 10-3-1998 n° 656 P : RJDA 7/98 n° 866 ; CA Orléans 16-1-2003 n° 01-2816, ch. com. : RJDA 5/04 n° 584).

En cas de **redressement judiciaire** de la société, le tiers n'est pas non plus, à notre avis, celui qui, dans le cadre d'une cession forcée des actions du dirigeant, fixe le prix de cette cession (C. com. art. L 631-19-1, al. 2). En effet, en pareille hypothèse, la mission du technicien est alors celle que définissent les articles 232 et suivants du Code de procédure civile : il est chargé de recueillir les éléments propres à éclairer le tribunal sur la valeur des actions et de formuler un avis sur le prix de cession (en ce sens, Cass. com. 1-10-2002 n° 99-12.663 F-D : RJDA 2/03 n° 162).

Dans son ancienne rédaction, l'article 1592 du Code civil disposait que le prix pouvait « être laissé à l'arbitrage d'un tiers ». La jurisprudence avait été amenée à décider que le tiers au sens de ce texte n'était pas un **arbitre** dès lors qu'il n'avait pas pour vocation de régler un litige déjà né mais de fixer les éléments de la convention (Cass. com. 12-11-1962 précité ; Cass. com. 16-2-2010 n° 09-11.586 FS-PB : n° 37560 ; CA Bordeaux 23-7-1853 : D. 1854.2 p. 427 ; CA Bastia 1-2-1892 précité). La suppression de la référence à l'arbitrage du texte de l'article 1592 opérée par la loi 2016-1524 du 14 novembre 2016 – le texte précise depuis que le prix peut être laissé à l'estimation d'un tiers – consacre cette solution jurisprudentielle.

QUALIFICATION RETENUE

Le tiers chargé de déterminer le prix de cession est le **mandataire commun** des parties. Cela est admis tant par la majorité de la doctrine (J. Hémard, F. Terré, P. Mabilat, Sociétés commerciales t. 1 n° 322 ; A. Couret, F. Peltier, La maîtrise du risque d'indétermination du prix dans les cessions d'actions : Dr. sociétés juin 1992 actes. prat. p. 2 ; B. Paulze d'Ivoy, Expertise et prix de cession de droits sociaux : Bull. Joly 1995 p. 313 ; en sens contraire, J. Moury, Jeux d'ombres sur la détermination du prix par les tiers estimateurs des articles 1592 et 1843-4 du Code civil : Rev. sociétés 2005 p. 513), que par la jurisprudence (Cass. com. 3-11-1952 : Bull. civ. III n° 333 ; Cass. com. 12-11-1962 n° 61-10.656 : n° 37560 ; Cass. 1e civ. 2-12-1997 n° 95-19.791 P : RJDA 4/98 n° 403 ; CA Bastia 1-2-1892 : D. 1892.2 p. 201 ; CA Douai 24-2-1983, 2e ch. civ. : Rev. sociétés 1983 p. 337 note D. Randoux). **37482**

> **Précisions** Pour M. Moury, la mission du tiers n'est pas réductible au seul mandat ; la convention qui le lie aux parties serait un **contrat complexe,** mandat mâtiné de contrat d'entreprise appelant une qualification distributive. Selon cet auteur, si l'effet obligatoire de la décision du tiers dans les rapports des parties l'une à l'égard de l'autre découle du mandat, il semble que la phase d'exécution proprement dite de la prestation d'évaluation, relevant quant à elle du contrat d'entreprise, puisse donner lieu, s'agissant des rapports entre l'une ou les parties et le tiers, à l'application de certaines des règles qui gouvernent ce contrat (J. Moury, Des ventes et des cessions de droits sociaux à dire de tiers – étude des articles 1592 et 1843-4 du Code civil : Rev. sociétés 1997 p. 455 n° 15 ; sur cette question, voir aussi, J. Moury et F. Bénédicte, Le prix dans les cessions de droits sociaux, Dalloz référence 2022/2023 § 2312-91 s.).

III. DÉSIGNATION DU TIERS FIXANT LE PRIX DE CESSION

A. Désignation du tiers par accord des parties

ACCORD DES PARTIES POUR DÉSIGNER LE TIERS CHARGÉ DE FIXER LE PRIX

37500 Les articles 1592 et 1843-4 du Code civil permettent tous les deux aux parties de **choisir ensemble** le tiers. Cet accord peut figurer dans le contrat lui-même, mais il peut aussi résulter d'un autre acte dès lors qu'il se rapporte sans ambiguïté à celui-ci (B. Paulze d'Ivoy, Expertise et prix de cession de droits sociaux : Bull. Joly 1995 p. 313). Mais une partie ne peut pas désigner unilatéralement le tiers chargé de la fixation du prix.

ILLUSTRATIONS

Deux vétérinaires avaient constitué entre eux une **société de fait** pour exercer leur profession et, au départ de l'un d'eux, son coassocié avait envisagé le rachat de ses parts, mais il avait refusé l'évaluation qu'en avait proposée le **conseil supérieur de l'ordre des vétérinaires** saisi par le cédant. Viole les articles 1592 et 1843-4 du Code civil une cour d'appel qui, après s'être référée à la valeur des apports fixée dans le contrat de société, valeur qui n'était pas en elle-même déterminante de celle des parts, a retenu le prix fixé par le tiers, saisi unilatéralement par l'une des parties, alors qu'il n'était pas établi que celles-ci étaient convenues de s'en remettre à son arbitrage (désormais à son estimation).

Cass. 1e civ. 9-1-1996 n° 58 : RJDA 5/96 n° 642.

La clause contenue dans une promesse de vente selon laquelle « **à défaut d'accord** le prix sera celui de toute offre d'achat dûment justifiée émanant d'un **tiers notoirement solvable** » ne pouvait pas être retenue comme un moyen permettant de déterminer le prix de vente. En effet, le prix n'était pas laissé à l'arbitrage (désormais à son estimation) d'un tiers au sens de l'article 1592 du Code civil à défaut de désignation de ce tiers d'un commun accord.

Cass. 3e civ. 21-12-1987 n° 86-16.658.

CLAUSE DE DÉSIGNATION DU TIERS CHARGÉ DE FIXER LE PRIX

37505 La clause désignant le tiers doit être la plus explicite possible et celle stipulant que le prix sera fixé « à dire d'expert » sans autre précision est à éviter. Plusieurs possibilités s'offrent aux parties.

Le **tiers** est **nommément désigné.** Bien qu'il s'agisse de la formule la plus sûre, cela seul est insuffisant car les parties se doivent de pallier un éventuel refus ou un empêchement (décès, maladie par exemple) de la personne désignée. Elles peuvent donc utilement désigner un suppléant, sachant qu'en tout état de cause la prudence commande de prévoir en dernier ressort la désignation du tiers par le juge saisi par la partie la plus diligente (dans le même sens, A. Couret et F. Peltier, La maîtrise du risque d'indétermination du prix dans les cessions d'actions : Dr. sociétés juin 1992 Actes pratiques p. 2 ; B. Wertenschlag, Prix déterminable et cession de droits sociaux : JCP N 1991 doct. p. 221 n° 32).

La désignation du tiers peut être confiée à un **organisme indépendant,** par exemple l'ordre des experts-comptables.

Les parties peuvent également prévoir que le tiers sera désigné par le **tribunal** sur demande de la partie la plus diligente. Rien n'interdit aux parties de reprendre les termes de l'article 1843-4 du Code civil : l'expert est désigné, à défaut d'accord entre les parties, par jugement du président du tribunal judiciaire ou du tribunal de commerce statuant selon la procédure accélérée au fond et sans recours possible (pour un exemple avant la réforme introduite par l'ordonnance 2019-738 du 17-7-2019, Cass. com. 26-6-1990 n° 88-14.444 : Bull. civ. IV n° 197). Mais un renvoi exprès à l'article 1843-4 peut être interprété par les juges comme impliquant l'application de tout le régime de l'expertise prévue par ce texte et non pas seulement des modalités de désignation de l'expert (n° 37460).

37510 Les parties peuvent aussi envisager, soit dans la convention soit ultérieurement, de désigner **un « expert » chacune.** Dans ce cas, il est conseillé de prévoir la nomination par le juge d'une troisième personne pour pallier un éventuel désaccord entre les deux premières et éviter la nullité de l'opération pour indétermination du prix. Une promesse de cession d'actions a ainsi été annulée faute pour les parties d'avoir prévu les conditions de désignation du troisième expert dont l'évaluation devait être définitive (CA Paris 23-5-1986 : n° 37150).

ATTENTION

Certains auteurs estiment **préférable d'éviter** ces « clauses complexes à plusieurs détentes » (A. Couret et F. Peltier, La maîtrise du risque d'indétermination du prix dans les cessions d'actions : Dr. sociétés juin 1992 Actes pratiques p. 2).

Le cocontractant qui refuserait de désigner le tiers chargé de fixer le prix de cession engagerait sa **responsabilité** contractuelle sur le fondement de l'article 1217 du Code civil issu de l'ordonnance 2016-131 du 10 février 2016. Avant cette ordonnance, la Cour de cassation avait jugé, dans un cas où il était convenu que le prix serait évalué par deux experts désignés par les parties, que si la vente n'existait pas tant que la détermination du prix n'était pas faite, la convention parfaitement licite par laquelle les parties s'étaient engagées à désigner leurs experts n'en devait pas moins produire ses effets, l'inexécution d'une telle obligation se résolvant en dommages-intérêts sur le fondement de l'article 1142 du Code civil (Cass. 1e civ. 24-11-1965 : Bull. civ. I n° 651 ; dans le même sens, Cass. com. 27-4-1968 : Bull. civ. IV n° 141 ; CA Paris 20-9-1991 n° 90-24096, 3e ch. B). Depuis cette ordonnance, l'article 1217 précité, comme l'article 1221, qui a remplacé l'article 1142, permettraient même de contraindre le contractant récalcitrant à désigner le tiers.

B. Absence d'accord des parties pour désigner le tiers

NON-DÉSIGNATION DU TIERS DE L'ARTICLE 1592

Si les parties n'arrivent pas à désigner d'un commun accord le tiers chargé de fixer le prix en application de l'article 1592 du Code civil, la cession est nulle pour indétermination du prix. En effet, le **juge** ne peut pas se substituer aux parties pour le désigner, à moins qu'elles n'aient expressément prévu son intervention (Cass. civ. 25-4-1952 : D. 1952 jur. p. 635 ; Cass. com. 23-1-1990 : n° 37120). Si une telle désignation intervenait sans accord préalable des parties, elle ne pourrait pas être assimilée à celle d'un arbitre (désormais tiers estimateur) prévue par l'article 1592 du Code civil (Cass. 1e civ. 16-5-1984 n° 82-17.008 : Bull. civ. I n° 164). 37520

ILLUSTRATIONS

Lorsque les parties ont seulement convenu que le prix serait fixé « par expert » non désigné et qu'elles ne peuvent se mettre d'accord sur la désignation du tiers, celle-ci, **devenue contentieuse,** ne peut pas être faite par les juges dont l'intervention, non prévue par la convention, se trouverait ainsi imposée pour la perfection du contrat, là où la loi n'a voulu que l'action libre et exclusive des parties.

Cass. civ. 25-4-1952 : D. 1952 jur. p. 635, rendu pour une promesse de vente d'immeuble mais transposable.

Faute d'accord préalable entre les parties, leur volonté de recourir au tribunal pour désigner le tiers ne peut pas résulter du fait qu'une partie n'ait **pas interjeté appel** de la décision avant dire droit donnant mission à un expert d'évaluer le bien et de la participation sans réserve de celle-ci aux opérations d'expertise.

Cass. 1e civ. 16-5-1984 n° 82-17.008 : Bull. civ. I n° 164.

Il y a accord des parties lorsque le tiers a été désigné par une ordonnance de référé conformément à la convention, même si l'acquéreur n'a pas été partie à l'instance dès lors qu'il a **entériné les conclusions de l'expertise.**

Cass. com. 24-2-1987 : JCP N 1987 II p. 189.

Il y a accord des parties lorsqu'il est stipulé qu'« à défaut d'accord entre les parties, le montant [d'ajustement du prix de cession d'actions] sera fixé **dans les termes de l'article 1592 du Code civil** par un expert désigné soit d'un commun accord entre les parties soit à défaut d'accord par ordonnance du président du tribunal de commerce statuant en la forme des référés et sans recours possible ».

Cass. com. 26-6-1990 : Bull. civ. IV n° 197.

NON-DÉSIGNATION DU TIERS DE L'ARTICLE 1843-4

Le tiers prévu par l'article 1843-4 du Code civil est désigné, à défaut d'accord entre les parties, par jugement du **président du tribunal de commerce** s'agissant des sociétés commerciales, statuant selon la procédure accélérée au fond et sans recours possible (C. civ. art. 1843-4, I-al. 2 et II-al. 1 ; Décret 78-704 du 3-7-1978 art. 17). 37525

Sur le cas particulier de la désignation du tiers dans les SARL en cas de refus d'agrément de l'acquéreur, voir n° 33222.

> **Précisions** Depuis la réforme de la justice issue de l'ordonnance 2019-738 du 17 juillet 2019 (applicable depuis le 1-1-2020), le **président** du tribunal saisi sur le fondement de l'article 1843-4 ne statue plus par voie d'ordonnance et « en la forme des référés » mais par **jugement** selon la procédure accélérée au fond. Cette modification n'a eu pour objet que d'éviter la confusion avec la procédure de référé, la décision rendue à l'issue de cette dernière n'ayant pas d'autorité de chose jugée sur le fond (CPC art. 484 et 488, al. 1).

37527 **Saisine du tribunal** Ni l'article 1843-4 du Code civil ni aucun autre texte qui y fait référence ne précise **à qui incombe la saisine** du président du tribunal en cas de désaccord sur la désignation de l'expert. Il en résulte que cette saisine intervient à la demande de la partie la plus diligente. En conséquence, le fait de ne pas saisir le tribunal ne saurait être considéré comme fautif.

ILLUSTRATIONS

Dans un cas où une société exploitant une clinique s'était engagée à racheter au médecin avec qui elle avait conclu un contrat d'exercice médical les actions détenues par celui-ci dans le capital social, c'est à bon droit qu'une cour d'appel, après avoir constaté que le prix de cession devait, aux termes du contrat et des statuts de la société, être déterminé selon la procédure prévue à l'article 1843-4 du Code civil en l'absence d'accord des parties et relevé que ce prix devait alors être fixé par un expert désigné par celles-ci ou, à défaut d'accord entre elles sur le nom de l'expert, par ordonnance du président du tribunal, a décidé que la société n'avait pas commis de faute en s'abstenant d'engager cette procédure dès lors qu'aucune norme légale ou contractuelle ne précisait celle des parties qui devait saisir le président du tribunal et que l'obligation de rachat des actions n'impliquait pas aussi l'obligation pour la société de faire désigner l'expert (Cass. com. 12-7-2005 n° 04-10.379 F-D : RJDA 2/06 n° 147).

Sur le cas particulier de la saisine du tribunal en cas de refus d'agrément de l'acquéreur, voir n° 33225.

37530 **Compétence du président du tribunal** Il résulte de l'article 1843-4 du Code civil que la **compétence** du président du tribunal **pour désigner l'expert** est **exclusive** (Cass. com. 30-11-2004 n° 03-13.756 FS-PBIR et Cass. com. 30-11-2004 n° 03-15.278 FS-PBIR : RJDA 3/05 n° 270).

Ne peuvent donc valablement procéder à cette désignation, ou au remplacement de l'expert, ni le **tribunal** statuant en sa **forme collégiale** (Cass. com. 9-2-2010 n° 09-10.800 F-D : Dr. sociétés 2010 comm. n° 122 note J.-P. Legros ; Cass. 3e civ. 28-3-2012 n° 10-26.531 FS-PB : RJDA 7/12 n° 692 ; Cass. 1e civ. 25-11-2015 n° 14-14.003 FS-PBI : RJDA 3/16 n° 200), ni le **juge des référés** (Cass. 1e civ. 9-4-2014 n° 12-35.270 F-PB : RJDA 7/14 n° 635 ; Cass. com. 7-3-2018 n° 16-25.197 F-D : RJDA 5/18 n° 432), à moins qu'il n'ait reçu délégation du président du tribunal à cette fin (Cass. com. 15-5-2012 n° 11-17.866 F-PB : RJDA 1/13 n° 40).

La première chambre civile de la Cour de cassation a jugé que le pouvoir exclusif du président du tribunal de désigner l'expert ne fait pas obstacle à ce que l'actualisation du rapport soit confiée au même expert, en cause d'appel, par le **conseiller de la mise en état** (Cass. 1e civ. 9-12-2010 n° 09-10.141 FS-PBI : RJDA 3/11 n° 245). La solution va certes dans le sens d'une accélération du traitement du contentieux mais elle suscite des interrogations. Si on estime que la mission de l'expert de l'article 1843-4 prend fin au moment où il rend son rapport, lui demander une actualisation de ce dernier s'analyse en une nouvelle désignation qui n'entre pas dans les pouvoirs de la cour d'appel et encore moins dans ceux du conseiller de la mise en état. La première chambre civile ne vise ici que le cas où l'actualisation est demandée au même expert et la solution ne peut pas, à notre avis, être étendue au cas où un autre expert serait chargé de cette mission. Plus récemment, la chambre commerciale de la Cour de cassation a jugé qu'il n'était pas fait application de la procédure spécifique prévue par l'article 1843-4 lorsque l'expert était désigné par juge de la mise en état (Cass. com. 20-12-2017 n° 16-17.587 F-D).

Sur la faculté pour la **cour d'appel** de procéder à la désignation de l'expert, voir nos 37537 et 37538.

ATTENTION

Le caractère d'ordre public de l'article 1843-4 du Code civil n'exclut pas l'arbitrabilité du litige, de sorte qu'en présence d'une clause soumettant à l'**arbitrage** les litiges relatifs à l'évaluation des parts d'un associé exclu, le président du tribunal saisi d'une désignation d'un expert peut décliner sa compétence au profit de l'arbitre, seul compétent pour déterminer sa propre compétence (Cass. com. 10-10-2018 n° 16-22.215 FS-PB : RJDA 5/19 n° 339).

37532 **Pouvoirs du président du tribunal** Lorsque le président du tribunal est saisi en application de l'article 1843-4 du Code civil, ses pouvoirs sont limités à l'**examen des conditions d'application de l'article 1843-4 du Code civil** (Cass. com. 25-5-2022 n° 20-18.307 F-B : RJDA 8/22 n° 484) et, s'il estime la demande recevable, au **choix** du nom **de l'expert** dont la désignation est sollicitée (CA Paris 23-11-2005 n° 05-7615, 14e ch. A : RJDA 5/06 n° 539 ; CA Paris 30-1-2009 n° 08-13762, 14e ch. B : RJDA 5/09 n° 440) et, le cas échéant, à son **remplacement** (CA Paris 30-1-2009, précité).

Il ne peut donc pas :

– **évaluer lui-même** le prix de cession ou de rachat des droits sociaux, même s'il estime disposer de tous les éléments nécessaires (Cass. 1e civ. 18-6-1996 n° 94-16.159 : Bull. civ. I n° 264 et JCP E 1997 II n° 910, note J.-J. Daigre ; Cass. 1e civ. 25-11-2003 n° 00-22.089 : Bull. civ. I n° 243 rendus à propos de sociétés civiles professionnelles, mais transposables aux sociétés commerciales) ;

– **encadrer la mission de l'expert** comme en matière d'expertise judiciaire (CA Paris 30-1-2009 n° 08-13762, précité) mais il ne lui est pas interdit de donner des consignes d'évaluation à l'expert dès lors qu'elles sont conformes aux prescriptions de l'article 1843-4, tel le respect des règles de détermination du prix fixées par les statuts ou les conventions liant les parties (Cass. 1e civ. 8-1-2020 n° 17-13.863 FS-PBI : RJDA 3/20 n° 159) ;

– **trancher** une **contestation** portant **sur les statuts ou la convention que l'expert doit appliquer** conformément à l'article 1843-4 ; en présence d'une telle contestation, le président du tribunal doit surseoir à statuer sur la demande de désignation de l'expert dans l'attente d'une décision du tribunal compétent, saisi à l'initiative de la partie la plus diligente (Cass. com. 7-7-2021 n° 19-23.699 FS-B : RJDA 10/21 n° 666 ; Cass. com. 25-5-2022 n° 20-18.307 F-B précité).

> **Précisions** Constituent des **contestations** que le président du tribunal ne peut pas trancher celle portant sur la question de savoir si une délibération d'assemblée générale extraordinaire modifiant les modalités de fixation de la valeur des titres de la société est opposable à l'associé exclu juste avant l'adoption de cette délibération (Cass. com. 7-7-2021 n° 19-23.699 FS-B précité) ainsi que celle portant sur l'éventuelle nullité de la convention en vertu de laquelle il est saisi (Cass. com. 25-5-2022 n° 20-18.307 F-B précité).

Des recours différents selon que le président du tribunal désigne ou non l'expert 37535
L'expert est désigné par jugement du président du tribunal sans recours possible (C. civ. art. 1843-4). Jusqu'à une date récente, la Cour de cassation considérait que cette interdiction des recours s'appliquait que le président du tribunal procède à la désignation de l'expert ou à son remplacement (Cass. com. 15-5-2012 n° 11-12.999 F-PB : RJDA 1/13 n° 40) ou qu'il s'y refuse (Cass. com. 11-3-2008 n° 07-13.189 FS-PB : RJDA 6/08 n° 669). Cette exclusion des recours visait, par sa généralité, le pourvoi en cassation comme à toute autre voie de recours (Cass. 1e civ. 6-12-1994 n° 92-18.007 P : Bull. civ. I n° 364 ; Cass. com. 3-5-2012 n° 11-16.349 F-PB : RJDA 11/12 n° 970 ; Cass. com. 15-5-2012 n° 11-12.999 F-PB : RJDA 1/13 n° 40 ; Cass. 2e civ. 7-6-2018 n° 17-18.722 F-PB : RJDA 8-9/18 n° 645). Il ne pouvait y être déroger qu'en cas d'excès de pouvoir du président du tribunal (n° 37537).

Procédant à un **revirement** partiel **de jurisprudence**, la Haute Juridiction a dissocié les deux hypothèses suivantes.

Si le président du tribunal désigne l'expert, sa décision est insusceptible de recours, sauf un recours-nullité en cas d'excès de pouvoir du magistrat (Cass. com. 25-5-2022 n° 20-18.307 F-B : RJDA 8/22 n° 484).

S'il **refuse de procéder à la désignation** pour quelque cause que ce soit, sa décision est susceptible d'un appel-réformation de la part des parties (Cass. com. 25-5-2022 n° 20-14.352 FS-BR : RJDA 8/22 n° 483).

> **Précisions a. La Cour de cassation a justifié cette solution,** d'une part, par la lettre du texte de l'article 1843-4 du Code civil, qui ne prive de recours que la décision désignant un expert et n'exige donc pas une unité de régime et, d'autre part, par l'absence de contradiction avec l'objectif de célérité poursuivi par le législateur lorsqu'une décision désigne un expert. En outre, relève la Cour de cassation, ouvrir l'appel aux parties permet d'éviter les situations de blocage dans lesquelles se trouvaient celles-ci en cas de refus de désignation de l'expert.
> **b.** En matière de **remplacement de l'expert,** il faut, à notre avis, de la même manière distinguer selon que le président du tribunal fait droit ou non à la demande de remplacement.
> **c.** Le président ayant statué selon la procédure accélérée au fond (C. civ. art. 1843-4), le **délai d'appel** (appel-nullité ou appel-réformation) est de 15 jours (CPC art. 481-1, dernier al.) et l'audience est fixée à bref délai (CPC art. 905, 3°).

Recours-nullité contre la désignation de l'expert 37537
Il résulte de l'article 1843-4 du Code civil que la décision par laquelle le président du tribunal procède à la désignation d'un expert chargé de déterminer la valeur de droits sociaux est sans recours possible ; cette disposition s'applique, par sa généralité, au pourvoi en cassation comme à toute autre voie de recours et il n'y est dérogé qu'en cas d'excès de pouvoir (Cass. com. 7-7-2021 n° 19-23.699 FS-B : RJDA 10/21 n° 666 ; Cass. com. 25-5-2022 n° 20-18.307 F-B : RJDA 8/22 n° 484). Ces principes sont constants, et s'appliquent y compris lorsque le président du tribunal accepte de **remplacer l'expert** désigné (Cass. com. 3-5-2012 n° 11-16.349 F-PB, Cass. com. 15-5-2012 n° 11-12.999 F-PB et Cass. com. 15-5-2012 n° 11-17.866 F-PB : RJDA 1/13 n° 40 ; Cass. 2e civ. 1-6-2017 n° 16-15.577 F-D : Dr. sociétés 2017 comm. n° 182 R. Mortier) ou rend une **décision interprétant** celle par laquelle il a procédé à la désignation (Cass. com. 14-2-2018 n° 16-24.790 F-D : RJDA 5/18 n° 433, à propos d'un cas où le président avait précisé, dans une seconde décision, la version de l'article 1843-4 à appliquer) ; mais ils n'ont plus vocation à régir le cas où ce **magistrat refuse** de faire droit à la demande de désignation ou de remplacement (n° 37538).

ATTENTION

Le recours-nullité est une construction purement jurisprudentielle. Les recours ouverts à ce titre sont les mêmes que les recours-réformation s'ils avaient été autorisés. Ils sont soumis aux mêmes **modalités de mise en œuvre** (forme, qualité à agir, etc. ; sur le délai d'appel, voir n° 37535) mais ils sont **limités au seul cas d'excès de pouvoir du juge** ayant rendu la décision.

Il y a **excès de pouvoir** en cas de méconnaissance par le juge de l'étendue de ses pouvoirs juridictionnels (Cass. 1e civ. 20-2-2007 n° 06-13.134 F-PB : RJDA 6/07 n° 674), c'est-à-dire s'il outrepasse les pouvoirs que lui confère la loi ou ne les exerce pas. Est aussi entachée d'excès de pouvoir la décision par laquelle, saisi d'un recours, un juge confirme une décision constitutive d'un excès de pouvoir (notamment Cass. com. 3-5-2012 n° 11-16.349, Cass. com. 15-5-2012 nos 11-12.999, 11-17.866 et Cass. com. 25-5-2022 n° 20-18.307 précités) car il y a alors consécration d'un excès de pouvoir ouvrant droit à recours. S'agissant de l'application de l'article 1843-4 du Code civil, l'existence d'un excès de pouvoir ouvrant un recours-nullité est rarement admise par les tribunaux, comme le montre la jurisprudence exposée ci-dessous.

ILLUSTRATIONS

L'**existence d'un excès de pouvoir** est **retenue** lorsque :
– l'expert est désigné ou remplacé par un juge incompétent (n° 37530) ;
– le président du tribunal se prononce sur la validité de la convention en exécution de laquelle il est saisi (Cass. com. 25-5-2022 n° 20-18.307 F-B précité) ou, plus généralement, tranche une contestation portant sur la détermination des statuts applicables ou de la convention liant les parties que l'expert est tenu d'appliquer (Cass. com. 7-7-2021 n° 19-23.699 FS-B : RJDA 10/21 n° 666).
En revanche, l'**excès** de pouvoir n'est **pas caractérisé** si le président du tribunal :
– se déclare incompétent au profit du tribunal arbitral désigné par une clause d'arbitrage figurant dans les statuts (Cass. com. 10-10-2018 n° 16-22.215 FS-PB : RJDA 5/19 n° 339) ;
– procède à la désignation de l'expert alors que les conditions d'application de l'article 1843-4 du Code civil ne sont pas remplies (Cass. com. 15-5-2012 n° 11-17.866 précité ; Cass. com. 12-4-2016 n° 14-26.555 F-D : RJDA 7/16 n° 541 ; Cass. com. 7-7-2020 nos 18-18.192 et 18-18.190 F-D : RJDA 12/20 n° 650 ; sur ces conditions, voir nos 37425 s.), cette irrégularité constituant une erreur de droit (Cass. com. 12-4-2016 n° 14-26.555 précité) ;
– désigne un nouvel expert sans avoir d'abord prononcé la fin de la mission du premier expert, s'être assuré que ce dernier n'avait pas accepté sa mission ou que les parties y avaient mis fin ou que celui-ci pouvait renoncer à sa mission ou que sa renonciation était claire et non équivoque (Cass. com. 15-5-2012 n° 11-12.999 précité) ;
– méconnaît l'autorité de la chose jugée attachée à une précédente décision (Cass. com. 17-3-2021 n° 19-14.679 F-D : RJDA 6/21 n° 394) ;
– viole le principe de la contradiction et dénature un écrit (Cass. com. 15-12-2021 n° 20-15.097 F-D : RJDA 3/22 n° 147).
Ne commet pas d'excès de pouvoir la cour d'appel qui, saisie d'un recours contre la décision du président du tribunal qui a procédé à la désignation de l'expert après avoir déclaré la clause de conciliation préalable liant les parties inapplicable, se contente de vérifier qu'en statuant ainsi ce dernier n'a pas commis d'excès de pouvoir sans contrôler le bien-fondé de cette analyse de la clause (notamment, Cass. com. 3-5-2012 n° 11-16.349 et 15-5-2012 n° 11-17.866 précités).

La **cour d'appel** qui, sur recours, annule la désignation pour excès de pouvoir ne peut **pas désigner elle-même** l'expert (Cass. com. 24-6-2014 n° 13-24.587 F-D : Dr. sociétés 2014 comm. n° 142 note H. Hovasse ; Cass. com. 10-10-2018 n° 16-25.076 F-D : RJDA 12/18 n° 914 ; CA Paris 29-5-2007 n° 06-4408 : RJDA 2/08 n° 164) ; elle ne peut pas non plus, après avoir écarté le rapport de l'expert pour erreur grossière, désigner un nouvel expert (Cass. 1e civ. 25-11-2003 n° 00-22.089 FS-P : RJDA 5/04 n° 568). Il incombe donc à la partie la plus diligente de saisir à nouveau le président du tribunal.

37538 **Appel-réformation contre le refus de désigner l'expert** Lorsque le président du tribunal, saisi en application de l'article 1843-4 du Code civil, refuse **pour quelque cause que ce soit** de désigner l'expert pour fixer le prix de cession de droits sociaux, les parties peuvent former un **appel**-réformation contre cette décision (Cass. com. 25-5-2022 n° 20-14.352 FS-BR : RJDA 8/22 n° 483). Elles peuvent ainsi notamment invoquer une erreur de droit du magistrat sur les conditions d'application de l'article 1843-4, alors qu'elles ne le peuvent pas dans le cadre d'un recours-nullité (n° 37537).

Si, au terme d'un examen complet des faits et circonstances de la cause, la **cour d'appel** décide d'infirmer la décision refusant la désignation d'un expert, elle peut **désigner** elle-même cet **expert**, et ce, par une décision sans **recours** possible, sauf excès de pouvoir (arrêt précité ; sur la notion d'excès de pouvoir, voir n° 37537). À notre avis, si la cour d'appel refuse à son tour de désigner l'expert, sa décision peut faire l'objet d'un pourvoi en cassation de « droit commun », par transposition de la distinction opérée par la Cour de cassation à propos de la décision de première instance (n° 37535).

C. Choix du tiers chargé de fixer le prix

PERSONNE PHYSIQUE OU MORALE

Les articles 1592 et 1843-4 du Code civil n'imposant pas la désignation d'une personne physique, les parties peuvent choisir une personne morale ou un organisme de droit public ou privé (cf. Cass. 3e civ. 23-10-1979 n° 78-13.367 : Bull. civ. III n° 188, rendu à propos de l'article 1592 en vertu duquel la fixation du prix de la vente amiable d'un immeuble avait été confiée aux services des domaines). De même, aucune **qualification professionnelle** spécifique n'est requise, mais en pratique la complexité de l'évaluation des parts sociales et des actions conduit naturellement les parties à se tourner vers les professionnels du chiffre. Elles peuvent aussi choisir parmi la liste des experts judiciaires, mais la personne ainsi désignée ne se prononcera pas en cette qualité (n° 37480). **37540**

INDÉPENDANCE DU TIERS CHARGÉ DE FIXER LE PRIX

Quel que soit le texte sur le fondement duquel elle a été désignée pour fixer le prix de cession, la personne retenue doit avoir véritablement la **qualité de tiers**, c'est-à-dire qu'elle ne doit pas être dépendante de l'une des parties (Cass. 1e civ. 2-12-1997, analysé ci-dessous). **37545**

Une telle dépendance, qu'elle résulte de liens familiaux, professionnels ou de relations d'affaires, n'est pas en soi répréhensible, mais elle le devient, comme l'a précisé la Cour de cassation, si le tiers s'abstient d'en informer l'autre partie, ne lui permettant pas ainsi d'exprimer son choix en toute connaissance de cause. Une telle réticence dolosive entraîne l'annulation de la nomination, mais elle n'affecte pas le contrat de vente lui-même. En effet, par ce même arrêt, la Cour de cassation a précisé que « le contrat de vente conclu entre le cédant et l'acquéreur et le mandat donné par eux à un tiers pour évaluer le prix sont distincts, le tiers [n'étant] partie qu'à ce second contrat ». Étant un tiers par rapport au premier, il est irrecevable à en demander l'annulation. Un nouvel expert doit être désigné par les parties ou, à défaut, s'agissant d'une cession de parts ou actions d'une société commerciale, par le juge des référés du tribunal de commerce (pour l'expert de l'article 1592 du Code civil), ou par le président de ce tribunal (pour l'expert de l'article 1843-4).

ILLUSTRATIONS

Une cour d'appel retient exactement que si, aux termes de l'article 1592 du Code civil, le prix de la vente peut être laissé à l'arbitrage d'un tiers (désormais à l'estimation d'un tiers), il importe que ce mandataire commun des cocontractants ait véritablement la qualité de tiers, c'est-à-dire qu'il ne soit pas sous la dépendance de l'une des parties.

Ayant constaté que l'arbitre avait exercé les **fonctions de consultant financier** auprès du président d'une société **du groupe acquéreur** pendant les deux années ayant précédé la vente et que ces fonctions avaient donné lieu au paiement d'honoraires, elle en a déduit, à bon droit, que l'arbitre, qui ne rapportait pas la preuve de la notoriété de ces liens, devait en révéler l'existence à la partie qui l'ignorait et que, faute de cette révélation, le consentement donné par l'autre cocontractant n'a pas été exprimé librement.

Cass. 1e civ. 2-12-1997 n° 95-19.791 P : RJDA 4/98 n° 403.

Ndlr : Par suite, la désignation de l'expert a été annulée et les parties ont été invitées à nommer un nouveau « tiers arbitre » à défaut de quoi la partie la plus diligente pourrait saisir le juge des référés pour y procéder.

Les deux experts chargés d'évaluer le prix de cession des titres d'une société exploitant un supermarché par la société propriétaire de l'enseigne avaient, conformément au contrat d'adhésion conclu entre elles, désigné une tierce personne qui devait, seule, fixer le prix. L'expert du vendeur, ayant appris que cette personne avait été **collaborateur et associé de deux cabinets intervenant comme commissaires aux comptes de la société cessionnaire** et de plusieurs autres sociétés « satellites », avait demandé la récusation de cette personne et la nomination par le tribunal d'un nouvel expert comme le prévoyait la convention.

Manque de base légale l'arrêt d'une cour d'appel qui, pour faire droit à cette demande, a retenu que l'intéressé avait fait partie d'une ou des deux sociétés de commissaires aux comptes étant intervenues pour le compte de la société cessionnaire ou pour celui d'autres sociétés satellites et que le fait qu'il avait pu, ne serait-ce que quelques années avant la source du litige, être d'une quelconque façon, subordonnée ou indépendante, lié par quelque moyen que ce soit à l'une des parties n'était pas en harmonie avec l'impartialité objective, exigence première de tout expert, sans rechercher si l'expert avait entretenu avec la société cessionnaire ou ses dirigeants des relations de nature à faire naître un doute légitime et actuel sur son impartialité.

Cass. com. 5-10-2004 n° 02-21.545 F-D : RJDA 12/04 n° 1307.

Ndlr : La Cour de cassation rejette la notion d'impartialité objective qu'avait retenue la cour d'appel en l'espèce (CA Paris 25-10-2002 n° 02-12470, 14e ch. B : RJDA 10/04 n° 1126).

Un acte de cession d'actions permettait à l'acquéreur de demander le réajustement du prix après établissement des comptes sociaux et prévoyait qu'en cas de désaccord des parties sur le réajustement, le **prix** serait **fixé par un cabinet comptable** déterminé, en qualité de tiers arbitre prévu par l'article 1592 du Code civil (désormais tiers estimateur). Après la mise en œuvre de cette clause en raison d'un désaccord entre les parties, l'acquéreur avait contesté l'évaluation réalisée par le cabinet comptable, lui reprochant de ne pas être impartial car il avait fait l'**objet,** pendant l'accomplissement de sa mission, **d'un rapprochement avec un autre cabinet comptable dont étaient clientes plusieurs sociétés du groupe auquel appartenait l'une des sociétés cédantes.** Ce rapprochement n'est pas de nature à jeter un doute sur l'impartialité du cabinet comptable dans l'exécution de la mission confiée en commun par les parties. En effet, l'acquéreur établissait seulement l'existence d'une fusion entre la holding du cabinet comptable chargé de la fixation du prix avec un second cabinet et que ce dernier était le commissaire aux comptes d'une société appartenant au même groupe que l'une des sociétés cédantes et dont le capital social représentait moins de 0,2 % du montant des capitaux propres consolidés dudit groupe ; ces circonstances ne caractérisaient pas l'existence de relations personnellement entretenues entre le cabinet chargé de la fixation du prix et la société cédante, surtout étant donné les spécificités du mandat légal de commissaire aux comptes ainsi que le montant du chiffre d'affaires et le nombre de clients du second cabinet comptable. Il n'était même pas établi que le membre du cabinet chargé de l'évaluation des actions ait été informé de ce lien, d'autant plus qu'au début de sa mission son impartialité avait été contestée par les cédants, contentieux dont ils s'étaient désistés – sans que l'on puisse y voir une collusion entre eux – quand, à l'issue de plusieurs mois de discussion avec les parties, il avait finalement arrêté une réduction de prix qu'ils avaient acceptée, bien inférieure à celle réclamée par l'acquéreur.

CA Paris 29-5-2008 n° 07-506, 3e ch. B. : RJDA 1/09 n° 32.

ACCEPTATION PAR LE TIERS DE LA MISSION DE FIXER LE PRIX

37547 Le tiers désigné en application de l'**article 1592 du Code civil** doit avoir accepté sa mission : en effet, aux termes de ce texte, si le tiers ne veut ou ne peut faire l'estimation, il n'y a point de vente, sauf estimation par un autre tiers. Cette exception, introduite par la loi 2019-744 du 19 juillet 2019, donne un fondement juridique à la pratique consistant à prévoir, si le premier expert désigné refusait la mission ou n'en venait pas à bout, la faculté pour les parties de désigner un second expert. Mais, si l'intention du législateur est ici de permettre aux parties de sauver la cession, le dispositif ne suffit pas, comme le relèvent des auteurs, pour donner une issue favorable à une situation de blocage lorsque les parties ne parviennent pas à un accord pour désigner un autre expert ou pour saisir le juge afin qu'il en choisisse un (J. Moury et F. Bénédicte, Le prix dans les cessions de droits sociaux, Dalloz référence 2022/2023 § 2221-61 s.).

ILLUSTRATIONS

Dans un cas où les parties à une vente immobilière avaient confié la fixation du prix au service des domaines, doit être cassé pour violation des articles 1134 (devenu art. 1103 issu de ord. 2016-131 du 10-2-2016) et 1592 du Code civil l'arrêt d'une cour d'appel qui, pour annuler la vente pour indétermination du prix, a retenu que ledit service ne pouvait pas, sans détournement de pouvoirs, se mettre gratuitement et hors de sa compétence au service de particuliers dès lors qu'elle a constaté que le service des domaines avait accepté la mission confiée par les parties (Cass. 3e civ. 23-10-1979 n° 78-13.367 : Bull. civ. III n° 188).

Aucune précision de ce type ne figure à l'**article 1843-4 du Code civil.** On doit donc considérer que le tiers désigné en application de ce texte est tenu de procéder à l'évaluation. Sur l'effet de cette différence sur la date de formation de la cession, voir n° 37470.

IV. MODALITÉS DE FIXATION DU PRIX PAR LE TIERS

A. Mission du tiers de l'article 1592 du Code civil

DÉFINITION DE LA MISSION CONFIÉE AU TIERS DE L'ARTICLE 1592

37560 La mission confiée au tiers doit être de **déterminer le prix de cession.** En conséquence, en l'absence de clause renvoyant expressément à l'article 1592 du Code civil, les parties doivent faire apparaître **clairement dans l'acte** de cession que la mission confiée au tiers est bien la fixation du prix, à défaut de quoi le prix ne s'impose pas aux parties.

37560 (suite)

ILLUSTRATIONS

Deux associés d'une SARL s'étaient engagés à acquérir les parts sociales que détenait un troisième associé, la valeur des parts devant être fixée par un expert-comptable conformément aux statuts selon lesquels « la reprise des parts se fait pour la **valeur de la part** sur la base du dernier inventaire, mais tous les éléments d'actif et de passif portés ou ramenés à leur valeur réelle au jour dudit inventaire reconsidéré à dire d'expert en cas de désaccord entre les parties quant à l'évaluation desdits éléments ».
C'est par une interprétation souveraine de cette clause que les juges du fond ont estimé que les parties s'étaient manifestement placées dans le cas prévu par l'article 1592 du Code civil. En effet, le fait de n'avoir pas qualifié le tiers choisi d'arbitre (désormais tiers estimateur) et d'avoir fait suivre son nom de l'indication de sa profession d'expert-comptable n'avait pas eu pour effet et ne pouvait avoir pour conséquence de modifier le sens de la convention, la mission confiée audit tiers n'étant ni un arbitrage ni un compromis ni une expertise, mais un mandat de compléter la vente consentie par la fixation d'un prix.
Par ailleurs, il importait peu que les contractants aient employé l'expression « valeur » au lieu de celle de « prix », l'estimation de la valeur d'une part cédée étant précisément son prix.
Cass. com. 12-11-1962 n° 61-10.656 : Bull. civ. III n° 444.

Dans le cas d'une promesse de vente d'actions d'une société dont le prix devait être fondé sur l'**actif net comptable,** une cour d'appel avait retenu que la détermination du prix avait été l'œuvre des experts-comptables respectifs des cédants et des acquéreurs, lesquels avaient estimé que la reconstitution du capital social, nécessaire puisque les dettes lui étaient supérieures, devait être mise à la charge des cédants, et que, si cette décision était défavorable aux cédants, elle résultait d'une logique s'imposant à ces derniers. Cette décision doit être censurée pour les motifs suivants : d'une part, la promesse de vente prévoyait que le capital social et les bénéfices devaient être portés pour ordre et exclus pour l'établissement de la balance qui devait servir de base à la détermination du prix ; d'autre part, la cour d'appel n'a pas constaté que les experts-comptables assistant les parties avaient été chargés de fixer un prix s'imposant à ces dernières.
Cass. com. 23-11-1993 n° 92-10.846 : Bull. civ. IV n° 416.

Une promesse de vente portant sur l'intégralité des actions d'une SA avait été conclue pour un prix provisoirement estimé et devant être fixé au montant, majoré de deux millions de francs (environ 300 000 €), de la **situation nette comptable** de la société telle qu'elle serait **déterminée par un cabinet d'audit.** Le contrat qui chargeait ce cabinet d'établir le bilan de référence énonçait les méthodes que celui-ci devait suivre.
Il n'y a pas lieu de reconnaître à ce cabinet la qualité de tiers au sens de l'article 1592 du Code civil, compte tenu des circonstances suivantes :
– les parties ne s'étaient jamais référées expressément à l'article 1592 dans aucun des contrats ayant trait à la cession des titres ;
– la volonté des parties de conserver l'entière détermination du prix résultait de la teneur du mandat donné au cabinet d'audit consistant à « établir le cas échéant ou à certifier les comptes de l'exercice précédent et le bilan à une date déterminée de la société cédée ». Ces stipulations révélaient sans ambiguïté que les parties n'avaient confié au cabinet d'audit que la mission de réaliser un audit contradictoire afin d'établir un « bilan de référence » après s'être préalablement entendues sur un prix de vente égal au montant de la valeur nette comptable majorée de la survaleur de deux millions et avoir fixé provisoirement un prix ;
– le cabinet ainsi chargé d'une simple révision comptable permettant aux parties de fixer le prix définitif, après qu'elles en avaient seules déterminé les éléments constitutifs, n'avait disposé d'aucune liberté pour apprécier le prix, ni reçu aucune mission au titre de la partie de ce prix correspondant à la valeur des éléments incorporels. Le cédant l'avait d'ailleurs implicitement mais nécessairement reconnu en omettant de soulever, devant le juge des référés, saisi par l'acquéreur d'une demande d'expertise, un quelconque moyen tiré d'une prétendue fixation définitive du prix des actions par le cabinet en qualité de tiers arbitre (désormais tiers estimateur) au sens de l'article 1592 du Code civil.
CA Versailles 20-4-1995, 12e ch. 2e sect. : RJDA 1/96 n° 71.

Dans un cas où une cession de parts de plusieurs sociétés a été convenue pour un prix forfaitaire auquel devait être ajouté ou déduit le **résultat comptable** consolidé des sociétés tel qu'**établi par un expert-comptable et un auditeur,** il résulte des circonstances suivantes que les parties n'ont pas entendu confier à un tiers la fixation du prix :
– l'acte de cession ne faisait pas expressément référence à l'article 1592 du Code civil pour la détermination du prix ;
– la mission de l'expert-comptable était limitée à l'établissement des comptes et celle de l'auditeur avait pour seul objet de vérifier et contrôler les comptes ainsi arrêtés devant servir de référence à la détermination du prix et non, en l'absence de stipulation expresse en ce sens, de déterminer le prix ;

– les parties s'étaient réservé la possibilité de contester ces comptes même en l'absence d'erreur grossière, dans le cadre d'une procédure de conciliation incompatible avec l'application de l'article 1592, démontrant ainsi leur volonté commune d'arrêter elles-mêmes le prix définitif de la cession ;
– de surcroît, l'expert-comptable et l'auditeur avaient des liens étroits avec les parties, alors que le tiers au sens de l'article 1592 doit être un mandataire indépendant des deux parties.
Par suite, le résultat comptable établi par l'expert-comptable et l'auditeur, qui avaient retenu un déficit, ne s'imposait pas aux parties et la cour d'appel a désigné un expert chargé d'établir le résultat comptable consolidé des sociétés.
CA Versailles 30-9-1999, 12e ch. 2e sect. : RJDA 4/00 n° 425, 2e espèce.
L'acte de cession de l'intégralité des actions d'une société prévoyait le paiement par l'acquéreur d'un complément de prix si, un an après la cession, il était constaté qu'une sous-filiale de la société avait maintenu ses relations commerciales avec une filiale dans les mêmes conditions qu'auparavant (exclusivité et montant minimal du chiffre d'affaires réalisé sur la période). L'acte précisait aussi qu'en cas de désaccord entre les parties sur le calcul du prix de cession des actions et en particulier sur l'appréciation de la poursuite des relations commerciales ou sur le résultat de la filiale avec la sous-filiale, le **différend** serait **tranché par un expert-comptable, désigné « en qualité de mandataire commun conformément aux dispositions de l'article 1592** du Code civil » et dont la décision lierait définitivement les parties. L'acquéreur, qui contestait le complément de prix fixé par l'expert, avait fait valoir que la clause précitée constituait une clause d'arbitrage et le rapport de l'expert une sentence arbitrale susceptible d'appel. Le cédant soutenait au contraire que la décision de cet expert, mandaté en application de l'article 1592 du Code civil, ne pouvait faire l'objet d'aucun recours.
Pour admettre le recours de l'acquéreur, une cour d'appel avait estimé que la clause litigieuse faisait improprement référence à l'article 1592 du Code civil et constituait bien une clause d'arbitrage donnant mission à l'arbitre, non pas de fixer la valeur des titres vendus, mais de trancher les différends qui opposeraient les parties dès lors que :
– les parties avaient précisément défini le prix unitaire des actions ainsi que le montant des ajustements possibles dans certaines circonstances caractérisées à l'acte ; ainsi, la mission conférée à l'arbitre avait pour objet non pas de chiffrer des valeurs sur lesquelles les parties s'étaient déjà accordées, mais de soumettre à son estimation, pour les résoudre, les litiges qui naîtraient entre elles d'une divergence de vues sur la réalisation des conditions régissant l'application du complément de prix ; il était indifférent à cet égard que les parties soient convenues, suivant un tableau annexé à l'acte de cession, d'adapter le complément de prix en l'indexant sur la moyenne des résultats effectivement réalisés lors de l'année concernée ;
– la sentence rendue par l'expert, quoique présentée sous la forme et l'intitulé d'un « rapport de mission d'expertise », tranchait bien une contestation dont la cause, aux dires de cet arbitre, résidait dans l'imperfection du contrat signé par les parties ; la mention selon laquelle la décision de l'arbitre liera définitivement les parties renvoyait à l'autorité de la chose jugée dont la sentence arbitrale est assortie et, à défaut de plus amples développements, il ne pouvait pas en être déduit que les parties avaient renoncé à l'appel.
Cassation de cette décision pour méconnaissance de la loi du contrat et violation de l'article 1134 (désormais art. 1103 issu de ord. 2016-131 du 10-2-2016) dès lors qu'il résultait des constatations de la cour d'appel que le tiers désigné par les parties avait reçu de celles-ci mission, non d'exercer un **pouvoir juridictionnel** mais de procéder sur des éléments de fait à un constat s'imposant aux parties, lesquelles en avaient préalablement tiré les conséquences juridiques, peu important que l'intervention de ce tiers fût soumise à la constatation d'un désaccord entre les parties relativement à ces éléments.
Cass. com. 16-2-2010 n° 09-11.586 FS-PB : RJDA 7/10 n° 750.

Ndlr : Une sentence arbitrale est susceptible d'appel sauf si les parties ont renoncé à ce recours (CPC art. 1483) tandis que la décision du tiers estimateur désigné en application de l'article 1592 du Code civil ne peut faire l'objet d'un recours que dans des cas très limités (nos 37610 s.).

FIXATION PRÉCISE DU PRIX PAR LE TIERS DE L'ARTICLE 1592

37565 Sous peine de nullité de la cession pour indétermination du prix, le tiers se doit de fixer le prix de façon précise. Il importe peu que les parties aient employé l'expression « valeur » au lieu de celle de « prix » (Cass. com. 12-11-1962 : n° 37560). Le tiers peut estimer que les titres n'ont aucune valeur (Cass. 1e civ. 12-12-1984 n° 1009 : n° 37290) ou fixer un prix symbolique (Cass. com. 3-1-1985 n° 83-15.520 : n° 37290).

En revanche, il ne peut pas se contenter, même par scrupule, d'indiquer une **fourchette.** Ainsi, dans un cas où, chargés de fixer le prix de cession de la totalité des parts d'une SARL, les experts avaient proposé un prix minimum et un prix maximum, et où le vendeur avait accepté ce prix minimum, il a été jugé que c'était à tort qu'une cour d'appel avait déclaré la vente parfaite et condamné l'acquéreur à payer le solde du prix calculé sur la base de cette évaluation aux motifs que les experts n'avaient pas fixé un prix déterminé et que seul le vendeur avait accepté l'un des deux prix retenus par les experts (Cass. com. 29-5-1972 n° 70-13.104 : Bull. civ. IV n° 167).

MOTIVATION DE L'ÉVALUATION EFFECTUÉE PAR LE TIERS DE L'ARTICLE 1592

Les parties peuvent exiger que l'**évaluation** retenue par le tiers soit **motivée.** Comme le souligne le professeur Th. Massart, il est toujours sous-entendu que le tiers justifie le prix qu'il détermine car s'il ne le faisait pas, le recours pour erreur grossière (nos 37620 s.) serait illusoire, faute pour le juge de disposer d'éléments d'appréciation suffisants (Th. Massart : Joly Sociétés V° Cessions d'actions : conclusion de l'accord n° 42). Il a d'ailleurs été reproché au tiers chargé d'évaluer les parts d'une SCI de ne pas avoir expliqué pourquoi son évaluation des immeubles appartenant à la société était largement supérieure à celles effectuées antérieurement (CA Paris 22-10-2013 n° 10/17138, ch. 5-8 : n° 37625, rendu à propos de l'expertise prévue par l'article 1843-4 du Code civil mais transposable à l'article 1592). **37570**

Toutefois, jugé que la fixation du prix n'a pas besoin d'être accompagnée d'explications et de justifications lorsque la convention prévoit que le prix doit être fixé « par arbitrage dans les termes de l'article 1592 du Code civil... sans contestation d'aucune sorte, ni voie de recours possible » (Cass. 1e civ. 31-1-1974 n° 72-14.078 : Bull. civ. I n° 38). L'exclusion conventionnelle des recours prive d'intérêt toute motivation de l'évaluation.

Les parties peuvent imposer au tiers de suivre le **principe du contradictoire** lors de l'accomplissement de sa mission. À défaut de précision en ce sens, le tiers n'est pas tenu de le respecter et notamment de communiquer aux parties, avant le dépôt de son rapport, le nom et l'avis des personnes qu'il a consultées (CA Versailles 27-9-2005 n° 04-2244, ch. com. réunies et, sur pourvoi, Cass. com. 6-2-2007 n° 05-21.271 F-PB : n° 37662). **37572**

> Précisions Le principe du contradictoire s'impose pour les opérations d'expertise ordonnées en application des articles 263 et suivants du Code de procédure civile. Mais le tiers désigné en application de l'article 1592 n'est **pas un expert judiciaire** (n° 37480).

RESPECT PAR LE TIERS DE L'ARTICLE 1592 D'UNE MÉTHODE D'ÉVALUATION

Les parties peuvent préciser les termes de la mission du tiers de l'article 1592 du Code civil et notamment lui donner des **indications précises** sur la méthode d'évaluation et les éléments à prendre en compte dans celle-ci (sur ces éléments, voir nos 37080 s.). De telles prescriptions s'imposent au tiers. En effet, il doit son existence à la volonté des parties, lesquelles peuvent à leur guise arrêter les contours de sa mission, autrement dit lui dicter la manière selon laquelle il doit concevoir tel ou tel paramètre comptable (A. Viandier, note sous Cass. com. 8-4-1999 : JCP G 1999 II 10136). Si certains auteurs estiment que le tiers ne doit pas être transformé en simple « calculateur » (D. Randoux, note sous CA Douai 24-2-1983 : Rev. sociétés 1983 p. 337 ; B. Paulze d'Ivoy, Expertise et prix de cession de droits sociaux : Bull. Joly 1995 § 100 p. 313), d'autres considèrent que, dans le cadre de l'article 1592 du Code civil, il ne semble pas y avoir d'obstacles à ce que sa mission soit strictement définie (A. Couret, F. Peltier, La maîtrise du risque d'indétermination du prix dans les cessions d'actions : Dr. sociétés juin 1992 actes prat. p. 2). **37580**

Si les **prescriptions** données par les parties ne sont **pas** suffisamment **précises,** c'est au tiers qu'il appartient, sauf exclusion claire et précise de la convention, de les interpréter et de leur donner un sens (CA Paris 17-9-2004 n° 04-1049, 25e ch. B : RJDA 5/05 n° 564). À **défaut d'indication** donnée par les parties sur la méthode d'évaluation à suivre, le tiers est, à notre avis, libre de retenir celle qui lui semble pertinente.

ILLUSTRATIONS

Dans le cadre d'une promesse d'achat d'actions d'une société holding, les parties avaient entendu faire du tiers désigné leur mandataire commun en acceptant que le résultat de son évaluation s'impose à elles, mais il ne ressortait pas de la convention qu'elles avaient manifesté la volonté d'affranchir le tiers de l'obligation de respecter les méthodes convenues entre elles. La référence faite dans la convention à l'article 1592 du Code civil ne permettait pas au tiers de **déroger à la convention** et ne le dispensait pas de **prendre en compte les éléments** devant, aux termes de cette convention, concourir à la détermination du prix. Au cas particulier, l'expert avait fixé le prix de base des actions à une certaine somme en déduisant la valeur nette comptable des immobilisations des capitaux consolidés qui constituaient l'un des éléments de calcul du prix de base alors que la convention précisait que les capitaux propres consolidés devaient exclure toute survaleur, valorisation du fonds de commerce ou réévaluation, passée présente ou future, née d'opérations de restructuration ou de réévaluation interne. En agissant ainsi, l'expert avait donc excédé ses pouvoirs.

CA Paris 18-9-1998 n° 97-13440, 3e ch. C.

Un acte de cession de la totalité des titres d'une société prévoyait, d'une part, que le prix de cession serait susceptible d'être augmenté ou diminué à raison de la dette financière de la société, dont l'acte donnait une définition, et, d'autre part, qu'en cas de désaccord entre les parties sur le montant de cette dette celui-ci serait fixé par un tiers expert dans un délai de 20 jours à compter de sa désignation.
Le cédant, estimant que certaines clauses du contrat relatives à l'estimation de la dette financière étaient sujettes à interprétation, notamment en ce qu'elles faisaient référence à diverses notions qui n'étaient pas définies (par exemple, notion de principes comptables, d'obligation d'investissements pour la mise en conformité avec la réglementation, de provision pour risques et charges), avait fait valoir que la résolution de ces points de divergence, dépassant le simple désaccord sur le calcul comptable du montant de la dette financière, ne relevait pas de la mission du tiers expert mais de la compétence du juge.
Il résulte au contraire des circonstances suivantes que le **tiers** expert avait qualité pour **interpréter les dispositions contractuelles litigieuses** :
– désigné en application de l'article 1592 du Code civil, il agissait comme mandataire commun des parties dans le strict respect de la mission qui lui était confiée et qui tendait à obtenir dans les meilleurs délais la détermination d'un prix conditionnant la validité même de la vente ; cette mission lui conférait le pouvoir d'appliquer le contrat et, sauf exclusion claire et précise, de donner, nonobstant toute saisine du juge judiciaire incompatible avec la célérité requise, leur sens aux clauses contractuelles dans la mesure où elles se rattachaient à la mission qui lui était confiée ;
– diverses clauses, en faisant référence aux principes comptables et, en l'absence d'éléments permettant de statuer, aux règles et méthodes comptables généralement admises en France ainsi qu'aux stipulations du contrat, évoquaient le large pouvoir d'appréciation du tiers expert sur les clauses se rattachant à la mission qui lui était confiée ;
– ce large pouvoir d'appréciation n'était contredit ni par le pouvoir souverain d'interprétation reconnu au juge – lequel n'est pas exclusif de l'appréciation par un mandataire commun des clauses se rattachant à sa mission –, ni par la circonstance que l'appréciation de certaines clauses ne dépendait pas nécessairement de concepts comptables, ni par la circonstance que le recours contre la décision du tiers expert était limité par le contrat aux seuls cas où la décision de l'expert serait empreinte d'erreur manifeste ou de faute grave.

CA Paris 17-9-2004 n° 04-1049, 25e ch. : RJDA 5/05 n° 564.

Pour un autre cas où la méthode de détermination du prix avait été laissée à l'**appréciation de l'expert,** voir CA Paris 27-10-2015 n° 14-14101 : n° 37160.

IMPOSSIBILITÉ D'ÉVALUATION PAR LE TIERS DE L'ARTICLE 1592

37582 La **cession** serait **nulle** si ni le tiers initialement désigné ni un autre tiers ne pouvaient évaluer les titres. L'article 1592 du Code civil précise en effet qu'il n'y a point de vente si le tiers ne peut pas faire l'estimation, sauf estimation par un autre tiers.

ILLUSTRATIONS

La cession des parts d'un fonds de commerce dont le prix devait être fixé par des experts auxquels la convention donnait les pouvoirs les plus étendus est nulle pour indétermination du prix aux motifs que les experts n'avaient pas pu ou su, à la date de l'arrêt, déterminer le prix des parts qui dépendait en grande partie de la valeur du stock à la date du transfert de propriété et de jouissance.

Cass. com. 9-5-1985 : Bull. Joly 1985 p. 259.

Dans un cas où un protocole d'accord relatif à la vente par une société à une autre société des actions dont elle était propriétaire dans le capital d'une troisième prévoyait que le prix de cession serait fixé à un multiple du résultat net de l'exercice suivant, dont le mode de calcul était indiqué, ce résultat devant être déterminé par un **collège d'experts** dont les modalités de désignation étaient précisées, une cour d'appel, qui a relevé que les pratiques arbitraires de la société cédante avaient eu pour effet de **fausser,** pour les accroître artificiellement, les **données de référence** devant servir de base à l'établissement du prix, lesquelles ne pouvaient plus être reconstituées, de sorte que les experts étaient, au sens de l'article 1592 du Code civil, définitivement dans l'impossibilité de parvenir à l'évaluation des actions vendues et d'accomplir leur mission, a pu déduire que le prix n'était pas déterminable dans les conditions prévues par le protocole et prononcer, en conséquence, la nullité de la cession.

Cass. 2e civ. 8-4-1999 n° 96-18.516 P-B : RJDA 8-9/99 n° 937.

Pour un cas où l'imprécision des règles auxquelles l'expert chargé de fixer le prix devait se référer aboutissait à une indétermination du prix de cession, et donc à la nullité de la cession, voir CA Nancy 20-10-2004 n° 98-3311, 2e ch. com. et, sur pourvoi, Cass. com. 19-12-2006 n° 05-10.199 F-D analysés au n° 37160.

Dans un litige opposant un exploitant d'un centre Leclerc et la centrale d'achat du groupe, doit être cassé l'arrêt d'une cour d'appel qui, pour valider la promesse de vente souscrite par

l'exploitant, avait retenu que la référence aux critères d'évaluation habituellement retenus dans le mouvement Leclerc n'était pas impérative pour les tiers chargés de la fixation du prix de cession des titres. En effet, en statuant ainsi la cour d'appel avait dénaturé les termes clairs et précis de la promesse qui précisait que les tiers « devront veiller plus particulièrement en ce qui concerne l'évaluation du fonds de commerce à rechercher les éléments de comparaison avec les fonds similaires de la région ou des régions comparables, mais plus spécialement à l'intérieur du mouvement Leclerc » et qu'ils « devront s'inspirer des critères habituellement retenus dans le mouvement pour d'autres cessions ».
Cass. com. 19-12-2006 n° 03-21.042 F-D : RJDA 4/07 n° 365, 2e esp.

B. Mission du tiers de l'article 1843-4 du Code civil

OBLIGATION DE FIXER LE PRIX DE CESSION

La mission du tiers désigné par l'article 1843-4 du Code civil est expressément fixée par ce texte : il lui incombe de déterminer la valeur des droits sociaux. Il a même l'obligation de procéder à cette évaluation ; les termes de l'article 1843-4 du Code civil sont impératifs sur ce point et ne prévoient aucune exception contrairement à ce qui est prévu pour l'expert désigné en application de l'article 1592 du Code civil (ce dernier peut refuser la mission ou y mettre un terme si elle s'avère impossible). **37590**
La Cour de cassation a jugé que la **mission** de l'expert désigné ne prend **fin** qu'avec la fixation de la valeur des droits sociaux (Cass. com. 26-3-2013 n° 12-10.144 F-D : RJDA 8-9/13 n° 717). Dans cette affaire, l'expert désigné pour évaluer les parts d'une SCP lors du retrait d'un associé avait déposé un rapport comportant une fourchette de valeur puis une note complémentaire fixant le prix de rachat. Jugé que la SCP ne pouvait contester ce prix, pour avoir été fixé après le dépôt du rapport, dès lors que le dessaisissement de l'expert n'était intervenu qu'au dépôt de la note fixant le prix.
Il résulte aussi de cette décision que l'estimation de l'expert doit être précise et qu'il ne peut pas se contenter de fixer une **fourchette** de prix.
Sur l'impact de cette obligation sur la date de formation de la cession, voir n° 37470.

RESPECT PAR LE TIERS DE L'ARTICLE 1843-4 D'UNE MÉTHODE D'ÉVALUATION

Depuis l'ordonnance 2014-863 du 31 juillet 2014 qui a modifié les termes de l'article 1843-4 du Code civil, la mission confiée à l'expert en vertu de ce texte est encadrée alors qu'auparavant il pouvait s'en acquitter librement sans avoir à respecter d'éventuelles **clauses de détermination du prix** (cf. notamment Cass. com. 5-5-2009 n° 08-17.465 FS-PBRI : RJDA 8-9/09 n° 751 ; Cass. com. 16-2-2010 n° 09-11.668 F-D : RJDA 5/10 n° 523 ; Cass. com. 4-12-2012 n° 10-16.280 F-PB : RJDA 3/13 n° 239). **37595**
Désormais, l'expert doit faire application, lorsqu'elles existent, des règles et modalités de détermination de la valeur **fixées** :
– **par les statuts** de la société ou par toute convention liant les parties lorsque son intervention est prévue par la loi (C. civ. art. 1843-4, I-al. 2) ;
– par **toute convention** liant les parties pour les cessions organisées par les statuts (art. 1843-4, II-al. 2).
Ce n'est qu'en l'**absence de clause** statutaire ou conventionnelle de détermination du prix ou lorsque cette clause ne permet pas d'aboutir à la détermination du prix, que l'expert recouvre sa liberté d'évaluation. Comme cela était admis sous l'empire de l'ancienne rédaction de l'article 1843-4 du Code civil, l'expert a alors toute latitude pour déterminer la valeur des droits sociaux selon les critères qu'il juge opportuns (Cass. com. 19-4-2005 n° 663 : RJDA 8-9/05 n° 986 ; Cass. com. 3-5-2012 n° 11-12.717 F-D : RJDA 2/13 n° 129 ; voir déjà en ce sens Cass. com. 4-11-1987 : JCP E 1988 II n° 15212 note A. Viandier), sous réserve toutefois de ne pas commettre d'erreur grossière.
Sur le pouvoir du président du tribunal de préciser la mission de l'expert (n° 37532). Sur le pouvoir du juge en cas d'erreur de l'expert, voir n° 37610.

DATE D'ÉVALUATION DES TITRES PAR LE TIERS DE L'ARTICLE 1843-4

L'article 1843-4 du Code civil ne fixe pas la date à laquelle l'expert doit se placer pour procéder à l'évaluation des parts sociales ou des actions. Cette question se pose essentiellement pour les cessions (ou les rachats par la société) faisant suite au retrait ou à l'exclusion d'un associé ou encore à un refus d'agrément. **37596**
Cette date peut être fixée par les statuts ou par les conventions liant les parties dont l'expert doit respecter les dispositions depuis la réforme de l'article 1843-4 (n° 37595).

Mais, **dans le silence des statuts et des conventions** sur ce point, l'expert n'est pas libre de choisir la date d'évaluation, pas plus qu'il ne l'était sous l'empire de l'ancienne rédaction de l'article de l'article 1843-4.

En effet, en matière de retrait d'un associé d'une société civile, la Cour de cassation a jugé que la perte de la qualité d'associé ne peut pas être préalable au remboursement des droits sociaux (Cass. 3e civ. 9-12-1998 n° 97-10.478 PB : RJDA 8-9/99 n° 952 ; Cass. com. 17-6-2008 n° 07-14.965 FS-PBR : RJDA 11/08 n° 1144 ; Cass. com. 5-5-2015 n° 14-10.913 F-PB : RJDA 8-9/15 n° 582 ; Cass. 1e civ. 28-9-2016 n° 15-18.482 F-PB : RJDA 1/17 n° 28) et que la valeur de ces droits doit être déterminée à la date la plus proche de ce remboursement (Cass. com. 4-5-2010 n° 08-20.693 FS-PB : RJDA 8-9/10 n° 861 ; Cass. com. 15-1-2013 n° 12-11.666 F-PB : RJDA 4/13 n° 340) sauf dispositions contraire des statuts (Cass. com. 4-5-2010 précité) ou de la loi (par exemple, date de publication de l'arrêté ministériel acceptant le retrait d'un associé d'une SCP de notaires ou d'huissiers, Cass. 1e civ. 17-12-2009 n° 08-19.895 FS-PB : RJDA 3/10 n° 260 et Cass. 1e civ. 28-10-2010 n° 09-68.135 F-PBI : RJDA 2/11 n° 164).

La Cour de cassation a fait application de ces principes à propos de l'évaluation des actions détenues par un associé exclu d'une SAS, validant l'évaluation faite à la « date la plus proche de la future cession » (Cass. com. 16-9-2014 n° 13-17.807 FS-PB : RJDA 1/15 n° 30). Dans cette affaire, l'ancien associé avait contesté l'évaluation de l'expert, faisant valoir qu'elle aurait du être faite à la date de l'exclusion qui était aussi celle de la perte de sa qualité d'associé, le droit de vote attaché à ses actions ayant été gelé à partir de cette date. La Cour de cassation a écarté cet argument. La suspension de l'exercice des droits non pécuniaires de l'associé tenu de céder ses actions tant qu'il n'a pas procédé à cette cession est sans incidence sur sa qualité d'associé. Les statuts de la société ne précisant pas la date à laquelle la valeur des titres de l'associé exclu devait être déterminée, l'expert avait pu fixer la valeur des actions « à la date la plus proche de la cession future ».

> **Précisions** Il a été jugé que l'évaluation des droits sociaux à la date la plus proche du remboursement des droits sociaux de l'associé sortant ne porte pas une **atteinte** disproportionnée au **droit de propriété** (Cons. const. 16-9-2016 n° 2016-563 QPC : RJDA 12/16 n° 876).

CARACTÈRE CONTRADICTOIRE DE L'EXPERTISE DE L'ARTICLE 1843-4

37597 Les **clauses** conventionnelles ou statutaires fixant les modalités de la détermination du prix de cession peuvent, dans l'hypothèse d'un éventuel recours à l'expertise de l'article 1843-4 du Code civil, **imposer** à l'expert désigné de respecter le principe de la contradiction. Dans ce cas, l'expert ne peut pas éluder cette obligation puisqu'il doit faire application de la clause (art. 1843-4, I-al. 2 et II-al. 2). Il appartiendra aux tribunaux de se prononcer sur la question de savoir si, depuis l'ordonnance 2014-863 du 31 juillet 2014 ayant modifié l'article 1843-4, le non-respect de la contradiction, imposée par les statuts ou conventionnellement, est ou non constitutif d'une erreur grossière invalidant le rapport de l'expert.

Sous l'empire de l'ancienne rédaction de l'article 1843-4 du Code civil, la Cour de cassation avait jugé que ce texte ne faisait pas par lui-même obstacle à l'application d'une procédure contradictoire (Cass. com. QPC 8-3-2011 n° 10-40.069 10-40.072 : RJDA 5/11 n° 431). Toutefois, les conséquences du non-respect de ce principe procédural étaient limitées, la Cour de cassation ayant jugé que l'absence de respect du **principe du contradictoire** par le tiers dans l'exécution de sa mission ne permettait pas de remettre en cause son estimation pour erreur grossière (Cass. com. 19-4-2005 n° 03-11.790 FS-PBR : RJDA 8-9/05 n° 986). À notre avis, ces solutions sont toujours applicables lorsqu'aucune clause conventionnelle ou statutaire ne fait obligation à l'expert de procéder à une évaluation contradictoire.

OBLIGATION DU TIERS DE L'ARTICLE 1843-4 DE MOTIVER SON ÉVALUATION

37598 À notre avis, l'évaluation faite sur le fondement de l'article 1843-4 du Code civil doit être motivée pour les mêmes raisons que celles exposées n° 37570 à propos de l'expertise de l'article 1592 du même Code.

V. PORTÉE DE L'ÉVALUATION DU PRIX DE CESSION FAITE PAR LE TIERS

A. Force obligatoire de l'évaluation faite par le tiers

En s'en remettant, pour l'évaluation du prix de cession des droits sociaux d'un associé, à l'estimation d'un tiers, les **contractants** font de celle-ci leur loi. Il n'appartient pas au **juge,** en modifiant le prix, d'imposer aux parties une convention différente de celle qu'elles ont entendu établir (Cass. com. 6-6-1950 n° 38.918 : Bull. civ. III n° 205 ; Cass. com. 9-4-1991 n° 616 : RJDA 7/91 n° 561 ; Cass. com. 6-6-2001 n° 1093 : Bull. Joly 2002 p. 239 § 49, rendus sur le fondement de l'article 1592 du Code civil ; Cass. com. 4-11-1987 : Bull. civ. IV n° 226, JCP E 1988 II n° 15212 note A. Viandier ; Cass. com. 19-4-2005 n° 663 FS-PBR : RJDA 8-9/05 n° 986 ; Cass. com. 12-6-2007 n° 05-20.290 F-D : RJDA 10/07 n° 974 som., rendus sur le fondement de l'article 1843-4 du Code civil). 37600

B. Exceptions à la force obligatoire de l'évaluation faite par le tiers

CAUSES FAISANT OBSTACLE AU CARACTÈRE OBLIGATOIRE DE L'ÉVALUATION

L'évaluation faite par le tiers n'a pas force obligatoire en cas d'**erreur grossière** commise par ce dernier (arrêts cités n° 37600), de **dol** ou de **violence** (Cass. com. 6-6-1950 n° 38.918 : Bull. civ. III n° 205 ; Cass. com. 12-11-1962 n° 61-10.656 : Bull. civ. III n° 444) ou si, conformément aux règles de droit commun du mandat, le **tiers** a **outrepassé ses pouvoirs.** Ces exceptions sont applicables quel que soit le cadre dans lequel s'est effectué le recours au tiers (C. civ. art. 1592 ou 1843-4). 37610

Lorsqu'il a admis l'existence d'une erreur grossière et, en **conséquence,** écarté la détermination du prix faite par l'expert, le juge ne peut pas désigner un nouvel expert. La solution a été expressément affirmée pour l'expertise de l'article 1843-4 du Code civil : les parties doivent procéder à cette désignation qui, à défaut d'accord seulement, devra être opérée par le président du tribunal (Cass. 1e civ. 25-11-2003 n° 1544, : RJDA 5/04 n° 568, rendu à l'occasion du retrait d'un associé d'une société civile professionnelle, mais applicable quelle que soit la forme de la société dans tous les cas où les parties sont soumises à l'article 1843-4 du Code civil). De même, le juge ne peut pas procéder lui-même à l'évaluation puisqu'il appartient au seul expert désigné en application de cet article de déterminer la valeur des droits sociaux (même arrêt).

À notre avis, une solution analogue prévaut en cas d'invalidation d'une expertise fondée sur l'article 1592 du Code civil : la désignation d'un nouvel expert incombe aux parties et, si elles ne parviennent pas à un accord sur ce point, la cession est nulle, faute de prix.

ERREUR GROSSIÈRE DE L'ÉVALUATION FAITE PAR LE TIERS

La notion d'erreur grossière n'a fait l'objet d'aucune **définition** de la part de la Cour de cassation. À la suite de M. le professeur A. Viandier, il est possible d'affirmer qu'il s'agit de celle qu'un technicien normalement soucieux de ses fonctions ne saurait commettre, l'erreur étant appréciée par rapport au « comportement d'un appréciateur avisé et consciencieux » (A. Viandier, note sous Cass. com. 4-11-1987 : JCP E 1988 n° 15212). 37620

Par ailleurs, dans la mesure où l'expert est légalement tenu d'appliquer les clauses de détermination du prix (C. civ. art. 1843-4, I-al. 1 et II-al. 2), il est fort probable qu'il commettrait une erreur grossière en procédant à l'évaluation selon d'autres modalités, ce qui n'était pas le cas avant la modification de l'article 1843-4 par l'ordonnance 2014-863 du 31 juillet 2014 (notamment Cass. com. 16-2-2010 n° 09-11.668 F-D : RJDA 5/10 n° 523). Admettre le contraire reviendrait à vider partiellement la réforme de son objet.

Mais l'absence de telles clauses l'autorise à procéder librement à la fixation du prix (n° 37595).

Après avoir reconnu au juge du fond le pouvoir souverain d'apprécier l'existence d'une faute grossière imputable à l'expert (Cass. com. 22-4-1976 : n° 37625), la Cour de cassation exerce maintenant un **contrôle** dit « léger » de cette **appréciation** (voir par exemple Cass. com. 6-6-2001 n° 1093 ; Cass. 1e civ. 25-11-2003 n° 1544 : n° 37625 ; Cass. com. 3-5-2012 n° 11-12.717 F-D : RJDA 2/13 n° 129). 37621

En tout état de cause, la Cour de cassation exige des juges du fond qu'ils recherchent si les griefs allégués par l'une des parties à l'encontre des opérations d'expertise constituent ou non des erreurs grossières (Cass. com. 9-4-1991 n° 616 : RJDA 7/91 n° 561).

37625 Ainsi que le montrent les affaires rapportées ci-dessous, rendues sur le fondement tant de l'article 1592 que de l'article 1843-4 du Code civil, une telle erreur est rarement reconnue par les tribunaux.

ILLUSTRATIONS

C'est dans l'exercice de son pouvoir souverain d'appréciation qu'une cour d'appel a décidé qu'un expert, désigné pour évaluer les parts d'une SARL lors d'une cession, n'avait pas commis d'erreur grossière rendant son rapport insuffisant et justifiant son remplacement compte tenu des éléments suivants :
– l'expert a consulté tous les documents indispensables, entendu les parties et effectué toutes les **investigations nécessaires** pour procéder à l'évaluation complète de la valeur des parts ;
– les estimations contenues dans deux rapports officieux établis à la demande de l'associé cédant ont été faites de façon non contradictoire et uniquement sur pièces en ce qui concerne le matériel ; elles ne peuvent donc pas être valablement opposées au travail de l'expert ;
– contrairement à ce que soutient l'associé cédant, l'**option dont bénéficie la société sur un terrain** situé en zone industrielle ne présente aucune valeur patrimoniale puisque non réalisée.

Cass. com. 22-4-1976 : Bull. civ. IV n° 129.

Ne commet pas d'erreur grossière l'expert qui, pour apprécier la valeur de rentabilité d'une société, ne **déduit pas l'impôt sur les sociétés des résultats** avant impôts des années prises en compte.

Cass. com. 4-11-1987 n° 86-10.027 : JCP E 1988 II n° 15212 note A. Viandier.

Une société avait passé un accord avec une personne physique ayant pour objet de concéder la distribution exclusive des produits de sa marque à une société constituée en commun. Le contrat de concession prévoyait qu'en cas de résiliation, la société concédante rachèterait à son coassocié la totalité des parts détenues par celui-ci, le prix de cession devant être déterminé sur la base de l'actif net par un cabinet d'audit externe aux parties et agréé par elles, et, à défaut d'accord, désigné par le président du tribunal de commerce.
Ne commet pas une erreur grossière de méthode l'expert qui, en l'absence de toute indication donnée par la convention sur la méthode qui devait être appliquée, a évalué les parts sociales d'après les **résultats nets de la société** au jour de la cession **diminués** du montant **de l'impôt** sur les sociétés.

Cass. com. 4-4-1995 n° 755 : RJDA 10/95 n° 1102.

Un notaire exerçant parallèlement à sa profession une activité de marchand de biens dans plusieurs sociétés civiles avait été contraint de se retirer de ces sociétés et une procédure en redressement judiciaire, ouverte à son encontre, avait débouché sur un plan de continuation avec cession partielle d'actifs. Un litige s'étant élevé quant à l'évaluation de ses droits dans les sociétés, un expert avait été nommé par le tribunal en application de l'article 1843-4 du Code civil dont le rapport était contesté, plusieurs erreurs grossières étant reprochées à l'expert.
C'est à tort qu'il est reproché à l'expert de n'avoir tenu compte ni de la **valeur négative des droits sociaux** de l'intéressé ni de la réserve des droits des tiers (application de l'art. 1869 C. civ.). En effet, la valeur négative des droits sociaux résultait des sommes que l'intéressé devait aux sociétés, et les sociétés n'ayant pas déclaré leur créance à la procédure collective, les créances étaient éteintes. De même, l'expert n'a pas commis d'erreur en retenant des **références à des immeubles de bureaux et d'habitation** car, contrairement aux allégations des sociétés, les parties étaient en désaccord sur la prise en compte de la référence aux immeubles d'habitation.

CA Paris 4-2-2000 n° 98-06036, 25e ch. B.

Une assemblée avait, d'une part, décidé que le prix de rachat des parts du gérant d'une SARL devait être arrêté « sur la base de la **valeur liquidative** » et, d'autre part, organisé la poursuite de l'activité de la société. L'expertise, diligentée à la suite du désaccord des parties sur le prix de cession, avait fixé le prix des parts en se plaçant dans l'hypothèse d'une liquidation de la société. Cette expertise était entachée d'une erreur grossière car elle reposait sur des « prémisses erronées » quant au mode même de détermination de la valeur des parts sociales. En effet, il résultait d'une interprétation de la résolution litigieuse, que son rapprochement avec les autres résolutions rendait nécessaire, que les parties avaient entendu fixer le prix de cession des parts à leur **valeur vénale** tenant compte de la poursuite de l'activité sociale.

Cass. com. 19-12-2000 n° 98-10.301 F-D.

Une société avait décidé de souscrire 44 % des actions d'une société en formation. Souhaitant différer son entrée dans le capital, elle n'avait souscrit qu'une action, son coassocié lui ayant consenti une promesse de vente d'actions à concurrence de la participation initiale pour un prix qui devait être déterminé par un tiers conformément à l'article 1592 du Code civil. Par ailleurs, il avait été convenu que des contrats de maintenance conclus avec certains clients dans le cadre de la société actionnaire au cours de la phase de création de la nouvelle société seraient repris par cette dernière à la date de signature des statuts. Pour s'opposer à l'évaluation du prix de cession des actions établie par le tiers, la société cessionnaire avait notamment fait valoir que celui-ci avait commis une erreur grossière en retenant des éléments non communiqués à toutes les parties et en fondant son évaluation sur des éléments absents de la convention des parties. **37625 (suite)**

Ces arguments doivent être rejetés : en premier lieu, la prise en compte par le tiers d'une **plus-value latente sur immobilisation corporelle** était justifiée par la reprise de ces immobilisations convenue entre les parties. En second lieu, la cour d'appel, qui a apprécié la conformité de la méthode d'évaluation utilisée à celle choisie d'un commun accord et le bien-fondé des éléments retenus par le tiers, a pu décider que l'estimation faite par ce dernier était exempte de toute critique.

Cass. com. 6-6-2001 n° 1093 : Bull. Joly 2002 p. 239 § 49.

Un associé d'une société civile professionnelle avait notifié son intention de se retirer mais, aucun accord n'étant intervenu entre lui et la société sur la valeur de ses parts, les parties avaient conclu un compromis arbitral qui désignait un expert avec pour mission « d'évaluer les parts en tenant compte du bilan arrêté au [date de la fin de l'exercice en cours] ». L'**expert** avait lui-même **établi** ce **bilan avant d'évaluer les parts,** puis une sentence arbitrale avait fixé le prix de celles-ci. Sur appel de cette sentence, une première décision d'une cour d'appel avait écarté la détermination de la valeur des parts faite par le premier expert et en avait nommé un nouveau avec mission de « fournir à la cour tous les éléments lui permettant de fixer la valeur des parts ». Une deuxième décision de la même cour avait ensuite fixé cette valeur.

La cour d'appel a pu retenir qu'en établissant lui-même le bilan, l'expert avait commis une erreur grossière car il avait ainsi modifié le sens de la mission qui lui avait été confiée et était sorti du cadre juridique qui en était le fondement.

Mais la cour d'appel a violé l'article 1843-4 du Code civil dès lors qu'après avoir écarté le prix déterminé par l'expert désigné par les parties, elle a désigné un nouvel expert et, sur le rapport de ce dernier, fixé elle-même le prix des parts. Cassation sans renvoi, les parties devant désigner un expert conformément aux statuts de la SCP pour évaluer les parts litigieuses ou, à défaut, saisir le président du tribunal de grande instance aux fins de désignation de cet expert.

Cass. 1e civ. 25-11-2003 n° 1544 : RJDA 5/04 n° 568.

Dans un cas où, à la suite du retrait d'un notaire, associé d'une société civile professionnelle exploitant un office notarial, une expertise avait été ordonnée sur le fondement de l'article 1843-4 du Code civil pour déterminer la valeur des parts de l'associé qui se retirait, a violé cet article la cour d'appel qui, saisie d'une contestation sur le résultat de cette expertise (1 200 000 F, environ 183 000 €), a estimé que l'expert, qui avait pris en compte dans son estimation l'absence de coopération active de l'associé après son retrait, avait commis une erreur grossière dans la détermination de la valeur des parts en se fondant sur des considérations subjectives et, contrairement aux termes de sa mission, sur des **considérations postérieures** à la date du retrait de l'associé et a ensuite fixé le prix des titres à 1 700 000 F (environ 260 000 €).

En effet, l'erreur grossière de l'expert n'était pas caractérisée dès lors que, faisant **application des usages de la profession** de notaire conformément à la mission qui lui était impartie, l'expert avait estimé, après avoir relevé que le notaire ne se retirait pas de la vie professionnelle, qu'il convenait, sur la somme représentant la valeur théorique des parts à la date du retrait (1 700 000 F), y compris la contribution que représente l'aide du cédant pour la mémoire et la liquidation des dossiers en cours ainsi que le confort de la clientèle, de retrancher un montant de 500 000 F (environ 76 000 €) en l'absence de coopération active du cédant.

En outre, la cour d'appel avait procédé elle-même à l'évaluation des parts alors qu'il appartenait au seul expert désigné en application de l'article 1843-4 du Code civil de déterminer la valeur des parts.

Cass. 1e civ. 25-1-2005 n° 139 FS-PB : RJDA 5/05 n° 565.

Un pacte conclu entre les actionnaires d'une société anonyme prévoyait que l'actionnaire minoritaire – par ailleurs président de la société – pourrait exiger de l'actionnaire majoritaire qu'il rachète ses actions s'il était révoqué. Après sa révocation, le minoritaire avait mis en œuvre cette **clause de sortie** mais, faute d'accord entre les intéressés sur le prix du rachat, le président du tribunal de commerce avait désigné un expert, en application de l'article 1843-4 du Code civil, le chargeant d'évaluer les actions. Le magistrat avait précisé que l'expert devait évaluer la société à la « date de la clôture du dernier bilan enregistré au greffe du tribunal lors de la révocation du dirigeant ». Dans son rapport, l'expert avait indiqué avoir suivi cette consigne même si elle le conduisait à évaluer les titres à une date antérieure de deux ans à celle de la révocation.

Il ne peut pas être reproché à une cour d'appel d'avoir dit que le rapport de l'expert ne serait pas retenu pour servir de base à l'évaluation des actions et d'avoir débouté le retrayant de sa demande tendant à voir constater l'existence d'une vente parfaite dès lors que l'expert désigné en application de l'article 1843-4 du Code civil a toute latitude pour déterminer la valeur des actions selon les critères qu'il juge opportuns et qu'ayant constaté que l'expert avait **évalué les droits sociaux** du retrayant **à la date qui lui était indiquée par le président du tribunal,** ce dont il résultait qu'il ne disposait pas d'une entière liberté d'évaluation des droits cédés, la cour

37625 (suite) d'appel a pu en déduire que le rapport d'expertise était entaché d'une erreur grossière résultant de la méconnaissance par l'expert de ses pouvoirs.

Cass. com. 3-5-2012 n° 11-12.717 F-D : RJDA 2/13 n° 129.

Ndlr : La Cour de cassation confirme ici la décision précédemment rendue par la cour d'appel de Paris (CA Paris 14-12-2010 n° 10-11125, ch. 8-5 : RJDA 4/11 n° 320).
Comme l'avait relevé la cour d'appel, il y avait une double erreur dans cette affaire, celle du président du tribunal qui avait imposé à l'expert de procéder à l'évaluation à une date donnée alors que ses pouvoirs se limitaient au choix de l'expert, faute qui aurait pu justifier l'annulation pour excès de pouvoir de l'ordonnance de désignation (n° 37537), et celle de l'expert qui avait respecté une consigne qu'il n'avait pas à suivre et dont il avait détecté le caractère inadéquat, au lieu de l'écarter.

Après le départ à la retraite d'un associé d'une société civile professionnelle (SCP) de médecins et en vue de son retrait de la société, un expert avait été désigné, sur le fondement de l'article 1843-4 du Code civil, pour déterminer la valeur des parts sociales de l'intéressé.
C'est en vain que la SCP invoque une erreur grossière en faisant valoir que l'**estimation** retenue était très **supérieure à celle faite par un autre expert** consulté officieusement par la société (395 000 € au lieu de 190 000 €).
En effet, l'évaluation du prix des droits sociaux est librement fixée par l'expert selon les critères qu'il juge opportun ; son rapport était fondé sur la valeur objective de la SCP tandis que la consultation demandée par la SCP prenait en compte les aléas du marché dans un contexte décrit comme défavorable en raison d'une baisse de la spécialité à l'horizon 2020 ; cette consultation n'était pas de nature à invalider les conclusions du rapport.

Cass. com. 26-3-2013 n° 12-10.144 F-D : RJDA 8-9/13 n° 717.

L'estimation de l'expert désigné en application de l'article 1843-4 du Code civil pour fixer le prix de cession de droits sociaux s'impose aux parties et au juge sauf en cas d'erreur grossière. Lorsqu'une telle erreur est caractérisée, le juge du fond ne peut pas procéder à la désignation d'un nouvel expert, celle-ci étant réservée, en vertu des dispositions d'ordre public de l'article 1843-4, aux seules parties ou, en cas de désaccord entre elles, au seul président du tribunal statuant en la forme des référés.
Un expert avait été chargé d'évaluer les parts d'un associé se retirant d'une société civile immobilière (SCI) propriétaire d'un **ensemble immobilier** composé de deux bâtiments, l'un à usage d'habitation et de commerce, l'autre, plus vétuste, à usage de parking et d'entrepôt.
Cet expert a commis une erreur grossière qui invalide son rapport en évaluant le second bâtiment à 9,5 millions d'euros (soit 55 % de la valeur totale de l'ensemble immobilier) en fonction de sa future constructibilité sur une base de 3 382 m^2. En effet, il a retenu une base constructible très largement supérieure aux précédentes évaluations évoquées dans son rapport (l'une fixant cette base à 2 324 m^2, l'autre à 2 700 m^2), sans s'en expliquer. Après avoir revu un architecte, il a ensuite réduit la **base constructible** de la parcelle sans indiquer une nouvelle surface qui aurait permis de procéder à une nouvelle valorisation du bien. Par conséquent, la valeur des parts de la SCI, en partie fixée en fonction de la constructibilité future de l'ensemble immobilier à détruire, n'était que **pure hypothèse.**
Par suite, il y a lieu d'inviter les parties à désigner un nouvel expert de leur choix ou, en cas de désaccord, à saisir le président du tribunal de grande instance statuant en la forme des référés aux fins de désignation judiciaire.

CA Paris 22-10-2013 n° 10/17138, ch. 5-8 : RJDA 10/14 n° 771.

L'intégralité du capital social d'une société exploitant une agence de photojournalisme avait été cédée pour un euro symbolique. Le cédant avait garanti que les capitaux propres atteignaient un certain montant (environ 1 million d'euros) tandis que l'acquéreur s'était engagé à faire établir une situation comptable pour contrôler ce point. Les parties étaient convenues, en cas de désaccord, de recourir à un expert pour fixer le montant de ces capitaux, montant qui s'imposerait à elles sauf erreur grossière commise par l'expert. Comme le comptable de l'acquéreur, l'expert désigné avait évalué les capitaux propres à la moitié du montant garanti par le cédant.
Le rapport de cet expert doit être annulé pour erreur grossière. En effet, l'expert a **provisionné les droits d'auteurs** des photographes sur les factures non encaissées alors que, depuis toujours, la société se contentait de les mentionner dans les annexes des comptes annuels, la comptabilisation intervenant seulement lors de l'encaissement. Certes, l'acte de cession n'imposait pas, pour le calcul des capitaux propres, le maintien de cette méthode comptable, mais il ne l'excluait pas non plus. Cette méthode avait présidé aux calculs et à l'expression des divers paramètres comptables figurant dans le protocole d'accord et l'acte de cession, notamment le montant des capitaux propres que le cédant avait consenti à garantir. L'acquéreur, informé de cette pratique, ne l'avait pas remise en cause lors des négociations. Son utilisation résultait donc de la volonté commune des parties et tout changement aurait dû faire l'objet d'un accord spécifique entre elles, ce qui n'avait pas été le cas. La situation de la société devait donc être établie à **méthode comptable constante,** principe par ailleurs posé par l'article L 123-17 du Code de commerce. La méthode retenue n'était pas contraire à la réglementation comptable et elle n'avait jamais été contestée par le commissaire aux comptes de la société. Elle n'avait pas plus été condamnée par l'expert, dont le rapport indiquait que ni le plan comptable général (PCG) ni la doctrine de

l'Autorité des normes comptables ou de la Compagnie nationale des commissaires aux comptes ne traitaient spécifiquement du provisionnement des droits d'auteurs. En utilisant une **autre méthode,** l'expert n'avait pas respecté la volonté et les prévisions des parties, permettant à l'une d'elles de s'affranchir de celles-ci. Par suite, faute de faire la preuve de l'insuffisance des capitaux propres, l'acquéreur ne peut pas utilement mettre en œuvre la garantie que lui a consentie le cédant sur ce point.

CA Paris 25-3-2014 n° 13/04134 : RJDA 11/14 n° 843.

DÉPASSEMENT DE SON MANDAT PAR LE TIERS

Conformément au droit commun du mandat (C. civ. art. 1998), les parties ne sont pas liées par la décision du tiers lorsque ce dernier a outrepassé les pouvoirs qui lui ont été conférés. Cette situation est notamment susceptible de se rencontrer lorsque les parties ont déterminé la méthode d'évaluation des titres, ce qui est possible dans le cadre de l'article 1592 du Code civil. Le tiers outrepasserait ainsi ses pouvoirs s'il prenait en considération des éléments que les parties ont expressément exclus (B. Wertenschlag, Prix déterminable et cession de droits sociaux : JCP N 1991 doct. p. 221 n° 57). On remarquera que la jurisprudence de la Cour de cassation (Cass. 1e civ. 25-11-2003 n° 1544 : n° 37625) tend à inclure le dépassement de mandat dans la sphère d'application de l'erreur grossière. 37635

> **Précisions** Dans un cas où une clause de révision du prix d'une cession d'actions prévoyait que, si la valeur du franc subissait des modifications importantes, le prix serait révisable et que, en cas de désaccord entre les parties, il serait déterminé par experts, désignés soit par les parties soit en cas de désaccord par le tribunal, il a été jugé que cette clause, si elle conférait aux experts la mission de déterminer le prix de cession dans l'éventualité, qui s'est produite, d'un **changement de la valeur du franc,** ne leur attribuait nullement le pouvoir de se prononcer sur les modalités de paiement (Cass. com. 20-1-1970 n° 68-14.303 : Bull. civ. IV n° 27).

VI. RESPONSABILITÉ DU TIERS FIXANT LE PRIX DE CESSION

Comme tout mandataire, le tiers chargé de fixer le prix d'une cession de parts ou actions répond, envers les parties, de son **dol** et des **fautes** qu'il commet dans l'exécution de sa mission (C. civ. art. 1992). 37660

N'ont pas commis de faute, en effectuant des opérations contraires au caractère contradictoire du débat et aux droits de la défense, des « arbitres » (désormais tiers estimateurs) chargés en application de l'article 1592 du Code civil de fixer le prix d'une cession dès lors que les conditions dans lesquelles ils devaient accomplir leur mission ont été respectées et notamment qu'ils avaient eu librement accès à la comptabilité et aux archives de la société dont les droits étaient cédés (Cass. 1e civ. 31-1-1974 n° 72-14.078 : Bull. civ. I n° 38).

Dans un cas où les parties à une cession de parts sociales étaient convenues de faire fixer le prix par un collège d'experts et où le vendeur avait mis en cause la responsabilité de ces derniers en raison d'erreurs et irrégularités ayant abouti à la **sous-évaluation des titres,** la cour d'appel de Paris avait cru pouvoir rejeter cette demande en retenant notamment que, par dérogation au droit commun du mandat, la responsabilité des experts ne pouvait être recherchée que sur le fondement d'une erreur grossière commise dans l'exécution de leur mission. La Cour de cassation a censuré cette décision au motif que l'**erreur grossière** est une condition de la remise en cause de la détermination du prix, mais non de la responsabilité du mandataire chargé de celle-ci. En conséquence, le vendeur était en droit d'obtenir réparation du préjudice que lui avait causé la sous-évaluation fautive des parts (Cass. com. 4-2-2004 n° 278 : RJDA 6/04 n° 688). 37662

Statuant sur renvoi, la cour d'appel de Versailles a précisé que la faute doit consister en un manquement du tiers dans l'accomplissement de sa mission par référence au comportement d'un **professionnel normalement prudent** et diligent (CA Versailles 27-9-2005 n° 04-2244, analysé n° 37665). La Cour de cassation a rejeté le pourvoi formé contre cet arrêt, montrant ainsi sa volonté de ne pas s'immiscer plus que de raison dans l'appréciation du comportement du tiers chargé de la fixation du prix (Cass. com. 6-2-2007 n° 05-21.271 F-PB : RJDA 5/07 n° 490), ce qui devrait apaiser les craintes de ceux qui redoutaient que la jurisprudence inaugurée par l'arrêt du 4 février 2004 précité ne permette d'obtenir « le juste prix contractuel » sous forme de dommages-intérêts (J. Mestre et B. Farges : RTD civ. 2004 p. 502).

37665 **ILLUSTRATIONS**

Le collège d'experts désigné par les parties pour fixer le prix de rachat d'une participation de 25 % dans une SNC spécialisée dans l'alimentation du bétail et ayant une filiale espagnole n'a commis aucune faute dans l'exécution de sa mission, compte tenu des éléments suivants.

– Il ne pouvait pas être reproché aux experts d'avoir recherché un **prix de compromis au lieu de** déterminer **la valeur de la société** dès lors que, si les premières correspondances des experts faisaient référence à une valeur de compromis, cette référence avait été ultérieurement abandonnée et contredite par le rapport de mission des experts indiquant que l'estimation effectuée par ces derniers portait sur « la valeur globale au 30 juin 1996 des 10 000 parts composant le capital social de la SNC » ; en outre, si les experts avaient choisi de trouver un prix de compromis, le résultat de leur travail aurait nécessairement écarté tout contentieux reposant sur une sous-estimation.

– S'agissant d'un manquement au **principe du contradictoire,** l'expert désigné en application de l'article 1592 du Code civil n'est soumis à aucune règle de l'expertise et organise son travail en toute liberté, dans le cadre de la mission conférée par ses mandants, sans être nécessairement tenu à l'obligation du respect du débat contradictoire ; le collège d'experts ne s'était pas engagé à conduire les opérations d'expertise dans le respect de ce principe, si ce n'est, pour l'un des experts, pour une partie étroite de sa mission (détermination du prix de revient des matières premières vendues à la SNC et de la facturation des prestations entre la SNC et la filiale espagnole) ; or il résultait des correspondances échangées entre les experts et les parties que cette mission avait bien été réalisée contradictoirement.

– Il ne pouvait pas être fait reproche aux experts d'avoir retenu la **méthode** dite **des praticiens,** qui consiste à majorer la situation nette comptable de cinq fois le résultat normatif : une telle approche de valorisation d'une entreprise n'apparaît en effet aucunement fautive ou même inexacte puisqu'elle conjugue la valeur bilantielle et celle du résultat d'exploitation ; cette méthode n'était par ailleurs que l'une des cinq utilisées par les arbitres (désormais tiers estimateurs) pour déterminer le prix de la filiale espagnole de la SNC.

– Il ne pouvait pas être reproché au collège, qui avait **comparé** cette filiale **avec une société** espagnole **du même secteur** vendue en septembre 1995 pour 3,5 milliards de pesetas, d'avoir appliqué un abattement de 40 % car celui-ci était justifié par la taille respective des deux sociétés, la taille supérieure de la société espagnole de référence contribuant à une meilleure solidité et pérennité de son fonds de commerce et augmentant les synergies éventuellement attendues par un acquéreur ; les appréciations différentes que pouvait avoir le cédant de la réalité économique et financière, actuelle et future, des deux sociétés ne prouvent pas la faute commise par les experts dans l'estimation de la filiale espagnole.

– Ces derniers n'avaient pas commis de faute en **comparant** également **la filiale à une autre société cotée en bourse** et appartenant au secteur de la nutrition animale même si ces sociétés exerçaient en réalité des **activités différentes** (la première fabriquant des prémélanges et assurant des prestations de services, la seconde commercialisant des aliments complets) et n'ayant pas la même rentabilité ; la recherche de comparatifs diversifiés est en effet une mesure de prudence attestant la diligence du collège d'experts qui avait, en outre, majoré de 10 % la valeur de la filiale espagnole pour prendre en compte la forte valeur ajoutée du domaine « prestations de services ».

– Il ne pouvait pas être reproché aux experts d'avoir retenu en juin 1996 pour la valorisation de la filiale espagnole un **« price earning ratio »** (PER : bénéfice de l'exercice réalisé ou escompté ramené à une action et divisé par le cours de celle-ci) **inférieur à celui publié** en 1997 par la bourse de Madrid pour cette même période (11,5 au lieu de 26,84) ; en effet, ce ratio est susceptible d'évoluer chaque jour en fonction de la cote boursière du titre et du bénéfice escompté tel que le déterminent les professionnels du marché au vu, notamment, des informations publiées par la société cotée ; or les résultats des sociétés cotées n'étaient pas connus lorsque les experts avaient procédé à leur mission, de sorte que seuls les résultats estimés ou probables pouvaient être retenus pour le calcul du PER ; enfin, les experts avaient sollicité une société spécialisée pour connaître les PER publiés par les diffuseurs d'informations financières au mois de juin 1996 et le PER attendu pour 1997 en Espagne était bien de 11,5 et non de 21,65 comme l'avaient avancé certains journalistes, la méconnaissance par les experts d'une information journalistique erronée ne pouvant pas leur être reprochée.

CA Versailles 27-9-2005 n° 04-2244, ch. com. réunies : RJDA 2/06 n° 123 et, sur pourvoi, Cass. com. 6-2-2007 n° 05-21.271 F-PB : RJDA 5/07 n° 490.

L'acquéreur de l'intégralité des parts d'une SARL avait mis en cause la responsabilité de l'expert-comptable qui avait établi le **bilan comptable ayant servi de base à la cession,** lui reprochant certaines **fautes** professionnelles (non-comptabilisation de factures d'achat, méthode irrégulière de régularisation, absence de rapprochement bancaire générant une perte de 2 350 000 F et défaut de provisions pour créances douteuses).

Cette demande doit être rejetée. En effet, tant l'**acquéreur** que la SARL avaient expressément **accepté,** après la cession, les **comptes clôturés** tels qu'ils avaient été présentés par l'expert-

comptable, étant relevé que la cession était réalisée pour le prix d'un franc la part et que les deux anciens associés abandonnaient le solde créditeur de leur compte courant ; ce quitus et cette décharge de responsabilité étaient intervenus deux mois après la cession alors que l'**expert-comptable,** qui en ignorait encore l'existence, **réclamait** encore et vainement la **mise en place d'une comptabilité fournisseurs** avec comptes individuels ; l'acquéreur qui, pour une opération d'une telle nature, n'avait ni demandé de garantie de passif ni entendu faire évaluer les parts cédées par un examen des comptes et résultats annoncés par la SARL et qui avait en toute connaissance de cause accepté les comptes présentés par l'expert-comptable ne pouvait plus valablement mettre en cause la responsabilité de ce dernier. En outre, la mission confiée à l'expert-comptable ne comportait pas la tenue d'une comptabilité fournisseurs, de sorte que les prétendues fautes concernant la méthode de régularisation et l'absence de rapprochement bancaire doivent être rejetées ainsi que celles concernant le défaut de provisions sur créances douteuses dont l'inscription relevait de la compétence des dirigeants de la SARL.
CA Paris 21-10-2005 n° 04-8992, 25e ch. A : RJDA 4/06 n° 417 som.

VII. FRAIS DE L'EXPERTISE DU PRIX DE CESSION

Le sort des honoraires du tiers désigné en application des articles 1592 et 1843-4 du Code civil n'est pas fixé par la loi, si ce n'est dans l'hypothèse où l'expert de l'article 1843-4 intervient à la suite d'un refus d'agrément de l'acquéreur des parts d'une SARL (n° 33240). **37670**

Lorsque les parties décident de recourir à l'une de ces expertises, elles doivent donc indiquer dans l'acte de cession à qui incombe la **charge** des frais d'expertise ou en prévoir le partage. Dans les cas où les statuts renvoient à l'article 1843-4, ils précisent généralement à qui incombe ces frais.

Dans le silence des statuts sur ce point et si les parties n'ont rien prévu, les juges retiennent souvent le partage égalitaire des frais entre les parties (cf. CA Nîmes 27-5-2005 : Dr. sociétés 2005 comm. 131 ; CA Rouen 25-10-2007 n° 06-2835, 2e ch. : RJDA 2/09 n° 119), ce qui est conforme à l'idée admise par la majorité de la doctrine selon laquelle l'expert de l'article 1843-4, tout comme celui prévu par l'article 1592, est le mandataire commun des parties (n° 37482). Toutefois, la cour d'appel de Paris a écarté un tel partage dans un cas où l'acte de cession prévoyait que la désignation judiciaire de l'expert interviendrait à l'initiative de la partie la plus diligente : il résultait de ce dispositif contractuel, a-t-elle estimé, que les frais d'expertise incombaient à la partie qui avait saisi le juge aux fins de désignation et qui avait été condamnée aux dépens de l'instance, dont ces frais faisaient partie (CA Paris 22-10-2013 n° 12/08592, ch. 5-8, : RJDA 2/14 n° 122). La répartition égalitaire des frais a également été écartée lorsque l'expertise est devenue nécessaire, non pas seulement à la suite d'un simple désaccord entre les parties sur le prix des droits sociaux, mais en raison d'une faute de l'une d'elles (CA Rouen 25-10-2007 n° 06-2835, 2e ch., précité ; T. com. Paris 25-5-1970 : n° 33240).

SECTION 3

COMPLÉMENT DE PRIX OU CLAUSE D'EARN OUT

I. GÉNÉRALITÉS SUR LE COMPLÉMENT DE PRIX

DÉFINITION DU COMPLÉMENT DE PRIX

Il est fréquent, tout particulièrement en cas de cession de l'**intégralité des titres** d'une société ou d'un **bloc de contrôle,** que cédant et acquéreur conviennent d'un prix composé d'une partie fixe payable dès la conclusion de la cession et d'une partie réglable ultérieurement et dont le montant sera fonction des résultats futurs de la société. **37700**

L'opération peut aussi être réalisée en **plusieurs actes,** d'une part une cession ferme d'un certain nombre de titres avec un prix fixe et, d'autre part, une promesse synallagmatique (ou des promesses croisées d'achat et de vente) sur la base d'un prix dépendant des performances de la société.

Cette clause, dite d'earn out (ou parfois d'intéressement), permet donc au cédant de percevoir un complément de **prix, non fixable** de manière définitive **lors de la cession.** Elle s'accompagne souvent du maintien du cédant dans la société pendant la durée de tout ou partie des exercices de référence.

INTÉRÊT DE LA CLAUSE DE COMPLÉMENT DE PRIX

37710 Cette clause est utile notamment en cas de cession des titres d'une société nouvellement créée et dont la valeur est encore incertaine ou d'une société ayant connu des difficultés dont il est délicat d'établir le caractère temporaire. Les parties peuvent ainsi passer outre un éventuel désaccord sur la fixation du prix à la date de la cession. En ce qu'elle reporte partiellement le paiement du prix, cette clause permet aussi de procéder à la cession même si l'acquéreur ne dispose pas encore de l'intégralité du prix.

Intégrée dans une promesse de rachat des titres acquis par une société de capital-risque, elle assure à celle-ci une possibilité de retour sur investissement et rend ainsi l'acquisition plus intéressante.

Elle peut s'accompagner du maintien du cédant dans la société, lorsque celui-ci est un homme clé de la société, afin d'éviter à l'acquéreur le risque de perte d'un savoir-faire, d'une compétence ou encore d'une notoriété pendant une certaine période. Ce maintien permet aussi au cédant de conserver un certain contrôle sur la gestion future de la société, dont dépend le complément de prix qu'il recevra.

Il est fréquemment prévu que la **révocation du cédant** avant l'expiration du délai initialement convenu entraîne paiement immédiat du complément du prix. Sur la validité de cette stipulation au regard de la règle de la révocabilité ad nutum des administrateurs, voir notamment S. Kandé de Beaupy, Les clauses d'earn out : Droit et patrimoine janvier 1994 p. 26 ; F.-D. Poitrinal, Cession d'entreprise : les conventions d'earn out : JCP E 1999 p. 18 s.

RISQUES AFFÉRENTS À LA CLAUSE DE COMPLÉMENT DE PRIX

37720 Le **complément de prix** prévu par la clause d'earn out doit être **déterminé ou déterminable** selon les critères exposés n°s 37040 s. ; à défaut, il entraîne l'indétermination du prix en son entier et la nullité de la cession (sur cette nullité, voir n°s 37380 s.). La clause ne doit pas non plus tomber sous le coup de la prohibition des clauses léonines (n°s 14370 s.).

Les parties et leurs conseils doivent être également vigilants à la **clarté de la clause** pour éviter toute interprétation par le juge (pour des applications, voir n° 45065).

Sur les risques d'un complément de prix occulte, voir n°s 38300 s.

Le cédant a tout intérêt à prévoir des **garanties** lui assurant le paiement effectif du complément de prix si celui-ci s'avère dû. Les garanties pouvant être exigées sont similaires à celles que l'acquéreur peut demander pour assurer la mise en œuvre d'une garantie de passif : dépôt d'une somme entre les mains d'un séquestre, sûreté réelle ou personnelle, garantie à première demande (sur cette question, voir n°s 67050 s.).

Sur l'articulation d'une clause d'earn out avec le mécanisme de révision légale en cas de changement imprévisible de circonstances (C. civ. art. 1195), voir n°s 75345 s.

ILLUSTRATIONS

Une clause d'un acte de cession prévoyait un complément de prix, d'un montant maximum de 200 000 €, s'étalant sur les trois exercices sociaux suivant la cession, en fonction de divers critères, et avec un plafond pour chaque exercice. La clause précisait que si l'acquéreur ne notifiait pas les éléments de référence au cédant dans un délai déterminé après clôture de l'exercice, le complément de prix était irrévocablement considéré comme dû pour l'exercice concerné. Poursuivi en paiement de complément de prix pour le deuxième exercice par le cédant qui n'avait pas reçu lesdits éléments de référence, l'acquéreur avait soutenu que cette clause, qui aboutissait au versement d'une indemnité sanctionnant le défaut d'accomplissement de la formalité d'information prévue au contrat, constituait une **clause pénale,** dont le juge pouvait réduire le montant en application de l'article 1152 du Code civil (désormais art. 1231-5 issu de ord. 2016-131 du 10-2-2016). La cour d'appel a au contraire retenu qu'en stipulant que l'information devait être transmise avant une certaine date après chaque exercice de référence et qu'à défaut le complément de prix serait irrévocablement considéré comme intégralement dû pour cette période, les parties n'ont pas stipulé une clause pénale, mais se sont bornées à rendre exigible, à hauteur du montant maximum initialement prévu au jour de leur accord, la partie de complément de prix n'ayant pas bénéficié de l'information financière dans le délai convenu (CA Paris 12-1-2012 n° 11-01528, ch. 5-9 : RTD com. 2012 p. 129 obs. A. Constantin).

II. INCIDENCES FISCALES DU COMPLÉMENT DE PRIX

37750 Les dispositions fiscales du Code général des impôts relatives aux clauses d'earn out concernent uniquement les cessions de titres réalisées par des personnes physiques dans le cadre de la gestion de leur patrimoine privé, qui sont soumises au régime des **plus-values** des particuliers prévu par

l'article 150-0 A du CGI. La loi ne prévoit rien en revanche pour le cas où la cession relève du régime des plus-values professionnelles, seule l'administration ayant pour l'instant apporté certaines précisions sur les règles applicables dans cette hypothèse.
La loi est également silencieuse sur les conséquences que peuvent avoir les clauses d'earn out en matière de **droits d'enregistrement.**

Cela dit, l'opération d'earn out ne relève pas du même traitement fiscal et ne suscite pas les mêmes questions selon la façon dont elle est réalisée : cession en un seul bloc des titres détenus par le cédant ou cession des titres en deux temps (la clause d'earn out affectant dans ce dernier cas uniquement le prix de vente du solde des titres conservés temporairement par le cédant). C'est la première formule qui pose les problèmes les plus délicats et, pour cette raison, c'est aussi la seule formule dont le législateur a pris soin de fixer, au moins pour partie, le régime fiscal. **37752**

Les conventions d'earn out devraient rester sans effet en matière de **TVA,** dès lors que le complément de prix versé par l'acquéreur n'entre pas en principe à notre avis dans le champ d'application de la TVA. **37754**

A. Cession immédiate de la totalité des titres

Lorsqu'un associé cède en une seule fois la totalité des titres qu'il détient, le mécanisme de la clause d'earn out introduit un élément d'incertitude s'agissant du prix de vente à retenir pour le calcul de la **plus-value imposable.** Lorsque l'acquéreur est une entreprise, la même incertitude affecte le prix de revient pour lequel les titres acquis dans ces conditions doivent être inscrits à l'actif. **37770**

En matière de **droits d'enregistrement,** la question est de savoir sur quelle base doit être assis le droit de mutation. En l'absence de solution spécifique, il convient de faire application de la règle générale selon laquelle le droit exigible « est assis sur le prix exprimé et le capital des charges qui peuvent s'ajouter au prix ou sur une estimation des parties si la valeur réelle est supérieure au prix augmenté des charges » (CGI art. 726, II). Lorsque le prix de cession comporte une partie fixe et une partie variable, cela conduit à calculer les droits dus sur la partie variable du prix sur la base d'une estimation provisoire. L'administration a ainsi précisé que, lorsque le prix définitif de la vente dépend d'événements postérieurs à la conclusion du contrat, l'impôt est liquidé sur une évaluation à fournir par les parties et un supplément de droits devient ensuite exigible si les sommes effectivement payées excèdent le montant de l'évaluation primitive (BOI-ENR-DMTOI-10-10-20-10 n° 140). **37772**
Par conséquent, si le prix définitif payé par l'acquéreur est supérieur à l'évaluation initiale des parties, l'administration peut réclamer un complément de droits qui sera, en principe, assorti des pénalités de retard.
Si, à l'inverse, le prix définitif est inférieur à l'estimation initiale, il est possible à notre avis de demander la révision de l'imposition initiale et la restitution des droits versés en trop.

1. SITUATION DU CÉDANT

Les règles applicables varient selon la **qualité de l'associé cédant** et le **régime d'imposition des plus-values** dont il relève : **37790**
– personne physique soumise au régime des plus-values privées de cession de valeurs mobilières et droits sociaux (CGI art. 150-0 A) ;
– personne physique associée d'une société de personnes non soumise à l'IS relevant du régime des plus-values professionnelles (CGI art. 151 nonies, I) ;
– entreprise soumise au régime des plus-values professionnelles (CGI art. 39 duodecies s. et 219, I).

PERSONNE PHYSIQUE SOUMISE AU RÉGIME DES PLUS-VALUES PRIVÉES (CGI ART. 150-0 A)

La loi prévoit expressément que le complément de prix perçu en exécution d'une clause d'earn out par une personne physique relevant du régime des plus-values privées est imposable selon le régime des plus-values de cession de valeurs mobilières et droits sociaux au titre de l'année au cours de laquelle il est reçu (CGI art. 150-0 A, I-2). À la **date de la transaction,** la plus-value imposable est donc assise sur le seul montant du prix fixe versé au cédant et non pas sur une base estimative prenant en compte la partie variable du prix. **37800**
Toutefois, lorsque le **complément** de prix est, d'une part, **indexé** directement sur l'activité de la société et, d'autre part, **garanti** à hauteur d'un montant déterminé, le montant garanti, dont la perception future est certaine dès la conclusion de l'acte de cession, doit être imposé au titre de

l'année de cession et non pas, par application de l'article 150-0 A, I-2 du CGI, au titre de l'année au cours de laquelle le cédant l'a perçu (CAA Nantes 19-1-2017 n° 15NT02188 : RJF 4/17 n° 331).
Lorsque la plus-value a ouvert (ou aurait pu ouvrir) droit à un **abattement** pour durée de détention, celui-ci s'applique également au complément de prix lorsqu'il devient imposable.

37810 **Conventions concernées** L'article 150-0 A, I-2 du CGI vise le complément de prix versé en exécution de « la clause du contrat de cession de valeurs mobilières ou de droits sociaux par laquelle le cessionnaire s'engage à verser au cédant un complément de prix exclusivement déterminé en fonction d'une **indexation en relation directe avec l'activité de la société** dont les titres sont l'objet du contrat ».
Tel est le cas, selon l'administration, lorsque le complément de prix est indexé, par exemple, sur le bénéfice ou le chiffre d'affaires de la société ou sur d'autres critères en relation directe avec l'activité de celle-ci comme le nombre de ses salariés ou de ses clients, le nombre d'ouverture de comptes, la consommation d'une matière première, etc. (BOI-RPPM-PVBMI-20-10-10-20 n° 10).
L'administration admet également que le complément de prix peut être déterminé en fonction d'une indexation en relation, soit avec l'**activité d'une filiale** de la société dont les titres sont cédés, soit avec l'**activité du groupe** auquel appartient la société dont les titres sont cédés. En tout état de cause, le complément de prix qui, le cas échéant, peut être plafonné doit présenter un **caractère aléatoire** à la date de la réalisation de la cession de sorte qu'il n'est prévisible de manière certaine ni pour le cédant ni pour l'acquéreur (BOI-RPPM-PVBMI-20-10-10-20 n°s 20 et 30).

37812 Si les **sommes** versées à titre de complément de prix **qui ne répondent pas à la définition légale** n'ouvrent pas droit au régime fiscal prévu par l'article 150-0 A, I-2 du CGI, rien dans les textes n'indique comment les traiter et les opinions divergent sur ce point.
Pour certains auteurs, ces sommes auraient le caractère d'un complément de prix imposable selon le régime prévu pour les plus-values dès la cession des titres, sur la base d'une estimation des versements futurs escomptés (en ce sens J.-C. Parot, Imposition de la plus-value : que reste-t-il du principe de l'annualité de l'impôt ? : Dr. Fisc. 2000 n° 24). Le Conseil d'État a pris position en ce sens en jugeant, dans le cadre du régime antérieur à l'entrée en vigueur de l'article 150-0 A, I-2 du CGI, que le cédant doit être imposé au titre de l'année de cession sur la base du montant global de la plus-value calculé à partir de la partie fixe du prix de cession et d'une estimation du montant des versements complémentaires à intervenir au cours des années ultérieures (CE 30-6-2010 n° 311826 : RJF 11/10 n° 1025 ; CE 23-12-2011 n° 324620 : RJF 3/12 n° 249) et que les versements ultérieurs excédant cette estimation sont imposables en tant que revenus au titre de l'année de leur perception (CE 16-7-2014 n° 358415 : RJF 11/14 n° 1010).

37814 On a vu par ailleurs que le mécanisme des clauses d'earn out s'accompagne souvent du **maintien du cédant dans ses fonctions** dirigeantes ou techniques au sein de l'entreprise pendant la durée d'exécution de la clause. En pareille hypothèse, l'administration peut s'estimer en droit de requalifier le complément de prix en revenu taxable, dans le cadre de la procédure de l'**abus de droit fiscal** prévue à l'article L 64 du LPF, s'il est établi que les sommes versées représentent en réalité la rémunération de l'activité du cédant dans l'entreprise. Tout en reconnaissant que cette situation devrait rester exceptionnelle, l'administration précise que le complément de prix serait alors soumis au barème progressif de l'impôt sur le revenu (bien entendu sans application de l'abattement pour durée de détention) soit dans la catégorie des traitements et salaires si le cédant est en état de subordination par rapport à l'entreprise, soit, dans le cas contraire, dans la catégorie des bénéfices non commerciaux en vertu de l'article 92, 1 du CGI relatif aux revenus provenant d'une activité lucrative imposable (BOI-RPPM-PVBMI-20-10-10-20 n° 40).

37820 **Montant imposable** Le complément de prix perçu est imposable pour son montant total, sauf dans deux cas :
– lorsque la plus ou moins-value a été réalisée par un **impatrié** et a bénéficié de l'**exonération de 50 %** d'impôt sur le revenu prévue à l'article 155 B, II-c du CGI (n° 50120), le complément de prix est également exonéré d'impôt sur le revenu à hauteur de 50 % de son montant s'il est perçu pendant la période d'application de l'exonération (BOI-RSA-GEO-40-10-30-30 n° 30) ;
– lorsque la plus ou moins-value de cession a bénéficié d'un **abattement pour durée de détention** (abattement de droit commun ou abattement renforcé pour les PME de moins de dix ans), l'abattement s'applique également au complément de prix (quelle que soit la date à laquelle est intervenue la cession à laquelle ils se rapportent) ; il en est de même pour la fraction de l'abattement fixe de 500 000 € accordé aux dirigeants de PME prenant leur retraite non utilisée lors de la cession ayant ouvert droit à cet abattement.

> **Précisions a.** Le taux de l'**abattement proportionnel** est fonction de la durée de détention des titres objet de la cession. Cette durée est donc appréciée à la date à laquelle est intervenue la cession, quelle que soit la date de perception du complément de prix (BOI-RPPM-PVBMI-20-20-20-10 n° 80).
> **b.** Lorsque le cédant a bénéficié de l'**abattement fixe** réservé aux **dirigeants de PME prenant leur retraite** (nos 50460 s.), le complément de prix afférent à une cession ou à un rachat réalisé du 1er janvier 2018 au 31 décembre 2024 et perçu entre ces mêmes dates est réduit du reliquat d'abattement fixe non imputé sur la plus-value d'origine.
> Lorsque le complément de prix perçu depuis le 1er janvier 2018 est afférent à une cession antérieure à cette date pour laquelle s'est appliqué l'ancien l'abattement fixe, le contribuable peut soit bénéficier du reliquat d'abattement fixe non utilisé au moment de la cession, soit renoncer à l'abattement fixe et bénéficier de l'abattement proportionnel, sous réserve d'en respecter les conditions d'application (nos 50375 s.).

Modalités de taxation Le complément de prix visé à l'article 150-0 A du CGI est imposable au titre de l'année au cours de laquelle il est reçu. Il suit le **régime des plus-values** de cession de titres et supporte donc l'impôt sur le revenu calculé selon les règles énoncées nos 50650 s. (majoré de 17,2 % de prélèvements sociaux). 37821
En cas de **changement de modalités d'imposition,** ce sont les taux et prélèvements en vigueur au titre de l'année de versement du complément de prix qui s'appliquent et non pas ceux en vigueur à la date de la cession.
L'impôt est dû quelle que soit la durée écoulée entre la date de la cession et celle du versement complémentaire.

Si la plus-value a été réalisée dans le cadre de l'**apport à une société contrôlée par l'apporteur** et, par suite, placée sous le régime du **report d'imposition obligatoire** prévu par l'article 150-0 B ter du CGI (n° 50810), le complément de prix est également soumis au report d'imposition s'il prend la forme d'une remise de titres émis par la société bénéficiaire de l'apport (BOI-RPPM-PVBMI-30-10-60-10 n° 280). 37822

Le complément de prix est taxable quel que soit le **résultat de la cession d'origine,** que celle-ci ait dégagé une plus-value ou une moins-value (lorsque la cession a dégagé une moins-value, celle-ci s'impute dans les conditions habituelles : nos 50350 s.). 37823
Toutes les **moins-values en report,** qu'elles soient afférentes ou non à la cession à l'origine du complément de prix, sont à notre avis imputables sur la plus-value générée par le complément de prix. Il en va de même, bien entendu, des moins-values éventuelles **de l'année.**

Cession ou apport de la créance de complément de prix Le gain retiré de la cession ou de l'apport en société d'une créance qui trouve son origine dans une clause contractuelle de complément de prix (telle que définie par le CGI) est imposable au titre de l'année de la cession ou de l'apport, dans les mêmes conditions que le complément de prix lui-même (CGI art. 150-0 A, I-2). Il suit donc le régime des plus-values sur titres et supporte l'impôt selon les règles en vigueur à cette date. 37830
Relèvent de ce régime :
– les **cessions à titre onéreux,** c'est-à-dire les ventes proprement dites et les transactions emportant transfert à titre onéreux de la propriété de la créance, telles que les prêts ;
– les **apports** rémunérés par la remise de titres de capital ou donnant accès au capital d'une société ou par la remise de parts sociales. Toutefois, l'imposition du gain retiré de l'apport à une société de la créance représentative d'un complément de prix peut être reportée dans les conditions exposées n° 37831.
Dès lors que le prix d'acquisition de la créance de complément de prix est égal à zéro, le **gain imposable** est égal au prix de cession ou à la valeur réelle de la créance au jour de l'apport. Selon l'administration, il ne peut être réduit de l'abattement pour durée de détention, ce dernier étant réservé aux plus-values de cessions d'actions, de parts de sociétés, de droits démembrés portant sur ces actions ou parts et au complément de prix lui-même (BOI-RPPM-PVBMI-20-10-10-20 n° 160). Cette solution paraît toutefois sévère dans la mesure où l'article 150-0 A, I-2 du CGI dispose que la créance de complément de prix est imposée « dans les mêmes conditions » que le complément de prix.

L'article 150-0 B bis du CGI permet, sous certaines conditions, de reporter l'imposition du gain retiré de l'**apport en société** d'une créance de complément de prix avant qu'elle ne soit exigible en numéraire. Sont concernées les opérations d'apport rémunérées par la remise de titres de capital ou donnant accès au capital d'une société ou par la remise de parts sociales. 37831
L'application du **report d'imposition** au gain retiré de l'apport de la créance représentative d'un complément de prix est subordonnée au respect des **conditions** suivantes :

– le cédant (l'apporteur de la créance) doit avoir exercé des fonctions de direction, au sens de l'article 975, III-1-1° du CGI (fonctions définies en matière d'IFI), au sein de la société dont l'activité est le support de la clause de complément de prix, de manière continue pendant les cinq années précédant la cession (délai apprécié de date à date) ;
– si l'apport est un échange avec soulte, le montant de la soulte éventuelle ne doit pas dépasser 10 % de la valeur nominale des titres reçus. Toutefois, la plus-value est, à hauteur du montant de la soulte, imposée au titre de l'année de l'apport ;
– le contribuable doit demander expressément à bénéficier du report sur la déclaration des plus-values en report d'imposition n° 2074-I annexe à la déclaration spéciale des gains de cessions de valeurs mobilières n° 2074, elle-même annexe à la déclaration d'ensemble des revenus n° 2042, souscrite au titre de l'année d'apport.

Le **report prend fin** lors de la transmission à titre onéreux (vente, échange, apport...) ou à titre gratuit (succession ou donation), du rachat, du remboursement ou de l'annulation des titres reçus en échange. Le transfert du domicile fiscal à l'étranger peut également mettre fin au report (« exit tax »).

Lorsque la transmission, le rachat, le remboursement ou l'annulation ne porte que sur une **partie des titres** reçus en échange, seule la fraction correspondante du gain reporté est imposée. Le surplus continue à bénéficier du report.

À l'expiration du report, le gain est imposé selon les **règles d'imposition** en vigueur à cette date (BOI-RPPM-PVBMI-20-10-10-20 n° 360).

PERSONNE PHYSIQUE ASSOCIÉE D'UNE SOCIÉTÉ DE PERSONNES RELEVANT DU RÉGIME DES PLUS-VALUES PROFESSIONNELLES (CGI ART. 151 NONIES, I)

37834 Une personne physique qui cède des parts qu'elle détient dans une société de personnes relevant de l'impôt sur le revenu dans laquelle elle exerce son activité professionnelle relève du régime des plus-values professionnelles (CGI art. 151 nonies, I). Si elle perçoit un complément de prix en exécution d'une clause d'earn out, elle ne peut donc pas faire application des règles prévues par l'article 150-0 A, 2 du CGI en matière de plus-values privées. Mais elle devrait à notre avis pouvoir bénéficier d'une solution équivalente, calquée sur celle retenue par l'administration pour les plus-values professionnelles (voir n° 37846). Le complément de prix résultant d'une clause d'earn out devrait par conséquent être imposable **au titre de l'exercice au cours duquel il est acquis** selon le régime appliqué au profit initial. Si la plus ou moins-value constatée lors de la cession des titres a été soumise au régime des plus ou moins-values à long terme, le complément de prix devrait être soumis au même régime et imposé à l'impôt sur le revenu au taux de 12,8 % (auquel s'ajoutent les prélèvements sociaux, soit un taux effectif de 30 % : voir n° 53120). Si la plus-value a été exonérée, le complément de prix devrait l'être également.

37836 Si la clause d'earn out prévoit la **présence du cédant dans l'entreprise** pendant une durée déterminée, il faut par ailleurs prendre en compte le risque (à notre avis limité) de voir l'administration requalifier le complément de prix en revenu d'activité sur le fondement de l'**abus de droit,** comme dans l'hypothèse où le cédant est une personne physique relevant du régime des plus-values privées.

ENTREPRISE SOUMISE AU RÉGIME DES PLUS-VALUES PROFESSIONNELLES

37846 La loi ne fournit aucune indication sur le traitement fiscal dont doivent faire l'objet les clauses d'earn out lorsque la cession relève du régime des plus-values professionnelles. Seule l'administration s'est pour l'instant prononcée sur ce point.

Selon la doctrine administrative, le complément de prix acquis par une entreprise soumise à l'IS ou à l'impôt sur le revenu en exécution d'une clause d'un contrat de cession de titres par lequel l'acquéreur s'engage à verser au cédant un complément de prix attaché à la valorisation des titres au moment de la cession et exclusivement déterminé en fonction d'une indexation en relation directe avec l'activité de la société dont les titres sont cédés est imposable **au titre de l'exercice au cours duquel ce complément de prix est acquis** et selon le même régime que le prix initial (BOI-BIC-PVMV-10-20-10 n° 250).

Par suite, si la plus ou moins-value de cession réalisée par une **société assujettie à l'IS** a été soumise au régime des plus ou moins-values à long terme, le complément de prix relèvera également du régime du long terme (au taux en vigueur au titre de l'exercice au cours duquel il est acquis). Le complément de prix sera ainsi exonéré, sous réserve de la taxation d'une quote-part de frais et charges, lorsqu'il est perçu au titre d'une cession de titres de participation elle-même exonérée.

Lorsque l'entreprise cédante relève de l'**impôt sur le revenu,** le complément de prix sera soumis lors de sa perception au régime du long terme et imposé au taux de 12,8 % (auquel s'ajoutent les

prélèvements sociaux) si la plus ou moins-value de cession des titres a été soumise au régime des plus ou moins-values à long terme. Si la plus-value a été exonérée, le complément de prix le sera également.
L'administration subordonne l'application de ces règles au respect des **conditions** suivantes :
– le complément de prix, qui peut le cas échéant être plafonné, doit présenter un caractère aléatoire à la date de réalisation de la cession ;
– il ne doit pas constituer en réalité la rémunération de l'activité ou d'une prestation fournie par le cédant ;
– il doit recevoir un traitement comptable compatible avec la qualification de plus-value à long terme, c'est-à-dire être comptabilisé soit en produits financiers soit en produits exceptionnels.

Dans la situation symétrique où le **prix effectivement versé est inférieur à l'estimation initiale,** il **37847**
convient selon nous de faire application des dispositions relatives aux clauses de révision de prix (n° 68130). L'écart constaté constitue une moins-value à long terme, à hauteur de la fraction de la plus-value initialement soumise au régime du long terme, et relève du régime du court terme pour le surplus.

2. SITUATION DE L'ACQUÉREUR

PERSONNE PHYSIQUE

Lorsque les titres sont acquis par une personne physique et font partie de son **patrimoine privé,** la **37870**
loi prévoit expressément que les sommes versées en exécution de la clause d'earn out viennent en augmentation du prix d'acquisition qui devra être retenu pour le calcul de la plus-value (ou moins-value) réalisée lors de la cession ultérieure des titres (CGI art. 150-0 D, 2). La plus-value s'en trouvera donc réduite (ou la moins-value majorée) d'autant.

Les dispositions de l'article 150-0 D, 2 ne sont pas applicables lorsque l'acquéreur est une per- **37872**
sonne physique qui a acquis des **parts dans une société de personnes** soumise à l'impôt sur le revenu dans laquelle elle exerce son **activité professionnelle** car, en cas de cession ultérieure des parts, la plus-value relèvera du régime des plus-values professionnelles (CGI art. 151 nonies, I). Cela n'interdit pas pour autant de considérer que les sommes versées au titre de la clause d'earn out viennent, dans ce cas aussi, en augmentation du prix de revient des parts. La question n'est toutefois pas tranchée, la problématique étant en fait similaire à celle qui a cours lorsque l'acquéreur est une entreprise (nos 37882 s.).

ENTREPRISE

Lorsque l'acquéreur est une entreprise, la question est de savoir pour quelle **valeur** les **titres** acquis **37882**
avec une clause d'earn out doivent être **inscrits à l'actif** du bilan, dès lors que leur prix est affecté d'un élément de variabilité.
Dans le silence de la loi et en l'absence de toute solution administrative ou jurisprudentielle, comptables et fiscalistes s'accordent pour considérer que, à la date de la transaction, les titres doivent être portés à l'actif pour leur valeur estimée, déterminée en tenant compte du montant probable du complément de prix à verser dès lors que celui-ci peut faire l'objet d'une estimation fiable (en ce sens, Mémento comptable F. Lefebvre n° 37630 ; J.-C. Parot, La fiscalité des clauses d'earn out : Dr. Fisc. 1998 n° 43 p. 1321).
Cette solution est dans la ligne de la solution retenue par le Conseil d'État et l'administration dans le cas voisin d'un fonds de commerce acquis moyennant des redevances indexées sur le chiffre d'affaires futur. La valeur d'acquisition du fonds est alors représentée par le montant de la somme fixe prévue au contrat augmentée de la valeur estimée des redevances annuelles à verser (CE 10-11-1982 n° 15890 : RJF 1/83 n° 17 ; CE 5-11-1984 n° 43573 : RJF 1/85 n° 15 ; BOI-BIC-PVMV-10-20-30-10 n° 400).

EXEMPLE

Si les parties conviennent d'un prix fixe de 1 million d'euros et d'une partie variable plafonnée à 0,5 million d'euros, l'estimation sera par hypothèse comprise entre 1 et 1,5 million d'euros.

Mais, une fois acquis le principe de l'inscription des titres à leur valeur estimée, reste à savoir si cette **37884**
valeur constitue une estimation définitive ou une estimation provisoire à rectifier en hausse ou en baisse en fonction du complément de prix effectivement versé. Sur ce point, les opinions divergent.
Pour les uns, le **coût d'entrée** est une **estimation provisoire** qui doit être ajustée ultérieurement. La doctrine administrative est en ce sens et ce point de vue est partagé par certains fiscalistes ainsi que par certains comptables (en ce sens, J.-C. Parot, La fiscalité des clauses d'earn out : Dr. Fisc. 1998 n° 43 p. 1321 et Mémento comptable F. Lefebvre n° 37630). Dès lors, si le prix définitif est supérieur à l'estimation

initiale, la valeur portée à l'actif doit être majorée d'autant et les sommes versées ne sont pas déductibles du résultat imposable de l'acquéreur. Si, au contraire, le prix définitif est inférieur à l'estimation initiale, il convient d'enregistrer une diminution du prix de revient pour lequel les titres figurent à l'actif. Cette écriture n'affecte pas le résultat et reste sans incidence fiscale.
Pour les autres, le coût d'entrée est **définitif** ; il est estimé une fois pour toutes et ne peut être modifié par la suite (D. de Drouâs, Acquisition de sociétés : le traitement fiscal des clauses d'« earn out » : JCP E 1995 n° 17 p. 192). Cette thèse s'appuie notamment sur la jurisprudence selon laquelle la valeur estimée pour laquelle un bien a été inscrit à l'actif constitue un prix définitif dans les cas suivants : bien acquis moyennant le versement d'une rente viagère ou de redevances, versement du prix par annuités indexées, prix libellé en devises étrangères (CE 23-11-1983 n° 41631 : RJF 1/84 n° 8, concl. M.-A. Latournerie : Dr. Fisc. 1984 n° 4 comm. 78 ; CE 28-6-1991 n° 47656, Plén. : RJF 8-9/91 n° 1048, concl. N. Chahid-Nouraï, Dr. Fisc. 1991 n° 46-47 comm. 2221 ; CE 14-10-2005 n° 262219 : RJF 1/06 n° 2, concl. S. Verclytte BDCF 1/06 n° 1). Dans ces différentes hypothèses, les sommes versées par l'acquéreur au-delà du prix convenu à l'origine constituent des charges financières immédiatement déductibles. À l'inverse, lorsque le montant des sommes versées est inférieur au prix estimé au départ, la différence constitue pour l'acquéreur un produit financier immédiatement imposable.

ATTENTION

On notera que les partisans de la première thèse écartent expressément l'extension aux clauses d'earn out d'une telle solution, qui ne concerne selon eux que les paiements aléatoires induits par les modalités de règlement du prix de vente, alors que, dans le mécanisme d'earn out, c'est la détermination même du prix qui est affectée d'un élément aléatoire (les sommes versées constituant par suite pour leur totalité un complément de prix).

B. Cession fractionnée des titres

37910 L'hypothèse envisagée ici est celle dans laquelle l'associé cède ses titres en deux temps :
– une première fraction de titres est cédée pour un **prix fixe et définitif** ;
– le solde des titres est temporairement conservé par le cédant avant d'être vendu pour un prix fixé, en exécution de la **clause d'earn out**, en fonction des performances réalisées entre-temps par la société.
Sur le plan fiscal, ce schéma n'a, à notre connaissance, fait l'objet d'aucune solution administrative ou jurisprudentielle, sans doute parce qu'il ne suscite de difficulté majeure ni pour l'imposition des plus-values, ni en matière de droits d'enregistrement.

IMPOSITION DES PLUS-VALUES

37920 En toute logique, le **cédant** doit constater successivement deux plus-values qui sont déterminées et imposées dans les conditions suivantes.
La plus-value enregistrée sur le premier lot de titres est calculée selon les règles habituelles à partir du prix fixe convenu (en matière de plus-values professionnelles un risque de redressement peut toutefois exister si le prix convenu est manifestement sous-évalué).
La plus-value de cession du solde de la participation est calculée à partir d'un prix de cession déterminé, en application de la clause d'earn out, en fonction des performances de la société réalisées entre-temps.
Les plus-values ainsi déterminées sont imposables :
– selon le régime de l'article 150-0 A du CGI si le cédant est un particulier ;
– selon le régime des plus-values professionnelles, s'il s'agit d'une entreprise (ou bien d'une personne physique qui cède des parts qu'elle détient dans une société de personnes non soumise à l'IS dans laquelle elle exerce son activité professionnelle).

37922 Pour l'**acquéreur,** le prix de revient à retenir en cas de cession ultérieure des titres est déterminé à notre avis en faisant application des règles particulières prévues pour les titres de même nature acquis à des dates différentes. Ces règles qui varient selon la qualité de l'acquéreur sont exposées nos 50280 s. (personne physique relevant du régime de l'article 150-0 A du CGI), nos 52280 s. (entreprise soumise à l'IS) et n° 52800 (entreprise soumise à l'IR).

DROITS D'ENREGISTREMENT

37932 La vente de chaque lot de titres supporte séparément les droits d'enregistrement, dans les conditions habituelles, à raison du prix pour lequel elle est conclue (pour une étude complète des droits d'enregistrement, voir nos 41000 s.).

SECTION 4

INDEXATION DU PRIX DE CESSION

POSSIBILITÉ D'INDEXER LE PRIX DE CESSION

Le montant nominal du prix peut varier par le jeu de l'indexation (C. civ. art. 1343, al. 2 issu de ord. 2016-131 du 10-2-2016 ; auparavant, la validité de l'indexation avait déjà été admise par l'ord. 58-1374 du 30-12-1958). L'indexation fait varier automatiquement le prix convenu au contrat en fonction de l'évolution, en hausse ou en baisse, d'un indice choisi par les parties. **38100**

Sauf exception (n° 38144), l'**indexation** doit être expressément **prévue** par les parties (CA Rouen 29-11-1968, 2e ch. civ. : D. 1969 p. 146 : refus d'appliquer une indexation dont il était prétendu qu'elle était d'usage alors que les parties qui avaient rédigé totalement le contrat ne l'avaient pas prévue).

La réglementation des clauses d'indexation est d'ordre public interne. Elle ne s'applique pas si le **règlement du prix** de cession est **international** (Cass. 1e civ. 11-10-1989 n° 87-16.341 : Bull. civ. I n° 311).

1. CHOIX DE L'INDICE DE VARIATION DU PRIX DE CESSION

RÈGLES GÉNÉRALES DE CHOIX DE L'INDICE

En application de l'article L 112-2, al. 1 du Code monétaire et financier, le **prix** d'une cession de droits sociaux **ne peut pas être indexé** : **38120**

– **sur** le niveau général des salaires (par exemple, une référence au taux du salaire horaire des ouvriers est trop générale : Cass. com. 3-11-1988 n° 87-10.043 : Bull. civ. IV n° 287) ;
– sur le Smic ;
– sur le niveau général des prix (ce qui paraît viser aussi bien les prix de gros que ceux de détail) ;
– sur les prix des biens, produits ou services (en particulier les salaires) n'ayant pas de relation directe avec l'objet du statut ou de la convention, ou avec l'activité de l'une des parties.

Il résulte de l'énumération figurant dans l'article L 112-2, al. 1 du Code monétaire et financier que seules les clauses prévoyant des **indexations** fondées sur les prix des biens, produits ou services ayant un rapport direct avec l'objet du contrat ou avec l'activité de l'une des parties sont **autorisées.** **38122**

Les juges apprécient souverainement l'existence de la **relation directe entre l'indice et l'objet du contrat ou l'activité des parties** (Cass. 3e civ. 16-7-1974 : D. 1974 p. 681 note Ph. Malaurie ; Cass. 1e civ. 21-1-1992 : Bull. civ. I n° 22, 1e et 2e esp.). **38124**

Les tribunaux donnent à la notion d'objet du contrat l'acception la plus large : l'indexation doit avoir un lien soit avec la valeur du bien transmis ou de la prestation promise, soit avec le but poursuivi d'un commun accord par les contractants.

S'agissant de l'activité des parties, l'indice doit être en rapport direct avec un élément essentiel et non négligeable de celle-ci (Rép. Habib-Deloncle : AN 11-3-1961 p. 281), mais il n'est pas indispensable qu'il s'agisse de l'activité principale de l'une ou l'autre des parties (Cass. 3e civ. 15-2-1972 : JCP G 1972 II n° 17094 obs. J.-Ph. Lévy).

Si, au cours du contrat, les parties cessent d'exercer l'activité professionnelle ayant servi de base à l'indexation, la clause reste licite (Cass. 1e civ. 18-6-1980 n° 78-12.195 : Bull. civ. I p. 156), sa validité s'appréciant au moment de la conclusion du contrat.

ILLUSTRATIONS

Jugé que :
– il existe un rapport direct entre l'**indice du coût de construction** et l'acquisition de l'intégralité des titres d'une société qui a pour patrimoine essentiel un grand immeuble désaffecté dès lors que cette acquisition est destinée à permettre à l'acquéreur l'utilisation de l'immeuble dans lequel il entend créer un magasin (Cass. 3e civ. 16-7-1974 : D. 1974 p. 681 note Ph. Malaurie) ;
– la clause d'indexation du prix des actions d'une société sur le **prix du blé** est en relation directe avec l'activité de triperie de cette société, de même que la référence au **tarif** des transports marchandises **SNCF** et au tarif **EDF** car ladite société use des transports ferroviaires pour l'acheminement de ses bêtes et du courant électrique pour le fonctionnement des chambres froides (CA Aix-en-Provence 24-3-1977 : Bull. Cour d'Aix 1977/2 p. 18) ;
– l'indexation du prix de cession des actions d'une SA sur la valeur du **point de retraite des cadres** fixé par une caisse de prévoyance est en relation directe avec l'activité de l'acquéreur, président-directeur général de la SA et « donc cadre », qui a donc vocation à bénéficier d'une retraite en raison des cotisations versées, et avec la situation du cédant qui perçoit une retraite de cette caisse en sa qualité d'ancien cadre d'une autre société (Cass. 1e civ. 6-10-1982 n° 81-13.189 : Bull. civ. I n° 276).

38134 Le choix d'un indice et surtout la combinaison de plusieurs indices peuvent-ils, dans certaines hypothèses, porter **atteinte au caractère déterminable du prix** et entraîner la nullité de la cession ? Ce cas de figure se rencontre rarement : d'une part, l'indexation porte le plus souvent sur un prix (ou une rente viagère) dont le montant a été d'ores et déjà fixé par les parties ; d'autre part, le juge est souvent autorisé à substituer à l'indice illicite, inapplicable ou inexistant un nouvel indice (n°s 38170 et 38210). C'est donc essentiellement lorsque la variation de l'indice retenu dépend de la volonté de l'une des parties que la question de l'indétermination du prix peut se poser. Jugé ainsi, à propos d'un contrat d'approvisionnement exclusif en bières, que la clause de réévaluation de plein droit des prix déterminés au jour de la convention, en tenant compte des prix initiaux ainsi que du salaire horaire de l'ouvrier brasseur et du prix de l'orge, dépendait pour partie de la seule volonté du fournisseur depuis que le salaire de l'ouvrier brasseur n'était plus fixé paritairement au niveau départemental et faisait l'objet de négociations au niveau de l'entreprise entre les représentants syndicaux et l'employeur (Cass. com. 2-11-1993 n° 1654 P : RJDA 5/94 n° 510 prononçant la caducité du contrat).

Sur l'appréciation, en matière de cession de titres, du caractère discrétionnaire d'une rente viagère annuelle indexée sur les variations du chiffre d'affaires de la société, voir CA Paris 28-1-1982 : n° 37160.

CAS PARTICULIER DES CESSIONS CONVENUES MOYENNANT UNE RENTE VIAGÈRE

38144 Les prohibitions d'indexation énoncées n° 38120 ne s'appliquent pas lorsque la cession d'actions ou de parts sociales est conclue moyennant le versement d'une rente viagère (C. mon. fin. art. L 112-2, al. 4). Le choix de l'indice est donc libre.

L'article 126 de la loi de finances pour 2000 (Loi 99-1172 du 30-12 1999 : JO du 31-12 p. 19914) a instauré un mécanisme d'indexation automatique des arrérages de rentes viagères constituées entre particuliers (Loi 51-695 du 24-5-1951 art. 2 et loi 49-420 du 25-3-1949 art. 1er). Les taux de majoration applicables sont désormais révisés chaque année au mois de décembre par arrêté en fonction du taux prévisionnel d'évolution de l'indice des prix à la consommation des ménages hors tabac de l'année en cours.

2. CONSÉQUENCES D'UNE INDEXATION ILLICITE DU PRIX DE CESSION

NULLITÉ DE LA CLAUSE D'INDEXATION

38170 Une **clause** d'indexation illicite est nulle, étant **contraire à l'ordre public** (C. civ. art. 6 et désormais aussi art. 1102, al. 2 et 1162 issus de ord. 2016-131 du 10-2-2016) mais cette nullité peut n'être que partielle. En effet, rien n'interdit aux juges de faire uniquement application d'un seul des indices retenus si les autres sont illicites (Cass. 3e civ. 16-7-1974 : D. 1974 p. 681 note Ph. Malaurie ; Cass. soc. 18-3-1997 n° 1294 P, rectifié par Cass. soc. 28-5-1997 n° 2795 D : RJS 10/97 n° 1106). Le **juge** peut, en recherchant la commune intention des parties, **substituer un indice licite** à un indice prohibé (Cass. com. 7-1-1975 : JCP G 1975 II n° 18167 obs. J. Ghestin ; Cass. 1e civ. 9-11-1981 n° 80-11.060 : Bull. civ. I n° 332). Il semble même que, pour préserver l'économie du contrat, la substitution d'un indice licite à un indice prohibé soit une obligation pour le juge (en ce sens, CA Lyon 9-7-1990, aud. Sol. : D. 1991 p. 47 note Ph. Malaurie). Mais, en l'absence de commune intention des parties, le juge ne peut se substituer à ces dernières pour remplacer l'indice illicite par un autre.

38172 La **date d'appréciation de la nullité** (ou de la validité) de la clause d'indexation se situe au jour de la conclusion de la cession (Cass. 1e civ. 6-6-1984 n° 83-12.301 : Bull. civ. I n° 187). Un indice licite lors de la conclusion du contrat reste valable, même s'il cesse, en cours d'exécution, d'être conforme aux conditions légales (Cass. 3e civ. 17-7-1972 : Defrénois 1973 p. 290 note Ph. Malaurie, validant une indexation sur le salaire minimum de l'ouvrier agricole intervenue avant que celui-ci soit aligné sur le Smic ; Cass. 1e civ. 18-6-1980 n° 78-12.195 : Bull. civ. I p. 156 et Cass. 1e civ. 6-6-1984 précité, rendus dans des cas où l'indice retenu n'était plus, à la suite d'un changement d'activité de l'une des parties, en relation avec celle-ci).

38173 La **nullité** de la clause d'indexation illicite est **absolue** ; en conséquence, la clause litigieuse n'est pas susceptible de **confirmation** ou de **ratification** par les parties (Cass. com. 3-11-1988 n° 87-10.043 : Bull. civ. IV n° 287 ; dans le même sens, CA Lyon 9-7-1990 n° 2869-89 : D. 1991 p. 47 note Ph. Malaurie).

38174 La nullité de la clause d'indexation atteint également l'échelonnement ou le **délai de paiement** du prix dès lors qu'il était indissociable de l'indexation dans l'esprit des parties (Cass. 3e civ. 22-10-1970 : JCP G 1971.II.16636 bis note J.-Ph. Lévy).

NULLITÉ DE LA CESSION

La nullité de la clause d'indexation n'entraîne celle de la cession tout entière que si la **clause** a été un **élément déterminant** de cette dernière (C. civ. art. 1184, al. 1 issu de ord. 2016-131 du 10-2-2016 ; auparavant, Cass. 3e civ. 24-6-1971 no 70-11.730 : Bull. civ. III p. 288 rendu sur le fondement de l'ex-art. 1172). **38178**
Le caractère essentiel ou accessoire de la clause d'indexation est apprécié souverainement par les juges du fond (Cass. 3e civ. 13-2-1969 : JCP G 1969 II no 15942 ; Cass. 3e civ. 22-10-1970 : JCP G 1971.II. 16636 bis note J.-Ph. Lévy).
Les parties peuvent valablement stipuler dans le contrat que l'indexation est un élément déterminant sans lequel elles ne se seraient pas engagées, par exemple en précisant que toutes les dispositions du contrat sont **indivisibles** (pour une application, voir Cass. com. 27-3-1990 no 457 P : D. 1991 p. 289 note F.-X Testu).

EFFETS DE LA NULLITÉ DE LA CESSION

Les effets de la nullité de la cession sont exposés nos 30700 s. **38184**
Il convient toutefois de préciser que, si la **clause d'indexation illicite a reçu application avant d'être annulée,** la partie qui a ainsi versé une somme qui n'était pas due peut en demander le remboursement à celle qui l'a reçue (cf. C. civ. art. 1178, al. 3 issu de ord. 2016-131 du 10-2-2016 ; auparavant, jurisprudence constante, notamment Cass. 1e civ. 11-6-1991 no 88-15.884 P : RJDA 10/91 no 785).
Conformément au droit commun, cette restitution est fondée sur les règles de la nullité et non sur celles relatives à la répétition de l'indu (Cass. 1e civ. 24-9-2002 no 00-21.278 : RJDA 12/04 no 1368, 1e esp. ; Cass. 3e civ. 24-5-2006 no 05-11.938 : RJDA 1/07 no 23 ; Cass. 3e civ. 14-6-2018 no 17-13.422 FS-PBI).
Par ailleurs, la partie qui insère au contrat une clause d'indexation qu'elle sait illicite et qui a ainsi amené son cocontractant à s'engager commet une **faute** dont elle doit réparation (Cass. soc. 14-5-1987 no 84-43.421, précisant que le montant des dommages-intérêts dus est fixé souverainement par les juges du fond).

3. DIFFICULTÉS D'APPLICATION D'UNE CLAUSE D'INDEXATION DU PRIX DE CESSION

DISPARITION DE L'INDICE RETENU

Lorsque le prix ou tout autre élément du contrat doit être déterminé par référence à un indice qui n'existe pas ou a cessé d'exister ou d'être accessible, celui-ci est **remplacé** par l'indice qui s'en rapproche le plus (C. civ. art. 1167 issu de ord. 2016-131 du 10-2-2016). **38210**
Cette disposition reprend la jurisprudence antérieure majoritaire, en vertu de laquelle, lorsque l'indice retenu était inapplicable (Cass. 1e civ. 4-12-1967 no 65-13.256 : Bull. civ. I no 351), inexistant (Cass. 3e civ. 15-2-1972 : JCP G 1972 II no 17094 obs. J.-Ph. Lévy) ou erroné (Cass. 3e civ. 8-10-1974 : D. 1975 p. 189) ou lorsqu'il cesse d'être publié (Cass. 1e civ. 22-5-1967 : JCP G 1967 II no 15214 obs. Lévy ; Cass. 1e civ. 6-3-1974 : Bull. civ. I no 79 ; Cass. 3e civ. 29-6-1977 : Bull. civ. III no 294 ; Cass. 1e civ. 19-4-1988 : Bull. civ. I no 106), les juges pouvaient rechercher un indice de substitution répondant à l'intention des parties (Cass. 3e civ. 12-1-2005 no 03-17.260 FS-PB : RJDA 5/05 no 606). La chambre commerciale de la Cour de cassation avait toutefois jugé qu'en cas de disparition de l'indice convenu le juge ne pouvait pas se substituer aux parties pour leur imposer l'application d'un indice non prévu par le contrat et qui n'avait pas fait l'objet d'un accord entre elles (Cass. com. 16-11-2004 no 02-15.202 F-D : RJDA 6/05 no 754, rendu à propos de la suspension du taux de change auquel se référait un contrat de change à terme de devises).

> **Précisions** Lorsque la parution d'un indice est interrompue, la loi prévoit parfois un indice de remplacement et fixe un coefficient de raccordement à l'indice initial. Lorsque la loi ne prévoit rien, l'Insee propose parfois aux utilisateurs de l'indice supprimé des formules de substitution possibles.

NON-APPLICATION DE LA CLAUSE D'INDEXATION PAR LES PARTIES

L'absence d'application de la clause d'indexation par les parties ne fait pas pour autant disparaître la clause, la « novation » ne se présumant pas (C. civ. art. 1330 issu de ord. 2016-131 du 10-2-2016 ; ex-art. 1273). Ainsi jugé qu'un bailleur qui avait accepté de recevoir, pendant cinq ans, le prix initial d'un fermage sans réclamer l'application de la clause d'indexation prévue au bail pouvait néanmoins au bout de cette période demander pour l'avenir le prix résultant de l'indexation (Cass. soc. 15-11-1962 no 61-10.513 : Bull. civ. IV no 822). **38220**
De même, la seule renonciation temporaire à l'application de l'indexation ne constitue pas une preuve de son abandon définitif (Cass. com. 22-5-1984 no 83-10.079 : Bull. civ. IV no 178).

ACQUÉREUR FAISANT L'OBJET D'UNE PROCÉDURE COLLECTIVE

38230 Le jugement qui ouvre une procédure de sauvegarde, de redressement ou de liquidation judiciaire à l'encontre d'un débiteur arrête le cours des intérêts, sauf notamment s'il s'agit des intérêts résultant de contrats assortis d'un paiement différé d'un an ou plus (C. com. art. L 622-28, L 631-14, I et L 641-3 ; sur cette question, voir Mémento Droit commercial 2022 F. Lefebvre n°s 62490 s.).

INCIDENCE DE LA GARANTIE DE PASSIF SUR LA CLAUSE D'INDEXATION

38240 Sur la prise en compte de l'indexation en cas de compensation entre le prix de cession et le passif couvert par la garantie de passif, voir Cass. com. 28-6-1983 : n° 67020.

4. INCIDENCES FISCALES DE L'INDEXATION DU PRIX DE CESSION

IMPOSITION DES PLUS-VALUES

38250 **Plus-values relevant du régime des plus-values professionnelles** La doctrine administrative précise que, lorsque le prix de cession d'un élément de l'actif immobilisé est payable par annuités indexées, le **calcul** de la plus-value réalisée (ou de la moins-value subie) est effectué à partir du prix convenu au départ par les parties, qui présente un caractère définitif. Dès lors, la différence entre le prix convenu et le montant des **sommes effectivement perçues** par le cédant constitue un produit financier (ou une charge financière) immédiatement pris en compte dans le résultat imposable (BOI-BIC-PVMV-10-20-10 n°s 300 et 310).

Cette doctrine est en accord avec la jurisprudence du Conseil d'État qui, se prononçant sur la **situation de l'acquéreur** (lorsque celui-ci est une entreprise), a jugé que le prix stipulé exprime le prix de revient de l'élément qui entre dans l'actif de l'entreprise. Les sommes versées au cédant constituent le paiement total ou partiel de ce prix tant que leur montant cumulé reste inférieur ou égal au prix convenu. Pour le surplus, elles présentent jusqu'à l'expiration du délai fixé au contrat le caractère d'une charge déductible (CE plén. 28-6-1991 n° 47656 : RJF 8-9/91 n° 1048).

38251 **Plus-values relevant du régime des plus-values privées** Les dispositions légales qui régissent les plus-values de cession de droits sociaux réalisées par les personnes physiques sont muettes sur le traitement fiscal des clauses d'indexation qui ont pour seul objet de faire varier l'expression monétaire du prix à chaque échéance, celles-ci ne relevant pas à notre avis de l'article 150-0 A du CGI. Il n'existe par ailleurs à notre connaissance aucune solution administrative ou jurisprudentielle répondant aux deux questions qu'elles soulèvent :

– la détermination du prix à retenir pour le calcul de la plus-value ;
– le sort fiscal des sommes perçues en exécution de la clause.

Pour le **calcul** de la plus-value, il paraîtrait logique de retenir le prix initial convenu par les parties, conformément à la solution qui a cours en matière de plus-value professionnelle. Ce prix sert d'ailleurs également d'assiette aux droits d'enregistrement, comme indiqué ci-après n° 38260.

Quant aux **sommes perçues au titre de l'indexation,** on vient de voir qu'elles constituent un produit financier imposable lorsque le bénéficiaire est une entreprise. Il devrait en être de même lorsque le bénéficiaire est une personne physique, sauf à soutenir que le produit de l'indexation représente une plus-value, par analogie avec la solution retenue par le Conseil d'État à propos de prêts indexés d'une durée minimale d'un an (CE 8-5-1981 n°s 8294 et 8295 : RJF 7-8/81 n°s 650 et 670).

DROITS D'ENREGISTREMENT

38260 Dès lors que le prix est fixé de manière définitive et que l'indexation a seulement pour effet de **faire varier l'expression monétaire du prix** à chaque échéance, ce qui est en général le cas, les droits dus sont liquidés définitivement sur le prix convenu, dans les conditions habituelles.

Mais s'il apparaissait que la clause d'indexation fait dépendre le prix d'événements ultérieurs et lui confère un **caractère incertain,** l'administration a indiqué que l'impôt devrait être liquidé provisoirement à partir d'une évaluation fournie par les parties et, au cas où le prix effectivement payé serait supérieur, un supplément de droits deviendrait exigible (BOI-ENR-DMTOI-10-10-20-10 n°s 100 et 110).

SECTION 5

SIMULATION DU PRIX DE CESSION ET DONATION

CONTEXTE

Les parties à la cession peuvent sciemment fixer un prix de cession inférieur à la valeur réelle des titres soit parce que le cédant veut en connaissance de cause avantager l'acquéreur, sous forme de donation (nos 38440 s.), soit parce que les parties entendent ainsi échapper au moins partiellement à leurs obligations fiscales (nos 38320 s.). Ces deux pratiques ne sont pas sans risque au regard du droit fiscal et du droit des successions. 38300

I. COMPLÉMENT DE PRIX DE CESSION OCCULTE

LE DESSOUS-DE-TABLE OU CONTRE-LETTRE

Le prix doit être sincère, c'est-à-dire entièrement exprimé dans l'acte, mais les parties à la cession peuvent être tentées, souvent afin d'échapper partiellement au droit d'enregistrement, de convenir dans un acte caché, appelé contre-lettre, d'un complément de prix qui n'apparaît pas dans l'acte de cession ou plus simplement d'un prix supérieur à celui mentionné dans ce dernier. 38320

La loi prévoit la nullité de la contre-lettre augmentant le prix stipulé dans l'acte de cession mais seulement lorsque la cession porte sur certains biens (immeuble, office ministeriel, fonds de commerce, droit au bail... ; C. civ. art. 1202 issu de ord. 2016-131 du 10-2-2016 ; ex-art. 1321-1) au nombre desquels ne figurent pas les droits sociaux.

> **Précisions** La **contre-lettre** peut porter sur d'autres éléments de la cession, par exemple, l'identité de l'acquéreur par le recours à un prête-nom (Cass. 1e civ. 19-9-2007 no 06-14.550 P : RJDA 1/08 no 4 pour une vente immobilière), la clause de non-concurrence (no 57112), voire contredire l'existence de la cession elle-même. Ainsi dans un cas où, par deux actes conclus le même jour, une personne avait acquis des parts sociales puis les avait revendues au cédant, il a été déduit des circonstances de l'espèce (contradiction entre les deux actes ; fermeté de la seconde cession ; absence de paiement du prix de la première cession ; désir du cédant, condamné à exécuter un cautionnement, d'échapper ainsi aux poursuites de son créancier) que la volonté des parties était bien de **ne pas transférer la propriété des parts sociales** à l'acquéreur (CA Paris 26-5-2016 no 15/11712 : RJDA 11/16 no 762).

A. Effets de l'acte de cession occulte entre les parties et à l'égard des tiers

EFFET DE L'ACTE DE CESSION OCCULTE ENTRE LES PARTIES

L'**acte secret** est **valable** entre les parties (C. civ. art. 1201 issu de ord. 2016-131 du 10-2-2016 ; ex-art. 1321 et, pour une illustration, CA Paris 26-5-2016 no 15/11712 : no 75000), mais seulement s'il constate une convention licite en elle-même (en ce sens, Cass. 1e civ. 8-7-1975 : Bull. civ. I no 225 ; Cass. 1e civ. 29-5-1980 : D. 1981 p. 273 note Najjar). En conséquence, la contre-lettre prévoyant un complément de prix occulte est nulle si l'acte de cession comporte un prix n'est pas réel et sérieux (nos 37250 s.) ou si n'importe quelle autre **condition** de validité de la cession fait défaut. 38330

Lorsque l'acte secret est valable, c'est lui, et non l'acte apparent, qui régit les relations entre les parties.

En cas d'**extinction de l'acte apparent** (caducité de la promesse de vente, nullité ou résolution de la cession), l'acquéreur qui a versé un complément de prix occulte peut-il en réclamer la **restitution** alors que ce versement a une cause illicite, but illicite depuis l'ordonnance 2016-131 du 10 février 2016 ? La Cour de cassation a répondu positivement à cette question dans un cas où les parties à une promesse de vente immobilière avaient tenté de faire échapper une partie du prix de vente au calcul des droits d'enregistrement : elle a jugé que la pratique frauduleuse procédait de l'accord concerté des parties qui trouvaient, chacune, un intérêt financier, de sorte que le promettant, qui avait reçu l'acompte non déclaré sur le prix de vente, ne pouvait pas se prévaloir de la cause illicite de la remise pour se soustraire à sa restitution (Cass. 3e civ. 25-2-2004 no 238 FS-PB : RJDA 7/04 no 799 ; Cass. 1e civ. 17-12-2009 no 08-13.276 F-PB : RJDA 3/10 no 227). 38334

> **Précisions** Dans l'affaire soumise à la Cour de cassation en 2004, le promettant avait invoqué une jurisprudence ancienne interdisant la restitution des sommes payées ou des avances faites pour l'exécution d'une convention ayant une **cause illicite ou immorale** (notamment, Cass. 1e civ. 15-2-1967 : Bull. civ. I n° 67). Cette jurisprudence trouvait son fondement dans deux adages, l'un selon lequel nul ne peut se prévaloir de sa propre turpitude et l'autre affirmant qu'en présence de turpitudes égales des parties, il n'y a point de restitution. Le champ d'application de cette jurisprudence et de ces adages est difficile à cerner. Toutefois, la Cour de cassation a jugé à plusieurs reprises que l'illicéité de la cause d'une obligation ne fait pas obstacle à l'action en restitution (Cass. 1e civ. 27-11-1984 n° 83-11.265 : Bull. civ. I n° 319 ; Cass. 1e civ. 4-4-2001 n° 99-11.488 : Bull. civ. I n° 103 admettant, comme en l'espèce, le remboursement de sommes versées à l'occasion d'une convention organisant une fraude fiscale).

EFFET DE L'ACTE DE CESSION OCCULTE À L'ÉGARD DES TIERS

38344 L'acte secret n'est pas opposable aux **tiers** (C. civ. art. 1201 issu de ord. 2016-131 du 10-2-2016 ; ex-art. 1321). Ces derniers peuvent, selon leur intérêt, soit s'en tenir à l'acte de cession apparent, soit se prévaloir de la situation réelle.
Lorsqu'il y a conflit entre les tiers, les uns invoquant la contre-lettre, les autres l'acte apparent, préférence est donnée à celui ou ceux qui se prévalent de l'apparence.

B. Action en déclaration de simulation de l'acte de cession

38370 Pour établir l'existence de l'acte secret, les parties et les tiers disposent de l'action en déclaration de simulation.
Cette action peut être exercée même contre une clause d'un **acte authentique,** par les parties ou les tiers, dans la mesure où cette clause ne concerne pas les faits qui y sont énoncés par l'officier public comme accomplis par lui-même ou comme s'étant passés en sa présence dans l'exercice de ses fonctions (Cass. com. 19-11-2002 n° 1906 FS-P : RJDA 4/03 n° 352).

38372 Lorsque l'action est intentée par l'une des **parties,** la **preuve** de la simulation s'effectue selon les règles suivantes.
La preuve de la simulation est libre contre les commerçants (Cass. com. 17-11-1966 : Bull. civ. III n° 436).
À l'encontre d'un non-commerçant, si l'acte apparent a été passé par écrit, l'article 1359 du Code civil (ex-art. 1341) s'oppose à ce que l'existence de l'acte secret soit prouvée autrement que par écrit ou, à tout le moins, par un commencement de preuve par écrit (Cass. 1e civ. 16-7-1970 : Bull. civ. I n° 240 ; Cass. 1e civ. 3-5-1978 : Bull. civ. I n° 186 ; Cass. 3e civ. 19-4-2000 n° 574 D : RJDA 6/00 n° 634). Toutefois, si l'acte secret a servi à réaliser une fraude à la loi, la preuve de son existence et de son caractère frauduleux peut être rapportée par tous moyens contre toute personne (Cass. 1e civ. 19-4-1977 : Bull. civ. I n° 172 ; Cass. 1e civ. 3-5-1978, précité ; Cass. com. 19-11-2002 n° 1906 FS-P : RJDA 4/03 n° 352 ; Cass. 1e civ. 17-12-2009 n° 08-13.276 F-PB : RJDA 3/10 n° 227).
À l'inverse, si l'acte apparent n'a pas été passé par écrit, la preuve de la contre-lettre peut être faite par tous moyens.

38374 L'action en déclaration de simulation est ouverte aux **tiers** même s'ils n'invoquent pas la fraude des parties (Cass. 1e civ. 7-2-1967 : Bull. civ. I n° 52 ; Cass. 3e civ. 4-6-2003 n° 694 FS-PB : RJDA 10/03 n° 913) ou l'existence d'une intention de leur nuire de la part des parties (Cass. 1e civ. 17-9-2003 n° 1088 F-P : RJDA 3/04 n° 268) ou encore sans qu'il soit nécessaire qu'ils justifient d'une créance antérieure à l'acte attaqué (Cass. 1e civ. 17-9-2003, précité).
Les tiers peuvent faire la **preuve** de la simulation par tous moyens (Cass. com. 21-3-1977 : Bull. civ. IV n° 90 ; Cass. 1e civ. 25-3-1981 : Bull. civ. I n° 105).
L'action en déclaration de simulation se **prescrit** par cinq ans (C. civ. art. 2224 et C. com. art. L 110-4) à compter du jour où la simulation a été connue ou aurait dû être connue par celui qui l'invoque (C. civ. art. 2224 et 2227).

C. Conséquences fiscales de la simulation du prix

38400 Lorsqu'il y a dissimulation de prix, c'est-à-dire lorsque les parties ont volontairement inscrit dans l'acte (ou déclaré) une somme inférieure au prix réellement payé, l'administration peut retenir le

prix stipulé majoré de sa fraction dissimulée pour calculer le montant de la **plus-value** taxable et des **droits d'enregistrement** exigibles. Pour cela, elle doit toutefois apporter la preuve de la réalité de la dissimulation alléguée.
Selon la cour administrative d'appel de Marseille, l'administration ne peut par exemple se contenter de faire référence aux déclarations de l'acquéreur selon lesquelles une partie du prix de vente aurait fait l'objet d'un règlement en espèces, dès lors que cette déclaration n'est corroborée par aucun élément attestant de l'encaissement de cette somme par le vendeur (CAA Marseille 19-4-1999 n° 96-2032 : RJF 11/99 n° 1377).

Lorsqu'elle est établie, la dissimulation de prix est passible de **sanctions spécifiques** en matière de droits d'enregistrement. En plus de la perception des droits simples sur la partie dissimulée du prix, sont encourues une sanction fiscale (intérêt de retard et majoration de 80 % : CGI art. 1727 et 1729) et une sanction pénale (peines correctionnelles pour les auteurs de la dissimulation et leurs complices : CGI art. 1837). **38402**
Voir n°s 41575 s. pour plus de détails.

II. DONATION DÉGUISÉE

NOTION DE DONATION DÉGUISÉE

Exigence d'une intention libérale La donation déguisée est celle qui est faite sous l'apparence d'un acte à titre onéreux, ici une cession de droits sociaux, généralement en vue de bénéficier de droits de mutation moins élevés. **38440**
Sauf cas particulier exposé n° 38445, les juges ne peuvent requalifier une vente en donation qu'en constatant l'intention libérale du cédant envers l'acquéreur (Cass. com. 4-12-1990 n° 88-18.566 P : RJF 4/91 n° 533 ; Cass. 1e civ. 19-3-2014 n° 13-14.795 F-PB : RJDA 7/14 n° 610). À cette fin, ils se fondent sur un **faisceau d'indices** qui peuvent concerner le cédant (son âge, son état de santé ; les liens de parenté, d'alliance ou d'affection qui l'unissent à l'acquéreur ; sa situation de fortune qui, le mettant à l'abri du besoin, ne motive pas une aliénation à titre onéreux), l'acquéreur (sa qualité d'héritier présomptif ou de légataire du cédant ; sa situation de fortune qui ne lui permet pas d'acquitter le prix) ou le contrat lui-même. L'intention libérale ne peut pas être déduite du seul déséquilibre entre les engagements respectifs des parties (Cass. 1e civ. 14-2-1989 n° 279 P : RJF 5/89 n° 643 ; Cass. com. 4-12-1990, précité), notamment du fait que le prix convenu est inférieur à la valeur des titres telle qu'elle résulte d'une expertise (en ce sens, Cass. 1e civ. 10-5-2007 n° 05-21.011 FS-PB : RJDA 10/07 n° 963). Cette intention ne saurait être exclue du seul fait que le prix convenu n'est pas dérisoire (Cass. 1e civ. 29-1-2002 n° 99-18.184 : Bull. civ. I n° 31) ou que le cédant n'en a pas réclamé le paiement (Cass. 1e civ. 19-3-2014 n° 13-14.795 précité).

ILLUSTRATIONS

Le fondateur d'une SARL avait, par acte notarié, vendu au cousin de ses neveux des parts de celle-ci, moyennant un prix payé « comptant directement et en dehors de la comptabilité du notaire » ; cet acte stipulait : « La cession résultant de la présente donation sera signifiée à la société ». Au décès du fondateur, ses héritiers avaient demandé en justice la réunion des parts à la masse partageable en soutenant que la cession de parts constituait une donation déguisée.
Il ne peut pas être reproché à une cour d'appel d'avoir qualifié l'opération de vente et non de donation déguisée dès lors, d'une part, que les juges du fond ont jugé par une décision motivée que le terme « donation » inséré dans l'acte authentique de cession des parts constituait un lapsus, insuffisant pour faire considérer que la cession relevait d'une donation déguisée et, d'autre part, que la preuve de l'**intention libérale** du fondateur à l'égard de l'acquéreur n'était pas rapportée quand bien même la valeur de la part se révélerait inférieure à celle ressortant d'une expertise, sa véritable **intention** étant **de privilégier la poursuite de l'exploitation de la société** en plaçant à sa tête des dirigeants susceptibles de le remplacer dans le même esprit.
Cass. 1e civ. 27-3-2007 n° 05-15.102 F-D : RJDA 7/07 n° 735.

Dans un cas où des concubins avaient constitué entre eux une société civile immobilière (SCI) puis procédé à une augmentation de capital au moyen de l'apport d'un bien immobilier du concubin avec stipulation que les parts composant le capital social ainsi que tous les **droits attachés à ces parts** seraient **mis en tontine** à titre de pacte aléatoire au profit de celui des deux associés qui survivrait, sans que les héritiers puissent prétendre à aucun droit sur ces parts et créances, et où, à la suite du décès du concubin ayant réalisé l'apport, ses héritiers avaient assigné la concubine afin de faire constater que la clause d'accroissement n'était pas aléatoire et dissimulait en réalité une libéralité, la cour d'appel a pu faire droit à cette demande après avoir constaté que le concubin défunt avait financé seul le capital initial de la SCI et l'augmentation de

capital et retenu qu'en raison de son état de santé à l'époque de la constitution de la société et de la différence d'âge qui existait entre les associés, il était probable qu'il décède avant sa concubine.
Cass. 1e civ. 10-5-2007 n° 05-21.011 FS-PB : RJDA 10/07 n° 963.

Après avoir institué sa troisième épouse comme donataire de la plus large quotité disponible entre époux, un homme avait, par actes notariés du même jour, vendu à celle-ci un fonds de commerce d'auto-école et lui avait consenti un bail commercial portant sur plusieurs locaux. Au décès de cet homme, ses autres héritiers avaient demandé l'annulation de la vente et du bail commercial en soutenant que ces opérations constituaient en réalité des donations déguisées. Doit être cassée la décision d'une cour d'appel qui, pour rejeter cette demande, a retenu qu'une donation déguisée pouvait intervenir sous l'apparence d'une vente lorsque le prix stipulé est dérisoire, qu'en ce cas, le prix étant assimilé à un défaut de prix, il manquait au contrat de vente l'un de ses éléments constitutifs essentiels et qu'en l'espèce, les **prix,** même s'ils avaient été un peu **sous-évalués,** n'étaient pas dérisoires et que leur insuffisance n'était pas telle qu'elle aboutissait à un défaut de prix. En effet, le motif retenu par la cour d'appel était inopérant dès lors qu'elle n'était pas saisie d'une demande en nullité de la vente et du bail pour défaut de prix mais d'une demande en nullité de ces actes pour donation déguisée et la cour d'appel n'avait pas constaté l'absence d'intention libérale du défunt.
Cass. 1e civ. 29-1-2002 n° 99-18.184 F-P : Bull. civ. I n° 31.

38445 **Présomption de donation déguisée** Les **cessions avec réserve d'usufruit ou à charge de rente viagère** consenties **à un héritier en ligne directe** sont présumées constituer des donations déguisées hors part successorale (C. civ. art. 918). Il s'agit d'une présomption irréfragable, peu important par conséquent que le parent cédant ait agi sans intention libérale.
À noter quand même que la présomption ne peut pas être invoquée par ceux des héritiers réservataires qui ont consenti à l'acte. Il est donc de l'intérêt de l'enfant acquéreur d'obtenir de ses frères et sœurs qu'ils renoncent par avance à toute demande ultérieure en réduction de la libéralité présumée.

> **Précisions** **a.** L'article 918 du Code civil ne vise que les cessions à un successible en ligne directe ; il n'est donc pas applicable à la cession faite au profit d'une société dont l'un des associés est un **successible du cédant** (Cass. 1e civ. 30-9-2009 n° 08-17.411 P : Bull. civ. I n° 199).
> **b.** La présomption de gratuité ne s'applique pas lorsqu'une **décision de justice définitive** a jugé que la vente à charge de rente viagère consentie aux enfants ne constituait pas une donation déguisée. Car alors, la présomption irréfragable de vérité attachée à l'autorité de la chose jugée (C. civ. art. 1355 issu de ord. 2016-131 du 10-2-2016 ; ex-art. 1351) l'emporte sur la présomption également irréfragable de gratuité posée par l'article 918 (Cass. 1e civ. 28-2-2006 n° 03-20.281 F-PB : Bull. civ. I n° 129).

VALIDITÉ DE LA DONATION DÉGUISÉE

38460 Les donations faites sous le couvert d'actes à titre onéreux sont valables si elles remplissent (Cass. 1e civ. 29-5-1980 n° 79-11.378 : Bull. civ. I n° 164 ; Cass. 1e civ. 27-10-1993 n° 91-11.648 : Bull. civ. I n° 300) :
– les **conditions** de forme légalement requises pour la constitution des actes dont elles empruntent l'apparence, ici celles de la cession ;
– les conditions de fond propres aux actes à titre gratuit (capacité de donner et de recevoir des intéressés, intention libérale du donateur, irrévocabilité, etc.).
Ainsi, la vente d'un bien pour un prix dérisoire (et donc en principe nulle ; n° 37250) mais respectant les condition de forme requises pour sa réalisation peut constituer une donation déguisée valable (arrêts précités).

RISQUES LIÉS À L'OPÉRATION DE DONATION DÉGUISÉE

38470 Si la donation déguisée produit ses pleins effets entre les parties, elle n'est **pas opposable aux tiers** (nos 38330 s.). Ces derniers (le plus souvent les héritiers ou l'administration fiscale) peuvent, selon leur intérêt, soit s'en tenir à l'acte de cession apparent, soit se prévaloir de la situation réelle en exerçant l'action en déclaration de simulation (n° 38374).

38480 **Conflits entre les héritiers du donateur** La donation déguisée est une source de conflits entre les héritiers du donateur lors du règlement de la succession :
– en dépit de son caractère occulte, une **donation** déguisée est présumée **rapportable** à la succession de son auteur (sauf dans le cas indiqué n° 38445). Si le bénéficiaire est l'un des héritiers du donateur, la valeur du bien donné devra être ajoutée à l'actif successoral au moment du partage pour déterminer la part de chaque héritier ;

– si le donateur laisse des héritiers réservataires (descendants, ascendants jusqu'au 31 décembre 2006 ou conjoint survivant) au jour de son décès, la donation déguisée sera **réductible** si elle empiète sur la part que la loi réserve à ces héritiers.
Ajoutons que le donataire encourt les peines du **recel successoral** s'il omet sciemment de révéler la donation à ses cohéritiers, dans le but, frauduleux aux droits de ceux-ci, de rompre à leur détriment l'égalité du partage. Le bénéficiaire de la donation est alors privé du bien donné qui revient aux autres héritiers et il est considéré comme ayant accepté la succession purement et simplement (C. civ. art. 778).

ILLUSTRATIONS

Dans un cas où l'animateur d'une société avait cédé des parts de celle-ci à sa fille pour 10 F chaque part (environ 1,5 €), alors que l'expert judiciaire les avait estimées à 223 F (environ 34 €), il a été jugé que cette fille avait reçu un avantage indirect, correspondant, compte tenu de la valeur réelle des parts diminuée du prix de rachat, du nombre de parts rachetées et du taux de participation au rachat, à environ 583 parts gratuites.
Eu égard à la différence importante existant entre le prix de rachat et la valeur réelle des parts, la fille ne pouvait pas ignorer l'avantage clandestin consenti en sa faveur. En s'abstenant malgré sommation de rapporter volontairement à la succession les parts dont elle avait bénéficié gratuitement et en dissimulant sciemment cet avantage, elle s'était rendue coupable de recel successoral. Elle devait donc rapporter à la succession 583 parts de la société ou leur équivalent et elle était privée de toute part dans le partage de ces éléments d'actif successoral (CA Paris 9-6-1986, 2e ch. A : Bull. Joly 1986 p. 1031).

Risques fiscaux Sur le plan fiscal, la donation déguisée relève de la procédure de l'**abus de droit** (LPF art. L 64) qui vise notamment les actes ayant un caractère fictif (abus de droit par simulation) et donne lieu, lorsqu'elle est établie, à de lourdes sanctions. Elle rend bien sûr exigibles les droits de mutation à titre gratuit qui auraient dû être acquittés. Elle est en outre sanctionnée par une **majoration** égale à 80 % des droits rappelés, qui s'ajoute à l'intérêt de retard. La majoration de 80 % est ramenée à 40 % s'il n'est pas établi que le contribuable a été le principal initiateur ou le principal bénéficiaire des actes abusifs (CGI art. 1727 et 1729). 38490
En cas de réclamation du contribuable, l'administration supporte la **charge de la preuve**, quel que soit le sens de l'avis émis par le comité de l'abus de droit fiscal ou si ce dernier n'a pas été consulté.

> **Précisions** Le plus souvent, l'administration invoque un **faisceau de présomptions** graves, précises et concordantes pour démontrer l'existence de la donation déguisée (voir, par exemple, Cass. com. 17-10-1995 n° 1754 D : RJF 1/96 n° 137 ; Cass. com. 22-2-2000 n° 478 P : RJF 5/00 n° 723 ; Cass. com. 7-7-2021 n° 19-16.446 F-B : RJF 11/21 n° 1075).
Les **circonstances** le plus souvent invoquées concernent :
– le cédant : âge avancé, mauvais état de santé, existence de liens de parenté, d'alliance ou d'affection avec le donataire, situation de fortune ne justifiant pas une vente, absence dans sa succession du prix de la cession, intention libérale ;
– l'acquéreur : qualité d'héritier présomptif ou de légataire institué du cédant, situation de fortune ne lui permettant pas d'acquitter le prix ;
– le contrat, les donations déguisées prenant souvent la forme de ventes contenant stipulation des clauses suivantes : réserve d'usufruit viager par le vendeur, prix payé comptant hors de la vue du notaire, prix dérisoire ou très inférieur à la valeur des biens transmis, renonciation au privilège du vendeur, rente viagère.
C'est le plus souvent le cumul de plusieurs de ces éléments qui emporte la conviction du comité de l'abus de droit fiscal et/ou du juge.

III. DONATION INDIRECTE

Une donation indirecte est une convention qui, **sans** aucune **simulation,** revêt accessoirement le caractère d'une libéralité. S'agissant d'une cession de droits sociaux, le cédant aura volontairement minoré le prix dans le but d'avantager l'acquéreur. 38550
Les **conditions de validité** de la donation indirecte qui résulte de la vente d'un bien à un prix inférieur à sa valeur réelle sont celles exposées n° 38460 à propos des donations déguisées. Sont de même communs aux deux types de donations les **risques de conflits entre les héritiers du donateur** au décès de ce dernier (n° 38480).

ILLUSTRATIONS

Après le décès de l'un des associés d'une société, un autre associé avait acheté les actions revenant aux héritiers du défunt au prix unitaire de 33 €, ce qui lui permettait d'avoir la majorité au sein de la société. Un an plus tard, il rétrocédait ces actions à l'expert-comptable de la société au prix unitaire de 7,50 €. L'administration fiscale notifiait à ce dernier un redressement (sur la base

d'une évaluation à 25 € l'action) estimant que l'opération constituait une donation indirecte. Jugé au contraire que l'administration ne rapportait pas la **preuve** d'une telle donation dès lors que :
– l'**intention libérale** du cédant à l'égard de l'acquéreur, avec lequel il n'avait de lien ni de parenté ni affectif, ne pouvait pas être déduite du fait que la valorisation retenue par l'administration était trois fois supérieure au prix de cession ni du fait que cédant et acquéreur avaient conscience de cette minoration de la valeur des titres cédés ;
– les intéressés établissaient que cette cession s'inscrivait dans une **opération de portage** envisagée dès la constitution de la société et destinée à protéger les intérêts des héritiers du défunt, l'acquéreur s'étant engagé, lors de la cession, à ne céder les titres qu'au cédant et au prix de la cession initiale ; l'opération de portage justifiait un prix proche de la valeur de rendement, l'acquéreur ne pouvant attendre des actions à lui vendues que le versement de dividendes durant le portage (CA Dijon 21-2-2012 n° 10/02255, 1e ch. civ. : RJF 6/12 n° 659).

38560 **Sur le plan fiscal,** une donation indirecte est par nature taxable. L'administration peut donc réclamer au bénéficiaire les **droits de donation** qui auraient dû être perçus, majorés de l'intérêt de retard, si elle parvient à faire la preuve de l'existence de la libéralité.
Du fait de leur caractère non ostensible, les donations indirectes échappent en général à toute taxation au moment de leur réalisation. En pratique, leur taxation intervient, le plus souvent, à l'occasion d'une nouvelle donation effectuée par le « donateur » ou lors du décès de ce dernier, par application de la règle du rappel fiscal des donations antérieures (CGI art. 784).

CHAPITRE 3

DROITS D'ENREGISTREMENT

SOMMAIRE

SECTION 1

CESSIONS TAXABLES ET TARIF DES DROITS D'ENREGISTREMENT

Les cessions à titre onéreux de droits sociaux donnent lieu, en règle générale, au paiement de droits d'enregistrement dont le montant, fixé par l'article 726 du CGI, varie selon la **nature des titres** cédés : actions, parts sociales ou titres de sociétés à prépondérance immobilière. Cette taxation ne frappe toutefois les cessions de titres cotés que si elles sont constatées par un acte. **41000**

Des **exonérations** sont par ailleurs prévues au profit de certaines opérations : exonération totale pour les cessions consenties avant le 31 décembre 2022 à des sociétés créées pour le rachat d'entreprises par les salariés (nº 41050) ; exonération partielle en cas de cession aux salariés ou aux proches du cédant (nºs 41560 s.).

Voir, en annexe, le **tableau** récapitulatif des droits et des règles de territorialité (nº 41800).

A. Définition générale des cessions taxables aux droits d'enregistrement

41010 L'article 726 du CGI vise les cessions à titre onéreux de droits sociaux.

CESSION DE DROITS SOCIAUX

41015 Les droits sociaux dont la cession rend exigible le droit prévu à l'article 726 du CGI sont des droits incorporels mobiliers distincts des biens sociaux. Cela implique que la **société** dont les titres sont cédés soit **dotée de la personnalité morale** et, en tant que telle, propriétaire des biens sociaux.
Cette condition se trouve remplie dans toutes les **sociétés commerciales,** à compter de leur immatriculation au registre du commerce et des sociétés, qu'il s'agisse de sociétés en nom collectif ou en commandite, de sociétés à responsabilité limitée, de sociétés par actions, même dans le cas où la société ne survit que pour les besoins de sa **liquidation** (BOI-ENR-DMTOM-40-10-10 n° 10).

41016 Si la société ne possède **pas la personnalité morale** et n'a donc pas d'existence légale à l'égard des tiers, la cession a pour objet non un droit incorporel mais un droit de copropriété indivise sur les biens meubles ou immeubles comprenant le fonds social et appartenant conjointement aux associés.
La cession est soumise, en conséquence, à l'impôt de mutation d'après le tarif prévu pour la transmission des biens de l'espèce (BOI-ENR-DMTOM-40-10-10 n° 20).

ILLUSTRATIONS

Donnent lieu à taxation selon la nature des biens composant le fonds social les cessions de parts :
– d'une **société** régulièrement constituée, mais arrivée à son terme et **prorogée verbalement** (Cass. 23-2-1875 ; Inst. Enr. 2516 n° 2 : JE 19745 ; Cass. req. 24-5-1892 ; Inst. Enr. 2820 n° 8 : JE 23862) ;
– d'une société dont la **constitution** n'est **pas** encore **définitive** (Cass. 5-2-1894 ; Inst. Enr. 2864 n° 9 : JE 24293 ; RE 634) ;
– d'une société n'ayant pas acquis **date certaine** (BOI-ENR-DMTOM-40-10-10 n° 20).

41017 Pour les **cessions** de droits sociaux **postérieures à la dissolution** d'une société, il faut distinguer les deux situations suivantes :
– si la cession intervient pendant la période de liquidation, elle est soumise aux mêmes règles que si elle était antérieure à la dissolution ;
– si elle intervient après la clôture de la liquidation, alors que les anciens associés sont devenus copropriétaires indivis de l'actif social, la cession constitue une véritable vente donnant ouverture, en principe, aux droits de mutation ordinaires correspondant à la nature des biens transmis composant l'ancien fonds social.

CESSION À TITRE ONÉREUX

41025 Seules sont susceptibles de donner lieu à la taxation prévue par l'article 726 du CGI les cessions réalisées à titre onéreux, ce qui exclut les opérations ne constituant pas une cession ainsi que les opérations réalisées à titre gratuit. Les règles de droit civil ou commercial définissant l'existence d'une cession sont présentées n°s 1000 s.
Les cessions de **titres cotés** ne sont par ailleurs taxables que si elles sont constatées par un acte.
En ce qui concerne les règles applicables aux **promesses de cession,** voir n°s 14870 s.
Pour le cas où la cession est assortie d'une **condition** suspensive ou résolutoire, voir n°s 55000 s.

ILLUSTRATIONS

Il a été jugé qu'un **accord de reclassement d'actions entre le cédant** des actions, **une société intermédiaire et un acquéreur** ne caractérise pas une cession des titres entre l'acquéreur et l'intermédiaire (Cass. com. 9-3-1993 n° 452 D : RJF 5/93 n° 742). Au cas particulier, un premier accord était intervenu entre le cédant des titres et une société en vue de faire reclasser 500 actions. L'accord prévoyait que la société prenait à son propre compte 250 actions et ferait son affaire personnelle de classer le solde. Un second accord avait ensuite été passé entre le cédant, la société et l'acquéreur des 250 actions restantes. L'administration avait taxé ce second accord au titre de l'article 726 du CGI. Le tribunal avait validé cette imposition en retenant que la cession avait été faite à l'acquéreur par la société intermédiaire. La Cour de cassation censure cette thèse et constate que la cession litigieuse avait été faite par le cédant lui-même à l'acquéreur final.
Jugé également que le **« rachat » par une société** de ses propres titres, lorsque les statuts prévoient que les légataires de l'**associé défunt** n'ont droit qu'au prix de rachat desdits titres, ne constitue pas une cession de parts sociales soumise au droit de mutation prévu à l'article 726 du CGI (Cass. com. 22-10-2013 n° 12-23.737 FS-PB : RJF 2/14 n° 191 ; BOI-ENR-AVS-20-20 n° 165). En l'espèce, les statuts de la société stipulaient qu'en cas de décès d'un associé, la société continuait entre les associés survivants, les droits attachés aux parts de l'associé décédé étant transférés aux associés survivants ou à la société, si les associés décidaient du rachat des parts en vue de leur annulation,

et que les ayants droit de l'associé décédé avaient seulement droit au prix de rachat, par les associés survivants, des parts de l'associé décédé. Cette solution rendue à propos d'une SCI paraît transposable aux clauses de même type que peuvent prévoir les statuts de SNC ou SARL. En revanche, il a été jugé que la **constitution d'un usufruit temporaire** portant sur des parts sociales réalise une cession en ce que la valeur de l'usufruit est transférée du patrimoine du constituant à celui de l'usufruitier et entre ainsi dans les prévisions de l'article 726 du CGI (CA Colmar 7-11-2019 n° 518/2019 : RJF 3/20 n° 283). En l'espèce, les associés d'une société civile immobilière (SCI) avaient conclu avec une société B une convention destinée à permettre le financement de la construction, sur un terrain appartenant à la SCI, d'un immeuble devant être donné en location à la société B. Pour financer l'opération, les associés de la SCI avaient apporté 75 000 € et la société B avait « confié » auxdits associés une somme de 3 550 000 € à charge pour eux de souscrire à une augmentation de capital par augmentation de la valeur unitaire des parts. En contrepartie, les associés de la SCI avaient constitué, au profit de la société B, un usufruit temporaire d'une durée de quinze ans sur les parts sociales. Les différents actes passés en exécution de cette convention réalisent une cession de la valeur de l'usufruit des parts sociales, taxable en application de l'article 726, I du CGI, dès lors que les associés se sont dépouillés de l'usufruit de leurs parts sociales et que, l'usufruit étant temporaire et limité à quinze ans, les associés ont vocation à récupérer à terme la pleine propriété des parts sociales (dont la valeur est passée, après réalisation de l'augmentation de capital, de 100 € à 36 350 €), de sorte qu'ils sont les bénéficiaires ultimes du versement de la somme de 3 550 000 €, laquelle constitue bien un prix, contrepartie de l'usufruit constitué en faveur de la société B.

CESSION RÉALISÉE À L'ÉTRANGER

Bien que les **actes passés à l'étranger** constatant des cessions de titres d'une **société française** ne soient pas soumis à l'enregistrement en France (voir toutefois n° 41620), ces cessions n'en sont pas moins soumises aux droits d'enregistrement, aux taux habituels, qu'elles portent sur des titres (actions ou parts sociales) de sociétés **non cotées** ou des actions de sociétés françaises **cotées** (CGI art. 726, I-1° –al. 4). Dans ce cas, les droits dus sont perçus lors de la souscription de la déclaration de cession qui doit être effectuée dans les conditions énoncées n°s 41600 s. Elles donnent lieu, le cas échéant, à l'imputation de l'impôt effectivement acquitté à l'étranger. **41035**
Ces opérations ne sont taxables que si elles se situent dans le champ de l'impôt et ne sont pas réalisées dans des cas similaires à ceux qui donnent droit à une exonération (BOI-ENR-DMTOM-40-10-10 n° 210).
On notera toutefois que les dispositions de certaines **conventions internationales** limitent l'application de ce principe.
Pour le cas où une promesse synallagmatique de vente d'actions est **signée partie en France** et **partie à l'étranger** : voir n° 41215.
Voir, en annexe, le tableau récapitulatif (n° 41800).

Quant aux cessions de droits sociaux émis par une **société étrangère,** elles ne sont en principe soumises ni à l'enregistrement ni au droit de cession dès lors qu'elles ne font pas l'objet d'un acte passé en France (CGI art. 718) : les actes passés à l'étranger échappent donc à la taxation. **41036**
Ce principe connaît toutefois une exception : la cession d'une participation dans une société étrangère non cotée à **prépondérance immobilière,** dont l'actif est principalement constitué de biens ou droits immobiliers situés en France, est soumise au droit de mutation dans les conditions indiquées n°s 41450 s., même si l'acte de cession est passé à l'étranger (CGI art. 718 bis), mais dans ce dernier cas, un acte doit être établi en France (n° 41620).
Voir, en annexe, le tableau récapitulatif (n° 41800).

CESSION MASSIVE DE DROITS SOCIAUX

Le nombre de parts cédées est sans incidence sur le régime applicable. Les cessions massives de droits sociaux sont soumises, en **principe,** aux mêmes règles que les autres cessions de droits sociaux. Il en est ainsi même lorsqu'elles affectent la totalité ou la quasi-totalité des titres de la société concernée et même si elles font suite à la transformation de la société ou sont suivies à brève échéance de modifications statutaires importantes. **41040**

> **Précisions** Ce principe est acquis depuis un arrêt de la Cour de cassation de 1984 (Cass. com. 7-3-1984 : RJF 6/84 n° 805). L'administration réserve toutefois le cas (exceptionnel en pratique) où les modifications envisagées entraîneraient juridiquement la disparition de la société dont les titres sont cédés et la **création d'une personne morale nouvelle** : dans une telle situation, l'administration se réserve le droit de requalifier l'opération en une cession d'actif (avec exigibilité des droits de mutation à titre onéreux) suivie de la constitution d'une nouvelle société (avec paiement des droits sur les apports) (en ce sens, BOI-ENR-AVS-30-10 n°s 30 s.). Notons qu'une telle position nous paraît dépourvue de toute portée pratique.

RÉUNION DE TOUTES LES PARTS SOCIALES EN UNE SEULE MAIN

41045 Les cessions de droits sociaux qui aboutissent à la concentration de l'ensemble des droits entre les mains d'une seule personne relèvent également des mêmes règles que les autres cessions de droits sociaux. En effet, la réunion en une seule main de tous les titres d'une société n'entraîne pas sa dissolution de plein droit. Ce n'est que dans l'hypothèse où la situation de la société n'est pas régularisée dans le délai d'un an que sa dissolution peut être demandée par toute personne intéressée.

> **Précisions** Après **dissolution** si l'associé unique est une personne morale, ou après **liquidation** si l'associé unique est une personne physique, l'appropriation de l'actif par l'associé unique ne donne pas lieu au droit de partage. La reprise de certains biens par celui-ci est cependant susceptible de donner ouverture à un droit de mutation en application de la théorie de la mutation conditionnelle des apports ou, s'agissant des immeubles n'entrant pas dans le champ d'application de cette théorie, à la taxe de publicité foncière, au taux de 0,70 % (CGI art. 678).

CESSIONS EXONÉRÉES DE DROITS D'ENREGISTREMENT

41050 Cession dans le cadre d'un rachat d'entreprise par les salariés (RES)

Les acquisitions de droits sociaux effectuées avant le 31 décembre 2022 par une société créée exclusivement en vue du rachat de tout ou partie du capital d'une autre société par les salariés de celle-ci sont **exonérées** de droits d'enregistrement lorsque l'opération est réalisée dans les conditions prévues par l'article 220 nonies du CGI (CGI art. 732 bis).

Le bénéfice de l'exonération est subordonné aux **conditions** suivantes :

– la société nouvelle de rachat et la société rachetée doivent être soumises à l'**impôt sur les sociétés** dans les conditions de droit commun, ce qui exclut du dispositif les sociétés partiellement ou totalement exonérées d'IS ;

– les deux sociétés ne doivent pas faire partie du **même groupe intégré** au sens de l'article 223 A ou 223 A bis du CGI ;

– les **droits de vote** attachés aux actions ou parts de la société nouvelle, pris en compte pour le calcul du montant du crédit d'impôt mentionné à l'article 220 nonies, I du CGI, doivent être détenus par une ou plusieurs personnes qui, à la date du rachat, sont salariées de la société rachetée depuis au moins dix-huit mois ;

– la reprise doit avoir fait l'objet d'un **accord d'entreprise** satisfaisant aux conditions de l'article L 3332-16, 2° du Code du travail.

La loi prévoit par ailleurs une **exonération partielle** des droits dus sur certaines cessions de droits sociaux consenties soit aux salariés de l'entreprise soit à un proche du cédant : voir n°s 41560 s.

41055 **Rachat par une société de ses propres titres** Sont exonérées de droit d'enregistrement les acquisitions de droits sociaux réalisées dans le cadre du rachat par une société de ses propres titres destinés à être cédés aux adhérents d'un plan d'épargne d'entreprise (**PEE**) ou d'une **augmentation de capital,** à l'exclusion des rachats de leurs actions effectués par des sociétés non cotées dans les conditions prévues par l'article L 225-209-2 du Code de commerce (CGI art. 726, II). Ces acquisitions ne sont pas soumises à la **taxe sur les transactions financières** (CGI art. 235 ter ZD, II-8°).

41060 **Cessions soumises à la taxe sur les transactions financières** **Les** cessions soumises à la taxe sur les transactions financières sont exonérées de droit d'enregistrement (CGI art. 726, II). Cette exonération concerne les cessions de titres de sociétés cotées françaises dont la capitalisation boursière excède un milliard d'euros au 1er décembre de l'année précédant celle de l'imposition : en pratique, cette exonération ne devrait trouver à s'appliquer que dans l'hypothèse où de telles cessions seraient constatées par un acte.

> **Précisions** L'article 235 ter ZD du CGI soumet à une taxe de 0,3 % toute acquisition à titre onéreux d'un titre de capital ou assimilé dès lors que ce titre est admis aux négociations sur un marché réglementé français, européen ou étranger, que son acquisition donne lieu à un transfert de propriété, et que ce titre est émis par une société dont le siège social est situé en France et dont la capitalisation boursière excède un milliard d'euros au 1er décembre de l'année précédant celle de l'imposition.
> Les transactions susceptibles d'être taxées sont celles portant sur des titres de capital, au sens de l'article L 212-1 A du Code monétaire et financier, ou des titres de capital assimilés, au sens de l'article L 211-41 du même Code. Il s'agit des actions et autres titres donnant ou pouvant donner accès au capital ou aux droits de vote. Les titres de capital assimilés sont les titres émis sur le fondement de droits étrangers.

Cessions intragroupe Sont exonérées de droit d'enregistrement (CGI art. 726, II-c) les cessions de droits sociaux entre sociétés qui sont : 41065
– membres d'un groupe au sens de l'article L 233-3 du Code de commerce (qui définit la notion de contrôle d'une société sur l'autre : nos 80010 s.) au moment de la cession concernée ;
– ou membres d'un groupe au sens de l'article 223 A du CGI ou de l'article 223 A bis du même Code (régime de l'intégration fiscale). L'administration a précisé que l'exonération s'applique lorsque la mère a une détention capitalistique équivalente à celle visée à l'article 223 A du CGI (BOI-ENR-DMTOM-40-10-10 n° 210). Il n'est donc pas nécessaire pour bénéficier de l'exonération que le groupe soit placé sous le régime d'intégration fiscale. Il suffit que la cession soit réalisée au sein d'un groupe entrant dans la définition du périmètre d'intégration, c'est-à-dire dans un groupe constitué d'une société mère et des filiales dont celle-ci détient directement ou indirectement au moins 95 % du capital. Les cessions d'actions de sociétés françaises réalisées par des sociétés étrangères (qui, par hypothèse, ne peuvent pas être placées sous le régime d'intégration), devraient par suite pouvoir bénéficier de l'exonération lorsque la société cédante et la société cessionnaire font partie d'un tel groupe.

Sociétés en difficulté Sont exonérées de droit d'enregistrement les acquisitions d'actions et de parts sociales (à l'exclusion des participations dans des sociétés à prépondérance immobilière visées nos 41450 s.) de sociétés placées sous **procédure de sauvegarde** ou en **redressement judiciaire** (CGI art. 726, II-b). 41070

B. Cessions d'actions taxables aux droits d'enregistrement

1. ACTIONS DE SOCIÉTÉS NON COTÉES

PRINCIPE

Qu'elles **soient ou non constatées par un acte,** les cessions à titre onéreux d'actions de sociétés non cotées en bourse (SA ou SAS) sont soumises à un droit de mutation de 0,1 % (CGI art. 726, I-1°). 41100
Le même régime s'applique aux cessions de parts de fondateurs et de parts bénéficiaires de sociétés non cotées.

Le **droit dû pour chaque mutation** est calculé au taux de 0,1 % sur le prix de cession des actions tel qu'il est défini nos 41500 s., avec un minimum de perception de 25 € (CGI art. 674). 41105
Un **abattement** s'applique sur l'**assiette** des droits dus en cas de cession des actions d'une société aux salariés de celle-ci ou aux membres de la famille du cédant : nos 41560 s.

EXCEPTIONS

Ne sont pas soumises à ce droit les cessions d'actions : 41130
– de **sociétés non cotées à prépondérance immobilière**, soumises à un droit de 5 % sans plafonnement : voir nos 41450 s. ;
– de sociétés d'attribution d'immeubles ou de fractions d'immeubles bénéficiant du régime de la **transparence fiscale** (sociétés dites de copropriété visées à l'article 1655 ter du CGI) : la cession des titres est assimilée dans ce cas à la vente de l'immeuble ou de la fraction d'immeuble auquel les titres donnent vocation et est soumise au régime de la vente d'immeubles (CGI art. 728 et 729). Mais si la cession donne lieu au paiement de la TVA « immobilière », c'est seulement un droit fixe de 125 € qui est dû (CGI art. 730). Le même régime s'applique aux cessions de titres de sociétés ayant pour objet de mettre gratuitement à la disposition de leurs associés des immeubles ou des fractions d'immeubles (**sociétés d'attribution d'immeubles en jouissance** à temps partagé, sociétés concessionnaires de parkings ou du domaine public maritime pour la gestion de ports de plaisance, notamment) (BOI-ENR-DMTOM-40-30 n° 90).

2. ACTIONS DE SOCIÉTÉS COTÉES

CESSIONS TAXABLES

En application de l'article 726, I-1° du CGI, les **cessions** d'actions cotées en bourse, y compris celles de sociétés à prépondérance immobilière, ne sont soumises au droit de mutation visé ci-dessus nos 41100 s. que si elles sont **constatées par un acte,** ce qui est rarement le cas. Les actions étant en effet des instruments financiers « dématérialisés », leur cession se traduit par un virement de compte à compte. En pratique, il est donc extrêmement rare qu'un écrit soit établi et que le droit de mutation soit exigible. 41200

En l'absence d'acte, ne sont notamment pas taxables (BOI-ENR-DMTOM-40-10-10 n° 70) :
– les opérations passées sur le marché qui sont toujours hors du champ des droits d'enregistrement ;
– les cessions de gré à gré publiées au marché ou communiquées au régulateur en application des obligations de la directive 2014/65/UE du 15 mai 2014 (qui remplace et abroge la directive 2004/39/CE du 21-4-2004) concernant les marchés d'instruments financiers (dite directive MIF) ou de dispositions étrangères équivalentes à la directive MIF non constatées par un acte ;
– les opérations de gré à gré réalisées dans le cadre des transactions faisant l'objet de ces mêmes obligations, non constatées par un acte.

> **Précisions a.** Les **actions cotées** visées par l'article 726, I du CGI sont les actions « négociées sur un marché réglementé d'instruments financiers au sens de l'article L 421-1 du Code monétaire et financier ou sur un système multilatéral de négociation au sens de l'article L 424-1 du même Code » ou tout marché ou système étranger équivalent fonctionnant dans des conditions similaires (BOI-ENR-DMTOM-40-10-10 n° 50).
> **b.** L'**ordre de mouvement** (ou bordereau de transfert) émis lors de la cession (nos 71030 s.) ne constitue pas un « acte » portant cession d'actions, en l'absence notamment de la mention du prix permettant la taxation. Mais rapproché d'autres documents, il peut constituer un titre complet rendant le droit de mutation exigible (en ce sens, BOI-ENR-DMTOM-40-10-10 n° 70).

NOTION D'ACTE

41205 L'acte susceptible de fonder l'exigibilité du droit de mutation en cas de cession d'actions cotées s'entend de tout **écrit** formant titre à l'égard de chacune des parties, quelle que soit sa forme. L'acte constatant ainsi la cession doit en former le **titre complet,** c'est-à-dire être susceptible d'en faire la preuve (BOI-ENR-DG-20-20-10 n° 10 et BOI-ENR-DMTOM-40-10-10 n° 70). Cet acte peut être **unique** ou être constitué par le rapprochement de **plusieurs actes** (Cass. com. 20-7-1981 : Bull. civ. IV n° 325). Mais il est nécessaire que la convention en résultant ait un **caractère synallagmatique** et ne constitue pas un simple engagement unilatéral.

ATTENTION

Le juge ne peut dire une cession d'actions non établie par un acte sans rechercher si le **protocole d'accord** invoqué par l'administration ne constituait pas à lui seul l'acte portant cession d'actions (Cass. com. 14-2-2006 n° 03-16.540 : RJF 6/06 n° 786).

41210 Nous faisons état ci-après de différentes solutions qui se sont prononcées sur la notion d'acte au sens de l'article 726, I-1° du CGI, étant précisé que la plupart de ces solutions ont été rendues pour l'application du régime antérieur au 1er janvier 1999 qui subordonnait également la taxation des cessions d'actions non cotées en bourse à la présence d'un acte : ces solutions demeurent valables quant à la définition d'acte justifiant la taxation des cessions de titres cotés.

41212 **ILLUSTRATIONS** **Acte ou convention comportant l'accord des parties**

Le paiement du droit proportionnel peut être exigé au vu d'un acte constatant l'accord des parties sur la vente d'**actions nominatives.**
La circonstance que les parties au contrat n'aient **pas encore** accompli les formalités (inscription du nouveau propriétaire sur le registre des transferts de la société) rendant la cession **opposable aux tiers** et à la société émettrice et que l'accord constaté ait été réalisé antérieurement à la rédaction de l'acte litigieux ne fait pas obstacle à la perception de ce droit.
Cass. com. 27-11-1978 : RJF 4/79 n° 264 ; BOI-ENR-DMTOM-40-10-10 n° 70.

Une convention mentionnant l'accord des parties sur la chose et sur le prix sans faire référence à une quelconque convention antérieure constitue un acte portant cession d'actions.
Il est sans influence à cet égard que l'**accord** des parties ait été réalisé **antérieurement à la rédaction de l'acte,** qui ne peut, dès lors, être considéré comme la confirmation d'une opération déjà réalisée, insusceptible d'être soumise à la perception de droits d'enregistrement.
Cass. com. 7-12-1993 n° 1941 D : RJF 3/94 n° 354.

Les **cessions de blocs d'actions** constatées par un **contrat** (quels que soient son support et ses modalités de transmission) d'acquisition de titres constituent un acte soumettant l'opération aux droits d'enregistrement.
BOI-ENR-DMTOM-40-10-10 n° 70.

41215 **ILLUSTRATIONS** **Preuve de l'existence d'un acte par le rapprochement de documents**

Un **acte** sous seing privé qui comportait, **sous condition suspensive,** des **promesses réciproques** de vente et d'achat (promesse synallagmatique) d'actions de sociétés françaises avait été signé à Paris par les vendeurs français et le lendemain à Bruxelles par le représentant de la société

étrangère acquéreuse. Six mois plus tard, les mêmes parties signaient à Paris un **nouvel acte** constatant la **cession des actions** visées dans la promesse synallagmatique de vente. **41215 (suite)**
Dès lors que, d'un côté, le premier acte comportait, sous condition suspensive, des promesses réciproques de vente et d'achat d'actions de sociétés de droit français, l'accord des parties sur le prix ainsi que les garanties accordées par le vendeur et que, d'un autre côté, le second acte constatait la cession des actions et la constitution de nouvelles garanties, il a été jugé que l'acte conditionnel et celui constatant la réalisation de la condition formaient ensemble l'**instrument complet de la convention.** En conséquence, ces actes étaient bien soumis en France à la formalité de l'enregistrement conformément aux dispositions des articles 635, 2-7° et 654 du CGI.

Cass. com. 4-7-1984 : RJF 11/84 n° 1389, Bull. civ. IV n° 216.

L'engagement de vendre des parts sociales formulé sans ambiguïté par le mandataire du vendeur dans une **lettre adressée à l'avocat de l'acquéreur** et la **lettre d'acceptation** sans réserve adressée par l'acquéreur au vendeur établissent l'accord des parties sur la chose et sur le prix : les deux lettres rapprochées constituent l'acte taxable prévu à l'article 726, I-1° du CGI. C'est à la date où l'acquéreur a donné son acceptation sans réserve aux prix, clauses et conditions indiqués dans l'offre de vente que s'est réalisée la cession de parts.

Cass. com. 5-3-1969 : Dupont 1969 p. 320 ; BOI-ENR-DMTOM-40-10-10 n° 70.

Par leur rapprochement et compte tenu de leur teneur, constituent le titre de l'opération juridique de cession d'actions au sens des articles 635, 2-7° et 726 du CGI les trois actes suivants :
– **promesse unilatérale** de vente d'actions ;
– **délibération** du conseil d'administration de la société bénéficiaire **acceptant la promesse** ;
– lettre portant **levée de l'option.**

Cass. com. 27-10-1992 n° 1553 D : RJF 1/93 n° 159 ; BOI-ENR-DMTOM-40-10-10 n° 70.

Constitue un acte de cession d'actions, au sens de l'article 726 du CGI, une **convention de paiement** conclue entre deux sociétés qui, rapprochée des **procès-verbaux du conseil d'administration** de l'une d'elles **et de l'assemblée générale** de l'autre, traduit l'accord des parties sur la chose et sur le prix.

Cass. com. 13-6-1995 n° 1214 D : RJF 10/95 n° 1204 ; BOI-ENR-DMTOM-40-10-10 n° 70.

À l'occasion d'une cession d'actions de société anonyme, l'acquéreur avait envoyé au cédant deux lettres, l'une constatant leur accord sur la chose et sur le prix, l'autre confirmant l'acceptation du cédant : jugé que ces **deux lettres** qui ne portaient **pas** la **signature pour acceptation du cédant** ne constituaient pas un acte.

Cass. com. 13-11-1984 : RJF 4/85 n° 671.

Trois conventions ont été conclues entre l'actionnaire d'une société agissant en son nom personnel et comme porte-fort des autres porteurs de titres et une autre société :
– la première portant **cession de la totalité des titres** de la première société à la seconde pour un prix déterminé ;
– la deuxième portant **garantie de l'actif et du passif** à la clôture du bilan ;
– la troisième stipulant l'octroi d'un **complément de prix** au cas où un locataire de la société dont les titres sont cédés n'exercerait pas sa faculté de résilier le bail.

Le rapprochement des actes de garantie et de révision de prix avec celui portant acquisition des actions prouve l'existence de la cession litigieuse des titres ; la bonne exécution des conventions n'étant pas contestée, elle implique la ratification, par toutes les parties, des engagements du porte-fort.

Cass. com. 24-2-1998 n° 516 D : RJF 5/98 n° 621.

La signature d'un **bordereau de transfert** et l'**inscription** d'actions nominatives sur le **registre de la société** anonyme émettrice de ces titres ne permettent pas, par elles-mêmes, de déterminer la nature juridique de la transmission, ainsi rendue opposable aux tiers et à la société ; mais leur rapprochement avec un **acte subséquent** intitulé « **reconnaissance de dette** » constatant et réglant les modalités d'exécution de l'accord antérieur des parties sur la chose et sur le prix, forme, dans les relations entre le cédant et le cessionnaire, le titre complet de la cession d'actions taxable au droit proportionnel d'enregistrement.

Cass. com. 24-11-1980 n° 78-13915 ; BOI-ENR-DMTOM-40-10-10 n° 70.

Ayant constaté que la société S avait acquis de la société B les titres représentant le capital de cette dernière, avant la date limite prévue et au prix stipulé par la promesse faite par cette société au bénéficiaire primitif de la promesse, qui disposait d'une faculté de substitution, le juge a pu en déduire la **réalité de la cession,** bien que les formes prévues de la levée d'option n'aient pas été observées.
C'est par des **appréciations souveraines** que le juge a constaté le versement du prix d'achat des titres par la société S, l'inscription de l'opération à son bilan, à la date prévue pour la réalisation du transfert de propriété, ainsi que son inscription au registre des mouvements de titres de la société émettrice.
Dès lors que la société S ne prétend pas ne pas avoir acquis la propriété des titres litigieux et ne fait état d'aucune autre cause de cette acquisition qu'une substitution à son profit du bénéfice de

la promesse de la part du bénéficiaire primitif, le juge, qui a relevé **l'existence de la promesse, suivie de trois actes,** le premier portant cession du bénéfice de la promesse, le deuxième dans lequel les promettants indiquaient avoir transféré à la société S les actions litigieuses moyennant le paiement immédiat du prix et promettaient d'accorder au cessionnaire une garantie d'actif et de passif, le troisième concrétisant cette promesse, a pu en déduire que l'ensemble de ces actes constituait le **titre complet,** constatant l'accord du cédant et du cessionnaire sur la chose et sur son prix et sur les modalités de paiement.

Cass. com. 26-1-1999 n° 242 D : RJF 4/99 n° 495.

41217 ILLUSTRATIONS

Procès-verbaux d'assemblées

Le **procès-verbal** des délibérations **du conseil d'administration** d'une société qui constate que le président-directeur général a proposé de transférer la propriété d'actions lui appartenant, et que le conseil d'administration a décidé de racheter ces actions, constitue, non pas une simple autorisation préalable, mais une véritable convention synallagmatique comportant, d'une part, **offre de vente** et, d'autre part, **acceptation** de celle-ci, dès lors que, par ailleurs, le prix de cette cession se trouvait suffisamment déterminé par le fait qu'il était fixé sur la base du dernier bilan, le détail de l'évaluation faisant au surplus l'objet d'un état annexé au procès-verbal. Enfin, l'accord s'était trouvé concrétisé ultérieurement par les écritures comptables de la société.

Il a donc été jugé que ce procès-verbal constituait un acte véritable de vente emportant transfert d'actions conformément aux articles 635, 2-7° et 726, I-1° du CGI et assujetti obligatoirement à la formalité de l'enregistrement dans le délai d'un mois, ainsi qu'au droit proportionnel.

TGI Le Mans 3-10-1972.

Dès lors que le **procès-verbal du conseil d'administration** d'une société ne contient **ni l'offre de vente, ni** son **acceptation,** il ne constitue pas une convention synallagmatique portant transfert d'actions, assujettie à la perception du droit proportionnel. Il s'agit d'une **simple autorisation** préalable à la cession d'actions par des administrateurs à la société, autorisation donnée dans le cadre de l'article L 225-38 du Code de commerce, qui pouvait très bien n'être suivie d'aucun effet.

TGI Paris 2-12-1986 : RJF 8-9/87 n° 954.

Ndlr : À la différence du jugement du TGI (devenu tribunal judiciaire) du Mans ci-dessus, celui de Paris prend soin de constater que le procès-verbal, dont la seule rédaction doit être prise en considération, ne contient ni l'offre de vente ni acceptation de celle-ci et qu'il constitue non pas une convention synallagmatique comportant cession d'actions, mais une simple autorisation prévue par la loi, qui pouvait très bien n'être suivie d'aucun effet.

Le **procès-verbal** de délibération **du conseil d'administration** d'une société qui comporte **décision d'achat d'actions d'un administrateur** ne constitue qu'une **simple autorisation préalable** donnée dans le cadre de l'article L 225-38 du Code de commerce, et les écritures comptables destinées à constater la cession n'ont aucune valeur probatoire dès lors que ces documents n'émanent que de l'acquéreur et non du vendeur. Le droit de cession d'actions n'est donc pas exigible.

TGI Dijon 14-12-1992.

Ndlr : Au cas d'espèce, l'administrateur cédant n'était pas présent lors de la réunion de conseil d'administration ou ne l'était qu'en tant que membre du conseil d'administration (et n'avait donc pas indiqué qu'il entendait céder ses actions au prix indiqué).

41220 ILLUSTRATIONS

Acte de cession révélé par un autre acte

La preuve de l'existence d'un acte de cession d'actions sur lequel sont perçus les droits prévus par l'article 726 du CGI peut être rapportée par tout moyen compatible avec la procédure écrite, notamment par la mention qui en est faite dans un autre acte.

Il en est ainsi d'un **acte de donation-partage** qui rapporte qu'un acte sous seing privé mentionnait le nombre des actions cédées ainsi que l'accord des parties sur le prix pour lequel les cessions étaient consenties et acceptées.

En se référant à cet acte le juge écarte le moyen selon lequel la cession ne résultait pas d'un acte écrit.

Cass. com. 3-5-2000 n° 981 D : RJF 7-8/00 n° 1016.

L'**acte d'affectation hypothécaire** établi en garantie du paiement du solde du prix d'une cession d'actions est susceptible de servir de base à la poursuite des droits que les parties tiennent de la vente et, partant, de faire titre de cette convention, à concurrence du solde du prix, le droit proportionnel de cession de droits sociaux étant exigible dans cette limite. Toutefois, il s'agit d'une question de fait dont la solution implique une analyse des clauses de l'acte.

Rép. Inchauspé : AN 10-2-1968 p. 400 n° 3999.

3. ACTIONS FAISANT L'OBJET D'UN ENGAGEMENT DE CONSERVATION

41250 Il peut arriver que des actions remises en rémunération d'apports fassent l'objet d'un engagement de conservation **souscrit pour bénéficier d'une exonération du droit d'apport** normalement dû. Si ces actions sont cédées avant l'expiration du délai de conservation, le droit d'apport dont la société a été dispensée devient exigible, indépendamment du droit de mutation dû à raison de la cession des titres.

TITRES REMIS EN ÉCHANGE DE L'APPORT DE CERTAINS BIENS À UNE SOCIÉTÉ PASSIBLE DE L'IS

Les titres pouvant faire l'objet d'un engagement de conservation sont ceux des sociétés passibles de l'IS (SA, SAS et SARL) remis en échange de l'apport par une personne physique (ou une société soumise à l'impôt sur le revenu) de l'un des **biens suivants** : immeuble ou biens assimilés (actions ou parts d'une société immobilière transparente), droits immobiliers (usufruit, nue-propriété, droit d'usage et d'habitation, servitudes réelles), fonds de commerce, clientèle civile ou commerciale, droit à un bail ou à une promesse de bail portant sur tout ou partie d'un immeuble. Ces apports, qui sont en principe assujettis à un droit de mutation, sont **enregistrés gratuitement** si l'apporteur s'engage à conserver pendant trois ans les titres remis en contrepartie de l'apport (CGI art. 810, III). **41255**
L'engagement portant sur la totalité des titres, la **cession d'une fraction des titres** (voire d'un seul titre) entraîne, pour la société bénéficiaire de l'apport, l'obligation de verser immédiatement le droit d'apport dû sur la totalité des titres.
Il peut arriver que l'associé apporteur souscrive ou **achète** des **parts** ou actions de la société **postérieurement à l'engagement.** En cas de **cession** de ces parts ou actions, l'administration considère que l'engagement n'est pas rompu tant que l'associé détient un nombre de droits sociaux au moins égal à celui sur lequel a porté l'engagement (BOI-ENR-AVS-10-10-20 n° 410).

CONSEIL

La rupture de l'engagement étant le fait d'un ou de plusieurs associés, il semble qu'une **convention passée entre les associés et la société,** redevable légale du droit, pourrait prévoir que les conséquences de la remise en cause du régime de faveur soient à la charge de l'associé qui cède les titres. Mais une telle convention ne serait valable qu'entre les parties et ne pourrait être opposée à l'administration.

TITRES REMIS EN ÉCHANGE DE L'APPORT D'UNE ENTREPRISE INDIVIDUELLE

Les titres pouvant faire l'objet d'un engagement de conservation sont ceux des sociétés, quels que soient leur forme et leur régime fiscal, remis en échange de l'apport d'une entreprise individuelle avec **prise en charge du passif** : cet apport, en principe assujetti au droit de mutation à raison de l'apport à titre onéreux du passif, est enregistré gratuitement si l'apporteur s'engage à conserver ses titres pendant trois ans (CGI art. 809, I bis et 810, III). **41260**
En cas de cession des titres couverts par l'engagement avant l'expiration du délai de trois ans, la société doit immédiatement verser le droit de mutation.

4. OPÉRATIONS D'APPORT-CESSION

L'**apport d'un immeuble ou d'un fonds de commerce** effectué par une société soumise à l'IS au profit d'une autre société soumise à l'IS, **suivi de la cession** à une société tierce **des droits sociaux reçus en rémunération de l'apport,** est fiscalement moins onéreux que la vente directe à cette dernière société de l'immeuble ou du fonds de commerce : l'apport est en effet enregistré gratuitement et les cessions d'actions taxées au taux de 0,1 %, alors que les cessions d'immeubles supportent un taux de taxation de 5 % minimum et celles de fonds de commerce des taux de 3 % sur la fraction de leur valeur comprise entre 23 000 € et 200 000 € et de 5 % pour la fraction excédant 200 000 €. **41270**
La question se pose donc de savoir si ce type d'opération relève de la simple habileté ou de l'**abus de droit** ?

Retenant une **conception libérale** de l'optimisation fiscale, la Cour de cassation avait tout d'abord réservé un accueil favorable aux montages d'apport-cession de fonds de commerce ou d'immeubles. **41271**
Elle avait notamment jugé que l'apport d'une branche d'activité ou d'un fonds de commerce suivi, quelques jours après, de la cession des actions reçues en rémunération de l'apport n'est pas constitutif d'abus de droit dès lors que « les sociétés commerciales jouissent de la personnalité morale à compter de leur immatriculation et sont distinctes de leurs actionnaires ou porteurs de parts, qu'il ne résulte pas des motifs du jugement que les sociétés en cause ou les opérations conclues entre elles étaient fictives ou que ces opérations ne pouvaient être regardées comme ayant pour seul but d'éluder l'impôt qui leur est applicable » (Cass. com. 21-4-1992 n° 786 D : RJF 7/92 n° 1090).

41272 Mais dans des affaires où l'article L 64 du LPF dans sa rédaction issue de la loi 2008-1443 du 30 décembre 2008 n'était pas applicable (n° 50241), la Cour a durci sa position, faisant courir un **risque** certain aux montages de ce type couramment utilisés par les praticiens.

C'est ainsi que les opérations d'**apport-cession d'un fonds de commerce** sont aujourd'hui menacées par un arrêt du 20 mars 2007 (Cass. com. 20-3-2007 n° 05-20.599 : RJF 8-9/07 n° 993). Les faits sont classiques : une société A fait apport d'un fonds de commerce d'hypermarché à une société B, filiale de la société C. Il s'agit d'un apport soumis au droit fixe d'enregistrement. Quatre jours plus tard, la société A cède à la société C la totalité des titres reçus en rémunération de cet apport pour leur prix de revient. L'administration requalifie l'apport en une vente du fonds de commerce et notifie un redressement au titre des droits d'enregistrement sur le fondement de l'abus de droit. La Cour de cassation confirme l'abus de droit au motif que « l'enchaînement de ces opérations sur une courte période se justifiait par un but exclusivement fiscal, consistant à éluder le paiement des droits de mutation à titre onéreux ». Ce but exclusivement fiscal est, selon la Cour, démontré par « la cession de la totalité des titres, en dehors de toute prise de risque inhérente à l'apport en société et en dehors de toute logique économique ».

Cette décision avait été précédée par un arrêt du 31 octobre 2006 intervenu en matière d'**apport-cession d'immeuble** (Cass. com. 31-10-2006 n° 05-14.254 : RJF 2/07 n° 240). Dans cette affaire, un immeuble avait été apporté par une société A à une société B, constituée par elle avec la société C, apport suivi de la cession à C des titres de B remis en contrepartie de l'apport. La Cour de cassation a retenu que l'apport de l'immeuble suivi de la cession des actions dissimulait une vente et constituait un montage à des fins exclusivement fiscales, destiné à éluder les droits de mutation applicables aux ventes d'immeubles, aux motifs que l'opération était intervenue moins de trois mois après la constitution de la société C et que la société C avait le contrôle exclusif de la société B. Pour une analyse critique de ces arrêts, on pourra se reporter à l'étude du doyen Hatoux publiée à la RJF 8-9/07 p. 710.

Pour une application de cette procédure à la société ayant fait l'apport, avec un délai d'un mois ayant séparé l'apport d'actif de la cession des titres reçus en rémunération de celui-ci, voir plus récemment Cass. com. 29-11-2011 n° 10-26.060 : RJF 3/12 n° 322.

C. Cessions de parts sociales taxables aux droits d'enregistrement

41300 Les cessions de parts sociales (parts de SARL, de SNC, etc.) sont, en règle générale, soumises à un **droit de 3 %** calculé sur le prix de vente défini n°s 41500 s. préalablement diminué d'un **abattement.**

Ce régime de taxation de droit commun ne s'applique :

– ni aux cessions de parts de sociétés non passibles de l'impôt sur les sociétés représentatives d'**apports en nature réalisés depuis moins de trois ans,** qui relèvent des règles mentionnées n°s 41380 s. ;

– ni aux cessions de parts de **sociétés non cotées à prépondérance immobilière** dont le régime est exposé n°s 41450 s.

STRATÉGIE D'OPTIMISATION : TRANSFORMATION DE LA SOCIÉTÉ AVANT CESSION DES TITRES

41305 L'application du droit de 3 % peut, faute de plafonnement des sommes dues, rendre l'acquisition de parts sociales plus onéreuse que l'achat d'actions pour lesquelles ce droit est fixé à 0,1 % (n° 41100).

Lorsque les sommes en jeu sont importantes, cela peut conduire à envisager la transformation préalable en société anonyme (ou SAS) de la société dont les titres doivent être cédés.

Une telle transformation peut être réalisée sans risque, un arrêt de la Cour de cassation du 10 décembre 1996 ayant jugé qu'elle ne tombe pas sous le coup de la procédure de l'**abus de droit** prévue à l'article L 64 du LPF. Depuis l'intervention de cette décision, l'administration fiscale ne remet plus en cause la transformation régulière d'une SARL en société anonyme suivie de la cession des actions (BOI-ENR-DMTOM-40-10-10 n° 140). Cette solution, intervenue à propos des SARL, nous paraît transposable à l'ensemble des sociétés dont le capital est divisé en parts sociales.

41307 Toutefois, tant la Cour de cassation que l'administration réservent le cas où la société transformée reprendrait sa forme initiale. Dans une telle hypothèse en effet, l'administration pourrait prouver, dans le cadre de la procédure de l'abus de droit, le **but exclusivement fiscal** de la transformation initiale, du moins quand elle est suivie à bref délai de la cession des titres et de la **nouvelle transformation.**

Par ailleurs, il convient de noter que les actes passés ou réalisés depuis le 1er janvier 2020 sont susceptibles d'être écartés par l'administration comme ne lui étant pas opposables sur le terrain de la fraude à la loi au motif de leur **but principalement fiscal** (LPF art. L 64 A) alors qu'un but exclusivement fiscal est exigé dans la procédure de l'abus de droit par fraude à la loi de l'article L 64 du LPF. L'application pratique du critère de but principalement fiscal apparaît particulièrement délicate.

ILLUSTRATIONS

La transformation régulière d'une société à responsabilité limitée en société anonyme, décidée par les associés à la majorité requise pour la modification des statuts, entraîne des effets multiples et constitue une opération nécessairement distincte de la **cession ultérieure des actions** par les associés pris individuellement.
Dès lors, ces opérations ne peuvent pas être regardées comme un montage entrant dans le champ de l'article L 64 du LPF au motif que la transformation avait pour but d'éviter le paiement des droits de mutation dus pour une cession de parts, s'il n'est pas constaté que la **société** était **revenue à sa forme antérieure.**

Cass. com. 10-12-1996 n° 2084 P : RJF 2/97 n° 186.

Les associés d'une SARL avaient signé un protocole par lequel ils promettaient de céder pour un prix déterminé la totalité de leurs parts sous réserve de plusieurs **conditions suspensives** stipulées dans le même acte, parmi lesquelles la **transformation** de la société **en société anonyme.** Le protocole avait été suivi de deux autres actes puis du vote par l'assemblée générale extraordinaire de la société de sa transformation en société anonyme et de la cession des actions.
Le juge, ayant apprécié l'intention des parties telle qu'elle résultait du contenu de leurs conventions, a retenu que l'exécution de l'accord initial était subordonnée à la transformation préalable de la société à responsabilité limitée en société anonyme, transformation qui, alors non réalisée, présentait le caractère d'un événement futur et incertain. C'est donc hors de toute dénaturation qu'il a décidé que la clause litigieuse s'analysait en une condition suspensive.
Le juge en a déduit à bon droit que cet acte ne pouvait à lui seul servir d'assiette à l'impôt au taux prévu pour les cessions de parts.

Cass. com. 9-2-1999 n° 387 P : RJF 5/99 n° 647.

1. RÉGIME DE DROIT COMMUN

TARIF ET ASSIETTE DES DROITS

Les cessions de parts sociales sont soumises à un **droit de 3 %** dont l'assiette, définie nos 41500 s., fait l'objet d'un **abattement** spécifique (CGI art. 726, I-1° bis). 41320
Lorsque le montant du droit ainsi calculé n'excède pas 25 €, cette somme est due, conformément aux dispositions de l'article 674 du CGI, à titre de **minimum de perception.**
Le droit de 3 % est exigible que la mutation soit **constatée ou non par un acte.**
On rappelle que les cessions de parts sociales émises par des **sociétés étrangères** ne sont assujetties à la formalité de l'enregistrement et au droit de cession de droits sociaux que lorsqu'elles font l'objet d'un acte passé en France.

Abattement sur l'assiette L'assiette du droit de 3 % est réduite d'un abattement égal, pour chaque part sociale, au **rapport** entre la somme de 23 000 € et le nombre total de parts de la société. 41325
Cet abattement s'applique à chaque cession en cas de **cessions successives** des mêmes parts.
En ce qui concerne l'abattement spécial applicable en cas de **cession** des parts d'une société aux **salariés** de celle-ci ou aux **membres de la famille** du cédant, voir nos 41560 s.

L'abattement de 23 000 € est pratiqué sur l'assiette des droits, telle qu'elle est définie nos 41500 s., au prorata du pourcentage de parts sociales cédées selon la **formule** suivante : 41326
Abattement (en euros) = (nombre de parts cédées × 23 000 €) / nombre total de parts sociales.
Ainsi, seule la cession de la totalité des parts sociales de la société ouvre droit à la totalité de l'abattement de 23 000 €.

EXEMPLE

Une SARL, dont le capital social est de 80 000 €, fait l'objet d'une cession portant sur 51 % de son capital. L'abattement applicable est égal à : 51 % × 23 000 € = 11 730 € soit [(51 % × 80 000 × 23 000) / 80 000].
Si 30 % des parts de cette même société sont cédées, l'abattement est égal à 6 900 €.

La valeur servant à la **liquidation des droits** est donc obtenue en utilisant la **formule** suivante (BOI-ENR-DMTOM-40-10-20 n° 90) : 41327
Prix de cession augmenté des charges (ou valeur réelle si elle est supérieure) – (23 000 € × nombre de parts cédées / nombre total de parts de la société).

EXEMPLE

Soit une société dont le capital est divisé en 500 parts. Un associé en cède 200 parts pour un prix de 60 000 €.
Assiette après abattement : 60 000 € – (23 000 € × 200 parts cédées / 500 parts dans la société) = 50 800 €.
Montant des droits : 50 800 € × 3 % = 1 524 €.

41330 L'abattement de 23 000 € s'applique aux cessions de **droits sociaux démembrés.** La valeur de la nue-propriété ou de l'usufruit des parts sociales faisant l'objet de la cession est déterminée forfaitairement selon le barème prévu à l'article 669 du CGI. Il n'y a pas lieu, en revanche, d'appliquer ce barème au montant de l'abattement de 23 000 € ; ce dernier joue à plein.
Toutefois, la cession, dans un même acte et au profit d'un même acquéreur, de l'usufruit de parts sociales par un premier vendeur et de la nue-propriété par une autre personne donne lieu à l'application d'un abattement unique de 23 000 € (BOI-ENR-DMTOM-40-10-20 n° 100).

EXEMPLE

Même exemple que ci-dessus n° 41327 mais l'associé, âgé de 65 ans, cède la nue-propriété en se réservant l'usufruit des 200 parts.
Prix déterminé par application de l'article 669 du CGI soit : 60 000 € × 60 % = 36 000 €.
Assiette des droits après abattement : 36 000 € – (23 000 € × 200 parts cédées / 500 parts dans la société) = 26 800 €.
Montant des droits : 26 800 € × 3 % = 804 €.

CONSÉQUENCES SPÉCIFIQUES À CERTAINES CESSIONS

41340 **Cession de parts faisant l'objet d'un engagement de conservation** Il arrive que des parts sociales remises en rémunération d'apports fassent l'objet d'un engagement de conservation **souscrit pour bénéficier d'une exonération du droit d'apport** normalement dû. La cession des parts pendant la période couverte par l'engagement entraîne la remise en cause de l'enregistrement gratuit des apports et la société se trouve alors tenue de verser le droit d'apport dont elle avait été dispensée. C'est ce qui se produit dans les cas suivants :
– cession, dans les trois ans de l'apport, de parts d'une **société soumise à l'IS** (SARL, par exemple) remises en contrepartie de l'apport de certains biens : voir n° 41255 ;
– cession de parts dans les trois ans de l'**apport d'une entreprise individuelle** avec prise en charge du passif (régime prévu aux articles 809, I bis et 810, III du CGI) : voir n° 41260.

41345 La cession de parts d'une société de personnes dans les trois ans suivant son **option pour l'IS** est également de nature à entraîner la rupture de l'engagement de conservation des titres pris par les associés pour que la société bénéficie de l'enregistrement gratuit et soit dispensée du droit proportionnel de mutation normalement dû, lors de l'option, sur certains apports en nature qui lui avaient été faits : l'enregistrement gratuit est substitué dans ce cas au droit de mutation (CGI art. 809, II et 810, III). Le non-respect de l'engagement entraîne l'obligation pour la société de verser immédiatement le droit spécial de mutation.

41350 **Cession de parts de SARL de famille** La cession de parts d'une SARL de famille ayant opté pour le régime des sociétés de personnes entraîne l'**assujettissement** de la société **à l'IS,** sauf si la cession est faite à un membre de la famille entrant également dans les prévisions de l'article 239 bis AA du CGI : parents en ligne directe (enfants, parents, grands-parents, etc.), frères et sœurs, conjoints et partenaires liés par un Pacs.
Le passage à l'IS de la société rend en principe celle-ci redevable du **droit proportionnel de mutation** sur certains apports en nature qui lui ont été faits (CGI art. 809, II). Toutefois, ce changement de régime fiscal peut être enregistré gratuitement si les associés s'engagent à conserver pendant trois ans les titres détenus à la date du changement (CGI art. 810, III).
En cas de **cession à titre onéreux** des titres dans le délai de trois ans, le **droit de mutation** est immédiatement acquitté par la société. Le droit de mutation est calculé sur la valeur vénale des biens à la date du changement de régime fiscal (CGI ann. II art. 298).

41351 Les **apports concernés** par la taxation s'entendent exclusivement des apports faits par des personnes (physiques ou morales) non soumises à l'impôt sur les sociétés et portant sur des immeubles, droits immobiliers, fonds de commerce, clientèles, droits à un bail ou promesses de bail.
Il convient de faire **abstraction** :
– des biens dont l'apport a été dispensé des droits d'enregistrement parce que passible de la TVA (BOI-ENR-AVS-20-40 n° 120) ;
– des biens précédemment apportés dont la société n'est plus propriétaire à la date du changement de régime fiscal.

Sont seuls taxables les biens qui ont leur assiette matérielle (ou juridique s'il s'agit de biens incorporels) en France (CGI ann. II art. 301).

2. PARTS REPRÉSENTATIVES D'APPORTS EN NATURE DATANT DE MOINS DE TROIS ANS

Lorsque les parts cédées sont celles d'une **société relevant de l'impôt sur le revenu** et correspondent à des apports en nature remontant à moins de trois ans, la cession est réputée porter sur les biens apportés. Compte tenu de cette présomption légale irréfragable – dont la portée est purement fiscale – la cession doit être soumise aux droits de vente correspondant à la nature des biens en cause, au lieu du droit de cession des parts (CGI art. 727). **41380**

ILLUSTRATIONS

La présomption s'applique aux cessions dont l'objet est limité à la **nue-propriété** des titres (pour une application à la cession de la nue-propriété de parts d'une SCI, transposable, à notre avis, à d'autres titres, voir Cass. com. 9-10-1990 n° 1110 D : RJF 12/90 n° 1552).

Le régime de l'article 727 du CGI ne s'applique pas aux cessions d'actions ni aux cessions de parts émises par des personnes morales passibles de l'**impôt sur les sociétés** (SARL notamment), ces dernières cessions entrant dans le cadre du régime de droit commun prévu à l'article 726 du CGI. **41382**

› Précisions La cession des parts d'une **SARL de famille** ayant opté pour le régime des sociétés de personnes entre dans le champ d'application de l'article 727 du CGI lorsqu'elle intervient dans les trois ans d'un apport en nature. Toutefois, s'il s'agit d'un apport qui avait été effectué à une SARL préexistante alors qu'elle relevait du régime des sociétés de capitaux et qui avait supporté le droit de mutation prévu à l'article 810, III du CGI, l'administration admet de limiter la perception au taux de 3 % prévu à l'article 726 du même Code (BOI-ENR-DMTOM-40-20 n° 80).

TITRES CONCERNÉS

La présomption établie par l'article 727 du CGI ne vise que les cessions de parts sociales représentatives d'**apports en nature.** Elle s'applique même si, au moment de la cession des parts, le bien en représentation duquel elles ont été délivrées est déjà sorti du patrimoine de la société, notamment par voie de vente (BOI-ENR-DMTOM-40-20 n° 50). À cet égard, il n'y a pas lieu de distinguer si l'apport a eu lieu à l'occasion de la constitution de la société ou à l'occasion d'une augmentation de capital. **41385**
En pratique, seuls les titres représentatifs d'**apports d'immeubles** (ou de droits immobiliers) et de **fonds de commerce** (ou d'éléments du fonds soumis au même régime de taxation) sont visés par cette présomption fiscale.

› Précisions Les cessions de parts sociales correspondant à des apports en **numéraire** ou à des apports de **créances** ne sont pas concernées par ces dispositions. Ne sont pas concernées non plus les cessions de parts correspondant à un bien dont l'**apport** a été **soumis à la TVA** (terrain à bâtir, par exemple). Dans tous ces cas, la cession des parts donne lieu à l'application du droit de 3 %, sous réserve, le cas échéant, du respect de la règle mentionnée n° 41405.

Remarque Les cessions de parts sociales dans les trois ans de l'apport d'un immeuble, d'un fonds de commerce, d'un droit à un bail ou d'une promesse de bail donnent lieu à l'**affirmation de sincérité** prévue à l'article 850 du CGI (BOI-ENR-DG-20-20-30 n° 50) : « Les parties affirment, sous les peines édictées par l'article 1837 du CGI, que le présent acte (ou la présente déclaration) exprime l'intégralité du prix ou de la soulte convenue. » **41387**

› Précisions L'article 850 du CGI a pour objet :
– d'obliger les contribuables à affirmer d'une manière expresse et précise la sincérité des énonciations servant de base à la liquidation de l'impôt ;
– de punir de peines correctionnelles ceux qui auront formulé frauduleusement les affirmations prescrites, étant observé que l'infraction est consommée du seul fait que le signataire avait connaissance du prix réel (Cass. crim. 10-12-1943 ; Inst. 4663 n° 9 : RE 11-950-1).

COMPUTATION DU DÉLAI DE TROIS ANS

Le délai de trois ans court à compter de la **réalisation définitive de l'opération** ayant donné lieu à l'apport de biens en nature : acte de constitution de la société ou augmentation de son capital. **41390**
La **date** de réalisation définitive des apports ne peut pas être antérieure à celle où sont déterminées la consistance exacte des biens apportés et la contrepartie allouée aux apporteurs : nombre et valeur de leurs parts sociales.

Si l'apport est intervenu lors de la création de la société, c'est la date de l'acte portant **constitution de la société** qui doit être prise en compte, même si cette dernière n'avait pas, à cette époque, de personnalité morale ou avait été constituée sous une condition suspensive, et non pas la date d'immatriculation au registre du commerce.

ILLUSTRATIONS

Lorsqu'une **société** a été **constituée sous la condition suspensive** de l'acquisition ultérieure de certains immeubles et de l'obtention d'un prêt et que la réalisation de la condition a été ultérieurement constatée par un nouvel acte, le délai de trois ans court de la date de l'acte de constitution de la société, renfermant les apports en nature que l'accomplissement de la condition a rétroactivement rendus définitifs.

BOI-ENR-DMTOM-40-20 n° 110.

Dès lors que la **société créée de fait** en 1988 entre les indivisaires d'une officine de pharmacie n'a pas déposé la **déclaration** requise par l'article 638 A du CGI, l'apport des droits indivis n'a été effectué que lors de la constitution de la **société en nom collectif,** le 1er avril 1993. En conséquence, la cession de parts de la société en nom collectif intervenue le 28 juin 1993 l'a été dans les trois ans de l'apport, rendant applicables les dispositions de l'article 727, I-1° du CGI.

Cass. com. 30-1-2001 n° 204 F-D : RJF 6/01 n° 883.

41393 En cas de cession de **parts sociales résultant d'une fusion,** le délai de trois ans doit être décompté à partir de l'apport fait aux sociétés absorbées dont les opérations de fusion ont entraîné la disparition. Le bénéfice de cette mesure est subordonné à la justification, au moyen de preuves compatibles avec la procédure écrite, de la date et de la nature des apports correspondant aux titres cédés qui ont été remis en échange lors de l'opération de fusion (BOI-ENR-DMTOM-40-20 n° 100).

L'administration refuse en revanche de transposer cette mesure aux **opérations de scission** (BOI-ENR-DMTOM-40-20 n° 100, en remarque) ; le délai de trois ans court seulement à compter de l'opération de scission.

CARACTÈRE ET PORTÉE DE LA PRÉSOMPTION

41395 La présomption instituée par l'article 727 du CGI étant **irréfragable,** les parties ne peuvent se soustraire à son application en soutenant, par exemple, que la constitution de la société et la cession des parts constituent des opérations indépendantes et réelles ne résultant pas d'un concours frauduleux.

Les dispositions de l'article 727 du CGI **s'imposent aux parties** :
– que les cessions soient consenties par l'auteur de l'apport ou par le cessionnaire de ce dernier ;
– même si la cession est prévue par les statuts, en cas de décès ou de retrait de l'associé apporteur ;
– dans le cas où, au moment de la cession des parts, les biens en représentation desquels elles ont été délivrées sont déjà sortis du patrimoine de la société, notamment par voie de vente.

La **preuve de la mutation,** dans les trois ans de la constitution de la société, de parts représentatives d'un immeuble peut être apportée par les documents sociaux (BOI-ENR-DMTOM-40-20 n° 50).

CALCUL DES DROITS

41400 Les cessions visées à l'article 727 du CGI sont considérées, du point de vue fiscal, comme ayant pour objet les biens en nature représentés par les titres cédés. Elles sont donc soumises au **régime fiscal des ventes de biens corporels** qu'elles représentent, notamment quant au tarif, aux règles de liquidation des droits, au délai d'enregistrement, à la compétence des bureaux (BOI-ENR-DMTOM-40-20 n° 40).

Les dispositions de l'article 727 du CGI ne modifient pas la **nature des cessions au regard du droit privé** : par suite, les cessions de titres représentatifs d'immeubles ne sont pas soumises à publication au service chargé de la publicité foncière et elles échappent à la taxe de publicité foncière (BOI-ENR-DMTOM-40-20 n° 120).

41401 L'administration dispose, à l'égard des cessions visées à l'article 727 du CGI, des mêmes possibilités de **contrôle** qu'en matière de mutations à titre onéreux ordinaires, pour assurer la répression des **insuffisances** et des **dissimulations de prix.** Elle peut notamment substituer au prix de vente des parts la valeur vénale réelle si elle est supérieure.

À cet égard, elle est fondée à contrôler, par la voie de l'**expertise,** la valeur de ces biens, lorsqu'ils consistent en immeubles, en fonds de commerce ou en droits au bail (T. civ. Seine 5-1-1933 : RE 9966).

41402 Le droit de mutation est perçu sur le prix de la cession (ou la valeur vénale si elle est supérieure) au **tarif** prévu pour la **vente** de chacun des biens dont l'apport a été rémunéré par les titres cédés, en vigueur au jour de la cession. Il en est ainsi tout au moins lorsque chaque élément d'apport est évalué distinctement, avec indication des numéros des parts attribuées en rémunération à chacun d'eux.

Évaluation distincte des éléments d'apports L'article 727, I-2° du CGI prévoit que, pour la perception de l'impôt, chaque élément d'apport est évalué distinctement, avec indication des **numéros des parts** attribuées en rémunération à chacun d'eux. À défaut de ces évaluations et indications, les droits sont perçus au tarif immobilier. 41405

Lorsque les parts représentent des **apports en nature et en numéraire,** les parts représentant des apports en numéraire sont assujetties au tarif de droit commun des cessions de parts, à la double condition que la société ne soit pas dissoute par l'effet de la cession et que les parties aient satisfait aux prescriptions énoncées n° 41405 (évaluation distincte de chaque catégorie de biens apportés et indication des numéros des parts correspondantes). 41406

Absence d'évaluation distincte À défaut d'évaluation distincte de chaque catégorie de biens apportés et d'indication des numéros des titres sociaux, les droits sont perçus, en principe, au **tarif immobilier** (CGI art. 727, I-2°). 41410

Il en a été jugé ainsi, notamment, dans le cas de la cession, par l'auteur d'un apport comprenant des biens de diverse nature, d'une partie des parts qui lui avaient été attribuées, dès lors que l'acte de cession ne faisait que mentionner le numéro des parts cédées sans préciser quelles étaient les **parts attribuées à chaque élément** de l'apport (T. civ. Confolens 19-4-1935 : JE 35020).

Si les apports du cédant ne comprennent **aucun immeuble,** l'administration se borne à appliquer le tarif afférent à celui des biens meubles apportés dont la transmission donne ouverture au droit le plus élevé (BOI-ENR-DMTOM-40-20 n° 140).

D. Cessions de titres de sociétés à prépondérance immobilière taxables aux droits d'enregistrement

Les cessions de participations dans des personnes morales **non cotées** dont l'actif est principalement constitué de biens immobiliers situés en France sont soumises à un droit de 5 %, quels que soient la nature des titres cédés (parts sociales ou actions), la nationalité de la société, le lieu où la cession est réalisée et sa constatation ou non par un acte (CGI art. 726, I-2°). Lorsque la cession est réalisée à l'étranger, un acte doit être établi en France (voir n° 41620). 41450

> **Précisions** **a.** La taxation des cessions de participations dans des **sociétés à prépondérance immobilière étrangères** constatées par un acte passé à l'étranger, qui déroge aux règles normales de territorialité, est, on l'a vu n° 41036, expressément prévue par l'article 718 bis du CGI.
>
> **b.** Pour le cas particulier des ventes de parts sociales de sociétés non soumises à l'IS représentatives d'**apports en nature réalisés depuis moins de trois ans,** voir n°s 41380 s.

SOCIÉTÉS CONCERNÉES

La définition des sociétés à prépondérance immobilière est différente ici de celle qui a cours en matière de plus-values (n°s 51721 et 52112 s.). 41460

Sont à prépondérance immobilière les personnes morales, françaises ou étrangères, dont les droits sociaux ne sont pas négociés sur un marché réglementé d'instruments financiers ou sur un système multilatéral de négociation (au sens des articles L 421-1 et L 424-1 du Code monétaire et financier), dont l'actif brut total est constitué pour plus de la moitié d'**immeubles** ou de droits immobiliers **situés en France**, ou de **participations** dans des personnes morales, quelle que soit leur nationalité, dont les droits sociaux ne sont pas négociés sur un marché réglementé d'instruments financiers ou sur un système multilatéral de négociation et elles-mêmes à prépondérance immobilière.

Ce dispositif s'applique quel que soit le nombre de **personnes morales** à prépondérance immobilière **qui s'interposent** pour qualifier de personne morale à prépondérance immobilière la personne morale dont les titres sont cédés (BOI-ENR-DMTOM-40-10-10 n° 180).

Est visé tout groupement, quelles que soient sa forme, sa dénomination et sa nationalité, qui dispose d'une **personnalité juridique distincte** de celle de ses membres et dans lequel ces derniers disposent d'une participation.

Peuvent ainsi être soumises au régime spécial les cessions d'actions de SA, de SAS ou de commandite par actions, même non constatées par un acte, au même titre que les cessions de parts de SARL ou de SNC.

> **Précisions** Échappent au régime de la prépondérance immobilière les titres de sociétés dont les **droits sociaux** sont **négociés sur un marché réglementé** d'instruments financiers ou sur un système multilatéral de négociation (au sens des articles L 421-1 et L 424-1 du Code monétaire et financier), dont la cession relève du régime défini n°s 41200 s.

APPRÉCIATION DE LA PRÉPONDÉRANCE IMMOBILIÈRE

41465 La prépondérance immobilière s'apprécie au regard de la composition de l'**actif** de la société au jour de la cession ou au cours de l'année précédant la cession des participations.
Les **immeubles affectés** par la société **à sa propre exploitation** sont pris en compte au numérateur pour l'appréciation de la prépondérance immobilière. En revanche, les **immeubles par destination** ne le sont pas (Cass. com. 2-12-2020 n° 18-25.559 FS-PR : RJF 3/21 n° 320).
Les éléments d'actif doivent être estimés à leur **valeur vénale**.

> **Précisions** La composition de l'actif social est appréciée en tenant compte des seuls **actes** ayant **date certaine** à la date de la cession des actions ou parts. Ainsi, une **augmentation de capital** – qui ferait perdre à une société sa prépondérance immobilière en diluant le capital – décidée par une assemblée générale intervenue avant une cession d'actions mais dont le procès-verbal n'a été enregistré qu'après l'enregistrement de cette cession n'a pas à être prise en compte, dès lors qu'à la date de l'enregistrement de l'acte de cession, elle n'avait pas date certaine (Cass. com. 21-3-2018 n° 16-25.035 F-D : RJF 7/18 n° 809).
> On rappelle que les actes authentiques font foi à l'égard des tiers à compter de leur date, sans avoir à être enregistrés (Cass. 3e civ. 14-4-2010 n° 06-17.347 FS-PB : RJDA 7/10 n° 753).

41466 **Composition de l'actif de la société** Il y a lieu de retenir pour apprécier la prépondérance immobilière d'une société :
a. Au numérateur :
– d'une part, la valeur des immeubles et des droits réels immobiliers qu'elle possède en France, et ce quelle que soit l'utilisation qu'elle en fait, c'est-à-dire qu'elle les affecte ou non à sa propre exploitation ;
– d'autre part, la valeur des participations qu'elle détient dans des personnes morales elles-mêmes à prépondérance immobilière ;
b. Au dénominateur : la valeur brute réelle de la totalité des éléments d'actif français ou étrangers. Il convient donc d'y faire figurer notamment, outre les actifs retenus au numérateur, la valeur des immeubles et droits immobiliers situés à l'étranger, et les participations dans des personnes morales qui ne sont pas à prépondérance immobilière.
On remarquera que les **immeubles affectés par la société à sa propre exploitation** sont pris en compte pour l'appréciation de la prépondérance immobilière contrairement à ce qui est prévu en matière de plus-values (voir n° 52115).

41467 **Période prise en compte pour l'appréciation de la prépondérance immobilière** L'appréciation de la prépondérance immobilière s'effectue au **jour de la cession, ou** à tout moment au cours de l'**année précédant** la cession des participations en cause. En conséquence, même si, au jour de la cession, la personne morale concernée n'est pas à prépondérance immobilière, il convient de s'assurer qu'elle ne l'a pas été à un moment quelconque au cours de l'année précédant la cession.
L'administration a toutefois précisé que ne doit pas être considérée comme étant à prépondérance immobilière la personne morale qui a **perdu cette qualité** du fait de la cession, au cours de l'année précédant la cession de ses propres titres, des immeubles, droits immobiliers sis en France ou participations dans des personnes morales à prépondérance immobilière qu'elle détenait à son actif (BOI-ENR-DMTOM-40-10-10 n° 190).

MONTANT DES DROITS

41475 Les cessions de participations dans une société à prépondérance immobilière sont soumises à un **droit proportionnel de 5 %** calculé selon la règle exposée n° 41500.
Lorsqu'il s'agit de la **cession d'une participation constatée par un acte passé à l'étranger,** le montant du droit dû est diminué, le cas échéant, d'un **crédit d'impôt** égal au montant des droits d'enregistrement acquittés dans l'État d'immatriculation de la société considérée, conformément à la législation de cet État et dans le cadre d'une formalité obligatoire d'enregistrement de la cession. Le montant de l'imputation est limité à l'impôt effectivement supporté à titre définitif, dans la limite de l'impôt français afférent à la cession en cause. Aucun excédent de crédit d'impôt afférent à une cession, non totalement utilisé, ne peut être imputé sur l'impôt français afférent à une autre cession. Lorsque le crédit d'impôt ne peut être imputé en totalité, l'excédent ne peut être restitué (BOI-ENR-DMTOM-40 n° 40).

> **Précisions** L'imputation du crédit d'impôt est subordonnée à la présentation d'un **justificatif** délivré par les autorités ayant prélevé les droits en cause, précisant la nature et le montant de ceux-ci. Lorsque ce justificatif n'est fourni au service chargé de l'enregistrement qu'après l'accomplissement de la formalité, les droits perçus en excédent peuvent être restitués, dans les limites du délai de prescription (BOI-ENR-DMTOM-40 n° 40).

SECTION 2

ASSIETTE ET LIQUIDATION DES DROITS D'ENREGISTREMENT

1. PRINCIPES

Le droit de cession d'actions ou de parts sociales est calculé en principe sur le **prix exprimé,** augmenté le cas échéant des charges imposées par le cédant à l'acquéreur. Mais si la **valeur réelle** des titres est supérieure au prix augmenté des charges, c'est cette valeur qui doit être retenue (CGI art. 726, II). L'administration peut donc calculer le droit de cession de droits sociaux sur la valeur vénale réelle des titres lorsqu'elle est supérieure au prix déclaré ou à l'estimation des parties : voir n°s 41570 s. **41500**

La **valeur vénale réelle de titres non cotés** en bourse doit être appréciée, selon la jurisprudence constante de la Cour de cassation, en tenant compte de tous les éléments dont l'ensemble permet d'obtenir une évaluation aussi proche que possible de celle qu'aurait entraînée le jeu de l'offre et de la demande dans un marché réel (Cass. com. 28-1-1992 : Bull. IV n° 44 ; Cass. com. 7-12-1993 : Bull. IV n° 460 ; Cass. com. 21-10-1997 : Bull. IV n° 275 ; Cass. com. 16-12-1997 : Bull. IV n° 345 ; BOI-ENR-DMTOM-40-10-20 n° 50).

La valeur des **titres cotés** est, en principe, celle du cours moyen de la bourse au jour de la cession (cession taxable, on le rappelle, uniquement si elle est constatée par un acte).

Sur les différentes **méthodes d'évaluation** des titres non cotés, voir n°s 35000 s.

L'assiette du droit de 3 % sur les cessions de **parts sociales** (autres que celles de sociétés à prépondérance immobilière) est réduite, on le rappelle, d'un **abattement** égal, pour chaque part, au rapport entre 23 000 € et le nombre total de parts de la société : voir à ce sujet n°s 41325 s. **41501**

En ce qui concerne l'abattement spécial applicable en cas de **cession** des parts d'une société aux **salariés** de celle-ci ou aux **membres de la famille** du cédant, voir n°s 41560 s.

On rappelle également qu'il ne peut être perçu moins de 25 € à titre de **minimum de perception** (CGI art. 674).

Les règles particulières applicables lorsque la vente comporte une **clause de variation de prix** sont exposées dans le cadre de l'étude consacrée à chaque type de clause : **41502**

– clause d'**indexation** : n° 38260 ;
– clause d'« **earn out** » : n° 37772 ;
– clause de **garantie de passif et de réduction du prix** : n° 68001.

2. CHARGES AUGMENTATIVES DU PRIX

Parmi les charges à ajouter au prix figurent celles imposées à l'acquéreur du fait du cédant (par exemple, l'**obligation d'acquitter certaines dettes personnelles** de celui-ci). **41510**

PRISE EN CHARGE DU PASSIF SOCIAL

Le passif social ne doit pas être compris parmi les charges à ajouter au prix : en effet, du moment où la société subsiste, le passif grève le patrimoine de celle-ci et non celui des associés, sauf dans le cas où l'acquéreur se serait engagé à payer le passif au lieu et place de la société, en libérant le **vendeur** de l'obligation personnelle de **garantie du passif** qu'il aurait contractée antérieurement (BOI-ENR-DMTOM-40-10-20 n° 70). **41515**

ILLUSTRATIONS

L'engagement pris par une société acquéreuse de **payer le passif de la société** en règlement judiciaire dont elle avait acheté la majorité des parts ne constitue pas une charge augmentative du prix de cession dès lors que le passif social grève la société elle-même et non le patrimoine des associés cédants qui n'en ont pas personnellement garanti le paiement.

Cass. com. 1-3-1982 : RJF 8-9/82 n° 896 ; BOI-ENR-DMTOM-40-10-20 n° 70.

La clause de la convention portant résiliation du bail de locaux commerciaux propriété d'une société civile A stipulant le versement par cette société, propriétaire des locaux, au preneur évincé, société B, d'une **indemnité de résiliation** n'a pas pour effet de mettre cette indemnité à la charge de la société B, acquéreuse des parts de la société A, en vertu d'un acte postérieur à l'acte de résiliation avec effet rétroactif. En effet, dès lors que la société A subsistait après la cession, le passif social grevait son patrimoine et non celui du cessionnaire.
CA Paris 1-4-2005 n° 03-13397 : RJF 10/05 n° 1129.

41517 La situation est différente lorsque la **cession de tous les droits sociaux** est réalisée **après** la **liquidation de la société** : en effet, dans un tel cas, elle constitue une véritable vente du fonds social, passible du droit de vente d'après la nature des biens, sans qu'il y ait lieu de distinguer entre les apports et les acquêts sociaux (BOI-ENR-AVS-30-10 n° 310). Dans ce cas, l'impôt est dû sur l'intégralité du montant du prix augmenté des charges, y compris éventuellement le passif social à acquitter par l'acquéreur.

> **Précisions a.** Le **prix** et les **charges** sont, s'il y a lieu, répartis proportionnellement entre les divers éléments qui composent la masse sociale.
b. Si les biens cédés comprennent à la fois des **meubles** et des **immeubles,** le droit est perçu sur la totalité du prix au taux prévu pour les immeubles, à moins qu'il ne soit stipulé un prix particulier pour les objets mobiliers et qu'ils ne soient désignés et estimés, article par article, dans le contrat (CGI art. 735).

ENGAGEMENT DE SUPPORTER LES PERTES D'UNE SOCIÉTÉ DE PERSONNES

41525 En l'absence de motif imposant à l'associé cédant de contribuer dès la clôture de l'exercice à la perte figurant au bilan d'une SNC, de sorte que la cession des parts aurait eu pour effet de transmettre cette obligation à l'acquéreur, l'engagement de supporter les **pertes d'une SNC** pris par l'acquéreur des parts de celle-ci ne constitue pas une charge augmentative du prix de cession au seul motif qu'à la date de clôture de l'exercice le bilan de la SNC a fait apparaître une perte fiscale (Cass. com. 13-11-2003 n° 1536 FS-P : RJF 3/04 n° 318).

Les **circonstances de l'affaire** étaient les suivantes : une société avait acquis au prix d'un franc la quasi-totalité des parts d'une SNC appartenant à une autre société ; l'acte de cession prévoyait que « le cessionnaire jouira des bénéfices et supportera les pertes non affectées à ce jour » ; à la date de clôture de l'exercice précédant la cession, le bilan de la SNC faisait apparaître une dette importante.

La **cour d'appel** de Paris s'était fondée sur le principe fiscal selon lequel les bénéfices sont considérés comme appréhendés par les associés des sociétés de personnes à la date de leur réalisation pour juger que la clause insérée dans l'acte de cession avait eu pour effet de transférer au cessionnaire les pertes non affectées au jour de la cession mais appréhendées par le cédant dès la clôture de l'exercice. La **Cour de cassation** a censuré cette analyse qui étendait de manière prétorienne les règles d'un impôt (imposition des bénéfices) à un autre impôt (droits d'enregistrement). Elle réserve toutefois l'hypothèse où l'obligation au paiement immédiat aurait résulté des statuts sans nécessiter de décision des organes sociaux, de sorte que la cession des parts aurait eu pour effet de transmettre cette obligation à la société acquéreuse.

41530 Le TGI de Paris a également jugé à propos d'une SCI (solution à notre avis transposable aux autres sociétés de personnes) que lorsque le prix de cession des parts d'une société est fixé à un montant symbolique et que les cessionnaires reprennent à leur charge les **comptes courants débiteurs** des cédants (comptes rendus débiteurs par l'affectation des déficits), cette reprise ne constitue pas une charge augmentative du prix de cession dès lors que :

– cette reprise ne confère aucune attribution de parts aux acquéreurs et ne crée aucune obligation immédiate particulière de l'associé à l'égard de la société, sa seule charge résidant dans la contrainte d'avoir à couvrir le solde débiteur de ce compte au moment de la liquidation de la société ;

– le remboursement du compte courant déficitaire en raison de l'affectation de déficits antérieurs et de la provision pour dépréciation de l'actif immobilier n'est pas exigible immédiatement (TGI Paris 30-4-2002 n° 01-8790 : RJF 4/03 n° 511).

S'agissant de la **provision pour dépréciation de l'actif immobilier,** le jugement ajoute que l'existence d'un patrimoine immobilier, réalisable dans une conjoncture favorable, ne pouvait affecter que les résultats des exercices futurs. Cette perspective était donc sans influence sur l'existence d'une dette immédiate exigible.

41535 Ces solutions sont en accord avec la **règle juridique** selon laquelle l'action de la société contre ses associés, en vue de combler les pertes, est irrecevable en cours de vie sociale et ne peut intervenir que lors de la dissolution de la société. Ce n'est que si les statuts le prévoient que les pertes doivent être apurées par les associés dès leur constatation.

ATTRIBUTION AU CÉDANT D'UNE FRACTION DES BÉNÉFICES DE L'EXERCICE DE CESSION

La **Cour de cassation** estime que l'attribution au cédant d'une fraction des bénéfices de l'exercice de cession, avant la clôture de l'exercice et avant la décision des associés statuant sur les comptes, ne constitue pas une distribution de dividendes mais un **élément du prix** de cession des parts qui doit, par suite, être soumis au droit de mutation (Cass. com. 28-11-2006 n° 04-17.486 : RJF 3/07 n° 357). **41540**
Selon la Cour, si les sommes qui font partie du bénéfice distribuable et sont, après décision de l'assemblée générale, réparties entre les associés, participent de la nature des fruits, ces dividendes n'ont pas d'existence juridique avant l'approbation des comptes de l'exercice par l'assemblée générale, la constatation par celle-ci de l'existence de sommes distribuables et la détermination de la part qui est attribuée à chaque associé. Elle a jugé en conséquence que l'engagement souscrit par l'acquéreur de parts d'une société en nom collectif de rembourser au cédant le solde de son compte courant après qu'il eut été crédité de sa quote-part des bénéfices de l'exercice en cours emportait pour lui obligation de supporter le paiement de cette quote-part, dès lors qu'avant la clôture de l'exercice, l'approbation des comptes et la décision d'affectation des résultats ces bénéfices n'étaient pas acquis. Cette convention, qui reposait sur une évaluation et une affectation anticipées des résultats, et, par là même, sur une estimation de la capacité de la société à dégager des bénéfices, participait directement de l'appréciation de la valeur de la société et constituait une contrepartie négociée, à la charge de l'acquéreur, de la cession des parts dans laquelle elle trouvait sa cause, ce qui en faisait un élément du prix de cession des parts pour le calcul des droits d'enregistrement.

Cette jurisprudence remet en cause la **doctrine administrative** selon laquelle lorsque le cessionnaire reçoit les bénéfices attachés aux parts, le droit de cession ne frappe que le prix de cession des parts proprement dites, après ventilation (BOI-ENR-DMTOM-40-10-20 n° 60). **41541**
Mais les contribuables devraient à notre avis pouvoir continuer à revendiquer le **bénéfice de cette doctrine** tant qu'elle n'aura pas été expressément rapportée, étant précisé que l'administration se réserve le droit de contrôler la **ventilation du prix** faite par les contractants et de procéder à un rappel de droits si la valeur vénale des droits sociaux est supérieure à la partie du prix soumise au droit de mutation.

CESSION DU COMPTE COURANT DE L'ASSOCIÉ CÉDANT

Lorsque l'associé cédant détient un compte courant **créditeur** dans la société, il peut, au lieu de demander le remboursement de sa créance à la société, le céder à l'acquéreur des parts. **41550**
Dans ce cas, seule la fraction du prix qui correspond à la valeur des parts proprement dites est soumise au droit d'enregistrement, à l'exclusion de la valeur de cession du compte courant. Selon la Cour de cassation en effet, le remboursement au cédant des sommes figurant sur son compte courant s'analyse comme un transfert de créances (Cass. com. 22-3-1988 n° 86-15.264 : RJF 5/88 n° 679).

CONSEIL

Les associés peuvent réaliser des **apports** sous forme d'avances en compte courant qui ne seront pas capitalisées (hypothèse visée par l'arrêt de la Cour de cassation précité).
De la même façon, les **bénéfices** de la société peuvent être répartis entre les associés et affectés à leur compte courant au lieu d'être conservés en réserves non réparties : lors de la cession des titres, l'existence de réserves non réparties aurait pour conséquence d'augmenter le prix de vente (et par suite le droit de mutation) alors que le rachat du droit de créance sera exonéré du droit de mutation.

Le droit de mutation ne pourrait être perçu sur le prix de cession du compte courant que si ladite cession pouvait être considérée comme constitutive d'un **abus de droit.** **41551**

ILLUSTRATIONS

La Cour de cassation a jugé que la cession était constitutive d'un abus de droit dans une affaire où l'associé unique d'une entreprise unipersonnelle à responsabilité limitée (EURL) avait décidé, peu avant la cession de ses parts et en accord avec le cessionnaire, de réduire le capital tout en augmentant le montant de son compte courant d'associé. La Cour a considéré que le juge avait justifié, sur le fondement de l'abus de droit, l'inopposabilité du montage à l'administration en raison des circonstances suivantes :
– l'acquéreur avait expressément reconnu que la somme versée au titre du paiement du compte courant était représentative du prix à payer en contrepartie de la cession des parts et que la modification des structures du bilan n'avait eu pour finalité que de modifier le prix de cession ;

– la modification du mode de financement ne constituait pas la finalité réelle de l'opération, mais les deux actes contestés, à savoir la décision d'augmentation puis de réduction du capital prise par le cédant, associé unique, constituaient un véritable montage juridique en vue de diminuer artificiellement le prix de la cession, donnant ouverture à des droits d'enregistrement cent fois moins élevés que ceux qui auraient dû être normalement versés (Cass. com. 12-2-2008 n° 06-22.176 (n° 230 F-D) : RJF 5/08 n° 618).

3. CESSIONS CONSENTIES AUX SALARIÉS OU AUX PROCHES

41560 Les cessions de droits sociaux consenties aux salariés de l'entreprise ou aux proches du cédant bénéficient, sous certaines conditions, d'une exonération partielle de droit de mutation. Cette exonération prend la forme d'un **abattement** d'assiette de 300 000 € pratiqué sur la fraction de la valeur des titres représentative du fonds ou de la clientèle (CGI art. 732 ter).

CESSIONS CONCERNÉES

41561 L'abattement concerne les cessions **en pleine propriété** de parts ou actions de société dont une fraction de la valeur est représentative d'un fonds de commerce, d'un fonds artisanal ou d'une clientèle.

La **société** dont les titres sont cédés doit exercer une **activité** industrielle, commerciale, artisanale, agricole ou libérale, à l'exception de la gestion de son propre patrimoine immobilier ou mobilier. L'administration a précisé que les sociétés **holdings** animatrices de leur groupe entrent dans le champ d'application du dispositif (BOI-ENR-DMTOM-10-20-20 n° 110). Le **régime fiscal** de la société (impôt sur les sociétés ou impôt sur le revenu) est indifférent.

La loi ne fixe **aucune limite de valeur** pour le fonds exploité sous le couvert de la société dont les titres sont cédés.

Lorsque les **droits** sociaux cédés ont été **acquis à titre onéreux,** le bénéfice de l'abattement n'est accordé que si le cédant les détient depuis plus de deux ans au jour de la cession. Selon l'administration, cette condition doit être respectée lorsque les titres ont été **reçus en rémunération d'un apport** visé à l'article 809, I-3° du CGI, autrement dit d'un apport pur et simple fait à une société soumise à l'IS par une personne non soumise à cet impôt et ayant pour objet un immeuble, des droits immobiliers, un fonds de commerce, une clientèle ou un droit à un bail ou à une promesse de bail (apports relevant du droit spécial de mutation) (BOI-ENR-DMTOM-10-20-20 n° 240). Aucun délai de détention n'est exigé en revanche lorsque les droits rémunèrent un autre apport à titre pur et simple ou lorsqu'ils ont été acquis **à titre gratuit,** par donation ou succession.

QUALITÉ ET OBLIGATIONS DE L'ACQUÉREUR

41562 La vente doit être consentie :

– soit au titulaire d'un **contrat de travail à durée indéterminée** (CDI) depuis au moins deux ans et qui exerce ses fonctions à temps plein, ou d'un contrat **d'apprentissage** en cours au jour de la cession, conclu avec la société dont les parts ou actions sont cédées ;

– soit à un **proche du cédant** : conjoint, partenaire de Pacs, ascendants ou descendants en ligne directe, frères et sœurs.

L'administration accepte également d'appliquer l'abattement lorsque la vente est consentie :

– à un salarié employé depuis au moins deux ans dans l'entreprise et titulaire d'un CDI à la date de la cession, même si son premier contrat de travail n'était pas un CDI ;

– à une **société unipersonnelle** (EURL, Sasu, par exemple) constituée par l'une des personnes visées ci-dessus (BOI-ENR-DMTOM-10-20-20 n°s 160 et 170).

La loi ne prévoyant rien s'agissant de la qualité du **cédant,** il peut s'agir d'une personne physique ou, en cas de cession à un salarié, d'une société quelle que soit sa forme.

41563 Les acquéreurs sont tenus de poursuivre, **pendant cinq ans** à compter de la date de la vente, à titre d'activité professionnelle unique et de manière continue et effective, l'**exploitation de l'activité** de la société dont les parts ou actions sont cédées (sans qu'il s'agisse nécessairement, selon l'administration, de la même activité : BOI-ENR-DMTOM-10-20-20 n° 190).

Un **engagement** en ce sens doit être pris dans l'acte d'acquisition ou, à défaut d'acte, à l'appui de la déclaration déposée auprès du service chargé de l'enregistrement. En cas d'**omission,** cet engagement peut être souscrit dans un acte complémentaire déposé au service chargé de l'enregistrement avant le 31 décembre de la deuxième année qui suit la date de l'acte initial. Ce nouvel acte est alors enregistré au droit fixe de 125 € (BOI-ENR-DMTOM-10-20-20 n° 200).

L'un des acquéreurs doit assurer la **direction** effective de l'entreprise pendant les cinq années qui suivent la date de la vente. En cas d'acquisition simultanée ou successive par plusieurs acquéreurs, l'administration admet que la direction ne soit pas effectivement exercée par le même acquéreur pendant cette période, pour autant que la vacance qui résulterait d'un tel changement de direction n'excède pas trois mois (BOI-ENR-DMTOM-10-20-20 n° 230).

MODALITÉS D'APPLICATION DE L'ABATTEMENT

Pour la liquidation des droits d'enregistrement, il est appliqué un abattement de **300 000 €** sur la fraction de la **valeur** des titres **représentative du fonds** ou de la clientèle (à l'exclusion des autres actifs de la société, soumis aux droits de mutation dans les conditions de droit commun). 41564

En cas de **cession indivise** à plusieurs acquéreurs, chacun d'eux bénéficie de l'abattement (BOI-ENR-DMTOM-10-20-20 n° 270).

L'abattement ne peut s'appliquer qu'**une seule fois** entre un même cédant et un même acquéreur. L'administration en déduit que si la valeur du fonds comprise dans la valeur des titres est inférieure à 300 000 €, le **reliquat** d'abattement ne peut pas être utilisé ultérieurement à l'occasion d'une autre cession entre les mêmes personnes (BOI-ENR-DMTOM-10-20-20 n° 270). Cette position rigoureuse pénalise notamment les cessions échelonnées de droits sociaux à une même personne.

EXEMPLE

Soit une société X dont l'actif brut total est évalué à 650 000 €, comprenant notamment un fonds de commerce de 250 000 €, et dont le capital est divisé en 1 000 titres (1 titre vaut donc 650 €). 600 titres sont cédés à un acquéreur pour un prix de 390 000 € (600 × 650 €) qui se répartit comme suit :

– 150 000 € correspondant à la fraction de la valeur des titres représentative du fonds (390 000 € × 250 000 € / 650 000 €) ;

– 240 000 € correspondant à la fraction de la valeur des titres représentative des autres éléments d'actif (390 000 € – 150 000 €).

L'abattement s'applique sur la fraction de la valeur des titres représentative du fonds, soit 150 000 €. Le reliquat (150 000 €) n'est imputable ni sur les autres éléments d'actif cédés de façon concomitante, soit au cas particulier 240 000 €, ni sur la valeur taxable d'une éventuelle cession ultérieure entre les mêmes parties.

La valeur totale taxable de la cession s'élève à 240 000 €.

Montant des droits dus en fonction de la nature des titres cédés

Nature des titres	Liquidation des droits
Actions, parts de fondateurs ou parts bénéficiaires de sociétés par actions	Droit de 0,1 % → 240 €
Parts sociales de sociétés dont le capital n'est pas divisé en actions	Droit de 3 % sur base taxable réduite d'un abattement de 23 000 € proratisé selon le nombre de parts cédées → [240 000 € – (23 000 € × 600 / 1 000)] × 3 % = 6 786 €
Participations dans des sociétés à prépondérance immobilière	Droit de 5 % → 12 000 €

L'abattement peut être **remis en cause** lorsque les conditions requises pour en bénéficier ne sont pas remplies, notamment en cas de non-respect de l'obligation de poursuivre l'exploitation pendant cinq ans. 41565

Une **exception** est toutefois prévue lorsque l'entreprise fait l'objet d'une procédure de liquidation judiciaire dans les cinq ans qui suivent la date de la cession.

Il n'y a pas non plus déchéance du régime de faveur lorsque la cessation d'exploitation procède d'un cas de force majeure (accident, maladie ou invalidité totale et permanente de l'acquéreur le rendant totalement inapte au travail ; décès de l'acquéreur) (BOI-ENR-DMTOM-10-20-20 n°s 300 et 310).

4. CONTRÔLE DE LA VALEUR DÉCLARÉE

INSUFFISANCE DE PRIX OU D'ÉVALUATION

L'administration a la possibilité d'établir l'insuffisance des prix exprimés (insuffisance de prix) ou des évaluations fournies par les parties (insuffisance d'évaluation), sur lesquels les droits d'enregistrement ont été calculés lors de l'enregistrement, pour taxer, en définitive, la **valeur vénale réelle** des biens (LPF art. L 17). 41570

Lorsque la **preuve** de l'insuffisance de prix ou d'évaluation de titres non cotés est apportée par l'administration, celle-ci peut calculer l'impôt sur la valeur vénale réelle des droits sociaux. Dans ce cas, la **rectification** correspondante est opérée suivant la procédure normale avec intervention, s'il y a lieu, de la commission départementale de conciliation.

Les droits correspondant à l'insuffisance sont majorés d'un **intérêt de retard,** assorti d'une **majoration** de 40 % en cas de manquement délibéré ou de 80 % en cas de manœuvres frauduleuses (CGI art. 1729).

> **Précisions a.** L'évaluation des titres de **sociétés non cotées** fait intervenir généralement plusieurs éléments, pour obtenir une évaluation aussi proche que possible de celle qu'aurait entraînée le jeu de l'offre et de la demande dans un marché réel ; sur les différentes méthodes d'évaluation, voir n°s 35000 s.
> **b.** L'évaluation à laquelle l'administration procède sur le fondement de ces méthodes s'effectue sous le **contrôle** du juge de l'impôt.

DISSIMULATION DE PRIX

41575 La dissimulation de prix est une fraude qui consiste soit à **minorer volontairement**, dans les contrats présentés à la formalité, les prix (prix principal ou charges) ou les soultes exprimées par rapport aux sommes réellement convenues, soit à **passer sous silence,** dans les énonciations de l'acte, une stipulation qui constitue par sa nature un des éléments du prix (BOI-CF-INF-10-20-20 n° 90).

Cette intention de fraude distingue la dissimulation de l'**insuffisance de prix.** Il y a seulement insuffisance quand le prix énoncé dans l'acte est inférieur à la valeur vénale réelle des biens transmis tout en étant celui qui résulte des conventions des parties.

ILLUSTRATIONS

Constitue une dissimulation de prix la **prise en charge par l'acquéreur** (BOI-CF-INF-10-20-20 n° 100) :
– d'une **commission d'intermédiaire** payée en l'acquit du vendeur par les acquéreurs, ladite commission n'ayant pas été mentionnée dans l'acte de vente (T. civ. Bazas 17-5-1921 : RE 7314) ;
– d'une **indemnité de résiliation d'un bail**, l'indemnité, considérée comme une charge de la vente, ne figurant pas dans l'acte de vente (CA Rennes 14-2-1951 : Ind. 7479 ; Tribunal de Cherbourg 18-11-1885 : JE 22561).

La dissimulation de prix ou partie du prix a également été reconnue dans le cas d'une cession de parts de société civile immobilière pour un **prix** porté dans les actes notariés **inférieur à celui inscrit au compte courant du cessionnaire** dans la comptabilité de la société (TGI Toulouse 24-4-1968 : Ind. 11540).

41576 L'administration doit établir l'existence de la dissimulation par tous les modes de **preuve** compatibles avec la procédure écrite (LPF art. R 195-1). Mais elle n'a pas à prouver l'existence d'une insuffisance.

ILLUSTRATIONS

Il a ainsi été jugé (BOI-CF-INF-10-20-20 n° 90) :
– que les règles relatives à l'établissement d'une **insuffisance** du prix déclaré ne sont pas applicables pour prouver la dissimulation d'une partie du prix payé (Cass. com. 1-6-1993) ;
– qu'en matière de dissimulation de prix, les moyens invoqués par le redevable, tirés de l'absence de recours à la méthode d'**évaluation par comparaison** et du refus de faire droit à sa demande d'**expertise** fondée sur l'article R 202-3 du LPF, sont inopérants dès lors que ces règles ne trouvent à s'appliquer qu'en cas de redressement pour insuffisance de prix (Cass. com. 6-4-1993).

41577 Lorsque la dissimulation de prix est établie, la **rectification** est opérée suivant la procédure contradictoire, sans intervention possible de la commission départementale de conciliation (Cass. com. 19-12-1989 n° 1595 P : RJF 3/90 n° 353). Elle donne lieu à des **sanctions spécifiques.** En plus de la perception des droits simples sur la partie dissimulée du prix, sont encourues trois sortes de sanctions : une sanction civile (nullité de la contre-lettre : C. civ. art. 1202, al. 2) ; une sanction fiscale (intérêt de retard de 0,20 % et majoration de 80 % : CGI art. 1727 et 1729, dont toutes les parties à l'acte sont tenues solidairement avec le redevable des droits en application de l'article 1754, V-1 du CGI) et une sanction pénale (peines correctionnelles pour les auteurs de la dissimulation et leurs complices : CGI art. 1837).

L'**intérêt de retard** est dû, indépendamment de la majoration, sur le montant des droits mis à la charge des parties au contrat. Il est décompté du premier jour du mois qui suit celui au cours duquel les droits auraient dû être acquittés jusqu'au dernier jour du mois de la proposition de rectification.

SECTION 3

FORMALITÉS ET PAIEMENT DES DROITS D'ENREGISTREMENT

1. FORMALITÉ DE L'ENREGISTREMENT

Elle consiste dans l'enregistrement de l'acte de cession des droits sociaux ou, en l'absence d'acte, dans une déclaration spéciale. **41600**
S'agissant de la **notion d'acte,** on pourra se reporter aux solutions figurant nos 41205 s.

ENREGISTREMENT DES ACTES

Délai d'enregistrement Les cessions d'actions ou de parts sociales (y compris de sociétés à prépondérance immobilière) constatées par un acte sont obligatoirement soumises à la formalité de l'enregistrement dans le délai d'**un mois** à compter de la date de l'acte (CGI art. 635, 2-7° et 7° bis). **41610**

> **Précisions** **a.** Le **droit des sociétés** impose la constatation des cessions de parts par un acte écrit (nos 70040 s.). Les cessions d'actions sont, quant à elles, réalisées par virement de compte à compte (nos 71030 s.).
b. Si l'**acte** est **imparfait,** la cession est taxable en tant que cession verbale et doit faire l'objet de la déclaration mentionnée n° 41640.

Service compétent L'acte est enregistré au service de l'enregistrement du service des impôts des entreprises du domicile de l'une des parties si l'acte de cession est sous signature privée ou de la résidence du notaire si la cession est réalisée par acte notarié (CGI art. 652 et 650, 1). **41615**

> **Précisions** **a.** Si l'acte **de cession sous signature privée prend la forme électronique,** l'enregistrement dématérialisé est assuré, pour l'ensemble du territoire, par la direction départementale des finances publiques de la Loire à Roanne (Arrêté CCPE2102396A du 28-1-2021).
b. En cas de cession de droits d'une **société à prépondérance immobilière** donnant lieu à taxation selon le régime des plus-values immobilières des particuliers (nos 51700 s.), l'accomplissement de la formalité de l'enregistrement est subordonné à la **mention, dans l'acte** de cession, notamment de l'adresse du service des impôts dont dépend le cédant pour la déclaration de ses revenus et du prix d'acquisition des parts ou des actions cédées (CGI ann. II art. 74 SJ).

Cas des parts de sociétés à prépondérance immobilière cédées à l'étranger Les cessions de participations dans des sociétés à prépondérance immobilière réalisées à l'étranger doivent être **constatées par un acte** reçu en la forme authentique par un **notaire exerçant en France,** dans le délai d'un mois (CGI art. 726, I-2°-al. 4), quelle que soit la nationalité des parties. **41620**
L'acte notarié constatant la cession réalisée à l'étranger de parts de sociétés à prépondérance immobilière est enregistré dans le délai d'un mois au service des impôts de la résidence du notaire (CGI art. 635, 2-7° bis et 650, 1). Les droits d'enregistrement sont acquittés à cette occasion.

DÉCLARATION SPÉCIALE EN L'ABSENCE D'ACTE

À défaut d'acte les constatant, les cessions de parts sociales, les cessions d'actions de sociétés non cotées en bourse (sociétés dont les titres ne sont pas négociés sur un marché réglementé d'instruments financiers ou sur un système multilatéral de négociation) et les cessions de participations dans des personnes morales non cotées à prépondérance immobilière (sauf cession à l'étranger : n° 41620) doivent faire l'objet d'une **déclaration spéciale** souscrite dans le mois de leur date (CGI art. 639). **41640**
Pour ces cessions, le **fait générateur** de l'impôt est constitué par la mutation des droits sociaux eux-mêmes et non pas seulement par la rédaction de l'acte qui constate la mutation (BOI-ENR-DMTOM-40-10-10 nos 120 et 130).

> **Précisions** **a.** S'agissant des cessions de **parts sociales,** ces dispositions sont applicables même lorsque les cessions ont été réalisées par voie de simple transfert sur les registres sociaux, en violation des dispositions du Code de commerce (nos 70040 s.).
b. Lorsqu'un acte présenté à la formalité ne vaut **pas titre complet,** la déclaration spéciale doit être souscrite.

41645 **Modalités de la déclaration** Un **imprimé spécial** de déclaration n° 2759-SD est mis à la disposition des redevables. Il est disponible sur le site internet de l'administration fiscale. La déclaration peut également être établie sur **papier libre.**

41646 **Service compétent** La déclaration doit être déposée au service de l'enregistrement du service des impôts des entreprises dont dépend le **domicile de l'une des parties** contractantes (CGI art. 653).

Lorsque les deux parties **résident à l'étranger**, cette déclaration est souscrite au service de l'enregistrement de la Direction des impôts des non-résidents (DINR) (voir toutefois n° 41620). La déclaration peut, dans certains cas, être effectuée **en ligne** (sur l'espace personnel sécurisé du cédant ou du cessionnaire sur le site impots.gouv.fr).

> **Précisions** **a.** L'administration a précisé que l'**auteur de la déclaration** peut effectuer celle-ci et acquitter les droits correspondants au service des impôts dont dépend le **domicile de l'autre partie** contractante (BOI-ENR-DG-40-10-30 n° 210).
> **b.** Lorsque des cessions d'actions sont réalisées au profit des **administrateurs** ou des **membres du conseil de surveillance** de la société (personnes visées aux articles L 225-25 et L 225-72 du Code de commerce), l'administration admet que les déclarations puissent également être déposées au service des impôts des entreprises dont dépend le siège social de la société dont les titres sont cédés. Pour l'application de cette mesure, destinée à faciliter la déclaration de cessions souvent nombreuses, l'acquéreur doit mentionner dans la déclaration sa qualité d'administrateur ou de membre du conseil de surveillance (BOI-ENR-DMTOM-40-10-20 n° 220).
> **c.** À compter d'une date fixée par arrêté et au plus tard le 1er juillet 2025, les **déclarations de cessions** de droits sociaux prévues par l'article 639 du CGI devront être souscrites et les droits payés **par voie électronique.** Les conditions et modalités de mise en œuvre de cette obligation doivent être définies par un arrêté (Décret 2020-772 du 24-6-2020).

DÉLAI D'EXÉCUTION DE LA FORMALITÉ DE L'ENREGISTREMENT

41660 Lorsque le droit de mutation est exigible, la formalité et le paiement des droits doivent être effectués dans le délai d'**un mois** à compter de la date de l'acte ou à compter de la cession en l'absence d'acte.

Conformément à l'article 648 du CGI, le jour de la **date de l'acte ou de la mutation** n'est pas compté dans le délai tandis que le jour de l'expiration du délai pour présenter l'acte ou la déclaration fait partie de celui-ci.

Lorsque l'acte est établi sous **condition suspensive,** le délai d'un mois court à compter de la date de la réalisation de la condition (voir n° 55305).

> **Précisions** **a.** Le délai est d'un mois et se calcule **de quantième en quantième,** sans égard à la durée exacte des mois. Si le délai part du dernier jour du mois, il arrive à échéance le dernier jour du mois qui sert de terme au délai. Ainsi, un délai d'un mois qui commence le 30 juin expire le 31 juillet suivant (et non le 30).
> **b.** Lorsque le jour de l'expiration du délai coïncide avec un **jour de fermeture** totale ou partielle du bureau, le délai est prorogé jusqu'au premier jour ouvrable qui suit (CGI art. 648, al. 2).

2. PAIEMENT DES DROITS D'ENREGISTREMENT

41700 L'imposition est versée lors de l'accomplissement de la **formalité.**

Elle est à la **charge** de l'acquéreur. Les parties peuvent toutefois déroger à cette règle qui n'est pas d'ordre public, mais elles sont **solidaires** envers le Trésor pour le paiement des droits (CGI art. 1705, 5°).

41705 Lorsque l'application d'une **clause de révision** impose au cédant de reverser une partie du prix convenu à l'acquéreur, celui-ci peut demander la révision de la perception et la restitution des droits devenus excédentaires : voir n° 68001.

De même, dans certains cas d'**annulation de la vente,** la restitution des droits peut être demandée : voir nos 30830 s.

3. SANCTIONS

41750 Le défaut d'enregistrement de l'acte ou de déclaration de la cession dans le délai légal peut entraîner une **taxation d'office,** sous réserve de régularisation dans les trente jours d'une mise en demeure, notifiée par pli recommandé invitant l'acquéreur à la produire dans ce délai (LPF art. L 66, 4° et L 67).

Les **droits** résultant de la déclaration ou de l'acte enregistré tardivement sont **majorés** de l'intérêt de retard, assorti d'une majoration de 10 %. Cette majoration est portée à 40 % si le document n'a pas été déposé dans les trente jours suivant la réception d'une mise en demeure (CGI art. 1728).

> **Précisions a.** La constatation, par l'administration, d'un défaut de déclaration peut être faite au cours d'un **contrôle fiscal** de la comptabilité de la **société** dont les titres sont cédés : l'administration tient en effet de l'article L 85 du LPF un droit de communication sur tous les documents relatifs à l'activité de la société qui devrait lui permettre d'avoir accès aux registres de transfert d'actions et d'obligations, ainsi qu'aux feuilles de présence aux assemblées générales et au rapport de gestion. Les agents de l'administration peuvent également exiger dans les sociétés par actions la communication des procès-verbaux des conseils d'administration et des conseils de surveillance, ainsi que des rapports des commissaires aux comptes.
> **b.** L'administration peut avoir connaissance des cessions au cours d'une **vérification** de la situation fiscale **de l'un des associés** concernés ou lorsqu'elle exerce son **droit de communication** à l'encontre des banques et intermédiaires financiers ou auprès des tribunaux (par exemple, si l'une des parties demande en justice l'exécution du contrat).

ANNEXE

TABLEAU RÉCAPITULATIF

41800 Le tableau suivant récapitule, pour chaque catégorie de droits sociaux, les règles de taxation et de territorialité.

Nature des opérations	Droit d'enregistrement	Articles du CGI
1. Cessions d'actions		
a. Titres négociés sur un marché réglementé d'instruments financiers ou sur un système multilatéral de négociation :		
• Cessions non constatées par un acte (quelle que soit la nationalité de la société)	Pas de taxation	
• Acte passé en France :		
– société française	0,1 %	726
– société étrangère	0,1 %	718
• Acte passé à l'étranger :		
– société française	0,1 % (avec imputation, le cas échéant, d'un crédit d'impôt égal à l'impôt étranger)	726
– société étrangère	Pas de taxation	
b. Titres non cotés :		
Sociétés à prépondérance immobilière : voir ci-après (3.)		
• Cessions non constatées par un acte :		
– société française	0,1 %	726
– société étrangère	Pas de taxation	
• Acte passé en France :		
– société française	0,1 %	726
– société étrangère	0,1 %	718
• Acte passé à l'étranger :		
– société française	0,1 % (avec imputation, le cas échéant, d'un crédit d'impôt égal à l'impôt étranger)	726
– société étrangère	Pas de taxation	

41800 (suite)

Nature des opérations	Droit d'enregistrement	Articles du CGI
2. Cessions de parts sociales		
Sociétés à prépondérance immobilière : voir ci-après (3.)		
• Cessions non constatées par un acte (quelle que soit la nationalité de la société)	3 % (après application d'un abattement sur l'assiette)	726
• Acte passé en France :		
– société française	3 % (après application d'un abattement sur l'assiette)	726
– société étrangère	3 % (après application d'un abattement sur l'assiette)	718
• Acte passé à l'étranger :		
– société française	3 % (après application d'un abattement sur l'assiette)	726
– société étrangère	Pas de taxation	
3. Cessions de titres de sociétés à prépondérance immobilière non cotées		
• Cessions non constatées par un acte (quelle que soit la nationalité de la société) (1)	5 %	726
• Acte passé en France (quelle que soit la nationalité de la société)	5 %	726
• Acte passé à l'étranger (quelle que soit la nationalité de la société) (1)	5 % (avec imputation, le cas échéant, d'un crédit d'impôt égal à l'impôt étranger)	718 bis

(1) Constatation obligatoire par **acte** authentique passé devant un notaire exerçant **en France** (voir nº 41620).

CHAPITRE 4

PAIEMENT DU PRIX DE CESSION

SOMMAIRE

GÉNÉRALITÉS

45000 Conformément au droit commun de la vente (C. civ. art. 1650), la principale obligation de l'acquéreur est de payer le prix au jour et au lieu fixés par l'acte de cession. À défaut, l'acquéreur encourt des sanctions (n° 45110).

Quelles que soient les modalités de paiement convenues, les **parties** ont intérêt à préciser clairement leur **volonté** dans l'acte de cession pour éviter toute contestation ultérieure.

ILLUSTRATIONS

Une cession d'actions a été déclarée nulle pour défaut de cause (désormais pour défaut de contrepartie ; cf. C. civ. art. 1169) dès lors que le cédant cédait ses actions en pensant en recevoir le **prix,** alors que l'acquéreur, qui n'avait accepté le prix de cession qu'après la formation du contrat, ne s'était pas engagé à le payer personnellement mais entendait le **compenser avec une dette du cédant** à l'égard de la société dont les titres étaient cédés : les parties n'étaient pas convenues au moment de la transaction de l'objet de la contrepartie à la cession des actions, de sorte que l'obligation du cédant était inexistante.

Cass. com. 11-1-2005 n° 01-11.077 F-D : RJDA 5/05 n° 494.

Une cession de parts de SARL avait donné lieu à plusieurs réductions de prix. Or il résultait de la dernière convention intervenue entre les parties qu'il avait été décidé de ne pas imputer sur le prix de vente définitif le montant des **acomptes** réglés au titre du premier contrat de cession ; en effet, les parties avaient déclaré annuler purement et simplement toutes les conventions antérieures sans faire aucune référence aux sommes précédemment versées par le cessionnaire. C'était donc à tort qu'avaient été imputés sur le prix fixé les acomptes précédemment versés par l'acquéreur.

Cass. com. 15-10-1996 n° 94-12.407 F-D : RJDA 1/97 n° 4.

Après avoir envisagé d'acquérir un local où était exploité un fonds de commerce et avoir remis un chèque à une agence immobilière comme **à valoir sur l'achat** du local, l'acquéreur avait ensuite opté pour l'acquisition de la totalité des actions de la société exploitant le fonds. La demande du cédant en paiement du montant du chèque a été rejetée notamment pour les raisons suivantes : le projet d'acquisition du local n'avait pas eu de suite puisqu'il avait finalement porté sur les actions constituant le capital de la société ; ces deux opérations ne portant pas sur le même bien, le cédant ne pouvait pas soutenir que la somme ainsi consignée avait porté sur une partie de celles dues au titre de la seconde opération.

CA Paris 22-5-2008 n° 07-9107 : RJDA 2/09 n° 108.

45004 Le **paiement** incombe à l'acquéreur et cette **obligation** lui est **personnelle.** En conséquence, si le prix inclut le solde créditeur du compte courant du cédant, celui-ci peut agir contre l'acquéreur au titre de sa dette personnelle et non contre la société ou les associés (Cass. 3e civ. 19-12-1990 : Bull. Joly 1991 p. 323).

45005 En cas de **cession** simultanée **à plusieurs personnes,** celles-ci sont tenues de payer solidairement le prix si la cession est de nature commerciale (Cass. com. 16-1-1990 n° 81 : Bull. Joly 1990 p. 272 ; Cass. com. 11-3-2003 n° 99-20.331 F-D : RJDA 6/03 n° 599 ; Cass. com. 22-3-2005 n° 01-16.331 F-D : RJDA 8-9/05 n° 987).

45006 Lorsqu'un **acquéreur** bénéficiant d'une **faculté de substitution** a pris l'engagement de demeurer solidaire de toutes les personnes qui se substitueraient à lui, notamment dans le cadre du règlement du prix d'achat des actions, il a la qualité non pas de caution mais de codébiteur solidaire de l'acquéreur substitué (Cass. com. 8-6-2017 n° 15-28.438 F-PB : RJDA 10/17 n° 661).

45010 Après avoir examiné les modalités du paiement, nous signalerons certaines limitations apportées par le Code de commerce à la possibilité pour la société émettrice des titres cédés de financer l'acquisition.

SECTION 1

MODALITÉS DE PAIEMENT DU PRIX DE CESSION

A. Date du paiement du prix de cession

PRINCIPE

45050 Le prix convenu doit être payé dès qu'il est exigible (C. civ. art. 1342, al. 2 ; CA Aix 19-10-1982 : Bull. Cour d'Aix 1983/1 p. 78). Sur la date à laquelle le paiement est réputé effectué, en fonction du mode de paiement utilisé, voir n°s 45160 s.

STIPULATIONS CONVENTIONNELLES SUR LE RÈGLEMENT DU PRIX DE CESSION

45060 Les parties sont libres de convenir d'autres modalités de règlement, telles que : paiement à une date prédéterminée ; paiement échelonné, voire versement d'une rente viagère (CA Paris 26-6-1990, 3e ch. A : JCP E 1990 n° 23439) ; paiement pour partie comptant et pour partie à terme, en une ou plusieurs fois ; paiement lors de la survenance de tel ou tel événement déterminé, sous réserve toutefois en pareil cas que l'acquéreur ne puisse pas par sa seule volonté faire arriver ou empêcher cet événement (C. civ. art. 1304-2).

45061 Le **paiement assorti** d'un **terme et** le paiement assorti d'une **condition** ont en commun de faire dépendre l'obligation d'un événement futur ; mais la condition porte sur un événement dont la réalisation n'est pas certaine alors que le terme est lié à un événement dont la réalisation est certaine. La condition retarde la naissance même de l'obligation (C. civ. art. 1304) alors que le terme n'en diffère que l'exigibilité (C. civ. art. 1305). La **qualification** de l'événement devient délicate lorsque les parties ont opté pour un terme « incertain », c'est-à-dire dont la réalisation est certaine (tel le décès) mais dont la date de réalisation n'est pas connue.
Par **exemple,** la première chambre civile de la Cour de cassation considère que, si l'événement est objectivement incertain non seulement dans sa date mais aussi dans sa réalisation, seule la qualification de condition peut être retenue (Cass. 1e civ. 13-4-1999 n° 762 P : RJDA 7/99 n° 759 ; Cass. 1e civ. 13-7-2004 n° 1232 FS-PB : RJDA 11/04 n° 1186). Dans le cas où les parties à une cession d'actions étaient convenues que le cédant aurait droit à un complément de prix calculé en fonction de l'évolution de la capacité d'autofinancement générée par les trois exercices suivant la cession, la chambre commerciale a estimé que la créance de complément de prix était affectée d'une condition et non d'un terme ; en effet, l'existence de l'obligation au paiement était subordonnée à la réalisation d'un événement incertain (Cass. com. 20-9-2011 n° 10-17.555 F-D : RJDA 1/12 n° 3).
La troisième chambre civile et la chambre commerciale de la Cour de cassation ont en revanche considéré que la clause de retour à meilleure fortune, qui est celle par laquelle une personne s'engage à effectuer un paiement (souvent le remboursement d'un prêt) non pas à une date déterminée mais dès que sa situation financière le lui permettra, fait naître un engagement affecté d'un terme indéterminé et non d'une condition (Cass. 3e civ. 9-7-1984 : Bull. civ. III n° 135 ; Cass. com. 12-10-2004 n° 1483 F-PB : RJDA 2/05 n° 92). Certes le retour à meilleure fortune est incontestablement un événement incertain et devrait s'analyser en une condition. Mais l'article 1901 du Code civil, qui autorise le juge, en présence d'un prêt affecté d'une telle clause, à fixer un terme de paiement, assimile la clause à un terme suspensif.

Le choix de ces clauses doit être fait avec soin pour éviter que leur application, le cas échéant cumulée avec celle des autres stipulations de la convention, ne soit source de conflits et n'entraîne une **immixtion du juge** dans leur qualification et leur interprétation. 45065

ILLUSTRATIONS

Paiement comptant 45067

Lorsqu'un accord s'est réalisé pour l'achat d'un bien dont l'offre de vente prévoyait le paiement du prix « partie comptant, partie à crédit, selon les modalités à débattre », les **juges** ne peuvent pas décider que 60 % du prix serait payé comptant et 40 % selon des conditions de crédit qu'ils fixent dès lors que le vendeur, revenant sur ces modalités, a déclaré qu'il entend obtenir un paiement comptant de la totalité du prix.

Cass. com. 7-6-1971 : Bull. civ. IV n° 161.

La clause selon laquelle le prix des actions doit faire « l'objet d'un règlement comptant, devant intervenir dans les trente jours de la signature après nouvelle vérification contradictoire et actualisée du passif de la société, connu à ce jour », le cédant s'engageant par ailleurs à garantir tout passif qui pourrait se révéler dans la limite d'une certaine somme, ne permet pas à l'acquéreur d'obtenir la résolution de la cession en raison de l'**émergence d'un passif** supérieur au prix.

CA Paris 26-4-1990, 3e ch. B : BRDA 5/91 p. 10.

Paiement échelonné ou à terme

À la suite de l'offre par une SA d'acheter au comptant la majorité des actions détenues par un groupe familial assortie de la proposition d'acheter le **solde dans les 5 ans,** proposition qui avait été acceptée par le représentant du groupe familial et qui avait donné lieu à une note interne du directeur général de la société acheteuse indiquant que le paiement des actions restant à acquérir devait se réaliser au terme d'une période de cinq ans, l'opération en cause s'analyse comme un achat ferme d'actions payable partie au comptant et partie à terme. La SA doit donc être condamnée à payer le prix convenu pour le solde des actions.

Cass. com. 6-7-1983 : BRDA 22/83 p. 17.

Dans un cas où une partie du prix était payable en 60 mensualités mais devenait immédiatement exigible en cas de **dissolution de la société,** l'acquéreur et les personnes qui s'étaient portées caution du paiement du prix ont été condamnés à verser le solde du prix total à la suite de la mise en liquidation judiciaire de la société.

CA Rouen 15-1-1992, 1e ch. : RJDA 11/92 n° 1031 et, sur pourvoi, Cass. com. 4-1-1994 n° 21 D : RJDA 6/94 n° 670.

Dans un cas où la partie du prix payable à terme n'avait plus à être versée en cas de **départ anticipé des cédants** par ailleurs salariés de la société, ce départ avant la date contractuellement prévue est sanctionné par cette absence de paiement du solde du prix et ne justifie pas la résolution de la cession.

CA Versailles 12-1-1996 n° 92-11352 : Bull. Joly 1996 p. 377 note J.-C. Hallouin.

Condition

La cession consentie moyennant un prix de 100 F (15 €) par action auquel doit s'ajouter une somme de 58 F (8,80 €) payable soit à la clôture de l'exercice suivant la cession si l'exploitation est alors équilibrée, soit dans la négative à la clôture de l'exercice qui permettrait de constater le **retour à l'équilibre,** n'est pas assortie d'une condition purement potestative de nature à entraîner sa nullité ; en effet, l'événement conditionnant le paiement du supplément de prix correspond à une donnée réelle indépendante de la volonté exclusive de l'acquéreur.

CA Paris 8-6-1990, 5e ch. C : BRDA 2/91 p. 19 et, sur pourvoi, Cass. com. 15 juillet 1992 n° 90-17.856.

Ndlr : Décisions rendues sous l'empire de l'ex-article 1174 du Code civil mais transposables sous l'empire de l'article 1304-2.

Dans un cas où les cédants de parts d'une SNC s'étaient engagés à ne pas réclamer à l'acquéreur le solde du prix de cession compte tenu de la somme importante du **rappel de TVA** que devrait supporter la société, la cause (désormais la contrepartie ; cf. C. civ. art. 1169) de cet acte a été réputée résider dans l'obligation prise par la société, malgré la garantie de passif figurant à l'acte de cession, d'assumer la totalité des conséquences financières du redressement en contrepartie de l'abandon par les cédants du solde du prix. Même si l'acquéreur ne l'avait pas signé, le fait que le redressement ait finalement fait l'objet d'une remise totale, à la suite des interventions et recours de l'acquéreur et de ses conseils, était donc sans incidence sur l'existence et la validité de cet acte à sa date de signature, de sorte que l'engagement des cédants n'était pas subordonné à la suite de la procédure fiscale et que ces derniers n'étaient pas fondés à réclamer le solde du prix de cession.

Cass. 1e civ. 25-1-2005 n° 168 F-D : RJDA 1/06 n° 33, 2e espèce.

La clause prévoyant que le complément de prix dépendrait de l'**issue d'un procès** auquel la société émettrice des parts est partie et serait exigible dès « une décision définitive ayant autorité de chose jugée » est ambiguë et doit être interprétée comme exigeant une décision irrévocable.

Cass. com. 14-11-2018 n° 16-28.778 F-D : RJDA 4/19 n° 226.

45067 (suite) Dans un cas où l'acte de cession stipulait que le prix serait révisé, s'agissant de procès en cours, en fonction des décisions définitives à intervenir, il n'y a pas lieu de tenir compte du fait que la condamnation définitive de la société émettrice des titres cédés n'a pas été exécutée, celle-ci ayant conclu un **protocole transactionnel** avec son cocontractant bénéficiaire de cette condamnation ; en faisant droit à la demande de révision du prix à la hausse formée par le cédant, par référence à l'accord intervenu entre le cédant et son cocontractant, alors que l'acte de cession prévoyait une révision du prix des titres compte tenu des décisions définitives à venir, la cour d'appel a pris en compte un événement étranger aux prévisions des parties et a ainsi méconnu les stipulations claires et précises de l'acte de cession.

Cass. com. 31-5-2005 n° 820 F-D : RJDA 1/06 n° 33, 1e espèce.

L'engagement de l'acquéreur d'actions d'une société exploitant une agence immobilière de prendre en charge les frais d'une **expertise de la comptabilité** des fonds détenus pour le compte des clients en contrepartie de la renonciation du cédant au paiement du solde du prix de cession n'est pas une condition suspensive de cette renonciation mais une obligation. L'acte ne précisant pas qui devait prendre l'initiative de l'expertise et aucune des parties n'ayant saisi l'expert désigné, cette obligation est devenue sans objet en l'absence d'expertise. La demande du cédant en paiement du solde du prix de cession doit donc être rejetée.

Cass. com. 10-9-2013 n° 12-19.811 F-D : RJDA 2/14 n° 77.

Un pacte d'actionnaires prévoyait qu'en cas d'exercice d'une activité concurrente, un actionnaire minoritaire promettait irrévocablement de céder ses actions à un ou plusieurs actionnaires déterminés à un prix minimum sans préjudice pour les parties, en cas de désaccord sur le prix, de faire **déterminer** le **prix** de cession **par un expert.** Le juge des référés qui constate que les conditions de cette promesse sont remplies et que l'obligation n'est donc pas sérieusement contestable peut ordonner la cession forcée des actions sur le fondement de l'article 873, al. 2 du Code de procédure civile, bien que les parties soient en désaccord sur le prix de cession définitif.

Cass. com. 13-1-2021 n° 19-11.726 F-D : RJDA 4/21 n° 245.

Un protocole de cession d'actions prévoyait notamment que le solde du prix de cession devrait être réglé à hauteur de 30 000 € à l'issue de la première année de **commercialisation d'un produit** dérivé d'une molécule brevetée, la société émettrice des actions ayant été constituée en vue de l'exploitation commerciale de cette molécule, puis à hauteur de 30 000 € chaque année suivante. Il avait été précisé, d'une part, qu'en tout état de cause le solde devrait être réglé au plus tard à une date déterminée et, d'autre part, qu'aucun solde ne serait dû si aucune commercialisation n'intervenait avant cette date.
Le fait que le produit dérivé ait été en définitive commercialisé, après la liquidation de la SA, par une société constituée par les deux coïnventeurs, dont l'acquéreur, ne dispensait pas ce dernier de son obligation de payer le prix des actions. En effet, le protocole n'écartait l'obligation au paiement du solde du prix qu'en cas d'absence de commercialisation avant la date fixée ; cette disposition, de portée générale, visait toute commercialisation sans la limiter à celle réalisée par la SA.

CA Paris 4-1-2005 n° 04-5225 : RJDA 6/05 n° 715.

Les actions composant le capital d'une SAS avaient été cédées moyennant un prix global et un éventuel **complément de prix** payable trois mois **après** la **clôture du troisième exercice suivant la cession,** en fonction du chiffre d'affaires et du résultat d'exploitation de cet exercice. Bien que l'acte de cession ait précisé qu'elle devait conserver une personnalité morale jusqu'à la clôture de cet exercice, la SAS avait été absorbée par une autre société. L'acquéreur a été condamné à indemniser les cédants car, en usant de ses prérogatives d'associé unique pour bouleverser les conditions d'exploitation de la SAS avant la date convenue pour calculer l'éventuel complément de prix et en faisant disparaître la société au mépris de son engagement, il avait fautivement fait perdre aux cédants une chance significative de percevoir le complément de prix.

CA Paris 15-9-2011 n° 07-02102 : RJDA 3/12 n° 300.

L'acte de cession de l'intégralité des actions d'une société prévoyait un transfert de propriété immédiat des titres à l'acquéreur et l'acceptation par le cédant d'un paiement intégral du prix six mois plus tard « conformément à son engagement d'accompagnement de la nouvelle direction ».
Bien qu'il ait invoqué la défaillance du cédant dans sa **mission d'accompagnement,** l'acquéreur a été condamné à payer le prix de cession pour les raisons ci-après :
– le cédant n'avait pas lié les deux contrats puisqu'il avait attendu l'expiration du délai de six mois pour réclamer le prix à l'acquéreur ;
– aucun contrat d'accompagnement n'avait jamais été passé ; l'existence d'un engagement d'accompagnement ne conditionnait pas le paiement du prix, sinon il eût été concomitant et annexé à l'acte de cession ; l'acquéreur, rédacteur de l'acte de cession, n'avait pas pu se tromper sur ce point ;
– la formule de l'acte de cession ne démontrait pas l'existence d'une interdépendance des contrats, pas plus que le prix et l'échéance de son versement ;
– les parties avaient exclu la garantie d'un passif imprévu découvert après la cession ;

– l'acquéreur ne pouvait pas utilement mettre en lien la cession et l'engagement d'accompagnement avec la situation de la société, le délai de paiement du prix bénéficiant non à la société mais à l'acquéreur ; ce dernier, ancien expert-comptable de la société, avait lui-même procédé à la valorisation des actions deux mois avant la cession sur la base du montant des capitaux propres, pondérés pour tenir compte de l'effondrement du marché sur lequel évoluait la société et il avait maintenu cette estimation dans l'acte de cession.

CA Paris 7-11-2013 n° 12/17749 : RJDA 2/14 n° 125.

Les parts d'une société spécialisée dans la formation pour adultes sont cédées moyennant un prix comptant, auquel s'ajoute un ajustement d'un montant fixé par la convention sous réserve que les prises de commande d'actions de formation correspondent à un **chiffre d'affaires** déterminé pour l'exercice en cours.
C'est par une interprétation souveraine de l'acte de cession que l'ambiguïté de ses termes rend nécessaire que la cour d'appel a retenu que le chiffre d'affaires doit s'entendre du montant total des commandes fermes concrétisées par le retour des conventions de formation portant la signature du client.

Cass. com. 11-5-2017 n° 15-20.368 F-D : RJDA 12/17 n° 811.

Lorsque tout ou partie du prix n'est pas payable comptant et que la cession est assortie d'une clause de **garantie de passif ou d'actif net** au profit de l'acquéreur ou encore d'une clause de révision de prix, il est fréquemment convenu que la somme correspondant à cette garantie viendra en **déduction du prix.** 45070

Il a même été jugé, sur le fondement de l'article 873 du Code de procédure civile, qu'un acquéreur avait à bon droit été autorisé à suspendre le paiement des sommes restant dues au titre d'une cession de parts dès lors que les éléments versés aux débats étaient de nature à laisser penser que l'intéressé serait fondé à faire jouer les clauses de garantie d'actif et de passif stipulées en sa faveur et à opposer aux cédants l'exception d'inexécution ou de compensation ; il a en outre été relevé que le versement du solde du prix l'aurait exposé à un dommage imminent en le privant du bénéfice des garanties liées à la réciprocité des obligations en cause (Cass. com. 2-2-1993 n° 186 P : RJDA 5/93 n° 465).

ATTENTION

L'acquéreur de droits sociaux ne peut plus contester la situation comptable nette sur la base de laquelle le solde du prix doit être révisé quand la **garantie de passif** consentie par le cédant pour les éléments contestés est **expirée** (Cass. com. 23-1-2019 n° 17-10.374 F-D : RJDA 12/19 n° 757).

Lorsque le contrat de cession prévoit que le passif social vient en déduction du **prix** qui doit être payé suivant des échéances dont le montant est **indexé,** l'imputation du passif doit être faite sur le prix avant toute indexation (Cass. com. 28-6-1983 : Bull. Joly 1983 p. 843).

En cas de vente ferme à un prix fixe payable pour partie à terme, l'acquéreur doit payer ce prix même si la situation financière de la **société émettrice** a connu un **sort défavorable** (Cass. com. 25-1-2000 n° 235 D, décision rendue à propos de la cession de parts d'une SARL qui avait fait l'objet d'une liquidation amiable ; cf. CA Paris 12-5-2000 n° 98-14477 : RJDA 12/00 n° 1097). 45075

ILLUSTRATIONS

Par une convention de portage renouvelée chaque année, une société s'était engagée de manière ferme et irrévocable à racheter aux porteurs les actions détenues par ceux-ci dans son capital mais n'avait pas respecté cet engagement malgré la levée de l'option par les porteurs. Les parties avaient conclu un protocole d'accord portant échelonnement de la dette, qui n'avait été exécuté que partiellement. À la suite de la mise en redressement puis en liquidation judiciaires de la société, les porteurs avaient déclaré une créance correspondant au prix des actions restant à acquérir. Il a été jugé que la vente avait été réalisée du fait de la levée d'option des porteurs et que ceux-ci étaient en droit de se prévaloir, en application de l'article 1613 du Code civil, d'un droit de rétention sur la chose objet de la vente dès lors que, depuis cette vente, l'**acheteur** avait été mis **en liquidation judiciaire,** ce qui exposait le vendeur à un danger imminent de perte du prix. La créance a été admise au passif de la société (CA Paris 10-2-2004 n° 03-11354 : JCP E 2004 pan. n° 494).

INTÉRÊTS DUS SUR LE PRIX DE CESSION

Conformément au droit commun de la vente, l'acquéreur est tenu de l'intérêt du prix de cession jusqu'au paiement du capital dans les trois cas suivants (C. civ. art. 1652) : 45090

– s'il en a été ainsi convenu lors de la cession ;

– s'il a été sommé de payer, auquel cas l'intérêt ne court qu'à compter de la sommation ;

– « si la chose vendue et livrée produit des fruits ou autres revenus ».

> **Précisions a.** Le **taux de l'intérêt légal** des particuliers – plus élevé lorsque le créancier est une personne physique n'agissant pas pour des besoins professionnels – s'applique en cas de non-paiement du prix de cession de parts d'une société commerciale, même si le cédant créancier du prix est le gérant de la société (Cass. com. 9-3-2022 n° 20-11.845 F-B : RJDA 7/22 n° 430).
> **b.** Concernant les **fruits et revenus,** il a été jugé que :
> – les **bénéfices** qui sont **répartis** entre les actionnaires après décision de l'assemblée générale participent de la nature de fruits ; en conséquence, dans un cas où le solde du prix d'une cession d'actions avait été versé plus de trois ans après la cession, c'était à tort qu'une cour d'appel avait refusé de condamner l'acquéreur au paiement des intérêts légaux sur le solde du prix des actions cédées (Cass. com. 5-10-1999 n° 1443 P : RJDA 1/00 n° 34) ;
> – les parts sociales sont par nature productrices de revenus, ce dont il résulte que les **dividendes** participent de la nature de fruits ; dans un cas où un désaccord était survenu entre les parties à une cession de parts sociales, c'était donc à bon droit qu'une cour d'appel avait décidé que l'acquéreur devait les intérêts du prix de cession à compter du jour de celle-ci (Cass. com. 5-12-2000 n° 2054 F-D : RJDA 3/01 n° 327).

DÉLAI DE GRÂCE ACCORDÉ POUR LE PAIEMENT DU PRIX DE CESSION

45100 S'il n'est pas en mesure de procéder au paiement des sommes convenues aux dates prévues, et en considération des besoins du cédant, l'acquéreur peut obtenir du juge un report ou un échelonnement des sommes dues (C. civ. art. 1343-5, al. 1 ; pour un exemple, voir CA Versailles 19-1-2006 n° 05-414 : RJDA 5/06 n° 541).

Pour octroyer un délai, le juge doit tenir compte de la situation du débiteur et des besoins du créancier (C. civ. art. 1343-5, al. 1). Il détient un pouvoir discrétionnaire et n'a pas à motiver sa décision (Cass. 1e civ. 24-10-2006 n° 1475 F-PB : RJDA 3/07 n° 288, décision rendue à propos d'un refus de délai).

Le délai de grâce accordé par le juge ne peut pas excéder deux ans et cette mesure peut être subordonnée à l'accomplissement par l'acquéreur d'actes propres à faciliter ou à garantir le paiement de la dette (C. civ. art. 1343-5, al. 1 et 3). La décision du juge suspend les procédures d'exécution qui auraient été engagées par le créancier ; les majorations d'intérêts ou les pénalités encourues à raison du retard cessent d'être dues pendant le délai fixé par le juge (C. civ. art. 1343-5, al. 4).

Toute stipulation contraire aux dispositions ci-dessus est réputée non écrite (C. civ. art. 1343-5, al. 5).

Le délai de grâce ne fait pas obstacle à la compensation (C. civ. art. 1347-3).

SANCTIONS DU NON-PAIEMENT DES ÉCHÉANCES

45110 Le non-paiement d'une échéance n'emporte pas de plein droit la **déchéance du terme** : celle-ci doit être expressément prévue par une clause du contrat ; aucun paiement anticipé ne peut être exigé aussi longtemps que court le délai accordé à l'acquéreur pour payer (CA Paris 10-3-2009 n° 07-21931 : RJDA 7/09 n° 675). Au cas particulier, un actionnaire avait cédé ses actions pour un prix payable en 26 bimestrialités ; l'acquéreur n'ayant pas respecté l'échéancier, le cédant lui avait adressé une mise en demeure de payer l'intégralité du prix ; cette prétention a été écartée car les parties n'avaient ni assorti la convention d'un terme conditionnel ni stipulé qu'en cas de non-paiement d'une échéance toutes les sommes restant dues deviendraient immédiatement exigibles.

Cette décision illustre l'intérêt pour le cédant de prévoir dans le contrat une clause de déchéance du terme.

Si la déchéance du terme est expressément prévue et s'il y a plusieurs cédants, l'un d'eux peut agir seul en paiement du solde du prix lui revenant (CA Paris 27-1-2015 n° 14/0785 : RJDA 5/15 n° 352). En l'espèce, l'acte énonçait des modalités communes de paiement du solde dû à chaque cédant sans stipuler d'indivisibilité des paiements ni de solidarité des cédants. Il distinguait le solde restant dû personnellement à chacun, de sorte que l'acquéreur ne pouvait pas, sans ajouter à la convention, subordonner la déchéance du terme et l'action en paiement du solde à une action conjointe des cédants.

Sur les **autres sanctions** de l'inexécution par l'acquéreur de son obligation de régler le prix aux échéances convenues, voir n°s 79431 s.

B. Lieu du paiement du prix de cession

45130 À défaut d'une autre désignation par la loi, par le contrat ou par le juge et s'agissant d'une obligation de somme d'argent, le paiement doit être fait au domicile (ou au siège social) du cédant – paiement portable (C. civ. art. 1343-4).

> **Précisions** **a.** Les **règles de place** prévoient des mesures spécifiques pour le paiement du prix des transactions portant sur des actions admises aux opérations d'un dépositaire central.
> **b.** Il est particulièrement recommandé aux parties à un **contrat de cession international** de préciser le lieu du paiement car la dette est, sauf clause contraire, payable dans la monnaie du lieu de paiement, ce qui met les risques de change à la charge de l'acquéreur ; de plus, la dette est quérable ou portable selon les lois applicables.

C. Monnaie de paiement du prix de cession

Si le paiement a lieu en France (ou dans un autre État membre de la zone euro), l'acquéreur se libère valablement en remettant au cédant des **euros** (C. civ. art. 1343-3 ; Cour permanente de justice internationale 12-7-1929 : DP 1930 II p. 45 ; Cass. req. 17-2-1937 : DH 1937 p. 234 ; Cass. civ. 10-5-1966 : D. 1966 p. 497 note Ph. Malaurie ; CA Bordeaux 8-3-1990 : D. 1990 p. 550). 45140

Le paiement peut être fait en une **autre monnaie** si l'obligation au paiement procède d'une **opération à caractère international** ou d'un jugement étranger ; les parties peuvent convenir que le paiement aura lieu en devises s'il intervient entre professionnels, lorsque l'usage d'une monnaie étrangère est communément admis pour l'opération concernée (C. civ. art. 1343-3).

En outre, le paiement peut être fait en **monnaie électronique** (C. mon. fin. art. L 315-1 s.), dite aussi « monnaie crypto-actifs ».

> **Précisions** Les parties ont intérêt à **clairement fixer** la monnaie de paiement qu'elles choisissent si elles veulent éviter l'interprétation de leur volonté par le juge (pour un exemple, Cass. 3e civ. 22-4-1976 : Bull. civ. III p. 127, déduisant de la conclusion en Suisse d'un contrat de location de pâturages situés en France qu'elles avaient choisi la monnaie du territoire où le contrat avait été passé).

D. Mode de paiement du prix de cession

PRINCIPES

Sauf clause contraire, l'acquéreur peut, conformément au droit commun, utiliser **tout procédé** de paiement : remise d'espèces (à la condition que sa dette n'excède pas un montant de 1 000 € : cf. C. mon. fin. art. L 112-6 et D 112-3, I-1°), de chèque ou d'effet bancaire, virement bancaire, etc. Le paiement doit être fait au cédant ou à son mandataire. 45150

Les règles de place prévoient des mesures spécifiques pour le paiement du prix des transactions portant sur des actions admises aux opérations d'un dépositaire central.

S'agissant d'une somme d'argent, la **preuve du paiement** incombe à l'acquéreur qui prétend s'être libéré de sa dette (Cass. 1e civ. 19-3-2002 n° 540 F-PB : RJDA 8-9/02 n° 967). Cette preuve peut être rapportée par tous moyens (C. civ. art. 1342-8 ; Cass. 1e civ. 6-7-2004 n° 01-14.618 FS-PB : Bull. civ. I n° 202 ; Cass. 1e civ. 16-9-2010 n° 09-13.947 F-PBI : RJDA 3/11 n° 264). Elle peut en particulier être établie par une quittance rédigée par écrit (Cass. com. 11-6-1985 : BRDA 20/85 p. 18). 45155

En outre, vaut présomption simple de libération du débiteur (C. civ. art. 1378-2) :

– la mention d'un paiement ou d'une autre cause de libération portée par le créancier (le cédant) sur un titre original qui est toujours resté en sa possession ;

– la mention portée sur le double d'un titre ou d'une quittance, pourvu que ce double soit entre les mains du débiteur (l'acquéreur).

Si le paiement implique un **étranger,** le transfert des sommes correspondantes est en principe libre sous réserve des dispositions réglementaires fixant les modalités d'exercice de cette liberté (C. mon. fin. art. L 151-1 s. et R 151-1 s. ; voir n°s 82000 s.). 45156

PAIEMENT DU PRIX DE CESSION PAR VIREMENT BANCAIRE OU PAR CHÈQUE

En cas de **virement,** le paiement est réalisé dès réception des fonds par le banquier du bénéficiaire (en pratique du cédant) qui les détient pour le compte de son client (Cass. com. 3-2-2009 n° 06-21.184 FS-PB : RJDA 7/09 n° 667). 45160

Contrairement à la chambre commerciale, la première chambre civile de la Cour de cassation avait précédemment jugé que le paiement n'intervenait qu'à la date de l'inscription des sommes correspondantes sur le compte du bénéficiaire (Cass. 1e civ. 23-6-1993 n° 91-14.472 P : RJDA 2/94 n° 192).

ATTENTION

Il convient de respecter les **obligations que les parties ont prévu dans leur contrat.** Ainsi, une banque a été condamnée à rembourser à une société cliente le montant de virements, bien que les ordres aient été donnés par l'intermédiaire du progiciel de la banque avec l'utilisation des identifiant et code adéquats, faute de prouver qu'ils avaient été confirmés selon les **modalités**

prévues au contrat. En effet, ces ordres avaient été donnés par voie électronique par la comptable de la société, alors que la convention passée entre la banque et la société exigeait que les virements d'un certain montant fassent l'objet d'une confirmation écrite des dirigeants seuls habilités à signer (Cass. com. 21-4-2022 n° 20-18.859 F-D : RJDA 8-9/22 n° 507).

45162 En cas de règlement par **chèque,** la libération du débiteur – l'acquéreur – ne résulte pas de la remise du chèque mais de son encaissement, qui s'entend de la perception du montant du chèque par le créancier – le cédant (Cass. 3e civ. 1-7-2009 n° 07-19.446 FS-PB : RJDA 12/09 n° 1114 ; Cass. com. 17-4-2019 n° 17-13.595 F-D : RJDA 7/19 n° 527). La créance subsiste, avec toutes les garanties qui y sont attachées, jusqu'à ce que le chèque soit payé (C. mon. fin. art. L 131-67). La remise d'un chèque ne vaut paiement que sous réserve de son encaissement.

ILLUSTRATIONS

Une cour d'appel avait souverainement estimé que la disposition de l'acte sous signature privée de cession de parts sociales selon laquelle le prix avait été versé par un chèque remis au cédant qui le reconnaissait et en consentait bonne et valable quittance ne valait que comme **récépissé de remise** du chèque. C'est sans inverser la charge de la preuve que la cour d'appel, qui avait constaté que l'expertise ordonnée par elle n'avait pas permis d'établir que le chèque avait été payé, en avait déduit que la preuve du paiement du prix de cession n'était pas rapportée et que la résolution de la cession de parts devait être prononcée.

Cass. 1e civ. 23-5-1979 : D. 1979 IR p. 504.

Un acquéreur a bien exécuté son obligation de payer le prix de cession en remettant **deux chèques** représentant le montant convenu, peu important que le cédant n'en ait encaissé qu'un et qu'il ait renvoyé le second à l'avocat de l'acquéreur.

CA Paris 17-9-2004 n° 03-1599 : RJDA 3/05 n° 268.

Bien qu'il ait été indiqué que l'acquéreur de parts avait payé le prix de cession au cédant qui lui en avait donné bonne et valable **quittance,** la preuve du paiement a été considérée comme n'étant pas rapportée ; en effet, cette indication était destinée à dissimuler au bailleur du fonds de commerce, au moins temporairement, la cession de la totalité des parts sociales ; la remise concomitante de chèques correspondant au prix de cession par les acquéreurs était destinée à assurer le paiement, mais les chèques n'avaient pas pu être encaissés par les cédants en raison d'une interdiction bancaire des acquéreurs.

CA Paris 16-5-2003 n° 01/21230, 16e ch. B.

AUTRES MODES DE PAIEMENT DU PRIX DE CESSION

45170 **Compensation** Si le cédant est débiteur de l'acquéreur pour une raison quelconque, la compensation a pour effet d'éteindre sa dette et celle de l'acquéreur au titre du prix de cession à concurrence de la plus faible (C. civ. art. 1347).

La compensation **légale** s'opère à condition d'être invoquée à la date où ses conditions se trouvent réunies (C. civ. art. 1347, al. 2). Elle n'a lieu qu'entre créances fongibles (c'est-à-dire susceptibles de se remplacer l'une par l'autre, ce qui vise les obligations de somme d'argent même en différentes devises pourvu qu'elles soient convertibles), certaines, liquides et exigibles (C. civ. art. 1347-1).

Lorsque les conditions requises pour la compensation légale ne sont pas remplies, la compensation peut néanmoins se produire :

– **par l'effet de la convention,** la compensation prenant alors effet à la date convenue dans l'accord des parties et, pour les dettes futures, à la date de leur coexistence (C. civ. art. 1348-2) ;

– ou **par décision de justice,** lorsque les dettes sont certaines et connexes, la compensation étant alors réputée s'être produite au jour de l'exigibilité de la première d'entre elles (C. civ. art. 1348 et 1348-1 ; Cass. com. 12-11-1996 n° 94-17.032 P : RJDA 2/97 n° 267).

> **Précisions** **a.** Il ne peut pas y avoir compensation entre deux obligations dans lesquelles les **parties** ne **figurent** pas **en la même qualité.** L'acquéreur de toutes les parts d'une société, qui devient ainsi l'unique associé de celle-ci, intervient néanmoins avec une personnalité juridique distincte et indépendante de celle de la société : il ne peut donc pas demander la compensation entre le solde du prix d'achat des parts sociales d'un des associés et le solde débiteur du compte courant de cet associé dans la société (CA Paris 20-10-1995 n° 93-9915 : RJDA 4/96 n° 502 som.).
>
> **b.** Une cession d'actions a été déclarée nulle pour **défaut de cause** (désormais de contrepartie ; cf. C. civ. art. 1169) dès lors que le cédant avait cédé ses actions en pensant en recevoir le prix, alors que l'acquéreur, qui n'avait accepté le prix de cession qu'après la formation du contrat, ne s'était pas engagé à le payer personnellement mais avait entendu le compenser avec une dette du cédant à l'égard de la société dont les titres étaient cédés (Cass. com. 11-1-2005 n° 80 F-D : RJDA 5/05 n° 494).

Dans un cas où les sommes correspondant au solde créditeur du compte courant de l'acquéreur de parts de SARL dans les livres de la société avaient été débitées de ce compte et virées sur le compte courant du cédant, l'existence d'une compensation conventionnelle de créance a été écartée. Toutefois, la réalité du paiement a été considérée comme établie et la cession de parts a été réputée valable, au motif que ce paiement était intervenu non par compensation mais par **cession de créance** (CA Paris 22-5-2008 n° 06-8134). **45171**

Pour des développements sur le régime de la cession de créance, voir Mémento Droit commercial n°s 14200 s.

Délégation Par la délégation, le cédant créancier du prix (le délégant) obtient de l'acquéreur, son débiteur (le délégué), qu'il s'oblige envers une troisième personne (le délégataire) qui l'accepte comme débiteur ; sauf stipulation contraire, le délégué ne peut opposer au délégataire aucune exception tirée de ses rapports avec le délégant ou des rapports entre ce dernier et le délégataire (C. civ. art. 1336). La délégation est parfaite lorsque la volonté du délégataire de décharger le délégant de la dette résulte expressément de l'acte (art. 1337) ; sinon elle est imparfaite (art. 1338 ; Cass. com. 12-2-2002 n° 99-18.728 FD : RJDA 6/02 n° 685). Le paiement du délégataire par le délégué éteint la créance que le délégant peut avoir sur ce dernier et à due concurrence (art. 1339). **45172**

ILLUSTRATIONS

Dans un cas où un acte de cession d'actions désignait comme acquéreur une personne agissant en son nom personnel « ainsi que toute autre personne physique ou morale qu'il lui plaira de s'adjoindre ou substituer » et où les actions avaient ensuite été transférées à une société créée par cette personne, celle-ci s'est engagée personnellement à l'égard du cédant et non pour le compte de la **société** qui était alors **en** cours de **formation,** et le transfert des actions au seul profit de cette société est insuffisant à établir que le cédant avait pour autant accepté de décharger l'acquéreur de toute obligation à son égard.

Cass. com. 28-9-2004 n° 1377 F-D.

S'agissant du paiement d'une **rente viagère** représentant le prix de cession de parts de SARL, la substitution d'un débiteur à un autre pour ce paiement n'est pas une opération commerciale ; en l'espèce, l'opération mettait en présence une personne non commerçante et une société à l'égard de laquelle ladite opération n'avait pas été faite dans l'intérêt de son commerce. Dès lors, la preuve de la délégation devait être rapportée suivant les règles du droit civil. Le fait matériel des paiements qui s'était traduit par le service ininterrompu de la rente pendant vingt ans ne constituait pas la preuve de l'existence d'une délégation imparfaite qui ne peut être rapportée que dans les conditions prévues par l'ex-article 1341 (désormais article 1359) du Code civil. En l'occurrence, la **preuve** n'était pas rapportée que la société en cause avait consenti à être substituée aux acquéreurs des parts sociales pour le paiement de la rente et qu'elle avait assuré le paiement de cette rente en vertu d'une délégation imparfaite.

CA Paris 26-6-1990, 3e ch. A : JCP N 1992 II p. 48.

Subrogation En cas de subrogation dite « personnelle », le paiement au créancier (le cédant par ailleurs subrogeant) est fait par une personne (le subrogé) au lieu et place du débiteur (l'acquéreur) ; le subrogé devient alors titulaire de tous les droits et actions dont le créancier disposait sur le débiteur. La subrogation personnelle n'est opposable au débiteur que si elle lui a été notifiée ou s'il en a pris acte (C. civ. art. 1346-5). **45173**

Dation en paiement Par la dation en paiement, le paiement est réalisé par la remise d'une chose convenue entre les parties au lieu et place d'une somme d'argent ; la remise de la chose produit les mêmes effets que le paiement par une somme d'argent (C. civ. art. 1342-4, al. 2). **45174**

Les parties doivent prendre soin de préciser la nature et la quantité des biens à remettre par le cédant. Sinon, toute ambiguïté nécessitera l'interprétation du juge.

ILLUSTRATIONS

Une clause de l'acte de cession prévoyait une remise d'actions conservées par le cédant à l'acquéreur si la garantie de passif et de résultat prévue à l'acte était appelée à jouer et indiquait un **prix forfaitaire par action à remettre.**

Bien que la société ait procédé à une opération de réduction de capital ayant abouti à un échange de 15 actions anciennes pour 4 nouvelles, le libellé de la clause démontrait que les parties avaient entendu donner une valeur forfaitaire aux actions susceptibles d'être remises en paiement et que seule cette valeur devait être retenue pour déterminer le nombre d'actions à remettre par le cédant en exécution de la garantie.

CA Lyon 27-4-1989, 1e ch. : JCP G 1990, II n° 21412, note J.-J. Daigre et, sur pourvoi, Cass. com. 8-1-1991 : Bull. Joly 1991 p. 299, note A. Couret.

Dans un cas où un acte de cession d'actions prévoyait que le prix de cession serait payé par une **remise de marchandises évaluées forfaitairement,** dont la liste était annexée au contrat, et où ce contrat précisait que la quittance résulterait d'un bon de livraison paraphé par le cédant, ce dernier ne pouvait pas soutenir que les marchandises livrées étaient d'une valeur inférieure à celle prévue dans le contrat pour contester le paiement et solliciter le versement d'un complément de prix. En effet, il avait accepté le paiement en prenant livraison des marchandises sans émettre de réserve dans un délai raisonnable ni sur leur quantité ni sur leur qualité ou leur conformité à la liste jointe au contrat et après avoir paraphé non un bon de livraison mais une facture énumérant les marchandises livrées.

CA Paris 7-11-2006 n° 04-24731 : RJDA 3/07 n° 287.

45180 **Contrat de travail** Le paiement du prix de cession est parfois réalisé, en tout ou partie, sous la forme de versements au titre d'un prétendu contrat de travail au profit du cédant. Ce procédé est critiquable, car il aboutit à faire supporter par la société des engagements incombant à l'acquéreur ; il expose ce dernier à des poursuites pour abus de biens sociaux si la société débitrice est une société par actions ou une SARL dans laquelle il occupe des fonctions de direction. Quant au cédant, il s'expose à ce que la société interrompe les versements au motif qu'ils ne correspondent pas à des fonctions réellement exercées. Pour obtenir de l'acquéreur le paiement des sommes lui restant dues, le cédant devra alors établir que les versements effectués par la société constituaient en réalité un paiement déguisé du prix de cession (Cass. soc. 21-1-1981 : Bull. civ. V n° 52 ; Cass. com. 8-2-1982 : Bull. Joly 1982 p. 676 ; Cass. 2e civ. 21-6-1995 n° 1235 PF : Bull. Joly 1995 p. 1053 note N. Rontchevsky).

Le cédant pourrait toutefois réclamer, sur le fondement de la responsabilité contractuelle, que l'acquéreur soit condamné à réparer le préjudice résultant du non-respect de l'acte de cession (cf. Cass. com. 3-11-2004 n° 1558 F-D : RJDA 2/05 n° 149).

Sur l'engagement des acquéreurs d'un bloc de contrôle de maintenir le cédant dans ses fonctions de dirigeant pendant un certain temps, voir nos 56040 s.

SECTION 2

FINANCEMENT DE L'ACQUISITION

A. Financement abusif ou prohibé

47000 Lorsqu'ils en ont le pouvoir, les acquéreurs peuvent être tentés d'utiliser les actifs ou le crédit de la société pour assurer le financement de l'opération ; il en est ainsi en particulier lorsque les intéressés sont désignés comme dirigeants sociaux ou en cas de prise de contrôle majoritaire.

Mais ce procédé est de nature à entraîner la responsabilité des acquéreurs et se heurte à un certain nombre d'interdictions dans les SARL et les sociétés par actions.

FINANCEMENT DE L'ACHAT CONSTITUANT UN ABUS DE BIENS SOCIAUX

47010 **Comportements répréhensibles** Les dirigeants de **SARL** et de **sociétés par actions** s'exposent à un emprisonnement de cinq ans et à une amende de 375 000 € s'ils ont, de mauvaise foi, fait des biens ou du crédit de la société un usage qu'ils savaient contraire à l'intérêt de celle-ci, à des fins personnelles ou pour favoriser une autre société ou entreprise dans laquelle ils étaient intéressés directement ou indirectement (C. com. art. L 241-3, 4° pour les SARL ; C. com. art. L 242-6, 3° pour les SA auquel renvoient les articles L 243-1 pour les SCA et L 244-1 pour les SAS). Si l'abus est réalisé ou facilité au moyen soit de comptes ouverts ou de contrats souscrits auprès d'organismes établis à l'étranger, soit de l'interposition de personnes physiques ou morales ou de tout organisme, fiducie ou institution comparable établis à l'étranger, le délit dit « aggravé » est puni de sept ans d'emprisonnement et d'une amende de 500 000 € (C. com. art. L 241-3, al. 8 et L 242-6, al. 7).

ILLUSTRATIONS **Délit constitué**

A été déclaré coupable du délit d'abus de biens sociaux le président-directeur général d'une SA rachetée par une autre société en raison des transferts de trésorerie effectués de la première société vers la seconde pour permettre à cette dernière d'honorer les engagements financiers qu'elle avait pris. En effet, d'une part, ces transferts ne constituaient **pas** une **politique de**

groupe, les sociétés concernées n'étant pas jusqu'alors en relations commerciales fécondes et aucun projet de collaboration commerciale n'étant effectivement engagé, d'autre part, ils ne profitaient qu'à la société mère, qui payait ainsi l'acquisition de sa filiale avec la trésorerie de cette dernière, et à son président qui détenait 99 % du capital de la société mère.

Cass. crim. 24-6-1991 n° 90-86.584 : RJDA 11/91 n° 926.

Est coupable du délit d'abus de biens sociaux le président-directeur général d'une société A mise en redressement judiciaire qui a prélevé dans la trésorerie de cette société des sommes au profit d'une société B, dont il était le gérant, afin de rembourser l'emprunt contracté par la société B pour le rachat des actions de la société A et afin d'acquérir les parts d'une société C à laquelle il a également fait consentir des avances par la société A. Il ne peut **pas** invoquer l'**intérêt du groupe** formé par les trois sociétés A, B et C pour s'exonérer de sa responsabilité car la société B ne disposait à l'évidence pas des ressources suffisantes pour faire face au remboursement des avances et prêts dont elle avait bénéficié, lesquels avaient été consentis sans contrepartie réelle et au bénéfice exclusif de l'intéressé qui détenait la majorité de son capital.

Cass. crim. 5-5-1997 n° 96-81.482 PF : RJDA 12/97 n° 1493.

Délit non constitué

N'ont pas commis d'abus de biens sociaux les dirigeants de trois sociétés (A, B et C), bien qu'ils aient fait acquérir par la société B des actions de C détenues et surévaluées par la société A et qu'ils aient fait prendre par cette même société B le fonds de commerce de C en location-gérance dans des conditions désavantageuses, compte tenu des éléments suivants : après s'être adressés à un cabinet d'expertise pour faire estimer la valeur globale des actions de C et déterminer le montant de la redevance de location-gérance, les dirigeants avaient fixé un prix de cession pour ces actions qui, compte tenu de l'inflation, s'était révélé en réalité inférieur au prix évalué cinq ans auparavant ; les résultats de la société B n'avaient diminué qu'en raison d'une baisse générale dans son secteur d'activité ; l'opération dans son ensemble n'était pas dénuée d'intérêt pour la société B et présentait pour elle une contrepartie économique et commerciale ; même si cette société avait connu du fait de la location-gérance des difficultés et des pertes, il n'est **pas établi** que les conventions critiquées aient été élaborées de **mauvaise foi** dans le but de favoriser la société A.

Cass. crim. 2-12-1991 n° 90-87.563.

Ndlr : Pour un exemple voisin, voir Cass. crim. 19-12-1995 n° 7105 D : Dr. sociétés mai 1996 n° 108 obs. D. Vidal.

Doit être relaxé du chef d'abus de biens sociaux le dirigeant d'une société gestionnaire de contrats d'assurance poursuivi pour avoir transféré sans contrepartie un portefeuille de contrats d'assurance à une société de courtage dont il était associé et mis gratuitement des moyens humains et administratifs à la disposition de cette dernière, dès lors que ces opérations étaient justifiées par l'existence d'un **intérêt de groupe** et que le déséquilibre entre les résultats des sociétés ne provenait pas de la volonté du dirigeant de privilégier l'une au détriment de l'autre mais du rôle respectif de chacune d'elles au sein du groupe.

Cass. crim. 6-4-2016 n° 15-80.150 F-D : RJDA 8-9/16 n° 626.

Prescription de l'action Le **délai** de prescription de l'action publique pour abus de biens sociaux a été porté à six ans (au lieu de trois) par la loi 2017-242 du 27 février 2017 (CPP art. 8, al. 1). Ce nouveau délai s'applique même si les faits incriminés ont été commis avant le 1er mars 2017 (CPP art. 112-2, 4°), sous réserve qu'à cette date la prescription ne soit pas acquise sous l'empire de la loi ancienne. **47015**

Ce délai **court** à compter du jour où le délit est apparu et a pu être constaté dans des conditions permettant la mise en mouvement ou l'exercice de l'action publique, sans toutefois que le délai de prescription puisse excéder 12 ans (CPP art. 9-1). Est ainsi visé le jour où l'infraction a pu raisonnablement être connue des personnes auxquelles l'article 1er du Code de procédure pénale confie la mise en mouvement de l'action publique, c'est-à-dire les magistrats, les fonctionnaires auxquels elle est confiée par la loi et la partie lésée.

ILLUSTRATIONS

Des plaignants, qui ont pris en charge une société civile professionnelle au jour où ils ont **acquis la totalité des parts** sociales, sont en mesure, dès cette date, de vérifier les comptes de la société laissés par le cédant et de découvrir les détournements imputés à ce dernier ; la prescription a donc commencé à courir de cette date et non de la date de l'expertise comptable ayant mis à jour les détournements.

Cass. crim. 6-9-2000 n° 99-87.412 D : Bull. Joly 2001 p. 61 note E. Dezeuze.

Dans le cas où un dirigeant a **cédé** à ses proches **pour 1 F** les titres d'une filiale bénéficiaire, le point de départ de la prescription doit être fixé au jour de la cession litigieuse dès lors que l'associé invoquant le caractère frauduleux de l'opération a eu, dès cette date, une parfaite connaissance des conditions de cette cession, que la seule connaissance du prix est suffisante pour éveiller son attention au regard de la valeur réelle des actifs de la filiale et qu'il n'est pas allégué que la réalité des résultats de la société mère ait pu être dissimulée dans les comptes annuels.

Cass. crim. 11-2-2003 n° 860 F-D : RJDA 6/03 n° 604.

En cas de **dépenses indues** engagées en vertu d'un **contrat à exécution successive,** tel que contrat de travail ou de prestations, c'est la date de présentation des comptes dans lesquels figure chacune de ces dépenses qui constitue le point de départ de la prescription et non la date de conclusion du contrat.

Cass. crim. 28-5-2003 n° 2905 FS-PFI : RJDA 5/04 n° 576, 1e espèce, concernant des versements de salaires rémunérant un emploi fictif ; Cass. crim. 16-6-2004 n° 3818 F-D : RJDA 11/04 n° 1224, 1e espèce, concernant des paiements de primes d'assurance-vie.

Lorsque les modalités d'exécution du contrat font l'objet d'un **rapport spécial du commissaire** aux comptes établi à la fin de chaque exercice, la présentation de ce rapport fait courir le délai de prescription.

Cass. crim. 8-10-2003 n° 4565 FS-PF : RJDA 5/04 n° 576, 2e espèce.

Un système opaque de **facturation de prestations fictives** payées par une société ayant été révélé par une instruction, c'est au jour où le dossier d'instruction relatif à cet abus a été transmis au parquet que la prescription du délit d'abus de biens a commencé à courir.

Cass. crim. 6-11-2019 n° 17-87.150 F-D : RJDA 2/20 n° 83.

Au-delà d'un **délai butoir** de 12 ans à compter de la réalisation de l'infraction, le délit ne peut plus être poursuivi (CPP art. 9-1, al. 2). Ainsi, un abus de biens sociaux commis en 2011 ne pourra plus être poursuivi en 2024 même s'il est découvert en 2019. L'abus de biens sociaux rentre en effet à la fois dans la définition de l'infraction occulte, c'est-à-dire celle qui, en raison de ses éléments constitutifs, ne peut être connue ni de la victime ni de l'autorité judiciaire (CPP art. 9-1, al. 3), et de l'infraction dissimulée, c'est-à-dire celle dont l'auteur accomplit délibérément toute manœuvre caractérisée tendant à en empêcher la découverte (CPP art. 9-1, al. 4).

PRÊTS CONSENTIS PAR LA SOCIÉTÉ POUR L'ACHAT DE SES PROPRES ACTIONS

47030 **Interdiction de principe** Une société par actions ne peut pas avancer des fonds, accorder des prêts ou consentir une sûreté en vue de l'achat de ses propres actions par un tiers (C. com. art. L 225-216, al. 1).

L'interdiction concerne non seulement les achats réalisés par des personnes étrangères à la société mais aussi les opérations effectuées par les actionnaires eux-mêmes. En effet, le but de la loi étant d'empêcher qu'une société parvienne, par quelque moyen que ce soit, à acquérir ses propres actions, le terme « tiers » doit s'entendre de toute personne autre que la société.

ILLUSTRATIONS

Ont été considérées comme n'entrant pas dans le champ d'application de l'article L 225-216, al. 1 les opérations suivantes :

– un prêt à une société, garanti par un nantissement sur son fonds de commerce, en vue de permettre à cette société d'acheter 10 % de ses propres actions pour les distribuer à ses salariés (Cass. com. 15-11-1994 n° 2073 : RJDA 2/95 n° 159) ;

– le nantissement d'actions consenti par l'acquéreur de celles-ci au profit de la banque qui avait financé l'acquisition puisque les biens remis en nantissement n'appartenaient pas à la société (Cass. com. 19-12-2000 n° 2238 F-D : RJDA 4/01 n° 455) ;

– le versement à une société mère, sur demande de son dirigeant, du prix de vente d'un actif d'une filiale pour financer l'achat des titres de la filiale par la mère, car cette opération ne constitue ni une avance de fonds faite par la filiale ni un prêt accordé par elle en vue de l'achat de ses propres actions (Cass. com. 12-6-2019 n° 16-25.025 F-D : RJDA 10/19 n° 638) ;

– une augmentation de capital par apport en nature réalisée par la société cessionnaire et attribution d'actions au cédant en contrepartie, aucune avance de fonds, garantie ou sûreté n'ayant été consentie par la société cessionnaire (CA Paris 21-2-2003 n° 02-1009 : RJDA 12/03 n° 1187).

47032 **Exception** L'interdiction pour la société d'avancer des fonds, d'accorder des prêts ou de consentir une sûreté en vue de la souscription ou de l'achat de ses propres actions par un tiers ne s'applique ni aux opérations courantes des établissements de crédit et des sociétés de financement ni aux opérations effectuées en vue de l'acquisition par les salariés d'actions de la société, de l'une de ses filiales ou d'une société comprise dans le champ d'un plan d'épargne de groupe (C. com. art. L 225-216, al. 2).

> **Précisions a.** Le **plan d'épargne de groupe** est celui prévu à l'article L 3344-1, al. 1 du Code du travail, c'est-à-dire, à notre avis, celui formé par la société et les sociétés ayant avec elle des « liens financiers et économiques ».

b. À notre avis, le terme « acquisition » est ici un terme générique qui vise toute forme d'appropriation des actions par les salariés et s'applique non seulement aux achats mais aussi aux **souscriptions,** la loi tendant à favoriser la participation des salariés au capital.

c. Comme toute dérogation à un principe sanctionné pénalement, la disposition permettant à la société de consentir un prêt à ses salariés doit être interprétée restrictivement. Elle ne saurait, nous semble-t-il, être étendue à un **prêt en faveur d'une personne morale,** même si celle-ci est constituée exclusivement entre des salariés de la société.

Sanctions En cas de violation de l'interdiction prévue par l'article L 225-216, al. 1 du Code de commerce, le président, les administrateurs, les membres du directoire (cf. C. com. art. L 242-30, al. 1), les directeurs généraux ou les directeurs généraux délégués (cf. C. com. art. L 248-1), les gérants dans les SCA (cf. C. com. art. L 243-1, al. 2), ou encore le président ou les autres dirigeants dans les SAS (cf. C. com. art. L 244-1) s'exposent à une **amende** de 150 000 € (C. com. art. L 242-24, al. 2). 47035

En outre, l'article L 225-216 pouvant être considéré comme une disposition impérative, le prêt ou la sûreté irrégulièrement consentis sont susceptibles d'être **annulés** (Cass. com. 19-12-2000 n° 2238 F-D : RJDA 4/01 n° 455).

Si une sûreté a été irrégulièrement consentie, seule la sûreté est annulée et non le prêt consenti par le tiers qu'elle garantit (arrêt précité).

B. Financement par holding de reprise avec effet de levier (LBO)

INTÉRÊT DU MÉCANISME DU LBO

L'acquisition d'une société (société cible ou opérationnelle) peut se faire indirectement par l'intermédiaire d'une autre société (holding de reprise ou de rachat) créée à cet effet par le repreneur seul ou avec des partenaires financiers (investisseurs). L'achat est financé par un crédit souscrit par le holding et dont le remboursement est assuré par les excédents de trésorerie dégagés par la société cible, versés sous forme de dividendes au holding. 47050

Ce type de montage, désigné le plus souvent sous le vocable anglo-saxon « **leverage buy out** » ou LBO, peut générer plusieurs effets de levier qui le rendent attractif.

Il existe de multiples variantes du LBO, notamment le LBO financier où le capital du holding est détenu par un fonds d'investissement privé (private equity), le LBO industriel qui permet à un industriel détenant l'intégralité du capital du holding d'empêcher l'acquisition directe de la société cible, le leverage turn around (LTA) destiné à assurer le relèvement d'une entreprise en difficulté, le management buy out (MBO) où la société cible est reprise par son équipe de direction, le « vendor buy out » (VBO) qui permet au cédant de la société cible de devenir associé minoritaire du holding aux côtés du repreneur ou encore le family buy out (FBO) visant à optimiser la transmission intrafamiliale d'une entreprise.

1. EFFETS DE LEVIER DU LBO

LEVIER FINANCIER DU LBO

Le recours à la société holding et l'utilisation massive de l'endettement accroissent la rentabilité des fonds propres investis et pallient le manque de fonds propres éventuel des repreneurs. Ce levier financier ou économique est l'effet principalement recherché dans le LBO. Il est une **condition de viabilité du montage** et suppose que le rendement de la société cible soit supérieur au coût du capital nécessaire pour la reprise. 47051

Il y a au contraire « effet de massue » si la société cible ne dégage pas suffisamment de trésorerie pour rembourser la dette du holding.

LEVIER JURIDIQUE DU LBO

Le repreneur peut **prendre** le **contrôle** de la société cible **avec un capital restreint.** Cet effet est amplifié par la mise en place d'une cascade de holdings. 47052

EXEMPLE

Le repreneur crée un holding dont il détient 51 % du capital ou des droits de vote ; ce holding crée à son tour un holding dont il détient 51 % du capital ou des droits de vote et ainsi de suite jusqu'à ce que le dernier holding contrôle la société cible. Le repreneur acquiert ainsi le contrôle de la société cible en ne détenant indirectement qu'une faible fraction du capital social de celle-ci (51 % de 51 % de 51 % du capital... soit, en présence de quatre holdings intermédiaires, 3,45 % du capital).

Le repreneur doit trouver des coïnvestisseurs pour chaque holding. Le montage ne bénéficiera pas du régime de l'intégration fiscale, qui est soumis à un seuil plus élevé de détention du capital (n° 48205).

Le **pouvoir de gestion** est **dissocié de la détention du capital.** Cette dissociation peut être renforcée par le choix d'une forme sociale adaptée pour le holding et par l'aménagement des statuts.

LEVIER FISCAL DU LBO

47054 Ce levier résulte essentiellement du régime de l'**intégration fiscale** dont le holding et la société cible peuvent bénéficier sous certaines conditions et qui permet d'imputer le déficit fiscal du holding, généré essentiellement par la charge de l'emprunt, sur le résultat fiscal bénéficiaire de la société cible. L'impôt payé par le groupe est moindre que celui dû par chacune des sociétés en l'absence d'intégration. En outre, les dividendes versés au holding par la société cible sont quasiment exonérés d'impôt.

LIMITES À L'EFFET DE LEVIER DU LBO

47056 Pour supporter un tel montage, la société **cible** doit avoir une **rentabilité** suffisante afin de dégager les ressources nécessaires au remboursement des emprunts contractés par le holding et à son propre développement. À défaut, une distribution massive des bénéfices interviendrait au détriment du bon fonctionnement de la société et pourrait être sanctionnée sur le fondement d'un abus de biens sociaux ou d'un abus de majorité.

Dans tous les cas, les distributions de dividendes effectuées par la société cible vers le holding devront tenir compte :

– de la rémunération des associés minoritaires de la société cible au cas où le holding n'acquiert pas la totalité des titres de cette société ;

– des besoins de financement de la société cible ; c'est ainsi que la société cible ne doit pas exercer une activité ou être dans un secteur qui exige un réinvestissement constant de ses bénéfices ;

– de la capacité de réaction de la société cible à un éventuel retournement de conjoncture : en effet, le plan de financement ne doit pas être trop étriqué ; dans le cas inverse, la cible ne pourrait pas faire face à une éventuelle baisse de son chiffre d'affaires ou à une dégradation de ses marges (guerre des prix, renchérissement des coûts de production, etc.).

2. FINANCEMENT DU LBO

47070 Le financement du LBO provient de plusieurs **sources** : les banques (dette dite « classique » ou senior sur 5 à 7 ans) ; les fonds d'investissement privé (private equity ; dette dite « mezzanine » ou subordonnée car remboursable après complet apurement de la dette senior) ; des apports ou prêts effectués notamment par les dirigeants de la société cible lorsqu'ils sont associés au montage.

Les différents investisseurs concluent des conventions de subordination par lesquelles ils déterminent entre eux des rangs de priorité pour le paiement et le bénéfice des garanties.

La dette mezzanine est souvent constituée d'obligations convertibles ou d'obligations adossées à des bons de souscription d'actions qui permettent à terme aux prêteurs d'accéder au capital de la société.

47072 Le financement est assorti de **garanties** diverses, telles que :

– le nantissement des titres de la société cible détenus par le holding (avec pacte commissoire au profit des prêteurs nantis) ;

– des garanties contre les risques afférents à l'évolution des taux d'intérêt (contrats dits de « couverture ») ;

– la délégation de la garantie d'actif et de passif consentie par le cédant lors de l'acquisition de la société cible ;

– la délégation de l'assurance « homme clef » couvrant le dirigeant de la société cible ;

– ce que la pratique appelle les sûretés « négatives » ou « indirectes » ou encore « accessoires » ; il s'agit de déclarations faites par le cédant ou d'engagements pris par ce dernier (par exemple, celui de ne pas céder certains des actifs de la société cible ou encore de maintenir les contrats de couverture des taux d'intérêt) et dont l'inexactitude ou l'inexécution emporte l'exigibilité anticipée du prêt (sur ce sujet, voir Rapport du congrès des notaires de France 2011 n°s 2257 s.).

FINANCEMENT DU LBO AU MOYEN DES ACTIFS OU DU CRÉDIT DE LA CIBLE

47075 Il peut être tentant pour les repreneurs d'assurer le financement de la reprise au moyen des actifs ou du crédit de la société cible. Les procédés utilisés à cet effet sont nombreux : garantie par la cible des emprunts contractés pour la prise de contrôle, surfacturation de prestations de services, rémunérations exagérées versées aux nouveaux dirigeants, etc. Ces procédés se heurtent aux interdictions ci-dessus (nos 47010 s. et 47030 s.), auxquelles se surajoutent certaines difficultés spécifiques.

Ainsi, en cas d'**avances** ou de prêts **consentis par la cible,** on pourrait être tenté de soutenir que, à la lettre du texte de l'article L 225-216 du Code de commerce applicable aux sociétés par actions (n° 47030), ces avances ou prêts ne sont répréhensibles que s'ils ont été consentis « en vue » de l'achat des actions, et que la prohibition concerne seulement des opérations réalisées antérieurement ou simultanément au rachat mais non celles qui interviennent postérieurement à celui-ci. Une telle interprétation doit, nous semble-t-il, être écartée car la reprise forme un tout. Dès lors que l'intervention de la cible a été « programmée » pour assurer le financement de la reprise, peu importe la date, antérieure ou postérieure au rachat, à laquelle elle intervient. On ne saurait admettre que, au moyen d'un montage frauduleux, par exemple un crédit relais, on puisse tourner les dispositions de l'article L 225-216 et priver ce texte de toute efficacité. **47077**

Le remboursement des emprunts contractés par le holding et par les membres de celui-ci pour financer le rachat de la cible implique généralement que cette dernière procède à des **distributions** substantielles de **dividendes** et éventuellement de réserves. De telles décisions, qui relèvent du pouvoir souverain de l'assemblée de la filiale, ne nous paraissent pas critiquables sauf s'il est démontré qu'elles constituent un abus de majorité, ce qui suppose : **47080**

– d'une part, qu'il existe encore des actionnaires minoritaires, hypothèse à écarter dans le cas, relativement courant en pratique, où la totalité des actions des éventuels opposants a été rachetée ;

– d'autre part, que la décision a été prise contrairement à l'intérêt général de la société et dans l'unique dessein de favoriser les majoritaires au détriment des minoritaires. Tel serait le cas si la distribution massive de dividendes ou de réserves mettait en péril le développement et les investissements de l'entreprise ou faisait courir à celle-ci des risques économiques excessifs.

3. ORGANISATION JURIDIQUE DU LBO

ORGANISATION STATUTAIRE OU EXTRASTATUTAIRE DU LBO

Certains aspects du LBO relèvent nécessairement des statuts (forme sociale, pouvoirs des dirigeants, modification du droit de vote ou du droit aux dividendes attaché aux titres, etc.). D'autres ont vocation à n'être négociés que dans le cadre de pactes d'associés (par exemple, les conventions de vote) ; enfin, d'autres peuvent au choix figurer dans les statuts ou dans un pacte (telles les clauses d'inaliénabilité ou de préemption ou encore de non-concurrence). Les **avantages** et les **inconvénients** de ces modes d'organisation se situent à plusieurs niveaux. **48000**

Les statuts sont publiés et donc accessibles au public tandis que les pactes d'associés peuvent demeurer confidentiels. Les statuts sont opposables à tout nouvel associé et aux tiers alors que les pactes ne lient en principe que les personnes qui les ont signés. Toutefois, un tiers (par exemple, la société holding, la société cible ou un créancier de l'une d'elles ou encore un salarié) peut demander réparation du préjudice qu'il a subi du fait de l'inexécution du pacte (Cass. com. 18-12-2007 n° 05-19.397 F-D : RJDA 3/08 n° 232 ; Cass. soc. 18-3-2009 n° 07-45.212 : RJDA 6/09 n° 552).

L'accord unanime des associés n'est pas requis pour modifier les statuts sauf exception. La modification d'un pacte suppose l'accord de tous les signataires.

CHOIX DE LA FORME SOCIALE DU HOLDING DE REPRISE

En pratique, la forme sociale la plus souvent utilisée pour le holding de reprise est la **SAS** car sa réglementation, très souple, autorise une répartition statutaire des pouvoirs au sein de la société propre à favoriser la dissociation des pouvoirs de gestion de la détention du capital. Notamment, il est possible de créer des actions à droit de vote multiple au profit du repreneur et des actions de préférence sans droit de vote pour les investisseurs, de désigner le repreneur comme président et de confier le contrôle de la gestion à un comité de surveillance composé des investisseurs, et de prévoir une clause de variabilité du capital pour faciliter la sortie des investisseurs. **48005**

La **SCA** permet aussi cette dissociation, les investisseurs ayant la qualité de commanditaires ce qui leur interdit de s'immiscer dans la gestion externe de la société (C. com. art. L 226-1, al. 2 et, sur renvoi, art. L 222-6) tandis que le repreneur prend la qualité de commandité et peut être désigné comme gérant même s'il n'a fait aucun apport. Il est en outre possible de prévoir une clause de variabilité du capital, ce qui facilite l'entrée et la sortie des actionnaires. **48007**

Soulignons toutefois que la SCA présente l'inconvénient d'avoir un fonctionnement complexe dû à la coexistence de deux catégories d'associés dont les droits et les obligations sont différents.

La **société civile** est soumise à un régime juridique d'une grande simplicité et d'une grande souplesse. **48010**

Dans le silence de la loi, et sauf exception pour certaines sociétés réglementées (C. mon. fin. art. L 214-103, al. 2 pour les sociétés civiles autorisées à offrir leurs parts au public), le nombre des voix dont dispose chaque associé est librement fixé dans les statuts. En effet, l'égalité entre les parts, prévue par l'article 1845-1 du Code civil, n'est à notre avis requise que pour la valeur nominale de celles-ci. Les statuts peuvent donc accorder un droit de vote plural à certains associés et/ou limiter le nombre de droits de vote des autres, ce qui permet une répartition inégalitaire du droit de vote au profit du repreneur.
Mais, dans la mesure où la société civile serait utilisée pour l'acquisition d'une société cible dont l'activité est commerciale, il existe un risque de requalification par le juge de la société holding en société commerciale de fait. Les praticiens sont donc assez réservés sur la création d'un holding de reprise sous cette forme sociale.

48012 La **SA** est une structure lourde dont le fonctionnement est soumis à un formalisme rigide et son adoption ne se justifie que si l'objectif projeté met en œuvre des capitaux importants.
En outre, l'effet de levier juridique est assez faible dans cette forme de société dans la mesure où l'octroi de droits de vote différenciés est encadré : ainsi, dans l'hypothèse qui nous concerne d'une société dont les actions ne sont pas admises aux négociations sur un marché réglementé ou sur un SMN, hormis l'émission d'actions de préférence, qui peuvent conférer un droit de vote multiple (cf. C. com. art. L 228-11, al. 1), un droit de vote double peut être accordé par les statuts aux seuls actionnaires qui détiennent des actions nominatives depuis au moins deux ans, mais doit alors bénéficier à tous ceux qui remplissent cette condition (C. com. art. L 225-123).
Par ailleurs, les dirigeants – et donc le repreneur s'il a cette qualité – peuvent être révoqués de leurs fonctions.

48013 La **SARL** présente peu d'intérêt pour les LBO car son effet de levier juridique est quasiment nul. En effet la réglementation qui lui est applicable ne permet pas de déroger aux règles de majorité ni d'aménager la participation aux décisions collectives indépendamment du nombre de parts sociales détenues par les associés (C. com. art. L 223-28). En outre, le gérant est nécessairement une personne physique (C. com. art. L 223-18), ce qui interdit l'interposition d'une société ayant la qualité de gérant. Enfin, le gérant – et donc le repreneur s'il a cette qualité – peut être révoqué de ses fonctions.

GOUVERNANCE DUALISTE DE LA SOCIÉTÉ CIBLE

48015 Dans le cadre d'une opération de LBO, la gouvernance de la société cible est généralement organisée selon un mode dualiste : un **organe assure la direction** et la gestion quotidienne de la société et un **organe** contrôle et **surveille** cette gestion.
Si la forme de SAS est retenue, cela se traduit par la mise en place d'un président (généralement le repreneur) et d'un conseil de surveillance ainsi que, le cas échéant, de comités consultatifs, où siégeront les actionnaires financiers.
Les **pouvoirs respectifs** de chaque organe sont fixés par les statuts tandis que la répartition des sièges au sein du conseil de surveillance entre les actionnaires est généralement fixée par un pacte qui comporte en outre une convention de vote relative à la nomination et au renouvellement des membres du conseil.

SURVEILLANCE DE LA DIRECTION DE LA SOCIÉTÉ CIBLE

48020 L'investisseur financier ne se contente pas du droit de communication reconnu au simple associé et réclame une **information plus étendue** et plus fréquente. Ce point peut être organisé dans le pacte d'associés.
Il peut être prévu que l'**investisseur** sera **consulté en amont** pour les opérations susceptibles d'affecter le rendement de son investissement ou d'affecter la structure du LBO ou encore que ces opérations seront soumises à son **autorisation préalable.** Sont généralement visées l'adoption ou la modification majeure du budget annuel, les dépenses d'investissement supérieures à un certain montant, la distribution de dividendes, l'acquisition d'une autre entreprise, les modifications de capital.
Le droit de **veto** conféré à l'investisseur doit être limité afin, d'une part, de ne pas pénaliser la gestion de la société et, d'autre part, de ne pas faire courir le risque à l'investisseur d'être qualifié de dirigeant de fait et de voir sa responsabilité engagée notamment en cas de faute de gestion.

> **Précisions** La **qualité de dirigeant de fait** est **caractérisée** par **l'exercice en toute liberté** et indépendance, seul ou en groupe, de façon continue et régulière, d'activités positives de gestion et de direction engageant la société (notamment, Cass. com. 12-7-2005 n° 03-14.045 FP-PBIR : RJDA 2/06 n° 169).
> Cette qualification a été retenue à l'encontre du président du conseil de surveillance d'une société mère qui s'était présenté au liquidateur

comme le « manager » d'une filiale de celle-ci et qui avait résolu le bail commercial dont elle bénéficiait, entraînant l'arrêt de son activité économique (CA Paris 22-3-2016 n° 15/14846 : RJDA 7/16 n° 536). Le holding peut aussi être reconnu comme dirigeant de fait de la société cible (notamment, Cass. com. 23-11-1999 n° 97-14.693 D : RJDA 3/00 n° 270 ; Cass. com. 6-6-2000 n° 96-21.134 F-D. : RJDA 9-10/00 n° 868).

Elle a également été retenue à l'encontre d'une personne physique qui n'était ni salariée ni mandataire de la société mais qui y tenait le rôle moteur, donnant son avis au dirigeant de droit pour toutes les décisions importantes, s'entretenant avec les avocats de la société d'instances judiciaires en cours et donnant des instructions sur des sujets essentiels touchant au fonctionnement de la société ; en effet, ses différentes interventions auprès des salariés et des prestataires extérieurs la font apparaître comme ayant un rôle de décideur (Cass. com. 2-6-2021 n° 20-13.735 F-D : RJDA 10/21 n° 661).

En revanche, n'ont pas la qualité de dirigeant de fait : les membres du conseil de surveillance d'une SA du seul fait qu'ils disposent du pouvoir de révoquer le président du directoire et qu'ils peuvent ruiner la confiance des créanciers en l'exerçant (Cass. com. 12-7-2005 n° 03-14.045 précité) ; celui qui a signé une convention de trésorerie et un contrat de location-gérance au nom de la société, bénéficie d'avantages propres aux dirigeants et représente cette société aux audiences de sa procédure collective, mais qui n'a pas accompli d'actes positifs de gestion (Cass. com. 9-6-2022 n° 19-24.026 F-D : RJDA 10/22 n° 563).

MODULATION DU DROIT DE VOTE DES ACTIONNAIRES DU HOLDING DE REPRISE

Lorsqu'il recourt à des investisseurs extérieurs pour financer la reprise, le repreneur doit organiser l'effet de levier juridique afin de maintenir son contrôle sur le holding tout en donnant des garanties aux investisseurs. Cet aménagement ne présente pas de difficultés dans les **SAS** puisque les statuts peuvent attribuer à certains associés un nombre de voix différent de celui accordé aux autres. **48022**

Dans les **SA** et par assimilation dans les **SCA,** dans l'hypothèse qui nous concerne d'une société dont les actions ne sont pas admises aux négociations sur un marché réglementé ou sur un SMN, le droit de vote peut être dissocié du capital détenu par l'insertion dans les statuts d'une clause de droit de vote double (C. com. art. L 225-123) ou par l'émission d'actions de préférence sans droit de vote ou au contraire assorties d'un droit de vote multiple (cf. C. com. art. L 228-11 modifié par loi 2019-486 du 22-5-2019). Mais ces mécanismes comportent des limites.

Le **droit de vote double** ne peut être attribué par les **statuts** qu'aux actions nominatives détenues depuis plus de deux ans par le même actionnaire et tout actionnaire satisfaisant à cette condition en bénéficie (C. com. art. L 225-123). Il n'est donc pas possible de choisir librement les bénéficiaires du droit de vote double.

Les **actions** de préférence **sans droit de vote** ne peuvent pas représenter plus de la moitié du capital (plus du quart du capital dans les sociétés dont les actions sont admises aux négociations sur un marché réglementé) (C. com. art. L 228-11, al. 3).

Par ailleurs, rien n'interdit de prévoir des **conventions de vote** dans un pacte extrastatutaire, les signataires s'engageant, pour tout ou partie des décisions collectives, à voter dans un sens déterminé ou à ne pas participer au vote.

CONTRÔLE DE L'ACTIONNARIAT DU HOLDING DE REPRISE

Durant les premières années du LBO, il peut être opportun de maintenir l'équilibre capitalistique au sein du holding tel qu'il a été négocié lors de sa mise en place. Tel est le rôle des **clauses d'inaliénabilité** temporaire des titres (n°s 5310 s.) ou des clauses par lesquelles les intéressés s'engagent à **ne pas augmenter** directement ou indirectement leur **participation** dans le holding ou dans la société cible ou encore des **clauses anti-dilution** offrant une protection aux actionnaires minoritaires (ou aux investisseurs mezzanine) pour les opérations sur le capital du holding. **48025**

L'entrée d'un tiers dans le capital du holding peut être contrôlée par l'institution d'une **clause** statutaire **d'agrément** soumettant le transfert de titres à l'accord des autres actionnaires (n°s 31000 s.). Cet agrément peut aussi être prévu pour les transferts entre actionnaires. Mais la mise en œuvre de ce mécanisme peut aboutir à l'obligation pour la société ou les autres actionnaires de racheter les actions concernées alors que ceux-ci ne souhaitent pas ou n'ont pas les moyens d'augmenter leur participation dans la société. **48027**

Le contrôle de la répartition du capital entre les actionnaires peut aussi résulter d'une clause instituant un **droit de préemption** ou de préférence en cas de cession d'actions, qu'elle soit envisagée au profit d'un tiers ou d'un ou plusieurs autres actionnaires (n°s 5030 s.). **48030**

ASSOCIATION DES DIRIGEANTS DE LA SOCIÉTÉ CIBLE AU LBO

Les dirigeants de la société cible peuvent être associés au LBO afin d'augmenter leur implication et les chances de réussite de l'opération. Ce « management package », négocié avec les investis- **48035**

seurs financiers, se traduit par une **prise de participation** des dirigeants dans le holding et/ou par des **prêts** qu'ils consentent à celui-ci sous forme notamment de versement en compte courant d'associés ou de souscriptions d'obligations convertibles émises par le holding.
Peuvent être associés au LBO non seulement les dirigeants de premier plan mais aussi d'autres ayant des pouvoirs de direction moindres ainsi que des salariés. Ils créent généralement une **société (« management Co »)** à la demande des investisseurs financiers désireux de n'avoir qu'un interlocuteur unique.

48037 Le « package » organise les conditions dans lesquelles, au moment du débouclage du LBO, les dirigeants réaliseront une **plus-value** en cas de succès de l'opération : par exemple, par la mise en place de bons de souscription d'actions ou d'options contractuelles qui permettront au dirigeant d'augmenter sa participation dans le capital.
Il peut aussi comprendre un **mandat social** ou un **contrat de travail** au profit du dirigeant au sein du holding.
Enfin, il organise le **départ des dirigeants** en cours d'opération par des clauses de « leaver ». Peuvent aussi être prévues des clauses de non-concurrence, de non-débauchage ou de non-sollicitation ainsi que des indemnités contractuelles de rupture (golden parachute).

GARANTIE DE LA PÉRENNITÉ DE L'INVESTISSEMENT DANS LE HOLDING

48040 L'investisseur financier voudra être assuré du maintien de la valeur de son investissement dans le capital du holding pendant la durée de l'opération. Il convient donc d'anticiper les effets de certains événements.

48045 **Clause de ratchet** En cas d'**augmentation de capital** du holding sur la base d'une **valorisation inférieure à celle de départ,** cette clause permet à l'actionnaire financier de souscrire à un prix symbolique de nouvelles actions dans une proportion équivalente à la baisse de valeur. Notamment, peuvent être émis au profit de l'actionnaire financier, dès son entrée dans le capital, des bons de souscription d'actions lui donnant la possibilité de souscrire aux futures augmentations de capital. Cette faculté doit être encadrée afin de limiter la dilution corrélative de la participation des autres actionnaires.

48047 **Clause de liquidation préférentielle** L'actionnaire financier peut demander à être **remboursé** de sa participation **en priorité** sur les autres actionnaires en cas de survenance de certains événements, telles la cession totale ou partielle du capital, la liquidation de la société ou son absorption par voie de fusion. Cette clause est susceptible de tomber sous le coup de la prohibition des clauses léonines si elle aboutit à conférer la totalité du profit de la société à ce seul actionnaire (n°s 14370 s.).

ORGANISATION DE LA SORTIE DU HOLDING

48060 La sortie des investisseurs financiers est organisée dès la constitution du holding afin notamment de leur assurer la **liquidité des titres** qu'ils vont obtenir en contrepartie de leur investissement. Le repreneur doit aussi prévoir sa propre sortie et envisager les mécanismes qui faciliteront la cession de sa participation.
Les clauses fixant ces mécanismes prévoient généralement les **événements** dont la survenance permet leur mise en œuvre. La rédaction de ces clauses requiert une attention particulière. En cas d'imprécision, les tribunaux pourront en faire une application extensive (voir, par exemple, CA Versailles 14-10-2004 n° 03-4586 et CA Paris 20-12-2012 n° 11/22841 : n° 5453).

48065 **Clause de sortie conjointe** Cette clause permet de favoriser (clause de « **tag along** »), voire d'imposer (clause de « **drag along** »), la cession de l'intégralité du capital, celle-ci pouvant être plus intéressante pour un futur acquéreur qu'une simple prise de participation majoritaire. Elle permet aussi aux associés minoritaires de profiter du prix proposé par le candidat à l'acquisition. Pour plus de détails, voir n°s 5450 s.

48067 **Clause d'offre alternative** Cette clause, dite « **buy or sell** » est parfois utilisée dans les sociétés dont le capital est également partagé entre les associés et qui peuvent se retrouver en situation de blocage si aucune majorité ne se dégage. Chaque associé (ou groupe d'associés) s'engage à l'égard de l'autre, à réception d'une proposition de vente de sa part, soit à lui acheter ses parts, soit à lui vendre les siennes au prix proposé. Le mécanisme est généralement matérialisé par une promesse irrévocable de vente en cas de refus de l'offre d'achat. Il peut aussi imposer une évaluation préalable et indépendante de la valeur des titres (par exemple en application des articles 1592 ou 1844-3 du Code civil ; n°s 37420 s.) et l'obligation pour les parties de ne pas faire d'offre inférieure à cette évaluation.

La **validité** de principe de ce type de clause est désormais admise par les tribunaux (Cass. com. 10-9-2011 n° 10-27.186 F-D : Bull. Joly 2012 p. 198 note Th. Massart ; Cass. com. 29-9-2015 n° 14-15.040 F-D : RJDA 3/16 n° 198).

> **Précisions a.** Dans le cas où les parties sont convenues de se faire des **offres croisées** de leurs titres en acceptant par avance le prix le plus élevé proposé sans pouvoir surenchérir, la vente est formée au profit de celui qui a fait l'offre la plus forte (Cass. com. 29-9-2015 n° 14-15.040 F-D : RJDA 3/16 n° 198, rendu à propos de parts de SARL mais transposable aux sociétés par actions).
>
> **b.** La clause, intitulée « buy or sell », qui prévoit qu'en cas d'offre d'**achat du capital par un tiers,** un actionnaire peut vendre ses titres au tiers ou racheter les titres de ses coactionnaires comporte deux options alternatives. L'exercice de la première interdit d'exercer la seconde (CA Paris 10-3-2015 n° 13/21286 : RJDA 7/15 n° 503).

Clause d'exclusion ou de retrait Il peut être rassurant tant pour les investisseurs que pour le repreneur de prévoir que certains événements permettront l'exclusion ou le retrait d'un associé, notamment en cas de changement de contrôle d'une société associée (sur la validité des clauses statutaires en ce domaine, voir n° 31099), en cas de révocation d'un dirigeant associé ou encore pour certains manquements au pacte d'actionnaires. **48070**

La clause d'exclusion ou de retrait figure le plus souvent dans le pacte sous forme de promesse, selon le cas, de vente ou d'achat de titres sous la condition suspensive de la survenance de l'événement convenu. Comme pour toute promesse, le prix doit être déterminable et réel (n°s 37020 s.), le recours à un tiers indépendant pouvant être prévu (n°s 37420 s.), et la réalisation de la condition ne doit pas dépendre de la seule volonté du débiteur (n°s 55110 s.).

Il est fréquemment prévu une **clause de leaver** qui organise la reprise de la participation détenue par le dirigeant ou d'un associé de référence s'il cesse ses fonctions en cours d'opération. **48080**

En cas de départ pour comportement fautif de l'associé ou du dirigeant, dit « **bad leaver** » (par exemple en cas de révocation pour faute lourde ou grave ou de démission pour une cause autre qu'un événement personnel grave), l'intéressé s'engage à céder sa participation à un prix minoré par rapport à celui du marché. Mais pour que la clause puisse jouer, il faut que la réalité du comportement fautif soit établie et que la minoration ne s'analyse pas en une sanction pécuniaire prohibée par le droit du travail si le signataire du pacte est par ailleurs salarié.

ILLUSTRATIONS

Un pacte conclu entre les actionnaires d'un holding de reprise prévoyait que les dirigeants promettaient de céder leurs titres s'ils quittaient la société cible et que la cession devait intervenir à un prix minoré en cas de départ fautif, notamment en cas de non-respect d'une clause essentielle du pacte auquel il n'aurait pas été remédié dans un délai d'un mois après mise en demeure écrite adressée aux dirigeants. Au mépris d'une clause essentielle du pacte, un dirigeant avait demandé la modification du crédit bancaire accordé en vue de la reprise et refusé d'affecter le produit de la vente d'un actif social au remboursement anticipé de ce crédit sans soumettre ces décisions au comité de surveillance de la société.
Faute de **mise en demeure écrite,** le départ du dirigeant ne peut pas être qualifié de fautif et ne peut pas donner lieu à l'application de la clause de minoration du prix des actions. En effet, la mise en demeure prévue dans le pacte, qui devait être écrite et qui faisait courir le délai dans lequel le dirigeant concerné devait remédier au manquement qui lui était signalé, ne constitue pas une simple clause de style ; il s'agit d'une formalité imposée par le pacte pour protéger le dirigeant contre tout arbitraire et qui ne peut pas être éludée. Le rappel des termes des statuts et les demandes d'explications adressées au dirigeant à la suite des décisions litigieuses ne peuvent pas tenir lieu de mise en demeure car ils n'imposaient pas de délai pour remédier aux manquements reprochés. Enfin, ni le ton ni le contenu d'un projet d'accord de sortie de la société remis trois mois plus tard au dirigeant ne situaient ce projet dans un contexte d'avertissement préalable à la signification d'un départ fautif au sens du pacte.
CA Paris 19-3-2013 n° 12/03448 : RJDA 6/13 n° 526.

Est valable la clause imposant au signataire du pacte, par ailleurs salarié de la société, de céder ses actions en cas de **licenciement autre que pour faute grave ou lourde,** à un prix fixé à dire d'expert dégradé d'un coefficient de 0,5. Cette clause ne s'analyse pas en une sanction pécuniaire prohibée (cf. C. trav. art. L 1331-2) car elle ne vise pas à sanctionner un agissement du salarié considéré comme fautif par son employeur dès lors qu'elle s'applique à tout licenciement autre que disciplinaire.
Cass. com. 7-6-2016 n° 14-17.978 FS-PB : RJDA 10/16 n° 696.

Ndlr : En revanche, constitue une sanction pécuniaire prohibée la clause prévoyant qu'en cas de licenciement du salarié pour faute grave il sera privé de la faculté de lever les options de souscription d'actions dont il est bénéficiaire (Cass. soc. 21-10-2009 n° 08-42.026 : RJDA 3/10 n° 254).

À l'inverse en cas de départ non fautif dit « **good leaver** » (départ justifié par un événement autre que ceux précités, tel que maladie, retraite ou révocation sans faute), les investisseurs s'engagent à racheter la participation au prix du marché, voire à un prix majoré. L'associé ou le dirigeant peut aussi être autorisé à conserver une partie des titres qu'il détient (clause de « vesting ») : il pourra alors réaliser une plus-value lors de leur cession à l'occasion du débouclage du LBO. Le pacte peut aussi prévoir un « droit de suite », c'est-à-dire permettre au dirigeant qui a cédé ses titres de recevoir un complément de prix si, dans un délai donné (6 à 18 mois), celui qui les a acquis les revend à un prix supérieur (pour des exemples, voir R. Arakellian et P. Hermet, La pratique du « droit de suite » en matière de cession d'une participation : Option finance 8-3-2010 n° 1067 p. 35).

4. ASPECTS FISCAUX DU LBO

48110 Le mécanisme de l'**effet de levier fiscal,** qui permet d'accroître l'effet de levier financier, suppose que le holding qui s'endette pour acquérir les titres de la société cible :
– puisse rembourser l'emprunt avec les remontées de bénéfices de la société cible sans que ceux-ci subissent une double imposition ;
– et puisse déduire les frais financiers liés à l'emprunt.
Cet effet peut être obtenu grâce aux régimes des sociétés mères et filiales et de l'intégration fiscale, tous deux applicables sur option.

> **Précisions** L'administration fiscale peut être tentée de considérer que la création d'un holding de reprise et son option pour le régime de l'intégration fiscale répondent à un but exclusivement fiscal relevant d'un **abus de droit** au sens de l'article L 64 du LPF. Mais dans une décision non frappée d'appel, le tribunal administratif de Montreuil a jugé d'une part que le holding ne saurait être considéré comme fictif dès lors qu'il exerce régulièrement une activité de détention de titres de participation et que ses organes sociaux fonctionnent régulièrement, d'autre part que la création d'un holding de reprise et son option pour le régime de groupe n'ont pas un but exclusivement fiscal, le holding présentant notamment un intérêt juridique et financier (TA Montreuil 16-6-2011 n° 0905509 et 1007116 : RJF 12/11 n° 1345).

DÉDUCTION DES CHARGES FINANCIÈRES

48115 Si les intérêts des dettes contractées par une société soumise à l'IS dans le cadre d'une gestion normale sont déductibles de ses résultats, la loi fixe toutefois plusieurs **limites** à cette déduction que nous présentons ci-après sans les détailler.

48120 **Intérêts servis aux associés et aux entreprises liées** Outre qu'elle est subordonnée à la libération intégrale du capital, la déduction des intérêts servis aux **associés** en rémunération des sommes laissées ou mises à la disposition de la société n'est admise que dans la limite de ceux calculés à un taux égal à la moyenne annuelle des taux effectifs moyens pratiqués par les établissements de crédit pour des prêts à taux variable aux entreprises d'une durée initiale supérieure à deux ans (CGI art. 39, 1-3°). À titre d'exemple, ce taux était de 1,17 % pour les exercices clos au 31 décembre 2021.
La déductibilité des intérêts versés par une société passible de l'IS à des **entreprises liées,** directement ou indirectement, est limitée à ce même taux de référence ou au taux du marché s'il est supérieur (CGI art. 212, I). Ce dernier s'entend du taux que les organismes financiers indépendants auraient été susceptibles de consentir à l'entreprise emprunteuse pour un prêt présentant les mêmes caractéristiques dans des conditions de pleine concurrence, compte tenu de ses caractéristiques propres, notamment de son profil de risque. Ce taux s'apprécie au regard des caractéristiques des prêts et des caractéristiques propres de l'entreprise emprunteuse indépendamment de son appartenance à un groupe. Mais la situation économique et financière consolidée de l'entreprise emprunteuse et de ses filiales est en principe prise en compte pour apprécier le profil de risque de l'entreprise emprunteuse (CE 29-12-2021 n° 441357 : RJF 3/22 n° 240). L'impossibilité pour une entreprise emprunteuse d'obtenir un emprunt auprès d'un organisme financier indépendant ne la dispense pas de la démonstration de la conformité du taux d'intérêt au taux du marché (CE 18-3-2019 n° 411189 : RJF 6/19 n° 513). Cette démonstration peut être apportée par tout moyen, notamment par comparaison avec les taux pratiqués sur les marchés obligataires par des sociétés tierces se trouvant dans des conditions économiques comparables si ces emprunts obligataires constituent une alternative réaliste à un prêt intragroupe (CE avis 10-7-2019 n° 429426 : RJF 10/19 n° 877 ; CE 10-12-2020 n° 428522 : RJF 3/21 n° 247).

> Précisions a. Des sociétés sont considérées comme des **entreprises liées** (CGI art. 39, 12) :
– lorsque l'une détient directement ou par personne interposée la majorité du capital social de l'autre ou y exerce en fait le pouvoir de décision ;
– lorsqu'elles sont placées l'une et l'autre, dans les conditions définies à l'alinéa précédent, sous le contrôle d'une même tierce entreprise.
b. Des règles particulières de déduction des intérêts s'appliquent dans les **situations transfrontalières** en application des mécanismes de lutte contre les dispositifs hybrides susceptibles de produire des effets fiscaux asymétriques (voir nos 48250 s.).

Limitation de la déductibilité des charges financières nettes Les entreprises soumises à l'impôt sur les sociétés et **non membres d'un groupe fiscal** ne peuvent déduire leurs charges financières nettes que dans une certaine limite déterminée en fonction de leur résultat avant impôts, intérêts, dépréciations et amortissements (Ebitda fiscal), de leur appartenance ou non à un groupe consolidé et de leur situation de sous-capitalisation (CGI art. 212 bis). 48125

Les **charges financières nettes** s'entendent de l'excédent de charges financières déductibles après application du dispositif mentionné au n° 48120, par rapport aux produits financiers imposables et aux autres revenus équivalents perçus par l'entreprise. Ces charges et produits correspondent aux intérêts sur toutes les formes de dette, c'est-à-dire ceux afférents aux sommes laissées ou mises à disposition de l'entreprise ou par l'entreprise. Ils s'entendent des charges engagées et des produits acquis au cours de l'exercice.

Les **entreprises non sous-capitalisées** (sur cette notion, voir n° 48140) peuvent déduire leurs charges financières nettes dans la limite de **30 %** de leur résultat avant impôts, intérêts, dépréciations et amortissements (**Ebitda fiscal**) ou de **3 M€** par exercice (le cas échéant ramené à 12 mois) lorsque ce montant est supérieur. 48130

L'**Ebitda fiscal** est déterminé à partir du résultat fiscal soumis à l'IS au taux de droit commun ou au taux réduit en faveur des PME, avant imputation des déficits et avant application du plafonnement des charges financières nettes. Mais il est déterminé après application, le cas échéant, d'abattements et déductions retenus pour l'assiette de l'impôt (déductions de type « suramortissement » ou allégements en faveur d'entreprises implantées dans certaines zones).

> Précisions Le **résultat fiscal** ainsi défini est **retraité** comme suit :
– il est majoré des charges financières entrant dans le périmètre des charges financières nettes, des dotations aux provisions pour dépréciation déductibles, des dotations aux amortissements déductibles, des revenus de la propriété industrielle taxés au taux de 10 % et des plus-values soumises aux taux de 15 % et 19 % ;
– il est minoré des produits financiers (entrant dans le périmètre des charges financières nettes), des reprises de provisions pour dépréciation imposables, des reprises d'amortissement imposables et de la fraction d'amortissement comprise dans les plus ou moins-values d'actif (que l'amortissement ait été déduit ou non pour le calcul de l'IS, pour la totalité de leur montant : BOI-IS-BASE-35-40-10-20 n° 70), et des moins-values soumises aux taux de 15 % et 19 %.

Lorsqu'elle est **membre d'un groupe consolidé,** l'entreprise peut bénéficier d'une **déduction supplémentaire,** à condition que le ratio entre ses fonds propres et l'ensemble de ses actifs soit égal ou supérieur à ce même ratio déterminé au niveau du groupe consolidé auquel elle appartient. Le ratio du groupe est considéré comme égal à celui de l'entreprise lorsque la différence entre les deux ratios est inférieure à deux points de pourcentage. 48135

Toutes les **entreprises autonomes** bénéficient également d'une déduction supplémentaire, sans possibilité d'y renoncer (BOI-IS-BASE-35-40-40 n° 1).

La déduction supplémentaire est égale à **75 %** du montant des charges financières nettes non admises en déduction en application du plafond de 30 % de l'Ebitda fiscal ou de 3 M€.

Ce supplément de déduction ne s'applique toutefois pas aux éventuelles charges financières nettes en report non admises en déduction au titre d'exercices antérieurs.

Les entreprises sous-capitalisées (n° 48140) ne peuvent pas bénéficier de cette déduction supplémentaire, sauf lorsqu'elles font jouer la clause de sauvegarde mentionnée au n° 48145.

En cas de **sous-capitalisation,** le plafond de déduction est réduit. L'entreprise doit déterminer la part respective des dettes non liées à la sous-capitalisation et des dettes liées à la sous-capitalisation. Pour les calculs de ces ratios, il est considéré que la dette envers des sociétés liées qui n'excède pas une fois et demie les fonds propres n'est pas liée à la sous-capitalisation. 48140

Ratio de dettes non liées à la sous-capitalisation (ratio NSC) = (DNL + 1, 5 FP) / (DNL + DL)

Ratio de dettes liées à la sous-capitalisation (ratio SC) = (DL – 1,5 FP) / (DNL + DL)

DNL représente les dettes auprès d'entreprises non liées ; DL les dettes auprès d'entreprises liées ; et FP les fonds propres.
Deux **assiettes de charges financières** nettes sont ensuite déterminées :
– la **première** assiette correspond aux intérêts relatifs à la dette non liée à la sous-capitalisation. Elle est calculée en appliquant au montant total des charges financières nettes le ratio de dettes non liées à la sous-capitalisation déterminé ci-dessus ;
– la **seconde** assiette correspond aux intérêts relatifs à la dette liée à la sous-capitalisation. Elle est déterminée en appliquant au montant total des charges financières nettes le ratio de dettes liées à la sous-capitalisation déterminé ci-dessus.
À la première assiette est appliqué un **premier plafond égal à 30 % de l'Ebitda fiscal proratisé** (c'est-à-dire auquel le ratio des dettes non liées à la sous-capitalisation est appliqué), **ou 3 M€ proratisé** de la même façon si ce montant est plus élevé.
Un **second plafond** s'applique à la seconde assiette. Il s'élève à **10 % de l'Ebitda fiscal proratisé** (c'est-à-dire auquel le ratio des dettes liées à la sous-capitalisation est appliqué), **ou 1 M€ proratisé** de la même façon si ce montant est plus élevé.
Le montant des charges qui excède chacun de ces deux plafonds ne peut pas bénéficier de la déduction supplémentaire de 75 % mais est reportable sur les exercices ultérieurs dans les conditions indiquées au n° 48150.

> **Précisions** **a.** Une **entreprise est sous-capitalisée** lorsque le montant moyen de ses dettes vis-à-vis d'entreprises liées au sens de l'article 39, 12 du CGI (voir n° 48120, Précision a) excède une fois et demie le montant de ses fonds propres, apprécié au choix de l'entreprise, à l'ouverture ou à la clôture de l'exercice.
> **b.** Le **montant moyen des dettes** à retenir est égal à la somme des dettes quotidiennes divisée par le nombre de jours de l'exercice (BOI-IS-BASE-35-40-20 n° 200).

48145 Une **clause de sauvegarde** est prévue lorsque l'entreprise appartient à un **groupe consolidé** : les dispositions prévues en cas de sous-capitalisation ne lui sont pas applicables si elle démontre que le ratio d'endettement du groupe consolidé est supérieur ou égal à son propre taux d'endettement, étant précisé que le premier ratio est considéré comme égal au deuxième lorsqu'il est inférieur à ce dernier de deux points de pourcentage au maximum. Les charges financières nettes de l'entreprise sont alors soumises au plafond de droit commun (n° 48130) et, si les conditions sont remplies, la déduction supplémentaire de 75 % peut s'appliquer.

48150 Il est prévu deux mécanismes de report :
a. Un **report des charges non admises en déduction** : le montant des charges financières nettes non admises en déduction après application du plafond de droit commun et, le cas échéant, de la déduction supplémentaire de 75 %, peut être reporté **sans limitation dans le temps** et faire l'objet d'une déduction au titre des exercices suivants.
Lorsque l'entreprise est **sous-capitalisée,** les sommes excédant le premier plafond proratisé sont reportables dans les mêmes conditions. En revanche, celles qui excèdent le second plafond proratisé ne sont reportables qu'à hauteur du tiers de leur montant.
Lorsque l'entreprise est **autonome,** les charges financières nettes non admises en déduction sont définitivement perdues au titre de l'exercice pour lequel elle a bénéficié de la déduction supplémentaire visée au n° 48135 (BOI-IS-BASE-35-40-40 n° 80) ;
b. Un **report de la capacité de déduction inemployée** : la capacité de déduction inemployée correspond à la **différence positive** entre :
– la limite de droit commun appliquée au titre de l'exercice (3 M€ ou 30 % de l'Ebitda fiscal),
– et les charges financières nettes admises en déduction au titre de cet exercice, après application du plafond de droit commun, de la déduction supplémentaire de 75 % et de la déduction des charges reportées d'exercices antérieurs.
La capacité de déduction inemployée au titre d'un exercice peut être **utilisée** au titre des **cinq exercices suivants** pour déduire du résultat de ces exercices le montant de charges financières nettes non admises en déduction après application du plafond de droit commun et de la déduction supplémentaire de 75 %. La capacité de déduction inemployée reportée d'un exercice antérieur ne peut être utilisée pour déduire des charges financières en report. De même, elle ne peut être utilisée au cours de l'exercice au titre duquel une entreprise acquiert la qualité d'entreprise autonome.

RÉGIME DES SOCIÉTÉS MÈRES ET FILIALES

48160 Le régime des sociétés mères et filiales permet à la société mère de bénéficier de l'exonération des dividendes reçus de sa filiale, sous réserve de la taxation d'une quote-part de frais et charges. Son principal objet est d'éviter que les bénéfices de la filiale ne soient soumis à une double imposition au titre de l'impôt sur les sociétés, d'abord au niveau de la filiale puis, lors de la distribution, au niveau du holding. Il facilite ainsi la remontée des dividendes de la société cible vers le holding de reprise.

Conditions d'application Le régime spécial est ouvert, sur option, aux **sociétés mères** soumises, de plein droit ou sur option, à l'impôt sur les sociétés au taux normal sur tout ou partie de leur activité, quelle que soit la nature de celle-ci (CGI art. 145). Les PME qui relèvent de l'IS au taux réduit de 15 % sur une fraction de leur bénéfice (CGI art. 219, I-b) peuvent avoir le statut de société mère (BOI-IS-BASE-10-10-10-10 n° 110). Il en est de même des sociétés étrangères disposant d'un établissement stable en France, pour les titres inscrits au bilan fiscal de cet établissement soumis à l'impôt sur les sociétés. En revanche, les sociétés de personnes non soumises à l'impôt sur les sociétés sont exclues du régime (CE 24-11-2014 n° 363556 : RJF 2/15 n° 102). **48165**

L'administration fiscale considère par ailleurs que seuls les produits des **filiales** soumises à l'impôt sur les sociétés peuvent ouvrir droit au régime spécial (BOI-IS-BASE-10-10-10-10 n° 150). **48166**
Le régime des sociétés mères n'est applicable qu'aux **participations qu'une société détient directement** dans une autre société. Des titres détenus par une société française dans une sous-filiale américaine par l'intermédiaire d'un general partnership soumis à un régime de transparence fiscale aux États-Unis ne constituent pas une participation éligible à ce régime (CE 24-11-2014 n° 363556 : RJF 2/15 n° 102).

L'**option** pour le régime spécial est exercée par la société mère. Elle n'est soumise à aucune déclaration particulière mais résulte de l'inscription des dividendes sur la ligne adéquate des imprimés de déclaration des résultats fiscaux. **48167**
L'option, annuelle, doit être exercée pour l'ensemble des produits reçus d'une même filiale au cours d'un même exercice, mais le choix peut varier d'une filiale à l'autre.

Le régime est applicable aux sociétés qui détiennent des **participations** satisfaisant aux conditions suivantes : **48170**
– les titres de participation doivent appartenir en **pleine propriété** ou en **nue-propriété** à la société mère et revêtir la **forme nominative** ou être déposés ou inscrits dans un compte tenu par un intermédiaire habilité à recevoir des titres au porteur ;
– les titres doivent représenter **au moins 5 % du capital** de la société émettrice ou au moins 2,5 % du capital et 5 % des droits de vote de la société émettrice lorsque la société mère est contrôlée par un ou plusieurs organismes à but non lucratif mentionnés à l'article 206, 1 bis du CGI. Ce pourcentage est apprécié à la date de mise en paiement du dividende, c'est-à-dire à la date de sa mise à disposition de l'associé. Lorsque, à la date de mise en paiement des dividendes, le pourcentage de participation s'abaisse en dessous de 5 % du fait de la levée d'options de souscription d'actions par les salariés (nos 51000 s.), le régime spécial demeure applicable si ce pourcentage est de nouveau atteint à la suite de la première augmentation de capital et au plus tard dans les trois ans suivant la date de mise en paiement des dividendes. Lorsqu'une société détient ses propres actions, ces titres sont pris en compte pour le calcul du pourcentage de participation de chaque actionnaire (BOI-IS-BASE-10-10-10-20 n° 90) ;
– les titres ne doivent pas nécessairement être assortis du **droit de vote**. En effet, le régime s'applique dès lors que la société mère détient 5 % du capital de sa filiale, même si le pourcentage de droits de vote est inférieur à 5 % (CE 5-11-2014 n° 370650 : RJF 1/15 n° 9), notamment en raison de droits de vote double octroyés à d'autres actionnaires (CE 3-12-2014 n° 363819 : RJF 3/15 n° 191) ;
– les titres doivent être **conservés pendant au moins deux ans.** La portée de cette obligation doit être interprétée à la lumière de la directive européenne concernant le régime des sociétés mères et filiales : elle ne concerne par conséquent que les titres de participation représentant 5 % du capital de la société émettrice qui donnent droit à la qualité de société mère (CE 15-12-2014 n° 380942 : RJF 3/15 n° 190 ; BOI-IS-BASE-10-10-10-20 n° 210). Le régime des sociétés mères peut s'appliquer dès le premier exercice de détention des titres dès lors que la société conserve pendant au moins deux ans 5 % du capital de la filiale (TA Montreuil 15-6-2015 n° 1307241 : RJF 11/15 n° 893). Pour les sociétés mères contrôlées par un ou plusieurs organismes sans but lucratif qui bénéficient de l'exonération des dividendes grâce à une détention limitée à 2,5 % du capital et 5 % des droits de vote de la filiale, le délai minimal de conservation est porté à cinq ans. En cas de non-respect de l'obligation de conservation, la société mère est tenue de verser au Trésor, dans les trois mois suivant la cession, une somme égale au montant de l'impôt dont elle a été exonérée, majoré de l'intérêt de retard.

Portée du régime Lorsque toutes les conditions d'application du régime sont réunies, les produits nets des participations ne donnent lieu qu'à l'imposition d'une **quote-part** forfaitaire de **frais et charges.** **48175**

En jugeant que la réintégration d'une quote-part de frais et charges sur les revenus de filiales conduit à imposer la société mère sur une fraction de ces revenus, le Conseil d'État met en échec la doctrine administrative refusant toute imputation des **crédits d'impôt étrangers** sur l'impôt sur les sociétés (BOI-IS-BASE-10-10-20 n° 100) et ouvre la voie à l'imputation des crédits d'impôt étrangers sur l'impôt sur les sociétés dû au titre de cette quote-part (CE 5-7-2022 n° 463021 : RJF 10/22 n° 830).

Lorsque la société mère remplit la condition de détention (voir n° 48170), la **totalité des dividendes** perçus peut bénéficier de l'exonération, que les titres soient pourvus ou dépourvus de droit de vote (actions de préférence, actions à dividende prioritaire, certificats d'investissement et actions d'autocontrôle).

L'**exonération s'applique** aux dividendes annuels, et, dans leur totalité, aux acomptes sur dividendes, même si leur montant est supérieur à celui du résultat et des réserves distribuables constatés à la clôture de l'exercice (CE 12-4-2019 n° 410315 : RJF 7/19 n° 634), et, plus généralement, à tous les produits que la société mère reçoit en qualité d'actionnaire ou de porteur de parts. Il en est ainsi par exemple des distributions de réserves (BOI-IS-BASE-10-10-20 n° 30), ce qui est de nature à faciliter, le cas échéant, le remboursement de l'emprunt par la société holding. Il en est de même des intérêts excédentaires versés à la société mère et réintégrés dans le bénéfice imposable de la filiale en vertu des dispositions de l'article 39, 1-3°-al. 1 du CGI (n° 48120).

48177 Sont **exclus** de l'exonération les produits perçus dans la proportion où les **bénéfices distribués** sont **déductibles** des résultats de la filiale distributrice (CGI art. 145, 6-b). L'exclusion frappe tous les produits admis en déduction de l'assiette taxable de la filiale, indépendamment du traitement fiscal appliqué au résultat sur lequel sont prélevés les versements. Applicable à des instruments hybrides, considérés comme un prêt dans l'État étranger et des capitaux propres en France, cette mesure concerne aussi les titres considérés comme des capitaux propres dans les deux États si la législation étrangère autorise la déduction fiscale des dividendes (BOI-IS-BASE-10-10-20 n° 65).

Sont également exclus de l'exonération les produits des **titres de participation** distribués dans le cadre d'un **montage** ou d'une série de montages qui, mis en place avec pour objectif principal ou un de leurs objectifs principaux d'obtenir un avantage fiscal allant à l'encontre de l'objet ou de la finalité du régime, n'est pas authentique compte tenu de l'ensemble des faits et circonstances pertinents (clause anti-abus générale). Sont considérés comme non authentiques au sens de cette clause anti-abus les montages ou séries de montages qui ne sont pas mis en place pour des motifs commerciaux valables qui reflètent la réalité économique. Sont susceptibles de présenter des motifs valables les structures de détention patrimoniale ou les structures répondant à un objectif organisationnel (BOI-IS-BASE-70 n° 40).

Enfin, sont exclues les distributions effectuées par les sociétés établies dans des **États ou territoires non coopératifs,** sauf si la société mère établit que les opérations de cette société correspondent à des opérations réelles qui n'ont ni pour objet ni pour effet de permettre, dans un but de fraude fiscale, la localisation de bénéfices dans ces États ou territoires. La société mère apporte cette preuve par tous moyens (BOI-IS-BASE-10-10-20 n° 70).

48180 L'**exonération** porte sur les produits nets de participation, défalcation faite d'une **quote-part de frais et charges** fixée forfaitairement à **5 %** du produit total des participations, crédits d'impôt étrangers compris, quel que soit le montant des frais et charges exposés par la société mère (CGI art. 216) : les produits sont donc exonérés d'IS chez la société mère pour 95 % de leur montant.

Toutefois, pour les produits de participation versés entre des sociétés appartenant à un **même groupe d'intégration fiscale,** le taux de cette quote-part de frais et charges imposable est fixé à **1 %.** Ce taux s'applique également aux dividendes versés par des **filiales étrangères** soumises à un impôt équivalent à l'impôt sur les sociétés dans un État de l'Union européenne, en Islande, en Norvège ou au Liechtenstein, si ces sociétés satisfont à toutes les conditions posées pour l'appartenance au groupe fiscal dont fait partie la société mère, autres que l'assujettissement à l'IS.

EXEMPLE

Au cours de l'exercice, une société mère appartenant à un groupe fiscal a reçu 77 000 € de produits de filiales, se décomposant comme suit :
– dividende de 30 000 € d'une filiale française extérieure à son groupe fiscal ;
– dividende de 10 000 € d'une filiale membre du même périmètre d'intégration ;
– dividende net de 17 000 € d'une filiale établie en dehors de l'UE détenue à hauteur de 10 % du capital (ouvrant droit, par hypothèse, à un crédit d'impôt de 15 % du montant brut du dividende, soit 20 000 € × 15 % = 3 000 €) ;
– dividende net de 20 000 € d'une filiale allemande détenue à 96 %.

Calcul de la quote-part de frais et charges :
[(30 000) + (17 000 + 3 000)] × 5 % + [(10 000 + 20 000) × 1 %] = 2 800 €.

La somme effectivement déductible des résultats de l'exercice au titre des produits de filiales sera donc de : 77 000 − 2 800 = 74 200 €.

INTÉGRATION FISCALE

Même si elle est limitée par certains mécanismes, la déduction des intérêts des dettes contractées par le holding risque d'aboutir à la constatation d'un déficit fiscal, dans la mesure où le holding n'a pas d'autres recettes que des dividendes exonérés (hors imposition de la quote-part de frais et charges). 48200

L'intégration fiscale, par laquelle le holding se constitue seul redevable de l'impôt sur les sociétés dû par les sociétés membres du groupe, permet la remontée des dividendes au sein du groupe en quasi-franchise fiscale et la compensation de son déficit fiscal avec les bénéfices de la société cible (CGI art. 223 A et suivants).

Le régime de l'intégration fiscale est exposé en détail dans notre Mémento Intégration fiscale.

Conditions d'application Réservé aux sociétés soumises, de plein droit ou sur option, à l'**impôt sur les sociétés,** le régime de l'intégration fiscale nécessite un **niveau de participation** du holding dans le capital de la société cible d'au moins **95 %.** De plus, le capital du holding lui-même ne doit pas être détenu à 95 % au moins par une autre personne morale soumise à l'impôt sur les sociétés. 48205

Les sous-filiales françaises détenues par l'intermédiaire de sociétés étrangères (ou d'établissements stables) **implantées au sein de l'Union européenne,** en Islande, en Norvège ou au Liechtenstein peuvent être incorporées dans un groupe fiscal. La **société intermédiaire,** qui demeure exclue du groupe en raison de son non-assujettissement à l'IS en France, doit néanmoins respecter les mêmes conditions que les sociétés membres.

Si ces conditions sont réunies, l'**option** pour le régime doit être notifiée par la société holding dite « tête de groupe » ou « intégrante » au plus tard à la date de dépôt de la déclaration de résultat de l'exercice précédant celui au titre duquel elle est exercée. Elle est accompagnée de l'accord formel des filiales qui remplissent les conditions requises pour faire partie du périmètre d'intégration ainsi que de la liste des filiales qui seront membres du groupe.

Le groupe se maintient ensuite de **cinq ans** en cinq ans par le renouvellement tacite de cette option. L'intégrante peut toutefois mettre fin à l'existence du groupe au cours de la période quinquennale en évinçant toutes ses filiales.

Le régime de l'intégration fiscale suppose que la société mère et les filiales du groupe ouvrent et clôturent leurs **exercices comptables** aux mêmes dates et ces exercices doivent avoir une durée de douze mois. Cette condition s'impose dès le premier jour d'application du régime. Les ajustements éventuellement nécessaires doivent donc en principe intervenir avant. Les groupes sont cependant autorisés à écourter ou allonger la durée d'un exercice afin d'en décaler la date de clôture, une seule fois au titre d'une période couverte par une même option. 48210

Convention d'intégration La société mère et ses filiales membres du groupe doivent régler les modalités de répartition entre elles de la charge ou de l'économie d'impôt résultant de l'application du régime de groupe par une « convention d'intégration fiscale ». En règle générale, les parties à une opération de LBO prévoient que la société cible est traitée « comme si » elle ne faisait pas partie du groupe, de sorte que l'économie d'impôt est conservée par le holding tête de groupe, facilitant son désendettement. 48215

Intérêt et limites du régime Dans le cadre d'un LBO, le régime de l'intégration fiscale offre les avantages suivants : 48220

– soumettre à l'impôt sur les sociétés un **résultat global,** obtenu en faisant la somme algébrique des résultats des sociétés du groupe. Ce mécanisme permet au holding de rachat fortement endetté d'imputer les déficits qu'il constate chaque année à raison des intérêts d'emprunt sur les bénéfices de la société cible rachetée, accroissant ainsi l'effet de levier financier de l'opération ;

– neutraliser les **opérations internes au groupe.** Les cessions d'immobilisations ou de titres entre sociétés du groupe et les provisions intragroupe notamment font l'objet d'ajustements. Les abandons de créances et les subventions directes ou indirectes, consentis entre des sociétés du même groupe, ne sont pas neutralisés pour la détermination du résultat d'ensemble. Les neutralisations de subventions et d'abandons de créances qui ont été opérées au niveau du résultat d'ensemble au titre des exercices ouverts avant le 1er janvier 2019 n'ont pas toujours un caractère définitif et peuvent être remises en cause en cas de sortie de groupe de la société qui a consenti l'aide ou de celle qui l'a reçue, ainsi qu'en cas de cessation du groupe.

Par ailleurs, le régime d'intégration permet la remontée des **dividendes** au sein du groupe en quasi-franchise fiscale, sous réserve de la quote-part de frais et charges à hauteur de 1 % de ces produits comprise dans les résultats de la société mère (n° 48180) lorsqu'ils ouvrent droit au régime des sociétés mères et filiales et à compter du deuxième exercice d'intégration de la société distributrice s'ils n'ouvrent pas droit au régime mères et filiales.

48225 S'agissant de la déduction des **charges d'emprunt du holding** de reprise, l'intégration fiscale peut présenter des inconvénients. Le taux de participation exigé, élevé, est de nature à alourdir ces charges. De plus, un dispositif anti-abus (dit « **amendement Charasse** ») s'applique lorsque le holding acquiert, à titre onéreux, les titres de la société cible auprès d'un actionnaire extérieur qui contrôle le groupe, ou auprès d'une société que cet actionnaire contrôle au sens de l'article L 233-3 du Code de commerce : dans ce cas, les charges financières présumées liées à cette acquisition (évaluées de manière forfaitaire en appliquant au total des charges financières déduites du résultat d'ensemble d'un exercice le rapport suivant : prix d'acquisition des titres / montant moyen des dettes du groupe au cours de l'exercice) sont rapportées au résultat d'ensemble pendant une période de neuf ans (CGI art. 223 B, 6e al.). Pour l'application de ce dispositif, la situation de contrôle doit être appréciée à la date d'acquisition des titres, sans que l'administration puisse se référer à la période antérieure à cette opération (CE 13-7-2011 n° 312285 : RJF 11/11 n° 1136).
S'agissant des règles générales de limitation de la déduction des **charges financières nettes,** signalons que leur montant ainsi que les **limites de 30 %** de l'Ebitda ou de **3 M€** visées au n° 48130 s'apprécient au niveau du groupe, ce qui peut s'avérer, selon le cas, favorable (compensation des produits financiers nets d'une société avec les charges financières nettes d'une autre) ou défavorable (sociétés ayant chacune des charges financières nettes inférieures à 3 M€ mais dont la somme au niveau du groupe dépasse ce seuil).
Des règles spécifiques s'appliquent également pour l'application du régime de la **sous-capitalisation** (n° 48140).

48230 Si la compensation des résultats positifs et négatifs des sociétés membres du groupe aboutit à la constatation d'un **déficit d'ensemble,** celui-ci est **reportable en avant** sur les bénéfices d'ensemble des exercices suivants dans les conditions de droit commun. Les règles de plafonnement de ce report s'appliquent donc et le déficit d'ensemble ne peut être déduit du bénéfice réalisé l'exercice suivant que dans la limite d'un montant de 1 M€ majoré de 50 % de la fraction du bénéfice dépassant ce seuil. Le solde est reportable sur les exercices suivants, dans la même limite de montant mais sans limitation de durée.
Le déficit d'ensemble peut également être reporté **en arrière,** sur le bénéfice d'ensemble de l'exercice précédent (ou sur le bénéfice que la société mère a personnellement réalisé au cours de l'exercice précédant l'application du régime de groupe, mais pas sur le bénéfice réalisé par la filiale au cours de ce même exercice précédant l'intégration).
Le régime d'intégration ne permet pas à une société d'imputer ses **déficits antérieurs** à l'entrée dans le groupe sur les bénéfices des autres sociétés du groupe : ces déficits ne peuvent s'imputer que sur les résultats propres de la société qui les a générés (CGI art. 223 I, 1-a).
Si la compensation des résultats fait apparaître un **bénéfice d'ensemble,** la somme des chiffres d'affaires des sociétés membres sera prise en compte pour l'assujettissement à la contribution sociale de 3,3 % prévue à l'article 235 ter ZC du CGI, ce qui peut s'avérer pénalisant.

RACHAT D'UNE ENTREPRISE PAR SES SALARIÉS

48240 Les opérations de rachat d'une entreprise par ses salariés (RES) bénéficient d'un avantage spécifique. Un crédit d'impôt est en effet accordé au holding créé par les salariés lorsque les conditions suivantes sont réunies (CGI art. 220 nonies) :
– la société nouvelle et la société rachetée doivent être soumises à l'impôt sur les sociétés et ne doivent pas faire partie du **même groupe intégré** au sens de l'article 223 A ou 223 A bis du CGI ;
– les **droits de vote** attachés aux actions ou parts du holding de rachat doivent être détenus, pour les opérations de rachat réalisées jusqu'au 31 décembre 2022, par une ou plusieurs personnes qui, à la date du rachat, sont salariées de la société rachetée depuis au moins dix-huit mois ;
– la reprise doit avoir fait l'objet d'un **accord d'entreprise** satisfaisant aux conditions de l'article L 3332-16, 2° du Code du travail.
Aucun **seuil minimal de détention** du capital du holding par les salariés ni aucune quotité minimale de détention du capital de la société rachetée par le holding ne sont exigés.
Le crédit d'impôt est égal, pour chaque exercice, au montant de l'impôt sur les sociétés dû par la société rachetée au titre de l'exercice précédent, retenu dans la **proportion des droits sociaux** que ses salariés détiennent indirectement dans son capital. Il ne peut toutefois pas excéder les **intérêts** dus au titre de l'exercice concerné par la société nouvelle à raison des emprunts contractés pour le rachat.
Le crédit d'impôt est **imputé** sur le montant de l'impôt sur les sociétés dû par la société nouvelle au titre des exercices au cours desquels les intérêts d'emprunt sont comptabilisés. L'**excédent** éventuel est restitué.

DISPOSITIFS ANTI-ABUS PROPRES AUX HYBRIDES

Des règles particulières s'appliquent afin de neutraliser les **effets fiscaux asymétriques** (déduction/non-inclusion, double déduction) causés par certains dispositifs dits « hybrides » résultant de **différences entre la législation française et celle d'autres États** quant à la qualification de certains instruments financiers et/ou entités ou bien en matière d'attribution des paiements (CGI art. 205 B, 205 C et 205 D). Seuls sont concernés par l'application de ces règles « anti-hybrides » les effets d'asymétrie constatés dans le cadre de relations entre entreprises associées, entre un siège et son établissement, ou entre deux ou plusieurs établissements d'une même entité. Hormis le cas des dispositifs structurés, ces mesures ne s'appliquent pas aux paiements intervenant entre sociétés qui ne sont pas considérées comme associées. Ces mesures sont susceptibles de modifier les règles de prise en compte des charges financières à plafonner (n° 48125). **48250**
Pour les exercices ouverts depuis le 1er janvier 2022, des règles particulières s'appliquent aux dispositifs **hybrides inversés** (n° 48265).

Règles relatives aux dispositifs hybrides Les situations suivantes sont considérées par la loi comme des dispositifs hybrides (CGI art. 205 B, I et II) : **48255**

– **paiement effectué au titre d'un instrument financier** donnant lieu à une charge déductible dans l'État de résidence du débiteur sans être inclus dans les revenus imposables dans l'État de résidence du bénéficiaire (cause : différences de qualification fiscale de l'instrument ou du paiement lui-même) ;
– paiement **en faveur d'une entité hybride** donnant lieu à une charge déductible dans l'État de résidence du débiteur sans être inclus dans les revenus imposables dans l'État de résidence de l'entité hybride (cause : différences dans l'attribution des paiements versés à l'entité hybride entre les règles de l'État de résidence de l'entité hybride et les règles de l'État de résidence des détenteurs d'une participation dans cette entité hybride) ;
– paiement en faveur d'une **entité disposant d'un ou de plusieurs établissements** donnant lieu à une charge déductible dans l'État de résidence du débiteur sans être inclus dans les revenus imposables de cette entité (cause : différences dans l'attribution des paiements entre le siège et l'établissement ou entre deux ou plusieurs établissements de la même entité en application des règles des États dans lesquels l'entité exerce ses activités) ;
– paiement en faveur d'un **établissement** donnant lieu à une charge déductible dans l'État de résidence du débiteur sans être inclus dans les revenus imposables de cet établissement dans un autre État (cause : non-prise en compte de cet établissement par cet autre État) ;
– paiement effectué **par une entité hybride** donnant lieu à une charge déductible dans son État de résidence sans être inclus dans les revenus imposables du bénéficiaire (cause : non-prise en compte du paiement par l'État de résidence du bénéficiaire) ;
– paiement réputé effectué **entre un établissement et son siège ou entre deux ou plusieurs établissements** donnant lieu à une charge déductible dans l'État où est situé cet établissement sans être inclus dans les revenus imposables du bénéficiaire (cause : non-prise en compte du paiement par l'État de résidence du bénéficiaire) ;
– **double déduction**.

Des **mesures générales de neutralisation** s'appliquent lorsqu'un dispositif hybride tel que défini au n° 48255 est constaté. **48260**
Ainsi, lorsqu'un paiement effectué dans le cadre d'un **dispositif hybride de type déduction/non-inclusion** donne lieu :
– à une **charge déductible** de l'assiette de l'IS dans les conditions de droit commun **en France**, sans être inclus dans les résultats soumis à un impôt équivalent à l'IS dans l'État de résidence du bénéficiaire, cette charge n'est pas admise en déduction ;
– à une charge déduite du résultat soumis à un impôt équivalent à l'IS **dans l'État de résidence du débiteur,** ce paiement est ajouté au résultat soumis à l'IS en France dans les conditions de droit commun.
En présence d'un dispositif hybride entraînant une **double déduction** :
– la charge n'est pas admise en déduction des revenus de l'**investisseur établi en France** (l'investisseur étant défini comme toute personne autre que le débiteur qui bénéficie d'une déduction afférente à un dispositif hybride donnant lieu à une double déduction, par exemple un associé d'une entité hybride) ;
– lorsque l'investisseur est **établi dans un autre État** qui admet la déduction de la charge, celle-ci n'est pas admise en déduction des revenus du débiteur établi en France.
Ces dispositions ne sont toutefois pas applicables lorsque la double déduction concerne un **revenu soumis à double inclusion** au titre du même exercice ou au titre d'un exercice qui commence dans les vingt-quatre mois suivant la fin de l'exercice au titre duquel la charge a été initialement déduite.

Des **mesures correctives spéciales** sont applicables dans certaines situations particulières : effet asymétrique indirect ou « importé », établissement d'une entité française non pris en compte et transfert hybride.

48265 **Règles relatives aux dispositifs hybrides inversés** Un dispositif hybride inversé est un dispositif dans lequel une ou plusieurs entreprises associées détenant ensemble un intérêt direct ou indirect dans au moins 50 % du capital, des droits de vote ou des droits aux bénéfices d'une entité hybride constituée ou établie dans un État membre de l'Union européenne, sont établies dans un ou plusieurs États qui considèrent cette entité comme une personne imposable (CGI art. 205 B, I-15°). Pour qu'un effet d'asymétrie soit observé, l'entité hybride inversée doit être qualifiée de **personne non imposable** par la législation de la **juridiction dans laquelle elle est établie.** Ainsi, le paiement perçu par l'entité ne sera ni imposable dans l'État dans lequel elle est située, ni dans l'État où sont situés ses associés.

Lorsque l'**entité hybride du dispositif hybride inversé** est constituée ou établie **en France,** ses revenus seront imposés, selon le cas, soit à l'impôt sur les sociétés, soit dans les conditions prévues à l'article 8 du CGI dans la mesure où ils ne sont pas imposés dans un autre État (CGI art. 205 C).

TITRE VI

Plus-values de cession

Les plus-values constatées lors de la cession de parts ou d'actions relèvent : 50000
– du régime des plus-values des **particuliers** lorsqu'elles sont réalisées par des personnes physiques dans le cadre de la gestion de leur patrimoine privé,
– du régime des plus-values professionnelles lorsqu'elles sont réalisées par des **entreprises** (entreprises individuelles ou sociétés).

Pour les **entrepreneurs individuels,** la distinction entre plus-values 50001
privées et plus-values professionnelles dépend essentiellement de l'inscription (ou non) des titres à l'actif, de leur affectation à l'exploitation et de leur appartenance à l'actif immobilisé : si les titres inscrits à l'actif de l'entreprise (industrielle, commerciale ou agricole) sont utilisés pour l'exercice de l'activité professionnelle et font partie de l'actif immobilisé (n°s 52730 s.), les plus-values de cession sont soumises au régime des plus-values professionnelles ; dans le cas contraire, c'est le régime des plus-values des particuliers qui s'applique (n° 52970).
Pour les membres des **professions libérales,** la distinction dépend de l'origine des fonds : les droits sociaux acquis grâce aux recettes professionnelles font partie du patrimoine privé, tandis que ceux acquis grâce aux dépôts de fonds de la clientèle font partie du patrimoine professionnel.
Sont par ailleurs réputées constituer un actif professionnel personnel dont la cession relève du régime des plus-values professionnelles les parts de **sociétés de personnes** relevant de l'impôt sur le revenu détenues par des associés qui exercent dans la société une activité professionnelle relevant, dans le cas qui nous occupe, de la catégorie des bénéfices industriels et commerciaux.

CHAPITRE 1

PLUS-VALUES DES PARTICULIERS

SOMMAIRE

PRINCIPES D'IMPOSITION DES PLUS-VALUES

Les plus-values réalisées par les particuliers à l'occasion de la cession de parts ou d'actions de sociétés sont soumises de plein droit à un **prélèvement forfaitaire unique** (PFU) de **12,8 %** ou, sur **option** globale du contribuable, au **barème progressif** de l'impôt sur le revenu. 50010

Les plus-values sont également soumises aux **prélèvements sociaux** au titre des revenus du patrimoine (nos 50660 s.).

Les plus-values de cession de titres (tout comme les revenus de capitaux mobiliers) sont exclues du champ d'application du **prélèvement à la source** de l'impôt sur le revenu (nos 50650 s.).

50015 Deux catégories de plus-values échappent au régime général d'imposition des plus-values mobilières :
– les plus-values spéculatives qui sont taxées selon le barème progressif de l'impôt sur le revenu selon le régime de droit commun des BNC lorsqu'elles proviennent d'une **activité lucrative** spécifique ou d'**opérations de bourse effectuées dans des conditions analogues à celles des professionnels de la bourse** (ce qui est rare en pratique) : n°s 51550 s. ;
– les plus-values de cession de certains titres de **sociétés à prépondérance immobilière** qui obéissent aux règles des plus-values immobilières (hypothèse également marginale s'agissant des sociétés commerciales objet de notre étude) : n°s 51700 s.

SECTION 1

RÉGIME GÉNÉRAL D'IMPOSITION DES PLUS-VALUES

50020 Les plus-values réalisées par les particuliers à l'occasion de la cession de parts ou d'actions de sociétés sont soumises au régime prévu par les articles 150-0 A et suivants du CGI : prélèvement forfaitaire unique (PFU) de 12,8 % ou, sur option globale du contribuable, imposition au barème progressif de l'impôt sur le revenu, après application, le cas échéant, d'un abattement pour durée de détention, quelles que soient l'importance et la nature des biens cédés. Elles sont également soumises aux prélèvements sociaux (17,2 %), mais sans prise en compte de l'abattement éventuellement appliqué.

I. CHAMP D'APPLICATION

A. Cessions imposables

PERSONNES IMPOSABLES

50030 Les plus-values de cession de parts ou d'actions relèvent du régime de l'article 150-0 A du CGI lorsqu'elles sont réalisées par des **personnes physiques** dans le cadre de la gestion de leur patrimoine privé, soit directement, soit au travers d'une **personne interposée** ou par l'intermédiaire d'une **fiducie.**

50031 Sont notamment considérés comme personnes interposées les **sociétés** ou groupements exerçant une activité civile d'acquisition et de **gestion d'un portefeuille-titres,** qui sont soumis au régime d'imposition des sociétés de personnes visées à l'article 8 du CGI et qui déterminent le montant de leurs gains de cession de titres selon les règles prévues pour les particuliers, conformément à l'article 238 bis K, II du CGI.

Dans un tel cas, les **associés** présents dans la société ou le groupement au moment de la cession sont imposables à raison de la fraction des plus-values réalisées correspondant à leurs droits, quels que soient leurs fonctions et le montant de leur participation dans la structure interposée et quel que soit le montant de la participation de cette dernière dans les bénéfices des sociétés qu'elle a en portefeuille. Les associés sont également soumis au régime des plus-values privées lorsqu'ils cèdent les titres de la structure interposée, dans la mesure où ils ont la qualité de simples apporteurs de capitaux.

La **répartition** à chacun des associés du montant des cessions et des gains nets s'y rattachant doit s'opérer chaque année, à l'appui de la déclaration des plus ou moins-values n° 2075 en tenant compte, le cas échéant, de leur date d'entrée dans la société en cas d'acquisition des titres en cours d'année. Ainsi, un associé qui acquiert des parts d'une société civile de portefeuille en cours d'année n'est imposable à l'impôt sur le revenu au titre de cette année que sur les gains nets de cession réalisés par la société depuis l'acquisition de ses parts et à hauteur de ses droits dans la société au cours de cette période.

Les **clubs d'investissement** peuvent être considérés comme des personnes interposées, qu'ils soient constitués sous forme d'associations (indivisions) ou de sociétés civiles (groupements relevant du régime de translucidité fiscale de l'article 8 du CGI). Mais ils bénéficient généralement d'un régime d'imposition simplifié conduisant à l'exonération des gains nets effectués par le club pendant son existence, seuls étant imposables les gains réalisés par les adhérents lors de leur retrait ou de la dissolution du club (nos 50105 s.).

Le régime des plus-values privées s'applique également aux plus-values réalisées par les **entreprises relevant de l'impôt sur le revenu** lorsqu'elles cèdent des **titres inscrits à l'actif** qui ne sont pas affectés à leur activité (nos 52730 s. et 52970 s.). 50035
On notera aussi que certaines plus-values peuvent être imposées pour partie selon le régime d'imposition des plus-values privées et pour partie selon celui des plus-values professionnelles : c'est ce qui se passe par exemple lorsque les titres cédés ont été inscrits à l'actif et **affectés à l'activité professionnelle après avoir figuré dans le patrimoine privé** (ou l'inverse) ou lorsqu'ils ont été donnés en location (nos 52980 s.).

Les dispositions de l'article 150-0 A du CGI s'appliquent quel que soit le montant de la participation du cédant dans le capital de la société émettrice des titres et quel que soit le régime fiscal de celle-ci (société de capitaux soumise à l'impôt sur les sociétés ou société de personnes relevant de l'impôt sur le revenu). 50040
Sont notamment concernées les cessions de **titres** suivants :
– actions de sociétés par actions et parts de SARL ;
– parts de SNC et de sociétés en commandite détenues par des associés qui n'exercent pas d'activité au sein de la société.
Sont également imposables les cessions de **droits d'usufruit** ou de **nue-propriété** résultant d'un démembrement de la pleine propriété des titres précités (sur les règles particulières d'imposition des plus-values de cession de titres dont la propriété est démembrée, voir nos 89410 s.).
Les titres de certaines **sociétés non cotées à prépondérance immobilière** sont toutefois, on l'a déjà dit, soumis au régime des plus-values immobilières (nos 51700 s.).

OPÉRATIONS IMPOSABLES

La loi vise les cessions à titre onéreux de valeurs mobilières et de droits sociaux, c'est-à-dire non seulement les ventes proprement dites de titres mais aussi toutes les opérations qui se traduisent par un transfert de propriété à titre onéreux, qu'il résulte d'une vente, d'un apport, d'un échange, d'un partage ou de toute autre opération. Il peut s'agir d'opérations effectuées directement par les personnes physiques ou par personnes interposées. 50045
Toutes les **cessions à titre onéreux** de parts et d'actions entrent dans le champ d'application du régime, qu'il s'agisse :
– de **ventes directes,** c'est-à-dire de cessions à titre onéreux réalisées de gré à gré entre deux personnes physiques ;
– ou de négociations effectuées sur un **marché réglementé** ou organisé, au comptant ou à terme, à terme ferme ou à découvert, faisant appel au crédit ou conditionnelles.

> **Précisions a.** Une cession à **prix nul** n'exclut pas nécessairement le caractère onéreux de la cession (CE 25-1-2017 n° 392063 et 392065 : RJF 4/17 n° 330). Ainsi, les titres cédés peuvent être dépourvus de valeur en raison des difficultés financières et de l'insuffisance d'actif de la société émettrice (la valeur d'une société dont l'actif net est négatif ne peut guère être que nulle) ou le cédant peut en retirer une contrepartie (par exemple, l'apurement de ses dettes personnelles : CE 1-10-1986 n° 44835 : RJF 11/86 n° 982).
b. Le **transfert** de titres du patrimoine d'un constituant, personne physique agissant dans le cadre de son patrimoine privé, dans un **patrimoine fiduciaire** est considéré comme une cession à titre onéreux lorsque l'une des conditions requises pour bénéficier du régime de neutralité fiscale prévu à l'article 238 quater N du CGI (transfert dans le cadre d'un contrat de fiducie tel que défini à l'article 2011 du Code civil, désignation du constituant comme le ou l'un des bénéficiaires, inscription comptable dans le patrimoine fiduciaire des titres ou droits transférés pour leur prix ou leur valeur d'acquisition par le constituant) n'est pas satisfaite. Lorsque l'ensemble de ces conditions est satisfait, le transfert dans le patrimoine fiduciaire bénéficie d'une neutralité fiscale. Sur les conséquences en cas de cession des titres, voir n° 50215, I. et nos 50229 s.
c. Sont **assimilés** à des cessions à titre onéreux :
– les retraits ou rachats sur un **PEA** avant cinq ans, sauf s'ils sont affectés à la création ou à la reprise d'une entreprise (n° 50092) ;
– le retrait des actifs (liquidités et titres) d'un **compte PME innovation** (CPI ; nos 50125 s.).
d. Les profits réalisés par les contribuables qui effectuent des **placements en report** constituent, non pas des plus-values (CGI art. 150-0 A, III-6), mais des revenus de créances.
e. Les sommes correspondant au gain net de **liquidation des titres inscrits sur un compte inactif** transférées à la Caisse des dépôts et consignations (CDC) puis reversées à leur bénéficiaire sont soumises à l'impôt sur le revenu selon le régime des plus-values

de cessions de valeurs mobilières dans les conditions en vigueur l'année de leur versement. Le montant imposable du gain net est déterminé dans les conditions et modalités applicables à la date de la liquidation des titres (CGI art. 150-0 A, I-5).

TERRITORIALITÉ

50050 Les personnes **fiscalement domiciliées en France** (voir nº 51356) sont imposables à raison de l'ensemble de leurs cessions de titres, y compris celles qui portent sur des titres étrangers, ou déposés dans un établissement financier étranger. Ce principe peut cependant comporter des dérogations résultant des conventions internationales.

Les personnes **impatriées** sont toutefois susceptibles de bénéficier d'une exonération partielle à raison de certaines plus-values de cession de valeurs mobilières et droits sociaux (voir nº 50120).

Sous réserve du cas des plus-values mentionnées nºs 51360 s., les personnes physiques ou morales **non domiciliées** en France sont exonérées d'impôt sur les plus-values réalisées en France à l'occasion de la cession de valeurs mobilières ou de droits sociaux.

En ce qui concerne l'**exit tax** applicable lors du transfert du domicile fiscal hors de France, voir nºs 50950 s.

B. Régimes de faveur

50080 Certaines plus-values réalisées lors de la vente de parts sociales ou d'actions bénéficient de régimes de faveur, dont la liste est donnée ci-après avec, le cas échéant, les références aux commentaires correspondants de la présente étude.

Situations visées	Nºs
Titres figurant sur un PEA	50090 s.
Titres cédés par des dirigeants de PME partant à la retraite	50460 s.
Titres de PME souscrits ou acquis dans les 10 ans de sa création	50410 s.
Titres acquis dans le cadre d'un club d'investissement	50105 s.
Titres acquis dans le cadre de l'épargne salariale	50110
Titres acquis dans le cadre d'un engagement d'épargne à long terme	50115
Titres détenus par des non-résidents	51350 s.
Titres cédés par des impatriés	50120
Titres bénéficiant d'un différé d'imposition	50800 s.
Titres inscrits sur le compte PME innovation	50125 s.

TITRES FIGURANT SUR UN PLAN D'ÉPARGNE EN ACTIONS (PEA)

50090 Le plan d'épargne en actions (PEA) permet de constituer et de gérer un portefeuille d'actions tout en bénéficiant d'une exonération d'impôt sur les dividendes et les plus-values, à condition de n'effectuer aucun retrait pendant cinq ans. Après cinq ans, le titulaire du plan peut également opter pour le versement d'une rente à vie défiscalisée et ainsi se constituer un complément de revenus en vue de la retraite.

Seuls les particuliers ayant leur **domicile fiscal en France** peuvent ouvrir un PEA auprès de certains organismes (établissements de crédit, compagnies d'assurances, Banque de France, Banque postale...).

Deux types de plans coexistent : le **PEA « classique »** dont le plafond des versements est fixé à 150 000 € et le **PEA « PME-ETI »** dont le plafond des versements est fixé à 225 000 €. Chaque contribuable (ou conjoint ou partenaire de Pacs) peut détenir à la fois un PEA « classique » et un PEA « PME-ETI » (mais ne peut en revanche être titulaire que d'un plan de chaque type), la somme des versements effectués sur les deux plans ne pouvant toutefois excéder 225 000 €.

Le PEA « PME-ETI », qui est destiné à financer les PME et les entreprises de taille intermédiaire (ETI), fonctionne de la même manière et bénéficie des mêmes avantages fiscaux que le PEA « classique ».

> **Précisions a.** Lorsque le PEA est ouvert auprès d'une **banque,** il comporte un compte en espèces et un compte-titres. Le titulaire du plan effectue des versements sur son compte en espèces qui servent à acheter les titres qui seront ensuite inscrits sur le compte-titres.
> **b.** Lorsque le PEA est souscrit auprès d'une entreprise d'**assurance,** il prend la forme d'un contrat de capitalisation en unités de compte,

investi dans une ou plusieurs catégories de titres pouvant figurer sur un PEA.

c. Une personne physique majeure **rattachée** ne peut ouvrir qu'un PEA « classique », les versements étant limités à 20 000 € jusqu'à la fin du rattachement.

d. Aucune **durée** minimale ou maximale n'est fixée par la loi pour le PEA mais, en cas de clôture avant cinq ans, le titulaire est fiscalement pénalisé. Pour apprécier la durée du PEA, la **date d'ouverture** du plan s'entend de celle du premier versement.

e. Le titulaire du plan qui a sciemment contrevenu aux règles de **plafonds de versements** (plafond global de 225 000 € et plafond de 20 000 €) est passible d'une **amende** fiscale égale à 2 % du montant des versements surnuméraires (CGI art. 1765).

Profits réalisés dans le cadre du plan Pendant la durée du plan, les **plus-values** de cession de titres (comme les dividendes et autres produits afférents à ces titres) effectuées dans le cadre du plan ne sont pas imposables à l'impôt sur le revenu (CGI art. 157, 5° bis). En contrepartie de cette exonération, il n'est pas possible d'imputer les **moins-values** subies dans le cadre du PEA sur des plus-values réalisées en dehors du PEA (BOI-RPPM-RCM-40-50-30 n° 1). 50091

Les **produits** de placements effectués en **actions ou parts de sociétés non cotées** ne bénéficient toutefois de l'exonération d'impôt sur le revenu que dans la limite de 10 % du montant de ces placements. Seuls sont concernés par ce plafonnement les produits proprement dits, à l'exclusion des plus-values de cession des titres non cotés.

L'**exonération** prévue pour les PEA n'est cependant **définitivement acquise** que si l'épargne investie est conservée pendant au moins cinq ans à compter de l'ouverture du plan.

CONSEIL

Le contribuable qui s'attend à recevoir un **complément de prix** sur des titres qui sont sortis de son PEA ne doit surtout pas clore son plan avant encaissement de ce complément s'il désire en obtenir l'exonération.

Par ailleurs, le cédant de titres détenus dans un PEA appelé à verser une indemnité en exécution d'une **clause de garantie de passif** ou d'actif net doit puiser sur son PEA les sommes nécessaires et, s'il lui faut procéder à de nouveaux versements en numéraire, se garder de franchir le plafond mentionné au n° 50090.

Retrait avant cinq ans Le retrait (ou le rachat du contrat de capitalisation) avant l'expiration de la cinquième année de fonctionnement du PEA entraîne en principe l'**imposition du gain net** réalisé depuis l'ouverture du plan au prélèvement forfaitaire unique (PFU ; n° 50650 s.) au taux d'imposition, hors prélèvements sociaux, de **12,8 %,** sauf option globale pour le barème progressif de l'impôt sur le revenu (CGI art. 150-0 A, II-2 et 200 A, 5). 50092

Quelle que soit la situation de ce gain au regard de l'impôt sur le revenu, il supporte les **prélèvements sociaux** au taux global de 17,2 %.

Le **gain net imposable** s'entend de la différence entre la valeur liquidative du PEA à la date du retrait (ou la valeur de rachat, pour un contrat de capitalisation) et le montant des versements effectués sur le plan depuis son ouverture, à l'exception de ceux afférents aux retraits ou rachats (visés ci-après précision b) n'ayant pas entraîné la clôture du plan (CGI art. 150-0 D, 6). Ce gain net est éventuellement diminué du montant des produits des titres non cotés qui n'ont pas bénéficié de l'exonération d'impôt sur le revenu (n° 50091) (CGI ann. II art. 91 quater J).

› Précisions a. Les gains ou **pertes** constatés lors de la clôture du plan peuvent être imputés sur les pertes ou gains de cession de titres hors PEA, dans les conditions exposées au n° 50350.

b. Les retraits (ou rachats) effectués avant l'expiration du délai de cinq ans peuvent toutefois être **exonérés** d'impôt sur le revenu (mais non de prélèvements sociaux) lorsqu'ils sont affectés, dans les trois mois, au financement de la **création** ou de la **reprise d'une entreprise,** à condition que le titulaire du plan, son conjoint ou partenaire d'un Pacs, son ascendant ou son descendant assure personnellement l'exploitation ou la direction de cette entreprise. Dans un tel cas :

– le titulaire du PEA doit adresser à l'organisme gestionnaire du plan une attestation sur l'honneur que les sommes dont il demande le retrait (ou le rachat) sont destinées au financement de la création ou de la reprise d'une entreprise, et, ultérieurement, une copie du récépissé du dépôt de dossier de création d'entreprise ainsi que d'autres pièces justifiant de la réalité de l'opération de financement (CGI ann. II art. 91 quater K) ;

– la plus-value réalisée en cas de cession ultérieure des titres retirés du PEA est calculée à partir de leur valeur à la date du retrait (CGI ann. II art. 74-0 E bis).

c. En cas de clôture du plan avant cinq ans pour **non-respect des conditions de fonctionnement,** le gain net réalisé est imposé dans les mêmes conditions qu'en cas de retrait (CGI art. 1765) avec, en plus, application de l'intérêt de retard et, le cas échéant, de la majoration pour manquement délibéré prévus par les articles 1727 et 1729 du CGI (BOI-RPPM-RCM-40-50-50 n°s 130 et 140).

Au surplus, le non-respect des règles de plafonds de versements (plafond global de 225 000 € et plafond de 20 000 € mentionnés au n° 50090) est passible d'une amende (n° 50090, précision e.).

50093 **Retrait après cinq ans** Un retrait ou rachat après cinq ans n'entraîne aucune taxation au titre de l'**impôt sur le revenu** : le gain réalisé depuis l'ouverture du plan est définitivement exonéré d'impôt sur le revenu (mais pas des **prélèvements sociaux**).
Les **retraits ou rachats partiels** après cinq ans n'entraînent pas la clôture du plan. Le PEA continue à fonctionner en franchise d'impôt sur le revenu. Le titulaire conserve par ailleurs la possibilité d'effectuer de nouveaux versements. Le retrait ou le rachat **total** entraîne en revanche la fermeture définitive du plan.
Lorsque le plan se dénoue après cinq ans par le versement d'une **rente viagère,** celle-ci est exonérée d'impôt sur le revenu (CGI art. 157, 5° ter). Mais la rente est soumise aux prélèvements sociaux sur une fraction de son montant calculée comme en matière d'impôt sur le revenu (voir CGI art. 158, 6).
Les **pertes** ne sont, en principe, pas imputables sur les plus-values de même nature. Une exception est toutefois prévue en cas de clôture du plan à la suite de la liquidation des actifs (cession totale des titres ou rachat total du contrat de capitalisation) : la perte est alors imputable dans les conditions exposées n° 50350 (CGI art. 150-0 A, II-2 bis).

50094 **Transfert du domicile fiscal hors de France** Le transfert du domicile fiscal hors de France du titulaire n'entraîne pas la clôture du PEA, sauf si ce transfert a lieu dans un État ou territoire non coopératif (BOI-RPPM-RCM-40-50-20-20 n° 650).

› **Précisions a. Après le transfert** n'entraînant pas la clôture du plan, les produits et plus-values procurés par les placements effectués sur le PEA sont exonérés d'impôt sur le revenu, dans les mêmes conditions que pour les résidents de France. En cas de clôture du plan, de retrait ou de rachat partiel, le gain net réalisé est hors du champ d'application de l'impôt sur le revenu et des prélèvements sociaux.

b. Dans le cas où le **transfert** a lieu dans un **État ou territoire non coopératif,** la clôture automatique du plan s'accompagne de l'imposition du gain net réalisé, d'une part, à l'impôt sur le revenu si le plan est ouvert depuis moins de cinq ans, d'autre part, aux prélèvements sociaux quelle que soit la date d'ouverture du plan (BOI-RPPM-RCM-40-50-20-20 n° 650).

50095 **Plus-values ultérieures sur titres** Lorsque des **titres** ayant figuré sur un PEA sont **vendus après la clôture du plan** ou leur retrait du plan, la plus-value réalisée est taxable selon le régime des plus-values sur valeurs mobilières et droits sociaux.
Le **montant** de cette plus-value est calculé à partir de la valeur des titres à la date de clôture ou de retrait afin de ne prendre en compte que les gains réalisés ultérieurement (CGI art. 150-0 D, 5). Corrélativement, les pertes enregistrées pendant le PEA ne sont pas prises en compte.

50097 **PEA et optimisation fiscale** Les contribuables qui seraient tentés d'utiliser le PEA à des fins d'optimisation fiscale doivent savoir :
– d'une part, qu'un contribuable ne peut inscrire sur un PEA les titres d'une société dans laquelle il détient (ou a détenu à un moment quelconque au cours des cinq années précédant l'acquisition des titres dans le cadre du PEA), avec son conjoint ou partenaire de Pacs, leurs ascendants et descendants, une **participation directe ou indirecte supérieure à 25 %** des droits dans les bénéfices sociaux ;
– d'autre part, que l'utilisation du PEA dans un but d'optimisation peut tomber sous le coup de la procédure de répression des **abus de droit** prévue aux articles L 64 et L 64 A du LPF. Les détournements constitutifs d'un abus de droit en ce qu'ils sont contraires à la volonté du législateur qui a institué le PEA dans le but d'alimenter les fonds propres des entreprises sont sanctionnés par la remise en cause des avantages conférés par le PEA, et éventuellement par la clôture du plan.

50098 L'administration a précisé que les **abus constatés** prennent des formes multiples et consistent notamment (BOI-RPPM-RCM-40-50-30 n° 20) :
– à transférer dans un PEA une rémunération ou des honoraires déguisés en dividendes d'actions ou de parts sociales ;
– à inscrire dans le plan des titres non cotés à une valeur de convenance, éventuellement minorée, afin de contourner la règle de plafonnement des versements sur le PEA ;
– ou à loger dans le PEA des titres de sociétés ayant des participations supérieures à 25 % dans d'autres sociétés, participations qui elles-mêmes ne seraient pas éligibles au PEA.

L'inscription dans un PEA de titres non cotés acquis dans le cadre de **cessions croisées** entre personnes de la **même famille** afin de bénéficier du régime fiscal de faveur est également susceptible d'être considéré comme constitutif d'un abus de droit.
À noter que les opérations de **vente à soi-même** de titres, qui avaient été validées par le Conseil d'État (CE 14-10-2015 n° 374211 : RJF 1/16 n° 60), ne sont plus légales si elles sont effectuées depuis le 6 décembre 2016 : l'article 94 de la loi de finances rectificative pour 2016 a en effet fait échec à cette jurisprudence en prévoyant que les sommes versées sur le PEA ne peuvent être employées à l'acquisition de titres détenus hors de ce plan par le titulaire du plan, son conjoint, le partenaire auquel il est lié par un Pacs ou leurs ascendants ou descendants (C. mon. fin. art. L 221-31, II-4°).
En revanche, le choix de la **solution fiscale la plus avantageuse** n'est pas répréhensible dès lors que le montage n'est pas dépourvu de réalité économique. À cet égard, le juge de l'impôt ne peut exiger du contribuable, pour écarter l'existence d'un abus de droit, qu'il justifie de ce que l'architecture d'ensemble mise en place était la seule possible pour atteindre l'objectif économique poursuivi. Ainsi, en cas d'**interposition d'un holding** pour respecter le seuil de détention maximum de 25 % dans la société dont les titres figurent sur le PEA, le but exclusivement fiscal ne peut pas résulter de l'absence de démonstration par le contribuable du caractère nécessaire de l'opération (CE 19-6-2020 n° 418452 et n° 429393 : RJF 10/20 n° 812).

Plusieurs avis du **Comité de l'abus de droit fiscal** – CADF (auparavant Comité consultatif pour la répression des abus de droit – CCRAD) ont porté sur l'utilisation abusive du PEA. **50099**

ILLUSTRATIONS

Abus de droit retenu
Dans une affaire soumise au Comité, un dirigeant avait **acquis pour un franc une participation de 20 %** du capital d'un holding détenant diverses sociétés de travaux publics. Cette participation avait été inscrite sur un PEA pour cette valeur et, lorsqu'elle avait été cédée trois ans plus tard pour plus de 53 millions de francs, aucune plus-value n'avait été déclarée. Tout en constatant que la première transaction avait bien été réalisée pour le prix de un franc, le Comité a considéré que l'inscription sur un PEA avait été faite intentionnellement dans le but d'exonérer la plus-value future en dehors du contexte et de l'esprit dans lequel le législateur a conçu ce dispositif d'épargne (CCRAD aff. 2003-40 ; Inst. 13 L-2-05).
Dans une autre affaire, les titres d'une société, acquis pour une valeur unitaire de 37 €, avaient été inscrits sur le PEA de l'acheteur en remploi d'actifs de ce plan mobilisés pour l'acquisition. Un mois plus tard, cette société était absorbée sur la base d'une valeur unitaire de l'action de 135 €, prix auquel les titres reçus en échange étaient eux-mêmes vendus cinq mois plus tard sans qu'aucune plus-value soit déclarée. Le Comité en a conclu que le prix payé de 37 € était un **prix de convenance** ayant permis de loger les actions dans le PEA dans le but, là encore, d'exonérer la plus-value future en dehors du contexte et de l'esprit dans lequel le législateur a conçu ce dispositif d'épargne (CCRAD aff. 2004-15 ; Inst. 13 L-2-05).
Dans plusieurs affaires, l'administration a considéré que la **cession** de titres d'une société à ses **cadres dirigeants** avait été effectuée à un **prix minoré** et que ceux-ci, qui avaient logé leurs titres dans leur PEA, avaient ainsi contourné abusivement les conditions de fonctionnement de ce plan, et notamment la règle de plafonnement des versements à 600 000 F. Le Comité a constaté que les éléments de faits présents à ces dossiers confirmaient l'existence d'une minoration de prix pour la cession des titres et, eu égard à cette minoration et aux relations d'intérêts existantes, il a estimé que cette cession avait été réalisée pour une valeur de convenance ayant permis de loger les titres correspondants dans le PEA dans le but d'exonérer la plus-value future en dehors du contexte et de l'esprit dans lequel le législateur avait conçu ce dispositif d'épargne (CCRAD aff. 2006-16, 2007-06 à 11 et 2007-25 : Inst. 13 L-4-08).
Pour un exemple faisant intervenir plusieurs **sociétés interposées** permettant l'**inscription à prix minoré** de titres (ce qui permet notamment de respecter le plafond d'investissement) ensuite revendus, voir CCRAD aff. 2009-15 (Inst. 13 L-4-10).
Des **opérations croisées de cession-acquisition** pour un même montant entre membres d'une même famille peuvent également constituer un motif permettant de retenir l'abus de droit : tel est le cas lorsque des opérations croisées constituent une opération unique présentant un caractère circulaire ayant eu pour effet de replacer chacune des parties dans la même situation que celle dans laquelle elle se trouvait antérieurement (CADF aff. 2011-08 à F2011-13 ; Inst. 13 L-1-12 ; CADF aff. 2014-38 du 6-3-2015).
Pour le cas où l'inscription de titres sur un PEA est effectuée à l'occasion du rachat de sociétés dans le cadre d'une opération de **leverage buy-out** (LBO) et vise à déguiser en gains de cessions de titres des gains de nature salariale au profit des anciens dirigeants, voir CADF aff. 2013-10 du 23-5-2013, CADF aff. 2013-14 du 13-6-2013 et CADF aff. 2013-36 du 29-11-2013 ou à contourner le plafond des versements, voir CADF aff. 2016-28 du 13-10-2016.
Pour le cas où l'inscription de titres sur un PEA est effectuée dans le cadre d'un **management package** et vise à déguiser en gains de cessions de titres des gains de nature salariale au profit des anciens dirigeants, voir CADF aff. 2014-16 du 7-11-2014 et CADF aff. 2015-12 du 6-11-2015.

Abus de droit non retenu

Pour le cas où le comité n'a pas reconnu l'existence alléguée d'une **minoration de prix** et, donc, celle d'un prix de convenance, dont l'objet aurait été de permettre au contribuable de contourner les règles de plafonnement des versements autorisés sur un PEA, voir CADF aff. 2016-02 du 12-5-2016 et CADF aff. 2020-27 du 15-10-2020.

Pour le cas où le comité n'a pas considéré comme un montage poursuivant un but exclusivement fiscal l'**interposition d'une société holding** de droit irlandais (bénéficiant d'un régime d'exonération des plus-values sur cessions de titres de participation à partir de 2004) dès lors qu'à la date de sa création il n'existait pas de différence substantielle entre le régime fiscal irlandais et le régime fiscal d'une détention directe, voir CADF aff. 2016-13 du 13-10-2016.

Pour le cas où le comité n'a pas retenu l'abus de droit dans une affaire où l'inscription de titres sur un PEA a été effectuée dans le cadre d'un **management package,** voir CADF aff. 2016-58 du 11-5-2017.

Pour un exemple faisant intervenir plusieurs **sociétés** dans une affaire où le **contournement** des règles de **plafonnement** du PEA était invoqué par l'administration, voir CADF aff. 2017-14 du 5-10-2017.

TITRES ACQUIS DANS LE CADRE D'UN CLUB D'INVESTISSEMENT

50105 Les clubs d'investissement (ou d'« actionnaires ») permettent à des personnes physiques de se regrouper pour constituer et gérer un portefeuille collectif de valeurs mobilières. Les membres de ces clubs bénéficient d'un **régime fiscal spécifique** lorsque les **conditions** suivantes sont réunies (BOI-RPPM-RCM-40-20 n° 10) :

– le club doit être créé sous la forme d'une indivision ou d'une société civile de personnes dont l'objet est limité à la constitution et à la gestion d'un portefeuille de placement ;

– le nombre des membres du club est limité à 20 personnes et les versements ne doivent pas dépasser 5 500 € par an et par foyer fiscal, étant précisé que chaque adhérent ne peut appartenir qu'à un seul club à la fois ;

– les fonds en attente de placement ainsi que les valeurs acquises doivent, s'il s'agit de titres admis aux négociations sur un marché réglementé, être déposés auprès d'un établissement financier agréé.

En outre, afin de **simplifier** leurs **obligations déclaratives,** l'administration admet que le club opte (option définitive) pour le régime simplifié d'imposition, à condition de prévoir dans ses statuts (BOI-RPPM-PVBMI-10-30-10 n° 120) :

– que ses adhérents, dont le nombre ne doit pas être inférieur à cinq, ne peuvent faire partie d'aucun autre club d'investissement. Cette disposition ne fait pas obstacle à ce que chaque membre du foyer fiscal fasse partie d'un club d'investissement, mais dans ce cas la limite maximum des versements s'apprécie au niveau du foyer fiscal ;

– que la durée maximum du club ne peut excéder dix ans, sans possibilité de prorogation.

50106 Dans ce cadre, les plus-values de **cession de titres** réalisées **par le club** échappent à toute taxation. Mais les gains nets réalisés par les membres du club à l'occasion de leur **retrait** ou de la **dissolution du club** (dont la durée de vie ne peut excéder 10 ans) sont imposables selon le régime des plus-values de cession de valeurs mobilières et droits sociaux après application, le cas échéant, d'un abattement proportionnel pour durée de détention prévu à l'article 150-0 D, 1 du CGI. Le montant imposable est égal à la différence entre le prix de rachat des parts (ou le montant remboursé par le club en cas de dissolution avec liquidation du portefeuille) et le total des versements effectués depuis l'adhésion (BOI-RPPM-PVBMI-10-30-10 n°s 80 et 100).

Les membres du club sont imposables chaque année à l'impôt sur le revenu sur leur **quote-part de revenus** dans les mêmes conditions que s'ils détenaient les titres en direct (BOI-RPPM-RCM-40-20 n° 20).

TITRES ACQUIS DANS LE CADRE DE L'ÉPARGNE SALARIALE

50110 En vertu de l'article 150-0 A, III-4 du CGI, les plus-values réalisées lors de la cession de titres acquis dans le cadre de la participation des salariés aux résultats de l'entreprise, des plans d'épargne salariale et des régimes légaux d'actionnariat des salariés sont exonérées d'impôt sur le revenu à la condition que les titres revêtent la forme nominative et comportent la mention d'origine. Toutefois, les cessions d'actions acquises en exercice de stock-options ou de BSPCE ainsi que les cessions d'actions attribuées gratuitement restent imposables dans les conditions exposées aux n°s 51000 s.

TITRES ACQUIS DANS LE CADRE D'UN ENGAGEMENT D'ÉPARGNE À LONG TERME

50115 Les plus-values de cession de titres réalisées dans le cadre d'un engagement d'épargne à long terme (Celt) non encore venu à expiration sont exonérées en application de l'article 150-0 A, III-5 du CGI. Celles qui sont réalisées après la date de clôture du Celt ne sont taxées que pour la fraction acquise après cette date : on retient comme prix d'acquisition le dernier cours coté au comptant précédant l'expiration du Celt (CGI art. 150-0 D, 7).

TITRES DÉTENUS PAR UN IMPATRIÉ

L'article 155 B, II du CGI exonère, à hauteur de la moitié de leur montant, les **gains réalisés à l'occasion de la cession,** par un impatrié, **de valeurs mobilières et de droits sociaux** lorsque le dépositaire des titres, ou à défaut la société dont les titres sont cédés, est établi hors de France. Corrélativement, les **moins-values** éventuellement constatées sur ces titres sont comptabilisées à hauteur de 50 % de leur montant. Le cas échéant, l'abattement pour durée de détention (n°s 50370 s.) s'applique sur le montant des plus-values ne bénéficiant pas de l'exonération d'impôt. 50120

Pour les cessions de titres issus de la **levée d'options** (« stock-options »), l'exonération de 50 % d'impôt sur le revenu est applicable au seul gain de cession, à l'exclusion du gain de levée d'option ou « avantage » (BOI-RSA-GEO-40-10-30-30 n° 20).

Ce dispositif s'adresse aux **salariés** et **dirigeants de sociétés de capitaux** soumis au régime fiscal des salariés appelés de l'étranger à occuper pendant une période limitée un emploi dans une entreprise établie en France, que ces personnes soient recrutées directement à l'étranger par l'entreprise établie en France ou qu'elles soient appelées par une entreprise étrangère auprès de l'entreprise établie en France (salariés détachés dans le cadre d'une mobilité intragroupe).

Dans tous les cas, les intéressés ne doivent **pas** avoir été **fiscalement domiciliés en France** au cours des cinq années civiles précédant celle de leur prise de fonctions en France et doivent, à compter de leur prise de fonctions en France, **devenir résidents** de France, c'est-à-dire avoir en France leur foyer ou leur lieu de séjour principal ou exercer en France leur activité professionnelle à titre principal.

L'**exonération** est accordée au titre des années de domiciliation fiscale en France, jusqu'au 31 décembre de la **huitième année** civile suivant celle de la prise de fonctions en France (cinquième année pour les prises de fonctions antérieures au 6 juillet 2016). L'exonération est **maintenue** lorsque, au cours de cette période, l'intéressé change de fonctions au sein de l'entreprise pour laquelle il s'est installé en France ou change d'entreprise au sein du même groupe, pour exercer ou non des fonctions similaires. Elle est également maintenue lorsqu'une entreprise étrangère met fin au détachement d'un salarié et que ce dernier signe un contrat de travail ou un mandat social avec l'entreprise établie en France dans laquelle il exerce ses fonctions (BOI-RSA-GEO-40-10-10 n°s 250 et 260).

La fraction des sommes exonérées d'impôt sur le revenu reste soumise aux divers **prélèvements sociaux** (n° 50020).

TITRES PLACÉS DANS UN COMPTE PME INNOVATION (CPI)

Le CPI permet à certains entrepreneurs de céder leurs titres en bénéficiant d'un **report d'imposition** des plus-values à la condition que le produit de la vente soit réinvesti dans de jeunes PME. Ce report d'imposition est global, avec compensation des plus-values et moins-values et s'applique jusqu'à la sortie des actifs. 50125

Seuls les contribuables ayant leur **domicile fiscal en France** peuvent ouvrir un CPI auprès d'un établissement de crédit, de la Caisse des dépôts et consignations, de la Banque de France ou d'une entreprise d'investissement.

Chaque contribuable ou chacun des époux ou partenaires de Pacs ne peut être titulaire que d'**un seul compte.**

Le CPI donne lieu à l'ouverture d'un **compte-titres** et d'un **compte espèces** associés.

L'**entrée dans le CPI** se fait par l'inscription sur le compte-titres des parts ou actions de sociétés soumises à l'impôt sur les sociétés créées depuis moins de dix ans remplissant les conditions pour bénéficier de l'abattement pour durée de détention renforcé visé au n°s 50410 s. (quelle que soit la date d'acquisition ou de souscription des titres).

> **Précisions a.** Le **titulaire du CPI** doit :
> – soit détenir ou avoir détenu à un moment quelconque depuis la création de la société, avec les membres de son groupe familial (conjoint ou partenaire de Pacs, leurs ascendants et descendants), **au moins 25 % des droits** de vote ou des droits dans les bénéfices sociaux ;
> – soit avoir exercé au sein de la société une **fonction de direction** (telle que mentionnée n° 50470) ou une **activité salariée** pendant au moins 24 mois (ou, si la société a moins de 24 mois, depuis sa création) et détenir ou avoir détenu à un moment quelconque depuis sa création, avec les membres de son groupe familial, au moins 5 % des droits de vote ou des

droits dans les bénéfices sociaux de cette société. La condition de détention de 5 % n'est toutefois pas exigée lorsque la valeur des parts ou actions détenues excède 50 % de la valeur brute de l'ensemble des biens, droits et valeurs du titulaire du compte, y compris les parts et actions de la société ;
– soit être **signataire d'un pacte d'actionnaires ou d'associés** personnes physiques portant sur au moins 25 % des droits de vote ou des droits dans les bénéfices sociaux de la société, chaque signataire devant détenir au minimum 1 % des droits précités et au moins l'un d'entre eux avoir exercé dans la société une fonction de direction dans les conditions prévues ci-dessus.

b. Le **compte espèces** est **alimenté** par le prix de cession ou de rachat des parts ou actions inscrites sur le compte, le complément de prix de cession et les valeurs et sommes attribuées lors de la dissolution d'une entité dont les titres sont inscrits sur le compte. Sont également portées sur le compte espèces les distributions de plus-values par certains organismes de placement collectif, les répartitions d'actifs par les FCPR et les FPCI ainsi que les distributions imposables des SCR.

Les sommes doivent être **réinvesties** dans un délai de 24 mois à compter de l'opération dans la souscription au capital initial ou aux augmentations de capital de sociétés ou fonds énumérés à l'article L 221-32-5, IV du Code monétaire et financier.

50130 **Régime fiscal** Les plus-values ou moins-values réalisées dans le CPI sont prises en compte, non pas au titre de l'année de leur réalisation, mais lors du retrait de tout ou partie des liquidités ou des titres (CGI art. 150-0 B quinquies). Les prélèvements sociaux sont toutefois dus chaque année au titre des produits de placement.

Comme les autres gains en capital, les gains nets sont soumis au PFU ou sur option globale au barème progressif (n°s 50650 s.).

a. Retrait de liquidités. Le gain net est constitué par le solde des distributions de plus-values ou d'actifs perçus dans le compte ainsi que des plus-values et des moins-values constatées lors d'opérations réalisées dans le compte retenues pour leur montant brut, avant application le cas échéant des abattements pour durée de détention.

Les plus ou moins-values sont déterminées dans les conditions de droit commun. Toutefois, par dérogation aux règles générales, les **moins-values** sont imputables, sans limitation de délai, en priorité sur les plus-values des années antérieures les plus anciennes puis sur les plus-values de l'année et des années suivantes afférentes aux titres souscrits aux dates les plus anciennes.

En cas de **solde positif,** le gain net est réduit, le cas échéant, des abattements pour durée de détention proportionnels ou fixe (n°s 50370 s.), étant précisé que les abattements proportionnels ne sont en tout état de cause applicables qu'en cas d'option globale pour le barème progressif (n° 50652). Pour l'application de ces abattements, le gain net est ventilé entre les différents taux d'abattement selon la même répartition que l'ensemble des plus-values constatées dans le compte au jour du retrait avant imputation des moins-values.

En cas de **solde négatif**, les liquidités ne sont pas imposables et les moins-values restent imputables dans le compte sur les plus-values des années suivantes.

b. Retrait de titres. En cas de retrait de **titres acquis en réinvestissement**, le gain net correspond à la valeur de souscription des titres retirés. Le gain imposable est déterminé dans les mêmes conditions que pour les retraits de liquidités.

Aucune imposition n'est établie si le retrait concerne des **titres apportés** dans les conditions exposées au n° 50125.

En cas de cession ou de rachat ultérieur des titres ayant fait l'objet d'un retrait, le gain net est déterminé dans les conditions de droit commun.

c. Clôture du compte. La clôture du compte entraîne le retrait de l'ensemble des liquidités et des titres. Le gain de clôture est déterminé par application des règles prévues pour ces retraits.

En cas de **moins-value**, celle-ci est imputable sur les plus-values réalisées par ailleurs au titre de l'année de la clôture et, le cas échéant, des années suivantes jusqu'à la dixième inclusivement. Toutefois, cette moins-value n'est pas imputable sur les plus-values de cession de valeurs mobilières pour le calcul des prélèvements sociaux dus sur les revenus du patrimoine.

> **Précisions a.** Le **transfert du domicile fiscal hors de France** entraîne les mêmes conséquences qu'une clôture de compte. L'exit tax est applicable aux plus-values enregistrées dans le compte et aux plus-values latentes constatées à la date du transfert.
> **b.** Les **abattements pour durée de détention** applicables, le cas échéant, sont ceux dans leur rédaction en vigueur à la date de perception ou de réalisation des distributions ou plus-values.
> **c.** Pour permettre la détermination des gains nets imposables, l'**établissement gestionnaire** du compte doit conserver pour chaque part ou action figurant sur le compte-titres et pour les liquidités figurant sur le compte espèces les informations retraçant les différentes opérations (C. mon. fin. art. L 221-32-7).

II. CALCUL DE LA PLUS-VALUE

La plus ou moins-value est calculée par différence entre le prix de cession et le prix d'acquisition (CGI art. 150-0 D, 1). 50150

La prise en compte des moins-values est possible sous certaines conditions. La plus-value subsistant après l'imputation des moins-values est ensuite éventuellement réduite d'un abattement pour durée de détention.

A. Prix de cession

DÉTERMINATION DU PRIX DE CESSION

Le prix de cession s'entend, pour les **titres non cotés,** du prix effectif convenu entre les parties ou, en cas de **cession en bourse,** du cours auquel la transaction est conclue. 50180

En cas de cession de titres libellés en **devises étrangères,** le prix de cession à retenir doit être converti en euros selon le taux de change applicable à la date de cession des titres (CE 13-9-2021 n° 443914 : RJF 12/21 n° 1111).

Le prix doit être diminué des **frais et taxes** acquittés par le cédant (n° 50197).

Le prix de cession comprend toutes les charges et indemnités stipulées au profit du cédant ou d'un tiers, à quelque titre que ce soit, en rémunération de l'opération (CGI ann. II art. 74-0 B). 50181

La **reprise d'une dette du cédant** peut être un des éléments à ajouter au prix de cession des titres. Ainsi, lorsque le montant du prix acquitté par l'acquéreur est manifestement déterminé en fonction du débit du compte courant du cédant repris par ailleurs, il y a lieu de considérer que la transmission à l'acquéreur des dettes en compte courant constitue un élément du prix de cession effectif des droits (TA Rennes 21-11-2002 n°s 98-3969 et 99-1661 : RJF 6/03 n° 707).

En revanche, la rémunération d'un **engagement de non-concurrence** pris par le cédant ne fait pas partie du prix de vente mais est imposable dans la catégorie des traitements et salaires (CAA Lyon 25-1-2007 n° 03-812 : RJF 6/07 n° 690).

En cas de **partage avec soulte d'une indivision autre que successorale ou conjugale,** l'article 74-0 C de l'annexe II au CGI prévoit que le prix de cession des droits cédés aux autres copartageants est égal au montant des soultes reçues lors du partage. 50182

Notons à cet égard que les partages, même avec soulte, qui portent sur des biens provenant d'une **succession** ou d'une **indivision entre époux** ou partenaires d'un Pacs, ne constituent pas des cessions à titre onéreux. Aucune taxation n'est donc effectuée à cette occasion.

En cas de **dissimulation de prix,** le prix stipulé peut être majoré du montant du prix dissimulé. Pour cela, il faut toutefois que l'administration apporte la preuve de la réalité d'une telle dissimulation. Par exemple, elle ne peut se contenter de faire référence aux déclarations de l'acquéreur selon lesquelles une partie du prix de vente aurait fait l'objet d'un règlement en espèces, dès lors que cette déclaration n'est corroborée par aucun élément attestant l'encaissement de cette somme par le vendeur (CAA Marseille 19-4-1999 n° 96-2032 : RJF 11/99 n° 1377). 50183

Une simple **insuffisance de prix** ne peut quant à elle en aucun cas affecter le calcul de la plus-value de cession même si elle entraîne un rehaussement en matière de droits d'enregistrement. Il n'en va autrement que si l'administration établit que la valeur retenue pour les droits d'enregistrement était dépourvue de toute signification (CE 12-10-2011 n° 324717 : RJF 12/12 n° 31).

Incidence des modalités de paiement du prix En cas de cession payable par **versements échelonnés,** le prix de cession est en principe égal au montant cumulé des versements afférents aux diverses échéances stipulées au contrat. 50185

Toutefois, lorsque le **règlement** du prix de cession est **étalé sur plusieurs années** et que les inconvénients résultant d'un paiement à échéances plus ou moins lointaines ne sont pas compensés, ou le sont insuffisamment, par des intérêts ou par une clause d'indexation, la plus-value doit être déterminée en tenant compte non pas du montant nominal de la créance détenue sur l'acquéreur, mais de sa valeur réelle actuelle (CE 6-12-1978 n° 12561 : RJF 1/79 n° 13 ; CAA Paris 19-2-1991 n° 1130 : RJF 5/91 n° 616). Est sans incidence à cet égard la circonstance que la créance a été liquidée par anticipation lors de la recapitalisation de la société (CAA Bordeaux 25-4-2013 n° 11BX03390 : RJF 10/13 n° 935).

En revanche, si la **créance** du cédant est **productive d'intérêts,** c'est la valeur nominale de la créance qui est retenue : celle-ci correspond au montant total des versements effectués aux diverses échéances prévues au contrat, diminué des intérêts compris dans ces versements (BOI-RPPM-PVBMI-20-10-10-10 n° 130).

À noter que les **intérêts** dus à raison du **paiement différé ou tardif** d'une partie du prix de cession d'actions ont la nature d'**intérêts moratoires** au sens de l'article 1231-6 du Code civil, même si leur taux est fixé contractuellement : ils constituent un accessoire de la créance, soumis au même régime fiscal que la plus-value résultant de la cession des parts, et non des revenus de créance (CE 11-7-2011 n° 328792 : RJF 11/11 n° 1120).

Il a par ailleurs été jugé que la transaction par laquelle le contribuable consent à l'acquéreur, en contrepartie d'un **paiement anticipé,** une **réduction** des sommes restant dues dans le cadre d'un paiement échelonné constitue un acte de disposition de la plus-value et ne peut être regardée comme ayant eu pour effet de réduire le prix de cession convenu dans l'acte initial (CAA Nantes 28-6-2002 n° 99-432 : RJF 1/03 n° 38). Au cas particulier, l'acquéreur s'était initialement engagé à acquitter le prix de cession en six échéances échelonnées sur une période de quatre ans. Au bout de deux ans, il avait souhaité acquitter par anticipation le solde dont il restait redevable. Compte tenu de ce paiement anticipé, le cédant avait accepté de réduire le montant de ce solde puis avait demandé la réduction de l'imposition à laquelle il avait été assujetti à raison de la plus-value calculée à partir du prix de cession convenu dans l'acte initial.

50186 Sont **sans incidence** sur le prix de vente des droits sociaux et donc sur le montant de la plus-value imposable :

– le **blocage temporaire d'une partie du prix** de vente en contrepartie des engagements de garantie de passif pris par le cédant (CE 22-3-1991 n° 67966 : RJF 5/91 n° 615) ;

– la **mise sous séquestre** auprès d'une banque d'une partie des actions reçues en rémunération d'un apport (CE 30-6-1976 n°s 92674 et 93186 : RJF 9/76 n° 397).

50187 En cas de cession de titres moyennant le paiement d'une **rente viagère,** l'article 74-0 D de l'annexe II au CGI prévoit que le prix de cession à retenir pour le calcul de la plus-value imposable correspond à la valeur en capital de la rente, à l'exclusion des intérêts. Cette valeur de la rente doit s'entendre du montant du capital représentatif de la rente au jour de la cession, éventuellement augmenté de la fraction du prix payée comptant. Elle correspond en pratique à la valeur qui sert de base à la liquidation des droits de mutation.

50190 **Incidence du rachat préalable par le cédant de créances sociales irrécouvrables** Les sommes payées par le cédant, préalablement à la cession et à la demande de l'acquéreur, pour racheter des créances irrécouvrables figurant à l'actif du bilan de la société viennent en **diminution du prix de cession** pour la détermination de la plus-value imposable. Cette solution a été retenue par le Conseil d'État dans une affaire où le PDG et principal actionnaire d'une société avait vendu ses actions à un tiers qui avait exigé que les créances irrécouvrables soient sorties de l'actif de la société. Le Conseil d'État a jugé que le rachat des créances, **condition expresse de la cession,** constituait une réduction du prix de cession des actions et que la plus-value devait être réduite en conséquence (CE 5-6-1989 n° 61632 : RJF 8-9/89 n° 964).

En revanche, un contribuable qui soutient, sans l'établir, que le rachat de créances auquel il a procédé postérieurement à la cession des titres était une condition expresse de cette cession n'est pas fondé à demander que le montant de la plus-value de cession soit réduit du montant de ce rachat de créances (CE 15-6-2001 n° 211929 : RJF 10/01 n° 1237).

ILLUSTRATIONS

Il est permis de rapprocher de cette jurisprudence un jugement du tribunal administratif de Versailles concernant le traitement fiscal d'**apports en capital imposés au cédant** par l'acquéreur des parts. Dans cette affaire, le juge a estimé que le prix de cession des parts d'une **société de personnes** devait être minoré du montant des augmentations de capital souscrites par l'associé cédant, dès lors que ce dernier s'était engagé, lors de la signature d'une promesse d'achat des parts, à souscrire aux augmentations de capital de la société selon un échéancier et pour des montants déterminés et qu'il n'est pas contesté que ces versements constituaient une condition du rachat des parts par l'acquéreur (TA Versailles 7-5-2002 n°s 98-2355 et 98-5076 : RJF 3/03 n° 292). Dans une précédente affaire, le tribunal administratif de Dijon avait pour sa part jugé que des apports effectués dans le cadre d'augmentations de capital ont pour effet de majorer le prix d'acquisition des parts (TA Dijon 13-1-1998 n° 95-3326 : RJF 5/98 n° 568, concl. B. Heckel BDCF 3/98 n° 59), jurisprudence confirmée par la cour administrative de Nantes le 17-12-2007 (voir n° 50300).

50193 **Incidence des clauses de variation de prix** Une clause de **garantie de passif** ou de **révision de prix** n'a pas d'incidence sur la plus-value calculée à la date de la cession. Ainsi qu'on l'a vu ci-dessus n° 50186, il a également été jugé que la circonstance que le prix de cession des titres soit temporairement bloqué en garantie des engagements pris par le cédant n'affecte pas non plus le montant de la plus-value imposable. Mais lors de la mise en jeu de la garantie, le cédant peut, sous certaines conditions, demander le dégrèvement de l'impôt payé en trop sur la plus-value initiale (voir sur ce point n°s 68020 s.).

Les clauses – dites d'**« earn out »** – par lesquelles l'acquéreur s'engage à verser au cédant un complément de prix déterminé en fonction d'une indexation directe avec l'activité de la société dont les titres sont cédés n'ont pas non plus d'incidence immédiate lors de la cession. Mais lorsqu'elles sont appelées à jouer, le complément de prix versé au cédant est imposable, dans les conditions exposées aux nos 37800 s., au moment de sa perception.

FRAIS DÉDUCTIBLES

Le prix de cession est diminué du montant des frais et taxes supportés par le cédant à l'occasion de la cession. Seuls les frais **se rapportant directement à l'opération** conclue avec l'acquéreur peuvent être déduits du prix de cession pour la détermination du gain net imposable (CAA Paris 21-9-2016 n° 15PA01150 : RJF 7/17 n° 658). À cet égard, les frais inhérents à la cession sont déductibles même s'ils ont été **exposés postérieurement** à la cession (CE 25-10-2017 n° 392663 : RJF 1/18 n° 36, concl. R. Victor @ (C 36)). 50197

Pour les **cessions** de titres effectuées **hors bourse**, il peut s'agir par exemple des commissions d'intermédiaires ou des honoraires versés aux experts chargés de l'évaluation des titres, lorsque, bien entendu, ces frais sont mis à la charge du vendeur (BOI-RPPM-PVBMI-20-10-10-10 n° 280).

Pour les **négociations** de titres effectuées **en bourse**, les frais et taxes comprennent les commissions de négociation, les courtages ainsi que les commissions acquittées par le cédant qui a recours au service de règlement différé (SRD). Ces frais sont, en règle générale, portés en déduction du prix de cession sur les bordereaux d'opérations adressés à leurs clients par les intermédiaires financiers (BOI-RPPM-PVBMI-20-10-10-10 n° 270).

ILLUSTRATIONS

Les **frais de mainlevée d'un nantissement** ayant grevé des actions cédées peuvent être admis en déduction du prix de cession pour le calcul de la plus-value s'ils sont supportés par le vendeur lors de la cession des actions.

Tel n'est pas le cas lorsque des titres ont été acquis par voie successorale après la mainlevée, cette procédure ayant été engagée avant l'ouverture de la succession et les frais ayant été pris en compte au titre du passif successoral.

CAA Paris 24-6-1997 n° 95-1203 : RJF 10/97 n° 924.

Les **frais d'une procédure judiciaire** diligentée par le cédant contre l'acquéreur des actions afin d'obtenir le paiement du solde du prix ne sont pas imputables sur le prix de cession dès lors que cette procédure a été **engagée au cours d'une année postérieure à l'acte de cession.**

CAA Paris 5-2-1998 n° 95-3988 : RJF 8-9/99 n° 997.

Les frais relatifs à l'exécution d'une **convention d'assistance** souscrite auprès d'un établissement bancaire en vue de la recherche d'acquéreurs de la majorité d'une société et les **frais d'avocat** non couverts par cette convention qui ont été acquittés par le cédant sont déductibles en totalité de la plus-value réalisée sur la vente des titres malgré le fait que, détenant une partie majoritaire du capital, il s'était porté fort pour l'actionnaire qui en détenait l'autre partie.

CAA Lyon 4-5-2010 n° 08-1023 : RJF 12/10 n° 1171.

Des **honoraires de gestion de portefeuille** ne peuvent pas être déduits des plus-values de cessions de valeurs mobilières dès lors que le contribuable n'établit ni même n'allègue que les honoraires auraient été versés en rémunération de ces opérations de cession.

CAA Paris 21-9-2016 n° 15PA01150 : RJF 7/17 n° 658.

Les **frais de justice** admis en déduction pour le calcul d'une plus-value de cession de titres s'entendent des seuls frais qui ont été engagés pour la détermination du prix de cession de titres. Par suite, les frais de justice **engagés** par le contribuable **en vue d'obtenir le recouvrement d'un complément de prix** ne sont pas déductibles de la plus-value.

CE 29-5-2019 n° 414617 : RJF 8-9/19 n° 742, concl. E. Cortot-Boucher (C 742).

B. Prix d'acquisition

Le prix d'acquisition s'entend du prix pour lequel les titres ont été acquis **à titre onéreux** par le cédant, diminué, le cas échéant, de la réduction d'impôt « Madelin » effectivement obtenue, ou, en cas d'acquisition **à titre gratuit** (succession ou donation), de la valeur retenue pour la détermination des droits de mutation. Il doit dans les deux cas être majoré des **frais d'acquisition.** 50200

Des **modalités particulières** de détermination du prix d'acquisition sont prévues dans certains cas : nos 50280 s.

› Précisions C'est la valeur nominale du prix d'acquisition qui doit être retenue, sans aucun correctif destiné à tenir compte de l'évolution générale des prix, c'est-à-dire de l'**inflation** (CE 26-11-1975 n° 95170 : RJF 2/76 n° 78 ; CE 15-4-1988 n° 61878 : RJF 6/88 n° 736).

1. ACQUISITION À TITRE ONÉREUX

PRIX D'ACQUISITION PROPREMENT DIT

50210 **Principes** Le prix d'acquisition à retenir s'entend, pour les **titres acquis hors bourse,** du prix convenu entre les parties et, pour les **titres cotés,** du cours de bourse auquel la transaction a été conclue.

› Précisions a. Le prix d'acquisition de titres s'entend du montant de l'ensemble des **contreparties** effectivement **mises à la charge de l'acquéreur,** quelles que soient les modalités selon lesquelles il s'acquitte de ces obligations (numéraire versé, dette contractée, etc.) (CE 7-2-2018 n° 399399 : RJF 5/18 n° 490, concl. Y. Bénard (C 490)).

b. Lorsque le contribuable n'est **pas en mesure de justifier d'une valeur d'acquisition,** il convient en principe de retenir une valeur nulle (CAA Nantes 27-6-2003 n° 99-2584 : RJF 1/04 n° 42 ; BOI-RPPM-PVBMI-20-10-20-10 n° 1).

c. À l'exception du cas d'acquisition à titre gratuit de valeurs mobilières par voie de succession ou de donation, seul peut être déduit du prix de cession des valeurs mobilières le prix effectivement supporté par le contribuable pour leur acquisition, **indépendamment** de leur **valeur économique ou patrimoniale** (CAA Versailles 14-11-2017 n° 16VE03433 : RJF 4/18 n° 378).

d. La circonstance que le **prix d'acquisition** de titres aurait été **modifié** par un événement postérieur au 31 décembre de l'année au cours de laquelle a eu lieu la cession de ces titres est sans influence sur le montant de la plus-value réalisée à cette occasion (CAA Nantes 2-5-2006 n° 04-953 : RJF 11/06 n° 1360).

e. En cas de cession de titres libellés en **devises étrangères,** le prix d'acquisition à retenir doit être converti en euros selon le taux de change applicable à la date d'acquisition des titres (CE 13-9-2021 n° 443914 : RJF 12/21 n° 1111).

f. En cas d'acquisition de titres moyennant le paiement d'une **rente viagère,** l'article 74-0 D de l'annexe II au CGI prévoit que le prix d'acquisition à retenir correspond à la valeur en capital de la rente, à l'exclusion des intérêts.

50212 **Corrections à apporter au prix d'acquisition** Le prix d'acquisition doit par ailleurs être **majoré** de toutes les **charges et indemnités** stipulées au profit du cédant ou d'un tiers, à quelque titre que ce soit, en rémunération de l'opération (CGI ann. II art. 74-0 B).

Lorsque, par exemple, le prix d'acquisition de parts de SARL a été fixé à un franc symbolique, en contrepartie de la **prise en charge du passif social** par l'acquéreur, les sommes versées par l'acheteur pour combler le passif devaient venir en augmentation du prix d'acquisition pour le calcul de la plus-value réalisée lors de la revente ultérieure des parts (CE 26-9-2001 n° 199540 : RJF 12/01 n° 1533).

50213 Lorsque les titres cédés ont ouvert droit, lors de leur souscription, à une **réduction d'impôt « Madelin »** dans les conditions prévues à l'article 199 terdecies-0 A du CGI (cas notamment des souscriptions en numéraire au capital de PME), le prix d'acquisition à retenir doit être **diminué** de la réduction d'impôt effectivement obtenue (CGI art. 150-0 D, 1). Le prix d'acquisition n'est en revanche plus diminué de la réduction d'impôt pour investissements dans des sociétés foncières solidaires depuis l'imposition des revenus 2021 (Loi 2021-1900 du 30-12-2021 art. 38).

Toutefois, lorsque la réduction d'impôt « Madelin » est **remise en cause** du fait de la cession totale ou partielle des titres avant la fin du délai de conservation de cinq ans, il n'y a pas lieu de diminuer le prix de souscription du montant de la réduction qui a été reprise (BOI-RPPM-PVBMI-20-10-20-10 n° 30).

50214 Lorsque le **plafonnement global des avantages fiscaux** a été appliqué (CGI art. 200-0 A), le montant de la réduction d'impôt effectivement obtenue venant en diminution du prix d'acquisition à retenir est égal à la différence entre le montant du plafonnement et le montant des autres avantages fiscaux soumis à ce plafonnement (BOI-RPPM-PVBMI-20-10-20-10 n° 35).

50215 **Cas particuliers** Le prix d'acquisition appelle enfin quelques précisions dans les hypothèses suivantes. Voir également n°s 50280 s. les modalités particulières de détermination du prix d'acquisition.

a. Titres acquis par voie de souscription au capital. Le prix de souscription doit être retenu (CAA Paris 13-3-1997 n° 95-476 : RJF 3/98 n° 271 ; CE (na) 13-5-1998 n° 187809 : RJF 7/98 n° 805). Ce prix correspond au montant nominal augmenté, le cas échéant, de la prime d'émission et du prix des droits de souscription achetés pour pouvoir participer intégralement à la souscription.

b. Titres acquis en rémunération d'un apport ou reçus à l'occasion d'une opération d'échange ne bénéficiant pas d'un sursis d'imposition. Le prix d'acquisition est constitué par leur valeur réelle des titres à la date de l'apport ou de l'échange. Pour le cas où l'apport a été placé sous un régime de sursis d'imposition, voir nos 50805 s.

c. Titres reçus en contrepartie d'un apport partiel d'actif et attribués par la société apporteuse (soumise à l'IS) à ses propres associés. Lorsque l'attribution est réalisée dans les conditions prévues par l'article 115, 2 du CGI, elle n'est pas constitutive d'une distribution de revenus mobiliers imposable. Mais, en contrepartie, le prix d'acquisition des titres reçus dans ces conditions est réputé nul lors de leur cession ultérieure (BOI-RPPM-PVBMI-20-10-20-10 n° 300). En revanche, lorsque l'attribution gratuite est imposable, le prix d'acquisition des titres à retenir pour le calcul de la plus-value de cession est constitué par le montant de la distribution imposable, c'est-à-dire la valeur vénale des titres.

d. Titres reçus à la suite de la dissolution d'une société. Ils sont réputés avoir été acquis pour la valeur réelle qu'ils comportaient au jour de la dissolution, quelle que soit leur valeur à la date du partage (BOI-RPPM-PVBMI-20-10-20-20 n° 30).

e. Augmentation du nominal des titres. Dans le cas où, après incorporation de réserves ou de bénéfices au capital, il est procédé non à l'attribution d'actions gratuites mais à l'augmentation du nominal des titres anciens, il doit être tenu compte uniquement du prix de revient des actions anciennes, ou de leur valeur au 1er janvier 1949 si elle est supérieure, en négligeant par conséquent l'augmentation du nominal (BOI-RPPM-PVBMI-20-10-20-20 n° 130 ; CAA Bordeaux 10-7-2000 n° 97-1229 : RJF 11/00 n° 1276 ; TA Versailles 17-10-2003 n° 102555 : RJF 8-9/04 n° 889 ; CAA Versailles 14-11-2017 n° 16VE03433 : RJF 4/18 n° 378, concl. A. Skzryerbak @ (C 378)).

f. Réduction du nominal des titres. Une réduction de la valeur nominale de chaque titre, sans que le montant du capital social ne s'en trouve affecté, a pour effet d'augmenter le nombre de titres détenus par chaque associé et, par voie de conséquence, de diminuer leur prix unitaire d'acquisition (CAA Bordeaux 17-1-2017 n° 14BX02647 : RJF 4/17 n° 332, concl. G. de la Taille (C 332)).

g. Coup d'accordéon. Dans l'hypothèse où les titres cédés ont été acquis par le contribuable à l'occasion d'une augmentation de capital de la société émettrice consécutive à une réduction de ce même capital à zéro par annulation de titres, les sommes que l'intéressé avait acquittées pour acquérir les titres annulés ne peuvent pas être ajoutées au prix d'acquisition pour le calcul de la plus-value (CE 28-11-2018 n° 417875 : RJF 2/19 n° 155).

h. Titres ayant fait l'objet d'un remboursement d'apports ou de primes d'émission. Les répartitions présentant fiscalement le caractère d'un remboursement d'apports ou de primes d'émission au sens de l'article 112, 1° du CGI viennent en diminution du prix d'acquisition ou de souscription des titres (Décision de rescrit 5-12-2006 n° 2006/55 FP ; BOI-RPPM-PVBMI-20-10-20-40 n° 240).

i. Titres acquis en exercice de stock-options, de bons de souscription de parts de créateur d'entreprise (BSPCE) ou **actions attribuées gratuitement** : voir respectivement nos 51000 s., nos 51150 s. et nos 51200 s.

j. Titres acquis en vertu d'un engagement d'épargne à long terme : voir n° 50115.

k. Plus-values réalisées et placées en report d'imposition avant 2013 : voir nos 50822 s.

l. Titres cédés par l'intermédiaire d'une fiducie. Lorsqu'une fiducie cède des **titres ou droits** qu'elle a **acquis,** la plus-value (ou moins-value) de cession est déterminée, conformément au droit commun, par différence entre le prix effectif de cession de ces titres et leur prix d'acquisition par la fiducie. Pour le cas où la fiducie cède des titres qui lui ont été **transférés par un constituant** sous le régime de neutralité fiscale prévu à l'article 238 quater N du CGI, voir n° 50229.

FRAIS D'ACQUISITION

Au prix proprement dit s'ajoutent les frais d'acquisition personnellement acquittés par le redevable de l'impôt en sa qualité de cédant. **50220**

Ces frais comprennent, en règle générale, les **rémunérations d'intermédiaires,** les honoraires d'**expert,** les **courtages,** les **commissions** de négociation, de souscription, d'attribution ou de service de règlement différé (SRD) ainsi que, le cas échéant, les **droits d'enregistrement** et les **frais d'actes.** Pour les négociations de titres effectuées en bourse, ces frais sont le plus souvent portés en augmentation du prix d'acquisition sur les bordereaux d'opérations qu'adressent les intermédiaires à leurs clients.

Toutefois, lorsque les frais et droits ont été engagés par un salarié ou un dirigeant pour acquérir ou souscrire des parts ou des actions d'une société dans laquelle il exerce son activité professionnelle principale et ont été **déduits** des revenus imposables en application de l'article 83, 3° du CGI, ils ne pourront être à nouveau admis en déduction pour la détermination du gain net en capital réalisé lors de la cession des titres en application de l'article 150-0 D du CGI (BOI-RSA-BASE-30-50-30-30 n° 280) : ces frais ne peuvent donc pas être ajoutés au prix d'acquisition.

Quant aux **frais financiers,** la question de leur déduction n'est pas définitivement tranchée.

ILLUSTRATIONS

Le tribunal administratif de Caen a jugé que le prix d'acquisition de droits sociaux n'inclut pas les frais financiers, notamment les **intérêts d'emprunt,** qui s'attachent aux modalités d'acquisition, lesquelles résultent du seul choix de l'acquéreur (TA Caen 3-4-2012 n° 1100120 : RJF 11/12 n° 1015). Précédemment, il a été jugé, en sens inverse, que les frais financiers, tels que les **pertes de change liées à un emprunt en monnaie étrangère** ou les **intérêts** que le propriétaire de droits sociaux supporte avant la revente de ceux-ci, peuvent être pris en compte dans le calcul d'une plus-value s'il est établi que ledit emprunt a eu pour objet exclusif le financement de l'acquisition des titres en cause. Tel n'est pas le cas lorsque les sommes empruntées ont été laissées en compte courant avant d'être utilisées au cours d'années ultérieures à l'achat des titres (CAA Marseille 23-5-2000 n° 97-1041 : RJF 6/01 n° 795). On observera toutefois que cette solution jurisprudentielle isolée doit être considérée avec une grande prudence car la possibilité de déduire du montant de la plus-value les intérêts d'un emprunt est pour le moins douteuse, même si l'emprunt a uniquement servi à financer l'acquisition des titres cédés. On notera d'ailleurs que la déduction des frais financiers n'est pas possible pour le calcul des plus-values immobilières (notamment, CE (na) 3-12-1999 n° 193028 : RJF 6/00 n° 792).

50221 En principe, seuls les **frais réels** effectivement supportés par le contribuable et dûment justifiés peuvent venir en augmentation du prix proprement dit. Le contribuable doit donc être en mesure de présenter tous les documents pouvant servir de preuve si l'administration lui en fait la demande. Selon l'administration, seule la partie des frais exposés dans le cadre de l'opération génératrice de la plus-value et correspondant aux titres cédés doit être retenue pour la détermination du gain net imposable (BOI-RPPM-PVBMI-20-10-20-10 n° 40).

Toutefois, pour les **titres acquis** ou réputés acquis (c'est-à-dire les titres reçus à l'occasion d'une opération qui a présenté un caractère intercalaire) **avant le 1er janvier 1987,** les frais d'acquisition peuvent être évalués forfaitairement à 2 % du prix d'achat.

EXEMPLE

M. X a acquis des titres d'une même société selon l'échéancier suivant :
– mars 1985 : 10 titres au cours unitaire (après conversion) de 1 200 € ;
– novembre 1985 : 90 titres au cours unitaire (après conversion) de 1 280 € ;
– juillet 1997 : 20 titres au cours unitaire (après conversion) de 1 350 €.

Pour cette dernière acquisition, les frais sont connus pour leur valeur réelle : 250 € pour l'ensemble des 20 titres.

Il cède 90 titres en 2022, au prix unitaire de 2 000 €.

Le gain net taxable est déterminé de la façon suivante.

a. Détermination du prix moyen pondéré d'acquisition (PMP) (voir n° 50280) :
PMP = [(10 × 1 200 €) + (90 × 1 280 €) + (20 × 1 350 €)] / 120 = 1 285 €.

b. Détermination des frais d'acquisition pris en compte (F) :
M. X utilise l'option forfaitaire pour les titres acquis avant le 1er janvier 1987.
Le montant des frais d'acquisition pris en compte lors de la cession s'établit de la façon suivante.

• Titres acquis avant le 1er janvier 1987 :
F1 = [(10 × 1 200) + (90 × 1 280)] × 2 % ;
F1 = 25,44 €/titre.

• Titres acquis après le 1er janvier 1987 :
F2 = 250 €/20 ;
F2 = 12,50 €/titre.

• Ensemble des titres : les titres en cause ont été acquis pour 100/120 avant le 1er janvier 1987, et pour 20/120 après cette date.

Le montant moyen de frais d'acquisition est, par titre :
F = (100/120 × 25,44 €) + (20/120 × 12,50 €) ;
F = 23,28 €/titre.

c. Détermination du gain net taxable (G) :
G = 90 × [2 000 € – (1 285 € + 23,28 €)]
G = 62 255 €.

2. ACQUISITION À TITRE GRATUIT

PRIX D'ACQUISITION

50225 **Titres reçus par succession ou donation** Lorsque les droits sociaux ont été reçus à la suite d'une succession ou d'une donation (donation simple ou donation-partage), le prix d'acquisition est constitué par la **valeur retenue pour déterminer le montant des droits de mutation.** Il s'agit en principe du cours ou de la valeur réelle du titre au jour du décès ou au jour de la donation. La circonstance que le déclarant bénéficie d'une **exonération** ou d'un **abattement** pour le calcul des droits à payer est, à cet égard, sans incidence (BOI-RPPM-PVBMI-20-10-20-30 n° 1).

Ainsi, par exemple, le prix d'acquisition de titres objets d'un pacte Dutreil est retenu avant l'exonération de 75 % (Rép. Duvernois : Sén. 2-12-2016 n° 22376).

> **Précisions a.** En cas de **donation avec prise en charge par le donataire des dettes** contractées par le donateur pour acquérir les titres, il convient de retenir la valeur vénale des titres (appréciée au jour de la donation) avant déduction du montant des dettes (BOI-ENR-DMTG-20-30-10 n° 280).
>
> **b.** Dans le cas d'une **donation-cession** de titres cotés à une valeur supérieure à leur cours au jour de la donation, le Conseil d'État a jugé que l'administration peut écarter la valeur retenue pour les droits d'enregistrement si elle établit que cette **valeur** était **dépourvue de toute signification** (CE 12-10-2011 n° 324717 : RJF 1/12 n° 31, concl. E. Cortot-Boucher BDCF 1/12 n° 7). Tel n'était pas le cas en l'espèce, s'agissant de titres cotés sur le second marché (évalués à 77 € par titre alors que le cours de bourse était de 44 €), dès lors que des négociations étaient en cours entre les porteurs des titres de la société et une société holding, que les termes de ces négociations, notamment le prix proposé, étaient connus du donateur, que ces négociations, subordonnées à l'acquisition d'au moins 51 % du capital de la société, avaient une grande probabilité d'aboutir, compte tenu du pourcentage de détention du donateur et des membres de son groupe familial et que le prix proposé incluait une prime de prise de contrôle (CAA Versailles 10-12-2013 n° 11VE03855 : RJF 7/14 n° 684).
>
> La valeur dépourvue de toute signification s'entend de celle **sans rapport avec la valeur réelle** des titres (CE 27-11-2019 n° 417775 : RJF 2/20 n° 131, concl. A. Iljic (131). En pratique, cela ne concerne, selon le rapporteur public, que les hypothèses des erreurs manifestes ou délibérées.
>
> **c.** Dans le cas où, **faute de déclaration** par le contribuable, **aucune valeur n'a été retenue** pour la détermination des droits de mutation, l'administration peut affecter aux titres acquis gratuitement une valeur nulle, à moins que le contribuable qui les a recueillis ne soit en mesure de justifier de leur valeur d'acquisition à la date où il en est devenu propriétaire. Cette preuve peut être apportée par tout moyen – preuve non apportée au cas particulier par la production du dernier bilan ainsi que des documents retraçant les comptes de régularisation, les résultats financiers des cinq derniers exercices et les mouvements d'actions de la société (CE 7-4-2006 n° 270443 : RJF 7/06 n° 853, concl. S. Verclytte BDCF 7/06).
>
> **d.** Lorsque le contribuable cède des **droits sociaux reçus par voie de don manuel** et si l'acte de cession contient la reconnaissance du don manuel antérieur, la valeur retenue pour la liquidation des droits de mutation à titre gratuit normalement exigés dans ce cas peut être substituée au prix d'acquisition originel des titres (BOI-RPPM-PVBMI-20-10-20-30 n° 70). En revanche, la valeur retenue dans une déclaration de don manuel postérieure à la cession doit être écartée (CE 25-11-2015 n° 378004 : RJF 2/17 n° 144, concl. E. Cortot-Boucher @ (C 144)).
>
> **e.** Sur la valeur d'acquisition à retenir lorsque le contribuable a successivement acquis la **nue-propriété** des droits, à titre gratuit ou onéreux, puis recueilli **l'usufruit** par voie d'extinction, voir n° 89431.

Autres cas d'acquisition à titre gratuit Lorsque l'acquisition à titre gratuit ne résulte pas d'une succession ou d'une donation, le prix d'acquisition est réputé nul : il en est ainsi notamment lorsque les titres proviennent d'une **attribution gratuite d'actions** (par exemple à la suite d'une augmentation de capital réalisée par incorporation de réserves) ou lorsque les titres constituent la **récompense** de la participation à un jeu. **50226**

Titres reçus après partage Les **partages de droits provenant d'une indivision successorale** ou **conjugale,** de droits indivis issus d'une donation-partage ou de biens acquis par des partenaires d'un Pacs ne constituent pas des cessions à titre onéreux génératrices de plus-values taxables, même s'ils donnent lieu au versement de soultes (CGI art. 150-0 A, IV). Il s'ensuit, précise l'administration, que, pour la détermination de la plus ou moins-value réalisée lors de la cession ultérieure des titres ou droits par l'attributaire, le prix d'acquisition s'entend de la **valeur** des titres ou droits cédés **au jour de leur entrée dans l'indivision,** à savoir soit la valeur des titres ou droits retenue pour la liquidation des droits de mutation à titre gratuit en cas d'acquisition à titre gratuit, soit la valeur d'acquisition ou de souscription des titres ou droits en cas d'acquisition à titre onéreux, sans qu'il y ait lieu de tenir compte des soultes versées ou reçues à l'occasion du partage (BOI-RPPM-PVBMI-20-10-20-50 n°s 100 à 140). Saisi par le Conseil d'État d'une question de conformité à la Constitution de ce régime (CE QPC 11-4-2018 n° 417378 : RJF 7/18 n° 784), le Conseil constitutionnel a jugé que, en mettant à la charge du seul attributaire d'un bien indivis, lorsqu'est en cause une indivision successorale, le paiement de l'imposition résultant de la cession de ce bien sans l'autoriser à déduire les soultes versées, le législateur n'a pas méconnu les principes d'égalité devant la loi et devant les charges publiques garantis par la Déclaration des droits de l'Homme et du citoyen (Cons. const. 13-7-2018 n° 2018-719 QPC : RJF 11/18 n° 1156). **50227**

Lorsque l'indivision a, entre la date du décès et celle du partage, cédé des titres et acquis d'autres **titres en remplacement,** le prix d'acquisition de ces derniers correspond à leur prix d'acquisition moyen pondéré (BOI-RPPM-PVBMI-20-10-20-30 n° 40).

En revanche, pour tous les **autres partages,** et notamment ceux qui mettent fin à une indivision résultant d'une acquisition faite en commun, les soultes constituent, pour leurs bénéficiaires, le prix des droits cédés à cette occasion aux autres copartageants. En cas de cession ultérieure des biens attribués à charge de soulte, le prix d'acquisition de ces biens est donc constitué par la valeur des droits originaires du cédant augmentée du montant de la soulte versée.

50228 **Titres ayant figuré au crédit d'un compte joint entre époux** Lorsque des titres figurant au crédit d'un compte joint sont **recueillis par l'époux survivant,** l'administration a précisé qu'il convient de distinguer deux hypothèses (BOI-RPPM-PVBMI-20-10-20-30 n°s 10 et 20).

a. Régime matrimonial exclusif de communauté : la liquidation des régimes exclusifs de communauté entraîne la reprise de ses biens par le conjoint survivant, les biens du conjoint décédé étant, en principe, intégralement compris dans l'actif successoral. Les droits indivis sur le crédit du compte joint de titres appartenant au défunt sont recueillis par l'époux survivant en vertu de son droit successoral en pleine propriété ou en usufruit suivant les règles de la dévolution successorale. Pour le calcul du gain net en cas de cession ultérieure des titres figurant au crédit du compte (ou des droits indivis sur le compte), il convient de retenir la valeur vénale des titres (ou des droits indivis) à la date d'ouverture de la succession.

b. Régime de communauté : la liquidation des régimes de communauté est caractérisée par le partage, égal ou inégal suivant les clauses du contrat de mariage, des biens communs entre le conjoint survivant et les héritiers du conjoint décédé. Le droit du conjoint survivant sur les biens tombés en communauté a donc une double origine :

– d'une part, l'**avantage matrimonial** constitué au profit du conjoint survivant par l'effet d'une convention de mariage. Le gain de cession des titres figurant sur le compte joint (ou des droits indivis) recueillis au titre de l'avantage matrimonial est calculé à partir de la valeur d'acquisition originelle des titres ;

– d'autre part, les **biens acquis en vertu du droit de succession** du conjoint survivant. La valeur des titres (ou des droits indivis) revenant au conjoint survivant en vertu de son droit de succession doit être déterminée à partir de la valeur vénale des titres à la date d'ouverture de la succession.

50229 **Titres détenus par l'intermédiaire d'une fiducie** Lorsqu'une fiducie **cède des titres** ou droits qui ont été **transférés** dans son patrimoine fiduciaire par un constituant (personne physique agissant dans le cadre de son patrimoine privé) sous le régime de neutralité fiscale prévu à l'article 238 quater N du CGI, les plus ou moins-values sont déterminées à partir du prix ou de la valeur d'acquisition (donation ou succession) de ces titres ou droits par le constituant, et non par leur valeur à la date d'entrée dans le patrimoine fiduciaire. En effet, pour que le transfert des titres ou droits du patrimoine du constituant dans le patrimoine fiduciaire bénéficie du régime de **neutralité fiscale,** le fiduciaire a dû inscrire, dans les écritures du patrimoine fiduciaire, les titres transférés pour leur prix ou leur valeur d'acquisition par le constituant (n° 50045, précision b).

50230 En cas de cession de **titres revenus dans le patrimoine d'un constituant** particulier **à la fin d'une fiducie** (sans liquidation du patrimoine fiduciaire), le prix d'acquisition à retenir pour la détermination de la plus-value est fixé par l'article 238 quater Q du CGI : en effet, chaque attributaire, constituant initial ou titulaire secondaire, a dû s'engager à calculer la plus-value de cession ultérieure des titres ou droits selon les règles posées par l'article précité pour que le transfert des titres dans son patrimoine bénéficie de la neutralité fiscale prévue au même article.

Lorsque la cession est réalisée par le **constituant initial** et porte sur les titres ou droits qu'il avait transférés au patrimoine fiduciaire avec le régime de neutralité fiscale prévu à l'article 238 quater N du CGI, le montant de la plus-value est déterminé par différence entre le prix de cession et le prix ou la valeur (donation, succession) auquel il les a acquis ou souscrits avant mise en fiducie. Si la cession porte sur des titres ou droits acquis par la fiducie ou sur des titres ou droits transférés dans le patrimoine fiduciaire sans le régime de la neutralité fiscale de l'article 238 quater N précité, la plus-value est déterminée par différence entre le prix de cession et le prix d'acquisition des titres ou droits par la fiducie.

Lorsque la cession est réalisée par un **titulaire secondaire** et porte sur des titres ou droits qui figuraient dans le patrimoine fiduciaire lors de l'acquisition de ses droits sur la fiducie, le montant de la plus-value est déterminé par différence entre le prix de cession et la valeur des titres ou droits à la date de son entrée dans la fiducie. Si la cession porte sur des titres ou droits devenus fiduciaires après son entrée, la plus-value est égale à la différence entre le prix de cession et le prix d'acquisition des titres ou droits par la fiducie.

FRAIS D'ACQUISITION

La valeur d'acquisition est majorée des frais afférents à l'acquisition qui comprennent : 50235
- les **droits de succession et de donation** proprement dits (mais non pas les intérêts dus en cas de paiement fractionné des droits) ;
- les **honoraires du notaire** rédacteur de l'acte ;
- les **frais d'actes** et de déclaration ;
- les **intérêts de retard** dus pour défaut de versement des droits dans les délais légaux, à l'exclusion des pénalités encourues pour insuffisance des valeurs déclarées dans l'acte.

Bien entendu, il ne peut être tenu compte que des frais afférents aux titres vendus. Or, en cas de mutation par décès, ces frais se trouvent généralement inclus dans les frais globaux ayant grevé l'ensemble de l'actif successoral. Il est donc nécessaire de procéder à une **ventilation** de ces frais globaux en fonction de la valeur respective des biens recueillis par le contribuable par rapport au montant total de l'actif successoral.

Précisons aussi que la prise en compte des droits de mutation n'est possible en principe que si les droits ont été effectivement et personnellement supportés par le cédant. Les **droits de donation** ne peuvent donc venir en augmentation de la valeur d'acquisition dans le cas, fréquent en pratique, où ils ont été **pris en charge par le donateur.**

ILLUSTRATIONS

Tel est le cas, par exemple, des droits de mutation à titre gratuit pris en charge par le donateur lors de la **donation-partage** de la **nue-propriété** de titres : ceux-ci ne constituent pas des frais d'acquisition susceptibles de venir majorer le prix d'acquisition pour le calcul de la plus-value de cession réalisée par les nus-propriétaires lors de la cession conjointe de ces titres (CAA Bordeaux 4-6-2008 n° 06-1412 : RJF 12/08 n° 1330).

À noter toutefois qu'une décision a admis la prise en compte, à titre de frais d'acquisition, des droits de mutation à titre gratuit acquittés **pour le compte de ses enfants mineurs** par un contribuable à l'occasion de la donation de titres qu'il leur a consentie (TA Paris 12-11-2012 n° 1113118 : RJF 4/13 n° 406) : cette décision est fondée, en l'espèce, sur les dispositions de l'article 6 du CGI relatif à la **règle d'imposition par foyer fiscal,** le donateur ayant acquitté les droits de mutation étant membre du même foyer fiscal que le donataire, et ne remet pas en cause, selon nous, la décision de la CAA de Bordeaux.

Lorsque les titres ont été **acquis avant le 1er janvier 1987,** les frais peuvent être évalués de façon forfaitaire à 2 % de la valeur retenue pour l'assiette des droits de mutation. 50237

DONATION DES TITRES AVANT CESSION : TECHNIQUE D'EFFACEMENT DES PLUS-VALUES ?

La pratique des donations (de la pleine propriété ou de la seule nue-propriété) avant cession est devenue une technique d'optimisation fiscale assez courante qui permet de purger les plus-values latentes. En effet : 50240
- si la **cession de droits sociaux intervient avant la donation** du prix de cession, la plus-value de cession est imposée à l'impôt sur le revenu et la donation supporte les droits d'enregistrement ;
- par contre, si la **donation des titres est effectuée avant leur cession**, on évite ce cumul d'imposition : la plus-value ne peut être imposée ni au nom du donateur (la donation n'est pas une cession) ni au nom du donataire si ce dernier cède les droits sociaux à un prix identique à celui déclaré dans l'acte de donation.

CONSEIL

L'existence d'une **exonération partielle pour durée de détention** (nos 50370 s.) ne remet pas en cause l'intérêt de cette stratégie, non seulement pour les contribuables qui ne remplissent pas les conditions requises pour bénéficier de l'exonération, mais également pour ceux qui en bénéficient dans la mesure où, même exonérée, la plus-value reste intégralement assujettie aux prélèvements sociaux : la donation préalable permet d'échapper à ces prélèvements.

Une réserve doit toutefois être faite pour le cas où la **donation** porte sur la seule **nue-propriété** des titres avec report de l'usufruit sur un bien acquis en remploi du prix de cession des titres démembrés. Dans ce cas, l'administration considère en effet que l'abattement ne peut être accordé qu'en fonction de la durée de détention de son droit par le nu-propriétaire, de sorte que la plus-value afférente à l'usufruit pourra être totalement ou partiellement imposable, alors même que l'usufruitier justifierait d'une détention durable des titres cédés (voir n° 89424).

Certaines **précautions** doivent être prises pour éviter que l'opération ne tombe sous le coup de l'**abus de droit.** 50241

On rappelle que l'article L 64 du LPF définit l'abus de droit comme suit : « Afin d'en restituer le véritable caractère, l'administration est en droit d'écarter, comme ne lui étant pas opposables, les actes constitutifs d'un abus de droit, soit que ces actes ont un caractère fictif, soit que, recherchant le bénéfice d'une application littérale des textes ou de décisions à l'encontre des objectifs poursuivis par leurs auteurs, ils n'ont pu être inspirés par aucun autre motif que celui d'éluder ou d'atténuer les charges fiscales que l'intéressé, si ces actes n'avaient pas été passés ou réalisés, aurait normalement supportées, eu égard à sa situation ou à ses activités réelles. »

Cette définition couvre les situations de fictivité juridique et de fraude à la loi. En pratique, la **fictivité** juridique est constituée par la différence objective existant entre l'apparence juridique créée par l'acte en cause et la réalité, en particulier économique, sous-jacente à cet acte.

Selon la jurisprudence, la **fraude à la loi** au sens de l'article L 64 du LPF est constituée toutes les fois que sont réunies d'une part, la recherche d'un but exclusivement fiscal et, d'autre part, l'obtention d'un avantage fiscal par une application littérale des textes ou de décisions à l'encontre des objectifs poursuivis par leurs auteurs. La **recherche d'un but exclusivement fiscal** consistant à éluder ou atténuer les charges fiscales peut notamment prendre la forme d'une réduction d'une dette d'impôt ou de la perception indue d'un crédit d'impôt ou encore de l'augmentation abusive d'une situation déficitaire (BOI-CF-IOR-30 n°s 30 et 40).

L'article L 64 A du LPF, qui coexiste désormais parallèlement au dispositif de l'article L 64 du LPF, permet de qualifier l'abus de droit par fraude à la loi lorsque l'acte litigieux a un **motif principalement fiscal,** notion plus large que celle de but exclusivement fiscal (voir n° 50246).

50242 **Appréciation de l'abus de droit au regard de l'article L 64 du LPF** Le Conseil d'État retient, pour qualifier d'abus de droit une donation avant cession de titres dont les plus-values ont été placées en report d'imposition, le raisonnement suivant (CE 30-12-2011 n° 330940 : RJF 3/12 n° 278 ; CE 9-4-2014 n° 353822 : RJF 7/14 n° 708) :

– soit la **donation est fictive,** et le donateur est resté propriétaire des titres ultérieurement vendus, de sorte qu'il est redevable de l'impôt sur la plus-value, sans qu'il soit nécessaire de démontrer que les opérations ont été inspirées par le souci exclusif d'éluder l'impôt sur les plus-values. ;

– soit la **donation est réelle,** et le transfert de propriété purge la plus-value latente qui existait chez le donateur avant la donation, sans que cette purge puisse être remise en cause sur le fondement de la poursuite d'un but exclusivement fiscal.

En d'autres termes, l'abus de droit ne peut être recherché que sur le terrain de la **fictivité** en matière de donation-cession de titres.

Le Conseil d'État exerce un contrôle de la **qualification juridique des faits** (CE 9-4-2014 n° 353822 : RJF 7/14 n° 708). Il est revenu sur sa jurisprudence antérieure qui laissait au pouvoir souverain des juges du fond, sauf dénaturation, l'**appréciation de l'intention libérale** du donateur (CE 27-7-2012 n° 327295 : RJF 11/12 n° 1042).

50243 Il ressort, à cet égard, de la jurisprudence et des avis du Comité consultatif pour la répression des abus de droit (aujourd'hui Comité de l'abus de droit fiscal) qu'une opération de donation-cession, réalisée en respectant les formalités nécessaires, n'est **pas critiquable** lorsque les deux **conditions** suivantes sont respectées :

– la donation doit précéder la vente des titres, mais elle peut intervenir après la signature d'un protocole d'accord (TA Strasbourg 2-7-2009 n° 06-2093 : RJF 4/10 n° 355) ou d'un compromis de vente dès lors que ceux-ci n'emportent pas transfert immédiat de propriété (accord assorti de conditions suspensives par exemple) (CE 28-5-2014 n° 359911 : RJF 8-9/14 n° 802, concl. B. Bohnert BDCF 8-9/14 n° 81 ; Avis CCRAD aff. 2002-17 : Inst. 13 L-1-03) ;

– la donation doit être **réelle** et entraîner une **dépossession définitive** du donateur qui ne doit pas se réapproprier sous quelque forme que ce soit tout ou partie du produit de la vente (CE 5-2-2018 n° 409718 : RJF 4/18 n° 413 ; TA Toulouse 21-5-2002 n° 97-1328 : RJF 11/02 n° 1292).

50244 **Abus de droit non retenu** La **donation** peut porter sur la pleine propriété ou sur la seule **nue-propriété** des titres. Dans ce dernier cas, l'acte de donation comporte en général une clause de remploi stipulant un report du droit d'usufruit dont jouissent les donateurs sur le prix de vente des titres et sur les biens acquis en remploi du prix de vente, parfois assortie de conditions restreignant les droits des nus-propriétaires. Pour le Comité consultatif pour la répression des abus de droit, approuvé par les juges du fond, la réalité de la donation n'en est pas pour autant remise en cause.

ILLUSTRATIONS

C'est ainsi que ne tombent pas sous le coup de l'abus de droit :

– la donation de la nue-propriété des titres suivie de leur cession, avec **remploi du prix de cession** dans la souscription du capital d'une **société civile** dont les parts sont elles-mêmes démembrées et dans laquelle le donateur dispose de pouvoirs restreignant à son profit les prérogatives attachées aux droits des nus-propriétaires, dès lors que l'administration n'établit pas

que le donateur se serait ainsi réapproprié les fonds précédemment donnés (CCRAD aff. 2005-21 et 2005-22) ;
– la donation-partage de la nue-propriété de titres suivie de leur cession et du **remploi** du produit de la cession des titres démembrés dans la souscription de **contrats de capitalisation** démembrés dès lors que ce remploi n'a pas remis en cause le dessaisissement effectif du donateur de la nue-propriété des titres et que la cession de ces titres n'était pas juridiquement parfaite avant la date de la donation-partage (TA Versailles 20-11-2007 n° 06-3231 : RJF 11/08 n° 1231) ;
– la donation de la nue-propriété des titres suivie de leur cession et du réinvestissement du prix de cession dans des **contrats de capitalisation** susceptibles d'être rachetés, en totalité ou en partie, par les donateurs usufruitiers, ces derniers étant alors redevables d'une créance de restitution de même montant à l'égard des nus-propriétaires donataires, dès lors que « les clauses de remploi et de rachat n'ont pas restreint les droits des nus-propriétaires au point d'aboutir à une réappropriation par l'usufruitier des biens précédemment transmis et que cette donation participe donc d'une réelle intention libérale » (CCRAD aff. 2005-08 et 2006-11) ;
– une donation (contenant une clause de remploi) de titres par des contribuables à leurs enfants **avec réserve d'usufruit, suivie** quelques jours plus tard de la **cession conjointe** de ces titres à un tiers **avec remploi** du prix dans la souscription de **contrats de capitalisation** : si cette convention de remploi accordait aux contribuables un quasi-usufruit en cas de rachat total ou partiel amputant le montant initialement investi, ils restaient redevables à l'égard des donataires d'une créance de restitution d'un montant équivalent. Ainsi, et alors même que cette créance n'était pas assortie d'une sûreté, dont l'article 601 du Code civil dispense expressément le donateur sous réserve d'usufruit, les contribuables devaient être regardés comme s'étant effectivement et irrévocablement dessaisis des biens ayant fait l'objet de la donation (CE 31-3-2017 n° 395550 : RJF 6/17 n° 597, concl. É. Crepey @ (C 597), confirmant CAA Douai 23-10-2015 n° 13DA02138 : RJF 3/16 n° 267) ;
– la donation-partage de la nue-propriété d'actions par un père à ses deux enfants suivie de la vente de ces titres puis du **réinvestissement** du produit de la cession dans une **société civile** constituée par eux trois dès lors que si l'acte de donation-partage laisse au seul usufruitier-donateur le choix des biens susceptibles de se substituer aux droits donnés, en cas de vente desdits droits, ces clauses, qui garantissent le droit de retour du donateur et lui laissent la gestion des droits sociaux dont il a cédé la nue-propriété, ne sauraient, à elles seules, suffire à faire regarder la donation intervenue comme purement fictive en l'absence de réappropriation par le donateur des sommes équivalentes à la valeur de la nue-propriété donnée (CAA Lyon 7-7-2011 n° 09LY02748 : RJF 2/11 n° 1343) ;
– les **donations-partages** par des époux à leurs enfants de la nue-propriété de titres de sociétés, suivies de l'apport de ces titres à neuf SCI avec **report du démembrement** puis de la cession de titres apportés à un tiers, ne sont pas constitutives d'un abus de droit. En effet, ni la rapidité avec laquelle les différentes opérations ont été effectuées, ni les restrictions apportées par les actes de donation au droit de propriété des donataires, ni les pouvoirs de gestion et de décision conférés aux donateurs usufruitiers par les statuts des SCI, ni les excédents de distribution constatés ne sont de nature à remettre en cause le dépouillement immédiat et irrévocable des contribuables en faveur de leurs enfants (CE 9-4-2014 n° 353822 : RJF 7/14 n° 708, concl. C. Legras BDCF 7/14 n° 70) ;
– une opération de donation-cession de titres avec **réserve de quasi-usufruit** n'est pas abusive, alors même que le donateur est dispensé de fournir une caution en garantie de la créance de restitution (CE 10-2-2017 n° 387960 : RJF 5/17 n° 468).

Abus de droit retenu au regard de l'article L 64 du LPF 50245

ILLUSTRATIONS

Le Conseil d'État a jugé constitutifs d'un abus de droit :
– le fait, pour un contribuable ayant donné des titres à ses enfants mineurs, d'**excéder ses droits d'usufruitier et d'administrateur légal** de leurs biens en appréhendant une part substantielle du produit de la cession, la circonstance que le prélèvement du solde de ce produit aurait correspondu au remboursement d'une avance des droits de donation dus par les enfants étant sans incidence sur l'inopposabilité à l'administration de cette donation (CE 14-11-2014 n° 369908 et n° 361482 : RJF 2/15 n° 140, concl. M.-A. Nicolazo de Barmon BDCF 2/15 n° 24) ;
– une **donation-partage** à chacun de leurs enfants de la nue-propriété avec **réserve d'usufruit** de titres d'une société détenus par les contribuables suivie de leur revente dès le lendemain de la totalité des droits sur ces titres à une autre société et eu égard aux conditions de paiement par cette société des droits attachés à la nue-propriété des titres : l'administration apportait la preuve du caractère fictif de la donation, dès lors que les enfants n'avaient pas retrouvé la contre-valeur de la nue-propriété des titres cédés et que l'opération n'avait pas donné lieu à l'exercice de leurs droits et prérogatives de nus-propriétaires (CE 27-7-2012 n° 327295 : RJF 11/12 n° 1042) ;
– l'**appréhension** par le donateur du **produit de la cession** : tel est le cas de la donation d'un contribuable, à sa fille âgée de deux ans, des titres d'une société qui ont été cédés quatre jours plus tard à un tiers, le prix de la cession étant versé le mois suivant sur un compte ouvert au nom de l'enfant. Le donateur, en sa qualité d'administrateur légal, avait librement accès au compte ouvert au nom de son enfant mineur et il avait appréhendé dans les mois qui ont suivi plus de

82 % du produit de la cession en le portant au crédit de plusieurs comptes rémunérés non bloqués ouverts conjointement à son nom et à celui de son épouse ; en outre, les documents intitulés « contrats de prêts », par lesquels les parents s'engageaient à rembourser à leur fille les sommes inscrites sur leurs comptes au plus tard en 2027, n'avaient pas été enregistrés et étaient dépourvus de date certaine. Le donateur ne s'était par suite pas dépouillé de manière immédiate et irrévocable de son bien, alors même qu'il soutenait avoir entendu assurer l'autonomie financière de sa fille et qu'il disposait avec son épouse de la qualité d'administrateur légal de ses biens pendant sa minorité : la donation revêtait ainsi un caractère fictif (CE 5-2-2018 n° 409718 : RJF 4/18 n° 413) ;

– la **neutralisation d'une clause de remploi** par un quasi-usufruit tardif : l'administration peut écarter sur le fondement de l'article L 64 du LPF un acte qui, présenté comme une donation, ne se traduit pas par un dépouillement immédiat et irrévocable de son auteur et revêt dès lors un caractère fictif. Il en va notamment ainsi lorsque le donateur appréhende, à la suite de l'acte de donation, tout ou partie du produit de la cession de la chose prétendument donnée : ainsi, la conclusion d'une convention de quasi-usufruit, postérieurement à la cession, alors qu'une partie de ce prix, excédant la quote-part correspondant à la valeur de l'usufruit des actions, avait déjà été réglée au donateur, révélait que celui-ci n'avait pas eu l'intention de mettre ses enfants en possession de la nue-propriété soit de ces actions, soit d'autres titres démembrés acquis en remploi, comme stipulé dans les actes de donation, mais seulement de constituer à leur profit une simple créance de restitution, au demeurant non assortie d'une garantie (CE 14-10-2015 n° 374440 : RJF 1/16 n° 62).

50246 **Appréciation de l'abus de droit au regard de l'article L 64 A du LPF** L'article L 64 A du LPF, applicable aux rectifications notifiées depuis le 1er janvier 2021 pour des actes passés ou réalisés depuis le 1er janvier 2020, vise les actes qui, « recherchant le bénéfice d'une application littérale des textes ou de décisions à l'encontre des objectifs poursuivis par leurs auteurs, ont pour motif principal d'éluder ou d'atténuer les charges fiscales que l'intéressé, si ces actes n'avaient pas été passés ou réalisés, aurait normalement supportées eu égard à sa situation ou à ses activités réelles ». Pour l'**appréciation du but principalement fiscal** au regard de l'article L 64 A du LPF, l'administration précise que cette notion est, en tant que telle, plus large que la notion de but exclusivement fiscal au sens de l'article L 64 du LPF et renvoie à ses commentaires sur le dispositif prévu à l'article 205 A du CGI, dispositif anti-abus propre à l'impôt sur les sociétés (BOI-CF-IOR-30-20 n° 110).

Rappelons que la jurisprudence européenne garantit au contribuable le **droit de choisir la voie la moins imposée** pour atteindre le même objectif (CJCE 21-2-2006 aff. 255/02 : RJF 5/06 n° 648). L'administration fiscale admet elle-même que les dispositions de l'article L 64 A du LPF n'ont pas, pas plus que celles de l'article L 64, pour objet d'interdire au contribuable de choisir le cadre juridique le plus favorable du point de vue fiscal pourvu que ce choix ou les conditions le permettant ne soient empreints d'aucune artificialité (BOI-CF-IOR-30-20 n° 1). L'administration souligne que lorsque c'est le législateur qui a souhaité encourager un schéma par une incitation fiscale, l'article L 64 A du LPF ne peut pas en principe s'appliquer, quand bien même ce schéma aurait un but principalement fiscal, à condition qu'il ne soit pas manifestement détourné de son objet (BOI-CF-IOR-30-20 n° 120). Aussi ne devrait on pas pouvoir contester le choix d'un contribuable qui, souhaitant transmettre des titres, procéderait d'abord à la donation de ceux-ci avant que leur cession n'intervienne. Les opérations de donation avant cession présentent une **forte dimension patrimoniale** résultant de la transmission de patrimoine effectuée à cette occasion, ce qui devrait permettre au contribuable, le cas échéant, de pouvoir contester la dimension principalement fiscale éventuellement alléguée par l'administration.

Enfin, l'administration précise que les transmissions anticipées de patrimoine ne sont pas en elles-mêmes concernées par le dispositif prévu à l'article L 64 A du LPF, sous réserve que les **transmissions concernées ne soient pas fictives** ; en effet, le législateur a entendu favoriser ce type de transmissions (BOI-CF-IOR-30-20 n° 70). Au vu de ces appréciations, il nous semble que les opérations de donation de titres avant cession devraient pouvoir échapper à une remise en cause au titre de l'article L 64 A du LPF sous réserve de respecter les conditions exposées n° 50243.

3. MODALITÉS PARTICULIÈRES DE DÉTERMINATION DU PRIX D'ACQUISITION

TITRES DE MÊME NATURE ACQUIS À DES PRIX DIFFÉRENTS

50280 Lorsque la cession porte sur un ou plusieurs titres de même nature (titres ou droits cédés fongibles ou non individualisables) acquis pour des prix différents, le prix d'acquisition à retenir du ou des titres cédés est le **prix moyen pondéré d'acquisition** des titres ou **« PMP »** (CGI art. 150-0 D, 3). Cette méthode s'impose obligatoirement au contribuable (voir toutefois en cas d'application de l'abattement pour durée de détention : nos 50398 s.).

La circonstance que le détenteur des titres ait souscrit un **engagement de conservation** est par elle-même sans incidence sur la nature des titres concernés. Par suite, le prix d'acquisition est égal à la moyenne pondérée du prix d'acquisition de l'ensemble des titres de cette même société détenus en pleine propriété à la date de la cession, y compris les titres pour lesquels un engagement de conservation a été souscrit (CE 20-10-2021 n° 449292 : RJF 1/22 n° 31).

La valeur moyenne d'acquisition d'une série de titres de même nature n'est pas affectée par les **ventes de titres** de cette série, elle reste la même tant que le contribuable ne procède pas à de nouvelles acquisitions de titres de même nature.

EXEMPLE

Soit un contribuable ayant réalisé les opérations suivantes :
– acquisition en 2013 de 100 actions au prix unitaire de 93 € ;
– acquisition en 2017 de 200 actions au prix unitaire de 105 € ;
– vente en 2022 de 250 actions au prix unitaire de 115 €.
Pour la détermination du gain net, la valeur moyenne pondérée d'acquisition des titres cédés est de :
[(100 × 93 €) + (200 × 105 €)] / 300 = 101 €.
Le montant du gain net est donc de :
(250 × 115 €) – (250 × 101 €) = 3 500 €.

L'administration admet que le gain (et donc le prix de revient moyen pondéré) soit déterminé distinctement pour chaque **membre du foyer fiscal.** Elle admet également, dans le cas où les titres sont déposés auprès de **plusieurs intermédiaires financiers,** qu'il soit déterminé un prix de revient moyen pondéré chez chaque intermédiaire financier (BOI-RPPM-PVBMI-20-10-20-40 n° 40). 50281

Lorsque, parmi les titres cédés, figurent des actions ou parts sociales provenant d'une **attribution gratuite,** celles-ci entrent dans le calcul du prix moyen pondéré pour une valeur nulle. 50282
En cas de cession de titres dont une partie provient d'une distribution gratuite suite à une **augmentation de capital** réalisée par **incorporation de réserves,** l'administration a pu estimer être en présence de titres de même nature acquis pour des prix différents et retenir, pour le calcul de la plus-value, un prix correspondant à la valeur moyenne pondérée d'acquisition (CAA Bordeaux 17-2-2009 n° 07-711 : RJF 6/10 n° 595).

EXEMPLE

Un contribuable a acheté, en N, 1 000 actions d'une société pour une valeur globale de 300 000 €. En N + 2, la société procède à une distribution d'actions gratuites à raison d'une nouvelle pour 5 anciennes.
L'intéressé se voit donc attribuer 200 actions gratuites. À la suite de cette opération, il se trouvera en possession de : 1 000 + 200 = 1 200 actions.
Le prix de revient de chaque titre – ancien ou nouveau – sera donc de : 300 000 / 1 200 = 250 €.

La règle du prix moyen pondéré ne s'applique pas au prix d'acquisition des **titres dont la propriété est démembrée** lorsque dans son portefeuille le contribuable dispose, sur la même série de titres, de droits réels de nature différente (par exemple, des titres A détenus pour partie en pleine propriété et pour partie en usufruit). Dans ce cas, la méthode du prix moyen pondéré s'appliquera distinctement au sein de chacune des catégories de droits de même nature, c'est-à-dire prix moyen pondéré des titres détenus en pleine propriété, d'une part, prix moyen de ceux détenus en usufruit, d'autre part. 50283

L'administration admet de retenir la valeur moyenne pondérée d'acquisition de titres **individualisables** (par exemple : titres numérotés, titres inscrits sur un registre tenu par la société, etc.) en cas de cession de la totalité de ces titres (BOI-RPPM-PVBMI-20-10-20-40 n° 10). 50284
À noter qu'un jugement (frappé d'appel) a retenu la valeur moyenne pondérée d'acquisition de titres, quand bien même les titres cédés sont numérotés et identifiables (TA Paris 30-9-2019 n° 1803916 : RJF 6/20 n° 537).

TITRES ACQUIS AVANT LE 1er JANVIER 1996

Les contribuables qui n'avaient pas dépassé le seuil d'imposition des plus-values alors en vigueur en 1993, 1994 et 1995 ont pu opter, au plus tard en 1997, pour l'attribution d'un **prix de revient forfaitaire** – égal à 85 % du dernier cours connu au 29 décembre 1995 – à l'ensemble des titres cotés détenus en portefeuille au 31 décembre 1995 (sauf titres d'OPCVM monétaires ou obligataires de capitalisation). L'option conservant actuellement toute sa portée, les plus-values réalisées sur les titres en question sont calculées à partir de ce prix de revient forfaitaire (BOI-RPPM-PVBMI-20-10-20-40 n° 80). 50285

TITRES COTÉS ACQUIS AVANT LE 1er JANVIER 1979

50290 Ces titres, acquis avant la mise en place d'une taxation des gains de cession sur valeurs mobilières, peuvent faire l'objet d'une **évaluation forfaitaire** (CGI art. 150-0 D, 4). Le contribuable peut substituer au prix d'acquisition (ou à la valeur déclarée lors d'une mutation à titre gratuit) le cours au comptant le plus haut de l'année 1978. S'agissant des actions françaises, il peut également retenir le cours moyen de cotation au comptant pendant l'année 1972.
Ces règles ne sont pas applicables aux cessions de **participations supérieures à 25 %.** Pour ces dernières, voir n° 50295 ci-après.

50291 L'option pour les cours forfaitaires est une **option globale.** Elle vaut non seulement pour les actions françaises mais aussi pour tous les autres titres cotés (obligations, valeurs étrangères...) qui ont été acquis avant le 1er janvier 1979 par les membres du foyer fiscal, directement ou par personne interposée.
Elle doit être exercée lors du dépôt de la **déclaration** faisant apparaître pour la première fois des cessions de titres acquis avant le 1er janvier 1979. Une fois expressément exercée, l'option est **irrévocable** et s'applique à tous les titres cotés acquis avant 1979, quelle que soit la date de cession.

> **› Précisions** L'administration admet que les contribuables placés en **indivision** peuvent formuler une seule option pour l'évaluation des titres indivis, même si chaque coïndivisaire retient une évaluation différente pour les titres qu'il détient divisément. Cette mesure concerne toutes les indivisions, quelle qu'en soit l'origine (BOI-RPPM-PVBMI-20-10-20-40 n° 65, remarque 6).

50295 **Participations supérieures à 25 %** Lorsque les droits sociaux détenus par le cédant ou son groupe familial ont dépassé 25 % des bénéfices de la société à un moment quelconque au cours des cinq années précédant la cession, il convient de retenir le prix d'acquisition ou, si le cédant était propriétaire de ces titres au 1er janvier 1949, leur valeur à cette date si elle est supérieure (CGI art. 150-0 D, 4).
Cette règle s'applique aux titres de sociétés, qu'elles soient cotées ou non. Le prix d'acquisition s'entend de la contrepartie que le titulaire des droits a dû fournir pour en devenir propriétaire : valeur du titre majorée, le cas échéant, de la prime d'émission ou du droit de souscription.

TITRES DE SOCIÉTÉS DE PERSONNES

50300 La **situation envisagée** ici est celle d'une personne physique qui cède des parts d'une société de personnes relevant de l'impôt sur le revenu, par exemple une société en nom collectif, dans laquelle elle n'exerce pas d'activité professionnelle. La plus-value réalisée relève alors du régime des plus-values privées et du mode de calcul fixé par l'article 150-0 D du CGI : différence entre le prix de cession et le prix de revient de la participation. Ce mode de calcul ne tient toutefois pas compte du régime de translucidité fiscale des sociétés de personnes et des **risques de double imposition** des bénéfices ou de **double déduction** des déficits qui en découlent. En effet, la plus-value peut résulter de réserves constituées par la société. Or, ces réserves correspondent à des bénéfices qui ont déjà été taxés entre les mains des associés comme s'ils avaient été appréhendés par ces derniers. Inversement, lorsque la société a subi des pertes qui n'ont pas été comblées, le prix de cession de la participation (et donc la plus-value) se trouve diminué en considération desdites pertes alors que celles-ci sont parfois déjà venues en diminution des revenus imposables de l'associé.
C'est la raison pour laquelle le Conseil d'État et, à sa suite, l'administration considèrent que le prix d'acquisition des parts doit faire l'objet de **correctifs** identiques à ceux prévus par la jurisprudence pour le calcul des plus-values professionnelles (nos 52390 s.). Le Conseil d'État s'est prononcé en ce sens pour des contribuables qui détenaient des parts de sociétés à prépondérance immobilière dans leur patrimoine privé, en donnant du « prix d'acquisition », au sens de l'article 150 A bis du CGI, une définition identique à celle du prix de revient pour le calcul des plus-values professionnelles (CE 9-3-2005 n° 248825 : RJF 6/05 n° 564, concl. P. Collin BDCF 6/05). Bien qu'elle ait été rendue à propos de cessions relevant du régime des plus-values immobilières, la solution a semble-t-il une portée générale et l'administration a fait savoir qu'elle entendait en faire une application généralisée (Rép. Gard et Biancheri : AN 31-1-2006 p. 985 nos 66494 et 66675 ; BOI-RFPI-SPI-20 n° 30). Le Conseil d'État a également admis l'application des correctifs pour l'application de l'ancien article 92 K du CGI (CE 25-11-2009 n° 310940 : RJF 2/10 n° 120 ; CE 30-3-2011 n° 315066 : RJF 12/11 n° 1323), solutions qui nous paraissent transposables à l'actuel article 150 VB du CGI.
Il s'ensuit que le prix d'acquisition des parts à retenir est leur valeur d'acquisition :
– **majorée** en premier lieu, d'une part, de la **quote-part des bénéfices** (y compris des plus-values) de cette société ou de ce groupement revenant à l'associé qui a été ajoutée aux revenus **imposés**

de celui-ci antérieurement à la cession et, d'autre part, des **pertes** antérieures afférentes à des entreprises exploitées par la société ou le groupement en France et ayant donné lieu de la part de l'associé à un versement en vue de les **combler.** Le prix d'acquisition est également majoré de la quote-part des bénéfices de la société ou du groupement revenant à l'associé, qui n'ont **pas fait l'objet d'une imposition effective** en application d'une disposition par laquelle le législateur a entendu accorder un avantage fiscal définitif (CE 8-11-2017 n° 389990 : RJF 2/18 n° 173) ;
– puis **minorée**, en second lieu, d'une part, des **déficits** (y compris des moins-values) que l'associé a effectivement **déduits** pendant cette même période (CE 15-12-2010 n° 297513 : RJF 3/11 n° 324), à l'exclusion de ceux qui trouvent leur origine dans une disposition par laquelle le législateur a entendu conférer aux contribuables un avantage fiscal définitif, et, d'autre part, des **bénéfices** afférents à des entreprises exploitées en France par la société ou le groupement et ayant donné lieu à **répartition** au profit de l'associé (CE 16-2-2000 n° 133296, SA Éts Quémener : RJF 3/00 n° 334).
Les **suppléments d'apport** versés par l'associé **pour augmenter** le **capital** de la société par l'augmentation de la valeur nominale des parts viennent s'ajouter au prix d'acquisition des parts (CAA Nantes 17-12-2007 n° 05-548 : RJF 7/08 n° 81).
Pour les particuliers, l'application de ces règles soulève toutefois certaines difficultés qui tiennent notamment à l'obligation de **reconstituer a posteriori le prix d'acquisition** de leurs parts et d'en assurer un suivi permanent.

Pour en terminer avec les sociétés de personnes, il convient d'évoquer aussi le cas particulier des **50301**
associés qui n'exercent pas d'**activité professionnelle** dans la société de personnes au moment où ils cèdent leurs parts mais qui ont exercé auparavant une telle activité, pendant une période au cours de laquelle ces parts ont donc eu le caractère d'éléments d'actif affectés à l'exercice de la profession au sens de l'article 151 nonies, I du CGI (voir n°s 53050 s.). Lors de la **cessation** d'activité, les parts sont passées du patrimoine professionnel dans le patrimoine privé de l'intéressé, ce transfert générant une plus-value professionnelle qui a été placée sous un régime de report d'imposition (CGI art. 151 nonies, IV).
Dans un tel cas, la cession des parts met fin au report d'imposition et se traduit donc par l'imposition de deux plus-values :
– la plus-value professionnelle constatée lors « du retrait d'actif » qui est soumise au barème progressif de l'impôt sur le revenu si elle est à court terme, ou au taux réduit si elle est à long terme, en vigueur à la date d'expiration du report d'imposition ;
– la plus-value privée acquise par les parts depuis la date du retrait d'actif, calculée par différence entre le prix de cession et la valeur des parts à la date de ce retrait.
Des règles similaires s'appliquent lorsqu'un associé exerçant son activité professionnelle dans la société cède ses titres après le **changement du régime fiscal** de la société (option pour l'impôt sur les sociétés ou transformation en société soumise à cet impôt) :
– report d'imposition de la plus-value professionnelle de retrait d'actif constatée lors du changement de régime ;
– taxation simultanée, lors de la cession des titres, de la plus-value en report et de la plus-value privée enregistrée par les titres depuis le retrait.

TITRES AUXQUELS EST ATTACHÉ UN SURSIS OU UN REPORT D'IMPOSITION

Nous envisageons ici le cas où les titres cédés ont été acquis par le cédant dans le cadre d'une **50310**
opération génératrice d'une plus-value qui, au lieu d'être imposée immédiatement, a été placée sous un régime de sursis ou de report d'imposition.
Deux types principaux d'opérations peuvent être à l'origine d'une telle situation :
– les **échanges de titres,** qui ont bénéficié, selon leur nature et leur date de réalisation, soit d'un sursis, soit d'un report d'imposition ;
– les cessions de titres dont le **produit** a été **réinvesti dans les fonds propres** d'une société et qui ont été placées sous un régime de report.
Sur ces opérations, voir n°s 50800 s.

TITRES ACQUIS PAR VOIE DE CRÉDIT-BAIL

Conformément à l'article 150-0 D, 8 bis du CGI, en cas de cession de titres acquis à l'échéance **50320**
d'un contrat de crédit-bail, le prix d'acquisition à retenir pour le calcul de la plus-value imposable est égal au **prix** convenu pour la **levée d'option,** compte non tenu des sommes correspondant aux versements effectués à titre de loyers (en principe déduits des revenus de capitaux mobiliers imposables entre les mains du crédit-preneur).

C. Imputation des moins-values

CONDITIONS ET MODALITÉS D'IMPUTATION

50350 Les moins-values subies au cours d'une année sont imputables exclusivement sur les **plus-values de même nature** imposables au titre de la même année (CGI art. 150-0 D, 11).
En cas de solde négatif (**moins-value annuelle globale**), l'excédent de moins-values non imputé est reporté et est imputable sur les plus-values des dix années suivantes.
En cas de solde positif (**plus-value annuelle globale**) et en présence de moins-values reportées imputables, le solde est réduit, dans la limite de son montant, de ces moins-values, les plus anciennes s'imputant prioritairement (BOI-RPPM-PVBMI-20-10-40 n° 470).
Lorsque l'imputation des moins-values (moins-values de l'année et moins-values reportées) laisse subsister des plus-values imposables, ces plus-values sont réduites, le cas échéant, de l'un des abattements pour durée de détention (n°s 50370 s.).

EXEMPLE

Un contribuable cède en 2022 :
– 1 000 actions d'une société A au prix unitaire de 40 €. Ces titres ayant été acquis en 2012 au prix unitaire de 20 €, il réalise une plus-value de 20 000 € ;
– 500 actions d'une société B au prix unitaire de 10 €. Ces titres ayant été acquis en 2013 au prix unitaire de 20 €, il réalise une moins-value de 5 000 €.
Il dispose par ailleurs de moins-values reportées et non encore imputées d'un montant de 11 000 € correspondant :
– à une moins-value de 8 000 € subie en 2013 ;
– à une moins-value de 3 000 € subie en 2018.
La plus-value brute imposable d'un montant de 20 000 € est réduite :
– à hauteur de 5 000 €, de la moins-value subie au titre de 2022 ;
– puis à hauteur de 8 000 €, à raison de la moins-value reportable la plus ancienne subie en 2013 ;
– et, enfin, à hauteur de 3 000 €, de la moins-value subie en 2018.
La plus-value imposable après imputation des moins-values s'élève à 4 000 €.
Si le contribuable opte pour le barème progressif, la plus-value brute imposable est réduite de l'abattement pour durée de détention de 65 % (titres acquis avant 2018 et détenus depuis au moins huit ans), soit un abattement de 2 600 € et une plus-value imposable selon le barème progressif de 1 400 €.

Le contribuable ne peut pas **décider** de l'**année d'imputation** des moins-values, mais il dispose en revanche de la faculté d'imputer les moins-values sur les plus-values de son choix (BOI-RPPM-PVBMI-20-10-40 n° 480).
Aucune imputation sur le **revenu global** n'est possible.

50352 L'absence de mention d'une moins-value sur la **déclaration n° 2074** des plus-values de cession de valeurs mobilières ou sur la déclaration de revenus **n° 2042** ne fait pas obstacle à son imputation sur une plus-value de même nature réalisée au cours des dix années suivantes (CAA Versailles 16-5-2013 n° 11VE02685 : RJF 12/13 n° 1142).

GAINS ET PERTES COMPENSABLES

50355 Les **plus-values** et les **moins-values de même nature** susceptibles de se compenser s'entendent de toutes celles réalisées à l'occasion de la cession de droits sociaux et de valeurs mobilières soumises au régime de l'article 150-0 A du CGI, quelles que soient leurs modalités d'imposition (BOI-RPPM-PVBMI-20-10-40 n° 10).
Sont également considérés comme de même nature, et donc pris en compte dans le cadre de cette compensation générale, les profits et les pertes résultant notamment des opérations occasionnelles sur les **instruments financiers à terme,** ceux retirés de la cession de titres souscrits en exercice de bons de souscription de parts de créateur d'entreprise (**BSPCE**) (n°s 51150 s.) ainsi que ceux retirés de la cession d'**actions gratuites** (n°s 51200 s.) ou de la cession d'actions issues de la levée d'**options sur titres** (n°s 51000 s.) lorsque ces gains relèvent du régime des plus-values des particuliers.
Aucune moins-value de cession de valeurs mobilières et de droits sociaux n'est imputable, pour le calcul de l'impôt sur le revenu et des prélèvements sociaux, sur les **plus-values professionnelles** à long terme taxables à un taux proportionnel.

50356 Une perte est imputable même si elle est subie dans le cadre d'une **opération exonérée** (CE 4-2-2015 n° 364197 : RJF 5/15 n° 406).

En ce qui concerne la possibilité d'imputation des pertes constatées lors de la **clôture d'un PEA de plus de cinq ans,** voir n° 50093.
À noter que les moins-values subies par les **impatriés** (n° 50120) sont prises en compte pour 50 % de leur montant (CGI art. 155 B, II-c).

D. Abattements liés à la durée de détention

Lorsque le contribuable exerce l'option globale pour l'imposition au barème progressif, les plus-values de cession de titres acquis avant le 1er janvier 2018 sont réduites, selon le cas, d'un **abattement proportionnel** de droit commun (nos 50380 s.) ou renforcé s'agissant des PME de moins de dix ans (nos 50410 s.). 50370
Par ailleurs, les plus-values de cession de titres réalisées par les **dirigeants partant à la retraite** sont réduites d'un **abattement fixe** applicable quelles que soient les modalités d'imposition (PFU ou barème) (nos 50460 s.). L'abattement fixe n'est pas cumulable avec les abattements proportionnels.
Les abattements sont pratiqués sur le gain subsistant après imputation, le cas échéant, des **moins-values** (nos 50350 s.).
Ces abattements sont calculés séparément sur chacun des gains nets de cession réalisés au cours de l'année par chacun des **membres** composant le **foyer fiscal.**
Les abattements sont également susceptibles de s'appliquer à la plus-value latente constatée lors du **transfert du domicile fiscal hors de France** (nos 50960 s.).
L'abattement (de droit commun, majoré ou fixe) ne joue qu'en matière d'impôt sur le revenu. Les **prélèvements sociaux** restent calculés sur le montant total de la plus-value avant application de l'abattement.

> **Précisions** Les abattements pour durée de détention (abattement de droit commun ou abattement majoré) et l'abattement fixe de 500 000 € sont pris en compte pour la détermination du **revenu fiscal de référence** servant à l'appréciation des conditions de ressources pour l'octroi de certains avantages fiscaux ou sociaux (CGI art. 1417, IV). Pour permettre cette intégration dans le revenu fiscal de référence, le contribuable doit faire figurer le montant de l'abattement dont il a bénéficié sur sa déclaration d'ensemble des revenus n° 2042 (CGI art. 170, 1).

1. ABATTEMENTS PROPORTIONNELS EN CAS D'OPTION POUR LE BARÈME PROGRESSIF

Les abattements proportionnels ne sont applicables qu'en cas d'option pour l'imposition selon le barème progressif. En tout état de cause, les plus-values de cession de titres acquis ou souscrits depuis le 1er janvier 2018 sont exclues du champ d'application des abattements. 50375
L'**abattement de droit commun** est applicable après deux ans de détention à la généralité des cessions de titres ainsi qu'à certaines distributions. Il est prévu par l'article 150-0 D, 1 ter du CGI.
L'abattement **renforcé** est prévu par l'article 150-0 D, 1 quater du CGI. Il est applicable après une année de détention aux cessions de titres de PME souscrits ou acquis dans les dix ans de leur création.

a. Abattement de droit commun

CHAMP D'APPLICATION

Lorsque les titres **acquis ou souscrits avant le 1er janvier 2018** sont détenus depuis au moins deux ans, les gains nets provenant de cession d'**actions,** de **parts** de sociétés, de **droits démembrés** portant sur ces actions ou parts (usufruit ou nue-propriété) ou de titres représentatifs de ces mêmes actions, parts ou droits (tels que les actions de Sicav, parts de FCP, titres de sociétés d'investissement ou de sociétés de portefeuille) sont réduits d'un abattement dans le cas où le contribuable a exercé l'option globale pour l'imposition au barème progressif. 50380
Les titres cédés peuvent revêtir la **forme** nominative ou au porteur et être **admis ou non aux négociations** sur un marché réglementé ou organisé.

> **Précisions a.** La condition tenant à l'imposition selon le barème progressif conduit à exclure du bénéfice de l'abattement les contribuables dont le **domicile fiscal est situé hors de France** dès lors que leurs plus-values sont imposées selon les modalités visées au n° 51360 s. (BOI-RPPM-PVBMI-20-20-10 n° 10).
> **b.** Selon l'administration, les titres acquis ou souscrits en indivision avant le 1er janvier 2018 et faisant l'objet d'un **partage** à compter de cette date ne sont pas éligibles à l'abattement sauf s'il s'agit d'un partage (même avec soulte) dépendant d'une succession ou d'une communauté conjugale intervenant uniquement

entre les membres originaires de l'indivision (BOI-RPPM-PVBMI-20-20-10 n° 30).

c. Les titres reçus dans le cadre d'une **opération d'échange intervenue depuis le 1er janvier 2018** en contrepartie de titres acquis ou souscrits avant cette date sont éligibles à l'abattement si l'échange a été réalisé dans les conditions prévues à l'article 150-0 B (n° 50805 s.) ou 150 UB du CGI. Ils ne le sont pas, en revanche, si l'échange a été effectué dans le cadre d'un apport à une société contrôlée par l'apporteur dans les conditions prévues à l'article 150-0 B ter du CGI (nos 50810 s.) (BOI-RPPM-PVBMI-20-20-10 n° 40).

50381 L'abattement bénéficie également aux **compléments de prix** perçus par le cédant en application d'une clause de variation de prix, quelle que soit la date à laquelle est intervenue la cession à laquelle ils se rapportent (n° 37820).

50382 L'abattement **ne s'applique pas,** en revanche :
– à l'avantage constaté lors de la levée de **stock-options** (plus-value d'acquisition) ; le gain net de cession des titres issus de la levée d'option peut par contre en bénéficier (n° 51050) ;
– aux gains nets réalisés lors de la cession de titres souscrits en exercice de **bons de souscription de parts de créateur d'entreprise** (n° 51155) ;
– aux **plus-values** réalisées **avant 2013** et placées en **report d'imposition** (Cons. const. 22-4-2016 n° 2016-538 QPC : RJF 7/16 n° 644 ; Cons. const. 3-4-2020 n° 2019-832/833 QPC : RJF 6/20 n° 551). S'agissant toutefois des opérations d'échange entrant dans le champ de la directive « fusions » 2009/133 du 19-10-2009, la CJUE a jugé que la plus-value en report d'imposition doit être traitée de la même façon (au regard du taux d'imposition et de l'application de l'abattement pour durée de détention) que la plus-value qui aurait été réalisée si l'opération d'échange n'était pas intervenue (CJUE 18-9-2019 aff. 662/18 et 672/18 : RJF 12/19 n° 1210). Sur les dispositifs concernés, voir nos 50822 s.

S'agissant de l'avantage tiré de l'**attribution d'actions gratuites,** voir n° 51205.

MODALITÉS D'APPLICATION DE L'ABATTEMENT DE DROIT COMMUN

50385 **Assiette de l'abattement** L'abattement s'applique aux « **gains nets** » de cession et aux distributions déterminés dans les conditions prévues à l'article 150-0 D du CGI (nos 50150 s.).

Les gains nets sont calculés **après imputation** par le contribuable sur les plus-values réalisées, avant tout abattement, **des moins-values** de même nature subies au cours de la même année ou reportées (n° 50350). L'abattement pour durée de détention s'applique au solde ainsi obtenu, en fonction de la durée de détention des titres dont la cession a fait apparaître les plus-values subsistant après imputation des moins-values (CE 12-11-2015 n° 390265 : RJF 2/16 n° 142 ; BOI-RPPM-PVBMI-20-20-20-10 n° 10).

50386 L'abattement s'applique également, on le rappelle, aux **compléments de prix** perçus en exécution d'une clause d'indexation, dans les conditions exposées au n° 37820.

Lorsqu'il s'applique, l'abattement pour durée de détention est calculé séparément sur chacun des gains nets de cession réalisés au cours de l'année par **chacun des membres composant le foyer fiscal.**

En ce qui concerne les plus-values réalisées par un **impatrié,** voir n° 50120.

50390 **Taux de l'abattement** Aux termes de l'article 150-0 D, 1 ter du CGI, l'abattement pratiqué est égal à :
– **50 %** du montant des gains nets (ou des distributions) lorsque les actions, parts, droits ou titres sont détenus depuis **au moins deux ans et moins de huit ans** à la date de la cession (ou de la distribution) ;
– **65 %** du montant des gains nets (ou des distributions) lorsque les actions, parts, droits ou titres sont détenus depuis **au moins huit ans** à la date de la cession (ou de la distribution).

En cas de cession des titres ou droits **avant la fin de la deuxième année** de détention, aucun abattement n'est applicable.

EXEMPLE

Un contribuable cède le 17 juillet 2022 des actions d'une société européenne acquises le 25 mai 2014.
Gain net de cession réalisé : 15 000 €.
La durée de détention est de 8 années révolues, soit un abattement pour durée de détention de 65 % (9 750 €).
Le gain net imposable, après application de l'abattement pour durée de détention, sera donc de 5 250 € (15 000 € – 9 750 €).
Les prélèvements sociaux seront calculés sur une assiette de 15 000 € (plus-value avant application de l'abattement).

Durée de détention La durée de détention est **décomptée** à partir de la date de souscription ou d'acquisition des actions, parts, droits ou titres dont la cession a fait apparaître des plus-values subsistant après imputation des moins-values et prend fin à la date du transfert de propriété (CGI art. 150-0 D, 1 quinquies). 50395
Lorsque le cédant n'est pas en mesure de justifier de la **date effective d'acquisition** ou de souscription des titres cédés, pour le point de départ du décompte de l'abattement pour durée de détention, l'administration admet qu'il puisse se prévaloir de la date de détention la plus ancienne qu'il est en mesure de justifier (BOI-RPPM-PVBMI-20-20-20-20 n° 230).

Sauf situations particulières, le **point de départ du délai** de détention s'entend de la date de souscription ou d'acquisition des actions, parts, droits ou titres. 50396
En cas de cession par une personne physique de titres acquis sur un marché réglementé ou organisé, la durée de détention est décomptée à partir de la date à laquelle les titres ont été inscrits à son compte (dénouement effectif de l'opération d'acquisition) (BOI-RPPM-PVBMI-20-20-20-20 n° 10).
Des modalités particulières de décompte de la durée de détention sont toutefois prévues dans certains **cas particuliers** : voir n°s 50400 s.

La date qui constitue le **terme de la durée de détention** est celle du fait générateur de l'imposition, c'est-à-dire la date du transfert de la propriété juridique des titres ou droits. Il s'agit (BOI-RPPM-PVBMI-20-20-20-20 n° 20) : 50397
– de la date du règlement-livraison des titres, en cas de cession de titres admis aux négociations sur un marché réglementé ou organisé ;
– de la date de la liquidation en cas de cession avec service de règlement différé (SRD) ;
– de la date de la conclusion de la vente contenue dans l'acte de cession, en cas de cession de titres ou droits de gré à gré.
En cas de vente sous **condition suspensive** ou comportant un transfert de propriété différé, la date à prendre en compte s'entend du jour de transfert de propriété

Titres acquis à des dates différentes Lorsque les titres ont été acquis à des dates différentes, la prise en compte de la durée de détention des titres ou droits cédés suppose un suivi par le cédant de la durée de détention des titres cédés : le cédant doit être en mesure de justifier de la durée de détention ainsi que du prix d'acquisition ou de souscription. 50398

Deux situations doivent être distinguées. 50399
a. Les titres cédés sont identifiables ou individualisables : il peut s'agir, par exemple, des titres numérotés ou des titres inscrits sur un registre tenu par la société. Dès lors que le cédant connaît, à la date de la cession de ces titres et pour chacun d'entre eux, leur date et leur prix d'acquisition ou de souscription, le gain net de cession est déterminé, pour chaque titre ou droit cédé, à partir de son prix effectif d'acquisition ou de souscription.
La **durée de détention** servant au calcul de l'abattement est décomptée, sous réserve des situations particulières décrites n° 50400, à partir de la date d'acquisition ou de souscription de chacun des titres ou droits cédés (BOI-RPPM-PVBMI-20-20-20-20 n° 80).
Lorsque le cédant **cède la totalité des titres** individualisables qu'il détient dans une société, il est admis qu'il puisse calculer le gain net de cession de la même manière que pour les titres fongibles, c'est-à-dire, d'une part, en retenant comme prix d'acquisition des titres la valeur moyenne pondérée d'acquisition et, d'autre part, en répartissant les quantités cédées selon la méthode dite du « premier entré-premier sorti » (voir ci-dessous) (BOI-RPPM-PVBMI-20-20-20-20 n° 90).
b. Les titres cédés sont fongibles ou non individualisables : en cas de cession d'un ou de plusieurs titres appartenant à une série de titres de même nature acquis pour des prix différents (et à des dates différentes), la cession est réputée porter en priorité sur les titres ou droits les plus anciens. Cette règle, dite du « **premier entré, premier sorti** », se combine avec la méthode de calcul de la plus-value à partir du prix moyen pondéré d'acquisition des titres (CGI art. 150-0 D, 3-al. 1).
Si, de plus, le contribuable a procédé à des **cessions partielles** de titres de la société concernée avant de bénéficier de l'abattement, ces titres sont réputés avoir été prélevés sur ceux acquis ou souscrits aux dates les plus anciennes (CGI art. 150-0 D, 1 quinquies). En d'autres termes, les quantités de titres ou droits détenues par le cédant entrant dans le champ d'application de l'abattement sont celles qui correspondent aux titres ou droits souscrits aux dates les plus récentes.
Lorsqu'une même personne a déposé des titres d'une même société sur **plusieurs comptes** chez un ou plusieurs intermédiaires, l'administration admet, à titre de règle pratique, que la détermination de la valeur moyenne pondérée d'acquisition de ces titres ainsi que la répartition des quantités cédées selon la méthode dite du « premier entré-premier sorti » sur les quantités annuelles soient opérées de manière autonome par chacun de ces intermédiaires et compte par compte (BOI-RPPM-PVBMI-20-20-20-20 n° 130).

En pratique, le gain net servant de base au calcul de l'abattement est déterminé en procédant selon les étapes suivantes :
1e étape : détermination du gain net de cession total en retenant la règle du prix moyen pondéré d'acquisition ;
2e étape : répartition des quantités cédées en fonction de leur durée de détention en retenant comme principe que les titres ou droits cédés sont ceux acquis ou souscrits aux dates les plus anciennes ;
3e étape : répartition du gain net de cession par taux d'abattement applicable : le gain net de cession total est réparti selon les mêmes proportions que celles retenues pour les quantités cédées.

EXEMPLE

Un contribuable a effectué les opérations suivantes portant sur les actions de la société B :
– acquisition le 2-7-2010 de 150 actions au prix unitaire de 100 € ;
– acquisition le 5-5-2015 de 500 actions au prix unitaire de 150 € ;
– cession le 30-9-2017 de 100 actions au prix unitaire de 180 €. À cette date, le prix moyen pondéré d'acquisition est de 138,46 €, soit [(150 actions × 100 €) + (500 actions × 150 €)]/650 actions. Le gain net réalisé à cette occasion est de 4 154 €, soit 100 × (180 – 138,46). Il est précisé que ces actions sont réputées avoir été prélevées sur celles acquises le 2-7-2010 ;
– acquisition le 12-1-2018 de 450 actions au prix unitaire de 190 €. Le prix moyen pondéré d'acquisition est alors de 161,65 €, soit [(550 actions restantes × 138,46 €) + (450 actions × 190 €)/1 000 actions.
Le 15-11-2022, le contribuable cède 700 actions pour un prix unitaire de 200 €. Il exerce au titre de cette année l'option globale pour l'imposition de ses gains suivant le barème progressif.
Les 700 actions sont réputées prélevées en priorité sur les actions acquises aux dates les plus anciennes à savoir :
– 50 actions acquises le 2-7-2010, détenues depuis plus de huit ans à la date de la cession (taux de l'abattement : 65 %) ;
– 500 actions acquises le 5-5-2015, détenues depuis plus de deux ans et moins de huit ans (taux de l'abattement : 50 %) ;
– 150 actions acquises le 12-1-2018 (pas d'abattement).
Le gain net réalisé en 2022 est de 26 845 €, soit 700 × (200 – 161,65), qui se répartit comme suit (par hypothèse le contribuable ne dispose d'aucune moins-value disponible) :
– fraction du gain ouvrant droit à l'abattement de 65 % : 1 917 €, soit [26 845 € × (50/700)]. Après application de l'abattement (soit 1 246 €), cette fraction du gain s'élève à 671 € ;
– fraction du gain ouvrant droit à l'abattement de 50 % : 19 175 €, soit [26 845 € × (500/700)]. Après application de l'abattement (soit 9 588 €), cette fraction du gain s'élève à 9 587 € ;
– fraction du gain n'ouvrant pas droit à abattement : 5 753 €, soit [26 845 € × (150/700)].
Au total, le gain net de cession imposable à l'impôt sur le revenu selon le barème progressif s'élève à : 671 € + 9 587 € + 5 753 € = 16 011 €

50400 **Modalités particulières de décompte de la durée de détention** Des modalités particulières de détermination du point de départ de la durée de détention sont prévues dans certains cas particuliers (BOI RPPM-PVBMI-20-20-20-20 n° 30), notamment :
– titres détenus par une **personne interposée** : date de souscription ou d'acquisition des titres par cette personne ;
– titres reçus à la suite d'une opération d'**échange** placée en sursis d'imposition dans les conditions prévues par les articles 150-0 B ou 150-U B (ou à l'article 150 A bis dans sa rédaction en vigueur entre le 1-1-2000 et la date de promulgation de la loi 2003-1311 du 30-12-2003) du CGI (nos 50805), par exemple fusion, scission, division de la valeur nominale des titres ou regroupement d'actions : date de souscription ou d'acquisition des titres remis à l'échange (ou regroupés ou divisés) ;
– titres reçus à l'occasion d'opérations d'**apport de titres** à une **société soumise à l'impôt sur les sociétés** et **contrôlée** par l'apporteur (CGI art. 150-0 B ter : nos 50810 s.) : date à laquelle les titres cédés ont été reçus en contrepartie de l'apport ;
– titres reçus à l'occasion d'un **apport en société** (CGI art. 151 octies), d'une opération de restructuration de SCP (CGI art. 151 octies A) ou d'un apport de brevet ou d'un logiciel protégé (CGI art. 93 quater, I), lorsque l'opération a donné lieu au report d'imposition des plus-values (CGI art. 150-0 D, 1 quinquies-4°) (ou lorsqu'elle n'a dégagé aucune plus ou moins-value) : date à laquelle l'apporteur, personne physique, a commencé son activité commerciale, industrielle, artisanale, libérale ou agricole. Pour la partie des titres **cédés**, acquis ou **souscrits en dehors de l'opération d'apport**, la durée de détention à prendre en compte pour le calcul de l'abattement est décomptée, dans les conditions de droit commun, à partir de la date d'acquisition ou de souscription de ces titres ;
– titres acquis dans un **PEA** et cédés après la clôture du plan ou retirés : date à laquelle le cédant a cessé de bénéficier du régime fiscal du PEA (voir nos 50090 s.) ;

– titres acquis en exercice de **droits** ou de **bons de souscription,** de bons d'acquisition ou de **stock-options** : date d'exercice des droits, des bons ou de la levée de l'option de l'achat ;
– titres figurant sur un **compte indivis** : date d'acquisition des titres dans le compte indivis ;
– titres reçus lors du **partage** (ou d'une licitation au profit d'un coïndivisaire) **d'une indivision successorale ou conjugale** et indivisions assimilées (n° 50227) : date d'entrée des titres ou droits dans l'indivision ;
– titres reçus lors du **partage** (ou d'une licitation au profit d'un coïndivisaire) d'une indivision **autre** que les indivisions visées ci-dessus : date du partage ;
– titres provenant d'une **licitation** au profit d'un tiers étranger à l'indivision : date de la licitation ;
– **titres acquis gratuitement** à la suite d'une **augmentation de capital** par incorporation de réserves ou de primes : date d'acquisition des titres initiaux auxquels les titres attribués gratuitement se rapportent. Lorsque les titres cédés qui ont été attribués gratuitement se rapportent à des titres anciens acquis à des années différentes, il convient, pour le calcul de la durée de détention, de répartir le nombre de titres attribués gratuitement au prorata du nombre de titres anciens de même nature par année d'acquisition.
En ce qui concerne :
– les **titres démembrés** : voir n°s 89410 s. ;
– les actions, parts, droits ou titres ayant successivement fait partie du **patrimoine privé** et du patrimoine **professionnel** du cédant ou inversement : voir n°s 52980 s.

En cas de cession d'actions, parts, droits ou titres reçus en **fiducie** dans les conditions prévues à l'article 238 quater Q du CGI, il convient de distinguer les 2 situations suivantes (CGI art. 150-0 D, 1 quinquies-6°) : **50401**
– **le cédant est le constituant initial de la fiducie** :
• les **actions,** parts, droits ou titres ont été **transférés** par le constituant dans le patrimoine fiduciaire dans les conditions prévues à l'article 238 quater N du CGI : date d'acquisition ou de souscription des actions, parts, droits ou titres par le constituant ;
• les **actions,** parts, droits ou titres **n'ont pas été transférés** dans le patrimoine fiduciaire dans les conditions prévues à l'article 238 quater N du CGI : date d'acquisition ou de souscription des actions, parts, droits ou titres par la fiducie ;
– **le cédant n'est pas le constituant initial de la fiducie** :
• les **actions,** parts, droits ou titres figuraient **dans le patrimoine fiduciaire** lors de l'acquisition de ces droits : date d'acquisition de droits représentatifs des biens ou droits du patrimoine fiduciaire par le contribuable ;
• dans les **autres situations** : date d'acquisition ou de souscription des actions, parts, droits ou titres par la fiducie.

b. Titres de PME souscrits ou acquis dans les dix ans de sa création

Lorsque le contribuable exerce l'option globale pour l'imposition au **barème progressif,** les plus-values de cession d'actions, de parts de sociétés ou de droits démembrés (usufruit ou nue-propriété) portant sur ces titres bénéficient d'un **abattement renforcé** visé au n° 50420 lorsque la société émettrice des titres ou droits cédés, **acquis ou souscrits avant le 1er janvier 2018,** remplit les conditions visées aux n°s 50415 s. **50410**
Pour les dirigeants de PME prenant leur retraite, cet abattement renforcé ne s'applique pas en cas de déduction de l'**abattement fixe** de 500 000 €.
Les **gains nets exclus** de l'abattement de droit commun (n° 50382) sont également exclus du champ d'application de l'abattement renforcé.

CONDITIONS D'APPLICATION DE L'ABATTEMENT PROPORTIONNEL RENFORCÉ

Aux termes de l'article 150-0 D, 1 quater-B du CGI, la plus-value réalisée à l'occasion de la cession de titres d'une société peut bénéficier de l'abattement proportionnel renforcé visé au n° 50420, au lieu de l'abattement proportionnel de droit commun, lorsque la société remplit les conditions suivantes : **50415**
– être une **PME au sens du droit de l'Union européenne,** défini à l'annexe I du règlement 651/2014 du 17-6-2014 (relatif aux aides aux PME). Sont visées les entreprises qui emploient moins de 250 salariés et qui soit réalisent un chiffre d'affaires annuel n'excédant pas 50 M€, soit ont un total de bilan annuel n'excédant pas 43 M€. Cette condition est appréciée à la date de clôture du dernier exercice précédant la date de souscription ou d'acquisition des titres ou droits ou, à défaut d'exercice clos, à la date du premier exercice clos suivant la date de souscription ou d'acquisition des titres ou droits concernés. En conséquence, la circonstance que la société ne réponde plus aux caractéristiques de la PME à la date de cession est sans incidence sur le bénéfice de l'abattement ;

– être **créée depuis moins de dix ans** (délai décompté de date à date : BOI-RPPM-PVBMI-20-30-10 n° 80) et ne pas être issue d'une concentration, d'une restructuration, d'une extension ou d'une reprise d'activités préexistantes, cette condition s'appréciant à la date de souscription ou d'acquisition des titres ou droits cédés ;
– n'accorder aux souscripteurs que les seuls **droits résultant de leur qualité d'associé** ou d'actionnaire, à l'exclusion de tout autre avantage ou de garantie en capital ;
– être passible de l'**impôt sur les bénéfices** ou d'un impôt équivalent. Il peut donc s'agir d'une société relevant de l'impôt sur le revenu (dans la catégorie des bénéfices agricoles, des bénéfices industriels et commerciaux ou des bénéfices non commerciaux) ou de l'impôt sur les sociétés, effectivement soumise à l'impôt ou exonérée (BOI-RPPM-PVBMI-20-30-10 n° 180) ;
– avoir son **siège social** dans un État de l'Espace économique européen ;
– exercer une **activité** commerciale au sens de l'article 34 ou 35 du CGI, industrielle, artisanale libérale ou agricole, à l'exclusion de la gestion de son propre patrimoine mobilier ou immobilier. Sont donc exclues du bénéfice de l'abattement les titres de sociétés ayant pour activité la gestion de leur propre patrimoine mobilier (notamment les sociétés civiles de portefeuille). Sur les sociétés holdings animatrices, voir n° 50416.
Les quatre dernières conditions s'apprécient de manière continue depuis la date de la création de la société, qui s'entend, pour les sociétés établies en France, de la date d'immatriculation au registre du commerce et des sociétés (BOI-RPPM-PVBMI-20-30-10 n° 70).
L'abattement renforcé s'applique uniquement pour le calcul de la plus-value soumise à l'impôt sur le revenu. Il ne s'étend pas aux **prélèvements sociaux,** lesquels sont dus sur les gains nets de cession, avant application de l'abattement (n° 50660).

50416 Lorsque la société est une société **holding animatrice** (au sens défini à l'article 150-0 D, 1 quater du CGI), les conditions mentionnées au n° 50415 doivent être respectées dans chacune des sociétés du groupe (autrement dit, à la fois dans la société holding émettrice des titres cédés et dans chacune des sociétés dans laquelle elle détient des participations).
Est réputée holding animatrice, au sens des dispositions susvisées, la société qui, outre la gestion d'un portefeuille de participations, participe activement à la conduite de la politique de son groupe et au contrôle de ses filiales et rend, le cas échéant et à titre purement interne, des services spécifiques, administratifs, juridiques, comptables, financiers et immobiliers.

ATTENTION

On relèvera le caractère rigoureux des conditions posées pour l'application de l'abattement renforcé aux plus-values de cessions de titres de sociétés holdings animatrices. En particulier, l'exigence que la société holding et chacune de ses filiales soient créées depuis moins de dix ans et ne soient pas issues d'une concentration, d'une restructuration, d'une extension ou d'une reprise d'activité préexistante pourrait exclure du régime de faveur une large part des cessions de titres représentatifs de groupes de PME.

50417 Lorsque les conditions énumérées aux n°s 50415 et 50416 sont satisfaites, l'**abattement** est **ouvert à tout contribuable,** qu'il soit dirigeant, salarié ou simple associé de la société et quel que soit le pourcentage de sa participation.

MODALITÉS D'APPLICATION DE L'ABATTEMENT PROPORTIONNEL RENFORCÉ

50420 L'abattement proportionnel renforcé est pratiqué sur le **montant net** de la plus-value. Il est égal à (CGI art. 150-0 D, 1 quater-A) :
– **50 %** lorsque les actions, parts ou droits sont détenus depuis **au moins un an et moins de quatre ans** à la date de la cession ;
– **65 %** lorsque les actions, parts ou droits sont détenus depuis **au moins quatre ans et moins de huit ans** à la date de la cession ;
– **85 %** lorsque les actions, parts, droits ou titres sont détenus depuis **au moins huit ans** à la date de la cession.
Aucun abattement n'est appliqué lorsque les titres sont détenus depuis **moins d'un an** à la date de la cession.
La **durée de détention** est décomptée selon les mêmes modalités que l'abattement de droit commun (voir n°s 50395 s.). Par ailleurs, en cas de cessions de titres appartenant à une même série (ou de droits de même nature) non identifiables, acquis ou souscrits à des dates différentes, les règles exposées au n° 50398 pour l'abattement de droit commun sont applicables dans les mêmes conditions.
Sous réserve des taux applicables, les **modalités d'application** de l'abattement renforcé sont **identiques** à celles de l'abattement de droit commun (voir n°s 50385 s.).

2. ABATTEMENT FIXE SUR LES GAINS DE CESSION DE TITRES PAR LES DIRIGEANTS PRENANT LEUR RETRAITE

Les plus-values réalisées par les dirigeants qui cèdent leur société à l'occasion de leur départ à la retraite sont, sous certaines conditions, réduites d'un abattement fixe, quelles que soient les modalités d'imposition (PFU ou option pour le barème progressif). Il est applicable aux cessions et rachats réalisés du **1er janvier 2018 au 31 décembre 2024** (CGI art. 150-0 D ter). **50460**

L'abattement fixe n'est **pas cumulable** avec l'abattement proportionnel de droit commun ou renforcé applicable en cas d'option globale pour le barème progressif. Pour les plus-values de cession de titres acquis avant le 1er janvier 2018, un choix doit donc être opéré lorsque le cédant remplit les conditions d'application de l'abattement fixe et d'un abattement proportionnel.

L'abattement fixe s'applique uniquement pour le calcul de la plus-value soumise à l'impôt sur le revenu. Il ne s'applique pas aux **prélèvements sociaux,** lesquels sont dus sur les gains nets de cession, avant application de tout abattement (nos 50660 s.).

> **Précisions a.** Le dispositif n'est **pas applicable** à l'avantage constaté lors de la levée d'options (« stock-options ») (nos 51000 s.), ainsi qu'aux gains de cession de titres souscrits en exercice de BSPCE dans l'hypothèse où le bénéficiaire exerce son activité dans la société depuis moins de trois ans (nos 51150 s.).
> **b. L'application de l'abattement** qui devait prendre fin le 31 décembre 2022 a été **prorogée** jusqu'au 31 décembre 2024 par l'article 19, II de la loi 2021-1900 du 30 décembre 2021.

CONDITIONS RELATIVES À LA SOCIÉTÉ

La société cédée doit remplir les conditions suivantes : **50465**

– elle répond à la **définition européenne des PME** (au sens défini n° 50415), cette condition s'appréciant à la date de clôture de chacun des deux derniers exercices précédant la date de la cession ;

– elle a exercé, de manière continue au cours des cinq années précédant la cession, une **activité** opérationnelle telle que définie au n° 50813 et sous la même exclusion, ou a eu pour objet exclusif de détenir des participations dans des sociétés exerçant l'une de ces activités (société holding) ;

– elle a son **siège de direction effective** dans un État de l'Espace économique européen ;

– elle est soumise à l'**impôt sur les sociétés** dans les conditions de droit commun ou y serait soumise dans les mêmes conditions si l'activité était exercée en France.

> **Précisions a.** En cas de cession de titres provenant d'une opération d'**échange** réalisée depuis moins de cinq ans et placée en **sursis d'imposition** (n° 50805), la condition tenant au **caractère continu de l'activité** est réputée remplie lorsque les deux sociétés ont exercé successivement et de manière continue une activité éligible pendant les cinq années précédant la cession (BOI-RPPM-PVBMI-20-40-10-20 n° 70).
> **b.** L'abattement s'applique aux gains nets de cession de titres de **sociétés holding animatrices** de leur groupe (BOI-RPPM-PVBMI-20-40-10-20 n° 40). Est animatrice de son groupe une société holding qui a pour activité **principale** la participation active à la conduite de la politique du groupe et au contrôle de ses filiales et, le cas échéant et à titre purement interne, la fourniture de certains services spécifiques (CE plén. 13-6-2018 nos 395495, 399121, 399122, 399124 : RJF 10/18 n° 965).

CONDITIONS RELATIVES AU CÉDANT

Pendant les cinq années précédant la cession, le cédant doit, sans interruption (CGI art. 150-0 D ter, II-2°) : **50470**

– avoir **exercé** au sein de la société dont les titres sont cédés les **fonctions** de gérant statutaire d'une SARL ou d'une société en commandite par actions, d'associé en nom d'une société de personnes, de président, directeur général, président du conseil de surveillance ou membre du directoire d'une société par actions ;

– avoir **détenu au moins 25 % des droits** de vote ou des droits dans les bénéfices sociaux de la société cédée soit directement, soit par personne interposée, soit par l'intermédiaire de son **groupe familial** (c'est-à-dire son conjoint ou partenaire de Pacs, leurs ascendants, descendants ou frères et sœurs).

En outre, le cédant doit **cesser toute fonction,** de direction ou salariée, dans la société et faire valoir ses droits à la **retraite,** en principe, dans les deux années suivant ou précédant la cession. Par dérogation, ce délai est de trois ans lorsque le cédant a fait valoir ses droits à la retraite entre le 1er janvier 2019 et le 31 décembre 2021 et que ce départ en retraite précède la cession (Loi 2021-1900 du 30-12-2021 art. 19, III).

Enfin, lorsque les **titres** sont **cédés à une société,** le cédant ne doit pas, à la date de la cession et pendant les trois années suivantes, détenir directement ou indirectement de droits de vote ou de droits dans les bénéfices sociaux de cette société.

Seul le cédant qui remplit l'ensemble des conditions prévues par l'article 150-0 D ter du CGI est concerné par l'application de l'abattement mentionné à ce même article. Les conditions relatives au cédant s'apprécient, dans le cas d'un **couple marié**, ou de **partenaires liés par un Pacs**, au niveau de chaque conjoint pris isolément (à l'exception de celle tenant à la participation de 25 % : n° 50480). Lorsque les époux ou partenaires remplissent chacun l'ensemble des conditions, ils sont susceptibles de bénéficier chacun de l'abattement fixe, le reliquat non utilisé par l'un ne pouvant pas être reporté et imputé sur la plus-value réalisée par l'autre (BOI-RPPM-PVBMI-20-40-10-40 n° 10).

50475 **Exercice de fonctions de direction** Le cédant doit avoir exercé au sein de la société dont les titres ou droits sont cédés une des fonctions de direction énumérées à l'article 150-0 D ter, II-2°-a du CGI.

Selon l'administration, il s'agit des fonctions suivantes, selon le type de société (BOI-RPPM-PVBMI-20-40-10-40 n° 40) :

– **gérant** majoritaire ou minoritaire de SARL ;
– gérant de société en commandite par actions ;
– **associé en nom** d'une société de personnes soumise à l'impôt sur les sociétés ;
– **dirigeant de société anonyme** : président du conseil d'administration, directeur général, président du conseil de surveillance ou membre du directoire. Il est admis que la fonction de directeur général délégué soit également éligible. Ces fonctions sont également celles qui peuvent être exercées dans une **société par actions simplifiée** (ainsi, le directeur général d'une société par actions simplifiée est éligible à l'abattement alors même qu'il n'est pas habilité à représenter la société : CE 21-10-2020 n° 437598 : RJF 1/21 n° 44).

50476 Les fonctions de direction doivent être **effectivement exercées** et donner lieu à une **rémunération normale** au regard des rémunérations du même type versées au titre de fonctions analogues dans l'entreprise ou dans des entreprises similaires établies en France. La rémunération doit relever des catégories imposables à l'impôt sur le revenu des traitements et salaires, bénéfices industriels et commerciaux, bénéfices agricoles, bénéfices non commerciaux et revenus des gérants et associés mentionnés à l'article 62 du CGI.

Celle-ci doit représenter **plus de la moitié des revenus professionnels** du cédant. Il est admis que les rémunérations à prendre en compte pour le calcul du rapport de 50 % sont celles perçues au cours des cinq années civiles précédant celle de la cession (BOI-RPPM-PVBMI-20-40-10-40 n° 150).

L'administration admet toutefois que l'abattement fixe prévu à l'article 150-0 D ter du CGI ne soit pas remis en cause à raison du niveau de rémunération du dirigeant lorsque la société dont les titres ou droits sont cédés a rencontré des **difficultés** économiques, commerciales ou financières (diminution du chiffre d'affaires, réduction des marges, charges financières excessives, etc.) de nature à justifier que le cédant n'ait pas perçu de rémunération normale au cours des cinq années précédant la cession pour l'ensemble des fonctions de direction qu'il exerce au sein de cette société et des autres sociétés du même groupe (BOI-RPPM-PVBMI-20-40-10-40 n° 140).

Lorsque la rémunération du dirigeant est **versée par une filiale** ou une autre société du groupe, l'administration admet la prise en compte de cette rémunération (BOI-RPPM-PVBMI-20-40-10-40 n° 130).

En revanche, l'abattement ne bénéficie pas au président du conseil de surveillance, qui ne perçoit que des **jetons de présence** (CAA Paris 13-2-2014 n° 12PA03582 : RJF 6/14 n° 570).

50477 La **fonction** de dirigeant doit avoir été exercée de manière continue pendant les **cinq années précédant la cession.**

La condition tenant à la **durée d'exercice des fonctions de direction** s'apprécie comme suit :

– en cas de reprise des fonctions de direction par le cédant à la suite du **décès** de son conjoint, les périodes d'exercice des fonctions par l'époux survivant et l'époux décédé sont cumulées (BOI-RPPM-PVBMI-20-40-10-40 n° 190) ;
– en cas de cession de titres provenant d'une opération d'**échange** réalisée depuis moins de cinq ans et placée en **sursis d'imposition** (n° 50805), les périodes d'exercice des fonctions par le cédant dans la société dont les titres ont été remis à l'échange et dans celle dont les titres sont cédés sont cumulées. En revanche, selon l'administration, en cas de cession de titres reçus à la suite d'un **apport soumis au régime du report d'imposition** visé au n° 50810, la période d'exercice des fonctions de direction est appréciée au niveau de la société dont les titres sont cédés pour la seule période allant de l'apport jusqu'à la cession (BOI-RPPM-PVBMI-20-40-10-40 n°s 160 et 180).

EXEMPLE

M. X est actionnaire à 90 % de la SA T et PDG de cette même société depuis N – 10.
En N-3, la SA T est absorbée par une SA B. À la date de la fusion-absorption, M. X reçoit des actions B et devient président du conseil de surveillance de la SA B.
M. X cède sa participation substantielle dans la société B le 15 juillet N (sous réserve que cette cession soit réalisée entre le 1-1-2018 et le 31-12-2024). Pour l'application du dispositif d'abattement fixe, M. X pourra être considéré comme ayant satisfait à la condition d'exercice de la fonction de direction pendant les cinq années précédant la cession puisqu'il a, de manière continue, exercé, dans la SA T puis dans la SA B, une fonction de direction depuis une date antérieure au 15 juillet N-5 (soixante mois consécutifs précédant celui de la cession).

Lorsque, **antérieurement à la cession des titres** ou droits (dans le délai maximum de vingt-quatre mois précédant la cession), le **cédant ne respecte plus** la condition tenant à l'exercice, de manière continue pendant les cinq années précédant la cession, d'une **fonction de direction** dont la rémunération a représenté plus de la moitié de ses revenus professionnels, parce qu'il a cessé ses fonctions de direction dans la société et/ou est entré en jouissance de ses droits à la retraite, il est admis, pour apprécier ladite condition, de ne pas tenir compte de la période comprise entre la date de cessation des fonctions et/ou du départ à la retraite (premier de ces deux événements) et la date de la cession. **50478**
En outre, pour l'appréciation du rapport de 50 % (au sens où la rémunération perçue par le cédant au titre de sa fonction de direction doit représenter plus de la moitié de ses revenus professionnels : voir n° 50476), il est admis de ne pas tenir compte des rémunérations perçues du 1er janvier de l'année de cessation des fonctions de direction et/ou du départ à la retraite (le premier de ces deux événements) jusqu'au 31 décembre de l'année précédant celle de la cession (BOI-RPPM-PVBMI-20-40-10-40 n° 320).

EXEMPLE

Un dirigeant cède l'intégralité des titres de sa PME le 27 juin N. Il a cessé toute fonction dans cette société le 15 septembre N-2 et fait valoir ses droits à la retraite le 1er août N. Dans cette situation, il est admis que les rémunérations à prendre en compte pour apprécier le rapport de 50 % soient celles perçues au titre de la fonction de direction au titre des années civiles N-5 à N-3.

Détention d'une participation substantielle Le cédant doit avoir détenu, directement ou par personne interposée (société de personnes exerçant une activité civile) et de manière continue pendant les cinq dernières années, au moins **25 % du capital de la société cédée.** Pour apprécier la condition de détention de 25 %, il peut être tenu compte des participations détenues par les autres membres de la famille du cédant (son conjoint ou partenaire de Pacs, leurs ascendants, descendants, frères et sœurs). **50480**
La condition de détention de 25 % peut également s'apprécier au regard des seuls droits de vote ou des seuls droits financiers (situation dans laquelle le cédant est titulaire de droits démembrés).

Cessation des fonctions et départ à la retraite Le régime de faveur prévu à l'article 150-0 D ter du CGI s'applique uniquement si la cession des titres de l'associé dirigeant s'accompagne de son départ à la retraite, ce qui suppose, d'une part, qu'il cesse définitivement son activité professionnelle et, d'autre part, qu'il fasse valoir ses droits à la retraite. **50485**
Dans l'hypothèse où le **départ à la retraite et la cessation des fonctions interviennent l'un avant la cession et l'autre après la cession,** il ne doit pas s'écouler un délai supérieur à quarante-huit mois (apprécié de date à date) entre les deux événements (cessation des fonctions et départ à la retraite, ou inversement), sans que le délai écoulé entre chacun d'eux et la cession n'excède vingt-quatre mois (CE 16-10-2019 n° 417364 : RJF 1/20 n° 31 ; BOI-RPPM-PVBMI-20-40-10-40 nos 280 et 300).
Dans le cas où le cédant a fait valoir ses **droits à la retraite entre le 1er janvier 2019 et le 31 décembre 2021** et que ce départ à la retraite précède la cession, dans l'hypothèse où la cession intervient aussi après la cessation des fonctions, il ne doit pas s'écouler un délai supérieur à trente-six mois entre le premier de ces évènements (départ en retraite ou cessation des fonctions) et la cession. Si la cessation des fonctions intervient après la cession, il ne doit pas s'écouler un délai supérieur à soixante-douze mois entre le départ à la retraite et la cessation des fonctions, sans que le délai écoulé entre chacun de ces deux événements et la cession n'excède trente-six mois (BOI-RPPM-PVBMI-20-40-10-40 n° 305).
La **date** à laquelle le dirigeant fait valoir ses **droits à la retraite** s'entend de la date d'entrée en jouissance des droits qu'il a acquis :
– dans le régime obligatoire de retraite de base auprès duquel il était affilié à raison de ses fonctions de direction ;

– ou, s'il n'a été affilié à aucun régime de retraite de base pour cette activité, dans le régime de retraite de base auquel il a été affilié au titre de sa dernière activité professionnelle (CGI ann. II art. 74-0 P).
Le **cédant** peut continuer à exercer une **activité non salariée auprès de la société** dont les titres ou droits sont cédés, en tant que consultant par exemple, ou une activité professionnelle dans une autre société, y compris la société cessionnaire (BOI-RPPM-PVBMI-20-40-10-40 n° 350).
Sur la situation des dirigeants qui **transfèrent leur domicile fiscal hors de France,** voir n° 50960.

50490 **Absence de lien entre cédant et acquéreur** En cas de cession des titres ou droits à une société, le cédant ne doit pas être associé ou actionnaire de l'entreprise cessionnaire (clause anti-abus).
Cette condition doit être respectée à la **date** de la cession et de manière continue au cours des trois années (trente-six mois) suivant la cession (BOI-RPPM-PVBMI-20-40-10-40 n° 480) et non au 31 décembre de l'année au cours de laquelle était intervenue la cession à l'origine de la plus-value imposable à l'impôt sur le revenu (CE 9-10-2015 n° 374492 : RJF 1/16 n° 30). Si cette condition n'est pas respectée au cours de l'une de ces années, l'abattement fixe appliqué sur la plus-value initiale et, le cas échéant, sur le complément de prix, est remis en cause au titre de l'année au cours de laquelle le manquement est constaté.
L'administration indique qu'en cas de **rachat** par la société émettrice **de ses actions,** la condition de non-détention de droits de vote ou de droits dans les bénéfices sociaux de l'entreprise cessionnaire doit être appréciée immédiatement après l'opération et pendant les trois années suivantes (BOI-RPPM-PVBMI-20-40-10-40 n° 485).

50491 Par **tolérance,** l'administration admet toutefois que le dirigeant qui remplit toutes les autres conditions requises peut détenir seul, directement ou indirectement, au maximum **1 %** des droits de vote ou des droits dans les bénéfices sociaux de la société acheteuse à la date de la cession et pendant les trois années qui suivent (BOI-RPPM-PVBMI-20-40-10-40 n° 490).
En pratique, l'abattement dérogatoire est donc applicable aux plus-values réalisées par un dirigeant lorsque le prix de cession versé par la société acheteuse est constitué par des actions ou parts représentant, directement ou indirectement, 1 % au plus des droits de vote ou des droits aux bénéfices sociaux de ladite société.

EXEMPLE

Soit un dirigeant qui cède l'intégralité de sa participation majoritaire dans la société A à une société B pour un prix total de 500 000 €.
Le prix de cession payé par la société B est représenté par :
– du numéraire à hauteur de 350 000 € ;
– des actions de la société B (valeur 150 000 €) représentant 0,5 % du capital (droits de vote et droits aux bénéfices sociaux) de celle-ci.
Dans cette situation, la plus-value réalisée lors de la cession des titres A entre dans le champ d'application du régime de faveur.

CONDITIONS RELATIVES AUX TITRES CÉDÉS

50500 Les cessions à titre onéreux ouvrant droit au bénéfice de cet abattement peuvent être réalisées **directement** par le contribuable (détention des titres ou droits en direct) ou indirectement, par **personne interposée** (par exemple, cession de titres par une société civile holding).
Les titres cédés doivent avoir été **détenus depuis au moins un an** à la date de la cession suivant les modalités de décompte visées au n°s 50395 s.

50510 **Quotité cédée** Pour ouvrir droit à l'abattement fixe, la cession doit en principe porter sur la **totalité** des actions, parts ou droits détenus par le cédant, conformément à l'article 150-0 D ter, II-1° du CGI. Ce texte prévoit toutefois que la cession peut être **partielle** dans deux cas :
– lorsqu'elle porte sur un nombre de titres ou de droits démembrés conférant plus de **50 % des droits de vote** de la société ;
– ou, en cas de la seule détention de l'**usufruit,** sur un nombre de droits démembrés conférant plus de 50 % des droits dans les bénéfices sociaux de la société.
En dehors de ces deux hypothèses, les cessions portant seulement sur une partie des titres ne peuvent pas en principe bénéficier de l'abattement fixe, quand bien même elles permettraient à l'acquéreur d'obtenir le contrôle de la société ou conféreraient un pouvoir de blocage dans les décisions collectives de la société.
Lorsque le cédant détient la **nue-propriété** des titres ou droits, il relève de l'une des deux premières options : cession de l'intégralité de ses titres ou droits ou de plus de 50 % des droits de vote.

EXEMPLE

Pour bénéficier de l'abattement fixe :
– un dirigeant qui détient la pleine propriété des actions de sa société lui conférant 40 % des droits de vote et 30 % des droits dans les bénéfices sociaux doit céder l'intégralité de ses actions ;
– un dirigeant qui détient uniquement la nue-propriété des actions de sa société lui conférant 70 % des droits de vote doit céder la nue-propriété d'un nombre d'actions représentant plus de 50 % des droits de vote ;
– un dirigeant qui détient uniquement l'usufruit des actions de sa société lui conférant 60 % des droits dans les bénéfices sociaux doit céder l'usufruit d'un nombre d'actions représentant plus de 50 % des droits dans les bénéfices sociaux ;
– un dirigeant qui détient en pleine propriété des actions de sa société lui conférant 60 % des droits de vote et des droits dans les bénéfices sociaux de la société doit céder un nombre d'actions représentant plus de 50 % des droits de vote.

Cessions échelonnées dans le temps Permettent d'atteindre le quota requis **plusieurs cessions réalisées à la même date** au profit d'acquéreurs différents ou, lorsque la cessation des fonctions et le départ à la retraite interviennent dans les deux années suivant ou précédant la cession, plusieurs cessions **étalées dans le temps** au profit d'un ou de plusieurs acquéreurs (BOI-RPPM-PVBMI-20-40-10-30 n°s 20 à 80). Dans ce dernier cas, pour déterminer si la condition de cession totale (ou majoritaire) est remplie, l'administration admet de prendre en compte : 50515
– lorsque la **cessation des fonctions et le départ à la retraite** interviennent à la **même date**, les cessions intervenues avant et après le départ à la retraite (ou la cessation de fonctions), sous réserve qu'il ne s'écoule pas un délai supérieur à vingt-quatre mois entre la première et la dernière des cessions prises en compte ;
– lorsque la cessation des fonctions et le départ à la retraite interviennent à des **dates différentes** et qu'il ne s'écoule pas un délai supérieur à vingt-quatre mois entre ces deux événements, les cessions intervenues dans les vingt-quatre mois précédant la cessation de fonctions ou le départ à la retraite (dernier de ces deux événements) et, cumulativement, celles intervenues dans les vingt-quatre mois suivant la cessation de fonctions ou le départ à la retraite (premier de ces événements) à la condition qu'il ne s'écoule pas un délai supérieur à vingt-quatre mois entre la première et la dernière des cessions prises en compte. Lorsqu'un délai compris entre vingt-quatre mois et quarante-huit mois s'écoule entre la cessation de fonctions et le départ à la retraite, ne peuvent être prises en compte, cumulativement, que les seules cessions distantes de moins de deux ans de chacun de ces deux événements.
Lorsque le cédant a fait valoir ses droits à la **retraite entre le 1er janvier 2019 et le 31 décembre 2021** et que ce départ en retraite précède la cession, dans le cas où la cessation des fonctions et le départ à la retraite interviennent à une même date comprise entre le 1er janvier 2019 et le 31 décembre 2021, il est admis, pour l'appréciation de la condition de cession totale (ou majoritaire) des titres, de prendre en compte les cessions intervenues après cette date sous réserve qu'il ne s'écoule pas un délai supérieur à trente-six mois entre ces deux événements et la dernière des cessions (BOI-RPPM-PVBMI-20-40-10-30 n° 45). Lorsque la cessation des fonctions et le départ à la retraite interviennent à des dates différentes et qu'il ne s'écoule pas un délai supérieur à trente-six mois entre le départ à la retraite et la cessation antérieure des fonctions, il est admis de prendre en compte, cumulativement, toute cession intervenue après le départ à la retraite et dans les trente-six mois de la cessation des fonctions. Si la cession des fonctions est postérieure au départ à la retraite, il est admis de prendre en compte, cumulativement, toute cession intervenue dans les trente-six mois suivant le départ à la retraite (BOI-RPPM-PVBMI-20-40-10-30 n° 55).

Titres détenus par l'intermédiaire d'une société interposée Lorsque le dirigeant d'une société détient les titres de cette société par l'intermédiaire d'une **personne interposée** (en général une société de personnes), la condition tenant à la cession totale ou partielle des titres s'apprécie en tenant compte des titres vendus par la personne interposée, à proportion du taux de participation du dirigeant dans celle-ci (BOI-RPPM-PVBMI-20-40-10-30 n° 90). 50520
Les **conditions** tenant au **cédant** s'apprécient au niveau de l'associé personne physique de la personne interposée et non au niveau de ladite personne interposée.

EXEMPLE

Soit le dirigeant d'une société A qui détient 70 % du capital de cette société (droits de vote et droits financiers) :
– directement, à hauteur de 40 % ;
– et par l'intermédiaire d'une personne interposée, à hauteur de 30 % (hypothèse retenue : le dirigeant détient 50 % du capital de la personne interposée qui détient elle-même 60 % du capital de la société A).

Pour bénéficier de l'abattement fixe, ce dirigeant doit céder plus de 50 % des droits de vote de la société A. Pour ce faire, s'il cède l'intégralité des droits de vote qu'il détient directement dans la société A, la personne interposée doit céder plus de 20 % des droits de vote qu'elle détient dans cette même société A (soit indirectement plus de 10 % par le dirigeant concerné). Les autres associés personnes physiques de la personne interposée, non dirigeants de la société A, ne peuvent prétendre au bénéfice de l'abattement fixe.

50521 **Titres pour partie cédés et pour partie apportés à une société soumise à l'IS** Lorsqu'à la même date, les titres ou droits détenus par le contribuable détenant plus de 50 % des droits de vote dans la société cédée sont pour partie cédés, et pour partie apportés à une société soumise à l'impôt sur les sociétés en échange de titres de cette dernière, il est admis, pour l'application des 1° et 5° du II de l'article 150-0 D ter du CGI, de prendre en compte les seuls titres ou droits cédés (dans le respect, pour ces titres ou droits cédés, du 5° du II de l'article 150-0 D ter du CGI), à l'exclusion des titres ou droits apportés. En effet, pour ces derniers, l'apporteur ne se défait pas, indirectement, de sa participation.
Ainsi, le gain net résultant de la seule cession proprement dite peut bénéficier de l'abattement fixe si les titres ou droits cédés, à l'exclusion des titres apportés, représentent plus de 50 % des droits de vote dans cette société ou, en cas de la seule détention de l'usufruit, plus de 50 % des droits dans les bénéfices sociaux de la même société, étant précisé que toutes les conditions prévues à l'article 150-0 D ter du CGI devant par ailleurs être remplies (BOI-RPPM-PVBMI-20-40-10-30 n° 100).

MODALITÉS D'APPLICATION DE L'ABATTEMENT FIXE

50550 L'abattement fixe de 500 000 € est pratiqué sur le **gain net** de cession de titres ou droits démembrés.
Sur les modalités d'application de l'abattement fixe au **complément de prix** perçu par le cédant en application d'une clause de variation de prix : voir n° 37820, précision b.
L'abattement fixe n'est **pas cumulable** avec l'abattement proportionnel de droit commun ou renforcé applicable en cas d'option globale pour le barème progressif. Pour les plus-values de cession de titres acquis avant le 1er janvier 2018, un choix doit donc être opéré lorsque le cédant remplit les conditions d'application de l'abattement fixe et d'un abattement proportionnel.
Toutefois lorsque le dirigeant vend, en une seule fois, **plus de 50 % des droits de vote sans céder l'intégralité de sa participation,** la règle de non-cumul des abattements ne s'applique qu'au gain afférent à cette cession (elle s'applique alors à l'intégralité de ce gain, y compris sa fraction excédant le cas échéant 500 000 €). Le gain réalisé lors d'une éventuelle cession ultérieure est éligible, le cas échéant, à l'abattement proportionnel (BOI-RPPM-PVBMI-20-40-20 n° 130).

50552 L'abattement fixe s'applique pour l'**ensemble des gains** afférents à une **même société** et non par cession (CGI art. 150-0 D ter, I-1), que ces gains soient réalisés la même année ou étalés sur plusieurs années dans le cas de cessions échelonnées (BOI-RPPM-PVBMI-20-40-20 n° 50).
Ainsi, en cas de **cessions échelonnées**, même au cours d'années différentes, le cédant ne bénéficie que d'un seul abattement de 500 000 € pour l'ensemble des cessions (et non d'un nouvel abattement pour chaque cession réalisée). Lorsque l'abattement fixe n'a pas pu être totalement imputé sur la première plus-value, l'excédent peut, le cas échéant, être reporté sur les plus-values constatées ultérieurement.

EXEMPLE

M. T dont la retraite prend effet le 1er décembre N cède 60 % de ses titres en octobre N et le solde en février N + 1. On suppose que les plus-values dégagées par ces cessions s'élèvent respectivement à 400 000 € et à 300 000 €.
La plus-value réalisée en octobre N sera « effacée » par l'abattement fixe, imputé à hauteur de 400 000 €, et ne donnera donc lieu à aucune imposition.
Le reliquat de l'abattement fixe non utilisé en N, soit 100 000 €, s'imputera sur la plus-value réalisée en février N + 1. Celle-ci sera donc ramenée à 200 000 € (300 000 € – 100 000 €).
Les prélèvements sociaux restent en revanche calculés sur le montant total des plus-values (soit 400 000 € au titre de N et 300 000 € au titre de N + 1) avant application de l'abattement.

Si la société dont les titres sont cédés est issue d'une **scission** intervenue **au cours des deux années précédant la cession,** l'abattement fixe s'applique à l'ensemble des gains afférents aux sociétés issues de la scission.
En cas de **cession de titres de plusieurs sociétés,** l'abattement s'applique par société (Rép. Cadic : Sén. 1-9-2016 n° 14869).

50557 **Remise en cause de l'abattement** Lorsque le dirigeant ne respecte pas l'une des **conditions** du dispositif qui doit être remplie pendant un certain **délai** ou au terme d'une certaine **échéance** (nos 50470 s. et 50500 s.), l'abattement est remis en cause au titre de l'année au cours de laquelle cette condition cesse d'être remplie. La plus-value est alors réduite, le cas échéant, de l'abattement proportionnel de droit commun ou renforcé (CGI art. 150-0 D ter, IV).

> **Précisions** En cas de remise en cause, depuis l'imposition des revenus de 2018, de l'abattement pour durée de détention dont a bénéficié avant cette date un dirigeant lors de son départ à la retraite, la plus-value n'est réduite de l'abattement pour durée de détention de droit commun ou renforcé en vigueur au titre de l'année de sa réalisation que si le contribuable exerce l'option pour le barème progressif (Loi 2017-1837 du 30-12-2017 art. 28, VI-H).

3. NON-CUMUL DES DISPOSITIFS D'ABATTEMENTS FIXE ET PROPORTIONNEL

En application du dernier alinéa du 1 de l'article 150-0 D du CGI, l'abattement proportionnel pour durée de détention n'est pas applicable au reliquat du gain net imposable après application de l'abattement fixe prévu au 1 du I de l'article 150-0 D ter du CGI. Ainsi, les dispositifs d'abattements proportionnel et fixe ne peuvent être cumulés au titre d'une même cession. Par suite, si le contribuable entend bénéficier de l'abattement proportionnel, il doit renoncer au bénéfice de l'abattement fixe pour la totalité du gain net de cession réalisé (BOI-RPPM-PVBMI-20-40-20 n° 110). **50560**

Cette clause de non-cumul trouve également à s'appliquer s'agissant de compléments de prix perçus depuis le 1er janvier 2018 et afférents à une cession réalisée avant cette date sous le bénéfice de l'abattement fixe prévu à l'article 150-0 D ter du CGI dans sa rédaction en vigueur jusqu'au 31 décembre 2017 (BOI-RPPM-PVBMI-20-40-10-10 n° 60).

III. MODALITÉS D'IMPOSITION DES PLUS-VALUES

La plus-value imposable est établie sur la base de la **totalité des opérations** réalisées par le contribuable et les membres de son foyer fiscal. **50600**

Les cessions effectuées dans le cadre d'une **indivision** (indivision successorale, par exemple) sont réparties entre les indivisaires et la plus-value est, le cas échéant, taxée entre les mains de chacun d'eux.

A. Année d'imposition des plus-values

Le fait générateur de l'imposition est constitué par le **transfert de propriété** des droits sociaux. **50605**

L'imposition de la plus-value est donc établie au titre de l'année au cours de laquelle la cession est intervenue. Il en est ainsi quelles que soient les modalités retenues pour acquitter le prix et même si celui-ci est payable par fractions échelonnées au cours des années suivantes. Les événements postérieurs au transfert de propriété sont sans incidence sur l'accord des parties au moment de la vente (CAA Bordeaux 25-4-2013 n° 11BX03390 : RJF 10/13 n° 935), par exemple en ce qui concerne la valeur des titres (pour une déclaration de don manuel postérieure à la cession, voir n° 50225, précision d).

Sur la **date** à laquelle le transfert de propriété est opéré, voir nos 75000 s.

En ce qui concerne :

– la taxation des plus-values latentes lors du **transfert du domicile fiscal à l'étranger** (ou exit tax), voir nos 50950 s. ;

– les plus-values faisant l'objet d'un **report** ou d'un **sursis d'imposition,** voir nos 50800 s.

CESSION SOUS CONDITION

Comme tout contrat, la cession de parts ou d'actions peut être assortie de conditions particulières. **50610**

Ainsi, les parties peuvent valablement subordonner la réalisation de la cession à un événement futur et incertain (condition suspensive) ou, plus rarement en pratique, convenir que cette cession sera rétroactivement résolue en cas de survenance – ou de non-survenance, selon le libellé de la clause – d'un événement futur et incertain (condition résolutoire).

Une **condition résolutoire** n'a pas d'incidence sur le fait générateur de la plus-value qui reste imposable dès l'année de cession. La résolution ultérieure de la vente par suite de la réalisation de la condition autorise seulement le cédant à demander un dégrèvement de l'imposition initiale : voir n° 50616.

Au contraire, si la cession comporte une **condition suspensive,** la cession ne devient effective qu'à la date de réalisation de cette condition et la plus-value ne peut pas être imposée avant cette date : voir n° 55305.

DATE ET MODALITÉS DE PAIEMENT DU PRIX

50615 La date et les modalités de paiement du prix n'ont pas d'incidence sur le fait générateur de l'imposition : la plus-value réalisée est imposable au titre de l'année au cours de laquelle la cession intervient, même si le prix n'est pas effectivement ou totalement payé.

ILLUSTRATIONS

Le **paiement** du prix par **fractions échelonnées** sur plusieurs années ou sous forme de **rente viagère** ne permet pas au cédant de se soustraire à la taxation immédiate de la plus-value.
BOI-RPPM-PVBMI-30-10-10 nos 10 et 20.

Le fait que le cédant ait consenti un **délai de paiement** à l'acquéreur des titres est sans incidence sur la date de réalisation de la cession.
CE 4-5-1979 n° 8913 : RJF 6/79 n° 359.

Sont sans influence sur la date de cession de titres l'octroi par le cédant de **garanties du passif** ou le **blocage temporaire d'une partie du prix de vente** sur un compte pour garantir l'exécution éventuelle de la clause de garantie.
CE 22-3-1991 n° 67966 : RJF 5/91 n° 615.

Est sans incidence sur le fait générateur de l'imposition la circonstance qu'une partie des **actions** reçues en rémunération d'un apport ont été **mises sous séquestre** auprès d'une banque pour garantir la bonne gestion du cédant demeuré dirigeant de la société dont il a cédé des actions.
CE 30-6-1976 nos 92674 et 93186 : RJF 9/76 n° 397.

La plus-value est imposable au titre de l'année au cours de laquelle la cession de titres peut être regardée comme parfaite, la circonstance que la vente a fait l'objet d'un **contentieux** ultérieur entre le vendeur et l'acheteur qui n'en a **pas réglé le prix** étant, à cet égard, sans incidence.
CAA Paris 16-10-2001 n° 98-1674, Vendrand , CE (na) 6-9-2002 n° 241265 : RJF 12/02 n° 1386.

La seule circonstance que le liquidateur judiciaire de la société ayant acquis les parts sociales vendues par le requérant ait **contesté** auprès du tribunal de commerce les **conditions de la vente** et la validité des **créances restées impayées** n'est pas opposable à l'administration fiscale qui a, à bon droit, établi l'imposition sur la base du montant de la plus-value déterminé à la date de la cession.
CAA Marseille 23-10-2000 n° 97-618 : RJF 12/01 n° 1532.

La plus-value imposable étant calculée à la date de la cession, l'**absence de paiement du prix** ou même la **résiliation de la vente** ne sont pas opposables à l'administration lorsqu'elles interviennent après la réalisation de la cession.
CAA Paris 13-3-1997 n° 95-1240 : RJF 1/98 n° 44.

Est sans incidence sur l'imposition de la plus-value au titre de l'année du transfert de propriété des titres le fait que les **modalités de paiement du prix** de la vente ont été **revues** l'année suivante et que la **vente** elle-même aurait été ultérieurement **annulée.**
CE 25-6-2003 n° 238033 : RJF 10/03 n° 1105.

50616 Que peut faire le cédant immédiatement imposé sur la plus-value réalisée si, par la suite, il n'obtient pas le paiement des sommes qui lui sont dues ? Et en cas d'annulation ou de résolution de la vente ? Dans le silence de la loi, l'administration a adopté la solution la plus équitable et la moins compliquée techniquement pour le contribuable.

Dans le cas des **ventes annulées, résolues ou rescindées,** elle permet au cédant d'obtenir, sur réclamation, une restitution partielle ou totale des droits indûment versés. La **demande de dégrèvement** de l'imposition initialement établie peut être présentée dans un délai dont le point de départ est constitué par la date de l'annulation, de la rescision ou de la résolution de la vente, et qui expire le 31 décembre de la deuxième année suivante (BOI-RPPM-PVBMI-30-10-10 n° 70). Le Conseil d'État apporte la précision suivante : en cas de résolution de la vente, c'est sur le terrain de la doctrine administrative énoncée au BOI-RPPM-PVBMI-30-10-10 n° 70 que le cédant peut obtenir la restitution de l'impôt sur la plus-value initialement acquitté et non sur le terrain de la loi fiscale (la résolution étant sans incidence sur le bien-fondé de l'imposition initiale) (CE 9-9-2020 n° 433821 : RJF 12/20 n° 1004).

En cas d'**impayé,** l'administration permet aussi au vendeur d'obtenir, par voie de réclamation, le dégrèvement de l'imposition initiale lorsqu'il a effectué toutes les démarches nécessaires pour obtenir de son débiteur les sommes qui lui sont dues et si celles-ci s'avèrent définitivement et irrévocablement impayées, ou lorsque l'acte est révisé en conséquence (Déb. Sén. 24-11-2001 p. 5435). Bien qu'elle ne soit pas reprise dans la base Bofip, cette solution nous paraît conserver sa valeur. Le vendeur impayé pourra cependant éviter toute difficulté en exerçant une action en annulation ou en résolution de la cession afin de pouvoir se prévaloir, dans un deuxième temps, de la doctrine administrative énoncée au BOI-RPPM-PVBMI-30-10-10 n° 70 autorisant la restitution partielle ou totale des droits indûment versés.

Pour le cas où une clause de **garantie de passif ou d'actif net** ou de **révision de prix** est mise en œuvre, voir n°s 68000 s. Sur le fait générateur et l'année de cession en cas de cession d'actions comportant une **clause de variation de prix,** voir n°s 37800 s.

CRÉDIT-VENDEUR

Le cédant peut demander un **étalement du paiement de l'impôt** sur le revenu afférent aux gains nets de cession à titre onéreux de droits sociaux lorsqu'il accepte un paiement différé ou échelonné du prix de cession de la majorité du capital d'une société répondant à la définition européenne des **petites entreprises** (moins de 50 salariés et chiffre d'affaires annuel ou total du bilan annuel n'excédant pas 10 M€) qu'il ne contrôle pas au sens visé n° 50810 à l'issue de la cession (CGI art. 1681 F, I bis). 50617

Le paiement de l'impôt sur le revenu peut être **étalé jusqu'au 31 décembre de la cinquième année** qui suit celle de la cession, sans toutefois pouvoir excéder la durée prévue pour le paiement total du prix de cession. Le bénéfice de la mesure est subordonné au respect de la réglementation de minimis.

B. Calcul de l'impôt sur les plus-values

IMPÔT SUR LE REVENU

Règles générales Les gains nets de cession de valeurs mobilières et droits sociaux sont soumis de plein droit au prélèvement forfaitaire unique (**PFU**) au **taux de 12,8 %** ou, sur option du contribuable, au **barème progressif** de l'impôt sur le revenu. 50650

En ce qui concerne les gains réalisés :

– lors du retrait d'un **PEA,** voir n°s 50092 s. ;

– lors de la cession de titres par des **non-résidents,** voir n°s 51350 s. ;

– lors de la cession de titres souscrits en exercice de bons de souscription de parts de créateurs d'entreprises (BSPCE), voir n° 51155.

La **contribution exceptionnelle sur les hauts revenus** (de 3 % ou 4 % selon le revenu fiscal de référence) est applicable, ce qui a pour effet de majorer le taux d'imposition pour les contribuables les plus aisés.

Il est rappelé par ailleurs que les revenus mobiliers et les plus-values de cession de titres sont exclus du champ d'application du **prélèvement à la source** de l'impôt sur le revenu.

Les plus-values importantes, c'est-à-dire celles dont le montant net, après application des abattements pour durée de détention, dépasse la moyenne des revenus nets d'après lesquels le contribuable a été imposé au titre des trois dernières années, peuvent bénéficier du **système du quotient** prévu à l'article 163-0 A du CGI (ce système ne s'applique qu'aux plus-values imposées d'après le barème progressif de l'impôt sur le revenu). 50651

Le système du quotient, destiné à atténuer la progressivité de l'impôt, consiste à calculer l'impôt correspondant au revenu exceptionnel en ajoutant le quart de ce revenu au revenu net global courant, puis en multipliant par quatre la cotisation supplémentaire ainsi obtenue.

L'administration réserve le bénéfice du quotient aux **cessions ponctuelles** de titres, qu'elles soient effectuées ou non dans le cadre de la gestion d'un portefeuille de valeurs mobilières. La condition tenant au **montant exceptionnel** de la plus-value réalisée est appréciée en tenant compte du montant de ce gain après déduction, le cas échéant, des abattements pour durée de détention prévus aux articles 150-0 D et 150-0 D ter du CGI (Rép. Frassa : Sén. 9-6-2016 n° 17498).

Option globale pour le barème progressif Par dérogation à l'application du PFU, les plus-values et autres gains entrant dans son champ d'application peuvent, sur **option expresse et irrévocable** du contribuable, être soumis au barème progressif de l'impôt sur le revenu. L'option est globale et porte sur l'ensemble des revenus, gains nets, profits et créances entrant dans le champ d'application du PFU. Elle est, en principe, exercée chaque année lors du dépôt de la **déclaration de revenus.** Dans le cadre de la déclaration en ligne, si le contribuable n'a pas spontanément opté pour l'imposition au barème progressif, un calcul est automatiquement réalisé en simulant l'option et un message l'invite explicitement à opter si l'option s'avère plus favorable (Rép. Rabault : AN 25-2-2020 n° 24560). 50652

Il n'est **pas possible de combiner,** au titre d'une même année, l'imposition selon le barème progressif pour certains revenus ou gains et l'imposition au PFU pour d'autres.

> **Précisions** Les plus-values et autres gains sont retenus pour leur **montant net.** L'imposition selon le barème progressif permet l'application des **abattements pour durée de détention** proportionnels sur les plus-values de cession de titres acquis avant le 1er janvier 2018 (nos 50375 s. et 50410 s.) ainsi que la déduction d'une fraction de la **CSG** (n° 50665). L'option peut s'avérer plus favorable dans certaines hypothèses, ainsi que le montre le tableau ci-dessous (ces données ne prennent pas en compte la CSG déductible) :

	PFU	Barème progressif (taux marginal)				
		0 %	11 %	30 %	41 %	45 %
Abattement de 50 %	12,8 %	0 %	5,5 %	15 %	20,5 %	22,5 %
Abattement de 65 %	12,8 %	0 %	3,85 %	10,5 %	14,35 %	15,75 %
Abattement de 85 %	12,8 %	0 %	1,65 %	4,5 %	6,15 %	6,75 %

PRÉLÈVEMENTS SOCIAUX

50660 **Assiette des prélèvements sociaux** Les gains nets de cession de titres ou droits sont soumis aux prélèvements sociaux (taux global 17,2 %) au titre des revenus du patrimoine (CSG, CRDS, prélèvement de solidarité).

Ces prélèvements sont calculés **avant application,** le cas échéant, de l'**abattement fixe** de 500 000 € ou des **abattements proportionnels pour durée de détention** (de droit commun ou renforcé).

En ce qui concerne le taux applicable aux **plus-values d'apport de titres en report d'imposition obligatoire** visé à l'article 150-0 B ter, I du CGI, voir n° 50812.

50665 **Déductibilité de la CSG** La CSG sur les revenus du patrimoine imposables au barème progressif (à l'exception des plus-values soumises au PFU et de celles soumises à l'exit tax) est **déductible**, en principe, **à hauteur de 6,8 %** du revenu global imposable de l'année de son paiement, le surplus, soit 2,4 % n'étant pas déductible (CGI art. 154 quinquies, II).

Toutefois, la fraction déductible de la CSG sur les plus-values de cession de titres réalisées par les **dirigeants de PME prenant leur retraite** bénéficiant de l'abattement fixe (n° 50460) ainsi que les plus-values de cession de **titres de PME de moins de dix ans** souscrits ou acquis avant 2018 bénéficiant de l'abattement renforcé (n° 50410) est limitée : la CSG est déductible à hauteur du rapport entre le montant du revenu soumis à l'impôt sur le revenu et le montant de ce revenu soumis à la CSG. Cette règle est destinée à éviter que la CSG déductible ne puisse excéder le montant de la plus-value imposable.

C. Obligations déclaratives et contrôle

50700 Les plus-values de cession de parts ou d'actions doivent être déclarées et l'administration fiscale peut contrôler les déclarations souscrites à ce titre.

OBLIGATIONS DÉCLARATIVES DES CONTRIBUABLES

50710 Les contribuables qui réalisent des cessions de titres imposables en application de l'article 150-0 A du CGI doivent se conformer aux obligations déclaratives codifiées aux articles 74-0 F et suivants de l'annexe II au CGI.

Ils doivent se procurer et produire, avec leur déclaration d'ensemble de revenus n° 2042, une **déclaration spéciale n° 2074** et, le cas échéant, une annexe n° 2074-I « déclaration des plus-values en report d'imposition ». Une seule déclaration suffit pour l'ensemble des opérations réalisées par les membres du foyer fiscal. Elle fait apparaître le montant global des cessions et le montant de la plus-value imposable (ou de la moins-value) assorti des éléments nécessaires à sa détermination.

La déclaration doit être souscrite même si les opérations se soldent par une **moins-value.**

Les plus ou moins-values **partiellement ou totalement effacées par l'abattement** fixe ou l'abattement pour durée de détention doivent figurer sur la déclaration spéciale n° 2074, au même titre que l'ensemble des opérations mentionnées à l'article 150-0 A du CGI.

La déclaration n° 2074 et son annexe n° 2074-ABT doivent en outre indiquer, le cas échéant, les **éléments** nécessaires à la détermination de l'abattement pour durée de détention (en ce sens, CGI ann. II art. 74-0 F, c), soit :

– la durée de détention des titres cédés par catégorie d'abattements applicables (abattement de droit commun ou abattement renforcé), ainsi que le taux et le montant des abattements appliqués ;

– le montant du gain net de cession avant application des abattements, le montant des abattements, ainsi que le montant du gain net après application de ces abattements.
Les montants de la plus ou moins-value et de l'abattement doivent ensuite être **reportés** sur la **déclaration annuelle** des revenus **n° 2042** du contribuable.

> **Précisions a.** En cas d'échange de titres, la plus-value en **sursis d'imposition** (nos 50805 s.) n'a pas à être déclarée.
> **b.** Un **état de suivi des plus-values en report** d'imposition (nos 50810 s. et nos 50830 s.) doit être souscrit au titre de l'année où un événement affecte le report d'imposition (expiration du report, nouvel échange des titres).
> **c.** Une **fiche d'imputation n° 2074-CMV entre plus-values et moins-values** et de suivi des moins-values antérieures peut être souscrite par les contribuables dispensés de souscrire une déclaration n° 2074.
> **d.** En ce qui concerne les modalités particulières de déclaration des plus-values réalisées par les **non-résidents,** voir nos 51371 s.

Le contribuable doit par ailleurs être en mesure de **produire,** sur demande de l'administration, tous les **documents** lui permettant de justifier du respect des conditions d'application de l'abattement pour durée de détention, tels que les documents justificatifs de la durée de détention des titres et les pièces fournies par son régime de retraite sur lesquelles figure la date d'entrée en jouissance de la pension de retraite (BOI-RPPM-PVBMI-40-10-10 n° 70). **50711**

Une **dispense de déclaration** est prévue pour les contribuables dont toutes les opérations imposables ont été réalisées dans le cadre de comptes ouverts auprès d'**intermédiaires financiers** habilités qui déterminent directement le montant des plus ou moins-values à déclarer, sauf s'ils bénéficient de l'**abattement** pour durée de détention **fixe ou renforcé** ou ont bénéficié de la **réduction d'impôt** visée au n° 50213 au titre de la souscription des titres cédés (BOI-RPPM-PVBMI-40-10-10 nos 30 et 60) : les intéressés peuvent se contenter de joindre à leur déclaration globale de revenus un document établi par l'intermédiaire, faisant ressortir les mêmes éléments que la déclaration n° 2074. **50712**

OBLIGATIONS DES PERSONNES INTERPOSÉES

Les sociétés ou groupements qui réalisent en tant que personnes interposées des cessions de titres relevant de l'article 150-0 A du CGI sont tenus de souscrire, outre une déclaration d'existence, la déclaration n° 2074 et son annexe spécifique n° 2075 indiquant l'identité des associés et la répartition entre eux des profits réalisés, ainsi que la déclaration « IFU » (imprimé fiscal unique nos 2561, 2561 bis et 2561 ter) (CGI ann. II art. 74-0 I). **50715**

OBLIGATIONS DES INTERMÉDIAIRES FINANCIERS

Les prestataires de services d'investissement et les établissements de crédit ou organismes habilités à détenir et à négocier des valeurs mobilières pour le compte de particuliers doivent déclarer à l'administration fiscale avant le 16 février de chaque année, au moyen d'une **déclaration** spécifique (déclaration « **IFU** »), le montant total, compte non tenu des frais, des cessions effectuées par chacun de leurs clients au cours de l'année précédente (CGI ann. II art. 74-0 J). **50720**

MESURES DE CONTRÔLE

L'administration peut adresser au contribuable une **demande de justification** des éléments servant de base à la détermination des gains nets de cession (LPF art. L 16). À défaut de réponse ou en cas de réponse insuffisante, les éléments d'imposition peuvent, après notification d'une mise en demeure, être évalués d'office par l'administration (LPF art. L 73, 4°). **50725**
Le **défaut** (ou le retard) **de souscription de la déclaration spéciale n° 2074** est susceptible d'entraîner une taxation d'office (LPF art. L 66). Il en est ainsi même si l'application des abattements conduit à l'absence d'impôt (CAA Paris 13-2-2014 n° 12PA03582 : RJF 6/14 n° 570).

D. Plus-values faisant l'objet d'un différé d'imposition

Lorsque la cession (ou encore le rachat, le remboursement ou l'annulation) des titres met fin à un **sursis** ou à un **report d'imposition,** la plus-value dont l'imposition a été reportée doit être déclarée au titre de l'année au cours de laquelle le différé d'imposition expire. **50800**

Le **droit de contrôle** de l'administration peut porter sur tous les stades des opérations (échange, cession des titres remis en échange). **50801**

ILLUSTRATIONS

L'**insuffisance** de la plus-value déclarée lors de l'année de l'échange des titres pour laquelle le contribuable a bénéficié d'un report d'imposition ne peut faire obstacle à ce que l'administration, lors de l'intervention de l'événement mettant fin au report, soumette à l'impôt la fraction de la plus-value non déclarée par le contribuable (CE 28-3-2012 n° 323412 : RJF 6/12 n° 602).
Le contribuable ne peut pas se prévaloir de l'**absence de remise en cause,** par l'administration, du **report** d'imposition de ses plus-values d'apport dont il ne respectait pas les conditions pour échapper à l'imposition de ses plus-values d'apport lors de la cession des titres reçus en échange (CE 30-7-2010 n° 317425 : RJF 11/10 n° 996).

ÉCHANGE DE TITRES BÉNÉFICIANT D'UN SURSIS D'IMPOSITION

50805 Un dispositif de sursis d'imposition, prévu à l'article 150-0 B du CGI, s'applique automatiquement aux plus-values résultant de certaines opérations d'échange de titres réalisées **depuis le 1er janvier 2000** à l'occasion :
– d'un **apport de titres** à une société soumise à l'IS (c'est-à-dire, selon l'administration, à une société qui entre, de plein droit ou sur option, dans le champ d'application de cet impôt sans en être exonérée de façon permanente par une disposition particulière), à condition que la société ne soit pas contrôlée par l'apporteur (dans le cas contraire, la plus-value fait l'objet d'un report d'imposition : voir nos 50810 s.) ;
– d'une opération d'**offre publique,** de **fusion,** de **scission,** ou d'**absorption d'un FCP par une Sicav** ;
– d'opérations de **conversion,** de **division** ou de **regroupement.**
Dans le cadre du sursis, la **plus-value** ou **la moins-value** d'échange n'est ni constatée ni imposée (ou imputée) l'année de l'échange. Elle n'est **prise en compte** que lors de la cession ultérieure (ou encore le rachat, le remboursement ou l'annulation) des titres reçus en échange : la plus-value réalisée à cette date est **calculée** à partir du prix (ou de la valeur) d'acquisition originelle des titres remis à l'échange ; elle peut, le cas échéant, bénéficier de l'abattement pour durée de détention dans les conditions exposées aux nos 50370 s. En cas d'échange avec soulte, voir n° 50806.
Le sursis d'imposition est applicable aux **opérations effectuées hors de France** sous réserve que l'État dans lequel l'opération se déroule (ou, sauf pour les apports, l'État dans lequel le dépositaire des titres est établi) soit un État de l'Union européenne ou un État ayant conclu avec la France une convention fiscale contenant une clause d'assistance administrative en vue de lutter contre la fraude et l'évasion fiscales.
La plus-value en sursis est définitivement exonérée en cas de **transmission à titre gratuit** des titres reçus en échange (sauf s'il s'agit de dons ouvrant droit à la réduction IFI-dons).
En cas de **transfert du domicile fiscal hors de France,** les plus-values latentes sont imposables (nos 50950 s.).

> **Précisions** **a.** Lorsqu'un contribuable a procédé à un **apport de titres** à une société passible de l'IS, l'administration considère que le **changement de régime fiscal de la société bénéficiaire** de l'apport (passage au régime fiscal des sociétés de personnes) met fin au sursis d'imposition (BOI-RPPM-PVBMI-30-10-20-20 n° 230).
> **b.** Les plus-values d'échanges réalisées **avant 2000** ont pu bénéficier d'un **report d'imposition** (voir n° 50835).

50806 En cas d'**échange avec soulte,** le sursis d'imposition est subordonné à la condition que le **montant** de la soulte reçue par le contribuable (lequel comprend, le cas échéant, le complément de prix perçu en numéraire) **n'excède pas** 10 % de la valeur nominale des titres reçus. Dans le cas contraire, la plus-value d'échange est imposable immédiatement (ou la moins-value imputable dans les conditions de droit commun).
Lorsque la condition tenant à l'importance de la soulte est remplie (soulte n'excédant pas 10 % de la valeur nominale des titres), le sursis est en principe applicable. Toutefois, pour les opérations d'échange intervenues depuis le 1er janvier 2017, la plus-value correspondant à la soulte reçue est imposée immédiatement, au titre de l'**année de l'échange,** dans les conditions de droit commun (pour les opérations réalisées avant cette date, le sursis d'imposition s'applique à l'intégralité de la plus-value).
Lorsque la plus-value d'échange est inférieure à la soulte reçue, la totalité de la plus-value réalisée fait l'objet d'une imposition immédiate. Dans ce cas, le sursis ne trouve donc pas, en pratique, à s'appliquer (BOI-RPPM-PVBMI-30-10-20-20 n° 40).

En cas de **cession ultérieure des titres** (ou de rachat, d'annulation ou de remboursement), le gain net est calculé à partir du prix (ou de la valeur) d'acquisition des titres remis à l'échange, diminué du montant de la soulte reçue qui n'a pas fait l'objet d'une imposition au titre de l'année de l'échange, ou majoré de la soulte versée lors de cet échange.

EXEMPLE

En 2012, M. X a acquis 1 000 actions de la société A pour une valeur de 470 000 €.
En 2018, il apporte ces titres à la société B (opération n'entrant pas dans le champ d'application de l'article 150-0 B ter du CGI) pour une valeur d'apport de 500 000 €. Il reçoit à cette occasion 1 000 actions de la société B pour une valeur de 460 000 € (correspondant au nominal) et une soulte de 40 000 €.
En 2022, il revend ces titres au prix de 700 000 €.
Année de l'échange (2018)
Plus-value brute d'apport : 500 000 € – 470 000 € = 30 000 €.
La soulte reçue étant égale à 8,70 % du nominal (40 000/460 000), M. X bénéficie en principe du sursis d'imposition. Toutefois, la plus-value d'échange étant inférieure au montant de la soulte, l'intégralité de la plus-value est imposée immédiatement (soit 30 000 €) dans les conditions de droit commun (après imputation des moins-values disponibles puis, le cas échéant, de l'abattement pour durée de détention si M. X opte pour le barème progressif). Aucune plus-value n'est donc placée en sursis. Une partie de la soulte (10 000 €) n'est pas imposée.
Année de la cession (2022)
Prix de cession : 700 000 €
Prix d'acquisition : 470 000 € – 10 000 € (partie de la soulte qui n'a pas fait l'objet d'une imposition en 2018) = 460 000 €.
Plus-value de cession : 700 000 € – 460 000 € = 240 000 €

REPORT D'IMPOSITION EN CAS D'APPORT-CESSION DE TITRES

Opérations concernées Les plus-values réalisées depuis le 14 novembre 2012, directement ou par personne interposée, à l'occasion d'un **apport de titres à une société contrôlée par l'apporteur** sont exclues du sursis d'imposition prévu à l'article 150-0 B du CGI (n° 50805) et sont soumises à un régime de report d'imposition de plein droit (CGI art. 150-0 B ter). Ce dispositif vise à encadrer les opérations d'apport-cession de titres qui bénéficiaient auparavant du sursis d'imposition et qui avaient parfois été utilisées à des fins d'optimisation fiscale jugées abusives par le Conseil d'État. **50810**

L'**apport** doit être réalisé en France, dans un État membre de l'Union européenne ou un État ou territoire ayant conclu avec la France une convention fiscale contenant une clause d'assistance administrative en vue de lutter contre la fraude et l'évasion fiscales, à une société soumise à l'impôt sur les sociétés (ou à un impôt équivalent). À défaut, la plus-value d'apport est immédiatement imposable (le régime du sursis visé au n° 50805 étant soumis aux mêmes conditions).

La **société bénéficiaire** de l'apport doit être **contrôlée** par le contribuable (dans le cas contraire, l'apport est soumis au régime du sursis visé au n° 50805). Cette condition est appréciée à la date de l'apport (ou de la donation dans le cas visé au n° 50818), en tenant compte des droits détenus par le contribuable à l'issue de celui-ci.

La **plus-value** d'apport réalisée est alors **calculée** et déclarée lors de sa réalisation mais son **imposition** est reportée au moment où s'opère l'un des événements visés au n° 50811. Sur les modalités d'imposition, voir n° 50812.

› Précisions a. Un contribuable est **considéré comme contrôlant une société** :
– lorsqu'il détient directement ou indirectement, ou par l'intermédiaire de son groupe familial, la majorité des droits de vote ou des droits dans les bénéfices sociaux de la société.
Le groupe familial est constitué de son conjoint (ou partenaire lié par un Pacs), de leurs ascendants et descendants, et de leurs frères et sœurs ;
– lorsqu'il dispose seul de la majorité des droits de vote ou des droits dans les bénéfices sociaux de cette société en vertu d'un accord conclu avec d'autres associés ou actionnaires ;
– lorsqu'il y exerce en fait le pouvoir de décision.
Le contribuable est **présumé exercer ce contrôle** (présomption simple) lorsqu'il dispose directement ou indirectement d'au moins un tiers des droits de vote ou des droits dans les bénéfices sociaux et qu'aucun associé ou actionnaire ne détient directement ou indirectement une participation supérieure à la sienne.
Par ailleurs, le contribuable et une ou plusieurs personnes agissant de concert sont considérés comme **contrôlant conjointement** une société lorsqu'ils déterminent en fait les décisions prises en assemblée générale.
b. En cas d'**apport avec soulte,** le report d'imposition est subordonné à la condition que la soulte n'excède pas 10 % de la valeur nominale des titres reçus. Toutefois, la plus-value

est à concurrence du montant de cette soulte imposée immédiatement au titre de l'année de l'apport. Voir à cet égard les précisions données à propos du sursis d'imposition nº 50806.

c. Les **titres reçus en rémunération** de l'apport doivent être des valeurs mobilières ou des droits sociaux représentatifs d'une quotité du capital de la société bénéficiaire de l'apport, ou des valeurs mobilières donnant droit à l'attribution de titres représentant une quotité du capital de cette même société (**obligations convertibles,** échangeables ou remboursables **en actions**) (BOI-RPPM-PVBMI-30-10-60-10 nº 20).

d. Les plus-values réalisées par l'intermédiaire d'une **fiducie** sont éligibles au mécanisme de report d'imposition (BOI-RPPM-PVBMI-30-10-60-10 nº 40).

50811 **Fin du report d'imposition** Le report d'imposition prend fin :

– lors de la **cession à titre onéreux,** du rachat, du remboursement ou de l'annulation des **titres reçus** en rémunération de l'apport, ou des parts ou droits dans les sociétés ou groupements interposés ;

– lors de la cession à titre onéreux, du rachat, du remboursement ou de l'annulation des **titres apportés** à la société bénéficiaire dans un délai de trois ans à compter de l'apport, sauf si cette société s'engage à réinvestir le produit de la cession dans une activité économique dans les conditions précisées aux nºs 50813 s. ;

– lorsque le contribuable **transfère son domicile fiscal hors de France** dans les conditions prévues à l'article 167 bis du CGI (exit tax : nºs 50950 s.) avant les événements visés aux deux alinéas précédents.

> **Précisions a.** Il n'est mis fin au report d'imposition qu'**à proportion des titres cédés** à titre onéreux, rachetés, remboursés ou annulés.

b. Lorsque les **titres reçus en rémunération de l'apport** (ou les titres des groupements ou sociétés interposés) font eux-mêmes l'objet d'un **apport ultérieur** placé sous le régime du sursis d'imposition (CGI art. 150-0 B : nº 50805) ou sous le régime du report d'imposition (CGI art. 150-0 B ter : nº 50810), le report initial est maintenu de plein droit quel que soit le nombre d'échanges successifs.

c. L'apport à une société contrôlée au sens de l'article 150-0 B ter du CGI ne met pas fin aux **reports d'imposition optionnels** visés aux nºs 37831, 50830 et 50835. Il est mis fin à ces reports lors de la survenance d'un événement mettant fin au report d'imposition de plein droit, ou en cas de transmission des titres reçus en rémunération de l'apport (ou des titres reçus en cas d'échanges successifs) dans les conditions prévues par certains de ces dispositifs de report optionnels.

d. En cas de cession (rachat, remboursement ou annulation) des titres apportés dans les trois ans de l'apport, la société bénéficiaire de l'apport mentionne sur une **attestation annexée à sa déclaration de résultat** les informations relatives à l'événement en cause, accompagnée le cas échéant d'un **engagement de remploi.** Le remploi ultérieur ou l'absence de remploi font également l'objet d'une attestation jointe à la déclaration de la société. Une copie de ces attestations est transmise au contribuable ayant réalisé l'apport (CGI ann. III art. 41 quatervicies A).

50812 Les plus-values placées en report d'imposition de plein droit ne sont **imposées effectivement** qu'au titre de l'année au cours de laquelle intervient un des événements mettant fin au report (voir nº 50811). Cependant, les **règles d'assiette et de taux** applicables aux plus-values à l'expiration du report sont celles en vigueur lors de l'apport. Les conditions d'application de l'**abattement pour durée de détention** sont appréciées à la date de l'apport, au regard des titres ou droits apportés, et le décompte de la durée de détention est arrêté à cette même date.

Le **taux d'imposition** applicable aux plus-values placées en **report depuis le 1er janvier 2018** est, en principe, égal à 12,8 %. Toutefois, lorsque l'option globale pour le barème progressif est exercée, un taux spécifique d'imposition s'applique, déterminé comme suit (CGI art. 200 A, 2 ter-a) :

[Impôt théorique (barème progressif de l'IR au titre de l'année du report) calculé sur la somme des PV en report et des revenus imposés – impôt dû (au titre de la même année)] / PV en report

IR = impôt sur le revenu ; PV = plus-values (étant précisé qu'elles sont réduites, le cas échéant, de l'abattement pour durée de détention proportionnel de droit commun ou renforcé, sous réserve que les titres apportés aient été acquis avant le 1er janvier 2018 et que l'option pour le barème progressif ait été exercée au titre de l'année de réalisation de l'apport : voir nºs 50380 s. et 50410 s.).

Le taux d'imposition applicable aux plus-values placées en report d'imposition **entre le 1er janvier 2013 et le 31 décembre 2017** est déterminé suivant la même formule que celle du taux spécifique mentionné ci-dessus (les plus-values étant réduites, le cas échéant, de l'abattement de droit commun ou renforcé en vigueur jusqu'au 31 décembre 2017).

Pour les plus-values placées en report d'imposition **entre le 14 novembre et le 31 décembre 2012,** l'abattement pour durée de détention n'est pas applicable à l'expiration du report. Ces plus-values sont imposées selon les règles d'assiette et au taux de 24 % (ou, sur option du contribuable et sous réserve de respecter certaines conditions, au taux de 19 %) en vigueur en 2012.
En ce qui concerne toutefois l'application de l'abattement pour durée de détention aux opérations d'échange entrant dans le champ de la **directive « fusions »,** voir n° 50382.
Concernant les **prélèvements sociaux,** les plus-values placées en report d'imposition sont soumises aux prélèvements sociaux selon les taux en vigueur l'**année de réalisation de ces plus-values.**

> **Précisions a.** En présence de **moins-values** imputables sur la plus-value dont le report expire, l'abattement pour durée de détention ne peut, le cas échéant, être appliqué qu'au reliquat de plus-value subsistant après imputation de ces moins-values (BOI-RPPM-PVBMI-30-10-60-20 n° 330).
b. Les plus-values placées en report auxquelles l'article 244 bis B du CGI est applicable (**participations supérieures à 25 %** réalisées par des **personnes domiciliées fiscalement hors de France** : n°s 51360 s.) sont soumises au taux prévu à cet article dans sa rédaction applicable à la date de l'apport.

Exception en cas de réinvestissement économique La cession des titres apportés par la société bénéficiaire dans les trois ans de l'apport ne met fin pas fin au report d'imposition lorsque la société s'engage à réinvestir, dans un délai de deux ans à compter de la cession, au moins **60 %** du produit de la cession dans : 50813
– le **financement de moyens permanents d'exploitation** affectés à son activité commerciale au sens de l'article 34 ou 35 du CGI, industrielle, artisanale, libérale, agricole ou financière. Les activités de gestion de son propre patrimoine mobilier ou immobilier sont exclues du bénéfice de cette dérogation ;
– l'**acquisition d'une fraction du capital** d'une ou de plusieurs sociétés exerçant une telle activité et répondant aux deux dernières conditions de siège de direction effective et de régime fiscal visées au n° 50465. Ce réinvestissement doit avoir pour effet de lui conférer le contrôle de chacune de ces sociétés, au sens du n° 50810, précision a ;
– la **souscription** en numéraire **au capital initial ou à l'augmentation de capital** d'une ou de plusieurs sociétés répondant aux trois dernières conditions d'activité, de siège de direction effective et de régime fiscal visées au n° 50465 ;
– la souscription de parts ou actions de certaines **structures d'investissement** (voir n° 50814).
Les biens ou titres objet du réinvestissement doivent être **conservés** pendant au moins douze mois à compter de la date de leur inscription à l'actif de la société (voir toutefois en cas de réinvestissement indirect n° 50814).

> **Précisions a.** Sont notamment éligibles au remploi les **activités de marchand de biens** ainsi que les activités de **promotion immobilière** (BOI-RPPM-PVBMI-30-10-60-20 n° 100).
En revanche, selon l'administration, sont exclues du champ d'application du remploi les activités de **location d'immeubles meublés** ou équipés qui, bien qu'assimilées à des activités commerciales, constituent des activités de gestion de son propre patrimoine immobilier (BOI-RPPM-PVBMI-30-10-60-20 n° 110).
b. Le **seuil de réinvestissement** est apprécié au regard du prix de cession des titres, net le cas échéant des **frais et charges** effectivement supportés par la société cédante et directement liés à la cession (BOI-RPPM-PVBMI-30-10-60-20 n° 70).
c. Le **non-respect de la condition de réinvestissement** par la société bénéficiaire de l'apport met fin au report d'imposition au titre de l'année au cours de laquelle le délai de deux ans expire (toutefois, en cas de réinvestissement indirect, voir n° 50814, précision b). Dans ce cas, l'imposition de la plus-value d'apport est assortie du paiement de l'intérêt de retard décompté à partir de la date d'apport des titres.

La société cédante peut procéder à un réinvestissement indirect en souscrivant des parts ou actions de fonds communs de placements à risques (**FCPR**), de fonds professionnels de capital investissement (**FPCI**), de sociétés de libre partenariat (**SLP**) et de sociétés de capital-risque (**SCR**) ou d'organismes similaires à ces entités établis dans un autre État membre de l'Espace économique européen (Union européenne, Islande, Norvège et Liechtenstein). 50814
Pour les cessions de titres apportés réalisées depuis le 1er janvier 2020, la souscription est effectuée en deux temps.
Dans les deux ans de la cession, la société cédante prend un ou plusieurs **engagements de souscrire** des parts ou actions auprès de fonds, sociétés ou organismes éligibles. Chaque engagement doit désigner la structure d'investissement (fonds, société ou organisme) destinataire des sommes ainsi que le montant minimal que la société s'engage à investir.

Le **versement effectif des sommes** doit intervenir dans les cinq ans suivant la signature de chaque engagement.
À l'expiration de ce même délai de cinq ans, l'**actif** de ces fonds, sociétés ou organismes doit être constitué à hauteur d'au moins **75 %** :
– de parts ou actions reçues en contrepartie d'une souscription au capital initial ou d'une augmentation de capital de sociétés répondant aux deux dernières conditions de siège de direction effective et de régime fiscal visées au n° 50465 et exerçant une activité commerciale au sens de l'article 34 ou 35 du CGI, industrielle, artisanale, libérale, agricole ou financière. Les activités de gestion de son propre patrimoine mobilier ou immobilier sont exclues du bénéfice de cette dérogation (voir n° 50813, précision a) ;
– ou de parts ou actions émises par de telles sociétés et acquises par la structure d'investissement lorsque cette dernière en obtient le contrôle à l'issue de cette acquisition ou lorsque la structure est partie à un pacte d'associés ou d'actionnaires et détient à l'issue de l'acquisition plus d'un quart du capital et des droits de vote de la société concernée par le pacte.
Outre le quota de 75 %, les SLP doivent respecter les quotas juridiques des FCPR et des FPCI.
La société cédante doit **conserver** les parts ou actions des fonds, sociétés ou organismes jusqu'à l'expiration du délai de cinq ans susvisé.

› **Précisions a.** Pour les **cessions de titres apportés réalisées en 2019,** la notion de souscription s'entend de la souscription effective des parts ou actions matérialisée par le versement des sommes par la société cédante qui opère le réinvestissement.
À l'issue du délai de cinq ans courant à compter de la souscription, l'actif des fonds, sociétés ou organismes doit être constitué à hauteur d'au moins 75 % de parts ou actions de sociétés opérationnelles (voir ci-dessus), dont les deux tiers (soit 50 %) sont des titres de sociétés non cotées ou cotées sur un marché où la majorité des instruments sont émis par des PME.
b. Le **non-respect** des conditions tenant au versement effectif des sommes et au quota d'investissement de 75 % met fin au report d'imposition au titre de l'année au cours de laquelle le délai de cinq ans expire. Le non-respect de la condition tenant à la conservation des titres met fin au report au titre de l'année au cours de laquelle cette condition cesse d'être respectée.

50815 Lorsqu'il est prévu le versement d'un ou plusieurs **compléments de prix,** le produit de la cession s'entend du prix de cession augmenté des compléments de prix perçus. Le prix de cession doit être réinvesti, dans le délai de deux ans à compter de la date de cession, à hauteur d'au moins 60 % de son montant. Tout complément de prix perçu ultérieurement (y compris plus de deux ans après la cession : BOI-RPPM-PVBMI-30-10-60-20 n° 260) doit lui-même être réinvesti dans un délai de deux ans à compter de sa perception, à hauteur du reliquat nécessaire pour que le seuil minimal de réinvestissement demeure respecté. À défaut, le report d'imposition prend fin au titre de l'année au cours de laquelle ce nouveau délai de deux ans expire.
Lorsqu'une fraction de complément de prix est réinvestie dans la souscription de parts ou actions de fonds, sociétés et organismes éligibles au réinvestissement (dans les conditions prévues au n° 50814), il est mis fin au report d'imposition, si le versement effectif des sommes dans le délai de cinq ans suivant la signature de chaque engagement de souscription ou si les quotas d'investissement ne sont pas atteints à l'expiration de ce même délai.

50818 **Donation des titres reçus lors de l'apport** Lorsque les titres reçus en rémunération de l'apport font l'objet d'une donation (ou d'un don manuel) et que le donataire contrôle la société bénéficiaire de l'apport (dans les conditions énoncées au n° 50810, précision a), la plus-value en report est imposée au nom du donataire :
– en cas de **cession,** d'apport, de remboursement ou d'annulation **des titres reçus** dans un délai de cinq ans à compter de la donation (délai porté à dix ans lorsque les titres apportés ont été cédés par la société bénéficiaire et font l'objet d'un réinvestissement indirect), sauf en cas de licenciement, d'invalidité ou de décès du donataire ou de son conjoint ou partenaire de Pacs soumis à une imposition commune ;
– en cas de cession, d'apport, de remboursement ou d'annulation des **titres apportés** à la société bénéficiaire dans les trois ans de l'apport réalisé par le donateur (sauf réinvestissement économique du produit de la cession dans les conditions énoncées au n° 50813).

› **Précisions a.** Les délais de cinq et dix ans sont applicables aux **transmissions** par voie de donation ou de don manuel réalisées **depuis le 1er janvier 2020.** Pour les transmissions réalisées **avant cette date,** le délai de conservation des titres par le donataire est fixé à dix-huit mois. Passé ce délai, la plus-value en report d'imposition est définitivement exonérée en cas de cession des titres reçus par le donataire ou en cas de cession des titres apportés par la société bénéficiaire.

b. Le donataire mentionne dans la proportion des titres transmis le montant de la plus-value en report dans la **déclaration d'ensemble des revenus** s'il contrôle la société bénéficiaire de l'apport.

c. La plus-value en report est imposée après **déduction des frais de donation.**

RÉGIMES ABROGÉS DE REPORT

Les plus-values de cession d'actions et parts sociales de sociétés passibles de l'impôt sur les sociétés ont pu, sous certaines conditions, bénéficier d'un report d'imposition : ces dispositions, abrogées, continuent à produire leurs effets. Tel est le cas des plus-values réalisées dans les conditions suivantes : **50822**

– plus-values de cession réalisées avant le 1er janvier 2006 par certains salariés et dirigeants de sociétés lorsque le **produit de la cession** de titres était **réinvesti** dans le capital d'une société nouvelle non cotée, placées sous un régime de **report** d'imposition (CGI ancien art. 150-0 C) : n° 50830 ;
– plus-values d'**échange de titres** réalisées avant le 1er janvier 2000 et résultant de certaines opérations de restructuration, qui bénéficient sur demande d'un **report** d'imposition (CGI anciens art. 92 B, II et 160, I ter et II) : n° 50835.

Remploi en titres de PME (avant 2006) Certains salariés et dirigeants de sociétés ont été autorisés, sur demande expresse de leur part, à reporter l'imposition des **plus-values** de cession de droits sociaux à condition que le produit de la vente soit réinvesti dans le capital d'une PME passible de l'impôt sur les sociétés. Ce dispositif prévu par l'ancien article 150-0 C du CGI a été abrogé pour les plus-values **réalisées à partir du 1er janvier 2006** mais les dispositions de l'article 150-0 C du CGI demeurent applicables aux plus-values **en report au 1er janvier 2006.** Les reports en cours ne sont donc pas remis en cause et sont maintenus jusqu'à la transmission (à titre onéreux ou gratuit), au rachat ou à l'annulation des titres acquis en remploi. **50830**

Lorsque le report d'imposition prend **fin,** notamment en cas de cession des titres, la plus-value en report est soumise aux règles d'imposition en vigueur au titre de l'année d'expiration du report.

› **Précisions a.** Il n'est mis fin au report qu'**à proportion des titres transmis,** rachetés, remboursés ou annulés.

b. Le **report** d'imposition est **prorogé** de plein droit en cas d'échange de titres bénéficiant du sursis d'imposition (n° 50805) ou du report d'imposition visé au nos 50810 s. et sur demande lorsque les titres font l'objet d'une cession dont le produit est de nouveau réinvesti dans le capital d'une PME (BOI-RPPM-PVBMI-30-10-40 n° 430).

c. Le **transfert du domicile fiscal hors de France** met fin au report d'imposition des plus-values de cession (nos 50950 s.).

Report d'imposition des plus-values d'échange (avant 2000) Les plus-values **réalisées avant le 1er janvier 2000** à l'occasion d'un apport en société ou d'une opération d'offre publique, de fusion, de scission ont pu bénéficier, sur demande du contribuable, d'un report d'imposition (CGI anciens art. 92 B, II et 160, I ter). **50835**

Les plus-values en report au 1er janvier 2000 demeurent soumises à ce régime jusqu'à l'intervention de l'un des événements mettant fin au report, au nombre desquels figure notamment la cession des titres reçus en échange (ou, en cas d'échange par l'intermédiaire d'une société ou d'un groupement non passible de l'IS, jusqu'à la cession, le rachat ou l'annulation des droits dans cette société ou ce groupement). Lorsque la cession ou le rachat ne porte que sur une **partie des titres** reçus en échange, seule la fraction correspondante de la plus-value initialement reportée est imposée ; le surplus continue à bénéficier du report. Les **règles d'imposition** sont celles en vigueur au titre de l'année d'expiration du report.

En cas de **nouvel échange** placé sous le régime du sursis d'imposition visé au n° 50805 ou du report d'imposition prévu au n° 50810, le report d'imposition initial est maintenu jusqu'au moment où s'opérera la cession, le rachat, le remboursement ou l'annulation des nouveaux titres reçus.

EXEMPLE

Soit un contribuable ayant, en 1999, échangé 10 titres A acquis au prix unitaire (après conversion) de 120 € contre 10 titres B d'une valeur unitaire à la date de l'échange égale à 180 €. En 2001, les 10 titres B ont eux-mêmes été échangés contre 10 titres C d'une valeur unitaire égale à 220 €. En 2022, le contribuable vend la totalité des titres C pour un prix global de 3 000 €.

Lors de l'opération d'échange des titres A contre les titres B, le contribuable a réalisé une plus-value de : (10 × 180 €) – (10 × 120 €) = 600 €, pour laquelle il a demandé le report d'imposition.

En 2001, l'opération d'échange des titres B contre les titres C a ouvert droit au sursis d'imposition.
En 2022, la cession des titres C entraîne l'imposition de la plus-value sur les titres C calculée à partir du prix d'acquisition des titres B remis à l'échange, soit 3 000 € – (10 × 180 €) = 1 200 €. La cession des titres C entraîne par ailleurs l'expiration du report d'imposition de la plus-value de 600 € réalisée en 1999.

› **Précisions a.** Selon l'administration, la plus-value en report d'imposition est définitivement exonérée en cas de **transmission à titre gratuit** des titres reçus en échange. Cette position n'est toutefois pas partagée par la cour administrative de Nantes qui a jugé que le nouveau détenteur des titres devient alors redevable de l'imposition dont le report est maintenu, l'imposition devenant effective lorsque le titulaire des titres les cède à titre onéreux (CAA Nantes 8-7-2021 n° 19NT04305 : RJF 11/21 n° 1022).
b. Lorsqu'elle devient imposable, la plus-value en report ne peut pas, en principe, bénéficier de l'**abattement pour durée de détention.** En ce qui concerne toutefois les opérations d'échange entrant dans le champ de la directive « fusions », voir n° 50382.
c. Le **transfert du domicile fiscal hors de France** met fin au report d'imposition des plus-values de cession (n°s 50950 s.).

IV. EXIT TAX (TRANSFERT DU DOMICILE FISCAL HORS DE FRANCE)

50950 Le transfert du domicile fiscal hors de France entraîne la taxation à l'**impôt sur le revenu** et aux **prélèvements sociaux** (au titre des revenus du patrimoine) des plus-values latentes, des créances trouvant leur origine dans une clause de complément de prix et des plus-values en report d'imposition. Mais le contribuable peut bénéficier d'un **sursis de paiement** et un **dégrèvement** de l'impôt est prévu dans certaines situations (CGI art. 167 bis ; CSS art. L 136-6, I-e bis).

› **Précisions a.** La **date de transfert du domicile fiscal** est fixée au jour précédant celui à compter duquel le contribuable cesse d'être soumis en France à une obligation fiscale sur l'ensemble de ses revenus.
b. Le Conseil d'État a jugé que l'article 167 bis du CGI ne portait atteinte ni au principe du droit au respect des biens consacré par l'article 1er du premier protocole additionnel à la **convention européenne des droits de l'Homme,** ni au droit d'établissement et à la liberté de circulation garantis par l'**accord du 21 juin 1999** entre la Communauté européenne et la Suisse, non plus qu'aux principes de libre circulation des personnes et des travailleurs. En outre, les dispositions de l'article 49 du traité sur le fonctionnement de l'Union européenne relatives à la **liberté d'établissement** ne peuvent pas être invoquées par un contribuable ayant établi son domicile en dehors de l'Union européenne, en Suisse en l'espèce (CE 12-7-2013 n° 359314 : RJF 11/13 n° 1028).

CHAMP D'APPLICATION DE L'EXIT TAX

50955 Les contribuables fiscalement **domiciliés** en France pendant au moins **six des dix années** précédant le transfert de leur domicile à l'étranger sont imposables sur les **plus-values latentes** constatées sur les **droits sociaux,** valeurs, titres ou droits détenus dans des sociétés dans lesquelles les membres du foyer fiscal détiennent, à la date du transfert, une ou plusieurs participations, directes ou indirectes :
– qui leur confèrent au moins 50 % dans les bénéfices sociaux d'une société,
– ou dont la valeur cumulée excède 800 000 €.
Les contribuables fiscalement domiciliés en France pendant au moins six des dix années précédant le transfert de leur domicile à l'étranger sont également imposables sur la valeur réelle des **créances** trouvant leur origine dans une **clause de complément de prix** (n° 37810).
Quelle que soit la durée de résidence en France, le transfert du domicile entraîne, en outre, l'imposition de certaines plus-values de cession ou d'échange placées sous un des régimes de **report d'imposition.** Sont visées :
– les plus-values d'apport en société d'une créance née d'une clause de complément de prix (CGI art. 150-0 B bis) : n° 37831 ;
– les plus-values, réalisées directement ou par personne interposée, d'apport de titres à des sociétés contrôlées par l'apporteur (CGI art. 150-0 B ter) : n°s 50810 s. ;
– les plus-values de cession réalisées avant le 1er janvier 2006 par certains salariés et dirigeants de sociétés lorsque le produit de la cession de titres était réinvesti dans le capital d'une société nouvelle non cotée (CGI ancien art. 150-0 C) : n° 50830 ;
– les plus-values d'échange de titres réalisées avant le 1er janvier 2000 et résultant de certaines opérations de restructuration (CGI anciens art. 92 B, II et 160, I ter) : n° 50835.

DÉTERMINATION DE LA PLUS-VALUE IMPOSABLE AU TITRE DE L'EXIT TAX

Les **plus-values latentes** à la date du transfert sont déterminées par rapport à la valeur réelle des titres (valeur réelle estimée par le contribuable) ou, s'il s'agit de titres cotés, sur la base du dernier cours connu ou selon la moyenne des trente derniers jours qui précèdent la date d'imposition. La plus-value peut être réduite, le cas échéant, de l'abattement proportionnel pour durée de détention en cas d'option globale pour le barème progressif ou fixe pour les dirigeants prenant leur retraite (dans les conditions visées aux nos 50370 s.). **50960**
Les **créances** trouvant leur origine dans une **clause de complément de prix** sont évaluées à leur valeur réelle lors du transfert du domicile fiscal hors de France.

> **Précisions a.** Lorsque les titres sont issus d'une **opération d'échange** placée en sursis d'imposition (n° 50805), la valeur d'acquisition à retenir pour le calcul de la plus-value est celle des titres remis à l'échange, diminuée du montant de la soulte reçue qui n'a pas fait l'objet d'une imposition au titre de l'année de l'échange, ou majorée de la soulte versée lors de cet échange.
> **b.** Les **moins-values de cession** de droits sociaux subies entre le 1er janvier de l'année du transfert du domicile et la date de ce transfert et les **moins-values antérieures reportables** ne peuvent pas s'imputer sur les plus-values latentes (BOI-RPPM-PVBMI-50-10-20 n° 90).
> **c.** Les **moins-values latentes** ne peuvent s'imputer ni sur les plus-values latentes imposables du fait du transfert ni sur d'autres plus-values (notamment celles subies sur des titres cédés l'année du transfert).
> **d.** La plus-value latente n'est réduite de l'abattement fixe applicable aux **dirigeants prenant leur retraite** (nos 50460 s.) que si le contribuable a fait valoir ses droits à la retraite avant le transfert de son domicile fiscal et qu'il cède ses titres dans les deux ans suivant son départ à la retraite. Les dirigeants ayant fait valoir leurs droits à la retraite entre le 1er janvier 2019 et le 31 décembre 2021 disposent toutefois de trois ans (au lieu de deux) pour céder leurs titres (Loi 2021-1900 du 30-12-2021 art. 19, III).

MODALITÉS D'IMPOSITION

Les plus-values et créances sont imposables au taux forfaitaire de 12,8 % (**PFU**) ou sont soumises au **barème progressif** de l'impôt sur le revenu en cas d'option globale du contribuable. Dans ce dernier cas, l'impôt dû au titre de l'exit tax est égal à la différence entre le montant de l'impôt résultant de l'application du barème progressif à l'ensemble des revenus de sources française et étrangère (auxquels s'ajoutent les plus-values et créances imposables au titre de l'exit tax) et le montant de l'impôt résultant de l'application de ce même barème aux seuls revenus de sources française et étrangère. Le **taux d'imposition** est égal au rapport entre, d'une part, l'impôt dû au titre de l'exit tax et, d'autre part, la somme des plus-values et créances imposables à l'exit tax. Par exception, le taux d'imposition des plus-values en report en cas d'apport à une société contrôlée par l'apporteur (nos 50810 s.) est déterminé dans les conditions prévues à l'article 200 A, 2 ter du CGI (voir n° 50812). **50965**
Les plus-values et créances sont également imposables aux **prélèvements sociaux** en vigueur lors du transfert du domicile fiscal hors de France.

SURSIS DE PAIEMENT

Le sursis de paiement est **automatique** lorsque le contribuable s'installe dans un État membre de l'Union européenne (UE) ou dans un autre État ou territoire ayant conclu avec la France une convention d'assistance en vue de lutter contre la fraude et l'évasion fiscales ainsi qu'une convention d'assistance en matière de recouvrement, et que cet État ou territoire n'est pas non coopératif (ETNC défini au n° 51390). **50970**
Si le contribuable s'installe dans un autre État ou territoire, le sursis est accordé sur **demande expresse** lors du transfert du domicile fiscal. Pour en bénéficier, le contribuable doit déclarer le montant des plus-values concernées, désigner un représentant fiscal établi en France et constituer auprès du comptable public compétent, préalablement à son départ, des garanties propres à assurer le recouvrement de la créance du Trésor.
Sur les **obligations déclaratives** du contribuable au titre du sursis de paiement : voir n° 50990.

> **Précisions a.** Le contribuable qui avait bénéficié du sursis de paiement automatique lors du transfert initial de son domicile fiscal hors de France en perd le bénéfice lorsqu'il **transfère à nouveau son domicile fiscal** dans un ETNC ou un État tiers à l'UE n'ayant pas conclu les conventions requises. Mais il peut procéder à une demande expresse de sursis sous réserve de respecter les conditions de représentation et de garantie.
> **b.** Le **montant de la garantie** à constituer durant l'année du transfert du domicile fiscal, lorsque le contribuable demande à bénéficier du sursis, est égal à 12,8 % du montant total des plus-values et créances retenues pour leur montant brut, sans qu'il soit fait

application des abattements pour durée de détention mentionnés aux nos 50370 s. Pour les plus-values en report en cas d'apport à une société contrôlée par l'apporteur au sens de l'article 150-0 B ter du CGI (nos 50810 s.), le montant de la garantie est déterminé en appliquant le taux spécifique d'imposition à ces plus-values (n° 50812). Lorsque le montant de l'impôt calculé l'année suivante diffère de celui de la garantie, un **complément de garantie** (ou une **restitution,** le cas échéant) correspondant à cet écart est réalisé.

c. Le sursis de paiement a pour effet de **différer l'exigibilité de l'impôt** afférent aux plus-values imposables à raison du transfert du domicile du contribuable hors de France et de **suspendre la prescription** de l'action en **recouvrement** jusqu'à la date de l'événement entraînant son expiration (CGI art. 167 bis, VI).

EXPIRATION DU SURSIS DE PAIEMENT

50975 **Évènements entraînant l'expiration du sursis de paiement** Pour les **plus-values latentes,** le sursis de paiement prend fin lors de la survenance de l'un des événements suivants :

– cession à titre onéreux (hors opérations d'échange ou d'apport visées aux nos 50805 et 50810 s.), rachat, remboursement ou annulation des titres concernés ;

– donation des titres lorsque le donateur est fiscalement domicilié dans un ETNC ou un État ou territoire tiers à l'UE n'ayant pas conclu les conventions visées au n° 50970, sauf s'il démontre que cette donation n'a pas été faite dans un but principalement fiscal.

Pour les **créances** trouvant leur origine dans une **clause de complément de prix,** le sursis de paiement prend fin lors de la survenance de l'un des événements suivants :

– perception du complément de prix ;

– apport ou cession de la créance ;

– donation de la créance lorsque le donateur est fiscalement domicilié dans un ETNC ou un État ou territoire tiers à l'UE n'ayant pas conclu les conventions visées au n° 50970, sauf s'il démontre que cette donation n'a pas été faite dans un but principalement fiscal.

Pour les **plus-values** placées précédemment **en report d'imposition,** le sursis prend fin lors de la survenance de l'un des événements suivants :

– cession à titre onéreux (hors opérations d'échange ou d'apport visées aux nos 50805 et 50810 s.), rachat, remboursement ou annulation des titres reçus lors de l'échange ou de l'apport à l'origine du report ;

– donation des titres ou décès de leur détenteur lorsque l'imposition de la plus-value avait été reportée conformément aux dispositifs prévus aux anciens articles 92 B decies, 160, I ter-1-dernier alinéa, 160, II, 150-0 C et à l'article 150-0 B bis du CGI (n° 50822).

Le sursis d'imposition prend également fin en cas de non-respect par le contribuable de ses **obligations déclaratives** (n° 50990) s'il ne régularise pas sa situation dans les trente jours suivant une mise en demeure.

> **Précisions** Pour les plus-values placées sous le régime visé aux nos 50810 s. (**report en cas d'apport à une société contrôlée par l'apporteur**), le sursis de paiement expire lors de la cession à titre onéreux, du rachat, du remboursement ou de l'annulation des titres ou droits reçus en rémunération de l'apport ou des titres ou droits apportés dans les conditions visées à l'article 150-0 B ter du CGI.

50976 **Détermination de l'impôt exigible** Le montant de l'**impôt dû** fait l'objet de **correctifs** destinés à tenir compte de la valeur des titres, de leur durée de détention ou du taux d'imposition applicable lors de la réalisation de l'événement mettant fin au sursis.

Lorsque l'opération qui met fin au sursis porte sur **une partie** seulement des **titres,** seule la fraction correspondante de l'imposition en sursis est exigible.

La **moins-value** réalisée par un contribuable résidant dans un État ou territoire membre de l'UE ou ayant conclu les conventions visées au n° 50970 et qui n'est pas un ETNC lors de la **cession effective de titres** grevés d'une plus-value latente est notamment imputable au titre de l'année de cession et des dix années suivantes sur l'assiette définitive des plus-values latentes déterminées lors de la cession de titres.

Le **délai de reprise** de l'administration en matière d'impôt sur le revenu et de prélèvements sociaux s'exerce jusqu'à la fin de la troisième année qui suit celle au cours de laquelle est intervenu le transfert du domicile fiscal (LPF art. L 169). Lorsque ce délai de reprise est expiré, l'administration dispose d'un nouveau droit de reprise qui s'exerce jusqu'à la fin de la troisième année qui suit l'événement mettant fin au sursis de paiement dont bénéficie le contribuable ou entraînant le dégrèvement ou la restitution de l'imposition (LPF art. L 171-0 A).

Si la plus-value réelle réalisée par le contribuable concerne une **participation substantielle** imposable en France au titre de l'article 244 bis B du CGI (n° 51360), l'imposition sur les plus-values latentes est dégrevée d'office ou restituée afin d'éviter une double imposition (mais les prélèvements sociaux restent dus). 50977

Un mécanisme d'**élimination de la double imposition** est également prévu dans l'hypothèse où la plus-value réelle est imposée à l'étranger ; dans ce cas, l'**impôt étranger** s'impute d'abord sur les prélèvements sociaux dus sur la plus-value latente, puis sur l'impôt sur le revenu dû sur cette même plus-value. Pour ouvrir droit à imputation, l'impôt étranger doit être un impôt personnel sur le revenu calculé à partir du prix ou de la valeur d'acquisition des titres (CGI ann. III art. 41 tervicies F).

DÉGRÈVEMENT

L'impôt établi à l'occasion du transfert fait l'objet d'un dégrèvement d'office (en principe, prélèvements sociaux inclus) ou d'une restitution s'il a été immédiatement acquitté lors du transfert : 50985

– à la date à laquelle le contribuable **transfère** à nouveau son **domicile fiscal en France** ;

– en ce qui concerne les **plus-values latentes,** à l'expiration d'un délai de deux ans suivant la date du départ, ou de cinq ans pour les contribuables dont la valeur globale des titres excède 2,57 M€ à la date du transfert (délais applicables aux transferts intervenus depuis le 1er janvier 2019) ;

– en cas de **donation** des titres ou de la créance de complément de prix. Lorsque le contribuable avait transféré son domicile fiscal dans un ETNC ou un État ou territoire tiers à l'UE n'ayant pas signé les conventions visées au n° 50970, il doit démontrer que cette donation n'est pas faite avec pour motif principal d'éluder l'impôt ;

– en cas de **décès** du contribuable.

En pratique, quatre **délais de dégrèvements** différents sont susceptibles de s'appliquer selon la date du transfert du domicile fiscal hors de France et la valeur des titres à cette date :

Date du transfert	2011[1] à 2013	2014 à 2018	Depuis 2019
Délai de dégrèvement	8 ans[2]	15 ans	2 ou 5 ans[3]

1. À compter du 3 mars 2011
2. Dégrèvement uniquement en matière d'IR
3. Valeur globale des titres lors du transfert > 2,57 M€

> Précisions a. Les **plus-values placées précédemment en report d'imposition** concernées par le dégrèvement ou la restitution en cas de **décès** ou de **donation** sont celles relevant des dispositifs mentionnés aux anciens articles 92 B, II et 160, I ter et à l'article 150-0 B ter du CGI (nos 50835 et 50810).

b. S'agissant du **délai spécifique de reprise** dont l'administration bénéficie à compter du dégrèvement, voir n° 50976.

OBLIGATIONS DÉCLARATIVES

Le contribuable concerné par l'exit tax doit souscrire une **déclaration 2074-ETD** l'année suivant celle du transfert du domicile fiscal hors de France au service des impôts des particuliers (SIP) dont dépendait son domicile avant le transfert, dans les mêmes délais et en même temps que sa **déclaration de revenus.** Une **déclaration 2074-ETS** doit être souscrite au titre des années suivant celle du transfert au SIP des non-résidents afin d'assurer un suivi des impositions en sursis de paiement. 50990

> Précisions a. Le contribuable qui ne bénéficie du sursis de paiement qu'au titre de **plus-values latentes** ne doit en faire mention que dans la déclaration 2074-ETD souscrite l'année suivant celle du transfert et en cas d'expiration du sursis de paiement. En revanche, il n'est pas tenu de déposer chaque année une déclaration 2074-ETS de suivi des impositions des seules plus-values latentes en sursis de paiement.

b. Le contribuable qui entend bénéficier du **sursis de paiement sur option** doit en faire la demande en déposant, au SIP des non-résidents, le formulaire 2074-ETD accompagné d'une proposition de garantie. Cette demande doit être déposée au plus tard quatre-vingt-dix jours avant le transfert (CGI ann. III art. 41 tervicies A).

c. Le contribuable doit informer, sur papier libre, le SIP des non-résidents de tout **transfert de domicile fiscal postérieur** à son transfert initial.

V. RÉGIMES PARTICULIERS

A. Actions acquises en exercice de stock-options

51000 Inspiré du système des « stock-options plan » pratiqué aux États-Unis, le mécanisme des options sur actions consiste à accorder à tout ou partie des salariés et/ou à certains dirigeants, pendant une certaine durée, le droit de souscrire à une augmentation de capital ou d'acheter des actions de la société à un prix déterminé qui ne peut pas, en principe, être modifié pendant la durée de l'option.
Ce dispositif est prévu par le Code de commerce (C. com. art. L 225-177 à L 225-186 et art. L 22-10-56 à L 22-10-58 ; art. R 225-137 à R 225-145). Sur son fonctionnement, voir Mémento Sociétés commerciales Francis Lefebvre n°s 69410 s.
Le plan d'option de souscription ou d'achat d'actions est assorti d'un **régime fiscal** (et social) **spécifique,** régime qui était à l'origine fortement incitatif mais qui a été alourdi au fil des années pour être quasi-aligné sur le régime des salaires. Le régime fiscal spécifique est réservé aux bénéficiaires d'options attribuées dans le cadre des dispositions précitées du Code de commerce, sous réserve que l'ensemble des conditions prévues par ces textes et les obligations définies à l'article 91 bis de l'annexe II au CGI soient intégralement respectées.
Le régime fiscal et social spécifique des options sur titres s'applique également aux options accordées aux salariés ou dirigeants mandataires sociaux des sociétés françaises par leur **mère ou filiale dont le siège est à l'étranger** sous réserve que ces options soient offertes dans le cadre de plans conformes à la législation française sur les options de souscription ou d'achat d'actions (CGI art. 80 bis, III).
Pour le cas où la cession des titres est réalisée : par un **non-résident,** voir n° 51100 ; par un salarié **migrant,** voir n° 51110.

> **Précisions a.** Lorsque les options sur actions ne sont pas attribuées dans les conditions visées ci-dessus (**« plans non qualifiés »**), le gain tiré de la levée de l'option est imposable l'année de la levée de l'option dans la catégorie des traitements et salaires et soumis aux cotisations de sécurité sociale, à la CSG et à la CRDS. Dans certains cas, notamment lorsque des opérations intragroupe permettent d'accorder des avantages très importants à certains des dirigeants, l'administration se réserve la possibilité de requalifier le gain réalisé (BOI-RSA-ES-20-10-20-50).
b. Pour les **options attribuées avant le 28 septembre 2012,** le régime d'imposition fiscal et social spécifique du gain de levée d'options était subordonné au respect d'une condition de **forme nominative** et de **durée de détention** (ou condition d'indisponibilité) des titres. Cette condition s'entendait de l'obligation pour le bénéficiaire de ne pas céder, convertir au porteur ou donner en location ses actions dans les cinq ans (options attribuées avant le 27-4-2000) ou les quatre ans (options attribuées depuis le 27-4-2000) suivant la date d'attribution de l'option. Eu égard aux dates d'attribution des options et au délai requis, cette condition est désormais nécessairement respectée s'agissant de cessions intervenant depuis 2017.
c. Pour les **options attribuées depuis le 28 septembre 2012,** le respect de la condition d'indisponibilité n'est plus requis en matière fiscale, dès lors que le seul régime applicable à la plus-value d'acquisition est celui des traitements et salaires. Il en va de même en matière de cotisations de sécurité sociale, alors même que l'exonération est maintenue ; celle-ci est toutefois soumise au respect d'une condition de notification à l'Urssaf (voir précision 11 du tableau n° 51130).

DÉTERMINATION DU GAIN FINANCIER

51010 Le bénéficiaire d'une option réalise, en règle générale, un gain financier qui se décompose en deux éléments qui relèvent chacun d'un régime fiscal et social différencié :
– la première partie du gain financier réside dans l'avantage tiré de la levée de l'option, également appelé **plus-value d'acquisition.** Cet avantage résulte de la différence entre la valeur réelle de l'action au moment où le bénéficiaire lève son option et le prix de souscription ou d'achat de l'action. Cet avantage correspond, d'une part, au rabais consenti, lors de l'attribution de l'option, sur la valeur réelle de l'action, d'autre part, à l'augmentation de la valeur réelle de l'action entre la date d'attribution de l'option et la date d'exercice de l'option. Une fraction du rabais, appelée rabais « excédentaire », suit un régime fiscal particulier s'agissant des actions cotées ;

EXEMPLE

Si la moyenne des cours de bourse des 20 séances précédant la date d'attribution de l'option s'élève à 30 €, le montant maximum du rabais que peut consentir la société aux bénéficiaires des stock-options s'élève à 6 € (30 € × 20 %), soit un prix de souscription ou d'achat minimal de 24 €. Si le prix fixé pour l'exercice de l'option est de 24 € alors que la valeur réelle du titre au moment où le bénéficiaire lève l'option s'établit à 33 €, l'avantage tiré de la levée de l'option est de 9 €.

– la deuxième composante du gain financier réside dans l'éventuelle **plus-value de cession** réalisée au moment de la revente des titres : elle correspond au profit supplémentaire qu'encaissera le bénéficiaire de l'option s'il revend ses actions à un prix supérieur à la valeur réelle des actions au moment de la levée de l'option (dans la situation inverse, c'est-à-dire si le prix de cession est inférieur à cette valeur réelle, la cession entraînera la perte de tout ou partie de l'avantage lié à la levée de l'option).

EXEMPLE

Dans l'exemple précédent, si le bénéficiaire revend ses actions au prix de 45 €, il enregistre une plus-value de cession de 12 € qui vient s'ajouter à l'avantage tiré de la levée de l'option. S'il les revend au prix de 31 €, il n'enregistre pas de plus-value de cession et la plus-value d'acquisition se trouve ramenée à 7 € (au lieu de 9 € au moment de la levée).

RÉGIME FISCAL DES OPÉRATIONS

Les conditions d'assujettissement de ces gains à l'impôt, aux cotisations sociales et aux prélèvements sociaux diffèrent selon que les options ont été attribuées avant le 28 septembre 2012 ou depuis cette date. **51015**

Le régime pour le **bénéficiaire de l'option** est résumé dans le tableau figurant n° 51130, étant précisé que, pour les rabais obtenus et les gains tirés de la levée des options réalisés par les personnes non domiciliées en France, l'imposition est opérée par la voie d'une retenue à la source (n° 51100).

Nous détaillons ci-après la fiscalité applicable à chaque opération.

Levée de l'option La levée de l'option ne donne lieu, en principe, à aucun prélèvement social ou fiscal au titre de l'**avantage** tiré de la levée de l'option (plus-value d'acquisition), sauf en présence d'un rabais important pour les actions admises aux négociations sur un marché réglementé. Réserve faite de cette exception, l'exigibilité des prélèvements sociaux ou fiscaux est toujours reportée à la cession des actions. **51020**

Par suite, lorsqu'il exerce son option, le bénéficiaire de l'option est uniquement imposable, le cas échéant, sur la fraction du **rabais** qui excède 5 % de la valeur de l'action, cette fraction excédentaire étant imposée comme un salaire (options attribuées depuis le 1-1-1990) (CGI art. 80 bis, II). Elle est également soumise à la CSG et à la CRDS sur les revenus d'activité, sans application de la déduction pour frais professionnels. CSG et CRDS sont précomptées par l'employeur (le rabais excédentaire et le précompte apparaissent sur le bulletin de paie qui suit la date de levée de l'option et les deux contributions sont prélevées sur la paie correspondante).

Ces taxations sont définitives et ne peuvent être remises en cause en cas de diminution ultérieure de la valeur du titre. Toutefois, lors de la cession des titres, la fraction déjà taxée du rabais viendra en diminution de la valeur de l'avantage tiré de la levée de l'option pour la détermination de l'impôt, de la CSG et de la CRDS qui seront dus.

Avantage tiré de la levée de l'option L'avantage tiré de la levée de l'option (calculé comme indiqué n° 51010), diminué le cas échéant du rabais excédentaire (n°s 51020), est imposé au titre de l'année de cession (à titre onéreux ou à titre gratuit), de disposition, de conversion au porteur ou de mise en location des titres acquis au moyen de l'option. **51025**

La catégorie et le taux d'imposition de l'avantage dépendent de la date d'attribution de l'option.

Plus-values de cession des titres La cession des actions déclenche l'imposition de la plus-value de cession, égale à la différence entre le prix de cession des titres et leur valeur à la date de levée de l'option. Cette plus-value est imposée comme **plus-value sur valeurs mobilières** (CGI art. 150-0 A s.). Elle est donc soumise au prélèvement forfaitaire unique ou, sur option, au barème progressif de l'impôt sur le revenu, après application en principe des abattements visés aux n°s 50370 s. **51030**

La plus-value est également passible des **prélèvements sociaux** sur revenus du patrimoine.

51045 **Moins-values de cession** Lorsque les actions acquises au moyen d'options sont cédées à un **prix inférieur** à leur **valeur réelle à la date de la levée de l'option,** la moins-value réalisée est imputable sur le montant du gain de levée d'option (plus-value d'acquisition), dans la limite de ce montant (CGI art. 80 bis, IV-al. 2).

Si le montant de la **moins-value** est **supérieur** au montant de l'**avantage tiré de la levée de l'option,** le solde de perte peut être compensé avec d'autres plus-values de cession de valeurs mobilières réalisées au cours de la même année ou des 10 années suivantes (BOI-RSA-ES-20-10-20-20 n° 30).

51050 **Application des abattements** Les gains de **levée d'options** attribuées **avant le 20 juin 2007** sont exclus du bénéfice des abattements pour durée de détention de droit commun ou majoré applicables aux plus-values de cession de droits sociaux (CGI art. 150-0 D, 1-al. 4) et de l'abattement fixe applicable aux plus-values réalisées par les dirigeants partant à la retraite (CGI art. 150-0 D ter, III-4°).

Les gains de levée d'options attribuées **depuis le 20 juin 2007 et jusqu'au 27 septembre 2012** étant imposés selon le régime spécifique de l'ancien article 200 A, 6 du CGI, ils sont par suite hors du champ d'application de ces abattements.

Les abattements sont en revanche applicables aux **gains de cession** dans les conditions de droit commun (voir n°s 50370 s.). Le **délai de détention** se calcule à compter du 1er janvier de l'année de levée de l'option sur titres.

EXEMPLE

1 000 options sur titres attribuées le 1er janvier N au prix unitaire de 50 € sont levées le 1er février N + 1 (par hypothèse, l'année N n'est pas antérieure à 2013). La valeur réelle unitaire des titres au jour de la levée des options est de 75 €. Ces 1 000 actions sont cédées à titre onéreux le 15 septembre N + 7 au prix unitaire de 90 €.

Montant du gain net de cession soumis à l'abattement pour durée de détention : il s'agit du montant correspondant à la différence entre le prix effectif de cession des titres et leur valeur réelle à la date de la levée des options, soit 90 000 € (prix de cession des titres) – 75 000 € (valeur réelle à la date de la levée des options) = 15 000 €.

Comme les titres cédés ont été détenus depuis plus de 2 ans et moins de 8 ans, un abattement pour durée de détention de 50 % est applicable. La plus-value de cession après abattement pour durée de détention est de 15 000 € × 50 % = 7 500 €, soit un abattement pour durée de détention de 7 500 €.

Le montant du gain de levée d'options reste égal à 25 000 € (75 000 € – 50 000 €).

51055 Les modalités d'**identification des titres cédés** en cas de cession d'actions d'une même société sont les suivantes (BOI-RSA-ES-20-10-20-20 n°s 90 s.).

Lorsque les **actions issues de la levée d'options** sont **individualisables** à la date de leur cession, c'est-à-dire lorsque le cédant connaît à la date de leur cession et pour chacune d'entre elles leur date et prix d'exercice (par exemple : titres numérotés, titres inscrits sur un registre tenu par la société, titres détenus sous forme nominative, titres inscrits sur des comptes distincts ou des sous-comptes, etc.), le montant du gain de levée d'options imposable est déterminé, pour chaque titre cédé, à partir de sa valeur réelle au jour de la levée de l'option et du prix d'exercice de cette dernière.

En revanche, lorsque le cédant qui possède un portefeuille d'actions contenant plusieurs catégories d'actions d'une même société, certaines issues d'options sur titres et d'autres non, cède des actions de la société **sans pouvoir identifier celles résultant de l'exercice d'options,** il est admis dans cette situation d'identifier parmi les titres cédés ceux issus d'options sur titres et les autres, en appliquant une règle de proportionnalité à chaque catégorie.

EXEMPLE

Un cadre dirigeant détient dans son **portefeuille** 3 000 actions de sa société française, qui se répartissent comme suit :

– 500 actions acquises sur le marché en janvier N (par hypothèse, l'année N n'est pas antérieure à 2013) au prix unitaire de 62 € ;

– 1 000 actions issues de la levée d'options attribuées en N + 3 et levées en février N + 7 (prix d'exercice : 30 € ; valeur réelle de l'action à la date d'exercice : 45 € ; montant unitaire du gain de levée d'options = 15 €) ;

– 1 500 actions issues de la levée d'options attribuées en N + 4 et levées en N + 8 (prix d'exercice : 40 € ; valeur réelle de l'action à la date d'exercice : 60 € ; montant unitaire du gain de levée d'options = 20 €).

En juillet N + 8, il **cède** 1 500 actions au prix unitaire de 100 €. Ces actions sont toutes détenues au porteur à la date de la cession. Le prix moyen pondéré unitaire est de 55,33 €, soit [(500 × 62 €) + (1 000 × 45 €) + (1 500 × 60 €)]/3 000.

Le nombre des **titres cédés** en N + 8 est **réparti proportionnellement** au nombre d'actions détenues avant la cession, soit :

– 250 actions acquises sur le marché (1 500 × 500/3 000) ;

– 500 actions issues de la levée d'options (plan N + 3) (1 500 × 1 000/3 000) ;

– 750 issues de la levée d'options (plan N + 4) (1 500 × 1 500/3 000).

Le **gain net total de cession** est de 67 005 €, soit 1 500 actions × (100 € – 55,33 €). Ce gain net est **réparti** comme suit :

– fraction du gain net afférent à des titres détenus depuis plus de huit ans : 11 167 €, soit 67 005 € × (250/1 500). Cette fraction du gain est imposable à l'impôt sur le revenu, après abattement pour durée de détention de 65 %, à hauteur de 11 167 € × (1 – 65 %) = 3 908,62 € ;

– fraction du gain net afférent à des titres détenus depuis moins de deux ans : 55 838 €, soit 67 005 € × (1 250/1 500). Cette fraction du gain net est imposable à l'impôt sur le revenu, sans abattement.

Le gain de levée d'options attaché aux 1 250 actions sous option cédées est de 22 500 €, soit (750 × 20 €) + (500 × 15 €).

Report d'imposition En cas d'**échange sans soulte** d'actions résultant d'une opération d'offre publique, de fusion, de scission, de division ou de regroupement réalisée conformément à la réglementation en vigueur ou de l'apport à une société créée dans les conditions prévues à l'article 220 nonies du CGI, l'impôt est dû au titre de l'année de disposition, de cession, de conversion au porteur ou de mise en location des actions reçues en échange (CGI art. 80 bis, II bis-al. 2). **51060**

Cas particulier : donation des actions avant cession On sait que la donation de titres avant leur cession permet, moyennant certaines précautions (nos 50240 s.), de purger les plus-values latentes. **51070**

La question posée est celle de savoir si, en cas de donation de titres acquis par levée d'options de souscription ou d'achat d'actions, le donateur demeure taxable sur la **plus-value d'attribution** ou avantage (différence entre cours ou valeur le jour de la levée et prix d'exercice) ou si la donation, conformément aux principes fiscaux traditionnels, « purge » définitivement cette plus-value de toute taxation à ce titre. Cette question ne concerne pas la plus-value de cession au-delà de la plus-value d'attribution dont personne ne conteste la « purge » lors de la donation.

Lorsque la donation porte sur des titres issus **d'options attribuées avant le 20 juin 2007,** elle permet, à condition d'être effectuée après le délai d'indisponibilité (délai applicable pour les options attribuées avant le 28 septembre 2012), d'effacer l'avantage tiré de la levée de l'option, c'est-à-dire la plus-value d'acquisition. L'administration a pris position en ce sens dans une réponse ministérielle concernant les modalités de détermination et de taxation du gain retiré de la cession de titres issus d'une levée d'options et démembrés à la suite d'une donation avec réserve d'usufruit (Rép. Chartier : AN 25-4-2006 n° 46416). Dans cette réponse, l'administration indique, s'agissant de la plus-value d'acquisition, que seule doit être taxée la part afférente à l'usufruit, la plus-value d'acquisition afférente à la nue-propriété transmise étant ainsi non imposable. Il faut en conclure qu'en cas de transmission des titres en pleine propriété la donation « purge » l'ensemble de la plus-value d'acquisition afférente aux titres transmis, ce qui signifie, implicitement mais nécessairement, que la donation des titres issus de la levée d'options après la période d'indisponibilité ne constitue pas une « cession » au regard de l'article 163 bis C du CGI déclenchant l'imposition de la plus-value d'acquisition. Cette position a été confirmée par l'administration fiscale : « Le gain de levée d'options attribuées jusqu'au 19 juin 2007 est, en cas de mutation à titre gratuit entre vifs ou pour cause de décès, définitivement exonéré d'impôt sur le revenu » (BOI-RSA-ES-20-10-20-20 n° 160). Le Conseil d'État a jugé, dans le même sens, que dans l'hypothèse où des actions ont fait l'objet, après une levée d'option, d'une **donation avec réserve d'usufruit** au profit du donateur, puis ont été cédées en pleine propriété, avec l'accord de l'usufruitier, par le nu-propriétaire, le produit de la cession étant réemployé dans des titres eux-mêmes démembrés du fait d'un report d'usufruit au profit du donateur, la part du gain de levée d'option se rapportant à l'usufruit des actions cédées en pleine propriété est imposée à la date de cette cession, au taux proportionnel prévu à l'article 200 A, 6 du CGI, entre les mains du nu-propriétaire cédant, seul bénéficiaire du produit résultant de la cession des titres démembrés et, par suite, seul redevable de la plus-value nette réalisée à ce titre. Le taux proportionnel applicable, prévu par l'article 200 A, 6 du CGI, est celui de 30 % et non celui de droit commun (CE 17-4-2015 n° 371551 : RJF 7/15 n° 594, concl. E. Cortot-Boucher BDCF 7/15 n° 91). **51072**

Il existe toutefois deux exceptions au principe de la purge de la plus-value fiscale. Il s'agit d'une part de la donation de titres en pleine propriété d'actions issues de l'exercice d'options sur titres, lorsque cette **donation a donné lieu à réduction d'IFI.**

La seconde exception concerne la **donation de titres soumis** à taxation dans le cadre des dispositions relatives à l'**exit tax,** pendant la période durant laquelle la plus-value est en sursis et lorsque le donateur est domicilié dans certains pays. En effet, dans ce cas, la donation devient un fait générateur de l'impôt (n° 50975).

Les **donations** de titres **effectuées après le 20 juin 2007** concernant des titres issus d'**options attribuées avant le 20 juin 2007** continuent d'échapper à toute imposition de la plus-value d'acquisition (sous réserve du respect de la période d'indisponibilité fiscale avant la donation) et ne sont soumises, le cas échéant, qu'aux droits de mutation à titre gratuit.

51073 La réponse Chartier susvisée apporte une précision complémentaire en cas de **cession de titres démembrés avec remploi du prix de cession.** Cette réponse rappelle les règles de détermination de la base imposable avant de préciser les modalités d'imposition (redevable et taux d'imposition) :

– la détermination du gain net de cession est faite en retenant comme prix d'acquisition le prix de souscription ou d'achat des actions, majoré de l'accroissement de valeur du droit transmis constaté entre leur date d'acquisition ou de souscription et celle du démembrement ;

– ce gain net est imposé à concurrence de la plus-value d'acquisition afférente au droit démembré non transmis, l'usufruit en l'occurrence, après imputation de l'éventuelle moins-value de cession de ce droit, dans les conditions de l'article 163 bis C, I et de l'article 200 A, 6 du CGI ;

– le nu-propriétaire cédant de la pleine propriété est le redevable unique, tant de l'imposition à l'impôt sur le revenu de la plus-value nette se rapportant à la cession de la nue-propriété et de l'usufruit que de l'imposition à 30 % ou, le cas échéant, à 41 % du gain net de levée de l'option se rapportant à la cession de l'usufruit.

Ainsi, en cas de donation de la nue-propriété préalablement à la cession du titre, seule doit être taxée la part de la plus-value d'acquisition afférente à l'usufruit. Le redevable de l'impôt est, néanmoins, le nu-propriétaire tant en ce qui concerne la plus-value d'acquisition que la plus-value de cession, l'imposition du nu-propriétaire sur l'intégralité de la plus-value étant la règle générale posée par l'administration fiscale en matière de taxation des plus-values mobilières afférentes à la cession de titres démembrés suivie d'un remploi avec report du démembrement (BOI-RPPM-PVBMI-20-10-20-60 n° 100). La plus-value d'acquisition afférente à la nue-propriété transmise n'a pas à être taxée. Il en résulte qu'une donation « purge » la plus-value d'acquisition de titres issus d'une levée d'options (à hauteur de la plus-value d'acquisition afférente à la nue-propriété en cas de transmission de celle-ci, ou totalement en cas de donation en pleine propriété). Même si l'intérêt de cette stratégie a été réduit par la suppression des réductions de droits applicable en fonction de l'âge du donateur, elle reste encore très efficiente.

51074 Pour les **options attribuées depuis le 20 juin 2007,** la donation des titres entraîne l'imposition de l'avantage tiré de la levée d'options (plus-value d'acquisition) entre les mains du donateur dans les mêmes conditions qu'une cession à titre onéreux (BOI RSA ES-20-10-20-20 n° 190). En revanche, la plus-value de cession des titres est exonérée, selon la règle exposée aux n°s 50240 s.

51100 **Cessions réalisées par des non-résidents** Les **gains,** de source française, tirés de la **levée des options** donnent lieu à l'application d'une **retenue à la source** lors de la cession des titres correspondants lorsqu'ils sont réalisés par des **personnes** qui ne sont **pas fiscalement domiciliées en France** au titre de l'année de ladite cession (CGI art. 182 A ter). Sont également soumis à la retenue à la source, lors de la levée des options, les **rabais excédentaires,** de source française, consentis aux personnes qui ne sont pas fiscalement domiciliées en France au titre de l'année de ladite levée.

La retenue est calculée de la façon suivante :

– pour les rabais, la base de la retenue est constituée par le montant net du rabais, déterminé selon les règles applicables aux traitements et salaires (à l'exclusion de celles relatives à la déduction des frais professionnels réels) ; à cette base doit être appliqué le barème et les règles de régularisation prévus pour la retenue à la source sur les traitements, salaires, pensions et rentes viagères (Mémento fiscal n° 4610 et Mémento fiscal n° 4630) ;

– pour les gains tirés de la levée des options, la retenue est assise sur le montant de ces gains. S'agissant des options attribuées avant le 28-9-2012, la retenue est calculée selon les taux forfaitaires mentionnés au n° 51130, puis prise en compte pour le calcul de l'impôt sur le revenu et, enfin, imputable sur le montant de ce dernier, lorsque les conditions tenant à l'indisponibilité et à la forme nominative des titres ont été respectées (ce qui est nécessairement le cas s'agissant des cessions, conversions au porteur ou locations intervenues depuis 2017) et que le bénéficiaire n'a pas opté pour les règles des traitements et salaires ; dans le cas d'une telle option, la retenue doit être calculée et régularisée selon les règles applicables aux rabais (voir ci-dessus 1er tiret). S'agissant des options attribuées depuis le 28-9-2012, la retenue est toujours calculée et régularisée selon les règles applicables aux rabais.

La retenue afférente aux rabais doit être **acquittée** par la personne qui constate le rabais et celle afférente aux gains tirés de la levée des options, par la personne qui verse les sommes issues de la cession des titres. Les **obligations** du redevable de la retenue (et les sanctions correspondantes) sont les mêmes que celles prévues pour la retenue à la source sur les salaires, pensions et rentes viagères.

> **Précisions a.** La retenue à la source s'applique également aux avantages salariaux, de source française, prenant la forme d'attribution de titres à des conditions préférentielles, notamment d'options sur titres ou d'attribution d'actions gratuites, qui ne respectent pas les conditions prévues par le Code de commerce (**plans dits « non qualifiants »**) et qui sont servis à des personnes non fiscalement domiciliées en France au titre de l'année de la remise des titres. Dans cette hypothèse, la retenue s'applique au montant net des avantages accordés dans les mêmes conditions que pour les rabais des plans « qualifiants » (1er tiret ci-dessus). La retenue est acquittée au moment de la remise des titres par la personne qui effectue cette remise, les modalités déclaratives et les sanctions étant celles indiquées ci-dessus.
> **b.** Qu'il s'agisse de plans « qualifiants » ou « non qualifiants », le taux de la retenue à la source est porté à 75 % lorsque le bénéficiaire est domicilié dans un **État ou territoire non coopératif** tel que visé au n° 51390, 1° et 2° (sauf si le débiteur apporte la preuve que les avantages ou gains correspondent à des opérations réelles qui ont principalement un objet et un effet autres que de permettre leur localisation dans un tel État ou territoire). Lorsque le taux de 75 % s'applique, la retenue est alors libératoire de l'impôt sur le revenu et n'est pas remboursable.
> **c.** La retenue s'applique également aux gains de cession de BSPCE (n° 51157) et aux gains d'acquisition d'actions gratuites (n° 51210).
> **d.** Les gains et avantages salariaux, de source française, provenant des dispositifs légaux ou non d'actionnariat salarié dont bénéficient des personnes domiciliées hors de France et résidentes des États ou territoires liés à la France par une **convention fiscale** au moment du fait générateur de la retenue ne sont imposables à l'impôt sur le revenu et, le cas échéant, à la retenue à la source prévue à l'article 182 A ter du CGI en France que si la convention ne s'y oppose pas (BOI-IR-DOMIC-10-20-20-40 n° 340).
> En outre, les retenues et prélèvements à la source appliqués sur certains revenus ou profits de source française versés à des personnes fiscalement domiciliées hors de France ne s'appliquent pas aux revenus et profits perçus par des non-résidents tirant l'essentiel de leurs revenus en France (« **non-résidents Schumacker** ») (BOI-IR-DOMIC-10-20-20 n° 20). Dans l'hypothèse où la retenue aurait été prélevée, elle s'impute sur l'impôt sur le revenu et l'éventuel excédent constaté pourra être restitué, sur demande, nonobstant le caractère non restituable éventuel du prélèvement, de manière à replacer le contribuable dans la situation qui aurait été la sienne s'il avait été imposé selon les règles applicables aux personnes domiciliées fiscalement en France (BOI-IR-DOMIC-40 n° 130).

Cessions réalisées par des salariés migrants Lorsque le bénéficiaire de l'option a changé d'État de résidence après l'attribution de l'option (salarié ou dirigeant « **migrant** »), le droit d'imposer le gain découlant de l'exercice, de la vente ou de l'aliénation de l'option d'achat ou de souscription revient à l'État ou aux États dans lequel ou dans lesquels l'activité qui a justifié l'attribution de l'option a été exercée. Ce principe de répartition de l'imposition est conforme à la jurisprudence du Conseil d'État (BOI-RSA-ES-20-10-20-60 n° 1 ; CE 17-3-2010 n° 315831 : RJF 6/10 n° 588). **51110**

Pour connaître la part du gain de levée d'options imposable dans chaque État, il faut donc déterminer l'**activité** en contrepartie de laquelle les options ont été attribuées (« **période de référence** » ou « vesting ») et définir le ou les États sur le territoire desquels cette activité a été exercée.

Dès lors, les gains résultant de l'attribution de titres à des conditions préférentielles consenties en contrepartie d'une activité salariée, notamment les gains de levée d'options sur titres, réalisés par des **résidents de France,** n'ont pas à être imposés en France lorsqu'ils se rattachent à une activité exercée antérieurement par les bénéficiaires dans un État ayant conclu avec la France une convention fiscale. Inversement, ces mêmes gains réalisés par des **non-résidents de France** sont imposés en France lorsqu'ils se rattachent à une activité exercée antérieurement en France par les bénéficiaires.

Dans le cas où l'**activité** justifiant l'attribution d'options (déterminée en distinguant les options se rapportant à des services futurs de celles se rapportant à des services passés) a été **exercée dans plusieurs États** ayant conclu avec la France une convention fiscale en vue d'éliminer les doubles impositions, l'imposition est répartie au prorata du nombre de jours d'activité exercée dans chaque État pendant la période donnant lieu à attribution d'options.

Les règles applicables aux gains de levée d'options diffèrent selon le lieu de résidence du cédant (BOI-RSA-ES-20-10-20-60 nos 330 s.), sous réserve des dispositions des conventions internationales :

– pour les **résidents de France** dont le gain de levée d'options se rapporte en tout ou partie à une **activité exercée à l'étranger** : l'avantage issu de la levée d'option n'est imposable en France qu'au prorata de l'activité exercée en France pendant la période de référence, conformément au principe d'imposition défini à l'article 15 du modèle de convention OCDE ;

– pour les **non-résidents de France** dont le gain de levée d'options se rapporte en tout ou partie à l'exercice d'une **activité en France** : l'avantage est imposable en France sur la fraction qui se rapporte à l'exercice d'une activité en France. La fraction de l'avantage imposable en France est susceptible d'être soumise à la retenue à la source prévue à l'article 182 A ter du CGI (no 51100).

L'imposition est effectuée, pour les options attribuées **jusqu'au 27 septembre 2012,** dans les conditions prévues par les articles 163 bis C et 200 A, 6 du CGI et, pour les options attribuées **à compter du 28 septembre 2012,** dans les conditions prévues à l'article 80 bis du CGI. Toutefois, la **moins-value** éventuellement constatée n'est imputable que dans le pays de résidence du contribuable et n'est pas admise en déduction de la part de l'avantage imposable en France.

TABLEAU RÉCAPITULATIF

51130 Le tableau ci-après résume le régime fiscal et social des options.

	Impôt sur le revenu	CSG et CRDS	Prélèvement de solidarité[8]	Cotisations de sécurité sociale[2] et contribution salariale spécifique[10]
Rabais excédentaire[1]	a) option attribuée avant le 1-1-1990 : même régime que l'avantage tiré de l'option b) option attribuée depuis le 1-1-1990 : imposable comme salaire dès la levée de l'option[3]	a) option levée avant le 1-1-1995 : non assujetti b) option levée depuis le 1-1-1995 : assujetti comme salaire dès la levée de l'option	non assujetti	a) option levée avant le 1-1-1995[3] : non assujetti b) option levée depuis le 1-1-1995[3] : assujetti comme salaire dès la levée de l'option
Avantage tiré de la levée de l'option[4] Options attribuées avant le 28-9-2012[5]	a) options attribuées avant le 20-9-1995 : avantage imposable au titre de l'année de cession des actions comme plus-value sur valeurs mobilières[6]	assujetti en tant que revenu du patrimoine au titre de l'année de cession des actions[6]	assujetti au titre de l'année de cession des actions[6]	non assujetti
	b) options attribuées du 20-9-1995 au 26-4-2000 : avantage imposable au titre de l'année de cession des actions comme plus-value sur valeurs mobilières au taux spécifique de 30 %, ou, sur option, comme salaire sans application du système du quotient	assujetti en tant que revenu du patrimoine au titre de l'année de cession des actions	assujetti au titre de l'année de cession des actions	non assujetti

51130 (suite)

	Impôt sur le revenu	CSG et CRDS	Prélèvement de solidarité[8]	Cotisations de sécurité sociale[2] et contribution salariale spécifique[10]
	c) options attribuées depuis le 27-4-2000 : – cession, location ou conversion dès la fin de la période d'indisponibilité[9] : avantage imposable au titre de l'année de cession des actions aux taux spécifiques de 30 % pour la fraction de l'avantage n'excédant pas 152 500 € et 41 % pour la fraction excédant ce montant, ou, sur option, comme salaire sans application du système du quotient – cession, location ou conversion après un délai supplémentaire de portage de deux ans[9] : avantage imposable au titre de l'année de cession des actions aux taux spécifiques de 18 % pour la fraction de l'avantage n'excédant pas 152 500 € et 30 % pour la fraction excédant ce montant, ou, sur option, comme salaire sans application du système du quotient	assujetti en tant que revenu du patrimoine au titre de l'année de cession des actions	assujetti au titre de l'année de cession des actions	options attribuées avant le 16-10-2007 : non assujetti options attribuées à partir du 16-10-2007 jusqu'au 27-9-2012 : non assujetti aux cotisations de sécurité sociale mais assujetti à la contribution salariale spécifique[10]
Options attribuées à compter du 28-9-2012	avantage imposable au titre de l'année de cession des actions comme un salaire	assujetti en tant que salaire[12] au titre de l'année de cession des actions[13]	non assujetti	non assujetti aux cotisations de sécurité sociale[11] mais assujetti à la contribution salariale spécifique
Plus-value[7]	imposition comme plus-value sur valeurs mobilières	assujettie en tant que revenu du patrimoine au titre de l'année de cession des actions	assujettie au titre de l'année de cession des actions	non assujettie

1. Part du rabais excédant 5 % (10 % pour les options attribuées avant le 1-7-1993). Le rabais est la différence entre la valeur de l'action au moment où l'option est attribuée et le prix de souscription ou d'achat.
2. Et cotisations alignées : Assédic, Agirc, Arrco, taxe sur les salaires (options attribuées avant le 28-9-2012), taxe d'apprentissage et contribution additionnelle, contribution formation et participation-construction.
3. Le 1-1-1996 pour les cotisations de retraite complémentaire Arrco et Agirc, la taxe d'apprentissage, la contribution à la formation professionnelle et la participation-construction.

4. Différence entre la valeur du titre à la date de levée de l'option et le prix de souscription ou d'achat. Du montant ainsi obtenu, déduire, s'il y a lieu, le rabais excédentaire. Si les titres sont cédés pour un prix inférieur à leur valeur à la date de levée de l'option, la différence vient en déduction de cet avantage.
5. Pour les cessions, conversions au porteur ou locations qui sont intervenues depuis 2017, le délai d'indisponibilité fiscale (5 ans pour les options attribuées avant le 27-4-2000 ; 4 ans pour les options attribuées depuis cette date jusqu'au 27-9-2012) est nécessairement respecté.
6. Par exception, l'avantage est exonéré pour les actions provenant d'options levées avant le 1-1-1990.
7. Différence entre le prix de cession des titres et leur valeur à la date de levée de l'option.
8. Sur ce prélèvement, voir n°s 50660 s.
9. Les opérations d'échange sans soulte d'actions résultant d'une opération d'offre publique, de fusion, de scission, de division ou de regroupement ou de l'apport à une société créée pour le rachat d'une entreprise par ses salariés ne sont pas considérées comme une cession. La condition d'indisponibilité continue alors à être applicable aux actions reçues en échange.
10. La contribution sociale salariale spécifique est versée au profit de la Caisse nationale des allocations familiales.
11. Sous réserve de notifier à l'Urssaf l'identité des salariés ou mandataires sociaux bénéficiaires, ainsi que le nombre ou la valeur des options attribuées à chacun d'eux.
12. Mais exonéré de taxe sur les salaires.
13. Ces contributions sont cependant recouvrées dans les conditions et suivant les modalités applicables aux revenus du patrimoine (CSS art. L 136-5). En conséquence, la CSG est déductible au titre de l'année de son paiement.

B. Titres acquis en exercice de bons de souscription de parts de créateur d'entreprise

51150 Certaines **sociétés par actions** passibles de l'impôt sur les sociétés en France sont autorisées à créer des bons de souscription de parts de créateur d'entreprise (BSPCE) destinés à leurs salariés ou à leurs dirigeants soumis au régime fiscal des salariés et aux membres de leur conseil d'administration et de leur conseil de surveillance ou, dans les sociétés par actions simplifiées, aux membres de tout organe statutaire équivalent. Sous certaines conditions (voir précision ci-après), des bons peuvent également être attribués aux membres du personnel salarié et aux dirigeants des sociétés filiales. Les sociétés dont le siège est établi dans un État de l'Union européenne ou dans un État ou territoire ayant conclu avec la France une convention fiscale contenant une clause d'assistance administrative en vue de lutter contre la fraude ou l'évasion fiscale et soumises, dans cet État, à un impôt équivalent à l'impôt sur les sociétés peuvent également attribuer des bons à leurs employés en France.

L'émission de ces bons est réservée aux sociétés **non cotées** et aux sociétés **cotées sur un marché d'instruments financiers réglementé** ou organisé d'un État partie à l'accord sur l'Espace économique européen et dont la **capitalisation boursière est inférieure à 150 M€**. Si ce seuil est dépassé, les sociétés peuvent continuer à attribuer des bons pendant les trois ans suivant ce dépassement, sous réserve de remplir l'ensemble des autres conditions précitées.

Le dispositif des BSPCE est réservé aux sociétés immatriculées au registre du commerce et des sociétés depuis **moins de quinze ans** qui n'ont **pas été créées dans le cadre** d'une concentration, d'une **restructuration** ou d'une extension d'activité préexistante, hors essaimage (voir toutefois précision b ci-après). Le **capital** de la société émettrice des bons **doit être détenu** directement pour 25 % au moins par des personnes physiques ou par des personnes morales elles-mêmes directement détenues pour 75 % au moins de leur capital par des personnes physiques.

> **Précisions a.** Les sociétés éligibles peuvent attribuer des BSPCE aux membres du **personnel salarié** et aux dirigeants soumis au régime fiscal des salariés **des sociétés filiales** sous réserve que les **conditions** suivantes soient remplies : la société attributrice doit détenir au moins 75 % du capital ou des droits de vote de la filiale au personnel de laquelle elle attribue des bons ; la filiale remplit les conditions exposées ci-dessus, sous réserve de celle relative à la détention du capital et étant précisé que le respect du plafond de capitalisation boursière de la société attributrice des BSPCE doit être apprécié en faisant masse de sa propre capitalisation et de celle de ses filiales dont le personnel a bénéficié de distributions au cours des douze derniers mois.
> **b.** Les **sociétés issues d'une concentration, d'une restructuration, d'une extension ou d'une reprise d'activités préexistantes** peuvent émettre des bons, sous réserve du respect des conditions suivantes : toutes les sociétés

prenant part à l'opération doivent répondre aux conditions ci-dessus (imposition à l'IS, détention du capital, absence de cotation ou petite capitalisation boursière, âge, sociétés non issues elles-mêmes d'opérations de restructuration hors essaimage) ; le respect de la capitalisation boursière à la suite de l'opération est apprécié en faisant masse de la capitalisation de l'ensemble des sociétés issues de l'opération ; l'âge de la ou des sociétés issues de l'opération est apprécié en tenant compte de la date la plus ancienne des sociétés ayant pris part à l'opération (l'opération n'efface donc pas l'ancienneté des sociétés participantes).

MODALITÉS D'IMPOSITION

Le **gain** net réalisé par le bénéficiaire des bons lors de la cession des titres souscrits en exercice de ces bons est imposé à l'**impôt sur le revenu** comme plus-value de cession de valeurs mobilières selon la distinction et dans les conditions suivantes : 51155

– bons attribués depuis le 1-1-2018 : taux forfaitaire de 12,8 % ou, sur option, barème de droit commun de l'impôt sur le revenu, avec application, le cas échéant, de l'abattement fixe « dirigeants » prévu par l'article 150-0 D ter du CGI (nos 50460 s.) ; lorsque le bénéficiaire exerce son activité dans la société depuis moins de trois ans à la date de la cession, taux de 30 %, sans possibilité de bénéficier de l'abattement fixe « dirigeants » et sans possibilité d'option pour le barème de droit commun ;

– bons attribués jusqu'au 31-12-2017 : taux de 19 %, ou taux de 30 % lorsque le bénéficiaire exerce son activité dans la société depuis moins de trois ans à la date de la cession. Ce gain ne peut bénéficier ni de l'abattement fixe ni d'aucun abattement pour durée de détention.

Le gain net est, dans tous les cas, soumis aux **prélèvements sociaux** sur les revenus du patrimoine (nos 50660 s.).

En cas de **non-respect des conditions** visées aux II à III de l'article 163 bis G du CGI, les gains nets réalisés lors de la cession des titres souscrits en exercice des BSPCE constituent un **complément de salaire** imposable dans les conditions de droit commun (BOI-RSA-ES-20-40-30 n° 1).

> **Précisions a.** Pour l'**appréciation** de la **durée d'exercice de l'activité** des bénéficiaires, il est tenu compte, pour un bénéficiaire employé par la société attributrice, de la période d'activité éventuellement effectuée au sein d'une filiale et, pour un bénéficiaire employé par une filiale, de la période d'activité éventuellement effectuée au sein de la société mère.
>
> **b.** Les bénéficiaires des bons sont dispensés de joindre à leur déclaration de revenus souscrite au titre de l'année d'exercice des bons **l'état individuel délivré par la société.** Ils doivent toutefois le conserver jusqu'à l'expiration du délai de reprise et le présenter à l'administration sur demande de sa part (BOI-RSA-ES-20-40-30 n° 200).

CESSION PAR UN NON-RÉSIDENT

Lorsque le cédant est un **non-résident** (voir n° 51356) au titre de l'année de la cession des titres, il est soumis à la retenue à la source prévue à l'article 182 A ter du CGI sur ses gains de source française, sous réserve des conventions internationales (n° 51100). 51157

Seule constitue un gain de **source française**, susceptible d'être soumis à la retenue à la source, la fraction du gain net correspondant à la différence entre la valeur du titre souscrit au jour de l'exercice du bon et le prix d'acquisition du titre fixé lors de l'attribution du bon (« **gain d'exercice** ») au prorata de l'activité exercée en France (BOI-RSA-ES-20-40-30 n° 80).

La fraction du **gain net de cession** des BSPCE qui correspond à la différence entre le prix de cession du titre acquis au moyen du bon et sa valeur au jour de l'exercice du bon constitue un gain en capital au regard des commentaires de l'OCDE et, par conséquent, n'est pas soumise à la retenue à la source (BOI-RSA-ES-20-40-30 n° 90).

> **Précisions** La **retenue à la source,** calculée aux taux prévus ci-dessus suivant la durée d'activité du bénéficiaire dans la société au moment de la cession des titres, doit être acquittée par la personne qui effectue le versement des sommes issues de la cession des titres. Elle est libératoire de l'impôt sur le revenu.
>
> Le taux de la retenue à la source est porté à 75 % lorsque les avantages et gains sont réalisés par une personne domiciliée dans un **État** ou territoire **non coopératif** tel que visé au n° 51390, 1° et 2° (sauf si le débiteur apporte la preuve que les avantages ou gains correspondent à des opérations réelles qui ont principalement un objet et un effet autres que de permettre leur localisation dans un tel État ou territoire). Lorsque le taux de 75 % s'applique, la retenue est alors libératoire de l'impôt sur le revenu et n'est pas remboursable.

SALARIÉS MIGRANTS

51160 En cas de mobilité internationale du bénéficiaire du bon (salarié « migrant »), seul le **gain d'exercice,** de nature salariale, est imposable dans le ou les États dans lesquels l'activité rémunérée par le bon a été exercée, sous réserve que la rémunération perçue au titre de cette activité soit imposable dans l'État considéré en application des dispositions conventionnelles (BOI-RSA-ES-20-40-30 n° 100) ; voir n° 51110.

En cas d'exercice de l'activité dans plusieurs États, la part du **gain** d'exercice **imposable en France** est déterminée au prorata du nombre de jours d'exercice de l'activité (voir n° 51110).

La fraction du gain net de cession des BSPCE correspondant à la différence entre le prix de cession du titre acquis au moyen du bon et sa valeur au jour de l'exercice du bon constitue un **gain en capital** dont le régime fiscal est défini par les conventions internationales.

C. Attributions gratuites d'actions aux salariés et mandataires sociaux

51200 Les sociétés par actions, cotées, ou non cotées peuvent procéder à des attributions gratuites d'actions au profit de tout ou partie de leurs salariés et dirigeants (C. com. art. L 225-197-1 à L 225-197-5, L 22-10-59 et L 22-10-60).

L'assemblée générale extraordinaire des actionnaires, qui autorise le conseil d'administration ou le directoire à procéder à une attribution gratuite d'actions existantes ou à émettre, fixe la **durée minimale de la période d'acquisition,** période au terme de laquelle l'attribution des actions à leurs bénéficiaires est définitive et qui ne peut pas être inférieure à un an. L'assemblée a également la possibilité de fixer la durée minimale d'une **période de conservation,** période pendant laquelle les bénéficiaires ont l'obligation de conserver les actions acquises et qui commence à l'issue de la période d'acquisition. La durée cumulée de la période d'acquisition et de l'éventuelle période de conservation ne peut pas être inférieure à deux ans.

Les actions peuvent être attribuées aux **salariés** ou à certaines catégories d'entre eux ainsi qu'aux **dirigeants** : président du conseil d'administration, directeur général, directeurs généraux délégués et membres du directoire dans les SA et les SAS ; gérants dans les sociétés en commandite par actions.

MODALITÉS D'IMPOSITION

51205 Dès lors que les conditions d'attribution définies aux articles L 225-197-1 à L 225-197-5, L 22-10-59 et L 22-10-60 du Code de commerce sont respectées, l'**avantage tiré de l'attribution gratuite des actions** (ou plus-value d'acquisition) qui est égal à la valeur des titres à la date d'acquisition (nette, le cas échéant, de la valeur symbolique exigée de l'attributaire), est **imposé** entre les mains de celui-ci au titre de l'**année de cession** (à titre onéreux ou à titre gratuit) selon les modalités suivantes (CGI art. 80 quaterdecies) :

– s'agissant des **actions attribuées en vertu d'une autorisation de l'assemblée générale extraordinaire (AGE) intervenue depuis le 1-1-2018** : l'avantage (ou la fraction de l'avantage) qui n'excède pas une limite annuelle de 300 000 € est imposé selon le barème progressif de l'impôt sur le revenu après application d'un abattement de 50 % ou, le cas échéant, de l'abattement fixe « dirigeants » prévu à l'article 150-0 D ter du CGI (n°s 50460 s.) et, pour le surplus, d'un abattement de 50 % (lorsqu'il s'applique, l'abattement fixe s'impute en priorité sur la plus-value de cession puis, pour le reliquat éventuel, sur la plus-value d'acquisition), et soumis aux prélèvements sociaux sur revenus du patrimoine (n°s 50660 s.) ; la fraction de l'avantage qui excède la limite de 300 000 € est imposée comme un salaire, selon le barème progressif de l'impôt sur le revenu, sans application d'aucun abattement pour durée de détention, et soumise aux prélèvements sociaux sur revenus d'activité ;

– s'agissant des **actions attribuées en vertu d'une autorisation de l'AGE intervenue depuis le 31-12-2016 jusqu'au 31-12-2017** : l'avantage (ou la fraction de l'avantage) qui n'excède pas une limite annuelle de 300 000 € est imposé selon le barème progressif de l'impôt sur le revenu après application, le cas échéant, des abattements pour durée de détention prévus pour l'imposition des plus-values sur valeurs mobilières tels que prévus avant leur modification par la loi de finances pour 2018 (voir cependant précisions c ci-après), et soumis aux prélèvements sociaux sur revenus du patrimoine (n°s 50660 s.) ; la fraction de l'avantage qui excède cette limite est imposée comme un salaire, selon le barème progressif de l'impôt sur le revenu, sans application d'aucun abattement pour durée de détention, et soumise aux prélèvements sociaux sur revenus d'activité ;

– s'agissant des **actions attribuées en vertu d'une autorisation de l'AGE intervenue depuis le 8-8-2015 jusqu'au 30-12-2016** : l'avantage est imposé en totalité selon le barème progressif de l'impôt sur le revenu après application, le cas échéant, des abattements pour durée de détention prévus pour l'imposition des plus-values sur valeurs mobilières tels que prévus avant leur modification par la loi de finances pour 2018 (voir précisions c ci-après), et soumis aux prélèvements sociaux sur revenus du patrimoine ;

– s'agissant des **actions attribuées à compter du 28-9-2012 et en vertu d'une autorisation de l'AGE antérieure au 8-8-2015** : l'avantage est soumis à l'impôt sur le revenu dans la catégorie des traitements et salaires et aux prélèvements sociaux sur revenus d'activité ;

– s'agissant des actions attribuées **avant le 28-9-2012,** lorsqu'elles sont demeurées indisponibles, sans être données en location, pendant une période minimale de deux ans à compter de leur attribution définitive, l'avantage est imposé au taux de 30 % (CGI ancien art. 200 A, 6 bis). L'attributaire des actions peut toutefois, s'il y trouve intérêt, exercer une option pour l'imposition de l'avantage selon le régime des traitements et salaires. Dans les deux cas, l'avantage est soumis aux prélèvements sociaux sur les revenus du patrimoine, la CSG n'étant pas déductible du revenu imposable (BOI-IR-BASE-20-20 n° 60).

Le **fait générateur de l'imposition** de l'avantage est la cession des actions, que celle-ci intervienne à titre onéreux ou à titre gratuit. Lorsque le bénéficiaire n'est pas domicilié en France, l'imposition de l'avantage tiré de l'attribution gratuite des actions est opérée par voie de retenue à la source (n° 51210).

La **plus-value de cession,** égale à la différence entre le prix de cession et la valeur des actions au jour de l'acquisition, est imposée selon le régime des plus-values sur valeurs mobilières, quelle que soit la date d'attribution des options.

La **moins-value** éventuelle est déduite du montant de l'avantage tiré de l'attribution des actions (CGI art. 80 quaterdecies, V).

La plus-value est également assujettie aux **prélèvements sociaux** sur revenus du patrimoine au taux global de 17,2 %.

> **Précisions a.** Le régime fiscal décrit ci-dessus s'applique également aux attributions d'actions gratuites par des sociétés dont le **siège** est situé **à l'étranger** aux salariés ou mandataires sociaux qui exercent leur activité dans des entreprises dont elles sont mères ou filiales, dès lors que l'attribution s'effectue dans les conditions prévues par la loi française.
> **b.** L'**échange** d'actions sans soulte qui résulte d'une opération d'offre publique, de fusion, de scission, de division ou de regroupement ne fait pas perdre le bénéfice du régime fiscal de faveur des actions attribuées avant le 28-9-2012. Le délai d'indisponibilité restant à courir au moment de l'opération d'échange d'actions s'applique aux titres reçus en échange.
> **c.** Le gain d'acquisition d'**actions gratuites dont l'attribution a été autorisée par une décision de l'AGE prise entre le 8-8-2015 et le 31-12-2017** peut, le cas échéant, bénéficier (pour la totalité, s'agissant des actions attribuées en vertu d'une autorisation accordée entre le 8-8-2015 et le 30-12-2016 ; pour la fraction n'excédant pas 300 000 €, s'agissant des actions attribuées en vertu d'une autorisation accordée entre le 31-12-2016 et le 31-12-2017) du « nouvel » **abattement** fixe « dirigeants » de l'article 150-0 D ter du CGI, tel que modifié par la loi de finances pour 2018 (nos 50460 s.). Dans ce cas, l'application de cet abattement fixe est exclusive de celle de l'abattement proportionnel de droit commun ou renforcé de l'ancien article 150-0 D du CGI. Ce dernier abattement peut toutefois s'appliquer lorsque le contribuable renonce à l'application de l'abattement fixe « nouveau ». Lorsque le « nouvel » abattement fixe s'applique, il s'impute en priorité sur la plus-value de cession et, pour le surplus, sur la plus-value d'acquisition (Loi 2017-1837 du 30-12-2017 art. 28).

CESSION PAR UN NON-RÉSIDENT

Lorsque les actions cédées ont été attribuées à un **non-résident,** l'avantage provenant de l'acquisition d'actions gratuites (« gain d'acquisition ») donne lieu à l'application, lors de la cession des titres correspondants, à la retenue à la source prévue à l'article 182 A ter du CGI (n° 51100). **51210**

S'agissant des actions attribuées **depuis le 28 septembre 2012,** la retenue est calculée en appliquant au montant net de l'avantage, déterminé selon les règles applicables aux traitements et salaires (à l'exclusion de celles relatives à la déduction des frais professionnels réels), le barème à trois tranches prévu par l'article 182 A du CGI ; une régularisation est opérée pour le calcul de l'impôt sur le revenu (dans les conditions fixées aux articles 197 A et 197 B du CGI).

S'agissant des actions attribuées **avant le 28 septembre 2012,** la retenue est calculée au taux forfaitaire mentionné n° 51205 (appliqué au montant de l'avantage) et est libératoire de l'impôt sur le revenu, lorsque la condition tenant à l'indisponibilité des titres est respectée et que le bénéficiaire

n'a pas opté pour l'imposition selon les règles des traitements et salaires ; dans le cas inverse, la retenue est calculée selon les règles applicables aux traitements et salaires.
La retenue doit être **acquittée** par la personne qui effectue le versement des sommes issues de la cession des titres. Les **obligations** du redevable de la retenue (et les sanctions correspondantes) sont les mêmes que celles prévues pour la retenue à la source sur les salaires, pensions et rentes viagères (voir Mémento fiscal n° 4625).

> **Précisions a.** Le taux de la retenue à la source est porté à 75 % lorsque les avantages et gains sont réalisés par une personne domiciliée dans un **État** ou territoire **non coopératif** tel que visé au n° 51390, 1° et 2° (sauf si le débiteur apporte la preuve que les avantages ou gains correspondent à des opérations réelles qui ont principalement un objet et un effet autres que de permettre leur localisation dans un tel État ou territoire). Lorsque le taux de 75 % s'applique, la retenue est alors libératoire de l'impôt sur le revenu et n'est pas remboursable.
> **b.** Les **abattements** pour durée de détention (nos 50375 s.) sont, le cas échéant, pris en compte pour déterminer la base de la retenue pour les avantages tirés d'actions attribuées en vertu d'une autorisation de l'AGE intervenue depuis le 8-8-2015 (BOI-IR-DOMIC-10-20-20-30 n° 375).

D. Opérations de bourse avec service de règlement différé (SRD)

DÉFINITION DES ORDRES AVEC SRD

51250 Certaines valeurs cotées en continu sur Euronext Paris réunissant certaines conditions de taille (capitalisation boursière de la société émettrice) et de liquidité (volume moyen des capitaux échangés quotidiennement) peuvent bénéficier du service de règlement différé. Il s'agit d'un **service payant** proposé par les intermédiaires boursiers. Il permet aux investisseurs de reporter à la fin du mois boursier le dénouement de leurs transactions.
L'inscription d'une valeur sur la liste des valeurs admises au SRD ne signifie pas qu'elle en **bénéficie** automatiquement. S'il souhaite bénéficier de ce service, le donneur d'ordres doit l'indiquer sur son ordre.
La **liste des valeurs** pouvant bénéficier du SRD sur Euronext Paris est disponible sur le site internet d'Euronext (www.euronext.com). Cette liste est révisée régulièrement pour intégrer les valeurs qui remplissent les critères requis. Le retrait de valeurs n'intervient qu'une fois par an.

51251 L'intermédiaire boursier a le droit de **refuser** un ordre avec service de règlement différé (en abrégé OSRD) à l'achat comme à la vente. S'il l'**accepte,** il doit immédiatement présenter l'ordre correspondant sur le marché. L'ordre est exécuté au **comptant.** Mais l'intermédiaire se substitue au donneur d'ordres en avançant les fonds dans le cas d'un ordre d'achat, ou en avançant les titres dans le cas d'un ordre de vente, jusqu'à la date de la liquidation.
En pratique, l'**exécution** de l'ordre avec SRD est effectuée de la manière suivante :
– dès l'exécution de son ordre, l'**acheteur** est définitivement engagé sur le prix à payer mais le paiement en espèces et l'inscription des titres à son compte n'interviendront que le dernier jour de bourse du mois, date à laquelle aura lieu le transfert de propriété ; jusqu'à cette date, les titres appartiennent à l'intermédiaire boursier ;
– dès l'exécution de son ordre, le **vendeur** est définitivement engagé à livrer les titres mais il ne les livrera effectivement qu'à la fin du mois boursier, date à laquelle son compte espèces sera crédité ; il demeure propriétaire des titres jusqu'à cette date.
Un ordre avec SRD peut être transmis et exécuté jusqu'au jour de la **liquidation mensuelle** (trois jours de bourse avant le dernier jour d'ouverture du marché du mois civil en cours).
Au cours du **même mois boursier,** le donneur d'ordres a la possibilité de faire **plusieurs opérations** d'achat ou de vente avec SRD sur les mêmes titres. Seul le solde des opérations sera livré ou réglé à la fin du mois. Chaque ordre entraîne le paiement d'une **commission.**

> ATTENTION
> Un OSRD permet d'acheter ou de vendre des titres avec un apport limité au montant de la couverture (n° 51252). Il comporte un **effet de levier** qui multiplie aussi bien les gains que les pertes. Autrement dit, la perte peut être supérieure au montant des fonds ou des titres donnés en garantie.

51252 L'intermédiaire qui reçoit un ordre avec SRD ne peut l'accepter que s'il obtient du donneur d'ordre la constitution préalable d'une **couverture.**
Préalablement à l'exécution d'un ordre avec SRD, le donneur d'ordre est en effet tenu de déposer, en espèces ou en titres, une couverture financière correspondant à une fraction de ses engage-

ments sur le marché. Le **montant minimum** et la **composition** de la couverture sont fixés par le règlement du marché (de 20 à 40 % de la position selon la composition de la couverture) mais l'intermédiaire financier peut demander un taux de couverture plus important, voire exiger une couverture à 100 %.
Lorsque, dans la période qui sépare deux liquidations boursières, le montant de la couverture devient insuffisant, l'investisseur doit reconstituer ou compléter sa couverture. Cette reconstitution doit intervenir au plus tard dans le délai d'un jour de bourse après la demande faite par l'intermédiaire. À défaut, l'intermédiaire procède d'office, aux frais de son client, à la liquidation partielle ou totale de sa position.

> **Précisions a.** L'obligation de couverture des ordres avec SRD n'a pas pour seul but la **protection** de l'intermédiaire et des marchés mais celle des intérêts de l'**investisseur** lui-même. Le donneur d'ordre peut engager la responsabilité civile contractuelle du prestataire qui n'a pas exigé la constitution d'une couverture suffisante (Cass. com. 26-2-2008 n° 07-10.761 : RJDA 5/08 n° 537 ; Cass. com. 22-5-2012 n° 11-17.936 : RJDA 8-9/12 n° 778 ; Cass. com. 13-5-2014 n° 09-13.805 : RJDA 8-9/14 n° 702).
> **b.** Le **nantissement d'un contrat d'assurance-vie** n'est pas compatible avec les règles de couverture dès lors que le créancier nanti d'un contrat d'assurance-vie n'est que détenteur, avec seul pouvoir de garde et de conservation, sans acquérir le droit d'user ni d'administrer la chose, et a une obligation de restitution lors du paiement de sa créance (Cass. com. 12-7-2011 n° 10-16.873, Brient c/ Sté Bourse direct).

CALENDRIER DES OPÉRATIONS AVEC SRD

La liquidation, c'est-à-dire le **dernier jour de négociation** du mois pour un règlement et une livraison à la fin du mois civil en cours, intervient trois jours de bourse avant le dernier jour d'ouverture du marché du mois civil en cours. Toute transaction avec SRD effectuée le jour de la liquidation alimente le compte de liquidation du mois en cours. Les transactions avec SRD effectuées durant les trois derniers jours d'ouverture du marché du mois en cours ont pour échéance la liquidation du marché du mois suivant. **51255**
La livraison et le règlement des transactions ont lieu le dernier jour de bourse du mois.

Le SRD permet aux opérateurs qui ne peuvent pas ou ne veulent pas livrer les titres vendus ou payer les titres achetés à la fin du mois boursier en cours de reporter à la **prochaine échéance mensuelle** le dénouement de leurs transactions. Ces opérations de **prorogation** sont organisées une fois par mois. Elles sont effectuées sur la base d'un **cours de prorogation.** Ce cours correspond, sauf circonstances particulières, au cours de clôture de la séance du jour. **51256**
En pratique, l'opération de prorogation consiste à déboucler la position portant sur le mois en cours et à prendre en compte une nouvelle position sur le mois suivant. Elle donne lieu au versement ou au prélèvement sur le compte espèces du donneur d'ordres d'une **marge** représentant l'écart entre la valorisation de sa position au cours de négociation et sa valorisation au cours de prorogation. Cette marge est versée ou prélevée le dernier jour d'ouverture du marché du mois en cours.
La **demande de prorogation** peut être faite jusqu'au jour de la liquidation du mois en cours, inclus, c'est-à-dire jusqu'au 3e jour de bourse avant le dernier jour d'ouverture du marché du mois civil en cours. L'intermédiaire est libre d'accepter ou de refuser cette demande. En tout état de cause, les demandes de report donnent lieu à la perception d'une **commission** dont la tarification est fixée librement par chaque intermédiaire.

	Liquidation du mois en cours et date limite pour une demande de prorogation (L)	Jour d'ouverture du mois boursier suivant (L + 1)	Règlement des positions avec SRD du mois en cours (L + 3)
Quand ?	3 jours de bourse avant le dernier jour d'ouverture du marché du mois civil	2 jours de bourse avant le dernier jour d'ouverture du marché du mois civil	Dernier jour d'ouverture du marché du mois civil
Que se passe-t-il ?	Dernier jour de négociation des OSRD du mois en cours et dernier jour pour une demande de prorogation	Premier jour de négociation des OSRD pour règlement et livraison à la fin du mois civil suivant	Inscription au compte du donneur d'ordres des titres achetés ou vendus et des mouvements de capitaux correspondants

En cas de **détachement d'un dividende** entre le jour de négociation et le jour de règlement-livraison, l'**acheteur avec SRD** n'étant pas encore propriétaire de l'action ne peut pas, en principe, percevoir le dividende. En pratique, l'intermédiaire financier devra lui reverser, sous la forme d'une **51257**

indemnité compensatrice, une somme égale au montant du dividende. Ce versement interviendra le dernier jour ouvré du mois.
Inversement, le **vendeur** avec SRD doit l'indemnité compensatrice pour le cas où il détiendrait les titres en portefeuille.

51258 En cas de **détachement d'un droit d'attribution ou de souscription** entre le jour de négociation et le jour de règlement-livraison, les droits détachés bénéficient à l'intermédiaire financier, à charge pour lui de les inscrire au compte de l'**acheteur avec SRD** dès leur détachement.
Le **vendeur** avec SRD qui ne dispose pas des titres en portefeuille (vente à découvert) doit acheter les droits pour les livrer. Il peut donner mandat à son intermédiaire de procéder systématiquement à l'achat des droits détachables qu'il doit livrer.

RÉGIME FISCAL DES OPÉRATIONS AVEC SRD

51260 En raison des difficultés que peuvent éprouver les intermédiaires financiers, qui ne connaissent pas les intentions des opérateurs, pour reconstituer le cheminement des opérations à terme réalisées par leurs clients, l'administration admet que le calcul du gain net provenant de telles opérations soit réalisé à partir des données du « compte de liquidation ». Ce dernier retrace, en effet, l'ensemble des opérations effectuées depuis la liquidation précédente (BOI-RPPM-PVBMI-20-10-20-40 n°s 130 s.).
Cette méthode a pour fondement une **détermination mensuelle des gains ou des pertes réalisés entre deux liquidations** et présente l'avantage de permettre aux opérateurs de vérifier le calcul des gains ou des pertes dont le montant doit correspondre (à la prise en compte des frais forfaitaires près) au solde espèces du compte de liquidation, corrigé de la valeur globale des titres levés ou livrés, et, le cas échéant, des opérations correspondant à un placement en report (emploi de fonds en report ou prêt de titres en cas de déport, qui relèvent d'un régime fiscal différent).

51261 **Opérations à prendre en compte au cours de chaque liquidation** La détermination des gains ou des pertes s'effectue en faisant masse de l'ensemble des opérations de liquidation.
À cet effet, il est tenu compte :
– des **achats** et des **ventes** de la liquidation ;
– des **indemnités compensatrices de coupons** détachés au cours de la liquidation (en cas de détachement d'un coupon au cours de la liquidation, l'acheteur du titre coupon attaché est crédité d'une indemnité équivalente à ce coupon dont le vendeur est débité) ;
– des opérations de rachat ou de revente résultant d'un **report antérieur** et réalisées sur la base du cours de compensation de la liquidation précédente ;
– des opérations d'achat ou de vente résultant d'un **report sur la liquidation suivante** et réalisées sur la base du cours de compensation de la liquidation courante.
Les gains ou pertes dégagés ainsi lors de chaque liquidation correspondent donc exactement au **solde espèces** du compte de liquidation, sauf à tenir compte :
– des frais forfaitaires admis pour le calcul des plus-values ;
– de la valeur globale des titres levés ou livrés.

51262 **Levée et livraison des titres** Dès lors qu'il est fait masse des opérations de la liquidation, le portefeuille-titres détenu pour le compte du client concerné par l'intermédiaire financier qui établit le compte de liquidation n'est modifié, du point de vue du nombre de titres, que si le compte de liquidation fait apparaître un **solde** (différence entre le total des achats et le total des ventes de la liquidation, y compris les opérations de report) qui se traduit par une levée de titres ou une livraison de titres. Le **prix de revient pondéré** des titres en portefeuille n'est modifié que si une levée de titres est effectuée.

51263 **Détermination d'un prix moyen d'achat et d'un prix moyen de vente de la liquidation** L'enchevêtrement des opérations à terme ne permettant pas de mettre face à face toutes les opérations d'achats et de ventes, il est procédé à la détermination, pour chaque liquidation et pour chaque valeur, d'un **prix moyen** des achats et d'un prix moyen des ventes.
Pour la détermination de ces prix, il convient de prendre en compte toutes les opérations énumérées au n° 51261.

51264 **Calcul du gain net unitaire** Pour toutes les opérations qui ne se traduisent **pas** par un **mouvement de titres,** le gain ou la perte est égal à la différence (positive ou négative) entre le prix moyen de vente et le prix moyen d'achat de la liquidation.
Pour les **titres livrés,** le gain (ou la perte) est constitué par la différence entre le prix moyen de vente de la liquidation et le prix d'acquisition pondéré (valeur moyenne pondérée d'acquisition visée au n° 50280), qu'avaient ces titres dans le portefeuille de l'opérateur.

En cas de **levée de titres,** aucun gain n'est dégagé puisque aucune cession n'intervient et les titres ont un prix d'acquisition égal au prix moyen d'achat de la liquidation.

OBLIGATIONS DES CONTRIBUABLES ET DES INTERMÉDIAIRES FINANCIERS

Les gains ou pertes ne sont, bien entendu, dégagés que sur les ventes de titres inscrites au compte de liquidation. 51270

Afin de faciliter les obligations de déclaration des contribuables, les intermédiaires financiers doivent fournir à leurs clients soit sur le compte de liquidation lui-même, soit sur un document annexe, le **détail des gains ou pertes dégagés lors de chaque liquidation.**

Toutefois, il est admis que le gain (ou la perte) ne soit pas calculé par l'intermédiaire financier, ni inscrit sur le compte ou sur le document annexe, en ce qui concerne les **titres livrés pour lesquels cet intermédiaire financier n'a pas connaissance de leur prix d'acquisition.** Il indique simplement pour chaque valeur les quantités livrées et le prix moyen de vente.

Bien entendu, le contribuable doit reporter sur sa **déclaration** non seulement les gains sur opérations à terme visés ci-dessus, mais également les gains afférents aux titres livrés lorsque l'établissement financier n'a pas été mis en mesure de les déterminer, ainsi que les gains résultant d'opérations réalisées au comptant.

E. Titres migrants

On entend par titres migrants les titres de sociétés qui ont appartenu successivement au patrimoine privé et au **patrimoine professionnel** du contribuable avant d'être cédés. Il s'agit par exemple : 51280

– de **titres** qui ont figuré dans le patrimoine privé du contribuable avant d'être **inscrits à l'actif** de son entreprise ;

– ou de titres **donnés en location,** la location entraînant le transfert des titres du patrimoine privé vers le patrimoine professionnel de l'associé.

Dans ces hypothèses, il convient de distinguer deux plus-values distinctes soumises à des régimes fiscaux différents : une plus-value « privée » correspondant à la plus-value acquise par les titres au cours de la période durant laquelle ils ont figuré dans le patrimoine privé et une plus-value professionnelle correspondant à la plus-value acquise depuis le passage des titres dans le patrimoine professionnel jusqu'au jour de leur cession. Prévu par l'article 151 sexies du CGI, ce dispositif est examiné aux n°s 52980 s.

VI. PLUS-VALUES RÉALISÉES EN FRANCE PAR DES NON-RÉSIDENTS

Les non-résidents sont, le plus souvent, exonérés d'impôt sur les plus-values réalisées lors de la cession de titres de sociétés françaises, sous réserve des exceptions mentionnées au n° 51355. 51350

Pour le cas où les plus-values ont supporté l'**exit tax** lors du transfert du domicile fiscal hors de France, voir n°s 50950 s.

CAS GÉNÉRAL : EXONÉRATION

En vertu de l'article 244 bis C du CGI, les personnes dont le domicile fiscal ou le siège social est situé hors de France sont en principe exonérées d'impôt sur les plus-values réalisées en France à l'occasion de la cession de droits sociaux. L'**exonération** concerne toutes les personnes non-résidentes, qu'il s'agisse de personnes physiques ou morales. Elle vaut aussi bien pour les titres cotés que pour les titres non cotés. 51355

L'exonération vaut même si une **convention fiscale** donne à la France le droit d'imposer (TA Montreuil 18-11-2011 n° 1005653 : RJF 6/12 n° 552, à propos d'une personne physique fiscalement domiciliée en Chine).

Les seules **exceptions** à ce principe concernent :

– les cessions de titres d'une société française soumise à l'impôt sur les sociétés dans laquelle le cédant non résident détient une participation supérieure à 25 % (n°s 51360 s.) ;

– les cessions réalisées par des personnes domiciliées ou établies dans des États non coopératifs (n° 51390) ;

– les cessions de titres de sociétés à prépondérance immobilière qui relèvent pour leur part du prélèvement sur les plus-values immobilières (n°s 51700 s.) ;

– les cessions de titres acquis en exercice d'options sur actions (nos 51100 s.), de titres acquis en exercice de BSPCE (nos 51157 s.) ou de titres attribués gratuitement (n° 51210).

51356 Pour la **définition** des **personnes domiciliées hors de France,** l'article 244 bis C du CGI se réfère expressément à l'article 4 B du même Code. Aux termes de cet article, sont considérés comme ayant leur domicile fiscal en France :
– les personnes qui ont en France leur **foyer** ou le **lieu de leur séjour principal** ;
– les personnes qui exercent en France une **activité professionnelle,** salariée ou non, à moins qu'elles ne justifient que cette activité est exercée à titre accessoire ;
– les personnes qui ont en France le **centre de leurs intérêts économiques** ;
– les **agents de l'État** qui exercent leurs fonctions dans un pays étranger et qui ne sont pas soumis dans ce pays à un impôt personnel sur l'ensemble de leurs revenus.

ATTENTION

À moins qu'ils ne rapportent la preuve contraire, sont considérés comme exerçant en France leur activité professionnelle à titre principal les **dirigeants** des entreprises dont le siège est situé en France et qui y réalisent un chiffre d'affaires annuel supérieur à 250 M€ (CGI art. 4 B, b). Sont visés le président du conseil d'administration, lorsqu'il assume la direction générale de la société, le directeur général, les directeurs généraux délégués, le président et les membres du directoire, les gérants et autres dirigeants ayant des fonctions analogues. Le chiffre d'affaires à prendre en compte pour les sociétés contrôlant d'autres sociétés dans les conditions définies à l'article L 233-16 du Code de commerce (obligation de dépôt de comptes consolidés) est obtenu en faisant la somme du chiffre d'affaires de la société et de celui des sociétés contrôlées.

IMPOSITION DES PLUS-VALUES EN CAS DE PARTICIPATION SUBSTANTIELLE

51360 Les plus-values de cession de droits sociaux d'une **société soumise à l'impôt sur les sociétés** et ayant son siège en France, réalisées par des personnes physiques ou morales (quelle qu'en soit la forme) dont le domicile fiscal ou le siège social est situé à l'étranger, sont, sous réserve des conventions internationales, imposables en France dans les cas suivants (CGI art. 244 bis B) :
– lorsque le cédant détient avec son conjoint, leurs ascendants et leurs descendants, directement ou indirectement, **plus de 25 % des droits dans les bénéfices sociaux** de la société à un moment quelconque au cours de la période de cinq ans précédant la cession ;
– **quel que soit le pourcentage** de droits détenus dans les bénéfices de la société lorsque le cédant est une personne ou un organisme domicilié, établi ou constitué hors de France dans un **État ou territoire non coopératif** (ETNC défini au n° 51390, 1° et 2°).
En ce qui concerne l'**articulation** entre le régime prévu à l'article 244 bis B, qui soumet à l'impôt en France la cession par un non-résident d'une participation substantielle dans une société soumise à l'IS, et le régime de l'**exit tax,** voir n° 50977.

51365 **Plus-values imposables** Sauf dans le cas où le cédant est installé dans un État non coopératif (n° 51390), ce sont uniquement les plus-values réalisées par les personnes qui ont détenu, à un moment quelconque au cours des **cinq années précédant la cession,** directement ou indirectement avec leur groupe familial, plus de 25 % des droits dans les bénéfices sociaux de la société française soumise à l'impôt sur les sociétés.
Le **groupe familial** comprend, outre le cédant et son conjoint, leurs descendants et les ascendants de l'un et l'autre des époux.

ILLUSTRATIONS

Il a été jugé à cet égard que :
– les droits détenus par un **ascendant** doivent être pris en compte en totalité pour l'appréciation du seuil de 25 % et non pas uniquement pour leur **fraction** correspondant à la part **devant revenir en héritage** au cédant (CAA Nantes 9-5-1990 n° 772 : RJF 8-9/90 n° 1026) ;
– les droits détenus par les ascendants du conjoint de l'associé cédant ne sont pas pris en compte lorsque le **conjoint** est **décédé** avant l'ouverture de la période de cinq ans précédant la cession (CAA Paris 9-5-1990 n° 770 : RJF 8-9/90 n° 1025).

51366 Pour apprécier le pourcentage de 25 %, il convient de tenir compte non seulement des **participations directes** des membres du groupe familial dans les bénéfices de la société dont les titres sont cédés, mais également des participations **indirectes,** c'est-à-dire des droits qu'ils détiennent dans cette même société par l'intermédiaire d'une personne morale dont ils sont membres, que celle-ci soit ou non passible de l'impôt sur les sociétés.
Les droits détenus par l'intermédiaire d'une **société interposée** ne doivent être pris en compte pour apprécier le pourcentage de 25 % que si le cédant détient avec son groupe familial la majorité du capital de cette société et si un des membres du groupe familial y exerce en droit ou en fait des fonctions dirigeantes (CE 23-10-1998 n° 180246 : RJF 12/98 n° 1424).

L'administration ne peut pas taxer un actionnaire qui possède moins de 25 % du capital, faute de démontrer qu'il serait en outre propriétaire d'actions par l'intermédiaire d'un **prête-nom,** de sorte que le montant total des actions possédées représenterait plus de 25 % du capital (CE 26-2-1991 n° 56401 : RJF 4/92 n° 516).

Les **droits à retenir** pour l'appréciation du seuil de 25 % s'entendent non pas des droits dans le capital social, mais des droits à l'**attribution des bénéfices.** Pour les déterminer, il convient donc de prendre en considération les titres de toute nature ouvrant droit à une répartition de bénéfices, y compris, par conséquent, les actions prioritaires et les parts de fondateurs. Jugé que doivent aussi être retenus les droits détenus en **usufruit** (CAA Nantes 9-5-1990 n° 772 : RJF 8-9/90 n° 1026) ainsi que les droits à dividendes attachés à des actions attribués en application d'une **convention de portage** (TA Nantes 7-4-2000 n° 95-2305 : RJF 6/00 n° 787). N'ont en revanche à être pris en considération ni les droits détenus en **nue-propriété** ni les **rémunérations d'administrateurs**, traitements et **autres rémunérations** déductibles des bénéfices. 51367

La **période de cinq ans** au cours de laquelle il est nécessaire que le cédant ait détenu une participation dépassant 25 % des bénéfices s'entend des cinq ans précédant la cession décomptés de date à date et non des cinq années civiles précédant celle de la cession (CE 7-5-1982 n° 25921 : RJF 7/82 n° 668). 51368

Il suffit que le taux de détention de 25 % soit atteint à un moment quelconque au cours de cette période pour que l'imposition soit exigible. Il a ainsi été jugé qu'un contribuable qui cède en janvier d'une année N des actions d'une société anonyme est imposable, même si, à la date de la cession, les droits sociaux qu'il détient ne dépassent pas 25 % des bénéfices sociaux, dès lors qu'au cours des cinq années précédentes il possédait plus de 25 % des droits sociaux (CE 1-10-1986 n° 44835 : RJF 11/86 n° 982). Il a également été jugé que la condition de détention au cours des cinq dernières années de plus de 25 % des droits sociaux est remplie même si elle n'a été réalisée que pendant une seule journée (CAA Nancy 3-11-2005 n° 01-576 : RJF 5/06 n° 534).

Peu importe par ailleurs que la cession intervienne après **la transformation de la société,** même accompagnée d'une **augmentation de capital** et de l'entrée de nouveaux actionnaires, dès lors que cette transformation n'emporte pas création d'une personne morale nouvelle (CE 18-6-1980 n° 11934 : RJF 9/80 n° 684 ; CE 5-2-1988 n° 37537 : RJF 4/88 n° 449).

Modalités de taxation Dans la mesure où les plus-values de cession sont déterminées selon les modalités prévues aux articles 150-0 A à 150-0 E du CGI, les abattements prévus pour les résidents (nos 50370 s.) sont applicables. 51370

Ces plus-values sont soumises à un prélèvement au **taux de 12,8 %** pour les personnes physiques et de 25 % pour les **personnes morales** ou organismes quelle qu'en soit la forme, à condition bien sûr que les conventions internationales ne s'y opposent pas. Elles ne supportent pas les **prélèvements sociaux,** qui ne concernent pas les non-résidents (sous réserve de certaines plus-values immobilières).

Ce prélèvement est **libératoire** de l'impôt sur le revenu.

> **Précisions** **a.** Sur le taux applicable lorsque le cédant est domicilié dans un ETNC, voir n° 51391.
> **b.** Les **sociétés** étrangères **déficitaires** peuvent demander la restitution du prélèvement. Celles en **liquidation judiciaire** peuvent en être exonérées.

Déclaration et paiement L'imposition est acquittée dans les mêmes conditions que le prélèvement sur les plus-values immobilières des non-résidents visé à l'article 244 bis A, IV (CGI art. 244 bis B, al. 4). 51371

Le **paiement** de l'impôt doit par suite être effectué, au vu d'une **déclaration** de plus-value n° 2074, au moment de l'enregistrement de l'acte constatant la cession ou, à défaut d'enregistrement, dans le mois suivant la cession, sous la responsabilité d'un **représentant fiscal** désigné comme en matière de taxes sur le chiffre d'affaires. Toutefois, la désignation d'un représentant fiscal n'est pas obligatoire lorsque le cédant est domicilié dans un État de l'Espace économique européen (hors Liechtenstein). Dans ce dernier cas, le prélèvement est acquitté sous la seule responsabilité du cédant.

Conformément à l'article 171 quater de l'annexe II au CGI, le **représentant** fiscal en France de l'associé cédant non résident s'engage :
– à remplir les **formalités** auxquelles est soumise la personne non domiciliée en France ;
– à **acquitter l'impôt** en ses lieu et place ainsi que les sanctions éventuellement applicables.

Le représentant doit signer la déclaration de plus-value et être en mesure, éventuellement, de justifier de son domicile auprès du service des impôts, par tous moyens de preuve, ainsi que de sa désignation par le cédant, au besoin par une simple lettre jointe à la déclaration de plus-value.

51372 Le **service compétent** pour recevoir la déclaration de plus-value est :
– soit le service des impôts dans le ressort duquel réside le rédacteur de l'acte présenté à l'enregistrement ;
– soit celui dans le ressort duquel est situé le domicile du cédant ou de l'acquéreur, lorsque la mutation a fait l'objet d'un acte sous seing privé ou d'une déclaration de cession soumis à l'enregistrement ;
– soit le service des impôts dans le ressort duquel est situé le domicile du représentant dans les autres hypothèses.
Le service des impôts peut éventuellement refuser l'accomplissement de la formalité pour un acte non accompagné de la déclaration de plus-value correspondante ou pour inobservation des prescriptions relatives à la désignation du représentant.

51373 **Sursis ou report d'imposition** Les non-résidents bénéficient, comme les résidents, du mécanisme du **sursis d'imposition** visé à l'article 150-0 B du CGI (nº 50805) ; ainsi, pour eux également, une opération d'échange de titres présente un caractère intercalaire, dans les mêmes conditions. Elle n'est pas prise en compte pour l'établissement de l'impôt et n'a pas à être déclarée à l'administration.
Il en va ainsi, à notre avis, même si l'échange a pour effet de faire ensuite échapper la plus-value à l'impôt français, par exemple en cas d'échange de titres avec une société étrangère.
Les contribuables concernés entrent également dans le champ du **report d'imposition** en cas d'apport à une société contrôlée (nºs 50810 s.) ; les plus-values ainsi placées en report d'imposition restent ensuite imposables en France selon les mêmes règles et dans le respect des mêmes conditions que pour les résidents.

CESSIONS DE TITRES PAR DES RÉSIDENTS D'ÉTATS OU TERRITOIRES NON COOPÉRATIFS

51390 Les États ou territoires non coopératifs (ETNC) sont les entités politiques qui refusent les standards internationaux d'échange des informations fiscales ou dont la législation favorise la fraude et l'optimisation fiscales. Les opérations réalisées avec ces États ou territoires (dont la liste est fixée par arrêté) font l'objet de mesures restrictives.
Sont **considérés comme non coopératifs** (CGI art. 238-0 A) :
1º les États et territoires qui ont fait l'objet d'une évaluation par l'OCDE en matière d'échange d'informations à des fins fiscales et qui n'ont pas conclu avec la France une convention d'assistance administrative permettant l'échange de tout renseignement nécessaire à l'application de la législation fiscale des parties, ni signé avec au moins douze États ou territoires une telle convention ;
2º les États et territoires figurant sur la liste « noire » de l'Union européenne (décision du Conseil du 5 décembre 2017) au motif qu'ils facilitent la création de structures ou de dispositifs extraterritoriaux destinés à attirer des bénéfices qui n'y reflètent pas une activité économique réelle ;
3º les États et territoires inscrits sur cette même liste européenne au motif qu'ils ne respectent pas certains critères (transparence fiscale, absence de mesures fiscales préférentielles potentiellement dommageables, mise en œuvre du projet « Beps »).

> **Précisions a.** La **liste des ETNC** répondant aux critères 1º à 3º ci-dessus a été modifiée en dernier lieu par un arrêté du 2 mars 2022 (Arrêté ECOE2138014A du 2-3-2022 : JO 16 texte nº 6). La liste des États et territoires **visés aux critères 1º et 2º** ci-dessus comporte les États et territoires suivants : Anguilla, Îles Vierges britanniques, Panama, Seychelles et Vanuatu. La liste de ceux visés au **critère 3º** ci-dessus comporte les États et territoires suivants : Fidji, Guam, Îles Vierges américaines, Palaos, Panama, Samoa américaines, Samoa et Trinité et Tobago.
> **b.** En principe, la liste des ETNC doit être **actualisée** au moins une fois par an par arrêté des ministres de l'économie et du budget, après avis du ministre des affaires étrangères. Les mesures de durcissement des dispositifs fiscaux s'appliquent à compter du premier jour du troisième mois suivant la publication de cet arrêté. Elles cessent immédiatement de s'appliquer à ceux qui sont retirés chaque année de la liste.
> **c.** Les **mesures restrictives** visant les opérations réalisées avec des États ou territoires non coopératifs affectent un certain nombre de régimes dont elles durcissent les conditions d'application. Nous les signalons lors de l'examen de ces régimes. À noter que certaines mesures restrictives ne s'appliquent pas aux entités implantées dans les États et territoires inscrits sur la liste européenne pour les motifs indiqués au 3º ci-dessus.

Les gains nets mentionnés à l'article 150-0 A du CGI sont imposés au taux forfaitaire de **75 %, quel que soit le pourcentage** de droits détenus dans les bénéfices d'une société française soumise à l'impôt sur les sociétés dont les titres sont cédés, lorsque le cédant est une personne ou un organisme domicilié, établi ou constitué hors de France dans un État ou territoire non coopératif au sens défini au n° 51390, 1° et 2° (CGI art. 244 bis B, al. 2), sauf si le cédant apporte la preuve que les opérations ont principalement un objet et un effet autres que de permettre leur localisation dans un tel État ou territoire. Lorsque le taux de 75 % s'applique, la retenue est alors libératoire de l'impôt sur le revenu et n'est pas remboursable. **51391**
Les règles relatives au sursis ou au report d'imposition ne s'appliquent pas. Ces plus-values ne supportent pas les **prélèvements sociaux.**
En ce qui concerne les modalités de déclaration de ces plus-values et de paiement de l'impôt, voir n°s 51370 s.

SECTION 2

PLUS-VALUES SPÉCULATIVES

L'article 92, 1 du CGI taxe dans la catégorie des bénéfices non commerciaux les bénéfices « non dénommés » qui proviennent d'une véritable **exploitation lucrative.** **51550**
De son côté, l'article 92, 2-1° range expressément dans la catégorie des bénéfices non commerciaux les produits des **opérations de bourse effectuées dans des conditions analogues** à celles qui caractérisent une activité exercée par une personne se livrant **à titre professionnel** à ce type d'opérations.
En application de ces dispositions, les plus-values résultant de la cession de parts ou d'actions sont donc susceptibles d'être imposées au taux progressif de l'impôt sur le revenu en tant que bénéfice non commercial. En pratique, la taxation des plus-values de cessions de droits sociaux au titre des articles 92, 1 ou 92, 2 du CGI reste toutefois exceptionnelle, en raison notamment de la concurrence d'autres régimes de taxation et de la volonté de l'administration et de la jurisprudence de cantonner ce régime à des hypothèses marginales.

A. Opérations concernées

1. OPÉRATIONS RELEVANT D'UNE ACTIVITÉ LUCRATIVE

Selon l'administration, les plus-values résultant de la cession de **titres non cotés** peuvent être taxées au titre de l'article 92, 1 du CGI, dès lors que des démarches et des diligences confèrent à l'opération le caractère d'une activité lucrative au sens de cet article (BOI-BNC-CHAMP-10-10-20-40 n° 1060). **51555**
La détermination de l'existence d'un gain provenant d'une activité lucrative justifiant son imposition en tant que bénéfice non commercial est une question de fait. Il ressort de la jurisprudence intervenue en ce domaine que le profit réalisé n'est généralement considéré comme tel que s'il constitue soit la **rémunération d'une activité personnelle déployée** spécifiquement par le cédant pour accroître la valeur des titres entre la date de leur acquisition et celle de leur revente (par exemple en rachetant une entreprise en difficulté en vue de la revendre après redressement), soit la rémunération de **services rendus.**
Dans ses conclusions sur un arrêt du Conseil d'État du 6 février 1984, le commissaire du gouvernement O. Fouquet a reconnu que c'est « à titre très exceptionnel, compte tenu des circonstances de l'espèce » que l'activité personnelle du cédant à l'origine de la plus-value peut justifier l'application de l'article 92 du CGI (CE 6-2-1984 n° 20325 : RJF 4/84 n° 444 ; Dr. Fisc. 1984 n° 26, comm. 1252, concl. O. Fouquet). Le seul fait de **diriger une entreprise** et de contribuer par ses compétences à la valorisation du capital ne suffit donc pas à requalifier en bénéfices non commerciaux la plus-value réalisée lors de la cession des droits sociaux.

ILLUSTRATIONS

Un contribuable s'était spécialisé dans la prise de participations majoritaires dans des sociétés dont les titres n'étaient pas cotés en bourse et qui éprouvaient des difficultés de trésorerie ou même se trouvaient au bord de la liquidation. Il assainissait et réorganisait ces entreprises et cédait ensuite des paquets de titres en réalisant d'importantes plus-values.

51555 (suite) Dans ce contexte, il a été jugé que le profit retiré de la revente d'une partie des actions d'une société anonyme achetées quelques mois plus tôt, qui trouve son origine dans l'**activité déployée** par le contribuable **pour redresser la situation de la société,** doit être regardé comme un bénéfice provenant d'une occupation ou d'une exploitation lucrative, assimilé aux bénéfices non commerciaux en vertu de l'article 92, 1 du CGI.

CE 3-11-1972 n° 81821 : Dupont 1973 p. 27.

Un négociant en vins cède, deux ans après les avoir acquises, des parts de sociétés viticoles et réalise à cette occasion une importante plus-value. Même si elle a été facilitée par le renchérissement des vignobles bordelais, cette plus-value n'a été rendue possible que par l'**activité d'ensemble** déployée par le contribuable **pour redresser** la **situation des sociétés,** obérée par de lourdes pertes, notamment en leur consentant, à titre personnel, des prêts sans intérêt d'un montant élevé, qui leur a permis de réaliser d'importants investissements fonciers. Cette plus-value est donc imposable en application de l'article 92, 1 du CGI.

CE 20-2-1989 n° 62397 : RJF 4/89 n° 440.

La plus-value dégagée par la cession en trois ans de 645 des 2 100 actions d'une société anonyme non cotée concessionnaire d'un port de plaisance constitue une source de profit imposable dans la catégorie des bénéfices non commerciaux en vertu des dispositions de l'article 92, 1 du CGI, dès lors que le **cédant** jouait un **rôle prédominant au sein d'autres sociétés** qui ont participé à la réalisation et à la commercialisation du port de plaisance.

CE 6-2-1984 n° 20325, : RJF 4/84 n° 444.

La plus-value réalisée lors de la cession des parts d'une société ayant pour objet la sous-location d'immeubles pris en crédit-bail par un associé qui assure par ailleurs des fonctions de dirigeant ou d'administrateur dans plusieurs autres sociétés dont l'activité est identique constitue un profit provenant d'une exploitation lucrative imposable dans la catégorie des bénéfices non commerciaux dès lors qu'elle doit être regardée comme n'ayant été possible que grâce à l'**activité d'ensemble déployée** par l'intéressé.

CE 26-2-2003 n° 222163 : RJF 5/03 n° 535

L'administration peut requalifier en bénéfices non commerciaux la plus-value de cession de titres réalisée par un **associé dirigeant,** notamment si elle établit que le dirigeant est intervenu dans la transaction ayant dégagé la plus-value à un autre titre que celui de dirigeant et d'associé de la société concernée, ou qu'il exerce à titre habituel une **activité** professionnelle de **repreneur d'entreprises** dont les plus-values réalisées constituent le mode normal de rémunération.

TA Paris 25-2-2002 n° 96-8807/1 : RJF 7/02 n° 786.

Le profit retiré par un contribuable de la revente d'actions constitue pour l'intéressé un bénéfice non commercial, dès lors que les conditions particulières dans lesquelles l'opération a été réalisée font apparaître que ce profit constitue non une plus-value de cession, mais la rémunération des **services** rendus par l'intéressé dont l'intervention a, en fait, permis le **regroupement des activités de deux sociétés commerciales.**

CE 16-10-1964 n° 57439 : RO p. 168 ; Dupont p. 813.

Constitue un profit taxable dans la catégorie des bénéfices non commerciaux par application des dispositions de l'article 92, 1 du CGI le bénéfice retiré personnellement par un contribuable d'une opération d'achat et de vente d'actions de sociétés où il avait une position privilégiée, dès lors que le profit a été réalisé grâce à ses **démarches** dans le cadre d'une **opération de prise de contrôle** d'une société par une autre.

CAA Paris 24-2-1994 n° 93-31 : RJF 5/94 n° 546.

La circonstance que le contribuable ait été administrateur et actionnaire de sociétés ayant de façon directe ou indirecte une participation dans la société qui lui a acheté les titres et qu'il soit intervenu comme **intermédiaire** dans le rachat par celle-ci deux ans plus tôt d'une partie du capital de la société qui les a cédés ne suffit pas à établir l'existence d'une activité lucrative au sens de l'article 92, 1, dès lors qu'il n'était ni dirigeant ni actionnaire majoritaire de cette dernière.

CAA Paris 17-11-1994 n° 94-423. : RJF 3/95 n° 332.

Il ne résulte pas des seules circonstances qu'un contribuable a, en tirant parti de sa réputation d'**expert en matière immobilière** et du **soutien financier du groupe** au sein duquel il exerçait les fonctions de directeur salarié de deux sociétés immobilières, très activement travaillé au développement de l'activité de marchand de biens de la société à prépondérance immobilière qu'il a créée et dont il était administrateur et directeur général que la plus-value qu'il a réalisée lors de la cession des actions de cette société a constitué pour lui non un gain en capital mais un profit taxable dans la catégorie des bénéfices non commerciaux au sens de l'article 92, 1 du CGI.

CE 18-1-2006 nos 265790 et 265791 : RJF 4/06 n° 378, concl. C. Vérot BDCF 4/06 n° 48.

Si la circonstance que le contribuable, qui a dégagé une plus-value sur la cession de ses droits sociaux dans une société anonyme, a **activement contribué à la relance de l'activité de la**

société ne permet pas, à elle seule, de requalifier en bénéfice non commercial la plus-value réalisée sur le fondement de l'article 92, 1 du CGI, l'opération d'achat et de revente en cause ne peut qu'être regardée comme ayant eu pour but de consentir un avantage au contribuable en rémunération des efforts déployés par lui dans le redressement de la société, et relève donc néanmoins de la catégorie des bénéfices non commerciaux au sens de cet article, compte tenu des conditions de réalisation de l'opération décrites ci-après : **51555** (suite)

– l'actionnaire majoritaire de la société, dont l'objectif était de revendre au meilleur prix et à bref délai cette société, n'a consenti à céder les titres litigieux au contribuable qu'en contrepartie de la **mission de restructuration** qu'elle lui avait confiée ;

– le contribuable s'était engagé lors de l'achat de ses titres à l'actionnaire majoritaire à les lui revendre en cas d'offre de rachat de la société par un repreneur aux conditions négociées avec ce repreneur ;

– l'opération était **sans risque** dès lors que l'actionnaire majoritaire s'était engagé à lui racheter les titres en cas de vente de l'autre société du groupe, à un prix valorisé en fonction de la valorisation des parts de cette dernière société, mais aussi en cas d'absence de repreneur pour les deux sociétés du groupe, à un prix identique à celui de l'acquisition ;

– le prix d'acquisition des titres a été réglé par un chèque daté du 1er juillet 1993 tandis que le rachat des titres est intervenu le 2 juillet 1993 de sorte que l'opération n'a donné lieu pour le contribuable à **aucun décaissement** ;

– le complément de prix qui a été par la suite versé a été comptabilisé sous le libellé « intéressement ».

TA Cergy-Pontoise 7-7-2006 n° 01-3868 : RJF 4/07 n° 430.

Un **dirigeant** de société ainsi que son ex-épouse avaient cédé leur participation et avaient déclaré en tant que plus-values les sommes perçues au titre de l'année de la cession. La convention de cession prévoyait, outre le paiement de cette somme, le **maintien de leur présence** en tant que salariés au sein de l'entreprise **pendant six ans** ainsi que des paiements annuels pendant cette période dont le montant était fixé par la convention mais dont le versement était lié à la réalisation d'objectifs par la société. Les **sommes** ainsi **perçues après la cession** ne peuvent pas être imposées dans la catégorie des BNC dès lors que leurs conditions de versement ne suffisent pas à caractériser l'exercice d'une occupation lucrative au sens de l'article 92, 1 du CGI.

CE 7-11-2008 n° 301642 : RJF 1/09 n° 56.

Un tiers souhaitant acquérir la totalité du capital d'une société, l'un des associés rachète aux autres associés leurs titres à un prix convenu comme étant celui du marché puis revend à ce tiers la totalité des titres, les siens (souscrits dès la création de la société) et ceux qu'il a rachetés à ses associés, pour un prix près de 2,5 fois supérieur.

Dans les circonstances très particulières de l'affaire, la plus-value que l'associé a ainsi réalisée sur les **titres rachetés aux autres associés** doit être regardée comme la rémunération de l'acte d'intermédiation auquel l'associé s'est livré auprès du tiers, nonobstant l'absence de mandat délivré par celui-ci. Elle est par suite imposable dans la catégorie des bénéfices non commerciaux en application de l'article 92, 1 du CGI.

S'agissant des **titres souscrits par l'associé lors de la création de la société,** la plus-value réalisée est imposable :

– pour la différence entre le prix de revient et le prix auquel les autres associés ont cédé leurs titres : en tant que plus-value au taux de 16 % (CGI art. 160) ;

– pour la différence entre le prix de cession par les associés et le prix d'acquisition par le tiers : en tant que bénéfices non commerciaux dans la mesure où cette partie de la plus-value correspond à la rémunération des démarches et diligences accomplies.

CE 27-7-2009 n° 300456 : RJF 12/09 n° 1085.

Un contribuable avait **cédé** les **titres** qu'il détenait dans une **société immobilière.** La **convention** de cession prévoyait, d'une part, le **paiement** immédiat d'un prix forfaitaire et, d'autre part, le versement d'un complément de prix égal à 30 % de la variation nette de la société durant les sept années à venir. Cette même convention prévoyait que le **contribuable devait rester seul président de la société** jusqu'à l'aboutissement d'un programme immobilier, fonction qu'il a exercée jusqu'en N + 4 sans percevoir de rémunération. En application d'« accords » ultérieurs, une somme a été versée en N + 4 à titre de complément de prix.

L'administration n'apporte pas la preuve que :

– cette somme aurait été versée en application d'accords et de discussions spécifiques, distincts et indépendants de la convention de cession dès lors que le versement a été anticipé en raison de l'avancement du programme immobilier, totalement achevé à l'exception de la dernière tranche ;

– cette somme aurait été versée en contrepartie d'une activité personnelle, exercée à titre professionnel et en vue d'augmenter la valeur des titres cédés dès lors que le maintien de l'intéressé au sein de la société, en qualité de président non rémunéré, et ses efforts déployés afin d'assurer la réussite du programme immobilier ne suffisent pas, à eux seuls, à caractériser l'exercice d'une activité lucrative, distincte de celle de mandataire social et de dirigeant de l'entreprise ;

– cette somme constituait une rémunération déguisée des fonctions de président de la société dans laquelle il n'était plus associé, dès lors qu'il était loisible à l'intéressé de renoncer à toute rémunération de ses fonctions de président de cette société.
Cette somme ne pouvait donc pas être imposée dans la catégorie des bénéfices non commerciaux.
CAA Lyon 20-3-2014 n° 12LY02817 : RJF 8-9/14 n° 793.
Le créateur et dirigeant d'une société non cotée détenteur de 49,99 % du capital a exercé l'option d'achat que lui avait consentie l'actionnaire majoritaire puis a revendu les actions le même jour à un nouvel actionnaire.
La plus-value réalisée à cette occasion ne rémunère **pas une activité d'intermédiation** et n'est donc pas imposable comme un bénéfice non commercial dès lors que :
– aux termes du protocole d'accord par lequel l'ancien actionnaire avait consenti l'option d'achat, celui-ci renonçait expressément au pouvoir d'imposer au dirigeant la revente des titres ou de s'opposer à cette revente ;
– le dirigeant avait consenti au nouvel actionnaire par l'intermédiaire d'une société dont il était l'unique associé une **garantie de passif** sur les titres revendus et endossé ainsi le risque de la garantie des titres cédés ;
– le recours à un compte séquestre permettait essentiellement de garantir à l'ancien actionnaire le paiement du prix prévu par le protocole majoré de l'ajustement calculé sur la base du prix de revente ;
– l'option d'achat a été exercée juste après que les offres fermes des cinq candidats à la reprise des titres sélectionnés sur appel d'offres aient été déposées et avant la sélection du nouvel actionnaire de sorte que dès la date de la levée de l'option d'achat le dirigeant était débiteur du prix de cession, quelle qu'ait pu être l'issue du **processus de sélection du nouvel actionnaire** majoritaire.
CE 2-5-2018 n° 408187 : RJF 7/18 n° 752.

2. OPÉRATIONS DE BOURSE EFFECTUÉES DANS DES CONDITIONS ANALOGUES À CELLES DES PROFESSIONNELS

51560 L'article 92, 2-1° du CGI classe dans la catégorie des bénéfices non commerciaux les produits des opérations de bourse effectuées dans des conditions analogues à celles qui caractérisent une activité exercée par une personne se livrant à titre professionnel à ce type d'opérations.

51561 Pour apprécier si les transactions réalisées par les particuliers constituent des **opérations** effectuées dans des conditions **analogues à celles des professionnels,** la détention, la maîtrise et l'usage d'**informations** et de **techniques d'intervention** spécialisées au profit d'opérations boursières nombreuses et sophistiquées (couverture, report...) sont des critères essentiels.
L'administration a précisé à cet égard que l'utilisation même fréquente de l'outil informatique, du réseau **internet** et du **courtage en ligne** pour gérer son portefeuille, qui permet le cas échéant d'accélérer la vitesse de rotation d'un portefeuille et de faciliter les transactions boursières, ne constitue pas, par elle-même, un critère suffisant pour qualifier fiscalement les produits retirés des opérations comme relevant des bénéfices non commerciaux (BOI-BNC-CHAMP-10-10-20-10 n° 100).
Le Conseil d'État a jugé pour sa part qu'un **remisier en bourse,** détenteur d'un important portefeuille de valeurs, a effectué des opérations boursières dans des conditions analogues à celles des professionnels, dès lors que (CE 3-2-2003 n° 232040 : RJF 4/03 n° 432 avec concl. F. Séners) :
– l'intéressé a bénéficié de l'ensemble des **moyens et informations mis à la disposition d'un professionnel,** grâce à un contrat conclu avec une banque ayant des activités internationales, qui lui permettait de participer aux côtés de cet établissement tant à l'élaboration qu'à l'exécution d'opérations financières ;
– les opérations boursières intervenues se sont caractérisées par l'**ampleur,** la **diversité** et la **fréquence des transactions** effectuées, même rapportées à l'**importance de son patrimoine** (au cas particulier, le portefeuille de l'intéressé avait une valeur moyenne de 27,5 MF au cours des années 1983 et 1984 et le chiffre des cessions de titres réalisées au cours de ces deux années s'élevait à 184 MF en 1983 et 166 MF en 1984) ; par ailleurs, l'intéressé a utilisé régulièrement la **technique du report** de ses engagements d'achat ou de vente à terme, révélant ainsi qu'il opérait à découvert de capitaux pour acheter ou vendre des titres, aux fins non pas de gérer un portefeuille, mais seulement d'encaisser le gain impliqué par l'écart entre les cours de transaction et de liquidation.
Dans un arrêt précurseur de 1998, le Conseil d'État avait déjà jugé qu'un contribuable qui réalise de **nombreuses opérations** de bourse pour des **montants élevés,** en utilisant régulièrement des informations privilégiées et en recourant, pour leur financement, à des découverts importants, excède les limites de la simple gestion par un particulier de son patrimoine et est imposable en application de l'article 92, 2 du CGI (CE 23-11-1998 n° 145635 : RJF 1/99 n° 33).

Les mêmes critères ont été utilisés dans le cas d'un **commis principal d'agent de change** qui avait réalisé des gains boursiers qu'il avait déclarés en tant que plus-values de cessions de valeurs mobilières, et que l'administration avait requalifiés en produits d'opérations de bourse effectuées dans des conditions analogues à celles qui caractérisent une activité exercée par une personne se livrant à titre professionnel à ce type d'opérations. Pour valider la position de l'administration, le Conseil d'État a relevé (CE 5-11-2003 n° 241201 : RJF 1/04 n° 41, concl. F. Séners BDCF 1/04 n° 10) :
– que l'intéressé a utilisé les **moyens mis à sa disposition** au sein de la charge ;
– que les opérations réalisées ont été caractérisées par leur **ampleur,** leur **fréquence** et la **brièveté** de la durée de détention des titres.

Le **montant des gains retirés** des opérations de bourse doit être **apprécié** par rapport aux **autres revenus** du contribuable, particulièrement ceux retirés d'activités professionnelles. Cela étant, le fait que les gains réalisés soient supérieurs aux revenus professionnels du contribuable n'est pas, en lui-même, suffisant pour qualifier le contribuable d'opérateur habituel (BOI-BNC-CHAMP-10-10-20-10 n° 70). **51562**

Les **opérations** de bourse doivent être **réalisées personnellement** par le contribuable. Dès lors, lorsque la gestion du portefeuille est effectivement confiée par **mandat** à un tiers, les conditions requises par l'article 92, 2-1° ne sont pas réunies nonobstant la réunion des autres critères. **51563**
Le Conseil d'État a ainsi jugé qu'un particulier qui se borne à confier la gestion de son portefeuille de valeurs mobilières à un mandataire professionnel ne saurait être regardé comme effectuant lui-même, dans des conditions analogues à celles d'une activité professionnelle, les opérations auxquelles cette gestion donne lieu (CE 25-4-2003 n° 231084 : RJF 7/03 n° 836, concl. L. Vallée BDCF 7/03 n° 92).
Mais encore faut-il, selon l'administration, que les clauses du mandat soient telles que l'on puisse considérer que le contribuable ne soit pas partie prenante aux décisions concernant la gestion du portefeuille. L'appréciation de cette situation résulte de l'examen du mandat conclu et des conditions de réalisation de ces opérations (termes du contrat de gestion, nature des objectifs fixés au gestionnaire du portefeuille, etc.) (BOI-BNC-CHAMP-10-10-20-10 n° 80).

En conclusion, il sera difficile pour un **professionnel de la bourse** disposant d'un portefeuille privé de ne pas satisfaire le critère relatif aux moyens et informations dont disposent les professionnels, pour peu qu'il gère lui-même son portefeuille. Si le nombre des transactions passées est élevé et porte sur un nombre de titres significatif, le seul moyen d'échapper à la taxation des gains sur le fondement de l'article 92, 2 du CGI sera de confier la gestion du portefeuille à un prestataire de services d'investissement, en évitant bien sûr que les termes du mandat de gestion ne prévoient la participation de l'intéressé à la réalisation des opérations financières. **51564**
De plus, que le contribuable soit ou non un professionnel de la finance, il faut bien entendu réserver l'hypothèse de l'**abus de droit,** par exemple dans le cas où le mandat de gestion ne serait qu'apparent et servirait de couverture à une gestion directe.

B. Modalités d'imposition

Lorsque – exceptionnellement – l'activité lucrative est reconnue, les **profits** réalisés sont taxés dans la catégorie des BNC, selon le barème progressif de l'impôt sur le revenu, avec les autres revenus du foyer fiscal. **51580**
En ce qui concerne les **opérations de bourse** visées par l'article 92, 2 du CGI, le Conseil d'État a par ailleurs jugé que le **produit annuel imposable** s'entend du profit global net résultant des plus-values et des moins-values réalisées à l'occasion de cessions ou de reventes intervenues au cours de l'année d'imposition et caractérisant, chacune, l'accomplissement d'une opération imposable (CE 14-2-2001 n° 189572, arrêt avant dire droit : RJF 5/01 n° 614 ; CE 30-12-2002 n° 189572 : RJF 3/03 n° 293).

Les **pertes** qui se dégagent des cessions de titres relevant de l'article 92 du CGI ne sont déductibles, selon l'administration, ni du revenu global du contribuable ni de ses bénéfices professionnels, car elles n'ont pas un caractère professionnel (en ce sens, BOI-BNC-BASE-60 n° 170) : conformément aux dispositions de l'article 156, I-2° du CGI, elles peuvent seulement être imputées sur les bénéfices tirés d'activités semblables, c'est-à-dire d'activités non commerciales non professionnelles, durant la même année ou les six années suivantes (en ce sens, Rép. Jeambrun : Sén. 1-12-1988 n° 1824 ; BOI-BNC-BASE-60 n° 230). **51581**

Précisons pour terminer qu'il a été jugé que les profits ou les pertes provenant des opérations de bourse effectuées dans des conditions analogues à celles des professionnels par des particuliers doivent donner lieu à la tenue d'une **comptabilité** dans les conditions prévues par l'article 99 du CGI et peuvent donc faire l'objet d'une **vérification** de comptabilité (CE 14-2-2001 n° 189572 : RJF 5/01 n° 614). **51582**

SECTION 3

TITRES DE SOCIÉTÉS À PRÉPONDÉRANCE IMMOBILIÈRE

51700 Le régime fiscal des cessions de titres de sociétés à prépondérance immobilière diffère selon que les titres sont détenus par des résidents ou des non-résidents.

51720 La cession de titres de sociétés non cotées **non soumises à l'impôt sur les sociétés** relève du régime d'imposition des plus-values immobilières, et non pas des dispositions de l'article 150-0 A du CGI, lorsque la société est à prépondérance immobilière (CGI art. 150 UB).

51721 Le régime d'imposition prévu pour les immeubles concerne les plus-values de cession de titres de **sociétés** à prépondérance immobilière **non soumises à l'impôt sur les sociétés,** lorsqu'elles sont réalisées à titre occasionnel par des personnes physiques ou par des sociétés qui relèvent des articles 8 à 8 ter du CGI et dont les associés sont des personnes physiques.

Les cessions de titres de sociétés, cotées ou non cotées, **soumises à l'impôt sur les sociétés** de plein droit (SA, SARL...) ou sur option (SNC par exemple) relèvent du régime d'imposition des plus-values sur cessions de valeurs mobilières et droits sociaux prévu par l'article 150-0 A du CGI (n°s 50020 s.), quelle que soit la composition de l'actif de ces sociétés.

Selon l'administration, la cession par un contribuable domicilié en France de titres de **sociétés** à prépondérance immobilière **dont le siège est établi hors de France** relève, en principe, du régime d'imposition des plus-values sur cessions de valeurs mobilières et droits sociaux et non du régime d'imposition des plus-values immobilières qui est réservé aux sociétés établies en France. Elle admet toutefois que la plus-value réalisée à l'occasion de la cession de titres d'une société établie dans un État membre de l'Union européenne, en Islande, en Norvège ou au Liechtenstein et dont les bénéfices sont imposés au nom des associés puisse bénéficier du régime d'imposition des plus-values immobilières lorsque la prépondérance immobilière au sens de l'article 150 U, II-1° du CGI est établie (BOI-RFPI-SPI-10-20 n° 170). Les associés de ces sociétés peuvent par suite bénéficier des exonérations applicables aux cessions de titres de sociétés à prépondérance immobilière françaises. Lorsque, par exemple, la société étrangère met gratuitement à la disposition d'un associé, à titre de résidence principale, un immeuble ou partie d'immeuble situé en France faisant partie de son actif, la plus-value réalisée par cet associé à l'occasion de la cession des titres de cette société ouvre droit à l'exonération prévue pour la résidence principale, dans les mêmes conditions que si la société avait son siège en France.

En pratique, le régime des plus-values immobilières concerne donc principalement les sociétés civiles immobilières qui n'entrent pas dans le champ de notre étude. Certaines **sociétés commerciales** peuvent néanmoins être concernées (SNC, SARL de famille ayant opté pour l'impôt sur le revenu, par exemple) : sur le régime d'imposition de ces plus-values, voir Mémento fiscal n°s 32000 s.).

> **Précisions** Lorsque les **cessions** de titres des sociétés à prépondérance immobilière sont suffisamment **fréquentes et importantes** pour présenter un caractère professionnel, les profits qui en résultent sont soumis au régime des bénéfices industriels et commerciaux dans les mêmes conditions que les profits des marchands de biens.

CHAPITRE 2

PLUS-VALUES PROFESSIONNELLES

SOMMAIRE

Les règles fiscales applicables aux plus-values et moins-values de cession des parts ou actions détenues par une entreprise ne sont pas les mêmes pour une société passible de l'impôt sur les sociétés et pour une entreprise relevant de l'impôt sur le revenu. Nous envisagerons donc séparément la situation de ces deux catégories d'entreprises. 52000

Nous examinerons ensuite le cas particulier des contribuables exerçant leur activité professionnelle dans le cadre d'une société de personnes, qui relèvent eux aussi du régime des plus-values professionnelles lorsqu'ils cèdent des parts de la société.

SECTION 1

ENTREPRISES SOUMISES À L'IMPÔT SUR LES SOCIÉTÉS

52020 Tous les titres en portefeuille ne sont pas soumis au même régime fiscal, l'application des règles de droit commun étant parfois écartée au profit de dispositions spécifiques. Ainsi, les titres de participation ou assimilés sont, avec certains placements à risques, les seuls susceptibles d'ouvrir droit au régime des plus-values à long terme : le cas échéant, imposition limitée à une quote-part de frais et charges ou, pour les titres de sociétés à prépondérance immobilière, taux réduit lorsque la société est cotée. Certaines règles de calcul des plus-values leur sont par ailleurs réservées. La nature des titres cédés est donc importante car elle détermine le mode de calcul des plus et moins-values et leurs modalités d'imposition ou d'imputation.

I. NATURE DES TITRES CÉDÉS

A. Titres de participation

52040 Les plus-values à long terme relatives aux titres de participation et assimilés bénéficient d'un **régime de taxation réduite** dans lequel la plus-value nette est taxée à 0 % (voir n° 52575), une quote-part de frais et charges fixée forfaitairement à 12 % du montant brut de la plus-value devant toutefois, le cas échéant, être comprise dans le résultat ordinaire (CGI art. 219, 1-a quinquies). Relèvent de ce régime les parts ou actions qui revêtent le caractère de titres de participation sur le plan comptable et les titres considérés comme tels par la loi fiscale. En sont en revanche expressément exclus :
– les titres de sociétés à prépondérance immobilière, dont les plus-values à long terme sont taxées au taux réduit de 19 % ou au taux de droit commun de l'IS selon que la société est cotée ou non cotée ;
– les titres de sociétés de gestion de portefeuille dont l'actif est constitué principalement par des titres exclus du régime du long terme, ou dont l'activité consiste de manière prépondérante en la gestion de ces mêmes valeurs pour leur propre compte, dont les plus-values et moins-values sont en principe comprises dans le résultat ordinaire de la société ;
– les titres de sociétés établies dans un État ou territoire non coopératif, également générateurs de plus-values taxables dans les conditions de droit commun, sauf si l'entreprise établit que les opérations réalisées par une telle société correspondent à des opérations réelles qui n'ont ni pour objet ni pour effet de permettre, dans un but de fraude fiscale, la localisation de bénéfices dans un tel État ou territoire ;
– et les titres d'un éditeur d'un service de télévision qui font l'objet d'une première cession suivant la délivrance de l'autorisation de diffusion entraînant une modification du contrôle de la société titulaire : les plus-values réalisées à l'occasion d'opérations de cette nature sont taxées au taux de 25 %.

1. DÉFINITION COMPTABLE

DÉFINITION GÉNÉRALE

52050 L'article R 123-184 du Code de commerce et l'article 221-3 du Plan comptable général définissent les participations comme les droits dans le capital d'autres personnes morales, matérialisés ou non par des titres qui, en créant un lien durable avec celles-ci, sont destinés à contribuer à l'activité de la société détentrice.

Selon la définition du Plan comptable général de 1982, reprise dans le recueil des normes comptables françaises de l'Autorité des normes comptables (ANC), la détention des titres est estimée utile à l'activité de l'entreprise, notamment parce qu'elle permet d'exercer une influence sur la société émettrice des titres ou d'en assurer le contrôle.
L'identification des titres de participation au sein du portefeuille-titres de l'entreprise s'appuie sur la combinaison de plusieurs critères. Compte tenu des impacts fiscaux qui découlent de la qualification de titres de participation, la jurisprudence et l'administration fiscale ont été amenées à les interpréter.

Possession durable Les titres de participation sont acquis pour des raisons au rang desquelles la recherche d'une rentabilité financière à court terme est absente ou accessoire. Les titres détenus en vue d'être cédés à brève échéance, en réalisant un gain (ce gain espéré peut résulter tant de la rémunération des titres pendant leur détention que de la plus-value obtenue lors de leur revente) doivent être classés parmi les valeurs mobilières de placement (Bull. COB n° 209, 12-1987 ; BOI-BIC-PVMV-30-10 n° 50). 52055

> **Précisions** Le caractère durable d'une possession est une condition nécessaire à la qualification de titres de participation, mais non suffisante. Par exemple, l'entreprise peut être amenée à conserver durablement des titres sans chercher à exercer une influence sur la société émettrice parce qu'elle en attend simplement une rentabilité financière satisfaisante à moyen ou long terme ou parce qu'elle n'a pas la possibilité de les revendre à bref délai. Tel est, en principe, le cas des titres figurant dans le compte « Titres immobilisés de l'activité de portefeuille » (Conseil national de la comptabilité : avis du 13-2-1987 ; BOI-BIC-PVMV-30-10 n° 50 et 60).

Détention estimée utile à l'activité de l'entreprise Les titres de participation constituent des investissements qui, en permettant la création de liens durables avec la société émettrice, sont susceptibles d'avoir un impact favorable sur l'activité de l'entreprise en concourant notamment au maintien ou au renforcement de sa rentabilité, à son développement ou à la diversification de ses domaines d'activité. 52060
Il en est ainsi, notamment, des participations au capital de sociétés présentes dans le ou les secteurs d'activité de l'entreprise mais également dans des secteurs d'**activité connexes ou complémentaires,** susceptibles de permettre le développement de synergies industrielles ou commerciales (prises de participations dans le cadre de stratégies d'intégration verticale ou horizontale). Bien entendu, les titres de sociétés présentes dans des secteurs où l'entreprise n'exerçait pas d'activité jusque-là peuvent constituer des titres de participation si leur acquisition relève d'une **stratégie de diversification** développée par l'entreprise. La remise en cause ultérieure de cette stratégie par l'entreprise ne permettrait pas à l'administration pour ce seul motif de considérer que les titres ne constituaient pas, dès l'origine, des titres de participation (BOI-BIC-PVMV-30-10 n° 70).
L'utilité pour l'entreprise peut notamment découler de l'**influence,** du **contrôle** que la participation permet d'exercer sur la société émettrice des titres, ou de la **nécessité** de ces titres pour le **développement de l'activité** de la société détentrice (BOI-BIC-PVMV-30-10 n° 70).

L'**influence,** pour être significative, doit résulter d'une participation effective à la gestion et à la politique financière de la société émettrice. L'exercice de cette influence peut résulter, par exemple, de la présence de représentants au sein des organes de direction de la société émettrice, d'opérations inter-sociétés, d'échange de personnel de direction ou encore d'une dépendance technique ou économique (contrat de sous-traitance) (Bull. COB n° 68, 2-1975 ; BOI-BIC-PVMV-30-10 n° 80). 52061
L'influence peut par exemple se caractériser par une détention de titres permettant d'exercer, seul ou dans le cadre d'un pacte d'actionnaires, une minorité de blocage (BOI-BIC-PVMV-30-10 n° 85).
La **seule intention** d'exercer une influence sur la société émettrice ne suffit pas à caractériser une participation. Les motivations ayant présidé à l'acquisition des titres doivent être corroborées par des conditions objectives permettant à la société d'exercer cette influence (BOI-BIC-PVMV-30-10 n° 42).
Le Conseil d'État considère que la condition relative à l'exercice d'une influence est remplie si les **conditions d'achat** des titres révèlent l'**intention** de l'acquéreur **d'exercer une influence** sur la société émettrice et **lui en donnent les moyens.** Il s'est prononcé en ce sens dans une affaire où l'acquéreur des titres avait accepté, dans le cadre d'un **protocole d'accord** conclu avec la société cible et un groupe d'investisseurs dont il faisait partie, de participer aux augmentations de capital de la société cible et de ne pas céder à des tiers les titres acquis afin de détenir, au terme de huit années, une minorité de blocage. Le Conseil d'État a considéré que ces conditions d'achat caractérisaient l'intention de l'acheteur d'exercer une influence sur la société émettrice et lui donnaient les prérogatives juridiques nécessaires pour exercer une telle influence (CE 20-10-2010 n° 314248 : RJF 1/11 n° 167).

52062 La condition tenant au **contrôle** de la société est établie dans les situations suivantes :
– lorsque l'entreprise détient directement ou indirectement une fraction du capital lui conférant la majorité des droits de vote dans les assemblées générales de la société émettrice ;
– lorsqu'elle dispose seule de la majorité des droits de vote dans cette société en vertu d'un accord conclu avec d'autres associés ou actionnaires ;
– lorsqu'elle détermine en fait, par les droits de vote dont elle dispose, les décisions dans les assemblées générales de cette société (cas des sociétés, notamment cotées, dont le capital est dispersé de telle sorte qu'une participation limitée suffit à l'exercice d'un contrôle) (BOI-BIC-PVMV-30-10 n° 90).

52063 Une **détention** qui, en raison de sa **faible importance,** ne satisfait pas aux critères d'influence ou de contrôle peut néanmoins dans certains cas être qualifiée de titres de participation. Le Conseil d'État a ainsi jugé que l'utilité de la possession des titres peut également être caractérisée lorsque leurs conditions d'acquisition révèlent l'intention de l'acquéreur de favoriser son activité par ce moyen, notamment par les prérogatives juridiques qu'une telle détention lui confère, ou les avantages qu'elle lui procure pour cette activité.
Mais selon l'administration, en l'absence d'influence ou de contrôle appréciés isolément ou de concert, seules des **circonstances exceptionnelles** peuvent attester l'utilité manifeste des titres pour l'activité économique de la société détentrice (BOI-BIC-PVMV-30-10 n° 92).
Le Conseil d'État a reconnu l'utilité d'une très faible participation (0,88 %) dès lors que les titres acquis ont conféré à son détenteur des **prérogatives juridiques** lui permettant d'**exercer son activité professionnelle** au sein de la société émettrice dans des conditions privilégiées et lui ont ouvert des perspectives de développement de ladite activité (CE 20-5-2016 n° 392527 : RJF 8-9/16 n° 685).
Par ailleurs, la qualification de titres de participation a été retenue pour une participation de faible importance (2,2 % du capital et 3,7 % des droits de vote à l'issue d'une période de détention de deux ans) mais permettant à la société détentrice des titres de demander l'inscription d'une résolution aux assemblées générales de la société dont les titres ont été acquis et d'en devenir le cinquième actionnaire le plus important (les deux principaux actionnaires ne détenant respectivement que 11,5 % et 5,5 % des droits de vote sans qu'aucun pacte d'actionnaire n'ait été conclu). En outre, l'acquisition des titres était liée au développement de la société cessionnaire dans le domaine du nucléaire, la présidente de son directoire siégeait au conseil d'administration de la société cible (en son nom personnel) et dans les cinq ans qui ont suivi l'acquisition, le chiffre d'affaires réalisé avec la société dont les titres ont été acquis a triplé, même s'il est resté modeste par rapport à l'activité d'ensemble de la société cessionnaire (CE 22-7-2022 n° 449444 : RJF 11/22 n° 929).

52064 **Date d'appréciation des critères** Le Conseil d'État considère que c'est à la date d'acquisition des titres qu'il convient de vérifier si les critères permettant la **qualification fiscale de titres** de participation sont satisfaits. Ainsi, se fondant sur l'intention initiale d'une société acquéreuse d'exercer une influence sur la société émettrice des titres pour qualifier ces derniers de titres de participation, la Haute Assemblée n'a pas vérifié si cette influence avait été effectivement exercée (CE 20-10-2010 n° 314248 : voir n° 52061). Le rapporteur public a relevé à cet égard dans ses conclusions qu'aucune des sociétés du groupe d'investisseurs dont l'entreprise faisait partie n'avait participé effectivement aux organes de direction de la société émettrice des titres et que l'entreprise, qui avait initialement prévu de conserver ses titres pendant au moins huit ans, les avait revendus avant le terme de ce délai.
Dès lors que c'est seulement au vu des conditions d'achat des titres que doit être appréciée l'intention initiale d'une société d'exercer une influence ainsi que ses moyens de l'exercer, le Conseil d'État a annulé un arrêt dans lequel les juges du fond avaient rejeté la qualification de titres de participation au motif notamment que si le dirigeant et unique associé de la société acquéreuse siégeait à titre personnel au conseil de surveillance de la société dont les titres avaient été acquis, les conditions d'exercice de son mandat postérieurement à l'acquisition ne démontraient pas que l'intéressé aurait cherché à influencer l'évolution de la société acquise (CE 29-5-2019 n° 411209 : RJF 8-9/19 n° 752). La cour administrative d'appel de Paris a tiré les conséquences de cette décision en jugeant sur renvoi que les titres constituaient des titres de participation (CAA Paris 24-2-2021 n° 19PA01910 : RJF 5/21 n° 449).
S'inscrivant dans la même logique, le Conseil d'État a par ailleurs jugé que, dès lors que la qualification de titres de participation s'apprécie à la date de l'achat qui a permis la **prise de contrôle** de la société cible, cette qualification n'est pas remise en cause par la **liquidation judiciaire ultérieure** de cette société, même si elle intervient au cours de l'exercice d'acquisition des titres. La mise en liquidation judiciaire de la société conduit seulement à la dépréciation des titres (CE 12-3-2012 n° 342295 : RJF 6/12 n° 564).

La Haute Assemblée a en outre validé la qualification de titres de participation pour des titres acquis dans le but d'exercer une influence sur la société émettrice (acquisition répondant à une stratégie de développement sur le marché espagnol) même si ce but n'a finalement pas été atteint (CE 28-12-2017 n° 393623 : RJF 4/18 n° 353).

Signalons que dans une décision rendue à propos d'un établissement de crédit qui, détenant la totalité des titres d'une filiale (inscrits au compte « titres de participation »), participe à une augmentation de capital de cette filiale en vue de sa cession rapide, le Conseil d'État a jugé que la cour administrative d'appel de Versailles n'avait pas commis d'erreur de droit en jugeant qu'il convenait de se placer à la date de la souscription à cette augmentation de capital, pour définir la nature des nouveaux titres, indépendamment de la qualification comptable de ceux de la même société acquis antérieurement (CE 8-11-2019 n° 422377 : RJF 1/20 n° 6). Cette solution, qui repose sur une lecture des dispositions comptables propres aux établissements de crédit, ne permet pas de préjuger de celle qui serait retenue pour une entreprise soumise aux seules dispositions du plan comptable général. L'administration considère pour sa part qu'en cas de recapitalisation d'une filiale afin de la céder à plus ou moins brève échéance, les titres nouvellement émis et acquis reçoivent la même nature de titres de participation que l'ensemble des titres détenus au sein de la filiale (BOI-BIC-PVMV-30-10 n° 98).

Il convient par ailleurs de noter que des **événements postérieurs à l'acquisition** peuvent avoir pour effet de reconsidérer pour l'avenir le classement des titres.

Situations particulières Lorsque des titres appartiennent à un **ensemble de sociétés** qui, 52065
conjointement, exercent une influence sur la société émettrice ou assurent son contrôle, les titres détenus dans cette dernière société peuvent revêtir le caractère de titres de participation même si cette influence (ou ce contrôle) n'est pas exercée personnellement et uniquement par la société détentrice des titres. Cet ensemble peut être caractérisé par des liens en capital suffisants pour présumer l'existence d'une communauté d'intérêts à l'égard de la société émettrice, ou par des conventions entre chacune des sociétés en cause, telles que des **pactes d'actionnaires,** ayant pour objet de déléguer à l'une d'entre elles l'exercice de l'influence ou du contrôle dans la société émettrice. Dans ces situations, la qualification de titres de participation suppose que les titres en cause soient détenus durablement et inscrits en tant que tels en comptabilité (BOI-BIC-PVMV-30-10 n° 100).

En revanche, lorsque l'analyse du contenu et de la portée du pacte d'actionnaires auquel a adhéré une société ne permet pas de caractériser l'intention d'exercer une influence sur la société émettrice ni celle d'en assurer le contrôle, le Conseil d'État valide la position des juges du fond qui, au vu des circonstances d'espèce, ont écarté la qualification de titres de participation (CE 26-1-2018 n° 408219 : RJF 4/18 n° 352). Le rapporteur public relève à cet égard dans ses conclusions que l'objectif des investisseurs mentionné dans le pacte d'actionnaires était d'obtenir une rémunération minimale et à terme de réaliser une plus-value, les investisseurs s'interdisant par ailleurs toute immixtion dans la gestion des sociétés cibles.

Lorsqu'une filiale appartenant à un **groupe de sociétés** détient durablement une participation 52066
dans une **autre filiale** du groupe, les titres en cause revêtent le caractère de titres de participation s'ils sont inscrits en tant que tels en comptabilité. Dès lors que l'appartenance à un groupe permet de présumer que la société détentrice participe à **l'exercice concerté du contrôle** sur la **société sœur** émettrice des titres, cette règle trouve à s'appliquer alors même que prise isolément cette participation n'aurait pas satisfait aux critères d'utilité ou d'influence. Dans ces situations, les titres doivent être acquis pour être conservés durablement (BOI-BIC-PVMV-30-10 n° 110).

Sauf circonstances exceptionnelles justifiant que leur détention est estimée utile à l'activité de 52067
l'entreprise, les titres qui ne permettent pas d'exercer un droit de vote et donc, un contrôle ou une influence effectifs dans la société émettrice, ne peuvent pas être considérés comme des titres de participation. S'agissant des **actions de préférence** prévues aux articles L 228-11 et suivants du Code de commerce, la qualification de titres de participation au sens comptable dépend notamment de l'influence ou du contrôle qu'elles permettent d'exercer sur la société émettrice et donc, en principe, de l'existence des droits de vote attachés à ces titres (BOI-BIC-PVMV-30-10 n° 150).

Elles peuvent être considérées comme des titres de participation sur le plan fiscal lorsqu'elles bénéficient du **régime mère-fille,** et que l'entreprise cédante détient au moins par ailleurs 5 % des droits de vote de la société émettrice : voir nos 52103 s.

Les **actions à dividende prioritaire sans droit de vote** (ADP) et les certificats d'investissement ne 52068
permettent pas, par définition, l'exercice d'une quelconque influence sur la société émettrice mais sont détenus en principe pour leur rentabilité financière intrinsèque. Ils constituent, dans ces conditions, pour l'entreprise détentrice, une simple modalité de placement de sa trésorerie et non

des titres de participation. Ces titres sont donc en principe exclus du champ d'application du régime des plus ou moins-values à long terme (BOI-BIC-PVMV-30-10 n° 160). Ils peuvent toutefois bénéficier de ce régime lorsqu'ils ouvrent droit au régime mère-fille et que l'entreprise cédante détient par ailleurs au moins 5 % des droits de vote de la société émettrice (voir nos 52103 s.).

52069 Les **actions propres** (actions qu'une société détient dans son propre capital) ne constituent pas des titres de participation et sont, par conséquent, exclues du champ d'application du régime des plus ou moins-values à long terme (BOI-BIC-PVMV-30-10 n° 180).

52070 Lorsque des actions d'une société sont possédées par une ou plusieurs sociétés dont elle détient directement ou indirectement le contrôle (**actions d'autocontrôle**), les droits de vote attachés à ces actions ne peuvent être exercés à l'assemblée générale de la société (C. com. art. L 233-31). Le Conseil d'État ayant annulé la doctrine administrative qui excluait ces titres de la catégorie des titres de participation éligibles au régime du long terme au seul motif que les droits de vote ne peuvent être exercés (CE 20-10-2016 n° 397537 : RJF 1/17 n° 9), l'administration admet désormais que les actions d'autocontrôle peuvent revêtir la nature de titres de participation lorsqu'il s'agit d'une détention dans le capital d'une société sœur (voir n° 52066), mais pas dans celui de la société mère du groupe, ces actions ne présentant aucune utilité pour l'activité de la filiale détentrice, ni pour conforter le contrôle du groupe par la société faîtière (BOI-BIC-PVMV-30-10 n° 190). Le Conseil d'État ne s'est, quant à lui, pas prononcé sur le point de savoir si, et dans quelles conditions, les titres d'autocontrôle peuvent être classés en comptabilité parmi les titres de participation.

52071 S'agissant des titres reçus en **échange** à la suite d'une **fusion** ayant bénéficié du **sursis d'imposition** prévu à l'article 38, 7 bis du CGI, pour apprécier si le **résultat de cession ultérieure** des titres reçus à l'échange est soumis ou non au régime fiscal des plus ou moins-values à long terme, il convient de tenir compte de la qualification comptable des titres reçus en échange ou de leur éventuelle inscription à une subdivision spéciale « titres relevant du régime des plus-values à long terme », indépendamment du régime qui aurait normalement dû être appliqué aux titres remis à l'échange (BOI-IS-FUS-50-20 n° 140).

52072 Les participations détenues dans le **capital de sociétés de personnes** constituent des titres de participation si leur détention par l'entreprise satisfait aux critères exposés ci-dessus et dans la mesure où ces titres ne sont pas considérés comme des éléments de stocks.

S'agissant des participations dans des groupements sans capital tels que des **groupements d'intérêt économique** ou public, l'absence de capital juridique ne fait pas obstacle à l'application du régime des plus-values à long terme sous réserve de satisfaire aux conditions mentionnées ci-dessus. Cette solution ne concerne évidemment que les droits représentatifs de la participation de l'entreprise dans ces groupements qui sont susceptibles d'être détenus dans des conditions semblables à des titres de capital et conférant des droits et obligations équivalents. Elle s'applique également aux droits sociaux des **associés commandités de sociétés en commandite par actions** (BOI-BIC-PVMV-30-10 n° 200).

PRÉSOMPTION COMPTABLE

52080 Sauf preuve contraire, sont présumés comptablement être des titres de participation les titres acquis en tout ou partie par offre publique d'achat (OPA) ou par offre publique d'échange (OPE) (PCG 1982, repris dans le recueil comptable des normes de l'ANC) ainsi que les titres représentant une fraction du capital supérieure à 10 % du capital (C. com. art. R 123-184 et PCG art. 221-3). L'administration a commenté la portée de cette présomption.

52081 La **détention d'au moins 10 %** du capital d'une société permet de présumer que les titres en cause représentent des participations sur le plan comptable. Tel est le cas lorsque l'entreprise détient, directement et indirectement par l'intermédiaire d'une sous-filiale, respectivement 4,95 % et 6,35 % du capital d'une société (CE 28-12-2017 n° 393623 : RJF 4/18 n° 353).

Cela étant, la présomption de qualification de titres de participation au sens comptable est susceptible d'être écartée lorsqu'il apparaît que la possession des titres ne sera pas durable, que leur détention n'est pas directement utile à l'activité de l'entreprise mais a été réalisée dans une optique de placement financier ou que, nonobstant le franchissement du seuil de 10 %, l'entreprise ne dispose pas d'un pouvoir d'influence ou de contrôle sur la société émettrice.

À l'inverse, la qualification de **titres de participation** pour des titres **représentant moins de 10 % du capital** de la société émettrice est susceptible d'être retenue si une entreprise est en mesure d'apporter la preuve que la possession de ces titres lui permet néanmoins d'exercer une influence ou un contrôle sur la cible, y compris lorsque le seuil de détention est insuffisant pour accéder au régime des sociétés mères. Tel est le cas si le contrôle est exercé conjointement par plusieurs associés dans le cadre, notamment, d'un pacte d'actionnaires prévoyant un exercice conjoint des droits de vote. En revanche, cette qualification de titres de participation au sens comptable pour des lignes de titres ne représentant qu'un très faible pourcentage du capital ne peut pas en principe être retenue en l'absence d'éléments permettant de caractériser une influence ou un contrôle sur la société émettrice. Il n'en serait autrement que si l'entreprise est à même de faire état de circonstances particulières permettant de caractériser un impact significatif sur l'activité de l'entreprise détentrice. Selon l'administration, cet impact ne peut être tenu pour établi aux seuls motifs que la détention s'inscrit dans une stratégie de placement à long terme ou qu'il existe, par ailleurs, des relations d'affaires avec la société émettrice des titres, à moins que ces relations ne présentent des caractéristiques exceptionnelles par rapport aux autres transactions réalisées (BOI-BIC-PVMV-30-10 n° 120).

› Précisions Lorsque le capital de la société émettrice est dispersé, notamment dans les sociétés cotées, la détention d'une part même faible du capital peut permettre d'exercer une influence. La qualification de titres de participation devrait alors être acceptée.

PORTÉE DE L'INSCRIPTION DANS LE COMPTE « TITRES DE PARTICIPATION »

L'inscription, dans une subdivision spéciale d'un compte du bilan, de titres ne revêtant pas au plan **52082**
comptable le caractère de titres de participation, mais ouvrant droit au **régime des sociétés mères** et représentant au moins 5 % des droits de vote de la société émettrice, permet de bénéficier du régime des plus ou moins-values à long terme (voir n° 52100). Elle traduit l'existence d'une décision de gestion et constitue une présomption irréfragable opposable à l'entreprise comme à l'administration. En revanche, lorsque les titres revêtent au plan comptable le caractère de titres de participation, ils doivent être inscrits en compte de titres de participation, cette inscription ne traduisant aucune décision de gestion dès lors qu'elle est commandée par le respect de la réglementation comptable. Par suite, sous réserve de l'erreur comptable délibérée, le contribuable peut corriger cette inscription si elle s'avère erronée (CE 29-5-2017 n° 405083 : RJF 8-9/17 n° 777).

Par ailleurs, lorsque les titres inscrits en compte de titres de participation ont été acquis en exécution d'une **offre publique d'achat ou d'échange** par l'entreprise qui en est l'initiatrice, la présomption selon laquelle les titres en cause relèvent du régime d'imposition séparé des plus ou moins-values à long terme imposées au taux de 0 % est irréfragable (BOI-BIC-PVMV-30-10 n° 140).

Dans les **autres cas,** l'affectation opérée par l'entreprise au compte « titres de participation » ou à un autre compte du bilan constitue, selon l'administration, sur le plan fiscal, une présomption simple de leur exacte qualification au regard de la définition des titres de participation. Mais la **rectification** par l'administration de la position retenue par l'entreprise ne doit intervenir que si des indices permettent d'établir que l'affectation comptable des titres qui a été décidée résulte d'une **erreur manifeste** (BOI-BIC-PVMV-30-10 n° 130).

› Précisions a. Dans sa décision précitée, le Conseil d'État a annulé le paragraphe n° 270 de la doctrine administrative publiée sous la référence BOI-BIC-PVMV-30-10 du 12 septembre 2012 selon lequel « dès lors que les titres ouvrent droit au régime des sociétés mères, l'inscription dans un compte de titres de participation (...) constitue une présomption irréfragable qui matérialise une décision de l'entreprise opposable à celle-ci comme à l'administration ». Le Conseil d'État considère en effet que si ces titres revêtent au plan comptable le caractère de titres de participation, ils doivent obligatoirement être inscrits au compte-titres de participation, une telle inscription ne matérialisant donc aucune décision de gestion. On notera toutefois que n'a pas été annulé le paragraphe 140 de ce même BOI qui confère un caractère irréfragable à l'inscription, dans un compte-titres de participation, de titres ouvrant droit au régime mère-fille et représentant au moins 5 % des droits de vote de la filiale.

b. Dans un arrêt devenu définitif, la cour administrative d'appel de Paris a jugé qu'une entreprise peut corriger une inscription erronée de titres au compte de titres de participation si elle établit que les titres en cause n'ont pas la nature de titres de participation et que leur inscription en tant que tels à l'actif ne relève ni d'une décision de gestion ni d'une erreur comptable délibérée (CAA Paris 25-9-2012 n° 11PA03445 : RJF 7/13 n° 695).

Utilisation de sous-comptes Les entreprises sont libres de **distinguer sur le plan comp-** **52083**
table, par exemple en utilisant un sous-compte spécifique du compte de titres de participation, les titres de participation relevant du régime de taxation réduite dans lequel seule une quote-part de frais et charges est imposée le cas échéant, de ceux qui sont imposables, en raison par exemple de la prépondérance immobilière de la société.

Cette inscription n'a en tout état de cause qu'une portée indicative, à la différence de la condition spécifique d'inscription dans le compte de titres de participation ou dans un sous-compte d'un autre compte du bilan prévu pour certains titres, dont dépend l'application du régime spécial des plus-values sur titres de participation (voir n°s 52100 s.) (BOI-BIC-PVMV-30-10 n° 130).

52084 Les entreprises soumises à un **plan comptable particulier** qui ne comporterait pas de compte spécifique regroupant les titres de participation sont invitées à créer en tant que de besoin un ou plusieurs sous-comptes de sorte que ces titres puissent être individualisés à leur bilan (BOI-BIC-PVMV-30-10 n° 130).

2. TITRES ASSIMILÉS À DES TITRES DE PARTICIPATION AU PLAN FISCAL

52100 Outre les titres ayant ce caractère sur le plan comptable, sont considérés comme des titres de participation en vertu de l'article 219, I-a quinquies du CGI :
– les actions acquises en exécution d'une offre publique d'achat (OPA) ou d'échange (OPE) par l'entreprise qui en est l'initiatrice ;
– les titres ouvrant droit au régime des sociétés mères et représentant au moins 5 % des droits de vote de la société émettrice, même si l'entreprise n'opte pas pour l'application de ce régime ;
– à condition que ces actions ou titres soient inscrits en comptabilité au compte de titres de participation ou à une subdivision spéciale, intitulée « titres relevant du régime des plus-values à long terme » (TRPVLT), du compte de bilan correspondant à leur qualification comptable (selon le cas, autres titres immobilisés, TIAP ou valeurs mobilières de placement). Corrélativement, une subdivision intitulée « autres titres » est ouverte au sein de ce même compte ; elle regroupe les titres inscrits à ce compte qui sont exclus du régime des plus-values à long terme.
Les titres qui satisfont à ces conditions ouvrent droit au régime de taxation réduite à l'imposition d'une quote-part de frais et charges en vertu d'une **présomption irréfragable** (une erreur d'inscription non délibérée peut toutefois être corrigée par l'entreprise si les titres constituent des titres de participation au plan comptable : voir n° 52082). Certains titres sont toutefois exclus de ce régime (voir n° 52040), notamment les titres de sociétés à prépondérance immobilière qui relèvent du taux de 19 % ou du régime de droit commun suivant que la société est cotée ou non.

RÉGIME DES TITRES ACQUIS EN EXÉCUTION D'UNE OPA OU OPE

52101 L'assimilation fiscale à des titres de participation des actions acquises dans le cadre d'offres publiques d'achat ou d'échange est réservée aux titres reçus dans le cadre d'une OPE ou d'une OPA dont l'**entreprise** est l'**initiatrice,** alors que le plan comptable considère que tous les titres acquis à l'occasion d'une telle opération sont présumés constituer des titres de participation. Il résulte de cette distorsion que, pour les entreprises qui ne sont pas à l'origine de l'opération, les titres reçus ne pourront relever du régime des plus-values à long terme que s'ils sont inscrits à un compte de participation sur le plan comptable.

52102 Seule l'**inscription en comptabilité** dans le compte de titres de participation ou à une subdivision spéciale d'un autre compte du bilan correspondant à leur qualification comptable permet de bénéficier du régime de taxation réduite le cas échéant à l'imposition d'une quote-part de frais et charges (BOI-BIC-PVMV-30-10 n° 220).
Si cette condition d'inscription n'est pas remplie, le résultat de cession de ces titres relève du régime d'imposition de droit commun de l'impôt sur les sociétés.

RÉGIME DES TITRES OUVRANT DROIT AU RÉGIME DES SOCIÉTÉS MÈRES

52103 Sont assimilés à des titres de participation les titres qui ouvrent droit au régime des sociétés mères dans les conditions prévues aux articles 145 et 216 du CGI, sous réserve que l'entreprise cédante détienne au moins 5 % des **droits de vote** de la société émettrice (CGI art. 219, I-a quinquies). Il n'est pas obligatoire que la société exerce effectivement l'option pour le régime mère-fille pour que les titres de la société émettrice puissent être considérés comme des titres de participation.

52104 Le champ d'application du **régime des sociétés mères** et celui du régime des **plus et moins-values à long terme** sont déconnectés. Ainsi, le régime des sociétés mères est ouvert aux titres représentant au moins **5 % du capital** de la société émettrice, et n'est pas subordonné à la détention de droits de vote. La seule détention de 5 % des droits financiers permet donc d'obtenir l'exonération des dividendes mais ne suffit pas pour que le régime des plus-values à long terme s'applique en cas de cession des titres puisque ces derniers n'y sont éligibles que si l'entreprise cédante détient au moins 5 % des droits de vote de la société émettrice.
En pratique, la cession d'**actions de préférence dépourvues de droits de vote** ou d'**actions à dividendes prioritaires sans droit de vote** ouvre droit au régime spécial de taxation réduite à l'imposition d'une quote-part de frais et charges à la condition que l'entreprise cédante détienne par ailleurs une participation d'au moins 5 % assortie de droits de vote.

Pour bénéficier du régime du long terme à raison des titres ouvrant droit au régime des sociétés mères, la **condition de détention de 5 %** du capital de la société émettrice prévue par ce régime s'apprécie à la date de la cession, et non de manière continue sur une période de deux ans (CE 26-1-2018 n° 408219 : RJF 4/18 n° 352). 52105

> Précisions Rappelons toutefois que seuls ouvrent droit au régime du long terme les titres détenus depuis au moins deux ans (voir nos 52510 s.) et que, pour les titres ne constituant pas des titres de participation au plan comptable, son application à certains titres est subordonnée à la condition qu'ils soient inscrits dans une subdivision spéciale du compte de bilan correspondant à leur qualification comptable (voir n° 52100).

3. CAS PARTICULIER DES TITRES DE SOCIÉTÉS À PRÉPONDÉRANCE IMMOBILIÈRE

Parmi les titres de participation, les titres de sociétés à prépondérance immobilière tiennent une place à part. Les plus-values à long terme réalisées lors de leur cession sont soit taxées à un taux réduit si la société est cotée (sauf si les titres sont détenus dans des sociétés établies dans un État ou territoire non coopératif et qu'il ne peut être établi que les opérations réalisées par cette société correspondent à des opérations réelles n'ayant ni pour objet ni pour effet de permettre la localisation de bénéfices dans un tel État ou territoire dans un but de fraude fiscale), soit imposées au taux de droit commun de l'impôt sur les sociétés dans le cas contraire. 52110

a. Sociétés cotées

Constituent notamment des sociétés cotées celles dont les titres sont admis aux négociations sur un marché réglementé français ou européen au sens des articles L 421-1 et L 422-1 du Code monétaire et financier, ou sur un marché présentant des caractéristiques équivalentes. 52111

L'administration considère que les sociétés dont les titres sont négociés sur un système multilatéral de négociation (C. mon. fin. art. L 424-1), tel qu'Alternext, ne font pas partie des sociétés cotées (BOI-IS-BASE-20-20-10-30 n° 130) : cette position nous paraît contestable dès lors que l'article 219, I-a du CGI, qui prévoit l'application du taux réduit aux plus-values à long terme afférentes aux titres de sociétés à prépondérance immobilière cotées, ne contient aucune indication sur la nature du marché de cotation.

> Précisions **En pratique,** bénéficient du régime du long terme les titres des **sociétés foncières cotées françaises ou étrangères,** notamment les titres des sociétés ayant opté pour l'application du régime fiscal des SIIC (sociétés d'investissements immobiliers cotées).

b. Notion de prépondérance immobilière

L'article 219, I-a sexies-0 bis du CGI définit les sociétés à prépondérance immobilière comme les sociétés dont l'actif est, à la date de la cession des titres ou à la clôture de l'exercice précédant la cession, constitué pour plus de 50 % de sa valeur réelle par des immeubles, des droits portant sur des immeubles, des droits afférents à un contrat de crédit-bail conclu dans les conditions prévues à l'article L 313-7, 2 du Code monétaire et financier ou par des titres d'autres sociétés à prépondérance immobilière. 52112

Pour l'application de cette règle, il n'y a pas lieu de prendre en considération les immeubles et droits portant sur des biens affectés par l'entreprise à sa propre exploitation industrielle, commerciale ou agricole ou à l'exercice d'une profession non commerciale.

APPRÉCIATION DE LA PROPORTION DE 50 %

Les éléments d'actif doivent être estimés à leur **valeur réelle.** 52113

Pour apprécier la proportion de 50 %, il convient de comparer (BOI-IS-BASE-20-20-10-30 n° 40) :

1. Au **numérateur,** la valeur réelle :

– des immeubles non affectés à l'exercice de l'activité commerciale, industrielle, agricole ou non commerciale de la société, qu'ils soient situés en France ou à l'étranger,

– des droits réels immobiliers et des droits détenus dans le cadre d'un contrat de crédit-bail immobilier conclu dans les conditions prévues à l'article L 313-7, 2 du Code monétaire et financier par la société crédit-preneuse lorsque les biens concernés ne sont pas affectés à l'exercice de l'activité commerciale, industrielle, agricole ou non commerciale de la société. Selon l'administration, peu importe que les droits soient ou non inscrits à l'actif du bilan comptable : il n'y a donc pas lieu de distinguer selon que l'entreprise crédit-preneuse a acquis ses droits auprès d'un tiers ou non,

– des titres de sociétés elles-mêmes à prépondérance immobilière. La prépondérance immobilière de ces sociétés est appréciée en appliquant les mêmes règles, sous réserve des précisions apportées au n° 52117. Bien entendu, lorsque les titres inscrits à l'actif ne se rapportent pas ou plus à une société à prépondérance immobilière, il y a lieu de ne pas retenir leur valeur au numérateur ;

2. Au **dénominateur,** la valeur réelle de la totalité des éléments de l'actif social (actif immobilisé et circulant hors passif), qu'ils soient situés en France ou à l'étranger, y compris les immeubles affectés ou non affectés à l'exploitation, les titres de sociétés à prépondérance immobilière et les contrats de crédit-bail sur des actifs immobiliers ou non (y compris lorsque les droits afférents au contrat de crédit-bail n'ont pas été acquis auprès d'un tiers et ne figurent pas parmi l'actif immobilisé).

52114 **Appréciation à la date de la cession ou à la clôture de l'exercice précédant la cession** Par « clôture de l'exercice précédant la cession », il convient d'entendre la date du dernier exercice clos par la société dont les titres sont cédés, quelle que soit la période qui sépare la date de la cession de celle de la clôture de l'exercice précédent.

Même si au jour de la cession, la société dont les titres sont cédés n'est pas à prépondérance immobilière, la plus-value de cession est susceptible de relever du régime propre à cette catégorie de titres si la société était à prépondérance immobilière à la clôture de l'exercice précédant la cession. L'administration accepte toutefois de considérer que n'est pas à prépondérance immobilière une société qui a perdu sa qualité du fait de la cession de l'ensemble des immeubles, droits et titres assimilés qu'elle détenait entre la date de clôture de l'exercice précédant la cession et la date de cession de ses propres titres (BOI-IS-BASE-20-20-10-30 n° 50).

52115 **Neutralisation des immeubles d'exploitation** Les immeubles, les droits portant sur des immeubles ou les droits afférents à un contrat de crédit-bail immobilier ne sont pas pris en considération au numérateur du rapport lorsqu'ils sont affectés par l'entreprise à sa propre exploitation industrielle, commerciale ou agricole ou à l'exercice d'une profession non commerciale.

Les immeubles affectés à l'exploitation s'entendent exclusivement des **moyens permanents d'exploitation.** Ne sont donc pas visés par cette disposition, notamment : les immeubles constituant le stock immobilier des sociétés de construction-vente ou des sociétés qui se livrent à une activité de marchand de biens ; les immeubles donnés en location nus, meublés ou moyennant des redevances calculées d'après le chiffre d'affaires des entreprises locataires ; les droits sociaux de sociétés elles-mêmes à prépondérance immobilière (BOI-IS-BASE-20-20-10-30 n° 90).

52116 Un **bien** est **réputé affecté à l'exploitation** lorsqu'il est utilisé dans le cadre de l'activité économique exercée par l'entreprise. La notion d'exploitation requiert en effet qu'au-delà d'une activité relevant par nature d'une catégorie de revenus professionnels (BIC, BNC, BA), les immeubles soient directement utilisés par l'entreprise pour le développement de son activité de nature industrielle, commerciale, libérale ou agricole : production ou fourniture de biens et/ou de services (usine, local commercial, etc.), ou à des fins administratives (bureaux, etc.).

Sont, en revanche, exclus les actifs immobiliers utilisés par l'entreprise pour en retirer des loyers ou valoriser le capital, y compris si ces immeubles sont mis à la disposition de sa société mère ou d'une société sœur ou du même groupe ou bien si la détention de ces actifs entre dans le cadre de l'objet social de la société.

Par ailleurs, l'exploitation doit être industrielle, commerciale, agricole ou non commerciale par nature et non pas uniquement en raison de la forme juridique de la société.

Par **« activités industrielles et commerciales »,** il convient d'entendre les activités imposables à l'impôt sur le revenu dans la catégorie des bénéfices industriels et commerciaux au sens de l'article 34 du CGI. Par « activités **agricoles** », il convient d'entendre les activités imposables à l'impôt sur le revenu dans la catégorie des bénéfices agricoles au sens de l'article 63 du CGI. Les « activités **non commerciales** » s'entendent des activités exercées, à titre professionnel, imposables à l'impôt sur le revenu dans la catégorie des bénéfices non commerciaux au sens de l'article 92 du CGI (BOI-IS-BASE-20-20-10-30 n° 100).

52117 Pour l'appréciation de la prépondérance immobilière, les **titres de sociétés à prépondérance immobilière** inscrits à l'actif ne sont pas pris en compte au numérateur du rapport lorsque les immeubles détenus par ces sociétés sont principalement affectés à l'exploitation industrielle, commerciale, agricole ou non commerciale de l'entreprise détentrice des titres. En d'autres termes, la condition d'affectation à l'exploitation des immeubles, des droits portant sur des immeubles ou des droits afférents à un contrat de crédit-bail, peut être satisfaite directement s'agissant des biens ou droits inscrits à l'actif du bilan ou indirectement lorsque ces biens ou droits sont détenus par l'intermédiaire d'une société et qu'ils sont principalement affectés à l'exploitation de la société associée utilisatrice des biens (BOI-IS-BASE-20-20-10-30 n° 110).

En revanche, un **immeuble affecté à l'exploitation d'une autre société** n'est pas considéré comme un moyen permanent d'exploitation de la société propriétaire, même s'il existe un lien de dépendance entre la société propriétaire et la société utilisatrice du bien (BOI précité n° 100).

Lorsque, dans le cadre d'opérations de **liquidation** consécutives à la dissolution d'une personne morale, une société donne en location nue les immeubles précédemment affectés à sa propre exploitation industrielle, il y a lieu en principe de considérer que ces immeubles ne sont plus affectés à la poursuite de son activité industrielle, commerciale, agricole ou non commerciale. 52118
Toutefois, l'administration admet que, lorsque la dissolution de la société intervient à la suite d'une procédure de **redressement ou liquidation judiciaire,** les immeubles donnés en location par la société qui étaient précédemment affectés à sa propre exploitation conservent le caractère qui était le leur avant la dissolution dès lors que la mise en location est la conséquence directe de la cessation de l'exploitation dans le cadre des opérations de liquidation (BOI-IS-BASE-20-20-10-30 n° 120).

B. Autres titres

Les titres qui ne répondent pas à la définition fiscale des titres de participation, c'est-à-dire les titres qui ne présentent pas ce caractère sur le plan comptable ou qui ne sont pas inscrits dans un sous-compte « TRPVLT » du compte de bilan correspondant à leur qualification comptable (nos 52040 s.), sont exclus du régime des plus-values et moins-values à long terme. Il s'agit : 52140
– des **titres de placement** acquis en vue de réaliser un gain à brève échéance ;
– des **titres immobilisés de l'activité de portefeuille** (TIAP), cette activité consistant à investir dans un portefeuille de titres pour en retirer, à plus ou moins longue échéance, une rentabilité suffisante ;
– des **autres titres immobilisés,** que l'entreprise a l'intention de conserver durablement (c'est-à-dire qu'elle n'a pas l'intention ou la possibilité de revendre).

L'exclusion du régime des plus ou moins-values à long terme vise également les parts ou actions de **sociétés de gestion de portefeuille,** mentionnées au deuxième alinéa de l'article 219, I-a ter du CGI, dont l'actif est constitué principalement par des titres exclus de ce régime ou dont l'activité consiste de manière prépondérante en la gestion de ces mêmes valeurs pour leur propre compte. 52141
L'exclusion de ces titres de sociétés à **prépondérance financière** s'applique même si les titres en cause constituent sur le plan comptable des titres de participation ou s'ils ouvrent droit au régime des sociétés mères.
Notons toutefois que les moins-values constatées lors de la cession de titres de sociétés à prépondérance financière qui ont procédé à des distributions exonérées d'impôt sur les sociétés en vertu du régime mère-fille sont susceptibles dans certaines conditions de relever du régime du long terme (voir n° 52620).
En outre, sont exclus du régime du long terme (même s'ils répondent à la définition des titres de participation) les titres de **sociétés établies dans un État ou territoire non coopératif,** sauf si l'entreprise établit que les opérations réalisées par une telle société correspondent à des opérations réelles qui n'ont ni pour objet ni pour effet de permettre, dans un but de fraude fiscale, la localisation de bénéfices dans un tel État ou territoire.

II. CALCUL DE LA PLUS OU MOINS-VALUE

La plus-value ou la moins-value de cession des actions ou parts est, en principe, calculée par différence entre leur prix de cession et leur prix de revient. 52180

A. Prix de cession

Le prix de cession à retenir pour le calcul de la plus-value imposable doit normalement correspondre à la valeur vénale des titres. L'administration est à même d'en contrôler le bien-fondé. 52185

FRAIS IMPUTABLES SUR LE PRIX DE CESSION

Le prix de vente à retenir pour le calcul de la plus-value de cession s'entend du prix net, après déduction des frais et taxes **inhérents à la réalisation de l'opération.** Sont ainsi imputables sur le prix de vente les **honoraires** versés à des **intermédiaires** financiers pour rémunérer leur prestation 52186

d'entremise pour la conclusion d'une vente de titres de participation (CE 7-2-2007 n° 279588, 3e et 8e s.-s. : RJF 4/07 n° 407 ; BOI-BIC-PVMV-10-20-10 n° 10).
Lorsque la cession de titres d'une société étrangère donne lieu au paiement d'un **impôt à l'étranger,** l'administration estime qu'il entre parmi les frais inhérents à la cession à retenir pour le calcul du montant de la plus-value (BOI-IS-BASE-20-20-10-20 n° 180).
Lorsque les titres cédés constituent des titres de participation, les frais ainsi déduits pour le calcul du montant de la plus-value viennent en diminution de l'assiette de la quote-part de frais et charges (BOI-BIC-PVMV-10-20-10 n° 10 ; CE 12-10-2018 n° 419221 : RJF 1/19 n° 13).
Les frais inhérents à la cession des titres ne peuvent en revanche être compris parmi les charges déductibles du résultat imposable au taux de droit commun de la société cédante (BOI précité n° 10).

52187 Seuls les frais et taxes inhérents à la cession doivent être imputés sur le montant de la plus-value. Les **charges préparatoires à la cession,** telles que des **honoraires d'expertise et d'évaluation** des biens cédés, constituent des charges d'exploitation (CE 21-6-1995 n° 132531 : RJF 8-9/95 n° 963 ; BOI-BIC-PVMV-10-20-10 n° 10).

DÉTERMINATION DE LA VALEUR VÉNALE

52188 S'agissant des **titres cotés,** le cours de bourse du jour de la cession est réputé exprimer la valeur vénale réelle des titres sauf si se trouvent produits des éléments d'appréciation permettant d'estimer que cette valeur vénale est différente. C'est ainsi que l'existence d'un projet de fusion, dont la connaissance par les opérateurs a pu affecter le cours de la bourse, peut justifier que le prix de cession de titres ait été fixé, non pas en fonction de la valeur boursière du jour de la cession, mais par rapport à la moyenne des cours de bourse des deux mois précédant le mois au cours duquel la cession est intervenue (CE 6-6-1984 nos 35415 et 36733 : RJF 8-9/84 n° 940).

52189 **Titres non cotés : évaluation prioritaire par référence à une autre transaction** Pour les titres non cotés, la valeur vénale s'apprécie compte tenu de tous les éléments permettant d'obtenir un chiffre aussi voisin que possible de celui qu'aurait entraîné le jeu normal de l'offre et de la demande à la date de la cession.
La méthode à utiliser par priorité consiste à déterminer la valeur vénale réelle des actions par référence au prix fixé lors d'une autre transaction intervenue peu de temps auparavant sur des **actions de la même société** et portant sur une quantité de titres semblables (CE 6-6-1984 nos 35415 et 36733 : RJF 8-9/84 n° 940) ou lors de transactions postérieures réalisées à une date proche (CE 25-6-1975 nos 92185 et 92186 : RJF 9/75 n° 399). Il peut également être fait référence à des transactions portant sur des **titres d'autres sociétés** considérées comme comparables (CE 20-12-2011 n° 313435 : RJF 3/12 n° 212). En revanche, il ne peut être tenu compte de transactions portant sur les titres d'une autre société exerçant une **activité différente** dans le **même secteur** (CE 29-12-1999 n° 171859 : RJF 2/00 n° 153).
La méthode d'évaluation par comparaison avec des transactions récentes ne saurait être combinée avec les **méthodes alternatives** décrites n° 52190, qui ne doivent être retenues que dans le cas où la première méthode n'est pas pertinente (CE 21-10-2016 n° 390421 : RJF 1/17 n° 8).

> **Précisions a.** La cour administrative d'appel de Paris a jugé qu'une opération d'échange intervenue un an plus tôt était trop éloignée pour servir de référence (CAA Paris 8-7-1999 n° 96-3047 : RJF 12/99 n° 1504). Mais le Conseil d'État estime pour sa part que la référence à une transaction effectuée environ un an auparavant peut être admise, dès lors qu'aucun changement n'est intervenu depuis lors dans l'activité de la société, ses conditions d'exploitation et sa situation nette comptable et qu'aucune modalité particulière de paiement du prix ne justifie une différence de valeur (CE 10-11-2010 n° 309148 : RJF 2/11 n° 153).
> **b.** On notera qu'une **proposition de rachat** de titres qui n'aboutit pas à une cession effective n'est pas susceptible de servir de terme de comparaison pour évaluer la valeur réelle des actions cédées lors d'une transaction ultérieure (CE 23-7-2010 n° 30802 : RJF 11/10 n° 1024).

52190 **Titres non cotés : autres méthodes d'évaluation** En l'absence de référence à une transaction similaire et rapprochée dans le temps, les titres d'une **société holding** peuvent être évalués d'après le prix d'une **transaction** réalisée dans des conditions équivalentes à raison des **titres d'une filiale** lorsque, eu égard à la part que la filiale représente dans l'actif du holding, une telle transaction peut être regardée comme révélant de manière suffisamment précise et probante la valeur de marché du titre en litige (CE 20-6-2012 n° 313435 : RJF 10/12 n° 919). Tel n'est pas le cas lorsque la filiale acquise ne représente que 42 % du montant des titres de participation détenus par le holding (CAA Bordeaux 22-11-2016 n° 14BX03020 : RJF 3/17 n° 215, définitif suite à CE (na)16-5-2018 n° 407093 : RJF 8-9/18 n° 826).

Les titres peuvent également être évalués à leur **valeur mathématique** ou valeur intrinsèque, qui correspond au quotient de la valeur réelle de l'actif net à la date de référence par le nombre de titres ouvrant droit à la répartition de l'actif net, le plus souvent combinée avec la **valeur de rendement** du titre (capitalisation à un taux approprié du dividende net moyen mis en distribution par la société au cours des deux ou trois dernières années), les **flux futurs de trésorerie** disponibles générés par son activité (CAA Versailles 18-2-2016 n° 13VE0491 : RJF 5/16 n° 461) ou encore avec l'estimation de la valeur de l'actif par **capitalisation des bénéfices** (CAA Nancy 19-2-1998 n° 95-102 : RJF 6/98 n° 655). **52190 (suite)**

D'autres éléments peuvent également être pris en considération, tels que les **perspectives de rentabilité** et de réalisation de la société et le **contexte spécifique** de l'opération. Ainsi, l'écart important existant entre le prix d'acquisition du principal élément d'actif d'une société et le prix de cession de cette entité quelques jours après peut être justifié par les **motivations économiques de l'acquéreur,** qui procède à l'achat des titres afin d'éliminer un concurrent et renforcer sa **position concurrentielle** relative sur le marché (CE 10-12-2010 n° 308050 : RJF 3/11 n° 278).

Les différentes méthodes d'évaluation des titres sont décrites en détail sous les nos 35000 s.

ILLUSTRATIONS

Pour déterminer la valeur réelle de titres non cotés en bourse, l'administration peut se fonder sur la **valeur mathématique** des titres, à condition toutefois de ne pas écarter les autres éléments d'appréciation propres à obtenir un chiffre aussi voisin que possible de celui qu'aurait entraîné le jeu normal de l'offre et de la demande à la date d'acquisition, ce qui, dans le cas d'une société comportant de nombreuses filiales, conduit à prendre en compte la **situation nette consolidée.**

CAA Paris 8-7-1999 n° 96-3047, 5e ch. : RJF 12/99 n° 1504.

Lorsque l'administration se réfère aux données économiques et comptables de la société, notamment aux résultats, et recourt à plusieurs méthodes généralement utilisées pour l'évaluation des titres, parmi lesquelles la **valeur mathématique** reconstituant l'actif réel et le passif réel, la **valeur de productivité** et la valeur tirée de la **marge brute d'autofinancement,** une cour administrative d'appel peut légitimement juger, après avoir répondu de manière précise aux critiques du contribuable portant sur certains éléments d'évaluation, que l'administration établit, par la **combinaison** de ces différentes méthodes, que le prix de cession excédait significativement la valeur vénale du titre et, ce faisant, juger implicitement mais nécessairement que le chiffre proposé par l'administration était aussi voisin que possible de celui qu'aurait entraîné le jeu normal de l'offre et de la demande à la date de la cession.

CE 23-7-2010 n° 308021 : RJF 11/10 n° 1024.

L'administration peut évaluer des titres faisant l'objet d'un échange en se fondant sur leur **valeur mathématique,** à défaut de transaction pouvant servir de référence. Mais au cas particulier, en identifiant, sans la corriger, la valeur mathématique de titres non cotés à leur valeur vénale, le service des impôts aboutissait à une valeur unitaire qui capitalisait 23 fois le bénéfice net par action réalisé par la société. Ce **taux de capitalisation** a été jugé manifestement excessif, compte tenu des difficultés que connaissaient, à l'époque de l'échange, les sociétés du secteur d'activité concerné et que, dès lors, la référence à la valeur mathématique sans réfaction ne pouvait, en l'espèce, être retenue même si l'acquisition des titres permettait à son bénéficiaire de détenir, désormais, la majorité du capital de la société, ce qui pouvait le conduire à envisager un prix d'acquisition plus élevé que celui qui aurait été consenti par un autre acquéreur.

CE 21-11-1979 n° 7512 : RJF 1/80 n° 29.

Pour établir la valeur vénale de titres cédés, il est loisible à l'administration de prendre en compte les éléments propres au **contexte de la transaction** susceptible d'influer sur le prix de ces titres, et notamment la **survaleur** résultant, le cas échéant, de la circonstance que l'opération dont il s'agit a pour effet soit de protéger le niveau de rentabilité de l'acquéreur par l'**élimination d'un concurrent,** soit d'empêcher l'entrée de nouveaux acteurs sur le marché.

Par suite, une cour administrative d'appel ne commet pas d'erreur de droit et n'entache pas son arrêt de contradiction de motifs en jugeant que l'administration fiscale a pu valablement estimer la valeur réelle des titres d'une société en nom collectif exploitant un hypermarché en prenant en compte la situation nette de la société à la date de la cession, en évaluant la valeur de son fonds de commerce sur la base d'un pourcentage de 40 % de son chiffre d'affaires, tiré de la comparaison avec sept transactions portant sur des sociétés exerçant la même activité, et, enfin, en intégrant une **survaleur** tenant compte de la situation particulière de l'acheteur, qui a renforcé sa position concurrentielle par l'acquisition de ces titres.

CE 20-12-2011 n° 313435 : RJF 2/12 n° 212.

À l'occasion d'un échange de titres non cotés en bourse entre une personne physique et une société anonyme, l'administration peut évaluer chacun des **lots** de titres échangés suivant des **méthodes différentes,** à condition que la méthode choisie dans chaque cas soit propre à dégager un chiffre aussi voisin que possible de celui qu'aurait entraîné le jeu d'une négociation

52190 (suite) normale à la date de l'échange. C'est ainsi que le service des impôts est en droit d'évaluer un lot de titres par **référence à une opération d'apport,** concernant les mêmes titres, intervenue à une **date très voisine** de l'échange et l'autre lot en se fondant, à défaut de transaction pouvant servir de référence, sur la **valeur mathématique** ressortant du bilan de la société dont les titres sont échangés, à la clôture du dernier exercice écoulé avant la date de l'échange. S'agissant du premier lot de titres, dans le cadre de la comparaison faite avec la précédente opération d'apport, il convient de retenir la **valeur des titres cotés** en bourse **ayant rémunéré cet apport,** laquelle conduit à reconnaître au titre une valeur unitaire voisine de celle retenue par les parties à l'échange et nettement supérieure à celle obtenue par le vérificateur.

CE 21-11-1979 n° 7512 : RJF 1/80 n° 29.

En l'absence de transactions portant sur des sociétés similaires, l'administration peut légalement déterminer la valeur vénale des titres d'une **SNC** propriétaire d'un fonds de commerce et qui en exploite un autre en location-gérance, en retenant une **moyenne arithmétique** des valeurs obtenue par deux méthodes d'évaluation, l'une fondée sur la **capitalisation du bénéfice moyen** de la société et l'autre fondée sur l'**actif net** de la société. Si le contribuable soutient que le **taux de capitalisation** doit être fixé à 15 % afin de tenir compte du caractère précaire du contrat de location-gérance du fonds de commerce et des frais d'agencement des deux magasins, l'administration retient valablement un taux de 12 % compte tenu de l'implantation et de l'activité de la société et de l'absence d'éléments laissant supposer que le contrat de location-gérance peut être remis en cause. Par ailleurs, le bénéfice moyen de la SNC doit être retenu déduction faite de la **rémunération annuelle du dirigeant** dès lors qu'elle correspond à une activité effective de ce dernier dans la société. La valeur vénale des titres ainsi déterminée n'a pas à subir une décote pour tenir compte du fait que le contribuable ne détient qu'une **minorité des parts** dans la SNC ou pour prendre en compte les **délais de négociation** des titres.

CE 14-11-2003 n° 229446 : RJF 2/04 n° 124.

Pour déterminer la valeur vénale de titres de participation non cotés en bourse en l'absence de transactions intervenues dans des conditions équivalentes et portant sur les titres de la même société ou de sociétés similaires, l'administration a pu valablement, d'une part, calculer la **valeur mathématique** des titres et, d'autre part, déterminer leur **valeur de rendement,** en faisant la moyenne entre la valeur de productivité et la valeur par la **marge brute d'autofinancement** puis retenir la moyenne arithmétique de ces deux résultats. La seule circonstance que les sociétés dont les titres ont été cédés ne soient pas propriétaires des fonds de commerce qu'elles exploitent en vertu d'un contrat de location-gérance ne fait pas, par elle-même, obstacle à la mise en œuvre des méthodes de la valeur de productivité et de la marge brute d'autofinancement.

CE 6-2-2019 n° 410248 : RJF 5/19 n° 466.

L'administration peut valablement évaluer la valeur vénale des titres d'une société non cotée en recourant à la combinaison de deux méthodes consistant à déterminer une **moyenne** à partir d'une **valeur mathématique** (fondée sur l'évaluation, par comparaison avec d'autres locaux à usage commercial, de la valeur vénale de l'immeuble formant l'essentiel de l'actif de la société) et d'une **valeur de productivité** des titres, puis en déduisant de cette moyenne un **abattement de 20 %** destiné à tenir compte de l'**absence de liquidité** des titres concernés.

CAA Douai 31-12-2012 n° 11DA01594 : RJF 6/13 n° 583, définitif suite à CE (na) 15-5-2014 n° 366658.

À défaut de pouvoir se référer à des transactions réalisées dans des conditions équivalentes sur les titres de la même société, l'administration peut valablement déterminer le prix de cession de titres non cotés en les évaluant par **combinaison** des méthodes de la **valeur mathématique et** de la **valeur de productivité** selon une pondération qui privilégie la première à hauteur des deux tiers, puis en appliquant une **décote générale** de 30 % pour tenir compte de la difficile liquidité des titres et du caractère minoritaire des titres cédés (22 %). La société requérante fait valoir à juste titre qu'il convient en outre de tenir compte de l'incidence sur la valeur des titres des risques liés à sa **forte dépendance à un cadre salarié** qui occupe en son sein une position d'« **homme-clé** ». À cet effet, la décote générale doit être portée de 30 à 40 %.

CAA Bordeaux 22-11-2016 n° 14BX03020 : RJF 3/17 n° 215, définitif suite à CE (na) 16-5-2018 n° 407093 : RJF 8-9/18 n° 826.

À l'occasion de la cession de titres d'une société non cotée en bourse, l'administration peut évaluer la valeur vénale des titres en déterminant dans un premier temps la **valeur mathématique** et la **valeur de productivité** des titres, puis en opérant sur le résultat ainsi obtenu une **pondération** pour tenir compte du fait que la cession a eu pour but la mise en commun de biens plutôt que le partage de bénéfices. Cette évaluation, qui repose sur des éléments tirés de la comptabilité, permet d'obtenir un chiffre aussi voisin que possible de celui résultant du jeu normal de l'offre et de la demande à la date de la cession. L'insuffisance du prix de cession des titres qui en ressort est donc valablement réintégrée au résultat imposable au taux de droit commun.

CAA Bordeaux 23-6-1997 n° 94-350 : RJF 7/98 n° 772.

Dans le cas d'une société anonyme qui cède à ses actionnaires la participation qu'elle détient dans une autre société anonyme dont l'actif est seulement composé d'un immeuble loué à une société apparentée et sous-loué par celle-ci à un tiers, les éléments les plus significatifs à retenir sont la **valeur de rendement** et la **valeur mathématique,** ces deux éléments pouvant être pris en compte avec la même **pondération.** Par ailleurs, la valeur de rendement doit être estimée d'après le prix de location payé par le sous-locataire, et non d'après le loyer principal qui a pu être minoré en raison des liens existant entre les deux sociétés. **52190** (suite)

CE 26-5-1982 n° 29053 : RJF 7/82 n° 636.

À l'occasion d'un **apport** de **titres non cotés,** une société a procédé à leur évaluation en appliquant un **coefficient multiplicateur de 6 aux résultats d'exploitation avant impôts, amortissements et provisions** (Ebidta) des sociétés concernées. Le résultat ainsi obtenu a ensuite été **majoré de leur trésorerie moyenne disponible.** Trois ans plus tard, la société bénéficiaire de l'apport distribue à la société apporteuse des **dividendes en actions,** lesquels correspondent aux titres initialement apportés. Pour procéder à **l'évaluation des actions** reçues à titre de dividendes, la société a retenu la même méthode que précédemment mais a appliqué un **coefficient multiplicateur de 5,5** au résultat d'exploitation avant impôts, amortissements et provisions, puis majoré le résultat obtenu de la **moitié de la trésorerie moyenne disponible.** Si la **dégradation du contexte économique** entre la date de l'apport des titres et celle de la distribution dans le secteur d'activité des sociétés concernées (la communication) a justifié, selon le rapport établi par un expert, la baisse de 0,5 point du multiplicateur appliqué au résultat d'exploitation avant impôts, amortissements et provisions, cette circonstance ne saurait être utilement invoquée pour ne retenir que la moitié de la trésorerie moyenne disponible. Dès lors que la société ne présente pas d'éléments autres que la dégradation du contexte économique pour justifier la **modification apportée à l'une des variables de la méthode de valorisation** et ne fait état d'aucune autre circonstance, telle qu'un changement intervenu dans les conditions d'exploitation des sociétés en cause ou leur situation financière, l'administration est fondée à réintégrer à son résultat imposable l'insuffisance d'évaluation résultant de cette modification.

CE 16-11-2016 n° 387576 : RJF 2/17 n° 111.

Pour évaluer la valeur vénale de titres non cotés en bourse, l'administration peut, en l'absence de tout marché de référence, prendre en compte l'ensemble des éléments d'appréciation utiles sans être liée par la valeur mathématique des titres à la date de leur cession. Elle est ainsi en droit d'écarter la valeur comptable de l'entreprise, nulle en l'espèce du fait de l'importance des frais financiers et du poids des frais de démarrage, dès lors que l'accroissement de la valeur des titres peut être tenu pour certain eu égard à la structure particulière de l'actif et aux **potentialités** de l'activité.

CAA Paris 10-7-1990 n° 2243 : RJF 3/91 n° 253.

La valeur vénale des actions doit s'apprécier compte tenu de tous les éléments dont l'ensemble permet d'obtenir un chiffre aussi voisin que possible de celui qu'aurait entraîné le **jeu normal de l'offre et de la demande** à la date où cette cession est intervenue. Les **frais** qu'aurait éventuellement entraînés le **partage de l'actif social** ne peuvent être pris en considération pour cette appréciation.

L'évaluation des titres opposée par le contribuable à celle de l'administration doit être écartée dès lors que :

– il n'a pas été tenu compte des **réévaluations** justifiées de l'actif social pour le calcul de la valeur mathématique des actions ;

– la **réfaction de 20 %** appliquée à la **valeur mathématique** n'est pas justifiée soit par des limitations apportées aux droits de négociation des porteurs, soit par toutes autres circonstances ;

– au contraire, il ressort du rapport annexé au bilan que les **perspectives d'avenir** de la société étaient favorables ;

– les références aux évaluations ou aux **transactions auxquelles les actions** en cause **ont donné lieu** ne sauraient être retenues en raison des dates auxquelles ces opérations sont intervenues ou en l'absence d'éléments d'appréciation suffisants qu'il incombait à la société de fournir ;

– sur la base du dividende distribué, compte tenu du rendement moyen des actions de même nature à la même époque, la **valeur de capitalisation** des actions dont il s'agit ne ressort pas à un chiffre inférieur à celui retenu par l'administration.

CE 22-3-1961 n° 41687 : Dupont 1961 p. 305.

Si l'existence, au passif d'une société, d'**obligations convertibles** en actions crée en principe, pour un tiers acquéreur éventuel d'actions existantes, le risque de voir sa participation diluée en cas d'exercice par les détenteurs des obligations convertibles de leur droit à convertir ces obligations en actions nouvelles, l'appréciation de l'influence de ce risque sur le prix unitaire des actions en cause doit tenir compte des **circonstances** concrètes de la **transaction** faisant l'objet de l'évaluation contestée.

Dans le cas où une société procède le même jour à la vente et au rachat des actions d'une entreprise, l'**acquéreur** intermédiaire étant une société appartenant au **même groupe,** l'administration est, dans les circonstances de l'espèce, compte tenu de la maîtrise par les mêmes personnes de l'ensemble des éléments susceptibles d'affecter la valeur des titres cédés, et en particulier de la circonstance que les obligations convertibles étaient détenues par les acteurs de la cession, fondée à écarter tout risque de conversion de ces obligations en actions et donc de décote des titres vendus.

CE 1-7-2010 n° 304673 : RJF 11/10 n° 995.

Lorsqu'il n'est pas tenu compte, à l'occasion d'une cession portant sur des **actions ordinaires** du capital d'une société comprenant également des **actions de préférence,** de l'existence de ces dernières et des droits particuliers qui y sont attachés, pour l'évaluation de la valeur vénale des actions ordinaires, cette absence de prise en compte doit être justifiée par des circonstances particulières permettant d'estimer que ces actions de préférence n'ont pu avoir en l'espèce aucun effet sur la détermination de la valeur vénale des actions ordinaires ayant fait l'objet de la cession.
Une société française cède 28 % des actions ordinaires composant le capital d'une filiale américaine à sa filiale française qui détient déjà 72 % des actions ordinaires de cette cible. Avant la cession, la société mère et sa filiale française ont également souscrit des actions de préférence émises par la filiale américaine. Ces actions de préférence étaient assorties, pour certaines, d'un droit à des dividendes prioritaires et cumulatifs de 3 % minimum de la valeur de souscription et, pour la totalité d'entre elles, d'un droit prioritaire sur l'actif net en cas de liquidation à hauteur de la valeur de souscription. En l'absence de circonstance particulière, il y a lieu, pour évaluer la valeur des actions ordinaires de la filiale américaine selon la méthode de l'actif net corrigé retenue par l'expert désigné par le tribunal administratif et validée par la cour administrative d'appel, de prendre en compte les droits prioritaires à la répartition de l'actif net en cas de liquidation de la société attachés aux actions de préférence en répartissant, après avoir inclus ces actions dans les fonds propres de la société américaine pour leur valeur de souscription, la valeur globale ainsi obtenue entre l'ensemble des actions, tant ordinaires que préférentielles.

CE 23-12-2011 n° 327562 : RJF 3/12 n° 220.

PRIX DE CESSION INFÉRIEUR À LA VALEUR VÉNALE

52200 Le prix de cession à retenir est en principe celui qui est stipulé dans l'acte. Il peut toutefois être remis en cause dans deux cas :
– en cas de **dissimulation de prix,** c'est-à-dire lorsque les parties ont volontairement inscrit dans l'acte une somme inférieure au prix réellement payé. L'administration peut alors retenir le prix réel, à condition bien sûr d'établir l'existence d'une telle dissimulation ;
– en cas d'**insuffisance de prix significative** établie par l'administration : la cession est présumée relever d'une gestion anormale, mais cette présomption est écartée si le contribuable justifie que l'appauvrissement qui en est résulté a été décidé dans l'intérêt de l'entreprise, soit que celle-ci se soit trouvée dans la nécessité de procéder à la cession à un tel prix, soit qu'elle en ait tiré une contrepartie (CE 21-12-2018 n° 402006 : RJF 3/19 n° 246).
La jurisprudence considère que seul un écart significatif entre le prix de cession des titres et leur valeur vénale peut permettre à l'administration d'écarter le prix de cession. Aucun seuil n'a été expressément fixé par le Conseil d'État, qui a toutefois jugé qu'un écart de 14,75 % n'est pas significatif (CE 31-3-2010 n° 297307 : RJF 6/10 n° 591). Si le seuil de 20 % a plusieurs fois été mentionné dans les conclusions de certains rapporteurs publics (CE 3-7-2009 n° 301299 : RJF 11/09 n° 940 ; CE 9-5-2018 n° 387071 : RJF 7/18 n° 726 ; CE 21-12-2018 n° 402006 précité ; CE 21-10-2020 n° 434512 : RJF 1/21 n° 85), il résulte cependant d'une décision plus récente qu'un pourcentage inférieur à 20 % peut être retenu par le juge dans certaines circonstances (CE 26-10-2021 n° 426462 : RJF 1/22 n° 7).
En présence d'un écart significatif, la différence entre la valeur réelle des biens et le prix consenti aux acquéreurs est alors constitutive d'une libéralité assimilable à une distribution de fonds sociaux. À ce titre, elle est soumise à l'impôt sur les sociétés au taux normal (n° 37265).

52201 D'une manière générale, la stipulation d'un prix de cession de titres de participation inférieur à celui du marché ne peut être justifiée par la **notion d'« intérêt de groupe ».** Ainsi le Conseil d'État estime-t-il que les cessions ou acquisitions de titres de participation réalisées avec une **filiale ou société mère** pour des prix s'écartant de leur valeur vénale réelle relèvent d'un acte anormal de gestion, sauf si l'existence d'un intérêt propre de la société qui consent l'avantage est établie. Un tel intérêt n'est pas établi lorsque l'opération en cause a notamment pour objet une remise en ordre des participations. En revanche, il semble que le nombre important des actions cédées puisse constituer un élément permettant d'estimer que la valeur vénale réelle de l'ensemble des titres cédés est inférieure à celle qui résulterait de l'application du cours de bourse, à condition que des précisions suffisantes, appréciées au cas par cas par le juge, permettent de justifier la décote pratiquée.

ILLUSTRATIONS

52201 (suite)

L'associé majoritaire d'une SA ayant souscrit à l'augmentation du capital de la société par compensation de créances qui revend, à des membres de sa famille, quelques mois plus tard pour un prix égal à 17 % de leur valeur nominale les actions qu'il a reçues commet un acte anormal de gestion dès lors qu'aucune **circonstance objective,** tenant à l'évolution des **perspectives d'activité** de l'entreprise ou à celle de la **plus-value latente** sur éléments d'actifs prise en compte pour procéder à l'estimation de la valeur nette réelle de celle-ci, ne justifie une telle dépréciation.

CAA Nantes 30-6-1994 n° 93-811 ; CE CAPC 12-4-1995 n° 156076 : RJF 6/95 n° 701.

Une cession de titres consentie par une société à son principal actionnaire pour un prix inférieur à leur valeur réelle doit être réputée constituer, à concurrence de l'insuffisance de prix stipulé, un **avantage** consenti sans contrepartie à l'actionnaire cessionnaire qui doit, dès lors, être rapporté aux résultats imposables, même si cette opération a eu pour objet légitime une **remise en ordre des participations** détenues respectivement par des sociétés appartenant à un **même groupe.**

CE 21-11-1980 n° 17055 : RJF 1/81 n° 10, chronique RJF 2/81 p. 55.

Une société qui cède à une filiale ou à une société tierce des actions pour un prix inférieur à leur valeur vénale réelle ne justifie le prix pratiqué ni en invoquant les nécessités inhérentes à une **redistribution des activités et des participations entre les sociétés** concernées ni en faisant valoir que ce prix aurait été fixé pour tenir compte d'un profit que venait de réaliser une de ses filiales au détriment d'une filiale de la société cessionnaire à l'occasion d'une opération portant sur des actions identiques.

CE 6-6-1984 n° 35415 et CE CAPC 12-4-1995 n° 156076 : RJF 6/95 n° 701.

Pour contester la position de l'administration selon laquelle la valeur vénale des titres d'une société en nom collectif exploitant un hypermarché a été sous-évaluée, un contribuable soutient, pour justifier le prix de cession à une société du groupe de ces titres, d'une part, que cette société était menacée d'une cessation de paiements susceptible d'entraîner de graves conséquences pour lui-même et, d'autre part, que la cession des titres lui a permis d'être libéré de l'obligation de combler les dettes de la société en nom collectif, y compris celles nées antérieurement à cette cession. La cour administrative d'appel relève au contraire à juste titre, d'une part, que les **difficultés alléguées** par le contribuable quant à la situation de sa filiale n'étaient **pas établies** et, d'autre part, que la société en nom collectif recelait, nonobstant le caractère déficitaire de ses résultats en phase de démarrage de son activité, de **fortes potentialités de développement.** Elle relève également qu'il n'apparaissait pas que la minoration du prix de cession aurait été une condition posée par l'acquéreur pour libérer le vendeur de l'obligation de combler les pertes constatées au titre des exercices antérieurs. La cour est par suite fondée à déduire de ces éléments que l'administration apporte la preuve, qui lui incombe, que le contribuable, en acceptant de céder à une société du groupe les titres qu'il détenait dans la société en nom collectif à un prix inférieur à leur valeur réelle, a commis un acte anormal de gestion à concurrence du montant de l'insuffisance de prix constatée.

CE 20-12-2011 n° 313435 : RJF 3/12 n° 212.

La cession par une société A des titres d'une société B, dont elle est actionnaire majoritaire, au profit de deux sociétés C et D, coactionnaires de la société B, constitue un acte anormal de gestion dès lors qu'elle est consentie pour un prix inférieur à la valeur vénale des titres. La circonstance que cet avantage serait nécessaire pour **maintenir l'implication personnelle des dirigeants des sociétés cessionnaires** dans le développement de la société dont les titres sont cédés, dont il n'est pas soutenu qu'elle rencontrerait des difficultés, ne permet pas en effet à elle seule de considérer que l'entreprise cédante a agi dans son intérêt propre.

CE 19-11-2008 n° 308449 : RJF 2/09 n° 110.

Dans le cas d'une transaction portant sur des titres cotés entre une société et sa filiale, même à 100 %, un prix de cession notablement inférieur à la valeur réelle des titres exprimée par le cours de bourse à la date de la cession engendre, à concurrence de l'insuffisance du prix stipulé, un avantage consenti sans contrepartie. Il n'en est autrement que s'il est justifié d'un **intérêt propre de la société mère** à réaliser l'opération à ce prix ou que la valeur vénale réelle des titres est différente du cours de bourse.

Par suite, les résultats d'une société qui a cédé, par voie d'échange, à sa filiale à 100 % des titres d'une autre société du même groupe pour un prix inférieur de 12 % à la valeur boursière doivent être rehaussés de la somme correspondant à cette différence dès lors que :

– même si l'opération d'échange de titres a eu pour objet une **remise en ordre des participations au sein du groupe,** la société ne justifie pas d'un intérêt propre expliquant un tel écart de prix ;

– il n'est pas établi, dans les circonstances de l'espèce, que le **nombre important des actions cédées** justifiait que le prix de cession reflétât la valeur vénale réelle des titres.

CE 26-2-1990 n° 76860 : RJF 4/90 n° 397.

Une **filiale d'un groupe** financier acquiert des **titres cotés d'une société holding** du groupe, puis les **apporte** six mois après à une autre société du groupe et constate lors de cet apport une **moins-value à court terme** importante. L'administration a entendu remettre en cause la déduction de cette moins-value au motif qu'elle aurait résulté d'un acte anormal de gestion tenant à l'acquisition à un prix excessif et dans le seul intérêt du groupe des actions de la société holding. Pour soutenir le caractère anormal de l'opération en litige, l'administration fait valoir que :
– l'**entrée dans le capital** de la société holding de **deux autres sociétés** à hauteur de 39 % de son capital ainsi qu'un **changement d'alliance** d'un autre actionnaire faisaient craindre au groupe une **perte du contrôle** de cette société ;
– l'acquisition par la société requérante des titres de la société holding à un **prix surévalué,** dû à la **forte augmentation du cours de bourse** en raison des manœuvres en cours sur le contrôle de la société, ne répondait à aucun intérêt propre de la société acquéreur mais uniquement à l'intérêt du groupe de maintenir sa position dominante au sein de la société holding.
Mais la réalité de la tentative de prise de contrôle de la société holding par les deux autres sociétés ainsi que son incidence sur l'évolution du cours de bourse des titres litigieux ne peuvent être regardées comme établies.
Dès lors, la requérante peut valablement faire valoir que l'acquisition litigieuse procédait d'une **opération de placement financier** justifiée par la similarité de l'activité exercée par la société holding et par les **perspectives de plus-values** résultant de la volatilité des cours de ses titres.
CAA Paris 27-6-2003 n° 99-3911 : RJF 11/03 n° 1229.

L'administration n'apporte pas la preuve qu'une société a cédé à une personne physique, membre du groupe familial qui la contrôle, les titres d'une autre société à un prix inférieur à leur valeur vénale, alors que les circonstances de la cession ne lui permettent pas de présumer d'une **intention libérale** (la cession ayant été réalisée à l'issue d'une transaction normalement discutée entre les parties dont les intérêts n'étaient pas liés) et qu'une **évaluation** avait été faite à l'époque de la cession par un **conseil extérieur.**
CE 7-2-2007 n° 279588 : RJF 4/07 n° 407.

La cession par une société mère d'**actions d'une filiale à l'un des dirigeants de celle-ci,** pour un prix minoré, en exécution d'une **promesse unilatérale** consentie dans le cadre d'un schéma d'intéressement du dirigeant, relève d'une gestion normale dès lors que l'entreprise justifie de son intérêt à la date de conclusion de cette promesse. Compte tenu notamment de l'expérience du directeur commercial de sa filiale, il est en effet de l'intérêt de la société mère de l'intéresser au développement de la filiale, l'accroissement du chiffre d'affaires de celle-ci ayant un impact sur la valeur des titres détenus par la société mère.
CE 11-3-2022 n° 453016 : RJF 6/22 n° 527.

B. Prix de revient

52240 Le prix de revient à prendre en compte pour le calcul des plus-values ou des moins-values s'entend de la valeur d'origine des titres, c'est-à-dire de leur coût d'entrée dans le patrimoine.
La valeur d'origine s'entend :
– du coût d'acquisition, c'est-à-dire du prix d'achat majoré des frais accessoires incorporés au prix de revient pour les titres acquis à titre onéreux ;
– de la valeur d'apport pour les valeurs apportées ;
– de la valeur vénale pour les titres reçus à titre gratuit.

› **Précisions a.** Cession par une société membre d'un groupe d'intégration fiscale des **titres** représentant une participation inférieure à 5 % qu'elle détient **depuis au moins deux ans** dans une **société à prépondérance financière** (telle que définie par l'article 219, I-a ter du CGI), cette filiale étant soit une société membre du groupe depuis plus d'un exercice, soit une société soumise à un impôt équivalent à l'IS dans un État de l'Union européenne, en Islande, en Norvège ou au Liechtenstein qui, si elle était établie en France, remplirait depuis plus d'un exercice les conditions pour être membre du groupe (autres que celle d'être soumise à l'IS en France) : le prix de revient de ces titres est diminué, pour le **calcul de la moins-value** de cession, du montant des produits de participation y afférents dont le montant a été retranché du résultat d'ensemble, au cours de l'exercice au titre duquel cette moins-value est constatée et des cinq exercices précédents (CGI art. 223 B, al. 2). Cette règle s'applique aux cessions de titres réalisées au sein du groupe et hors du groupe.

Le prix de revient des titres d'une société à prépondérance financière européenne (ou établie en Islande, en Norvège ou au Liechtenstein) non éligibles au régime des sociétés mères fait l'objet d'une correction analogue lorsqu'ils sont détenus depuis au moins deux ans par une société non membre d'un groupe intégré, qui a retranché de son bénéfice net les produits de participation afférents à cette filiale à hauteur de 99 % de leur montant, en application et dans les conditions de l'article 223 B, al. 2, du CGI.

b. Cession par une société membre d'un groupe intégré des titres n'ouvrant pas droit au régime mère-fille qu'elle détient **depuis moins de deux ans** dans une société membre du groupe depuis plus d'un exercice ou dans une société soumise à un impôt équivalent à l'IS dans un État de l'Union européenne, en Islande, en Norvège ou au Liechtenstein qui, si elle était établie en France, remplirait depuis plus d'un exercice les conditions pour être membre du groupe (autres que celle d'être soumise à l'IS en France) : le prix de revient de ces titres est diminué, pour le **calcul de la plus ou moins-value** de cession, du montant des produits de participation distribués par cette filiale et retranché du résultat d'ensemble à hauteur de 99 % (CGI art. 223 B, al. 2). Cette règle s'applique aux cessions de titres réalisées hors du groupe ou au sein du groupe, sauf, pour ces dernières, en cas de cession génératrice d'une moins-value (voir n° 52440 Précisions).

Le prix de revient des titres d'une société européenne (ou établie en Islande, en Norvège ou au Liechtenstein) non éligibles au régime des sociétés mères fait l'objet d'une correction analogue lorsqu'ils sont détenus depuis moins de deux ans par une société non membre d'un groupe intégré qui a retranché de son bénéfice net à hauteur de 99 % les produits de participation afférents à cette filiale, en application et dans les conditions de l'article 223 B, al. 2, du CGI.

c. Dans le cas où le cédant, après avoir exercé une activité à but non lucratif, se met à exercer une activité relevant de l'impôt sur les sociétés, le prix de revient des actions cédées ultérieurement correspond à leur valeur à la date du **changement de régime fiscal,** et non à leur prix d'acquisition (CE 31-7-2009 n° 294303 : RJF 11/09 n° 915).

d. Lorsque des titres de participation ont été acquis en vue de développer des **synergies** entre l'activité de la société acheteuse et celles des sociétés acquises, la fraction de leur prix d'acquisition correspondant à la valeur de ces avantages (« survaleur ») constitue un élément du prix de revient des titres à prendre en compte pour le calcul de la plus-value de cession (CE 12-7-2017 n° 400644 : RJF 11/17 n° 1017).

FRAIS D'ACQUISITION INCORPORÉS AU PRIX DE REVIENT DES TITRES DE PARTICIPATION

En application de l'article 209, VII du CGI, les frais engagés par des sociétés soumises à l'impôt sur les sociétés pour acquérir des titres de participation sont incorporés au prix de revient fiscal des titres avant d'être déduits et amortis sur une période de cinq ans. Cette mesure s'applique obligatoirement aux titres de participation au sens fiscal (n°s 52050 et 52100). En cas de cession des titres, le prix de revient à retenir pour le calcul des plus ou moins-values s'entend du **prix de revient net** fiscal des titres, c'est-à-dire du prix de revient total (frais inclus) diminué des **amortissements** pratiqués au titre des frais. 52241

La **fraction des frais** qui n'a **pas** encore été **amortie** à la date de la cession ne peut plus être déduite. Toutefois, si la cession des titres intervient dans les deux ans de leur acquisition, l'opération reste neutre à cet égard puisque la non-déduction, pour la détermination des résultats taxables au taux normal de l'impôt sur les sociétés, d'une fraction du coût d'acquisition des titres est compensée (sous réserve de la baisse du taux d'impôt sur les sociétés entre l'exercice d'acquisition des titres et celui de leur cession) par une diminution de même montant de la plus-value à court terme taxée elle aussi au taux de droit commun ou par une majoration de la moins-value à court terme.

En revanche, la cession de titres de participation relevant du régime de **taxation réduite à l'imposition d'une quote-part de frais et charges** plus de deux ans après leur acquisition mais avant l'expiration d'un délai de cinq ans aboutit à une perte définitive du droit à déduction de la fraction des frais d'acquisition non encore amortie. Celle-ci vient seulement minorer la plus-value de cession exonérée et, par suite, l'assiette de la quote-part de frais et charges de 12 % imposable au taux normal de l'impôt sur les sociétés si l'entreprise réalise une plus-value nette à long terme au cours de l'exercice de cession.

EXEMPLE

Soit une entreprise dont l'exercice comptable coïncide avec l'année civile. Elle acquiert le 1er janvier 2020 des titres d'une société cible pour 51 000 € dont 1 000 € de frais d'acquisition. Par hypothèse, elle détient alors plus de 10 % du capital de la cible de sorte que les titres ont la qualité de titres de participation sur le plan comptable et fiscal. La société cède le 1er janvier 2023 la totalité des titres acquis en 2020 pour 60 000 €. La plus-value fiscale doit être déterminée comme suit : prix de cession − prix de revient net fiscal (valeur d'origine intégrant les frais d'acquisition − amortissements déduits).

Par hypothèse, la société a déduit trois annuités d'amortissements soit 1 000/5 × 3 = 600 €. Le prix de revient s'établit donc à 51 000 − 600 = 50 400 €.

La plus-value fiscale s'élève à 60 000 € − 50 400 € = 9 600 €.

Dès lors que les titres constituent des titres de participation, la plus-value fiscale de 9 600 € est exonérée, sous réserve, le cas échéant, de l'imposition au taux de droit commun d'une quote-part de frais et charges égale à 12 %, soit 1 152 €.

La cession de **titres de sociétés à prépondérance immobilière cotées** dans un délai compris entre deux et cinq ans après leur acquisition entraîne une perte partielle du droit à déduction des frais non encore amortis. En effet, la diminution à due concurrence de la plus-value nette à long terme taxable à 19 % ne compense que partiellement l'impossibilité de déduire ces frais des résultats taxables au taux normal.

En revanche, la cession de **titres de sociétés à prépondérance immobilière non cotées** dans un délai compris entre deux et cinq ans suivant leur acquisition n'entraîne aucune pénalisation (sous réserve de la baisse du taux de l'impôt sur les sociétés entre l'exercice d'acquisition des titres et celui de leur cession) puisque les frais d'acquisition non déduits entraînent une diminution de la plus-value taxable au taux normal de l'IS.

TITRES ACQUIS POUR UN PRIX EXCESSIF

52242 Si elle estime que les titres ont été inscrits à l'actif pour un prix excessif, l'administration peut remettre en cause cette valeur dans la mesure où la surévaluation constitue un acte anormal de gestion. L'existence d'un acte anormal de gestion est appréciée par rapport à la valeur vénale des titres acquis.

Bien entendu, les entreprises ont toujours la faculté d'établir que la **méthode d'évaluation** utilisée par l'administration ne reflète pas la valeur réelle des titres acquis. En ce qui concerne l'appréciation de la valeur vénale des titres, voir les explications données aux nos 52188 s. à propos du prix de cession.

52243 L'acquisition de titres à un prix surévalué ne peut être regardée comme conforme aux intérêts de l'entreprise acheteuse lorsqu'elle a notamment pour objet de lui faire prendre en charge des pertes subies personnellement par un associé ou un dirigeant. Son **intérêt propre** à une telle transaction peut toutefois être établi si elle est réalisée par exemple à des fins commerciales pour réorganiser sa structure de production.

Au sein d'un **groupe de sociétés,** et plus particulièrement entre sociétés mères et filiales, la jurisprudence estime que les opérations portant sur des éléments de l'actif immobilisé, notamment des titres du portefeuille, ne peuvent, à l'inverse de celles portant sur des marchandises ou des prestations de services, s'effectuer à des prix préférentiels. Par suite, les acquisitions et cessions de titres intragroupe réalisées pour des prix éloignés de leur valeur vénale relèvent d'un acte anormal de gestion, sauf si l'existence d'un intérêt propre de la société qui consent l'avantage est établie. L'**intérêt général du groupe** ne peut en aucun cas justifier la réalisation de transactions à un prix différent de la valeur vénale, étant toutefois précisé que l'intérêt propre d'une entreprise peut être apprécié compte tenu de son appartenance à un groupe. Cette règle s'applique qu'il s'agisse d'opérations effectuées entre filiales et sociétés mères ou entre sociétés sœurs.

52244 Lorsque le prix d'acquisition des titres est fixé en tenant compte de l'augmentation de valeur que cette acquisition est susceptible d'apporter à un élément patrimonial préexistant, l'administration admet que la valeur d'origine puisse excéder la valeur réelle de la participation. Le prix d'acquisition peut, par exemple, tenir compte de l'**augmentation de valeur apportée au fonds de commerce** par une prise de participation assurant à la société dominante une **stabilité des contrats** de vente ou d'achat conclus avec la société dominée. À la limite, une participation peut être acquise en vue d'une dépréciation immédiate (mise en sommeil de l'exploitation correspondante) qui implique un simple transfert de valeurs entre certains éléments de l'actif immobilisé (fonds de commerce et participation). Dans de telles situations, le supplément de valeur enregistré à l'occasion de l'acquisition de la participation doit, pour la détermination de l'actif net au sens de l'article 38 du CGI, constituer un élément du prix de revient des immobilisations que cette opération a contribué à valoriser (BOI-BIC-PVMV-30-20-10-10 n° 10).

52245 Lorsque l'existence d'un acte anormal de gestion est établie, la remise en cause par l'administration de la valeur d'inscription des titres au bilan de la société acheteuse a pour **conséquence** d'interdire à l'entreprise de déduire tout ou partie des **provisions pour dépréciation** relatives à ces titres (cette conséquence étant toutefois dépourvue de portée pratique lorsque les titres relèvent du régime de taxation réduite à l'imposition d'une quote-part de frais et charges). L'acquisition des titres pour un prix excessif peut également entraîner la correction du **calcul des plus ou moins-values** constatées lors de leur cession ultérieure (conclusions J. Courtial sous CE 27-4-2001 n° 212680 : RJF 7/01 n° 905).

ILLUSTRATIONS

52245 (suite)

Commet un acte anormal de gestion une société qui achète à son principal associé des actions d'une autre société, pour un prix égal à leur **valeur nominale,** et les revend quelques mois plus tard à un tiers pour un franc, dès lors qu'il est établi que la valeur de ces titres, déjà très faible à la date de leur acquisition, n'a fait que décroître par la suite.
Par suite, cette société qui doit être regardée comme ayant ainsi entendu prendre en charge la **perte subie personnellement par son associé** ne peut tenir compte de cette perte pour le calcul de l'impôt dont elle est redevable.

CE 10-3-1971 n° 78838 : Dupont 1971 p. 225.

Commet un acte anormal de gestion une société en nom collectif qui acquiert auprès de ses associés un portefeuille de valeurs mobilières pour un **prix très supérieur à sa valeur réelle** dès lors que l'opération, qui a été renouvelée à plusieurs reprises avec le même portefeuille au cours des exercices suivants, doit être regardée comme ayant eu pour seul objet d'imputer sur les bénéfices sociaux les **pertes subies par les associés** du fait de leur activité personnelle.

CE 2-4-1941 n° 59880 : RO p. 117.

Ne peut être regardé comme se rattachant à une gestion commerciale normale le prix consenti par une société pour des **titres** qui lui ont été **apportés** lors d'une augmentation de capital, dès lors qu'il est établi par **jugement** définitif du **juge pénal** que le montant pour lequel les titres de participation ont été inscrits au bilan était surévalué.

CE 19-2-1986 n° 46347 : RJF 4/86 n° 347.

Ne consent pas un avantage anormal assimilable à un revenu distribué une société qui achète à l'un de ses associés des actions d'une autre société à un prix égal au **montant nominal,** supérieur à leur valeur réelle, dès lors que l'**opération** est **réalisée à des fins commerciales** conformes à l'intérêt propre de l'entreprise. Au cas particulier, la société rachetée fabriquait des matériels destinés à l'acquéreur des titres. L'objectif de ce dernier était de transférer en région parisienne les ateliers de fabrication après dissolution de la société rachetée.

CE 13-1-1967 n° 65377 : Dupont 1967 p. 204.

L'administration n'est pas fondée à soutenir que le prix de 500 F versé par une société exerçant l'activité de marchand de biens pour acquérir des actions qu'elle a revendues un an après pour un prix de 156 F caractérise un acte anormal de gestion en se bornant à se référer à la **situation nette comptable déficitaire** de la société émettrice des titres, alors que d'autres éléments, tels que la valeur des terrains et immeubles inscrits à l'actif de la société ou l'intérêt que pouvait présenter son contrôle en vue d'une opération immobilière, justifiaient une **valeur supérieure** à celle correspondant **à une estimation comptable.** L'administration ne justifie donc pas son refus de déduction de la perte constatée lors de la cession des titres.

CE 25-6-1986 n° 43592 : RJF 8-9/86 n° 753.

Le Conseil d'État a jugé qu'une société qui a fait **apport d'immeubles** à ses **filiales** sises en Algérie n'a pu valablement inscrire à son bilan les actions reçues en contrepartie de cet apport pour un **prix supérieur** à la valeur pour laquelle ces immeubles figuraient au **bilan de clôture de l'exercice précédent,** dès lors qu'à défaut de toute donnée économique et financière de nature à justifier la valeur d'apport très supérieure consentie par les filiales, cette valeur ne pouvait être justifiée que par la seule situation de dépendance de ces dernières.

CE 6-6-1984 n° 43416 : RJF 8-9/84 n° 933.

Cessions et souscriptions de titres intragroupe

Doit être regardé comme étranger à une gestion commerciale ou financière normale le fait pour une filiale de racheter en 1962, à sa société mère, des participations que celle-ci détenait dans des filiales algériennes sur la base de leur **valeur mathématique.** En effet, cette opération avantageuse pour la société mère qui a pu bénéficier du régime d'exonération sous condition de remploi alors en vigueur sur les plus-values de cession de titres ne répondait, ni directement ni indirectement, aux **besoins** et aux **intérêts propres de la filiale.**

CE plén. 26-7-1982 n°s 2533 et 19645 : RJF 10/82 n° 903.

Relève d'une gestion anormale le fait pour une société de racheter, auprès de **sociétés du même groupe** et à leur valeur nominale, des titres d'une autre société appelée à se défaire d'une partie de ses actifs dès lors que, d'une part, l'opération destinée à **combler le passif d'une banque** contrôlée par des associés du groupe a été réalisée à un **prix surévalué** compte tenu du fait que la société n'ignorait pas que les événements en cours allaient entraîner la dépréciation des titres et que, d'autre part, la société ne justifie pas de son **intérêt propre** dans la réalisation de cette opération.

CE 21-6-1995 n° 132530 : RJF 8-9/95 n° 964.

Constitue un acte anormal de gestion le fait pour une société d'acquérir des **actions** de sa **filiale mise en liquidation** deux mois auparavant dès lors que ces titres sont de ce fait totalement

52245 (suite) dépréciés et qu'il n'est pas justifié que leur acquisition était nécessaire au maintien des soutiens financiers de la société. Enfin, la requérante ne peut valablement prétendre que l'opération répondait à un souci de crédibilité du groupe et d'intérêt commercial.
CAA Marseille 5-4-2000 n° 97-10580 : RJF 4/01 n° 440.

TITRES ACQUIS POUR UN PRIX MINORÉ

52260 En cas d'acquisition, auprès d'une société passible de l'impôt sur les sociétés, de titres pour un prix délibérément minoré, l'acquéreur a été imposé à raison de la libéralité que constitue la différence entre la valeur vénale des titres et leur prix d'acquisition (CE 5-1-2005 n° 254556 : RJF 3/05 n° 213). En contrepartie, les provisions et plus-values de cession ultérieures sont déterminées à partir de la valeur réévaluée des titres.

C. Cas particuliers

1. TITRES DE MÊME NATURE ACQUIS OU SOUSCRITS À DES DATES DIFFÉRENTES

RÈGLES GÉNÉRALES

52280 **Prix de revient à retenir** Lorsque la cession porte sur des titres de même nature acquis à des dates différentes, la **loi fiscale** impose de faire application de la **règle Peps** (« premier entré, premier sorti ») selon laquelle les titres acquis ou souscrits à la date la plus ancienne sont réputés cédés en priorité (CGI art. 39 duodecies, 6-al. 1 et ann. III art. 38 octies). Les plus ou moins-values sont alors calculées en fonction de la valeur d'origine pour laquelle les titres présumés cédés figuraient au bilan.

Cette règle concerne aussi bien les titres de participation que les titres de placement. Elle s'applique y compris lorsque la numérotation des parts cédées permet d'établir leur date exacte d'acquisition et leur coût de revient réel (CE 8-6-2016 n° 381289 : RJF 10/16 n° 801).

EXEMPLE

Soit une entreprise dont les exercices coïncident avec l'année civile et qui, au 1er janvier 2022, a en portefeuille 300 titres de participation dans une société A acquis de la façon suivante :
– 80 titres acquis en 2017 au prix unitaire de 25 € ;
– 20 titres acquis en 2018 au prix unitaire de 30 € ;
– 130 titres acquis en 2019 au prix unitaire de 40 € ;
– 70 titres acquis en 2021 au prix unitaire de 60 €.

Elle cède 140 titres A en juillet 2022, au prix unitaire de 65 €, puis 150 titres A en novembre 2022 au prix unitaire de 55 €.

Ces cessions doivent, au regard de l'appréciation de la **durée de détention** et du **prix de revient** des divers titres cédés, être traitées de la façon suivante.

a. Cession de juillet 2022 (140 titres A).

La cession est réputée porter sur les 80 titres acquis en 2017, sur les 20 titres acquis en 2018 et sur 40 des 130 titres acquis en 2019. La plus-value imposable est donc de :
$[(65 - 25) \times 80] + [(65 - 30) \times 20] + [(65 - 40) \times 40] = 4\,900$ €.

Les titres réputés vendus étant détenus depuis au moins deux ans, cette plus-value peut bénéficier du régime de taxation réduite à l'imposition d'une quote-part de frais et charges prévu pour les titres de participation dès lors que la société émettrice n'est ni à prépondérance immobilière ni à prépondérance financière.

b. Cession de novembre 2022 (150 titres A).

La cession est réputée porter, d'une part, sur les 90 titres restants qui ont été acquis en 2019 et, d'autre part, sur 60 des 70 titres acquis en 2021.

La cession se traduit, pour l'exercice 2022 :
– par une plus-value à long terme résultant de la cession des titres acquis en 2019 soit : $(55 - 40) \times 90 = 1\,350$ € ;
– par une moins-value à court terme correspondant aux titres acquis en 2021, soit : $(55 - 60) \times 60 = 300$ €.

On notera que la règle fiscale diffère de la **règle comptable** selon laquelle, en cas de cession partielle d'un ensemble de titres immobilisés conférant les mêmes droits, la valeur d'origine de la fraction conservée est estimée au coût d'achat moyen pondéré ou, à défaut, en présumant que les titres cédés sont les premiers entrés (méthode Peps) (PCG art. 332-2) (voir notre Mémento comptable n° 36710, II).

Cela étant, l'administration apporte un **assouplissement à la règle Peps,** valable pour tous les titres en portefeuille, en permettant aux entreprises de retenir une valeur d'achat unitaire pondérée pour les titres de même nature dont l'acquisition échelonnée résulte d'un même ordre d'achat ou a été opérée au cours du même exercice. Mais pour déterminer la date à laquelle ces titres sont entrés en portefeuille, il convient de tenir compte de la date effective de chacune des acquisitions fractionnées (BOI-BIC-PVMV-30-30-10 n° 130).

S'agissant des **titres de participation,** l'administration tolère par ailleurs l'application de la méthode du prix de revient moyen pondéré, sous certaines conditions (voir nos 52300 s.).

Notion de titres de même nature On entend par « titres de même nature » ceux qui sont émis par une même collectivité et confèrent à leur détenteur les mêmes droits au sein de la collectivité émettrice. 52281

Il convient donc de distinguer entre les diverses catégories de titres auxquelles sont attachés des droits différents : actions de capital, actions de jouissance, actions de préférence, parts de fondateurs ou parts bénéficiaires...

Aucune distinction ne doit être, en principe, fondée sur le **régime fiscal** auquel les titres sont soumis.

Toutefois, l'alinéa 3 de l'article 39 duodecies, 6 du CGI, prévoit que, pour l'application de la règle Peps, les titres reçus en rémunération d'un **apport partiel d'actif** ou d'une scission soumis au régime prévu à l'article 210 B du CGI et ceux qui sont acquis ou souscrits indépendamment d'une telle opération constituent deux catégories distinctes de titres jusqu'à la fin du délai de trois ans pendant lequel les titres reçus en échange sont frappés d'indisponibilité. Les cessions de titres réalisées dans le délai de trois ans sont réputées porter en priorité sur les titres acquis ou souscrits indépendamment de l'opération d'apport ou de scission. On rappelle cependant que pour les apports partiels d'actifs réalisés depuis le 1er janvier 2018, l'obligation de conserver pendant trois ans les titres reçus en rémunération de l'apport est supprimée lorsque l'opération est placée de plein droit sous le régime spécial des fusions, mais continue de s'imposer lorsque ce régime s'applique sur agrément (CGI art. 210 B). Pour ces dernières opérations (soumises à agrément, avant ou depuis 2018), l'alinéa 3 de l'article 39 duodecies, 6 du CGI pourrait trouver à s'appliquer. À l'expiration du délai de trois ans, les deux catégories de titres ne devraient plus en former qu'une seule et la règle Peps s'appliquerait alors dans les conditions de droit commun, compte tenu des cessions intervenues dans le délai de trois ans. Les cessions seraient donc réputées porter en priorité sur les titres les plus anciens restants, quel qu'ait été leur mode d'acquisition.

En revanche, pour les opérations placées de plein droit sous le régime spécial des fusions depuis le 1er janvier 2018, dans le cadre desquelles la société apporteuse n'est tenue à aucun engagement de conservation, les titres reçus par cette société en rémunération de l'apport devraient être considérés comme formant une catégorie unique avec ceux acquis ou souscrits indépendamment de l'opération. En cas de cession, il y aurait donc lieu d'appliquer la règle Peps prévue au 1er alinéa de l'article 39 duodecies, 6 du CGI (n° 52280).

Enfin, s'agissant des apports partiels d'actif réalisés avant 2018 et placés de plein droit sous le régime spécial des fusions, l'administration a admis que la société apporteuse (qui était tenue, lors de l'apport, de conserver pendant trois ans les titres reçus en rémunération de l'apport) soit affranchie de son obligation compte tenu de la suppression de cette contrainte de conservation des titres intervenue depuis (BOI-RES-IS-000028). Mais elle n'a pas indiqué s'il convenait d'appliquer ou non le 3e alinéa de l'article 39 duodecies, 6 du CGI aux titres reçus en rémunération de l'apport partiel d'actif et à ceux souscrits indépendamment de l'opération.

Les titres détenus par les **entreprises d'assurance** pour garantir les prestations de retraite supplémentaire et qui sont inscrits dans un compte auxiliaire constituent un portefeuille distinct pour l'application de la règle Peps (CGI art. 39 duodecies, 6-al. 2). Pour les exercices clos à compter du 31 décembre 2021, il en est de même des titres affectés aux plans d'épargne retraite (PER) qui ont été transférés dans une comptabilité auxiliaire d'affectation (Loi 2021-1900 du 30-12-2021 art. 20).

RÈGLES PARTICULIÈRES AUX TITRES DE PARTICIPATION

L'administration accepte sous certaines conditions que le résultat de cession de titres de participation soit déterminé en fonction de leur **prix de revient moyen pondéré,** au lieu de prendre en compte le prix de revient des premiers entrés (BOI-BIC-PVMV-30-30-10 n° 150). 52300

Elle n'exclut pas expressément de cette tolérance les **titres assimilés fiscalement à des titres de participation** inscrits aux sous-comptes spéciaux « titres relevant du régime des plus-values à long terme ».

Lorsque cette méthode s'applique, le prix de revient moyen pondéré est déterminé en fonction de la moyenne des prix appliqués aux différentes acquisitions, pondérée en fonction du nombre de titres acquis lors de ces différentes transactions.

52301 En pratique, la règle de détermination du prix de revient en fonction du prix de revient moyen pondéré est d'application restreinte et a perdu une large part de son intérêt, dès lors que l'administration la soumet à des **conditions d'application** qui excluent toute optimisation fiscale.
La méthode du coût de revient moyen pondéré n'est en effet applicable que sous les conditions suivantes (BOI-BIC-PVMV-30-30-10 n° 180) :
– elle ne peut être retenue en cas de **cession de la totalité d'une ligne de participations** en l'absence de cession partielle antérieure ;
– elle n'est admise sur le plan fiscal que si elle est également appliquée sur le plan comptable ;
– elle ne doit pas avoir pour conséquence de faire apparaître une **moins-value à court terme,** ou d'en majorer le montant, par rapport aux montants qui seraient déterminés par application de la méthode légale « Peps », cette situation étant susceptible de se rencontrer lorsqu'une partie des titres de la ligne de titres considérée est détenue depuis moins de deux ans à la date de la cession.
Une fois opéré pour une ligne de titres, le **choix** entre la méthode du prix de revient moyen pondéré et la règle Peps présente un caractère **définitif.** Il ne peut pas être modifié lors de la cession ultérieure des titres de même nature jusqu'à la cession de la totalité de la ligne concernée, réserve faite du cas où le choix de la méthode du prix de revient moyen pondéré conduit à la constatation d'une moins-value à court terme qui n'existerait pas ou qui serait d'un montant moindre si la méthode « Peps » avait été retenue.

52302 La méthode du prix de revient moyen affecte non seulement le **calcul de la plus ou moins-value,** mais aussi l'appréciation de la **durée de détention** des titres cédés, et par conséquent le régime fiscal applicable (long terme ou court terme), car on considère alors que la quotité des titres cédés se rapporte à chacune des acquisitions, dans la proportion qu'elle représente par rapport au nombre de titres détenus. Dans le cas d'acquisitions successives de titres de même nature suivies de cessions partielles régulières, elle conduit à « lisser » le montant de la plus ou moins-value qui est réparti entre le long terme et le court terme lors des différentes cessions.

52303

EXEMPLE

Une entreprise détient en portefeuille 1 500 titres de participation dans une société A acquis de la façon suivante :
– 700 titres en 2019 au prix unitaire de 500 € ;
– 800 titres acquis en novembre 2020 au prix unitaire de 650 €.
Elle cède 1 000 titres A en août 2022 au prix unitaire de 610 €.
I. Méthode Peps
La cession est réputée porter, d'une part, sur les 700 titres acquis en 2019 et, d'autre part, sur 300 des 800 titres acquis en 2020.
La cession des 700 titres de 2019 fait apparaître une plus-value à long terme (titres détenus depuis au moins deux ans) de : (610 − 500) × 700 = 77 000 €.
La cession des 300 titres de 2020 fait ressortir une moins-value à court terme (titres détenus depuis moins de deux ans) égale à : (650 − 610) × 300 = 12 000 €.
II. Méthode du prix de revient moyen pondéré
Le prix de revient moyen pondéré serait égal à : (500 × 700) + (650 × 800)/1 500 = 580 €.
La cession serait présumée porter sur les titres 2019 à concurrence de : 1 000 × (700/1 500) = 470 (chiffre arrondi) et sur les titres de 2020 pour le surplus, soit 530.
PVLT sur les titres 2019 : (610 − 580) × 470 = 14 100 €.
PVCT sur les titres 2020 : (610 − 580) × 530 = 15 900 €.

2. TITRES AYANT FAIT L'OBJET D'UNE PROVISION

52330 Lorsqu'une entreprise cède des titres ayant fait l'objet d'une provision pour dépréciation, elle doit obligatoirement calculer la plus-value ou la moins-value résultant de cette opération par rapport à la valeur comptable des titres cédés, abstraction faite de la provision. La provision pour dépréciation du portefeuille précédemment constituée par l'entreprise se trouve automatiquement régularisée, dès la clôture de l'exercice en cours lors de la cession, du seul fait que la dépréciation du portefeuille-titres, calculée à la date de cette clôture, est déterminée compte non tenu des titres cédés en cours d'exercice (BOI-BIC-PVMV-30-30-100 n°s 1 et 10). La **reprise de la provision** est, suivant le régime dont relèvent les titres à la date de la cession, exonérée, ajoutée aux plus-values à long terme de l'exercice ou imposée au taux plein (quel que soit le régime auquel la dotation a été soumise).
En cas de cession de **titres de sociétés à prépondérance immobilière** (cotées ou non cotées), la reprise de provision n'est pas taxée à hauteur des dotations qui n'avaient pas pu être déduites en présence de plus-values latentes sur cette même catégorie de titres (CGI art. 39, I-5°-al. 20). Les reprises sont donc imputées prioritairement sur les provisions précédemment réintégrées (BOI-BIC-PROV-40-10-20-20 n° 250). Dans la mesure où les dotations aux provisions antérieurement

réintégrées ont dû faire l'objet d'une affectation par ligne de titres, l'imputation des reprises doit également être suivie distinctement pour chacune des lignes de titres concernées. Les reprises de provisions ne sont donc neutralisées que si elles portent sur une ligne de titres pour laquelle a été précédemment constatée une dépréciation non admise en déduction.

3. TITRES AYANT FAIT L'OBJET D'UN TRANSFERT DE COMPTE À COMPTE

RÈGLES GÉNÉRALES

Les classements opérés dans les différents comptes et sous-comptes de titres ne sont pas définitifs. **52340**
Des changements sont opérés soit obligatoirement, lorsque des titres inscrits au compte « Participations » ou dans un sous-compte « TRPVLT » ne remplissent plus les conditions requises pour y figurer, soit volontairement. Certains transferts de compte à compte ont des conséquences fiscales. Ainsi, les transferts, quel qu'en soit le sens, de parts ou actions de sociétés entre, d'une part, le compte de titres de participation et les autres comptes de bilan et, d'autre part, les sous-comptes spéciaux et un compte de bilan autre que le compte de titres de participation entraînent la constatation d'un résultat imposable dans la catégorie dont relevaient les titres avant l'opération. Son imposition est différée jusqu'à la cession des titres en cause (CGI art. 219, I-a ter-al. 5 à 8).

En revanche, les transferts (quel qu'en soit le sens) entre le compte de titres de participation et un des sous-comptes spéciaux d'un autre compte du bilan ne sont pas imposables (CGI art. 219, I-a ter-al. 7). Il en est de même en cas de changement de secteur d'imposition au sein du régime des plus-values et moins-values à long terme (BOI-IS-BASE-20-30-30 n° 130).

Les dispositions fiscales relatives au transfert de compte à compte ne sont par ailleurs pas applicables lorsqu'une entreprise, qui avait acquis des actions d'une société A et les avait inscrites au compte-titres de participation, les **échange,** à la suite de la restructuration du groupe auquel appartient la société A, contre des titres d'une société B, distincts des titres A, et inscrits dans un compte de titres immobilisés de l'activité du portefeuille dans lequel ils demeurent jusqu'à leur cession (CAA Versailles 12-4-2018 n° 15VE02067 : RJF 8-9/18 n° 823).

La **cession des titres** ayant fait l'objet d'un transfert a donc une double conséquence :
– elle met fin au report d'imposition du résultat de transfert ;
– elle entraîne l'imposition du résultat de cession proprement dit, déterminé en comparant le prix de cession à la valeur des titres à la date du transfert.

Résultat de transfert Le résultat du transfert correspond à la différence entre la valeur des titres à la date du transfert et leur valeur fiscale, laquelle peut différer de la valeur comptable si les titres ont fait l'objet d'un précédent transfert ou s'ils ont été reçus à la faveur d'une opération (fusion, échange) ayant donné lieu à un sursis d'imposition. Ce résultat est soumis, lors de la cession des titres, au régime fiscal dont ils relevaient avant le transfert, compte tenu, le cas échéant, de leur durée de détention (ou d'inscription à un sous-compte TRPVLT) à la date de ce transfert. Le taux d'imposition est, à notre avis, celui applicable au titre de l'exercice de cession. **52341**

Si, par exemple, les titres répondaient avant le transfert à la définition fiscale des **titres de participation,** la plus-value de transfert relève du régime de taxation réduite, ce qui entraîne, uniquement si la société constate une plus-value nette à long terme au titre de l'exercice de cession, la taxation au taux de droit commun de l'IS de la quote-part de frais et charges fixée à 12 % de son montant brut.

Le résultat de transfert de titres de participation détenus dans une **société à prépondérance immobilière** cotée est soumis au taux réduit de 19 % alors que le résultat de transfert de titres de participation dans une société à prépondérance immobilière non cotée relève du taux d'IS de droit commun.

> **Précisions** Pour les **transferts antérieurs au 26 septembre 2007** (date de l'exclusion du régime du long terme pour les titres de sociétés à prépondérance immobilière non cotées), les dispositions de l'article 219, I-a ter-al. 5 du CGI conduisent selon nous à imposer le résultat du transfert selon le régime du long terme lors de la cession ultérieure des titres, mais l'administration a indiqué dans une instruction non reprise dans la base Bofip que le résultat de transfert devait être imposé au taux de droit commun de l'impôt sur les sociétés (Inst. 4 B-4-09 du 29-7-2009).

Résultat de cession Le résultat de cession des titres est déterminé par différence entre leur prix de cession et leur valeur à la date du transfert. Il est soumis au régime dont relèvent les titres depuis le transfert. **52342**

En cas de cession de titres inscrits à un compte de titres de participation (ou à un sous-compte spécial « TRPVLT ») à la suite d'un transfert en provenance d'un autre compte du bilan, le délai de détention de deux ans qui subordonne l'application du régime des plus ou moins-values à long terme est décompté à partir de la date de transfert (CGI art. 219, I-a ter-al. 5).

CAS PARTICULIERS

52343 **Acquisition ou perte de la qualité de société à prépondérance immobilière** La situation envisagée est celle où une société cède les **titres de participation** qu'elle détient dans une société qui, en raison d'une modification de la composition de son actif, a acquis ou, au contraire, perdu auparavant le caractère de société à prépondérance immobilière tel qu'il est défini nos 52112 s. Lorsque la société est devenue à prépondérance immobilière, les titres de participation qui relevaient du régime de taxation réduite à l'imposition d'une quote-part de frais et charges sont passés sous le régime des plus ou moins-values à long terme imposables à 19 % ou sous le régime d'imposition au taux normal de l'impôt sur les sociétés, selon que la société est cotée ou non cotée. Dans la situation inverse où la société a perdu sa qualité de société à prépondérance immobilière, les titres de participation qui étaient soumis au régime des plus ou moins-values à long terme au taux de 19 % ou au régime de droit commun de l'impôt sur les sociétés ont été placés sous le régime de taxation réduite.
L'administration a indiqué (BOI-IS-BASE-20-30-30 nos 120 s.) qu'un **changement de secteur d'imposition au sein du régime du long terme** (titres relevant du taux de 19 % devenant éligibles au taux de 0 % ou inversement) :
– n'entraîne pas la mise en œuvre du dispositif de transfert de compte à compte dès lors que les titres continuent à relever du régime du long terme ;
– et n'est pas en lui-même générateur d'une plus ou moins-value imposable.
Par suite, la plus ou moins-value constatée lors de la cession des titres doit être calculée dans les conditions de droit commun et soumise pour la totalité de son montant au régime fiscal dont relèvent les titres à cette date.

52345 **Titres d'un prix de revient au moins égal à 22,8 M€** Selon le Conseil d'État, les titres dont le prix de revient est au moins égal à 22,8 M€ mais qui représentent moins de 5 % du capital de la société émettrice, qui pouvaient bénéficier du régime du long terme au titre des exercices clos avant le 31 décembre 2006 à condition d'être inscrits à un sous-compte spécial, n'ont pas eu à faire l'objet d'un transfert de compte lors de leur **exclusion du régime du long terme,** alors même qu'ils ont dû être reclassés comptablement (CE 13-10-2021 n° 36627 : RJF 1/22 n° 6). Le Conseil d'État considère en effet que le régime de report d'une plus ou moins-value latente prévu par l'article 219, I-a ter du CGI en cas de transfert de titres de compte à compte ne s'applique pas lorsqu'une catégorie de titres cesse de revêtir le caractère de titres de participation uniquement du fait de la loi fiscale. La plus-value de cession des titres dont le prix de revient est au moins égal à 22,8 M€ mais qui représentent moins de 5 % du capital de la société émettrice doit donc intégralement être prise en compte dans le résultat ordinaire, alors même qu'une partie de cette plus-value aurait été acquise au cours de la période antérieure à 2006. La doctrine administrative est également en ce sens (BOI-IS-BASE-20-20-10-10 n° 100).

52346 **Entreprises d'assurance** En ce qui concerne les entreprises d'assurance, le transfert dans un compte auxiliaire d'affectation des **titres affectés aux contrats de retraite supplémentaire** entraîne la constatation d'une plus-value dont l'imposition est placée en sursis d'imposition à condition que les titres soient inscrits dans ce compte sans modification de leur valeur comptable. Le profit (ou la perte) résultant de la cession ultérieure des titres est calculé d'après la valeur qu'ils avaient, du point de vue fiscal, dans les écritures de l'entreprise ayant procédé à l'opération (CGI art. 38, 11). Pour les exercices clos à compter du 31 décembre 2021, cette règle s'applique également aux **titres affectés aux plans d'épargne retraite** (PER) transférés dans une comptabilité auxiliaire d'affectation (Loi 2021-1900 du 30-12-2021 art. 20).

4. TITRES ACQUIS DANS LE CADRE D'UNE OPÉRATION PLACÉE EN REPORT OU EN SURSIS D'IMPOSITION

52370 Le cas envisagé ici est celui d'une cession de titres précédemment reçus en **échange** à l'occasion d'une opération dont le résultat a été neutralisé et placé en sursis d'imposition, à titre obligatoire ou à titre facultatif : OPE, opération de conversion de titres, remboursement en actions, fusion ou scission de sociétés.
Dans une telle hypothèse, la cession des titres reçus en échange met fin au sursis d'imposition et la **plus ou moins-value de cession** est calculée par référence à la valeur fiscale des titres remis à l'échange (CGI art. 38, 7 et 7 bis).

> **Précisions** En cas de **scission,** le prix de revient fiscal de chaque lot de titres reçu à la suite de la scission représente une fraction du prix de revient des titres de la société scindée (ou de la valeur fiscale si elle diffère) fixée en fonction du rapport existant, à la date de la scission, entre la valeur réelle du lot considéré et la valeur réelle des titres de la société scindée.

En cas d'**apport partiel d'actif** placé sous le régime spécial des fusions, la plus-value résultant de la cession ultérieure, par la société apporteuse, des titres reçus en rémunération de l'apport est calculée par référence à la valeur que les biens apportés avaient, du point de vue fiscal, dans les écritures de la société apporteuse (CGI art. 210 B, 2). 52375

La plus ou moins-value résultant de la **transmission à titre gratuit et irrévocable de titres de capital ou de parts sociales à un fonds de pérennité** mentionné à l'article 177 de la loi 2019-486 du 22 mai 2019 (dite « loi Pacte ») lors de sa constitution est comprise dans le résultat de l'exercice au cours duquel ces titres ou parts sont ultérieurement cédés par le fonds bénéficiaire de cette transmission si celui-ci a pris l'engagement de calculer la plus ou moins-value d'après la valeur que ces titres ou parts avaient, du point de vue fiscal, à la date de la transmission (CGI art. 38, 7 quater). Ce dispositif s'applique aux transmissions réalisées à compter du 9 mai 2020 (Décret 2020-537 du 7-5-2020). 52377

Un dispositif analogue s'applique de manière optionnelle, pour les exercices clos à compter du 31 décembre 2020, à la plus-value résultant de la **transmission à titre gratuit et irrévocable de titres de capital ou de parts sociales à une fondation reconnue d'utilité publique**.

Lorsque la valeur de cession des titres est inférieure à la valeur des mêmes titres au jour de la transmission à la fondation, la plus-value en report est diminuée de la différence entre ces deux valeurs. Ce dispositif est soumis à des obligations déclaratives (CGI art. 38, 7 quinquies issu de loi 2020-1721 du 29-12-2020 art. 42 et complété par loi 2021-1900 du 30-12-2021 art. 9).

5. TITRES RÉSULTANT D'UNE FUSION OU D'UNE SCISSION SANS ÉCHANGE DE TITRES

En cas de fusion ou scission sans échange de titres réalisée entre sociétés sœurs détenues à 100 % par la même société mère (opérations visées au 3° du II de l'article L 236-3 du Code de commerce), la valeur brute des titres de la société absorbante et les éventuelles dépréciations de ces titres inscrites dans les comptes de la société mère sont majorées de la valeur brute des titres de l'entité qui disparaît et de ses éventuelles dépréciations. La valeur comptable brute des titres de l'entité qui disparaît est répartie uniformément sur la valeur unitaire des titres de l'entité absorbante. En cas de scission sans échange de titres, la valeur des titres et les éventuelles dépréciations de l'entité scindée sont réparties, dans les comptes de l'entité détentrice des titres de l'entité scindée, entre les titres des entités bénéficiaires des apports au prorata de la valeur réelle des apports transmis à chacune d'elles. La quote-part de valeur comptable brute des titres de l'entité qui disparaît est répartie uniformément sur la valeur unitaire des titres des entités bénéficiaires des apports (PCG art. 746-2 du issu du règl. ANC 2019-06 du 8-11-2019). 52380

L'administration a indiqué qu'une fusion réalisée sans échange de titres ne constitue pas une sortie des titres de la société absorbée du bilan de la société détentrice et n'entraîne donc pas la constatation d'une plus ou moins-value. L'opération de fusion ainsi réalisée à la valeur comptable n'a pas d'impact sur le résultat fiscal de la société détentrice au titre de l'exercice au cours duquel elle est réalisée (BOI-IS-FUS-50-30 n° 10). De même, une opération de scission réalisée sans échange de titres à la valeur comptable n'impacte pas le résultat fiscal de la société détentrice au titre de l'exercice au cours duquel elle est réalisée (BOI-IS-FUS-50-30 n° 20).

En ce qui concerne les modalités de calcul et le régime des plus ou moins-values de cession réalisées lorsque la société mère commune cédera ultérieurement les titres issus de la fusion ou de la scission, voir n° 52513.

6. PARTS DE SOCIÉTÉS DE PERSONNES

Pour assurer la neutralité fiscale de l'opération, le Conseil d'État a jugé qu'il convient de procéder à une **correction du prix de revient** des parts pour calculer le résultat de cession (CE 16-2-2000 n° 133296 : RJF 3/00 n° 334 ; CE 15-12-2010 n° 297513 : RJF 3/10 n° 280). Cette décision de principe permet d'éviter le risque de double imposition si la société a conservé en réserves tout ou partie de ses bénéfices, dès lors que l'existence de ces réserves a pour conséquence d'augmenter le prix de cession alors que les bénéfices correspondants ont déjà été imposés au nom des associés lors de leur réalisation. De la même façon, la correction du prix de revient imposée par le Conseil d'État fait obstacle à une double déduction lorsque la société a subi des pertes, qui pourrait provenir du fait 52390 que le prix de cession de la participation se trouve diminué en considération desdites pertes alors que celles-ci sont déjà venues en déduction des bénéfices imposables des associés.

52391 Selon la méthode de calcul énoncée par la jurisprudence, à laquelle l'administration s'est ralliée, le prix de revient des parts à retenir est égal à leur **valeur d'acquisition** :

– **majorée,** d'une part, de la quote-part des bénéfices (y compris les plus-values) ayant été précédemment imposés au nom de l'associé cédant et, d'autre part, des pertes antérieures afférentes à des entreprises exploitées par la société en France ayant donné lieu de la part de l'associé à un versement en vue de les combler. Le prix d'acquisition des parts doit également être majoré de la quote-part des bénéfices de la société ou du groupement revenant à l'associé, qui n'ont pas fait l'objet d'une imposition effective en application d'une disposition par laquelle le législateur a entendu accorder un avantage fiscal définitif (CE 8-11-2017 n° 389990 : RJF 2/18 n° 173) ;

– puis **minorée,** d'une part, de la quote-part des déficits (y compris des moins-values) que l'associé a effectivement déduits, à l'exception de ceux qui trouvent leur origine dans une disposition par laquelle le législateur a entendu conférer aux contribuables un avantage fiscal définitif, et, d'autre part, des bénéfices afférents à des entreprises exploitées en France par la société ou le groupement et ayant donné lieu à répartition au profit de l'associé.

EXEMPLE

I. Une SA a acquis en N, pour 10 000 €, 50 % des parts d'une SNC qui a réalisé les résultats suivants :

– pertes fiscales de 2 000 € au titre de l'exercice N (quote-part déductible des résultats de la SA : 1 000) ;

– bénéfice imposable de 3 000 € au titre de l'exercice N + 1 (quote-part imposable de la SA : 1 500).

Au cours de l'exercice N + 2, la SA cède la totalité de ses parts pour 11 000 €.

La plus-value apparente de cession des parts est de : 11 000 – 10 000 = 1 000 €.

Mais le prix de revient des parts doit être corrigé comme suit : 10 000 (prix d'acquisition) – 1 000 (quote-part de pertes déduite) + 1 500 (quote-part de bénéfice déjà taxée).

La cession dégage un résultat fiscal de : 11 000 – 10 500 = 500 €.

II. Une SA a acquis en N pour 10 000 € la totalité des parts d'une SNC qui a subi des pertes fiscales d'un montant de 4 000 € au titre de l'exercice N et dégagé un résultat nul en N + 1. Supposons qu'au cours de l'exercice N + 1, la SA membre de la SNC a comblé les pertes subies à hauteur de 2 000 €. Au cours de l'exercice N + 2, elle cède la totalité de ses parts pour 8 000 €.

La moins-value apparente de cession des parts est de : 10 000 € – 8 000 € = 2 000 €.

Le prix de revient des parts doit être corrigé comme suit : 10 000 € (prix d'acquisition) – 4 000 € (pertes fiscales déduites) + 2 000 € (pertes fiscales comblées) = 8 000 €.

La cession des parts dégage un résultat fiscal nul.

52392 Pour corriger le prix de revient des parts, il convient de retenir les résultats réalisés par la société depuis la **date d'acquisition** des parts jusqu'à leur cession (TA Montreuil 2-12-2010 n°s 09-4802 et 10-11035 : RJF 7/11 n° 782, confirmé par CAA Versailles 11-12-2012 n° 11VE00629). En l'absence de date butoir pour la prise en compte des **éléments chiffrés** intervenant dans la détermination du prix de revient, un **suivi** particulier doit donc être mis en place pour connaître l'historique de ces différentes données.

52393 Compte tenu de la logique fiscale qui sous-tend le mécanisme de correction du prix de revient des parts de sociétés de personnes, le prix de revient de ces parts ne doit, à notre avis, être majoré des pertes comblées, ou diminué des bénéfices répartis, que pour autant qu'ils correspondent à des **déficits** ou à des **bénéfices fiscaux.** Il convient par conséquent de ne pas tenir compte des bénéfices répartis correspondant à des **résultats non imposés en France** par application des règles de territorialité ni des pertes comblées correspondant à des déficits qui n'ont donné lieu à aucune imputation sur un résultat imposé en France. De même, le prix de revient des parts n'a pas à être majoré des pertes comblées ou diminué des bénéfices répartis pour la fraction de leur montant qui correspondent à des **résultats comptables** excédant les pertes ou bénéfices fiscaux constatés par la société de personnes.

Le Conseil d'État a par ailleurs jugé que le prix d'acquisition des parts doit être majoré des **bénéfices** non répartis qui ont été **affectés** par la société **au rachat des parts sociales** détenues par un autre associé (CE 13-5-2011 n° 311338 : RJF 7/11 n° 807).

L'ajustement du prix de revient fiscal des parts ne doit prendre en compte que les déficits effectivement déduits au titre des années antérieures à la cession, indépendamment du montant des **déficits reportables** (CE 15-12-2010 n° 297513 : RJF 3/10 n° 280).

Le mécanisme de correction du coût de revient des parts s'applique également lorsque l'associé d'une société de personnes procède à leur annulation en application d'une décision de dissolution sans liquidation par **confusion de patrimoine** conformément à l'article 1844-5 du Code civil (CE 27-7-2015 n° 362025 : RJF 11/15 n° 883). En conséquence, la quote-part de bénéfices revenant à l'associé qui correspond à une **réévaluation libre des actifs** de la société intervenue au moment de sa dissolution est un élément à prendre en compte pour déterminer le prix de revient des parts. Revenant sur sa jurisprudence antérieure (CE 6-7-2016 n°s 377904 et 377906 : RJF 11/16 n° 982), le Conseil d'État a jugé que ce mécanisme d'ajustement s'applique sans qu'il y ait lieu de vérifier que la société réalisant la dissolution supporte une double imposition effective (CE 24-4-2019 n° 412503 : RJF 7/19 n° 681).

Pour éviter de remettre en cause indirectement une incitation fiscale voulue par le législateur, le Conseil d'État exclut expressément du mécanisme correcteur du prix de revient des parts les **déficits** déduits en application d'une disposition législative qui confère aux contribuables un **avantage fiscal définitif.** En revanche, ne sont pas visés les déficits qui résultent de la mise en œuvre des règles de l'amortissement dégressif, l'avantage fiscal procuré par ce dispositif n'étant pas définitif. On peut penser que pour la même raison, ne seraient pas non plus concernés les déficits provenant de l'application de régimes légaux d'amortissements exceptionnels, tout au moins s'ils portent sur des éléments amortissables. **52394**

De son côté, l'administration a précisé que le montant des **plus-values** professionnelles réalisées par la société de personnes doit être pris en compte pour la détermination du prix de revient fiscal des parts sociales, même si ces plus-values ont été **exonérées** (BOI-BIC-PVMV-40-10-10-30 n° 40).

Lorsque les **parts** cédées ont été **acquises ou souscrites à des dates différentes,** l'arrêt rendu par le Conseil d'État le 16 février 2000 (voir n° 52390) préconise de calculer un prix de revient fiscal pour chaque lot de titres acquis ou souscrits à la même date, en faisant application du mécanisme de correction algébrique. Le commissaire du gouvernement a écarté la méthode d'évaluation du prix de revient des titres à la valeur moyenne pondérée, considérant que son application présenterait l'inconvénient de corriger le prix de revient de titres acquis au cours d'une année, de bénéfices imposés ou de déficits déduits au cours des années antérieures. Il conviendra donc, dans cette situation, de faire application de la règle Peps. **52396**

Le Conseil d'État s'est également prononcé en faveur de l'application de la règle Peps même si l'acte de cession retrace l'origine des titres et détaille les numéros des parts cédées, dès lors qu'il n'est pas établi que ces parts sont d'une autre nature et confèrent d'autres droits que les parts les plus anciennes et qu'elles n'entrent pas dans les exceptions prévues par l'article 39 duodecies, 6, 2e et 3e alinéas du CGI (CE 8-6-2016 n° 381289 : RJF 10/16 n° 801).

7. CESSIONS ASSORTIES D'UNE CLAUSE DE VARIATION DE PRIX

Les conséquences d'une clause de garantie de passif ou d'une clause d'earn-out sont examinées aux n°s 68120 s. (garantie de passif), n° 37846 et n° 37920 (earn-out). **52430**

8. CESSIONS INTRAGROUPE

NEUTRALISATION DES PLUS-VALUES OU MOINS-VALUES

Les plus et moins-values de cession de titres entre sociétés membres d'un groupe fiscalement intégré sont neutralisées pour la détermination du résultat ou de la plus-value ou moins-value d'ensemble du groupe. Dans les groupes incluant des filiales détenues par des sociétés étrangères, dites « intermédiaires » (groupes « Papillon »), la neutralisation s'applique également aux plus et moins-values de cession par une société du groupe à une **société intermédiaire** de titres d'une autre société du groupe (CGI art. 223 F). Dans le cadre des **groupes horizontaux,** elle concerne aussi les cessions de titres d'une société membre réalisées au profit d'une société étrangère ou de l'entité mère non résidente. **52440**

Le **montant neutralisé** est celui acquis depuis l'inscription des titres au bilan de la société du groupe qui a effectué la première cession à une autre société du groupe. Il inclut le cas échéant les résultats antérieurement constatés lors du transfert des titres de compte à compte.

En pratique, la neutralisation des plus ou moins-values à long terme afférentes aux **titres de participation** et assimilés est sans portée dès lors que le résultat de cession de ces titres n'est pas pris en compte au niveau de la société cédante. La **quote-part de frais et charges** fixée à 12 % du montant brut de la plus-value, qui est le cas échéant comprise dans son résultat ordinaire, n'est plus neutralisée pour la détermination du résultat d'ensemble des exercices ouverts à compter du 1er janvier 2019 (CGI art. 223 F).

EXEMPLE

Au cours de l'exercice clos le 31 décembre 2022, une société F1, membre d'un groupe fiscal, cède des titres de participation à une société F2 membre du même groupe et réalise à cette occasion une plus-value à long terme de 100 000 €, relevant du régime de taxation réduite à l'imposition d'une quote-part de frais et charges. Elle réalise par ailleurs une plus-value à long terme de 50 000 € lors de la cession de titres de participation à une société extérieure au groupe. La quote-part de frais et charges de 18 000 € (150 0000 × 12 %) réintégrée dans le résultat individuel de la société F1 (dès lors que celle-ci réalise une plus-value nette à long terme au titre de l'exercice 2022) est prise en compte intégralement pour la détermination du résultat d'ensemble.

Dans le cas où les **titres** cédés au sein du groupe ont été **recueillis dans le cadre d'un apport interne** placé sous le régime spécial des fusions, la plus-value est entièrement neutralisée, tant pour la part acquise avant l'apport que pour celle acquise depuis l'inscription du bien concerné au bilan de la société cédante. En revanche, si l'**apport** avait été effectué **entre une société extérieure au groupe et la société cédante,** et transcrit aux valeurs réelles, seule la plus-value acquise postérieurement aurait été neutralisée.

EXEMPLE

Titres de société à prépondérance immobilière reçus à l'occasion d'un apport placé sous le régime fiscal des fusions et transcrit aux valeurs réelles, avant l'intégration, pour une valeur de 10 000, alors qu'ils avaient été acquis pour 2 000 par la société absorbée. La société absorbante membre du groupe cède ces titres à une autre société du groupe pour 13 000. La plus-value fiscale est égale à : 13 000 − 2 000 = 11 000. La neutralisation ne porte que sur 3 000 (13 000 − 10 000), montant acquis depuis l'apport.

En cas de **cessions successives** des mêmes titres à l'intérieur du groupe, les plus-values ou moins-values réalisées par chaque société sont calculées par rapport à la valeur du bien lors de la précédente cession.

> **Précisions** Lorsque la **cession** porte sur des **titres** d'une société membre **acquis depuis moins de deux ans** n'ouvrant pas droit au régime mère-fille et intervient **après une distribution** par cette filiale ayant donné lieu à neutralisation à hauteur de 99 % pour la détermination du résultat d'ensemble, la plus ou moins-value de cession relevant du régime du court terme est déterminée en minorant leur prix de revient du montant des produits de participation précédemment neutralisés (n° 52240 Précision b). Toutefois, ce retraitement ne s'applique pas si la cession génératrice d'une moins-value est consentie à une autre société du groupe car son montant est alors placé sous le régime de report d'imposition prévu par l'article 219, I-a septies du CGI (n° 52586), et aucun retraitement n'a lieu d'être effectué pour l'établissement du résultat d'ensemble. Si aucun événement ne met fin à ce report dans le délai de deux ans suivant l'acquisition des titres par la cédante, la moins-value relève du régime du long terme (BOI-IS-GPE-20-20-20-30 n° 90).

REMISE EN CAUSE ULTÉRIEURE DE LA NEUTRALISATION

52441 La neutralisation prend fin lors de la **cession ultérieure des titres hors du groupe,** en cas de **sortie du groupe** fiscal de l'une des sociétés cédante ou cessionnaire des titres, ou de la société dont les titres ont été cédés à une société intermédiaire ou, dans les groupes horizontaux, à une société étrangère ou à l'entité mère non résidente, ainsi qu'en cas de **cessation du groupe** (CGI art. 223 F et 223 S).

Aucune déneutralisation ne doit en revanche être opérée lorsque la sortie du groupe, ou la perte de la qualité de société intermédiaire ou de société étrangère, résulte d'une **fusion** placée sous le régime spécial de l'article 210 A du CGI avec une autre société membre du groupe, une société intermédiaire, une société étrangère ou avec l'entité mère non résidente (CGI art. 223 R). Dans ces cas, le report d'imposition cesse lorsque l'absorbante sort du groupe ou perd la qualité de société intermédiaire, de société étrangère ou d'entité mère non résidente. Il en est de même en cas de fusions successives placées sous le régime de l'article 210 A du CGI (avec une société membre, une société intermédiaire, une société étrangère ou l'entité mère non résidente), lorsque la dernière société absorbante sort du groupe ou perd la qualité de société intermédiaire, de société étrangère ou d'entité mère non résidente.

Les opérations mettant fin à la neutralisation entraînent la **réintégration,** au **résultat** ou à la **plus-value ou moins-value nette à long terme d'ensemble,** des plus ou moins-values antérieurement neutralisées. En application de l'article 46 quater-0 ZH, II-2 de l'annexe III au CGI, la plus-value ou moins-value à réintégrer est calculée par différence entre :

– le prix de cession des titres ;

– et leur valeur d'origine dans les écritures de la société qui a effectué la première cession à une autre société du groupe.

Dans le cas de sortie de groupe, le premier terme de la différence est remplacé par le prix d'acquisition des titres chez la société propriétaire.

EXEMPLE

Les sociétés A et B sont membres du même groupe fiscal.
Au cours de l'exercice ouvert le 1er janvier 2021, la société A cède à la société B, au prix de 350, des titres de participation relevant du taux d'imposition de 0 % qu'elle avait acquis 250 et qui sont ceux d'une société non membre du groupe (la société A réalise une plus-value nette au titre de cet exercice).
En application des dispositions du premier alinéa de l'article 223 F du CGI, la plus-value de 100 (350 – 250) est neutralisée pour la détermination de la plus-value ou moins-value nette à long terme d'ensemble du groupe. La quote-part de frais et charges correspondante de 12 (100 × 12 %), comprise dans le résultat individuel de la société A en application de l'article 219, I-a quinquies du CGI, n'est pas neutralisée.
Au cours de l'exercice ouvert le 1er janvier 2025, la société B cède, au prix de 550, les mêmes titres de participation relevant du taux d'imposition de 0 % à une société non membre du groupe (la société B réalise une plus-value nette au titre de cet exercice).
En application des dispositions du deuxième alinéa de l'article 223 F du CGI, la société mère doit alors comprendre, dans la plus-value ou moins-value nette à long terme d'ensemble, la plus-value de 300 (550 – 250), mais elle ne doit pas réintégrer au résultat d'ensemble de quote-part de frais et charges sur cette plus-value. Seule est comprise dans le résultat d'ensemble la quote-part de 24, soit 200 (550 – 350) × 12 %, prise en compte dans le résultat individuel de la société B en application de l'article 219, I-a quinquies du CGI (cette quote-part ne fait l'objet d'aucun retraitement dans la détermination du résultat d'ensemble).

Dans le cas où des plus-values et moins-values de cession de titres de participation ont été neutralisées au titre d'exercices ouverts avant le 1er janvier 2019, la **quote-part de frais et charges** s'applique au montant brut des plus-values de cession afférentes aux mêmes titres lors de leur première cession (y compris interne au groupe) intervenant au cours d'un exercice ouvert à compter du 1er janvier 2019 ou lorsque, à compter de cet exercice, la société qui en est propriétaire sort du groupe ou perd la qualité de société intermédiaire, de société étrangère d'un groupe horizontal ou d'entité mère non résidente (CGI art. 223 F, al. 3). Par exception, cette déneutralisation ne s'applique pas dans les cas de fusion visés au n° 52441 (CGI art. 223 R, al. 2). **52442**
La quote-part est prise en compte dans le résultat d'ensemble y compris dans le cas où, au cours de l'exercice de cession des titres ouvert avant le 1er janvier 2019, la société cédante a constaté une moins-value nette à long terme et que par suite aucune quote-part de frais et charges n'a alors été neutralisée dans le résultat d'ensemble.
Le montant brut de la plus-value servant de **base de calcul de la quote-part de frais et charges** diffère selon les situations (CGI ann. III art. 46 quater-0 ZH, IV). Il est égal :
– en cas de cession de titres autres que ceux d'une société du groupe : à la différence entre le prix de vente des titres et leur valeur d'origine dans les écritures de la société du groupe qui a effectué la première cession à une autre société membre ;
– en cas de sortie du groupe de la société propriétaire de titres autres que ceux d'une société du groupe : à la différence entre le prix d'acquisition des titres par la société sortante et leur valeur d'origine chez la société qui a effectué la première cession à une autre société du même groupe ;
– en cas de cession de titres d'une société du groupe, ou lorsqu'une société propriétaire de tels titres sort du groupe ou perd la qualité de société intermédiaire, de société étrangère ou d'entité mère non résidente : le résultat d'ensemble ou la plus ou moins-value nette à long terme d'ensemble doit prendre en compte le montant cumulé des plus ou moins-values qui n'ont pas encore été retenues pour le calcul du résultat ou de la plus ou moins-value nette à long terme d'ensemble en application de l'article 223 F du CGI.

EXEMPLE

Les sociétés A, B et C sont membres d'un groupe fiscal. Leurs exercices correspondent à l'année civile.
Au cours de l'exercice 2017, la société A a cédé à la société B, au prix de 120, des titres de participation (qui ne sont pas ceux d'une société du groupe) qu'elle avait acquis au prix de 20. La société A a réalisé à cette occasion une plus-value de 100 relevant du régime du long terme, et elle a réintégré dans son résultat individuel la quote-part de frais et charges correspondante de 12 %.
La plus-value de 100 a été neutralisée dans le calcul de la plus-value nette à long terme d'ensemble, et la quote-part de frais et charges de 12 % a été neutralisée dans le calcul du résultat d'ensemble en application des dispositions du deuxième alinéa de l'article 223 F du CGI dans sa version en vigueur pour les exercices ouverts avant le 1er janvier 2019.
Au cours de l'exercice 2022, la société B cède les mêmes titres de participation à la société C, au prix de 170. Cette cession étant réalisée entre membres du groupe, elle n'entraîne pas la

déneutralisation de la plus-value de 100 neutralisée en 2017. En revanche, cette première cession au cours d'un exercice ouvert à compter du 1er janvier 2019 entraîne l'application de la quote-part de frais et charges de 12 %, car la plus-value de 100 a été neutralisée au titre d'un exercice ouvert avant le 1er janvier 2019 (l'exercice 2017). La plus-value servant de base à cette quote-part est calculée par différence entre le prix de vente de 170 et la valeur d'origine de 20 dans les écritures de la société A (qui a effectué la première cession au sein du groupe) : la quote-part à comprendre dans le résultat d'ensemble est décomposée ainsi :
– quote-part à réintégrer au niveau du résultat individuel de B (tableau 2058-A) pris en compte pour la détermination du résultat d'ensemble : 50 × 12 % = 6 ;
– quote-part à réintégrer au niveau du résultat d'ensemble (tableau 2058-RG) : 150 × 12 % – 6 (déjà pris en compte dans le résultat individuel de B) = 12.

EXEMPLE

Les sociétés D, E et F sont membres d'un groupe fiscal. Leurs exercices correspondent à l'année civile.
Au cours de l'exercice 2015, la société D a cédé à la société E, au prix de 120, des titres de participation (qui ne sont pas ceux d'une société du groupe) qu'elle avait acquis au prix de 20, et au cours de l'exercice 2018 la société E a cédé ces mêmes titres à la société F au prix de 270. Les plus-values à long terme correspondantes réalisées par les sociétés D et E, respectivement de 100 et 150, ont été neutralisées dans le calcul de la plus-value nette à long terme d'ensemble, et les quotes-parts de frais et charges de 12 et de 18 y afférentes ont été neutralisées dans le calcul du résultat d'ensemble en application des dispositions du deuxième alinéa de l'article 223 F du CGI dans sa version en vigueur pour les exercices ouverts avant le 1er janvier 2019.
Au cours de l'exercice 2021, la société E est sortie du groupe. De ce fait, en application du deuxième alinéa de l'article 223 F du CGI et du 1 du III de l'article 46 quater-0 ZH de l'annexe III au CGI, la société mère a dû comprendre dans la plus-value nette à long terme d'ensemble la plus-value calculée par différence entre le prix d'acquisition de la société propriétaire des titres (la société F) et leur valeur d'origine dans les écritures de la société D (qui a effectué la première cession au sein du groupe) : le montant de la plus-value déneutralisée a donc été de 250 (270 – 20). Cette sortie du groupe étant intervenue au cours d'un exercice ouvert à compter du 1er janvier 2019, aucune quote-part de frais et charges n'a été comprise dans le résultat d'ensemble en application du troisième alinéa de l'article 223 F du CGI, car la société F (propriétaire des titres) n'est pas sortie du groupe.
Au cours de l'exercice 2022, la société F cède les titres à la société G, non membre du groupe, au prix de 320. S'agissant de la première cession, au cours d'un exercice ouvert à compter du 1er janvier 2019, de titres à raison desquels une plus-value a été neutralisée au titre d'un exercice ouvert avant le 1er janvier 2019, la quote-part de frais et charges s'applique. La plus-value servant de base à cette quote-part est calculée par différence entre le prix de vente des titres (320) et leur valeur d'origine de 20 dans les écritures de la société D (qui a effectué la première cession au sein du groupe) : la quote-part à comprendre dans le résultat d'ensemble est ainsi de 300 × 12 % = 36. Dans ce calcul de la quote-part, la déneutralisation antérieure de la plus-value de 250 est sans incidence.

52443 Pour la détermination de son propre **résultat fiscal,** la **société qui cède les titres hors du groupe** doit calculer la plus ou moins-value de cession en fonction de la valeur comptable des titres dans ses propres écritures. Par suite, la somme que la société mère doit en pratique comprendre dans le résultat d'ensemble ou la plus-value ou moins-value nette à long terme d'ensemble est, pour les titres concernés, égale à la différence entre la plus ou moins-value calculée selon les modalités prévues à l'article 46 quater-0 ZH de l'annexe III au CGI et la plus ou moins-value comprise par la société du groupe dans son propre résultat ou sa propre plus ou moins-value.

52444 La cession des titres à l'extérieur du groupe permet en outre de procéder à la reprise, en franchise d'impôt, des **provisions** pour dépréciation éventuellement constituées au titre des exercices clos depuis le 31 décembre 1999 et qui, à hauteur de la plus-value de cession interne antérieurement neutralisée, ont été rapportées au résultat ou à la plus-value à long terme d'ensemble de l'exercice de constitution des provisions.

CAS OÙ LES TITRES ONT FAIT L'OBJET D'UN TRANSFERT DE COMPTE À COMPTE

52452 Le transfert à un compte de titres de participation de titres inscrits à un autre compte du bilan, ou l'opération inverse, constitue le fait générateur d'un résultat fiscal égal à la différence entre la valeur réelle des titres en cause à la date du transfert et leur valeur fiscale. Ce résultat n'est pas imposé au titre de l'exercice au cours duquel intervient le transfert mais rattaché aux résultats de l'exercice de cession des titres en cause.
L'article 223 F du CGI permet la **neutralisation** de ces conséquences lorsque la cession est réalisée entre deux sociétés appartenant au même groupe fiscal ou avec une société étrangère intermédiaire ou, dans les groupes horizontaux, avec une société étrangère ou l'entité mère non résidente.

Par suite, le résultat de transfert retenu pour la détermination du résultat propre de la société cédante au titre de l'exercice de cession est déduit du résultat d'ensemble pour sa **fraction acquise depuis** la date d'**inscription des titres cédés au bilan de la société qui a effectué la première cession.** Ce résultat est retenu pour la détermination du résultat d'ensemble lors de la cession hors du groupe de ces titres ou de la sortie du groupe d'une société qui les a cédés ou de celle qui en est propriétaire.

EXEMPLE

La société A détient des titres de portefeuille X exclus du régime des plus ou moins-values à long terme dont le prix de revient fiscal est égal à 1 000.

En 2020, les titres X sont apportés à une offre publique d'échange (OPE) et échangés contre des titres Y d'une valeur de 1 500. Le profit résultant de l'échange est extourné pour la détermination des résultats imposables en application de l'article 38, 7 du CGI.

En 2021, A entre dans un groupe fiscal et transfère les titres Y à un compte de titres de participation (la valeur des titres au moment du transfert est de 1 700). Le transfert entraîne la constatation d'un résultat placé en report d'imposition dans les conditions prévues à l'article 219, I-a ter du CGI. Ce résultat, soumis au taux normal de l'impôt sur les sociétés, est calculé par référence à la valeur fiscale des titres Y, soit un résultat égal à 1 700 − 1 000 = 700.

En 2024, A cède les titres à une autre société du groupe pour 2 000. A constate alors dans son résultat individuel :

– une plus-value à long terme de cession égale à la différence entre le prix de vente et la valeur des titres au moment du transfert, soit 2 000 − 1 700 = 300 ; cette plus-value est exonérée, sous réserve, si A constate une plus-value nette à long terme au titre de l'exercice, de la taxation au taux normal de l'IS d'une quote-part de frais et charges de 36 (300 × 12 %) ;

– la fin du report d'imposition du résultat de transfert, soit 700.

Dès lors qu'elle est exonérée, la plus-value de cession (300) ne donne pas lieu à rectification pour la détermination de la plus ou moins-value nette à long terme d'ensemble et la quote-part de frais et charges de 36 n'est pas neutralisée pour la détermination du résultat d'ensemble.

Le résultat de transfert est déduit du résultat d'ensemble pour sa fraction acquise depuis la date d'inscription des titres Y au bilan de la société A, soit un résultat neutralisé de 1 700 − 1 500 = 200.

Si A sort du groupe en 2025, cette sortie entraînera la réintégration au résultat d'ensemble du résultat de transfert neutralisé (soit 200). Aucune quote-part de frais et charges n'est à comprendre dans le résultat d'ensemble car la société propriétaire des titres ne sort pas du groupe.

III. MODALITÉS D'IMPOSITION

Le régime fiscal du résultat de cession des actions ou parts dépend de leur nature. 52500

A. Titres de participation

Les cessions de titres de participation détenus depuis au moins deux ans relèvent en **principe** du 52502
régime des plus-values et moins-values à **long terme.** Dans ce cadre, les plus-values à long terme sont soit exonérées, sous réserve, le cas échéant, de la taxation d'une quote-part de frais et charges, soit taxées au taux réduit de 19 % si la cession porte sur les titres d'une société à prépondérance immobilière cotée.

L'application du régime du long terme comporte toutefois plusieurs **exceptions.** Sont en effet exclues de ce régime et prises en compte en principe dans le résultat ordinaire soumis au taux de droit commun de l'IS, quelle que soit la durée de détention des titres :

– les cessions de titres de **sociétés à prépondérance immobilière non cotées** (CGI art. 219, I-a sexies-0 bis) ;

– les cessions de titres de **sociétés de gestion de portefeuille,** dont l'actif est constitué principalement par des titres exclus du régime du long terme ou dont l'activité consiste de manière prépondérante en la gestion de ces mêmes valeurs pour leur propre compte (étant toutefois précisé que la moins-value est susceptible dans certains cas d'être soumise au régime du long terme) (CGI art. 219, I-a ter) ;

– et les cessions de titres de **sociétés établies dans un État ou territoire non coopératif** au sens de l'article 238-0 A du CGI, sauf si l'entreprise établit que les opérations de cette société correspondent à des opérations réelles qui n'ont ni pour objet ni pour effet de permettre, dans un but de fraude fiscale, la localisation de bénéfices dans un tel État ou territoire (CGI art. 219, I-a sexies-0 ter) ; pour les États concernés, voir n° 51390. Les moins-values éventuellement constatées lors de la cession de cette dernière catégorie de titres ne peuvent par ailleurs être imputées que sur des plus-values de cession de titres de même nature.

1. RÉGIME GÉNÉRAL

52505 Le profit (ou la perte) dégagé par la cession est soumis au régime spécial des plus ou moins-values à long terme si les titres sont détenus depuis au moins deux ans, et du régime des plus ou moins-values à court terme dans le cas contraire.

a. Durée de détention des titres

52510 Le **délai de détention de deux ans** qui détermine le régime fiscal de la plus-value ou moins-value est normalement décompté, jour pour jour, à partir de la date à laquelle les titres cédés ont été acquis ou souscrits.

La date de cession à prendre en compte s'entend de la date de réalisation de la plus-value qui est, conformément au principe général, la date à laquelle intervient le **transfert de propriété** des titres. Sur la date à laquelle intervient le transfert de propriété, voir n°s 75000 s.

La durée de détention des titres d'une société qui s'est transformée de **société anonyme en société en nom collectif** est appréciée en retenant la date d'acquisition de ces titres et non la date du changement de forme sociale. En effet, cette transformation n'entraîne pas la création d'une personne morale nouvelle, conformément aux dispositions de l'article 1844-3 du Code civil et de l'article L 210-6 du Code de commerce, nonobstant la circonstance qu'en raison de cette opération le statut et la responsabilité des **associés** sont modifiés (CAA Versailles 18-11-2014 n° 11VE02931 : RJF 3/15 n° 176).

52511 En cas de cession de **titres inscrits au compte « participations » du fait d'un transfert** en provenance d'un autre compte du bilan, le délai de deux ans prévu pour l'application du régime des plus ou moins-values à long terme est décompté à partir de la date de ce transfert. Il en va de même pour les titres inscrits au sous-compte « TRPVLT » (CGI art. 219, I-a ter).

52512 Le délai de détention des **titres reçus en échange dans le cadre d'une opération placée en sursis d'imposition** est décompté à partir (CGI art. 38, 7) :

– de la date d'acquisition ou de souscription des titres d'origine remis à l'échange en cas d'échange ou conversion d'actions (en cas d'échanges successifs bénéficiant d'un sursis d'imposition, il convient de remonter à la date d'acquisition ou de souscription originelle) ;

– de la date de réalisation de l'échange en cas de conversion ou de remboursement d'obligations en actions.

Les plus-values en sursis d'imposition peuvent bénéficier de l'exonération prévue pour les plus-values à long terme dès lors que le délai de détention ainsi calculé est atteint et que les titres reçus à l'échange entrent, à la date de la cession, dans le champ d'application du régime d'exonération.

Pour les **titres de participation reçus en apport à l'occasion d'une fusion** ou d'une opération assimilée placée sous le **régime spécial** de l'article 210 A du CGI, le délai de détention de deux ans est décompté à partir de la date d'entrée des titres dans le patrimoine de la société absorbée ou apporteuse. Cette règle, retenue de longue date par l'administration, a été confirmée par le Conseil d'État (BOI-BIC-PVMV-20-10 n° 80 ; BOI-IS-FUS-10-20-40-10 n° 60 ; CE 11-2-2013 n° 356519 : RJF 5/13 n° 474 ; CE 4-7-2014 n°s 357264 et 359924 : RJF 10/14 n° 880).

En cas de cession de **titres de participation reçus en contrepartie d'un apport partiel d'actif** placé sous le régime spécial des fusions, l'administration a indiqué que le délai de détention de deux ans de ces titres est décompté à partir de leur date d'inscription à l'actif de la société apporteuse lorsque l'apport porte sur une branche complète d'activité (BOI-IS-FUS-20-40-30 n° 173). En revanche, lorsque l'apport concerne des titres assimilés à une branche complète d'activité, le décompte de ce délai est effectué à partir de la date d'acquisition, par la société apporteuse, des titres apportés (CGI art. 210 B, 1 bis issu de loi 2018-1317 du 28-12-2018 art. 35).

52513 À la suite d'une **fusion ou scission réalisée sans échange de titres entre sociétés sœurs** détenues à 100 % par une même société mère (n° 52380), la cession par cette dernière des titres issus de l'opération entraîne dans certains cas l'application d'une règle particulière pour déterminer la part à long terme et la part à court terme de la plus ou moins-value de cession (CGI art. 39 duodecies, 12).

Ainsi, lorsque les titres de la société absorbante (ou de la société bénéficiaire des apports en cas de scission) ont été acquis par la société mère depuis au moins deux ans à la date de la cession, une fraction de cette plus ou moins-value relève néanmoins du régime du court terme si les titres que la mère détenait dans la société absorbée (ou scindée) avaient été acquis par elle moins de deux ans avant la cession. Cette fraction de plus ou moins-value est déterminée par différence entre :

– une fraction du prix de cession des titres de la société absorbante (ou de la société bénéficiaire des apports) obtenue par application à ce prix de cession du rapport entre la valeur vénale des titres de la société absorbée (ou scindée) et la somme de cette même valeur et de la valeur vénale des titres de la société absorbante (ou bénéficiaire des apports) au jour de la fusion (ou de la scission) ;

– et le prix de revient des titres de la société absorbée (ou scindée).

À l'inverse, lorsque la plus ou moins-value de cession des titres de la société absorbante (ou bénéficiaire des apports) relève du régime du court terme, une fraction de cette plus ou moins-value relève néanmoins du régime du long terme si les titres que la mère détenait dans la société absorbée (ou scindée) avaient été acquis par elle plus de deux ans avant la cession.

> **Précisions** L'administration admet que la **valeur vénale des titres** à retenir pour déterminer la plus ou moins-value de cession à long terme et celle à court terme s'entend de la valeur réelle à la date à laquelle l'opération de fusion prend juridiquement effet. Elle est alors identique à celle retenue pour l'évaluation des titres à l'inventaire (BOI-IS-FUS-50-30 n° 90). Cette solution permet ainsi de ne pas avoir à évaluer les titres des sociétés parties à l'opération pour les seuls besoins du calcul des plus ou moins-values de cession ultérieures.

TITRES DE MÊME NATURE ACQUIS À DES DATES DIFFÉRENTES

Lorsque l'entreprise cède des titres de même nature souscrits ou acquis à des dates différentes, la durée de détention est déterminée en considérant, lorsqu'il est fait application de la règle de droit commun **Peps** (« premier entré, premier sorti »), que la cession porte par priorité sur les titres de même nature acquis ou souscrits à la date la plus ancienne. Toutefois, l'administration autorise, dans des conditions très strictes, les entreprises à calculer la plus ou moins-value de cession des titres de participation à partir du **prix de revient moyen pondéré,** ce qui permet corrélativement de déterminer la durée de détention en effectuant une imputation de la quotité cédée proportionnelle à l'importance des différentes acquisitions, compte tenu de leur date effective. **52520**

Comme nous l'avons vu (nos 52300 s.), dans le cas **d'acquisitions successives** de titres de même nature suivies de **cessions partielles** régulières, le **choix** de la méthode du coût de revient moyen pondéré et la règle d'imputation proportionnelle qui en résulte conduisent à « lisser » le montant de la plus ou moins-value qui sera réparti entre le long terme et le court terme lors des différentes cessions. Le choix entre cette méthode dérogatoire et la méthode de droit commun n'est donc pas neutre pour l'entreprise puisqu'il comporte une double incidence, à la fois sur le montant de la plus ou moins-value et sur sa qualification fiscale.

INCIDENCE DE CERTAINES OPÉRATIONS PRÉALABLES À LA CESSION

Abandon de créances Lorsqu'une société mère consent à sa filiale un abandon de créance à caractère financier non déductible avant de céder sa participation, le **prix de revient** des titres de participation est augmenté à concurrence de la fraction de l'aide correspondant à la situation nette positive de la filiale, retenue dans la proportion du taux de participation détenu par la mère. Le Conseil d'État a jugé à cet égard qu'un tel abandon de créance valorise indifféremment l'ensemble des titres cédés **quelle qu'en soit la date d'acquisition** et que, par conséquent, son montant doit être pris en compte, au prorata du nombre des titres correspondants, aussi bien pour la détermination de la plus ou moins-value à long terme que pour celle de la plus ou moins-value à court terme (CE 16-3-2001 n° 199580 : RJF 6/01 n° 755). Dans cette affaire, la société mère avait considéré, pour le calcul de la moins-value de cession, que l'accroissement du prix de revient des titres résultant de l'abandon de créances ne concernait que les titres acquis depuis moins de deux ans et concourait ainsi dans son intégralité à l'augmentation de la moins-value à court terme génératrice, en l'espèce, d'un déficit. **52535**

Lorsque l'abandon de créance consenti par le cédant avant la cession de la participation résulte de l'**incorporation au capital** du montant total **des avances sans intérêts** qu'il a auparavant accordées, en aucun cas les titres ne peuvent être réputés acquis à la date d'octroi des avances (en ce sens : CE 15-10-1986 nos 39415 et 40744 : RJF 12/86 n° 1066). **52536**

Titres acquis à l'occasion d'une augmentation de capital Nous envisageons ici le cas où des **actions nouvelles** ont été attribuées à un associé à l'occasion d'augmentations de capital résultant de l'incorporation de réserves ou de créances détenues à l'encontre de la société émettrice. **52540**

Le Conseil d'État a jugé que, pour le calcul du délai de détention, les actions nouvelles reçues gratuitement à l'occasion d'une **incorporation de réserves** doivent être considérées comme ayant été acquises en même temps que les titres qui leur ont donné naissance et non à la date de l'attribution gratuite (CE 3-5-1995 nos 122145 et 122144 : RJF 6/95 n° 738, rendus pour l'application du régime des plus-values des particuliers mais à notre avis parfaitement transposables en matière de plus-values professionnelles). **52541**

En revanche, les titres issus de l'**incorporation au capital d'une créance** détenue par l'associé à l'encontre de la société émettrice ou de son **compte courant d'associé** doivent être considérés comme acquis à la date de leur création (CE 25-1-2017 n° 391057 : RJF 4/17 n° 301). Dans ses

conclusions, le rapporteur public a écarté la solution retenue dans les décisions de 1995 (dans une situation où les actions avaient été attribuées gratuitement à tous les associés) puisqu'en l'espèce, l'augmentation de capital, réservée à la seule société requérante, a été réalisée en numéraire et libérée par compensation avec son compte courant (donc à titre onéreux).
Il s'ensuit qu'en cas de **cession de l'intégralité des titre**s aussitôt après cette incorporation lesdits titres font partie de ceux acquis en dernier pour l'application de la règle « Peps » et relèvent du régime du court terme.

52542 Lorsqu'une augmentation de capital souscrite au profit d'une filiale en difficulté est précédée ou suivie d'une réduction de capital (opération de « **coup d'accordéon** »), **sans changement du pourcentage de détention,** les règles applicables lors de la cession ultérieure des titres détenus à l'issue du coup d'accordéon ont été fixées comme suit par le Conseil d'État, quel que soit le sens de l'opération : augmentation de capital suivie d'une réduction de capital (CE 26-3-2008 n° 301413 : RJF 6/08 n° 637) ou l'inverse (CE 22-1-2010 n° 311339 : RJF 4/10 n° 320).
Dans les deux cas, le **prix de revient** des titres à retenir pour calculer le montant de la moins-value (ou plus-value) de cession correspond :
– au coût d'acquisition des titres détenus avant le coup d'accordéon ;
– majoré des sommes versées lors de l'augmentation de capital.
Pour déterminer ensuite le **régime fiscal** applicable au **résultat de cession** lorsque le coup d'accordéon est intervenu moins de deux ans avant la cession, cette dernière est réputée porter à la fois sur des titres détenus depuis plus de deux ans, dont la cession relève du régime du long terme, et sur des titres détenus depuis moins de deux ans, dont la cession relève du court terme. Autrement dit, la moins-value est à long terme uniquement à proportion du rapport existant entre les apports réalisés lors des souscriptions intervenues plus de deux ans avant la cession des titres et le prix de revient total. Elle relève pour le surplus du régime du court terme et peut en principe être imputée à due concurrence sur les résultats de l'exercice au cours duquel elle est constatée. Lorsque les titres cédés sont des titres de participation qui ont été reçus en contrepartie d'**apports réalisés depuis le 19 juillet 2012** et qui ont été inscrits en comptabilité pour une valeur supérieure à leur valeur réelle, il convient toutefois à notre avis de faire application de l'article 39 quaterdecies, 2 bis du CGI, qui interdit la déduction de la moins-value à court terme constatée à hauteur de la différence entre la valeur d'inscription en comptabilité de ces titres et leur valeur réelle à la date de leur émission : voir n°s 52588 s.

EXEMPLE

La société A détient 100 % des 2 000 actions de 100 € de la société B au capital de 200 000 €. La société B subit 300 000 € de pertes au cours de l'exercice 2020. En 2021, elle réduit son capital à 0 par absorption de cette perte et, pour résorber une situation nette négative de 100 000 €, procède à une augmentation de capital en numéraire de 150 000 € par émission de 1 500 actions nouvelles de 100 € souscrites en totalité par sa société mère A.
Les actions B reçues par A en contrepartie de cet apport sont inscrites dans ses comptes pour leur valeur nominale de 150 000 €, alors que leur valeur réelle est de 50 000 € correspondant à l'actif net après apport.
Le prix de revient total de la participation de A dans la société B s'établit à 350 000 €.
En 2022, la société A cède la totalité de sa participation pour un prix, correspondant à sa valeur réelle, de 25 000 €.
Comptablement, la société A constate en 2022 une moins-value de cession de 325 000 € : 25 000 € – 350 000 €.
Cette moins-value est répartie comme suit entre long terme et court terme :
– moins-value à long terme : 325 000 × 200 000 / 350 000 = 185 714 € ;
– moins-value à court terme : 325 000 × 150 000 / 350 000 = 139 286 €.
Les dispositions de l'article 39 quaterdecies, 2 bis du CGI interdisent la déduction de la moins-value à court terme dans la limite de la différence entre la valeur d'inscription en comptabilité des titres B souscrits en 2021 (150 000 €) et leur valeur réelle à la date de leur émission (50 000 €), soit 100 000 €. Il convient donc de procéder à la réintégration extra-comptable de ce montant.
En revanche, la moins-value de cession constatée à hauteur de 39 286 € du fait de la perte de valeur réelle des titres B entre leur émission et leur cession demeure fiscalement déductible dans les conditions de droit commun.

Ces règles devraient à notre avis s'appliquer quelles que soient les modalités juridiques de réalisation de la réduction de capital (réduction du nominal ou du nombre de titres).
Reste pour le Conseil d'État à se prononcer sur le traitement fiscal à réserver au résultat dégagé lors de la cession des titres d'une filiale dans laquelle la **participation** de la société mère a **diminué** à la suite de l'opération de coup d'accordéon.

b. Régime des plus et moins-values à long terme

Une compensation est opérée à la clôture de l'exercice entre les plus-values à long terme et les moins-values à long terme relevant du secteur de taxation réduite à l'imposition d'une quote-part de frais et charges. 52570

Toutes les plus et moins-values à long terme relevant de ce secteur doivent faire l'objet de cette compensation, c'est-à-dire les plus ou moins-values à long terme afférentes aux **cessions** des titres éligibles, y compris les plus ou moins-values à long terme antérieurement en report ou en sursis qui deviennent imposables au titre de l'exercice considéré ou celles provenant de l'annulation d'une cession, d'un complément ou d'une réduction de prix et les plus ou moins-values à long terme constatées à l'occasion des reprises et dotations de **provisions pour dépréciation** afférentes aux mêmes titres (BOI-IS-BASE-20-20-10-20 n° 30).

PLUS-VALUE NETTE À LONG TERME

Lorsque la compensation entre plus et moins-values à long terme fait apparaître une plus-value nette, celle-ci est exonérée, sous réserve, le cas échéant, de la taxation d'une **quote-part de frais et charges** qui reste comprise dans le résultat ordinaire de l'exercice (CGI art. 219, I-a quinquies). La quote-part de frais et charges, calculée forfaitairement, ne peut être limitée au **montant réel des frais** et charges effectivement supportés par la société cédante (BOI-IS-BASE-20-20-10-20 n°s 80 et 95). 52575

Cette quote-part de frais et charges est fixée forfaitairement à **12 % du montant brut des plus-values** de cession réalisées au cours de l'exercice. Son calcul ne tient compte ni des moins-values de cession subies au cours de l'exercice ni des dotations ou des reprises de provisions constatées à raison de la dépréciation des titres de participation. Les plus-values d'apport ou d'échange placées sous un régime de sursis d'imposition ne sont pas prises en compte au moment où elles sont constatées. Mais lorsque le sursis d'imposition prend fin et que les titres relèvent toujours à cette date du régime de taxation réduite à l'imposition d'une quote-part de frais et charges, la plus-value imposable, déterminée d'après la valeur fiscale des titres, est susceptible de donner lieu à taxation d'une quote-part de frais et charges qui est calculée au taux de 12 %, quelle que soit la date de réalisation de l'opération ayant donné lieu à la mise en sursis.

En ce qui concerne les cessions intervenues entre sociétés appartenant à un **groupe fiscal intégré,** voir n°s 52440 s.

Le Conseil d'État a jugé que la **réintégration d'une quote-part de frais et charges** dans le résultat de la société cédante est toutefois **subordonnée** à la réalisation d'une plus-value nette à long terme au cours de l'exercice de cession. La Haute Assemblée a par suite annulé la doctrine administrative (BOI-IS-BASE-20-20-10-20 n° 95, 2e al., n°s 125 et 127) qui considérait au contraire que la quote-part de frais et charges devait être prise en compte quel que soit le résultat net des plus ou moins-values de cession de titres relevant du secteur exonéré, y compris donc en présence d'une moins-value nette (CE 14-6-2017 n° 400855 : RJF 10/17 n° 906). 52576

On notera que si l'administration n'a pas, depuis la décision du Conseil d'État, mis à jour le Bofip précité (consacré au régime fiscal des plus-values ou moins-values sur cession de titres de participation), elle a en revanche, dans une mise à jour au 15 avril 2020 d'un Bofip consacré à l'intégration fiscale, précisé que la réintégration d'une quote-part de frais et charges prévue par l'article 219, I-a quinquies du CGI est subordonnée à la réalisation par la société d'une plus-value nette à long terme au cours de l'exercice de cession (BOI-IS-GPE-20-20-60 n° 1).

EXEMPLE

La société anonyme X a réalisé, au cours de l'année N, trois cessions portant sur des titres de participation acquis en N – 4.

Cas n° 1 : la société X a dégagé, à l'occasion de la première cession, une plus-value de 100 000 €, à l'occasion de la deuxième cession, une moins-value de 600 000 € et, à l'occasion de la troisième cession, une plus-value de 200 000 €.

Cas n° 2 : la moins-value réalisée au cours de la deuxième cession ne s'élève plus à 600 000 €, mais à 200 000 €.

Solution

Le résultat net des cessions de titres éligibles au régime des plus-values ou moins-values à long terme au titre de l'exercice N est :

– dans le cas n° 1, une moins-value de 300 000 € ;

– dans le cas n° 2, une plus-value de 100 000 €.

Aucune taxation n'est opérée dans le cas n° 1 puisque l'entreprise constate une moins-value nette à long terme au titre de l'exercice. Une quote-part de frais et charges doit en revanche être réintégrée au résultat imposable de l'exercice N dans le cas n° 2. Son montant s'élève à : (100 000 + 200 000) × 12 % = 36 000 €. La doctrine administrative annulée conduisait quant à elle à réintégrer dans les deux cas au résultat une quote-part de frais et charges de 36 000 €.

52577 Dans une affaire relative au **crédit d'impôt afférent à une cession de titres de participation étrangers taxés en France et à l'étranger,** le Conseil d'État a considéré que les dispositions de l'article 219, I-a quinquies du CGI relatives à la quote-part de frais et charges de 12 % n'ont pas pour objet de neutraliser de manière forfaitaire la déduction de frais exposés pour l'acquisition ou la conservation d'un revenu afférent à une opération exonérée, mais visent à soumettre à l'impôt sur les sociétés, à un taux réduit, les plus-values de cession de titres de participation. La doctrine administrative (BOI-IS-BASE-20-20-10-20 n° 180 et 190) qui refuse l'imputation de l'impôt acquitté à l'étranger au titre de la plus-value de cession, au motif que celle-ci ne ferait l'objet d'aucune imposition effective en France, est abrogée (CE 15-11-2021 n° 454105 : RJF 2/22 n° 183).

MOINS-VALUE NETTE À LONG TERME

52578 Lorsque la compensation entre les plus et moins-values à long terme de l'exercice fait apparaître une moins-value nette à long terme, celle-ci ne peut donner lieu à aucune déduction si elle se rapporte à des titres de participation relevant du secteur de taxation réduite à l'imposition d'une quote-part de frais et charges. Elle ne peut pas non plus être prise en compte pour compenser les plus-values nettes relatives à d'autres catégories de titres ou venir en diminution du bénéfice ordinaire de l'exercice.
Le montant net de la moins-value à long terme doit être réintégré au résultat fiscal de l'entreprise imposable au taux normal lorsque ce montant a été passé en charges. Cette réintégration s'effectue sur l'imprimé n° 2058 A de la liasse fiscale (BOI-IS-BASE-20-20-10-20 n° 50).

SOCIÉTÉS DE PERSONNES AYANT POUR ASSOCIÉS DES SOCIÉTÉS SOUMISES À L'IS

52583 Les plus-values à long terme réalisées par les sociétés de personnes lors de la cession de titres de participation sont exonérées pour la fraction qui revient à leurs associés passibles de l'impôt sur les sociétés, sous réserve le cas échéant de la taxation dans les conditions de droit commun d'une quote-part de frais et charges égale à 12 % de leur montant brut.
La société doit procéder au **calcul** de la plus ou moins-value relevant du régime de taxation réduite à l'imposition d'une quote-part de frais et charges puis, le cas échéant, à sa déduction ou sa réintégration pour l'établissement de son propre résultat fiscal déterminé pour les besoins des associés soumis à l'impôt sur les sociétés. Pour les associés relevant de l'impôt sur le revenu, la plus ou moins-value dégagée par la société de personnes est imposée ou déduite selon les règles applicables en matière d'impôt sur le revenu (n°s 53000 s.).
En cas de constatation d'une plus-value nette à long terme au titre de l'exercice de cession, la société de personnes réintègre la **quote-part de frais et charges de 12 %** au niveau de son propre résultat fiscal, qui est ensuite pris en compte dans le résultat imposable de l'associé soumis à l'impôt sur les sociétés à hauteur de la fraction correspondant à ses droits dans la société. La **fraction** de la **plus ou moins-value** à long terme relevant du régime de taxation réduite à l'imposition d'une quote-part de frais et charges, qui correspond aux droits de l'associé ou membre soumis à l'impôt sur les sociétés, n'est donc pas prise en compte pour le calcul de la quote-part de frais et charges de 12 % assise sur les plus-values de cession qu'il a lui-même directement réalisées (BOI-IS-BASE-20-20-10-20 n° 150).

> **Précisions** Même si les parts qu'il détient dans la société de personnes ont le caractère de titres de participation relevant du régime de taxation réduite à l'imposition d'une quote-part de frais et charges, l'associé doit de son côté continuer à assurer l'ajustement du prix de revient fiscal desdites parts conformément aux principes dégagés par le Conseil d'État, en vue de la détermination de la plus-value qu'il réalisera lors de leur cession, dès lors que celle-ci sert de base à la quote-part de frais et charges (n°s 52390 s.).

CAS PARTICULIER : CESSION DES TITRES D'UN ÉDITEUR D'UN SERVICE DE TÉLÉVISION

52584 Sont en principe taxées au **taux de 25 %** les plus-values de cession de titres de participation détenus depuis plus de deux ans lorsque les conditions suivantes sont remplies :
– les titres sont détenus dans des sociétés titulaires d'une autorisation pour diffuser des services de télévision par voie terrestre en mode numérique et des sociétés les contrôlant ;
– ils font l'objet d'une **première cession** suivant la délivrance de l'autorisation et entraînent une **modification du contrôle** de la société titulaire ;
– leur évaluation procède de manière prépondérante de l'autorisation d'usage (CGI art. 219, I-a-al. 4).
Ce dispositif s'applique aux cessions entraînant une modification de contrôle agréée par le CSA intervenues à compter du 30 septembre 2015. L'administration a indiqué que la notion de

première cession s'entend de l'ensemble des opérations ayant permis le changement de contrôle (BOI-IS-BASE-20-20-10-40 n° 70).
Lorsque la cession des titres entraînant un changement de contrôle résulte d'une opération de **fusion,** d'apport partiel d'actif ou de scission placée sous le régime spécial prévu aux articles 210 A ou 210 B du CGI, la plus-value afférente aux titres apportés est placée en sursis d'imposition. La plus-value réalisée ultérieurement lors de la cession des titres reçus en échange de l'apport est taxée au **taux de 19 %** à hauteur de la plus-value afférente aux titres initialement apportés (CGI art. 219, I-a, al. 7).

c. Régime des plus et moins-values à court terme

PRINCIPE

Les plus et moins-values à court terme font l'objet d'une **compensation** générale par exercice consistant à faire la somme algébrique du montant total des plus-values à court terme et du montant des moins-values à court terme. 52585
Si cette compensation fait apparaître une **plus-value nette,** son montant est ajouté au résultat ordinaire de l'entreprise.
Si la compensation fait apparaître une **moins-value nette,** elle s'impute sur les bénéfices d'exploitation. Si leur montant n'est pas suffisant pour permettre l'imputation, la fraction non imputée contribue à la constatation d'un déficit d'exploitation au titre de l'exercice.

CAS PARTICULIERS

Cession de titres de participation à une société liée La **moins-value** subie lors 52586
de la cession de titres de participation détenus depuis moins de deux ans par une personne morale passible de l'impôt sur les sociétés à une entreprise avec laquelle elle a des liens de dépendance au sens de l'article 39, 12 du CGI est mise en suspens (CGI art. 219, I-a septies). Le Conseil d'État a jugé que ce dispositif est constitutionnel (CE 16-9-2019 n° 431828 : RJF 12/19 n° 1183). Il considère que ce mécanisme de report de la déduction de la moins-value est susceptible de s'appliquer à la moins-value à court terme résultant de l'échange, dans le cadre d'une fusion-absorption, des titres de la société absorbée contre ceux émis par la société absorbante (CE 10-7-2019 n° 412964 : RJF 11/19 n° 1010).
Sont concernés les titres de participation au plan comptable et les titres fiscalement assimilés relevant du régime de taxation réduite à l'imposition d'une quote-part de frais et charges, les titres de participation détenus dans une société à prépondérance financière, dans une société à prépondérance immobilière cotée ou dans une société établie dans un État ou territoire non coopératif, à l'exception des titres de participation dans des sociétés à prépondérance immobilière non cotées.
Compte tenu des modalités d'appréciation du délai de détention des **titres** de participation précédemment **recueillis lors d'une fusion** ou d'une opération assimilée soumise au régime spécial des fusions (n° 52512), leur cession ne devrait entrer dans le champ d'application du régime de report de déduction que si elle intervient moins de deux ans après leur acquisition par la société absorbée ou apporteuse.
Lorsque le dispositif est mis en œuvre à l'occasion d'une cession de titres réalisée au sein d'un **groupe fiscal,** la moins-value constatée n'étant pas déduite du résultat individuel de la société cédante (car mise en suspens), aucun retraitement n'a lieu d'être effectué pour la détermination du résultat d'ensemble (BOI-BIC-PVMV-30-30-120 n° 190).
Le **report** prend **fin** si, **avant l'expiration d'un délai de deux ans** décompté à partir du jour où la cédante a acquis les titres, ceux-ci sont cédés à une entreprise non liée à la cédante. Il est également mis fin au report en cas de rupture, dans les deux ans, des liens de dépendance entre le cédant et l'acquéreur, d'absorption de la société dont les titres ont été cédés (sauf si l'absorbante est liée à la cédante ou le devient à cette occasion), ou si la cédante cesse d'être soumise à l'impôt sur les sociétés ou est absorbée par une entreprise qui, à l'issue de l'opération (quel que soit son régime fiscal), n'est pas liée à l'acquéreur. La moins-value de cession qui avait été mise en suspens relève alors du régime du court terme : elle est donc déductible des résultats imposables au taux normal de l'IS au nom de la société cédante.
Lorsque la cession initiale est intervenue entre des sociétés appartenant à un **même groupe fiscal,** l'expiration du report ne s'accompagne d'aucun retraitement du résultat d'ensemble car les événements mettant fin au report d'imposition rendent inapplicables les dispositions de l'article 223 F du CGI qui prévoient la neutralisation des plus ou moins-values résultant de la cession de titres au sein du groupe (BOI-BIC-PVMV-30-30-120 n° 200).
À défaut de survenance d'un de ces événements dans le délai de deux ans, la moins-value prend le caractère d'une moins-value à long terme au titre de l'exercice au cours duquel ce délai expire. Si la cession a porté sur des titres de participation relevant du régime de taxation réduite à l'imposition

d'une quote-part de frais et charges, aucune déduction ne peut être pratiquée. Si les titres cédés sont des titres de participation dans une société à prépondérance immobilière cotée, la moins-value relève du taux réduit de 19 %, imputable sur des plus-values de même nature. S'il s'agit de titres de participation détenus dans des sociétés établies dans un État ou territoire non coopératif, elle ne peut en principe être imputée que sur les plus-values de cession de cette catégorie de titres.

EXEMPLE

Cas n° 1 Une société A soumise à l'IS acquiert des titres de participation X le 15-2-2020 pour un prix de 20 000 €. Elle les cède le 20-3-2021 pour 15 000 € à une filiale B dont elle détient 60 % du capital. La moins-value de cession qui en résulte (soit 5 000 €) est mise en suspens.
Le 10-1-2022, B cède à son tour les titres X à une société C, pour un prix de 12 000 €. Si la société C n'est pas liée à la société A, cette opération entraîne la déduction de la moins-value de cession subie lors de la cession des titres X à B. En revanche, si les sociétés A et C sont unies par des liens de dépendance, la moins-value reste en suspens. Elle sera prise en compte le cas échéant en tant que moins-value à long terme à l'expiration du délai de deux ans, le 15-2-2022. Si les titres relèvent du régime de taxation réduite à l'imposition d'une quote-part de frais et charges, la moins-value ne pourra donc faire l'objet d'aucune déduction.
La moins-value constatée à l'occasion de la cession des titres X de B à C (3 000 €) s'impute quant à elle sur le résultat d'exploitation de B de l'exercice 2022, sauf s'il existe des liens de dépendance entre B et C.
Cas n° 2 Une société X soumise à l'IS a acquis le 4-1-2021 des titres de participation dans une société cotée à prépondérance immobilière I pour un prix de 50 000 €. Elle les cède le 15-7-2022 pour 35 000 € à une société sœur Z, toutes les deux étant sous le contrôle de la même société H. La moins-value de cession (15 000 €) est placée en report. Le 15-12-2022, X est absorbée par la société A.
Si A et Z sont unies par des liens de dépendance, le report est maintenu. En revanche, si tel n'est pas le cas, X peut déduire au titre de l'exercice 2022 la moins-value de cession en report. Celle-ci relève du régime du court terme et peut donc être déduite de ses résultats taxables au taux de droit commun.

Lorsque le report de déduction de la moins-value de cession prend fin du fait de l'**absorption de la société dont les titres ont été cédés,** la question se pose de savoir si l'**effet rétroactif** conféré le cas échéant à la fusion a ou non une incidence sur le régime fiscal applicable. Amenée à se prononcer sur la plus ou moins-value d'échange de titres résultant d'une fusion, l'administration a indiqué que la date d'effet rétroactif conféré à une telle opération reste sans incidence sur la détermination des résultats imposables des associés (BOI-IS-FUS-40-10-20 n° 120). Appliquée au dispositif prévu par l'article 219, I-a septies du CGI, cette solution aurait pour effet de ne soumettre la moins-value de cession au régime du long terme que dans l'hypothèse où le délai écoulé entre l'acquisition des titres par la société cédante et la réalisation définitive de l'absorption de la société cible est supérieur ou égal à deux ans.

52587 Le **dispositif** de mise en suspens des moins-values de cession est d'application **obligatoire.** La société cédante doit joindre à sa **déclaration de résultat,** au titre de chaque exercice concerné, un état faisant apparaître les éléments nécessaires au calcul des moins-values et ceux relatifs à l'identification de l'entreprise qui détient les titres, explicitant les liens de dépendance qui les unissent.
Le contenu de cet **état de suivi** est fixé par l'article 46 quater-0 RH de l'annexe III au CGI.
Le **défaut de production** de l'état ou son caractère incomplet ou inexact entraîne l'application d'une amende forfaitaire égale à 5 % des sommes non déclarées ou omises (CGI art. 1763, I-g). Toutefois, cette amende n'est pas applicable, en cas de première infraction commise au cours de l'année civile en cours et des trois années précédentes, lorsque les intéressés ont réparé leur omission soit spontanément, soit à la première demande de l'administration avant la fin de l'année qui suit celle au cours de laquelle l'état de suivi devait être présenté.

52588 **Cession, moins de deux ans après leur émission, de titres reçus en rémunération d'un apport à une société en difficulté** Lorsqu'une entreprise (relevant de l'impôt sur le revenu ou de l'impôt sur les sociétés) cède, moins de deux ans après leur émission, les **titres** qu'elle a acquis en contrepartie d'un apport à une société en difficulté et qui ont été **inscrits en comptabilité pour une valeur supérieure à leur valeur réelle** à la date de l'apport, la fraction de moins-value égale à la différence entre ces deux valeurs n'est pas déductible (CGI art. 39 quaterdecies, 2 bis).
Cette situation se rencontre lorsque l'apport est effectué à une société dont la situation nette est négative : les titres émis ont une valeur réelle quasi nulle si le montant de l'apport est proche de celui de la situation nette négative de la filiale. Si l'apport est d'un montant supérieur à celui de la situation nette négative de la filiale, la valeur réelle des titres émis est alors positive mais reste inférieure à leur valeur comptable.

S'agissant des entreprises soumises à l'impôt sur les sociétés, ce dispositif restrictif s'applique à toutes les cessions de titres de participation et de titres assimilés (BOI-BIC-PVMV-30-30-120 n° 30), même s'ils sont exclus du régime du long terme (comme les titres de sociétés à prépondérance immobilière non cotées).
La limitation de la déductibilité de la moins-value à court terme ne s'applique qu'en cas de cession de titres de participation ayant fait l'objet d'une émission nouvelle en contrepartie d'un apport. Ce dispositif restrictif ne trouve donc pas à s'appliquer lorsque l'augmentation de capital de la filiale en difficulté, à laquelle sa société mère a consenti un apport, a été réalisée par élévation du nominal de ses titres (CE 20-4-2021 n° 429467 : RJF 7/21 n° 688).

EXEMPLE

Une société A, soumise à l'IS, détient une société B qui présente une situation nette négative de 100 000 €. La société A effectue au cours de l'exercice N un apport de 150 000 € en numéraire au profit de sa filiale B. Les titres B reçus par A en contrepartie de cet apport sont inscrits dans ses comptes pour une valeur de 150 000 €. Ils ont une valeur nominale de 150 000 € mais une valeur réelle de 50 000 € correspondant à l'actif net après apport.
En N + 1, A cède ces titres B pour un prix, correspondant à leur valeur réelle, de 25 000 €.
Comptablement, la société A constate en N + 1 une moins-value de cession de 125 000 € : 25 000 € – 150 000 €.
Les dispositions de l'article 39 quaterdecies, 2 bis du CGI interdisent la déduction de la moins-value dans la limite de la différence entre la valeur d'inscription en comptabilité des titres B (150 000 €) et leur valeur réelle à la date de leur émission (50 000 €), soit 100 000 €. Il convient donc de procéder à la réintégration extra-comptable de ce montant.
En revanche, la moins-value de cession constatée à hauteur de 25 000 €, du fait de la perte de valeur réelle des titres B entre leur émission et leur cession, demeure fiscalement déductible dans les conditions de droit commun.

On a vu que lorsque des **titres de participation** sont **cédés** moins de deux ans après leur émission **à une entreprise liée** au sens de l'article 39, 12 du CGI, la moins-value réalisée est mise en suspens en application de l'article 219, I-a septies du CGI et que, si aucun des événements mentionnés audit article n'intervient dans un délai de deux ans décompté à partir du jour où le cédant a inscrit les titres à son actif, le report d'imposition prend fin à la date d'expiration de ce délai. La moins-value relève alors du régime du long terme et ne peut en pratique faire l'objet d'aucune déduction lorsque les titres cédés relèvent du régime de taxation réduite à l'imposition d'une quote-part de frais et charges (nos 52586 s.). Mais si l'un des événements mentionnés à l'article 219, I-a septies du CGI intervient avant l'expiration du délai de deux ans, la moins-value précédemment mise en suspens est admise en déduction dans le secteur du court terme. Le montant déductible peut toutefois être limité en application de l'article 39 quaterdecies, 2 bis du CGI (BOI-BIC-PVMV-30-30-120 n° 170). 52589

2. TITRES DE SOCIÉTÉS À PRÉPONDÉRANCE IMMOBILIÈRE

a. Titres détenus depuis moins de deux ans

Les plus et moins-values portant sur des titres acquis depuis moins de deux ans sont comprises dans le résultat taxable au taux de droit commun. 52590
Le montant déductible de la moins-value peut toutefois être limité lorsque les **titres** cédés ont été **reçus en rémunération d'un apport à une société en difficulté réalisé depuis moins de deux ans** : voir nos 52588 s.
Par ailleurs, lorsque la **société** dont les titres sont cédés est **cotée,** un régime de report de déduction s'applique aux moins-values s'il existe des liens de dépendance entre le cédant et l'acheteur, voir nos 52586 s.

b. Titres détenus depuis au moins deux ans

Lorsque la cession porte sur des titres détenus depuis au moins deux ans, il convient de distinguer selon que la société est cotée ou non cotée. Une **compensation** distincte doit donc être opérée entre les plus et moins-values se rapportant aux titres de chaque type de société. 52591
En ce qui concerne les cessions de titres de **sociétés** établies dans un **État ou territoire non coopératif,** voir n° 52502.
Pour le cas où les **titres** sont **cédés par une société non résidente,** voir nos 51350 s.

TITRES DE SOCIÉTÉS COTÉES

La **plus-value nette** est, après compensation le cas échéant avec la moins-value à long terme de l'exercice relevant du taux de 15 % (cession de parts de fonds communs de placements à risques 52592

ou d'actions de sociétés de capital-risque, par exemple) ou de 25 % (cession des titres d'un éditeur d'un service de télévision), soumise au régime du **long terme** selon un taux spécifique de 19 %.
La plus-value nette à long terme peut toutefois faire l'objet d'une compensation :
– soit avec les **moins-values à long terme** des dix exercices **antérieurs,** autres que celles se rapportant à des titres de participation qui relèvent du régime de taxation réduite à l'imposition d'une quote-part de frais et charges, qui n'ont pas encore été imputées, relevant du taux de 15 %, 19 % ou 25 %. Cette imputation peut être réalisée en priorité sur la plus-value nette imposable au taux le plus élevé. On rappelle que les moins-values subies à raison de cessions de titres de sociétés établies dans un **État ou territoire non coopératif** sont exclues du long terme et ne peuvent en principe être imputées que sur des plus-values de cession de titres de même nature (voir n° 52502) ;
– soit avec le **déficit** de l'exercice (qui peut inclure une moins-value à court terme) et les déficits reportables des exercices antérieurs.
La compensation entre la plus-value et les déficits ou les moins-values des exercices antérieurs n'est pas obligatoire. Ce choix relève d'une décision de gestion.
La compensation opérée avec les déficits, qui s'opère euro pour euro, est a priori désavantageuse puisqu'elle conduit à utiliser des sommes déductibles du résultat imposable au taux plein pour réduire une base d'imposition à taux réduit. De plus, si la plus-value ainsi utilisée fait ensuite l'objet d'un rehaussement, alors que la société n'avait pas totalement épuisé ses déficits reportables, le déficit résiduel est considéré comme ayant été affecté par anticipation à sa compensation avec le complément de plus-value (CE 25-2-2011 n° 338715 : RJF 5/11 n° 550). Par ailleurs, si l'administration remet en cause le déficit utilisé pour la compensation, la société ne peut demander ultérieurement le bénéfice du régime des plus-values à long terme (CE 28-12-2018 n° 406709 : RJF 3/19 n° 284). La plus-value est donc imposée au taux normal de l'impôt sur les sociétés.
Plusieurs considérations peuvent toutefois militer en faveur de la compensation de la plus-value à long terme avec les déficits :
– elle procure un avantage de trésorerie immédiat et présente un intérêt tout particulier dans le cas où l'entreprise, structurellement déficitaire, ne dégagera pas à moyen terme de bénéfices d'exploitation suffisants pour pouvoir imputer ses déficits ;
– elle permet d'utiliser sans limitation le déficit de l'exercice pour effacer tout ou partie de la plus-value, la mesure de plafonnement des déficits imputables (CGI art. 209, I-al. 3) n'étant pas applicable dans ce cas. Si le déficit est reporté, la mesure de plafonnement s'applique en revanche, le cas échéant, lorsqu'il est utilisé pour compenser la plus-value à long terme d'un exercice ultérieur.

52593 La **moins-value nette à long terme** peut être compensée avec la plus-value nette à long terme réalisée au cours du même exercice imposable au taux de 15 % ou de 25 %. L'excédent éventuel de la moins-value nette à long terme s'impute **ensuite** sur les plus-values à long terme taxées à 19 %, 15 % ou 25 % des dix exercices suivants.
Par exception à ce principe, les moins-values subies en **fin d'exploitation** ou restant à reporter à cette date peuvent être imputées pour une fraction de leur montant sur le résultat de l'exercice. Cette fraction correspond au rapport existant entre le taux d'imposition de plus-values à long terme applicable lors de l'exercice de réalisation de la moins-value et le taux de l'impôt sur les sociétés en vigueur lors de l'exercice de cession ou cessation d'entreprise (CGI art. 219, I-a bis). L'imputation des moins-values nettes à long terme sur le bénéfice de l'exercice de liquidation est effectuée dans la limite de ce bénéfice, sans pouvoir générer de déficit (BOI-IS-DEF-30 n° 100).

TITRE DE SOCIÉTÉS NON COTÉES

52594 Si la société n'est pas cotée, les plus et moins-values sont exclues du régime du long terme quelle qu'ait été la durée de détention des titres cédés et concourent à la détermination du résultat taxable au taux de droit commun (CGI art. 219, I-a sexies-0 bis).

3. AUTRES TITRES DE PARTICIPATION EXCLUS DU RÉGIME DU LONG TERME

TITRES DE SOCIÉTÉS À PRÉPONDÉRANCE FINANCIÈRE

52620 Les titres de sociétés de gestion de portefeuille, dont l'actif est constitué principalement par des titres exclus du régime du long terme ou dont l'activité consiste de manière prépondérante en la gestion de ces mêmes valeurs pour leur propre compte, sont exclus du régime du long terme. L'exclusion s'applique dans ce cas même si les titres en cause constituent sur le plan comptable des titres de participation ou s'ils ouvrent droit au régime des sociétés mères et permettent la détention d'au moins 5 % des droits de vote.

Le régime du long terme s'applique toutefois à la fraction des **moins-values** constatées correspondant au montant des distributions effectuées par ces sociétés qui ont bénéficié de l'exonération prévue par le **régime mère-fille** au cours de l'exercice de cession et des cinq exercices précédents (CGI art. 219, I-a ter). Cette mesure interdit de cumuler le bénéfice de l'exonération des dividendes avec l'imputation d'une moins-value sur le résultat taxable au taux plein. Placée sous le régime du long terme à hauteur des dividendes précédemment exonérés, la moins-value ne peut en pratique donner lieu à aucune déduction.

EXEMPLE

Une société qui clôture son exercice le 31 août de chaque année a bénéficié au cours de son exercice clos le 31 août 2021 d'une distribution de la part de l'une de ses filiales financières pour un montant de 10 000 €, exonérée en application du régime mère-fille.
Elle cède les titres de cette filiale le 3 juin 2022 et réalise à cette occasion une moins-value de cession à hauteur de 15 000 €.
Cette moins-value relève du régime du long terme à hauteur du montant de la distribution précédemment exonérée (cette distribution étant intervenue au cours de l'un des cinq exercices précédents), soit 10 000 €. Elle relève du régime du court terme et est donc déductible pour le surplus, soit 5 000 €.

Pour pouvoir calculer la fraction de moins-value relevant du long terme, la société mère doit procéder à un **suivi** sur six exercices (exercice de distribution et les cinq suivants) **des dividendes** reçus de ses filiales en franchise d'impôt en application du régime mère-fille.

En cas de **cession partielle** de titres d'une filiale financière ayant procédé auparavant à des distributions, l'administration estime que la moins-value subie par la société mère relève du régime du long terme à hauteur de la totalité des dividendes exonérés perçus de cette filiale au cours de l'exercice de cession et des cinq exercices précédents, y compris ceux qui se rapportent aux titres conservés (BOI-IS-BASE-20-20-10-10 n° 67). **52621**
Cette solution qui ne résulte pas du texte légal est à notre avis discutable. Dans un tel cas, le montant des distributions de l'exercice et des cinq exercices antérieurs ne devrait être retranché de la moins-value à court terme que pour la fraction correspondant au nombre de titres cédés rapportée à la totalité des titres détenus.

AUTRES TITRES

Même lorsqu'ils répondent à la définition des titres de participation, sont en outre exclus du régime du long terme les **titres de sociétés établies dans un État ou territoire non coopératif** (sauf si l'entreprise établit que les opérations réalisées par une telle société correspondent à des opérations réelles qui n'ont ni pour objet ni pour effet de permettre, dans un but de fraude fiscale, la localisation de bénéfices dans un tel État ou territoire). Les moins-values afférentes à la cession des titres ainsi exclus du régime du long terme ne sont toutefois pas déductibles du résultat courant de la société. Elles ne peuvent s'imputer que sur des plus-values résultant de la cession de tels titres (CGI art. 219, I-a sexies-0 ter). À notre avis, cette imputation peut être opérée sans limitation de délai. Les moins-values peuvent toutefois être portées en déduction du résultat courant de l'entreprise si celle-ci démontre que sa prise de participation dans une société établie dans un État ou territoire non coopératif correspond à des opérations réelles non constitutives de fraude fiscale. **52622**

B. Titres autres que des titres de participation

Lorsque la cession de titres n'ayant pas le caractère de titres de participation (définis aux n°s 52140 s.) dégage un **profit,** celui-ci est compris dans le résultat soumis au taux normal de l'impôt sur les sociétés quelle qu'ait été la durée de détention des titres cédés. **52650**

Lorsque la cession de ces titres dégage une **perte,** celle-ci est déduite du résultat soumis au taux normal de l'impôt sur les sociétés, quelle qu'ait été la durée de détention des titres cédés. Le cas échéant, la perte subie concourt au déficit de l'exercice, reportable dans les conditions de droit commun. **52651**
La loi exclut toutefois expressément dans certains cas la déduction des résultats ordinaires :
– des **moins-values** subies à raison de la cession de **titres de sociétés établies dans un État ou territoire non coopératif** : voir n° 52622 ;
– des moins-values de cession de titres de **sociétés à prépondérance financière** : voir n° 52620.

C. Exercice de rattachement des plus-values et moins-values

52680 Les plus-values ou moins-values sont rattachées à l'exercice au cours duquel elles sont réalisées. La date de réalisation des plus-values et moins-values est celle du transfert de propriété des parts ou actions. Sur cette notion, voir nos 75000 s.

SECTION 2 ENTREPRISES RELEVANT DE L'IMPÔT SUR LE REVENU

I. ENTREPRISES INDIVIDUELLES

52730 Les plus-values réalisées par les entreprises individuelles à l'occasion d'une cession de titres inscrits à l'actif relèvent :
– du régime des plus-values professionnelles à court terme ou à long terme lorsque les titres cédés sont utilisés pour les besoins de l'activité professionnelle et peuvent être considérés comme faisant partie de l'actif immobilisé (s'ils font partie de l'actif circulant, voir n° 52736) ;
– du régime des plus-values privées lorsque les titres ne sont pas utilisés pour les besoins de l'activité et ce, même s'ils sont inscrits à l'actif (CGI art. 155, II et III).
Dans le cadre du régime des plus-values professionnelles, les plus-values réalisées par les exploitants dont le chiffres d'affaires n'excède pas un certain montant et qui exercent leur activité depuis au moins cinq ans sont totalement ou partiellement exonérées.
Dans tous les cas, les plus-values ou moins-values sont rattachées à l'exercice au cours duquel intervient le transfert de propriété des parts ou actions. Sur cette notion, voir nos 75000 s.

A. Titres soumis au régime des plus-values professionnelles

1. TITRES CONCERNÉS

52735 Les titres inscrits à l'actif d'une exploitation individuelle ne relèvent du régime des plus-values professionnelles que lorsqu'ils sont utilisés pour l'exercice de l'activité professionnelle et font partie de l'actif immobilisé.

DÉFINITION DES TITRES UTILISÉS POUR L'EXERCICE DE L'ACTIVITÉ

52736 La loi ne fournit pas de définition des titres utilisés pour l'exercice de l'activité professionnelle. À notre avis, peuvent être considérés comme tels les titres qui présentent un intérêt ou une utilité pour l'exercice de l'activité professionnelle.
Il peut s'agir, par exemple, de **titres de participation** dont la possession durable est estimée utile à l'activité professionnelle, dans la mesure où leur détention est susceptible d'avoir un impact favorable sur l'activité industrielle ou commerciale de l'exploitation en concourant notamment au maintien ou au renforcement de sa rentabilité, à son développement ou à la diversification de ses domaines d'activité. C'est ainsi qu'un exploitant qui a acquis des titres d'une société exerçant une activité complémentaire ou similaire à la sienne et les a inscrits au bilan devrait selon nous pouvoir les considérer comme des éléments affectés à son activité. Selon l'administration, cela n'est toutefois possible que si le contribuable a une participation active dans la société (BOI-BIC-BASE-90 n° 210).
L'administration estime par ailleurs que sont étrangers à l'activité professionnelle :
– les titres provenant du placement de la trésorerie de l'entreprise (en ce sens, BOI-BIC-BASE-90 n° 210) ;
– et les titres de sociétés qui exercent exclusivement une activité de nature patrimoniale (sociétés immobilières et sociétés de gestion de portefeuille) (en ce sens, BOI-BIC-BASE-10-20-10 n° 195).

Lorsqu'ils sont inscrits à l'actif, les titres détenus dans une **société immobilière** qui loue un **immeuble professionnel** à l'exploitant devraient toutefois selon nous pouvoir être considérés comme affectés à l'activité professionnelle.
Selon le tribunal administratif de Paris, dans le cas où une entreprise individuelle de marchand de biens a inscrit à son actif les titres d'une société holding non animatrice possédant des parts dans le capital de plusieurs sociétés détenant des actifs immobiliers, la réalisation d'opérations immobilières par ces dernières ne saurait à elle seule démontrer que l'activité de la holding serait nécessaire à l'activité de marchand de biens alors qu'il résulte de l'instruction que cette activité s'est effectuée, non par le biais de la holding, mais par le biais de ses filiales (TA Paris 20-12-2017 n°s 1605578 et 1606086 : RJF 7/18 n° 589).

APPARTENANCE À L'ACTIF IMMOBILISÉ

L'administration considère comme faisant partie de l'actif immobilisé : 52740
– les **titres détenus** en portefeuille **depuis plus de deux ans** ;
– les titres détenus en portefeuille **depuis moins de deux ans** lorsque le portefeuille comprend des titres de même nature détenus depuis plus de deux ans (BOI-BIC-PVMV-30-30-10 n° 1).
Si tous les titres ont été acquis depuis **moins de deux ans** avant la cession, les profits ou pertes provenant de cette cession sont traités non comme des plus-values ou moins-values d'actif immobilisé, mais comme de simples bénéfices ou pertes d'exploitation.

La **définition** donnée par l'administration de la nature des titres en fonction de leur durée effective de détention ne repose sur aucun texte en vigueur. Le délai de deux ans n'est utilisé par l'article 39 duodecies du CGI que pour déterminer le régime (long terme ou court terme) des plus-values ou moins-values de cession des immobilisations. 52741
Sa **portée** reste toutefois limitée. En effet, le profit résultant de la cession des titres détenus depuis moins de deux ans est dans tous les cas compris dans les résultats imposables au taux de droit commun, qu'il s'agisse d'une plus-value à court terme ou d'un produit d'exploitation. Mais, si la cession est soumise au régime des plus-values à court terme, l'entreprise peut demander que l'imposition soit répartie sur trois années, conformément aux dispositions prévues à l'article 39 quaterdecies du CGI.

EXCLUSION DES ENTREPRISES AYANT POUR OBJET LE COMMERCE DE TITRES

La doctrine administrative et la jurisprudence considèrent que les valeurs mobilières détenues par une entreprise doivent être considérées non pas comme des éléments de l'actif immobilisé mais comme des stocks, lorsque l'entreprise a pour objet le commerce de titres. Pour déterminer si les titres sont constitutifs de stocks ou d'immobilisations, il convient de prendre en compte la nature de l'activité exercée par la société et en particulier l'importance des titres vendus par rapport au chiffre d'affaires réalisé. 52745

ILLUSTRATIONS

Sont considérés comme des bénéfices (ou pertes) d'exploitation les profits (ou pertes) provenant de la cession de titres par les entreprises qui ont pour objet le commerce de titres et pour lesquelles ces valeurs constituent en réalité des stocks, et ce quelle que soit la date d'acquisition des titres cédés.
Toutefois, la **notion de commerce de titres** ne doit pas être entendue dans un sens large ; en principe, notamment, il convient de considérer que tel n'est pas l'objet des activités des banques et des établissements financiers.
BOI-BIC-PVMV-30-30-10 n° 20.

Quelle que soit leur durée de détention, des titres doivent être considérés comme acquis en vue de la revente et constituant un **élément de stock** et non d'actif immobilisé, compte tenu :
– de **l'objet social** de la société détentrice consistant en « la gestion de tous biens meubles et immeubles » et « généralement toutes opérations commerciales, industrielles, mobilières et immobilières pouvant se rattacher directement ou indirectement à cet objet » ;
– et de l'**importance des ventes** de titres, dépourvues de tout caractère forcé, représentant en moyenne de façon constante plus de la moitié des recettes sociales, tant sur les années vérifiées que sur la période antérieure.
Les profits résultant des cessions des titres en question constituent en conséquence des bénéfices d'exploitation imposables dans les conditions de droit commun et ne peuvent bénéficier du taux réduit d'imposition des plus-values à long terme.
L'entreprise ne peut faire échec à la taxation au taux normal en invoquant la **doctrine administrative** qui recommande seulement une attitude bienveillante dans l'appréciation de la **notion de commerce de titres** et ne constitue donc pas une interprétation formelle de la loi fiscale.
CAA Nantes 7-10-1992 n° 91-177 : RJF 4/93 n° 493 ; CE CAPC 16-3-1994 n° 143450 : RJF 4/94 n° 523.

Exerce une activité de commerce de titres une société dont plus des **trois quarts du chiffre d'affaires** (93 % pour une des années en litige) proviennent de la **cession des titres** de placement qui représentent l'essentiel de son actif et génèrent la plus grande part de ses bénéfices. Compte tenu du nombre et de la fréquence des opérations dont ils sont l'objet, les titres en portefeuille ne peuvent être regardés comme des éléments d'actif immobilisé mais constituent un élément du **stock** de la société, quelle que soit leur durée de détention.
Les profits résultant des cessions des titres en question ne peuvent en conséquence bénéficier du taux réduit d'imposition des plus-values à long terme mais constituent des bénéfices imposables dans les conditions de droit commun.
CAA Nancy 15-2-1996 n° 93-724.

2. CALCUL DES PLUS-VALUES ET MOINS-VALUES

52770 Les plus-values et moins-values de cession des titres sont calculées par différence entre le prix de cession des titres et leur prix de revient. Le prix de cession et le prix de revient sont déterminés de la même manière que pour les sociétés passibles de l'impôt sur les sociétés (voir n°s 52180 s.).

3. MODALITÉS D'IMPOSITION

a. Règles générales

52800 Lorsque les titres font partie de l'actif immobilisé, le résultat de la cession relève du régime des plus-values et moins-values à court ou à long terme selon que les titres cédés ont été acquis depuis moins ou plus de deux ans.
La **durée de détention** des titres est appréciée comme pour les sociétés passibles de l'impôt sur les sociétés. En cas de cession partielle de **titres acquis à des dates différentes,** la règle de droit commun applicable est, sauf atténuation, la règle « Peps » selon laquelle la cession est réputée porter sur les titres de même nature acquis ou souscrits à la date la plus ancienne (voir n° 52588). Toutefois, les plus-values de cession de titres de participation peuvent, sous certaines conditions, être déterminées à partir du coût de revient moyen pondéré. Dans cette hypothèse, la durée de détention des titres est appréciée en effectuant une imputation proportionnelle des titres cédés sur chacune des acquisitions compte tenu de leur date effective (voir n°s 52300 s.).
Si tous **les titres appartenant à une même catégorie ont été acquis depuis moins de deux ans,** le résultat de la cession doit être traité, selon l'administration, comme un simple bénéfice ou perte d'exploitation, ce qui exclut l'application de l'étalement prévu pour les plus-values à court terme (voir n° 52740 s.).

> **Précisions a.** Lorsqu'une entreprise cède moins de deux ans après leur émission des **titres de participation reçus en rémunération d'un apport effectué à une société en difficulté** et que ces titres ont été inscrits en comptabilité pour une valeur supérieure à leur valeur réelle à la date de l'apport, la moins-value égale à la différence entre ces deux valeurs n'est pas déductible (CGI art. 39 quaterdecies, 2 bis) : voir n°s 52588 s.
b. Les plus-values constatées à l'occasion de la cession de titres de sociétés établies dans un **État ou territoire non coopératif** au sens de l'article 238-0 A du CGI (n° 51390) sont exclues du régime du long terme sauf si la société détentrice des titres apporte la preuve que les opérations réalisées par la société concernée correspondent à des opérations réelles qui n'ont ni pour objet ni pour effet de permettre dans un but de fraude fiscale la localisation de bénéfices dans un tel État ou territoire (CGI art. 39 duodecies, 2-c). Cette exclusion ne vise pas les moins-values.

PLUS-VALUES ET MOINS-VALUES À COURT TERME

52802 Les plus et moins-values à court terme constatées au cours d'un exercice donnent lieu à une **compensation** globale afin de déterminer la plus ou moins-value nette de l'exercice.
Si la compensation fait apparaître une **plus-value nette** à court terme, l'entreprise doit inclure son montant dans le résultat imposable à l'impôt sur le revenu dans les conditions de droit commun, sauf à opter pour le dispositif d'étalement de l'imposition des plus-values nettes à court terme prévu par l'article 39 quaterdecies du CGI.
En revanche, si la compensation laisse apparaître une **moins-value nette** à court terme, celle-ci est déduite du résultat imposable dans les conditions de droit commun. En cas d'insuffisance des bénéfices d'exploitation, elle concourt à la constatation d'un **déficit,** qui est reportable dans les conditions de droit commun ou peut être compensé avec la plus-value nette à long terme de l'exercice au cours duquel il a été subi (BOI-BIC-PVMV-20-30-10 n° 510).

Étalement des plus-values à court terme Aux termes de l'article 39 quaterdecies, 1 du CGI, le montant net des plus-values à court terme réalisées par les entreprises relevant de l'impôt sur le revenu peut être réparti par parts égales sur l'année de leur réalisation et sur les deux années suivantes. 52805

Cet étalement est facultatif mais si l'entreprise y renonce, elle ne peut pas pour autant se prévaloir du système du quotient prévu à l'article 163-0 A du CGI à l'égard des revenus exceptionnels (CAA Douai 19-6-2002 n° 98-2363 : RJF 4/03 n° 408).

À l'inverse, les plus-values à court terme réalisées en **fin d'exploitation** sont exclues du régime d'étalement mais peuvent bénéficier du système du quotient (BOI-BIC-PVMV-20-30-10 n° 490).

Pour l'application de ces dispositions, le terme « année » doit être entendu au sens d'exercice ou de **période d'imposition.** 52806

EXEMPLE

1. Soit une entreprise soumise à l'impôt sur le revenu ayant réalisé une plus-value nette à court terme de 45 000 € au cours d'un exercice clos le 31 décembre N. L'entreprise peut répartir cette plus-value par tiers, soit 15 000 €, sur l'exercice N et sur les exercices N + 1 et N + 2.

2. Soit une entreprise qui a réalisé une plus-value nette à court terme de 60 000 € au cours d'un exercice clos le 31 décembre N et qui arrête ses exercices suivants les 1er mars N + 1, 30 septembre N + 1 et 30 juin N + 2. La plus-value nette à court terme réalisée en N peut être répartie par parts égales de 20 000 € :

– sur l'exercice allant du 1er janvier N au 31 décembre N ;
– sur la période d'imposition allant du 1er janvier N + 1 au 30 septembre N + 1 ;
– sur l'exercice allant du 1er octobre N + 1 au 30 juin N + 2.

Il est rappelé qu'en vertu de l'article 37 du CGI, lorsqu'il est dressé des bilans successifs au cours de la même année, les résultats sont totalisés pour l'assiette de l'impôt dû au titre de la même année.

PLUS-VALUES ET MOINS-VALUES À LONG TERME

Plus-values à long terme Une **compensation** générale est opérée entre les plus et moins-values à long terme réalisées au cours de l'exercice, quelle que soit la nature des biens concernés. 52820

Lorsque la compensation entre plus et moins-values à long terme fait apparaître une plus-value nette, celle-ci est en principe taxée séparément à un **taux réduit** égal à 12,8 % (CGI art. 39 quindecies), soit un taux effectif de 30 % compte tenu des prélèvements sociaux (CSG, CRDS et autres contributions sociales).

Le taux de 12,8 % est également applicable aux plus-values nettes à long terme réalisées par les entreprises exerçant leur activité dans les DOM, mais l'impôt brut fait l'objet d'une réduction égale à 30 %, dans la limite de 2 450 €, dans les départements de la Guadeloupe, de la Martinique et de La Réunion et à 40 %, dans la limite de 4 050 €, dans les départements de la Guyane et de Mayotte (CGI art. 197, I-3).

Pour la détermination de la plus-value à long terme imposable sur les titres, détenus depuis plus de cinq ans, d'une **société à prépondérance immobilière** dont l'actif est principalement constitué d'immeubles affectés par l'entreprise à sa propre exploitation ou de titres de sociétés dont l'actif est principalement constitué des mêmes biens ou titres, il convient de pratiquer un abattement de 10 % par année de détention au-delà de la cinquième (CGI art. 151 septies B). C'est le montant ainsi réduit qui fait l'objet d'une compensation avec les moins-values à long terme de l'exercice. En pratique, les plus-values réalisées sur les titres détenus depuis plus de quinze ans sont donc totalement exonérées.

Une compensation peut, le cas échéant, être effectuée entre la plus-value nette à long terme et : 52821

– les **moins-values** à long terme subies au cours des dix exercices antérieurs et qui n'ont pas encore été imputées (CGI art. 39 quindecies, I-2) ;
– le **déficit de l'exercice** (CGI art. 39 quindecies, I-1-al. 3), qui peut inclure une moins-value à court terme.

Lorsque le déficit d'un exercice antérieur n'a pas pu être imputé sur le revenu global et a donc concouru à la constatation d'un **déficit global,** la plus-value nette à long terme peut également être imputée sur ce déficit global (BOI-BIC-PVMV-20-40-10 n° 50).

Les déficits ainsi annulés cessent d'être reportables.

EXEMPLE

Hypothèse Un exploitant individuel réalise au titre de l'année N un résultat déficitaire de 200 000 €. La compensation avec ses autres revenus de l'année fait apparaître un déficit global de 100 000 €.

Au titre de l'année N + 1, ce contribuable réalise un bénéfice de 30 000 € ainsi qu'une plus-value à long terme de 10 000 €. Les autres revenus de l'année s'élèvent à 60 000 €.
Solution Revenu net global : 30 000 € + 60 000 € = 90 000 €.
Le solde du déficit global reportable (100 000 € – 90 000 € = 10 000 €) peut être utilisé en compensation de la plus-value à long terme de l'exercice.

52822 La plus-value nette à long terme réalisée au cours d'un exercice est normalement imputée en priorité sur les moins-values à long terme reportables. En l'absence de telles moins-values ou s'il subsiste une plus-value à long terme après cette **compensation,** la question se pose de savoir si l'entreprise a **intérêt** à imputer son montant sur le **déficit** de l'exercice (ou les déficits antérieurs reportables) ou si, au contraire, elle a intérêt à payer l'impôt sur le revenu au taux réduit. L'intérêt de l'imputation des déficits sur la plus-value à long terme dépend essentiellement du montant des autres revenus dont dispose le cas échéant le foyer fiscal et du taux marginal d'imposition qu'il supporte.

Ainsi, la compensation euro pour euro de la plus-value nette à long terme avec le déficit d'exploitation peut procurer un avantage de trésorerie immédiat à l'entreprise qui se trouve ainsi dispensée d'acquitter l'impôt à taux réduit. Elle peut également présenter un intérêt chaque fois que le déficit risque de ne pas pouvoir être imputé sur le revenu global du contribuable dans le délai de six ans.

Mais il peut en résulter une réduction de l'économie d'impôt retirée des déficits d'exploitation, égale à la différence entre le taux marginal d'imposition et le taux d'imposition des plus-values.

52823 Dans la mesure où l'article 39 quindecies, I-1 du CGI ouvre aux entreprises un choix entre l'imposition des plus-values nettes à long terme au taux réduit et leur utilisation pour la compensation du déficit, l'**option** ainsi exercée, qui est matérialisée par les mentions portées sur le tableau des plus-values joint à la déclaration de résultats, présente le caractère d'une **décision de gestion** opposable (CE 20-4-1984 n° 37050 : RJF 6/84 ; CE 11-2-1994 n° 117302 : RJF 4/94 n° 388). Lorsqu'une telle décision est attestée, l'entreprise peut valablement demander la correction des erreurs commises sur d'autres imprimés de la liasse fiscale (CE 20-4-1984 n° 37050 précité). En cas de **rehaussement** ultérieur **de la plus-value** à long terme, l'administration peut également tirer les conséquences de la décision prise par l'entreprise en compensant d'office le supplément de plus-value révélé par le contrôle avec le déficit ordinaire de l'exercice au cours duquel ce supplément a été réalisé ou avec les déficits reportables sur cet exercice (CE 25-2-2011 n° 338715 : RJF 5/11 n° 550). Par ailleurs, si l'administration **remet en cause le déficit** utilisé pour la compensation, la société ne peut demander ultérieurement le bénéfice du régime des plus-values à long terme (CE 28-12-2018 n° 406709 : RJF 3/19 n° 284).

Le contribuable qui n'a **pas** déposé **de déclaration de résultat** au titre de l'exercice de cession n'a pas pris la décision de gestion de renoncer à la faculté d'imputer la plus-value à long terme réalisée au cours de l'exercice sur le déficit de cet exercice ou sur les déficits antérieurs. Il conserve donc la possibilité de demander une telle compensation lorsque l'administration arrête d'office ses bases d'imposition (CE 10-8-2007 n°s 277113 et 277238 ; RJF 12/07 n° 1379).

ILLUSTRATIONS

Un **contribuable taxé d'office** ayant demandé devant les premiers juges que le **déficit** qu'il alléguait avoir réalisé au titre d'une année soit imputé sur les **plus-values à long terme** qu'il avait réalisées **au titre de la même année,** c'est à bon droit que l'administration a procédé à cette imputation en exécution du jugement du tribunal administratif. Le contribuable ne peut alors demander au Conseil d'État le report de ce déficit sur les résultats de l'année suivante. Le juge de l'impôt ne peut en revanche procéder d'office à l'imputation d'un déficit sur les plus-values à long terme lorsqu'une telle imputation ne lui est pas demandée. Le déficit reste dans ce cas reportable (CE 24-10-1980 n° 15568 : RJF 12/80 n° 938).

52830 **Moins-values à long terme** Lorsque, pour un exercice donné, la compensation générale entre plus-values à long terme et moins-values à long terme fait apparaître une moins-value nette, cette moins-value ne peut être imputée, en principe, que sur les plus-values à long terme réalisées au cours des dix exercices suivant celui au cours duquel la moins-value nette a été subie (CGI art. 39 quindecies, I-2).

52831 Cette imputation doit être faite sur les **plus-values nettes** afférentes aux dix exercices dont il s'agit et ne peut donc être opérée sur les plus-values à long terme de ceux de ces dix exercices pour lesquels la compensation entre plus-values et moins-values à long terme fait apparaître une moins-value nette (BOI-BIC-PVMV-20-40-20 n° 20).

52832 Pour l'application de cette règle relative à l'imputation des moins-values à long terme, il faut entendre l'expression « **exercice** » au sens général de période d'imposition retenue pour l'assiette de l'impôt (BOI-BIC-PVMV-20-40-20 n° 30). Ainsi, la circonstance qu'une entreprise allonge la durée de ses exercices ne saurait avoir pour effet de prolonger la période d'imputation des moins-values nettes à long terme.

En cas de **cession ou de cessation** d'entreprise, la moins-value nette à long terme constatée à cette occasion et celles restant encore reportables peuvent être déduites des bénéfices de l'exercice pour une fraction de leur montant, déterminée d'après le rapport existant entre le taux d'imposition des plus-values à long terme applicable lors de l'exercice de réalisation de la moins-value et le taux de l'impôt sur les sociétés en vigueur lors de la cession ou cessation d'entreprise (CGI art. 39 quindecies). Ces moins-values ne peuvent être imputées que dans la limite du bénéfice imposable de l'exercice de cession ou de cessation, sans pouvoir générer un déficit (BOI-BIC-PVMV-20-40-20 n° 74). **52833**

b. Exonération des petites entreprises

La plus-value réalisée à l'occasion de la cession de titres relevant du régime des plus-values professionnelles peut être exonérée, totalement ou partiellement, sous deux conditions tenant au montant des recettes de l'entreprise et à la durée de l'activité (CGI art. 151 septies). **52860**
L'exonération est réservée aux plus-values réalisées dans le cadre d'une activité exercée à titre professionnel, ce qui implique la participation personnelle, directe, et continue du contribuable à l'accomplissement des actes nécessaires à l'activité.

L'exonération s'applique à l'ensemble des entreprises relevant de l'impôt sur le revenu, qu'il s'agisse de personnes physiques ou de sociétés de personnes. Dans ce dernier cas, elle concerne les cessions réalisées par la société ou les cessions de parts consenties par leurs membres. **52861**
Toutefois pour les **sociétés de personnes issues de la transformation d'une société passible de l'impôt sur les sociétés,** l'exonération ne couvre pas les plus-values acquises à la date de la transformation et dont l'imposition a été différée (CGI art. 221 bis).
De même, en ce qui concerne les **SARL de famille ayant opté pour le régime des sociétés de personnes,** la fraction de la plus-value acquise avant la date de l'option ne peut pas bénéficier de l'exonération (BOI-IS-CHAMP-20-20-10 n° 300).
Par ailleurs, lorsque la société de personnes comprend parmi ses **membres** une **société passible de l'impôt sur les sociétés,** la quote-part des plus-values revenant à cette société ne peut pas bénéficier de l'exonération.

MONTANT DES RECETTES

L'**exonération** est **totale** lorsque les recettes hors taxe de l'entreprise n'excèdent pas : **52870**
– 250 000 € si l'objet principal de l'entreprise est de vendre des marchandises, objets, fournitures et denrées à consommer sur place ou de fournir le logement, à l'exception des locations meublées ;
– et 90 000 € pour les autres entreprises (prestataires de services, loueurs en meublé).
L'**exonération** est **partielle** lorsque le montant hors taxe des recettes excède ces montants sans dépasser respectivement 350 000 € et 126 000 €.

Le respect des plafonds d'exonération est apprécié en retenant la **moyenne des recettes** réalisées au titre des exercices clos au cours des deux années civiles qui précèdent la date de clôture de l'exercice de réalisation de la plus-value, ramenés le cas échéant à douze mois. **52871**

EXEMPLE

En cas de cession de titres en avril 2022 au cours d'un exercice ouvert le 1er juillet 2021 et clos le 30 juin 2022, le plafond d'exonération est apprécié en retenant la moyenne des recettes réalisées au cours des exercices arrêtés en 2020 et 2021.
Si l'exercice 2020 n'a duré que 4 mois, les recettes de cet exercice seront multipliées par 3.

Les recettes à prendre en compte s'entendent des **créances acquises** (avant déduction des escomptes de règlement) ou des recettes encaissées pour les titulaires de bénéfices non commerciaux qui n'ont pas opté pour le rattachement des recettes en fonction du montant des créances acquises. **52872**
Il est fait abstraction des **recettes exceptionnelles,** telles que celles issues des cessions massives, totales ou partielles, de stocks en fin d'exploitation (CE 20-10-2000 n° 181229 : RJF 1/01 n° 6), de la cession d'éléments de l'actif ou de la perception de subventions d'équipement.

Lorsque le contribuable exploite personnellement **plusieurs entreprises** relevant du même revenu catégoriel, il doit comparer aux seuils légaux d'exonération le montant total des recettes réalisées dans l'ensemble de ses entreprises. Mais une telle globalisation n'a pas lieu d'être effectuée si des **52873**

entreprises distinctes sont exploitées par des membres du foyer fiscal, y compris lorsque les activités relèvent de la même catégorie d'imposition (BOI-BIC-PVMV-40-10-10-20 n° 600).
Lorsque l'exploitant est également **membre d'une société de personnes,** l'appréciation des limites d'exonération est effectuée en totalisant ses recettes individuelles et sa quote-part dans les recettes de la société de personnes.
Pour le cas des **activités mixtes,** voir n° 52963.

DURÉE DE L'ACTIVITÉ

52900 L'exonération de la plus-value est subordonnée à la condition que l'activité ait été exercée pendant au moins cinq ans. Ce délai est décompté à compter du début de l'activité, c'est-à-dire de la date de création ou d'acquisition de l'entreprise, jusqu'à la date de clôture de l'exercice au titre duquel la plus-value est déterminée. Autrement dit, la condition de durée d'activité est regardée comme satisfaite si le délai de cinq ans est atteint à cette date.

52935 Lorsqu'une **activité** est exercée successivement **au sein d'une société de personnes puis à titre individuel,** le point de départ du délai de cinq ans est fixé au début de l'activité au sein de la société (CE 17-5-1995 n° 136878 : RJF 7/95 n° 819 ; BOI-BIC-PVMV-40-10-10-20 n° 80).
Lorsque la **même activité** est exercée à titre individuel **au sein de plusieurs fonds** ou établissements, de manière successive ou conjointe, les délais d'exploitation sont cumulés pour l'appréciation du délai de cinq ans (BOI-BIC-PVMV-40-10-10-20 n° 60). En revanche, lorsque le contribuable exerce plusieurs **activités** professionnelles **différentes** au sein de **plusieurs fonds** ou établissements distincts, l'administration estime que la durée d'activité s'apprécie séparément au sein de chaque fonds pris isolément (BOI-BIC-PVMV-40-10-10-20 n° 70). Les activités distinctes mais exercées au sein du **même fonds** ou établissement qui relèvent de la même catégorie d'imposition sont réputées constituer une seule et même activité pour le décompte de ce délai (BOI-BIC-PVMV-40-10-10-20 n° 70).

PORTÉE DE L'EXONÉRATION

52960 Les plus-values exonérées s'entendent des plus-values nettes déterminées après compensation avec les moins-values de même nature (CGI art. 151 septies, VI).
Une compensation doit donc être opérée entre les plus et moins-values à court terme, d'une part, et entre les plus et moins-values à long terme, d'autre part.

52961 **Montant exonéré** Lorsque le seuil d'**exonération totale** (250 000 € ou 90 000 € selon la nature de l'activité) est respecté, les plus-values nettes sont totalement exonérées.
Lorsque les recettes sont comprises dans la fourchette d'**exonération partielle** (250 000 / 350 000 € ou 90 000/126 000 € selon le cas), les plus-values sont exonérées pour une fraction de leur montant et imposées selon le régime des plus-values professionnelles à court ou à long terme pour le solde. Il s'agit d'une exonération partielle dégressive : la fraction de la plus-value imposée dans les conditions de droit commun est d'autant plus élevée que les recettes sont proches de 350 000 € ou de 126 000 €. La **fraction exonérée** est obtenue en appliquant au montant de la plus-value réalisée un taux égal au rapport suivant :
– (350 000 € – montant des recettes) / 100 000 €, dans les entreprises industrielles et commerciales de vente ou fourniture de logement et les exploitations agricoles dont les recettes sont comprises entre 250 000 € et 350 000 € ;
– (126 000 € – montant des recettes) / 36 000 €, chez les prestataires de services dont les recettes sont comprises entre 90 000 € et 126 000 €.

EXEMPLE

Soit une entreprise exerçant une activité d'achat-revente dont l'exercice coïncide avec l'année civile qui réalise une plus-value d'un montant de 15 000 € en 2022. La moyenne des recettes des exercices 2020-2021 s'élève à 310 000 €.
Le montant de la plus-value exonérée s'élève à : 15 000 € × (350 000 € – 310 000 €/ 100 000 €) = 6 000 €.

52963 **Cas particulier des activités mixtes** Lorsque l'entreprise exerce à la fois une activité de vente (ou assimilée) et de prestations de services, l'exonération totale n'est applicable que si le montant global des recettes n'excède pas 250 000 € et si le montant des recettes afférentes aux prestations de services ne dépasse pas 90 000 €.
Lorsque les recettes sont comprises dans les fourchettes prévues pour l'exonération partielle, il convient de déterminer la fraction de plus-value qui serait exonérée si l'entreprise n'exerçait qu'une activité d'achat-revente (d'après le CA global) et celle qui serait exonérée si l'entreprise n'exerçait qu'une activité de prestataire de services (d'après le CA prestations de services). La fraction la plus faible est retenue pour déterminer la part de plus-value effectivement exonérée.

EXEMPLE

Une entreprise réalise en 2022 une plus-value de 15 000 €. La moyenne de son chiffre d'affaires global réalisé au cours des exercices 2020 et 2021 est de 340 000 € dont 225 000 € proviennent de l'activité de vente et 115 000 € de celle de prestations de services.
La prise en compte de l'intégralité des recettes fait ressortir une fraction de plus-value exonérée égale à : (350 000 € – 340 000 €) / 100 000 € = 10 %.
Si l'on s'en tient aux recettes provenant des prestations de services, la part exonérée est de : (126 000 € – 115 000 €) / 36 000 € = 31 %.
Il convient de retenir le plus faible des deux pourcentages ainsi calculés, soit 10 %. Le montant de la plus-value exonérée est égal à 15 000 € × 10 % = 1 500 €.

Sort des moins-values nettes Lorsque la compensation fait apparaître une moins-value nette, celle-ci est déductible du résultat imposable dans les conditions de droit commun s'il s'agit d'une moins-value à **court terme.** S'il s'agit d'une moins-value à **long terme,** elle est imputable sur les plus-values à long terme réalisées au cours des dix exercices suivants. 52965

> **Précisions** Les moins-values nettes à long terme subies au titre de l'exercice de **cession ou cessation de l'entreprise** peuvent être déduites du résultat de cet exercice pour une fraction de leur montant, déterminée d'après le rapport existant entre le taux d'imposition des plus-values à long terme applicable lors de la réalisation de la moins-value et le taux de l'impôt sur les sociétés en vigueur lors de l'exercice de cession ou cessation de l'entreprise.

B. Titres soumis au régime des plus-values privées

Les plus et moins-values de cession de **titres** inscrits à l'actif d'une exploitation individuelle mais qui ne sont **pas utilisés pour l'exercice de l'activité** professionnelle ne relèvent pas du régime des plus-values professionnelles mais du régime des plus-values privées exposé nos 50010 s. (CGI art. 155, II et III). 52970
Sont concernés tous les titres qui n'entrent pas dans la définition des titres utilisés à titre professionnel, donnée no 52736.
Lorsque les titres ont **successivement** fait l'objet d'une **affectation professionnelle et privée** au cours de leur période d'inscription à l'actif, la plus ou moins-value de cession doit être ventilée entre :
– une fraction afférente à la période pendant laquelle les titres ont concouru à l'exercice de l'activité, soumise au régime des plus-values professionnelles ;
– et une fraction relative à la période pendant laquelle les titres n'ont pas été utilisés pour l'exercice de l'activité, qui relève des règles d'imposition des plus-values privées.
La fraction de la **plus-value professionnelle** est déterminée par différence entre un **prix de cession ajusté** et la valeur comptable de l'élément d'actif cédé. Le prix de cession à prendre en compte s'entend de la somme :
– du prix de cession réel multiplié par le rapport existant entre la durée d'utilisation professionnelle et la durée d'inscription du bien à l'actif ;
– et de la valeur d'origine du bien multipliée par le rapport existant entre la durée d'utilisation non professionnelle et la durée d'inscription du bien à l'actif.
La fraction de la **plus-value privée** est égale au prix de cession réel de l'actif diminué du prix de cession retenu pour la détermination de la plus-value professionnelle.

C. Titres migrants

L'hypothèse examinée ici est celle de **titres qui ont successivement figuré dans le patrimoine privé et dans le patrimoine professionnel** du contribuable avant d'être cédés. 52980
Outre la mise en **location d'actions ou de parts sociales** dans les conditions prévues aux articles L 239-1 s. du Code de commerce qui entraîne automatiquement le transfert des titres du patrimoine privé au patrimoine professionnel, d'autres événements peuvent avoir pour effet de transférer, dans le patrimoine professionnel d'un exploitant individuel ou d'un associé de société de personnes, des titres ou droits figurant dans son patrimoine privé, et inversement.
Il en est ainsi notamment :
– en cas d'**inscription des titres** ou droits utilisés pour l'exercice de l'activité professionnelle à l'**actif d'une entreprise individuelle** ;

– lorsque l'**associé d'une société de personnes,** initialement apporteur de capitaux, vient à exercer son **activité professionnelle dans la société** ;
– en cas de **modification de la situation fiscale d'une société de personnes** entraînant le passage d'une imposition à l'impôt sur le revenu au nom des associés à un assujettissement à l'impôt sur les sociétés, lorsque les associés exercent leur activité professionnelle au sein de la société. Lorsque les associés de la société sont de simples apporteurs de capitaux, le changement de régime fiscal de la société n'a aucune incidence : les droits ou parts figurent en tout état de cause dans leur patrimoine privé.

CESSION DE TITRES UTILISÉS À TITRE PROFESSIONNEL AYANT AUPARAVANT FAIT PARTIE DU PATRIMOINE PRIVÉ

52981 En application de l'article 151 sexies du CGI, il convient de déterminer dans ce cas deux plus-values distinctes soumises à des régimes fiscaux différents :
– une **plus-value professionnelle** qui correspond à la plus-value acquise depuis la date d'entrée dans le patrimoine professionnel jusqu'au jour de la cession. Cette plus-value est taxée suivant les règles exposées n°s 52730 s. ;
– une **plus-value « privée »** qui correspond à la plus-value acquise par les titres au cours de la période durant laquelle ils ont figuré dans le patrimoine privé. Cette plus-value est taxée suivant le régime fixé aux articles 150-0 A à 150-0 E du CGI, exposé aux n°s 50600 s.

52982 Conformément à l'article 74-0 E ter, I de l'annexe II au CGI, le **gain net acquis** au cours de la période pendant laquelle les titres ou droits ont figuré dans le **patrimoine privé** est déterminé par différence entre :
– la valeur réelle des titres ou droits au jour de leur entrée dans le patrimoine professionnel ;
– et le prix d'acquisition des titres ou droits ou, en cas d'acquisition à titre gratuit, la valeur retenue pour la détermination des droits de mutation.
La **valeur réelle** des titres ou droits au jour de leur entrée **dans le patrimoine professionnel** est égale à :
– leur valeur d'inscription à l'actif d'une entreprise ;
– ou leur valeur à la date à laquelle ils sont considérés comme des éléments de l'actif professionnel en application de l'article 151 nonies, I du CGI (cas de l'associé d'une société de personnes, initialement apporteur de capitaux, qui vient à exercer son activité professionnelle dans la société, ou changement de régime fiscal de la société, qui passe d'une imposition à l'impôt sur les sociétés à une imposition à l'impôt sur le revenu avec un associé professionnel).
Pour l'application des **abattements pour durée de détention,** seule la durée de détention dans le patrimoine privé est prise en compte.
La **moins-value** éventuellement subie alors que les titres figuraient dans le patrimoine privé est imputable sur les plus-values de même nature dans les conditions habituelles.

CESSION DE TITRES DU PATRIMOINE PRIVÉ AYANT AUPARAVANT FAIT PARTIE DU PATRIMOINE PROFESSIONNEL

52990 Dans ce cas, la plus ou moins-value afférente à la période pendant laquelle les titres ont figuré dans le **patrimoine professionnel** a dû être imposée lors du **retrait** des titres du patrimoine professionnel.

52991 Au moment de la **cession** du bien, la plus-value privée est donc seule imposable.
Son montant résulte de la différence entre :
– le prix effectif de cession ;
– et la valeur réelle des titres ou droits au jour de leur retrait du patrimoine professionnel.
La **valeur réelle** des titres ou droits au jour de leur retrait du patrimoine professionnel est égale à :
– leur valeur lors du retrait de l'actif de l'entreprise ;
– ou leur valeur à la date à laquelle ils ont cessé d'être considérés comme des éléments de l'actif professionnel en application de l'article 151 nonies du CGI (CGI ann. II art. 74-0 E ter, II).
L'**abattement pour durée de détention** est en principe calculé à partir de la date du retrait d'actif.

52992 Dans le cas où les titres ont **successivement** fait partie du **patrimoine privé** du contribuable, été inscrits à l'**actif** et utilisés à titre professionnel puis ont été repris dans le **patrimoine privé,** il convient de faire la somme des gains nets relatifs aux deux périodes de détention dans le patrimoine privé, selon les règles précitées. Ces deux périodes sont également à considérer ensemble pour le calcul des abattements pour durée de détention.

II. SOCIÉTÉS DE PERSONNES

Le régime des plus-values de cession de titres réalisées par les sociétés de personnes exerçant une activité professionnelle varie selon la qualité de leurs associés : 53000
– lorsque les **associés** sont des personnes physiques ou des entreprises **relevant de l'impôt sur le revenu,** les plus-values sont déterminées et imposées selon les règles prévues pour les entreprises individuelles, exposées n°s 52730 s. ; les titres inscrits à l'actif de la société relèvent donc du régime des plus-values professionnelles ou des plus-values privées selon qu'ils sont ou non utilisés pour les besoins de l'activité professionnelle. Les plus-values peuvent, le cas échéant, bénéficier du régime d'exonération des petites entreprises lorsque les conditions d'application de ce dispositif, appréciées au niveau de la société, sont remplies (voir n°s 52860 s.) : la société doit notamment exercer son activité depuis au moins cinq ans et le montant de ses recettes ne doit pas excéder les limites d'exonération. Toutefois, lorsque l'exercice de l'activité au sein de la société a été précédé d'un exercice à titre individuel, le respect du délai de cinq ans est apprécié en cumulant les durées d'exploitation (CE 13-1-2010 n° 301985 : RJF 4/10 n° 350) ;
– lorsque les associés sont des personnes morales assujetties à l'**impôt sur les sociétés,** ce sont les règles prévues pour les entreprises soumises à cet impôt, exposées n°s 52020 s., qui s'appliquent (voir plus spécialement n° 52583 pour le cas où les titres cédés sont des titres de participation relevant du régime de taxation réduite à l'imposition d'une quote-part de frais et charges).
Une société qui comprend à la fois des associés soumis à l'IS et des associés relevant de l'IR doit donc procéder à une double détermination de ses plus et moins-values en faisant application des règles propres à chaque catégorie d'associés. La compensation entre les plus et moins-values est effectuée de manière distincte pour chaque catégorie.
Une fois déterminées et déclarées au niveau de la société, les plus-values sont imposées au nom personnel des associés, à hauteur de la quote-part correspondant à leurs droits, soit à l'impôt sur le revenu s'ils relèvent de cet impôt, soit à l'impôt sur les sociétés s'ils sont passibles de cet impôt.

SECTION 3

CONTRIBUABLES EXERÇANT LEUR ACTIVITÉ DANS UNE SOCIÉTÉ DE PERSONNES

L'hypothèse envisagée est celle d'un contribuable exerçant son activité professionnelle dans le cadre d'une société dont les bénéfices sont, en application de l'article 8 du CGI, soumis en son nom à l'impôt sur le revenu dans la catégorie des bénéfices industriels ou commerciaux (SNC, SARL de famille, EURL). En vertu de l'article 151 nonies, I du CGI, les parts détenues par l'intéressé dans la société sont considérées comme des éléments d'actif affectés à l'exercice de la profession. Cette assimilation a pour conséquence la taxation des plus-values de cession de parts suivant le régime des plus-values professionnelles. 53050
Avant d'examiner les règles applicables dans ce cas, on rappelle que :
– les parts détenues dans une telle société par une **personne physique qui ne participe pas à l'activité** font partie du patrimoine privé ; par suite, les plus-values ou moins-values de cession relèvent du régime des plus-values ou moins-values privées examiné n°s 50010 s. ;
– les **parts inscrites à l'actif d'une entreprise soumise à l'IS** suivent le régime des plus ou moins-values professionnelles exposé n°s 52020 s. ;
– et celles figurant à l'actif d'une **entreprise relevant de l'impôt sur le revenu** peuvent être soumises soit au régime des plus-values et moins-values professionnelles, soit au régime des plus-values ou moins-values privées selon qu'elles sont utilisées ou non pour l'exercice de l'activité professionnelle : voir n°s 52730 s.

A. Définition des associés concernés

Les associés qui exercent leur activité professionnelle au sein d'une société de personnes au sens de l'article 151 nonies du CGI sont ceux qui participent directement, régulièrement et 53060 personnellement à l'exploitation. Cette qualification repose sur l'appréciation pragmatique des conditions d'exercice de l'activité au sein de la société.

53061 Dans la situation courante d'un **associé** qui détient une participation importante au sein d'une société dont il est en outre l'unique **gérant,** le caractère professionnel de l'activité peut être regardé comme acquis dès lors que l'intéressé détient le pouvoir d'engager et de représenter la société. Tel est par exemple le cas du gérant statutaire et principal associé d'une société de personnes dont il détient 80 % des parts, même s'il ne s'implique pas au quotidien dans la gestion et laisse l'essentiel de la conduite de l'exploitation à des collaborateurs salariés (CE 8-3-2002 n° 225151 : RJF 6/02 n° 668).
Dans la ligne de cette jurisprudence, le Conseil d'État a également jugé que :
– l'unique gérant statutaire d'une société de personnes y exerce une activité professionnelle, même si des **prestations de gestion** au profit de la société ont été **confiées à une autre société** (CE 25-10-2004 n° 243846 : RJF 1/05 n° 46) ;
– un **mandat de gestion** donné, par contrat, à un **tiers,** ne peut suffire à remettre en cause le caractère professionnel de l'activité déployée par l'associé-gérant d'une **EURL** dans sa société (CE 28-12-2012 n° 340135 : RJF 3/13 n° 319).

53062 Dans les **autres situations,** et notamment en cas de pluralité de gérants ou d'associés non gérants participant d'une façon ou d'une autre à l'exploitation, la qualification professionnelle de l'activité nécessite, selon la doctrine administrative, de vérifier que la participation revêt un caractère personnel, direct et continu. L'administration estime que « le respect de cette condition suppose que l'associé accomplisse des actes précis et des diligences réelles caractérisant l'exercice d'une profession », dont la nature dépend de la taille de l'exploitation, du secteur d'activité et des usages : présence sur le lieu de travail, réception et démarchage de la clientèle, établissement des factures, participation directe à la conception et à l'élaboration des produits, contacts avec les fournisseurs ou les banques, déplacements professionnels, participation aux décisions engageant l'exploitation. Ces tâches peuvent faire l'objet d'une répartition entre les associés : il n'est donc pas nécessaire que chacun d'eux les accomplisse dans leur ensemble (BOI-BIC-RICI-10-10-30-20 n° 110).
Bien que non-gérant, doit ainsi être considéré comme exerçant une activité professionnelle l'associé d'une société de personnes qui y accomplit régulièrement, à hauteur de dix-huit heures par semaine, des tâches consistant notamment en l'accueil téléphonique de la clientèle, l'accueil des clients, la réception des commandes, la préparation des livraisons et le suivi des règlement (CE 8-6-2016 n° 387826 : RJF 10/16 n° 801).

53063 Le juge de l'impôt a eu à connaître du cas particulier où, en l'**absence de désignation** d'un ou plusieurs **gérants** par les statuts, tous les associés d'une société en nom collectif ou d'une société en participation doivent juridiquement être regardés comme gérants (Mémento sociétés commerciales F. Lefebvre n° 22001 et n° 94410). Il a estimé que, dans une telle hypothèse, tous les associés sont présumés exercer une activité professionnelle au sein de la société (CE 9-7-2003 n° 230116 : RJF 11/03 n° 1255 ; CAA Nantes 15-10-2003 n° 00-339 : RJF 2/04 n° 154, devenu définitif suite à CE (na) 8-11-2004 n° 262345 : RJF 2/05 n° 151). Mais cette présomption n'est pas irréfragable et peut être écartée si l'associé n'exerce pas effectivement d'activité dans la société dans les conditions exposées ci-dessus. Tel est le cas lorsque la gérance de la société a été confiée à une SARL (CE 11-4-2008 n° 289798 : RJF 7/08 n° 836) et que le contribuable ne justifie pas d'un apport en industrie (CE 27-2-2019 n° 408456 : RJF 5/19 n° 444).

B. Calcul et taxation des plus-values

53100 Lorsque les droits sociaux ont le caractère d'un actif professionnel personnel, les plus-values de cession sont imposables selon le régime des plus-values professionnelles à court terme et à long terme, sauf cas d'exonération (n°s 53170 s.).

DÉTERMINATION DE LA PLUS OU MOINS-VALUE

53110 La plus ou moins-value de cession des parts sociales est normalement égale à la différence entre leur prix de cession et leur prix de revient.
Pour assurer la neutralité fiscale de l'opération, le Conseil d'État a toutefois introduit un mécanisme de **correction du prix de revient** des parts (CE 16-2-2000 n° 133296 : RJF 3/00 n° 334). De façon prétorienne, la Haute Assemblée a en effet fixé des règles de détermination du prix de revient fiscal des parts afin d'éviter l'apparition d'une double imposition dans le cas où la société n'a pas réparti ses résultats et a conservé en réserves tout ou partie de ses bénéfices, ce qui a pour conséquence d'augmenter le prix de cession. Sa jurisprudence fait également obstacle à une double déduction

lorsque la société a subi des pertes, le prix de cession de la participation se trouvant diminué en considération desdites pertes alors que celles-ci sont déjà venues en déduction des revenus imposables de l'associé cédant. Concrètement, le prix de revient doit successivement être :
– majoré de la quote-part des bénéfices (y compris les plus-values) ayant été précédemment ajoutée aux résultats imposés de l'associé, ainsi que des pertes antérieures qui ont été comblées. Selon le tribunal administratif de Cergy-Pontoise, lorsque l'associé est une personne physique qui exerce son activité professionnelle au sein de la société, la quote-part de bénéfices à ajouter au prix de revient des parts doit s'entendre comme le montant de la quote-part des résultats de la société lui revenant, avant déduction des charges personnelles qu'il a directement engagées (TA Cergy-Pontoise 16-1-2020 n° 1702826 : RJF 2/21 n° 108). Le prix d'acquisition des parts doit également être majoré de la quote-part des bénéfices de la société ou du groupement revenant à l'associé, qui n'ont pas fait l'objet d'une imposition effective en application d'une disposition par laquelle le législateur a entendu accorder un avantage fiscal définitif (CE 8-11-2017 n° 389990 : RJF 2/18 n° 173) ;
– et minoré des déficits que l'associé a déduits, à l'exclusion de ceux qui trouvent leur origine dans une disposition par laquelle le législateur a entendu conférer aux contribuables un avantage fiscal définitif, et des bénéfices qui ont été répartis.
Le mécanisme de correction ainsi mis en place par le Conseil d'État qui concerne également les plus-values réalisées par les entreprises associées de sociétés de personnes fait l'objet d'une étude détaillée, nos 52390 s., à laquelle on pourra se reporter.

Le **prix de cession** doit être majoré du montant du solde créditeur du **compte courant** du cédant qui lui est remboursé par l'acquéreur (CAA Bordeaux 11-2-2008 n° 05-2404 : RJF 6/08 n° 693). **53111**

MODALITÉS D'IMPOSITION DES PLUS-VALUES

Lorsque les exonérations prévues ne sont pas applicables, la plus-value est soumise au régime des **plus-values professionnelles** à court ou à long terme défini aux articles 39 duodecies et suivants du CGI. **53120**
Le montant de l'impôt dû dépend alors de la durée de détention des parts cédées. Celle-ci est normalement décomptée, jour pour jour, à partir de la date à laquelle les titres cédés ont été acquis, c'est-à-dire en principe dès l'accord des parties sur la chose et le prix, selon les règles du droit commun de la vente.
Si les parts cédées sont détenues depuis au moins deux ans à la date de cession, la plus-value réalisée est à **long terme** et bénéficie du taux réduit d'imposition égal à 12,8 % (CGI art. 39 quindecies), soit un taux effectif de 30 % compte tenu des prélèvements sociaux.
Lorsque les titres cédés ont été reçus en rémunération de l'apport antérieur d'une entreprise individuelle déficitaire, les déficits encore reportables constatés dans le cadre de l'activité individuelle ne peuvent pas être compensés avec la plus-value à long terme réalisée lors de la cession ultérieure des titres. Il en va ainsi même si l'ancien exploitant individuel a poursuivi la même activité au sein de la société (CE 3-6-2013 n° 356868 : RJF 8-9/13 n° 806).
Si les parts ont été détenues pendant moins de deux ans, la plus-value est soumise au régime des plus-values à **court terme** et taxable au barème progressif de l'impôt sur le revenu, avec toutefois une possibilité d'étalement de l'imposition sur trois ans lorsque l'associé ne cède qu'une partie de ses parts et continue à exercer une activité au sein de la société. En revanche, aucune répartition n'est possible en **fin d'activité.** Dans cette hypothèse, la plus-value est immédiatement imposable mais l'associé peut bénéficier du **système du quotient** prévu à l'article 163-0 A du CGI (BOI-BIC-PVMV-20-30-10 n° 490).

Année d'imposition En cas de **cession totale** des titres, la plus-value est imposée au titre de l'année civile au cours de laquelle intervient la cession, c'est-à-dire le transfert de propriété entre les parties. Le Conseil d'État considère qu'il en est de même en cas de **cession partielle** des titres, y compris si le cédant poursuit son activité au sein de la société (CE 4-2-2013 nos 347394 et 347426 : RJF 4/13 n° 383). **53125**
L'administration estime au contraire que dans un tel cas l'imposition est établie au titre de l'année en cours à la clôture de l'**exercice** lorsque celui-ci **ne coïncide pas avec l'année civile** (BOI-BIC-PVMV-40-30-20 n° 80).

EXEMPLE

L'exercice de la société ouvert le 1er juillet 2021 est clos le 30 juin 2022. Un associé cède des parts en septembre 2021. La plus-value réalisée doit, selon le Conseil d'État, toujours être imposée au titre de l'année 2021, qu'il s'agisse d'une cession totale ou partielle des titres.
S'il s'agit d'une cession partielle, l'administration considère au contraire que l'imposition doit être opérée au titre de 2022.

IMPUTATION DES MOINS-VALUES

53130 Les modalités d'imputation diffèrent à la fois selon la durée de détention des parts et selon que la cession porte sur la totalité ou sur une partie seulement de la participation de l'associé cédant.

53131 Lorsque les droits cédés sont détenus depuis moins de deux ans à la date de la cession, la **moins-value** est à **court terme.**

Si **l'associé cède la totalité de ses parts** et cesse d'exercer son activité au sein de la société, cette moins-value constitue un déficit commercial directement imputable sur le revenu global dans les conditions de droit commun.

En cas de **cession partielle** des parts, l'associé qui reste membre de la société peut imputer la moins-value sur la quote-part du bénéfice qui lui revient au titre de l'exercice de cession. En l'absence de bénéfices ou si ces derniers ne sont pas suffisants pour permettre l'imputation, la fraction non imputée de la moins-value prend le caractère de déficit imputable sur les autres revenus de l'associé.

53132 Lorsque les droits cédés ont été détenus pendant au moins deux ans, la moins-value suit le régime des **moins-values à long terme** et ne peut donc être imputée, en principe, que sur des plus-values professionnelles à long terme de même nature réalisées au cours de l'exercice en cause ou des dix exercices suivants, ce qui limite considérablement et même parfois supprime totalement les possibilités d'imputation de la moins-value.

L'**associé** qui ne cède qu'une partie de ses parts et **reste membre de la société** peut éventuellement déduire la moins-value :

– de la quote-part de plus-value lui revenant si la société réalise des plus-values à long terme au cours de l'exercice ou dans les dix ans qui suivent ;

– ou de la plus-value enregistrée lors de la cession des parts restées en sa possession à condition qu'elle intervienne aussi dans un délai de dix ans (et que, bien sûr, la situation de la société s'améliore entre-temps).

En cas de **cessation d'activité de la société de personnes** générant une plus-value à long terme, alors que le transfert des parts des associés dans leur patrimoine privé aboutit à la constatation d'une moins-value à long terme, l'administration accepte la compensation entre cette **moins-value** à long terme et la **plus-value** à long terme réalisée par la société (BOI-BIC-PVMV-40-30-20 n° 40). Elle renonce ainsi expressément à se prévaloir de la position contraire adoptée par la cour d'appel de Nantes (CAA Nantes 15-5-2001 n° 97-1721 : RJF 10/01 n° 1190).

53133 On signalera, enfin, une dernière possibilité d'imputation de la moins-value. Elle concerne l'hypothèse où les **parts** cédées ont été **reçues en rémunération de l'apport antérieur d'une entreprise** individuelle placé sous le régime de sursis d'imposition de l'article 151 octies du CGI. Dans ce cas, la cession met fin au sursis d'imposition de la plus-value à long terme constatée lors de l'apport et l'administration autorise l'associé cédant à imputer la moins-value de cession des titres sur cette plus-value. S'il subsiste un excédent de moins value et si la cession porte sur la totalité des titres détenus, une fraction de cet excédent peut être imputée sur la quote-part de résultat de l'exercice de cession qui revient à l'associé déterminée d'après le rapport existant entre le taux réduit des plus-values à long terme et le taux de l'impôt sur les sociétés en vigueur à la date de la cession (BOI-BIC-PVMV-40-20-30-20 n° 90).

C. Exonérations

53170 Trois régimes d'exonération peuvent s'appliquer.

Les plus-values de cessions de parts bénéficient de l'exonération totale ou partielle prévue à l'article 151 septies du CGI en faveur des petits exploitants lorsque la quote-part des recettes sociales revenant à l'associé ne dépasse pas le plafond légal et que l'associé détient ses droits depuis au moins cinq ans (n° 53180).

L'article 238 quindecies exonère, totalement ou partiellement, les plus-values réalisées à l'occasion de la cession de l'intégralité des droits ou parts détenus dans une société de personnes lorsque l'activité a été exercée pendant au moins cinq ans et que la valeur de ces droits ou parts n'excède pas 1 000 000 € (n° 53190).

Enfin, l'article 151 septies A du CGI exonère les plus-values de cession de l'intégralité des droits ou parts en cas de départ à la retraite lorsque l'activité dans la société a été exercée pendant au moins cinq ans et que la société est une PME répondant à des conditions de seuils et d'effectif (nos 53200 s.).

> **Précisions** Le régime d'exonération prévu à l'article 151 septies du CGI ne peut faire l'objet d'un **cumul** avec celui prévu à l'article 238 quindecies du CGI en cas de cession de l'intégralité des parts d'une société de personnes. Il peut en revanche se cumuler avec l'exonération prévue en cas de cession de l'intégralité des parts de la société lors du départ à la retraite. Le cumul des deux dispositifs ne présente bien entendu d'intérêt que dans la situation où la plus-value de cession des parts n'ouvre droit qu'à une exonération partielle au titre de l'article 151 septies du CGI. Dans ce cas, il est plus avantageux d'appliquer d'abord le régime de l'article 151 septies A qui ouvre droit à une exonération totale d'impôt sur le revenu de la plus-value de cession, puis les dispositions de l'article 151 septies du CGI qui permettent de bénéficier d'une exonération partielle des prélèvements sociaux dus sur la plus-value de cession, prélèvements non couverts par le régime d'exonération de l'article 151 septies A.
L'application du dispositif prévu à l'article 238 quindecies du CGI peut elle aussi être cumulée avec le régime d'exonération prévu en cas de cession de l'intégralité des parts de la société lors du départ à la retraite. Ainsi, dans le cas où l'associé cédant ne bénéficie que d'une exonération partielle en application de l'article 238 quindecies du CGI, la fraction de la plus-value non exonérée peut être exonérée d'impôt sur le revenu en vertu de l'article 151 septies A du CGI ; elle reste en revanche soumise aux prélèvements sociaux.

EXONÉRATION EN FONCTION DE LA QUOTE-PART DES RECETTES SOCIALES

Lorsque l'associé cède tout ou partie de ses droits ou parts détenus depuis au moins cinq ans, il peut bénéficier de l'exonération totale ou partielle prévue par l'article 151 septies du CGI (nos 52860 s.) en faveur des petits exploitants. **53180**

La condition de **détention des droits** pendant au moins **cinq ans** est satisfaite si ce délai est atteint à la date de clôture de l'exercice au cours duquel les parts sont cédées. Toutefois, dans le cas où les droits sociaux font l'objet d'une cession totale en une ou plusieurs fois au cours du même exercice, il convient de retenir la date de la dernière cession. Il en est de même en cas de cession partielle des titres si l'associé cesse d'exercer une activité professionnelle au sein de la société.

Selon le Conseil d'État, la durée d'activité est appréciée en totalisant les périodes d'activité à titre individuel et au sein de la société de personnes (CE 13-1-2010 n° 301985 : RJF 4/10 n° 350). L'administration n'accepte pour sa part un tel cumul que si l'activité a été apportée à la société dans les conditions prévues à l'article 151 octies du CGI (BOI-BIC-PVMV-40-10-10-20 n° 130).

> **Précisions** La période qui précède la date de création d'une société par un exploitant, pendant laquelle sa mère a exploité à titre individuel un fonds de commerce que ce dernier aurait certes développé seul alors qu'il était mineur, n'est pas prise en compte pour la computation du délai de cinq ans (CE 24-7-2019 n° 414352 : RJF 11/19 n° 1008)

L'**exonération** est **totale** lorsque la quote-part des recettes de la société revenant à l'associé (calculée à proportion de ses droits dans le bénéfice comptable : CE 14-11-2018 nos 407063 et 407065 : RJF 2/19 n° 150) n'excède pas : **53182**

– 250 000 € HT si l'activité sociale consiste à vendre des marchandises ou à fournir le logement (autre que le logement meublé) ;
– 90 000 € HT s'il s'agit de prestations de services.

L'**exonération** est **partielle** et dégressive lorsque la quote-part des recettes sociales excède ces montants sans dépasser respectivement 350 000 € et 126 000 €. La fraction imposable est déterminée dans ce cas selon le mode de calcul décrit nos 52870 s.

Les plus-values exonérées d'impôt sur le revenu sont également exonérées de **prélèvements sociaux.**

> **Précisions a.** En cas d'**activité mixte** (ventes et prestations de services), l'exonération est totale si le montant des recettes n'excède pas 250 000 € et si les recettes afférentes aux prestations de services ne dépassent pas 90 000 €. En cas de dépassement d'un de ces seuils, et si les recettes restent comprises dans les limites prévues pour l'application de l'exonération dégressive, la fraction imposable de la plus-value doit être déterminée comme indiqué n° 52963.
b. Lorsque l'**associé exerce également à titre individuel,** les limites d'exonération prévues à l'article 151 septies du CGI doivent être appréciées en prenant en compte le total formé par les recettes de son exploitation individuelle et sa quote-part des recettes de la société de personnes. La totalisation des recettes est effectuée par catégorie de revenus (CGI art. 151 septies, IV).

EXONÉRATION EN FONCTION DE LA VALEUR DES TITRES CÉDÉS

53190 Lorsque l'associé cède l'**intégralité de ses droits ou parts,** la plus-value est, totalement ou partiellement, exonérée si :

– l'activité est exercée depuis au moins cinq ans ;

– le cédant n'exerce pas, en droit ou en fait, la direction effective de l'entreprise cessionnaire ou ne détient pas, directement ou indirectement, des droits de vote ou des droits dans les bénéfices sociaux de cette entreprise.

L'**exonération** est **totale** lorsque la valeur vénale des droits ou parts transmis n'excède pas un seuil relevé de 300 000 € à 500 000 € au titre de l'année 2021 et des années suivantes (Loi 2021-1900 du 30-12-2021 art. 19).

Elle est **partielle** et dégressive lorsque cette valeur est supérieure, à compter de 2021, à 500 000 € et inférieure à 1 000 000 €.

Le montant de la plus-value exonérée partiellement est déterminé en lui appliquant le rapport suivant : (1 000 000 – valeur des titres transmis) / 500 000.

Pour l'appréciation des seuils d'exonération, il est tenu compte de la valeur de l'intégralité des droits ou parts transmis sur l'année ou l'exercice concerné et sur les transmissions qui ont pu avoir lieu au cours des cinq années précédentes.

Sont exclues de l'exonération les plus-values portant sur des droits ou parts détenus par un contribuable qui exerce son activité professionnelle dans le cadre d'une société relevant du régime des sociétés de personnes dont l'actif est principalement constitué de biens immobiliers bâtis ou non bâtis non affectés par la société à sa propre exploitation, ou de droits ou parts de sociétés dont l'actif est principalement constitué des mêmes droits ou parts.

> **Précisions** Lorsque l'**activité** a successivement été exercée à **titre individuel puis au sein de la société de personnes,** l'administration n'accepte le cumul des durées d'exploitation que si l'activité individuelle a été apportée à la société dans les conditions prévues à l'article 151 octies du CGI (BOI-BIC-PVMV-40-20-50 n° 220).

EXONÉRATION DANS LE CADRE D'UN DÉPART À LA RETRAITE

53200 L'article 151 septies A du CGI exonère les plus-values réalisées à l'occasion de la cession de l'intégralité des droits ou parts détenus par un contribuable qui exerce son activité professionnelle dans le cadre d'une société relevant du régime des sociétés de personnes, sous réserve que l'activité ait été exercée pendant au moins cinq ans.

La **société de personnes** doit répondre à des conditions de seuils et d'effectif : elle doit employer moins de 250 salariés et avoir réalisé un chiffre d'affaires annuel inférieur à 50 M€ ou avoir un total de bilan inférieur à 43 M€ ; son capital ou ses droits de vote ne doivent pas être détenus à hauteur de 25 % ou plus par une ou plusieurs entreprises ne remplissant pas les conditions d'effectif ou de chiffre d'affaires (ou de total de bilan) précitées.

L'application du dispositif est exclue lorsque le cédant peut être regardé comme exerçant un **contrôle sur l'entreprise cessionnaire.** Ainsi, il ne doit pas détenir plus de 50 % des droits de vote ou des droits sur les bénéfices sociaux au sein de l'entreprise cessionnaire. L'exonération est remise en cause si le cédant relève de cette situation dans les trois ans qui suivent l'opération.

Dans les **deux années suivant ou précédant la cession,** le cédant doit cesser toute **fonction** (fonction de direction et activité salariée) dans la société de personnes et faire valoir ses droits à la retraite. L'administration admet que le départ à la retraite et la cessation de fonctions interviennent indifféremment l'un avant la cession, l'autre après, sous réserve toutefois qu'il ne s'écoule pas plus de vingt-quatre mois entre chacun de ces événements et la cession, ce qui a pour effet de porter le délai maximal entre le départ à la retraite et la cessation de fonctions (ou inversement) à quarante-huit mois lorsque la cession est intervenue entre ces deux événements. Ce délai était auparavant fixé à vingt-quatre mois, mais a été allongé par la doctrine administrative publiée le 11 mai 2022 (BOI-BIC-PVMV-40-20-20-30 n° 20). Par exemple, si l'associé cesse son activité le 1er janvier 2023 et cède ses parts le 1er juin 2024, il doit partir à la retraite au plus tard le 31 mai 2026.

L'exonération ne s'applique pas aux cessions isolées de droits ou parts ou aux cessions partielles de portefeuille. Toutefois, dans l'hypothèse où les **cessions** seraient **échelonnées dans le temps,** qu'elles soient réalisées au profit d'un ou de plusieurs cessionnaires, plusieurs cessions peuvent cumulativement être prises en compte pour ouvrir droit à l'exonération et apprécier la **condition de cession de l'intégralité des parts** dans le délai de deux ans. L'administration admet ainsi la prise en compte de toutes les cessions intervenues dans un délai de vingt-quatre mois avant la dernière cession, sous réserve que la cessation des fonctions et le départ à la retraite interviennent dans les vingt-quatre mois avant ou après cette dernière cession. Si l'un de ces deux évènements est éloigné de plus de vingt-quatre mois de la dernière cession, aucune d'elles ne peut bénéficier de l'exonération (BOI-BIC-PVMV-40-20-20-20 n° 200).

> **Précisions a.** La **date** à laquelle le cédant **fait valoir ses droits à la retraite** s'entend de la date d'entrée en jouissance des droits qu'il a acquis dans les **régimes obligatoires de base** de l'assurance vieillesse auprès desquels il est affilié à raison de son activité professionnelle (BOI-BIC-PVMV-40-20-20-30 n° 100).
> **b.** Lorsque l'associé a d'abord exercé **à titre individuel,** l'administration refuse de tenir compte de la période d'exploitation individuelle pour l'appréciation du délai de cinq ans, sauf si l'activité individuelle a été apportée à la société dans les conditions prévues à l'article 151 octies du CGI (BOI-BIC-PVMV-40-20-20-10 n° 170).

Dans le cas particulier où l'associé de la société de personnes a **fait valoir ses droits à la retraite entre le 1er janvier 2019 et le 31 décembre 2021 préalablement à la cession** de ses droits ou parts dans la société, la loi a temporairement porté le délai de cession de deux à trois ans (Loi 2021-1900 du 30-12-2021 art. 19). L'associé bénéficie alors d'un délai de trois ans pour céder ses parts, ce délai étant décompté à partir du premier des deux évènements survenus entre le départ à la retraite et la cessation des fonctions. Il ressort de la doctrine administrative que lorsque la cessation des fonctions intervient après la cession, le délai entre le départ à la retraite et la cessation de fonctions peut aller jusqu'à six ans, à condition que la cession soit intervenue dans les trois ans suivant le départ à la retraite et que la cessation de fonction intervienne dans les trois ans suivant la cession (BOI-BIC-PVMV-40-20-20-30 n° 1). **53201**

L'exonération s'applique à la totalité des **plus-values,** à court ou à long terme, dégagées à l'occasion de la cession. En revanche, elle ne concerne pas les **prélèvements sociaux** : les plus-values restent donc soumises aux prélèvements en vigueur l'année de l'exonération, y compris lorsqu'elles ont été placées en report d'imposition avant l'institution de ces prélèvements (CE 12-10-2018 n° 401292 : RJF 1/19 n° 103). **53203**

Les plus-values portant sur des **parts de sociétés à prépondérance immobilière** sont exclues de l'exonération.

CHAPITRE 3

PARTAGE DES PLUS-VALUES DE CESSION AVEC LES SALARIÉS

PRÉSENTATION GÉNÉRALE

53500 Les associés d'une société peuvent partager avec les salariés une partie de la plus-value réalisée lors de la cession des titres de la société (C. com. art. L 23-11-1 s.). L'opération donne lieu à un contrat de partage entre les associés qui désirent s'engager et la société qui procédera à la répartition de la somme. Le dispositif bénéficie d'un régime fiscal attractif, tant pour les salariés que pour les associés cédants.

Selon les travaux parlementaires, il s'agit d'encourager une **bonne pratique** des actionnaires ou des fonds d'investissement qui souhaitent associer les salariés à la prise de valeur de leur entreprise dans lesquelles ils investissent en s'engageant **sur la base du volontariat** à reverser une fraction de la plus-value au terme de la période d'investissement (CR Sén. 1 du 6-2-2019 et Déb. Sén. 1 du 7-2-2019 relatifs à la loi 2019-486 du 22-5-2019).

Par exemple, le contrat de partage peut être conclu par l'acquéreur, lors de sa prise de participation dans le capital de la société de la société ou ultérieurement, afin de motiver et fidéliser les salariés durant la période où il conserve tout ou partie de cette participation.

OBJET ET CONDITIONS DU PARTAGE DE LA PLUS-VALUE

53510 Un ou plusieurs détenteurs de titres d'une société peuvent s'engager à partager avec l'ensemble des **salariés** de cette société une partie de la plus-value de cession ou de rachat de leurs titres au jour où la cession ou le rachat de tout ou partie de ces titres aura lieu (C. com. art. L 23-11-1, al. 1 et 2).

Lorsque la société concernée fait partie d'un **groupe,** l'engagement de partage concerne également les salariés des sociétés qui, directement ou indirectement, la contrôle ou qui sont contrôlées par elle au sens de l'article L 233-3 du Code de commerce (art. précité, dernier al).

L'engagement de partage ne peut porter que sur la plus-value de cession de titres d'une **société soumise à l'impôt sur les sociétés** exerçant une **activité** commerciale au sens des articles 34 ou 35 du CGI, industrielle, artisanale, libérale, agricole ou financière (à l'exclusion d'une activité de gestion de son propre patrimoine mobilier ou immobilier) (C. com. art. L 23-11-1, al. 4).

Le dispositif est soumis à la condition de l'existence préalable, dans chaque société concernée, d'un plan épargne entreprise (**PEE**) qui lui est propre ou, le cas échéant, d'un PEE commun aux sociétés du groupe. C'est sur ce plan d'épargne que devront être versées, après répartition entre les salariés, les sommes issues de la plus-value de cession (art. L 23-11-2, al. 2).

L'engagement de partage doit avoir une **durée** minimale de cinq ans.

Le **total des sommes versées aux salariés** au titre du partage ne peut excéder 10 % du montant de la plus-value déterminé dans les conditions de droit commun des plus-values de cession de valeurs mobilières et droits sociaux, ce montant incluant, le cas échéant, les compléments de prix afférents à la cession (art. L 23-11-2, 3°).

CONTRAT DE PARTAGE DE LA PLUS-VALUE

53520 L'engagement de partage prend la forme d'un contrat conclu **entre les détenteurs de titres et la société** aux termes duquel celle-ci s'engage à transférer aux salariés concernés le montant résultant de l'engagement de partage, déduction faite des charges fiscales et sociales liées au versement (C. com. art. L 23-11-2, al. 1). Le contrat doit définir les **conditions et modalités de la répartition** entre les salariés des sommes résultant de l'engagement de partage.

Il doit notamment préciser (art. L 23-11-2) :

– la période pour laquelle il est conclu (dans le respect de la durée minimale mentionnée au n° 53510) ;

– son champ d'application (sous réserve du respect des modalités mentionnées n° 53525) ;

– les modalités de calcul des sommes versées aux salariés, qui tiennent compte de l'évolution de la valeur des titres cédés entre le jour de leur acquisition et celui de leur cession (dans le respect du montant maximal mentionné n° 53510) ;

– les conditions d'information des salariés ;

– les procédures convenues pour régler les différends qui pourraient surgir dans l'application de l'accord ;
– la durée minimale entre la date de conclusion du contrat de partage et celle de la cession des titres, qui ne peut pas être inférieure à trois ans.
Lorsque l'engagement de partage est pris par **plusieurs détenteurs de titres,** ceux-ci peuvent être parties soit à un même contrat de partage, soit à des contrats de partage distincts.

ATTENTION

L'engagement de partage de plus-value ne crée pas de solidarité entre le **détenteur de titres signataire de l'engagement** et la société. Il ne crée pas non plus d'obligations pour les détenteurs de titres, directs ou indirects, qui ne sont **pas parties** à un tel engagement (C. com. art. L 23-11-1, al. 3).

SALARIÉS BÉNÉFICIAIRES DU CONTRAT DE PARTAGE DE LA PLUS-VALUE

Les versements au titre du contrat de partage de la plus-value de cession doivent bénéficier à **53525**
l'**ensemble des salariés** qui sont **présents** dans la société (et, le cas échéant, dans les sociétés la contrôlant ou contrôlées par elle ; n° 53510) pendant tout ou partie de la période comprise entre la date de la signature du contrat et la date de la cession des titres de la société concernée et qui sont **adhérents au PEE** au jour de la cession (C. com. art. L 23-11-3, al. 1). Les périodes de congé de maternité et de congé d'adoption ainsi que les périodes de suspension du contrat de travail consécutives à un accident du travail ou à une maladie professionnelle sont assimilées à des périodes de présence (art. précité, al. 2 à 4).
Le contrat doit prévoir une condition d'**ancienneté** dans la société pendant la période couverte par l'accord de partage, ancienneté qui doit être comprise entre trois mois et deux ans (C. com. art. L 23-11-3, dernier al. et, sur renvoi, C. trav. art. L 3342-1).

RÉPARTITION DES SOMMES PARTAGÉES

Après la cession, les sommes correspondant au partage de la plus-value sont **versées à la société** **53530**
par le ou les associés cédants, dans le délai d'un mois à compter de la cession ou, le cas échéant, de la perception d'un complément de prix afférent à la cession (C. com. art. L 23-11-4, al. 1). Ces sommes sont insaisissables et incessibles.
Le contrat de partage peut prévoir une **répartition** des sommes **uniforme,** ou **proportionnelle** à la durée de présence dans la société au cours de la période écoulée entre la signature du contrat et la cession des titres, ou proportionnelle aux salaires (C. com. art. L 23-11-3, al. 5). Une combinaison de ces différentes modalités de répartition peut être retenue (C. trav. art. D 3332-8-2).
Dans les 90 jours de la réception des sommes, la société les répartit entre les salariés concernés conformément au contrat de partage et les verse **sur leurs PEE** dans la limite d'un montant égal, par bénéficiaire et par an, à 30 % du **plafond** annuel de la sécurité sociale (soit 12 340,80 € en 2022 et, sous réserve de confirmation par arrêté du plafond annuel annoncé sur site du Bulletin officiel de la sécurité sociale le 10-10-2022, 13 197,60 € en 2023). La société prélève sur ce montant les sommes nécessaires à l'acquittement des charges fiscales et sociales induites. Le dépassement du délai de 90 jours conduit à l'application, à la charge de la société, d'une majoration sur les versements dus à chaque bénéficiaire au taux d'intérêt légal à compter de la date du dépassement (C. com. art. L 23-11-4, al. 3).
Le versement sur le PEE n'est pas conditionné à une **contribution du salarié** et n'est pas pris en compte pour apprécier le respect du plafond d'abondement au PEE par l'employeur (C. trav. art. L 3332-11, 2°). Selon l'administration, le principe de cet abondement unilatéral au PEE doit être prévu dans le règlement du plan ou dans le contrat de partage annexé au règlement (Inst. intermin. 2019-252 du 19-12-2019 n° 46 opposable).
Les **sommes excédant la limite** de 30 % du plafond annuel de la sécurité sociale ne peuvent pas être versées sur le PEE. Celles-ci sont versées directement au bénéficiaire.

RÉGIME FISCAL DU PARTAGE DE LA PLUS-VALUE

Salariés bénéficiaires du partage Les **versements sur le PEE** au titre du partage de la **53550**
plus-value de cession sont, dans la limite, par bénéficiaire, de 30 % du plafond annuel de la sécurité sociale, soumis au régime fiscal et social de l'abondement de l'employeur au PEE (C. trav. art. L 3332-11, 2°). Ainsi, ces sommes sont exonérées d'impôt sur le revenu à condition d'être maintenues, sauf exceptions autorisées, dans le plan d'épargne pendant au moins cinq ans.
En revanche, les **sommes excédant la limite** de 30 % sont versées directement au bénéficiaire et constituent un revenu d'activité au regard des contributions sociales (C. trav. art. L 3332-11, 2° ; CSS art. L 136-1-1), imposable à l'impôt sur le revenu selon les règles applicables aux traitements et salaires (C. trav. art. L 3332-11, 2° ; CGI art. 80 sexdecies).
La fraction de la plus-value versée en application de l'engagement de partage est prise en compte pour la détermination du **revenu fiscal de référence** du bénéficiaire (CGI art. 1417, IV-1°-c).

53560 **Associé cédant des titres** Pour chaque associé cédant qui s'est engagé dans le contrat de partage, la fraction de la plus-value versée en application de l'engagement de partage est exonérée d'**impôt sur le revenu** (CGI art. 150-0 A, III-7), mais elle est prise en compte pour la détermination de son **revenu fiscal de référence** (CGI art. 1417, IV-1°-d). Lorsque les titres cédés font partie des éléments de l'actif immobilisé d'une entreprise dont la cession relève, à ce titre, du régime des **plus-values professionnelles,** le montant de la plus-value professionnelle est minoré du montant résultant de l'engagement de partage (CGI art. 39 duodecies, 11). Par ailleurs, les versements réalisés par le cédant à la société sont exonérés de **droit de mutation à titre gratuit** (CGI art. 797 A).

TITRE VII

Clauses particulières

CHAPITRE 1

CESSION SOUS CONDITION SUSPENSIVE OU RÉSOLUTOIRE

SOMMAIRE

PRÉSENTATION DU MÉCANISME DE LA CESSION SOUS CONDITION

L'insertion de conditions dans l'acte de cession permet aux parties d'anticiper sur le futur et de signer, dès qu'elles l'entendent, un accord dont les effets juridiques apparaîtront ou disparaîtront en fonction de la survenance d'événements ultérieurs : l'obtention ou non d'un financement, le maintien ou la disparition d'une autorisation administrative ou d'un contrat particulier ou encore la modification de la société (augmentation de capital, transformation, fusion ou autres). 55000

Ainsi, en application des articles 1304, al. 1 et 1304-7, al. 1 du Code civil, issus de l'ordonnance 2016-131 du 10 février 2016 (ex-art. 1168), les parties peuvent valablement suspendre la réalisation de la cession à un événement futur et incertain (**condition suspensive**) ou, plus rarement en pratique, convenir que cette cession sera rétroactivement résolue en cas de survenance – ou de non-survenance, selon le libellé de la clause – d'un événement futur et incertain (**condition résolutoire**). Dans les deux cas, le contrat est d'ores et déjà formé mais sa réalisation ou son extinction sont reportées.

Dans les développements qui suivent, seuls les **effets des conditions** entre les parties seront traités. Nous n'envisageons donc pas les effets à l'égard de la société et des tiers. 55002

CONSEIL

Nous déconseillons vivement aux parties à une cession conclue sous condition suspensive d'accomplir les **formalités d'opposabilité** de la cession à la société et aux tiers avant le dénouement de la condition. En effet, à partir de l'accomplissement de ces formalités, l'acquéreur pourra être légitimement considéré comme ayant la qualité d'associé. En cas de non-réalisation de la condition, des problèmes de restitutions entre les parties se poseraient, par exemple pour les dividendes distribués par la société à l'acquéreur.

Parmi la jurisprudence citée, figurent des décisions relatives à la vente de fonds de commerce ou à la vente immobilière qui sont transposables aux cessions de parts sociales et d'actions.

DISTINCTION ENTRE CESSION À TERME ET CESSION SOUS CONDITION

La cession sous condition doit être distinguée de la cession à terme. Le terme et la condition ont en commun de faire dépendre l'obligation d'un événement futur mais la condition porte sur un événement incertain non seulement quant à sa date mais aussi quant à sa réalisation (Cass. 1e civ. 13-4-1999 n° 762 P : RJDA 7/99 n° 759 ; Cass. 1e civ. 13-7-2004 n° 1232 FS-PB : RJDA 11/04 n° 1186 ; dans le même sens, Cass. com. 19-1-2022 n° 20-14.010 F-B : RJDA 4/22 n° 199) alors que le terme est lié à un événement dont la réalisation est certaine, même si la date à laquelle l'événement doit se produire est incertaine. 55020

La distinction en pratique est parfois délicate. La recherche de la commune intention des parties doit permettre la qualification de l'événement. Cette recherche est effectuée par les juges du fond sous le contrôle de la Cour de cassation.

ILLUSTRATIONS

C'est par appréciation de l'intention des parties telle qu'elle résultait de leurs conventions, et donc hors de toute dénaturation, qu'un tribunal a jugé que la clause d'un acte de cession de la totalité des parts d'une société à responsabilité limitée subordonnant l'exécution du contrat à la **transformation** de la SARL en société anonyme s'analysait en une condition suspensive dès lors que la transformation, qui n'était pas encore réalisée, présentait le caractère d'un événement futur et incertain.

Cass. com. 9-2-1999 n° 387 P : RJDA 4/99 n° 377.

Ndlr : En l'espèce, l'administration fiscale estimait que la convention litigieuse constituait une cession parfaite des parts de la SARL, les parties étant d'accord sur la chose et sur le prix, et l'acquéreur ayant versé un acompte, ce qui revenait à considérer que la transformation de la SARL en SA constituait un événement futur et certain et donc un terme suspensif.

Une promesse unilatérale d'achat, par laquelle une société s'était engagée à acquérir 3 640 actions d'une autre société, avait été consentie le 1er février 1990 pour une période de 63 mois commençant à courir à compter du jour de la réalisation définitive (inscription au registre du commerce) soit de la **fusion-absorption** de la société dont les actions faisaient l'objet de la cession, soit d'une **augmentation en numéraire du capital** de cette société et, en tout état de cause, au plus tard le 31 décembre 1990. Il était prévu que le bénéficiaire de la promesse pourrait alors lever l'option entre le 85e jour précédant l'expiration de cette période et le dernier jour à 24 h. Le 5 décembre 1990, 500 actions avaient été cédées au prix stipulé dans la promesse. La fusion et l'augmentation de capital étaient intervenues le 15 novembre 1994. Le 26 mars 1996, le bénéficiaire de la promesse avait déclaré lever l'option et le promettant s'y était refusé en invoquant la caducité de la promesse.

La Cour de cassation a censuré la décision de la cour d'appel qui, pour condamner le promettant à payer le prix de la cession en exécution de la promesse, avait retenu que la réalisation de la fusion ou de l'augmentation de capital avant le 31 décembre avait pour seul objet de déterminer le point de départ du délai d'option à l'intérieur de la période comprise entre le 1er février 1990, date de signature de la promesse, et le 31 décembre 1990, date ultime d'ouverture du délai d'option de 63 mois, de sorte qu'elle n'avait pas été érigée par les parties comme une condition de la promesse d'achat des titres. En effet, ces événements étant incertains non seulement dans leur date mais aussi quant à leur réalisation, cette stipulation était constitutive d'une condition et non d'un terme.

Cass. 1e civ. 13-7-2004 n° 1232 FS-PB : RJDA 11/04 n° 1186.

Comporte un terme et non une condition le contrat par lequel une société, qui avait construit un ensemble immobilier comprenant un local à usage de cinéma, s'était engagée à supporter certaines charges au lieu et place de l'exploitant du cinéma tant que le **nombre d'entrées annuelles** resterait **inférieur** ou égal à 380 000. En effet, cet événement était incertain non seulement quant à sa date mais aussi quant à sa réalisation et constituait donc une condition et non un terme.

Cass. 1e civ. 13-4-1999 n° 762 P : RJDA 7/99 n° 759.

Ndlr : Le raisonnement suivi est transposable à la cession de droits sociaux conclue sous la condition que le chiffre d'affaires de la société cédée atteigne un certain niveau.

Lors d'une cession d'actions conclue en 1997, les parties étaient convenues que le cédant aurait droit à un **complément de prix** à calculer, lors de l'approbation des comptes de l'exercice 2001, en **fonction de l'évolution de la capacité d'autofinancement** générée par les exercices 1998, 1999 et 2000. L'administration fiscale avait notifié un redressement au cédant pour n'avoir pas déclaré la créance résultant du supplément de prix dans l'assiette de l'ISF pour les années 1998 et 1999.

Jugé au contraire que cette créance n'entrait pas dans l'assiette de l'ISF pour ces années. En effet, l'existence de l'obligation au paiement étant subordonnée à la réalisation d'une capacité d'autofinancement supérieure à un seuil fixé, événement incertain quant à sa réalisation, la créance de complément de prix était affectée d'une condition et non d'un terme.

Cass. com. 20-9-2011 n° 10-17.555 : RJDA 1/12 n° 3.

Sur la qualification d'une **clause de retour à meilleure fortune,** voir Cass. com. 12-10-2004 n° 1483 FS-PB : RJDA 2/05 n° 92 analysé n° 45061.

A. Existence d'une condition

1. STIPULATION D'UNE CONDITION

55050 Les parties doivent veiller à **exprimer clairement** leur volonté de soumettre la cession de droits sociaux à une condition et à formuler avec précision la condition qu'elles souhaitent afin d'éviter toute contestation sur l'existence ou la qualification de la condition. Lorsque les **stipulations** contractuelles sont **ambiguës,** les juges du fond recherchent quelle a été la volonté des parties. Ils ne sont pas liés par la qualification retenue par les parties. 55050 (suite)

ILLUSTRATIONS

Dans un cas où les propriétaires d'un immeuble à usage commercial situé à Deauville et du fonds de commerce qui y était exploité s'étaient engagés, par acte sous seing privé, à les vendre à un commerçant qui était propriétaire d'un fonds de commerce à Paris et où les parties étaient convenues de signer l'acte authentique neuf mois plus tard, faute de quoi les vendeurs conserveraient les indemnités versées par l'acquéreur, il a été jugé que le commerçant, qui n'avait pas pu vendre son fonds et réaliser les acquisitions projetées, ne pouvait pas réclamer le remboursement de ces indemnités en faisant valoir que les ventes avaient été conclues sous la condition suspensive qu'il vende lui-même son propre fonds, pour les raisons suivantes : l'acte ne faisait pas référence à une telle condition ; l'acquéreur s'était engagé à payer le prix comptant lors de la signature de l'acte authentique et avait apposé une mention selon laquelle, au cas où il aurait recours à un prêt, il ne pourrait pas se prévaloir de la condition de son obtention, mention propre à attirer son attention sur le mode de financement des acquisitions projetées ; le fait qu'un **délai** de neuf mois ait été prévu pour la signature de l'acte authentique **afin de** lui **permettre de vendre son fonds** ne suffisait pas à établir que les parties aient eu la commune intention de faire de cette vente une condition suspensive.

Cass. com. 15-1-2002 n° 91 F-D : RJDA 6/02 n° 616.

Constitue une condition résolutoire et non pas une condition suspensive, bien que ce fût sa qualification contractuelle, une clause selon laquelle le **vendeur garantissait à l'acheteur un certain niveau de bénéfices au cours des exercices suivant la cession,** faute de quoi l'acheteur pourrait demander la non-réalisation de la transaction. En effet, le prix stipulé avait été payé et le transfert des titres effectué dès l'année de passation du contrat. La plus-value de cession était donc imposable au titre de l'année de cession, sans qu'y fasse obstacle la circonstance que le cédant ait dû ultérieurement, par le jeu de la condition résolutoire, racheter ces actions.

CE 30-11-1990 n° 80567 : RJF 1/91 n° 63.

L'associé unique d'une SAS détenant elle-même le capital d'une société exploitant un supermarché avait cédé ses actions. L'acte de cession comportait un prix provisoire (1 470 000 € environ), fixé au vu des derniers bilans connus de la SAS et de la société d'exploitation. Cet acte précisait que le **montant** cumulé de **capitaux propres** figurant à ces bilans (1 040 000 € environ) constituait une condition substantielle de la cession et de la valorisation retenue. Le prix devait être définitivement fixé, à la hausse ou à la baisse, sur la base de situations comptables et d'audits réalisés dans les mois suivants et, en cas de désaccord des parties sur le prix ainsi obtenu, par un expert désigné par le tribunal de commerce, sans recours possible des parties. Les situations comptables et les audits ayant mis en évidence une baisse des capitaux propres de l'ordre de 800 000 à 900 000 €, le cédant avait demandé la désignation d'un expert qui avait conclu à un montant négatif des capitaux propres et fixé le prix des actions à 156 000 €. Le cédant avait alors tenté d'échapper à l'exécution de la cession en soutenant que les parties avaient entendu subordonner celle-ci à la condition résolutoire que le montant cumulé des capitaux propres de la SAS et de la société d'exploitation résultant des situations comptables et des audits atteigne au moins celui retenu pour la fixation du prix provisoire.

Ce raisonnement doit être écarté. En effet, les clauses d'un contrat doivent être interprétées les unes par les autres en donnant à chacune le sens qui résulte de l'acte entier (C. civ. ex-art. 1161 ; désormais art. 1189). Or, la référence faite au montant cumulé des capitaux propres n'était substantielle que pour la détermination du prix définitif, sans qu'il puisse en être déduit que la cession devait être résolue si le montant cumulé des capitaux propres ne devait pas atteindre un niveau comparable à celui des bilans de référence, lors de l'établissement des situations comptables. Les parties avaient précisément organisé les conséquences de cette éventualité dans l'acte : le prix provisoire devait être éventuellement diminué ou augmenté d'une somme égale à la différence entre le montant des capitaux propres figurant aux bilans de référence et celui figurant sur les situations comptables, le cédant s'engageant à reverser le montant de la variation négative à titre de réduction de prix et l'acquéreur, le montant de la variation positive à titre de complément de prix. Les parties avaient même envisagé l'hypothèse d'une diminution ou d'une augmentation des capitaux propres positifs excédant le prix provisoire de cession, là encore à charge de remboursement par le cédant, sans que la cession soit remise en cause. Les parties étaient aussi convenues, en cas de désaccord sur le prix définitif, de recourir à un expert désigné en justice et dont l'avis s'imposerait à elles. Enfin l'acte précisait que l'acquéreur serait propriétaire des actions et en aurait la jouissance à une date donnée après réalisation des conditions suspensives (non-préemption du propriétaire de l'enseigne, agrément de l'acquéreur, certification des bilans par le commissaire aux comptes), indépendamment de la détermination du prix définitif de cession.

CA Montpellier 9-7-2013 n° 12/03231 : RJDA 2/14 n° 126.

Dans un cas où le cédant, après avoir reçu une partie du prix de cession des actions qu'il détenait dans une société exploitant une agence immobilière, avait renoncé au paiement du solde de ce prix et où, en contrepartie, l'acquéreur s'était engagé à combler l'absence de garantie des fonds détenus pour le compte des clients, à reprendre les cautionnements donnés par le cédant, à rembourser le solde débiteur du compte courant d'associé et à prendre à sa charge une **expertise de la comptabilité** des fonds mandants avant une date donnée, il a été jugé que l'expertise, qui n'avait pas été réalisée, ne constituait pas une condition suspensive de sa renonciation partielle au prix : d'une part, les engagements pris par l'acquéreur en contrepartie de la renonciation du cédant au versement du solde du prix ne constituaient pas des conditions mais des obligations ; d'autre part, l'acte ne précisait pas qui devait prendre l'initiative de l'expertise et aucune des parties n'avait saisi l'expert désigné. L'acquéreur s'était seulement obligé à prendre en charge les frais de l'expertise et cette obligation était devenue sans objet en l'absence d'expertise. En conséquence, le cédant ne pouvait pas demander le paiement du solde du prix.
Cass. com. 10-9-2013 n° 12-19.811 F-D : RJDA 2/14 n° 77.

2. DÉTERMINATION DE L'ÉVÉNEMENT CONSTITUANT LA CONDITION

55070 Pour constituer une condition, l'**événement** choisi par les parties doit être **futur** et **incertain** (C. civ. art. 1304, al. 1 issu de l'ord. 131-2016 du 10-2-2016 ; ex-art. 1168 ; n° 55020).

L'ancien article 1181 du Code civil relatif à la condition suspensive prévoyait que l'obligation qui dépend d'un événement inconnu des parties mais **déjà arrivé** est conditionnelle et que, dans un tel cas, l'obligation prend effet dès la conclusion du contrat. La doctrine considérait qu'une telle obligation devait être considérée comme étant pure et simple et non pas conditionnelle (P. Malaurie, L. Aynès et Ph. Stoffel-Munck, Droit des obligations : éd. LGDJ 8ᵉ éd. n° 1309 ; J.-J. Taisne : J.-Cl. civ. art. 1304 à 1304-7 fasc. 10 n° 6). La jurisprudence était en ce sens (Cass. com. 12-4-1995 n° 92-20.494 P : RJDA 7/95 n° 808). L'ordonnance 2016-131 du 10 février 2016 consacre cette solution, en ne reprenant pas les dispositions de l'ancien article 1181.

Les parties disposent d'une certaine **liberté** pour choisir l'événement constituant la condition sous les **limites** exposées nᵒˢ 55100 s.

Sur la question de savoir si la **réitération par acte authentique** de la cession sous signature privée constitue une condition suspensive, voir n° 14171.

EXEMPLE

Parmi les **conditions suspensives** le plus **fréquemment rencontrées** dans les cessions de droits sociaux, nous pouvons citer notamment :
– la réalisation de certaines modifications de la société cible (augmentation ou réduction du capital, changement de forme sociale...) ;
– l'octroi d'un agrément par les associés de la société dont les parts sont cédées ou par des tiers, si cet agrément est extrastatutaire ;
– l'agrément des cocontractants de la société cible (franchiseurs, fournisseurs, clients importants...) ;
– l'établissement par des experts désignés d'un commun accord d'un rapport d'audit confirmant les chiffres retenus dans le bilan ou la situation comptable ayant servi de base à la détermination du prix de cession (cas fréquent dans les cessions de contrôle) ;
– l'obtention d'une autorisation administrative, notamment l'autorisation du ministre de l'économie pour certains investissements étrangers dans des « secteurs sensibles » ;
– l'obtention par les acquéreurs d'un prêt d'un montant déterminé ;
– l'approbation de l'opération par la banque ;
– la substitution de garantie, c'est-à-dire l'engagement de l'acquéreur de se substituer dans les garanties, particulièrement les cautionnements que le cédant a donnés pour garantir les dettes sociales ;
– la fourniture par l'une ou l'autre des parties de certains documents ;
– la régularité de l'origine de la propriété des titres cédés.

Parmi les **conditions résolutoires,** nous pouvons citer, par exemple, la survenance dans un délai déterminé d'un événement modifiant l'environnement économique de la société ou le marché sur lequel elle opère.

B. Conditions de validité de la condition

LICÉITÉ DE LA CONDITION

55100 Pour être valable, la condition doit être licite (C. civ. art. 1304-1 issu de ord. 2016-131 du 10-2-2016 applicable aux contrats conclus à compter du 1-10-2016).

L'ancien article 1172 du Code civil interdisait les conditions impossibles, contraires aux bonnes mœurs ou prohibées par la loi.
La prohibition de la condition impossible ne figure plus dans le Code civil. Elle était de toute façon inutile : lorsque la condition porte sur une chose impossible, l'obligation qui en dépend ne peut pas prendre naissance, faute pour la condition de pouvoir se réaliser. Le contrat est donc mort né. À l'inverse, si l'obligation est sous condition de ne pas faire une chose impossible, il est certain dès la conclusion du contrat qu'elle ne sera pas réalisée, ce qui rend le contrat d'emblée ferme et non conditionnel. Il importe peu que l'ancien article 1173 qui affirmait ce principe ait été abrogé.

L'obligation qui dépend d'une **condition** illicite est **nulle** (C. civ. art. 1304-1 issu de ord. 2016-131 du 10-2-2016 applicable aux contrats conclus à compter du 1-10-2016). En vertu de l'ex-article 1172, la condition illicite était nulle et rendait nulle la convention qui en dépendait. **55102**
Cette différence de rédaction ne devrait pas avoir d'influence sur la solution retenue jusqu'ici par les tribunaux, selon laquelle la **nullité** de la condition entraîne celle **de la cession** lorsque la clause illicite a été, dans l'esprit des parties, une condition essentielle de leur accord de volonté et que sa suppression aurait pour conséquence de bouleverser l'économie du contrat (Cass. 3e civ. 24-6-1971 : Bull. civ. III n° 405). Le caractère essentiel de la clause est apprécié souverainement par les juges du fond (Cass. 3e civ. 22-2-1967 : Bull. civ. III n° 87).

ILLUSTRATIONS

Ainsi, la cession de parts sociales qui avait pour objet de donner à l'acquéreur le contrôle d'une SARL exploitant un fonds de commerce d'agence de transactions immobilières et qui était subordonnée à la condition suspensive de la nomination de l'acquéreur en qualité de gérant de cette SARL a été jugée nulle, dès lors que la réalisation de cette condition était impossible puisque l'acquéreur ne pouvait pas obtenir de l'administration compétente la carte professionnelle d'agent immobilier légalement nécessaire pour exercer les fonctions de gérant. En effet, cette obligation légale, dont la violation est sanctionnée pénalement, est d'ordre public, de sorte que son respect fait nécessairement partie des suites de la cession envisagée par les parties (CA Grenoble 5-1-1990 n° 89-3372).

La **nature de la nullité** de l'obligation fondée sur une condition illicite doit, à notre avis, être déterminée en application de l'article 1179 du Code civil (dans sa rédaction issue de ord. 2016-131 du 10-2-2016) et donc selon que la règle violée a pour objet la sauvegarde de l'intérêt général (nullité absolue) ou d'un intérêt privé (nullité relative). C'est en ce sens que la Cour de cassation s'est prononcée avant la réforme de 2016 ; elle a jugé que la nullité du contrat fondée sur une condition impossible (en l'espèce, une impossibilité juridique) est une nullité relative qui ne peut être invoquée que par celui dont la loi qui a été méconnue tendait à assurer la protection (Cass. 3e civ. 8-10-2008 n° 07-14.396 FS-PBR : RJDA 4/09 n° 302).

CONDITION PORTANT SUR UN ÉLÉMENT ESSENTIEL DE LA CESSION

Les parties ne peuvent pas convenir d'une condition portant sur un **élément essentiel à la formation du contrat** (cf. Cass. 3e civ. 22-10-2015 n° 14-20.096 FS-P-B : RJDA 1/16 n° 8 à propos de la cession d'un bail commercial conclue sous la condition suspensive de la conclusion d'un nouveau bail entre le cessionnaire et le bailleur, condition en contradiction avec la notion même de cession). Ce principe, posé par la troisième chambre civile de la Cour de cassation au visa de l'ancien article 1168 du Code civil (désormais art. 1304), est de portée générale. Ainsi une cession de droits sociaux ne saurait être conclue sous la condition suspensive du consentement de l'une des parties. Une cour d'appel ne peut pas déduire du fait que le prix doit être versé avant une certaine date que la cession est soumise à une condition résolutoire tenant au paiement du prix dont l'accomplissement a opéré automatiquement la révocation des obligations réciproques (Cass. 3e civ. 6-3-1996 n° 91-17.529 P : RJDA 6/96 n° 770). Le paiement du prix constitue en effet un élément essentiel de la vente. **55105**
Dans sa décision de 2015, la troisième chambre civile de la Cour de cassation a jugé que la condition portant sur un élément essentiel à la formation du contrat est réputée non écrite, de sorte que le contrat n'est pas conditionnel. La solution se justifiait au regard de l'espèce et du caractère d'ordre public du statut des baux commerciaux mais il est délicat d'affirmer que cette sanction est généralisable.

Les parties peuvent-elles stipuler une condition portant sur un **événement dont la réalisation** est **prescrite à peine de nullité** de la cession ? La jurisprudence n'est pas homogène sur cette question. Certains arrêts écartent cette possibilité, estimant qu'il s'agit non pas d'une modalité conditionnelle de l'accord des parties mais d'un élément légal de validité du contrat (Cass. 3e civ. 18-6-1974 n° 73-13.324 : Bull. civ. III n° 256 ; Cass. 3e civ. 8-11-1995 n° 93-19.938 D : RJDA 12/95 n° 1433, à propos de l'autorisation administrative requise par une réglementation d'ordre public à peine de nullité de la vente d'un bien immobilier en Polynésie). D'autres considèrent au contraire que l'engagement est bien conditionnel (Cass. 3e civ. 8-11-1995 n° 1990 P : RJDA 12/95 n° 1432 ; Cass. 3e civ. 22-9-2010 n° 09-14.817 FS-PB : **55107**

RJDA 2/11 n° 134 à propos de ventes immobilières sous la condition suspensive de non-exercice de droits de préemption prévus par le Code de l'urbanisme ; pour plus de détails sur cette question, voir J.-J. Taisne : J.-Cl. civ. art. 1304 à 1304-7 fasc. 10 n°s 69 s.).

En matière de cession de droits sociaux, on peut donc s'interroger sur la validité de la pratique courante qui consiste à subordonner la cession à la condition de l'octroi de l'agrément à l'acquéreur, y compris lorsque le non-respect de la procédure d'agrément emporte la nullité de la cession, ce qui est le cas pour les cessions d'actions (n° 32450). La cour d'appel de Paris a estimé que la condition de l'obtention de l'agrément constitue une condition suspensive à la réalisation de la convention d'acquisition d'actions (CA Paris 22-3-1996 n° 94-20206).

CARACTÈRE NON POTESTATIF DE LA CONDITION

55110 Est nulle l'obligation contractée sous une condition dont la **réalisation dépend de la seule volonté du débiteur** (C. civ. art. 1304-2 issu de ord. 2016-131 du 10-2-2016 ; ex-art. 1174). L'ex-article 1174 du Code civil sanctionnait de même la condition potestative de la part de celui qui s'oblige, que les tribunaux désignaient sous le vocable de « **purement potestative** ». Cette différence rédactionnelle est sans incidence sur le fond du droit et la jurisprudence antérieure est transposable au régime actuel.

La condition potestative est celle qui fait dépendre l'exécution du contrat d'un événement qu'il est au pouvoir de l'une ou de l'autre des parties contractantes de faire arriver ou d'empêcher (Cass. com. 22-9-2021 n° 19-23.958 F-D : RJDA 2/21 n° 776). Une telle condition est la négation même de la notion d'engagement puisque sa réalisation est laissée au bon vouloir de celui qui est censé s'engager. Il s'agit de protéger chacune des parties contre l'arbitraire de l'autre (J.-J. Taisne : J.-Cl. civ. art. 1304 à 1304-7 fasc. 10 n°s 34 s.). Si le contentieux vise essentiellement la condition suspensive, les textes précités s'appliquent aussi à la condition résolutoire (Cass. com. 28-6-1965 n° 60-12.694 : Bull. civ. n° 405 ; Cass. 1e civ. 16-10-2001 n° 00-10.020 FS-P : Bull. civ. I n° 257).

La nullité, qui vise l'obligation elle-même et non pas la condition (Cass. com. 9-12-1980 n° 79-11.550 : Bull. civ. IV n° 421), n'est encourue que si la réalisation (ou la défaillance) de la condition relève de la **volonté de celui qui s'est obligé sous cette condition.** Outre les illustrations exposées ci-dessous, le lecteur peut se référer à celles relatives aux clauses de détermination du prix (n° 37104).

Il s'agit d'une **nullité relative** car elle a pour objet la protection de la personne mise à la merci de l'autre partie, donc le créancier de l'obligation conditionnelle. Seule cette personne peut donc s'en prévaloir (en ce sens, P. Malaurie et L. Aynès, Ph. Stoffel-Munck, Droit des obligations : éd. LGDJ 8e éd. n° 1317).

En ce qui concerne les contrats conclus après le 1er octobre 2016, la nullité de l'obligation ne peut plus être invoquée lorsque l'obligation a été exécutée en connaissance de cause (C. civ. art. 1304-2 issu de ord. 2016-131). Les tribunaux se prononçaient déjà parfois en ce sens auparavant (Cass. req. 16-12-1946 : JCP G 1947 IV p. 22 ; Cass. com. 9-6-1971 : Bull. civ. III p. 257).

Lorsque la cession est affectée **à la fois** d'une **condition** suspensive **et d'un terme,** le caractère purement potestatif de la condition n'affecte pas la validité du terme (Cass. 1e civ. 13-12-2005 n° 1756 F-PB : RJDA 6/06 n° 618).

55112 En revanche, est valable l'obligation subordonnée à une **condition qui dépend pour partie seulement de la volonté** du débiteur, et pour partie également de la volonté ou du fait d'un tiers (C. civ. art. 1304-2 issu de ord. 2016-131 du 10-2-2016 ; ex-art. 1171). Sous l'empire du droit antérieur à l'ordonnance du 10 février 2016, cette condition était désignée sous le vocable de « condition simplement potestative » ou « condition mixte ».

Ne revêt pas un caractère potestatif une condition dont la réalisation dépend, non de la seule volonté du créancier de l'obligation, mais de **circonstances objectives** susceptibles d'être **contrôlées judiciairement** (Cass. com. 22-9-2021 n° 19-23.958 F-D : RJDA 12/21 n° 776).

55120 ILLUSTRATIONS

Condition dont la réalisation dépend de la seule volonté du débiteur (condition purement potestative)

Est nulle la promesse de vente d'un fonds de commerce prévoyant que le paiement du prix par l'acquéreur était subordonné à la **réitération** par celui-ci de son **intention d'acquérir** le fonds de commerce à l'expiration du contrat de gérance libre et au plus tard à une certaine date dès lors que cette condition faisait dépendre l'exécution de la promesse d'un événement que seul l'acquéreur avait le pouvoir de faire survenir ou d'empêcher.

Cass. com. 23-9-1982 : Bull. civ. IV n° 284.

Sur l'appréciation du caractère potestatif d'une condition résolutoire contenue dans un contrat de cession prévoyant la caducité de cette cession dans le cas où la **somme** due par l'acquéreur ne serait pas **créditée sur le compte du cédant,** voir CA Paris 20-12-1994 : n° 45162.

Un protocole de cession d'actions prévoyait que la réalisation de la **cession** devait s'opérer **en deux temps** : une partie des actions devait être payée avant une certaine date et l'autre quelques mois plus tard. Après avoir payé la première partie des actions, l'acquéreur avait refusé de verser le solde en se prévalant d'une **clause du protocole** prévoyant qu'en cas de défaut de paiement de tout ou partie du prix de cession le cédant conserverait la propriété des actions non encore transmises sans pouvoir exiger de lui l'exécution de ses obligations, les éventuelles cessions déjà intervenues restant cependant valables.

Une telle clause est nulle car elle s'analyse en une condition purement potestative dont la réalisation dépend de la seule volonté de l'acquéreur : elle vide en effet de tout sens l'accord souscrit par les parties en ce qu'elle **permet à l'acquéreur, selon son gré, d'effectuer ou non le paiement** du solde du prix de cession **et** laisse ainsi à sa seule discrétion **la réalisation effective de la cession.**

Par suite, l'acquéreur doit être condamné à payer le solde du prix de cession.

CA Paris 29-9-2005 n° 04-14379 : RJDA 2/06 n° 96.

Dans un cas où un associé avait cédé les parts qu'il détenait dans une SARL à la société mère de celle-ci et où l'acte de cession prévoyait que les deux derniers acomptes et le **solde du prix** définitif n'étaient dus au **cédant** qu'à la condition que ce dernier **demeure salarié** de la SARL **jusqu'à une date déterminée,** jugé que cette condition était purement potestative dès lors que le cessionnaire était libre d'en empêcher la réalisation en licenciant le cédant.

CA Paris 19-1-2006 n° 05-2949.

ILLUSTRATIONS

Condition dont la réalisation ne dépend pas de la seule volonté du débiteur (condition simplement potestative) 55125

Le caractère potestatif n'entraîne la nullité de l'obligation qu'il affecte que s'il s'agit de l'obligation de celui qui s'oblige. C'est donc à tort qu'une société mère soutient que l'obligation qu'elle a contractée de soumettre la **cession** de sa participation majoritaire dans le capital de sa filiale à l'**autorisation préalable de la banque** qui avait accordé un prêt à cette filiale est nulle parce qu'elle laisse à l'appréciation discrétionnaire de la banque, au vu de ses propres intérêts, le sort de toute cession de droits sociaux.

CA Paris 4-5-1982 : Gaz. pal. 1983 jur. p. 152.

Une promesse de cession de parts d'une société prévoyait que le prix de base serait arrêté après un audit comptable réalisé par le commissaire aux comptes du bénéficiaire de la promesse et l'expert-comptable du promettant. Il était stipulé que **si l'audit faisait apparaître un prix de base inférieur** à 5 millions de francs (environ 762 000 €), le promettant se réservait le droit de ne pas donner suite à la promesse ; dans ce cas, les frais d'audit seraient remboursés au bénéficiaire, dans la limite d'une certaine somme, sur présentation des factures acquittées par celui-ci. L'audit ayant retenu un prix de base inférieur à la somme convenue, le promettant, qui a renoncé à la cession, doit rembourser les frais d'audit car la stipulation litigieuse ne s'analyse pas en une condition potestative. En effet :

– l'audit ayant été réalisé par le commissaire aux comptes du bénéficiaire, le résultat dépendait des résultats de la société, arrêtés suivant des règles comptables strictement définies s'imposant au commissaire aux comptes et non de la seule volonté du bénéficiaire ;

– le promettant conservait la faculté de céder ou de ne pas céder si le prix était inférieur à la somme convenue ;

– cette faculté était édictée à son seul bénéfice puisqu'elle lui permettait de ne pas céder.

CA Paris 28-6-2002 n° 00-20293 : RJDA 2/03 n° 141.

Dans un cas où un associé d'une SARL qui s'était porté caution du remboursement d'un prêt accordé à la société avait cédé ses parts sous la condition que l'acquéreur, certains des proches de celui-ci et les sociétés qu'il dirigeait **se substituent** à lui **dans son engagement de caution,** il a été jugé que cette condition n'était pas purement potestative dès lors que l'acquéreur n'était pas le seul maître de la réalisation de cette condition, même si son engagement comme caution était nécessaire pour que la condition soit remplie, puisqu'elle dépendait également de l'engagement de caution des sociétés qu'il dirigeait, sans les contrôler de façon absolue, et des personnes qui, pour lui être proches en raison de liens affectifs ou de liens d'affaires, n'en disposaient pas moins de leur libre arbitre et pouvaient se déterminer indépendamment de lui.

Cass. com. 10-2-1998 n° 411 D : RJDA 7/98 n° 829.

Une société, ayant pour activité la prise de participations minoritaires dans le capital d'entreprises industrielles, qui s'est engagée à payer une **commission à un intermédiaire** qui lui a présenté une affaire, au cas où elle la reprendrait directement ou indirectement sans lui, a contracté une obligation affectée d'une condition suspensive dont la réalisation ne dépend pas de sa seule volonté – et qui n'est donc pas potestative – puisque la réalisation de la cession dépend aussi de la volonté des cédants.

CA Versailles 23-2-2001 n° 98-8261 : RJDA 11/01 n° 1072.

Dans un cas où les propriétaires d'un immeuble à usage commercial situé à Deauville et du fonds de commerce qui y était exploité avaient signé chacun une promesse synallagmatique de vente sous signature privée avec un commerçant, a légalement justifié sa décision la cour d'appel qui, pour écarter le caractère potestatif de la condition insérée dans les promesses **suspendant** l'exécution de la **vente de chacun des** deux **biens à** l'exécution de la **vente de l'autre bien au même acquéreur,** a retenu que chacune des ventes avait fait l'objet d'un compromis qui en fixait les conditions et dont les parties ne pouvaient pas se dégager sans encourir une sanction pécuniaire non négligeable.

Cass. com. 15-1-2002 n° 91 F-D : RJDA 6/02 n° 616.

Dans un cas où un pacte conclu entre les actionnaires d'une société anonyme pour une durée de trois ans prévoyait notamment que la **révocation** d'un des dirigeants signataires **pour faute grave** dans ce délai entraînerait de plein droit **promesse** irrévocable de sa part **de céder** une partie de **ses actions** à la société ou à toute personne physique appelée à le remplacer, il a été jugé que l'obligation de cession forcée pesant sur le dirigeant révoqué n'était pas nulle pour avoir été contractée sous une condition potestative, dès lors que la constatation de la faute grave visée par cette clause pouvait être contestée en justice et ne dépendait pas de la seule volonté de la société, qui était tenue de justifier du manquement allégué en se fondant sur des éléments objectifs et vérifiables.

Cass. com. 11-3-2014 n° 12-12.074 F-D : RJDA 6/14 n° 537.

Ndlr : Selon M. Buchberger, on peut regretter que la Cour de cassation n'ait pas simplement écarté le grief de potestativité au motif que l'article 1174 du Code civil ne sanctionne que les conditions dépendant de la seule volonté de celui qui s'oblige (C. civ. art. 1304-2 issu de ord. 2016-131 du 10-2-2016 ; ex-art. 1174) ; or, en l'espèce, c'est le promettant qui s'obligeait, et non la société bénéficiaire de l'option (JCP E 2014 chron. n° 1515).

Aux termes d'un pacte conclu entre les actionnaires d'une société, l'actionnaire minoritaire s'était engagé à **céder** au majoritaire ses actions **en cas de révocation pour justes motifs de son mandat de président.** Révoqué par l'assemblée générale de la société, l'actionnaire minoritaire avait demandé l'annulation de la promesse de cession d'actions, soutenant que celle-ci était affectée d'une condition potestative.
Ne revêt pas un caractère potestatif une condition dont la réalisation dépend, non de la seule volonté du créancier de l'obligation, mais de **circonstances** objectives **susceptibles d'être contrôlées judiciairement.** Par suite, a légalement justifié sa décision la cour d'appel qui a rejeté la demande d'annulation de la promesse après avoir relevé que le demandeur s'était engagé à vendre ses titres en cas de révocation pour justes motifs, de sorte que cette dernière dépendait pas du seul pouvoir de l'actionnaire majoritaire.

Cass. com. 22-9-2021 n° 19-23.958 F-D : RJDA 12/21 n° 776.

55130 À notre avis, lorsque le cédant ou l'acquéreur est une société anonyme et que les dirigeants de celle-ci **subordonnent l'opération à l'approbation du conseil d'administration,** la partie qui se réserve cette approbation ne soumet pas pour autant la cession à sa volonté arbitraire ; elle donne seulement un consentement par étapes, celui-ci n'étant définitivement exprimé qu'après l'approbation du conseil. Dès lors que l'autre partie accepte cette condition, elle renonce à invoquer la règle selon laquelle les dirigeants sociaux engagent définitivement la société.

C. Accomplissement de la condition

VOLONTÉ DES PARTIES RELATIVE À L'ACCOMPLISSEMENT DE LA CONDITION

55180 Les dispositions de l'ancien article 1175 du Code civil, aux termes duquel la condition suspensive ou résolutoire doit se réaliser de la manière dont les parties l'ont prévue, n'ont pas été reprises par l'ordonnance 2016-131 du 10 février 2016 mais elles constituaient une référence à la commune intention des parties, de sorte que leur suppression n'a pas d'incidence sur le fond du droit. La survenance ou non de l'événement constituant la condition doit toujours être déterminée en fonction des stipulations des parties.

CONSEIL

Lorsqu'une promesse de cession consentie pour une certaine durée est conclue sous condition suspensive, le **délai** éventuellement prévu pour la réalisation de la condition doit s'articuler avec celui prévu pour la réalisation de la promesse. Cette question est étudiée n° 14645.

En cas de litige, il appartient aux **juges** du fond de **rechercher** la commune intention des parties. Mais, conformément au droit commun, s'il n'existe aucune ambiguïté sur les termes employés, les juges du fond ne doivent pas modifier le sens ou le contenu de la condition (C. civ. art. 1192 issu ord. 2016-131 du 10-2-2016 ; auparavant jurisprudence constante).

ILLUSTRATIONS

Dans un cas où une **cession de parts d'une société ayant pour objet l'exploitation d'un fonds de commerce** dans des locaux loués avait été conclue **sous la condition que le bail commercial soit renouvelé aux mêmes charges et conditions que le bail d'origine,** la Cour de cassation a censuré pour dénaturation d'une condition claire et précise la décision d'une cour d'appel qui, pour condamner l'acquéreur à payer le montant du dédit, avait énoncé que les parties avaient entendu que les conditions du bail renouvelé ne soient pas plus défavorables pour le locataire que celles du bail originaire et que la clause du bail renouvelé portant l'indemnité de cession de 533 € à 1 286 €, loin d'être défavorable au locataire, lui était favorable puisqu'elle ne représentait que six mois de loyers au lieu d'un an.

Cass. com. 4-7-1984 : Bull. Joly 1984 p. 996.

Dans un cas où les deux associés d'une société civile professionnelle de chirurgiens s'étaient rapprochés d'un autre chirurgien et avaient conclu avec lui un contrat de cession de parts sociales assorti de la **condition de l'absence de mésentente entre associés pendant un an** et où tous trois s'étaient par ailleurs engagés à exécuter le règlement intérieur de la société, lequel précisait que pendant une période d'un an à partir de l'arrivée du troisième associé il pourrait être mis fin au contrat par l'un d'eux, celui-ci devant alors se retirer de la société, les juges du fond en ont souverainement déduit que ces conventions n'autorisaient aucun des associés à congédier l'autre, mais permettaient seulement à celui qui jugeait les méthodes de travail des autres incompatibles avec les siennes de se retirer.

Cass. 1e civ. 11-4-1995 no 719 P : RJDA 12/95 no 1373.

Sur la portée d'une clause **subordonnant** le versement d'un **complément de prix** par l'acquéreur **à la commercialisation** avant une date limite **d'un produit** dont la société possédait le brevet, voir CA Paris 4-1-2005 n° 04-5225 : analysé n° 45067.

Une promesse de **vente** portant sur les **parts d'une société civile immobilière, propriétaire d'un immeuble donné en location,** avait été consentie sous la **condition suspensive que le locataire ne paie plus son loyer** et ce, un mois après une lettre recommandée AR le mettant en demeure de payer et demeurée sans effet. L'acte précisait en outre que la réalisation de la cession de parts devait intervenir dès la réalisation de la condition suspensive. Le locataire ayant cessé de verser les loyers, la SCI l'avait mis en demeure, par lettre recommandée AR du 22 novembre 2002 reçue le 25 suivant, de régler les loyers des mois de septembre à novembre 2002. Le locataire avait repris le paiement des loyers au mois de janvier 2003. Le bénéficiaire de la promesse avait levé l'option mais le promettant avait refusé de réaliser la cession des parts sociales. Cassation de l'arrêt d'une cour d'appel qui, pour rejeter la demande en constatation judiciaire de la cession formée par le bénéficiaire de la promesse, a estimé que la condition était défaillie dès lors que le locataire avait repris le paiement des loyers courants un mois après la mise en demeure puisqu'il avait réglé le loyer venant à échéance un mois après celle-ci, c'est-à-dire le loyer de janvier 2003. En effet, la mise en demeure ayant été notifiée le 25 novembre 2002, l'accomplissement de la condition suspensive devait s'apprécier à l'issue du délai d'un mois à compter de la réception de la lettre recommandée de mise en demeure.

Cass. com. 10-7-2007 no 06-16.028 F-D : RJDA 11/07 no 1105.

Une société avait conclu une promesse synallagmatique de **vente** d'un fonds de commerce avec un particulier sous la **condition suspensive de la conclusion,** au plus tard à la date de signature de l'acte de vente, **d'un nouveau bail commercial.** Le particulier n'avait pas signé l'acte de vente faute de réalisation de la condition. N'a pas tiré les conséquences légales de ses constatations et a violé les articles 1134 et 1178 du Code civil, dans leur rédaction antérieure à l'ordonnance 2016-131, la cour d'appel qui, pour condamner le particulier à payer l'indemnité forfaitaire prévue dans la promesse, a retenu que le bailleur lui avait proposé de renouveler le bail en cours à son expiration et qu'il avait refusé de mauvaise foi de signer l'acte de vente, de sorte que la condition suspensive était réputée accomplie. En effet, la proposition du bailleur ne correspondait pas à la conclusion effective d'un nouveau bail au plus tard à la date de signature de l'acte de vente, telle qu'elle avait été convenue par les parties.

Cass. com. 22-11-2017 no 16-21.401 F-D : RJDA 5/18 no 405.

MOMENT DE L'ACCOMPLISSEMENT DE LA CONDITION

Les articles 1176 et 1177 du Code civil dans leur rédaction antérieure à l'ordonnance 2016-131 du 10 février 2016 déterminaient le moment auquel la condition était défaillie ou accomplie lorsque l'obligation était contractée sous la condition qu'un événement devait ou non arriver. Ces articles n'ont pas été repris par l'ordonnance. Il appartiendra donc aux parties à un contrat conclu depuis le 1er octobre 2016 de régler ces questions dans la convention elle-même et, notamment, si elles veulent enfermer la réalisation de la condition dans un délai, d'en convenir dans le contrat en se fondant sur les solutions jurisprudentielles relatives à l'ancien article 1176. **55190**

55200 **Condition soumise à un délai déterminé** Depuis la réforme issue de l'ordonnance 2016-131 du 10 février 2016, le Code civil ne contient plus aucune disposition relative au sort du contrat conclu sous la **condition qu'un événement arrivera** dans un certain délai, mais la solution antérieure (C. civ. ex-art. 1176) perdurera par application de la convention elle-même : la condition sera considérée comme défaillie si, à l'expiration de ce délai, l'événement entendu par les parties comme suspensif ne s'est pas réalisé.

ILLUSTRATIONS

Dans le cas où une promesse synallagmatique portant sur la cession d'une participation majoritaire dans une **société** avait été conclue sous la condition suspensive de la **transformation** de celle-ci en société anonyme et où l'ensemble des formalités de publicité rendues nécessaires par cette opération devaient être effectuées au plus tard à une date déterminée, la cour d'appel, qui a constaté que le texte de l'annonce légale avait été reçu, la veille du jour fixé, par le journal d'annonces légales, qui en avait assuré la publication dans son édition du surlendemain, a décidé à bon droit que le cédant avait effectué dans le délai contractuellement fixé les diligences dont l'accomplissement lui incombait, justifiant ainsi la condamnation de son cocontractant à des dommages-intérêts pour avoir refusé de procéder à la réalisation de la cession (Cass. com. 1-7- 2003 n° 1081 F-D : RJDA 3/04 n° 316).

Lorsque, dans une promesse synallagmatique de vente, un délai est prévu pour la réalisation de la condition suspensive et qu'à la date prévue pour la **réitération par acte authentique** cette condition n'est pas accomplie, la promesse est caduque (Cass. 3e civ. 29-5-2013 n° 12-17.077 FS-PBR : Bull. civ. III n° 69 ; Cass. 3e civ. 9-3-2017 n° 15-26.182 FS-PB : RJDA 7/17 n° 445).

Le même raisonnement doit être suivi lorsque la cession a été conclue sous la **condition qu'un événement n'arrivera pas** dans un certain délai : comme auparavant (C. civ. ex-art. 1177), la condition est accomplie si, à l'expiration de ce délai, l'événement prévu ne s'est pas réalisé ou s'il est certain que l'événement n'arrivera pas.

55203 **Condition soumise à un délai indéterminé** Si la cession a été conclue sous la **condition qu'un événement arrivera,** sans qu'un délai ne soit fixé, la condition est censée défaillie, pour les contrats antérieurs et postérieurs au 1er octobre 2016, dès lors qu'il est devenu certain que la condition n'arrivera pas. La solution, fixée par l'ancien article 1176 du Code civil, devrait être reconduite sur le fondement de l'application de la convention elle-même (pour une illustration, voir Cass. 3e civ. 15-1-2014 n° 12-28.362 FS-D : RJDA 4/14 n° 315).

Une telle condition ne confère pas à l'obligation un caractère perpétuel (Cass. 1e civ. 4-6-1991 n° 894 P : RJDA 11/91 n° 884 ; Cass. 3e civ. 20-5-2015 n° 14-11.851 FS-PB : RJDA 10/15 n° 643).

En l'absence de **certitude concernant la non-survenance de l'événement,** la solution est différente selon la date de conclusion du contrat :

– **pour les contrats conclus depuis le 1er octobre 2016,** faute de texte, la condition est censée défaillie si les juges ont constaté que l'événement ne s'est pas produit dans le délai qu'ils ont retenu : en l'absence de délai convenu par les parties, il leur appartient en effet d'user de leur pouvoir prétorien pour arrêter un délai raisonnable, qui est toujours sous-entendu ;

– **pour les contrats conclus avant le 1er octobre 2016,** l'ex-article 1176 du Code civil s'applique : l'engagement affecté d'une telle condition soumise à un délai indéterminé subsiste aussi longtemps que la condition n'a pas défailli et il ne peut pas prendre fin par la volonté unilatérale de l'une des parties (Cass. com. 6-5-2003 n° 729 F-D : RJDA 12/03 n° 1161 ; Cass. com. 6-3-2007 n° 05-17.546 FS-PB : RJDA 8-9/07 n° 810 ; Cass. com. 17-5-2017 n° 15-20.072 F-D : RJDA 8-9/17 n° 598). Il a longtemps été jugé qu'en l'absence de délai fixé par les parties pour la réalisation de la condition, les juges ne pouvaient pas déroger à ces dispositions en fixant un **délai raisonnable** de réalisation (en ce sens, Cass. 3e civ. 19-12-2001 n° 1869 FS-PB : RJDA 12/03 n° 1160), ni prendre en compte l'existence d'un **délai d'usage** (CA Versailles 23-2-2001 n° 98-8261 : RJDA 11/01 n° 1072). La Cour de cassation en a déduit qu'en l'absence de délai prévu pour la réalisation de la condition suspensive, la vente est parfaite dès la réalisation de la condition suspensive, même si celle-ci intervient après la date prévue pour la réitération par acte notarié, dès lors que celle-ci n'a pas été envisagée comme un terme extinctif (Cass. 3e civ. 21-11-2012 n° 11-23.382 FS-PB : RJDA 3/13 n° 21, solution transposable en cas de cession de droits sociaux). Plus récemment, cependant, à propos d'une vente immobilière conclue sous la condition suspensive de l'obtention d'un certificat d'urbanisme, lequel n'avait été demandé que six ans après la signature de la vente, après l'introduction de l'instance, la troisième chambre civile de la Cour de cassation a décidé que la stipulation d'une condition suspensive sans terme fixe ne pouvait pas conférer à l'obligation un caractère perpétuel, et qu'en l'absence d'indexation du prix et de coefficient de revalorisation, les parties avaient eu la commune intention de fixer un délai raisonnable pour la réalisation de la condition suspensive (Cass. 3e civ. 20-5-2015 n° 14-11.851 FS-PB : RJDA 10/15 n° 643).

Les mêmes solutions s'appliquent lorsque la cession a été conclue sous la **condition qu'un événement n'arrivera pas** (par application de l'ancien article 1177 pour les contrats antérieurs au 1-10-2016).

INCIDENCE DU COMPORTEMENT DE LA PARTIE AYANT INTÉRÊT À LA CONDITION

Condition suspensive Depuis le 1er octobre 2016, la condition suspensive est réputée accomplie si **celui qui y avait intérêt en a empêché l'accomplissement** (C. civ. art. 1304-3 issu de ord. 2016-131 du 10-2-2016). L'ancien article 1178 affirmait la même **sanction** mais seulement dans le cas où l'empêchement venait du débiteur de l'obligation sous condition et les tribunaux exigeaient que cet empêchement soit exclusivement imputable au débiteur (Cass. com. 21-6-1994 n° 1484 : RJDA 12/94 n° 1256 ; Cass. 3e civ. 21-1-1998 n° 83 : RJDA 5/98 n° 578 ; Cass. 3e civ. 2-7- 2003 n° 824 FS-D : RJDA 11/03 n° 1041). En pratique, cette différence de rédaction – le champ de l'article 1304-3 est plus large que celui de l'ex-article 1178 – devrait avoir peu d'effet car c'est le plus souvent le débiteur de l'obligation sous condition qui tend à y échapper en empêchant la condition qui l'obligerait dès son accomplissement. 55220

La plupart des illustrations jurisprudentielles ci-dessous, relatives à l'appréciation du comportement du débiteur de l'obligation conditionnelle, ont été rendues sous l'empire du droit antérieur mais elles sont transposables au régime actuel. Compte tenu de la rareté du contentieux sur ce point en matière de cession de droits sociaux, il nous a paru utile de retenir des illustrations relatives à des ventes de fonds de commerce ou d'immeubles qui valent aussi pour les cessions qui nous intéressent. Cette jurisprudence met en évidence, lorsqu'elle est rendue à propos d'une cession assortie d'une condition suspensive de l'obtention d'un prêt, que, même si l'obtention du financement posé en condition suspensive de la cession relève d'une décision exclusive de la banque, autrement dit d'une personne qui n'a pas intérêt à empêcher l'accomplissement de la condition, le comportement du demandeur peut toutefois être sanctionné s'il génère un refus.

ILLUSTRATIONS **Condition relative à l'obtention d'un financement** 55225

Les bénéficiaires d'une promesse de vente d'un terrain à bâtir conclue sous condition suspensive de l'obtention d'un prêt ont empêché la réalisation de cette condition en **refusant** sans motif sérieux **le prêt** qui leur avait été **offert** dans les conditions normales du marché monétaire et leur comportement fautif doit être sanctionné par l'ex-article 1178 du Code civil (désormais art. 1304-3).

CA Bordeaux 1-3-1984 : JCP N 1984 II p. 153 note J.-G. Raffray.

La cour d'appel qui constate que l'acquéreur avait **demandé un prêt d'un montant supérieur** à celui qui était prévu dans l'acte au titre de la condition suspensive de l'obtention d'un prêt a pu en déduire que l'acquéreur avait empêché la réalisation de la condition suspensive.

Cass. 3e civ. 19-5-1999 n° 887 PB : RJDA 8-9/99 n° 905 ; dans le même sens Cass. 3e civ. 11-1-2005 n° 57 F-D : RJDA 5/05 n° 518.

En l'absence de stipulations contractuelles contraires, le bénéficiaire d'une promesse de vente sous condition suspensive d'obtention d'un prêt effectue les diligences requises et n'empêche pas l'accomplissement de la condition, lorsqu'il présente au moins une **demande d'emprunt conforme** aux caractéristiques stipulées dans la promesse et restée infructueuse.

Cass. 3e civ. 8-12-1999 n° 1864 PB : RJDA 2/00 n° 140.

Il résulte des éléments suivants que les bénéficiaires d'une promesse de vente conclue sous la condition suspensive de l'obtention d'un prêt, qui s'étaient engagés à solliciter un prêt dont les caractéristiques (montant, durée et taux) étaient fixées dans la promesse, n'ont **pas** accompli les **diligences** nécessaires **pour obtenir en temps utile** un tel **prêt** et ont ainsi empêché l'accomplissement de la condition :

– ils font état du refus d'une seule banque alors que la promesse prévoyait l'obligation de rechercher éventuellement plusieurs prêts auprès de tout organisme bancaire de leur choix ;

– la preuve de la réalité de leurs diligences pour obtenir un prêt conforme aux spécifications de la promesse ne peut pas se déduire d'une attestation de refus qu'ils produisent aux débats et qui ne comporte pas la date de la demande, les caractéristiques du prêt sollicité, les raisons et la date du refus ;

– ils n'ont jamais spontanément et loyalement informé le promettant du refus ; il importe peu que le promettant n'ait pas, conformément aux prévisions de la promesse, mis en demeure les bénéficiaires d'avoir à lui communiquer la réponse de la banque relative au prêt sollicité, cette circonstance étant sans influence sur la non-obtention de ce prêt.

Par suite, la condition suspensive doit être réputée accomplie en application de l'article 1178 ancien du Code civil (désormais art. 1304-3).

CA Versailles 19-10-2001 n° 99-7874 : RJDA 3/02 n° 237.

Dans un cas où une vente immobilière avait été conclue sous la condition suspensive de l'obtention d'un prêt d'une durée de 15 ans à un taux d'intérêt donné et où l'acquéreur avait présentée

55225 (suite) d'une demande de prêt sur 12 ans, c'est sans faute de la part de l'acquéreur que cette condition a défailli, nonobstant l'**absence de conformité de la demande de prêt quant à la durée de celui-ci,** dès lors que la banque avait expliqué, calculs à l'appui, son refus d'octroyer un prêt à l'acquéreur eu égard à une **insuffisance des capacités financières** de l'acquéreur compte tenu des emprunts déjà en cours et qu'un prêt, même sur 15 ans, excédait ces capacités.

Cass. 3e civ. 12-9-2007 n° 06-15.640 FS-PB : RJDA 1/08 n° 20.

Dans un cas où une promesse de vente immobilière avait été conclue sous la condition suspensive de l'obtention d'un prêt dans un délai d'un mois à compter de la signature de la promesse, doit être censurée la décision de la cour d'appel qui, pour estimer que l'**acquéreur** avait commis une faute ayant entraîné le refus d'octroi du prêt avait retenu que, n'ayant contacté la banque que treize jours avant l'expiration du délai précité, il n'avait pas effectué les **diligences nécessaires pour solliciter un prêt dans les délais compatibles avec la date d'échéance de la condition,** alors que les juges n'avaient pas constaté que le retard mis par l'acquéreur dans la constitution de sa demande de prêt était à l'origine du refus de la banque.

Cass. 3e civ. 7-11-2007 n° 06-14.227 FS-D.

L'acheteur, engagé sous la condition d'obtenir un prêt bancaire, n'a pas empêché la réalisation de la condition en déposant sa demande de **prêt** au-delà du délai fixé par la promesse, dès lors que le prêt lui a été **refusé pour des raisons de santé.**

Cass. 3e civ. 5-1-2017 n° 15-25.882 F-D : RJDA 4/17 n° 238.

Un compromis de vente de fonds de commerce, conclu sous la condition suspensive de l'obtention d'un prêt bancaire par l'**acquéreur,** prévoyait que ce dernier **devait présenter,** dans le délai d'un mois suivant la signature du compromis, une acceptation de prêt ou « **deux refus bancaires** » et que, à défaut, le cédant pourrait conserver l'acompte versé.
Ayant essuyé de sa banque un premier refus dans le mois du compromis, l'acheteur avait formé un recours auprès de la commission d'arbitrage de celle-ci, qui lui avait refusé à son tour le crédit après l'expiration du délai imparti. Soutenant que la vente n'a pas été réalisée dans ce délai, le cédant avait demandé que l'acompte lui soit attribué.
Il y a lieu de faire droit à cette demande car il résulte des éléments suivants que l'acheteur n'avait pas tout mis en œuvre pour que la condition suspensive se réalise : en prévoyant deux refus bancaires à présenter dans le mois de la signature du compromis, les parties étaient nécessairement convenues que l'acheteur devait contacter et mettre en concurrence deux banques afin d'augmenter ses chances qu'un financement lui soit consenti, peu important que cette obligation n'ait pas été mentionnée expressément dans l'acte ; le recours formé par l'acheteur à l'encontre du refus de sa banque de lui accorder l'emprunt ne constituait pas le second refus bancaire stipulé contractuellement et la mise en œuvre de cette procédure l'avait en outre privé de toute chance d'obtenir un refus définitif dans le mois de la signature du compromis.

CA Douai 6-7-2017 n° 16/04237 : RJDA 1/18 n° 11.

Le bénéficiaire d'une promesse unilatérale de vente, professionnel de l'immobilier, qui dépose une **demande de prêt vouée à l'échec** fait défaillir la condition suspensive d'obtention d'un prêt prévue à l'acte.

Cass. 3e civ. 28-2-2018 n° 17-11.657 F-D : RJDA 8-9/18 n° 628.

Dans le cas d'un compromis de vente d'un fonds de commerce de garage automobile ayant été conclu sous condition suspensive d'obtention d'un prêt par l'acquéreur, il a été jugé que la condition suspensive était réputée accomplie en application de l'article 1304-3 du Code civil car l'acquéreur avait sollicité un prêt qui n'était **pas conforme aux caractéristiques définies** dans le compromis et il avait modifié son projet en cours de demande de prêt.

CA Versailles 5-3-2020 n° 18/08817 : RJDA 7/20 n° 363.

L'acquéreur qui a présenté une **demande** de prêt à un **taux d'intérêt inférieur à celui stipulé** dans la promesse de vente n'a pas ainsi empêché la réalisation de la condition suspensive relative à l'obtention du prêt dès lors que, aux termes d'une attestation de l'établissement de crédit, le prêt aurait été également refusé au taux fixé par la promesse.

Cass. 3e civ. 1-4-2021 n° 19-25.180 F-D : RJDA 6/21 n° 376.

Dans le cas d'une vente conclue sous la condition suspensive de l'obtention d'un prêt, une cour d'appel a pu déduire que la non-obtention du prêt était la conséquence de la passivité et de la négligence de l'acquéreur, dès lors que le **caractère tardif de l'unique demande de prêt,** présentée 16 jours seulement avant l'expiration du délai contractuel de réalisation de la condition suspensive, avait privé l'acquéreur de la possibilité de présenter, dans le délai contractuel, une nouvelle demande avec de meilleures garanties ou auprès d'un autre établissement bancaire en son nom ou celui de la personne morale qu'il s'était substituée.

Cass. 3e civ. 16-2-2022 n° 20-23.237 F-D : RJDA 5/22 n° 258.

ILLUSTRATIONS

Autres conditions 55230

Une personne envisageait de reprendre par voie de continuation une société anonyme en redressement judiciaire, qui avait promis à un actionnaire de celle-ci de lui acheter 700 000 actions au prix unitaire de 15 F (environ 2 €) sous la condition suspensive de « l'arrêté définitif de l'offre de plan de continuation par le tribunal de commerce » qu'elle avait déposé le même jour, cette offre étant elle-même assortie des conditions suspensives suivantes : **prise de contrôle** par le promettant d'au moins 50,01 % du capital social, vote par l'assemblée générale extraordinaire de la SA d'une **augmentation de capital** à intervenir dès l'homologation du plan et, enfin, obtention de l'**autorisation des autorités de marché** d'effectuer l'achat des titres et de réaliser l'augmentation de capital sans avoir à réaliser une offre publique d'achat ni une garantie de maintien de cours.

La référence au dépôt de l'offre de plan de continuation impliquant nécessairement l'accord des parties sur la levée préalable des conditions suspensives stipulées dans cette offre, celles-ci doivent être tenues pour réalisées dès lors qu'il résulte des constatations suivantes que le promettant en a empêché l'accomplissement :

– s'il a adressé aux actionnaires de la société un courrier accompagné de la copie de l'offre de plan déposée leur proposant l'achat de leurs actions, il n'a ensuite, malgré l'insuffisance des réponses positives, entrepris aucune démarche pour satisfaire à l'obligation de tout mettre en œuvre pour acquérir 50,01 % du capital ;

– il a renoncé à participer à l'augmentation de capital de la société qui lui était réservée alors qu'il disposait encore de plusieurs mois pour tenter de trouver les titres manquants ;

– il n'a pas non plus pris les moyens d'obtenir les autorisations du Conseil des marchés financiers conditionnant la réalisation de l'accord signé, se bornant à une simple prise de contact verbal par intermédiaires interposés sans que soit déposé un dossier étayé auprès de cette autorité ;

– enfin, concernant l'homologation du plan par le tribunal, il a renoncé à maintenir la partie « continuation » de l'offre de plan qu'il avait initialement déposée.

L'actionnaire bénéficiaire de la promesse, qui avait dû céder, dans le cadre du plan de redressement en définitive arrêté, 350 000 actions pour le franc symbolique, ne demandant pas l'exécution forcée de la cession des 700 000 titres envisagée, il y a lieu de condamner le promettant à lui verser 100 000 € pour perte de la chance de voir se réaliser l'opération promise.

CA Paris 8-11-2002 n° 01-8529 : RJDA 4/03 n° 354.

Une société (A) comportait deux groupes d'actionnaires, l'un majoritaire, l'autre minoritaire. Une société tierce (B) avait informé le groupe majoritaire de son intention d'acquérir l'ensemble des titres constituant le capital social de la société A pour un certain prix. Quelques jours plus tard, les deux groupes d'actionnaires avaient conclu une convention de vente ou d'achat d'actions (dite buy or sell), aux termes de laquelle chacun avait la faculté de proposer à l'autre le rachat de ses actions, en indiquant le prix offert, le groupe sollicité ayant le choix soit de céder la totalité de ses actions, soit d'acquérir toutes les actions détenues par l'offreur au prix proposé par ce dernier.

Quatre mois plus tard, les membres du groupe majoritaire s'étaient engagés à céder à la société B l'intégralité des actions composant le capital de la société A, puis ils avaient notifié aux membres du groupe minoritaire une offre d'achat pour la totalité des actions détenues par ces derniers. Toutefois, les membres du groupe minoritaire avaient, en exécution de la convention de buy or sell, fait connaître leur décision, non de vendre leurs actions mais de se porter acquéreur des actions de la société A appartenant au groupe majoritaire, au prix notifié par celui-ci, faisant ainsi obstacle à l'exécution du contrat de cession des actions à la société B. Toutes les actions de la société A détenues tant par le groupe majoritaire que par le groupe minoritaire avaient été finalement cédées à un autre repreneur. La société B avait alors réclamé aux actionnaires du groupe majoritaire des dommages-intérêts.

Pour rejeter la demande de la société B, une cour d'appel avait retenu, d'un côté, que l'**obligation** des membres du **groupe majoritaire de vendre la totalité du capital social** de A avait été contractée **sous la condition** suspensive **qu'ils acquièrent préalablement les actions détenues par le groupe minoritaire** et que, par voie de conséquence, la convention entre la société B et les membres du groupe majoritaire ayant pour objet la vente de la totalité du capital social de la société A par ces derniers n'avait plus d'objet à partir du moment où le groupe minoritaire, exerçant l'option prévue par la convention buy or sell, a acquis la totalité des actions de la société A et, d'un autre côté, qu'en proposant au groupe minoritaire des conditions de rachat de ses actions disproportionnées avec leur valeur de réalisation, les membres du groupe majoritaire n'avaient pas loyalement exécuté leur obligation de livrer 100 % des titres à la société B.

Cassation pour violation de l'article 1178 ancien du Code civil (désormais art. 1304-3) dès lors que la faute que la cour d'appel retenait à la charge des membres du groupe majoritaire avait empêché l'accomplissement de la condition assortissant l'obligation dont ils étaient débiteurs et que celle-ci aurait dû en conséquence être réputée accomplie.

Cass. com. 28-4-2009 n°s 08-13.044 et 08-13.049 F-D : RJDA 12/09 n° 1090.

La vente de deux lots situés au deuxième étage d'un immeuble en copropriété avait été conclue sous la condition suspensive de l'**aménagement préalable par le vendeur,** dans un délai de quatre mois, d'une porte palière pour accéder à ces lots. Les travaux n'avaient pas être réalisés en raison de l'opposition de l'occupant du premier étage, titulaire d'un bail commercial. A légalement justifié sa décision la cour d'appel qui a pu déduire des motifs suivants que la défaillance de cette condition suspensive était imputable au vendeur : le descriptif des travaux prévoyait la création, dans la trémie de l'ancien escalier reliant les lots du premier et du deuxième étages, la création d'un plancher séparant ces deux étages ; le vendeur n'avait pas pris en compte la possibilité, de la part du locataire, d'un refus d'accès à ses locaux et d'une opposition à la réalisation des travaux nécessaires à l'ouverture de la porte palière ; il n'avait avisé le locataire des travaux que treize jours avant la date prévue pour la signature de l'acte notarié ; le vendeur avait prévu un **délai trop court** pour la réalisation de ces travaux dans un immeuble ancien, qui était occupé de longue date et dont il ne connaissait pas la configuration précise.
Cass. 3e civ. 28-2-2018 n° 17-11.677 F-D : RJDA 5/18 n° 406.

55235 **Condition résolutoire** Dans les contrats conclus depuis le 1er octobre 2016, la condition résolutoire est réputée défaillie si son **accomplissement a été provoqué par la partie qui y avait intérêt** (C. civ. art. 1304-3, al. 2 issu de ord. 2016-131 du 10-2-2016 ; auparavant Cass. com. 19-1-2010 n° 08-19.376 F-D : Rev. sociétés 2010.165 note Couret ; dans le même sens, Cass. 3e civ. 10-3-1981 n° 79-15.543 D). À notre avis, comme l'exigeait la jurisprudence avant cette date, l'accomplissement doit être le fait exclusif du bénéficiaire de la condition.

ILLUSTRATIONS

Dans un cas où l'acte de cession de plus de la moitié des actions d'une SA prévoyait le versement par le cédant d'un complément de prix à l'acquéreur « pour autant » que celui-ci exerce toujours ses fonctions d'administrateur de la société à une date donnée, une cour d'appel avait retenu le caractère potestatif de cette condition, en relevant que l'acquéreur, associé majoritaire dont les intérêts étaient défendus au sein du conseil d'administration de la société par deux administrateurs issus de son encadrement, était en mesure de faire révoquer le cédant à tout moment de son mandat de PDG et qu'il pouvait ainsi se libérer de son obligation de régler le complément de prix en provoquant la condition. Cassation de cette décision : pour apprécier le caractère potestatif de la condition de l'exercice par le cédant de ses fonctions à la date convenue, la cour d'appel devait rechercher si la réalisation de cette condition dépendait de la seule volonté de l'acquéreur (Cass. com. 19-1-2010 n° 08-19.376 F-D précité).

D. Effets de la condition sur la cession

1. EFFETS DE LA CONDITION EN SUSPENS

EFFETS DE LA CONDITION SUSPENSIVE SUR LA CESSION

55250 Tant que la condition est pendante, l'obligation n'est pas pure et simple et l'exécution de la cession sous condition suspensive ne peut pas être exigée (C. civ. art. 1304-6 issu de ord. 2016-131 du 10-2-2016 ; ex-art. 1181, al. 2).

L'**acquéreur** ne peut pas exiger le transfert des titres et il n'est pas tenu de payer le prix. Si toutefois il paie par erreur, ce paiement constitue un indu. Il dispose donc, conformément au droit commun, de l'action en répétition de l'indu (C. civ. art. 1304-5 nouv., al. 2 ; ex-art. 1377, al. 1).

De son côté, le **cédant** demeure propriétaire des droits sociaux cédés et conserve tous les attributs du droit de propriété. Il continue donc à supporter les risques (cf. C. civ. art. 1304-6 nouv., al. 2 ; ex-art. 1182), dans les mêmes conditions que celles envisagées en cas de cession de droits sociaux avec clause de réserve de propriété (n° 75030). Il peut en outre accomplir des actes conservatoires (C. civ. art. 1304-5 nouv., al. 1 ; ex-art. 1180).

> **Précisions** **a.** Depuis le 1er octobre 2016, le créancier d'une obligation sous condition suspensive peut attaquer les **actes que le débiteur** de cette obligation a accomplis **en fraude** de ses droits (C. civ. art. 1304-5, al. 1 issu de ord. 2016-131 du 10-2-2016).
> **b.** La **revente** de la chose sur laquelle le vendeur ne possède qu'un droit conditionnel n'est pas la vente de la chose d'autrui ; elle est seulement soumise à la même condition que le droit du vendeur (Cass. 3e civ. 20-6-1973 n° 72-12.719 : Bull. civ. III n° 433, rendu à propos d'une vente immobilière mais transposable à la cession de droits sociaux).

55252 **Incidence du décès d'une partie** En cas de décès du cédant avant la réalisation de la condition, le droit qu'il avait sur la créance conditionnelle se transmet à ses héritiers.

Cette solution, prévue par le Code civil dans sa rédaction antérieure à l'ordonnance 2016-131 du 10 février 2016 (C. civ. ex-art. 1179), n'a pas été reprise mais elle est attachée à l'existence de la convention, dès sa conclusion, dans le patrimoine du cédant. De même, à notre avis, en cas de décès de l'acquéreur avant la réalisation de la condition, la dette conditionnelle qui pesait sur lui se transmet à ses héritiers.

EFFETS DE LA CONDITION RÉSOLUTOIRE SUR LA CESSION

La **cession** sous condition résolutoire est **exigible** dès sa conclusion (cf. C. civ. art. 1304-7 issu ord. 2016-131 du 10-2-2016 ; ex-art. 1183, al. 2). Tant que règne l'incertitude sur la réalisation de la condition résolutoire, le contrat s'exécute donc comme si la condition n'existait pas. **55270**

Ainsi, l'acquéreur est immédiatement tenu de payer le prix convenu et devient, dès la conclusion du contrat, propriétaire des droits sociaux cédés.

Les conditions résolutoires n'ayant pas pour effet de différer le transfert de propriété, elles n'ont donc pas d'incidence sur le fait générateur de la **plus-value** qui reste imposable dès l'année de cession. Les **droits d'enregistrement** sont également immédiatement exigibles, dans les conditions et délais de droit commun. **55272**

2. EFFETS À L'ÉCHÉANCE DE LA CONDITION

a. Réalisation de la condition

RÉALISATION DE LA CONDITION SUSPENSIVE

Cession conclue depuis le 1er octobre 2016 Lorsqu'elle est conclue après le 1er octobre 2016, la cession se forme le **jour où la condition** suspensive est **réalisée,** l'obligation devenant alors pure et simple (C. civ. art. 1304-6, al. 1 issu de ord. 2016-131 du 10-2-2016). Contrairement au régime antérieur, la réalisation de la condition ne rétroagit pas au jour de l'acte de cession (C. civ. ex-art. 1179). Les actes que l'acquéreur a pu faire sur le bien vendu avant la réalisation de la condition ne sont pas validés, à la différence de ce qui était admis auparavant (Cass. 3e civ. 19-2-1976 n° 74-12.154 : Bull. civ. III n° 76). **55300**

Toutefois les parties peuvent prévoir que l'accomplissement de la condition rétroagira au jour du contrat, le bien (ici les titres), objet de l'obligation, n'en demeure pas moins aux risques du cédant, qui en conserve l'administration et a droit aux fruits jusqu'à l'accomplissement de la condition (C. civ. art. 1304-6, al. 2 nouv.).

Cession conclue avant le 1er octobre 2016 Les cessions conclues avant le 1er octobre 2016 sous condition suspensive sont réputées formées dès la **date de l'acte de cession** lorsque la condition se réalise (C. civ. ex-art. 1179), sauf clause contraire (Cass. 3e civ. 19-2-1976 n° 74-12.154 : Bull. civ. III n° 76 ; Cass. com. 23-1-2019 n° 17-24.051 F-D : RJDA 5/19 n° 333) ; l'acquéreur est censé avoir été propriétaire des droits sociaux et le cédant avoir perdu la propriété de ces droits, dès la date de la conclusion de la cession. Cependant, en application de l'ancien article 1182 du Code civil, l'acquéreur n'a pas rétroactivement la charge des risques. **55302**

Incidences fiscales En droit fiscal, le principe est celui de la non-rétroactivité de la condition suspensive et ce, quelle que soit la date de la cession. **55305**

Ainsi, en matière d'imposition des **plus-values,** lorsqu'une cession est assortie d'une condition suspensive, le transfert de propriété des droits sociaux n'est considéré comme effectif, sur le plan fiscal, qu'à la date de réalisation de cette condition et, par suite, la plus-value ne peut pas être imposée avant cette date.

Il a par exemple été jugé, à propos d'un apport d'actions en société conclu sous la condition suspensive de sa ratification par les actionnaires de la société et de la réalisation de l'augmentation de capital destinée à le rémunérer, que la plus-value de cession imposable doit être appréciée, non pas à la date de la signature de la convention d'apport, mais à celle où, cette double condition étant remplie, la cession est devenue définitive (CE 11-4-1973 n° 81154 : Dupont 1973 p. 267 ; CE 30-6-1976 n° 92674 et 93186 : RJF 9/76 n° 397).

De même, les **droits d'enregistrement** ne deviennent exigibles, dans les conditions et délais de droit commun, qu'au jour de la réalisation de la condition suspensive. L'article 676 du CGI prévoit en effet que le régime fiscal applicable et les valeurs imposables sont déterminés en se plaçant à la date de la réalisation de la condition. Il en résulte notamment que la nature et la quotité des droits exigibles doivent être déterminées compte tenu de la législation en vigueur au jour de la réalisation de la condition et, accessoirement, que le droit fixe éventuellement perçu sur l'acte originaire n'est pas susceptible d'être imputé sur le droit définitivement exigible.

> **Précisions** L'article 676 du CGI conduisait déjà, avant le 1er octobre 2016, à faire complètement abstraction, pour la liquidation de l'impôt, de l'effet rétroactif de la condition. Les règles fiscales et civiles sont désormais identiques.
La Cour de cassation s'est prononcée sur les conséquences d'une **cession de titres d'une société réalisée sous la condition suspensive de sa transformation de SARL en société anonyme.** L'accord portant sur la cession de la totalité des titres avait été conclu préalablement à la transformation de la société en société anonyme. La cession des actions était ensuite intervenue après la tenue de l'assemblée générale extraordinaire ayant approuvé la transformation de la SARL en SA. Considérant qu'il y avait accord sur la chose et sur le prix avant la transformation de la société en société anonyme, l'administration réclamait le paiement des droits d'enregistrement au taux majoré applicable, à l'époque des faits, aux cessions de parts sociales. La Cour de cassation a infirmé la position de l'administration en jugeant que, dès lors que la condition liée à la transformation de la SARL en société anonyme s'analysait en une condition suspensive, l'administration ne pouvait plus réclamer les droits d'enregistrement à ce taux (Cass. com. 9-2-1999 n° 387 P : RJF 5/99 n° 647).

RÉALISATION DE LA CONDITION RÉSOLUTOIRE

55320 La réalisation de la condition résolutoire entraîne la résolution de la cession, c'est-à-dire son **anéantissement rétroactif** (C. civ. art. 1304-7 issu de ord. 2016-131 du 10-2-2016 ; ex-art. 1183, al. 1). Sauf stipulation contraire des parties, la résolution joue de plein droit sans mise en demeure préalable (Cass. 3e civ. 9-1-1980 n° 78-13.720 : Bull. civ. III n° 12).

ILLUSTRATIONS

Dans un cas où une cession d'actions, soumise à déclaration et à autorisation préalables du ministre de l'économie dans la mesure où elle permettait à une société étrangère de prendre le contrôle d'une société française, avait été consentie sous la condition résolutoire de la non-obtention de cette autorisation dans l'année de la cession, il a été jugé que la condition résolutoire avait été accomplie dès lors que l'autorisation préalable n'avait été ni obtenue ni, à défaut de déclaration préalable, sollicitée et que l'opération n'avait pas donné lieu à décision administrative de régularisation. Par suite, la cession a été déclarée rétroactivement anéantie, dépourvue de tout effet, de sorte que les acquéreurs ne pouvaient pas se prévaloir du droit de préemption prévu par cet accord (CA Paris 11-5-1988 : BRDA 11/89 p. 13).

L'extinction rétroactive de la cession sous condition résolutoire ne remet pas en cause les **actes** conservatoires ou d'administration **faits tant que la condition était pendante** (C. civ. art. 1304-7, al. 1). Cette règle, applicable aux cessions conclues depuis le 1er octobre 2016, était déjà suivie antérieurement (Cass. civ. 18-11-1924 : D. 1925 I p. 25).
Les effets de la résolution, tant sur le plan juridique que fiscal, sont les mêmes que ceux de la nullité exposés nos 30700 s. (sous réserve de l'absence de droit à restitution des droits d'enregistrement).

55322 L'article 1304-7, al. 2 du Code civil (issu de ord. 2016-131 du 10-2-2016) prévoit deux **exceptions** à l'extinction rétroactive du contrat.
Tout d'abord, dans une clause contraire de l'acte, les parties peuvent convenir que la cession s'éteindra seulement à la date de l'accomplissement de la condition résolutoire ; une telle clause permet à l'acquéreur, en cas de réalisation, d'obtenir le remboursement du prix de cession sans avoir à restituer les bénéfices distribués par la société depuis la cession ; une telle condition assure la sécurité juridique de la cession (Cass. com. 6-2-2019 n° 16-21.090 F-D : RJDA 5/19 n° 338, 2e esp.).
Par ailleurs, l'alinéa 2 de l'article 1304-7 prévoit que le contrat n'est pas rétroactivement éteint si les prestations échangées ont trouvé leur utilité au fur et à mesure de l'exécution réciproque du contrat. Ce dernier cas renvoie au régime des restitutions tel qu'il a été fixé par l'ordonnance de 2016 mais il nous semble de peu d'application à la résolution d'une cession de droits sociaux pour les raisons exposées n° 79553.

55325 La résolution de la cession par réalisation de la condition résolutoire est opposable à la société et aux tiers selon les mêmes modalités que l'annulation de la cession (n° 30800).

b. Défaillance de la condition

DÉFAILLANCE DE LA CONDITION SUSPENSIVE

55330 En cas de défaillance de la condition suspensive, c'est-à-dire lorsqu'il est certain que la condition ne se réalisera pas, la **cession** est censée n'avoir **jamais existé** (C. civ. art. 1304-6, al. 3). Cette disposition est issue de l'ordonnance 2016-131 du 10 février 2016. Le Code civil était auparavant muet sur la question, mais la Cour de cassation avait retenu une solution similaire, jugeant qu'aucun contrat n'avait jamais existé en cas de défaillance de la condition (Cass. com. 29-4-1974 n° 73-10.172 : Bull. civ. IV n° 135) ou que la défaillance de la condition entraînait la caducité du contrat (Cass. 3e civ.

28-3-2007 n° 03-14.681 FS-PB : RJDA 7/07 n° 708). Ainsi, dans un cas où la cession de parts d'une SARL était subordonnée à l'acceptation, dans les deux ans, de la promesse unilatérale de la cession des parts sociales restantes, il a été jugé que, en l'absence d'acceptation de la promesse dans le délai convenu, la cession était devenue caduque et ne pouvait pas recevoir exécution, même partielle (CA Versailles 21-4-1988 : Bull. Joly 1988 p. 579).

En cas de délai prévu pour la réalisation de la condition, le bénéficiaire de celle-ci peut demander une **prolongation du délai** (Cass. 3e civ. 29-5-2013 n° 12-17.077 FS-PBR : Bull. civ. III n° 69), celle-ci ne pouvant pas cependant être déduite de la seule inaction de l'autre partie (Cass. 3e civ. 23-1-2013 n° 11-25.676 FS-PBR : RJDA 5/13 n° 387, solution rendue en matière de bail commercial mais transposable en cas de cession de droits sociaux).

Sur la faculté pour le bénéficiaire de la condition de **renoncer à la condition,** une fois celle-ci accomplie ou défaillie, voir n° 55400.

Le contrat de cession étant censé n'avoir jamais avoir existé, le **cédant** n'est donc plus tenu de livrer les droits sociaux et doit **restituer** à l'acquéreur les éventuels acomptes perçus. 55332

ILLUSTRATIONS

Dans un cas où les parties à une promesse synallagmatique portant cession des actions d'une société canadienne avaient prévu que le transfert de propriété et le paiement du prix (5 250 000 dollars canadiens) interviendraient sous réserve de l'approbation de l'opération par des banques canadiennes, créancières de la société, avant une certaine date, jugé que l'acquéreur pouvait se prévaloir de la caducité de cette promesse pour demander la restitution de la somme versée à titre d'**acompte** dès lors que l'agrément bancaire non seulement n'avait pas été donné à la date fixée pour la réalisation de la cession, mais ne pouvait intervenir qu'au prix d'un alourdissement des obligations de l'intéressé, en raison des nouvelles exigences (notamment, l'injection par l'acquéreur de 2 millions de dollars canadiens dans le capital) posées par les banques pour accorder leur agrément (CA Paris 17-12-1991 : RJDA 4/92 n° 352).

Compte tenu de l'extinction des relations contractuelles, il est impossible à l'une des parties d'invoquer l'obligation d'exécuter les contrats de bonne foi ; par exemple, l'acquéreur ne peut pas utilement soutenir que, en raison de la loyauté devant présider aux relations contractuelles, le cédant était tenu, après défaillance de la condition suspensive, de lui faire une **nouvelle proposition de vente** (Cass. 3e civ. 14-9-2005 n° 904 FS-PB : RJDA 2/06 n° 124). Rien n'interdit toutefois aux parties de prévoir une telle obligation.

Si l'**acquéreur** a **pris frauduleusement la direction de la société** cédée alors que la condition était pendante, il peut être condamné à réparer le préjudice subi par le cédant. Ainsi, dans un cas où l'animateur d'une société familiale de syndic de copropriété avait cédé au nom de tous les associés l'ensemble des parts de celle-ci à une autre société sous la condition du paiement du prix à une date déterminée, jugé qu'il résultait des circonstances suivantes qu'avant d'avoir payé le prix, la société cessionnaire s'était violemment et frauduleusement emparée de la direction de la société cédée et de son contrôle, avait pillé ses actifs et mis en péril sa survie et avait donc indiscutablement causé un préjudice à la société cédée : elle avait adressé des cartes de vœux exposant qu'elle avait repris la société cédée, qu'elle bénéficiait d'une assise financière plus large et annonçant le départ en retraite du président en place ; elle avait réclamé des provisions de charges à des copropriétaires sur papier à en-tête portant une nouvelle dénomination ; elle avait convoqué une assemblée générale pour un immeuble géré depuis des années par la société cédée portant à l'ordre du jour la question du renouvellement de son mandat de syndic pour une nouvelle année, avec des honoraires augmentés de 16,5 % ; elle avait fait modifier le nom des dirigeants de la société cédée auprès du registre du commerce et des sociétés et, en possession du nouveau Kbis, elle avait ouvert des comptes bancaires au nom de la société cédée ayant pour seul signataire un nouveau dirigeant et s'était fait remettre deux chéquiers. Par suite, la société cessionnaire a été condamnée à verser 170 000 € de dommages-intérêts à la société cédée (CA Paris 9-6-2009 n° 08-4351). 55333

L'**anéantissement** de la cession peut être **invoqué par** les deux parties au contrat. Toutefois, si la condition suspensive a été stipulée dans l'intérêt exclusif d'une seule d'entre elles, seule celle-ci peut s'en prévaloir (Cass. 3e civ. 13-7-1999 n° 1266 PB : RJDA 10/99 n° 1065 ; Cass. 3e civ. 20-6-2006 n° 05-12.319 F-D : RJDA 1/07 n° 25 ; Cass. 3e civ. 12-1-2010 n° 08-18.624 F-PB : RJDA 7/10 n° 726). 55334

DÉFAILLANCE DE LA CONDITION RÉSOLUTOIRE

En cas de défaillance de la condition résolutoire, la situation dans laquelle les parties se trouvaient avant l'échéance de la condition (n° 55270) se trouve confortée. La cession est considérée comme n'ayant jamais été conditionnelle. 55350

ILLUSTRATIONS

Dans un cas où l'acte portant cession de la totalité des actions d'une SA avait été conclu sous la **condition résolutoire de l'exercice du droit de préemption** dont un tiers bénéficiait sur les titres et où celui-ci avait exercé son droit de préemption tout en subordonnant son achat à certaines conditions de garantie contractuelle, il a été jugé que l'acquéreur initial ne pouvait pas réclamer au cédant le remboursement de l'acompte qu'il lui avait versé à titre de garantie de bonne fin et devait payer le solde du prix des actions au cédant. Le droit de préemption devait être exercé aux conditions d'acquisition prévues par l'acte de cession, notamment l'obtention par l'acquéreur de l'agrément d'un pool bancaire, de sorte que le bénéficiaire du droit de préemption n'ayant pas obtenu cet agrément et ayant ajouté des conditions de garantie à l'exercice de son droit, la cession entre lui et le cédant ne pouvait pas intervenir aux conditions prévues par l'acte de cession ; la condition résolutoire n'étant pas acquise, la cession initiale devait produire son plein effet (Cass. com. 14-2-2012 n° 11-10.335 : RJDA 7/12 n° 680).

3. RENONCIATION À LA CONDITION

RENONCIATION À UNE CONDITION PENDANTE

55370 Une partie est libre de renoncer à la condition stipulée dans son intérêt exclusif, tant que celle-ci n'est pas accomplie ou n'a pas défailli (C. civ. art. 1304-4 issu de ord. 2016-131 du 10-2-2016 et modifié par loi 2018-287 du 20-4-2018). Le texte vise tant la condition suspensive que la condition résolutoire.

L'ordonnance 2016-131 portant réforme du droit des contrats n'avait prévu que la renonciation à la **condition non accomplie** ; la loi ratifiant l'ordonnance a introduit la renonciation à la **condition non défaillie.** Cette modification est entrée en vigueur le 1er octobre 2018 mais, déclarée de caractère interprétatif par la loi de ratification (Loi 2018-287 du 20-4-2018 art. 16), elle est à notre avis applicable aux contrats conclus à compter du 1er octobre 2016 (n° 2005).

55375 **Bénéficiaire exclusif de la condition** Une partie ne peut renoncer seule à une condition que si cette dernière a été stipulée à son profit exclusif (C. civ. art. 1304-4 issu de ord. 2016-131 du 10-2-2016). Si elle l'a été dans l'intérêt des deux parties, aucune d'entre elles ne peut y renoncer unilatéralement (Cass. 3e civ. 4-6-2009 n° 08-15.587 FS-D : RJDA 12/09 n° 1059) mais elles le peuvent d'un commun accord.

La détermination du bénéficiaire exclusif d'une condition relève du pouvoir souverain des juges du fond (Cass. 3e civ. 4-11-1976 n° 75-12.178 : Bull. civ. III n° 382 ; Cass. 3e civ. 4-6- 2009 n° 08-15.587 précité ; pour une application, CA Paris 10-10-2013 n° 12/12750 : BRDA 22/13 inf. 5).

55377 L'article 1304-4 du Code civil (issu de ord. 2016-131 du 10-2-2016) précise que la partie bénéficiaire exclusif de la condition est libre d'y renoncer. Cette décision est donc **discrétionnaire.**

55380 **Manifestation de la renonciation** La renonciation ne peut résulter que de faits ou d'actes manifestant **sans équivoque** la volonté de renoncer (Cass. 1e civ. 5-7-1989 : Bull. civ. I n° 281 ; Cass. 1e civ. 7-3-2000 n° 464 P : RJDA 1/01 n° 5).

ILLUSTRATIONS

Dans un cas où une promesse de vente d'un immeuble avait été conclue sous condition de la fourniture par l'acquéreur d'une caution bancaire, il a été jugé que la renonciation du vendeur à cette condition ne pouvait pas être déduite de la **poursuite des préparatifs** de l'acte définitif de vente (Cass. 3e civ. 6-5-2003 n° 574 F-D : RJDA 8-9/03 n° 821, solution transposable en cas de cession de droits sociaux).

Le jour même de la cession à crédit de l'ensemble des actions d'une société holding, le cédant s'était engagé, par une promesse distincte, à céder à l'acquéreur la participation de 50 % qu'il détenait dans une filiale de la holding, celui-ci s'engageant pour sa part à acquérir cette participation. Cette promesse était conclue sous la condition résolutoire du paiement du solde du prix des actions de la holding à une certaine date. Aux termes de la **clause résolutoire,** en cas de **non-paiement du solde du prix à temps,** la promesse était « caduque de plein droit » et l'acquéreur s'engageait à rétrocéder au cédant l'autre moitié des actions de la filiale détenues par la holding. Le solde du prix ayant été réglé après la date convenue, le cédant avait demandé à l'acquéreur d'exécuter la promesse ; l'acquéreur s'y était opposé en faisant valoir que celle-ci était devenue caduque par application de la clause résolutoire.

Il a été jugé que le **cédant,** en faveur de qui la clause avait été stipulée, avait **manifesté de façon non équivoque sa volonté de renoncer** à la clause résolutoire. En effet, une dizaine de jours après la date fixée pour le paiement du solde du prix, le cédant, à qui l'acquéreur avait proposé une rencontre afin d'examiner les solutions à apporter à la situation, avait répondu ne pas être opposé à cette rencontre et les parties étaient ensuite entrées en discussion sur les sommes restant dues. Environ deux mois plus tard, l'acquéreur avait proposé au cédant un nouvel échéancier de paiement que celui-ci avait accepté sans jamais évoquer la clause résolutoire.

Quelques mois après, ayant reçu un courriel de l'acquéreur l'informant que celui-ci entendait rediscuter le prix de cession des actions de la filiale, le cédant avait mis en demeure l'acquéreur de régulariser cette cession et lui indiquait qu'à défaut, il la ferait constater en justice (CA Paris 28-7-2020 n° 17/18452 : RJDA 11/20 n° 574).

Il a également été jugé, dans le cas d'une promesse de vente dans laquelle un délai était prévu pour la réalisation de la condition suspensive d'obtention d'un prêt immobilier, qu'il appartenait à l'acquéreur à la fin de ce délai d'indiquer **dans les formes prévues au contrat** s'il renonçait au bénéfice de cette condition (Cass. 3e civ. 12-7-2018 n° 17-22.171 FS-D : RJDA 10/18 n° 762).

CONSEIL

Pour éviter toute contestation ultérieure et éviter que le juge ne soit amené à apprécier la portée de son comportement, la partie qui bénéficie seule de la condition stipulée a tout intérêt, si elle entend y renoncer, à faire expressément part de sa volonté à l'autre partie par **lettre recommandée AR** (ou par remise contre émargement). Cela lui permet d'établir la date de sa renonciation et qu'elle est antérieure à la réalisation ou à la défaillance de la condition.

Effet de la renonciation L'article 1304-4 nouveau du Code civil ne dit rien de l'effet de la renonciation. Que la condition, à laquelle il est renoncé, soit suspensive ou résolutoire, la cession doit être considérée comme non conditionnelle. 55390

Sous l'empire des anciens textes, mais la solution est à notre avis transposable au régime actuel, la Cour de cassation a jugé que la renonciation n'emporte pas création d'un **contrat nouveau,** de sorte que la date de conclusion de la cession n'est pas reportée à la date de la renonciation (cf. Cass. com. 6-2-1996 n° 93-12.868 P : RJDA 4/96 n° 480). Il pourrait en être autrement si les parties sont convenues à cette occasion de modifier les termes de la cession.

RENONCIATION À UNE CONDITION ACCOMPLIE OU DÉFAILLIE

Il résulte de l'article 1304-4 nouveau du Code civil qu'il n'est pas possible, en principe, de renoncer à une **condition accomplie ou défaillie** (n° 55370). On peut noter que, dans certaines hypothèses, une telle renonciation n'aurait aucun intérêt : en présence d'une condition suspensive réalisée, l'obligation devient pure et simple (C. civ. art. 1304-6 issu de ord. 2016-131 du 10-2-2016) ; renoncer à cette condition accomplie revient exactement au même résultat (Rapp. Sén. n° 22 relatif à la loi 2018-287 du 20-4-2018). Dans la même logique, renoncer à une condition résolutoire défaillie ne présente guère d'intérêt : le contrat est formé. 55400

L'article 1304-4 ne prohibe que la **renonciation unilatérale** par la partie, bénéficiaire exclusif de la condition, à moins qu'elle n'obtienne l'accord de l'autre partie (Rapp. précité). Rien n'interdit aux parties de convenir, **d'un commun accord,** du sort du contrat après réalisation ou défaillance de la condition, ce texte n'étant pas d'ordre public (Rapp. précité).

› **Précisions** **Avant la réforme** du droit des contrats, la renonciation à une **condition défaillie** faisait débat en doctrine au regard du caractère automatique de la caducité du contrat résultant de cette défaillante et la jurisprudence de la Cour de cassation n'était pas uniforme. Certains arrêts l'admettaient (Cass. com. 20-2-2007 n° 05-19.601 F-D à propos d'un prêt bancaire consenti sous réserve d'un apport personnel de l'emprunteur ; Cass. 1e civ. 17-3-1998 n° 96-13.972 P : RJDA 7/98 n° 904 ; Cass. 3e civ. 8-7-2014 n° 13-17.386 F-D : Contrats, conc., consom. 2014 comm. n° 254 note G. Raymond à propos de contrats de construction de maison individuelle conclus sous la condition suspensive d'obtention d'un permis et d'un prêt). S'agissant d'une vente immobilière, la troisième chambre civile de la Cour de cassation avait jugé que, les conditions convenues (absence de servitude sur le fonds et renseignements d'urbanisme négatifs) ayant défailli, l'acheteur n'avait pour seule alternative que de se prévaloir de la caducité de la promesse ou d'y renoncer et de poursuivre la vente aux conditions initiales (Cass. 3e civ. 31-3-2005 n° 04-11.752 FS-PB : RJDA 8-9/05 n° 946 écartant qu'il puisse demander l'exécution forcée de la vente moyennant une réduction du prix). Mais, pour cette même chambre, lorsque la date fixée par la promesse de vente pour la signature de l'acte authentique de vente constituait le point de départ de l'exécution forcée du contrat, la renonciation de l'acquéreur à la condition suspensive stipulée dans son intérêt exclusif devait intervenir avant cette date (Cass. 3e civ. 17-12-2008 n° 07-18.062 FS-PB : RJDA 7/09 n° 614 ; Cass. 3e civ. 19-10-2011 n° 10-16.921 FS-D : RJDA 2/12 n° 141).

CHAPITRE 2

ENGAGEMENTS DE L'ACQUÉREUR ENVERS LE CÉDANT

SOMMAIRE

LIBERTÉ DE L'ACQUÉREUR DE S'ENGAGER

56000 En application du principe de la liberté contractuelle (C. civ. art. 1103 issu de ord. 2016-131 du 10-2-131 ; ex-art. 1134), l'acquéreur de parts sociales ou d'actions peut prendre toutes sortes d'**engagements** envers le cédant **accessoires** à son obligation de payer le prix d'achat.

Ces engagements sont valables dès lors qu'ils respectent les principes généraux du droit des obligations et les règles spécifiques du droit des sociétés.

ENGAGEMENT DE L'ACQUÉREUR EN QUALITÉ DE PORTE-FORT

56010 Lorsque la cession confère le contrôle de la société à l'acquéreur, il est fréquent que ce dernier s'engage à procurer au cédant un contrat de travail ou un poste de direction au sein de la société ou à faire rembourser par celle-ci le compte courant du cédant.

Ces engagements n'ont qu'un **effet relatif** : ils n'engagent pas la société (Cass. soc. 11-10-1978 n° 77-40.137 : Bull. civ. V n° 651).

ILLUSTRATIONS

Une convention avait été conclue, d'une part, entre une société et un groupe industriel qui s'était porté acquéreur des actions émises par cette société et, d'autre part, entre ce groupe et un tiers aux termes de laquelle ce dernier serait engagé par la société pour une durée de sept ans après le transfert des actions au groupe acquéreur, cette acquisition constituant une condition suspensive de la conclusion du contrat de travail. L'intéressé avait pris ses fonctions en 1971 et avait été embauché par la société l'année suivante avec des attributions et une rémunération très voisines de celles prévues par la convention qu'il avait conclue avec le groupe acquéreur mais l'acquisition des actions par ce dernier n'était intervenue qu'en 1973. La société ayant rompu le contrat de travail avant l'arrivée des sept ans, le salarié avait assigné la société pour rupture prématurée du contrat de travail. Cette action a été rejetée aux motifs que la société n'avait pas été partie à la convention conclue entre le salarié et le groupe acquéreur et qu'ainsi elle ne lui était pas opposable avant la réalisation de la condition suspensive qui n'était intervenue qu'après la rupture. En prenant le salarié à son service avant cette date, la société l'avait recruté par un contrat de travail distinct sans détermination de durée (Cass. soc. 11-10-1978 n° 77-40.137 précité).

Un tel engagement constitue une **promesse de porte-fort** (C. civ. art. 1204 issu de ord. 2016-131 du 10-2-2016 ; ex-art. 1120), par laquelle l'acquéreur promet soit la **ratification de l'engagement** par la société (par exemple, la conclusion par la société d'un contrat de travail avec le cédant), soit l'**exécution** par la société **de l'engagement** (par exemple, la poursuite du contrat de travail liant le cédant à la société), soit les deux (par exemple, la conclusion d'un contrat de travail par la société avec le cédant et la poursuite de ce contrat pendant un certain délai).

56012 La conclusion de l'engagement du porte-fort n'est pas soumise au **formalisme de l'article 1376 du Code civil** (issu de ord. 2016-131 du 10-2-2016 ; ex-art. 1326) qui impose la mention, sur l'acte par lequel une partie s'engage envers une autre à lui payer une somme d'argent, de la somme en toutes lettres et en chiffres (Cass. com. 18-6-2013 n° 12-18.890 FS-PB : RJDA 11/13 n° 874). Le porte-fort constitue en effet un engagement de faire (arrêt précité).

> **Précisions** Par cette décision, la chambre commerciale de la Cour de cassation a opéré un revirement d'une jurisprudence initiée en 2005 et largement critiquée par la doctrine. Faisant une **distinction entre le porte-fort de ratification et le porte-fort d'exécution,** elle avait jugé que celui qui se porte fort pour un tiers en promettant la ratification par ce dernier d'un engagement est tenu d'une obligation autonome dont il se trouve déchargé dès la ratification par le tiers, tandis que celui qui se porte fort de l'exécution d'un engagement par un tiers s'engage accessoirement à l'engagement principal souscrit par le tiers à y satisfaire si le tiers ne l'exécute pas lui-même, de sorte que le formalisme de l'article 1376 du Code civil s'imposait (Cass. com. 13-12-2005 n° 03-19.217 F-PBR : RJDA 5/06 n° 491 ; Rapp. de la Cour de cassation pour 2005 p. 359 ; Cass. com. 18-12-2007 n° 05-14.328 F-D : RJDA 4/08 n° 365). Critiquant cette jurisprudence, le professeur Simler estime que l'engagement du porte-fort n'est ni autonome ni accessoire mais indemnitaire : la personne qui se porte fort est tenue de réparer le préjudice causé au tiers par l'inexécution de l'obligation de celui pour lequel elle s'est portée fort (JCP G 2006 II n° 10021 ; dans le même sens, N. Rontchevsky : Banque et droit 106/2006 p. 60). Quant au professeur Savaux, il considère que le porte-fort d'exécution n'existe pas : la division entre porte-fort de ratification et porte-fort d'exécution était, à son avis, soutenable, « tant que l'on respectait, au moins pour l'essentiel, le régime fixé par l'ex-article 1120 du Code civil. C'était le cas lorsque l'on admettait qu'à défaut de l'exécution de l'obligation par le tiers, le promettant devait indemniser le bénéficiaire du préjudice causé par l'inexécution [...]. Ce ne l'est plus dès lors que, comme la chambre commerciale le juge, le prétendu porte-fort de l'exécution est tenu d'exécuter cette obligation même » (Defrénois 2006 art. 38345). Voir aussi R. Libchaber, La vaine recherche de sûretés personnelles nouvelles : l'insaisissable porte-fort de l'exécution : RJDA 8-9/06 p. 787.

Obligation du porte-fort Le porte-fort de la ratification ou de l'exécution constitue un engagement personnel du porte-fort, tenu d'une **obligation de résultat autonome** (notamment, Cass. com. 1-4-2014 n° 13-10.629 F-PB : RJDA 7/14 n° 593 ; Cass. 1e civ. 16-4-2015 n° 14-13.694 F-PB : RJDA 7/15 n° 478). 56015

Il en résulte les **conséquences** suivantes.

Compte tenu de l'autonomie de son engagement, le porte-fort ne peut pas pour y échapper **contester** la **validité de l'engagement du tiers** pour lequel il s'est porté fort (Cass. 1e civ. 25-1-2005 n° 01-15.926 F-PB : RJDA 6/05 n° 648). Les moyens qui pourraient être invoqués par le tiers pour échapper à l'exécution de son engagement sont sans effet sur l'obligation de résultat pesant sur le porte-fort (Cass. com. 28-5-2013 n° 12-16.879 F-D : RJDA 11/13 n° 875). L'absence d'exécution du résultat promis suffit à caractériser le manquement du porte-fort à son engagement. 56017

ILLUSTRATIONS

Dans un cas où un emprunt bancaire souscrit par un associé d'une SCI était garanti par le cautionnement hypothécaire donné par cette société et où, à l'occasion de l'achat des parts de la SCI, l'acquéreur s'était engagé à obliger celle-ci à faire face au **remboursement du prêt** sans se retourner contre l'emprunteur, jugé que la **validité du cautionnement** de la SCI importait peu pour apprécier si l'acquéreur avait satisfait à son obligation et que, n'ayant pas obtenu la ratification par la SCI de l'engagement de rembourser le prêt, l'acquéreur n'avait pas satisfait à son obligation de résultat (Cass. 1e civ. 25-1-2005 n° 01-15.926 F-PB : RJDA 6/05 n° 648).

En présence d'un engagement de porte-fort portant sur l'exécution d'un contrat souscrit par le porte-fort au nom d'un tiers, cassation de l'arrêt d'une cour d'appel qui, pour écarter la responsabilité du porte-fort à la suite de l'inexécution du contrat, a retenu que ce dernier n'avait pas été valablement conclu, le **tiers** n'étant **plus capable de s'engager** et le porte-fort (son fils) n'ayant pas été désigné comme tuteur chargé de le représenter (Cass. 1e civ. 16-4-2015 n° 14-13.694 F-PB : RJDA 7/15 n° 478).

Dans un cas où l'acquéreur des actions d'une société (A) avait promis au cédant, d'une part, que la société A lui céderait les actions d'une autre société (B), d'autre part, qu'une troisième société (C), filiale de la société A, lui consentirait un **contrat de travail,** la cour d'appel de Paris a jugé que les engagements souscrits par l'acquéreur demeurent valides, bien que ce dernier ait ultérieurement cédé à un tiers les actions de la société A, et le cédant est fondé à obtenir réparation du dommage subi du fait de leur inexécution, pour les motifs suivants (CA Paris 20-3-1991 : Bull. Joly 1991 p. 514) :

– s'il appartenait à la société C et à ses dirigeants de veiller à ce que l'exécution de l'accord conclu entre l'acquéreur et le cédant n'entraîne pas une **utilisation des biens sociaux prohibée** par la loi, une telle obligation était extérieure à l'accord et l'acquéreur ne pouvait donc pas voir dans sa violation une cause d'exonération des engagements nés de l'accord ;

– la **perte par l'acquéreur du contrôle** indirect **de la société** C était dénuée de conséquences sur la validité de la promesse de recrutement donnée au cédant puisque l'acquéreur s'était engagé

pour la société C à procéder à ce recrutement sans considération sur les changements d'actionnaires qui pourraient intervenir ;
– l'abstention du cédant dans le vote qui avait conduit au transfert des actions de la société C détenues par la société A ne valait pas approbation de cette opération, approbation qui, de toute façon, serait restée sans influence sur la valeur et la force de l'engagement souscrit par l'acquéreur ;
– le point de savoir si le salaire du cédant pouvait ou non constituer, tout à la fois, une partie du prix de vente des actions cédées et une rémunération était sans importance dès lors que les parties s'étaient entendues sur le recrutement du cédant à des conditions convenues entre elles.

56020 Le porte-fort n'est déchargé de son engagement qu'à la suite de la **ratification ou** l'**exécution par le tiers** (C. civ. art. 1204, al. 2 issu de ord. 2016-131 du 10-2-2016 ; Cass. 1e civ. 18-4-2000 n° 677 P : RJDA 7-8/00 n° 741 ; Cass. com. 28-5-2013 n° 12-16.879 F-D : RJDA 11/13 n° 875). Jugé ainsi qu'il n'y avait pas eu ratification de l'engagement pris par l'acquéreur d'actions d'une société qui s'était porté fort pour celle-ci de faire bénéficier le cédant d'un contrat de travail devant l'amener à l'âge de la retraite, dès lors que le contrat de travail souscrit par la société avait été rompu alors que le salarié n'avait pas encore atteint cet âge (Cass. 1e civ. 18-4-2000 n° 677 P : RJDA 7-8/00 n° 741).

56025 **Sanction de l'inexécution de l'engagement de porte-fort** En cas d'inexécution par la société de l'engagement pour lequel l'acquéreur s'est porté fort, ce dernier ne peut pas être condamné à **exécuter lui-même l'engagement promis,** sauf clause contraire. Jugé, par exemple, que l'acquéreur de parts sociales qui s'est engagé « à faire rembourser le compte courant d'associé » du cédant n'a pas pris l'engagement personnel de rembourser l'avance en compte courant mais a pris un engagement de porte-fort, promettant personnellement à l'acquéreur d'obtenir l'engagement d'un tiers en faveur de ce dernier (CA Versailles 19-11-1998 n° 96-4098 : RJDA 7/99 n° 755).

L'inexécution de l'engagement du porte-fort ne peut pas être sanctionnée par la **résolution du contrat contenant cet engagement** (Cass. 1e civ. 7-3-2018 n° 15-21.244 F-PB : RJDA 6/18 n° 486).

La seule sanction encourue par le porte-fort est l'**indemnisation du cédant** (C. civ. art. 1204, al. 3 issu de ord. 2016-131 du 10-2-2016 ; ex-art. 1120 ; Cass. 1e civ. 7-3-2018 n° 15-21.244 F-PB précité ; Cass. com. 25-5-2022 n° 20-18.666 F-D : RJDA 10/22 n° 547).

Les juges du fond évaluent souverainement le **montant** des dommages-intérêts.

ILLUSTRATIONS

Un acquéreur de parts d'une société qui s'est porté fort pour celle-ci du **remboursement du compte courant** d'associé du cédant doit être condamné, en raison de la non-ratification de la promesse, à payer à titre de dommages-intérêts l'équivalent de l'avance en compte courant consentie par le cédant avant la cession de ses parts.
CA Versailles 19-11-1998 n° 96-4098 : RJDA 7/99 n° 755.

Dans un cas où une société s'était engagée à ce que l'actionnaire majoritaire ou d'autres actionnaires **rachètent,** à leur prix d'acquisition (600 000 F, soit 91 500 €), les 750 **actions** d'un salarié **en cas de rupture du contrat de travail** du fait de la société et où cette promesse n'avait pas été exécutée, le préjudice subi par le salarié du fait du non-rachat de ses actions est exactement réparé par l'allocation d'une somme de 600 000 F à titre de dommages-intérêts.
CA Bourges 7-2-2000 n° 98-1302.

L'acquéreur d'actions d'une société qui s'était porté fort pour celle-ci de faire bénéficier le cédant d'un **contrat de travail à durée indéterminée** devant l'amener à l'âge légal de la retraite (60 ans) moyennant une rémunération annuelle de 300 000 F (45 700 €) a pu être condamné à payer 500 000 F (76 000 €) de dommages-intérêts au cédant dès lors que sa promesse n'a pas été ratifiée puisque le cédant a été licencié à l'âge de 55 ans.
Cass. 1e civ. 18-4-2000 n° 677 P : RJDA 7-8/00 n° 741.

56027 **Cas particulier : promesse de porte-fort souscrite par une société anonyme** Lorsqu'une société anonyme qui acquiert des parts ou des actions d'une autre société se porte fort pour celle-ci de la conclusion ou de l'exécution d'un contrat envers le cédant, l'**autorisation** de son **conseil d'administration** ou de surveillance est-elle requise par application des articles L 225-35 et L 225-68 du Code de commerce aux termes desquels les cautions, avals et garanties donnés par une société anonyme n'exploitant pas un établissement bancaire ou financier doivent être autorisés par le conseil d'administration ou de surveillance sous peine d'être inopposables à la société ? La cour d'appel de Paris a répondu par l'affirmative, jugeant que celui qui se porte fort pour un tiers, en promettant la ratification par ce dernier d'un engagement ou encore l'exécution de l'engagement, est tenu d'une obligation de résultat emportant celle de réparer le préjudice subi par le bénéficiaire de la promesse en l'absence de ratification comme d'exécution de l'engagement par le tiers (CA Paris 4-11-2008 n° 07-8909 : RJDA 7/09 n° 661). En

l'espèce, lors de la prise du contrôle d'une SARL, une société anonyme s'était portée fort pour celle-ci de la conclusion d'un contrat de travail avec l'ancien gérant de la SARL comportant une garantie d'emploi de cinq ans et du paiement de la rémunération de ce dernier en cas de rupture du contrat avant cette date. La cour d'appel a estimé que, la promesse n'ayant pas été autorisée par le conseil d'administration de la SA, elle lui était inopposable et que le gérant était mal fondé à en demander l'exécution.
Cette solution est, à notre avis, contestable. L'autorisation du conseil d'administration ou de surveillance est requise pour garantir les engagements pris par un tiers (Cass. com. 11-2-1986 n° 84-13.959 : Bull. civ. IV n° 14, Rev. sociétés 1986 p. 243 note J.-J. Daigre ; Cass. com. 4-5-1999 n° 97-13.855 D : RJDA 7/99 n° 794 ; Cass. com. 15-1-2013 n° 11-28.173 F-PB : RJDA 4/13 n° 337). Dans le cas d'une promesse de porte-fort, le tiers pour lequel on se porte fort n'a pris aucun engagement. En l'espèce, la SARL ne s'était pas engagée à embaucher son ancien dirigeant.

1. PROMESSE DE CONTRAT DE TRAVAIL

EXISTENCE D'UNE PROMESSE D'EMBAUCHE

Il est fréquent qu'en cas d'achat de parts sociales ou d'actions donnant accès au contrôle et à la direction de la société, l'acquéreur s'engage à procurer au cédant un contrat de travail au sein de celle-ci. **56030**
Encore faut-il que l'**engagement** de l'acquéreur soit **clair.** Ainsi, l'acquéreur d'actions d'une SA ne s'est pas engagé à procurer au cédant un contrat de travail dès lors que l'annexe du contrat de cession intitulée « contrat de travail » prévoyait que le cédant exerçait la fonction de directeur général et que le président-directeur général de la SA s'engageait au nom des actionnaires à lui assurer la qualité d'administrateur pour une durée au moins égale à celle nécessaire à sa fonction de directeur général et que cette annexe reprenait les termes de la délibération du conseil d'administration ayant désigné le cédant en qualité de directeur général en rappelant ses fonctions, les conditions de sa rémunération et les conditions financières de sa révocation ; c'était par suite d'une impropriété de langage que le terme de contrat de travail a été employé dans les documents traduisant l'accord des parties sur les conditions du maintien du cédant dans la SA (Cass. com. 23-6-2009 n° 08-16.984 F-D : RJDA 10/09 n° 858).

RISQUES AFFÉRENTS AU PAIEMENT DU PRIX DE CESSION EN SALAIRES

L'engagement de l'acquéreur est régulier lorsque le contrat de travail, promis par lui et conclu entre la société et le cédant, correspond à l'exécution par ce dernier d'un travail effectif au sein de la société. Il en va différemment lorsque, comme cela est parfois le cas, le paiement du prix de cession est réalisé, en tout ou en partie, sous la forme de versements au titre d'un prétendu contrat de travail au profit du cédant sans véritable contrepartie de sa part. Le recours à ce procédé est en effet critiquable puisqu'il aboutit à faire supporter par la société des engagements incombant à l'acquéreur et expose ainsi ce dernier à des poursuites pour **abus de biens sociaux** si la société débitrice est une société par actions ou une SARL dans laquelle il occupe des fonctions de direction. **56034**
En outre, sur le plan fiscal, les versements effectués par la société au cédant sans contrepartie pour elle peuvent être considérés comme une **distribution déguisée de bénéfices.**

Enfin, le cédant s'expose à ce que la société interrompe le versement des salaires au motif qu'ils ne correspondent pas à des fonctions réellement exercées. Il ne peut alors obtenir le paiement des sommes qui lui restent dues qu'en agissant contre l'acquéreur et en rapportant la preuve que les versements de salaires effectués par la société constituent en réalité un **paiement déguisé du prix de cession.** **56035**

ILLUSTRATIONS

Existence d'un paiement déguisé

En contrepartie de la **cession pour un franc de la quasi-totalité du capital** d'une SA, l'acquéreur s'était engagé à donner au cédant, ancien président du conseil d'administration, un emploi rémunéré de conseiller technique au sein de la société que ce dernier pourrait occuper tant que l'acquéreur serait propriétaire de la majorité des actions.
L'acquéreur, qui avait mis un terme à l'activité de l'entreprise un an après la cession, doit être condamné au paiement de cette rémunération tant qu'il reste propriétaire de la majorité des actions de la société. En effet, les engagements qu'il a pris à l'égard du cédant constituaient la contrepartie de la cession intervenue à son profit et ne pouvaient trouver leur terme que dans les conditions prévues au contrat ou, en cas de dissolution de la société, à la clôture de la liquidation.
Cass. com. 6-7-1982 : Bull. Joly 1982 p. 961.

En contrepartie d'une cession de contrôle, l'acquéreur s'était entre autres engagé à payer au cédant l'équivalent de 78 mois de salaire sur la base de 13 000 F brut indexés (1 980 € environ). La demande d'annulation de cet engagement doit être rejetée pour les motifs suivants :
– la convention de cession et le protocole d'accord prévoyaient que le salaire pourrait être réglé mensuellement par l'**acquéreur « qui en fait son affaire »,** les charges sociales afférentes devant être également réglées par lui ;
– la convention prévoyait en outre que « s'agissant d'un **complément de prix,** l'acquéreur ou la société ne pourrait demander aucune contrepartie au cédant, comme notamment travailler au sein de la société ou participer à ses activités ».

CA Versailles 10-4-1992 : Bull. Joly 1992 p. 652 note J.-Ph. Dom.

Absence de paiement déguisé

Postérieurement à la cession par un actionnaire de ses actions dans une SA à un autre actionnaire, ce dernier, outre deux reconnaissances de dettes, signa le même jour une lettre par laquelle, en sa qualité de président du conseil d'administration de la SA, il faisait connaître au cédant, démissionnaire de ses fonctions de directeur adjoint, qu'il conserverait des fonctions de conseil de la société rémunéré par des appointements annuels. Un mois plus tard, l'actionnaire acquéreur, agissant tant en son nom personnel qu'au nom de la SA, substitua d'autres avantages à ceux qui avaient été précédemment accordés en en déterminant le montant global et en précisant qu'ils seraient versés mensuellement au cédant.
À défaut pour le cédant de produire un acte fixant le prix des actions vendues, il ne rapportait pas la **preuve** que les rémunérations prévues en sa faveur constituaient un élément du prix des actions cédées.

Cass. com. 8-2-1982 : Bull. Joly 1982 p. 676.

2. PROMESSE DE MANDAT SOCIAL

CONTEXTE DE LA PROMESSE DE MANDAT SOCIAL

56040 En cas d'acquisition du contrôle d'une société, l'acquéreur s'engage parfois à maintenir le cédant dans ses fonctions de dirigeant pendant un certain temps. Le cédant a pu négocier ce point, notamment lorsque l'acquéreur s'est engagé à lui payer un complément de prix en fonction des résultats à venir de la société, le cédant s'assurant ainsi un certain contrôle sur la gestion future de la société.

CONDITIONS DE VALIDITÉ DE LA PROMESSE DE MANDAT SOCIAL

56041 La validité de la promesse de mandat social faite au cédant par l'acquéreur peut être remise en cause si cette promesse est susceptible de faire échec à la **libre révocation des dirigeants sociaux.** En effet, le principe de la libre révocation est d'ordre public ; toute **convention contraire** est réputée non écrite ou déclarée nulle. Il en est ainsi pour la révocation du président du conseil d'administration (C. com. art. L 225-47, al. 3 ; Cass. com. 3-5-1995 n° 93-17.776 D : RJDA 10/95 n° 1113), des administrateurs (Cass. com. 14-5-2013 n° 11-22.845 : RJDA 11/13 n° 899 ; Cass. com. 26 1 2017 n° 15-12.888 F-D : RJDA 7/17 n° 463), des membres du conseil de surveillance comme des directeurs généraux (Cass. soc. 30-3-1999 n° 1503 : RJDA 10/99 n° 1094), des directeurs généraux délégués, des membres du directoire de SA, des gérants de SARL (Cass. com. 2-6-1987 n° 85-16.467 : Bull. civ. IV n° 131 ; Cass. com. 6-11-2012 n° 11-20.582 : RJDA 2/13 n° 135), de SNC ou de SCS, pour lesquels ces dispositions sont transposables. En revanche, ne sont pas concernés les gérants de SCA et les dirigeants de SAS dont les conditions de révocation sont déterminées par les statuts.
Une promesse de mandat social souscrite par un acquéreur de parts sociales ou d'actions est ainsi écartée par les tribunaux lorsque son objet ou ses effets exposent l'acquéreur à une **charge financière** ou le soumettent à une contrainte si **importante** qu'ils constituent un obstacle à la libre révocation du dirigeant (notamment, Cass. com. 2-6-1992 n° 960 P : RJDA 11/92 n° 1034 et la jurisprudence exposée ci-dessous). Encore faut-il qu'il soit établi que l'**acquéreur** occupe au sein de la société dont il a acquis les parts ou les actions des fonctions lui donnant le pouvoir d'**influencer la décision de révocation,** les juges devant préciser en quoi l'intéressé peut influer sur cette décision (Cass. com. 12-3-1996 n° 537 P : RJDA 8-9/96 n° 1064).
Les juges ne font pas de distinction selon que l'engagement est pris au nom de la société ou uniquement par l'acquéreur dès lors que les conditions de cet engagement sont susceptibles d'avoir une influence réelle sur la décision de révocation.

56042 ILLUSTRATIONS **Promesses illicites**

Un actionnaire majoritaire et PDG d'une société (A) avait cédé ses actions à une autre société (B). Simultanément, il avait démissionné de son poste de PDG de la société A pour être aussitôt nommé directeur général de celle-ci et d'une autre société, filiale de la société B. La convention de cession, qui prévoyait que le cédant faisait désormais partie des cadres de la société B,

précisait qu'il était affecté en qualité de directeur de filiales auprès de deux sociétés et que, dans le cas où le détachement auprès de celles-ci se terminerait, il serait réintégré au sein de la société mère ou dans une société du groupe dans des fonctions correspondant au coefficient qui lui était attribué. Dans le cas où la société B ne disposerait pas du poste prévu ou si ce poste n'était pas accepté par le cédant, cette dernière s'engageait à lui payer toutes les indemnités dues pour rupture unilatérale de son contrat de travail.
Cette clause de réintégration, qui faisait reposer sur la société B, dont la société A n'était qu'une simple filiale, la charge des considérables **indemnités de rupture ou,** au minimum, d'une **intégration** du cédant **dans** son **équipe dirigeante,** doit être réputée illicite et frappée de nullité absolue en ce qu'elle fait obstacle à la libre révocation du mandat social détenu par le cédant.

CA Grenoble 19-10-1987 : JCP G 1989 II n° 21215.

Est illicite, comme faisant échec à la libre révocabilité du président du conseil d'administration d'une SA, l'engagement souscrit au nom de la société par les acquéreurs de la majorité des actions à l'égard du cédant prévoyant son **maintien dans les fonctions de président** du conseil **ou, à défaut, un emploi salarié** au sein de la société jusqu'à sa retraite avec une rémunération d'un montant convenu ou encore qu'il recevrait une indemnité égale à deux ans de salaires.

Cass. com. 3-5-1995 n° 899 D : RJDA 10/95 n° 1113.

Est illicite la convention qui a pour objet ou pour effet de restreindre ou d'entraver la révocation ad nutum du directeur général d'une société anonyme par les **conséquences financières** importantes qu'elle entraîne **pour un tiers qui peut exercer une influence sur la décision de révocation.**
Par suite, dans un cas où, parallèlement à la signature d'une promesse de cession de la majorité des actions d'une société, l'acquéreur s'était, à titre personnel, engagé à **faire nommer** le cédant **au poste de directeur général adjoint** en se portant fort de son **maintien en fonction** jusqu'à une date déterminée et en s'engageant dans le cas contraire à lui verser une indemnité, doit être censurée la décision d'une cour d'appel qui avait accueilli la demande du cédant en paiement de l'indemnité convenue en retenant qu'à aucun moment l'acquéreur n'avait pris, personnellement, l'engagement de ne pas révoquer le cédant mais s'était en revanche obligé à lui verser une indemnité, cet engagement n'étant pas de nature à restreindre ou à entraver sa révocation, puisque, malgré l'importance des sommes en jeu pour l'acquéreur, la société avait procédé à la révocation de son directeur général.

Cass. com. 4-6-1996 n° 1069 P : RJDA 2/97 n° 224.

Ndlr : Il résulte d'un premier arrêt de cassation rendu dans cette affaire que l'acquéreur, devenu actionnaire majoritaire, avait été président du conseil d'administration (Cass. com. 2-6-1992 n° 960 P : RJDA 11/92 n° 1034).

ILLUSTRATIONS

Promesses licites 56047

Une convention prévoyait qu'après la transformation d'une SARL en SA, les porteurs de parts de la SARL céderaient à des tiers un certain nombre d'actions de la SA de manière à créer, au sein de celle-ci, deux groupes d'actionnaires possédant chacun la moitié du capital social. La convention précisait en outre que le conseil d'administration serait composé par moitié d'administrateurs de chacun des deux groupes. Un administrateur du premier groupe était ainsi devenu président de la société tandis qu'un administrateur du second groupe avait été nommé directeur général. Un peu plus d'un an après, ce dernier avait été révoqué de l'ensemble de ses fonctions.
Si la convention, qui prévoyait d'un côté la **répartition égale du capital social** entre les deux groupes d'actionnaires **et** de l'autre une **composition paritaire du conseil d'administration,** ne constituait pas un contrat faisant obstacle à la révocation à tout moment d'un administrateur par l'assemblée des actionnaires, commet néanmoins un abus de droit caractérisé le président du conseil d'administration qui, tout en ayant largement prémédité la révocation de son directeur général, ne l'avait pas inscrite à l'ordre du jour de l'assemblée.

Cass. com. 19-12-1983 : Rev. sociétés 1985 p. 105.

Le **capital** d'une SA était **réparti par parts égales entre deux groupes** d'actionnaires qui se partageaient les postes au conseil de surveillance et au directoire, les fonctions de président de ce directoire étant exercées alternativement par un représentant de chaque groupe. Un protocole d'accord signé entre ces deux groupes prévoyait notamment le **maintien** aux **fonctions de membre du directoire et l'octroi d'un contrat de travail** à un membre de l'un des groupes, les actionnaires de ce groupe s'engageant à céder lors de la signature de l'accord 15 % de leurs actions à l'autre groupe et le solde neuf ans après.
La résolution de la cession des actions doit être prononcée aux torts de l'acquéreur, dès lors que la volonté des parties a été de lier entre eux les différents éléments de cet accord et que l'acquéreur du groupe devenu majoritaire n'a pas respecté ses engagements.

Cass. com. 11-2-1992 n° 90-16.588 D.

Les dispositions relatives à la libre révocation du dirigeant ne font toutefois pas obstacle à ce que la **responsabilité de l'acquéreur** soit mise en jeu s'il est établi qu'il a **conclu la promesse** de mandat 56052 social en sachant parfaitement que celle-ci était illicite (en ce sens, T. com. Paris 21-10-1996 : RJDA 8-9/97 nº 1051 ; décision rendue à propos de la promesse d'indemnité faite par une société mère au dirigeant de trois filiales en cas de révocation de ses mandats, mais transposable).

INEXÉCUTION DE LA PROMESSE DE MANDAT SOCIAL

56054 L'inexécution ou la mauvaise exécution d'une promesse de mandat social jugée valable donne lieu à l'octroi de **dommages-intérêts** destinés à réparer le préjudice subi par le cédant, bénéficiaire de la promesse. Encore faut-il que ce dernier établisse le lien de causalité entre le **préjudice** qu'il prétend avoir subi et la faute de l'acquéreur.

ILLUSTRATIONS

Lors de l'achat de la majorité des actions d'une société anonyme, l'acquéreur s'était engagé à verser un complément de prix pouvant atteindre 1 579 600 €, conditionné par les bénéfices futurs de la société (une augmentation de 30 % du bénéfice par an pendant cinq ans ouvrant droit à la totalité du complément de prix). Il avait par ailleurs promis au cédant, qui bénéficiait d'un contrat de travail en qualité de directeur du développement de la société, de le faire nommer administrateur et directeur général pour six ans, promesse qui n'avait pas été tenue. Le cédant, qui n'avait perçu aucun complément de prix en raison du niveau insuffisant des bénéfices, avait demandé la condamnation de l'acquéreur à lui verser 1 579 600 €.
L'acquéreur a été condamné à payer des dommages-intérêts au motif que le **non-respect** de son engagement de confier au cédant le mandat social convenu avait privé celui-ci, malgré ses fonctions salariées, de la **chance** accrue d'influencer la gestion, pour réaliser des bénéfices propres à **générer le complément de prix.** Le montant des dommages-intérêts a toutefois été limité à 20 000 €, la condamnation de l'acquéreur à hauteur de la totalité du complément de prix initialement prévu n'étant pas justifiée. En effet, en qualité de directeur du développement, le cédant avait eu certains moyens d'action et de contrôle lui permettant de défendre ses intérêts ; il prétendait avoir été privé de tout moyen et de tout pouvoir dans l'exécution de son contrat de travail mais n'en apportait pas la preuve, alors qu'il aurait pu photocopier les documents internes non confidentiels démontrant l'absence de moyens mis à sa disposition ; son argument n'était en outre pas pleinement convaincant au regard de son niveau, de ses responsabilités ainsi que de ses précédentes qualités d'actionnaire majoritaire et de président-directeur général de la société ; enfin, l'influence qu'il aurait eue sur la gestion, en qualité de directeur général, pour que la société augmente ses bénéfices de 30 % par an pendant cinq ans, était par nature aléatoire (CA Paris 26-9-2003 nº 01-21736 : RJDA 3/04 nº 318).
Dans un cas où l'acquéreur de la totalité des actions d'une société avait, comme il s'y était engagé lors de la cession, nommé l'un des cédants administrateur de la société, puis administrateur d'une société ayant absorbé par la suite cette dernière, l'**acquéreur** a commis une faute engageant sa responsabilité contractuelle en n'ayant **pas exécuté** cet **engagement de façon loyale** dès lors qu'il a déclaré l'intéressé démissionnaire d'office de son mandat en application de l'article L 225-25 du Code de commerce (dans sa rédaction alors applicable) après avoir constaté que celui-ci ne détenait pas le nombre d'actions nécessaire (en l'espèce une action) pour exercer ses fonctions au sein de la société absorbante. En effet, l'intéressé a été déclaré démissionnaire lors d'une réunion du conseil d'administration à laquelle il n'avait pas été convoqué et dont il ignorait la tenue ; en outre, c'est à l'occasion de la fusion qu'il avait perdu la seule action de la société qu'il détenait encore et l'acquéreur ne lui a jamais proposé de lui céder une action de la société absorbante pour régulariser sa situation, ni attiré son attention sur la nécessité d'une telle régularisation ; enfin, l'acquéreur ne peut pas prétendre qu'en sa qualité de dirigeant français l'intéressé ne pouvait pas ignorer l'obligation d'acquérir une action de cette société dès lors que, dans les circonstances de la fusion, dont les actes et les formalités avaient été effectués par le conseil habituel de l'acquéreur, il a pu légitimement croire que cette question avait été dûment traitée. L'exécution loyale de l'engagement litigieux ne permettait donc pas à l'acquéreur de se borner à constater que le cédant ne possédait pas l'action requise sans s'être assuré que l'attention de ce dernier avait été attirée sur la nécessaire régularisation de sa situation, de sorte qu'en se satisfaisant d'une démission d'office, sans même en informer l'intéressé, l'acquéreur a manqué au devoir de coopération que commandait l'exécution de bonne foi de cet engagement. Le cédant soutient vainement que le **préjudice** subi du fait de la perte de son mandat social correspond au supplément de prix de cession qu'il aurait obtenu si l'acquéreur n'avait pas souscrit l'engagement litigieux dès lors que, à supposer que cet engagement ait été la contrepartie de l'acceptation par le cédant d'un prix de cession sous-évalué, la perte du mandat social ne peut pas avoir pour conséquence directe le préjudice allégué en raison du caractère précaire des fonctions d'administrateur, auxquelles il peut être mis fin à tout moment. En outre, les fonctions d'administrateur exercées par le cédant n'ayant pas été rémunérées, celui-ci n'a subi aucun préjudice financier à la suite de sa démission d'office. En conséquence, aucun préjudice autre qu'un préjudice de principe n'étant établi, celui-ci sera réparé par l'allocation d'un euro de dommages-intérêts (CA Paris 10-10-2003 nº 01-9341 : RJDA 4/04 nº 431).

Révocation abusive du cédant Que la promesse de mandat social soit licite ou non au regard du principe de libre révocabilité des dirigeants, la révocation du cédant peut être considérée comme abusive selon les **circonstances** dans lesquelles elle est intervenue. Tel est le cas lorsque la révocation est accompagnée de circonstances portant atteinte à la réputation ou à l'honneur du dirigeant ou lorsqu'elle a été décidée brutalement, sans respecter l'obligation de loyauté dans l'exercice du droit de révocation (Cass. com. 14-5-2013 n° 11-22.845 : RJDA 11/13 n° 899), peu important l'existence d'un juste motif de révocation du dirigeant ou que celui-ci ait commis une faute grave (Cass. com. 25-11-2014 n° 13-21.460 : RJDA 3/15 n° 189). 56055

Par exemple, a été jugée abusive la révocation du PDG d'une SA survenue dans les circonstances suivantes : elle était intervenue quatre mois après la signature d'un protocole d'accord prévoyant la cession par ce dernier de la totalité de ses actions en contrepartie du maintien de son mandat social et deux mois seulement après cette cession ; la révocation avait été précédée d'une décision du conseil d'administration limitant les pouvoirs de l'intéressé – qui présidait cette SA familiale depuis dix ans et qui en était aussi VRP – dans le seul but de préparer son éviction ; une personne, membre du groupe auquel appartenait l'acquéreur, avait dénigré le président auprès des salariés de la SA (CA Paris 20-10-2000 n° 99-14520 : Bull. Joly 2001 p. 178). Par suite, la SA et l'acquéreur ont été condamnés in solidum à verser à celui-ci un million de francs à titre de dommages et intérêts.

> **Précisions** La cour d'appel de Paris a par ailleurs précisé que le cédant ne pouvait pas utilement soutenir que les engagements de non-concurrence et de garantie de passif qu'il avait également souscrits lors de la cession étaient nuls en raison de la cessation de ses fonctions de mandataire, dès lors que ces engagements étaient la contrepartie de la cession dont il ne demandait pas l'annulation.

3. REMBOURSEMENT OU RACHAT DU COMPTE COURANT D'ASSOCIÉ DU CÉDANT

SOMMES INSCRITES EN COMPTE COURANT

Il arrive souvent en pratique, notamment pour permettre à la société de faire face à des besoins de trésorerie momentanés, que les **associés,** au lieu de faire des apports complémentaires, consentent à la société des **avances ou** des **prêts,** soit en versant des fonds dans la caisse sociale, soit en laissant à la disposition de la société des sommes qu'ils renoncent temporairement à percevoir (rémunérations, dividendes, etc.). Le sort du compte courant de l'associé qui cède ses parts sociales ou ses actions fait en pratique l'objet de négociations avec l'acquéreur des titres. 56070

ABSENCE DE TRANSFERT DU COMPTE COURANT DU CÉDANT AVEC LES TITRES CÉDÉS

La cession des parts sociales ou actions n'emporte pas transfert de plein droit à l'acquéreur du compte courant d'associé du cédant sauf clause contraire (notamment, Cass. req. 11-1-1932 : Rev. sociétés 1932 p. 204 ; Cass. com. 11-1-2017 n° 15-14.064 F-D : RJDA 3/17 n° 178 ; Cass. com. 27-5-2021 n° 19-18.983 F-D : RJDA 8-9/21 n° 572 ; CA Paris 17-3-2015 n° 14/05024 : RJDA 6/15 n° 422). 56072

En effet, le compte courant d'associé ne résulte pas de la possession des parts sociales ou actions mais trouve son origine dans le prêt fait à la société, lequel confère à l'associé la qualité de créancier social, distincte de celle d'associé (CA Paris 2-6-1992 : RJDA 11/92 n° 1028). La cession par l'associé de sa participation ne lui fait pas perdre sa qualité de créancier social (Cass. com. 27-5-2021 n° 19-18.983 F-D précité).

FACULTÉ POUR LE CÉDANT DE DEMANDER LE REMBOURSEMENT DU COMPTE À LA SOCIÉTÉ

La cession par l'associé de sa participation n'emporte **pas** la **clôture de son compte courant** et n'a pas d'incidence sur la possibilité, pour l'associé cédant, de solliciter le remboursement de ce compte (Cass. com. 27-5-2021 n° 19-18.983 F-D : RJDA 8-9/21 n° 572). 56075

Les **conditions de remboursement** par la société des avances consenties en compte courant sont généralement précisées dans les statuts ou dans une convention passée entre l'associé prêteur et la société. En principe, à défaut de clause statutaire (antérieure au dépôt des fonds) ou de convention contraire, l'associé peut demander à tout moment le remboursement du solde créditeur de son compte courant (Cass. com. 24-6-1997 n° 1696 P : RJDA 11/97 n° 1349 ; Cass. com. 8-12-2009 n° 08-16.418 F-D : RJDA 3/10 n° 246 ; Cass. 3e civ. 3-5-2018 n° 16-16.558 F-D : RJDA 7/18 n° 577). Il le peut donc à l'occasion de la cession de ses parts ou actions ou après cette cession (CA Versailles 25-9-2007 n° 06-6222 : RJDA 2/08 n° 149 ; CA Paris 17-3-2015 n° 14-05024 : RJDA 6/15 n° 422).

Mais lorsque la convention de compte courant passée entre l'associé et la société ou les statuts de celle-ci prévoient que les **sommes** déposées seront **bloquées** pendant une certaine durée, la cession de ses titres par le titulaire du compte n'emporte pas déblocage anticipé des sommes sauf, à notre avis, si la convention de compte courant ou les statuts le prévoient expressément.

ILLUSTRATIONS

Une SARL a été condamnée à rembourser les sommes déposées par un associé sur son compte courant, à la suite de la cession de ses parts par l'intéressé, dès lors que le délai d'un an prévu par les statuts pendant lequel le remboursement des sommes ne pouvait pas être demandé était largement écoulé (CA Paris 2-6-1992 : RJDA 11/92 n° 1028).

En revanche, dans un cas où il était prévu que les sommes déposées sur le compte courant étaient à la disposition de la société pendant cinq ans, il a été jugé que le départ de l'intéressé de la société avant le terme des cinq ans n'entraînait pas l'exigibilité immédiate des sommes bloquées (Cass. soc. 25-5-1977 : Bull. civ. V n° 343, rendu à propos d'un salarié mais transposable).

Toutefois, si, dirigeant, il craint que cette demande soit assimilée à une faute de gestion (sur cette question, voir Cass. com. 24-5-2018 n° 17-10.119 F-D : RJDA 8-9/18 n° 665) ou plus simplement s'il ne veut pas priver la société de cette trésorerie ou encore si une clause statutaire interdit un remboursement immédiat, le cédant peut préférer céder son compte courant à l'acquéreur de ses titres ou encore obtenir de ce dernier l'assurance d'un remboursement. En contrepartie, l'acquéreur a pu obtenir du cédant qu'il renonce à une partie de son compte courant (abandon partiel de créance).

> **Précisions** Tant que le cédant ne demande pas le remboursement de son compte courant, la créance n'est pas exigible et l'action en remboursement ne peut pas être affectée par la **prescription** (Cass. com. 27-5-2021 n° 19-18.983 F-D précité, refusant que la prescription commence à courir à compter de la cession des droits sociaux).

RACHAT DU COMPTE COURANT PAR L'ACQUÉREUR

56080 La **cession** du compte courant du cédant à l'acquéreur des droits sociaux doit être **expressément prévue** (Cass. com. 11-1-2017 n° 15-14.064 F-D : RJDA 3/17 n° 178 ; Cass. com. 27-5-2021 n° 19-18.983 F-D : RJDA 8-9/21 n° 572 ; CA Paris 17-3-2015 n° 14/05024 : RJDA 6/15 n° 422), dans l'acte portant cession des droits sociaux ou dans un acte isolé.

Le transfert du compte courant doit ressortir **clairement** des termes de l'acte. Tel n'est pas le cas de l'acte de cession prévoyant que « l'acquéreur est subrogé dans les droits et actions résultant de la possession des parts cédées » ; une telle mention ne vaut ni transfert du compte à l'acquéreur ni renonciation du cédant au solde créditeur de son compte courant (Cass. com. 30-11-2004 n° 1719 F-D : RJDA 3/05 n° 262 ; CA Paris 16-11-1984 : Bull. Joly 1985 p. 315 ; CA Paris 2-6-1992 : RJDA 11/92 n° 1028). L'accord sur le transfert du compte ne peut pas non plus être déduit du fait que le compte a fait partie des négociations sur le prix de cession et qu'il a été pris en considération pour la détermination de ce prix (Cass. com. 11-1-2017 n° 15-14.064 F-D : RJDA 3/17 n° 178). En l'espèce, l'acte de cession comportait une clause relative à la détermination de la valeur des parts cédées par laquelle le cédant s'engageait à abandonner sa créance jusqu'à parvenir à un équilibre entre les postes d'actif et de passif ayant servi au calcul de la valeur patrimoniale de la société. Cette stipulation relative au prix des parts est sans incidence sur le transfert du compte courant.

MODÈLE

Clause de transfert de compte courant d'associé

Il résulte de l'arrêté de compte de la société..., établi ce jour, que le compte courant du cédant dans les livres de la société présente un solde créditeur de... €.

Le cédant cède cette créance sur la société au cessionnaire qui accepte, sans autre garantie que celle de l'existence de la créance cédée et de la solvabilité actuelle de la société.

Le montant de la créance a été payé comptant par le cessionnaire au cédant au moyen de la remise d'un chèque numéro... sur la banque... Le cédant reconnaît ce paiement et en donne quittance au cessionnaire.

Le cessionnaire dispose à compter de ce jour de la créance ainsi cédée. À cet effet, le cédant subroge le cessionnaire dans tous les droits et actions résultant de sa qualité de créancier.

56082 La cession du solde créditeur du compte courant s'analyse en une cession de créance (cf. C. civ. art. 1321 issu de ord. 2016-131 du 10-2-2016). Elle **opposable à la société** si elle lui a été notifiée ou si la société en a pris acte (art. 1324).

Elle est opposable **aux tiers** (par exemple les créanciers du cédant ou de l'acquéreur) à la date de l'acte (art. 1323, al. 2).

REMBOURSEMENT DU COMPTE COURANT PAR L'ACQUÉREUR

56085 La nature de l'obligation de remboursement prise par l'acquéreur à propos du compte courant du cédant est variable ; elle dépend évidemment des termes de l'engagement.

L'**acquéreur** peut ainsi **s'engager à rembourser personnellement** au cédant son compte courant. Jugé qu'il en était ainsi dans un cas où l'acquéreur s'était engagé à prendre en charge le passif grevant la société et où, après la cession, les sommes inscrites en compte avaient été retirées des écritures comptables, ce qui démontrait que l'intéressé s'en considérait personnellement débiteur ; en outre, un courrier de l'avocat de l'acquéreur informait le cédant qu'il avait reçu mission de lui régler les sommes qui pourraient lui être dues au titre du rachat des comptes courants existants (Cass. com. 22-3-2005 nº 02-15.357 D : RJDA 11/05 nº 1229).

ATTENTION

Lorsque l'**acquéreur s'engage à rembourser** au cédant le montant de son compte courant au lieu et place de la société pour partie avec des fonds personnels et pour partie **avec des fonds** provenant de la trésorerie **de la société,** le remboursement effectué avec les fonds de la société tombe sous le coup de la nullité des conventions interdites par l'article L 223-21 du Code de commerce (CA Versailles 12-4-1996 nº 6225-95 : Bull. Joly 1996 p. 672 note P. Le Cannu). Toutefois, cette nullité ne s'étend pas à la convention elle-même et l'acquéreur est personnellement tenu de rembourser au cédant l'intégralité du compte courant (même arrêt).

Lorsque, cas fréquent en pratique, l'**acquéreur** des parts ou actions **s'engage** envers le cédant **à faire rembourser par la société** son compte courant d'associé, cet engagement s'analyse comme une promesse de porte-fort mettant à sa charge une obligation de résultat (nº 56015). **56090**

L'engagement pris par l'acquéreur d'actions d'une SAS, qui était président du conseil d'administration de celle-ci, d'un autre associé, de « **faire** ses meilleurs **efforts pour que le** montant du **compte courant** du cédant ouvert dans les livres de la société [...] **soit remboursé** dans les meilleurs délais suivant la demande qui lui en sera faite » ne constitue pas une garantie autonome qui aurait été donnée par l'acquéreur personnellement. Une telle garantie doit en effet être expresse. Or l'acquéreur ne s'est pas engagé à rembourser lui-même le compte courant mais à fournir ses meilleurs efforts pour que la société soit en mesure de le rembourser, ce qu'il a fait en apportant à la société des fonds dans le but de la maintenir à flot et de lui permettre d'éviter une procédure collective, ce qui concernait indirectement le cédant (CA Paris 17-12-2015 nº 14/08272 : RJDA 4/16 nº 286).

› Précisions L'engagement de l'acquéreur de rembourser ou faire rembourser le compte courant du cédant peut avoir pour **contrepartie** une **renonciation partielle du cédant au solde de son compte.** Dans un cas où le compte courant du cédant était d'environ 40 000 €, l'acte de cession précisait que la société, dont l'acquéreur des parts se portait fort, rembourserait au cédant 20 000 € au titre de son compte courant en quatre échéances de 5 000 € payables après la cession et que, sous réserve de l'exécution de cet engagement, le cédant déclarait abandonner le reliquat. Il résultait de cette clause claire et précise que la réduction de la créance du cédant était subordonnée au respect de l'échéancier. Par suite, a été cassé l'arrêt d'une cour d'appel qui avait décidé que, en l'absence de déchéance prévue par la clause, le cédant, auquel seule la première échéance avait été versée, pouvait réclamer non pas le solde initial de son compte courant mais seulement le solde de la somme convenue, soit 15 000 € (Cass. com. 5-7-2017 nº 15-20.806 F-D : RJDA 11/17 nº 725).

Stipulation d'un intérêt sur les sommes dues En cas de **remboursement** du compte courant **différé** dans le temps, les parties peuvent prévoir un taux d'intérêts conventionnel ; mais cette stipulation ne sera pas opposable à la société si celle-ci n'y a pas donné son accord. **56095**

ILLUSTRATIONS

À l'occasion d'une cession de contrôle, les parties à la cession avaient prévu que l'un des cédants ne pourrait demander le **remboursement** des sommes figurant sur son compte courant dans les livres de la société dont les titres étaient cédés qu'**après complet paiement du prix de cession** par l'acquéreur, soit près de trois ans après la cession, mais que ces sommes seraient productives, à compter de la cession, d'un intérêt de 6,5 % payable en même temps que le capital. La société doit être condamnée, à la demande du titulaire du compte courant intervenue près de sept ans après la cession, à rembourser le compte. En effet, un associé peut, à tout moment, demander le remboursement de son compte courant, et si la société n'était pas partie à la convention ayant organisé les modalités de remboursement dudit compte, elle n'en est pas moins débitrice en son principe du montant du compte qui était inscrit dans ses livres au moment de la cession. Néanmoins, les sommes figurant sur le compte courant ne doivent être majorées des intérêts qu'au **taux légal** à compter de l'assignation de la société en remboursement du compte, le titulaire du compte ne pouvant se prévaloir des intérêts au taux contractuel prévu entre les parties à la cession puisque la société n'était pas partie à la convention ayant fixé ce taux (CA Paris 7-11-2003 nº 02-9568 : RJDA 2/05 nº 137).

INCIDENCES FISCALES DU REMBOURSEMENT DU COMPTE COURANT

56097 Qu'il soit à la charge de la société ou de l'acquéreur, le **remboursement** du compte courant est fiscalement neutre lorsque le cédant recouvre le montant intégral de sa créance. Le remboursement (ou l'engagement de remboursement) ne constitue pas un élément constitutif du prix de cession des titres d'une société, mais un transfert de créance qui ne procure aucun nouvel avantage financier au cédant et qui, par lui-même, n'affecte pas la valeur de l'actif net transmis (CAA Versailles 3-3-2020 n° 19VE00113, Sté Croë Suisse : RJF 10/20 n° 764). Mais, lorsque la société connaît des difficultés financières, il est assez fréquent que l'acquéreur impose au cédant l'**abandon** de tout ou partie de son compte courant, faisant de cet abandon une condition d'achat des titres. Dans ce cas, le cédant peut-il déduire la perte subie de ses revenus imposables ? La réponse diffère selon que le cédant est un particulier ou une entreprise.

La perte subie par un **particulier** doit à notre avis être considérée comme une perte en capital non déductible.

Lorsque le cédant est une **entreprise,** la jurisprudence avait initialement admis la déduction de l'abandon de créance consenti à la seule condition que l'opération s'inscrive dans le cadre d'une gestion normale. Mais la portée de cette jurisprudence a été restreinte par la loi qui interdit désormais la déduction des aides accordées à une autre entreprise, sauf s'il s'agit d'aides à caractère commercial ou d'aides consenties à une entreprise en difficulté financière soumise à une procédure collective ou de conciliation. Voir, pour plus de précisions, n° 37297.

Il faut par ailleurs mettre à part le cas où les titres cédés sont des **parts d'une société de personnes** soumise à l'impôt sur le revenu. Dans la mesure où l'abandon de créance préalable à la cession est destiné à apurer des pertes sociales qui se sont traduites par des déficits fiscaux, les sommes abandonnées doivent à notre avis venir en augmentation du prix de revient des parts pris en compte pour le calcul de la plus-value de cession (cf. CE 16-2-2000 n° 133296 : voir n°s 52390 s. ; CE 9-3-2005 n° 248825 : voir n° 50300). La plus-value, professionnelle ou privée, réalisée à l'occasion de la cession des parts est donc minorée (ou la moins-value majorée) d'autant.

4. REPRISE PAR L'ACQUÉREUR DES GARANTIES CONSENTIES PAR LE CÉDANT

CONTEXTE DE LA REPRISE DES GARANTIES

56110 En pratique, les banques demandent souvent aux **dirigeants** ou principaux animateurs d'une société de garantir personnellement les engagements de la société. Ceci est particulièrement vrai en ce qui concerne les dirigeants de société de petite taille ou de taille moyenne. Lorsque le dirigeant cède ses titres, les garanties qu'il a données (très souvent des cautionnements) ne s'éteignent pas pour autant (n°s 79200 s.). C'est la raison pour laquelle le dirigeant qui cède ses parts sociales ou ses actions cherche à faire reprendre ses propres engagements par l'acquéreur ou à obtenir de ce dernier qu'il s'en porte contre-garant.

EXISTENCE DE L'ENGAGEMENT DE REPRISE DES GARANTIES

56120 L'engagement de l'acquéreur de reprendre les garanties consenties par le cédant peut être envisagé dans l'offre portant sur les titres, dans une promesse unilatérale ou synallagmatique de cession par exemple. Son absence de mention dans l'acte définitif de cession (lorsqu'un tel acte est prévu par les parties) peut poser problème.

Dans un cas où les associés d'une SARL avaient signé une promesse de vente des parts qu'ils détenaient, précisant que l'acquéreur prendrait à charge une partie du passif et se substituerait aux cédants en tant que caution d'un prêt bancaire consenti à la société, l'acte de cession avait été signé après la date limite fixée par les parties pour la réalisation de la promesse et sans mention de la reprise du cautionnement. Un des cédants, qui avait dû rembourser le solde du prêt, avait appelé l'acquéreur en garantie. Pour faire droit à la demande, une cour d'appel avait retenu que l'acte définitif de cession concernait les mêmes parties, la même société et le même nombre de parts sociales que la promesse, laquelle emportait à la fois cession de parts, prise en charge du passif et caution de l'acquéreur. La Cour de cessation a censuré cette décision au motif que la cour d'appel n'avait pas constaté que cette promesse avait été réalisée aux conditions convenues (Cass. com. 19-6-1990 n° 88-15.325 D). En l'espèce, la promesse était devenue caduque et ne pouvait donc pas constituer un accord des parties sur la reprise des garanties.

À propos de la garantie de passif qui, mentionnée dans une promesse synallagmatique de cession ou dans un protocole d'accord, n'est pas reprise dans l'acte définitif de cession, la jurisprudence est plus favorable à l'acquéreur : l'accord des parties sur la garantie dans un premier acte n'est pas remis en cause par la signature de l'acte définitif de cession, sauf précision contraire en ce sens (n° 66160). La solution est, à notre avis, transposable à l'engagement de reprise des garanties.

NATURE JURIDIQUE DE L'ENGAGEMENT DE REPRISE DES GARANTIES

Aucun texte ne traite en particulier de la reprise par l'acquéreur des garanties données par le cédant. La nature juridique de la clause de reprise, qui implique le cédant et l'acquéreur ainsi que parfois le tiers créancier, dépend donc des termes qu'elle renferme. **56125**

En insérant dans le contrat de cession de parts sociales ou d'actions une clause de reprise, les parties cherchent à ce que l'acquéreur succède au cédant en se substituant dans les garanties que ce dernier a contractées envers les créanciers sociaux. Si le terme de « **substitution** » revient dans bon nombre d'engagements, il ne fournit aucune indication fiable quant à la nature juridique de l'engagement, ce vocable pouvant revêtir un sens différent selon le contexte dans lequel il est utilisé et l'interprétation que les tribunaux lui donnent.

On ne saurait donc trop conseiller aux parties à un acte de cession de parts sociales ou d'actions de rédiger soigneusement la clause de reprise de garanties de manière à ce qu'apparaissent clairement la nature de l'engagement de reprise et les effets recherchés. Cette mise en garde s'adresse en particulier au cédant qui, fort de l'engagement donné par l'acquéreur, se croit trop souvent déchargé de toutes obligations à l'égard du créancier quand, en fait, il n'en est rien.

Relations entre le cédant et l'acquéreur L'obligation souscrite est une obligation de faire dans tous les cas où l'acquéreur s'engage simplement à **demander au créancier** d'accepter que sa **garantie soit substituée** à celle du cédant et où l'acquéreur ne prend pas d'engagement de payer à la place du cédant. **56130**

Pour des illustrations, voir les décisions présentées n° 56137.

Très souvent, l'acquéreur s'engage à **garantir** ou à **contre-garantir** le cédant de toute condamnation qui serait prononcée contre lui à la demande du créancier. **56131**

L'engagement donné par l'acquéreur ne constitue alors ni un **mandat de se porter caution** pour le compte d'un tiers (CA Versailles 11-5-1999 n° 96-7734 : RTD com. 2000 p. 110 obs. Cl. Champaud et D. Danet) ni un **cautionnement,** mais une obligation de faire distincte d'une telle garantie et, en conséquence, les exigences de preuve de l'ancien article 1326 du Code civil, devenu l'article 1376 du Code civil issu de l'ordonnance 2016-131 du 10 février 2016 (mention manuscrite portée sur l'acte par celui qui s'engage unilatéralement à payer une somme d'argent du montant de son engagement en lettres et en chiffres) ne lui sont pas applicables (Cass. 1e civ. 27-9-2005 n° 03-17.838 F-D : RJDA 5/06 n° 540 ; CA Versailles 16-3-1990 n° 3344-89 ; voir également CA Paris 1-7-1997 n° 95-12563). Cette exigence a été également écartée au motif que l'engagement de substitution et de garantie formait un tout avec l'acte synallagmatique portant cession des actions auquel il s'intégrait (Cass. com. 12-4-2005 n° 03-19.022 F-D : RJDA 8-9/05 n° 1042 ; CA Paris 1-7-1997 n° 95-12563 : n° 56197), de sorte qu'il n'y a pas à le considérer comme un engagement unilatéral susceptible de relever de l'article 1376.

ILLUSTRATIONS

L'acquéreur du contrôle et de la direction d'une société s'était engagé à décharger l'ancien dirigeant, cédant des actions, des garanties et cautions que ce dernier avait consenties à des créanciers de la société. Jugé que cet engagement n'était pas soumis aux exigences de l'ex-article 1326 du Code civil (désormais art. 1376) pour les raisons suivantes : l'acquéreur n'avait pris aucun engagement à l'égard des sociétés créancières, mais offrait juste de se substituer à l'ancien dirigeant et s'obligeait à garantir ce dernier des condamnations prononcées à son encontre ; cette clause était l'aboutissement d'une suite d'accords conclus entre le cédant et l'acquéreur qui avait conduit ce dernier à prendre le contrôle en devenant actionnaire majoritaire de la société et il était normal dans la logique économique de cet ensemble contractuel que l'acquéreur décharge le cédant des garanties données aux créanciers ou des condamnations prononcées à son encontre ; la clause, conclue le jour même de l'abandon de ses fonctions par le cédant et d'un autre accord par lequel ce dernier s'engageait à remettre à l'acquéreur 6 000 actions, se rattachait de manière étroite, comme en constituant la cause et la contrepartie, aux accords précédemment conclus dans lesquels les parties s'étaient obligées l'une envers l'autre (CA Versailles 16-3-1990 n° 3344-89).

Dans un cas où, la société dont ils avaient cédé les actions ayant été mise en liquidation judiciaire, les cédants, après avoir honoré leur engagement de caution de celle-ci envers une banque, s'étaient retournés contre le cessionnaire, en invoquant l'obligation contractée par celui-ci de se substituer dans leur engagement de caution ou de les contre-garantir, la cour d'appel a légalement justifié sa décision d'accueillir cette demande dès lors que, après avoir relevé que l'acte de cession comportait une clause selon laquelle le cessionnaire « s'engage expressément à se substituer dans les engagements de caution » souscrits, et « au cas où les substitutions s'avéreraient impossibles à contre-garantir (leurs auteurs) à due concurrence », l'arrêt retient que le cessionnaire, qui n'a pas obtenu l'accord de la banque à la substitution, a admis, dans un courrier ultérieur adressé au notaire des cédants, qu'il s'était effectivement engagé à contre-garantir ceux-ci dans l'acte de cession et qu'il devait « en assumer les conséquences », faisant ainsi ressortir que le cessionnaire était tenu en vertu de la contre-garantie donnée, de sorte que, celle-ci formant un tout avec l'acte synallagmatique portant cession des actions auquel elle s'intégrait puisque la cession avait eu lieu pour le franc symbolique, l'article 1326 du Code civil (désormais art. 1376) n'était pas applicable (Cass. com. 12-4-2005 nº 03-19.022 F-D : RJDA 8-9/05 nº 1042).

56132 Mais l'acte par lequel l'acquéreur s'engage à **garantir le cédant et à régler à sa place en cas de mise en œuvre du cautionnement souscrit par ce dernier** consacre un engagement unilatéral de payer de la part de l'acquéreur et doit en conséquence comporter la mention manuscrite de l'article 1376 du Code civil (Cass. com. 26-6-2019 nº 17-24.592 F-D : RJDA 10/19 nº 655). En cas d'omission de celle-ci, l'acte constitue seulement un commencement de preuve par écrit, susceptible cependant d'être complété par des éléments extérieurs établissant la connaissance, par le souscripteur, de la nature et de l'étendue de l'engagement consenti (arrêt précité).

La mention n'est toutefois pas requise si l'acte est reçu en la forme authentique par un notaire ou conclu par un acte sous signature privée contresigné par un avocat (C. civ. art. 1369, al. 3 et 1374, al. 3 issus de ord. 2016-131 du 10-2-2020 ; C. civ. ex-art. 1317-1 et Loi 71-1130 ex-art. 66-3-3).

56133 L'engagement de l'acquéreur de la totalité des parts d'une société pour un prix symbolique de s'acquitter des échéances d'un prêt souscrit par la société et cautionné par les cédants et de rembourser les sommes que ceux-ci pourraient avoir à régler en leur qualité de caution constitue la contrepartie des parts cédées et ne s'analyse ni en un acte de cautionnement, ni en un emprunt, ni même en un acte de garantie à première demande puisqu'il est souscrit au seul profit des cédants et est inopposable au prêteur, non partie à la convention ; par suite, l'**épouse de l'acquéreur** soutient en vain que, par application de l'article 1415 du Code civil, cet engagement devait être assimilé à un cautionnement et que, n'ayant **pas donné son accord** exprès à celui-ci, les biens communs ne pouvaient pas être poursuivis (Cass. 1e civ. 27-2-2013 nº 10-27.519 F-D : RJDA 6/13 nº 523).

Relations des parties à l'engagement de reprise avec le tiers créancier

56137 La clause de reprise de garanties ne concerne en principe que les parties qui l'ont conclue, à savoir le cédant et l'acquéreur. Il arrive toutefois que le créancier social bénéficiaire de la garantie, tiers au contrat, soit conduit à entériner la reprise de garantie en déchargeant le cédant de l'obligation qui le liait à lui. Le créancier intervient alors, soit directement à l'acte à la demande des parties, soit postérieurement à sa conclusion et l'acquéreur, qui s'était engagé à demander au créancier que le cédant soit relevé de ses obligations, obtient l'accord du créancier. Il s'opère alors une **novation** : un nouveau débiteur étant substitué à l'ancien qui est déchargé par le créancier conformément à ce que prévoit l'article 1329 du Code civil issu de l'ordonnance 2016-131 du 10 février 2016 (ex-art. 1271, 2°).

La novation ne se présume pas ; il faut que la volonté de l'opérer résulte clairement de l'acte (C. civ. art. 1330 issu de ord. 2016-131 du 10-2-2016 ; ex-art. 1273).

Pour que la novation se produise, il faut prouver que les parties l'ont effectivement voulue. En matière de reprise de garantie prévue à l'occasion d'une cession de parts sociales ou d'actions, doivent donner leur accord aussi bien le cédant et l'acquéreur que le créancier.

Cette **preuve** peut être rapportée par tous moyens (Cass. soc. 15-5-1984 : BRDA 15-16/84 p. 16 ; Cass. 1e civ. 11-2-1986 nº 84-15.849 : Bull. civ. I nº 26). La preuve de la volonté certaine des parties est suffisante : il n'est pas nécessaire que l'intention de nover soit exprimée en termes formels (Cass. 1e civ. 15-1-1975 : Bull. civ. III nº 16). Les juges du fond apprécient souverainement l'intention de nover (Cass. com. 25-6-1991 nº 994 D : RJDA 10/91 nº 782 ; Cass. com. 3-5-2006 nº 557 FS-D : RJDA 11/06 nº 1168).

ILLUSTRATIONS

En 1975, deux dirigeants sociaux s'étaient portés caution des engagements de leur société auprès d'une banque, le premier sans limitation de sommes, le second à concurrence de 500 000 F aux termes d'un contrat qui prévoyait que « la garantie est valable jusqu'à révocation par lettre recommandée avec accusé de réception, elle continuera de s'appliquer à toutes sommes que la société pourra devoir à la banque en raison d'opérations ou d'engagements dont l'origine serait antérieure à la date de réception de la révocation ». En 1977, les dirigeants avaient cédé les actions qu'ils détenaient à une société anglaise. L'acte de cession prévoyait que les **cédants** seraient **dégagés de toutes les garanties personnelles accordées au profit de la société** au jour de la réalisation de la vente. Le 13 septembre 1978, l'entreprise cessionnaire s'était portée caution solidaire de la société à hauteur de 250 000 F en principal. La société dont les actions avaient été cédées ayant été mise en règlement judiciaire puis en liquidation des biens en 1985, la société anglaise avait dû régler à la banque la somme de 250 000 F. Affirmant que leurs engagements étaient caducs, les deux anciens dirigeants avaient refusé de payer ce que leur réclamait la banque au titre des cautionnements.

La **preuve** que les dirigeants ont **révoqué leurs engagements de caution** à la date à laquelle la société anglaise s'est elle-même engagée en se substituant à eux doit être considérée comme établie au regard des témoignages et présomptions suivantes : **56137** (suite)

– nonobstant la clause du contrat de cautionnement initial prévoyant la révocation par lettre recommandée, cette révocation à l'égard de la banque qui avait la qualité de commerçant peut être établie à l'aide de tous éléments de preuve, pourvu que la résolution prise par les dirigeants de se dégager de leurs obligations pour l'avenir apparaisse certaine et dépourvue d'ambiguïté ;

– l'acte de cession prévoyait la cessation des garanties accordées par les dirigeants pour le compte de la société au jour de la réalisation de la vente, laquelle avait été retardée jusqu'au 22 février 1978, comme l'indique une note de la banque, du fait de la nécessité d'obtenir l'autorisation de la Banque d'Angleterre s'agissant d'investissements réalisés par des Britanniques hors de leur pays ;

– la même note prévoyait un cautionnement de la société anglaise « en remplacement des cautions des anciens dirigeants » ;

– ce cautionnement n'avait été souscrit que le 13 septembre 1978, ce retard étant dû à l'obligation d'obtenir l'accord de la Banque de France ;

– le mot « remplacement » utilisé par le directeur de la banque supposait nécessairement la caducité des cautions des dirigeants ;

– cette interprétation était corroborée par le même directeur « souhaitant l'accord » de ses supérieurs et invoquant « la » garantie offerte, c'est-à-dire la caution de la société anglaise ;

– si, à première vue, une garantie de 250 000 F n'a pas le même intérêt qu'une caution de 500 000 F appuyée par une autre à hauteur de tous engagements, l'affaire paraissait suffisamment bonne au directeur de la banque, qui signalait que la société cédée allait progressivement abandonner les autres banques avec lesquelles elle travaillait au profit de sa propre banque et qui relevait que le président de la société anglaise était numéro 1 européen dans son domaine et non numéro 3 comme cela avait été annoncé, pour laisser augurer une collaboration fructueuse avec les nouveaux dirigeants de la société cédée, ce qui le dispensait d'exiger d'eux une caution d'un montant identique à celles qui avaient été demandées aux précédents dirigeants ;

– cette interprétation était corroborée par une note de la banque au secrétaire des engagements indiquant comme « garantie de dossier » les cautions des anciens dirigeants « en attendant la caution de la société mère anglaise » ;

– il ressortait des attestations de plusieurs personnes qu'à la suite de la cession de la majorité du capital de la société, les anciens dirigeants avaient été dégagés de leurs engagements de cautions avec l'accord verbal d'un représentant de la banque lors d'une réunion tenue en février 1978, point confirmé par le nouveau directeur général de la société cédée nommé en octobre 1978 qui tenait « d'un interlocuteur de la banque » que la caution de la société anglaise remplaçait celles données par les anciens dirigeants.

CA Paris 28-4-1987 n° 86-2369.

L'acquéreur des actions d'une société s'était engagé à lever la caution hypothécaire donnée par le cédant et à assurer un transfert d'hypothèque, le tout « dans la mesure du possible », ainsi qu'à mettre tout en œuvre pour faire lever la caution solidaire donnée par le cédant. Il avait ensuite à son tour cédé ses actions.

Il n'y a pas lieu de rechercher si le **sous-acquéreur** a eu la volonté de s'engager dans les mêmes termes que l'acquéreur envers le premier cédant dès lors qu'il n'était pas établi, ni même allégué, que le cédant avait consenti à ce que l'acquéreur, qu'il avait assigné en paiement, soit libéré de son propre engagement.

Cass. com. 16-11-1993 n° 90-11.028 : Bull. civ. IV n° 406.

Dans un cas où un dirigeant d'une société, qui avait cautionné un emprunt souscrit par cette dernière, avait cessé ses fonctions et cédé ses titres par un acte qui prévoyait que l'**acquéreur s'engageait « à demander la substitution de sa caution à celle donnée par le cédant à la banque** en garantie d'un emprunt de 2 800 000 F souscrit par la société en vue de l'achat du fonds de commerce et du contrat de crédit-bail immobilier », le cédant ne démontre pas s'être engagé uniquement pour la durée de l'exercice de ses fonctions de dirigeant et la cessation de son activité ne met pas fin à son engagement de caution dès lors que l'acte de cession, loin de faire état d'une **acceptation,** par la **banque,** d'une substitution du cautionnement de l'acquéreur à celui du cédant, se limitait à indiquer que l'acquéreur s'engageait à faire en sorte qu'il en soit ainsi.

Cass. com. 11-1-2000 n° 97-12.206 D.

Trois associés d'une société, qui, avant de céder leurs parts sociales, s'étaient portés caution des engagements de celle-ci à l'égard d'un crédit-bailleur à concurrence d'une certaine somme et pendant six années, avaient été poursuivis par ce dernier en exécution de leurs engagements.

Ces associés doivent être condamnés à verser une certaine somme au crédit-bailleur dès lors que la **manifestation non équivoque de nover par substitution** de cautions invoquée par les intéressés n'était pas établie. En effet, le cautionnement litigieux stipulait que « la modification ou la

disparition des liens de fait ou de droit susceptibles d'exister entre la caution et le cautionné n'emportait pas à elle seule le dégagement de la caution » et s'il résultait des courriers du crédit-bailleur qu'il envisageait de faire des acquéreurs ses nouvelles cautions, il n'apparaissait d'aucun écrit que ces **acquéreurs** avaient **accepté** de s'engager personnellement envers le crédit-bailleur.
Cass. com. 17-10-2000 n° 1726 FS-D : RJDA 2/01 n° 232.
L'associé d'une SARL qui s'était porté caution de celle-ci à l'égard d'une banque avait cédé ses parts à un **acquéreur** qui s'était **engagé à substituer sa caution** à la sienne. La société ayant été mise en liquidation des biens, la banque avait assigné le cédant en garantie.
Cette demande doit être rejetée pour les raisons suivantes :
– l'acte de cession des parts sociales du 10 juin 1985 était soumis à deux conditions suspensives, à savoir que la **banque** ait consenti avant le 15 juillet 1985 à la substitution de caution et que le prêt **consenti** par la banque à la société cédée garanti par la **caution personnelle du cédant soit résilié et remplacé** avant cette même date par un nouvel emprunt garanti par la caution personnelle de l'acquéreur ;
– la convention de caution personnelle effectivement souscrite par l'acquéreur était établie sur un imprimé de la banque identique à celui souscrit par le cédant, elle portait la signature de l'acquéreur et d'un agent de la banque et précisait que ce cautionnement venait en substitution de celui du même montant signé par le cédant ;
– la signature de l'agent de la banque n'avait jamais fait l'objet de contestation sur l'acte de cautionnement initial et la même valeur pouvait être accordée à cette signature sur l'acte de cautionnement souscrit par l'acquéreur ;
– cet agent occupait à l'époque des faits les fonctions de directeur de l'agence dans laquelle la société avait ses comptes si bien qu'il avait qualité pour signer les actes de cautionnement qu'il acceptait de ce fait pour le compte de la banque et avait pour le moins la qualité de mandataire apparent.
CA Colmar 21-3-1990 n° 88-551.

56140 Comme nous l'avons signalé plus haut, la « **substitution** » de la garantie de l'acquéreur à celle du cédant est souvent prévue dans les clauses de reprise. Lorsqu'elle est **acceptée par le créancier,** la substitution ainsi prévue exprime-t-elle indubitablement l'intention de réaliser une véritable **novation** ? Rien n'est moins sûr. La Cour de cassation a en effet jugé en matière de cession de fonds de commerce que la seule acceptation par le créancier de la substitution d'un nouveau débiteur au premier, même si elle n'est assortie d'aucune réserve, n'implique pas, en l'absence de déclaration expresse, qu'il ait entendu décharger le débiteur originaire de sa dette (Cass. com. 12-12-1995 n° 2167 P : RJDA 3/96 n° 375).

56141 Au lieu de se substituer au cédant, l'**acquéreur** peut aussi s'engager directement à l'égard du créancier. Dans ce cas, on ne peut plus parler de reprise de garanties puisqu'il s'agit de la conclusion d'une **nouvelle garantie.**
Le cédant n'est cependant pas libéré de son obligation à l'égard du créancier du seul fait de l'engagement de caution de l'acquéreur. Pour qu'il en soit ainsi, le cédant doit solliciter du créancier, bénéficiaire de la garantie, une décharge de son engagement (Cass. com. 29-1-2002 n° 273 FS-P : RJDA 6/02 n° 693).

ILLUSTRATIONS

Dans un cas où le dirigeant d'une société, qui s'était porté caution avec son épouse des dettes de celle-ci à l'égard d'une banque dans un acte précisant que la garantie était valable jusqu'à révocation dûment notifiée, avait cédé la totalité de ses actions à un acquéreur qui lui avait succédé dans ses fonctions et s'était lui-même engagé comme caution envers la banque, doit être censurée la cour d'appel qui, pour débouter cette dernière de son action contre l'ancien dirigeant, a retenu que, du jour où la banque avait été avisée que ce dirigeant n'avait plus d'intérêt dans la société et n'en assumait plus la direction et où elle avait accepté la caution du nouveau dirigeant de la société, elle avait « renoncé implicitement » à exercer son recours, sans relever aucun acte manifestant sans équivoque la volonté de la banque de renoncer aux cautionnements (Cass. 1e civ. 24-10-1979 n° 77-14.076 : Bull. civ. I n° 257).

À **défaut** d'une telle **décharge,** la garantie donnée par l'acquéreur vient s'ajouter à celle donnée par le cédant qui continue à produire tous ses effets.

> **Précisions** Il importe peu que le **cautionnement souscrit par l'acquéreur** à la place de celui du cédant **ne mentionne pas la substitution,** une telle mention n'étant nullement une condition de validité des engagements (CA Paris 5-6-1998 n° 96-19846). La banque qui décharge le cédant et accepte le nouveau cautionnement dans ces conditions ne commet aucune négligence susceptible d'engager sa responsabilité à l'égard de la nouvelle caution (même arrêt).

ÉTENDUE DE L'ENGAGEMENT DE REPRISE DES GARANTIES

Il est prudent que l'acte de cession indique avec précision l'**identité des bénéficiaires des garanties reprises et l'étendue des dettes garanties.** À défaut, ces questions sont soumises à l'appréciation du juge. 56150

ILLUSTRATIONS

Dans un cas où les actionnaires d'une société en règlement judiciaire avaient cédé leurs actions à un tiers et où l'acte de cession prévoyait que l'acquéreur « s'engageait à donner, conjointement et solidairement, aux actionnaires ou associés vendeurs sa garantie concernant les prêts garantis par eux ou par certains d'entre eux, ainsi que pour les contrats de leasing concernant tant le matériel que les immeubles dans lesquels est exploité le fonds de commerce de la société », que cette clause ne s'appliquait pas aux prêts contractés personnellement par les actionnaires et que l'acquéreur s'était seulement engagé à garantir les **prêts contractés directement par la société** et garantis par les actionnaires (Cass. 1e civ. 20-7-1981 : Bull. Joly 1981 p. 817).

Dans un cas où l'acquéreur de droits sociaux s'était engagé à garantir le cédant pour le cautionnement garantissant les **découverts de deux comptes bancaires** de la société **identifiés** par leur numéro, doit être cassé l'arrêt d'une cour d'appel qui n'a pas limité la garantie due par l'acquéreur aux seuls montants des découverts des comptes bancaires en cause (Cass. com. 19-1-2022 n° 20-17.274 F-D : RJDA 4/22 n° 198).

Ces précisions ne sont toutefois pas indispensables lorsque l'engagement reflète sans ambiguïté l'accord de l'acquéreur pour prendre à son compte toutes les garanties données par le cédant (voir Cass. 1e civ. 13-11-1996 et Cass. com. 1-4-1997 : n° 56170 ; Cass. com. 10-3-1998 : n° 56171).

Le plus souvent, l'acquéreur s'engage à ne reprendre que les engagements donnés par le cédant pour garantir des créances sociales. Toutefois, rien ne fait obstacle à ce que l'acquéreur s'engage à se substituer au cédant pour prendre en charge le remboursement de **dettes** ou d'obligations contractées personnellement par ce dernier. 56151

Une cession d'actions, qui mettait à la charge exclusive de l'acquéreur les **conséquences des fautes** que le cédant avait pu commettre **dans l'accomplissement de ses mandats** d'administrateur et de président de la société, n'est pas contraire à la législation sur les sociétés anonymes dès lors que les accords intervenus entre les parties étaient relatifs au règlement, parfaitement licite, de questions privées entre les signataires, comportant notamment des engagements souscrits dans des conditions déterminées par l'acquéreur à l'égard du cédant en raison de la vente des actions et du désengagement de ce dernier. Par suite, la demande de nullité de la cession formée par l'acquéreur doit être rejetée (Cass. com. 18-2-1980 n° 76-13.362 : Bull. civ. IV n° 86).

VALIDITÉ DE L'ENGAGEMENT DE REPRISE DES GARANTIES

Consentement à la reprise Le consentement de l'acquéreur qui s'est obligé à décharger le cédant des garanties consenties ne doit pas avoir été donné par **erreur, violence** ou surpris par **dol,** à peine de nullité de l'engagement (nos 19000 s.). La méconnaissance par l'acquéreur, lorsqu'il s'est engagé, de la solvabilité réelle de la société est ainsi susceptible de constituer un vice du consentement. Mais tant l'erreur que le dol sont écartés s'il apparaît qu'il en avait bien connaissance. 56160

ILLUSTRATIONS

La **totalité des parts** d'une société avait été **cédée pour le prix de 1 F chacune** et, le même jour, la société s'était engagée à régler plusieurs de ses créanciers au nombre desquels figurait l'un des cédants. La société ayant été mise en liquidation judiciaire, l'acquéreur, qui s'était porté caution solidaire pour garantir les engagements de la société, ne pouvait pas, pour échapper aux poursuites engagées par le créancier cédant, prétendre que son consentement aurait été vicié, alors qu'au jour de la cession il n'avait pas pu se méprendre sur la solvabilité réelle de la société.
Cass. com. 30-5-1985 : Bull. Joly 1985 p. 873.

L'**acquéreur du contrôle** d'une société qui s'était engagé à décharger l'ancien dirigeant, cédant des actions, des garanties et cautions que ce dernier avait consenties à des créanciers de la société est mal fondé à soutenir que son consentement aurait été donné par erreur et surpris par dol au motif qu'il n'aurait eu connaissance de la réalité du passif de la société qu'après un redressement fiscal alors que, dès l'origine, il avait investi des fonds dans cette société parce que celle-ci avait des difficultés de trésorerie. En outre, avant de s'engager, il s'était entouré de conseils et d'experts et s'était fait nommer administrateur de la société. Il avait donc connaissance et était suffisamment **informé de la situation financière** de celle-ci lors de la signature.
CA Versailles 16-3-1990 n° 3344-89.

Contrepartie de la reprise Lorsqu'il est postérieur au 1er octobre 2016, l'**engagement** par lequel l'acquéreur s'oblige à **reprendre des garanties** est nul s'il est dépourvu de contrepartie. 56165

Tel est le cas lorsque l'engagement de l'acquéreur n'a qu'une contrepartie illusoire ou dérisoire (C. civ. art. 1169 issu de ord. 2016-131 du 10-2-2016). Ces nouvelles dispositions reprennent la règle de l'ancien article 1131, toujours applicable aux contrats antérieurs au 1er octobre 2016, suivant laquelle un engagement est nul, pour absence de cause, si la prestation promise par une partie n'a pas de contrepartie réelle. L'absence de cause est établie lorsque la personne qui l'invoque apporte la preuve que le contrat n'impose à son cocontractant aucune obligation ou ne lui impose que des obligations chimériques ou dérisoires par rapport à celles dont elle est tenue.
C'est à l'acquéreur qu'il appartient d'établir l'absence de contrepartie.

ILLUSTRATIONS

L'acquéreur qui s'était engagé à libérer le cédant, associé majoritaire, de l'engagement de caution qu'il avait souscrit en faveur de la société ne peut pas soutenir que cet engagement était devenu sans cause et qu'il était en droit de ne plus l'exécuter alors qu'au moment où il s'était porté caution, il connaissait la **situation obérée de la société** et qu'il ne rapportait pas la preuve que la renonciation par la société, postérieurement à la convention de cession de parts, à l'achat du fonds de commerce qu'elle exploitait était intervenue à son insu.

Cass. com. 11-3-1986 : Bull. Joly 1986 p. 515.

Un associé appartenant à un groupe d'associés avait promis de céder, moyennant la somme de un franc, la totalité des parts qu'il possédait dans la société à un associé appartenant à un autre groupe d'associés, déjà détenteur de la moitié du capital social, afin de donner à cet associé l'entière responsabilité de la société. L'acquéreur s'était engagé à se substituer au cédant dans les garanties que celui-ci avait données aux créanciers sociaux et le cédant, qui s'obligeait à rester au service de la société, s'était par ailleurs engagé à démissionner de son poste de gérant, l'acquéreur se portant fort d'obtenir pour lui le quitus de l'assemblée générale des associés.
Dans ces circonstances, l'acquéreur, qui mettait en avant les manquements du cédant aux engagements qu'il avait contractés, ne peut pas soutenir que son propre engagement de caution s'était trouvé sans cause, pour les raisons suivantes :
– la **cause** des obligations réciproques des parties à une convention synallagmatique doit **s'apprécier à la date** de la signature de la convention et consiste dans l'engagement de l'autre partie ;
– l'obligation de l'acquéreur de se substituer au cédant dans les obligations contractées par celui-ci avait pour **contrepartie l'acquisition** par lui, **pour un franc symbolique,** de la totalité des parts détenues par le cédant et les associés de son groupe, parts qui, jusqu'alors, étaient réparties de façon égale entre les deux groupes d'associés ;
– dans l'intention des parties, le contrôle de la société était la conséquence de la réunion de toutes les parts entre les mains de l'acquéreur et de ses associés et non pas l'objet de la cession de parts.
L'engagement pris par l'acquéreur était donc valablement causé dans le protocole et l'inexécution prétendue des engagements du cédant permettait seulement à l'acquéreur d'opposer l'exception d'inexécution inhérente aux contrats synallagmatiques mais pas de remettre en cause la validité du protocole.

CA Paris 18-6-1987 : Bull. Joly 1987 p. 715.

56170 **Objet de la reprise** L'article 1163 du Code civil issu de l'ordonnance 2016-131 du 10 février 2016 prévoit que l'obligation doit avoir pour objet une prestation déterminée ou **déterminable,** c'est-à-dire qui peut être déduite du contrat ou par référence aux usages ou aux relations antérieures des parties, sans qu'un nouvel accord soit nécessaire. Ce texte reprend la substance de l'ancien article 1129 du Code civil, applicable aux contrats antérieurs au 1er octobre 2016, suivant lequel l'obligation doit avoir pour objet une chose au moins déterminée quant à son espèce. Faut-il en déduire que l'acte (ou la clause) de reprise de garanties doit impérativement mentionner chacune des garanties concernées ? La réponse n'est pas évidente.
Celle apportée par la première **chambre civile de la Cour de cassation** n'est pas uniforme. Dans un premier arrêt, cette chambre a jugé, au visa de l'ex-article 1129 du Code civil, qu'une cour d'appel ne pouvait pas condamner l'acquéreur de parts sociales à exécuter son engagement de prendre à son compte « toutes les cautions » ayant pu être consenties par le cédant sans vérifier si l'engagement de l'acquéreur pouvait être déterminé (Cass. 1e civ. 18-10-1994 no 92-18.685 P : RJDA 4/95 no 402) ; il se déduit de cet arrêt l'obligation, en cas de cessions de contrôle dans lesquelles de tels engagements sont fréquents, de joindre à l'acte de cession la liste des cautionnements consentis par le cédant avec l'indication des créanciers bénéficiaires et des dettes garanties.
Puis, dans un second arrêt, rendu cette fois au visa de l'ex-article 1134 du Code civil (art. 1103 issu de ord. 2016-131), la première chambre est revenue sur cette position, en retenant que « les termes clairs de l'acte, englobant l'ensemble des cautions données, ne permettaient pas d'en limiter la portée » (Cass. 1e civ. 13-11-1996 no 94-18.926 D : RJDA 3/97 no 308). En l'espèce, un associé d'une société à responsabilité limitée s'était porté caution, pour un montant illimité, des engagements

de la société à l'égard d'une banque et, après la mise en règlement judiciaire de la SARL, l'associé avait cédé ses parts à une personne qui, en contrepartie, s'était engagée à le décharger de tous ses engagements de caution. Pour rejeter l'appel en garantie formé par le cédant, poursuivi en paiement par la banque, contre l'acquéreur, une cour d'appel avait retenu que l'engagement souscrit par ce dernier l'avait été après l'ouverture de la procédure collective à l'encontre de la société et qu'il ne comportait aucune précision quant à la nature et à l'étendue du cautionnement donné par le cédant. La Cour de cassation a cassé cette décision.
Soulignons néanmoins que, contrairement au premier arrêt, le second n'a pas été publié au Bulletin civil des arrêts de la Cour de cassation. Il semble donc bien que l'arrêt de 1994 exprime la doctrine de la première chambre civile.

La **chambre commerciale** de la Cour de cassation, pour sa part, se prononce clairement en faveur de la validité de tels engagements de reprise. Il est vrai que si la solution contraire adoptée par la première chambre civile peut se concevoir lorsqu'il s'agit d'un engagement purement civil, elle est plus difficilement acceptable lorsque l'engagement est souscrit dans le cadre d'une cession de contrôle, cession de nature commerciale, par l'acquéreur appelé dans la généralité des cas à devenir dirigeant de la société dont il acquiert les titres. Il serait anormal, dans ces circonstances, que l'acquéreur ne prenne pas le soin de s'enquérir de la portée des engagements qu'il souscrit. 56171
Ainsi jugé que l'engagement pris par les acquéreurs des parts d'une société de « se substituer dans les cautions personnelles des vendeurs » a un objet déterminé en ce qu'il porte sur l'ensemble des cautionnements personnels donnés par les vendeurs en garantie des emprunts contractés par la société dont les actions ont été cédées (Cass. com. 1-4-1997 n° 877 PF : RJDA 8-9/97 n° 1000). En l'espèce, la chambre commerciale a censuré la décision d'une cour d'appel qui, pour prononcer la nullité de cet engagement, avait retenu, d'une part, que le cédant, habile en affaires, avait une parfaite connaissance du contenu des actes passés et ne pouvait pas ignorer l'ambiguïté qui pouvait exister sur la substitution des acquéreurs à son engagement de caution et, d'autre part, que, le cédant n'ayant pas dénoncé son engagement auprès de la banque, l'acquéreur se trouvait dans l'incapacité de connaître l'étendue réelle de l'obligation qu'il souscrivait puisqu'il n'était pas le seul acquéreur des parts cédées et qu'il n'était nullement précisé que son obligation était souscrite solidairement avec l'autre acquéreur qui figurait à l'acte.

De même a-t-il été jugé que : 56172
– l'engagement par lequel l'**acquéreur** d'actions s'était substitué au cédant pour toutes les garanties données par ce dernier aux organismes financiers « afin que (le cédant) soit totalement défait de ses engagements » a été contracté en parfaite connaissance de l'étendue des obligations garanties dès lors que l'acquéreur avait, à la fin de l'acte, écrit « lu et approuvé – **bon pour cautionnement** » ; l'acquéreur devait donc être condamné à garantir le cédant des sommes dues par ce dernier au titre de ses engagements de garantie (Cass. com. 10-3-1998 n° 675 D : RJDA 6/98 n° 732) ;
– l'**acquéreur** du contrôle d'une société qui s'était engagé à décharger l'ancien dirigeant, cédant des actions, des garanties et cautions que ce dernier avait consenties à des créanciers de la société ne peut pas obtenir la nullité de son engagement sur le fondement de l'ancien article 1129 du Code civil pour indétermination de l'objet, alors que l'indication du nom des établissements bancaires bénéficiaires des engagements et sa position d'administrateur au sein de la société lui permettaient de **déterminer la nature et l'étendue** de cet **engagement** (CA Versailles 16-3-1990 n° 3344-89).

RÈGLES SPÉCIFIQUES AU DROIT DES SOCIÉTÉS

L'engagement souscrit par l'acquéreur de garantir ou contre-garantir le cédant de ses engagements à l'égard des créanciers sociaux doit être conforme aux règles spécifiques du droit des sociétés. 56174

Autorisation préalable du conseil d'administration ou de surveillance

Les cautions, avals et garanties consentis au nom d'une société anonyme en faveur d'un tiers doivent être autorisés par le conseil d'administration ou de surveillance (C. com. art. L 225-35, al. 4 et L 225-68). Cette exigence s'applique à l'**engagement de substitution** de cautionnement ou de contre-garantie **pris par une SA** qui acquiert des droits sociaux (Cass. com. 24-6-2003 n° 01-01.464 F-PB : RJDA 11/03 n° 1083 ; Cass. com. 1-12-2009 n° 08-18.896 F-D : RJDA 3/10 n° 259 ; Cass. com. 15-1-2013 n° 11-27.648 F-PB : RJDA 4/13 n° 338). 56175

ILLUSTRATIONS

Doit être censuré l'arrêt d'une cour d'appel qui a décidé que l'acte par lequel une société anonyme s'était engagée envers le fondateur d'une autre société, dans laquelle elle avait pris une participation à relever celui-ci de toute poursuite qui pourrait être intentée contre lui en sa qualité de caution des dettes de la seconde société, constituait une obligation de remboursement propre à la première société que le président de celle-ci avait le pouvoir de contracter seul, alors qu'il s'agissait d'une contre-garantie des engagements de caution pris par ce fondateur et soumise à l'autorisation préalable du conseil d'administration de la société (Cass. com. 13-10-1992 n° 1484 D : RJDA 12/92 n° 1141).

56176 Le cédant de parts sociales bénéficiaire d'une substitution de garantie ou d'une contre-garantie consentie par une SA doit donc s'assurer que le conseil d'administration ou le conseil de surveillance l'a expressément autorisée. L'autorisation peut être donnée au cas par cas ou être générale, annuelle, voire limitée dans son montant. Le cédant doit être attentif à cet égard. En effet, **à défaut d'autorisation** par le conseil, la substitution de garantie n'est pas opposable à la société (Cass. com. 24-6-2003 n° 1052 F-PB : RJDA 11/03 n° 1083 ; Cass. com. 1-12-2009 n° 08-18.896 F-D : RJDA 3/10 n° 259 ; Cass. com. 15-1-2013 n° 11-27.648 F-PB : RJDA 4/13 n° 338) et ne peut faire peser aucune obligation sur elle (Cass. com. 15-1-2013 précité). Le **cédant** ne dispose d'aucun **recours contre la société** qui se prévaut de l'inopposabilité de la substitution.

ILLUSTRATIONS

Dans un cas où un associé d'une société qui s'était porté caution des dettes de celle-ci envers une banque avait cédé ses titres à une SA qui s'était alors engagée à se substituer à lui ou, à défaut, à le contre-garantir, doit être rejeté le recours en garantie formé contre la SA par l'ancien associé poursuivi par la banque en sa qualité de caution, dès lors que l'engagement de la SA n'a pas été autorisé par son conseil d'administration.

Cass. com. 24-6-2003 n° 1052 F-PB : RJDA 11/03 n° 1083.

Une société anonyme (SA) avait acquis d'un associé une participation dans une autre société dont les engagements financiers à l'égard d'un crédit-bailleur étaient garantis par un cautionnement de cet associé. La SA s'était engagée dans l'acte de cession à se substituer au cédant dans le cautionnement mais cet engagement de substitution n'avait pas été autorisé par son conseil d'administration. À la suite de la défaillance de la société garantie, le crédit-bailleur avait agi en responsabilité délictuelle contre la SA, lui reprochant d'avoir commis une faute en n'exécutant pas son engagement. Doit être censuré l'arrêt ayant condamné la SA à indemniser le crédit-bailleur alors que, la cour d'appel ayant constaté que l'engagement de substitution litigieux nécessitait l'autorisation préalable du conseil d'administration, cet engagement était, en l'absence d'une telle autorisation, inopposable à la SA et ne pouvait faire peser sur elle aucune obligation.

Cass. com. 15-1-2013 n° 11-27.648 F-PB : RJDA 4/13 n° 338.

56177 En l'absence de recours contre la société, le cédant peut-il invoquer la **responsabilité du dirigeant** qui lui a consenti une garantie illusoire ? On est tenté de répondre par la négative puisqu'il a été jugé que le dirigeant qui donne un cautionnement au nom de la société sans l'autorisation du conseil d'administration (ou de surveillance) ne commet pas de faute séparable de ses fonctions susceptible d'engager sa responsabilité personnelle (Cass. com. 20-10-1998 n° 1576 P : RJDA 1/99 n° 58 ; Cass. com. 18-12-2001 n° 2121 F-D : RJDA 5/02 n° 510). Il ne peut y avoir faute séparable que si le dirigeant « commet intentionnellement une faute d'une particulière gravité incompatible avec l'exercice normal des fonctions sociales » (Cass. com. 20-5-2003 n° 851 FS-PBI : RJDA 8-9/03 n° 842 ; Cass. com. 18-6-2013 n° 12-17.195 F-D : RJDA 12/13 n° 1022).

56180 **Non-assimilation à une garantie prohibée** Dans les SA, il est interdit, notamment, aux **administrateurs,** aux membres du directoire et du conseil de surveillance autres que les personnes morales de **faire cautionner ou avaliser** par elles **leurs engagements envers les tiers** à peine de nullité (C. com. art. L 225-43 et L 225-91). La même interdiction pèse sur les gérants et les associés de SARL (art. L 223-21, al. 1). L'engagement de substitution de cautionnement ou de contre-garantie souscrit par l'acquéreur de parts sociales ou d'actions ne tombe pas sous le coup de ces dispositions (Cass. com. 26-4-2000 n° 97-10.404 D : RJDA 11/00 n° 1000). La question avait été posée dans une espèce où une SA avait acheté à un de ses administrateurs les parts qu'il détenait dans une SCI et s'était engagée à se substituer à lui dans les cautionnements qu'il avait consentis aux créanciers de la SCI ou à l'en contre-garantir. La SA, poursuivie en exécution de cet engagement, avait vainement prétendu qu'il était nul en application des textes précités.

La solution est justifiée par le fait que le caractère impératif de ces textes et la sanction de la nullité absolue encourue commandent une interprétation stricte de leurs dispositions et de la définition du cautionnement et de l'aval auquel ils font référence. Ces textes visent des cas dans lesquels la société s'engage sans contrepartie correspondante dans le seul intérêt du dirigeant en portant atteinte à l'intérêt social.

Dans l'hypothèse envisagée, la **contrepartie** existe et la reprise des engagements du cédant est une situation normale, les abus relevant de la fraude et de la violation de l'intérêt social.

Il ne s'agit pas non plus d'un cautionnement des dettes du dirigeant ; le « garant » ne s'engage pas à payer le créancier bénéficiaire à la place d'une caution défaillante qui, dans l'hypothèse de la substitution de caution, n'existe plus ; quant à la contre-garantie, elle n'entraîne pas d'engagement envers un tiers créancier mais un engagement d'indemniser le bénéficiaire de la contre-garantie, ce qui n'est ni un cautionnement ni un aval, seules garanties expressément visées par la loi.

EFFETS DE L'ENGAGEMENT DE REPRISE

Effets entre les parties Lorsque l'engagement de reprendre les garanties consenties par le cédant est une simple **obligation contractuelle de faire** pour l'acquéreur sans engagement financier de la part de ce dernier (nº 56130), le résultat attendu par le cédant – être déchargé desdites garanties – n'est pas toujours au rendez-vous. L'acquéreur a pu s'abstenir de procéder aux démarches utiles pour obtenir du créancier, bénéficiaire de la garantie, qu'il accepte la substitution et relève le cédant de ses obligations. Tout comme le créancier a pu refuser la substitution. Dans ces hypothèses, le cédant n'est pas déchargé de l'obligation initialement souscrite à l'égard du créancier et il reste donc l'unique débiteur de celui-ci. Poursuivi en paiement par le créancier, il est tenu de le désintéresser. Le cédant est cependant en droit de se retourner contre l'acquéreur pour inexécution de son obligation. 56195

Rappelons que les obligations de faire sont des obligations de résultat ou de moyens en fonction du contrat considéré, de sa nature et des stipulations qu'il renferme, la réforme des contrats opérée par l'ordonnance du 10 février 2016 n'ayant pas remis en cause cette distinction.

Lorsque l'**obligation** souscrite est **de moyens,** le cédant peut se retourner contre l'acquéreur qui n'a pas mis en œuvre les moyens nécessaires pour obtenir de la banque d'être substitué au cédant dans la garantie donnée par ce dernier. C'est au cédant qu'il appartient de démontrer que l'acquéreur n'a pas apporté un soin raisonnable à l'exécution de l'obligation. Cette preuve ne serait par exemple pas rapportée dans le cas où, malgré les démarches effectuées par l'acquéreur, la banque refuserait la substitution en raison notamment du manque de surface financière de l'acquéreur comparée à l'étendue de celle offerte par le cédant. 56196

ILLUSTRATIONS

Le gérant d'une société, qui s'était personnellement engagé à garantir le paiement d'un prêt souscrit par la société, avait été, après la cession de ses parts, poursuivi par la banque en paiement des sommes dues au titre du prêt. Il avait alors appelé en garantie l'acquéreur des parts sociales qui, lors de la cession, s'était engagé « dès l'accord de la banque créancière sur la levée d'interdiction bancaire faite à l'encontre de la société, à substituer sa propre caution ou toute garantie équivalente à la caution donnée par le cédant auprès de la banque ». Bien que la substitution de caution n'ait pas pu être réalisée en définitive, la responsabilité ne peut en être imputée à l'acquéreur dès lors que, pour tardive qu'elle ait été, l'**intervention** de celui-ci auprès de la banque était **indiscutable** et l'impossibilité où il s'était trouvé de mener son engagement à son terme ne tenait qu'au **refus de la banque d'accepter la substitution** du débiteur. En outre, aucun délai n'était précisé dans l'acte de cession pour opérer cette substitution et aucun délai raisonnable ne pouvait être fixé, la date de l'accord de la banque sur la levée de l'interdiction bancaire n'étant pas connue, il ne peut pas être reproché à l'acquéreur un manquement à son obligation contractuelle. L'appel en garantie n'est donc pas fondé.

CA Aix-en-Provence 23-3-1995 nº 92-11974.

Les acquéreurs des parts d'une société, qui s'étaient engagés dans l'acte de cession à **faire toutes diligences,** dans un délai de 15 jours, auprès de la banque en faveur de laquelle les cédants avaient donné leur cautionnement solidaire en garantie des crédits et concours accordés à la société, **afin de procéder à la substitution** des garanties de sorte que les cédants soient totalement libérés de toutes obligations à ce titre, ont commis une faute contractuelle en ne justifiant d'**aucune démarche** en vue d'obtenir de la banque son accord à une substitution des cautionnements donnés par les cédants. Les acquéreurs doivent être condamnés, en réparation du préjudice résultant de la **perte de chance pour les cédants de se voir déchargés** de leurs engagements par la banque, à les garantir à hauteur de la moitié des sommes auxquelles ils ont été ou seront condamnés au titre des cautionnements. La garantie doit être limitée à ce montant dans la mesure où n'est pas rapportée la preuve d'une solvabilité des acquéreurs, équivalente sinon supérieure à celle des cédants, permettant de penser qu'une demande de substitution des garanties à la demande de ceux-ci avait toutes les chances d'aboutir.

CA Paris 15-9-2006 nº 05-14324.

Par acte rédigé en anglais, une SARL avait cédé les actions qu'elle détenait dans le capital d'une société par actions simplifiée (SAS) à la filiale luxembourgeoise d'une société polonaise. Cet acte comportait une clause relative à l'obligation pour l'acquéreur d'obtenir la levée des garanties accordées par le gérant de la SARL à plusieurs banques pour couvrir le remboursement des

emprunts bancaires de la SAS. Reprochant à l'acquéreur de ne pas avoir exécuté cette obligation, le gérant de la SARL avait demandé à ce qu'il soit condamné sous astreinte à obtenir la mainlevée des garanties.
Cette demande doit être rejetée pour les raisons suivantes.
Aux termes de la clause litigieuse dans sa version originale, « purchaser undertakes to procure that all the guaranties granted by third parties [...] to secure the fulfillment of [its] obligations by the compagny [...] shall be released by the beneficiaries of such guaranties ». Cette clause a été traduite comme suit par un expert assermenté : « L'acquéreur s'engage à faire en sorte que toutes les garanties accordées par des tiers [...] afin d'obtenir l'exécution de [ses] obligations par la société [...] soient levées par les bénéficiaires desdites garanties. » L'**acquéreur** s'était donc **engagé « à faire en sorte » que les garanties** accordées aux banques par le gérant de la SARL **soient levées.** Si l'objectif de cet engagement était précis et identifiable par l'acquéreur, cela ne suffisait pas à le qualifier d'obligation de résultat. En effet, la levée des garanties ne relevait pas de la volonté de l'acquéreur, seules les banques bénéficiaires de ces garanties, non parties à la cession, ayant le pouvoir de délier le gérant, ce que celui-ci ne pouvait pas ignorer. La seule obligation de l'acquéreur était de tout mettre en œuvre pour parvenir à cette décharge.
La suite de la clause (l'acquéreur s'engage à indemniser les garants contre toutes dettes, réclamations, poursuites, etc. encourues par ceux-ci dans le cadre de l'exercice des garanties) confirmait que l'engagement de « faire en sorte » d'obtenir la levée des garanties ne constituait qu'une obligation de moyens ; les poursuites à l'encontre des garants résultant d'un échec de cette mainlevée avaient en effet été expressément envisagées et couvertes par la prise en charge de leurs conséquences financières par l'acquéreur. L'obligation de l'acquéreur étant de moyens, il convient de rechercher si celui-ci avait accompli toutes les **diligences utiles à la levée des garanties.** Les banques avaient étudié sa proposition de se substituer au gérant de la SARL mais elles avaient exigé soit le dépôt dans leurs livres d'une somme correspondant au montant de la dette garantie, soit une garantie à première demande émanant d'une banque française. À la suite de ces échanges, l'acquéreur avait proposé l'année suivante d'offrir la garantie à première demande d'une banque polonaise (de la même nationalité que la société mère de l'acquéreur) mais, après étude, cette proposition avait également été rejetée par les banques.
Ces nombreux échanges avec les banques attestaient de la réalité des diligences accomplies, de leur réitération et de leur amélioration. L'acquéreur ne pouvait pas se voir reprocher le refus final des banques, qui avaient imposé des conditions auxquelles celui-ci ne pouvait pas satisfaire en tant que société étrangère. En outre, le dépôt en gage dans les livres des banques des sommes restant dues par la SAS, qui aurait imposé à l'acquéreur de se libérer de montants importants non exigibles, excédait les diligences incombant au débiteur d'une obligation de moyens, d'autant qu'une condition aussi rigoureuse ne figurait pas dans l'acte de cession et que l'échec de la levée des garanties était pallié par la prise en charge par l'acquéreur des conséquences financières en résultant.
CA Paris 14-6-2017 n° 15/00827 : RJDA 11/17 n° 726.

56197 Lorsque l'**obligation** est **de résultat,** le fait que le résultat ne soit pas atteint emporte à la fois présomption de faute et présomption de causalité entre la faute et le dommage (Cass. 1e civ. 21-10-1997 n° 95-16.717 PB : RJDA 1/98 n° 47 ; Cass. com. 22-5-2002 n° 99-11.113 FS-P : RJDA 10/02 n° 1025). Le créancier de l'obligation (ici le cédant) n'est donc pas tenu de prouver l'existence d'une faute de l'acquéreur.
Ces présomptions ne tombent que devant la force majeure (C. civ. art. 1231-1 ; ex-art. 1147 qui prévoyait l'exonération en cas d'inexécution provenant d'une cause étrangère). Le débiteur (ici l'acquéreur qui s'est engagé) ne peut pas s'exonérer en prouvant seulement n'avoir pas commis de faute (Cass. 1e civ. 9-6-1993 n° 91-17.387 : Bull. civ. I n° 209).

ILLUSTRATIONS

Avant de démissionner de ses fonctions et de céder l'intégralité de ses parts sociales, le gérant d'une société à laquelle une banque avait consenti un prêt avait garanti ce prêt par un engagement de caution. L'acte de cession précisait que les **acquéreurs** déclaraient **faire leur affaire personnelle de la reprise** de l'engagement donné par l'ancien gérant et à ce qu'il ne soit ni inquiété ni recherché à ce sujet, les acquéreurs devant, dans les quinze jours, apporter au cédant tous documents montrant la réalité de la substitution de caution. L'engagement ainsi souscrit s'analysant en une obligation de faire et non en une obligation de payer une somme d'argent, les acquéreurs doivent être condamnés solidairement à garantir le cédant de toutes condamnations prononcées à son encontre au titre du cautionnement pour les raisons suivantes :
– l'obligation des acquéreurs résultait de l'acte de cession qui contenait les engagements réciproques des parties de sorte qu'ils ne pouvaient pas valablement invoquer les dispositions de l'ancien article 1326 du Code civil (C. civ. art. 1376 nouv.) et l'absence de mention manuscrite précédant leur signature ;
– l'acte de cession définissait avec précision la garantie donnée par le cédant et les acquéreurs avaient eu une exacte connaissance de cet engagement ;

– aucun des acquéreurs n'avait respecté son obligation contractuelle, causant un préjudice au cédant poursuivi en paiement par la banque et soumis à une inscription d'hypothèque judiciaire provisoire sur son immeuble ainsi qu'à une saisie sur une partie de son allocation de retraite ;
– les acquéreurs, qui ne s'étaient pas portés caution et n'étaient pas poursuivis en cette qualité, ne pouvaient pas opposer les dispositions de l'article 2033 du Code civil (devenu l'article 2310) aux termes duquel la caution ne dispose d'un recours contre les autres cautions qu'après paiement ;
– bien qu'il ne se soit pas inquiété du sort de son cautionnement après l'acte de cession, le cédant n'avait cependant commis aucune faute en relation de cause à effet avec son préjudice ;
– le liquidateur de la société ayant fait connaître que l'actif réalisé serait entièrement absorbé par le remboursement du superprivilège des salaires, des dettes nées après l'ouverture de la procédure collective et des dettes fiscales, il n'existait aucun motif pour surseoir à statuer sur les demandes formées par le cédant contre les acquéreurs (CA Paris 1-7-1997 n° 95-12563 : JCP G 1998 I n° 103 note Ph. Simler).

L'acquéreur peut invoquer l'**exception d'inexécution,** c'est-à-dire refuser d'exécuter son engagement de reprise lorsque le cédant n'a pas tenu ses propres engagements envers lui et que cette inexécution est suffisamment grave (C. civ. art. 1219 issu de ord. 2016-131 du 10-2-2016 ; auparavant CA Paris 15-11-1988 n° 87-7221 : JCP N 1990 II p. 136). **56198**

ILLUSTRATIONS

Dans le cadre d'une cession de la totalité des actions d'une société anonyme pour un franc, l'engagement de l'acquéreur tendant à reprendre des cautionnements donnés par le cédant a pour contrepartie la garantie de passif consentie par ce dernier, l'acquéreur connaissant de plus la situation de la société. Ces obligations étant réciproques, l'inexécution par le cédant de son engagement de garantie de passif lui interdisait de demander à l'acquéreur l'exécution de la reprise des cautionnements (CA Paris 15-11-1988 n° 87-7221 : JCP N 1990 II p. 136).
Dans un cas où, dans le cadre d'une cession de la totalité des actions d'une société anonyme, l'acquéreur s'était obligé à effectuer toutes démarches en vue d'obtenir mainlevée des cautions données par le cédant tandis que ce dernier s'engageait à garantir le règlement de trois créances sociales, jugé que malgré l'absence de stipulation de réciprocité expresse entre ces deux catégories d'obligations, l'une était la contrepartie de l'autre et inversement de sorte qu'à défaut d'accomplissement de son engagement par le cédant, l'acquéreur était fondé à l'invoquer pour se décharger, au moins en partie, de ses propres obligations (CA Limoges 6-4-2000 n° 97-1721 et, sur pourvoi, Cass. com. 31-3-2004 n° 00-15.661).

Les **parties** à la cession ont pu **organiser les conditions de mise en œuvre de la substitution** de garantie **ou de la contre-garantie** et prévoir notamment que l'acquéreur est tenu de procéder aux démarches nécessaires pour obtenir la substitution et qu'il est tenu d'informer le cédant du refus de la banque, bénéficiaire de la garantie. Ce formalisme doit être respecté. **56200**

Ainsi, un engagement de reprise de garantie stipulait que « l'acquéreur s'engage à se substituer, ou à défaut à contre-garantir irrévocablement le cédant de toute mise en jeu de sa caution personnelle en cas de défaillance de la société pour quelque cause que ce soit ; néanmoins l'acquéreur s'engage à faire les démarches nécessaires et présenter les garanties suffisantes pour substituer sa caution personnelle à celle du cédant dans un délai de 90 jours ; à défaut d'une impossibilité de substitution dûment constatée par le cédant par lettre recommandée dans un délai de 48 heures à compter de la notification du refus, la contre-garantie sera maintenue jusqu'à l'échéance normale de la caution donnée ». Poursuivi par le bénéficiaire de la caution, l'acquéreur avait soutenu que la mise en œuvre de la contre-garantie était subordonnée à la notification par le cédant dans le délai de 48 heures de l'impossibilité de substitution de caution et que l'engagement était devenu caduc dès lors que cette « condition suspensive » n'avait pas été levée. Ces arguments ont été rejetés : la notification du refus présupposait que, comme il s'y était engagé, l'acquéreur ait préalablement effectué toutes les démarches utiles auprès de l'établissement bancaire et qu'il ait lui-même notifié au cédant un refus d'acceptation de la substitution émanant du créancier, notification dont l'acquéreur ne pouvait pas justifier l'existence. Par suite, conformément à la commune intention des parties manifestée clairement en début d'acte, l'acquéreur, faute de justifier d'une quelconque démarche pour substituer sa caution à celle du cédant, doit contre-garantir ce dernier au titre de l'engagement de caution dont le caractère certain a été consacré par un jugement, et ce, dès lors que le cédant n'a pas été mis en mesure, du seul fait de l'acquéreur, de respecter le formalisme prévu à l'acte pour la mise en œuvre de la contre-garantie qui, aux termes de l'acte, n'en demeure pas moins irrévocablement acquise (CA Versailles 11-5-1999 n° 7734-96 : RTD com. 2000 p. 110 obs. Cl. Champaud et D. Danet).

Effets à l'égard du créancier Dans le cas où la clause de reprise prévoit que l'acquéreur s'engage à **garantir** ou à **contre-garantir** le cédant (n° 56131), l'engagement souscrit n'est pas opposable au créancier, tiers au contrat. Pour obtenir le paiement de sa créance, le créancier doit **56203**

donc s'adresser au cédant qui reste pour lui le seul débiteur de la garantie donnée. Celui-ci est alors en droit d'appeler l'acquéreur en garantie ou de se retourner contre lui après avoir désintéressé le créancier.

ILLUSTRATIONS

Deux dirigeants d'une société, qui s'étaient portés caution solidaire de la société à l'égard d'une banque à concurrence d'une certaine somme, avaient cédé toutes les actions qu'ils détenaient au sein de cette société ; l'un d'eux avait en outre révoqué son engagement de caution. La société ayant été mise en liquidation judiciaire, la banque avait assigné en paiement de sa créance le dirigeant qui n'avait pas révoqué son engagement. Ce dernier avait alors appelé l'acquéreur des actions en garantie. Doit être censurée la décision d'une cour d'appel qui, pour rejeter cette demande et condamner le dirigeant à désintéresser la banque, a retenu que l'acquéreur n'avait pas reçu expressément mandat de la part de l'intéressé de révoquer la caution auprès de la banque, alors que l'acte de cession prévoyait clairement que l'acquéreur ferait son affaire personnelle de la levée des cautions dans les trois mois de la cession de sorte que les cédants ne soient ni recherchés ni inquiétés (Cass. com. 23-11-1983 n° 82-14.669 : Bull. Joly 1984 p. 57).

L'acte de cession d'un fonds de commerce de débit de boissons mentionnait que les cédants étaient liés par un contrat de fourniture exclusive et par un prêt cautionné par le fournisseur, en précisant que l'acquéreur serait subrogé dans les droits et obligations en résultant et devrait en faire son affaire personnelle. Le prêteur, invoquant la déchéance du terme stipulée en cas de cession du fonds de commerce, avait obtenu de la caution, que les cédants ont ensuite désintéressée, le paiement du solde du prêt. Il ne peut être fait grief à la cour d'appel d'avoir condamné l'acquéreur à rembourser les cédants de la somme versée à la caution, dès lors que l'arrêt relève que la reprise par l'acquéreur de la charge financière représentant le remboursement de l'emprunt avait fait partie des négociations et qu'il l'avait acceptée, que cette reprise n'était pas incompatible avec la déchéance du terme résultant de la cession du fonds de commerce et qu'il ne s'agissait pas en l'espèce d'une substitution de débiteur, ce dont il ressort que l'acquéreur s'était engagé à l'égard des cédants et en contrepartie des obligations mises à la charge de ceux-ci à supporter une obligation ayant pour objet le montant du solde du prêt, en sorte que la cour d'appel a jugé à bon droit que cet engagement n'était pas soumis, dans les rapports entre les parties, à l'accord du créancier (Cass. com. 29-10-2003 n° 01-01.070 F-D : RJDA 3/04 n° 295).

56204 Lorsque l'accord conclu entre le cédant et l'acquéreur est entériné par le créancier qui accepte expressément de décharger le cédant et qu'ainsi il s'opère une **novation** (n° 56137), l'obligation initiale disparaît et le créancier ne peut plus poursuivre le cédant, qui est libéré de cette obligation.

RESPONSABILITÉ DES TIERS

56225 **Responsabilité du professionnel ayant assisté les parties** Le cédant qui a dû exécuter son propre engagement de garantie des dettes sociales sans pouvoir se retourner contre l'acquéreur met parfois en cause la responsabilité de son conseil, par exemple pour n'avoir pas prévu une telle substitution ou pour n'avoir pas fait le nécessaire pour qu'elle soit mise en œuvre. Selon les circonstances d'espèce, une **faute** peut être retenue à l'encontre du conseil.

ILLUSTRATIONS

Un acte de cession de la totalité des parts sociales d'une SARL, conclu en présence du **conseil juridique** de l'acquéreur, prévoyait que le cédant serait dégagé de son engagement personnel de caution hypothécaire à l'égard d'une banque par substitution pure et simple du garant ou par l'intermédiaire d'un autre organisme prêteur qui désintéresserait la banque au lieu et place de l'acquéreur. Seize mois plus tard, cette substitution de garantie ne s'était pas opérée et la SARL avait été déclarée en état de cessation des paiements. La banque avait fait vendre l'immeuble que le cédant avait donné en garantie. A commis une faute le conseil juridique qui, d'une part, n'a pas effectué les démarches nécessaires auprès de la banque alors qu'il était **mandataire** de l'ensemble **des parties** pour ce faire et, d'autre part, qui a laissé les négociations avec la banque s'enliser alors que, mis au courant des difficultés financières de la société, il aurait dû signifier à la banque les difficultés rencontrées pour obtenir les pièces réclamées, afin de recevoir de celle-ci une position définitive. Par suite, il a été condamné, in solidum avec l'acquéreur, à payer des dommages-intérêts au cédant (Cass. com. 3-11-1992 n° 90-19.102 D).

Les acquéreurs des parts d'une société s'étaient engagés à faire toutes diligences, dans un délai de 15 jours, auprès de la banque en faveur de laquelle les cédants avaient donné leur cautionnement solidaire en garantie des crédits et concours accordés à la société, afin de procéder à la substitution des garanties de sorte que les cédants soient totalement libérés de toutes obligations à ce titre. Après la mise en liquidation judiciaire de la société dont les titres avaient été cédés, la banque avait réclamé l'exécution des cautionnements aux cédants qui avaient mis en cause la responsabilité de l'**avocat, rédacteur de l'acte de cession.** Cette action en responsabilité a été rejetée pour les raisons suivantes : aucun manquement à son **obligation d'information ou de**

conseil ne pouvait lui être imputé dès lors qu'ayant été informé de l'identité exacte des acquéreurs le jour même de la cession l'avocat avait été mis, du fait des cédants, dans l'impossibilité matérielle de faire toutes les **recherches sur la solvabilité des acquéreurs** et, par suite, de demander l'agrément de la banque à la substitution des cautionnements, voire de la faire intervenir à l'acte ; l'avocat avait assorti l'acte de cession de stipulations permettant son efficacité juridique puisqu'il y avait **inséré une clause prévoyant la résiliation** de plein droit **de la cession** si les acquéreurs ne procédaient pas aux diligences requises, sans préjudice d'éventuels dommages-intérêts, anticipant ainsi l'éventualité de l'inexécution par les acquéreurs de leurs obligations contractuelles qui étaient subordonnées à l'accord de la banque ; les cédants, qui étaient informés de l'absence de diligence des acquéreurs pour obtenir la substitution de garantie, avaient en connaissance de cause omis de faire jouer cette clause résolutoire dont la mise en œuvre les aurait contraints à restituer les sommes reçues de l'acquéreur en remboursement partiel de leurs comptes courants d'associés (CA Paris 15-9-2006 n° 05-14324).
Le gérant d'une société qui désirait vendre ses parts dans celle-ci avait fait appel à un avocat pour rédiger les actes. Ce dernier avait établi, d'abord, une lettre d'engagement par laquelle l'acquéreur s'engageait à libérer le cédant du cautionnement qu'il avait souscrit pour garantir un prêt bancaire accordé à la société, puis un acte de cession qui ne comportait ni substitution de caution ni garantie. La société avait cessé de rembourser le prêt après la cession et la banque avait demandé au cédant d'exécuter son cautionnement. Le cédant avait alors recherché la responsabilité de l'avocat, lui reprochant de **n'avoir pas prévu la substitution de caution dans l'acte** de cession et de ne l'avoir pas informé du maintien de la garantie à sa charge. Sa demande a été rejetée : la question de la substitution de caution avait été abordée à plusieurs reprises lors des entretiens entre le cédant et l'avocat ; la banque avait refusé le transfert de garantie mais le cédant avait préféré maintenir le principe de la cession parce que cette solution lui permettait de percevoir un prix de cession significatif et qu'il déclarait faire parfaitement confiance à son acquéreur. Malgré le respect par l'avocat de ses obligations d'information et de conseil sur les conséquences du maintien de son cautionnement, le **cédant** avait donc **persisté dans son intention de procéder à la cession** et assumé sciemment l'opération risquée (Cass. com. 17-9-2013 n° 12-17.949 F-D : RJDA 12/13 n° 1018).

Responsabilité du créancier bénéficiaire du cautionnement Le **créancier** bénéficiaire du cautionnement donné par le cédant n'est tenu ni d'une **obligation d'information** ni d'une obligation de conseil **sur la persistance**, faute de novation, du **cautionnement** à la suite de la cession et il appartient au cédant de solliciter du créancier l'extinction de son engagement avant la cession (n° 79260). **56226**
Mais si le créancier s'est **engagé envers le cédant à le décharger** de son engagement de caution et à lui substituer l'acquéreur, il engage sa responsabilité envers lui en ne le faisant pas (pour une illustration, voir Cass. com. 31-1-2017 n° 15-17.093 F-D : RJDA 7/17 n° 499).

5. CONVENTION DE VOTE ENTRE LE CÉDANT ET L'ACQUÉREUR

DÉFINITION ET INTÉRÊTS DE LA CONVENTION DE VOTE

Lorsque, après la cession, le **cédant** de parts sociales ou d'actions **reste associé** de la société, il peut avoir un intérêt à obtenir de l'acquéreur l'engagement que celui-ci votera dans un sens déterminé ou ne participera pas au vote des décisions collectives à venir ou de certaines d'entre elles sur le choix des dirigeants, l'agrément de nouveaux associés, la politique d'investissement ou l'affectation des résultats par exemple. **56250**
De tels engagements, qui constituent des conventions de vote, ont longtemps fait l'objet de critiques au motif que le droit de vote doit être exercé librement et qu'aucune entrave ne doit être apportée statutairement ou contractuellement à ce libre exercice. Reconnues par la jurisprudence et, implicitement, par le législateur, ces conventions permettent la stabilité nécessaire à la poursuite d'objectifs complexes et de longue durée.
La loi prend acte des **conventions** de vote et les tient, au moins implicitement, pour **licites.** Ainsi, les dispositions de l'article L 233-3 du Code de commerce, aux termes desquelles une société est considérée comme en contrôlant une autre notamment lorsqu'elle dispose seule de la majorité des droits de vote dans cette société en vertu d'un accord conclu avec d'autres actionnaires, entraînent implicitement la reconnaissance de la validité des conventions de vote. Il en est de même de l'article L 233-10 du même Code, selon lequel sont considérées comme agissant de concert, notamment, les personnes qui ont conclu un accord en vue d'exercer des droits de vote pour mettre en œuvre une politique commune vis-à-vis de la société ou pour obtenir le contrôle de celle-ci.

CONDITIONS DE VALIDITÉ DE LA CONVENTION DE VOTE

56251 Les conventions de vote sont valables si elles reposent sur un engagement éclairé des associés signataires et sont destinées à l'établissement d'une politique stable et durable ; il faut aussi qu'elles respectent l'ordre public et qu'elles ne soient pas contraires à l'intérêt social (CA Paris 4-12-2012 n° 11/15313 : RJDA 4/13 n° 331).

L'engagement pris dans la convention doit respecter l'**ordre public** et les bonnes mœurs (application de l'article 6 du Code civil). Seraient ainsi illicites :

– une convention emportant cession du droit de vote (CA Paris 4-12-2012 précité) ou la renonciation définitive d'un associé à son droit de vote (CA Paris 22-2-1933 : DH 1933 p. 258 ; voir aussi Cass. com. 17-6-1974 n° 73-10.541 analysé n° 77010) ;

– un engagement de vote qui aurait pour seule contrepartie le versement d'une rétribution sous quelque forme que ce soit. Le trafic de voix est d'ailleurs sanctionné pénalement : le fait de se faire accorder, garantir ou promettre des avantages pour voter dans un certain sens ou pour ne pas participer au vote, ainsi que le fait d'accorder, garantir ou promettre ces avantages, est puni d'un emprisonnement de deux ans et d'une amende de 9 000 € (C. com. art. L 242-9, 3°) ;

– la convention de vote qui porterait atteinte au principe de libre révocabilité des dirigeants sociaux (CA Paris 4-12-2012 précité).

56253 Les conventions de vote ne doivent pas conduire à des votes contraires à l'**intérêt social** (CA Paris 4-12-2012 n° 11/15313 : RJDA 4/13 n° 331). En effet, de telles conséquences sont la manifestation d'un abus du droit de vote, lequel est interdit par une règle d'ordre public dont aucune convention ne peut s'affranchir. C'est la raison pour laquelle la nullité pour abus du droit de vote peut être demandée même par un actionnaire qui a voté en faveur de la résolution contestée.

Il se peut aussi qu'une convention de vote licite à l'origine s'avère abusive en cours d'exécution du contrat. Toute partie peut alors valablement invoquer l'exception d'abus de droit de vote pour refuser de l'exécuter.

ILLUSTRATIONS

Un engagement de vote en faveur d'une augmentation de capital doit être tenu pour licite dès lors qu'il est limité à l'opération concernée, qu'il est conforme à l'intérêt social et qu'il est exempt de toute idée de fraude (CA Paris 30-6-1995 : JCP E 1996 n° 795 note J.-J. Daigre).

56255 **Durée** Conformément au droit commun des contrats, les conventions de vote ne peuvent pas être conclues pour une durée illimitée ou considérée comme telle. De telles conventions aboutissent à un **engagement perpétuel** prohibé auquel chaque partie peut mettre fin à tout moment en respectant un délai contractuel ou raisonnable (C. civ. art. 1210 et 1211 issus de ord. 2016-131 du 10-2-2016). Avant l'ordonnance 2016-131, les conventions aboutissant à un engagement perpétuel étaient nulles en vertu d'une jurisprudence bien établie (Cass. civ. 20-3-1929 : DP 1930 I p. 13, tenant la nullité pour absolue ; Cass. 1e civ. 7-5-1951 : Bull. civ. I p. 108 ; Cass. soc. 29-5-1954 : Bull. civ. V p. 268).

Les conventions dont la **durée** est **indéterminée** sont licites ; il peut y être mis fin unilatéralement dans les mêmes conditions que les engagements perpétuels (C. civ. art. 1211 précité ; auparavant, CA Paris 4-12-2012 n° 11/15313 : RJDA 4/13 n° 331). Pour des appréciations du caractère déterminé ou indéterminé de la durée de la convention, voir n° 5606.

Qu'elles soient à durée perpétuelle ou indéterminée, les conventions ne remplissent pas l'office attendu puisque toute partie peut s'en retirer à son gré.

EFFET RELATIF DE LA CONVENTION DE VOTE

56257 Même licite, la convention de vote n'engage que les personnes qui l'ont conclue (C. civ. art. 1199 issu de ord. 2016-131 du 10-2-2016 ; ex-art. 1165). Elle n'est pas **opposable** aux tiers, spécialement à la société émettrice.

VIOLATION DE LA CONVENTION DE VOTE

56260 Jusqu'à la réforme du droit des obligations, la violation d'une convention de vote n'était en principe **sanctionnée,** comme pour toute obligation de faire (ou de ne pas faire), que par l'octroi de **dommages-intérêts** (C. civ. ex-art. 1142).

Pour les conventions de vote conclues depuis le 1er octobre 2016 (date d'entrée en vigueur de la réforme), l'inexécution peut toujours être sanctionnée par des dommages-intérêts (C. civ. art. 1217 issu de ord. 2016-131 du 10-2-2016). Le bénéficiaire de l'engagement peut tenter d'obtenir l'**exécution forcée** de la convention en invoquant l'article 1221 du Code civil (issu de ord. 2016-131 et modifié par loi 2018-287 du 20-4-2018) qui autorise le créancier d'une obligation à en poursuivre l'exécution en nature sous certaines conditions, mais il n'est pas évident que les tribunaux se résoudront à passer outre à la prérogative essentielle de l'associé que constitue le droit de vote et à imposer le sens du vote, voire à prendre une décision valant vote de la délibération qui aurait dû être adoptée. **56260** (suite)

> **Précisions** **Jusqu'à** la réforme du droit des obligations par **l'ordonnance 2016-131,** la violation d'une convention de vote n'a donné lieu qu'à des mesures autres que la condamnation de l'associé récalcitrant à voter conformément aux engagements qu'il avait pris dans le cadre de la convention.

Dans une affaire où un actionnaire avait refusé d'exécuter son engagement de voter en faveur d'une augmentation de capital et d'y souscrire, la cour d'appel de Paris a considéré que, même en matière d'obligation de faire, le créancier a le droit de réclamer l'exécution en nature chaque fois que cette exécution est possible. Elle avait ordonné la convocation d'une nouvelle assemblée générale extraordinaire et **condamné** sous astreinte l'actionnaire défaillant à **souscrire à l'augmentation de capital** prévue par la convention, mais elle ne l'avait pas condamné à voter cette augmentation (CA Paris 30-6-1995 : JCP E 1996 n° 795 note J.-J.Daigre). Ainsi que l'a relevé le professeur J.-J.Daigre, il manquait un maillon nécessaire à la mise en œuvre de la condamnation prononcée par la cour d'appel : en obligeant l'actionnaire récalcitrant à souscrire à l'augmentation de capital, la cour ne l'empêchait pas de s'opposer par son vote à l'augmentation et si l'augmentation de capital n'était pas votée, aucune souscription n'était possible et la condamnation sous astreinte ne pouvait pas être appliquée.

Dans une autre affaire, la cour d'appel de Paris a écarté la demande en référé d'exécution forcée d'une convention de vote figurant dans un pacte d'actionnaires prévoyant la nomination au comité de surveillance d'une SAS de deux candidats représentant l'associé minoritaire. Elle a jugé que si la tenue d'une nouvelle assemblée générale pouvait être ordonnée par le juge des référés, il avait excédé ses pouvoirs en ordonnant la révocation des deux membres choisis par le seul majoritaire car cette mesure revenait à prononcer l'annulation de deux résolutions, ce qui relevait de la compétence des juges du fond. Après avoir constaté que le pacte aurait dû être exécuté, la cour a prononcé la **désignation d'un mandataire,** sur le fondement de l'article 873, al. 1 du Code de procédure civile, afin qu'il assiste aux réunions du comité avec mission d'en faire un compte rendu au minoritaire (CA Paris 8-11-2011 n° 11/16066 : RJDA 3/12 n° 303, Bull. Joly 2012 p. 209 note A. Couret et B. Dondero). En retenant cette solution, la cour a écarté l'application par le président du tribunal de l'article 873, al. 2 du Code de procédure civile, qui autorise le juge des référés à ordonner l'exécution d'une obligation non sérieusement contestable même s'il s'agit d'une obligation de faire.

CHAPITRE 3

ENGAGEMENTS DU CÉDANT

SOMMAIRE

1. CLAUSE DE NON-CONCURRENCE

INTÉRÊT DE LA CLAUSE NON-CONCURRENCE

Lors d'une cession de parts sociales ou d'actions, l'acquéreur peut craindre les agissements concurrentiels du cédant. Cette crainte est particulièrement fondée lorsque le cédant ne part pas à la retraite et ne demeure pas associé ou salarié de la société. 57000

C'est pourquoi les statuts des sociétés ou les actes de cession de droits sociaux contiennent fréquemment une clause interdisant au cédant de s'intéresser, à compter de la cession, à toute activité concurrente de celle de la société quittée et susceptible de nuire aux intérêts de celle-ci. Même si, au titre de la garantie légale d'éviction, la jurisprudence met à la charge du cédant de parts sociales ou d'actions une **obligation de non-concurrence,** celle-ci demeure limitée. L'insertion d'une **clause de non-concurrence** (ou de non-rétablissement) dans l'acte de cession permet donc à l'acquéreur d'obtenir une protection élargie et de limiter les contestations ultérieures sur l'existence ou l'étendue de l'obligation pesant à ce titre sur le cédant.

Dans les développements qui suivent, sont présentées des décisions de justice concernant des clauses de non-concurrence imposées à des dirigeants sociaux n'ayant pas la qualité d'associé ou au vendeur d'un fonds de commerce mais dont la solution est transposable aux clauses mises à la charge d'un associé à l'occasion de la cession de ses parts ou actions.

> **Précisions** Jugé que la **clause** par laquelle le cédant des actions d'une SAS s'engageait, pour une durée illimitée, à une obligation de totale **loyauté à l'égard de la société** est valable mais qu'elle ne saurait impliquer pour le cédant l'interdiction d'exercer toute activité commerciale dans le secteur d'activité de la société ; le cédant était donc libre d'entreprendre toute activité commerciale, même en concurrence avec la SAS, dans la mesure où il n'employait pas de moyens déloyaux tels que l'usage de marque contrefaite, l'imitation de marque, la confusion entretenue sur l'identité de l'entreprise, le dénigrement ou toute autre pratique caractérisant la concurrence déloyale (CA Nancy 28-11-2007 n° 04-3391 : RJDA 4/09 n° 352).

ENGAGEMENT DU CÉDANT DE CÉDER SES TITRES D'UNE SOCIÉTÉ CONCURRENTE

Lorsque le cédant détient par ailleurs des titres d'une société concurrente de celle objet de la cession, il peut aussi s'engager à céder ces titres. Ainsi, un cédant qui, lors de la cession de la totalité des parts d'une société, s'était engagé à vendre avant une date déterminée les parts qu'il détenait dans une société concurrente et à ne plus participer au développement de celle-ci et qui avait néanmoins conservé ses parts a été condamné à verser des dommages-intérêts à l'acquéreur ; il faisait valoir en vain, d'une part, que l'engagement de vendre était affecté d'un aléa tenant à l'accord d'un acquéreur intéressé à l'achat des titres et, d'autre part, que le maintien de cette participation ne caractérisait pas à lui seul la violation de son engagement en l'absence d'intervention personnelle dans le développement de la société ; en effet, le cédant était tenu de céder les parts avant une date limite, sans égard pour le prix qu'il pourrait en obtenir et l'existence de 57001 négociations avec un tiers en vue de cette cession et leur échec montraient que, loin de privilégier l'exécution de ses obligations contractuelles, le cédant avait privilégié ses intérêts financiers en n'acceptant pas de céder ses parts à un prix qu'il estimait insuffisant ; par ailleurs, l'engagement du cédant étant cumulatif, le simple fait de ne pas avoir cédé ses parts était constitutif d'une violation de son obligation, sans qu'il soit nécessaire d'examiner en outre si, en demeurant associé, il continuait ou non à participer au développement de cette société (Cass. com. 4-12-2012 n° 11-26.785 F-D).

> **Précisions** Le débiteur d'**obligations alternatives** se libère en exécutant l'une des obligations (C. civ. art. 1307 issu de ord. 2016-131 du 10-2-2016 ; ex-art. 1189). À l'inverse, si les obligations sont **cumulatives,** l'inexécution d'une seule d'entre elles suffit à caractériser le manquement (cf. C. civ. art. 1306 issu de ord. 2016-131). Au cas particulier, le cédant avait invoqué le caractère alternatif des obligations qu'il avait souscrites pour exiger que soit prouvé à son encontre un manquement à chacune d'elles.

a. Clause statutaire ou extrastatutaire de non-concurrence

57020 L'obligation de non-concurrence pesant sur le cédant peut être prévue directement et dès l'origine par les statuts de la société (Cass. com. 26-3-1996 n° 677 P : RJDA 8-9/96 n° 1066). Elle peut aussi être insérée en cours de vie sociale ou prévue dans le contrat de cession.

CLAUSE STATUTAIRE DE NON-CONCURRENCE

57030 **Opposabilité au cédant** Lorsqu'elle a été insérée dans les statuts de la société, la clause de non-concurrence s'impose à tous les associés, présents et futurs, et l'associé cédant est censé y avoir souscrit dès son entrée dans la société. L'obligation de non-concurrence pèse donc sur lui tant qu'il est associé mais également après la cession de ses parts sociales ou de ses actions. Toutefois, pour que le **cédant demeure lié** par la clause prévue par les statuts **après la cession,** certaines **conditions** doivent être remplies :
– la clause statutaire ne doit pas se borner à interdire aux associés de concurrencer la société pendant le temps où ils en sont les associés mais prévoir expressément que cette interdiction perdurera après qu'ils auront quitté la société ;
– la clause doit respecter les conditions de validité exposées n°s 57080 s. À défaut, le juge pourra l'annuler.

57040 **Insertion d'une clause dans les statuts en cours de vie sociale** En raison de l'atteinte qu'elle porte à la liberté du commerce et de l'industrie, une clause statutaire de non-concurrence constitue une augmentation des engagements des associés (Cass. com. 26-3-1996 n° 677 P : RJDA 8-9/96 n° 1066 ; CA Lyon 20-11-1998 : n° 57050) ; elle ne peut donc être introduite dans les statuts en cours de vie sociale qu'à la suite d'un **vote unanime** des associés (C. com. art. L 225-96 et L 223-30 ; C. civ. art. 1836).

> **Précisions** Dans l'affaire jugée par la Cour de cassation, l'assemblée générale extraordinaire d'une SA d'expertise comptable avait modifié les statuts en y insérant, à la charge des actionnaires, une obligation de « respect de clientèle » en cas de retrait aux termes de laquelle « l'ancien actionnaire s'interdit formellement de travailler, d'intervenir, d'entrer en relation ou d'entrer au service d'un client de la société ». Un associé titulaire de 2 % du capital, qui s'était opposé à cette modification, s'était retiré de la société un mois plus tard pour exercer la profession d'expert-comptable à titre indépendant et il avait fourni des prestations à des clients de la société. Jugé que viole l'article 153 de la loi du 24 juillet 1966 (devenu l'article L 225-96 du Code de commerce) la cour d'appel qui, pour accueillir la demande de la société en paiement de l'indemnité prévue par les statuts, avait retenu que la clause avait été régulièrement intégrée dans les statuts par délibération de l'assemblée générale extraordinaire, nonobstant l'opposition de l'intéressé, alors que, si une clause interdisant à l'ancien actionnaire d'une SA toute forme de concurrence envers celle-ci peut être comprise dans les statuts adoptés lors de sa création, l'introduction ultérieure d'une telle clause, qui, par l'atteinte qu'elle porte à la liberté du travail et du commerce, augmente les engagements de l'actionnaire, ne peut être décidée qu'à l'unanimité.

CLAUSE EXTRASTATUTAIRE DE NON-CONCURRENCE

57050 **Insertion dans le règlement intérieur** L'insertion d'une clause de non-concurrence dans le règlement intérieur d'une société ne semble possible que dans les conditions prévues par les statuts de la société et seulement si les statuts en ont arrêté le principe. Il en est ainsi, que l'insertion de la clause ait lieu lors de la création de la société ou en cours de vie sociale. Dans ce dernier cas, elle doit en outre faire l'objet d'un vote unanime des associés (n° 57040). Rappelons que, le plus souvent, le règlement intérieur d'une société ne sert qu'à expliciter telle ou telle clause des statuts pour en préciser les modalités de mise en œuvre.

ILLUSTRATIONS

Si elle n'est pas prévue dans les statuts au moment de la création de la société mais insérée postérieurement à la constitution, une interdiction de concurrence mise à la charge des associés après leur démission ne peut résulter valablement que d'un vote unanime de ces derniers, dont elle augmente les engagements, ou d'un contrat passé avec la société. Par suite, dans un cas où une telle **interdiction** avait été **intégrée dans le règlement intérieur** d'une société adopté **en cours de vie sociale** par le conseil d'administration et approuvé par une assemblée générale ordinaire des actionnaires **à la majorité** de 19 voix sur 25, l'assemblée ne pouvait pas, à ces conditions de majorité et en l'absence de toute disposition statutaire lui conférant ce pouvoir, imposer aux associés ou aux dirigeants des sociétés associées une interdiction de concurrence qui ne figurait pas dans les statuts.

CA Lyon 20-11-1998 n° 95-6730 : Bull. inf. C. cass. 1999/499 n° 1022.

Dans un cas où le **règlement intérieur** d'une société, qui avait été soumis à une assemblée générale et **approuvé par tous les associés sauf un,** renfermait une clause interdisant à tout associé quittant la société d'exercer pendant cinq ans sa profession dans une ville déterminée, ce règlement intérieur doit être déclaré nul dès lors que son objet excède très largement les limites relatives aux modalités pratiques de fonctionnement interne de la société fixées par les statuts, pour constituer, à tout le moins, une importante **modification des statuts** eux-mêmes.

CA Paris 30-11-1993, 4e ch. A : JCP E 1994 II n° 575 p. 111 note T. Bonneau.

Insertion dans l'acte de cession Un clause de non-concurrence est fréquemment négociée entre le cédant et l'acquéreur, lorsque celui-ci envisage de prendre le contrôle de la société et que le cédant y exerçait un rôle déterminant. Elle figure alors dans l'acte de cession ou dans un acte séparé. Elle est en pratique toujours constatée par **écrit** en vue de faciliter la **preuve** de l'étendue de l'obligation de non-concurrence mise à la charge du cédant. **57060**

CONSEIL

Même en présence d'une **clause statutaire** interdisant au cédant de concurrencer la société après son départ de la société, l'acquéreur a tout intérêt à faire insérer une clause similaire dans l'acte de cession. En effet, en cas de violation de la clause statutaire par le cédant, la société est la seule à pouvoir l'invoquer (n° 57120). Elle est aussi la seule à bénéficier d'une éventuelle indemnité accordée par les tribunaux. La **réitération** de l'interdiction de non-concurrence **dans l'acte de cession** offre donc à l'acquéreur la possibilité de mettre la clause en œuvre en toute indépendance et à son propre bénéfice.

b. Conditions de validité de la clause de non-concurrence

CONSENTEMENT DU CÉDANT À LA CLAUSE

Conformément au droit commun (C. civ. art. 1128 issu de ord. 2016-131 du 10-2-2016 ; ex-art. 1108), le consentement du cédant à la clause de non-concurrence doit être exempt de vice. **57070**

ILLUSTRATIONS

Jugé par exemple que si une délibération des associés d'une SARL autorisant la cession des parts sociales consentie par l'un d'eux et entraînant son départ de la société peut imposer à ce dernier un engagement de non-concurrence qui revêt le caractère d'une obligation de non-concurrence d'origine volontaire, c'est à la condition que cet engagement soit le fruit d'un échange de consentements libres de la part de tous les associés. Tel n'est pas le cas lorsque l'**associé** concerné, également gérant et responsable technique de la société, avait démissionné **en proie à de fortes pressions,** à des menaces et à un chantage de l'assemblée générale des associés de nature à entraîner un vice du consentement l'ayant conduit à vendre à vil prix ses parts sociales et à souscrire un engagement de non-concurrence sans limitation de durée qui hypothéquait gravement son avenir professionnel dans un domaine d'activité spécifique pour lequel il disposait d'aptitudes reconnues, acquises au cours d'une longue pratique antérieure. Par suite, il y a lieu d'annuler la délibération de l'assemblée générale ordinaire des associés pour vice du consentement (CA Poitiers 24-3-1998 n° 96-4347 : Bull. Joly 1999 p. 982).

Pour un cas où le fait pour un associé d'avoir subordonné son agrément de la cession de ses parts par son coassocié à la souscription d'une clause de non-concurrence élargie a été considéré comme constitutif d'un **abus de droit,** voir Cass. com. 13-6-1995 n° 1219 : n° 32362. **57072**

CLAUSE LIMITÉE DANS LE TEMPS ET L'ESPACE ET PROPORTIONNÉE À L'OBJET DU CONTRAT

57080 Pour être valable, la clause de non-concurrence mise à la charge du cédant lors de la cession de ses droits sociaux doit être limitée dans le temps et dans l'espace et proportionnée aux intérêts légitimes à protéger (notamment, Cass. com. 8-10-2013 n° 12-25.984 F-D : RJDA 2/14 n° 124 ; Cass. com. 11-3-2014 n° 12-12.074 F-D : RJDA 6/14 n° 537 ; Cass. com. 30-3-2022 n° 19-25.794 F-D : RJDA 7/22 n° 405).
Ces **conditions** sont **cumulatives.** Ainsi est nulle la clause qui, limitée dans le temps, ne l'est pas dans l'espace (Cass. com. 12-2-2013 n° 12-13.726 : RJDA 7/13 n° 582). L'indication d'une limite dans le temps et l'espace ne suffit pas nécessairement à écarter le caractère disproportionné de l'interdiction pesant sur le cédant (Cass. com. 4-1-1994 n° 92-14.121 : RJDA 3/94 n° 297 ; Cass. com. 23-9-2014 n° 13.20-454 : RJDA 12/14 n° 919).
En pratique, les **juges apprécient de manière concrète** (Cass. com. 24-6-1997 n° 95-14.648 D : RJDA 12/97 n° 1457) la proportionnalité entre, d'une part, les limites territoriales et temporelles prévues, les activités interdites (fonction de direction, prise de participation, intéressement indirect...) et, d'autre part, les intérêts légitimes de l'acquéreur (en réalité, ceux de la société qu'il a acquise et qu'il entend protéger d'éventuels détournements de la clientèle imputables au cédant) et ceux de l'acquéreur qui peut vouloir poursuivre une activité professionnelle après la cession. Il résulte de la jurisprudence rapportée ci-dessous que les juges prennent notamment en considération la nature et le rayonnement de l'activité sociale, la possibilité de reconversion laissée au cédant compte tenu de ses compétences professionnelles et de son âge.

57085 ILLUSTRATIONS **Clauses de non-concurrence nulles**

La clause figurant dans les statuts d'une société et prévoyant que « de convention expresse, les associés s'interdisent même après la cession de leurs parts et **pendant** un délai de **cinq années** à compter de la cession de participer directement ou indirectement à des activités de nature à concurrencer l'exploitation de la société » doit être déclarée nulle comme faisant obstacle à ce qu'un associé qui avait cédé ses parts sociales puisse, postérieurement à cette cession, exercer **dans quelque pays que ce soit,** pendant cette longue durée, l'activité d'expert dans laquelle il était spécialisé depuis neuf ans et qui lui était donc propre, étant observé qu'en raison de son âge, 45 ans lors de la cession, il n'était plus temps pour lui de se reconvertir utilement dans une autre branche d'activité.

CA Paris 7-2-1980 : JCP G 1981 II n° 19669 note O. Edwards et, sur pourvoi, Cass. com. 17-2-1982 n° 188 : Navis Droit des affaires, jurisprudence.

Doit être annulée la clause de non-concurrence par laquelle le cédant des actions d'une société s'interdisait « d'exercer toute activité d'ingénierie dans la thalassothérapie et de faire concurrence, directement ou indirectement, à la société pendant une durée de **vingt ans** à compter du jour de la signature de la convention » dès lors que cette clause avait effet très au-delà de l'âge de la retraite de l'intéressé et avait pour conséquence de faire obstacle à l'exercice de **toute activité** du cédant **dans le domaine** de la thalassothérapie qui constituait son activité professionnelle.

Cass. com. 19-10-1981 n° 863 : Bull. Joly 1982 p. 263.

Une clause de non-concurrence, même limitée dans le temps a **deux ans,** est nulle dès lors qu'elle a pour effet d'interdire à un directeur commercial spécialisé dans l'exploitation d'« antennes mobiles » d'exercer cette activité sur le **territoire français** et qu'elle le contraint à une complète reconversion dans un autre **secteur** ou à un chômage forcé pendant une longue période.

CA Paris 6-3-1992 : RJDA 7/92 n° 683.

Est sans proportion avec la protection des intérêts commerciaux de moniteurs de ski regroupés en un syndicat local la clause prévoyant que le moniteur quittant l'école gérée par ce syndicat ou en étant exclu s'interdit, pendant une période de **trois ans** à compter de son départ, de créer, gérer, exploiter directement ou indirectement une école ou une affaire individuelle d'enseignement du ski ou d'y participer à quelque titre que ce soit, dans la commune ou les **communes limitrophes,** sous peine de dommages-intérêts.

Cass. com. 9-11-1993 n° 1723 P : RJDA 5/94 n° 543.

Est nulle la clause de non-concurrence faisant interdiction au cédant d'actions d'une société anonyme d'exercer une activité concurrente de celle de la société pendant **dix ans** dès lors que le cédant, âgé de 55 ans lors de la signature de l'acte de cession, ne pouvait en être **libéré qu'à 65 ans,** c'est-à-dire à un âge auquel il ne pouvait sérieusement envisager d'exercer une activité professionnelle. Cette clause anéantissait d'autant plus la liberté économique individuelle du **cédant** que celui-ci, ingénieur des arts et métiers, s'était fait une **spécialité** du traitement des matériaux thermodurcissables ; cette activité lui était interdite puisqu'elle concurrençait celle de la société, dont l'objet était « la mécanique générale, la fabrication d'outillages de toutes natures et pour tous usages et notamment de moules pour matières plastiques, le montage de toutes pièces et d'objets de matière plastique ».

CA Rouen 25-11-1993 : RJDA 3/94 n° 256.

Une personne, salarié et membre du directoire d'une SA, avait souscrit une clause de non-concurrence lui interdisant « pour quelque cause que ce soit », d'entrer au service d'une société concurrente ou de ses filiales exerçant une activité d'importation, de mûrissage, de vente en gros ou demi-gros de bananes, agrumes, mangues, avocats, ananas, kiwis, noix de coco, papayes, goyaves, litchies, ou de s'intéresser directement ou indirectement, sous quelque forme que ce soit, à la création ou à l'exploitation d'une entreprise pouvant concurrencer les produits ou les activités de la société dans les secteurs des produits précités » ; cette interdiction, conclue pour **10 ans,** s'appliquait à l'ensemble du **territoire français** et métropolitain ainsi qu'aux départements et territoires d'outre-mer. 57085 (suite)

Cette clause de non-concurrence est nulle car, interdisant à l'intéressé d'exercer pendant dix ans en métropole et dans les départements et territoires d'outre-mer une activité identique à celle qui a été la sienne pendant une vingtaine d'années, cette clause est **disproportionnée** par rapport au contrat liant ce salarié à la société.

Cass. com. 16-12-1997 n° 2559 P : RJDA 4/98 n° 386.

La clause de non-concurrence votée par l'assemblée générale interdisant au gérant d'une clinique d'exercer, après son départ de la société, une **activité similaire** ou se rapprochant de près ou de loin de celle de la clinique, dans le secteur privé de la santé, ou d'avoir des intérêts dans de tels établissements sur le territoire national pendant **trois années** doit être annulée dès lors que l'interdiction de non-concurrence qu'elle impose à l'ancien gérant porte une atteinte excessive à sa liberté de travailler. Elle ne comporte en effet **aucune limitation géographique** et est rédigée en termes excessivement généraux quant aux activités proscrites, de sorte qu'elle aboutit à lui interdire l'exercice en France de toute activité correspondant à sa qualification et à ses connaissances dans le domaine de la gestion des établissements privés de santé, les conditions d'accès à ces fonctions dans le secteur public rendant très aléatoire cette seule perspective qui lui est laissée. En outre, la clause excède l'objectif de protection des intérêts légitimes de la clinique, celle-ci ne précisant pas les spécificités de sa gestion qui pourraient justifier de telles restrictions et son activité ayant essentiellement un rayonnement local, voire régional, mais pas national.

Enfin, le fait que l'**intéressé** ait **voté en faveur de la clause** lors de l'assemblée générale ne l'empêche pas d'en invoquer la nullité puisque cette clause se heurte au principe de liberté du travail auquel on ne peut pas renoncer et la généralité des termes employés concernant les activités permises ou interdites ne permet pas de déduire un accord de volonté des parties sur son étendue et sa portée.

CA Versailles 16-3-2000 n° 97-4009 : RJDA 1/01 n° 33.

La clause interdisant à l'associé d'une société en nom collectif exploitant une officine de **pharmacie,** qui a cédé les parts qu'il détenait dans cette société, de se réétablir dans un **rayon de 7,5 km** de la pharmacie est disproportionnée par rapport à sa finalité et elle est nulle dès lors que, compte tenu de la nature de l'activité en cause, le but recherché par la clause aurait été atteint par le tracé d'un périmètre limité au centre de la ville où était exploitée l'ancienne pharmacie et qu'en conséquence il n'était nul besoin de prévoir une clause de non-rétablissement étendue aux localités avoisinantes.

Cass. com. 17-12-2002 n° 2124 F-D : JCP E 2003 n° 1074.

La clause de non-concurrence, figurant dans l'acte de cession de parts d'une société spécialisée dans le commerce de gros et de détail de **pièces détachées pour automobiles,** porte gravement atteinte à la liberté du commerce dès lors qu'elle n'**autorise** le cédant **qu'à vendre** des pièces détachées **aux particuliers,** alors que ce commerce se fait essentiellement avec des professionnels et qu'elle lui interdit de recruter du personnel ayant appartenu à la société pendant cinq ans tout en le soumettant aux contrôles inquisitoriaux du cessionnaire.

Cass. com. 13-12-2011 n° 10-21.653 F-D : RJDA 4/12 n° 408.

Est nulle la clause par laquelle, lors de la cession de sa participation dans une société, l'actionnaire majoritaire s'engage, pour une durée de **quatre ans,** à ne pas faire concurrence sous quelque forme que ce soit, directement ou indirectement, à l'activité de la société, dès lors que, limitée dans le temps, la clause n'est **pas limitée dans l'espace.**

Cass. com. 12-2-2013 n° 12-13.726 F-D : RJDA 7/13 n° 582.

Les actionnaires d'une société spécialisée dans la commercialisation d'articles de fête avaient conclu un pacte faisant peser sur certains des signataires deux interdictions : celle de prendre une participation au capital d'une société qui exercerait une activité concurrente et celle d'exercer des fonctions dans l'entreprise concurrente. Ces interdictions sont nulles dès lors que la première n'est limitée ni dans le temps ni dans l'espace et que le champ territorial de la seconde – étendu à la **France entière** – est excessif, les fonds de commerce exploités par la société, implantés dans la partie nord de la France et sans activité de vente sur internet, ne s'adressant qu'à une **clientèle de proximité.**

Cass. com. 20-9-2016 n° 15-13.263 F-D : RJDA 12/16 n° 845.

La clause de non-concurrence est nulle dès lors que son **périmètre géographique** n'étant **ni déterminé** par le contrat **ni déterminable,** la clause ne comporte aucune limite expresse dans l'espace.

Cass. com. 4-3-2020 n° 17-21.764 F-D : RJDA 2/21 n° 70 ; dans le même sens Cass. com. 11-5-2017 n° 15-12.872 F-D : RJDA 8-9/17 n° 529.

Un acte de cession de fonds de commerce contenait une clause intitulée « Obligation de loyauté », qui stipulait que l'**acquéreur** ne pouvait traiter **aucune opération pendant 18 mois avec quatre des partenaires commerciaux de la société cédante,** sans son accord, **compte tenu des relations conflictuelles** et des procédures judiciaires qu'elle poursuivait contre eux.
Une cour d'appel a pu déduire des éléments suivants que cette clause n'était pas proportionnée à l'intérêt explicité par le cédant :
– l'engagement stipulé était contraignant en ce que, même limité dans le temps, il imposait cependant à l'acquéreur de ne traiter « aucune opération » avec les personnes désignées, aboutissant, par la généralité des termes employés, à une impossibilité pour l'acquéreur de nouer une quelconque relation commerciale, de travail ou de collaboration, avec les anciens partenaires de la société cédante, sauf accord exprès de son dirigeant. Or, ce dernier avait refusé son accord lorsque l'acquéreur avait souhaité assurer le service après-vente des produits de négoce de trois des quatre partenaires visés par l'interdiction ;
– la société cédante ne justifiait pas cette clause par la nécessité de préserver son secteur d'activité économique d'une quelconque concurrence à venir mais par celle d'éviter toute interférence dans le déroulement des procédures l'opposant à ses anciens partenaires. En outre, elle avait indiqué que ceux-ci lui avaient permis de réaliser un important chiffre d'affaires, qui avait chuté après la rupture de leurs relations ; la restriction qu'elle imposait à l'acquéreur revenait donc à lui faire subir le même sort, au mépris du principe de la liberté du commerce et de l'industrie, que la vente du fonds à moindre prix ou que le dessein de contraindre ses anciens partenaires à « s'asseoir à la table des négociations » ne pouvaient justifier.

Cass. com. 20-10-2021 n° 19-22.546 F-D : RJDA 3/22 n° 132.

Sur l'absence de validité d'une **clause** de non-concurrence **visant 28 pays,** voir CA Paris 21-10-2021 n° 18/21284 : n° 57088.

57086 ILLUSTRATIONS Clauses de non-concurrence valables

L'engagement de non-concurrence souscrit par le gérant salarié d'une SARL exploitant une clinique envers cette société n'est pas disproportionné dans son étendue, dès lors qu'il est limité à une durée de **trois années** à la **région** Île-de-France, ainsi qu'aux groupes nationaux et au secteur de l'hospitalisation privée, que le gérant ne démontre pas qu'il n'existe pas de poste de gérant ou de directeur de cliniques dans les groupes d'étendue régionale et qu'en outre la **formation de l'intéressé,** à la fois médicale et financière, devait lui permettre de postuler à des postes nombreux et variés.

CA Versailles 11-5-2000 : RJDA 9-10/00 n° 878 et, sur pourvoi, Cass. com. 21-9-2004 n° 00-18.265 F-D : RJDA 2/05 n° 97.

Le cédant de la totalité des parts d'une société ayant pour activité l'**organisation et l'exploitation de** deux **salons professionnels** du secteur hospitalier et médico-social s'était engagé pour cinq ans à ne pas s'intéresser directement ou indirectement à des manifestations ou salons dans ces domaines.
Cette clause de non-concurrence, destinée à garantir la valeur de la société, est valable dès lors que, eu égard à sa limitation dans le temps et au champ des activités interdites correspondant à l'activité de cette dernière, elle est proportionnée à la protection des intérêts en présence.

Cass. com. 4-12-2007 n° 04-17.449 F-D : RJDA 3/08 n° 281.

Un actionnaire d'une SAS, spécialisée dans le textile et dont il était également directeur général, avait vendu ses actions à l'actionnaire majoritaire et avait démissionné de ses fonctions. L'acte de cession comportait une clause par laquelle le cédant s'interdisait pendant **trois ans** de s'intéresser, directement ou indirectement, à la clientèle dont il avait la responsabilité au sein de la SAS et dont la liste figurait en annexe de l'acte.
Cette clause de non-concurrence est valable dès lors qu'elle s'applique à un dirigeant social, spécialisé en matière de textile, dont l'activité ultérieure était susceptible de nuire aux intérêts de la SAS, qu'elle est limitée dans sa durée et n'a d'effet qu'à l'égard des **clients limitativement énumérés** dans une liste annexée au protocole.

CA Nancy 28-11-2007 n° 04-3391 : RJDA 4/09 n° 352.

Le cédant des actions d'une société de **transport** et de **dépannage** s'était interdit pour cinq ans de « créer ou d'exploiter » des activités de transport ou de dépannage ou de « s'intéresser directement ou indirectement, à quelque titre que ce soit, même comme associé commanditaire » à de telles activités en **France** métropolitaine.

Cette clause, qui n'interdit pas au cédant de devenir salarié d'une entreprise concurrente, est valable en ce qu'elle n'avait pas pour effet de lui interdire toute activité professionnelle dans son domaine de compétence pour la durée et le territoire déterminés **57086** (suite)

CA Paris 8-1-2009 n° 07-21656 : RJDA 4/09 n° 307.

La clause de non-concurrence mise à la charge du dirigeant d'une société pendant une durée de deux ans après la cessation de ses fonctions est aussi limitée dans l'espace et donc valable dès lors que l'obligation de non-concurrence était limitée aux **pays** susceptibles de constituer le marché des produits développés par la société (du matériel microélectronique) et qu'elle ne concerne que ces **produits,** limitativement et précisément énumérés.

Cass. com. 11-3-2014 n° 12-12.074 F-D : RJDA 6/14 n° 537.

Lors de la cession de la totalité de leur participation au sein d'une société, les deux associés fondateurs, qui détenaient près de 64 % du capital, avaient souscrit une clause de non-concurrence rédigée en ces termes : « M. et Mme X. s'interdisent, pendant une durée de **5 ans** à compter de ce jour, de détenir, directement ou indirectement, quelque intérêt, sous quelque forme que ce soit, ou investir dans une entité ou entreprise ayant, ou projetant d'avoir à leur connaissance, une activité directement ou indirectement concurrente des activités concernant le secteur du commerce de la peluche, du jouet et/ou tous produits sous licence d'un personnage ou d'une marque à l'exclusion des autres licences. » La clause précisait en outre : « L'engagement stipulé porte sur tout le **territoire où la société ou ses filiales exercent actuellement ou projettent d'exercer leurs activités,** soit, sans que cette liste soit limitative, les pays de l'Espace économique européen, les États-Unis d'Amérique, le Canada, le Japon, la Chine, l'Inde et la Russie. »

Cette clause est valable pour les raisons suivantes : elle est limitée dans le temps et dans l'espace dans la mesure où elle n'a vocation à s'appliquer que dans les pays où la société dont les titres sont cédés ou l'une de ses filiales exercent leurs activités ; elle n'est pas disproportionnée par elle-même, dès lors qu'elle ne vise que le domaine du jouet ou des peluches ; elle n'est pas davantage disproportionnée au regard de la situation des cédants, qui ont reconnu céder leurs titres à l'âge de 66 et 67 ans dans la perspective d'un **départ à la retraite.**

CA Paris 1-7-2014 n° 13/08215 : Navis droit des affaires.

Ndlr : La première chambre civile de la Cour de cassation, statuant à propos de la cession d'un fonds libéral, a jugé que la clause doit être limitée dans le temps et l'espace et proportionnée à sa finalité, même s'il s'agit d'une cession pour départ à la retraite (Cass. 1e civ. 6-10-2011 n° 10-24.158 F-D : RJDA 1/12 n° 4).

Des entreprises de transport, membres d'une société **coopérative** constituée pour l'exercice en commun de **transports routiers** par benne, ne peuvent pas reprocher à une cour d'appel d'avoir rejeté leur demande d'annulation de la clause de non-concurrence figurant dans les statuts et le règlement intérieur de la société. En effet, cette clause était proportionnée aux intérêts légitimes de la coopérative au regard de son objet, compte tenu des éléments suivants :

– la coopérative avait une **clientèle distincte de celle de ses membres** puisque son objet était de développer les activités de transport de ces derniers, ce qui incluait la prise de commandes et de marchés auprès de tous clients ainsi que l'exercice en commun de ces activités, dans le cadre d'une agence commune traitant avec la clientèle comme le prévoit la réglementation (Décret 63-94 du 8-2-1963 art. 1, b) ;

– l'obligation de non-concurrence pesant sur les anciens membres de la coopérative était **limitée** à trois ans, à la région administrative de son siège social et à la clientèle des transports par benne existant au moment du retrait ;

– la **clause préservait** donc **la clientèle développée par la coopérative** de l'activité concurrentielle d'entreprises susceptibles de tirer profit des relations nouées avec ces clients en leur qualité d'anciens coopérateurs, mais sans en supporter les charges.

Cass. com. 4-11-2014 n° 13-23.569 F-D : RJDA 3/15 n° 157.

La clause de non-concurrence souscrite par le dirigeant d'une société après avoir démissionné de ses fonctions et cédé ses parts est valable dès lors que, limitée dans le temps à **cinq ans** et dans l'espace à un rayon de **20 kilomètres** depuis le siège de la société, la clause est indispensable à la protection des intérêts légitimes de cette société afin d'éviter toute intervention de son ancien gérant dans le même domaine d'activité (fabrication et pose de **menuiseries métalliques**) et auprès de la même clientèle.

Cass. com. 6-10-2015 n° 13-27.419 F-D : RJDA 2/16 n° 118.

Sur la validité d'une clause de non-concurrence **limitée à 7 ans sur une partie de la France**, voir Cass. com. 23-6-2021 n° 19-24.488 F-D analysé n° 57088.

Une société (A) avait cédé à un même acquéreur les participations qu'elle detenait dans deux autres sociétés (B et C). Lors de ces cessions, le dirigeant des sociétés A et C avait souscrit au bénéfice de l'acquéreur une clause de non-concurrence par laquelle il s'interdisait, pour une durée de 5 ans :

– l'exercice direct ou indirect, pour son compte ou celui d'un tiers, à titre gratuit ou onéreux, habituellement ou occasionnellement, d'une activité concurrente, notamment en qualité de

salarié, dirigeant, mandataire ou intermédiaire d'une société ayant une activité concurrente ; par activité concurrente, la clause précisait qu'il y avait lieu d'entendre, pour la société B, toute activité de fabrication et de vente de solvants, détergents, dégraissants, rénovateurs en gros, demi-gros et détail et, pour la société C, toute activité de vente en direct aux professionnels de spécialités chimiques, destinées aux services d'entretien et de maintenance ;
– toute prise de participation directe ou indirecte (à l'exception des placements effectués dans le cadre d'une gestion de portefeuille boursier) dans toutes entreprises nouvelles ou existantes exerçant une activité concurrente.
L'acquéreur avait poursuivi l'ancien dirigeant, qui avait pris une participation indirecte dans une société fabriquant des détergents pour professionnels, pour violation de cette clause. L'ancien dirigeant en avait alors contesté la validité, soutenant que la clause était insuffisamment limitée dans le temps et l'espace, pas assez précise sur les activités et les produits visés et qu'elle portait atteinte à son droit d'exercer une activité professionnelle dans son domaine de compétence.
Cette clause doit au contraire être déclarée valide, pour les raisons suivantes :
– le **périmètre géographique** de la clause, la France entière, n'était pas critiquable car il s'expliquait par la spécificité de l'activité des sociétés dont les titres étaient cédés, pour l'une, la vente en gros et, pour l'autre, la vente à des professionnels de produits chimiques dans le domaine du nettoyage ; en effet, le commerce de produits spécialisés en gros ou à des professionnels conduit à vendre ces produits sur l'ensemble de la France, les clients revendeurs développant pour leur part un réseau de proximité ;
– la **durée** de la clause, 5 ans, était conforme aux usages ; ce délai permettait en l'espèce de s'assurer que la reprise des sociétés par une nouvelle équipe dirigeante dans le cadre d'une stratégie de développement externe n'allait pas être mise à mal par la très bonne connaissance que détenait l'ancien dirigeant des acteurs du secteur d'activité en cause, qui était ici restreint ;
– le **périmètre des activités** visées par la clause était précis, restreint et cohérent avec les activités exercées par les sociétés B et C puisqu'il correspondait exactement à leur objet social, tel qu'il figurait sur les Kbis de ces sociétés ;
– si l'ancien dirigeant soutenait que la **clause** de non-concurrence lui **interdisait d'exercer toute activité** dans son domaine d'activité, à savoir le secteur du nettoyage industriel au sens large, il s'était engagé en toute connaissance de cause ; c'est d'ailleurs du fait de sa grande expertise dans ce domaine et de son expérience professionnelle que la clause avait été prévue afin qu'il ne concurrence pas les sociétés en développant une nouvelle activité dans le même secteur sur la base de son réseau de connaissances professionnelles ; cette clause était la **contrepartie** du prix de cession des parts sociales qu'avait perçu l'ancien dirigeant par l'intermédiaire de la société A ; la limitation de ses activités professionnelles avait donc fait l'objet d'une indemnisation.
CA Paris 21-10-2021 n° 20/09921 : RJDA 3/22 n° 131.

Ndlr : La solution retenue ici par la cour d'appel de Paris est, à notre avis, contestable. La Cour de cassation a en effet annulé des clauses de non-concurrence qui interdisaient toute réinstallation du souscripteur dans son domaine de compétence (Cass. com. 13-12-2011 n° 10-21.653 F-D : RJDA 4/12 n° 408 ; Cass. com. 20-11-2019 n° 18-15.677 F-D : RJDA 2/20 n° 63). Quant à l'affirmation que le prix de cession des parts constituait l'indemnisation de la restriction d'activité souscrite, elle fait fi de l'écran de la personnalité morale entre la société cédante et son dirigeant.

CAS PARTICULIER : CLAUSE SOUSCRITE PAR UN CÉDANT SALARIÉ

57088 Lorsque le cédant de droits sociaux est par ailleurs salarié de la société dont il cède les droits, la clause de non-concurrence qu'il souscrit doit respecter les conditions cumulatives suivantes : elle doit être indispensable à la protection des intérêts légitimes de la société, limitée dans le temps et dans l'espace, tenir compte des spécificités de l'emploi du salarié et comporter une contrepartie financière. C'est ce qu'a jugé la Cour de cassation pour une clause figurant dans un pacte d'actionnaires et imposée à un salarié actionnaire (Cass. com. 15-3-2011 n° 10-13.824 F-PB : RJDA 6/11 n° 549). Cette **contrepartie financière** ne s'impose que si l'associé avait, à la date de son engagement, la qualité de salarié de la société qu'il s'est interdit de concurrencer (Cass. com. 8-10-2013 n° 12-25.984 F-D : RJDA 2/14 n° 124 ; Cass. com. 23-6-2021 n° 19-24.488 F-D : RJDA 12/21 n° 778). La contrepartie ne doit pas être dérisoire (Cass. soc. 15-11-2006 n° 04-46.721 FS-PB : RJS 1/07 n° 50).

ILLUSTRATIONS

Après s'être engagé, lors de la cession de sa participation dans une société, à ne pas concurrencer celle-ci pendant trois ans après la cessation de toute fonction en son sein, le cédant en était devenu salarié ; moins de trois ans après, il avait quitté la société et créé une société concurrente ; l'acquéreur de la participation s'était alors prévalu de la clause de non-concurrence pour demander la cessation de cette activité et des dommages-intérêts.
Doit être cassé l'arrêt d'une cour d'appel qui, pour écarter ces demandes, a retenu que la clause, dont la durée de la validité avait été fixée en considération des fonctions salariées du cédant, avait nécessairement pour effet d'entraver sa liberté de se rétablir et que, faute de contrepartie financière, elle était nulle, alors que la cour avait constaté qu'**à la date de la cession** prévoyant

l'engagement de non-concurrence l'intéressé avait la **seule qualité d'associé** et qu'il n'était devenu salarié que postérieurement.

Cass. com. 8-10-2013 n° 12-25.984 F-D : RJDA 2/14 n° 124.

Un protocole d'accord, signé pour la cession des parts d'une société spécialisée dans le commerce, la location et la réparation de matériels se rapportant à l'informatique, contenait une clause aux termes de laquelle **le cédant s'engageait à ne pas s'intéresser aux mêmes activités,** dans les régions Bretagne, Normandie et Pays de Loire et pour une durée de 7 ans. L'accord prévoyait également qu'au jour de réalisation de la cession le cédant serait **engagé en qualité de directeur d'agence de la société cédée.** L'acte de cession des parts avait été signé trois mois après et le cédant embauché. Licencié 18 mois plus tard, il avait demandé l'annulation de la clause de non-concurrence, faisant valoir qu'une telle clause, imposée à un salarié, devait prévoir une contrepartie financière à peine de nullité et qu'il avait cette qualité de salarié, la promesse d'embauche figurant dans le protocole d'accord valant contrat de travail.
Arguments rejetés par la Cour de cassation, qui a refusé d'annuler la clause : une clause de non-concurrence insérée dans une convention de cession de titres est licite lorsque les obligés n'ont pas la qualité de salariés au jour de la souscription de l'obligation ; la clause était en l'espèce limitée dans le temps et dans l'espace et proportionnée aux intérêts légitimes à protéger ; lors de la signature du protocole de cession contenant la clause de non-concurrence contestée, le cédant, alors associé et dirigeant de la société cédée, n'avait pas la qualité de salarié de cette société et ne bénéficiait que d'une **simple promesse d'embauche** ; dès lors, la validité de la clause de non-concurrence litigieuse n'était pas soumise à la condition qu'elle soit assortie d'une contrepartie financière.

Cass. com. 23-6-2021 n° 19-24.488 F-D : RJDA 11/21 n° 778.

Ndlr : Si la Cour de cassation a longtemps assimilé promesse d'embauche et contrat de travail (Cass. soc. 15-12-2010 n° 08-42.951 F-PB : RJS 3/11 n° 205 ; Cass. soc. 7-3-2012 n° 10-21.717 F-D : RJS 5/12 n° 405), elle est revenue sur cette jurisprudence pour retenir la définition de la promesse telle qu'elle résulte désormais de l'article 1124 du Code civil dans sa rédaction issue de l'ordonnance 2016-131 du 10 février 2016 ; en conséquence la promesse ne saurait être considérée comme valant contrat de travail tant que le bénéficiaire de la promesse n'a pas consenti à s'engager (Cass. soc. 21-9-2017 n° 16-20.103 FS-PBRI et 16-20.104 FS-PBRI : RJDA 12/17 n° 784).

Le salarié d'une SAS de conseil informatique, devenu associé minoritaire de celle-ci, avait conclu avec les autres associés un pacte d'associés, comportant une clause de non-concurrence qui lui interdisait, tant qu'il était associé et pendant une année après la date à laquelle il cessait de l'être, de détenir une participation dans une entité exerçant une activité concurrente à celle de la SAS, ainsi que de gérer, contrôler, être rémunéré ou lié de quelque manière que ce soit avec une telle entité, cette interdiction s'appliquant dans toute l'Union européenne.
Un telle **clause** n'était pas valable :
– elle était certes limitée dans l'espace mais, s'appliquant à un territoire de 28 pays comprenant 447 millions d'habitants, et bien que les services informatiques soient par nature transfrontaliers, elle était **disproportionnée** à la protection des activités de la SAS ;
– elle aurait eu pour effet d'interdire au salarié, ingénieur spécialisé dans les services informatiques, toute activité sur un territoire très vaste ;
– elle aurait dû prévoir une **contrepartie financière,** dès lors qu'elle s'appliquait à un salarié, peu important que ce dernier ait aussi la qualité d'associé et peu important que les faits de concurrence qui lui étaient reprochés soient antérieurs à son licenciement et relèvent d'une violation de son obligation de loyauté en tant que salarié ; or, ne constitue pas une telle contrepartie financière l'**augmentation de la valeur des actions** de la société qui pourrait résulter pour l'intéressé des clauses du pacte limitant les cessions d'actions aux tiers ni de celles lui permettant d'acquérir des actions d'éventuels associés sortants, ces avantages étant seulement hypothétiques.

CA Paris 21-10-2021 n° 18/21284 : RJDA 1/22 n° 20.

NULLITÉ DE LA CLAUSE DE NON-CONCURRENCE

La nullité, qui protège les seuls intérêts du débiteur de la clause de non-concurrence, est une **57090**
nullité relative (Cass. soc. 21-3-1978 n° 76-40.952 : Bull. civ. V n° 215).
L'action en nullité se prescrit par cinq ans (C. civ. art. 2224 ; ex-art. 1304). Il en est ainsi lorsque la clause figure dans l'acte de cession mais aussi lorsqu'elle a été adoptée par décision collective des associés. En effet, la **prescription** triennale des actions en nullité des délibérations sociales (C. com. art. L 235-9) est inapplicable à l'action en nullité fondée sur les conditions de validité d'une clause de non-concurrence adoptée au cours d'assemblées et non sur celles de la délibération elle-même (CA Versailles 16-3-2000 : RJDA 1/01 n° 33).

La nullité de la clause de non-concurrence ne fait pas obstacle à l'action en responsabilité engagée **57092**
par le créancier de l'obligation de non-concurrence contre le débiteur de cette obligation, dès lors qu'il démontre que ce dernier s'est livré à des actes de **concurrence déloyale** illicite (Cass. soc. 14-12-2005 n° 2822 F-PB : RJDA 5/06 n° 502 ; Cass. soc. 31-10-2012 n° 11-16.945 F-D : RJDA 1/13 n° 76).

c. Contenu de la clause de non-concurrence

ÉTENDUE DE L'INTERDICTION DE CONCURRENCE

57100 En pratique, le cédant de parts sociales ou d'actions s'interdit toujours de **concurrencer** la société, soit **directement,** soit **indirectement.**

L'interdiction de concurrencer indirectement la société, c'est-à-dire par personne interposée, entraîne l'interdiction pour le cédant :

– de participer à une entreprise concurrente (quelle que soit sa forme) en apportant, personnellement ou par l'intermédiaire d'une autre personne, son concours à la création ou au fonctionnement de cette entreprise ;

– de diriger une société concurrente (ou une personne morale qui la contrôle), voire d'en devenir simplement l'associé dès lors que l'intéressé y dispose d'une influence notable.

CONSEIL

Mieux vaut **définir** précisément dans la clause la notion de **concurrence « indirecte ».** À défaut, les tribunaux interprètent cette notion et certains des éléments précités (notamment la participation à une entreprise en tant que salarié) donnent lieu à des interprétations différentes selon que le juge fait de la clause une interprétation plus ou moins restrictive.

57101 Dès lors qu'elles constituent une limitation à la liberté de la concurrence, du commerce, de l'industrie, voire du travail, les clauses de non-concurrence sont en principe soumises à une **interprétation** stricte de la part des tribunaux (pour un exemple, voir Cass. com. 21-9-2004 n° 03-12.854 F-D). Pourtant, les clauses souscrites par les cédants de parts sociales ou d'actions donnent lieu à une interprétation moins stricte que celles souscrites par d'autres catégories de personnes telles que, notamment, les salariés. L'interprétation faite par le juge ne doit cependant pas aller jusqu'à assurer à l'acquéreur un droit au maintien de la clientèle de la société antérieure à la cession (CA Aix 5-4-2001 n° 97-7413).

57105 **ILLUSTRATIONS**

Dans un cas où, à l'occasion de la cession de ses actions, le dirigeant d'une SA s'était interdit pendant une période limitée de s'intéresser, directement ou indirectement, à toute entreprise exerçant en France une activité similaire à celle de la SA, méconnaît les termes de cette clause l'intéressé qui, après avoir organisé à l'étranger un groupe multinational d'entreprises concurrentes de la SA, a étendu ses activités jusqu'en France, notamment grâce à d'anciens salariés démissionnaires de la SA ayant créé, en liaison avec lui, une société concurrente et conclu avec son groupe un contrat de franchise, dès lors que le **rôle** qu'il a **joué dans la création et le fonctionnement de la société concurrente,** directement ou par personne interposée, et la collusion ayant existé entre lui et ses anciens collaborateurs lui ont permis de reprendre en France une activité qu'il s'était engagé à ne plus exercer, même de façon indirecte.

Cass. com. 12-12-1989 n° 1536 D.

L'acte de cession de la totalité des actions d'une société constituée pour la fabrication et le négoce de monuments et d'articles funéraires comportait, à la charge du couple d'époux cédant, une clause de non-concurrence pendant un délai de cinq ans. Trois ans après la cession, la **fille des cédants** ayant **créé une entreprise de même nature** à proximité immédiate du commerce exploité par la société, l'acquéreur des actions, qui estimait que les cédants avaient ainsi contrevenu à la clause de non-concurrence, avait assigné ces derniers en vue de faire interdire cette activité et d'obtenir réparation du préjudice subi.

Justifie légalement sa décision rejetant cette demande la cour d'appel qui retient que la preuve n'était pas rapportée que les cédants avaient participé directement ou indirectement à la création ou à l'exploitation de l'entreprise créée par leur fille, les témoignages produits par l'acquéreur ayant tous été contrebalancés par des témoignages en sens inverse et par la rétractation des témoins de la société dont certains s'étaient plaints de pressions.

Cass. com. 10-6-1997 n° 1476 D.

Constitue une violation de la clause de non-concurrence souscrite par les vendeurs d'un fonds de commerce et leur interdisant « expressément la faculté de créer ou de faire valoir directement ou indirectement aucun fonds de commerce similaire » le fait par eux d'avoir accepté de **signer, en qualité de représentants de leur fils mineur, les statuts d'une SARL** constituée entre leurs deux fils et ayant pour objet l'exploitation d'un fonds de commerce identique au fonds vendu et situé dans la zone géographique prohibée.

Cass. com. 30-11-1999 n° 1878 D : RJDA 2/00 n° 129.

Dans un cas où une **société** s'était engagée, à l'occasion de la cession de son fonds de commerce d'agence immobilière, à ne pas concurrencer l'acquéreur « directement ou indirectement » mais avait **créé** par la suite plusieurs **filiales** exploitant des agences immobilières dans les zones visées par la clause de non-concurrence, justifie légalement sa décision une cour d'appel qui, pour condamner la seule société à verser des dommages-intérêts à l'acquéreur (environ 152 000 €) pour violation de cette clause, relève que, les filiales ayant violé la clause au su de la société et avec son accord, si ce n'était à son instigation, celle-ci, qui s'était engagée à ne pas s'intéresser directement ou indirectement à un fonds concurrent, devait répondre de ces agissements. **57105** (suite)

Cass. com. 11-3-2003 n° 465 F-D : RJDA 6/03 n° 595.

Dans un cas où le cédant de parts sociales s'était engagé par une clause intitulée « interdiction de se rétablir » à ne pas « créer et exploiter un fonds de photographie et de vente d'appareils de photographie et de cinéma semblable ou similaire à ceux exploités par la société » et de s'intéresser directement ou indirectement, même à titre d'associé commanditaire, dans une affaire de même nature, dans toute l'étendue de la ville de Rouen pendant une durée de dix ans, l'acquéreur ne peut reprocher au **cédant** d'avoir été **embauché comme ouvrier** photographe par un commerçant photographe dès lors que les clauses de non-concurrence sont d'interprétation restrictive et qu'en l'espèce il n'était établi ni que le cédant avait créé ou exploité le fonds de commerce, ni qu'il participait sous une forme quelconque, même indirecte, à la répartition des bénéfices ou contribuait aux pertes éventuelles, ni qu'il avait fait apport de fonds quelconque à son employeur.

CA Rouen 26-2-1970.

Dans un cas où une clause d'un contrat de cession de parts sociales interdisait au cédant de solliciter pendant trois ans et sur l'ensemble du territoire métropolitain, directement ou indirectement, les clients de la société dont il cédait les parts qui figuraient sur une liste établie d'un commun accord, il résulte de la présence dans cette clause des adverbes « directement et indirectement » et de la précision « afin de ne pas concurrencer la société de quelque manière que ce soit » que le **cédant** s'était engagé à ne pas démarcher positivement la clientèle, mais aussi, à ne pas **concurrencer la société passivement par une « sollicitation indirecte »**, qui constitue une concurrence certes moins agressive que le démarchage, mais effective. Par suite, le cédant, qui a adressé des factures à environ 15 % des clients de la société figurant sur la liste, a violé la clause et doit donc être condamné à indemniser le préjudice subi par la société.

CA Versailles 1-7-1999 : RJDA 11/99 n° 1171.

Le cédant de parts sociales, qui s'est interdit expressément la faculté d'exploiter, diriger, directement ou indirectement, aucun fonds de commerce similaire en tout ou partie à celui vendu, de s'intéresser, même à titre d'associé ou de commanditaire, à un fonds de commerce de même nature, et ce pendant une durée de cinq ans et dans une zone géographique déterminée, n'a pas manqué à son obligation en devenant **salarié** d'une société concurrente.

Cass. com. 21-1-2004 n° 156 F-D : RJDA 5/04 n° 522.

La clause par laquelle le cédant des actions d'une société de transport et de dépannage s'est interdit pour cinq ans de « créer ou d'exploiter » des activités de transport ou de dépannage ou de « s'intéresser directement ou indirectement, à quelque titre que ce soit, même comme associé commanditaire » à de telles activités en France métropolitaine ne lui interdit pas de devenir **salarié** d'une entreprise concurrente, dès lors que les termes employés évoquent une exploitation personnelle ou tout au moins un intéressement à l'exploitation, à la gestion ou au capital d'une entreprise.

CA Paris 8-1-2009 n° 07-21656 : RJDA 4/09 n° 307.

Dans le cadre de la cession du contrôle d'une société, les cédants se sont engagés à ne démarcher ni le personnel ni la clientèle de cette société. Ils ont manqué à cet engagement en **créant** ultérieurement, dans le même secteur d'activité, une **nouvelle société** qui a embauché plusieurs salariés de la première et traité avec un important client de celle-ci.

CA Paris 2-2-2010 n° 09/883 : RJDA 10/10 n° 962.

La clause de non-concurrence interdisant au cédant d'une entreprise de transport de se rétablir dans la même activité et de démarcher la clientèle de la société ne lui interdit pas de créer une entreprise ayant pour objet l'affrètement et l'activité de **commissionnaire de transport,** dès lors qu'il s'agit d'une activité d'intermédiaire et non pas de **transporteur.**

CA Paris 8-10-2015 n° 14/23522 : BRDA 22/15 inf. 13.

Une société (A) avait cédé à une autre société (B) les actions d'une de ses filiales, qui exploitait un centre d'enfouissement technique (CET) dans l'Essonne. La convention de cession comportait une clause de non-concurrence : un premier paragraphe de la clause prévoyait que la société A s'interdisait expressément, pour une durée de dix ans, de s'intéresser ou de participer directement ou indirectement, sous quelque forme et à quelque titre que ce soit, à toute activité similaire ou susceptible de concurrencer les activités de la société cédée dans les départements d'Île-de-France ; un deuxième paragraphe de la clause stipulait que la société A s'engageait en particulier à ne pas exploiter un CET dans le département de l'Essonne. Trois ans plus tard, la société A avait cédé à un tiers les actions d'une filiale (C), qui était titulaire d'une autorisation d'exploitation d'un CET sur un autre site d'Essonne que celui exploité par la société B. Ce site ayant ensuite été exploité par la société C, la société B avait soutenu que, par son engagement de non-concurrence, la société A s'était portée fort de sa **non-exploitation par ses filiales.** En conséquence, la société B avait recherché la responsabilité contractuelle de la société A et demandé des dommages-intérêts.

La cour d'appel de Paris avait accueilli cette demande (CA Paris 1-7-2014 n° 12/22624 : RJDA 12/14 n° 882) : après avoir relevé le caractère équivoque de la clause de non-concurrence, elle avait retenu que la société A étant une **holding sans activité opérationnelle,** l'obligation souscrite par elle ne pouvait s'entendre que comme visant ses filiales opérationnelles non cédées et, particulièrement la société C qui disposait d'une autorisation d'exploiter un site directement concurrent de la société cédée si cette autorisation était mise en œuvre ; la cour d'appel avait aussi retenu qu'une **promesse de porte-fort** peut être tacite lorsque l'acte manifeste l'intention certaine du promettant de s'engager pour un tiers, et que tel était le cas en l'espèce, les parties ayant consacré un paragraphe distinct de leur convention à l'interdiction d'exploitation d'un CET dans l'Essonne, conférant ainsi à la stipulation litigieuse un caractère déterminant dans l'équilibre de la convention, compte tenu de la circonstance, non contestée, de la détention par la filiale C d'un permis d'exploiter un centre de la même catégorie dans ce département ; en conséquence, pour la cour d'appel, l'engagement souscrit par la société A était nécessairement un engagement de porte-fort, par lequel celle-ci, promettant, s'engageait pour le compte d'un tiers, la société C, qui exploitait le site litigieux, à l'égard de son cocontractant, la société B.

Censure de la Cour de cassation. En présence d'un contrat ne comportant pas d'engagement exprès de se porter fort pour autrui, la cour d'appel qui n'avait pas relevé d'acte manifestant l'intention certaine et non équivoque de la société A de souscrire un tel engagement ne pouvait pas retenir la responsabilité de celle-ci.

Cass. com. 8-3-2016 n° 14-24.921 FS-D : RJDA 5/16 n° 345.

Un acte de cession de droits sociaux interdisait au cédant, pendant cinq ans à compter de la cession, d'entreprendre une activité, de créer, d'exploiter, de faire valoir un fonds de commerce similaire à celui de la société cédée ou de s'intéresser à l'exploitation d'un fonds de commerce similaire déjà existant.

C'est par une interprétation souveraine de cette clause, dont les termes étaient ambigus, qu'une cour d'appel a retenu qu'une **participation détenue avant la cession par le cédant** dans la société gérée par son fils et des **apports en compte courant** qu'il avait faits à cette même société ne caractérisaient pas une violation de l'obligation de non-concurrence souscrite : seule une participation active à l'exploitation du fonds de commerce de la société dirigée par le fils du cédant postérieurement à la cession était proscrite ; la clause de non-concurrence étant d'interprétation stricte et les apports en compte courant étant une dette de la société, ces derniers ne pouvaient pas être assimilés à une telle participation.

Cass. com. 12-12-2018 n° 17-18.640 F-D : RJDA 3/19 n° 162.

57110 Sauf convention contraire, la portée de l'obligation de ne pas concurrencer la société, tout comme sa violation, doit s'apprécier par rapport à l'**activité réelle de la société** et non par rapport à son **objet social** défini dans les statuts ou aux indications fournies par l'extrait K bis du registre du commerce et des sociétés (Cass. soc. 18-12-1997 n° 4996 PB : RJS 2/98 n° 169 ; Cass. com. 10-3-1998 n° 644 D : RJDA 7/98 n° 834 , Cass. com. 20-9-2011 n° 10-20.004 F-D : RJDA 1/12 n° 5). La solution retenue par la Cour de cassation a le mérite d'être pragmatique. En la matière, se référer aux statuts aurait présenté au moins deux inconvénients tenant au fait que la définition de l'activité donnée dans les statuts est généralement beaucoup plus extensive que l'activité réelle de l'entreprise : d'une part, l'activité que l'acquéreur souhaite interdire au cédant après son départ doit avoir un rapport avec l'activité réelle de la société ; d'autre part, on ne peut apprécier le risque réel de concurrence que si l'on se réfère à l'activité réelle. Ces inconvénients disparaissent en procédant à une recherche de l'activité réelle de l'entreprise, comme le préconise la Cour de cassation.

DÉROGATIONS CONVENTIONNELLES À LA CLAUSE DE NON-CONCURRENCE

57111 Les parties peuvent **limiter l'étendue de l'interdiction** conventionnelle de non-concurrence mise à la charge du cédant en prévoyant, par exemple, des dérogations. Il est parfois nécessaire que le juge détermine la portée de ces dérogations.

ILLUSTRATIONS

Dans un cas où une clause de non-concurrence interdisait aux cédants d'actions d'une société, pendant une durée de trois ans et dans un secteur géographique déterminé, de se réinstaller pour vendre des produits semblables à ceux commercialisés par la société, les parties avaient précisé que les activités de deux **sociétés concurrentes** de la première, **dans lesquelles les cédants détenaient des parts,** ne seraient pas considérées comme une violation de la clause de non-concurrence. Par suite, encourt la cassation l'arrêt qui, pour déclarer que les cédants avaient violé cette clause, relève que les deux sociétés concurrentes, qui avaient vendu des produits concurrentiels dans le secteur et le délai fixés, ne devaient pas développer une activité susceptible de concurrencer la première tant que les cédants seraient associés et pendant la durée convenue, alors que les acquéreurs des actions avaient accepté que les cédants continuent de travailler avec les sociétés dans lesquelles ils détenaient des participations (Cass. com. 10-3-1998 n° 671 D : RJDA 7/98 n° 833).

Dans un cas ou l'un des cédants de la quasi-totalité des actions d'une société exploitant un restaurant s'était interdit de s'intéresser, directement ou indirectement, à tout commerce similaire, tout en prévoyant une dérogation au profit d'une **société située dans le même immeuble mais n'exerçant pas un commerce de restauration,** il a été jugé que le cédant viole la clause souscrite en devenant gérant de cette dernière société qui entre-temps avait engagé une activité concurrente de celle de la société cédée, l'exercice de cette activité n'entrant pas dans le cadre de la dérogation prévue par la clause litigieuse (Cass. com. 16-7-1991 n° 1116 D : RJDA 11/91 n° 886).

Le cédant d'un fonds de commerce de café-débit de boissons s'était interdit de se rétablir dans une activité similaire, tout en se réservant le **droit d'exploiter un fonds de commerce de restaurant** auquel serait attaché une licence de débit de boissons, à condition que l'activité de débit de boissons soit secondaire, puis il avait acquis une brasserie. L'acquéreur du fonds mis en liquidation judiciaire avait demandé la résolution de la vente pour violation de la garantie légale d'éviction prévue par l'article 1628 du Code civil. Il faisait valoir que la clause de non-concurrence qui portait atteinte à cette obligation légale était nulle et que le cédant avait détourné la clientèle du fonds vendu. Ayant constaté que l'activité du fonds de commerce cédé consistait en une activité de bar de nuit, sans restauration, tandis que l'activité du fonds de commerce acquis par la société cédante était celle de brasserie, que les deux fonds n'avaient pas les mêmes horaires, que l'activité de restauration exercée par la société cédante dans le nouveau fonds restait principale puisqu'elle représentait plus de la moitié de l'activité de l'établissement et en moyenne entre 54 et 56 % de l'activité de cave et qu'aucune manœuvre de la part de la société cédante visant à attirer la clientèle du fonds cédé dans le nouvel établissement n'était démontrée par l'acquéreur, la cour d'appel en a exactement déduit que la clause de non-concurrence convenue, qui était valide, devait recevoir application et que la société cédante, qui avait respecté les obligations qu'elle lui imposait, ne s'était pas livrée à une concurrence interdite ni déloyale (Cass. com. 8-4-2014 n° 13-14.693 F-D : RJDA 7/14 n° 616).

Les parties peuvent aussi, par une **contre-lettre,** contredire l'interdiction de non-concurrence mise à la charge du cédant par l'acte apparent. Dans un tel cas, il revient aux juges de déterminer quelle clause doit recevoir application. **57112**

Par exemple, il a été déduit des constatations suivantes que la « contre-clause » écartant l'obligation de non-concurrence mise à la charge d'un associé par l'acte de cession de ses parts devait recevoir application (Cass. com. 18-5-1993 n° 91-14.782 D) :

– la formule atypique selon laquelle les parties dégageaient la responsabilité du rédacteur de l'acte apparent sur le contenu et la forme de la clause de non-concurrence permettait de déduire que les parties avaient entendu implicitement faire référence à l'accord occulte ;

– elles montraient par là leur volonté de maintenir la portée et les effets de cet acte, même si, de façon apparente, elles laissaient figurer dans l'acte officiel une clause de rédaction différente destinée à satisfaire les banques qui avaient refusé un projet de cession antérieur ne contenant pas une telle clause.

d. Bénéficiaire de la clause de non-concurrence

L'acquéreur ne peut invoquer la **clause** de non-concurrence que si elle a été souscrite par le cédant **dans l'acte de cession** ou dans un acte parallèle. Lorsque l'acquéreur est une société et qu'elle fait l'objet d'une fusion par absorption, la société absorbante peut se prévaloir de la clause (Cass. com. 17-12-2002 n° 2144 FS-D : RJDA 6/03 n° 601). **57120**

Si l'engagement de non-concurrence souscrit lors de la cession est destiné, non seulement à assurer à l'acquéreur, pendant la durée convenue, la pérennité de la valeur des droits transmis par le cédant, mais aussi à protéger la société dont les titres sont cédés des agissements de ce dernier, la société justifie d'un intérêt à agir en paiement de dommages-intérêts contre le cédant qui a violé son engagement (Cass. com. 4-12-2007 n° 04-17.449 F-D : RJDA 3/08 n° 281). Cette solution se situe dans le droit fil de la jurisprudence décidant que le tiers à un contrat peut invoquer, sur le fondement de la responsabilité délictuelle, un manquement contractuel dès lors que ce manquement lui a causé un dommage (Cass. ass. plén. 6-10-2006 n° 05-13.255 FS-PBRI : RJDA 1/07 n° 18 ; Cass. com. 18-12-2007 n° 05-19.397 F-D : RJDA 3/08 n° 232 ; Cass. ass. plén. 13-1-2020 n° 17-19.963 FS-PBI : RJDA 4/20 n° 198).

En revanche, l'obligation de non-concurrence inscrite **dans les statuts** ne bénéficie qu'à la société (sauf stipulation contraire des statuts). L'acquéreur ne peut donc pas l'invoquer et, en cas de condamnation du cédant, la société est la seule à pouvoir bénéficier d'une éventuelle indemnité accordée par les tribunaux. D'où l'intérêt pour l'acquéreur de réitérer l'obligation de non-concurrence du cédant dans l'acte de cession ou dans un acte parallèle auquel il est directement partie et dont il pourra, le cas échéant, se prévaloir.

e. Transmission de la clause de non-concurrence

TRANSMISSION DE LA CHARGE DE LA CLAUSE DE NON-CONCURRENCE

57130 L'**obligation** de non-concurrence **souscrite par** une **personne physique** à l'occasion de la cession de ses parts sociales ou actions est transmise à ses héritiers si ceux-ci n'ont pas renoncé à sa succession (Cass. com. 16-3-1954 n° 963 : Bull. civ. III n° 108 ; Cass. com. 17-5-1971 n° 70-10.175 : Bull. civ. IV n° 133).

ILLUSTRATIONS

Une cour d'appel a pu déduire des circonstances suivantes que l'obligation de non-concurrence souscrite lors d'une cession de droits sociaux avait été transmise à la veuve et aux héritiers du cédant en même temps que le patrimoine de ce dernier : la veuve avait été collaboratrice de son mari, intimement liée à ses activités commerciales, notamment dans le gestion de la société dont elle assurait le gestion depuis un an lors de la cession ; la veuve n'avait pas renoncé à la succession de son mari ; on est censé avoir stipulé pour soi et ses héritiers à moins que le contraire ne soit exprimé ou ne résulte de la nature de la convention (C. civ. ex.-art. 1122) (CA Lyon 6-11-1969 : D. 1971 p. 117 note G. Cohendy et, sur pourvoi, Cass. com. 17-5-1971 n° 70-10.175 précité).

57132 La clause de non-concurrence souscrite **par** une **personne morale** est transmise en cas d'apport partiel d'actif ou de fusion-absorption : la clause est transmise à la société bénéficiaire de l'apport ou absorbante qui doit donc respecter l'obligation de non-concurrence souscrite par la société apporteuse ou absorbée.

TRANSMISSION DU BÉNÉFICE DE LA CLAUSE DE NON-CONCURRENCE

57135 Sur le sort de la clause de non-concurrence en cas d'**absorption de la société bénéficiaire,** voir n° 57120.

57140 Lorsque l'acquéreur de parts sociales ou d'actions cède à son tour les titres, la clause de non-concurrence figurant dans l'acte de cession originel est-elle automatiquement transmise au **sous-acquéreur** ?

La chambre commerciale de la Cour de cassation a jugé que la clause de non-concurrence précédemment souscrite par le cédant n'est pas opposable au sous-acquéreur dès lors qu'elle ne figure pas dans l'acte de revente et que le sous-acquéreur ne l'a pas acceptée (Cass. com. 18-7-1989 n° 87-12.023 : Bull. civ. IV n° 222 ; Cass. com. 1-4-1997 n° 95-12.025 P : RJDA 8-9/97 n° 1005 ; Cass. com. 11-3-2014 n° 13-12.507 F-D : RJDA 7/14 n° 596 rendu à propos de la revente d'un fonds de commerce ou d'un immeuble où était exploité un tel fonds mais transposable à la cession de droits sociaux). L'obligation de non-concurrence est personnelle au cédant (Cass. com. 11-3-2014 précité). Elle ne saurait être considérée comme un accessoire des droits sociaux qui se transmettrait avec eux.

De même, la société mère qui a souscrit une clause de non-concurrence lors de la cession d'une filiale n'est pas tenue, sauf clause contraire, de transmettre cette obligation à l'acquéreur d'une autre filiale (Cass. com. 6-11-2012 n° 11-19.457 F-D : RJDA 3/13 n° 191). Toutefois, la clause de non-concurrence souscrite par une société mère n'ayant pas d'activité opérationnelle peut constituer un engagement tacite de porte-fort (Cass. com. 8-3-2016 n° 14-24.921 FS-D analysé n° 57105).

> **Précisions** La **première chambre civile de la Cour de cassation** a jugé que la clause de non-concurrence souscrite par un membre d'une profession libérale au profit d'un confrère à l'occasion de la cession des éléments constitutifs de son cabinet doit être, sauf clause contraire, présumée comprise parmi les droits transmis par le cessionnaire lorsqu'il procède, à son tour, à la même opération au profit d'un tiers (Cass. 1e civ. 3-12-1996 n° 95-10.913 PFR : RJDA 4/97 n° 467 ; Rapp. C. cass. 1996 p. 322).

57141 Depuis le 1er octobre 2016, la clause de non-concurrence peut être **cédée** dans les conditions prévues par l'article 1216 du Code civil issu de l'ordonnance 2016-131 du 10 février 2016.

f. Sanctions de la violation de la clause de non-concurrence

SANCTIONS LÉGALES

57150 **Avant le 1er octobre 2016,** la violation de la clause de non-concurrence ne pouvait, en principe, être sanctionnée que par l'allocation de dommages-intérêts, par application de l'ancien article 1142 du Code civil aux termes duquel l'inexécution d'une obligation de ne pas faire se résout en **dommages et intérêts.**

Cette disposition a été supprimée par l'**ordonnance** 2016-131 **du 10 février 2016,** qui a admis le principe de l'**exécution en nature,** dès lors qu'elle est possible, même pour les obligations de faire (C. civ. art. 1221 nouv.). Les tribunaux avaient cependant déjà largement admis l'exécution forcée, sous astreinte, d'une obligation de faire ou de ne pas faire (Cass. 1e civ. 16-1-2007 n° 06-13.983 F-PB : RJDA 5/07 n° 442), de sorte que les solutions antérieures devraient être reconduites.
Le cédant peut se voir **interdire,** éventuellement **sous astreinte, la poursuite de son activité.** Ainsi, le cédant qui s'est fait embaucher en violation d'une clause de non-concurrence en qualité de directeur technique par une société exerçant une activité directement concurrente de celle de l'acquéreur a été condamné sous astreinte à cesser toutes ses fonctions au sein de la société qui l'emploie et il a été fait injonction aux mêmes conditions à cette dernière de cesser toute relation de travail avec lui (CA Versailles 20-4-1995). Rappelons néanmoins que l'acquéreur qui poursuit l'exécution forcée d'une **ordonnance de référé** enjoignant au cédant sous astreinte de cesser son activité contrevenant à la clause de non-concurrence peut être condamné à lui verser des dommages et intérêts si, en définitive, l'ordonnance est infirmée. En effet, l'exécution d'une décision de justice exécutoire à titre provisoire a lieu aux risques et périls de celui qui la poursuit, à charge pour lui d'en réparer les conséquences dommageables (Cass. 2e civ. 10-7-2003 n° 1044 F-PB : Bull. civ. II n° 244).

Le bénéficiaire de la clause peut-il obtenir des dommages-intérêts, même s'il n'a pas subi de **57151** **préjudice** ? La première chambre civile de la Cour de cassation avait répondu à cette question par l'affirmative en jugeant, sur le fondement de l'ex-article 1145 du Code civil, que si l'obligation est de ne pas faire, celui qui y contrevient doit des dommages-intérêts par le seul fait de la contravention et que le bénéficiaire de la clause de non-concurrence a droit à une indemnisation, même si la violation de celle-ci ne lui est pas préjudiciable (Cass. 1e civ. 10-5-2005 n° 770 FS-PB : RJDA 8-9/05 n° 930 ; Cass. 1e civ. 31-5-2007 n° 05-19.978 FS-PB : RJDA 12/07 n° 1191 ; en sens contraire CA Nancy 28-11-2007 n° 04-3391). Cette règle n'est applicable qu'aux contrats conclus avant le 1er octobre 2016. Depuis cette date, le débiteur qui a souscrit une interdiction de faire n'est plus tenu, de droit, à réparation, du fait de l'abrogation pure et simple de l'article 1145 précité. Le cocontractant doit prouver qu'il subit un préjudice.

SANCTIONS CONVENTIONNELLES

L'**acte de cession** peut prévoir une sanction en cas de violation de l'obligation de non-concurrence. **57155** Le plus souvent, il est prévu que la violation de l'obligation expose le cédant au versement d'une **indemnité.** Cette stipulation constitue une pénalité dont le juge peut, en application de l'article 1231-5 du Code civil (issu de ord. 2016-131 du 10-2-2016 ; ex-art. 1152), augmenter ou réduire le montant (Cass. soc. 5-6-1996 n° 92-42.298 P : RJDA 3/97 n° 322).

2. USAGE DU NOM PATRONYMIQUE DU CÉDANT

Il arrive souvent que, lors de la constitution d'une société, son fondateur intègre son nom de **57170** famille à la dénomination sociale. Comme on le verra, il ne peut plus, lorsqu'il quitte la société, empêcher celle-ci de faire usage de son nom (nos 79000 s.).
La dénomination sociale peut avoir une valeur économique importante dans la mesure où elle constitue le signe de ralliement de la clientèle, surtout lorsqu'elle a acquis une notoriété, ne serait-ce que locale. L'acquéreur des titres a tout intérêt non seulement à ce que la société conserve sa dénomination, mais aussi à ce que le cédant n'exerce pas une nouvelle activité en faisant usage de son nom.
Une **clause** de l'acte de cession peut ainsi **interdire au cédant d'utiliser son nom** à titre de dénomination d'une nouvelle société qu'il constituerait ou à titre de nom commercial, d'enseigne ou de nom de domaine. Mais elle ne pourrait pas aller jusqu'à interdire au cédant de faire usage de son nom dans l'exercice d'une activité professionnelle. En effet, toute personne a le droit absolu de faire usage de son nom patronymique. Soulignons néanmoins que le cédant ne doit pas alors détourner la clientèle de la société dont les titres sont cédés. À défaut, la société pourrait agir en concurrence déloyale (nos 79078 s.) ; quant à l'acquéreur, il pourrait invoquer à son profit la garantie d'éviction (nos 63000 s.).

CHAPITRE 4

SÉQUESTRE CONVENTIONNEL DU PRIX DE CESSION

SOMMAIRE

1. DÉFINITION DU SÉQUESTRE

Le séquestre conventionnel est un contrat librement conclu entre des parties qui conviennent de remettre à un tiers – appelé lui aussi « le séquestre » – la conservation d'une chose à propos de laquelle elles ont une contestation (C. civ. art. 1956). **58000**

Bien que l'article 1956 du Code civil le définisse comme le dépôt d'une chose, le contrat de séquestre n'est pas réductible à un simple contrat de dépôt. En effet, à la **différence du dépôt,** dont le principal objet est la conservation de la chose elle-même, le contrat de séquestre a pour objectif soit de conserver un droit ou d'en permettre l'exercice, soit d'assurer l'exécution d'une obligation en relation avec la chose elle-même. Dans le contrat de séquestre, la conservation de la chose apparaît comme un moyen et non comme le but de l'opération.

L'article 1956 précise par ailleurs que la **chose séquestrée** est « **contentieuse** ». Ce n'est cependant pas toujours le cas, les parties cherchant souvent, par la désignation d'un séquestre, à éviter tout litige entre elles. Ainsi, il est admis que le séquestre puisse porter sur une chose qui, sans l'être, « risque de devenir contentieuse » (A. Bénabent : Droit civil Les contrats spéciaux civils et commerciaux 5e éd. n° 769). De même, il est admis que le séquestre puisse concerner une chose offerte en garantie ou encore une chose sur laquelle il existe des droits litigieux ou indéterminés dont l'attribution n'est pas faite de manière précise et définitive.

Le **séquestre** peut **porter** sur tous biens immobiliers ou mobiliers (C. civ. art. 1959) corporels ou incorporels tels que droits de créance (Cass. civ. 5-1-1965 : JCP G 1965 II n° 14038), titres négociables (CA Alger 23-6-1936 : S. 1938 II p. 179) ou valeurs mobilières (Cass. req. 19-12-1938 : Gaz. Pal. 1939 I p. 322 ; Cass. civ. 17-10-1980 : Gaz. Pal. 1981 pan. p. 64). Il est étendu aux accessoires du bien séquestré ainsi qu'à la valeur ou à la chose qui le remplace en cas de cession (Cass. req. 12-7-1921 : S. 1921 I p. 168). **58001**

Lors d'une **cession de parts sociales ou d'actions,** le mécanisme du séquestre conventionnel consiste à remettre tout ou partie du prix de cession à un tiers séquestre (par exemple, un avocat, un notaire, une banque ou encore un huissier) qui accepte de conserver cette somme pendant un certain temps. **58002**

Dans les développements qui suivent, nous limiterons notre étude à ce cas de figure sans envisager la mise sous séquestre des parts sociales ou des actions elles-mêmes qui, lorsqu'elle intervient, est généralement décidée bien avant l'acte définitif de cession.

> **Précisions** Le **séquestre** doit être **distingué** de la cession d'une somme d'argent à titre de garantie d'une créance présente ou future (C. civ. art. 2374 s. issus de ord. 2021-1192 du 15-9-2021). Ce procédé, souvent appelé « **gage-espèces** », consiste, pour le débiteur ou un tiers (le cédant) à remettre au créancier (le cessionnaire) une somme d'argent dont il a la libre disposition, sauf clause en précisant l'affectation ; en cas de défaillance du débiteur, le créancier impute cette somme sur le montant de la créance garantie et, le cas échéant, restitue l'excédent.

2. INTÉRÊT DU SÉQUESTRE CONVENTIONNEL

58020 Pour les parties à une cession de parts sociales ou d'actions, la conclusion d'un contrat de séquestre peut s'avérer utile dans différents cas dont nous ne présentons ci-après que quelques **illustrations.**

Il en est ainsi lorsque les parties ont inséré dans le contrat de cession une **clause de garantie de passif.** Rappelons que par cette clause le cédant s'engage à prendre en charge toutes les dettes qui ne figureraient pas sur le bilan ou la situation comptable de la société et qui viendraient à se révéler postérieurement à la date de la cession, ou encore toute diminution d'actif qui serait constatée par rapport aux mentions figurant dans les documents financiers ayant servi de base à la cession. Lorsque des dettes, ou une diminution d'actif, viennent à se révéler, l'acquéreur qui a payé le prix de cession rencontre parfois des difficultés pour recouvrer les sommes que le cédant s'est engagé à prendre en charge au titre de la garantie. La mise sous séquestre conventionnel de tout ou partie du prix de cession permet d'éviter ce risque. L'acquéreur dispose alors du temps nécessaire pour vérifier l'exactitude des renseignements fournis par le cédant en ce qui concerne le patrimoine de la société, son bilan ou encore la situation comptable ayant servi de base à la détermination du prix de cession. Ce prix n'est ensuite versé au cédant que sur production de l'accord de l'acquéreur, d'un protocole d'accord ou encore d'une décision judiciaire ou d'une sentence arbitrale ayant autorité de la chose jugée, et déduction faite de la créance qui viendrait à apparaître au titre de la « garantie de passif ».

L'intérêt du contrat de séquestre est le même en présence d'une **clause de révision du prix.**

58021 Entre la promesse de cession et la cession, une **contestation quant à la propriété** des actions ou des parts sociales peut apparaître sans que les parties souhaitent pour autant renoncer ou ajourner la conclusion de la cession. Un contrat de séquestre peut alors prévoir que le prix de cession ne sera versé au cédant qu'une fois la contestation tranchée par un tribunal.

Le séquestre ne valant pas paiement (Cass. 3e civ. 6-1-1999 n° 5 PB : RJDA 3/99 n° 280), l'acquéreur est ainsi assuré que le prix de la cession lui sera intégralement restitué s'il est établi que le cédant n'était pas propriétaire des parts sociales ou des actions.

58022 L'insertion d'une clause de séquestre conventionnel peut également présenter un intérêt chaque fois que, au moyen d'une **condition suspensive,** les parties subordonnent la réalisation de la cession à un événement futur et incertain tel que, par exemple, l'obtention par l'acquéreur d'une autorisation administrative ou d'un prêt d'un montant déterminé.

La consignation d'une partie du prix de cession entre les mains d'un séquestre dans l'attente de la réalisation de la condition permet à la fois de rassurer le cédant sur la volonté de l'acquéreur de conclure la vente et de garantir à ce dernier que la partie du prix versée lui sera restituée en cas de non-réalisation de la condition, le séquestre ne valant pas paiement (Cass. 3e civ. 6-1-1999 n° 5 PB : RJDA 3/99 n° 280).

Il en va de même lorsque, aux termes d'une **condition résolutoire,** plus rare en pratique, les parties conviennent que la cession sera rétroactivement résolue en cas de survenance, ou de non-survenance, d'un événement futur et incertain comme, par exemple, la survenance, dans un délai déterminé, d'un événement modifiant l'environnement économique de la société ou le marché dans lequel elle opère.

3. MISSION ET OBLIGATIONS DU SÉQUESTRE

DÉFINITION DE LA MISSION DU SÉQUESTRE PAR LES PARTIES

58040 Lors de la remise de la somme correspondant au prix de cession, il est recommandé aux parties et au séquestre de signer un **acte de mission** fixant le rôle et les pouvoirs de ce dernier, et précisant les modalités de conservation et de restitution de cette somme. Les parties peuvent élargir la mission du séquestre sous la seule réserve que celle-ci ne le conduise pas à enfreindre une règle d'ordre public. Elles peuvent par exemple prévoir que, à l'expiration de la garantie de passif ayant motivé la conclusion du contrat de séquestre, le séquestre versera au cédant soit la totalité de la somme, soit, en cas de mise en jeu de la garantie de passif, la différence entre cette somme et le montant de la garantie que le séquestre aura pour mission de remettre au bénéficiaire sur production d'un justificatif (accord de l'acquéreur, protocole d'accord, décision judiciaire ou sentence arbitrale ayant autorité de la chose jugée, notamment).

L'existence d'un acte de mission précis et détaillé renforce les obligations et la responsabilité du séquestre.

OBLIGATIONS DU SÉQUESTRE

58041 En application de l'article 1958 du Code civil, le séquestre conventionnel est soumis aux mêmes obligations que le dépositaire et, à défaut de définition précise de sa mission, il est tenu à la

conservation de la chose comme un dépositaire. Il doit conserver et administrer le bien séquestré dans la mesure que commandent la nature de celui-ci et l'étendue de sa mission (Cass. 1e civ. 18-3-1959 : Bull. civ. I n° 169 ; Cass. 1e civ. 21-2-1995 n° 93-12.436 : Bull. civ. I n° 101).
Cette obligation de conservation est une **obligation de moyen renforcée** ou, ce qui revient au même, une obligation de résultat atténuée (Cass. 1e civ. 10-1-1990 n° 87-20.231 : Bull. civ. I n° 6, rendu à propos d'un dépositaire). En conséquence, en cas de défaillance dans l'exécution de ses obligations, la responsabilité du séquestre est engagée à moins qu'il ne s'exonère en prouvant qu'il n'a commis aucune faute. Ainsi, dans un cas où, un an après avoir été saisi et mis sous séquestre, du vin avait dû être vendu à un prix inférieur à sa valeur marchande parce qu'il était « piqué », le séquestre a été jugé responsable de la mauvaise qualité du vin qu'il avait sous sa garde dès lors qu'il n'établissait pas qu'au moment de son acquisition le vin n'était pas loyal et marchand (Cass. 1e civ. 15-5-2008 n° 07-11.250 F-PB : RJDA 8-9/08 n° 903). Jugé de même qu'un avocat désigné séquestre du prix de cession d'actions a commis une faute en se dessaisissant des fonds versés par l'acquéreur entre les mains du cédant alors qu'aucun accord sur le prix de cession n'avait été fixé entre les parties ; en outre, le séquestre n'avait pas été autorisé à procéder à ce versement et il ne s'était pas préalablement assuré de la levée du nantissement des actions consenti par le cédant à un tiers, vérification qui lui incombait contractuellement (Cass. 1e civ. 6-1-2011 n° 09-72.509 F-D : RJDA 4/11 n° 307). Mais le séquestre peut dégager sa responsabilité par la preuve de son absence de faute (Cass. 2e civ. 2-7-1997 n° 95-20.154 : Bull. civ. II n° 213, rendu à propos d'un séquestre judiciaire mais transposable).

Comme tout dépositaire, le séquestre perçoit les **revenus des biens séquestrés.** Lorsqu'il est chargé de conserver des fonds, la question s'est posée de savoir s'il doit payer des **intérêts.** En principe, la réponse est négative. Il ne doit pas plus d'intérêts que tout autre dépositaire (Cass. com. 29-4-1997 n° 95-12.759 P : Bull. civ. IV n° 107). Jugé, en l'espèce, qu'une banque qui avait retenu le montant d'un crédit documentaire en qualité de séquestre désigné par décision de justice à la suite d'une instance engagée à l'initiative de sa cliente et au profit de celle-ci n'était pas tenue aux intérêts à compter de la mise sous séquestre. **58042**
Il est donc important que l'acte de mission autorise le séquestre à investir la somme dans un placement déterminé afin de la faire fructifier (Ch. Hausmann et Ph. Torre : Les garanties de passif éd. EFE 1996 n° 174 ; F.-D. Poitrinal, Les mécanismes de réduction des risques de non-paiement dans le cadre des garanties de passif : Rev. Sociétés 1995 p. 659) et précise que l'attributaire de cette somme en percevra les intérêts. Notons que cette mission ne doit pas entraîner le séquestre, tenu par une obligation de gérer prudemment les fonds encaissés, à effectuer des opérations hasardeuses.

4. RÉMUNÉRATION DU SÉQUESTRE

Le séquestre peut être gratuit ou rémunéré (C. civ. art. 1957). À défaut de stipulation expresse, il est présumé gratuit (art. 1957). **58060**
Lorsque, comme c'est le cas le plus souvent, le séquestre est à titre onéreux, le paiement de la rémunération et d'éventuels remboursements incombe à toutes les parties au contrat, sauf clause contraire.
Sur la possibilité pour le séquestre onéreux d'exercer un droit de rétention sur l'objet du séquestre ou d'opérer une compensation entre sa créance et les sommes séquestrées, voir n° 58101.

5. EFFETS DU SÉQUESTRE

La mise sous séquestre de fonds ne vaut pas **paiement** (Cass. 3e civ. 6-1-1999 n° 5 PB : RJDA 3/99 n° 280) et le prix de cession des parts sociales ou des actions remis entre les mains d'un séquestre n'est pas transféré dans le patrimoine du cédant (Cass. com. 20-6-1995 n° 1441 P : RJDA 12/95 n° 1363 ; Cass. com. 17-9-2013 n° 12-16.532 F-D : RJDA 12/13 n° 1036). **58080**

6. DURÉE DU SÉQUESTRE ET RESTITUTION DU PRIX

Contrairement au dépôt, qui prend fin à la première demande du déposant même lorsque le contrat a fixé un délai déterminé pour la restitution (C. civ. art. 1944), la fin de la mission du séquestre est fonction du motif pour lequel il a été constitué. **58100**

Séquestre constitué en raison de l'existence d'une contestation Lorsque le séquestre a été constitué en raison de l'existence d'une contestation, la convention de séquestre prend fin dès que cette **contestation** est **terminée** (C. civ. art. 1960), que celle-ci soit tranchée par une décision de justice, une sentence arbitrale ou une transaction. **58101**
Pour éviter tout litige, les parties doivent indiquer la nature précise de la décision de justice qui déchargera le séquestre. À défaut, la prudence impose au séquestre d'obtenir l'accord de toutes les parties intéressées avant de procéder à la restitution.

ILLUSTRATIONS

Dans un cas où un séquestre avait été désigné dans le cadre d'une succession « jusqu'à ce qu'il ait été statué par une décision définitive sur la demande au fond », il a été jugé – compte tenu de l'ambiguïté des mots « décision définitive » et par application de l'article 579 du Code de procédure civile, en vertu duquel le recours par une voie extraordinaire n'est pas suspensif d'exécution si la loi n'en dispose autrement et dont il résulte que la décision contre laquelle il est exercé possède la force de la chose jugée au sens de l'article 500 du même Code – que la décision au fond intervenue avait mis fin à la mission du séquestre malgré l'introduction d'un pourvoi en cassation à son encontre (Cass. 2e civ. 27-4-1979 n° 121 : Bull. civ. II n° 121).

En outre, avant de restituer la chose séquestrée, le séquestre doit exiger et respecter la décision mettant fin à la contestation. Ainsi, il doit opérer la restitution conformément à ce que prévoit cette décision, sauf à exercer son droit de rétention conformément à l'article 1948 du Code civil. Lorsque la chose à restituer est une somme d'argent, le séquestre peut également compenser cette somme avec la créance qu'il détient sur le créancier de la restitution. La règle interdisant au dépositaire d'invoquer la compensation (C. civ. art. 1347-2 nouv. ; ex-art. 1293, 2°) n'est en effet pas applicable au séquestre conventionnel lorsque celui-ci n'est pas gratuit (CA Paris 25-9-1996 n° 96-81517 : D. aff. 1996 p. 1292).

58102 Alors même que la contestation n'est pas terminée, le séquestre peut être déchargé avec l'**accord de toutes les parties** intéressées (C. civ. art. 1960), ce qui exclut qu'il puisse l'être par une seule des parties.

ILLUSTRATIONS

Avant que le litige ne soit tranché, le séquestre n'étant autorisé à libérer les fonds qui lui ont été confiés que sur instruction conjointe des deux parties intéressées, et ce, alors même que le séquestre n'a été constitué que par l'une d'elles, c'est à juste titre qu'une banque constituée séquestre conventionnel refuse de déférer à la **demande de déblocage** des fonds adressée **par une seule partie** et attend qu'un accord intervienne entre les parties pour verser les fonds litigieux. Aucune faute ne peut donc lui être imputée dès lors qu'elle a respecté les obligations que lui imposait sa qualité et c'est donc à tort qu'un tribunal a retenu à sa charge l'existence d'une négligence pour la condamner, à titre de dommages-intérêts, au paiement des intérêts au taux légal sur le montant de la somme séquestrée (CA Poitiers 13-3-1991 n° 89-3144).

Par « parties intéressées », il faut entendre non seulement toutes les parties qui ont demandé ou établi le séquestre, mais aussi toutes les personnes qui ont un intérêt sur la chose séquestrée dès lors que le séquestre a été informé de leurs contestations ou revendications (CA Paris 10-3-1999 n° 98-7919 : RJDA 5/99 n° 517).

Le séquestre peut demander à être déchargé pour une **cause** jugée **légitime** (C. civ. art. 1960). Une décision de justice procède alors à cette décharge, même lorsque le séquestre a été nommé conventionnellement, le juge devant préciser à qui la chose doit être remise. Le plus souvent à un autre séquestre.

58103 **Séquestre constitué en raison de l'existence d'une condition** La réalisation (ou la non-réalisation) d'une condition suspensive marque la fin de la mission du séquestre et l'obligation pour ce dernier de procéder à la restitution. Il en est de même en présence d'une condition résolutoire.

Le séquestre d'une indemnité d'immobilisation ne peut en restituer le montant au bénéficiaire de la promesse de vente que lorsqu'il est établi que la condition suspensive ne s'est pas accomplie (Cass. 1e civ. 13-11-1997 n° 95-18.276 : Bull. civ. I n° 310).

Dans un cas où une promesse unilatérale de vente d'un immeuble avait été consentie à des époux moyennant versement d'une somme qui devait soit être imputée sur le prix de vente, soit demeurer acquise au vendeur si les époux ne levaient pas l'option, soit être restituée à ces derniers s'ils n'obtenaient pas les prêts prévus à titre de condition suspensive, doit être censurée la cour d'appel qui, pour rejeter la demande en restitution de cette somme formée par les époux en raison de la défaillance de la condition, énonce que ces derniers avaient à tort assigné l'agent immobilier séquestre de la somme litigieuse au lieu du vendeur alors que le séquestre s'était obligé envers les deux déposants à rendre à qui de droit la somme versée entre ses mains et que les époux étaient donc recevables à lui demander l'exécution de cette obligation (Cass. 1e civ. 31-1-1995 n° 92-17.153 D : Contrats, conc., consom. 1995 comm. n° 68).

7. RESPONSABILITÉ DU SÉQUESTRE

RESPONSABILITÉ À L'ÉGARD DE CELUI QUI A DROIT AUX FONDS SÉQUESTRÉS

58120 Le séquestre qui ne remet pas les fonds séquestrés à qui de droit engage sa responsabilité envers lui.

ILLUSTRATIONS 58121

Dans un cas où, à la suite d'une promesse de cession de la totalité des parts d'une SARL prévoyant que, préalablement à la cession, la société devait désintéresser un créancier, l'acquéreur avait versé, à titre de dédit, une certaine somme entre les mains d'un **séquestre** en l'autorisant « à **prélever** sur le montant du dédit versé toutes **sommes dues au créancier de la société** jusqu'à concurrence d'une somme convenue », commet des fautes dans l'exécution du contrat le séquestre qui a disposé du dédit reçu alors qu'aucune des conditions préalables à la cession n'était remplie par l'autre contractant et a versé ce dédit, non au créancier de la société, comme il avait été convenu et seulement à concurrence de la somme prévue, mais en totalité et entre les mains du promettant.

Cass. com. 12-2-1979 n° 77-15.054 : Bull. civ. IV n° 59.

Le séquestre d'une indemnité d'immobilisation ne peut en restituer le montant au bénéficiaire de la promesse de vente d'un immeuble que s'il est établi que la condition suspensive ne s'est pas accomplie. Par suite, dans un cas où une **promesse** de vente d'un immeuble avait été consentie **sous condition suspensive** de l'obtention d'un prêt par le bénéficiaire tout en prévoyant qu'une indemnité d'immobilisation d'un certain montant serait remise par le bénéficiaire entre les mains d'un notaire désigné séquestre, le séquestre a commis une faute et engagé sa responsabilité en remettant la somme séquestrée au bénéficiaire de la promesse sans s'assurer de la défaillance de la condition.

Cass. 1e civ. 13-11-1997 n° 95-18.276 : Bull. civ. I n° 310.

Commet une faute le notaire séquestre qui, bien qu'informé par l'administrateur d'une succession de l'existence d'un passif, s'est **dessaisi des fonds** de la succession **sans** prendre les précautions nécessaires pour **assurer la garantie de ce passif,** contraignant l'administrateur à régler les causes d'une saisie-arrêt diligentée par un créancier de l'héritier.

Cass. 1e civ. 9-12-1997 n° 95-18.192 : Bull. civ. I n° 361.

L'exécution d'une décision de justice exécutoire ne constitue pas une faute.

Par suite, dans un cas où un notaire avait été constitué séquestre de certaines sommes d'argent à la suite d'un litige entre deux sociétés, viole les articles 1382 (désormais art. 1240) du Code civil et 495 du nouveau Code de procédure civile la cour d'appel qui, pour retenir la responsabilité du notaire qui s'était **dessaisi des fonds** au profit de l'une des sociétés **au vu d'une ordonnance sur requête,** a relevé que le caractère provisoire et non contradictoire de la décision obtenue sur requête excluait par nature l'existence d'un accord amiable, en sorte qu'il incombait alors au notaire constitué séquestre, professionnel du droit parfaitement informé du litige persistant entre les deux sociétés, de vérifier que l'autre société avait pris connaissance en temps utile de l'ordonnance lui imposant, sur simple signification, de se dessaisir des fonds séquestrés et qu'en ne procédant pas à cette vérification le notaire avait commis un manquement à ses obligations.

Cass. 1e civ. 1-2-2005 n° 248 F-PB : RJDA 6/05 n° 686.

Commet une faute un avocat désigné séquestre du prix de cession d'actions, qui se **dessaisit des fonds** versés par l'acquéreur entre les mains du cédant alors qu'aucun accord sur le prix de cession n'avait été fixé entre les parties et **sans s'être** préalablement **assuré de la levée du nantissement** des actions consenti par le cédant à un tiers, vérification lui incombant contractuellement.

Cass. 1e civ. 6-1-2011 n° 09-72.509 F-D : RJDA 4/11 n° 307.

RESPONSABILITÉ À L'ÉGARD DES TIERS

Le séquestre est aussi responsable à l'égard des tiers. En effet, l'effet relatif des contrats n'interdit pas aux tiers d'invoquer la situation de fait créée par les conventions auxquelles ils n'ont pas été parties dès lors que cette situation de fait leur a causé un préjudice de nature à fonder une action en responsabilité extracontractuelle. 58122

ILLUSTRATIONS

Un notaire, chargé par une convention de séquestre annexée à un acte de vente de régler plusieurs créanciers du vendeur avec les fonds provenant de la vente et qui a payé avec les fonds séquestrés tous ces créanciers à l'exclusion d'un seul, engage sa responsabilité à l'égard de ce dernier (CA Amiens 2-11-1976).

De même, dans un cas où une banque avait demandé la mise sous séquestre des dividendes qu'un actionnaire, caution du remboursement d'un prêt accordé par la banque à une société anonyme, pouvait être conduit à percevoir, le séquestre a commis une faute à l'égard de l'ex-épouse de l'actionnaire en remettant l'intégralité des dividendes à ce dernier alors qu'il connaissait l'existence d'une contestation entre les ex-époux sur la propriété des actions donnant droit à ces sommes (CA Paris 10-3-1999 n° 1998-7919 : RJDA 5/99 n° 517).

PRÉJUDICE OUVRANT DROIT À INDEMNISATION

58123 Pour être réparable, le **préjudice** subi du fait du séquestre doit être direct, actuel et **certain.**
Le fait qu'une créance soit devenue plus difficile à recouvrer, et non définitivement irrécouvrable, en raison d'une faute commise par un tiers ou un cocontractant, ne constitue pas un dommage certain (Cass. 1e civ. 9-12-1997 nº 95-18.192 : Bull. civ. I nº 361).
Mais est certain le dommage subi par une personne par l'effet de la faute d'un professionnel, alors même que la victime disposerait contre un tiers d'une action consécutive à la situation dommageable née de cette faute et propre à assurer la réparation du préjudice ; par suite, lorsqu'une personne n'a pas pu se faire remettre par un séquestre la somme qui lui revenait, il ne lui appartenait pas de remédier elle-même à ce préjudice en tentant de récupérer les sommes dues auprès du tiers qui avait bénéficié du paiement imprudemment fait par le séquestre (Cass. 1e civ. 7-5-2002 nº 99-14.675 FS-P : RJDA 11/02 nº 1211). De même, lorsque le séquestre du prix de cession d'actions s'est dessaisi fautivement des fonds versés par l'acquéreur entre les mains du cédant, la libération prématurée des fonds a causé à l'acquéreur, qui n'était nullement tenu de prendre des garanties en complément du séquestre convenu, un préjudice correspondant au prix des actions dont il n'a pu obtenir le remboursement (Cass. 1e civ. 6-1-2011 nº 09-72.509 F-D : RJDA 4/11 nº 307).
Par ailleurs, lorsque la perte de chance est établie, elle constitue un préjudice indemnisable distinct et c'est uniquement cette perte qui est compensée par l'allocation de dommages-intérêts et non la totalité de ce que la chance, si elle s'était réalisée, aurait pu procurer à la victime. Ainsi, une cour d'appel ayant constaté qu'un agent immobilier avait reçu un chèque avec mission de l'encaisser, et retenu qu'il avait commis une faute en mettant tardivement ce chèque, resté impayé, à l'encaissement, a exactement décidé qu'il était seulement tenu, non pas de restituer une somme qu'il n'avait jamais eue en sa possession, mais seulement de réparer le préjudice résultant pour les vendeurs de la perte d'une chance d'obtenir le paiement de ce chèque (Cass. 1e civ. 21-2-1995 nº 382 P : RJDA 11/95 nº 1234 ; dans le même sens, Cass. 1e civ. 5-6-2008 nº 07-12.563 F-D).

CHAPITRE 5

DIVISIBILITÉ OU INDIVISIBILITÉ DES ENGAGEMENTS ACCESSOIRES

INTÉRÊT DU CARACTÈRE DIVISIBLE OU NON DES ENGAGEMENTS

Compte tenu de la proximité qu'ils entretiennent avec la cession de parts sociales ou d'actions, les engagements qui accompagnent une telle cession sont-ils divisibles de celle-ci ou, au contraire, forment-ils avec elle un ensemble contractuel indivisible ? **60000**

La réponse à cette question est lourde de conséquences. Reconnaître l'existence d'une **interdépendance entre les divers engagements** et donc d'un ensemble indivisible conduit en effet à interpréter chacun des contrats à la lumière de l'ensemble et à juger de leur validité dans les mêmes conditions. Cette solution, admise par la jurisprudence de longue date, est reprise depuis le 1er octobre 2016 par les articles 1189 (interprétation) et 1186 (caducité) du Code civil, issus de l'**ordonnance** 2016-131 du 10 février 2016 **réformant le droit des contrats.** Cette interdépendance existe lorsque plusieurs contrats sont nécessaires à la réalisation d'une même opération (C. civ. art. 1186, al. 2 nouveau, reprenant les solutions antérieures).

Sur les cas du prêt souscrit en vue de l'acquisition de parts et du cautionnement garantissant le paiement du prix de cession, voir nos 30810 s.

APPRÉCIATION DE LA DIVISIBILITÉ DES ENGAGEMENTS

L'existence d'un lien de dépendance entre divers contrats relève de l'appréciation souveraine des juges du fond (Cass. 1e civ. 4-1-1966 : Bull. civ. I no 6 ; Cass. 1e civ. 3-4-2002 no 563 F-D : RJDA 7/02 no 721 ; Cass. com. 18-12-2007 no 06-15.116 FP-PB : RJDA 10/08 no 979 ; Cass. 1e civ. 28-10-2010 no 09-68.014 FS-PBI : RJDA 5/11 no 375). **60010**

L'indivisibilité ne peut pas être déduite du seul fait que les conventions figurent dans le même acte (Cass. com. 5-6-1973 : Bull. civ. IV no 199). Mais elle peut l'être d'éléments postérieurs à la conclusion des engagements, par exemple des conditions dans lesquelles ils ont été exécutés (Cass. 1e civ. 1-10-1996 no 1574 P : RJDA 2/97 no 163).

Les parties peuvent préciser dans l'acte de cession si les engagements accessoires sont ou non divisibles de la cession. Néanmoins, les juges peuvent écarter la **clause** si celle-ci est « en contradiction avec l'économie du contrat » (Cass. com. 15-2-2000 no 426 P : RJDA 4/00 no 371 ; Cass. com. 24-4-2007 no 06-12.443 F-D : RJDA 10/07 no 927). Ainsi serait à notre avis inefficace la clause d'une garantie de passif stipulant que l'engagement de garantie est autonome de la cession de parts ou d'actions à l'occasion de laquelle il a été souscrit. En outre, la clause doit être rédigée avec soin : si elle est ambiguë, elle est sujette à interprétation (pour un cas où, malgré la stipulation d'une clause d'indivisibilité, un seul des contrats a été annulé, voir Cass. 1e civ. 5-2-1991 : no 60020).

ILLUSTRATIONS

Divisibilité des engagements **60015**

Après la mise en règlement judiciaire d'une société, les associés avaient **cédé** la totalité de leurs parts sociales pour la somme de 1 franc à la condition que l'acquéreur prenne à sa charge les engagements de caution qu'ils avaient souscrits en faveur de la société et qu'il fasse **apport** à celle-ci d'une certaine somme. En outre, il était prévu que les cédants démissionneraient de toutes les fonctions sociales. Après l'échec du plan de redressement mis en œuvre et conversion du règlement judiciaire en liquidation des biens, l'acquéreur avait demandé au syndic le remboursement, comme dette de la masse, de la somme qu'il avait versée en apport.

C'est à tort qu'une cour d'appel a, pour rejeter cette demande, retenu que l'ensemble des accords intervenus, qui revêtaient un caractère global, avait pour objet le rachat de l'entreprise par l'intéressé qui ne pouvait prétendre n'avoir accordé qu'un prêt à la société, alors qu'aux termes de ces accords dépourvus d'ambiguïté, la somme litigieuse avait été apportée **en compte courant d'associé** et que, de surcroît, le montant en avait été porté, dans la comptabilité de la société, sous l'intitulé « d'avances en compte courant » après rapport du commissaire aux comptes.

Cass. com. 18-11-1986 no 84-13.750 P : Bull. Joly 1986 p. 1147.

Le dirigeant d'une société, qui avait cédé la majorité de ses actions dans le cadre d'un protocole lui accordant un emploi de salarié dans la société tout en mettant à sa charge une **garantie de passif,** ne peut pas ensuite invoquer sa démission pour être délié des dettes résultant d'un contrôle fiscal, dès lors qu'il n'y avait pas indivisibilité entre les dispositions du protocole et que la clause de garantie de passif, usuelle dans des opérations de cette nature, ne pouvait pas être considérée comme la contrepartie de l'**engagement d'emploi** de l'intéressé qui ne constituait qu'une disposition accessoire au regard de l'objet principal du protocole qui était d'accorder une prise de participation majoritaire à l'acquéreur des actions dans le capital de la société, laquelle connaissait de sérieuses difficultés.

Cass. com. 7-4-1987 : Bull. Joly 1987 p. 277.

Par actes sous seing privé du même jour, une société (A) avait, d'une part, cédé pour un franc à une autre société (B) la totalité des actions d'une troisième société (C) et, d'autre part, cédé aux deux principaux actionnaires de la société B la créance qu'elle avait sur la société C.
Ces conventions sont indépendantes pour les raisons suivantes :
– les deux actes intitulés « promesse irrévocable de vente » et « promesse irrévocable d'achat », complétés par le protocole d'accord, qui constituaient le contrat de **vente des actions,** ne faisaient aucune référence à la **cession de** la **créance** de la société A sur C si ce n'est pour l'exclure de la garantie d'actif et de passif de la société C donnée à l'acquéreur des actions ;
– l'acte qui constatait la cession de créance ne faisait aucune référence aux deux promesses de vente et d'achat d'actions, et précisait qu'il n'était donné aucune garantie aux acquéreurs, indiquant juste les modalités de paiement du solde du prix ;
– la preuve n'était pas rapportée que ces conventions, conclues par la société cédante avec des cocontractants ayant des personnalités distinctes, n'étaient en réalité que des actes apparents où une interposition de personne dissimulait un accord unique conclu par la société A avec la seule société B.
Par suite, en raison de l'indépendance des deux séries de conventions et de la volonté affirmée par les parties d'exclure toute garantie de la valeur de la société C pour la cession de la créance, aucune compensation ne pouvait être opérée entre des obligations éventuelles de la société A envers la société B au titre de la garantie de passif et d'actif, et l'obligation de paiement souscrite par les principaux actionnaires de la société B envers A.

CA Paris 13-10-1988 : Bull. Joly 1989 p. 73.

L'actionnaire principal d'une société holding avait consenti une **promesse unilatérale de vente** d'une partie de sa participation à un salarié du holding. Le promettant ne peut pas utilement soutenir que le **contrat de travail** de l'intéressé au sein du holding et la promesse qu'il lui avait consentie étaient indivisibles, de sorte que la rupture du contrat de travail privait la promesse de toute cause et l'autorisait à la rétracter : la promesse comporte une seule référence à la qualité de salarié du bénéficiaire dans l'exposé préalable (« le bénéficiaire est un cadre dirigeant de la société ») ; elle ne comporte pas de clause de résiliation en cas de rupture du contrat de travail du bénéficiaire ; la clause permettant la cession « au bénéficiaire ou toute autre personne physique ou morale que celui-ci souhaite se substituer ou s'adjoindre » exclut toute volonté des parties de lier les qualités de salarié et de bénéficiaire de la promesse ; il n'est enfin pas établi que le contrat de travail – entre l'intéressé et le holding – et la promesse de cession – consentie au salarié par l'actionnaire principal – constituent une opération globale et ne peuvent s'exécuter l'un sans l'autre.

CA Paris 10-5-2011 n° 09-17683 : RJDA 10/11 n° 808.

60020 ILLUSTRATIONS Indivisibilité des engagements

Deux sociétés avaient conclu un certain nombre de conventions : notamment la première société avait cédé 490 actions à la seconde tandis que celle-ci s'engageait à se porter caution envers une banque d'un crédit que la cédante projetait de demander à la banque ; par ailleurs, les dirigeants de la société cédante s'étaient portés caution d'une somme dont cette société était débitrice à l'égard de la société cessionnaire.
La société cessionnaire n'ayant pas donné le **cautionnement** promis, la résolution de cette **cession** doit être prononcée à ses torts, le crédit bancaire qui constituait l'élément essentiel de l'opération étant subordonné à ce cautionnement. La résolution doit en outre être étendue à l'engagement de caution souscrit par les dirigeants dès lors que cet engagement, qui avait été consenti compte tenu des nouvelles relations d'affaires envisagées par les deux sociétés, faisait partie d'un ensemble de conventions complexes et constituait donc un élément indissociable de la cession intervenue. Le Code civil prévoit désormais la caducité des contrats liés, et non plus leur résolution ou leur nullité, en cas de disparition du premier contrat (C. civ. art. 1186). Sous cette réserve, la solution est transposable sous l'empire du nouveau Code civil.

Cass. com. 2-3-1981 n° 242.

Dès lors qu'elle n'a pas été acceptée dans le délai prévu, doit être considérée comme caduque la promesse unilatérale de cession de parts sociales subordonnée à la réalisation d'une condition suspensive aux termes de laquelle les autres associés promettaient unilatéralement aux nouveaux de leur remettre les parts sociales restantes à condition que les bénéficiaires s'engagent à supporter le passif social déjà existant.

En l'espèce, les cédants n'avaient d'autre but, en introduisant les acquéreurs dans la société, dont l'activité avait déjà entraîné plus de 500 000 F de pertes en dix-huit mois, de trouver des personnes peu au fait des affaires, qui accepteraient de leur rembourser le capital social et le montant de leur compte courant, tout en les allégeant du passif existant et futur. Pour arriver à cette fin, ils avaient élaboré une série d'actes en dépendance réciproque, à échéances variables, seul les intéressant en fait le paiement du compte courant d'associés. Ainsi, ils avaient fait dépendre l'exécution de l'accord de **cession** immédiat des parts sociales de l'acceptation par les acquéreurs de leur **promesse unilatérale de cession** dans les deux ans des parts restantes contre **remboursement du compte d'associé** tout en remédiant au caractère futur de ce remboursement par un autre acte du même jour, tendant à la même fin, mais à effet immédiat. **60020** (suite)

CA Versailles 21-4-1988 : Bull. Joly 1988 p. 579.

Plusieurs associés d'une SARL s'étaient, dans un même acte, engagés à céder leurs parts sociales et, pour l'un d'eux, la créance en compte courant qu'il détenait sur la société. Cet acte prévoyait que les cessions de parts et la cession de créances formaient un « tout indivisible de sorte que l'une des opérations juridiques ne saurait intervenir sans que soient réalisées simultanément les (...) autres ». L'acquéreur avait ensuite demandé l'annulation de la cession de créance en faisant valoir que le compte courant présentait une position débitrice au jour du contrat.

Il y a lieu de faire droit à cette demande dès lors que la **stipulation d'indivisibilité** imposait la réalisation de la promesse de cession dans son ensemble, mais ne faisait pas obstacle, à défaut de disposition expresse en sens contraire, à l'annulation d'une seule des cessions prévues.

Cass. 1e civ. 5-2-1991 n° 89-10.626 D.

Dans un cas où l'acte de **cession** d'actions comportait une clause constituant une condition de vente, selon laquelle le cédant donnait à l'acquéreur **mandat** irrévocable d'exercer, en son lieu et place, tous les droits attachés à la propriété des titres vendus en vue de permettre au cédant de continuer jusqu'à sa mort à **administrer la société** comme avant la cession, privant l'acquéreur de ses droits essentiels et notamment de sa liberté de vote, jugé que ce mandat contraire à des dispositions d'ordre public entraînait la nullité de la cession, les parties ayant eu l'intention de faire dépendre la cession de cette stipulation.

Cass. com. 17-6-1974 n° 73-10.541 : Rev. Sociétés 1977 p. 84. Voir également Cass. com. 11-2-1992 n° 90-16.588 D : n° 56047.

L'auteur d'une offre de reprise, dans le cadre d'un plan de continuation, de la totalité des parts d'une entreprise en redressement judiciaire s'était engagé à se substituer aux cautions de l'entreprise dans leurs engagements envers une banque ou, à défaut d'agrément par celle-ci, à les contre-garantir.

Encourt la cassation l'arrêt qui, pour confirmer le jugement ayant condamné l'acquéreur à garantir les cautions poursuivies par la banque, retient que son argumentation au soutien du dol dont il aurait été victime se réfère aux circonstances de l'acquisition des parts sociales et tend à démontrer qu'il ne se serait pas porté acquéreur s'il n'avait pas été trompé sur la viabilité de l'entreprise, la structure du capital social et la propriété de la marque détenue, que cette argumentation est inopérante à démontrer que son **engagement de substitution de caution,** indépendant de l'offre d'acquisition, a été obtenu au moyen de réticences dolosives, alors que l'acte signé par l'auteur de l'offre précisait qu'il s'engageait à se substituer aux cautions dans leurs engagements à l'égard de la banque ou à les contre-garantir, dans le cas où le plan de continuation proposé serait agréé par le tribunal de commerce, ce dont il résulte que l'engagement de substitution de caution n'était pas indépendant de l'offre d'acquisition.

Cass. com. 24-6-2008 n° 07-14.581 F-D : RJDA 11/08 n° 1130.

Une société (A) avait cédé à une société (B) les actions de sa filiale de conditionnement et d'emballage, le prix des actions étant payable en cinq échéances annuelles. Cette convention avait été conclue sous la condition suspensive de la signature d'un **contrat d'approvisionnement,** régularisé le même jour entre les trois sociétés et aux termes duquel la société A s'engageait à s'approvisionner auprès de la filiale. La dernière échéance du prix de **cession des actions** n'ayant pas été acquittée par la société B, la société A avait cessé de régler le prix des marchandises livrées par la filiale. Poursuivie en paiement, la société A avait invoqué la compensation de sa dette au titre du contrat d'approvisionnement avec sa créance résultant du contrat de cession des actions. Une cour d'appel avait écarté la compensation, retenant, notamment que, si les dispositions contractuelles et les correspondances échangées entre les parties en cours d'exécution confirmaient que les conventions de cession d'actions et d'approvisionnement étaient naturellement liées et reflétaient le lien économique fait par les parties entre les deux contrats, il n'y avait pas de véritable indivisibilité entre les conventions, qui pouvaient exister l'une indépendamment de l'autre, et que, la cession d'actions n'étant pas la cause du contrat d'approvisionnement, le défaut de paiement des actions ne privait pas de cause ce contrat.

En se déterminant ainsi sans rechercher si la clause conditionnant la conclusion du contrat de cession d'actions à celle du contrat d'approvisionnement, la simultanéité de la signature des deux contrats et les différentes clauses contractuelles les liant sur le plan économique, particulièrement celle prévoyant l'incorporation, dans le prix des produits fournis par la filiale, des frais financiers relatifs au paiement échelonné du prix des actions cédées, n'étaient pas de nature à caractériser l'intention des trois parties de faire de leurs différentes conventions un ensemble contractuel indivisible et leur volonté de voir leurs créances et dettes réciproques respectives pouvoir faire l'objet d'une compensation conventionnelle globale, la cour d'appel n'a pas donné de base légale à sa décision.

Cass. com. 23-9-2014 n° 13-14.815 F-D : RJDA 2/15 n° 137.

EFFETS DE L'INDIVISIBILITÉ DES ENGAGEMENTS

60030 Lorsque l'indivisibilité entre les engagements accessoires et la cession de parts sociales ou d'actions est retenue par le juge, la disparition (pour cause de nullité, de résolution ou de caducité) des engagements entraîne la **caducité** de la cession et réciproquement (C. civ. art. 1186 issu de ord. 2016-131 du 10-2-2016).

TITRE VII

Garanties à la charge du cédant

OBLIGATION DE DÉLIVRANCE DU CÉDANT

Conformément au droit commun de la vente, le cédant de droits sociaux est tenu de délivrer ceux-ci à l'acquéreur (C. civ. art. 1603 et 1604), sous peine de résolution de la cession (C. civ. art. 1610). Cette obligation présente un **double aspect.** 61000

Remise des droits sociaux à l'acquéreur En vertu de l'obligation de délivrance, le cédant doit « remettre » les droits sociaux à l'acquéreur. Compte tenu de la dématérialisation des titres, cette remise n'est pas manuelle, mais elle suppose que le cédant mette l'acquéreur en mesure de faire reconnaître sa qualité d'associé et d'exercer les droits afférents. 61002

La Cour de cassation a jugé que le défaut d'établissement d'un écrit constatant la **cession de parts sociales** était constitutif d'un manquement à l'obligation de délivrance car l'acquéreur ne pouvait procéder à aucune des formalités nécessaires pour rendre la cession effective (Cass. com. 7-4-2009 nº 08-15.593 FS-PB : nº 70095).

L'établissement d'un écrit constatant la cession de parts de SARL, de SNC et de SCS est en effet nécessaire pour procéder aux formalités rendant la cession opposable à la société (cf. C. com. art. L 221-14, al. 1, L 223-17 et L 222-2) ; tant que ces formalités n'ont pas été effectuées, l'acquéreur ne peut se prévaloir, à l'égard de la société, d'aucun droit au titre de sa qualité d'associé ; c'est donc le cédant qui est convoqué aux assemblées générales et qui perçoit les dividendes.

La solution n'est pas applicable aux **cessions d'actions** : celles portant sur des actions admises aux opérations d'un dépositaire central ou livrées dans un système de règlement et de livraison d'instruments financiers (SMN) ne requièrent aucun écrit ; elles deviennent effectives tant entre les parties qu'à l'égard des tiers, dès l'inscription des actions au compte-titres de l'acquéreur ou dès leur inscription au bénéfice de l'acquéreur dans un dispositif d'enregistrement électronique partagé (C. mon. fin. art. L 211-17, sur renvoi de C. com. art. L 228-1, al. 9), à la date et dans les conditions définies par le règlement général de l'Autorité des marchés financiers (Règl. gén. AMF art. 570-1 s.). Pour les autres actions, les cessions deviennent, elles aussi, effectives dès l'inscription des valeurs mobilières au compte de l'acheteur ou dans un dispositif d'enregistrement électronique partagé, l'inscription au compte de l'acquéreur étant faite à la date fixée par l'accord des parties et notifiée à la société émettrice (C. com. art. L 228-1, al. 9 et R 228-10). On peut dès lors se demander si le cédant qui ne prendrait pas l'initiative de solliciter l'acquéreur pour fixer cette date ne manquerait pas à son obligation de délivrance.

Délivrance d'un bien conforme à la convention des parties L'obligation de délivrance suppose, aux termes de la jurisprudence rendue sous l'empire du droit commun de la vente, que le cédant doit délivrer un bien conforme à ce qui a été convenu entre les parties (notamment, Cass. 1e civ. 7-6-1997 nº 95-13.389 P : RJDA 1/98 nº 31 dans un cas de vente d'une automobile ; 61004

Cass. com. 7-4-2004 n° 02-14.941 F-D : RJDA 10/04 n° 1107 à propos d'une vente de matériel ; Cass. 3e civ. 10-10-2012 n° 10-98.309 FS-PB : RJDA 1/13 n° 25 à propos d'une vente immobilière).

La question de conformité des droits sociaux cédés aux prévisions contractuelles a rarement été posée aux tribunaux sous l'angle d'un manquement à l'obligation de délivrance.

ILLUSTRATIONS

Après avoir acquis toutes les actions d'une **SA exploitant** un fonds de commerce de **maison de retraite,** l'acquéreur avait réclamé des dommages-intérêts au cédant pour défaut de délivrance en soutenant que la **capacité réelle d'accueil de la maison** de retraite était inférieure à celle énoncée dans l'acte (60 lits au lieu de 70). Cette action a été rejetée dès lors que l'acquéreur ne prouvait pas que le cédant avait effectué une fausse déclaration ou dénaturé les caractéristiques de l'établissement ni qu'il avait livré une chose non conforme aux termes du protocole d'accord. En effet, l'une des pages du protocole indiquait que la vente portait sur la totalité des actions de la SA exploitant la maison de retraite X « d'une contenance de 60 lits, plus dix lits » ; cette clause était un raccourci des informations figurant sur une autre page du protocole, plus précises, et formulées ainsi : « La SA est propriétaire d'un fonds de commerce de maison de retraite sous l'enseigne X d'une contenance de 60 lits. La SA est titulaire d'une autorisation administrative d'exploiter une maison de retraite délivrée par le conseil général, d'une capacité totale de 60 lits, dont 18 lits d'accueil temporaire, plus 10 lits d'accueil de jour » ; une telle rédaction ne permettait pas d'affirmer, comme le faisait l'acquéreur, que l'objet du contrat était une maison de retraite d'une capacité de 70 lits ; aucun plan n'était joint au protocole ; ni les plans versés aux débats ni la lettre que l'acquéreur avait adressée au cédant ne constituaient un engagement de ce dernier sur une contenance de 70 lits ni même sur la possibilité d'ajouter un deuxième lit médicalisé dans certaines chambres (CA Paris 2-10-2008 n° 07-20236, 3e ch. B : Bull. Joly 2009 p. 344 note P. Briand).

Pour un cas où un manquement à l'obligation de délivrance n'a pas été retenu à l'encontre du cédant qui s'était engagé à lever tout nantissement dont les parts pourraient faire l'objet, voir Cass. com. 25-5-2022 n° 20-18.666 F-D : n° 79434.

L'acquéreur déçu des performances économiques de la société agit plus souvent sur le fondement des vices du consentement ou des vices cachés ou encore en mettant en œuvre la garantie de passif ou la clause de révision de prix prévue à l'acte.

GARANTIES LÉGALES À LA CHARGE DU CÉDANT

61005 En application du régime général de la **vente,** le cédant doit garantir à l'acquéreur la jouissance paisible du bien vendu (garantie d'éviction) et l'absence de défauts de ce bien (garantie des vices cachés) (C. civ. art. 1625). En revanche, en matière de **cession de droits incorporels,** le cédant est seulement tenu de garantir l'existence des droits cédés au moment de la cession (C. civ. art. 1693). La **chambre commerciale de la Cour de cassation** fait une application combinée de ces deux régimes aux cessions de droits sociaux.

D'une part, elle a adapté les garanties de la vente aux spécificités des droits sociaux. En effet, le principe de la personnalité morale de la société (C. com. art. L 210-6 pour les sociétés commerciales) s'oppose à ce que soit reconnu à l'associé un quelconque droit de propriété sur les actifs sociaux (CA Paris 28-6-1999, 1e ch. A, n° 98-7965 et, sur pourvoi, Cass. com. 18-2-2004 n° 340 F-D : RJDA 6/04 n° 718). En conséquence, l'acquéreur ne devrait être autorisé à se prévaloir que de l'éviction ou des vices des titres eux-mêmes et non de ceux affectant les actifs sociaux. Ce sont néanmoins ces derniers qui permettent l'activité de la société et donc à l'acquéreur d'exercer les droits afférents aux titres. La chambre commerciale de la Cour de cassation a donc admis que les atteintes portées aux actifs sociaux ou à l'activité sociale affectent les actions ou les parts sociales cédées et permettent d'engager la garantie d'éviction ou celle des vices cachés.

D'autre part, cette adaptation a été réalisée dans l'optique restrictive de la garantie due en matière de cession de droits incorporels : l'éviction et le vice ne sont reconnus que s'ils empêchent la société, dont les titres ont été cédés, d'exercer son activité ou de réaliser son objet social. Ces principes ont également guidé l'évolution de la jurisprudence de la Cour de cassation en ce qui concerne l'erreur (nos 19160 s.).

> **Précisions** **a.** L'application des garanties **de la vente aux cessions de droits sociaux** ne fait pas l'unanimité au sein des différentes chambres de la Cour de cassation.

Ainsi, la **troisième chambre civile,** appelée à connaître du contentieux concernant les sociétés immobilières, limite la garantie du cédant à la seule existence des titres en application de l'article 1693 du Code civil et elle refuse de tenir compte de la réalité et de la valeur des biens composant l'actif social (Cass. 3e civ. 9-4-1970 n° 68-13.956 : JCP G 1971 II n° 16925 ; Cass. 3e civ. 6-3-1973 n° 71-14.404 : Bull. civ. III n° 169 ; Cass. 3e civ. 21-5-1979 n° 77-14.873 : Bull. civ. III n° 111 ; Cass. 3e civ. 15-3-2006 n° 04-19.337 FS-PB : RJDA 8-9/06 n° 911). De même, la cour d'appel de Paris, statuant à propos d'une cession de parts d'une société civile immobilière, a estimé que l'acquéreur ne pouvait pas mettre en œuvre la garantie d'éviction à la suite de l'annulation de la vente de l'immeuble acquis par la SCI et dont il constituait le seul actif dès lors que, au moment de la cession, les parts sociales existaient bel et bien, que l'annulation de la vente immobilière était postérieure à la cession et que le cédant était étranger à cette annulation (CA Paris 21-1-2010 n° 08-24489, ch. 5-9 : RJDA 7/10 n° 752). À noter toutefois que la troisième chambre civile s'est une fois alignée sur la jurisprudence de la chambre commerciale en jugeant que le vice affectant un immeuble, élément principal de l'actif de la société dont les parts étaient cédées, pouvait entraîner le jeu de la garantie des vices cachés dès lors qu'il était de nature à rendre les parts sociales impropres à leur destination (Cass. 3e civ. 12-1-2000 n° 97-13.155 PB : RJDA 4/00 n° 426).

À notre connaissance, la **première chambre civile** de la Cour de cassation, compétente en matière de société civile professionnelle et de coopérative agricole, ne s'est pas prononcée sur l'application de la garantie des vices cachés aux cessions de droits sociaux, mais elle a admis celle de la garantie d'éviction en la matière (n° 63025).

b. La **garantie** légale **de conformité** régie par les articles L 217-3 s. du Code de la consommation (modifiés par ord. 2021-1247 du 29-9-2021) n'est pas applicable aux cessions de titres dans la mesure où elle ne couvre que les contrats de vente de biens meubles corporels (C. consom. art. L 217-1, al. 1 modifié par ord. 2021-1247).

GARANTIES CONTRACTUELLES ACCORDÉES PAR LE CÉDANT

Les conditions posées à la mise en œuvre des garanties légales les rendent peu intéressantes pour **61010**
l'acquéreur qui a donc tout intérêt, particulièrement en cas d'acquisition d'un bloc de contrôle, à obtenir du cédant des garanties contractuelles portant par exemple sur le passif ou l'actif social (nos 66000 s.) ou encore sur l'éventuel rétablissement de ce dernier dans une activité concurrente (nos 57000 s.).

CHAPITRE 1

GARANTIE DES VICES CACHÉS

SOMMAIRE

AVANTAGES ET LIMITES DE LA GARANTIE DES VICES CACHÉS

Si la garantie des vices cachés est très **protectrice** des intérêts de l'**acquéreur** en lui offrant notamment une réparation « à la carte » (choix entre rendre les titres et obtenir une restitution du prix, d'une part, ou obtenir une diminution du prix, d'autre part), sa **mise en œuvre** se révèle en pratique **délicate** car, outre les critères stricts auxquels le vice doit répondre pour être pris en compte (notamment, vice inconnu de l'acquéreur empêchant la société d'exercer son activité conformément à son objet), cette action doit être engagée dans un délai très court (deux ans à compter de la découverte du vice) et elle ne permet pas toujours à l'acquéreur d'obtenir réparation du préjudice que lui a causé le vice. **61020**

DÉFINITION ET USAGES DE LA GARANTIE DES VICES CACHÉS

Aux termes de l'article 1641 du Code civil, le vendeur est tenu de la garantie à raison des défauts cachés de la chose vendue qui la rendent impropre à l'usage auquel on la destine, ou qui diminuent tellement cet usage que l'acheteur ne l'aurait pas acquise ou n'en aurait donné qu'un prix moindre, s'il les avait connus. **61021**

L'acquéreur des actions ou des parts sociales peut être tenté de mettre en œuvre cette garantie lorsque, après la cession, il découvre un passif excédant celui annoncé, la disparition ou le caractère inutilisable d'un actif social ou encore la perte d'un contrat ou d'une autorisation administrative nécessaire à la poursuite de l'activité. Mais, compte tenu des conditions requises par la jurisprudence pour la mise en œuvre de cette garantie, la demande de l'acquéreur n'est en pratique accueillie que dans des cas extrêmes. Les chances de l'acquéreur deviennent illusoires si le cédant a entre-temps fait l'objet d'une procédure collective d'apurement de son passif (n°s 61460 s.).

I. CHAMP D'APPLICATION DE LA GARANTIE DES VICES CACHÉS

61040 La garantie des vices cachés instituée par l'article 1641 du Code civil en matière de vente est, on l'a vu, applicable à la **cession** de droits sociaux (n° 61005). Le fait que la cession ait été conclue pour un **prix symbolique** n'empêche nullement l'acquéreur de mettre en œuvre cette garantie. Elle peut également être invoquée en cas de **revente des titres.** Enfin, l'existence d'une **garantie contractuelle** n'interdit pas à l'acquéreur d'agir sur le fondement de la garantie des vices cachés (en ce sens, Cass. com. 3-2-2015 n° 13-12.483 F-PB : RJDA 5/15 n° 349 rendu dans une affaire où l'annulation de la cession était demandée pour dol mais à notre avis transposable).

En revanche, la garantie est exclue pour les **cessions** faites **par autorité de justice** (C. civ. art. 1649).

Sur la possibilité de mettre en œuvre la garantie des vices cachés lorsque le défaut invoqué s'analyse également comme un **vice du consentement,** voir nos 25075 s.

II. PREUVE DU VICE CACHÉ

61060 Aux termes d'une jurisprudence constante, c'est à l'acquéreur qui invoque la garantie des vices cachés que revient la **charge** de prouver l'existence du vice et que celui-ci remplit toutes les conditions requises pour la mise en œuvre de la garantie. Le vice caché étant un fait juridique, sa preuve peut être administrée par tous **moyens** (CA Versailles 2-12-2005 n° 04-4688, 3e ch., de Montzey c/ Campillo).

L'**appréciation** de l'existence du vice et de ses caractéristiques relève du **pouvoir souverain des juges** du fond (Cass. com. 8-10-1991 n° 89-17.533 D : RJDA 12/91 n° 1009 ; Cass. 3e civ. 22-1-1997 n° 95-11.045 P : RJDA 4/97 n° 490 ; Cass. 3e civ. 26-10-2005 n° 04-15.774 FS-D : RJDA 3/06 n° 250), la Cour de cassation se contentant de contrôler que les juges ont bien vérifié que le défaut invoqué répondait aux caractéristiques du vice caché (Cass. 3e civ. 4-7-2001 n° 99-19.586 FS-D : RJDA 1/02 n° 29 ; Cass. 3e civ. 28-3-2007 n° 06-12.461 FS-PB : RJDA 8-9/07 n° 831 ; Cass. com. 29-2-2012 n° 10-20.558 FS-D : RJDA 7/12 n° 659 ; Cass. 3e civ. 12-5-2021 n° 19-25.547 F-D : RJDA 10/21 n° 641).

III. DÉBITEUR DE LA GARANTIE DES VICES CACHÉS

61080 Le débiteur de la garantie est en premier lieu le **cédant immédiat** des titres. Son ignorance du vice ne l'exonère pas de son obligation à garantie (C. civ. art. 1643), sa bonne foi n'ayant d'incidence que sur les réparations susceptibles d'être dues à l'acquéreur (nos 61420 s.).

La garantie peut être invoquée par le dernier acquéreur contre les **cédants antérieurs** (n° 61280).

> **Précisions** L'**épouse séparée de biens du cédant** et cosignataire de l'acte de vente n'est pas tenue à garantie à l'égard de l'acquéreur dès lors qu'il n'est pas constaté qu'elle avait un droit quelconque sur le bien cédé par son mari ni qu'elle a consenti à assurer, au même titre que celui-ci, la garantie des vices cachés (Cass. com. 1-6-1999 n° 97-16.379 D : RJDA 8-9/99 n° 907).

IV. CARACTÉRISTIQUES DU VICE

61100 Le vice dont sont atteintes les actions ou les parts sociales cédées doit répondre à certaines caractéristiques pour permettre à l'acquéreur de mettre utilement en jeu la garantie du cédant.

A. Caractère caché du vice

61110 En application de l'article 1641 du Code civil, le cédant ne doit sa garantie que pour les défauts cachés des titres. L'article 1642 précise d'ailleurs que le cédant n'est pas tenu des vices apparents et dont l'acheteur a pu se convaincre lui-même.

Seule la **connaissance** par l'acheteur de l'ampleur et des conséquences **du vice** exclut le jeu de la garantie (Cass. 3e civ. 14-3-2012 n° 11-10.861 FS-PB : RJDA 6/12 n° 578). En revanche, le fait que le cédant ait eu connaissance du vice est sans incidence (notamment Cass. 1e civ. 25-5-2005 n° 02-13.546 F-D : RJDA 10/05 n° 1094 ; Cass. 3e civ. 12-9-2006 n° 05-17.228 F-D : RJDA 1/07 n° 31 rendus en matière de vente de matériel et d'immeuble), mais il influence l'efficacité de la clause limitative de garantie et le montant des réparations dues à l'acquéreur (nos 61422 et 61430). L'acquéreur peut invoquer la garantie sans avoir à prouver l'existence d'une faute imputable au cédant (arrêts précités).

Le caractère caché du vice est apprécié différemment selon que l'acquéreur est ou non professionnel. Ainsi en matière de vente de marchandises, de matériel ou encore d'immeubles, les tribunaux considèrent que, pour l'**acquéreur non professionnel,** le défaut est réputé caché s'il a pu légitimement en ignorer l'existence au jour de la vente et à condition qu'il ait au moins porté à l'examen de la chose l'attention qu'aurait montrée une personne normalement soucieuse de ses intérêts, et font au contraire peser une présomption de connaissance du vice sur l'**acquéreur professionnel** (notamment, Cass. com. 29-4-2003 n° 01-12.504 F-D), en particulier à l'égard d'un vendeur professionnel de la même spécialité (Cass. com. 8-12-1980 n° 79-10.848 : Bull. civ. IV n° 415). **61113**
La présomption de connaissance du vice par l'acquéreur professionnel est une présomption simple, que l'acquéreur peut renverser en démontrant que le vice était indécelable pour lui (en ce sens, Cass. com. 16-12-1981 n° 80-12.216 : Bull. civ. IV n° 448).

Lorsque l'opération porte sur des droits sociaux, tout comme lorsqu'elle porte sur un fonds de commerce, la **distinction** entre acquéreur professionnel et non professionnel suppose une certaine **adaptation** dans la mesure où il existe peu de personnes qui acquièrent de tels biens à titre professionnel. Dans les décisions rendues à propos de cessions de titres et présentées ci-après, on retrouve l'exigence d'un minimum de diligence de la part de l'acquéreur et la prise en compte de ses compétences professionnelles ; sont aussi prises en compte, le cas échéant, les fonctions qu'il a précédemment exercées au sein de la société cible. **61114**

ILLUSTRATIONS **61120**

Pour qu'il y ait vice caché, il faut que celui-ci ait pu être ignoré d'un acquéreur normalement diligent.
Par suite, dans un cas où une cession portant sur la quasi-totalité des actions d'une SA avait été consentie moyennant la prise en charge par l'acquéreur du passif social sans limitation ni recours, il y a lieu de rejeter l'action en garantie des vices cachés formée par l'acquéreur à la suite de l'apparition d'un passif supplémentaire, dont le bilan provisoire établi avant la cession ne faisait pas état, dès lors que l'acquéreur, **administrateur** de société et **ancien salarié** de la société cédante, avait parfaitement pu rechercher, avant de traiter, à mieux connaître, notamment auprès des banques, le passif de la société dont il voulait prendre le contrôle et qu'il aurait pu en outre exiger dans l'acte de cession la limitation de la prise en charge du passif.
CA Bordeaux 11-7-1986 n° 85-54, 2e ch. : Rev. sociétés 1986 p. 596 note P. Le Cannu.

Dans un cas où, après avoir acquis les deux tiers des actions d'une SA ayant pour activité tous travaux de serrurerie, de charpentes, de constructions métalliques et de peinture industrielle, l'acquéreur avait demandé la résolution de la vente pour vices cachés en raison du dépôt de bilan de la SA trois mois après la cession, il y a lieu de rejeter cette demande pour les raisons suivantes :
– plus d'un an avant la cession, l'acquéreur avait été désigné **président du conseil d'administration** de la SA, ce qui lui avait donné accès à tous les comptes de la société et l'avait mis en mesure d'avoir une bonne connaissance de ceux-ci et d'en tirer toutes les conséquences ;
– la **situation comptable** qui lui avait été transmise avant la signature du protocole d'accord de cession faisait apparaître un déficit de 125 000 € et des créances douteuses à hauteur de 74 000 € provisionnées seulement à concurrence de 30 000 €, ce qui aurait dû **inciter l'acquéreur à s'interroger** sur une telle situation qui apparaissait d'ores et déjà comme alarmante (l'expert diligenté par le tribunal avait d'ailleurs estimé au vu de la situation comptable évoquée ci-dessus que la valeur des actions était nulle compte tenu du montant des créances irrécouvrables et que l'acquéreur n'aurait jamais dû signer l'accord sans inventaire complet et sans garantie de passif).
Il résulte en effet de ces éléments que la fragilité des actions cédées était apparente au moment de la cession et qu'elle pouvait d'autant moins échapper à l'acquéreur que, ce dernier ayant la présidence du conseil d'administration de la société, la situation financière de celle-ci appelait à ce stade des investigations de sa part.
CA Versailles 17-6-1987 n° 86/7933, 12e ch. : Bull. Joly 1987 p. 619 n° 252 note P. Le Cannu.

La **vétusté de l'installation électrique** du garage automobile exploité par une SA ne constitue pas un vice caché justifiant la réduction du prix de cession des actions de celle-ci dès lors que :
– si la nécessité de procéder à la réfection de certains éléments de l'installation électrique résultait d'un **certificat,** établi lors de l'**inspection** annuelle **de sécurité** survenue plusieurs mois avant la vente et dont l'acquéreur n'avait pas eu connaissance lors de la cession, ce certificat était destiné à couvrir le risque incendie et ne comportait aucune injonction administrative mais rappelait seulement l'engagement pris par l'assuré d'exécuter les travaux requis dans un délai de trois mois ;

– les **travaux** n'avaient pas à être provisionnés au bilan dans la mesure où les dispositions légales l'exigeant n'étaient pas applicables à l'exercice au cours duquel la cession avait eu lieu ;
– l'acquéreur ne justifiait ni de la réalisation ultérieure de travaux de mise en conformité ni d'entrave à la marche de l'entreprise par des pannes liées à la défectuosité de l'installation électrique ;
– les certificats annuels établis postérieurement à la cession reprenaient les défectuosités précédentes, ce qui démontrait que les travaux n'avaient pas été entrepris sans que l'acquéreur ne s'en fût inquiété ;
– les travaux à effectuer ne constituaient pas un passif occulte car le caractère vétuste de l'installation largement amortie, qui cependant fonctionnait toujours normalement, ne pouvait pas échapper à l'acquéreur et encore moins à un **professionnel** comme lui.

CA Paris 12-7-1989 : Navis Droit des affaires, jurisprudence.

Sur la connaissance que pouvait avoir l'acquéreur d'un **fonds de commerce** d'organisation de réceptions sur la **conformité des locaux aux normes de sécurité,** voir CA Aix-en-Provence 10-10-1991 n° 89-7365, 2e ch. civ. : n° 61200.

Une cour d'appel a légalement justifié sa décision rejetant la demande d'une société ayant acquis un **fonds de commerce** d'hôtel-restaurant fondée sur la garantie des vices cachés de la chose vendue tenant à la **non-conformité des locaux aux règles d'hygiène et de sécurité** dès lors qu'elle a déduit de ses appréciations que les vices n'étaient pas cachés.
Elle a en effet relevé que les vendeurs ont soutenu sans être contredits que, lors de la vente du fonds, l'un des **associés de la société** exerçait le métier de chef de cuisine, et elle a retenu encore que cette société est un acquéreur **professionnel** et qu'elle aurait dû s'apercevoir que l'hôtel-restaurant était ancien et nécessitait des travaux de modernisation pour être aux normes de sécurité et d'hygiène les plus récentes.

Cass. com. 26-10-1999 n° 96-22.538 D : RJDA 12/99 n° 1318.

61126 Toutefois la **présomption** de connaissance du vice par l'acquéreur professionnel est **écartée pour certains vices.** Ainsi, en matière de cession de fonds de commerce bénéficiant d'une **autorisation d'occuper le domaine public,** et cette solution est transposable à la cession de titres d'une société titulaire d'une telle autorisation, la Cour de cassation a jugé que l'acquéreur, fût-il un professionnel, est légitimement fondé à considérer que l'affectation donnée à la parcelle occupée est conforme aux prescriptions administratives et qu'à défaut le cédant est tenu à garantie (Cass. com. 11-1-2000 n° 97-17.542 D : RJDA 4/00 n° 406).

> **Précisions** En l'**espèce,** invoquant le fait que les cédants du fonds de commerce qu'il avait acquis lui avaient caché, lors de la vente, que la ville leur demandait depuis de nombreux mois de ne plus utiliser la véranda implantée sur le domaine public à usage de cuisine, mais de terrasse couverte de restaurant conformément à l'arrêté de concession, l'acquéreur demandait la résolution de la vente sur le fondement de la garantie des vices cachés. La cour d'appel avait rejeté cette demande en relevant que, en sa qualité d'acheteur professionnel, le demandeur devait se renseigner sur l'étendue des autorisations d'occupation du domaine public dont bénéficiait d'évidence ce fonds de commerce. La Cour de cassation a censuré cette décision au motif qu'un acquéreur, serait-il professionnel, ne peut légitimement soupçonner l'existence d'un litige entre son vendeur et la ville relativement aux conditions d'occupation par celui-ci d'une terrasse qu'il a installée sur le domaine public en vertu d'un arrêté de concession du maire.

B. Antériorité du vice caché

61160 Le **vice** n'est retenu que s'il **existait** antérieurement à la cession (Cass. 1e civ. 12-1-1977 n° 75-13.434 : Bull. civ. I n° 28 ; Cass. com. 18-1-1984 n° 82-14.977 : Bull. civ. IV n° 26) **ou** s'il était **en germe** à la date de celle-ci (Cass. com. 9-2-1965 n° 59-11.825 : Bull. civ. III n° 103).

EXEMPLE

Peuvent permettre la mise en œuvre de la garantie, dans la mesure où ils satisfont aux autres conditions requises (caractère caché du vice ; vice rendant impropres les titres à leur usage), un redressement fiscal décidé par l'administration après la cession pour les exercices antérieurs à celle-ci ou encore la suppression d'une autorisation administrative nécessaire à l'activité de la société si les conditions de son maintien n'étaient déjà plus remplies par le cédant avant la cession.

61162 En cas d'**action exercée par un sous-acquéreur** à l'**encontre du cédant originaire** (ou d'un cédant intermédiaire), la garantie ne peut être retenue que si le vice existait déjà lors de la cession initiale (ou de la cession intermédiaire) (CA Colmar 27-6-2005 n° 04-620, 3e ch. civ. : JCP G 2005 IV n° 3773).

C. Vice rendant la chose impropre à son usage ou diminuant cet usage

L'article 1641 du Code civil n'admet la mise en œuvre de la garantie des vices cachés que si le défaut invoqué rend le bien acquis impropre à l'usage auquel on le destine, ou en diminue tellement cet usage que l'acquéreur n'aurait pas procédé à l'achat ou l'aurait fait à un moindre prix. **61190**

Une application stricte de ce texte conduit à ne prendre en considération que **les vices affectant les parts sociales ou actions** objet de la cession elles-mêmes, et à écarter ceux qui touchent par exemple un élément de l'actif social, le vendeur n'étant tenu de garantir que l'existence matérielle des parts ou actions.

Si elle a fait sienne cette conception dans un premier temps (notamment, Cass. com. 23-1-1990 n° 87-17.521 P : Bull. civ. IV n° 23 à propos de la révélation d'un passif fiscal), ce n'est plus la solution retenue par la chambre commerciale de la Cour de cassation qui prend désormais en compte, outre les parts sociales ou actions elles-mêmes, les prérogatives auxquelles celles-ci donnent droit, c'est-à-dire essentiellement le droit de voter et celui de participer aux bénéfices.

En conséquence, le cédant est tenu de garantir l'acquéreur des **vices qui interdisent à la société,** dont il a acquis les titres, **d'exercer l'activité économique** constituant son objet social (notamment, Cass. com. 12-12-1995 n° 93-21.304 : RJDA 3/96 n° 326). Tel peut être le cas de l'apparition d'un passif ou de la disparition d'un actif social dans la mesure où elle aboutit à ce résultat. En revanche, si le **vice** n'**a pour effet** que **de diminuer la valeur des titres,** il ne permet pas à l'acquéreur de mettre en œuvre la garantie. En d'autres termes, la garantie des vices cachés ne saurait être utilisée comme une garantie de rentabilité des titres.

CONSEIL

Il résulte de la jurisprudence que l'action en garantie des vices cachés est rarement accueillie en matière de cession d'actions et de parts sociales. Il est possible d'éviter cet écueil en insérant dans l'acte de cession soit une **clause de révision** du prix susceptible de jouer en cas d'apparition d'un vice, soit une **clause de garantie** de valeur ou de passif.

Nous présentons ci-dessous les **applications jurisprudentielles** de ces principes. Les illustrations concernant des cessions de fonds de commerce sont transposables aux cessions d'actions et de parts sociales. Il est également possible de se référer aux décisions rendues en matière d'erreur sur les qualités substantielles, la Cour de cassation ne retenant celle-ci en matière de cession de droits sociaux que si l'acquéreur a ignoré, à la date de la cession, que la société n'était plus en mesure de poursuivre l'activité économique constituant son objet social (nos 19160 s.). **61200**

ILLUSTRATIONS

La **nullité de la société,** qui s'était trouvée dès l'origine dans l'impossibilité matérielle de réaliser son objet social, constitue un vice caché des titres.

Cass. civ. 30-7-1912 : D. 1913 I p. 495.

Si la cession à titre onéreux d'actions participe de la nature de la vente et si elle est, de ce fait, soumise aux dispositions des articles 1641 et suivants du Code civil, il n'en demeure pas moins que le vice caché au sens des textes précités concerne la substance objective de la chose vendue et non sa valeur.

L'existence d'un **passif social** n'affecte pas les qualités substantielles des actions, mais seulement leur valeur ; ce passif ne peut, même s'il a été **dissimulé** à l'acquéreur, justifier l'exercice par ce dernier de l'action estimatoire prévue par l'article 1641.

CA Paris 11-7-1989, 25e ch. A : Bull. Joly 1989 p. 708 n° 254.

La **non-conformité aux règles de sécurité** concernant les établissements recevant du public d'un immeuble ou de ses aménagements constitue un vice entachant le fonds de commerce exploité dans l'immeuble, lequel est susceptible de disparaître en cas d'impossibilité d'assurer le respect des prescriptions en la matière. Il appartient au vendeur d'un tel fonds de révéler à l'acquéreur toute difficulté inhérente à la sécurité qui est de nature à le rendre impropre à l'usage auquel il est destiné ou à en diminuer très sensiblement cet usage.

Par suite, dans un cas où un fonds de commerce d'organisation de réceptions et de divertissements bénéficiait d'une autorisation d'ouvrir une issue de secours débouchant sur le terrain mitoyen du voisin et, sur la base de celle-ci, d'une autorisation temporaire de la commission de contrôle de la ville d'augmenter la capacité d'accueil de 50 à 190 personnes et où, après la cession du fonds de commerce, cette dernière autorisation a été retirée par la commission en raison de la

61200 (suite) précarité de la première autorisation, il y a lieu de faire droit à la demande de résiliation de la vente pour vice caché pour les raisons suivantes :
– il résultait du procès-verbal de la commission de contrôle que la capacité d'accueil du fonds de commerce était liée à l'existence d'un droit de passage sur la propriété du voisin depuis l'issue de secours ouverte sur celle-ci ;
– même si la commission avait interprété de manière extensive l'autorisation donnée par le voisin en considérant qu'elle établissait un droit de passage, le voisin n'avait pas entendu accorder un tel droit comme il l'avait expressément confirmé peu après la cession du fonds ; cette circonstance était en elle-même de nature à précariser l'autorisation administrative ; en outre cet accord conclu personnellement avec le cédant était susceptible d'être remis en cause lors de chaque revente du fonds ;
– l'attention de l'acquéreur aurait dû être attirée sur les conditions de mise en œuvre de l'effectif théorique d'accueil alors que l'autorisation administrative était limitée à six mois ;
– les désagréments dont se plaignait le voisinage et qui avaient déjà donné lieu à une fermeture administrative du fonds pendant un mois avaient beaucoup plus de chance de se reproduire avec une capacité d'accueil accrue ;
– l'acquéreur n'avait pas pu se convaincre de ce vice avant l'achat ; en effet, le contrat de vente ne faisait référence ni à l'autorisation du voisin ni à celle de la commission de contrôle ; les clauses selon lesquelles l'**acquéreur avait déclaré** parfaitement connaître le fonds pour avoir pris connaissance de la comptabilité et d'autres documents ou avait déclaré **prendre le fonds** vendu **dans l'état** où il se trouvait et continuer tous les contrats n'étaient nullement de nature à établir la communication du dossier sécurité et la connaissance du vice.

CA Aix-en-Provence 10-10-1991 n° 89/7365, 2e ch. civ.

A violé l'article 1641 du Code civil la cour d'appel qui, pour rejeter la demande en réduction de prix formée par l'acquéreur d'un **fonds de commerce d'hôtel-restaurant,** a retenu que, l'administration ayant accordé aux hôteliers un délai pour se conformer à la nouvelle réglementation, l'établissement bénéficiait encore, au jour de la vente, du classement dans la catégorie à laquelle il était réputé appartenir alors qu'il n'était pas contesté qu'en l'absence d'importants travaux, le **déclassement** était inéluctable.

Cass. com. 24-11-1992 n° 90-18.768 : RJDA 2/93 n° 102.

La **dette fiscale** due par la société à la suite d'une vérification des services fiscaux n'affecte pas l'usage des parts sociales elles-mêmes mais seulement leur valeur, de sorte qu'en l'absence de clause de garantie de passif ou de révision de prix, la révélation du passif social ne constitue pas un vice caché des droits sociaux cédés.

CA Lyon 1-10-1993 n° 91-5567, 3e ch.

Ne constitue pas un vice affectant les actions cédées représentatives du capital d'une société propriétaire d'un hôtel la **non-conformité des locaux aux normes de sécurité,** dès lors que la société a pu, en engageant des dépenses supplémentaires, continuer à exercer l'activité économique constituant son objet social.

Cass. com. 12-12-1995 n° 93-21.304 : RJDA 3/96 n° 326.

La **révélation d'un passif** ne constitue pas un vice caché des droits sociaux cédés.

Cass. com. 4-6-1996 n° 94-13.047 : RJDA 10/96 n° 1204.

Dans un cas de vente d'un fonds de commerce de courtage d'assurances, une cour d'appel, qui a souverainement constaté que la société vendeuse, qui savait que son ancien directeur avait ouvert un cabinet de courtage concurrent et détourné une partie de la clientèle, raison pour laquelle elle l'avait licencié pour faute lourde un mois avant la vente, avait dissimulé ce fait à l'acquéreur qu'elle avait ainsi trompé sur l'**importance de la clientèle cédée,** a légalement justifié sa décision d'accueillir l'action estimatoire pour vice caché introduite par l'acheteur.

Cass. com. 17-11-1998 n° 96-18.724 D : RJDA 1/99 n° 28.

L'existence de circonstances de nature à n'affecter que la valeur d'actions cédées ne constitue pas par elle-même un vice caché de ces actions.
Par suite, doit être rejetée l'action en garantie des vices cachés formée par l'acquéreur de la totalité des actions d'une société qui invoquait, à l'appui de sa demande, le décès d'un salarié de la société à la suite d'un **accident de travail** survenu avant la cession, lequel avait entraîné une augmentation importante du taux de ce type d'accidents et des **cotisations sociales** correspondantes pour les exercices postérieurs à la cession.

CA Versailles 8-10-1998 n° 93-284, 12e ch. 2e sect. : RJDA 1/99 n° 50.

Dans un cas où, lors de la vente d'un **fonds de commerce** de garage, le bénéfice du contrat « agent service Renault » dont le cédant était titulaire n'avait pas été transmis à l'acquéreur, a légalement justifié sa décision d'admettre la réduction du prix de vente en application des articles 1641 et 1644 du Code civil la cour d'appel qui a retenu que l'acquéreur avait acheté un garage agréé par la marque Renault, pensant, ce qui était essentiel à ses yeux, bénéficier du contrat « agent service Renault » concédé au cédant, mais qu'il n'a pas pu obtenir cette qualification parce que le cédant, tout comme le rédacteur de l'acte, a omis de l'informer que la **transmission de l'agrément de la marque** devait être sollicitée auprès du concédant par leurs soins.

Cass. com. 19-10-1999 n° 97-18.206 D : RJDA 12/99 n° 317.

Ne constitue pas un vice caché l'**irrégularité d'une décision administrative** autorisant la société dont la totalité des parts a été cédée à créer et exploiter un centre d'hémodialyse au sein d'un centre hospitalier dès lors que ce défaut n'affecte pas les titres eux-mêmes.

CA Paris 23-3-2001 n° 98-18902, 25e ch. A.

Dans un cas où l'arrêté des comptes préalable à la cession faisait apparaître des pertes sociales à hauteur d'environ 250 000 €, alors qu'un audit réalisé après la cession avait révélé un déficit de plus de 500 000 €, et où, un an après la cession, la société avait été mise en redressement puis en liquidation judiciaires, il y a lieu de rejeter la demande de l'acquéreur de parts sociales tendant à l'annulation de la cession en raison de la **dissimulation de l'état réel de la société** par le cédant dès lors que le vice allégué ne rend pas les parts vendues impropres à l'usage auquel elles étaient destinées, celles-ci mettant l'acquéreur en possession de partie de l'entreprise et des droits attachés aux titres dans les organes de décision.

CA Paris 10-9-2004 n° 03-4283, 3e ch. : RJDA 6/05 n° 712.

Après la mise en redressement judiciaire de la société dont il avait acquis les actions quatre mois plus tôt, l'acquéreur avait demandé la résolution de la vente sur le fondement de la garantie des vices cachés en se prévalant d'une **perte sociale importante révélée après la cession.** Une cour d'appel a pu rejeter cette demande dès lors qu'il résultait des éléments suivants que la perte invoquée n'avait pas mis la société dans l'impossibilité de poursuivre l'activité économique constituant son objet et ne constituait donc pas un vice affectant l'usage des actions cédées :
– l'acquéreur ne contestait pas avoir reçu, avec les actions elles-mêmes, le contrôle et la direction de la société et avoir pu accomplir l'objet social pendant plusieurs mois avant le dépôt de bilan ;
– il n'était pas établi que la société était en état de cessation des paiements lors de la cession des titres et la **cessation des paiements survenue ultérieurement** avait été favorisée par le refus des nouveaux dirigeants de la société de profiter des concours bancaires permettant d'assurer la continuité d'une exploitation essentiellement saisonnière ainsi que par leur choix de marchés moins importants, alors que le carnet de commandes était bien fourni et que les créances clients compensaient le passif.

Cass. com. 16-11-2004 n° 02-12.636 F-D : RJDA 5/05 n° 563.

La **révélation d'un passif** qui affecte uniquement la valeur des droits sociaux et non leur usage ne peut pas être invoquée par l'acquéreur au titre de la garantie des vices cachés. Par suite, l'acquéreur invoque en vain le surcoût lié à la mise aux normes de sécurité d'une unité de production exploitée par la société.

CA Paris 26-11-2009 n° 08-21930, ch. 5-9.

Doit être rejetée la demande fondée sur la garantie des vices cachés formée par l'acquéreur d'un fonds de commerce de bar-tabac PMU, ayant constaté des **dysfonctionnements électriques** dans les locaux dans lesquels il exploitait son fonds, faute pour lui de prouver que ces dysfonctionnements rendaient le fonds impropre à son usage. En effet, l'attestation versée aux débats par l'acquéreur faisant état de coupures d'électricité ne précisait pas l'importance de celles-ci, ce qui ne suffisait pas à établir l'importance des dysfonctionnements entraînés par le vice caché et, dès lors, les conséquences de celui-ci sur l'exploitation du fonds.

CA Paris 19-1-2016 n° 14/06740, ch. 12 : RJDA 8-9/16 n° 611.

Viole l'article 1641 du Code civil une cour d'appel, qui fait droit à cette demande de l'acquéreur d'un fonds de commerce d'optique en réduction du prix pour vice caché, en relevant que les pratiques mises en œuvre par le vendeur (émission de factures fictives et établissement de fausses ordonnances médicales) lui avait permis d'augmenter artificiellement son chiffre d'affaires sans que l'acquéreur n'ait pu s'en rendre compte au vu des documents comptables en apparence sincères. En effet, l'**inexactitude du chiffre d'affaires mentionné dans l'acte de vente** du fonds par le vendeur ne constitue pas un vice caché affectant l'usage du fonds.

Cass. com. 11-1-2017 n° 15-22.382 F-D : RJDA 4/17 n° 239.

D. Caractère déterminant du vice caché

L'article 1641 du Code civil définit le vice caché comme étant le défaut qui rend la chose vendue impropre à l'usage auquel on la destine, ou qui diminue tellement cet usage que l'acheteur ne l'aurait pas acquise, ou n'en aurait donné qu'un moindre prix, s'il l'avait connu. Il résulte des termes mêmes de cette disposition que ces **conditions** sont alternatives et non cumulatives. **61230**

Jugé ainsi, dans un cas de vente d'un fonds de commerce d'hôtel-restaurant et de l'immeuble où il était exploité, qu'il ne peut pas être reproché à une cour d'appel d'avoir prononcé la résolution des ventes en raison de l'absence de conformité de l'immeuble aux règles de sécurité sans avoir recherché si ce vice avait été déterminant dans le consentement de l'acquéreur dès lors qu'elle a retenu qu'eu égard à l'importance des travaux de mise en conformité préconisés par la commission de sécurité et qui étaient indispensables à l'ouverture de l'établissement au public, le **défaut** dont l'immeuble était affecté le **rendait impropre à sa destination** (Cass. com. 7-2-1995 n° 93-12.940 : RJDA 6/95 n° 703).

Le caractère déterminant n'est requis que si le **vice** invoqué **réduit l'usage** du bien acquis.

V. ACTION EN GARANTIE DES VICES CACHÉS

A. Titulaire de l'action

61280 Le plus souvent, la garantie est mise en œuvre par l'**acquéreur immédiat** des actions ou des parts sociales contre son propre cédant.

Après la **revente des titres,** elle peut également être mise en œuvre par le **sous-acquéreur** contre le cédant initial, l'action en garantie des vices cachés se transmettant avec les titres aux acquéreurs successifs. En effet, l'action en garantie des vices cachés est un accessoire du bien vendu (Cass. com. 8-3-2017 n° 15-21.155 F-D : RJDA 8-9/17 n° 541) et le sous-acquéreur jouit de tous les droits et actions attachés au bien qui appartenait à son auteur (Cass. ass. plén. 7-2-1986 n°s 83-14.631 et 84-15.189 : Bull. civ. n° 2) ; il dispose à cet effet contre le vendeur intermédiaire d'une action directe qui est de nature contractuelle (Cass. com. 4-11-1982 n° 81-12.829 P : Bull. civ. IV n° 335 ; Cass. 1e civ. 4-3-1986 n°s 83-11.270 et 83-12.418 : Bull. civ. I n° 57 ; Cass. 1e civ. 27-11-2019 n° 18-18.402 F-D : RJDA 4/20 n° 206). Il résulte notamment de la nature contractuelle de l'action exercée par le sous-acquéreur que le cédant originaire peut lui opposer les moyens de défense dont il peut se prévaloir envers son propre acquéreur (Cass. 3e civ. 26-5-1992 n° 90-17.703 PF : RJDA 11/92 n° 1012 ; Cass. 1e civ. 7-6-1995 n° 93-13.898 P : RJDA 1/96 n° 47 ; Cass. com. 26-5-2010 n° 07-11.744 FS-PB : RJDA 11/10 n° 984 ; Cass. 1e civ. 27-11-2019 n° 18-18.402 F-D : RJDA 4/20 n° 206). En outre, le sous-acquéreur peut agir contre le vendeur initial même s'il connaissait le vice lorsqu'il a acquis le bien (Cass. com. 8-3-2017 n° 15-21.155 F-D : RJDA 8-9/17 n° 541) ; mais il ne pourrait pas alors agir contre son propre vendeur.

L'action en garantie peut être engagée, après la revente des titres, contre le cédant initial par l'**acquéreur intermédiaire** dans la mesure où il a conservé un intérêt à agir. Tel est le cas lorsque l'acquéreur intermédiaire a revendu le bien moins cher du fait du vice (Cass. 3e civ. 27-6-2001 n° 99-14.851 FS-D : RJDA 10/01 n° 958).

> **Précisions a.** La jurisprudence affirmant la transmission de l'action au sous-acquéreur demeure à notre avis applicable bien que l'article 1341-3 du Code civil issu de la **réforme du droit des contrats** opérée par l'ordonnance 2016-131 du 10 février 2016 consacre le principe d'actions directes dans les cas déterminés par la loi, ce qui semble exclure la création d'une action directe par les tribunaux ou la volonté des parties. En effet, cette action directe est une application de l'article 1615 du Code civil selon lequel la vente emporte transfert de propriété de la chose vendue et de ses accessoires et elle peut donc être considérée comme déduite de la loi.
> **b.** La seule allégation d'un préjudice en relation avec le vice caché suffit pour que l'action de l'**acquéreur intermédiaire** soit déclarée recevable, la preuve de ce préjudice et du lien de cause à effet avec les désordres relevant de l'examen, ultérieur, du bien-fondé de l'action. Jugé ainsi, en matière de vente de matériels électroniques, que la demande en garantie des vices cachés exercée par un vendeur intermédiaire à l'encontre de son fournisseur doit être rejetée dès lors qu'il résulte des constatations suivantes que le demandeur n'avait pas subi de **préjudice personnel** : l'intéressé avait revendu les matériels litigieux et il n'avait pas été contesté que le prix lui en avait été payé ; par ailleurs, il n'avait jamais été poursuivi en résolution de la vente par les sous-acquéreurs et il ne justifiait pas avoir organisé un rappel des matériels vendus ou pris l'engagement de garantir les sous-acquéreurs (Cass. com. 7-1-2003 n° 99-16.347 F-D : RJDA 6/03 n° 579).

B. « Résolution » de la vente ou diminution du prix

1. CHOIX ENTRE LES DEUX ACTIONS

En application de l'article 1644 du Code civil, l'**acquéreur** qui met en œuvre la garantie des vices cachés a le choix entre : 61310
– rendre les titres et se faire restituer le prix (action dite « rédhibitoire » qui, comme la résolution, aboutit à des restitutions réciproques) ;
– demander une diminution du prix (action dite « estimatoire »).

EXERCICE DE L'OPTION ENTRE ACTIONS RÉDHIBITOIRE ET ESTIMATOIRE

L'acheteur peut exercer le **choix** entre l'action rédhibitoire et l'action estimatoire sans avoir à le **justifier** (Cass. 1e civ. 11-6-1980 n° 79-10.581 : Bull. civ. I n° 185 ; Cass. 1e civ. 5-5-1982 n° 81-10.315 : Bull. civ. I n° 163 ; Cass. 1e civ. 23-5-1995 n° 932 PF : RJDA 12/95 n° 1349 ; Cass. com. 15-12-2015 n° 14-24.567 F-D : RJDA 5/16 n° 363). 61313

Ce choix n'appartient qu'à lui et non à la juridiction saisie en vue de statuer sur ces demandes (Cass. 3e civ. 20-10-2010 n° 09-16.788 FS-PB : RJDA 2/11 n° 126). Ainsi, saisi d'une action rédhibitoire, le juge ne peut pas valablement prononcer une simple réduction du prix (Cass. 1e civ. 22-11-1988 n° 86-18.586 : Bull. civ. I n° 334 ; CA Paris 6-10-1995 n° 99-19344, 5e ch. C). Néanmoins, saisi d'une action rédhibitoire à titre principal et, subsidiairement, d'une action en réduction du prix, le juge peut décider que seule cette dernière action doit être accueillie (Cass. com. 6-3-1990 n° 88-14.929 P : Bull. civ. IV n° 75 ; Cass. 3e civ. 25-6-2014 n° 13-17.254 FS-PB : RJDA 3/15 n° 174).

L'acheteur peut **substituer une action à l'autre,** même devant la cour d'appel, tant qu'il n'a pas été statué sur sa demande par une décision passée en force de chose jugée ou que le cédant n'a pas acquiescé (Cass. 2e civ. 11-7-1974 n° 73-10.415 : Bull. civ. II n° 231 ; Cass. com. 12-10-1999 n° 96-22.578 D : RJDA 12/99 n° 1312). Mais l'option n'est possible que si les deux actions coexistent, ce qui n'est plus le cas lorsque l'acheteur a renoncé à l'une d'elles (CA Rouen 13-5-1992 n° 89-3763, 1e ch. civ.).

Il est fait **exception** à la liberté de choix de l'acheteur, et seule la réduction de prix peut être demandée, lorsque les titres ne peuvent plus être restitués au vendeur (cf. Cass. com. 6-7-1999 n° 96-20.014 P : RJDA 11/99 n° 1190), sauf si la restitution a été rendue impossible par la faute du cédant (Cass. com. 10-5-2000 n° 97-17.472 D : RJDA 9-10/00 n° 853). 61316

> **Précisions** L'**acquéreur** qui a **revendu les titres** à un tiers n'est plus en mesure de les restituer en contrepartie du remboursement du prix ; il ne peut donc pas exercer l'action rédhibitoire pour vice caché, mais il reste néanmoins recevable, en application des articles 1641 s. du Code civil, à agir en diminution du prix dans la mesure où il établit l'existence de vices cachés le rendant excessif (CA Paris 11-7-1989, 25e ch. A : Bull. Joly 1989 p. 708 n° 254).

RÉDUCTION DU PRIX

L'action estimatoire permet de replacer l'acquéreur dans la situation où il se serait trouvé si le bien vendu n'avait pas été atteint de vices cachés (Cass. 3e civ. 1-2-2006 n° 05-10.845 FS-PBI : RJDA 5/06 n° 526). Ainsi, l'acquéreur qui exerce l'action estimatoire et qui conserve le bien vendu n'a le droit de se faire rendre qu'une partie du prix de cession et non l'intégralité de celui-ci (Cass. 3e civ. 19-4-2000 n° 98-12.326 PB : RJDA 6/00 n° 643 ; Cass. 3e civ. 8-4-2009 n° 07-19.690 FS-PB : RJDA 11/09 n° 941). Il peut aller, par exemple, jusqu'à une réduction de 85 % du prix de cession (Cass. 3e civ. 29-5-2013 n° 09-68.651 FS-D : RJDA 10/13 n° 783). 61319

La réduction du prix est subordonnée à la perte de valeur du bien au moment de sa vente (CA Paris 16-3-2005 n° 00-4667, 19e ch. A : RJDA 12/05 n° 1341).

> **Précisions** **a.** L'article 1644 du Code civil qui permet à l'acquéreur d'opter entre restitution du bien et réduction du prix doit être relié à l'article 1641 dont il n'est que la conséquence puisqu'il débute par l'expression « dans le cas des articles 1641 et 1643 ». Or, selon l'article 1641, la réduction vise bien le cas où l'acquéreur aurait donné un **moindre prix** s'il avait connu le vice. On peut en effet admettre que si, connaissant le vice, il n'aurait pas acquis, l'acheteur cherchera à obtenir des restitutions réciproques. Le cas est donc celui où l'acheteur veut conserver la chose en obtenant une réduction du prix à concurrence de l'importance du vice. L'expression « n'en aurait donné qu'un moindre prix » vise la réduction partielle. Le texte ne dit pas, et pour cause, « n'en aurait pas payé le prix ».
> **b.** La **réduction du prix** issue de l'action estimatoire n'est plus, depuis le 18 février 2015,

nécessairement **arbitrée par un expert** (C. civ. art. 1644 modifié par loi 2015-177 du 16-2-2015), ce qui laisse au juge le soin d'apprécier l'opportunité d'une telle désignation, en fonction des faits de l'espèce et de la difficulté des calculs de réduction de prix.

RESTITUTION DES TITRES ET REMBOURSEMENT DU PRIX

61322 L'action rédhibitoire **se traduit par** la restitution des titres par l'acquéreur au cédant contre remboursement du prix perçu par ce dernier (C. civ. art. 1644).
Cette action présente une spécificité lorsqu'elle est **exercée par le sous-acquéreur** non contre son propre cocontractant, mais contre le cédant originaire : dans ce cas, ce dernier ne peut pas être tenu de restituer davantage qu'il n'a reçu, sauf à devoir des dommages-intérêts en réparation du préjudice subi (Cass. 1e civ. 27-1-1993 n° 91-11.302 : Bull. civ. I n° 45 ; Cass. com. 5-4-2016 n° 14-15.860 F-D : RJDA 7/16 n° 521). Il en résulte que le sous-acquéreur ne peut pas réclamer au cédant originaire la restitution du prix qu'il a versé au cédant intermédiaire si ce prix est plus élevé que celui que ce dernier a versé au cédant originaire.

2. CONSÉQUENCES FISCALES DE L'ACTION ESTIMATOIRE

61330 La « résolution » de la vente et la réduction du prix emportent, l'une et l'autre, des conséquences fiscales. Les conséquences de la **résolution** ou de l'annulation des cessions de titres faisant l'objet d'une étude d'ensemble aux nos 30830 s., seule l'hypothèse de la **réduction du prix** pour vice caché sera envisagée ci-après.
La question qui se pose sur le plan fiscal est simple et peut être formulée comme suit : dès lors qu'elle intervient postérieurement à la taxation de la cession, la réduction du prix autorise-t-elle le cédant à demander une révision à la baisse des impôts qui ont été calculés et acquittés sur la base du prix initial, qu'il s'agisse de l'impôt sur la plus-value ou des droits d'enregistrement ?

SORT DE L'IMPÔT SUR LA PLUS-VALUE EN CAS DE RÉDUCTION DU PRIX

61331 **Plus-value professionnelle** Lorsque le cédant est une entreprise ou un associé de société de personnes imposé selon le régime des plus-values professionnelles, la réduction du prix de cession relève des règles fixées par l'article 39 duodecies, 9 du CGI. Ce texte ne permet pas d'obtenir le remboursement de l'impôt payé en trop mais autorise le cédant à déduire la perte subie du fait de la réduction du prix, au titre de l'exercice au cours duquel celle-ci intervient, dans les conditions suivantes (BOI-BIC-PVMV-40-40-20 n° 190) :
– la perte est soumise au régime des moins-values à long terme à concurrence du montant de la plus-value de cession qui a été considérée comme une **plus-value à long terme** ;
– elle est déductible dans les conditions de droit commun si elle correspond à une plus-value **taxée au taux plein.**
Les mêmes principes sont applicables dans l'hypothèse où la cession avait dégagé une **moins-value.** Dans ce cas, la perte résultant de l'aggravation de la moins-value consécutive à la réduction de prix sera déductible selon le régime des moins-values à long terme si la moins-value initiale était à long terme et dans les conditions de droit commun dans le cas contraire.

61332 Lorsque la cession a bénéficié d'un régime d'**exonération,** d'un **report** ou d'un **sursis d'imposition,** la réduction de prix n'a pas d'incidence sur le résultat imposable. Tel est notamment le cas, dans les **sociétés soumises à l'IS,** lorsque la réduction porte sur le prix de cession de **titres de participation,** ou de titres assimilés, dont les plus-values à long terme sont exonérées (sous réserve de la taxation d'une quote-part de frais et charges comprise dans le résultat ordinaire : nos 52570 s.). En contrepartie de cette exonération, les moins-values nettes à long terme ne sont pas déductibles du résultat imposable et ne peuvent pas davantage être prises en compte pour compenser les autres plus-values à long terme. En conséquence, lorsqu'une cession de titres de participation ayant généré une plus-value à long terme fait l'objet d'une réduction de prix au cours d'un exercice ultérieur, la moins-value à long terme constatée du fait de cette réduction ne peut donner lieu à aucune imputation. La réduction du prix de cession est par ailleurs sans incidence sur la **quote-part de frais et charges** qui a été réintégrée au résultat imposable de l'exercice de cession. Dans cette situation, la moins-value à long terme résultant de la réduction du prix de vente ne peut pas être prise en compte pour calculer la quote-part de frais et charges imposable au titre de l'exercice au cours duquel la réduction de prix présente un caractère définitif, cette quote-part étant assise sur le montant brut des plus-values (BOI-IS-BASE-20-20-10-20 n° 95). On peut toutefois se demander s'il en irait de même dans le cas où la réduction de prix conduirait à annuler totalement la plus-value constatée à l'origine : en effet, la taxation de la quote-part de frais et charges n'est effectuée qu'en présence d'une plus-value nette (n° 52576).

Il convient par ailleurs de préciser que : 61333
– l'entreprise cédante peut être conduite à constituer, à la clôture de l'exercice de cession ou d'un exercice ultérieur, une **provision** destinée à faire face au risque de réduction du prix de vente, dès lors que ce risque présente un caractère de probabilité suffisant (la provision ainsi constituée suivant le même régime que la perte qu'elle est destinée à couvrir) ;
– si l'entreprise cédante verse des **dommages-intérêts,** ceux-ci constituent une charge déductible du résultat imposable ;
– si l'**acquéreur** est lui-même une entreprise, il doit diminuer la valeur d'inscription des titres à l'actif à la clôture de l'exercice au cours duquel intervient la réduction de prix. S'il perçoit des dommages-intérêts, ceux-ci font partie du résultat imposable dans les conditions de droit commun.

Plus-value privée Lorsque le cédant est un particulier relevant du régime des plus-values privées (CGI art. 150-0 A), les conséquences de la réduction du prix ne sont pas prévues par la loi et ni l'administration ni la jurisprudence n'ont à notre connaissance pris position à ce sujet. Logiquement, l'administration devrait accepter de rembourser au cédant l'impôt payé sur la fraction de plus-value effacée, comme elle le fait en cas d'annulation ou de résolution de la vente (voir nº 30875). Mais, faute de prise de position expresse en ce sens, un tel dégrèvement relève à notre avis de son bon vouloir (en droit, le principe de l'annualité de l'impôt s'oppose en effet à la remise en cause de l'imposition initiale). 61335
Si l'administration refuse le dégrèvement, le cédant a-t-il au moins la possibilité de déduire, au titre de l'année de réduction du prix, une perte de même montant ? La jurisprudence du Conseil d'État qui, en cas d'annulation pure et simple de la vente, avait admis, avant que l'administration n'accepte de rembourser l'impôt indûment versé, la déduction d'une perte égale à la plus-value constatée initialement (CE 26-7-1991 nº 86834 : RJF 10/91 nº 1243) pourrait plaider en faveur d'une réponse positive. Cette perte ne pourrait toutefois pas être déduite du revenu global mais devrait être traitée comme une moins-value imputable uniquement sur les plus-values de même nature (en ce sens, à propos des sommes versées en exécution d'une garantie de passif sous le régime antérieur à l'article 150-0 D, 14 du CGI : CE 27-7-2006 nº 285579 : RJF 12/06 nº 1541).

SORT DES DROITS D'ENREGISTREMENT EN CAS DE RÉDUCTION DU PRIX

Les droits d'enregistrement assis sur la fraction du prix reversée sont-ils restituables ? 61340
En principe, les droits d'enregistrement sont liquidés définitivement sur le prix stipulé dans l'acte de vente et leur **restitution** est strictement encadrée lorsqu'elle est motivée par des événements postérieurs à leur perception ou dépendant de la volonté d'un contractant. Les seuls cas de restitution expressément prévus par la loi concernent certaines hypothèses d'annulation ou de résolution judiciaires de la vente (CGI art. 1961 : nºs 30830 s.). La réduction du prix pour vice caché n'est pas visée et aucune solution administrative ou jurisprudentielle ne s'est à notre connaissance prononcée sur cette situation. Mais il devrait à notre avis être possible d'obtenir le remboursement des droits acquittés sur la fraction de prix qui fait l'objet de la réduction.

C. Délai pour agir en garantie des vices cachés

DURÉE POUR AGIR EN GARANTIE DES VICES CACHÉS

L'action en garantie des vices cachés doit être engagée dans les deux ans de la découverte du vice (C. civ. art. 1648, al. 1). 61360

NATURE DU DÉLAI DE L'ACTION EN GARANTIE DES VICES CACHÉS

La nature du délai de l'article 1648 du Code civil est discutée. La première chambre civile de la Cour de cassation le qualifie de **délai de prescription** (Cass. 1e civ. 20-10-2021 nº 20-15.070 F-D : RJDA 1/22 nº 8) et la troisième chambre civile de **délai de forclusion** (Cass. 3e civ. 5-1-2022 nº 20-22.670 FS-B : RJDA 3/22 nº 137 ; dans le même sens, Cass. 3e civ. 10-11-2016 nº 15-24.289 FS-D, sous l'empire du droit antérieur à la loi 2008-561 du 17-6-2008 ayant réformé la prescription). De la qualification retenue dépend le régime applicable à ce délai. En effet, les délais de forclusion ne sont pas, sauf dispositions contraires prévues par la loi, régis par les dispositions sur la prescription extinctive (C. civ. art. 2220). 61361
La suspension de la prescription prévue par l'article 2239 du Code civil, lorsque le juge fait droit à une demande de mesure d'instruction présentée avant tout procès, n'est pas applicable au délai de forclusion (Cass. 3e civ. 3-6-2015 nº 14-15.796 FS-PBI : D. 2015 p. 1208 ; Cass. 3e civ. 10-11-2016

nº 15-24.289 précité). En revanche, quelle que soit la qualification retenue, le délai de l'action en garantie des vices cachés est susceptible d'être interrompu (nºs 61376 s.).

POINT DE DÉPART DU DÉLAI DE L'ACTION EN GARANTIE DES VICES CACHÉS

61363 Aux termes de l'article 1648, al. 1 du Code civil, le délai court à compter de la **découverte du vice.**

Le point de départ du délai peut être constitué par le dépôt d'un rapport d'expertise rendu indispensable en raison de la nature ou de l'origine du vice (notamment, Cass. 1e civ. 19-3-1991 nº 88-16.208 P : RJDA 6/91 nº 475 ; Cass. 1e civ. 17-2-2016 nº 15-12.741 F-D : RJDA 6/16 nº 475) ou, en cas d'action exercée par un cédant intermédiaire contre son propre cédant, du jour de l'assignation qui lui a été délivrée par le sous-acquéreur (Cass. com. 17-12-1973 nº 72-11.017 : Bull. civ. IV nº 367 ; Cass. com. 9-7-1991 nº 89-12.768 D : RJDA 10/91 nº 799 ; Cass. 1e civ. 25-5-2005 nº 02-13.546 F-D : RJDA 10/05 nº 1094).

DÉLAI POUR AGIR EN GARANTIE DES VICES CACHÉS ET PRESCRIPTION EXTINCTIVE

61365 Avant la loi du 17 juin 2008 portant réforme de la prescription en matière civile, les tribunaux considéraient que la garantie des vices cachés devait être mise en œuvre **à l'intérieur du délai de la prescription extinctive** de droit commun de trente ans courant à compter de la vente (Cass. com. 27-11-2001 nº 99-13.428 FS-P : RJDA 4/02 nº 454 ; Cass. 3e civ. 16-11-2005 nº 04-10.824 FP-PB : RJDA 5/16 nº 528).

Après la réforme de 2008 ayant réduit à cinq ans ce délai de prescription, que ce soit en matière civile (C. civ. art. 2224) ou en matière commerciale (C. com. art. L 110-4), la chambre commerciale (Cass. com. 16-1-2019 nº 17-21.477 F-PB) et la première chambre civile (Cass. 1e civ. 8-4-2021 nº 20-13.493 F-P : RJDA 7/21 nº 462) de la Cour de cassation ont maintenu cette solution en fixant le point de départ de la prescription quinquennale au jour de la vente. Dans ces deux affaires, elles se sont prononcées au visa de l'article L 110-4 du Code de commerce, qui ne fixe pas de point de départ au délai de prescription, contrairement à l'article 2224 du Code civil qui fait courir le délai à partir du jour où le titulaire d'un droit a connu ou aurait dû connaître les faits permettant de l'exercer.

La troisième chambre civile estime que le point de départ du délai de l'article L 110-4 est, dans le silence de la loi, le même que celui de l'article 2224 (Cass. 3e civ. 25-5-2022 nº 21-18.218 FS-B). Parce que ce point de départ se confond avec celui de l'article 1648, à savoir la découverte du vice, le délai de cinq ans ne peut pas être un délai butoir ; l'action en garantie des vices cachés doit être exercée dans les deux ans de la découverte du vice, sans pouvoir dépasser le **délai butoir de vingt ans** résultant de l'article 2232 du Code civil et courant à compter du jour de la vente (Cass. 3e civ. 8-12-2021 nº 20-21.439 FS-B : RJDA 3/22 nº 138 ; Cass. 3e civ. 25-5-2022 nº 21-18.218 FS-B précité).

> **Précisions** Un **auteur critique** ces solutions. Il fait notamment valoir que, contrairement à ce qu'il prévoit pour la garantie du fait des produits défectueux (C. civ. art. 1246-15 et 1246-16), le Code civil n'a pas superposé un délai de garantie au délai de deux ans ; il estime qu'il conviendrait « tout simplement de reconnaître que les textes en vigueur ne permettent pas de soumettre l'action en garantie des vices cachés à un quelconque délai de garantie » (J. François, « Quel délai butoir pour l'action en garantie des vices cachés ? » : D. 2022 p. 1758).

INTERRUPTION DU DÉLAI DE L'ACTION EN GARANTIE DES VICES CACHÉS

61376 **Causes d'interruption** Le délai de l'article 1648, al. 1 du Code civil, quelle que soit sa qualification (nº 61361), est bien évidemment interrompu par l'**exercice de l'action** en garantie pour vice caché, y compris lorsque celle-ci est formée en référé ou devant une juridiction incompétente ou lorsque l'acte de saisine de la juridiction est annulé pour vice de procédure (C. civ. art. 2241).

Le délai pour agir en garantie des vices cachés est également interrompu lorsque l'acquéreur saisit le juge des référés d'une **demande d'expertise** (C. civ. art. 2241 ; Cass. com. 6-3-2001 nº 98-18.562 FS-P : RJDA 7/01 nº 767 ; Cass. 3e civ. 5-12-2001 nº 00-12.879 FS-D : RJDA 2/02 nº 146 ; Cass. 3e civ. 5-1-2017 nº 15-12.605 FS-PB : RJDA 6/17 nº 400). Cette demande peut être formée à titre principal ou par voie incidente ou reconventionnelle, c'est-à-dire par exemple à l'occasion de l'action engagée par le cédant pour obtenir le règlement du prix de cession (Cass. com. 2-4-1996 nº 93-20.901 P : RJDA 10/96 nº 1179 rendue sous l'empire de l'ancien article 1648, al. 1 mais à notre avis transposable au régime actuel de la prescription).

Enfin, si, en principe, l'**interruption** de la prescription ne peut pas **s'étendre d'une action à une autre,** il en est autrement lorsque les deux actions, bien qu'ayant une cause distincte, tendent à un seul et même but (Cass. 1e civ. 21-1-2010 n° 09-10.944 F-PB : RJS 5/10 n° 467 ; Cass. 3e civ. 19-5-2010 n° 09-12.689 FS-PB : RJDA 8-9/10 n° 833 ; Cass. 2e civ. 9-3-2017 n° 16-11.955 F-D). Ainsi, une assignation en nullité pour vice du consentement peut interrompre la prescription de l'action en garantie des vices cachés, les actions en nullité et en résolution tendant à un même but (Cass. 3e civ. 18-4-2019 n° 18-10.883 F-D : RJDA 7/19 n° 491).

> **Précisions** L'assignation en référé tendant à rendre commune au cédant une **expertise en cours** emporte interruption du délai (Cass. com. 3-12-2003 n° 1717 FS-PB : RJDA 4/04 n° 413) mais pas la participation volontaire de l'acquéreur à l'expertise demandée par le cédant contre son propre vendeur (Cass. 1e civ. 18-9-2002 n° 1322 F-P : RJDA 1/03 n° 94).

Effets de l'interruption L'interruption du délai prévu par l'article 1648, al. 1 du Code civil efface le délai de prescription acquis et fait courir un nouveau délai de même durée que l'ancien (C. civ. art. 2231 ; pour une illustration, Cass. 3e civ. 5-1-2017 n° 15-12.605 FS-PB : RJDA 6/17 n° 400). **61378**
L'interruption résultant d'une demande en justice produit ses effets jusqu'à extinction de l'instance (C. civ. art. 2242).

> **Précisions a.** Lorsque l'**interruption** du délai est **liée à une demande d'expertise,** un nouveau délai de deux ans commence à courir à compter du prononcé de l'ordonnance désignant l'expert, celle-ci mettant fin à l'instance (Cass. 3e civ. 5-1-2017 n° 15-12.605 précité).
> **b. Avant** le 19 juin 2008, date d'entrée en vigueur de la **réforme de la prescription,** l'interruption avait pour effet de substituer au délai de l'article 1648 le délai de prescription de droit commun (mécanisme dit d'interversion de la prescription) (Cass. com. 6-3-2001 n° 488 FS-P : RJDA 7/01 n° 767 ; Cass. com. 5-3-2002 n° 533 FS-P : RJDA 7/02 n° 750).

EXPIRATION DU DÉLAI DE L'ACTION EN GARANTIE DES VICES CACHÉS

Si le délai prévu par l'article 1648, al. 1 du Code civil est expiré l'acquéreur ne peut plus agir. Son action est donc en principe irrecevable, mais cette **fin de non-recevoir** n'est pas d'ordre public ; il en résulte, en vertu de l'article 125 du Code de procédure civile, qu'elle ne peut pas être soulevée d'office par le juge (Cass. 1e civ. 12-12-2000 n° 1931 F-P : RJDA 4/01 n° 436). Il appartient donc au cédant de s'en prévaloir et de **prouver** l'**expiration du délai** (Cass. 3e civ. 9-2-2011 n° 10-11.573 FS-PB : RJDA 6/11 n° 514). **61388**
Elle ne peut davantage être invoquée pour la première fois devant la Cour de cassation (Cass. 1e civ. 5-12-1995 n° 94-11.135 P : RJDA 4/96 n° 486).
Rien n'interdit au cédant de renoncer à invoquer l'expiration du délai pour agir. Afin d'éviter toute contestation ultérieure, il est préférable que cette **renonciation** soit faite par écrit.

Est ainsi valable le document intitulé « déclaration de renonciation à la prescription » signé par un préposé du cédant dès lors qu'il n'est pas établi que le préposé n'avait pas qualité pour représenter le cédant ou que, en raison de son incompétence juridique, il aurait été trompé sur la portée de cet engagement (CA Rouen 12-2-1998 n° 96-2499 : Navis Droit des affaires, jurisprudence).

D. Réparation due par le cédant

LIMITES LÉGALES À LA RÉPARATION DUE PAR LE CÉDANT

Le cédant peut être condamné à réparer le préjudice subi par l'acquéreur du fait du vice caché. **61420**
L'étendue de cette réparation varie selon que le cédant avait ou non connaissance du vice allégué.

Cédant ignorant le vice Si le cédant ignorait le vice, il n'est tenu de rembourser à l'acquéreur que les frais que la vente a occasionnés à celui-ci (C. civ. art. 1646) et non les éventuels dommages causés par le vice (Cass. 1e civ. 4-2-1963 : Bull. civ. I n° 77 ; Cass. 3e civ. 8-4-2009 n° 07-19.690 FS-PB : RJDA 11/09 n° 941). **61421**

> **Précisions** Les **frais** s'entendent des dépenses directement liées à la conclusion de la vente, à l'exclusion de celles engagées postérieurement (Cass. 1e civ. 16-7-1998 n° 96-12.871 : RJDA 5/99 n° 542 ; Cass. 1e civ. 8-2-2005 n° 02-11.276 F-D) et donc des dépenses engagées par l'acquéreur pour la conservation du bien (Cass. 1e civ. 21-3-2006 n° 03-16.407 FP-PBRI : RJDA 10/06 n° 1011, 3e esp.).

Cédant connaissant le vice Si le cédant connaissait le vice, ou devait le connaître, il est tenu de tous les dommages-intérêts à l'égard de l'acquéreur (C. civ. art. 1645), c'est-à-dire qu'il doit indemniser ce dernier de tous les **préjudices** que lui a causés le vice. **61422**

La **recevabilité de l'action en réparation** du préjudice éventuellement subi du fait d'un vice caché n'est pas subordonnée à l'exercice d'une action rédhibitoire ou estimatoire, de sorte que cette action peut être engagée de manière autonome (Cass. com. 19-6-2012 n° 11-13.176 FS-PB : RJDA 3/13 n° 214 ; Cass. 1e civ. 16-9-2012 n° 11-22.399 F-PBI : RJDA 4/13 n° 306 ; Cass. 3e civ. 30-1-2020 n° 19-10.176 FS-PBI : RJDA 5/20 n° 265).

La condamnation du cédant ne peut intervenir que s'il existe un **lien de causalité** entre le vice et des dommages invoqués (Cass. com. 15-3-1976 n° 74-13.587 : Bull. civ. IV n° 99, JCP G 1977 II n° 18632 note J. Ghestin).

Conformément au principe de réparation intégrale du préjudice (C. civ. art. 1231-2), la **réparation** ne doit entraîner ni perte ni profit pour l'acquéreur. Ainsi, le préjudice ne saurait être constitué par la perte de valeur des titres, déjà réparée par la restitution ou la réduction du prix. Mais la réparation intégrale peut conduire à une condamnation du cédant à verser une somme supérieure au prix de vente.

Le **cédant** professionnel est, du fait de son expérience, **censé connaître les vices** cachés affectant le bien vendu, même à l'égard d'un acquéreur professionnel (Cass. com. 27-11-1991 n° 89-19.546 P : Bull. civ. IV n° 367 ; Cass. com. 21-1-1992 n° 134 D : RJDA 2/92 n° 139 ; Cass. com. 5-4-2016 n° 14-15.860 F-D : RJDA 7/16 n° 521).

ILLUSTRATIONS

Jugé, en matière de vente immobilière, que ne peut pas être considérée comme un professionnel de l'immobilier la filiale d'une compagnie pétrolière qui vend l'immeuble constituant le siège social de cette dernière, dès lors que cette filiale, créée pour gérer le patrimoine immobilier de la compagnie, n'a jamais eu dans son patrimoine que les immeubles constituant le siège social de celle-ci pendant 40 ans, que cette dernière détenait 99,99 % de ses parts et que la filiale n'avait aucune connaissance technique particulière en matière de vente de patrimoine immobilier (Cass. 3e civ. 10-7-2001 n° 00-13.556 : RJDA 12/01 n° 1199). À noter qu'en l'espèce, les juges ne se sont pas attachés à l'objet social qui comportait la vente d'actifs immobiliers mais à l'activité réelle de la société.

LIMITES CONVENTIONNELLES À LA RÉPARATION DUE PAR LE CÉDANT

61430 Il résulte de l'article 1643 du Code civil et de l'application qu'en font les tribunaux qu'une clause limitant ou éludant totalement la garantie due par le vendeur au titre des vices cachés est rarement efficace.

Cette clause ne peut être invoquée que par un **cédant de bonne foi,** c'est-à-dire qui ignorait les vices dont est atteint le bien (par exemple Cass. 3e civ. 28-3-2007 n° 06-12.299 FS-PB : RJDA 7/07 n° 712 ; Cass. 3e civ. 8-12-2016 n° 15-20.497 FS-PB : BRDA 1/17 inf. 12). Le **cédant professionnel,** présumé connaître les vices cachés (n° 61422), ne peut pas s'en prévaloir (notamment, Cass. com. 18-2-1997 n° 94-20.609 D : RJDA 6/97 n° 767 ; Cass. com. 23-11-1999 n° 96-17.637 : RJDA 3/00 n° 255), sauf si l'**acquéreur** est un **professionnel de la même spécialité** (Cass. com. 8-10-1973 n° 71-14.322 : Bull. civ. IV n° 272 ; Cass. com. 18-2-1997 n° 94-20.609 D : RJDA 6/97 n° 767 ; Cass. 3e civ. 27-9-2000 n° 99-10.297 : D. 2001 p. 2628 note J.-P. Storck ; Cass. com. 19-3-2013 n° 11-26.566 FP-PB : RJDA 7/13 n° 595) et à condition que ce dernier ait pu déceler le vice au moment de la vente.

L'identité de spécialité professionnelle des parties est appréciée souverainement par les juges du fond (Cass. 1e civ. 20-2-1996 n° 93-21.128 P : RJDA 8-9/96 n° 1031).

61440 En cas de **cessions successives,** le cédant initial poursuivi en garantie par le sous-acquéreur peut opposer à ce dernier la clause limitative ou exclusive de garantie figurant dans l'acte de cession le liant à son propre acquéreur (Cass. 1e civ. 7-6-1995 n° 93-13.898 P : RJDA 1/96 n° 47 ; Cass. com. 28-1-2004 n° 02-11.522 F-D : RJDA 6/04 n° 667).

En revanche, le cédant initial ne peut pas se prévaloir à l'encontre du sous-acquéreur final d'une clause de non-garantie figurant dans l'une des cessions intermédiaires à laquelle il n'a pas été partie (Cass. 3e civ. 16-11-2005 n° 04-10.824 FP-PB : RJDA 5/06 n° 528 ; Cass. 3e civ. 22-6-2011 n° 08-21.804 FS-PB : RJDA 11/11 n° 898).

E. Concours de l'action en garantie des vices cachés avec d'autres actions

61445 Lorsqu'un défaut constitue un vice caché, l'acquéreur est tenu d'agir sur le fondement de l'action en garantie légale contre les vices cachés, prévue par les articles 1641 et suivants du Code civil (Cass. 1e civ. 14-5-1996 n° 94-13.921 P : RJDA 10/96 n° 1177 ; Cass. 3e civ. 17-11-2021 n° 20-15.567 F-D : RJDA 2/22 n° 72). L'acquéreur ne peut donc ni agir sur le fondement du **défaut de délivrance** lorsque le défaut s'analyse à la fois en un vice caché et en un manquement à l'obligation de délivrance

(Cass. 3e civ. 4-10-1995 n° 93-14.879 P : RJDA 11/95 n° 1222 ; Cass. 3e civ. 15-3-2000 n° 97-19.959 PB : RJDA 5/00 n° 526) ni invoquer la nullité de la vente pour **erreur** lorsque le défaut invoqué s'analyse à la fois en un vice caché et une erreur sur les qualités essentielles (voir nos 25075 s.). Sur la faculté de demander l'annulation de la vente pour **dol** ou violence, voir n° 25081.
Le vice caché ne peut pas non plus donner lieu à une **action en responsabilité contractuelle** (Cass. com. 19-3-2013 n° 11-26.566 FP-PB : RJDA 7/13 n° 595 ; dans le même sens, Cass. 3e civ. 12-9-2012 n° 11-21.007 FS-D : RJDA 3/13 n° 213). De même, le régime de **réduction du prix** de l'article 1223 du Code civil – qui permet au créancier d'accepter une exécution imparfaite du contrat et de solliciter en contrepartie une réduction proportionnelle du prix – est inapplicable. En effet, les contrats dont la réduction du prix est régie par une disposition particulière ne sont pas soumis à ce régime, cette disposition particulière primant la règle générale, en vertu de l'article 1105, al. 3 du Code civil.

> **Précisions a.** En présence d'un vice caché, les **clauses limitant** ou excluant **la responsabilité du cédant** doivent être examinées au regard des règles posées par les articles 1643 et suivants ; leur conformité aux articles 1231-3 et suivants du Code civil relatifs à la validité des clauses aménageant la responsabilité contractuelle des parties est sans incidence sur leur efficacité en matière de garantie des vices cachés (Cass. com. 19-3-2013 n° 11-26.566, précité).
b. L'action en réparation du préjudice subi du fait d'un vice caché peut être **exercée par un tiers** à la cession de manière autonome car elle n'est pas subordonnée à l'exercice d'une action rédhibitoire ou estimatoire (Cass. 3e civ. 24-6-2015 n° 14-15.205 FS-PB : Bull. civ. III n° 66).

F. Action en garantie des vices cachés en cas de procédure collective du cédant

L'ouverture d'une procédure de sauvegarde, de redressement ou de liquidation judiciaire à l'égard du cédant exerce une influence sur la mise en œuvre de la garantie des vices cachés par l'acquéreur car l'exercice des actions en justice contre un débiteur faisant l'objet d'une telle procédure est strictement encadré par le Code de commerce. 61460

Lorsque le cédant, tenu de garantir l'acquéreur contre les vices cachés, fait l'objet d'une procédure collective, il convient de distinguer plusieurs **hypothèses** : 61462
– l'action en garantie a donné lieu avant l'ouverture de la procédure collective à une décision de justice définitive condamnant le cédant à verser une somme d'argent (restitution d'une fraction du prix ou dommages-intérêts) ;
– l'action est pendante au moment de l'ouverture de la procédure collective ;
– l'action est « engagée » après l'ouverture de la procédure collective.

1. CONDAMNATION DU CÉDANT AVANT L'OUVERTURE DE LA PROCÉDURE COLLECTIVE

Si le cédant condamné par une décision devenue définitive avant l'ouverture de la procédure collective à reverser une fraction du prix ou des dommages-intérêts à l'acquéreur ne s'est pas encore acquitté de sa condamnation, l'**acquéreur** doit, après le jugement ouvrant la procédure collective contre le cédant, en **déclarer le montant** entre les mains du mandataire judiciaire (cf. C. com. art. L 622-24 ; sur les délais et les modalités de cette déclaration, voir Mémento Droit commercial nos 62555 s.). 61470
S'il a déclaré sa **créance** et que celle-ci est admise par le juge-commissaire, l'acquéreur participe aux répartitions et dividendes décidés dans le cadre de la procédure collective. En pratique, il viendra en concours avec les autres créanciers antérieurs, ce qui exclut en pratique presque toute chance de paiement.

Si l'**acquéreur n'a pas déclaré sa créance** ou, ce qui revient au même, s'il ne l'a pas fait dans les délais requis et n'a pas été relevé de forclusion, il est privé de la possibilité de participer aux répartitions et dividendes décidés dans le cadre de la procédure collective, mais sa créance n'est pas éteinte (C. com. art. L 622-26, al. 1). 61473
L'acquéreur ne peut opposer sa créance non déclarée au cédant ni pendant l'exécution du plan de sauvegarde ou de redressement ni après cette exécution lorsque les engagements énoncés dans le plan ou décidés par le tribunal ont été tenus (art. L 622-26, al. 2). En revanche, en cas de résolution du plan de sauvegarde ou de redressement, il peut faire valoir ses droits dans la nouvelle procédure ouverte contre le cédant ou poursuivre le **paiement de sa créance** après que le tribunal a constaté l'achèvement de l'exécution du plan en application des articles L 626-28 et L 631-19, I du Code de commerce.

La survie de la créance ne permet pas à l'acquéreur d'en poursuivre le paiement après clôture de la liquidation judiciaire pour insuffisance d'actif, la reprise des poursuites individuelles étant réservée aux créanciers dont les créances ont été admises (art. L 643-11, V) et donc déclarées. Ce n'est qu'en cas de clôture de la liquidation pour apurement du passif que l'acquéreur peut poursuivre le paiement de sa créance non déclarée.

2. ACTION EN GARANTIE EN COURS À L'OUVERTURE DE LA PROCÉDURE COLLECTIVE

61480 Le jugement d'ouverture d'une procédure collective interrompt les actions en justice de la part de certains créanciers tendant à la condamnation du débiteur au paiement d'une somme d'argent (C. com. art. L 622-21).

ACQUÉREURS SOUMIS À L'INTERRUPTION DES POURSUITES

61485 L'interruption et l'interdiction des poursuites individuelles visent (C. com. art. L 622-21 et, sur renvoi, art. L 622-17) :

– les **créanciers antérieurs** au jugement ouvrant la procédure, c'est-à-dire ceux dont la « créance est née avant le jugement d'ouverture » ;

– les créanciers dont la **créance** est **née après** le jugement d'ouverture sauf si elle est née pour les besoins du déroulement de la procédure ou de la période d'observation, ou en contrepartie d'une prestation fournie au débiteur pendant cette période.

La créance de l'acheteur au titre de la garantie des vices cachés naît au jour de la cession et non au jour de la découverte du vice. C'est ce qu'avait jugé la Cour de cassation sous l'empire des textes antérieurs à l'actuel article L 622-21 qui visaient les créances « ayant leur origine » avant le jugement (Cass. com. 7-7-1992 n° 90-21.814 D : RJDA 12/92 n° 1172 ; Cass. com. 8-6-1999 n° 96-18.840 P : RJDA 8-9/99 n° 908 ; Cass. com. 18-2-2003 n° 00-13.257 F-D), solution qu'elle a reprise pour l'application du nouveau texte à propos de la créance de l'acheteur née du défaut de conformité du bien cédé (Cass. com. 2-10-2012 n° 10-25.633 F-PB : RJDA 1/13 n° 55 ; dans le même sens, CA Versailles 21-2-2008 n° 07-3747 : D. 2008 act. p. 1053 note A. Lienhard).

ACTIONS SOUMISES À INTERRUPTION

61500 Sont interrompues les actions tendant à la **condamnation** du débiteur **au paiement d'une somme d'argent** ou à la **résolution d'un contrat pour défaut de paiement** d'une somme d'argent (C. com. art. L 622-21, I). Les précisions qui suivent apportées par la Cour de cassation sous l'empire du régime antérieur à la loi du 25 juillet 2005 sont, à notre avis, transposables au régime actuel.

En matière de garantie des vices cachés, la Cour de cassation a précisé que l'**action tendant à la seule résolution** de la vente sur ce fondement n'entre pas dans les prévisions de l'article L 621-40 ancien du Code de commerce (désormais art. L 622-21) (Cass. com. 2-3-1999 n° 96-12.071 D : RJDA 5/99 n° 573 ; Cass. com. 5-5-2021 n° 19-10.394 F-D : RJDA 7/21 n° 496). L'acquéreur peut donc la poursuivre ou l'engager sans être tenu de déclarer sa créance (Cass. 1e civ. 26-11-1996 n° 94-13.989 P : RJDA 4/97 n° 502).

Si l'acquéreur demande en outre à **bénéficier des restitutions** qu'implique la résolution de la cession, c'est-à-dire s'il entend récupérer le prix versé, sa demande tombe sous le coup de l'interruption des poursuites individuelles (Cass. 1e civ. 26-11-1996, précité). De même, l'interruption s'applique s'il réclame la réduction du prix ou des dommages-intérêts pour le préjudice causé par le vice (Cass. com. 18-2-2003 n° 00-13.257 F-D).

La règle de l'arrêt des poursuites individuelles n'interdit pas une **action en désignation d'un expert** devant le juge des référés, qui ne tend pas, par elle-même, à la condamnation du débiteur en procédure collective au paiement d'une somme d'argent (Cass. com. 2-12-2014 n° 13-24.405 F-PB : RJDA 11/15 n° 769).

REPRISE DE L'ACTION INTERROMPUE

61510 L'action est interrompue jusqu'à ce que l'acquéreur ait déclaré sa créance ; elle est alors reprise de plein droit, le mandataire judiciaire et, le cas échéant, l'administrateur judiciaire ou le commissaire à l'exécution du plan étant dûment appelés à l'instance, mais elle ne peut tendre qu'à la constatation de la créance de l'acquéreur et à la fixation de son montant (C. com. art. L 622-22).

3. ACTION EN GARANTIE « ENGAGÉE » APRÈS L'OUVERTURE DE LA PROCÉDURE COLLECTIVE

61530 La procédure collective interdit les nouvelles actions en justice dans les conditions énoncées n° 61485 (créanciers visés) et n° 61500 (actions visées) (C. com. art. L 622-21, I). L'acquéreur ne peut pas agir en garantie des vices cachés selon les voies de droit commun ; il doit **déclarer sa créance** (C. com. art. L 622-24, al. 1 et 6) et se soumettre à la procédure de vérification des créances (C. com. art. L 624-1 s.). Si la créance est admise par le juge-commissaire, l'acquéreur n'est pas pour autant assuré d'être payé car d'autres créanciers seront payés avant lui, notamment les salariés et les créanciers postérieurs dont la créance est née après le jugement d'ouverture pour les besoins du déroulement de la procédure ou de la période d'observation ou en contrepartie d'une prestation fournie au vendeur (C. com. art. L 622-17), ce qui limite en pratique les chances de paiement.

Si la **cession** des droits sociaux litigieux est **intervenue dans le cadre de la liquidation judiciaire,** sur autorisation ou ordre du juge-commissaire (art. L 642-19), il ne nous semble pas que la garantie des vices cachés puisse être utilement invoquée par l'acquéreur. En effet, l'article 1649 du Code civil exclut celle-ci pour les ventes faites par autorité de justice. Or, la cession de gré à gré autorisée par le juge-commissaire est une vente faite d'autorité de justice (Cass. com. 4-5-2017 n° 15-27.899 FS-PBI : RJDA 7/17 n° 485). **61535**

CHAPITRE 2

GARANTIE D'ÉVICTION DU FAIT PERSONNEL DU CÉDANT

SOMMAIRE

ÉTENDUE DE LA GARANTIE D'ÉVICTION

63000 Le cédant doit à l'acquéreur « la **possession paisible** de la chose vendue » (C. civ. art. 1625) ; autrement dit le cédant est tenu de garantir l'acquéreur contre toute éviction. C'est l'article 1626 du Code civil qui décrit cette garantie : quoique lors de la vente il n'ait été fait aucune stipulation sur la garantie, le vendeur est obligé de droit à garantir l'acquéreur de l'éviction qu'il souffre dans la totalité ou partie de l'objet vendu, ou des charges prétendues sur cet objet, et non déclarées lors de la vente.

Au titre de cette garantie, le cédant est tenu de garantir l'acquéreur non seulement de l'éviction qui lui est personnellement imputable mais également de celle qui résulte du fait des tiers. Les cas d'éviction du fait des tiers sont rares en matière de cession de droits sociaux, si bien que seule la garantie d'éviction du fait personnel sera ici envisagée.

63001 Cette garantie d'éviction du fait personnel existe de **plein droit,** même si l'acte de cession ne la prévoit pas (C. civ. art. 1626). Le cédant y est tenu indépendamment de l'existence d'une clause de non-concurrence dans l'acte de cession (CA Lyon 14-11-2002 n° 00-6065, 3e ch. civ.).

Les parties ne peuvent pas convenir de **déroger à cette garantie,** l'article 1628 du Code civil réputant nulle toute clause exonérant le cédant de sa garantie du fait personnel.

63005

Quelques mots sur la garantie d'éviction du fait des tiers

L'éviction du fait des tiers repose le plus souvent sur des **troubles de droit** portant atteinte à la possession paisible des titres (notamment, l'action d'un tiers revendiquant la propriété des titres ou encore la suppression par l'administration d'une autorisation nécessaire au fonctionnement de la société). Jugé par exemple que le cédant des parts d'une société exploitant un hôtel est tenu de garantir l'acquéreur contre l'éviction résultant d'une décision judiciaire de fermeture totale de l'hôtel qui, privant l'acquéreur de toute possibilité d'exploiter le fonds de commerce, avait enlevé toute valeur à celui-ci (Cass. com. 12-12-1972 n° 71-11.080 : Bull. civ. IV n° 332).

La garantie d'éviction du fait de tiers présente quelques particularités. Contrairement à la garantie du fait personnel, il n'est pas interdit aux parties d'y **déroger conventionnellement** (cf. C. civ. art. 1628). Par ailleurs, le cédant n'est pas tenu de garantir l'acquéreur si ce dernier pouvait **éviter l'éviction** ou si celle-ci est imputable à sa faute (Cass. 1e civ. 15-10-1996 n° 1667 P : RJDA 2/97 n° 290 ; Cass. 1e civ. 21-3-2000 n° 603 D : RJDA 6/00 n° 642).

Dans un cas où un an et demi après la cession de la quasi-totalité des actions d'une société anonyme à un tiers, dans le cadre de la liquidation judiciaire de leur propriétaire, les **actions** avaient été mises **sous séquestre** au motif que l'acquéreur n'avait pas reçu l'agrément du conseil d'administration comme l'exigeaient les statuts et où un **administrateur provisoire**

avait été désigné pour gérer la société jusqu'à la reconstitution du conseil d'administration et la nomination de son président, la cour d'appel de Paris a jugé que l'acquéreur pouvait se prévaloir de la garantie d'éviction dès lors que :
– les mesures précitées l'avaient durablement privé de la possession paisible des actions, l'empêchant de prendre ou de faire prendre toute décision de la compétence du conseil d'administration, de son président ou de l'assemblée générale des actionnaires ;
– l'omission des formalités d'agrément de l'acquéreur, circonstance extérieure à l'acte de cession, avait été la cause directe desdites mesures ;
– même si ces mesures étaient par nature provisoires, il n'était pas démontré que l'acquéreur aurait pu utilement œuvrer pour mettre fin à l'éviction ; notamment il ne pouvait pas lui être reproché de n'avoir pas exercé tous les recours lui permettant de faire lever les mesures provisoires dès lors qu'il avait demandé en référé l'annulation de l'ordonnance les prononçant et ne s'était désisté en appel qu'en raison de la procédure collective ouverte à l'encontre de la société qui avait rendu sans objet la procédure en cours (CA Paris 24-2-2006 n° 04-22666 : RJDA 4/07 n° 367).

I. CONDITIONS DE LA GARANTIE D'ÉVICTION DU FAIT DU CÉDANT

A. Imputation au cédant des actes à l'origine de l'éviction

Les agissements à l'origine de l'éviction de l'acquéreur doivent être imputables au cédant **à titre personnel.** Ainsi, en cas de décès de ce dernier, la garantie n'est due que si les agissements ont été commis avant le décès (CA Versailles 6-10-2005 n° 04-8093, 12e ch. sect. 1 : RJDA 3/06 n° 281). 63020
En revanche, les actes du cédant peuvent être sanctionnés s'ils ont été effectués non seulement directement, mais aussi **indirectement** par celui-ci, par exemple par l'intermédiaire d'une nouvelle société.
Si le **cédant** est une **personne morale,** la garantie pèse non seulement sur elle, mais aussi sur son dirigeant et sur les personnes que celui-ci pourrait interposer pour échapper à ses obligations (Cass. com. 24-5-2005 n° 786 FS-PB : RJDA 8-9/05 n° 962 rendu à propos d'une vente de fonds de commerce mais transposable aux cessions de droits sociaux).

B. Incidence des actes d'éviction pour l'acquéreur

Depuis 1997, la chambre commerciale de la Cour de cassation soumet la garantie d'éviction, en matière de cession de droits sociaux, à des conditions strictes, de sorte que cette garantie n'offre qu'une protection limitée à l'acquéreur. Elle a en effet jugé que la garantie légale d'éviction du fait personnel du vendeur lui interdit d'effectuer des actes de nature à empêcher les acquéreurs des parts ou des actions de **poursuivre l'activité économique de la société** et de réaliser l'objet social (Cass. com. 21-1-1997 n° 94-15.207 PF : RJDA 6/97 n° 783 ; Cass. com. 9-7-2002 n° 98-22.284 F-D : RJDA 11/02 n° 1152 ; Cass. com. 20-2-2007 n° 04-19.932 F-D : RJDA 7/07 n° 737 ; Cass. com. 20-9-2017 n° 16-10.776 F-D : RJDA 1/18 n° 30). 63025
Un simple **empêchement au développement** de l'activité de la société est insuffisant (Cass. com. 17-12-2002 n° 2144 FS-D : RJDA 6/03 n° 601) ; il en est de même de la seule **diminution de valeur des parts** ou des actions cédées (Cass. com. 18-2-2004 n° 340 F-D : RJDA 6/04 n° 718, 2e esp.).
Les juges du fond apprécient souverainement l'existence d'un empêchement de l'acquéreur à poursuivre l'activité de la société et de réaliser l'objet social (Cass. com. 16-1-2001 n° 98-21.145 FS-P : RJDA 4/01 n° 437).

› **Précisions** La première chambre civile de la Cour de cassation qui, en matière de sociétés, n'a vocation qu'à connaître des litiges concernant les sociétés civiles professionnelles ne partage pas cette conception, considérant que des actes de concurrence suffisent à caractériser la violation de la garantie d'éviction (Cass. 1e civ. 24-1-2006 n° 03-12.736 F-PB : RJDA 8-9/06 n° 912).

C. Exemples d'éviction

63030 Il résulte de la jurisprudence que, en dehors d'une décision rendue en matière de référé et ne préjugeant donc pas de la solution sur le fond (Cass. com. 14-12-1999 n° 97-14.988 D : n° 63086), la chambre commerciale de la Cour de cassation n'a pas, depuis qu'elle a posé les conditions de mise en œuvre de la garantie, **reconnu l'existence d'une éviction** dans les contentieux qui lui étaient soumis, si ce n'est dans un cas de cession partielle d'actions (Cass. com. 12-5-2015 n° 14-11.699 F-D : n° 63032). L'acquéreur dispose toutefois d'autres moyens pour protéger ses intérêts (n° 63110).
Nous présentons des décisions antérieures à 1997 qui sont à notre avis transposables au régime actuel dans la mesure où, pour celles acceptant la mise en œuvre de la garantie, elles mettent en évidence l'impossibilité de la société de maintenir son activité et où, pour celles la rejetant, les demandes n'avaient pas plus de chance d'aboutir sous l'empire de l'actuelle jurisprudence.

CONCURRENCE DIRECTE OU INDIRECTE DU CÉDANT

63031 Le plus souvent, il est reproché au cédant de s'être rétabli. Il résulte de la jurisprudence que la garantie d'éviction du fait personnel ne fait pas peser sur le cédant une obligation générale de non-concurrence qui lui interdirait tout rétablissement ou tout intéressement dans une activité similaire. Les juges s'attachent à rechercher l'existence de détournement de la clientèle de la société dont il a cédé les titres pour caractériser le manquement du cédant.

63032 **ILLUSTRATIONS**

Le président du conseil d'administration d'une SA exploitant un cabinet de courtage immobilier avait par deux actes successifs, l'un en 1972, l'autre en 1973, cédé l'intégralité des titres qu'il détenait dans la SA à la personne qui lui avait succédé dans ses fonctions.
Jugé que le **cédant** n'avait pas violé l'obligation de garantie du fait personnel prévue aux articles 1625 et 1628 du Code civil en **constituant** en 1978, **dans la même ville, une SARL ayant un objet voisin** de celui de la SA et dont il était devenu gérant dès lors que :
– l'acte de cession ne contenait aucune clause de non-rétablissement ou de non-concurrence ;
– le cédant n'avait pris la gérance de la SARL que près de cinq ans après avoir cessé ses fonctions de président du conseil d'administration au sein de la SA ;
– les documents publicitaires qu'il avait envoyés à sa clientèle et où il faisait état de son activité passée se bornaient à faire connaître à celle-ci qu'il était un professionnel averti ayant l'expérience du domaine immobilier ; en outre, il n'était pas établi que ces documents avaient été spécialement adressés à la clientèle de la SA.

Cass. com. 19-1-1983 n° 68.

Dans un cas où les fondateurs de diverses sociétés qu'ils avaient créées pour assurer la production et le négoce d'herbes aromatiques déshydratées avaient cédé la totalité des parts et actions qu'ils détenaient et avaient constitué une société ayant pour objet la fabrication d'herbes aromatiques surgelées, les cédants n'ont pas manqué à leur obligation de garantir l'acquéreur contre toute éviction dès lors que leur rétablissement n'a pas abouti à un détournement de la clientèle attachée aux produits fabriqués et vendus par les sociétés dont les parts et actions ont été cédées et ne constituait donc pas une tentative de reprise par une voie détournée du bien vendu.
Il ne pouvait pas non plus être reproché aux cédants d'avoir manqué à leur obligation d'exécuter de bonne foi le contrat dès lors qu'aucune préméditation ne pouvait être retenue de la part de ces derniers et que ce n'était pas par une dissimulation malicieuse lors des négociations, par voie détournée ni même discrète, mais à la connaissance de l'acquéreur que les **cédants avaient constitué les structures juridiques,** passé les accords commerciaux et édifié les unités de production **portant** d'abord **sur des produits négligés par l'acquéreur** puis sur l'ensemble de la gamme.

Cass. com. 21-1-1997 n° 154 PF : RJDA 6/97 n° 783.

La garantie d'éviction n'est pas due par une société qui, après avoir cédé la totalité des parts sociales qu'elle détenait dans deux de ses filiales et conclu avec chacune d'elles un **contrat de sous-distribution** des produits de deux marques dont elle était le représentant exclusif, avait **résilié l'un des deux contrats.** En effet, ce dernier ne représentait qu'un pourcentage réduit du chiffre d'affaires de l'une des sociétés dont les parts avaient été cédées et l'autre contrat se poursuivait encore. Par ailleurs, la durée limitée des contrats de sous-distribution constituait une charge déclarée lors de la cession des parts et était donc exclue de la garantie.

Cass. com. 9-7-2002 n° 1395 F-D : RJDA 11/02 n° 1152.

La garantie du fait personnel du vendeur de titres de société lui interdit, d'une part, de se rétablir pour exercer une activité concurrente à celle de la société dont il a cédé les titres dès lors que ce rétablissement empêche l'acquéreur de poursuivre l'activité économique de la société cédée ainsi que de réaliser son objet social, mais aussi, d'autre part, de se livrer, du fait des fonctions qu'il a précédemment exercées dans la société cédée, à des actes de détournement de clientèle dont la finalité est de vider la société de sa substance. **63032 (suite)**

Par suite, dans un cas où une personne avait cédé les titres qu'elle détenait dans deux sociétés (A et B) spécialisées dans la fabrication et le négoce de palettes, jugé que le cédant n'a pas respecté son obligation de loyauté à l'égard des acquéreurs et a ainsi agi au mépris de la garantie du fait personnel qui s'imposait à lui dès lors que :

– le **cédant avait conservé,** tel que le révèle un extrait du registre du commerce et des sociétés, **des fonctions** importantes (associé et PDG de l'une, directeur général de l'autre dont son épouse était PDG) **dans** deux **autres sociétés** (C et D) **ayant le même domaine d'activité** que celles dont il avait cédé les titres ;

– il résultait de constats d'huissier ainsi que de la comptabilité des sociétés C et D que celles-ci étaient en **relations commerciales avec plusieurs des clients** des sociétés A et B et qu'elles avaient notamment vendu, lors de la troisième année ayant suivi la cession, pour environ 3 millions d'euros de palettes à ces clients.

CA Lyon 14-11-2002 n° 00-6065, 3e ch. civ. : Navis Droit des affaires, jurisprudence.

Dans un cas où une personne avait, pendant quatre années, vendu progressivement à une société (A) les parts d'une autre société (B) et où la société A avait par la suite absorbé la société B, doit être cassé l'arrêt d'une cour d'appel qui, pour décider que le **cédant** avait, **par l'intermédiaire de deux autres sociétés** distinctes (C et D), manqué à la garantie du fait personnel qu'il devait à la société A au titre de la cession des parts sociales, retient que l'**acceptation de certains marchés** par la société D constitue de la part du cédant une faute personnelle qui engage sa responsabilité dans la mesure où, étant à l'origine, directement ou indirectement, de la création de ces deux structures juridiques, il a entrepris, au mépris de la garantie qu'il devait à la société A à la suite de la cession des actions qu'il détenait dans la société B, des activités qui ont eu pour conséquence de porter atteinte au développement économique de la société cessionnaire, la cour d'appel n'ayant pas constaté que l'obtention des deux marchés litigieux par la société D avait empêché la société A de poursuivre l'activité économique de la société B en diminuant l'achalandage et en détournant la clientèle de son fonds de commerce.

Cass. com. 17-12-2002 n° 2144 FS-D : RJDA 6/03 n° 601.

Des personnes qui détenaient l'intégralité du capital de deux sociétés exploitant, dans des locaux contigus, l'une un fonds de commerce de prêt-à-porter et l'autre un commerce de chaussures et de maroquinerie avaient cédé les titres qu'elles détenaient dans la première société puis, après avoir cessé d'exploiter le second fonds de commerce peu après cette cession, avaient rouvert les locaux pour y exploiter un commerce de vêtements féminins. La première société ayant été mise en redressement puis en liquidation judiciaires, l'acquéreur avait invoqué la garantie d'éviction due par les cédants pour demander la résolution de la cession.

Pour faire droit à cette demande, une cour d'appel avait retenu que, quelques mois après la cession, les **cédants avaient,** par l'intermédiaire de la seconde société, **ouvert à proximité immédiate un commerce identique** distribuant les mêmes marques que la société cédée, entretenu des rapports avec les mêmes fournisseurs et engagé une vendeuse précédemment employée par la société cédée.

Cette décision doit être censurée dès lors que les juges n'ont pas recherché si les agissements retenus à l'encontre des cédants avaient empêché l'acquéreur de poursuivre l'activité économique de la société cédée en diminuant l'achalandage ou en détournant la clientèle de son fonds de commerce.

Cass. com. 26-11-2003 n° 1634 F-D : Dr. sociétés 2004 n° 35 note G. Trébulle.

Dans un cas où les acquéreurs d'un bloc de contrôle d'une SA exploitant une agence immobilière avaient invoqué des actes de concurrence de la part des cédants pour mettre en œuvre la garantie d'éviction et réclamer une réduction du prix de cession des titres, il y a lieu de rejeter cette demande dès lors que :

– d'une part, les acquéreurs ne peuvent pas utilement soutenir que la SA se serait trouvée dans l'impossibilité de réaliser son objet social ni de développer son activité : en effet, l'année suivant la cession, la société avait un **résultat bénéficiaire** de 78 000 € après distribution de 76 000 € de dividendes ; en outre, les demandeurs avaient revendu leurs titres quatre ans plus tard avec une plus-value de 22 500 € ;

– d'autre part, ils ne peuvent pas non plus prétendre avoir été victimes d'une éviction partielle dès lors qu'ils ne justifient pas les actes anticoncurrentiels qui seraient à l'origine d'un manque à gagner lors de la revente des actions ; notamment, ils ne peuvent pas reprocher à **l'un des cédants,** qu'ils ont **licencié** à l'âge de 55 ans, d'avoir été **embauché** en qualité de salarié **pour exercer des fonctions de même nature** dans une société créée par son fils, ancien directeur général de la SA, et ayant uniquement une activité de commercialisation de biens immobiliers, sans exercer une activité de syndic de copropriété, contrairement à la SA ; en outre aucun détournement de fichier clients, usurpation de nom, dénigrement, désorganisation de la SA ni aucun démarchage déloyal ou contraire aux usages n'est imputable aux cédants.

CA Versailles 6-10-2005 n° 04-8093, 12e ch. sect. 1 : RJDA 3/06 n° 281.

Une société danoise fabriquant des chaussures avait cédé, en novembre 1997, la totalité des titres d'une de ses filiales de distribution implantée en France. À la suite de l'échec de négociations tendant à la rétrocession des titres par l'acquéreur à la **société cédante,** celle-ci **avait rompu** au cours de l'année 2000 **l'accord de distribution** la liant à son ancienne filiale **et avait créé une nouvelle filiale pour la diffusion de ses produits** en France. L'acquéreur des titres lui avait alors réclamé une indemnité au titre de la garantie d'éviction.
Une cour d'appel avait rejeté cette demande pour les raisons suivantes : la rupture des relations commerciales à l'initiative de la société cédante ne pouvait pas constituer une faute de cette dernière dans son obligation de garantir l'acquéreur contre l'éviction ; elle ne pouvait pas être contrainte de maintenir pendant une durée illimitée les relations commerciales qu'elle entretenait avec son ancienne filiale ; la rupture des relations commerciales, trois ans après la cession, n'avait pas eu pour effet de priver l'ancienne filiale de poursuivre son activité économique de négoce de chaussures et elle était restée propriétaire d'un fonds de commerce situé à Bordeaux auquel la société cédante avait continué à livrer des chaussures par son intermédiaire.
Cassation de cette décision dès lors que les juges du fond n'ont pas recherché si la constitution par la société cédante d'une société portant quasiment la même dénomination (Sté Ecco France Distribution) que la filiale cédée (Sté Ecco France) et chargée de la distribution en France des produits pour lesquels elle avait signifié à la filiale cédée la rupture des approvisionnements n'était pas de nature à empêcher l'acquéreur des parts de ladite filiale de poursuivre l'activité économique de celle-ci et de réaliser l'objet social.
Cass. com. 20-2-2007 n° 04-19.932 F-D : RJDA 7/07 n° 737.

Ndlr : En l'espèce, la cour d'appel (CA Versailles 16-9-2004 n° 03-2914 : RJDA 4/05 n° 394) avait écarté la garantie d'éviction du cédant eu égard à l'effet de la rupture du contrat de distribution, mais elle avait ainsi éludé celui de la création d'une société concurrente. Par ailleurs, elle fondait son refus sur le caractère nécessairement temporaire de la garantie (sur cette question, voir n° 63070).

L'associé minoritaire d'une société d'expertise comptable avait cédé ses actions, représentant 10 % du capital social. À l'occasion des négociations entourant son départ, il avait transmis une proposition d'acte de présentation de clientèle puis s'était ravisé. Aucune convention de présentation de clientèle n'avait été en définitive régularisée à l'occasion du protocole de cession des actions. N'ayant pas été payé du solde du prix de cession à la date d'exigibilité convenue, le cédant avait assigné l'acquéreur en paiement. Celui-ci avait alors formé une demande reconventionnelle en paiement de dommages-intérêts, reprochant au cédant d'avoir repris, sans contrepartie, dix clients dont il avait la charge au sein de la société d'expertise comptable, qui avaient été visés dans le projet d'acte de présentation de clientèle et qui généraient un chiffre d'affaires représentant 12,38 % du prix de cession.
Cette **reprise d'une clientèle** a occasionné une éviction partielle ouvrant droit à indemnisation au titre de la garantie légale d'éviction, la responsabilité du cédant pouvant être retenue alors même que la reprise de clientèle n'a pas empêché l'acquéreur de poursuivre l'activité économique de la société, ni de réaliser complètement son objet social.
Cass. com. 12-5-2015 n° 14-11.699 F-D : RJDA 1/16 n° 35.

Ndlr : Il est ici implicitement admis que l'objet de la cession a été affecté à raison du transfert partiel d'une clientèle qui générait plus de 30 000 € de chiffre d'affaires annuel, représentant plus de 12 % du prix de cession, dont l'acquéreur a nécessairement été privé alors qu'il en avait été tenu compte dans la valorisation des actions.

AUTRES ACTES DU CÉDANT

63036 L'éviction peut résulter d'actes du cédant qui ne relèvent pas d'une concurrence commerciale.
Ainsi dans les sociétés où la loi ou les statuts prévoient l'agrément des nouveaux associés, le fait pour le cédant de refuser de voter en faveur de l'**agrément,** et d'empêcher ainsi son obtention et l'entrée de l'acquéreur dans la société, engage la responsabilité du cédant au titre de la garantie d'éviction.
Tel est également le cas, à notre avis, dans l'hypothèse où le cédant est propriétaire des locaux dans lesquels la société exerce son activité, s'il **refuse de renouveler le bail** des locaux qui serait venu à terme peu après la cession.
Parfois, l'acquéreur reproche au cédant d'avoir **rompu un contrat conclu avec la société** dont il a cédé les titres. Ici aussi, la mise en œuvre de la garantie d'éviction est refusée si le seul préjudice occasionné par les agissements du cédant est une diminution de la valeur de la société.

ILLUSTRATIONS

Dans un cas où, à l'expiration du délai de la garantie de passif accompagnant la cession de la totalité des actions d'une société exploitant une agence immobilière, **l'un des cédants et les membres de sa famille avaient résilié les mandats qu'ils avaient donnés à la société pour la gestion de leurs propres immeubles,** l'acquéreur ne peut pas utilement invoquer la garantie d'éviction pour demander réparation du préjudice constitué par cette perte de chiffre d'affaires dès lors qu'il résulte des circonstances suivantes que les intéressés n'avaient fait qu'user de leur droit de résiliation des mandats litigieux :
– l'acquéreur ne prétendait pas que ces résiliations étaient intervenues irrégulièrement ;

– il importait peu que ces mandats aient été ensuite confiés à une autre société dirigée par la fille d'un des cédants et dans laquelle un autre des cédants avait un rôle important, ces circonstances étant insuffisantes à faire présumer un détournement de clientèle.

Cass. com. 18-2-1997 n° 362 P : RJDA 7/97 n° 911.

La garantie d'éviction n'est pas due par une société qui, après avoir cédé la totalité des parts sociales qu'elle détenait dans deux de ses filiales et conclu avec chacune d'elles un **contrat de sous-distribution** des produits de deux marques dont elle était le représentant exclusif, avait **résilié l'un des deux contrats.** En effet, ce dernier ne représentait qu'un pourcentage réduit du chiffre d'affaires de l'une des sociétés dont les parts avaient été cédées et l'autre contrat se poursuivait encore. Par ailleurs, la durée limitée des contrats de sous-distribution constituait une charge déclarée lors de la cession des parts et était donc exclue de la garantie.

Cass. com. 9-7-2002 n° 1395 F-D : RJDA 11/02 n° 1152.

Lors de la cession de toutes les actions composant son capital, une **société de vente** de fruits et légumes avait conclu un **contrat d'approvisionnement exclusif** avec une société de production de fruits dont le dirigeant était l'un des cédants. À la suite de différends entre les parties au contrat d'approvisionnement, la société de production l'avait résilié unilatéralement avant son terme. Après la mise en redressement puis en liquidation judiciaires de la société de vente et de l'acquéreur, le liquidateur judiciaire de ce dernier avait réclamé au cédant dirigeant la société de production des dommages-intérêts au titre de la garantie d'éviction, en faisant valoir que la **rupture abusive du contrat d'approvisionnement** et les procédures collectives ont dévalorisé la société de vente.

Demande rejetée : la cession des actions de la société de vente, consentie par neuf personnes dont le dirigeant de la société de production, est intervenue le 1er février 2002 ; la mise en redressement judiciaire est intervenue le 5 octobre 2006 et la mise en liquidation judiciaire le 22 janvier 2009 ; ces procédures ont certes, par nature, dévalorisé le capital de la société, mais l'acquéreur n'a pas été privé, même partiellement, du capital de la société après l'acquisition de celui-ci en 2002 ; selon un rapport d'expertise, la rupture des relations commerciales entre les sociétés est étrangère à la procédure collective ; après la cession, **la société a pu poursuivre son activité économique** et réaliser son objet social **pendant plusieurs années,** de sorte que l'ouverture de la procédure collective ne suffit pas à caractériser une éviction de l'acquéreur par le fait du cédant poursuivi.

Cass. com. 20-9-2017 n° 16-10.776 F-D : RJDA 1/18 n° 30.

II. ACTION EN GARANTIE D'ÉVICTION

A. Titulaire de l'action en garantie d'éviction

Le plus souvent l'**acquéreur** met en œuvre la garantie d'éviction contre son propre cédant mais le sous-acquéreur peut également agir directement contre le cédant initial si ce dernier est l'auteur de l'éviction (Cass. 3e civ. 28-3-1990 n° 88-14.953 : Bull. civ. III n° 93). **63060**

La première chambre civile de la Cour de cassation a admis que bénéficie également de la garantie d'éviction du fait personnel du cédant la **société dont les titres sont cédés** (Cass. 1e civ. 24-1-2006 n° 102 F-PB : RJDA 8-9/06 n° 912). La solution est critiquable : la société est tiers à la cession et ne saurait bénéficier d'une garantie que le Code civil réserve au seul acquéreur. Il n'en va différemment, à notre avis, que si la société émettrice est partie à l'acte de cession ou si elle bénéficie d'une stipulation pour autrui en ce sens (CA Versailles 6-10-2005 n° 04-8093, 12e ch. sect. 1 : RJDA 3/06 n° 281). En tout état de cause, la société peut mettre en cause la responsabilité extracontractuelle du cédant, notamment pour concurrence déloyale.

B. Délai pour agir en garantie d'éviction

À notre avis, la garantie d'éviction est soumise à la **prescription** de droit commun ; elle s'éteint donc à l'expiration d'un délai de cinq ans (C. civ. art. 2224 et C. com. art. L 110-4) à compter de la date à laquelle l'éviction a été connue ou aurait dû l'être. **63070**

On ne saurait dire, comme l'a fait la cour d'appel de Versailles, que la garantie « trouve ses **limites** en durée et en étendue dans l'obligation d'exécuter de bonne foi la cession » (CA Versailles 20-11-1997, 13e ch. : RJDA 4/98 n° 439). Dans cette affaire, la cour d'appel avait estimé que le cédant, qui avait respecté la garantie d'éviction pendant les quatre années ayant suivi la cession, n'avait pas manqué à son obligation de garantie en créant une société concurrente quatre ans après la cession, le cédant ayant perdu toute notoriété sur le marché en cause à l'expiration de ce délai.

63073 N'étant pas subordonnée à l'existence d'une clause la stipulant, la garantie d'éviction peut être invoquée **après** l'**expiration de la clause de non-concurrence** éventuellement convenue entre les parties (Cass. com. 16-1-2001 n° 98-21.145 FS-P : RJDA 4/01 n° 437 ; Cass. com. 15-12-2009 n° 08-20.522 F-PB : RJDA 4/10 n° 378). L'obligation de non-concurrence résultant de la garantie légale est autonome par rapport à celle issue d'une éventuelle clause de non-concurrence engageant le cédant. L'extinction de cette dernière (par arrivée du terme, par annulation ou par « rachat ») est donc sans incidence sur la durée de l'obligation légale de non-concurrence.

C. Effets de l'éviction

63080 L'acquéreur évincé a le droit de demander la restitution du prix de cession, les frais faits sur sa demande en garantie, des dommages-intérêts ainsi que les « frais et loyaux coûts du contrat » (C. civ. art. 1630).

> **Précisions** Le Code civil règle le sort de cette restitution en cas d'**augmentation ou de diminution de la valeur du bien vendu,** en prévoyant que le cédant doit restituer l'intégralité du prix même si la perte de valeur résulte de la négligence de l'acquéreur ou d'un cas de force majeure (C. civ. art. 1631) et qu'il doit verser à ce dernier la différence entre le prix de vente et la valeur réelle lorsque celle-ci a augmenté (C. civ. art. 1633). Ces textes n'ont guère vocation à s'appliquer dans l'hypothèse qui nous intéresse. En effet, d'une part, l'augmentation de valeur de titres en cas d'éviction du fait du cédant est hautement improbable compte tenu des conditions dans lesquelles cette éviction est admise par les tribunaux (n°s 63020 s.) ; d'autre part, la perte de valeur, certes susceptible d'être aggravée par le comportement de l'acquéreur ou par cas de force majeure, résulte dans la majorité des cas de l'éviction elle-même et est donc imputable au cédant.

INDEMNISATION DE L'ACQUÉREUR ÉVINCÉ

63083 S'agissant des préjudices subis par l'acquéreur du fait de l'inexécution de la vente et pour lesquels il n'existe pas de dispositions spécifiques dans les articles relatifs à la garantie d'éviction, les dommages-intérêts sont alloués au regard des règles de **droit commun de la responsabilité** contractuelle (C. civ. art. 1639) ; sur ces règles, voir Mémento Droit commercial n°s 15300 s.

La garantie d'éviction du fait personnel du cédant étant en pratique exceptionnellement admise par les tribunaux (n°s 63020 s.), les illustrations des indemnisations auxquelles elle peut donner lieu sont rares.

La cour d'appel de Lyon a été appelée à se prononcer sur ce point (CA Lyon 14-11-2002 n° 00-6065, 3e ch. civ. : Navis Droit des affaires, jurisprudence) mais sa décision nous semble contestable. Elle a en effet estimé que l'acquéreur ne peut agir en garantie contre le vendeur au titre de la garantie d'éviction du fait personnel que s'il prouve l'existence d'un **préjudice** qui lui est **directement causé** du fait de la concurrence déloyale du cédant et qui a limité ou supprimé l'usage de ses droits et que la diminution de la valeur de titres imputable à une diminution de la valeur de la société en raison d'un **détournement de clientèle** constitue seulement un **préjudice indirect,** le préjudice direct résultant du comportement délictueux du cédant étant supporté par la société dont les titres ont été cédés.

La cour d'appel de Paris avait déjà retenu ce raisonnement à une époque où la Cour de cassation admettait la mise en œuvre de la garantie sans exiger que le fait du cédant ait empêché la poursuite de l'activité sociale (CA Paris 19-1-1996, 4e ch. B : RJDA 7/97 n° 912).

Les juges lyonnais ont en conséquence rejeté la demande d'indemnisation formée par les acquéreurs aux motifs que ceux-ci ne démontraient pas avoir subi un préjudice distinct de celui subi par les sociétés dont ils avaient acquis les titres, qu'ils se contentaient de réclamer un montant global de dommages-intérêts sans aucune ventilation entre leurs préjudices respectifs et qu'ils auraient dû indiquer dans quelle mesure les agissements du cédant avaient contribué à vider de leur substance les actions cédées. C'est également pour absence de préjudice personnel distinct que les juges ont refusé de faire droit à la demande de l'acquéreur tendant à ce que le cédant et les sociétés concurrentes cessent leurs actes de concurrence déloyale. Or, en reconnaissant l'existence d'une éviction, les juges avaient nécessairement reconnu celle d'une atteinte substantielle aux titres. Cette décision est devenue définitive (désistement en cassation).

Dans une autre affaire où le caractère direct du préjudice résultant de l'éviction n'était pas contesté, la cour d'appel de Paris a condamné le cédant à verser à l'acquéreur 50 000 € de dommages-intérêts au titre de la **perte d'une chance** de réaliser une plus-value sur les actions et non 465 000 € comme le réclamait l'acquéreur. En effet, ce dernier montant correspondait, selon l'acquéreur, à la différence entre la valeur réelle de la société à la date de la cession et le prix effectivement payé, mais, a relevé la cour d'appel, à supposer cette valeur admise, il n'était pas établi qu'elle aurait été maintenue et aurait permis de générer une plus-value, d'autant que la situation financière de la société s'était déjà dégradée dans l'année ayant suivi la prise de contrôle par l'acquéreur (CA Paris 24-2-2006 n° 04-22666 : RJDA 4/07 n° 367). Cette limitation du montant de l'indemnisation s'explique par le fait que la réparation de la perte d'une chance n'est pas égale à l'avantage qu'aurait procuré cette chance si elle s'était réalisée et doit être mesurée à la chance perdue (Cass. com. 13-11-2003 n° 01-01.726 F-D : RJDA 5/04 n° 629 ; Cass. com. 8-3-2005 n° 02-13.064 F-D : RJDA 7/05 n° 895 ; Cass. 1e civ. 9-12-2010 n° 09-69.490 F-PBI : RJDA 5/11 n° 480).

CESSATION DES ACTES D'ÉVICTION COMMIS PAR LE CÉDANT

La garantie d'éviction du fait personnel du **cédant** entraîne pour celui-ci l'**interdiction de se rétablir.** **63085**
La Cour de cassation a posé une limite à cette interdiction, en jugeant que si la liberté du commerce et la liberté d'entreprendre peuvent être restreintes par l'effet de la garantie d'éviction à laquelle le vendeur de droits sociaux est tenu envers l'acquéreur, c'est à la condition que l'interdiction faite au vendeur de se rétablir soit proportionnée aux intérêts légitimes à protéger (Cass. com. 10-11-2021 n° 21-11.975 F-B : RJDA 3/22 n° 148). En l'espèce, une cour d'appel avait jugé que les cédants des actions d'une société éditant des logiciels avaient manqué à leur obligation née de la garantie légale d'éviction et elle leur avait interdit d'exercer tout acte de concurrence visant la clientèle cédée à travers la cession des actions après avoir relevé les circonstances suivantes : les cédants s'étaient rétablis, par l'intermédiaire d'une société nouvelle, dans le même secteur d'activité que la société dont ils avaient cédé les actions, pour proposer au marché un produit concurrent ; ils s'étaient réapproprié une partie du code source d'un logiciel ; ils avaient débauché le personnel qui était essentiel à l'activité de la société dont les actions avaient été cédées ; les clients s'étaient détournés de cette dernière après le départ des intéressés pour contracter avec la nouvelle société à la suite d'une procédure d'appel d'offres à laquelle celle-ci avait répondu. La Haute Juridiction a cassé la décision : la cour d'appel avait constaté que l'un des cédants avait créé une nouvelle société plus de trois ans après la cession des actions, que l'autre cédant n'avait rejoint cette société que quatre ans après la cession et que les contrats en cours avec les clients de la société dont les actions avaient été cédées étaient, lors de la cession, à durée déterminée ; elle n'avait pas recherché concrètement si, au regard de l'activité de la société dont les actions avaient été cédées et du marché concerné, l'interdiction de se rétablir se justifiait encore au moment des faits reprochés.

L'acquéreur peut obtenir en **référé** que soit ordonnée la cessation des actes d'éviction commis par le cédant. **63086**

ILLUSTRATIONS

Huit mois après avoir cédé à son épouse, alors qu'ils étaient en instance de divorce, les parts qu'il détenait dans une société, le cédant avait créé une société ayant le même objet et dont le siège social était dans la même localité. Son ex-femme avait alors saisi le juge des référés pour que soit ordonnée, sous astreinte, la cessation de l'activité de cette société. Après avoir retenu que, par la création de la société nouvelle, le cédant s'était réinstallé dans le même lieu, pour le même objet, avec une activité directement concurrente de celle exercée par la société dont il avait cédé les parts peu de temps auparavant et que cette dernière société, dans laquelle il avait exercé des fonctions salariées, avait un effectif peu nombreux, faisant ainsi ressortir l'existence de liens personnels qu'il avait entretenus avec la clientèle et les fournisseurs, une cour d'appel, statuant en référé, a pu déduire de ces constatations l'existence d'un **trouble manifestement illicite** et, dans l'exercice de son pouvoir souverain d'appréciation des mesures propres à le faire cesser, ordonner la cessation d'activité par une décision provisoire ne préjudiciant pas au fond (Cass. com. 14-12-1999 n° 97-14.988 D).

III. AUTRES MODES DE PROTECTION CONTRE LA CONCURRENCE DU CÉDANT

Si la garantie d'éviction du fait personnel du cédant n'assure qu'une protection limitée à l'acquéreur, ce dernier dispose d'autres moyens pour se protéger d'une éventuelle concurrence du cédant. **63110**
Ainsi les parties peuvent **étendre** le champ d'application de **la garantie** (cf. C. civ. art. 1627). Il est de l'intérêt de l'acquéreur d'obtenir l'insertion dans l'acte de cession d'une clause de non-concurrence le protégeant plus largement (sur cette clause, voir nos 57000 s.).
À défaut d'une telle clause, l'acquéreur peut aussi mettre en cause la responsabilité contractuelle du cédant pour manquement à son **obligation** d'exécuter la cession **de bonne foi** (C. civ. art. 1104 ;

63110 (suite) par exemple Cass. com. 21-1-1997 n° 94-15.207 PF : RJDA 6/97 n° 783, rejetant l'action en l'espèce) ou sa responsabilité civile extracontractuelle (C. civ. art. 1240), ainsi que le cas échéant celle de la société par l'intermédiaire de laquelle le cédant agit, pour **concurrence déloyale.**

ILLUSTRATIONS

Ne commet pas un acte de concurrence déloyale l'ancien président du conseil d'administration d'une SA de courtage immobilier qui, après avoir cédé ses actions et cessé ses fonctions dans la SA, a **constitué une SARL concurrente** dont il a été nommé gérant, dès lors que :
– l'acte de cession des actions ne contenait aucune clause de non-rétablissement ou de non-concurrence ;
– l'intéressé n'a pris la gérance de la SARL qu'environ cinq ans après avoir cessé ses fonctions dans la SA ;
– les documents publicitaires adressés par la SARL se sont bornés à faire savoir à la clientèle que l'intéressé était un professionnel averti ayant l'expérience du domaine immobilier ;
– il n'est pas prouvé que ces documents avaient été spécialement adressés à la clientèle de la SA.

Cass. com. 19-1-1983 n° 68, SARL « Gérance de la Madeleine » c/ M.

Les anciens dirigeant et directeur commercial d'une société exploitant un fonds de commerce de fabrication et de vente en gros de bijouterie et de joaillerie, qui avaient vendu les titres qu'ils détenaient dans cette société, avaient été poursuivis en concurrence déloyale par l'acquéreur qui leur reprochait d'avoir **repris une société** ayant pour objet le commerce en gros de bijouterie et de joaillerie.

Une cour d'appel a pu déduire des constatations suivantes que les manœuvres imputables aux cédants constituaient des pratiques déloyales contraires aux usages du commerce et constitutives de concurrence déloyale :
– il existait une concomitance, entre, d'un côté, la cession de leurs parts par les défendeurs et la reprise de l'autre société et, d'un autre côté, l'hémorragie des clients et la baisse du chiffre d'affaires de la société dont ils avaient cédé les titres ;
– il était démontré que les clients perdus par celle-ci avaient été systématiquement démarchés par l'un des défendeurs, aboutissant ainsi au détournement de la quasi-totalité de la clientèle et provoquant par cette action la chute du chiffre d'affaires d'une entreprise qui dépendait davantage de l'importance de son portefeuille de clients que de l'expérience de son dirigeant.

Cass. com. 6-4-1993 n° 91-16.621 : Bull. Joly 1993 p. 680 n° 189 note D. Arseguel et A. Couret.

Une société danoise fabriquant des chaussures avait cédé, en novembre 1997, la totalité des titres d'une de ses filiales de distribution implantée en France. À la suite de l'échec de négociations tendant à la rétrocession des titres par l'acquéreur à la société cédante, celle-ci avait rompu au cours de l'année 2000 l'accord de distribution la liant à son ancienne filiale et avait **créé une nouvelle filiale pour la diffusion de ses produits** en France. L'acquéreur avait réclamé des dommages-intérêts à la société cédante et à sa nouvelle filiale pour concurrence déloyale, demande que la cour d'appel de Versailles avait écartée car, avait-elle retenu, il ne pouvait pas être reproché à la société cédante d'avoir choisi le vocable Ecco pour la dénomination de la nouvelle filiale française dès lors que ce dernier correspondait au vocable sous lequel ses produits étaient commercialisés en Europe.

La Cour de cassation a censuré la décision de la cour d'appel car les juges n'avaient pas recherché si, en créant la société Ecco France distribution, chargée de la distribution des produits Ecco en France à la place de la société Ecco France, la société cédante ne s'était pas immiscée dans le sillage de la société Ecco France pour tirer profit, sans rien dépenser, des investissements développés par cette dernière pour développer la clientèle des produits Ecco.

Cass. com. 20-7-2007 n° 04-19.932 F-D : RJDA 7/07 n° 737.

CHAPITRE 3

GARANTIES DE PASSIF ET CLAUSE DE RÉVISION DE PRIX

SOMMAIRE

Le caractère limité de la garantie légale applicable en cas de cession de parts ou d'actions conduit les acquéreurs, surtout lorsque la cession porte sur une fraction importante des droits sociaux, à exiger des cédants qu'ils souscrivent des clauses de garantie portant sur les éléments d'actif et/ou de passif de la société dont les droits sont cédés. Ces **clauses** sont **destinées à** prémunir l'acquéreur contre l'apparition, postérieurement à la cession, d'un événement dont la cause lui est antérieure et qui se traduirait par un accroissement du passif ou une diminution de l'actif, comme, par exemple, un redressement fiscal ou un procès intenté par un fournisseur ou un client. **66000**

L'**existence de ces clauses** n'interdit pas à l'acquéreur de demander une indemnisation sur le fondement du droit commun des contrats ou de la vente, par exemple en raison d'un vice caché (n°s 61020 s.) ou d'un dol (n°s 19065 s.), même si la preuve d'un vice ou d'un dol est parfois difficile à établir. Ces recours peuvent se révéler plus intéressants pour l'acquéreur si la clause de garantie prévoit un plafond d'indemnisation ; ils peuvent en outre permettre d'obtenir l'anéantissement de la cession, ce que ne peut pas permettre la mise en œuvre de la garantie de passif.

De même, l'**absence d'une garantie** de passif ou d'une clause de révision de prix dans l'acte de cession n'interdit pas à l'acquéreur d'agir sur le fondement du droit commun (Cass. com. 4-12-2007 n° 06-18.099 F-D : RJDA 4/08 n° 423).

ATTENTION

Les **rédacteurs d'actes** de cession de droits sociaux doivent être particulièrement **vigilants** sur ce point. En effet, après avoir retenu que l'expert-comptable, rédacteur d'un acte, est tenu d'informer et d'éclairer de manière complète toutes les parties sur les effets, les implications et les risques dudit acte ainsi que sur la portée de l'opération projetée, la cour d'appel de Versailles a déclaré un expert-comptable, qui avait rédigé un acte de cession de toutes les parts d'une EURL à la demande du cédant sans y inclure une garantie de passif ou une clause de révision de prix, **responsable** à l'égard de l'acquéreur après la mise en liquidation judiciaire de l'EURL dès lors qu'il n'avait pas alerté celui-ci sur la nécessité d'exiger des garanties en l'absence de comptes récents permettant d'apprécier le passif de la société et qu'il l'avait au contraire assuré qu'elle avait toujours dégagé d'excellents résultats économiques (CA Versailles 2-2-2007 n° 05-1149 : RJDA 3/08 n° 280).

GARANTIE DONNÉE PAR LES ASSOCIÉS OU ACTIONNAIRES

66002 Les clauses de garantie obligent généralement le cédant à prendre en charge le passif social qui viendrait à se révéler après la cession. Lorsque ces clauses sont souscrites par des associés de SARL ou par des actionnaires de sociétés par actions, ceux-ci sont considérés comme ayant valablement dérogé à la règle selon laquelle ils ne sont pas tenus au **paiement des dettes sociales,** de sorte qu'ils ne peuvent pas utilement invoquer cette règle pour refuser d'exécuter la garantie (CA Reims 3-2-1992 n° 89-2013).

GARANTIE DONNÉE PAR UNE SOCIÉTÉ

66003 Pour que la société soit engagée par la garantie, celle-ci doit avoir été **conclue en son nom par le dirigeant** pris en cette qualité. Tel n'est pas le cas d'une société dont le dirigeant est intervenu comme personne physique sans mentionner d'autre qualité à un acte de cession de parts auquel la société n'était pas partie « pour les besoins » d'une clause de garantie par laquelle la société cédante déclarait que ni elle ni son associé ne détenaient de créance sur la société cédée ; la société qui détenait une créance sur la société cédée n'était donc pas engagée par la garantie (Cass. com. 7-7-2020 n° 18-19.292 F-D : RJDA 11/20 n° 569).

66004 La garantie de passif donnée par une SA qui cède des actions ou des parts sociales entre-t-elle dans le champ d'application des articles L 225-35, al. 4 ou L 225-68, al. 2 du Code de commerce, aux termes desquels les garanties données par des sociétés autres que des établissements bancaires et financiers doivent être **autorisées par le conseil d'administration ou le conseil de surveillance** ?
La Cour de cassation a répondu par la négative : en effet, l'autorisation requise par ces textes ne vise que la garantie par la société des engagements d'un tiers ; or, en consentant une garantie de passif, la société cédante garantit son propre engagement de cession (Cass. com. 12-7-2011 n° 10-16.118 F-PB : RJDA 10/11 n° 821).

LIBELLÉ DE LA GARANTIE

66005 La **garantie** doit être **expressément prévue** dans l'acte de cession ou dans un acte séparé. En effet, elle ne se présume pas et ne peut résulter ni du silence de l'acte ni des termes ambigus d'une clause.
Sur le cas particulier des déclarations de sincérité, voir n° 66062.

ILLUSTRATIONS

Dans un cas où l'acte de cession des parts d'une SARL comportant une clause intitulée « Garantie du passif » et ainsi rédigée « Les **vendeurs garantissent** en contrepartie aux acheteurs **qu'il n'existe aucune autre dette** de la société que celles inscrites au bilan ; dans le cas où un passif occulte se révélerait, les vendeurs seraient avisés par les acheteurs et mis à même de participer aux discussions susceptibles de s'instaurer avec les créanciers », une cour d'appel, interprétant les termes ambigus de cette clause, a pu juger qu'elle n'engageait pas les cédants vis-à-vis des acquéreurs à payer le passif social pouvant se révéler après la cession.
Cass. com. 23-4-1985 : Bull. Joly 1985 p. 791.

Dans un cas où un associé d'une société avait adressé à un candidat aux fonctions d'administrateur de la société une **lettre mentionnant** que celle-ci n'avait **aucun « engagement hors bilan »,** le destinataire de cette lettre, qui, après être devenu administrateur, avait acquis les actions de l'associé, ne peut pas invoquer cette mention pour demander à ce dernier de garantir le passif social dès lors qu'une telle indication ne vaut pas comme garantie de passif, que, dans la lettre litigieuse qui doit s'**interpréter dans son contexte,** l'associé avait renseigné son correspondant en qualité de candidat aux fonctions d'administrateur et non d'acquéreur et que, par la suite, il s'était déclaré disposé à lui fournir toute précision pour que l'acquisition des actions ne lui réserve « aucune surprise ».

CA Paris 29-3-1991 n° 89-4919.

Une clause d'un acte de cession de parts sociales mentionnait que le prix de cession de 53 800 € tenait compte de la situation active et passive de la société au 31 décembre 1995. La clause prévoyait l'établissement d'une situation comptable au 30 juin 1996 et ajoutait : « le **cédant garantit que l'actif net n'engendre pas de passif supérieur** à celui existant au 31 décembre 1995 ».

Poursuivi par l'acquéreur en paiement d'une augmentation de la « situation passive » de la société à hauteur de 63 800 €, le cédant ne peut pas utilement faire valoir que cette clause ne fait peser sur lui aucune obligation de garantie dès lors que :

– au contraire, même s'il n'a pas souscrit par cette clause d'engagement général de garantie de passif en cas de révélation d'un passif non déclaré dans le bilan au 31 décembre 1995, il n'en demeure pas moins que cette clause, dépourvue d'ambiguïté, emporte, par ses termes et son expression, l'obligation pour le cédant de garantir à l'acquéreur la différence entre le passif existant au 30 juin 1996 et celui figurant dans le dernier bilan ;

– l'**absence de mention sur les modalités de mise en jeu** de la garantie, sur l'obligation d'information du cédant, de même que l'absence de précision **sur la méthode d'arrêté des comptes** et le défaut de consignation d'une somme pour assurer le paiement des indemnités éventuellement dues étaient sans incidence sur l'existence et la validité de la garantie litigieuse, qui devait donc recevoir application ; de même, l'absence de clause de révision du prix de cession n'est pas de nature à faire échec à la mise en jeu d'une clause de garantie dont la nature juridique est différente.

CA Paris 19-7-2006 n° 02-17978 : RJDA 1/07 n° 55.

La garantie qui forme un tout avec l'acte synallagmatique de cession auquel elle s'intègre n'est pas un acte unilatéral et n'est donc pas soumise au formalisme de l'article 1376 du Code civil imposant la **mention** écrite dans l'acte de la **somme** en chiffres et en lettres (Cass. com. 26-6-1990 n° 88-14.444 P : Bull. civ. IV n° 197 ; CA Paris 3-11-2006 n° 04-21951 : RJDA 3/07 n° 267 ; CA Paris 28-10-2014 n° 13/14284 : RJDA 4/15 n° 279), même si la garantie a été consentie solidairement entre les cédants (Cass. com. 20-9-2012 n° 11-13-144 F-D : RJDA 1/13 n° 41). Par suite, le cédant, qui a consenti une garantie de passif à l'acquéreur, ne peut pas utilement invoquer le non-respect des prescriptions de l'article 1376 du Code civil pour contester la validité de son engagement (CA Paris 3-11-2006 n° 04-21951 précité ; CA Paris 28-10-2014 n° 13/14284 précité) ou prétendre qu'il est limité au montant du prix qu'il a reçu (Cass. com. 20-9-2012 n° 11-13-144 précité). 66007

SECTION 1 TYPOLOGIE DES GARANTIES

La pratique a considérablement développé le domaine des clauses de garantie, dont on rencontre différents types à l'occasion des cessions de droits sociaux. On peut regrouper ces clauses en trois catégories : les « garanties de bilan », dont font partie les garanties de passif stricto sensu, les clauses de révision de prix (également appelées clauses de garantie de valeur) et les « garanties de performances futures ». La pratique accompagne ces clauses de déclarations de sincérité. Elle prévoit aussi souvent l'intervention d'un tiers au moment de leur négociation (sur cette question voir n° 66912). 66020

GARANTIES DE BILAN

La clause de **garantie de passif stricto sensu** a été le premier type de clause utilisé par les praticiens. Il s'agit de la clause par laquelle le cédant s'engage à prendre en charge toute augmentation du passif social dont la cause ou l'origine est antérieure à une date déterminée (généralement celle de la cession ou celle de l'établissement du « bilan de référence » en fonction duquel les parties ont fixé le prix de cession) et qui viendrait à se révéler seulement après cette date. 66030

Garantie d'actif La clause de garantie d'actif est celle par laquelle le cédant s'engage à prendre en charge toute diminution de l'actif social dont la cause ou l'origine est antérieure à une date déterminée et qui viendrait à se révéler seulement après cette date. Généralement, les clauses 66032 combinent les deux types de garantie, de sorte que le cédant consent à prendre en charge à la fois les augmentations de passif et les diminutions d'actif. Si, en revanche, la garantie ne couvre que les augmentations de passif occulte, son application doit être écartée en cas de demande d'indemnisation fondée sur une diminution d'actif. Tel est le cas d'une garantie portant seulement sur « tout passif de quelque nature qu'il soit, civil, commercial ou fiscal » ; ces termes clairs et précis ne présentent en effet aucune ambiguïté, de sorte que l'acquéreur ne peut pas soutenir que l'intention des parties a été d'étendre la portée de cette garantie aux créances irrécouvrables ou non recouvrées de la société (CA Paris 17-11-1983, 3e ch. B : Bull. Joly 1984 p. 399 et, sur pourvoi, Cass. com. 14-5-1985 : Bull. Joly 1985 p. 782).

> **Précisions** Il peut arriver, bien que cela soit rare, que le juge appelé à se prononcer sur l'application d'une clause de garantie fasse une **confusion entre garantie de passif et garantie d'actif.** Ainsi, dans un cas où un cédant avait limité sa garantie à l'apparition d'un passif nouveau, des juges ont estimé que le rejet par l'administration fiscale, à la suite d'un contrôle, de crédits d'impôt enregistrés dans les comptes sociaux avait entraîné la perte d'une créance sur le Trésor public et correspondait à une charge nouvelle non comptabilisée, de sorte que la garantie devait jouer (CA Versailles 17-10-1996 n° 95-1663 : Bull. Joly 1997 p. 451 note G. Fréchet).
> Cette solution est contestable puisque la perte d'une créance correspond à une diminution d'actif et non à une aggravation du passif (« charge nouvelle »), qui était seule garantie en l'espèce.

66033 **Garantie d'actif net** Autre catégorie de clause de garantie de bilan, les garanties d'actif net. Il s'agit d'une clause prévoyant que le cédant prend en charge toute baisse d'actif net constatée après une date déterminée (généralement celle de la cession ou de l'établissement du « bilan de référence » en fonction duquel les parties ont fixé le prix de cession). L'actif net correspond à la différence entre l'ensemble des postes d'actif du bilan et les postes du « passif externe » (c'est-à-dire les emprunts et les dettes contractés par la société à l'égard des tiers).

La garantie d'actif net est plutôt favorable au cédant car, en cas de demande d'indemnisation liée à l'apparition d'un passif nouveau, il tentera d'invoquer une augmentation, réelle ou fictive, d'un poste d'actif afin de limiter le plus possible la baisse de l'actif net (Ch. Hausmann et Ph. Torre, Les garanties de passif, Éd. EFE 1996 n° 43).

Sur la distinction entre cette garantie et une garantie d'actif ou de passif, voir CA Paris 11-1-2000 nos 97-16341 et 97-18477 et, sur pourvoi, Cass. com. 28-9-2004 n° 00-22.872 F-D : n° 66050.

DISTINCTION ENTRE LES GARANTIES DE BILAN ET LES CLAUSES DE RÉVISION DE PRIX

66050 **Critères de distinction** Les clauses de garantie de bilan doivent être distinguées des clauses dites de révision du prix de cession (également appelées clauses de garantie de valeur) par lesquelles le cédant s'engage à garantir l'acquéreur de la baisse de valeur des parts ou actions cédées, soit du fait de l'apparition d'un passif et/ou de la diminution d'un élément d'actif, soit du fait de la diminution de l'actif net postérieurement à la cession.

En pratique, la distinction entre ces deux mécanismes conventionnels est délicate, quelle que soit la **qualification expressément indiquée** dans l'acte de cession. En effet, cette qualification ne lie pas le juge qui doit rechercher la **commune intention des parties** pour déterminer quel type de clause elles ont entendu stipuler.

Les critères retenus par les juges sont malaisés à cerner car la **jurisprudence** sur ce point, y compris parfois celle de la Cour de cassation, n'est **guère homogène** pour les raisons suivantes :

– de nombreuses décisions **utilisent le terme de garantie de passif** (parce qu'employé par les parties) **sans que l'on puisse en déduire une portée quelconque sur la qualification réelle** de la clause litigieuse ; en effet, cette qualification est sans incidence sur la solution de certains contentieux qui peuvent être communs aux deux types de clauses ; tel est le cas lorsque sont contestés le caractère occulte ou antérieur du passif ou de la diminution d'actif, les seuils de déclenchement de la garantie (ou de la révision de prix) ou encore l'exécution d'une obligation d'information préalable du cédant par l'acquéreur (obligation concevable dans les deux cas) ;

– une **évolution des critères** retenus par les juges est perceptible : un premier courant, majoritaire, retient le caractère indemnitaire de la garantie de passif tandis que la clause de révision de prix doit nécessairement faire référence à l'impact de sa mise en œuvre sur le prix de vente des titres ; pour un second courant (affirmé très clairement dans des arrêts plus récents et témoignant à notre avis d'une volonté de simplification), le critère mis en avant est celui du bénéficiaire de la garantie : constitue une clause de révision de prix celle dont l'acquéreur est seul bénéficiaire en l'absence de stipulation pour autrui au profit de la société dont les titres sont cédés ; l'acquéreur est alors considéré comme bénéficiaire peu important que le cédant s'engage à lui rembourser partiellement le prix ou à lui verser une indemnité en cas d'apparition d'un passif ou d'une dévaluation d'un actif car, quelle que soit la formule retenue, les sommes versées à l'acquéreur au titre de cette clause ont nécessairement pour effet de réduire d'autant le prix ; certaines décisions retiennent simultanément les critères de ces deux courants (qui ne sont pas nécessairement antinomiques, tel est le cas d'une clause stipulée au seul profit de l'acquéreur et précisant que les sommes dues par le cédant s'imputeront sur le prix de cession) ; enfin, d'autres décisions s'attachent à des aspects distincts tels que l'existence ou non d'un plafond de garantie : la clause de révision de prix est en principe limitée au montant du prix de cession tandis que la garantie de passif couvre, sauf mention contraire, l'intégralité du passif nouveau ou de la dévaluation d'actif ; **66050 (suite)**

– les divergences entre les cours d'appel s'expliquent par le fait que les juges du fond **apprécient souverainement la volonté des parties** sous réserve de dénaturation des contrats qui leur sont soumis et qu'ils sont confrontés à une **grande variété des clauses** en la matière, les rédacteurs d'actes cherchant à pallier les effets d'une jurisprudence trop ou pas assez favorable à l'une des parties.

ILLUSTRATIONS

S'analyse, non comme une garantie de passif, mais comme une « garantie de la valeur financière attribuée aux droits sociaux » (telle que l'ont dénommée les parties) la clause par laquelle les **cédants** se sont **engagés,** dans les conditions et selon les modalités définies, **à supporter, à titre de diminution du prix de cession** des droits sociaux et de redressement de ce prix, toutes augmentations de passif, diminution d'actifs ou autres conséquences financières mises à la charge de la société, notamment, en raison de faits ou d'événements contraires aux déclarations effectuées.

Par suite, la société ayant fait l'objet d'un redressement fiscal aboutissant à la constatation au bilan d'une situation nette négative et, dès lors, à l'absence de valeur des parts sociales, c'est à juste titre que les premiers juges n'ont fait droit à la demande des acquéreurs qu'à hauteur du montant du prix de cession des parts sociales par eux acquises.

CA Paris 27-6-1989, 25e ch. A : Bull. Joly 1989 p. 695 note M. Jeantin.

Aux termes d'un acte portant cession des actions d'une société pour 954 300 F (soit environ 145 482 €), le cédant s'était engagé « à garantir le passif qui pouvait se révéler après la signature du présent protocole de cession dans la limite expresse de la somme de 1 000 000 F (soit environ 152 450 €) ». Huit mois après la cession, la société avait été mise en redressement judiciaire avant de faire l'objet d'un plan de cession. Poursuivi en paiement du prix, l'acquéreur avait mis en œuvre la garantie figurant à l'acte.

Pour déclarer cette demande irrecevable, une cour d'appel avait retenu que la garantie litigieuse ne constituait pas une clause de révision du prix, susceptible d'être mise en jeu par l'acquéreur lui-même, dès lors que l'**indication d'un plafond supérieur au prix de cession** démontrait que les parties ont entendu insérer dans leurs conventions une clause de garantie de passif tandis qu'en cas de révision du prix, le cédant ne peut être tenu au-delà de ce qu'il a reçu et qu'il en résultait que l'éventuel reversement, sollicité par l'acquéreur, ne pouvait être fait qu'à la société ou à ses créanciers.

L'acquéreur ne peut pas utilement reprocher à la cour d'appel d'avoir ainsi statué alors que, soutenait-il, l'acte de cession lui reconnaissait expressément le droit de mettre en œuvre ladite garantie. En effet, d'une part, l'acquéreur n'a pas soutenu devant les juges du fond que les sommes prévues dans la clause litigieuse revêtaient le caractère d'une indemnité ou que la garantie de passif devait être mise en jeu au profit de la société dont les titres avaient été cédés et, d'autre part, c'est par une interprétation rendue nécessaire par les termes ambigus de la convention de cession que la cour d'appel a retenu que la clause litigieuse ne constituait pas une clause de révision de prix, mais une garantie de passif.

CA Paris 26-4-1990, 3e ch. B : Bull. Joly 1990 p. 633 note G. Fréchet et, sur pourvoi, Cass. com. 28-1-1992 n° 90-15.935 D : Dr. sociétés 1992 comm. n° 119 note H. Le Nabasque.

Pour un cas où l'**acte prévoyait,** d'une part, que le **prix** de cession « forfaitaire » était « **susceptible de variation** en fonction de la situation active et passive de la société » au jour de la cession et, d'autre part, que si, postérieurement à cette date, il **se révélait « un passif** quelconque ayant une cause antérieure », le **cédant s'obligeait « à** en effectuer **le règlement** [sur ses] deniers personnels **de telle manière que ni la société ni le cessionnaire ne puissent être inquiétés** à ce sujet », voir CA Paris 1-12-1992 n° 91-9033 : n° 66051.

Le cédant et l'acquéreur d'une participation majoritaire dans une SA ayant signé une convention intitulée « garantie d'actif et de passif et engagements annexes » qui **désignait expressément l'acquéreur comme bénéficiaire** et stipulait « les **sommes dues** au titre de la garantie ont juridiquement le caractère d'une **diminution du prix** des actions (...) achetées par le garanti », la SA ne peut pas valablement demander ultérieurement paiement d'une certaine somme au cédant au titre de cette convention car il résulte des termes de celle-ci qu'elle constitue une clause de révision de prix ne profitant qu'à l'acquéreur.

Cass. com. 21-10-1997 n° 95-18.077 D : RJDA 5/98 n° 602.

66050 (suite) L'acte de cession des parts d'une SARL précisait qu'« au cas où dans l'avenir un élément de **passif réel, ni prévu ni provisionné au bilan,** correspondant à la garantie définie ci-dessous, et **ayant servi de base à la détermination du prix de cession** des parts au profit ou à la charge de la société et ayant une cause non applicable à une période ultérieure à la cession, viendrait à se révéler, les cédants conviennent de **reverser dans la caisse sociale** les sommes que la société pourrait être amenée à verser ». Après la transformation de la SARL en SA, l'acquéreur avait revendu ses actions et le sous-acquéreur avait prétendu mettre en œuvre la garantie précitée.
Cette demande doit être rejetée pour les raisons suivantes :
– il ressort du rapprochement de cette clause et du reste de l'acte qui fait référence, d'une part, à la détermination du prix de cession et, d'autre part, au bilan annuel, dont les cédants déclarent qu'il est sincère, que les parties ont entendu garantir l'acquéreur pour le cas où se révéleraient des dettes à la charge de la société qui, si elles avaient été connues, auraient influé sur la détermination du prix de cession des parts ; ainsi, en s'engageant à verser à la société des sommes équivalentes aux dettes de celle-ci qui se révéleraient, les cédants assuraient à l'acquéreur que la situation de la société serait bien celle dont ce dernier avait connaissance, même en cas de révélation d'un passif non pris en compte au moment de la cession des parts ; la clause était donc destinée à assurer une exacte détermination du prix payé par l'acquéreur et, dès lors, elle l'était dans le seul intérêt de l'acquéreur ;
– il n'est pas établi que l'acquéreur ait entendu transmettre cette créance lorsqu'il a cédé les droits sociaux qu'il détenait dans la société, lesquels ne peuvent, d'ailleurs, se confondre avec les parts acquises par lui puisque, entre-temps, la société s'était transformée en SA et que diverses augmentations de capital étaient intervenues ; le sous-acquéreur ne peut donc se prévaloir de la convention litigieuse qui n'engageait les cédants initiaux qu'à l'égard de l'acquéreur.

CA Paris 25-6-1999 n° 96-88649 : RJDA 3/00 n° 279.

Un acte de cession de parts sociales précisait qu'« en cas de contrôle fiscal amenant l'administration à considérer que le bénéfice déclaré antérieurement au 1er mars 1989 est inférieur à la réalité, le **cédant s'engage à supporter les conséquences pécuniaires du redressement et à en décharger le cessionnaire** ».
Cet engagement doit être analysé comme étant une garantie d'actif et de passif et non, comme le soutenait le cédant, en une garantie limitée à la valeur de l'actif net dès lors que toute considération économique a été exclue du champ de la garantie et que l'engagement souscrit porte sur le « **dédommagement de tout amoindrissement** ou diminution de la valeur de l'actif ou de tout accroissement du passif de la société survenant postérieurement mais ayant une cause ou une origine antérieure à la date de la signature des présentes ».

CA Paris 11-1-2000 nos 97-16341 et 97-18477 et, sur pourvoi, Cass. com. 28-9-2004 n° 00-22.872 F-D.

Ndlr : Dans cette affaire, les juges ont retenu comme critère le caractère indemnitaire de la garantie sans s'attacher au fait qu'elle semblait stipulée au profit du seul acquéreur.
En l'espèce, la question était de savoir si, à l'issue de la revente des parts à une EURL puis, à l'occasion de la dissolution de cette dernière, de la transmission des parts à l'associé unique, ce dernier (« sous-acquéreur » final) pouvait invoquer la garantie de passif. La réponse a été positive dans la mesure où la cession à l'EURL avait été dénoncée au cédant initial selon les formalités de l'article 1690 du Code civil et que la dissolution de l'EURL au profit de l'associé unique avait emporté transmission universelle de son patrimoine au profit de ce dernier englobant tous les droits de créances, notamment les créances de garantie. Cette décision a été rendue sous l'empire de l'article 1844-5 du Code civil dans sa rédaction antérieure à la loi 2001-420 du 15 mai 2001 ; désormais, cette transmission universelle de patrimoine n'a lieu que si l'associé unique est une personne morale.

En **cédant** les parts d'une société **au franc symbolique**, le cédant a voulu trouver un repreneur afin de permettre la continuité de l'exploitation et d'éviter le dépôt de bilan. Dès lors, en souscrivant une garantie de passif à l'occasion de cette cession, le cédant n'a pas seulement envisagé de prémunir l'acquéreur contre les déclarations inexactes susceptibles d'affecter la valeur des parts, mais a aussi entendu le garantir de l'exactitude de la présentation du passif social afin de le préserver des conséquences de l'insolvabilité de la société.

CA Paris 16-3-2001 n° 98-14679 : RJDA 11/01 n° 1113.

À l'occasion de la cession de ses parts sociales à quatre personnes, le **cédant s'était engagé à payer « à votre société »** le montant de toute nouvelle dette sociale dont la cause serait antérieure à la cession. Ayant fait l'objet d'un redressement fiscal dont l'origine était antérieure à la cession, la société avait invoqué cette garantie pour demander au cédant le versement d'une somme correspondant au montant de ce redressement.
Il y a lieu de rejeter cette demande dès lors que :
– l'expression « votre société » utilisée à plusieurs reprises dans la convention visait sans ambiguïté possible les quatre acquéreurs et résultait à l'évidence d'une erreur matérielle contenue dans l'acte ;
– en l'**absence de stipulation pour autrui,** la garantie de passif, qui a pour objet de protéger l'acquéreur, ne peut bénéficier qu'à lui ; la société, qui n'était pas partie à l'acte de garantie et n'avait pas été désignée comme bénéficiaire des sommes dues en exécution de celle-ci, ne pouvait donc pas se prévaloir de l'engagement souscrit par le cédant.

CA Paris 12-10-2001 n° 99-17970 : RJDA 2/02 n° 159.

Dans un cas où une clause d'une promesse de cession d'actions intitulée « révision de prix – garantie d'actif net » prévoyait que, « pour la détermination du prix définitif de cession des titres », un arrêté des comptes serait établi à la date de la cession et que, en cas de diminution de l'actif net ainsi établi par rapport à celui figurant dans une situation comptable arrêtée avant la conclusion de la promesse, cet « écart négatif » viendrait en diminution du prix de cession fixé dans la promesse, cette clause constitue une clause de révision de prix n'obligeant le cédant à **garantir** la perte d'actif net **qu'à hauteur du prix de cession,** de sorte que les parties n'avaient pas entendu que la garantie puisse excéder ce prix. **66050 (suite)**

Cass. com. 18-12-2001 n° 98-17.320 FS-D : RJDA 4/02 n° 394.

Constitue une clause de révision de prix la stipulation prévoyant, d'une part, qu'en présence d'un bénéfice inférieur à une certaine somme, « l'**insuffisance** sera **imputée à due concurrence sur le prix** de cession des titres » et, d'autre part, qu'en présence d'un chiffre d'affaires inférieur à une certaine somme, l'acquéreur « aura la possibilité de demander la remise du prix de cession ».

CA Caen 14-2-2002 n° 00-2901.

Les parties à la cession de l'intégralité du capital d'une société étaient convenues d'une garantie dans les termes suivants : « le vendeur indemnisera l'acheteur ou, à la demande de ce dernier, les personnes désignées ou les sociétés (ensemble les parties indemnisées) de toutes les conséquences du non-respect des engagements du vendeur et des inexactitudes dans les déclarations et garanties. Le bénéfice de ce droit à indemnisation pourra être cédé par l'acheteur à des délégués et en particulier aux acquéreurs des actions. En l'absence d'une telle cession de ce droit à indemnisation, l'acheteur aura droit à une indemnisation nonobstant tout transfert de tout ou partie des actions comme s'il les avait acquises à la réalisation et avait continué à les détenir par la suite ».

Cette garantie a, à l'évidence, une **nature indemnitaire** et ne constitue pas la stipulation d'une clause de révision du prix dès lors que :

– rien dans les dispositions du contrat de vente entre les parties à la présente instance ne permet d'établir que la garantie a eu pour objet celle de la valeur de l'investissement réalisé ou de son prix ;

– au contraire, tous les éléments des définitions de la garantie insistent sur les dommages directs et indirects subis à la suite de la diminution de valeur de tous actifs spécifiques ou l'apparition (ou l'augmentation) du passif de l'une quelconque des sociétés ;

– cette nature indemnitaire, expressément annoncée, se trouve, en l'espèce, complétée par le fait que les **préjudices couverts** par la clause de garantie ne sont **appréhendés qu'au sein de la société cible** de la cession comme d'ailleurs leurs quantifications.

CA Paris 27-2-2004 n° 02-21525 : RJDA 7/04 n° 832.

Ndlr : Au cas particulier, le litige portait sur la possibilité pour l'acquéreur de demander la mise en œuvre de la garantie malgré la revente des actions comme le prévoyait la clause de garantie (sur cet aspect, voir n° 67206).

L'acte portant cession des parts d'une SARL précisait, sous la rubrique intitulée « clause de garantie d'actif et de passif », que :

– les **cédants garantissaient** solidairement et personnellement l'acquéreur que la **situation nette comptable** du bilan qui serait arrêté au 31 décembre 1994 serait au moins égale à 300 000 F (soit environ 45 735 €) ;

– le gérant, associé et intervenant à l'acte, **s'engageait à reconstituer l'insuffisance** de la situation nette comptable à hauteur de 300 000 F, dans le cas où le bilan arrêté le 31 décembre 1994 ferait apparaître une situation nette comptable inférieure à 300 000 F ;

– les cédants **garantissaient** également solidairement et personnellement l'acquéreur de **toute diminution d'actif ou de toute augmentation du passif** résultant d'opérations de toute nature et dont le fait générateur serait antérieur à la date du transfert de la propriété des parts ;

– enfin, les **sommes** dues par les cédants en exécution de la présente garantie seraient **versées à la société**, dans le mois de la demande justifiée de l'acquéreur.

L'**acquéreur** ne peut pas utilement soutenir être **personnellement bénéficiaire** de ces engagements et en poursuivre lui-même directement l'exécution contre les cédants dès lors qu'il résulte des termes de cet acte que les garants ne verseraient jamais les fonds, sur demande justifiée de l'acquéreur, qu'à la société et non point à lui-même. En effet, la clause de garantie de situation nette comptable à hauteur de 300 000 F au 31 décembre 1994 ne tend qu'à reconstituer la trésorerie défaillante de la SARL et la clause de garantie d'actif et de passif proprement dite, fût-elle certes ainsi rédigée au profit de l'acquéreur en le désignant comme son bénéficiaire, doit en réalité s'analyser, à la lumière de cette précision déterminante selon laquelle les fonds seraient versés à la société dans le mois de la demande justifiée de l'acquéreur, comme s'inscrivant dans un mécanisme de stipulation pour autrui, au demeurant classique en pareille matière, où les cédants ont la qualité de promettant, l'acquéreur celle de stipulant, et la SARL, celle de tiers bénéficiaire ; cette analyse s'impose au demeurant d'autant plus en l'espèce que les diverses clauses susvisées ne tendent jamais à garantir la valeur des parts sociales au regard du prix de cession devant être acquitté par leur acquéreur, mais tout au plus à garantir la situation nette

66050 (suite) comptable de la SARL ainsi que toute insuffisance de son actif ou augmentation de son passif à raison de faits antérieurs à la cession. En outre, contrairement aux prétentions de l'acquéreur, l'acceptation de cette stipulation pour autrui par la SARL en tant que bénéficiaire final n'était aucunement requise pour sa validité, tant il est vrai que la particularité du mécanisme de la stipulation pour autrui réside d'ailleurs précisément et par définition dans la conclusion entre deux parties d'un acte juridique constituant, par la notable exception à l'effet relatif des conventions portée en l'article 1165 du Code civil (désormais C. civ. art. 1199 issu de ord. 2016-131 du 10-2-2016), des droits au profit d'un tiers à leur accord, qui, s'il venait à y participer, en changerait inévitablement la nature pour n'en faire ni plus ni moins qu'une convention tripartite.

CA Reims 21-6-2004 n° 02-2115.

Les cédants des actions d'une société exploitant des décharges de déchets industriels avaient garanti que la société était titulaire des autorisations nécessaires à l'exercice de son activité et que les décharges étaient exploitées conformément à la réglementation en vigueur. La clause de garantie précisait que sa **mise en œuvre entraînerait « une réduction automatique de plein droit du prix** de cession ». À la suite de la fusion-absorption de la société, l'acquéreur qui ne détenait plus aucune action de celle-ci avait mis en œuvre la garantie.

A légalement justifié sa décision la cour d'appel qui, pour déclarer recevable cette mise en œuvre, a retenu que la clause litigieuse constituait non une garantie des dettes sociales mais une garantie de valeur des éléments du prix de cession, laquelle, en l'absence de toute stipulation contraire, ne bénéficie qu'à l'acquéreur, alors même qu'il ne serait plus titulaire des actions cédées et que la circonstance que l'acquéreur ait ou non exploité les décharges importe peu car la valeur de celles-ci reste affectée par leur éventuelle absence de conformité à la réglementation, l'acquéreur risquant en permanence de recevoir une injonction (mise en demeure ou toute autre mesure contraignante) de la part de l'administration.

Cass. com. 3-4-2007 n° 04-15.532 F-D : RJDA 7/07 n° 736.

Ndlr : La Cour de cassation a confirmé la solution retenue par la cour d'appel de Paris dans cette affaire (CA Paris 5-3-2004 n°s 97-911, 97-4412, 97-27309, 98-2443 : RJDA 7/05 n° 822).

En 1999, une personne avait cédé la totalité des actions composant le capital d'une société en souscrivant une garantie de passif. Un an plus tard, l'acquéreur avait été condamné à payer au cédant un complément de prix des actions ; à cette occasion, les actions avaient été saisies et vendues. La société ayant fait l'objet d'un redressement fiscal en raison du non-paiement d'impôts dus au titre des exercices antérieurs à la cession, l'acquéreur avait réclamé au cédant le remboursement des sommes versées à l'administration fiscale ; il soutenait en effet que la garantie consentie par le cédant était une garantie de valeur dont il bénéficiait même si les actions avaient été revendues.

Doit être cassé l'arrêt de la cour d'appel qui, pour rejeter la demande de l'acquéreur, a estimé que la garantie litigieuse constituait une garantie de passif et non une clause de révision de prix, alors que, dans l'acte, il était stipulé que le **cédant s'engageait à indemniser l'acquéreur, bénéficiaire de la garantie, du montant de tout passif supplémentaire** et que la cour d'appel a dénaturé les termes clairs et précis de cet acte.

En l'**absence de stipulation pour autrui consentie au profit de la société cédée,** une garantie de reprise du passif conclue entre le cédant et l'acquéreur, désigné comme bénéficiaire de cette garantie, est une convention de garantie de prix profitant à ce dernier indépendamment de la cession de ses titres. Par suite, doit être cassé l'arrêt d'une cour d'appel qui, après avoir relevé que le cédant, en sa qualité de garant, s'était engagé à indemniser le bénéficiaire du montant de tout passif supplémentaire, a retenu, d'un côté, que la garantie mettait à la charge du cédant l'obligation de payer les dettes de la société et faisait naître au profit du bénéficiaire le droit de demander au cédant de payer les dettes sociales entre les mains du créancier social et, de l'autre côté, qu'une telle garantie était attachée aux actions cédées et ne pouvait pas être invoquée indépendamment de sa cession, constituant sa cause même.

Cass. com. 11-3-2008 n° 06-20.738 F-D : RJDA 10/08 n° 1030.

Ndlr : Sur la décision rendue sur renvoi par la cour d'appel de Paris dans cette affaire, voir ci-dessous CA Paris 14-5-2009 n° 08-8152.

À l'occasion d'une cession d'actions, les parties avaient conclu une garantie couvrant l'apparition d'un passif antérieur à la cession. L'acquéreur ayant mis en œuvre cette garantie à la suite d'un redressement fiscal notifié à la société, le cédant avait fait valoir que l'**acquéreur, dont les actions avaient fait l'objet d'une vente sur saisie,** n'avait plus **qualité à se prévaloir de ladite garantie.** Il y a lieu d'écarter cet argument. En perdant la qualité d'actionnaire de la société, l'acquéreur n'avait pas perdu les droits qu'il tenait de la convention de garantie dès lors que :

– il résultait des termes de la garantie que les parties étaient convenues d'un **mécanisme indemnitaire au profit de l'acquéreur** ; en effet, par cette convention, le garant (le cédant) garantissait personnellement le poste de passif de la société arrêté au jour de la cession et s'engageait à indemniser le bénéficiaire (l'acquéreur) du montant de tous passifs supplémentaires qui seraient supportés par la société après cette date et qui trouveraient leur origine dans des actes, faits ou événements quelconques antérieurs au jour de la cession ; l'acte précisait en outre que la mise en

œuvre de la garantie se ferait par paiement du passif supplémentaire non pas à la société mais au bénéficiaire, les sommes dues à ce titre pouvant, au choix de ce dernier, se compenser avec toutes sommes dues par lui au garant ;
– une clause de la garantie prévoyait une **faculté de transmission du bénéfice de la** convention de **garantie** à l'acquéreur du bénéficiaire (était employé le terme « transmissible » et non pas « transmis ») ; la cession forcée des actions détenues par l'acquéreur n'avait pas pu entraîner de fait une transmission des droits de créance personnels de celui-ci contre le cédant ; il ne s'agissait ni d'une garantie de délivrance ni d'une garantie des vices cachés qui serait attachée à la chose cédée ; d'ailleurs, au jour de l'adjudication, l'actif de la société avait déjà subi l'impact de ce passif fiscal, si bien que le nouveau propriétaire des titres n'aurait pas pu prétendre obtenir compensation d'une diminution de la valeur de la société antérieure à son acquisition.
CA Paris 14-5-2009 n° 08-8152 : RJDA 12/09 n° 1093.

Ndlr : Si la cour d'appel de Paris suit la ligne directrice que la Cour de cassation a imposée dans cette affaire (Cass. com. 11-3-2008 n° 06-20.738 F-D ci-dessus), elle s'abstient toutefois de qualifier la clause litigieuse (garantie de passif ou clause de révision de prix) pour s'attacher à ses seules caractéristiques.

Évolution de la pratique En pratique, une distinction claire entre garanties de bilan et clauses de révision de prix est rare. En effet, les premières comme les secondes sont peu utilisées seules. Les praticiens ont recours à une garantie à mi-chemin entre la clause de révision de prix et la garantie de passif stricto sensu, dite **garantie mixte.** Une telle garantie prévoit, comme pour une garantie de bilan, une indemnisation du préjudice net subi par la société dont les titres sont cédés (sans réparation de la perte de valeur des titres) qui, comme pour une clause de révision de prix, est directement versée à l'acquéreur (sans reconstitution d'actif) et permet d'éviter l'imposition de la société dont les titres sont cédés. **66051**

Particularités de la clause de révision de prix Les **différences de régime** entre garantie de bilan et clause de révision de prix sont importantes. Sur les différences de régime en matière fiscale, voir n°s 68000 s. **66052**
Ainsi, en cas de garantie de bilan, le cédant prend en principe en charge l'intégralité du passif nouveau (et/ou de la diminution d'actif), quel qu'en soit le montant tandis que la clause de révision de prix ne l'oblige à fournir sa garantie qu'à hauteur du prix de cession, sans pouvoir être tenu au-delà de ce **montant** (Cass. com. 18-12-2001 n° 98-17.320 FS-D : RJDA 4/02 n° 394 et CA Paris 27-6-1989, 25e ch. A : Bull. Joly 1989 p. 695 note M. Jeantin, analysés n° 66050). Il en résulte que l'indication d'une limitation du montant de la garantie peut avoir une incidence sur la qualification de celle-ci (pour un exemple, voir CA Paris 26-4-1990, 3e ch. B : Bull. Joly 1990 p. 633 note G. Fréchet et, sur pourvoi, Cass. com. 28-1-1992 : Dr. sociétés 1992 comm. n° 119 note H. Le Nabasque, analysés n° 66050).
Aucun « principe général de **proportionnalité** » n'impose que les effets d'une clause de révision de prix soient limités au pourcentage des parts ou actions cédées dans le capital (CA Paris 22-1-2004 n° 02-18970 : n° 66540) alors que telle est la règle en matière de garantie de passif sauf clause contraire (n° 66540).
En outre, alors que la garantie de passif bénéficie par principe à la société dont les titres ont été cédés, la clause de révision de prix ne peut pas être **mise en œuvre par la société** (Cass. com. 21-10-1997 n° 95-18.077 D : RJDA 5/98 n° 602, analysé n° 66050) ni, si la société fait l'objet d'une procédure de liquidation judiciaire, par le liquidateur judiciaire (Cass. com. 3-12-1991 n° 1577 D : RJDA 3/92 n° 253, décision rendue sous l'empire de l'ancienne législation sur la liquidation des biens, mais transposable au régime actuel).

CONSEIL

La distinction entre garantie de bilan et clause de révision de prix n'étant pas clairement établie (n° 66050), les parties ont tout intérêt à organiser conventionnellement le régime de la garantie afin d'éviter toute incertitude liée à l'interprétation du juge.

La clause de révision de prix ne peut, par définition, jouer qu'au profit de l'**acquéreur** (Cass. com. 21-10-1997 n° 95-18.077 D : RJDA 5/98 n° 602), même s'il n'est **plus titulaire des titres au jour de la demande** de révision parce qu'il a revendu ceux-ci (Cass. com. 11-3-2008 n° 06-20.738 F-D et, sur renvoi, CA Paris 14-5-2009 n° 08-8152 : n° 66050 ; CA Aix-en-Provence 3-3-1988 n° 85-15291 ; CA Paris 18-11-2014 n° 13/05012 : RJDA 1/16 n° 106) ou en raison d'une fusion-absorption de la société dont il avait acquis les parts ou les actions (Cass. com. 3-4-2007 n° 04-15.532 F-D : RJDA 7/07 n° 736). **66053**
Rien n'interdit à l'acquéreur de **transférer le bénéfice de la clause de révision de prix** à la société ou au sous-acquéreur des titres par le biais d'une cession de créance.
La cession de créance conclue avant le 1er octobre 2016 (sur cette date, voir n° 1050) doit notamment, en application de l'article 1690 du Code civil, être notifiée au cédant des titres.
Celle conclue à compter de cette date doit respecter les formalités requises par les articles 1323 et suivants dudit Code issus de l'ordonnance 2016-131 du 10 février 2016 (ce qui suppose

notamment qu'elle ait été constatée par écrit et que, si le cédant n'y a pas déjà consenti, elle lui soit notifiée ou qu'il en ait pris acte).
Le transfert du bénéfice de la clause peut aussi être réalisé par le biais d'une stipulation pour autrui.

ILLUSTRATIONS

Aux termes d'une convention dénommée « garantie de passif », les cédants des parts d'une SARL s'étaient engagés vis-à-vis des acquéreurs à prendre personnellement en charge, à titre de réduction du prix de cession, tout passif nouveau ou supplément de passif ne figurant pas dans la situation comptable qui avait servi de base à la détermination du prix de cession. La SARL, qui avait fait l'objet d'un redressement fiscal pour une période de gestion antérieure à la cession, avait demandé la condamnation des cédants à exécuter ladite garantie. Cette demande a été déclarée recevable pour les raisons suivantes :
– si, aux termes de cette convention, les cédants des parts ne s'étaient pas engagés à payer directement aux créanciers de la SARL les dettes de celle-ci qui ne pouvait se prévaloir d'aucune stipulation à son profit, ils s'étaient reconnus débiteurs envers les acquéreurs de tout passif dont l'apparition viendrait amoindrir la valeur des parts cédées, calculée d'après la situation comptable arrêtée au 1er juillet 1982 ; cette convention de garantie de passif avait conféré aux acquéreurs un droit de créance dont ils avaient la libre disposition ;
– les acquéreurs des parts avaient cédé cette garantie à la SARL et avaient renoncé à toute réduction du prix de cession ; l'échange des consentements ayant eu lieu entre les parties à la cession de créance, il convenait de constater le transfert de la garantie de passif à la SARL ; les cédants des parts sociales ne pouvaient pas mettre en doute la validité de la cession au motif que la créance cédée aurait dû figurer au bilan de la société alors que cette exigence en matière comptable est sans influence sur l'appréciation des conditions auxquelles doit répondre la cession ;
– la cession de la garantie de passif avait été signifiée aux cédants des parts sociales lors de la notification qui leur a été faite des conclusions de la SARL et des acquéreurs des parts (intervenus à l'instance) dès lors que ces conclusions faisaient expressément référence à ce transfert.
CA Paris 22-2-1989 n° 88-2532 : Dr. sociétés 1989 comm. n° 305.
Ndlr : Dans cette affaire, il est manifeste, nonobstant la terminologie utilisée par les parties et par la cour d'appel, que la clause litigieuse constituait à l'origine une véritable clause de révision de prix.

66055 La clause de révision du prix ne doit pas aboutir à rendre le **prix de cession indéterminable,** sans quoi la cession serait nulle. En conséquence, la clause doit prévoir des modalités de révision précises et objectives, dont la mise en œuvre ne dépend pas de la volonté de l'une des parties et ne nécessite pas un nouvel accord de leur part sur le prix (n° 37100). Tel est le cas d'une clause de révision subordonnant la fixation du prix définitif à l'établissement d'un bilan rectificatif « selon les méthodes de comptabilisation habituelles », dès lors que cette fixation ne dépend pas de la volonté de l'une des parties (l'acquéreur se réservant seulement le droit de contrôler ce bilan) mais d'une constatation purement comptable effectuée par un professionnel (Cass. com. 16-1-2001 n° 98-15.663 F-D : n° 37150).
En revanche, dans un cas où une clause de révision précisait que « toute différence qui viendrait à se révéler entre les divers postes figurant à l'actif ou au passif et la réalité, après vérification, entraînerait une réfaction de prix proportionnellement au nombre d'actions cédées pour tenir compte des conséquences sur leur évaluation des redressements qui seraient ainsi effectués », la cession a été annulée au motif que les parties avaient entendu se réserver de fixer définitivement le prix de l'action jusqu'à ce qu'un accord soit intervenu entre elles sur le montant des redressements à opérer (Cass. com. 5-5-1970 n° 68-13.523 : n° 37120).
Pour d'autres illustrations sur cette question, voir n° 37150.
Pour limiter le risque d'indéterminabilité du prix, il est **recommandé** de prévoir que sa révision sera assurée par un tiers désigné par les parties.

GARANTIE DE PERFORMANCES FUTURES

66060 L'acquéreur peut avoir intérêt à élargir sa protection en obtenant du cédant d'autres garanties que les garanties de bilan et les clauses de révision de prix. Dans ce cas, les garanties s'étendent aux performances futures de la société dont les titres sont cédés. Elles concernent notamment son plan de charges, les marges de certains de ses contrats commerciaux ou sa rentabilité future.

66062 Les **garanties de plan de charges** visent à protéger la société dont les titres sont cédés et qui réalise une part importante de son chiffre d'affaires avec le groupe du cédant. Elle a en effet intérêt à éviter une rupture trop brutale avec ce dernier pour pouvoir se redéployer vers de nouveaux clients.
Les garanties prennent alors la forme de contrats-cadres prévoyant un certain nombre de transactions commerciales entre le groupe du cédant et la société dont les titres sont cédés ou de clauses

de préférence pour la fourniture et l'approvisionnement entre eux. De telles dispositions doivent toutefois être conformes au droit de la concurrence.
De même, le maintien temporaire du cédant au sein du capital de la société dont les titres sont cédés peut parfois être nécessaire pour conserver un client essentiel. Des dispositions transitoires faisant du cédant un associé minoritaire temporaire (signature d'une convention garantissant à terme le rachat des droits sociaux à un prix déterminé ou déterminable) peuvent être mises en place.

Les contrats essentiels à la viabilité de la société dont les titres sont cédés peuvent parfois connaître des déconvenues financières importantes après la cession et remettre en cause la valeur de la société. 66064
L'acquéreur a donc intérêt à négocier une **garantie** pour le cas où l'objectif **de marge** opérationnelle attaché à un contrat particulier, pris en compte lors des pourparlers, ne serait pas atteint. Tout différentiel négatif par rapport aux hypothèses retenues lors des négociations peut ainsi être compensé par le cédant « à l'euro l'euro ».
Ces garanties sont toutefois rarement accordées par le cédant qui ne peut plus influencer la gestion des contrats.

La clause de **garantie de rentabilité** est celle par laquelle le cédant garantit à l'acquéreur que le résultat comptable de l'exercice en cours et/ou des exercices postérieurs à la cession (le nombre d'exercices concernés doit être précisé) sera au moins égal à une somme déterminée. Si tel n'est pas le cas, le cédant doit verser la différence entre cette somme et le résultat réalisé. 66070
Ce type de clause est peu utilisé du fait de la réticence du cédant à garantir une rentabilité future qu'il ne maîtrise plus lorsqu'il cède le contrôle de la société (Ch. Hausmann et Ph. Torre, Les garanties de passif, Éd. EFE 1996 n° 47). En outre, la garantie de rentabilité peut être source de conflit si l'acquéreur, qui assure la gestion pendant la durée de la garantie, porte une appréciation différente de celle du cédant sur le niveau des provisions et des amortissements à comptabiliser (X. Hugon, A. Allard et B. Jardel, Les garanties liées à la cession de l'entreprise : Option finance 3-5-2004 p. 36).

DÉCLARATIONS DE SINCÉRITÉ

La déclaration de sincérité (ou de conformité) renforce utilement l'**efficacité de la protection** contractuelle de l'acquéreur en s'efforçant d'assurer la réparation de toutes les conséquences possibles d'une distorsion entre ce qui est déclaré par le cédant et la réalité. Les déclarations ont un caractère de généralité qui va au-delà des comptes et permet une protection complémentaire de la garantie de passif (X. Lemaréchal, Des mécanismes complémentaires au renfort de la garantie de passif : BRDA 4/21 inf. 30). 66074
Le cédant y fait un certain nombre de déclarations concernant la société dont les parts ou actions sont cédées.
Il y présente notamment les **caractéristiques principales** de cette dernière (par exemple, répartition du capital, liste des dirigeants, absence de clause ou de sûreté affectant la cessibilité des droits sociaux), les différents postes d'actif et de passif, les emprunts dont elle bénéficie, les principaux contrats nécessaires à la poursuite de son activité (contrats de fourniture et d'approvisionnement, surtout ceux comportant une clause d'exclusivité, contrats d'assurance, brevets, etc.), le nombre de salariés qu'elle emploie ainsi qu'un état des sûretés et des litiges en cours. Le cédant y certifie aussi la sincérité des comptes ayant servi de base à l'évaluation des parts ou actions cédées et encore le respect de certaines législations spécifiques (telles les normes de sécurité pour l'accueil du public, les règles de protection de l'environnement ou de sécurité des salariés). Ces déclarations regroupent également des informations relatives à la gestion de la société cible pendant la période dite « intermédiaire », qui s'étend de la date du dernier bilan jusqu'au jour de la régularisation de la cession (absence d'engagements financiers importants, de sûretés consenties par la société, etc.).
Ces déclarations sont devenues d'autant plus importantes que de nouveaux risques assortis d'une connotation pénale ou parapénale sont apparus : risques environnementaux, défaut de conformité au RGPD, méconnaissance d'obligations nées de la loi Sapin 2 relative à la lutte contre la corruption, défaut de déclaration des bénéficiaires effectifs, etc. (A. Couret, Intégrer les risques nouveaux dans le champ de la garantie de passif : BRDA 4/21 inf. 31).
Pour des illustrations de garanties liées aux déclarations de sincérité, voir nos 66440 s.

Ces déclarations constituent-elles un engagement de **garantie de la part du cédant** ? La réponse est évidemment positive si la garantie du cédant sur ce point est **expressément prévue** à l'acte ou si ce dernier indique que tout préjudice résultant de déclarations inexactes ou incomplètes donnera lieu à indemnisation, ce qui est souvent le cas en pratique. 66076
Mais, même en l'**absence d'une telle précision,** les déclarations engagent le cédant (cf. Cass. com. 2-2-2010 n° 09-11.064 F-PB : RJDA 7/10 n° 751).

La cour d'appel de Paris a aussi jugé que l'absence, dans l'acte de déclaration de sincérité, de modalités de mise en jeu de la garantie, d'obligation d'information, de précisions sur la méthode d'arrêté des comptes, tout comme l'absence de consignation d'une somme, initialement envisagée, pour assurer le paiement des sommes qui pourraient être dues au titre de la garantie souscrite, sont sans incidence sur l'existence et la validité de l'obligation de garantie et que, de même, l'absence de clause de révision du prix de cession n'est pas de nature à faire échec à la mise en jeu d'une clause de garantie dont la nature juridique est différente (CA Paris 19-7-2006 n° 02-17978 : n° 66005).

> **Précisions** Dans l'affaire qui était soumise à la **Cour de cassation** en 2010, un cédant avait déclaré et garanti que le bilan, le compte de résultats et l'annexe des sociétés arrêtés à une certaine date représentaient loyalement et complètement la situation financière et patrimoniale de ces sociétés et rendaient compte de la totalité des éléments composant le patrimoine actif et passif des sociétés à ladite date.
Dénature cette convention, a jugé la Cour de cassation, une cour d'appel qui, pour dire non fondée la demande de paiement portant sur le montant, à la date de référence, de la surévaluation de l'actif net des sociétés, retient qu'au-delà de la sincérité des comptes à cette date, le cédant ne s'est aucunement obligé à garantir la différence entre la situation nette déclarée et la situation nette réelle à cette même date, que la garantie ne porte pas sur le montant d'actif en tant que tel et pris isolément et que le montant du prix de cession n'est pas celui de la situation nette des sociétés à la date de référence.
La **portée de cette décision** paraît aller au-delà des faits de l'espèce. L'arrêt prend certes appui sur la circonstance que le cédant ne s'était pas borné à une déclaration puisqu'il avait en outre « garanti » la sincérité des comptes. Mais, plus que les termes employés, ce qui paraît décisif est l'objet même des déclarations en cause. Il ne s'agit pas, en effet, de mentions indicatives au contenu indifférent mais d'affirmations relatives à la situation financière et patrimoniale de la société.
Or il ne paraît guère concevable que le cédant puisse, sans contracter de ce fait aucun engagement, déclarer que les documents fournis représentent loyalement cette situation. Même en l'absence de précision expresse en ce sens, il ne saurait, sans qu'il soit manqué précisément à l'exigence de loyauté, être dispensé de répondre des inexactitudes pouvant affecter lesdits documents.

SECTION 2

ACCEPTATION DE LA GARANTIE

MODALITÉS D'ACCEPTATION DE LA GARANTIE DE PASSIF

66150 La manifestation la plus évidente de l'acceptation de la clause de garantie est la signature de la partie à qui cette clause a été proposée, l'**acceptation** étant alors **expresse.** En pratique, on rencontre également des situations moins évidentes, notamment en présence d'une clause figurant dans un acte distinct de l'acte de cession et signé par une seule des parties. Les juges recherchent alors si la **clause** a été **implicitement acceptée** par l'autre partie en relevant les éléments caractérisant l'existence de son consentement.

ILLUSTRATIONS

Dans un cas où le cédant s'était engagé à garantir le passif social dans un acte distinct de l'acte de cession, mais non signé par l'acquéreur, le cédant a été condamné à exécuter les obligations résultant de cette garantie car l'acte non signé constituait une offre de garantie que l'acquéreur avait implicitement acceptée du seul fait de la signature concomitante de l'acte de cession, avec lequel cette offre formait un tout (CA Versailles 25-1-2001 n° 98-6995 : RJDA 8-9/01 n° 866).
En revanche, dans un cas où, à l'occasion d'une promesse de cession d'actions conclue par l'un des actionnaires de la société (A) tant en son nom propre qu'en qualité de porte-fort de deux autres actionnaires (B et C), l'acte avait été complété par une convention de garantie d'actif et de passif, ceux-ci n'ont pas été condamnés à exécuter la garantie car aucun d'eux n'y a consenti. En effet, si le premier d'entre eux (B) apparaît parmi les garants dans la convention de garantie, il ne l'a pas signée et le fait pour lui d'avoir signé l'ordre de mouvement de ses titres ne peut pas constituer une ratification expresse de cette convention dont il n'est pas établi qu'il ait eu connaissance en sa qualité d'administrateur de la société car, d'une part, il ne ressort d'aucune pièce produite que sa qualité de garant ou le contenu de la garantie ait été évoqué lors d'une

réunion du conseil d'administration à laquelle il aurait participé et, d'autre part, le transfert d'actions n'implique pas en lui-même connaissance de la convention de garantie ; en outre, même si l'acquéreur lui rappelait dans un courrier que l'actionnaire A, son fils, avait signé pour son compte, on ne saurait déduire de cette lettre que tel a bien été le cas puisqu'il n'est justifié d'aucun pouvoir donné à cette fin. S'agissant de l'autre actionnaire (C), même si A s'était porté fort pour lui de l'exécution de la convention de garantie, il n'est pas établi qu'il l'ait ratifiée expressément ; cette ratification ne résulte pas non plus sans ambiguïté du fait qu'il ait signé le bordereau de transfert de ses titres, ni du fait qu'il ait perçu le prix de cession, la référence à la convention de garantie dans la promesse de cession n'impliquant pas la connaissance des termes de cette convention, ni du fait qu'il n'ait pas réagi au courrier l'informant de la mise en œuvre de la garantie (CA Paris 30-1-2004 n° 02-11475 : RJDA 5/04 n° 570, 1e espèce).

Sur les conséquences, en cas de **garantie consentie par un époux,** du défaut de consentement de son conjoint à ladite garantie, voir Cass. 1e civ. 20-9-2012 n° 11-13.144 : n° 67000.

ACCEPTATION VICIÉE DE LA GARANTIE DE PASSIF

Conformément au droit des contrats, aucun vice (erreur, dol ou violence) ne doit affecter le **consentement** de l'une des parties sous peine de **nullité de la garantie** (sur la question des vices du consentement, voir nos 19000 s.). Les illustrations en matière de garantie de passif sont rares. Jugé que, même en cas de conclusion de la garantie sous une **contrainte économique,** celle-ci est valable dès lors que les engagements du garant ne sont pas illégitimes et ne procurent pas au bénéficiaire un avantage excessif (Cass. com. 11-1-2005 n° 01-11.414 F-D : n° 25037). Néanmoins, le juge ne peut pas refuser d'annuler une clause de limitation de garantie de passif sans avoir recherché si le vendeur, en s'abstenant de révéler une information utile à l'acheteur (en l'espèce, un rapport sur la pollution du site d'exploitation), n'avait pas eu l'**intention de le tromper** et s'était ainsi rendu coupable de réticence dolosive (Cass. com. 27-1-2021 n° 18-16.418 F-D : RJDA 5/21 n° 319).

GARANTIE DE PASSIF FIGURANT DANS UNE PROMESSE

Doit-on considérer que la clause de **garantie** a été acceptée par les parties lorsqu'elle figure dans une promesse de cession mais **pas dans l'acte constatant** la réalisation de cette **cession** ? Les juges ont répondu à cette question par l'affirmative dès lors qu'aucun acte postérieur à la promesse ne comporte de renonciation à la clause (Cass. 1e civ. 5-3-2009 n° 08-10.625 F-D : RJDA 10/09 n° 854 ; CA Paris 29-11-1996, 3e ch. B ; CA Paris 2-6-2020 n° 17/18974 : RJDA 10/20 n° 500).

ILLUSTRATIONS

Dans un cas où une **promesse** synallagmatique de cession de parts sociales **comportait une garantie** de passif au profit de l'acquéreur et où les parties avaient réitéré leur accord dans un **second acte** qui ne **mentionnait pas expressément cette garantie,** viole l'article 1134 du Code civil (devenu C. civ. art. 1103) la cour d'appel qui, pour rejeter la mise en œuvre de la garantie par l'acquéreur, a retenu que le second acte ne se réfère au premier que dans l'exposé précédant la cession et que les parties, ayant manifesté la volonté de signer un acte de cession définitif par des dispositions totalement autonomes, se substituant à celle du premier acte, n'avaient pas besoin de renoncer aux clauses de cet acte et en a déduit que la clause de garantie de passif n'était pas applicable. En effet, le second acte précisait que les conditions suspensives prévues au premier acte étaient réalisées, ce dont il se déduisait que les parties étaient liées par ses stipulations et que la clause de garantie de passif devait dès lors recevoir application à moins que la volonté expresse ou tacite d'y renoncer n'ait été exprimée sans équivoque.

Cass. 1e civ. 5-3-2009 n° 08-10.625 précité.

Le protocole de cession des actions d'une société de l'industrie alimentaire à qui une activité de commercialisation de produits surgelés avait été apportée dans le cadre d'un apport partiel d'actif prévoyait, par une clause intitulée « Caractère complet des déclarations préalables des cédants », que ceux-ci déclaraient et garantissaient avoir révélé à l'acquéreur des actions toutes les informations importantes concernant l'activité « surgelés » de la société, les **cédants garantissant** notamment l'exhaustivité de la liste des **contrats clients annexée au protocole.** Un mois plus tard, l'acte définitif de cession conclu entre les parties précisait la teneur des déclarations des cédants faites à l'acquéreur sur la situation de la société (caractéristiques de celle-ci ; agrément donné à la cession des actions ; caractéristiques des actions cédées ; comptes sociaux ; activité et responsabilité pénale de la société ; filiales et participations ; absence de litige en cours ; absence de modification des opérations préalables à la cession sans accord préalable de l'acquéreur). Dans l'acte, les cédants garantissaient l'acquéreur de l'exactitude et de la sincérité de ces déclarations. L'acquéreur avait ensuite dénoncé un contrat liant la société à un client qu'il considérait comme inconciliable avec sa propre activité et il avait été condamné en justice à indemniser ce client pour rupture abusive du contrat. Ce contrat n'ayant pas été mentionné au protocole, l'acquéreur avait alors demandé aux cédants de le garantir de cette condamnation en application de la clause de garantie du protocole. Les cédants lui avaient opposé que leur

garantie était limitée aux seules déclarations prévues dans l'**acte de cession,** qui ne **comportaient aucune mention de la liste des contrats clients.** Ils avaient ajouté que l'acte de cession les avait même dispensés de déclarations complémentaires à celles qu'il énonçait.
Il y a lieu d'écarter cette argumentation et d'appliquer la clause de garantie de passif prévue au protocole de cession.
Certes, l'acte de cession indiquait que l'acquéreur avait déclaré avoir eu connaissance de ce que le patrimoine de la société provenait d'un apport partiel d'actif et avait dispensé en conséquence les cédants de déclarations complémentaires à celles énoncées dans l'acte sur la situation de la société. Mais ces stipulations n'ont emporté aucune renonciation de l'acquéreur à se prévaloir des déclarations formulées par les cédants dans le protocole.
En outre, il ne saurait être déduit de l'absence de déclaration relative aux contrats clients dans l'acte de cession l'impossibilité pour l'acquéreur de se prévaloir des déclarations figurant au protocole dès lors que, aux termes d'une clause de l'acte de cession intitulée « Garantie », les parties ont rappelé expressément l'existence dans ce protocole d'une garantie consentie par les cédants, « ayant pour objet de garantir la continuité de l'exploitation de la société et de l'activité surgelés au sein de celle-ci ».
Il résulte de cette dernière clause que l'acte de cession n'a pas mis un terme à la garantie du protocole, mais que celle-ci s'est ajoutée à celle de l'acte de cession.
Les cédants n'ayant pas fourni une liste exhaustive des contrats clients dans le protocole, ils doivent donc garantir l'acquéreur de ce défaut d'exhaustivité.
CA Paris 2-6-2020 n° 17/18974 précité.

En outre, lorsque la clause de **garantie insérée dans la promesse diffère de celle** figurant **dans l'acte de cession** (ou dans un acte distinct), seule cette dernière clause prévaut car les parties sont considérées comme l'ayant substituée à la clause insérée dans la promesse.
Si cette nouvelle clause figure dans une **convention de garantie distincte de l'acte de cession,** seuls peuvent s'en prévaloir ceux des acquéreurs ayant signé cette convention.

ILLUSTRATIONS

Dans un cas où le bénéficiaire d'une promesse de cession comportant une clause de révision de prix s'était substitué, comme la promesse l'y autorisait, à d'autres acquéreurs et où, le jour de la signature de l'acte de cession auquel il était partie avec ceux-ci, il avait signé sans eux une convention de garantie de passif avec le cédant, les juges ont estimé que ces acquéreurs ne pouvaient pas bénéficier de cette garantie en se prévalant de la clause insérée dans la promesse puisque les obligations résultant de celle-ci (révision à la baisse du prix de cession) étaient différentes de celles figurant dans la convention de garantie (paiement de l'intégralité des dettes sociales) ; il résultait donc de cette modification substantielle de la garantie souscrite que la dernière convention s'était substituée à la clause de révision de prix et ne pouvait avoir d'effet qu'à l'égard des parties contractantes (CA Paris 12-7-1989, 25e ch. B).
Par ailleurs, dans un cas où les deux principaux associés d'une SAS avaient signé, d'une part, une promesse de cession des actions détenues par l'un à l'autre comportant la faculté pour le bénéficiaire de se substituer un tiers et, d'autre part, un protocole d'accord prévoyant une réduction de prix si le chiffre d'affaires consolidé de la SAS et de ses filiales n'atteignait pas un certain seuil à certaines dates, il a été jugé qu'en stipulant cette réduction de prix dans un protocole visant expressément la promesse de cession de parts, laquelle prévoyait elle-même une faculté de substitution, le cédant n'avait pas limité son engagement de réduction de prix au seul bénéficiaire originel de la promesse et avait, en conséquence, implicitement stipulé en faveur de l'acquéreur final qui avait effectivement exécuté la promesse de cession initiale en acquérant les titres. Par suite, seul l'acquéreur final était recevable à invoquer le bénéfice de la diminution du prix stipulée au protocole d'accord (CA Paris 17-2-2011 n° 09-20618 : RJDA 8-9/12 n° 707).

CONCLUSION D'UNE GARANTIE DE PASSIF PAR UN MANDATAIRE

Lorsque l'un des cédants donne mandat à un tiers (ou à un autre cédant) de conclure la cession en son nom, il peut également lui donner le pouvoir de passer en son nom la clause de garantie attachée à cette cession (sur l'interdiction pour le mandataire de représenter également l'acquéreur, voir n° 28120).
Le **pouvoir** doit en principe être **exprès** (n° 28040), ce qui ne signifie pas qu'il doit être nécessairement donné par écrit (n° 28140).
Compte tenu des risques juridiques afférents à un éventuel **dépassement** de mandat (n° 28380), il est préférable de préciser la mission du mandataire en ce qui concerne les garanties qu'il peut souscrire au nom du mandant.
Lorsque l'**étendue du mandat** est contestée, c'est au juge qu'il appartient de la déterminer. Jugé par exemple que le mandat de céder la moitié des parts d'une société aux conditions de prix et aux modalités de paiement jugées utiles par le mandataire et, « d'une manière générale, de faire le nécessaire pour aboutir à la cession des parts » englobe le pouvoir de conclure une convention de garantie au nom du mandant (CA Paris 7-11-1989 n° 86-7801).

> **Précisions** Cette solution a été retenue pour les motifs suivants : il résulte des termes de cette clause que le mandant n'a pas seulement entendu se faire représenter pour la signature de l'acte de cession, mais a donné le pouvoir d'accomplir les actes nécessaires à cette cession ; ainsi, ce **mandat conféré « pour aboutir à la cession des parts »** a autorisé le mandataire à souscrire au nom du mandant une garantie de passif, qui est le corollaire des cessions portant sur une part importante du capital social ; même si la convention de garantie, signée le même jour que l'acte de cession, mentionne le nom du mandant sans indiquer que celui-ci est représenté par le mandataire, elle a été signée par ce dernier « tant en son nom personnel qu'ès qualités », le terme « ès qualités » se référant au pouvoir de représentation du mandataire et non à sa qualité de gérant de la société dès lors qu'il s'est lui-même engagé dans la convention à garantir le passif à titre personnel en tant qu'ancien associé et que la garantie de passif n'a de sens que si elle est imposée par l'acquéreur aux cédants.
> Pour d'autres exemples, voir n° 28040.

GARANTIE DE PASSIF DONNÉE PAR UNE DÉLIBÉRATION COLLECTIVE

En cas de cession de la totalité des parts ou actions d'une société, il peut arriver qu'une garantie de passif soit donnée par une délibération collective des associés réunis en assemblée générale. Dans ce cas, il nous semble que la délibération ne peut valablement engager l'ensemble des associés que si elle est adoptée à l'unanimité. En effet, en devenant associé, une personne s'engage à contribuer aux pertes sociales (C. civ. art. 1832, al. 3), mais elle ne souscrit à l'égard des autres associés aucun engagement concernant le paiement des dettes sociales. La garantie de passif constitue donc une **augmentation** de ses **engagements** qui ne peut pas être décidée sans son consentement (C. civ. art. 1836, al. 2). Un arrêt de la Cour de cassation paraît aller dans ce sens puisqu'il censure une cour d'appel ayant admis que des associés « apparaiss[aient] avoir convenu à la majorité de garantir le passif » dans une décision collective sans rechercher si la décision ainsi prise ne traduisait pas une augmentation de leurs engagements, qui ne pouvait être décidée qu'à l'unanimité (Cass. 1e civ. 5-11-1996 n° 94-19.529 P : RJDA 1/97 n° 59). 66170

À notre avis, à défaut d'unanimité, les associés ayant approuvé la délibération peuvent être considérés comme ayant accepté individuellement de garantir le passif, de sorte que leur **engagement individuel** est valable.

SECTION 3 ÉTENDUE DE LA GARANTIE

CONTENU DE LA CLAUSE DE GARANTIE DE PASSIF

L'étendue de l'engagement du cédant s'apprécie en fonction du contenu de la clause de garantie. Lorsqu'elle est **claire et précise,** le juge doit, en cas de litige, s'en tenir à ce qu'elle prévoit à peine de dénaturation (C. civ. art. 1192). Dans le **cas contraire,** il doit l'interpréter en tenant compte de la commune intention des parties ou, à défaut de pouvoir déceler celle-ci, donner à la clause un sens raisonnable (C. civ. art. 1188 ; sur l'interprétation de la clause par le juge, voir C. Barrillon, Le contentieux sensible de l'interprétation de la garantie de passif : BRDA 4/21 inf. 32). 66250

APPLICATION DE LA GARANTIE DE PASSIF EN CAS DE CESSIONS SUCCESSIVES

En cas de cessions successives de droits sociaux **à un même acquéreur,** la garantie ne peut s'appliquer qu'à la cession à laquelle elle se rapporte. Ainsi, dans un cas où, dans un premier temps, plusieurs associés avaient cédé, pour certains, l'ensemble de leurs parts et, pour un autre, une partie de ses parts et où, par la suite, ce dernier avait cédé le reliquat de ses parts au même acquéreur, il a été jugé que cet acquéreur ne pouvait pas invoquer un engagement de garantie pour demander une révision du prix de ce reliquat dès lors que cet engagement se rapportait exclusivement à la première cession (CA Paris 25-3-1992 n° 90-22336). 66252

A. Éléments de passif garantis

Le passif couvert par la garantie correspond aux dettes nouvelles dont la cause ou l'origine est antérieure à la cession (ou à une date déterminée par les parties dans la clause) et qui ne figure pas dans les comptes sociaux ou pour un montant insuffisant. 66260

On entend par « **dettes** » les engagements de la société à l'égard des tiers, que ces engagements résultent d'obligations légales (notamment impôts et cotisations sociales) ou contractuelles. Aucun autre élément ne peut être retenu :

– lorsque des cédants se sont engagés à accepter une diminution du prix de cession « correspondant à tout oubli ou toute insuffisance de comptabilisation de passif », l'acquéreur ne peut pas demander la révision du prix en se bornant à incriminer une majoration inexacte du **chiffre d'affaires** déclaré par les cédants, dès lors que la garantie invoquée n'en fait pas un élément de la détermination du prix et que le chiffre d'affaires est si peu un élément du passif qu'il n'apparaît pas au bilan et génère des créances et non des dettes (CA Paris 31-1-1997 n° 95-7494 : RJDA 7/97 n° 914) ;

– lorsque le cédant s'est engagé à prendre en charge la diminution de la valeur des parts due à toute baisse de l'actif net au-dessous de la valeur ressortant du bilan arrêté à une date donnée, l'acquéreur ne peut pas invoquer la garantie pour une **perte de valeur** résultant d'une baisse figurant dans une situation comptable provisoire (Cass. com. 24-5-2011 n° 10-13.871 F-D : RJDA 10/11 n° 812) ;

– lorsque le cédant d'actions d'une société exploitant une grande surface s'est engagé à garantir toute augmentation de passif résultant d'un défaut de comptabilisation antérieur à la date de transfert de propriété des titres, l'acquéreur ne peut pas demander au cédant de l'indemniser d'un **écart négatif de capitaux propres** constaté entre la date d'arrêté du bilan de référence ayant servi à déterminer le prix de cession et la date de transfert de propriété des actions (période « intercalaire »), dès lors que cet écart résultait d'une perte, c'est-à-dire d'une différence négative entre produits et charges constatés au jour du transfert de propriété et non d'une augmentation de passif non comptabilisée révélée ultérieurement, le passif concernant les dettes de la société ; en outre, il n'a pas été prouvé que ces pertes « intercalaires » aient été la conséquence de déclarations erronées du cédant ayant induit l'acquéreur en erreur, la constatation de pertes importantes ne suffisant pas à démontrer une « anormalité dans la gestion ou dans les déclarations » du cédant ; au contraire, l'acquéreur, professionnel confirmé de la grande distribution, n'avait pas pu ignorer les importantes difficultés financières du cédant, acculé à la vente ; le faible prix de cession, négocié dans un contexte de « guerre des enseignes », et le séquestre de la totalité du prix provisoire n'avaient pas pu laisser de doute sur la poursuite de la dégradation de la situation financière de la société (CA Poitiers 15-6-2004 n° 02-834 : RJDA 3/05 n° 272) ;

– lorsque le cédant s'est engagé à prendre en charge les indemnités des salariés et les condamnations liées au licenciement, l'acquéreur ne peut pas invoquer la garantie pour demander au cédant de prendre en charge les **indemnités transactionnelles** versées à deux personnes qui n'étaient pas salariées mais liées à la société cédée par un contrat d'agence commerciale rompu à la suite d'un litige avec l'acquéreur (CA Paris 29-10-2013 n° 12/22685 : RJDA 2/14 n° 123) ;

– lorsque l'associé gérant cède ses parts, la seule preuve de **fautes de gestion** de sa part ne suffit pas à établir l'existence d'une diminution de l'actif ou d'une augmentation du passif permettant la mise en œuvre de la garantie d'actif et de passif prévue dans l'acte de cession (Cass. com. 22-9-2021 n° 19-22.938 F-D : RJDA 12/21 n° 777).

66262 Le terme « **dette** » désigne tout engagement à l'égard des tiers, que celui-ci fasse ou non l'**objet d'un litige.** Ainsi, dans un cas où une clause imposait au cédant de prendre en charge les dettes sociales qui apparaîtraient au cours des douze mois à venir, les juges ne peuvent pas limiter la garantie aux seules dettes ayant fait l'objet, dans les douze mois impartis, d'un litige potentiel sous la forme d'une assignation (Cass. com. 2-5-1990 n° 88-16.2449 D).

DETTES VISÉES PAR LA GARANTIE DE PASSIF

66265 Le plus souvent, la clause précise quelles **catégories de dettes** sont visées par la garantie (dettes à l'égard du Trésor public, de tel ou tel fournisseur, emprunt bancaire, etc.).

À défaut de précision, toute dette nouvelle est couverte par la garantie, quelle qu'en soit la nature.

ILLUSTRATIONS

Dans un cas où des cédants s'étaient engagés « à faire leur affaire personnelle de tous prêts ou avances consentis [à la société] et pour le cas où ladite société serait mise en cause par les prêteurs ou tous créanciers quelconques », il a été jugé que les termes « créanciers quelconques » apparaissaient comme généraux et non susceptibles d'être limités aux seuls créanciers se prévalant d'un prêt ou d'une avance (Cass. com. 29-1-1973 : Bull. civ. IV n° 52). Jugé, également, qu'un cédant était tenu de prendre en charge le remboursement d'un prêt consenti par un fournisseur à la société dès lors que la garantie couvrait « le paiement de tout passif » antérieur à une certaine date et que le cédant ne rapportait pas la preuve qu'il y avait lieu de restreindre cet engagement de garantie (Cass. 1e civ. 13-11-1973 : Bull. civ. I n° 308). De même, dans un cas où un cédant s'était engagé à prendre partiellement en charge les « frais, charges, dettes et passif liés au licenciement collectif du personnel de la société, en ce compris sans que cette liste soit limitative l'ensemble des salaires, indemnités de préavis et charges sociales afférents à l'ensemble du personnel, indemnités de congés payés, treizième mois, indemnités de licenciement et autres accessoires du salaire, coût global de la mise en place de la procédure de licenciement et d'un plan de sauvegarde de l'emploi ainsi que l'ensemble des frais et dépens de justice [...] éventuellement engagés dans le cadre de ou consécutivement à la cessation des contrats de travail et autres condamnations auxquelles la société serait éventuellement condamnée », jugé que le cédant était tenu des sommes dues au titre des licenciements mais aussi des sommes versées aux salariés en vertu de transactions conclues entre ceux-ci et la société car son engagement faisait explicitement référence à d'éventuelles condamnations prononcées à l'encontre de la société et couvrait toutes conséquences, y compris judiciaires, des licenciements quelle que soit la réalité de leur motif (CA Paris 29-10-2013 n° 12/22685 : RJDA 2/14 n° 123).

En revanche, dans un cas où une convention de garantie de passif prévoyait que le cédant devait garantir tout supplément de passif dont la cause était antérieure à la cession, ne figurant pas sur le bilan du dernier exercice clos et qui pourrait se révéler ultérieurement, il a été jugé que le montant de factures non payées par un des clients de la société avant la cession et non provisionnées dans les comptes n'était pas couvert par la garantie dès lors qu'au jour de la conclusion de la convention, même si les factures litigieuses n'avaient pas été réglées à leur échéance, il n'était pas établi que les sommes dues au titre de ces factures constituaient un supplément de passif au sens de la convention, le client ayant fait l'objet d'une procédure de sauvegarde quatre mois après la cession et d'une procédure de liquidation judiciaire plus d'un an après (CA Paris 13-3-2018 n° 16/17780 : RJDA 7/18 n° 581). Jugé par ailleurs que lorsque la lecture des termes d'une clause montre que le passif visé ne comprend que les dettes en numéraire, la garantie exclut le coût de travaux que l'acquéreur a été obligé de décider après la cession à la suite d'injonctions administratives adressées avant celle-ci (Cass. com. 7-11-1983 : Bull. Joly 1984 p. 62).

Lorsque la clause ne précise pas si le **passif lié aux aléas de l'exploitation ou aux contrats conclus pour les besoins de l'activité** de la société est couvert par la garantie, ce passif entre-t-il néanmoins dans son champ d'application ? Une décision de la cour d'appel de Versailles a répondu à cette question par la négative. Selon cet arrêt, il n'est pas démontré que des **frais de réparation** dus par une société sont compris dans la garantie de passif dès lors que ces dettes entrent dans les aléas normaux de l'activité industrielle et que l'acquéreur ne prétend pas que le cédant aurait garanti ces aléas, ni même qu'il aurait pu les prévoir et mener une gestion plus prudente. En outre, ajoute la cour, l'acquéreur ne peut pas demander la prise en charge par le cédant des coûts d'un **contrat d'abonnement** portant sur une machine à affranchir et d'un **contrat de location** d'un photocopieur passés par la société, dès lors que ces contrats ont été conclus pour les besoins de l'activité de celle-ci, que les charges qu'ils impliquent jusqu'à leur expiration ne constituent pas une augmentation anormale du passif, que le cédant affirme avoir avisé l'acquéreur de leur existence et que les équipements litigieux sont des appareils qui ne peuvent pas échapper à l'attention de l'acquéreur, lequel a ainsi la possibilité de se renseigner sur les modalités de leur financement et sur leur coût d'utilisation (CA Versailles 9-10-2003 n° 02-4878 : RJDA 2/04 n° 173). **66267**

PASSIF DONT L'ORIGINE EST ANTÉRIEURE À LA CESSION

Principe Pour déterminer si une dette a son origine avant la cession (ou à une date déterminée dans la clause de garantie, qui peut, par exemple, correspondre à la date d'établissement du « bilan de référence » en fonction duquel les parties ont fixé le prix de cession), le juge prend en compte la date du **fait générateur** de cette dette, c'est-à-dire la date de l'acte (par exemple, le contrat) ou du fait juridique qui lui a donné naissance. Peu importe donc la date à laquelle la dette est devenue exigible. **66280**

Ce principe ne s'applique pas aux dettes nées de contrats à exécution successive (n° 66290).

ILLUSTRATIONS

Origine jugée antérieure à la cession (ou à une date déterminée) **66285**

Dans un cas où le cédant d'actions d'une société spécialisée dans la fabrication de wagons s'était engagé à faire son affaire personnelle de tout passif non déclaré, non provisionné ou insuffisamment provisionné ayant une cause antérieure à une date déterminée, cette garantie englobe toutes les conséquences financières des **déficiences affectant** les **wagons construits** avant cette date, que ces conséquences aient été révélées après comme avant celle-ci, dès lors que l'origine des défectuosités des wagons résulte de défaillances de conception et de fabrication.

Cass. com. 9-6-1987 n° 85-17.157 : Bull. Joly 1987 p. 492.

Même si, après la cession, la société s'est acquittée avec retard de **pénalités fiscales,** ces pénalités doivent être mises à la charge du cédant ayant garanti le passif social antérieur à la cession dès lors qu'elles s'appliquent au non-paiement d'impositions dues par la société avant cette cession, à l'époque où le cédant avait la maîtrise de la gestion sociale.

CA Paris 7-11-1989 n° 86-7801.

66285 (suite) Doivent être comprises dans une garantie de passif les **pénalités réclamées** à la société **par l'administration fiscale** après la cession des droits sociaux dès lors que le redressement opéré a sanctionné les fautes commises par le cédant, qui s'était refusé à discuter avec les agents de l'administration fiscale avant la cession, tandis que l'acquéreur a fait tout ce qui était en son pouvoir pour minimiser les conséquences des errements du cédant.

Cass. com. 6-4-1993 n° 90-20.788 D : Bull. Joly 1993 p. 686 note A. Couret.

Dans un cas où, à l'occasion d'une cession de parts sociales, les cédants s'étaient engagés à garantir toutes les dettes mises à la charge de la société après la cession et dont l'origine ou la cause serait antérieure, ceux-ci doivent rembourser aux acquéreurs le montant de l'**indemnité de licenciement** versé à un **salarié** reconnu **inapte** à tout emploi après la cession dès lors que cette inaptitude, cause du licenciement, trouve son origine dans la période antérieure à la cession puisqu'elle résulte d'une maladie professionnelle ayant entraîné un arrêt de travail à compter d'une date antérieure à cette cession.

CA Paris 28-5-1999 n° 97-2227.

Ndlr : Dans le même sens, Cass. com. 6-7-2022 n° 21-11.483 F-D : BRDA 17/22 inf. 3 analysé ci-dessous.

Dès lors qu'un acquéreur s'était engagé à garantir « tout passif social, quelle qu'en soit l'origine, non déclaré mais existant [un mois avant la cession] ou tout passif ayant une cause antérieure à cette date et qui se révélerait ultérieurement », cette garantie distingue deux notions, celle d'existence du passif et celle de cause du passif. Il en résulte que la cause du passif n'est pas assimilable à l'existence de ce passif. Aussi la garantie doit-elle s'appliquer aux sommes dont la **société** a été jugée redevable en exécution d'un engagement par lequel elle s'était **portée garante** à l'égard d'un bailleur **du paiement de loyers** dus par un tiers dès lors que, si l'existence du passif, née du non-paiement des loyers, était postérieure à la cession, sa cause, à savoir l'engagement de la société, était bien antérieure à celle-ci.

CA Paris 20-10-2000 n° 98-22546 : RJDA 3/01 n° 326, 2e espèce.

Dans un cas où une société avait été condamnée à payer une **indemnité** suite à la **rupture d'un contrat** de collaboration, le passif constitué par cette indemnité trouvait son origine dans la lettre de rupture du contrat signifiée par la société au collaborateur avant la cession des droits sociaux, de sorte que ce passif était couvert par la garantie du cédant.

Cass. com. 17-12-2002 n° 98-23.076 F-D : Bull. Joly 2003 p. 287 note G. Fréchet.

Dans un cas où un acte de cession de parts sociales daté du 30 septembre 1998 contenait une clause de garantie de passif par laquelle les cédants s'engageaient à prendre à leur charge tout **passif non mentionné ou évalué dans le bilan** de la société arrêté au 30 juin 1998 **mais antérieur à la cession,** a dénaturé cette clause la cour d'appel qui, pour rejeter la demande des acquéreurs en paiement d'une somme représentant un passif révélé au 30 septembre 1998, retient que la date à prendre en compte pour l'application de la garantie est celle du 30 juin 1998, les parties ayant fait expressément référence au bilan arrêté à cette date, alors que la clause prévoyait que les cédants s'engageaient à prendre à leur charge le passif non connu mais existant au jour de la cession ou ayant un fait générateur antérieur à celle-ci.

Cass. com. 23-5-2006 n° 04-19.551 F-D : RJDA 1/07 n° 55, 2e espèce.

Dans un cas où une société dont les actions avaient été cédées avait été condamnée à verser des **dommages-intérêts** à un ancien salarié pour avoir utilisé, postérieurement au licenciement de celui-ci et sans son accord, des photographies le représentant, une cour d'appel, qui a constaté l'antériorité à la cession du fait dommageable (l'utilisation des photographies) suivi après cette cession de la condamnation de la société, a pu en déduire que ce fait, connu du cédant, entrait dans le champ de la garantie de passif souscrite par ce dernier dès lors qu'il existait avant la cession et que le litige était par ailleurs déclaré en annexe de la garantie.

Cass. com. 11-7-2006 n° 04-18.497 F-D : RJDA 1/07 n° 55, 3e espèce.

À la suite de la vente de la totalité des parts d'une société exploitant une décharge, le cédant et l'acquéreur avaient signé une convention de garantie de passif aux termes de laquelle le premier s'engageait à garantir le second contre « tous passifs existant au 31 juillet 1994, jusqu'au 31 décembre 1997 au titre des passifs fiscaux et sociaux ». Cette convention précisait qu'au titre du passif fiscal, l'acquéreur s'engageait à tenir le cédant informé afin de lui permettre de participer à la procédure de contrôle et de minimiser ainsi les risques de mise en jeu de sa garantie. Le 11 septembre 1996, la société cédée avait fait l'objet d'une **taxation d'office et** de divers **redressements pour absence de déclaration et de paiement de la taxe sur les déchets ménagers** au titre de la période comprise entre le 1er avril 1993 et le 31 octobre 1994.

Justifie légalement sa décision de condamner le cédant au titre de la garantie de passif une cour d'appel qui déduit des éléments suivants que le fait générateur des impositions était antérieur à la date limite prévue à la convention de garantie de passif, de telle sorte que celle-ci devait s'appliquer :

– les titres exécutoires correspondant aux redressements fiscaux notifiés à la société cédée avaient été établis le 6 novembre 1997 pendant la période de prise en charge du passif fiscal par

la clause de garantie et, dès le 22 juin 1993, l'administration avait demandé à cette dernière de procéder à la première déclaration et au versement de la taxe sur les déchets ménagers, due à partir du 1er avril 1993 ; **66285** (suite)
– le passif fiscal résultait de la procédure de taxation d'office diligentée à l'encontre de la société cédée pour défaut de déclaration, par cette dernière, de la taxe sur les déchets ménagers avant sa cession ;
– la procédure de taxation d'office n'appelait, de la part du contribuable, aucune discussion contradictoire avec l'administration susceptible de déboucher sur un accord transactionnel, justifiant la participation du cédant pour apporter, lors du contrôle, tous éclaircissements et précisions utiles.

Cass. com. 27-10-2009 n° 08-15.129 F-D : RJDA 5/10 n° 524, 2e espèce.

À l'occasion de la cession de la totalité des parts d'une SARL conclue le 31 juillet 2003, les cédants s'étaient engagés à garantir l'acquéreur contre tout passif nouveau ne figurant pas dans le bilan de l'exercice clos le 31 mai 2003 et ayant une cause ou une origine imputable à des faits antérieurs.
Cassation de la décision d'une cour d'appel ayant estimé que cette garantie ne couvrait pas les indemnités de gérance dues pour les mois de juin et de juillet 2003 alors que l'indemnité versée par la SARL à son dirigeant en **rémunération** de ses fonctions de **gérant,** auxquelles il avait accédé en 1996, avait une cause antérieure au 31 mai 2003.

Cass. com. 12-7-2011 n° 10-26.125 F-D : RJDA 12/11 n° 1041.

Un acte de cession de parts d'une société avait prévu une garantie couvrant la survenance de tout passif non compris dans le bilan de la société arrêté au 31 décembre 2010 ainsi que de toute insuffisance d'actif par rapport à ce bilan. Il y a lieu de mettre en œuvre la garantie notamment pour les éléments de passif suivants :
– la **condamnation non provisionnée au paiement de frais et dépens,** prononcée par un jugement d'un conseil de prud'hommes ayant donné lieu à un état de frais notifié à la société en 2008, puis à un titre de perception émis en décembre 2011 suivi d'une demande en paiement adressée à la société en janvier 2012 par le Trésor public, le fait générateur de ce passif étant non le titre de perception mais l'état de frais à compter duquel le principe et le montant du passif étaient connus, de sorte qu'il aurait dû figurer au bilan de l'exercice 2010 ;
– les **honoraires d'avocats non provisionnés** qui correspondaient à des diligences accomplies en 2013 lors d'une procédure d'appel opposant un salarié à la société, dès lors que le salarié avait fait appel le 15 octobre 2010, ce qui en faisait un passif rattachable au bilan de l'exercice 2010, peu important que la représentation par avocat en appel ne soit pas obligatoire pour ce contentieux, la société l'ayant jugé nécessaire en raison de la complexité du contentieux.

CA Paris 15-2-2022 n° 20/08337 : RJDA 6/22 n° 340.

Le cédant des actions d'une société s'était engagé envers l'acquéreur à l'indemniser de tout passif social ayant une cause antérieure à la cession et un salarié de cette société, en arrêt de travail depuis un accident du travail survenu trois ans avant la cession, avait été licencié deux ans après celle-ci.
L'acquéreur peut se prévaloir de la garantie de passif pour se faire rembourser l'**indemnité de licenciement** et les sommes attribuées au salarié concerné à l'issue du litige prud'homal. En effet, le médecin du travail avait **déclaré le salarié inapte** à son emploi en précisant que son maintien dans la société était gravement préjudiciable à sa santé et que son état de santé actuel ne permettait pas de faire des **propositions de reclassement,** et l'accident était à l'origine de l'inaptitude.
Il se déduit de ces constatations que la société n'était pas tenue à une obligation de reclassement et n'avait, par suite, d'autre choix que de rompre le contrat de travail à la suite de la constatation de cette inaptitude. Au sens de la convention de garantie, l'accident du travail était la cause du passif nouveau généré par le licenciement et l'accident étant antérieur à la cession des actions, les demandes de l'acquéreur se situaient dans le périmètre de cette convention.

Cass. com. 6-7-2022 n° 21-11.483 F-D : BRDA 17/22 inf. 3.

Ndlr : Au contraire, dans le cas où la société n'a pas proposé de reclassement alors qu'elle aurait dû le faire, l'indemnité de licenciement trouve son origine dans la décision de ne pas reclasser le salarié (voir CA Paris 20-3-2008 n° 07-7204 : n° 66286).

Lors de la cession des actions d'une société en juin 2014, le cédant avait consenti à l'acquéreur une garantie de passif. En 2018, un conseil de prud'hommes avait condamné la société au paiement d'indemnités liées à la requalification en contrat à durée indéterminée et à la rupture de contrats de mission d'un salarié d'une entreprise de travail temporaire mis à la disposition de la société entre juillet 2009 et août 2014.
L'acquéreur peut se prévaloir de la garantie de passif pour se faire rembourser **l'indemnité de requalification** et les **frais irrépétibles de l'instance prud'homale**. Ces indemnités trouvaient en effet leur origine dans la conclusion du premier contrat irrégulier en juillet 2009 et non dans celle des deux nouveaux contrats de mission postérieurs la cession, ce passif supplémentaire étant lié à la requalification et non à la décision de licenciement elle-même. Le salarié aurait

d'ailleurs pu obtenir cette requalification en dehors de toute procédure de licenciement et avant même la cession.

Cass. com. 21-9-2022 n° 20-18.965 F-B : BRDA 20/22 inf. 2.

Ndlr : En revanche, l'indemnité légale de licenciement, l'indemnité de préavis et de congés payés afférents ainsi que les dommages-intérêts pour le licenciement sans cause réelle et sérieuse ne peuvent être remboursés au titre de la garantie de passif (même arrêt : n° 66286).

66286 ILLUSTRATIONS

Origine jugée postérieure à la cession (ou à une date déterminée)

Un cédant n'est pas tenu de garantir l'incidence que pourrait avoir sur le prix de cession l'**obligation de créer un comité d'entreprise** (désormais comité social et économique) au sein du groupe dont font partie les sociétés dont les parts sont cédées dès lors que la création effective de ce comité est postérieure à la date de la cession et que la garantie souscrite par l'intéressé se limite à l'incidence qu'aurait eue l'obligation litigieuse si elle avait dû s'appliquer avant la date de la cession.

Cass. com. 15-3-1994 n° 92-15.797 D : Bull. Joly 1994 p. 502 note A. Couret.

Ndlr : Pour un autre cas de refus de prise en compte des frais afférents à la mise en place d'un tel comité dans le cadre d'une déclaration de sincérité, voir CA Paris 19-2-2008 n° 07-8834 : n° 66460.

Une clause de garantie prévoyant l'obligation pour le cédant de rembourser à l'acquéreur la perte de valeur des parts cédées du fait de l'apparition postérieure à la cession d'un passif dont la cause préexisterait, l'acquéreur ne peut pas prétendre qu'une **dépréciation de titres** figurant à l'actif du bilan est couverte par la garantie dès lors que cette dépréciation résulte de la décision prise postérieurement à la cession, par la société émettrice des titres, de se liquider.

Cass. com. 10-12-2003 n° 00-12.330 F-D : RJDA 3/04 n° 319.

Ndlr : Même si la dépréciation litigieuse avait eu une origine antérieure à la cession, il nous semble que, en tout état de cause, elle n'aurait pas pu être couverte par la garantie dès lors qu'elle ne constituait pas un passif mais une perte d'actif n'entrant pas dans le champ d'application de la clause.

Le cédant de la majorité des titres d'une société s'était engagé à reverser dans les caisses sociales une somme correspondant à l'appauvrissement de la société dans le cas où apparaîtrait un passif fiscal ou social non comptabilisé au bilan de référence et ayant pour origine des faits antérieurs à la cession. Cette garantie ne couvre pas les **indemnités de licenciement versées à un salarié licencié après la cession parce que reconnu inapte à raison d'un accident du travail antérieur à la cession** ; en effet, l'inaptitude de ce salarié est sans portée générale puisqu'il a été reconnu inapte au poste qu'il occupait **mais apte à un poste** ne nécessitant ni effort ni soulèvement de charge ; le licenciement trouve donc son origine, non dans l'accident, mais dans la décision de la société qui a conclu à l'impossibilité du reclassement pour des motifs qui lui sont propres.

CA Paris 20-3-2008 n° 07-7204 : RJDA 10/08 n° 1033.

Ndlr : Le raisonnement, dans la lignée de celui retenu par cette même cour d'appel en 1999 (CA Paris 28-5-1999 n° 97-2227 : n° 66285), est applicable à l'inaptitude résultant d'une maladie professionnelle.

Depuis 2004, la chambre sociale de la Cour de cassation considère que l'avis du médecin du travail déclarant le salarié inapte à tout emploi dans l'entreprise, auquel doit être assimilé l'avis d'inaptitude à tout travail, ne dispense pas l'employeur de son obligation de rechercher des possibilités de reclassement conformément à l'article L 1226-12 du Code du travail (notamment, Cass. soc. 7-7-2004 n° 02-47.458 FS-PB : RJS 10/04 n° 1028 ; Cass. soc. 15-12-2015 n° 14-11.858 F-PB : RJS 2/16 n° 103 ; Cass. soc. 3-5-2018 n° 17-10.234 F-D : RJS 7/18 n° 474).

Dans la continuité de cette jurisprudence, Cass. com. 2-12-2020 n° 18-11.336 F-D : RJDA 3/21 n° 174 : cas où le licenciement concerne un salarié devenu inapte à la suite d'un harcèlement moral antérieur à la cession, dès lors que le licenciement trouve son origine non dans le harcèlement, mais dans la **décision de la société** de ne pas reclasser le salarié au sein du groupe.

Dans un cas où le cédant de la totalité des actions d'une société s'était engagé à prendre en charge la totalité du passif social dont la cause ou l'origine serait antérieure à la cession, une cour d'appel s'était fondée sur le raisonnement suivant pour valider l'appel de la garantie par l'acquéreur qui réclamait le remboursement d'**indemnités dues à un salarié licencié après la cession** : le litige avec ce salarié était en germe depuis très longtemps et trouvait son origine bien antérieurement à la cession ; ce conflit récurrent avait créé un climat de suspicion et de démotivation à l'origine de nombreuses contre-performances rendant le licenciement inévitable et c'était de l'ensemble de ces litiges qu'avait été saisi le conseil de prud'hommes ; en conséquence, les sommes sollicitées au titre de la garantie avaient toutes une cause antérieure à la cession et le passif résultant des condamnations prud'homales avait, au sens de la convention des parties, sa cause et son origine antérieurement à la cession. Cette décision doit être cassée au motif que le licenciement qui constituait le fait générateur des indemnités dues par la société était intervenu postérieurement à la cession.

Cass. com. 31-3-2009 n° 08-12.702 F-D : RJDA 10/09 n° 856.

À l'occasion de la cession des actions d'une société en juin 2014, le cédant avait consenti à l'acquéreur une garantie de passif. En 2018, un conseil de prud'hommes avait condamné la société au paiement d'indemnités liées à la requalification en contrat à durée indéterminée et à la rupture de contrats de mission d'un salarié d'une entreprise de travail temporaire mis à la disposition de la société entre juillet 2009 et août 2014.

L'acquéreur ne peut pas se prévaloir de la garantie de passif pour se faire rembourser **l'indemnité légale de licenciement, l'indemnité de préavis et de congés payés** afférents ainsi que **les dommages-intérêts pour le licenciement sans cause réelle et sérieuse**. Ces indemnités avaient pour fait générateur la cessation, assimilable à un licenciement, de la relation que la société avait prolongée après la cession des actions en concluant deux nouveaux contrats de mission, dont il lui appartenait de vérifier la régularité. Par suite, doit être censuré l'arrêt de la cour d'appel qui admet que l'acquéreur puisse se prévaloir de la garantie de passif pour se faire rembourser ces sommes.

Cass. com. 21-9-2022 n° 20-18.965 F-B : BRDA 20/22 inf. 2.

Ndlr : En revanche, l'indemnité de requalification et les frais irrépétibles de l'instance prud'homale peuvent être remboursés au titre de la garantie de passif (même arrêt : n° 66285).

Contrats à exécution successive En présence d'un contrat à exécution successive, seules sont couvertes par la garantie les dettes se rapportant à une **période d'exécution antérieure à la cession.** Ainsi, il a été jugé qu'en acceptant sans restriction la cession des parts d'une société locataire de locaux commerciaux, l'acquéreur s'était nécessairement engagé à assumer la charge financière des loyers et que la garantie de passif souscrite par le cédant ne pouvait donc pas s'appliquer au règlement des **loyers postérieurs à la cession** car ceux-ci ne constituaient pas un passif nouveau ayant une cause antérieure à la cession, mais étaient la simple continuation des baux en cours qu'aucun écrit n'avait modifiés (CA Paris 4-7-1995 n° 93-23798 : RJDA 12/95 n° 1374). **66290**

De même, jugé qu'une clause de garantie de passif ayant prévu l'indemnisation de l'acquéreur des parts de la société pour tout manque à gagner ou préjudice subi par celle-ci, dont l'origine était antérieure au protocole de cession et qui n'avait pas été comptabilisé ou suffisamment provisionné dans les comptes, ne pouvait pas couvrir les pertes sur un **marché lié à l'exécution d'un contrat** dès lors que ces pertes trouvaient leur origine dans le **déroulement** de ce contrat, bien **après la cession** (CA Paris 20-10-2005 n° 04-481 : RJDA 3/06 n° 282).

La cour d'appel de Paris a également admis qu'une clause garantissant l'apparition de tout passif non déclaré, non provisionné ou insuffisamment provisionné et dont la cause serait antérieure à une date déterminée devait s'appliquer à des **redevances** non provisionnées qui étaient **dues** par la société à un fournisseur **en vertu d'un contrat d'approvisionnement** et qui se rapportaient à une période antérieure à cette date (CA Paris 28-10-1994 n° 92-21780 : Bull. Joly 1995 p. 165 note J. Calvo).

> **Précisions** Dans cette affaire, ont **également** été **incluses dans la garantie** les indemnités dues au fournisseur en raison de la rupture anticipée du contrat litigieux par la société. Les juges ont en effet estimé que :
> – ces indemnités s'étaient substituées aux redevances que le fournisseur était en droit d'exiger de la société jusqu'à l'expiration de ce contrat ;
> – le cédant ne pouvait pas reprocher à la société d'avoir résilié ce contrat puisque le montant des indemnités était inférieur à celui des redevances que le cédant aurait dû supporter au titre de la garantie si le contrat s'était poursuivi.
> Ce dernier motif est critiquable car, ces redevances se rapportant à une période postérieure à la cession, elles n'étaient pas couvertes par la garantie.

CARACTÈRE OCCULTE DU PASSIF GARANTI

Seul le passif non révélé au jour de la cession est couvert par la garantie. Mais que faut-il entendre exactement par « passif non révélé » ? Faut-il considérer comme occulte tout **passif** non inscrit ou insuffisamment inscrit au bilan, même si l'**acquéreur en a eu connaissance** avant la cession ? **66310**

À première lecture, il peut sembler que la jurisprudence a répondu de manière contradictoire à cette question, certaines décisions ayant apporté une réponse affirmative (Cass. com. 1-4-2003 n° 00-11.645 F-D ; Cass. com. 18-11-1997 n° 95-15.191 D ; CA Paris 10-10-2000 n°s 99-24698 et 00-1670 : n° 66313) et d'autres une réponse négative (Cass. com. 11-10-2005 n° 03-11.390 F-D : n° 66313).

La Cour de cassation a finalement donné la clef pour une bonne lecture : la réponse dépend des termes de la garantie. Ainsi, si celle-ci ne fait pas de distinction selon que l'acquéreur avait ou non connaissance de la cause ou de l'origine de la diminution d'actif ou de l'augmentation du passif, cette connaissance ne lui interdit pas de mettre en œuvre la garantie (Cass. com. 14-12-2010 n° 09-68.868 F-D : n° 66313 ; Cass. com. 12-5-2015 n° 14-13.234 F-D : n° 66313). Comme l'a déjà relevé la Cour de cassation, la connaissance par l'acquéreur du passif non inscrit est intégrée dans les négociations (Cass. com. 11-10-2005 n° 03-11.390 F-D : n° 66313).

ILLUSTRATIONS **66313**

La clause de garantie de passif d'un acte de cession de parts d'une SARL, dont l'objet est de garantir l'acquéreur de toute diminution d'actif ou de tout passif nouveau ayant une origine antérieure à la cession, dans la mesure où il n'a pas été provisionné ou inscrit au bilan de la SARL, doit jouer dès l'instant où un passif antérieur à la cession, qui n'a pas été inscrit ou

66313 (suite) provisionné au bilan, se révèle après la cession, dès lors que la clause a été signée par les cédants en connaissance de cause, peu important pour son application que l'**acquéreur** ait été **au courant du litige ayant engendré ce passif.**

Cass. com. 1-4-2003 n° 00-11.645 F-D : RJDA 11/03 n° 1079.

Dans un cas où une clause précisait que « toute réduction de l'actif ou augmentation du passif venant de faits antérieurs [à une certaine date] et n'ayant pas été reprise dans les états financiers (...) sera compensée (...) par une réduction du prix de vente des actions », la circonstance que les **cédants** avaient **déclaré l'existence d'un litige** dans l'acte de cession n'a pas suffi à exclure ce litige de la garantie dès lors qu'aucune provision n'avait été constituée et qu'il en était résulté une perte.

CA Paris 10-10-2000 n°s 99-24698 et 00-1670.

Un **acquéreur** est fondé à faire jouer la garantie même s'il avait **établi,** en qualité de directeur général de la société, **le bilan** en fonction duquel les parties avaient fixé le prix de cession car celles-ci étaient convenues que le passif non inscrit serait pris en charge par le cédant du moment qu'il était omis dans les comptes, « pourvu qu'il ait existé en puissance » avant la date d'établissement du bilan ; peu importait, par conséquent, l'identité de la personne ayant établi ce bilan puisqu'il était prévu que tout passif non inscrit et « existant en germe » serait pris en charge par le cédant.

Cass. com. 18-11-1997 n° 95-15.191 D : Bull. Joly 1998 p. 107.

Ndlr : Dans cette affaire, il a été souligné que le cédant était aussi bien placé que l'acquéreur pour connaître la situation exacte de la société et disposer en conséquence de tous les éléments pour calculer le prix de cession, de sorte que c'était en toute connaissance de cause qu'il avait décidé de ce prix et de la garantie litigieuse.

L'acquéreur des actions d'une société détenant à 99 % une société civile immobilière (SCI) reprochait au cédant de lui avoir dissimulé un passif par absence de prise en compte d'une quote-part du résultat déficitaire de la SCI et par provisions insuffisantes dans le bilan ayant servi de référence lors de la cession.

Ayant relevé que les **difficultés existantes** quant à l'augmentation du passif ou la diminution d'actif de la société dont les actions ont été cédées étaient connues de l'acquéreur et qu'elles ont été **prises en compte** lors de la fixation du prix de cession, la cour d'appel a pu rejeter la demande d'exécution de la clause de garantie du passif de la société souscrite par le cédant, peu important que les pertes imputées à la SCI n'aient pas été correctement provisionnées de façon comptable.

Cass. com. 11-10-2005 n° 03-11.390 F-D : RJDA 2/06 n° 145.

Lors d'une cession d'actions, le cédant s'était engagé à garantir l'acquéreur de « tout préjudice que la société viendrait à supporter par l'effet de la diminution d'un poste d'actif ou de l'augmentation d'un poste de passif dans les comptes [arrêtés à une certaine date], dès lors que la cause ou l'origine de la diminution ou de l'augmentation serait antérieure [à cette date] ». L'acquéreur avait ultérieurement demandé la mise en œuvre de cette garantie en raison des difficultés de commercialisation de certains matériels fabriqués par la société.

Viole l'article 1134 du Code civil (désormais C. civ. art. 1103 issu de ord. 2016-131 du 10-2-2016) l'arrêt d'une cour d'appel qui, pour rejeter cette demande, retient que l'**acquéreur, parfaitement informé des difficultés de commercialisation,** n'avait **pas réclamé,** avant la fixation définitive du prix, **l'inscription d'une provision dans les comptes** ou la mention de la dépréciation dans l'annexe, alors que la clause de garantie ne distinguait pas selon que l'acquéreur avait ou non connaissance de cette cause ou origine.

Cass. com. 14-12-2010 n° 09-68.868 F-D : RJDA 3/11 n° 246.

Lors d'une cession de parts d'une société ayant pour activité le développement de logiciels informatiques, le cédant avait déclaré que les informations figurant dans le contrat étaient exactes et sincères et s'était engagé à garantir tous les programmes informatiques dans toutes leurs versions, qu'elles soient achevées ou inachevées. L'acquéreur avait ultérieurement demandé la mise en œuvre de cette garantie en raison de dysfonctionnements d'un logiciel développé par la société.

A méconnu la loi du contrat la cour d'appel qui, pour rejeter cette demande, a retenu que l'acquéreur avait pratiqué un **audit** de la société avant d'en acquérir les parts, qu'il se targuait d'avoir une **activité spécialisée dans le domaine** informatique et qu'il ne rapportait **pas la preuve de manœuvres** du cédant pour le tromper alors que le cédant avait garanti que toutes les informations qui figuraient dans le contrat étaient exactes, sans distinguer selon que le bénéficiaire de la garantie avait ou non connaissance des faits susceptibles d'affecter de manière substantielle les actifs qui y étaient visés.

Cass. com. 12-5-2015 n° 14-13.234 F-D : RJDA 8-9/15 n° 571.

À l'occasion de la cession de la totalité des actions d'une société, le cédant avait souscrit à l'égard de l'acquéreur une convention de garantie de passif par laquelle il garantissait tout passif ne figurant pas dans les comptes de référence au moment de la signature de l'acte de cession. La société avait par la suite été condamnée à indemniser un de ses clients avec lequel elle était en

litige. L'acquéreur avait alors agi contre le cédant car ce dernier refusait de le garantir pour cette condamnation, faisant valoir que, même si ce **litige** n'avait **pas** été **provisionné, l'acquéreur,** qui avait **participé à l'arrêté contradictoire des comptes,** avait eu connaissance du risque si bien qu'il ne pouvait pas faire jouer la garantie.
A légalement justifié sa décision la cour d'appel qui, ayant relevé que le cédant n'avait pas provisionné les conséquences de ce litige, contrairement aux termes de la garantie, et avait déclaré qu'il n'y avait pas au jour de la souscription de la garantie de procès en cours, en a déduit que le cédant devait garantir l'acquéreur de la condamnation, peu important que l'acquéreur ait eu ou non connaissance du litige en cours.
Cass. com. 3-5-2018 n° 16-23.817 F-D : RJDA 8-9/18 n° 646.

Ndlr : En l'espèce, aux termes de l'acte de garantie, la société avait « constaté toutes les provisions pour dépréciation, risques ou charges » et le cédant avait déclaré qu'il n'existait « aucun procès, poursuite ou réclamation en cours ou à [sa] connaissance (...), de situations précontentieuses de quelque nature que ce soit, qui concernaient la société ». Mais il n'était pas prévu que la garantie ne s'appliquerait pas au passif non provisionné connu de l'acquéreur.

Les juges tiennent parfois compte du **rôle joué par l'acquéreur au sein de la société avant la cession** pour déterminer l'étendue de sa connaissance du passif social. **66322**
Ainsi, dans un cas où, le cédant des actions d'une société s'étant engagé à indemniser l'acquéreur de tout passif social non enregistré dans les comptes de la société, l'acquéreur avait demandé l'exécution de cette garantie en invoquant le défaut de comptabilisation d'une provision relative à des engagements de préretraite mis à la charge d'une filiale de la société au profit de salariés d'un sous-traitant dont les contrats de travail avaient été repris par la filiale avant la cession, cette demande a été rejetée aux motifs que l'acquéreur était déjà **membre du conseil d'administration** de la société à la date de reprise des contrats de travail litigieux et que son représentant ne pouvait pas ignorer que cette reprise se faisait avec maintien des droits des salariés, la question des retraites ayant été évoquée plusieurs fois avant la cession en conseil d'administration. Le risque de passif social avait été également évoqué lors de réunions du comité d'entreprise de la société (désormais comité social et économique) dont la teneur avait été portée à la connaissance des administrateurs (CA Paris 20-9-2005 n° 04-14222 : RJDA 1/06 n° 32, 2e espèce).

› Précisions Dans cette affaire, les juges ont ajouté que, même si les comptes ne comprenaient pas de provisions relatives aux engagements de préretraite, ce que permettent les normes comptables, mention de ces engagements avait été portée dans les annexes de ces comptes approuvés par l'acquéreur, de sorte que ce dernier, parfaitement expérimenté en la matière, ne pouvait pas manquer d'en déduire que les avantages sociaux liés aux contrats repris avaient été transférés à la filiale.
Les juges en ont déduit que l'acquéreur avait une **obligation minimale de diligence** lors du processus de cession et que, en cas de doute sur l'étendue des obligations souscrites envers les salariés repris en matière de préretraite, il lui appartenait de se renseigner avant d'acquérir.

GARANTIE DU PASSIF PÉNAL

Depuis que les sociétés peuvent être condamnées à des sanctions pénales, certaines clauses de **garantie** couvrent les augmentations du passif résultant de **sanctions prononcées à l'encontre de la société** après la cession pour des infractions commises avant celle-ci. Si le bénéficiaire d'une telle garantie est la société, la clause se heurte au principe d'ordre public interdisant de décharger une personne des conséquences de sa responsabilité pénale (principe de la personnalité des peines), ce qui entraînerait la nullité de cette clause ; c'est pourquoi une garantie de « passif pénal » doit, pour être **valable,** désigner exclusivement et sans ambiguïté l'acquéreur comme bénéficiaire (H. Dubout, Garanties de passif et responsabilité pénale des personnes morales : Bull. Joly 1994 p. 253). **66330**
En cas de **fusion-absorption,** la Cour de cassation a consacré le principe de la transmission à la société absorbante de la responsabilité pénale pour les infractions commises par la société absorbée antérieurement à la fusion (Cass. crim. 25-11-2020 n° 18-86.955 FS-BPI : RJDA 2/21 n° 96). Dans le même arrêt, la Cour a précisé que « les actionnaires de la société absorbante peuvent être protégés, notamment, par l'insertion d'une clause de déclarations et de garanties dans l'accord de fusion ». Pour le professeur Couret, une garantie pourrait ainsi être donnée par les actionnaires historiques de la société absorbée au profit des actionnaires de la société absorbante, par un acte séparé du traité de fusion. La garantie pourrait aussi être souscrite au profit d'un acquéreur de la société absorbante. Le professeur doute en revanche de la validité d'une garantie souscrite au profit de la société absorbante (A. Couret, Intégrer les risques nouveaux dans le champ de la garantie de passif : BRDA 4/21 inf. 31 nos 9 s.).

Les parties peuvent ne pas limiter la garantie aux seules condamnations de la société à des **amendes.** La clause peut ainsi porter sur les aggravations du passif résultant d'**autres sanctions** (fermeture d'établissement, exclusion des marchés publics, interdiction d'exercer certaines activités **66333** ou d'émettre des chèques, etc.) qui, même si elles n'ont pas toutes un caractère pécuniaire, entraînent une dévalorisation de l'actif social. Compte tenu de la difficulté de trouver des paramètres permettant d'évaluer avec précision les conséquences financières de telles sanctions, il nous paraît opportun de confier à un tiers le soin de déterminer le montant de l'indemnité en pareil cas. Pour le cas extrême où la sanction retirerait toute valeur à la société, les parties pourraient prévoir la résolution de la cession.

ILLUSTRATIONS

Dans un contrat de cession d'actions d'une société faisant l'objet d'une information judiciaire, une clause garantissant les condamnations pénales résultant d'une **décision exécutoire** ainsi que les **charges afférentes à la procédure** ne couvre pas le **cautionnement pénal** en lui-même, mais les frais liés à celui-ci (Cass. com. 17-3-2021 n° 19-11.691 F-D : RJDA 6/21 n° 395).

GARANTIE DU PASSIF « ENVIRONNEMENTAL »

66350 La garantie de passif peut couvrir les conséquences de **pollutions** révélées après la cession, mais dont la cause est antérieure. Il est alors recommandé de préciser dans la clause les types de dommages que le cédant s'engage à indemniser : par exemple, décontamination, mise aux normes des installations (incluant, en cas de remplacement d'appareils, les frais de démontage, de remontage, de transport et le coût de destruction des appareils remplacés), réparation des équipements endommagés, dommages causés aux tiers, pertes d'exploitation et dommages immatériels causés à la société (notamment, atteinte à son image), le tout pouvant être diminué, le cas échéant, du montant des indemnités d'assurance versées à la société (E. Fremeaux et F. Coutant, Les cessions de droits sociaux et la protection de l'environnement : Bull. Joly 1994 p. 1061).

66353 Lorsque les cédants des actions d'une société exploitant des **décharges de déchets industriels** ont garanti que la société est titulaire des autorisations nécessaires à l'exercice de son activité et que les décharges sont exploitées conformément à la réglementation en vigueur, la garantie s'applique dès lors qu'il est établi que les décharges ne sont pas conformes à la réglementation à la date de la cession. En effet, dès l'instant où la réglementation n'est pas appliquée, la société se trouve exposée à des mises en demeure de l'administration génératrices de dépenses, malgré la tolérance dont les cédants ont pu bénéficier et que l'administration n'est jamais tenue de maintenir (CA Paris 5-3-2004 n°s 97-911, 97-4412, 97-27309 et 98-2443 : RJDA 7/05 n° 822 et, sur pourvoi, Cass. com. 3-4-2007 n° 04-15.532 F-D : RJDA 7/07 n° 736).

> **Précisions** Dans cette affaire, la mise en jeu de la **garantie** n'était **subordonnée** ni à une intervention de l'administration ni à une mise en demeure de respecter des arrêtés antérieurs. Cette garantie devait donc s'appliquer dès l'instant où un défaut de conformité était constaté, peu important qu'aucune obligation de remise en état n'ait été imposée à la société par l'administration.

GARANTIE DU PASSIF « HORS BILAN »

66360 À notre avis, la garantie de passif s'étend, sauf clause contraire, aux engagements hors bilan, c'est-à-dire aux **obligations éventuelles** de la société, dont la mise en œuvre n'est ni certaine ni probable à la date d'établissement des comptes, et qui ne peuvent donc pas y figurer, même sous forme de provisions. Sont notamment visées les garanties données par la société, qui ne peuvent faire l'objet que d'une mention dans l'annexe des comptes annuels. Jugé, par exemple, que le paiement de loyers ne constitue pas un engagement hors bilan que le cédant avait promis de faire reprendre avant la cession ; en effet, ce paiement constitue, au même titre que celui des salaires, des frais d'entretien ou des primes d'assurances, un engagement habituel n'ayant pas à figurer à l'annexe, laquelle ne doit comporter que des engagements exceptionnels ou déséquilibrés, tels que les cautionnements (CA Paris 4-7-1995 n° 93-23788 : RJDA 12/95 n° 1374).

B. Pertes d'actif garanties

66390 Lorsque la garantie porte sur une perte d'actif quelconque, l'acquéreur peut être indemnisé à raison de toute diminution d'un des postes d'actif du bilan, qu'il s'agisse d'une **immobilisation** dont l'amortissement aurait été insuffisant, de **stocks** qui auraient été surévalués ou de **créances** qui n'auraient pas été provisionnées. Ainsi, lorsque le cédant s'engage à garantir l'existence des éléments d'actif figurant au bilan de la société ainsi que l'exactitude des écritures comptables, la provision à constituer pour répondre du risque de non-recouvrement d'un certain nombre de créances de la société entre dans le champ d'application de cette garantie (Cass. com. 4-4-1995 n° 92-17.740 D : RJDA 7/95 n° 853).

CONSEIL

La meilleure façon d'éviter les problèmes liés aux stocks de la société (notamment, valorisation et situation juridique) est d'effectuer un **inventaire contradictoire** (donc, établi dans un document signé par les deux parties) portant tant sur la quantité des marchandises ou des produits finis que sur leur qualité (en ce sens, J. Calvo et A. Couret, Garantie d'actif et de passif, aspects pratiques, l'actif circulant : Petites affiches 22-2-1995 p. 14).

Bien sûr, rien n'interdit aux parties de **limiter la garantie** à certains postes d'actif (par exemple, comptes clients ou comptes de stock).
Sur la garantie d'une baisse d'actif résultant d'une sanction pénale prononcée à l'encontre de la société, voir n° 66333.
La mise en œuvre de la garantie ne peut jouer que s'il existe **réellement une perte d'actif.** La valeur de matières premières non comptabilisée dans la situation comptable prise comme référence pour l'application d'une garantie de bilan n'entre pas dans le champ de celle-ci car elle n'entraîne aucune minoration d'actif (Cass. com. 19-6-2019 n° 17-26.285 F-D : RJDA 10/19 n° 636).

ILLUSTRATIONS

Un acte de cession de parts d'une société prévoyait une garantie de passif et d'actif au profit des acquéreurs, limitée à la **diminution des capitaux propres** générée par un passif social non déclaré ou insuffisamment déclaré et à la moins-value ou à la **dépréciation constatée sur les valeurs d'actif,** appréciée à la date d'arrêté du bilan pris en considération pour déterminer le prix de cession. Après la cession, une expertise avait révélé que deux **postes de ce bilan avaient été surévalués** : les prestations en cours (à hauteur de 63 535 €) et le compte clients (à hauteur de 24 848 € TTC). La cour d'appel ne pouvait pas, pour refuser d'indemniser les acquéreurs en exécution de la garantie, retenir que cette surévaluation n'avait pas eu d'incidence sur le montant des capitaux propres de la société mais sur son actif circulant. En effet, la correction de la surévaluation de ces deux postes d'actif a eu pour effet d'affecter défavorablement le **résultat net** de la société, qui constitue une composante de ses capitaux propres (Cass. com. 4-11-2021 n° 19-23.024 F-D : RJDA 1/22 n° 21).

GARANTIE DE LA DIMINUTION D'ACTIF NET

Lorsque le cédant garantit seulement la diminution de l'actif net (et non de l'actif stricto sensu), il peut demander que toute **baisse d'actif** (**ou** toute **augmentation du passif**) révélée après la cession soit **compensée** avec une hausse d'actif (ou une diminution de passif) ne figurant pas dans les comptes au jour de la cession. Ce résultat peut également être obtenu au moyen d'une clause de compensation complétant la garantie de passif et autorisant le garant à compenser les baisses d'actif (ou les hausses de passif) couvertes par la garantie avec des hausses d'actif (ou des baisses de passif). **66400**

ILLUSTRATIONS

L'absence d'enregistrement en comptabilité de factures correspondant à des travaux commandés par la société avant la cession est sans incidence sur la situation nette comptable dès lors que l'acquéreur, en sa qualité de nouvel associé majoritaire, a approuvé l'inscription du coût de l'intégralité des travaux en compte d'immobilisation ; en revanche, ce défaut de comptabilisation des factures n'ayant pas permis à l'acquéreur de prendre conscience des besoins de financement nécessaires au paiement des investissements non encore inscrits à l'actif du bilan, le coût des intérêts résultant de ces besoins de financement constitue un passif supplémentaire dont le cédant doit garantir l'acquéreur (CA Paris 22-12-2000 n° 98-13414).
L'acte de cession de parts d'une SARL exploitant un bureau d'études du secteur du bâtiment prévoyait une clause de garantie de passif mettant à la charge du cédant toute diminution d'actif ou toute augmentation de passif non comptabilisées ayant une origine antérieure à la cession. Cette clause était complétée par un mécanisme de compensation aux termes duquel « les augmentations de passif et/ou diminutions d'actif se compenseront de plein droit avec les éventuelles diminutions de passif et/ou augmentations d'actif comptabilisables, qui, ayant une cause ou une origine antérieure à la date de la cession, se révéleraient ultérieurement ». La SARL, qui avait passé avant la cession un marché de maîtrise d'œuvre portant sur la réhabilitation de logements, avait conclu deux avenants au marché après cette cession, ce qui lui avait procuré des honoraires supplémentaires. Le cédant, appelé à payer au bénéficiaire de la garantie une somme correspondant à une diminution d'actif apparue après la cession, ne peut pas se prévaloir de ces avenants pour faire jouer le mécanisme de compensation et demander à ce que la somme qui lui est réclamée soit réduite du montant des honoraires supplémentaires car les honoraires encaissés au titre des avenants n'avaient pas une cause antérieure à la cession, quand bien même ils faisaient suite à un marché conclu avant celle-ci. En effet, ces avenants avaient été signés après la cession et étaient intervenus, pour l'un, à la suite d'une demande de modifications ayant une incidence sur les travaux d'isolation et, pour l'autre, en raison de la nécessité de retravailler les plans pour aménager davantage de logements. Il s'agissait donc de prestations complémentaires

à celles prévues dans le marché initial, correspondant à des besoins nouveaux, et le coût de ces prestations, réalisées après la cession, avait été supporté par la SARL (CA Paris 11-9-2018 n° 16/26020 : RJDA 12/18 n° 916).

66401 Encore faut-il établir la réalité de la hausse d'actif (ou de la diminution de passif) invoquée.

ILLUSTRATIONS

Un cédant ne peut pas demander la compensation d'un passif nouveau résultant du paiement d'une indemnité due par la société dans le cadre d'un litige avec des provisions comptabilisées qui n'ont pas été utilisées dès lors que celles-ci ont été constituées pour d'autres litiges (Cass. com. 17-12-2002 n° 98-23.076 F-D : Bull. Joly 2003 p. 287 note G. Fréchet).

66402 **Prise en compte de la situation fiscale** En matière de garantie d'actif net, est-il possible de **compenser** l'apparition d'un **passif** nouveau **avec** la **baisse d'impôt** qui peut en résulter ? Deux décisions apportent à cette question des réponses qui nous semblent contradictoires. Dans une première affaire, où une clause précisait que, pour la détermination des sommes dues par le cédant, il y avait lieu de tenir compte de l'éventuelle économie d'impôt résultant du nouveau passif, le montant de cette économie venant en déduction des sommes dues, il a été jugé que le règlement d'un passif non comptabilisé, charge déductible sur le plan fiscal, ne peut entraîner une éventuelle réduction d'impôt qu'à partir du moment où il sera intervenu dans le cadre d'un exercice fiscal déterminé, d'autant que le montant de cette charge ne constitue pas le seul paramètre permettant de calculer l'éventuelle diminution d'impôt, de sorte que l'économie qui en résulte a un caractère hypothétique (Cass. com. 17-12-2002 n° 98-23.076 F-D : Bull. Joly 2003 p. 287 note G. Fréchet). Dans la seconde décision, rendue dans un cas où une clause précisait que, « en cas d'augmentation de passif qui trouverait une contrepartie dans un accroissement d'actif constaté, il serait fait une balance entre ces deux augmentations, de telle sorte que les garants ne soient tenus qu'au reversement, le cas échéant, de l'appauvrissement net correspondant, compte tenu de l'économie d'impôt susceptible d'être procurée à la société », il a au contraire été décidé, pour appliquer cette clause à un passif révélé à la suite de détournements de fonds commis au détriment de la société, de tenir compte de l'économie d'impôt pouvant résulter de la découverte de ces détournements dès lors, d'une part, que cette découverte avait été suffisamment caractérisée pour qu'il ait pu en être fait état au titre de la déclaration fiscale de l'exercice au cours duquel elle avait eu lieu et, d'autre part, que cette circonstance était de nature à minorer l'impôt dû par rapport à la situation qui aurait été déclarée en l'absence de tels détournements (CA Paris 30-1-2004 n° 02-11475 : RJDA 5/04 n° 570, 1e espèce).
En l'absence de position claire de la jurisprudence sur cette question, la solution nous paraît incertaine.

66405 A en outre été refusée la **compensation** d'un **passif** non comptabilisé **avec** une **créance** sur le Trésor résultant de l'exercice d'un « **carry-back** », dans un cas où une clause prévoyait que « si des éléments d'actif ou des diminutions de passif apparaissaient qui ne figuraient pas dans le [dernier bilan précédant la cession], leur montant se compenserait à due concurrence avec l'excédent de passif ou l'insuffisance d'actif » (CA Paris 13-11-1997 n° 96-3498 : RJDA 7/98 n° 867).
Le « carry-back » (ou report en arrière des déficits) correspond, on le rappelle, à la faculté offerte par le Code général des impôts d'imputer les pertes d'un exercice social, non pas sur les bénéfices des exercices ultérieurs, mais sur celui de l'exercice précédent et ce dans certaines limites, ce qui fait naître une créance sur le Trésor correspondant à l'excédent d'impôt antérieurement versé (Mémento Fiscal 2022 nos 35925 s.).
Cette compensation a été écartée pour les raisons suivantes : la créance sur le Trésor était née après la date de ce bilan car elle n'avait été comptabilisée que postérieurement et n'était jusque-là qu'un élément d'actif virtuel ; même si, lors de la cession, les parties savaient que l'exercice serait déficitaire, l'acquéreur n'était pas tenu d'avoir recours au « carry-back » et aurait pu opter pour l'imputation plus classique des pertes sur les bénéfices futurs, ce qui n'aurait eu aucune incidence sur l'application de la garantie ; au demeurant, l'importance du remboursement opéré au titre du « carry-back » dépendait de l'ampleur des pertes de l'exercice au cours duquel la cession était intervenue, ampleur indéterminable à la date de cette cession.

66407 Une clause générale de l'acte de garantie relative aux économies d'impôts ne s'applique que sous réserve des clauses spéciales de l'acte dépourvues de toute ambiguïté. Ainsi, dans un cas où une clause prévoyait la diminution d'une garantie de passif à concurrence du montant de toute économie d'impôt effectivement constatée, il a été jugé que cette stipulation n'était pas applicable, malgré sa généralité, à l'hypothèse de la **diminution de garantie** prévue par une clause spéciale en cas de reprise de provision et ne permettait donc pas de compenser cette diminution avec la

majoration d'impôts consécutive à la reprise de provision. En effet, la clause spéciale évoquait en des termes clairs les modalités de la prise en compte de cette provision et ne comportait aucune référence à la première clause ; les parties étaient ainsi convenues de réserver un sort spécifique à l'écriture comptable litigieuse, sans y attacher les incidences fiscales qu'elles avaient prises en compte pour d'autres événements (Cass. com. 4-12-2019 n° 18-14.537 F-D : RJDA 2/20 n° 61).

C. Garantie liée aux déclarations sur la société

La clause de garantie de passif ou d'actif est généralement précédée de certaines déclarations du cédant concernant la situation et/ou la gestion de la société qui engagent ce dernier à en garantir l'exactitude (nos 66074 s.). On notera que, pour les opérations d'ampleur, ces déclarations tendent même à supplanter les systèmes de garantie classiques. **66440**

L'étendue de cette garantie est fonction du **contenu de la déclaration** dont l'acquéreur invoque l'inexactitude, sachant qu'en pratique, il est fréquent que le cédant limite la portée de ses déclarations en faisant des révélations sur des risques actuels et futurs dont il a connaissance sous forme de volumes dénommés « disclosure bundle » ou « closures letters ».

Sont présentées ci-dessous des illustrations jurisprudentielles relatives aux déclarations les plus fréquentes dans les cessions de droits sociaux.

> **Précisions** Rappelons qu'en application de l'article 1353 du Code civil, c'est à l'acquéreur qu'il appartient de **prouver** que les conditions de mise en œuvre de la garantie sont remplies (CA Versailles 18-12-2007 n° 06-3300 : RJDA 5/08 n° 531).

DÉCLARATION DE SINCÉRITÉ DU BILAN

Lorsque le cédant s'est engagé à garantir « l'**exactitude** et la sincérité **du bilan** » de la société, il doit indemniser l'acquéreur notamment en cas de : **66442**

– surévaluation de l'actif net (Cass. com. 2-2-2010 n° 09-11.064 F-PB : n° 66076) ;

– défaut d'inscription d'une provision pour créance douteuse et défaut d'inscription du caractère irrécouvrable d'une créance (CA Paris 28-5-1999 n° 97-2227).

La mise en œuvre de la clause de garantie est généralement subordonnée à la preuve d'un **préjudice** subi résultant d'une déclaration inexacte ou de l'omission d'une information (notamment, Cass. com. 21-3-2018 n° 16-13.867 F-D analysé ci-dessous).

ILLUSTRATIONS

Le cédant qui s'est engagé à supporter une diminution du prix de cession en cas de déclaration inexacte relative aux **immobilisations portées au bilan** doit sa garantie dès lors qu'il a déclaré faussement que les dispositions préfectorales concernant le ravalement d'un immeuble loué par la société avaient été respectées ; en effet, l'immeuble en question abritait le fonds de commerce de la société lequel constitue une immobilisation.
CA Paris 28-6-1991 n° 89-18596.

Une société, qui avait cédé la quasi-totalité des actions d'une société spécialisée dans la vente de matériel nautique, avait garanti à l'acquéreur que les comptes sociaux, déclarations et informations transmis étaient exacts et qu'elle n'avait omis aucun fait ou information dont elle avait connaissance qui serait susceptible d'affecter de manière préjudiciable la situation de la société dont elle cédait les titres. Quelques mois après la cession, l'acquéreur avait mis en œuvre cette garantie, estimant que les **prévisions de vente** qui lui avaient été remises et qui constituaient un élément déterminant de sa décision d'acquérir étaient inexactes, l'accroissement de la vente d'un certain type de matériel (des bômes à enrouleurs) ne s'avérant pas possible. L'acquéreur ne peut pas utilement invoquer la garantie précitée compte tenu des circonstances suivantes :
– les éléments chiffrés relatifs aux prévisions de vente avaient fait l'objet d'un audit à la demande de l'acquéreur et cet audit avait été approfondi puisque l'**acquéreur** avait, dans un premier temps, renoncé à l'acquisition de la société avant d'y procéder moyennant une réduction de prix d'environ 8 % ; il avait alors parfaitement **connaissance** des différentes composantes du chiffre d'affaires de la société et du fait que les ventes étaient inférieures aux prévisions ;
– les **éléments** d'information mis en cause n'étant que « **prévisionnels** », ils n'avaient pas un caractère certain et leur valeur restait subordonnée à la poursuite d'une même politique en matière de gestion et à l'absence d'aléas postérieurs. Or, l'acquéreur avait modifié le centre d'activité de la société, initialement implanté en région parisienne, pour l'installer dans le centre de la France et il n'avait pas suivi la même politique en matière de publicité ;
– il n'était pas démontré que les chiffres « prévisionnels » des ventes de bômes étaient irréalistes et, dans la lettre par laquelle il avait demandé la mise en œuvre de la garantie, l'acquéreur avait

d'ailleurs fait seulement état de ce que les ventes ne devaient pas atteindre le niveau annoncé en raison de leur prix élevé. Il résultait des documents produits qu'à l'occasion de l'audit l'acquéreur avait été informé de l'état du marché de ce produit, puisqu'il avait eu communication du taux de progression par famille de produits pour les trois derniers exercices et du fait que, si des campagnes publicitaires s'étaient traduites par de nombreuses sollicitations émanant du grand public, il était en revanche apparu lors de ces contacts que les bômes demeuraient chères, ce qui avait conduit la société à envisager puis à mettre en place un partenariat avec l'étranger. Il résultait de ces éléments que les caractéristiques des conditions de vente des bômes avaient été mises en évidence à cette période.

CA Versailles 18-12-2007 n° 06-3300 : RJDA 5/08 n° 531.

Aux termes d'une convention de garantie de passif conclue à l'occasion de la cession des actions d'une société de production de spots publicitaires, le cédant avait déclaré qu'il n'existait aucun fait de nature à affecter l'activité et les résultats futurs des sociétés autre que ceux indiqués dans la convention. Il s'engageait à prendre en charge tout préjudice résultant de l'inexactitude de ses déclarations, la garantie s'appliquant aux événements dont l'acquéreur n'avait pas eu connaissance par la seule lecture des documents qui lui avaient été remis pendant les négociations. Quelques mois après la cession, l'acquéreur avait demandé la mise en œuvre de la garantie en faisant valoir que le cédant avait omis de lui indiquer que les **clients des sociétés cédées** leur étaient **envoyés par une agence de publicité dirigée par sa compagne,** agence vis-à-vis de laquelle les sociétés cédées étaient dans un état de dépendance économique.

Cette demande est recevable dès lors qu'il ressort des constatations suivantes que l'**acquéreur** n'avait pas pu avoir **connaissance,** par l'effet de la seule lecture des documents remis avant la cession, de l'état de dépendance économique et des liens existant entre le dirigeant des sociétés et celui de l'agence, ces éléments étant de nature à affecter les résultats et les perspectives des sociétés, d'autant que le chiffre d'affaires de l'une d'elles provenait pour plus des trois quarts des dossiers adressés par l'agence :

– seule la compagne du cédant était en contact avec les clients des sociétés cédées et l'envoi de commandes dépendait de son unique volonté ;

– la clientèle des sociétés cédées n'était pas stable et l'agence n'avait plus, après la cession, de raisons de leur adresser des clients ;

– l'agence passait des « commandes techniques » aux sociétés cédées, celle-ci se conformant aux directives de la directrice de l'agence, qui assurait « la direction de la clientèle et la direction de la création » ;

– l'acquéreur n'avait pas pu déceler ces éléments lors des négociations, les clients réglant directement les sociétés cédées et l'acquéreur n'ayant pas pu rencontrer les salariés et intervenants de ces sociétés ;

– après la cession, un annonceur très important avec lequel les sociétés cédées n'étaient pas en contact direct mais qui était toujours client de l'agence s'était adressé à une autre société de production.

Par suite, il y a lieu de condamner le cédant, en exécution de la clause de garantie, à réparer le **préjudice** subi par les sociétés (180 000 € pour la perte de chiffre d'affaires, passé de 1,2 million à 900 000 €, pour la perte de chance de réaliser un chiffre d'affaires plus important en rapport avec celui existant lors de la cession et pour le manquement à l'obligation de négocier de bonne foi).

CA Paris 14-6-2017 n° 15/20436 : RJDA 11/17 n° 723.

À l'occasion de la cession de la totalité des parts d'une société, le cédant avait souscrit à l'égard de l'acquéreur une convention de garantie de passif par laquelle il garantissait l'exactitude et le caractère complet des déclarations figurant dans la convention au sujet de la situation de la société. Il s'engageait à indemniser l'acquéreur « de toute perte, dommage ou préjudice que celui-ci pourrait subir en raison de l'inexactitude (...) de ces déclarations ou de l'omission d'informations significatives concernant la société ». Estimant que les déclarations auraient dû mentionner que la **société** avait **rompu ses relations contractuelles avec un client** quelques mois auparavant, l'acquéreur avait demandé à être indemnisé.

Une cour d'appel a pu rejeter cette demande après avoir constaté que la mise en œuvre de la **garantie** était **subordonnée à l'existence d'un préjudice** et souverainement déduit des éléments suivants qu'il n'était pas démontré que la perte de ce client avait eu des conséquences dommageables sur l'activité de la société : même si les relations commerciales avec ce client représentaient 7 à 18 % du chiffre d'affaires hors taxe de la société, ce chiffre d'affaires n'avait pas diminué après la cessation des relations contractuelles entre la société et ce client et il avait même augmenté l'année suivante.

Cass. com. 21-3-2018 n° 16-13.867 F-D : RJDA 7/18 n° 580.

DÉCLARATION RELATIVE AUX AUTORISATIONS ADMINISTRATIVES

66445 Lorsque la société exerce une activité réglementée, soumise au contrôle de l'administration, il est opportun de faire porter les déclarations du cédant sur l'**existence** et la **validité des agréments et**

autorisations administratifs nécessaires à l'exercice de cette activité (voir par exemple n° 66353 pour l'exploitation de décharges de déchets industriels).

La clause par laquelle le cédant n'a garanti que l'existence de ces autorisations ne s'applique pas en cas de **modification postérieure du contenu de l'autorisation** par l'administration. Ainsi, dans un cas où, à l'occasion de la cession des actions d'une **société organisant des foires et salons,** le cédant avait garanti l'existence et la validité de tous les agréments et autorisations nécessaires à l'exercice normal des activités de la société, ajoutant qu'aucune circonstance antérieure à la cession n'était susceptible de remettre en cause l'existence ou le contenu de ces agréments et autorisations et où l'administration avait modifié par la suite les dates de tenue du plus important salon organisé par la société, il a été jugé que l'acquéreur ne pouvait pas mettre en jeu la garantie en faisant valoir que cette modification avait porté une atteinte considérable au principal actif de la société et que le cédant en avait eu connaissance par un courrier de l'administration antérieur à la cession qu'il ne lui avait pas communiqué (CA Paris 24-6-2005 n° 03-6240 : RJDA 1/06 n° 32, 3e espèce). **66446**

› Précisions La demande de l'acquéreur a été rejetée pour les motifs suivants :
– le cédant ne s'était engagé sur aucune date des manifestations organisées par la société ; en effet, il lui était impossible de **garantir la pérennité des pratiques antérieures,** tributaires de décisions de l'administration, seule maîtresse en ce domaine, et d'introduire par conséquent dans la convention de garantie des paramètres soumis à une nouvelle autorisation chaque année (tels les dates et lieux de tenue des salons), ce que savait l'acquéreur, professionnel organisant des manifestations semblables ; le cédant s'était borné à indiquer qu'au jour de la cession, aucune anomalie n'avait affecté le mode d'exploitation des salons organisés par la société ;
– dans le courrier que l'acquéreur reprochait au cédant de ne pas lui avoir communiqué, l'administration sollicitait seulement un entretien avec ce dernier « pour réexaminer à partir de l'année prochaine les dates auxquelles pourrait avoir lieu » le salon en question, de sorte que ce seul courrier ne pouvait pas s'analyser comme une remise en cause des dates de tenue de ce salon dont le cédant aurait dû faire part à l'acquéreur et qui n'avait été imposée à la société que plusieurs mois après la cession.

DÉCLARATION CONCERNANT LA GESTION DE LA SOCIÉTÉ

Les déclarations concernant la gestion portent sur la façon dont la société a été gérée entre la date du bilan ayant servi à déterminer le prix de cession et la date de la réalisation de la cession. Le cédant peut être ainsi amené à déclarer que, durant cette période, la **gestion** a été assurée de manière **normale et courante** et qu'aucune décision de gestion exceptionnelle n'a fondamentalement modifié les éléments de ce « bilan de référence ». En cas de litige, les juges apprécient le caractère normal de la gestion du cédant. **66450**

ILLUSTRATIONS

Dans un cas où l'acte de cession de l'intégralité des actions d'une société garantissait l'absence de décision de gestion exceptionnelle modifiant fondamentalement l'actif immobilisé ou le passif permanent, n'a pas donné de base légale à sa décision la cour d'appel qui, pour déclarer le cédant tenu à garantir l'acquéreur, énonce qu'en présence d'une marge brute négative, d'une détérioration du contrôle interne, d'une **chute importante du chiffre d'affaires,** d'une perte nette de l'ordre de 1,5 million de francs, d'une **détérioration de la trésorerie,** d'une situation nette largement négative, l'expert conclut à juste titre que ces faits ne constituent pas des opérations de gestion courante et normales et ne peuvent être le seul résultat d'une baisse de la conjoncture, d'ailleurs certaine, ni de l'inexpérience de l'acquéreur. En effet, ces motifs sont impropres à caractériser l'existence d'une décision de gestion exceptionnelle telle qu'exigée par la garantie.

Cass. com. 20-10-1998 n° 96-15.871 D : RJDA 2/99 n° 181.

Le cédant ayant garanti le passif de la société en déclarant que la gestion avait été assurée d'une manière courante et normale jusqu'à la cession et qu'aucun engagement important dont l'acquéreur n'aurait pas eu connaissance n'avait été pris, l'acquéreur est bien fondé à mettre en œuvre la garantie dès lors que le cédant a continué, pendant les deux mois qui ont précédé la cession, à **honorer les commandes d'un client insolvable,** avec paiement à 90 jours, malgré d'anciens impayés et un rapport alarmiste d'une société de renseignements commerciaux sur la situation financière de ce client.
En revanche, l'acquéreur, qui a lui-même continué à livrer ce client pendant les deux mois ayant suivi la cession, ne peut pas valablement demander la garantie du cédant sur cette période car il a eu immédiatement accès aux dossiers de la société et il n'est donc pas concevable qu'il ait ignoré le risque pendant ces deux mois.

CA Paris 6-6-2003 n° 02-17840 : RJDA 1/04 n° 53.

Sur le refus de considérer comme une « anormalité dans la gestion ou dans les déclarations » du cédant les **pertes importantes** survenues entre l'arrêté du bilan de référence ayant servi à déterminer le prix de cession et la date du transfert de propriété des actions cédées, voir CA Poitiers 15-6-2004 n° 02-834 : n° 66260.

Lors de la cession des parts d'une société de services informatiques, le cédant, jusqu'alors gérant de la société, avait consenti une garantie de bilan sur les comptes de celle-ci qui avaient été établis cinq mois plus tôt et qui avaient servi de base pour la détermination du prix. Il avait en outre déclaré que, pendant la période intermédiaire (les cinq mois précités) durant laquelle il avait gardé le contrôle de la société, il avait maintenu la société dans les mêmes conditions que celles fixées par la situation comptable ayant servi de base à la transaction et que la société n'avait pas eu d'activité commerciale significative, qu'elle avait poursuivi le recouvrement de ses créances et réglé ses fournisseurs et qu'elle n'avait effectué ou constaté aucune opération susceptible d'amoindrir la valeur de ses immobilisations corporelles ou incorporelles.

Au titre de ces garanties, le cédant doit être condamné à rembourser à l'acquéreur :

– les frais relatifs à des **formations professionnelles** qu'il avait suivies pendant la période concernée et qui étaient sans rapport avec ses fonctions ;

– les **notes de restaurant** que lui avait remboursées la société dès lors qu'il ne rapportait pas la preuve qu'elles correspondaient à l'invitation de clients de la société et qu'elles avaient donc été exposées dans l'intérêt de celle-ci ;

– la valeur d'**équipements** (écran plasma et bureau) qu'il avait **conservés** après la cessation de ses fonctions.

CA Paris 8-12-2009 n° 08-14836.

66452 En tout état de cause, **l'acquéreur** ne peut pas invoquer l'inexactitude des déclarations du cédant pour pallier **ses propres fautes de gestion,** comme l'illustre l'affaire suivante.

Le cédant d'une société d'entretien d'espaces verts avait déclaré dans l'acte de cession que le portefeuille de travaux à réaliser sur 2003 était conforme aux habitudes pratiquées dans la société en 2002 et 2001, qu'il générerait les mêmes marges que la moyenne de ces deux années et que le carnet de commandes et les offres en cours portaient sur des commandes acceptées et des offres faites à des conditions arrêtées selon les mêmes principes depuis la création de la société sans recours à des remises exceptionnelles. Garantissant l'exactitude de ses déclarations, le cédant s'était engagé à supporter, à titre d'indemnisation, le montant de l'amoindrissement de la situation nette de la société résultant d'une inexactitude. Jugé que l'acquéreur ne pouvait pas mettre en œuvre cette garantie en invoquant une sous-évaluation du portefeuille de contrats dès lors qu'il était principalement responsable des difficultés financières rencontrées par la société :

– les résultats nets de la société, excédentaires au 31 décembre 2002 à hauteur de 46 150 €, avaient atteint au 31 décembre 2003 un déficit de 1 041 230 € ; la quasi-totalité des 50 chantiers réalisés par la société courant 2003 résultait de devis négociés et établis par le cédant ; l'analyse du compte de résultat 2003 de la société mettait en évidence une augmentation de 57 % du poste « Autres achats et charges externes » et une augmentation considérable du recours à la main-d'œuvre externe (sous-traitance travaux : + 68 % ; location de matériel : + 85 % ; personnel intérimaire : + 419 %) ;

– pour quatre chantiers représentant 30 % du portefeuille des travaux cédés, l'expert avait estimé qu'une partie substantielle de la dérive des coûts était liée à la gestion des chantiers par l'acquéreur, même si une partie significative de cette dérive paraissait résulter de la sous-évaluation de certains coûts par le cédant et de la mauvaise anticipation par ce dernier « d'une partie de l'évolution des conditions de réalisation des chantiers en 2003, lesquelles auraient nécessité un réajustement de prix en raison de l'utilisation prévisible de moyens techniques plus importants que ceux qui [avaient] été budgétés » ;

– ni le rapport d'expertise ni les pièces versées aux débats par l'acquéreur ne prouvaient aucun fait imputable au cédant susceptible d'avoir compromis la continuité de l'exploitation de l'entreprise cédée ou n'ayant pas permis l'usage auquel elle était destinée (CA Paris 26-3-2009 n° 05-8219 : RJDA 7/09 n° 649 cassé par Cass. com. 15-6-2010 n° 09-15.029 F-D, mais sur un autre point).

DÉCLARATION SUR L'ABSENCE DE PROCÉDURE COLLECTIVE

66455 Lorsque le cédant déclare ou garantit que la société dont les parts ou actions sont cédées ne fait pas l'objet d'une procédure collective, il fait entrer dans le champ contractuel une caractéristique dont le maintien est déterminant de l'engagement de l'acquéreur. L'inexactitude d'une telle déclaration permet donc à ce dernier de refuser d'exécuter la cession.

Ainsi, dans un cas où l'acte de cession de 225 parts d'une société qui détenait la totalité du capital d'une société exploitant un débit de boissons précisait que le cédant garantissait à l'acquéreur jusqu'**au jour du transfert** des parts que les deux sociétés ne faisaient pas l'objet d'une procédure collective et qu'elles n'étaient pas en cessation des paiements, il a été jugé que le cédant ne pouvait réclamer le prix de cession à l'acquéreur que s'il était en mesure de remettre à ce dernier ce qui avait été convenu, à savoir les 225 parts d'une société, qui, selon la garantie, n'était pas en cessation des paiements ; or, d'une part, les parts sociales n'avaient jamais été transférées à l'acquéreur ; d'autre part, trois mois avant l'assignation en exécution forcée de la cession formée par le cédant, la filiale avait été mise en redressement judiciaire et la date de cessation de ses paiements fixée à une date antérieure à la signature de l'acte de cession (CA Colmar 1-6-2004 n° 02-3135 : n° 79434).

DÉCLARATION RELATIVE AUX SALARIÉS ET AU RESPECT DU DROIT DU TRAVAIL

En général, le cédant effectue une déclaration sur le **nombre de salariés employés** par la société dont les titres sont cédés. **66458**

Lors de la négociation, l'acquéreur peut également demander au cédant de garantir que les obligations légales incombant à la société en matière de droit du travail, ou seulement certaines d'entre elles, ont bien été respectées. **66460**

Par exemple, à l'occasion de la cession des parts de deux sociétés, l'une fabriquant et installant du matériel frigorifique, l'autre ayant pour objet le dépannage de ce matériel, le cédant avait consenti une garantie de passif dans laquelle il certifiait que les deux sociétés avaient toujours respecté leurs **obligations légales en matière de représentation du personnel.** Quatre ans plus tard, l'acquéreur avait mis en œuvre cette garantie en soutenant que l'existence d'une unité économique et sociale de plus de 50 salariés entre les deux sociétés dès avant la cession l'avait obligé à mettre en place un comité d'entreprise et que le coût de cette mise en place ainsi que celui du fonctionnement du comité incombaient au cédant.

La cour d'appel de Paris a rejeté cette demande pour les raisons suivantes :

– si une unité économique et sociale regroupant au moins 50 salariés est reconnue par convention ou par décision de justice entre plusieurs personnes juridiques distinctes, la mise en place d'un comité d'entreprise est obligatoire (C. trav. ex-art. L 2322-4) ; le juge d'instance (désormais juge du tribunal judiciaire) a compétence exclusive pour connaître des litiges relatifs aux élections professionnelles (C. trav. ex-art. L 2314-15 ; désormais art. L 2314-32) et donc à ceux relatifs à l'existence d'une unité économique et sociale qui implique l'élection d'un comité d'entreprise ; si les conditions de reconnaissance d'une telle unité sont réunies à la date où il est saisi, le juge peut ordonner la création d'un comité d'entreprise mais seulement pour l'avenir et non pour la période antérieure à sa saisine ; or en l'espèce, le juge d'instance n'avait jamais été saisi ni avant ni après la cession et l'acquéreur avait institué un comité d'entreprise après la cession à la demande d'un syndicat ;

– il n'était pas nécessaire de vérifier si une unité économique et sociale existait entre les deux sociétés avant la cession ni si les déclarations du cédant étaient exactes ; en effet, la garantie ne pouvait être mise en jeu que pour un passif nouveau à la charge des sociétés s'il n'apparaissait pas dans les comptes sociaux arrêtés à une certaine date et s'il avait son origine antérieurement ; or les anciens dirigeants des sociétés n'avaient pas pris l'initiative de créer un comité d'entreprise et aucune demande ou décision de justice n'était intervenue sur ce point avant la cession, de sorte qu'ils n'avaient pas à provisionner la dépense générée par la création de cette instance sociale qui n'était pas, dans ces circonstances, nécessaire ;

– l'acquéreur avait pu accepter la demande syndicale de création d'un comité d'entreprise même si les conditions d'existence d'une unité économique et sociale n'étaient pas réunies ; en l'absence de décision du juge compétent sur ce point, l'acceptation de l'acquéreur n'établissait pas à elle seule l'existence d'une unité économique et sociale et elle ne pouvait pas valoir pour la situation des sociétés avant la cession alors que l'acquéreur en a ultérieurement modifié la structure en créant une société holding, en faisant consentir un bail commun aux deux sociétés et en signant une convention d'intégration fiscale ; enfin, l'acquéreur ne démontrait pas que la création d'un comité d'entreprise était obligatoire avant la cession (CA Paris 19-2-2008 n° 07-8834 : RJDA 10/08 n° 1032).

Au cas particulier, la garantie de sincérité de la déclaration, intégrée dans la garantie de passif, était soumise aux mêmes conditions de mise en œuvre que cette dernière (existence d'un passif n'apparaissant pas dans les comptes sociaux et antérieure à une date convenue entre les parties) : or ces conditions n'étaient pas en l'espèce satisfaites puisque, à la date convenue, rien n'obligeait les dirigeants des sociétés concernées à provisionner la mise en place d'un comité social et économique. Il eût été préférable de ne pas solidariser les deux garanties mais cela n'aurait pas eu d'impact en l'espèce, l'acquéreur n'apportant pas non plus la preuve de l'inexactitude de la déclaration du cédant.

L'article L 2313-8 du Code du travail prévoit désormais la mise en place d'un comité social et économique commun lorsque plusieurs entreprises juridiquement distinctes forment néanmoins une unité économique et sociale regroupant au moins onze salariés.

Une société (A) avait apporté une branche autonome d'activité à une société (B), créée pour la circonstance, dont elle avait cédé par la suite la totalité des actions à une autre société (C). **66462**

La société C, actionnaire unique de la société B, avait décidé la dissolution sans liquidation de cette dernière et recueilli son patrimoine par l'effet de sa transmission universelle. Avant la cession, des salariés de la société A dont les contrats de travail avaient été transférés avaient obtenu en justice la condamnation de la société B à leur verser des indemnités couvrant des périodes de travail antérieures à l'apport. La société C avait alors demandé le remboursement de ces sommes à la société A sur le fondement de l'article L 1224-2 du Code du travail.

La cour d'appel de Paris a rejeté cette demande car un accord de garantie conclu entre les parties à l'occasion de la cession s'était substitué à l'obligation mise à la charge de la société A par ce texte, si bien que c'est sur le fondement de cet accord et non sur celui de l'article L 1224-2 que la demande devait intervenir :

– un protocole conclu entre la société A et la société C avant l'apport avait pris acte de l'accord des parties à venir, lequel comprenait les contrats de travail afférents à l'activité apportée, et prévoyait que la cession des titres de la société B devait être couverte par une déclaration garantissant que les actifs de celle-ci étaient libres de toute charge ; ainsi, le traité d'apport, la cession de titres et l'accord de garantie s'inscrivaient dans un même ensemble contractuel, de sorte que la garantie ne pouvait pas être regardée comme étrangère au transfert des contrats de travail ;

– aux termes de cet accord, la société A s'était engagée à **garantir** la société C contre toute perte résultant de ses déclarations concernant les salariés transférés ; il y était indiqué que la société B ne devait **aucun arriéré de salaire ni aucune indemnité de licenciement,** qu'elle avait respecté toutes les règles de droit du travail et payé toutes les sommes relatives aux salaires et qu'elle n'avait reçu **aucun avertissement de la part des autorités compétentes en matière de droit du travail** ; cet accord avait donc vocation à garantir la société C des conséquences financières de déclarations inexactes concernant les salariés et le fait qu'aucune somme ne leur était due au jour du transfert des contrats ;

– l'accord de garantie prévoyait bien une répartition de la charge finale des sommes réglées aux salariés et il est sans incidence qu'il ait été entouré de conditions ou d'un plafond car ni l'article L 1224-2 du Code du travail ni un autre texte ne restreignent la liberté contractuelle des employeurs à cet égard dans la mesure où les modalités de leur accord n'affectent pas l'obligation d'ordre public incombant au dernier employeur de verser les sommes dues aux salariés (CA Paris 23-10-2018 n° 17/04350 : RJDA 3/19 n° 196).

Au cas particuliers, les juges de première instance avaient considéré que les conditions de mise en œuvre de l'accord n'avaient pas été respectées et la société C ne s'en est donc pas prévalue en cause d'appel. Néanmoins, l'existence de l'accord n'a pas été remise en cause par l'impossibilité de l'appliquer du fait du non-respect de ses conditions.

> **Précisions** En cas de **modification dans la situation juridique d'une entreprise** employant des salariés (notamment à la suite d'une cession de celle-ci ou d'un apport partiel d'actif), le nouvel employeur est en principe tenu, à l'égard des salariés dont les contrats de travail sont transférés, aux obligations qui incombaient à l'ancien employeur à la date de la modification. Le premier employeur doit rembourser les sommes dues à la date de la modification et acquittées par le nouvel employeur, sauf s'il a été tenu compte de la charge résultant de ces obligations dans une convention intervenue entre eux (C. trav. art. L 1224-2).

D. Éléments exclus de la garantie

66480 Rien n'interdit aux parties de prévoir expressément que certains éléments du passif et/ou de l'actif (par exemple, dettes à l'égard du Trésor public ou créances inférieures à un certain montant) ne seront pas couverts par la garantie du cédant. Ces exclusions de garantie doivent alors résulter clairement du **libellé de la clause.** En matière de garantie d'actif net, les parties peuvent ainsi prévoir de ne pas prendre en compte la distribution régulière de bénéfices antérieurement à la cession pour calculer la variation d'actif net, de sorte que l'acquéreur ne peut pas se prévaloir de cette distribution pour établir l'existence d'une baisse de l'actif net (Cass. com. 10-5-1994 n° 92-14.653 D : RJDA 10/94 n° 1033).

En présence d'une **clause ambiguë,** le juge est amené à en interpréter les termes en cas de litige : il en a été ainsi pour une convention précisant, d'une part, que l'acquéreur des parts d'une société exploitant un hôtel s'interdisait « toutes réclamations à l'encontre du cédant, au cas où la location de certaines chambres (...) actuellement autorisée [par l'administration] pour deux personnes, viendrait à être réduite à une personne ou même interdite à la location, postérieurement à la cession » et, d'autre part, que « si l'une des déclarations du cédant se révélait inexacte, la valeur conventionnelle des éléments immobilisés s'en trouverait diminuée » ; les juges, ayant interprété les termes de cette convention, que leur rapprochement rendait ambigus, ont fait ressortir que l'engagement « d'interdiction » de l'acquéreur portait sur la situation des locaux réglée par l'administration à une date postérieure à la cession et non à une date antérieure, de sorte qu'il y avait lieu de rechercher si la réclamation de l'acquéreur pour déclaration inexacte du cédant était fondée sur des éléments postérieurs ou antérieurs au contrat (Cass. com. 14-5-1985 : Bull. Joly 1985 p. 789).

Lorsque le cédant énumère certains **éléments du passif exclus** de la garantie, il lui est recommandé de les mentionner de façon détaillée **dans une liste,** faute de quoi, en cas de litige, le juge doit déterminer si le passif nouveau invoqué par l'acquéreur à l'appui de sa demande en garantie fait ou non partie des éléments qui lui ont été révélés. Tel a par exemple été le cas dans une affaire où une clause de garantie faisait état de l'existence, au jour de la cession, des trois cautionnements suivants, souscrits par la société en garantie d'obligations contractées par une société tierce dénommée « IDIL » : « caution de 400 000 F (prêts IDIL) ; caution du découvert bancaire de IDIL (300 000 F) ; caution d'un billet à ordre pour IDIL (150 000 F) ». Aucune autre mention, portant notamment sur les banques bénéficiaires de ces cautionnements, n'était précisée dans la clause. L'acquéreur, qui avait dû verser à une banque une certaine somme en exécution d'un cautionnement souscrit par la société en garantie du remboursement de sommes dues par IDIL à cette banque, n'a pas pu faire jouer la garantie dès lors que, eu égard aux termes généraux de la clause, visant tous les cautionnements d'obligations contractées par IDIL, et au montant total versé par l'acquéreur, n'excédant pas les sommes qui y étaient mentionnées, il n'était pas démontré que le cautionnement litigieux ne figurait pas au nombre de ceux déclarés dans la garantie (CA Versailles 17-10-1996 n° 95-1663 : Bull. Joly 1997 p. 451 note G. Fréchet). 66481

Il existe d'autres **formules d'exclusion** de garantie que celle consistant à énumérer les postes d'actif et de passif non couverts : un auteur a ainsi relevé la formule consistant à énoncer que le cédant n'accorde aucune garantie contractuelle, sauf pour certains risques énumérés dans la clause (par exemple, risque de passif fiscal, responsabilité civile de la société pour des produits commercialisés avant la cession, etc.) et la formule, fréquemment utilisée par les Anglo-Saxons, qui consiste à préciser que tout est garanti, sauf ce qui a fait l'objet d'une information préalable ; toutefois, ce même auteur met en garde contre ce dernier type de clause, susceptible, selon lui, de donner lieu à contentieux compte tenu de la masse d'informations échangées entre les parties durant les négociations (H. Dubout, Les clauses de non-garantie dans les cessions de droits sociaux en droit français : Bull. Joly 1995 p. 1039). 66483

Lorsque le cédant certifie l'exactitude de certaines déclarations dans la clause de garantie, celle-ci peut exclure de son champ d'application les « **dommages indirects** », c'est-à-dire ceux qui ne sont pas la conséquence immédiate et directe de l'inexactitude de ces déclarations. Selon un auteur (H. Dubout, L'exclusion des dommages consécutifs ou indirects dans les contrats d'acquisition d'entreprises : Bull. Joly 2002 p. 769), il s'agit des dommages qui ne sont que la conséquence « en chaîne » d'un dommage direct résultant d'une déclaration inexacte du cédant (par exemple, un redressement fiscal important ou une série d'actions en responsabilité civile contre la société ayant pour conséquence indirecte de mettre la société dans une situation financière délicate et de la contraindre à emprunter à des taux d'intérêt plus élevés) ; cet auteur recommande d'illustrer par des exemples le type de dommages exclus afin d'éclairer la volonté des parties sur ce point. 66485

E. Montant de la garantie

MODALITÉS DE CALCUL DU MONTANT DE LA GARANTIE DE PASSIF

Le montant de la garantie est calculé en fonction des modalités précisées dans la clause. Il est souvent prévu que ce montant équivaut à la totalité du passif nouveau ou de la baisse d'actif constatée. 66520

Bien que cela soit rare en pratique, il peut être prévu de calculer le montant de l'indemnité, non pas en fonction des rectifications apportées aux éléments d'actif et de passif, mais en fonction des conséquences que ces rectifications peuvent avoir sur le résultat de la société.

Pour évaluer le montant des sommes dues, il convient d'utiliser les **méthodes de comptabilisation** en vigueur dans la société au jour de la cession, sauf clause contraire. Ainsi, dans un cas où, en l'absence d'inventaire, des calculs étaient nécessaires pour déterminer la consistance des stocks de la société dont les titres étaient cédés, le montant de la garantie liée à cette cession a été valablement fixé en effectuant ces calculs sur des bases identiques à celles établies avant la cession, ce, malgré le changement de méthode décidé à cet égard par la société aussitôt après la conclusion de la convention de garantie (Cass. com. 26-4-1988 n° 86-15.854 D : Bull. Joly 1988 p. 478). 66525

Malgré l'absence d'évaluation chiffrée du montant de la garantie dans l'engagement, le cédant ne peut pas demander la déchéance de la garantie en soutenant que son engagement est 66527 indéterminé et indéterminable en son principe et son montant dès lors que la garantie de passif est un engagement qui ne peut être quantifié au stade de la souscription et que la demande en garantie présentée par l'acquéreur chiffre précisément l'indemnisation sollicitée (CA Paris 28-10-2014 n° 13/14284 : RJDA 4/15 n° 279).

ABSENCE DE PLAFONNEMENT DU MONTANT DE LA GARANTIE DE PASSIF

66530 Sauf clause contraire, le cédant qui souscrit une garantie de bilan accepte de prendre en charge l'**intégralité du passif** nouveau (et/ou de la diminution d'actif), quel qu'en soit le montant.
Lorsque la cession ne porte pas sur l'intégralité des parts ou actions d'une société, le cédant ne peut donc pas prétendre que son engagement est limité à la **participation cédée.** Par exemple, s'il a cédé 30 % des droits sociaux composant le capital d'une société et que la clause de garantie de passif ne comporte aucune limitation, il doit garantir 100 % du passif ou de la diminution d'actif survenu.

66532 Le cédant appelé à exécuter un engagement de garantie de passif ne peut pas refuser de verser la somme correspondant au produit du passif supplémentaire et du taux de l'impôt sur les sociétés (IS) sous prétexte que ce **passif, déductible des résultats d'exploitation de la société,** entraînerait une **minoration de l'IS équivalente** à ce produit ; cette solution a été retenue dans un cas où, aux termes de l'acte de cession, le cédant s'était engagé à régler sans aucune limite « le montant de toutes réclamations et de tout passif qui pourraient se révéler dans l'avenir » (CA Paris 8-9-1982).

EXEMPLE

En supposant que la société réalise un bénéfice de 30 000 €, imposable au taux normal de l'IS (soit 33 1/3 %), son impôt équivaudra à 10 000 € ; si le passif supplémentaire couvert par la garantie est de 9 000 €, son paiement entraîne une baisse équivalente du résultat imposable, lequel tombe alors à 21 000 €, de sorte que la société n'aura plus que 7 000 € d'IS à acquitter (soit 3 000 € de moins) ; en application de la solution ci-dessus, le cédant ne peut pas refuser de payer la somme correspondant au produit du passif supplémentaire et du taux de l'IS (soit 9 000 × 33 1/3 % = 3 000) en prétextant que, du fait du paiement de ce passif, la société n'aura pas à acquitter cette somme au titre de l'IS.

66534 La cour d'appel de Paris a jugé que l'**indemnisation** due au titre d'une garantie de passif stipulée au bénéfice de l'acquéreur ne peut pas **excéder le prix de cession** (CA Paris 13-3-2002 n° 01-6422 : Dr. sociétés 2003 comm. n° 13 note H. Hovasse). Cette solution est à notre avis critiquable car elle ne repose sur aucun fondement juridique.
Dans cette hypothèse, la cession peut-elle être annulée pour défaut de contrepartie ? À notre connaissance, seule une décision, rendue sous le régime antérieur à l'ordonnance 2016-131 du 10 février 2016, s'est prononcée sur cette question dans un cas où, par une clause du protocole de cession, le cédant avait obtenu l'avantage d'être libéré de son engagement de caution des dettes sociales. Les juges ont rejeté la demande de nullité de la cession après avoir considéré cet avantage comme la cause (à présent la contrepartie) de la cession, réalisée moyennant un prix qui devait se révéler inférieur à l'excédent de passif, le cédant s'étant engagé dans la perspective d'éviter la procédure collective de la société (Cass. com. 22-2-1983 n° 81 15.432 : Bull. civ. IV n° 72).

LIMITATION DU MONTANT DE LA GARANTIE DE PASSIF

66540 La règle selon laquelle le cédant est tenu de garantir l'intégralité du passif n'est que supplétive de la volonté des parties (CA Paris 11-1-2000 n°s 97-16341 et 97-18477 et, sur pourvoi, Cass. com. 28-9-2004 n° 00-22.872 F-D). Rien n'interdit donc de prévoir que le cédant s'engage à ne prendre en charge qu'une **partie du passif** nouveau (par exemple, les deux tiers) ou de limiter le montant de la garantie à la **proportion des parts ou actions cédées** : ainsi, en cas de cession de la moitié des parts ou actions représentant le capital social, le montant de la garantie sera limité à la moitié du passif ou de la perte d'actif constatée.
Encore faut-il qu'une telle **limitation résulte clairement de la clause** de garantie.

ILLUSTRATIONS

Encourt la cassation l'arrêt qui retient qu'une garantie de passif doit s'appliquer proportionnellement au nombre des actions que le cédant possède dans le capital social en affirmant qu'une telle limite est imposée par les dispositions légales sur les sociétés commerciales et par l'interprétation des termes de la clause.
En effet, d'une part, les parties ont pu valablement déroger à la règle, seulement supplétive de leur volonté, selon laquelle les actionnaires de SA ne supportent les pertes qu'à concurrence de leurs apports et, d'autre part, les termes clairs et précis de la clause litigieuse énonçaient que le cédant avait pris l'engagement non équivoque de régler personnellement « toutes dettes sociales non inscrites au bilan » exigibles à une certaine date.

Cass. com. 13-6-1978 n° 76-15.503 : Bull. civ. IV n° 163.

Dans un cas où l'acte portant cession de 17 % du capital d'une société précisait qu'« en cas de contrôle fiscal amenant l'administration à considérer que le bénéfice déclaré antérieurement au 1er mars 1989 est inférieur à la réalité, le cédant s'engage à supporter les conséquences pécuniaires de redressement et à en décharger le cessionnaire. Il en sera de même pour tout contrôle fiscal dont la cause remonterait à une date antérieure au 1er mars 1989 », les deux alinéas de cette clause doivent s'interpréter l'un par rapport à l'autre ; s'agissant du redressement portant sur le bénéfice, l'engagement du cédant est limité au nombre de parts cédées et en étendant à tout contrôle fiscal l'engagement du cédant, les parties n'ont nullement voulu faire porter la garantie sur tout le passif fiscal pouvant apparaître en l'absence de mention précise et dénuée d'ambiguïté sur ce point.

CA Paris 11-1-2000 nos 97-16341 et 97-18477 et, sur pourvoi, Cass. com. 28-9-2004 no 00-22.872 F-D.

Dans un cas où une cession de 40 % des actions d'une SA consentie à un associé qui en détenait déjà 60 % était intervenue alors qu'un contrôle fiscal était en cours et où le cédant s'était engagé à supporter les conséquences financières de ce contrôle et à prendre en charge tout passif fiscal nouveau, ce dernier, à qui l'acquéreur avait demandé d'exécuter cette garantie du fait de la survenance d'un redressement, ne peut pas limiter celle-ci à 40 % du montant du redressement en faisant valoir que son engagement était limité à la proportion dans le capital des actions cédées. En effet, le cédant ne peut pas, pour les motifs suivants, déduire de la présence, dans l'acte de cession, d'une clause prévoyant le versement par l'acquéreur d'un complément de prix égal à 30 % du gain éventuel d'un procès en cours entre la société et un tiers qu'un régime de proportionnalité devait aussi s'appliquer à la garantie, qui constituait dès lors, selon le cédant, une « garantie de valeur » des actions cédées et non une garantie de passif :

– la clause de garantie, acceptée par des « gens d'affaires » avertis, ne recelait aucune obscurité, la limitation de la garantie au seul passif fiscal expliquant l'absence de bilan ou de compte de résultat annexé à l'acte de cession ;

– cette garantie ne comportait aucune limite de montant ;

– la clause prévoyant le versement du complément de prix était impropre à établir que les parties avaient entendu en appliquer les modalités à la garantie, d'autant que ce complément était limité à 30 % du gain escompté et non au pourcentage des actions cédées dans le capital (40 %) ;

– à supposer que la garantie constitue une « garantie de valeur », aucune stipulation de l'acte ni aucun « principe général de proportionnalité » n'impose qu'une telle garantie soit limitée à ce pourcentage.

Le cédant est donc tenu de payer à l'acquéreur une somme correspondant à l'intégralité du redressement fiscal.

CA Paris 22-1-2004 no 02-18970 : RJDA 6/04 no 719.

Ayant relevé qu'une convention de garantie de passif conclue à l'occasion d'une cession de parts de société prévoyait que le garant aurait à fournir à l'acquéreur une indemnité couvrant la totalité du montant de l'insuffisance d'actif ou de l'accroissement du passif, une cour d'appel a pu retenir qu'il n'y avait pas lieu de limiter la garantie en fonction de la participation de l'acquéreur au capital de la société.

Cass. com. 12-7-2005 no 04-11.918 F-D : RJDA 11/05 no 1230.

Le cédant limite souvent sa garantie à un montant forfaitaire (**plafond**), qui peut, par exemple, correspondre au prix des parts ou actions cédées (ou à un pourcentage de ce prix). Une telle limitation peut entraîner la requalification de la garantie en clause de révision de prix (no 66050). La limitation de garantie peut aussi être annulée si le vendeur s'est rendu coupable de **réticence dolosive** (no 66155). **66543**

La clause de garantie peut également prévoir une **franchise,** auquel cas le montant de celle-ci vient en déduction des sommes réclamées. Lorsque les parties ont exprimé sans ambiguïté leur intention de n'appliquer une franchise qu'en cas de révision du prix de cession, cette franchise ne peut pas s'appliquer à un litige les opposant sur la mise en œuvre d'une garantie d'actif et de passif (CA Paris 19-5-2000 no 99-8963 : Bull. Joly 2000 p. 1057 note A. Couret).

SECTION 4

BÉNÉFICIAIRE DE LA GARANTIE

La question de la détermination du bénéficiaire de la garantie ne pose problème qu'en cas de garantie de bilan (garantie de passif et/ou d'actif, garantie d'actif net) et non en présence d'une **clause de révision de prix** (garantie de valeur des parts ou actions cédées). En effet, du fait de son objet, une telle clause profite toujours à l'acquéreur (no 66052). **66600**

66601 En matière de garantie de bilan, rien n'interdit aux parties de préciser dans la clause qui est le bénéficiaire de cette garantie : il peut s'agir de l'acquéreur, de la société ou des créanciers (nos 66620 s.).
Lorsque la désignation du bénéficiaire est formulée de façon ambiguë, le juge interprète souverainement les termes de la clause (Cass. com. 7-12-1993 n° 91-19.588 D : Dr. sociétés 1994 comm. n° 74 note H. Le Nabasque). Il peut aussi arriver que les parties n'aient rien prévu au sujet du bénéficiaire (nos 66660).
La question du sort de la garantie en cas de transfert des parts ou actions à un nouveau propriétaire, notamment à la suite d'une revente ou d'une fusion, est exposée nos 67200 s.

A. Clause comportant l'indication du bénéficiaire

SOCIÉTÉ OU CRÉANCIERS BÉNÉFICIAIRES DE LA GARANTIE DE PASSIF

66620 Lorsque la clause désigne la société ou les créanciers comme bénéficiaires, elle s'analyse en une **stipulation pour autrui** (C. civ. art. 1205). La désignation de la société comme bénéficiaire peut par exemple résulter de la mention selon laquelle le cédant s'oblige à « reverser dans les caisses sociales » les sommes correspondant à l'appauvrissement net de la société (Cass. com. 7-10-1997 n° 95-18.119 P : RJDA 12/97 n° 1498 ; CA Paris 19-5-2000 n° 99-8963 : Bull. Joly 2000 p. 1057 note A. Couret).
Pour un cas où, malgré l'engagement du cédant de « reverser dans la caisse sociale les sommes que la [société] pourrait être amenée à verser », la clause litigieuse a été qualifiée de clause de révision de prix et non de garantie de passif, voir CA Paris 25-6-1999 n° 96-88649 : n° 66050.

66622 Les bénéficiaires de la stipulation ont un **droit** propre et direct **à agir contre le cédant** en exécution de la garantie : s'il s'agit de la société, la demande portera sur le paiement des sommes correspondant à son appauvrissement et, s'il s'agit d'un créancier, cette demande portera sur le remboursement de sa créance. L'existence de ce droit à agir n'interdit pas à l'acquéreur, en sa qualité de stipulant, de demander lui-même en justice l'exécution de la garantie au profit du bénéficiaire de la stipulation (Cass. com. 19-12-1989 n° 88-15.335 F-D). Cette action vise à contraindre le cédant à exécuter une obligation mise à sa charge par la convention passée avec l'acquéreur ; le fait qu'une telle condamnation ait pour effet d'en faire profiter un tiers ne constitue pas une violation de la règle « nul ne plaide par procureur » (Cass. 1e civ. 10-5-1988 : Bull. Joly 1988 p. 586).
En outre, les juges ne dénaturent pas la clause désignant la société comme bénéficiaire d'une garantie de passif en déclarant recevable l'action des acquéreurs en exécution de cette clause dès lors que ceux-ci sont parties à la convention de garantie à l'exécution de laquelle ils ont intérêt (Cass. com. 3-11-2004 n° 03-13.802 F-D : RJDA 2/05 n° 150). Pour plus de détails sur le mécanisme de la stipulation pour autrui, voir Mémento Droit commercial 2022 nos 13033 s.

ACQUÉREUR BÉNÉFICIAIRE DE LA GARANTIE DE PASSIF

66625 Lorsque la clause désigne l'acquéreur comme **bénéficiaire exclusif** (et ne comporte donc aucune stipulation pour autrui en faveur de la société), on peut s'interroger sur la nature de la garantie souscrite ; il est en effet fort probable qu'elle soit qualifiée de clause de révision de prix, et non de garantie de passif, par le juge (n° 66050), de sorte que la société ne peut pas s'en prévaloir (n° 66052).
Les juges font prévaloir le contenu de la garantie tel qu'il résulte de la volonté des parties exprimée dans l'acte, quelle que soit la dénomination de celui-ci et sans nécessairement remettre cette dernière en cause.

ILLUSTRATIONS

Dans un cas où, poursuivi en paiement du prix de cession des parts d'une SARL, l'acquéreur avait reconventionnellement demandé une certaine somme en exécution de la « garantie d'actif » souscrite par le cédant, a violé la loi du contrat la cour d'appel qui, pour rejeter cette demande, a retenu que l'engagement d'actif ne pouvait engager le cédant qu'envers la SARL, de sorte que, celle-ci n'ayant pas été mise en cause, la demande était irrecevable, alors que la cour d'appel avait constaté que l'engagement de garantie avait été pris envers l'acquéreur (Cass. com. 15-11-1994 n° 92-21.756 D : Dr. sociétés 1995 comm. n° 18 note D. Vidal).
Dans un cas où, aux termes d'une clause de garantie de passif conclue à l'occasion d'une cession d'actions, le cédant s'était engagé à verser les indemnités, au choix de l'acquéreur, soit à celui-ci (qui était une personne morale), soit à la société, soit à l'un des créanciers de cette dernière, la clause précisant en outre que la garantie était stipulée au profit de l'acquéreur et de tout sous-acquéreur éventuel des actions faisant partie du groupe de sociétés de l'acquéreur, l'action en

garantie formée par la société dont les actions étaient cédées est irrecevable dès lors que cette action appartient à l'acquéreur et non à la société, qui déclarait venir aux droits de celui-ci sans justifier d'aucune cession, fusion ou apport lui ayant transféré ces droits. La société n'ayant pas davantage justifié que l'acquéreur ait donné des directives pour que les indemnités lui soient remises, l'existence d'une stipulation pour autrui à son profit n'était donc pas établie (CA Paris 30-8-2005 n° 04-15624 : RJDA 1/06 n° 32, 1e espèce).

Si la convention désigne comme bénéficiaire l'acquéreur, la société ne peut pas bénéficier elle aussi de la garantie en l'absence d'une stipulation pour autrui claire en sa faveur (Cass. com. 8-3-2017 n° 15-19.174 F-D : RJDA 6/17 n° 413 ; Cass. com. 17-3-2021 n° 19-18.901 F-D : RJDA 6/21 n° 396).

Toutefois, après la cession des parts ou actions, l'acquéreur peut valablement céder les droits qu'il tient de la garantie **à la société** afin que celle-ci en demande directement le bénéfice au garant. La validité de cette cession de créance ne peut pas être remise en cause au motif que la créance cédée n'a pas été inscrite au bilan de la société, car cette exigence en matière comptable est sans influence sur l'appréciation des conditions auxquelles est soumise la cession (CA Paris 22-2-1989 n° 88-2532 : Dr. sociétés 1989 comm. n° 305). La cession de créance intervenue avant le 1er octobre 2016 (sur cette date, voir n° 1050) est opposable aux tiers dans les conditions prévues à l'article 1690 du Code civil : il faut donc qu'elle ait été signifiée par huissier ou commissaire de justice au garant ou que celui-ci l'ait acceptée dans un acte notarié. La signification peut par exemple résulter de conclusions notifiées au garant à l'occasion de l'action en exécution de la garantie dès lors que la société se réfère expressément au transfert de la garantie à son profit dans ces conclusions (CA Paris 22-2-1989 précité).

La cession de créance réalisée à compter du 1er octobre 2016 est quant à elle opposable aux tiers dès la date de l'acte, la preuve de cette date incombant au sous-acquéreur, qui peut la rapporter par tout moyen (C. civ. art. 1323, al. 2).

B. Clause ne comportant pas l'indication du bénéficiaire

En présence d'une clause de garantie ne comportant pas l'indication du bénéficiaire, la garantie est réputée stipulée au profit de l'acquéreur des droits sociaux (Cass. com. 26-2-2013 n° 12-15.216 F-D : JCP E 2013 n° 1519 obs. M. Buchberger ; Cass. com. 8-3-2017 n° 15-19.174 F-D : RJDA 6/17 n° 413 ; Cass. com. 17-3-2021 n° 19-18.901 F-D : RJDA 6/21 n° 396). Seule une stipulation pour autrui clairement exprimée dans l'acte fait échec à ce principe (Cass. com. 8-3-2017 n° 15-19.174 F-D précité). **66660**

SECTION 5

MISE EN ŒUVRE DE LA GARANTIE

A. Conditions

MISE EN JEU DE BONNE FOI DE LA GARANTIE DE PASSIF

Conformément au droit commun des contrats (C. civ. art. 1104, al. 1), la garantie doit être exécutée, et donc appelée, de bonne foi. Il résulte de la jurisprudence exposée ci-dessous que l'acquéreur est de mauvaise foi si, par son **inaction** ou sa **négligence,** il n'a pas cherché à éviter l'apparition du passif pour lequel il met en œuvre la garantie. Pour cette appréciation, les juges tiennent notamment compte du caractère prévisible du passif au regard notamment des fonctions que l'acquéreur a pu exercer au sein de la société avant la cession. **66710**

L'article 1104, al. 1 prescrivant le devoir de bonne foi est une disposition d'ordre public (C. civ. art. 1104, al. 2). Comme toute disposition d'ordre public, elle peut cependant être aménagée jusqu'au point où elle n'en vient pas à valider un comportement de mauvaise foi.

ILLUSTRATIONS

Dans un cas où une clause de garantie d'actif et de passif conclue à l'occasion de la cession du contrôle d'une société obligeait le cédant à verser à l'acquéreur le montant des **créances** de la société devenues **irrécouvrables** à compter d'une certaine date, postérieure à la cession, l'acquéreur ne peut pas mettre en jeu cette garantie alors qu'il ne rapporte pas la preuve qu'il a accompli auprès des clients récalcitrants de la société les **diligences minimales** en vue du paiement de leur dette, à tout le moins par l'envoi de mises en demeure. En effet, la notion de créances « irrécouvrables » suppose une action positive de recouvrement de la part de l'acquéreur, qui ne peut pas se limiter à constater l'existence de créances non recouvrées à la date prévue par la clause. Au-delà de l'acception même du mot « irrécouvrable », il serait contraire au principe de loyauté des contrats que, après la cession, l'acquéreur puisse se prévaloir de sa propre inertie dans le recouvrement des créances, ce qui reporterait sur le cédant les conséquences de sa carence.

CA Lyon 1-6-2006 n° 04-4930 : RJDA 3/07 n° 267.

La garantie de passif, qui comporte une déclaration du cédant selon laquelle il a « toute bonne raison de croire que les créances sur clients sont recouvrables », ne permet pas à l'acquéreur de réclamer à ce titre 100 % des créances non payées dès lors que :

– s'il établit que les créances antérieures à la cession et non payées postérieurement à celle-ci devaient être considérées comme des créances douteuses et qu'elles auraient dû faire l'objet d'une provision correspondant au risque d'impayé, en revanche il ne prouve pas qu'il a **cherché à recouvrer** ces **créances** ou qu'il s'est trouvé dans l'incapacité de les recouvrer puisqu'il ne justifie d'aucune mise en demeure ou poursuite ;

– il n'établit pas que l'insuffisance de provision lui a causé un préjudice ; en tout état de cause, l'insuffisance de provision ne saurait être égale à 100 % du montant de la totalité des créances à recouvrer, sauf à établir qu'elles sont toutes irrécouvrables, ce qui n'est pas le cas, un établissement postérieur des comptes mentionnant des recouvrements importants qui ne peuvent pas être en totalité attribués au paiement de créances postérieures à l'expiration de la garantie de passif.

CA Paris 21-11-2006 n° 05-766 : RJDA 6/07 n° 621.

66715 Le **manquement** à la bonne foi est généralement **sanctionné** par la responsabilité civile de l'auteur de l'appel, les dommages intérêts ainsi obtenus par le cédant pouvant alors se compenser avec les sommes qu'il doit au titre de la garantie. Les juges peuvent aussi neutraliser la garantie sans toutefois pouvoir en nier l'existence.

Ainsi, la cour d'appel de Paris avait jugé qu'un acquéreur (ancien dirigeant de la société dont les titres avaient été cédés et accusé d'avoir sciemment exposé celle-ci à un risque de redressement fiscal) ne pouvait pas, sans manquer à la bonne foi, se prétendre créancier de la garantie (CA Paris 14-3-2006 n° 05-9584 : RJDA 10/06 n° 1038). La Cour de cassation a censuré cette décision au motif que, si la règle selon laquelle les conventions doivent être exécutées de bonne foi permet au juge de sanctionner l'usage déloyal d'une prérogative contractuelle, elle ne l'autorise pas à porter atteinte à la substance même des droits et obligations légalement convenus entre les parties (Cass. com. 10-7-2007 n° 06-14.768 FS-PBIR : RJDA 11/07 n° 1057 ; dans le même sens, Cass. com. 15-3-2011 n° 09-13.299 F-D : RJDA 7/11 n° 631 ; CA Paris 24-10-2013 n° 12/14271 : RJDA 2/14 n° 120). En effet, selon un communiqué du service de documentation et d'études de la Cour de cassation à propos de l'arrêt de 2007, « le créancier, même de mauvaise foi, reste créancier et le juge ne peut, au seul motif que la créance a été mise en œuvre de mauvaise foi, porter atteinte à l'existence même de celle-ci en dispensant le débiteur de toute obligation ».

> **Précisions** Aux termes du communiqué précité, la décision de la Cour de cassation n'a pas remis en cause la jurisprudence selon laquelle un dirigeant social acquéreur, tenu d'un devoir de loyauté à l'égard de l'associé cédant, peut se voir reprocher de lui avoir dissimulé des informations de nature à influer sur son consentement à la cession (sur cette jurisprudence, voir n°s 19625 s.).
> En effet, cette jurisprudence est rendue dans des cas où la **mauvaise foi** réside dans la connaissance de la valeur réelle des titres cédés. Dans l'arrêt de 2007, la mauvaise foi résidait dans la circonstance que le dirigeant acquéreur avait lui-même exposé la société au risque du redressement fiscal ayant fait naître la créance de garantie invoquée par lui ; cette mauvaise foi ne constitue pas, en tant que telle et en l'absence de circonstances de nature à influer sur la validité même de la garantie stipulée (dol ou fraude), une source de déchéance de celle-ci.

1. DEMANDE D'INDEMNISATION

FORME DE LA DEMANDE D'INDEMNISATION

66723 La clause de garantie précise généralement les modalités de présentation de la demande d'indemnisation (par exemple, envoi au cédant d'une **lettre recommandée** AR). Si tel n'est pas le cas, la demande peut être formulée sans formalisme particulier.

Dans tous les cas, la demande doit être exprimée en **termes clairs** et sans ambiguïté, ce qui est par exemple le cas, même en l'absence de réclamation chiffrée, d'un échange de lettres exprimant de façon certaine et non ambiguë un désaccord entre les parties sur la situation comptable de la société et la volonté de l'acquéreur de procéder à un contrôle (CA Versailles 24-2-1994, 13e ch.). En revanche, ne peuvent valoir mise en jeu de la garantie ni des **courriers informant le cédant d'un contrôle** de l'Urssaf et d'un redressement fiscal (CA Versailles 30-9-1999, 12e ch. 2e sect. : Bull. Joly 2000 p. 405), ni des **convocations au conseil de prud'hommes** adressées aux cédants dans le cadre d'un litige opposant la société à l'un de ses anciens salariés dès lors que ces convocations n'exprimaient nullement la nature juridique de la mise en cause des cédants (CA Dijon 18-4-2003 n° 01-1736 : Dr. sociétés 2003 comm. n° 146 note H. Hovasse).

Dans un cas où la garantie précisait que toute demande d'indemnisation présentée par le bénéficiaire ne serait prise en considération par le garant qu'à la condition qu'il ait été préalablement informé de la réclamation donnant lieu à indemnisation et **mis en demeure** d'y répondre et/ou de s'y opposer et qu'à défaut de justifier du caractère non fondé de la réclamation dans un délai de trente jours, le garant serait réputé avoir accepté la réclamation du bénéficiaire, jugé qu'il n'y avait pas lieu d'appliquer cette sanction dès lors que les lettres recommandées adressées par le bénéficiaire au garant ne contenaient aucune mise en demeure de répondre à la demande d'indemnisation et ne reproduisaient pas les termes ci-dessus relatifs à la sanction du défaut d'opposition à la demande d'indemnisation dans le délai imparti, de sorte que le garant ne pouvait pas être réputé avoir accepté la réclamation ; en outre, les pièces versées au débat établissaient que celui-ci s'était déjà opposé à l'ensemble des demandes, avant même la première lettre recommandée du bénéficiaire (CA Paris 19-5-2006 n° 05-8219).

CONSEIL

Il faut éviter de **désigner** nommément dans la convention le **représentant légal** de la société chargé de la mettre en œuvre afin d'éviter tout risque de litige en cas de remplacement de celui-ci. Un arrêt illustre cette difficulté. Dans cette affaire, la convention de garantie de passif souscrite à l'occasion d'une cession d'actions au profit de la société acquéreur précisait que « dans le cadre de la mise en jeu de la convention et des différentes correspondances y afférentes, le bénéficiaire sera représenté par M. F. », alors représentant légal de la société ; une autre disposition de la convention précisait que toute modification de celle-ci nécessiterait un accord écrit signé par toutes les parties. La mise en jeu par le successeur de ce représentant a néanmoins été admise au motif que la désignation de M. F. ne constituait pas une stipulation résultant d'un accord des parties et que son remplacement relevait de la seule décision de la société (Cass. com. 18-10-2017 n° 16-10.162 F-D : RJDA 1/18 n° 29). La solution repose sur l'interprétation de la clause et une clause rédigée différemment aurait pu aboutir à la solution inverse. Il est donc recommandé de mentionner seulement que la garantie sera mise en œuvre par la société « prise en la personne de son représentant légal en exercice ».

JUSTIFICATIFS AU SOUTIEN DE LA DEMANDE D'INDEMNISATION

La clause peut subordonner la mise en œuvre de la garantie à la fourniture par l'acquéreur de justificatifs établissant l'apparition d'un passif nouveau (par exemple, **factures, mise en demeure,** notification de redressement, etc.). **66724**

ILLUSTRATIONS

Un acte portant garantie de passif prévoyait que celle-ci devait être appelée par l'acquéreur par mise en demeure par lettre recommandée AR enjoignant au cédant de payer les montants de la ou des « réclamations justifiées ». Le cédant avait demandé que la mise en œuvre de la garantie soit déclarée irrecevable car la lettre qui lui avait été adressée à cette fin ne respectait pas ces prescriptions contractuelles, plusieurs des postes réclamés ne comportant aucun justificatif. La cour d'appel de Paris a rejeté cette demande dès lors que, d'une part, les termes « réclamations justifiées » ne signifient pas que les pièces justificatives doivent être jointes à la lettre de mise en demeure mais seulement qu'il appartient à l'acquéreur de présenter des demandes dont il est en mesure d'établir le bien-fondé et que le cédant peut solliciter toute pièce justificative qu'il estime nécessaire et que, d'autre part, aucune déchéance n'est prévue si les pièces justificatives ne sont pas jointes à la mise en demeure (CA Paris 21-11-2006 n° 05-766 : RJDA 6/07 n° 621).

Plus rarement, la clause exigera d'apporter la **preuve d'un paiement** préalable de la somme correspondant au passif nouveau. Si tel est le cas, l'acquéreur qui ne démontrerait pas avoir engagé la dépense ne pourrait pas demander la mise en jeu de la garantie (Cass. com. 24-11-1992 n° 91-10.637 D : Bull. Joly 1993 p. 228 note A. Couret). Dans un cas où la garantie prévoyait que l'indemnisation n'était due que pour la perte ou le dommage définitivement subi ou payé par la société, jugé que l'acquéreur ne pouvait pas utilement invoquer la garantie pour des provisions qui n'avaient pas été constituées avant la cession dès lors que la constitution de provisions ne suffit pas à répondre à l'exigence contractuelle précitée et à fonder une demande d'indemnisation même limitée à l'attribution d'une provision (CA Paris 25-5-1993 n° 91-024107 : Bull. Joly 1993 p. 852 note P. Le Cannu).

En cas d'exigence d'une pièce justificative, la garantie est valablement mise en œuvre dès que l'acquéreur a notifié la pièce au **cédant** ; il importe alors peu que celui-ci n'ait pas **accepté la** **66725**

notification dès lors que la clause ne fait pas de cette acceptation une condition de mise en jeu de la garantie (Cass. com. 3-1-1995 n° 93-11.097 D : Bull. Joly 1995 p. 250 note A. Couret).

2. DURÉE DE LA GARANTIE

66750 La clause précise en principe la durée pendant laquelle l'acquéreur peut mettre en œuvre la garantie (par exemple, un certain nombre d'années après la cession), ce qui conduit à exclure de celle-ci les **dettes apparaissant après l'expiration de** cette **durée.**

ILLUSTRATIONS

Aux termes d'un acte de cession d'actions signé en octobre 2007, le solde du prix (100 000 €) devait être versé le 15 décembre 2007, le cas échéant diminué au vu de la situation nette comptable, établie au 30 septembre 2007 par le cédant, si celle-ci se révélait inférieure à une situation comptable de référence.
Poursuivi en paiement du solde du prix, l'acquéreur avait contesté la situation nette présentée par le cédant, invoquant des irrégularités comptables à hauteur d'environ 90 000 €.
A fait une exacte application du contrat de cession la cour d'appel qui a jugé que l'acquéreur ne pouvait plus élever une telle contestation. En effet, la situation nette comptable au 30 septembre 2007 lui avait été notifiée le 15 novembre suivant, mais il n'en avait contesté le chiffrage que le 20 novembre 2012, après avoir reçu une réclamation de la part du conseil du cédant ; l'acquéreur contestait ce chiffrage aux motifs que quatre litiges prud'homaux n'avaient pas été correctement provisionnés, que des congés payés n'avaient pas été comptabilisés et que des articles donnés en location avaient été inscrits au titre des stocks cependant qu'ils auraient dû être comptabilisés en tant qu'immobilisations ; toutes ces contestations relevaient des garanties offertes par le cédant, lesquelles avaient pris fin le 31 décembre 2010, conformément à l'acte de cession.
Cass. com. 23-1-2019 n° 17-10.374 F-D : RJDA 12/19 n° 757.

Dans le même ordre d'idée, la clause peut aussi prévoir qu'une garantie couvrant un certain type de dette (par exemple, dette fiscale) s'éteint au terme du délai de prescription applicable au paiement de cette dette.

66753 Il est même possible de prévoir une **durée pour la garantie de certaines dettes** et pas pour la garantie d'autres dettes ou encore des durées distinctes par catégories de dettes (correspondant souvent à la prescription applicable). La clause doit être rédigée en termes clairs et précis, faute de quoi, en cas de litige, le juge est amené à l'interpréter : par exemple, dans un cas où une clause distinguait l'engagement du cédant de prendre en charge, d'une part, tout passif imprévu jusqu'à une certaine date et, d'autre part, une partie du passif résultant d'un contentieux fiscal en cours sans fixer de limite de temps pour mettre en œuvre la garantie, les juges ont décidé que le passif résultant de ce contentieux n'était pas soumis au délai prévu par la clause dès lors que la solution du litige fiscal échappait à tout contrôle des parties (CA Paris 23-3-2001 n° 99-10015). À l'inverse, dans un cas où une clause précisait que tout passif non déclaré à la date de la cession resterait à la charge des cédants pendant une durée de deux ans, il a été jugé que ce délai s'appliquait également aux réclamations fondées sur les diminutions d'actif net car les parties étaient convenues dans la clause d'assimiler à la notion de passif de telles diminutions d'actif (CA Paris 25-5-1999 n° 98-9643).

66756 Les parties doivent prendre garde à ce que cette durée n'aboutisse pas à **priver la garantie de tout effet.** Ainsi, dans un cas où une clause faisait produire ses effets à la garantie « jusqu'à la date effective de cession définitive des titres », il a été jugé que cette clause n'interdisait pas à l'acquéreur de se prévaloir de la garantie après la date de cession et que la garantie devait s'appliquer à toute dette dont l'origine était antérieure à cette date pour les raisons suivantes : le jour de la cession, le cédant avait émis deux chèques destinés à garantir ses engagements, ce qu'il n'aurait jamais fait s'il avait estimé que ses obligations avaient pris fin ; adopter une autre analyse reviendrait à priver d'effet la clause litigieuse dans la mesure où ce n'est qu'à compter de la date de cession que l'acquéreur pouvait utilement se prévaloir du bénéfice de la garantie (CA Versailles 6-1-1994 n° 91-8036 : Bull. Joly 1994 p. 495 note A. Couret).
De même, la date butoir fixée au 31 décembre 2014 pour la mise en œuvre de la garantie stipulée dans un acte de cession de parts conclu en septembre 2014 a été déclarée inopposable au bénéficiaire compte tenu de l'**impossibilité** pour lui **d'agir** faute de disposer avant cette date des comptes sociaux de l'exercice 2014 (CA Paris 14-1-2020 n° 18/16858 : RJDA 7/19 n° 375).

3. INFORMATION OU INTERVENTION DU CÉDANT

66780 Les clauses de garantie imposent souvent à l'acquéreur d'informer le cédant, dans certaines conditions de forme (généralement par lettre recommandée AR) et de délai, de tout **événement susceptible d'entraîner la mise en jeu de la garantie.**

Parfois, elles subordonnent même cette mise en jeu à l'obligation :
– de soumettre au cédant toute **transaction** sur des faits antérieurs à la cession que la société envisagerait de conclure avec ses créanciers ou ses débiteurs ;
– de lui laisser la conduite des **procédures** opposant ces derniers à la société ou de le laisser intervenir dans ces procédures pour y faire valoir ses arguments.

Un auteur relève qu'en laissant au cédant la **gestion « exclusive » des procédures opposant la société à ses créanciers ou à ses débiteurs,** l'acquéreur perd la maîtrise des conséquences commerciales négatives que les décisions du cédant peuvent entraîner pour la société à raison d'une attitude trop systématiquement « contentieuse » qui, même si elle est juridiquement fondée, peut provoquer dans l'avenir la perte de clients ou de fournisseurs et ternir l'image de marque de la société ; aussi cet auteur recommande-t-il une **gestion** des litiges « **partagée** » entre le cédant et l'acquéreur, par exemple selon la nature de ceux-ci : de façon schématique, explique-t-il, la clause de garantie peut prévoir que seule la gestion des réclamations ne présentant aucun caractère commercial est confiée au cédant (notamment, réclamations de l'administration fiscale, des Urssaf, poursuites pénales, actions en concurrence déloyale) tandis que la gestion des procédures susceptibles d'affecter les relations commerciales de la société relève de la « compétence » de l'acquéreur (notamment, litiges liés à la livraison de produits défectueux ou au recouvrement de créances), sauf s'il s'agit d'une réclamation émanant d'un débiteur qui n'est plus client de la société depuis un certain temps (par exemple plus d'un an) ou d'une réclamation liée à une livraison ou une prestation ancienne, auquel cas le cédant en conserve la gestion (H. Dubout, La gestion des réclamations de tiers dans les garanties de passif : Bull. Joly 2003 p. 599). 66782
En outre, ajoute cet auteur, il est recommandé de prévoir :
– que la partie à qui est confiée la conduite de la procédure ne peut pas reconnaître la responsabilité de la société sans l'accord de l'autre partie ;
– que cette dernière ne peut refuser de donner son accord à une transaction que pour un motif raisonnable (par exemple, en cas de transaction étrangère à la ligne de conduite adoptée dans le passé par la société dans des situations semblables ou en cas de transaction susceptible de remettre en cause la garantie dont bénéficie la société dans le cadre d'une assurance couvrant sa responsabilité civile).

ILLUSTRATIONS

À l'occasion de la cession du capital d'une société holding, le cédant avait consenti une garantie de passif dont une clause précisait qu'à peine de déchéance de la garantie, l'acquéreur s'engageait en cas de vérification par l'administration fiscale à prendre des instructions auprès du cédant, à **engager les actions** judiciaires et administratives **et** « à **poursuivre jusqu'à leur terme ces procédures,** si le cédant le requiert et, même sans être requis, en cas d'urgence, pour ne pas se laisser forclore ou frapper de péremption ». La garantie ayant été mise en œuvre en raison de redressements fiscaux notifiés à la société, le cédant avait demandé que l'acquéreur soit déchu du bénéfice de la garantie pour n'avoir pas formé de recours contentieux au nom de la société contre tous les redressements. Cette demande a été écartée dès lors qu'il résultait des éléments suivants que l'acquéreur avait respecté ses obligations :
– le cédant avait été informé des suites réservées aux contrôles fiscaux ; ses instructions avaient été suivies par l'acquéreur lorsque le cédant avait souhaité l'exercice d'un recours hiérarchique et ses instructions avaient encore été requises après le résultat de ce recours ;
– la commune intention des parties n'avait pas été que l'acquéreur, en l'absence de réponse, engage et poursuive systématiquement jusqu'à leurs termes des procédures contentieuses ; la seule obligation de l'acquéreur était, en cas d'urgence, d'éviter la forclusion et la péremption ; or aucune urgence n'était démontrée en l'espèce ;
– la mauvaise foi du cédant était en outre établie puisqu'il n'avait même pas réglé sa quote-part des redressements qu'il avait en définitive acceptés.

CA Paris 12-6-2008 n° 07-11909 : RJDA 12/08 n° 1274.

EXISTENCE DE L'OBLIGATION D'INFORMER LE CÉDANT

À défaut de clause prévoyant une obligation d'information au profit du cédant, l'acquéreur peut valablement mettre en œuvre la garantie sans informer au préalable le cédant de l'événement à l'origine de cette mise en œuvre. Ce faisant, l'acquéreur ne viole pas l'article 1104, al. 1 du Code civil, qui impose aux parties d'exécuter les conventions de bonne foi. 66800
Les juges ont ainsi décidé qu'à défaut de tout engagement particulier à cet égard, l'acquéreur n'est pas tenu d'aviser le cédant d'un contrôle fiscal en cours pour lui permettre de fournir tous éléments de réponse utiles (Cass. com. 23-11-1993 n° 1817 D : Bull. Joly 1994 p. 168 note A. Couret). De même, dès lors que, aux termes d'une clause de garantie, un cédant ne s'était ménagé ni le droit d'être informé du déroulement d'une procédure fiscale en cours ni la possibilité de maîtriser ce contentieux, il n'est pas fondé à reprocher à l'acquéreur de ne pas l'avoir informé en temps voulu

de la signification des décisions rendues et il ne peut pas suppléer l'absence de telles dispositions contractuelles en invoquant la responsabilité extracontractuelle de son cocontractant (CA Paris 23-3-2001 n° 99-10015). Jugé également qu'en l'absence de clause subordonnant la mise en œuvre de la garantie à la présence du cédant aux opérations de contrôle fiscal engagées à l'encontre de la société, cette mise en œuvre ne suppose pas la participation de ce dernier à ces opérations (Cass. com. 21-6-1994 n° 92-19.679 D : Bull. Joly 1994 p. 1217 note A. Couret).

66802 L'**obligation** d'information du cédant peut être **implicite** et résulter des termes employés dans la clause de garantie. Par exemple, lorsque, aux termes d'un acte de garantie de passif, un acquéreur s'était engagé, d'une part, à adresser au cédant une déclaration de mise en jeu de la garantie en précisant la nature du risque survenu, le préjudice en résultant et les mesures ou recours qui pourraient être engagés pour l'écarter ou en diminuer les effets et, d'autre part, en cas de voie de recours décidée d'un commun accord, à exécuter celle-ci aux frais exclusifs du cédant, il a été jugé que ces dispositions impliquaient nécessairement l'obligation pour l'acquéreur d'informer le cédant de façon complète dès qu'il aurait connaissance de faits susceptibles de mettre en jeu la garantie afin de lui permettre de choisir le cas échéant les recours devant être mis en œuvre à ses frais (CA Paris 6-12-2002 n° 01-12401 : RJDA 6/03 n° 603).

ÉTENDUE DE L'OBLIGATION D'INFORMER LE CÉDANT

66820 La clause imposant à l'acquéreur d'informer le cédant fixe en pratique le contenu de cette obligation d'information. La clause peut être libellée de manière très générale. Par exemple, l'acquéreur s'engage à informer le cédant de tout événement susceptible d'entraîner la mise en jeu de la garantie. Le terme « événement » doit alors être entendu largement : réclamation, action en justice, mise en œuvre d'un contrôle ou défaillance d'un client ou autres. À l'inverse, la clause peut comporter une liste des événements visés ou encore des limitations expresses.

En cas d'ambiguïté, les juges recherchent souverainement la commune intention des parties.

ILLUSTRATIONS

Dès lors que la clause de garantie n'impose à l'acquéreur d'aviser le cédant que dans le cas de **dettes fiscales et parafiscales,** il n'est pas tenu d'informer le cédant d'un jugement condamnant la société à payer à l'un de ses salariés une **indemnité** pour un **licenciement** antérieur à la cession.

Cass. com. 28-11-1995 n° 93-21.123 D : Bull. Joly 1996 p. 202 note A. Couret.

Une clause de garantie imposait à l'acquéreur d'aviser le cédant « de **toute réclamation** ainsi que de toute **vérification fiscale,** parafiscale ou en matière de sécurité sociale dont la [société] pourrait faire l'objet ». Elle était suivie d'une mention manuscrite ainsi rédigée : « à ce sujet, il est précisé que le bilan (...) tient compte d'un avoir à recevoir (...) d'un montant hors taxe de [X francs]. Pour garantir le recouvrement de cette créance (...), les cédants séquestrent (...) une somme de pareil montant ».

Malgré l'expression « à ce sujet », cette mention ne peut pas se rattacher au paragraphe précédent dès lors qu'elle vise, non pas l'hypothèse, seule envisagée à ce paragraphe, d'une réclamation faite par un tiers ou d'un redressement fiscal, mais l'**impossibilité de recouvrer une créance.**

Par suite, les cédants ne peuvent pas refuser d'exécuter la garantie contenue dans cette mention manuscrite en opposant à l'acquéreur un défaut d'information, l'obligation d'informer les cédants ne pouvant recevoir application que dans les cas visés par la clause (réclamations ou redressements fiscaux), mais non dans le cas de l'avoir litigieux, créance insusceptible d'être l'objet d'une réclamation par un tiers.

CA Paris 27-4-2000 n°s 95-26294, 96-21217 et 99-8570 : Bull. Joly 2000 p. 798.

Un fonds de commerce de pharmacie avait été cédé simultanément avec les parts de la SCI propriétaire des locaux où était exploitée la pharmacie et qui étaient situés au sein d'une copropriété. Au moment de la cession, la SCI était en litige avec la copropriété au sujet de la répartition des charges et avait engagé une action en justice contre le syndic. À la suite d'une demande reconventionnelle du syndicat des copropriétaires, la SCI avait été condamnée à payer à ce dernier un arriéré de charges. L'acquéreur avait réglé ces sommes au syndic puis mis en œuvre la garantie de passif figurant à l'acte de cession.

Cette demande doit être rejetée pour les raisons suivantes :

– pour tenir compte du **litige en cours** opposant la SCI à la copropriété **au moment de la cession,** les parties avaient inséré une clause particulière par laquelle l'acquéreur s'interdisait par avance de régler tout montant qui pourrait venir à être réclamé par le syndic et entrant dans le cadre de la procédure judiciaire menée à l'encontre de ce dernier ; l'acquéreur avait aussi l'obligation de faire part au cédant « par lettre recommandée dans un délai maximum de quinzaine, de **toutes réclamations** quelconques dont elle (la SCI) serait l'objet, pour activités antérieures à la date de cession de parts, afin de permettre au cédant d'intervenir, de présenter à la société toutes observations, de lui donner tous moyens permettant de faire échec auxdites réclamations ou d'y

donner son accord » ; enfin, l'acquéreur s'était engagé à « apporter au cédant toute l'aide possible pour la défense des intérêts de la société ainsi pris en charge par lui, notamment par la communication de tous documents sociaux nécessaires et à ne rien faire ou laisser faire par ladite société qui puisse à cet égard gêner le cédant » ; l'obligation d'information résultant de ces clauses avait une **portée générale** et n'excluait pas l'instance introduite contre la copropriété ;
– or, en dépit de ses engagements, l'acquéreur, d'une part, n'a pas informé le cédant de la demande reconventionnelle du syndicat des copropriétaires qui le concernait directement, puisque portant en partie sur des charges antérieures à la cession et, d'autre part, a réglé, malgré l'interdiction qui lui était faite, lesdites charges au syndic sans même avertir son cocontractant, privant ainsi celui-ci de toute possibilité de se défendre et de discuter la créance ;
– au regard des clauses de l'acte de garantie, la sanction de l'inobservation des obligations mises à la charge de l'acquéreur est implicitement mais nécessairement la déchéance de la garantie.

CA Paris 24-10-2000 n° 99-24926 : RJDA 3/01 n° 326, 1e espèce.

Dans un cas où, à l'occasion d'une cession de parts sociales, une convention de garantie de passif prévoyait que l'acquéreur devait informer par lettre recommandée AR la société cédante « de **tous litiges,** notifications de contrôles fiscaux, sociaux ou autres » et où l'acquéreur soutenait que cette formalité s'imposait seulement en cas de réclamation formulée par un tiers, ne dénature pas cette convention l'arrêt d'une cour d'appel qui retient que les parties contractantes n'ont pas limité à certains cas particuliers l'information du cédant par lettre recommandée AR, mais l'ont expressément prévue pour tout fait quelconque pouvant mettre en jeu la responsabilité de celui-ci, telles les **indemnités demandées par un salarié après sa démission.**

Cass. com. 8-10-2002 n° 99-12.477 F-D : RJDA 12/02 n° 1281.

L'acquéreur de la quasi-totalité des actions d'une société s'était prévalu, pour mettre en œuvre la garantie de passif figurant dans l'acte de cession, de diverses anomalies dans la situation comptable de la société qu'avait révélé un audit réalisé après la cession. L'acquéreur reprochait à une cour d'appel d'avoir rejeté sa demande alors que, soutenait-il, si la garantie lui imposait d'aviser le cédant, dans le délai d'un mois de sa révélation, « de tout **événement** susceptible de provoquer l'application de la garantie », était ainsi clairement visé un **fait nouveau** et non pas une analyse approfondie de la situation comptable et financière globale.
N'encourt pas ce grief la cour d'appel qui, interprétant, ainsi qu'il était nécessaire, le mot « événement » et la clause elle-même dans son entier, a souverainement retenu que cette clause instituait au bénéfice de l'acquéreur un recours en garantie sous la condition que, dans le mois de sa connaissance de faits susceptibles de la provoquer, et à peine de déchéance, il en informe le cédant et qui a ensuite relevé que l'acquéreur avait eu connaissance des **données comptables** sur lesquelles il fondait son action cinq mois avant l'introduction de celle-ci.

Cass. 1e civ. 28-1-2003 n° 00-18.240 F-D : RJDA 5/03 n° 502.

Ndlr : Il résulte de cette décision que la Cour de cassation se refuse à contrôler l'appréciation souveraine des juges du fond qui ont ici estimé que les anomalies comptables révélées par l'audit étaient un fait entrant dans le champ d'application de la clause et qu'elles auraient donc dû être portées à la connaissance du cédant dans un délai d'un mois à compter de la communication de l'audit à l'acquéreur.

Sur le refus d'assimiler à une **transaction** les conséquences d'une procédure fiscale de **taxation d'office,** voir Cass. com. 27-10-2009 n° 08-15.129 F-D : n° 66285.

Dans un cas où la clause de garantie d'actif et de passif précisait qu'elle ne pouvait être opposée au cédant qu'à la condition expresse que, lors de la réclamation du créancier social, le cédant ait été informé dans un délai d'un mois par lettre recommandée AR de la réclamation faite, de la **vérification annoncée ou du redressement signifié** et ait été mis à même de discuter le bien-fondé et l'exactitude de telles prétentions, le cédant ne peut pas, pour reprocher à une cour d'appel d'avoir jugé que la demande de mise en œuvre de la garantie formulée par l'acquéreur à la suite d'un redressement fiscal était recevable, soutenir que, s'il a été informé de l'avis de vérification, il n'a pas été ensuite averti des **dates d'intervention de l'inspecteur des impôts.**
En effet, la cour d'appel a retenu qu'après avoir été avisé dans les formes et délais fixés par la convention de la vérification des comptes de la société annoncée par l'administration fiscale, le cédant avait pu soumettre son point de vue et ses justificatifs à l'inspecteur, y compris sur le projet de redressement et qu'il ne caractérisait pas les obstacles concrets que l'acquéreur aurait mis à l'exposé de sa défense. Il résulte de ces constatations et appréciations que l'acquéreur a satisfait à son obligation de mettre le cédant en mesure de discuter le bien-fondé et l'exactitude de la position de l'administration fiscale et la cour d'appel a pu en déduire, hors toute dénaturation, que la demande de mise en œuvre de la garantie était recevable au regard des stipulations de l'acte de cession.

Cass. com. 19-1-2010 n° 09-12.063 F-D : RJDA 5/10 n° 524, 2e espèce.

PREUVE DE L'EXÉCUTION DE L'OBLIGATION D'INFORMATION DU CÉDANT

Il appartient à l'**acquéreur** de rapporter la **preuve** qu'il a exécuté son obligation d'informer le cédant ; les juges ont estimé, à cet égard, que la présence du cédant dans la société ne constituait pas cette preuve, d'autant que, dans l'affaire sur laquelle ils ont statué, il n'était pas démontré que 66840 les fonctions d'attaché de direction salarié exercées par le cédant lui avaient permis d'avoir accès aux informations concernant la comptabilité clients de la société (CA Paris 16-3-2001 n° 98-14679 : RJDA 11/01 n° 1113). De même, jugé qu'un acquéreur ne démontrait pas avoir, dans le délai d'un mois prévu à peine de déchéance de la garantie, informé le cédant de la survenance d'un contrôle fiscal de nature à mettre en œuvre celle-ci dès lors qu'une notification de redressement adressée à l'expert-comptable de la société ne permettait pas de retenir que cette obligation d'information avait été remplie : en effet, cette notification était intervenue postérieurement au délai d'un mois et il n'était pas établi que l'expert-comptable avait la qualité de mandataire du cédant ; en outre, il n'était pas davantage établi que le cédant avait participé personnellement à la procédure de vérification fiscale et avait été tenu informé de son déroulement (CA Paris 19-1-2000 n° 98-453 : RJDA 6/00 n° 666, 2e espèce).

CAS D'EXONÉRATION DE L'OBLIGATION D'INFORMER LE CÉDANT

66850 L'inobservation de l'obligation d'informer le cédant ne peut pas être justifiée par la **mise en liquidation judiciaire de l'acquéreur** ; en effet, cette situation n'empêche pas le liquidateur judiciaire de procéder aux vérifications et investigations nécessaires, pas plus qu'elle ne l'empêche d'obtenir des administrations intéressées les renseignements ayant trait à d'éventuels redressements susceptibles de mettre en jeu la garantie (CA Paris 20-9-1984, 3e ch. B, décision rendue sous l'empire de l'ancienne législation sur la liquidation des biens, mais transposable).

66854 Le cédant peut-il invoquer un manquement à l'obligation d'information lorsque l'**événement** à l'origine de la mise en œuvre de la garantie était déjà **connu** de lui avant la cession et qu'il l'a **dissimulé à l'acquéreur** ?

Pendant longtemps, la jurisprudence a apporté une réponse négative à cette question. Ainsi, dans un cas où l'acquéreur s'était engagé à aviser le cédant « dès connaissance d'une réclamation d'un créancier ou réception d'un avis d'une administration », il avait été jugé que celui-ci ne pouvait pas lui reprocher de n'avoir appelé la garantie que deux mois après avoir connu la nécessité de mettre en conformité l'installation électrique d'un immeuble de la société dès lors que, avant la cession, le cédant avait reçu l'ordre de faire procéder à la vérification périodique des installations techniques de l'immeuble, qu'il ne s'y était pas conformé et qu'il avait omis d'en informer l'acquéreur (Cass. com. 25-1-2000 n° 97-13.938 D : RJDA 6/00 n° 666, 1e espèce). Jugé, de même, qu'une clause prévoyant une procédure d'information du cédant ne pouvait s'appliquer que dans la mesure où celui-ci avait respecté son engagement concernant l'exactitude de ses déclarations et l'affirmation suivant laquelle la société n'était, à la date de la cession, « partie à aucun procès, contentieux, litige ni arbitrage » ; en conséquence, n'ayant pas fait part à l'acquéreur d'un litige antérieur à la cession pour lequel ce dernier demandait la mise en œuvre de la garantie, le cédant ne pouvait pas lui reprocher un manquement à la procédure d'information (CA Versailles 18-12-1992, 14e ch. : RJDA 12/93 n° 1044). Pour un autre exemple, voir CA Paris 28-2-2008 n° 06-19226 : n° 66865.

Par un arrêt de 2011, la Cour de cassation est à notre avis revenue sur sa jurisprudence. En effet, dans un cas où l'acquéreur d'actions avait mis en œuvre la garantie de passif au titre d'un redressement fiscal, une cour d'appel avait jugé que le cédant ne pouvait pas se prévaloir de la déchéance de la garantie de passif pour inexécution par l'acquéreur de son obligation d'information dès lors que ses agissements frauduleux étaient à l'origine du passif fiscal ayant donné lieu au redressement ; la Cour de cassation a censuré cette décision en énonçant le principe suivant : si la règle selon laquelle les conventions doivent être exécutées de bonne foi permet au juge de sanctionner l'usage déloyal d'une prérogative contractuelle, elle ne l'autorise pas à porter atteinte à la substance même des droits et obligations légalement convenus entre les parties (Cass. com. 15-3-2011 n° 09-13.299 F-D : RJDA 7/11 n° 631 ; dans le même sens, CA Paris 24-10-2013 n° 12/14281 : RJDA 2/14 n° 120). Ce faisant, la Cour de cassation a repris le principe qu'elle avait déjà posé en 2007 à propos d'un acquéreur ayant mis en œuvre de mauvaise foi la garantie (Cass. com. 10-7-2007 n° 06-14.768 FS-PBIR : n° 66715). Il résulte de l'arrêt de 2011 que le fait que le cédant connaissait l'événement à l'origine de la mise en œuvre de la garantie avant la cession et qu'il l'ait dissimulé à l'acquéreur ne constitue pas, en tant que tel et en l'absence de circonstances de nature à influer sur la validité même de la garantie stipulée (dol ou fraude), une source de déchéance de celle-ci.

66857 Le **cédant** peut-il se prévaloir de l'inobservation de la procédure d'information lorsqu'il n'a **élevé aucune protestation** en recevant la demande d'indemnisation de l'acquéreur ?

Une réponse positive semble résulter d'un arrêt rendu dans un cas où une clause de garantie imposait à l'acquéreur d'aviser le cédant des procédures fiscales de recouvrement et laissait à celui-ci un délai d'un mois à compter de cette information pour contester le bien-fondé de la réclamation et faire valoir ses droits ; le cédant a été condamné à exécuter la garantie aux motifs que, après la réception des avis de recouvrement, l'acquéreur avait demandé l'application de la clause de garantie et que le cédant avait alors seulement « évoqué les possibilités de discussion des sommes dues auprès de l'administration fiscale » (Cass. com. 24-5-1994 n° 92-14.817 D : Bull. Joly 1994 p. 809 note G. Fréchet). Toutefois, plus récemment, la cour d'appel de Paris a estimé que la déchéance de la garantie prévue en cas de non-respect par l'acquéreur de son obligation d'information constitue une fin de non-recevoir conventionnelle que le cédant n'est pas tenu de présenter immédiatement (CA Paris 2-4-2009 n° 08-5319).

NON-RESPECT DE L'OBLIGATION D'INFORMER LE CÉDANT

Sanction expressément prévue par l'acte de garantie La sanction de l'inob- 66860
servation de l'obligation d'information due au cédant ne pose aucun problème lorsqu'elle est expressément indiquée dans l'acte.

Les parties prévoient généralement la **déchéance du bénéfice de la garantie.** Afin de limiter les contestations ultérieures, elles peuvent utilement préciser si la déchéance est encourue seulement en cas de défaut d'information ou également en cas d'information tardive ou partielle.

Si le **manquement** est avéré, l'acquéreur ne peut pas, à notre avis, échapper à la sanction en soutenant n'avoir ainsi causé aucun **préjudice au cédant.**

ILLUSTRATIONS

Dans un cas où l'acquéreur n'avait informé le cédant de l'ouverture d'une procédure d'appel concernant un contentieux antérieur à la cession qu'une semaine avant l'audience, il a été jugé que l'acquéreur encourait la déchéance prévue, peu important le contenu de la décision rendue (CA Versailles 3-6-1999 n° 96-8158 : RJDA 12/99 n° 1341). De même, dans un cas où l'acquéreur avait avisé tardivement le cédant d'un avis de vérification de comptabilité adressé par l'administration fiscale, il a été jugé que l'acquéreur ne pouvait pas soutenir que la durée des opérations de vérification avait été suffisamment longue pour permettre au cédant de contester ou discuter les mesures envisagées par l'administration fiscale (Cass. com. 15-3-2011 n° 09-13.299 F-D : RJDA 7/11 n° 631).

Les parties peuvent limiter la possibilité pour le cédant d'invoquer la déchéance de la garantie et prévoir, par exemple, qu'elle n'interviendra que dans l'hypothèse où le défaut d'information aura pour conséquence de le **priver d'un droit ou d'un recours** (CA Versailles 10-3-2015 n° 13/05649 : RJDA 8-9/15 n° 570).

Assimilant la déchéance de la garantie en cas de non-respect de l'obligation d'information à une **fin de non-recevoir contractuelle,** la cour d'appel de Paris a estimé qu'elle pouvait être invoquée « en tout état de cause » (CPC art. 123) – et donc pas nécessairement dès réception de la demande de mise en œuvre de la garantie – et sans avoir à justifier d'un préjudice (CPC art. 124 ; CA Paris 2-4-2009 n° 08-5319).

Absence de sanction conventionnelle La détermination de la sanction applicable 66863
en cas de non-respect par l'acquéreur de son obligation d'informer le cédant est plus épineuse lorsque l'acte est muet sur ce point car la **jurisprudence des juges du fond** est **peu homogène.**

La **Cour de cassation** ne tranchera pas ce débat, estimant que l'appréciation des juges du fond est souveraine sur ce point (Cass. com. 9-6-2009 n° 08-17.843 F-PB : RJDA 8-9/09 n° 752 ; Cass. com. 25-1-2017 n° 15-17.137 F-D : RJDA 4/17 n° 255). Les **parties** ont donc intérêt de **prévoir expressément** dans l'acte de garantie la sanction de cette obligation.

Dans l'affaire soumise à la Cour de cassation en 2009, la garantie de passif prévoyait que le cédant devait être informé dans un délai de dix jours par lettre recommandée AR de toute réclamation ou action contentieuse ou de tout fait ou événement générateur de cette garantie. L'acquéreur, qui avait demandé la mise en œuvre de la garantie à la suite d'une action en responsabilité engagée par un tiers contre la société, reprochait à une cour d'appel d'avoir rejeté sa demande au motif qu'il n'avait pas informé le cédant dans le délai convenu alors que, faisait valoir l'acquéreur, la clause n'assortissait ce délai d'aucune sanction de déchéance de la garantie. La Cour de cassation a écarté ce grief et jugé que c'était dans l'exercice de son pouvoir souverain d'appréciation de la volonté des parties, rendue nécessaire par l'imprécision du contrat, que la cour d'appel avait décidé que l'inexécution par l'acquéreur de son obligation d'informer le cédant dans le délai convenu faisait à elle seule obstacle à ce que l'acquéreur invoque le bénéfice de la garantie.

Certaines cours d'appel considèrent ainsi que la sanction est implicitement mais **nécessairement la** 66864
déchéance du bénéfice de la garantie (notamment CA Paris 24-10-2000 n° 99-24926 : n° 66820 ; CA Paris 10-10-2000 n°s 99-24698 et 00-1670 ; CA Paris 17-5-2002 n° 00-20924 : n° 66866).

Selon un autre courant jurisprudentiel, qui est majoritaire, la déchéance de la garantie ne peut pas être prononcée en l'absence de **préjudice subi effectivement par le cédant** à la suite du défaut d'information (notamment CA Paris 27-6-1989, 25e ch. A, CA Rouen 3-4-2008 n° 06-2877 : n° 66880). Lorsque le défaut d'information cause un préjudice au cédant, le juge réduit alors le montant de la condamnation du cédant du montant de ce préjudice.

66865 Enfin, une cour d'appel a emprunté une troisième voie : le cédant peut, en l'absence de clause prévoyant la déchéance, invoquer l'**exception d'inexécution** ; son refus de garantir est alors fondé sur la non-exécution par le bénéficiaire de la garantie de sa propre obligation d'information. Une des chambres de la cour d'appel de Paris a en effet estimé que, l'obligation d'information ayant pour objet de permettre au cédant de participer à la défense de la société et à la réduction des sommes réclamées, c'est seulement sur le terrain de l'exception d'inexécution que doivent être appréciées, pour chaque poste de réclamation concerné, les conséquences du non-respect de cette obligation (CA Paris 28-2-2008 n° 06-19226 : RJDA 6/08 n° 670). Au cas particulier, la cour d'appel de Paris a jugé que :

– s'agissant d'un litige opposant la société à un de ses salariés, le cédant ne pouvait pas se plaindre d'un défaut d'information dès lors que l'audience de conciliation devant les prud'hommes avait eu lieu avant la cession et qu'il appartenait au cédant, s'il le souhaitait, de continuer à suivre cette affaire dont il savait qu'elle ne s'était pas réglée en conciliation ; la garantie était due pour cette réclamation dès lors qu'il s'agissait d'un litige antérieur à la cession, non provisionné dans les comptes de référence et non porté à la connaissance de l'acquéreur ;

– la garantie n'était pas due pour les sommes réclamées par les Assédic à la société au titre de la contribution Delalande prévue en cas de licenciement d'une personne de plus de cinquante ans : en effet, si le garant s'était engagé à supporter toutes les conséquences du licenciement d'un salarié entrant dans cette catégorie, il n'avait pas été informé de la réclamation des Assédic et n'avait donc pas pu se prévaloir des possibilités d'exonération légales de cette contribution ; en conséquence, l'**inexécution par la société de sa propre obligation** interdisait à celle-ci de bénéficier de la garantie ; par ailleurs, en raison des possibilités d'exonération, la preuve n'était pas rapportée que cette contribution était la conséquence nécessaire du licenciement et la société ne pouvait donc pas réclamer ces sommes au titre de l'engagement du cédant de prendre en charge les conséquences du licenciement ;

– la garantie ne pouvait pas être mise en œuvre pour les condamnations dont la société avait fait l'objet après la cession dans le cadre d'une action en responsabilité professionnelle : en effet, n'ayant pas été informé dans les conditions convenues, le garant n'avait pas pu s'opposer à ces réclamations et pouvait donc utilement invoquer l'exception d'inexécution ; les litiges susceptibles d'être couverts par l'assurance professionnelle de la société n'étaient pas exclus de l'obligation contractuelle d'information et la conduite du procès par un assureur n'interdisait pas à la personne mise en cause de se défendre ; il n'était pas établi que le cédant connaissait le litige et aurait omis de le déclarer lors de la cession.

66866 ILLUSTRATIONS

Décisions ayant prononcé la déchéance de la garantie

L'acquéreur qui ne justifie pas avoir respecté la clause selon laquelle il devait informer le cédant de tout événement pouvant donner lieu à indemnisation a privé ce dernier de la **possibilité d'apprécier le bien-fondé de la réclamation,** de sorte qu'il doit être débouté de sa demande d'exécution de la garantie.

CA Paris 25-5-1993 n° 91-024107 : Bull. Joly 1993 p. 852 note P. Le Cannu.

Un acte de garantie prévoyant l'obligation pour l'acquéreur de notifier au cédant tout fait susceptible de mettre en jeu la garantie dès qu'il en aurait connaissance et limitant l'application de celle-ci aux seuls éléments ayant fait l'objet d'une notification est destiné à **permettre au cédant de connaître** le plus vite possible les **faits susceptibles d'entraîner sa mise en cause** et de **prendre,** le cas échéant, les **mesures adéquates** pour en atténuer l'importance. Par suite, doit être exclue de la garantie une somme correspondant à des factures émises par la société et demeurées impayées dont le défaut de recouvrement n'a pas immédiatement été notifié au cédant.

CA Paris 16-3-2001 n° 98-14679 : RJDA 11/01 n° 1113.

Dans un cas où un acte de garantie de passif prévoyait l'obligation pour l'acquéreur d'informer le **cédant** de tout événement de nature à entraîner l'application de la garantie dans un délai permettant à ce dernier de **faire valoir** utilement tous **moyens de défense,** l'acquéreur qui a manqué à cette obligation ne peut pas utilement soutenir qu'un tel manquement ne l'empêche pas de demander la mise en œuvre de la garantie et ne peut éventuellement donner lieu qu'au versement de dommages-intérêts au cédant pour inexécution d'une obligation de faire (application de l'ancien article 1142 du Code civil dans sa rédaction applicable avant l'entrée en vigueur de l'ordonnance 2016-131 du 10-2-2016).

En effet, la clause litigieuse interdit à l'intéressé de faire jouer la garantie s'il n'a pas préalablement informé le cédant des motifs de sa mise en œuvre dès lors que cette clause s'inscrit dans une partie de l'acte dont les dispositions ont pour objet d'imposer à l'acquéreur un devoir de loyauté envers le cédant puisqu'elles donnent à ce dernier le droit de forcer la société dont les parts sont cédées à engager toute action en justice qu'il estimerait utile et interdisent à l'acquéreur de procéder à aucun paiement ou de consentir aucun accord susceptible d'entraîner la mise en jeu de la garantie sans l'accord préalable et écrit du cédant. Ainsi, la clause litigieuse tend à **protéger** ce dernier **contre** toute **tentation de l'acquéreur de céder** trop facilement **à d'éventuelles réclamations** de tiers ou de renoncer à poursuivre le recouvrement d'impayés, en laissant au cédant le loisir de discuter en temps utile les éléments d'aggravation du passif ou de diminution de l'actif que l'acquéreur pourrait lui opposer.

CA Paris 17-5-2002 n° 00-20924 : RJDA 4/03 n° 391.

En ne procédant pas à l'information à laquelle il était tenu en vertu de l'acte de garantie, l'acquéreur n'a pas exécuté de bonne foi ses obligations et a privé cet acte de son plein effet, peu important qu'il ait fourni au cédant des **informations partielles en cours d'instance,** puisque les événements invoqués à l'appui de la mise en jeu de la garantie étaient antérieurs à l'introduction de cette instance et ne pouvaient plus **faire l'objet de recours** à cette date. En conséquence, l'acquéreur se trouve déchu du droit de mettre en œuvre la garantie.

CA Paris 6-12-2002 n° 01-12401 : RJDA 6/03 n° 603.

L'article 3 d'une convention de garantie d'actif et de passif conclue à l'occasion d'une cession de parts sociales était intitulé « conditions de mise en œuvre » et prévoyait l'obligation pour l'acquéreur d'informer « sans délai » les cédants par lettre recommandée AR de tout événement susceptible d'entraîner l'application de la garantie, de sorte que ceux-ci puissent faire valoir leur opinion. L'article 5, intitulé « **information des cédants** », précisait que l'acquéreur s'engageait à informer les cédants « dans un **délai** de quinze jours » par lettre recommandée AR de tout événement susceptible de révéler un passif « à peine de déchéance » de la garantie. L'acquéreur avait informé les cédants de l'apparition d'un passif sans respecter le délai de quinze jours mais demandait l'application de la garantie en faisant valoir que les deux **clauses** étaient **contradictoires** et que, dans le doute, la convention devait s'interpréter en faveur de celui qui avait contracté l'obligation d'information, si bien que le **non-respect du délai** ne devait pas entraîner la déchéance de la garantie.
Ces deux dispositions de l'acte de cession, dont la première ne prévoit ni délai ni sanction, tandis que la seconde prévoit un délai de quinze jours et la sanction de son non-respect, à savoir la déchéance de la garantie, se contredisent, ce qui justifie leur interprétation.
L'acquéreur doit être déchu de sa garantie de passif pour les raisons suivantes :
– l'article 3 constitue un énoncé général dont l'article 5 précise les modalités, ce qui, en application de la règle « specialia generalibus derogant » (les règles particulières dérogent aux règles générales), conduit à donner la **primauté aux dispositions particulières** de l'article 5 sur celles, plus générales, de l'article 3 ; en outre, cette interprétation apparaît conforme aux usages et à l'économie d'une garantie de passif, qui sont de permettre de régler les difficultés au fur et à mesure de leur révélation, la garantie n'ayant pas vocation à perdurer selon le bon vouloir de l'acquéreur ;
– c'est à juste titre que l'acquéreur invoque l'article 1162, devenu 1190, du Code civil, mais c'est du premier membre de phrase de cet article, selon lequel « dans le doute, le contrat de gré à gré s'interprète contre le créancier et en faveur du débiteur », qu'il convient de faire application, ce qui conduit au cas particulier à **interpréter** le contrat **en faveur du débiteur** de la garantie d'actif et de passif, à savoir les cédants.

CA Aix-en-Provence 6-7-2017 n° 14/14154 : RJDA 11/17 n° 724.

ILLUSTRATIONS

Décisions ayant écarté la déchéance de la garantie 66880

Si l'acquéreur ne justifie pas avoir avisé sans délai le cédant du redressement fiscal dont a fait l'objet la société, ainsi que l'engagement de garantie l'y oblige, il n'en demeure pas moins qu'à la date de l'assignation du cédant en exécution de cette garantie, les **délais de réclamation auprès de l'administration fiscale** n'étaient **pas expirés,** de sorte que le cédant conservait la possibilité de faire valoir toutes contestations et justifications, ce qu'il n'établit pas avoir entrepris. En conséquence, il y a lieu de faire droit à la demande d'exécution de la garantie formée par l'acquéreur.

CA Paris 27-6-1989, 25e ch. A : Bull. Joly 1989 p. 695 note M. Jeantin.

L'obligation de prévenir le cédant en cas de vérifications fiscales ou sociales a été remplie dès lors que son conseil fiscal, auquel l'acquéreur a continué de faire appel, a suivi le contrôle fiscal auquel l'administration a procédé, de sorte que le **cédant** en a été **averti par l'intermédiaire de** ce **conseil** et a été **en mesure d'assurer sa défense.** Il apparaît que seul l'acquéreur est intervenu au cours de ce contrôle et a pris les initiatives utiles qui ont abouti à une transaction obtenue avec l'administration dans des conditions avantageuses pour les deux parties. Le cédant doit donc payer à l'acquéreur le montant du redressement fiscal entrant dans le champ de la garantie.

CA Toulouse 16-1-1992 n° 90-1932.

Dans un cas où une clause obligeait l'acquéreur à informer immédiatement le cédant par lettre recommandée AR de tout élément relatif à la détermination de l'actif et du passif imprévus susceptibles de faire jouer la clause de garantie, la méconnaissance de cette clause n'a pas entraîné la déchéance de la garantie dès lors que l'**acquéreur** a **attrait** le **cédant dans une**

66880 (suite) **procédure ayant abouti à la désignation d'un expert** dont le rapport a révélé le défaut de conformité aux règles de sécurité des aménagements d'un immeuble de la société, de sorte que le cédant a pu faire valoir ses moyens de droit. Il doit donc exécuter l'engagement de garantie qu'il a souscrit.

CA Paris 25-2-1994, 23e ch. B : JCP E 1994 II n° 595 note J.-J. Daigre.

Aux termes d'une garantie de passif, souscrite à l'occasion de la cession des actions d'une SAS, l'acquéreur s'obligeait à notifier au cédant tout événement susceptible d'entraîner la mise en jeu de la garantie, dans un délai de 12 jours où il en avait pris connaissance ; il devait également prévenir le cédant de toute vérification de la société par une administration fiscale ou sociale afin qu'il puisse intervenir dans la discussion de toute réclamation qui pourrait être faite en ces circonstances ; enfin, pendant toute la période de garantie, le cédant devait être informé, dans les 12 jours, de tout acte de procédure ou réclamation émanant des administrations concernées pour pouvoir prendre les mesures utiles afin d'éviter toute diminution d'actif net qui pourrait être mise à sa charge au titre de la garantie.

Le cédant avait contesté la mise en œuvre de la garantie à la suite d'un redressement de cotisations Urssaf dont la SAS avait fait l'objet en soutenant que, s'il avait été informé dans le délai convenu de la notification du redressement, il ne l'avait pas été de l'annonce préalable du contrôle de l'Urssaf.

Il y a lieu de rejeter cet argument et de condamner le cédant à exécuter la garantie pour le montant du redressement de cotisations dès lors que :

– certes, l'annonce d'un contrôle de l'Urssaf constitue un **événement « susceptible » d'entraîner la mise en jeu de la garantie** et devait à ce titre être dénoncée au cédant dans les 12 jours ; elle constitue également une vérification par une administration sociale qui devait faire l'objet d'un avis préalable au cédant afin qu'il puisse intervenir lors de cette vérification qui constitue aussi un acte de procédure au sens de la convention ;

– toutefois, cette **convention ne prévoyant pas la déchéance de la garantie** en cas de non-observation des droits à l'information du cédant, il appartient dès lors à celui-ci de **démontrer l'existence d'un préjudice** en relation avec cette faute ; or le cédant, qui aurait pu faire des observations dans le délai de 30 jours suivant la lettre de notification du redressement, s'est abstenu d'opposer un quelconque moyen et ne démontre pas, ni même n'invoque, l'existence d'un préjudice lié au non-respect de l'obligation d'information par l'acquéreur.

CA Rouen 3-4-2008 n° 06-2877 : RJDA 10/08 n° 1031.

Ndlr : Cette décision a été cassée par la Cour de cassation mais sur un autre point (Cass. com. 5-5-2009 n° 08-16.381 F-D).

À l'occasion de la cession de ses actions, le cédant avait consenti une garantie de passif, à charge pour l'acquéreur de l'informer sans délai de la mise en évidence de faits ouvrant droit à garantie par lettre recommandée AR. L'acquéreur avait mis en œuvre la garantie en raison de litiges prud'homaux nés de licenciements antérieurs à la cession, démarche qui avait abouti à un accord entre les parties. Puis, prenant en compte les sommes additionnelles liées à ces litiges, il avait mis en jeu la garantie une seconde fois.

Jugé que le cédant ne pouvait pas opposer le non-respect par l'acquéreur de son obligation d'information pour refuser d'exécuter son engagement. En effet, ce **non-respect** n'était pas expressément **sanctionné par la déchéance de la garantie** et il résultait des éléments suivants que le **cédant connaissait les faits permettant** à l'acquéreur **de mettre en œuvre la garantie,** ce qui était l'objectif du formalisme mis en place par les parties :

– après de longs échanges entre le cédant et l'acquéreur, une première mise en jeu de la garantie avait abouti à un paiement qui incluait les règlements liés aux litiges prud'homaux ;

– avant la nouvelle mise en jeu de la garantie, l'avocat du cédant avait indiqué par courriel qu'il était hors de question que le cédant ne règle pas ce qui était dû en application de la garantie et le mandataire de ce dernier avait donné son accord sur les sommes réclamées par l'acquéreur ;

– ce n'est qu'au cours des échanges ayant précédé la seconde mise en jeu de la garantie que l'avocat du cédant avait évoqué le manquement de l'acquéreur à son obligation d'information dans le suivi des dossiers prud'homaux tout en indiquant que la mise en œuvre de la garantie par l'acquéreur n'était pas sur le principe contredite par le cédant.

CA Paris 9-4-2013 n° 12/00631 : RJDA 8-9/13 n° 718.

Un acte de garantie prévoyait l'obligation pour l'acquéreur de porter à la connaissance du cédant, dans un délai de 20 jours suivant celui où il en aurait lui-même connaissance, toute réclamation, tout fait ou événement susceptible d'entraîner la mise en jeu de la garantie. Poursuivi en exécution de la garantie, le cédant en invoquait la déchéance car l'acquéreur n'avait pas respecté son obligation d'information. Le **contrat ne prévoyant pas de sanction,** il n'y a pas lieu d'appliquer une déchéance de plein droit en cas de non-respect du délai convenu, mais de **limiter la sanction à la réparation du préjudice** que le retard apporté à la notification convenu avait pu causer.

CA Metz 26-2-2015 n° 15/00053 et, sur pourvoi, Cass. com. 25-1-2017 n° 15-17.137 F-D : RJDA 4/17 n° 255.

Dans le cadre de la cession des actions d'une société, les cédants avaient consenti à l'acquéreur une garantie de passif prévoyant la clause suivante (art. 5.6), intitulée « Procédure d'indemnisation » : « Dans l'hypothèse où [l'acquéreur] viendrait à avoir connaissance qu'un tiers (...) a intenté une procédure judiciaire (...) ou une réclamation à l'encontre de la société (...), il devra notifier par lettre recommandée avec avis de réception aux [cédants] ladite [contestation du tiers] dans un délai de soixante (60) jours calendaires à compter de la date à laquelle [il] aura été informé de [cette contestation] (...). La notification, accompagnée des pièces justificatives disponibles, devra comporter le cas échéant, et dans la mesure du possible, à titre provisionnel, une estimation du montant du dommage (...). La société ne pourra transiger dans le cadre d'une [contestation] d'un tiers sans l'accord préalable des [cédants et de l'acquéreur]. » L'acquéreur ayant présenté plusieurs demandes d'indemnisation sans informer les cédants dans ce délai de 60 jours, ceux-ci lui opposent en vain l'irrecevabilité des demandes et la déchéance de la garantie.

En l'**absence de clause** expresse **sanctionnant par la déchéance** du droit à garantie le **défaut de respect par l'acquéreur de la procédure d'indemnisation,** la détermination de la sanction relève du pouvoir souverain d'appréciation par le juge du fond de la commune intention des parties et de la portée des clauses de la convention de garantie.

Si, en l'espèce, la convention de garantie précise les modalités de mise en œuvre de la garantie, et notamment le délai de notification de la contestation du tiers par l'acquéreur, elle ne prévoit pas de sanction au cas où ces modalités ne seraient pas respectées.

En outre, la clause relative à la durée de la garantie (« [les cédants] ne seront tenus de payer un dommage ouvrant droit à réduction de prix que si [l'acquéreur] leur a notifié ce dommage conformément à l'article 5.6 ci-dessous ») ne permet pas de déduire que les dommages ne sont indemnisés que s'ils ont fait l'objet d'une notification dans le délai mentionné à l'article 5.6. Le renvoi à cet article signifie seulement que la demande doit être présentée dans la forme prévue par celui-ci et avant l'expiration de la durée de la garantie.

Il ressort même de l'article 12 de la convention (« sauf stipulation contraire (...), ni le défaut d'exercice, ni le retard dans l'exercice d'un droit au titre de la garantie (...) ne pourra être interprété comme une renonciation par la partie concernée à l'exercice de ce droit ») que les droits des parties sont préservés même si elles les exercent tardivement, pendant la durée de la garantie, dès lors qu'elles n'y ont pas renoncé expressément, ce qui est le cas en l'espèce.

Le délai de 60 jours fixé par l'article 5.6 précité ne constitue donc pas, au regard des autres dispositions de la convention, une condition de mise en œuvre de la garantie. Assorti de l'obligation de joindre à la notification les pièces justificatives du dommage et de l'interdiction de transiger sans l'accord des cédants, il a pour objet de permettre à ceux-ci de défendre leurs intérêts en temps utile et d'être, le cas échéant, associés à la défense des intérêts de la société.

Le fait de ne pas avoir respecté ce délai ne peut donc donner lieu qu'à des **dommages-intérêts destinés à réparer le préjudice subi** par les cédants pour ce non-respect, préjudice inexistant en l'espèce.

CA Paris 9-1-2020 n° 18/22848 : RJDA 6/20 n° 312.

4. AUTRES CONDITIONS DE MISE EN JEU DE LA GARANTIE

La clause peut soumettre la mise en jeu de la garantie à la condition que le montant de l'indemnité réclamée au cédant dépasse, soit par demande, soit globalement, une somme déterminée, appelée « **seuil de déclenchement** ». Ce seuil protège le cédant de la mise en œuvre de la garantie pour des faits mineurs. **66900**

Ainsi que le relève un auteur, ce mécanisme est similaire à celui des franchises prévues dans les contrats d'assurance (H. Dubout, Franchises et garanties de passif : Bull. Joly 2007 p. 155 § 18).

Elle peut également soumettre la mise en œuvre de la garantie au respect d'une procédure déterminée, telle une **procédure impliquant le dirigeant de la société.** **66905**

Tel a été le cas dans une affaire où l'application de la garantie était subordonnée à l'envoi par l'acquéreur d'une réclamation au cédant dans les trente jours de l'information que le cédant aurait reçue du président de la société sur un événement de nature à entraîner la mise en œuvre de la garantie. L'application de la garantie a été écartée en l'absence de respect de cette procédure : en effet, le président n'avait fait parvenir aucune information au cédant et à l'acquéreur ; n'étant pas partie à la convention de garantie, il n'avait souscrit aucune obligation d'information expresse à l'égard de ce dernier ; la preuve d'une collusion entre lui et le cédant en vue de faire obstacle à l'application de la convention n'était pas rapportée ; enfin, son successeur n'a pas non plus jugé utile d'adresser au cédant l'information prévue par la convention de garantie (CA Paris 10-1-2003 n°s 00-22016, 01-334 et 01-8276). On notera le manque de cohérence de la convention litigieuse, qui prévoit l'envoi par l'acquéreur d'une réclamation dans les trente jours d'une information que le cédant, et non lui-même, doit recevoir du dirigeant ; en effet, comment l'acquéreur peut-il connaître le point de départ de ce délai de 30 jours puisque c'est à son cocontractant que l'information est adressée ?

66910 La clause peut organiser une procédure consistant à **établir contradictoirement la situation comptable** de la société pour déterminer l'étendue de l'augmentation du passif et/ou de la diminution de l'actif apparue postérieurement.

ILLUSTRATIONS

Dans un cas où un acte de cession de parts comportait une clause prévoyant que le cédant garantissait le passif social apparu postérieurement à l'établissement contradictoire de la situation comptable de la société à une date déterminée, l'acquéreur ne peut pas demander la mise en jeu de la garantie en se prévalant d'une situation comptable qu'il avait unilatéralement arrêtée en raison du défaut de participation du cédant à l'établissement de cette situation dès lors que la procédure prévue par la clause de garantie, qui constitue la condition de l'efficacité et de l'opposabilité de celle-ci, n'avait pas été respectée. En effet, la situation comptable n'avait pas été établie contradictoirement ni arrêtée conjointement par les experts-comptables de chaque partie dans le délai fixé par la clause ; en outre, si le cédant devait garantir à l'acquéreur la réalité financière sur la base de laquelle a été fixé le prix de cession, encore fallait-il que les comptes correspondants soient matériellement annexés à l'acte de cession pour permettre l'exécution de la garantie, d'autant que les clauses de garantie de passif sont d'interprétation stricte ; enfin, si l'acquéreur reprochait au cédant de ne pas avoir respecté la procédure organisée par la clause de garantie, force est de constater qu'il ne justifiait pas l'avoir effectivement mis en demeure de participer à l'établissement de la situation comptable (CA Paris 12-12-2003 n° 01-11168 : RJDA 5/04 n° 570, 2e espèce).

Le fait pour l'acquéreur de n'avoir pas permis l'établissement contradictoire du bilan nécessaire à la mise en jeu de la garantie de passif consentie par le cédant et d'avoir, au contraire, écarté ce dernier des opérations prive de toute valeur non seulement le bilan établi par l'expert-comptable de l'acquéreur mais aussi la demande consécutive de mise en jeu de la garantie adressée au cédant sur le fondement de ce document (Cass. com. 16-11-2004 n° 02-12.636 F-D : RJDA 5/05 n° 563).

66912 Afin de déterminer l'apparition d'un passif et/ou la diminution d'un actif depuis le dernier bilan, la clause peut aussi prévoir l'**intervention d'un expert-comptable** chargé d'établir un arrêté des comptes à une date proche de la cession. Si les parties sont convenues que le rapport de l'expert s'impose à elles, elles s'interdisent par avance d'en discuter les conclusions, qui font alors partie intégrante de leurs accords ; cette analyse conduit le juge à rejeter les critiques des parties sur ce rapport, à l'exception de celles fondées sur des erreurs matérielles ou des omissions (CA Paris 24-6-1981, 3e ch. A : Gaz. Pal. 1982 p. 173 et, sur pourvoi, Cass. com. 22-2-1983 n° 81-15.432 : Bull. civ. IV n° 72).

L'expert désigné par les parties doit exécuter sa mission sans dépasser les limites qu'elles lui ont fixées. À défaut, le cédant ou l'acquéreur pourrait écarter les rectifications comptables opérées en dehors de ces limites. Les juges ont ainsi refusé de prendre en compte une provision pour dépréciation d'un stock de marchandises passée par un cabinet comptable pour tenir compte des difficultés de vente de celles-ci, soumises aux aléas saisonniers et aux effets de la mode, au motif qu'une telle écriture relève, non d'un calcul pur et simple, mais d'un véritable choix de gestion comptable excédant la mission du cabinet ; en outre, ont-ils ajouté, l'acte de cession indiquait que « le stock de marchandises apparaissant au dernier bilan de la société a été inventorié correctement selon les méthodes en usage dans la profession » et il n'était pas établi que le cédant avait commis une fraude comptable en évaluant ce stock (CA Reims 8-12-1993 n° 92-1126 : Rev. jur. com. 1994 p. 198 note L. Lévy).

66915 La clause peut également soumettre la mise en œuvre de la garantie à l'**accomplissement par l'acquéreur de certaines opérations.**

ILLUSTRATIONS

Le cédant de la totalité de ses actions d'une société française avait conditionné la mise en œuvre de sa garantie à l'accomplissement par l'acquéreur belge, dans un certain délai, du **transfert de l'activité de la société dans ses propres usines** en Belgique (à Genk) et au Danemark (à Odense) et, en conséquence, de la fermeture du site d'exploitation en France et du licenciement collectif de l'ensemble du personnel de la société. Les conditions de la mise en œuvre de cette garantie sont remplies et le cédant doit s'exécuter compte tenu des éléments suivants :

– la seule condition de l'engagement pris par le cédant résidait non pas, comme il le soutenait, dans la dissolution de la société cédée – cette condition ne figurant pas dans l'accord –, mais dans la complète fermeture du site français et le transfert de l'activité et de la production de la société dans les usines belges et danoises ;

– l'acquéreur rapportait la preuve de cette fermeture définitive et du transfert en produisant les documents suivants : notification à la direction départementale du travail du projet de licenciement collectif pour motif économique des salariés du site français ; attestation des commissaires aux comptes faisant état du transfert des activités de production et de la fermeture du site français ; lettre circulaire diffusée auprès des clients de la société les informant du transfert ;

documents relatifs aux opérations de démontage et d'enlèvement du matériel du site français à destination de Genk ; courrier de résiliation du contrat d'abonnement au gaz de l'usine en France ;
– le fait que l'acquéreur avait évoqué, dans un courrier adressé à la direction départementale du travail, des possibilités de reclassement de salariés dans l'ensemble des sociétés du groupe, était sans incidence sur l'application de la garantie consentie par le cédant, laquelle ne visait pas le transfert des salariés mais au contraire leur seul licenciement ; ces propositions de reclassement sur la totalité des sites du groupe répondaient au demeurant à des exigences légales.
CA Paris 29-10-2013 n° 12/22685 : RJDA 2/14 n° 123.

L'**incidence sur la valeur des parts cédées** que peut avoir une baisse de l'actif ou une augmentation du passif garanti peut être une condition de mise œuvre de la clause si les parties en sont expressément convenues (Cass. com. 7-7-2020 n° 18-19.230 F-D : RJDA 11/20 n° 573, sol. impl.). Une telle condition serait toutefois susceptible d'entraîner la requalification du mécanisme en clause de révision de prix (n° 66050). **66920**

B. Pluralité de garants

En principe, lorsque plusieurs cédants ont accordé leur garantie, l'**acquéreur** doit **demander à chacun d'eux** le versement d'une indemnisation correspondant au nombre de parts ou actions cédées. **66940**
Plusieurs **exceptions** limitent la portée de ce principe.

Lorsque la cession de parts sociales ou d'actions revêt un caractère commercial (n°s 3100 s.), la garantie souscrite par plusieurs cédants à cette occasion est affectée d'une présomption simple de **solidarité,** qui permet à l'acquéreur de demander à l'un quelconque des cédants le paiement de l'intégralité des sommes dues en exécution de la garantie (C. civ. art. 1313), à charge pour celui qui a payé l'acquéreur de se retourner contre ses codébiteurs pour leur part respective (C. civ. art. 1317, al. 2). En cas de paiement partiel, le recours contre les codébiteurs est limité à un montant égal à la différence entre ce que le cédant a effectivement payé et ce qu'il doit au titre de sa part (Cass. 1e civ. 10-10-2019 n° 18-20.429 F-PB : RJDA 12/19 n° 783 rendu à propos du remboursement d'un emprunt mais transposable). **66942**

L'acquéreur peut également demander à l'un des cédants le paiement de l'intégralité des sommes dues s'il prouve que l'obligation est indivisible. En effet, chaque débiteur ayant contracté conjointement une **obligation indivisible** en est tenu pour le tout (C. civ. art. 1320). A ainsi été considérée comme indivisible l'obligation de garantie souscrite par trois cédants à l'occasion de la cession de l'intégralité des parts d'une société dès lors, d'une part, que l'opération a été groupée puisqu'il n'y a pas eu trois actes de cession, mais un seul dans lequel les trois cédants ont déclaré être les seuls porteurs de parts de la société, et, d'autre part, que ces derniers se sont engagés ensemble à prendre personnellement à leur charge le règlement des dettes qui se révéleraient ultérieurement, de sorte que l'acquéreur n'ait rien à payer aux créanciers sociaux (CA Paris 28-10-1985, 15e ch. A). **66944**

En cas d'engagement solidaire ou indivisible, les cédants prendront soin de préciser quelle **quotité de la garantie chacun** d'eux **s'engage à prendre en charge** pour permettre à celui qui devra verser la totalité de son montant de déterminer la somme qu'il sera en droit de demander à l'autre (ou aux autres) à l'occasion du recours qu'il exercera contre lui (ou eux) en application de l'article 1317, al. 2 ou de l'article 1320 du Code civil. À défaut de telles précisions, cette quotité correspond, à notre avis, à la proportion des droits sociaux cédés par chaque garant. **66947**

C. Pluralité de bénéficiaires

En cas de pluralité de bénéficiaires, chacun d'eux peut **mettre en œuvre** la garantie de passif consentie par le cédant à leur profit seulement pour la fraction du capital qu'il a acquise, sauf clause contraire. En effet, la **solidarité** entre les bénéficiaires de la garantie (solidarité dite active) ne se présume pas (C. civ. art. 1310 et 1311), y compris si la cession est de nature commerciale (cf. Cass. com. 26-9-2018 n° 16-28.133 F-PB : RJDA 1/19 n° 21 ; dans le même sens à propos d'autres opérations de nature commerciale, Cass. com. 14-3-2000 n° 97-16.905 D : RJDA 6/00 n° 717 ; Cass. 1e civ. 31-5-1983 n° 82-11.807 : Bull. civ. I n° 16). Pour qu'il y ait solidarité entre les bénéficiaires, la garantie doit indiquer expressément que chacun d'eux peut réclamer et recevoir le paiement de toute la créance, pas seulement qu'ils sont solidaires (Cass. 1e civ. 27-4-2004 n° 02-10.347 FS-PB : RJDA 4/05 n° 448). Sur les conséquences du défaut de solidarité sur la prescription de l'action en exécution de la garantie, voir n° 67308. **66950**

SECTION 6

EXÉCUTION DE LA GARANTIE

67000 Le **cédant** s'acquitte de son obligation en exécutant la garantie selon l'une des modalités exposées ci-après.

S'il est marié sous le régime de la communauté légale et qu'il a souscrit seul la garantie, le cédant ne peut pas soutenir qu'il ne peut engager que ses **biens propres** pour exécuter la garantie, les **biens communs** n'étant engagés que si l'autre conjoint a donné son consentement exprès à cet acte. En effet, ces règles tirées de l'article 1415 du Code civil ne s'appliquent pas à la garantie de passif qui, formant un tout avec l'acte synallagmatique de cession des parts ou actions auquel elle s'intègre, n'est pas un engagement unilatéral ; il importe peu que la garantie ait été consentie solidairement entre plusieurs cédants (Cass. 1e civ. 20-9-2012 n° 11-13-144 F-D : RJDA 1/13 n° 41).

Lorsqu'il a payé aux créanciers de la société le montant de dettes sociales en exécution de la garantie, il ne peut pas **demander à la société de** lui **reverser** ce **montant** en faisant valoir que, par application de l'article 1165 du Code civil (devenu C. civ. art. 1199 et 2000 issus de ord. 2016-131 du 10-2-2016), cette dernière ne peut pas se prévaloir de la clause de garantie, à laquelle elle n'est pas partie ; en effet, si ce texte indique bien que les conventions passées entre les parties ne doivent pas profiter aux tiers (sauf en cas de stipulation pour autrui), il énonce également qu'elles ne doivent pas leur nuire (CA Reims 3-2-1992 n° 89-2013). Précisons que bien que les articles 1199 et 2000 du Code civil issus de l'ordonnance 2016-131 ne reprennent pas exactement les termes de l'ancien article 1165, la solution n'est pas remise en cause par l'ordonnance 2016-131 qui réaffirme le principe de l'effet relatif des contrats.

La condamnation du cédant, en exécution de la convention de garantie assortissant une cession de parts sociales, à restituer à l'acquéreur une partie du prix perçu ne constitue pas un **préjudice réparable** ; il en résulte que le cédant ne peut pas se prévaloir des erreurs commises par son expert-comptable, tiers à la cession, pour obtenir de ce dernier qu'il le garantisse à hauteur du trop-perçu que lui-même a été condamné à restituer à l'acquéreur (Cass. com. 10-12-2013 n° 12-20.252 F-D : RJDA 3/14 n° 228 ; Cass. com. 9-1-2019 n° 16-20.355 F-D : RJDA 4/19 n° 265 ; Cass. com. 14-10-2020 n° 18-17.949 F-D : RJDA 1/21 n° 25).

A. Modalités du paiement

67010 La principale modalité d'exécution de la garantie est le **paiement** des sommes dues par le cédant. Il est conseillé de préciser dans la clause l'événement donnant naissance à cette obligation de paiement. Par exemple, lorsque la garantie couvre un passif dont la société est devenue débitrice à la suite d'un contentieux, il peut s'agir de la décision de justice (ou de la sentence arbitrale) rendue en dernier ressort contre la société. Les parties peuvent également convenir d'un délai de paiement, dont le dépassement est sanctionné par le versement d'intérêts de retard (C. civ. art. 1231-6, al. 1).

67015 Plus rarement, la clause permet (ou impose) au cédant d'exécuter la garantie en remettant un bien déterminé (par exemple, des parts ou actions de société). Cette remise s'analyse alors comme une **dation en paiement** qui est soumise aux règles exposées n° 45174 pour le paiement du prix de cession des parts sociales ou des actions.

67020 Le règlement des sommes dues au titre de la garantie peut intervenir par voie de **compensation** dans les conditions exposées n° 45170 pour le paiement du prix de cession sous réserve des précisions suivantes.

La compensation **légale** ne peut pas intervenir entre les sommes dues à la société au titre de la garantie de passif et la créance du cédant au titre du solde du prix de cession puisque cette dernière est détenue sur l'acquéreur et non sur la société (Cass. com. 3-1-1991 n° 20 D), de sorte que la condition de réciprocité n'est pas remplie.

Comme pour le paiement du prix, les parties sont libres d'organiser dans la clause de garantie les conditions dans lesquelles la compensation pourra jouer (compensation dite **conventionnelle**). À défaut de précisions suffisantes sur ces conditions, le juge devra interpréter les termes de la clause. Tel a par exemple été le cas pour une convention prévoyant que le passif social viendrait en déduction du prix de cession qui devait être payé suivant des échéances dont le montant était soumis à une indexation ; il a été considéré que l'imputation du passif devait être faite sur le prix avant toute indexation (Cass. com. 28-6-1983 : Bull. Joly 1983 p. 843).

B. « Garantie de la garantie »

La garantie peut s'avérer illusoire si le cédant n'est pas en mesure d'en assurer l'exécution. C'est la raison pour laquelle la pratique a développé différents mécanismes destinés à garantir cette exécution ou, tout au moins, à réduire les risques de **défaut de paiement de l'indemnité due par le cédant.** Ces mécanismes sont appelés « garanties de la garantie ». 67050

SÉQUESTRE CONVENTIONNEL

Le séquestre conventionnel consiste à remettre tout ou partie du prix de cession à un tiers séquestre (par exemple, un avocat, un notaire ou une banque) ayant accepté de conserver cette somme pendant la durée de la garantie. Pour plus de détails sur le séquestre conventionnel du prix de cession, voir n°s 58000 s. 67060

SÛRETÉS

Le cédant peut consentir une **sûreté réelle** sur ses biens personnels au profit du bénéficiaire de la garantie, tel un gage ou un nantissement. Dans de nombreux cas, le cédant accepte de nantir le compte-titres sur lequel est inscrit le solde de la participation qu'il conserve dans la société dont il cède le contrôle à l'acquéreur (ou les titres eux-mêmes s'ils sont inscrits dans un dispositif d'enregistrement électronique partagé, telle une blockchain). À cette fin, il doit établir une déclaration de nantissement d'actions datée comportant les mentions suivantes (C. mon. fin. art. L 211-20, I et art. D 211-10) : 67070

– la dénomination « Déclaration de nantissement de compte de titres financiers » ou « Déclaration de nantissement de titres financiers inscrits dans un dispositif d'enregistrement électronique partagé » ;
– la mention que la déclaration est soumise aux dispositions de l'article L 211-20 du Code monétaire et financier ;
– le nom ou la dénomination sociale ainsi que l'adresse du cédant et du bénéficiaire de la garantie ou de leur siège social s'il s'agit de personnes morales ;
– le montant de la créance garantie ou, à défaut, les éléments permettant d'assurer l'identification de cette créance ;
– les éléments d'identification du compte spécial lorsqu'un tel compte existe ou, à défaut, les éléments d'identification des titres financiers identifiés par le procédé informatique ;
– la nature et le nombre des titres financiers inscrits initialement au compte nanti.

La déclaration de nantissement du compte-titres est nécessaire pour que le nantissement soit réalisé et opposable à la banque qui tient le compte ; la signification à celle-ci du jugement prévoyant le nantissement est insuffisante (Cass. com. 23-1-2019 n° 16-20.582 FP-PBR : RJDA 5/19 n° 342). Néanmoins, la déclaration suffit pour réaliser le nantissement ; il n'est donc pas nécessaire de la notifier à la société émettrice pour rendre le nantissement opposable aux tiers (Cass. com. 20-6-2018 n° 17-12.559 F-PB : RJDA 10/18 n° 736).

Le bénéficiaire de la garantie peut également se faire consentir une **sûreté personnelle** par un tiers (par exemple une banque). Il peut s'agir d'une garantie à première demande permettant au bénéficiaire d'obtenir, dès la réception de sa demande, le paiement des sommes dues par le cédant sans que le tiers garant puisse opposer aucune exception tirée de la garantie de passif. Toutefois, le garant n'est pas tenu en cas d'abus ou de fraude manifeste du bénéficiaire ou de collusion de celui-ci avec le donneur d'ordre (C. civ. art. 2321).

ILLUSTRATIONS

Des associés d'une société spécialisée dans la commercialisation de produits destinés à la grande distribution avaient, à l'occasion de la cession de leurs parts sociales, consenti une garantie de passif et d'actif au profit de la société et, pour assurer la bonne exécution de cette garantie, ils lui avaient fourni une garantie bancaire à première demande. La société avait informé les cédants de la mise en œuvre de la garantie de passif, à raison d'un préjudice fondé sur une perte de marché avec son principal client, et pour laquelle un contentieux en cours lors de la cession n'avait pas été déclaré. Les cédants avaient alors poursuivi la société et la banque garante en référé pour qu'il soit fait interdiction à cette dernière de payer la garantie autonome ; ils soutenaient en effet que l'**appel de** cette **garantie** était **abusif** dès lors qu'aucune des conditions contractuelles requises pour la mise en œuvre de la garantie de passif (indemnisation expressément acceptée par les cédants ou prononcée par une décision judiciaire ou arbitrale définitive ; existence d'un décaissement effectif par la société ; etc.) n'était remplie. Jugé au contraire que la société avait pu de bonne foi croire en l'existence d'un préjudice, ce qui excluait qu'elle ait commis un abus manifeste en appelant la garantie autonome, dès lors que cette garantie avait été souscrite pour la bonne exécution de la garantie de passif, que les cédants s'étaient engagés, au titre de cette dernière, à ne rien omettre dans les déclarations de nature à affecter la consistance des titres cédés et que l'omission de déclaration d'un contentieux avec le principal client s'était conjuguée avec une chute brutale du chiffre d'affaires de la société (Cass. com. 30-10-2007 n° 06-14.846 F-D : RJDA 8-9/08 n° 949).

Il peut également s'agir d'un cautionnement, éventuellement solidaire, dont la durée correspondra à celle de la garantie. Dans le cas d'un cautionnement non solidaire, la mise en demeure de payer adressée à la seule caution avant l'expiration de cette durée ne peut pas produire d'effet à l'égard du cédant, qui n'est donc pas tenu d'exécuter la garantie de passif (CA Paris 3-5-2001 n° 98-27078 : RJDA 1/02 n° 51). La solution inverse prévaut si la caution s'est engagée solidairement avec le cédant à payer sa dette car la caution représente alors celui-ci à l'égard du bénéficiaire, même en l'absence de stipulation d'un mandat.

PAIEMENT À TERME AVEC STIPULATION DE COMPENSATION

67075 Il arrive qu'un **crédit-vendeur** (le cédant accordant à l'acquéreur un délai de paiement pour une partie du prix) soit prévu uniquement pour créer une garantie de la garantie de passif : les sommes dues au titre de la mise en jeu de la garantie de passif viendront se compenser avec le solde du prix restant dû par l'acquéreur par l'effet de la compensation légale (C. civ. art. 1347 et 1347-1) ou par l'effet d'une clause le prévoyant.

Ce mécanisme n'est pas envisageable lorsque c'est la société elle-même qui est bénéficiaire de l'indemnité due par le cédant en cas de mise en jeu de la garantie de passif ; en effet, la société n'est en principe redevable d'aucune somme envers le cédant, sauf si celui-ci a conservé un compte courant dans les livres de celle-ci. À défaut, il ne peut pas y avoir compensation.

ASSURANCE DE LA GARANTIE DE PASSIF

67080 Cette technique consiste à conclure avec un assureur un contrat d'assurance couvrant les conséquences financières de la mise en jeu de la garantie de passif. Elle transfère ainsi sur l'assureur le risque de cette mise en œuvre. Ce type d'assurance, qui n'est pratiqué qu'à l'occasion de cessions importantes et moyennant le versement d'une prime unique, est un accessoire du contrat de cession ; l'intérêt du cédant et de l'acquéreur est donc de faire coïncider le plus possible les **risques couverts** par la police d'assurance et les engagements souscrits par le cédant dans la clause de garantie (A. Fink, L'assurance de la garantie de passif : Actes pratiques 2003 n° 1 p. 3). Tel est le cas en pratique pour les demandes d'indemnisation fondées sur un fait antérieur à la cession, qui sont exclues tant du champ de la garantie que de celui du contrat d'assurance. De même, ce dernier reprend généralement les limites d'indemnisation de la garantie (plafond, franchise). Mais il peut arriver qu'une différence existe entre la garantie et la police d'assurance, notamment lorsque, contrairement à la garantie, la police exclut de son champ les réclamations relevant d'un risque couvert par les contrats d'assurance que la société a elle-même souscrits (par exemple, assurance de responsabilité civile « produits » ou assurance-crédit couvrant le risque du non-paiement des créances douteuses).

67082 Un auteur relève que les **contrats d'assurance** de la garantie de passif peuvent être **souscrits** soit **par le cédant,** soit par l'acquéreur (A. Fink, L'assurance de la garantie de passif : Actes pratiques 2003 n° 1 p. 3). Dans le premier cas, l'assuré est le cédant. Après avoir reçu la demande d'indemnisation fondée sur la garantie, il lui appartient d'adresser cette demande à l'assureur, qui lui versera alors les indemnités correspondantes. Le contrat d'assurance peut prévoir une clause de paiement direct des indemnités au bénéficiaire de la garantie de passif ; cette clause constitue, à notre avis, une stipulation pour autrui (C. civ. art. 1205), de sorte que l'assureur peut opposer au bénéficiaire toutes les exceptions nées du contrat d'assurance (fausse déclaration, défaut de paiement de la prime, etc.). Pour plus de détails sur le mécanisme de la stipulation pour autrui, voir Mémento Droit commercial 2022 n°s 13033 s.

Lorsque le **contrat** est **souscrit par l'acquéreur,** celui-ci a la qualité d'assuré. C'est donc à lui d'adresser à l'assureur la demande d'indemnisation et c'est lui qui percevra les indemnités prévues par la police.

C. Conséquences de l'inexécution de la garantie

67120 Le cédant qui refuserait d'exécuter la garantie sans juste motif peut y être **contraint par le juge,** le cas échéant sous astreinte (application de l'article 1221 du Code civil).

En outre, les parties peuvent prévoir de sanctionner l'inexécution (ou l'exécution tardive) de la garantie au moyen d'une **clause pénale.** Cette clause n'est plus définie par le Code civil, l'ex-article 1226 qui la définissait comme « la clause par laquelle une personne, pour assurer l'exécution d'une convention, s'engage à quelque chose en cas d'inexécution » ayant été abrogé par l'ordonnance 2016-131 du 10 février 2016. Cependant, la possibilité de prévoir une telle clause demeure, l'article 1231-5 du Code civil autorisant les parties au contrat à stipuler que celui qui manquera de l'exécuter paiera une certaine somme à titre de dommages-intérêts (pour plus de détails sur la clause pénale, voir Mémento Droit commercial 2022 n°s 15253 s.).

Il arrive que l'intention des parties à la cession ait été d'établir un lien entre l'exécution de la garantie et l'**obligation pour l'acquéreur de reprendre des engagements souscrits par le cédant** (par exemple un cautionnement). Dans ce cas, étant donné la réciprocité instituée entre ces deux obligations, l'inexécution de l'une interdit de demander l'exécution de l'autre. Il a ainsi été jugé qu'un cédant n'exécutant pas son obligation de garantie n'est pas en droit d'exiger que l'acquéreur le garantisse des condamnations dont il peut faire l'objet de la part d'une banque au titre d'un cautionnement que cet acquéreur s'est engagé à reprendre (CA Paris 15-11-1988 n° 87-7221 : Dr. sociétés 1988 comm. n° 352). 67123

RESPONSABILITÉ DU CÉDANT

En cas d'inexécution de la garantie, le cédant peut engager sa **responsabilité à l'égard d'un tiers** auquel cette inexécution cause un préjudice (application de l'article 1240 du Code civil ; Cass. ass. plén. 6-10-2006 n° 05-13.255 PBRI : RJDA 1/07 n° 18). Il faut en outre que le tiers lésé établisse que l'inexécution de la garantie constitue une faute quasi délictuelle à son égard (Cass. com. 18-1-2017 n° 14-16.442 F-D : D. 2017 pan. p. 1036 note D. Mazeaud ; Cass. 3e civ. 18-5-2017 n° 16-11.203 FS-PBRI : RJDA 12/17 n° 788). 67125

ILLUSTRATIONS

Un cédant, qui avait refusé d'honorer, même partiellement, l'engagement pris à l'égard de la société de garantir tout passif qui pourrait être révélé, ce qui a entraîné le redressement et la liquidation judiciaires de celle-ci puis la révocation de son **dirigeant,** a été reconnu fautif à l'égard de ce dernier et a été condamné à réparer le préjudice résultant de la perte d'une chance sérieuse pour le dirigeant de conserver pendant plusieurs années sa qualité de mandataire social et les avantages financiers qu'il retirait de cette fonction, ainsi que le préjudice moral attaché aux conséquences de la procédure de liquidation judiciaire, de nature à ternir l'image de l'intéressé auprès de ses relations professionnelles (CA Paris 28-9-1998 n° 98-1950 : RJDA 1/99 n° 49 et, sur pourvoi, Cass. com. 20-11-2001 n° 99-10.243 F-D : Bull. Joly 2002 p. 485). Les juges ont estimé l'ensemble de ces préjudices à 1 500 000 F (soit 228 000 € environ), étant précisé que le montant que le cédant aurait dû verser au titre de la garantie était supérieur à 2 000 000 F (soit 305 000 € environ).

En revanche, le dirigeant n'a pas été indemnisé des préjudices qu'il a invoqués du fait des poursuites pénales, notamment pour banqueroute, dont il a fait l'objet à la suite de la liquidation judiciaire et dont il a été relaxé ; en effet, ces poursuites n'ont pas été la conséquence directe et nécessaire de cette liquidation, mais ont été provoquées par les agissements personnels du dirigeant et étaient sans lien de causalité avec la faute commise par le cédant dès lors que l'information judiciaire qui en a été à l'origine a été ouverte sur réquisition du parquet, alerté par le commissaire aux comptes de la société, et non sur une plainte du cédant, qu'une procédure de liquidation judiciaire n'entraîne pas nécessairement des poursuites pour banqueroute et que les poursuites en cause n'ont pas seulement été engagées pour ce délit, mais aussi pour abus de biens sociaux et abus de pouvoir (Cass. com. 20-11-2001 n° 99-10.243 précité).

SECTION 7 TRANSMISSION DE LA GARANTIE

La **transmission** de la garantie de passif peut être **expressément prévue** par les parties dans l'acte constatant la garantie. Cette précaution est d'ailleurs conseillée (en ce sens, F. Olivier, règles encadrant la circulation de la garantie de passif : quels effets sur la rédaction d'acte ? : BRDA 4/21 inf. 33). 67200

Les parties peuvent ainsi prévoir que la garantie sera transférée aux acquéreurs successifs ou, si l'acquéreur est une personne morale, à la société bénéficiaire d'une opération de fusion, de scission ou encore d'apport partiel d'actif soumis au régime des scissions.

Sur la portée de la garantie stipulée au profit des « cessionnaires successifs des actions », voir CA Paris 27-11-2008 n° 07-19167 : n° 67206.

Là encore la clause doit être claire et précise afin d'éviter une éventuelle interprétation par le juge. Ainsi, dans un cas où l'acte de cession des parts d'une société précisait que la garantie de passif consentie par le cédant bénéficiait « aux cessionnaires ou à leurs ayants droit », une cour d'appel a pu souverainement constater que le sous-acquéreur des parts n'était ni partie à cet acte ni un ayant droit d'une des parties et en a déduit à bon droit qu'il ne disposait d'aucune action contractuelle contre le cédant au titre de cette garantie (Cass. com. 4-12-2007 n° 06-19.996 F-D : RJDA 4/08 n° 424). La clause a été interprétée comme ne visant que les ayants droit universels ou à titre universel, c'est-à-dire les personnes ayant reçu tout ou partie du patrimoine du cédant par donation, succession ou encore par voie de fusion, de scission ou d'apport partiel d'actif soumis au régime des scissions. Or l'acquéreur ou le sous-acquéreur n'est qu'un ayant droit à titre particulier de son cédant.

67202 En l'**absence de clause** la prévoyant, la transmission de la garantie pose trois problèmes auxquels nous consacrons les développements qui suivent :

1° Lorsque l'acquéreur initial au profit de qui la garantie a été consentie transfère ses parts ou actions à un tiers notamment à la suite d'une revente ou d'un apport (ce qui le prive en principe du bénéfice de la garantie), la garantie est-elle transmise de plein droit au tiers (par exemple le **sous-acquéreur** ou au **bénéficiaire de l'apport**) ?

2° Lorsque le bénéficiaire de la garantie (qu'il s'agisse de la société ou de l'acquéreur) est absorbé dans le cadre d'une fusion ou fait l'objet d'une scission, la garantie est-elle transmise de plein droit à la **société absorbante** ou aux **sociétés scindées** ?

3° La garantie peut-elle être transmise dans le cadre d'un **apport partiel d'actif** ?

A. Transfert des droits sociaux décidé par l'acquéreur

TRANSFERT DE LA GARANTIE DE PASSIF À LA REVENTE DES DROITS SOCIAUX

67205 Lorsque la garantie bénéficie à la **société ou à ses créanciers,** la revente des droits sociaux ne modifie pas, à notre avis, la situation juridique de celle-ci ou de ceux-ci, qui conservent le droit de demander au cédant initial l'exécution de la garantie (en ce sens, H. Dubout, Le sort des garanties de passif en cas de revente de la société cible en droit français : Bull. Joly 1998 p. 1250).

67206 Quant à l'**acquéreur** initial qui a revendu les parts sociales ou les actions, il ne peut plus, faute d'**intérêt à agir,** demander en justice l'exécution de la garantie au profit du bénéficiaire. La Cour de cassation a ainsi considéré qu'une convention de garantie avait fait naître, au profit de l'acquéreur initial, le droit de demander au cédant de payer les dettes de la société entre les mains du créancier de celle-ci, mais que, n'étant plus associé de cette société, il n'avait plus d'intérêt à agir (Cass. com. 4-6-1996 n° 94-13.047 P : RJDA 10/96 n° 1204 ; dans le même sens, Cass. com. 12-2-2008 n° 06-15.951 F-D).

ILLUSTRATIONS

Un acquéreur ne peut pas prétendre avoir conservé le bénéfice de la garantie malgré la revente des titres en invoquant une clause de l'acte de cession autorisant le transfert de cette garantie à des « délégués » et précisant que, en l'absence d'un tel transfert, l'acquéreur a droit à une indemnisation « nonobstant tout transfert de tout ou partie des actions ». En effet, si ces dispositions permettent le transfert du bénéfice de la garantie, elles n'ont aménagé et organisé cette possibilité que pour les « délégués », définis dans l'acte de cession comme des « entités appartenant au même groupe » que chaque partie, mais n'ont pas eu pour objet d'organiser le maintien de la garantie au bénéfice de l'acquéreur malgré la revente de ses titres à un sous-acquéreur qui, comme en l'espèce, ne répond pas à la définition de délégué. En conséquence, une telle revente a entraîné pour l'acquéreur la perte de la garantie (CA Paris 27-2-2004 n° 02-21525 : RJDA 7/04 n° 832).

L'acquéreur d'actions d'une SA ne peut pas se prévaloir en 2006 de la garantie de passif prévue en 1997 dans l'acte de cession au profit de « l'acquéreur et de tous les cessionnaires successifs faisant partie de son groupe de sociétés » dès lors qu'il a cédé les actions de la SA en 2003, qu'il n'est plus propriétaire des actions et qu'il ne dispose plus de la garantie qui y est attachée et que la clause, précisant que la garantie est stipulée au profit de l'acheteur et de tout acquéreur successif des actions faisant partie du groupe de sociétés de l'acheteur, ne signifie pas que l'action est indifféremment ouverte à n'importe laquelle de ces parties mais, en les énumérant, offre une possibilité d'agir pour chacune d'elles y ayant intérêt (CA Paris 27-11-2008 n° 07-19167 : RJDA 3/09 n° 230).

S'agissant d'une garantie de passif par laquelle le cédant s'engageait à indemniser la société cible en cas de diminution d'actif ou d'aggravation du passif, que l'acquéreur qui a revendu les titres n'a plus qualité pour agir contre le cédant car la clause s'analyse comme une stipulation pour autrui (CA Paris 18-11-2014 n° 13/05012 : RJDA 1/15 n° 106).

Lorsque la **garantie désigne l'acquéreur,** celui-ci peut l'invoquer même s'il a revendu les droits sociaux qu'il avait acquis (Cass. com. 11-3-2008 n° 06-20.738 F-D : RJDA 10/08 n° 1030 et, sur renvoi, CA Paris 14-5-2009 n° 08/8152 : RJDA 12/09 n° 1093). **67207**

Lors de la revente des droits sociaux, l'acquéreur peut toutefois céder la créance afférente à la garantie au **sous-acquéreur** des titres, même si l'acte de cession initial ne prévoit pas une telle faculté de transmission (Cass. com. 9-10-2012 n° 11-21.528 F-PB : RJDA 3/13 n° 241). **67208**

La **cession** de la garantie intervenue **avant le 1er octobre 2016** (sur cette date, voir n° 1050) n'est opposable au cédant initial, garant, que si les formalités requises par l'article 1690 du Code civil ont été respectées (signification de la cession par huissier ou commissaire de justice au garant ou acceptation de la cession par le garant dans un acte notarié).

La cession conclue **à compter de cette date** n'est quant à elle opposable au cédant initial qui n'y aurait pas déjà consenti que si elle lui a été notifiée ou s'il en a pris acte (C. civ. art. 1324 issu de ord. 2016-131 du 10-2-2016). Il pourrait donc être opportun de faire consentir le cédant initial à une éventuelle cession ultérieure dès la conclusion de la cession initiale. La cession doit en outre à peine de nullité être constatée par écrit (C. civ. art. 1322).

Faute de précision sur la forme de la notification, celle-ci peut être faite par voie postale, de préférence par lettre recommandée AR, ou par l'acceptation dans un acte sous signature privée conforme aux exigences de preuve par un tel acte. Quant au donné acte du cédant initial, il n'est lui non plus soumis à aucune forme. Tout moyen propre à prouver que le cédant initial a eu connaissance de la cession doit donc convenir. Néanmoins, un écrit sera le mieux.

Sous le régime antérieur à l'ordonnance 2016-131, c'est la date de signification de la cession au cédant initial que les tribunaux retenaient pour résoudre les conflits entre cédants et acquéreurs successifs car la cession n'était alors opposable tant au cédant initial qu'aux tiers qu'après accomplissement de cette formalité. L'exigence de cette signification ayant été supprimée par l'ordonnance 2016-131, c'est à présent l'ordre chronologique des cessions qui permet de déterminer qui est le seul acquéreur de la créance. L'article 1325 du Code civil issu de l'ordonnance 2016-131 prévoit que le concours entre acquéreurs successifs d'une créance se résout en faveur du premier en date.

Pour **empêcher la transmission de la garantie** à un tiers, l'acte initial de cession doit l'interdire, soit en limitant le bénéfice de la garantie à l'acquéreur initial, soit en interdisant expressément toute transmission. Le fait que le contrat de cession de droits sociaux ait été conclu « intuitu personae » interdit aussi la transmissibilité de la garantie en l'absence de stipulation dans l'acte initial de cession d'une faculté de transmission (Cass. com. 20-10-2015 n° 14-17.896 F-D : RJDA 1/16 n° 34, rendu dans la même affaire que Cass. com. 9-10-2012 n° 11-21.528 F-PB : RJDA 3/13 n° 241). **67209**

Un auteur a fait remarquer que la convention de garantie ne se résume pas à une simple créance contre le garant, mais crée un « réseau d'obligations réciproques » : en effet, si le garant souscrit un engagement à l'égard du bénéficiaire de la garantie, généralement, ce dernier s'oblige également à l'égard du garant en s'engageant à l'informer ou à le consulter (Ph. Engel, Sécuriser une cession de contrôle grâce aux garanties de passif : Option finance 24-7-2000 p. 23). Ces obligations à l'égard du garant, qui nous paraissent indissociables de la créance de garantie, sont alors cédées avec celle-ci. En conséquence, le sous-acquéreur ne pourra valablement mettre en œuvre la garantie que s'il respecte ces obligations.

AUTRES MODES DE TRANSFERT DE LA GARANTIE DE PASSIF

Les solutions ci-dessus s'appliquent également lorsque l'acquéreur initial transfère ses parts ou actions à titre gratuit (**donation**), les **échange** ou les apporte, sauf dans ce dernier cas si les parties conviennent de soumettre l'apport au régime juridique des scissions (n° 67225). **67210**

GARANTIE DE PASSIF COMPLÉMENTAIRE EN CAS DE REVENTE

Lorsque l'acquéreur initial cède la créance de garantie au sous-acquéreur (nos 67207 s.), il peut également s'engager à garantir ce dernier contre toute **apparition de passif dont l'origine est,** d'une part, **antérieure à la revente** (ou à l'apport) et, d'autre part, **postérieure à la première cession.** Il n'est alors pas rare que l'étendue, la durée et les conditions de mise en œuvre de ces deux garanties successives diffèrent. Aussi, pour éviter les problèmes résultant de leur application combinée, il est recommandé de prévoir que les sommes dues au titre de la garantie cédée viendront en déduction du montant que l'acquéreur sera tenu de payer au titre de la seconde garantie (H. Dubout, Le sort des garanties de passif en cas de revente de la société cible en droit français : Bull. Joly 1998 p. 1250). **67212**

B. Fusion ou scission du bénéficiaire de la garantie

67220 Lorsqu'une société en absorbe une autre dans le cadre d'une fusion, l'opération entraîne la transmission universelle du patrimoine de cette dernière à la société absorbante (C. com. art. L 236-3, I).
En conséquence, lorsque la **société absorbée** est l'**acquéreur des parts ou actions** au profit de qui une garantie de passif a été consentie, la société absorbante est de plein droit substituée dans l'ensemble des droits et obligations de la société absorbée par l'effet de la fusion-absorption, même en l'absence de mention de la clause de garantie de passif dans le traité de fusion ; en l'absence de stipulation contractuelle contraire, la société absorbante peut donc se prévaloir de la clause de garantie stipulée en faveur de la société absorbée (Cass. com. 10-7-2007 n° 05-14.358 FS-PB : RJDA 1/08 n° 45 ; CA Paris 20-10-2005 n° 04-481 : RJDA 3/06 n° 282, ajoutant que la clause du protocole de cession prévoyant la transmission des droits et obligations de l'acquéreur « à tous cessionnaires successifs des actions de la société » n'avait pas eu pour effet d'exclure cette transmission en cas de fusion).
La même solution s'applique à notre avis lorsque le bénéficiaire de la garantie dont le patrimoine est transmis dans le cadre de la fusion est, non pas l'acquéreur, mais la **société dont les parts ou actions ont été cédées** : la stipulation faite à l'origine au profit de celle-ci est transférée à la société absorbante par l'effet de la fusion, de sorte que cette dernière est en droit de faire jouer la garantie. En revanche, la société absorbée, dissoute par l'effet de la fusion (C. com. art. L 236-3, I), ne peut plus invoquer la garantie.

67223 Les solutions ci-dessus s'appliquent en cas de scission de la société bénéficiant de la garantie puisque la scission produit les mêmes effets que la fusion : la **transmission universelle du patrimoine de la société scindée** aux sociétés bénéficiaires de la scission (C. com. art. L 236-3, I).
Par suite, lorsque la société scindée est :
– l'acquéreur des parts ou actions, la garantie est transmise de plein droit à la société à qui ces parts ou actions ont été apportées ;
– la société dont les parts ou actions ont été cédées, chaque société bénéficiaire de la scission, à qui la garantie est transmise, peut faire jouer celle-ci à raison du passif nouveau lié à l'actif qui lui a été apporté (et/ou, selon le cas, à raison de la diminution de valeur de cet actif).

C. Apport partiel d'actif

67225 L'apport partiel d'actif d'une société à une autre entraîne la transmission universelle des biens et droits liés à l'actif apporté si les sociétés parties à l'opération conviennent de soumettre cet apport au **régime des scissions** (C. com. art. L 236-22).
En conséquence, lorsque l'acquéreur des parts ou actions au profit de qui la garantie a été consentie est une société qui transfère celles-ci dans le cadre d'un apport soumis à un tel régime, la garantie est transmise de plein droit à la société bénéficiaire de l'apport par l'effet de cette transmission universelle.
De même, lorsque, en cas de garantie souscrite au profit de la société dont les parts ou actions ont été cédées, une partie de l'actif de cette société est apportée à une autre dans les conditions prévues en matière de scission, la garantie couvrant l'apparition d'un passif lié à l'actif apporté (et/ou, selon le cas, la diminution de valeur de cet actif) est transmise à la société bénéficiaire de l'apport.

SECTION 8

CONTENTIEUX DE LA GARANTIE

CONCILIATION DES PARTIES À LA GARANTIE DE PASSIF

67300 Si les parties à une garantie d'actif et passif ont entendu faire de la conciliation un préalable obligatoire à toute procédure judiciaire, l'action tendant à l'exécution de la garantie est irrecevable dès lors qu'il n'est pas justifié du respect de cette procédure (Cass. com. 2-6-2015 n° 14-13.289 F-D : RJDA 12/15 n° 881).

JUGE DU CONTENTIEUX DE LA GARANTIE DE PASSIF

La convention de garantie « fait corps avec l'acte de cession » des parts ou actions (CA Paris 26-1-2000 n° 99-20246 : RJDA 5/00 n° 541), de sorte que le juge compétent en matière de garantie est celui devant lequel doit être porté le contentieux de la cession (nos 4000 s.). 67302

ARBITRAGE DES CONTESTATIONS LIÉES À LA GARANTIE DE PASSIF

Les conventions de garantie comportent fréquemment une **clause compromissoire,** qui permet aux parties de soumettre à l'arbitrage les contestations liées à la conclusion et à l'exécution de la convention. Il résulte de l'article L 721-3, dernier al. du Code de commerce que cette clause est valable dès lors que le contentieux de la cession relève de la compétence des tribunaux de commerce. 67305

Néanmoins, par application de l'article 2061 du Code civil, une telle clause ne peut pas être opposée à une partie qui n'a pas contracté dans le cadre de son activité professionnelle.

CONSEIL

Compte tenu des liens unissant l'acte de cession et la convention de garantie, il est fortement déconseillé de ne soumettre à l'arbitrage que cette dernière et de laisser les tribunaux judiciaires statuer sur les autres aspects de la cession, sauf à risquer un « imbroglio juridique » (Ph. Engel, Sécuriser une cession de contrôle grâce aux garanties de passif : Option finance 24-7-2000 p. 23).

Compétence de l'arbitre C'est l'arbitre, et non le juge, qui est compétent en priorité pour statuer sur l'**existence,** la **validité** et l'**étendue** de la clause d'arbitrage. 67307

Il en résulte :

– qu'une demande de désignation d'un arbitre conformément à une clause d'arbitrage contenue dans une convention de garantie de passif est recevable alors même que cette convention serait caduque en l'absence de mise en jeu de la garantie avant le terme stipulé (Cass. 2e civ. 8-4-2004 n° 02-16.163 F-PB : RJDA 7/04 n° 921) ;

– qu'en cas de garantie de passif stipulée au profit de la société, la clause d'arbitrage contenue dans la convention de garantie liant le stipulant (l'acquéreur) au promettant (le cédant) peut être invoquée par et contre la société bénéficiaire de la garantie (Cass. 1e civ. 11-7-2006 n° 03-11.983 FS-PBI).

PRESCRIPTION DE L'ACTION EN EXÉCUTION DE LA GARANTIE DE PASSIF

L'action tendant à l'exécution de la garantie se prescrit par cinq ans (nos 4100 s.). En présence de **plusieurs bénéficiaires,** l'action en justice de l'un n'interrompt pas la prescription à l'égard des autres sauf en cas de solidarité (C. civ. art. 1312), laquelle ne se présume pas (C. civ. art. 1310 et 1311), y compris en matière commerciale (cf. Cass. com. 26-9-2018 n° 16-28.133 F-PB : RJDA 1/19 n° 21). 67308

PREUVE DE L'INEXÉCUTION DE LA GARANTIE DE PASSIF

Le bénéficiaire de la garantie peut demander au juge une **mesure d'instruction** en vue de déterminer si les sommes qu'il réclame entrent dans le champ de la garantie dès lors qu'il ne dispose pas d'éléments suffisants pour le prouver et que cette demande n'a pas pour objet de suppléer sa carence dans l'administration de la preuve (application de l'article 146 du Code de procédure civile). Une telle mesure est valablement ordonnée dès lors, par exemple, que les documents fournis à l'appui de la mise en jeu de la garantie ne permettent pas de déterminer si les dettes dont ils établissent l'existence sont imputables à la période couverte par la garantie (Cass. com. 9-10-1990 n° 89-14.957 D). 67310

SECTION 9 INCIDENCES FISCALES

Les conséquences fiscales de l'exécution des clauses de garantie de passif ou de révision de prix concernent essentiellement les **impôts directs** (IR et IS) et ont suscité pendant longtemps beaucoup d'interrogations et d'incertitudes : 68000

– le cédant peut-il déduire les sommes versées de ses revenus imposables ou demander la révision de l'imposition dont il a fait l'objet sur la plus-value réalisée lors de la cession des titres ? ;

– le bénéficiaire de la garantie est-il de son côté imposable ou non sur les sommes perçues ? ;

– les règles applicables sont-elles identiques quelle que soit la nature de la garantie accordée : garantie de bilan ou clause de révision de prix ?

La loi et la jurisprudence ont peu à peu apporté des réponses à ces questions, sans manifester toutefois un grand souci de cohérence car les solutions retenues diffèrent selon que les parties à l'opération sont des particuliers ou des entreprises. En outre, tous les problèmes susceptibles de se rencontrer dans la pratique ne sont pas encore réglés, en particulier lorsque cédant et/ou acquéreur sont des entreprises.

68001 En matière de **droits d'enregistrement**, l'acquéreur peut demander, dans le délai de réclamation, la restitution des droits acquittés sur la fraction du prix des droits sociaux qui lui est reversée par le cédant à condition que la clause mise en jeu soit une clause de révision de prix (BOI-ENR-DMTOM-40-10-20 n° 55).

S'agissant de la **TVA**, les sommes versées par le cédant ne sont pas à notre avis soumises à la taxe, quelle que soit la nature de la garantie accordée.

A. Situation du cédant

68010 Pour le cédant, la mise en œuvre d'une clause de garantie de passif ou de révision de prix se traduit automatiquement par une **diminution de la plus-value** (ou une **augmentation de la moins-value**) réalisée lors de la cession. Les conséquences fiscales qu'il convient d'en tirer sont très différentes selon que le cédant est un particulier ou une entreprise.

1. CÉDANT PARTICULIER

68020 Les particuliers qui, après avoir cédé des parts ou des actions, sont tenus d'exécuter une clause de garantie de passif peuvent, sous certaines conditions, demander le dégrèvement de l'imposition initiale qui s'est appliquée à la fraction de plus-value effacée par le reversement qu'ils doivent effectuer.

Cette possibilité leur est ouverte par l'article 150-0 D, 14 du CGI qui permet de procéder dans ce cas à un nouveau calcul de la plus-value.

Remarque : Réservé aux plus-values privées, l'article 150-0 D, 14 du CGI n'a pas vocation à s'appliquer lorsque le cédant est une personne physique qui cède les **parts** d'une **société de personnes** au sein de laquelle elle exerce son activité professionnelle et qui, de ce fait, relève du régime des plus-values professionnelles. Dans ce cas, les sommes versées devraient selon nous être soumises à un régime similaire à celui qui s'applique lorsque le cédant est une entreprise (n°s 68120 s.). Autrement dit :

– si on est en présence d'une clause de révision de prix : déduction d'une perte, soumise au régime des moins-values à long terme lorsque la plus-value constatée initialement était à long terme (avec, dans ce cas, le risque de voir tomber cette moins-value en non-valeur faute de possibilité d'imputation) ;

– s'il s'agit d'une garantie de bilan de type indemnitaire : déduction d'une charge « personnelle » qui, si elle est constatée après que l'associé a cessé son activité, génère un déficit imputable sur le revenu global (extension de la solution admise par la jurisprudence pour les charges nées après la cessation d'activité d'un exploitant individuel : CE 19-10-1977 n° 98928 : RJF 11/77 n° 579).

a. Conditions de dégrèvement

68030 L'article 150-0 D, 14 du CGI définit les conventions susceptibles d'ouvrir droit à dégrèvement de manière assez stricte. Même si l'administration fait une interprétation libérale de ce texte et semble décidée à en faire une large application, le cédant doit, lors de la conclusion de la vente, veiller à ce que la convention de garantie respecte certaines conditions, pour être sûr d'obtenir la restitution de l'impôt payé initialement au cas où la clause de garantie viendrait à jouer.

CARACTÉRISTIQUES DE LA CONVENTION

68040 L'article 150-0 D, 14 vise les **versements effectués** « en exécution de la clause du contrat de cession par laquelle le cédant s'engage à reverser au cessionnaire tout ou partie du prix de cession en cas de révélation, dans les comptes de la société dont les titres sont l'objet du contrat, d'une dette ayant son origine antérieurement à la cession ou d'une surestimation de valeurs d'actif figurant au bilan de cette même société à la date de la cession ».

Cette formulation paraît au premier abord se référer à un seul **type de clause** : les clauses de révision de prix, qui ne peuvent entraîner une restitution supérieure au prix de cession et dont le bénéficiaire est nécessairement l'acquéreur. Mais le même article 150-0 D, 14, dans un second alinéa visant la situation de l'acheteur, qualifie les versements précédemment définis de sommes reçues en exécution d'une « clause de garantie de passif ou d'actif net ». On peut en conclure que le texte fiscal, ignorant les distinctions juridiques, n'entend pas faire de différence entre révision de prix et garantie de bilan de type indemnitaire. La doctrine administrative conforte cette analyse puisqu'elle admet l'application du dégrèvement lorsque le reversement de tout ou partie du prix de cession est effectué, non pas au profit de l'acquéreur, mais au profit de la société dont les titres sont cédés, afin de lui permettre, notamment, de combler le passif objet de la clause (BOI-RPPM-PVBMI-20-10-10-30 n° 30).

ILLUSTRATIONS

Le tribunal administratif de Nantes a également fait une lecture extensive du texte légal en jugeant que la **somme versée par le cédant**, en sa qualité de **caution**, à un tiers **créancier de la société**, en exécution d'une transaction conclue entre le cédant, l'acquéreur, la société et le tiers créancier, doit être regardée comme le reversement du prix de cession des parts de la société au sens de l'article 150-0 D, 14 du CGI (TA Nantes 14-2-2006 n° 03-95 : RJF 12/06 n° 1542, concl. G. Quillévéré : BDCF 12/06 n° 151). En l'espèce, il était permis de se demander si la transaction invoquée par le cédant pouvait vraiment être considérée comme une modalité d'exécution de la clause de garantie de passif prévue au contrat de cession, dans la mesure où la somme avait été versée non à l'acquéreur, ni même à la société, mais à un tiers. Le juge a considéré que tel était bien le cas, dans la mesure où l'objet de la transaction était d'effacer les dettes de la société dont le cédant était caution et de mettre fin aux différents litiges opposant celui-ci au créancier de la société d'une part et à l'acquéreur des titres d'autre part.

La loi définit par ailleurs restrictivement l'**objet de la garantie** comme suit : il doit s'agir de « la révélation, dans les comptes de la société dont les titres font l'objet du contrat, d'une dette ayant son origine antérieurement à la cession ou d'une surestimation de valeurs d'actif ». Là encore, l'administration fait une application extensive du texte légal en admettant que la convention de garantie de passif : **68041**
– peut également garantir financièrement l'acquéreur contre le risque de révélation d'un passif ou d'une surestimation de valeurs d'actif dans les **comptes d'une filiale** de la société cédée ou bien dans les **comptes consolidés** de la société cédée et de ses filiales (BOI-RPPM-PVBMI-20-10-10-30 n° 20) ;
– produit les mêmes effets lorsqu'elle porte sur des **éléments hors bilan** de la société dont les titres sont cédés ou de l'une de ses filiales (BOI-RPPM-PVBMI-20-10-10-30 n° 40).

Cela dit, même interprété de manière assez large, le texte légal ne couvre pas toutes les formules de garantie susceptibles de se rencontrer dans la pratique et laisse subsister un certain nombre de questions. Que se passe-t-il par exemple si le **montant des sommes versées** à la société au titre d'une garantie de bilan **excède le prix de cession** : le cédant peut-il alors déduire l'excédent de son revenu imposable au titre de l'année de paiement ? On notera que la jurisprudence du Conseil d'État intervenue sous le régime antérieur à l'entrée en vigueur de l'article 150-0 D, 14 s'opposait à l'imputation des sommes en cause sur le revenu global mais paraissait autoriser la constatation à due concurrence d'une moins-value imputable sur les plus-values de même nature (CE 27-7-2006 n° 285579 : RJF 12/06 n° 1541). **68042**

ENREGISTREMENT DE LA CONVENTION

La possibilité pour les particuliers de demander le dégrèvement total ou partiel de l'impôt sur leur plus-value de cession implique que la **clause** de garantie soit **incluse dans le contrat de cession** ou, à tout le moins, dans une **convention annexée** à cet acte. L'administration souligne que la convention de garantie de passif doit constituer une condition essentielle de réalisation de l'opération. Les conventions de cette nature résultant d'un **acte** ou d'un avenant **conclu postérieurement** à la cession ne peuvent pas être prises en considération (BOI-RPPM-PVBMI-20-10-10-30 n° 50). À noter toutefois que le Conseil d'État ne paraît pas exclure la validité d'une clause de garantie de passif prévue par un avenant postérieur au contrat de cession si les données prises en compte dans cet avenant étaient susceptibles de révéler, à la lumière des modalités selon lesquelles avait été fixée la valeur des titres cédés, que cette valeur avait été surestimée (CE 26-9-2018 n° 407339 : RJF 12/18 n° 1234). Encore faut-il démontrer une surestimation de la valeur des titres avant d'examiner si la clause de garantie contenue dans un avenant postérieur à la cession est une clause du contrat de cession (CE 19-12-2019 n° 431149 : RJF 4/20 n° 332). **68052**

Pour préserver son droit d'obtenir une restitution de l'impôt versé initialement en cas de mise en œuvre de la garantie, le cédant doit donc non seulement établir un acte de cession (ce qui n'est pas obligatoire lorsque les titres sont des actions), mais aussi faire figurer dans cet acte, ou dans l'une de ses annexes, le contenu de la clause de garantie. Les **actes** de cession de droits sociaux et leurs annexes étant obligatoirement **soumis à la formalité de l'enregistrement** (CGI art. 635, 2-7°), le cédant prend ainsi le risque de fournir à l'administration des informations sensibles qu'il préférerait peut-être garder confidentielles, en particulier lorsqu'elles mettent en évidence la fragilité de la

situation fiscale de la société cédée. L'**intérêt réel** du dispositif de dégrèvement peut en être sérieusement affecté : le cédant qui se porte garant de rappels d'imposition redoutés en espérant y échapper grâce au jeu de la prescription n'a par exemple aucun intérêt à révéler cette situation au fisc dès lors que les rappels d'impôt auxquels il s'expose seront plus élevés que le dégrèvement auquel il pourra prétendre en contrepartie.
Pour éviter ce genre d'inconvénient, peut-on envisager de n'inclure dans l'acte de cession que le mécanisme général de la garantie, en consignant ses modalités détaillées d'application dans un document séparé non enregistré ? La solution est à notre avis risquée car il est à craindre que l'administration refuse le dégrèvement demandé si elle s'aperçoit que la mise en jeu de la garantie ne procède pas des termes mêmes des documents enregistrés.

CARACTÈRE DÉFINITIF DU REVERSEMENT

68063 Pour ouvrir droit à dégrèvement, le reversement imposé au cédant par la clause de garantie doit être effectif et présenter un caractère définitif. Cette dernière condition est remplie lorsque le passif ou la surévaluation de l'actif net garanti présente, pour la société dont les titres sont cédés, un caractère **irréversible.**
En cas de **conflit** entre les parties **sur la portée de la clause** et de saisine de l'autorité judiciaire ou d'une instance arbitrale, l'obligation du cédant ne revêt un caractère définitif que si toutes les voies de recours sont épuisées (BOI-RPPM-PVBMI-20-10-10-30 n°s 60 et 70).

b. Modalités de dégrèvement

68080 L'article 150-0 D, 14 du CGI dispose que le prix de cession des droits sociaux retenu pour la détermination des gains nets imposables doit être diminué du montant du versement effectué par le cédant en exécution de la clause de garantie. Autrement dit, il est procédé à un **nouveau calcul de la plus-value** sur la base du prix de cession initial diminué du montant du reversement effectué par le cédant, sans que cette nouvelle liquidation puisse toutefois, selon l'administration, avoir pour effet de dégager une perte nette (BOI-RPPM-PVBMI-20-10-10-30 n° 80). Mais, selon nous, rien ne justifie cette restriction qui ne résulte pas du texte légal : on ne voit pas pourquoi l'opération ne pourrait pas se solder par une perte après prise en compte du reversement du cédant.

EXEMPLE

Des titres acquis pour 50 000 € sont cédés pour un prix de 100 000 €, le cédant réalisant à cette occasion une plus-value de 50 000 €. Deux ans plus tard, en exécution de la clause de garantie de passif incluse dans l'acte de cession, l'intéressé doit reverser 60 000 € à l'acquéreur.
Après prise en compte de ce versement, l'opération se traduit par une moins-value de 10 000 € : 40 000 (100 000 – 60 000) – 50 000 et non pas, comme le prétend l'administration, par un résultat nul : 50 000 (100 000 – 50 000) – 50 000 = 0 €.

68081 Si une **perte** est finalement constatée, le cédant peut bien sûr obtenir le remboursement de l'impôt payé sur la plus-value initiale. Mais il peut aussi prétendre, le cas échéant, à l'imputation de la perte subie sur les plus-values de même nature réalisées au cours de l'année de cession ou au cours des dix années suivantes et demander un dégrèvement à due concurrence.

68082 Le montant des versements effectués en exécution d'une clause de garantie de passif admis en déduction pour le calcul de la plus-value imposable est limité aux **versements afférents à la période antérieure à la cession** couverte par la convention de garantie de passif. Dans le cas d'une cession intervenue le 30 décembre N, des versements correspondant à des rappels d'impôt pour la période allant du 1er janvier au 30 avril N + 1 ne peuvent par exemple pas être pris en compte dès lors que la convention de garantie de passif ne vise que les dettes ayant leur cause ou leur origine dans des faits survenus avant le 31 décembre N (CAA Douai 3-2-2009 n° 08-500 : RJF 8-9/09 n° 746).
La somme versée au titre d'une **demande** de mise en jeu de garantie de passif **formulée après l'expiration de la convention de garantie** n'est pas non plus admise en déduction pour le calcul de la plus-value imposable (CAA Douai 3-2-2009, précitée).

68083 Dès lors que la **clause** de garantie de passif ou d'actif net est **exécutée** au cours d'une **année postérieure à celle de la cession,** la réduction ou le dégrèvement total de l'imposition initialement établie doit être demandé par le contribuable par voie de **réclamation** adressée au service des impôts.
Pour être recevable, cette réclamation doit être présentée à l'administration dans les délais prévus à l'article R 196-1, c du LPF, soit au plus tard le 31 décembre de la deuxième année suivant celle de la réalisation de l'événement qui motive la réclamation. Le délai se décompte ici à partir de la date à laquelle le versement effectué au titre de la garantie revêt un caractère définitif.

EXEMPLE

Soit une cession de droits sociaux stipulant une clause de garantie de passif conclue le 16 juin N. L'impôt dû par le cédant est mis en recouvrement en N + 1.
En N + 2, le cédant reverse une partie du prix de cession à l'acquéreur en exécution de la clause de garantie dont la portée n'est pas contestée. Le cédant a jusqu'au 31 décembre N + 4 pour présenter une réclamation afin d'obtenir le dégrèvement de l'impôt payé en trop.

En l'**absence d'une réclamation** dans le délai imparti, tendant à la réduction de l'imposition de la plus-value mise à la charge du contribuable, celui-ci n'est pas fondé à demander au juge que la somme versée durant l'année N au titre de la garantie de passif soit imputée sur le complément de prix perçu durant l'année N + 2 (CE 29-5-2019 n° 414617 : RJF 8-9/19 n° 742).
En cas de **rejet** d'une **réclamation effectuée prématurément,** avant que le versement opéré au titre de la garantie de passif présente un caractère définitif, le cédant peut justifier ultérieurement devant le juge de l'impôt du caractère définitif de sa dette (CAA Douai 3-2-2009 n° 08-500 : RJF 8-9/09 n° 746).

Au cas où la **clause** serait mise en jeu et **exécutée l'année même de la cession,** hypothèse sans doute exceptionnelle, aucune réclamation n'est nécessaire (BOI-RPPM-PVBMI-20-10-10-30 n° 90) : le prix de cession à prendre en compte pour le calcul de la plus-value est immédiatement diminué du reversement effectué par le cédant et le montant de la plus-value, réduit d'autant, est déclaré dans les conditions de droit commun. 68084

JUSTIFICATIFS À PRODUIRE

Les contribuables qui demandent la décharge ou la réduction de l'imposition initiale doivent, conformément à l'article 74-0 H de l'annexe II au CGI, fournir **à l'appui de leur réclamation** les pièces justificatives suivantes : 68093
– copie de la convention figurant dans l'acte de cession ou annexée à ce dernier mentionnant les termes de la clause de garantie de passif ou d'actif net ;
– copie de tout document de nature à établir la réalité, la date et le montant du versement effectué en exécution de la convention ainsi que son caractère définitif.
Le **service des impôts** instructeur de la réclamation peut également demander au contribuable tout document qu'il estime utile à l'instruction de la réclamation.

> **Précisions** Lorsque les **versements** sont effectués **au profit de la société** dont les titres ont été cédés, l'administration demande au cédant de produire à l'appui de sa réclamation (BOI-RPPM-PVBMI-20-10-10-30 n° 130) :
> – tout document permettant d'établir que la somme a bien été versée à la société et encaissée par elle ;
> – tout document indiquant le traitement fiscal de cette somme par la société bénéficiaire.

2. CÉDANT ENTREPRISE

Lorsque le cédant est une entreprise, la loi ne lui permet pas, contrairement à ce qui est prévu pour les personnes physiques, de demander le dégrèvement de l'impôt acquitté sur la plus-value effacée par la mise en jeu de la garantie. Le **principe** de spécificité des exercices et **d'annualité de l'impôt** produit dans ce cas tous ses effets et confère un caractère définitif à l'imposition établie au titre de l'exercice de cession (CE sect. 11-10-1974 n° 85117 : Dupont 1974 p. 413). La seule façon de corriger la surimposition consiste alors à déduire les sommes versées des résultats de l'exercice au cours duquel la garantie est exécutée. Une distinction doit être faite à cet égard selon qu'il s'agit d'une clause de révision du prix ou d'une garantie de bilan. 68120

RÉVISION DE PRIX

Lorsque la convention prévoit une révision du prix de vente des titres, l'article 39 duodecies, 9 du CGI autorise l'entreprise cédante à déduire la perte subie à raison du reversement de tout ou partie du prix de cession. Cette perte est traitée, par symétrie avec le résultat dégagé lors de la cession : 68130
– comme une **moins-value à long terme** si la plus-value réalisée initialement avait le caractère de plus-value à long terme (avec, dans ce cas, le risque de voir tomber cette moins-value en non-valeur faute de possibilité d'imputation) ;
– comme une **perte ordinaire** dans le cas contraire.
Lorsque la cession avait dégagé une moins-value, un **complément de moins-value** est enregistré.
Pour plus de précisions sur les modalités d'application de l'article 39 duodecies, 9 du CGI dans les **sociétés soumises à l'IS,** on pourra se reporter aux explications données n° 61332 à propos de la

réduction du prix, qui sont également applicables à notre avis lorsque tout ou partie du prix est reversé en exécution d'une clause de révision.

GARANTIE DE BILAN

68140 Ni la loi ni le Conseil d'État n'ont précisé le traitement fiscal applicable aux versements effectués au titre d'une garantie de bilan qui, d'un point de vue juridique, ont un caractère indemnitaire mais qui, d'un point de vue financier, peuvent être regardés, de fait, comme un remboursement du prix reçu de l'acquéreur (J.-C. Parot : Fiscalité de la cession d'entreprise, Banque Éditeur p. 272 s.). Selon l'approche privilégiée, la charge supportée sera considérée :
– comme des **dommages-intérêts** déductibles du résultat de l'entreprise ;
– ou comme une **restitution du prix** engendrant un résultat inverse de celui de la cession initiale, qui peut par suite être soumis au régime peu favorable des moins-values à long terme si la cession avait dégagé une plus-value à long terme (application des dispositions de l'article 39 duodecies, 9 du CGI).

CONSEIL

L'enjeu du problème a fort bien été résumé par Me J. Turot en ces termes : l'administration et le juge sont-ils prêts à admettre, au motif que la clause est rédigée en termes de garantie, que l'entreprise cédante peut déduire de son résultat ordinaire des sommes qui s'analysent, au plan économique, comme une restitution du prix et qui ont été taxées à l'origine au taux réduit des plus-values à long terme ? (J. Turot, Le traitement fiscal des conventions de garantie de passif : RJF 10/91 p. 687 et RJF 11/91 p. 775). La question se pose avec encore plus d'acuité lorsque la plus-value de cession a été exonérée, ce qui est le cas par exemple lorsqu'il s'agit d'une plus-value de cession de titres de participation réalisée par une société soumise à l'impôt sur les sociétés.

68141 Seuls les juges du fond se sont pour l'instant prononcés sur cette question. Selon la cour administrative d'appel de Paris, les sommes versées par le vendeur en exécution d'une garantie de passif ont, au moins pour la **fraction excédant le prix de cession des titres,** le caractère de dommages et intérêts et sont déductibles de son résultat imposable au taux plein (CAA Paris 10-6-1993 n° 91-973 : RJF 8-9/93 n° 1118). La cour administrative d'appel de Douai a pour sa part admis la déduction du **montant total** des sommes versées à ce titre (CAA Douai 31-7-2012 n° 11DA00407 : RJF 12/12 n° 1102). On notera que cette dernière solution est symétrique de celle retenue pour le traitement de l'indemnité chez l'acquéreur des titres lorsque celui-ci est une entreprise. Le Conseil d'État a en effet jugé que, dans ce cas, la somme perçue par l'acquéreur en exécution d'une convention de garantie de passif ne réduit pas le coût de revient des titres à inscrire à l'actif du bilan mais doit être comprise dans les résultats imposables dans les conditions de droit commun (voir n° 68212).

68142 On notera pour terminer qu'il a été jugé que l'entreprise cédante peut constituer une **provision** dès qu'il apparaît probable, à la clôture d'un exercice, que sa responsabilité risque d'être engagée au titre de la garantie et que le montant des sommes à verser peut être évalué avec une approximation suffisante (TA Toulouse 27-6-2000 n° 96-150 : RJF 2/01 n° 55). Mais, bien entendu, une telle provision ne peut venir en diminution du résultat ordinaire que si on admet que l'indemnité versée a elle-même le caractère de charge déductible.

B. Situation du bénéficiaire de la garantie

68180 Le traitement fiscal des sommes reçues en exécution d'une garantie de passif dépend du choix qu'ont fait les parties quant au bénéficiaire de la garantie, étant rappelé qu'il peut s'agir soit de l'acquéreur lui-même, soit de la société dont les titres sont cédés, soit encore des créanciers de celle-ci.

1. ACQUÉREUR

68190 Il faut distinguer selon que l'acquéreur des parts ou actions est un particulier ou une entreprise.

ACQUÉREUR PARTICULIER

68200 Les sommes perçues par un particulier en exécution d'une clause de révision de prix ou d'une garantie de passif ou d'actif net ne constituent pas un revenu imposable. Mais, conformément aux dispositions de l'article 150-0 D, 14 du CGI, le montant perçu lors de la mise en jeu de ces clauses, telles que définies n°s 68040 s., vient en diminution du **prix d'acquisition** des titres à retenir pour le calcul du gain net réalisé lors de la cession ultérieure des titres. Autrement dit, la plus-value potentielle se trouve majorée (ou la moins-value réduite) d'autant.
Il en est ainsi même si le vendeur n'a pas demandé de son côté le dégrèvement de tout ou partie de l'imposition initiale dont il a fait l'objet.

Réservé aux plus-values privées, l'article 150-0 D du CGI n'a pas vocation à s'appliquer lorsque le bénéficiaire de la garantie est une personne physique qui a acquis des **parts** dans une **société de personnes** au sein de laquelle elle exerce son **activité professionnelle** et qui relève de ce fait du régime des plus-values professionnelles. Dans ce cas, les sommes perçues devraient semble-t-il être soumises à un régime similaire à celui qui s'applique lorsque l'acquéreur est une entreprise. 68201
Autrement dit :
– s'il s'agit d'une garantie de bilan de type indemnitaire, constatation par l'acquéreur d'une recette professionnelle « personnelle » imposable à son nom ;
– s'il s'agit d'une clause de révision de prix, réduction du prix de revient des parts qui servira ultérieurement au calcul de la plus-value.

ACQUÉREUR ENTREPRISE

Les règles applicables diffèrent selon que les sommes sont perçues en exécution d'une garantie de bilan de type indemnitaire ou d'une clause de révision du prix. 68211

Le Conseil d'État a jugé à deux reprises que l'indemnité perçue par l'entreprise acquéreur en exécution d'une **garantie de type indemnitaire** fait partie du résultat ordinaire imposable après avoir relevé : 68212
– dans une première affaire, que la somme reversée par le cédant en exécution d'une convention postérieure à la cession n'avait pas en l'espèce le caractère d'une révision de prix (CE 24-4-1981 n° 18346 : RJF 7-8/81 n° 653) ;
– et, dans une affaire plus récente, qu'aucune disposition n'autorise à déduire des résultats imposables de l'acquéreur de titres les sommes dont il n'est pas contesté qu'elles ont été versées par le cédant en exécution d'une convention de garantie de passif (CE 24-6-2013 n° 350451 : RJF 10/13 n° 905).
Selon le Conseil d'État, l'acquéreur peut seulement constituer le cas échéant une **provision pour dépréciation** destinée à constater la diminution de valeur de sa participation due à la révélation du passif ou à la diminution de l'actif que l'indemnité a pour vocation de combler. On observera à cet égard que la diminution de l'actif net de la société acquise n'entraîne pas nécessairement une dépréciation de la valeur économique de ses titres, ce qui rend la constitution d'une provision très aléatoire au cas particulier. En outre, à supposer même qu'elle soit justifiée, la provision ne sera pas toujours déductible, soit qu'elle relève du régime des moins-values à long terme et ne puisse par suite être imputée que sur des plus-values à long terme, soit qu'elle concerne des titres de participation ou assimilés détenus par une société soumise à l'IS, dont la dépréciation ne peut pas donner lieu à déduction.

La mise en œuvre d'une **clause de révision de prix** consiste à évaluer à la baisse la valeur des droits sociaux acquis, donc à réduire le prix initialement fixé et, par suite, le montant pour lequel la participation acquise est inscrite à l'actif du bilan de l'acquéreur. Il en résulte que les sommes perçues en exécution d'une clause de révision de prix (ou la réduction de la dette de l'acquéreur envers le cédant) restent sans incidence sur le résultat imposable de l'acquéreur puisqu'elles ont pour contrepartie directe une diminution de même montant du prix de revient pour lequel les titres sont inscrits au bilan. La doctrine administrative est en ce sens (BOI-BIC-PVMV-40-40-20 n° 210) et une lecture a contrario des décisions déjà citées du Conseil d'État du 24 avril 1981 et du 24 juin 2013 confirme cette analyse : dans ces affaires, c'est en effet après avoir relevé qu'on n'était pas en présence d'une réduction du prix de cession que le Conseil d'État a jugé que les sommes perçues par l'acquéreur en exécution d'une clause de garantie de passif étaient imposables (CE 24-4-1981 n° 18346 : RJF 7-8/81 n° 653 ; CE 24-6-2013 n° 350451 : RJF 10/13 n° 905). 68213
Bien entendu, la réduction du prix de revient des parts ou actions sera prise en compte pour le calcul de la plus-value lors de la cession ultérieure des titres.
Pour l'acquéreur, la formule de la révision de prix présente ainsi l'intérêt de ne pas générer immédiatement de profit imposable (à moins bien sûr qu'il s'agisse d'un investisseur financier ayant acquis les titres en vue de les revendre rapidement pour réaliser une plus-value).

ATTENTION

Le Conseil d'État s'en tenant à la qualification donnée à la garantie par les parties, celles-ci doivent porter une attention particulière à cette qualification lors de la rédaction de l'acte de cession des titres, compte tenu de l'enjeu fiscal. On rappelle que, dans sa jurisprudence la plus récente, la Cour de cassation tend pour sa part à qualifier de clauses de révision de prix toutes les clauses de garantie dont l'acquéreur est seul bénéficiaire en l'absence de stipulation pour autrui consentie au profit de la société cédée (voir n° 66050).

2. SOCIÉTÉ CÉDÉE

68240 Lorsque l'indemnité est versée à la société dont les parts ont été cédées, elle est en principe imposable dans les conditions de droit commun, en application de l'article 38, 2 du CGI, dès lors qu'elle entraîne une augmentation des valeurs d'actif. Le profit constaté est toutefois neutralisé si l'indemnité a pour objet de couvrir un **passif** dont la révélation se traduit par la constatation d'une **charge** de même montant fiscalement **déductible.** C'est le cas par exemple lorsque le passif révélé consiste en une dette qui n'avait pas été comptabilisée, en des dommages-intérêts dus à des clients à raison de livraisons antérieures à la cession ou en un rappel de cotisations sociales.

68241 L'indemnité est-elle également taxable lorsqu'elle est destinée à faire face à une **charge non déductible fiscalement,** par exemple un rappel d'impôt sur les sociétés ? Elle ne devrait pas dans ce cas être comprise dans le bénéfice imposable de la société. Le Conseil d'État a en effet jugé que les indemnités versées à un contribuable pour réparer une diminution de ses valeurs d'actif, en vertu d'une obligation de réparation incombant à la partie versante, ne constituent des recettes imposables que si la perte ou la charge qu'elles ont pour objet de compenser est elle-même déductible des bénéfices imposables (CE plén. 12-3-1982 n° 17074 : RJF 4/82 n° 334). S'alignant sur cette jurisprudence qui, certes, n'a pas été dégagée à propos d'une garantie de passif mais semble transposable à cette hypothèse, l'administration considère que lorsque la somme versée à la société cédée en application d'une garantie de passif a pour objet de compenser une charge fiscalement non déductible, cette somme ne constitue pas un produit imposable pour la société (Rép. Grau : AN 9-2-2021 n° 28652).

ILLUSTRATIONS

Dans l'arrêt du 12 mars 1982 précité, le Conseil d'État a considéré que les indemnités compensatrices de pertes ou de charges non déductibles versées en vertu d'une obligation de réparation contractuelle ne sont pas imposables. Selon le commissaire du gouvernement M. Schrameck, il n'y a en effet dans ce cas pas d'enrichissement du bénéficiaire au sens de l'article 38 du CGI, et, « dans un souci de neutralité fiscale, le versement obtenu ne devrait pas entrer dans la détermination du bénéfice imposable dans la mesure où il n'est ni générateur d'une plus-value, ni destiné à compenser des charges déductibles, ni effectué en remplacement de recettes taxables ».
Dans cette affaire, il s'agissait de l'indemnité perçue par une société de l'assureur de son comptable en réparation des pénalités fiscales auxquelles elle avait été assujettie par suite des erreurs commises par ce dernier. L'arrêt relève que, en vertu de l'article 39, 2 du CGI, les pénalités ne sont pas admises en déduction du bénéfice imposable, et en déduit que l'indemnité perçue ne constitue pas une recette imposable.
Cette jurisprudence a été confirmée par un arrêt du 5 octobre 1988 (n° 80823 : RJF 12/88 n° 1294), où les faits étaient très différents : l'indemnité en litige avait été versée à l'entreprise par l'État, qui avait été condamné à réparer le préjudice que cette société avait subi par la faute des services de l'équipement dont le mauvais fonctionnement avait provoqué un retard dans la réalisation d'immobilisations et entraîné un surcoût pour cette réalisation.

Il convient néanmoins de remarquer que la logique même du raisonnement issu de l'arrêt de 1982 sera d'application difficile dans le cas, très courant, des **garanties d'actif net** : si le montant de la somme reçue par la société résulte de variations, dans les deux sens, du passif et de l'actif, pourra-t-on rattacher cette résultante à telle écriture plutôt qu'à telle autre, pour en conclure qu'il correspond à l'indemnisation d'une charge non déductible fiscalement et échapper à la taxation ?

3. CRÉANCIERS SOCIAUX

68270 Lorsque le cédant paye directement les créanciers de la **société cédée,** celle-ci est imposable, du fait de l'extinction de sa dette, comme si elle avait elle-même perçu les fonds nécessaires au désintéressement de ses créanciers. Il est en effet de jurisprudence constante que la disparition d'un élément de passif entraîne une augmentation d'actif net qui est en règle générale imposable en vertu des dispositions de l'article 38, 2 du CGI.

TITRE IX

Conditions de forme de la cession

FORMALITÉS APPLICABLES AUX CESSIONS

Après que les parties ont échangé leur consentement, la cession est soumise à certaines formalités : établissement d'un acte de cession et/ou d'un ordre de mouvement selon le cas, enregistrement, accomplissement des formalités d'opposabilité et de publicité (pour les cessions de parts). Dans certains cas, la cession doit aussi être soumise à la procédure des conventions réglementées. 70000

Procédure de contrôle des conventions réglementées Une procédure de contrôle est applicable aux cessions intervenant : 70020

– directement ou par personne interposée, entre une **SARL** et l'un de ses gérants ou associés (C. com. art. L 223-19) ;

– directement ou par personne interposée, entre une **SA** et son directeur général, l'un de ses directeurs généraux délégués, l'un de ses administrateurs, l'un des membres du directoire ou du conseil de surveillance, l'un de ses actionnaires détenant plus de 10 % des droits de vote ou toute société contrôlant une société actionnaire détenant plus de 10 % des droits de vote (C. com. art. L 225-38, al. 1 et L 225-86, al. 1) ;

– entre une SA et une entreprise dont le propriétaire, l'associé indéfiniment responsable ou le dirigeant est également directeur général, directeur général délégué, administrateur, membre du directoire ou membre du conseil de surveillance de la SA (C. com. art. L 225-38, al. 3 et L 225-86, al. 3) ;

– directement ou par personne interposée, entre une **SCA** et l'un de ses gérants, l'un des membres du conseil de surveillance, l'un de ses actionnaires détenant plus de 10 % des droits de vote ou toute société contrôlant une société actionnaire détenant plus de 10 % des droits de vote (C. com. art. L 226-10, al. 1) ;

– entre une SCA et une entreprise dont le propriétaire, l'associé indéfiniment responsable ou le dirigeant est également gérant ou membre du conseil de surveillance de la société en commandite (C. com. art. L 226-10, al. 2) ;

– directement ou par personne interposée, entre une **SAS** et son président, l'un de ses dirigeants, l'un de ses associés détenant plus de

10 % des droits de vote ou toute société contrôlant une société associée détenant plus de 10 % des droits de vote (C. com. art. L 227-10, al. 1).
La procédure s'applique aussi aux cessions conclues par une SA ou une SCA et auxquelles est indirectement intéressé, **même s'il n'y est pas partie**, l'un de ses dirigeants (selon le cas, directeur général, directeur général délégué, administrateur, membre du directoire ou du conseil de surveillance, gérant), l'un de ses actionnaires détenant plus de 10 % des droits de vote ou encore toute société contrôlant une société actionnaire détenant plus de 10 % des droits de vote (C. com. art. L 225-38, al. 2, L 225-86, al. 2 et L 226-10, al. 1).
Par dérogation, une cession conclue entre une SA (ou une SCA) et une autre SA (ou SCA) n'est pas soumise à la procédure de contrôle si l'une de ces sociétés détient, directement ou indirectement, la totalité du capital de l'autre, le cas échéant après déduction du nombre minimal d'actions requis pour satisfaire aux exigences légales tenant au nombre minimal d'associés de la **société détenue à 100 %** (C. com. art. L 225-39 et L 225-87).

70025 La procédure de contrôle consiste, selon les cas, en une **autorisation** et/ou une **approbation** de la cession par les organes sociaux : pour plus de détails, voir Mémento Sociétés commerciales nos 31910 s. (pour les cessions conclues par une SARL), nos 52550 s. (pour les cessions conclues par une SA), n° 57000 (pour les cessions conclues par une SCA) et nos 60431 s. (pour les cessions conclues par une SAS).
En pratique, la cession est souvent conclue sous la **condition suspensive** de son autorisation et/ou de son approbation.

CHAPITRE 1

FORME DES CESSIONS DE PARTS

SOMMAIRE

A. Établissement de l'acte de cession par écrit

MODALITÉS D'ÉTABLISSEMENT D'UN ACTE DE CESSION DE PARTS

70040 Les cessions de parts sociales doivent être constatées par écrit (C. com. art. L 221-14, al. 1 pour les parts de SNC et, sur renvoi des art. L 222-2 et L 223-17, pour les parts de SCS et de SARL) en autant d'**exemplaires** que nécessaire pour en faire la preuve (n° 70075). En outre, il y a lieu d'établir un exemplaire supplémentaire pour l'enregistrement et éventuellement un autre pour le dépôt au siège social (n° 70170).

L'écrit peut consister en un **acte** sous signature privée (acte unique des deux parties ou échange de correspondances) ou notarié. Il peut également s'agir du **procès-verbal** d'une assemblée générale constatant l'acceptation de la cession par l'ensemble des associés (T. com. Paris 24-12-1973 : Rev. jur. com. 1974 p. 104) ou d'un **jugement** constatant la cession (CA Versailles 19-9-1996, 1e ch. 1e sect.).

> **Précisions a.** Même si un **acte de cession passé devant notaire** n'est pas authentique pour défaut de forme (par exemple en l'absence de signature du notaire), il vaut néanmoins comme acte sous signature privée établissant la cession entre les parties (Cass. 1e civ. 28-9-2011 n° 10-13.733 FS-PBI : RJDA 2/12 n° 168).
> **b.** La **quittance de paiement du prix** des parts ne vaut pas constatation écrite de la cession (Cass. com. 7-4-2009 n° 08-15.593 FS-PB : RJDA 8-9/09 n° 754) : à supposer que ce document indique, outre le prix payé, les parts cédées et leur nombre, il émane du seul cédant et n'est pas signé par l'acquéreur. Il n'est donc pas possible de considérer qu'il exprime le consentement de chacune des parties.

1. PREUVE DE LA CESSION PAR ÉCRIT

70070 Sauf cas particuliers (nos 70080 s.), l'écrit (sous signature privée ou notarié) est nécessaire pour prouver la **cession** lorsque celle-ci **excède** un certain montant (C. civ. art. 1359, al. 1), fixé par décret à **1 500 €** (Décret 80-533 du 15-7-1980 art. 1er).

Une cession dont le prix est inférieur ou égal à 1 500 € peut donc être prouvée par tout moyen (par exemple, télécopie, courriel, témoignage ou présomptions).

> **Précisions** L'article 1359 interdit de **prouver outre ou contre un écrit** établissant un acte juridique, même si le prix n'excède pas 1 500 €, autrement que par un autre écrit. Ces dispositions, quoique n'étant pas d'ordre public, s'imposent au juge dès lors que les parties n'y ont pas explicitement ou tacitement renoncé (Cass. 3e civ. 16-11-1977 n° 76-11.712 : Bull. civ. III n° 393, rendu en matière de preuve du non-paiement d'une partie du prix de vente d'un immeuble, mais transposable à la preuve d'une cession de parts).

ÉCRIT FAISANT LA PREUVE D'UNE CESSION DE PARTS

70075 En principe, une cession constatée par un acte sous signature privée ne peut être prouvée que s'il a été dressé **autant d'originaux** qu'il y a de parties ayant un intérêt distinct à la cession (c'est-à-dire autant d'exemplaires qu'il y a de cédants et d'acquéreurs), à moins que les parties ne soient convenues de remettre à un tiers l'unique exemplaire dressé (C. civ. art. 1375, al. 1). Il est néanmoins admis que des lettres peuvent faire la preuve d'une cession si elles expriment l'accord des parties sur les parts ou actions concernées et sur leur prix.

ILLUSTRATIONS

La preuve par écrit d'une cession de parts résulte suffisamment d'un **échange de correspondances** entre les parties par lesquelles, d'un côté, le mandataire des acquéreurs a déclaré faire le nécessaire auprès de ses clients « conformément aux termes » d'une précédente correspondance, demandant toutefois à bénéficier d'un délai pour préparer les actes, et, d'un autre côté, le conseil des cédants a accepté le délai proposé, les courriers ultérieurs des acquéreurs s'analysant comme une demande de délai de paiement et non pas comme une condition suspensive de l'obtention de fonds bloqués à l'étranger (Cass. com. 10-3-1992 n° 481 P : RJDA 7/92 n° 710).
En revanche, dans un cas où un accord prévoyait une **augmentation de capital suivie d'une cession** de parts, le cédant a été déclaré mal fondé à rapporter la preuve de la cession par son exécution aux motifs qu'aucun acte signé de l'acquéreur ne lui avait été remis et qu'au surplus il ne justifiait ni de la réalisation de l'augmentation de capital alléguée, le procès-verbal de l'assemblée générale extraordinaire qui aurait décidé cette augmentation n'ayant pas été signé par tous les associés, ni de la souscription de nouvelles parts sociales (CA Paris 8-11-1988, 25e ch. A : Bull. Joly 1989 p. 192 note P. Le Cannu ; en l'espèce, le cédant faisait valoir que l'exécution de la cession résultait du paiement du prix par l'acquéreur alors que ce dernier exposait que les fonds qu'il avait remis à un intermédiaire l'avaient seulement été à titre de séquestre).

COPIE DE L'ACTE DE CESSION DE PARTS

70077 Les cessions de plus de 1 500 € peuvent être prouvées par la production d'une **copie fiable,** la fiabilité étant laissée à l'appréciation du juge. Néanmoins, toute copie exécutoire ou notariée d'un acte notarié est réputée fiable. En outre, est présumée fiable jusqu'à preuve du contraire toute copie résultant d'une reproduction à l'identique de la forme et du contenu de l'acte et dont l'intégrité est garantie dans le temps par un procédé de reproduction entraînant une modification irréversible du support de la copie. Si l'original subsiste, sa présentation peut toujours être exigée (C. civ. art. 1379 ; Décret 2016-1673 du 5-12-2016 art. 1er).

PREUVE D'UNE CESSION À CARACTÈRE COMMERCIAL

70080 Même en présence d'une cession dont le prix excède 1 500 €, l'obligation de prouver la cession par écrit est écartée lorsque la cession présente un caractère commercial, auquel cas elle peut être prouvée **par tous moyens** mais seulement à l'égard d'un commerçant (C. com. art. L 110-3).
En application de ce texte, une partie peut également opposer à l'autre tous moyens de preuve en vue de combattre les mentions contenues dans l'acte de cession et déroger ainsi aux dispositions de l'article 1359 du Code civil interdisant de prouver outre ou contre un écrit établissant un acte juridique autrement que par un autre écrit.

ILLUSTRATIONS

Dans un cas où des actionnaires avaient cédé l'intégralité des actions composant le capital d'une société à des commerçants et où l'un des cédants s'était porté fort pour les autres d'une obligation de non-concurrence à l'égard des acquéreurs, cette cession a été considérée comme un acte de commerce et la preuve qu'un ancien actionnaire, qui avait fait concurrence aux acquéreurs et qui était mentionné dans l'acte de cession en qualité de cédant, avait cédé ses actions préalablement à la cession litigieuse pouvait être rapportée par différentes attestations et par l'examen du registre des transferts d'actions de la société (Cass. com. 11-3-2003 n° 457 F-D : RJDA 6/03 n° 599, dont la solution est applicable à une cession de parts).

COMMENCEMENT DE PREUVE PAR ÉCRIT D'UNE CESSION

70083 La preuve d'une cession excédant 1 500 € peut être rapportée par un commencement de preuve par écrit, c'est-à-dire un document écrit émanant de la personne qui conteste la cession alléguée et rendant celle-ci vraisemblable (C. civ. art. 1361 et 1362, al. 1), auquel cas il appartient à la partie produisant ce document de **parfaire la preuve** de la cession au moyen d'autres éléments, tels que des témoignages (Cass. 1e civ. 12-7-1972 n° 71-12.249 : Bull. civ. I n° 185).

ILLUSTRATIONS

Ont été considérées comme constituant un commencement de preuve par écrit les conclusions d'une partie par lesquelles celle-ci reconnaissait avoir accepté de céder ses parts à l'autre partie à condition que cette dernière dépose le montant du prix de cession chez un notaire, ce qu'elle

n'avait pas fait ; dans cette affaire, les juges du fond ont apprécié souverainement que ce commencement de preuve n'avait pu être complété ni par les témoignages recueillis ni par des indices (Cass. 1e civ. 12-7-1972 précité).
À l'inverse, un associé ne peut pas se prévaloir d'un document émanant de l'autre associé de la société pour prétendre être devenu l'unique associé de celle-ci par l'effet d'une cession de parts dès lors que ce document ne comporte ni le prix de cession ni l'indication que la cession doit intervenir à titre gratuit ; il s'agit seulement d'une attestation d'intention de céder qui s'analyse en un projet de cession, lequel n'a pas été suivi d'effets. Cette analyse est corroborée par le procès-verbal d'une assemblée générale qui s'est tenue un an et demi après l'établissement du document et qui indique que la société était représentée par ses deux associés (CA Versailles 26-1-2007 n° 05-7535).

IMPOSSIBILITÉ DE PRODUIRE UN ÉCRIT PROUVANT LA CESSION

Une cession dont le prix excède 1 500 € peut être prouvée par tous moyens lorsque l'une des parties n'a pas eu la **possibilité** matérielle ou morale **de se procurer un écrit** ou lorsque l'**écrit** a été **perdu** par suite d'un cas de force majeure (C. civ. art. 1360). 70086

ILLUSTRATIONS

L'impossibilité matérielle de prouver par écrit une cession de parts a été considérée comme caractérisée dès lors que tous les documents nécessaires à l'accomplissement des formalités de celle-ci avaient été confiés à un conseil juridique qui était depuis lors introuvable. Par suite, la preuve de cette cession a été valablement établie par la production d'une attestation émanant d'un expert-comptable, commissaire aux comptes agréé, selon laquelle celui-ci avait rédigé un document établissant la valeur des parts et les chèques à établir à la suite de la cession, ce document ayant été signé puis remis en original au conseil juridique qui devait ensuite procéder à la rédaction de l'acte de cession ; rien ne permettait de suspecter ni d'écarter cette attestation même si son rédacteur avait été le comptable de l'une des parties (CA Versailles 19-9-1996, 1e ch. 1e sect.).
De même, dans un cas où, préalablement à la cession du contrôle d'une société de famille à un repreneur, l'un des associés avait transféré à sa sœur l'intégralité des titres sans qu'un acte de vente ait été établi, l'impossibilité morale pour l'associé de se procurer une preuve écrite et la possibilité de prouver l'existence d'une vente par tous moyens ont été déduites des constatations suivantes (CA Paris 24-9-2004 n° 03-2406 : RJDA 5/05 n° 566) :
– au moment du transfert litigieux, la sœur était associée de la société depuis sa création par son mari et le frère depuis 20 ans ; ils y travaillaient tous deux, l'une en qualité de dirigeante de droit et l'autre en tant que directeur technique ;
– leur collaboration s'était poursuivie après le décès du fondateur et, en outre, le frère et la sœur étaient associés dans une autre entreprise depuis une quinzaine d'années, ce qui confirmait une relation professionnelle ancienne et multiple ajoutée à leur lien familial ;
– le frère se trouvait subordonné à sa sœur dans la mesure où ses pouvoirs étaient limités à un engagement de dépenses ne dépassant pas un certain montant et où il avait reçu une délégation de signature seulement pour les chèques des salariés ;
– enfin, le frère et la sœur avaient toujours été conseillés par le même avocat.

2. ABSENCE D'ÉCRIT CONSTATANT LA CESSION

Le manquement à l'obligation de constater la cession par écrit (n° 70040) n'étant pas sanctionné par la nullité, l'absence d'écrit ne rend pas la **cession nulle** (CA Versailles 19-9-1996, 1e ch. 1e sect.). En effet, la cession est parfaite dès l'accord des parties (C. civ. art. 1583), indépendamment de l'existence d'un écrit. 70095
En revanche, l'écrit permet à l'acquéreur d'accomplir les formalités d'opposabilité et de publicité de la cession. En l'absence d'écrit, l'acquéreur empêché de procéder à ces formalités nécessaires pour rendre la cession effective peut utilement demander la **résolution de la cession** pour manquement du cédant à son **obligation de délivrance** des parts (Cass. com. 7-4-2009 n° 08-15.593 FS-PB : RJDA 8-9/09 n° 754).

> **Précisions** La solution de l'arrêt du 7 avril 2009 précité est une application du droit commun de la vente qui impose au vendeur de délivrer le bien vendu à l'acheteur (C. civ. art. 1603 et 1604) ; à défaut, ce dernier peut demander la résolution de la vente (art. 1610). La Cour de cassation assimile ici le défaut d'établissement de l'acte de cession à un manquement du cédant à son obligation de délivrance puisque celui-ci, en empêchant l'acquéreur d'effectuer les formalités d'opposabilité de la cession, ne le met pas en mesure de faire reconnaître sa qualité d'associé et d'exercer les droits correspondants.
> En l'espèce, le cédant avait opposé que son inaction n'était pas fautive puisque la loi ne met pas spécialement à sa charge le soin d'établir l'acte de cession qui, d'un intérêt commun

pour les parties, incombe à la partie la plus diligente ; en outre, l'acquéreur ne l'avait pas mis en demeure de le faire. La Cour de cassation a écarté ces arguments : même si la loi ne précise pas à qui incombe la charge d'établir l'acte de cession, les articles 1603 et 1604 précités font obligation au cédant de délivrer les parts cédées et cette obligation est inhérente à la cession ; c'est donc bien à lui qu'il appartient de prendre l'initiative en la matière.

B. Formalités de la cession des parts

1. FORMALITÉS D'OPPOSABILITÉ DE LA CESSION À LA SOCIÉTÉ

70150 Les cessions de parts sociales sont opposables à la société (C. com. art. L 221-14, al. 1 pour les parts de SNC et, sur renvoi des art. L 222-2 et L 223-17, pour les parts de SCS et de SARL) :
– soit dans les formes prévues à l'article 1690 du Code civil, c'est-à-dire au moyen d'une **signification** par acte extrajudiciaire ou d'une **acceptation** de la société par l'intermédiaire de son gérant dans un acte authentique ;
– soit par le **dépôt** d'un original de l'acte de cession **au siège** social contre remise par le gérant d'une attestation de ce dépôt.

En principe, seul l'accomplissement de l'une de ces formalités rend la cession opposable à la société. Néanmoins, si la société accepte la cession de façon certaine et non équivoque, elle ne peut pas se prévaloir du défaut d'accomplissement des formalités (n° 70190).

70155 La signification de la cession par acte extrajudiciaire et le dépôt au siège de la société peuvent être faits aussi bien par l'acquéreur que par le cédant. Néanmoins, en pratique, ces **formalités** seront le plus souvent **accomplies** par l'acquéreur. Quant à l'acceptation par la société, elle peut être le fait du gérant ou d'une personne expressément mandatée à cette fin.

DÉPÔT DE L'ACTE DE CESSION DE PARTS AU SIÈGE SOCIAL

70170 En cas de dépôt de l'acte de cession au siège social, l'acte doit être revêtu de la **signature** de toutes les parties. En revanche, il n'est pas nécessaire qu'il comporte la **mention de l'enregistrement**, de sorte que le dépôt peut être fait avant l'accomplissement de cette formalité.

Ce procédé, qui présente l'**avantage** d'être moins lourd et moins onéreux que les formalités de l'article 1690 du Code civil, peut être utilisé même si les statuts de la société ne le prévoient pas.

SIGNIFICATION OU ACCEPTATION ÉCRITE DE LA CESSION DE PARTS

70180 La signification de la cession ou son acceptation par acte notarié (**formalités de l'article 1690 du Code civil**) est moins fréquente que le dépôt de l'acte au siège social. Mais ces procédés présentent l'**avantage** de pallier, le cas échéant, la difficulté d'obtenir du gérant l'attestation du dépôt de l'acte au siège de la société.

La signification de la cession doit être faite par voie d'huissier ou de commissaire de justice. À cet égard, vaut signification de la cession l'**assignation** de la société par l'acquéreur en vue de régulariser la cession (Cass. 1e civ. 19-3-1991 : Bull. Joly 1991 p. 531 note P. Le Cannu). Par ailleurs, la déclaration faite dans un **acte sous signature privée** par deux personnes relative à la société existant entre elles constitue pour cette société une acceptation écrite, qui, par ses effets, doit être assimilée à un acte authentique de cession (Cass. 1e civ. 19-1-1970 n° 68-11.712 : Bull. civ. I n° 19).

ACCEPTATION TACITE DE LA CESSION DE PARTS

70190 En principe, seul l'accomplissement de l'une des formalités ci-dessus rend la cession opposable à la société. Néanmoins, la **société** qui a su et **accepté la cession de façon certaine et non équivoque** ne peut pas se prévaloir du défaut d'accomplissement des formalités prévues à l'article 1690 du Code civil pour dénier à l'acquéreur des parts la qualité d'associé (Cass. 1e civ. 19-9-2007 n° 06-11.814 FS-PB : RJDA 12/07 n° 1244).

En tout état de cause, le fait que le **gérant** soit **intervenu à l'acte** de cession autrement qu'en cette qualité est insuffisant à rendre la cession opposable à la société (Cass. com. 21-7-1981 n° 776 : Rev. sociétés 1981 p. 771 note J.-J. Daigre).

ILLUSTRATIONS

Le défaut d'accomplissement des formalités de l'article 1690 du Code civil n'est pas de nature à compromettre la validité de la cession dans les rapports de l'**acquéreur** avec la société dès lors que celui-ci a été **traité en associé** aussitôt après la cession, en particulier lorsqu'un compte a été ouvert à son nom, que de nombreuses remises de fonds lui ont été consenties en avance sur sa part dans les bénéfices et qu'il a été admis, sur sa demande et en sa qualité d'associé, à prendre connaissance des livres et délibérations de la société.

CA Rouen 12-11-1935 : JCP 1936 p. 868.

La **publication, par le gérant** d'une SARL, de deux **avis dans un journal d'annonces légales**, l'un faisant état d'une modification des statuts pour tenir compte de la cession et l'autre faisant état de la cession elle-même, démontre de façon non équivoque l'acceptation de la société à la cession.

CA Aix-en-Provence 4-4-1948, 2e ch. : JCP 1948 II no 4513 note D. Bastian.

Une société ne saurait contester que des promesses de cession de parts établies par actes sous signature privée lui sont opposables dès lors que le cédant, qui était également **gérant** statutaire de la société, est **intervenu aux actes** non seulement en qualité de propriétaire des parts mais aussi en qualité de gérant et qu'en outre la société n'a cessé de se prévaloir de ces promesses pour réclamer aux bénéficiaires leur contribution à des appels de fonds.

CA Paris 11-3-1964, 2e ch.

L'inopposabilité d'une cession de parts sociales pour défaut de signification ne peut être invoquée que par la société victime du non-respect des dispositions légales. Par suite, lorsque la société n'a pas tenu compte du défaut de signification et a **convoqué l'acquéreur aux assemblées**, elle a acquiescé à la cession.

CA Paris 24-1-1986, 3e ch. B.

Malgré l'absence d'accomplissement des formalités requises, une société a ratifié expressément une cession de parts et renoncé à se prévaloir de l'inopposabilité de celle-ci dès lors que son **gérant a convoqué** les associés, y compris l'**acquéreur** des parts, **à une assemblée** générale extraordinaire au cours de laquelle les **statuts** ont été **modifiés** pour tenir compte de la cession et où le **nouvel associé** a été **nommé** aux fonctions de **gérant.**

Cass. com. 3-5-2000 no 97-19.182 P : RJDA 11/00 no 991.

Dans un cas où l'un des deux associés d'une société avait cédé son unique part sociale à un tiers en novembre 1993, doit être cassé l'arrêt qui, pour dénier à l'acquéreur la qualité d'associé depuis cette date, a retenu qu'il n'avait signé la cession qu'en avril 1996 et que les formalités de l'article 1690 du Code civil n'avaient jamais été accomplies, alors qu'en vertu du **procès-verbal d'une assemblée générale** de novembre 1993 remis à l'acquéreur pour signature de l'acte de cession au printemps 1996, la **société** avait autorisé cette cession à compter du 1er décembre 1993 et avait **agréé l'acquéreur** comme nouvel associé.

Cass. 1e civ. 19-9-2007 no 06-11.814 FS-PB : RJDA 12/07 no 1244.

Encourt la cassation l'arrêt qui retient qu'en l'absence d'accomplissement des formalités prévues par la loi, une cession est inopposable à une SARL sans rechercher si la **signification,** faite par une banque à la société, **d'un acte de nantissement** à son profit des parts sociales détenues par l'acquéreur, n'emportait pas signification de la cession de parts à la société.

Cass. com. 18-10-2011 no 10-21.800 FS-PB : RJDA 1/12 no 59.

Une SARL est considérée comme ayant été informée d'un projet de cession de ses parts dès lors que le **gérant,** en **participant à l'acte de cession**, a déclaré qu'il acceptait celle-ci.
Par ailleurs, le gérant a déposé au greffe du tribunal de commerce les **statuts** portant la **nouvelle répartition du capital** social, lesquels n'ont jamais été contestés et ont été exécutés. Les **acquéreurs** des parts y figurant ont depuis lors été **convoqués aux** différentes **assemblées** générales en qualité d'associés.

CA Pau 21-2-2012 no 10/01495 : RJDA 6/12 no 598.

2. PUBLICITÉ DE LA CESSION

a. Formalités de publicité applicables à toute cession de parts

70210 Les **cessions** de parts sociales ne sont **opposables aux tiers** qu'après accomplissement des formalités d'opposabilité à la société (no 70150) et, en outre, après publication des statuts modifiés au RCS (C. com. art. L 221-14, al. 2 pour les parts de SNC et, sur renvoi des art. L 222-2 et L 223-17, pour les parts de SCS et de SARL). Cette publication est faite par le gérant de la société (C. com. art. R 210-18, al. 1), sous réserve du cas mentionné no 70217.

L'accomplissement des formalités permet à l'acquéreur de se prévaloir de la cession à l'égard des tiers. Ainsi, le bénéficiaire d'une promesse de cession de parts sociales ne saurait évincer le second acquéreur de ces parts qui, le premier, a régulièrement notifié et publié son acquisition, même si celui-ci a eu connaissance de la promesse antérieure avant l'exécution des formalités, dès lors qu'il n'y a eu aucune collusion frauduleuse entre lui et le cédant (Cass. com. 19-3-1980 no 78-11.672 : Bull. civ. IV no 137).

70215 La publicité au RCS s'effectue par **dépôt au greffe** du tribunal de commerce, en annexe au registre, des **statuts** mis à jour constatant la cession (C. com. art. R 123-102 et R 123-105). Ce dépôt peut aussi être effectué par voie électronique (C. com. art. L 221-14, al. 2).
À compter du 1er janvier 2023, les statuts devront être déposés au **RCS** par **voie électronique** auprès du guichet unique électronique des formalités d'entreprises (C. com. art. R 123-77, al. 1 modifié par décret 2021-300 du 18-3-2021 et art. R 123-102, al. 3 issu du décret 2021-300), qui devra les déposer au **registre national des entreprises** (RNE) (C. com. art. L 123-37, 1° et L 123-50 issus de ord. 2021-1189 du 15-9-2021). À notre avis, la voie électronique s'imposera bien que l'article L 221-14 prévoie une simple faculté. En effet, le recours à la voie électronique pour tout dépôt d'acte ou de pièce au RCS sera obligatoire, sauf lorsque l'acte ou la pièce doit être fourni en original et a été établi sur support papier (C. com. art. L 123-33 dans sa rédaction applicable à compter du 1-1-2023 ; art. R 123-77, al. 1 modifié par décret 2021-300, en vigueur à compter du 1-1-2023).

> **Précisions** Les statuts dont le **préambule** rappelle l'**identité des fondateurs** de la société n'ont pas à reprendre ou à actualiser celui-ci car il ne fait pas partie des clauses statutaires et peut donc utilement être supprimé de la mise à jour. Il y a lieu de mettre à jour, dans les statuts déposés, les clauses désignant les associés et déterminant la répartition de leurs droits dans le capital à la suite de la cession (Avis CCRCS 2016-021 des 18-10 et 2-12-2016).

CESSION NOTARIÉE : RÔLE DU NOTAIRE EN MATIÈRE DE PUBLICITÉ

70217 En cas de cession par acte notarié, le notaire doit **conseiller aux parties** de demander à la société de modifier ses statuts en conséquence et de déposer ceux-ci au greffe. Si le notaire a reçu pour **mission d'établir les statuts** modifiés au vu du procès-verbal de l'assemblée ayant décidé la modification, il est tenu de procéder à ce dépôt. En effet, tout notaire rédigeant un acte comportant pour les parties une « incidence quelconque » en matière de RCS doit procéder aux formalités correspondantes à peine d'une amende civile et sans préjudice de l'engagement de sa responsabilité (C. com. art. R 123-89). Cette obligation incombe au notaire, tenu de s'assurer de l'efficacité de l'acte auquel il prête son concours, sans même qu'il ait reçu mandat pour accomplir les formalités de publicité (Cass. 1e civ. 6-10-2011 n° 10-19.190 F-PBI : RJDA 1/12 n° 38, solution rendue pour une donation de parts de société civile mais transposable).

> **Précisions** **À compter du 1er janvier 2023**, le notaire devra déposer les statuts modifiés, par voie électronique, au guichet unique électronique des formalités d'entreprises (C. com. art. R 123-89 et R 123-1 modifiés par décret 2021-300 du 18-3-2021 et art. L 123-33 dans sa rédaction applicable à compter du 1-1-2023).

RECOURS EN CAS DE CARENCE DU GÉRANT À PUBLIER LA CESSION

70225 En l'absence de dépôt des statuts modifiés au RCS, le cédant ou l'acquéreur peuvent **demander en référé** au président du tribunal d'enjoindre au gérant de procéder à ce dépôt. Ils peuvent aussi lui demander de désigner un mandataire chargé d'effectuer cette formalité (C. com. art. L 123-5-1).
Après avoir mis en demeure le gérant d'effectuer le dépôt, le **cédant** ou l'**acquéreur** peuvent, si la mise en demeure est restée vaine au terme d'un délai de huit jours, **déposer eux-mêmes l'acte de cession** au RCS contre remise d'un récépissé. Ce recours est ouvert à condition de justifier auprès du greffe avoir préalablement demandé au président du tribunal d'ordonner au gérant, en application de l'article L 123-5-1 précité du Code de commerce, de déposer les statuts au RCS après les avoir complétés pour faire apparaître la nouvelle répartition du capital. À titre conservatoire et jusqu'à la décision du président, le dépôt de l'acte de cession par le cédant ou l'acquéreur rend celle-ci opposable aux tiers, sous réserve que les formalités d'opposabilité prévues à l'article L 221-14, al. 1 (n° 70150) aient été accomplies (C. com. art. R 221-9 pour les parts de SNC et, sur renvoi des art. R 222-1 et R 223-13 pour les parts de SCS et de SARL).

b. Publicité du changement dans la liste des associés de SNC ou de SCS

70240 Si la cession entraîne un changement dans la liste des associés de SNC ou des associés commandités de SCS (départ d'un associé et/ou arrivée d'un nouvel associé), ce changement doit être publié selon les modalités suivantes :
– insertion d'un avis dans un **support d'annonces légales** du lieu du siège social (journal ou support de presse en ligne) (n° 70241) ;
– inscription modificative au **RCS** (n° 70242) ;
– à compter du 1er janvier 2023, inscription au **registre national des entreprises** (RNE) (C. com. art. L 123-37, 1° issu de ord. 2021-1189 du 15-9-2021) ;
– insertion au **Bodacc** (C. com. art. R 123-159) ;

– lorsque le retrait ou l'entrée de l'associé entraîne un changement de bénéficiaire effectif, inscription modificative au **registre des bénéficiaires effectifs** de la société (n° 70247).

Ces **formalités** ont pour objet de rendre publics le départ de l'associé ayant cédé la totalité de ses parts et/ou l'arrivée du nouvel associé. Elles doivent être **accomplies par** le gérant de la société (C. com. art. R 210-18, al. 1), à l'exception de l'insertion au Bodacc, qui est effectuée à la diligence du greffier du tribunal (C. com. art. R 123-161, al. 1) et de l'inscription au RNE effectuée par l'intermédiaire du guichet unique électronique des formalités d'entreprises (C. com. art. L 123-50 issu de ord. 2021-1189 du 15-9-2021). En cas de cession par **acte notarié**, le notaire est tenu de faire paraître l'avis dans le support d'annonces légales et de faire inscrire la modification au RCS. En effet, tout notaire rédigeant un acte comportant pour les parties une « incidence quelconque » en matière de RCS doit procéder aux formalités correspondantes (par voie électronique, au guichet unique électronique des formalités d'entreprises à compter du 1er janvier 2023), à peine d'une amende civile et sans préjudice de l'engagement de sa responsabilité (C. com. art. R 123-89 modifié par décret 2021-300 du 18-3-2021). Il appartient alors au notaire de demander aux parties de lui donner une procuration à cet effet. Pour un cas où la responsabilité d'un notaire a été retenue pour inaccomplissement des formalités, voir Cass. 1e civ. 6-10-2011 n° 10-19.190 F-PBI : RJDA 1/12 n° 38 (solution rendue pour une donation de parts de société civile mais transposable).

> **Précisions** Le RNE, registre dématérialisé tenu par l'Inpi auprès duquel les sociétés seront tenues d'être immatriculées à compter du 1er janvier 2023 (C. com. art. L 123-36, 1° issu de ord. 2021-1189 du 15-9-2021 en vigueur à compter du 1-1-2023), recensera, pour chacune d'elles, l'ensemble des informations relatives à sa situation. Toute inscription au RNE concernant notamment les modifications des statuts ou de la composition des organes sociaux, de même que tout dépôt de pièces, seront réalisés par l'Inpi sur le fondement d'une déclaration ou d'un dépôt reçu du déclarant par l'intermédiaire du guichet unique (C. com. art. R 123-288 issu du décret 2022-288 du 19-7-2022 en vigueur au 1-1-2023).

AVIS D'ANNONCE LÉGALE DU CHANGEMENT D'ASSOCIÉ

Les avis de constitution de société à publier dans un **support d'annonces légales** (journal ou support de presse en ligne) doivent mentionner notamment les nom, prénom et domicile des associés tenus indéfiniment des dettes sociales (C. com. art. R 210-4), c'est-à-dire des associés de SNC et des associés commandités. Tout départ ou arrivée d'un tel associé à la suite d'une cession de parts rend cette mention caduque et nécessite la publication d'un avis modificatif indiquant l'identité et le domicile de l'associé ayant cédé ses parts et/ou du nouvel associé, conformément à l'article R 210-9 du Code de commerce, qui impose une telle publicité lorsqu'une des mentions de l'avis de constitution « est frappée de caducité par suite de la modification des statuts ou d'un autre acte ». Pour plus de détails sur cet avis, voir Mémento Sociétés commerciales nos 85540 s. 70241

INSCRIPTION MODIFICATIVE AU RCS DU CHANGEMENT D'ASSOCIÉ

Le Code de commerce impose de mentionner au RCS les nom, prénom, domicile, nationalité ainsi que la date et le lieu de naissance des associés tenus indéfiniment et solidairement des dettes sociales (C. com. art. R 123-54, 1°), c'est-à-dire des associés de SNC et des associés commandités. La société devant demander une inscription modificative **dans le mois** de tout fait ou acte rendant nécessaire la rectification de cette mention (C. com. art. R 123-66), tout départ ou arrivée d'un tel associé à la suite d'une cession de parts nécessite que ce changement soit inscrit au RCS. 70242

Jusqu'au 31 décembre 2022, le **dossier de demande d'inscription** modificative peut être **déposé** au centre de formalités des entreprises (CFE) dont relève la société, par voie électronique auprès du guichet électronique des formalités des entreprises (cf. Décret 2021-300 du 18-3-2021 art. 48, al. 2), accessible sur le site www.guichet-entreprises.fr, ou directement au greffe du tribunal compétent (art. R 123-5). À compter du 1er janvier 2023 (Décret 2021-300 du 18-3-2021 art. 48, al. 1), la demande d'inscription modificative devra être effectuée par voie électronique auprès du guichet unique électronique des formalités d'entreprises (C. com. art. L 123-33 et art. R 123-77 modifié par décrets 2021-300 et 2022-1014 du 19-7-2022, dans leur version en vigueur à compter du 1-1-2023), d'ores et déjà accessible sur le site formalites.entreprises.gouv.fr. Il ne sera plus possible de déposer directement sa demande auprès du greffe du tribunal.

La demande d'inscription modificative doit **comprendre** notamment les **pièces et actes** suivants : le formulaire de demande d'inscription dûment complété, un exemplaire de la décision des associés ayant modifié les statuts pour tenir compte du changement d'associé, un exemplaire des statuts mis à jour, une copie de l'insertion de l'avis dans un support d'annonces légales et, le cas échéant, une copie de la carte d'identité ou du passeport du nouvel associé accompagnée d'une déclaration d'absence de condamnation de l'intéressé faisant apparaître sa filiation (C. com. annexe 1-1 à l'art. A 123-47).

> **Précisions** À notre avis, la **décision des associés** ayant modifié les statuts peut figurer **dans l'acte de cession**. Il nous semble en effet que, malgré le silence de la loi, les décisions collectives autres que la décision d'approbation des comptes annuels, qui doit être soumise à une assemblée (C. com. art. L 221-7, al. 1), peuvent être prises par acte sous signature privée ou notarié signé par tous les associés, compte tenu de la plus grande souplesse qui doit présider au fonctionnement des SNC ou des sociétés en commandite.

70245 **Accomplissement de la formalité par le cédant ou l'acquéreur** Si le gérant de la **société tarde à faire inscrire le changement** au RCS, le cédant ou l'acquéreur peut, après avoir vainement mis la société en demeure de régulariser la situation, présenter lui-même la demande d'inscription. En effet, celle-ci peut être signée par toute personne justifiant y avoir intérêt (C. com. art. R 123-87, al. 1), ce qui est notamment le cas d'un associé qui, ayant cédé toutes ses parts, ne veut plus apparaître aux yeux des tiers comme répondant toujours indéfiniment et solidairement des dettes sociales.

Une fois le **changement** de situation **publié**, l'intéressé peut l'opposer aux tiers même en l'absence de modification et de publication des statuts (Cass. com. 9-6-1998 n° 1245 P : RJDA 7/98 n° 871). Tant que ce changement n'est pas effectivement inscrit au RCS, il est inopposable aux tiers, même si l'associé justifie avoir accompli toutes les démarches pour cette publicité (Cass. com. 10-12-1996 n° 94-17.173 D : RJDA 2/97 n° 217).

c. Informations sur les bénéficiaires effectifs de la société

70247 Les bénéficiaires effectifs d'une société sont les **personnes physiques** qui, en dernier lieu, **possèdent ou contrôlent la société** ou pour le compte de qui une opération ou une activité est réalisée (C. mon. fin. art. L 561 2 2). Sont considérées comme telles les personnes qui soit détiennent, directement ou indirectement, plus de 25 % du capital ou des droits de vote de la société, soit exercent, par tout autre moyen, un pouvoir de contrôle sur la société au sens de l'article L 233-3, I-3° et 4° du Code de commerce (C. mon. fin. art. R 561-1, al. 1). Sont concernés par ce second cas :
– les personnes qui déterminent en fait, par les droits de vote dont elles disposent, les décisions dans les assemblées générales de la société (art. L 233-3, I-3°) ;
– les associés disposant du pouvoir de nommer ou de révoquer la majorité des membres des organes d'administration, de direction ou de surveillance de la société (art. L 233-3, I-4°).

Toute **cession entraînant un changement de bénéficiaire** effectif ou une modification du niveau de sa participation dans la société nécessite de mettre à jour la déclaration précédemment déposée au greffe sur son identité. La nouvelle déclaration doit être faite dans les 30 jours de la cession. Cette demande doit être adressée, jusqu'au 31 décembre 2022, soit directement au greffe, soit par l'intermédiaire du guichet électronique des formalités des entreprises ou du CFE dont la société dépend, et, à compter du 1er janvier 2023, par l'intermédiaire du guichet unique électronique des formalités d'entreprises (C. mon. fin. art. R 561-55 modifié par décret 2021-300 du 18-3-2021).

À défaut de dépôt de la déclaration modificative (ou en cas de déclaration inexacte ou incomplète), le président du tribunal de commerce peut enjoindre la société à régulariser la situation (n° 70260). Ces irrégularités sont pénalement sanctionnées (n° 70262).

> **Précisions** Pour le Conseil national des greffiers des tribunaux de commerce, les membres d'un **groupe familial majoritaire** (conjoint – ou partenaire pacsé –, ascendants ou descendants, ascendants ou descendants du conjoint – ou partenaire pacsé –, frères et sœurs des époux ou des partenaires pacsés) dont aucun ne détient plus de 25 % du capital sont tous considérés comme bénéficiaires effectifs si dans les faits, en vertu d'un accord express ou tacite, ils agissent de concert (Schémas d'identification des bénéficiaires : www.infogreffe.fr/rbe). Pour sa part, l'Ansa estime qu'un concert ne peut être présumé qu'entre des parents et leurs enfants mineurs et non entre des parents et leurs enfants majeurs (Communication Ansa, comité juridique n° 18-017 du 4-4-2018). L'ACPR estime quant à elle qu'en l'absence d'accord exprès constitutif d'une action de concert conclu entre les membres du groupe familial, les différentes personnes composant celui-ci sont considérées comme bénéficiaires effectifs si elles détiennent individuellement une part significative du capital même inférieure à 25 % (Lignes directrices ACPR relatives à l'identification, la vérification de l'identité et la connaissance de la clientèle publiées le 16-12-2021).

DÉTERMINATION DU BÉNÉFICIAIRE EFFECTIF PAR DÉFAUT

70248 Lorsqu'aucune personne physique ne peut être identifiée selon les critères ci-dessus (notamment compte tenu de l'opacité de l'actionnariat de la société), le bénéficiaire effectif à déclarer est, par défaut, le **représentant légal** de la société (C. mon. fin. art. R 561-1, al. 2 s.). S'il s'agit d'une personne morale, le bénéficiaire effectif est la ou les personnes physiques qui représentent légalement cette personne morale (C. mon. fin. art. R 561-1, dernier al.).

> **Précisions** **a.** À la lettre de l'article R 561-1, al. 2, la désignation du dirigeant comme bénéficiaire par défaut n'est autorisée que si « la personne mentionnée à l'article L 561-2 » du Code monétaire et financier (le professionnel participant à la lutte contre le blanchiment) n'a pas de soupçon de blanchiment de capitaux à l'encontre de son « client ». Cette **condition**, qui concerne les déclarations de soupçon des professionnels à l'égard de leurs clients, ne nous paraît pas applicable à la déclaration des dirigeants sociaux au registre des bénéficiaires effectifs. Cette position n'est pas partagée par le site internet Infogreffe, selon lequel « cette désignation doit demeurer exceptionnelle et n'intervenir qu'après avoir épuisé tous les moyens possibles pour déterminer le ou les bénéficiaires effectifs et pour autant qu'il n'y ait pas de motifs de suspicion » (Notice Infogreffe du document relatif aux bénéficiaires).
>
> **b.** Lorsqu'une société a pour représentant légal une personne morale dont le dirigeant personne physique a délégué son pouvoir de représentation à une autre personne physique portant en pratique le titre de « **représentant permanent** », seul le dirigeant peut être déclaré bénéficiaire effectif par défaut, non le représentant permanent (Communication Ansa, comité juridique n° 18-042 du 5-9-2018).

DÉTENTION DE PLUS DE 25 % DU CAPITAL OU DES DROITS DE VOTE

Détention indirecte du capital ou des droits de vote La détention indirecte de plus de 25 % du capital ou des droits de vote visée à l'article R 561-1 du Code monétaire et financier n'étant pas précisée par le texte, elle peut être appréciée selon **deux méthodes.** 70249

La première consiste à se référer à la règle prévue à l'article L 233-4 du Code de commerce pour la **détermination des participations détenues** indirectement **par une société d'un groupe**. Aux termes de ce texte, toute participation détenue par une société que contrôle une autre société (au sens de l'article L 233-3) est considérée comme détenue indirectement par cette dernière. Ce texte peut être appliqué par analogie à une personne physique.

La seconde méthode consiste à effectuer le **produit des participations** détenues par l'intermédiaire d'une ou plusieurs sociétés dans le capital de la société appelée à identifier ses bénéficiaires (critère dit « financier »).

EXEMPLE

Une personne physique associée à hauteur de 40 % dans une société détenant elle-même 70 % du capital d'une autre société est considérée comme bénéficiaire effectif de celle-ci car sa participation au capital de cette société par l'intermédiaire de la première est de 28 % (40 × 70/100).

Dans le silence du texte, le site internet Infogreffe et l'ACPR (Lignes directrices relatives à l'identification, la vérification de l'identité et la connaissance de la clientèle publiées le 16-12-2021) retiennent la seconde méthode dans sa fiche pratique d'identification des bénéficiaires.

Parts indivises Lorsque des parts représentant plus de 25 % du capital ou des droits de vote sont détenues en indivision, **chaque indivisaire** doit à notre avis être déclaré comme bénéficiaire effectif. Certes, les indivisaires ne détiennent que des droits dans l'indivision et aucun d'eux ne peut exercer seul les droits attachés aux parts (sauf aux fins d'assurer leur conservation : C. civ. art. 815-2, al. 1). On peut néanmoins considérer qu'ils sont indirectement détenteurs du capital par le biais de l'indivision. Il est préférable de compléter la déclaration les concernant d'une mention tenant à leur qualité de membre de l'indivision. En revanche, celle-ci n'ayant pas la personnalité morale, il n'est pas possible, nous semble-t-il, de la déclarer comme bénéficiaire en lieu et place de ses membres. 70250

En cas de **désignation** par les indivisaires **d'un mandataire** investi d'un mandat général d'administration sur les parts, le mandataire doit aussi être considéré comme bénéficiaire s'il détermine en fait, par les droits de vote dont il dispose, les décisions dans les assemblées de la société (cf. C. com. art. L 233-3, I-3° sur renvoi de C. mon. fin. art. R 561-1, al. 1).

Parts démembrées ou louées Lorsque des parts représentant plus de 25 % du capital ou des droits de vote sont démembrées entre un **usufruitier** et un **nu-propriétaire**, le nu-propriétaire doit, en tant que détenteur du capital, être déclaré comme bénéficiaire effectif. Mais l'usufruitier doit aussi être considéré comme tel s'il détermine en fait les décisions d'assemblée pour lesquelles il a le droit de vote (cf. C. com. art. L 233-3, I-3° sur renvoi de C. mon. fin. art. R 561-1, al. 1). Pour l'ACPR, doivent être considérés comme bénéficiaires effectifs l'usufruitier qui jouit de l'usage, directement ou indirectement, de plus de 25 % des droits de vote mais aussi le nu-propriétaire ou l'usufruitier qui, sans détenir plus de 25 % du capital ou des droits de vote, 70251 détient une part significative du capital ou des droits de vote qui lui permet d'exercer par tout autre moyen, un pouvoir de contrôle, au sens de l'article L 233-3, I-3° et 4° du Code de commerce (Lignes directrices ACPR relatives à l'identification, la vérification de l'identité et la connaissance de la clientèle publiées le 16-12-2021).

Les mêmes principes peuvent être suivis en matière de location de parts pour déterminer si le **bailleur** et le **locataire** doivent être déclarés comme bénéficiaires effectifs (cf. C. com. art. L 239-3, al. 2).

DÉCLARATION DES BÉNÉFICIAIRES EFFECTIFS À DÉPOSER AU GREFFE

70252 La déclaration des bénéficiaires effectifs à déposer au greffe, datée et signée par le représentant légal de la société, doit contenir (C. mon. fin. art. R 561-56) :

– la dénomination, la forme juridique, l'adresse du siège et le numéro unique d'identification de la **société** complété par la mention RCS suivie du nom de la ville où se trouve le greffe auprès duquel elle est immatriculée ;

– l'identité (nom, nom d'usage, pseudonyme, prénoms), les date et lieu de naissance, la nationalité et l'adresse personnelle des **bénéficiaires** ;

– la nature et les modalités du **contrôle exercé sur la société**, ainsi que l'étendue de ce contrôle et la date à laquelle les intéressés sont devenus bénéficiaires effectifs de la société.

L'« étendue du contrôle » requise par l'article R 561-56 implique à notre avis l'obligation de déclarer le pourcentage exact de capital ou de droits de vote détenus par un bénéficiaire dont la participation excède 25 % et non la seule mention que la participation excède ce seuil (déjà en ce sens, avant que l'article R 561-56 ne vise l'étendue du contrôle, CA Lyon 12-9-2019 n° 19/02040 : RJDA 2/20 n° 77 ; T. com. Bobigny ord. 18-5-2018 n° 2018S07031 : RJDA 11/18 n° 832).

> **Précisions** Il est recommandé de télécharger le **formulaire de déclaration** sur le site internet Infogreffe (www.infogreffe.fr/rbe) car son emploi facilite l'accomplissement de la formalité auprès des greffes. L'utilisation de ce formulaire n'est pas obligatoire et chaque société est libre d'établir son propre modèle de déclaration (CA Lyon 12-9-2019 n° 19/02040 précité), sous réserve qu'il comporte l'ensemble des mentions requises par l'article R 561-56 du Code monétaire et financier (T. com. Bobigny ord. 18-5-2018 n° 2018S07031 précité).

DÉFAUT DE DÉPÔT DE LA DÉCLARATION DES BÉNÉFICIAIRES EFFECTIFS

70260 **Injonction du président du tribunal** Le président du tribunal de commerce, d'office ou sur requête du procureur de la République ou de toute personne justifiant y avoir intérêt, peut soit enjoindre, au besoin sous astreinte, à une société qui n'y aurait pas procédé de **déclarer ses bénéficiaires effectifs** ou de rectifier une déclaration inexacte ou incomplète, soit désigner un **mandataire** chargé d'accomplir cette formalité (C. mon. fin. art. L 561-48).

En cas d'**inexécution de l'injonction**, le greffier constate le non-dépôt du document et le président du tribunal statue sur les mesures à prendre ; il procède, s'il y a lieu, à la liquidation de l'astreinte (C. mon. fin. art. R 561-63, II).

70262 **Sanctions pénales** Le fait de ne pas déposer la déclaration relative aux bénéficiaires effectifs ou de déposer une déclaration comportant des informations inexactes ou incomplètes est puni de six mois d'**emprisonnement** et de 7 500 € d'**amende** (C. mon. fin. art. L 574-5). Les personnes à qui cette **infraction** peut être **imputée** sont, à notre avis, la société elle-même (car l'obligation de dépôt est à sa charge) et le représentant légal, qui accomplit les formalités de publicité « sous [sa] responsabilité » (C. com. art. R 210-18, al. 1).

Les **personnes physiques** déclarées coupables de ce délit encourent également les peines d'interdiction de gérer (C. pén. art. 131-27) et de privation partielle des droits civils et civiques (C. pén. art. 131-26, 2°). Les **personnes morales** déclarées pénalement responsables encourent, outre une amende de 37 500 €, certaines sanctions prévues à l'article 131-39 du Code pénal : notamment, placement sous surveillance judiciaire ou exclusion des marchés publics (C. mon. fin. art. L 574-5, al. 2 et 3).

INSCRIPTION AU RNE DES INFORMATIONS SUR LES BÉNÉFICIAIRES EFFECTIFS

70263 À compter du 1er janvier 2023, les informations relatives aux bénéficiaires effectifs seront inscrites au **registre national des entreprises** (RNE) (n° 70240), par l'intermédiaire du guichet unique électronique des formalités d'entreprises (C. com. art. L 123-37, 4° et L 123-50 issus de ord. 2021-1189 du 15-9-2021, en vigueur à compter du 1-1-2023).

3. ENREGISTREMENT DE LA CESSION DES PARTS

La cession doit être enregistrée auprès du service des impôts. L'enregistrement de l'acte sous signature privée constatant la cession confère à cet acte **date certaine** à l'égard des tiers (C. civ. art. 1377). 70265

Cette disposition sur les effets de l'enregistrement ne vaut que pour les actes sous signature privée ; elle n'est pas applicable aux actes authentiques, qui font foi de leur date à l'égard des tiers sans avoir à être soumis à l'enregistrement (Cass. 3e civ. 14-4-2010 n° 06-17.347 FS-PB : RJDA 7/10 n° 753).

4. INACCOMPLISSEMENT DES FORMALITÉS DE CESSION DE PARTS

INOPPOSABILITÉ À LA SOCIÉTÉ D'UNE CESSION DE PARTS NON PUBLIÉE

La cession qui n'a pas été notifiée à la société lui est inopposable (sauf **acceptation tacite** de sa 70270
part : n° 70190). Il en résulte que, pour la société, le cédant est toujours associé. Notamment, c'est lui qui a droit aux **dividendes**, qui exerce le droit de **vote** ou qui est tenu de **libérer les titres**.

INOPPOSABILITÉ AUX TIERS D'UNE CESSION DE PARTS NON PUBLIÉE

En principe, l'inaccomplissement des **formalités auprès de la société et du RCS** rend la cession 70275
inopposable aux tiers.

La cession est inopposable dès lors que **l'une ou l'autre des formalités** prévues par les textes n'a pas été effectuée (Cass. com. 9-6-1998 n° 96-12.061 P : RJDA 7/98 n° 871 ; CA Paris 4-11-2003 n° 02-15450 : RJDA 8-9/04 n° 998). Tel serait par exemple le cas d'une cession publiée au RCS mais non notifiée à la société.

> **Précisions** Le **liquidateur judiciaire** de la société dont les parts sont cédées peut invoquer cette inopposabilité car, s'il représente la société, il est également chargé de défendre l'intérêt collectif des créanciers et cette seconde fonction lui confère la qualité de tiers par rapport à la société (Cass. com. 25-9-2012 n° 11-30.018 F-PB : RJDA 1/13 n° 60).

Connaissance ou acceptation par les tiers de la cession L'**inopposabilité** 70278
revêt un **caractère absolu** : peu importe que les tiers aient eu connaissance de la cession (Cass. com. 27-1-1998 n° 95-18.751 P : RJDA 5/98 n° 608 ; CA Paris 4-11-2003 n° 02-15450 : RJDA 8-9/04 n° 998 ; CA Paris 8-3-2005 n° 04-16342 : RJDA 11/05 n° 1231).

Ce caractère absolu ne vaut, à notre avis, qu'en cas d'inobservation des formalités prévues par l'article L 221-14 du Code de commerce. En revanche, le cédant qui aurait procédé à ces formalités mais aurait omis de faire constater au RCS son retrait de la société (n° 70242) devrait pouvoir opposer aux tiers la connaissance qu'ils avaient de ce retrait par application de l'article L 123-9, al. 3 du même Code (en ce sens, CA Bordeaux 17-6-2004 n° 03-20 : RJDA 6/05 n° 716).

Par ailleurs, une **cession** non publiée est opposable aux tiers s'ils l'ont **acceptée sans équivoque**. Il en a été jugé ainsi dans un cas où une cession avait été consentie par un associé déclaré par la suite en règlement judiciaire (ancienne procédure collective d'apurement du passif d'un débiteur en cessation des paiements) : lors d'une précédente instance, le syndic n'avait pas demandé la nullité de l'acte de cession en entier mais seulement de la mention par laquelle l'associé avait reconnu avoir reçu paiement du prix. Le syndic entendait donc se prévaloir de la cession pour obtenir ce paiement, ce qui constituait une acceptation non équivoque et inconditionnelle de cette cession, de sorte qu'il ne pouvait pas demander qu'elle soit déclarée, à l'occasion d'une nouvelle procédure, inopposable à la masse des créanciers pour inobservation des formalités de l'article 1690 du Code civil (Cass. com. 26-4-1979 n° 76-15.398 : Bull. civ. IV n° 129).

> **Précisions** Pour certains auteurs (M. Caffin-Moi : JCP E 2014 chron. n° 1189 ; A. Constantin : Bull. Joly 2013 p. 806 ; B. Dondero : Gaz. Pal. 6-5-2014 p. 26) dont nous ne partageons pas la position, la **solution** de l'arrêt précité du 27 janvier 1998 sur l'inopposabilité d'une cession non publiée dont les tiers ont eu connaissance aurait été **remise en cause** par un arrêt postérieur (Cass. com. 24-9-2013 n° 12-24.083 FS-PB : RJDA 12/13 n° 1019, rendu à propos d'une société civile mais transposable à une SNC ou une SCS). Dans cette affaire, une cour d'appel avait rejeté l'action en paiement d'un créancier social contre un ancien associé en retenant que ce créancier ne pouvait pas, pour contester l'opposabilité à son égard de la cession non publiée des parts de l'associé mais dont il avait eu connaissance, se prévaloir de sa croyance du maintien du cédant dans ses fonctions de gérant. La Cour de cassation approuve cette décision en relevant que la qualité de gérant n'impliquait pas nécessairement celle d'associé. Ce faisant, la Cour suprême

s'est, selon nous, bornée à répondre à l'argument du créancier sur la remise en cause de la connaissance qu'il avait eue de la cession litigieuse (dans le même sens, D. Poracchia et B. Brignon : Rev. sociétés 2014 p. 175 ; E. Putman : Rev. huissiers 2013 p. 254).

70290 **Effets de l'inopposabilité** À l'égard des tiers, le cédant conserve la **qualité d'associé**. Il en a été jugé ainsi dans un cas où des parts cédées à un coassocié avaient ensuite fait l'objet d'une rétrocession entre les mêmes parties sans que l'acquéreur en ait disposé pendant l'intervalle : en l'absence de signification de la cession initiale à la société, le cédant devait être considéré comme n'ayant jamais cessé, vis-à-vis des tiers, de détenir les parts en cause (Cass. com. 31-1-1972 n° 69-12.594 : Bull. civ. IV n° 41). Les conséquences qui s'attachent à cette inopposabilité sont surtout importantes pour les associés en nom (associés de SNC et associés commandités), qui répondent indéfiniment et solidairement des **dettes sociales**. En effet, si la cession de la totalité des parts d'un tel associé n'est pas régulièrement publiée, celui-ci, même s'il a quitté la société depuis plusieurs années, reste tenu des dettes sociales à l'égard des créanciers actuels de la société (n°s 78050 s.).

70295 Lorsque les **tiers** ont eu **connaissance d'une cession** non publiée, peuvent-ils faire valoir que l'acquéreur est devenu associé pour le poursuivre lui aussi en paiement des dettes sociales ? La cour d'appel de Paris a répondu par l'affirmative en énonçant que, tant qu'ils n'ont pas été déposés, les actes sujets à dépôt au RCS sont inopposables aux tiers qui peuvent toutefois s'en prévaloir (CA Paris 14-1-1983, 3e ch. C : Bull. Joly 1983 p. 373).

VALIDITÉ D'UNE CESSION DE PARTS NON PUBLIÉE

70300 **Parts de SARL** L'omission des formalités de publicité n'entraîne que l'inopposabilité de la cession et non pas la nullité de celle-ci (Cass. com. 23-6-1987 : Bull. Joly 1987 p. 632). Il en résulte que, **dans les rapports entre les parties**, la cession est valable. En conséquence, le défaut de signification d'une cession de parts n'interdit pas à l'acquéreur de réclamer l'exécution de la cession dès lors que cette exécution n'est susceptible de porter atteinte à aucun droit intervenu depuis la cession, notamment au profit d'un autre acquéreur, qualité dont l'**héritier** du cédant ne peut pas se prévaloir (Cass. 1e civ. 19-3-1991 : Bull. Joly 1991 p. 531 note P. Le Cannu).

Dans les rapports entre les parties à la cession initiale, la **revente des parts** par l'acquéreur est valable. À l'inverse, le cédant ne peut plus disposer des parts ; s'il le fait néanmoins, cette nouvelle cession est nulle par application de l'article 1599 du Code civil aux termes duquel la vente de la chose d'autrui est nulle.

Cette nullité ne peut être demandée que par le second acquéreur et non par l'acquéreur initial (Cass. 1e civ. 4-12-1967 : D. 1968 p. 283 ; Cass. 3e civ. 9-12-1999 n° 1844 PB : RJDA 3/00 n° 254 ; Cass. 3e civ. 24-3-2009 n° 07-21.824 F-D : RJDA 8-9/09 n° 792). Ce dernier, véritable propriétaire des parts, ne peut agir qu'en revendication contre le second acquéreur, lequel ne peut s'opposer à cette action que s'il établit avoir cru légitimement que les parts litigieuses appartenaient encore au cédant au moment de la cession. L'annulation de la revente n'est pas une condition préalable de cette action en revendication (Cass. 3e civ. 22-5-1997 n° 95-17.480 PF : RJDA 8-9/97 n° 1024).

70310 **Parts de SNC ou de SCS** La question se pose de savoir si l'article L 235-2 du Code de commerce, qui sanctionne, dans une SNC ou une SCS, l'inaccomplissement des formalités de publicité par la **nullité de l'acte non publié**, s'applique à une cession non publiée des parts de telles sociétés. Répondre par l'affirmative reviendrait à considérer qu'une telle cession est un contrat formel et non consensuel, l'accomplissement des formalités de publicité étant requis en vue d'assurer la validité du contrat.

Dans un arrêt demeuré isolé, la cour d'appel de Paris a appliqué ce texte à une cession de parts non publiée en énonçant que les associés ne peuvent pas se prévaloir à l'égard des tiers de la nullité résultant de l'absence de publicité de l'acte de cession (CA Paris 14-1-1983, 3e ch. C : Bull. Joly 1983 p. 373). C'est, nous semble-t-il, faire une interprétation inexacte de la portée de l'article L 235-2. En effet, « les actes et délibérations » visés par ce texte sont, à notre avis, ceux qui émanent de la société ou de ses organes. Plus particulièrement, un « acte » s'entend, selon nous, de la manifestation de volonté émanant de la société destinée à produire des effets de droit dans les rapports avec les associés.

La cession de parts, qui, comme le souligne un auteur (J.-P. Legros, note sous Cass. com. 9-11-1993 : Rev. sociétés 1994 p. 472), « est un contrat conclu entre un associé et un tiers auquel la société n'est pas partie », ne rentre pas dans cette définition. « La cession n'est pas à l'évidence un acte ou une délibération de la société » (M. Germain, La société par actions simplifiée : JCP G 1994 I n° 3749). L'article L 235-2 ne trouve donc pas à s'appliquer.

Notre opinion est confortée par la jurisprudence rendue en matière de prescription de l'action en nullité de la cession pour vice du consentement : selon cette jurisprudence, une cession de parts n'est pas un acte de la société pour l'application des règles de prescription (n° 30675). Il n'en va autrement que si l'action en nullité est fondée sur une irrégularité affectant la décision sociale ayant accordé à l'acquéreur l'agrément exigé par la loi ou les statuts (n° 32465).
Ajoutons que l'article L 221-14 du Code de commerce, qui sanctionne par l'inopposabilité de la cession le défaut d'accomplissement des formalités de publicité, est issu, comme l'article L 235-2, de la même loi (la loi du 24 juillet 1966 sur les sociétés commerciales intégrée depuis au Code de commerce) et l'on conçoit mal que celle-ci ait adopté des dispositions contradictoires en sanctionnant le même manquement, d'un côté, par l'inopposabilité de la cession et, de l'autre, par sa nullité.

SANCTIONS RELATIVES À LA DÉCLARATION DU BÉNÉFICIAIRE EFFECTIF

Sur les sanctions applicables en cas d'**absence de déclaration** du bénéficiaire effectif ou de **déclaration incomplète ou inexacte**, voir nos 70260 s. **70320**

CHAPITRE 2

FORME DES CESSIONS D'ACTIONS

SOMMAIRE

ÉCRIT CONSTATANT LA CESSION DES ACTIONS

71000 Les parties peuvent, mais aucun texte ne les y oblige, **constater la cession** par écrit. En cas de cession constatée par acte sous signature privée, il doit être dressé autant d'**exemplaires** de l'acte qu'il y a de parties ayant un intérêt distinct à la cession (C. civ. art. 1375, al. 1), c'est-à-dire autant d'exemplaires qu'il y a de cédants et d'acquéreurs. En outre, il y a lieu d'établir un exemplaire supplémentaire pour l'enregistrement.

L'établissement d'un écrit n'est pas nécessaire pour accomplir les formalités de la cession. En revanche, l'écrit peut se révéler nécessaire pour **prouver** la cession (sur l'obligation de prouver la cession par écrit, voir n°s 70070 s. les solutions exposées en matière de cession de parts, ces solutions étant applicables aux cessions d'actions).

FORME D'UNE CESSION D'ACTIONS SUR LE MARCHÉ BOURSIER

71005 En cas de cession d'actions sur le marché boursier, il suffit au cédant de donner un **ordre de bourse** à l'intermédiaire chez qui les titres sont inscrits en compte. Aucune autre formalité n'est requise pour permettre la négociation des actions sur le marché.

ENREGISTREMENT DE LA CESSION DES ACTIONS

71010 En principe, la cession doit être enregistrée auprès du service des impôts. Toutefois, l'enregistrement d'une cession d'actions négociées sur un marché réglementé ou sur un système multilatéral de négociation n'est **obligatoire** que si la cession est constatée dans un acte (CGI art. 726, I-1°).

L'enregistrement de l'acte sous signature privée constatant la cession confère à cet acte **date certaine** à l'égard des tiers (C. civ. art. 1377).

Cette disposition sur les effets de l'enregistrement ne vaut que pour les actes sous signature privée ; elle n'est pas applicable aux actes authentiques, qui font foi de leur date à l'égard des tiers sans avoir à être soumis à l'enregistrement (Cass. 3e civ. 14-4-2010 n° 06-17.347 FS-PB : RJDA 7/10 n° 753 rendu pour une SA d'attribution d'immeuble mais dont la solution sur ce point est transposable à toute société par actions).

L'enregistrement de la **cession** ne rend pas celle-ci **opposable** aux tiers (Cass. 3e civ. 14-4-2010 n° 06-17.347 FS-PB précité).

DÉCLARATION DES BÉNÉFICIAIRES EFFECTIFS

71015 Dans certains cas, la cession donne lieu au dépôt d'une **déclaration modificative** des bénéficiaires effectifs de la société. Sur cette déclaration, voir n°s 70247 s. les développements qui y sont consacrés en matière de cession de parts, ces développements étant transposables aux cessions d'actions.

A. Modes de réalisation des cessions d'actions

ORDRE DE MOUVEMENT OU INSCRIPTION DANS UN DEEP

71030 La cession des actions est réalisée par **virement des titres** du compte du cédant à celui de l'acquéreur ou, pour les actions non admises aux opérations d'un dépositaire central, par modification de leur inscription dans un dispositif d'enregistrement électronique partagé (DEEP), telle une **blockchain** (C. mon. fin. art. L 211-15). Cette inscription, possible dès lors que les statuts de la société ne s'y opposent pas, tient lieu d'inscription en compte (C. mon. fin. art. L 211-3, al. 2) et le

propriétaire des actions (le nouveau tout comme l'ancien) doit pouvoir disposer de relevés retraçant les opérations qui lui sont propres (C. mon. fin. art. R 211-9-7, al. 3).
En cas de **cession hors marché d'actions inscrites en compte dans les livres de la société** (et non chez un intermédiaire habilité), le virement s'effectue au moyen d'un document appelé « ordre de mouvement » (ou « bordereau de cession ») revêtu de la signature du cédant (lorsque les actions cédées figurent sur un compte tenu par un intermédiaire habilité, la cession est réalisée selon les règles de fonctionnement du système de règlement et de livraison d'instruments financiers auquel participe cet intermédiaire).

> **Précisions** Le DEEP est conçu et mis en œuvre de façon à garantir l'enregistrement et l'intégrité des inscriptions de titres qui y sont portées et à permettre, directement ou indirectement, d'identifier les propriétaires de ces titres ainsi que la nature et le nombre de titres détenus. Les inscriptions réalisées dans le dispositif font l'objet d'un plan de continuité d'activité actualisé comprenant notamment un dispositif externe de conservation périodique des données (C. mon. fin. art. R 211-9-7, al. 1 et 2).

FORME DE L'ORDRE DE MOUVEMENT DES ACTIONS CÉDÉES

Aucune forme particulière n'est requise pour l'établissement de l'ordre de mouvement. Il peut donc être donné par **simple lettre** adressée à la société pourvu qu'il comporte des instructions claires et précises de la part du cédant. Cependant, pour éviter les contestations sur le contenu de l'ordre, il est généralement prévu dans les statuts de société que les virements se font uniquement sur présentation d'un **ordre de mouvement normalisé** fourni par la société. En pratique, les sociétés utilisent le modèle d'ordre annexé à la norme Afnor NF K 12-500 applicable depuis le 17 octobre 2008 (Décision Afnor 20080917 du 17-9-2008 : JO du 7-10-2008 p. 15421). **71033**

SIGNATURE DE L'ORDRE DE MOUVEMENT ET VIREMENT DES ACTIONS

La signature de l'ordre de mouvement incombe au seul **cédant,** qui exécute ainsi son **obligation de délivrer les actions** cédées (Cass. com. 24-5-2011 n° 10-12.163 F-PB : RJDA 10/11 n° 813). **71035**
Par cette signature, le cédant donne pour **instruction à la société** de débiter son compte et de créditer celui de l'acquéreur du nombre de titres cédés. Ce n'est qu'au vu de l'ordre de mouvement que la société procède au virement des actions.
En cas de **refus** injustifié **de la société** d'exécuter les instructions du cédant, l'acquéreur peut demander en référé qu'il soit enjoint à la société de procéder à ce virement ; il lui suffit d'invoquer un cas d'urgence (CPC art. 872) ou, en présence d'une contestation sérieuse, la réalisation d'un dommage imminent (CPC art. 873, al. 1). Dans les deux cas, l'acquéreur peut, nous semble-t-il, faire valoir par exemple que le défaut d'exécution du virement va le priver des dividendes que la société doit verser prochainement aux associés.

ILLUSTRATIONS

> Un acquéreur a obtenu en référé l'inscription d'actions sur son compte sous astreinte de 5 000 € par jour de retard pour les raisons suivantes : il y avait urgence pour lui à faire reconnaître sa situation d'actionnaire en raison de la situation financière de la société, dont le bien immobilier devait être vendu aux enchères publiques ; l'acquéreur avait produit les originaux des documents constatant la cession des actions ; aucune clause d'agrément ne figurait dans les statuts de la société, qui précisaient que « la cession des actions s'opère à l'égard de la société et des tiers par un virement du compte du cédant au compte du cessionnaire sur production d'un ordre de mouvement » et que « ce mouvement est inscrit sur un registre coté et paraphé, tenu chronologiquement dit registre des mouvements » ; l'acte de cession et l'ordre de mouvement ne comportaient ni condition ni réserves ; la société n'étant pas partie à la cession, elle ne pouvait pas se faire juge de la nature ou de la validité de celle-ci dès lors que l'acquéreur produisait un ordre de virement signé du cédant et que ce dernier n'avait engagé aucune action au principal pour contester la cession (Cass. 3e civ. 16-9-2008 n° 07-17.892 F-D : Bull. Joly 2009 p. 128 note T. Massart).

Il peut arriver que le cédant remette l'ordre de mouvement, non pas directement à la société, mais à son cocontractant pour que celui-ci demande lui-même à la société d'enregistrer le virement des titres. Dans ce cas, cette remise ne confère aucun droit au **porteur de l'ordre,** qui ne peut pas **s'en prévaloir à l'égard d'un précédent acquéreur** à qui le cédant aurait cédé ses titres en premier. Ainsi, dans un cas où des actions avaient été cédées successivement deux fois par le cédant à deux acquéreurs différents sans avoir fait l'objet d'un virement sur les registres de la société, les juges n'ont pas méconnu les droits du second acquéreur, porteur d'un bordereau signé par le cédant, en décidant que l'antériorité de la première cession justifiait que soit ordonné le virement des titres au profit du premier acquéreur (Cass. com. 27-5-1981 n° 79-15.662 : Bull. civ. IV n° 255, rendu sous l'empire des textes antérieurs à la réforme de dématérialisation des valeurs mobilières, mais transposable aux cessions de titres dématérialisés). **71040**

VALEUR PROBANTE DE L'ORDRE DE MOUVEMENT DES ACTIONS

71060 L'ordre de mouvement n'étant revêtu que de la signature du cédant, il ne peut pas constituer un **écrit** faisant la preuve de la cession. En revanche, il peut valoir **commencement de preuve par écrit** de la cession (sur la preuve de la cession par un tel moyen, voir n° 70083) ; la reconnaissance d'une telle force probante à un ordre de mouvement relève de l'appréciation souveraine des juges du fond (Cass. com. 3-11-1983 n° 82-10.294 : Bull. civ. IV n° 290, rendu sous l'empire des textes antérieurs à la réforme de la dématérialisation des valeurs mobilières, mais transposable aux cessions de titres dématérialisés).

ILLUSTRATIONS

Un actionnaire détenant des actions non libérées n'a pas rapporté la preuve d'avoir cédé ses titres par la production d'un **bordereau comportant** sa **seule signature** dès lors que, aux termes des statuts de la société, le bordereau de cession de telles actions devait être également signé par l'acquéreur ; la cession a donc été déclarée inopposable à la société, dont l'action en libération du solde des actions litigieuses contre cet actionnaire a été accueillie (CA Agen 27-4-1987, 1e ch. : Bull. Joly 1987 p. 697 note B. Saintourens, rendu sous l'empire des textes antérieurs à la réforme de la dématérialisation des valeurs mobilières, mais transposable aux cessions de titres dématérialisés).

Un actionnaire de SA détenant 9 200 actions en avait cédé 9 195 à un coassocié et les 5 restantes à un tiers. Lors de l'assemblée générale qui avait suivi, ce dernier avait signé la feuille de présence pour ses 5 actions. Plus de 15 ans après la cession des 9 195 actions, le tiers avait revendiqué leur propriété, se prévalant d'un **ordre de mouvement selon lequel** le coassocié **acquéreur** les lui aurait **rétrocédées le jour même où il les avait acquises.** Cette action en revendication a été rejetée car le transfert des titres au profit du tiers n'était pas établi par la détention de l'ordre de mouvement, qui ne constituait pas un écrit faisant la preuve du droit de propriété du tiers. En effet, la transmission des actions obéit à un formalisme particulier : l'établissement de l'ordre de mouvement daté et adressé à la société avec le nom du bénéficiaire de la transmission ; l'inscription de la cession sur le registre des mouvements de la société ; l'inscription par la société des actions cédées au nom de l'acquéreur. Or, l'ordre de mouvement litigieux, dont la date et l'indication du bénéficiaire avaient été ajoutées par le tiers de sa main, n'avait pas donné lieu à l'inscription des titres sur le registre des mouvements ; seule **une formalité sur les trois** avait donc été effectuée. Au contraire, la cession des 9 195 actions au coassocié avait bien été enregistrée et celui-ci avait présenté une quittance du prix de cession. Les feuilles de présence des assemblées générales postérieures à la cession indiquaient que le coassocié y avait participé avec les 9 195 actions acquises, alors que le tiers n'avait toujours été mentionné que pour 5 actions. En l'absence de valeur probante de l'ordre de mouvement, il appartenait au tiers de prouver que le coassocié avait consenti à lui revendre ses titres. L'inscription de son nom par le tiers comme bénéficiaire du transfert sur l'ordre de mouvement ne permettait pas d'établir ce consentement (CA Paris 11-1-2018 n° 16/10056 : RJDA 4/18 n° 330).

Dans un cas où l'un des actionnaires d'une société de famille avait transféré à sa sœur l'intégralité de ses actions sans qu'un acte de vente ait été établi, la preuve de la cession de ces actions à titre onéreux a été considérée comme rapportée pour les raisons suivantes (CA Paris 24-9-2004 n° 03-2406 : RJDA 5/05 n° 566 et, sur pourvoi, Cass. com. 9-10-2007 n° 04-20.789 F-D : voir n° 1000) :

- l'élément matériel de la cession entre les parties était établi par les ordres de mouvement de titres selon des **bordereaux comportant la mention « transfert »** du frère au bénéfice de la sœur ;
- ce transfert de titres faisait partie d'une opération plus importante de cession de l'ensemble des actions de la société au profit d'un repreneur, qui avait été réalisée par la suite par le même avocat ;
- la vente d'actions était confirmée par la **ratification** de la **promesse de porte-fort** souscrite par la sœur au profit du repreneur, promesse qui précisait que le prix serait versé à cette dernière, à charge pour elle de remettre aux autres actionnaires la quote-part leur revenant ;
- la sœur, tant en son nom propre qu'à titre de porte-fort des autres actionnaires, avait cédé au repreneur la totalité des actions ;
- certes, l'un des bordereaux portait une date antérieure à la cession, mais la sœur n'avait pas démenti que ce **bordereau** avait été **antidaté** pour des raisons fiscales et la circonstance que le frère ait été toujours actionnaire présent aux assemblées générales entérinant la vente définitive excluait qu'il ait pu céder ses actions à cette date et ne remettait pas en cause la chronologie des opérations de cession ;
- l'ensemble de l'opération et la cession de titres étaient attestés par l'acquéreur des actions, qui avait assisté à la **signature des bordereaux** entre le frère et la sœur.

B. Inscription des actions cédées au nom de l'acquéreur

MODALITÉS DE L'INSCRIPTION DES ACTIONS CÉDÉES

En cas d'établissement d'un ordre de mouvement, la **société** inscrit les actions sur le **compte de l'acquéreur** qu'elle a ouvert dans ses livres. 71100

Lorsque les actions sont inscrites dans un compte tenu par un **intermédiaire financier** (ce qui est obligatoire lorsque les actions sont admises aux négociations sur un marché réglementé), l'inscription s'opère chez cet intermédiaire teneur de compte.

Lorsque les actions cédées sont inscrites dans un dispositif d'enregistrement électronique partagé, telle une **blockchain,** l'inscription doit être modifiée pour enregistrer l'identité du nouveau propriétaire des actions.

> **Précisions** L'inscription en compte n'ayant pas pour fonction d'informer les tiers des imperfections susceptibles d'affecter les droits de l'acquéreur des titres, elle ne peut être assortie d'aucune **mention** ayant un tel objet, telle celle **relative à l'existence d'une action en nullité** d'une précédente cession (Cass. com. 29-1-2008 n° 06-19.624 F-PB : RJDA 5/08 n° 534).

EFFETS DE L'INSCRIPTION DES ACTIONS CÉDÉES

Le **transfert de propriété** des actions résulte de leur inscription en compte ou dans le dispositif d'enregistrement électronique partagé (C. mon. fin. art. L 211-17, I), qui rend la **cession opposable** à tous. À notre avis, ce transfert de propriété n'interdit pas de demander l'annulation de l'inscription s'il est prouvé qu'aucune cession n'a été conclue. L'inscription n'a d'effet que sur la date du transfert de propriété ; elle ne règle pas la question de l'**existence** même **de la cession.** 71105

Seule l'inscription permet à l'acquéreur d'opposer à la société sa **qualité d'actionnaire** et d'exercer les droits attachés à ces titres (Rép. Authié : Sén. 2-4-1987 n° 3062).

ILLUSTRATIONS

Une personne ne peut pas se prétendre actionnaire à hauteur de 99 % du capital d'une SA en se prévalant de divers documents faisant apparaître la réalité de la cession d'actions de deux actionnaires à son profit dès lors qu'il n'est pas établi que cette cession, portant sur des actions essentiellement nominatives, a fait l'objet d'un transfert sur les registres de la société (CA Pau 19-5-1992 n° 92-1779).

De même, dès lors que la cession n'a pas été inscrite dans les registres de la société, l'acquéreur ne peut pas s'en prévaloir pour justifier de sa qualité de propriétaire d'actions lui permettant de siéger au conseil d'administration (CA Paris 31-10-1991 n° 91-3216 : Bull. Joly 1992 p. 64).

Corrélativement, c'est à compter de l'inscription des actions au nom de l'acquéreur que le cédant perd, à l'égard de la société et des tiers, la qualité d'actionnaire au titre des actions cédées, avec les conséquences attachées à cette qualité.

Pour un cas où, l'inscription sur le registre de la société n'ayant pas été modifiée à la suite de l'annulation de la cession, la société avait versé les dividendes à l'acquéreur, voir Cass. com. 8-3-1983 n° 248 : n° 30770.

Une fois inscrits en compte ou dans le dispositif d'enregistrement électronique partagé, les titres dont la propriété a été acquise de bonne foi par le titulaire du compte ou par la personne identifiée par ce dispositif ne peuvent plus être revendiqués pour quelque cause que ce soit (C. mon. fin. art. L 211-16). L'acquéreur au nom duquel les actions ont été régulièrement inscrites bénéficie ainsi d'une **présomption de propriété** sur ces actions (CA Paris 11-1-2018 n° 16/10056 : RJDA 4/18 n° 330). 71107

> **Précisions** Dans l'affaire ayant donné lieu à l'arrêt précité du 11 janvier 2018, la **présomption** de propriété de l'associé au nom duquel les actions avaient été inscrites avait été **confortée** par la possession durable, paisible et sans équivoque des titres pendant plus de 15 ans, l'associé s'étant comporté comme leur seul détenteur et ayant exercé ses droits d'actionnaire en assistant à toutes les assemblées générales. Au contraire, tout au long de ces années, le tiers qui revendiquait ces actions s'était désintéressé de la marche de la société et il n'avait jamais cherché à exercer les prérogatives reconnues aux actionnaires ou à réclamer les dividendes attachés aux actions revendiquées.

TITRE X

Effets de la cession

CHAPITRE 1

TRANSFERT DE PROPRIÉTÉ DES PARTS OU ACTIONS

SOMMAIRE

A. Moment du transfert de propriété des parts sociales

La cession de parts sociales entraîne transfert de la propriété de celles-ci dès l'échange des consentements ou à la date convenue par les parties dans une clause de réserve de propriété. Les cessions sont en effet soumises aux règles du **droit commun de la vente** et, sauf convention contraire, la propriété est acquise de droit par l'acquéreur à l'égard du cédant dès l'accord des parties sur la chose et sur le prix, même si le prix n'a pas été payé (C. civ. art. 1583). Cette solution a d'ailleurs été consacrée par la Cour de cassation : rejetant l'argument d'un acquéreur de parts de SARL qui, pour échapper à la demande du cédant en paiement du prix, invoquait le fait que l'exigence d'un écrit constatant la cession des parts constitue une condition de validité de l'acte, la Cour a énoncé que, dans les rapports entre les parties, la cession des parts d'une SARL est parfaite dès l'accord des volontés (Cass. com. 10-3-1992 n° 481 P : RJDA 7/92 n° 710). 75000

En revanche, il n'y a pas transfert de propriété lorsque l'**acte de cession** est **contredit** par un autre acte conclu entre les mêmes parties, dont la volonté réelle a alors été de ne pas transférer les parts à l'acquéreur.

ILLUSTRATIONS

Par acte sous signature privée, des associés avaient cédé leurs parts sociales et où, par un second acte établi le même jour mais non daté, l'acquéreur leur avait revendu celles-ci. La première cession avait été enregistrée et l'acquéreur avait été inscrit au RCS. Soutenant que le second acte constituait une simple promesse de vente à laquelle il avait renoncé, l'acquéreur avait refusé de l'exécuter. Les cédants avaient alors fait valoir que le second acte constituait une **contre-lettre annulant la première cession** et réclamé la restitution des parts.

Cette demande a été accueillie pour les raisons suivantes. Il y a simulation lorsqu'en présence de deux conventions, l'une est ostensible tandis que l'autre est secrète et contredit la première ; le principe de liberté contractuelle veut que ce soit la volonté réelle des parties qui prime. En l'espèce, les deux contrats de cession avaient été conclus entre les mêmes parties le même jour et ils concernaient le même objet. La première cession était l'acte ostensible ; la seconde cession constituait l'acte secret qui le contredisait. L'enregistrement et la publicité de la première cession ne suffisaient pas à donner un caractère réel à celle-ci dès lors que le but de cette cession était justement de faire échapper les cédants – condamnés à exécuter un cautionnement – aux poursuites de leurs créanciers en créant l'illusion qu'ils n'étaient plus propriétaires de biens susceptibles d'être saisis. Le second acte ne s'analysait pas en une promesse unilatérale de cession mais bien en une contre-lettre, valable entre les parties : il était intitulé « acte de cession » et non

« promesse de cession » ; il ne comportait aucune condition, aucun terme et en général aucune promesse ; le prix convenu était identique à celui du premier acte alors que, s'il s'était agi d'une promesse, il aurait été déterminable en fonction de critères applicables quelle que soit la date de levée de l'option. Le prix de la première cession n'avait pas été payé. La volonté des parties était bien de ne pas transférer la propriété des parts sociales à l'acquéreur.
CA Paris 26-5-2016 n° 15/11712 : RJDA 11/16 n° 762.

B. Moment du transfert de propriété des actions

MODES DE TRANSMISSION DES ACTIONS CÉDÉES

75010 Comme tout titre financier, les actions, qu'elles soient nominatives ou « au porteur », se transmettent de la même manière, par simple **virement** de compte à compte ou, pour les actions non admises aux opérations d'un dépositaire central, par modification de leur inscription dans un dispositif d'enregistrement électronique partagé, telle une **blockchain** (n° 71030).
Toutefois, concernant le moment du transfert de propriété proprement dit, il convient de distinguer les hypothèses suivantes.

1. ACTIONS NÉGOCIÉES SUR UN MARCHÉ RÉGLEMENTÉ OU UN SMN

TRANSFERT DES ACTIONS AU JOUR DU DÉNOUEMENT DES OPÉRATIONS

75011 En cas de cession d'**actions admises aux opérations d'un dépositaire central ou livrées dans un système de règlement et de livraison** d'instruments financiers (cf. C. mon. fin. art. L 330-1 modifié par loi 2021-1308 du 8-10-2021), il n'y a pas de distinction à faire entre transfert entre les parties et à l'égard des tiers : le transfert de propriété résulte de l'inscription des titres au compte de l'acquéreur (C. mon. fin. art. L 211-17 sur renvoi de C. com. art. L 228-1, al. 9), à la date et dans les conditions définies par les articles 570-3 s. du règlement général de l'AMF. Cette inscription a lieu à la date de dénouement effectif de la négociation mentionnée dans les règles de fonctionnement du système de règlement et de livraison, lorsque le **compte du teneur de compte-conservateur de l'acquéreur** ou le compte du mandataire de ce teneur de compte est **crédité dans les livres du dépositaire central** (actuellement Euroclear France, qui reçoit en dépôt les titres financiers et les verse sur les comptes courants respectifs des établissements affiliés) (C. mon. fin. art. L 211-17, III-al. 1).

DATE DE DÉNOUEMENT DE LA NÉGOCIATION DES ACTIONS

75012 **Principe** La date de dénouement effectif des négociations et simultanément d'inscription en compte intervient en principe au plus tard le **deuxième jour** d'ouverture du système de règlement et de livraison après la négociation (C. mon. fin. art. L 211-17, III-al. 2 , Regl. UE 909/2014 du 23-7-2014 art. 5 et les exceptions qu'il dispose).
Cette même date s'applique lorsque les titres financiers de l'acquéreur et du cédant sont inscrits dans les livres d'un teneur de compte-conservateur commun (C. mon. fin. art. L 211-17, III-al. 3). En effet, dans ce cas, lorsque le transfert de propriété résultant de l'exécution de la transaction est réalisé au sein d'un même teneur de compte-conservateur commun au cédant et à l'acquéreur, il ne donne lieu à aucune écriture dans le compte ouvert par le teneur de compte-conservateur dans les livres du dépositaire central.

> **Précisions** L'**enregistrement de la transaction** pour le compte de l'acquéreur réalisé dès le jour de la négociation est une simple écriture comptable passée en vertu de l'obligation d'enregistrement qui pèse sur le teneur de compte-conservateur dès que celui-ci a connaissance de l'opération (Règl. gén. AMF art. 322-20). Cette écriture représente un droit de créance à l'égard de l'intermédiaire financier puis acquiert, au jour du dénouement effectif de la négociation, la nature d'inscription en compte emportant transfert de propriété des instruments financiers.
> Il en résulte qu'avant la date de dénouement effectif, toute défaillance compromettant le dénouement effectif partiel ou total de l'opération (par exemple, en raison de la défaillance d'une des parties ou de l'intermédiaire du cédant) emportera, à due concurrence et au prorata des droits de chacun des acquéreurs, annulation de l'écriture comptable. Il ne saurait en effet y avoir résolution d'un transfert de propriété qui, à cette date, n'est pas encore intervenu (Règl. gén. AMF art. 570-3-1, al. 1 et 2).
> Toutefois, dès l'exécution de l'ordre, cédant et acquéreur sont, aux termes d'un engagement

ferme, définitivement engagés, l'un à payer, l'autre à livrer les titres financiers, à la date du dénouement effectif (C. mon. fin. art. L 211-17-1, I-al. 1). Ainsi, le prestataire de services d'investissement en charge de la réception-transmission et de l'exécution de l'ordre est-il fondé à exiger une couverture des engagements, sous forme de numéraire de la part de l'acquéreur ou de titres financiers de la part du cédant (art. L 211-17, I-al. 4).

Exceptions Des exceptions au délai de deux jours redonnent aux **parties** une certaine **liberté** dans le cadre des règles de fonctionnement du marché, du SMN concerné ou du système de règlement-livraison de l'opération. Il en va ainsi notamment en cas (Règl. gén. AMF art. 570-4 à 570-7 et 322-55) : 75015
– d'opérations relevant du Livre II du règlement général de l'AMF (opérations par offre au public ou admission aux négociations sur un marché réglementé de titres financiers, offres publiques d'acquisition et programmes de rachat de titres de capital) ;
– de détachement de droits financiers ;
– de négociation réalisée hors marché (n° 75018) ;
– de changement de titulaire d'instruments sous la forme nominative administrée à la suite de l'exécution d'un ordre de bourse.

> **Précisions** Les **droits financiers** (dividendes, coupons, droits de souscription, etc.) détachés des titres financiers entre la date de la négociation et celle de l'inscription en compte de ceux-ci entrent dans le patrimoine de l'acheteur dès la date de l'exécution de l'ordre alors même qu'il n'est pas encore propriétaire des titres financiers. Toutefois, afin de préserver la pratique d'attribution au cédant de la propriété de la fraction de l'intérêt couru entre les dates de négociation et de dénouement et ce, jusqu'à la date du dénouement, les règles de fonctionnement d'une plate-forme de négociation peuvent déroger à la règle précédente pour tout ou partie des titres de créance qui y sont admis aux négociations (Règl. gén. AMF art. 570-6).

Négociations réalisées hors marché En cas de négociations réalisées hors marché, c'est-à-dire de transactions négociées de manière privée mais exécutées sur une plate-forme de négociation, ou de transactions exécutées bilatéralement mais déclarées à une plate-forme de négociation (Règl. UE 909/2014 du 23-7-2014 art. 5, 2), les **parties** peuvent librement **fixer la date** du dénouement emportant transfert de propriété, celui-ci intervenant au jour de l'inscription au compte de l'acquéreur. 75018

Pour les titres financiers nominatifs administrés dont le changement de titulaire consécutif à l'exécution d'un ordre de négociation donne lieu à **circulation d'un bordereau de références nominatives** (C. mon. fin. art. L 211-19 ; Règl. gén. AMF art. 322-54 à 322-60), la date de dénouement est la date à laquelle le dépositaire central a enregistré le bordereau de références nominatives. Ce bordereau lui a été transmis par le teneur de compte-conservateur au plus tard le deuxième jour de négociation à 12 heures suivant la date d'exécution de l'ordre. L'émetteur, à qui le dépositaire central a retransmis le bordereau, doit enregistrer la transaction à la date de règlement-livraison du titre financier concerné (Règl. gén. AMF art. 322-55 modifié par arrêté du 29-3-2021).

Enfin, le transfert de propriété n'intervient au profit de l'acquéreur que lorsque celui-ci a réglé le prix de la transaction. Tant que l'acquéreur n'a pas réglé le prix, l'intermédiaire qui a reçu les titres financiers en est le propriétaire. En effet, un enregistrement en cours de journée dans les livres du dépositaire central, matérialisant un dénouement au profit d'un teneur de compte-conservateur, vaut transfert de propriété au profit de ce teneur de compte s'il est l'acquéreur des titres ou si son client acquéreur ne les a pas encore payés (C. mon. fin. art. L 211-17, II-al. 2 ; Règl. gén. AMF art. 570-7).

2. ACTIONS NÉGOCIÉES HORS MARCHÉ RÉGLEMENTÉ OU SMN

Dans les cas autres que ceux visés nos 75011 s., le transfert de propriété résulte de l'**inscription** des actions au **compte de l'acquéreur** ou de leur inscription à son nom dans un dispositif d'enregistrement électronique partagé (DEEP), telle une **blockchain** (C. com. art. L 228-1, al. 9). L'inscription rend la cession opposable à tous. 75025

Selon l'article R 228-10 du Code de commerce, cette inscription est faite à la date fixée par l'**accord des parties** et notifiée à la société émettrice. Il s'ensuit à notre avis que les parties sont libres de convenir entre elles de la date de l'inscription des titres financiers au compte de l'acquéreur ou dans le DEEP et, partant, de celle du transfert de propriété. Le choix ainsi opéré par les parties s'effectue toutefois sous réserve des droits des tiers (créanciers du cédant en particulier) auxquels il ne peut pas préjudicier. Il doit être notifié à la société émettrice, qui doit faire diligence pour procéder à l'inscription correspondante et dont la responsabilité pourrait être engagée en cas

d'inscription tardive, mais qui n'a pas à – et même ne peut pas matériellement – tenir compte d'un transfert qui ne lui serait notifié qu'après la date où surviendrait un événement tel qu'une tenue d'assemblée alors que la date convenue entre les parties est antérieure (pour des solutions voisines, H. Le Nabasque, Date du transfert de propriété en cas de cession d'actions « non cotées » : RD bancaire et financier 2007 n° 39 ; H. de Vauplane, Transfert de propriété des titres cotés, la réforme achevée... ou presque : Rev. Banque juin 2007 p. 87 ; en sens contraire, H. Hovasse, Transfert de propriété : Dr. sociétés 2007 n° 31). Ainsi l'acquéreur ne pourrait-il pas reprocher à la société de ne pas avoir inscrit les titres à son nom à la date de l'assemblée et de ne pas l'avoir considéré comme titulaire des titres à cette date.
En l'absence de précisions réglementaires sur ce point, la notification peut s'effectuer par tous moyens mais les parties à la cession ont intérêt à s'en ménager la preuve.

75030

Cession conclue avec une clause de réserve de propriété

Réserver la propriété jusqu'au paiement

Les parties peuvent convenir, à titre de garantie, que le transfert de propriété n'interviendra qu'après complet paiement du prix (C. civ. art. 2367).
Cette clause permet donc aux parties à une cession de déroger aux règles de droit commun de transfert de propriété et d'organiser un **décalage entre** la date de **signature** de la cession **et** la **date d'effet** de celle-ci (P. Mousseron, Les clauses de réserve de propriété en matière de cessions de droits sociaux : Actes pratiques mars-avril 2004 p. 1).
En pratique, la clause de réserve de propriété est peu utilisée. Elle n'est pas envisageable dans les cessions d'actions réalisées sur un marché réglementé ou dans celles réalisées hors marché mais portant sur des actions inscrites en compte chez un intermédiaire participant à un système de règlement-livraison de titres car, dans ce cas, le moment du transfert de propriété est légalement prévu (n°s 75011 s.) et il ne peut pas y être dérogé conventionnellement.
Sur les effets de l'accomplissement des formalités d'opposabilité de la cession à la société et aux tiers avant le dénouement de la clause de réserve de propriété, voir T. Jocomet, La vente d'actions avec réserve de propriété : Bull. Joly 1991 p. 978.

Incidence sur la formation du contrat de cession

La clause de réserve de propriété subordonnant le transfert de propriété au paiement du prix ne suspend pas la formation du contrat (en ce sens, Cass. com. 24-9-2002 n° 1473 F-D : RJDA 6/03 n° 602 ; CA Versailles 13-11-2003 n° 01-8374 : RJDA 8-9/04 n° 990 ; CA Paris 14-1-2005 n° 04-5504 : RJDA 5/05 n° 567 ; pour une vente de bien autre que des parts ou actions, voir aussi Cass. com. 17-10-2018 n° 17-14.986 F-PB : RJDA 12/18 n° 898). En effet, elle s'analyse en une **condition suspensive** du seul transfert de propriété (Cass. com. 20-11-1979 n° 77-15.978 : Bull. civ. IV n° 300). En **conséquence,** l'acquéreur ne deviendra associé et n'exercera les droits correspondant à cette qualité qu'une fois le prix entièrement payé. Pour que l'acquéreur devienne immédiatement associé, la clause doit être conçue sous la forme d'une clause résolutoire prévoyant l'anéantissement de la vente à défaut de paiement à l'échéance.
Même si le paiement du prix dépend du seul acquéreur, une telle clause n'est pas potestative car la subordination du transfert de propriété au paiement du prix est une conséquence inhérente à la vente (Cass. com. 24-9-2002 précité). En effet, le paiement du prix par l'acquéreur est la contrepartie nécessaire de l'engagement du cédant, à laquelle il ne peut d'aucune façon se soustraire. La clause de réserve de propriété n'encourt donc pas la sanction prévue par l'article 1304-2 du Code civil (n° 55110).

Charges des risques

Conformément au **droit commun** (n° 75040), en cas de cession de droits sociaux avec clause de réserve de propriété jusqu'au paiement du prix, les risques sont à la charge du cédant jusqu'au transfert de propriété. Ainsi, dans le cas où les parts cédées ont perdu toute valeur à la suite de la mise en liquidation des biens de la société après la cession mais avant le transfert de propriété des parts, le cédant, qui doit supporter cette perte, ne peut plus obtenir le paiement du prix convenu et doit même restituer les acomptes qu'il a reçus (Cass. com. 11-6-1985 : Bull. civ. IV n° 190 ; CA Rouen 15-1-1992, 1e ch. civ. : RJDA 11/92 n° 1031). Néanmoins, l'acquéreur est tenu, par une obligation de moyen, d'assurer la conservation des droits transmis (Cass. com. 26-5-2010 n° 09-66.344 F-PB : RJDA 10/10 n° 939).
Les parties peuvent **déroger** à ces règles et prévoir que les risques incomberont à l'acquéreur jusqu'au paiement du prix (CA Versailles 18-5-1995, 12e ch. 2e sect. : RJDA 8-9/95 n° 964).

Incidences fiscales

Le Conseil d'État a jugé que, pour l'application des dispositions de l'article 150-0 A du CGI relatif à l'imposition des **plus-values,** la date à laquelle la cession à titre onéreux de parts d'une société générant une plus-value imposable doit être regardée comme réalisée est celle à laquelle s'opère, indépendamment des modalités de paiement, le transfert de propriété. Ce transfert de propriété a lieu, sauf dispositions contractuelles contraires, à la date de la vente, c'est-à-dire à la date où un accord intervient sur la chose et le prix. Toutefois, lorsque l'acte de cession prévoit un transfert de propriété différé, la plus-value est réalisée à la date de ce transfert (CE 28-2-2020 n°s 426069 et 426065 : RJF 5/20 n° 438). L'administration précise également que, lorsque la cession « comporte un transfert de propriété différé, il convient de considérer que, sur le plan fiscal, la plus-value est réalisée à la date du transfert de propriété » (BOI-RPPM-PVBMI-30-10-10 n° 60).

En présence d'une clause de réserve de propriété jusqu'au paiement, le transfert de propriété intervient donc à la date du paiement intégral du prix par l'acquéreur. Selon nous, c'est à cette date également que les **droits d'enregistrement** dus au titre de la cession deviennent exigibles, dans les conditions et délais de droit commun.

C. Conséquences du transfert de propriété des parts ou actions

1. TRANSFERT DES RISQUES LIÉS AUX PARTS OU ACTIONS CÉDÉES

Conformément au droit commun de la vente, les risques sont à la **charge** du cédant jusqu'au transfert de propriété et à la charge de l'acquéreur à compter de celui-ci. En effet, les risques incombent au **propriétaire** et sont transmis avec la propriété (C. civ. art. 1196). **75040**

Dès lors que le transfert de propriété a eu lieu, l'acquéreur est donc tenu de payer le prix même si les parts ou actions cédées ont perdu toute leur valeur, sauf si cette perte résulte d'un cas de force majeure (C. civ. art. 1351) ou si elle résulte d'une faute du cédant (Cass. com. 7-12-1993 n° 91-22.217 P : RJDA 4/94 n° 417, rendu dans un cas où l'acquéreur a été tenu de payer le prix de cession bien que les actions cédées aient perdu toute valeur et aient été annulées en raison d'une réduction du capital de la société émettrice).

CONSEIL

Pour se prémunir contre la perte de valeur des titres, il est recommandé à l'acquéreur de demander l'insertion dans l'acte de cession d'une **garantie de passif** (en particulier, sur la possibilité de se faire garantir contre le risque lié à l'ouverture d'une procédure collective à l'encontre de la société dont les titres sont cédés, voir n° 66455).

2. TRANSFERT DE LA QUALITÉ D'ASSOCIÉ OU D'ACTIONNAIRE

En cas de **cession d'actions,** le transfert de propriété des actions résulte de l'inscription des actions au compte de l'acquéreur ou de leur inscription à son nom dans un dispositif d'enregistrement électronique partagé (C. mon. fin. art. L 211-17, I), telle une blockchain. Il en résulte que la cession devient opposable à tous de ce seul fait. **75060**

En cas de **cession de parts** sociales, le transfert de propriété s'opère dès la conclusion de la cession, sauf clause prévoyant une condition suspensive ou un report de la date du transfert de propriété, alors que la cession n'est opposable à la société et aux tiers qu'après l'accomplissement de certaines formalités. **75061**

La question se pose alors de savoir à quel moment l'acquéreur de parts sociales devient associé. Est-il seulement propriétaire des parts à compter de la cession et ne devient-il associé qu'à compter de l'accomplissement des formalités ou bien devient-il associé en même temps qu'il acquiert la propriété des parts, cette qualité demeurant inopposable à la société et aux tiers aussi longtemps que les formalités n'ont pas été accomplies ?

À notre avis, l'acquéreur satisfait aux conditions nécessaires pour avoir la qualité d'associé dès la conclusion de la cession :

– en achetant les parts sociales, il a réalisé un apport ;

– il a vocation aux bénéfices et à contribuer aux pertes de la société.

Aussi longtemps que les formalités n'ont pas été réalisées, il ne peut se prévaloir d'aucun droit au titre de sa qualité d'associé à l'égard de la société ou des tiers.

En revanche, la société qui a connu et accepté la cession de façon certaine et non équivoque ne peut pas se prévaloir de l'inopposabilité de la cession : voir n° 70190.

> **Précisions** **a.** L'affectio **societatis** n'est pas une condition requise pour la formation d'un acte de cession de droits sociaux (Cass. com. 11-6-2013 n° 12-22.296 F-PB : RJDA 10/13 n° 805). Quand bien même cette condition serait-elle exigée, elle est satisfaite puisque l'acquéreur a reçu l'agrément des autres associés.
>
> **b.** En cas d'une **cession sans** accomplissement des **formalités d'opposabilité à la société,** il n'y a pas d'objection à ce qu'une personne ait la qualité d'associé tout en ne disposant pas du libre exercice des droits attachés à cette qualité. Par exemple, en cas de droits sociaux indivis, la qualité d'associé est reconnue à chaque indivisaire (Cass. crim. 4-11-2009 n° 09-80.818 FS-D : RJDA 3/10 n° 245 ; Cass. com. 21-1-2014 n° 13-10.151 F-PB : RJDA 5/14 n° 443 ; Cass. 3e civ. 27-6-2019 n° 18-17.662 FS-PBI : RJDA 10/19 n° 639 ; Cass. com. 7-7-2020 n° 18-19.330 F-D : RJDA 11/20 n° 571) bien que l'exercice des prérogatives liées à cette qualité demeure limité (Cass. 1e civ. 6-2-1980 n° 78-12.513 précité ; dans le même sens, CA Paris 15-2-1990, 5e ch. C : D. 1990 IR p. 74). De surcroît, le fait de ne reconnaître la qualité d'associé à l'acquéreur qu'à compter de l'accomplissement des formalités reviendrait à conférer à celles-ci un effet juridique qui n'est pas le leur : elles visent à protéger la société et les tiers contre des demandes formulées par une personne qui leur était jusqu'alors inconnue et non à créer des droits au profit de cette personne.

3. SORT DES DROITS ET OBLIGATIONS DU CÉDANT

DROITS ET OBLIGATIONS TRANSMIS À L'ACQUÉREUR

75070 Sont transmis, dans les conditions qui seront exposées dans les développements suivants, le droit aux dividendes, le droit de vote, l'obligation de libération des titres, l'obligation au passif social. Sont également transmis le droit de demander une expertise de gestion et le droit d'exercer l'action sociale.

75080 **Droit de demander une expertise de gestion** Un ou plusieurs associés de **SARL** représentant au moins 10 % du capital social peuvent soit individuellement, soit en se groupant sous quelque forme que ce soit, demander en justice la désignation d'un ou plusieurs experts chargés de présenter un rapport sur une ou plusieurs opérations de gestion (C. com. art. L 223-37, al. 1).

La même possibilité est offerte, dans les **sociétés par actions** (SA, SAS et SCA) à un ou plusieurs actionnaires représentant au moins 5 % du capital social, étant précisé que la demande doit être précédée d'une consultation des dirigeants sociaux (C. com. art. L 225-231).

La **recevabilité** de la demande suppose la qualité d'associé ou d'actionnaire du demandeur. Ainsi, tant que le transfert de propriété n'est pas réalisé, le cédant conserve la qualité d'associé ou actionnaire et peut donc demander l'expertise de gestion (Cass. com. 21-10-1997 n° 95-17.904 P : RJDA 1/98 n° 64) ; en revanche, quand la cession est devenue définitive, seul l'acquéreur peut agir (CA Versailles 23-11-1988, 14e ch., SARL Fred Karon c/ Sté Magtape : Bull. Joly 1989 p. 169).

> **Précisions** **a.** Même si l'actionnaire majoritaire d'une SA a levé l'option d'achat des actions détenues par le minoritaire, le **litige** qui existe **sur le prix de cession** des actions et fait l'objet d'une procédure au fond tendant à ce que la cession soit déclarée parfaite s'oppose à ce que la qualité d'actionnaire soit déniée au minoritaire qui, jusqu'à la décision définitive, est détenteur d'un nombre d'actions lui permettant de demander une expertise de gestion (CA Versailles 14-2-2007 n° 06-5831 : RJDA 8-9/07 n° 855).
>
> **b.** L'existence du droit d'agir en justice s'appréciant à la date de la demande introductive d'instance, la recevabilité de la demande de l'associé ou de l'actionnaire ne peut pas être remise en cause s'il **perd la qualité d'associé** ou d'actionnaire **en cours d'instance** (Cass. com. 6-12-2005 n° 04-10.287 FS-PBIR : RJDA 2/06 n° 161). Cette solution, fondée sur les principes de procédure civile (CPC art. 31 et 122), serait à notre avis différente (sauf preuve d'une fraude aux droits de l'intéressé) si l'associé d'une société par actions avait perdu cette qualité après avoir interrogé les dirigeants sociaux mais avant de saisir le juge car il n'aurait alors ni intérêt ni qualité à agir.

75090 **Droit d'exercer l'action sociale** Tout associé ou actionnaire, quelle que soit la fraction du capital social qu'il possède, peut individuellement demander, **pour le compte de la société,** réparation du préjudice subi par elle en raison des fautes commises par ses dirigeants (C. civ. art. 1843-5, al. 1 pour les SNC et SCS ; C. com. art. L 223-22, al. 3 pour les SARL et art. L 225-252 pour les SA, SAS et SCA).

75095 Pour exercer cette action, dite action sociale « ut singuli », le demandeur doit avoir la **qualité d'associé** ou d'actionnaire à la date de l'introduction de l'instance et la conserver pendant le déroulement de celle-ci (CA Paris 10-3-2022 n° 13/18511 et CA Caen 31-3-2022 n° 16/02837 : RJDA 11/22 n° 635).

Ainsi, l'action est fermée au demandeur qui, ayant cédé ses titres, a perdu la qualité d'associé ou d'actionnaire au jour où elle est formée (Cass. com. 26-1-1970 n° 67-14.787 : Bull. civ. IV n° 30) ou en cours d'instance (CA Paris 6-4-2001 n° 00-1385 : RJDA 10/01 n° 982 ; CA Caen 31-3-2022 n° 16/02837 précité), même si elle vise à réparer un préjudice né alors que l'intéressé avait encore cette qualité (Cass. 2e civ. 12-11-1987 n° 85-11.008 D : Navis Droit des affaires, jurisprudence ; CA Paris 6-4-2001 n° 00-1385 précité).

> **Précisions a.** Juger que l'associé ou l'actionnaire doit conserver sa **qualité pendant toute l'instance** pour pouvoir poursuivre l'action sociale nous paraît **critiquable** au regard de la solution inverse retenue par la Cour de cassation (Cass. com. 6-12-2005 n° 1615 FS-PBIR : RJDA 2/06 n° 161) au sujet de l'expertise de gestion (n° 75080). Selon la cour d'appel de Paris (CA Paris 10-3-2022 n° 13/18511 précité), le caractère exorbitant du droit pour l'associé d'agir au nom de la société sans mandat de représentation commanderait une application stricte des dispositions relatives à l'action sociale. Une telle application stricte se fait à notre sens au détriment de l'intérêt social que l'action ut singuli tend à protéger.
> **b.** Dans les SARL et les sociétés par actions, les associés ou actionnaires peuvent aussi, sous certaines conditions de détention du capital, **se grouper pour exercer l'action** sociale en chargeant un ou plusieurs d'entre eux de les représenter. Dans ce cas, le retrait en cours d'instance d'un ou plusieurs d'entre eux ayant perdu la qualité d'associé ou d'actionnaire est sans effet sur la poursuite de l'instance (C. com. art. R 223-31 pour les SARL et art. R 225-169 pour les sociétés par actions).

DROITS ET OBLIGATIONS RESTANT À LA CHARGE DU CÉDANT

Les droits et obligations qui ne sont pas directement attachés à la qualité d'associé ou d'actionnaire ne se transmettent pas avec les parts sociales ou les actions cédées. La Cour de cassation a en effet jugé que l'acquéreur de parts sociales ne succède pas de plein droit aux obligations personnelles du cédant (Cass. com. 1-4-1997 n° 94-17.178 D : n° 79235). **75110**

Ainsi en est-il :

– des obligations personnelles résultant pour le cédant des stipulations du **pacte d'actionnaires** auquel il est partie (CA Versailles 22-5-2012 n° 11/04433 : RJDA 10/12 n° 862 ; voir n° 5014) ;

– du **cautionnement** consenti par un associé ou actionnaire à l'égard d'un créancier de la société ; sur cette question, voir nos 79200 s.

Sur le sort du **compte courant d'associé** du cédant, voir nos 56072 s.

CHAPITRE 2

FORCE OBLIGATOIRE ET MODIFICATION DE LA CESSION

SOMMAIRE

PRINCIPES DIRECTEURS

75250 Comme tout contrat, la cession de droits sociaux une fois conclue s'impose aux parties dans les termes où elles l'ont négociée. Si elles peuvent d'un commun accord modifier le contenu du contrat, la loi n'autorise l'une d'elles à prendre unilatéralement l'initiative d'une telle modification que dans des cas particuliers et sous le contrôle du juge. En pratique, la question de la modification de la cession est souvent limitée à celle de la révision du prix initialement convenu pour les droits sociaux lorsque leur valeur a été mal estimée ou a évolué.

A. Force obligatoire du contrat de cession

FORCE DU CONTRAT À L'ÉGARD DES PARTIES ET DES TIERS

75260 **À l'égard des parties** Les contrats légalement formés tiennent lieu de loi à ceux qui les ont faits (C. civ. art. 1103 issu de ord. 2016-131 du 10-2-2016 ; ex-art. 1134, al. 1). Les parties à la cession doivent donc respecter les obligations qu'elles se sont elles-mêmes imposées en vertu de l'acte de cession mais aussi, au-delà de ce qui est exprimé dans l'acte, à toutes les suites que donne l'équité, l'usage ou la loi à ce contrat (C. civ. art. 1194 issu de ord. précitée ; ex-art. 1335). Notamment, les parties sont tenues d'exécuter la cession de bonne foi (C. civ. art. 1104) ; le cédant doit garantir l'acquéreur contre l'éviction et les vices cachés (C. civ. art. 1626 et 1641).

Le juge est également tenu par les termes dans lesquels les parties se sont engagées, dans la mesure où ils sont clairs et précis (cf. C. civ. art. 1192 issu de ord. précitée ; auparavant jurisprudence constante).

Encore faut-il que la cession ait été légalement formée, ce qui suppose qu'elle réponde aux conditions de validité exigées pour un tel contrat et qu'elle ne contrevienne à aucune règle d'ordre public.

75265 **À l'égard des tiers** La cession a un **effet relatif**. Elle ne crée d'obligations qu'entre les parties ; les tiers ne peuvent ni en demander l'exécution ni se voir contraints de l'exécuter (C. civ. art. 1199 issu de ord. 2016-131 du 10-2-2016 ; ex-art. 1165). L'acte de cession peut néanmoins conférer à un tiers, par le biais d'une stipulation pour autrui, le droit d'exiger l'exécution de certaines obligations contractuelles (C. civ. art. 1205 issu de ord. 2016-131 du 10-2-2016 ; ex-art. 1121). Le mécanisme est courant en matière de garantie de passif (n°s 66600 s.).

Toutefois les tiers doivent respecter la situation juridique créée par le contrat et ils peuvent s'en prévaloir notamment pour apporter la preuve d'un fait (C. civ. art. 1200 issu de ord. précitée).

Sur la faculté pour un tiers de demander l'annulation de la cession, voir n° 30670.

LIMITES À L'INTANGIBILITÉ DU CONTRAT ENTRE LES PARTIES

75270 L'affirmation légale selon laquelle le contrat fait la loi des parties (n° 75260) sous-tend qu'il ne peut plus être remis en cause une fois conclu. En réalité, il peut l'être mais certaines **limites**. En effet, les contrats ne peuvent être modifiés ou révoqués que du **consentement mutuel** des parties, ou pour les **causes que la loi autorise** (C. civ. art. 1193 issu de ord. 2016-131 du 10-2-2016 ; cf. ex-art. 1134, al. 2).

Avant la réforme du droit des contrats issue de l'ordonnance 2016-131 du 10 février 2016, les tribunaux ont eu l'occasion de refuser les demandes émanant de l'acquéreur ou du cédant de droits sociaux tendant à une révision du prix à la baisse ou à la hausse alors que l'acte de cession ne comportait aucun mécanisme conventionnel d'adaptation (ou pas pour la raison invoquée pour demander la révision) ou que la demande ne s'inscrivait pas dans un cas de modification autorisée par la loi. Ces solutions sont transposables au régime actuel.

ILLUSTRATIONS

Une société exploitant plusieurs hôtels avait confié la gestion de l'un d'eux à une filiale, mais la banque qui avait financé la construction de l'établissement s'était opposée à cette substitution. La quasi-totalité des actions de la société mère avait été cédée à un tiers, l'acte de cession excluant des actifs de la société mère l'hôtel litigieux. À la suite d'une décision de justice devenue définitive, le droit d'exploiter cet hôtel étant revenu dans le patrimoine de la société mère, les cédants avaient réclamé un complément de prix à l'acquéreur.
A justifié sa décision rejetant cette demande la cour d'appel qui a retenu que le droit d'exploitation avait fait retour à la société mère qui l'exploitait et non à l'acquéreur, que ce dernier était seulement propriétaire des actions et que la personne morale de la société mère était inchangée et qu'en conséquence la valeur des **biens et droits d'exploitation réintégrés dans le patrimoine de la société** mère était distincte de celle des actions vendues et que le prix de cession de celles-ci ne pouvait pas se trouver modifié.

Cass. com. 6-12-1983 : Bull. Joly 1984 n° 132.

L'acte de cession de toutes les actions d'une **SA exploitant un hôtel** prévoyait que le prix des actions, fixé sur la base du bilan de la société au 31 décembre 1980, était susceptible de varier en fonction de l'actif net du bilan, tel que déterminé par un expert-comptable, au 30 septembre de l'année suivante, le paiement et le transfert des actions devant avoir lieu dès que l'actif aurait été ainsi déterminé. L'acquéreur, qui avait envisagé de commencer l'exploitation sans attendre la date fixée, avait été avisé par l'administration de l'absence de conformité de l'établissement aux règlements en vigueur. Il avait alors demandé que le prix convenu soit diminué du montant des travaux nécessaires.
La cour d'appel n'a fait qu'appliquer la loi des parties en refusant de faire référence à l'**état de vétusté ou à un défaut de conformité des locaux** pour rejeter cette demande et en renvoyant les parties devant l'expert qu'elles avaient elles-mêmes choisi dès lors que celles-ci avaient décidé de déterminer le prix de l'hôtel en faisant éventuellement varier, sous contrôle d'un expert, le prix initial en fonction de l'actif du bilan du 30 septembre 1981 et que la cession n'était pas assortie d'une garantie de passif.

Cass. com. 2-5-1989 n° 87-14.057 D.

Dans un cas où les 1 700 **actions** composant le capital d'une SA avaient été cédées à 23 € l'une alors que 700 d'entre elles n'avaient été **libérées qu'à hauteur d'un quart de leur valeur nominale**, l'acquéreur ne saurait réclamer au cédant le montant de l'appel de fonds relatif à la partie non libérée des actions dès lors que le protocole de cession établi par les parties mentionne sans ambiguïté les deux catégories d'actions et un prix unique ; ce prix a été fixé globalement sur la base du bilan de l'exercice précédent sans tenir compte du défaut de libération totale des actions et, en l'absence de vice du consentement, l'acquéreur ne peut pas demander en justice une modification d'un prix de vente librement et valablement déterminé par la convention signée avec le cédant.

CA Paris 10-1-1991 : Bull. Joly 1991 n° 92 note P. Trassard.

Ndlr : L'acquéreur ne pouvait pas non plus valablement invoquer l'article L 228-28 du Code de commerce au soutien de sa prétention car, si ce texte permet à la société de réclamer le montant non libéré des actions tant à l'actionnaire défaillant qu'aux souscripteurs ou cessionnaires successifs et prévoit un recours pour celui qui a payé la société contre les titulaires successifs des titres, il précise aussi que la charge de la dette incombe au dernier d'entre eux, de sorte que l'acquéreur, dernier titulaire des titres, ne disposait d'aucun recours contre le cédant.

La cession de l'intégralité des actions d'une SA avait été conclue pour un **prix calculé après déduction des dettes sociales** échues **et ajout** du montant **de la trésorerie** de la société disponible à la date de la cession. Faisant valoir que certaines **dettes** avaient été **omises** et que la **trésorerie** de la société était en réalité **négative,** l'acquéreur avait réclamé la restitution d'une partie du prix sur le fondement de la répétition de l'indu et de l'enrichissement sans cause.
Il y a lieu de rejeter cette demande dès lors que l'acquéreur, qui s'est régulièrement acquitté du prix convenu en application d'une convention de cession précisant que ce prix était définitif et non révisable et ne comportant de surcroît aucune garantie d'actif et de passif, n'est pas fondé à invoquer l'inexistence de sa dette pour solliciter la révision du prix.

CA Paris 22-1-2013 n° 11/19753 : RJDA 7/13 n° 636.

Révocation de la cession La **révocation** de la cession **d'un commun accord** des parties doit répondre aux conditions générales de validité de tout contrat : consentement exempt de vice, capacité des parties, etc. (Cass. 3e civ. 11-5-2005 n° 03-17.682 FS-PB : RJDA 11/05 n° 1184, annulant la 75275 révocation mutuelle d'un contrat pour réticence dolosive d'une partie). Si la cession est une convention réglementée qui a été autorisée (nos 70020 s.), sa révocation d'un commun accord par les parties est également soumise à autorisation (Cass. com. 27-2-1996 n° 94-12.454 P : RJDA 6/96 n° 802 affirmant aussi le principe pour la modification de la convention).

La révocation de la cession emporte la disparition rétroactive de celle-ci, comme si elle n'avait jamais existé (notamment, Cass. com. 30-11-1983 n° 82-13.323 P : Bull. civ. IV n° 337 ; Cass. com. 14-12-2010 n° 09-71.610 F-D : RJDA 5/11 n° 381 arrêts rendus à propos de ventes et au visa de l'ex-art. 1134 mais transposables au régime actuel).

› **Précisions** **a.** Le mécanisme de la **révocation amiable** est très proche de celui qui autorise les parties à constater la **nullité** de la cession (nos 30650 s.), à cette différence que la révocation peut concerner une cession parfaitement valide, à laquelle les parties sont convenues de ne pas donner suite.

b. La **clause attributive de compétence**, en raison de son autonomie par rapport au contrat dans laquelle elle s'insère, n'est pas affectée par la révocation de cet acte (Cass. com. 5-7-2017 n° 15-21.894 F-D : RJDA 12/17 n° 849). À notre avis, la clause d'arbitrage survit pour la même raison, comme cela est le cas lorsque le contrat est annulé.

c. La révocation amiable n'a pas les mêmes effets que la résolution judiciaire en ce qui concerne le remboursement des **droits d'enregistrement** (nos 30830 s.) et le sort de certains **financements** (n° 30810).

75277 La révocation « **pour les causes que la loi autorise** » recouvre notamment les hypothèses où la loi permet à l'une des parties de prendre unilatéralement l'initiative de rompre le contrat, par exemple par notification unilatérale de la résolution du contrat (n° 79463) ou en demandant la résolution au juge (nos 79474 s.). Ne constituent une cause de révocation autorisée par la loi ni l'absence d'affectio societatis en la personne de l'acquéreur des droits sociaux (Cass. com. 11-6-2013 n° 12-22.296 F-PB : RJDA 10/13 n° 805) ni la lésion (nos 37245 s.).

75280 **Modification de la cession** La modification des termes de la cession d'un commun **accord** appelle les mêmes remarques que la révocation (nos 75275 s.), si ce n'est que la cession ne disparaît pas.

Les parties peuvent aussi avoir prévu dans l'acte de cession des mécanismes de révision, telles les **clauses** de complément de prix, de révision ou d'indexation du prix.

La loi permet à une partie d'agir unilatéralement pour demander au **juge** une adaptation du contrat de cession dans certaines hypothèses. Par exemple, lorsque les droits sociaux sont affectés d'un vice caché, l'acquéreur peut opter pour le maintien de la cession et réclamer une réduction du prix (C. civ. art. 1644 ; sur la garantie des vices cachés, voir nos 61020 s.) ; l'acquéreur qui, victime d'un dol, ne demande pas l'annulation de la cession mais seulement des dommages-intérêts voit ainsi le prix à payer réduit par compensation (n° 25105) ; l'acquéreur peut demander au juge des délais pour le paiement du prix de cession (n° 45100).

La **réforme** du droit des contrats issue de l'ordonnance 2016-131 du 10 février 2016 a ouvert de nouveaux mécanismes de modification : l'un, permettant la réduction du prix en cas d'exécution imparfaite du contrat (C. civ. art. 1223 nouveau ; nos 79450 s.), qui nous semble de peu de portée en cas de cession de droits sociaux ; un autre, admettant une révision du contrat en cas d'imprévision (C. civ. art. 1195 nouveau), faculté à notre avis applicable aux cessions de droits sociaux ; enfin un autre neutralisant sous certaines conditions les clauses abusives (C. civ. art. 1171 nouveau).

B. Révision de la cession pour imprévision

INNOVATION DE LA RÉFORME DU DROIT DES CONTRATS

75300 **Avant le 1er octobre 2016**, date d'entrée en vigueur de la réforme du droit des contrats issue de l'ordonnance 2016-131 du 10 février 2016, la révision judiciaire d'un **contrat de droit privé** pour imprévision était interdite (Cass. civ. 6-3-1876, Canal de Craponne : DP 1876.1.195 ; Les Grands arrêts de la jurisprudence civile 12e éd. p. 183 ; aussi Cass. 3e civ. 10-12-2003 n° 02-14.990 F-D : RJDA 5/04 n° 612 ; Cass. 1e civ. n° 01-15.802 FS-P : RJDA 7/04 n° 788), si ce n'est exceptionnellement pour certains contrats de distribution (cf. Cass. com. 3-11-1992 n° 90-18.547 P : RJDA 5/93 n° 380 ; Cass. com. 24-1-1998 n° 96-18.357 P : RJDA 1/99 n° 31) ou lorsque la loi le prévoyait expressément. Les termes de la jurisprudence Canal de Craponne étaient clairs : « Dans aucun cas, il n'appartient aux tribunaux, quelque équitable que puisse leur paraître leur décision, de prendre en considération le temps et les circonstances pour modifier les conventions des parties et substituer des clauses nouvelles à celles qui ont été librement acceptées par les contractants. »

La prohibition s'évinçait de l'ex-article 1134, al. 1 du Code civil affirmant la force obligatoire du contrat entre les parties. Toutefois en vertu de l'alinéa 2 du même texte, les parties étaient libres d'organiser contractuellement les conséquences d'un changement de circonstances modifiant l'économie initiale du contrat ou encore de renégocier les termes de celui-ci ou d'y mettre un terme d'un commun accord.

La réforme issue de l'ordonnance 2016-131 a repris le principe du contrat valant loi pour les parties (n° 75260) mais en prévoyant une exception de taille. L'article 1195 du Code civil, applicable aux contrats conclus **depuis le 1er octobre 2016**, admet désormais la possibilité d'une révision judiciaire du contrat lorsque les parties ne sont pas parvenues à s'accorder sur le sort de celui-ci alors que son l'exécution est devenue trop onéreuse à la suite d'un changement imprévisible des circonstances. Les termes de l'article 1195 ne permettent pas de donner réponse à toutes les **questions pratiques** qu'il suscite. Tant que les tribunaux n'ont pas eu l'occasion de se prononcer sur son application, certaines **incertitudes** demeurent. À cet égard, la théorie de l'imprévision étant de longue date admise pour les contrats soumis au droit public, il nous a paru utile de mentionner certaines solutions retenues par le juge administratif ; il n'est pas assuré que le juge judiciaire les fassent siennes. 75305

> Précisions Si, à plusieurs reprises, la Cour de cassation a pris en compte l'évolution du droit des obligations résultant de l'ordonnance 2016-131 pour se prononcer sur les litiges antérieurs à l'entrée en vigueur de celle-ci (Cass. ch. mixte 24-2-2017 n° 15-20.411 F-PBRI : RJDA 5/17 n° 324 ; Cass. soc. 21-9-2017 nos 16-20.103, 16-20.104 FS-PBRI : RJDA 12/17 n° 784), elle n'a pas admis, à notre connaissance, l'application de l'article 1195 du Code civil à des **contrats conclus avant le 1er octobre 2016** et les juges du fond l'écartent (notamment, CA Aix-en-Provence 21-6-2016 n° 15/10056 ; CA Paris 15-2-2018 n° 16/08968 ; CA Metz 17-12-2019 n° 17-02416 ; CA Toulouse 20-10-2021 n° 20/03501). La cour d'appel de Paris a ainsi rappelé que, en vertu de la loi de ratification 2018-287 du 20 avril 2018, les contrats conclus avant le 1er octobre 2016 demeurent soumis à la loi ancienne y compris pour leurs effets légaux et pour les dispositions d'ordre public (CA Paris 4-6-2021 n° 19/10047).

EXCLUSION DE LA RÉVISION POUR IMPRÉVISION DES CESSIONS D'ACTIONS

Le dispositif de révision du contrat organisé par l'article 1195 du Code civil est inapplicable aux **cessions** d'actions **conclues depuis le 1er octobre 2018** (C. mon. fin. art. L 211-40-1 issu de la loi 2018-287 du 20-4-2018 ; Loi 2018-287 art. 16, I, al. 2), peu important que les titres soient ou non admis sur un marché réglementé. En effet, le nouvel article L 211-40-1 du Code monétaire et financier en exclut l'application « aux obligations qui résultent d'opérations sur les titres et les contrats financiers mentionnés aux I à III de l'article L 211-1 du Code monétaire et financier ». Les titres financiers sont les titres de capital émis par les sociétés par actions, les titres de créance, les parts ou actions d'organismes de placement collectif (C. mon. fin. art. L 211-1, II). 75307

En revanche, il demeure applicable aux cessions conclues **entre le 1er octobre 2016 et le 30 septembre 2018** puisque **aucune exclusion légale** n'existait et que l'article 1195 ne fait aucune distinction selon l'objet du contrat. Encore faut-il que les conditions de mise en œuvre de ce texte, exposées ci-dessous, soient remplies. Si les développements qui suivent font uniquement référence à la cession de parts sociales, ils valent aussi pour les cessions d'actions conclues entre les dates précitées.

1. APPLICATION DE LA RÉVISION POUR IMPRÉVISION AUX CESSIONS DE PARTS SOCIALES

UNE APPLICATION DÉBATTUE

Il est manifeste que le dispositif issu de l'article 1195 du Code civil a été institué avant tout pour les contrats dont l'exécution s'inscrit dans la durée (contrats à exécution successive) et dont l'économie initiale peut être profondément remise en cause à la suite d'un changement de circonstances en cours d'exécution, telle la survenance d'une forte hausse du prix des matières premières utilisées par l'un des cocontractants. Toutefois, en l'absence de distinction en ce sens, il faut considérer que ce texte s'applique à **tous les contrats** et pas **seulement** aux **contrats à exécution successive** (dans le même sens, Rapp. Sén. n° 22 relatif à la loi 2018-287 du 20-4-2018 ratifiant ord. 2016-131 du 10-2-2016). 75320

Le législateur a en quelque sorte entériné cette interprétation, en prenant soin d'exclure expressément du champ d'application de l'article 1195 les cessions d'actions qui sont rarement conçues comme des contrats à exécution successive (n° 75307).

Pour un auteur, l'article 1195 est inapplicable à une cession de droits sociaux (n° 75322). D'autres auteurs, majoritaires, admettent qu'une telle application est possible sous réserve que les modalités de la cession laissent un délai pendant lequel un changement de circonstances est susceptible d'intervenir (n°s 75332 s.).

75322 Le professeur J. Moury est farouchement **hostile** à l'extension du champ d'application de l'article 1195 du Code civil aux cessions de droits sociaux (La délimitation du champ de l'article 1195 du Code civil, notamment en matière de droits sociaux : Rev. sociétés 2017 p. 472). Il estime que le dispositif – qui porte atteinte à la force obligatoire du contrat – est d'interprétation stricte et que son application doit rester cantonnée aux contrats à exécution successive. Selon lui, la vente – notamment la cession de droits sociaux – demeure un contrat instantané : « Le terme qui peut assortir l'une ou l'autre des obligations nées de la vente ne constitue qu'une modalité consistant à suspendre temporairement l'exigibilité ou l'extinction mais la nature des obligations est telle qu'elles n'en seront pas moins, en toutes hypothèses, exécutées en un – ou plusieurs – trait de temps, quel que soit le moment – ou les moments – par rapport à la date de formation du contrat, de leur exécution. [...] Stipulées à terme, les obligations générées par une vente demeurent unique et leur exécution instantanée, la substance de celle-là n'étant aucunement modifiée et celle-ci n'étant que reportée, ou fractionnée lorsqu'elle est échelonnée. » Pour cet auteur, une évolution de la valeur de la chose vendue ne devrait pas être assimilée à l'exécution excessivement onéreuse visée par l'article 1195, sous peine de générer une totale insécurité pour toute vente à terme. Le raisonnement vaut pour la cession de droits sociaux, même si elle doit intervenir en plusieurs étapes. Il écarte aussi l'application de l'article 1195 :

– à la clause d'earnout, dès lors qu'une telle clause manifeste la volonté des parties d'accepter un risque et que sa mise en œuvre permet en elle-même de faire face à une évolution imprévisible des circonstances ;

– à la garantie de passif ou d'actif car celle-ci est destinée à couvrir un passif ou une dépréciation d'actif antérieur à la cession tandis que l'article 1195 vise un changement de circonstances futures.

RÉVISION DE LA PROMESSE UNILATÉRALE ET DU PACTE DE PRÉFÉRENCE

75325 Lors des débats relatifs à la loi de ratification de l'ordonnance 2016-131 du 10 février 2016, dont est issu l'article 1195 du Code civil, la commission des lois a précisé que ce dernier s'applique notamment au pacte de préférence et à la promesse unilatérale (Rapp. Sén. n° 22 relatif à la loi 2018-287 du 20-4-2018 qui a ratifié l'ord. 2016-131 du 10-2-2016).

L'un comme l'autre sont des contrats (C. civ. art. 1123 et 1124 issus de ord. 2016-131) qui peuvent intervenir en amont de la cession de droits sociaux. Ils ont pu être consentis plusieurs années avant d'être mis en œuvre, période pendant laquelle un changement de circonstances a pu survenir et modifier la valeur des droits sociaux.

Toutefois, l'application de l'article 1195 au pacte de préférence est à notre avis douteuse : le bénéficiaire de la préférence n'a pas besoin d'un mécanisme de révision puisqu'il ne s'est engagé à rien et peut simplement rejeter la proposition qui lui est faite. Il ne paraît pas plus utile à celui qui a consenti la préférence, selon les termes de l'article 1123, pour le cas où il déciderait de contracter. S'il renonce à contracter, la préférence tombe.

Dans le cadre de la promesse unilatérale de cession ou d'achat de droits sociaux, l'article 1195 paraît réservé au promettant qui s'est engagé à céder ou acheter à un prix déterminé ; il n'a pas d'utilité pour le bénéficiaire puisque, ce dernier n'étant pas tenu de lever l'option, il peut échapper aux conséquences d'un changement de circonstances imprévisible survenant après l'acceptation de la promesse mais avant levée de l'option (dans le même sens, J. Moury, La délimitation du champ de l'article 1195 du Code civil, notamment en matière de droits sociaux : Rev. sociétés 2017 p. 472). Toutefois, dans l'hypothèse où le montant élevé de l'indemnité d'immobilisation convenue contraindrait le bénéficiaire à lever l'option, la promesse pourrait être qualifiée de synallagmatique (n°s 14200 s.), de sorte que le bénéficiaire – alors engagé à acheter ou à vendre – pourrait aussi mettre en œuvre le dispositif de l'article 1195 sous les réserves exposées ci-dessous.

RÉVISION D'UNE CESSION DÉJÀ CONCLUE

75330 La **cession** de droits sociaux peut être **conclue et exécutée instantanément,** l'échange des consentements, la délivrance des droits sociaux et le règlement du prix intervenant dans le même temps. Dans ce cas où le « closing » et le « signing » sont concomitants, ce qui est assez rare en pratique, l'article 1195 du Code civil n'a pas vocation à s'appliquer puisque l'exécution de la cession n'a pas pu être affectée par un quelconque changement survenu depuis sa conclusion.

75332 L'application de l'article 1195 du Code civil est envisageable lorsque la **conclusion et** la **réalisation** de la cession sont **séparées par un certain délai**, par exemple en raison de la stipulation d'un terme ou de conditions suspensives. Il y a alors un décalage dans le temps entre le « closing » et le « signing », durant lequel un changement de circonstances peut survenir. Les praticiens ont depuis longtemps identifié ce risque et élaboré des clauses destinées à permettre à l'acquéreur de

se désengager en cas de modifications, pendant ce délai, de circonstances de nature à affecter l'économie générale du contrat en sa défaveur (« MAC clause » ou « MAE clause » : material adverse change ou material adverse event).
Pour H. Le Nabasque, il convient de distinguer les hypothèses suivantes : si le **transfert de propriété** est immédiat, les risques sont aussi transférés à l'acquéreur sauf clause contraire (C. civ. art. 1196 issu de ord. 2016-131 du 10-2-2016 ; ex-art. 1138) ; ainsi, seul l'acquéreur ayant obtenu l'insertion d'une clause excluant le transfert des risques à sa charge peut, selon cet auteur, être considéré comme n'ayant pas accepté (au sens de l'article 1195) les risques afférents à un changement de circonstances défavorables ; si le transfert de propriété a été reporté jusqu'au « closing », ce qui est souvent le cas, la cession entre dans le champ d'application de l'article 1195 (L'imprévision et les cessions de droits sociaux : Bull. Joly 2016 p. 540 n°s 6 s.).

Reste l'hypothèse d'une **cession dont l'exécution est étalée dans le temps**. Les parties ont pu prévoir la cession par fractions d'une participation majoritaire en s'engageant, dès la cession de la première fraction, sur les conditions dans lesquelles interviendront les suivantes. Elles ont pu également prévoir le paiement à terme d'un complément de prix (clause de « earn out ») ou encore une clause permettant une augmentation ou une diminution du prix de cession au regard des performances réalisées par la société pendant un certain délai après la cession (clause de révision de prix). **75335**
Pour A. Gaudemet, de telles cessions comportent un aléa accepté par les parties sur l'évolution de la valeur ou du prix des droits sociaux, ce qui exclut l'application de l'article 1195 du Code civil (Cession de droits sociaux : faut-il avoir peur de l'article 1195 du Code civil ? : Bull. Joly 2016 p. 685). Ce texte précise en effet qu'il ne bénéficie pas à la partie qui a accepté d'assumer les risques afférents à un changement de circonstances. Pour cet auteur, l'aléa relatif à la valeur ou au prix des titres qui est entré dans les prévisions des parties (aléa contractuel) ne saurait ouvrir droit à la révision pour imprévision. Seul le pourrait l'aléa resté en dehors des prévisions des parties (aléa extracontractuel), par exemple décès ou départ brutal d'un actionnaire ou d'un manager de référence de la société.

FACULTÉ D'AMÉNAGER LE MÉCANISME DE RÉVISION

Le dispositif de révision du contrat organisé par l'article 1195 du Code civil est-il d'ordre public, de sorte que les parties à la cession ne sauraient y déroger ? Ou est-il au contraire supplétif de leur volonté, ce qui autorise les parties à en exclure l'application ou à aménager celle-ci ? **75345**

Selon le rapport fait au Président de la République (JO du 11-2-2016) sur l'ordonnance 2016-131 du 10 février 2016 dont est issu l'article 1195 du Code civil, « comme l'implique la rédaction retenue, ce **texte** revêt un caractère **supplétif**, et les parties pourront convenir à l'avance de l'écarter pour choisir de supporter les conséquences de la survenance de telles circonstances qui viendraient bouleverser l'économie du contrat ». **75347**
Lors des débats relatifs à la loi de ratification de l'ordonnance précitée, la commission des lois a réaffirmé ce caractère supplétif, rappelant que l'article 1195 laisse place à l'hypothèse où une des parties a accepté d'assumer le risque d'un changement imprévisible de circonstances et que les parties peuvent donc conventionnellement exclure l'application de ce texte comme elles peuvent l'aménager (Rapp. Sén. n° 22 relatif à la loi 2018-287 du 20-4-2018).
La majorité de la doctrine est aussi en ce sens (notamment H. Le Nabasque, L'imprévision et Les cessions de droits sociaux : Bull. Joly 2016 p. 541 n°s 10 s. ; M. Mekki, De l'imprévisible changement de circonstances à l'imprévisible immixtion du juge ? Analyse du nouvel article 1195 du Code civil : BRDA 10/16 inf. 19 n°s 12 s. ; M. Buchberger, Le droit des sociétés et la réforme du droit des contrats – La cession d'actions et de parts sociales : Actes pratiques et ingénieries sociétaires, mai-juin 2016 p. 61 n° 272 ; Th. Revet, Le juge, auteur et acteur de la réforme du droit des contrats – le juge et la révision du contrat : RDC 2016 p. 376 s. n° 12 ; L. Thibierge, À la recherche de l'imprévision : BRDA 12/22 inf. 24 n°s 19 s.). Pour H. Le Nabasque, le caractère supplétif du dispositif se déduit du fait qu'il ne peut bénéficier, aux termes mêmes de l'article 1195 du Code civil, qu'à la partie qui n'a pas accepté d'assumer le risque lié à un changement imprévisible de circonstances, ce dont cet auteur déduit a contrario qu'une partie peut accepter ce risque, rendant sans application l'article 1195 du Code civil (Bull. Joly précité). Par ailleurs, relève cet auteur, l'article 8, 6° de la loi 2015-177 du 16 février 2015 habilitant le Gouvernement à réformer le droit des contrats par ordonnance ne l'autorisait pas à introduire « de force » la théorie de l'imprévision dans le droit privé des contrats, mais uniquement à prévoir « la possibilité pour les parties d'adapter leur contrat en cas de changement imprévisible de circonstances ». Plus qu'une disposition supplétive, il voit dans l'article 1195 une disposition « suggestive » invitant les parties à convenir entre elles d'un mécanisme de révision de leur contrat pour cause d'imprévision.

Pour B. Mercadal, l'article 1195 du Code civil est **d'ordre public** (au moins de protection) seulement dans la mesure où il crée un droit à révision au profit du cocontractant exposé, par la **75350** survenance de l'évènement imprévu, à devoir assumer une « exécution excessivement onéreuse » (Mémento Droit commercial n° 14009 ; Feu le caractère supplétif de l'article 1195 du Code civil : BRDA 19/20 inf. 22). La renonciation par avance à ce droit n'est pas possible. L'article 1195 ne saurait être supplétif : contrairement à ce qu'affirme le rapport au Président de la République sur l'ordonnance 2016-131 du 10 février 2020, ce texte ne réserve pas l'éventualité de la clause contraire, critère « ontologique » du caractère supplétif. D'autre part, en cas d'exécution devenue excessivement onéreuse pour une partie, il permet seulement à celle-ci d'accepter « d'en assumer le risque ». Or, « assumer », c'est étymologiquement prendre à sa charge et donc pas simplement renoncer à un droit ; c'est prendre l'engagement de se charger d'une obligation, ce qui suppose une prestation déterminée ou déterminable (C. civ. art. 1163, al. 2). Ensuite, affirmer le caractère supplétif de l'article 1195 est contraire aux finalités de la réforme du droit des contrats qui a entendu mettre un terme à la jurisprudence « Canal de Craponne » qui refusait ce droit. Par là même, elle a signifié que ce refus était injustifié et donc que la partie qui en souffrait méritait d'être protégée. Le rapport au Président de la République affirme expressément cet objectif : l'article 1195 est « l'une des innovations importantes de l'ordonnance » et que cette « consécration [...] permet de lutter contre les déséquilibres contractuels majeurs qui surviennent en cours d'exécution, conformément à l'objectif de justice contractuelle poursuivi par l'ordonnance » et aussi que l'ordonnance tend à instaurer un droit français des contrats « plus juste » et à « préserver les intérêts de la partie la plus faible ». Permettre à cette partie de renoncer par avance à la nouvelle faculté qu'est censé lui ouvrir l'article 1195, est aussitôt renoncer à l'effectivité de la protection que l'on a voulu lui procurer. Pour cet auteur, les MAC clauses ou les clauses de révision de prix demeurent néanmoins valables à condition de ne pas vider de sa substance le droit à révision ouvert par ce texte.

75351 R. Libchaber propose de **nuancer** le débat sur le **caractère impératif ou supplétif de l'article 1195 du Code civil** (Pour une impérativité raisonnée de la révision pour imprévision : Dalloz 2020 p. 1185) car la distinction est trop « fruste » : impératif, l'article 1195 interdit aux parties toute adaptation conventionnelle au mécanisme de révision qu'il prévoit ; supplétif, il peut être systématiquement écarté au profit de clauses d'imprévision qui peuvent s'avérer insuffisantes au regard de la gravité du changement de circonstances, telle la crise résultant de l'épidémie de Covid-19. Pour cet auteur, il n'est pas possible de renoncer par avance et en connaissance de cause à l'imprévision qui, par définition, ne se prévoit pas ; une clause évinçant l'article 1195 résulte donc toujours d'un acte d'imprévoyance ou d'une pression abusive. Parce qu'on ne sait pas avec quelle violence les événements peuvent déstabiliser l'équilibre du contrat, il ne devait pas être possible de le soustraire par avance au regard du juge réformateur ; lorsque la modification grave des circonstances va au-delà ce qu'ont prévu les parties dans la clause d'imprévision, devrait être laissée au juge la possibilité subsidiaire de vérifier à la demande d'une partie si l'adaptation conventionnelle de l'équilibre du contrat est suffisante ou si une renégociation doit être envisagée. Cet auteur propose en conséquence une conception raisonnée de l'impérativité qui refuserait que les parties puissent exclure le principe d'une révision sans empêcher qu'elles l'encadrent en aménageant les conditions légales : impératif dans son premier alinéa, l'article 1195 serait supplétif dans le second ; seraient ainsi simultanément sauvegardées l'efficacité de la volonté des parties et les règles légales de protection. Toutefois, estime-t-il, l'application de l'article 1195 doit être écartée pour les contrats aléatoires car la partie ayant accepté de se soumettre au hasard des événements a ainsi renoncé à l'imprévision.

75352 Pour Th. Revet, la faculté ouverte par l'article 1195 du Code civil serait supplétive de volonté dans les **contrats de gré à gré** mais impérative dans les **contrats d'adhésion** (Le juge, auteur et acteur de la réforme de la réforme du droit des contrats – le juge et la révision du contrat : RDC 2016 p. 376 s. n° 12). Il se fonde sur le raisonnement suivant. Dans un contrat d'adhésion, les conditions générales ne sont pas négociées mais déterminées par avance par une des parties (C. civ. art. 1110, al. 2 issu de ord. 2016-131 du 10-2-2016) et les clauses qui créent un **déséquilibre significatif** entre les droits et obligations des parties sont réputées non écrites (C. civ. art. 1171, al. 1 issu de ord. 2016-131). Tel serait le cas, précise cet auteur, de la clause d'acceptation des risques liés à un changement de circonstances car, si le déséquilibre significatif ne peut pas porter sur l'adéquation du prix à la prestation (art. 1171, al. 2), cette clause n'a pas pour objet l'évaluation de la prestation, mais l'intangibilité de l'évaluation initiale de la prestation malgré l'évolution du contexte économique, financier, commercial ou autre. Privant une partie du bénéfice de l'article 1195, elle serait source d'un déséquilibre significatif.

La modification de la définition du contrat d'adhésion par la loi 2018-287 du 20 avril 2018 qui a ratifié l'ordonnance de 2016 ne remet pas en cause ce raisonnement, mais encore faut-il que la cession de droits sociaux puisse être qualifiée de contrat d'adhésion au sens de l'article 1110, al. 2 précité.

M. Mekki estime également que la **clause d'exclusion** de l'article 1195 du Code civil encourt néanmoins le **risque** d'être considérée comme une clause qui prive de sa substance l'obligation essentielle (C. civ. art. 1170 pour tout contrat) ou comme une clause abusive (C. civ. art. 1171 pour les contrats d'adhésion), l'une comme l'autre réputée non écrite ; toutefois, ce risque pourrait être réduit par une rédaction insistant sur le contexte de cette clause et l'équilibre global du contrat conclu afin de démontrer que l'insertion de cette clause n'est pas dénuée de contrepartie (De l'imprévisible changement de circonstances à l'imprévisible immixtion du juge ? Analyse du nouvel article 1195 du Code civil : BRDA 10/16 inf. 19 n°s 12 s. ; La loi du 20 avril 2018 ratifiant l'ordonnance du 10 février 2016 : quels apports pour le monde économique ? : BRDA 10/18 inf. 20 n° 8). **75355**

Pour A. Gaudemet, qui n'envisage pas ce **risque** de requalification, il suffirait de prévoir une **MAC clause** prévoyant expressément qu'elle « épuise les effets de la survenance d'un changement de circonstances entre le signing et le closing et qu'au-delà l'article 1195 du Code civil est sans application » (Cession de droits sociaux : faut-il avoir peur de l'article 1195 du Code civil : Bull. Joly déc. 2016 p. 685).

Pour limiter toute contestation quant à la portée d'une exclusion lapidaire du texte (« l'article 1195 du Code civil n'est pas applicable au présent contrat »), H. Le Nabasque conseille d'accompagner celle-ci d'une assomption expresse des risques, en précisant que les parties (ou l'une d'elles seulement) acceptent assumer le risque qui pourrait être lié à un changement imprévisible de circonstances au sens de cet article (L'imprévision et les cessions de droits sociaux : Bull. Joly 2016 p. 543 n°s 13 s.).

D'autres auteurs préconisent que la MAC clause limite expressément à la résolution pure et simple du contrat les conséquences d'une situation blocage due à l'imprévision afin écarter toute application des mécanismes de sortie prévus par l'article 1195, notamment l'intervention du juge, et d'éviter que les parties ne soient tenues d'exécuter une cession à un prix qu'elles n'auraient pas librement négocié entre elles (C. Mandon, Ph. Malikian, Réforme du droit des contrats et opérations M&A – 2e partie : du signing au closing : Rev. Lamy droit des affaires 2016 n° 6002).

Si l'on admet, comme le fait majoritairement la doctrine, que l'article 1195 du Code civil n'est pas d'ordre public, les **parties** peuvent choisir de ne pas exclure totalement l'application de ce texte à leurs relations contractuelles mais simplement d'en **aménager les conditions d'application**. À notre avis, comme la clause d'exclusion, la clause d'aménagement ne doit pas vider de leur substance les obligations contractuelles. Sous cette réserve, elles peuvent par exemple limiter les changements susceptibles d'ouvrir droit à révision, encadrer la notion d'exécution devenue excessivement onéreuse en fixant un pourcentage d'augmentation en dessous duquel la révision ne peut être demandée ou encore lister les risques de changement que les parties acceptent. **75360**

Les **juges du fond** semblent n'avoir que rarement eu l'occasion de se prononcer sur le caractère impératif ou non de l'article 1195 du Code civil. Une cour d'appel a affirmé le caractère supplétif de cette disposition et estimé qu'une clause y dérogeant expressément dans un contrat de location de matériel devait recevoir application (CA Aix-en-Provence 16-12-2021 n° 21/05062). Selon un tribunal judiciaire, il ressort de la lettre même de l'article 1195 que celui-ci est supplétif ; le tribunal a toutefois précisé qu'une clause écartant ce texte pourrait être constitutive d'un déséquilibre significatif entre les parties et réputée non écrite sur le fondement de l'article L 442-1 du Code de commerce mais qu'un tel déséquilibre n'était pas caractérisé en l'espèce dès lors que cette clause excluait la possibilité pour les deux parties de se prévaloir de l'imprévision et que l'existence d'un déséquilibre significatif s'apprécie non à l'aune de la réalisation d'un changement de circonstances, mais au moment de la conclusion de la clause litigieuse (TJ Toulouse 1-7-2021 n° 21/02415). **75365**

2. CONDITIONS DE LA RÉVISION DE LA CESSION POUR IMPRÉVISION

CHANGEMENT DE CIRCONSTANCES AUTORISANT LA RÉVISION DE LA CESSION

L'article 1195 du Code civil ne précise pas la **nature** du changement de circonstances susceptible d'être invoqué par une des parties pour mettre en œuvre la procédure de révision. En matière de cession de droits sociaux, viennent aisément à l'esprit des événements tels que l'augmentation du prix des matières premières utilisées par la société cible, la perte d'un contrat, d'une autorisation administrative, la disparition d'un homme clé... **75380**

Le nouveau texte ne fait pas de distinction selon le **caractère interne ou externe de l'événement** invoqué. S'agissant de l'application de l'imprévision à certains contrats administratifs, le juge administratif exige que les perturbations affectant l'exécution du contrat soient totalement extérieures à la partie qui tente de s'en prévaloir. Une augmentation des charges de l'entreprise, **75385** exclusivement imputable à celle-ci, fait obstacle à la mise en œuvre de l'imprévision (CE sect. 3-1-1936 : Lebon p. 5 ; CE 5-1-1973 n° 77430 : Lebon T. p. 1031). Il en va de même pour l'abstention du cocontractant de la personne publique à prendre les mesures lui permettant de se prémunir contre les conséquences de l'événement survenu (CE 29-4-1949 : Lebon p. 191 ; CE 23-11-1956 : Lebon p. 448 ; CE 5-1-1973 n° 77430 : Lebon T. p. 1031). D'une manière générale, la **faute** commise par l'intéressé le prive de son droit à indemnité, dès lors qu'il a contribué au bouleversement du contrat (par exemple, CE 20-2-1959 : Lebon T. p. 1035 ; CE 20-1-1978 n° 03526 ; CE 17-6-1981 n° 07246). Les principes ainsi dégagés par le juge administratif paraissent conformes à l'objectif de « justice contractuelle » poursuivi par l'ordonnance 2016-131 du 10 février 2016 dont est issu l'article 1195 du Code civil (Rapp. au Président de la République sur ord. 2016-131 du 10-2-2016).

75390 **Changement imprévisible** La mise en œuvre de l'article 1195 du Code civil requiert un changement de circonstances qui était imprévisible **à la date de conclusion du contrat**. Le texte n'en dit pas plus. Il incombe donc au juge d'apprécier, au cas par cas et de manière concrète, la notion d'imprévisibilité au sens de l'article 1195. Tout au plus, peut-on dire qu'il peut s'inspirer de l'imprévisibilité telle qu'elle a été définie dans d'autres domaines.
Ainsi, en matière contractuelle, la force majeure suppose un événement qui ne pouvait pas être raisonnablement prévu lors de la conclusion du contrat (C. civ. art. 1218 issu de ord. 2016-131 du 10-2-2016), ce que les juges apprécient au regard des circonstances de l'espèce (par exemple, Cass. com. 22-1-2013 n° 11-28.083 F-D : RJDA 5/13 n° 408 ; CE 14-6-2000 n° 184722 : RJDA 3/01 n° 295).
De même, les circonstances imprévisibles sont, pour les contrats administratifs, celles que les parties n'ont pas pu « raisonnablement » envisager au moment de la conclusion du contrat et dont les conséquences ont, ainsi, échappé à la commune intention des parties (CE sect. 23-1-1959 : Lebon p. 67). Plus récemment le juge administratif a jugé que le changement devait être imprévisible pour un acteur économique raisonnable attentif à son environnement professionnel (CAA Marseille 24-2-2014 n° 12MA00109 ; dans le même sens, CAA Marseille 3-4-2008 n° 06MA01355).

> **Précisions** Dans l'affaire de 2014, la cour administrative de Marseille a estimé que, pour la société ayant conclu une délégation de service public d'exploitation d'un casino en 2004 pour quinze ans, était imprévisible la crise économique survenue en 2008 mais pas le développement des jeux en ligne, l'accroissement du contrôle du blanchiment et l'interdiction de fumer dans les lieux publics.

75395 **Changement rendant l'exécution excessivement onéreuse** En application de l'article 1195 du Code civil, il ne suffit pas que le changement de circonstances rende plus chère l'exécution du contrat ; il faut que celle-ci devienne « excessivement onéreuse ». Le juge doit donc apprécier au cas par cas :
– d'une part, le **lien de causalité**, entre le changement de circonstances et l'augmentation du coût du contrat ;
– d'autre part, le **caractère excessif** du renchérissement du contrat.
Dans le contentieux administratif de l'imprévision, il est requis que le demandeur ait subi, non pas un simple manque à gagner, mais un déficit d'exploitation de nature à entraîner un bouleversement de l'économie du contrat (CE 4-10-1961 n° 49036 : Lebon p. 539 ; CE 20-10-1971 n° 79315 : Lebon p. 624 ; CAA Douai 27-3-2001 n° 97DA02335).

75397 La mise en œuvre initiale du dispositif prévu par l'article 1195 du Code civil est réservée à la partie qui subit l'imprévision, ce qui suppose qu'elle soit débitrice d'une obligation au titre du contrat. Sous cette réserve, la faculté est bilatérale. Dans une cession de parts sociales, le dispositif peut donc bénéficier tant à l'**acquéreur** qu'au **cédant**.
Le premier peut soutenir que le prix initialement convenu est devenu excessif compte tenu d'un changement de circonstances ayant fait baisser la valeur réelle des parts ; si à l'inverse, cette valeur a fortement augmenté sous la pression des circonstances, le second peut faire valoir que ce prix est désormais insuffisant, de sorte que l'exécution de son obligation de transférer les droits sociaux est ainsi devenue excessivement onéreuse pour lui.
Comme le relève un commentateur, pourrait être ainsi sanctionnée une lésion qui n'existe pas au moment de la conclusion de la cession mais qui apparaît lors de son exécution (M. Buchberger, Le droit des sociétés et la réforme du droit des contrats – La cession d'actions et de parts sociales : Actes pratiques et ingénieries sociétaires mai-juin 2016 p. 61 n° 273).

75400 L'évolution des circonstances peut aussi être constitutive d'un **cas de force majeure** qui empêche l'une des parties d'exécuter son engagement. Dans cette hypothèse, l'article 1195 du Code civil perd de son intérêt. En effet, si l'empêchement est temporaire, l'exécution de l'obligation est suspendue à moins que le retard qui en résulterait ne justifie la résolution du contrat ; si l'empêchement est définitif, le contrat est résolu de plein droit et les parties sont libérées de leurs obligations dans les conditions prévues aux articles 1351 et 1351-1 du Code civil (C. civ. art. 1218, al. 2 issu de ord. 2016-131 du 10-2-2016).

> **Précisions** En matière contractuelle, il y a **force majeure** lorsqu'un événement échappant au contrôle du débiteur, qui ne pouvait être raisonnablement prévu lors de la conclusion du contrat et dont les effets ne peuvent être évités par des mesures appropriées, empêche l'exécution de son obligation par le débiteur (C. civ. art. 1218, al. 1 issu de ord. 2016-131 du 10-2-2016). Si la force majeure et l'**imprévision** ont en commun l'imprévisibilité de la survenance d'un événement postérieur au contrat, elles se distinguent en ce que la force majeure rend impossible l'exécution du contrat tandis que l'imprévision la rend excessivement onéreuse (Rapp. Sén. n° 22 relatif à la loi 2018-287 du 20-4-2018).

75402

Le Covid-19 et la guerre en Ukraine autorisent-ils la révision de la cession de parts sociales ?

Si on admet que la révision légale organisée par l'article 1195 du Code civil s'applique aux cessions de parts sociales lorsqu'il existe un décalage dans le temps entre la conclusion et la réalisation (n° 75332) et que la fluctuation de la valeur des parts en raison d'un changement de circonstances peut rendre l'exécution de la cession excessivement onéreuse (n° 75397), la survenance de la pandémie de Covid-19 ou la guerre en Ukraine permet-elle à l'un des cocontractants de demander la révision de la cession en application de ce texte ? Il n'y a pas de réponse uniforme à cette question. La crise sanitaire comme le conflit en Ukraine doivent répondre aux conditions posées par l'article 1195, appréciées au regard de la cession en cause.

S'agissant du **Covid-19,** les mesures prises par le gouvernement pour limiter la propagation du virus (confinement de la population, fermeture de nombreux établissements, limitation de la circulation aux frontières...) et leurs conséquences (arrêt ou réduction d'activité, difficultés d'approvisionnement, défaillance des clients ou des fournisseurs, difficulté à obtenir certaines autorisations administratives, réorganisation des conditions de travail pour respecter les gestes barrières...) ont certes influé sur la situation économique de la plupart des entreprises, mais à des degrés divers. C'est au regard de la société dont les titres font l'objet de la cession que doit être quantifié le **renchérissement** de l'opération pour l'une ou l'autre des parties. C'est aussi au cas par cas qu'il faut apprécier si la crise sanitaire et ses conséquences étaient **imprévisibles** lors de la conclusion de la cession, ce qui suppose notamment de mettre en regard les dates auxquelles sont intervenues les différentes déclarations nationales et internationales sur cette crise et les mesures administratives prises en France et, le cas échéant, à l'étranger. Le secteur d'activité de la société, la nationalité de ses clients ou de ses fournisseurs peuvent aussi entrer en ligne de compte. Par exemple, on peut penser que le candidat à l'acquisition d'une société dont la production dépendait d'un approvisionnement provenant de Chine s'est penché très tôt sur l'apparition (décembre 2019) et le développement du coronavirus dans ce pays et sur les risques d'approvisionnement en résultant pour la société, mais pouvait-il pour autant prévoir l'ampleur des mesures prises en France (et en Chine) et la perte corrélative de clientèle subie par la société ?

La guerre en **Ukraine**, qui a commencé le 24 février 2022, a également de lourdes conséquences sur les économies nationales et sur le commerce international : hausse du coût de certaines matières premières – blé, gaz, électricité, pétrole... – mais aussi du transport et de la fabrication de certains produits ; perte de marchés en Ukraine et en Russie ou des fournisseurs situés dans ces pays. S'y ajoutent des contraintes juridiques liées aux sanctions prises par l'Union européenne contre la Russie – notamment, l'interdiction de l'exportation ou de l'importation de certains produits (par exemple, interdiction d'exporter des biens et technologies pouvant avoir un usage tant civil que militaire : Règl. 833/2014 du 31-7-2014 modifié à plusieurs reprises depuis le début du conflit) – ou encore la forte incitation pour les entreprises françaises à suspendre ou à cesser leurs activités en Russie. Là encore, si ces circonstances peuvent avoir une influence sur une cession de droits sociaux « en cours » lors de l'invasion russe, il convient d'apprécier au cas par cas leur imprévisibilité et l'ampleur du renchérissement sur les obligations de l'une ou l'autre des parties.

PARTIE N'AYANT PAS ACCEPTÉ D'ASSUMER LE RISQUE DE CHANGEMENT

75410 Aux termes de l'article 1195 du Code civil, le bénéfice de ce texte est réservé à la partie qui n'a pas accepté d'assumer le risque afférent à un changement de circonstances imprévisibles rendant l'exécution du contrat excessivement onéreuse pour elle.

Comme on l'a vu (nº 75347), la doctrine admet, dans sa grande majorité, qu'une clause d'acceptation de cet aléa peut être envisagée pour exclure l'application de l'article 1195. Mais cette acceptation peut-elle être implicite et résulter, par exemple, de la modicité du prix convenu ou du fait que l'acquéreur s'est abstenu de mettre en œuvre une MAC clause stipulée à son profit ? En matière d'erreur, le caractère déterminant du vice du consentement est parfois écarté au regard de la modicité du prix, celle-ci étant retenue pour caractériser le caractère aléatoire de la cession (nºs 19895 s.).

Le fait que la partie qui invoque l'imprévision a commencé à exécuter ses obligations contractuelles avant de demander une renégociation du contrat ne saurait, à notre avis, être considéré comme une acceptation des risques dès lors qu'elle est tenue de s'exécuter nonobstant l'ouverture d'une renégociation (nº 75445).

3. PROCÉDURE DE RÉVISION DE LA CESSION POUR IMPRÉVISION

RÉVISION AMIABLE OU, EN DERNIER RECOURS, JUDICIAIRE

75430 La **mise en œuvre** du mécanisme de révision prévu par l'article 1195 du Code civil pour régler le sort du contrat de cession en cas d'imprévision s'effectue **en étapes successives**, laissant aux parties la possibilité de négocier et de parvenir à un accord, le juge n'intervenant – si besoin est – qu'en dernier lieu. Le but de la procédure est de permettre aux parties de sortir de l'impasse dans laquelle elles se trouvent, y compris si elles ne parviennent pas à s'accorder sur le moyen d'y parvenir. Compte tenu des incertitudes quant au résultat de l'adaptation ou de la révision du contrat par le juge, le dispositif est avant tout une incitation des parties à trouver une solution négociée.

DEMANDE DE RENÉGOCIATION CONVENTIONNELLE DE LA CESSION

75440 **Modalités** La partie, qui subit l'imprévision dans les conditions exposées ci-dessus, peut demander une renégociation de la cession à son cocontractant (C. civ. art. 1195, al. 1 issu de ord. 2016-131 du 10-2-2016).

Aucune **forme** particulière n'est requise pour la présentation de la demande. Toutefois, la partie demanderesse a intérêt à se constituer la preuve qu'elle a présenté cette demande et celle, le cas échéant, du refus qui lui a été opposé ou de l'échec de la tentative de renégociation. En effet, l'article 1195 présente la phase de renégociation du contrat comme le préalable aux mesures qui pourront suivre, celles-ci n'étant à la lettre ouvertes qu'« en cas de refus ou d'échec de la renégociation ».

Quant au **contenu** de la demande, il est à notre avis souhaitable qu'elle vise expressément l'article 1195, qu'elle mentionne le changement de circonstances invoqué en explicitant le caractère imprévisible de celui-ci et en quoi il rend excessivement onéreuse l'exécution de la cession. Le demandeur doit aussi d'indiquer les conséquences qu'il tirera d'un défaut de réponse ou d'une réponse négative.

> **› Précisions** Rien n'interdit aux parties d'ores et déjà d'accord pour mettre un terme au contrat de passer outre à la phase de renégociation, puisqu'en tout état de cause elles ont le droit de **révoquer le contrat** de leur consentement mutuel (C. civ. art. 1193 issu de l'ord. précitée ; ex-art. 1134, al. 2).

75445 **Effets** Ni la demande de renégociation de la cession ni l'engagement d'une renégociation n'a pour effet de suspendre les obligations de la **partie** qui a invoqué l'imprévision : celle-ci doit **continuer à** les **exécuter** durant la renégociation (C. civ. art. 1195, al. 1). Les droits sociaux devront donc être transférés et le prix payé aux dates convenues, sous réserve le cas échéant de la réalisation des conditions suspensives.

SUCCÈS DE LA RENÉGOCIATION DE LA CESSION

75450 Dans le cadre de la renégociation de la cession, les parties sont libres de **revoir intégralement** le contenu de leur accord initial ou de n'en **modifier** que **certains aspects** (cf. C. civ. art. 1193 issu de ord. 2016-131 du 10-2-2016).

Les parties ont tout intérêt à constater ces changements dans un écrit de même nature (acte authentique ou sous signature privé) que celui de l'accord initial.

CONSEIL

Afin d'éviter toute contestation ou difficulté d'interprétation ultérieure, les parties doivent veiller à **révoquer expressément** l'ancien accord ou les clauses abandonnées et veiller à l'**harmonisation des nouvelles clauses avec celles** qui demeurent **inchangées**. Elles doivent aussi tenir compte du risque que les changements entraînent la novation et la disparition du contrat antérieur et des clauses qu'il contenait. Le cas échéant, les termes des garanties devront être adaptés.

REFUS OU ÉCHEC DE LA RENÉGOCIATION DE LA CESSION

En cas refus ou d'échec de la renégociation, l'article 1195 du Code civil offre une **option** aux parties : elles peuvent résoudre le contrat ou demander au juge de l'adapter ; dans le deux cas, elles doivent être d'accord sur la solution retenue. **75455**

Résolution conventionnelle du contrat En cas de refus ou d'échec de la renégociation, les parties peuvent convenir de la résolution du contrat, à la date et aux conditions qu'elles déterminent (C. civ. art. 1195, al. 2). **75460**

Les parties disposent donc d'une grande liberté pour mettre un terme à la cession et liquider leurs rapports. Si la cession a reçu un commencement d'exécution, elles peuvent fixer les **restitutions** qu'imposent la résolution sans être tenues, à notre avis, de suivre les règles de restitution fixées par les articles 1352 à 1352-9 du Code civil mais elles peuvent s'en inspirer. Elles peuvent aussi prévoir les conditions dans lesquelles sera répartie la charge des frais (ceux afférents aux audits, par exemple) exposés pendant la négociation du contrat.

Les parties doivent garder à l'esprit que cette résolution conventionnelle n'a pas les mêmes **effets** qu'une résolution judiciaire en ce qui concerne le remboursement des **droits d'enregistrement** (n°s 30830 s.) et, le cas échéant, le **prêt** contracté pour financer l'achat des droits sociaux (voir n°s 30810 s. les développements concernant l'annulation amiable du contrat qui valent aussi pour la résolution amiable).

Recours conjoint au juge pour adapter le contrat En cas de refus ou d'échec de la renégociation du contrat, les parties peuvent demander, d'un commun accord au juge de procéder à l'adaptation du contrat (C. civ. art. 1195, al. 2). À notre avis, la tentative de renégociation est bien ici un **préalable** à la saisine du juge (sur les interrogations concernant la qualification de ce préalable, exception de procédure ou fin de non-recevoir, voir Th. Revet, Le juge, auteur et acteur de la réforme du droit des contrats – le juge et la révision du contrat : RDC 2016 p. 377 n° 15). **75465**

Il résulte de l'article 1195 que la demande doit être présentée conjointement par les parties, à notre avis sous la forme d'une **requête** conjointe (CPC art. 54 et 57) présentée auprès du **tribunal** de commerce, celui-ci étant compétent pour connaître des litiges nés à l'occasion d'une cession de titres d'une société commerciale (n°s 4000 s.).

Dans le cadre de cette requête, les **parties** peuvent **donner mission au juge** de statuer comme amiable compositeur (c'est-à-dire en équité) ou le lier par les qualifications et points de droit auxquels elles entendent limiter le débat (CPC art. 58). Cette dernière faculté autorise les parties à borner le pouvoir du juge d'adapter le contrat, par exemple en définissant l'équilibre contractuel auquel elles aspirent ou en fixant des limites que le juge n'est pas autorisé à dépasser (telle la variation maximale du prix de cession à la hausse ou à la baisse que les parties admettent). **75467**

> **Précisions** Pour N. Molfessis, la question de savoir si les conditions de l'article 1195 du Code civil sont remplies à ce stade n'est plus dans le débat : en se tournant d'un accord commun vers le juge pour qu'il adapte le contrat, les parties doivent renoncer à débattre de la légitimité de la demande initiale de renégociation ; le juge n'a pas à procéder à cette vérification car il tire son pouvoir d'adaptation de la demande faite par les parties et non de la réunion des conditions de la renégociation (Le rôle du juge en cas d'imprévision dans la réforme du droit des contrats : JCP G 2015 n° 1415).

Si les **parties n'usent pas de cette faculté**, le juge dispose d'une certaine latitude pour adapter le contrat, étant rappelé que l'article 1195 du Code civil ne lui donne ici le pouvoir ni de résoudre ni de le réviser (pouvoir qu'il ne détient qu'au stade ultérieur de la procédure, voir ci-dessous). **75470**

En distinguant l'adaptation et la révision du contrat, le législateur entend graduer le pouvoir du juge mais il n'en dit pas plus. Selon B. Mercadal, l'adaptation n'est pas à la lettre la remise en cause du contrat ; l'adaptation ne doit consister que dans une correction des clauses qui rendent l'exécution du contrat excessivement onéreuse ; elle ne doit pas être un examen de toutes les clauses

du contrat pour les reconsidérer au regard de la nouvelle situation ; sinon, elle serait équivalente à une révision (Réforme du droit des contrats éd. Francis Lefebvre n° 621).
Comme le relève Th. Revet à propos de la révision judiciaire mais le propos vaut aussi pour l'adaptation judiciaire, le texte comporte implicitement une autre limite : celle de l'adéquation de la modification du contrat aux événements qui la rendent nécessaire et à l'équilibre initialement instauré par les parties ; le juge du fond devra motiver sa décision à cet égard et la Cour de cassation pourra ainsi indirectement contrôler les termes de la révision (Le juge, auteur et acteur de la réforme du droit des contrats – le juge et la révision du contrat : RDC 2016 p. 378 n° 17).

75475 Subsistent des **interrogations** sur la nature et l'ampleur des mesures d'adaptation susceptibles d'être prises par le juge. La première mesure qui vient à l'esprit est évidemment une modification du prix de cession afin de le mettre en adéquation avec la valeur des titres qui aurait été modifiée à la suite de circonstances imprévisibles. Le juge doit-il rechercher le juste prix ou peut-il se contenter de réduire le déséquilibre à un niveau qu'il considère comme acceptable ? Dans l'hypothèse où la valeur des titres a, non pas baissé, mais augmenté (l'imprévision est ici subie par le cédant), le juge pourra-t-il majorer le prix (alors que l'acquéreur n'a pas nécessairement les moyens financiers d'assumer la majoration) ou réduire le nombre de titres cédés (faisant, le cas échéant, perdre à l'acquéreur le contrôle de la société qu'il entendait obtenir) ?

RECOURS UNILATÉRAL AU JUGE POUR RÉVISER OU RÉSOUDRE LA CESSION

75480 **Saisine du juge** Si les parties ne parviennent pas dans un **délai** raisonnable à un accord pour résilier le contrat de cession ou pour en demander l'adaptation judiciaire, le juge peut, à la demande d'une partie, réviser le contrat ou y mettre fin, à la date et aux conditions qu'il fixe (C. civ. art. 1195, al. 2 in fine). La faculté de saisir le juge, non plus ici conjointement mais individuellement, n'est pas réservée à la partie qui subit l'imprévision et qui a demandé la renégociation amiable du contrat ; elle peut émaner de l'autre partie.
La saisine du juge doit ici intervenir sous la **forme** d'une assignation devant le **tribunal** de commerce, celui-ci étant compétent pour connaître des litiges nés à l'occasion d'une cession de titres d'une société commerciale (n°s 4000 s.).

75485 **Pouvoirs du juge** En cas de contestation, le juge peut **contrôler** si les **conditions requises** par l'article 1195 du Code civil (imprévisibilité du changement, caractère excessivement onéreux de l'exécution, partie n'ayant pas acceptée l'aléa, absence d'accord des parties sur le sort de la cession et enfin expiration d'un délai raisonnable) sont réunies (J.-F. Fédou, Le juge et la révision du contrat : RDC juin 2016 p. 382).

75490 S'agissant de l'alternative prévue à l'article 1195, **réviser** la cession **ou** y **mettre fin**, le pouvoir du juge d'**opter** pour l'une ou l'autre de ces solutions dépend du contenu des demandes des parties (CPC art. 4). Il conserve cette option, par exemple, s'il est saisi d'une demande principale de résolution et d'une demande reconventionnelle de révision ; mais il la perd lorsqu'il est saisi d'une demande unique tendant à l'application d'une seule de ces solutions (sur ces questions, voir notamment J.-F. Fédou, Le juge et la révision du contrat : RDC juin 2016 p. 382 ; Th. Revet, Le juge, auteur et acteur de la réforme du droit des contrats – le juge et la révision du contrat : RDC 2016 p. 378 n°s 16 s.).

75495 En remettant au juge le pouvoir de **réviser** (et non plus seulement de l'adapter) le contrat sans plus de précision, l'article 1195 du Code civil lui donne le pouvoir discrétionnaire de refaire le contrat selon les critères qu'il choisit, telle l'équité ou l'opportunité économique. Certains auteurs voient toutefois des limites implicites à la révision (n° 75470).
Pour B. Merdacal, la latitude ainsi laissée au juge pourrait être remise en cause au regard des libertés garanties par la Constitution, la convention européenne des droits de l'Homme et la Charte des droits fondamentaux de l'Union européenne (cf. Réforme du droit des contrats Éd. Francis Lefebvre n° 624).

75500 Le juge dispose aussi d'une grande latitude pour **mettre un terme** au contrat puisqu'il fixe la date de fin du contrat et les conditions dans lesquelles celui-ci prend fin (C. civ. art. 1195, al. 2). Si le contrat a déjà été exécuté, il peut donc décider des restitutions dues, sans tenir compte des règles fixées en ce domaine par les articles 1352 s. du Code civil. Il lui incombe aussi de régler le sort des frais exposés par les parties lors de la négociation initiale du contrat.
Dans ce cas, l'acquéreur pourrait demander, auprès des services de la DGFiP, la restitution **des droits d'enregistrement** versés si la décision de résolution entre dans les prévisions de l'article 1961, al. 2 du CGI (n°s 30840 s.).

CHAPITRE 3

AUTRES EFFETS DE LA CESSION

SOMMAIRE

SECTION 1

SORT DES DIVIDENDES ET DES RÉSERVES

Les propriétaires de parts sociales et d'actions ont vocation aux bénéfices, qu'ils soient distribués sous forme de dividendes ou mis en réserve. La cession de parts ou d'actions entraîne donc le transfert au profit de l'acquéreur des droits aux dividendes et aux réserves attachés aux parts ou actions cédées. Encore faut-il déterminer à quel moment s'opère ce transfert. 76000
La question revêt, pour les parties à la cession, une importance particulière lors de la négociation puisque de l'existence et de l'attribution de ces dividendes et réserves dépendra, en partie, la valeur des parts et donc le prix de cession.

A. Sort des dividendes

Les dividendes peuvent se définir comme la part des bénéfices réalisés par la société qui, sur décision de l'assemblée annuelle, est distribuée aux associés. En cas de cession de parts sociales ou d'actions, la question se pose de savoir à qui, du cédant ou de l'acquéreur, doivent être versés les 76010 dividendes correspondant à des bénéfices déjà réalisés par la société mais que l'assemblée n'a pas encore décidé de distribuer (appelés fréquemment « **dividendes non échus** »). Le plus souvent, le contrat de cession précise leur sort ; à défaut, la réponse dépend du fait de savoir si le droit au dividende naît dès la **réalisation de bénéfices** par la société ou seulement à compter de la **décision** des associés **de les distribuer.**

ATTRIBUTION DES DIVIDENDES EN L'ABSENCE DE PRÉCISION DANS LE CONTRAT DE CESSION

76020 **Naissance du droit aux dividendes** C'est la **décision de l'assemblée générale de distribuer** tout ou partie des **bénéfices** réalisés au cours de l'exercice sous forme de dividendes qui confère à ceux-ci l'existence juridique (Cass. com. 23-10-1990 n° 1197 P : RJF 12/90 n° 1559 ; Cass. com. 28-11-2006 n° 04-17.486 FS-PBIR : RJDA 2/07 n° 152 ; Cass. com. 10-2-2009 n° 07-21.806 FS-PB : RJDA 5/09 n° 433 ; Cass. com. 18-12-2012 n° 11-27.745 F-PB : RJDA 5/13 n° 413 ; Cass. com. 4-2-2014 n° 12-23.894 F-D : RJDA 5/14 n° 433 ; Cass. com. 13-9-2017 n° 16-13.674 FS-PBI : RJDA 12/17 n° 804). En l'absence d'une décision de distribution, la société n'est donc pas débitrice de dividendes envers ses associés (Cass. com. 13-9-2017 n° 16-13.674 FS-PBI, précité).

> **Précisions** **a.** Le principe énoncé par la Cour de cassation en 1990 a mis fin à une longue période d'incertitudes et de controverses. Dans cet arrêt, la Haute juridiction en a déduit que la créance afférente à des dividendes n'existait pas à la date du décès d'un associé – et ne pouvait donc pas faire partie de l'actif successoral du défunt – dès lors que la décision de mise en distribution des dividendes de l'exercice clos avant le décès est intervenue après cet événement, rejetant ainsi le pourvoi de l'administration fiscale qui faisait valoir que les dividendes participent de la nature de **fruits civils** réputés s'acquérir jour par jour en application de l'article 586 du Code civil.
> **b.** Dans les **sociétés de personnes,** la règle fiscale selon laquelle les bénéfices sont imposables au nom de chaque associé à hauteur de ses droits dans le capital indépendamment de toute décision de distribution (CGI art. 8) est sans incidence sur la naissance de la dette de dividendes de la société à l'égard de ses associés (Cass. com. 13-9-2017 n° 16-13.674 FS-PBI, précité).

76025 **Titulaire du droit aux dividendes** Est bénéficiaire de la totalité des dividendes de l'exercice celui qui a la qualité d'associé dans les registres de la société au jour de cette décision (Cass. com. 9-6-2004 n° 904 F-D : RJDA 10/04 n° 1121 ; CA Rouen 23-5-2002 n° 00-4548, 2e ch. : RJDA 11/02 n° 1148 ; CA Paris 13-3-2012 n° 10-16731, ch. 5-8 : RJDA 11/12 n° 971).

Ainsi, lorsque la cession intervient avant la décision de l'assemblée de distribuer des dividendes, ceux-ci doivent être versés à l'**acquéreur** (CA Paris 15-11-1976, 3e ch., Sté française des pétroles British Petroleum c/ Sté lyonnaise des eaux et de l'éclairage : JCP G 1979 II n° 19129 note J. Evesque ; CA Rouen 23-5-2002 n° 00-4548, 2e ch., précité), peu important qu'ils se rapportent à des bénéfices réalisés à une époque où il n'était pas associé et ce, même lorsque le cédant n'a pas révoqué l'ordre de paiement des dividendes à son profit (CA Paris 15-11-1976, 3e ch., précité) ; corrélativement, les dividendes doivent être versés au **cédant** lorsque la décision collective est antérieure à la cession (CA Paris 13-3-2012 n° 10-16731, ch. 5-8, précité).

ILLUSTRATIONS

Dans un cas où, trois semaines après la cession de parts sociales, et alors que le gérant avait démissionné, celui-ci avait présidé une assemblée générale ordinaire décidant la distribution aux cédants des bénéfices réalisés par la société à la date de la cession pour un montant supérieur au prix de cession, il y a lieu de faire droit à la demande de l'acquéreur en remboursement des dividendes et de rendre inopposable à celui-ci la décision de distribution irrégulièrement prise après l'entrée en jouissance des parts. C'est en vain que les cédants font valoir que la cession n'était pas intervenue à la date figurant sur les actes de cession mais un mois après l'assemblée ; en effet, les éléments produits (SMS, e-mails, etc.) ne sont pas suffisamment probants, aucune conséquence ne peut être tirée du retard avec lequel les actes de cession ont été enregistrés et le prix de cession encaissé et le fait que les parts sociales aient été cédées à un prix inférieur au montant des bénéfices réalisés par la société ne prouve pas que la cession soit intervenue après cette date (CA Aix-en-Provence 20-7-2017 n° 15/06423 : RJDA 12/17 n° 812).

Soulignons que la **date de mise en paiement du dividende** est sans incidence.

76030 Si les dividendes ne sont pas des fruits civils, ils participent cependant de la nature de fruits (Cass. com. 5-10-1999 n° 1443 P : RJDA 1/00 n° 34 ; Cass. com. 5-12-2000 n° 2054 F-D : RJDA 3/01 n° 327 ; Cass. com. 28-11-2006 n° 04-17.486 FS-PBIR : RJDA 2/07 n° 152 ; Cass. com. 10-2-2009 n° 07-21.806 FS-PB : RJDA 5/09 n° 433). Il s'ensuit que, dans l'hypothèse où une **cession de parts sociales,** bien que parfaite entre les parties, n'a **pas encore** été rendue **opposable** à la société alors que celle-ci procède à une distribution de dividendes et les attribue au cédant, l'acquéreur peut se prévaloir de l'article 1614 du Code civil (aux termes duquel, depuis le jour de la vente, tous les fruits appartiennent à l'acquéreur) pour réclamer au cédant qu'il les lui restitue.

Sur le sort des droits financiers détachés de titres acquis sur un marché réglementé ou un SMN, voir n° 75015.

Traitement fiscal Il faut distinguer selon que la société distributrice est soumise à l'impôt sur les sociétés ou relève de l'impôt sur le revenu. 76040

Dans les sociétés **soumises à l'impôt sur les sociétés,** les dividendes sont imposés au nom de leur bénéficiaire (acquéreur ou cédant) dans les conditions suivantes.

Lorsque le **bénéficiaire** est une **société** ou une entreprise, les dividendes sont comptabilisés en produits (à recevoir) dès la décision de distribution et sont normalement inclus dans le résultat fiscal de l'exercice en cours à cette date.

Lorsque le bénéficiaire est une **personne physique,** l'article 158, 3-1°-al. 2 du Code général des impôts dispose que les revenus mobiliers, catégorie à laquelle appartiennent les dividendes, « sont soumis à l'impôt sur le revenu au titre de l'année soit de leur paiement en espèces ou par chèques, soit de leur inscription au crédit d'un compte ». La société versante doit par ailleurs opérer un prélèvement forfaitaire lors du paiement des dividendes (CGI art. 117 quater).

L'inscription au crédit d'un compte s'entend de l'inscription des dividendes au compte courant personnel de l'associé bénéficiaire, le Conseil d'État ayant en effet jugé à plusieurs reprises que l'inscription dans un compte collectif d'actionnaires « dividendes à payer » n'équivaut pas à un paiement effectif entraînant taxation (CE 8-11-1978 n° 4233 : RJF 12/78 n° 521 ; CE 15-1-1992 n° 111379 : RJF 3/92 n° 403, concl. M.-D. Hagelsteen p. 193 et chronique J. Turot p. 186 ; CE 15-4-2011 n° 310272 : RJF 7/11 n° 776, concl. P. Collin BDCF 7/11 n° 79).

Dans les **sociétés relevant de l'impôt sur le revenu,** telles les SNC, la situation est totalement différente. Ni la décision de distribution des bénéfices ni leur versement ne constituent un fait générateur d'imposition pour l'associé bénéficiaire. Cela tient au régime de translucidité fiscale de ces sociétés qui veut que les bénéfices soient imposés au nom des associés dès qu'ils sont réalisés, même s'ils ne sont pas immédiatement distribués. Les bénéfices sociaux étant considérés comme acquis à la date de clôture de l'exercice, seuls les associés présents dans la société à cette date sont en principe imposables sur la part à laquelle ils ont droit. En cas de cession de parts sociales en cours d'exercice, la quote-part de bénéfices attachée à ces parts est donc imposable en totalité entre les mains de l'acquéreur des parts.

ATTRIBUTION CONVENTIONNELLE DES DIVIDENDES

L'attribution des dividendes non échus à l'acquéreur n'est pas une règle d'ordre public. Lors de la cession, les parties peuvent convenir d'une **clé de répartition** différente. 76050

Elles peuvent par **exemple** prévoir que les dividendes afférents à l'exercice clos reviendront au cédant ou encore que les dividendes de l'exercice en cours seront répartis entre elles au prorata du temps pendant lequel chacune est restée associée. Elles peuvent aussi fixer une date à partir de laquelle l'acquéreur bénéficiera des dividendes (date d'entrée en jouissance), si bien que les dividendes reviendront au cédant si la décision de distribution intervient avant cette date. Pour un exemple, voir CA Paris 6-5-1993 n° 91-21958, analysé n° 76080.

Il convient néanmoins d'attirer l'attention sur les **conséquences fiscales** d'une telle organisation contractuelle (n°s 76070 s.).

Signalons que, avant la dématérialisation des valeurs mobilières, la pratique recourait aux expressions « coupon attaché » ou « coupon détaché » selon que les dividendes devaient ou non revenir à l'acquéreur.

Conformément aux règles du droit commun d'**interprétation** du contrat par les juges, la **clause** dont les termes sont clairs et précis doit recevoir application, sauf renonciation expresse, tandis que la clause ambiguë est appréciée souverainement par les juges du fond. Les parties à la cession ont donc tout intérêt à fixer les termes de la clause avec précision afin que ceux-ci soient en adéquation avec l'objectif poursuivi. 76055

ILLUSTRATIONS

L'**actionnaire** d'une SA qui a **cédé** ses actions nominatives **après la décision** de l'assemblée générale **de distribuer les dividendes** de l'exercice clos **mais avant la mise en paiement** de ceux-ci ne peut pas soutenir qu'en raison du silence de l'acte de cession sur le sort de ces dividendes, ces derniers sont exclus de la cession et doivent lui revenir, dès lors que les **bordereaux de transfert des actions,** établis par l'intéressé et permettant de rendre la cession opposable aux tiers, précisent que les titres ont été cédés avec les droits qui s'y trouvaient attachés.

Cass. com. 11-3-1986, Sté CISI c/ Sté Delaroche : Bull. Joly 1986 p. 506 note W. Le Bras.

L'**acte de cession** de parts sociales **prévoyant** que l'**acquéreur** n'aurait **droit aux bénéfices** afférents aux parts cédées qu'**à compter du jour de la cession** ne dérogeant pas au principe selon lequel le droit aux dividendes appartient à celui qui est associé au jour de la décision de l'assemblée générale de distribuer tout ou partie des bénéfices réalisés au cours de l'exercice, un associé qui a cédé ses parts un mois avant la fin d'un exercice n'est pas fondé à invoquer ces dispositions de l'acte pour demander le paiement de la part des dividendes à raison de sa participation dans le capital de la société durant les onze premiers mois de l'exercice en cause.

Cass. com. 9-6-2004 n° 904 F-D : RJDA 10/04 n° 1121.

Le simple fait que la **décision de distribuer un dividende** soit **antérieure à la cession** des actions **réalisée le même jour** ne suffit pas à écarter la volonté des parties à la cession de conclure un transfert « **coupon attaché** » et, par suite, la distribution du dividende correspondant aux actions ainsi cédées doit être portée au crédit du compte de l'acquéreur.

CA Paris 11-5-1993 n° 92-25, 25e ch. A.

C'est à tort qu'un associé, qui avait cédé ses parts avant la décision de distribution de dividendes correspondant aux bénéfices de cinq exercices durant lesquels il avait été associé, se prévaut, pour profiter de celle-ci, d'une **clause des statuts et de l'acte de cession** de parts prévoyant que les acquéreurs auront « seuls droit aux dividendes susceptibles d'être attribués au titre de l'exercice en cours », dès lors que cette clause ne règle pas le **sort des dividendes** afférents aux années antérieures, **distribués après la cession.**

CA Rouen 23-5-2002 n° 00-4548, 2e ch. : RJDA 11/02 n° 1148.

L'acte de cession des actions d'une société ayant fixé rétroactivement la date d'**entrée en jouissance de l'acquéreur au premier jour de l'exercice au cours duquel les actions ont été cédées,** le cédant n'a pas **droit aux dividendes afférents à l'exercice précédent.** En effet, l'assemblée a décidé de distribuer les dividendes après la date d'entrée en jouissance des actions et ils appartiennent donc à l'acquéreur. C'est en vain que le cédant soutient qu'en fixant le droit de jouissance de l'acquéreur au premier jour de l'exercice de la cession, les parties ont eu l'intention de ne faire bénéficier celui-ci que des dividendes de cet exercice et non de ceux de l'exercice précédent.

CA Paris 13-3-2012 n° 10-16731, ch. 5-8 : RJDA 11/12 n° 971.

76060 Pour que la **répartition** conventionnelle des dividendes soit **opposable à la société,** celle-ci doit en être informée. À défaut, la société est valablement fondée à verser les dividendes à celui qui est désigné comme associé dans ses registres.

> **Précisions a.** Pour un exemple où, la **cession des actions** ayant été **annulée,** la société qui n'en avait pas été informée avait versé les dividendes à l'acquéreur, voir Cass. com. 8-3-1983 n° 248 : n° 30770.
>
> **b.** Lorsque les parties sont convenues d'une **date d'entrée en jouissance différée,** rien ne leur interdit, pour que le dividende soit versé directement au cédant, de retarder l'exécution des formalités rendant la cession opposable à la société (en ce sens, Communication Ansa, comité juridique n° 2696-2 du 1-12-1993).

76070 **Traitement fiscal** Selon la Cour de cassation, l'**attribution au cédant d'une fraction des bénéfices de l'exercice** de cession, avant la clôture de l'exercice et avant la décision des associés statuant sur les comptes, ne constitue pas une distribution de dividendes mais un **élément du prix de cession** des droits sociaux qui doit, par suite, être soumis au **droit de mutation** (Cass. com. 28-11-2006 n° 04-17.486 FS-PBIR : RJF 3/07 n° 357). Voir à ce sujet n°s 41540 s.

Transposée en matière d'**impôts directs,** l'analyse de la Cour conduit à considérer que les dividendes afférents à l'exercice de cession attribués au cédant ne sont pas imposables entre ses mains mais au nom de l'acquéreur, soit en tant que revenus mobiliers (société soumise à l'IS), soit en tant que bénéfices professionnels (société relevant de l'IR). Dès lors qu'elle constitue un élément du prix des titres, la rétrocession par l'acquéreur à l'associé cédant d'une quote-part du bénéfice de l'exercice de cession doit en effet être regardée comme une utilisation du revenu correspondant. Le montant de la plus-value ou moins-value réalisée par le cédant s'en trouve corrélativement augmenté ou diminué d'autant.

Le Conseil d'État a validé cette analyse dans un cas de cession de parts de **société de personnes.** S'opposant à la répartition prorata temporis des résultats entre les associés présents à la clôture de l'exercice et l'associé sortant, il a jugé que les stipulations d'un acte antérieur à la clôture de l'exercice, par lequel les nouveaux associés ont accepté que les bénéfices de l'exercice soient réservés aux anciens associés, ne régissent que les relations entre les parties et n'ont aucune incidence sur la règle d'imposition des seuls associés présents à la clôture de l'exercice. L'administration est donc fondée à imposer ces bénéfices entre les mains des seuls associés présents à la clôture de l'exercice (CE 28-3-2012 n° 320570 : RJF 6/12 n° 616). Autrement dit, la rétrocession conventionnelle de tout ou partie du bénéfice au cédant représente bien pour l'acquéreur une affectation du bénéfice lui revenant au paiement du prix des parts.

Lorsque, à l'inverse du cas précédent, une **convention** de répartition des dividendes **attribue à l'acquéreur des titres d'une société soumise à l'IS des dividendes dont la distribution a été décidée avant** la cession, cette convention devrait à notre avis être opposable à l'administration fiscale. Par conséquent, ces dividendes devraient être imposés au nom de l'acquéreur. **76075**

Si l'acquéreur est une société qui peut prétendre à la qualité de **société mère** au sens de l'article 145 du Code général des impôts, cette société est à notre avis en droit d'opter pour le régime d'**exonération** des dividendes reçus d'une filiale (CGI art. 216). En effet, le bénéfice de ce régime est subordonné à la détention d'un pourcentage minimal de participation de 5 % qui, aux termes mêmes de l'article 145 précité, s'apprécie à la date de mise en paiement des dividendes et non pas à la date de leur mise en distribution (cf. pour une prise de position en ce sens, J.-C. Parot, Fiscalité de la cession d'entreprise : Banque éditeur, p. 307).

ATTRIBUTION DES ACOMPTES SUR DIVIDENDES

Les articles L 232-12 et R 232-17 du Code de commerce reconnaissent aux **dirigeants** de sociétés commerciales la faculté de décider, sous certaines conditions (notamment que la société ait réalisé un bénéfice depuis la clôture de l'exercice précédent), la distribution d'acomptes sur dividendes avant que l'assemblée annuelle des associés ou actionnaires n'ait approuvé les comptes et décidé de l'affectation définitive des bénéfices. Ces acomptes obéissent, en cas de cession de parts ou d'actions, aux mêmes règles que les dividendes : les associés ou actionnaires ont un droit acquis aux dividendes dès que leur distribution est décidée par l'organe compétent pour prendre cette décision et ce sont donc les personnes associées ou actionnaires de la société à la date où le dirigeant décide la **distribution** qui doivent percevoir les acomptes sur dividendes (CA Paris 6-5-1993 n° 91-21958, 1e ch. C : Bull. Joly 1993 p. 737 n° 215 note A. Couret). **76080**

En conséquence, lorsque la cession des titres intervient après la distribution des acomptes, mais avant la décision des associés d'approbation des comptes et d'affectation du résultat, l'**acquéreur** ne peut pas, sauf volonté des parties exprimée dans l'acte de cession, **demander au cédant la restitution des acomptes** que celui-ci a perçus antérieurement à la cession et qui lui sont définitivement acquis (en ce sens, Bull. CNCC septembre 1994 p. 577). Les droits de l'acquéreur pour cet exercice sont donc établis sur la base du dividende de l'exercice diminué de l'acompte déjà versé au cédant. La CNCC rapproche ce cas de celui où la situation de la société, florissante au moment de la décision de distribution d'acomptes, se dégrade au point que les résultats de l'exercice sont déficitaires, cas dans lequel les acomptes régulièrement versés ne peuvent pas être considérés comme des dividendes fictifs et échappent donc à toute restitution en faveur de la société (cf. C. com. art. L 232-17).

> **Précisions** **a.** Lorsque le **transfert de jouissance d'actions** faisant l'objet d'une cession a été **fixé à une date postérieure à la décision de distribution** d'acomptes sur dividendes, ces acomptes appartiennent aux actionnaires qui ont conservé la jouissance des actions au jour de la décision de distribution (CA Paris 6-5-1993, précité).
> **b.** Sur le recours de l'acquéreur contre le cédant dans l'hypothèse où une **cession** de parts sociales, bien que parfaite entre les parties, n'a **pas encore été rendue opposable** à la société alors que celle-ci procède à une distribution d'acomptes sur dividendes et les attribue au cédant, voir n° 76030.

ATTRIBUTION DES DIVIDENDES MAJORÉS

Dans les **sociétés par actions,** les statuts peuvent prévoir l'attribution d'un dividende majoré aux actionnaires qui justifient d'une inscription nominative depuis deux ans au moins (C. com. art. L 232-14). En cas de cession des actions, le droit au dividende majoré n'est pas transmis à l'**acquéreur,** car celui-ci, par définition, ne remplit pas la condition de détention des actions depuis au moins deux ans. **76090**

Bien entendu, à l'issue d'un délai de deux ans à compter de la date à laquelle la cession est rendue opposable à la société, l'acquéreur aura droit au dividende majoré.

Lorsqu'un **actionnaire,** qui **détient des actions dont certaines donnent droit au dividende majoré** et les autres non en raison d'une détention d'une durée insuffisante, **en cède une partie,** la cession doit, à notre avis, être réputée porter, à défaut de précision contraire, en priorité sur les actions acquises le plus récemment, le cédant conservant ainsi le droit à majoration pour les actions dont il reste titulaire (dans le même sens, J.-Cl. Delvaux, Le dividende majoré, solutions proposées à quelques problèmes pratiques : JCP E 1994 n° 414 ; Y. Guyon, La loi du 12 juillet 1994 sur le dividende majoré : Rev. sociétés 1995 p. 5). **76095**

Cette imputation, qui fait application de la règle « last in, first out » (« dernier entré, premier sorti »), est conforme au principe général qui favorise le droit le plus ancien (« prior tempore, potior jure »). Elle mérite, par prudence, d'être précisée dans les statuts (en ce sens, Y. Guyon, précité).

SORT DES DIVIDENDES EN CAS D'ANNULATION DE LA CESSION

76110 En cas d'annulation de la cession, l'acquéreur est rétroactivement privé de tous droits sur les titres concernés. Les règles de **restitution des dividendes** à la suite de l'annulation sont précisées nos 30760 s.

B. Sort des réserves

76150 Les réserves sont des sommes prélevées sur les bénéfices et affectées à une destination déterminée ou, tout simplement, conservées à la disposition de la société. Les réserves n'ont pas la nature de fruits. En effet, les bénéfices réalisés par une société ne participent de la nature des fruits que lors de leur attribution sous forme de dividendes, lesquels n'ont pas d'existence juridique avant l'approbation des comptes de l'exercice par l'assemblée générale, la constatation par celle-ci de l'existence de sommes distribuables et la détermination de la part qui est attribuée à chaque associé (Cass. com. 10-2-2009 n° 07-21.806 FS-PB : RJDA 5/09 n° 433 ; Cass. com. 14-12-2010 n° 09-72.267 F-D : RJDA 2/11 n° 147 ; Cass. com. 18-12-2012 n° 11-27.745 F-D : RJDA 5/13 n° 413). Les bénéfices distribuables qui ne sont pas attribués à la suite de la constatation de leur existence, mais sont mis en réserve, constituent un accroissement de l'**actif social** (Cass. 1e civ. 22-6-2016 n° 15-19.471 F-PB : RJDA 10/16 n° 690) et prennent la nature d'éléments d'actif. Ayant le caractère d'actif social, les réserves appartiennent en principe au propriétaire des parts ou actions ou, le cas échéant, à leur nu-propriétaire (Cass. 1e civ. 22-6-2016 n° 15-19.471 F-PB précité).

En cas de cession de parts ou d'actions, le cédant transmet donc à l'acquéreur la **vocation** qu'il a à **percevoir** sa part des réserves et le prix de cession convenu par les parties tient généralement compte de l'existence de celles-ci.

ILLUSTRATIONS

La transmission du droit aux réserves justifie un prix de cession des titres supérieur à leur valeur nominale ; le cédant de parts sociales ayant un nominal de 1 000 F (environ 150 €) qui a cédé celles-ci 1 500 F chacune (environ 230 €) ne peut pas valablement demander en justice sa part des bénéfices mis en réserve depuis l'époque où il est devenu associé jusqu'à la cession (T. com. Seine 7-5-1954 : D. 1954 p. 468).

Les associés étant autorisés à **distribuer** certaines réserves, le problème de leur attribution peut se poser en cas de cession de parts ou actions.

Sauf convention contraire, elles sont attribuées par la société à celui de l'acquéreur ou du cédant qui a la qualité d'associé dans les registres de la société au jour de la décision de distribution.

Lorsque, en l'absence de bénéfice suffisant à la clôture d'un exercice, les associés décident la distribution de sommes prélevées sur les réserves dont ils ont la disposition pour constituer un dividende (cf. C. com. art. L 232-11, al. 2), les sommes sont pareillement attribuées à celui qui est titulaire des titres dans les registres de la société au jour de la décision de distribution.

En cas de cession de parts ou actions, les dividendes ainsi prélevés sur les réserves doivent donc à notre avis être affectés de la même manière que les dividendes prélevés sur le bénéfice de l'exercice (nos 76020 s.).

SECTION 2 SORT DU DROIT DE VOTE

A. Transfert du droit de vote à l'acquéreur

PRINCIPE

77000 Tout associé a le **droit de participer aux décisions collectives,** aucune disposition statutaire ne pouvant y déroger (C. civ. art. 1844, al. 1 et 4 applicables à toutes les formes de sociétés et C. com. art. L 223-28, al. 1 et 5 pour les SARL).

77005 La cession de parts ou d'actions conférant à l'acquéreur la qualité d'associé, le droit de participer aux décisions collectives, et donc le droit de vote, est transféré à l'acquéreur. Ce droit est en effet un droit fondamental dont l'**associé** ne peut être **privé** que par une **disposition légale expresse** (Cass. civ. 7-4-1932, K. c/ Sté de filature et de tissage de Ligugé : DP 1933 I p. 153 note P. Cordonnier ; Cass. com. 9-2-1999 n° 398 P : RJDA 5/99 n° 566 ; Cass. com. 23-10-2007 n° 06-16.537 FS-PB : RJDA 1/08 n° 50 ; voir aussi CA Paris 7-3-2003 n° 02-2216, 25e ch. A : RJDA 10/03 n° 967). La Cour de cassation a ainsi censuré l'arrêt de la cour d'appel de Poitiers qui avait admis la validité d'une clause des statuts soumettant le droit pour les acquéreurs d'actions de voter aux assemblées générales à l'**agrément du conseil d'administration** (Cass. civ. 7-4-1932, précité).

En cas d'acquisition de titres inscrits aux négociations sur un marché réglementé, des restrictions légales au droit de vote sont prévues en cas de non-respect de certaines obligations, notamment en cas de défaut de déclaration d'un franchissement de seuil (nos 86080 s.) ou en cas de défaut de dépôt d'une offre publique obligatoire (nos 87235 s.).

Les **parties** ne peuvent pas **convenir** à l'acte de cession **que le cédant continuera à exercer le droit de vote** attaché aux titres cédés. 77010

ILLUSTRATIONS

A été annulé l'acte de cession des actions d'une société comportant une clause selon laquelle l'acquéreur donnait au cédant mandat irrévocable, jusqu'au décès de celui-ci, d'exercer en ses lieu et place tous les droits conférés à l'actionnaire par la pleine propriété des actions faisant l'objet de la vente et, notamment, de gérer et d'administrer la société au moyen de la majorité résultant de cette vente ; un tel mandat privait en effet l'acquéreur de ses droits essentiels et notamment de sa liberté de vote, laquelle ne pouvait pas être considérée comme rétablie par le compte rendu annuel de sa mission auquel s'engageait le cédant envers l'acquéreur (Cass. com. 17-6-1974 : Gaz. Pal. 1975 p. 127).

De même, les parties ne peuvent pas convenir que l'acquéreur n'aura pas le droit de vote tant que les titres ne seront pas intégralement payés. Certes, un arrêt de 1937 (Cass. req. 8-12-1937 : Journ. sociétés 1938 p. 357 note H. Bosvieux) avait retenu la solution inverse, mais à une époque où le droit de participer aux décisions collectives n'était pas encore expressément affirmé par les textes et alors que les actions en cause, qui étaient matérialisées, avaient été déposées chez un notaire jusqu'à parfait paiement du prix. La solution était en outre déjà critiquée par la doctrine de l'époque (note précitée).

Dans le cas particulier où le cédant reste associé, les parties à la cession ont la faculté d'établir entre elles des **conventions de vote,** dès lors que celles-ci n'aboutissent pas à dépouiller intégralement l'une des parties de son droit de vote.

EFFETS DU TRANSFERT DU DROIT DE VOTE

Le droit de vote appartient à l'acquéreur dès que la cession est opposable à la société : en effet, à l'égard de celle-ci, ce n'est qu'à partir de ce moment que l'acquéreur devient associé. 77020

C'est donc celui qui, à la date de l'assemblée, a la qualité d'associé dans les registres de la société ou, le cas échéant, dans un dispositif d'enregistrement électronique partagé, telle une blockchain, qui vote (sous réserve de pouvoir justifier de sa qualité d'associé dans les conditions requises par les textes ; sur cette question, voir Mémento Assemblées générales nos 42900 s.), même si la décision à prendre concerne des événements antérieurs à l'arrivée de l'acquéreur dans la société (par exemple, approbation des comptes).

ILLUSTRATIONS

L'assemblée générale d'une SARL ne peut être tenue qu'entre les associés régulièrement porteurs de parts au jour de cette assemblée. Par suite, l'acquéreur des parts d'une SARL, porteur régulier de celles-ci par l'effet de la signification de la cession à la société un mois avant l'assemblée, est seul habilité à voter à cette assemblée ayant pour objet l'**approbation des comptes des cinq exercices antérieurs** à la cession.

CA Paris 10-5-1984, 3e ch. B : Navis Droit des affaires, jurisprudence.

Il découle des articles 56 et 58 de la loi du 24 juillet 1966 (C. com. art. L 223-26 et L 223-28) et de l'article 38 du décret du 23 mars 1967 (C. com. art. R 223-20) que, pour participer aux assemblées générales et y voter, il faut avoir la qualité d'associé, propriétaire des parts sociales à la date de la convocation. Par suite, l'associé qui a **cédé ses parts entre la date de clôture d'un exercice et l'assemblée devant statuer sur les comptes** de cet exercice n'est pas fondé à demander l'annulation de l'assemblée pour ne pas y avoir été convoqué, dès lors qu'à la date de cette assemblée il n'avait plus la qualité d'associé, peu important que l'**assemblée statue sur des comptes clos alors qu'il était encore associé.**

T. com. Paris 25-2-1992, 2e ch., P. c/ Sté TV 21 : Dr. sociétés 1992 n° 127.

> **Précisions** L'inscription d'actions non admises aux opérations d'un dépositaire central dans un dispositif d'enregistrement électronique partagé telle une **blockchain** tient lieu d'inscription en compte (C. com. art. L 228-1 et C. mon. fin. art. L 211-3).

B. Cas particulier des actions à droit de vote double ou multiple

SORT DES DROITS DE VOTE DOUBLE OU MULTIPLE DANS LES SA ET SCA

77050 Dans les SA et les SCA, un **droit de vote double** est attaché à **toutes les actions nominatives entièrement libérées,** inscrites au nom d'un même titulaire depuis deux ans au moins, dans les cas suivants :
– dans les SA et SCA dont les actions sont admises aux négociations sur un marché réglementé, sauf clause contraire des statuts adoptée après le 29 mars 2014 (date de la loi 2014-384 ayant institué cette règle) (C. com. art. L 22-10-46) ;
– dans les autres SA et SCA si les statuts l'attribuent (C. com. art. L 225-123, al. 1).
Ce droit de vote double cesse de plein droit en cas de transfert « en propriété » (C. com. art. L 225-124, al. 1) : il cesse donc en cas de cession d'actions puisque celle-ci emporte transfert de propriété de ces dernières (voir n°s 75010 s.).

77055 À l'issue d'un délai de deux ans à compter de la cession (ou d'un délai plus long si les statuts le prévoient), l'**acquéreur** bénéficiera à son tour du droit de vote double. En effet, à partir du moment où le droit de vote double existe, tout actionnaire répondant aux conditions requises peut en bénéficier.

77060 Lorsqu'un **actionnaire,** qui **détient des actions dont certaines donnent droit de vote double** et les autres non en raison d'une durée de détention insuffisante, **en cède une partie,** les cessions doivent, à notre avis, être réputées porter, à défaut de précision contraire, en priorité sur les actions acquises le plus récemment car cette imputation est conforme à l'intérêt du cédant qui conserve ainsi le **droit** de vote double pour les actions dont il reste **titulaire.** Cette imputation va dans le sens du principe général qui favorise le droit le plus ancien (« prior tempore, potior jure »). Elle mérite, par prudence, d'être précisée dans les statuts.

77062 **Actions de préférence** Les SA et les SCA peuvent émettre des actions de préférence dont les droits sont définis par les statuts (C. com. art. L 228-11, al. 1).

77063 Les **actions** de préférence **non admises** aux négociations **sur un marché** réglementé ou sur un SMN **et émises depuis le 24 mai 2019** (cf. Loi 2019-486 du 22-5-2019, art. 100, II) ne sont pas soumises aux dispositions des articles L 225-122 à L 225-125 du Code de commerce (art. L 228-11, al. 1, a contrario). Il est donc possible dans les SA et SCA de conférer à ces actions un droit de vote multiple ou encore un droit de vote double sans avoir à respecter les conditions prévues par l'article L 225-123 du Code de commerce, notamment la condition de détention des actions depuis deux ans. En cas de cession des actions, le droit de vote double ou multiple qui leur est attaché appartient, comme en cas de vote simple, à l'acquéreur selon les règles exposées n°s 77000 s., sauf stipulation contraire des statuts.

77064 Les droits attachés aux **actions** de préférence **admises** aux négociations **sur un marché** réglementé ou sur un SMN (C. com. art. L 228-11, al. 1) et aux actions de préférence **émises avant le 24 mai 2019** (cf. Loi 2019-486 du 22-5-2019 art. 100, II) doivent être définis par les statuts « dans le respect des dispositions des articles (...) L 225-122 à L 225-125 » du Code de commerce (C. com. art. L 228-11, al. 1). Ces actions peuvent donc être assorties d'un droit de vote double – mais pas multiple puisque l'article L 225-123 du Code de commerce, dont l'article L 228-11 impose le respect, ne vise que le droit de vote double. Les conditions posées par l'article L 225-123 s'imposent alors : actions entièrement libérées dont le propriétaire justifie d'une inscription nominative depuis au moins deux ans. En cas de cession des actions, le droit de vote double cesse pour les raisons exposées n° 77050.

SORT DES DROITS DE VOTE DOUBLE OU MULTIPLE DANS LES SAS

77065 Comme toute société par actions, une SAS peut créer des actions de préférence. Pour les actions de préférence créées depuis le 24 mai 2019, la **SAS** n'a pas à respecter les dispositions relatives au droit de vote double prévues par les articles L 225-123 et L 225-124 du Code de commerce (C. com. art. L 228-11 ; Loi 2019-486 du 22-5-2019, art. 100, II). Selon nous, la création d'actions de préférence par les SAS avant cette date n'était pas non plus soumise à ces dispositions, celles-ci étant expressément exclues du régime des SAS par l'article L 227-1, al. 3 du même Code.

S'il est accordé un droit de vote double – ou multiple puisque la limite à un droit de vote double de l'article L 225-123 ne s'applique pas – à tout ou partie des actions de la SAS, il suivra, en cas de cession des actions, le même sort que le droit de vote simple (voir n°s 77000 s.), sauf stipulation différente des statuts de la société.

Indépendamment de la faculté de créer des actions de préférence à droit de vote double ou multiple, les statuts peuvent **attribuer** à certains **associés** (par exemple, aux fondateurs ou à une société contrôlée par l'un d'eux) un **nombre de voix différent** de celui accordé aux autres. Il convient alors de préciser le sort de ce droit de vote multiple en cas de transfert de propriété des actions auxquelles il est attaché. En pratique, il est souvent prévu que le transfert de propriété des actions fait perdre à l'action ce droit de vote multiple. 77100

SECTION 3

SORT DES TITRES NON INTÉGRALEMENT LIBÉRÉS

Chaque associé est débiteur envers la société de tout ce qu'il a promis de lui apporter (C. civ. art. 1843-3, al. 1 applicable à toutes les formes de sociétés). Il en résulte que la libération des titres est une obligation inhérente à la qualité d'associé. Mais, dans de nombreux cas, la libération intégrale n'a pas à être effectuée immédiatement, la **société** demeurant **créancière** du **montant non versé** lors de la souscription des titres. 77500

En principe, la cession de droits sociaux non intégralement libérés est possible. La créance de la société demeure alors et la loi précise, dans certaines formes de sociétés, qui sont les débiteurs de l'obligation.

A. Cession d'actions non intégralement libérées

1. VALIDITÉ DE LA CESSION D'ACTIONS NON ENTIÈREMENT LIBÉRÉES

Dans les sociétés par actions (SA, SCA et SAS), les **actions de numéraire** peuvent être libérées de la moitié de leur valeur nominale seulement au moment de leur souscription lors de la **constitution de la société** (C. com. art. L 225-3, al. 2 et L 225-12 pour les SA ; mêmes art. sur renvoi des art. L 226-1, al. 2 et L 227-1, al. 3 pour les SCA et les SAS) et du quart en cas d'**augmentation de capital** (C. com. art. L 225-144, al. 1 pour les SA et, sur renvoi des art. L 226-1, al. 2 et L 227-1, al. 3, pour les SCA et les SAS). 77510

Lorsque les actions ne sont pas intégralement libérées immédiatement, le surplus doit être versé dans un délai maximum de cinq ans à compter de l'immatriculation de la société au RCS en cas de constitution (C. com. art. L 225-3, al. 2) ou du jour où l'opération est devenue définitive en cas d'augmentation du capital (C. com. art. L 225-144, al. 1). 77515

Les actions de numéraire qui ne sont pas libérées intégralement au moment de l'émission doivent revêtir la forme nominative et demeurer sous cette forme jusqu'à leur entière libération (C. com. art. L 228-9, al. 1). À défaut, ces actions peuvent être annulées (art. L 228-9, al. 2).

La cession des actions non intégralement libérées est possible puisque la loi organise le sort de la créance de la société en cas de changement de propriétaire des actions. La question se pose alors de savoir qui du cédant ou de l'acquéreur doit payer le solde à la société. 77520

> **Précisions** Par exception :
> – les actions émises dans le cadre d'une **augmentation de capital réservée aux adhérents à un plan d'épargne d'entreprise** ne sont cessibles qu'après avoir été intégralement libérées (C. com. art. L 225-138-1, 6°) ;
> – les actions de numéraire émises à la suite d'une **augmentation de capital résultant** pour partie d'une **incorporation** de réserves, bénéfices ou primes d'émission et pour partie d'un **versement en espèces** doivent être intégralement libérées lors de leur souscription (C. com. art. L 228-7, al. 1). Signalons que dans un cas où l'assemblée générale d'une SA avait, par une première résolution, créé des actions nouvelles que les actionnaires devaient souscrire en espèces et pouvaient libérer partiellement et, par une seconde résolution, décidé l'incorporation de réserves au capital, il a été jugé que les actionnaires n'avaient pas entendu se placer sous le régime de l'article L 228-7 précité et que la libération intégrale des actions ne s'imposait donc pas (CA Paris 17-1-2008 n° 06-20658 : RJDA 6/08 n° 678).

2. DÉBITEUR DE LA FRACTION NON LIBÉRÉE DES ACTIONS CÉDÉES

77540 Le paiement des versements complémentaires incombe en principe au propriétaire actuel de l'action, c'est-à-dire à celui qui a la qualité d'actionnaire au moment où le versement devient exigible (cf. C. com. art. L 228-28, al. 1 et 2).

L'**acquéreur** est donc tenu du paiement, à **condition** toutefois que la cession ait été rendue opposable à la société.

ILLUSTRATIONS

Dans un cas où les titres cédés n'étaient pas intégralement libérés et où la société avait été déclarée par la suite en liquidation des biens, il a été jugé que l'acquéreur n'était pas tenu de verser au syndic la partie non libérée des titres dès l'instant que la cession n'avait pas été inscrite sur les registres de la société (CA Paris 19-3-1981, 3e ch. B : BRDA 9/81 p. 9).

77545 Toutefois, le **cédant** reste tenu du montant non libéré des actions ; en effet, l'article L 228-28, al. 1 du Code de commerce prévoit que le **souscripteur et les acquéreurs successifs** sont tenus, avec le propriétaire actuel, de ce montant.

Néanmoins, les acquéreurs et cédants successifs ne demeurent tenus que jusqu'à l'expiration d'un **délai** de deux ans après la date à laquelle les actions ont été virées de leur compte à celui de l'acquéreur (C. com. art. L 228-28, al. 3). Lorsque les actions sont inscrites dans un dispositif d'enregistrement électronique partagé, telle une blockchain, le délai de deux ans court à notre avis à compter de l'inscription modificative résultant du transfert des actions dans ce dispositif (cf. C. com. art. L 228-1 et C. mon. fin. art. L 211-3, al. 2).

77550 **Pendant ce délai,** le paiement des versements complémentaires peut être demandé indifféremment au cédant ou à l'acquéreur, voire même aux anciens propriétaires des actions si, à leur égard, le délai n'est pas expiré, sans qu'il y ait d'ordre à respecter, chacun d'eux étant **garant solidaire** des autres à l'égard de la société (C. com. art. L 228-28, al. 1).

ILLUSTRATIONS

D'anciens actionnaires d'une société ont été condamnés à payer le montant non libéré des actions qu'ils avaient cédées, la confusion des patrimoines de la société et des sociétés acquéreurs de leurs actions et le prononcé commun de leur redressement puis de leur liquidation judiciaire étant sans incidence sur l'action en paiement de la fraction non libérée dudit capital dirigée contre eux par le liquidateur, puisqu'ils étaient tenus solidairement au paiement de celle-ci (Cass. com. 26-5-1999 n° 1076 P : RJDA 8-9/99 n° 948).

Signalons que le véritable souscripteur dissimulé derrière un prête-nom peut être poursuivi si la preuve de la convention de prête-nom est apportée (Cass. req. 8-8-1876 : D. 1878 I p. 131), la société pouvant aussi s'en tenir à l'acte apparent et réclamer au prête-nom le versement des sommes restant dues (CA Nancy 25-11-1988, 2e ch. : BRDA 18/89 p. 19 ; CA Versailles 27-9-1990, 13e ch. : Bull. Joly 1990 p. 1033, Navis Droit des affaires, jurisprudence).

77555 La personne qui a désintéressé la société peut se retourner, pour le tout, contre les titulaires successifs de l'action, la charge définitive de la dette incombant au dernier titulaire des actions (C. com. art. L 228-28, al. 2) : ainsi, le cédant qui a payé dispose d'un **recours** contre son acquéreur ou contre les anciens propriétaires des actions s'ils ont eux-mêmes cédé leurs actions depuis moins de deux ans ; ces derniers, s'ils ont payé la société, peuvent se retourner contre les acquéreurs et cédants successifs. En revanche, le dernier acquéreur ne peut pas se retourner contre les anciens propriétaires ni contre son cédant, sauf à démontrer qu'il a été victime d'un vice du consentement (CA Paris 10-1-1991 : n° 75270).

CONSEIL

Il est vivement recommandé aux parties d'aborder la question de la libération des actions et de déterminer la somme qui restera à ce titre à la charge de l'acquéreur pour en tenir compte dans la fixation du prix de cession.

77560 **À l'issue du délai** de deux ans, le cédant cesse en principe d'être tenu des versements non encore appelés. Ce délai court à compter du virement du compte de valeurs mobilières du cédant à celui de l'acquéreur (C. com. art. L 228-28, al. 3), ou, le cas échéant, de l'inscription modificative résultant de la cession dans un dispositif d'enregistrement électronique partagé, telle une blockchain (n° 77545).

ILLUSTRATIONS

Un actionnaire ne peut pas se prévaloir de la cession de ses actions intervenue plus de deux ans auparavant pour échapper au paiement du montant non libéré des actions qu'il a cédées, dès lors qu'il ne rapporte pas la preuve que la cession a bien été réalisée il y a plus de deux ans, cette

preuve ne pouvant résulter, à l'égard des tiers et de la société, que de l'inscription de la cession sur les registres de la société, et non de la demande adressée à la société en vue de cette inscription, ni de la signature du bordereau de cession (CA Paris 2-4-1979, 3e ch. : Bull. Joly 1979 p. 288).
Les actionnaires d'une SA doivent être condamnés au paiement de la fraction non libérée du capital à proportion du nombre d'actions détenues par chacun d'eux déterminé par la liste initiale des actionnaires annexée aux statuts au moment de la création de la société, dès lors qu'à supposer que cette répartition ait été modifiée par une ou plusieurs cessions d'actions intervenues par la suite, les cédants ne seraient dégagés de leur obligation de libérer le capital qu'au terme d'un délai de deux ans à compter du virement des titres au compte de valeurs mobilières de l'acquéreur et qu'il n'est allégué par aucune des parties que de telles cessions auraient été ainsi enregistrées depuis plus de deux ans (CA Paris 4-7-1997 n° 95-2736, 3e ch. B).

Toutefois, le cédant reste tenu si la cession est entachée de **fraude** (CA Colmar 20-1-1938, ch. de Metz : Gaz. Pal. 1938 I p. 561). Dans cette affaire, la cour d'appel a jugé que le cédant restait tenu, à l'issue du délai, de l'obligation de libérer les actions car il avait cédé ses parts à une personne qu'il savait insolvable, dans le seul but de faire courir le délai et d'être, à terme, déchargé de toute obligation.

B. Cession de parts sociales non intégralement libérées

1. CESSION DE PARTS DE SARL NON INTÉGRALEMENT LIBÉRÉES

VALIDITÉ DE LA CESSION DE PARTS DE SARL NON INTÉGRALEMENT LIBÉRÉES

Les parts sociales représentatives d'apports en numéraire peuvent n'être libérées que du cinquième de leur montant lors de la **constitution de la société** (C. com. art. L 223-7, al. 1) et du quart en cas d'**augmentation de capital** (C. com. art. L 223-32, al. 1). La libération du surplus doit intervenir, en une ou plusieurs fois, dans un délai de cinq ans à compter de l'immatriculation de la société au RCS en cas de constitution (C. com. art. L 223-7, al. 1) ou du jour où l'opération est devenue définitive en cas d'augmentation de capital (C. com. art. L 223-32, al. 1). 77600

Aucune disposition légale ne s'oppose à la cession de parts sociales non intégralement libérées. Une telle cession est donc possible, sauf stipulation contraire des statuts. 77605

DÉBITEUR DE LA FRACTION NON LIBÉRÉE DES PARTS DE SARL CÉDÉES

Dans le silence de la loi, le paiement de la fraction non libérée des parts sociales incombe, à notre avis, à celui qui a la qualité d'**associé** au moment où le versement complémentaire devient exigible, l'obligation de libération des parts étant inhérente à la qualité d'associé. 77620
En cas de cession de parts, la cour d'appel de Paris a jugé que, à défaut de stipulation contraire, l'obligation de libération ne pèse pas sur l'acquéreur mais sur le cédant, cette obligation, inhérente à la souscription initiale des parts sociales, constituant une dette envers la société (CA Paris 16-2-2021 n° 19/20152, S. c/ SCP Angel Hazane ès qual. : RJDA 7/21 n° 477). De même, la cour d'appel de Lyon a jugé que la dette de libération des parts, même non encore exigible, est une dette personnelle non attachée à la détention des parts sociales qui ne se transmet pas avec elles (CA Lyon 9-6-2005 n° 04-2345, 1e ch. civ. : RJDA 7/06 n° 798).
La solution retenue par ces cours d'appel nous paraît critiquable. En effet, il peut selon nous être déduit de l'article 1843-3, al. 5 du Code civil, aux termes duquel l'associé qui devait apporter une somme dans la société et qui ne l'a point fait devient de plein droit débiteur des intérêts de cette somme à compter du jour où elle devait être payée, que l'obligation de libération incombe à celui qui a la qualité d'associé au moment où la dette de libération devient exigible. Or, l'article L 223-7 du Code de commerce prévoit que la libération de la fraction non libérée des parts intervient sur appels de fonds de la gérance. La dette ne devient donc exigible qu'au moment de ces appels de fonds ou, en cas d'augmentation du capital, à la date éventuellement prévue dans les statuts ou par l'assemblée ayant décidé l'augmentation de capital, ou encore lors de l'ouverture d'une procédure collective (cf. C. com. art. L 624-20, L 631-19 et L 641-14). Si cette analyse est retenue, c'est donc l'acquéreur des parts qui est tenu du paiement de la dette si celle-ci est devenue exigible après que la cession a été rendue opposable à la société.

En revanche, contrairement au régime applicable aux actions, la loi ne prévoit pas, pour la libération des parts de SARL ayant fait l'objet d'une cession, une **solidarité** entre le souscripteur d'origine et les acquéreurs successifs. 77625

Aucune considération d'ordre public ne paraît toutefois s'opposer à ce que les statuts reconnaissent à la société le droit de poursuivre solidairement le souscripteur et les acquéreurs successifs, qui seront considérés comme ayant accepté la solidarité en même temps que la cession.

2. CESSION DE PARTS DE SNC ET SCS NON INTÉGRALEMENT LIBÉRÉES

77650 Aucune **disposition légale** n'impose, dans ces sociétés, la libération immédiate ou dans un délai déterminé des parts sociales.

Les associés peuvent donc librement convenir, dans les **statuts,** des modalités de cette libération : il peut ainsi être prévu que les parts représentatives d'apports en numéraire seront libérées, sur appel de la gérance, au fur et à mesure des besoins de la société.

77655 Dans le silence de la loi, et sauf stipulation contraire des statuts, la cession de parts non intégralement libérées est possible.

Dans ce cas et dans le silence des statuts, c'est à notre avis, pour les raisons exposées n° 77620, l'acquéreur qui devient, en tant qu'associé, débiteur du paiement de la partie non libérée des parts dès que la cession est rendue opposable à la société.

Toutefois, comme dans la SARL, les statuts peuvent reconnaître à la société le droit de poursuivre solidairement le cédant et les acquéreurs successifs.

> **Précisions** Le silence de la loi sur la **libération immédiate** ou dans un certain délai des parts sociales de SNC et de SCS s'explique par le fait que, dans ces sociétés, le capital social n'est pas considéré comme une garantie directe des créanciers sociaux, ceux-ci étant mieux garantis par l'obligation indéfinie et solidaire des associés aux dettes de la société (en ce sens, Y. Guyon, Traité des contrats – Les sociétés, aménagements statutaires et conventions entre associés : LGDJ 2002 n° 35 ; Y. Faure, Les commandites : Joly – Pratique des affaires 1997 n° 65).

SECTION 4

EFFETS DE LA CESSION SUR L'OBLIGATION DES ASSOCIÉS AU PASSIF SOCIAL

OBLIGATION AUX DETTES ET CONTRIBUTION AUX PERTES

78000 Dans toute société, quelle qu'en soit la forme, chaque associé s'engage à contribuer aux pertes (C. civ. art. 1832, al. 3). La « contribution aux pertes » est la quote-part qui incombe normalement à chaque associé dans le montant des pertes sociales.

Elle doit être distinguée de l'obligation qui pèse sur les associés de certaines sociétés à l'égard des créanciers sociaux et qui peut les conduire à devoir désintéresser ceux-ci au-delà de la part fixée dans la loi ou les statuts pour leur contribution aux pertes.

En pratique, la contribution aux pertes ne concerne que les rapports des associés entre eux alors que l'obligation aux dettes concerne les rapports des associés avec les tiers.

A. Effets de la cession sur l'obligation des associés aux dettes sociales

ASSOCIÉS TENUS AU PAIEMENT DES DETTES SOCIALES

78010 Les associés en nom, à savoir les associés de **SNC et** les associés commandités de **sociétés en commandite** (SCS ou SCA), répondent tous indéfiniment et solidairement des dettes sociales (C. com. art. L 221-1, al. 1 et L 226-1, al. 1).

Cette obligation aux dettes est, dans ces sociétés, inhérente à la qualité d'associé et se transmet donc avec elle en cas de cession de parts, la substitution de l'acquéreur au cédant s'imposant aux créanciers sociaux, tiers à la cession. Toutefois, les ressources d'un associé ont pu être prises en compte par le créancier au moment où celui-ci s'est engagé et les facultés contributives de l'acquéreur ne sont pas forcément aussi importantes que celles du cédant, en considération desquelles le créancier a pu consentir à contracter avec la société. C'est pourquoi le droit des sociétés a mis en place un certain nombre de règles, dans un souci de protection du créancier.

1. OBLIGATION AUX DETTES SOCIALES DU CÉDANT

L'obligation aux dettes sociales qui pèse sur tout associé en nom ne disparaît pas de plein droit lorsque celui-ci cède ses parts. La portée de l'obligation qui reste à la charge du cédant est toutefois réduite puisque, en principe, elle ne va plus exister que pour les dettes de la société qui existaient au moment de son retrait. **78020**

MAINTIEN DE PRINCIPE DE L'OBLIGATION DU CÉDANT POUR LES DETTES SOCIALES ANTÉRIEURES À LA CESSION

L'associé qui se retire de la société en cédant ses parts reste tenu, à l'égard des tiers, de la totalité des dettes sociales antérieures à son départ, même si les formalités d'opposabilité et de publicité de la cession ont été accomplies (Cass. civ. 16-3-1942 : JCP 1942 II n° 1854 note D. Bastian ; Cass. com. 4-1-1994 n° 7 D : RJDA 5/94 n° 538 ; CA Paris 29-10-1999 n° 96-8578, 15e ch. B : RJDA 2/00 n° 175). **78030**

La **date à prendre en considération** pour apprécier l'obligation de l'associé est celle de la naissance de la dette, peu important la date à laquelle cette dette est devenue exigible ou à laquelle le paiement en est demandé à cet associé. **78035**

En effet, la considération de la personne des associés et de leur solvabilité, souvent déterminante pour le créancier, est appréciée au moment où celui-ci s'engage à l'égard de la société et un associé ne saurait, par une cession de ses parts, faire échec à la garantie à laquelle pouvait prétendre le créancier au moment où il a contracté avec la société. Un auteur exposait ainsi qu'il serait « trop commode, pour les associés, d'échapper frauduleusement à toute responsabilité par une cession qui transférerait purement et simplement le passif social à des insolvables » (D. Bastian, note sous Cass. civ. 16-3-1942 : JCP 1942 II n° 1854).

Le cédant reste donc tenu du **prêt** souscrit par une SNC avant qu'il ne cède ses parts, même si ce n'est qu'après son départ que le prêt a cessé d'être remboursé et que la déchéance du prêt est intervenue (Cass. com. 4-1-1994 n° 7 D : RJDA 5/94 n° 538 ; CA Nancy 7-7-1992 n° 92-1650, 2e ch. civ. : BRDA 2/93 p. 9 et Navis Droit des affaires, jurisprudence ; CA Paris 29-10-1999 n° 96-8578, 15e ch. B : RJDA 2/00 n° 175). **78040**

Il est tenu du paiement d'un **effet de commerce** créé avant la cession, même si son échéance lui est postérieure (CA Paris 2-7-1993 n° 93-6617, 14e ch. B : Bull. Joly 1993 p. 1046 note J.-J. Daigre).

De même, un ancien associé d'une SNC a été condamné à payer les dettes (loyers échus et indemnité de résiliation) résultant d'un contrat de **crédit-bail,** bien que ces dettes fussent nées postérieurement à son retrait de la société, dès lors que ce contrat avait été conclu à une date où il était encore associé (Cass. com. 1-10-1996 n° 1347 D : Bull. Joly 1997 p. 37 note P. Le Cannu).

Deux anciens associés qui avaient respectivement acquis la qualité d'associé avant et après la date de conclusion d'un **contrat de location** par la société ont été condamnés à couvrir les **échéances de loyer impayées et** l'**indemnité de résiliation** mise à la charge de la société, peu important la date de constatation de cette dette et le fait qu'ils aient ultérieurement perdu la qualité d'associé (Cass. com. 21-10-2008 nos 07-16.301 et 07-16.654 F-D : RJDA 1/09 n° 39 ; dans le même sens, CA Paris 9-9-2003 n° 02-17738, 3e ch. A : RJDA 3/04 n° 326, espèce dans laquelle l'ancien associé avait tenté de faire valoir que la créance litigieuse, de nature indemnitaire, avait pour fait générateur la résiliation du contrat de location et non la conclusion de celui-ci ; la cour d'appel a considéré au contraire qu'il s'agissait d'une dette issue du contrat qui pouvait être mise à la charge de l'associé, peu important sa nature et sa date d'apparition).

La Cour de cassation a retenu une solution particulière concernant le **solde débiteur du compte courant** ouvert dans les livres d'une banque par la société : lorsque le compte a continué à fonctionner après le retrait de l'associé, celui-ci n'est tenu au paiement de la dette de la société que pour le montant de la position débitrice du compte existant à la date de la publication de la cession, sous réserve des remises postérieures ayant eu pour effet d'effacer ou de réduire ce montant (Cass. com. 4-2-1997 n° 283 PB : RJDA 5/97 n° 656). Cet arrêt a marqué un revirement d'une jurisprudence ancienne de la Cour de cassation qui, se fondant sur le principe d'indivisibilité du compte courant, considérait que, faute de clôture du compte, la banque ne pouvait pas, en cas de départ d'un associé, agir contre lui (Cass. req. 10-3-1926 : DH 1926 p. 193).

Ce n'est toutefois qu'à compter de la clôture du compte, c'est-à-dire quand la dette sera exigible, que l'ancien associé pourra être poursuivi (Cass. com. 3-1-1995 n° 40 P : RJDA 4/95 n° 490, rendu en matière de cautionnement mais transposable).

> **Précisions** Il a été jugé que **pour apprécier** si une **dette** est **antérieure ou postérieure** au départ de l'associé, il faut prendre en considération la date de sa naissance et non celle de sa constatation judiciaire (CA Besançon 25-3-1952 : D. 1952 p. 68).

LIBÉRATION DU CÉDANT POUR LES DETTES POSTÉRIEURES À SON RETRAIT

78050 L'associé en nom n'a pas à répondre des dettes nées des engagements pris par la société après son retrait de la société, à **condition** toutefois que les formalités d'opposabilité et de publicité de son retrait aient été accomplies (Cass. civ. 12-1-1852, D. c/ Synd. Bullot : S. chronol. 1851-1855 I p. 73 note G. Massé ; Cass. civ. 16-3-1942 : JCP 1942 II n° 1854 note D. Bastian ; CA Paris 29-10-1999 n° 96-8578, 15e ch. B : RJDA 2/00 n° 175 ; CA Paris 9-9-2003 n° 02-17738, 3e ch. A : RJDA 3/04 n° 326).

Le cédant n'est donc libéré de son obligation que pour les dettes nées d'engagements pris par la société après la **date de publication de son retrait.** Ce n'est en effet qu'à compter de la publication du retrait que le cédant perd, à l'égard des tiers, et donc des créanciers sociaux, sa qualité d'associé (sur ces questions, voir nos 70240 s.). Dans l'arrêt de 1852, la Cour de cassation avait d'ailleurs souligné que « la publicité prescrite par la loi n'a d'autre but que d'avertir les tiers qu'ils ne doivent plus compter sur l'associé qui se retire ».

78055 À **défaut** d'avoir fait procéder aux **formalités** prescrites par la loi (sur ces formalités, voir nos 70210 s.), le cédant ne peut pas se prévaloir de son retrait pour échapper au paiement des dettes sociales.

ILLUSTRATIONS

L'associé d'une SNC qui prétendait avoir cédé ses parts mais ne rapportait pas la preuve que cette cession avait été publiée au RCS a ainsi été condamné solidairement avec la société au paiement de **marchandises livrées à celle-ci deux ans après la cession** litigieuse (CA Paris 16-3-1984, 5e ch. B : Navis Droit des affaires, jurisprudence).

L'associé gérant d'une SNC ne peut pas utilement invoquer son retrait de la société pour échapper à une **condamnation en remboursement du montant du solde débiteur du compte courant bancaire ouvert au nom de la société,** dès lors qu'il résulte des circonstances suivantes que ce retrait est inopposable à la banque créancière : l'intéressé ne produit qu'un extrait du procès-verbal de l'assemblée générale extraordinaire l'ayant autorisé à quitter la société mais ne démontre pas l'existence d'un procès-verbal dressé sur un registre coté et paraphé (Décret du 23-3-1967 art. 10 devenu C. com. art. R 221-3) ; surtout, l'enregistrement de l'acte de cession de parts auprès de la recette des impôts ne répond pas aux exigences légales permettant de rendre cette cession opposable aux tiers ; enfin, l'extrait K bis de la société, délivré à une date postérieure à celle de la mise en demeure de payer qui a été adressée à l'intéressé par la banque, fait apparaître qu'à cette date il était encore gérant et associé (CA Versailles 16-12-1999 n° 98-5363, 16e ch. civ. : RJDA 3/00 n° 288).

Cette solution est d'application stricte. Ainsi, en l'absence de publication de la cession, le cédant ne peut pas échapper à la condamnation en faisant valoir que le **créancier** avait eu autrement **connaissance de cette cession** (Cass. com. 27-1-1998 n° 315 P : RJDA 5/98 n° 608). En l'espèce, une SNC avait cessé de payer les loyers qu'elle devait au titre d'un contrat de crédit-bail et un ancien associé de celle-ci, poursuivi en paiement de l'indemnité contractuelle de résiliation du contrat, avait tenté d'échapper à la condamnation en faisant valoir que, bien que non publiée au RCS, la cession de ses parts de la société avait été portée à la connaissance du créancier puisque le commandement de payer les arriérés de loyer avait été signifié au nouveau gérant. Cet argument n'a pas été retenu.

78060 Par ailleurs, l'associé qui a cédé ses parts peut être condamné au paiement des dettes postérieures à la cession, peu important que la cession ait été régulièrement publiée, s'il a **continué à s'immiscer dans le fonctionnement de la société** sans tenir compte de la cession intervenue, se comportant en fait comme s'il était encore associé en nom (Cass. com. 16-12-1997 n° 2563 D : RJDA 5/98 n° 609).

> **Précisions** Dans cette affaire, l'associé avait cédé ses parts à ses deux coassociés pour un prix symbolique, de sorte que la cession n'avait en réalité porté que sur des dettes, et avait continué, après la cession, à **effectuer des commandes** pour le compte de la société et à utiliser son matériel à des fins personnelles.

AMÉNAGEMENTS CONTRACTUELS DU SORT DE L'OBLIGATION AUX DETTES DU CÉDANT

78070 **Engagement de l'acquéreur de régler les dettes antérieures** L'acquéreur peut s'être engagé dans l'acte de cession à régler au lieu et place du cédant les dettes sociales nées avant la cession.

Un tel engagement n'est cependant opposable aux créanciers sociaux qu'à condition que ceux-ci aient accepté le changement de débiteur ainsi opéré et expressément déchargé le cédant ; à défaut, ce dernier reste, à leur égard, personnellement, solidairement et indéfiniment tenu des dettes sociales (CA Grenoble 6-3-1990, Banque Rhône-Alpes c/ R. : Navis Droit des affaires, jurisprudence ; dans le même sens, Cass. civ. 16-3-1942 : JCP 1942 II n° 1854 note D. Bastian ; CA Paris 2-7-1993 n° 93-6617, 14e ch. B : Bull. Joly 1993 p. 1046 note J.-J. Daigre).

Néanmoins, dans cette dernière hypothèse, le cédant qui a payé dispose, à notre avis, d'un recours contre l'acquéreur en remboursement de la somme qu'il a versée au créancier, sur le fondement de l'engagement pris par ce dernier dans l'acte de cession.

> **Précisions** Dans un cas où le cédant avait continué, après la cession de ses parts, à **s'immiscer dans le fonctionnement de la société,** la demande en garantie qu'il avait formée contre les acquéreurs de ses parts qui avaient accepté de supporter le passif auquel il pouvait être tenu a toutefois été rejetée, au motif que, n'ayant pas tenu compte, par son comportement, de l'acte de cession, il ne pouvait pas se prévaloir de ses stipulations (Cass. com. 16-12-1997 n° 2563 D : RJDA 5/98 n° 609).

Renonciation du créancier à poursuivre le cédant Le cédant peut aussi échapper à son obligation aux dettes antérieures à la cession s'il obtient la renonciation expresse d'un créancier à le poursuivre. Il va de soi qu'une telle renonciation ne vaut que pour les dettes de la société à l'égard dudit créancier. Cette renonciation trouve le plus souvent sa contrepartie dans le fait que c'est le créancier qui acquiert les parts du cédant. 78075

À notre avis, la renonciation du créancier à poursuivre le cédant ne vaut pas remise de dette au sens de l'article 1350-1 du Code civil, selon lequel une telle **remise** consentie à un **codébiteur solidaire** libère les autres à concurrence de sa part. En effet, avant l'ordonnance 2016-131 du 10 février 2016 réformant le droit des contrats, la renonciation à poursuivre le cédant n'était pas considérée comme valant remise ou décharge au sens de l'ancien article 1285 du Code civil (aux termes de ce texte, la remise ou décharge conventionnelle au profit de l'un des codébiteurs solidaires libérait tous les autres, à moins que le créancier n'ait expressément réservé ses droits contre ces derniers) et ne profitait donc pas aux autres associés, qui restaient tenus à l'égard du créancier (Cass. com. 29-10-2003 n° 1424 F-D : RJDA 3/04 n° 327 ; CA Paris 13-9-2002 n° 01-15196, 3e ch. C : RJDA 2/03 n° 147) ; rien ne s'oppose, nous semble-t-il, à ce que cette solution continue de s'appliquer sous l'empire de l'article 1350-1 du Code civil issu de l'ordonnance.

La renonciation du créancier à poursuivre le cédant ne met pas, à notre avis, celui-ci à l'abri d'un **recours** de l'**associé** qui a **payé** la dette sociale. En effet, les associés en nom sont en vertu de la loi, entre eux, par l'effet de la solidarité, codébiteurs de la dette sociale impayée par la société ; dès lors, chaque associé est tenu de contribuer à la dette, cette obligation résultant des dispositions du Code civil : chacun des codébiteurs doit supporter sa part et portion, la portion d'un insolvable étant répartie entre les autres (C. civ. art. 1317, al. 2). De plus, un fort intuitus personae caractérise la SNC, chaque associé s'engageant en considération de la personne des autres associés et, compte tenu de l'obligation aux dettes qui pèse sur eux, au regard des facultés contributives de chacun. Il nous paraît donc contraire au pacte social, et particulièrement à l'engagement des associés de supporter tous ensemble les dettes, qu'un associé puisse se trouver libéré de son obligation aux dettes par la seule renonciation expresse d'un créancier à le poursuivre. Le même raisonnement peut, à notre avis, s'appliquer en ce qui concerne les associés commandités de sociétés en commandite. En outre, admettre que la renonciation du créancier à poursuivre le cédant a pour effet de priver les autres associés de leur recours contre lui reviendrait à augmenter la charge incombant à ces derniers, ce qui nous paraît contraire à la règle de l'effet relatif des conventions posée à l'article 1199 du Code civil.

ATTENTION

Le cédant ne sera donc à l'abri de tout recours que si, ayant obtenu du créancier qu'il renonce à le poursuivre, il obtient en outre l'engagement des autres associés d'abandonner leur recours contre lui ou la garantie du créancier lui-même contre toute action récursoire de ses coassociés.

Une autre solution serait que le créancier **renonce au bénéfice de la solidarité** et que chaque associé contribue à la dette à hauteur de ce qu'il doit : le créancier pourrait alors accorder au cédant qu'il veut désintéresser une remise de dette. Mais cette solution est moins favorable au créancier puisque celui-ci sera alors obligé, pour recouvrer sa créance, d'exercer autant de recours qu'il y a d'associés dans la société.

2. OBLIGATION AUX DETTES SOCIALES DE L'ACQUÉREUR

L'acquéreur est en principe tenu, dès qu'il acquiert la qualité d'associé (sur cette question, voir n° 75061), de toutes les **dettes** sociales, même antérieures à son entrée dans la société. 78100

En effet, il est de principe que l'associé en nom collectif ou l'associé commandité de société en commandite qui a adhéré au pacte social en cours de vie sociale sans formuler aucune réserve portée à la connaissance des tiers par une publication devient personnellement responsable de l'intégralité du passif de la société quelle que soit son **origine,** celle-ci fût-elle antérieure à son entrée dans la société (Cass. req. 12-3-1928 : Journ. sociétés 1928 p. 98 note P. Cordonnier ; Cass. com. 21-10-2008 n°s 07-16.301 et 07-16.654 F-D : RJDA 1/09 n° 39 ; CA Paris 9-9-2003 n° 02-17738, 3e ch. A : RJDA 3/04 n° 326).

78105 Il en résulte que la **convention passée entre la société et l'acquéreur** prévoyant l'exonération de responsabilité de ce dernier pour les dettes antérieures à son entrée dans la société est inopposable aux créanciers sociaux qui sont restés étrangers à cette convention (Cass. civ. 23-11-1897 : DP 1898 I p. 321 note A. Boistel).

Il en est de même, à notre avis, lorsqu'une telle convention est passée **entre le cédant et l'acquéreur.**

En revanche, une convention passée **entre le nouvel associé et les créanciers** sociaux peut lui permettre d'échapper à sa responsabilité pour les dettes antérieures à la cession (Cass. civ. 23-11-1897, précité).

De même, une **clause des statuts** prévoyant que le passif antérieur ne sera pas mis à la charge du nouvel associé paraît opposable aux tiers si elle a été régulièrement publiée. En effet, une telle clause ne remet pas en cause l'appréciation que les créanciers antérieurs à la cession ont faite du crédit de la société puisque l'ancien associé, sur les facultés duquel ils ont pu compter au moment où ils sont devenus créanciers, reste tenu des dettes contractées par la société à ce même moment (n°s 78030 s.) ; elle n'altère pas non plus l'appréciation des créanciers postérieurs à la cession puisque, en tout état de cause, ceux-ci ne peuvent en principe plus compter sur les ressources de l'ancien associé (n°s 78050 s.) et sont à même de se fonder sur celles du nouvel associé.

Généralement, cette clause est rappelée dans l'acte de cession de parts.

> **Précisions a.** Sur la faculté pour les **tiers qui ont eu connaissance d'une cession non publiée** de poursuivre l'acquéreur en paiement des dettes sociales, voir n° 70295.
> **b.** Lorsqu'une exonération de responsabilité est prévue entre l'acquéreur et la société ou le cédant, l'acquéreur qui a payé un créancier social dispose, selon nous, d'un **recours** contre ceux-ci en remboursement de la somme qu'il a versée au créancier, sur le fondement de l'engagement qu'ils avaient pris.

3. RÉPARTITION FINALE DE LA DETTE SOCIALE ENTRE LES ASSOCIÉS

78110 L'associé en nom qui a désintéressé un créancier de la société dispose d'un recours contre les autres associés mais il doit **diviser ce recours** (Cass. civ. 17-7-1889 : D. 1890 I p. 360). À moins que la part contributive de chacun ne soit prévue par les statuts, il y a lieu, à notre avis, de faire application du droit commun de la solidarité et donc de diviser la dette sociale impayée par parts égales entre les associés et, s'il y a lieu, ceux qui avaient cette qualité au moment de la naissance de la dette (n°s 78020 s.).

En effet, l'article L 221-1 du Code de commerce fait peser l'obligation aux dettes sociales sur les « associés » sans préciser selon quels critères ceux-ci doivent y contribuer (tenant par exemple à l'importance de leurs apports). Une lecture littérale du texte conduit à ne prendre en compte que les personnes tenues à l'obligation. Par ailleurs, il a été jugé, en matière de contribution à une obligation solidaire, qu'à défaut de démontrer que les débiteurs ont des intérêts inégaux, la dette doit se diviser par parts égales entre les codébiteurs (cf. CA Versailles 2-7-1999 n° 97-6803, 1e ch. sect. 2 : Navis Droit des affaires, jurisprudence). Or, la société est constituée dans l'intérêt commun des associés (C. civ. art. 1833). Ceux-ci ont tous un intérêt égal au règlement des dettes sociales, ce qui exclut une répartition inégalitaire entre eux.

Précisons que, dans le cas où des parts sociales sont la propriété indivise de certains des associés, les copropriétaires indivis ayant tous la qualité d'associé, chacun d'entre eux doit être pris en compte pour la répartition par tête de la dette.

EXEMPLE

> Soit une SNC comprenant 3 associés ayant chacun 100 parts sociales et 10 associés indivisaires de 100 autres parts. En cours de vie sociale, l'un des associés cède la totalité de ses parts à un tiers acquéreur. Ce nouvel associé est poursuivi par un créancier en paiement d'une dette sociale née antérieurement à la cession et s'acquitte de l'intégralité de celle-ci. La répartition définitive de la dette se fera entre les 14 personnes obligées, c'est-à-dire les 3 associés, l'ancien associé et les 10 associés indivisaires.

78111 Si l'acquéreur s'est engagé dans l'**acte de cession** à régler les dettes sociales nées antérieurement à la cession au lieu et place du cédant, il doit, à notre avis, supporter la part contributive du cédant en plus de la sienne. Si à l'inverse, c'est le cédant qui a pris un tel engagement à l'égard de l'acquéreur, c'est lui qui aura à supporter les deux parts. Enfin, le bénéficiaire de l'engagement (acquéreur ou cédant) qui viendrait à être poursuivi en paiement de sa part contributive par un autre codébiteur disposerait d'un recours en remboursement de la somme qu'il a versée contre celui (acquéreur ou cédant) qui s'était engagé envers lui.

4. INCIDENCE D'UNE PROCÉDURE COLLECTIVE SUR L'OBLIGATION AUX DETTES SOCIALES

L'ouverture d'une procédure collective à l'encontre d'une SNC ou d'une société en commandite (SCS ou SCA) n'a pas pour effet d'éteindre l'obligation des associés en nom aux dettes sociales. L'**acquéreur** de parts de SNC ou de parts de commandités de sociétés en commandite est donc tenu des dettes sociales (voir n°s 78100 s.). **78130**

Malgré l'ouverture d'une procédure collective à l'encontre de la société, le **cédant** reste tenu des dettes sociales antérieures à la publicité de son retrait : voir n°s 78030 s. En cas de dissolution de la société, le cédant ne reste tenu de ces dettes que pendant un délai de cinq ans à compter de la date de la publication de la dissolution au RCS (cf. C. com. art. L 237-13). **78140**

Une procédure de redressement ou de liquidation judiciaire peut bien sûr être ouverte contre le **cédant ou** l'**acquéreur** des parts sur assignation d'un créancier de la société qui les poursuit en paiement des dettes auxquelles ils sont tenus, si ce créancier établit qu'ils sont **en état de cessation des paiements** (application du droit commun des procédures collectives : cf. C. com. art. L 631-5, al. 2, L 640-5, al. 2 et R 631-2). Cette procédure n'est pas subordonnée à l'existence d'une procédure contre la société. **78150**

B. Effets de la cession sur l'obligation des associés de contribuer aux pertes sociales

Quelle que soit la forme de la société, les associés sont tenus de contribuer aux pertes : les associés de SNC et les associés commandités des sociétés en commandite (SCS et SCA) y sont tenus indéfiniment et solidairement, tandis que les autres associés (associés de SARL, commanditaires des sociétés en commandite et actionnaires des sociétés par actions) ne le sont qu'à concurrence de leurs apports. **78200**

Mais les associés ne sont tenus de **contribuer aux pertes** qu'au **jour** de la dissolution de la société (Cass. com. 3-3-1975 : Rev. sociétés 1975 p. 454 note D. Randoux ; Cass. com. 29-10-2003 n° 1426 F-D : RJDA 3/04 n° 309). C'est donc celui qui a la qualité d'associé ou d'actionnaire à cette date qui est tenu de l'obligation de contribuer aux pertes.

Les **statuts peuvent** toutefois valablement **prévoir** que les **pertes,** s'il en existe, devront être **apurées** par les associés **en cours de vie sociale,** chacun d'eux contribuant aux pertes constatées à la clôture de chaque exercice, selon les modalités qu'ils fixent. **78205**

La société dispose alors, dès que les comptes constatant la perte ont été approuvés par la collectivité des associés, d'un recours contre chacun des associés dans la mesure de la contribution aux pertes à laquelle il est tenu.

Dans cette hypothèse, en cas de **cession prenant effet en cours d'exercice social,** les pertes de cet exercice doivent être supportées par l'acquéreur si l'acte de cession ne règle pas expressément leur sort. En effet, il convient à notre avis d'appliquer à la contribution aux pertes en cours de vie sociale des règles analogues à celles qui s'appliquent en ce qui concerne le sort des dividendes (n°s 76010 s.). En décider autrement reviendrait à procéder de fait à une réduction du prix.

ILLUSTRATIONS

Dans un cas où l'acte de cession de parts d'une SNC, dont l'exercice social commençait le 1er avril pour se finir le 31 mars, prévoyait que l'acquéreur serait propriétaire des parts cédées à compter du 1er janvier 1993, il a été jugé que le cédant, qui n'était plus associé à la clôture de l'exercice, n'était pas tenu de contribuer aux pertes sociales pour la période du 1er avril au 31 décembre 1992, dès lors qu'il résultait des statuts de la SNC que les pertes sociales étaient réparties entre les associés à la clôture de chaque exercice et qu'aucune clause de l'acte de cession n'imposait au cédant de contribuer aux pertes survenues antérieurement à la cession (Cass. com. 31-3-2004 n° 599 F-D : RJDA 7/04 n° 833).

De même, il a été jugé qu'à défaut de disposition contraire dans l'acte de cession, un acquéreur de parts de SNC ne pouvait pas exiger du cédant qu'il contribue, à hauteur des parts qu'il détenait dans le capital, à l'apurement des pertes sociales antérieures à la cession, pour les raisons suivantes : les pertes demeurant normalement à la charge de la société tant qu'elle peut les supporter, il peut en résulter une diminution du patrimoine social et, par voie de conséquence, une diminution de la valeur des parts sociales, mais dès lors que le prix de cession des parts a été contractuellement et définitivement fixé avant que ne soit connu le résultat de l'exercice faisant apparaître ces pertes, sans aucune réserve ni faculté de réduction éventuelle du prix pour quelque cause que ce soit, une réduction de ce prix de cession ne saurait résulter de la contribution aux pertes du cédant (T. com. Vannes 27-4-1973 : Gaz. Pal. 1973 II p. 610).

SECTION 5 EFFETS DE LA CESSION SUR LA DÉNOMINATION SOCIALE

79000 Les associés peuvent librement choisir la dénomination de leur société à condition qu'ils ne portent pas atteinte aux droits que les tiers pourraient avoir sur cette dénomination.
De nombreuses sociétés utilisent une dénomination sociale dans laquelle figure le **nom patronymique** (nom de famille) d'un associé ou d'un actionnaire, souvent le fondateur. Un tel usage est tout à fait licite, mais il est lourd de conséquences pour l'associé. Lorsque ce dernier vient à céder ses parts, peut-il obliger la société à modifier sa dénomination sociale ? La réponse est négative.
Les juges considèrent en effet que l'associé qui a accepté que son nom figure dans la dénomination d'une société est, dans une certaine mesure, privé de l'usage de son nom, qui s'est en quelque sorte « détaché » de lui, au bénéfice de la personne morale. Reste à savoir si, à l'occasion de la cession, cette conséquence peut être aménagée.

A. Principe du « détachement » du nom de l'associé

GÉNÉRALITÉS

79010 C'est l'**arrêt « Bordas »** de la Cour de cassation qui a posé le principe du « détachement » du patronyme d'un associé ayant accepté que son nom figure dans la dénomination de sa société.
Après avoir précisé que le principe de l'inaliénabilité et de l'imprescriptibilité du nom patronymique, qui empêche son titulaire d'en disposer librement pour identifier au même titre une autre personne physique, ne s'oppose pas à la conclusion d'un accord portant sur l'utilisation de ce nom comme dénomination sociale ou nom commercial, la Cour de cassation a jugé qu'en raison de son insertion dans les statuts d'une société, un patronyme devient un **signe distinctif** qui s'est **détaché de la personne physique** qui le porte pour s'appliquer à la personne morale qu'il distingue et devenir ainsi **objet de propriété incorporelle** (Cass. com. 12-3-1985 n° 84-17.163 : JCP G 1985 II n° 20400 note G. Bonet).
Il en va ainsi même si le patronyme figure dans la dénomination d'une société unipersonnelle, telle une EURL (Cass. com. 12-6-2007 n° 06-12.244 FS-PB : RJDA 10/07 n° 967).

> **Précisions** Dans l'affaire « Bordas », la Cour suprême a estimé qu'une personne, qui avait donné comme dénomination son patronyme à la société qu'elle avait constituée avec son frère, ne pouvait pas ultérieurement demander à la société de cesser toute utilisation de ce nom dans la dénomination sociale en invoquant l'absence de convention sur l'usage du nom par la société ou sur l'inclusion de ce nom dans la dénomination sociale et en faisant valoir qu'une telle incorporation ne peut s'analyser qu'en une simple **tolérance** à laquelle il peut être mis fin sans abus en présence de justes motifs.

ACCORD DE L'ASSOCIÉ SUR LE « DÉTACHEMENT »

79020 Le principe du « détachement » du patronyme de la personne physique repose sur l'article 1103 du Code civil : les contrats légalement formés tiennent lieu de loi à ceux qui les ont faits. Son application suppose donc l'accord de l'associé concerné.

Cet accord, qui doit avoir été librement consenti, résulte du seul fait d'avoir signé les **statuts** ou le **règlement intérieur** de la société dans lesquels le patronyme a été inséré ou d'avoir souscrit à un **traité d'apport** prévoyant cette insertion.

ILLUSTRATIONS

Doit être rejetée la demande d'un associé tendant, à la suite de la cession de ses parts, à faire disparaître son nom de la dénomination sociale où il avait formellement accepté de le faire figurer « à titre définitif et irrévocable » en vertu d'une disposition du règlement intérieur de la société (CA Paris 9-10-1985, 1e ch. A : Bull. Joly 1986 p. 761).

Dans un cas où l'acte de constitution d'une société indiquait que M. Lucien Mazenod, l'un des fondateurs, faisait apport à cette société de l'exclusivité de l'exploitation des Éditions d'art Lucien Mazenod, doit être censurée la décision d'une cour d'appel qui, pour rejeter la demande en nullité de la marque « Mazenod » déposée par ce fondateur et enregistrée pour désigner notamment des livres et l'activité d'édition, retient que, dans la convention conclue entre les fondateurs de la société, il n'existait pas la moindre relation d'un accord de l'intéressé pour faire un apport de son patronyme en tant que nom commercial sous l'appellation « Éditions d'art Lucien Mazenod », qu'il n'était produit aucun écrit constatant expressément un accord de l'intéressé pour faire l'apport de son nom patronymique à titre de nom commercial à la société et qu'il n'était allégué aucune insertion de ce nom dans les statuts de cette société alors que, par une cession implicite, le patronyme était devenu un signe distinctif qui s'était détaché de la personne physique qui le porte, pour s'appliquer à la personne morale qu'il distingue, et devenir ainsi objet de propriété incorporelle (Cass. com. 27-2-1990 n° 88-19.194 : Bull. civ. IV n° 58).

Une société est également en droit d'utiliser un nom patronymique dès lors que le titulaire de celui-ci en a autorisé l'usage à titre commercial par un tiers et par ses ayants droit et que, par une **chaîne ininterrompue d'actes** divers, cette société se trouve bénéficier de cette utilisation (Cass. com. 16-6-1987 n° 85-18.879 : Bull. civ. IV n° 152).

Par ailleurs, le détachement du patronyme de la personne physique ne peut se produire que si l'**associé** concerné est, sur ce patronyme, **titulaire d'un droit** qu'il peut transmettre. **79025**

Ainsi, lorsqu'une femme mariée devient, sans son époux, l'associée d'une société dont les statuts prévoient l'incorporation du patronyme de l'époux dans la dénomination sociale, cette société ne peut pas invoquer un droit de propriété incorporelle sur ce nom. En effet, le changement d'état qui résulte du mariage ne fait pas acquérir à la femme le nom de son mari. La femme mariée n'a d'autre nom patronymique que son nom de jeune fille et n'a qu'un droit d'usage sur le nom de son mari, lequel survit au décès de celui-ci. Il en résulte que la femme mariée ou veuve ne peut transmettre aucun droit sur ce nom, quand bien même l'aurait-elle utilisé pendant de nombreuses années dans le cadre de ses activités commerciales (CA Paris 22-9-1993, 4e ch. A : Dr. sociétés 1993 n° 218 note Th. Bonneau, décision rendue en matière d'apport, à titre de nom commercial, d'un patronyme à un fonds de commerce, mais transposable en cas d'insertion d'un patronyme dans une dénomination sociale).

L'associé qui accepte que son nom soit inséré dans la dénomination sociale peut toutefois, au moyen d'une **clause expresse** insérée dans les statuts, prévoir que la cession de ses parts ou actions entraînera la nécessité de modifier la dénomination sociale. Une telle clause neutralise les effets du « détachement » et, après le départ de l'associé, la société doit modifier sa dénomination sociale. **79030**

CONSEIL

En pratique, on ne saurait trop recommander à l'associé qui accepte que son nom figure dans la dénomination sociale de prévoir, dans une clause spéciale, les conditions dans lesquelles la société peut faire usage de son patronyme à titre de dénomination sociale.

Cette clause peut, par exemple, imposer à la société de ne plus utiliser le patronyme concerné dans la dénomination si l'associé qui le porte n'exerce plus de fonctions de direction ou s'il perd le contrôle de la société. Elle peut aussi préciser que l'utilisation du nom par la société est liée à la présence de l'intéressé au sein de celle-ci en qualité d'associé et que la société perdra le droit d'en user si l'associé décède ou s'il vient à céder ses parts sociales ou ses actions (sur ce dernier point, voir également nos 79100 s.).

B. Effets du « détachement » du nom d'un associé

EFFETS DU « DÉTACHEMENT » DU NOM POUR LA SOCIÉTÉ

Devenu propriété de la société, le patronyme se détache de la personne physique de l'associé de manière **irréversible,** la propriété n'étant pas limitée dans le temps. **79040**

En dehors d'une décision des associés, toujours possible, tendant à l'abandon de l'usage du patronyme, celui-ci est donc définitivement attaché à la société, que l'associé concerné perde le contrôle de la société, qu'il cède ses parts ou qu'il décède. La transformation de la société ou son changement d'activité notamment n'y changent rien.

79045 Si, en l'absence de convention contraire, le cédant dont le patronyme figure dans la dénomination sociale ne peut plus interdire à la société de l'**utiliser,** il peut néanmoins exiger de cette dernière une utilisation **sans altération ni modification.**

ILLUSTRATIONS

Le nom patronymique, en principe inaliénable, est cessible lorsqu'il prend la forme d'une dénomination sociale. Il devient alors un signe distinctif qui s'est détaché de la personne physique qui le porte pour s'appliquer à la personne morale qu'il distingue. Celle-ci acquiert ainsi sur le nom patronymique intégré dans sa dénomination un droit de propriété autonome qu'elle doit cependant exercer sans commettre d'abus et conformément à ce qui a été prévu lors de la cession. Il en résulte qu'une société dont la dénomination comporte un nom patronymique composé ayant été ajouté à la suite d'une fusion avec une autre société ne peut valablement utiliser ce nom que dans son intégralité, tel qu'il a été transmis lors de la fusion et tel qu'il était connu du public depuis plus de cinquante ans. Par suite, la société a commis une faute à l'égard d'un de ses anciens dirigeants portant ce nom en ayant supprimé unilatéralement le trait d'union qui y figurait (TGI Paris 1-6-1988 V-B c/ Sté nancéenne V-B).

79050 Le détachement du patronyme de la personne physique autorise la société à **déposer le nom à titre de marque** (Cass. com. 27-2-1990 n° 88-19.194 : n° 79020).

Encore faut-il que le dépôt ne porte pas atteinte à ce nom (CPI art. L 711-3, I-8°). Cette atteinte est caractérisée en cas de risque de **confusion,** c'est-à-dire lorsque le nom est notoirement connu sur l'ensemble du territoire national : dans ce cas, la société qui exerce une activité dans le même domaine que l'associé ne peut pas déposer le nom à titre de marque pour désigner les mêmes produits ou services, sauf accord de l'associé ou renonciation expresse ou tacite à ses droits patrimoniaux (Cass. com. 6-5-2003 n° 00-18.192 FS-PBI : RJDA 11/03 n° 1069 ; Cass. com. 24-6-2008 n° 07-10.756 et 07-12.115 FP-PB : RJDA 10/08 n° 1025).

ILLUSTRATIONS

Encourt la cassation l'arrêt qui, pour rejeter la demande formée par un chef cuisinier notoirement connu en nullité de deux dépôts de marque comportant son patronyme, effectués par une société qu'il avait constituée avec deux autres associés et dans la dénomination de laquelle figurait son nom, relève qu'en sa qualité d'associé fondateur de cette société, l'intéressé lui avait donné ipso facto l'autorisation de faire un usage commercial de son patronyme, qu'il avait ainsi perdu l'usage de celui-ci, devenu par l'insertion dans les statuts de la société un signe distinctif détaché de la personne physique le portant pour s'appliquer à la personne morale et devenir un objet de propriété incorporelle, et que c'est dans le libre exercice de son droit de propriété sur le signe litigieux que la société avait déposé ces marques, alors qu'il n'était ni établi ni même allégué que l'intéressé aurait renoncé à ses droits de propriété incorporelle sur son patronyme (Cass. com. 6-5-2003 n° 00-18.192, précité).

À l'inverse, a été censuré l'arrêt qui, pour prononcer la nullité de différentes marques contenant le nom du fondateur d'une société, avait retenu que la notoriété de ce dernier – qu'il ne faut pas confondre avec sa célébrité – ne se limitait pas au seul département de la Gironde mais s'étendait à toute la région Aquitaine et était établie bien avant la création de la société à laquelle il avait cédé son fonds (le fondateur avait développé un concept original de maisons individuelles adapté à la région et son entreprise était reconnue pour la qualité de ses constructions) (Cass. com. 24-6-2008 n°s 07-10.756, précité).

À l'occasion de la cession du contrôle d'une société dont la dénomination comportait leur nom patronymique, les cédants avaient autorisé la société à utiliser librement ce nom « à des fins commerciales ou industrielles (...), sans autres limites que celles prévues par les lois en vigueur ». Les cédants ne peuvent pas s'opposer au dépôt de cette dénomination à titre de marque pour désigner des produits ou services en rapport avec l'activité de cuisiniste de la société, peu important que cette opération particulière n'ait pas été expressément visée dans l'acte de cession : le libre usage industriel et commercial du nom englobe un tel dépôt, qui ne constitue qu'une modalité d'exercice de son usage et non un acte de disposition ; les cédants n'établissent pas que le dépôt de la marque aurait porté atteinte à leurs droits au sens de l'article L 711-4, g du Code de la propriété intellectuelle dès lors que leur nom n'est pas notoirement connu et que sa relative et locale notoriété ne résulte que de l'activité de la société, si bien qu'il n'existe aucun risque de confusion entre elle et les cédants (CA Rennes 23-3-2010 n° 09-1645, 2e ch. : RJDA 10/10 n° 954).

Pour un cas où il a été jugé que le dirigeant d'une société dont la dénomination comportait son nom ne pouvait pas valablement déposer celui-ci à titre de marque dès lors qu'en raison de la notoriété acquise avec le temps, ce nom avait conservé un pouvoir distinctif propre, voir Cass. com. 13-6-1995 n° 1273 D : n° 79080.

Le principe du détachement du nom patronymique peut être écarté par une **clause restreignant l'usage** de celui-ci : par exemple, interdiction de l'utiliser comme nom commercial ou de le déposer comme marque. 79055
Dans certaines circonstances, le cédant peut aussi, à notre avis, invoquer le **droit moral** qu'il détient sur son patronyme pour faire cesser certains troubles. Tel est le cas lorsque la société cédée entretient intentionnellement une confusion entre sa dénomination sociale et la personne du cédant, trompant ainsi les tiers sur l'existence d'une garantie patrimoniale du cédant ou encore lorsque la société s'engage dans des activités contraires à l'ordre public ou aux bonnes mœurs (en ce sens, A. Viandier, Les conflits entre cédant et cessionnaire relatifs au nom : Rev. jur. com. 1995 p. 1).

EFFETS DU « DÉTACHEMENT » DU NOM POUR L'ASSOCIÉ

Un nom patronymique qui a été détaché de la personne physique d'un associé ne peut plus être **transmis ultérieurement** par ce dernier. 79070

ILLUSTRATIONS

Dans un cas où une même personne avait successivement créé deux sociétés dont chacune des dénominations incluait son nom patronymique, cette personne n'a pu conférer un droit de propriété incorporelle sur son nom qu'à la première société. En signant plus tard les statuts de la seconde société, l'intéressé n'a pas pu disposer de son patronyme puisque ce nom avait été détaché de sa personne lors de la création de la première société pour devenir objet de propriété incorporelle de celle-ci. En conséquence, les acquéreurs des actions de la seconde société ne peuvent pas prétendre que cette société était en droit d'utiliser la dénomination sociale à titre de nom commercial, d'enseigne, de griffe ou de marque.

CA Paris 25-2-1986 n° 599.

Le vendeur d'un fonds de commerce qui a, par là même, cédé le nom commercial qui y était attaché, lequel était également son nom patronymique, ne peut pas ultérieurement céder l'usage de ce nom pour servir de dénomination sociale à une société concurrente de celle qui a acquis son fonds.

Cass. com. 26-1-1993 n° 116 D : RJDA 8-9/93 n° 697, rendu à propos de la vente d'un fonds de commerce mais transposable.

L'associé dont le patronyme figure dans la dénomination d'une société et qui cède ses parts sociales ou ses actions ne perd évidemment pas l'**usage** de son nom patronymique. Il peut continuer à l'utiliser dans la vie courante. 79075
Il peut aussi l'utiliser dans le cadre d'une activité professionnelle ou commerciale à condition qu'il n'existe aucun risque de confusion avec la société cédée. Cette confusion résulte en général de l'identité ou de la similarité de l'activité.

En présence d'un risque de confusion, l'acquéreur des parts sociales peut invoquer la **garantie d'éviction** sous réserve que les conditions de mise en œuvre de celle-ci soient réunies (voir n°s 63000 s.). 79078
La société peut, le cas échéant, engager contre l'associé une action en **concurrence déloyale.**

ILLUSTRATIONS **Cas où la concurrence déloyale a été établie** 79080

Dans un cas où une société en commandite, dénommée « Worms et Cie », et ses associés avaient constitué une SA dénommée « Banque Worms », à laquelle avait été apporté le fonds de commerce de banque exploité jusqu'alors par la société en commandite, et où la propriété des actions de la SA avait été transférée plusieurs années après à l'État à la suite d'une nationalisation, sans qu'il y ait eu modification de la forme de la SA ou de son fonds de commerce, cette dernière société dispose d'un droit personnel et privatif sur le nom qui lui a été donné pour exercer ses activités financières et bancaires et l'un des membres de la famille Worms, Robert Nicholas Clive Worms, ne peut ni s'opposer à l'utilisation par la SA du patronyme Worms, ni porter atteinte à ce droit, dès lors que :

– l'acte d'apport du fonds de commerce ne comportait aucune clause excluant l'usage, à titre de nom commercial, de dénomination sociale et d'enseigne, du patronyme Worms, qui constituait à l'évidence l'un des éléments essentiels de ce fonds ;

– en apportant celui-ci et en signant les statuts attribuant à la SA une dénomination comportant le patronyme Worms, la société en commandite a volontairement donné ce nom à la SA sans condition ni réserve et lui a accordé le droit de l'utiliser dans le cadre de ses activités ;

– il en est de même pour la veuve du petit-fils du fondateur de la « Maison Worms », associée de la société en commandite, qui, en signant l'acte d'apport, a exprimé son accord pour que la SA exerce ses activités sous le nom de Worms ;

– compte tenu de l'absence de clause prévoyant la révocation ou la limitation de l'utilisation du patronyme Worms dans cet acte, il ne peut pas être mis fin unilatéralement à cette utilisation en raison du seul fait que la SA était une filiale de la société en commandite, placée sous son

contrôle et effectuant les opérations financières du groupe Worms, d'autant que même si la SA a entretenu des relations privilégiées avec les autres sociétés du groupe, elle a indiscutablement développé avant la nationalisation une activité autonome très importante grâce à de nombreuses succursales ;
– l'existence d'un lien entre la « mission » de la SA (accomplissement d'opérations de banque et de change) et sa dénomination n'est établie par aucun élément de preuve pertinent, cette mission étant totalement indépendante de la personnalité des actionnaires ;
– la loi de nationalisation n'a pas eu d'incidence sur la forme et l'objet de la SA et n'a provoqué aucune revendication de la part du groupe Worms avant la présente procédure, intervenue plusieurs années après ;
– cette loi a prévu une juste et complète indemnisation des actionnaires, le prix des actions ayant été nécessairement calculé par rapport à l'intégralité des éléments du fonds de commerce et ayant donc tenu compte de la valeur de la dénomination sociale et du nom commercial ;
– les droits personnels de Robert Nicholas Clive Worms sur le patronyme Worms ne sont pas de nature à remettre en cause les droits conférés à la SA sur ce même patronyme et qui résultent de l'apport du fonds de commerce ;
– les postes occupés par Robert Nicholas Clive Worms au sein du groupe et à la direction de la SA ont conforté la reconnaissance de ces droits ;
– aucune utilisation du nom Worms n'est de nature à porter atteinte à l'honneur et à la réputation de ce dernier.

Par ailleurs, le groupe Worms a reconstitué ses activités bancaires et financières après la nationalisation, non seulement grâce à des sociétés du groupe exerçant déjà, sous d'autres noms que Worms, des activités similaires, mais aussi grâce à la création de trois nouvelles sociétés dont la dénomination sociale comporte ce nom (société Worms 1848, société Parinov Worms et Cie et société Worms et Cie Finance) et grâce à une société déjà constituée (société Worms Gestion), utilisée à de nouvelles fins puisque son activité réelle, qui consistait, malgré un objet social plus large, à proposer aux investisseurs des formules diverses de contrats d'épargne à long terme, a plus que triplé dans les trois ans qui ont suivi la nationalisation, faisant apparaître que cette société a été détournée de sa vocation initiale et engagée dans un ensemble plus vaste d'activités financières. En outre, elle a travaillé en étroite collaboration avec les trois autres sociétés dans le cadre du redéploiement du groupe à la suite de la nationalisation et elle participe avec ces sociétés à la confusion, entretenue dans le public et les milieux d'affaires, entre le groupe Worms et la SA banque Worms nationalisée.

Par suite, ces quatre sociétés doivent être condamnées à abandonner le patronyme Worms dans leur dénomination sociale.

CA Paris 22-6-1988, 1e ch. A : Bull. Joly 1988 p. 761 note E. Landon.

Une personne, qui a cédé la totalité des actions d'une société dont la dénomination sociale comportait son nom patronymique, commet un acte de concurrence déloyale à l'égard de cette société en accolant son nom à la dénomination d'une société nouvelle qu'elle crée dès lors que, compte tenu de la similitude des activités des deux entreprises dans le même secteur géographique, l'usage de ce patronyme est générateur d'une confusion préjudiciable à la société dont elle avait cédé les actions.

Cass. com. 21-4-1992 n° 757 D : Bull. Joly 1992 p. 621.

Sans avoir à rechercher si une disposition spéciale des statuts le prévoyait, la personne qui a participé à la constitution de deux sociétés dont la dénomination sociale comprenait son nom a ainsi accepté de leur donner le droit de se servir de son patronyme qui s'est de ce fait détaché de sa personne physique. C'est dans son pouvoir souverain d'appréciation que la cour d'appel a décidé que le terme « Petrossian » en raison de la notoriété acquise avec le temps conservait son pouvoir distinctif propre dans ces dénominations sociales et que la marque « Christian Petrossian », employée par des entreprises concurrentes, créait un risque de confusion permettant au titulaire de la marque de bénéficier de l'attrait d'un signe distinctif qui ne lui appartenait pas.

Cass. com. 13-6-1995 n° 1273 D : RJDA 11/95 n° 1242.

A légalement justifié sa décision d'interdire sous astreinte au gérant démissionnaire l'usage de son nom patronymique dans la société créée la cour d'appel qui a retenu que le fait d'utiliser ce nom dans les documents publicitaires de la nouvelle société, alors que l'intéressé n'exploitait pas en son nom personnel, ce qui faisait ressortir le caractère non nécessaire de cette utilisation, était générateur d'une confusion entre la société créée, dont il était maintenant le gérant, et l'une des deux sociétés dont il avait démissionné et dans la dénomination de laquelle ce nom figurait.

Cass. com. 12-2-2002 n° 387 FS-P : RJDA 6/02 n° 708.

79085 **ILLUSTRATIONS**

Cas où la concurrence déloyale n'a pas été établie

L'acquéreur des actions d'une SA exploitant un fonds de commerce, comprenant à titre de nom commercial le nom patronymique du dirigeant de la société, ne peut pas utilement reprocher au fils de ce dirigeant d'avoir apporté son nom à la société qu'il a créée compte tenu des éléments suivants : il n'est pas établi que ce dernier ait participé à la constitution de la société cédée par son père ou qu'il ait fait apport de son nom patronymique à cette société ; l'intéressé n'était à l'origine d'aucune confusion entre la société cédée et celle qu'il avait constituée ; cette dernière associait toujours au nom patronymique le prénom de son fondateur ainsi qu'un sigle particulier.

Cass. com. 2-6-1992 n° 950 D : RJDA 8-9/92 n° 825.

Une société commerciale ayant pour objet l'architecture et l'administration d'immeubles avait été constituée entre les membres d'une même famille sous une dénomination comportant le nom de cette famille. Quelques années plus tard, l'associé qui avait apporté sa clientèle d'architecte à cette société avait cédé ses actions et créé une société d'exercice libéral à responsabilité limitée (Selarl) ayant pour objet l'exercice en commun de la profession d'architecte, sous une dénomination comportant son nom de famille précédé de l'initiale de son prénom et suivi de la mention « architectes ».

La demande de la société commerciale tendant à ce que la Selarl supprime ce nom de sa dénomination a été rejetée en l'absence de risque de confusion entre les deux dénominations. En effet, ce risque, apprécié au regard de la nature des activités des deux sociétés, n'était pas établi pour les raisons suivantes :

– contrairement à la Selarl, la société commerciale n'était pas une société d'architecture puisqu'elle avait pour objet l'administration d'immeubles, les transactions immobilières et tous objets similaires ou connexes, notamment la maîtrise d'œuvre et tous travaux d'architecture ;

– la plaque apposée sur les locaux de la société commerciale portait d'ailleurs les mentions « administrateur de biens – syndic de copropriété – maîtrise d'œuvre » ;

– même si son activité de maîtrise d'œuvre avait représenté 21 % de son produit d'exploitation au cours des deux dernières années, cette activité ne pouvait pas être confondue, notamment de la part des professionnels de l'immobilier, avec les fonctions d'architecte ;

– la Selarl exerçait uniquement la profession d'architecte et ne proposait qu'à titre accessoire une activité d'administration de biens à ses clients, dans le seul but de leur offrir une continuité des prestations ;

– l'associé cédant avait pris soin de distinguer suffisamment la Selarl en faisant précéder son nom de famille de l'initiale de son prénom, laquelle figurait dans un carré rouge, et en adjoignant son métier (« architectes ») ;

– le choix d'une Selarl, qui fait référence au caractère libéral de la profession d'architecte, constituait un élément supplémentaire de nature à éviter tout risque de confusion ;

– le siège de chacune des sociétés était situé à deux adresses distinctes suffisamment éloignées pour ne pas induire en erreur leur clientèle respective.

CA Versailles 15-2-2007 n° 05-9709, 12e ch. sect. 2 : RJDA 6/07 n° 614.

Si la dénomination a été déposée comme marque par la société, celle-ci peut agir en **contrefaçon** pour demander réparation de l'atteinte portée à cette **marque** (CPI art. L 716-4). La société peut en outre agir en concurrence déloyale si elle établit des faits distincts de ceux constituant la contrefaçon (Cass. com. 15-6-2010 n° 08-18.279 : RJDA 4/11 n° 363). **79090**

La société peut également, auprès du directeur général de l'Inpi, former une **opposition** à l'encontre d'une demande d'enregistrement d'une marque par un tiers, dans les deux mois suivant la publication de cette demande, s'il existe un risque de confusion dans l'esprit du public (CPI art. L 712-4).

Après l'enregistrement de cette marque, la société peut demander devant l'Inpi ou le tribunal, selon le cas, la **nullité** de cet **enregistrement** dès lors qu'il y a un risque de confusion dans l'esprit du public (CPI art. L 711-3, I-3° et L 714-3 ; pour un cas où une société dénommée « Éditions d'art Lucien Mazenod » du nom de son fondateur avait agi en nullité de la marque « Mazenod » déposée ultérieurement par ce dernier, voir Cass. com. 27-2-1990 : n° 79020). L'appréciation de ce risque doit tenir compte de la renommée de la dénomination sociale antérieure (Cass. com. 7-7-2021 n° 19-16.028 F-D : RJDA 11/21 n° 741). Toutefois, la société qui a toléré pendant une période de cinq années consécutives l'usage d'une marque postérieure enregistrée en connaissance de cet usage n'est plus recevable à demander la nullité de cette marque, pour les produits ou les services pour lesquels l'usage de la marque a été toléré, à moins que l'enregistrement de celle-ci ait été demandé de mauvaise foi (CPI art. L 716-2-8).

> **Précisions** L'enregistrement d'une **marque de l'Union européenne** déposée auprès de l'Office de l'Union européenne pour la propriété intellectuelle peut être annulé pour atteinte à des droits acquis sur la dénomination d'une société française en application des règles de droit interne dès lors que la dénomination n'a pas une portée seulement locale (cf. Règl. UE 2017/1001 du 14-6-2017 art. 60, 1-c). La dénomination ne bénéficiant d'une protection que pour les activités effectivement exercées par la société (Cass. com. 10-7-2012 n° 08-12.010 précité), la nullité de la marque européenne est admise pour les seuls

produits et services que la société commercialise. Pour déterminer l'étendue des activités de la société, il y a lieu de prendre en compte non seulement la nature des produits et services en cause, mais aussi leur destination, leur utilisation, la clientèle concernée ainsi que leur mode de diffusion (CJUE 5-4-2017 aff. 598/14 : RJDA 7/17 n° 514).

C. Clauses du contrat de cession sur l'utilisation du nom en cas de « détachement »

79100 La rigueur du principe du « détachement » posé par les tribunaux n'empêche pas les parties au contrat de cession de prévoir un certain nombre de clauses destinées à aménager les conditions dans lesquelles la société pourra, après le départ du cédant, continuer à faire usage du patronyme de celui-ci à titre de dénomination. Le **contenu** de ces clauses, conclues entre les parties lors de la cession de parts sociales ou d'actions, est **différent** selon que, à l'époque où il a accepté que son nom patronymique figure dans la dénomination sociale, l'associé a, ou pas, assorti cet accord de réserves.

ACCORD POUR LE « DÉTACHEMENT » DONNÉ SANS RÉSERVE

79110 Lorsque le cédant a accepté que son nom figure dans la dénomination de la société sans prévoir de clause interdisant à la société de faire usage de ce nom après la cession de ses parts ou actions, le principe du « détachement » posé par les tribunaux s'applique sans aucune restriction (voir nos 79010 s.).

La question se pose alors de savoir si, lors de la cession, le cédant et l'acquéreur peuvent conventionnellement neutraliser les effets de ce « détachement », l'acquéreur s'engageant par exemple à ce que la société cesse d'utiliser le patronyme du cédant comme dénomination sociale. À notre avis, la réponse est négative. En effet, en application du principe dégagé par la jurisprudence, le patronyme du cédant est devenu un objet de propriété incorporelle appartenant à la société. Or, celle-ci est étrangère au contrat de cession et l'**acquéreur** ne peut pas renoncer à un droit qui ne lui appartient pas. Tout au plus peut-il **s'engager à faire modifier la dénomination** sociale après la cession. Le changement de dénomination peut en effet à tout moment résulter d'une décision des associés prise dans les conditions prévues pour la modification des statuts. Dans le cas où l'acquéreur prend le contrôle de la société, ce changement sera aisé. Dans le cas où sa participation dans la société n'est que minoritaire, il devra convaincre ses coassociés de l'intérêt d'une telle opération, ce qui paraît peu évident.

79115 L'**associé majoritaire** dont le nom figure dans la dénomination sociale et qui ne souhaite pas laisser la société disposer de son patronyme après la cession peut, **tant qu'il n'a pas quitté la société, modifier** les statuts de manière à ce que son nom ne figure plus dans la **dénomination** de celle-ci. Il peut notamment procéder à ce changement entre la promesse de cession des parts sociales ou actions et la réalisation de cette cession. Précisons toutefois qu'une telle modification pourrait être considérée comme un abus de majorité. Les deux critères de l'abus de majorité, vote contraire à l'intérêt social émis dans l'unique dessein de favoriser les membres de la majorité, paraissent en effet faciles à établir, particulièrement dans le cas où la dénomination dispose d'une forte notoriété.

Néanmoins, un tel abus ne pourra pas être invoqué si l'associé majoritaire s'est assuré le soutien des minoritaires ou, plus simplement, s'il détient la totalité des parts sociales ou des actions. C'est pourquoi, il peut être utile pour l'**acquéreur** qui souhaite **conserver la dénomination sociale** d'obtenir du cédant la garantie que celui-ci ne procédera pas à une telle modification. Une clause lui en faisant interdiction peut ainsi être insérée dans la promesse de cession.

79120 Dans certains cas (cession de contrôle notamment), il nous semble judicieux pour le cédant de faire préciser dans une clause les **conditions** dans lesquelles son **patronyme** sera **utilisé,** en demandant par exemple à l'acquéreur de s'engager à ne pas le modifier ou l'altérer mais à le conserver tel qu'il figure dans la dénomination sociale. L'acquéreur peut également s'engager à assurer la notoriété du nom ou encore à ne pas porter atteinte à l'image du cédant au travers d'une utilisation détournée du nom.

ATTENTION

Pour être efficaces et ne pas devenir sources de contentieux, de telles clauses doivent être assez précises et détaillées mais aussi adaptées aux circonstances et aux possibles évolutions. Il serait en effet fort peu réaliste de demander à l'acquéreur de garantir le rayonnement d'un patronyme doté d'une forte notoriété alors que l'activité économique de la société dont il constitue la dénomination est soumise à des aléas économiques dont les conséquences sont difficiles à prévoir.

De plus, ces clauses n'ont d'effet qu'entre le cédant et l'acquéreur et un éventuel sous-acquéreur ne pourra pas les invoquer sauf si le contrat le prévoit expressément.

ACCORD POUR LE « DÉTACHEMENT » DONNÉ AVEC RÉSERVES

Lorsqu'une clause des statuts prévoit que le départ de l'associé dont le nom est inséré dans la dénomination sociale entraînera la nécessité de modifier celle-ci (n° 79030), cet associé peut-il néanmoins, lors de la cession de ses parts ou actions, s'engager à l'égard de l'acquéreur à ne pas s'en prévaloir ? 79130

La **renonciation** à un droit personnel étant toujours possible, le cédant peut, à notre avis, renoncer à invoquer la clause, que celle-ci figure ou non dans les statuts.

CONSEIL

Afin de garantir la pérennité de l'engagement du cédant et pour éviter tout litige, l'acquéreur doit alors s'assurer que la renonciation du cédant ne se limite pas à sa personne mais vise également ses héritiers. Cette précision nous semble importante même si un cocontractant est toujours censé stipuler pour ses héritiers puisque ceux-ci lui succèdent.

Afin de pouvoir à son tour céder les parts sociales ou les actions acquises dans les meilleures conditions, l'acquéreur doit également faire préciser au cédant que sa renonciation s'applique à d'éventuels sous-acquéreurs.

SECTION 6 SORT DU CAUTIONNEMENT CONSENTI PAR LE CÉDANT

Il est fréquent que les créanciers sociaux exigent des associés qu'ils garantissent les engagements de la société, notamment lorsque ceux-ci ne sont tenus du passif social qu'à concurrence du montant de leurs apports (associés de SARL et de SAS, actionnaires de SA et de SCA). La garantie la plus courante est le cautionnement et les créanciers le demandent plus particulièrement aux associés qui sont aussi dirigeants de la société. En effet, le cautionnement consenti par une personne qui peut influer sur la gestion sociale offre au créancier une meilleure garantie que la société honorera ses engagements, le dirigeant y étant directement intéressé. 79200

Généralement, l'associé n'accorde son cautionnement qu'en raison des **intérêts qu'il a dans la société** et, en cas de cession de la totalité ou la majorité de ses titres, lorsqu'il souhaite être libéré des engagements de garantie qu'il a consentis. 79205

Sauf si l'associé caution a explicitement précisé qu'il subordonnait sa garantie à sa qualité d'associé, la cession des titres ne rend pas caduc, par elle-même, le cautionnement et celui-ci n'est pas transmis de droit à l'acquéreur.

Le cédant a toutefois plusieurs possibilités de se libérer de son engagement lors de la cession de ses titres.

A. Maintien du principe du cautionnement consenti par le cédant

Le cautionnement accordé à un créancier de la société est un **contrat passé en son nom personnel par l'associé** ; il n'est pas une obligation attachée de plein droit à sa qualité d'associé. 79230

Il résulte de ce caractère personnel du cautionnement que celui-ci n'est pas **transmis à l'acquéreur** avec les parts sociales ou actions. La Cour de cassation a en effet jugé que l'acquéreur de parts sociales ne succède pas de plein droit aux obligations personnelles du cédant (Cass. com. 1-4-1997 n° 94-17.178 D : RJDA 8-9/97 n° 1048). Dans cette affaire, la Cour de cassation a censuré l'arrêt d'une cour d'appel qui, pour condamner l'acquéreur de parts d'une SARL en garantie des condamnations prononcées contre le cédant au titre de l'engagement de ce dernier de cautionner, au prorata de ses parts, la reprise par la SARL d'une société en redressement judiciaire par voie de plan de cession, avait retenu que la cession des parts avait entraîné l'obligation pour l'acquéreur de garantir l'exécution de l'offre dans les mêmes formes que le cédant. 79235

Toutefois, lors de la négociation de la cession des titres, le cédant peut demander à l'acquéreur de se substituer à lui dans ses obligations de caution. La libération du cédant exige alors le respect d'un certain nombre de conditions posées par le droit des contrats et celui des sociétés. Sur ces questions, voir nos 56110 s.

79240 Autre conséquence du caractère personnel de l'obligation de la caution : la perte par la caution de sa qualité d'associé n'emporte pas **extinction de plein droit** de la garantie. Le cautionnement n'est pas assorti d'un **terme implicite** résultant de la perte de la qualité d'associé.

Une jurisprudence abondante et constante considère en effet que la cession par la caution de ses parts dans le capital de la société cautionnée est sans incidence sur son engagement, sauf si celle-ci a expressément fait de la qualité d'associé la condition déterminante de son engagement (notamment, Cass. com. 3-11-1988 n° 86-10.497 P : Bull. civ. IV n° 283 ; Cass. com. 15-10-1991 n° 89-19.122 P : RJDA 1/92 n° 74 ; Cass. com. 15-10-2002 n° 93-20.262 F-D : RJDA 2/03 n° 190 ; Cass. com. 14-10-2008 n° 07-16.947 F-D : RJDA 2/09 n° 103 ; CA Aix-en-Provence 15-1-2015 n° 12/16516 : RJDA 5/15 n° 351 ; CA Versailles 8-3-2022 n° 21/02534 : RJDA 6/22 n° 337). La solution n'a pas été remise en cause par l'ordonnance 2021-1192 du 15 septembre 2021 portant réforme du droit des sûretés ; en effet, le nouvel article 2313, al. 1 du Code civil dispose que l'obligation de la caution s'éteint par suite de l'extinction de l'obligation garantie, donc de la dette de la société.

79245 Il n'est cependant pas rare que le cédant tente d'échapper aux poursuites exercées contre lui après qu'il a cédé ses titres au motif que la **cause, ou la contrepartie du cautionnement** (C. civ. ex-art. 1131 ou art. 1169 issu de ord. 2016-131 du 10-2-2016, selon que l'acte a été souscrit avant ou après le 1-10-2016) aurait **disparu** du fait de la perte de sa qualité d'associé, rendant nul ou caduc l'engagement.

Sous l'empire de l'ex-article 1131 du Code civil, cet argument a été systématiquement rejeté par la jurisprudence au motif que la cause de l'engagement de caution réside non dans la qualité d'associé de la caution, mais dans « la considération de l'**obligation prise** corrélativement » **par le créancier** bénéficiaire de la caution à l'égard de la société, à savoir généralement l'octroi de crédits à celle-ci (Cass. com. 8-11-1972 : Bull. civ. IV n° 278 ; Cass. com. 5-4-1994 n° 91-21.948 D : RJDA 11/94 n° 1104 ; CA Versailles 31-10-1997 n° 95-5335). La qualité d'associé n'est que le **mobile** (ou **but**, pour les cautionnements conclus après le 1er octobre 2016) de l'engagement de ce dernier (Cass. com. 8-11-1972 précité ; Cass. com. 6-12-1988 : Bull. civ. IV n° 334 ; Cass. com. 5-4-1994 n° 91-21.948 D précité).

Ces solutions ainsi que celles ci-dessous sont, à notre avis, transposables sous l'empire de l'article 1169 du Code civil exigeant une contrepartie à l'engagement.

79250 La **disparition du mobile** (remplacé depuis le 1er octobre 2016 par le but, cf. art. 1162 du Code civil issu de ord. 2016-131 du 10-2-2016) résultant de la cession par l'associé de ses parts dans la société cautionnée ne saurait avoir une quelconque **incidence** sur son engagement de caution, dès lors que l'associé n'a pas entendu en faire un motif déterminant de son engagement, porté à la connaissance du créancier dans l'acte de caution. En effet, comme certains auteurs l'ont remarqué (P. Morvan, note sous Cass. com. 24-4-1990 n° 88-13.991 P : Gaz. Pal. 1991 p. 423), le cautionnement est, en vertu de l'article 2288, al. 1 du Code civil, un contrat entre le créancier et la caution (l'article 2288, al. 1 du Code civil prévoit en effet que « celui qui se rend caution d'une obligation se soumet envers le créancier à satisfaire à cette obligation ») et le mobile, qui s'inscrit dans un rapport entre débiteur et caution, ne saurait en déborder pour interférer avec le véritable rapport de cautionnement. Certes, d'autres auteurs (P. Simler et P. Delebecque, Les sûretés, La publicité foncière : Dalloz 2016 n° 265) relèvent qu'« on peut raisonnablement soutenir que, dans l'esprit de la caution comme dans celui du créancier, un lien aura existé entre la fonction exercée et la garantie consentie » (dans le même sens, L. Aynès, note sous Cass. com. 3-11-1988 n° 86-10.497 P : D. 1989 p. 185) ; ils considèrent toutefois que la disparition du mobile, autrement appelé cause subjective du cautionnement, ne peut en aucun cas en affecter l'efficacité, sous peine de ruiner la sécurité du commerce juridique (P. Simler et P. Delebecque, Les sûretés, La publicité foncière : Dalloz 2016 n° 102). Ils ajoutent en outre que la force obligatoire du contrat (C. civ. ex-art. 1134 ; désormais art. 1103 issu de ord. 2016-131 du 10-2-2016) serait bafouée s'il suffisait de démontrer, pour échapper aux obligations nées d'un contrat, que les raisons subjectives qui en avaient déterminé la conclusion ont disparu. Ces remarques sont transposables à la disparition du but du cautionnement.

79255 **ILLUSTRATIONS**

La **perte de la direction de la société** par le gérant d'une société en commandite, si elle peut influer sur les mobiles qui ont conduit celui-ci à se porter caution, laisse inchangée la **cause** de son engagement, **fixée au moment de la formation du contrat** et non susceptible d'être modifiée par la transformation ultérieure de la société en commandite en société anonyme, transformation qui, n'entraînant pas création d'une personne morale nouvelle, n'opère pas novation dans les rapports contractuels des parties.

Cass. com. 8-11-1972 : Bull. civ. IV n° 278.

Ndlr : Bien qu'elle n'ait pas été rendue en matière de cession de titres, la solution est transposable.

La prétention du président-directeur général d'une société, qui s'était porté caution du remboursement des sommes qui pourraient être dues à une banque par la société, de faire annuler son cautionnement pour défaut de **cause,** à la suite de la **cession** de la quasi-totalité des **actions** de la société et de la **cessation** de ses **fonctions,** ne peut pas être admise dès lors que le **cautionnement** avait été consenti **sans aucune limitation.**

Cass. com. 16-2-1977 : JCP G 1979 II n° 19154 note P. Simler.

L'**engagement** donné par un actionnaire et administrateur d'une société de se porter caution, à concurrence d'un montant déterminé et **sans limitation de durée,** des dettes de celle-ci envers une banque ne prend pas fin du fait de la **cession** de ses **parts** par l'intéressé et de la **cessation** de ses **fonctions.** En effet, par sa nature même, l'engagement de caution pris par un dirigeant dans l'intérêt de la société demeure quels que soient les motifs qui ont déterminé sa naissance et s'ajoute à celui de cette société. Par ailleurs, si l'intéressé voulait que le **motif de son engagement** soit introduit dans le champ contractuel et devienne ainsi une **cause ou** une **condition du cautionnement,** il lui appartenait de l'indiquer expressément dans cet engagement, ce qu'il n'avait pas fait. Ainsi, quels qu'aient été les mobiles qui ont conduit cet actionnaire à cautionner les dettes de la société envers la banque, son obligation envers cette dernière avait pour seule cause le maintien de l'aide financière de celle-ci à la société et cette aide s'est poursuivie après le retrait de l'intéressé de la société.

Cass. com. 17-7-1978 : Bull. civ. IV n° 200.

Dans un cas où le directeur général adjoint associé d'une SA, qui s'était porté caution du remboursement d'un prêt consenti à cette société par une banque, avait ensuite abandonné ses fonctions et vendu ses actions, c'est à tort qu'une cour d'appel a refusé de le condamner à verser le solde des sommes garanties en retenant que l'**intention des parties** lors de l'établissement du prêt avait été de limiter l'engagement de l'intéressé à la durée de son activité dans la société et que celui-ci, ayant fait connaître à la banque qu'il avait quitté ses fonctions et cédé ses parts, était en droit de considérer que la cessation de ses fonctions dans la société le libérait de son engagement, celui-ci ayant cessé d'avoir une **cause,** alors qu'il résultait de l'**acte de cautionnement** que celui-ci **ne comportait pas les limitations de l'obligation** de caution retenues par la cour d'appel et que la banque n'avait jamais accepté que l'engagement de la caution fût considéré comme caduc.

Cass. 1re civ. 4-7-1979 : Bull. civ. I n° 200.

Le **créancier** n'est pas tenu d'**informer la caution de la persistance de son engagement** après la cession des titres. Ainsi, dans un cas où les actionnaires d'une société anonyme, cautions des dettes de la société à l'égard d'une banque, avaient cédé leurs actions à un tiers et où, l'acte de cession prévoyant une substitution de garantie, ce dernier s'était à son tour porté caution à l'égard de la banque, doit être rejetée la demande de dommages-intérêts formée par les actionnaires contre la banque à laquelle ils reprochaient de ne pas les avoir informés du maintien de leurs engagements de caution ; en effet, la banque n'est tenue ni d'une obligation d'information ni d'une obligation de conseil sur la persistance, faute de novation, des cautionnements à la suite de la cession et il appartenait aux cédants de solliciter de la banque l'extinction de leurs engagements avant la cession (Cass. com. 29-1-2002 n° 99-12.976 FS-P : RJDA 6/02 n° 693 ; voir aussi Cass. com. 17-12-1996 n° 94-20.568 D : RJDA 4/97 n° 551). **79260**

Le cautionnement se poursuivant, la caution, lorsqu'elle garantit les dettes futures de la société, est tenue des dettes nées après la cession de ses titres. Elle ne peut pas utilement faire valoir que la bonne foi devait régir les relations entre le créancier et la caution ou que le devoir d'information impose au créancier de l'avertir de l'octroi d'un nouveau crédit (Cass. com. 8-1-2008 n° 05-13.735 F-PB : RJDA 5/08 n° 573). Toutefois, dans une espèce semblable où le gérant d'une société s'était porté caution du remboursement d'un prêt consenti par une banque à la société et où, à la suite d'un changement de majorité et de direction, le nouveau gérant s'était porté caution des engagements de la société à l'égard de la banque, la cour d'appel de Paris a retenu une solution tout à fait différente (CA Paris 23-1-1998 : RJDA 4/98 n° 513). Après avoir rappelé que le banquier est, d'une part, débiteur d'une obligation de renseignement et de conseil, tant lors de la conclusion du contrat qu'au cours de son exécution en application de l'ex-article 1147 du Code civil (devenu l'article 1231-1) et, d'autre part, tenu à l'exécution loyale du contrat en vertu de l'ex-article 1134 du Code civil (devenu l'article 1104), la cour d'appel a en effet estimé que manque à ses obligations de loyauté et de renseignement la **banque** qui a **tardé à faire connaître** clairement à l'ancien gérant **qu'elle refusait de substituer au cautionnement donné** par ce dernier **celui consenti par le nouveau gérant,** empêchant ainsi l'ancien gérant, resté associé de la société, de maintenir, avec toute la vigilance que commandait son engagement, sa surveillance sur l'activité et les résultats de la société et de limiter l'aggravation de la dette (allocation de 40 000 F, soit environ 6 000 €, de dommages-intérêts).

La caution ne peut pas reprocher au créancier d'avoir manqué à son **devoir précontractuel d'information** mis en place depuis le 1er octobre 2016 par l'ordonnance 2016-131 du 10 octobre 2016 ; en effet, cette information n'est due qu'avant la conclusion du cautionnement (nos 10240 s.).

B. Extinction du cautionnement donné par le cédant

EXTINCTION DU CAUTIONNEMENT PRÉVUE PAR L'ACTE DE CAUTIONNEMENT

79280 Les parties à l'acte de cautionnement peuvent avoir prévu que la **garantie** était **subordonnée à la qualité d'associé** ou de dirigeant de la société. La qualité d'associé ou de dirigeant est alors une condition déterminante du cautionnement et celui-ci est éteint dès que l'associé quitte la société en cédant ses titres ou abandonne ses fonctions de dirigeant.

Il n'en est toutefois ainsi que s'il a été **stipulé expressément dans l'acte** que le cautionnement était lié à la qualité d'associé ou de dirigeant et cesserait de plein droit de produire effet en cas de perte par la caution de cette qualité (Cass. com. 24-4-1990 n° 88-13.991 P : Bull. civ. IV n° 117 ; Cass. com. 15-10-1991 n° 89-19.122 P : RJDA 1/92 n° 74 ; Cass. com. 14-10-2008 n° 07-16.947 F-D : RJDA 1/09 n° 103 ; CA Paris 26-3-1991 n° 90-3081 : RJDA 7/91 n° 599 ; CA Versailles 11-12-1997 n° 96-3353 : RJDA 3/98 n° 342 ; CA Paris 24-5-2006 n° 05-21358 : RJDA 11/06 n° 1169 ; CA Versailles 8-3-2022 n° 21/02534 : RJDA 6/22 n° 337).

79285 La subordination de la garantie au maintien de la qualité d'associé ou de dirigeant doit être exprimée de **manière non équivoque** dans l'acte de cautionnement. La rédaction de la clause en des termes clairs et précis permet en effet d'éviter tout risque de contentieux.

Le rapprochement des solutions retenues par les tribunaux conduit à conseiller d'éviter de motiver l'engagement de caution par les termes vagues de prise « d'intérêts dans la société » pour leur préférer la mention explicite d'engagement « en raison de la qualité d'associé ou de dirigeant ».

ILLUSTRATIONS

Dans un cas où le gérant d'une SARL s'était porté caution de celle-ci envers une banque et où l'acte de cautionnement, sur lequel figurait, au-dessus de la signature de celui-ci, la **mention « pour la société, le gérant »,** comportait la **clause selon laquelle la garantie serait applicable jusqu'à révocation** dûment signifiée à la banque, c'est à tort qu'une cour d'appel a rejeté la demande de la banque en paiement par le gérant des sommes dues par la société, après avoir retenu que le gérant, en signant en cette qualité, avait manifesté son intention de ne s'engager personnellement qu'en raison de cette qualité et par conséquent pour la durée de ses fonctions et estimé que la mention stipulée dans le corps de l'acte relative au maintien en vigueur de l'obligation jusqu'à révocation dûment signifiée ne pouvait valoir contre la mention révélant l'intention de la caution de ne s'engager que pour la durée de ses fonctions.
Cass. com. 30-5-1989 n° 87-17.932 P : Bull. civ. IV n° 166.

L'associé gérant d'une société qui s'est porté caution des sommes dues par la société à un fournisseur « **en raison des intérêts qu'il possède dans la société** » a soumis son engagement à la condition d'avoir des intérêts dans la société, si bien que le fournisseur ne peut pas lui demander paiement des fournitures livrées après qu'il a cédé ses parts sociales et démissionné de ses fonctions de direction.
CA Versailles 9-10-1997 n° 95-10061 : RJDA 1/98 n° 114.

Dans un cas où l'associé gérant d'une SARL s'était porté caution pour une durée indéterminée, « **eu égard à ses intérêts commerciaux** » dans la société, du paiement des sommes que la société pourrait devoir à certains fournisseurs, la démission et la cession des parts de l'intéressé n'ont pas rendu ce cautionnement caduc, dès lors que l'acte ne prévoyait pas que l'engagement ne porterait que sur les dettes nées pendant l'exercice des fonctions de gérant.
CA Paris 29-5-1998 n° 96-9803, 15e ch. B : RJDA 11/98 n° 1298 et, sur pourvoi, Cass. com. 8-1-2002 n° 98-19.449 F-D : Bull. Joly 2002 p. 482 note P. Scholer.

RÉSILIATION PAR LE CÉDANT DU CAUTIONNEMENT QU'IL A CONSENTI

79300 Lorsque l'associé a consenti au créancier un **cautionnement à durée indéterminée,** ce qui est notamment le cas s'il s'engage purement et simplement à « garantir les dettes sociales » à l'égard d'un tiers, il peut résilier son engagement à tout moment (cf. C. civ. art. 1211 ; C. civ. art. 2315 issu de ord. 2021-1192 du 15-9-2021 ; notamment, Cass. 1e civ. 7-3-2006 n° 04-12.914 FS-PB : RJDA 8-9/06 n° 950). L'associé caution qui cède ses titres peut donc user de cette faculté. Soulignons que l'acte de cautionnement ne peut pas priver la caution de la faculté de révocation du cautionnement ; la clause tendant à priver d'effet l'exercice par la caution de la faculté de révoquer unilatéralement le cautionnement à durée indéterminée qu'elle a souscrit est nulle, mais elle n'affecte pas la validité de ce cautionnement (Cass. 1e civ. 7-3-2006 n° 04-12.914 précité).

79301 À l'inverse, la caution ne peut pas résilier unilatéralement son engagement si le cautionnement a été donné pour une seule **dette ou une durée déterminée** (C. civ. art. 1212 ; Cass. com. 5-5-1982 : Bull. civ. IV n° 154 ; Cass. com. 7-7-1992 n° 90-18.418 P : RJDA 8-9/92 n° 860), à moins que la faculté de résiliation n'ait été expressément prévue au contrat. En tout état de cause, la caution et le créancier peuvent néanmoins, d'un commun accord, mettre fin au cautionnement.

Modalités de la résiliation L'**initiative** de la résiliation du cautionnement à durée indéterminée appartient à la caution ; le **créancier** n'a pas l'obligation de l'**avertir** de la nécessité de révoquer pour qu'il y soit mis fin (Cass. com. 24-4-1990 n° 88-13.991 P : Bull. civ. IV n° 117). 79310

Certes, lorsque le créancier est un professionnel, une **obligation d'information annuelle** de la caution est mise à la charge du créancier, lorsque l'engagement est à durée indéterminée, sur la faculté dont celle-ci dispose de révoquer le cautionnement à tout moment et les conditions de cette révocation (C. civ. art. 2302, al. 2 issu de ord. 2021-1192 du 15-9-2021) mais, d'une part, aucun texte n'impose une information spécifique en cas de cession de parts de l'associé caution et, d'autre part, le non-respect de cette obligation d'information annuelle n'entraîne jamais la libération de la caution. Par ailleurs, l'information précontractuelle mise à la charge de tout cocontractant depuis le 1er octobre 2016 (sur cette date, voir n° 1050) ne s'applique pas ici car elle ne concerne que la période antérieure à la conclusion du contrat (nos 10240 s.).

La loi n'impose pas de **formalisme** particulier à la révocation. Toutefois, elle doit être **non équivoque.** Elle ne saurait résulter de la simple notification au créancier de la cession de ses parts. 79315

ILLUSTRATIONS

Le gérant d'une SARL, qui s'est porté caution des dettes que celle-ci viendrait à contracter à l'égard du propriétaire du local commercial donné à bail à la société, continue d'être tenu des dettes nées **après la cessation de ses fonctions,** peu important qu'il ait ou non notifié au créancier la cession de ses parts, à moins qu'il n'ait stipulé expressément que le cautionnement était lié à l'exercice de ses fonctions et cesserait de plein droit de produire effet lorsqu'il y serait mis fin ou que la caution n'ait alors résilié son engagement (Cass. com. 15-10-1991 n° 89-19.122 P : RJDA 1/92 n° 74).

Une caution qui résistait à la demande du créancier en paiement de la dette garantie en prétendant avoir **révoqué son cautionnement** a été condamnée à exécuter son engagement, au motif qu'elle produisait une copie de lettre carbonée et un récépissé d'envoi postal recommandé avec accusé de réception, mais **sans l'accusé de réception y afférent,** de sorte qu'elle n'était pas en mesure de justifier de la **réception par le créancier** de cette lettre recommandée (Cass. com. 22-6-1999 n° 96-14.122 D : RJDA 10/99 n° 1136).

Une caution qui faisait valoir qu'elle avait dénoncé son engagement **par courrier** a été condamnée à exécuter son engagement car elle ne rapportait pas la preuve que son courrier, dont la matérialité n'était pas contestée, avait eu pour objet la résiliation de son engagement : si la banque reconnaissait avoir reçu un courrier recommandé AR de la caution, elle indiquait que celui-ci, adressé sans un mot d'accompagnement, ne contenait **pas la dénonciation du cautionnement** mais une dizaine d'exemplaires d'une revue économique ; par ailleurs, la caution, bien que rompue au monde des affaires, ne s'était pas étonnée de l'absence de réaction de la banque et de ce que cette dernière ne lui ait pas donné acte de sa prétendue révocation (Cass. com. 7-2-2012 n° 09-65.220 F-D : RJDA 5/12 n° 530).

En revanche, lorsque le cautionnement donné par le gérant associé d'une société à responsabilité limitée en garantie des dettes de la société à l'égard d'une banque sans limitation de durée prévoit seulement que la **révocation doit être « dûment effectuée »,** la révocation de ce cautionnement peut être **verbale** dès lors que les circonstances (confirmation par témoins et engagement de caution pris au même moment par le nouveau gérant remplaçant celui qui avait donné caution) la rendent certaine (CA Paris 14-2-1984 n° 14299 : BRDA 8/84 p. 21).

En outre, lorsque les **parties** ont **soumis la révocation à un formalisme particulier,** la caution n'est libérée que si elle a respecté ce formalisme. Ainsi, dans un cas où deux époux associés d'une société, qui s'étaient portés caution des dettes de celle-ci, avaient ensuite cédé leurs parts, l'un des époux ne s'est pas trouvé implicitement libéré de son engagement de caution par la décharge consentie par le nouveau gérant à son conjoint, dès lors que le contrat de cautionnement prévoyait qu'il ne pouvait être mis fin à cet engagement, quelles que fussent les modifications survenues dans la société, que par lettre recommandée avec accusé de réception (Cass. com. 15-11-1978 : Bull. civ. IV n° 264). 79320

EFFETS DE L'EXTINCTION DU CAUTIONNEMENT CONSENTI PAR LE CÉDANT

La résiliation du cautionnement met **fin** aux engagements de la caution à la **date** à laquelle elle est portée à la connaissance du créancier, sous réserve de respecter le délai de préavis contractuellement prévu ou, à défaut, un délai raisonnable (C. civ. art. 2315 issu de ord. 2021-1192 du 15-9-2021). 79330

En revanche, lorsque l'engagement était subordonné à la qualité d'associé ou de dirigeant, le cautionnement est éteint, dès que l'associé quitte la société en cédant ses titres ou qu'il est mis fin à ses fonctions de dirigeant (n° 79280).

79335 L'extinction du cautionnement met un terme à l'« **obligation de couverture** » de la caution, de sorte qu'elle n'est pas tenue des dettes de la société qui naîtront après la date d'extinction, mais non à son « **obligation de règlement** », qui concerne les dettes déjà nées. La solution jurisprudentielle a été reprise par le nouvel article 2316 du Code civil, issu de l'ordonnance 2021-1192 du 15 septembre 2021.

Il résulte de ce principe qu'après l'extinction du cautionnement, la caution reste tenue de garantir :

1. Les **dettes** qui sont **nées et** devenues **exigibles** entre la souscription du cautionnement et sa résiliation ;

2. Les **dettes** qui sont **nées** pendant cette période mais qui sont **devenues exigibles après.**

Tel est notamment le cas des contrats à « exécution instantanée » dont le **paiement** est **reporté ou échelonné,** par exemple une vente de matériel ou un prêt ; dans cette dernière hypothèse, la caution qui garantit le remboursement d'un prêt sera donc tenue, après la résiliation du cautionnement, de payer les échéances même si la défaillance du débiteur intervient après cette résiliation.

Tel est encore le cas des **contrats à exécution successive,** comme les contrats de location afférents aux locaux ou au matériel quand bien même les loyers seraient devenus exigibles après la date de révocation du cautionnement.

ILLUSTRATIONS

La caution qui s'est engagée à garantir, sans détermination d'objet ni de durée, les obligations contractées ou qui viendraient à l'être du débiteur envers le créancier, doit la garantie de toutes les obligations à durée déterminée convenues antérieurement à la résiliation unilatérale du cautionnement, quand bien même l'**exécution** de ces obligations se poursuivrait, en vertu des stipulations contractuelles, **après la date** de cette **résiliation.**

Ainsi, dans un cas où un associé de société à responsabilité limitée s'est porté caution des obligations de celle-ci et où la société a ultérieurement pris en **location** un **véhicule** pour une durée de cinq ans, le loueur peut poursuivre l'associé caution en paiement du solde des loyers que la société a cessé de payer près de trois ans après la conclusion du contrat, bien que depuis deux ans l'intéressé ait cédé ses parts sociales et ait fait connaître au loueur qu'il résiliait son engagement de caution.

Cass. com. 11-5-1993 n° 90-19.932 P : RJDA 11/93 n° 940.

Viole les articles 2011 et 2034 du Code civil (désormais C. civ. art. 2288, al. 2 issu de ord. 2021-1192 du 15-9-2021 et 2313 issu de ord. 2021-1192 du 15-9-2021) la cour d'appel qui, pour limiter le montant des condamnations de la caution aux **sommes dues en exécution du bail à la date de résiliation de l'engagement de caution,** retient que le bail conclu pour une durée de neuf ans, renouvelable par tacite reconduction, était à durée indéterminée et que la caution avait le droit de résilier son engagement, alors que le bail étant conclu pour une durée de neuf ans, renouvelable, la caution devait garantir toutes les obligations à durée déterminée convenues antérieurement à la résiliation unilatérale du cautionnement, quand bien même l'exécution de ces obligations se poursuivrait, en vertu de stipulations contractuelles, après la date de cette résiliation.

Cass. com. 20-1-1998 n° 95-14.845 D : RJDA 5/98 n° 646.

La caution qui s'est engagée à **garantir, sans détermination d'objet ni de durée, les obligations,** contractées ou qui viendraient à l'être, du débiteur envers le créancier doit la garantie de toutes les obligations à durée déterminée convenues antérieurement à la résiliation unilatérale du cautionnement, quand bien même l'**exécution de ces obligations** se poursuivrait, en vertu des stipulations contractuelles, **après** la date de cette **résiliation.** Par suite, dans un cas où le dirigeant d'une société s'était porté caution, dans la seule limite d'un montant donné, de tous les engagements de la société à l'égard d'une banque, doit être cassé l'arrêt d'une cour d'appel qui, pour décharger le dirigeant de toute obligation à l'égard de la banque, retient que celui-ci a révoqué son cautionnement qui est de ce fait éteint.

Cass. com. 1-4-2008 n° 07-11.003 F-D : RJDA 6/08 n° 712.

79340 En revanche, la caution ne sera pas tenue, sauf clause contraire, de la garantie des obligations nées du **renouvellement ou** de la **reconduction tacite du contrat** après la résiliation du cautionnement : le contrat reconduit est en effet en principe considéré comme un nouveau contrat (C. civ. art. 1214, al. 2 et 1215 ; Cass. com. 19-11-1996 n° 93-17.089 P : RJDA 3/97 n° 344 ; CE 29-11-2000 n° 205143, 7e et 5e s.-s. : RJDA 6/01 n° 682).

Cependant, la **prolongation tacite d'un bail commercial** arrivé à sa date contractuelle d'expiration n'emporte pas formation d'un nouveau contrat de bail (C. com. art. L 145-9, al. 2). La caution restera donc tenue si elle s'est expressément engagée dans l'acte de cautionnement à garantir les sommes dues en cas de prolongation tacite. Il en sera de même si elle s'est engagée à garantir les sommes dues par le locataire « pendant toute la durée de son occupation » (Cass. 1e civ. 21-3-2006 n° 04-17.323 F-D : RJDA 7/06 n° 832), ce qui couvre le bail tacitement prolongé.

En l'absence de telles précisions dans l'acte de cautionnement, la caution n'est pas tenue des obligations résultant du bail prolongé (Cass. com. 16-1-2007 n° 05-10.028 F-D ; Cass. 1e civ. 5-11-2009 n° 08-15.433 F-D : RDC 2010 p. 1325 note C. Grimaldi ; CA Aix-en-Provence 10-7-2009 n° 04/01833 : Gaz. Pal. 22-1-2010 n° 16 p. 5).

Dans l'hypothèse particulière du cautionnement d'un **compte courant** ouvert par la société dans une banque, l'associé restera tenu du solde débiteur au jour de la résiliation du cautionnement sous déduction des remises postérieures, sauf clause contraire (Cass. 1e civ. 28-10-1997 n° 95-21.345 P : RJDA 2/98 n° 215 ; Cass. com. 22-2-2017 n° 14-28.302 F-D : RJDA 6/17 n° 430). **79345**

Il résulte aussi de l'obligation de règlement que, sauf clause contraire de l'acte de cautionnement, le **créancier** peut toujours **agir en paiement** des dettes dont la caution reste tenue après la résiliation (Cass. com. 29-2-1984 : Bull. civ. IV n° 83 ; Cass. com. 17-12-1996 n° 94-19.489 P : RJDA 4/97 n° 549 ; Cass. 1e civ. 19-6-2001 n° 98-16.183 FS-PB : RJDA 1/02 n° 100). **79350**

Il a été jugé que la clause du cautionnement garantissant un prêt d'une durée de huit ans, qui prévoit que l'engagement de la caution est « limité à quatre années à partir du décaissement des fonds », a pour seul effet de **limiter** la garantie de la caution **au temps convenu** par les parties et non d'imposer au créancier d'engager contre elle ses poursuites dans le même délai (Cass. 1e civ. 19-6-2001 n° 98-16.183 FS-PB, précité). En revanche, dans un cas où la clause du cautionnement par laquelle des époux s'étaient engagés à garantir le remboursement d'un crédit « **pour une durée de quatre ans** », il a été jugé que cette mention s'appliquait à la durée pendant laquelle le créancier avait le droit d'agir sous peine de forclusion (Cass. com. 15-11-2016 n° 14-28.983 F-D : RJDA 2/17 n° 115).

CHAPITRE 4

INEXÉCUTION DE LA CESSION

SOMMAIRE

REMÈDES OFFERTS À LA VICTIME DE L'INEXÉCUTION DE LA CESSION

79400 Le Code civil consacre une section aux mesures qu'une partie à un contrat peut utiliser pour faire sanctionner l'inexécution par l'autre partie de ses obligations contractuelles (C. civ. art. 1217 à 1231-7). Ces dispositions posent le principe suivant lequel la **victime** ne doit pas se faire justice à elle-même, sauf si la loi l'y autorise. Les autorisations sont exceptionnelles et doivent être interprétées restrictivement. La victime de l'inexécution ne peut donc **défendre ses intérêts** qu'en usant des **procédés que la loi met à sa disposition** : elle doit en premier lieu établir l'inexécution ; elle peut ensuite sauvegarder ses intérêts par la suspension du contrat (n°s 79434 s.) ; si l'inexécution persiste, la victime a la faculté de poursuivre l'exécution forcée par le débiteur ou de rompre le contrat (n°s 79447 s.) ; enfin, lorsque c'est le créancier qui fait obstacle à l'exécution, le débiteur peut l'y contraindre en suivant la procédure exposée n° 79427. Dans tous les cas, la victime de l'inexécution peut demander la réparation du préjudice que l'inexécution lui a causé.

Ces sanctions, issues du **droit commun des contrats,** doivent être articulées avec celles prévues par le **droit de la vente** ; en cas de contrariété entre elles, le droit de la vente prime sur le droit commun, les règles générales ne s'appliquant que sous réserve des règles spéciales (C. civ. art. 1105, al. 3).

79402 **Précisions terminologiques** Dans les développements ci-dessous, les termes « **débiteur** » ou « **créancier** » visent le cédant ou l'acquéreur selon l'obligation en cause. Ainsi, le cédant est débiteur de la délivrance des droits sociaux cédés et créancier du prix et inversement pour l'acquéreur.

Le « **paiement** » vise quant à lui l'exécution volontaire de toute obligation (C. civ. art. 1342, al. 1), et pas seulement celle de payer une somme d'argent.

I. ÉTABLISSEMENT DE L'INEXÉCUTION DE LA CESSION

A. Existence de l'inexécution de la cession

INEXÉCUTION DE LA CESSION PAR LE CÉDANT

79405 Conformément au droit commun de la vente, le **cédant de droits sociaux est principalement tenu** de délivrer ceux-ci à l'acquéreur (C. civ. art. 1603 et 1604). C'est sous cet angle que se posera, la plupart du temps, la question de l'inexécution par le cédant de ses obligations.

Il est également tenu d'un certain nombre de garanties légales, dont la sanction obéit à un régime spécifique n°s 61020 s.

En **marge de ces obligations légales**, le **cédant souscrit** la plupart du temps un certain nombre d'obligations plus ou moins accessoires, telles que les garanties contractuelles portant par exemple sur le passif et sur l'actif social, ou l'engagement de non-concurrence.

INEXÉCUTION DE LA CESSION PAR L'ACQUÉREUR

L'**acquéreur doit** payer le prix de cession à la date et au lieu fixés par l'acte de cession : n° 45000. Il peut aussi prendre toutes sortes d'engagements accessoires à l'égard du cédant, par exemple celui de lui rembourser son compte courant d'associé ou de reprendre des garanties qu'il a précédemment consenties pour couvrir les dettes sociales (nos 56000 s.). 79408

OBLIGATION INEXÉCUTÉE VALANT INEXÉCUTION DE LA CESSION

Gravité de l'inexécution Certains des remèdes offerts à la victime de l'inexécution supposent un manquement contractuel suffisamment grave : c'est le cas, notamment, de l'exception d'inexécution (nos 79434 s.) et de la résolution unilatérale (nos 79463 s.). L'exécution forcée peut être demandée quel que soit le manquement allégué (nos 79447 s.). Il en est de même de la réduction du prix (nos 79450 s.). 79411

Force majeure Il y a force majeure lorsqu'un événement échappant au contrôle du débiteur, qui ne pouvait être raisonnablement prévu lors de la conclusion du contrat et dont les effets ne peuvent être évités par des mesures appropriées, empêche l'exécution de son obligation par le débiteur (C. civ. art. 1218, al. 1). 79415

Si l'**empêchement** résultant de la force majeure est **définitif**, le contrat est résolu de plein droit et les parties sont libérées de leurs obligations ; si l'empêchement est **temporaire**, l'exécution de l'obligation est suspendue à moins que le retard qui en résulterait ne justifie la résolution du contrat (art. 1218, al. 2).

ATTENTION

L'**empêchement définitif** résultant d'un cas de force majeure ne **décharge le débiteur** que s'il n'a pas été déjà mis en demeure de s'exécuter ou s'il n'a pas accepté de s'exécuter nonobstant un tel empêchement (C. civ. art. 1351). Lorsque l'impossibilité d'exécuter résulte de la perte du bien à délivrer, le débiteur mis en demeure est néanmoins libéré s'il prouve que la perte se serait pareillement produite si l'obligation avait été exécutée (art. 1351-1).

La jurisprudence ne donne pas d'exemple de cas de force majeure ayant pu exonérer le cédant de délivrer les droits sociaux cédés.

L'acquéreur ne peut pas s'exonérer de son obligation de payer le prix de cession en invoquant un cas de force majeure (Cass. com. 16-9-2014 n° 13-20.306 F-PB : RJDA 12/14 n° 886 rendu à propos d'une caution mais transposable). Mais la force majeure peut justifier un retard de paiement (Cass. 3e civ. 17-2-2010 n° 08-20.943 FS-PB : RJDA 10/10 n° 923, cas d'un locataire n'ayant pas payé à temps le loyer car son virement n'avait pas pu être exécuté à temps en raison des problèmes informatiques rencontrés par sa banque).

> **Précisions** Le **créancier** qui, du fait d'un événement de force majeure, **n'a pas pu profiter de la prestation qu'il a payée** ne peut pas obtenir l'anéantissement du contrat en invoquant cet événement (Cass. 1e civ. 25-11-2020 n° 19-21.060 FS-PBI : RJDA 2/21 n° 72).

Le Covid-19 et la guerre en Ukraine peuvent-ils constituer un cas de force majeure ? 79416

L'**épidémie de coronavirus** et les très nombreuses mesures prises par le Gouvernement pour en limiter les effets ont bouleversé les conditions d'exécution des contrats. Il est alors tentant d'invoquer la force majeure comme remède aux difficultés. On en a une illustration dans une affaire jugée par la cour d'appel de Paris, statuant en référé (CA Paris 28-7-2020 n° 20/06689 : RJDA 11/20 n° 554). Cette affaire concernait la société Total Direct Énergie, qui était liée à EDF par un contrat en vertu duquel elle s'était engagée à lui acheter un volume d'énergie déterminé à l'avance en fonction des prévisions de consommation de ses clients, à un prix fixé par arrêté, également à l'avance. Soutenant que les **mesures de confinement** prises pour lutter contre l'épidémie de Covid-19 avaient entraîné une diminution très importante de la consommation d'électricité en France et l'avaient placée dans l'impossibilité d'exécuter ses obligations dans des conditions économiques raisonnables, Total Direct Énergie avait notifié à EDF sa volonté de suspendre le contrat en application de la clause de force majeure étendue stipulée dans le contrat.

Les juges du fond ont relevé que la définition contractuelle de la force majeure convenue par les parties était d'une acception manifestement plus large que la notion retenue en droit civil et que l'événement de force majeure invoqué était l'épidémie de Covid-19 et les mesures sanitaires et légales drastiques prises pour la juguler, qui avaient eu une incidence très importante sur la consommation d'électricité et son prix. Ils ont en conséquence estimé que la

réalité d'un cas de force majeure au sens du contrat ne pouvait pas être écartée avec l'évidence requise en référé.
On ne peut pas déduire de cette décision que la force majeure peut systématiquement être invoquée par l'un des cocontractants dont le contrat est devenu temporairement non rentable du fait de l'épidémie de Covid-19. Telles que définies par le Code civil, les **conditions de la force majeure** sont en effet plus strictes que celles qui étaient en l'espèce prévues par le contrat : il y a force majeure en matière contractuelle lorsqu'un événement échappant au contrôle du débiteur, qui ne pouvait être raisonnablement prévu lors de la conclusion du contrat et dont les effets ne peuvent être évités par des mesures appropriées, empêche l'exécution de son obligation par le débiteur (C. civ. art. 1218). L'impossibilité d'exécution s'entend d'une véritable impossibilité, c'est-à-dire d'un obstacle insurmontable, et non de simples difficultés, seraient-elles très grandes. Enfin, la force majeure s'apprécie concrètement en fonction des circonstances de chaque espèce, des obligations en cause et de la date de leur conclusion, de sorte qu'il ne devrait pas pouvoir être retenu que l'épidémie de Covid-19 est, de manière générale, un cas de force majeure. La solution de la cour d'appel de Paris aurait donc sans doute été différente en l'absence de clause prévoyant les événements pouvant être qualifiés de force majeure et les effets de cette dernière dans le contrat liant Total Direct Énergie et EDF.
Par ailleurs, la **guerre en Ukraine,** déclenchée par l'invasion russe du 24 février 2022, a elle aussi entraîné d'importantes conséquences économiques, sur le plan national et international, susceptibles d'affecter l'activité des entreprises françaises. On peut citer notamment la forte hausse du coût de certaines matières premières (avec en tête le gaz, l'électricité et le pétrole) et des coûts d'acheminement, la perte de marchés en Ukraine et en Russie ou encore la forte incitation pour les entreprises françaises à suspendre ou à cesser leurs activités en Russie. D'autres contraintes sont directement liées aux sanctions prises par l'Union européenne contre la Russie : interdiction d'importer ou d'exporter certains produits ; interdiction d'acquérir une nouvelle participation ou d'augmenter une participation existante dans toute personne morale, toute entité ou tout organisme établi ou constitué selon le droit de la Russie ou de tout autre pays tiers et opérant dans le secteur de l'énergie en Russie (Règl. 2022/428 du 15-3-2022) ; gel des avoirs des oligarques et de certaines entités russes (Règl. 269/2014 du 17-3-2014 modifié en 2022). Autant de circonstances pouvant avoir une influence sur l'exécution des cessions de droits sociaux.
Il reviendra donc le cas échéant aux tribunaux, encore silencieux à notre connaissance sur ce sujet, de se prononcer sur la question de savoir si, et dans quelles hypothèses, la guerre en Ukraine peut constituer un cas de force majeure susceptible d'être invoqué par un contractant empêché d'exécuter ses obligations. En attendant, les entreprises peuvent d'ores et déjà se référer aux éventuelles clauses de force majeure prévues dans leurs contrats, afin d'essayer de déterminer si le conflit ukrainien pourrait être couvert par la définition de la force majeure qu'elles ont convenue.

79418 **Pluralité de prestations convenues** Lorsque les divers engagements souscrits par le cédant et l'acquéreur et les obligations attachées par la loi à la cession sont interdépendants (nos 60000 s.), l'inexécution de l'un d'eux peut avoir une influence sur l'exécution des autres, voire sur leur pérennité et sur celle de la cession toute entière ; en effet :
– l'une des parties peut refuser d'exécuter un de ses engagements en se prévalant de l'inexécution par l'autre partie d'un autre engagement interdépendant (Cass. com. 12-7-2005 n° 03-12.507 F-D : RJDA 12/05 n° 1316) ;
– la résolution d'un de ces engagements à la suite d'une inexécution entraîne la caducité des autres engagements interdépendants (C. civ. art. 1186).

B. Mise en demeure d'exécuter la cession

CARACTÈRE OBLIGATOIRE DE LA MISE EN DEMEURE D'EXÉCUTER LA CESSION

79421 Les tribunaux font de la mise en demeure un **préalable obligatoire** à la **dénonciation de l'inexécution,** de sorte que le créancier qui veut reprocher sa carence au débiteur doit d'abord le mettre en demeure de s'exécuter (Cass. com. 28-5-1996 n° 94-17.076 P : RJDA 11/96 n° 1297).
Toutefois, la mise en demeure n'est **pas requise** :
– lorsque le contrat l'a écartée, l'exclusion pouvant être implicite (Cass. com. 28-11-1978 n° 77-11.698 : Bull. civ. IV n° 282) ;

– pour obtenir des dommages-intérêts, lorsque l'inexécution du contrat est acquise et a causé un préjudice au créancier (Cass. ch. mixte 6-7-2007 n° 06-13.823 : RJDA 11/07 n° 1060) ; dans ce cas, la preuve de l'inexécution n'est plus en cause, de sorte que la mise en demeure est inutile ;
– pour faire courir les intérêts au taux légal sur la somme due en cas de retard : voir n° 79425.

FORME DE LA MISE EN DEMEURE D'EXÉCUTER LA CESSION

La mise en demeure doit être faite dans la **forme convenue au contrat** lorsque celui-ci l'envisage ; elle peut résulter de la seule exigibilité de l'obligation si le contrat le prévoit (C. civ. art. 1344). 79423
Si le **contrat ne prévoit pas** une forme déterminée, la mise en demeure peut résulter d'une sommation ou d'un acte équivalent, telle une lettre simple lorsqu'il ressort de ses termes une interpellation suffisante (art. 1344 ; Cass. 3e civ. 6-5-1998 n° 96-14.339 P : Bull. civ. III p. 62 n° 92).
La mise en demeure peut aussi résulter d'une assignation en résolution pour défaut de paiement du prix du bien vendu (Cass. com. 28-2-1972 n° 70-13.850 : Bull. civ. IV n° 75).

EFFET DE LA MISE EN DEMEURE D'EXÉCUTER LA CESSION

Lorsque la mise en demeure a été effectuée, l'inexécution est établie **si le manquement** reproché au débiteur **persiste** à l'expiration du délai qui lui est imparti pour exécuter sa prestation. 79425
La mise en demeure de délivrer les parts sociales fait peser les **risques** sur le cédant, s'ils n'y sont déjà (C. civ. art. 1344-2).

> **Précisions** L'article 1344-1 du Code civil (ex-art. 1153), suivant lequel une mise en demeure de payer une obligation de somme d'argent fait courir l'intérêt moratoire au taux légal, ne s'applique pas en matière de cession de droits sociaux : conformément au droit commun de la vente, c'est l'article 1652 qui s'applique dans ce cas. Assimilant les parts sociales à des biens frugifères, la Cour de cassation a jugé que les **intérêts moratoires** couraient sur la somme due même en l'absence de mise en demeure (Cass. com. 5-12-2000 n° 98-12.913 F-D : RJDA 3/01 n° 327).

MISE EN DEMEURE DU CÉDANT D'ACCEPTER LE PAIEMENT DU PRIX

L'acquéreur peut mettre en demeure le cédant d'accepter le paiement du prix de cession ou d'en permettre l'exécution lorsque celui-ci refuse de le recevoir à l'échéance et sans motif légitime, ou l'empêche par son fait (C. civ. art. 1345, al. 1). Dès lors que le droit spécial de la vente ne prévoit aucune disposition spécifique au bénéfice de l'acquéreur de droits sociaux, ce dernier peut à notre avis invoquer l'article 1345. 79427
Cette **mise** en **demeure** a pour **effet** d'arrêter le cours des intérêts, de mettre les risques de la chose à la charge du créancier s'ils n'y sont déjà, sauf faute lourde ou dolosive du débiteur, mais n'interrompt pas la prescription (C. civ. art. 1345, al. 2 et 3). Si l'obstruction n'a pas pris fin dans les deux mois de la mise en demeure, le débiteur peut, lorsque l'obligation porte sur une somme d'argent, procéder à la consignation de cette somme auprès de la Caisse des dépôts et consignations (C. civ. art. 1345-1, al. 1). Le débiteur est libéré par cette consignation à compter de sa notification au créancier (C. civ. art. 1345-1, al. 3).

II. SANCTIONS DE L'INEXÉCUTION DE LA CESSION

OPTIONS OUVERTES À LA VICTIME DE L'INEXÉCUTION DE LA CESSION

L'article 1217 du Code civil offre à la victime de l'inexécution un large **éventail de solutions.** Ainsi, la partie envers laquelle l'engagement n'a pas été exécuté ou l'a été imparfaitement peut : 79431
– refuser d'exécuter ou suspendre l'exécution de sa propre obligation (exception d'inexécution) ;
– poursuivre l'exécution forcée en nature de l'obligation ;
– obtenir une réduction du prix ;
– provoquer la résolution du contrat ;
– demander réparation des conséquences de l'inexécution.
Même si la loi met en avant l'exécution forcée, aucune **hiérarchie** n'est imposée à la victime de l'inexécution, qui peut librement choisir la sanction dont elle demande l'application. Par exemple, si l'acquéreur ne paye pas le prix de cession à l'échéance convenue, le cédant a le **choix** entre forcer l'acquéreur à exécuter la cession et en demander la résolution avec des dommages-intérêts (C. civ. art. 1217). Il peut modifier son choix tant qu'il n'a pas été statué sur sa demande initiale par une décision passée en force de chose jugée (Cass. 3e civ. 25-3-2009 n° 08-11.326 FS-PB : RJDA 10/09 n° 808). Il est possible, à l'inverse, que les parties encadrent par une clause le recours aux sanctions en les hiérarchisant selon l'ordre de présentation tirée de l'article 1217 ou en le modifiant.

Les **sanctions** qui ne sont pas incompatibles peuvent par ailleurs être **cumulées** et des dommages-intérêts peuvent toujours être octroyés à la victime (C. civ. art. 1217, al. 7). Le cas échéant, elles doivent être articulées avec celles prévues par le droit de la vente (n° 79400).

> **Précisions** La Cour de cassation a jugé que la **stipulation de sanctions conventionnelles à l'inexécution du contrat** n'exclut pas la mise en œuvre des solutions issues du droit commun des obligations (Cass. 3e civ. 14-2-2019 n° 17-31.665 FS-PBI : BRDA 7/19 inf. 12, jugeant, dans le cadre d'une vente immobilière, que la stipulation de pénalités conventionnelles en cas de retard de paiement de l'acheteur n'interdisait pas au vendeur d'invoquer l'exception d'inexécution pour refuser de livrer le bien). Faut-il déduire de cette solution que la Haute Juridiction, interdisant d'écarter conventionnellement les **sanctions de droit commun**, consacre leur **caractère d'ordre public** ? Une partie de la doctrine va dans ce sens (voir B. Mercadal, L'ordre public dans la réforme du droit des contrats : BRDA 6/18 inf. 21), tandis que le rapport au Président de la République sur l'ordonnance 2016-131 du 10 février 2016, dont sont issus les articles 1217 et suivants du Code civil, admettait au contraire la possibilité de déroger assez largement à ces dispositions. Il appartiendra donc à la Cour de cassation de préciser si, et dans quelle mesure, les parties peuvent écarter ou aménager les remèdes légaux sanctionnant l'inexécution du contrat.

A. Exception d'inexécution pour inexécution de la cession

EXCEPTION D'INEXÉCUTION POUR INEXÉCUTION EFFECTIVE DE LA CESSION

79434 L'une des parties à la cession qui n'a pas encore exécuté son obligation peut refuser de le faire, alors même que celle-ci est exigible, si l'autre partie n'exécute pas sa propre obligation et si cette inexécution est suffisamment grave (C. civ. art. 1219 ; Cass. com. 30-1-1979 : Bull. civ. IV n° 41 ; Cass. com. 31-5-1983 : Bull. civ. IV n° 162 ; Cass. 1e civ. 18-12-1990 n° 1749 P : Bull. civ. I n° 296).

La loi autorise par ailleurs le cédant à ne pas délivrer le bien vendu si l'acquéreur ne paye pas le prix dans les délais convenus (C. civ. art. 1612).

ILLUSTRATIONS

C'est à bon droit qu'un acquéreur a été débouté de son action tendant à obtenir l'exécution par le cédant de la convention conclue avec celui-ci et portant sur l'achat d'un certain nombre d'actions, dès lors que cet acquéreur n'a pas satisfait à son propre engagement relatif au règlement progressif du prix des actions.

Cass. com. 29-10-1985, Sté Coparim c/ Sté Fideco : Bull. Joly 1986 p. 85.

Un acte de cession de parts d'une société, dont l'objet était la gestion des titres de sa filiale à 100 % exploitant un débit de boissons, précisait que le cédant garantissait à l'acquéreur jusqu'au jour du transfert des parts que les deux sociétés ne faisaient pas l'objet d'une procédure collective et qu'elles n'étaient pas en cessation des paiements. Un an après la date convenue pour le transfert des parts et le règlement du prix, le cédant avait demandé l'exécution forcée de la cession.

Cette demande a été rejetée au motif que le cédant ne pouvait réclamer le prix à l'acquéreur que s'il était en mesure de remettre à ce dernier ce qui avait été convenu, à savoir les 225 parts d'une société qui, selon la garantie, n'était pas en cessation des paiements. Or, d'une part, les parts sociales n'avaient jamais été transférées à l'acquéreur ; d'autre part, trois mois avant l'assignation, la filiale à 100 % avait été mise en redressement judiciaire et la date de cessation de ses paiements fixée à une date antérieure à la signature de l'acte de cession. L'acquéreur était donc fondé à refuser le transfert à son profit des parts dans la mesure où l'objet qu'il souhaitait acquérir ne correspondait plus à celui initialement convenu.

CA Colmar 1-6-2004 n° 02-3135, 1e ch. civ. A : RJDA 5/06 n° 541, 2e espèce.

Une cour d'appel a pu écarter la demande du cédant de refuser la vente des actions faute d'avoir été payé dans les six mois de la date de la cession, dès lors qu'il apparaissait que c'était en raison des difficultés élevées par le cédant sur la détermination de la date de la cession, alors que cette date avait pourtant fait l'objet d'un accord non équivoque entre les parties, que l'acquéreur n'avait pas payé les actions dans le délai convenu.

Cass. com. 17-7-1984 n° 644 : Bull. Joly 1984 p. 872.

Il ne peut pas être reproché à une cour d'appel d'avoir refusé d'ordonner, à la demande du cédant, l'exécution d'une promesse d'achat de droits sociaux dont il avait levé l'option dès lors que les formalités relatives à l'agrément du tiers acquéreur n'avaient pas été accomplies. En effet, il incombait au cédant d'informer ses associés du projet de cession qu'il envisageait au profit d'une personne étrangère à la société ; à défaut, il ne pouvait contraindre cette personne à acquérir.

Cass. com. 24-4-1990 n° 88-17.966 P : Bull. civ. IV n° 124.

Un cédant n'exécutant pas son obligation de garantie n'est pas en droit d'exiger que l'acquéreur le garantisse des condamnations dont il peut faire l'objet de la part d'une banque au titre d'un cautionnement que cet acquéreur s'est engagé à reprendre.

CA Paris 15-11-1988 : Dr. Sociétés 1998 comm. n° 352.

Un acte de cession de parts d'une SARL stipulait que le cédant s'engageait à lever tout nantissement dont les parts pourraient faire l'objet « afin que l'acquéreur ne puisse jamais être recherché sur ce sujet ». L'acquéreur s'engageait de son côté, en sa qualité de gérant de la société dont les parts étaient cédées, à faire prendre en charge par celle-ci les cotisations sociales personnelles et obligatoires du cédant, échues et exigibles jusqu'à la cession. Le prix était payable en cinquante-six mensualités. L'acquéreur avait cessé de payer les mensualités au bout de sept mois. Le cédant lui avait alors réclamé le solde du prix de cession des parts et le solde de cotisations sociales exigibles.

A légalement justifié sa décision une cour d'appel qui, pour faire droit aux demandes du cédant, a retenu que l'acquéreur ne pouvait pas refuser de payer faute pour le cédant d'avoir fait lever le nantissement grevant les parts cédées dès lors qu'il n'établissait pas la réalité d'un préjudice concret qui aurait découlé du manquement du cédant à son obligation, ce dont il résultait que ce manquement n'était pas suffisamment grave pour justifier l'exception d'inexécution invoquée.

Cass. com. 25-5-2022 n° 20-18.666 F-D : RJDA 10/22 n° 548.

EXCEPTION D'INEXÉCUTION POUR RISQUE D'INEXÉCUTION DE LA CESSION

Une partie peut suspendre l'exécution de son obligation dès lors qu'il est manifeste que son cocontractant ne s'exécutera pas à l'échéance et que les conséquences de cette inexécution sont suffisamment graves (C. civ. art. 1220). **79436**

Les tribunaux ne se sont pas encore prononcés, à notre connaissance, sur la question de savoir si un cocontractant peut suspendre l'exécution de son obligation dès lors que l'inexécution de ses obligations par l'autre partie est probable ou s'il faut que cette inexécution, quoique non encore effective, soit d'ores et déjà certaine.

La partie qui use de cette faculté doit **notifier** dans les meilleurs délais la suspension à l'autre cocontractant (C. civ. art. 1220). La loi ne précise pas quel doit être le contenu de cette notification. Elle doit à notre avis contenir toutes les informations justifiant la mise en œuvre de l'exception, c'est-à-dire aussi bien celles sur le risque d'inexécution invoquée que celles sur les conséquences entraînées par ce risque. Le débiteur informé peut fournir des garanties d'exécution.

Par ailleurs, en vertu du **droit de la vente,** le cédant n'est pas obligé de délivrer les droits sociaux, même s'il a accordé un délai pour le paiement, si, depuis la cession, l'acquéreur est tombé en faillite ou en état de déconfiture, de sorte que le cédant se trouve en danger imminent de perdre le prix, à moins que l'acquéreur ne lui donne caution de payer au terme convenu (C. civ. art. 1613 ; pour une application, voir n° 45075). **79438**

EXCEPTION D'INEXÉCUTION POUR RISQUE D'ÉVICTION DE L'ACQUÉREUR

Lorsque l'acquéreur est troublé dans la jouissance des titres ou qu'il craint une action en revendication, il peut suspendre le paiement du prix jusqu'à ce que le cédant ait fait cesser le trouble ou lui ait donné caution, sauf si l'acte de cession précise que l'acquéreur paiera nonobstant le trouble (C. civ. art. 1653). **79440**

Cette exception est applicable toutes les fois que le paiement du prix est réclamé à un acquéreur contre lequel est dirigée une action qui peut avoir pour résultat de l'évincer (notamment, Cass. 3e civ. 18-1-1983 n° 81-11.197 P : Bull. civ. III n° 17).

B. Exécution forcée du contrat de cession

CONDITIONS DE MISE EN ŒUVRE DE L'EXÉCUTION FORCÉE DE LA CESSION

La partie qui veut poursuivre l'exécution forcée de la cession doit au préalable **mettre** l'autre partie **en demeure** de s'exécuter (C. civ. art. 1221). **79447**

Si l'**inexécution persiste**, le juge qui constate un manquement ne peut pas refuser cette exécution forcée, peu important la **gravité** du manquement invoqué, celle-ci pouvant justifier le refus de la résolution du contrat mais non pas le rejet de la demande d'exécution sous astreinte (Cass. 3e civ. 22-5-2013 n° 12-16.217 F-D : RJDA 5/14 n° 408).

Lorsque la demande porte sur une **obligation de faire**, la condamnation ne peut qu'indirectement forcer le débiteur en le condamnant au paiement d'une astreinte.

L'**exécution en nature** est cependant **écartée** si elle est impossible ou s'il existe une disproportion manifeste entre son coût pour le débiteur de bonne foi et son intérêt pour le créancier (C. civ. art. 1221). Selon MM. Couret et Reygrobellet, ce texte ne devrait pas avoir d'incidence en matière de cession de parts sociales : on imagine mal les circonstances dans lesquelles le cédant aura l'occasion d'invoquer un coût manifestement déraisonnable dès lors qu'il est propriétaire des parts objets du contrat ; quant à l'acquéreur, l'hypothèse du coût déraisonnable rejoindrait celle de l'imprévision (A. Couret et A. Reygrobellet, Le projet de réforme du droit des obligations : incidences sur le régime des cessions de droits sociaux, Bull. Joly Sociétés 31-5-2015, p. 247).
Lorsque l'exécution en nature est impossible, le créancier peut néanmoins obtenir des dommages-intérêts en réparation du préjudice subi du fait de l'inexécution.

ILLUSTRATIONS

Le cédant pouvant obtenir l'exécution forcée, doit être cassé l'arrêt qui l'a débouté de son action contre l'acquéreur tendant au paiement des acomptes non réglés ainsi qu'au solde du prix restant dû à la suite de la cession et l'a condamné au remboursement du premier acompte alors que l'acte de cession lui imposait uniquement l'obligation de déposer les titres correspondant à la cession entre les mains d'un séquestre, lequel ne devait les remettre à l'acquéreur que sur justification du règlement du solde du prix.
Cass. 1e civ. 10-2-1982 : Bull. Joly 1982 p. 483.

Dans un cas où la rétrocession des parts avait été stipulée pour sanctionner le non-respect par les acquéreurs de l'obligation de régler le prix aux échéances convenues et les contraindre à l'exécution de leurs engagements et où le cédant avait demandé l'exécution forcée, les acquéreurs ont été condamnés au paiement de la somme convenue.
CA Paris 24-4-1987 : BRDA 17/87 p. 8.

Un pacte d'actionnaires regroupant tous les actionnaires d'une société prévoyait que si les actionnaires représentant 51 % des titres notifiaient au conseil d'administration leur volonté de faire procéder à une cession globale de la totalité des titres de la société, le conseil la recommanderait et qu'à cet effet chaque actionnaire s'engageait « dès à présent » irrévocablement à céder la totalité de ses titres aux conditions de la cession globale. Les conditions requises pour l'application du pacte étant réunies, il y a lieu de condamner une banque actionnaire à céder, sous astreinte, ses titres pour un franc. En effet, les dispositions de l'article 1142 du Code civil (dans sa rédaction antérieure à l'ordonnance 2016-131), qui prévoit qu'une obligation de faire se résout en dommages-intérêts en cas d'inexécution de la part du débiteur n'interdisent pas de recourir à l'exécution forcée lorsque aucune impossibilité matérielle, juridique, ni morale ne lui fait obstacle, ce qui est le cas en l'espèce puisque la banque est toujours propriétaire des titres.
CA Paris 21-12-2001 n° 01-9384 : RJDA 6/02 n° 643.

C. Réduction du prix de la cession

APPLICATION DE LA RÉDUCTION DU PRIX AUX CESSIONS DE DROITS SOCIAUX

79450 L'article 1223 du Code civil autorise la réduction du prix de tout contrat qui a fait l'objet d'une **exécution imparfaite** quel que soit le degré de gravité de cette inexécution car le Code est muet sur la question.
Entrent dans le **champ d'application de l'article 1223 du Code civil** tous les contrats dont la réduction du prix n'est pas régie par une disposition particulière, celle-ci primant la règle générale (C. civ. art. 1105, al. 3). La réduction du prix de droit commun devrait notamment céder le pas, en matière de vente, à celle que l'acquéreur peut demander au titre de la garantie des vices cachés (C. civ. art. 1644) qui est applicable, quoique de manière très restrictive, à la cession de droits sociaux. Or, les cas dans lesquels la jurisprudence admet l'existence d'un vice caché affectant les parts sociales cédées sont si restrictifs (voir n°s 61190 s.) que l'acquéreur de droits sociaux n'obtient en pratique jamais la réduction du prix de cession. De la même manière, on voit mal les hypothèses dans lesquels l'acquéreur pourrait invoquer un manquement du cédant à son obligation de délivrance conforme pour demander la réduction du prix, un tel manquement n'étant pratiquement jamais invoqué en matière de cession de droits sociaux.
B. Mercadal estime cependant qu'il est possible de soumettre à réduction le prix d'une cession de droits sociaux, notamment dans le cas où le **cédant** s'est engagé, accessoirement à son obligation de délivrer les titres, à **fournir à l'acquéreur une prestation de services** (par exemple, présentation de clientèle, aide à la prise en main de l'affaire) et qu'il ne l'a pas fait (Mémento Droit commercial n° 14916).
Il estime également qu'il serait envisageable de demander sur ce fondement la réduction du prix d'une cession de droits sociaux compte tenu de la **valeur réelle des actifs sociaux,** en dépit de la

solution jurisprudentielle précitée en vertu de laquelle un vice relatif à un actif de la société cédée ou au passif de celle-ci ne constitue pas un vice caché des droits sociaux cédés s'il n'empêche pas la société de réaliser son objet social car il ne porte pas sur la chose vendue elle-même (par exemple, Cass. com. 12-12-1995 nº 93-21.304 : RJDA 3/96 nº 326) : le prix, fixé pour évaluer les actifs, étant du ressort exclusif des parties, sa réduction ne correspondrait pas à une mise en cause des vices cachés des actifs sociaux.

Il appartiendra aux tribunaux de se prononcer sur la question de l'application de l'article 1223 aux cessions de droits sociaux. Dans le doute, nous exposons ci-dessous le dispositif.

RÉGIME DE LA RÉDUCTION DU PRIX DE LA CESSION

Réduction unilatérale du prix Si l'acquéreur n'a pas encore payé tout ou partie du prix, 79453
il peut, après mise en demeure du cédant, lui notifier dans les meilleurs délais sa décision de diminuer le prix proportionnellement à l'inexécution constatée (C. civ. art. 1223, al. 1).

Si le cédant accepte la réduction de prix proposée par l'acquéreur, il doit faire connaître sa décision par écrit (même art.). Dans le cas contraire, il peut saisir le juge pour contester la décision de l'acquéreur.

ATTENTION

La réduction unilatérale du prix est une **faculté ouverte au créancier** de l'obligation mal exécutée (par hypothèse, l'acquéreur), et uniquement à lui : le cédant ne peut pas lui imposer la réduction du prix pour éviter l'exécution forcée ou la résolution.

Réduction judiciaire du prix L'acquéreur qui a déjà payé le prix ne peut pas décider 79454
unilatéralement de réduire le prix. Il doit, à défaut d'accord avec le cédant, demander au juge une telle réduction (C. civ. art. 1223, al. 2), c'est-à-dire un remboursement de ce qu'il a versé, proportionnel à l'inexécution.

MONTANT DE LA RÉDUCTION DU PRIX DE LA CESSION

La réduction du prix doit être **proportionnée** à l'imperfection alléguée (C. civ. art. 1223, al. 1). Le 79455
Code civil ne donne aucune directive ni à l'acquéreur ni au juge pour apprécier la valeur du manquement.

La réduction du prix doit, par ailleurs, pouvoir s'accompagner de l'octroi de **dommages-intérêts**, dès lors qu'elle ne répare pas entièrement le dommage que l'inexécution a causé à la victime. Toutefois, « l'acceptation » de l'inexécution par le créancier moyennant une réduction du prix pourrait inscrire cette réduction dans une logique transactionnelle qui exclut la condamnation du cédant à des dommages-intérêts.

AMÉNAGEMENTS CONVENTIONNELS POUR RÉDUIRE LE PRIX DE LA CESSION

Le régime de la réduction du prix, tel que prévu par l'article 1223 du Code civil, peut être aménagé 79457
par les parties qui peuvent organiser une procédure (en prévoyant, des délais, par exemple, ou encore le recours à une expertise), fixer des limites à la réduction, en faire un préalable au recours aux autres sanctions, etc.

La licéité de la **clause qui priverait totalement l'acquéreur** de la possibilité de soulever ce remède est en revanche incertaine : d'un côté, le texte ne précise rien, ce qui milite en faveur de son côté supplétif ; d'un autre côté, une telle clause, qui permettrait au créancier de renoncer à l'avance à sauver le contrat, irait contre l'objectif général de sauvegarde du contrat porté par la réforme, qui relève de l'intérêt général.

D. Rupture du contrat de cession

1. RÉSOLUTION UNILATÉRALE DE LA CESSION

CARACTÈRE D'ORDRE PUBLIC DE LA RÉSOLUTION UNILATÉRALE DE LA CESSION

L'une des parties à la cession peut, en cas d'inexécution suffisamment grave de ses obligations par 79463
l'autre partie, notifier à celle-ci la résolution de la cession (C. civ. art. 1224 et 1226).

L'article 1226 ne prévoyant pas que la résolution unilatérale est une mesure d'ordre public, elle devrait en principe avoir un caractère supplétif. Elle constituerait cependant, pour un auteur, une mesure d'ordre public de protection, dès lors qu'elle apparaît comme une mesure de protection des intérêts d'une partie en présence d'un manquement contractuel grave (en ce sens, B. Mercadal, Réforme du droit des contrats, Dossiers pratiques Francis Lefebvre 2016 nº 727). D'un autre côté, la résolution

judiciaire étant toujours possible, l'argument ne convainc pas tous les auteurs (A. Reygrobellet, L'anéantissement du contrat, Bull. Joly Sociétés, sept. 2016, n° 9 p. 547). Il appartiendra aux tribunaux de décider si les parties peuvent totalement l'écarter.
En tout état de cause, elle peut être **aménagée** dans tous les cas où les aménagements n'aboutissent pas à vider le droit de résolution unilatérale de sa substance.

INEXÉCUTION JUSTIFIANT LA RÉSOLUTION UNILATÉRALE DE LA CESSION

79465 La résolution unilatérale n'est admise qu'en cas d'inexécution suffisamment grave de ses obligations par le cocontractant (C. civ. art. 1224). La gravité du manquement doit être appréciée au regard des seules stipulations du contrat, de sorte qu'une inexécution pourra apparaître grave si les parties ont fait de l'obligation méconnue une condition déterminante de leur accord (par exemple, déclaration sur tel ou tel aspect de l'activité de la société cédée, reprise de garanties, etc.) même si cette inexécution n'est pas grave objectivement.
À notre connaissance, au 15 octobre 2022, aucune décision n'a été rendue concernant une hypothèse de résolution unilatérale en matière de cession de parts sociales.

MISE EN ŒUVRE DE LA RÉSOLUTION UNILATÉRALE DE LA CESSION

79467 **Mise en demeure** Le créancier ne peut pas user de la faculté de résoudre unilatéralement le contrat sans avoir préalablement mis en demeure le débiteur défaillant de s'exécuter (C. civ. art. 1226, al. 1). La mise en demeure doit laisser au débiteur un **délai** raisonnable pour exécuter son engagement et **mentionner** expressément qu'à défaut pour le débiteur de satisfaire à son engagement, le créancier peut résoudre le contrat (art. 1226, al. 2).
Le créancier peut résoudre le contrat, sans mise en demeure, en cas d'**urgence** (art. 1226, al. 1 ; Cass. com. 4-2-2004 n° 99-21.480 F-D : RJDA 8-9/04 n° 945 ; Cass. 1e civ. 20-3-2014 n° 12-27.943 FD : RJDA 7/14 n° 599), c'est-à-dire lorsqu'une menace sérieuse et imminente pèse sur les intérêts légitimes du créancier.

79469 **Notification de la résolution** Si l'**inexécution persiste,** le créancier peut notifier au débiteur la résolution de la cession et les raisons qui la motivent (C. civ. art. 1226, al. 3).
La **forme de la notification** n'est pas précisée : en l'absence de prévisions à ce sujet dans l'acte de cession, les parties ont intérêt à respecter la forme des notifications prévues par le Code civil.

CONSEIL

Parmi les différentes mentions, la notification doit **mentionner** les raisons qui motivent la résolution. Par prudence, et pour parer à une éventuelle contestation judiciaire de la résolution, le créancier devrait rédiger sa motivation avec autant de rigueur qu'une assignation.

Sur l'opposabilité de la résolution à la société, voir n° 30770.

79471 **Contestation de la résolution** Le créancier agit à ses risques et périls, et le débiteur peut à tout moment saisir le juge pour contester la résolution et le créancier doit alors prouver la gravité de l'inexécution (C. civ. art. 1226, al. 1 et 4). Si le juge trouve la **résolution justifiée,** il en donne acte aux parties en la constatant. Son jugement est déclaratif : la résolution existe au jour de la réception de la notification par le débiteur (C. civ. art. 1229, al. 2).
S'il estime la **résolution injustifiée,** le juge ne peut, à notre avis, qu'accorder des dommages-intérêts.
Sur les effets de la résolution, voir nos 79550 s.

2. RÉSOLUTION JUDICIAIRE DE LA CESSION

CONDITIONS DE LA RÉSOLUTION JUDICIAIRE DE LA CESSION

79474 La résolution de la cession peut être prononcée par le juge à la demande de l'une des parties – qu'il s'agisse du cédant ou de l'acquéreur – en cas d'inexécution suffisamment grave de ses obligations par l'autre partie (C. civ. art. 1224 et 1227).
Pour entraîner la résolution de la cession, l'inexécution doit :
– porter sur une obligation déterminante de l'engagement des parties (CA Paris 25-6-2004 n° 2003-732 : RJDA 7/05 n° 799) et qui a été contractuellement souscrite par une partie envers l'autre (Cass. 1e civ. 27-2-2001 n° 98-22.346 FS-P : RJDA 7/01 n° 750) ;
– revêtir une gravité suffisante ;
– ne pas résulter uniquement de la faute de la partie qui demande la résolution ; il importe peu, en revanche, qu'elle ne soit pas imputable au cocontractant à qui elle est opposée : elle peut être retenue même en l'absence de faute de sa part (Cass. 3e civ. 9-10-1979 n° 78-10.014 P : Bull. civ. III n° 169), ou même lorsqu'elle résulte de la force majeure (Cass. 3e civ. 6-5-2009 n° 08-13.824 FS-D : RJDA 11/09 n° 930).

La demande de résolution judiciaire est recevable même en l'absence de **mise en demeure** préalable, l'assignation en résolution valant mise en demeure (Cass. 1e civ. 23-1-2001 : RJDA 8-9/01 n° 848 ; Cass. com. 16-2-2022 n° 20-16.869 F-D : RJDA 6/22 n° 329). La mise en demeure est cependant indispensable pour obtenir la réparation du préjudice né de la résolution : n° 79593.

DEMANDE EN JUSTICE TENDANT À LA RÉSOLUTION DE LA CESSION

La résolution doit être demandée en justice (C. civ. art. 1227) sauf si : 79476
– elle a opéré de plein droit en vertu de la loi (par exemple, empêchement définitif d'exécuter résultant d'un cas de force majeure ; C. civ. art. 1218, al. 2) ou d'une clause résolutoire ;
– le contrat a été unilatéralement résolu.

Dans ces cas, la demande tendant au **prononcé** de la résolution est irrecevable, le juge ne pouvant que la **constater.**

Le créancier de l'obligation inexécutée peut demander la résolution judiciaire même si le contrat comporte une clause de résolution de plein droit, et sans avoir à observer les conditions auxquelles celle-ci subordonne la résolution (Cass. com. 20-10-2015 n° 14-20.416 F-D : RJDA 2/16 n° 86, dans un cas de résiliation unilatérale).

RENONCIATION À LA RÉSOLUTION JUDICIAIRE DE LA CESSION

S'agissant d'un **contrat conclu avant le 1er octobre 2016,** les parties pouvaient renoncer par avance 79478
au droit de demander la résolution judiciaire du contrat, l'ex-article 1184 du Code civil n'ayant pas été jugé d'ordre public (Cass. 3e civ. 3-11-2011 n° 10-26.203 FS-PB : RJDA 2/12 n° 125) ; il était alors jugé que ne valait pas renonciation l'exercice de l'action en paiement d'une clause pénale en cas d'inexécution (Cass. 3e civ. 22-2-1978 n° 76-13.828 : Bull. civ. III n° 99).

Cette faculté est-elle maintenue pour les **contrats conclus depuis le 1er octobre 2016** dès lors qu'aux termes de l'article 1227 du Code civil (issu de ord. 2016-131 du 10-2-2016), la résolution peut être demandée en justice « en toute hypothèse » ? Selon le rapport fait au Président de la République sur l'ordonnance 2016-131, cette formulation ne remet pas en cause la jurisprudence antérieure validant les clauses de renonciation à agir en résolution ; en effet, ces clauses n'interdisent pas à la partie renonçante de faire sanctionner les manquements de son débiteur par les autres moyens mis à sa disposition par l'article 1217 du Code civil, notamment en demandant l'exécution forcée ; il appartient au juge de vérifier au cas par cas que la restriction ainsi consentie ne porte pas atteinte à la substance même du droit et au droit d'agir en justice. Reste à savoir si la Cour de cassation fera sienne cette analyse.

DÉCISION DU JUGE CONCERNANT LA DEMANDE DE RÉSOLUTION DE LA CESSION

Le **juge apprécie** souverainement si la gravité du manquement invoqué justifie la résolution du 79480
contrat (Cass. com. 16-6-1986 n° 86-12.493 : Bull. civ. IV n° 145). Il peut apprécier cette gravité au jour où il statue (Cass. 3e civ. 10-11-2009 n° 08-21.874 FS-PB : RJDA 2/10 n° 132).

Le juge peut ordonner l'exécution forcée ou ajourner sa décision en octroyant un délai au débiteur pour s'exécuter (C. civ. art. 1228) et prononcer d'avance la résolution pour le cas où le délai qu'il accorde ne serait pas respecté par le débiteur (Cass. 1e civ. 19-12-1984 n° 83-14.083 : Bull. civ. I n° 343).

Il peut se contenter d'allouer des dommages-intérêts (art. 1228). Le rapport au Président de la République sur l'ordonnance 2016-131 du 10 février 2016 ayant introduit l'article 1228 dans le Code civil rappelle toutefois que ces pouvoirs s'exercent **dans la limite** du respect du principe dispositif, les parties ayant la faculté de lier les pouvoirs du juge dans leur demande en justice.

La résolution prononcée par le juge prend effet à la **date** indiquée dans le jugement ou, à défaut, au jour de l'assignation (C. civ. art. 1229, al. 2). Sur ces effets, voir nos 79550 s.

ILLUSTRATIONS 79482

L'acquéreur de parts sociales d'une société civile qui n'en a jamais acquitté le prix ne peut pas contester la résolution de cette cession au motif qu'une procédure de saisie-arrêt validée a été pratiquée à son encontre par un autre créancier et que celui-ci a été payé pour une somme dépassant largement le prix de cession. En effet, l'acquéreur n'est pas fondé, pour justifier l'inexécution évidente de ses obligations à l'égard du cédant, à invoquer la procédure de saisie-arrêt effectuée par ce créancier.

Cass. com. 2-2-1998 n° 86-15.646 D.

Dans un cas où l'acte portant cession de l'intégralité des parts sociales d'une SCI mettait à **la charge des acquéreurs l'obligation de rembourser**, dès la signature de l'acte de cession, **un prêt octroyé à la SCI et garanti par le cautionnement des cédants**, il y a lieu de prononcer la résolution de la cession aux torts des acquéreurs qui n'ont pas rempli cet engagement dès lors que ce dernier, figurant au titre « Exposé » de l'acte et non dans les charges et conditions de la

cession, constituait une condition déterminante de l'intention des parties, eu égard au prix des parts fixé dans l'acte et à l'intérêt des cédants de ne plus être tenus de rembourser le prêt.
CA Paris 25-6-2004 n° 2003-732 : RJDA 7/05 n° 790.

La quasi-totalité des actions d'une société anonyme (SA) avait été cédée à un tiers dans le cadre de la liquidation judiciaire de leur propriétaire. Un an et demi plus tard, les actions avaient été mises sous séquestre au motif que l'**acquéreur** n'avait pas reçu l'**agrément du conseil d'administration de la SA** comme l'exigeaient les statuts de celle-ci. En outre, un administrateur provisoire avait été désigné pour gérer la SA jusqu'à la reconstitution du conseil d'administration et la nomination de son président. La demande en résolution de la cession de l'acquéreur pour manquement à l'obligation de délivrance du cédant doit être rejetée dès lors que la propriété et la jouissance des actions ont été dûment transférées à l'acquéreur et que ce dernier a pu poursuivre normalement les activités de la SA pendant plus d'un an jusqu'à l'ordonnance décidant de la mise sous séquestre des actions et de la désignation de l'administrateur provisoire.
CA Paris 24-2-2006 n° 04-22666 : RJDA 4/07 n° 667.

Dès lors que l'écrit permet à l'acquéreur de parts sociales d'accomplir des formalités d'opposabilité et de publicité de la cession, l'acquéreur empêché, en l'absence d'écrit, de procéder à ces formalités nécessaires pour rendre la cession effective peut utilement demander la résolution de la cession pour manquement du cédant à son obligation de délivrance des parts sociales.
Cass. com. 7-4-2009 n° 08-15.593 FS-PB : RJDA 8-9/09 n° 754.

Afin d'assurer la parité entre deux groupes d'actionnaires de la société absorbante, un traité de fusion signé en 1998 comportait une cession d'actions dont le prix était payable avant le 15 septembre 2003. En mars 2004, le prix n'avait toujours pas été payé et le cédant avait demandé en justice la résolution de la cession. Il a été fait droit à cette demande aux motifs :
– d'une part, que l'offre de paiement du prix faite par l'acquéreur était inefficace puisque le cédant demandait la résolution de la cession et non son exécution forcée ;
– d'autre part, que l'absence de paiement du prix dans le délai de cinq ans accordé à l'acquéreur était d'une gravité suffisante pour justifier la résolution de la cession, malgré l'importance relativement faible de ce prix au regard de l'ensemble des sommes en jeu.
Cass. com. 23-6-2009 n° 08-16.367 F-D : RJDA 12/09 n° 1094.

3. CLAUSE RÉSOLUTOIRE DE LA CESSION

79500 La résolution de la cession peut résulter d'une clause résolutoire (C. civ. art. 1224 et 1225), c'est-à-dire d'une clause par laquelle les parties sont convenues qu'une inexécution par l'une d'elles de ses obligations contractuelles emportera de plein droit la résolution de la cession. L'intervention du juge n'est pas requise mais il peut être saisi en cas de contestation de la mise en œuvre et de l'acquisition de la clause.

ILLUSTRATIONS

Dans un cas où le cédant des parts composant le capital d'une société s'était, par une lettre du même jour que l'acte de cession, engagé à racheter la participation de l'acquéreur au cas où la société ne pourrait pas exercer son activité de commissionnaire agréé en douane, la cour d'appel a pu rejeter la demande dudit acquéreur tendant à voir anéantir la cession en raison de l'absence d'agrément de la société pour exercer cette activité dès lors qu'ayant retenu que la lettre susvisée ne constituait pas une clause résolutoire mais un engagement de garantie de remboursement, elle a écarté l'application de cet engagement après avoir constaté qu'aucune demande n'avait été formée en ce sens.
Cass. com. 21-10-1997 n° 95-19.026 D : RJDA 2/98 n° 137.

CONDITION DE LA CLAUSE RÉSOLUTOIRE DE LA CESSION

79503 **Causes de la résolution** Pour être efficace, la clause résolutoire doit :
– exprimer de manière non équivoque la commune intention des parties de mettre fin de plein droit au contrat (notamment, Cass. 1e civ. 25-11-1986 n° 84-15.705 : Bull. civ. I, n° 279 ; Cass. 3e civ. 12-10-1994 n° 92-13.211 P : Bull. civ. III n° 178) et non pas seulement reconnaître la faculté à une partie de demander la résolution en cas d'inexécution (Cass. 3e civ. 26-1-2011 n° 08-21.781 FS-PB : RJDA 4/13 n° 299) ;
– préciser les engagements dont l'inexécution entraînera la résolution du contrat (C. civ. art. 1225, al. 1) ainsi que les autres modalités de sa mise en œuvre (nécessité d'une mise en demeure ou pas et, le cas échéant, sa forme).
La clause résolutoire peut-elle être rédigée de manière très générale et viser, par exemple, « tout manquement par l'une des parties à l'une quelconque des obligations qui lui incombe en vertu du présent contrat » ? Un auteur en doute, compte tenu de l'exigence de préciser les engagements dont l'inexécution emporte résolution : dans une clause à large spectre, si les obligations dont l'inexécution est susceptible de déclencher le jeu de la clause résolutoire sont incontestablement

déterminées, elles ne sont pas pour autant précisées dans la clause (A. Reygrobellet, L'anéantissement du contrat, Bull. Joly Sociétés 2016 n° 09 p. 547).

Mise en demeure La résolution ne peut être acquise au profit d'une partie qu'après une mise en demeure infructueuse faite à l'autre partie d'exécuter ses obligations ou de respecter le contrat. Cette exigence est supplétive et les parties peuvent l'écarter en précisant que la résolution résultera du seul fait de l'inexécution (C. civ. art. 1225, al. 2 ; Cass. com. 28-11-1978 n° 77-11.698 : Bull. civ. IV n° 282). 79506

Les parties peuvent prévoir la **forme** de la mise en demeure, qui doit alors être respectée, ainsi que le moment auquel la résolution se produira (par exemple un nombre déterminé de jours après cette notification restée sans effet).

ILLUSTRATIONS

Si le contrat exige une mise en demeure de payer pour faire courir le délai à partir duquel il se trouverait automatiquement résolu en vertu d'une clause de résolution de plein droit, une assignation en résolution ne constitue pas cette mise en demeure car elle ne tend pas à obtenir le paiement et, partant, ne permet pas le jeu de la clause résolutoire.

CA Aix 26-3-1981 : Bull. Cour d'Aix 1981/1 p. 29.

La mise en demeure ne produit effet que si elle mentionne expressément la clause résolutoire (art. 1225, al. 2). Elle doit aussi clairement manifester l'intention de l'auteur de la mise en demeure de se prévaloir de la clause (Cass. 3e civ. 1-6-2011 n° 09-70.502 : Bull. civ. III n° 89 ; Cass. 3e civ. 30-6-2015 n° 14-16.929 F-D : RJDA 12/15 n° 809), indiquer avec précision les manquements au contrat justifiant la demande de résolution et un délai raisonnable pour remédier à l'inexécution si la clause ne précise pas un délai à cet égard (Cass. 3e civ. 1-10-1975 n° 74-12.076 P : Bull. civ. III n° 268 ; Cass. 1e civ. 3-2-2004 n° 01-02.020 FS-P : RJDA 4/05 n° 477) ; la résolution est irrégulière si le créancier ne respecte pas le délai prévu pour permettre au débiteur d'exécuter ses obligations et de régulariser (Cass. com. 15-11-2011 n° 10-27.838 FD : RJDA 2/12 n° 124). Si la clause résolutoire prévoit que la résolution du contrat sera acquise après la délivrance d'un commandement de payer resté infructueux, ce commandement de payer doit impartir au débiteur un délai pour s'acquitter de sa dette (Cass. com. 17-10-2018 n° 17-17.935 F-D : RJDA 2/19 n° 71).

MISE EN ŒUVRE DE LA CLAUSE RÉSOLUTOIRE DE LA CESSION

Renonciation à la clause résolutoire Une clause résolutoire, fût-elle de plein droit, n'interdit pas à la partie en faveur de laquelle elle a été stipulée d'y renoncer, son caractère automatique permettant simplement sa mise en œuvre sans demande en justice (CA Paris 28-7-2020 n° 17/18452 : RJDA 11/20 n° 574). Une fois qu'il a renoncé à se prévaloir de la clause, le bénéficiaire ne peut plus utilement l'invoquer. La seule inaction du bénéficiaire de la clause pendant un certain temps ne peut pas caractériser un acte manifestant sans équivoque la volonté de renoncer à se prévaloir des effets d'une clause résolutoire (Cass. 3e civ. 19-3-2008 n° 07-11.194 FS-PB : RJDA 6/08 n° 610). En revanche, jugé que l'acceptation du prix, même payé après échéance du terme, vaut renonciation s'il n'y a eu ni réserve ni protestation sur ce point (Cass. 3e civ. 18-3-1970 n° 68-12.510 : Bull. civ. III n° 221). 79509

ILLUSTRATIONS

Le jour même de la cession à crédit de l'ensemble des actions d'une société holding, le cédant s'était engagé, par une promesse distincte, à céder à l'acquéreur la participation de 50 % qu'il détenait dans une filiale de la holding, celui-ci s'engageant pour sa part à acquérir cette participation. Cette promesse était conclue sous la condition résolutoire du paiement du solde du prix des actions de la holding à une certaine date. Aux termes de la **clause résolutoire**, en cas de **non-paiement du solde du prix à temps**, la promesse était « caduque de plein droit » et l'acquéreur s'engageait à rétrocéder au cédant l'autre moitié des actions de la filiale détenues par la holding. Le solde du prix ayant été réglé après la date convenue, le cédant avait demandé à l'acquéreur d'exécuter la promesse ; l'acquéreur s'y était opposé en faisant valoir que celle-ci était devenue caduque par application de la clause résolutoire.

La cour d'appel de Paris a estimé que le **cédant**, en faveur de qui la clause avait été stipulée, avait **manifesté de façon non équivoque sa volonté de renoncer** à la clause résolutoire. En effet, une dizaine de jours après la date fixée pour le paiement du solde du prix, le cédant, à qui l'acquéreur avait proposé une rencontre afin d'examiner les solutions à apporter à la situation, avait répondu ne pas être opposé à cette rencontre et les parties étaient ensuite entrées en discussion sur les sommes restant dues. Environ deux mois plus tard, l'acquéreur avait proposé au cédant un nouvel échéancier de paiement que celui-ci avait accepté sans jamais évoquer la clause résolutoire. Quelques mois après, ayant reçu un courriel de l'acquéreur l'informant que celui-ci entendait rediscuter le prix de cession des actions de la filiale, le cédant avait mis en demeure l'acquéreur de régulariser cette cession et lui indiquait qu'à défaut, il la ferait constater en justice. *CA Paris 28-7-2020 n° 17/18452 précité.*

79512 **Droit d'invoquer la clause résolutoire** La clause résolutoire peut être mise en œuvre dès que survient une inexécution qu'elle vise, même si le **manquement** est minime. En fixant conventionnellement les causes de la résolution, les parties ont écarté l'appréciation judiciaire de la **gravité** de leur comportement (Cass. com. 10-7-2012 n° 11-20.060 FS-PB : RJDA 11/12 n° 936).

ATTENTION

La **clause** ne saurait être invoquée pour **sanctionner une inexécution qu'elle ne vise pas** : si elle ne vise que le défaut de délivrance des droits sociaux par le cédant, elle ne peut pas être mise en œuvre lorsque celui-ci ne respecte pas son obligation conventionnelle de non-concurrence.

La clause **ne peut profiter qu'à la partie** en faveur de laquelle elle a été stipulée. Ainsi, lorsque la clause a été instituée au seul profit du cédant, l'acquéreur ne peut ni réclamer la résolution de la cession ni contraindre le cédant à appliquer la clause (CA Orléans 22-8-2019 n° 18/01714 : RJDA 12/19 n° 759).

La clause doit être invoquée de **bonne foi** (C. civ. art. 1104).

Le jeu de la clause peut être neutralisé en cas de **force majeure** (notamment Cass. com. 19-7-1966 : Bull. civ. III n° 367 ; Cass. 3e civ. 17-2-2010 n° 08-20.943 FS-PB : RJDA 10/10 n° 923) ou en cas d'**inexécution par le bénéficiaire** de la clause de ses propres obligations (Cass. com. 14-12-1993 n° 92-11.702 P : RJDA 12/03 n° 1263).

> **Précisions** La **mauvaise foi** a été retenue à l'encontre du cédant d'un fonds de commerce, auquel la promesse de vente réservait la faculté de réclamer une garantie bancaire à l'acquéreur avant la signature de l'acte de vente sous peine de résiliation de la vente et qui a réclamé cette garantie plus de cinq mois après la signature de la promesse de cession et moins de trois mois avant la date prévue pour la signature de l'acte définitif, sans toutefois préciser la nature de cette garantie, le cédant s'étant ainsi octroyé la faculté d'estimer comme non satisfaisante toute garantie proposée (Cass. com. 1-12-1998 n° 96-21.479 D : RJDA 2/99 n° 129).

79515 **Procédure** En principe, le bénéficiaire de la clause résolutoire n'est pas tenu de **saisir le juge** pour la faire exécuter, dès lors qu'elle est acquise. Lorsque le débiteur n'admet pas la résolution, le bénéficiaire de la clause doit demander en justice la **constatation** de celle-ci (et non pas la prononciation de la résolution). En l'absence de contestation sérieuse, la demande peut être portée devant le juge des référés. Ce dernier peut alors constater l'acquisition de la clause résolutoire mais il ne peut pas prononcer la résiliation du contrat (Cass. 3e civ. 20-12-2018 n° 17-16.783 F-D : RJDA 3/19 n° 171, rendu à propos de la clause résolutoire d'un bail commercial mais transposable à tout contrat synallagmatique).

Tant que l'une des parties au contrat n'a pas manifesté son intention de se prévaloir d'une clause résolutoire de plein droit, le cocontractant qui s'estime victime d'une inexécution peut préférer saisir le juge pour lui demander de **prononcer** la résolution.

En ce qui concerne l'**articulation** de la clause résolutoire **avec** le droit de **résolution unilatérale,** la Cour de cassation reconnaît la possibilité pour une partie, eu égard à la gravité du comportement de son partenaire, de mettre fin au contrat de façon unilatérale sans respecter les modalités formelles de résolution contractuelle (Cass. com. 20-10-2015 n° 14-20.416 F-D : RJDA 2/16 n° 86 ; Cass. 3e civ. 8-2-2018 n° 16-24.641 FS-PB : RJDA 4/18 n° 296). Cette solution pourrait être remise en cause si le droit de résolution unilatérale tel que consacré par la réforme du droit des contrats était jugé supplétif par la jurisprudence (n° 79463).

Le bénéficiaire peut également ne pas demander le jeu de la clause et préférer l'**exécution forcée** du contrat (Cass. com. 18-6-1979 n° 77-11.295 P : Bull. civ. IV n° 201) ou des dommages-intérêts si la clause ne les exclut pas.

EFFETS DE LA CLAUSE RÉSOLUTOIRE DE LA CESSION

79518 La résolution prend effet dans les conditions prévues par la clause résolutoire (C. civ. art. 1229, al. 2) : la **date** de prise d'effet peut donc être l'expiration du délai laissé au débiteur dans la mise en demeure pour s'exécuter ou, lorsque celle-ci n'est pas requise, la date à laquelle le bénéficiaire a manifesté sa volonté d'invoquer la clause (Cass. com. 3-6-1997 n° 93-21.322 P : RJDA 11/97 n° 1314). Sur les effets de la résolution, voir nos 79550 s.

4. EFFETS DE LA RÉSOLUTION DE LA CESSION

En dehors de la date à laquelle elle intervient (signalée sous chaque mécanisme permettant de résoudre la cession), la résolution emporte les mêmes effets, qu'elle résulte d'une notification unilatérale d'une des parties, de l'acquisition d'une clause résolutoire de plein droit ou d'une décision judiciaire. 79550
Compte tenu des modifications apportées par la réforme des contrats au régime de la résolution, il convient toutefois de distinguer le cas de cessions conclues avant le 1er octobre 2016 (date d'entrée en vigueur de l'ordonnance 2016-131 du 10 février 2016 portant réforme du droit des contrats) de celui des cessions conclues à compter de cette date.
Sur les conséquences fiscales de la résolution, voir nos 30830 s.

RÉSOLUTION DES CESSIONS CONCLUES DEPUIS LE 1er OCTOBRE 2016

Extinction de la cession La résolution met fin à la cession (C. civ. art. 1229, al. 1). La cession ne peut donc plus avoir d'effets à compter de la date à laquelle la résolution survient, sous réserve de certaines clauses qui survivent (n° 79562). 79553
La loi organise en outre le sort des **prestations échangées par les parties avant la résolution** de la cession (art. 1229, al. 3) :
– lorsque ces prestations échangées ne pouvaient trouver leur utilité que par l'exécution complète du contrat résolu, les parties doivent restituer l'intégralité de ce qu'elles se sont procurés l'une à l'autre ;
– lorsque ces prestations échangées ont trouvé leur utilité au fur et à mesure de l'exécution réciproque du contrat, il n'y a pas lieu à restitution pour la période antérieure à la dernière prestation n'ayant pas reçu sa contrepartie ; dans ce cas, la résolution est qualifiée de résiliation.
En cas de résolution d'une cession de droits sociaux, il est peu probable que le second principe trouve matière à s'appliquer. Même dans l'hypothèse d'une cession de contrôle organisée par transfert fractionné des droits sociaux, on voit mal comment le transfert d'une fraction de la participation pourrait être maintenu s'il ne permet pas à l'acquéreur d'obtenir le contrôle.
Les restitutions réciproques – restitution du prix de cession par le cédant et des droits sociaux par l'acquéreur – sont soumises aux règles exposées nos 30725 s. (C. civ. art. 1229, al. 4). Sur le sort des garanties, voir nos 30815 s.

L'article 1229 du Code civil laisse néanmoins quelques **questions** en suspend : il remet certes en cause certains des effets passés de la cession mais faut-il pour autant en déduire que la résolution, lorsqu'elle emporte une restitution intégrale des prestations échangées, emporte l'anéantissement rétroactif de la cession comme c'était le cas avant la réforme du droit des contrats ? On peut en douter, compte tenu des termes de l'article 1229. À titre de comparaison, citons l'article 1178 du Code civil – particulièrement explicite sur ce point – en vertu duquel le contrat annulé est censé n'avoir jamais existé. Si la résolution n'est pas rétroactive, l'acquéreur doit être considéré comme ayant valablement été associé, de sorte que les décisions collectives auxquelles il a participé sont valables et ne devraient pouvoir être remises en cause par le cédant que par le biais de l'abus de majorité ou minorité. 79558

Survie de certaines clauses La résolution mettant fin au contrat de cession (C. civ. art. 1229, al. 1), les clauses qui y figuraient ne peuvent plus avoir d'effets entre les parties. Toutefois, la résolution n'affecte ni les clauses relatives au règlement des différends (telles les clauses attributives de compétence, de conciliation préalable ou encore d'arbitrage), ni celles destinées à produire effet même en cas de résolution, telles les clauses de confidentialité et de non-concurrence (art. 1230). 79562
Sous réserve de ces exceptions, les solutions jurisprudentielles neutralisant ou non certaines clauses en cas de résolution du contrat (n° 79565) sont transposables au régime actuel.

> **Précisions** Opérant un revirement de sa jurisprudence, la chambre commerciale de la Cour de cassation a jugé que les **clauses limitatives de responsabilité,** qui ont pour objet de régler l'inexécution du contrat, demeurent applicables après la résolution pour inexécution dudit contrat (Cass. com. 7-2-2018 n° 16-20.352 FS-PBI : RJDA 4/18 n° 297 ; auparavant, Cass. com. 3-5-2012 n° 11-17.779 FS-PB : RJDA 1/13 n° 8, qui avait jugé que la résolution du contrat anéantissait les clauses limitatives de réparation).
> Il est vraisemblable que cette solution, bien que rendue sous l'empire du régime antérieur à l'ordonnance 2016-131, perdurera sous l'empire de l'article 1230 du Code civil.

RÉSOLUTION DES CESSIONS CONCLUES AVANT LE 1er OCTOBRE 2016

79565 La résolution d'une cession conclue avant le 1er octobre 2016 (sur cette date, voir n° 1050) emporte l'anéantissement rétroactif de celle-ci (cf. C. civ. ex-art. 1183 et 1184 ; notamment à propos d'une cession de droits sociaux, Cass. com. 5-5-2009 n° 08-15.296 FS-D : RJDA 10/09 n° 860 ; Cass. com. 6-9-2011 n° 10-15.525 F-D : RJDA 12/11 n° 1042). La cession est donc privée d'effet tant pour le passé que pour l'avenir. Il n'en va autrement que pour les contrats à exécution successive dont la résolution n'opère pas pour le temps où le contrat a été régulièrement exécuté (notamment, Cass. 3e civ. 30-4-2003 n° 01-14.890 : RJDA 7/03 n° 694) ; on parle alors de résiliation et non de résolution.

Le juge ne peut pas neutraliser le caractère rétroactif de la résolution (par exemple en lui faisant prendre effet à la date du jugement), peu important la gravité des conséquences de celle-ci (Cass. com. 5-5-2009 n° 08-15.296 FS-D précité).

Il résulte de cette rétroactivité que l'acquéreur du bien vendu est réputé n'en avoir jamais été propriétaire (Cass. 3e civ. 17-5-1977 n° 75-14.976 : Bull. civ. III n° 215). Le cédant peut donc le cas échéant tenter de remettre en cause la validité des décisions collectives auxquelles l'acquéreur a participé, comme cela est possible en cas d'annulation de la cession (n° 30795).

Les clauses du contrat qui ne règlent pas les conséquences de la résolution ne peuvent pas produire effet, notamment la clause d'indexation contractuelle (Cass. 3e civ. 15-5-1974 n° 73-10.899 : Bull. civ. III n° 195), de non-concurrence (Cass. 1e civ. 6-3-1996 n° 93-21.728 PF : RJDA 7/96 n° 882) ou de résiliation unilatérale (Cass. com. 3-5-2012 n° 11-17.779 FS-PB : RJDA 1/13 n° 8) ; en revanche, survit à la résolution la clause pénale (Cass. 3e civ. 15-2-2005 n° 04-11.223 F-D : RJDA 8-9/05 n° 934), la clause attributive de compétence (Cass. 2e civ. 11-1-1978 n° 76-11.237 : Bull. civ. II n° 13 ; Cass. 1e civ. 15-4-2015 n° 14-11.572 F-D : RJDA 8-9/15 n° 619) et la clause d'arbitrage (notamment Cass. com. 25-11-2008 n° 07-21.888 FS-PBR : Bull. civ. IV n° 197). Concernant les clauses limitatives de responsabilité, voir n° 79562.

Les règles régissant les restitutions des prestations éventuellement échangées par les parties avant la résolution sont identiques à celles applicables en cas d'anéantissement rétroactif de la cession à la suite de son annulation (sur ces règles, voir nos 30725 s. où le régime antérieur des restitutions est exposé avec le régime actuel).

E. Réparation du préjudice résultant de l'inexécution de la cession

79580 Le cocontractant qui subit un **dommage, du fait de l'inexécution ou de la mauvaise exécution du contrat** par l'autre partie, peut lui en demander réparation, sous forme de dommages-intérêts. Toute sanction de l'inexécution peut être cumulée avec l'allocation de dommages-intérêts (C. civ. art. 1217). Pour plus de développements sur cette question, on se reportera aux nos 15000 s. du Mémento Droit commercial, ainsi qu'aux développements qui sont consacrés à la réparation de l'inexécution dans les parties traitant de chacune des obligations inexécutées.

DOMMAGE RÉPARABLE CAUSÉ PAR L'INEXÉCUTION DE LA CESSION

79585 Les **parties** peuvent **définir** elles-mêmes la nature des dommages qui seront réparés, par exemple en fixant la consistance du dommage (pertes de telle nature ; manque à gagner etc.), la période au cours de laquelle les dommages seront pris en compte ; les faits qui donneront lieu à réparation. **Lorsqu'elles ne l'ont pas fait,** le dommage réparable doit non seulement être certain, direct et propre à celui qui l'invoque, mais également prévisible (C. civ. art. 1231-3).

La prévisibilité s'apprécie en fonction des éléments constitutifs du dommage et non de leur équivalent monétaire au jour de la réparation, en se plaçant au moment de la conclusion du contrat (Cass. 1e civ. 28-4-2011 n° 10-15.056 FS-PBI : RJDA 1/12 n° 51). Le dommage dont l'étendue est imprévisible est lui-même imprévisible. Toutefois, le dommage, même imprévisible, doit être réparé si l'inexécution résulte d'une faute lourde ou dolosive (C. civ. art. 1231-3).

DIFFÉRENTS CHEFS DE PRÉJUDICES NÉS DE L'INEXÉCUTION DE LA CESSION

79588 La **victime** d'un dommage subi du fait de l'inexécution de la cession **a droit** :

– au remboursement de ses pertes (C. civ. art. 1231-2), c'est-à-dire des dépenses que le dommage a occasionné (frais de remise en état, dépenses résultant de la nécessité de contracter à des conditions plus onéreuses que prévues), de la détérioration ou de la dépréciation des biens, des frais financiers consécutifs aux dépenses engagées ou au financement des pertes subies ;

– à l'indemnisation du gain manqué ou préjudice commercial (perte de chiffres d'affaires, perte de revenus de la somme utilisée à la réparation du dommage et non placée sur le marché financier) ;

– à l'indemnité de la perte de la chance de tirer parti du contrat.

ILLUSTRATIONS

Dans un cas où toutes les parts d'une société avaient été cédées « coupon attaché » sous la condition suspensive de l'obtention d'un prêt par l'acquéreur et où, malgré la réalisation de la condition, le cédant avait refusé de régulariser la cession, il ne peut être reproché à la cour d'appel ayant prononcé la résolution du contrat d'avoir fixé le montant des dommages et intérêts dus à l'acquéreur à une somme inférieure à l'intégralité des dividendes versés par la société pour les exercices ayant suivi du cédant et dont la faute du cédant l'avait privé : la résolution de la convention de cession des parts sociales emporte son anéantissement rétroactif et la remise des choses en leur état antérieur, et le préjudice de l'acquéreur concernant ces exercices s'analyse en une perte de chance de percevoir les dividendes escomptés de l'exploitation de la société.
Cass. com. 6-9-2011 n° 10-15.525 F-D : RJDA 12/11 n° 1042.

MISE EN DEMEURE D'EXÉCUTER LA CESSION

Les dommages-intérêts ne sont dus que si le débiteur a été préalablement mis en demeure de s'exécuter dans un délai raisonnable, sauf si l'inexécution est définitive (C. civ. art. 1231). **79593**

FORCE MAJEURE EXCLUANT LA RÉPARATION DE L'INEXÉCUTION DE LA CESSION

Le débiteur ne doit pas réparation du dommage s'il justifie que l'inexécution de son obligation provient d'un cas de force majeure qui ne peut lui être imputé (C. civ. art. 1231-1). Sur cette question voir les développements du Mémento Droit commercial n°s 15076 s. **79596**

MONTANT DE LA RÉPARATION DE L'INEXÉCUTION DE LA CESSION

Clause pénale Les parties peuvent évaluer la réparation du dommage à une somme forfaitaire convenue dans une clause pénale ayant pour fonction d'évaluer le dommage mais aussi d'inciter le débiteur à s'exécuter. **79600**

L'**efficacité de cette clause suppose** que son objet soit expressément spécifié comme étant de réparer les dommages (et non pas d'ouvrir la faculté à l'une des parties de se dédire du contrat moyennant finance), que les causes des dommages entraînant sa mise en jeu soient précisées, que son montant ne soit pas excessif, le juge pouvant dans ce cas le réduire (art. 1231-5, al. 2), et que soit précisé son sort en cas d'exécution partielle de l'obligation.

Elle est applicable même en l'absence de préjudice, les parties l'utilisant alors comme moyen de contrainte (Cass. com. 10-1-1977 n° 75-13.654 : Bull. civ. IV n° 7).

Sauf si les parties en sont convenues autrement, la clause pénale ne peut être mise en jeu qu'après mise en demeure du débiteur, sauf si l'inexécution est devenue définitive (art. 1231-5, al. 5).

Sur cette clause, on se reportera au Mémento Droit commercial n° 15259.

Clause limitative de responsabilité La clause limitative de responsabilité est **valable** dans tous les contrats où une disposition expresse de la loi ne l'interdit pas, ce qui devrait être le cas de la plupart des cessions de parts sociales. Mais elle ne doit pas contredire la portée de l'obligation essentielle du contrat (C. civ. art. 1170). Elle n'est **opposable** à l'autre partie que si celle-ci est réputée l'avoir acceptée, fût-ce tacitement. Elle fait l'objet d'une interprétation stricte. Enfin, elle est **écartée** si le cocontractant qui aurait pu l'invoquer a commis une faute dolosive, inexcusable, lourde, ou lucrative. Sur cette question, voir les développements du Mémento Droit commercial n°s 15310 s. **79605**

Évaluation des dommages-intérêts En l'absence de directives légales d'évaluation du préjudice, ce sont les règles dégagées par les tribunaux qui s'appliquent dans tous les cas. L'indemnité due doit être calculée sur la base de l'étendue du dommage au jour du jugement ou de l'arrêt qui consacre la créance indemnitaire (Cass. civ. 7-7-1993 P : RJDA 11/93 n° 991) ou au jour de la réalisation du dommage avec actualisation au jour de la décision de justice en fonction d'un indice approprié (Cass. com. 2-11-1993 P : RJDA 4/94 n° 387). **79610**

La réparation doit être intégrale, à hauteur du préjudice subi, même s'il est minime (Cass. 3e civ. 10-7-2013 n° 12-19.131 FS-D).

TITRE XI

Règles particulières

CHAPITRE 1

CESSION DE CONTRÔLE

SOMMAIRE

INTÉRÊTS ET LIMITES DE LA CESSION DE CONTRÔLE

On entend par « prise de contrôle » l'acquisition, soit directement, soit indirectement, d'un nombre d'actions ou de parts d'une société suffisant pour pouvoir diriger quasi souverainement cette société, orienter ses destinées et gérer son patrimoine. 80000

La prise de contrôle est une technique de concentration des entreprises très répandue compte tenu de ses **avantages.** À la différence des fusions qui entraînent la disparition de la société absorbée, la prise de contrôle laisse subsister l'individualité juridique de chacune des sociétés, ce qui assure une grande souplesse dans l'orientation économique de leurs activités. Autre avantage par rapport aux fusions, du moins en ce qui concerne les sociétés non cotées, la prise de contrôle peut être réalisée simplement puisqu'elle consiste en un simple achat d'actions de la société cible, ce qui permet d'agir avec rapidité et en conservant le secret de l'opération pratiquement jusqu'au dénouement de celle-ci ; les fusions, au contraire, nécessitent des formalités nombreuses, complexes et coûteuses.

Mais la prise de contrôle n'a pas que des avantages. Elle présente certains **dangers** pour la société visée, son personnel et ses associés. La société dont le contrôle est pris par une société concurrente perd son indépendance et fait souvent l'objet de restructurations génératrices de suppressions d'emplois et d'abandons d'activités. Des contestations tenant à ces risques de restructuration peuvent s'élever à l'occasion de la cession.

ILLUSTRATIONS

Dans un contexte de mésentente familiale ayant entraîné la dissolution judiciaire du holding détenu par la famille, la cession de contrôle d'une filiale industrielle à un fonds d'investissement avait été autorisée en justice. Selon les associés du holding, la cession devait aboutir à démanteler la société au profit du fonds, dépourvu de vocation industrielle, et était contraire à l'intérêt tant de celle-ci que du holding. Cet argument a été écarté car l'actionnaire de référence du fonds était spécialisé dans les opérations de rachat et de capital développement à destination des PME et le fonds avait une expérience certaine en matière de redressement d'entreprises industrielles, si bien que le rachat n'avait pas pour but de « dépecer » la société mais bien de la redresser et de la développer (Cass. com. 6-2-2019 n° 16-21.090 F-D : RJDA 5/19 n° 338).

La prise de contrôle peut aussi constituer un risque pour les associés minoritaires de la société cible de voir s'affaiblir la valeur de leurs actions. Souvent aussi, les litiges naissent de la mise à l'écart délibérée des petits porteurs qui ou bien sont exclus de la négociation, ou bien sont admis à l'opération de cession mais à un prix inférieur à celui offert aux majoritaires.

80001 Quel que soit le nombre de titres transférés, les cessions de parts ou d'actions obéissent à l'ensemble des règles applicables au contrat de vente : les cessions de contrôle ne sont pas soumises à un **régime** juridique particulier. Cependant, les conséquences économiques importantes qu'elles peuvent avoir ont conduit les pouvoirs publics et les tribunaux à prendre des mesures ponctuelles afin d'éviter certains abus. Nous examinerons ci-dessous les plus importantes de ces mesures en rappelant que, dans de nombreux cas, la prise de contrôle est réalisée par une société, ce qui entraîne la formation d'un groupe de sociétés avec toutes les contraintes qui en résultent (voir Mémento Sociétés commerciales n°s 79700 s.).

Sur la **nature,** civile ou commerciale, de la cession de contrôle et les conséquences de cette qualification, voir n°s 3000 s.

I. NOTION DE CONTRÔLE

DÉFINITION DU CONTRÔLE

80010 Une société est considérée comme en contrôlant une autre dans chacun des **quatre cas** suivants (C. com. art. L 233-3, I) :

1° Lorsqu'elle détient directement ou indirectement une fraction du capital lui conférant la majorité des droits de vote dans les assemblées générales de cette société ;

2° Lorsqu'elle dispose seule de la majorité des droits de vote en vertu d'un accord conclu avec d'autres associés ou actionnaires. Cet accord ne peut avoir pour objet qu'un engagement de vote compte tenu de l'impossibilité d'organiser la cession du droit de vote, sauf à imaginer une cession d'usufruit. Cet accord ne doit pas être contraire à l'intérêt de la société (C. com. art. L 233-3, I-2°), faute de quoi il constituerait une convention de vote prohibée (n° 56251) ;

3° Lorsque, compte tenu des circonstances (par exemple, une large diffusion des titres dans le public), elle a en fait, par les droits de vote dont elle dispose, la possibilité de faire prévaloir son point de vue lors des assemblées générales (contrôle de fait). Pour la détermination de ce contrôle de fait, les droits de vote dont la société dispose s'entendent de ceux qu'elle détient directement, indirectement ou par l'intermédiaire d'autres sociétés qu'elle contrôle (cf. JO déb. AN 28-6-1985 p. 2099 ; JO déb. Sén. 29-6-1985 p. 1816) ;

4° Lorsqu'elle dispose du pouvoir de nommer ou de révoquer la majorité des membres du conseil d'administration, de direction ou de surveillance d'une société dont elle est associée ou actionnaire.

80011 Le contrôle est **présumé** lorsque la société dispose, directement ou indirectement, d'une fraction des droits de vote supérieure à 40 % et qu'aucun autre associé ou actionnaire ne détient, directement ou indirectement, une fraction supérieure à la sienne (C. com. art. L 233-3, II).

Appréciation du contrôle Le contrôle doit être apprécié non pas en fonction de la participation dans le capital social, mais en fonction des droits de vote. Ainsi, il convient de prendre en compte les droits de vote double ou multiple s'il en existe, et d'écarter, le cas échéant, les actions de préférence sans droit de vote, les actions d'autocontrôle, les actions détenues par la société dans son propre capital, etc. 80015

Les sociétés par actions doivent, au moins une fois par an, **informer** leurs actionnaires du **nombre total des droits de vote** existant dans la société ; néanmoins, sont dispensées de cette information les sociétés dont les actions ne sont pas admises aux négociations sur un marché réglementé lorsque le nombre de droits de vote est inchangé depuis la dernière assemblée générale ordinaire (C. com. art. L 233-8, I).

L'existence ou non du contrôle doit être réexaminée chaque fois qu'intervient une modification dans la répartition des droits de vote, à la suite notamment de cessions de titres entre actionnaires ou à des tiers.

> **Précisions** Les **sociétés dont les actions sont admises** aux négociations **sur un SMNO** (Euronext Growth) et les sociétés dont les actions sont admises aux négociations **sur un marché réglementé** d'un État de l'EEE et ayant leur siège en France pour le contrôle de l'obligation d'établissement d'un prospectus sont réputées remplir cette obligation, sous réserve de publier chaque mois le nombre total de droits de vote et le nombre d'actions composant leur capital s'ils ont varié par rapport à ceux publiés antérieurement (C. com. art. L 233-8, II ; Règl. gén. AMF art. 223-16 et 223-16-1).

Contrôle conjoint Le contrôle d'une société peut être exercé conjointement par plusieurs personnes, physiques ou morales, dans le cadre d'une action de concert (C. com. art. L 233-3, III). 80017

Toutefois, le contrôle conjoint n'existe que si les concertistes déterminent en fait les décisions prises en assemblée générale.

Il peut y avoir contrôle conjoint d'une société par deux actionnaires agissant de concert même si l'un d'eux dispose d'une fraction de droits de vote qui, en l'absence d'un tel accord, lui permettrait de déterminer seul les décisions des assemblées générales de cette société (CE 20-10-2004 n° 260898, 5e et 4e s.-s. : RJDA 1/05 n° 42 et concl. D. Chauvaux p. 3 ; Cass. com. 29-6-2010 n° 09-16.112 FS-PB : RJDA 12/10 n° 1159).

> **Précisions** **a.** L'**action de concert** peut **résulter** d'un accord en vue d'acquérir, de céder ou d'exercer des droits de vote, pour mettre en œuvre une politique commune vis-à-vis de la société ou pour obtenir le contrôle de cette société (n° 85010).
>
> **b.** Un simple **parallélisme des comportements** lors d'une assemblée générale ne saurait, à notre avis, justifier à lui seul l'existence d'un contrôle conjoint. Celui-ci suppose que les concertistes aient réussi à imposer en assemblée une politique sur laquelle ils s'étaient mis d'accord.

Contrôle indirect Le contrôle peut être direct ou indirect, ce qui implique les conséquences suivantes : 80020

a. Pour déterminer si une société en contrôle une autre, il faut faire masse des droits de vote qu'elle détient dans cette société et de tous ceux détenus par d'autres sociétés qu'elle contrôle directement ou indirectement, quelles que soient la forme juridique ou la nationalité de ces sociétés.

À cet égard, il convient de rappeler que toute participation, même inférieure à 10 %, détenue par une société contrôlée est considérée comme détenue indirectement par la société qui contrôle cette société (C. com. art. L 233-4) ;

b. Dans le cas des sous-filiales, le contrôle est déterminé en fonction d'une chaîne ininterrompue de contrôles successifs et non pas en procédant au produit des participations ;

c. Une société est considérée comme exerçant le contrôle d'une autre même si elle ne détient aucune participation directe dans cette société dès lors que des sociétés qu'elle contrôle disposent ensemble dans cette dernière de participations dont l'adjonction est suffisante pour caractériser le contrôle (Bull. COB août-septembre 1985 p. 9).

EXEMPLE

Soit le schéma suivant :

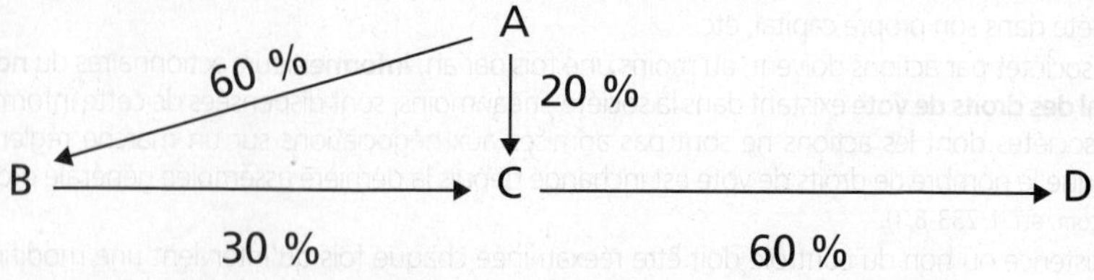

Dans ce schéma, la société A contrôle les trois sociétés B, C et D :
– directement la société B (participation directe de 60 %) ;
– indirectement la société C (participation directe de 20 % à laquelle s'ajoute une participation indirecte de 30 % par l'intermédiaire de B qu'elle contrôle directement) ;
– indirectement la société D (participation indirecte de 60 % par l'intermédiaire de C qu'elle contrôle indirectement) bien qu'elle n'ait aucune participation directe dans cette société. À noter que la société D est aussi sous le contrôle de la société C.

80021 **Contestations** En cas de contestations, le **ministère public** et l'**AMF** pour les sociétés dont les actions sont admises aux négociations sur un marché réglementé ou sur un marché d'instruments financiers autre qu'un marché réglementé, à la demande de la personne qui gère ce marché d'instruments financiers, sont habilités à agir en justice pour faire constater l'existence d'un contrôle sur une ou plusieurs sociétés (C. com. art. L 233-5).

> **Précisions** Au cours des débats parlementaires, il a été affirmé que seuls le ministère public et l'AMF auraient le droit de saisir les tribunaux pour faire constater en justice l'existence d'un contrôle et que toutes les **autres personnes intéressées** devraient nécessairement passer par leur intermédiaire (cf. JO déb. Sén. 25-6-1985 p. 1589). Mais cette interprétation nous paraît discutable car cette compétence exclusive, qui ne résulte pas clairement du texte de l'article L 233-5 du Code de commerce, porterait atteinte au principe fondamental selon lequel la faculté de recourir à la justice est une liberté dont nul ne peut être privé dès lors qu'il a un intérêt à agir (cf. CPC art. 31 et CESDH art. 6).

CHAMP D'APPLICATION DE LA DÉFINITION DU CONTRÔLE

80025 À la lettre du texte, la définition du contrôle retenue par l'article L 233-3 du Code de commerce ne **concerne** que certaines **règles de droit des sociétés,** en particulier les notifications ou informations requises en cas de franchissements de seuils de participation (C. com. art. L 233-7, I), la présomption d'action de concert (C. com. art. L 233-10, II) et la réglementation des offres publiques.
Mais cette définition tend à servir de référence pour de nombreux textes, par exemple le changement de contrôle d'une société associée dans une SAS (C. com. art. L 227-17, al. 1).
Les dispositions de l'article L 233-3 sont aussi appliquées en cas de cession de parts ou d'actions pour déterminer si l'opération entraîne ou non prise du contrôle de la société émettrice et, par suite, revêt ou non un caractère commercial (Cass. com. 24-11-1992 n° 1775 P : RJDA 2/93 n° 124).
Ces dispositions peuvent ainsi être considérées comme constituant le critère du droit commun du contrôle, applicables chaque fois que la loi se réfère au contrôle sans en donner une définition spécifique valable pour l'application de la mesure qui en dépend.
Sur la notion de contrôle au regard des dispositions relatives aux opérations de concentration, voir n° 80155.

DISTINCTION AVEC LES NOTIONS DE FILIALE ET DE PARTICIPATION

80030 Le Code de commerce donne aux termes de « filiales » et de « participations » un sens étroit en fonction exclusivement du pourcentage détenu par une société dans le capital d'une autre, abstraction faite du délai de possession des titres, de l'intention qui a motivé l'achat ou la souscription et des pouvoirs réels de la société participante.

80031 **Filiale** Est réputée « filiale » toute société dont plus de la moitié du capital appartient à une autre société (C. com. art. L 233-1) à l'exclusion, le cas échéant, de la fraction de ce capital correspondant à des actions à dividende prioritaire sans droit de vote (C. com. art. L 228-35-11).

> Précisions a. Du point de vue **fiscal,** la notion de filiale est beaucoup plus large, puisque le régime de faveur dit des « sociétés mères et filiales » est accordé automatiquement aux sociétés détenant 5 % au moins du capital d'une autre société (Mémento Fiscal nº 40915).

b. Bien qu'aucune disposition ne le spécifie expressément, il semble logique de considérer que l'exclusion des actions à dividendes prioritaire pour la détermination de la qualité de filiale devrait avoir pour corollaire l'exclusion des **actions de préférence sans droit de vote.** Toutefois, une telle analogie n'est acceptable que si l'action de préférence est totalement privée de droit de vote, l'article L 228-11 du Code de commerce autorisant les simples aménagements de ce droit.

Participation Il y a « participation » lorsqu'une société détient dans une autre société une fraction du capital comprise entre 10 % et 50 % (C. com. art. L 233-2), étant précisé que, pour le calcul de ces pourcentages, il n'est pas tenu compte du montant du capital correspondant à des actions à dividende prioritaire sans droit de vote (C. com. art. L 228-35-11). 80032

> Précisions a. L'interprétation a contrario de l'article L 233-1 du Code de commerce conduit à considérer que la détention de 50 % exactement du capital d'une société constitue une simple participation, un pourcentage supérieur à 50 % étant nécessaire pour qu'il y ait filiale.

b. À s'en tenir à la définition de l'article L 233-2 du Code de commerce, on devrait considérer que la **détention** de moins de 10 % d'une autre société constitue dans tous les cas un simple **placement,** tandis que celle égale ou supérieure à 10 % correspond à une **participation.** En fait, ce critère mathématique n'est pas significatif. Il permettait autrefois de fixer à partir de quel pourcentage commence l'obligation pour la société participante d'informer ses actionnaires. Mais il est bien certain que la détention de 4 %, par exemple, dans le capital d'une importante société dont les titres sont admis aux négociations sur un marché réglementé constitue bien souvent davantage une participation au sens général de ce terme qu'un simple placement de capitaux. À l'inverse, acquérir 15 % ou 20 % du capital d'une société « fermée » ne suffit pas toujours pour exercer une influence au sein de cette société.

c. Sur la prise en compte des **actions de préférence,** voir nº 80031.

II. AUTORISATIONS ADMINISTRATIVES

A. Contrôle des concentrations

Les prises de contrôle entraînant le plus souvent des concentrations d'entreprises, les intervenants doivent, s'ils répondent aux conditions légales, respecter la procédure d'autorisation nationale ou, le cas échéant, européenne. 80100

1. CONTRÔLE DES CONCENTRATIONS EN FRANCE

Le contrôle concurrentiel des concentrations est effectué par l'**Autorité de la concurrence.** Celle-ci se prononce, au terme d'un bilan concurrentiel, sur toutes les demandes d'autorisation des opérations de concentration atteignant les seuils de notification obligatoires (C. com. art. L 430-2). C'est également à cette Autorité que la Commission européenne peut décider de renvoyer le dossier lorsque l'opération risque d'affecter la concurrence sur un marché à l'intérieur de la France (C. com. art. L 430-3). 80150

L'Autorité de la concurrence a publié en juillet 2013 sur son site internet des « lignes directrices » qui font le point de sa doctrine sur les modalités d'application du contrôle (www.autoritedelaconcurrence.fr). Ces lignes directrices ont été révisées en juillet 2020.

CHAMP D'APPLICATION DU CONTRÔLE DES CONCENTRATIONS

Le contrôle des concentrations s'applique à l'ensemble des **activités** de production, de distribution et de services, y compris celles des entreprises publiques (C. com. art. L 410-1). Certains secteurs (communication audiovisuelle, presse, banque, assurances) sont soumis à des règles particulières (Mémento Concurrence – Consommation nºs 9660 s.), mais ils n'échappent pas pour autant au champ d'application du contrôle. 80155

Une opération de concentration est réalisée, notamment, lorsque soit une ou plusieurs personnes détenant déjà le **contrôle** d'au moins une entreprise, soit une ou plusieurs entreprises acquièrent directement ou indirectement le contrôle de l'ensemble ou de parties d'une ou de plusieurs autres entreprises (C. com. art. L 430-1, I-2°).

Au sens de cette disposition, la notion de « contrôle » est beaucoup plus large que celle de l'article L 233-3, I du Code de commerce (nº 80010). Il s'agit, aux termes de l'article L 430-1, III du même Code, « des droits, contrats ou autres moyens qui confèrent, seuls ou conjointement et compte tenu des circonstances de fait ou de droit, la possibilité d'exercer une **influence déterminante** sur l'activité d'une entreprise, et notamment :
– « des droits de propriété ou de jouissance sur tout ou partie des biens d'une entreprise ;
– « des droits ou des contrats qui confèrent une influence déterminante sur la composition, les délibérations ou les décisions des organes d'une entreprise ».

80156 Le **contrôle des concentrations** ne **s'exerce** en principe que si les deux seuils suivants sont atteints (C. com. art. L 430-2, I) :
– le chiffre d'affaires total mondial hors taxe des parties à la concentration est supérieur à 150 millions d'euros ;
– le chiffre d'affaires total hors taxe réalisé individuellement en France par deux au moins des parties à la concentration est supérieur à 50 millions d'euros.
Par exception, ces seuils sont abaissés pour (C. com. art. L 430-2, II et III) :
1. Les opérations relevant du secteur du commerce de détail. Dans ce cas, le contrôle s'applique lorsque deux au moins des parties à la concentration « exploitent un ou plusieurs magasins de commerce de détail », lorsque le chiffre d'affaires total mondial hors taxe des parties à la concentration est supérieur à 75 millions d'euros et lorsque le chiffre d'affaires total hors taxe réalisé en France dans le secteur du commerce de détail par deux au moins des entreprises concernées est supérieur à 15 millions d'euros ou, dans les départements et collectivités d'outre-mer, à 5 millions d'euros.
2. Les opérations réalisées dans un ou plusieurs départements d'outre-mer (DOM), dans le département de Mayotte, dans les îles Wallis-et-Futuna ou dans les collectivités d'outre-mer (COM) Saint-Pierre-et-Miquelon, Saint-Martin et Saint-Barthélemy. L'opération est contrôlable lorsque le chiffre d'affaires total mondial hors taxe des parties à la concentration est supérieur à 75 millions d'euros et lorsque le chiffre d'affaires total hors taxe réalisé individuellement dans au moins un des DOM ou COM concernés par deux au moins des entreprises concernées est supérieur à 15 millions d'euros (ou à 5 millions d'euros dans le secteur du commerce de détail). Il n'est pas nécessaire que ce second seuil (respectivement 15 ou 5 millions d'euros) soit atteint par l'ensemble des entreprises concernées dans le même DOM ou la même COM. L'activité réalisée doit être prise en compte isolément pour chaque DOM-COM : par exemple, une entreprise opérant en dehors du secteur du commerce de détail qui réalise 8 millions d'euros de chiffre d'affaires à La Réunion et 8 millions d'euros à Saint-Barthélemy ne dépasse pas le seuil de 15 millions d'euros.
Le **contrôle** est en revanche **écarté** lorsque les opérations entrent dans le champ d'application du contrôle des concentrations européennes (nºs 80500 s.), à moins, bien entendu, que la Commission européenne ne décide de le renvoyer aux autorités françaises.

> **Précisions a.** La notion d'« **influence déterminante** » n'est pas définie par la loi. Elle s'apprécie au regard du pouvoir dont dispose une entreprise sur la prise des décisions stratégiques d'une autre entreprise : décisions relatives au plan stratégique, aux investissements en deçà d'un certain montant, au budget et à la nomination ou révocation des principaux dirigeants (Lignes directrices de l'Autorité de la concurrence, § 35).
> La détention de la majorité des droits de vote suffit généralement à établir l'influence déterminante. Cependant, dans certaines circonstances de droit ou de fait, un ou plusieurs associés minoritaires peuvent disposer d'une telle influence déterminante. Les principaux éléments pouvant conduire à la caractériser sont :
> – les droits de veto issus d'une minorité de blocage, d'un pacte d'actionnaires ou de tout autre acte ;
> – la possibilité de nommer certains responsables au sein des organes dirigeants de l'entreprise ;
> – la possibilité d'augmenter la part de capital détenue soit du fait d'accords particuliers, soit par la détention de titres convertibles en actions, soit en raison de l'existence d'options d'achat ;
> – la détention de droits de préemption ou de préférence ;
> – la possibilité d'obtenir des informations détaillées sur les activités de l'entreprise (clients, par exemple), informations généralement réservées aux dirigeants ou à l'actionnaire majoritaire ;
> – l'éparpillement d'une partie des actionnaires, notamment dans les entreprises cotées, qui a pour effet de donner à une participation minoritaire un impact plus important dans les délibérations ;
> – tout accord conduisant les actionnaires à agir de concert.
> L'Autorité de la concurrence tient aussi compte, dans son appréciation, des liens économiques entre les entreprises, tels que :
> – l'existence d'importants contrats de livraison à long terme avec l'entreprise ;
> – l'existence de relations commerciales privilégiées (par exemple, contrats commerciaux

exclusifs, droits d'usage ou de partage de marques, brevets, réseaux de distribution, d'unités de production) ;
– le fait de représenter une part très élevée du chiffre d'affaires de l'entreprise au point qu'une rupture des relations commerciales mettrait en péril, à court terme, sa survie ;
– le fait d'intervenir de manière significative en tant que prêteur auprès de l'entreprise, ce qui peut entraîner un contrôle de fait.

Il n'est pas nécessaire qu'un minimum d'indices soient réunis pour que le contrôle soit établi. Il n'y a pas non plus de critères plus probants que d'autres.

b. Le **calcul du chiffre d'affaires** est effectué selon les mêmes modalités que pour le contrôle des concentrations européennes (Règl. 139/2004 du 20-1-2004 art. 5, sur renvoi de l'art. L 430-2, V du Code de commerce : voir Mémento Concurrence – Consommation n°s 9920 et 9930 s.).

NOTIFICATION DE L'OPÉRATION DE CONCENTRATION

L'opération de concentration doit être notifiée à l'Autorité de la concurrence par toutes les parties concernées avant sa réalisation ; la notification peut intervenir dès lors que celles-ci sont en mesure de présenter un projet suffisamment abouti pour permettre l'instruction du dossier et notamment lorsqu'elles ont conclu un accord de principe, signé une lettre d'intention ou dès l'annonce d'une offre publique (C. com. art. L 430-3). 80165

Les entreprises peuvent donc notifier des **projets**, à condition qu'ils soient suffisamment aboutis, ce qui permet de débuter la procédure de contrôle des concentrations parallèlement aux autres étapes de l'opération (finalisation du montage juridique et fiscal, consultation des instances représentatives du personnel, etc.). De façon générale, l'Autorité peut déclarer recevable la notification d'un projet de concentration si la partie notifiante fournit à l'Autorité des éléments qui attestent de son intention de conclure un engagement ferme et en apportent la preuve, indiquent l'objet et les modalités de la concentration envisagée, l'identité des parties à l'opération, le périmètre de la concentration et son calendrier prévisionnel (Lignes directrices de l'Autorité de la concurrence, § 143).

La loi ne fixe aucun **délai** pour notifier l'opération. Néanmoins, compte tenu de la suspension de l'opération (n° 80175), il est bien évidemment dans l'intérêt des parties de procéder à la notification le plus rapidement possible.

L'**obligation de notification incombe** aux personnes morales et aux personnes physiques qui acquièrent le contrôle de tout ou partie d'une entreprise (C. com. art. L 430-3, al. 2). 80166

La réalisation d'une cession de contrôle constitutive d'une opération de concentration sans notification est punie, pour les personnes morales, d'une sanction pécuniaire d'un montant maximal de 5 % du chiffre d'affaires hors taxe réalisé en France lors du dernier exercice clos, augmenté le cas échéant de celui réalisé en France durant la même période par la partie acquise ; pour les personnes physiques, le plafond de la sanction est de 1,5 million d'euros (C. com. art. L 430-8, I-al. 2).

En outre, en l'absence de notification de la réalisation d'une opération de concentration, l'Autorité de la concurrence peut enjoindre aux parties, sous astreinte d'un montant maximal limité à 5 % du chiffre d'affaires journalier moyen par jour de retard (C. com. art. L 464-2, II), de notifier l'opération, à moins de revenir à l'état antérieur à la concentration (C. com. art. L 430-8, I-al. 1). La procédure de contrôle (Mémento Concurrence – Consommation n°s 8400 s.) est alors applicable.

> **Précisions** **a.** Les parties peuvent soumettre leur projet de notification à l'Autorité de la concurrence au cours d'une phase de **pré-notification,** qui est facultative et informelle (Lignes directrices de l'Autorité de la concurrence, § 191 s.). Elle permet de présenter l'opération (le cas échéant, de vérifier si elle doit bien être notifiée et si les chiffres d'affaires ont été correctement calculés), de préparer le dossier de notification, d'examiner les risques qu'elle est susceptible de faire peser sur la concurrence et, le cas échéant, d'envisager les remèdes de nature à corriger les éventuelles atteintes à la concurrence. Ces contacts préalables permettent en particulier de réduire le risque que le dossier de notification ne soit déclaré incomplet.
>
> **b.** Il est possible de déposer, dans certains cas spécifiques et sous certaines conditions, un **dossier de notification simplifié** pour les opérations dont l'expérience montre qu'elles ne sont pas susceptibles de porter atteinte à la concurrence (Lignes directrices de l'Autorité de la concurrence, § 230 s.). L'Autorité s'engage à vérifier « le plus rapidement possible » que l'opération remplit ces conditions (§ 232).

SUSPENSION DE L'OPÉRATION DE CONCENTRATION

La réalisation effective de l'opération est suspendue jusqu'à l'obtention de l'accord de l'Autorité de la concurrence ou, lorsqu'il a évoqué l'affaire (Mémento Concurrence – Consommation n° 8750), de celui du ministre de l'économie (C. com. art. L 430-4, al. 1). 80175

Néanmoins, « en cas de nécessité particulière dûment motivée », les parties peuvent demander à l'Autorité de la concurrence une **dérogation** pour procéder à la réalisation effective de tout ou partie de la concentration (C. com. art. L 430-4, al. 2). Tel peut être le cas de la reprise d'une entreprise faisant l'objet d'un plan de cession ordonné dans le cadre d'une procédure collective (Lignes directrices de l'Autorité de la concurrence, § 147).

80176 Lorsqu'une concentration est réalisée par **achat de titres sur un marché réglementé,** sa réalisation effective intervient lorsque sont exercés les droits attachés aux titres (C. com. art. R 430-5). Il s'ensuit que ce n'est qu'après l'accord de l'Autorité de la concurrence ou, lorsqu'il a évoqué l'affaire (Mémento Concurrence – Consommation n° 8750), de celui du ministre de l'économie, que le droit de vote peut être exercé (et donc, notamment, qu'une opération de fusion-absorption peut être réalisée) ou que des dividendes peuvent être perçus. En revanche, l'acquisition d'un bloc de contrôle peut valablement être réalisée avant la décision de l'Autorité. Il en va de même pour une offre publique d'achat ou d'échange, mais en pratique il est peu vraisemblable qu'une offre publique d'acquisition soit initiée sans la condition suspensive d'un accord au titre du contrôle des concentrations, laquelle est d'ailleurs autorisée par le règlement général de l'AMF (art. 231-11).

80177 Les parties qui réalisent l'opération au mépris de cette suspension s'exposent aux mêmes sanctions pécuniaires qu'en cas de défaut de notification (n° 80166) (C. com. art. L 430-8, II).

PROCÉDURE DE CONTRÔLE DE L'OPÉRATION DE CONCENTRATION

80185 Le contrôle des concentrations peut faire l'objet d'une procédure « courte », ou d'une procédure « longue » si à l'issue de la première phase d'instruction il subsiste un doute sérieux d'atteinte à la concurrence (pour plus de détails sur les différentes phases de la procédure de contrôle, voir Mémento Concurrence – Consommation nos 8490 s.). Après avoir procédé à un bilan concurrentiel de l'opération de concentration et vérifié si celle-ci contribue ou non au progrès économique, l'Autorité de la concurrence peut (C. com. art. L 430-7, III-al. 1 à 3) :
– soit interdire l'opération et enjoindre, le cas échéant, aux parties de prendre toute mesure propre à rétablir une concurrence suffisante ;
– soit autoriser l'opération en enjoignant aux parties de prendre toute mesure propre à assurer une concurrence suffisante ou en les obligeant à observer des prescriptions de nature à apporter au progrès économique une contribution suffisante pour compenser les atteintes à la concurrence. Dans ce cas, le ministre de l'économie dispose d'un délai pour évoquer l'affaire et statuer sur l'opération en cause pour des motifs d'intérêt général autres que le maintien de la concurrence et, le cas échéant, compensant l'atteinte portée à cette dernière par l'opération (C. com. art. L 430-7-1, II-al. 1).
L'inobservation de ces injonctions par les parties peut conduire l'Autorité de la concurrence à retirer la décision ayant autorisé l'opération, ou à enjoindre aux parties défaillantes de se conformer, sous astreinte d'un montant maximal limité à 5 % du chiffre d'affaires journalier moyen par jour de retard, aux injonctions, prescriptions ou engagements dans un délai qu'elle fixe (C. com. art. L 430-8, IV). En outre, l'Autorité de la concurrence peut infliger une sanction pécuniaire du même montant que celle applicable en cas de réalisation d'une opération de concentration sans notification (C. com. art. L 430-8, IV-dernier al.).

2. CONTRÔLE DES CONCENTRATIONS EUROPÉENNES

CHAMP D'APPLICATION DU CONTRÔLE DES CONCENTRATIONS

80500 Toute prise de contrôle durable sous quelque forme que ce soit (achat d'actions, OPA, etc.) est soumise au contrôle préalable de la Commission européenne lorsque les **deux seuils** suivants sont atteints (Règl. 139/2004 art. 1, 2) :
– le chiffre d'affaires mondial réalisé par toutes les entreprises concernées (y compris leurs filiales et les entreprises qu'elles contrôlent ou qui les contrôlent) représente un montant supérieur à 5 milliards d'euros ;
– deux au moins de ces entreprises réalisent chacune dans l'Union européenne un chiffre d'affaires d'un montant supérieur à 250 millions d'euros.
Toutefois, le contrôle est écarté, même si les deux montants ci-dessus sont atteints, lorsque chacune des entreprises concernées réalise plus des deux tiers de son chiffre d'affaires total dans l'Union européenne à l'intérieur d'un seul et même État membre.

80501 Même si les montants ci-dessus ne sont pas atteints, une cession de contrôle doit être notifiée à la Commission dès lors que les **quatre seuils cumulatifs** ci-après sont atteints (Règl. 139/2004 art. 1, 3) :
– le chiffre d'affaires total réalisé sur le plan mondial par l'ensemble des entreprises concernées représente un montant supérieur à 2,5 milliards d'euros ;
– dans chacun d'au moins trois États membres, le chiffre d'affaires total réalisé par toutes les entreprises concernées est supérieur à 100 millions d'euros ;

– dans chacun d'au moins trois des États membres visés ci-dessus, le chiffre d'affaires total réalisé individuellement par au moins deux des entreprises concernées est supérieur à 25 millions d'euros ;
– le chiffre d'affaires total réalisé individuellement dans l'Union européenne par au moins deux des entreprises concernées représente un montant supérieur à 100 millions d'euros.
Le contrôle est en revanche écarté en cas d'application de la règle des deux tiers énoncée n° 80500.

Lorsque les conditions ci-dessus sont remplies, l'opération de concentration atteint une « **dimension européenne** » et relève de la compétence exclusive de la Commission européenne ; toute application d'une législation nationale sur la concurrence est écartée, sauf le cas de renvoi total ou partiel de l'opération à l'autorité nationale. 80502

CONDITIONS DE VALIDITÉ DE L'OPÉRATION DE CONCENTRATION

Pour être licite, la concentration ne doit pas entraver de manière significative une concurrence effective dans le Marché intérieur ou dans une partie substantielle de celui-ci, du fait notamment de la création ou du renforcement d'une position dominante. 80510
Dans son appréciation, la Commission européenne tient compte des éléments suivants : position sur le marché et puissance économique et financière des entreprises concernées, possibilités de choix des fournisseurs et des utilisateurs, accès aux sources d'approvisionnement ou aux débouchés, existence de barrières à l'entrée, évolution de l'offre et de la demande des produits et services concernés, intérêts des consommateurs intermédiaires et finals, évolution du progrès technique et économique pour autant que celle-ci soit à l'avantage des consommateurs et ne constitue pas un obstacle à la concurrence.
Les modalités d'appréciation des concentrations horizontales sont précisées par la Commission dans des lignes directrices (Communication de la Commission du 5-2-2004 : JOUE 2004 C 31 p. 5), de même que celles relatives à l'appréciation des concentrations non horizontales (Communication de la Commission du 18-10-2008 : JOUE 2008 C 265 p. 6).

NOTIFICATION DE L'OPÉRATION DE CONCENTRATION ET PROCÉDURE

Les opérations de concentration doivent être notifiées à la Commission européenne avant leur réalisation. Les entreprises peuvent également notifier leurs projets, sous réserve toutefois de démontrer de bonne foi à la Commission leur intention de conclure un accord ou d'avoir déjà annoncé publiquement leur intention de faire une offre publique d'achat ou d'échange. 80520
La Commission dispose alors d'un délai de 25 jours ouvrables à compter de cette notification pour décider si elle engage ou non la procédure de contrôle. Passé ce délai, son silence vaut reconnaissance de la compatibilité de l'opération avec le Marché intérieur.
En cas d'ouverture de la procédure, la Commission doit en principe se prononcer dans un délai de 90 jours ouvrables à compter de sa décision d'ouverture. Ce délai est prorogé automatiquement de 15 jours lorsque les parties proposent des engagements à partir du 55e jour suivant l'ouverture de la procédure ; il peut également être prorogé d'une durée maximale de 20 jours ouvrables sur demande des parties présentée au plus tard dans les 15 jours de l'ouverture de la procédure, ainsi qu'à tout moment de celle-ci à l'initiative de la Commission et avec l'accord des parties.

Lorsque la Commission déclare une concentration incompatible avec le Marché intérieur et que l'opération a néanmoins déjà été réalisée, elle peut ordonner la séparation des entreprises ou des actifs regroupés, ou la cessation du contrôle commun ou toute autre action appropriée pour rétablir une concurrence effective. 80521
Elle peut aussi infliger des amendes en cas de violation des dispositions du règlement.
Pour plus de détails sur le contrôle des concentrations européennes, voir Mémento Concurrence – Consommation nos 9700 s.

B. Réglementation des investissements étrangers en France

PRÉSENTATION DE LA RÉGLEMENTATION

En principe, les relations financières entre la France et l'étranger sont **libres** (C. mon. fin. art. L 151-1) et ne donnent lieu qu'à une simple déclaration à des fins statistiques auprès de la Banque de France. Une personne physique ou morale étrangère peut ainsi prendre le contrôle d'une société française en achetant des parts sociales ou des actions de celle-ci. Elle peut ensuite se désengager en cédant ces mêmes droits sociaux à un ou plusieurs investisseurs, français ou étrangers. 82000

Néanmoins, les articles L 151-3 et suivants et R 151-1 et suivants du Code monétaire et financier soumettent à autorisation administrative certaines opérations réalisées en France dans des **domaines sensibles,** y compris par des entreprises de droit français ou des personnes de nationalité française, et assortissent le non-respect de la réglementation de lourdes sanctions.
En outre, dans certains secteurs d'activité protégés, des **textes particuliers** interdisent ou restreignent la faculté pour des investisseurs étrangers, essentiellement non européens, de prendre le contrôle des entreprises françaises (n°s 82160 s.).
L'investisseur étranger doit aussi respecter les règles françaises relatives à la **capacité juridique** (conditions de reconnaissance des personnes morales étrangères, autorisations d'exercice du commerce, etc.) qui ont été étudiées n°s 26600 s., ainsi que les règles relatives à la **capacité professionnelle** concernant certains domaines d'activité (n°s 27400 s.). Il doit enfin se soumettre à la **réglementation économique** exposée ci-dessus, relative aux concentrations et aux ententes.
Le **territoire** dénommé ci-dessous « **France** » s'entend de la France métropolitaine, de la Guadeloupe, de la Guyane, de la Martinique, de La Réunion, de Mayotte, de Saint-Barthélemy, de Saint-Martin, de Saint-Pierre-et-Miquelon et des îles Wallis-et-Futuna ainsi que de la principauté de Monaco. Toutefois, pour les besoins statistiques liés à l'établissement de la balance des paiements, les îles Wallis-et-Futuna sont considérées comme l'étranger (C. mon. fin. art. R 152-11).

› **Précisions a.** Le règlement européen 2019/452 du 19-3-2019 établit un cadre pour le filtrage des investissements directs étrangers dans l'Union européenne. Il ne restreint pas le droit de chaque État membre de décider de filtrer ou non un investissement direct étranger (art. 1, 3) et met en place des mécanismes de coopération entre les États membres.
b. Les développements qui suivent sont consacrés aux seules cessions de droits sociaux. Certaines **autres opérations** réalisées par une entreprise de droit étranger ou une personne physique ne résidant pas en France donnent également lieu aux formalités prévues par le Code monétaire et financier. Il en est notamment ainsi de la souscription à une augmentation de capital, de la création d'une société nouvelle, de l'acquisition d'une branche d'activité et de la prise de contrôle de fait d'une entreprise française par l'octroi de prêts ou la cession de contrats commerciaux (cf. C. mon. fin. art. R 152-11, 4°, sous réserve des dispenses prévues par l'article R 151-7 du même Code).

1. RÉGLEMENTATION DES INVESTISSEMENTS ÉTRANGERS

a. Autorisation préalable des investissements étrangers

CHAMP D'APPLICATION DE L'AUTORISATION

82100 Dans certains **secteurs de l'activité économique** considérés comme **sensibles** car affectant des intérêts publics essentiels, les investissements « étrangers » définis ci-après (n° 82101), qui comprennent des investissements effectués par les entreprises françaises, ne peuvent être réalisés en France qu'avec l'autorisation du ministre chargé de l'économie.

82101 **Définition de l'investisseur étranger** Au regard de la réglementation des investissements étrangers soumis à autorisation, il faut entendre par « **investisseur** » (C. mon. fin. art. R 151-1, I et III) :
– toute personne physique de nationalité étrangère ;
– toute personne physique de nationalité française n'ayant pas son domicile fiscal en France ;
– toute entité de droit étranger ;
– toute entité de droit français contrôlée, au sens de l'article L 233-3 du Code de commerce (ou, lorsqu'aucun contrôle n'a pu être établi sur le fondement de cet article, au sens de l'article L 430-1, III de ce Code relatif aux concentrations), par une ou plusieurs personnes ou entités mentionnées ci-dessus.
Constitue une **chaîne de contrôle** l'ensemble formé par une entité ayant la qualité d'investisseur et les personnes ou entités qui le contrôlent ; toutes les personnes et entités appartenant à une chaîne de contrôle constituent des investisseurs (C. mon. fin. art. R 151-1, II).
Sur la notion de contrôle au sens de l'article L 430-1, III du Code de commerce, voir n° 80155.

82103 **Opérations soumises à autorisation** Constitue un **investissement étranger** soumis à autorisation le fait de (C. mon. fin. art. R 151-2) :
– **acquérir le contrôle,** au sens de l'article L 233-3 du Code de commerce, d'une entité de droit français ;
– acquérir tout ou partie d'une **branche d'activité** d'une entité de droit français ;
– **franchir,** directement ou indirectement, seul ou de concert, le **seuil** de 25 % de détention des **droits de vote** d'une entité de droit français. Ce franchissement de seuil n'est pas soumis à

autorisation si l'investisseur est soit une personne physique possédant la nationalité d'un État membre de l'Union européenne ou d'un État partie à l'accord sur l'EEE ayant conclu une convention d'assistance administrative avec la France en vue de lutter contre la fraude et l'évasion fiscale et domiciliée dans l'un de ces États (Islande, Lichtenstein et Norvège), soit une entité dont l'ensemble des membres de la chaîne de contrôle relèvent du droit de l'un de ces mêmes États ou en possèdent la nationalité et y sont domiciliés.

Opérations dispensées d'autorisation Sauf lorsque l'investissement a pour effet de transférer à l'étranger tout ou partie d'une branche d'une activité visée n° 82110, l'investisseur est dispensé de demander une autorisation (C. mon. fin. art. R 151-7) : 82104
– lorsque l'investissement est réalisé entre des **entités appartenant toutes au même groupe,** c'est-à-dire étant détenues à plus de 50 % du capital ou des droits de vote, directement ou indirectement, par le même actionnaire ;
– lorsque l'investisseur **franchit,** directement ou indirectement, seul ou de concert, le **seuil** de 25 % de détention des **droits de vote** au capital d'une entité dont il a antérieurement acquis le contrôle en vertu d'une autorisation déjà délivrée ;
– lorsque l'investisseur **acquiert le contrôle,** au sens de l'article L 233-3, d'une entité dont il a antérieurement franchi directement ou indirectement, seul ou de concert, le seuil de détention de 25 % des droits de vote en vertu d'une autorisation déjà délivrée, sous réserve que cette acquisition ait fait l'objet d'une notification préalable au ministre de l'économie. Sauf opposition du ministre, cette nouvelle autorisation naît à l'issue d'un délai de 30 jours à compter de la notification.

La **dispense** est **écartée** lorsque l'investissement a pour effet d'empêcher un investisseur de respecter les conditions dont il a été rendu responsable à l'occasion d'une autorisation délivrée antérieurement et lorsqu'il a pour objet de transférer à l'étranger tout ou partie d'une branche de l'une des activités sensibles énumérées à l'article R 151-3 du Code monétaire et financier (C. mon. fin. art. R 151-7, II).

Secteurs « sensibles » Relèvent de l'autorisation (C. mon. fin. art. L 151-3, I) : 82105
– les investissements effectués dans des activités participant en France, même à titre occasionnel, à l'exercice de l'autorité publique ;
– les investissements dans des activités de nature à porter atteinte à l'ordre public, à la sécurité publique ou aux intérêts de la défense nationale, ainsi que ceux réalisés dans des activités de recherche, de production ou de commerce d'armes, de munitions, de poudres et substances explosives.

L'article R 151-3 du Code monétaire et financier, complété par l'article 6 de l'arrêté ECOT1937237A du 31 décembre 2019 (modifié par l'arrêté du 10-9-2021), dresse une **liste limitative** de ces activités : 82110

I. Activités de nature à porter atteinte aux intérêts de la défense nationale, participant à l'exercice de l'autorité publique ou de nature à porter atteinte à l'ordre public et à la sécurité publique :

1° Activités, comprenant celles mentionnées à l'article L 2332-1 du Code de la défense, relatives aux armes, munitions, poudres et substances explosives destinées à des fins militaires ou aux matériels de guerre et assimilés relevant du Titre III ou du Titre V du Livre III de la deuxième partie de ce Code.

2° Activités relatives aux biens et technologies à double usage énumérés à l'annexe IV du règlement CE 428/2009 du 5 mai 2009 instituant un régime communautaire de contrôle des exportations, des transferts, du courtage et du transit de biens à double usage.

3° Activités exercées par les entités dépositaires de secret de la défense nationale.

4° Activités exercées dans le secteur de la sécurité des systèmes d'information, y compris en qualité de sous-traitant, au profit d'un opérateur mentionné aux articles L 1332-1 ou L 1332-2 du Code de la défense.

5° Activités exercées par les entités ayant conclu un contrat soit directement, soit par sous-traitance, au profit du ministère de la défense pour la réalisation d'un bien ou d'un service relevant d'une activité mentionnée aux points 1° à 3° ou au 6° du présent I.

6° Activités relatives aux moyens et prestations de cryptologie mentionnés à l'article 30, III et IV et à l'article 31, I de la loi 2004-575 du 21 juin 2004 pour la confiance dans l'économie numérique.

7° Activités relatives aux matériels ou dispositifs techniques de nature à permettre l'interception des correspondances ou conçus pour la détection à distance des conversations ou la captation de données informatiques, définis à l'article 226-3 du Code pénal.

8° Activités relatives aux prestations de services réalisées par les centres d'évaluation agréés dans les conditions prévues au décret 2002-535 du 18 avril 2002 relatif à l'évaluation et à la certification de la sécurité offerte par les produits et les systèmes des technologies de l'information.

9° Activités relatives aux jeux d'argent, à l'exception des casinos.
10° Activités relatives aux moyens destinés à faire face à l'utilisation illicite d'agents pathogènes ou toxiques ou à prévenir les conséquences sanitaires d'une telle utilisation.
11° Activités de traitement, de transmission ou de stockage de données dont la compromission ou la divulgation est de nature à porter atteinte à l'exercice des activités mentionnées aux 1° à 10° du présent I ou au II.
II. Activités de nature à porter atteinte aux intérêts de la défense nationale, participant à l'exercice de l'autorité publique ou de nature à porter atteinte à l'ordre public et à la sécurité publique, lorsqu'elles portent sur des infrastructures, biens ou services essentiels pour garantir :
1° L'intégrité, la sécurité ou la continuité de l'approvisionnement en énergie.
2° L'intégrité, la sécurité ou la continuité de l'approvisionnement en eau.
3° L'intégrité, la sécurité ou la continuité de l'exploitation des réseaux et des services de transport.
4° L'intégrité, la sécurité ou la continuité des opérations spatiales mentionnées à l'article 1, 3° de la loi 2008-518 du 3 juin 2008 relative aux opérations spatiales.
5° L'intégrité, la sécurité ou la continuité de l'exploitation des réseaux et des services de communications électroniques.
6° L'exercice des missions de la police nationale, de la gendarmerie nationale, des services de sécurité civile, ainsi que l'exercice des missions de sécurité publique de la douane et de celles des sociétés agréées de sécurité privée.
7° L'intégrité, la sécurité ou la continuité de l'exploitation d'un établissement, d'une installation ou d'un ouvrage d'importance vitale au sens des articles L 1332-1 et L 1332-2 du Code de la défense.
8° La protection de la santé publique.
9° La production, la transformation ou la distribution de produits agricoles énumérés à l'annexe I du traité sur le fonctionnement de l'Union européenne, lorsque celles-ci contribuent aux objectifs de sécurité alimentaire nationale mentionnés à l'article L 1, I-1°, 17° et 19° du Code rural et de la pêche maritime (assurer à la population l'accès à une alimentation sûre, saine, diversifiée, de bonne qualité et en quantité suffisante, produite dans des conditions économiquement et socialement acceptables par tous, favorisant l'emploi, la protection de l'environnement et des paysages et contribuant à l'atténuation et à l'adaptation aux effets du changement climatique ; protéger et valoriser les terres agricoles ; promouvoir l'autonomie de la France et de l'Union européenne en protéines).
10° L'édition, l'impression ou la distribution des publications de presse d'information politique et générale, au sens de l'article 4 de la loi 47-585 du 2 avril 1947 relative au statut des entreprises de groupage et de distribution des journaux et publications périodiques, et des services de presse en ligne d'information politique et générale au sens de l'article 1er de la loi 86-897 du 1er août 1947 portant réforme du régime juridique de la presse.
III. Activités de nature à porter atteinte aux intérêts de la défense nationale, participant à l'exercice de l'autorité publique ou de nature à porter atteinte à l'ordre public et à la sécurité publique, lorsqu'elles sont destinées à être mises en œuvre dans l'une des activités mentionnées aux I ou II :
1° Activités de recherche et développement portant sur des technologies critiques suivantes : la cybersécurité, l'intelligence artificielle, la robotique, la fabrication additive, les semi-conducteurs, les technologies quantiques, le stockage d'énergie, les biotechnologies, les technologies intervenant dans la production d'énergie renouvelable.
2° Activités de recherche et développement sur des biens et technologies à double usage énumérés à l'annexe I du règlement CE 428/2009 du 5 mai 2009 instituant un régime communautaire de contrôle des exportations de biens et technologies à double usage.

82115

Aménagement temporaire du contrôle des investissements étrangers

Dans le contexte de la crise provoquée par l'épidémie de Covid-19, un décret, complété par un arrêté, renforce provisoirement la réglementation des investissements étrangers dans les sociétés françaises dont les actions sont admises aux négociations sur un marché réglementé et exerçant dans les **secteurs** économiques « **sensibles** » définis nos 82105 s. (Décret 2020-892 du 22-7-2020 modifié en dernier lieu par décret 2021-1758 du 22-12-2021 ; Arrêté ECOT2015728A du 22-7-2020).
Ainsi, **jusqu'au 31 décembre 2022,** une personne physique ne possédant pas la nationalité d'un État membre de l'Union européenne ou d'un État partie à l'EEE ou une entité dont tous les membres de la chaîne de contrôle ne relèvent pas du droit de l'un de ces États ou n'en possèdent pas la nationalité qui envisage de **franchir,** directement ou indirectement, le **seuil** de 10 % de détention des **droits de vote** d'une **société** de droit français dont les actions sont admises aux négociations sur un marché réglementé doit en demander l'autorisation au ministre de l'économie (selon les modalités exposées nos 82125 s.). Elle en est dispensée si son

projet d'investissement a fait l'objet d'une notification préalable au ministre et si l'opération est réalisée dans un délai de six mois suivant cette notification ; sauf opposition du ministre, l'autorisation naît à l'issue d'un délai de dix jours ouvrés à compter de la notification.

La **notification,** rédigée en français, doit préciser :

– le nombre total de droits de vote que l'investisseur possède avant l'investissement et le nombre total, ou une estimation lorsque ce nombre n'est pas précisément prévisible, de droits de vote qu'il sera conduit à posséder après ;

– le nombre de titres que l'investisseur possède donnant accès à terme aux actions à émettre et les droits de vote qui y seront attachés ;

– les actions déjà émises et les droits de vote qui y sont attachés que l'investisseur peut acquérir, en vertu d'un accord ou d'un instrument financier.

La notification doit en outre comporter les mentions de la déclaration d'intention requise lors du franchissement du seuil de 10, 15, 25 ou 25 % du capital ou de droits de vote d'une société cotée (déclaration dont le contenu est fixé par l'article L 233-7, VII du Code de commerce : n° 86150).

La notification est adressée au ministère de l'économie (Direction générale du Trésor) par voie électronique (iefautorisations@dgtresor.gouv.fr) ou par courrier en un exemplaire (139, rue de Bercy, 75572 Paris Cedex 12).

DEMANDE D'AUTORISATION PRÉALABLE D'UN INVESTISSEMENT ÉTRANGER

Rescrit financier **Avant** la réalisation d'un **investissement,** l'entreprise de droit français 82120
exerçant les activités objet de l'investissement peut saisir pour **avis** le ministre de l'économie par écrit afin de savoir si cet investissement est soumis à une procédure d'autorisation ; le ministre doit répondre dans un délai de deux mois ; l'investisseur peut aussi saisir le ministre, mais seulement avec l'accord de l'entreprise exerçant les activités visées par l'investissement (C. mon. fin. art. R 151-4). Cette demande préalable doit comporter les informations figurant aux articles 2 et 4 de l'arrêté ECOT1937237A du 31 décembre 2019.

Demande d'autorisation proprement dite La demande d'autorisation d'un inves- 82125
tissement étranger est déposée par l'investisseur ; lorsque l'investissement envisagé concerne un ou plusieurs investisseurs appartenant à une chaîne de contrôle, la demande peut être déposée par l'un des membres de cette chaîne pour le compte de l'ensemble des investisseurs qui en sont membres (C. mon. fin. art. R 151-5). Les renseignements à fournir dans la demande d'autorisation sont énumérés aux articles 1 et 4 de l'arrêté ECOT1937237A du 31 décembre 2019. Plusieurs dossiers types sont disponibles sur le site du ministère de l'économie à l'adresse suivante www.tresor.economie.gouv.fr/services-aux-entreprises/investissements-etrangers-en-france/la-composition-de-votre-dossier-de-demande.

Modalités des demandes d'avis et d'autorisation Les demandes d'autorisation 82126
ou d'avis sont adressées au ministère chargé de l'économie (Direction générale du Trésor) par voie électronique (iefautorisations@dgtresor.gouv.fr) ou par courrier en un exemplaire (139, rue de Bercy, 75572 Paris Cedex 12) (Arrêté ECOT1937237A du 31-12-2019 art. 5).

OCTROI DE L'AUTORISATION PRÉALABLE D'UN INVESTISSEMENT ÉTRANGER

Autorisation pure et simple ou sous condition Le ministre de l'économie peut 82130
autoriser purement et simplement l'investissement. Il peut aussi assortir son autorisation de conditions visant à assurer que l'investissement projeté ne portera pas atteinte aux intérêts nationaux visés n° 82105 (C. mon. fin. art. L 151-3, II). Les conditions définies par le ministre doivent être proportionnelles au but ainsi poursuivi (C. mon. fin. art. R 151-8, I).

Ces conditions ont principalement pour **objet** de (C. mon. fin. art. R 151-8, I) :

– assurer la pérennité et la sécurité, sur le territoire national, des activités visées n° 82110 exercées par l'entité objet de l'investissement, notamment en veillant à ce que ces activités ne soient pas soumises à la législation d'un État étranger susceptible d'y faire obstacle, ainsi que la protection des informations qui leur sont liées ;

– assurer le maintien des savoirs et des savoir-faire de l'entité objet de l'investissement et faire obstacle à leur captation ;

– adapter les modalités d'organisation interne et de gouvernance de l'entité, ainsi que les modalités d'exercice des droits acquis dans l'entité à la faveur de l'investissement ;

– fixer les modalités d'informations de l'autorité administrative chargée du contrôle.

Le ministre de l'économie peut notamment conditionner son autorisation à la cession d'une partie des parts ou actions acquises au capital de l'entité objet de l'investissement ou de tout ou partie

d'une branche d'activité exercée par cette entité à une entité distincte de l'investisseur et agréée par lui (C. mon. fin. art. R 151-8, I-al. 6).
Lorsque l'autorisation est assortie de conditions, elle désigne un ou plusieurs responsables du respect de ces conditions parmi les investisseurs (C. mon. fin. art. R 151-8, II).
Les conditions ainsi fixées peuvent être **révisées,** à la demande de l'investisseur ou du ministre, selon les modalités définies à l'article R 151-9 du Code monétaire et financier.

82135 **Délai de réponse du ministre** Dans un délai de 30 jours ouvrés à compter de la réception de la demande d'autorisation, le ministre de l'économie indique à l'investisseur soit que l'investissement ne relève pas de la réglementation, soit qu'il en relève et est autorisé sans condition, soit qu'il en relève mais qu'un examen complémentaire est nécessaire ; à défaut de réponse dans ce délai, la demande est réputée refusée (C. mon. fin. art. R 151-6, al. 1). Après examen complémentaire, le **refus ou** l'**autorisation** est délivré dans un délai de 45 jours ouvrés à compter de la réception par l'investisseur de la décision du ministre de procéder à cet examen ; en l'absence de réponse dans ce délai, la demande d'autorisation est réputée rejetée (C. mon. fin. art. R 151-6, al. 2).

82136 **Réalisation de l'opération d'investissement** La réalisation de l'opération d'investissement autorisée donne lieu à une **déclaration** par l'investisseur dans les deux mois suivant la réalisation de l'investissement (C. mon. fin. art. R 151-11 ; Arrêté ECOT1937237A du 31-12-2019 art. 3).
Cette déclaration doit comporter les informations figurant aux articles 3 et 4 de l'arrêté ECOT1937237A du 31 décembre 2019.
La déclaration doit être **adressée** au ministère chargé de l'économie (Direction générale du Trésor) par voie électronique (iefautorisations@dgtresor.gouv.fr) ou par courrier en un exemplaire (139, rue de Bercy, 75572 Paris Cedex 12) (Arrêté ECOT1937237A du 31-12-2019 art. 5).

82138 **Refus d'autorisation** Le refus d'autorisation doit être motivé et les **motifs** que peut avancer le ministre de l'économie sont les suivants, cette liste étant limitative (C. mon. fin. art. R 151-10) :
– la mise en œuvre des conditions visées n° 82130 ne suffit pas à elle seule à assurer la préservation des intérêts nationaux définis n° 82105 ; le ministre peut prendre en considération le fait que l'investisseur entretient des liens avec un gouvernement ou un organisme public étrangers ;
– il existe une présomption sérieuse que l'investisseur est susceptible de commettre l'une des infractions ou le recel de l'une des infractions suivantes, ou l'investisseur a été condamné définitivement sur le fondement de l'une de ces infractions ou pour des infractions équivalentes prévues par la législation d'un autre État au cours des cinq années précédant la demande d'autorisation : trafic de stupéfiants (C. pén. art. 222-34 à 222-39) ; abus frauduleux de l'état d'ignorance ou de faiblesse (C. pén. art. 223-15-2) ; traite des êtres humains (C. pén. art. 225-4-1) ; proxénétisme (C. pén. art. 225-5, 225-6 et 225-10) ; escroquerie (C. pén. art. 313-1) ; abus de confiance (C. pén. art. 314-1) ; recel (C. pén. art. 321-6) ; blanchiment (C. pén. art. 324-1) ; terrorisme (C. pén. art. 421-1 à 421-2-6) ; corruption active et trafic d'influence (C. pén. art. 433-1, 433-2, 435-3 et 435-4) ; faux (C. pén. art. 441-1 à 441-8) ; participation à une association de malfaiteurs (C. pén. art. 450-1) ; fraude fiscale, opposition au contrôle fiscal, refus collectif de l'impôt (CGI art. 1741 à 1743, 1746 et 1747) ;
– l'investisseur a fait l'objet d'une sanction pécuniaire visée n° 82153 ou a méconnu, de manière grave et persistante, les injonctions ou mesures conservatoires visées n°s 82150 et 82151 au cours des cinq années précédant le dépôt de la demande d'autorisation.

82140 **Recours contre la décision du ministre** Quelle qu'elle soit (autorisation avec ou sans conditions, refus d'autorisation), la décision du ministre constitue une décision administrative qui peut faire l'objet d'un recours pour excès de pouvoir, conformément au droit commun.

SANCTIONS DU NON-RESPECT DU RÉGIME DES INVESTISSEMENTS ÉTRANGERS

82150 **Injonction du ministre de l'économie** **Investissement réalisé sans autorisation.** Dans un tel cas, le ministre de l'économie peut enjoindre à l'investisseur de déposer une demande d'autorisation, de rétablir à ses frais la situation antérieure ou de modifier l'investissement, **injonction** qui peut être **assortie d'une astreinte** ; l'injonction précise le montant (qui ne peut pas excéder 50 000 € par jour) et la date d'effet de l'astreinte (C. mon. fin. art. L 151-3-1, I, R 151-13 et R 151-14).
Si la protection des intérêts nationaux est compromise ou susceptible de l'être, le ministre peut prendre des **mesures conservatoires** (C. mon. fin. art. L 151-3-1, I-al. 6 s.) :
– prononcer la suspension des droits de vote attachés à la fraction des actions ou des parts sociales dont la détention par l'investisseur aurait dû faire l'objet d'une autorisation préalable ;
– interdire ou limiter la distribution des dividendes ou des rémunérations attachés aux actions ou aux parts sociales dont la détention par l'investisseur aurait dû faire l'objet d'une autorisation préalable ;

– suspendre, restreindre ou interdire temporairement la libre disposition de tout ou partie des actifs liés aux activités exercées dans les domaines sensibles ;
– désigner un mandataire chargé de veiller, au sein de l'entreprise dont relève l'activité, à la protection des intérêts nationaux ; ce mandataire peut faire obstacle à toute décision des organes sociaux de nature à porter atteinte à ces intérêts. Sa rémunération, fixée par le ministre, est prise en charge, ainsi que les frais engagés par le mandataire, par l'entreprise auprès de laquelle il est désigné.

Méconnaissance de l'autorisation d'investissement. S'il estime que les conditions dont est assortie l'autorisation ont été méconnues, le ministre de l'économie prend une ou plusieurs des mesures suivantes (C. mon. fin. art. L 151-3-1, II) : 82151
– retrait de l'autorisation ; sauf s'il rétablit la situation antérieure à l'investissement, l'investisseur étranger sollicite alors de nouveau l'autorisation d'investissement ;
– injonction à l'investisseur auquel incombait l'obligation non exécutée de respecter dans un délai qu'il fixe les conditions figurant dans l'autorisation ;
– injonction à l'investisseur auquel incombait l'obligation non exécutée d'exécuter dans un délai qu'il fixe des prescriptions en substitution de l'obligation non exécutée, y compris le rétablissement de la situation antérieure au non-respect de cette obligation ou la cession de tout ou partie des activités sensibles.
Ces injonctions peuvent être assorties d'une astreinte et le ministre de l'économie peut également prendre les mesures conservatoires nécessaires, dans les conditions et selon les modalités prévues n° 82150.

> **Précisions** Les décisions ou injonctions prises sur le fondement de l'article L 151-3-1 du Code monétaire et financier ne peuvent intervenir qu'après que l'**investisseur** a été **mis en demeure** de présenter ses observations dans un délai de 15 jours ; en cas d'urgence, de circonstances exceptionnelles ou d'atteinte imminente à l'ordre public, à la sécurité publique ou à la défense nationale, ce délai peut être réduit à cinq jours (C. mon. fin. art. L 151-3-1, III et art. R 151-12).

Recours contre les injonctions et les décisions. Les injonctions et décisions du ministère de l'économie visées n° 82150 et 82151 sont susceptibles d'un recours de plein contentieux (C. mon. fin. art. L 151-3-1, IV). 82152

> **Précisions** Le contentieux de **pleine juridiction** est celui qui a pour objet de soumettre au juge administratif la solution d'un litige dans toutes ses conséquences. Par le contentieux de pleine juridiction, le requérant demande la réparation du préjudice résultant d'une décision administrative et le juge administratif est investi des pouvoirs lui permettant non seulement d'annuler l'acte qui fait grief au demandeur, mais aussi de le modifier, de le réformer et de condamner l'administration à la réparation du préjudice subi.

Sanctions pécuniaires En cas de réalisation d'un investissement sans autorisation préalable, d'obtention par fraude d'une autorisation préalable, de méconnaissance des conditions dont est assortie l'autorisation, d'inexécution totale ou partielle des injonctions ou mesures conservatoires, le ministre de l'économie peut, après avoir mis l'investisseur à même de présenter ses observations sur les faits qui lui sont reprochés dans un délai minimal de 15 jours, lui infliger une sanction pécuniaire dont le montant s'élève au maximum à la plus élevée des sommes suivantes : le double du montant de l'investissement irrégulier, 10 % du chiffre d'affaires annuel hors taxe de l'entreprise qui exerce les activités sensibles, 5 millions d'euros pour les personnes morales et 1 million d'euros pour les personnes physiques (C. mon. fin. art. L 151-3-2). 82153

Nullité Est nul tout engagement, convention ou clause contractuelle qui réalise directement ou indirectement un investissement étranger dans un des domaines sensibles visé n° 82105 si l'autorisation préalable requise n'a pas été obtenue (C. mon. fin. art. L 151-4). 82155
S'agissant d'une nullité absolue, la réglementation ayant manifestement pour objet la sauvegarde de l'intérêt général (cf. C. civ. art. 1179), tout intéressé, que ce soit un tiers à la convention ou même l'une des parties, peut en demander la constatation en justice.

Sanctions pénales Tout **manquement à l'obligation d'autorisation** est puni de lourdes sanctions pénales : cinq ans de prison et amende égale au double de la somme sur laquelle a porté l'infraction ; interdiction d'exercer une activité commerciale ou une fonction publique (C. douanes art. 459 sur renvoi de C. mon. fin. art. L 165-1). 82156
Par ailleurs, le **défaut de déclaration de la réalisation de l'opération d'investissement** (n° 82136) est passible d'une amende de 750 € au plus (C. mon. fin. art. R 165-2 et C. pén. art. 131-13).

b. Déclaration statistique des investissements étrangers

DÉCLARATION À LA BANQUE DE FRANCE

82157 Doivent faire l'objet d'une déclaration à la Banque de France, lorsque leur montant dépasse 15 millions d'euros (C. mon. fin. art. R 152-3, 1° et R 152-11, 4°) :
– les opérations par lesquelles des non-résidents acquièrent ou cèdent au moins 10 % du capital ou des droits de vote d'une entreprise résidente (ou franchissent le seuil de 10 %) ;
– l'acquisition ou la cession d'entreprises non résidentes par des résidents ;
– les opérations entre entreprises apparentées, de quelque nature qu'elles soient (prêts, emprunts, dépôts, etc.) ;
– l'acquisition ou la cession de biens immobiliers à l'étranger par des résidents et en France par des non-résidents.
À cet effet, il faut entendre par (C. mon. fin. art. R 152-11, 2° et 3°) :
– **résidents,** les personnes physiques ayant leur principal centre d'intérêt (en pratique, leur domicile principal) en France, les fonctionnaires et autres agents publics français en poste à l'étranger dès leur prise de fonctions et les personnes morales françaises ou étrangères pour leurs établissements en France ;
– **non-résidents,** les personnes physiques ayant leur principal centre d'intérêt à l'étranger, les fonctionnaires et autres agents publics étrangers en poste en France dès leur prise de fonctions et les personnes morales françaises ou étrangères pour leurs établissements à l'étranger.

EXEMPLE

Un ressortissant français ayant son domicile principal à l'étranger devra déclarer l'investissement qu'il se propose de faire en France alors qu'une personne physique de nationalité étrangère n'y sera pas tenue si le centre de ses intérêts se situe en France. De même, toute société de droit étranger devra déclarer ses projets d'investissement en France même si les titres de cette société sont détenus par des personnes de nationalité française.

82158 **Modalités de la déclaration** La déclaration doit être adressée à la Banque de France (Direction générale des statistiques, des études et de l'international, direction de la balance des paiements), dans les 20 jours ouvrables qui suivent la date de règlement de l'investissement (Arrêté ECOT0237029A du 7-3-2003 art. 3, al. 2 et art. 7).

SANCTION DU DÉFAUT DE DÉCLARATION STATISTIQUE

82159 Tout manquement à l'obligation de déclaration est puni d'un emprisonnement de cinq ans et d'une amende égale au double de la somme sur laquelle a porté l'infraction, le juge pouvant aussi prononcer une mesure d'interdiction d'exercer une activité commerciale ou une fonction publique (C. douanes art. 459 ; C. mon. fin. art. L 165-1 et R 165-1).

2. RÉGLEMENTATION DES INVESTISSEMENTS ÉTRANGERS PROPRES À CERTAINES ACTIVITÉS

82160 Plusieurs lois et décrets réservent aux **Français ou** aux **Européens** le droit de contrôler des sociétés appartenant à certains secteurs d'activités particuliers. Le législateur s'attache ainsi, suivant les cas, à la nationalité des associés, à celle des dirigeants, à l'origine des capitaux ; parfois, il combine ces différents éléments selon l'opportunité.
Certains textes n'empêchent pas la prise de contrôle, mais posent des conditions particulières pour les personnes physiques ou morales n'appartenant pas à un État membre de l'Union européenne et/ou partie à l'accord sur l'EEE.

82161 La réglementation concerne notamment les **entreprises ou secteurs d'activités** suivants :
– assurances (C. ass. art. R 322-11-1) ;
– établissements de crédit, sociétés de financement (C. mon. fin. art. L 511-12-1 et L 611-1), entreprises d'investissement autres que les sociétés de gestion de portefeuille (C. mon. fin. art. L 531-6 et L 611-4) ;
– fabrication ou commercialisation d'armes et de matériels de guerre (C. défense art. L 2332-1 s. et R 2332-6) ;
– presse (Loi 86-897 du 1-8-1986 art. 7) ;
– propriétaire de navires (C. transports art. L 5112-1-3, L 5112-1-5 et L 5112-1-6 issus de ord. 2021-1843 du 22-12-2021) ;
– publications destinées à la jeunesse (Loi 49-956 du 16-7-1949 art. 4) ;
– secteur de l'audiovisuel (Loi 86-1067 du 30-9-1986 art. 40) ;
– transport aérien (C. aviation art. R 330-2).

CONSEIL
Cette liste n'étant pas exhaustive et les activités concernées étant susceptibles de modifications, il est recommandé aux **investisseurs** étrangers de **s'adresser au ministère** de l'économie (direction générale des entreprises) ou au ministère dont relève l'activité en cause afin de savoir si l'activité de la société dont ils souhaitent prendre le contrôle est soumise à un statut légal particulier et, dans l'affirmative, quelles sont les règles applicables.

C. Régime du transfert d'une société relevant du secteur public

Les cessions de contrôle entraînant **transfert d'une entreprise du secteur public au secteur privé** ne peuvent, à peine de nullité, être décidées qu'après avoir été **autorisées,** selon le cas, par une loi, un décret ou le ministre de l'économie (Ord. 2014-948 du 20-8-2014 art. 22 et 30, al. 2). **82200**
La propriété de tout ou partie du capital des sociétés à participation publique ne peut être cédée à des personnes du secteur privé pour des **prix inférieurs à leur valeur** (Ord. 2014-948 art. 29, al. 1).

Ne sont **pas** soumises à **autorisation,** sauf lorsqu'elles ont pour effet de transférer au secteur privé la majorité du capital de la société, les **opérations** suivantes (Ord. 2014-948 du 20-8-2014 art. 23) : **82202**
– prises de participation au capital d'une société dont les titres sont admis aux négociations sur un marché réglementé réalisées en application des dispositions du Code du travail et du Code de commerce sur l'**actionnariat salarié,** ainsi que les opérations assimilées réalisées simultanément à de telles prises de participation en faveur des salariés situés à l'étranger ;
– opérations résultant de l'exercice d'**options de souscription** ou d'acquisitions attachées à des titres cédés à l'occasion d'une opération de cession antérieure ;
– prises de participation du secteur privé dans le capital d'une société résultant de l'exercice par ses actionnaires de l'option pour le **paiement des dividendes en actions** (C. com. art. L 232-18) ;
– opérations, décidées par l'assemblée générale des **sociétés dont l'État ou ses établissements** publics **détiennent moins d'un tiers du capital,** ayant pour effet ou pouvant avoir pour effet de diminuer la participation de l'État ou de ses établissements publics.

La **Commission des participations et des transferts** (CPT), chargée de déterminer les modalités de cession et d'évaluer les actifs publics transférés au secteur privé (Ord. 2014-948 du 20-8-2014 art. 27 et 28), est saisie par le ministre de l'économie lorsque les opérations de **transfert** suivantes sont réalisées **selon les procédures des marchés financiers** (Ord. 2014-948 art. 26, I) : **82205**
– transfert au secteur privé par l'État de la majorité du capital d'une société publique ;
– transfert au secteur privé par l'État d'au moins 0,5 % du capital, calculé sur une période de six mois consécutifs, d'une société publique dont l'effectif augmenté de celui de ses filiales dépasse 500 personnes ou le chiffre d'affaires consolidé 75 millions d'euros ;
– transfert au secteur privé par un établissement public de l'État, ou une société dont l'État ou ses établissements publics détiennent directement ou indirectement, seuls ou conjointement, plus de 50 % du capital de la majorité du capital d'une société réalisant un chiffre d'affaires supérieur à 150 millions d'euros ou employant plus de 1 000 personnes.
La CPT est également saisie par le ministre de l'économie de toute opération de **cession de contrôle** au secteur privé réalisée **hors marché** et de toute **autre opération de cession ou d'acquisition** par l'État (Ord. 2014-948 art. 26, II et III).

D. Établissements de crédit, sociétés de financement et entreprises d'investissement

Dans certains cas, les personnes, agissant seules ou de concert avec d'autres personnes, doivent obtenir une autorisation de l'Autorité de contrôle prudentiel et de résolution (ACPR) avant de prendre ou de céder une participation directe ou indirecte dans un **établissement de crédit,** une **société de financement** ou une **entreprise d'investissement** autre qu'une société de gestion de portefeuille, lorsque l'une des conditions suivantes est remplie (C. mon. fin. art. L 511-12-1 et L 531-6 ; Règl. CRBF 96-16 du 20-12-1996 art. 2) : **82250**
– la fraction des droits de vote détenus par cette personne ou ces personnes passe au-dessus ou en dessous du dixième, du cinquième, du tiers ou de la moitié ;
– l'entreprise assujettie devient ou cesse d'être une filiale de cette ou ces personnes.

Toute opération permettant à une personne, agissant seule ou de concert avec d'autres personnes, d'acquérir, d'étendre, de diminuer ou de cesser de détenir, directement ou indirectement, une participation qualifiée dans une **société de gestion de portefeuille** doit être notifiée, avant sa réalisation, à l'AMF si une des trois conditions suivantes est remplie (Règl. gén. AMF art. 317-10 s. et 321-18 s.) :
– la fraction de droits de vote ou des parts de capital détenue par cette ou ces personnes passe au-dessus ou en dessous des seuils du dixième, du cinquième, du tiers ou de la moitié ;
– la société de gestion de portefeuille devient ou cesse d'être une filiale de cette ou de ces personnes ;
– l'opération permet à cette ou ces personnes d'exercer une influence notable sur la gestion de la société de gestion de portefeuille.

> **Précisions** Il faut entendre par « **participation qualifiée** » le fait de détenir dans une société de gestion de portefeuille une participation, directe ou indirecte, qui représente au moins 10 % du capital ou des droits de vote ou qui permet d'exercer une influence notable sur la gestion de la société de gestion dans laquelle est détenue cette participation (Règl. gén. AMF art. 321-10, 1° et 321-19).

E. Entreprises d'assurance

82300 Toute opération permettant à une personne, agissant seule ou de concert avec d'autres personnes, d'acquérir, d'étendre, de diminuer ou de cesser de détenir, directement ou indirectement, une participation dans une entreprise d'assurance (ou de réassurance) doit être notifiée, avant sa réalisation, à l'ACPR si une des trois conditions suivantes est remplie (C. ass. art. L 322-4 et R 322-11-1) :
– la fraction de droits de vote ou des parts de capital détenue par cette ou ces personnes passe au-dessus ou en dessous des seuils du dixième, du cinquième, du tiers ou de la moitié ;
– l'entreprise devient ou cesse d'être une filiale de cette ou de ces personnes ;
– l'opération permet à cette ou ces personnes d'exercer une influence notable sur la gestion de cette entreprise.
L'ACPR peut, dans un délai de 60 jours ouvrés, s'opposer à l'opération, seulement s'il existe des motifs raisonnables de le faire (réputation du candidat acquéreur, solidité financière, tentative de blanchiment de capitaux ou de financement du terrorisme, etc.) ou si les informations fournies sont incomplètes ; elle ne le peut pas s'il s'agit d'une opération conclue entre des personnes relevant du droit d'un ou de plusieurs États membres de l'Union européenne ou d'un autre État partie à l'accord sur l'EEE et appartenant au groupe de celles qui détiennent déjà un pouvoir de contrôle effectif sur l'entreprise assujettie et lorsque l'entreprise qui acquiert une participation est soumise au contrôle de la même autorité que l'entreprise qui cesse de détenir une participation (C. ass. art. R 322-11-1, I-al. 8 et R 322-11-2).

III. PROTECTION DES SALARIÉS EN CAS DE CESSION DE CONTRÔLE

A. Information préalable des salariés sur la cession de contrôle

82350 Afin de **faciliter la reprise de la société par les salariés,** ceux-ci doivent recevoir une information préalable en cas de cession de contrôle afin de leur permettre de présenter une offre d'achat de cette participation (C. com. art. L 23-10-1 à L 23-10-12 et D 23-10-2 à D 23-10-3).
Un **guide pratique** consultable sur le site internet du ministère de l'économie détaille, pour les salariés et les chefs d'entreprise, les étapes de la procédure, propose des modèles de lettres d'information ou de renonciation, envisage les différents délais d'information des salariés et de prescription de l'action en nullité de la cession (www.economie.gouv.fr/files/2016_guide_pratique_information_salaries_entreprises.pdf).

> **Précisions** **a.** Les textes en vigueur n'ont pas été modifiés depuis la **réforme ayant remplacé le comité d'entreprise par le comité social et économique.** Le dispositif demeure toutefois applicable, le comité social et économique exerçant dans ce cas les attributions anciennement dévolues au comité d'entreprise.
> **b.** La **proposition de loi** visant à moderniser la transmission d'entreprise, en cours de discussion au Parlement (Texte Sén. n° 118 adopté le 7-6-2018), prévoit l'abrogation de ce dispositif.

CHAMP D'APPLICATION DE L'OBLIGATION D'INFORMER LES SALARIÉS

Sont concernées par le dispositif les **cessions** de parts de **SARL** ou d'actions (**SA, SAS, SCA**) à **condition** (C. com. art. L 23-10-1, al. 1 et L 23-10-7, al. 1) : **82355**
– que la société ne soit pas tenue d'avoir un comité social et économique à attributions élargies (moins de 50 salariés) ou, si elle est tenue d'avoir un tel comité (au moins 50 salariés), elle occupait à la clôture du dernier exercice moins de 250 personnes et son chiffre d'affaires n'excédait pas 50 millions d'euros ou son total de bilan n'excédait pas 43 millions d'euros (selon le guide pratique du ministère de l'économie, ces critères cumulatifs s'apprécient au niveau de l'entreprise, indépendamment de son rattachement éventuel à un groupe) ;
– et que la cession porte, dans les SARL, sur plus de 50 % des parts sociales ou, dans les sociétés par actions, sur des actions ou des valeurs mobilières donnant accès à la majorité du capital social.

> **Précisions a.** Aux termes de la loi, est aussi visée la cession concernant une société dont le **capital** doit être en tout ou partie **détenu par des personnes répondant à certaines conditions** (notamment de qualification professionnelle), mais seulement si au moins un des salariés pouvant présenter une offre d'achat remplit ces conditions ou si la cession ne porte pas sur la partie du capital soumise à la réglementation et détenue par l'associé répondant aux conditions requises (C. com. art. L 23-10-4 et L 23-10-10).

En revanche, en sont **exclues** les ventes de parts de SNC ainsi que de parts ou d'actions de toute société dont le personnel ou le chiffre d'affaires (ou le total de bilan) excède les seuils précités. Le dispositif ne s'applique pas non plus en cas de cession de la participation à un conjoint, à un ascendant ou à un descendant ni aux sociétés faisant l'objet d'une procédure de conciliation, de sauvegarde, de redressement ou de liquidation judiciaire, ni au cas où, dans les 12 mois qui précèdent la vente, celle-ci a déjà fait l'objet d'une information au titre de l'article 18 de la loi 2014-856 du 31 juillet 2014 imposant aux employeurs une obligation triennale d'information du personnel sur les possibilités de reprise d'une société par les salariés (C. com. art. L 23-10-6 et L 23-10-12).

b. Selon le guide pratique du ministère de l'économie, la procédure d'information s'applique même lorsqu'un **droit d'agrément, de préférence ou de préemption** existe sur les titres cédés.

c. Dans les sociétés par actions, une **vente ultraminoritaire entre actionnaires** est, à la lettre du texte, soumise à l'obligation d'information des salariés si elle permet à l'actionnaire acquéreur d'obtenir la majorité du capital. Réfutant cette lecture littérale, le guide du ministère de l'économie précise que la transmission d'un bloc minoritaire à un autre actionnaire lui conférant la majorité du capital ne relève pas de l'obligation d'information des salariés. Lorsqu'il existe des valeurs mobilières donnant accès au capital détenues par d'autres personnes que le cédant, l'Ansa considère que, pour calculer le capital de référence, il est prudent de ne pas tenir compte des émissions potentielles d'actions que peuvent générer ces valeurs, en raison de l'incertitude pesant sur les intentions de ces autres porteurs (Communication Ansa, comité juridique n° 14-062 du 5-11-2014).

d. Selon le guide pratique du ministère de l'économie, les **ventes « intragroupe »,** que ce soit de filiale à filiale ou entre société filiale et société mère, sont soumises au dispositif d'information des salariés quand elles ont lieu en un seul bloc majoritaire, cas par exemple d'une société mère qui entend céder à une autre société une participation de plus de 50 % du capital (Guide pratique précité p. 4).

En revanche, la transmission d'un bloc minoritaire à un autre actionnaire lui conférant la majorité du capital (cas des cessions minoritaires intragroupe) ne relève pas de l'obligation d'information des salariés ; la cession progressive de blocs minoritaires, notamment par l'exercice d'options d'achat ou de vente, n'est pas non plus soumise au dispositif d'information des salariés (Guide pratique précité p. 3 et 4).

Par ailleurs, la cession de plus de 50 % des titres d'une société holding qui n'emploie aucun salarié mais dont les filiales ont des salariés n'est pas soumise à l'obligation d'information. En revanche, la cession du même pourcentage des titres d'une société holding employant un seul salarié est soumise à l'obligation. De même, à supposer qu'une offre publique d'échange soit déposée sur une société holding employant très peu de salariés, l'obligation doit être respectée dans l'hypothèse où un actionnaire déciderait de céder plus de 50 % des actions de la holding.

e. L'**effectif salarié** à prendre en compte pour le calcul du seuil de 250 personnes correspond à la moyenne du nombre de personnes employées au cours de chacun des mois de l'année civile précédente ou du dernier exercice comptable lorsque celui-ci ne correspond pas à l'année civile précédente (C. com. art. D 210-21 et, sur renvoi, art. D 123-200 de ce Code, lequel renvoie à l'art. L 130-1, I du CSS).

PROCÉDURE D'INFORMATION DES SALARIÉS

82360 **Objet de l'information** Le représentant légal de la société doit informer les salariés de la volonté du propriétaire de la participation de la céder et de la faculté dont ils disposent de présenter à ce dernier une offre d'achat ; lorsque le propriétaire de la participation est le représentant légal de la société, il informe directement les salariés (C. com. art. L 23-10-1, al. 2 et 4 et L 23-10-7, al. 2 et 4). La transmission d'aucune autre information et d'aucun document relatif au fonctionnement, à la comptabilité ou à la stratégie de l'entreprise n'est requise.

82361 **Délai de l'information** Dans les **sociétés** qui n'ont **pas** l'obligation de mettre en place un **comité social et économique,** l'information doit être transmise aux salariés au moins deux mois avant la date de conclusion du contrat de vente (CE 8-7-2016 n° 386792 : RJDA 11/16 n° 792), la vente ne pouvant intervenir avant l'expiration du délai de deux mois que si chaque salarié a fait connaître au cédant, avant l'expiration de ce délai, sa décision de ne pas présenter d'offre (C. com. art. L 23-10-1, al. 2 et 5).

Le délai de deux mois court à compter de la notification de son intention de vendre faite aux salariés par le chef d'entreprise ou, si celui-ci n'est pas le propriétaire des titres, de la notification de son intention de vendre faite par le propriétaire au chef d'entreprise, qui doit alors en informer sans délai les salariés (C. com. art. L 23-10-1, al. 2 à 4).

L'article L 23-10-7, al. 2 du Code de commerce impose, dans les **sociétés dotées d'un comité** d'entreprise, de transmettre l'information aux salariés au plus tard en même temps que l'information-consultation faite au comité en application de l'article L 2323-33 ancien du Code du travail. L'article L 23-10-7 n'a pas été actualisé pour tenir compte du remplacement du comité d'entreprise par le comité social et économique. À notre avis, dès lors que le comité social et économique est consulté (sur cette question, voir n° 82380), il convient de transmettre l'information aux salariés au plus tard lors de cette consultation.

La **procédure** d'information doit être **renouvelée** si la cession intervient plus de deux ans après l'expiration du délai d'information des salariés (C. com. art. L 23-10-5 et L 23-10-11). Toutefois, pour les entreprises dotées d'un comité social et économique, le cours de cette période de deux ans est suspendu si cette instance est consultée sur un projet de cession, entre la date de saisine du comité et la date où il rend son avis ou, à défaut, la date où expire le délai imparti pour rendre cet avis (C. com. art. L 23-10-11, non modifié pour tenir compte du remplacement du comité d'entreprise par le comité social et économique mais il serait logique selon nous que la même suspension s'applique lorsque ce dernier est saisi).

82362 **Moyens d'information** L'information des salariés peut être effectuée par tout moyen de nature à rendre certaine la date de sa réception par les intéressés, notamment (C. com. art. L 23-10-3, L 23-10-9 et D 23-10-2) :
- au cours d'une réunion d'information des salariés à l'issue de laquelle ils signent un registre de présence ;
- par un affichage ; la date de réception de l'information est celle apposée par le salarié sur un registre accompagnée de sa signature attestant qu'il a pris connaissance de cet affichage ;
- par courrier électronique, à condition que la date de réception puisse être certifiée ;
- par remise en main propre, contre émargement ou récépissé, d'un document écrit mentionnant les informations requises ;
- par lettre recommandée AR ; la date de réception est celle de la première présentation de la lettre ;
- par acte extrajudiciaire (exploit d'huissier ou de commissaire de justice, etc.).

82363 **Droits et obligations des salariés** Les salariés sont tenus à une **obligation de discrétion,** dans les mêmes conditions que les membres du comité social et économique (cf. C. trav. art. L 2315-3), sauf à l'égard des personnes dont le concours est nécessaire pour leur permettre de présenter une offre (C. com. art. L 23-10-3, al. 3 et L 23-10-9, al. 3, qui n'ont pas été modifiés pour tenir compte du remplacement du comité d'entreprise par le comité social et économique mais qui visent selon nous le devoir de discrétion des membres de ces comités).

82364 Pour les aider dans leur décision, les salariés peuvent, à leur demande, se faire **assister** par un représentant de la chambre de commerce et de l'industrie régionale, de la chambre régionale d'agriculture, de la chambre régionale de métiers et de l'artisanat territorialement compétentes en lien avec les chambres régionales de l'économie sociale et solidaire, un professionnel du conseil (expert-comptable, avocat ou notaire), un représentant de la confédération générale des Scop, un conseiller en investissements financiers ou par toute autre personne qu'ils désignent (C. com. art. L 23-10-2 et L 23-10-8). Le salarié intéressé par la reprise de son entreprise doit informer sans délai et par tous moyens le chef d'entreprise qu'il se fait assister. La personne choisie est soumise à une **obligation de confidentialité** en ce qui concerne les informations qu'elle reçoit (C. com. art. D 23-10-3).

Sort des offres présentées par les salariés Lorsqu'il n'est pas le propriétaire de la participation, le chef d'entreprise doit notifier sans délai au propriétaire toute offre d'achat présentée par un ou plusieurs salariés (C. com. art. L 23-10-1, al. 3 et L 23-10-7, al. 3). 82365
Le cédant (qu'il soit le chef d'entreprise ou non) est libre d'entrer ou non en **pourparlers** avec eux. Il n'a aucune obligation de leur transmettre des informations ou des documents relatifs à l'entreprise, sa stratégie ou sa comptabilité, s'il ne souhaite pas donner suite à leur offre. Le refus du cédant d'étudier ou d'accepter une offre n'a pas à être motivé. Le cédant peut ne pas répondre s'il le souhaite (Guide pratique précité p. 9).

SANCTION DU DÉFAUT D'INFORMATION DES SALARIÉS

À défaut d'information, la responsabilité extracontractuelle du vendeur et du chef d'entreprise peut être engagée. Dans ce cas, la juridiction saisie peut, à la demande du ministère public, prononcer une amende civile dont le montant ne peut excéder 2 % du montant de la vente (C. com. art. L 23-10-1, al. 6 et L 23-10-7, al. 5). 82370

> **Précisions** Tout salarié en mesure de démontrer une faute du vendeur ou du chef d'entreprise est susceptible d'agir à l'encontre de ce dernier, sur le fondement des principes de **droit commun** de la responsabilité extracontractuelle. La juridiction compétente est le tribunal judiciaire. Une telle action se prescrit par 5 ans. Le prononcé d'une amende civile et de son montant ne sont pas automatiques. La décision est laissée à l'appréciation souveraine du juge (Guide pratique du ministère de l'économie).

B. Consultation du comité social et économique en cas de cession de contrôle

1. CONSULTATION DU COMITÉ PRÉALABLE À UNE CESSION DE CONTRÔLE

OPÉRATIONS SOUMISES À LA CONSULTATION DU COMITÉ SOCIAL ET ÉCONOMIQUE

Dans toute entreprise d'au moins 50 salariés, le comité social et économique doit être informé et consulté sur la modification de son **organisation économique ou juridique** (C. trav. art. L 2312-8, 2°). 82380
Le Code du travail ne détaille pas ce que recouvre la notion de modification de l'organisation économique ou juridique de l'entreprise. On peut néanmoins penser que l'énumération non limitative qui figurait à l'article L 2323-33 ancien du Code du travail à propos du comité d'entreprise, comprenant la cession de l'entreprise et l'acquisition et la cession de filiales, vaut aussi pour le comité social et économique.
Le comité social et économique doit par ailleurs être consulté si les mesures envisagées impliquent une **modification** des **conditions de travail** et d'emploi ou du volume ou de la structure des **effectifs** (C. trav. art. L 2312-8, II-1° et 3°).
Il nous paraît donc prudent de procéder à la consultation du comité social et économique en cas de cession de contrôle même en l'absence d'obligation en ce sens dans un accord, compte tenu de l'importance d'une telle opération dans la vie de la société et de ses effets potentiels sur les salariés.

> **Précisions a.** Les **solutions** suivantes, rendues à propos du **comité d'entreprise,** nous semblent transposables au comité social et économique. La cession de la quasi-totalité des droits sociaux accompagnée d'un changement de direction équivaut à une cession de l'entreprise qui entraîne l'obligation d'informer et de consulter le comité (Cass. soc. 16-4-1996 n° 93-15.417 : RJS 5/96 n° 559). La consultation du comité s'impose lorsque la transmission négociée du capital social est utilisée comme un moyen de placer la société qui exploite une entreprise sous la dépendance d'une autre société (Cass. crim. 29-10-1991 n° 90-84.302 D : RJS 1/92 n° 47 ; CA Paris 21-5-1997 n° 97-8357 : Bull. Joly 1997 p. 796 ; CA Versailles 15-4-2021 n° 21/00378 : RJS 7/21 n° 394). La cession de l'entreprise peut résulter de deux cessions de titres distinctes et concomitantes (Cass. crim. 29-10-1991 n° 90-84.302 D : RJS 1/92 n° 47). Peu

importe que la cession ait eu lieu à l'intérieur d'un même groupe (Cass. crim. 29-6-1982 n° 81-93.572 D : Bull. crim. n° 179). Peu importe également qu'elle soit imposée par une loi (Cass. soc. 26-10-2010 n° 09-67.760 FS-PB : RJS 1/11 n° 54).

b. Selon la nature et les modalités de l'opération envisagée, il y a lieu de consulter le comité social et économique d'une ou plusieurs entreprises. Ainsi, en cas de vente d'une filiale, ce sont les comités de l'**entreprise cédante,** de l'**acquéreur** et de la **filiale** concernée qui seront consultés (Circ. DRT 12 du 30-11-1984 n° 1-1-2 : BOMT n° 84/8 bis, réputée abrogée à propos du comité d'entreprise mais selon nous transposable au comité social et économique). La circonstance que la décision impactant l'entreprise provienne d'un tiers, comme dans le cas d'une prise de participation dans le capital d'une société, ne constitue pas un obstacle de principe à ce que le comité de cette société soit consulté (CA Versailles 15-4-2021 précité). Au sein d'une entreprise à **établissements multiples,** la consultation sur un projet décidé au niveau de l'entreprise doit être effectué au niveau du comité central ou d'un ou plusieurs comités d'établissements selon le cas (C. trav. art. L 2313-1 s.).

c. Sur l'articulation de cette consultation avec le régime spécifique d'information et de consultation du comité social et économique en cas d'**offre publique d'acquisition,** voir n° 87073.

MOMENT DE LA CONSULTATION DU COMITÉ SOCIAL ET ÉCONOMIQUE

82384 En toute hypothèse, le principe selon lequel la consultation doit **précéder la décision** (C. trav. art. L 2312-14) doit être respecté.

Une décision s'entend d'une manifestation de volonté d'un organe dirigeant qui oblige l'entreprise. Ainsi, même formulé en termes généraux, un projet doit être soumis à consultation du comité lorsque son objet est assez déterminé pour que son adoption ait une incidence sur l'organisation, la gestion et la marche générale de l'entreprise, peu important qu'il ne soit pas accompagné de mesures précises et concrètes d'application, dès lors que la discussion ultérieure de ces mesures n'est pas de nature à remettre en cause dans son principe le projet adopté (Cass. soc. 12-11-1997 n° 96-12.314 PB : RJS 12/97 n° 1391 et Cass. soc. 18-6-2003 n° 01-21.424 F-D : RJS 8-9/03 n° 1033, solutions rendues à propos du comité d'entreprise mais selon nous transposables).

En pratique, la consultation doit intervenir avant que la préparation du projet n'atteigne un **stade irréversible.** Le projet doit toujours être susceptible de modification, voire d'abandon, à la suite de la consultation du comité. Cela implique, bien entendu, qu'aucune mesure d'application de la décision ne soit prise avant la consultation du comité (Cass. soc. 6-7-1999 n° 97-21.742 P : RJS 10/99 n° 1264, rendu à propos du comité d'entreprise mais selon nous transposable).

L'annonce à la presse et au personnel d'un projet de cession de la majorité des actions d'une société n'a pas pour effet de transformer ce projet en décision définitive (Cass. crim. 29-5-1990 n° 89-84.747 P : RJS 7/90 n° 593, rendu à propos du comité d'entreprise mais selon nous transposable).

82385 En cas de procédure complexe comportant des **décisions échelonnées,** le comité social et économique doit être consulté avant chacune d'elles (Cass. soc. 7-2-1996 n° 93-18.756 P : RJS 4/96 n° 417, solution rendue à propos du comité d'entreprise mais selon nous transposable). Une unique consultation organisée sur un projet non encore finalisé est insuffisante (TGI Paris 12-5-2009 n° 09/53777 : RJS 11/09 n° 863, solution rendue à propos du comité d'entreprise mais selon nous transposable). À l'inverse, le comité ne doit pas être consulté trop tard, c'est-à-dire après que la décision est devenue définitive. Par ailleurs, l'information fournie à l'origine doit être suffisamment précise (n° 82388).

La présentation au comité d'un **constat d'étape** sur un projet sur lequel il a déjà été consulté doit s'accompagner d'une consultation si l'information donnée lors de cette présentation implique des mesures de nature à affecter le volume ou la structure des effectifs, la durée du travail, les conditions d'emploi, de travail ou de formation professionnelle (Cass. soc. 18-11-2015 n° 14-12.684 : RJS 2/16 n° 131, solution rendue à propos du comité d'entreprise mais selon nous transposable).

Lorsque la mise en œuvre, échelonnée dans le temps, d'une décision fait l'objet d'un **avancement de calendrier** aboutissant à l'application anticipée des mesures envisagées, le comité doit être à nouveau informé et consulté sous peine d'entrave (Cass. crim. 19-9-2006 n° 05-86.668 F-PF : RJS 12/06 n° 1293, solution rendue à propos du comité d'entreprise mais selon nous transposable). De même, lorsqu'un projet présenté au comité comporte un montage nettement différent de celui du projet initial, ce nouveau projet nécessite la communication d'éléments d'information complémentaires ainsi qu'un examen spécifique quant à ses modalités et à ses conséquences économiques, financières et sociales (TGI Paris 22-1-2008 n° 07/16562 : RJS 4/08 n° 442, solution rendue à propos du comité d'entreprise mais selon nous transposable).

MODALITÉS DE LA CONSULTATION DU COMITÉ SOCIAL ET ÉCONOMIQUE

82387 Le contenu et les modalités de la consultation peuvent être précisés par **accord d'entreprise** (C. trav. art. L 2312-55) ; il est également possible de décider par accord de **groupe** que la consultation s'effectue au niveau du groupe. À défaut d'accord, ce sont les règles générales de consultation définies aux articles L 2312-15 et suivants du Code du travail qui s'appliquent.

Informations à communiquer en vue de la consultation L'employeur doit transmettre ou mettre à disposition du comité social et économique des informations **précises** et **écrites** (C. trav. art. L 2312-15, al. 2). 82388

En principe, le chef d'entreprise n'est pas tenu de communiquer le **projet d'acte de cession** (CA Paris 21-5-1997 n° 97-8357 : Bull. Joly 1997 p. 796, solution rendue à propos du comité d'entreprise, mais selon nous transposable). Il a toutefois été jugé que cette communication peut être requise lorsqu'elle est indispensable au comité pour s'assurer de la fiabilité des informations transmises par le chef d'entreprise (TGI Paris 18-6-2002 ord. réf. n° 02-55390 et CA Paris 28-6-2002 n° 02-10989, solutions rendues à propos du comité d'entreprise mais selon nous transposables). Ce dernier peut aussi se voir reprocher de ne pas avoir communiqué un **rapport d'audit** réalisé par un cabinet spécialisé à la demande des futurs repreneurs et nécessaire à la pleine information du comité (Cass. crim. 18-11-1997 n° 96-80.002 PF : RJS 1/98 n° 76, solution rendue à propos du comité d'entreprise, mais selon nous transposable).

L'administration a apporté les précisions suivantes concernant la consultation du comité d'entreprise, qui nous semblent applicables à la consultation du comité social et économique : l'employeur peut se contenter de remettre une note suffisamment précise pour permettre au comité de se prononcer, sans avoir à lui fournir les projets de contrat ou de convention se rapportant à la consultation. Il en va toutefois autrement si la connaissance de ces documents conditionne le bon déroulement de la consultation (Circ. DRT 12 du 30-11-1984 n° 1-1-2 : BOMT n° 84/8 bis p. 138, réputée abrogée à propos du comité d'entreprise mais selon nous transposable au comité social et économique).

Délai d'examen Le comité social et économique doit disposer d'un délai d'examen suffisant avant de rendre son avis (C. trav. art. L 2312-15 s.). Le délai court à partir de la communication par l'employeur des informations prévues par le Code du travail pour la consultation ou de leur mise à disposition dans la base de données économiques et sociales. 82390

Ce délai est fixé par accord d'entreprise (ou, en l'absence de délégué syndical, par accord entre l'employeur et la majorité des élus du comité social et économique) ou, à défaut d'accord, par décret (C. trav. art. L 2312-16).

Le délai fixé par le Code du travail, **à défaut d'accord,** est d'un mois ; ce délai est porté à deux mois en cas d'intervention d'un **expert** et à trois mois en cas d'intervention d'une ou plusieurs expertises dans le cadre d'une consultation se déroulant à la fois au niveau du comité central et d'un ou plusieurs comités d'établissement (C. trav. art. R 2312-6, I).

Lorsqu'il y a lieu de consulter à la fois le comité social et économique central et un ou plusieurs comités d'établissement, les délais prévus ci-dessus s'appliquent au comité central ; l'avis de chaque comité d'établissement est transmis au comité central au plus tard sept jours avant l'expiration du délai imparti à ce dernier (C. trav. art. R 2312-6, II).

À l'expiration de ces délais, si le comité n'a pas rendu d'avis, il est réputé avoir été consulté et avoir rendu un avis négatif (C. trav. art. L 2312-16).

Avis du comité Le comité social et économique émet des avis et des vœux sur le projet qui lui est soumis. Un avis du comité ne peut pas résulter d'une simple appréciation formulée suite à une communication faite en réunion par l'employeur sans transmission préalable d'informations écrites (Cass. crim. 27-3-2012 n° 11-80.565 FS-DPB : RJS 7/12 n° 638, rendu à propos du comité d'entreprise mais à notre avis transposable). Ses décisions doivent résulter d'une **délibération collective** et non de l'expression individuelle de ses membres (Cass. soc. 10-1-2012 n° 10-23.206 FS-PB : RJS 3/12 n° 260, rendu à propos du comité d'entreprise mais à notre avis transposable). 82392

L'employeur doit rendre compte au comité social et économique, en la motivant, de la **suite donnée** à ces avis et vœux (C. trav. art. L 2312-15, dernier al.).

L'**avis** formulé n'est que consultatif : dès qu'il est émis, même s'il est **négatif,** l'employeur peut mettre en œuvre son projet.

ATTENTION

Dans les SA, l'obligation de communiquer l'avis du comité à l'**assemblée des actionnaires** appelée à délibérer sur les modifications, prévue pour le comité d'entreprise par l'article L 225-105 du Code de commerce, n'a pas été transposée au comité social et économique. Mais même si le Code de commerce n'a pas été modifié pour tenir compte du remplacement du comité d'entreprise par le comité social et économique, il nous semble logique que les actionnaires conservent cette information dans les sociétés où existe un comité social et économique.

SANCTIONS DE L'INOBSERVATION DES OBLIGATIONS D'INFORMATION DU COMITÉ

82395 **Action civile** Le comité social et économique qui estime ne pas disposer d'éléments suffisants pour rendre son avis peut saisir le président du tribunal judiciaire statuant selon la procédure accélérée au fond pour qu'il ordonne la **communication par l'employeur des éléments manquants** (C. trav. art. L 2312-15). Cette saisine ne prolonge pas le délai dont dispose le comité pour rendre son avis ; toutefois, en cas de difficultés particulières d'accès aux informations nécessaires à la formulation de l'avis motivé du comité, le juge peut décider la prolongation de ce délai (C. trav. art. L 2312-15). Il doit alors tenir compte, dans son appréciation du délai qui restera, après sa décision, au comité pour se prononcer de manière utile une fois l'information obtenue (Cons. const. 4-8-2017 n° 2017-652 QPC : RJS 10/17 n° 680). Le juge doit être saisi avant l'expiration du délai imparti au comité pour rendre son avis (Cass. soc. 21-9-2016 n° 15-19.003 FS-PB : RJS 12/16 n° 785 et Cass. soc. 3-11-2016 n° 15-16.082 FS-PB : RJS 1/17 n° 34, solutions rendues à propos du comité d'entreprise mais selon nous transposables).

82396 Si l'**employeur met en œuvre** un projet soumis à la consultation du comité social et économique **sans avoir procédé** à celle-ci, le comité peut saisir le juge des référés en vue de faire cesser ce trouble manifestement illicite (Cass. soc. 10-7-2019 n° 18-10.815 F-D : RJS 11/19 n° 639) en demandant :

– la mise en œuvre, le cas échéant sous astreinte, de la procédure de consultation ;

– la suspension du projet tant qu'il n'aura pas été régulièrement informé et consulté (Cass. soc. 6-3-2012 n° 10-30.815 F-D : RJS 5/12 n° 469, solution rendue à propos du comité d'entreprise mais selon nous transposable).

Le comité social et économique peut également demander des dommages-intérêts en réparation de son préjudice (Cass. soc. 26-3-2002 n° 99-14.144 FS-D : RJS 7/02 n° 859 et Cass. crim. 30-3-2016 n° 15-80.177 FS-D : RJS 6/16 n° 432, solutions rendues à propos du comité d'entreprise mais selon nous transposables).

82397 **Sanctions pénales** L'inobservation des obligations d'information et de consultation du comité social et économique expose les dirigeants aux sanctions pénales prévues pour entrave au fonctionnement régulier du comité, soit à une amende de 7 500 € (C. trav. art. L 2317-1, al. 2).

> **Précisions** Si le **dirigeant** de la société dont les titres sont cédés n'a **pas** eu **connaissance** de l'opération envisagée avant sa réalisation, il ne peut pas être condamné (Cass. crim. 10-11-1981 n° 81-90.272 : Bull. crim. n° 300, solution rendue à propos du comité d'entreprise mais selon nous transposable).

2. CONSULTATION DU COMITÉ PROPRE À CERTAINES OPÉRATIONS

CONSULTATION DU COMITÉ SOCIAL ET ÉCONOMIQUE EN CAS D'OPÉRATION DE CONCENTRATION

82470 Lorsqu'une entreprise est partie à une opération de concentration soumise au contrôle des autorités françaises (nos 80150 s.) ou européennes (nos 80500 s.), l'employeur doit réunir le comité social et économique, au plus tard dans un délai de trois jours à compter de la publication du communiqué relatif à la notification du projet de concentration, émanant soit de l'Autorité de la concurrence (ADLC) en application de l'article L 430-3 du Code de commerce, soit de la Commission européenne en application du règlement (CE) 139/2004 du 20 janvier 2004 sur les concentrations (C. trav. art. L 2312-41, al. 1). Au cours de cette réunion, le comité social et économique (ou, le cas échéant, la commission économique) peut proposer le recours à un expert-comptable ; dans ce cas, une seconde réunion se tient afin d'entendre les résultats des travaux de l'expert (C. trav. art. L 2312-41, al. 2).

En cas de nomination d'un expert, celui-ci a accès aux « documents de toutes les sociétés intéressées par l'opération » (C. trav. art. L 2315-93, al. 2).

La notion d'entreprise partie à une opération de concentration vise l'ensemble des entités économiques affectées directement ou indirectement par la prise de contrôle (Cass. soc. 26-10-2010 n° 09-65.565 FS-PBR : RJDA 2/11 n° 186 ; Cass. soc. 2-7-2014 n° 13-17.357 FS-PBR : RJS 10/14 n° 704). Ainsi, dans le cas de sociétés françaises, filiales d'une société de droit néerlandais et formant une unité économique et sociale, le comité central est fondé à recourir à l'assistance d'un expert-comptable chargé d'analyser le projet d'offre publique d'achat formé contre la mère et notifié à la Commission européenne au titre du contrôle des concentrations ; en effet, l'opération projetée a pour conséquence de supprimer l'un des acteurs du marché et a une incidence sur la situation des salariés des sociétés qui, indirectement, en sont la cible (Cass. soc. 26-10-2010 précité). En revanche, n'est pas partie à une opération de concentration une filiale qui n'est pas en concurrence avec le groupe acquis par sa société mère ou dont l'activité ou l'emploi ne sont pas affectés, de manière certaine ou prévisible, par cette acquisition (Cass. soc. 2-7-2014 précité).

Il résulte de la combinaison des textes que la chronologie de l'information du comité social et économique d'une entreprise partie à une opération de concentration est la suivante : 82475

Étapes	Délais maximaux	Textes
Information du CSE par l'employeur	Diffusion communiqué ADLC ou publication du fait de la notification au JOUE + 3 jours	C. trav. art. L 2312-41, al. 1
Si expert-comptable désigné par le CSE : demande par l'expert à l'employeur de toutes les informations qu'il juge nécessaires à la réalisation de sa mission	Information du CSE + 3 jours, sauf accord employeur-CSE	C. trav. art. R 2315-45
Délivrance par l'employeur des informations demandées par l'expert	Demande de l'expert + 5 jours, sauf accord employeur-CSE	C. trav. art. R 2315-45
Décision de l'ADLC (non-applicabilité du contrôle, autorisation de l'opération ou ouverture d'une procédure d'examen approfondi) ou de la Commission européenne	Notification de l'opération + 25 jours	C. com. art. L 430-5 ; Règl. 139/2004 du 20-1-2004 art. 10, 1
Remise du rapport de l'expert au CSE	Décision de l'ADLC ou de la Commission + 8 jours, sauf accord employeur-CSE	C. trav. art. R 2315-47
Présentation du rapport de l'expert au CSE		C. trav. art. L 2312-41, al. 2

CONSULTATION DU COMITÉ SOCIAL ET ÉCONOMIQUE EN CAS D'OFFRE PUBLIQUE D'ACQUISITION

Des procédures spécifiques d'information et/ou de consultation du comité social et économique sont prévues en cas de dépôt d'offre publique d'achat portant sur l'entreprise (nos 87073 s.). 82480

C. Incidences de la cession de contrôle sur le sort des salariés

1. INCIDENCE DE LA CESSION DE CONTRÔLE SUR LES CONTRATS DE TRAVAIL

S'il survient une **modification dans la situation juridique de l'employeur,** notamment par succession, vente, fusion, transformation du fonds, mise en société de l'entreprise, tous les contrats de travail en cours au jour de la modification subsistent entre le nouvel employeur et le personnel de l'entreprise (C. trav. art. L 1224-1, al. 2). Ces dispositions sont-elles applicables en cas de prise de contrôle ou de cession de l'intégralité du capital social ? L'**acquéreur** devient-il l'**employeur** des salariés au service de la société dont il a acquis les titres ? 82540

La réponse est négative : une **prise de participation** dans le capital d'une société, même majoritaire, ne peut suffire, à elle seule, à caractériser le **transfert d'une entité économique** au sens de l'article L 1224-1 précité et à faire en conséquence du nouvel associé majoritaire l'employeur des salariés au service de cette société (Cass. soc. 19-12-1990 n° 87-44.669 P : RJS 3/91 n° 310 ; Cass. soc. 22-1-2002 n° 00-40.787 FS-P : RJS 4/02 n° 396 ; CA Paris 30-6-2010 n° 08-11557).

ILLUSTRATIONS

Dans un cas où, au cours de l'exécution du plan de continuation dont bénéficiait une société en redressement judiciaire, la totalité du capital de cette dernière avait été cédée à un tiers qui avait pris l'engagement de continuer l'activité de la société et d'exécuter le plan et où le plan avait été ultérieurement résolu et la société mise en liquidation judiciaire, doit être cassé l'arrêt d'une cour d'appel qui a condamné le repreneur à payer des indemnités à l'un des salariés de la société licenciés par le liquidateur judiciaire pour motif économique, alors que ni la prise de contrôle ni

l'engagement de continuer l'activité de la société, pris pour les besoins de la procédure collective, ne suffisait à caractériser le transfert d'une entité économique autonome (Cass. soc. 21-9-2005 n° 05-40.224 F-D : RJDA 2/06 n° 150).
Le remplacement des dirigeants à la suite de la prise de contrôle ne constitue pas un changement d'employeur au sens de l'article L 1224-1 du Code du travail (Cass. soc. 24-1-1989 n° 85-44.174 : RJS 3/89 n° 213 ; Cass. soc. 17-10-2000 n° 98-45.142 F-D).

Il est en effet nécessaire, pour que les contrats de travail soient transférés, que l'opération s'accompagne du **transfert** au nouvel associé **de moyens d'exploitation matériels et humains** relevant d'une branche ou d'un secteur d'activité autonome (Cass. soc. 29-10-2002 n° 00-45.166 FS-PB : RJS 1/03 n° 11 ; dans le même sens, Cass. soc. 3-5-2007 n° 05-45.315 F-D : RJS 7/07 n° 815).
La cession des parts d'une société à un nouvel associé n'a aucune **conséquence sur la convention collective** applicable dans la société (Cass. soc. 18-1-2006 n° 03-43.023 : RJS 4/06 n° 479).

2. INCIDENCES DE LA CESSION DE CONTRÔLE SUR LES CONTRATS DE TRAVAIL DES JOURNALISTES

82550 L'article L 7112-5 du Code du travail permet aux journalistes de rompre leur contrat de travail tout en bénéficiant de l'indemnité prévue en cas de licenciement dans diverses situations et, notamment, en cas de « cession de journal ou de périodique ».
Cette disposition s'applique même si la cession ne s'accompagne pas d'un changement notable du caractère ou de l'orientation de la publication (Cass. soc. 21-6-1984 n° 81-42.857 B : Bull. civ. V n° 266 ; Cass. soc. 10-3-1998 n° 95-43.795 P : RJS 4/98 n° 542) et même si l'acquéreur exploitait déjà le journal depuis plusieurs années en vertu d'un contrat de licence (Cass. soc. 26-2-2002 n° 00-40.763 FS-P : RJS 5/02 n° 635). Seuls les journalistes travaillant pour une entreprise de journaux et périodiques ont droit à l'indemnité de licenciement spécifique ; en sont exclus ceux travaillant en agence de presse (Cass. soc. 13-4-2016 n° 11-28.713 FS-PB : RJS 6/16 n° 461).
Aucun délai n'est imposé au journaliste pour invoquer ces dispositions (Cass. soc. 10-3-1998 n° 95-43.795 P, précité ; Cass. soc. 16-2-2012 n° 10-18.525 F-D : RJS 5/12 n° 512). L'absence de délai de mise en œuvre de la clause de conscience, tel qu'interprété par la Cour de cassation, ne crée pas un droit imprescriptible pour les journalistes (Cass. soc. QPC 7-7-2015 n° 15-40.019 FS-PB : RJS 11/15 n° 738) ; ces dispositions ne dérogent pas aux règles de droit commun relatives à la prescription extinctive.

82551 Il a été jugé que la **cession** d'un journal ou d'une publication était **établie** lorsque :
– une société de presse fait l'objet d'un changement de contrôle, que celui-ci concerne le capital même de la société propriétaire du journal ou celui d'une société détenant directement ou indirectement le contrôle de la société de presse (Cass. soc. 12-1-1994 n° 90-42.783 P : RJDA 2/94 n° 172, 1e espèce, concl. R. Kessous p. 126) et peu important que le dirigeant, ancien associé majoritaire, ait été maintenu dans ses fonctions (Cass. soc. 12-1-1994 n° 92-41.137 P : RJDA 2/94 n° 172, 2e espèce, concl. R. Kessous p. 129) ;
– une cession de titres entraîne pour un associé majoritaire la perte du contrôle d'une société exploitant un journal au profit d'un groupe d'associés, peu important que ce transfert ait eu lieu à l'initiative de l'associé majoritaire et que l'orientation du journal ait été maintenue (Cass. soc. 10-3-1998 n° 95-43.795 P : RJS 4/98 n° 542) ;
– l'un des associés, possédant déjà la moitié du capital d'une société exploitant un journal, achète le reste du capital (Cass. soc. 21-6-1984 n° 81-42.857 B : Bull. civ. V n° 266).

82552 En revanche, il n'y a **pas cession** de journal ou de publication lorsque :
– une revue, élément de l'actif d'une société, a été transférée à une autre société du même groupe sur décision de la société holding, sans qu'à aucun moment il n'y ait eu modification du contrôle effectif exercé sur la publication (CA Paris 5-3-1991 n° 90-3581) ;
– le journal a été mis en location-gérance (Cass. soc. 29-5-1991 n° 87-45.677 P : RJS 7/91 n° 900) ;
– la cession de la totalité du capital d'une société exploitant une entreprise de presse ne s'est accompagnée d'aucun changement dans le contrôle de l'entreprise, restée aux mains d'une même famille (CA Paris 29-5-1997 n° 95-36828).

IV. PROTECTION DES ASSOCIÉS MINORITAIRES EN CAS DE CESSION DE CONTRÔLE

82600 Il n'existe, en ce qui concerne les **sociétés fermées,** aucune disposition légale ou réglementaire particulière tendant à protéger les intérêts des actionnaires minoritaires en cas de cession de contrôle. Notamment, lorsqu'une offre de rachat est faite aux majoritaires, ces derniers ne sont

pas tenus, sauf convention contraire résultant d'un pacte d'actionnaires, d'en faire profiter les minoritaires dans les mêmes conditions. Toutefois, le dirigeant qui se porte acquéreur des titres détenus par les minoritaires ou qui intervient comme intermédiaire pour le reclassement de leur participation est tenu d'un devoir de loyauté à leur égard (nos 19625 s.).
En revanche, dans les **sociétés dont les titres sont admis aux négociations sur un marché réglementé ou sur Euronext Growth,** cette protection est assurée par les offres publiques d'achat ou d'échange obligatoires (nos 87200 s.) et les offres publiques de retrait (nos 87340 s.).
Sur la possibilité pour les associés minoritaires d'invoquer un **abus de majorité en cas d'agrément** d'une cession de contrôle, voir nos 32360 s.

V. RÉGIME FISCAL DE LA CESSION DE CONTRÔLE

Le régime fiscal des cessions massives de droits sociaux a été pendant longtemps source de conflits entre l'administration et les redevables. Initialement, l'administration considérait en effet que la cession de la totalité ou de la quasi-totalité des parts ou actions d'une société pouvait, sur le fondement de l'**abus de droit**, être considérée comme une **cession d'entreprise** avec création d'une personne morale nouvelle, si elle était effectuée selon des modalités particulières (cessions rapprochées) et accompagnée de modifications statutaires importantes (objet, forme, siège, etc.). **82700**
Une telle analyse entraînait donc l'imposition immédiate des bénéfices de la société et des plus-values sociales non encore taxés et l'exigibilité des droits d'enregistrement prévus en cas de dissolution et de constitution de société.
Mais cette doctrine a été condamnée tant par le Conseil d'État en matière d'impôts directs (CE 29-7-1983 n° 39781 : RJF 11/83 n° 1289 ; CE 27-7-1984 n° 16580 : RJF 10/84 n° 1136 ; CE 18-11-1985 n° 43321 : RJF 1/86 n° 31) que par la Cour de cassation dans le domaine des droits d'enregistrement (Cass. com. 7-3-1984, SARL Beauvallet : RJF 6/84 n° 805 ; Bull. cass. n° 94 p. 79 ; Cass. com. 26-4-1984, SA Otto Lazar : Bull. cass. n° 137 p. 115 ; Cass. com. 4-3-1986 : RJF 6/86 n° 665). En posant comme principe que le changement d'associés, même accompagné ou suivi de certaines modifications statutaires, ne s'oppose pas au **maintien de l'identité de l'entreprise,** cette jurisprudence a contraint l'administration à abandonner sa doctrine, d'abord en matière de droits d'enregistrement, puis dans le domaine des impôts directs.
L'administration admet désormais que dans une SARL ou dans une société de capitaux, la **cession même simultanée** de toutes les parts sociales ou actions à des tiers ne provoque pas de plein droit la rupture du pacte social. Il n'y a donc pas lieu de faire application des impositions prévues pour le cas de cession ou de cessation d'entreprise (BOI-BIC-CESS-10-20-30 n° 230).

Il est désormais bien établi qu'en **principe** : **82701**
– les cessions massives de droits sociaux sont soumises au même régime fiscal que les autres cessions de titres et ne peuvent donc avoir d'autres conséquences que la taxation des plus-values de cession (dans les conditions exposées nos 50000 s.) et le paiement des droits d'enregistrement prévus dans ce cas (voir n° 41040) ;
– et qu'elles ne peuvent être assimilées à une cessation d'entreprise au motif qu'elles s'accompagnent de modifications statutaires ou qu'elles sont suivies à court terme de la disparition juridique, consécutive à une absorption ou à une dissolution, de la société dont le capital est cédé.
Il ne peut en aller autrement :
– que si les modifications statutaires qui accompagnent la cession sont telles qu'elles entraînent sur le plan juridique la disparition de la société initiale et la **création d'une personne morale nouvelle** (situation exceptionnelle en pratique) ;
– et, en matière d'impôts directs, si la cession s'accompagne d'un **événement entraînant** par lui-même **cessation d'entreprise** sur le plan fiscal (changement d'activité ou de régime fiscal, par exemple). À cet égard, constitue un cas de cessation d'entreprise la cession de la majorité des droits sociaux d'une société soumise à l'impôt sur les sociétés après qu'a disparu l'ensemble de ses moyens de production nécessaires à la poursuite de son activité (CGI art. 221, 5-a).

S'agissant des impôts directs, on notera aussi que l'administration continue à considérer que, dans les **sociétés de personnes formées intuitu personae** (telles que SNC et SCS), la cession simultanée de la totalité des parts sociales, qui se traduit par le changement complet des associés, est incompatible avec la survivance de l'être moral d'origine. Dès lors, cette cession aurait pour conséquence de mettre fin à la société formée entre les associés ayant cédé leurs parts, emportant les conséquences d'une cessation d'entreprise (BOI-BIC-CESS-10-20-30 n° 230). Cette doctrine appelle toutefois de sérieuses réserves compte tenu de la jurisprudence de la Cour de cassation qui s'est **82702** prononcée pour la survivance de la société originaire, même en cas de cession de l'intégralité des parts sociales (Cass. com. 16-10-1984 n° 734 : RJF 2/85 n° 342 ; en l'espèce, la société dont les parts avaient été cédées était une SNC). De plus, elle n'est pas cohérente avec la position adoptée par ailleurs par l'administration en matière de droits d'enregistrement selon laquelle le changement total des membres d'une société de personnes n'est pas considéré à lui seul comme de nature à remettre en cause l'existence de la société (BOI-ENR-AVS-30-10 n° 50).

> **Précisions** On relèvera cependant que la cour administrative d'appel de Nantes a jugé que la **cession par des conjoints de l'ensemble des parts de la SNC dans laquelle ils exercent leur activité professionnelle** entraîne les conséquences d'une cession d'entreprise, sans qu'il y ait lieu de rechercher si la cession des parts a provoqué la dissolution de la société (CAA Nantes 31-7-2002 n° 99-343 : RJF 1/03 n° 63). Toutefois, cet arrêt doit, selon nous, être regardé comme un arrêt d'espèce. La cour s'est fondée sur la circonstance que les époux associés détenaient la totalité des parts de la société dans laquelle ils exerçaient leur activité. D'un strict point de vue économique, ils pouvaient dès lors être regardés comme étant dans un état de cessation d'activité sur le plan fiscal. Mais cette analyse, qui fait abstraction de la personnalité juridique de la société et applique un véritable régime de transparence fiscale, est contraire à celle qui est habituellement retenue pour les sociétés de personnes.

VI. EFFETS DE LA CESSION DE CONTRÔLE

A. Effets de la cession sur le fonds de commerce

83000 Il résulte d'une jurisprudence désormais bien établie de la Cour de cassation que la cession de la majorité ou de la totalité des parts ou actions d'une société ne constitue pas la **cession du fonds de commerce** figurant à l'actif de cette société (notamment Cass. com. 22-1-1991 n° 89-12.398 P : RJDA 5/91 n° 408 ; Cass. 1e civ. 6-12-1994 n° 93-12.837 P : RJDA 2/95 n° 158 ; Cass. com. 11-3-2014 n° 12-24.901 F-D : RJDA 6/14 n° 532) ; il en est ainsi même lorsque la société dont les actions sont cédées a pour seul actif un immeuble (Cass. 1e civ. 27-11-2008 n° 06-16.688 FS-D : RJDA 4/09 n° 349).

83011 En conséquence :
– l'omission des **mentions imposées par l'article L 141-1 du Code de commerce** dans les actes de vente de fonds de commerce antérieurs au 21 juillet 2019 (cf. Loi 2019-744 du 19-7-2019 art. 1, qui a abrogé l'obligation d'énoncer ces mentions dans les actes de vente postérieurs à cette date) ne saurait être invoquée par l'acquéreur pour demander l'annulation de la cession de la quasi-totalité des parts d'une SARL (Cass. com. 13-2-1990 n° 88-10.661 P : Bull. Joly 1990 p. 660 note M. Jeantin ; Cass. com. 20-6-2006 n° 04-20.539 F-D) ;
– l'article 1840 A du Code général des impôts (devenu C. civ. art. 1589-2) est inapplicable et la **promesse de cession de parts** de SARL n'est pas nulle en cas de défaut d'enregistrement dans le délai de dix jours (Cass. com. 9-2-1993 n° 229 D : RJF 8-9/93 n° 1240) ;
– lorsque l'actionnaire majoritaire d'une SA a conclu un **mandat exclusif** avec une agence immobilière pour la **vente du fonds** de commerce de la société aux termes duquel il lui est interdit de céder lui-même le fonds, il ne saurait lui être reproché de n'avoir pas respecté cette interdiction en cédant la totalité des actions (Cass. 1e civ. 6-12-1994 n° 93-12.837 P : RJDA 2/95 n° 158 ; dans le même sens : CA Paris 25-6-2004 n° 03-13189 : RJDA 12/04 n° 1337) ;
– en cédant à un tiers les actions qu'il détenait dans une société exploitant un fonds de commerce, un actionnaire ne viole pas le **pacte de préférence** par lequel il s'était engagé à notifier la cession du fonds (CA Angers 6-12-2011 n° 10-01820 : RJDA 3/12 n° 299) ;
– le cédant ne peut pas invoquer, pour échapper au paiement des **honoraires** d'un **intermédiaire,** le non-respect des dispositions de la loi 70-9 du 2 janvier 1970 qui soumet à la rédaction d'un écrit la fixation des honoraires des personnes prêtant leur concours à la vente d'un fonds de commerce (Cass. com. 22-1-1991 n° 89-12.398 P : RJDA 5/91 n° 408) ;
– en cas de cession de la totalité des parts d'une SARL, le bailleur ne saurait valablement soutenir qu'il y a eu en réalité cession du fonds de commerce et du **droit au bail** de la société, et que cette cession lui est inopposable faute d'accomplissement des formalités requises par l'article 1690 du Code civil (Cass. com. 12-7-1993 n° 1383 D : Bull. Joly 1993 p. 1146 note M. Boizard).

De même, dans un cas où une SA exploitant une clinique avait concédé à un **médecin l'exclusivité** de l'exercice de sa spécialité dans les locaux de celle-ci par une convention prévoyant que cette exclusivité serait « inopposable aux ayants cause en cas de cession, de fusion ou de transformation du fonds, ou de toute modification de la situation juridique de la clinique », il a été jugé que cette

exclusivité ne pouvait pas être déclarée inopposable à l'acquéreur de la majorité des actions de la société, une telle cession ne constituant ni une vente du fonds de commerce de la société ni une modification de sa situation juridique (Cass. com. 17-10-1995 n° 93-14.184 D : RJDA 4/96 n° 511).
Néanmoins, certaines circonstances de fait peuvent conduire à constater que l'acquéreur s'est en réalité approprié le fonds de commerce de la société dont il a pris le contrôle. Ainsi, dans un cas où un chirurgien était lié à une société exploitant une clinique par un contrat d'exercice et où 96 % du capital de cette société avait ensuite été cédé à une autre société qui avait obtenu de transférer à son profit dans un autre établissement l'autorisation d'exploiter tous les lits de chirurgie jusqu'alors exploités par la société cédée, laquelle s'était ainsi trouvée dépouillée de l'élément essentiel de son fonds, la société acquéreur a été condamnée à verser des indemnités de rupture à ce chirurgien (Cass. 1e civ. 8-1-2002 n° 99-15.896 FS-D : RJDA 4/02 n° 393).

DISSIMULATION DE LA VENTE DU FONDS DE COMMERCE

La possibilité pour les juges du fond de requalifier une cession massive de droits sociaux en cession de fonds de commerce s'il est démontré que, dans l'esprit des parties, cette cession dissimulait la vente du fonds est exclue par la Cour de cassation (Cass. com. 6-6-1990 n° 88-15.784 P : Bull. civ. IV n° 61). **83020**

B. Sort des contrats intuitu personae conclus par la société cédée

Qu'advient-il des contrats conclus intuitu personae avec une société dont le contrôle a été modifié ? La réponse diffère, selon que les parties ont ou non prévu dans le contrat les conséquences d'un changement de contrôle et, si rien n'a été prévu, selon qu'il s'agit d'un contrat à durée indéterminée ou déterminée. **83050**

1. CONTRAT INTUITU PERSONAE NE PRÉVOYANT PAS LE CHANGEMENT DE CONTRÔLE

CONTRAT INTUITU PERSONAE À DURÉE INDÉTERMINÉE

Reprenant la jurisprudence antérieure au 1er octobre 2016 (sur cette date, nos 1050 s.) qui en avait fait une prérogative d'ordre public (Cass. 1e civ. 7-3-2006 n° 463 : RJDA 8-9/06 n° 950), entérinée par le Conseil constitutionnel (Cons. const. 9-11-1999 n° 99-419 : RJDA 1/00 n° 29), l'article 1211 du Code civil permet à chaque partie, si le contrat est conclu pour une durée indéterminée, d'y « mettre fin » à tout moment, sous réserve de respecter le délai de préavis contractuellement prévu ou, à défaut, un délai raisonnable. Les solutions dégagées par la jurisprudence relatives à cette faculté demeurent valables. **83060**
La faculté de renoncer au contrat peut être invoquée par chaque partie (Cass. 1e civ. 5-2-1985 n° 83-15.895 : Bull. civ. I n° 54 ; Cass. 1e civ. 11-6-1996 n° 95-17.339 P : RJDA 12/96 n° 1437).
Le cocontractant d'une société qui fait l'objet d'une cession de contrôle peut donc librement renoncer au contrat. Mais la faculté de renoncer au contrat doit être exercée **sans abus** (Cass. com. 26-1-2010 n° 09-65.086 F-PB : RJDA 5/10 n° 470), sous peine de condamnation à dommages-intérêts (Cass. 1e civ. 13-12-1994 n° 92-16.152 P : RJDA 7/95 n° 813) ; notamment, elle ne doit pas être décidée brutalement (Cass. com. 28-2-1995 n° 93-14.437 P : RJDA 8-9/95 n° 933 ; CA Versailles 18-3-1999 n° 88-19375 : RJDA 6/99 n° 644) et doit être précédée d'un préavis d'une durée « raisonnable » conforme aux stipulations du contrat ou aux usages de la profession (Cass. com. 14-12-1993 n° 1976 D : RJDA 5/94 n° 486) ou encore à la nature des relations contractuelles ayant existé entre les parties (CA Paris 3-12-1999, 25e ch. A : RJDA 4/00 n° 378), même si le cocontractant a manqué à ses obligations (Cass. com. 7-7-1980 n° 78-15.735 : Bull. civ. IV n° 288) ; elle ne doit pas être exercée sans mise en demeure (CA Paris 26-2-2003 n° 2002/01829).
Ainsi, dans un cas où une banque avait consenti des concours financiers à une société appartenant à un grand groupe pétrolier sans exiger de garantie compte tenu de la surface financière du groupe, il a été jugé que cette banque n'avait pas engagé sa responsabilité pour rupture abusive de crédit en réduisant ses concours, moyennant préavis, dès qu'elle a appris que la société avait été cédée pour un franc symbolique à une entreprise plus modeste n'offrant aucune garantie de couverture en cas de dépôt de bilan (CA Paris 25-9-1990, 15e ch. A : Bull. Joly 1990 p. 964).
Même lorsque des causes de résiliation sont prévues au contrat (n° 83100), l'abus ne peut résulter du seul fait que la résiliation est intervenue en dehors de ces causes (Cass. com. 31-5-1994 n° 92-12.548 P : RJDA 11/94 n° 1108). Toutefois, même en présence d'une clause autorisant la résiliation, celle-ci est tenue pour abusive si la clause a été invoquée comme prétexte, le changement de

contrôle ne pouvant qu'être bénéfique à terme pour la commercialisation des produits (CA Paris 25-1-1995 n° 93-17113 : RJDA 10/95 n° 1089, cassé par Cass. com. 14-1-1997 n° 95-12.769 : RJDA 8-9/97 n° 1006, qui confirme la licéité de la clause et censure les motifs impropres à caractériser un abus).
L'article 1211 du Code civil permet l'exercice de la faculté de renoncer au contrat à tout moment, ce qui résulte aussi implicitement de la jurisprudence précitée.

CONTRAT INTUITU PERSONAE À DURÉE DÉTERMINÉE

83070 Si le contrat ne comporte pas de clause de résiliation anticipée, il doit être exécuté jusqu'à son terme. La partie qui mettrait fin au contrat au prétexte que l'autre partie a fait l'objet d'une cession de contrôle s'exposerait à des dommages-intérêts pour rupture abusive. En effet, en raison du principe d'autonomie de la personne morale, celle-ci reste inchangée en cas de cession de la totalité des parts ou actions d'une société ou de changement de ses dirigeants, de sorte que le contrat ne peut pas être rompu dans de tels cas avant l'échéance en l'absence de stipulation contractuelle autorisant cette rupture (Cass. com. 29-1-2013 n° 11-23.676 F-PB : RJDA 5/13 n° 410).
La société dont le contrôle est cédé peut toutefois se voir reprocher de ne pas avoir fait preuve de **loyauté** à l'égard de son cocontractant.
Ainsi, un concédant a été admis à faire valoir que l'adhésion de l'actionnaire majoritaire d'une société concessionnaire à un réseau soumis à l'influence de son principal concurrent avait mis un terme à la confiance qu'il avait mis dans la société concessionnaire et compromis la confidentialité de ses secrets de fabrication et de son développement économique ; dès lors, ce rapprochement constituait en lui-même une rupture unilatérale des relations avec le concédant et autorisait celui-ci à prendre acte de la disparition de la relation de confiance qu'impliquait le contrat de concession et donc de la fin des relations contractuelles (CA Paris 7-11-1996, 5e ch. B, cassé par Cass. com. 16-11-1999 n° 96-22.770 D, mais sur un autre point). On observera que, dans cette affaire, le concédant ne mettait pas en cause un changement de contrôle de son concessionnaire (des cessions de contrôle antérieures avaient d'ailleurs eu lieu et avaient été agréées par le concédant en application d'une clause d'agrément figurant dans le contrat de concession), mais les contrats conclus par la société mère du concessionnaire avec un concurrent. Cette décision mérite l'attention car il nous semble que la solution aurait été à plus forte raison la même si la société mère du concessionnaire était passée sous le contrôle de ce concurrent.
À l'inverse, il a cependant été jugé qu'une entreprise devait continuer le contrat de concession exclusive qu'elle avait consenti pour douze ans, alors même que son concessionnaire était passé sous le contrôle d'un groupe concurrent (CA Colmar 18-12-1972, aud. sol. : JCP G 1973 II n° 17479 note J.-J. Burst).

2. CONTRAT INTUITU PERSONAE PRÉVOYANT LE CHANGEMENT DE CONTRÔLE

83100 Un contrat conclu intuitu personae avec la société peut valablement prévoir que le changement de mains d'une fraction du capital ou la modification importante des statuts de la société constituent une cause de **résiliation** du contrat. Comme l'a précisé la cour d'appel de Paris, le concept de société n'est pas exclusif de relations contractuelles intuitu personae ; en effet, la personne des dirigeants, la forme d'organisation, les objectifs et les méthodes de la personne morale peuvent constituer des éléments déterminants pour les cocontractants ; il s'ensuit qu'est valable la clause d'un contrat de concession exclusive prévoyant la faculté de le résilier en cas de changement de contrôle de la SA concessionnaire (CA Paris 25-1-1995 n° 93-17113 : RJDA 10/95 n° 1103, cassé par Cass. com. 14-1-1997 n° 95-12.769 D : RJDA 8-9/97 n° 1006, mais sur un autre point). Sur la responsabilité du cédant des titres en cas de résiliation du contrat, voir CA Paris 22-9-1995 n° 93-5524 : Bull. Joly 1995 p. 1069 n° 383 note Hallouin.
Par ailleurs, le fait pour l'acquéreur de la totalité des titres d'une société qui exploite un réseau de franchise de changer la dénomination sociale de celle-ci ne viole pas la clause du contrat de franchise qui interdit toute cession du contrat conclu intuitu personae. En effet, un changement de dénomination sociale n'entraîne pas de changement de personnalité morale, de sorte que le franchiseur est resté formellement le même (CA Paris 25-3-2009 n° 07-2560 : RJDA 8-9/09 n° 726).

83101 De même, un contrat conclu intuitu personae peut soumettre à l'**agrément** d'une partie tout changement intervenant dans la composition du capital de la société cocontractante. Le refus d'agrément doit être motivé et le titulaire du droit d'agrément ou de résiliation s'expose au versement de dommages-intérêts si la mise en œuvre de ce droit n'est pas justifiée par des motifs légitimes (Cass. com. 5-10-2004 n° 02-17.338 FS-PB : RJDA 2/05 n° 120), étant précisé que ces **motifs** peuvent ne pas tenir à la personne du candidat à l'agrément (par exemple, absence de viabilité de la concession ou réorganisation du réseau de distribution).

3. EFFETS DE LA CESSION DE CONTRÔLE PROPRES À CERTAINS CONTRATS INTUITU PERSONAE

EFFET DE LA CESSION DE CONTRÔLE SUR LE BAIL COMMERCIAL

Il résulte d'une jurisprudence bien établie que la cession des parts ou actions d'une société titulaire d'un bail commercial n'entraîne pas la **cession du droit au bail** (notamment Cass. com. 25-3-1965 n° 61-13.750 : Bull. civ. III n° 235 ; Cass. 3e civ. 12-6-1996 n° 94-18.905 P : RJDA 11/96 n° 1305 ; Cass. com. 3-6-2014 n° 13-21.345 F-D : RJDA 7/15 n° 485). En effet, la cession de contrôle ne modifie pas la personnalité juridique du locataire. **83130**

La solution vaut même si la cession porte sur la totalité des parts (CA Paris 10-4-2013 n° 11/01736 : RJDA 8-9/13 n° 695 et, sur pourvoi, Cass. com. 3-6-2014 n° 13-21.345 F-D : RJDA 7/15 n° 485), car une telle cession n'entraîne pas de plein droit dissolution de la société et dévolution de son patrimoine à un tiers (Cass. com. 4-1-1971 n° 69-14.504 : Bull. civ. IV n° 4 ; Cass. com. 12-7-1993 n° 1383 D : Bull. Joly 1993 p. 1146 ; Cass. 3e civ. 12-6-1996 n° 94-18.905 P, précité).

La troisième chambre civile de la Cour de cassation admet toutefois la possibilité de requalifier la cession du contrôle d'une société titulaire d'un bail en une cession de bail en cas de **fraude** aux droits du bailleur (Cass. 3e civ. 10-7-2002 n° 00-20.708 FS-D : RJDA 11/02 n° 1120), alors que la chambre commerciale ne réserve que l'hypothèse où la **société** dont les parts (ou actions) sont cédées est **fictive** (Cass. com. 3-6-2014 n° 13-21.345 F-D : RJDA 7/15 n° 485). **83131**

ILLUSTRATIONS

Ne dissimule pas une cession de bail, la cession de parts n'ayant pas entraîné la création d'une **personne morale nouvelle** qui eût été bénéficiaire du bail dont est titulaire la société dont les parts sont cédées ; cette dernière n'a pas été dissoute mais elle a conservé sa forme juridique et son objet social et elle a poursuivi son activité ; le fait que le **prix** ait été fixé symboliquement à un franc et que le cessionnaire se soit engagé à apurer le passif n'est pas suffisant pour établir à lui seul la fraude alléguée, alors surtout que les associés cédants, qui n'étaient pas titulaires du bail, n'avaient pas qualité pour **disposer du droit au bail,** élément de l'actif social.

CA Paris 18-2-1992, 16e ch. A, SCI Duphot Monilène c/ Sté Régent Duphot : D. 1992 IR p. 143.

Dans un cas où la totalité des parts d'une société locataire de locaux à usage commercial avait été cédée alors qu'une procédure de résiliation du bail avait été engagée par le bailleur, ne donne pas de base légale à sa décision la cour d'appel qui, pour débouter un bailleur de locaux à usage commercial de sa demande de résiliation du bail pour cession irrégulière, retient que la cession de parts sociales par des associés d'une société titulaire d'un bail ne constitue en aucun cas une cession de bail sans rechercher, comme il le lui était demandé, si la cession par la société locataire de la totalité de ses parts, au cours de la procédure de résiliation du bail, ne constituait pas une **cession déguisée** du bail en **fraude** des droits du bailleur.

Cass. 3e civ. 10-7-2002 n° 00-20.708 FS-D : RJDA 11/02 n° 1120.

Une société (A) exploitait un fonds de commerce de prêt-à-porter en franchise sous une enseigne de luxe, dans un magasin situé dans le quartier Saint-Honoré à Paris et qu'elle occupait en vertu d'un bail commercial. L'intégralité des parts de la société A avait été cédée à une autre société (B) et la première avait donné son fonds de commerce en location-gérance à la seconde. Après la fermeture du magasin pendant quelques mois pour travaux, la société B l'avait rouvert sous une enseigne différente.

Le bailleur avait alors demandé la résiliation du bail aux torts de la société A en soutenant que la **cession des parts de la société locataire** constituait une **cession déguisée du droit au bail,** faite en fraude de ses droits. Cet argument a été écarté. En effet, la cession de la totalité des parts d'une société ne peut être assimilée ni à une cession de bail ni à une cession de fonds de commerce sauf cas de fraude ; en l'espèce, le bailleur ne rapportait pas la preuve d'une telle fraude :

– la **dénonciation du contrat de franchise** n'avait pas fait disparaître le fonds de commerce qui bénéficiait d'un achalandage important propre à sa situation ; à la date de la cession des parts, le contrat de franchise dont bénéficiait la société A était, bien que dénoncé, toujours en vigueur ;

– la fraude ne pouvait pas être déduite de la **fixation du prix de cession des parts à une somme proche de la valeur du droit au bail,** puisque le prix de cession de parts sociales dépend de la valorisation de la société incluant celle du droit au bail et du passif social ;

– cette cession n'avait entraîné le **changement** ni du titulaire du droit au bail ni du propriétaire du fonds.

CA Paris 10-4-2013 n° 11/01736 : RJDA 8-9/13 n° 695 et, sur pourvoi, Cass. com. 3-6-2014 n° 13-21.345 F-D : RJDA 7/15 n° 485.

CESSION DE CONTRÔLE D'UNE SOCIÉTÉ CONCESSIONNAIRE OU DÉLÉGATAIRE D'UN SERVICE PUBLIC

Lorsque la société est concessionnaire ou délégataire d'un service public, le changement de contrôle peut avoir lieu sans **autorisation** préalable de la personne publique (Avis CE 8-6-2000 n° 364803, Ass. : RJDA 6/01 n° 678). **83140**

Mais il peut entraîner la **résiliation** de la concession ou de la délégation par l'autorité concédante. En effet, une collectivité publique a le pouvoir, en se fondant sur des motifs d'intérêt général, de rompre unilatéralement et par anticipation un contrat administratif, sans qu'il soit nécessaire qu'une quelconque stipulation lui ait donné cette prérogative, ni que le cocontractant ait manqué à ses obligations. Le Conseil d'État a ainsi admis la possibilité d'une telle résiliation dans le cas d'une cession de 74 % des actions de la société concessionnaire de l'exploitation des remontées mécaniques à Saint-Gervais ; cette cession était, il est vrai, consentie à une société d'économie mixte contrôlée par la commune de Megève – rivale de Saint-Gervais – et l'opération était donc susceptible d'engendrer des « conflits d'intérêts » locaux ; il en résultait que le concessionnaire devait être considéré comme « ne présentant plus les garanties au vu desquelles la concession avait été attribuée » et ainsi, un motif d'intérêt général autorisait la rupture du contrat (CE 31-7-1996 n° 126594, 2e et 6e s.-s. : RJDA 11/96 n° 1314).

À l'inverse, dans un cas où une convention conclue entre une commune et une entreprise privée pour l'exploitation d'un restaurant situé sur le domaine public interdisait au concessionnaire, sous peine de résiliation, de céder le contrat à un tiers sans le consentement de la commune, le Conseil d'État a jugé que l'acquisition par une autre société de la quasi-totalité des actions formant le capital de la société concessionnaire ne présentait pas le caractère d'une cession du contrat soumise à autorisation préalable (CE 4-4-1997 n° 137065, 7e et 10e s.-s. : RJDA 1/98 n° 45).

> **Précisions** Les **circonstances** de l'affaire jugée par l'arrêt du 4 avril 1997 étaient **différentes** de celles de l'arrêt du 31 juillet 1996 car la commune n'établissait nullement que la modification affectant la composition du capital de la société en cause risquait d'altérer les conditions initiales sur la base desquelles avait été conclue la convention d'occupation du domaine public.

C. Sort des dirigeants de la société cédée

83200 Une cession de contrôle peut avoir diverses incidences sur la situation des dirigeants. Nous examinerons ci-dessous le cas de leur **révocation,** ainsi que la faculté que la loi réserve au dirigeant qui cède sa participation de conclure avec l'acquéreur un **contrat de tutorat.**

Sur la **promesse de contrat de travail ou de mandat social,** voir nos 56030 s.

Sur le sort du **cautionnement** consenti par le dirigeant, voir nos 79200 s.

1. RÉVOCATION DES DIRIGEANTS

83210 En cas de cession de contrôle, si la question du sort des dirigeants n'a pas été organisée dans l'acte de cession, la révocation des dirigeants est libre.

Toutefois, si la révocation d'un gérant de SARL (C. com. art. L 223-25), d'un directeur général (sauf si celui-ci cumule ses fonctions avec celles de président du conseil d'administration) ou d'un directeur général délégué d'une SA (C. com. art. L 225-55, al. 1), d'un membre du directoire d'une SA (C. com. art. L 225-61), d'un gérant de SNC (C. com. art. L 221-12, al. 4) ou d'un gérant de SCS (C. com. art. L 222-2) est décidée sans **juste motif,** elle peut donner lieu à dommages-intérêts.

À l'inverse, la révocation sans juste motif des administrateurs (C. com. art. L 225-18, al. 2) et du président du conseil d'administration (C. com. art. L 225-47, al. 3) d'une SA classique ou des membres du conseil de surveillance d'une SA à directoire (C. com. art. L 225-75, al. 2) n'ouvre pas droit à indemnité. Il en est de même pour la révocation du président du directoire de SA pris en cette seule qualité (CA Paris 26-5-2016 n° 14/20147 : RJDA 11/16 n° 798). Le motif de la révocation doit cependant leur être communiqué puisque l'obligation de loyauté dans l'exercice du droit de révocation suppose que tout dirigeant ait eu connaissance des motifs de sa révocation et ait été en mesure de présenter ses observations avant que celle-ci ne soit décidée (notamment, Cass. com. 14-5-2013 n° 11-22.845 FS-PB : RJDA 11/13 n° 899).

Les conditions de révocation des dirigeants de SAS et des gérants de SCA sont librement déterminées par les statuts (C. com. L 227-6 et L 226-2, al. 3). La révocation de ces dirigeants n'est donc subordonnée à un juste motif que si les statuts le prévoient expressément (Cass. com. 9-3-2022 n° 19-25.795 F-B : RJDA 5/22 n° 287 rendu dans un cas où les statuts d'une SAS prévoyaient que la révocation pouvait être prononcée à tout moment sans autre précision). Signalons aussi que les gérants de SCA peuvent, dans tous les cas, être révoqués en justice pour cause légitime à la demande de tout associé ou de la société (C. com. art. L 226-2, al. 4). Dans la SAS, la révocation judiciaire n'est possible que si les statuts la prévoient.

Comme le montrent les décisions ci-dessous, le seul changement de majorité ne suffit pas à constituer un juste motif de révocation. En revanche, les divergences de vues qui apparaissent entre les nouveaux associés majoritaires et les dirigeants constituent un juste motif de révocation si elles sont de nature à compromettre le fonctionnement de la société.

ILLUSTRATIONS

Cas de juste motif 83215

Constitue un juste motif de révocation d'un membre du directoire la **divergence** entre les **conceptions** de ce membre et celles des nouveaux actionnaires majoritaires concernant la politique nouvelle d'exploitation et de gestion à appliquer, ainsi que le manque de confiance de ces actionnaires à son encontre en raison de l'accroissement du déficit de la société pendant sa gestion.

T. com. Paris 5-7-1972 : Gaz. Pal. 1973 I p. 298.

Constitue un juste motif de révocation d'un membre du directoire qui représente les associés minoritaires d'une société la **divergence de vues** sur la gestion ou la politique sociale qui l'oppose au nouveau groupe d'actionnaires majoritaires, dès lors que cette divergence est de nature à nuire à l'efficacité de la direction.

Cass. com. 17-7-1984 : Navis Droit des affaires, jurisprudence.

L'**absence de concordance de vues** entre les membres du directoire d'une SA et l'actionnaire majoritaire à plus de 94 % constitue un juste motif de révocation de tous les membres du directoire par l'assemblée générale dès lors que, depuis la prise de participation majoritaire de cet actionnaire, le directoire ne dirigeait pas la société selon les méthodes préconisées par celui-ci, lequel ne constatait pas d'amélioration significative de l'exploitation au regard des fonds propres qu'il avait investis.

CA Paris 17-1-2003 n° 02-3317 : RJDA 6/03 n° 606.

N'est pas abusive la révocation d'un cogérant qui soutient seulement n'avoir pas été avisé par l'autorité adéquate, mais qui ne pouvait ignorer les conséquences de son **attitude réitérée d'opposition** incompatible avec la politique retenue par la société et qui a pu prendre connaissance des motifs de sa révocation avant que celle-ci ne soit décidée par l'associé unique.

CA Paris 20-2-2007 n° 05-23812 : RJDA 11/07 n° 1120.

Dans un cas où les statuts d'une SAS prévoyaient que le président désigné pour six ans pouvait être révoqué à tout moment pour juste motif par décision de la collectivité des associés, constituent de justes motifs de révocation du président les faits suivants :
– le refus persistant et réitéré de l'intéressé de faire approuver les comptes de l'exercice était fautif et n'était qu'un prétexte pour contraindre l'associé majoritaire à lui assurer ainsi qu'aux autres associés fondateurs les conditions d'un retrait favorable, comme en témoigne le compte rendu du comité exécutif où le président suggérait de réfléchir aux solutions qui permettraient la sortie des associés dans des conditions acceptables par les parties ;
– les négociations qui n'avaient pas abouti sur l'évolution de l'entreprise suffisaient à caractériser les **divergences** objectives **de vue entre l'associé majoritaire et le président** de la société de nature à compromettre le fonctionnement de celle-ci.

CA Paris 17-9-2013 n° 12-12567 : RJDA 1/14 n° 47.

Pour retenir que la révocation d'un gérant de SARL était dépourvue de juste motif, une cour d'appel avait estimé que la mésintelligence au sein d'une société ne se gère pas par un limogeage et qu'il appartient à la société de démontrer que l'intéressé a commis une faute de gestion dans ses attributions de dirigeant.
En statuant ainsi, alors que la révocation du gérant d'une SARL peut être justifiée, même en l'absence de faute démontrée, par l'existence, entre les associés et ce gérant, d'une **mésentente de nature à compromettre l'intérêt social,** la cour d'appel a violé l'article L 223-25 du Code de commerce.

Cass. com. 4-2-2014 n° 13-10.778 FS-D : RJDA 6/14 n° 538.

Le juste motif d'une révocation peut résulter du constat objectif d'une **dégradation des relations** entre le président opérationnel et les associés ayant une incidence sur le fonctionnement social, sans qu'il soit nécessaire de caractériser un comportement fautif du dirigeant.
Par suite, l'absence de juste motif de révocation d'un président de SAS n'est pas établie pour les raisons suivantes : les associés reprochaient notamment au président de n'avoir pris aucune mesure cohérente, en dépit de demandes réitérées, pour mettre en place un management du service commercial approprié et adapter les structures de la société, d'avoir eu recours à des modes de financement inhabituels privilégiant l'autofinancement à des concours bancaires, d'avoir manifesté son opposition aux discussions informelles des associés, d'avoir par sa gestion des ressources humaines conduit à une dégradation du climat social, ce qui les avaient amenés à constater une totale divergence de vues et une perte totale de confiance à l'égard du président.
Ces divergences significatives s'inscrivaient en outre dans un contexte économique dégradé, le dernier exercice ayant enregistré une baisse du chiffre d'affaires de plus de 19 %, un résultat d'exploitation déficitaire et un résultat financier faible en nette régression, ainsi que dans un climat social tendu.

CA Paris 22-9-2015 n° 12/17403 : RJDA 12/15 n° 839.

La **perte de confiance des associés,** lorsqu'elle repose sur des éléments objectifs, constitue un juste motif de révocation d'un gérant de SARL.
Attestent ainsi du climat de défiance reposant sur des éléments objectifs imputables au gérant la fixation par ce dernier d'une **rémunération en augmentation non approuvée par les associés** et le défaut de convocation de l'assemblée générale dans les délais ce qui a conduit certains associés à demander la désignation d'un mandataire ad hoc à cette fin.

CA Paris 27-10-2015 n° 14/14699 : RJDA 4/16 n° 296.

Le fondateur et associé majoritaire d'une SARL était demeuré gérant après avoir cédé la totalité de ses parts à une société faisant partie d'un groupe, le dirigeant de cette société devenant cogérant de la SARL. Cinq mois après la cession, le cédant avait été révoqué de son mandat social. Constitue un juste motif de révocation de ce gérant la **mésentente patente** existant entre celui-ci et son cogérant de nature à compromettre l'intérêt du groupe :
– le gérant a continué de gérer la SARL de façon autonome, sans prendre en compte les conditions de la cession et la nécessaire intégration de cette société au nouveau groupe, ce qui appelle de nouvelles formes de management collectif et la collaboration de tous les salariés au fonctionnement du groupe ;
– il a fait des remarques répétées tant sur le manque de compétence des collaborateurs du groupe que sur l'organisation interne du groupe sans proposer de nouveaux modes de fonctionnement et des mesures appropriées et sans faire évoluer de manière positive le résultat d'exploitation de la société.

CA Versailles 19-1-2016 n° 14/00470 : RJDA 5/16 n° 378.

Ayant relevé qu'il existait d'importantes divergences d'appréciation entre le directeur général d'une SA et le président du conseil d'administration ainsi que certains administrateurs sur la gestion, la gouvernance et les orientations de la société et qu'une **perte de confiance** réciproque et généralisée s'était installée entre les membres du conseil d'administration et le directeur général, une cour d'appel a pu en déduire, quels qu'aient été les motifs, réels ou supposés, et l'imputabilité de la **mésentente,** que la révocation du directeur général par le conseil d'administration reposait sur un juste motif, dès lors que ces divergences d'appréciation et cette perte de confiance étaient de nature à compromettre l'intérêt social.

Cass. com. 26-4-2017 n° 15-12.560 F-D : RJDA 7/17 n° 471.

83220 ILLUSTRATIONS

Absence de juste motif

Ne constituent pas une cause légitime de révocation de gérant le **changement de majorité** au sein d'une SARL et le désir des nouveaux associés de nommer un gérant de leur choix. En effet, les faits allégués par la société pour prouver que la décision n'est pas abusive sont postérieurs à la révocation et des incidents antérieurs à la révocation traduisent la volonté manifeste des autres associés d'enlever au gérant toute participation dans la gestion sociale (congédiement du principal employé de la société à l'insu du gérant et élimination progressive de ce dernier de ses fonctions).

Cass. com. 29-5-1972 n° 70-14.186 : Bull. civ. IV n° 165.

N'est pas fondée sur un juste motif la révocation du directeur général unique d'une SA, dès lors que les **motifs** qui ont entraîné la décision de révocation se révèlent **sans réalité** et traduisent la volonté de l'associé majoritaire de mettre fin, à tout prix, au mandat de l'intéressé.

Cass. com. 23-6-1975 n° 73-10.570 : Bull. civ. IV n° 177.

N'est pas justifiée la révocation d'un gérant de SARL intervenue sans aucun motif et due, en fait, à un **changement de majorité.**

CA Versailles 7-1-1992, 13e ch. : Navis Droit des affaires, jurisprudence.

Ndlr : En l'espèce, deux groupes d'associés se partageaient le pouvoir au sein d'une SA et d'une SARL, sans qu'aucun d'entre eux y soit majoritaire. Des dissensions étant apparues au sein de la SARL, le représentant de l'un des deux groupes avait profité de l'obtention d'un mandat de vote pour une assemblée de la SARL et d'un basculement de la majorité au sein de la SA – dû au rachat, par l'intéressé, d'un certain nombre d'actions – pour faire révoquer le gérant de la SARL.

Une délibération de l'assemblée générale sur la révocation du gérant décidée à l'occasion de la présentation des comptes suppose la survenance d'incidents graves et imprévus lors de l'examen des questions à l'ordre du jour et que la décision soit urgente.
La révocation d'une cogérante de SARL décidée lors de l'assemblée ordinaire sans être inscrite à l'ordre du jour est intervenue sans motifs légitimes dans des conditions vexatoires et abusives qui justifient l'allocation de dommages-intérêts, dès lors que le comportement de la gérante **ne mettait pas en danger la société,** que sa gestion de la société ne permettait pas de caractériser l'existence de justes motifs à sa révocation et que les conditions dans lesquelles s'est déroulée l'assemblée générale au cours de laquelle sa révocation a été prononcée ne justifient pas qu'elle ait été écartée de la gestion de la société sans même avoir été mise en demeure de se justifier.

CA Versailles 13-11-2007 n° 06-6684 : RJDA 4/08 n° 430.

Ne constituent pas un juste motif de révocation d'un gérant de SARL ses **prises de position violentes** à l'égard de certains associés faisant suite à leur refus de suivre ses mises en garde. Loin de constituer une faute de gestion, l'attitude du gérant montrait clairement qu'il entendait préserver les intérêts de la société contre les dérives de ces associés qui, poursuivant un but personnel, désiraient prélever des fonds alors que la société devait faire face, de manière imminente, à des engagements immobiliers importants.

Cass. com. 9-11-2010 n° 09-71.284 F-D : RJDA 2/11 n° 160.

La révocation d'un cogérant de SARL n'est pas justifiée, dès lors qu'il n'est pas démontré que la mésentente des gérants compromet le fonctionnement de la société et que la gestion de celle-ci est devenue impossible.

Cass. com. 7-1-2014 n° 13-11.866 F-D : RJDA 4/14 n° 350.

La révocation du cogérant d'une SARL de location de véhicules a été prononcée sans juste motif compte tenu des éléments suivants : les associés lui ont donné **quitus** pour l'année durant laquelle il a procédé à l'embauche litigieuse d'un salarié et l'autre cogérant n'a formulé **aucun reproche** à l'égard de cette embauche ou des acquisitions de véhicules auxquelles l'intéressé a procédé sans l'autorisation requise par les statuts ; le cogérant a signé les demandes de financement correspondant à ces acquisitions, qui étaient courantes pour la société et n'étaient pas excessives au regard de son activité ; la fixation du salaire de l'intéressé, qui s'était octroyé une augmentation, n'a fait l'objet, antérieurement à l'augmentation litigieuse, d'aucune décision des associés et n'a jamais été contestée.

Cass. com. 8-7-2014 n° 13-14.307 F-D : RJDA 11/14 n° 849.

La révocation d'un membre du directoire d'une SA n'est pas fondée sur de justes motifs eu égard aux circonstances suivantes :

– la société invoque en vain une **perte de confiance** résultant de l'incapacité de l'intéressé à formuler une stratégie et un plan opérationnel étayés et cohérents, ce qui a entraîné une baisse du chiffre d'affaires de la société, et l'absence de réalisation des objectifs qui lui ont été assignés ; en effet, ces objectifs ont été fixés avant la crise financière de 2008 qui a entraîné de fortes baisses d'activité dans le domaine de la société, ce membre du directoire a fait part des problèmes rencontrés par la société et tenté d'y remédier, le conseil lui a confié, un an avant de le révoquer, des missions qui témoignaient de la confiance qu'il lui accordait et sa rémunération variable, basée sur les résultats de la société, a progressé en 2011 ;

– l'**absence d'outils fiables de suivi des données financières** lui était également reprochée alors que des conventions d'assistance ont été conclues dans ce domaine avec un actionnaire et le chantier « finance », qui devait être mis en place, a été jugé partiellement réalisé lors de l'attribution de sa rémunération variable, la société n'établissant pas non plus lui avoir reproché de tels manquements avant sa révocation.

Par suite, il y a lieu de condamner la société à lui verser 135 000 € de dommages-intérêts.

CA Paris 26-5-2016 n° 14/20147 : RJDA 11/16 n° 798.

Un membre du directoire d'une SA située à la tête d'un groupe n'avait pas pu prendre la succession du président du directoire en place à cause d'un projet de fusion de la société avec une autre et il avait décidé de quitter la SA. La négociation de son départ amiable n'ayant pas abouti, le conseil de surveillance l'avait révoqué. La révocation est intervenue sans juste motif pour les raisons suivantes :

– le fait qu'il était difficile pour la SA de conserver au sein du directoire une personne qui négociait son départ ne peut pas constituer un juste motif de révocation car l'intéressé avait des **raisons de croire qu'il allait devenir le successeur du président en place,** ce dernier ayant entretenu cette croyance (interviews dans la presse le désignant comme successeur, courriel indiquant que le président du conseil de surveillance avait fait des promesses sur son avenir au sein du groupe) ;

– la révocation n'a en réalité été motivée que par l'**échec des négociations sur les modalités du départ** du dirigeant et il n'est pas établi que les demandes qu'il a formulées dans ce cadre étaient exorbitantes ;

– la **SA** a eu une **attitude contradictoire** en reconnaissant que le membre du directoire avait des raisons de partir et en lui proposant de négocier son départ, pour ensuite lui reprocher son attitude et le révoquer.

Par suite, il y a lieu de condamner la société à lui verser 1,6 million d'euros de dommages-intérêts.

CA Paris 7-12-2017 n° 16/01013 : RJDA 3/18 n° 249.

2. TUTORAT DU DIRIGEANT DE LA SOCIÉTÉ CÉDÉE

TUTORAT RÉMUNÉRÉ

En cas de cession (ou de donation) de la majorité des parts d'une société commerciale détenues **83240**
par le cédant en son nom propre ou, en toute propriété ou en usufruit, avec son conjoint et ses enfants mineurs non émancipés, le cédant peut conclure avec l'acquéreur un contrat de tutorat

par lequel il s'engage à **transmettre** à ce dernier **son expérience de chef de l'entreprise cédée** moyennant la perception d'une rémunération pendant la durée du contrat (C. com. art. L 129-1 ; Décret 2007-478 du 29-3-2007 art. 1). Ce dispositif n'est pas subordonné au départ en retraite du cédant.

83245 Il faut répondre à plusieurs **critères** cumulatifs **pour être tuteur** :
– avoir été chef d'entreprise de l'entreprise cédée (cf. C. com. art. L 129-1 précisant que le but du tutorat est de transmettre l'expérience acquise à ce titre), de sorte qu'à notre avis, le tutorat n'est ouvert qu'au représentant légal de la société cédée ;
– avoir cédé au moins la majorité des parts de la société (Décret 2007-478 du 29-3-2007 art. 1) ;
– relever du régime général de la sécurité sociale comme travailleur indépendant (Décret 2007-478 art. 1).

83250 Peuvent être **tuteurs** :
– le gérant majoritaire de SARL et le gérant associé unique d'une EURL qui relèvent du régime général de la sécurité sociale comme travailleurs indépendants (Cass. soc. 28-5-1998 n° 96-20.917 : RJS 7/98 n° 929 ; Cass. 2e civ. 19-1-2017 n° 16-10.744 F-D : RJS 4/17 n° 299 ; Cass. 2e civ. 31-5-2018 n° 17-17.518 : RJS 8-9/18 n° 568) ;
– le gérant de SNC ainsi que le gérant commandité de SCS ou de SCA qui relèvent du régime général de la sécurité sociale comme travailleurs indépendants (Cass. 2e civ. 11-10-2005 n° 04-30.347 : RJS 12/05 n° 1274 ; Cass. 2e civ. 6-12-2010 n° 09-17.456 : RJS 3/11 n° 275) et qui sont représentants légaux de la société.

À notre avis, le dispositif est applicable en cas de cession des actions d'une SCA, même si le décret 2007-478 du 29 mars 2007 ne vise que les cessions de parts, cette limitation n'apparaissant pas dans l'article L 129-1 du Code de commerce qui concerne la cession « d'une entreprise commerciale, artisanale ou de services ».

En revanche, le tutorat n'est ouvert :
– ni à l'associé (ou actionnaire) majoritaire qui n'est pas le représentant légal de la société cédée (quand bien même il relèverait du régime général de la sécurité sociale en tant que travailleur indépendant) ;
– ni au gérant minoritaire de SARL, qui est assujetti au régime général de la sécurité sociale en tant que salarié et qui, par hypothèse, n'a pas pu céder la majorité des parts de la SARL ;
– ni aux représentants légaux actionnaires de SA ou associés de SAS, qui sont soumis au régime général de la sécurité sociale en tant que salariés.

83260 Le **contrat** de tutorat doit déterminer (Décret 2007-478 du 29-3-2007 art. 3) :
– le **contenu** des actions que le tuteur doit engager au profit de l'acquéreur de son entreprise ; ces actions peuvent notamment porter sur la gestion financière et comptable, les méthodes de vente, la gestion des clients et des fournisseurs ;
– les modalités pratiques de ces actions et, si nécessaire, les moyens mis à la disposition du tuteur par l'acquéreur ;
– la durée de la convention, les modalités de sa prorogation et, le cas échéant, de sa résiliation anticipée ;
– le cas échéant, le montant de la rétribution du tuteur et les modalités de remboursement des frais engagés dans le cadre de sa prestation.

Le contrat doit être conclu au plus tard dans un **délai** de 60 jours suivant la date de la cession de l'entreprise ; il doit être à durée déterminée : au moins deux mois et au plus une année (Décret 2007-478 art. 4).

Le décret ne précise pas les **sanctions** encourues en cas de contrat incomplet. Néanmoins, le tuteur doit adresser une copie du contrat à la caisse du régime social des indépendants lorsqu'il perçoit une rétribution (Décret 2007-478 art. 5).

On peut en outre penser que la production d'un contrat de tutorat pourra être utile aux fins de prouver que le tuteur n'est pas le salarié de l'entreprise qu'il a cédée.

83262 L'acquéreur qui souhaite s'assurer au moins temporairement les services du cédant pour la transmission de son expérience, de son savoir-faire et la présentation de la clientèle a tout intérêt à prévoir l'**interdépendance** entre les **contrats** de cession et de tutorat. En effet, si les contrats sont divisibles, l'inexécution de l'un d'eux n'autorise pas une partie à ne pas exécuter l'autre et l'extinction de l'un des contrats n'emporte pas celle de l'autre, alors que les solutions inverses s'appliquent si les contrats sont interdépendants (Cass. com. 15-10-1996 n° 94-18.903 D : RJDA 1/97 n° 1, arrêt rendu pour des contrats de fourniture de matériel et de crédit-bail mais transposable).

ILLUSTRATIONS

Dans un cas où l'acte de **cession de l'intégralité des actions** d'une société prévoyait un transfert de propriété immédiat des titres à l'acquéreur et l'acceptation par le cédant d'un paiement intégral du prix six mois plus tard « conformément à son **engagement d'accompagnement** de la nouvelle direction » et où l'acquéreur avait finalement refusé de **payer le prix,** soutenant que le cédant avait failli dans sa mission d'accompagnement qu'il avait rompue avant l'expiration des six mois et que l'exécution de cette mission était indivisible du paiement du prix, l'acquéreur a été condamné à payer le prix de cession des actions car l'inexécution par le cédant de son obligation d'accompagnement, à la supposer établie, ne pouvait avoir pour effet de libérer l'acquéreur de son obligation de payer le prix. En effet :

– le cédant n'avait pas lié les deux contrats puisqu'il avait attendu l'expiration du délai de six mois pour réclamer le prix à l'acquéreur ;

– aucun contrat d'accompagnement n'avait jamais été passé ; l'existence d'un engagement d'accompagnement ne conditionnait pas le paiement du prix, sinon il eût été concomitant et annexé à l'acte de cession ; l'acquéreur, rédacteur de l'acte de cession, n'avait pas pu se tromper sur ce point ; si un projet de contrat de conseil technique et commercial avait été proposé au cédant moyennant une rémunération mensuelle, partiellement variable en fonction du chiffre d'affaires, cette proposition ne correspondait pas à un contrat d'accompagnement mais de salariat ;

– la formule de l'acte de cession ne démontrait pas l'existence d'une interdépendance des contrats, pas plus que le prix et l'échéance de son versement ;

– les parties avaient exclu la garantie d'un passif imprévu découvert après la cession ;

– l'acquéreur ne pouvait pas utilement mettre en lien la cession et l'engagement d'accompagnement avec la situation de la société, le délai de paiement du prix bénéficiant non à la société mais à l'acquéreur ; ce dernier, ancien expert-comptable de la société, avait lui-même procédé à la valorisation des actions deux mois avant la cession sur la base du montant des capitaux propres, pondérés pour tenir compte de l'effondrement du marché sur lequel évoluait la société et il avait maintenu cette estimation dans l'acte de cession.

CA Paris 7-11-2013 n° 12/17749 : RJDA 2/14 n° 125.

Pendant la durée du contrat, le tuteur reste affilié aux régimes de **sécurité sociale** dont il relevait avant la cession (C. com. art. L 129-1). À ce titre, il est redevable de cotisations sur sa rétribution de tuteur (Circ. RSI 2009-17 du 12-3-2009). Si le tuteur a liquidé ses droits à la **retraite** à l'occasion de la cession, il peut cumuler la rémunération perçue au titre du tutorat avec ses prestations de vieillesse pour une durée maximale de douze mois (CSS art. D 634-13-2), mais les cotisations de vieillesse dues sur sa rémunération de tuteur sont sans effet sur le montant des pensions déjà liquidées (Circ. RSI 2009-17 du 12-3-2009). **83270**

Les fractions de mois civil antérieures ou postérieures aux dates d'effet de début et de fin de la convention de tutorat ne sont pas prises en compte pour l'appréciation de la période de douze mois (CSS art. D 634-13-2).

La durée maximale du cumul entre la rémunération des prestations de tutorat et la pension de vieillesse est ainsi alignée sur la durée maximale de la convention de tutorat. Cette durée est décomptée en mois entiers.

Fiscalement, les actions de tutorat constituant une prestation de services (Décret 2007-478 du 29-3-2007 art. 2), le tuteur est **imposé** dans la catégorie des bénéfices non commerciaux. **83272**

TUTORAT BÉNÉVOLE

Le cédant de la majorité des parts d'une société commerciale peut s'engager à titre bénévole à réaliser une prestation de tutorat (C. com. art. L 129-1). **83280**

Si, à l'occasion de la cession de ses parts sociales ou de ses actions, le cédant liquide ses droits à retraite, il bénéficie de la couverture maladie du régime général de la sécurité sociale des travailleurs indépendants en tant que pensionné. Pour la durée du tutorat, il bénéfice également d'une protection en matière d'accident du travail et de maladies professionnelles auprès du régime général de la sécurité sociale en application de l'article L 412-8, 14° bis du Code de la sécurité sociale.

D. Effets divers de la cession de contrôle

CONVOCATION DE L'ASSEMBLÉE DES ACTIONNAIRES PAR LES NOUVEAUX MAJORITAIRES

L'assemblée des actionnaires d'une SA ou d'une SCA peut être convoquée par les actionnaires qui détiennent la majorité du capital ou des droits de vote, mais seulement après une **offre publique d'achat ou d'échange** ou après une **cession de bloc de contrôle** (C. com. art. L 225-103, II-4°, sur renvoi de l'art. L 226-1 de ce Code pour la SCA). **83300**

Cette disposition permet aux nouveaux majoritaires d'évincer rapidement de leur poste les anciens dirigeants sociaux au cas où ces derniers, devenus indésirables, refuseraient de démissionner et de convoquer une assemblée appelée à les remplacer.
En l'absence de limitation légale, ce droit de convocation est très large :
– les nouveaux majoritaires n'ont pas à justifier de l'urgence de la convocation ; cependant, ils doivent avoir, au préalable, mis en demeure le conseil d'administration ou le directoire de procéder à la convocation car leur droit ne peut s'exercer qu'en cas de carence de ces derniers (l'article L 225-103, II du Code de commerce s'ouvre par les mots « À défaut ») ;
– dans la plupart des cas, la convocation portera sur le remplacement des organes sociaux, mais rien ne s'oppose à ce que les actionnaires soient appelés à statuer sur d'autres questions, y compris des modifications statutaires (par exemple, un changement d'objet ou de dénomination, une augmentation de capital, etc.).

83301 À notre avis, la faculté offerte aux actionnaires majoritaires de convoquer l'assemblée ne peut être exercée qu'une seule fois après l'offre publique ou la cession de bloc de contrôle, car s'agissant d'une dérogation au principe selon lequel l'assemblée est convoquée par le conseil d'administration ou le directoire, son **champ d'application** doit être strictement limité.

83302 Les dispositions de l'article L 225-103, II du Code de commerce ne sont pas réservées aux **sociétés dont les instruments financiers sont admis aux négociations sur un marché réglementé,** de sorte qu'elles peuvent être utilisées également en cas de changement de majorité résultant d'une cession de bloc de contrôle dans une **société fermée.** Dans ce dernier cas, le « bloc de contrôle » doit s'entendre du paquet d'actions, si minime soit-il, permettant à l'acquéreur de prendre le contrôle de la société au sens de l'article L 233-3 du Code de commerce. Cette solution devrait cependant, en l'état actuel des pratiques observées lors des cessions de contrôle de sociétés dont les instruments financiers ne sont pas admis sur un tel marché, être d'une utilisation limitée car, dans la quasi-totalité des cas, le remplacement des dirigeants en fonction est une des conditions de réalisation de l'opération lorsqu'il n'est pas volontairement différé.

CHANGEMENT DE CONTRÔLE D'UNE SOCIÉTÉ ASSOCIÉE D'UNE SAS

83310 Les associés d'une SAS peuvent convenir dans leurs statuts que tout changement intervenant dans le contrôle d'une société associée entraîne pour cette dernière l'obligation d'en **informer la SAS** (C. com. art. L 227-17, al. 1).
Le contrôle s'apprécie au regard des dispositions de l'article L 233-3 du Code de commerce. Il peut donc être direct ou indirect.
La SAS doit être informée dès que la modification du contrôle est intervenue, donc sans délai ; elle peut alors, dans les conditions fixées par les statuts, décider de suspendre l'exercice par la société associée de ses **droits non pécuniaires** et d'**exclure** cette société (C. com. art. L 227-17, al. 1).
La suspension des droits non pécuniaires concerne, notamment, le droit à l'information et le droit de vote. Elle recouvre également le droit de participer aux décisions collectives, l'article L 227-17 du Code de commerce constituant une dérogation à l'article 1844 du Code civil (Communication Ansa, comité juridique n° 12-055 du 5-9-2012, à propos de l'article L 227-16 du Code de commerce, mais à notre avis transposable). Cette suspension peut éventuellement précéder la décision d'exclusion ou être prononcée concomitamment à celle-ci. Il est souhaitable que les statuts prévoient que la suspension des droits prendra fin si la procédure d'exclusion n'aboutit pas ou n'est pas engagée à l'expiration d'un certain délai (en ce sens, P. Le Cannu, J. Heinich, J. Delvallée : Rép. sociétés Dalloz V° société par actions simplifiée n° 229).

83311 Les clauses statutaires encadrant le changement de contrôle d'un associé ne peuvent être **adoptées ou modifiées en cours de vie sociale** qu'avec le consentement unanime des associés (C. com. art. L 227-19, al. 1). La délibération prise en violation de ce texte encourt la nullité (Cass. com. 8-4-2014 n° 13-18.120 : RJDA 7/14 n° 648).
L'unanimité est a fortiori requise, à notre avis, en cas de **suppression** de ces clauses (dans ce sens, CA Limoges 28-3-2012 n° 10/00576 : RJDA 12/12 n° 1091, sol. impl. ; en sens contraire, M. Germain et P.-L. Périn : La société par actions simplifiée Joly 2016 n° 358).
L'efficacité de la clause dépend du soin apporté à sa rédaction.

ILLUSTRATIONS

La clause prévoyant l'exclusion d'un **associé qui n'a pas informé la société en cas de changement de son contrôle** ne fait que sanctionner le non-respect de la procédure d'information et ne permet pas d'exclure un associé dont le contrôle a été modifié et qui a respecté cette procédure (Cass. com. 29-1-2008 n° 07-10.797 F-D : RJDA 5/08 n° 546, rendu à propos d'un groupement d'intérêt économique mais transposable).

Si les statuts subordonnent l'exclusion à une décision collective, ils ne peuvent toutefois pas prévoir que la société associée dont l'exclusion est envisagée ne peut pas **voter sur la proposition** ; en effet, tout associé a le droit de participer aux décisions collectives et de voter (C. civ. art. 1844, al. 1) et les statuts ne peuvent déroger à cette règle que dans les cas prévus par la loi ; or l'article L 227-17 du Code de commerce n'autorise pas une telle dérogation (Cass. com. 23-10-2007 n° 06-16.537 FS-PBI : RJDA 1/08 n° 50, rapp. B. Petit p. 9 à propos de l'article L 227-16 de ce Code, mais transposable ; voir aussi, sur l'impossibilité pour une clause statutaire d'exclure du calcul des voix requises pour voter l'exclusion celles de l'associé visé par cette mesure car cela revient à le priver de son droit de vote, Cass. com. 21-4-2022 n° 20-20.619 F-D : RJDA 8-9/22 n° 478 à propos d'une société d'exercice libéral à responsabilité limitée, mais transposable). 83313

ATTENTION

Si les **droits non pécuniaires** de l'associé ont été **préalablement suspendus** (n° 83310), il ne doit pas prendre part au vote ni même participer à la décision collective relative à son exclusion puisqu'il a perdu l'exercice de ces droits. En revanche, la solution inverse prévaut lorsque la suspension des droits non pécuniaires et l'exclusion sont prononcées concomitamment, au cours d'une seule et même décision collective (P. Le Cannu, J. Heinich, J. Delvallée : Rép. sociétés Dalloz v° Société par actions simplifiée n° 229).

Une clause d'exclusion statutaire prévoyant l'interdiction pour l'associé dont l'exclusion est envisagée de prendre part au vote est, en application de l'article 1844-10, al. 2 du Code civil, réputée non écrite, et ce, dans sa totalité (Cass. com. 9-7-2013 n° 11-27.235 FS-PB : RJDA 10/13 n° 813, 1e esp.) et l'exclusion prononcée en application d'une telle clause est nulle, peu important que l'associé ait été invité à participer au vote (Cass. com. 6-5-2014 n° 13-14.960 F-D : RJDA 7/14 n° 646). Il s'ensuit que l'exclusion de l'associé ne peut pas être prononcée tant que les statuts n'ont pas été modifiés en vue d'écarter l'interdiction de voter. Encore faut-il que l'associé dont l'exclusion est envisagée accepte de se prononcer en faveur de cette modification, qui ne peut, à la lettre de l'article L 227-19 du Code de commerce, être décidée qu'à l'unanimité des associés.

Pour éviter qu'un associé puisse faire obstacle à la décision, il est possible, à notre avis, de prévoir que l'exclusion sera décidée **autrement que par une décision collective** : elle peut ainsi être confiée à un organe de direction (par exemple, un conseil de surveillance), un tiers arbitre ou une commission ad hoc. Il peut aussi être envisagé de subordonner l'exclusion à une décision collective en aménageant les modalités d'adoption de celle-ci de telle sorte que l'associé dont l'exclusion est envisagée puisse voter sans être en mesure, s'il est majoritaire ou s'il dispose d'une minorité de blocage, de faire obstacle à la décision : par exemple, en prévoyant que chaque associé ne dispose que d'une seule voix quelle que soit sa participation en capital ou en instituant un plafonnement des voix de telle sorte qu'aucun associé ne puisse s'opposer seul à la décision.

Rien ne s'oppose à ce que la **clause interdise d'exclure** un ou plusieurs associés « de référence » nommément désignés.

Les statuts doivent préciser les **formalités** de l'exclusion. 83315

Les statuts doivent également indiquer les modalités de calcul du **prix de rachat des actions** de l'associé exclu. À défaut, et sauf accord entre les parties, ce prix est fixé par un expert dans les conditions prévues à l'article 1843-4 du Code civil (C. com. art. L 227-18, al. 1).

Il peut être prévu que le rachat des actions de l'associé exclu sera réalisé par le ou les autres associés, par un tiers désigné à cet effet ou par la société elle-même.

Si les actions sont rachetées par la SAS, celle-ci ne peut pas les conserver ; elle est tenue de les céder dans un délai de six mois ou de les annuler (C. com. art. L 227-18, al. 2) en suivant le régime du droit commun des réductions de capital non motivées par des pertes, notamment en ce qui concerne le droit d'opposition des créanciers (dans le même sens, Communication Ansa, comité juridique n° 04-040 du 5-5-2005).

> **Précisions** **a.** Dans le silence des statuts sur la **date à laquelle les actions de l'associé exclu doivent être évaluées,** leur prix doit être fixé par l'expert à la date la plus proche du rachat et non à la date de l'exclusion de l'associé (Cass. com. 16-9-2014 n° 13-17.807 FS-PB : RJDA 1/15 n° 30).

b. L'article L 227-16 du Code de commerce permet en outre d'introduire dans les statuts de SAS des **clauses d'exclusion en dehors d'un changement de contrôle d'un associé.** La loi laisse aux associés une grande liberté pour fixer dans leurs statuts les causes et les modalités de l'exclusion. Ils peuvent ainsi valablement prévoir qu'en cas de survenance d'un événement déterminé un associé pourra être exclu à la discrétion du président.

Depuis la loi 2019-744 du 19 juillet 2019, l'article L 227-19 du Code de commerce prévoit que ces clauses peuvent être adoptées ou modifiées par décision collective des associés dans les conditions prévues par les statuts. Cependant, l'introduction dans les statuts d'une clause d'exclusion augmente les engagements des

83315 (suite) associés et ne peut donc pas être insérée dans les statuts sans l'accord de chacun d'eux ; il en va de même de l'ajout d'un cas d'exclusion à une clause statutaire existante (CA Paris 27-3-2001 : RJDA 10/01 n° 973 ; CA Grenoble 16-9-2010 n° 10-62 : RJDA 6/11 n° 536 ; CA Paris 17-2-2015 n° 14/00358 : RJDA 5/15 n° 341). De telles modifications statutaires pourraient aussi être considérées comme portant atteinte au droit de propriété de l'associé (en ce sens, A. Couret, Les clauses d'exclusion dans les SAS : sortir d'un débat en voie d'enlisement : D. 2019 p. 2188). Ces deux modifications statutaires ne peuvent donc, à notre avis, être prises qu'à l'unanimité en application de l'article 1836 du Code civil, qui est applicable à toutes les sociétés « s'il n'en est autrement disposé par la loi en raison de leur forme ou de leur objet » (C. civ. art. 1834). Or, nous ne pensons pas que la modification de l'article L 227-19 déroge sur ce point aux articles 1834 et 1836 du Code civil (dans le même sens, C. Coupet, Loi du 19 juillet 2019 de simplification, de clarification et d'actualisation : miscellanées de droit des sociétés : Bull. Joly octobre 2019 p. 35 et R. Mortier, B. Zabala, S. Bol, A.-F. Chéneau, M. Dubois et J. Labedan, La loi Mohamed Soilihi article par article (2e partie) : Dr. sociétés 2019 étude n° 14 ; en sens contraire, notamment, Communication Ansa, comité juridique n° 19-059 du 6-11-2019, position adoptée à une majorité seulement des membres du comité, et H. Le Nabasque, À propos des clauses d'exclusion dans la SAS après la loi de simplification du droit des sociétés du 19 juillet 2019 : Bull. Joly janvier 2020 p. 60). En revanche, si une clause statutaire d'exclusion interdit à l'associé dont l'exclusion est envisagée de prendre part au vote, clause réputée non écrite (n° 83313), il est désormais possible de modifier la clause à la majorité prévue par les statuts en vue de rétablir l'associé dans le droit de voter sur son exclusion puisqu'il n'y a pas là matière à augmentation des engagements. Il en va de même, à notre avis, de la suppression d'une clause d'exclusion.

CHAPITRE 2

RÈGLES PARTICULIÈRES AUX ACTIONS COTÉES EN BOURSE

SOMMAIRE

Les cessions d'actions admises aux négociations sur un marché boursier font l'objet de dispositions **84000**
spécifiques destinées à garantir la transparence des opérations. La réglementation fait notamment

peser diverses obligations d'information sur les cédants et les acquéreurs. Elle prévoit aussi des procédures particulières, afin, notamment, de préserver l'égalité des actionnaires pour la vente de leurs titres.
Sur le transfert de propriété des actions cotées, voir n°s 75011 s.

I. ORGANISATION DES MARCHÉS FINANCIERS

84100 La négociation et l'exécution des ordres s'inscrivent dans une logique concurrentielle entre les divers lieux et modes d'exécution des ordres : marché de gré à gré, marchés réglementés, SMN et internalisateurs systématiques. Cette libéralisation a entraîné l'apparition de risques nouveaux, notamment la fragmentation de la liquidité de certains titres et l'insuffisante transparence sur les marchés « non actions », corrigés par la directive UE 2014/65 (dite « MIF 2 ») et le règlement UE 600/2014 (dit « Mifir ») du 15 mai 2014, complétés par de nombreux textes délégués.
Un corps commun de règles s'applique aux **plates-formes de négociation,** notion regroupant les marchés réglementés, les SMN et les systèmes organisés de négociation (C. mon. fin. art. L 420-1, al. 1). Pour des précisions relatives à la notion de plate-forme de négociation, applicables notamment aux titres financiers inscrits dans un dispositif d'enregistrement électronique partagé, voir Position AMF 2020-02 du 6-3-2020.

DIFFÉRENTS MARCHÉS FINANCIERS

84102 **Marchés réglementés** Les marchés réglementés sont des systèmes multilatéraux qui assurent ou facilitent la rencontre, en leur sein et selon des règles non discrétionnaires, de multiples intérêts acheteurs et vendeurs exprimés par des tiers pour des instruments financiers, d'une manière qui aboutisse à la conclusion de contrats portant sur les instruments financiers admis à la négociation dans le cadre des règles et systèmes de ces marchés (C. mon. fin. art. L 421-1, al. 1). Ils conservent le monopole de l'admission de titres à la négociation. La qualification de « marché réglementé » repose sur l'obtention d'un agrément en tant que marché réglementé, d'une part, et sur la conformité du fonctionnement de ce marché aux exigences des articles L 421-1 et suivants du Code monétaire et financier, d'autre part.
L'inscription d'un marché sur la liste des marchés réglementés que doit établir chaque État membre en vue de sa publication par la Commission européenne n'a qu'une portée déclarative (CJUE 22-3-2012 aff. 248/11).

84104 **Systèmes multilatéraux de négociation** Les systèmes multilatéraux de négociation (SMN) sont des systèmes dont l'exploitation constitue un service d'investissement soumis à agrément. Les titres qui s'y négocient peuvent aussi bien être des titres admis à la négociation sur un marché réglementé que des titres non déjà admis à la négociation sur un tel marché, par exemple sur Euronext Growth.
Sans avoir la qualité de marché réglementé, le SMN assure la rencontre, en son sein et selon des règles non discrétionnaires, de multiples intérêts acheteurs et vendeurs exprimés par des tiers sur des instruments financiers, de manière à conclure des transactions sur ces instruments (C. mon. fin. art. L 424-1, al. 1). Le SMN doit compter au moins trois membres ou utilisateurs significativement actifs, chacun d'eux ayant la possibilité d'interagir avec tous les autres en matière de formation des prix (C. mon. fin. art. L 424-1, al. 2).
Le SMN peut être géré par un prestataire de services d'investissement (autre qu'une société de gestion de portefeuille) agréé pour fournir le service d'investissement d'exploitation d'un SMN ou par une entreprise de marché autorisée à cet effet par l'AMF (C. mon. fin. art. L 424-1, al. 3).
La personne qui gère le SMN en établit les règles de fonctionnement, lesquelles doivent être transparentes et non discrétionnaires, de nature à garantir un processus de négociation équitable et ordonné et fixant des critères objectifs pour une exécution efficace des ordres (C. mon. fin. art. L 424-2, al. 1). Les règles du SMN, ainsi que leurs modifications, sont transmises à l'AMF pour approbation avant leur mise en application (C. mon. fin. art. L 424-2, al. 2). Ces règles sont rédigées en français ou, dans les cas définis par le règlement général de l'AMF, dans une autre langue usuelle en matière financière (C. mon. fin. art. L 424-2, al. 3).
Un SMN peut, à la demande de son gestionnaire, être enregistré comme « marché de croissance des petites et moyennes entreprises » par l'AMF après que celle-ci a vérifié que 50 % au moins des émetteurs dont les titres sont admis à la négociation sur ce SMN répondent à la définition des « petites et moyennes entreprises » à la date de l'enregistrement et au cours de toute année civile ultérieure et que le SMN répond aux conditions de fonctionnement prévues à l'article D 424-4-1 du Code monétaire et financier, par exemple d'information financière périodique ou d'établissement de prospectus en cas d'offre au public (C. mon. fin. art. L 424-6 à L 424-8). L'AMF a ainsi enregistré, par une décision du 8 octobre 2019, Euronext Growth en tant que marché de croissance des PME.

Le marché **Euronext Growth** entre dans la catégorie des SMN et plus précisément dans la sous-catégorie française de systèmes dénommés « systèmes multilatéraux de négociation organisés » (**SMNO**) (Règl. gén. AMF art. 525-1). Son exploitation est assurée par l'entreprise de marché Euronext. **84106**
Les SMNO font l'objet d'une définition spécifique et d'obligations renforcées au bénéfice des investisseurs qui négocient sur ces systèmes.
Sont des SMNO les SMN (Règl. gén. AMF art. 525-1) :
– dont les règles de fonctionnement sont approuvées par l'AMF à leur demande ;
– qui rendent compte quotidiennement à l'AMF des ordres portant sur les instruments financiers admis sur son système reçus des membres du système ;
– et qui prévoient une procédure d'offre publique obligatoire en application de l'article 235-2 du règlement général de l'AMF lorsque les instruments financiers admis sur ces systèmes sont des titres de capital.
Sur ces SMNO s'appliquent ainsi les dispositions communes à l'ensemble des SMN et des dispositions particulières complémentaires, prévues aux articles 525-5 à 525-8 du règlement général de l'AMF. Il en va ainsi de l'obligation du gestionnaire de ce système d'informer l'AMF des difficultés rencontrées dans l'exécution de ses obligations et des faits dont il a connaissance et qui sont susceptibles de porter atteinte au bon fonctionnement du système, tout particulièrement des manquements susceptibles de caractériser des abus de marché.
Pour des précisions sur les conditions d'admission sur Euronext Growth, voir les Règles d'Euronext Growth modifiées le 1er avril 2022 (notamment art. 3.1 à 3.8).

Euronext Access est aussi un SMN, mais non organisé. Son exploitation est assurée par l'entreprise de marché Euronext et il est assujetti aux règles de fonctionnement prévues par les Règles d'Euronext Access. **84108**
Pour des précisions sur les conditions d'admission sur Euronext Access Paris, voir les Règles d'Euronext Access du 28 février 2022 (notamment art. 2 s.).

Systèmes organisés de négociation Les systèmes organisés de négociation regroupent les systèmes multilatéraux qui assurent la rencontre en leur sein et à la discrétion du gestionnaire des intérêts acheteurs et vendeurs exprimés par des tiers afin de conclure des transactions non sur des actions, mais sur des obligations, des produits financiers structurés, des quotas d'émission de gaz à effet de serre ou des contrats dérivés, des produits énergétiques de gros (C. mon. fin. art. L 425-1, al. 1). Ils permettent à leur gestionnaire de dénouer les transactions de façon discrétionnaire et d'intervenir avec interposition du compte propre dans certains cas en vue de favoriser le bon fonctionnement du marché. **84110**

Internalisateurs systématiques Les internalisateurs systématiques sont des prestataires de services d'investissement autres qu'une société de gestion de portefeuille qui, de façon organisée, fréquente, systématique et substantielle, négocient pour compte propre en exécutant les ordres des clients sans opérer de système multilatéral. Leur dispositif doit fonctionner conformément au Titre III du règlement UE 600/2014 du 15 mai 2014 (C. mon. fin. art. L 533-32). **84112**
Le caractère fréquent et systématique est mesuré par le nombre de transactions de gré à gré sur un instrument financier donné réalisées par le prestataire pour compte propre lorsqu'il exécute les ordres des clients. Le caractère substantiel est mesuré soit par la taille des activités de négociation de gré à gré réalisées par le prestataire par rapport à son activité totale de négociation pour un instrument financier spécifique, soit par la taille des activités de négociation de gré à gré réalisées par le prestataire par rapport à l'activité totale de négociation réalisée dans l'UE sur l'instrument financier concerné.
Sur option et après avoir informé sans délai l'AMF, des prestataires peuvent choisir de relever du régime d'internalisateur systématique même s'ils ne respectent pas les conditions de caractère fréquent, systématique et substantiel de l'activité concernée. Dans ce cas, ils doivent informer sans délai l'AMF (C. mon. fin. art. L 533-32).
Ils doivent mettre à la disposition du public au moins une fois par an, sans frais, les données relatives à la qualité d'exécution des transactions exécutées en leur sein. Ces rapports périodiques doivent inclure des informations détaillées sur le prix, les coûts, la rapidité et la probabilité d'exécution pour les différents instruments financiers (C. mon. fin. art. L 533-33 modifié par ord. 2021-1652 du 15-12-2021 et Ord. 2021-1652 art. 16).

ATTENTION

L'obligation prévue par l'article L 533-33 est suspendue entre le 28 février 2022 et le 27 février 2023 (C. mon. fin. art. L 533-33, al. 2 modifié par ord. 2021-1652 et Ord. 2021-1652 art. 16) par cohérence avec la directive UE 2014/65 du 15 mai 2014 modifiée par la directive UE 2021/338 du 16 février 2021 visant à soutenir la reprise à la suite de la crise liée à l'épidémie de Covid-19.

Un internalisateur systématique est assujetti à des obligations de transparence prénégociation, avec publication de prix fermes sur demande si l'instrument est liquide (Règl. UE 600/2014 art 18.1) ou de prix proposés au client sur demande pour les instruments non liquides faisant l'objet de transactions inférieures à la taille spécifique de l'instrument financier (dite « SSTI ») (Règl. UE 600/2014 art 18.2). Une dérogation à la transparence prénégociation est ouverte pour les transactions supérieures à la SSTI (Règl. UE 600/2014 art. 18.10).

84114 **Marché de gré à gré** Le marché de gré à gré (ou « OTC » pour « Over The Counter ») désigne l'ensemble des transactions réalisées en dehors des autres marchés (réglementés ou SMN).

Cela couvre en particulier les transactions effectuées directement entre un cédant et un acquéreur sans passage par un système de négociation.

ABSENCE D'OBLIGATION D'INTERMÉDIATION ET DE CONCENTRATION DES ORDRES

84120 L'intervention d'un intermédiaire agréé n'est pas requise pour les opérations de cession ou de négociation d'instruments financiers admis aux négociations sur un marché réglementé. Ces opérations peuvent être effectuées librement et sans intermédiation, sans préjudice du monopole attribué par la loi aux prestataires de services d'investissement pour la fourniture de services d'investissement, à titre habituel. Pour autant, les inscriptions en compte résultant de la négociation ou de la cession nécessitent l'intervention d'un teneur de compte-conservateur.

La part des **transactions sur actions** exécutées de gré à gré est limitée. En effet, une entreprise d'investissement doit veiller à ce que les négociations qu'elle réalise sur des actions admises à la négociation sur un marché réglementé ou négociées sur une plate-forme de négociation se déroulent sur un marché réglementé, dans le cadre d'un SMN, d'un internalisateur systématique ou sur la plate-forme de négociation d'un pays tiers jugée équivalente, à moins que ces négociations n'aient un caractère non systématique, ad hoc, occasionnel et peu fréquent, ou qu'elles s'effectuent entre des contreparties éligibles et/ou professionnelles et ne contribuent pas au processus de fixation des prix (Règl. UE 600/2014 du 15-5-2014 art. 23, 1). Pour les obligations de **publicité,** il convient de faire application des dispositions relatives aux franchissements de seuils (n°s 86005 s.).

SERVICES D'INVESTISSEMENT

84121 La fourniture de services d'investissement relève, lorsqu'elle est effectuée à titre de profession habituelle, du **monopole** d'intermédiaires agréés, qu'il s'agisse de prestataires de services d'investissement ou de personnes intervenant sur le territoire français en libre établissement ou en libre prestation de services, dans la limite des services qu'elles sont autorisées à fournir sur le territoire de leur État d'origine, et en fonction de l'agrément qu'elles y ont reçu. Ainsi, sous réserve des dispositions de l'article L 531-2 du Code monétaire et financier, il est interdit à toute personne autre qu'un prestataire de services d'investissement ou qu'une entreprise de pays tiers mentionnée à l'article L 532-48 du même Code ou qu'une personne mentionnée aux articles L 532-18 ou L 532-18-1 de ce Code (en libre établissement ou en libre prestation de services, dans la limite des services qu'elle est autorisée à fournir sur le territoire de son État d'origine, et en fonction de l'agrément qu'elle y a reçu) de fournir à des tiers des services d'investissement, à titre de profession habituelle (C. mon. fin. art. L 531-10). À cet égard, ne peut caractériser l'exercice d'une profession habituelle une seule opération de démarchage même auprès de plusieurs investisseurs, au profit d'un client unique, en exécution d'un mandat unique (Cass. crim. 13-6-2019 n° 17-82.470 F-PBI : RJDA 5/20 n° 272).

Les sanctions pénales à l'encontre des personnes physiques ayant méconnu le monopole précité sont prévues à l'article L 573-1 du Code monétaire et financier.

Les services d'investissement sont définis à l'article L 321-1 du Code monétaire et financier et précisés par l'article D 321-1 du même Code et les positions AMF 2012-08 et 2008-23. Il s'agit des services de réception et transmission d'ordres pour le compte de tiers, d'exécution d'ordres pour le compte de tiers, de négociation pour compte propre, de gestion de portefeuille pour le compte de tiers, de conseil en investissement, de prise ferme, de placement garanti ou non garanti, d'exploitation d'un SMN et d'exploitation d'un système organisé de négociation.

84122 Un prestataire de services d'investissement peut recourir aux services d'**agents liés,** personnes physiques ou morales, pour fournir les services d'investissement de réception et de transmission d'ordres pour le compte de tiers, de placement garanti ou non garanti, ou de conseil en investissement, pour lesquels il est agréé. L'agent lié intervient alors en vertu d'un mandat donné par un prestataire de services d'investissement et doit informer les clients, notamment les clients potentiels, de son statut et de l'identité de son mandant lorsqu'il entre en contact avec eux (Dir. UE 2014/65 du 15-5-2014 art. 4, 1-29 ; C. mon. fin. art. L 545-1).

SERVICES CONNEXES

À l'inverse des services d'investissement, les services connexes ne participent pas d'un monopole des prestataires de services d'investissement et peuvent donc être librement rendus dans les conditions législatives et réglementaires applicables à chacun d'entre eux (C. mon. fin. art. L 321-2). Toutefois, lorsqu'ils sont rendus par un prestataire de services d'investissement autre qu'une société de gestion de portefeuille, ils sont soumis aux règles de bonne conduite applicables aux services d'investissement (C. mon. fin. art. L 533-11 s. ; Règl. gén. AMF art. 314-1 s.). **84123**

Les services connexes aux services d'investissement comprennent (C. mon. fin. art. L 321-2) :

1. La tenue de compte-conservation d'instruments financiers pour le compte de tiers et les services accessoires comme la tenue de comptes d'espèces correspondant à ces instruments financiers ou la gestion de garanties financières ;
2. L'octroi de crédits ou de prêts à un investisseur pour lui permettre d'effectuer une transaction qui porte sur un instrument financier et dans laquelle intervient l'entreprise qui octroie le crédit ou le prêt ;
3. La fourniture de conseil aux entreprises en matière de structure de capital, de stratégie industrielle et de questions connexes, ainsi que la fourniture de conseil et de services en matière de fusion et de rachat d'entreprises (conseil dit « en haut de bilan ») ;
4. La recherche en investissements et l'analyse financière ou toute autre forme de recommandation générale concernant les transactions sur instruments financiers et sur des quotas d'émission de gaz à effet de serre ;
5. Les services liés à la prise ferme ;
6. Les services de change lorsqu'ils sont liés à la fourniture de services d'investissement ;
7. Les services et activités assimilables à des services d'investissement ou à des services connexes, portant sur l'élément sous-jacent des instruments financiers à terme, lorsqu'ils sont liés à la prestation de services d'investissement ou de services connexes ;
8. Le service de notation de crédit mentionné à l'article 3, 1-a et o du règlement UE 1060/2009 du 16 septembre 2009.

Si les sociétés qui émettent des titres financiers peuvent être conduites à tenir un compte-conservation sur lequel sont inscrits ces titres (C. mon. fin. art. L 211-3 et L 211-6), cette activité n'a pas pour effet de les faire regarder comme des prestataires de services connexes aux services d'investissement pour le compte de tiers au sens de l'article L 321-2 du Code monétaire et financier (Rép. Buon Tan : AN 2-1-2018 n° 2634). **84124**

Le conseil en haut de bilan porte sur des opérations généralement à visée entrepreneuriale et industrielle dans lesquelles le client agit en qualité d'émetteur ou d'entrepreneur. Par opposition, le conseil en investissement financier concerne des opérations de valorisation de l'épargne ou de trésorerie à visée généralement patrimoniale, une recommandation personnalisée étant adressée à la personne prise en sa qualité d'investisseur ou d'investisseur potentiel (CESR/10-293 Questions and Answers n° 79 repris dans la position AMF 2018-03 du 14-3-2018). **84125**

II. ACTION DE CONCERT

a. Objectif poursuivi

Les dispositions concernant l'action de concert, issues de la directive européenne 88/627 du 12 décembre 1988, tendent notamment à éviter les **changements de contrôle occultes** ou rampants par l'effet de « ramassages » concertés en bourse. **85000**

La notion d'action de concert tient une place importante dans la réglementation applicable aux sociétés « cotées » puisqu'elle est prise en compte :

– pour déterminer les personnes tenues à une **obligation d'information** en cas de franchissement de seuils (C. com. art. L 233-7, I-al. 1) ;

– pour vérifier si les seuils déclenchant cette obligation d'information sont atteints ou non (C. com. art. L 233-9, I-3°) ;

– pour la mise en œuvre des procédures d'offres publiques d'achat, d'échange ou de retrait (Règl. gén. AMF art. 231-2, 3°), la notion d'action de concert étant restreinte, en ce domaine, aux seuls accords ayant pour finalité d'« obtenir le contrôle de la société qui fait l'objet de l'offre ou [de] faire échouer l'offre » (C. com. art. L 233-10-1).

Cette notion tient également une place non négligeable dans la réglementation concernant toutes les sociétés puisqu'elle est prise en compte par l'article L 233-3, III du Code de commerce pour l'appréciation du contrôle conjoint.

b. Définition de l'action de concert

85010 Sont considérées comme agissant de concert « les personnes qui ont conclu un accord en vue d'acquérir, de céder ou d'exercer des droits de vote, pour **mettre en œuvre une politique commune** vis-à-vis de la société **ou** pour **obtenir le contrôle** de cette société » (C. com. art. L 233-10, I).

En cas d'offre publique d'acquisition, sont considérées comme agissant de concert les personnes qui ont conclu un accord avec l'auteur d'une offre visant à obtenir le contrôle de la société qui fait l'objet de l'offre (concert dit « offensif ») ou qui ont conclu un accord avec la société afin de faire échouer cette offre (concert dit « défensif ») (C. com. art. L 233-10-1).

ATTENTION

Dans le cadre d'une offre publique d'acquisition, si l'article L 233-10-1 prévoit un cas particulier d'action de concert dans le cas d'accords conclus par un investisseur avec l'initiateur d'une offre ou la société cible, il n'exclut pas que d'autres situations ou accords puissent caractériser une action de concert au sens de l'article L 233-10 (AMF comm. sanc. 11-7-2022 n° 2022-09 : BRDA 19/22 inf. 6). Tel est notamment le cas d'un accord entre plusieurs personnes prévoyant une stratégie destinée à faire obstacle au retrait obligatoire envisagé par l'initiateur d'une offre, dont l'objectif vise la gestion des participations des parties à l'accord et la gestion de la société cible, chacun de ces objectifs caractérisant une politique commune vis-à-vis de cette dernière (décision précitée).

EXISTENCE D'UN ACCORD ENTRE LES CONCERTISTES

85011 L'action de concert suppose que les participants se soient entendus pour coordonner leurs comportements à l'égard d'une société déterminée.

Cet accord doit entraîner des obligations pour chacune des parties à l'égard des autres. Une situation de fait résultant d'un parallélisme des comportements entre associés sans concertation préalable ne saurait, à elle seule, constituer une action de concert.

Le seul fait d'être actionnaires, voire membres du conseil d'administration, d'une ou plusieurs des sociétés impliquées ne suffit pas à établir l'existence d'un accord au sens de l'article L 233-10 du Code de commerce (CA Paris 10-3-1992, 1e ch. CBV : RJDA 12/92 n° 1144).

85012 La loi n'exige pas que l'accord soit **écrit** (en ce sens, Avis CMF 198C1041 du 13-11-1998 : Rev. CMF décembre 1998-janvier 1999 p. 210). Il peut être exprès ou tacite (voir Dir. 2004/25 du 21-4-2004 art. 2.1.d).

Pour autant, le **caractère contraignant** de l'accord apparaît comme un élément de preuve nécessaire à la qualification d'action de concert, l'accord devant avoir force obligatoire comme toute convention au sens de l'article 1101 du Code civil (voir A. Viandier, OPA-OPE et autres offres publiques, Éd. Francis Lefebvre 2014 nos 1431 s.). La cour d'appel de Paris a ainsi jugé, dans une affaire de refus de conformité d'une offre publique de rachat d'actions, que l'existence d'une action de concert était attestée par un comportement commun solidaire, et de surcroît assorti d'une dimension contraignante forte (CA Paris 24-6-2008 n° 07-21048 : RJDA 10/08 n° 1036). La même cour avait toutefois jugé quelques semaines auparavant que l'article L 233-10 du Code de commerce n'exige pas que l'accord résulte d'un écrit ni qu'il revête un caractère contraignant (CA Paris 2-4-2008 n° 07-11675 : RJDA 6/08 n° 676), ce qui ne convainc pas.

Une action de concert peut être décelée en l'absence de convention écrite entre les personnes en cause ou derrière un pacte qui ne comporte aucune disposition révélatrice, en soi, d'une intention d'agir de concert. Un concert peut procéder du **comportement des parties** (Décision AMF 204C0438 du 23-3-2004) qui, au vu d'un faisceau d'indices, révèle l'existence de l'intention des parties à l'accord. L'action concertée permet alors de caractériser l'accord. La Cour de cassation a d'ailleurs rappelé qu'en l'absence d'accord écrit l'existence d'une action de concert peut être démontrée par un faisceau d'indices graves, précis et concordants (Cass. com. 15-5-2012 n° 11-11.633 F-D : RJDA 8-9/12 n° 775, précisant aussi que les juges du fond n'ont pas à s'expliquer sur les éléments de preuve qu'ils décident d'écarter).

ILLUSTRATIONS

Ont été retenues comme révélant une action de concert, d'une part, les acquisitions massives d'actions de la cible traduisant non un simple parallélisme des comportements, mais une démarche collective organisée visant à permettre à l'un des concertistes d'obtenir en assemblée générale une recomposition à son profit du conseil d'administration de la cible, d'autre part, les similitudes de comportements entre les dirigeants des personnes morales concertistes observées en assemblée générale de la cible et enfin une action commune des concertistes en annulation d'une décision de l'AMF déclarant non conforme le projet d'OPE simplifiée déposé par l'un des membres du concert non révélé (Cass. com. 15-5-2012 n° 11-11.633 précité).

De même, ont été considérés comme agissant de concert des membres du conseil de surveillance et un membre du directoire d'une société contrôlée par un groupe familial qui ont proposé l'élection au conseil de candidats indépendants du groupe et ont, par leur vote, contribué à la désignation de ceux-ci contre l'avis du directoire (Cass. com. 9-1-2019 n° 16-14.727 F-D : RJDA 4/19 n° 269).

L'accord visé par la loi n'est pas le pacte lui-même, par lequel des parties définissent leurs droits et obligations réciproques et dont la mise en œuvre est régie par les règles de droit commun applicables aux contrats. Contracter n'est pas agir de concert, c'est formaliser les dispositions convenues qui forment, le cas échéant, autant d'indices constitutifs d'une action de concert entre les signataires. Il en est ainsi des clauses qui traduisent, par les contraintes que les parties s'imposent – incessibilité sur une longue période, limitation concertée des participations respectives, agrément réciproque sur tout achat ou cession, droit de sortie conjointe, etc. –, une cohésion et une solidarité justifiées par leur intérêt commun.

OBJET DE L'ACCORD CONCLU ENTRE LES CONCERTISTES

L'accord conclu entre les actionnaires ne constitue une action de concert que s'il a pour objet l'acquisition, la cession ou l'exercice de droits de vote pour mettre en œuvre une politique commune vis-à-vis de la société ou pour obtenir le contrôle de cette société (C. com. art. L 233-10, I). Ces critères, difficiles à apprécier, soulèvent de délicats problèmes d'interprétation. Par exemple, s'agissant d'un accord ayant pour objet l'acquisition ou la cession de droits de vote, il ne fait pas de doute que sont visés les accords en vue d'acquérir ou de céder des actions. Mais, à notre avis, il y a lieu de tenir compte aussi de ceux portant sur des titres donnant accès aux droits de vote de manière potentielle (obligations avec bons, convertibles ou échangeables, bons de souscription d'actions, etc.) s'il est démontré que l'achat de ces titres sera réalisé dans le but de se procurer, fût-ce ultérieurement, des droits de vote (en sens contraire, voir A. Viandier, OPA-OPE et autres offres publiques, Éd. Francis Lefebvre 2014 n° 1461). **85015**

Les termes « acquisition » et « cession » ne doivent pas être pris dans le sens étroit d'achat ou de vente. Ils visent toute forme d'appropriation ou de transmission des titres (apport en société, échange, partage, donation, mise en indivision conventionnelle, etc.) et également le prêt de titres financiers soumis aux règles du prêt de consommation.

L'action de concert ne peut se concevoir que s'il existe entre les participants des comportements orientés vers une **communauté d'objectifs.** Ce partage décidé des finalités poursuivies conditionne l'existence du concert et sa disparition entraîne celle du concert. Dès lors, il n'y a pas, en principe, action de concert entre le promettant et le bénéficiaire d'une promesse de vente, d'un pacte de préférence ou d'un droit de préemption puisque, dans ces différents cas, les intérêts des parties sont antagonistes.

Il convient en outre que cette communauté d'objectifs soit assortie d'une **dimension contraignante** qui limite la liberté de décision du concertiste et l'oblige à se concerter avec ses cocontractants. Ainsi un engagement d'inaliénabilité est-il en lui-même insuffisant à caractériser un concert (Décision AMF 209C0379 du 9-3-2009).

La « **politique vis-à-vis de la société** » est un facteur commun tant aux accords en vue d'acquérir ou céder des droits de vote (dits « accords capitalistiques ») qu'aux accords en vue d'exercer des droits de vote (dits « accords politiques »). Elle ne se confond pas avec la politique sociale, qui tiendrait à la volonté de contribuer en commun et durablement à la gestion ou à la stratégie économique, commerciale ou industrielle de la société, comme cela est fréquemment le cas d'actionnaires majoritaires concertistes. La politique commune peut ainsi ne viser que la politique des concertistes, à savoir la stratégie des concertistes entre eux, sans projection dans la stratégie de la société elle-même (Cass. com. 27-10-2009 n° 08-17.782 FS-D : BRDA 21/09 inf. 23).

DURÉE DE L'ACCORD CONCLU ENTRE LES CONCERTISTES

Dans le silence de la loi, seule la persistance d'une communauté d'objectifs, qu'elle résulte d'un cadre conventionnel ou qu'elle survive à celui-ci, assure l'existence d'une action de concert. Le concert s'apprécie dans la durée (Décision AMF 204C0878 du 7-7-2004 à propos d'un accord dont les effets se trouveront définitivement épuisés par la réalisation des opérations), ce qui en fait une situation continue. Pour autant, si elle est par elle-même exclusive d'un accord ponctuel, il suffit que la politique commune vis-à-vis de la société soit mise en œuvre de manière **temporaire** pour qu'une action de concert puisse être caractérisée (Cass. com. 27-10-2009 n° 08-18.819 FS-PBIR : RJDA 1/10 n° 42, à propos d'un accord-cadre de séparation entre actionnaires dont la durée et l'objectif étaient limités à la réalisation d'une série d'opérations ; Cass. com. 9-1-2019 n° 16-14.727 F-D : RJDA 4/19 n° 269, précisant que le caractère durable d'un accord n'est pas incompatible avec un projet de cession ultérieur de ses titres par l'un des concertistes). **85016**

En pratique, lorsque cette communauté de vues cesse, il appartient aux parties ou à la plus diligente d'entre elles de communiquer au marché la fin du concert. L'AMF peut également, sur le fondement d'indices concordants, considérer que le concert a pris fin (Avis CMF 198C1041 du 13-11-1998). En tout état de cause, lorsque la fin du concert déclenche un franchissement de seuil à la baisse, le marché doit en être informé.

CONCERT EN ÉTOILE

85017 Lorsqu'un même actionnaire a conclu séparément et concomitamment avec d'autres personnes des conventions d'action de concert (concerts en étoile) visant le but commun du maintien du contrôle de la société cible par cet actionnaire, tous les cocontractants doivent être considérés comme agissant de concert vis-à-vis de cette société (Avis SBF 93-1068 du 21-4-1993). Plus que la qualité de parties aux conventions, c'est ici la communauté d'objectifs de ces personnes qui emporte caractérisation du concert. Ainsi, un même actionnaire peut être membre de concerts distincts sans que ceux-ci ne constituent un concert en étoile dès lors qu'ils ne poursuivent pas les mêmes objectifs (Décision AMF 220C1273 du 15-4-2020).

SOUS-CONCERT

85018 L'existence d'un concert ne fait pas obstacle à l'existence entre certains des concertistes d'un sous-concert, voire de plusieurs sous-concerts (pour des exemples, voir Avis CMF 198C0370 du 21-4-1998 et 201C1397 du 27-11-2001).

Un accord entre plusieurs parties dont l'une se retire du capital d'une société peut être constitutif d'un concert et, dans le même temps, recéler un sous-concert entre certaines de ces parties. Il en va ainsi dès lors que, selon les termes d'un accord de séparation, les membres du sous-concert constituent un seul et même groupe dont les participations sont systématiquement cumulées et dont les décisions concernant la société sont toujours communes et qui se sont également engagés à adopter un comportement commun au titre de diverses opérations impliquant une concertation continue (Cass. com. 27-10-2009 n° 08-17.782 FS-D : BRDA 21/09 inf. 23).

EXISTENCE OU NON D'UNE ACTION DE CONCERT : ILLUSTRATIONS

85025

	Action de concert	Absence d'action de concert
Convention limitée aux stipulations par lesquelles plusieurs actionnaires d'une même société se reconnaissent un droit mutuel de **préemption** sur tout ou partie des titres de cette société détenus ou susceptibles d'être détenus par chacun d'eux (Avis SBF 95-347 du 2-2-1995 ; Avis SBF 97-479 du 7-2-1997 ; Avis CMF 198C0678 du 20-7-1998 ; Avis CMF 199C0267 du 9-3-1999 ; Avis AMF 204C0661 du 24-5-2004), à condition qu'aucune clause ne prévoie un accord des signataires pour la répartition entre eux des actions préemptées (Avis SBF 92-1104 du 27-4-1992).		X
Convention stipulant qu'en cas d'exercice du droit de préemption les titres seront répartis après accord entre les signataires (Avis SBF 92-1104 du 27-4-1992).	X	
Accord de préemption assorti d'un droit de suite, une telle convention étant assimilée à un accord de sortie conjointe (Avis SBF 94-1593 du 30-5-1994).	X	
Accord entre une société et une banque en vue d'acquérir un bloc de titres d'une tierce société et prévoyant l'engagement par la banque de reclasser dans les six mois les titres acquis par elle mais en consentant à la société un droit de préemption en contrepartie de quoi celle-ci lui garantit un prix de cession des titres au moins égal à leur prix de revient ; en raison notamment du bref délai donné à la banque pour reclasser les titres, ce qui tend à rendre certain l'exercice par la société de son droit de préemption, un tel accord montre la commune intention des deux parties d'acquérir des droits de vote afin de les transférer à l'une d'elles ou à des porteurs choisis par elle (CA Paris 24-6-1991, 1e ch. sect. CBV : RJDA 8-9/91 n° 720).	X	

85025 (suite)

	Action de concert	Absence d'action de concert
Pacte d'actionnaires comportant un droit de préemption préservant l'entière liberté de choix des contractants pour les actes autres que ceux résultant de l'application pure et simple du droit de préemption (Déc. AMF 209C0379 du 9-3-2009 ; Déc. AMF 209C0769 du 29-5-2009).		X
Engagement d'inaliénabilité temporaire (deux ans) à la suite d'un échange d'actions, dès lors que cet engagement répond au souci de ne pas perturber le marché dans la période suivant l'échange et ne laisse place dans son exécution à aucun nouvel accord (Avis SBF 93-3246 du 18-11-1993).		X
Inaliénabilité temporaire des actions détenues par le groupe d'actionnaires stables de la BNP, la durée d'incessibilité des titres acquis à la suite de la privatisation de cette société (trois mois sur la totalité des titres puis 21 mois sur 80 % de ceux-ci) n'excédant pas ce que justifiaient l'importance et les circonstances de l'opération en cause (Avis SBF 93-3246 du 18-11-1993).		X
Engagement d'inaliénabilité des titres d'une durée de cinq ans (Avis SBF 95-3651 du 22-12-1995) ou d'une durée de deux ans, prorogeable (Avis SBF 97-907 du 17-3-1997) ou d'une durée de trois ans (Déc. AMF 208C0189 du 28-1-2008) dès lors que le but poursuivi par les signataires est de garder le contrôle de la société. Voir également Déc. AMF 204C0218 du 10-2-2004 (durée supérieure à cinq ans) et Déc. AMF 203C0967 du 27-6-2003 (durée de sept ans).	X	
Échange d'actions ayant pour seule finalité d'assurer à une société la liquidation de sa participation en lui permettant de devenir actionnaire d'une société cotée en échange des titres qu'elle détient dans la holding de cette société cotée (Avis SBF 93-3246 du 18-11-1993).		X
Convention prévoyant une concertation mutuelle entre les signataires en ce qui concerne la **désignation des organes sociaux** et, d'une façon générale, toute décision importante eu égard à leur intérêt commun (Avis SBF 92-1104 du 27-4-1992 ; voir aussi Avis SBF 92-1410 du 27-5-1992 ; Avis SBF 92-1989 du 17-7-1992).	X	
Convention prévoyant la composition paritaire du conseil d'administration, le maintien du président dans ses fonctions et la soumission de certaines décisions au conseil (Déc. CMF 203C1509 du 25-9-2003).	X	
Stipulation du protocole d'accord sur la composition d'un conseil d'administration selon laquelle le conseil d'administration de la société sera composé à tout moment de sept membres dont cinq seront proposés par l'actionnaire X et deux seront choisis sur une liste de quatre noms présentée par un partenaire, et celle selon laquelle Mme Y sera proposée en qualité de président du conseil d'administration (CA Paris 26-2-2002 n° 01-13985 : RJDA 8-9/02 n° 899).		X
Accord prévoyant que la représentation de l'une des parties au conseil d'administration doit être au moins proportionnelle à sa part dans le capital, sans pouvoir être inférieure à un membre (Déc. CMF 200C0877 du 7-6-2000).	X	
Pacte d'actionnaires prévoyant notamment la règle de l'unanimité en conseil d'administration pour certaines décisions (Avis CMF 198C08 du 24-9-1998).	X	

85025 (suite)

	Action de concert	Absence d'action de concert
Engagement de définir ensemble la politique de la société et de se concerter avant toute décision, ainsi que clause de répartition paritaire des postes au conseil d'administration (Avis SBF 93-327 du 3-2-1993).	X	
Engagement de **concertation** entre les parties, **préalablement à toute assemblée générale,** en cas de déclaration par un tiers du franchissement du seuil de 1 % en capital et en droits de vote, en cas d'offre publique déposée par un tiers visant les titres de la société et en cas d'émission de titres par la société (Avis CMF 199C1400 du 29-9-1999).	X	
Engagement de l'une des parties de voter diverses décisions dans le même sens qu'une autre partie après concertation avec celle-ci (Déc. CMF 202C0590 du 24-5-2002).	X	
Engagement des parties de se consulter préalablement aux assemblées générales en vue de parvenir à un vote uniforme pour certaines décisions limitativement énumérées (Déc. AMF 205C0328 du 28-2-2005) ou engagement des parties à exercer leurs droits de vote en conformité avec la position commune discutée et arrêtée par le « comité stratégie et initiatives » de la société (Déc. AMF 209C1157 du 3-9-2009).	X	
Engagement des parties de se concerter avant chaque assemblée sur le sens dans lequel elles entendent exercer leurs droits de vote ; en cas de désaccord, l'un des signataires s'engage à voter en faveur des résolutions proposées ou recommandées par le conseil d'administration et contre certaines résolutions rejetées par le conseil, dans certains domaines (émission d'actions, adoption de mesures anti-OPA, nomination d'administrateurs) (Déc. AMF 206C0578 du 27-3-2006) ou convention de vote par laquelle les parties conviennent de se concerter avant toute assemblée générale pour convenir de leurs votes et à défaut d'accord de voter dans le sens décidé par l'un des partenaires (Déc. AMF 208C0549 du 25-3-2008).	X	
Engagement de concertation préalable des parties sur les **décisions majeures soumises au conseil de surveillance** après adoption d'une position commune (Déc. AMF 207C0664 du 13-4-2007).	X	
Pacte d'actionnaires comportant l'engagement des parties d'inscrire et de maintenir les titres de la société au nominatif pendant toute la durée du pacte, de stabiliser leurs participations, de se concerter avant toute assemblée générale ou conseil d'administration (les parties conservant toutefois leur liberté de vote), de ne pas voter au sein des organes de la société en faveur d'une « opération majeure » définie au pacte, ou de la mettre en œuvre sans consensus préalable et de se répartir les postes au sein du conseil d'administration et des comités ad hoc de la société (Déc. AMF 207C1330 du 6-7-2007).	X	
Engagement des parties, en cas de franchissement direct ou indirect du seuil de 50 % du capital et des droits de vote par l'une d'elles, de **racheter** à première demande la **participation** de l'autre (Avis SBF 92-1989 du 17-7-1992).	X	

85025 (suite)

	Action de concert	Absence d'action de concert
Engagement par l'une des parties de ne pas céder ses actions sans le consentement de l'autre avant une certaine date et faculté pour elle d'exiger, après cette date, que son cocontractant lui rachète ses titres (Avis SBF 92-1123 du 29-4-1992).	X	
Création d'un **noyau stable** au moment de l'introduction des titres en bourse (Avis CMF 200C0203 du 7-2-2000).	X	
Engagement de conservation des titres, doublé, en cas d'augmentation de capital ou de toutes opérations sur fonds propres qui entraîneraient une dilution des droits de vote détenus par les parties, d'un engagement de concertation à l'effet de convenir d'un nouvel accord (Avis CMF 199C0484 du 28-4-1999).	X	
Engagement de chacune des parties d'informer l'autre préalablement à toute acquisition de titres et, sauf accord unanime préalable, interdiction pour chacune d'elles d'acquérir un bloc de titres susceptible de leur conférer une participation de concert de plus de 35 % du capital (Avis SBF 92-1410 du 27-5-1992).	X	
Convention prévoyant l'obligation pour l'une des parties, préalablement à tout accroissement de sa participation dans la société, d'en informer l'autre en vue de l'inviter à participer à cette acquisition au prorata du nombre de titres qu'elle détient (Avis SBF 92-1989 du 17-7-1992).	X	
Convention prévoyant que chacune des parties qui présentera un projet d'augmentation directe ou indirecte de sa participation dans le capital de la société devra le notifier préalablement aux autres, chacune d'entre elles disposant alors d'un droit de veto discrétionnaire et pouvant : soit refuser l'opération envisagée (auquel cas la partie initiatrice devra y renoncer, même si elle a obtenu l'accord des autres parties) ; soit accepter l'opération et déclarer son intention de ne pas y participer malgré le changement dans la répartition du capital de la société ; soit accepter l'opération et déclarer son intention d'y participer à concurrence de sa quote-part ; dans ces deux derniers cas, la partie initiatrice pourra réaliser l'opération à la condition que l'ensemble des parties aient donné leur accord (Déc. AMF 207C0658 du 12-4-2007).	X	
Engagement de ne pas augmenter sa participation dans la société sans l'accord du cocontractant (clause de non-dilution) (Avis SBF 93-1068 du 21-4-1993).	X	
Engagement de maintenir la participation globale de l'ensemble des membres du pacte à hauteur de 67 % en capital et en droits de vote (Avis SBF 95-3522 du 12-12-1995) ou engagement de ne pas dépasser un seuil déterminé du capital, individuellement ou collectivement (Déc. AMF 207C1021 du 31-5-2007) ou bien de ne pas dépasser individuellement 25 % du capital ou des droits de vote (Déc. AMF 209C0177 du 4-2-2009).	X	
Convention organisant entre les signataires le **reclassement,** dans des proportions définies, **d'un bloc majoritaire de titres** (Avis SBF 92-1104 du 27-4-1992).	X	

85025 (suite)

	Action de concert	Absence d'action de concert
Convention contenant une **clause de sortie conjointe** selon laquelle l'associé qui a la possibilité de céder ses titres doit en faire profiter les autres dans les mêmes conditions (Avis SBF 93-1068 du 21-4-1993 ; Avis SBF 94-2176 du 12-7-1994 ; Avis SBF 95-3522 du 12-12-1995 ; Déc. AMF 204C0495 du 8-4-2004 ; Déc. AMF 206C0751 du 24-4-2006 ; Déc. AMF 208C1189 du 20-6-2008).	X	
Clause de sortie conjointe permettant au cédant d'obliger les autres partenaires à céder leurs actions au même acquéreur (Déc. AMF 204C0218 du 10-2-2004 ; Déc. AMF 204C0518 du 16-4-2004).	X	
Clause de sortie conjointe selon laquelle, en cas d'acceptation par un groupe d'actionnaires représentant au moins 60 % des titres faisant l'objet de la convention de l'offre d'achat de 100 % de ces titres présentée par un tiers solvable et de bonne foi, les autres membres du pacte s'engagent à céder la totalité de leurs actions conjointement avec le groupe majoritaire au prix et aux conditions acceptés par celui-ci (Avis CMF 199C0982 du 26-7-1999).	X	
Pacte d'actionnaires comportant une clause de sortie conjointe, laissant cependant aux parties leur liberté de cession (Déc. AMF 204C1487 du 7-12-2004 ; Déc. AMF 205C0673 du 15-4-2005).		X
Engagement par l'associé, s'il souhaite céder ses titres, de faire **déposer une offre publique** dont son coassocié pourra bénéficier (Avis SBF 94-1036 du 7-4-1994).	X	
Pacte d'actionnaires prévoyant l'obligation pour chaque partie d'obtenir l'accord écrit de l'autre partie avant de procéder au dépôt d'un projet d'offre publique et, plus généralement, à toute opération ayant pour conséquence d'obliger solidairement les parties à déposer un projet d'offre publique d'acquisition visant les titres de la société (Déc. AMF 206C0786 du 27-4-2006).	X	
Convention prévoyant que l'actionnaire qui désire se retirer de la société devra en informer l'autre actionnaire ; celui-ci pourra, à son tour, notifier au cédant la valeur qu'il attribue à sa participation ; le cédant aura alors le choix entre la cession immédiate de toutes ses actions à l'autre actionnaire ou l'achat de la totalité des actions de l'autre actionnaire, et ce, moyennant le prix fixé par ce dernier dans sa notification (**clause « buy or sell »**) (Avis SBF 93-327 du 3-2-1993).	X	
Accord de séparation nécessitant, de la part des parties, un comportement commun, solidaire, assorti d'une dimension contraignante forte entre ces personnes en vue d'acquérir et d'exercer des droits de vote d'une société, pour mettre en œuvre une politique commune vis-à-vis de cette société (Déc. AMF 207C2792 du 13-12-2007, confirmée par CA Paris 24-6-2008 n° 07-21048 : RJDA 10/08 n° 1036 et, sur pourvoi, par Cass. com. 27-10-2009 n° 08-18.819 FS-PBIR : RJDA 1/10 n° 42).	X	
Détention de la majorité des droits de vote d'une société holding par des actionnaires qui déterminent conjointement, en fait, la politique menée par celle-ci à l'égard d'une filiale dont les titres sont admis aux négociations sur un marché réglementé (Cass. com. 22-11-2016 n° 15-11.063 FS-D : RJDA 2/17 n° 88).		X

c. Preuve de l'action de concert

S'agissant d'un fait juridique, la preuve de l'action de concert peut être rapportée par tous moyens. L'existence d'une action de concert peut résulter des **déclarations écrites** des intéressés (voir Avis CMF 199C0902 du 12-7-1999, 199C2039 du 23-12-1999, 200C0202 du 7-2-2000 et 200C0677 du 5-5-2000 ; Décisions AMF 208C1286 du 4-7-2008 et 209C1157 du 3-9-2009). Pour autant, les déclarations des personnes concernées n'engagent pas nécessairement l'AMF, qui peut rapporter la preuve de l'existence d'une action concertée en dépit de déclarations d'absence de concert (Décisions AMF 207C1202 du 26-6-2007 et 207C2792 du 13-12-2007). **85050**

L'existence d'une action de concert peut aussi résulter des **présomptions** légales. Le concert est ainsi présumé (C. com. art. L 233-10, II) : **85051**
– entre une société et ses dirigeants (président du conseil d'administration, directeurs généraux, membres du directoire ou gérants) ;
– entre des sociétés contrôlées par la ou les mêmes personnes (contrôle horizontal) ;
– entre une société et les sociétés qu'elle contrôle au sens de l'article L 233-3 du Code de commerce (contrôle vertical) ;
– entre les associés d'une SAS à l'égard des sociétés que celle-ci contrôle ;
– entre le fiduciaire et le bénéficiaire d'un contrat de fiducie, si ce bénéficiaire est le constituant.
Ces présomptions doivent être interprétées restrictivement de sorte que, par exemple, ne sont pas concernées les personnes qui ne sont pas énumérées ci-dessus (administrateurs non dirigeants, membres du conseil de surveillance, etc.).
De plus, il s'agit là de présomptions **simples** qui peuvent être écartées par la preuve contraire (pour un exemple de preuve insuffisante à écarter une telle présomption, AMF comm. sanc. 25-7-2013).
La preuve du concert peut résulter **d'indices graves, précis et concordants,** notamment en l'absence d'accord écrit (Cass. com. 15-5-2012 n° 11-11.633 F-D : RJDA 8-9/12 n° 775). L'AMF a ainsi considéré que les faits relevés lors d'une tentative de prise de contrôle rampante ne pouvaient constituer une somme d'opérations individuelles et autonomes dont la conjonction était fortuite et qu'à l'inverse leur accumulation ne pouvait s'expliquer que dans le cadre d'une intention commune visant l'acquisition du contrôle d'une société, en donnant à une société les moyens de mettre en œuvre une politique vis-à-vis d'une autre (Décision AMF 207C1202 du 26-6-2007 ; CA Paris 2-4-2008 n° 07-11675 : RJDA 6/08 n° 676). Ont notamment été pris en compte la chronologie et le mode opératoire des acquisitions, les liens d'ordre personnel, capitalistique et d'affaires entre les intéressés, l'absence de rapport direct entre l'objet social des acquéreurs et celui de la cible, les montants investis au caractère significatif, voire disproportionné, au regard de la surface financière apparente des acquéreurs.

L'**existence** d'un concert peut être **constatée** soit par l'AMF (par exemple, Décision AMF 211C0024 du 7-1-2011), soit par le juge sollicité pour ce constat. Le juge n'est pas lié par les conclusions de l'AMF sur l'existence ou la non existence d'un concert. **85052**
L'AMF, destinataire de certaines clauses des pactes d'actionnaires en vue de leur publication conformément à l'article L 233-11 du Code de commerce (nos 86200 s.) et en outre chargée de la surveillance du bon fonctionnement des marchés financiers, est en pratique l'autorité première de qualification des actions de concert. Une lecture fractionnée des clauses d'un pacte d'actionnaires ou une appréciation de chaque élément factuel ne permettrait pas d'appréhender l'existence d'un concert, de sorte que l'AMF met en œuvre une approche globale pour l'appréciation de l'action de concert (en ce sens, Décision AMF 207C2792 du 13-12-2007).

> **Précisions** Si le **bureau d'une assemblée générale** d'actionnaires estime que des actionnaires, agissant de concert, ont franchi un seuil sans le déclarer, il n'a pas le **pouvoir** de les priver de leurs droits de vote lorsque l'existence de l'action de concert est contestée (n° 86080).

d. Conséquences de l'action de concert

Les personnes agissant de concert sont tenues solidairement aux obligations qui leur sont faites par la loi et les règlements (C. com. art. L 233-10, III). **85060**
En conséquence, elles s'exposent aux sanctions civiles, pénales ou réglementaires applicables en cas d'inobservation de ces obligations. Ainsi, une irrégularité commise par un seul concertiste est imputable à tous les concertistes dès lors que l'opération a été réalisée dans le cadre du concert et que l'autre ou les autres concertistes en ont eu connaissance (CA Paris 1-2-2000 n° 99-14973 : RJDA 11/00 n° 993).
Mais cette solidarité ne vaut que pour l'application des règles relatives aux marchés financiers (CA Paris 29-10-1999 n° 96-16169 : Bull. Joly 2000 p. 298 note P. Le Cannu).

e. Fin du concert

85070 L'action de concert peut prendre fin du fait de l'arrivée du terme prévu lors de la conclusion du pacte d'actionnaires la constituant, du retrait de l'un des concertistes ou d'un accord de volontés de ceux-ci.
Cette cessation peut aussi résulter de l'apparition de graves divergences de vues entre les concertistes quant à la politique à suivre vis-à-vis de la société, révélatrices de la disparition de la « convergence des volontés » qui unissait ces personnes (Avis CMF 198C1041 du 13-11-1998).
Le fait qu'un concert consistant en un accord de séparation aboutisse, après la réalisation de l'accord, au franchissement du seuil du tiers (cf. Règl. gén. AMF art. 234-2, al. 1) n'exclut pas l'obligation pour les concertistes de déposer une offre publique d'acquisition (Cass. com. 27-10-2009 n° 08-18.819 FS-PBIR : RJDA 1/10 n° 42). Précisons que l'AMF a dispensé des concertistes de l'obligation de dépôt d'un projet d'offre publique en considération d'un ensemble de circonstances de fait (décision d'annulation partielle de la décision AMF par la cour d'appel et de la cession ultérieure par le principal concertiste de l'ensemble des actions de la cible qu'il détenait) (Décision AMF 208C0741 du 21-4-2008).

85071 L'**AMF** doit être **informée** de cette situation. La participation de chacune des parties devant être décomptée individuellement, il en résulte, dans la plupart des cas, des franchissements de seuils à la baisse (n° 86005) qui doivent être portés à la connaissance de l'AMF et de la société.

III. OBLIGATIONS D'INFORMATION ET DE TRANSPARENCE

86000 En cas de cession d'actions admises aux négociations sur un marché boursier, cédant et acheteur peuvent être contraints de procéder à diverses déclarations destinées à informer tant la société dont les actions sont cédées que le public du montant des participations détenues par l'acquéreur et des éventuels projets ou accords susceptibles d'avoir une influence sur la conduite de la société ou le cours des actions. Ils doivent aussi veiller à ne pas exploiter indûment les informations dont ils pourraient avoir connaissance, ni entraver le fonctionnement du marché.

A. Franchissements de seuils de participation

1. OBLIGATION LÉGALE D'INFORMATION

a. Règles générales

86005 Toute personne physique ou morale, agissant seule ou de concert, qui vient à posséder, directement ou indirectement, un nombre d'actions représentant plus de 5, 10, 15, 20, 25, 30, 33,33, 50, 66,66, 90 ou 95 % du capital ou des droits de vote d'une société dont le siège est situé sur le territoire français et dont les actions sont admises aux négociations sur un marché réglementé d'un État partie à l'EEE ou sur un marché d'instruments financiers admettant aux négociations des actions pouvant être inscrites en compte chez un intermédiaire habilité doit **informer la société** du nombre total d'actions ou de droits de vote qu'elle possède (C. com. art. L 233-7, I-al. 1).
L'information doit également être donnée lorsque la participation en capital ou en droits de vote devient inférieure à l'un des seuils mentionnés ci-dessus (art. L 233-7, I-al. 2).

ATTENTION

Lorsque le nombre des droits de vote ne correspond pas au nombre des actions, il convient de surveiller 22 seuils (11 seuils en capital et 11 seuils en droits de vote). Tel est le cas lorsqu'il existe des actions à droit de vote double ou sans droit de vote, des actions « propres » détenues par la société, par exemple en vue de la gestion du capital ou en vue de leur attribution aux salariés, des actions non libérées des versements exigibles, des actions privées du droit de vote pour défaut de notification d'un franchissement de seuils (n°s 86080 s.), des actions d'autocontrôle.

La personne tenue d'informer la société doit **informer** également **l'AMF** dans les **cas** suivants :
– si les actions de la société sont admises aux négociations sur un marché réglementé ;
– si les actions de la société sont admises aux négociations sur un SMNO tel Euronext Growth, mais seulement si sont franchis (à la hausse et à la baisse) les seuils de 50 % ou de 90 % du capital ou des droits de vote (Règl. gén. AMF art. 223-14, I sur renvoi de l'art. 223-15-1 modifié par arrêté du 16-5-2022).
L'AMF porte ces informations à la connaissance du public.

> **Précisions a.** Le régime s'applique dès lors que les titres sont inscrits en compte chez un intermédiaire habilité, y compris lorsque cette inscription porte sur des **titres nominatifs administrés** en vertu d'une clause statutaire (Cass. com. 10-2-2015 n° 13-14.778 : RJDA 6/15 n° 431).

b. La **possession indirecte** s'entend de la possession par assimilation (n° 86025). Un défaut de déclaration de franchissement de seuils peut ainsi être imputé à une personne, y compris physique, qui est un actionnaire seulement indirect par l'intermédiaire d'une ou plusieurs sociétés contrôlées, et qui ne possède donc, en direct, aucune action de l'émetteur.

c. L'information étant limitée au cas où l'un des seuils est franchi, il n'y a pas d'obligation d'aviser la société et l'AMF des augmentations ou réductions de participation lorsque ces **mouvements n'entraînent pas de franchissement de seuils** (voir cependant n°s 86100 s. sur la possibilité de fixer dans les statuts des seuils supplémentaires).

d. Les **seuils** peuvent être **franchis,** non seulement de **manière « active »,** par exemple à la suite d'une acquisition (ou, pour les franchissements à la baisse, d'une cession) directe ou indirecte de titres, quelle qu'en soit la forme (achat, apport, absorption, partage, paiement du dividende en actions, etc.), mais aussi de manière **« passive »** à la suite d'une modification dans la répartition des droits de vote résultant, par exemple, de l'acquisition ou de la perte du droit de vote double par l'intéressé ou par un autre actionnaire détenant une participation significative dans le capital, de la conversion d'obligations en actions, etc.

Les actions souscrites par un établissement de crédit en exécution d'un engagement de garantie de bonne fin (Mémento Sociétés commerciales n° 50821) ne doivent pas, semble-t-il, être prises en compte pour les déclarations de franchissement de seuils, si l'établissement les détient dans le cadre de son activité de transaction et les maintient dans des comptes spécifiques, dans l'attente de leur reclassement (cf. Avis SBF 92-2317 du 25-8-1992).

e. Toute personne physique ou morale qui acquiert plus de 10, 15, 20 ou plus de 25 % des actions ou des droits de vote d'une société « cotée » sur un marché réglementé doit assortir sa déclaration de franchissement de seuil d'une **« déclaration d'intention »,** précisant notamment les objectifs qu'elle entend poursuivre dans les six mois suivants (n°s 86150 s.).

f. Le franchissement du seuil de 30 % en capital ou en droits de vote entraîne, pour la personne physique ou morale concernée et pour toute personne agissant de concert avec elle, l'obligation de déposer une **offre publique d'achat ou d'échange** visant à détenir la totalité des titres de capital et de ceux donnant accès au capital ou aux droits de vote de la société émettrice (n°s 87200 s.).

g. À défaut de disposition du règlement général de l'AMF imposant de déclarer les franchissements de seuils dans une société dont les actions sont admises aux négociations sur un SMN (tel **Euronext Access**), aucune déclaration n'est requise dans ces sociétés, sauf disposition contraire des statuts (Communication Ansa, comité juridique n° 18-049 du 3-10-2018).

h. Les sociétés émettrices de titres de capital ou de titres équivalents admis aux négociations sur **Euronext Growth** doivent par ailleurs **rendre public,** dans les cinq jours de négociation suivant celui où elles en ont connaissance, le franchissement des seuils de 50 % ou 90 % (Règles d'Euronext Growth modifiées le 1-4-2022 art. 4.3.1 ; pour les sanctions applicables en cas de manquement, voir art. 7.3.1).

EXCEPTIONS À L'OBLIGATION DE DÉCLARER LES FRANCHISSEMENTS DE SEUILS

Les obligations de déclarer les franchissements de seuils ne s'appliquent pas (C. com. art. L 233-7, IV et V ; Règl. gén. AMF art. 223-12 et 223-13) : 86011

– aux actions, accords et instruments financiers acquis aux seules fins de la **compensation,** du **règlement** ou de la **livraison** d'instruments financiers, dans le cadre du cycle de règlement à court terme qui n'excède pas trois jours de négociation suivant la transaction ;

– aux actions, accords et instruments financiers détenus par les **teneurs de comptes-conservateurs** dans le cadre de leur activité de tenue de compte et de conservation ;

– aux actions, accords et instruments financiers détenus par un **prestataire de services d'investissement** dans son portefeuille de négociation (au sens de l'article 11 de la directive 2006/49 du 14-6-2006), à condition que ces actions représentent une quotité du capital ou des droits de vote de l'émetteur de ces titres inférieure ou égale à 5 % et que les droits de vote attachés à ces actions ne soient pas exercés ni autrement utilisés pour intervenir dans la gestion de l'émetteur (dite « exception de trading ») ;

– aux actions, accords et instruments financiers remis aux **membres du Système européen de banques centrales** ou par ceux-ci dans l'exercice de leurs fonctions d'autorités monétaires ;

– aux actions, accords et instruments financiers acquis aux fins de stabilisation conformément au règlement UE 596/2014 du 16 avril 2014, pour autant que les droits de vote attachés à ces actions ne soient pas exercés ni utilisés autrement pour intervenir dans la gestion de l'émetteur ;

– aux actions détenues par un **teneur de marché,** lors du franchissement du seuil de 5 % du capital ou des droits de vote dans le cadre de la tenue de marché, à condition qu'il n'intervienne pas dans la gestion de l'émetteur et n'exerce aucune influence pour inciter l'émetteur à acquérir ces actions ou à en soutenir le prix ;
– aux actions détenues par une **personne contrôlée** (au sens de l'article L 233-3 du Code de commerce) par une entité soumise à l'obligation de déclaration pour les actions détenues par cette personne ou par une entité elle-même contrôlée par une entité soumise à l'obligation de déclaration pour ces mêmes actions.

> **Précisions** **a.** Dans le cas d'un groupe d'entreprises, les détentions doivent être agrégées au niveau du groupe pour le **calcul du seuil de 5 %,** qu'il s'agisse de l'exception de trading ou de la tenue de marché (Règl. UE 2015-761 du 17-12-2014 art. 3).
> **b.** Dans un délai de cinq jours de négociation à compter du commencement de son activité, le **teneur de marché** doit **informer l'AMF** (en tant qu'autorité compétente de l'émetteur) qu'il mène ou a l'intention de mener des activités de tenue de marché vis-à-vis d'un émetteur déterminé. Cette information est faite selon le modèle type défini dans l'instruction AMF 2008-02. Par parallélisme des formes, l'AMF doit aussi être informée, dans le même délai, lorsqu'il cesse d'exercer ces activités vis-à-vis de l'émetteur concerné. Dans un souci de transparence et de traçabilité des activités de tenue de marché réalisées pour le compte d'un émetteur, le teneur de marché doit être en mesure de communiquer à l'AMF, sur demande de celle-ci, les moyens permettant d'identifier les actions ou instruments financiers concernés (il lui appartient de les inscrire sur un compte séparé lorsqu'il ne peut les identifier autrement) et, le cas échéant, tout accord entre le teneur de marché et l'entreprise de marché ou l'émetteur (C. com. art. L 233-7, V-1° ; Règl. gén. AMF art. 223-13, II à IV).

b. Information sur les droits de vote

86020 Pour permettre aux actionnaires d'apprécier s'ils ont ou non franchi un seuil de participation nécessitant pour eux une information, les **sociétés par actions** doivent, dans les 15 jours qui suivent l'assemblée générale ordinaire annuelle, publier dans un support d'annonces légales du département où la société a son siège social un avis indiquant le nombre total des droits de vote existant à la date de l'assemblée. Cependant, cette obligation n'est pas due par les sociétés dont les actions ne sont pas admises aux négociations sur un marché réglementé lorsque le nombre de droits de vote n'a pas varié par rapport à celui de la précédente assemblée générale ordinaire. Lorsque, entre deux assemblées annuelles, la société a connaissance d'une variation du nombre total des droits de vote d'au moins 5 % par rapport au nombre déclaré antérieurement, elle doit, dans les 15 jours, publier dans ledit support d'annonces légales un nouvel avis précisant le nouveau nombre de droits de vote à prendre en compte (C. com. art. L 233-8, I, R 233-2 et A 233-1).
Les sociétés dont les actions sont admises aux négociations sur un **SMNO** (Euronext Growth) et les sociétés dont les actions sont admises aux négociations sur un **marché réglementé** d'un État de l'EEE et ayant leur siège en France pour le contrôle de l'obligation d'établissement d'un prospectus sont réputées remplir cette obligation, sous réserve de publier chaque mois le nombre total de droits de vote et le nombre d'actions composant leur capital, s'ils ont varié par rapport à ceux publiés antérieurement (C. com. art. L 233-8, II ; Règl. gén. AMF art. 223-16 et 223-16-1). Pour les sociétés ayant leur siège hors de l'EEE, voir n° 86057.

> **Précisions** **a.** Le nombre total de droits de vote s'entend comme celui des **droits de vote théoriques.** Lorsqu'un différentiel significatif existe entre le nombre de droits de vote théoriques et le nombre de droits de vote **exerçables,** l'AMF recommande que ces deux chiffres soient publiés, au titre de la bonne information du public (Position-recommandation AMF 2021-02).
> **b.** Il incombe aux émetteurs de procéder (directement ou par recours à un diffuseur professionnel) à la **diffusion effective et intégrale** des variations mensuelles de droits de vote ainsi qu'à leur **mise en ligne** sur le site de la société concernée pendant au moins cinq ans à compter de leur diffusion (Rev. AMF novembre 2007 p. 61).
> **c.** Les **modalités de publication** de ces informations obéissent au régime de l'information réglementée (obligation de diffusion effective et intégrale : Règl. gén. AMF art. 221-4, II ; voir Mémento Sociétés commerciales n°s 66255 s.).

c. Calcul de la participation

SEUIL DE PARTICIPATION : DÉTERMINATION DU NUMÉRATEUR

86025 Pour déterminer si les seuils de participation à partir desquels naît l'obligation d'information sont atteints, il convient de **tenir compte,** pour le calcul du numérateur, non seulement des actions ou droits de vote que la personne physique ou morale concernée possède directement dans la société, mais aussi par **assimilation** (C. com. art. L 233-9, I) : **86025** (suite)

1. Des actions ou des droits de vote possédés par d'autres personnes pour le compte de cette personne (cas, par exemple, des prête-noms, des titulaires d'un mandat de gestion, des personnes interposées) ;

2. Des actions ou des droits de vote possédés par les sociétés que cette personne contrôle au sens de l'article L 233-3 du Code de commerce ;

3. Des actions ou des droits de vote possédés par un tiers avec qui l'intéressé agit « de concert » (nos 85000 s.) ;

4. Des actions **déjà émises** ou des droits de vote que cette personne ou l'une des personnes visées ci-dessus est en droit d'acquérir à **sa seule initiative,** immédiatement ou à terme, en vertu d'un accord ou d'un instrument financier (C. com. art. L 233-9, I-4° ; Règl. gén. AMF art. 223-11, II).

Le règlement général de l'AMF a précisé les conditions d'application de ce régime. Sont notamment concernés :

– les promesses unilatérales de vente ou d'achat exerçables à tout moment ou par fenêtres et qu'elles soient dans ou hors la monnaie, si leur dénouement en actions ne dépend d'aucune condition extérieure à la volonté du porteur ; en revanche, dès lors que le sous-jacent (action) serait à émettre ou que l'exercice par le porteur de son droit à recevoir le sous-jacent dépendrait, même partiellement, d'une condition extérieure à sa volonté (par exemple, les options à barrière activante), la prise en compte dans le numérateur ne serait pas requise et seule une information séparée dans la déclaration de franchissement de seuil serait due ; s'agissant d'options à barrière activante, ce n'est qu'au moment où, le cours de l'action atteignant le seuil stipulé, la condition suspensive se réalise que l'option doit alors faire l'objet de l'assimilation dans le calcul du numérateur ; l'assimilation est alors requise dès la première activation, que celle-ci soit définitive ou pas ; tant que la barrière n'est pas activée, l'option relève de l'information séparée (n° 86046),

– les contrats à terme,

– les obligations échangeables ou remboursables en actions (Règl. gén. AMF art. 223-11, II-1°), étant observé que l'assimilation devra, dans le cas d'obligations échangeables, être à la fois pratiquée par le porteur obligataire et par le tiers souscripteur.

Bien entendu, ces cas d'assimilation (à la détention) s'appliquent quand bien même le déclarant ne détient aucune action par ailleurs.

Il convient de prendre en compte la valeur notionnelle brute (nombre maximum d'actions émises ou de droits de vote auxquels donne droit l'accord ou l'instrument) sans compensation avec le nombre d'actions que la personne concernée est en droit de céder en vertu d'un autre accord ou instrument financier (voir Règl. gén. AMF art. 223-11, II).

Les titres ou actions visés à l'article L 233-7, I-al. 3 du Code de commerce doivent toutefois faire l'objet d'une information distincte lors de la déclaration de franchissement mais sans être agrégés dans le calcul du numérateur du seuil (n° 86046) ;

5. Des actions **déjà émises** ou des droits de vote sur lesquels porte tout accord ou instrument financier ayant pour cette personne ou les personnes mentionnées aux 1. et 3. ci-dessus un **effet économique similaire à la possession** desdites actions, que cet accord ou instrument financier donne droit à un règlement physique ou à un règlement en espèce (C. com. art. L 233-9, I-4° bis ; Règl. gén. AMF art. 223-11, III). Entrent notamment dans cette catégorie les obligations échangeables ou remboursables en actions, les contrats à terme, les options, qu'elles soient exerçables immédiatement ou à terme et quel que soit le niveau du cours de l'action par rapport au prix d'exercice de l'option, les warrants, la mise en pension de titres, les accords de cession temporaire de titres, les contrats financiers avec paiement d'un différentiel, les contrats d'échange relatifs à des actions et tout instrument financier exposé à un panier d'actions ou à un indice boursier.

Le nombre d'actions et de droits de vote à prendre en compte par le déclarant détenteur d'un accord ou d'un instrument financier donnant droit à un règlement en espèces est calculé en multipliant le nombre maximal d'actions et de droit de vote sur lequel porte l'accord ou l'instrument financier par le delta de l'accord ou de l'instrument financier (pour les modalités de calcul du delta, voir Règl. gén. AMF art. 223-11, III).

Il n'est effectué aucune compensation avec toute position courte détenue en vertu d'un autre accord ou instrument financier (Règl. gén. AMF art. 223-11, III) ;

6. Des actions dont cette personne a l'**usufruit** ;

7. Des actions ou des droits de vote possédés par un tiers avec lequel cette personne a conclu un **accord de cession temporaire** portant sur ces actions ou droits de vote. En cas de prêt de consommation d'actions, l'emprunteur doit déclarer la hausse de sa participation ;

8. Des actions déposées auprès de cette personne, à condition que celle-ci puisse exercer les droits de vote qui leur sont attachés comme elle l'entend en l'absence d'instructions spécifiques des actionnaires ;

9. Des droits de vote que cette personne peut exercer librement en vertu d'une **procuration en l'absence d'instructions spécifiques** des actionnaires concernés. Toutefois, lorsqu'une personne reçoit une procuration de vote en vue d'une assemblée générale, il lui est possible de se limiter à une déclaration unique et préalable, en lieu et place des déclarations respectivement antérieure et postérieure à l'assemblée, sous réserve pour elle d'indiquer dans cette déclaration unique sa situation en termes de droits de vote à l'échéance du mandat de vote qu'elle a reçu. Le mandataire est alors dispensé de déclaration d'un franchissement à la baisse au terme de la procuration (Règl. gén. AMF art. 223-15). Par ailleurs, le président d'une association de défense d'actionnaires sollicitant les pouvoirs de ses adhérents pour les représenter à une assemblée générale n'a pas à déclarer les droits de vote qu'il détient en vertu de ces pouvoirs dans la mesure où, ayant rendues publiques ses intentions de vote sur les projets de résolution présentés à l'assemblée, il est tenu d'exercer, pour toute procuration reçue sans instructions de vote, un vote conforme à ces intentions (CA Paris 22-4-2021 n° 20/03915 : RJDA 10/21 n° 668).

86026 Afin de supprimer le **risque de double comptabilisation** des actions et droits de vote assimilés, l'article 223-11-1, II du règlement général de l'AMF prévoit qu'un même titre ne peut être assimilé qu'une seule fois par un déclarant, quand bien même ce titre serait visé par plusieurs des cas d'assimilation prévus à l'article L 233-9, I du Code de commerce (par exemple, chaîne de contrôle et promesse de vente, action de concert et promesse de vente, concert et usufruit).

86027 Il convient, en revanche, de **ne pas tenir compte** (C. com. art. L 233-9, II ; Règl. gén. AMF art. 223-12 et 223-12-1) :
– des actions détenues dans un portefeuille géré par un prestataire de services d'investissement contrôlé, au sens de l'article L 233-3 du Code de commerce, par la personne tenue à la déclaration, dans le cadre du service de gestion de portefeuille pour compte de tiers dans les conditions fixées par le règlement général de l'AMF (sauf exceptions prévues par l'article 223-12 du règlement général de l'AMF) ;
– des actions détenues par des prestataires de services d'investissement dans leur portefeuille de négociation (au sens de la directive 2006/49 du 14-6-2006), à condition notamment que ces instruments ne donnent pas accès à une quotité du capital ou des droits de vote de l'émetteur de ces titres supérieure à 5 % (Règl. gén. AMF art. 223-13, I-2°).

N'est en outre pas tenu à déclaration le teneur de marché qui franchit, dans le cadre de la tenue de marché, le seuil de 5 % du capital ou des droits de vote d'un émetteur, s'il n'intervient pas dans la gestion de cet émetteur et n'exerce aucune influence pour inciter cet émetteur à acquérir des actions ou en soutenir le prix (Règl. gén. AMF art. 223-13, II).

SEUIL DE PARTICIPATION : DÉTERMINATION DU DÉNOMINATEUR

86031 Pour le calcul des seuils de participation, la fraction de capital et des droits de vote que la personne concernée détient, y compris par assimilation, est déterminée sur la base du nombre total d'actions composant le capital de la société et du nombre total de droits de vote attachés à ces actions (Règl. gén. AMF art. 223-11, I-al. 1).

Le nombre total de droits de vote, également dénommé « nombre de **droits de vote théoriques** », est calculé sur la base de l'ensemble des actions auxquelles sont attachés des droits de vote, y compris les actions privées de droit de vote (Règl. gén. AMF art. 223-11, I-al. 2).

Ainsi, pour déterminer un éventuel franchissement de seuils en droits de vote, les actionnaires doivent inclure au dénominateur non seulement les droits de vote exerçables en assemblée, ce qui comprend bien évidemment les droits de vote double, mais également les droits de vote suspendus, soit en raison d'une sanction prononcée par un tribunal (fondée, par exemple, sur l'article L 233-14, al. 3 du Code de commerce : voir n° 86082), soit en raison d'une privation de plein droit (actions autodétenues en vertu de l'article L 225-210 du Code de commerce, actions d'autocontrôle en vertu de l'article L 233-31 du Code de commerce, actions correspondant à une participation réciproque non encore régularisée en vertu de l'article L 233-29 du Code de commerce, etc.).

Les limites de ce procédé de calcul sont évidentes tant cette référence ne permet pas de donner une image pertinente des rapports de force en présence au sein de l'actionnariat à un instant donné. Il a cependant pour avantage d'instaurer une grille de lecture commune au sein de l'UE.

86032 La prise en compte de la **détention indirecte** des actions d'une société peut conduire, en cas de contrôles en chaîne, à une multiplication des notifications pour une seule prise de participation.

EXEMPLE

Une société A contrôle une société B qui contrôle une société C. Si cette société C vient à prendre, dans une société cotée D, une participation significative entraînant franchissement de seuil, les trois sociétés A, B et C devront notifier à la société D et à l'AMF le nombre d'actions qu'elles détiennent directement ou indirectement (par l'intermédiaire de C en ce qui concerne A et B) dans son capital.

De même, une prise de **participation non significative** par une société peut entraîner indirectement un franchissement de seuil – et par voie de conséquence une obligation de notification – pour toutes les sociétés du groupe qui détiennent une participation, si faible soit-elle, dans la société émettrice. En effet, par le jeu des articles L 233-9, I (détention indirecte) et L 233-10, II (présomption d'action de concert) du Code de commerce, toutes ces sociétés sont considérées comme détenant directement, indirectement ou de concert avec les autres sociétés du groupe la totalité de la participation du groupe.

EXEMPLE

Soit une société A qui détient 7 % du capital (ou des droits de vote) d'une société cotée X. La société F1, filiale de A, en détient 1 %. Si une autre société du groupe, F2, également filiale de A, vient à acquérir 3 % du capital de X, les trois sociétés A, F1 et F2 sont tenues de déclarer à la société X et à l'AMF le franchissement du seuil de 10 % car elles sont, chacune en ce qui la concerne, réputées détenir 11 % du capital de cette société :
– la société A, directement à concurrence de 7 % et indirectement par assimilation des titres de ses deux filiales (C. com. art. L 233-9, I-2°) à concurrence de 4 % ;
– la société F1, directement à concurrence de 1 % et par présomption d'action de concert (C. com. art. L 233-9, I-3° et L 233-10, II) avec sa société mère et la filiale F2 de celle-ci à concurrence de 10 % ;
– la société F2, directement à concurrence de 3 % et par présomption d'action de concert avec sa société mère et la filiale F1 de celle-ci, à concurrence de 8 %.

Mais, comme nous le verrons (n° 86040), la déclaration de franchissement de seuil peut être faite par l'une quelconque des sociétés intéressées agissant tant en son nom personnel qu'au nom des autres sociétés concernées.

En cas de **variation des participations par reclassement au sein du groupe,** il n'y a pas lieu, à notre avis, de faire une quelconque déclaration, même si l'une des sociétés du groupe vient à franchir un des seuils, dès lors que le total de la participation détenue par les sociétés du groupe reste inchangé, ce qui est l'élément essentiel au regard de la transparence du marché. En effet, chacune des sociétés étant réputée détenir directement, indirectement ou par présomption d'action de concert la totalité de la participation du groupe, les reclassements internes ne modifient pas cette situation. **86033**

EXEMPLE

En reprenant notre exemple ci-dessus, la cession par la société A à chacune de ses filiales de 3 % du capital de la société X ne change pas, en définitive, la situation des trois sociétés, qui sont toujours réputées détenir 11 % du capital de X :
– la société A, directement à concurrence de 1 %, indirectement ou de concert à concurrence de 10 % (4 % par F1 et 6 % par F2) ;
– la société F1, directement à concurrence de 4 %, indirectement ou de concert à concurrence de 7 % (1 % par A et 6 % par F2) ;
– la société F2, directement à concurrence de 6 %, indirectement ou de concert à concurrence de 5 % (1 % par A et 4 % par F1).

Une nouvelle déclaration ne s'impose, à notre avis, que si, pour l'ensemble du groupe, un seuil est franchi en hausse ou en baisse, étant observé que ce franchissement de seuil peut, parmi d'autres causes, résulter de l'entrée dans le groupe (ou de la sortie) d'une société détenant elle-même directement, indirectement ou de concert des titres de la société « cotée ». Pour autant, sous l'impulsion des exigences de transparence, la plupart des sociétés déclarent désormais les franchissements de seuils nés des reclassements internes auxquels elles procèdent. L'AMF est dans ce cas en mesure de vérifier l'existence, le cas échéant, d'engagements connexes qui auraient pu être pris par les parties à la cession des droits.

Le respect de la réglementation sur les franchissements de seuils suppose donc, dans les groupes de sociétés, une particulière **vigilance** et la nécessité pour toutes les sociétés du groupe de s'informer (ou d'informer la société chef de file) de toutes les modifications intervenues dans leur portefeuille-titres. Cette vigilance doit s'exercer aussi sur les droits de vote dont dispose chacune des sociétés du groupe dans le cas, très fréquent en pratique, où le nombre des droits de vote ne correspond pas au nombre d'actions existantes.

Pour un exemple de franchissement de seuils résultant de l'obtention du droit de vote double par une filiale, voir Avis SBF 92-1718 du 25-6-1992.

86034 Le plus souvent, le franchissement de seuils est la conséquence d'une opération financière (acquisition ou cession d'actions, souscription à une augmentation de capital, fusion, etc.) à laquelle la personne physique ou morale ou les sociétés qu'elle contrôle ont participé. Toutefois, il peut arriver que, par suite d'une dilution du capital qui ne serait pas de son fait (par exemple, augmentation de capital à laquelle elle ne souscrirait pas, conversion d'obligations, etc.), une personne voit sa participation devenir inférieure à l'un des seuils fixés par la loi. En ce cas, cette personne doit faire la déclaration, bien que le nombre des actions ou des droits de vote qu'elle possède soit resté inchangé. En effet, à la lettre du texte de l'article L 233-7 du Code de commerce, l'obligation de déclaration naît du franchissement de seuils et non pas d'une modification dans le nombre des actions ou des droits de vote possédés.

Inversement, le franchissement de seuils peut résulter de la signature d'une convention entre actionnaires valant action de concert (pour des exemples, voir Avis CMF 197C0581 du 6-11-1997 et 197C0727 du 17-12-1997).

Il peut résulter également de la réduction du nombre total des droits de vote (perte du droit de vote double détenu par des actionnaires ayant une participation significative dans la société, augmentation du nombre d'actions d'autocontrôle privées du droit de vote, rachat par la société de ses propres titres, etc. ; pour un exemple, voir Avis CMF 199C2003 du 20-12-1999).

d. Déclaration de franchissement de seuils

PERSONNES TENUES DE DÉCLARER LES FRANCHISSEMENTS DE SEUILS

86040 La déclaration s'impose à toute personne physique ou morale ayant franchi, dans un sens ou dans l'autre, l'un des seuils fixés par la loi, à l'exception (C. com. art. L 233 7, V) :

– des teneurs de marché, lors du franchissement du seuil de 5 % du capital ou des droits de vote dans le cadre de la tenue de marché, à condition qu'ils n'interviennent pas dans la gestion de l'émetteur dans les conditions fixées par le règlement général de l'AMF ;

– des personnes contrôlées au sens de l'article L 233-3 du Code de commerce par une entité elle-même tenue à la notification pour les actions détenues par ces personnes ou par une entité elle-même contrôlée par une entité tenue à la notification pour ces mêmes actions.

86041 Lorsque les actions sont détenues par un **fonds commun de placement** (FCP), la déclaration doit être faite par la société qui gère ce fonds. Celle-ci est tenue d'effectuer les déclarations de franchissement de seuils pour l'ensemble des actions détenues par les fonds qu'elle gère (C. mon. fin. art. L 214-8-9 et L 214-24-43).

S'agissant des fonds communs de placement d'entreprise (FCPE), compte tenu des règles d'exercice des droits de vote inhérentes à ces fonds, les déclarations doivent être effectuées fonds par fonds et non de manière consolidée (Bull. COB avril 1999 p. 23).

86042 La déclaration s'impose également aux **personnes ayant agi de concert,** quelle que soit l'importance de la participation détenue par chacune d'elles et même si cette participation est inférieure à 5 %. En effet, les personnes agissant de concert sont responsables solidairement du respect des dispositions légales et réglementaires les concernant (C. com. art. L 233-10, III).

ATTENTION

Plutôt que de procéder à des déclarations séparées, ce qui nuit à une présentation cohérente des changements intervenus, il a été préconisé l'**établissement d'une seule déclaration** par la société chef de file, celle-ci agissant pour son compte et pour celui des sociétés concernées de son groupe (Avis SBF 91-1835 du 21-6-1991) ainsi que, éventuellement, pour celui des personnes physiques ou morales ayant agi de concert avec elle.

Toutefois, les dirigeants de ces sociétés devront s'assurer auprès du chef de file que la notification a bien été faite dans le délai prescrit et devront toujours être en mesure de se substituer à lui en cas de défaillance de sa part. En effet, c'est à eux qu'incombe en principe l'obligation de déclaration et ce sont eux qui s'exposent à des sanctions pénales (n° 86085) au cas où cette obligation ne serait pas respectée.

86043 En cas de **fusion-absorption,** l'absorbante, ayant cause universel de l'absorbée, n'a pas à renouveler les déclarations de franchissement de seuils faites par l'absorbée au titre de l'acquisition des actions transmises par l'effet de la fusion (Cass. com. 26-3-2008 n° 06-20.156 F-D : RJDA 6/08 n° 665). Elle reste néanmoins tenue à déclaration à l'issue de l'opération si sa propre participation, cumulée à celle de l'absorbée, lui fait franchir un des seuils en capital ou en droit de vote devant être déclarés.

CONTENU DE LA DÉCLARATION DE FRANCHISSEMENT DE SEUILS

86045 La déclaration doit préciser non seulement le nombre total d'actions ou de droits de vote détenus par l'intéressé ou assimilés par l'effet de l'article L 233-9 du Code de commerce, mais aussi le nombre de titres qu'il possède donnant accès à terme aux actions à émettre et les droits de vote qui y seront attachés, ainsi que les actions ou droits de vote que l'intéressé peut acquérir en vertu d'un accord ou d'un instrument financier, sans préjudice des dérivés sur actions existantes dénouables en actions ou en espèces visés aux 4° et 4° bis de l'article L 233-9 du Code de commerce (n° 86025) (C. com. art. L 233-7, I-al. 1 et al. 3 à 5).

La **déclaration** doit notamment **mentionner** (Règl. gén. AMF art. 223-14) : **86046**
– l'identité du déclarant ;
– le cas échéant, l'identité de la personne physique ou morale habilitée à exercer les droits de vote pour le compte du déclarant ;
– la date du franchissement du seuil de participation ;
– l'origine du franchissement de seuil ;
– la situation qui résulte de l'opération en termes d'actions et de droits de vote ;
– le cas échéant, la nature de l'assimilation aux actions ou aux droits de vote possédés par le déclarant résultant de l'article L 233-9 du Code de commerce ainsi que, s'il y a lieu, les principales caractéristiques de l'accord ou de l'instrument mentionné aux 4° et 4° bis du I de ce même article ;
– le cas échéant, l'ensemble des sociétés contrôlées au sens de l'article L 233-3 du Code de commerce par l'intermédiaire desquelles les actions et les droits de vote sont détenus ;
– le cas échéant, le nombre d'actions acquises à la suite d'une cession temporaire d'actions ;
– la signature de la personne tenue à déclaration.

La déclaration doit en outre préciser, de façon séparée (C. com. art. L 233-7, I-al. 3 s. ; Règl. gén. AMF art. 223-14, III) :
– le nombre de titres donnant accès à terme aux actions à émettre (en pratique, principalement des OCA, des Oceane, des Orane, des Obsa, des Obsar, des Absa ou des BSA) et les droits de vote qui y seront attachés ;
– lorsque les conditions posées à l'article L 233-9, I-4° du Code de commerce ne sont pas remplies, les actions déjà émises que le déclarant peut acquérir, en vertu d'un accord ou d'un instrument financier, notamment les options mentionnées au dernier alinéa de l'article 223-11 du règlement général de l'AMF, dans le cas prévu audit article.

S'agissant des instruments financiers dérivés dénouables à la seule initiative du porteur en actions déjà émises ou dans les cas prévus ci-dessus, la déclaration comporte en outre une description de chaque type d'instrument financier ou de l'accord en précisant notamment :
– la date d'échéance ou d'expiration de l'instrument ou de l'accord ;
– le cas échéant, la date à laquelle ou la période durant laquelle les actions seront ou pourront être acquises ;
– la dénomination de l'émetteur de l'action concerné ;
– les principales caractéristiques de cet instrument ou de l'accord (notamment les conditions dans lesquelles cet instrument ou accord donne le droit d'acquérir des actions, ainsi que le nombre maximal d'actions auquel l'instrument ou l'accord donne droit ou que le porteur ou bénéficiaire peut acquérir, sans compensation avec le nombre d'actions que cette personne est en droit de vendre en vertu d'un autre instrument financier ou d'un autre accord).

S'agissant enfin des instruments financiers dérivés dénouables en espèces visés à l'article L 233-9, I-4° bis du Code de commerce, la déclaration comporte en outre une description de chaque type d'accord ou d'instrument financier réglé en espèces précisant notamment :
– la date d'échéance ou d'expiration de l'instrument ou de l'accord ;
– la dénomination de l'émetteur de l'action concerné ;
– les principales caractéristiques de l'instrument ou de l'accord, notamment le nombre maximal d'actions sur lesquelles il est indexé ou référencé, sans compensation avec le nombre d'actions sur lesquelles la personne tenue à l'obligation de déclaration détient une position courte en vertu de tout accord ou instrument financier réglé en espèces ;
– le delta de l'instrument ou de l'accord utilisé pour déterminer le nombre d'actions et de droits de vote assimilés par cette personne.

> **Précisions** En cas de **modification de la répartition de la participation entre les instruments financiers possédés** (mentionnés à l'article L 233-7, I du Code de commerce et représentant la « détention en dur ») **et les instruments financiers assimilés** (mentionnés à l'article L 233-9 du Code de commerce), le déclarant doit actualiser la déclaration initiale par une nouvelle déclaration lorsque cette modification conduit à franchir l'un des seuils légaux (C. com. art. L 233-7, VI bis ; Règl. gén. AMF art. 223-11-1).
>
> Il s'agit de cas dans lesquels une personne ayant déjà déclaré le franchissement d'un seuil légal et dont la détention comporte à la fois des actions possédées et des actions assimilées (par exemple, des actions faisant l'objet d'une option d'achat détenue par le déclarant ou sur lesquelles sont indexés des contracts for

difference (CFD) détenus par le déclarant) modifierait la répartition de sa détention entre actions possédées et actions assimilées (par exemple, par l'exercice d'une option d'achat ou par l'acquisition d'actions auprès de la contrepartie d'un CFD qui les détenait en couverture). Une nouvelle déclaration s'impose lorsque la personne entre en possession des actions sous-jacentes antérieurement assimilées et vient de ce fait, seule ou de concert, à franchir en hausse l'un des seuils légaux au titre de sa « détention en dur ». Il en va de même pour les droits de vote attachés à ces actions (Règl. gén. AMF art. 223-11-1, I).

DÉLAI ET FORME DE LA DÉCLARATION DE FRANCHISSEMENT DE SEUILS

86050 La déclaration doit être faite à la société émettrice et à l'AMF **au plus tard** avant la clôture des négociations du quatrième jour de négociation suivant le jour du franchissement du seuil de participation. À cette fin, le calendrier des jours de négociation des marchés réglementés établis ou opérant en France est publié sur le site de l'AMF (C. com. art. L 233-7, I-al. 1 et II-al. 1 et R 233-1 ; Règl. gén. AMF art. 223-14, I).

Invoquant la nécessité de transparence du marché, l'Autorité de marché indique que la date à compter de laquelle la déclaration doit intervenir est celle de la transaction qui provoque le franchissement de seuils, et non celle à laquelle la propriété des titres est transférée au client final (Rapport COB 2000 p. 77). Cette solution doit conduire à retenir la date d'exécution de la transaction sur le marché comme **point de départ du délai** (en ce sens également, Communication Ansa, comité juridique n° 06-057 du 8-11-2006).

La déclaration est obligatoire même si les **seuils** sont **franchis pour une courte durée.** Ainsi, tout franchissement de seuils dont la loi prévoit la déclaration doit être déclaré, même s'il se produit à la hausse puis à la baisse à quelques jours d'écart, le règlement général de l'AMF ne prévoyant aucune possibilité de différer cette déclaration, y compris dans le cas où l'investisseur a l'intention d'accroître encore sa participation (pour une illustration, voir AMF comm. sanc. 5-7-2018 : RJDA 1/19 n° 22 confirmée par CA Paris 23-5-2019 n° 18/18638). Quand l'opération d'achat-vente se réalise dans un délai inférieur à cinq jours, il est souhaitable que les déclarations de franchissement de seuils à la hausse puis à la baisse soient effectuées de manière concomitante (Rapport COB 1990 p. 196).

La déclaration à l'AMF est faite conformément au **modèle** type de déclaration disponible sur le site de l'AMF prévu dans l'instruction AMF 2008-02. Elle peut être transmise à l'AMF par voie électronique, à l'adresse declarationseuil@amf-france.org.

L'information transmise est portée à la connaissance du public par l'AMF dans les trois jours de négociation suivant la date de réception de la déclaration complète ; elle doit être rédigée en français ou dans une autre **langue** usuelle en matière financière (Règl. gén. AMF art. 223-14, VI).

86051 Aucune forme particulière n'est exigée pour la **notification à la société** émettrice. Cette notification peut donc être faite par lettre ordinaire mais, dans ce cas, il est conseillé de demander à la société informée un accusé de réception, afin de se ménager la preuve que l'obligation de notification a bien été respectée (cf. Rép. Godfrain : AN 17-3-1986 n° 78331).

MESURES CONSERVATOIRES EN CAS DE MANQUEMENT À LA DÉCLARATION DE FRANCHISSEMENT DE SEUILS

86055 Lorsqu'elle constate un manquement aux obligations relatives aux franchissements de seuils, l'AMF peut prendre des mesures conservatoires sur le fondement général de l'article L 621-14 du Code monétaire et financier.

S'agissant des sociétés pour lesquelles l'AMF n'est pas l'autorité compétente pour le contrôle de l'information réglementée en vertu des règles de compétence, l'AMF doit, dans un premier temps, informer de ses constatations l'autorité de contrôle compétente de l'État partie à l'EEE. Si, en dépit des mesures prises par cette dernière ou en raison de leur inadéquation, l'émetteur ou la personne tenue à l'information mentionnée à l'article L 233-7, I du Code de commerce persiste à violer les dispositions législatives ou réglementaires qui lui sont applicables, l'AMF peut, après avoir informé l'autorité de contrôle compétente, prendre toutes les mesures qui s'imposent pour protéger les investisseurs. Elle informe la Commission européenne de ces mesures (C. mon. fin. art. L 451-1-5).

e. Sociétés ayant leur siège hors de l'EEE

86057 Lorsqu'une société a son siège statutaire hors de l'EEE et que ses titres de capital, ou ses titres de créance dont la valeur nominale est inférieure à 1 000 €, sont admis aux négociations sur un marché réglementé français, elle est soumise à l'**obligation de déclarer** les franchissements de seuils légaux de participation (C. mon. fin. art. L 451-2-1, al. 1).

Les règles relatives à la publication mensuelle du nombre total de droits de vote et du nombre d'actions composant leur capital (n° 86020), aux cas d'assimilation (n° 86025), au concert (n°s 85000 s.), à la déclaration des pactes d'actionnaires (n°s 86200 s.) et à la notification aux sociétés contrôlantes des participations qu'elles détiennent (C. com. art. L 233-12) s'appliquent également dans ce cas (art. L 451-2-1, al. 1 précité).

L'**AMF** peut toutefois **dispenser** la personne détenant des participations d'une telle société des obligations de déclarer les franchissements de seuils et de publier les variations du nombre total de droits de vote et du nombre total d'actions composant le capital de cette société, si elle estime équivalentes les obligations auxquelles cette personne ou cette société est soumise en vertu de la législation de l'État tiers qui lui est applicable (art. L 451-2-1, al. 2 et 3).

Cet État tiers est réputé appliquer des exigences équivalentes à l'article 223-16 du règlement général de l'AMF lorsque l'émetteur est tenu de rendre public le total du nombre de droits de vote et du capital dans un délai de 30 jours calendaires suivant une variation de ce total (Règl. gén. AMF art. 223-16-1).

La liste (non disponible à ce jour) des États tiers dont les dispositions législatives ou réglementaires sont considérées comme équivalentes aux deux séries d'obligations ci-dessus est arrêtée, mise à jour et publiée régulièrement par l'AMF (art. L 451-2-1, al. 4).

f. Défaut de déclaration de franchissement de seuils

SANCTIONS CIVILES DU DÉFAUT DE DÉCLARATION DE FRANCHISSEMENT DE SEUILS

Suspension des droits de vote sur constatation du bureau En cas de manquement à l'obligation de déclaration, y compris actualisée, dans les conditions exposées nos 86005 s., **l'actionnaire est privé des droits de vote** attachés aux actions excédant la fraction qui n'a pas été régulièrement déclarée pour toute assemblée d'actionnaires qui se tiendrait jusqu'à l'expiration d'un délai de deux ans suivant la date de cette régularisation (C. com. art. L 233-14). 86080

La privation des droits de vote s'applique dès sa constatation par le bureau de l'assemblée et elle se poursuit jusqu'à l'expiration d'un délai de deux ans suivant la date de régularisation de la déclaration (Cass. com. 27-6-2018 n° 15-29.366 FS-PB : RJDA 10/18 n° 737 ; dans le même sens, Cons. const. 28-2-2014 n° 2013-369 QPC : RJDA 7/14 n° 637).

EXEMPLE

Prenons le cas d'un franchissement de seuils non déclaré constaté par le bureau de l'assemblée générale en mai 2022. Les droits de vote attachés aux actions excédant la fraction non déclarée sont suspendus dès mai 2022. Si la situation n'est régularisée qu'en octobre 2023, ce n'est qu'en octobre 2025 que l'actionnaire récupérera les droits de vote suspendus.

Aucun texte n'attribue au **bureau** de l'assemblée le **pouvoir** de priver des actionnaires de leurs droits de vote au motif qu'ils n'auraient pas satisfait à l'obligation de notifier le franchissement d'un seuil dès lors que l'existence de l'action de concert d'où résulterait cette obligation est contestée (Cass. com. 15-5-2012 n° 10-23.389 FS-PB et n° 10-28.151 FS-D : RJDA 10/12 n° 868 ; Cass. com. 10-2-2015 n° 13-14.778 F-PB : RJDA 6/15 n° 431). Si l'existence du concert n'est pas contestée, le bureau peut la constater et appliquer les limitations de droits de vote résultant du défaut de déclaration de franchissement de seuils opérés de concert (Cass. com. 27-6-2018 n° 15-29.366 FS-PB : RJDA 10/18 n° 737). La contestation doit avoir un caractère sérieux ; ainsi, le bureau ne peut constater un défaut de déclaration de franchissement de seuils et prononcer la privation de droit de vote que si ce défaut précis est avéré, reconnu ou patent (CA Paris 2-10-2012 n° 10/22201).

> **Précisions** La privation des droits de vote, qui est temporaire, partielle et limitée aux rapports entre l'actionnaire et la société, n'est pas une punition méconnaissant les **principes de nécessité et d'individualisation** des peines et elle ne porte pas une atteinte disproportionnée au **droit de propriété,** principes garantis par la Déclaration des droits de l'Homme de 1789 (Cons. const. 28-2-2014 n° 2013-369 QPC précité).

Étendue de la suspension. À compter de la régularisation, seules les actions détenues à la date du franchissement de seuils non déclaré devraient, à notre avis, être privées du droit de vote. Les **actions acquises postérieurement** à cette régularisation ne devraient pas être concernées par cette mesure (voir CA Versailles 9-4-1992, 13e ch. : Bull. Joly 1992 p. 631, note P. Le Cannu) car l'article L 233-14 du Code de commerce, qui porte une atteinte au droit fondamental de voter, doit être interprété restrictivement. 86081

Si cette sanction concerne des **concertistes,** la privation du droit de vote doit, à notre avis et en l'absence de texte, s'appliquer à proportion de la participation de chacun des concertistes déterminée à la date de formation du concert (dans le même sens, Communication Ansa, comité juridique n° 16-016 du 6-4-2016).

La déclaration régulière d'un franchissement du seuil de 20 % ne régularise pas l'**absence de déclaration du franchissement antérieur** du seuil de 10 %, tout au moins lorsque la déclaration du seuil de 20 % n'a fait aucune référence au franchissement antérieur du seuil de 10 % (Cass. com. 10-5-2006 n° 04-10.696 F-PB : RJDA 10/06 n° 1041).

L'article L 233-14 du Code de commerce vise « l'actionnaire » et non pas « les actions ». Si l'**actionnaire cède les actions,** l'acquéreur ne saurait être privé sans texte du droit de vote (sur l'exception en matière de fusion-absorption à raison de la nature civile de la sanction et de l'obligation correspondante ainsi que de la règle de la transmission universelle de patrimoine, voir Th. Bonneau, Études de droit privé offertes à P. Didier, Economica 2008 p. 25).

Il a été jugé que seule l'absence de déclaration à la hausse peut être sanctionnée par la privation automatique du droit de vote et que la revente par un acquéreur de la fraction excédant le seuil qu'il aurait dû déclarer lui permet d'échapper à cette sanction (CA Versailles 9-4-1992 précité).

86082 **Suspension des droits de vote sur décision de justice** Le tribunal de commerce dans le ressort duquel la société a son siège peut, le ministère public entendu, sur demande du président de cette société, d'un actionnaire (quelle que soit l'importance de sa participation dans le capital) ou de l'AMF, prononcer la **suspension,** pour une durée n'excédant pas cinq ans, **de tout ou partie des droits de vote** (et non pas seulement de la fraction excédant le seuil non déclaré) de l'actionnaire qui n'aurait pas déclaré un franchissement de seuils (C. com. art. L 233-14, al. 3).

Ainsi, une suspension du tiers des droits de vote détenus dans une société par diverses personnes morales agissant de concert, qui avaient omis de déclarer le franchissement du seuil du tiers en capital dans cette société, a été prononcée pour une durée de deux ans, assortie de l'exécution provisoire du jugement (T. com. Nîmes 18-2-1992 : Bull. Joly 1992 p. 536 note P. Le Cannu, qui précise que la sanction demandée visant au respect d'obligations légales doit s'appliquer « en considération du manquement reproché, et non pas du préjudice subi personnellement par l'actionnaire demandeur », sans qu'il y ait lieu de rechercher si les demandeurs ont un intérêt légitime à agir).

La suspension du droit de vote peut être demandée par tout actionnaire, même s'il n'avait pas cette qualité au moment où le franchissement de seuils aurait dû être déclaré (CA Versailles 9-4-1992, 13e ch. : Bull. Joly 1992 p. 631 note P. Le Cannu).

Jugé que la **sanction** peut être **écartée** « si les circonstances de fait démontrent notamment que l'actionnaire défaillant n'avait pas l'intention de prendre de manière occulte le contrôle de la société mais simplement de réaliser une plus-value » (CA Versailles 9-4-1992 précité).

SANCTIONS ADMINISTRATIVES DU DÉFAUT DE DÉCLARATION DE FRANCHISSEMENT DE SEUILS

86083 L'omission d'une déclaration de franchissement de seuils ou le caractère inexact et tardif de la déclaration est susceptible de caractériser un manquement de nature à porter atteinte à l'égalité de l'information et de traitement des investisseurs ou à leurs intérêts ainsi qu'au bon fonctionnement du marché (AMF comm. sanc. 1-3-2007 confirmé par CA Paris 15-5-2008 n° 07-9505). L'AMF est fondée à prononcer des sanctions administratives en application des articles L 621-14 et L 621-15 du Code monétaire et financier et à imputer celles-ci tant à la personne morale défaillante qu'à son dirigeant (AMF comm. sanc. 25-2-2010 ; pour des exemples de sanction, voir AMF comm. sanc. 9-11-2006 et AMF comm. sanc. 5-7-2018 : RJDA 1/19 n° 22 confirmée par CA Paris 23-5-2019 n° 18/18638).

SANCTIONS PÉNALES DU DÉFAUT DE DÉCLARATION DE FRANCHISSEMENT DE SEUILS

86085 Indépendamment des sanctions civiles, l'inobservation des dispositions de l'article L 233-7 du Code de commerce présentées ci-dessus (nos 86005 s.) expose les personnes physiques et les présidents, administrateurs, membres du directoire, gérants, directeurs généraux ou directeurs généraux délégués (cf. C. com. art. L 248-1) des personnes morales qui y étaient tenus à une **amende** de 18 000 € (C. com. art. L 247-2, I).

Pour les sociétés dont les actions sont admises aux négociations sur un marché d'instruments financiers, les poursuites ne peuvent être engagées qu'après que l'**avis de l'AMF** a été demandé (C. com. art. L 247-2, V).

ATTENTION

La **délégation de pouvoir** consentie au directeur financier par le président ne saurait faire échapper ce dernier à sa responsabilité pénale car la déclaration de franchissement de seuils à la baisse « ne constitue pas pour le législateur une simple formalité, mais une obligation fondamentale destinée à assurer l'information et l'égalité des opérateurs intervenant sur un titre coté ainsi que, plus généralement, la transparence des marchés », ce que le président ne pouvait ignorer (CA Paris 15-3-1993 : RJDA 5/93 n° 408, sanctionnant l'intéressé pénalement, cassé par Cass. crim. 26-6-1995 n° S 93-81646 PF : RJDA 7/95 n° 857, mais pour un autre motif).

2. OBLIGATION STATUTAIRE D'INFORMATION

CONTENU DE L'OBLIGATION STATUTAIRE D'INFORMATION SUR LES FRANCHISSEMENTS DE SEUILS

Il peut être prévu dans les statuts des sociétés dont le siège est situé sur le territoire français et dont les actions sont admises aux négociations sur un marché réglementé d'un État partie à l'EEE ou sur un marché d'instruments financiers admettant aux négociations des actions pouvant être inscrites en compte chez un intermédiaire habilité, une obligation supplémentaire d'information en cas de détention d'une **fraction** du capital ou des droits de vote **inférieure à** celle du **vingtième** (5 %) prévue par la loi (C. com. art. L 233-7, III et, sur renvoi, I). 86100

Une telle obligation d'information peut même être prévue par les statuts d'une société dont les titres sont admis aux négociations sur un SMN (Euronext Access), la loi autorisant la possibilité d'organiser un régime autonome de déclaration issu des statuts que la société soit ou non concernée par l'application des seuils légaux de déclaration (Communication Ansa, comité juridique n° 18-049 du 3-10-2018).

S'agissant d'une information « à **usage interne** », elle n'a pas à être communiquée à l'**AMF** comme c'est le cas pour les franchissements de seuils prévus par la loi.

Le **seuil** de participation en capital (ou en droits de vote) à partir duquel naît l'obligation d'information est librement fixé dans les statuts, sans toutefois être **inférieur à 0,5 %** du capital ou des droits de vote (C. com. art. L 233-7, III). 86101

L'obligation d'information peut être imposée en cas de **franchissement de chaque seuil** contenant la fraction retenue (C. com. art. L 233-7, III).

EXEMPLE

Les actionnaires peuvent être tenus de notifier à la société le nombre total d'actions qu'ils possèdent directement ou indirectement chaque fois qu'un seuil correspondant à 0,5 % du capital ou des droits de vote est franchi (0,5 %, 1 %, 1,5 %, 2 %, etc.).

En l'absence de disposition légale ou réglementaire contraire, rien ne s'oppose à ce que l'obligation d'information soit imposée même pour des **franchissements de seuils statutaires au-delà du seuil légal de 5 %.**

La loi n'impose aucun **délai** en la matière et l'AMF a précisé, à cet égard, que le délai fixé par la loi en matière de déclaration des franchissements de seuils légaux (quatre jours de négociation actuellement) ne s'applique pas de plein droit aux franchissements de seuils statutaires, dont le régime de déclaration relève de la seule décision de l'assemblée générale extraordinaire des actionnaires (Rev. AMF décembre 2004 p. 59). 86102

Le **calcul des seuils statutaires** de participation nous paraît devoir suivre le même procédé que celui des seuils légaux de participation (n° 86025). Il ressort en effet de la référence faite au III de l'article L 233-7 du Code de commerce au seuil de 5 % mentionné au I du même article que le législateur a entendu ne pas distinguer dans les modalités de calcul du dénominateur entre les seuils légaux et les seuils statutaires. Cette identité de procédé facilite le suivi des participations, que leur déclaration relève d'une obligation légale ou statutaire. 86103

> **Précisions** L'article L 233-9, I du Code de commerce, qui prévoit les **cas d'assimilation** pour la détermination du numérateur dans le calcul des seuils, renvoie au seul I de l'article L 233-7 du même Code, ce qui est logique, tous deux visant les modalités de calcul du franchissement d'un seuil légal. L'absence de renvoi de l'article L 233-9, I au III de l'article L 233-7 n'a toutefois pas pour effet, à notre avis, de dispenser de l'assimilation pour le calcul des seuils statutaires, même si les statuts ne le précisent pas expressément. Une lecture inverse dénaturerait en effet le texte et contreviendrait à la volonté du législateur qui a souhaité que les modalités de mise en œuvre de l'obligation statutaire d'information « soient appelées à suivre celles prévues pour l'obligation légale » (Rapport Vivien, AN n° 621 p. 170).

NON-RESPECT DE L'OBLIGATION STATUTAIRE D'INFORMATION SUR LES FRANCHISSEMENTS DE SEUILS

Sanction pénale L'inobservation des dispositions statutaires relatives à une obligation d'information en cas de franchissement de seuils autres que ceux déjà fixés par la loi n'entraîne, à notre avis, aucune sanction pénale (en sens contraire, A. Viandier, OPA-OPE et autres offres publiques, Éd. Francis Lefebvre 2014 n° 397). 86105

Certes, l'article L 247-2 du Code de commerce réprime la violation des dispositions de l'article L 233-7 du même Code sans distinction, de sorte que, pris à la lettre, il pourrait être considéré comme visant non seulement l'obligation légale mais aussi l'obligation statutaire d'information.

Mais, au moment de sa rédaction (Loi 85-705 du 12-7-1985), il ne concernait que l'obligation légale, seule existante à l'époque. Aussi, étendre la sanction pénale qu'il prévoit à l'inobservation de l'obligation statutaire serait admettre qu'une telle sanction puisse résulter non pas d'une volonté clairement affirmée du législateur mais seulement du silence gardé par celui-ci lors de la modification apportée par la loi du 17 juin 1987 à l'article 356-1 de la loi du 24 juillet 1966 (devenu l'article L 233-7 du Code de commerce). Or, conformément aux principes de la légalité des délits et des peines et de l'interprétation stricte des lois pénales, une sanction pénale ne peut être appliquée qu'en vertu d'une disposition légale expresse et non équivoque, ce qui ne nous paraît pas être le cas en l'espèce.

86106 **Privation du droit de vote** L'actionnaire défaillant peut, pendant deux ans à compter de la régularisation de la notification (cf. C. com. art. L 233-14, al. 1), être privé du **droit de vote** pour les actions d'une société ayant son siège sur le territoire de la République admises aux négociations sur un marché réglementé ou sur un marché admettant aux négociations des actions pouvant être inscrites en compte chez un intermédiaire habilité excédant la fraction non déclarée, si les deux conditions suivantes sont remplies (C. com. art. L 233-7, VI) :
– les statuts doivent avoir expressément prévu la possibilité de mise en œuvre de cette sanction ;
– la sanction doit avoir fait l'objet d'une demande, consignée dans le procès-verbal de l'assemblée générale, d'un ou de plusieurs actionnaires détenant une fraction du capital ou des droits de vote au moins égale à la plus petite fraction du capital (ou, nous semble-t-il, des droits de vote) dont la détention doit être déclarée, sans que cette fraction puisse être supérieure à 5 %.

86107 La violation des seuils statutaires ne peut, à notre avis, entraîner privation du droit de vote sur demande d'un actionnaire que si cette sanction est expressément prévue par les **statuts.**
On ne saurait déduire de la formule de l'article L 233-7, VI du Code de commerce, selon laquelle « les statuts de la société peuvent prévoir que les dispositions des deux premiers alinéas de l'article L 233-14 du même Code ne s'appliquent qu'à la demande [...] d'un ou plusieurs actionnaires », que la privation du droit de vote pour défaut de déclaration d'un franchissement de seuil statutaire est la règle et que les statuts peuvent seulement subordonner l'application de cette sanction à la demande préalable d'un actionnaire. En effet, l'article L 233-14 ne prévoit la privation du droit de vote qu'en cas de violation des dispositions des paragraphes I et II de l'article L 233-7 (franchissement des seuils légaux). Appliquer ce texte pour le paragraphe VI du même article (franchissement de seuils statutaires) reviendrait à étendre par analogie une sanction qui porte atteinte au principe fondamental selon lequel le droit de vote est inhérent à toute action et qui doit donc être interprétée restrictivement.
Pour un exemple d'application automatique de cette sanction, voir TGI Strasbourg 29-5-1997 n° 97-555 : RJDA 8-9/97 n° 1050. Au cas d'espèce, la sanction a été « constatée » par le tribunal sur la seule demande de la société émettrice, ce qui nous paraît contraire au texte de l'article L 233-7, VI du Code de commerce, lequel, on l'a vu, prévoit l'application automatique de la privation du droit de vote sur demande d'un actionnaire et sans qu'il soit nécessaire, sauf contestation bien entendu, de saisir le tribunal. À noter par ailleurs que, dans la même affaire, le tribunal a jugé qu'en présence d'une clause statutaire imposant la déclaration de tout franchissement du seuil de 1 % en capital et de toute fraction additionnelle de 1 % sans limitation, la déclaration du franchissement du seuil légal de 5 % ne valait pas régularisation de l'absence de déclaration des franchissements successifs des seuils statutaires de 1, 2, 3 et 4 %.

86109 Par ailleurs, sur demande du président de la société, d'un actionnaire ou de l'AMF, le **tribunal de commerce** dans le ressort duquel la société a son siège peut, le ministère public entendu, prononcer la suspension totale ou partielle, pour une durée n'excédant pas cinq ans, des droits de vote de l'actionnaire n'ayant pas déclaré un franchissement de seuil statutaire (C. com. art. L 233-14, al. 3).
À notre avis, contrairement à la sanction précédente, cette sanction peut être prononcée alors même que les statuts ne contiendraient aucune disposition réprimant le défaut de notification d'un franchissement de seuil statutaire car une telle sanction est prévue par l'article L 233-14 qui peut s'appliquer à l'encontre de tout actionnaire n'ayant pas procédé « aux déclarations prévues à l'article L 233-7 » sans distinction, ce qui inclut donc les seuils légaux et les seuils statutaires s'il en existe.

3. DÉCLARATION D'INTENTION

OBLIGATION DE DÉCLARATION D'INTENTION

86150 Lorsqu'une personne physique ou morale agissant seule ou de concert vient à posséder, directement ou indirectement, un nombre d'actions représentant plus de 10, 15, 20 ou 25 % du capital ou des droits de vote d'une société ayant son siège en France et dont les actions sont admises aux négociations sur un **marché réglementé** d'un État partie à l'accord sur l'EEE, elle est tenue de déclarer les **objectifs** qu'elle a l'intention de poursuivre au cours des **six mois** à venir (C. com. art. L 233-7, VII ; Règl. gén. AMF art. 223-17 ; pour une déclaration d'intention d'actionnaires possédant chacun 2 % des droits de vote d'une société à l'occasion de leur mise en concert avec des actionnaires détenant 60 % des droits de vote, voir Avis AMF 222C0708 du 29-3-2022).

Cette déclaration doit préciser (Règl. gén. AMF art. 223-17, I) :

– les modes de financement de l'acquisition et ses modalités : le déclarant précise notamment si l'acquisition a été réalisée par recours à des fonds propres ou à l'endettement, les modalités principales de cet endettement, ainsi que, le cas échéant, les garanties principales consenties ou dont bénéficie le déclarant. Le déclarant précise également la part éventuelle de sa participation obtenue à l'aide d'emprunts de titres ;
– si l'acquéreur agit seul ou de concert ;
– s'il envisage d'arrêter ses achats ou de les poursuivre ;
– s'il envisage d'acquérir ou non le contrôle de la société ;
– la stratégie qu'il envisage vis-à-vis de l'émetteur ;
– les opérations pour mettre en œuvre cette stratégie, notamment : tout projet de fusion, de réorganisation, de liquidation, ou de transfert d'une partie substantielle des actifs de l'émetteur ou de toute personne qu'il contrôle au sens de l'article L 233-3 du Code de commerce ; tout projet de modification des statuts ou de l'activité de l'émetteur ; tout projet d'émission de titres financiers de l'émetteur et tout projet de radiation des négociations d'une catégorie de titres financiers de l'émetteur ;
– ses intentions quant au dénouement des accords et instruments mentionnés à l'article L 233-9, I-4° et 4° bis du Code de commerce, s'il est partie à de tels accords ou instruments ;
– tout accord de cession temporaire ayant pour objet les actions ou les droits de vote de l'émetteur ;
– s'il envisage de demander sa nomination ou celle d'une ou plusieurs personnes comme administrateur, membre du directoire ou du conseil de surveillance.

L'**initiateur d'une offre publique d'acquisition** qui vient à posséder plus de 10, 15, 20 ou 25 % du capital ou des droits de vote de la société visée au cours de la période d'offre ou à l'issue de l'offre est dispensé de la déclaration d'intention dès lors que la note d'information visée à l'article 231-18 du règlement général de l'AMF a été rendue publique (Règl. gén. AMF art. 223-17, III).

La déclaration d'intention doit être adressée à la société dont les actions ont été acquises et doit parvenir à l'AMF qui doit porter ces informations à la connaissance du public au plus tard avant la clôture des négociations du **cinquième** jour de négociation suivant le jour du franchissement (C. com. art. L 233-7, VII et R 233-1-1 ; Règl. gén. AMF art. 223-17, IV). **86151**

En cas de **changement d'intention** dans le délai de six mois à compter du dépôt de cette déclaration, une nouvelle déclaration motivée doit être, par parallélisme des formes, établie et communiquée dans les mêmes conditions. Cette nouvelle déclaration fait courir à nouveau le délai de six mois (C. com. art. L 233-7, VII-dernier al.). **86152**

Plus généralement, toute personne qui a fait publiquement part de ses intentions et décide ensuite de les modifier doit informer immédiatement le public de ses nouvelles intentions sous forme d'un communiqué (Règl. gén. AMF art. 223-7 et 223-9).

> **Précisions** Les **sociétés de gestion de portefeuille pour compte de tiers** sont dispensées de renseigner les informations prévues par l'article 223-17, I du règlement général de l'AMF (n° 86150) si elles satisfont aux conditions cumulatives suivantes : elles franchissent le seuil de 10 ou de 15 % du capital ou des droits de vote de l'émetteur dans le cadre habituel de la poursuite de leur activité ; elles déclarent ne pas envisager d'acquérir le contrôle de la société ni de demander leur nomination ou celle d'une ou plusieurs personnes comme administrateur, membre du directoire ou du conseil de surveillance ; leur activité est exercée indépendamment de toute autre activité. Dans ce cas, la déclaration prend la forme d'une clause type figurant dans une instruction de l'AMF (Règl. gén. AMF art. 223-17, II).

SANCTIONS DU DÉFAUT DE DÉCLARATION D'INTENTION

Les sanctions applicables en cas d'inobservation des dispositions légales relatives aux déclarations d'intention sont analogues à celles prévues en ce qui concerne les déclarations de franchissement de seuils (nos 86080 s.) : **86155**

– privation temporaire du droit de vote en cas d'absence de déclaration d'intention (C. com. art. L 233-14, al. 1) ;

– possibilité pour le tribunal de commerce de prononcer temporairement la suspension totale ou partielle des droits de vote de l'actionnaire qui n'aurait pas procédé à la déclaration d'intention ou qui n'aurait pas respecté le contenu de sa déclaration pendant la période de six mois suivant la publication de celle-ci par l'AMF (C. com. art. L 233-14, al. 3) ;
– sanctions pénales (C. com. art. L 247-2, I). En effet, l'article L 247-2 du Code de commerce punit d'une amende de 18 000 € le fait de s'abstenir de procéder aux déclarations visées par l'article L 233-7 du même Code sans distinction. Il doit donc s'appliquer à la déclaration d'intention, dès lors qu'il s'agit d'une obligation légale non subordonnée à l'existence d'une clause statutaire comme c'est le cas pour l'obligation d'information des franchissements de seuils statutaires (n° 86100).

B. Communication et publicité des pactes d'actionnaires

86200 Toute clause d'une convention comportant des **conditions préférentielles de cession ou d'acquisition d'actions** admises aux négociations sur un marché réglementé et portant sur au moins 0,5 % du capital ou des droits de vote de la société qui a émis ces actions doit être transmise à la société et à l'AMF dans un délai de cinq jours de négociation à compter de la signature de la convention ou de l'avenant introduisant la clause concernée (C. com. art. L 233-11, al. 1).
Sont notamment visés les pactes de préférence ou de préemption, les promesses ou options de vente ou d'achat.
L'obligation de transmission à l'AMF s'impose quels que soient les signataires de la convention, qu'ils soient actionnaires ou non de la société émettrice.
La société et l'AMF doivent aussi être informées de la date à laquelle la clause prend fin (art. L 233-11, al. 2).
Ces informations sont portées à la **connaissance du public** par l'AMF (Règl. gén. AMF art. 223-18).

86202 Dès le dépôt d'un projet d'**offre publique d'acquisition,** toute clause d'accord conclu par les personnes concernées par l'offre ou leurs actionnaires susceptible d'avoir une incidence sur l'appréciation de l'offre ou son issue doit être portée à la connaissance des personnes concernées par l'offre, de l'AMF et du public ; si, à raison notamment de la date de conclusion de l'accord, la clause n'a pu être mentionnée dans la ou les notes d'information, les signataires doivent publier un communiqué précisant le contenu de cette clause, dès la conclusion de l'accord et selon les modalités de diffusion effective et intégrale de l'information réglementée prévues à l'article 221-3 du règlement général de l'AMF (Règl. gén. AMF art. 231-5).
En cas d'inobservation de l'obligation de déclaration, les effets de la clause sont suspendus en période d'offre publique sur les titres qui en sont l'objet et les parties déliées de leurs engagements pendant cette période (C. com. art. L 233-11, al. 1), ce qui leur permet de céder ou d'apporter leurs actions à la personne de leur choix. À noter que la période d'offre publique commence à la publication par l'AMF des principales dispositions du projet d'offre (Règl. gén. AMF art. 231-14) et s'achève à la publication des résultats.
Un régime d'exonération de droits de mutation à titre gratuit est prévu pour les associés, à condition qu'ils concluent entre eux et avec au moins un dirigeant associé des engagements de conservation de leurs titres pendant une certaine durée ; l'engagement de conservation de titres cotés est soumis aux dispositions de l'article L 233-11 du Code de commerce (**pactes « Dutreil »**) (CGI art. 787 B ; pour des précisions sur ces pactes, voir Mémento Sociétés commerciales n° 69103). L'AMF considère que les engagements collectifs de conservation d'actions qui se limitent strictement à l'engagement ouvrant droit à exonération n'ont pas à lui être communiqués car, lorsqu'ils ne confèrent pas un avantage contractuel particulier (prix ou droit), ils ne peuvent pas être qualifiés intrinsèquement de « clause prévoyant des conditions préférentielles d'acquisition ou de cession » (Position AMF 2004-02).
En revanche, ces accords doivent lui être communiqués lorsqu'ils comportent aussi d'autres clauses, visées par l'article L 233-11 du Code de commerce (par exemple, clause de préemption).
En outre, l'AMF considère qu'en application de l'article 231-5 de son règlement général elle doit être informée ainsi que le public car, compte tenu de la signification économique de l'engagement de conservation (l'engagement doit porter, pour les engagements souscrits depuis le 1er janvier 2019, sur au moins 10 % des droits financiers et 20 % des droits de vote et, pour les engagements souscrits avant cette date, sur au moins 20 % du capital et des droits de vote), celui-ci peut avoir une incidence sur l'appréciation ou l'issue d'une offre publique visant la société dont les titres font l'objet de l'engagement. Le texte renvoie aux modalités de diffusion effective et intégrale de l'information réglementée prévues à l'article 221-3 du règlement général de l'AMF.

Que les pactes comportent ou non des engagements « Dutreil », le public doit être informé dans les conditions prévues par les dispositions du chapitre II du titre I du livre II du règlement général de l'AMF relatives aux informations à diffuser en cas d'admission aux négociations sur un marché réglementé de titres financiers ou d'offre au public de titres.

Le **communiqué doit comporter** la date de signature des engagements de conservation, leur durée et leurs modalités de reconduction ainsi que le pourcentage du capital et des droits de vote soumis aux engagements, arrêté à la date de signature de ceux-ci (Position AMF 2004-02). 86204

Toutefois, pour répondre au souci de discrétion fondé sur les intérêts de nature privée, patrimoniaux ou fiscaux, seuls doivent apparaître dans le communiqué les **noms des signataires du pacte** ayant la qualité de dirigeant (au sens de l'article L 621-18-2 du Code monétaire et financier, ainsi que les personnes ayant des liens étroits avec ces dirigeants) ou d'associé détenant plus de 5 % du capital ou des droits de vote de la société (ceux-ci étant tenus en toute hypothèse de déclarer ce franchissement de seuil).

Enfin, en cas de **conclusion de pactes multiples,** le communiqué doit prévoir une présentation consolidée des engagements conclus.

> **Précisions a.** L'information du public sur les pactes d'actionnaires est aussi organisée par les articles 17 s. du règlement UE 596/2014 du 16 avril 2014 et 223-1 A à 223-10-1 du règlement général de l'AMF, précisés dans la position-recommandation AMF 2016-08 modifiée le 29 avril 2021, qui mettent à la charge des sociétés l'obligation de rendre publique, dès que possible, toute **information privilégiée** qui les concerne directement.
b. Sur la possibilité de conclure un pacte d'actionnaires pour un fonds commun de placement d'entreprise (FCPE) investi en titres « non cotés » sur un marché réglementé français, européen ou hors EEE mais reconnu, voir Recommandation AMF 2012-10 modifiée le 8-6-2021.
c. Les pactes d'actionnaires révèlent une **action de concert** lorsqu'ils sont conclus en vue d'acquérir, de céder ou d'exercer des droits de vote, pour mettre en œuvre une politique commune vis-à-vis de la société ou pour obtenir le contrôle de cette société (C. com. art. L 233-10, I ; nos 85000 s.).

C. Information en cas de cession temporaire d'actions

Lorsque les actions d'une société dont le siège social est établi en France sont admises aux négociations sur un marché réglementé d'un État membre de l'UE ou d'un autre État partie à l'accord sur l'EEE, toute personne qui détient, seule ou de concert, au titre d'une ou plusieurs opérations de cession temporaire de ces actions ou de toute opération lui donnant le droit ou lui faisant obligation de revendre ou de restituer ces actions au cédant, un **nombre d'actions représentant plus de 0,5 % des droits de vote** doit **informer** la société et l'AMF, au plus tard le deuxième jour ouvré précédant l'assemblée générale à zéro heure, heure de Paris (cf. C. com. art. R 22-10-28, I), et lorsque le contrat organisant cette opération demeure en vigueur à cette date, du nombre total d'actions qu'elle possède à titre temporaire (C. com. art. L 22-10-48, al. 1 et 2). Sont implicitement visées, à notre avis, les opérations de prêt, de pension livrée ou de vente à réméré. 86220

Sont exclues du dispositif les actions détenues par un prestataire de services d'investissement dans son portefeuille de négociation répondant aux conditions de l'article L 233-7, IV-3° du Code de commerce (art. L 22-10-48, al. 1).

La **déclaration** doit **comporter,** outre le nombre d'actions acquises au titre de l'une des opérations ci-dessus, l'identité du cédant, la date et l'échéance du contrat relatif à l'opération et, s'il y a lieu, la convention de vote.

Les personnes concernées doivent transmettre cette déclaration à l'AMF par voie électronique, à l'adresse suivante : declarationpretsemprunts@amf-france. org, selon un format normé prévu par l'article 2 de l'instruction AMF 2011-04 modifiée le 29 avril 2021.

L'émetteur doit publier ces informations sur son site internet dans les meilleurs délais et, au plus tard, le jour ouvré suivant leur réception (Règl. gén. AMF art. 223-38 modifié par arrêté du 12-5-2021 ; Inst. AMF 2011-04).

En cas de **manquement à l'obligation de déclaration** dans les conditions exposées ci-dessus, les actions acquises sont privées (automatiquement) de droit de vote pour l'assemblée d'actionnaires concernée et pour toute assemblée d'actionnaires qui se tiendrait jusqu'à la revente ou la restitution desdites actions. En outre, les délibérations prises par l'assemblée d'actionnaires en violation de cette privation de droit de vote peuvent être annulées (C. com. art. L 22-10-48, al. 3). 86222

Le tribunal de commerce dans le ressort duquel la société a son siège social peut, le ministère public entendu, sur demande du représentant de la société, d'un actionnaire ou de l'AMF, prononcer la suspension totale ou partielle, pour une durée ne pouvant excéder cinq ans, de ses droits de vote à l'encontre de tout actionnaire qui n'aurait pas procédé à la déclaration (art. L 22-10-48, al. 4).

D. Répression des abus de marché

1. DÉLITS D'ABUS DE MARCHÉ

CHAMP D'APPLICATION

86300 Constituent des délits d'abus de marché l'**opération d'initié** consistant en l'utilisation par une personne d'une information privilégiée en réalisant une opération ou en annulant ou en modifiant un ordre passé par cette même personne avant qu'elle ne détienne l'information privilégiée, la **divulgation illicite d'information privilégiée** et la **manipulation de marché** (regroupant le délit de manipulation de cours et le délit de diffusion de fausse information dans des termes assez proches des anciens textes).

86305 Sont concernés les abus portant sur (C. mon. fin. art. L 465-3-4, I et II) :
– les instruments financiers admis à la négociation sur un marché réglementé (**Euronext Paris**) ou sur un SMN, qu'il soit organisé (**Euronext Growth**) ou non (**Euronext Access**) ou pour lesquels une demande d'admission à la négociation a été faite ;
– les autres instruments financiers dont le cours ou la valeur dépend du cours ou de la valeur d'un instrument financier ci-dessus ou dont le cours ou la valeur a un effet sur le cours ou la valeur d'un instrument financier ci-dessus ;
– les quotas d'émission de gaz à effet de serre ;
– les contrats au comptant sur matières premières qui ne sont pas des produits énergétiques de gros lorsque l'opération, le comportement ou la diffusion a ou est susceptible d'avoir un effet sur le cours ou la valeur d'un instrument financier ci-dessus ;
– les instruments financiers dont le cours ou la valeur a un effet sur le cours ou la valeur d'un contrat au comptant sur matières premières lorsque l'opération, le comportement ou la diffusion a ou est susceptible d'avoir un effet sur le cours ou la valeur du contrat au comptant sur matières premières.
Sont en revanche **exclues** les opérations de rachat d'actions propres et les opérations de stabilisation, lesquelles bénéficient d'une exemption (safe harbor), dès lors qu'elles sont réalisées en conformité avec les dispositions du règlement UE 596/2014 du 16 avril 2014 (art. L 465-3-4, III).

SANCTIONS ENCOURUES EN CAS DE DÉLIT D'ABUS DE MARCHÉ

86310 Sont encourues, quel que soit l'abus de marché commis, les **peines maximales** suivantes (C. mon. fin. art. L 465-1, I pour le délit d'initié sur renvoi, pour les autres délits, des art. L 465-2 à L 465-3-3) : cinq ans d'emprisonnement et 100 millions d'euros d'amende, cette amende pouvant toujours être portée jusqu'au décuple, non plus du profit réalisé, mais désormais de l'avantage retiré (incluant la perte évitée) sans pouvoir être inférieure à cet avantage.
Lorsque le délit est commis en **bande organisée,** la peine maximale d'emprisonnement est portée à dix ans (C. mon. fin. art. L 465-3-5, II).
Les **personnes morales** peuvent être déclarées pénalement responsables des abus de marché lorsque ceux-ci ont été commis pour leur compte par leurs organes ou représentants (art. L 465-3-5, I). Elles encourent une amende d'un montant égal au quintuple de celle applicable aux personnes physiques (C. pén. art. 131-38, sur renvoi de l'art. L 465-3-5, I précité) et certaines peines spécifiques (C. pén. art. 131-39, sur renvoi de l'art. L 465-3-5, I : dissolution, interdiction temporaire d'exercer l'activité dans l'exercice de laquelle ou à l'occasion de laquelle l'infraction a été commise, exclusion des procédures de marchés publics, interdiction d'émettre des chèques ou d'utiliser une carte de paiement, etc.). À noter que l'amende prononcée à l'encontre d'une personne morale peut être portée à 15 % du chiffre d'affaires annuel total tel qu'il ressort des derniers comptes sociaux disponibles ou, s'il en est établi, des derniers comptes consolidés, approuvés par l'assemblée générale (C. mon. fin. art. L 621-15, III bis-dernier al.).
La **tentative** de ces infractions est passible des mêmes peines (C. mon. fin. art. L 465-1, I pour le délit d'initié sur renvoi, pour les autres délits, des art. L 465-2 à L 465-3-3).
Quant à la **complicité,** le droit pénal général (C. pén. art. 121-6 et 121-7) s'applique, sans nécessité d'un texte spécial.

TRIBUNAL COMPÉTENT POUR STATUER SUR LES DÉLITS BOURSIERS

Le procureur de la République financier et les juridictions d'instruction et de jugement de Paris ont seuls compétence pour poursuivre, instruire et juger les délits boursiers (CPP art. 705-1). 86315

› Précisions L'AMF n'a pas le **pouvoir** d'engager une poursuite pénale par voie de constitution de partie civile. Elle ne saurait davantage déclencher les poursuites pénales par voie de citation directe. Toutefois, lorsque des poursuites pénales sont engagées en application des articles L 465-1 et L 465-3-3 du Code monétaire et financier, l'AMF peut exercer les droits de la partie civile, la répression pénale ayant été choisie par préférence à la répression administrative (voir n° 86520). À défaut d'exercer les droits de la partie civile, le président de l'AMF ou son représentant peut être présent à l'audience de la juridiction saisie et peut déposer des conclusions et les développer oralement (C. mon. fin. art. L 621-16-1).

Si l'article L 621-16-1 précité n'autorise l'AMF qu'à être associée par voie d'intervention à des poursuites en cours engagées par le parquet et non à porter elle-même plainte avec constitution de partie civile pour mettre en mouvement l'action publique, il ne lui interdit pas pour autant de se constituer partie civile sur le fondement du droit commun (CPP art. 2) pour demander réparation d'un préjudice résultant de faits dont elle aurait été personnellement victime (Circ. CRIM 2004-14/G3 du 14-9-2004 : Bull. min. justice 2004 n° 95).

Précisons aussi que les enquêteurs de l'AMF peuvent procéder à la visite des locaux d'une personne faisant l'objet d'une information judiciaire afin de rechercher la preuve d'un délit d'initié (Cass. com. 13-6-2018 n° 16-25.415 FS-D : RJDA 11/18 n° 843).

Plus largement, si, dans le cadre de ses attributions, l'AMF acquiert la connaissance d'un crime ou d'un délit, elle est tenue d'en donner avis sans délai au procureur de la République et de transmettre à ce magistrat tous les renseignements, procès-verbaux et actes qui y sont relatifs (C. mon. fin. art. L 621-20-1).

DÉLIT D'INITIÉ

Le délit d'initié est constitué par le fait, par le directeur général, le président, un membre du directoire, le gérant, un membre du conseil d'administration ou de surveillance d'un émetteur concerné par une information privilégiée ou par une personne qui exerce une fonction équivalente, par une personne disposant d'une information privilégiée concernant un émetteur au sein duquel elle détient une participation, par une personne disposant d'une information privilégiée à l'occasion de sa profession ou de ses fonctions ou à l'occasion de sa participation à la commission d'un crime ou d'un délit, ou par toute autre personne disposant d'une information privilégiée en connaissance de cause (**un initié**) de **faire usage** de cette **information privilégiée** en réalisant, pour elle-même ou pour autrui, soit directement, soit indirectement, une ou plusieurs opérations ou en annulant ou en modifiant un ou plusieurs ordres passés par cette même personne avant qu'elle ne détienne l'information privilégiée, sur les instruments financiers émis par cet émetteur ou sur les instruments financiers concernés par ces informations privilégiées (C. mon. fin. art. L 465-1, I-A ; l'« information privilégiée » est définie par renvoi à l'article 7, 1 à 4 du règlement 596/2014 du 16-4-2014 : voir Mémento Sociétés commerciales n°s 66272 s.). 86320

Par dérogation, certains comportements sont légitimes et échappent à l'incrimination, sous réserve du respect de conditions édictées par l'article 9 du règlement 596/2014, alors même que leur auteur est en possession d'une information privilégiée (C. mon. fin. art. L 465-1, I-B) : voir n° 86430.

Les sanctions pénales peuvent s'appliquer non seulement aux dirigeants sociaux ou assimilés (« initiés de droit ») mais aussi à toutes les autres personnes disposant d'informations privilégiées sur la société (« **initiés de fait** »), que ces personnes soient ou non salariées de la société. 86326

ILLUSTRATIONS

Ont été condamnés pour usage illicite d'informations privilégiées :

– le concepteur d'une OPA sur les titres d'une société (T. corr. Paris 29-10-1975 : Rev. sociétés 1976 p. 345 note B. Bouloc) ;

– un journaliste financier ayant acheté des titres de sociétés sur lesquelles il s'apprêtait à attirer l'attention de ses lecteurs (T. corr. Paris 12-5-1976 : JCP 1976 II n° 18496 obs. A. Tunc) ;

– le directeur d'une société d'architecture qui, à l'occasion de l'exercice de ses fonctions, avait eu connaissance d'un accord entre deux sociétés du secteur de la distribution (T. corr. Paris 15-10-1976 : JCP 1977 II n° 18543 obs. A. Tunc, 3e esp.) ;

– le conseiller technique d'une société qui s'apprêtait à conclure avec une autre société un important accord (T. corr. Paris 15-10-1976 : JCP 1977 II n° 18543 obs. A. Tunc, 2e esp.) ;

– le directeur d'une banque ayant eu connaissance, par le président d'une société, des résultats « brillants » de cette société (T. corr. Paris 19-10-1976 : JCP 1977 II n° 18543 obs. A. Tunc) ;

– un analyste financier qui avait eu l'idée du rapprochement de deux sociétés et avait participé aux pourparlers entre les dirigeants de ces sociétés (T. corr. Paris 18-4-1979 : JCP 1980 II n° 19306 obs. A. Tunc) ;
– un professionnel des bourses de valeurs qui avait sciemment permis à une société suisse de réaliser, grâce aux informations privilégiées dont il disposait, une opération boursière (T. corr. Paris 7-3-1990 : Bull. Joly 1990 p. 671) ;
– le chef du service obligataire d'une société de bourse qui avait utilisé à son profit les informations privilégiées dont il disposait sur les conditions de rachat des titres obligataires en fin de période (CA Lyon 18-12-1991 : Gaz. Pal. 1992 p. 449 note J.-P. Marchi) ;
– des employés de banque (Cass. crim. 26-6-1995 n° 93-81.646 PF : RJDA 7/95 n° 857).

86327 La loi n'a pas créé une interdiction qui aurait pour conséquence de mettre obstacle d'une manière permanente à la gestion d'un portefeuille ; elle a eu cependant pour effet d'imposer une obligation d'abstention à toute personne ayant connaissance d'une information non encore publique et susceptible d'influer sur le cours d'un titre.

Toutefois, cette règle doit être nuancée. En effet, pour que le délit soit caractérisé, il faut que les **informations** aient été « précises, confidentielles, de nature à influer sur le cours de la valeur et **déterminantes** des opérations réalisées » (Cass. crim. 26-6-1995 n° 93-81.646 PF : RJDA 7/95 n° 857), ce qui conduit à penser que l'obligation d'abstention n'est pas absolue et que l'initié peut valablement intervenir sur le titre s'il est en mesure de prouver que son intervention a été déterminée non par l'information privilégiée qu'il détenait, mais par d'autres raisons impérieuses et légitimes (pour une solution analogue à propos du manquement d'initié, voir Cass. com. 9-4-1996 n° 94-11.323 P : RJDA 5/96 n° 645).

ILLUSTRATIONS

Le délit d'initié ne peut pas être retenu à l'encontre du dirigeant, fondateur et actionnaire majoritaire d'une SA appartenant à un groupe compte tenu, d'une part, de la nécessité dans laquelle il se trouvait de rembourser de lourds emprunts immobiliers pour rééquilibrer la composition de son patrimoine dont les éléments actifs et passifs étaient exclusivement liés aux activités des sociétés commerciales et civiles immobilières du groupe et, d'autre part, des conditions dans lesquelles étaient intervenues les cessions successives de titres : celles-ci n'avaient porté que sur 5,2 % de sa participation dans le capital social ; il avait parallèlement acquis 7 500 bons de souscription d'actions dans le cadre d'une augmentation de capital et souscrit au plan d'épargne d'entreprise à hauteur de 470 000 F (environ 71 000 €) ; il avait fait procéder aux premières cessions importantes à une période où il ne disposait pas des informations privilégiées (CA Paris 26-10-1999 n° 98-8203 : RJDA 11/00 n° 995).

La preuve du caractère « déterminant » de l'information a été mise tantôt à la charge de l'accusation (Cass. crim. 14-6-2006 n° 05-82.453 FS-PF : RJDA 1/07 n° 58), tantôt à la charge du prévenu (T. corr. Paris 21-1-2011 : Bull. Joly 2011 p. 236).

Pour la Cour de cassation (Cass. crim. 26-6-1995 précité), le **caractère privilégié** des informations ne **résulte** pas de l'analyse que peut faire celui qui les reçoit et les utilise, mais s'apprécie de manière objective, excluant tout arbitraire, et en fonction de leur seul contenu. Ainsi, le délit d'initié n'est pas constitué lorsque l'opération spéculative reprochée ne procède que d'estimations financières effectuées de longue date, à partir de faits et de circonstances connus dans le milieu professionnel.

86332 L'**acquisition d'informations** privilégiées peut résulter « d'un fait matériel, même fortuit, ou d'une confidence, dès l'instant où l'un ou l'autre concerne la marche technique, commerciale ou financière d'une société et est intervenu à l'occasion de l'exercice d'une profession » (T. corr. Paris 15-10-1976 : JCP G 1977 II n° 18543 obs. A. Tunc).

L'obtention indirecte des informations est susceptible de permettre les poursuites (JO déb. AN 11-12-1970 p. 6413 relatifs à la loi 70-1208 du 23-12-1970).

Les juges ne sont pas tenus de détailler les circonstances par lesquelles une information privilégiée est parvenue à une personne poursuivie pour délit d'initié dès lors que la détention de cette information résulte d'éléments graves, précis et concordants (Cass. crim. 30-3-2022 n° 21-83.500 F-D : RJDA 7/22 n° 411), la présomption de culpabilité de ladite personne ressortant d'un tel faisceau d'éléments étant par ailleurs compatible avec le principe de présomption d'innocence (Cass. crim. QPC 15-12-2021 n° 21-83.500 F-D : Dr. sociétés 2022 comm. n° 23). Les juges doivent en revanche établir, outre l'existence de tels éléments, l'absence d'explications alternatives des opérations critiquées (Cass. crim. 30-3-2022 n° 21-83.500 F-D précité).

Les procédures de « data room », souvent utilisées dans le cadre des cessions de blocs d'actions de sociétés cotées, présentent un risque au regard de la réglementation sur la divulgation et l'utilisation d'informations privilégiées, l'accès à ces salles d'information étant limité et les informations qui y sont communiquées étant confidentielles. Pour l'AMF, la« data room » doit donc être spécifiquement justifiée au regard de l'intérêt social, limitée à la cession des seules participations significatives, sécurisée par la conclusion d'accords de confidentialité et réservée aux personnes témoignant d'un intérêt sérieux d'acquérir (Position-recommandation AMF 2016-08 modifiée le 29-4-2021).

Sont visées toutes les **opérations,** quelles qu'elles soient (achat, vente, échange, souscription, levée d'option, etc.), qu'elles aient été réalisées sur un marché réglementé ou hors marché, de gré à gré. **86335**
Le délit peut être constitué même si les ordres d'achat ou de vente ont été passés à l'**étranger** dès lors qu'un acte caractérisant un de ses éléments constitutifs (en l'espèce, la divulgation d'informations) a été accompli en France (Cass. crim. 3-11-1992 n° 92-84.745 PF : RJDA 12/92 n° 1145 ; Cass. crim. 26-10-1995 n° 94-83.780 PF : RJDA 1/96 n° 73 ; voir aussi Cass. crim. 1-4-2020 n°s 19-82.221 FS-D et 19-82.223 FS-D : Bull. Joly Bourse mai-juin 2020 p. 21 concernant des achats de « contracts for difference » (CFD), non « cotés » ni soumis au droit français, portant sur des actions admises aux négociations sur le New York Stock Exchange, le délit d'initié ayant été rendu possible par la transmission d'une information privilégiée depuis la France ; sur cette question, voir C. pén. art. 113-2 et CPP art. 689).

Il n'est pas nécessaire, pour que le délit soit constitué, que l'opérateur ait eu une **intention frauduleuse** (T. corr. Paris 30-3-1979 : JCP 1980 II n° 19306 obs. A. Tunc) ou une intention spéculative (Cass. crim. 18-2-1991 n° 90-82.288 PF : RJDA 5/91 n° 412). Il suffit qu'il ait agi, ou permis d'agir, en sachant que l'information dont il disposait n'était pas encore connue du public (CA Douai 28-5-1991 : Bull. Joly 1991 p. 1120 note P. Le Cannu). Le profit éventuel n'est pris en considération que pour déterminer le montant de l'amende (T. corr. Paris 15-10-1976 : JCP 1977 II n° 18543 obs. A. Tunc, 1e esp.). **86338**
Le profit réalisé implique l'encaissement d'une somme excédant le montant des dépenses exposées. Lorsque les titres acquis à l'aide d'une information privilégiée n'ont pas été revendus, la plus-value potentielle ne peut pas être assimilée à un profit réalisé. À défaut de profit réalisé, la peine d'amende encourue ne peut excéder 1 500 000 €, de sorte que l'intéressé doit être dispensé de peine s'il a déjà été condamné à une sanction pécuniaire de 1 500 000 € par l'Autorité de marché (cf. T. corr. Paris 3-12-1993 : RJDA 11/94 n° 1152). Pour des exemples où le prévenu a été condamné alors qu'il n'avait pas revendu les actions qu'il avait achetées, voir T. corr. Paris 15-10-1976 précité et T. corr. Paris 28-1-1985 : Gaz. Pal. 1985 p. 287 note Ducouloux-Favard.

> **Précisions** **a.** À le supposer établi, le délit d'initié est susceptible de causer un préjudice personnel direct aux **actionnaires** de la société dont les titres ont fait l'objet du délit, de sorte que ceux-ci peuvent se constituer **partie civile** devant le juge d'instruction en vue de demander réparation du préjudice résultant de ce délit (Cass. crim. 11-12-2002 n° 7399 : RJDA 5/03 n° 857).
b. Le délit d'initié peut constituer un **acte de terrorisme** dès lors qu'il a été intentionnellement commis en relation avec une entreprise individuelle ou collective ayant pour but de troubler gravement l'ordre public par l'intimidation ou la terreur (C. pén. art. 421-1, 7°).

Incriminations assimilables au délit d'initié Sont assimilables au délit d'initié et, à ce titre, punissables des mêmes peines (C. mon. fin. art. L 465-2, I à III) les incriminations pénales suivantes : **86341**
– le fait pour un initié de **recommander** la réalisation d'une ou plusieurs opérations sur un instrument financier auquel se rapporte l'information privilégiée ou d'**inciter** à la réalisation de telles opérations sur le fondement de cette information ;
– le fait pour toute personne d'**utiliser cette recommandation ou cette incitation** en sachant qu'elle est fondée sur une information privilégiée ;
– le fait pour toute personne de **communiquer** cette recommandation ou cette incitation en connaissance de cause.

DIVULGATION ILLICITE D'INFORMATION PRIVILÉGIÉE

Le délit de divulgation illicite d'information privilégiée consiste pour un initié à **communiquer** ou tenter de communiquer cette information **à un tiers,** à moins qu'il ne prouve que cette communication intervient dans le cadre normal de sa profession ou de ses fonctions, y compris lorsqu'elle relève d'un sondage de marché (n°s 86445 s.) (C. mon. fin. art. L 465-3, I et II). **86350**

MANIPULATION DE MARCHÉ

Manipulation de cours Est punissable le fait, par toute personne, de réaliser une opération, de passer un ordre ou d'adopter un comportement qui donne ou est susceptible de donner des indications trompeuses sur l'offre, la demande ou le cours d'un instrument financier ou qui fixe ou est susceptible de fixer à un niveau anormal ou artificiel le cours d'un instrument financier (C. mon. fin. art. L 465-3-1, I-A). **86365**

L'infraction n'est pas constituée si l'opération ou le comportement ci-dessus est fondé sur un **motif légitime** et est conforme à une **pratique de marché admise par l'AMF** (art. L 465-3-1, I-B). Rappelons que ces pratiques de marché posent une présomption simple de légitimité des comportements conformes aux règles qu'elles édictent (sur cette question, voir Mémento Sociétés commerciales n° 68950).

Constitue également une manipulation de cours le fait, pour toute personne, de réaliser une opération, de passer un ordre ou d'adopter un comportement qui affecte le cours d'un instrument financier, en ayant recours à des procédés fictifs ou à toute autre forme de tromperie ou d'artifice (art. L 465-3-1, II).

Un délit de manipulation d'**indice** est également prévu (C. mon. fin. art. L 465-3-3).

86370 **Diffusion de fausses informations** Est punissable le fait, par toute personne, de diffuser, par tout moyen, des informations qui donnent des **indications fausses ou trompeuses** sur la situation ou les perspectives d'un émetteur ou sur l'offre, la demande ou le cours d'un instrument financier ou qui fixent ou sont susceptibles de fixer le cours d'un instrument financier à un niveau anormal ou artificiel (C. mon. fin. art. L 465-3-2).

> **Précisions** **a.** Conformément au droit commun, les victimes d'un délit de fausse information peuvent se faire indemniser en se constituant **parties civiles** (pour un exemple concernant des actionnaires ayant acquis des titres à la suite de la publication de comptes qui s'étaient révélés inexacts, voir T. corr. Paris 17-12-1997 : Bull. Joly 1998 p. 507 note N. Rontchevsky). Sur l'exercice par l'AMF des droits de la partie civile, voir n° 86315.
> **b.** Sur la distinction entre délit de diffusion d'informations fausses ou trompeuses et délits de présentation de **comptes inexacts** et de **faux,** voir Cass. crim. 13-4-2022 n° 20-83.524 F-D : RJDA 10/22 n° 570.

2. MANQUEMENTS D'ABUS DE MARCHÉ

CHAMP D'APPLICATION

86400 Le règlement européen 596/2014 du 16 avril 2014 (règlement « Abus de marché » dit « MAR ») prévoit un certain nombre d'interdictions, principalement celles de réalisation d'une opération d'initié, de divulgation illicite d'information privilégiée et de manipulation de marché (regroupant la manipulation de cours et la diffusion de fausses informations).

La violation de l'une de ces interdictions constitue un « manquement d'abus de marché » et expose son auteur à des sanctions pécuniaires et, le cas échéant, à des sanctions disciplinaires prononcées par la commission des sanctions de l'AMF.

86403 Sont concernés les abus portant sur (Règl. UE 596/2014 du 16-4-2014 art. 2) :
– les instruments financiers admis à la négociation sur un marché réglementé (**Euronext Paris**) ou sur un SMN, qu'il soit organisé (**Euronext Growth**) ou non (**Euronext Access**), ou sur un système de négociation organisé ou pour lesquels une demande d'admission à la négociation sur ce marché ou système a été faite ;
– les autres instruments financiers dont le cours ou la valeur dépend du cours ou de la valeur d'un instrument financier ci-dessus ou dont le cours ou la valeur a un effet sur le cours ou la valeur d'un instrument financier ci-dessus, y compris, sans s'y limiter, les contrats d'échange sur risque de crédit et les contrats financiers pour différences ;
– les quotas d'émission de gaz à effet de serre ;
– toute transaction, tout ordre ou comportement concernant tout instrument financier ci-dessus, indépendamment du fait que cette transaction, cet ordre ou ce comportement ait lieu ou non sur une **plate-forme de négociation.**

S'agissant des manipulations de cours et de la diffusion de fausses informations, sont aussi concernés :
– les contrats au comptant sur matières premières qui ne sont pas des produits énergétiques de gros lorsque l'opération, le comportement ou la diffusion a ou est susceptible d'avoir un effet sur le cours ou la valeur d'un instrument financier ci-dessus ;
– les types d'instruments financiers, y compris les contrats dérivés ou les instruments dérivés servant au transfert du risque de crédit, pour lesquels la transaction, l'ordre, l'offre ou le comportement a ou est de nature à avoir un effet sur le cours ou la valeur d'un contrat au comptant sur matières premières lorsque le cours ou la valeur dépendent du cours ou de la valeur de ces instruments financiers ;
– les indices de référence.

INTERDICTION DES OPÉRATIONS D'INITIÉ (MANQUEMENTS D'INITIÉ)

Une personne ne doit pas **effectuer** ou **tenter** d'effectuer des opérations d'initié, **recommander** à une autre personne d'en effectuer ou l'**inciter** à en effectuer (Règl. UE 596/2014 du 16-4-2014 art. 14). La tentative, constituée dès lors que, manifestée par un commencement d'exécution, elle n'a été suspendue ou n'a manqué son effet qu'en raison de circonstances indépendantes de la volonté de son auteur (C. pén. art. 121-5), est ainsi répréhensible. **86410**

Une opération d'initié se produit lorsqu'une personne détient une information privilégiée et en fait usage en **acquérant ou en cédant,** pour son propre compte ou pour le compte d'un tiers, directement ou indirectement, des instruments financiers auxquels cette information se rapporte. L'utilisation d'une information privilégiée pour **annuler ou pour modifier un ordre** concernant un instrument financier auquel cette information se rapporte, lorsque l'ordre avait été passé avant que la personne concernée ne détienne l'information privilégiée, est également réputée être une opération d'initié (Règl. UE 596/2014 art. 8, 1).

Est également frappé d'interdiction le fait de **recommander** à une autre personne d'effectuer une opération d'initié, ou le fait d'**inciter** une autre personne à effectuer une opération d'initié, lorsque la personne qui dispose d'une information privilégiée recommande sur la base de cette information (Règl. UE 596/2014 art. 8, 2) :

– qu'une autre personne acquière ou cède des instruments financiers auxquels cette information se rapporte, ou incite cette personne à procéder à une telle acquisition ou à une telle cession ;

– qu'une autre personne annule ou modifie un ordre relatif à un instrument financier auquel cette information se rapporte, ou incite cette personne à procéder à une telle annulation ou à une telle modification.

ILLUSTRATIONS

Pour un manquement à l'interdiction de recommander d'acquérir des titres sur la base d'une information privilégiée, voir AMF comm. sanc. 28-4-2021 n° 2021-06 : Bull. Joly Bourse juillet-août 2021 p. 19.

En revanche, il n'y pas eu recommandation de vendre les titres détenus sur son contrat d'assurance-vie par un administrateur d'une société en difficulté financière, dès lors que ces titres avaient déjà été déclarés inéligibles au contrat par la compagnie d'assurance et que les termes d'un mail du courtier de l'administrateur adressé au gestionnaire du contrat lui conseillant de vendre ceux-ci dans une certaine fourchette de prix montrent que la décision de vendre avait déjà été prise par la compagnie d'assurance, le mail se contentant d'en préciser les conditions financières (CA Paris 7-2-2019 n° 18/04069 : RJDA 11/19 n° 694).

L'opération d'initié et par voie de conséquence le manquement d'initié sont caractérisés par l'utilisation des recommandations ou des incitations précitées uniquement lorsque la personne qui utilise la recommandation ou l'incitation **sait, ou devrait savoir,** que celle-ci est fondée sur des informations privilégiées (Règl. UE 596/2014 art. 8, 3).

> **Précisions** Pour les mises aux enchères de **quotas d'émission ou** d'**autres produits fondés sur ces derniers,** organisées en vertu du règlement européen 1031/2010 du 12 novembre 2010, l'utilisation d'informations privilégiées comprend également la soumission, la modification ou le retrait d'une offre par une personne pour son propre compte ou pour le compte d'un tiers.

Personnes concernées Les interdictions d'opérations d'initié s'appliquent à toute personne qui possède une information privilégiée en raison du fait qu'elle (Règl. UE 596/2014 du 16-4-2014 art. 8, 4) : **86415**

– est membre des organes d'administration, de gestion ou de surveillance de l'émetteur ;

– détient une participation dans le capital de l'émetteur ;

– a accès aux informations en raison de l'exercice de tâches résultant d'un emploi, d'une profession ou de fonctions ;

– participe à des activités criminelles.

Comme antérieurement au règlement européen 596/2014, cette personne doit s'abstenir de communiquer l'information privilégiée à une autre personne en dehors du cadre normal de son travail, de sa profession ou de ses fonctions ou à des fins autres que celles à raison desquelles elle lui a été communiquée.

Ces interdictions s'appliquent également à toute personne qui possède une information privilégiée dans des circonstances autres que celles visées ci-dessus lorsque **cette personne sait ou devrait savoir** qu'il s'agit d'une information privilégiée (Règl. UE 596/2014 art. 8, 4).

Lorsque la personne est une **personne morale,** les interdictions s'appliquent également, conformément au droit national, aux personnes physiques qui participent à la décision de procéder à l'acquisition, à la cession, à l'annulation ou à la modification d'un ordre pour le compte de la personne morale concernée (Règl. UE 596/2014 art. 8, 4).

> **Précisions a.** Des sanctions peuvent être prononcées à l'encontre des **dirigeants** :
> – même s'ils ont agi non pour leur compte, mais pour le compte de la société qu'ils dirigent et même s'ils n'ont tiré aucun profit personnel de l'opération (CA Paris 6-4-1994, inédit sur ce point) ;
> – même s'ils n'ont pas commis de faute détachable de leurs fonctions, s'agissant non pas d'une action en responsabilité civile, mais d'une action pénale (Cass. com. 31-3-2004 n° 03-14.991 FS-PBI : RJDA 10/04 n° 1132).
> **b.** Des sanctions peuvent être prononcées à l'encontre des **salariés** qui ont utilisé une information relative à la dégradation des résultats du groupe pour céder des titres reçus dans le cadre d'un plan d'attribution gratuite d'actions (AMF comm. sanc. 13-3-2019 n° 2019-03).
> **c.** Des sanctions peuvent être prononcées à l'encontre des **commissaires aux comptes** de la société émettrice (Cass. com. 11-7-2006 n° 05-18.528 FS-PBIR : RJDA 11/06 n° 1148).
> **d.** Le principe de la personnalité des poursuites et des sanctions s'oppose, en l'absence de dispositions légales contraires, à ce que les **sociétés bénéficiaires d'une scission** répondent des manquements reprochés à la société scindée (Cass. com. 15-6-1999 n° 97-16.439 P : RJDA 8-9/99 n° 949).

86420 **Détention d'une information privilégiée** À défaut de l'être par une **preuve tangible,** la détention d'une information privilégiée peut être établie par un **faisceau d'indices** graves, précis et concordants, desquels il résulte que seule cette détention peut expliquer les opérations auxquelles les personnes mises en cause ont procédé (CA Paris 21-6-2012 n° 11/08965 : RJDA 11/12 n° 977 ; Cass. com. 13-11-2013 n° 12-21.572 F-D : RJDA 3/14 n° 232 ; CE 10-7-2015 n° 369454 : Dr. sociétés 2015 comm. n° 217). Tel est le cas d'une personne qui a acheté des titres d'une société juste avant que celle-ci ne conclue un contrat stratégique et dont il est établi qu'elle connaissait plusieurs dirigeants de la société, avait épousé l'un d'eux quelques mois après l'opération et avait donné personnellement l'ordre d'achat alors qu'elle n'intervenait pas habituellement dans la gestion de son compte-titres (AMF comm. sanc. 22-5-2008 : RJDA 11/08 n° 1132 ; pour un autre exemple, voir AMF comm. sanc. 14-12-2018 : RJDA 7/19 n° 508, ayant retenu le caractère opportun de la période d'acquisition, le caractère et le montant atypiques de l'acquisition elle-même, l'absence de justification convaincante de la part des personnes mises en cause et l'existence d'un circuit plausible de transmission de l'information ; voir cependant AMF comm. sanc. 6-3-2019 n° 2019-03 : Banque et droit 184/2019 p. 94 ayant considéré que la période opportune et le caractère atypique de l'acquisition ne constituaient pas, à eux seuls, un faisceau d'indices graves, précis et concordants permettant d'établir que seule la détention de l'information privilégiée pouvait expliquer les interventions litigieuses).

La détention d'une information peut être présumée dans certains cas. Il en va ainsi des initiés dits « du premier cercle » que sont les **membres des organes d'administration, de direction, de gestion ou de surveillance** de l'émetteur pour lesquels la détention d'une information privilégiée en rapport avec l'émetteur fait l'objet d'une **présomption simple** (AMF comm. sanc. 4-10-2007 n° 2007-03 et 23-10-2008 n° 2009-03 précisant que l'intéressé ne pouvait pas ne pas détenir les informations privilégiées en cause).

La commission des sanctions n'a ni à établir précisément les circonstances dans lesquelles l'information privilégiée est parvenue jusqu'à la personne qui l'a exploitée (AMF comm. sanc. 10-4-2008), ni à démontrer l'impossibilité d'obtenir une preuve tangible de la transmission ou de l'exploitation de l'information (AMF comm. sanc. 23-12-2008). Elle a ainsi considéré un salarié comme détenant une information privilégiée figurant sur une base de données interne à la société, quand bien même la preuve de la consultation de cette base de données était impossible à rapporter (AMF comm. sanc. 13-3-2019 : Bull. Joly Bourse mai-juin 2019 p. 16).

> **Précisions** La présomption de culpabilité de l'initié ressortant d'un faisceau d'indices graves, précis et concordants est compatible avec le principe de **présomption d'innocence** (Cass. crim. QPC 15-12-2021 n° 21-83.500 F-D : Dr. sociétés 2022 comm. n° 23, à propos du délit d'initié mais transposable).

86425 **Utilisation d'une information privilégiée** La notion d'utilisation (devenue le fait de « faire usage ») est appréciée de façon objective. La démonstration par la commission des sanctions de l'AMF des deux seuls éléments suivants suffit, sauf établissement d'un comportement légitime (n° 86430) : la détention d'une information privilégiée et l'utilisation de celle-ci par l'acte consommé ou non d'acquisition ou de cession d'un initié primaire. La preuve de l'intention délibérée d'utilisation de cette information n'est pas requise. Le manquement se trouve ainsi constitué par le simple **rapprochement chronologique** entre la détention de l'information et son utilisation sur le marché avant que celle-ci ne soit connue du public et sans qu'il soit nécessaire de démontrer l'existence d'un lien de cause à effet entre ces deux circonstances. Le manquement est aussi caractérisé en cas d'utilisation indirecte d'une information privilégiée par un initié primaire, par l'intermédiaire de sa holding, alors même qu'il n'exerçait aucune fonction de direction dans cette société holding et n'en était que l'actionnaire de référence (CA Paris 27-11-2014 n° 2013/16393 : RJDA 5/15 n° 356). L'information privilégiée ne requiert nullement une intention spéculative de la part de celui qui la détient (CA Paris 26-5-1993 : RJDA 8-9/93 n° 711 ; CA Paris 2-4-1997 n° 96-17670 : RJDA 10/97 n° 1214 ; CA Paris 24-11-2009 n° 09-5552).

Il résulte de l'article 2, 1 de la directive européenne 2003/6 du 28 janvier 2003 (devenu l'article 8, 1 s. du règlement UE 596/2014 du 16-4-2014) sur les opérations d'initiés et les manipulations de marché (« abus de marché ») que le fait qu'un initié primaire qui détient une information privilégiée acquiert ou cède ou tente d'acquérir ou de céder, pour son compte propre ou pour le compte d'autrui, soit directement, soit indirectement, les instruments financiers auxquels se rapporte cette information implique qu'il a « utilisé cette information », sous réserve du respect des droits de la défense et, en particulier, du droit de pouvoir renverser cette **présomption** (CJUE 23-12-2009 aff. 45/08 : RJDA 3/10 n° 256 ; pour des exemples d'application de la présomption, voir CA Paris 7-2-2019 n° 18/04069 : RJDA 11/19 n° 694 et, à propos d'un dirigeant faisant valoir sans succès que la cession procédait d'une stratégie décidée avant qu'il ne soit initié, Cass. com. 24-11-2021 n° 20-18.482 F-D : RJDA 2/22 n° 87).

La personne mise en cause peut en revanche renverser la présomption en apportant la preuve, difficile en pratique, que l'utilisation qu'elle a faite de l'information privilégiée ne porte pas atteinte à l'intégrité du marché et à la confiance des investisseurs (Cass. com. 24-11-2021 n° 20-18.482 F-D précité) ou en justifiant d'un motif impérieux (voir n° 86435).

Comportements légitimes Dans certains cas, le simple fait qu'une personne est en possession ou a été en possession d'une information privilégiée ne doit pas signifier qu'elle l'a utilisée et a ainsi effectué une opération d'initié sur la base d'une acquisition ou d'une cession. Il en va ainsi (Règl. UE 596/2014 du 16-4-2014 art. 9) : 86430

– lorsqu'une personne morale a établi, mis en œuvre et maintenu à jour des mesures et **procédures internes** appropriées et efficaces pour garantir de manière effective que ni la personne physique qui a pris la décision pour son compte d'acquérir ou de céder des instruments financiers auxquels l'information privilégiée se rapporte, ni aucune autre personne physique qui aurait pu exercer une quelconque influence sur cette décision n'étaient en possession de l'information privilégiée et que cette personne morale n'a pas encouragé, recommandé, incité ou influencé d'une quelconque manière la personne physique qui a, pour son compte, acquis ou cédé des instruments financiers auxquels se rapporte l'information ;

– pour le **teneur de marché** ou la personne habilitée à agir comme **contrepartie,** si l'acquisition ou la cession des instruments financiers auxquels se rapporte l'information s'effectue légitimement dans le cadre normal de l'exercice de ses fonctions pour cet instrument financier ou, pour la personne habilitée à **exécuter des ordres pour le compte de tiers,** si l'acquisition ou la cession des instruments financiers auxquels se rapportent ces ordres s'effectue dans le but légitime d'exécuter ceux-ci dans le cadre normal de l'exercice de son travail, de sa profession ou de ses fonctions ;

– lorsqu'une personne effectue une transaction afin d'acquérir ou de céder des instruments financiers et que cette transaction est effectuée pour assurer l'exécution d'une obligation devenue exigible, en toute bonne foi et non dans le but de contourner l'interdiction d'opération d'initié, si cette obligation résulte d'un **ordre passé ou d'une convention conclue avant** qu'elle ne détienne une information privilégiée ou si cette transaction est effectuée pour satisfaire à une **obligation légale ou réglementaire** née avant qu'elle ne détienne une information privilégiée ;

– lorsqu'une personne a obtenu l'information privilégiée dans le cadre de la réalisation d'une **offre publique d'acquisition** sur une société ou d'une **fusion** avec elle et utilise cette information privilégiée dans le seul but de mener à bien l'opération, sous réserve qu'au moment de l'approbation de l'offre ou de la fusion par les actionnaires de cette société, toutes les informations privilégiées aient été rendues publiques ou aient cessé d'une autre façon d'être des informations privilégiées. Cette légitimité ne s'applique pas au ramassage en bourse.

En outre, le simple fait qu'une personne utilise le fait de savoir qu'elle a décidé d'acquérir ou de céder des instruments financiers dans le cadre de l'acquisition ou de la cession de ces instruments financiers ne constitue pas en soi une utilisation d'informations privilégiées. En d'autres termes, on n'est pas par principe initié sur soi-même.

Toutefois, nonobstant les cas exposés ci-dessus, une violation de l'interdiction des opérations d'initiés peut toujours être réputée avoir eu lieu si l'autorité compétente établit qu'il existait une **raison illégitime** pour les ordres, transactions ou comportements concernés.

Ainsi, pour certains comportements ou opérations dans des conditions qu'il définit, le règlement européen pose une **présomption de légitimité** au regard de l'interdiction des opérations d'initié.

Cette présomption a, à notre avis, la nature d'une présomption simple dans la mesure où l'autorité compétente pourra la renverser en démontrant que, en dépit des conditions posées et satisfaites, ces opérations ou comportements visaient un objectif illégitime.

86435 **Étendue de l'interdiction** En principe, le devoir d'abstention des détenteurs d'une information privilégiée est **absolu.** Cependant, la violation de cette obligation peut être justifiée par un **motif impérieux** qu'il appartient à la personne mise en cause de démontrer. Il s'entend de circonstances extérieures de nature à exclure de la part de l'auteur toute exploitation de la situation (AMF comm. sanc. 1-6-2006 n° 2006-20), excluant des besoins en trésorerie ou des contraintes patrimoniales mais pouvant résider dans une opération financière dictée par l'intérêt social (CA Paris 2-4-1997 n° 96-17670 : RJDA 10/97 n° 1214 : cas du dirigeant d'une société qui, connaissant l'imminence du dépôt d'une OPA sur cette société, avait fait acheter des titres de celle-ci par deux autres sociétés qu'il présidait également).

› **Précisions** Selon la cour d'appel de Paris, le devoir d'abstention du détenteur d'une information privilégiée « ne souffre d'exception que devant un motif impérieux justifiant une **opération dictée par l'intérêt social** ». Tel n'est pas le cas du motif économique tiré du rendement optimal du titre qui était invoqué par l'intéressé pour justifier les acquisitions faites par des Sicav dont il était président (CA Paris 2-4-1997 précité). Tel n'est pas davantage le cas de l'invocation d'un partenariat ou d'une stratégie anti-OPA pour soutenir utilement que l'information détenue à ce sujet n'aurait pas été déterminante de l'acquisition des titres incriminés (CA Paris 11-9-2001 n° 01-9259 : RJDA 12/01 n° 1216).

86440 **Interdiction de divulguer des informations privilégiées** Une divulgation illicite d'informations privilégiées se produit lorsqu'une personne, physique ou morale, est en possession de telles informations et les divulgue à une autre personne, sauf lorsque cette divulgation a lieu dans le cadre normal de l'exercice d'un travail, d'une profession ou de fonctions (Règl. UE 596/2014 du 16-4-2014 art. 10, 1).

De même, la divulgation ultérieure des recommandations ou incitations (n° 86410) constitue une divulgation illicite d'informations privilégiées lorsque la personne qui divulgue la recommandation ou l'incitation sait, ou devrait savoir, qu'elle était fondée sur des informations privilégiées (Règl. UE 596/2014 art. 10, 2).

ILLUSTRATIONS

Pour un exemple de manquement à l'obligation de s'abstenir de communiquer une information privilégiée, voir AMF comm. sanc. 13-11-2020 n° 2020-11 : Bull. Joly Bourse janvier-février 2021 p. 26.

Le manquement de transmission d'information privilégiée n'a en revanche pas été retenu lorsque :

– la diffusion de l'information par des salariés d'un prestataire de services d'investissement s'inscrivait dans le cadre normal de leurs fonctions (AMF comm. sanc. 25-4-2019 : JCP E 2019 n° 330) ;

– il n'était pas établi que la personne mise en cause savait ou aurait dû savoir qu'elle détenait une information de cette nature (AMF comm. sanc. 13-12-2018 : Banque et droit 183/2019 p. 83).

86445 **Sondages de marché** Un sondage de marché consiste en la communication d'informations, avant l'annonce d'une transaction, afin d'évaluer l'**intérêt d'investisseurs** potentiels **pour une transaction éventuelle** et les conditions attachées à celle-ci, telles que son volume ou ses conditions tarifaires éventuelles, à un ou plusieurs investisseurs potentiels par (Règl. UE 596/2014 du 16-4-2014 art. 11, 1) :

– un émetteur ;

– un offreur secondaire d'un instrument financier, concernant des quantités et valeurs telles que la transaction se distingue des négociations ordinaires et implique une méthode de vente fondée sur l'évaluation préalable de l'intérêt éventuel des investisseurs potentiels ;

– un tiers agissant au nom ou pour le compte de ces personnes.

Il consiste également en la communication d'informations privilégiées, par une personne ayant l'intention de faire une **offre publique d'achat** sur les titres d'une société ou de proposer une **fusion** avec une société, aux parties ayant des droits sur les titres, si ces informations sont nécessaires à leur prise de décision d'apporter leurs titres à l'offre et si la réponse à cette communication par ces personnes est nécessaire à l'initiateur pour prendre la décision de procéder à l'offre publique d'achat ou à la fusion (Règl. UE 596/2014 art. 11, 1 et 2).

ATTENTION

La pratique des sondages, classique en matière d'opération de marché, nécessite une vigilance particulière en ce qu'elle suppose assez souvent la communication d'informations privilégiées à des investisseurs ou à des actionnaires potentiels ou existants afin d'évaluer leur intérêt pour l'opération projetée.

Pour que la divulgation d'informations privilégiées dans le cadre d'un sondage de marché soit réputée avoir eu lieu dans le cadre normal de l'exercice d'un travail, d'une profession ou de fonctions, le participant au marché qui communique l'information privilégiée doit, préalablement au sondage (Règl. UE 596/2014 du 16-4-2014 art. 11, 3 à 5) : **86446**

– déterminer de façon spécifique si le sondage de marché impliquera la **communication d'informations privilégiées** ; le résultat de cette conclusion doit être consigné par écrit, et ce pour chaque communication d'informations tout au long du sondage et tenu à la disposition de l'autorité compétente, sur demande de celle-ci ;

– obtenir le **consentement** de la personne sondée à recevoir des informations privilégiées et informer cette personne des interdictions qui découlent de cette communication et de l'obligation de confidentialité qui pèse désormais sur elle relativement à ces informations.

Un **enregistrement** de toutes les informations communiquées et de l'identité des investisseurs potentiels sondés est requis, conservé pendant au moins cinq ans et tenu à la disposition de l'autorité compétente, à la demande de celle-ci (Règl. UE 596/2014 art. 11, 8).

Sur les obligations des personnes visées par les sondages de marché, voir Position-recommandation AMF 2017-02 du 31-1-2017.

> **Précisions** Lorsqu'une offre de titres est réservée à des **investisseurs qualifiés,** la communication d'informations à ces investisseurs aux fins de la négociation des conditions contractuelles de leur participation à une émission d'obligations par une société dont des instruments financiers sont admis à la négociation sur une plate-forme de négociation, ou par toute personne agissant au nom ou pour le compte de celle-ci, est réputée avoir été faite dans le cadre normal de l'exercice d'un travail, d'une profession ou de fonctions, et ne constitue donc pas une divulgation illicite d'informations privilégiées. Cette société, ou la personne agissant en son nom ou pour son compte, doit s'assurer que les investisseurs qualifiés qui reçoivent les informations connaissent les obligations légales et réglementaires correspondantes et ont connaissance des sanctions applicables aux opérations d'initiés et à la divulgation illicite d'informations privilégiées, ce qu'ils doivent reconnaître par écrit (Règl. UE 596/2014 art. 11, 1 bis).

INTERDICTION DES MANIPULATIONS DE MARCHÉ

Une personne ne doit pas effectuer des manipulations de marché ni tenter d'effectuer des manipulations de marché (Règl. UE 596/2014 du 16-4-2014 art. 15). Les manipulations de marché incluent à la fois la **manipulation de cours** et la **diffusion de fausses informations.** **86455**

Manipulation de cours Constituent des manquements de manipulation de cours les activités suivantes (Règl. UE 596/2014 du 16-4-2014 art. 12, 1-a et b) : **86460**

1. Effectuer une transaction, passer un ordre ou adopter tout autre comportement qui donne ou est susceptible de donner des indications fausses ou trompeuses concernant l'offre, la demande ou le cours d'un instrument financier ou d'un contrat au comptant sur matières premières qui lui est lié, ou qui fixe ou est susceptible de fixer à un niveau anormal ou artificiel le cours d'un ou de plusieurs instruments financiers ou d'un contrat au comptant sur matières premières qui leur est lié. Toutefois, le manquement n'est pas constitué si la personne effectuant une transaction, passant un ordre ou adoptant tout autre comportement établit que cette transaction, cet ordre ou ce comportement a été réalisé pour des **raisons légitimes** et est **conforme aux pratiques de marché admises** (voir n° 86365) ;

2. Effectuer une transaction, passer un ordre ou effectuer toute autre activité ou adopter tout autre comportement influençant ou susceptible d'influencer le cours d'un ou de plusieurs instruments financiers, d'un contrat au comptant sur matières premières qui leur est lié ou d'un produit mis aux enchères sur la base des quotas d'émission en ayant recours à des procédés fictifs ou à toute autre forme de tromperie ou d'artifice.

Une personne physique qui a donné **procuration à un mandataire** sur ses comptes de titres peut être sanctionnée pour manipulation de cours dès lors que le mandataire a agi au nom et pour le compte de cette personne et l'a tenue régulièrement informée de son activité (Cass. com. 4-11-2008 n° 07-21.312 F-PB : RJDA 3/09 n° 234).

Pour une mise hors de cause d'un actionnaire auquel il était reproché une manipulation de cours d'obligations, d'une part, par indications fausses et trompeuses et, d'autre part, par fixation du cours à un niveau anormal ou artificiel, voir AMF comm. sanc. 26-2-2021 n° 2021-01 : RJDA 8-9/21 n° 580.

ATTENTION

Le manquement de manipulation de cours peut être caractérisé sans qu'il soit besoin d'établir que l'auteur des faits avait une **intention manipulatoire** (Esma, Final report – Esma's technical advice on possible delegated acts concerning the Market Abus Regulation 3-2-2015 p. 9 n° 8 ; AMF comm. sanc. 4-12-2015 n° 2015-20 : Bull. Joly Bourse 2016 p. 143 ; AMF comm. sanc. 16-7-2018 n° 2018-09 : Bull. Joly Bourse 2018 p. 357).

86465 **Diffusion de fausses informations** Le manquement de diffusion de fausses informations est constitué par (Règl. UE 596/2014 du 16-4-2014 art. 12, 1-c et d) :

– la diffusion d'informations, que ce soit par l'intermédiaire des médias, dont internet, ou par tout autre moyen, qui donnent ou sont susceptibles de donner des **indications fausses ou trompeuses** en ce qui concerne l'offre, la demande ou le cours d'un instrument financier, d'un contrat au comptant sur matières premières qui lui est lié, ou fixent ou sont susceptibles de fixer à un niveau anormal ou artificiel le cours d'un ou de plusieurs instruments financiers, d'un contrat au comptant sur matières premières qui leur est lié, y compris le fait de répandre des **rumeurs,** alors que la personne ayant procédé à une telle diffusion **savait ou aurait dû savoir** que ces informations étaient fausses ou trompeuses ;

– le fait de transmettre des informations fausses ou trompeuses ou de fournir des données fausses ou trompeuses sur un **indice de référence** lorsque la personne qui a transmis ces informations ou fourni ces données savait ou aurait dû savoir qu'elles étaient fausses ou trompeuses, ou tout autre comportement constituant une manipulation du calcul d'un indice de référence.

Les articles 12, 1-c et 15 du règlement UE 596/2014 ne répriment pas la diffusion d'une information seulement imprécise (AMF comm. sanc. 18-7-2018 n° 2018-10 : Bull. Joly Bourse 2018 p. 299). En revanche, une information « parcellaire » peut être sanctionnée si elle est de nature à induire le public en erreur (AMF comm. sanc. 18-7-2018 précitée, retenant une notion d'information parcellaire proche de la notion d'information imprécise au sens de la position-recommandation AMF 2016-08 modifiée le 29-4-2021).

Par ailleurs, l'article 12, 1-c précité prévoit que la diffusion de fausses informations peut intervenir par tout moyen. En conséquence, le dépôt auprès de l'AMF d'une déclaration de franchissement de seuils comportant des informations inexactes est assimilable à une diffusion de fausses informations, peu important que la publication de cette déclaration soit assurée par l'AMF (CA Paris 23-5-2019 n° 18/18638 : Banque et droit 186/2019 p. 85).

86466 Indépendamment de la réalisation d'un profit, la **société** est engagée par les actes de ses dirigeants dans la mesure où ils agissent dans l'exercice de leurs fonctions (CA Paris 27-5-2008 et, sur pourvoi, Cass. com. 23-6-2009 n° 08-17.723 F-D).

Le prononcé de sanctions pécuniaires à l'égard du **dirigeant** personne morale n'est pas subordonné à la démonstration d'une faute séparable de ses fonctions : voir n° 86415.

Un dirigeant ne peut voir sa responsabilité engagée du fait d'un manquement à son obligation de bonne information qu'à la condition qu'il soit établi non seulement qu'il a communiqué une information au public non conforme aux exigences d'exactitude, de précision et de sincérité des textes précités, mais également qu'il savait ou aurait dû savoir que les informations communiquées n'étaient pas conformes à la réalité. Cette dernière condition est remplie lorsqu'il résulte de l'instruction que le dirigeant mis en cause, compte tenu des circonstances de l'espèce et au regard des fonctions qu'il exerçait, devait normalement savoir que les informations en cause étaient inexactes (AMF comm. sanc. 29-3-2007 n° 2007-16 et 5-7-2007 n° 2007-20). Les tribunaux considèrent en effet que le dirigeant d'une société, de par ses fonctions, est supposé maîtriser la communication de la société.

Une **délégation de pouvoirs** ne saurait autoriser un dirigeant à se désintéresser totalement de la communication financière de la société ; il ne peut donc pas s'affranchir de la responsabilité qui lui incombe au titre de cette dernière (CA Paris 7-10-2008 n° 08/01096 ; voir aussi CA Paris 30-11-1994 : RJDA 2/95 n° 169 jugeant que la délégation consentie par le président au directeur général et au directeur financier pour la gestion de l'ensemble des participations du groupe n'était pas de nature à l'exonérer de son obligation de veiller à la qualité des informations diffusées sur la société).

Le directeur général, loin d'être un simple exécutant, participe activement, en sa qualité de dirigeant social, à la communication financière de la société dont il sait si elle est exacte, précise et sincère (CA Paris 30-5-2006 n° 05/21197).

Le manquement de communication de fausse information ne peut être retenu à l'encontre d'**administrateurs** dont il n'est pas démontré qu'ils ont eu le moindre rôle dans la communication incriminée, rien ne permettant d'établir que celle-ci a été préalablement approuvée en conseil d'administration (AMF comm. sanc. 29-9-2005 n° 2005-20). Il n'est en principe pas possible d'engager la responsabilité individuelle d'un ou de plusieurs membres d'un organe collégial car on ne peut connaître l'identité de ceux qui se sont prononcés en faveur de la décision prise par le collège. Tel n'est pas le cas cependant dans l'hypothèse où le collège n'est composé que de deux membres dont aucun n'a de voix prépondérante sur l'autre et où, par conséquent, le manquement est imputable à l'un et à l'autre (AMF comm. sanc. 15-2-2007 n° 2007-10).

Les **commissaires aux comptes** n'encourent une sanction que s'il est établi soit qu'ils savaient que les informations communiquées avec leur aval étaient inexactes, imprécises ou trompeuses, soit que l'accomplissement des diligences normalement exigées par les textes leur aurait permis de le savoir (AMF comm. sanc. 28-2-2008 n° 2008-12).

Dès lors qu'il n'a pas la qualité de dirigeant, un **président du comité des comptes** et administrateur d'un émetteur ne saurait se voir imputer un manquement de fausse information, sauf à ce qu'il ait été investi de pouvoirs particuliers ou qu'il soit démontré qu'il a personnellement communiqué au public une information inexacte, imprécise ou trompeuse (AMF comm. sanc. 24-5-2007 n° 2007-18).

Il n'est pas nécessaire que l'information erronée ait provoqué une **variation du cours** du titre concerné ; il suffit de constater que, par ses imprécisions et inexactitudes, elle a faussé la connaissance que pouvait avoir le marché de l'état de la société (CA Paris 25-1-2000 n° 99-12669 : RJDA 6/00 n° 676). **86467**

ILLUSTRATIONS

A été considérée comme trompeuse l'information diffusée en fin d'année par une société sur le décalage des ventes d'un de ses nouveaux produits (un modem) du troisième au quatrième trimestre et sur le succès sans précédent de ce produit dès lors que la société, qui avait confirmé à cette occasion une prévision de chiffre d'affaires d'un certain montant pour l'année en cours, savait alors que 40 % des **commandes** du modem avaient été **reportées ou annulées** et que celui-ci connaissait de toute évidence des **problèmes d'homologation et de commercialisation** (Cass. com. 23-6-2004 n° 02-17.936 F-D : RJDA 12/04 n° 1341).

De même, a été considérée comme fausse l'information diffusée par voie de communiqué de presse mentionnant le caractère inchangé d'un projet dont le **schéma de financement** avait été **modifié** (AMF comm. sanc. 28-7-2020 n° 2020-08 : RJDA 12/20 n° 651).

La diffusion d'un **communiqué de presse incomplet** peut être sanctionnée, quand bien même les informations manquantes auraient été rendues publiques par d'autres supports tels que le document de référence (désormais document d'enregistrement universel) visé par l'AMF ou la publication des comptes annuels revêtus de l'attestation des commissaires aux comptes au Balo (Cass. com. 18-11-2008 n° 08-10.246 FS-D : RJDA 3/09 n° 233).

L'obligation de fournir au public une information exacte, précise et sincère « implique celle d'établir des **comptes** annuels et consolidés satisfaisant à ces exigences, sans préjudice des prescriptions propres aux règles comptables » (Décisions COB du 12-9-1996 : Bull. COB février 1997 p. 49 s., annulées par CA Paris 14-5-1997 : RJDA 10/97 n° 1223 mais pour un autre motif). **86468**

ILLUSTRATIONS

La comptabilisation dans les comptes d'un exercice de plus-values de cessions non réalisées, l'absence ou l'insuffisance de provisions pour risques, le défaut de mention dans l'annexe des comptes d'importants engagements à l'égard de tiers sont de nature à fausser l'information donnée au public sur la situation financière de la société (Décisions COB du 12-9-1996 précitées).

Le recours, licite en lui-même, à des supports d'information différents pour communiquer sur des comptes provisoires et des comptes définitifs ne satisfait à l'exigence d'une information exacte, précise et sincère qu'à la condition que les modalités de sa mise en œuvre ne fassent pas obstacle à ce que l'évolution réelle de l'activité de la société puisse être appréhendée avec une précision suffisante ; en s'abstenant systématiquement de communiquer par voie de presse les comptes définitifs publiés au Balo, significativement inférieurs aux chiffres provisoires dont la communication avait été accompagnée d'informations et de prévisions d'objectifs exagérément optimistes au regard de la situation réelle, le dirigeant d'une société a délivré au public une information inexacte et trompeuse (AMF comm. sanc. 4-10-2007 n° 2007-30).

Les **qualités** d'exactitude, de précision et de sincérité **de l'information** s'apprécient à la **date** à laquelle elle est donnée au public (Cass. com. 13-12-2011 n° 10-28.337 F-PB : RJDA 4/12 n° 410). **86469**

ILLUSTRATIONS

Commet un manquement la société qui communique au public des comptes prenant en considération des subventions subordonnées à une autorisation de la Commission européenne alors qu'elle n'a pas, au sens de la norme comptable IAS 20, d'assurance raisonnable du versement de ces subventions (Cass. com. 13-12-2011 n° 10-28.337 F-PB précité).

86475 **Autres exemples d'abus de marché** Sont notamment considérés comme des abus de marché les comportements suivants (Règl. UE 596/2014 du 16-4-2014 art. 12, 2) :

1. Le fait, pour une ou pour plusieurs personnes agissant de manière concertée, de **s'assurer une position dominante** sur l'offre ou la demande d'un instrument financier, de contrats au comptant sur matières premières qui lui sont liés ou de produits mis aux enchères fondés sur des quotas d'émission, avec pour effet, réel ou potentiel, la fixation directe ou indirecte des prix d'achat ou des prix de vente ou la création, réelle ou potentielle, d'autres conditions de transaction inéquitables.
Pour apprécier une position dominante, la commission des sanctions de l'AMF recherche si les ordres passés ont été à l'origine d'une position dominante, et ensuite, dans l'affirmative, si, concrètement, et compte tenu des caractéristiques propres du marché des titres en cause, cette position dominante a créé pour les tiers des « conditions de transaction inéquitables ».
Une position dominante pouvant être acquise à raison tant des ordres passés que des ordres exécutés, elle est appréciée en combinant des indices relatifs au volume relatif et absolu des ordres passés par les personnes mises en cause, au nombre de décalages de fourchette provoqués par des ordres, à l'importance du volume relatif des ordres situés aux meilleures limites à l'achat et à la vente et, enfin, au volume relatif et absolu représenté par le donneur d'ordre dans les exécutions d'ordres (AMF comm. sanc. 9-4-2009).
La manipulation peut consister à influer sur le cours du titre en « inondant » rapidement et temporairement (ici quelques minutes) le carnet d'ordres, soit au moyen d'ordres d'achat, soit au moyen d'ordres de vente, ces ordres étant, pour l'essentiel, annulés peu de temps après leur entrée dans le carnet. Constituent une position dominante les positions qui témoignent, au moment où elles ont été prises, d'un contrôle complet de l'offre ou de la demande, par une mainmise sur les meilleurs prix vendeurs ou acheteurs qui constituent la partie du carnet d'ordres susceptible d'établir le cours (AMF comm. sanc. 12-5-2011 n° 2011-09) ;

2. Le fait d'**acheter ou** de **vendre** des instruments financiers, **au moment de l'ouverture ou de la clôture du marché,** avec pour effet, réel ou potentiel, d'induire en erreur les investisseurs agissant sur la base des cours affichés, y compris lors de l'ouverture ou de la clôture (pour des applications, voir Décision COB 24-11-1992 : Bull. COB novembre 1992 p. 23 et Décision COB 16-12-1997 : Bull. COB février 1998 p. 9) ;

3. Le fait de passer des ordres à une plate-forme de négociation, y compris d'annuler ou de modifier ces ordres, en ayant **recours à tout moyen disponible de trading,** y compris des moyens électroniques, tels que les stratégies de trading algorithmiques et à haute fréquence, lorsque cela a l'un des **effets manipulatoires** (n°s 86465 s.) :
– en perturbant ou en retardant, ou en risquant de perturber ou de retarder, le fonctionnement du système de négociation de la plate-forme,
– en compliquant la reconnaissance par d'autres personnes des véritables ordres dans le système de négociation de la plate-forme ou en étant susceptible d'agir ainsi, y compris en émettant des ordres qui entraînent une surcharge ou une déstabilisation du carnet d'ordres,
– en créant, ou en étant susceptible de créer, une indication fausse ou trompeuse quant à l'offre, à la demande ou au cours d'un instrument financier, notamment en émettant des ordres visant à initier ou à exacerber une tendance ;

4. Le fait de **tirer parti d'un accès** occasionnel ou régulier **aux médias** traditionnels ou électroniques en émettant un avis sur un instrument financier, sur un contrat au comptant sur matières premières qui lui est lié ou sur un produit mis aux enchères sur la base des quotas d'émission (ou indirectement sur son émetteur) après avoir pris des positions sur cet instrument financier, sur un contrat au comptant sur matières premières qui lui est lié ou sur un produit mis aux enchères sur la base des quotas d'émission et de profiter par la suite de l'impact dudit avis sur le cours de cet instrument, de ce contrat au comptant sur matières premières qui lui est lié ou d'un produit mis aux enchères sur la base des quotas d'émission sans avoir simultanément rendu public, de manière appropriée et efficace, ce conflit d'intérêts.

> **Précisions** L'annexe I du règlement 596/2014 contient des **listes** non exhaustives :
> – d'**indicateurs** de manipulations relatifs au fait de donner des **indications fausses ou trompeuses** ou de fixer les **cours à un niveau anormal ou artificiel** (position entraînant une variation sensible du cours de l'instrument financier ; absence de changement de bénéficiaire propriétaire d'un instrument financier ; renversement de positions sur une courte période portant sur une proportion importante du volume quotidien de transactions réalisé sur l'instrument financier concerné ; ordres ou transactions concentrés sur un bref laps de temps durant la séance de négociation et entraînant une variation de cours qui est ensuite inversée ; modification de la représentation des meilleurs prix affichés à l'offre et à la demande d'un instrument financier, etc.) ;
> – d'indicateurs de manipulations liés au **recours à des procédés fictifs ou à toute autre forme de tromperie ou d'artifice** (ordres ou

transactions précédés ou suivis de la diffusion d'informations fausses ou trompeuses par ces mêmes personnes ou des personnes qui leur sont liées ; ordres ou transactions effectuées par des personnes avant ou après que celles-ci, ou des personnes qui leur sont liées, produisent ou diffusent des recommandations d'investissement qui sont fausses, biaisées ou manifestement influencées par un intérêt significatif).

SANCTION DES MANQUEMENTS D'ABUS DE MARCHÉ

En cas de manquement d'abus de marché (opération d'initié, divulgation illicite d'information 86485
privilégiée et manipulation de marché couvrant à la fois la manipulation de cours et la diffusion de fausses informations), l'AMF peut infliger aux contrevenants une **sanction pécuniaire** dont le montant peut atteindre 100 millions d'euros ou le décuple du montant des profits éventuellement réalisés et jusqu'à 15 % de leur chiffre d'affaires annuel total s'agissant de personnes morales ; les personnes placées sous leur autorité ou agissant pour leur compte encourent une sanction pécuniaire de 15 millions d'euros ou le décuple du montant de l'avantage retiré du manquement si ce montant peut être déterminé ; ces sanctions peuvent être majorées dans la limite de 10 % de leur montant en vue de financer l'aide aux victimes (C. mon. fin. art. L 621-15, III-al. 1 à 5 et III bis modifié par ord. 2021-1735 du 22-12-2021).

L'avantage économique retiré de l'opération inclut les pertes évitées (Cass. com. 8-2-2011 n° 10-10.965 FS-PB : RJDA 6/11 n° 546).

Les montants de la sanction et de la majoration doivent être adaptés en fonction de la personne mise en cause, notamment : gravité et durée du manquement ; qualité, degré d'implication, situation et capacité financière de l'intéressé ; gains ou avantages obtenus (ou pertes ou coûts évités) ; degré de coopération avec l'AMF ; manquements déjà commis (C. mon. fin. art. L 621-15, III ter ; pour un exemple, voir Cass. com. 2-10-2019 n° 17-28.462 F-D : RJDA 2/20 n° 82 qui juge non excessive par rapport aux capacités financières de l'intéressé une sanction de 14 millions d'euros prononcée contre un initié dont le patrimoine était estimé à plusieurs dizaines de millions d'euros, l'intéressé ayant par ailleurs retiré du manquement reproché un bénéfice dépassant 6 millions d'euros). Le montant de la sanction n'a pas à être fixé en considération des seuls profits personnellement appréhendés par l'auteur du manquement (Cass. com. 27-3-2019 n° 16-17.186 F-D : RJDA 6/19 n° 431 ; voir néanmoins CA Paris 19-12-2019 n° 19/00495 : RJDA 3/20 n° 153 et, sur pourvoi, Cass. com. 9-6-2021 n° 20-13.326 F-D : RJDA 10/21 n° 671, annulant la décision de la commission des sanctions de l'AMF qui se borne à examiner la situation financière de l'auteur de manipulations de cours sans apprécier la gravité des manquements retenus contre lui, l'AMF ne satisfaisant pas aux exigences de motivation du prononcé d'une sanction qui a le caractère d'une punition).

Peut être sanctionnée toute personne qui s'est livrée ou a tenté de se livrer à un abus de marché :

– en France ou à l'étranger, dès lors que cet abus concerne soit un instrument financier ou un quota d'émission de gaz à effet de serre négociés sur une **plate-forme de négociation située en France** (ou pour lesquels une demande d'admission à la négociation sur une telle plate-forme a été présentée), soit un instrument financier ou un quota dont le cours ou la valeur dépend du cours ou de la valeur d'un instrument financier ou d'une unité ci-dessus (ou a un effet sur le cours ou la valeur de ceux-ci), soit un contrat au comptant sur matières premières (cf. C. mon. fin. art. L 465-3-4, II-1°) lorsque l'opération, le comportement ou la diffusion est de nature ou est destiné à avoir un effet sur le cours d'un instrument financier ou un quota ci-dessus, soit un indice (n°s 86465 s.) (C. mon. fin. art. L 621-15, II-c ; pour des sanctions de manipulations de cours commises à l'étranger, voir CA Paris 25-3-2021 n° 20/02404 ; voir aussi AMF comm. sanc. 28-5-2021 n° 2021-09 : Bull. Joly Bourse novembre-décembre 2021 p. 24) ;

– en France, lorsque l'abus concerne soit un instrument financier ou un quota négociés sur une **plate-forme de négociation d'un autre État membre** de l'UE ou de l'EEE (ou pour lesquels une demande d'admission à la négociation sur une telle plate-forme a été présentée), soit un instrument financier ou un quota dont le cours ou la valeur dépend du cours ou de la valeur d'un instrument financier ou d'un quota ci-dessus (ou a un effet sur le cours ou la valeur de ceux-ci), soit un contrat au comptant sur matières premières lorsque l'opération, le comportement ou la diffusion est de nature ou est destiné à avoir un effet sur le cours d'un instrument financier ou d'un quota ci-dessus, soit un instrument financier ou un quota dont le cours ou la valeur a un effet sur le cours ou la valeur d'un contrat au comptant sur matières premières (cf. C. mon. fin. art. L 465-3-4, II-2°) lorsque l'opération, le comportement ou la diffusion a ou est susceptible d'avoir un effet sur le cours ou la valeur d'un contrat au comptant ci-dessus, soit un indice (n° 86465) (C. mon. fin. art. L 621-15, II-d) ;

– en France ou à l'étranger, lors d'une offre au public de titres financiers (C. mon. fin. art. L 411-1 renvoyant au règlement UE 2017/1129 du 14-6-2017) ou d'une offre de jetons pour laquelle l'émetteur a sollicité le visa de l'AMF (C. mon. fin. art. L 621-15, II-e modifié par ord. 2021-1735).

ATTENTION

La commission des sanctions de l'AMF n'est compétente pour connaître d'un manquement qu'à la condition que l'un des éléments constitutifs de celui-ci ait été commis sur le territoire français ; par lui-même le lieu de résidence de la personne mise en cause n'est pas l'un de ces éléments constitutifs (AMF comm. sanc. 26-6-2008 n° 2009-16).

86486 Les sanctions peuvent s'appliquer non seulement à des personnes physiques mais aussi à des personnes morales et aux dirigeants de celles-ci, selon la procédure de l'article L 621-15 du Code monétaire et financier. Ainsi, la société initiatrice d'une prise de contrôle qui, postérieurement à la conclusion d'un accord avec l'actionnaire principal de la société cible mais avant l'acquisition des titres et le lancement d'une offre publique d'achat, avait procédé à un ramassage en bourse à un prix largement inférieur à celui de l'offre a été condamnée à une sanction pécuniaire d'un montant égal à celui de l'avantage qu'elle s'était ainsi procuré de manière injustifiée (CA Paris 15-11-1994 : RJDA 6/95 n° 721).
L'exploitation de l'information est répréhensible même si les transactions sont intervenues hors bourse et de gré à gré, dès lors qu'elles portent sur des valeurs admises à la cote (Cass. com. 18-6-1996 n° 94-13.660 P : RJDA 10/96 n° 1207).
De même, le fait que la cession soit intervenue au profit d'un non-résident et que certaines négociations se soient déroulées à l'étranger n'est pas de nature à exclure l'opération du champ d'application de la loi française (Cass. com. 18-6-1996 précité).

> **Précisions a.** Le **collège de l'AMF** peut, après avoir mis la personne concernée par la procédure de sanction en mesure de présenter ses explications, ordonner qu'il soit mis fin, en France et à l'étranger, aux manquements aux obligations résultant des règlements européens, des dispositions législatives ou réglementaires ou des règles professionnelles visant à protéger les investisseurs contre les opérations d'initiés ; il dispose également de ces **pouvoirs** à l'encontre des manquements aux obligations résultant des dispositions législatives ou réglementaires visant à protéger les investisseurs et le marché contre les opérations d'initié commises sur le territoire français et concernant des instruments financiers admis aux négociations sur un marché réglementé d'un autre État membre de l'UE ou partie à l'accord sur l'EEE ou pour lesquels une demande d'admission aux négociations sur un tel marché a été présentée (C. mon. fin. art. L 621-14).
> **b.** Le principe de **« non bis in idem »** ne fait pas obstacle à ce que, dans le cadre d'une même poursuite conduisant à une même décision de sanction, plusieurs manquements distincts puissent résulter de mêmes faits (CE 6-11-2019 n° 418463 : RJDA 4/20 n° 219).
> **c.** Sur les **voies de recours** contre les décisions de la commission des sanctions de l'AMF, voir Mémento Sociétés commerciales n° 63228.
> **d.** Sur le **relèvement de ces décisions,** voir l'article L 621-15, VI du Code monétaire et financier.

86487 **Publication de la décision de sanction** La commission des sanctions de l'AMF **rend publique sa décision** dans les publications, journaux ou supports qu'elle désigne, dans un format proportionné à la faute commise et à la sanction infligée et aux frais des personnes sanctionnées (C. mon. fin. art. L 621-15, V-al. 1).
La commission peut néanmoins décider de **reporter** la publication d'une décision de sanction, de publier cette décision sous une forme **anonymisée** ou de **ne pas la publier** dans les cas suivants (C. mon. fin. art. L 621-15, V-al. 2 à 4) :
– lorsque la publication de la décision est susceptible de causer à la personne en cause un préjudice grave et disproportionné, notamment, dans le cas d'une sanction infligée à une personne physique, si la publication inclut des données personnelles ;
– lorsque la publication serait de nature à perturber gravement la stabilité du système financier ou le déroulement d'une enquête ou d'un contrôle en cours.
Lorsqu'une décision de sanction prise par la commission des sanctions fait l'objet d'un recours, l'AMF publie immédiatement sur son site internet cette information ainsi que toute information ultérieure sur le résultat de ce recours. Toute décision qui annule une décision précédente imposant une sanction est publiée (C. mon. fin. art. L 621-15, V-al. 6).
Toute décision publiée sur le site internet de l'AMF demeure disponible pendant une période d'au moins cinq ans à compter de cette publication. Le maintien des données à caractère personnel figurant dans la décision publiée sur le site internet de l'AMF ne peut excéder cinq ans (C. mon. fin. art. L 621-15, V-al. 7).

> **Précisions** Le **principe de responsabilité personnelle** fait obstacle, au regard de la portée punitive et du caractère de sanction complémentaire que revêt également la publication, à ce que l'AMF ordonne la publication de la sanction pécuniaire infligée à une société en raison des manquements commis par une autre **société** qu'elle a entre-temps **absorbée** (CE 17-12-2008 n° 316000 : RJDA 4/09 n° 358, 2e esp.).

3. CUMUL DE POURSUITES ADMINISTRATIVES ET PÉNALES

Le cumul des poursuites pénales et administratives à l'encontre d'une même personne ayant commis des mêmes faits est interdit. Une **procédure de concertation** entre le parquet national financier et l'AMF, sous l'arbitrage du procureur général près la cour d'appel de Paris, permet de prévenir un tel cumul. **86520**

Ainsi, le procureur de la République financier ne peut pas engager de poursuites pour abus de marché si l'AMF a déjà notifié des griefs pour les mêmes faits et à l'égard de la même personne. Symétriquement, l'AMF ne peut pas notifier de griefs à une personne à l'encontre de laquelle l'action publique a été mise en mouvement pour les mêmes faits par le procureur de la République financier. Avant tout engagement de poursuites, l'une de ces deux autorités de poursuite doit informer l'autre de son intention par lettre recommandée AR ou remise contre récépissé. Celle-ci dispose alors d'un délai de deux mois pour faire connaître à la première son intention de procéder à l'engagement de poursuites à l'égard de la même personne pour les mêmes faits. Si la seconde ne fait pas connaître, dans le délai imparti, son intention d'engager des poursuites ou si elle fait connaître qu'elle ne souhaite pas y procéder, la première peut alors engager ces poursuites. Si en revanche, la seconde fait connaître son intention d'engager des poursuites, la première dispose alors d'un délai de 15 jours pour confirmer son intention et saisir le procureur général près la cour d'appel de Paris. À défaut, l'autre peut engager les poursuites. À compter de sa saisine, le procureur général près la cour d'appel de Paris dispose d'un délai de deux mois pour autoriser ou non le procureur de la République financier à mettre en mouvement l'action publique, après avoir mis en mesure le procureur de la République financier et l'AMF de présenter leurs observations. Si le procureur de la République financier n'est pas autorisé, dans le délai imparti, à mettre en mouvement l'action publique, l'AMF peut notifier les griefs (C. mon. fin. art. L 465-3-6 et R 465-1, al. 1).

La décision du procureur général près la cour d'appel de Paris prévue est définitive et non susceptible de recours. Elle est versée au dossier de la procédure.

L'ensemble de cette procédure suspend la prescription de l'action publique et de l'action de l'AMF pour les faits auxquels elles se rapportent.

Des limitations sont prévues à la plainte avec constitution de partie civile et à la citation directe, par dérogation aux règles du Code de procédure pénale (CPP art. 85 et 551), afin de préserver les procédures de concertation et, le cas échéant, d'arbitrage tant dans leur déroulement que dans leur résultat. Sur la constitution de partie civile par l'AMF, voir n° 86315.

> **Précisions a.** Une **visite domiciliaire** effectuée par des enquêteurs de l'AMF, qui a pour seul but de rechercher la preuve d'agissements contraires à la loi, ne constitue pas un acte de poursuite et ne méconnaît donc pas l'interdiction de cumul ; les locaux d'une personne faisant l'objet d'une information judiciaire pour délit d'initié peuvent ainsi faire l'objet d'une visite des enquêteurs de l'AMF afin de rechercher la preuve de ce délit (Cass. com. 13-6-2018 n° 16-25.415 FS-D : RJDA 11/18 n° 843).
> **b.** La **notification de griefs** par l'AMF pour manquement de diffusion d'informations fausses ou trompeuses met un terme à l'action publique relative au délit de diffusion de telles informations mais **n'éteint pas les poursuites pénales** des chefs de présentation de comptes annuels inexacts ainsi que de faux et usage qui se fondent sur des faits différents (Cass. crim. 13-4-2022 n° 20-83.524 F-D : RJDA 10/22 n° 570).
> **c.** Est irrecevable à critiquer l'**absence de** mise en œuvre de la procédure de **concertation** la personne qui n'est pas mise en examen pour un des délits d'abus de marché (Cass. crim. 1-4-2020 n° 19-80.900 FS-D : Bull. Joly Bourse mai-juin 2020 p. 21).
> **d.** Seule l'annulation de la condamnation pénale, sans renvoi devant une nouvelle cour, peut faire cesser le **dommage occasionné** à l'intéressé **par le cumul de condamnations** pénales et administratives pour les mêmes faits (E. Dezeuze, Réexamen : Bull. Joly Bourse mars-avril 2021 p. 1).

4. SANCTIONS CIVILES

Une action en responsabilité extracontractuelle peut être exercée contre la société émettrice sur le fondement des articles 1240 et 1241 du Code civil. **86550**

ILLUSTRATIONS

Engage sa responsabilité la société :
– qui a publié sciemment des perspectives de résultats dont elle savait qu'elles n'avaient raisonnablement pas de chance de se réaliser ; le montant de l'indemnisation versée à l'actionnaire trompé par cette information est égal à la différence entre le prix d'achat et le prix de vente des actions acquises par l'intéressé après la publication du communiqué litigieux et qu'il n'aurait pas achetées s'il n'avait pas été victime d'informations trompeuses (CA Colmar 14-10-2003 n° 01-3432 : RJDA 5/04 n° 582) ;

– qui a publié sans nécessité immédiate une information financière en elle-même exacte mais qui, compte tenu de l'imminence d'un accord susceptible d'avoir une incidence déterminante sur le cours de l'action, véhiculait un message d'un pessimisme excessif sur les perspectives d'évolution du titre (CA Paris 26-9-2003 n° 01-21885 : RJDA 2/04 n° 181).

Jugé que les manquements ayant donné lieu à une sanction par la commission des sanctions de l'AMF ne sont pas en eux-mêmes et par principe constitutifs d'une faute civile (T. com. Paris 7-7-2021 n° 2012028100, rejetant les demandes en dommages-intérêts formées à l'encontre de l'auteur du manquement ; pour un commentaire critique de cette décision, P.-H. Conac et M.-P. Fellow, Plaidoyer pour une évolution du régime de la réparation du préjudice boursier : Rev. sociétés 2022 p. 270).

5. MESURES PRÉVENTIVES DES ABUS DE MARCHÉ

GÉNÉRALITÉS

86580 L'essentiel de ces mesures est issu des textes « Abus de marché » qui, complémentairement à la définition des critères de qualification des manquements boursiers, ont prévu la mise en œuvre de dispositifs de **transparence** à raison de fonctions (dirigeants) ou d'activités (production ou diffusion de recommandations d'investissement, conseil ou audit légal) considérées comme particulièrement exposées à la commission d'abus de marché. Un régime de notification au régulateur d'opérations emportant un soupçon de manquements boursiers a également été instauré à la charge de prestataires de services d'investissement (n° 86670).

a. Opérations effectuées par les dirigeants de sociétés

86590 Poursuivant un objectif préventif des opérations d'initiés, **deux dispositifs d'origine distincte** imposent selon des modalités différentes la transparence sur la détention d'actions admises aux négociations sur un marché réglementé ou sur les opérations réalisées par les dirigeants, certains hauts cadres et personnes qui leur sont proches de sociétés dont les titres financiers sont admis aux négociations sur un marché réglementé, sur SMN ou sur un système organisé de négociation.

MISE AU NOMINATIF ET DÉPÔT DE TITRES

86600 Les personnes ayant un accès privilégié à des informations sur la vie d'une société ou de sociétés ayant avec celle-ci certains liens de filiation doivent mettre au nominatif ou déposer les actions admises aux négociations sur un marché réglementé qui appartiennent à elles-mêmes ou à leurs enfants mineurs non émancipés dans ces sociétés (C. com. art. L 225-109). Ces mesures doivent permettre à l'AMF de détecter les transactions effectuées par ces personnes et d'en contrôler la régularité.

La transparence imposée par l'article L 225-109 a pour but de décourager la réalisation d'opérations d'initiés par des personnes qui exercent des fonctions de direction, d'administration ou de contrôle au sein de la société ou qui à raison de leur proximité avec celles-ci sont susceptibles d'avoir accès à ces informations.

86603 Les **obligations** prévues par l'article L 225-109 du Code de commerce **s'appliquent aux personnes suivantes** :
– le président, les administrateurs, les directeurs généraux et, à notre avis, les directeurs généraux délégués dans les SA et les SE de type classique ;
– les membres du directoire ou du conseil de surveillance dans les SA et les sociétés SE de type dualiste ;
– les gérants et les membres du conseil de surveillance dans les SCA (C. com. art. L 226-12, al. 1) ;
– les conjoints non séparés de corps des personnes susvisées (C. com. art. L 225-109, al. 2).

La transparence s'impose aussi bien aux **personnes morales** qu'aux personnes physiques dès lors qu'elles assument l'une des fonctions énoncées. Les **représentants permanents** des personnes morales administrateurs ou membres du conseil de surveillance (et leur conjoint non séparé de corps) sont également tenus de respecter les obligations légales.

86606 Sont soumises à cette transparence les **actions** de sociétés françaises admises aux négociations sur un marché réglementé (**Euronext Paris**). Le contrôle n'est toutefois applicable qu'aux actions émises par la société dans laquelle l'intéressé exerce certaines fonctions (n° 86603), ainsi qu'à celles émises par ses filiales, sa société mère et les autres filiales de cette dernière.

> **Précisions a.** L'article L 225-109 ne précise pas quel est le **sens à donner au mot « filiales »**. À notre avis, il convient de retenir la notion fixée par l'article L 233-1 du Code de commerce (sociétés dont plus de 50 % du capital est détenu par une autre société) car il s'agit là d'un critère simple permettant aux intéressés – qui sont exposés à des sanctions pénales

(nº 86615) – de déterminer sans hésitation s'ils sont ou non soumis à l'article L 225-109.

b. Le texte ne vise que les **actions** et doit recevoir une **interprétation** restrictive, étant pénalement sanctionné (nº 86615). De surcroît, à la faveur de la consécration législative des différentes valeurs mobilières donnant accès au capital (OEA, OCA et BSA) puis de leur abrogation au profit d'un régime unifié en 2004, le législateur n'a pas saisi l'opportunité d'adapter ce régime aux différentes variations de périmètre ou à l'évolution des définitions.

Délai Les personnes soumises au contrôle doivent, dans le délai d'un mois à compter de la date à laquelle elles acquièrent la qualité de dirigeant ou de conjoint d'un dirigeant (C. com. art. R 225-110) : 86609

– soit convertir au nominatif les actions au porteur qui leur appartiennent ou qui appartiennent à leurs enfants mineurs non émancipés ;

– soit « déposer » ces actions auprès d'un teneur de compte-conservateur d'instruments financiers au sens de l'article L 211-3 du Code monétaire et financier et dont la liste figure à l'article L 542-1 du même Code (par exemple, un établissement de crédit ou une entreprise d'investissement) (C. com. art. R 225-112).

En cas d'acquisition d'actions, la mise au nominatif ou le « dépôt » doit intervenir dans les 20 jours de l'entrée en possession des titres (C. com. art. R 225-111).

Les obligations et délais ci-dessus s'appliquent également, nous le rappelons, au conjoint non séparé de corps des personnes concernées.

Sanctions Les droits de vote et les droits à dividende des actions détenues par toute personne n'ayant pas rempli les obligations ci-dessus sont suspendus jusqu'à régularisation de la situation (C. com. art. L 225-109, al. 3). Cette suspension est automatique. Elle s'applique sans délai de préavis ni mise en demeure. La suspension du droit de vote à l'assemblée n'interdit pas à l'actionnaire sanctionné d'y participer et de s'y exprimer. Ses actions n'ayant pas le droit de vote, elles ne sont pas prises en compte pour le calcul du quorum (cf. C. com. art. L 225-96, al. 2, L 225-98, al. 2 et L 225-99, al. 3). 86615

Tout vote émis ou tout versement de dividende effectué pendant la suspension est nul (C. com. art. L 225-109, al. 3). Cette nullité est de droit et le juge ne peut que la constater.

ATTENTION

Une délibération à l'adoption de laquelle un actionnaire dont le droit de vote est suspendu a participé peut être annulée par le juge en application de l'article L 235-2-1 du Code de commerce, qui sanctionne par une nullité facultative les délibérations prises en violation des dispositions régissant les droits de vote attachés aux actions.

PUBLICITÉ DES OPÉRATIONS SUR TITRES

Doivent être déclarées à l'AMF par voie électronique et à la société, dans un **délai** de trois jours ouvrés à compter de la date de la transaction, les opérations sur titres réalisées par l'une des trois catégories de **personnes** suivantes (Règl. UE 596/2014 du 16-4-2014 art. 3 et 19, 1 ; C. mon. fin. art. L 621-18-2 ; Règl. gén. AMF art. 223-22 A s.) : 86625

– parmi les dirigeants : les membres du conseil d'administration ou de surveillance et du directoire, le directeur général, le directeur général unique, le directeur général délégué ou le gérant de cette personne ;

– les hauts cadres non dirigeants : toute personne qui, d'une part, a le pouvoir de prendre des décisions de gestion concernant l'évolution et la stratégie de la société et, d'autre part, a un accès régulier à des informations privilégiées concernant directement ou indirectement cet émetteur ;

– les personnes ayant des liens personnels étroits avec les personnes mentionnées ci-dessus.

La société doit **notifier,** par écrit, aux personnes exerçant des responsabilités dirigeantes (dirigeants et responsables de haut niveau) leurs obligations et établir une **liste** de toutes les personnes exerçant des responsabilités dirigeantes et des personnes qui leur sont étroitement liées.

À leur tour, les personnes exerçant des responsabilités dirigeantes (dirigeants et responsables de haut niveau) doivent notifier, par écrit, aux personnes qui leur sont étroitement liées les obligations de déclaration et conserver une copie de cette notification (Règl. UE 596/2014 art. 19, 5 et Position-recommandation AMF 2016-08 modifiée le 29-4-2021).

› Précisions a. Il incombe à la société de **déterminer** elle-même les personnes qui, en son sein, répondent à la définition des **hauts cadres non dirigeants.** Le premier des critères cumulatifs de la définition (le pouvoir de prendre des décisions de gestion concernant l'évolution et la stratégie de la société), qui requiert une influence décisionnelle sur la conduite des affaires de la société, impose de réserver cette qualification à un nombre restreint de responsables au sein de la société, à apprécier en fonction de l'organisation interne et de la taille de celle-ci. Certains responsables, tels le directeur financier et plus généralement certains membres du comité exécutif ou de direction, nous paraissent très certainement visés.

b. Par « **personnes étroitement liées** », sont visés (Règl. UE 596/2014 art. 3, 1-26 ; C. mon. fin. art. R 621-43-1) :

– le conjoint non séparé de corps ou le partenaire avec lequel la personne est liée par un Pacs ;

– les enfants sur lesquels la personne exerce l'autorité parentale, ou qui résident chez elle habituellement ou en alternance, ou dont elle a la charge effective et permanente ;

– tout autre parent ou allié résidant à son domicile depuis au moins un an à la date de la transaction concernée ;

– les personnes morales, trusts, fiducies ou partenariats, dans lesquels le dirigeant ou responsable de haut niveau de la société concernée, ou une personne qui leur est étroitement liée, exerce des responsabilités dirigeantes ou qu'il contrôle directement ou indirectement ou constituée à son bénéfice, ou encore dont les intérêts économiques sont substantiellement équivalents aux siens (pour un manquement à l'obligation de déclaration d'acquisition de titres retenu à l'encontre de personnes morales liées à des administrateurs de la société, voir AMF comm. sanc. 28-4-2021 n° 2021-06 : Bull. Joly Bourse juillet-août 2021 p. 19 s.).

86628 **Titres concernés** Doivent être déclarées les transactions effectuées pour le compte propre des personnes énumérées n° 86625 et se rapportant aux titres suivants :

– les actions ;

– les titres de créance ;

– les instruments dérivés ou les autres instruments financiers qui leur sont liés, que ces derniers soient ou non admis aux négociations sur les marchés ou systèmes ci-dessous, tels les titres pouvant donner accès au capital de la société (OCA, OEA, etc.), les warrants, les certificats, les instruments financiers à terme fermes ou optionnels, etc.

Les **sociétés** concernées sont les sociétés françaises dont les instruments financiers sont admis aux négociations sur un marché réglementé (**Euronext Paris**), un SMN (**Euronext Growth** ; **Euronext Access**) ou un système organisé de négociation, ou pour lesquels l'admission aux négociations sur un tel marché ou système a été sollicitée ou approuvée (Règl. UE 596/2014 du 16-4-2014 art. 19, 2). Ce régime s'applique indépendamment des modalités d'introduction ou d'inscription sur le marché financier concerné.

> **Précisions** Si la société a émis des actions admises aux négociations sur le marché réglementé français et a par ailleurs adressé à des investisseurs qualifiés ou à un cercle restreint d'investisseurs une **offre portant sur des instruments financiers non « cotés »** et ne donnant pas accès à son capital (par exemple, des obligations), ces derniers n'entrent pas dans le champ d'application de ce régime et les opérations qui les concernent ne doivent pas donner lieu à déclaration.

86631 **Opérations à déclarer** Doivent être déclarées les opérations suivantes (Règl. UE 596/2014 du 16-4-2014 art. 19, 7 et Règl. délégué UE 2016/522 du 17-12-2015 art. 10) :

– l'acquisition, la cession, la vente à découvert, la souscription ou l'échange ;

– l'acceptation ou l'exercice d'une option d'achat d'actions, y compris d'une option d'achat d'actions accordée aux dirigeants ou aux salariés dans le cadre de leur rémunération, et la cession d'actions issues de l'exercice d'une option d'achat d'actions ;

– la conclusion ou l'exercice de contrats d'échange (swaps) sur actions ;

– les transactions sur ou en rapport avec des instruments dérivés, y compris les transactions donnant lieu à un règlement en espèces ;

– la conclusion d'un contrat pour différences sur un instrument financier de la société concernée ;

– l'acquisition, la cession ou l'exercice de droits, y compris d'options d'achat et de vente, et de warrants ;

– la souscription à une augmentation de capital ou émission de titres de créance ;

– les transactions sur produits dérivés et instruments financiers liés à un titre de créance de la société concernée, y compris les contrats d'échange sur risque de crédit ;

– les transactions subordonnées à la survenance de certaines conditions et l'exécution effective des transactions ;

– la conversion automatique ou non automatique d'un instrument financier en autre instrument financier, y compris l'échange d'obligations convertibles en actions ;

– les cadeaux et dons effectués ou reçus, et l'héritage reçu ;

– certaines transactions réalisées sur des produits, paniers et instruments dérivés liés à un indice ;

– certaines transactions réalisées sur des actions ou des parts de fonds d'investissement, y compris les fonds d'investissement alternatifs (FIA) visés à l'article 1er de la directive 2011/61 ;
– certaines transactions réalisées par le gestionnaire d'un FIA dans lequel a investi la personne exerçant des responsabilités dirigeantes ou une personne ayant un lien étroit avec elle ;
– les transactions réalisées par un tiers dans le cadre d'un mandat individuel de gestion de portefeuille ou d'actifs au nom ou pour le compte d'une personne exerçant des responsabilités dirigeantes ou d'une personne ayant un lien étroit avec elle ;
– la mise en gage, l'emprunt ou le prêt d'actions ou de titres de créance de la société ou d'instruments dérivés ou d'autres instruments financiers qui y sont liés ;
– les transactions effectuées dans le cadre d'un contrat d'assurance-vie dans lequel le preneur d'assurance est un dirigeant ou une personne qui lui est étroitement liée, le risque d'investissement est supporté par le preneur d'assurance et celui-ci a le pouvoir ou est libre de prendre des décisions d'investissement concernant des instruments spécifiques contenus dans cette police d'assurance-vie ou d'exécuter des transactions concernant des instruments spécifiques contenus dans cette police d'assurance-vie.

S'agissant des **attributions gratuites d'actions,** l'AMF, interrogée sur des cas particuliers, considère qu'elles doivent être déclarées à compter de la date à laquelle l'attribution devient certaine au sens où l'entend l'Esma (voir Esma's Questions and Answers on the market abuse regulation du 29-3-2019 n° 7.5). **86632**
L'AMF a précisé que la date de déclaration varie selon que l'acquisition définitive des actions gratuites est soumise ou non à des conditions de performance. En présence de telles conditions, la notification devrait intervenir à la date d'acquisition, une fois les conditions réalisées. En l'absence de telles conditions, la notification devrait intervenir dès la date d'attribution des actions par l'organe de direction de la société. Dans ce dernier cas, il convient en pratique d'informer en amont les attributaires du court délai de déclaration auquel ils sont soumis (trois jours à compter de l'attribution). Une condition de présence au sein de la société ne permet pas de différer la déclaration au-delà de la date d'attribution.

En revanche, **ne doivent pas faire l'objet d'une déclaration** les opérations suivantes (Règl. UE 596/2014 du 16-4-2014 art. 19, 7 et Position-recommandation AMF 2016-08 modifiée le 29-4-2021) : **86634**
– les opérations réalisées au sein d'un établissement de crédit ou d'un prestataire de services d'investissement, pour le compte de tiers, lorsque l'établissement de crédit, le prestataire ou un de leurs dirigeants est mandataire social d'une société cotée ;
– les opérations réalisées par les personnes morales mandataires sociales lorsqu'elles agissent pour compte de tiers (par exemple, les opérations réalisées par une société de gestion membre du conseil d'administration ou du conseil de surveillance) ;
– le démembrement d'une action de la part du dirigeant qui en reçoit l'usufruit ;
– le regroupement d'actions ;
– le nantissement ou une sûreté similaire portant sur des instruments financiers dès lors et tant que ce nantissement ou cette sûreté sont destinés à garantir une ligne de crédit particulière.
Il en va également ainsi en matière d'investissement dans un organisme de placement collectif ou d'exposition dans un portefeuille d'actifs sous certaines conditions de seuil et/ou de diversification (Règl. UE 596/2014 art. 19, 1 bis).

Les opérations réalisées par l'une des personnes assujetties doivent être déclarées lorsque le montant cumulé desdites opérations excède le **seuil** de 20 000 € pour l'année civile en cours, y incluant les opérations des personnes liées au dirigeant ou au haut cadre non dirigeant (Règl. gén. AMF art. 223-23). **86635**
Lorsque le montant cumulé des opérations réalisées devient supérieur à 20 000 € au titre de l'année civile en cours, il convient de déclarer l'ensemble des opérations réalisées, y compris les opérations non déclarées sous l'effet de la dispense et de le préciser dans la déclaration.

Modalités de publicité La **déclaration** doit être transmise à l'AMF par voie électronique uniquement via un extranet appelé « **Onde** » qui est accessible sur le site internet de l'AMF (Inst. AMF 2016-06 du 26-10-2016 ; Position-recommandation AMF 2016-08 modifiée le 29-4-2021). **86637**
Les déclarants y remplissent le **formulaire** de déclaration prévu par le règlement d'exécution UE 2016/523 du 10 mars 2016 et qui comporte les informations suivantes (Règl. UE 596/2014 du 16-4-2014 art. 19, 6) :
– le nom de la personne ;
– le motif de la notification ;
– les coordonnées de l'émetteur ;
– la description et l'identifiant de l'instrument financier ;
– la nature de la ou des transactions (par exemple, acquisition ou cession), en indiquant si elles sont liées à l'exercice de programmes d'options sur actions ou aux opérations spécifiques tels la

mise en gage ou le prêt d'instruments financiers, les opérations sous mandat y compris lorsqu'un pouvoir discrétionnaire est exercé ou les transactions effectuées dans le cadre d'une police d'assurance-vie ;
– la date et le lieu de la ou des transactions ;
– le prix et le volume de la ou des transactions.
Dans le cas d'un gage dont les conditions prévoient un changement de valeur, cette information doit être divulguée en même temps que sa valeur à la date du gage.
Les déclarations peuvent être transmises par un tiers pour le compte des personnes tenues aux déclarations. L'identité du tiers doit alors être clairement indiquée dans le formulaire de déclaration (Position-recommandation AMF 2016-08 modifiée le 29-4-2021).

86640 Les déclarations sont mises en ligne par l'AMF sur son site sans faire l'objet d'un examen a priori (Position-recommandation AMF 2016-08 modifiée le 29-4-2021).
L'AMF se réserve le droit de procéder à des contrôles a posteriori.
Chaque déclaration est faite sous l'entière responsabilité du déclarant.
Une copie de chaque déclaration doit être adressée à l'émetteur (C. mon. fin. art. L 621-18-2).

86643 Le **rapport de gestion** annuel présenté par les dirigeants à l'assemblée générale doit comporter un état récapitulatif des opérations mentionnées ci-dessus réalisées au cours du dernier exercice et ayant fait l'objet d'une déclaration (Règl. gén. AMF art. 223-26).
L'état récapitulatif donne une information nominative pour chaque dirigeant. Il est toutefois possible d'agréger les opérations effectuées par un dirigeant et les personnes qui lui sont liées au cours du dernier exercice. L'identité des personnes liées n'est pas mentionnée dans l'état récapitulatif (Position-recommandation AMF 2016-08 modifiée le 29-4-2021).

86650 **Fenêtres négatives** Les personnes exerçant des responsabilités dirigeantes (dirigeants et responsables de haut niveau) ne doivent effectuer **aucune transaction** pour leur compte propre ou pour le compte d'un tiers, que ce soit directement ou indirectement, se rapportant aux actions ou à des titres de créance de l'émetteur ou à des instruments dérivés ou autres instruments financiers qui leur sont liés, pendant une **période** de 30 jours précédant l'annonce d'un rapport financier intermédiaire ou d'un rapport de fin d'année que l'émetteur est tenu de rendre public conformément aux règles de la plate-forme de négociation sur laquelle les actions de l'émetteur sont admises à la négociation ou au droit national (Règl. UE 596/2014 du 16-4-2014 art. 19, 11). La date à laquelle l'annonce est faite marque la fin de la période de 30 jours (Esma's Questions and Answers on the market abuse regulation du 29-3-2019 n° 7.2 ; dans le même sens, Communication Ansa n° 17-040 de septembre 2017 p. 10).
L'AMF recommande aux émetteurs d'étendre l'application des fenêtres négatives à toutes les personnes qui ont accès de manière régulière ou occasionnelle à des informations privilégiées (Position-recommandation AMF 2016-08 modifiée le 29-4-2021).
Par ailleurs, s'agissant des cas de publication volontaire par l'émetteur d'une information financière ou des comptes trimestriels ou intermédiaires, l'AMF recommande d'instaurer des fenêtres négatives pour les dirigeants et personnes assimilées ainsi que pour toute personne ayant accès de manière régulière ou occasionnelle à des informations privilégiées, au minimum 15 jours calendaires avant la publication de cette information (Position-recommandation AMF 2016-08 modifiée le 29-4-2021).

86651 L'émetteur peut néanmoins autoriser ces personnes à procéder à de telles transactions soit au cas par cas en raison de l'existence de **circonstances exceptionnelles,** telles que de graves difficultés financières, nécessitant la vente immédiate d'actions, soit en raison des spécificités de la négociation concernée dans le cas de transactions réalisées dans le cadre de, ou ayant trait à, un système d'actionnariat ou de plan d'épargne du personnel, l'accomplissement de formalités ou l'exercice de droits attachés aux actions, ou dans le cadre de transactions n'impliquant pas de changement dans la détention de la valeur concernée (Règl. UE 596/2014 du 16-4-2014 art. 19, 12 ; pour des précisions, voir Règl. UE 2016/522 du 17-12-2015 art. 7 à 9).
La demande du dirigeant doit être écrite et motivée. Le dirigeant doit décrire les circonstances exceptionnelles nécessitant la vente immédiate des actions et démontrer que la cession envisagée est la seule alternative raisonnable pour obtenir le financement nécessaire. À cet égard, l'AMF recommande aux émetteurs d'établir et de formaliser, dans un document écrit, une procédure qui décrive les modalités pratiques de mise en œuvre de cette procédure d'autorisation exceptionnelle, à savoir la forme de la demande, la forme de la réponse et les délais dans lesquels cette réponse doit intervenir (Position-recommandation AMF 2016-08 modifiée le 29-4-2021).

86655 **Sanctions** Des sanctions ont été prononcées pour manquement à l'obligation de déclaration, qu'il s'agisse d'une omission de déclaration pure et simple (notamment, AMF comm. sanc.

17-12-2009 n° 2010-07, 13-1-2011 n° 2011-03 et 17-5-2013 n° 2013-13) à laquelle est assimilée l'absence de déclaration selon les formes requises (AMF comm. sanc. 21-12-2009) ou d'une déclaration tardive et incomplète (AMF comm. sanc. 17-12-2009 n° 2010-07).

b. Obligation de déclaration d'opérations suspectes

Les opérateurs de marché, les entreprises d'investissement qui gèrent une plate-forme de négociation et les personnes qui organisent ou exécutent des transactions à titre professionnel doivent établir et maintenir des mesures, systèmes et procédures efficaces visant à prévenir et à détecter les abus de marché. Lorsqu'elles ont des motifs raisonnables de suspecter qu'un ordre ou une transaction portant sur tout instrument financier – que cet ordre ait été passé ou cette transaction exécutée sur ou en dehors d'une plate-forme de négociation – pourrait constituer un abus de marché, elles doivent le notifier sans retard à leur autorité compétente (Règl. UE 596/2014 du 16-4-2014 art. 16). **86670**

L'AMF est compétente pour recevoir les notifications des personnes qui organisent ou exécutent des transactions à titre professionnel lorsque celles-ci ont leur siège social ou leur administration centrale ou une succursale en France (Règl. UE 596/2014 art. 16, 3).

Pour un cas où le manquement à l'obligation de déclaration n'a pas été retenu, voir AMF comm. sanc. 3-8-2021 n° 2021-15 : Bull. Joly Bourse novembre-décembre 2021 p. 18.

c. Obligation d'établissement de listes d'initiés

Tout **émetteur** dont les instruments financiers sont admis aux négociations sur un **marché réglementé,** un **SMN ou** un **système organisé de négociation,** ou pour lesquels une demande d'admission aux négociations sur un tel marché ou système a été sollicitée ou approuvée, doit établir, mettre à jour rapidement et communiquer dès que possible par écrit à l'AMF, lorsque cette dernière lui en fait la demande, une liste de toutes les personnes qui ont accès aux informations privilégiées et qui travaillent pour lui en vertu d'un contrat de travail ou exécutent d'une autre manière des tâches leur donnant accès à des informations privilégiées, comme les conseillers, les comptables ou les agences de notation de crédit. Si l'émetteur demande à une autre personne d'établir et de mettre à jour ces listes d'initiés, il demeure pleinement responsable du respect de ces obligations et doit conserver un droit d'accès à ces listes. **86700**

Cette obligation s'applique, de façon cumulative, à toute **personne agissant au nom ou pour le compte de l'émetteur** (Règl. UE 596/2014 du 16-4-2014 art. 18). Ces dernières, lorsqu'elles ont un accès régulier ou occasionnel à des informations privilégiées concernant l'émetteur, doivent également établir, mettre à jour et communiquer à l'AMF dans les mêmes conditions une liste des personnes travaillant en leur sein et ayant accès aux informations privilégiées concernant directement ou indirectement l'émetteur, ainsi que des tiers agissant au nom ou pour leur compte ayant accès aux mêmes informations dans le cadre de leurs relations professionnelles avec elles (Position-recommandation AMF 2016-08 modifiée le 29-4-2021). L'obligation pour un tiers d'établir une liste d'initiés ne naît, à notre avis, qu'à compter de la réception de la notification par l'émetteur de son inscription sur la liste d'initiés établie par ce dernier. Ce n'est, en effet, qu'à partir de cette date que ces tiers ont nécessairement connaissance du caractère privilégié de l'information transmise.

L'émetteur et toute personne agissant au nom ou pour son compte doivent prendre toutes les mesures raisonnables pour **s'assurer que les personnes figurant sur la liste d'initiés reconnaissent par écrit les obligations** légales et réglementaires correspondantes et aient connaissance des sanctions applicables aux opérations d'initiés et à la divulgation illicite d'informations privilégiées.

> **Précisions a.** Un **acquéreur potentiel** n'aurait pas à figurer sur la liste d'initiés établie par l'émetteur ni à établir lui-même sa propre liste, car il n'est pas, par principe, réputé agir au nom ou pour le compte de l'émetteur et se trouve donc exclu du champ du dispositif.
>
> **b.** En application du principe énoncé par l'article 18 du règlement UE 596/2014, et compte tenu du caractère non limitatif des exemples donnés, l'AMF considère que les **commissaires aux comptes** de l'émetteur sont désormais visés par cette obligation (Position-recommandation AMF 2016-08 modifiée le 29-4-2021). Cette position nous paraît critiquable s'agissant des interventions de ces derniers dans le cadre de leur mission légale puisque, de par la volonté du législateur, ils agissent alors non pour le compte de l'émetteur mais dans l'intérêt général.
>
> **c.** Les **émetteurs dont les instruments financiers sont admis à la négociation sur un marché de croissance des PME,** tel Euronext Growth, doivent eux aussi inclure dans leurs listes d'initiés toutes les personnes qui ont accès aux informations privilégiées, et qui travaillent pour eux en vertu d'un contrat de travail ou exécutent d'une autre manière des tâches leur donnant accès à des informations privilégiées, comme les conseillers, les comptables ou les agences de notation de crédit

(C. mon. fin. art. L 451-4 modifié par loi 2021-1308 du 8-10-2021). Ces listes doivent par ailleurs être fournies à l'AMF dès que possible à la demande de celle-ci (Règl. UE 596/2014 art. 18, 6).

FORME ET CONTENU DES LISTES D'INITIÉS

86702 Les listes d'initiés doivent être établies dans un **format** électronique conforme aux modèles de l'annexe I du règlement UE 2022/1210 du 13 juillet 2022.

86703 La **liste** d'initiés doit **contenir,** outre la dénomination et l'adresse de l'émetteur concerné, les nom et prénoms, date de naissance, numéros de téléphone professionnels et personnels, adresse personnelle et numéro d'identification national de toute personne ayant accès à des informations privilégiées, la raison pour laquelle cette personne figure sur la liste d'initiés et les fonctions qu'elle exerce, la date et l'heure auxquelles cette personne a eu accès aux informations privilégiées puis a cessé d'y avoir accès et la date et l'heure auxquelles la liste d'initiés a été établie. Elle doit être divisée en différentes sections, chacune se rapportant à un type précis d'information privilégiée. La liste peut comporter une section séparée contenant les informations précitées relatives aux personnes ayant accès en permanence à l'ensemble des informations privilégiées (« initiés permanents ») (Règl. UE 596/2014 du 16-4-2014 art. 18, 3 et Règl. UE 2022/1210 du 13-7-2022 art. 1).

La liste d'initiés doit être **mise à jour** rapidement, y compris la date de la mise à jour, en cas de changement du motif pour lequel une personne a déjà été inscrite sur la liste d'initiés, lorsqu'une nouvelle personne a accès aux informations privilégiées et doit, par conséquent, être ajoutée à la liste d'initiés et lorsqu'une personne cesse d'avoir accès aux informations privilégiées. Chaque mise à jour doit préciser la date et l'heure auxquelles sont survenus les changements entraînant la mise à jour. Elle doit être **conservée** pour une période d'au moins cinq ans après son établissement ou sa mise à jour.

> **Précisions a.** La section « **initiés permanents** » ne correspond pas à une information privilégiée spécifique, ces initiés étant soumis à une obligation totale d'abstention alors même qu'ils pourraient ne pas avoir connaissance de certaines informations privilégiées concernant l'émetteur. Formellement, la création d'une telle section ne devrait pas empêcher d'inscrire une même personne également en tant qu'initié occasionnel, si cela paraît pertinent, notamment en raison de la connaissance ou de la participation de cette personne à une opération caractérisant une information privilégiée. Toutefois, si une section « initiés permanents » est établie, les renseignements relatifs à ces initiés ne sont pas inclus dans les sections correspondant à des informations privilégiées spécifiques (Règl. UE 2022/1210 art. 1, 2 et considérant 4).
> **b.** Les **émetteurs dont les instruments financiers sont admis à la négociation sur un marché de croissance des PME,** tel Euronext Growth, doivent établir des listes d'initiés, contenant une section spécifique à chaque information privilégiée, qui comprennent les renseignements et respectent le format indiqués dans le modèle 1 de l'annexe III du règlement UE 2022/1210. Ces listes peuvent comporter une section séparée, établie selon le format indiqué dans le modèle 2 de l'annexe III précitée, contenant les informations relatives aux « initiés permanents » ; dans ce cas, les données à caractère personnel de ces derniers ne sont pas incluses dans les sections correspondant à des informations privilégiées spécifiques (Règl. UE 2022/1210 art. 2, 2).

IV. OFFRES PUBLIQUES D'ACQUISITION

RÈGLES GÉNÉRALES

87000 L'offre publique d'acquisition consiste, de la part d'une personne morale (voire d'une personne physique) agissant seule ou de concert avec d'autres, à faire connaître publiquement aux actionnaires d'une société qu'elle se porte acquéreur de leurs titres à un prix déterminé (le plus souvent supérieur au cours de bourse), réglé soit en espèces (offre publique d'achat), soit par remise d'actions ou d'obligations (offre publique d'échange).

Au sens de la directive européenne 2004/25 du 21 avril 2004, le terme « offre publique d'acquisition » ne recouvre cependant que les offres qui suivent ou ont pour objectif « l'acquisition du contrôle de la société visée selon le droit national ». Sont exclues de son champ d'application les offres publiques faites par la société visée elle-même (art. 2, 1-a), par exemple une offre publique de rachat d'actions (Opra), ainsi que les offres de titres « émis par des sociétés dont l'objet est le placement collectif des capitaux recueillis auprès du public, dont le fonctionnement est soumis au principe de la répartition des risques et dont les parts sont, à la demande des détenteurs, rachetées ou remboursées, directement ou indirectement, à charge des actifs de ces sociétés » (art. 1, 2). Sont également exclues les offres de titres émis par les banques centrales des États membres de l'UE (art. 1, 3).

La **réglementation s'applique** : 87003
– aux offres publiques portant sur des instruments financiers émis par des sociétés dont le siège social est établi en France et qui sont admis aux négociations sur un **marché réglementé français** (C. mon. fin. art. L 433-1, I ; Règl. gén. AMF art. 231-1, 1°) ;
– aux offres publiques portant sur des instruments financiers émis par des sociétés dont le siège social statutaire est établi sur le territoire d'un État membre de l'UE ou d'un autre État partie à l'accord sur l'EEE autre que la France, lorsque les titres de capital de ces sociétés auxquels sont attachés des droits de vote ne sont pas admis aux négociations sur un marché réglementé de l'État sur le territoire duquel la société a son siège statutaire et ont été admis aux négociations sur un marché réglementé d'un État membre de l'UE ou d'un autre État partie à l'accord sur l'EEE pour la première fois en France (C. mon. fin. art. L 433-1, II-al. 1 à 3 ; Règl. gén. AMF art. 231-1, 1°) ;
– sous certaines conditions, aux sociétés pour lesquelles la première admission aux négociations sur un marché réglementé est intervenue simultanément dans plusieurs États membres de l'UE ou d'autres États parties à l'accord sur l'EEE, dont la France, avant le 20 mai 2006 (dans ce cas, l'AMF doit avoir été déclarée compétente pour le contrôle de l'offre par les autres autorités compétentes concernées dans les quatre semaines suivant cette date ou, à défaut, passé ce délai, par la société qui fait l'objet de l'offre) ou après le 20 mai 2006 (l'AMF doit alors avoir été déclarée compétente pour le contrôle de l'offre par la société qui fait l'objet de l'offre) (C. mon. fin. art. L 433-1, II- al. 4 et 5 ; Règl. gén. AMF art. 231-1, 1°) ; rappelons qu'une société cible qui choisit l'AMF comme autorité compétente pour le contrôle d'une offre publique d'acquisition doit lui transmettre, au plus tard le premier jour d'admission de ses titres aux négociations sur un marché réglementé, une déclaration, dont le modèle type figure en annexe I de l'instruction AMF 2006-07 (modifiée le 29-4-2021), destinée à être mise en ligne sur le site de l'AMF (Règl. gén. AMF art. 215-1) ; ce choix vaudra pour l'ensemble des opérations financières de la société concernée, sauf modification du lieu de cotation ou de l'implantation du siège ;
– aux sociétés dont la capitalisation boursière est inférieure à un milliard d'euros et dont les instruments financiers ont cessé d'être admis aux négociations sur un marché réglementé pour être admis aux négociations sur un SMNO au sens de l'article 525-1 du règlement général de l'AMF (actuellement **Euronext Growth**), pendant une durée de trois ans à compter de cette admission ou à compter de la date à laquelle ces instruments financiers ont cessé d'être admis aux négociations sur un marché réglementé (C. mon. fin. art. L 433-5 et Règl. gén. AMF art. 231-1, 4°).

L'AMF se réserve la possibilité d'appliquer également la réglementation – à l'exception des règles régissant l'offre publique obligatoire et le retrait obligatoire – aux offres publiques visant des instruments financiers émis par des sociétés dont le siège statutaire est établi hors d'un État membre de l'UE ou d'un autre État partie à l'accord sur l'EEE et qui sont admis aux négociations sur un marché réglementé français (C. mon. fin. art. L 433-1, III et Règl. gén. AMF art. 231-1, al. 6). 87006

La réglementation ne concerne, en principe, que les offres portant sur des instruments financiers négociés sur un **marché réglementé** (Euronext Paris) (C. mon. fin. art. L 433-1). Toutefois, la procédure d'offre ou de demande de retrait (nos 87340 s.) peut s'appliquer aussi aux sociétés dont les titres ont cessé d'être négociés sur un marché réglementé (C. mon. fin. art. L 433-4 ; Règl. gén. AMF art. 231-1, 3°). 87009
Le règlement général de l'AMF peut aussi fixer les conditions de son application aux offres publiques visant des instruments financiers qui sont admis aux négociations sur un **marché** d'instruments financiers **autre qu'un marché réglementé,** à la demande de la personne qui le gère (C. mon. fin. art. L 433-1, IV). C'est le cas de l'offre publique obligatoire, de l'offre publique de retrait et du retrait obligatoire sur le SMNO **Euronext Growth** (Règl. gén. AMF art. 231-1, 2° et 235-1 s.) et également à titre temporaire en cas de transfert d'une société du marché réglementé vers Euronext Growth.

La réglementation ne vise que les offres portant sur des titres financiers visés par l'article L 211-1, II du Code monétaire et financier, à savoir les **actions ou autres titres donnant ou pouvant donner accès,** directement ou indirectement, **au capital** ou aux droits de vote, les titres de créance et les instruments équivalents émis sur le fondement de droits étrangers (Règl. gén. AMF art. 231-1, al. 7). 87012

Les **textes applicables** aux offres publiques d'acquisition sont les suivants : 87015
– la directive européenne 2004/25 du 21 avril 2004 ;
– les articles L 433-1 à L 433-5 du Code monétaire et financier ;
– les articles L 233-3, L 233-7, L 233-10, L 233-10-1, L 233-11 et L 233-14 du Code de commerce ;
– le titre III du livre II du règlement général de l'AMF.

Cette réglementation a pour objet d'assurer le respect par les parties à une offre publique des **principes généraux** de libre jeu des offres et de leurs surenchères, d'égalité de traitement et 87018 d'information des détenteurs des titres des personnes concernées par l'offre, de transparence et d'intégrité du marché et de loyauté dans les transactions et la compétition (Règl. gén. AMF art. 231-3 ; pour des applications de ces principes, CA Paris 20-11-1991 : Rev. sociétés 1992 p. 327 ; CA Paris 17-6-1999 : RJDA 10/99 n° 1085, qui précise que la déloyauté s'entend d'une entrave au libre jeu des offres et des surenchères par des manœuvres ou moyens détournés mis en œuvre dans des conditions illicites, occultes ou frauduleuses, et que le dépôt simultané de deux offres distinctes dont l'une vise à acquérir les titres d'une société elle-même initiatrice d'une offre concurrente ne porte pas atteinte au principe du libre jeu des offres et des surenchères). Ces principes généraux sont d'ordre public (CA Paris 22-4-2021 n° 20/03915 : RJDA 10/21 n° 668).

Comme toutes les autres formes de **concentration des entreprises** (fusions ou scissions notamment), les offres publiques d'achat ou d'échange peuvent être soumises :

– à la réglementation relative au contrôle des concentrations (nos 80100 s.) ;

– ou aux dispositions du règlement CE 139/2004 du 20 janvier 2004 (nos 80500 s.).

87024 Lorsqu'il constate une **infraction** aux règles relatives aux offres publiques, le président de l'AMF peut demander au président du tribunal judiciaire de Paris qu'il soit mis fin à l'irrégularité constatée ou que les effets de celle-ci soient supprimés. Le président du tribunal statue en référé ; il peut même prendre d'office toute mesure conservatoire et prononcer, pour l'exécution de son ordonnance, une astreinte à verser au Trésor public (C. mon. fin. art. L 621-14, III).

SEUIL DE CADUCITÉ D'UNE OFFRE PUBLIQUE

87025 Lorsque, à la clôture d'une **offre publique volontaire ou obligatoire,** la personne ayant déposé le projet d'offre, agissant seule ou de concert au sens de l'article L 233-10 du Code de commerce, ne détient pas un nombre d'actions représentant une fraction supérieure à 50 % du capital ou des droits de vote, l'offre est caduque de plein droit (C. mon. fin. art. L 433-1-2, I ; Règl. gén. AMF art. 231-9, I-1°). L'objectif de cette mesure, conforme à la définition européenne de l'offre publique (n° 87000), est d'inciter l'initiateur d'une offre à payer une prime de contrôle au bénéfice des minoritaires.

La **détermination du seuil** suit les règles relatives au franchissement du seuil d'offre publique obligatoire fixées à l'article 234-1 du règlement général de l'AMF (nos 87202 s.).

ATTENTION

Le régime de caducité est fondé sur la non-obtention d'un contrôle effectif à l'issue de l'offre (et non, comme en matière d'offre publique obligatoire, sur la possibilité d'accéder au contrôle). L'alignement des règles de détermination des seuils, s'il a le mérite de la simplicité, ne réserve pas un traitement différent au capital différé. Ainsi, la détention par un initiateur d'une option long terme non exercée à l'issue de l'offre n'empêcherait pas la caducité alors même que la condition de seuil est formellement remplie (Synthèse AMF de la consultation publique relative à la réforme des offres publiques du 13-10-2014).

Nonobstant l'application de droit du seuil de caducité, l'initiateur peut décider d'assortir son offre volontaire d'un **seuil de renonciation** (voir n° 87050).

Toutefois, lorsque la majorité paraît impossible ou improbable à atteindre pour des raisons ne tenant pas aux caractéristiques de l'offre, l'**AMF** peut, à la demande de l'initiateur, **autoriser que le seuil soit écarté ou abaissé** en deçà de 50 % du capital ou des droits de vote notamment lorsque :

a. La société visée est déjà contrôlée au sens de l'article L 233-3 du Code de commerce par une personne autre que l'initiateur, qui n'agit pas de concert avec lui au sens de l'article L 233-10 du même Code ;

b. Des engagements de non-apport à l'offre ont été conclus par des actionnaires de la société visée, en particulier dans le cas où l'application du seuil de 50 % oblige l'initiateur à devoir acquérir au moins deux tiers des titres susceptibles d'être apportés à l'offre ;

c. Il existe une ou plusieurs offres concurrentes ;

d. Des dispositions législatives, réglementaires ou statutaires empêchent toute prise de contrôle majoritaire.

Cette liste non limitative vise à couvrir les cas dans lesquels, au jour où l'AMF statue sur la demande, la condition de seuil apparaît comme irréalisable. L'AMF statue au regard des principes généraux gouvernant les offres publiques (n° 87018) (Règl. gén. AMF art. 231-9, I-2°). La demande de dérogation doit être présentée au moment du dépôt de l'offre.

87026 Dans le **cas d'une offre publique obligatoire,** la caducité entraîne pour l'initiateur, agissant seul ou de concert, la **privation des droits de vote** attachés aux actions qu'il détient dans la société pour la quantité excédant (C. mon. fin. art. L 433-1-2, II ; Règl. gén. AMF art. 234-3) :

– soit le seuil de 30 % du capital ou des droits de vote, dans le cas d'une offre publique générée par le franchissement du seuil de 30 % en capital ou en droits de vote ;

– soit le nombre d'actions qu'elle détenait préalablement au franchissement du seuil de 1 % du capital ou des droits de vote, dans le cas d'un excès de vitesse (n° 87215).

Cette privation des droits de vote court pour toute assemblée générale se tenant jusqu'à ce que l'initiateur détienne 50 % en capital ou en droits de vote (C. mon. fin. art. L 433-1-2, II et Règl. gén. AMF art. 234-3 précités).

Outre la privation des droits de vote, l'initiateur, agissant seul ou de concert et frappé de caducité, ne peut plus augmenter sa participation en capital ou en droits de vote que par le **dépôt d'une nouvelle offre** publique et après en avoir informé l'AMF. À défaut d'avoir procédé à ce dépôt, l'initiateur est privé des droits de vote attachés aux actions qu'il détient au-delà de sa détention initiale du capital ou des droits de vote (C. mon. fin. art. L 433-1-2, III ; Règl. gén. AMF art. 234-5, al. 2).

EXPERTISE INDÉPENDANTE

Cas de désignation d'un expert La désignation d'un expert indépendant chargé de porter une appréciation sur l'équité des conditions offertes aux actionnaires de la société visée par une offre publique est **obligatoire** dans les **deux cas** suivants (Règl. gén. AMF art. 261-1) : **87027**

– en cas d'offre publique d'acquisition, lorsque l'opération est susceptible de faire naître des conflits d'intérêts au sein du conseil d'administration ou de surveillance ou de l'organe compétent de la société cible, de nature à nuire à l'objectivité de l'avis motivé (nº 87094, e) ou de mettre en cause l'égalité des actionnaires ou des porteurs des instruments financiers qui font l'objet de l'offre ;

– préalablement à la mise en œuvre d'une procédure de retrait obligatoire.

ATTENTION

L'article 261-1 vise les offres publiques d'acquisition de façon générale, c'est-à-dire les offres de toute nature et de toutes modalités, que la contrepartie offerte consiste dans le versement d'un prix ou dans la remise de titres selon une parité déterminée ; l'intervention d'un expert chargé d'apprécier les conditions d'une offre publique susceptible de mettre en cause l'égalité des actionnaires n'est donc pas limitée aux seules offres publiques d'achat mais est aussi nécessaire en cas d'offre publique d'échange ou d'offre mixte (Cass. com. 3-5-2018 nº 15-26.273 F-D : RJDA 8-9/18 nº 649).

Même si l'opération n'est pas susceptible de faire naître des conflits d'intérêts, un **expert** indépendant peut être **volontairement désigné** par l'initiateur d'une offre publique ou par tout émetteur (Règl. gén. AMF art. 261-3). Dans un tel cas, l'expert doit respecter l'ensemble des règles prévues lorsque sa désignation est obligatoire.

Modalités de désignation de l'expert L'expert indépendant est désigné, dans les conditions fixées par l'instruction AMF 2006-08, par l'organe social compétent de la société visée par l'offre, sur proposition d'un **comité ad hoc** composé d'au moins trois membres et comportant une majorité de membres indépendants (Règl. gén. AMF art. 261-1, III ; Inst. AMF 2006-08 art. 1). **87028**

Si la **société** n'est **pas en mesure de constituer** un tel **comité** – ou, à notre avis, si le comité qu'elle est en mesure de constituer n'est pas à même d'assurer le suivi des travaux de l'expert et de préparer le projet d'avis motivé du conseil d'administration ou de surveillance ou de l'organe compétent (nº 87094, e) (cf. Règl. gén. AMF art. 261-1, III) –, elle doit soumettre à l'AMF l'identité de l'expert indépendant qu'elle envisage de désigner (Règl. gén. AMF art. 261-1-1, I et Inst. AMF 2006-08 art. 2). Elle indique alors à l'AMF, outre l'identité de l'expert, les informations suivantes (Inst. AMF 2006-08 art. 2) : **87029**

– les termes et modalités de la mission de l'expert, le fondement réglementaire de celle-ci et les situations de conflit d'intérêts identifiées ;

– les moyens matériels et humains dont l'expert dispose pour la réalisation de sa mission et notamment la composition et les qualifications des personnels dédiés à cette mission ;

– le programme de travail prévisionnel détaillé ;

– le nombre d'heures de travail anticipé et le montant de la rémunération prévue.

L'AMF peut s'opposer à la désignation de l'expert proposé dans un délai de dix jours de négociation lorsqu'elle a des motifs raisonnables de considérer que l'expert ne présente pas les compétences ou garanties suffisantes, notamment d'indépendance, pour assurer sa mission (Règl. gén. AMF art. 261-1-1, III). Elle peut aussi demander des précisions ou informations complémentaires à la société ou à l'expert pressenti ; si sa demande est adressée à la société, le délai d'opposition dont elle dispose est suspendu jusqu'à réception des précisions ou informations demandées (Inst. AMF 2006-08 art. 2).

Conflits d'intérêts La **notion** de conflit d'intérêts n'est pas définie par le règlement général de l'AMF qui se borne à donner six **cas** illustrant des situations patentes de conflit d'intérêts (Règl. gén. AMF art. 261-1, I) : **87030**

1. Lorsque la société visée est déjà contrôlée au sens de l'article L 233-3 du Code de commerce par l'initiateur de l'offre ;

Toutefois, l'AMF considère qu'une société n'est pas tenue de désigner un expert indépendant sur le seul fondement de l'article 261-1, I-1° du règlement général lorsqu'elle fait l'objet d'une offre publique d'acquisition répondant aux critères cumulatifs suivants (Rapport AMF 2010 p. 155) :
– l'offre est déposée à titre obligatoire à la suite d'une transaction portant sur un ou plusieurs blocs acquis auprès d'une ou plusieurs personnes qui détenaient préalablement, de concert entre elles ou avec l'acquéreur, la majorité des droits de vote de la société,
– l'offre est libellée à un prix au moins égal à celui de la transaction précitée,
– l'initiateur s'engage à ne pas mettre en œuvre de retrait obligatoire à l'issue de l'offre ;
2. Lorsque les dirigeants de la société visée ou les personnes qui la contrôlent au sens de l'article L 233-3 du Code de commerce ont conclu un accord avec l'initiateur de l'offre susceptible d'affecter leur indépendance ;
3. Lorsque l'actionnaire qui la contrôle au sens de l'article L 233-3 du Code de commerce n'apporte pas ses titres à une offre publique de rachat lancée par la société sur ses propres titres ;
4. Lorsqu'il existe une ou plusieurs opérations connexes à l'offre susceptibles d'avoir un impact significatif sur le prix ou la parité de l'offre publique considérée ;
5. Lorsque l'offre porte sur des instruments financiers de catégories différentes et est libellée à des conditions de prix susceptibles de porter atteinte à l'égalité entre les actionnaires ou les porteurs des instruments financiers qui font l'objet de l'offre ;
6. Lorsque l'acquisition de la société visée est rémunérée par des actions donnant accès ou pouvant donner accès, directement ou indirectement, au capital ou aux droits de vote de l'initiateur ou d'une société appartenant au groupe de l'initiateur, autres que des actions.

87032 Lorsqu'une **offre publique** est **non sollicitée** (hostile), le principe qui prévaut est celui d'une ouverture rapide de l'offre afin de permettre aux actionnaires de se prononcer et à d'éventuelles offres concurrentes de se manifester. Si les cas de conflits d'intérêts nécessitant la désignation d'un expert indépendant sont assez rares, ils ne sont pas pour autant inexistants (pour un exemple de désignation d'un expert indépendant fondée sur l'existence de conflits d'intérêts compte tenu de la signature préalable d'un protocole d'accord entre l'initiateur et la cible et d'engagements d'apport à l'offre de deux actionnaires administrateurs de la cible, voir Décisions AMF 208C2141 du 2-12-2008 et 208C2322 du 24-12-2008). L'intervention d'un expert indépendant pour cause de conflits d'intérêts peut alors retarder cette ouverture, ou, en cas de surenchères, la confrontation des offres en présence (sur les effets sur le calendrier des offres, voir n° 87092). Dans ce dernier cas, l'opportunité d'une expertise indépendante doit, en fonction des spécificités de chaque offre, être appréciée au regard du bon déroulement du calendrier de l'offre au mieux des intérêts du marché et de la confrontation des offres (Rapport AMF 2008 p. 125). Dans un dossier de surenchère, le relèvement significatif du prix d'offre, critère principal sur lequel repose la conformité d'un projet d'offre en surenchère, a, semble-t-il, été considéré comme suffisant par l'AMF, qui n'a pas demandé l'intervention d'un expert indépendant en dépit d'engagements d'apport des trois principaux actionnaires de la cible (Décision AMF 208C1668 du 12-9-2008).

87033 L'**expert** indépendant ne doit pas être lui-même en **situation de conflit d'intérêts** avec les personnes concernées par l'offre publique et leurs conseils (Régl. gén. AMF art. 261-4, I). Il est considéré en situation de conflit d'intérêts notamment lorsqu'il (Inst. AMF 2006-08 art. 1) :
– entretient des liens juridiques ou des liens en capital avec les sociétés concernées par l'offre publique ou leurs conseils, susceptibles d'affecter son indépendance (pour un exemple de cabinet d'expertise qui avait, de manière indirecte, un actionnaire minoritaire, purement financier, commun avec l'initiateur de l'offre mais n'ayant pris aucune part dans le choix de nomination de l'expert, voir Décision AMF 207C1808 du 9-8-2007 : demande de l'AMF d'une « opinion indépendante » – qui n'est pas une expertise indépendante au sens du règlement général – délivrée par un autre expert exempt de tout conflit d'intérêts et complémentaire à l'avis de l'expert indépendant) ;
– a procédé à une évaluation de la société visée par l'offre publique au cours des 18 mois précédant sa désignation, sauf si l'évaluation menée dans ce délai intervient dans le cadre d'une mission qui constitue le prolongement de la précédente (pour un exemple ayant nécessité une substitution d'expert, voir Décision AMF 208C1483 du 1-8-2008 : l'un des signataires du rapport d'expertise avait également signé en mars 2007 l'évaluation d'une participation significative minoritaire de la société visée ainsi qu'une évaluation de deux marques de cette société dans le cadre de l'établissement des comptes relatifs à l'exercice 2006) ;
– a conseillé l'une des sociétés concernées par l'offre ou toute personne que ces sociétés contrôlent au sens de l'article L 233-3 du Code de commerce au cours des 18 mois précédant sa désignation ;
– détient un intérêt financier dans la réussite de l'offre, une créance ou une dette sur l'une des sociétés concernées par l'offre ou toute personne contrôlée par ces sociétés au sens de l'article L 233-3 du Code de commerce, susceptible d'affecter son indépendance.

Cette liste de critères n'est pas limitative (Règl. gén. AMF art. 261-4, I ; Inst. AMF 2006-08 art. 1).
L'expert indépendant ne doit pas intervenir de manière répétée avec le ou les mêmes établissements présentateurs ou au sein du même groupe lorsque la fréquence de ces interventions est susceptible d'affecter son indépendance (Règl. gén. AMF art. 261-4, I-al. 2).
L'AMF estime que des interventions répétées d'un même expert sur des opérations animées par une même structure de conseil (« binôme conseil/expert ») peuvent porter atteinte à l'indépendance de l'expert (Rapport AMF 2008 p. 123), ce qui semble également couvrir le cas où le conseil n'est pas l'établissement présentateur.
En revanche, le simple fait que le conseil de surveillance ayant nommé l'expert comprenne des personnes « concernées par l'offre » ne permet pas de considérer, en soi, que cet expert n'a pas été indépendant dans l'exercice de sa mission (CA Paris 18-5-2017 n° 16/26029 : RD bancaire et financier 2018 comm. n° 146).
De même, le fait que l'expert ait commencé ses travaux sans attendre sa désignation officielle par le conseil d'administration ne lui fait pas perdre son indépendance, dès lors qu'il a débuté ses travaux à la demande du comité ad hoc (n° 87028) après que ce dernier l'a recommandé (CA Paris 13-3-2020 n° 19/18934 : RTDF 1-2/2021 p. 153).
L'expert doit établir une **déclaration** dite « **d'indépendance** » attestant l'absence de tout lien passé, présent ou futur connu de lui avec les personnes concernées par l'offre et leurs conseils, susceptible d'affecter son indépendance et l'objectivité de son jugement. Cependant, lorsqu'il existe une situation créant un risque de conflit d'intérêts mais dont l'expert estime qu'elle n'est susceptible d'affecter ni son indépendance ni son objectivité, il le mentionne et le justifie dans sa déclaration (Règl. gén. AMF art. 261-4, II ; pour un exemple, CA Paris 29-4-2014 n° 13/15177). S'il sous-traite une partie de ses travaux à un membre de son réseau détenant un mandat de commissaire aux comptes auprès de la société cible, il doit expliciter en quoi cette situation n'est pas susceptible d'affecter son indépendance et l'objectivité de son jugement (Rapport AMF 2011 p. 111).

Rôle de l'expert L'expert indépendant doit établir un **rapport** sur les conditions financières de l'offre ou de l'opération qui contient notamment sa déclaration d'indépendance (n° 87033), une description des diligences effectuées et une évaluation de la société concernée ; la conclusion du rapport est présentée sous la forme d'une attestation d'équité (Règl. gén. AMF art. 262-1, I ; voir aussi Inst. AMF 2006-08 art. 3, II sur le contenu du rapport et art. 4 sur les diligences de l'expert). **87034**
Le rapport d'expertise a pour objectif de permettre au conseil d'administration ou de surveillance ou à l'organe compétent de la société visée par une offre publique d'acquisition d'apprécier les conditions financières de l'offre afin de rendre son avis motivé (n° 87094, e) (Inst. AMF 2006-08 art. 3, I).
À compter de sa désignation, l'expert doit disposer d'un **délai** suffisant pour élaborer son rapport en fonction de la complexité de l'opération et de la qualité de l'information mise à sa disposition. Ce délai ne peut pas être inférieur à 20 jours de négociation à compter de la réception par l'expert de l'ensemble de la documentation nécessaire à l'élaboration de son rapport (Règl. gén. AMF art. 262-1, II-al. 1 ; Recommandation AMF 2006-15). En outre, lorsque l'offre est déposée par un actionnaire détenant déjà directement ou indirectement, seul ou de concert, la moitié au moins du capital et des droits de vote de la société visée, l'expert ne peut pas remettre son rapport avant l'expiration du délai de 15 jours de négociation suivant le dépôt du projet de note d'information par l'initiateur (voir n° 87092) (Règl. gén. AMF art. 231-26, I-3° sur renvoi de l'art. 262-1, II-al. 1).
Si l'expert se voit confier une nouvelle mission prolongeant la première, il n'est pas tenu de respecter un nouveau délai additionnel de 20 jours de négociation ; il doit seulement justifier dans son rapport du délai utilisé pour l'accomplissement de sa mission, telle que prolongée (Règl. gén. AMF art. 262-1, II-al. 2).
Lorsque l'expert considère ne pas avoir eu un délai suffisant pour élaborer son rapport compte tenu des développements de sa mission ou des retards dans la mise à disposition des documents et informations nécessaires à l'accomplissement de celle-ci, il remet un **rapport sans attestation d'équité** et en explique les raisons (Règl. gén. AMF art. 262-1, III).
Le rapport est présenté par l'expert au conseil d'administration ou de surveillance ou à l'organe compétent de la société concernée. Sur la publicité des conclusions de ce rapport, voir, en cas de désignation volontaire de l'expert, n° 87083 et, en cas de désignation obligatoire, n° 87094.

> **Précisions a.** La société indique par écrit à l'expert les termes et modalités de sa mission, le fondement réglementaire de celle-ci, ainsi que les situations de conflit d'intérêts identifiées. L'expert se voit remettre une **lettre de mission** contenant l'intégralité de ces informations et annexe celle-ci à son rapport (Inst. AMF 2006-08 art. 1).
> **b.** Sur l'analyse des **situations de conflits d'intérêts** dans le rapport de l'expert, voir Recommandation AMF 2006-15 art. 4.
> **c.** L'AMF a publié des recommandations relatives au **rôle du conseil d'administration ou de surveillance** dans la désignation et le suivi

des travaux de l'expert et à la mise en œuvre d'une **approche multicritères** dans le cadre d'une expertise indépendante (Recommandation AMF 2006-15 art. 1 et 3). Ces recommandations énoncent notamment les principes permettant de guider l'expert dans son travail (examen critique, transparence, cohérence et pertinence) et de clarifier la terminologie utilisée dans son rapport.

d. Si l'AMF constate que le **rapport** d'expertise contient des **insuffisances significatives** (notamment s'il ne rend pas compte d'une situation de conflit d'intérêts ou comporte des incohérences ou des lacunes significatives), elle peut demander à la société visée de désigner à ses frais un nouvel expert aux fins d'émettre une nouvelle attestation d'équité. Dans ce cas, la société visée soumet à l'AMF l'identité de l'expert qu'elle entend désigner dans les mêmes conditions que lorsqu'elle n'a pas été en mesure de constituer un comité ad hoc (voir n° 87029).

A. Offres publiques volontaires

INTÉRÊT DES OFFRES PUBLIQUES VOLONTAIRES

87040 L'offre publique volontaire présente les **avantages** suivants.

1. Elle constitue un moyen efficace et rapide de réaliser des concentrations ou des regroupements d'entreprises et répond au besoin pour celles-ci d'atteindre une dimension leur permettant de se maintenir sur le marché et de se développer.

2. Elle permet à la société qui prend l'initiative de l'offre d'achat de ne pas donner suite à l'opération si, à l'expiration du délai fixé, les offres de vente portent sur un nombre de titres inférieur au minimum demandé. Elle permet aussi d'effectuer les achats à un prix fixé à l'avance et égal pour tous.

3. Elle contribue à animer le marché financier et à mettre en lumière la sous-évaluation boursière de certaines valeurs.

4. Elle incite les dirigeants de sociétés à une gestion plus stricte et à une information plus complète des actionnaires puisque ce sont eux qui, en définitive, par l'acceptation de l'offre ou par son rejet, manifesteront leur attachement ou leur désapprobation à l'égard des méthodes de gestion de la direction en place.

5. Elle met enfin tous les actionnaires sur un pied d'égalité pour la vente de leurs titres et limite les manœuvres purement spéculatives.

87041 Les offres publiques d'achat ou d'échange ont aussi des **inconvénients.** Indépendamment de la concentration excessive d'entreprises à laquelle elles peuvent aboutir, elles sont parfois le moyen pour des spéculateurs de réaliser des opérations purement financières conduisant, au mépris de toute logique industrielle, au démembrement d'entreprises viables.

Les offres publiques d'achat sont des opérations délicates qui soulèvent des controverses parfois passionnées lorsqu'elles ont pour but la prise de contrôle « par surprise » d'une société importante. Elles donnent alors lieu à de violentes batailles juridiques, financières et boursières dont les effets nocifs se répercutent souvent tant sur l'entreprise auteur de l'offre que sur l'entreprise visée. Dans les autres cas (accord entre les principaux actionnaires des sociétés intéressées ou consolidation de participations déjà importantes), le climat dans lequel se déroule l'opération est en général plus serein (offres « amicales »).

1. CONDITIONS DE L'OFFRE

INITIATEUR DE L'OFFRE PUBLIQUE

87050 Comme pour les déclarations à faire en cas de prises de participations significatives, la réglementation des offres publiques assimile à l'initiateur toute personne physique ou morale agissant de concert avec lui (Règl. gén. AMF art. 231-2, 3°), la notion d'action de concert étant restreinte, en ce domaine, aux seuls accords ayant pour finalité d'« obtenir le contrôle de la société qui fait l'objet de l'offre ou [de] faire échouer l'offre » (C. com. art. L 233-10-1).

L'initiateur peut assortir son offre d'un **seuil de renonciation** (ce qui n'est pas permis s'agissant d'une offre obligatoire) sous la forme d'une condition d'obtention, à l'issue de l'offre, d'un certain nombre de titres, exprimé en pourcentage du capital ou des droits de vote, en deçà duquel il se réserve la faculté de renoncer à son offre (Règl. gén. AMF art. 231-9, II). La pratique constante de l'AMF montre que les seuils de renonciation qu'elle accepte n'excèdent pas les deux tiers du capital ou des droits de vote, sauf cas particulier.

> **Précisions** L'AMF considère que l'**instauration d'un seuil de caducité** rend les **conséquences** d'une suppression du seuil de renonciation moins importantes et doit permettre à l'initiateur de renoncer au seuil de renonciation qu'il a stipulé, et ce, à tout moment pendant l'offre, y compris au moment de la communication des résultats.

RUMEURS D'OFFRE PUBLIQUE ET DÉCLARATIONS D'INTENTIONS EN CAS D'ACTES PRÉPARATOIRES

L'AMF peut – en particulier lorsque le marché des instruments financiers de l'émetteur fait l'objet de **variations significatives** de prix ou de volumes inhabituelles – demander aux personnes dont elle a des motifs raisonnables de penser qu'elles préparent, seules ou de concert, une offre publique sur des titres admis aux négociations sur un marché réglementé français d'informer, dans un délai qu'elle fixe, le public de leurs intentions ; il en est ainsi notamment en cas de discussions entre les émetteurs concernés ou de désignation de conseils en vue de la préparation d'une offre publique (C. mon. fin. art. L 433-1, V-al. 1 ; Règl. gén. AMF art. 223-32, al. 1). Cette information est portée à la connaissance du public par la publication d'un communiqué soumis préalablement à l'appréciation de l'AMF et dont l'auteur doit s'assurer de la diffusion effective et intégrale (C. mon. fin. art. L 433-1, V-al. 2 ; Règl. gén. AMF art. 223-32, al. 2). Ce dispositif s'applique également en cours d'offre publique (Décision AMF 214C0916 du 27-5-2014) afin de clarifier la situation. **87051**

Le règlement général détermine les **conséquences** qui résultent de cette **déclaration d'intention** (C. mon. fin. art. L 433-1, V-al. 3 et Règl. gén. AMF art. 223-33 à 223-35) :

– si le déclarant confirme avoir l'intention de déposer une offre, l'AMF fixe le calendrier d'information du public et de dépôt de l'offre ;

– à compter de la publication par l'AMF des caractéristiques financières du projet d'offre (notamment la nature de l'offre et le prix ou la parité envisagée) telles que transmises par l'initiateur, débute la **période de préoffre,** c'est-à-dire le temps s'écoulant entre la publication faite par l'AMF en application du premier alinéa de l'article 223-34, al. 1 du règlement général de l'AMF et le début de la période d'offre ou, à défaut de dépôt d'un projet d'offre, la publication faite par l'AMF en application de l'article 223-34, al. 3 du règlement général de l'AMF ; un communiqué de presse annonçant une intention de déposer une offre subordonnée à la réalisation préalable d'une opération dont l'issue des négociations est incertaine et n'indiquant pas le prix de l'offre ne suffit pas à marquer le début de la période de préoffre (CA Paris 11-2-2021 n° 20/13807 : RJDA 6/21 n° 398, précisant par ailleurs que le refus par l'AMF de procéder à la publication visée à l'article 223-34, al. 1 précité constitue une décision de portée individuelle susceptible de recours) ;

– dès la publication de la déclaration d'intention de déposer une offre publique, qu'elle soit faite en application du dispositif antirumeur ci-dessus ou du droit commun des déclarations d'intention (Règl. gén. AMF art. 223-6), il y a lieu d'appliquer les dispositions du règlement général de l'AMF relatives aux restrictions d'interventions sur les titres concernés, au contrôle des opérations d'offre publique (nos 87125 s.) et aux obligations déclaratives (n° 87122) ;

– si le déclarant indique qu'il n'a pas l'intention de déposer une offre ou si, après avoir déclaré son intention de déposer une offre, il ne respecte pas le calendrier fixé par l'AMF, il lui est interdit, d'une part, de déposer une offre pendant six mois, sauf exception justifiée par des modifications importantes dans l'environnement, la situation ou l'actionnariat des personnes concernées, y compris l'émetteur lui-même et, d'autre part, de se placer en situation d'offre obligatoire pendant le même délai, étant précisé que s'il vient à accroître d'au moins 2 % le nombre de titres de capital et donnant accès au capital ou aux droits de vote de la cible qu'il possède, il doit le déclarer immédiatement et indiquer les objectifs qu'il a l'intention de poursuivre jusqu'à l'échéance du délai ;

– si le déclarant renonce à son projet d'offre, il doit en informer immédiatement l'AMF, qui informe alors le marché par une publication. Il en va de même lorsque le projet d'offre n'a pas été déposé dans le délai fixé par l'AMF conformément à l'article 223-33 de son règlement général (Règl. gén. AMF art. 223-34, al. 2 et 3).

Pour des **exemples de déclarations d'intention** publiées par l'AMF, voir Décisions AMF 206C2166 du 29-11-2006, 210C1174 du 17-11-2010 et 210C1185 du 19-11-2010.

Rien n'interdit à la société cible de l'offre de publier un communiqué pour faire connaître le soutien de son conseil d'administration au projet d'offre (CA Paris 13-3-2020 n° 19/18934 : RTDF 1-2/2021 p. 153).

TITRES VISÉS PAR L'OFFRE PUBLIQUE

À l'exception de certains cas particuliers (nos 87155 s.), l'offre doit viser la totalité des **titres de capital et** des titres **donnant accès au capital ou aux droits de vote** de la société visée (Règl. gén. AMF art. 231-6). Ainsi, l'initiateur d'une offre publique doit s'engager à acquérir non seulement tous les titres de capital – qu'ils soient ou non assortis de droits de vote (actions ordinaires, actions de préférence ou certificats d'investissement encore en circulation) – existant à la date du dépôt de l'offre, mais aussi tous ceux qui donnent vocation au capital ou aux droits de vote (bons de souscription ou d'acquisition d'actions ordinaires ou de préférence ou de certificats d'investissement, obligations convertibles ou remboursables en actions ordinaires ou de préférence, obligations échangeables contre des actions ou à option d'échange contre des actions, toutes valeurs **87053** mobilières composées donnant accès au capital, etc.). Dans la mesure où il en existe encore, les certificats de droit de vote sont également visés par l'offre, mais leur acquisition n'est possible que si, à l'issue de l'offre, l'initiateur est titulaire d'un nombre équivalent de certificats d'investissement. En revanche, il n'y a pas lieu de tenir compte des **options d'achat ou de souscription d'actions** qui n'auraient pas été levées à la date du dépôt de l'offre. En effet, la loi n'impose que l'acquisition de « titres », ce qui n'est pas le cas des options, lesquelles, au surplus, ne sont pas négociables.

OFFRE PUBLIQUE VISANT UN ÉTABLISSEMENT DE CRÉDIT OU UNE ENTREPRISE D'ASSURANCE

87055 L'exercice par la société visée par une offre publique d'une **activité réglementée** entraîne pour l'initiateur certaines obligations d'information. Ainsi, toute personne physique ou morale envisageant de déposer un projet d'offre publique à l'AMF en vue d'acquérir une quantité déterminée de titres d'un établissement de crédit agréé en France, d'une société de financement ou d'une entreprise d'assurance ou de réassurance agréée en France peut – il s'agit d'une simple faculté – en **informer** préalablement le gouverneur de la Banque de France, président de l'ACPR, huit jours ouvrables avant le dépôt de ce projet d'offre ou son annonce publique si elle est antérieure (C. mon. fin. art. R 511-3-5 et C. ass. art. R 322-11-5).

NATURE DE L'OFFRE PUBLIQUE

87058 L'offre publique peut être soit une offre publique uniquement d'achat (OPA), soit une offre publique uniquement d'échange contre des titres émis ou à émettre (OPE) assortie ou non d'un règlement en numéraire, soit une offre alternative (OPA ou OPE), soit une OPA ou une OPE principale assortie d'une ou plusieurs options subsidiaires mais présentant le caractère d'un accessoire indissociable de l'offre principale (Règl. gén. AMF art. 231-8 ; pour des exemples, voir Décisions AMF 207C0145 du 19-1-2007 et 207C1701 du 2-8-2007).

ATTENTION

Dans deux cas, l'émetteur doit prévoir une option en numéraire (Règl. gén. AMF art. 231-8, al. 5 et 6) :
– lorsque les titres remis en échange ne sont pas des titres liquides admis aux négociations sur un marché réglementé d'un État membre de l'UE ou d'un État partie à l'accord sur l'EEE ;
– lorsque l'initiateur, seul ou de concert, a acquis en numéraire, dans les 12 mois précédant le dépôt du projet d'offre, des titres conférant plus de 5 % du capital ou des droits de vote de la société visée.

87059 L'initiateur peut offrir aux détenteurs de procéder à la **cession différée** de leurs titres sous condition que cette option puisse être exercée dans un délai raisonnable, qu'elle ait un caractère subsidiaire à l'offre principale et que son exercice soit inconditionnellement garanti par l'établissement présentateur de l'offre (Règl. gén. AMF art. 231-8 ; pour un exemple, voir Décision CMF 197C0761 du 29-12-1997).

87060 Autre possibilité offerte à l'initiateur : proposer aux actionnaires qui conserveraient leurs titres, non pas la faculté de les céder ultérieurement au prix de l'OPA, mais seulement de bénéficier d'une garantie de prix à terme matérialisée par un bon négociable admis aux négociations sur un marché réglementé dénommé « **certificat de valeur garantie** » (CVG). Ainsi, lors de l'OPA « Spie-Batignolles » (Avis SBF 95-1177 du 4-5-1995), il avait été prévu d'attribuer aux actionnaires qui ne présenteraient pas leurs titres à l'offre des CVG permettant à leurs détenteurs de recevoir, à l'expiration d'un délai de deux ans, le versement de la différence, si elle était positive, entre le prix de l'offre majoré d'un intérêt capitalisé au taux de 7,50 % l'an et un cours de référence correspondant à la moyenne des cours de l'action pendant les 35 jours de bourse précédant la date fixée pour l'exercice des droits attachés à ces certificats. Voir aussi l'OPA « Saga » (Avis SBF 964319 du 27-12-1996) et l'OPE « Casino » (Avis SBF 97-3287 du 6-10-1997).

L'émission de CVG peut aussi, à la différence des exemples précédents, être réservée non pas aux actionnaires qui conserveront leurs titres mais, au contraire, à ceux qui les présenteront à l'échange. Ainsi, lors de l'OPE « BNP Paribas » (Décision CMF 199C0872 du 8-7-1999), il a été proposé aux actionnaires de Paribas d'échanger 20 actions Paribas contre 29 actions BNP plus 13 CVG. Chaque CVG, qui est admis aux négociations sur un marché réglementé français, permettant à son détenteur le 1er juillet 2002 de recevoir, dans la limite de 20 €, une somme égale à la différence, si elle est positive, entre 100 € et le cours moyen de l'action BNP pendant les 20 jours de bourse précédant cette date.

Toute formule consistant à proposer le versement à échéance de la différence entre le cours de marché et le prix proposé à terme doit comporter des garanties et avantages équivalents à ceux de la cession différée (n° 87059) (Règl. gén. AMF art. 231-8, dernier al.).

87061 Parfois, l'offre **cumule les deux options** (cession différée et CVG). Ainsi, dans l'OPA « AGF » (Décision CMF 198C0158 du 12-2-1998), il a été remis, pour chaque action présentée et conservée, un bon de cession ou de valeur garantie exerçable du 1er au 15 juin 2000 et permettant d'obtenir auprès d'Allianz soit, si le cours de référence de l'action (moyenne sur 30 jours de bourse) était inférieur ou égal à 320 F (prix de l'offre), une somme en espèces de 360 F contre remise d'un bon et d'une action, soit, si le cours de référence de l'action était supérieur à 320 F, la différence – si elle était positive – entre 360 F et le cours de référence contre remise du seul bon et dans la limite de 40 F par bon.

IRRÉVOCABILITÉ DE L'OFFRE PUBLIQUE

L'offre doit être irrévocable (Règl. gén. AMF art. 231-13, al. 2). La garantie du caractère irrévocable des engagements de l'initiateur doit concerner également la **réouverture de l'offre** (Règl. gén. AMF art. 232-4, al. 2) puisque, dans tous les cas (hormis la mise en œuvre directe d'un retrait obligatoire) où elle connaît une suite positive, l'offre réalisée selon la procédure normale est automatiquement rouverte dans les dix jours de négociation suivant la publication du résultat définitif. Il s'ensuit notamment qu'en principe les offres publiques ne peuvent pas être assorties de réserves permettant à leurs auteurs de revenir sur leur proposition (CA Paris 13-7-1988 n° 88-11090 : D. 1989 p. 160 note P. Le Cannu). 87065

Si l'**offre** publique **prévoit la remise de titres à émettre,** à moins que l'organe de direction ne dispose d'une délégation expresse à cet effet, l'irrévocabilité des engagements pris par l'initiateur emporte l'obligation pour ses dirigeants de proposer à l'assemblée générale des actionnaires une résolution visant à décider ou autoriser l'émission des titres destinés à rémunérer les apporteurs à l'offre aux clauses et conditions prévues dans le projet d'offre publique (Règl. gén. AMF art. 231-12, al. 1).

Toutefois, l'initiateur peut stipuler dans son offre un **seuil de renonciation** : voir n° 87050. 87066

Un même initiateur peut simultanément déposer des projets d'offres sur des sociétés distinctes et stipuler que ces **offres** sont **liées.** Dans ce cas, il peut prévoir de ne donner une suite positive à l'une des offres que si le seuil de caducité est également atteint dans l'autre ou les autres offres. Il a toutefois la faculté de renoncer pendant la durée des offres à cette condition ou à la condition de seuil de renonciation, notamment en cas d'offres concurrentes ou de surenchères sur l'une des sociétés visées (Règl. gén. AMF art. 231-10).

En fonction des dispositions légales, réglementaires ou statutaires applicables à la société initiatrice, l'AMF peut également autoriser celle-ci à assortir l'ouverture de son offre d'une condition d'**autorisation préalable** de l'opération **par l'assemblée** générale de ses actionnaires sous réserve que cette assemblée ait déjà été convoquée lorsque le projet d'offre est déposé (Règl. gén. AMF art. 231-12, al. 2). Rien ne s'oppose, en effet, à ce que les statuts d'une société subordonnent le lancement d'une offre publique à l'autorisation préalable des actionnaires réunis en assemblée ordinaire ou extraordinaire.

Enfin, lorsque le projet d'OPA constitue un rapprochement d'entreprises devant être notifié aux autorités de contrôle des concentrations et autorisé par celles-ci, l'initiateur peut stipuler dans son offre une **condition suspensive** d'obtention de l'autorisation sollicitée (Règl. gén. AMF art. 231-11, al. 1 ; voir n° 87089).

RENONCIATION À L'OFFRE PUBLIQUE

L'initiateur peut renoncer à son offre publique dans le délai de cinq jours de négociation suivant la publication du calendrier d'une **offre ou** d'une **surenchère concurrente** (nos 87132 s.) ; il informe l'AMF de sa décision, qui fait l'objet d'une publication (Règl. gén. AMF art. 232-11, al. 1). 87067

L'initiateur peut également, avec l'autorisation préalable de l'AMF, renoncer à son offre si elle devient **sans objet** ou si la société cible, en raison des mesures qu'elle a prises, voit sa **consistance modifiée** pendant l'offre ou en cas de suite positive de l'offre, ou si les mesures prises par la société visée ont pour conséquence un **renchérissement de l'offre pour l'initiateur** (art. 232-11, al. 2). Tel serait le cas, à notre avis, d'une augmentation ou d'une réduction substantielle du capital social, d'une cession ou d'une acquisition d'éléments d'actif significatifs, etc.

Pour un exemple dans lequel l'offre était devenue sans objet depuis le rapprochement amiable de l'initiateur et de la cible à travers la mise en œuvre d'une fusion-absorption du premier par la seconde, voir Décision AMF 210C0455 du 27-5-2010.

DÉPÔT DU PROJET D'OFFRE PUBLIQUE

Le projet d'offre publique doit être déposé auprès de l'AMF par un ou plusieurs prestataires de services d'investissement, agréés pour exercer l'activité de prise ferme (cas de la plupart des entreprises d'investissement et des établissements de crédit), agissant pour le compte du ou des initiateurs. Ce dépôt est effectué par lettre garantissant, sous la signature d'au moins un des 87068

établissements présentateurs, la teneur et le **caractère irrévocable** des engagements pris par le ou les initiateurs (Règl. gén. AMF art. 231-13, I).
À noter que les prestataires de services d'investissement ne peuvent déposer un projet d'offre publique que s'ils sont agréés pour exercer l'activité de prise ferme, ce qui est le cas de la plupart des entreprises d'investissement et des établissements de crédit.

87069 La **lettre** doit mentionner (Règl. gén. AMF art. 231-13, II) :
– les objectifs et intentions de l'initiateur ;
– le nombre et la nature des titres de la société visée qu'il détient déjà, seul ou de concert, ou peut détenir à sa seule initiative ainsi que la date et les conditions auxquelles leur acquisition a été réalisée au cours des 12 derniers mois ou peut être réalisée à l'avenir ;
– le prix ou la parité d'échange auxquels l'initiateur offre d'acquérir les titres, les éléments qu'il a retenus pour les fixer et les conditions de paiement ou d'échange prévues ;
– éventuellement, les conditions suspensives assortissant l'offre ;
– si le seuil de caducité est applicable à l'offre, le nombre d'actions et de droits de vote que ce seuil représente et éventuellement les raisons pour lesquelles l'initiateur demande à l'AMF que ce seuil soit écarté ou abaissé ;
– les modalités précises selon lesquelles seront acquis les instruments financiers de la société visée et, le cas échéant, l'identité du prestataire de services d'investissement désigné pour les acquérir pour le compte de l'initiateur ;
– dans les cas prévus à l'article L 2312-47 du Code du travail, si la procédure d'information-consultation du comité social et économique de la société visée a débuté à l'annonce de l'offre.
Elle doit être accompagnée du projet de note d'information établi par l'initiateur, seul ou conjointement avec la société visée, et des déclarations préalables effectuées auprès d'instances habilitées à autoriser l'opération envisagée (art. 231-13, III).
Les notes d'information établies par l'initiateur et par la société visée peuvent, en principe, faire l'objet d'un document unique lorsque l'offre est « amicale », c'est-à-dire si les deux sociétés sont d'accord. À l'inverse, lorsque l'**offre** est **non sollicitée,** les **notes d'information** de l'initiateur et de la société visée doivent être **disjointes.** Il doit également en être ainsi lorsqu'un **expert indépendant** doit être désigné (n°s 87027 s.), sauf en cas de **retrait obligatoire** lorsqu'un projet de note d'information doit être établi (Inst. AMF 2006-07 modifiée le 29-4-2021 art. 4).
Lorsque l'offre porte sur une société qui détient plus de 30 % du capital ou des droits de vote d'une société française ou étrangère dont les titres de capital sont admis aux négociations sur un marché réglementé, cette participation constituant un actif essentiel de la société visée par l'offre principale, l'initiateur doit déposer un projet d'offre publique sur cette « filiale » (n° 87200). Dans un tel cas, la lettre de dépôt de l'offre principale doit également être accompagnée (art. 231-13, IV) :
– du document d'offre déposé ou du projet de document d'offre qui sera déposé auprès de l'autorité compétente pour le contrôle de l'offre ;
– de tout autre document portant engagement contraignant prouvant qu'un projet d'offre publique irrévocable et loyale est ou sera déposé sur la totalité des titres de capital et donnant accès au capital ou aux droits de vote de la société dont plus de 30 % du capital ou des droits de vote est détenu et qui constitue un actif essentiel de la société visée par l'offre.
Dans tous les cas, la version électronique du projet de note d'information est transmise à l'AMF pour être mise en ligne sur son site (art. 231-13, V).

87070 Dès le dépôt du projet d'offre, le **président de l'AMF** peut (ce n'est pas une obligation) demander à l'entreprise de marché (par exemple, Euronext Paris) assurant le fonctionnement du marché réglementé sur lequel sont admis les titres de la société visée de **suspendre la négociation** des titres de la société visée ou des autres sociétés concernées par le projet d'offre. Il peut également demander à la personne qui gère un SMN de suspendre la négociation des titres de la société visée ou à un internalisateur systématique de suspendre son activité sur ces titres. Cette demande peut également porter sur d'autres titres concernés par le projet d'offre. Elle est faite auprès de l'ensemble des entreprises de marché, des personnes gérant un SMN ou des internalisateurs systématiques qui négocient les titres visés, s'il y a lieu (C. mon. fin. art. L 420-10, I-al. 3 ; Règl. gén. AMF art. 231-15). En effet, la suspension de la négociation d'un titre sur un marché réglementé n'entraîne pas automatiquement suspension des négociations sur les autres lieux de négociation (SMN, internalisations systématiques).

87071 L'AMF publie les principales dispositions du projet d'offre ; cette publication marque le **début de la période d'offre** (Règl. gén. AMF art. 231-2, 6° et 231-14), qui s'achèvera à la date de publication des résultats de l'offre (ou, le cas échéant, des résultats de sa réouverture).
La période d'offre publique doit être distinguée de la durée de l'offre, intervalle de temps qui sépare la date d'ouverture de l'offre et la date de clôture de l'offre (n°s 87128 s.) pendant laquelle doivent être déposés les ordres de vente ou d'échange (n° 87141).

Pendant toute la période d'offre, les personnes concernées par l'offre publique (initiateur, société visée ainsi que personnes ou entités agissant de concert avec l'un ou l'autre : Règl. gén. AMF art. 231-2, 3°) doivent respecter l'ensemble des règles définies au titre III du livre II du règlement général de l'AMF relatif aux offres publiques d'acquisition (Règl. gén. AMF art. 231-4).

INFORMATION-CONSULTATION DU CSE DE LA SOCIÉTÉ CIBLE

En cas de dépôt d'une OPA, les dirigeants de la société cible doivent, si la société comprend au moins 50 salariés, réunir immédiatement le comité social et économique (CSE) pour l'en informer. Au cours de cette réunion, ils doivent indiquer si l'offre a été sollicitée ou non. Le CSE décide s'il souhaite ou non procéder à l'audition de l'initiateur de l'offre et désigner un expert-comptable qui l'assistera. Il peut aussi se prononcer sur le caractère amical ou hostile de l'offre (C. trav. art. L 2312-42). **87073**

L'**audition de l'initiateur** doit se tenir dans un délai d'une semaine à compter du dépôt du projet d'OPA. Lors de son audition, l'initiateur peut se faire assister des personnes de son choix ou même se faire représenter par un des mandataires sociaux ou des salariés de l'entreprise. Il présente au CSE sa politique industrielle et financière, ses plans stratégiques pour la société concernée et les répercussions de la mise en œuvre de l'offre sur l'ensemble des intérêts, l'emploi, les sites d'activité et la localisation des centres de décision de cette société. Le CSE peut se faire assister de l'expert-comptable qu'il a désigné dans les conditions ci-dessus (C. trav. art. L 2312-43 et L 2312-48).

L'initiateur de l'offre doit **adresser** au CSE de la société cible la **note d'information** qu'il a établie pour cette opération et ce, dans les trois jours de la publication de celle-ci (C. trav. art. L 2312-44).

Les textes relatifs aux prérogatives du CSE en cas d'OPA étant d'**ordre public,** il est interdit d'y déroger par accord.

> **Précisions** Le régime spécifique d'information et de consultation des représentants du personnel en cas d'OPA ne dispense pas les dirigeants de la société cible de leur obligation d'**information et de consultation sur la marche générale de l'entreprise** imposée par l'article L 2312-8 du Code du travail en cas de projet de prise de contrôle d'une société par une autre en deux étapes : d'abord une prise de participation minoritaire et dans un second temps le dépôt d'une OPA. En pareil cas, les représentants du personnel de la cible doivent être consultés par les dirigeants de celle-ci au titre de l'article L 2312-8 dès la prise de participation minoritaire si le projet d'ensemble de prise de contrôle dont elle constitue la première étape est assez déterminé pour avoir une incidence sur l'organisation, la gestion et la marche générale de l'entreprise (CA Versailles 15-4-2021 n° 21/00378 : RJS 7/21 n° 394).

Rapport de l'expert-comptable L'expert-comptable dispose d'un délai de trois semaines à compter du dépôt du projet d'OPA pour établir un rapport qui évalue la politique industrielle et financière et les plans stratégiques que l'initiateur de l'offre envisage d'appliquer à la société cible, ainsi que les répercussions de leur mise en œuvre sur l'ensemble des intérêts, l'emploi, les sites d'activité et la localisation des centres de décision de cette dernière société ; il a accès aux documents nécessaires à l'élaboration de ce rapport (C. trav. art. L 2312-45). Sa rémunération est à la charge du CSE, sur son budget de fonctionnement (sauf insuffisance de celui-ci), à hauteur de 20 %, et de la société, à hauteur de 80 % (C. trav. art. L 2315-80). **87074**

Avis du CSE Préalablement à l'avis motivé rendu par le conseil d'administration ou de surveillance sur l'intérêt de l'offre et sur les conséquences de celle-ci pour la société visée, ses actionnaires et ses salariés, le CSE de la société cible est réuni et consulté sur le projet d'offre. Au cours de cette réunion, il examine le rapport établi par l'expert-comptable et peut demander la présence de l'auteur de l'offre. Le CSE émet son avis dans un délai d'un mois à compter du dépôt du projet d'OPA. En l'absence d'avis dans ces délais, il est réputé avoir été consulté (C. trav. art. L 2312-46, I-al. 1 et 2). **87075**

Les membres élus du CSE peuvent, s'ils estiment ne pas disposer d'éléments suffisants, saisir le président du tribunal judiciaire statuant selon la procédure accélérée au fond, en dernier ressort, pour qu'il ordonne la communication des éléments manquants, par la société cible et par l'initiateur. Cette saisine ne prolonge pas le délai dont dispose le CSE pour rendre son avis. Toutefois, en cas de difficultés particulières d'accès aux informations nécessaires à la formulation de l'avis du CSE, le juge peut décider la **prolongation du délai,** sauf lorsque ces difficultés résultent d'une volonté manifeste de retenir ces informations de la part de la société faisant l'objet de l'offre (art. L 2312-46, II).

L'avis du CSE ainsi que le rapport de l'expert-comptable sont reproduits dans la **note en réponse** établie par la société cible ou, s'il y a lieu, dans la note d'information commune établie par l'initiateur de l'offre et la société cible (art. L 2312-46, I-al. 3 ; Règl. gén. AMF art. 231-19, 3° bis).

ATTENTION

Contrairement à ce que le législateur a prévu en matière d'expertise indépendante, l'article L 2312-46 du Code du travail ne permet pas d'ôter certaines informations contenues dans le rapport de l'expert-comptable et dont la révélation pourrait porter atteinte aux intérêts légitimes de la société. Il conviendra de sensibiliser l'expert-comptable à ces éléments en amont de la remise de son rapport.

Dans le cas, fréquent en pratique, où la société cible est l'entreprise dominante d'un groupe de sociétés, les informations et consultations prévues ci-dessus doivent être faites au niveau du **comité de groupe** et non pas au niveau des CSE des sociétés appartenant au groupe (C. trav. art. L 2332-2).

Signalons que si le **comité central d'entreprise de la filiale** d'une société visée par une offre publique n'a pas à être informé et consulté au titre de cette offre, son information-consultation peut être requise si l'offre publique emporte des conséquences sur l'organisation, la gestion et la marche générale de la filiale (Cass. soc. 19-12-2018 n° 18-14.520 FS-PBRI : RJS 3/19 n° 167).

87076 L'initiateur de l'offre peut, à sa demande, **faire débuter** la procédure d'information-consultation du CSE de la société cible **dès l'annonce de l'offre.** Les dirigeants de la société cible doivent alors réunir leur CSE dans les deux jours ouvrables suivant cette annonce. La procédure décrite ci-dessus est alors applicable, les délais courant à compter de l'annonce de l'offre.

En cas de modification significative des informations présentées au CSE entre l'annonce et le dépôt de l'offre, l'avis rendu, le cas échéant, par le CSE est caduc automatiquement. Une nouvelle procédure d'information-consultation doit alors être lancée : le CSE doit être à nouveau réuni dans les deux jours suivant le dépôt de l'offre et rendre un avis selon la procédure décrite ci-dessus et fondée sur les articles L 2312-42 à L 2312-46 du Code du travail (C. trav. art. L 2312-47, al. 2).

87077 **Exception** La procédure d'information-consultation (rapport de l'expert-comptable et avis du CSE) n'est pas applicable aux offres publiques de rachat d'actions de l'article L 225-207 du Code de commerce, aux programmes de rachat d'actions de l'article L 22-10-62 du même Code ou aux OPA engagées par des entités, agissant seules ou de concert au sens de l'article L 233-10 du Code de commerce, qui détiennent plus de la moitié du capital ou des droits de vote de la société cible (C. trav. art. L 2312-52, al. 2).

87078 **Information-consultation du CSE de l'initiatrice de l'offre** Dans les sociétés d'au moins 50 salariés, les dirigeants sociaux doivent consulter le CSE avant toute modification de l'organisation juridique de la société, notamment en cas d'acquisition d'une filiale (C. trav. art. L 2312-8, II-2°).

Toutefois, les dirigeants d'une société qui envisagent de lancer une OPA ou une OPE portant sur le capital d'une autre société sont dispensés de consulter le **CSE** avant le lancement de l'offre mais doivent le réunir dans un **délai** de deux jours ouvrables **suivant la publication de l'offre** ou, à leur initiative, suivant l'**annonce de l'offre** (n° 87073) afin de lui transmettre des informations écrites et précises sur le contenu de celle-ci et sur les conséquences qu'elle est susceptible d'entraîner en matière d'emploi (C. trav. art. L 2312-14 et L 2312-49).

Lorsque l'offre est déposée par une société dépourvue de CSE à attributions élargies ou vise une société dépourvue d'un tel CSE, les salariés de cette société sont informés directement dans des conditions voisines de celles applicables aux membres du CSE (C. trav. art. L 2312-50).

87079 **Sanctions** Si l'initiateur de l'offre (ou son représentant) **ne se rend pas à l'une et/ou à l'autre des réunions** du CSE (ou du comité de groupe) de la société cible à laquelle il a été invité, il est **privé des droits de vote** attachés aux actions de cette société qu'il détient ou qu'il viendrait à détenir. Cette sanction concerne également les actions de la société cible détenues par les sociétés qu'il contrôle ou par celles qui le contrôlent au sens de l'article L 233-16 du Code de commerce (C. trav. art. L 2312-48). Une sanction identique s'applique à l'initiateur, personne physique, de l'offre (art. L 2312-48, al. 2).

Toutefois, cette **sanction** est **levée** si l'initiateur se rend à une nouvelle réunion du CSE (ou du comité de groupe) à laquelle il a été invité ou si le CSE s'abstient de le convoquer à nouveau dans les 15 jours qui suivent la réunion à laquelle il a été initialement convoqué (art. L 2312-48, al. 3 et 4).

Quant au chef d'entreprise de la société cible, il s'expose aux sanctions pénales prévues pour le délit d'entrave s'il ne réunit pas son CSE dans les conditions indiquées plus haut (n° 87073).

87080 **Suivi des engagements pris par l'initiateur** Si, à l'issue de l'offre publique, l'initiateur de l'offre a acquis le contrôle de la société cible, il doit rendre compte au CSE de la cible, au cours du 6e, du 12e et du 24e mois suivant la clôture de l'offre, de la manière dont il a mis en œuvre les déclarations d'intention et, le cas échéant, les engagements qu'il a pris auprès du CSE en

matière d'emploi, de maintien des sites d'activité et de localisation des centres de décision tels qu'exprimés dans la note d'information (n° 87082) (C. trav. art. L 2312-51).
La notion de contrôle s'apprécie ici au regard tant de la définition des articles L 233-1 et L 233-3 du Code de commerce que de celle retenue par l'article L 233-16 du même Code pour l'établissement des comptes consolidés.

NOTE D'INFORMATION DE L'INITIATEUR DE L'OFFRE PUBLIQUE

Information des actionnaires et du public Le règlement général de l'AMF prévoit les modalités suivantes d'information relative au projet d'offre publique (Règl. gén. AMF art. 231-16) : 87082
– dès le début de la période d'offre, le **projet de note d'information** doit être tenu gratuitement à la disposition du public au siège de l'initiateur et auprès du ou des établissements présentateurs de l'offre et, lorsqu'il a été établi conjointement avec la société visée, mis à disposition au siège de celle-ci et auprès des organismes chargés d'assurer le service financier de ses titres ; lorsque le siège de l'initiateur ou de l'établissement présentateur de l'offre n'est pas situé en France, cette mise à disposition doit être effectuée auprès d'un prestataire de services d'investissement situé en France et désigné, selon les cas, par l'initiateur ou l'établissement présentateur ;
– lorsque l'initiateur dispose d'un site internet, il est également publié sur ce site et, lorsqu'il a été établi conjointement avec la société visée, sur le site de celle-ci si un tel site existe ;
– dans tous les cas, une copie du projet de note d'information doit être adressée sans frais à toute personne qui en fait la demande ;
– au plus tard lors de son dépôt à l'AMF, le projet d'offre fait l'objet d'un **communiqué,** dont l'**initiateur** s'assure de la diffusion effective et intégrale, qui donne les principaux éléments du projet de note d'information (objectifs, nombre et nature des titres, termes de l'offre, prix ou parité d'échange, accords conclus avec des tiers, etc.) et précise les modalités de mise à disposition de ce projet.
Le communiqué et le projet de note d'information doivent comporter la mention : « Cette offre et le projet de note d'information restent soumis à l'examen de l'AMF. »
Dès publication de ce communiqué, le conseil d'administration ou de surveillance ou, dans le cas d'une société étrangère, l'organe compétent de la **société cible** peut également publier un **communiqué** pour faire connaître son **avis** sur l'intérêt de l'offre ou sur les conséquences de celle-ci pour la société cible, ses actionnaires et ses salariés (Règl. gén. AMF art. 231-17, al. 1). Ce communiqué doit mentionner, lorsqu'un expert indépendant doit être désigné (n°s 87027 s.), les conclusions de son rapport (n° 87034) et, dans les sociétés d'au moins 50 salariés, les conclusions de l'avis du CSE de la société visée (art. 231-17, al. 2).

> **Précisions a.** Lorsque le **communiqué est publié préalablement à la remise du rapport de l'expert indépendant ou à l'avis du CSE** de la société visée, la société visée publie un nouveau communiqué, dès la publication de ce rapport ou dès cet avis, qui mentionne leurs conclusions et fait connaître l'avis motivé des membres des organes sociaux (art. 231-17, al. 2).
> **b.** Dans tous les cas, lorsque, au jour du dépôt du projet de note d'information établi par l'initiateur, **l'expert indépendant n'a pas achevé sa mission ou n'a pas été désigné,** la société visée informe le public, par voie de communiqué, de l'identité de l'expert indépendant dès la publication du projet de note de l'initiateur ou dès la désignation de l'expert (art. 231-17, al. 3). L'AMF souligne qu'il est souhaitable que le marché soit informé en amont – lorsque cela est possible, dès l'annonce des caractéristiques du projet d'offre – de l'identité de l'expert choisi par la cible, afin de faciliter, le cas échéant, l'entrée en contact avec l'expert de tout tiers intéressé à l'offre désireux de porter à sa connaissance des éléments nécessaires à l'appréciation des conditions de l'offre (Rapport AMF 2010 p. 154).

Contenu du projet de note d'information de l'initiateur Le projet de cette note doit comporter les indications suivantes (Règl. gén. AMF art. 231-18) : 87083
1. L'identité de l'initiateur ;
2. La teneur de son offre et, en particulier :
– le prix ou la parité proposés, en fonction des critères d'évaluation objectifs usuellement retenus, des caractéristiques de la société visée et du marché de ses titres,
– le nombre et la nature des titres qu'il s'engage à acquérir,
– le nombre et la nature des titres de la société visée qu'il détient déjà, directement, indirectement ou de concert, ou qu'il peut détenir à sa seule initiative ; sont également précisées la date et les conditions auxquelles leur acquisition a été réalisée au cours des 12 derniers mois ou peut être réalisée à l'avenir,
– le cas échéant, les conditions auxquelles l'offre est subordonnée (n° 87066),

– le calendrier prévisionnel de l'offre,
– le cas échéant, le nombre et la nature des titres remis en échange par l'initiateur,
– les conditions de financement de l'opération et leurs incidences sur les actifs, l'activité et les résultats des sociétés concernées,
– si le seuil de caducité est applicable à l'offre, le nombre d'actions et de droits de vote que ce seuil représente et éventuellement les raisons pour lesquelles l'initiateur demande à l'AMF que ce seuil soit écarté ou abaissé.

3. Les intentions de l'initiateur pour une durée couvrant au moins les 12 mois à venir relatives à la politique industrielle et financière des sociétés concernées, le cas échéant, ses engagements et intentions spécifiques formalisés, dans les sociétés d'au moins 50 salariés, dans le cadre de la procédure d'information-consultation du CSE de la société visée (n° 87073) ainsi qu'au maintien de l'admission des titres de capital ou donnant accès au capital de la société visée aux négociations sur un marché réglementé ;

4. Les orientations de l'initiateur en matière d'emploi. Celui-ci indique notamment, eu égard aux données dont il a connaissance, et en cohérence avec ses intentions sur la politique industrielle et financière mentionnées au 3., les changements prévisibles en matière de volume et de structure des effectifs ;

5. Le droit applicable aux contrats conclus entre l'initiateur et les détenteurs de titres de la société visée à la suite de l'offre ainsi que les juridictions compétentes ;

6. Les accords relatifs à l'offre auxquels il est partie ou dont il a eu connaissance, ainsi que l'identité et les caractéristiques des personnes avec lesquelles il agit de concert ou de toute personne agissant de concert avec la société visée au sens des articles L 233-10 et L 233-10-1 du Code de commerce lorsqu'il en a connaissance ;

7. S'il y a lieu, l'avis motivé du conseil d'administration ou de surveillance, ou, dans le cas d'un initiateur étranger, de l'organe compétent, sur l'intérêt de l'offre ou sur les conséquences que présente l'offre pour l'initiateur, ses actionnaires et ses salariés ; les conditions de vote dans lesquelles cet avis a été obtenu, les membres minoritaires pouvant demander qu'il soit fait état de leur identité et de leur position ;

8. Lorsque l'offre porte sur une société qui détient plus de 30 % du capital ou des droits de vote d'une société française ou étrangère dont les titres de capital sont admis aux négociations sur un marché réglementé, cette participation constituant un actif essentiel de la société visée par l'offre principale (n° 87200), l'engagement de déposer un projet d'offre irrévocable et loyale sur la totalité des titres de capital et donnant accès au capital ou aux droits de vote de la « filiale » ;

9. S'il y a lieu, le rapport de l'expert indépendant désigné volontairement par l'initiateur (n°s 87027 s.) ;

10. Les modalités de mise à disposition des informations mentionnées à l'article 231-28 du règlement général de l'AMF (n° 87103) ;

11. Les modalités précises selon lesquelles seront acquis les instruments financiers de la société visée et, le cas échéant, l'identité du prestataire de services d'investissement désigné pour les acquérir pour le compte de l'initiateur.

La note d'information comporte la signature de l'initiateur ou de son représentant légal attestant l'exactitude des informations figurant dans la note (art. 231-18, avant-dernier al.).

La note d'information comporte également une attestation des représentants légaux des établissements présentateurs de l'offre sur l'exactitude des informations relatives à la présentation de l'offre et aux éléments d'appréciation du prix ou de la parité proposés (art. 231-18, dernier al.).

Le **contenu détaillé** du projet de note d'information de l'initiateur est précisé à l'article 2 de l'instruction AMF 2006-07, modifiée le 29 avril 2021.

DÉCLARATION DE CONFORMITÉ DU PROJET D'OFFRE PUBLIQUE

87084 L'AMF dispose, en principe, d'un **délai** de dix jours de négociation suivant le début de la période d'offre – qui correspond à la publication du projet d'offre par l'AMF (n° 87071) – pour apprécier la conformité du projet d'offre aux dispositions législatives et réglementaires qui lui sont applicables (Règl. gén. AMF art. 231-20, I). Lorsqu'un **expert indépendant** doit être désigné (n°s 87027 s.) ou lorsque l'offre relève de la procédure d'**information-consultation du CSE** (n° 87073), la déclaration de conformité est prononcée au plus tôt cinq jours de négociation après le dépôt du projet de note en réponse de la société visée (art. 231-20, II). Sur le délai de dépôt du projet de note en réponse, voir n° 87092.

Dans tous les cas, l'AMF peut demander toutes justifications et garanties appropriées et requérir toute information complémentaire nécessaire à son appréciation tant sur le projet d'offre que sur le projet de note d'information ou de note en réponse. Dans ce cas, les délais prévus ci-dessus sont suspendus et recommencent à courir à réception des éléments requis (art. 231-20, III).

Le **rôle de l'AMF** est de vérifier la régularité de l'offre publique au regard de la loyauté et de la transparence du marché financier ; elle certifie qu'ont été vérifiées la cohérence et la pertinence de l'information à publier lors d'une offre publique. Une telle vérification ne saurait valoir authentification des éléments comptables et financiers contenus dans la note d'information ; elle ne porte pas davantage sur l'opportunité de l'offre publique, l'AMF n'ayant pas à apprécier la finalité industrielle, commerciale et sociale de l'opération (voir CA Paris 23-10-2001 n° 01-6034 : RJDA 1/02 n° 52). Il n'appartient pas non plus à l'AMF de connaître d'éventuelles opérations d'initiés antérieures ou concomitantes au lancement de l'offre, de vérifier la régularité du processus de consultation des institutions représentatives du personnel, d'apprécier la régularité des délibérations du conseil d'administration au regard d'une prétendue situation de conflit d'intérêts, ou encore de se prononcer sur la validité d'un contrat de droit privé ou sur celle du document de référence (désormais, document d'enregistrement universel) de la société cible (CA Paris 13-3-2020 n° 19/18934 : RTDF 1-2/2021 p. 153). 87085

L'AMF est tenue d'appliquer les dispositions de son règlement, lesquelles intègrent les exigences du droit civil relatives à la détermination de l'objet de l'offre ; cet objet doit donc être déterminé ou déterminable et certain (CA Paris 17-6-1999 n° 99-6430 : RJDA 10/99 n° 1085).

Pour apprécier la recevabilité du projet d'offre, l'**AMF examine** (Règl. gén. AMF art. 231-21) : 87086

– les objectifs et les intentions de l'initiateur ;

– le cas échéant, la nature, les caractéristiques, les cotations ou le marché des titres proposés en échange (si la liquidité des actions de l'initiateur apparaît « substantiellement inférieure » à celle des actions de la cible, l'AMF peut demander à l'initiateur d'assortir son offre d'un seuil de renonciation correspondant à au moins 50 % des titres visés par l'offre afin de garantir aux actionnaires de la cible apportant à l'offre une liquidité suffisante après échange de leurs actions : Rapport AMF 2010 p. 149) ;

– les conditions éventuelles d'obtention d'un certain nombre de titres pour que l'offre ait une suite positive (voir Règl. gén. AMF art. 231-9 et 231-10 ; n° 87066) ;

– si le seuil de caducité est applicable à l'offre, le nombre d'actions et de droits de vote que ce seuil représente et éventuellement les raisons pour lesquelles l'initiateur demande à l'AMF que ce seuil soit écarté ou abaissé ;

– l'information figurant dans le projet de note d'information ;

– lorsqu'un **expert indépendant** doit être désigné (nos 87027 s.), les conditions financières de l'offre au regard notamment du rapport de l'expert indépendant et de l'avis motivé du conseil d'administration, du conseil de surveillance ou, dans le cas d'une société étrangère, de l'organe compétent.

L'AMF peut aussi **demander à l'initiateur de modifier son projet** si elle considère que ce dernier porte atteinte aux dispositions législatives et réglementaires qui lui sont applicables et notamment aux principes fondamentaux de la réglementation des offres publiques (Règl. gén. AMF art. 231-21, dernier al. ; sur ces principes, voir n° 87015). 87087

En procédure normale, le **prix d'achat ou** les **parités d'échange** sont librement fixés par l'initiateur de l'offre. L'AMF a rappelé qu'aucun texte n'exige en tant que tel le libellé d'une prime de contrôle (Rapport AMF 2013 p. 103). L'AMF vérifie toutefois l'application des **dispositions particulières** applicables au prix ou à la parité d'échange prévues par son règlement en cas d'offre concurrente et de surenchère (n° 87133), d'offre publique soumise à la procédure simplifiée (n° 87160), d'offre publique obligatoire (n° 87233), d'offre publique de retrait (nos 87350 s.) ou de retrait obligatoire (n° 87143) (Règl. gén. AMF art. 231-22). 87088

La conformité du prix de l'offre à la réglementation s'apprécie en fonction de la cohérence et de la pertinence des critères retenus pour calculer la valeur du titre. Mais il n'entre pas dans la mission de l'AMF de se prononcer sur les violations éventuelles d'obligations dont les sanctions de droit privé ne font pas partie des mesures qu'elle est habilitée à prendre (Cass. com. 5-7-2017 n° 15-25.121 F-PB : RJDA 10/17 n° 636).

Lorsque le projet d'offre satisfait aux exigences qui précèdent, l'AMF publie sur son site une **déclaration de conformité** motivée qui emporte **visa de la note** d'information. Dans le cas contraire, l'AMF refuse, par décision motivée, de déclarer le projet conforme et publie sa décision sur son site (Règl. gén. AMF art. 231-23, al. 1 et 2). 87089

L'AMF fixe, le cas échéant, la date de reprise des négociations sur les titres concernés si celles-ci sont encore suspendues (n° 87070). Elle en informe l'entreprise de marché gérant les systèmes de négociation concernés et les internalisateurs systématiques concernés (art. 231-23, al. 3).

La déclaration de conformité de l'AMF ne signifie pas accord sur l'opération au titre du **droit des concentrations.**

L'offre publique peut en effet être soumise au contrôle des concentrations par l'Autorité de la concurrence et, lorsqu'il a évoqué l'affaire, par le ministre de l'économie (C. com. art. L 430-1 s.) ou, si l'opération revêt une dimension européenne, par la Commission européenne (Règl. 139/2004 du 20-1-2004) (voir nos 80100 s.). Dans les deux cas, l'initiateur doit notifier son projet aux autorités chargées du contrôle après la publication de l'offre. Cette notification ne fait pas obstacle à la réalisation de l'offre mais, sauf dispense particulière de l'Autorité de la concurrence ou de la Commission, l'acquéreur ne doit pas exercer les droits de vote attachés aux participations concernées – sous peine de lourdes sanctions pécuniaires – aussi longtemps que la concentration n'a pas été autorisée.

C'est pourquoi, validant la pratique, le règlement général de l'AMF (Règl. gén. AMF art. 231-11, al. 1) prévoit que, si le projet d'offre est notifié à la Commission européenne, à l'Autorité de la concurrence, à l'autorité compétente d'un autre État partie à l'accord sur l'EEE ou membre des États-Unis, l'initiateur peut stipuler dans son offre une condition suspensive d'obtention de l'autorisation sollicitée (**condition suspensive antitrust**).

L'initiateur qui souhaite se prévaloir de ces dispositions doit remettre à l'AMF une copie des saisines des autorités concernées ou de tout document attestant des démarches effectuées auprès de ces autorités et la tenir informée de l'avancement de la procédure (art. 231-11, al. 2).

L'offre est caduque dès lors que l'opération projetée fait l'objet de l'engagement d'une procédure de contrôle des concentrations par la Commission européenne ou d'une saisine de l'Autorité de la concurrence au titre du contrôle national (prévue à l'article L 430-5, III-al. 4 du Code de commerce), ou encore de l'engagement d'une procédure de même nature par l'autorité compétente d'un État étranger ; l'initiateur fait connaître s'il poursuit l'examen de l'opération projetée avec les autorités ainsi saisies (art. 231-11, al. 3).

Ces dispositions s'appliquent également à un projet d'offre devant faire l'objet d'une notification au titre du contrôle des concentrations auprès d'une autorité compétente étrangère autre que celles de la France, de l'UE, de l'EEE ou des États-Unis, si la procédure suivie aux fins d'obtention de ladite autorisation est encadrée par des délais compatibles avec une durée de dix semaines à compter de l'ouverture de l'offre publique, sauf accord de l'AMF pour proroger le calendrier de l'offre. L'AMF statue alors au regard des principes définis à l'article 231-3 de son règlement général, après avoir recueilli l'avis de l'organe compétent de la société visée (art. 231-11, al. 4).

La solution retenue par l'AMF consiste à exercer un test de compatibilité de la procédure antitrust étrangère invoquée avec la durée des offres publiques en France.

> **Précisions a.** En cas d'**exercice insuffisant par l'AMF du contrôle** du projet d'offre, sa décision de conformité encourt la nullité, ce qui emporte annulation du visa (en ce sens, CA Paris 3-5-2001 nos 01-2402 et 01-2156 : RJDA 8-9/01 nos 868 et 869).
>
> **b.** Une société initiatrice ne peut pas **poursuivre,** sous couvert d'une qualification de traité d'apport, **un échange de titres** qui répond à la même finalité et s'appuie sur la même parité d'échange que celles du projet d'OPE précédemment déclaré non conforme par l'AMF (CA Paris 22-4-2021 n° 20/03915 : RJDA 10/21 n° 668).

NOTE EN RÉPONSE DE LA SOCIÉTÉ VISÉE PAR L'OFFRE PUBLIQUE

87092 **Dépôt du projet de note** Lorsque les sociétés concernées n'ont pas établi une note d'information conjointe, le projet de note en réponse doit être déposé à l'AMF, en principe, au plus tard le cinquième jour de négociation suivant celui de la publication de la déclaration de conformité de l'AMF (nos 87084 s.) (Règl. gén. AMF art. 231-26, I-1°).

Par exception, lorsqu'un **expert indépendant** doit être désigné (nos 87027 s.), la société visée dépose le projet de note en réponse au plus tard le 20e jour de négociation suivant le début de la période d'offre qui correspond à la publication du projet d'offre par l'AMF (n° 87071) (art. 231-26, I-2°).

Lorsque l'offre est déposée par un **actionnaire détenant** déjà, directement ou indirectement, seul ou de concert, **la moitié au moins du capital et des droits de vote** de la société visée, cette dernière ne peut déposer son projet de note en réponse avant l'expiration du délai de 15 jours de négociation suivant le dépôt du projet de la note d'information par l'initiateur (art. 231-26, I-3°).

Pour les **offres à l'occasion desquelles le CSE** doit être **informé et consulté** (n° 87073), la note en réponse doit être déposée à la date la plus tardive des deux événements suivants :

– lorsqu'un expert indépendant est désigné, le 20e jour de négociation suivant le début de la période d'offre ;

– dans les autres cas, au plus tard le 15e jour de négociation suivant le début de la période d'offre.

En tout état de cause, le dépôt de la note en réponse ne peut pas intervenir avant l'avis du CSE de la société visée ou, à défaut, avant l'expiration du délai d'un mois à l'issue duquel le comité est réputé avoir été consulté (art. 231-26, I-4°-dernier al.).

Information du public et des actionnaires La version électronique du projet de note en réponse doit être transmise à l'AMF aux fins de mise en ligne sur son site (Règl. gén. AMF art. 231-26, II). 87093

Dès son dépôt, le projet de cette note est également mis à la disposition du public selon les modalités suivantes (art. 231-26, II) :
– il est tenu gratuitement à la disposition du public au siège de la société visée et auprès des organismes chargés d'assurer le service financier de ses titres ;
– lorsque la société visée dispose d'un **site internet,** il doit également être publié sur ce site ;
– dans tous les cas, une copie du projet de note en réponse doit être adressée sans frais à toute personne qui en fait la demande ;
– au plus tard lors de son dépôt à l'AMF, le projet de note en réponse doit faire l'objet d'un **communiqué,** dont la société visée s'assure de la diffusion effective et intégrale, qui indique les principaux éléments du projet de note en réponse et les modalités de mise à disposition de ce projet.

Le communiqué et le projet de note en réponse comportent la mention : « Cette offre et le projet de note d'information restent soumis à l'examen de l'AMF. »

Aucune disposition n'impose d'adresser le projet de cette note à l'initiateur de l'offre.

Contenu de la note en réponse La note en réponse doit contenir les indications suivantes (Règl. gén. AMF art. 231-19 modifié par arrêté du 12-5-2021 ; Inst. AMF 2006-07 modifiée le 29-4-2021 art. 3) : 87094

a. Les accords portés à la connaissance des dirigeants de la société visée et pouvant avoir une incidence sur l'appréciation ou l'issue de l'offre publique (n° 87185) ;

b. Les éléments suivants prévus par l'article L 22-10-11 du Code de commerce, le cas échéant actualisés à la date de l'offre publique tels que la société en a connaissance :
– la structure du capital de la société,
– les restrictions statutaires à l'exercice des droits de vote et aux transferts d'actions ou les clauses des conventions portées à la connaissance de la société en application de l'article L 233-11 du Code de commerce (nos 87183 s.),
– les participations directes ou indirectes dans le capital de la société dont elle a connaissance en vertu des articles L 233-7 (nos 86005 s.) et L 233-12 du Code de commerce,
– la liste des détenteurs de tout titre comportant des droits de contrôle spéciaux et la description de ceux-ci,
– les mécanismes de contrôle prévus dans un éventuel système d'actionnariat du personnel, quand les droits de contrôle ne sont pas exercés par ce dernier,
– les accords entre actionnaires dont la société a connaissance et qui peuvent entraîner des restrictions au transfert d'actions et à l'exercice des droits de vote,
– les règles applicables à la nomination et au remplacement des membres du conseil d'administration (ou du directoire : cf. C. com. art. L 225-68, al. 6 et L 22-10-20) ainsi qu'à la modification des statuts de la société,
– les pouvoirs du conseil d'administration (ou du directoire : cf. C. com. art. L 225-68, al. 6 et L 22-10-20), en particulier l'émission ou le rachat d'actions,
– les accords conclus par la société qui sont modifiés ou prennent fin en cas de changement de contrôle de la société, sauf si cette divulgation, hors les cas d'obligation légale de divulgation, porterait gravement atteinte à ses intérêts,
– les accords prévoyant des indemnités pour les membres du conseil d'administration (ou du directoire : cf. C. com. art. L 225-68, al. 6 et L 22-10-20) ou les salariés, s'ils démissionnent ou sont licenciés sans cause réelle et sérieuse ou si leur emploi prend fin en raison d'une offre publique ;

c. Lorsqu'un expert indépendant doit être désigné (nos 87027 s.), le rapport de cet expert (n° 87034). La société visée peut, sous sa responsabilité, décider de ne pas mentionner certaines informations figurant dans le rapport de l'expert indépendant afin de ne pas porter atteinte à ses intérêts légitimes, sous réserve que cette omission ne risque pas d'induire le public en erreur ;

d. Dans les sociétés d'au moins 50 salariés, l'avis du CSE de la société visée et, le cas échéant, le rapport de l'expert-comptable réalisé pour le compte du CSE, prévus dans le cadre de la procédure d'information-consultation du CSE (n° 87075). Contrairement à ce que le législateur a prévu en matière d'expertise indépendante, l'article L 2312-46 du Code du travail ne permet pas d'ôter certaines informations contenues dans le rapport de l'expert-comptable et dont la révélation pourrait porter atteinte aux intérêts légitimes de la société. Il conviendra de sensibiliser l'expert-comptable à ces éléments en amont de la remise de son rapport ;

e. L'avis motivé du conseil d'administration ou de surveillance ou, dans le cas d'une société étrangère, de l'organe compétent, sur les diligences que celui-ci a effectuées aux fins de la préparation de l'avis, l'intérêt de l'offre et ses conséquences pour la société visée, ses actionnaires et ses salariés, et, le cas échéant, les mesures susceptibles de faire échouer l'offre qu'elle a mise en œuvre ou décide de mettre en œuvre (la société devant publier un communiqué en cas de mesure nouvelle susceptible de faire échouer l'offre, pour en informer le marché), les conditions de vote dans lesquelles cet avis a été obtenu (nombre de membres présents et absents, résultat du vote et, s'il y a lieu, opinions divergentes), tout membre pouvant demander qu'il soit fait état de son identité et de sa position. Dans l'hypothèse où l'organe social compétent adopte un avis motivé qui s'écarte du projet proposé par le comité ad hoc mentionné n° 87028, il en fait connaître les raisons dans cet avis. Doit aussi être mentionné l'avis motivé du conseil d'administration ou de surveillance ou de l'organe compétent sur les offres ultérieures (surenchères ou offres concurrentes) intervenues avant le visa de la note en réponse le cas échéant, ainsi que les conditions dans lesquelles cet avis a été rendu. Les motivations de l'avis du conseil d'administration ou de surveillance ou de l'organe compétent doivent être rapportées et argumentées ; doivent notamment être mentionnés les éléments sur le fondement desquels le conseil d'administration ou de surveillance ou l'organe compétent a fondé son avis motivé (Inst. AMF 2006-07 modifiée art. 3, 5) ;

f. Lorsqu'elles sont disponibles et diffèrent de l'avis mentionné au e. ci-dessus, les observations du CSE ou, à défaut, des salariés ;

g. Les intentions des membres des organes sociaux mentionnés au e. ci-dessus d'apporter ou non leurs titres à l'offre, précisant en particulier, si l'offre comporte plusieurs branches, celle à laquelle ils ont l'intention d'apporter leurs titres, le cas échéant ;

h. Les modalités de mise à disposition des informations mentionnées à l'article 231-28 du règlement général de l'AMF (n° 87103).

La note en réponse comporte la signature du représentant légal de la société visée attestant l'exactitude des informations figurant dans la note.

87095 **Visa de la note en réponse** L'AMF dispose, en principe, d'un délai de cinq jours de négociation suivant le dépôt du projet de note en réponse pour délivrer son visa (n° 87093). Pendant ce délai, elle est habilitée à demander toute information complémentaire nécessaire à son appréciation. Le délai est alors suspendu ; il recommence à courir à réception des éléments requis (Règl. gén. AMF art. 231-26, III).

Sur le délai applicable lorsqu'un expert indépendant doit être désigné ou lorsque l'offre relève de la procédure d'information-consultation du CSE des sociétés d'au moins 50 salariés, voir n° 87092.

INFORMATION DU PUBLIC APRÈS VISA DE L'AMF

87100 La **note d'information** visée par l'AMF établie par l'initiateur, seul ou conjointement avec la société cible, doit faire l'objet d'une diffusion effective dans le public avant l'ouverture de l'offre (n° 87128) et au plus tard le deuxième jour de négociation suivant la déclaration de conformité, sous l'une des formes suivantes (Règl. gén. AMF art. 231-27, 1° et 2°) :

– publication de la note complète dans au moins un quotidien d'information économique et financière, de diffusion nationale ;

– mise à disposition gratuitement de la note complète au siège de l'initiateur et auprès du ou des établissements présentateurs de l'offre, et publication d'un résumé de la note dans au moins un quotidien d'information économique et financière de diffusion nationale, ou d'un communiqué, dont l'initiateur s'assure de la diffusion effective et intégrale, qui précise les modalités de la mise à disposition de la note. Lorsque le siège de l'initiateur ou de l'établissement présentateur n'est pas situé en France, la mise à disposition doit être effectuée auprès d'un prestataire de services d'investissement situé en France et désigné, selon les cas, par l'initiateur ou l'établissement présentateur ; lorsque la note d'information a été établie conjointement avec la société visée, la note complète est également mise gratuitement à disposition au siège de la société visée et auprès des organismes chargés d'assurer le service financier de ses titres.

La note d'information de l'initiateur de l'offre doit aussi, dans les sociétés d'au moins 50 salariés, être adressée au CSE et au comité de groupe de la société cible (n° 87073).

Dans tous les cas, une copie de cette note doit être adressée sans frais à toute personne qui en fait la demande et sa version électronique doit être envoyée à l'AMF aux fins de mise en ligne sur son site.

87101 Quant à la **note en réponse,** lorsque les sociétés concernées n'ont pas établi une note conjointe, elle doit être remise à l'initiateur par la société cible dès que l'AMF y a apposé son visa et faire l'objet d'une diffusion effective sous l'une des formes suivantes (Règl. gén. AMF art. 231-27, 3°) :

– publication de la note complète dans au moins un quotidien d'information économique et financière, de diffusion nationale ;

– mise à disposition gratuitement de la note complète au siège de la société visée et auprès des organismes chargés d'assurer le service financier de ses titres et publication d'un résumé de la note dans au moins un quotidien d'information économique et financière de diffusion nationale, ou d'un communiqué, dont la société visée s'assure de la diffusion effective et intégrale, qui précise les modalités de la mise à disposition de la note.
Dans tous les cas, une copie de cette note doit être adressée sans frais à toute personne qui en fait la demande et sa version électronique doit être envoyée à l'AMF aux fins de mise en ligne sur son site.

Les **autres informations** (caractéristiques, notamment juridiques, financières et comptables, de l'initiateur et de la société visée) doivent être déposées auprès de l'AMF et mises à la disposition du public, au plus tard la veille du jour de l'ouverture de l'offre (n° 87128) selon les mêmes modalités de diffusion que la note d'information de l'initiateur et que la note en réponse (Règl. gén. AMF art. 231-28, I ; sur le contenu de ces informations, voir Inst. AMF 2006-07 modifiée le 29-4-2021 art. 5 et 6). **87103**
L'initiateur, la société visée et au moins un des établissements présentateurs doivent déposer, au plus tard la veille du jour de l'ouverture de l'offre, une **attestation** garantissant que l'ensemble des informations a été déposé et a été ou sera diffusé (art. 231-28, IV).

Lorsque l'AMF constate une **omission ou** une **inexactitude significative** (c'est-à-dire susceptible de fausser manifestement l'appréciation par l'investisseur de l'opération envisagée) dans le contenu de ces informations, elle en informe, selon le cas, l'initiateur ou la société visée qui doivent déposer auprès de l'AMF les rectifications apportées (Règl. gén. AMF art. 231-29, al. 1 et 2). **87105**
Ces **rectifications** sont **mises à la disposition du public,** dans les meilleurs délais, dans les mêmes conditions et selon les mêmes modalités que les informations initiales (art. 231-29, al. 3 ; Inst. AMF 2006-07 modifiée le 29-4-2021 art. 7). Ajoutons que la **date de clôture** de l'offre (nos 87128 s.) peut, sur décision de l'AMF, être **reportée** pour que les détenteurs de titres disposent au minimum d'un délai de cinq jours de négociation pour se prononcer après la publication de l'information ainsi rectifiée (Règl. gén. AMF art. 231-30).

Les **rapports des contrôleurs légaux des comptes de l'initiateur et de la société visée** doivent également être déposés auprès de l'AMF (Règl. gén. AMF art. 231-28, I-al. 2). **87106**
En cas d'offre au public de titres financiers ou d'admission aux négociations sur un marché réglementé de titres financiers offerts à l'occasion d'une **OPE,** deux cas de **dispense** d'établissement du **prospectus** sont prévus (Règl. 2017/1129/UE du 14-6-2017 art. 1, 4-f et 1, 5-e), pour autant qu'un document contenant des informations décrivant la transaction et son incidence sur l'émetteur soit mis à la disposition du public. Pour l'application de ces deux cas de dispense, les contrôleurs légaux doivent **attester** que les informations pro forma ont été adéquatement établies sur la base indiquée et que la base comptable est conforme aux méthodes comptables appliquées par l'initiateur (Règl. gén. AMF art. 231-28, III-al. 1).
Les contrôleurs légaux des comptes de l'initiateur procèdent à une lecture d'ensemble des informations juridiques, financières et comptables de l'initiateur et, le cas échéant, de leurs actualisations ou leurs rectifications. Cette lecture d'ensemble ainsi que, le cas échéant, les vérifications particulières sont effectuées conformément à une norme d'exercice professionnel applicable aux commissaires aux comptes. Ils établissent à destination de l'initiateur une **lettre de fin de travaux,** dans laquelle ils font état des rapports émis et indiquent, au terme de leur lecture d'ensemble et des éventuelles vérifications particulières effectuées conformément à la norme professionnelle mentionnée ci-dessus, leurs éventuelles observations. Une copie de cette lettre de fin de travaux est transmise à l'AMF par l'initiateur (art. 231-28, III-al. 2 à 4). Elle n'est pas rendue publique.

> **Précisions a.** Les **sociétés visées étrangères et** les **initiateurs étrangers** désignent, avec l'accord de l'AMF, un contrôleur légal des comptes qui vérifie la traduction des états financiers et de leurs notes annexes ainsi que la pertinence des compléments et adaptations, et qui transmet à l'AMF une attestation sur ses travaux (art. 231-28, II). Cette lettre de fin de travaux n'est pas rendue publique.
>
> **b.** Sur la **communication des clauses des accords** conclus par les personnes concernées par l'offre publique, ou leurs actionnaires, susceptibles d'avoir une incidence sur l'appréciation de l'offre publique ou son issue, voir n° 87185.

NÉGOCIATION DES TITRES DE LA SOCIÉTÉ VISÉE PAR L'OFFRE PUBLIQUE

Dès le dépôt du projet d'offre, le président de l'AMF peut demander à l'entreprise de marché assurant le fonctionnement du marché réglementé sur lequel sont admis les titres de la société visée d'en **suspendre la négociation.** Il peut également demander à la personne qui gère un SMN de suspendre la négociation des titres de la société visée ou à un internalisateur systématique de **87110** suspendre son activité sur ces titres. Cette demande peut aussi porter sur d'autres titres concernés par le projet d'offre. La demande est faite auprès de plusieurs entreprises de marché, des personnes gérant un SMN ou des internalisateurs systématiques qui négocient les titres visés, s'il y a lieu (C. mon. fin. art. L 420-1, I ; Règl. gén. AMF art. 231-15).

L'exercice par le régulateur du droit de demander la suspension des titres sur lesquels porte l'offre est rendu plus difficile dans la nouvelle architecture des marchés financiers instaurée par la directive MIF. La suspension obtenue sur un marché réglementé n'entraînant pas automatiquement suspension des négociations sur les autres lieux d'exécution des ordres, le régulateur est alors conduit à requérir également la suspension des négociations de l'instrument financier concerné sur un SMN ou la suspension de l'activité de l'internalisateur sur l'action concernée (C. mon. fin. art. L 420-10, I).

Sur les **règles applicables aux négociations** de titres visés par une offre publique en ce qui concerne les opérations réalisées sur le marché Euronext Paris, voir les articles P 2.4.1 à P 2.4.7 des règles des marchés non harmonisées d'Euronext.

INTERVENTIONS SUR LES TITRES CONCERNÉS PAR L'OFFRE PUBLIQUE

87112 Les interventions de l'initiateur ou des personnes qui agissent de concert avec lui sur les titres concernés par l'offre sont encadrées comme suit (Règl. gén. AMF art. 231-38 et 231-39).

a. Les acquisitions qui résultent d'un **accord de volontés antérieur au début de la période de préoffre ou de la période d'offre** sont libres (pour une application, CA Paris, 12-5-2022 n° 21/22517 : BRDA 21/22 inf. 7).

b. Durant la période de préoffre (n° 87051), ces personnes ne peuvent acquérir aucun titre de la société visée (discutée au motif d'une inégalité de traitement frappant l'initiateur alors que la cible peut organiser sa défense et que d'autres intervenants sont à même de se positionner sur le titre avec des objectifs parfois contestables, comme entraver un retrait obligatoire, cette interdiction a été édictée au regard du caractère révocable à ce stade des engagements pris par l'initiateur et de la possible détention par ce dernier d'informations privilégiées en relation avec l'offre).

c. Durant la période d'offre, elles ne peuvent acquérir aucun titre de la société visée si l'offre est assortie d'une condition d'obtention d'un certain nombre de titres applicable à des offres stipulées comme étant liées (n° 87066) ou d'une condition suspensive antitrust (n° 87089) ; en dehors de ces cas, les acquisitions sont libres (voir toutefois les conditions de rachat d'actions propres, Mémento Sociétés commerciales n° 68952).

d. À compter du début de la période d'offre et jusqu'à l'ouverture de l'offre, elles peuvent acquérir des titres de la société visée, sauf lorsque l'offre comporte en tout ou partie la remise de titres (n° 87119) ou lorsque l'offre est assortie de l'une des conditions ci-dessus.

S'il s'agit d'une OPA relevant de la procédure normale, ces acquisitions sont effectuées sans que celles-ci fassent franchir à l'initiateur, seul ou de concert, les seuils de 30 % ou de l'« excès de vitesse ». Si l'offre relève de la procédure simplifiée ou obligatoire, ces acquisitions sont effectuées dans la limite de 30 % des titres existants visés par l'offre, pour chaque catégorie de titres visés. Cette limitation en volume des interventions de l'initiateur se substitue à la pratique antérieure de suspension par l'AMF de la cotation des titres visés qui rendait impossible toute intervention jusqu'à l'ouverture. Pour autant, elle n'opère pas de libéralisation totale afin de conserver toute sa pertinence à la période dite de « durée de l'offre » pendant laquelle, l'offre étant officiellement ouverte, les interventions sur le titre doivent être réalisées. En pratique, l'initiateur, seul ou de concert, détenant moins de 30 % du capital, ne peut acquérir que la fraction de capital complémentaire lui permettant de demeurer en dessous du seuil de 30 %. Dans le cas où l'initiateur détient une fraction comprise entre 30 % et la moitié du capital, il ne peut acquérir qu'une fraction représentant au maximum 1 % du capital, faute de quoi il commettrait un « excès de vitesse » (n° 87215). Cette règle se superpose aux dispositions applicables à chaque type d'offre publique.

e. De l'ouverture de l'offre à la publication de son résultat, elles peuvent acquérir des titres de la société visée sauf lorsque l'offre comporte en tout ou partie la remise de titres (n° 87119).

Pendant la réouverture de l'offre, l'initiateur peut réaliser son offre par achats des titres visés, lorsque l'offre est réglée intégralement en numéraire et dès lors qu'à l'issue de la période d'offre initiale il détient plus de 50 % du capital et des droits de vote de la société visée.

f. De la clôture de l'offre à la publication de son résultat, elles ne peuvent céder aucun titre de la société visée.

Sur les dispositions spécifiques applicables aux offres réalisées selon la procédure normale (relèvement automatique du prix), voir n° 87139.

87114 Dans le cas d'une OPA relevant de la **procédure simplifiée ou obligatoire, ou** de la **réouverture d'une OPA relevant de la procédure normale,** les interventions de l'initiateur et des personnes

agissant de concert avec lui sur les titres de la société visée doivent se faire (Règl. gén. AMF art. 231-39, II) :
– sur la base d'un ordre libellé au **prix** d'offre, en cas d'acquisition sur le marché, ou au prix d'offre et uniquement à ce prix, en cas d'acquisition hors marché, à compter du début de la période d'offre et jusqu'à l'ouverture de l'offre ;
– au prix de l'offre et uniquement à ce prix, de l'ouverture de l'offre jusqu'à la publication de son résultat.

Pendant la période d'offre et, le cas échéant, de préoffre, la **société cible et les personnes agissant de concert avec elle** peuvent intervenir sur les titres de capital ou donnant accès au capital de la société ou sur les instruments financiers liés à ces titres, sauf si la règle de neutralité des organes de direction en période d'offre prévue par les statuts de la société cible s'applique (voir n° 87174). 87118

Lorsque l'offre comporte en tout ou partie la **remise de titres,** les personnes concernées par l'offre (l'initiateur et la société cible ainsi que les personnes ou entités agissant de concert avec l'un ou l'autre) ne peuvent intervenir **pendant la période d'offre** ni sur les titres de capital ou donnant accès au capital de la société visée ou sur les instruments financiers liés à ces titres, ni sur les titres de capital ou donnant accès au capital émis par la société dont les titres sont proposés en échange ou sur les instruments financiers liés à ces titres. 87119

Toutefois, la société émettrice des titres de capital rémunérant une offre publique peut poursuivre ses interventions sur ses propres titres dans le cadre d'un programme de rachat d'actions mis en œuvre conformément aux dispositions de l'article L 22-10-62 du Code de commerce et du règlement européen 596/2014 du 16 avril 2014, ou d'une réglementation étrangère équivalente.

Ces dispositions s'appliquent également pendant la période de **préoffre** (Règl. gén. AMF art. 231-41 modifié par arrêté du 12-5-2021).

La finalité poursuivie par le régulateur consistant à protéger la parité d'échange de l'offre explique que le régime d'interventions sur les titres en cas d'offre publique d'échange obéisse à des règles plus strictes que celles applicables aux offres publiques d'achat (voir nos 87112 s.).

En application des principes exposés ci-dessus, il a été jugé : 87120
– que devait être écartée la demande présentée par l'initiateur d'une OPA tendant à mettre sous séquestre les actions d'autocontrôle de la société cible détenues par des sous-filiales de cette société, mais qu'il était interdit à ces sous-filiales de céder ces actions à des tiers sauf pour les apporter soit à l'offre publique, soit à une offre concurrente, la seule considération de l'intérêt social devant guider leur choix (T. com. Paris 30-8-1989 : Bull. Joly 1989 p. 818) ;
– qu'il y avait lieu d'annuler la cession à un tiers de l'autocontrôle d'une filiale en période d'OPA portant sur la société mère dès lors que cette cession, en réactivant les droits de vote au profit d'un allié se déclarant agir de concert avec l'initiateur de l'offre, permettait de rendre impossible la réussite d'une OPA sur la filiale elle-même et de diminuer l'intérêt de toute surenchère sur l'offre concernant la mère (T. com. Paris 16-3-1992, 1e ch. B : Bull. Joly 1992 p. 526) ;
– que des accords permettant à l'initiateur d'une OPA, en cas de succès de celle-ci, de prendre le contrôle des deux sociétés en commandite par actions qui exerçaient l'essentiel de l'activité opérationnelle de la société cible ont pour effet d'interdire le libre jeu des offres et des surenchères pendant le déroulement de l'offre publique dès lors qu'ils constituent pour l'initiateur un avantage dissuasif de toute initiative concurrente qui ne bénéficierait pas du même avantage (CA Paris 27-4-1993, 1e ch. sect. CBV : RJDA 7/93 n° 629).

Les interventions pour compte propre effectuées par les **prestataires concernés** (prestataires de services d'investissement ou établissements, français ou étrangers, présentateurs de l'offre ou conseillant les personnes concernées par l'offre) ou **par toute société appartenant au même groupe,** et y compris en période de préoffre, sont soumises aux restrictions des articles 231-38 à 231-41 du règlement général de l'AMF (voir n° 87139). Par exception, les interventions de ces professionnels sont autorisées dans les conditions précisées à l'article 231-43 du règlement général de l'AMF, ce y compris lorsque ces professionnels sont l'initiateur ou la société visée par une offre publique. 87121

Aux fins de contrôle de ces prestataires, il appartient aux personnes concernées d'en transmettre l'identité à l'AMF dès leur désignation (voir n° 87122).

Ces prestataires doivent conserver et tenir à disposition de l'AMF les résultats de ces diligences et être en mesure de démontrer la régularité de ces interventions.

Sur les **obligations déclaratives** allégées afférentes à ces interventions, voir n° 87124.

Les acquisitions pour compte propre d'un prestataire concerné sur les titres concernés par l'offre à un prix supérieur au prix de l'offre sont autorisées pour autant que ce prestataire (qui n'est pas présumé agir de concert avec l'initiateur ou la cible) soit en mesure de démontrer que ces

opérations ont été réalisées conformément au cadre prévu à l'article 231-43 du règlement général de l'AMF (voir n° 87124) (Position AMF 2009-22).
Lorsque les instruments financiers de l'initiateur ne sont pas admis aux négociations sur un marché réglementé, les prestataires concernés doivent établir et tenir à jour une liste des personnes auxquelles ils donnent accès à des informations privilégiées relatives à l'offre (**liste d'initiés**). Cette liste mentionne le nom ou la dénomination de chacune des personnes, le motif justifiant l'inscription de celle-ci sur la liste et la date de son inscription sur la liste (Règl. gén. AMF art. 231-50).

DÉCLARATIONS À L'AMF DES OPÉRATIONS ET POSITIONS EN PÉRIODES D'OFFRE PUBLIQUE ET DE PRÉOFFRE

87122 **Régime de droit commun** Du **début de la période de préoffre jusqu'à la fin de la période d'offre,** les personnes suivantes doivent déclarer **chaque jour** à l'AMF les opérations qu'elles ont effectuées ayant pour effet ou susceptibles d'avoir pour effet de **transférer la propriété des titres ou des droits de vote** visés par l'offre, y compris les opérations sur les instruments financiers ou les accords ayant un effet économique similaire à la possession desdits titres (Règl. gén. AMF art. 231-44 s.) :
– les personnes concernées par l'offre ;
– les personnes ou entités détenant seules ou de concert au moins 5 % du capital ou des droits de vote de la société visée ;
– les personnes ou entités détenant seules ou de concert au moins 5 % des titres visés par l'offre, autres que des actions ;
– les membres des organes d'administration, de surveillance ou de direction des personnes concernées par l'offre.
La même obligation de déclaration s'applique aux personnes ou entités qui ont accru leur détention, seules ou de concert, depuis le début de la période d'offre ou, le cas échéant, de la période de préoffre, d'au moins 1 % du capital de la société visée ou d'au moins 1 % du total des titres visés autres que des actions, tant qu'elles détiennent cette quantité de titres.
Les fractions de 1 et 5 % ci-dessus sont calculées conformément aux modalités d'assimilation prévues à l'article L 233-9 du Code de commerce, c'est-à-dire en assimilant notamment les dérivés à dénouement physique et numéraire peu important qu'ils soient détenus par un prestataire de services d'investissement au titre de l'exception de trading (n° 86011) (Règl. gén. AMF art. 231-44, al. 3). Par les modalités de calcul des seuils déclencheurs et le contenu des déclarations, le reporting en période d'offre et, le cas échéant, de préoffre est ainsi aligné sur le régime de déclaration des franchissements de seuils légaux.
Les **opérations à déclarer** incluent notamment (Règl. gén. AMF art. 231-46) :
– l'achat, la vente, la souscription, le prêt et l'emprunt des titres visés par l'offre ;
– l'achat, la vente de tout instrument financier ou la conclusion de tout accord ayant un effet économique similaire à la possession des titres visés par l'offre, quel que soit son mode de dénouement (ainsi les options, CFD, swaps, etc.) ;
– l'exercice du droit à l'attribution d'actions attaché auxdits instruments financiers ou l'exécution desdits accords.
Les **déclarations** doivent **préciser** (art. 231-46) :
– l'identité du déclarant et de la personne ou de l'entité qui le contrôle au sens des dispositions qui lui sont applicables ;
– la date de l'opération ;
– le lieu d'exécution de l'opération ;
– le nombre de titres traités et le prix auquel l'opération a été réalisée ;
– le nombre de titres et de droits de vote possédés à l'issue de l'opération par le déclarant, seul ou de concert.
Dans le cas d'une **OPE comportant une remise de titres** de l'initiateur, les déclarations doivent également inclure des opérations portant sur les titres de l'initiateur et ceux de la société visée. La personne ou entité soumise à l'obligation déclarative relative à l'une ou l'autre de ces sociétés déclare ses opérations sur les titres des deux sociétés.
Les sociétés de gestion de portefeuille (ou les Sicav autogérées) qui gèrent des portefeuilles sous mandat sont tenues de procéder à ces déclarations en consolidant non seulement les titres qu'elles peuvent détenir pour compte propre, mais encore les titres qu'elles ont acquis pour le compte de l'ensemble des OPCVM gérés ou des portefeuilles gérés sous mandat. Ces dispositions s'appliquent également aux autres **prestataires de services d'investissement qui gèrent des portefeuilles sous mandat.** En effet, le texte a vocation à s'appliquer à toutes les personnes qui, ayant la capacité de prendre les décisions d'achat ou de vente, peuvent avoir une influence sur le déroulement de l'offre et par ailleurs sont les mieux à même d'informer immédiatement le marché (Position AMF 2009-22 ; pour un exemple, AMF comm. sanc. 5-2-2009).

Les **déclarations** doivent être **transmises à l'AMF** au plus tard le jour de négociation suivant l'opération concernée par courrier électronique à l'adresse suivante : reportingOPA@amf-france.org. Elles doivent prendre la forme du modèle type défini dans l'instruction AMF 2009-08 du 1er octobre 2009 (art. 231-46). L'AMF peut demander au déclarant toute précision ou complément qu'elle juge nécessaire. L'AMF se charge ensuite de la publication des déclarations qui lui ont été transmises. À titre exceptionnel, l'AMF peut adapter le format de la publication des déclarations qui lui sont transmises si le déclarant démontre que celle-ci est susceptible de lui porter un préjudice, notamment en ce qu'elle aurait pour conséquence un risque de marché (Règl. gén. AMF art. 231-48).

> **Précisions a.** Pour permettre aux assujettis de remplir leurs obligations déclaratives, l'AMF met à leur disposition sur son site internet une **liste recensant les sociétés** « cotées » sur Euronext Paris et Euronext Growth pour lesquelles un projet d'offre publique a été annoncé ou déposé auprès d'elle. Cette liste est mise à jour par l'AMF, le marché restant par ailleurs informé du déroulement de chaque offre en cours par les « Décisions & Informations » publiées par l'AMF.
> **b.** Est sanctionnée toute **déclaration tardive** de cession d'actions visées par une offre, même non intentionnelle et dépourvue d'effet sur le bon fonctionnement du marché (AMF comm. sanc. 17-6-2021 n° 2021-11 : RJDA 11/21 n° 721).

Déclarations d'acquisition en périodes d'offre et de préoffre Sans préjudice des obligations déclaratives liées à un franchissement de seuils, toute personne ou entité, à l'exception de l'initiateur de l'offre, qui vient à accroître, seule ou de concert, depuis le début de la période d'offre ou, le cas échéant, de la période de préoffre, le nombre d'actions ou d'autres titres visés par l'offre qu'elle possède d'au moins 2 % du capital de la société visée ou qui vient à accroître sa participation si elle détient plus de 5 % du capital ou des droits de vote est tenue de **déclarer** immédiatement à l'AMF les objectifs qu'elle a l'intention de poursuivre au regard de l'offre en cours. En cas de changement d'intention, une nouvelle déclaration doit être établie et communiquée sans délai à l'AMF (Règl. gén. AMF art. 231-47). Cette déclaration doit donc intervenir avant la mise en œuvre de la décision d'apporter ou non les titres concernés à l'offre (AMF comm. sanc. 17-6-2021 n° 2021-11 : RJDA 11/21 n° 721, sanctionnant une déclaration tardive de changement d'intention). **87123**

Ces déclarations font l'objet d'une publication par l'AMF. À titre exceptionnel, l'AMF peut adapter le format de la publication des déclarations qui lui sont transmises si le déclarant démontre que celle-ci est susceptible de lui porter un préjudice, notamment en ce qu'elle aurait pour conséquence un risque de marché (Règl. gén. AMF art. 231-48).

> **Précisions a.** **L'obligation de déclaration** dès l'acquisition d'un seul titre en période d'offre ou de préoffre, qui s'applique en réalité à des actionnaires significatifs puisque détenant plus de 5 % en capital ou en droits de vote, a pour **objectif** donner à l'AMF les éléments d'information les plus précis et actualisés lui permettant de décider, le cas échéant, d'un aménagement du seuil de caducité pendant la période d'offre.
> **b.** L'obligation s'applique aux **contrats d'échange d'actions** (« equity swap ») **ou** à **tout autre accord ou instrument financier** portant sur les actions de la société cible ayant pour son souscripteur un effet économique similaire à la possession de celles-ci, tel un contrat financier avec paiement d'un différentiel (« contract for difference »), un contrat d'option ou encore un warrant financier (AMF comm. sanc. 17-4-2020 n° 2020-04 : RJDA 10/20 n° 501 confirmée par CA Paris 24-3-2022 n° 20/08390 : RJDA 11/22 n° 639).
> **c.** L'obligation de déclarer un changement d'intention concerne les **titres acquis** en période de préoffre ou d'offre comme ceux acquis antérieurement (AMF comm. sanc. 17-6-2021 n° 2021-11 précitée).
> **d.** La **déclaration** doit **préciser** (Règl. gén. AMF art. 231-4) :
> – si la personne ou l'entité qui vient à accroître sa participation agit seule ou de concert ;
> – les objectifs poursuivis par cette personne ou entité au regard de l'offre, notamment si elle a l'intention de poursuivre ses acquisitions et, si l'offre a été déposée, d'apporter les titres acquis à l'offre.
> L'AMF peut demander au déclarant toute précision ou complément qu'elle juge nécessaire.

Régime simplifié Un régime déclaratif simplifié spécifique prévu à l'article 231-51 du règlement général de l'AMF s'applique par principe aux **prestataires concernés** (prestataires de services d'investissement ou établissements, français ou étrangers, présentateurs de l'offre ou conseillant les personnes concernées par l'offre). **87124**

Bénéficient également de ce régime les **prestataires** de services d'investissement **autres** que les prestataires de services d'investissement concernés et intervenant dans le cadre de leur activité habituelle de marché (principalement l'activité d'arbitrage ou de couverture ; voir les critères posés par l'article 231-52 du règlement général de l'AMF qui sont présumés ne plus être remplis au-dessus d'une détention de 5 % du capital ou des droits de vote de la cible).

Indépendamment du régime de droit commun des **listes d'initiés** et sauf le cas où les instruments financiers de l'initiateur sont admis aux négociations sur un marché réglementé, ces mêmes prestataires concernés doivent établir des listes d'initiés particulières portant sur les personnes auxquelles ces prestataires donnent accès à des informations privilégiées relatives à l'offre (Règl. gén. AMF art. 231-50).

Tout prestataire de services d'investissement ou teneur de compte-conservateur qui intervient dans l'acheminement des ordres doit attirer l'attention de son client qui vient à franchir l'un des seuils générateurs des obligations déclaratives ci-dessus qui lui sont applicables (Règl. gén. AMF art. 231-49).

> **Précisions** Pour les **prestataires** de services d'investissement **autres** que les prestataires de services d'investissement concernés **qui interviennent hors le cadre de leur activité habituelle** de marché, c'est le régime déclaratif de droit commun exposé nos 87122 et 87123 qui s'applique.

CONTRÔLE DE L'INFORMATION ET DE LA GESTION DES SOCIÉTÉS CONCERNÉES PAR L'OFFRE PUBLIQUE

87125 Les sociétés concernées par une offre publique (initiateur, société visée ainsi que personnes ou entités agissant de concert avec l'un ou l'autre : Règl. gén. AMF art. 231-2, 3°), leurs dirigeants et leurs conseils doivent faire preuve d'une **vigilance** particulière dans leurs déclarations (Règl. gén. AMF art. 231-36, al. 1).

Les **communications à caractère promotionnel,** quels que soient leur forme et leur mode de diffusion, sont communiquées à l'AMF préalablement à leur diffusion (art. 231-36, al. 2). Elles doivent (art. 231-36, al. 3 à 8) :

– annoncer qu'une note d'information ou une note en réponse a été ou sera publiée et indiquer où les investisseurs peuvent ou pourront se la procurer ;

– être clairement reconnaissables en tant que telles ;

– ne comporter aucune indication de nature à induire le public en erreur ou susceptible de jeter le discrédit sur l'initiateur de l'offre ou la société visée par l'offre ;

– être cohérentes avec les informations contenues dans les communiqués, la note d'information ou la note en réponse ;

– le cas échéant, comporter, à la demande de l'AMF, un avertissement sur certaines caractéristiques exceptionnelles de l'initiateur, de la société visée ou des instruments financiers qui font l'objet de l'offre.

Ces obligations s'appliquent également en période de préoffre (art. 231-36, dernier al.).

Lorsque l'AMF constate qu'une information diffusée par une des parties à l'offre publique revêt un caractère irrégulier, imprécis, polémique ou erroné, elle peut demander à l'auteur de l'information de publier un rectificatif. Faute par l'intéressé de déférer à cette injonction, elle peut publier elle-même ce rectificatif aux frais de cet intéressé.

ATTENTION

L'AMF recommande aux actionnaires de l'initiateur de l'offre ou de la société visée par cette offre, aux personnes ayant une exposition économique sur l'initiateur de l'offre ou sur la société visée par l'offre en vertu d'accords ou d'instruments financiers mentionnés à l'article L 233-9, I du Code de commerce, à leurs dirigeants, leurs mandataires et leurs conseils de faire preuve d'une vigilance particulière dans leurs déclarations lors des périodes d'offre et de préoffre (Position-recommandation AMF 2016-08 modifiée le 29-4-2021 n° 1.6.7).

87126 Tout **élément d'information complémentaire à la note d'information ou à la note en réponse visée par l'AMF** doit être porté à la connaissance du public sous forme de communiqué dont l'auteur s'assure de la diffusion effective et intégrale (Règl. gén. AMF art. 231-37).

2. PROCÉDURE NORMALE

87127 La procédure normale d'offre publique est applicable quand l'initiateur agissant seul ou de concert détient **moins de la moitié du capital ou des droits de vote** de la société visée (Règl. gén. AMF art. 232-1). L'offre publique vise alors à permettre à l'initiateur de prendre le contrôle de la cible. Pour des exemples, voir Décisions AMF 207C1090 du 13-6-2007 et 209C1395 du 16-9-2009 complétée par la surenchère 209C1547 du 24-12-2009.

DURÉE DE L'OFFRE PUBLIQUE

La durée d'une offre publique s'entend de sa date d'ouverture à sa date de clôture. L'**ouverture de l'offre** intervient le jour de bourse suivant le plus tardif des événements suivants (Règl. gén. AMF art. 231-32) : 87128
– la diffusion de la note d'information visée établie par l'initiateur (le cas échéant, conjointement avec la société visée) ou, lorsqu'un expert indépendant doit être nommé, de la note en réponse de la société visée ;
– la diffusion des informations mentionnées à l'article 231-28 du règlement général de l'AMF (document dit « Autres informations », rapports des contrôleurs légaux, lettre de fin de travaux du contrôleur légal désigné par un initiateur étranger, autres attestations requises) ;
– le cas échéant, la réception par l'AMF des autorisations préalables requises par la législation en vigueur.

Le **délai** pendant lequel les actionnaires peuvent passer leurs **ordres** est de 25 jours de négociation (Règl. gén. AMF art. 232-2, al. 1).

Lorsque l'initiateur présente une offre sous la condition de l'autorisation des autorités de contrôle des concentrations, la date de clôture de l'offre et son calendrier sont arrêtés après réception par l'AMF des éléments justifiant cette autorisation (art. 232-2, al. 2).

Mais le **point de départ** de ce délai varie selon que l'initiateur et la société cible ont établi ou non une note d'information commune, c'est-à-dire en pratique selon que l'offre publique est amicale ou non (Règl. gén. AMF art. 231-32 et 232-2, al. 1). 87129

En cas d'offre publique amicale, le délai de 25 jours de négociation court à partir du jour de bourse suivant la date de publication de la note d'information commune de l'initiateur et de la société cible.

En cas d'offre publique hostile, ce délai court à partir du jour de bourse suivant la date de publication de la note d'information établie par la société cible en réponse à celle de l'initiateur. Mais, dans ce cas, la durée de l'offre ne peut pas excéder 35 jours de négociation à compter de l'ouverture de l'offre, afin d'éviter que la société cible ne retarde de manière excessive la publication de sa note d'information afin de gagner le temps nécessaire à la mise en place de ses moyens de défense.

Les **dates** d'ouverture, de clôture et de publication des résultats de l'offre sont **publiées** par l'AMF (Règl. gén. AMF art. 231-32, dernier al.). En accord avec l'AMF, l'entreprise de marché (Euronext) fait connaître les conditions et délais du dépôt par les teneurs de compte des titres apportés, de la livraison et du règlement en titres ou en capitaux ainsi que la date à laquelle les résultats de l'offre seront disponibles (Règl. gén. AMF art. 232-2, al. 3). 87130

L'AMF peut, pendant toute la durée de l'offre, en proroger la date de clôture (Règl. gén. AMF art. 231-34), ce qui est particulièrement utile en cas d'offre concurrente par exemple.

En cas d'**offres publiques concurrentes** (nos 87132 s.), les dates de clôture des offres en présence sont toutes alignées sur la plus lointaine (Règl. gén. AMF art. 232-10). 87131

En outre, lorsque plus de dix semaines se sont écoulées depuis la publication de l'ouverture d'une offre publique, l'AMF peut, en vue d'**accélérer la confrontation** des offres publiques successives, recourir à l'un des deux dispositifs suivants :
– fixer un délai limite pour le dépôt de chacune des surenchères, ce délai ne pouvant pas être inférieur à trois jours de négociation à compter de la date de publication de l'avis officialisant chaque surenchère (dispositif d'**alternance des offres**) (Règl. gén. AMF art. 232-12 ; pour un exemple, voir Décision AMF 214C2674 du 19-12-2014) ;
– choisir de fixer une date de clôture définitive pour toutes les offres, les sociétés en concurrence devant alors simultanément déposer une dernière enchère (dispositif de **dernière enchère**) (Règl. gén. AMF art. 232-13).

Quel que soit le dispositif retenu, les surenchères doivent être déposées auprès de l'AMF et ne peuvent pas résulter d'une acquisition directe (Rapport AMF 2014 p. 91).

OFFRES PUBLIQUES CONCURRENTES ET SURENCHÈRES

Offres publiques concurrentes Les offres publiques concurrentes d'une offre déjà publiée sont soumises aux mêmes règles que celle-ci (nos 87050 s.). 87132

Le plus souvent, les offres concurrentes sont présentées **volontairement** par des tiers qui veulent supplanter l'initiateur dans la prise du contrôle de la société cible.

Mais le dépôt d'une offre concurrente peut aussi être une **obligation.** Il en est ainsi dans les deux cas suivants :
– lorsque le tiers, agissant seul ou de concert, vient à détenir, à la suite d'une acquisition, plus de 30 % du capital ou des droits de vote de la cible (nos 87200 s.), ce qui est assez rare en pratique ;

– lorsque les agissements du tiers, notamment le ramassage des actions de la société cible, conduisent à le considérer comme un véritable participant à la compétition.
Les tiers ne peuvent être tenus de présenter une offre concurrente que si les achats sur le marché auxquels ils procèdent pendant le déroulement de l'offre « visent des objectifs incompatibles avec ceux d'autres intervenants et les placent de ce fait dans une situation de compétition avec ceux-ci » (CA Paris 20-11-1991 : RJDA 4/92 n° 358). Tel n'est pas le cas d'un actionnaire qui entend limiter au tiers sa participation dans la société cible et cherche seulement à s'assurer une position d'actionnaire significatif lui permettant d'être représenté au conseil d'administration afin de protéger ses intérêts industriels dans les filiales de la société visée (CA Paris 20-11-1991 précité) alors même que des accords de partenariat avec la société cible lui donnaient un rôle important dans la gestion des filiales de cette société mais non le contrôle de celle-ci.

87133 Les offres concurrentes doivent être **déposées** cinq jours de négociation au plus tard avant la date de la clôture de l'offre antérieure (Règl. gén. AMF art. 232-5).
Une note d'information doit être établie et visée par l'AMF.
Si l'offre concurrente est une **OPA,** elle doit être libellée à un prix supérieur d'au moins 2 % à celui stipulé dans l'offre précédente. Dans tous les **autres cas,** le projet d'offre concurrente n'est déclaré conforme que s'il améliore de façon significative les conditions proposées dans l'offre précédente aux porteurs des titres visés (Règl. gén. AMF art. 232-7, al. 1 et 2). Toutefois, une offre publique concurrente peut être déclarée recevable si son initiateur, sans modifier les termes de l'offre antérieure, supprime ou abaisse la condition, qu'il avait posée précédemment, d'un nombre minimal de titres présentés en réponse à son offre pour que celle-ci comporte une suite positive (art. 232-7, al. 3).
L'ouverture d'une offre publique concurrente rend nuls et non avenus les **ordres de présentation** des titres en réponse à l'offre antérieure (Règl. gén. AMF art. 232-10, al. 2).
Dans les cinq jours de négociation qui suivent la publication d'une offre concurrente, l'initiateur de l'offre antérieure doit faire connaître à l'AMF s'il renonce ou non à son offre ; sa décision fait l'objet d'une publication (Règl. gén. AMF art. 232-11, al. 1).
L'**initiateur** peut également, avec l'autorisation préalable de l'AMF, **renoncer à son offre** si elle devient sans objet ou si la société cible, en raison des mesures qu'elle a prises, voit sa consistance modifiée pendant l'offre ou en cas de suite positive de l'offre, ou encore si les mesures prises par la cible ont pour conséquence un renchérissement de l'offre pour l'initiateur (art. 232-11, al. 2).

87134 **Surenchères** Pendant la durée de son offre et au plus tard cinq jours de négociation avant la clôture de celle-ci, l'initiateur a la faculté de surenchérir sur les termes de son offre ou de la dernière offre concurrente ouverte (Règl. gén. AMF art. 232-6).
Les améliorations qui doivent être apportées à l'offre antérieure pour que la surenchère soit déclarée conforme sont les mêmes que celles requises des offres concurrentes (Règl. gén. AMF art. 232-7 ; n°s 87132 s.).
Si elle déclare une surenchère conforme, l'AMF apprécie s'il y a lieu de reporter la date de clôture de la ou des offres publiques et de rendre nuls et non avenus les ordres de présentation des titres en réponse à l'offre ou aux offres (Règl. gén. AMF art. 232-8).

87135 En cas de surenchère, l'initiateur doit en principe établir et diffuser un **document complémentaire** à sa note d'information soumis à l'appréciation de l'AMF dans les conditions prévues par l'article 232-9 du règlement général de l'AMF.
De son côté, le conseil d'administration ou de surveillance de la société visée doit adresser à l'AMF, puis diffuser un **avis motivé** sur la surenchère (Règl. gén. AMF art. 232-9, al. 3).
Comme en cas d'offre concurrente (n° 87133), dans les cinq jours de négociation suivant la publication du calendrier d'une surenchère, l'initiateur de l'offre antérieure doit faire connaître à l'AMF s'il renonce à son offre (Règl. gén. AMF art. 232-11).

INTERVENTIONS SUR LES TITRES DE LA SOCIÉTÉ VISÉE PAR L'OFFRE PUBLIQUE

87139 Lorsque l'offre publique d'achat relève de la procédure normale et que l'initiateur et les personnes agissant de concert avec lui procèdent à des interventions à l'achat sur les titres de la société visée **au-dessus du prix d'offre,** ce dernier est **automatiquement relevé** (« surenchère automatique ») au niveau du prix effectivement payé sur le marché sans pouvoir être inférieur à 102 % du prix antérieurement offert, quelles que soient les quantités de titres achetées et quel que soit le prix auquel elles l'ont été, sans que l'initiateur ait la faculté de modifier les autres conditions de l'offre (Règl. gén. AMF art. 231-39, I-al. 1).
Passé la date limite pour le dépôt d'une surenchère (c'est-à-dire au plus tard cinq jours de négociation avant la clôture de l'offre : n° 87134) et jusqu'à la publication du résultat de l'offre,

l'initiateur et les personnes agissant de concert avec lui ne peuvent pas acheter les titres de la société visée à un prix supérieur à celui de l'offre (art. 231-39, I-al. 2).

RÉPONSES À L'OFFRE PUBLIQUE

Les personnes qui désirent présenter leurs titres en réponse à l'offre doivent transmettre leurs ordres aux établissements teneurs de leurs comptes jusqu'à la **date** de clôture de l'offre. Ces ordres peuvent être révoqués à tout moment pendant la durée de l'offre, jusque et y compris le jour de clôture de celle-ci (Règl. gén. AMF art. 232-2, al. 4). **87141**

Après dépouillement des ordres, l'entreprise de marché (Euronext) informe l'AMF du nombre de titres présentés en réponse à l'offre.

L'AMF publie le **résultat de l'offre** neuf jours de négociation au plus tard après la date de clôture ; si l'offre comporte une suite positive, l'entreprise de marché précise les conditions de règlement et de livraison des titres acquis par l'initiateur ; si l'AMF constate que l'offre est sans suite, l'entreprise de marché fait connaître la date à laquelle les titres présentés en réponse seront restitués aux teneurs de compte déposants. Lorsque l'offre est assortie d'un seuil de renonciation ou d'un seuil de caducité, l'AMF publie un **résultat provisoire** dès qu'elle a connaissance par l'entreprise de marché du nombre total de titres déposés auprès de celle-ci par les intermédiaires habilités aux fins de centralisation (Règl. gén. AMF art. 232-3).

RÉOUVERTURE DE L'OFFRE PUBLIQUE

Si l'offre connaît une suite positive, elle est rouverte **automatiquement** dans les dix jours de négociation suivant la publication du résultat définitif (Règl. gén. AMF art. 232-4, al. 1). **87142**

L'AMF publie alors le calendrier de réouverture de l'offre, qui doit durer au moins dix jours de négociation (art. 232-4, al. 3).

Par **exception,** si l'initiateur de l'offre publique procède à la **mise en œuvre directe d'un retrait obligatoire** (dans les conditions des articles 237-14 s. du règlement général de l'AMF), l'offre peut ne pas être rouverte, à condition qu'un tel retrait obligatoire ait été mentionné dans les intentions exprimées par l'initiateur et qu'il soit déposé au plus tard dix jours de négociation à compter de la publication de l'avis de résultat de l'offre (art. 232-4, al. 4).

RETRAIT OBLIGATOIRE À L'ISSUE DE TOUTE OFFRE PUBLIQUE

La procédure de retrait obligatoire peut être mise en œuvre à l'issue de toute offre publique quelle qu'elle soit (notamment une OPE) et dans un délai de trois mois à compter de la clôture de l'offre, dès l'instant que les titres non présentés par les actionnaires minoritaires ne représentent **pas plus de 10 %** du capital et des droits de vote (C. mon. fin. art. L 433-4, II ; Règl. gén. AMF art. 237-1 s.) : voir n°s 87400 s. **87143**

RÉGIME FISCAL DE L'OFFRE PUBLIQUE

Le profit réalisé à l'occasion d'une OPA est soumis au régime d'imposition des plus-values de cession de valeurs mobilières (n°s 50000 s.). **87148**

En revanche, l'échange réalisé par une personne physique dans le cadre d'une offre publique d'échange n'entraîne immédiatement aucune imposition (s'agissant de l'échange avec soulte, voir toutefois n°s 50805 s.). Celle-ci n'intervient qu'au moment de la cession des titres reçus en échange, le gain réalisé étant calculé à partir du prix ou de la valeur d'acquisition originelle des titres remis à l'échange (n°s 50805 s.). Sur le régime applicable aux entreprises, voir n° 52370 s.

CONVOCATION DE L'ASSEMBLÉE DES ACTIONNAIRES DE LA SOCIÉTÉ CIBLE

Sur la possibilité pour les nouveaux majoritaires de convoquer l'assemblée des actionnaires au lieu et place des anciens dirigeants, voir n°s 83300 s. **87149**

RÈGLES PARTICULIÈRES AUX OPE

La procédure de **vérification des apports en nature** est écartée lorsqu'une société dont les actions sont admises aux négociations sur un marché réglementé procède à une augmentation de capital à l'effet de rémunérer des titres apportés à une offre publique d'échange sur des titres d'une société dont les actions sont admises aux négociations sur un marché réglementé d'un État partie à l'accord sur l'EEE ou membre de l'OCDE (C. com. art. L 22-10-54, al. 1). **87151**

La **décision d'augmenter le capital** par voie d'émission des actions destinées à rémunérer les actionnaires de la société cible qui ont accepté l'offre est en principe prise par l'**assemblée générale** extraordinaire de la société initiatrice, sur rapport du conseil d'administration ou du directoire, dans les conditions de droit commun (Mémento Sociétés commerciales n° 49590) (C. com. art. L 22-10-54, al. 2). **87152**

Toutefois, l'augmentation du capital et l'émission des actions nouvelles peuvent aussi être réalisées par le conseil d'administration ou le directoire sur délégation de l'assemblée générale extraordinaire et dans la limite du plafond fixé par cette assemblée (Mémento Sociétés commerciales n°s 49620 s.) et même, dans les sociétés dont les titres de capital sont admis aux négociations sur un marché réglementé ou sur un SMNO (Euronext Growth), par le directeur général, un ou plusieurs directeurs généraux délégués ou le président ou un membre du directoire (C. com. art. L 22-10-49).

87153 Les **commissaires aux comptes** de la société initiatrice doivent, dans le document d'information diffusé à l'occasion de l'OPE, exprimer leur avis sur les conditions et conséquences de l'émission des actions nouvelles. Cet avis doit figurer également dans leur rapport à la première assemblée générale ordinaire qui suivra l'émission (C. com. art. L 22-10-54). Sur le contenu de ces documents, voir Mémento Comptable n° 57480.

3. PROCÉDURE SIMPLIFIÉE D'OFFRE PUBLIQUE

CHAMP D'APPLICATION

87155 La procédure simplifiée d'offre publique d'achat ou d'échange de titres de capital peut être mise en œuvre dans les cas suivants (Règl. gén. AMF art. 233-1, 1° à 8° modifié par arrêté du 12-5-2021) :
– offre émise par un actionnaire détenant directement ou indirectement, seul ou de concert, la moitié au moins du capital et des droits de vote d'une société (offre de fermeture) ;
– offre émise par un actionnaire venant à détenir directement ou indirectement, seul ou de concert, après acquisition, la moitié au moins du capital et des droits de vote d'une société ;
– offre ne visant qu'une participation au plus égale à 10 % des titres de capital conférant des droits de vote ou à 10 % des droits de vote de la société visée, compte tenu des titres de même nature et des droits de vote que l'initiateur détient déjà, directement ou indirectement ;
– offre émise par une personne agissant seule ou de concert (au sens des articles L 233-10 et L 233-10-1 du Code de commerce) et visant l'acquisition de titres en voie d'extinction depuis l'ordonnance 2004-604 du 24 juin 2004 (actions à dividende prioritaire, actions de priorité, certificats d'investissement ou certificats de droit de vote) ;
– offre de rachat par une société de ses propres actions en vue de leur annulation (Opra) ;
– offre de rachat par une société de ses propres actions dans le cadre d'un programme de rachat d'actions (Mémento Sociétés commerciales n°s 68945 s.) (pour un exemple, voir Décision AMF 208C0896 du 15-5-2008) ;
– offre par la société émettrice visant des titres donnant accès à son capital ;
– offre par laquelle la société émettrice propose l'échange de titres de créance ne donnant pas accès au capital contre des titres de capital ou donnant accès à son capital.
La procédure simplifiée devrait pouvoir logiquement être mise en œuvre pour une opération visant l'acquisition d'actions de préférence.

> **Précisions** En cas d'**OPA sur des certificats d'investissement ou des certificats de droit de vote,** l'initiateur peut limiter son offre à l'acquisition d'une quantité de certificats d'investissement ou de certificats de droit de vote égale, selon le cas, au nombre des certificats d'investissement ou des certificats de droit de vote qu'il détient déjà (Règl. gén. AMF art. 233-4). En effet, les certificats de droit de vote ne peuvent être cédés que s'ils sont réunis à des certificats d'investissement.

INFORMATION DU PUBLIC EN CAS D'OFFRE PUBLIQUE SIMPLIFIÉE

87156 La mise en œuvre d'une offre publique utilisant la procédure simplifiée donne lieu, par les sociétés concernées, à l'établissement d'une note d'information soumise au visa de l'AMF, contenant les mêmes informations et publiée dans les mêmes conditions que celles applicables à la procédure normale (n°s 87082 s.) (Règl. gén. AMF Livre II Titre III Chapitre I).

DÉROULEMENT DE L'OFFRE PUBLIQUE SIMPLIFIÉE

87159 **Contenu de l'offre** L'offre publique d'achat simplifiée est réalisée par des achats, aux conditions et selon les modalités fixées lors de l'ouverture de l'offre (Règl. gén. AMF art. 233-2, al. 1). Toutefois, lorsque l'offre porte sur une quantité limitée de titres (prise de participation limitée à 10 %, acquisition de certificats d'investissement ou de certificats de droit de vote restant encore en circulation, achat par une société de ses propres actions en vue de leur annulation ou dans le cadre d'un programme de rachat d'actions de l'article L 22-10-54 du Code de commerce) ou si l'initiateur a été autorisé par l'AMF à se réserver la faculté de réduire les ordres de vente ou d'échange présentés en réponse à son offre, les ordres doivent être **centralisés** dans les conditions fixées par l'entreprise de marché concernée (Euronext) ou, sous contrôle, par l'établissement présentateur (art. 233-2, al. 2). La centralisation de l'offre est également prévue en cas d'offre publique d'échange simplifiée ou lorsque les circonstances ou les modalités de l'opération le justifient (art. 233-2, al. 2).

> **Précisions a.** La **centralisation des ordres** s'impose en **raison** de l'éventualité d'une réduction des ordres si leur total excède la limite fixée par l'initiateur de l'offre.
> **b.** Si l'initiateur de l'offre a été autorisé à se réserver la faculté de réduire les ordres de vente ou d'échange présentés en réponse à son offre, la **réduction des ordres** de vente ou d'échange doit être opérée proportionnellement, sous réserve des ajustements nécessaires (Règl. gén. AMF art. 233-5, al. 1). L'initiateur ne peut intervenir sur le marché des titres concernés (art. 233-5, al. 3).
> **c.** Pour les **modalités** de déroulement d'une **offre centralisée** par l'entreprise de marché, voir Inst. Euronext Paris N4-03.

Prix Le prix d'achat ou les parités d'échange sont, comme dans la procédure normale, **librement fixés** par l'initiateur de l'offre sous réserve du droit pour l'AMF de demander un réexamen du projet si elle estime, notamment, que ce prix ou ces parités ne sont pas acceptables « en fonction des critères d'évaluation objectifs usuellement retenus et des caractéristiques de la société visée et du marché de ses titres » (cf. Règl. gén. AMF art. 233-3 ; pour un exemple, voir CA Paris 13-11-2001 n° 01-13003 : RJDA 4/02 n° 396). Ce prix n'a pas à respecter les exigences requises en matière de retrait obligatoire (CA Paris 18-5-2017 n° 16/26029 : RD bancaire et financier 2018 comm. n° 146). 87160

Si l'**OPA émane d'une personne qui détient** déjà, directement ou indirectement, seule ou de concert, **la moitié au moins du capital** et des droits de vote de la société cible (offre de fermeture), le prix proposé par l'initiateur de l'offre ne peut, sauf accord de l'AMF, être inférieur à la moyenne des cours de bourse des titres en cause, pondérée par les volumes de transactions, pendant les 60 jours de négociation précédant des caractéristiques financières du projet d'offre ouvrant la période de préoffre (Règl. gén. AMF art. 223-34) ou, à défaut, la publication de l'avis de dépôt du projet d'offre publique (Règl. gén. AMF art. 231-14). Pour les besoins de ce calcul, les cours et volumes utilisés sont ceux constatés sur le marché réglementé sur lequel les actions de la société visée bénéficient de la liquidité la plus importante (Règl. gén. AMF art. 233-3).

> **Précisions a.** Pour un **exemple d'autorisation à déroger à la règle du prix plancher** avec réintégration dans l'analyse multicritère des critères de cours de bourse et prise en compte d'une période de plus de 18 mois au lieu de 60 jours du fait de la très faible liquidité du titre constatée, voir Décision AMF 209C1248 du 6-10-2009.
> **b.** Il n'entre pas dans la **mission de l'AMF** de se prononcer sur les violations éventuelles d'obligations dont les sanctions de droit privé ne font pas partie des mesures que l'Autorité de marché est habilitée à prendre (Cass. com. 5-7-2017 n° 15-25.121 F-PB : RJDA 10/17 n° 636 ; pour une application, voir CA Paris 13-3-2020 n° 19/18934 : RTDF 1-2/2021 p. 153).

Durée de l'offre La durée de l'offre simplifiée peut être limitée à dix jours de négociation s'il s'agit d'une **offre d'achat,** 15 jours de négociation dans les **autres cas** (contre 25 jours de négociation au moins, auxquels s'ajoutent éventuellement de nouveaux délais en cas d'offres concurrentes, si l'offre publique est réalisée selon la procédure normale) (Règl. gén. AMF art. 233-2, al. 3). 87161

En cas de **rachat par une société de ses propres actions** en vue de leur annulation, la durée de l'offre ne peut être inférieure à 20 jours calendaires (C. com. art. R 225-154).

B. Mesures anti-OPA

GÉNÉRALITÉS

Afin de se protéger contre des OPA inamicales, les dirigeants des sociétés vulnérables à ce type d'opérations sont tentés de prendre des mesures destinées, d'une part, à **identifier** d'éventuels **assaillants,** d'autre part, à **dissuader** ces derniers de déposer une offre, soit en constituant un bloc majoritaire hostile à toute prise de contrôle venant d'investisseurs extérieurs, soit en contraignant l'auteur de l'offre à un effort financier plus important que celui initialement prévu. 87170

Brièvement résumées, les **mesures** anti-OPA **les plus répandues** sont les suivantes :

– insertion dans les statuts d'une clause limitant le droit de vote dont dispose chaque actionnaire aux assemblées ;

– insertion dans les statuts de clauses prévoyant une obligation d'information de la société émettrice en cas de franchissement de seuils de participation inférieurs au seuil minimal de 5 % prévu par la loi (n°s 86100 s.) ;

– pactes d'actionnaires prévoyant, par exemple, un droit de préemption en cas de cession ou une inaliénabilité temporaire des titres ou encore un engagement de non-agression (n°s 5010 s.) ;

– création d'un holding détenant une participation significative dans la société ;
– achat par la société de ses propres actions en vue d'une réduction de son capital (Mémento Sociétés commerciales n°s 52070 s.) afin de diminuer le « flottant » susceptible de répondre favorablement à l'offre publique d'achat, les actionnaires majoritaires ne présentant pas leurs titres au rachat par la société ;
– utilisation de valeurs mobilières complexes antérieurement émises, notamment des bons de souscription d'actions, réservée à une société amie qui, en cas d'OPA, exercera son droit de souscription obligeant l'assaillant à accroître son effort financier pour prendre le contrôle de la société ;
– éventuellement transformation de la société en SCA, mais ce procédé peut entraîner alors pour les majoritaires l'obligation de présenter une offre publique de retrait (n° 87345) ;
– distribution d'un dividende exceptionnel décidé en période d'offre. L'AMF suggère de retenir le critère de l'ampleur de la distribution afin de mesurer les conséquences d'une telle distribution : elle pourrait admettre un ajustement du prix offert par l'initiateur si la distribution restait modeste ou, à l'inverse, considérer qu'un droit à renonciation à l'offre est ouvert à l'initiateur sur le fondement de l'article 232-11, al. 2 de son règlement général si cette distribution revenait, de par son importance, à modifier la consistance de la société visée (en ce sens, Rapport AMF 2008 p. 122).

POUVOIRS DE L'ORGANE DE DIRECTION EN PÉRIODE D'OFFRE

87171 Pendant la période d'offre publique visant une société dont les actions sont admises aux négociations sur un marché réglementé, le conseil d'administration ou le directoire après autorisation du conseil de surveillance de la société visée peut prendre toute **mesure dont la mise en œuvre est susceptible de faire échouer l'offre,** sous réserve des pouvoirs expressément attribués aux assemblées générales dans la limite de l'intérêt de la société (C. com. art. L 233-32, I). Le conseil d'administration ou le directoire peut donc prendre toute mesure de défense relevant de ses attributions (cession d'un actif stratégique ou acquisition d'un actif significatif, organisation d'une contre-offre, recherche d'offres alternatives, etc.). Le principe de hiérarchie des organes sociaux lui interdit seulement d'enfreindre les compétences propres de l'assemblée générale, notamment s'agissant d'opérations sur le capital pour lesquelles l'assemblée générale n'aurait pas octroyé de délégation. Ces dispositions s'appliquent, à notre avis, à toute société de droit français dont les actions sont admises aux négociations sur un marché réglementé, que ce marché soit français ou étranger ; il s'agit en effet d'une règle de droit des sociétés et non de droit boursier comme le confirment les termes de l'article L 233-32 précité.

87172 Les **délégations** d'une mesure dont la mise en œuvre est susceptible de faire échouer l'offre qui auraient été **accordées** par l'assemblée générale **avant la période d'offre** sont, à notre avis, valables en période d'offre publique.

Les **décisions de l'organe de direction** prises avant la période d'offre dont la mise en œuvre est susceptible de faire échouer l'offre mais **qui ne sont pas totalement ou partiellement mises en œuvre** au moment de la période d'offre ne nécessitent pas l'approbation ou la confirmation de l'assemblée générale. Elles continuent de produire effet en période d'offre.

87173 Pendant la période d'offre publique, l'initiateur et la société visée doivent veiller à ce que leurs actes, décisions et déclarations n'aient pas pour effet de compromettre l'**intérêt social** et l'**égalité de traitement ou d'information** des détenteurs de titres des sociétés concernées (Règl. gén. AMF art. 231-7, al. 1).

Si le conseil d'administration ou le directoire, après autorisation du conseil de surveillance des sociétés concernées, décide de prendre une décision dont la mise en œuvre est susceptible de faire échouer l'offre, ils doivent en **informer l'AMF** (art. 231-7, al. 2). Forte de ces éléments d'information, l'AMF est mieux à même de veiller au bon fonctionnement du marché et plus généralement au respect des principes généraux gouvernant les offres publiques ainsi que, le cas échéant, de faire connaître son appréciation des mesures de défense envisagées. Aucune forme particulière de communication n'est requise mais nous pensons que, dans l'intérêt de toutes parties, l'écrit doit être privilégié.

> **Précisions** L'AMF a indiqué que les **mesures** ainsi prises par le conseil d'administration ou le directoire **doivent s'inscrire dans le cadre des règles et principes** régissant les offres publiques fixés notamment par la directive européenne 2004/25 du 21 avril 2004, le Code monétaire et financier et le règlement général de l'AMF – ces textes, précisés par la jurisprudence, imposant un déroulement ordonné des offres publiques et définissant notamment les principes du libre jeu des offres et de leurs surenchères, d'égalité de traitement et d'information des détenteurs des titres concernés, de transparence et d'intégrité du marché, et de loyauté dans les transactions et la compétition (Communiqué AMF du 2-4-2021 et Précisions sur le rôle de l'AMF dans le cadre de l'OPA de Veolia sur Suez publiées le 18-5-2022 ; pour des commentaires

critiques de ce communiqué, H. Synvet : Bull. Joly Bourse mai-juin 2021 p. 1 ; M. Menjucq : Bull. Joly juin 2021 p. 56 ; D. Martin : RD bancaire et financier 2021 n° 5 p. 76 ; F. Barrière : RD bancaire et financier 2021 n° 5 p. 108 ; P. Barban : Banque et droit 198/2021 p. 41 ; N. Mennesson : Bull. Joly Bourse mai-juin 2022 p. 52).

Neutralité statutaire de l'organe de direction en période d'offre publique

Par dérogation à ce qui précède, les **statuts** d'une société dont des actions sont admises aux négociations sur un marché réglementé peuvent prévoir qu'en période d'offre publique (C. com. art. L 233-33) : 87174

– les mesures de défense doivent être autorisées préalablement par l'assemblée générale et que toute **délégation** d'une mesure dont la mise en œuvre est susceptible de faire échouer l'offre, hormis la recherche d'autres offres, accordée par l'assemblée générale avant la période d'offre, est **suspendue** en période d'offre publique ;

– toute **décision** du conseil d'administration, du directoire après autorisation du conseil de surveillance, du directeur général ou de l'un des directeurs généraux délégués **prise avant la période d'offre** qui n'est pas totalement ou partiellement mise en œuvre, qui ne s'inscrit pas dans le cours normal des activités de la société et dont la mise en œuvre est susceptible de faire échouer l'offre doit faire l'objet d'une approbation ou d'une confirmation par l'assemblée générale.

Les statuts peuvent aussi prévoir que cette neutralité de l'organe de direction statutairement organisée s'applique à **toute offre ou** seulement dans une situation de **réciprocité,** à savoir uniquement lorsque l'offre est engagée par des entités, agissant seules ou de concert, ou qui sont respectivement contrôlées (au sens de l'article L 233-16, II et III du Code de commerce), par des entités, dont le conseil d'administration, le conseil de surveillance, à l'exception de leur pouvoir de nomination, le directoire, le directeur général ou l'un des directeurs généraux délégués de la société visée doivent également obtenir l'approbation préalable de l'assemblée générale pour prendre toute mesure dont la mise en œuvre est susceptible de faire échouer l'offre, hormis la recherche d'autres offres.

Les **contestations** portant sur l'équivalence des mesures relèvent du juge de droit commun.

CAS PARTICULIER DES BONS D'OFFRE

Sans préjudice des autres mesures permises par la loi, l'**assemblée** générale extraordinaire de la société visée statuant dans les conditions de quorum et de majorité prévues pour les assemblées ordinaires (sur ces conditions, voir C. com. art. L 22-10-32) peut **décider** en période d'offre l'**émission de bons** permettant de souscrire à des conditions préférentielles à des actions de cette société et leur attribution gratuite à tous les actionnaires ayant cette qualité avant l'expiration de la période d'offre publique (art. L 233-32, II). Cette mesure est de nature à avoir un effet dilutif pour l'initiateur de l'offre et à renchérir le coût de l'opération. 87177

L'assemblée peut **déléguer sa compétence** au conseil d'administration ou au directoire ; mais elle fixe alors le montant maximal de l'augmentation de capital pouvant résulter de l'exercice de ces bons ainsi que le nombre maximal de bons pouvant être émis. La délégation peut également prévoir la fixation de conditions relatives à l'obligation ou à l'interdiction pour le conseil d'administration ou le directoire de procéder à l'émission et à l'attribution gratuite des bons, d'y surseoir ou d'y renoncer.

Ainsi, pouvoir est donné à l'organe de direction de négocier en fait un relèvement des conditions de l'offre en agitant le spectre d'une dilution importante.

La société cible doit porter à la **connaissance du public** son intention d'émettre les bons avant la clôture de l'offre, et donc jusqu'au dernier moment, ce qui ne permettra pas à l'initiateur de l'offre d'anticiper la décision et, partant, de connaître de façon précise la structure du capital de la cible (art. L 233-32, II-al. 1 à 3).

Pour autant, au regard des caractéristiques des bons et notamment de leur effet dilutif, l'initiateur peut invoquer une modification de la consistance de la cible et solliciter auprès de l'AMF l'autorisation de renoncer à son offre sur le fondement de l'article 232-11, al. 2 du règlement général de l'AMF, et ce, quand bien même les bons n'auraient pas été encore attribués aux actionnaires (voir Rapport AMF 2008 p. 122).

Les **conditions d'exercice** de ces bons, qui doivent être relatives aux termes de l'offre ou de toute offre concurrente éventuelle, ainsi que les autres caractéristiques de ces bons, dont le prix d'exercice ou les modalités de détermination de ce prix, doivent être fixées par l'assemblée générale ou, sur délégation de celle-ci, par le conseil d'administration ou le directoire (C. com. art. L 233-32, II-al. 4). L'article L 233-32, II prévoyant que les bons permettent la souscription d'actions à des conditions préférentielles et que lorsque l'assemblée lui a délégué ce pouvoir le conseil d'administration (ou le directoire) fixe le prix d'exercice des bons ou les modalités de détermination de ce prix, sans autre précision, le conseil a en principe toute latitude pour fixer ce prix, la seule limite étant la valeur nominale des actions. Reste que la responsabilité des dirigeants pourrait être 87178

engagée si leur décision n'est pas conforme à l'intérêt social ou lèse des actionnaires minoritaires et que l'AMF nous semble conserver un pouvoir de contrôle en cette matière.
Les bons deviennent **caducs de plein droit** dès que l'offre et toute offre concurrente éventuelle échouent, deviennent caduques ou sont retirées (art. L 233-32, II-al. 4). Rien n'est précisé sur leur sort en cas de succès de l'offre, et l'on peut penser que les bons pourront continuer à être exercés après la période d'offre ; mais il ne nous paraît pas interdit que l'assemblée prévoie leur caducité en pareil cas. L'assemblée générale qui reçoit le droit de les créer, sans condition sur ce point, peut les aménager à sa guise.
De même, la loi n'exclut ni la cessibilité ni la négociabilité de ces bons, mais il ne paraît pas évident que l'AMF admettra leur cotation et rien n'interdit à la société de les rendre incessibles ou de limiter leur cessibilité, par exemple en n'autorisant qu'une cession entre actionnaires.

87179 L'émission de bons d'offre tels que visés à l'article L 233-32, II du Code de commerce peut également être autorisée par une assemblée générale tenue **en dehors d'une période d'offre** et faire l'objet d'une délégation à l'organe de direction. Si les statuts ont stipulé la règle de neutralité prévue à l'article L 233-33, I du Code de commerce, les effets de cette délégation fondant une mesure de nature à faire échouer l'offre seront suspendus en période d'offre publique, sauf mise en œuvre de l'exception de réciprocité (n° 87174).

INOPPOSABILITÉ DES RESTRICTIONS AU TRANSFERT DE TITRES

87183 Sauf lorsqu'elles résultent d'une obligation législative, les clauses des statuts d'une société dont des actions sont admises à la négociation sur un marché réglementé prévoyant des restrictions au transfert d'actions de la société (clauses d'agrément ou de préemption en particulier) sont inopposables à l'auteur d'une offre publique pour les titres qui lui seraient apportés dans le cadre de son offre (C. com. art. L 233-34).

87184 Les statuts d'une société dont les actions sont admises à la négociation sur un marché réglementé peuvent prévoir (il s'agit d'une simple faculté) que les effets de toute clause d'une convention conclue après le 21 avril 2004 (date d'adoption de la directive européenne 2004/25) stipulant des restrictions au transfert d'actions de la société sont inopposables à l'auteur de l'offre en période d'offre (C. com. art. L 233-35). Sont ainsi visés les pactes d'actionnaires instituant des dispositifs tels que préférence, préemption, inaliénabilité temporaire ou encore agrément jouant entre les membres du pacte.

87185 Les mesures anti-OPA doivent figurer dans le rapport sur le gouvernement d'entreprise (cf. C. com. art. L 22-10-11, L 22-10-20 et L 225-68, al. 6). Sur l'obligation de transparence relative à certaines clauses contractuelles en cas de dépôt de projet d'offre publique, voir n° 86202.

SUSPENSION DES RESTRICTIONS À L'EXERCICE DES DROITS DE VOTE

87186 Les **statuts** d'une société dont des actions sont admises à la négociation sur un **marché réglementé** peuvent prévoir (il s'agit d'une simple faculté) que sont suspendus en période d'offre publique visant la société, lors des assemblées réunies aux fins d'adopter ou d'autoriser toute mesure susceptible de faire échouer l'offre, les effets :
– de toute **clause d'une convention conclue après le 21 avril 2004** stipulant des restrictions à l'exercice des droits de vote (telles que renonciation à l'exercice du droit de vote pendant une période donnée ou au droit de vote double) attachés à des actions de la société (C. com. art. L 233-36) ;
– des **restrictions statutaires** à l'exercice des droits de vote (telles que limitation du nombre de voix attaché à des actions de la société) (C. com. art. L 233-37).

87187 Les effets de la limitation du nombre de voix dont chaque actionnaire dispose dans les assemblées, stipulée dans les statuts d'une société qui fait l'objet d'une offre publique et dont des actions sont admises à la négociation sur un marché réglementé, sont suspendus lors de la première assemblée générale qui suit la clôture de l'offre lorsque l'auteur de l'offre, agissant seul ou de concert, vient à détenir plus des deux tiers du capital ou des droits de vote de la société cible (C. com. art. L 22-10-47 ; Règl. gén. AMF art. 231-54 modifié par arrêté du 12-5-2021).

87188 Les statuts peuvent prévoir (il s'agit d'une simple faculté) que les effets des restrictions statutaires à l'exercice des droits de vote attachés à des actions de la société ainsi que les effets de toute clause d'une convention conclue après le 21 avril 2004 stipulant des restrictions à l'exercice des droits de vote attachés à des actions de la société sont suspendus lors de la première assemblée générale suivant la clôture de l'offre lorsque l'auteur de l'offre, agissant seul ou de concert, vient à détenir à l'issue de l'offre, plus de la moitié du capital ou des droits de vote de la société cible (C. com. art. L 233-38 ; Règl. gén. AMF art. 231-55).

87189 Les statuts peuvent aussi prévoir la suspension, lors de la première assemblée qui suit la clôture de l'offre, des droits extraordinaires de nomination ou de révocation des administrateurs, membres du conseil de surveillance, membres du directoire, directeurs généraux ou directeurs généraux délégués, détenus par certains actionnaires lorsque l'auteur de l'offre, agissant seul ou de concert, détient à l'issue de cette offre plus de la moitié du capital ou des droits de vote de la société cible (C. com. art. L 233-39 ; Règl. gén. AMF art. 231-56). Cette mesure vise en particulier d'éventuels droits politiques attachés aux actions de préférence.

INFORMATION DE L'AMF

Lorsqu'une société décide d'appliquer ou de mettre fin à l'application des dispositions prévues aux articles L 233-35 à L 233-39 du Code de commerce (n°s 87183 à 87189), elle transmet à l'AMF, dès la modification de ses statuts, l'ensemble des modifications ainsi apportées pour qu'elles soient mises en ligne sur son site internet (C. com. art. L 233-40 ; Règl. gén. AMF art. 223-20, I). **87190**

> **Précisions** Sont **concernées par cette obligation** non seulement les sociétés françaises (quel que soit le lieu de cotation et y compris les sociétés pour lesquelles une demande d'admission aux négociations sur un marché réglementé a été présentée), mais également les sociétés dont le siège est situé dans un État membre de l'UE ou partie à l'accord sur l'EEE et dont les titres sont admis aux négociations sur un marché réglementé français ou pour lesquels une demande d'admission aux négociations sur un tel marché a été présentée (Règl. gén. AMF art. 223-20, II).

C. Offres publiques obligatoires

1. CHAMP D'APPLICATION

a. Franchissement du seuil de 30 %

Lorsqu'une personne physique ou morale, agissant seule ou de concert au sens de l'article L 233-10 du Code de commerce, vient à détenir, directement ou indirectement, **plus de 30 % des titres de capital conférant des droits de vote** (cf. Règl. gén. AMF art. 234-1) **ou plus de 30 % des droits de vote** d'une société de droit français dont les actions sont admises aux négociations sur un marché réglementé d'un État membre de l'UE ou d'un autre État partie à l'accord sur l'EEE, elle doit, à son initiative, en informer immédiatement l'AMF et **déposer un projet** d'offre publique **visant la totalité des titres** de capital et des titres donnant accès au capital ou aux droits de vote de cette société et libellé à des conditions telles qu'il puisse être déclaré conforme par l'AMF (C. mon. fin. art. L 433-3, I ; Règl. gén. AMF art. 234-2, al. 1). L'AMF n'est donc pas compétente pour apprécier l'obligation de déposer une offre publique sur une société de droit étranger dont les titres sont admis sur le marché réglementé Euronext Paris (CA Paris 1-7-2021 n° 20/08364 : Dr. sociétés 2021 comm. n° 122). **87200**

Il en est de même lorsque des personnes physiques ou morales agissant seules ou de concert viennent à détenir **par suite de fusion ou d'apports** plus de 30 % des titres de capital ou des droits de vote d'une telle société (art. 234-2, al. 3).

En outre, tout projet d'offre publique d'achat ou d'échange doit, lorsque l'**offre porte sur une société qui détient plus de 30 % du capital ou des droits de vote d'une société française ou étrangère** dont des titres de capital sont admis aux négociations sur un marché réglementé d'un État partie à l'accord sur l'EEE ou sur un marché équivalent régi par un droit étranger et **qui « constitue un actif essentiel de la société détentrice »,** être accompagné des documents permettant de prouver qu'un projet d'offre publique irrévocable et loyale est ou sera déposé sur l'ensemble du capital de la société française ou étrangère contrôlée, au plus tard à la date d'ouverture de la première offre publique (C. mon. fin. art. L 433-3, III ; Règl. gén. AMF art. 231-13, IV-2° et 231-18, 8°).

> **Précisions a.** Lorsqu'une société, le même jour, franchit en baisse, puis en hausse, puis à nouveau en baisse le seuil du tiers des droits de vote, le **franchissement** en hausse du seuil **de 30 %** intervenu dans ces conditions n'a pas de conséquence au regard de l'obligation de déposer un projet d'offre publique dès lors qu'il n'a été que **temporaire** et dû à des opérations liées les unes aux autres aboutissant à une participation finalement inférieure à ce seuil (cf. Avis SBF 96-1531 du 15-5-1996).
>
> **b.** Pour les personnes qui, **au 1er janvier 2010**, détenaient, seules ou de concert, directement ou indirectement, entre 30 % et le tiers du capital ou des droits de vote d'une société, le seuil du **tiers** est maintenu comme seuil déclencheur de l'obligation de déposer un projet d'offre publique (Loi 2010-1249 du 22-10-2010 art. 92, II-al. 3 ; Règl. gén. AMF art. 234-11). Cette « **clause de grand-père** » leur est applicable sans limitation de durée, tant que leur participation restera comprise entre ces deux seuils.

MODALITÉS DE CALCUL DU SEUIL DE 30 % DÉCLENCHEUR D'UNE OFFRE PUBLIQUE OBLIGATOIRE

87202 La réglementation relative aux offres publiques obligatoires est applicable lorsque le seuil de 30 % est franchi soit en capital, soit en droits de vote (cf. C. mon. fin. art. L 433-3, III). Lorsque le **nombre de droits de vote** existant dans la société **ne correspond pas au nombre d'actions émises** par cette société (cas, par exemple, où certaines actions bénéficient d'un droit de vote double), il convient d'apprécier le franchissement de seuil au regard de l'un et l'autre de ces deux critères.

En pratique, dans la plupart des cas, c'est le seuil en droits de vote qui sera pris en considération puisque c'est lui qui sera atteint le plus rapidement.

87203 **Numérateur** Pour le calcul du **seuil en droits de vote,** il convient de faire application des règles de prises de participations significatives (n°s 86005 s.). **En pratique,** il suffit de se référer au nombre de droits de vote publié sur le site internet de l'émetteur au titre de l'obligation de publication des variations mensuelles des droits de vote ou, à défaut de variation de ce nombre, dans l'avis que les sociétés dont les instruments sont admis aux négociations sur un marché réglementé doivent, sauf exception, publier au moins une fois par an (n° 86020).

87204 En ce qui concerne le **seuil en capital,** seuls doivent être pris en considération les « titres de capital conférant des droits de vote » (Règl. gén. AMF art. 234-1). Cette expression conduit à ne soustraire du nombre total de titres existants que ceux qui sont, par nature, privés du droit de vote, c'est-à-dire les actions de préférence sans droit de vote et, à titre résiduel, les certificats d'investissement et les actions à dividende prioritaire sans droit de vote, qui ne peuvent plus être émis depuis l'entrée en vigueur de l'ordonnance 2004-604 du 24 juin 2004. En revanche, il convient de maintenir dans la masse de calcul du seuil déclencheur toutes les autres actions, même celles qui sont momentanément privées du droit de vote (cas, par exemple, des actions « propres » détenues par la société, des actions d'autocontrôle, des actions non libérées des versements exigibles, etc.).

87205 Le **périmètre à prendre en compte** pour le calcul du seuil déclencheur d'une offre publique obligatoire est partiellement aligné sur le périmètre retenu en matière de franchissement de seuils légaux. Ainsi, les fractions du capital ou des droits de vote à retenir doivent être déterminées conformément aux modalités de calcul des seuils déclaratifs légaux telles que fixées aux articles L 233-7 et L 233-9 du Code de commerce, à l'**exception** des accords ou instruments financiers ayant un effet économique similaire à la possession des actions, que leur règlement soit physique ou monétaire (cf. art. L 233-9, I-4° bis), qui ne doivent pas être pris en compte (n°s 86005 s.) (C. mon. fin. art. L 433-3, I-al. 2 ; Règl. gén. AMF art. 234-1, al. 2 s.) : voir n° 86025.

87206 **Dénominateur** S'agissant du dénominateur du seuil, il y a lieu de prendre en compte le nombre total de droits de vote théoriques à l'instar des modalités de calcul du numérateur des seuils déclaratifs de l'article 223-11 du règlement général de l'AMF, qui précise les modalités de calcul des seuils de l'article L 233-7 du Code de commerce (voir n° 86031) (application des articles L 233-7 et L 233-9 du Code de commerce sur renvoi de l'article L 433-3, I-al. 2 du Code monétaire et financier).

MODALITÉS DE FRANCHISSEMENT DU SEUIL DE 30 % DÉCLENCHEUR D'UNE OFFRE PUBLIQUE OBLIGATOIRE

87207 L'obligation de déposer une offre publique s'impose lorsque le seuil de 30 % est franchi par **détention directe ou indirecte** des titres de capital conférant des droits de vote (Règl. gén. AMF art. 234-2) ou des droits de vote de la société cible.

Des exemples de modalités de franchissement du seuil de 30 % figurent aux articles 234-7 et 234-9 du règlement général de l'AMF (voir, respectivement, n°s 87222 s. et 87240 s.).

87209 Il n'est pas nécessaire que le franchissement du seuil de 30 % résulte d'une « acquisition ». Par suite, la conclusion d'un pacte d'actionnaires constituant une **action de concert** entre des personnes qui détiennent ensemble plus de 30 % du capital ou des droits de vote d'une société « cotée » devrait entraîner, même en dehors de toute acquisition, l'obligation pour elles de déposer une offre publique.

Toutefois, l'AMF peut « constater » qu'il n'y a pas matière à déposer une offre publique lorsque le concert ne s'accompagne pas d'un changement significatif dans l'équilibre des participations au sein de la société (n°s 87222 s.).

De même, l'acquisition par la société de ses propres actions peut entraîner, pour un actionnaire, un franchissement de seuil l'obligeant, sauf dérogation de l'AMF, à déposer un projet d'offre publique (pour un exemple, voir Avis CMF 199C0313 du 19-3-1999).

b. Excès de vitesse d'acquisition

87215 L'obligation de déposer une offre publique d'acquisition s'applique également aux personnes physiques ou morales, agissant seules ou de concert, qui détiennent directement ou indirectement un

nombre compris entre **30 % et la moitié** du nombre total des titres de capital ou des droits de vote d'une société et qui, **en moins de 12 mois consécutifs, augmentent cette détention,** en capital ou en droits de vote, d'au moins 1 % du nombre total des titres de capital ou des droits de vote de cette société (C. mon. fin. art. L 433-3, I-al. 1 ; Règl. gén. AMF art. 234-5, al. 1).
À noter que les personnes qui, seules ou de concert, détiennent directement ou indirectement un nombre compris entre 30 % et la moitié du capital ou des droits de vote d'une société « cotée » doivent **tenir l'AMF informée** des variations du nombre de titres de capital ou des droits de vote qu'elles détiennent ; l'AMF rend ces informations publiques (art. 234-5, al. 2 ; pour un exemple de sanction pour absence de déclaration, voir AMF comm. sanc. 13-1-2011).

> **Précisions a.** La mise en œuvre par une société d'un **programme de rachat** de ses propres actions peut entraîner, pour les actionnaires qui détenaient déjà entre 30 % et la moitié du capital ou des droits de vote de la société, une relution de plus de 1 % en capital ou en droits de vote lorsque les actions rachetées sont destinées à être annulées. Il en résulte corrélativement l'obligation pour ces actionnaires de déposer un projet d'offre publique à moins d'obtenir de l'AMF une dérogation à cette obligation (Règl. gén. AMF art. 234-9, 5° ; voir nº 87240 ; pour un exemple de dérogation, voir Décision AMF 208C0719 du 17-4-2008).
> **b.** Un **actionnaire** détenant entre 30 % et la moitié du capital ou des droits de vote d'une société qui **augmente seul sa participation** d'au moins 1 % (excès de vitesse individuel) est tenu de déposer un projet d'offre publique **bien qu'il soit parti à un concert détenant plus de 50 %** du capital et des droits de vote de la société (Décision AMF 222C0638 du17-3-2022 accordant toutefois une dérogation à cette obligation ; voir nº 87240, point f).
> **c.** L'AMF a considéré dans un cas particulier que le projet de **renforcement du concert à intervenir durant la période dite « de stabilisation »** (sans entraîner un franchissement du seuil de 50 %) peut ne pas être pris en compte pour le calcul de l'excès de vitesse dans la mesure où ce renforcement éventuel a été porté préalablement à la connaissance du public, notamment dans le cadre de la documentation relative à l'opération d'admission à la négociation sur un marché réglementé et ne remet pas en cause la prédominance du concertiste détenant le contrôle opérationnel au sein du concert contrôlant la société (Décision AMF 208C1189 du 20-6-2008).

c. Exceptions

FRANCHISSEMENT TEMPORAIRE DES SEUILS DÉCLENCHEURS D'UNE OFFRE PUBLIQUE OBLIGATOIRE

Lorsque le franchissement du seuil de 30 % des titres de capital ou des droits de vote ou lorsque l'excès de vitesse ne doit être que temporaire, il peut être demandé à l'AMF l'autorisation de procéder à ce franchissement sans avoir à déposer un projet d'offre (Règl. gén. AMF art. 234-4). **87220**
Cette autorisation, dont les termes sont rendus publics, ne peut être accordée que si les **conditions** suivantes sont réunies (art. 234-4) :
– le dépassement doit résulter d'une opération n'ayant pas pour objet l'obtention ou l'accroissement du contrôle de la société (au sens de l'article L 233-3 du Code de commerce) ;
– sa durée ne doit pas excéder six mois ;
– la ou les personnes concernées doivent s'engager à ne pas exercer, pendant la période de reclassement, les droits de vote correspondant aux titres en cours de reclassement.
Il n'est prévu aucune sanction spécifique en cas de violation de cette dernière condition. S'agissant d'une condition d'obtention de l'autorisation, son inobservation devrait, à notre avis, entraîner la caducité de celle-ci et l'obligation de déposer un projet d'offre publique.

FRANCHISSEMENT DE CONCERT DE SEUILS DÉCLENCHEURS D'UNE OFFRE PUBLIQUE OBLIGATOIRE

L'AMF peut « constater » qu'il n'y a pas matière à déposer un projet d'offre publique lorsque les seuils (nº 87200) sont franchis par une ou plusieurs personnes qui viennent à déclarer agir de concert avec un ou plusieurs **actionnaires** qui détenaient déjà, seuls ou de concert, la **majorité** du capital ou des droits de vote de la société, à condition que ceux-ci demeurent **prédominants** (Règl. gén. AMF art. 234-7, al. 1 et 2 ; pour des exemples, voir Décision AMF 206C0691 du 11-4-2006 : cas dans lesquels un ou plusieurs tiers se joignent à un concert existant ; Décision AMF 206C0957 du 19-5-2006 : cas d'évolution de la participation d'un concertiste à la suite d'une augmentation de capital ; Décision AMF 218C0201 du 23-1-2018 : cas de substitution de concertiste au sein d'un concert majoritaire). **87222**
L'investisseur qui, à l'origine, a acquis des titres d'une société dont le contrôle de droit était exercé par un actionnaire doit pouvoir demeurer dans le capital d'une société dont le contrôle est exercé par un concert au sein duquel cet actionnaire est resté prédominant tant arithmétiquement par

évaluation des niveaux de participations que juridiquement par des conventions statutaires ou extrastatutaires conclues.
L'obligation de déposer un projet d'offre publique peut, à notre avis, être écartée même si, à l'occasion de la mise en concert, le majoritaire cède une partie de ses titres et repasse en dessous de la majorité du capital ou des droits de vote, pourvu qu'il reste prédominant (voir A. Viandier, OPA-OPE et autres offres publiques, Éd. Francis Lefebvre 2014 n° 1600).
L'AMF analyse l'équilibre des membres du nouveau concert à partir des participations respectives en capital et en droits de vote, de leur représentation au sein de l'organe de direction et, le cas échéant, des modalités de gouvernance conventionnellement définies entre eux. Les clauses s'analysant comme des dispositifs destinés à protéger l'investissement du nouvel entrant n'ont pas vocation à être considérées comme altérant la prédominance de l'actionnaire historique. Il en va ainsi notamment des clauses fixant une représentation minimale (et minoritaire) au sein des organes sociaux, organisant une majorité qualifiée au sein de ces organes pour certaines décisions importantes (et donnant de fait un pouvoir de veto au concertiste entrant), octroyant à l'investisseur entrant un droit de consultation renforcé lui permettant d'interférer dans l'établissement du plan d'affaires, ou encore, organisant une concertation sur des projets significatifs, des investissements supérieurs à certains montants, ou l'émission de titres nouveaux, pour autant que de telles clauses ne reviennent pas à instaurer dans les faits un pouvoir de gestion conjoint (Rapport AMF 2009 p. 146). À cet égard, lorsque les accords prévoient la possibilité, pour le nouveau participant, notamment, de s'opposer soit à la nomination d'un dirigeant, soit à l'adoption d'un budget, à la politique financière de la société (endettement, distribution), à l'acquisition ou la cession des actifs, sans que lesdits accords fassent référence à des seuils significatifs tenant compte, le cas échéant, de la nature et de la situation de la société concernée, l'AMF considère que la situation de prédominance de l'actionnaire historique n'est plus assurée. Dès lors, les conditions pour constater qu'il n'y a pas lieu au dépôt obligatoire d'un projet d'offre publique ne sont plus réunies. En effet, dans ce cas, les accords tendent dans les faits à octroyer au nouveau concertiste le pouvoir d'intervenir directement dans la gestion de la société et non à lui permettre uniquement d'assurer la protection de l'investissement réalisé (Rapport AMF 2012 p. 100).

87223 L'AMF peut aussi « constater » qu'il n'y a pas matière à déposer un projet d'offre publique lorsque les seuils (nos 87200 s.) sont franchis par une ou plusieurs personnes qui viennent à déclarer agir de concert avec un ou plusieurs **actionnaires,** qui détenaient déjà, seuls ou de concert, **entre 30 % et la moitié** du capital ou des droits de vote de la société, à condition que ceux-ci conservent une participation plus élevée et qu'à l'occasion de cette mise en concert ils **ne franchissent pas l'un des seuils de 30 % ou de 1 %** visés aux articles 234-2 et 234-5 du règlement général de l'AMF (Règl. gén. AMF art. 234-7, al. 3).
Tant que l'équilibre des participations respectives au sein du concert n'est pas significativement modifié par référence à la situation constatée lors de la déclaration initiale, il n'y a pas lieu à offre publique (pour des exemples, voir Avis CMF 198C1210 du 23-12-1998 et Décision AMF 207C0013 du 2-1-2007).
L'éventualité, prévue par le texte, du franchissement du seuil de 30 % par les anciens concertistes peut surprendre dès lors que, par hypothèse, ils détiennent déjà entre 30 % et la moitié du capital ou des droits de vote. Elle suppose, nous semble-t-il, que les intéressés disposaient de plus de 30 % des droits de vote et de moins de 30 % du capital et que l'entrée du nouveau concertiste leur ait fait franchir ce dernier seuil. Dans ce cas, les concertistes (anciens et nouveau) devront solliciter de l'AMF une dérogation à l'obligation de déposer un projet d'offre publique.
Quant au franchissement du seuil de 1 %, il s'apprécie au regard du nouveau concert par rapport à l'ancien et compte tenu éventuellement des cessions intervenues entre anciens et nouveau concertistes. Ainsi, il y aura lieu à offre publique (sauf dérogation) si, les anciens concertistes conservant leur participation, le nouveau détient plus de 1 % du capital ou des droits de vote. En revanche, le dépôt d'une offre publique ne sera pas requis, même si, à l'occasion de la nouvelle mise en concert, les anciens concertistes cèdent une fraction de leur participation au nouveau, dès lors que, d'une part, ils conservent une participation plus élevée que la sienne et que, d'autre part, la participation détenue par le nouveau concertiste n'excède pas de plus de 1 % celle des anciens.
Les observations ci-dessus valent également lorsque la participation supérieure à 50 % ou comprise entre 30 % et la moitié du capital ou des droits de vote est détenue par une seule personne physique ou morale et qu'il y a création d'un concert avec une ou plusieurs autres personnes.

87224 Lorsque plus de 30 % du capital ou des droits de vote d'une société dont les titres de capital sont admis aux négociations sur un marché réglementé d'un État membre de l'UE ou d'un autre État partie à l'accord sur l'EEE, y compris la France, est détenu par une autre société et en constitue un **actif essentiel,** l'AMF peut également « constater » qu'il n'y a pas matière à déposer un projet

d'offre publique lorsqu'un groupe de personnes agissant de concert vient à **prendre le contrôle** de la société détentrice au sens des textes applicables à cette dernière, à condition que l'une ou plusieurs d'entre elles disposaient déjà de ce contrôle et demeurent prédominantes (Règl. gén. AMF art. 234-7, al. 4 ; pour un exemple, voir Décision AMF 207C1202 du 26-6-2007 ; pour un cas où le maintien de la prédominance n'a pas été retenu, voir CA Paris 13-9-2005 n° 05-4058 : RJDA 2/06 n° 152).
Le contrôle s'entend au sens de l'article L 233-3 du Code de commerce. Il peut donc être assuré même si la prise de contrôle est indirecte, par l'intermédiaire d'une chaîne continue de plusieurs sociétés contrôlées.
La détention de plus de 30 % du capital ou des droits de vote peut être directe ou indirecte dans la mesure où elle doit être appréhendée globalement en matière d'offre publique comme de franchissements de seuils (C. com. art. L 233-7 et L 233-9, I-2°), sauf à vider lesdites dispositions de leur substance (Décision AMF 207C1202 du 26-6-2007).
Quant à la notion d'« actif essentiel », son appréciation dépend des circonstances de fait propres à chaque cas particulier mais repose en général principalement sur des critères financiers (la contribution aux agrégats financiers pertinents, qu'il s'agisse de l'Ebitda, du résultat opérationnel courant, de l'actif non courant, de la valeur nette comptable, de la situation nette, etc., et le mode de comptabilisation telle l'intégration globale, auxquels s'ajoute parfois le caractère stratégique, voire structurant, de la participation ; pour une illustration de prise en compte d'une méthode d'évaluation multicritère reposant à la fois sur la valeur nette comptable, le chiffre d'affaires, la situation nette, voir CA Paris 13-1-1998 n° 97-15877 : RJDA 5/98 n° 604).
Précisons que si la société détentrice relève d'une **législation étrangère,** il y a lieu de se référer à celle-ci pour apprécier l'existence d'une modification affectant le contrôle de cette société (Cass. com. 7-1-2004 n° 02-14.053 : RJDA 6/04 n° 720).

Dans tous les cas ci-dessus, il n'y a pas lieu de déposer un projet d'offre publique tant que l'équilibre des participations respectives au sein d'un concert n'est pas significativement modifié par référence à la situation constatée lors de la déclaration initiale (Règl. gén. AMF art. 234-7, dernier al. ; pour un exemple, voir Décision AMF 222C0638 du 17-3-2022). **87225**

2. MISE EN ŒUVRE DE L'OFFRE PUBLIQUE OBLIGATOIRE

CONTENU DE L'OFFRE PUBLIQUE OBLIGATOIRE

Comme l'offre publique volontaire (n° 87053), l'offre publique obligatoire doit porter sur la **totalité des titres** de capital existants et sur tous ceux qui donnent accès au capital ou aux droits de vote (Règl. gén. AMF art. 234-2, al. 1). **87230**

Le projet d'offre doit être « libellé à des **conditions** telles qu'il puisse être déclaré conforme par l'AMF » (Règl. gén. AMF art. 234-2, al. 1), ce qui implique la possibilité pour cette dernière d'exiger de l'initiateur qu'il apporte à son projet toute modification jugée souhaitable, y compris un relèvement du prix (OPA) ou une amélioration des conditions de l'échange (OPE). **87231**
Rappelons que l'idée d'un seuil de renonciation est étrangère à la situation d'offre publique obligatoire, qui impose au nouveau contrôlant d'offrir une faculté de sortie à tous les minoritaires et, si ces derniers le souhaitent, concernant la totalité de leur participation.

PROCÉDURE DE L'OFFRE PUBLIQUE OBLIGATOIRE

La **procédure normale** est applicable en cas d'offre obligatoire (n°s 87127 s. ; pour des exemples, voir Décisions AMF 207C1416 du 11-7-2007 et 208C1095 du 5-6-2008). **87232**
Toutefois, en cas de détention de la moitié au moins du capital et des droits de vote, l'offre publique peut être présentée selon la **procédure simplifiée** (n°s 87155 s. ; pour des exemples, voir Décisions AMF 207C1693 du 2-8-2007 et 208C0599 du 1-4-2008).

PRIX DE L'OFFRE PUBLIQUE OBLIGATOIRE

Le prix proposé doit être au moins égal au **prix le plus élevé payé** par l'auteur de l'offre, agissant seul ou de concert au sens de l'article L 233-10 du Code de commerce, sur une période de 12 mois précédant le fait générateur de l'obligation de dépôt du projet d'offre publique (C. mon. fin. art. L 433-3, I-al. 3 ; Règl. gén. AMF art. 234-6). **87233**
L'AMF peut toutefois demander ou autoriser la **modification du prix** proposé lorsqu'un changement manifeste des caractéristiques de la société visée ou du marché de ses titres le justifie. Il en va notamment ainsi dans les cas suivants (art. 234-6) :
– lorsque des événements susceptibles d'influer de manière significative sur la valeur des titres concernés sont intervenus au cours des 12 derniers mois précédant le dépôt de l'offre (pour des exemples, voir Décision AMF 209C0559 du 22-4-2009 : l'évolution du contexte économique et financier ayant eu une influence significative sur la valeur de la cible ainsi que les modalités des interventions de l'initiateur sur les actions de la cible – faible part des actions acquises au prix le plus élevé et prix d'acquisition moyen sur les

12 mois – ont conduit l'AMF à autoriser une approche multicritère au détriment de la référence de prix d'acquisition la plus élevée ; Décision AMF 213C0552 du 16-5-2013, cas dans lequel les difficultés rencontrées par la société n'avaient pas été communiquées au marché) ;
– lorsque la société cible est en situation de difficulté financière avérée ;
– lorsque le prix proposé résulte d'une transaction assortie d'éléments connexes entre l'initiateur, agissant seul ou de concert, et le vendeur des titres acquis par l'initiateur au cours des 12 derniers mois.
Dans les cas ci-dessus ou en l'absence de transaction de l'auteur de l'offre sur les titres de la société au cours des 12 derniers mois, le prix est déterminé en fonction des **critères d'évaluation objectifs** usuellement retenus, des caractéristiques de la société visée et du marché de ses titres.

SANCTIONS DU DÉFAUT DE DÉPÔT D'UNE OFFRE PUBLIQUE OBLIGATOIRE

87235 À défaut de dépôt de l'OPA ou de l'OPE, les titres que l'intéressé détient au-delà de 30 % du capital ou des droits de vote ou au-delà de sa détention augmentée de 1 % du capital ou des droits de vote en cas d'excès de vitesse sont privés du **droit de vote** (C. mon. fin. art. L 433-3, I ; pour un exemple, voir Décision AMF 204C1317 du 3-11-2004). Comme en matière de non-déclaration d'un franchissement de seuils, cette sanction a un caractère automatique mais frappe les seuls détenteurs de ces titres et non les titres eux-mêmes, de sorte qu'en cas de cession des titres concernés les cessionnaires sont bien investis d'un droit de vote effectif (voir n° 86081).
L'AMF peut, sur le fondement de l'article L 621-14, III du Code monétaire et financier, saisir le président du tribunal judiciaire de Paris aux fins d'enjoindre à ou aux intéressés de déposer un projet d'offre publique à des conditions telles que ce projet puisse être jugé recevable par l'AMF, c'est-à-dire aux conditions (notamment financières) qui prévalaient à la date à laquelle il aurait dû initialement être déposé (quand bien même la situation de la société cible aurait changé dans l'intervalle). Pour un exemple, voir Communiqué AMF 205C1264 du 13-7-2005 confirmé par CA Paris 19-10-2005 n° 05-15501 : RJDA 6/06 n° 654. Lorsque, postérieurement à la décision d'injonction judiciaire, l'initiateur défaillant a cédé la totalité de son bloc de contrôle à un tiers qui dépose un projet d'offre publique conforme, l'AMF peut considérer que ce projet se substitue à celui qui aurait dû être déposé constatant que les conditions financières qu'il contient sont au moins équivalentes à celles qui auraient dû être libellées par l'initiateur défaillant (Décision AMF 209C1507 du 15-12-2009).

3. DÉROGATIONS

a. Cas de dérogation à l'offre publique obligatoire

87240 L'AMF peut dispenser les intéressés de l'obligation de dépôt d'une offre publique dans les cas suivants (Règl. gén. AMF art. 234-9) :
a. Transmission à titre gratuit entre personnes physiques ou **distribution d'actifs** réalisée par une personne morale au prorata des droits des associés (art. 234-9, 1° ; pour des exemples, voir Décisions CMF 202C1035 du 11-12-2002, 200C1777 du 7-12-2000, 199C1927 du 8-12-1999, 199C0426 du 16-4-1999 : dissolution de la communauté universelle suite au décès de l'un des époux, et 198C1083 du 23-11-1998 et Décisions AMF 204C1530 du 15-12-2004 : distribution d'un dividende exceptionnel par remise de titres, 208C0177 du 25-1-2008 et 208C0712 du 16-4-2008 : opération de donation-partage pouvant s'assimiler à une transmission à titre gratuit entre personnes physiques) ;
b. Souscription à l'**augmentation de capital d'une société en** situation avérée de **difficulté financière,** soumise à l'approbation de l'assemblée générale de ses actionnaires (art. 234-9, 2° ; voir Décisions AMF 204C0519 du 16-4-2004, 205C0426 du 17-3-2005, 205C2269 du 27-12-2005, 206C0516 du 20-3-2006, 206C2356 du 22-12-2006, 207C0258 du 6-2-2007, 208C0523 du 19-3-2008, 208C2047 du 14-11-2008, 209C0136 du 27-1-2009, 209C0171 du 3-2-2009, 210C0240 du 12-3-2010, 213C1054 du 24-7-2013 et, dans des circonstances de fait particulières, 213C1832 du 28-11-2013).
La « situation avérée de difficulté financière » n'est pas l'état de cessation des paiements. Elle n'est pas non plus une « situation irrémédiablement compromise ». Sont généralement pris en compte les résultats d'exploitation et résultats nets (négatifs) sur plusieurs exercices, les montants des capitaux propres et de l'endettement financier ;
c. Opération de **fusion ou d'apports d'actifs** soumise à l'approbation de l'assemblée générale des actionnaires (art. 234-9, 3° ; pour des exemples, voir Décisions AMF 205C1957 du 18-11-2005, 206C1023 du 31-5-2006, 206C1423 du 13-7-2006, 206C1856 du 4-10-2006, 207C1013 du 30-5-2007, 207C1024 du 31-5-2007, 208C2113 du 27-11-2008, 209C1416 du 20-11-2009, 210C0028 du 8-1-2010 et 210C0455 du 27-5-2010) ;
d. Cumul d'une opération de **fusion ou** d'**apport** soumise à l'approbation de l'assemblée générale des actionnaires et de la conclusion entre actionnaires des sociétés concernées d'un accord

constitutif d'une action de **concert** (art. 234-9, 4° ; voir Décisions AMF 205C1957 du 18-11-2005, 206C1293 du 29-6-2006, 206C1423 du 13-7-2006, 207C0664 du 13-4-2007, 207C1021 du 31-5-2007, 209C1414 du 20-11-2009 et 210C0122 du 29-1-2010). L'AMF vérifie que l'opération projetée n'implique pas, dans les conditions qui lui sont présentées, de modifications significatives de droits et intérêts des actionnaires en termes statutaires, de distribution de dividendes et du marché des titres ; **87240 (suite)**

e. Réduction du nombre total **de titres de capital ou** du nombre total **de droits de vote** existant dans la société visée (art. 234-9, 5°), ce qui vise les cas de franchissements de seuils passifs notamment à la suite d'une suppression de droits de vote double (voir Décision CMF 198C1105 du 27-11-1998) ou d'un rachat par la société de ses propres actions (voir Décisions AMF 204C0610 du 12-5-2004, 205C1064 du 14-6-2005, 205C1928 du 15-11-2005, 207C0548 du 23-3-2007, 207C1024 du 31-5-2007, 208C0724 du 17-4-2008, 209C0533 du 15-4-2009, 209C0561 du 22-4-2009, 209C1317 du 26-10-2009 et 210C0109 du 27-1-2010), y compris par voie d'offre publique de rachat d'actions.

Si l'article 234-9, 5° permet d'octroyer une dérogation au dépôt obligatoire d'un projet d'offre publique en cas de réduction du nombre de titres ou de droits de vote d'une société, l'AMF estime toutefois que le requérant ne doit pas être directement à l'origine de la relution qui provoque la situation de dépôt obligatoire d'un projet d'offre publique et, par conséquent, de la demande de dérogation. L'AMF veille ainsi à ce que l'actionnaire principal d'une société ne puisse pas user du contrôle de fait dont il bénéficie pour promouvoir des opérations ayant pour résultat le renforcement de son contrôle (soit par franchissement du seuil de 30 %, soit par augmentation de sa participation de plus de 1 % en moins de 12 mois si celle-ci est comprise entre 30 et 50 %). Les demandeurs sont alors invités à prendre des **engagements** dits « **de neutralité** » : par exemple, engagements de ne participer à l'assemblée générale qu'à hauteur du nombre d'actions nécessaire à atteindre le quorum sur première convocation et à exercer les droits de vote correspondants en votant en faveur des résolutions concernées à hauteur de deux tiers et en s'abstenant sur ces mêmes résolutions à hauteur du tiers desdits droits de vote (Décision AMF 207C0676 du 17-4-2007), complétés par l'engagement de ne pas dépasser ultérieurement, à titre direct et indirect, sa détention au capital de la société telle qu'elle résulterait de l'opération de réduction de capital consécutive à l'offre publique de rachat d'actions, sauf à lancer une offre publique (Décision AMF 212C0802 du 20-6-2012) ;

f. Détention de la majorité des droits de vote de la société par le demandeur ou par un tiers, agissant seul ou de concert (art. 234-9, 6° ; voir Décisions SBF 91-678 du 5-3-1991 et AMF 206C2183 du 4-12-2006, 207C0065 du 9-1-2007, 207C0266 du 7-2-2007, 207C1001 du 30-5-2007, 208C0715 du 16-4-2008, 208C0718 du 16-4-2008, 208C0975 du 23-5-2008, 209C0180 du 4-2-2009, 207C1008 du 30-5-2007, 207C1013 du 31-5-2007, 207C1024 du 31-5-2007, 209C1173 du 10-9-2009, 210C0114 du 29-1-2010, 210C0150 du 9-2-2010, 214C0921 du 27-5-2014 dans un cas où le membre déjà prédominant au sein du concert se renforce et 222C0638 du 17-3-2022). Par hypothèse, celui qui demande la dérogation franchit un seuil en capital, mais soit détenait déjà le contrôle de droit de la société du fait de sa majorité en droits de vote, soit ne contrôlera pas la société à la suite de ce franchissement de seuil car un tiers détient la majorité des droits de vote ;

g. Détention de la majorité du capital de la société à la suite d'une offre réalisée selon la procédure normale. En cas de franchissement de la majorité, en capital mais non en droits de vote, à l'issue d'une offre de prise de contrôle fructueuse, l'attribution de droits de vote double par réalisation de la condition de détention peut s'opérer sans qu'une nouvelle offre publique n'ait à être déposée (art. 234-9, 6° bis) ;

h. Opération de reclassement, ou s'analysant comme telle, entre sociétés ou personnes appartenant à un même groupe (art. 234-9, 7° ; voir Décisions AMF 207C0169 du 23-1-2007, 207C0604 du 3-4-2007, 207C1008 du 30-5-2007, 207C1095 du 13-6-2007, 207C1400 du 11-7-2007, 208C1402 du 21-7-2008, 208C1788 du 1-10-2008, 209C0505 du 7-4-2009, 209C0825 du 10-6-2009 et 210C0329 du 15-4-2010). Plus récemment, engagement par les actionnaires familiaux d'une SCA cotée, détenteurs de la majorité du capital et des droits de vote, de transférer plus de 50 % du capital et des droits de vote à une holding à laquelle ils accordaient un droit de préemption sur les titres qu'ils n'auraient pas transférés en exécution de l'accord conclu entre eux (Décision AMF 211C0024 du 7-1-2011 confirmée par CA Paris 15-9-2011 n° 11/00690 : RJDA 12/11 n° 1045 puis par Cass. com. 28-5-2013 n° 11-26.423 FS-PB : RJDA 8-9/13 n° 724 ; le fait que les opérations de reclassement entraînent une modification des modalités d'exercice du contrôle importe peu, la préexistence du contrôle étant déterminante) ;

i. Acquisition du contrôle d'une société détenant, directement ou indirectement, plus de **30 %** du capital ou des droits de vote d'une société dont les titres de capital sont admis aux négociations sur un marché réglementé d'un État membre de l'UE ou d'un autre État partie à l'accord sur l'EEE, y compris la France, et qui ne constitue **pas un actif essentiel** de la société dont le contrôle est acquis (art. 234-9, 8° ; voir Décision AMF 221C3420 du 10-12-2021 confirmée par CA Paris 24-3-2022 n° 21/21745 : BRDA 17/22 inf. 7). La personne qui vient à prendre le contrôle de la mère par acquisition sera exonérée d'offre publique obligatoire sur les titres de la fille à condition d'apporter la preuve que la fille n'est pas un actif essentiel de la mère (appréciation quantitative et qualitative) ;

j. Fusion ou apport d'une société détenant directement ou indirectement plus de **30 %** du capital ou des droits de vote d'une société de droit français dont les titres de capital sont admis aux négociations sur un marché réglementé d'un État membre de l'UE ou d'un autre État partie à l'accord sur l'EEE, y compris la France, et qui ne constitue **pas un actif essentiel** de la société apportée ou absorbée (art. 234-9, 9°). La personne qui vient à prendre le contrôle de la mère par fusion ou apport sera exonérée d'offre publique obligatoire sur les titres de la fille à condition d'apporter la preuve que la fille n'est pas un actif essentiel de la mère (appréciation quantitative et qualitative).

Signalons que l'article 234-9, 10° prévoit en outre une dispense à l'obligation de dépôt d'une offre publique en cas d'attribution légale de droits de vote double entre le 3 avril 2014 et le 31 décembre 2018. Ce texte n'a aujourd'hui plus de portée pratique.

87242 Plusieurs affaires ont donné lieu à des **dérogations non** expressément **prévues par les textes.** Les franchissements du seuil du tiers (désormais 30 %) du capital et des droits de vote à la baisse puis à la hausse, quasi simultanés et présentés comme purement techniques par les demandeurs, ont pu être considérés, parmi d'autres motifs de dérogation, comme s'inscrivant dans une opération composée d'un apport rémunéré en actions et d'un achat desdites actions constituant un « tout indivisible » et ainsi bénéficier d'une dérogation (Décision AMF 205C2148 du 13-12-2005).

L'évolution des circonstances de fait depuis la date du fait générateur de l'offre obligatoire peut justifier qu'une dérogation soit accordée, l'un des concertistes ayant dans l'intervalle cédé ses actions, dont une partie était par ailleurs privée du droit de vote au-delà de la fraction du tiers (désormais 30 %) (Décision AMF 208C0741 du 21-4-2008 confirmée par CA Paris 18-12-2008 n° 08-7645 : Bull. Joly Bourse 2009 § 25).

b. Octroi de la dérogation à l'offre publique obligatoire

87245 Les dispenses ne sont pas de droit. Elles sont subordonnées, dans chaque cas, à une **décision de l'AMF** que cette dernière publie sur son site internet (Règl. gén. AMF art. 234-10, al. 4).

L'AMF se prononce après avoir examiné les circonstances dans lesquelles le ou les seuils ont été ou seront franchis, la répartition du capital et des droits de vote et les conditions dans lesquelles, le cas échéant, l'opération a fait ou fera l'objet d'une approbation par l'assemblée générale des actionnaires de la société visée (Règl. gén. AMF art. 234-8, al. 2).

En réalité, la marge d'appréciation est variable selon les cas de dérogation prévus par le règlement général de l'AMF : faible pour les situations objectives (opérations de fusion ou d'apport ; transmission à titre gratuit) et plus importante dans d'autres cas (difficulté financière avérée, par exemple).

L'AMF peut statuer sur une demande de dérogation préalablement à la réalisation d'une opération en fonction de la nature, des circonstances et du délai de mise en œuvre du projet et au vu des éléments justificatifs apportés par la ou les personnes concernées. De même, dans le cas d'opérations soumises à l'approbation de l'assemblée des actionnaires de la société visée, elle peut accorder une dérogation avant la tenue de cette assemblée sous réserve de disposer d'informations précises sur l'opération projetée (Règl. gén. AMF art. 234-10, al. 1 et 2). Cette faculté de statuer ou non par anticipation constituant une mesure d'administration, elle n'est, à notre avis, pas susceptible de recours. Pour des exemples, voir Décisions CMF 199C0200 du 19-2-1999 et CMF 199C1017 du 29-7-1999.

L'obtention de la dérogation constitue souvent une condition suspensive de la conclusion de la convention (voir Décision CMF 198C0889 du 24-9-1998).

L'**AMF** doit être **informée** du déroulement de l'opération et, dans l'hypothèse où celle-ci n'est pas mise en œuvre selon les conditions initialement prévues, elle peut constater la **caducité de la décision** précédemment rendue (art. 234-10, al. 3).

87246 Tout actionnaire de la société visée peut **contester la dérogation** accordée.

Dispose d'un intérêt pour agir le requérant qui parvient à établir sa qualité d'actionnaire d'une société à la date où l'Autorité de marché a rendu sa décision (CA Paris 11-6-1997 n° 97-9316 : Bull. Joly Bourse 1997 p. 750 n° 120 note N. Rontchevsky). L'acquisition de la qualité d'actionnaire d'une société par une association agréée, dans le seul but d'exercer une action en justice, ne prive pas de légitimité son intérêt à agir. S'agissant d'une association de défense des actionnaires minoritaires dont la capacité juridique n'est pas contestée et qui est elle-même titulaire d'une action, cette légitimité résulte de son objet statutaire (la défense des intérêts collectifs des investisseurs de valeurs mobilières et produits financiers qu'ils soient membres ou non de l'association), peu important le fait que cette action ait été acquise avant la publication de la décision contestée dans la perspective de ce contentieux (CA Paris 16-5-1995 n° 95-2112 : RJDA 7/95 n° 855). La preuve de la qualité d'actionnaire peut être rapportée au moyen d'attestations de sociétés de bourse démontrant que le demandeur détenait, avant la décision de l'Autorité de marché, des actions de la société en cause (CA Paris 20-11-1991, 1e ch. CBV : RJDA 3/92 n° 257).

D. Offre publique obligatoire sur Euronext Growth

Un projet d'offre publique doit être déposé par toute personne physique ou morale agissant seule ou de concert au sens de l'article L 233-10 du Code de commerce qui vient à détenir, directement ou indirectement, plus de 50 % du capital ou des droits de vote d'une société dont le siège social est établi en France et dont les actions sont admises aux négociations sur un SMNO (Euronext Growth) (C. mon. fin. art. L 433-3, II ; Règl. gén. AMF art. 231-1, 2° et 235-2). **87280**

Les dispositions du chapitre IV du règlement général de l'AMF relatif aux offres publiques obligatoires sur les marchés réglementés (nos 87200 s.) sont applicables en substituant au seuil de 30 % celui de 50 %, à l'exception des articles 234-5 et 234-7, 2° (excès de vitesse), 234-7, al. 4 et 234-11 du règlement général de l'AMF (mesures transitoires liées à la modification du seuil d'offre obligatoire sur les marchés réglementés par la loi 2010-1249 du 22-10-2010) qui ne s'appliquent pas (art. 235-2).

Les cas de **dérogation** en vigueur sur le marché réglementé (visés à l'article 234-9 du règlement général de l'AMF ; voir n° 87240) peuvent être invoqués. En outre, deux dérogations spécifiques sont ouvertes (Règl. gén. AMF art. 235-3) :

a. En cas de souscription à une augmentation de capital réservée, soumise à l'approbation de l'assemblée générale des actionnaires. L'AMF vérifie que, lors de l'assemblée générale, les actionnaires sont informés de manière adéquate sur la répartition future du capital de la société et qu'ils ont conscience qu'un vote positif emporte changement de contrôle de la société.

b. En cas d'exercice du droit à l'attribution d'actions attaché à des titres donnant accès au capital lorsque l'émission réservée de ces titres a été préalablement soumise à l'approbation de l'assemblée générale des actionnaires. Lors de l'examen de la demande de dérogation, l'AMF vérifie que les actionnaires de l'émetteur ont reçu, préalablement à l'assemblée générale, une information de qualité et se réserve le droit d'assortir l'octroi de la dérogation sollicitée de demandes d'engagements de vote de la part de la personne sollicitant ladite dérogation. L'AMF s'assure également que le bénéficiaire de la dérogation ne modifie pas sa détention au capital de l'émetteur entre la souscription à l'émission de titres donnant accès au capital et l'exercice ou la conversion de ces titres, à peine de caducité de la dérogation.

E. Offres publiques de retrait

1. CHAMP D'APPLICATION

Une procédure particulière permet aux actionnaires minoritaires de sociétés dont le siège est situé en France et dont les actions sont admises aux négociations sur un **marché réglementé** d'un État membre de l'UE ou d'un autre État partie à l'accord sur l'EEE de se retirer de leur société (cf. C. mon. fin. art. L 433-4, I). **87340**

Cette procédure peut porter également sur des **titres** qui étaient **auparavant négociés sur un marché** réglementé mais seulement dans les deux premiers des quatre cas énumérés ci-dessous, c'est-à-dire ceux dans lesquels les majoritaires détiennent au moins 90 % du capital ou des droits de vote (sur ce seuil, voir n° 87341). Dans les deux autres cas (transformation en société en commandite par actions et modification substantielle des statuts ou de l'activité sociale) (nos 87345 s.), l'offre publique de retrait ne peut être mise en œuvre que si les titres sont admis aux négociations sur un marché réglementé. Pour des exemples d'offres publique de retrait portant sur des titres ne faisant plus l'objet de négociations sur un marché réglementé à la suite de leur radiation, voir Décisions de conformité 207C0527 du 20-3-2007 et 208C0511 du 19-3-2008.

L'ancienneté de la radiation des titres n'est pas limitée par les textes, de sorte que l'offre publique de retrait pourra porter sur des titres sortis de la cote depuis plusieurs dizaines d'années (par exemple, Décision AMF 206C2109 du 21-11-2006). La réinscription sur le compartiment des valeurs des titres radiés des marchés réglementés n'est pas nécessaire à la réalisation de l'offre, la centralisation des ordres étant confiée à un intermédiaire financier.

La procédure d'offre publique (ou de demande) de retrait peut aussi porter sur des **certificats d'investissement** et des certificats **de droit de vote** (Règl. gén. AMF art. 236-2 et 236-4), titres en voie d'extinction depuis l'ordonnance 2004-604 du 24 juin 2004.

Enfin, cette procédure s'applique également sur **Euronext Growth** pris en qualité de SMNO, à l'exception des cas de retrait prévus aux articles 236-5 (transformation en SCA) et 236-6 (modifications statutaires significatives et modifications économiques et financières) du règlement général de l'AMF (Règl. gén. AMF art. 231-1, 2° et 235-2).

OFFRE PUBLIQUE DE RETRAIT EN CAS DE DÉTENTION D'AU MOINS 90 % DU CAPITAL OU DES DROITS DE VOTE

87341 **Retrait demandé par les minoritaires** Lorsqu'une personne ou un groupe de personnes agissant de concert vient à détenir au moins 90 % du capital ou des droits de vote d'une société dont les actions sont admises aux négociations sur un marché réglementé d'un État membre de l'UE ou partie à l'accord sur l'EEE, y compris la France (tel **Euronext Paris**), ou sur un SMNO (**Euronext Growth**), ou ont cessé de l'être, un ou plusieurs minoritaires titulaires de droits de vote peuvent demander à l'AMF d'imposer aux majoritaires le dépôt d'une offre publique de retrait (C. mon. fin. art. L 433-4, I-1° et IV ; Règl. gén. AMF art. 236-1, al. 1).

Le seuil de 90 % est apprécié au moment de la saisine de l'AMF par le minoritaire, peu important que la participation du majoritaire soit ensuite repassée sous ce seuil ; l'évolution de la participation peut toutefois être prise en compte, le cas échéant, au stade de l'examen des conditions prévalant sur le marché du titre concerné (CA Paris 26-11-2020 n° 20/05013 : RJDA 10/21 n° 669).

CONSEIL

Pour le **calcul du seuil** de 90 %, il convient, à notre avis, de retenir la détention directe sans faire application des cas d'assimilation prévus à l'article L 233-9 du Code de commerce. Contrairement aux termes de l'article L 433-3 du Code monétaire et financier qui renvoient aux articles L 233-7 et L 233-9 du Code de commerce (à l'exception du I-4° bis) en matière d'offre publique obligatoire afin de prévenir les prises de contrôle occultes, l'article L 433-4 du Code monétaire et financier applicable aux offres publiques de retrait et au retrait obligatoire ne procède pas à ces renvois et doit donc recevoir une application stricte.

87342 Après avoir procédé aux vérifications nécessaires, l'AMF se prononce sur la demande qui lui est présentée au vu notamment des **conditions** prévalant sur le marché des titres concernés et des éléments d'information apportés par le demandeur (Règl. gén. AMF art. 236-1, al. 2).

ILLUSTRATIONS

Les dispositions de l'article 236-1 du règlement général de l'AMF, qui ont pour finalité de permettre aux actionnaires minoritaires, dont les titres ont perdu leur liquidité sur un marché rendu étroit par le poids relatif des majoritaires, de sortir de la société dans des conditions normales de cours et de délai, n'ont pas pour effet de rendre obligatoire la mise en œuvre de l'offre publique de retrait du seul fait de la réunion des conditions formelles visées par le texte ci-dessus. La demande des minoritaires doit donc être rejetée dès lors qu'ils ont la possibilité de négocier leurs titres, dans les conditions normales de délai et de cours, sur un marché dont la liquidité et la stabilité étaient suffisantes au regard du volume de la transaction envisagée (Cass. com. 6-5-1996 n° 94-13.708 P : RJDA 8-9/96 n° 1056 ; voir aussi CA Paris 4-11-2003 n° 03-3267 : RD bancaire et financier 2004 p. 123).

À l'inverse, pour des exemples dans lesquels la liquidité du titre n'était plus assurée, ce qui rendait recevable la requête d'un minoritaire tendant à la mise en œuvre d'une offre publique de retrait, voir CA Paris 7-4-1998 n° 97-24825 : RJDA 7/98 n° 868 et CA Paris 26-11-2020 n° 20/05013 : RJDA 10/21 n° 669.

87343 Si l'AMF déclare la demande du ou des minoritaires recevable, elle la notifie au(x) majoritaire(s), qui est (sont) alors tenu(s) de déposer, dans un délai qu'elle fixe, un **projet d'offre** publique de retrait libellé à des conditions qui puissent être jugées conformes (Règl. gén. AMF art. 236-1, al. 3).

L'**appréciation de l'AMF** est susceptible de **recours** en justice car elle constitue une décision à laquelle est subordonnée la mise en œuvre de l'offre et, à ce titre, elle affecte la situation, les droits et les obligations des actionnaires minoritaires (Cass. com. 17-7-2001 n° 98-23.453 FS-P : RJDA 11/01 n° 1116).

> **Précisions** La **recevabilité de la demande** présentée par un minoritaire profite aux autres demandeurs, à moins que ceux-ci aient adopté de concert un comportement contraire à l'esprit de l'article 236-1 du règlement général de l'AMF en n'ayant pas répondu à une offre publique très antérieure ; l'AMF qui se prononce sur la demande présentée par un minoritaire n'est donc pas tenue de procéder au même examen concernant les demandes formulées concomitamment par d'autres minoritaires tendant aux mêmes fins (CA Paris 26-11-2020 n° 20/05013 : RJDA 10/21 n° 669).

Retrait demandé par les majoritaires L'initiative de l'offre publique de retrait peut aussi (cas très fréquent en pratique) venir du ou des majoritaires s'ils détiennent au moins 90 % du capital ou des droits de vote (Règl. gén. AMF art. 236-3). **87344**

OFFRE PUBLIQUE DE RETRAIT EN CAS DE TRANSFORMATION EN SCA

En cas de transformation en SCA d'une société dont le siège est situé en France et dont les titres de capital sont admis aux négociations sur un marché réglementé d'un État membre de l'UE ou d'un autre État partie à l'accord sur l'EEE, la ou les personnes qui contrôlaient la société avant sa transformation ou le ou les associés commandités sont tenus, dès l'adoption par l'assemblée générale des actionnaires de la résolution tendant à la transformation de la société, de **déposer auprès de l'AMF un projet d'offre** publique de retrait ne comportant aucune condition minimale et libellé à des conditions qui puissent être jugées conformes (C. mon. fin. art. L 433-4, I-2° ; Règl. gén. AMF art. 236-5 ; pour des exemples, voir Décisions AMF 207C0877 du 15-5-2007 et 207C1494 du 18-7-2007). **87345**

Ce cas de retrait n'est pas applicable aux sociétés dont les titres sont admis aux négociations sur Euronext Growth (cf. Règl. gén. AMF art. 235-2, al. 3).

Les majoritaires (ou les commandités) peuvent se réserver la faculté, à l'issue de l'offre et en fonction de son résultat, de demander que l'ensemble des **titres** de capital ou donnant accès au capital et des titres de droits de vote de la société soient **radiés** du marché réglementé où ils sont admis (Règl. gén. AMF art. 236-5, al. 2).

L'obligation de déposer un projet d'offre publique de retrait s'impose non pas aux personnes qui détiennent au moins les deux tiers des droits de vote, mais à celles qui contrôlaient la société avant sa transformation et aux associés commandités. La notion de « contrôle » doit être appréciée au vu des dispositions de l'article L 233-3 du Code de commerce, qui constituent le droit commun de la définition du contrôle.

RETRAIT À L'INITIATIVE DE L'AMF

Lorsqu'une ou plusieurs personnes physiques ou morales qui contrôlent, au sens de l'article L 233-3 du Code de commerce, une société dont le siège est situé en France et dont les actions sont admises aux négociations sur un marché réglementé d'un État membre de l'UE ou d'un autre État partie à l'accord sur l'EEE se proposent de soumettre à l'approbation d'une assemblée générale extraordinaire une ou plusieurs modifications significatives des statuts, elles doivent en **informer l'AMF**, afin que celle-ci puisse apprécier l'opportunité de demander le dépôt d'une offre publique de retrait (C. mon fin. art. L 433-4, I-3° ; Règl. gén. AMF art. 236-6). Sont visées notamment (art. 236-6, 1°) : **87348**

– la **transformation** de la société ;
– les modifications apportées aux **conditions de cession et de transmission des titres de capital** (par exemple, introduction dans les statuts d'une clause d'agrément) ou aux droits attachés à ceux-ci.

Il en est de même lorsque ces personnes décident le principe de la **fusion** de la société avec la société qui la contrôle ou avec une autre société contrôlée par celle-ci (société sœur), de la **cession** ou de l'**apport** à une autre société de la totalité ou du principal des **actifs,** de la **réorientation de l'activité** sociale ou de la **suppression,** pendant plusieurs exercices, de toute **rémunération des titres de capital** (art. 236-6, al. 1-2°). Précisons que les fusions non visées par l'article 236-6, 2° peuvent être appréhendées au titre de modifications significatives des statuts visées au 1° du même texte et que les fusions transfrontalières sont aussi concernées (pour un exemple, voir Décision AMF 215C0798 du 11-6-2015).

La saisine de l'AMF par la société elle-même est recevable (CA Paris 3-4-2001 n° 00-20237 : RJDA 8-9/01 n° 870).

Ces cas de retrait ne sont pas applicables aux sociétés dont les titres sont admis aux négociations sur Euronext Growth (Règl. gén. AMF art. 235-2, al. 3).

Dans ces différents cas, l'**AMF** apprécie les conséquences de l'opération prévue au regard des droits et des intérêts des détenteurs de titres de capital ou des détenteurs de droits de vote de la société et **décide** s'il y a lieu la **mise en œuvre d'une offre** publique de retrait (Règl. gén. AMF art. 236-6, al. 4). Il s'agit d'une **appréciation factuelle.** **87350**

ILLUSTRATIONS

À la suite de la restructuration d'une société par cession de ses principaux actifs, l'AMF a estimé qu'il n'y avait pas lieu de déposer une offre publique de retrait, la cession s'inscrivant dans le cadre d'un accord global avec les créanciers de la société, lequel avait fait l'objet d'une homologation judiciaire (Décision AMF 208C2236 du 12-12-2008). Dans un projet de fusion-absorption soumis à l'approbation des assemblées générales des deux sociétés, l'AMF a pris en compte la nature de leurs activités respectives, leurs statuts, le marché de leurs titres, leur politique de dividendes et les conséquences pour les actionnaires de l'absorbée de la fusion envisagée et du reclassement préalable des titres de l'absorbante détenus par l'absorbée (Décision AMF 210C0455 du 27-5-2010). Dans une fusion-absorption transfrontalière, la continuité du profil d'investissement du point de vue des minoritaires, le maintien d'une cotation à Paris et la langue de documentation ont aussi été pris en compte (Décision AMF 215C0798 du 11-6-2015). Pour un exemple où la mise en œuvre d'une offre publique de retrait ne se justifiait pas, voir Décision AMF 209C0678 du 15-5-2009.

87352 Le **projet d'offre,** qui ne peut pas comporter de conditions minimales, doit être **libellé** à des conditions qui puissent être jugées conformes (Règl. gén. AMF art. 236-6, dernier al.). En l'absence de précisions législatives ou réglementaires concernant les conditions de **fixation du prix,** il y a lieu de recourir à l'analyse multicritère (pour un exemple, voir Décision AMF 209C1198 du 23-9-2009).

À cet égard, il a été jugé que le CBV (désormais l'AMF) doit vérifier « notamment que les éléments de détermination du prix de retrait des titres sont connus et exacts, que les critères d'évaluation retenus sont multiples, significatifs, objectifs, mis en œuvre de manière homogène et qu'ils conduisent à un résultat équitable ne lésant pas les intérêts des actionnaires minoritaires exposés à l'éventualité d'une radiation des titres de la cote [...] si la sécurité du marché commande que le Conseil [désormais l'AMF] se prononce selon une méthode de valorisation de la société visée constante et connue des opérateurs, il ne saurait pour autant être tenu d'appliquer dans chaque cas des paramètres rigoureusement identiques ; qu'il doit au contraire prendre en compte les facteurs de valorisation spécifiques à la société dans les circonstances contemporaines de l'offre en se référant à des critères et en appliquant les cœfficients de pondération qui, à la date de sa décision, lui paraissent les plus appropriés » (CA Paris 8-7-1992, 1e ch. CBV : RJDA 12/92 n° 1143 ; voir aussi CA Paris 3-7-1998 n° 98-10847 : RJDA 10/98 n° 1118).

Il a été également jugé que l'Autorité de marché devait apprécier « si l'initiateur propose une indemnisation juste et équitable des actionnaires minoritaires, résultant de l'évaluation pertinente de la société par application de critères connus, exacts, objectifs, significatifs et multiples, même s'ils ne sont pas prévus par le législateur, dès lors qu'ils sont de nature à conduire à une estimation équitable et légitime de l'entreprise » (CA Paris 19-12-2000 n° 00-14483 : RJDA 4/01 n° 457).

L'AMF doit également examiner les objectifs et intentions de l'initiateur et vérifier si le respect des principes d'égalité des actionnaires, de transparence et d'intégrité du marché de loyauté dans les transactions est assuré (CA Paris 30-5-2000 n° 99-22269 : RJDA 12/00 n° 1108).

2. PROCÉDURE

87355 L'offre publique de retrait doit être réalisée par achats, dans les conditions et selon les modalités fixées lors de l'ouverture de l'offre, pendant une période de dix jours de négociation au moins ou, si les circonstances et les modalités de l'opération le justifient, par **centralisation des ordres** de vente ou d'échange auprès de l'entreprise de marché ou, sous son contrôle, par l'établissement présentateur (Règl. gén. AMF art. 236-7, al. 2).

Lorsque l'offre comporte une branche en titres et une branche libellée en numéraire sans réduction des ordres, l'initiateur de l'offre peut acquérir les titres visés par achats aux conditions stipulées dans la branche libellée en numéraire (art. 236-7, al. 3).

L'offre publique de retrait n'entraîne, par elle-même, aucune **obligation pour les minoritaires.** Ces derniers sont, en principe, libres d'accepter ou non l'offre qui leur est faite ; ils peuvent conserver leurs titres s'ils le jugent préférable. Mais la portée de ce principe est limitée. En effet, le groupe majoritaire peut, à l'issue d'une OPR mise en œuvre en cas de détention d'au moins 90 % du capital ou des droits de vote (n° 87341), imposer aux minoritaires de se retirer de la société (n°s 87400 s.).

L'initiateur d'une offre publique de retrait qui a l'intention de demander la mise en œuvre du **retrait obligatoire** doit en faire état dès le dépôt de son OPR (n° 87410).

ATTENTION

Si l'offre émane d'une personne détenant déjà, directement ou indirectement, seule ou de concert, **la moitié au moins du capital et des droits de vote** de la société visée (offre de fermeture), le prix proposé par l'initiateur de l'offre doit répondre aux exigences mentionnées n° 87160 (Règl. gén. AMF art. 233-1, 1° et 233-3, sur renvoi de l'art. 236-7, al. 1).

3. INFORMATION DES ACTIONNAIRES

87360 La mise en œuvre d'une offre publique de retrait donne lieu, par les sociétés concernées, à l'établissement d'une **note d'information** soumise au visa de l'AMF, contenant les mêmes informations, mise en ligne et publiée dans les mêmes conditions qu'en cas d'offre publique d'acquisition (n°s 87100 s.) (Règl. gén. AMF art. 231-16 et 231-26).

L'**appréciation de l'AMF** est susceptible de **recours** en justice, car elle constitue une décision à laquelle est subordonnée la mise en œuvre de l'offre et, à ce titre, affecte la situation, les droits et les obligations des actionnaires minoritaires (Cass. com. 17-7-2001 n° 98-23.453 FS-P : RJDA 11/01 n° 1116).

F. Retrait obligatoire des minoritaires

1. CHAMP D'APPLICATION

87400 À l'issue de toute offre publique et dans un délai de trois mois à l'issue de la clôture de l'offre, l'initiateur de l'offre peut se voir transférer, à sa demande, les titres non présentés par les actionnaires minoritaires dès lors qu'ils ne représentent **pas plus de 10 %** du capital et des droits de vote d'une société dont les actions sont admises aux négociations sur un marché réglementé ou sur Euronext Growth, moyennant indemnisation de ces derniers (C. mon. fin. art. L 433-4, II et IV ; Règl. gén. AMF art. 237-1, al. 1). La pratique désigne le retrait obligatoire suivant l'offre initiale par le vocable « offres en séquences ».
Cette procédure ne constitue pas l'exercice d'une voie d'exécution du droit commun ; en conséquence le principe d'insaisissabilité des biens de personnes publiques ne fait pas obstacle à la cession, fût-elle forcée, des biens (ici des actions) dépendant de leur domaine privé (Cass. com. 21-1-2014 n° 12-29.475 F-PB : RJDA 5/14 n° 444).

87406 Le rachat porte sur la **totalité des actions** non encore détenues par l'initiateur et qui n'ont pas été présentées à l'offre, non seulement celles des opposants mais aussi celles des absents, décédés ou inconnus, et même celles éventuellement détenues par la société émettrice.
Dans les mêmes conditions, l'initiateur peut se voir transférer les **titres donnant ou pouvant donner accès au capital,** dès lors que les actions susceptibles de résulter de ces titres, une fois additionnées aux actions existantes non présentées, ne représentent pas plus de 10 % de la somme des actions existantes et susceptibles d'être créées (C. mon. fin. art. L 433-4, III ; Règl. gén. AMF art. 237-1, al. 2).

87407 Les conditions dans lesquelles les titres sont transférés à l'initiateur et dans lesquelles les détenteurs sont indemnisés sont fixées par les articles 237-1 s. du règlement général de l'AMF, étant précisé que (C. mon. fin. art. L 433-4, II) :
1. L'indemnisation est égale, par titre, au prix proposé lors de la dernière offre ou, le cas échéant, au résultat de l'évaluation effectuée selon les méthodes objectives pratiquées en cas de cession d'actifs et tient compte, selon une pondération appropriée à chaque cas, de la valeur des actifs, des bénéfices réalisés, de la valeur boursière, de l'existence de filiales et des perspectives d'activité ;
2. Dans le cas où la première offre publique a eu lieu en tout ou partie sous forme d'**échange de titres,** l'indemnisation peut consister en un règlement en titres, à condition qu'un règlement en numéraire soit proposé à titre d'option ;
3. Le montant de l'indemnisation revenant aux détenteurs de titres non identifiés est consigné et lorsque les détenteurs des titres ayant fait l'objet de l'offre publique mentionnée au 2 ne sont pas identifiés, l'indemnisation est effectuée en numéraire.

2. PROCÉDURE

87410 **Lors du dépôt du projet d'offre,** l'initiateur fait connaître à l'AMF s'il a l'intention de demander la mise en œuvre du retrait obligatoire une fois l'offre terminée et en fonction de son résultat (Règl. gén. AMF art. 237-2).

87411 Sauf exception (n° 87412), l'AMF se prononce sur la **conformité du projet** de retrait obligatoire dans les conditions définies aux articles 231-21 et 231-22 de son règlement général (Règl. gén. AMF art. 237-3, I ; voir n°s 87086 s.).
À l'appui de son projet, l'initiateur fournit l'**évaluation des titres** de la société concernée (n° 87407), l'AMF devant en outre disposer du rapport de l'expert indépendant (n° 87413) (art. 237-3, II-al. 1).
L'appréciation du caractère équitable du prix de retrait obligatoire doit être fondée sur des **critères** multiples et pertinents (CA Paris 9-4-2002 n° 01-20575 : RJDA 7/02 n° 774).
La procédure de retrait obligatoire étant indissociable de celle de l'offre de retrait qui la précède, la valeur de l'action fixée lors de la mise en œuvre de cette offre (par application de la méthode « multicritère ») peut être retenue également pour le retrait obligatoire, dès lors qu'aucun **élément nouveau susceptible d'entraîner une correction** de cette évaluation n'est intervenu entre ces deux opérations (CA Paris 16-5-1995 n° 95-2112 : RJDA 7/95 n° 855 et, sur pourvoi, Cass. com. 29-4-1997 n° 95-15.220 P : RJDA 7/97 n° 915 ; CA Paris 19-12-2000 n° 00-14483 : RJDA 4/01 n° 457).

L'expertise prévue par l'article 1843-4 du Code civil n'a pas vocation à s'appliquer pour l'évaluation des titres soumis à la procédure de retrait obligatoire (CA Paris 3-7-1998 n° 98-10847 : RJDA 10/98 n° 1118).

87412 Par **exception**, l'AMF n'a pas à se prononcer sur la conformité du projet dès lors que le retrait obligatoire comporte le règlement en numéraire proposé lors de la dernière offre et qu'il fait suite à une offre publique soumise à la procédure normale ou à une offre publique pour laquelle l'AMF a déjà disposé de l'évaluation des titres et du rapport de l'expert indépendant (Règl. gén. AMF art. 237-3, I). Dans ce cas, l'initiateur informe l'AMF de son intention de mettre en œuvre le retrait obligatoire, celle-ci publie la date de mise en œuvre du retrait obligatoire et l'initiateur publie un communiqué dont il s'assure de la diffusion effective et intégrale et qui indique les modalités de mise à disposition de la note d'information établie lors de la dernière offre (art. 237-3, III et Inst. AMF 2006-07 modifiée le 29-4-2021 art. 9).

87413 La société visée doit désigner un **expert indépendant** préalablement à la mise en œuvre d'une procédure de retrait obligatoire (Règl. gén. AMF art. 261-1, II). Cet expert est soumis aux mêmes règles qu'en cas d'offre publique d'achat ou d'échange (n°s 87027 s.).

Un actionnaire minoritaire peut contester l'indépendance de l'expert même après son agrément par l'AMF, dès lors qu'il est à même de rapporter la preuve de manquements précis (Cass. com. 17-7-2001 n° 98-20.188 FS-P : RJDA 11/01 n° 1115).

87414 La mise en œuvre d'un retrait obligatoire donne lieu à l'établissement d'un projet de **note d'information** selon les modalités mentionnées aux articles 231-16 à 231-20 du règlement général de l'AMF ; la ou les notes d'information sont soumises au visa de l'AMF et portées à la connaissance du public (Règl. gén. AMF art. 237-3, II-al. 2).

Les informations relatives aux caractéristiques, notamment juridiques, financières et comptables, de la société visée, dont le contenu est précisé dans l'instruction AMF 2006-07, sont déposées auprès de l'AMF et mises à la disposition du public (art. 237-3, II-al. 3 et Inst. AMF 2006-07 modifiée le 29-4-2021 art. 8 et 9 qui requièrent des informations relatives, notamment, à l'identité de l'initiateur de l'offre, à ses intentions pour une durée couvrant au moins les 12 mois à venir et aux accords relatifs à l'offre auxquels il est partie ou dont il a connaissance).

Lorsque l'AMF a **déclaré conforme** le projet de retrait obligatoire ou lorsque l'AMF ne s'est pas prononcée sur la conformité du retrait obligatoire dès que l'initiateur l'a informée de son intention de mettre en œuvre le retrait, l'initiateur doit faire paraître dans un support d'annonces légales du lieu du siège social un avis informant le public du retrait obligatoire (Règl. gén. AMF art. 237-5).

87415 Pendant la durée d'une offre publique précédant la mise en œuvre du retrait obligatoire, seuls le ou les **prestataires de services d'investissement désignés par l'initiateur** de l'offre sont habilités à acquérir pour le compte de ce dernier les titres concernés (Règl. gén. AMF art. 237-9, al. 1). Les personnes qui recherchent les titres faisant l'objet de cette offre doivent se procurer ces titres uniquement auprès du ou des prestataires de services d'investissement désignés par l'initiateur de l'offre (art. 237-9, al. 2).

87416 La déclaration de conformité précise la date à laquelle elle devient exécutoire, le délai entre la déclaration et son exécution ne pouvant être inférieur à dix jours. Cette déclaration entraîne la radiation des titres concernés du marché réglementé sur lequel ils étaient admis. Le blocage des fonds et l'imputation de l'indemnité au crédit des détenteurs n'ayant pas présenté leurs titres à l'offre publique sont effectués à la date à laquelle la déclaration de l'AMF devient exécutoire (Règl. gén. AMF art. 237-6, al. 1 et 2).

Lorsque l'AMF ne se prononce pas sur la conformité du retrait obligatoire, la radiation des titres concernés ainsi que le blocage des fonds et l'imputation de l'indemnité au crédit des détenteurs précités sont effectués à compter de la mise en œuvre du retrait obligatoire (art. 237-6, al. 3).

Les dépositaires teneurs de compte procèdent aux opérations de transfert des titres non présentés à la dernière offre au nom de l'initiateur qui verse le montant correspondant à l'indemnisation de ces titres dans un compte bloqué ouvert à cet effet (art. 237-6, al. 4).

L'initiateur désigne un teneur de compte-conservateur chargé de centraliser les opérations d'indemnisation (le « centralisateur »). L'initiateur qui a demandé le retrait obligatoire dépose le montant correspondant à l'indemnisation des titres non présentés à l'offre publique dans un compte bloqué ouvert à cet effet chez le centralisateur. L'indemnisation est, par ailleurs, fixée en prix net de tous frais (Règl. gén. AMF art. 237-4).

87417 **Dès que la déclaration de conformité devient exécutoire ou,** lorsque l'AMF ne se prononce pas sur sa conformité, **dès la mise en œuvre du retrait obligatoire,** les titres concernés sont radiés du ou des marchés réglementés sur lesquels ils étaient admis et, le cas échéant, du ou des SMN sur lesquels ils étaient négociés. À la même date, les teneurs de comptes doivent procéder au transfert des titres non présentés à l'offre au nom de l'initiateur, qui verse le montant correspondant à l'indemnisation de ces titres dans un compte bloqué ouvert à cet effet (Règl. gén. AMF art. 237-7, al. 1).

Le lendemain de la clôture de l'offre, l'initiateur qui a demandé le retrait obligatoire dès le dépôt du projet d'offre doit bloquer les fonds correspondant à l'indemnisation des titres faisant l'objet du retrait obligatoire dans le compte ouvert à cet effet. À la même date, les teneurs de comptes doivent créditer les comptes des détenteurs de titres transférés des indemnités leur revenant (art. 237-7, al. 2 et 3).

3. SORT DES FONDS NON AFFECTÉS À L'ISSUE DU RETRAIT OBLIGATOIRE DES MINORITAIRES

Les fonds non affectés sont **conservés** par le « centralisateur » pendant dix ans puis versés à la Caisse des dépôts et consignations. Ils sont à la disposition des ayants droit sous réserve de la prescription trentenaire au bénéfice de l'État (Règl. gén. AMF art. 237-8, al. 3). **87420**

Chaque année, le centralisateur, agissant pour le compte de l'initiateur, doit insérer dans un quotidien d'information économique et financière de diffusion nationale un **avis** appelant les anciens actionnaires non indemnisés à exercer leur droit pendant toute la période où il conserve les fonds ; lorsqu'il a procédé au versement de la totalité des fonds bloqués correspondant aux indemnités dues aux détenteurs de titres n'ayant pas répondu à l'offre publique, il est tenu d'effectuer une publicité appropriée dans un quotidien d'information économique et financière, de diffusion nationale ; il est alors dispensé de la publicité annuelle précitée (art. 237-8, al. 1 et 2).

CHAPITRE 3

CESSION DE DROITS SOCIAUX INDIVIS OU DÉMEMBRÉS

SOMMAIRE

EXISTENCE D'UNE INDIVISION SUR DES PARTS OU ACTIONS

89000 Il y a indivision lorsque **plusieurs personnes** sont **titulaires** sur les mêmes biens de **droits identiques** (qu'ils soient de propriété, de nue-propriété ou d'usufruit) **et concurrents,** chacun pour une part qui n'est pas isolée. L'indivision peut ne porter que sur une partie des droits des intéressés (Cass. 1e civ. 7-7-2016 n° 15-10.278 FS-PB : RJDA 11/16 n° 829).

89001 Ainsi, il **existe une indivision** :
– entre l'usufruitier d'une quote-part d'un bien et le plein propriétaire du surplus, quant à la jouissance du bien (Cass. 1e civ. 25-6-1974 n° 72-12.451 : Bull. civ. I n° 205 ; Cass. 1e civ. 19-1-1999 n° 96-18.303 : Bull. civ. I n° 24) ;
– entre le conjoint survivant, usufruitier d'une quote-part et plein propriétaire du surplus, et l'héritier titulaire de la nue propriété de la quote-part démembrée, l'indivision portant sur la nue-propriété (Cass. 1e civ. 6-2-1996 n° 94-12 085 : Bull. civ. I n° 64) ;
– entre la conjointe survivante ayant opté pour le quart des biens en pleine propriété et les trois quarts en usufruit et la fille du défunt, héritière de la nue-propriété, pour la jouissance des biens (Cass. 1e civ. 15-5-2013 n° 11-24-217 F-PBI : RJDA 11/13 n° 953) ;
– quant à la propriété des biens, entre une épouse survivante qui détient des droits en pleine propriété sur une quote-part des biens de la communauté et un enfant qui détient des droits en nue-propriété sur le surplus (Cass. 1e civ. 2-3-2004 n° 01-17.708 F-P : Bull. civ. I n° 68 ; Cass. 1e civ. 12-1-2011 n° 09-17.298 F-PBI : Bull. civ. I n° 10) ;
– entre deux personnes ayant indiqué expressément dans l'acte de vente acquérir solidairement et indivisément un immeuble, quelles que soient par ailleurs les conditions de paiement du prix (Cass. 1e civ. 17-1-1995 n° 93-10.187 P : Bull. civ. I n° 35 ; Cass. 1e civ. 18-11-1997 n° 95-19.103 PB : Bull. civ. I n° 314) ;
– entre un légataire à titre universel et un héritier réservataire à partir de la date de transmission d'une quote-part du patrimoine du défunt au légataire, laquelle s'opère de plein droit par le seul fait du décès du testateur, jusqu'au partage (Cass. 1e civ. 5-3-2002 n° 99-18.984 FS-P : D. 2002 p. 2555 note R. Libchaber) ;
– entre deux concubins qui ont acheté indivisément et à parts égales un bien, le fait que l'un d'eux ait remboursé seul les annuités du prêt contracté pour cet achat ne lui conférant pas pour autant la qualité de seul propriétaire dès lors que l'acte d'acquisition contenait des indications précises et non équivoques concernant l'attribution pour moitié de la propriété à chacun des acquéreurs indivis (CA Montpellier 13-10-2009 n° 08-4508 : Gaz. Pal. 12-5-2010 som.).

En revanche, l'existence d'une **indivision** n'a **pas** été retenue : 89002
– entre un nu-propriétaire et un usufruitier, car ils sont titulaires de droits différents même s'ils s'exercent sur le même bien (Cass. 1e civ. 25-11-1986 n° 85-10.548 : Bull. civ. I n° 282 ; CA Paris 28-3-1984 : D. 1985 IR p. 62 ; cf. Cass. 1e civ. 15-5-2013 n° 11-24.217 F-PBI : RJDA 11/13 n° 953) ;
– entre deux acquéreurs d'un bien qui ont assorti leur achat d'une clause de tontine en vertu de laquelle le survivant est réputé rétroactivement avoir toujours été le seul propriétaire depuis la date de l'achat (Cass. 1e civ. 27-5-1986 : D. 1987 p. 139 note G. Morin ; Cass. 1e civ. 9-2-1994 : D. 1994 p. 417 rapport J. Thierry, décision qui après avoir rappelé le principe ci-dessus ajoute que, tant que la condition ne s'est pas réalisée, les parties ont des droits concurrents qui emportent celui pour chacune d'entre elles de jouir indivisément du bien) ; il en est ainsi même s'il est indiqué par erreur dans le livre foncier que l'immeuble acquis avec clause de tontine est la propriété indivise des deux acquéreurs (Cass. 1e civ. 28-11-2000 n° 98-18.071 F-D : Dr. et patrimoine hebdo n° 364 du 17-1-2001) ;
– entre l'héritier réservataire et le légataire universel, dès lors que les legs sont réductibles en valeur et non en nature (Cass. 1e civ. 11-5-2016 n° 14-16.967 FS-PB : Bull. civ. I n° 105) ;
– entre le conjoint survivant et des enfants d'un premier lit qui exercent leur action en retranchement pour les droits conférés au conjoint survivant excédant la quotité disponible (Cass. 1e civ. 7-12-2016 n° 16-12.216 FS-PB : BPAT 1/17 inf. 25) ;
– entre un époux marié sous un régime de communauté qui avait acquis des actions au moyen de biens communs mais avait réalisé seul cette acquisition (élément non contesté et qui résultait des mentions du registre de la société) et ses enfants auxquels son épouse, entre-temps décédée, avait légué tous ses biens en pleine propriété, quant à l'exercice des droits attachés aux actions ; en effet, seule la valeur des actions était tombée en communauté et la qualité d'actionnaire ne devait être reconnue qu'au mari (CA Versailles 7-12-2000 n° 99-7846 : RJDA 6/01 n° 689 ; dans le même sens, Cass. 1e civ. 9-7-1991 n° 90-12.503 P : RJDA 11/91 n° 934) ;
– entre des époux communs en biens, ayant souscrit des parts sociales par un apport en numéraire commun (Cass. com. 15-5-2012 n° 11-13.240 F-PB : RJDA 12/12 n° 1071).

L'**indivision** peut être subie et **résulter de l'effet de la loi.** Tel est le cas pour les héritiers au décès de leur auteur (C. civ. art. 815 s.), pour les époux après la dissolution de la communauté (C. civ. art. 1476) tant qu'il n'y a pas eu partage, ainsi que pour les associés d'une société en participation en ce qui concerne les biens acquis par emploi ou remploi de deniers indivis pendant la durée de la société et ceux qui se trouvaient indivis avant d'être mis à la disposition de la société (C. civ. art. 1872, al. 2). 89030

À moins que les partenaires liés par un pacte civil de solidarité (Pacs) conclu avant le 1er janvier 2007 n'aient, par convention modificative, soumis celui-ci aux dispositions qui réglementent les pactes conclus à compter de cette date, les parts ou actions dont les partenaires deviennent propriétaires à titre onéreux après la conclusion du pacte sont présumées indivises par moitié, sauf si l'acte d'acquisition ou de souscription en dispose autrement (C. civ. art. 515-5 ancien).

Pour les Pacs conclus depuis le 1er janvier 2007, les partenaires, soumis à un régime de séparation de biens, peuvent choisir par convention de soumettre leurs biens au régime de l'indivision (C. civ. art. 515-5, al. 1 et 515-5-1). Les biens dont aucun des partenaires ne peut prouver qu'il en a la propriété exclusive sont réputés indivis pour moitié (C. civ. art. 515-5, al. 2).

L'**indivision** peut aussi être **conventionnelle** et résulter de la volonté des parties (Cass. 1e civ. 17-1-1995 n° 93-10.187 P : Bull. civ. I n° 35 ; Cass. 1e civ. 18-11-1997 n° 95-19.103 PB : Bull. civ. I n° 314). 89031

À cet égard, l'article 1844-9, al. 4 du Code civil dispose que tous les associés d'une société dissoute, ou certains d'entre eux seulement, peuvent demeurer dans l'indivision pour tout ou partie des biens sociaux ; leurs rapports sont alors régis, à la clôture de la liquidation, en ce qui concerne ces biens, par les dispositions relatives à l'indivision. L'article 1872, al. 3 dispose que sont réputés indivis entre les associés d'une société en participation les biens que les associés seront convenus de mettre en indivision ; sauf stipulation contraire, aucun associé ne peut demander le partage des biens indivis en application de l'article 1872 (al. 2 et 3) tant que la société n'est pas dissoute (C. civ. art. 1872-2, al. 2).

Sur le choix du régime juridique de la **copropriété d'actions** – convention d'indivision, société en participation ou société créée de fait – par les copropriétaires d'actions et le cumul de qualifications possibles, voir M. Storck, Les groupements de copropriétaires d'actions : Rev. sociétés 1983 p. 293.

EXISTENCE D'UN USUFRUIT SUR DES PARTS OU ACTIONS

Il y a **démembrement de propriété** lorsque certains droits sont dissociés de la pleine propriété pour être transférés à d'autres que le propriétaire. Dans l'hypothèse qui nous occupe, le démembrement résulte de l'existence d'un usufruit défini par le Code civil comme « le droit de jouir des choses dont un autre a la propriété, comme le propriétaire lui-même, mais à la charge d'en conserver la substance » (art. 578). En pratique l'usufruit, par essence temporaire (cf. C. civ. 89040

art. 617 s.), confère à son titulaire un droit réel lui permettant d'user et de jouir – il a l'usus et le fructus – du bien dont le titulaire de la propriété démembrée, le nu-propriétaire, conserve la faculté de disposer – l'abusus. Mais les droits de l'un limitent nécessairement les droits de l'autre et, en particulier, le droit de céder les parts ou actions objet du démembrement.
L'usufruit résulte de la loi ou de la volonté des parties (C. civ. art. 579) ; cette seconde hypothèse a connu un regain d'intérêt ces dernières décennies compte tenu des avantages patrimoniaux et fiscaux qui peuvent s'y attacher.

SECTION 1 CESSION DE DROITS INDIVIS

A. Cession de parts ou actions indivises

PRÉROGATIVES DES INDIVISAIRES

89060 En tant qu'elle constitue un acte de disposition, la cession de parts ou d'actions indivises requiert en principe le **consentement de tous** les indivisaires (C. civ. art. 815-3, al. 7 ; Cass. com. 9-10-1972 n° 70-13.919 : D. 1973 p. 273 note J.-J. Burst ; CA Paris 14-12-1990 n° 89-4650 : Bull. Joly 1991 p. 320 note P. Le Cannu).
Le consentement peut être **tacite.** Ainsi, la clause prévoyant que le montant des dividendes versés aux cédants serait déduit du prix de cession des parts indivises, la cession étant échelonnée dans le temps, a été déclarée opposable à l'indivision qui n'en avait pas contesté l'application et qui était restée représentée par son mandataire signataire de la convention à l'occasion notamment des cessions de parts intervenues chaque année (CA Paris 14-12-1990, précité).
Par ailleurs, même si les actions sont indivisibles à l'égard de la société, chaque action peut appartenir à plusieurs personnes en indivision ; les copropriétaires qui ont vendu tous ensemble les actions sont fondés à réclamer chacun leur quote-part du prix de cession (CA Versailles 9-1-1989, 1e ch. 1e section).

89061 En cas de **dissolution d'une communauté entre époux** dont dépendent des parts sociales non négociables, la qualité d'associé attachée à ces parts ne tombe pas dans l'indivision post-communautaire qui n'en recueille que la valeur. L'époux survivant associé peut transmettre les parts sans l'accord de ses coïndivisaires (Cass. 1e civ. 12-6-2014 n° 13-16.309 FS-PBI : RJDA 10/14 n° 755).
De même, en cas de divorce, l'ex-conjoint associé peut les céder seul pendant la période d'indivision post-communautaire (Cass. 1e civ. 22-10-2014 n° 12-29.265 FS-PD : RJDA 1/15 n° 15).
En revanche, si en cours d'instance en séparation de corps de deux époux communs en biens, le mari agissant seul a vendu des actions appartenant à la communauté, il doit être fait droit à la demande de l'épouse tendant à ce que cette cession lui soit déclarée inopposable. En effet, dans les rapports entre époux, le jugement de séparation de corps, qui emporte dissolution de la communauté, prend effet au jour de l'assignation de sorte que la consistance de la communauté est fixée à cette date. Il en résulte que les actes accomplis sur les biens communs postérieurement à celle-ci par un seul des époux ne sont pas opposables à l'autre (Cass. 1e civ. 23-10-2013 n° 12-17.896 FS-PBI : Bull. civ. I n° 206 ; pour une solution voisine, rendue dans un cas de divorce, Cass. 1e civ. 7-10-2015 n° 14-22.224 F-PB : RJDA 12/15 n° 836).

89063 Si un **indivisaire** prend en main la gestion des biens indivis au su des autres et sans opposition de leur part, il est censé avoir reçu un **mandat tacite** couvrant les actes d'administration mais non les actes de disposition (C. civ. art. 815-3, al. 8), ce qui exclut donc la cession.
Il a néanmoins été jugé, par application des principes régissant la **gestion d'affaires,** que la cession des actions dépendant de l'indivision post-communautaire par un mari était opposable à son ex-épouse dès lors qu'elle était une opération judicieuse qui avait profité à cette dernière (Cass. 1e civ. 23-7-1974 n° 73-11 353 : Bull. civ. I n° 242). Sur les conditions d'efficacité de la gestion d'affaires, voir n° 26400.

89065 Le ou les **indivisaires titulaires d'au moins deux tiers des droits indivis** peuvent vendre les meubles indivis – et donc céder les parts ou actions – **pour payer** les **dettes et charges** de l'indivision (C. civ. art. 815-3, 3°). Ils sont tenus d'en informer les autres indivisaires, faute de quoi la décision prise est inopposable à ces derniers (art. 815-3, al. 6).

RÔLE DU JUGE DANS LA CESSION DE DROITS INDIVIS

Habilitation judiciaire Si l'un des **indivisaires** se trouve **hors d'état de manifester sa volonté,** un autre peut se faire habiliter en justice à le représenter, d'une manière générale ou pour certains actes particuliers – y compris à notre avis la cession –, les conditions et l'étendue de cette représentation étant fixées par le juge (C. civ. art. 815-4, al. 1). 89069

Autorisation judiciaire Un indivisaire peut être autorisé en justice à passer seul l'acte de cession si le **refus** d'un coïndivisaire **met en péril l'intérêt commun des indivisaires** (C. civ. art. 815-5, al. 1). Toutefois le juge ne peut pas, sur demande d'un nu-propriétaire, ordonner la vente de la pleine propriété d'un bien grevé d'usufruit contre la volonté de l'usufruitier (C. civ. art. 815-5, al. 2 ; pour une application, Cass. 1e civ. 17-1-2006 n° 04-13.789 F-PB : Bull. civ. I n° 23) ; il ne peut pas non plus ordonner une telle vente sur demande du créancier personnel d'un indivisaire nu-propriétaire (Cass. 1e civ. 13-6-2019 n° 18-17.347 F-PB : RJDA 12/19 n° 791). 89070

L'urgence n'est pas imposée par l'article 815-5, al. 1 précité et ne constitue donc pas une condition de recevabilité de la demande (Cass. 1e civ. 12-7-2001 n° 99-14.202).

L'appréciation de l'intérêt commun des indivisaires relève de l'interprétation souveraine des juges du fond (Cass. 3e civ. 10-5-1983 n° 82-100.436 : Bull. civ. III n° 113 ; Cass. 1e civ. 29-11-1988 : JCP G 1989 II n° 21364 note F.-X. Testu ; Cass. 1e civ. 3-3-1992 : JCP G 1993 II n° 22002 note J.-M. G.).

ILLUSTRATIONS

Le refus de l'un des indivisaires de consentir à l'aliénation de biens indivis pour assurer le paiement des droits de succession met en péril l'intérêt commun des indivisaires ; en effet, les droits de succession, bien que constituant une dette personnelle de chaque héritier pour sa part, peuvent être poursuivis solidairement contre les divers héritiers et sur les biens de la succession.

Cass. 1e civ. 14-2-1984 : JCP G 1985 II n° 20381 note E. S. de la Marnierre.

Il importe peu que la dette dont le paiement est poursuivi soit personnelle à l'un des coïndivisaires dès lors que cette poursuite peut affecter le bien indivis et atteindre ainsi l'intérêt commun des indivisaires.

Cass. 1e civ. 6-11-1990 n° 89-13.220 P : Bull. civ. I n° 236.

L'autorisation ne peut être accordée que si le refus du coïndivisaire met en péril l'intérêt commun ; il ne suffit pas que la cession projetée soit avantageuse.

CA Paris 25-1-1983, 2e ch. A : Gaz. Pal. 1983 I p. 190 ; CA Paris 26-9-1990, 16e ch. A : D. 1990 IR p. 234.

Lorsque le président du tribunal de grande instance (désormais du tribunal judiciaire) est saisi sur le fondement de l'article 815-5 du Code civil, lequel ne désigne pas la **juridiction compétente,** il convient de faire application du droit commun : l'ordonnance qu'il rend n'est pas revêtue de l'autorité de la chose jugée (Cass. 1e civ. 15-2-2012 n° 10-21.457 F-PBI : RJDA 8-9/12 n° 812). La Cour de cassation en a déduit qu'une cour d'appel avait pu annuler l'acte authentique de vente d'un immeuble moyennant dation en paiement de deux appartements et d'une maison d'habitation ; en effet, la signature de l'acte par deux membres d'une indivision successorale avait certes été autorisée par une ordonnance de référé, mais l'acte proposé n'était pas conforme à la promesse, les appartements objet de la dation n'étant pas ceux prévus initialement. 89071

L'autorisation ne peut pas résulter d'une ordonnance sur requête (Cass. 3e civ. 28-11-2012 n° 11-19.585 FS-PB : RJDA 6/13 n° 559). Elle ne peut résulter que d'une procédure contradictoire.

La **cession** passée dans les conditions fixées par l'autorisation de justice est **opposable** à l'indivisaire dont le consentement a fait défaut (C. civ. art. 815-5, al. 3). 89072

Cette cession ne réalise **pas** un **partage** puisque le prix de cession se substitue dans l'indivision au bien vendu. Les règles fixant les modalités du partage ne sont pas applicables à une telle opération (Cass. 1e civ. 30-6-1992 n° 90-19.052 P : Bull. civ. I n° 208 ; Cass. 1e civ. 3-12-1996 n° 94-13.744 P : Bull. civ. I n° 439).

Lorsque est autorisée la **cession de la totalité des parts** dépendant d'une indivision par application de l'article 815-5, les articles 815-14 et 815-15 n'ont pas vocation à s'appliquer et aucun droit de préemption ne peut être reconnu à l'un des coïndivisaires (Cass. 1e civ. 30-6-1992, précité).

Il y a lieu d'autoriser l'un des coïndivisaires à passer seul l'acte de cession ; cette vente forcée n'est contraire ni à l'article 545 du Code civil (en vertu duquel nul ne peut être contraint de céder sa propriété si ce n'est pour cause d'utilité publique), ni à la convention européenne des droits de l'Homme et des libertés fondamentales, ni à la Déclaration universelle des droits de l'Homme, car le caractère absolu du droit de propriété reconnu par ces textes est lié à son caractère individuel (CA Lyon 23-5-1990, 1e ch. : Gaz. Pal. 1991 I p. 125 note S. Piédelièvre, décision qui a fait l'objet sur d'autres points d'un pourvoi et dont la Cour de cassation a retenu les solutions dans l'arrêt précité du 30-6-1992).

Procédure spécifique Sauf en cas de démembrement de la propriété du bien ou si l'un des indivisaires se trouve absent ou hors d'état de manifester sa volonté, un ou plusieurs 89075 indivisaires titulaires d'au moins les **deux tiers des droits indivis** peuvent demander au **tribunal** l'autorisation d'aliéner les biens indivis – et donc de céder les parts ou actions indivises (C. civ. art. 815-5-1, al. 1).

Le ou les indivisaires intéressés doivent exprimer devant un **notaire,** à la majorité des deux tiers, leur intention de procéder à l'aliénation du bien indivis. Dans le mois qui suit, le notaire doit faire signifier cette intention aux autres indivisaires. Si l'un d'eux s'oppose à l'aliénation, ou ne se manifeste pas dans un délai de trois mois à compter de la notification, le notaire doit le constater par procès-verbal et le tribunal judiciaire peut alors autoriser l'aliénation du bien si cette aliénation ne porte pas une atteinte excessive aux droits des autres indivisaires. Cette aliénation s'effectue par **licitation.** Les sommes qui en sont retirées ne peuvent pas faire l'objet d'un **remploi,** sauf pour payer les dettes et charges de l'indivision. L'aliénation effectuée dans les conditions fixées par l'autorisation du tribunal est opposable à l'indivisaire dont le consentement a fait défaut, sauf si l'intention de céder le bien ne lui avait pas été signifiée régulièrement (C. civ. art. 815-5-1, al. 2 s.).

> **Précisions** Le **dépassement du délai d'un mois** pour signifier la décision de vendre le bien indivis est indifférent dès lors que ce délai n'est assorti d'aucune sanction, que la signification a été effective et que l'intéressé a disposé de trois mois pour manifester son opposition avant l'établissement du procès-verbal par le notaire (Cass. 1e civ. 20-11-2019 no 18-23.762 F-PBI : BPAT 1/20 inf. 32).

CESSION IRRÉGULIÈRE DE PARTS OU ACTIONS INDIVISES

89090 Si les règles examinées aux nos 89060 s. ne sont pas respectées, et **dans les rapports entre coïndivisaires,** la cession n'est pas nulle ; elle est opposable aux coïndivisaires à concurrence de la quote-part de son auteur (Cass. 1e civ. 5-4-2005 no 02-15.459 F-PB : RJDA 4/06 no 475 ; Cass. 3e civ. 12-5-2010 no 08-17.186 FS-PB : RJDA 10/10 no 1012). Elle est inopposable à ceux d'entre eux qui n'y ont pas concouru pour leur quote-part.

Par application de l'article 883 du Code civil, son efficacité est alors subordonnée aux résultats du partage et à l'attribution faite à cette occasion du bien en cause (Cass. 1e civ. 9-5-1978 : JCP G 1979 II no 19257 obs. M. Dagot ; Cass. 1e civ. 7-7-1987 : JCP G 1988 II no 20999 obs. P. Jourdain ; Cass. 1e civ. 15-6-1994 no 91-20.633 : Bull. civ. I no 212).

Si, lors du partage, le bien revient à l'indivisaire qui l'a cédé, la cession est rétroactivement validée car l'attributaire est considéré comme ayant toujours eu la propriété de ce bien alors que le non-attributaire est censé ne l'avoir jamais eue ; dans le cas contraire, le coïndivisaire attributaire du bien peut invoquer contre le tiers acquéreur son droit de propriété pour revendiquer ce bien ; il peut aussi agir par voie d'exception si des troubles en empêchent la jouissance (CA Lyon 28-6-2001 no 99-3940).

Tant que le partage n'est pas intervenu, les coïndivisaires qui n'ont pas concouru à l'acte sont recevables dans leur action tendant à ce que la cession leur soit déclarée inopposable (Cass. 1e civ. 15-6-1994, précité) : ils exercent alors une action en revendication en tant que propriétaires partiels et indivis à l'encontre du tiers acquéreur (M. Dagot, obs. sous Cass. 1e civ. 9-5-1978 précité). Ils peuvent aussi exercer une action en nullité si la cession porte sur des droits indivis et a été effectuée au mépris du droit de préemption que leur confère l'article 815-14 du Code civil.

89092 Mais seul le **tiers acquéreur** peut exercer l'action en nullité pour vente de la chose d'autrui sur le fondement de l'article 1599 du Code civil (Cass. 3e civ. 6-7-1982 : D. 1982 IR p. 510).

À cet égard, la cour d'appel de Lyon a précisé que la personne tiers acquéreur de parts indivises qui seule aurait pu solliciter la nullité de l'acte en invoquant qu'elle avait été abusée sur l'étendue des droits qui lui avaient été cédés, en concluant avec le coïndivisaire non autorisé, n'en avait cependant pas fait la demande « sans doute parce que dans ce cas, la vente n'ayant été que partielle, la nullité qui serait ainsi éventuellement prononcée la laisserait liée à ce coïndivisaire du fait de la cession de sa part indivise dans les parts sociales, l'excluant ainsi d'un partage futur » (CA Lyon 28-6-2001 no 99-3940). En pratique, le tiers acquéreur préfère très généralement attendre les résultats du partage avec une éventuelle attribution des biens litigieux au coïndivisaire vendeur.

89093 La **société émettrice** des titres, tiers à l'indivision, est fondée à refuser d'inscrire le transfert des actions à un tiers lorsque ce transfert est demandé par un seul des indivisaires (Cass. 1e civ. 10-10-1995 : Dr. sociétés 1996 no 23 obs. H. Hovasse).

Ce refus devrait permettre à la société d'éviter le risque d'annulation d'assemblées générales auxquelles aurait participé le tiers acquéreur au mépris des droits des coïndivisaires (sur cette question, voir R. Besnard Goudet : Actes pratiques janvier-février 2003 § 80 ; voir aussi Cass. com. 16-11-2004 no 01-10.666 F-D : RJDA 8-9/05 no 1053).

FISCALITÉ DES CESSIONS DE PARTS OU D'ACTIONS INDIVISES

Plus-values de cession En cas de vente de parts ou d'actions indivises, la plus-value réalisée est répartie entre les indivisaires et, en principe, taxée au nom de chacun d'eux en proportion des droits qu'il détient. **89095**

Lorsque les **indivisaires** sont des **personnes physiques,** la plus-value relève en règle générale du régime de taxation prévu par les articles 150-0 A et suivants du CGI, qui est exposé en détail aux n°s 50020 s. Elle peut relever, plus exceptionnellement, du régime des bénéfices non commerciaux (n°s 51560 s.) si elle provient d'opérations de bourse effectuées dans des conditions analogues à celles des professionnels de la bourse, ou du régime des plus-values immobilières des particuliers (situation très rare s'agissant de titres de sociétés commerciales, voir n°s 51700 s.) si les titres cédés sont ceux de sociétés à prépondérance immobilière.

Les règles particulières applicables lorsque l'indivision porte sur l'usufruit ou la nue-propriété des titres sont exposées aux n°s 89410 s.

Lorsque les droits indivis figurent à l'actif d'une **entreprise** soumise à l'impôt sur les sociétés, le régime des plus-values professionnelles s'applique. Il en va de même lorsque les droits sont inscrits au bilan d'une entreprise relevant de l'impôt sur le revenu et utilisés pour les besoins de l'activité professionnelle.

Le régime des plus-values professionnelles fait l'objet d'une étude d'ensemble aux n°s 52000 s. Il concerne également, avec des possibilités d'exonération spécifiques (n°s 53170 s.), les plus-values réalisées par une personne physique lors de la cession de **parts** qu'elle détient en indivision dans une **société de personnes** soumise à l'impôt sur le revenu dans laquelle elle exerce son activité professionnelle (pour les règles particulières applicables dans le cas où l'indivision porte sur l'usufruit ou la nue-propriété des parts, voir n°s 89450 s.).

Droits d'enregistrement La cession de parts ou d'actions indivises donne lieu au paiement de droits d'enregistrement dont le montant peut, conformément aux règles de droit commun, varier selon la nature des titres cédés (actions, parts sociales, titres de sociétés à prépondérance immobilière) : voir n°s 41000 s. **89096**

B. Cession de droits dans l'indivision

NOTIFICATION DU PROJET DE CESSION DE DROITS DANS L'INDIVISION

Modalités L'indivisaire qui entend céder à titre onéreux à une personne étrangère à l'indivision non pas les parts ou actions indivises, mais tout ou partie de ses droits dans ces biens, est tenu de notifier par **acte extrajudiciaire** aux autres indivisaires le prix et les conditions de la cession projetée ainsi que les nom, domicile et profession de la personne qui se propose d'acquérir (C. civ. art. 815-14, al. 1). **89130**

ATTENTION

Une notification prévoyant que les acquéreurs se réservent la faculté de se substituer toute personne physique ou morale ne remplit pas cette exigence (Cass. 1e civ. 28-1-2009 n° 07-18.120 PBI : RJDA 6/09 n° 585) : la stipulation d'une **clause de substitution** dans l'avant-contrat de cession des parts ou actions indivises ne dispense pas l'indivisaire qui entend les céder de notifier l'identité de l'acquéreur final qui se prévaut de la clause de substitution.

La notification doit impérativement être faite par acte extrajudiciaire, sous peine d'une **nullité,** encourue même si l'irrégularité n'a causé aucun grief (Cass. 1e civ. 5-3-2002 n° 00-13.511 FS-P : Bull. civ. I n° 77). Mais cette exigence a pour but de protéger les coïndivisaires et son non-respect ne doit en aucun cas priver ces derniers de leur possibilité de se porter acquéreurs aux conditions de la vente (CA Versailles 10-4-1992 n° 92-532).

La **notification incombe** au cédant, et non à l'acquéreur (CA Paris 24-3-1989 n° 87-17617 : D. 1989 IR p. 132 ; CA Poitiers 21-7-1994 n° 92-3067). **89131**

Mais cette obligation n'est pas attachée à la personne du cédant et ne constitue qu'un acte de procédure d'effet purement informatif ou procédural ; en conséquence, faute de priver d'effet juridique certain toute promesse de cession de droits indivis ou d'en retarder indéfiniment la validation, le refus du promettant d'exécuter cette formalité légale ou sa négligence à le faire autorisent le tiers acquéreur, créancier de la promesse de vente, à user de la voie oblique pour l'exécuter en ses lieu et place (CA Bordeaux 29-1-1996 n° 94-1736).

L'obligation de notification est applicable aux **indivisions en usufruit** ; la notification doit être adressée à tout nu-propriétaire et à tout usufruitier (C. civ. art. 815-18). Le fait que la cession des droits indivis ait lieu en considération de la qualité d'usufruitier de l'acquéreur, titulaire dans l'une des indivisions en cause de droits en usufruit, ne suffit pas pour dispenser de notifier la cession aux autres indivisaires comme le prescrit l'article 815-14 du Code civil (Cass. 1e civ. 17-5-1983 : **89132**

JCP G 1984 II n° 20311 obs. M. Dagot). Mais la teneur de la notification n'est pas modifiée pour autant et il n'y a pas lieu de ventiler le prix entre la part s'appliquant à la nue-propriété et celle s'appliquant à l'usufruit (CA Paris 29-1-1993 n° 91-15596 : D. 1993 IR p. 95).

89133 **Effets** La notification ne vaut pas offre de vente et l'indivisaire qui y a procédé peut donc **renoncer** à son **projet de cession** malgré la manifestation de volonté d'un autre indivisaire d'exercer le droit de préemption (Cass. 1e civ. 5-6-1984 n° 83-10.660 : Bull. civ. I n° 183 ; Cass. 1e civ. 9-2-2011 n° 10-10.759 FS-PBI : RJDA 5/11 n° 476 ; CA Rouen 2-6-1993 n° 92-32).

> **Précisions** L'acceptation d'une offre ne forme le contrat que si elle est en parfaite concordance avec l'offre quant à l'objet et aux modalités essentielles fixées par le pollicitant ; les coïndivisaires ne pouvant céder que les droits indivis, ils ne peuvent pas accepter une **OPA** sur ces titres car ils ne peuvent apporter que des droits soumis à l'aléa du partage (CA Paris 15-2-1990, 5e ch. C : D. 1990 IR p. 74 ; voir aussi note Y. Flour, La qualité d'actionnaire et l'indivision : Rev. sociétés 1999 p. 569 § 14, dans laquelle l'auteur critique la solution dégagée par cet arrêt qui méconnaît l'effet déclaratif du partage puisque, « même irrégulière au jour où elle a été faite, pourquoi la cession n'est-elle pas régularisée par l'attribution au vendeur des biens dont il a disposé ? » En l'espèce, le partage avait eu lieu et les indivisaires qui avaient répondu à l'offre s'étaient effectivement vu attribuer chacun une partie des titres concernés).

DROIT DE PRÉEMPTION DES COÏNDIVISAIRES

89140 **Modalités du droit de préemption** Dans le délai d'un mois qui suit la notification, tout indivisaire peut faire connaître au cédant par **acte extrajudiciaire** qu'il exerce un droit de préemption aux prix et conditions qui lui ont été notifiés (C. civ. art. 815-14, al. 2).

ATTENTION

Pour l'application de cette disposition, un acte d'huissier ou de commissaire de justice est exigé ; l'envoi d'une **lettre** même **recommandée** ne suffit pas et l'indivisaire est alors réputé ne pas avoir exercé régulièrement son droit de préemption (CA Versailles 10-4-1992 n° 92-532).
Le coïndivisaire qui déclare préempter doit, sous peine de nullité de sa déclaration, présenter un **projet** d'acte d'achat **conforme** à l'offre qui lui a été notifiée. Ne remplit pas cette condition un projet d'acte prévoyant une condition d'octroi d'un prêt qui n'était pas prévue dans l'acte initial (Cass. 1e civ. 18-1-2012 n° 10-28.311 F-PBI : RJDA 5/12 n° 539).

89141 Celui qui exerce le droit de préemption dispose pour la **réalisation de l'acte** d'un **délai** de deux mois à compter de la date d'envoi de sa réponse au vendeur. Passé ce délai, sa déclaration de préemption est nulle de plein droit 15 jours après une mise en demeure restée sans effet ; le vendeur peut en outre lui demander des dommages-intérêts (C. civ. art. 815-14, al. 3).
Seul le cédant peut invoquer la nullité de la déclaration de préemption. En conséquence, le tiers acquéreur évincé ne peut pas se prévaloir de l'inobservation du délai de deux mois (Cass. 1e civ. 12-12-2007 n° 06-19.531 FS-PB : RJDA 4/08 n° 465).

89142 Le droit de préemption ne joue que lorsque la cession porte sur les **droits d'un coïndivisaire** et non lorsqu'elle porte sur le bien indivis lui-même ; ainsi, dans un cas où était autorisée en vertu de l'article 815-5 du Code civil la cession de la totalité des parts indivises d'une SARL, aucun droit de préemption ne pouvait être reconnu à l'un des coïndivisaires (Cass. 1e civ. 30-6-1992 n° 90-19.052 P : Bull. civ. I n° 208).

89143 Si **plusieurs indivisaires** exercent leur droit de préemption, ils sont réputés, sauf convention contraire, acquérir ensemble la portion mise en vente en proportion de leur part respective dans l'indivision (C. civ. art. 815-14, al. 4).
Un **usufruitier** ne peut acquérir une part en nue-propriété que si aucun nu-propriétaire ne s'en porte acquéreur ; un **nu-propriétaire** ne peut acquérir une part en usufruit que si aucun usufruitier ne s'en porte acquéreur (C. civ. art. 815-18, al. 2 ; pour un exemple, CA Paris 29-1-1993 n° 91-15596).

89150 **Effets du droit de préemption** L'**indivisaire** qui exerce son droit de préemption **se substitue** à l'acquéreur évincé en tous ses droits et obligations ; ainsi il est tenu de l'obligation prise par cet acquéreur de régler une commission à un intermédiaire, obligation dont il avait connaissance lorsqu'il avait pris la décision de préempter (Cass. 1e civ. 26-3-1996 n° 93-17.574 P : RJDA 10/96 n° 1255).
Il peut opposer à celui qui exerce une action oblique – en l'espèce le bénéficiaire d'une promesse de vente sur les droits dans les biens indivis des autres coïndivisaires – tous les moyens de défense dont il dispose à l'encontre de ceux-ci (Cass. 1e civ. 9-10-1991 : D. 1992 p. 421 note O. Barret).
L'élément essentiel de l'exercice du droit de préemption est l'acte par lequel l'indivisaire fait connaître son intention de l'exercer aux prix et conditions qui lui ont été notifiés ; c'est donc à ce moment que doit être appréciée l'existence d'un aléa dans la cession (Cass. 1e civ. 2-5-1989 : JCP N 1989 II p. 341 obs. Ph. Salvage, décision rendue en matière de lésion dans le cadre d'un partage).

AGRÉMENT DE L'ACQUÉREUR DES DROITS INDIVIS

Chaque coïndivisaire ayant la qualité d'associé ou d'actionnaire, la **cession des droits indivis à un tiers** – dans l'hypothèse où les coïndivisaires n'ont pas exercé leur droit de préemption – paraît soumise à agrément, que cet **agrément** soit d'origine **légale ou statutaire** (en ce sens, M. Storck, Les groupements de copropriétaires d'actions : Rev. sociétés 1983 p. 293 n°s 32 s. ; Y. Flour, La qualité d'actionnaire et l'indivision : Rev. sociétés 1999 p. 569 § 14 ; R. Besnard Goudet, Actions indivises et actions démembrées : Actes pratiques janvier-février 2003 § 85). 89155

Toutefois, s'agissant d'actions émises par une **SA** ou une SCA, la clause d'agrément ne jouera pas si le tiers acquéreur est un descendant, un ascendant ou le conjoint du cédant (M. Storck, art. précité).

La mise en œuvre de la procédure d'agrément se heurte à une contrainte particulière lorsque le futur acquéreur est lié par un **pacte civil de solidarité.** En effet, pour les Pacs conclus avant le 1er janvier 2007, les parts sociales ou actions acquises à titre onéreux par l'un des partenaires au cours du Pacs sont présumées indivises par moitié à moins qu'il n'en soit disposé autrement dans l'acte d'acquisition. De même, pour les Pacs conclus depuis le 1er janvier 2007, les partenaires, désormais soumis à un régime de séparation de biens, peuvent choisir par convention de soumettre leurs biens au régime de l'indivision. Si les deux partenaires souhaitent entrer dans la société, tous deux doivent être agréés. Si l'un des partenaires effectue l'achat sans avertir son partenaire ni la société de l'existence du Pacs, il faut à notre avis distinguer, comme en matière d'apport, le « titre » et la « finance », seul le partenaire agréé ayant la qualité d'associé. 89156

ADJUDICATION DES DROITS D'UN INDIVISAIRE

S'il y a lieu à l'adjudication de tout ou partie des droits d'un indivisaire dans les biens indivis ou dans l'un ou plusieurs de ces biens, l'avocat ou le notaire doit en informer les indivisaires par notification un mois avant la date prévue pour la vente. Chaque **indivisaire** peut **se substituer à l'acquéreur** dans le délai d'un mois à compter de l'adjudication, par déclaration au greffe ou auprès du notaire. Le cahier des conditions de vente établi en vue de la vente doit faire mention des droits de substitution (C. civ. art. 815-15). 89165

Cet article ne peut être appliqué qu'en cas d'adjudication portant sur les droits d'un indivisaire dans les biens indivis, et non sur les biens indivis eux-mêmes (Cass. 1e civ. 14-2-1989 : D. 1989 p. 278 note G. Morin). Toutefois, rien n'interdit de prévoir dans le cahier des charges (désormais le cahier des conditions de vente) une telle faculté de substitution en cas d'adjudication du bien indivis lui-même (Cass. 3e civ. 3-5-1989 n° 87-17.094 : Bull. civ. III n° 99). Il convient de donner effet à la clause ainsi prévue (Cass. 1e civ. 18-3-2015 n° 14-11.299 FS-PB : Bull. civ. I n° 56), ce qui permet à un indivisaire de se substituer à l'adjudicataire.

L'indivisaire qui a fait le premier la déclaration de substitution se trouve seul substitué comme acquéreur à l'adjudicataire (Cass. 1e civ. 7-10-1997 n° 95-17.071 P : RJDA 3/98 n° 364, D. 1998 p. 145 concl. J. Sainte-Rose).

CESSION IRRÉGULIÈRE DE DROITS INDIVIS

Toute cession ou toute licitation opérée au mépris des dispositions des articles 815-14 et 815-15 du Code civil est **nulle** (C. civ. art. 815-16 ; pour l'annulation d'une cession opérée après une notification faite par l'acquéreur et non par le cédant, sans qu'ait été respectée l'obligation d'un acte extrajudiciaire et qu'aient été indiquées les mentions requises, voir CA Paris 24-3-1989, 15e ch. B : D. 1989 IR p. 132). 89175

L'**action** en nullité ne peut être **exercée** que par ceux à qui les notifications devaient être faites ou par leurs héritiers (C. civ. art. 815-16 ; pour un exemple en cas de défaut de notification de la cession, TGI Saint-Quentin 7-6-1979 : Gaz. Pal. 1979 II p. 496 note E. S. de La Marnierre).

Elle se **prescrit** par cinq ans (C. civ. art. 815-16). Cette prescription court à compter du jour où le coïndivisaire du vendeur a eu connaissance de la vente (Cass. 1e civ. 5-3-2014 n° 12-28.348 FS-PBI : RJDA 6/14 n° 576).

> **Précisions** **a.** Dans l'affaire ayant donné lieu à l'arrêt du 5 mars 2014, un indivisaire avait cédé en 1984 à l'époux d'une des coïndivisaires ses **droits sur un immeuble** relevant d'une indivision successorale sans avoir notifié la cession aux autres coïndivisaires. L'action en nullité engagée en 2008 par un des coïndivisaires a été déclarée prescrite dès lors que, la vente étant opposable aux tiers du fait de sa publication en 1984, les coïndivisaires auxquels le projet de cession n'avait pas été régulièrement notifié étaient réputés en avoir eu connaissance à cette date.
> **b.** S'agissant d'une cession de parts ou d'actions non publiée, la **preuve** que les coïndivisaires en ont eu **connaissance** devrait peser sur la partie qui s'oppose à l'action en nullité, c'est-à-dire sur l'acquéreur des parts indivises à qui il appartient donc de veiller à ce que les autres indivisaires en soient régulièrement informés par le cédant.
> **c.** Si la notification de la cession n'a pas été effectuée par acte extrajudiciaire, cette

irrégularité ne peut pas être **couverte** par l'effet de l'article 114 du Code de procédure civile en vertu duquel la nullité des actes de procédure ne peut être prononcée qu'à charge pour celui qui l'invoque de prouver le grief que lui cause l'irrégularité ; en effet, cet article ne peut pas recevoir application à propos du non-respect d'un acte extrajudiciaire (Cass. 1e civ. 5-3-2002 n° 00-13.511 FS-P : Bull. civ. I n° 77).

d. Dans le cas d'une donation dont les coïndivisaires du donateur prétendent qu'elle constitue une **cession déguisée,** la cause (désormais la contrepartie) de l'acte secret n'étant pas illicite, la cession n'est pas nulle en elle-même ; le droit pour les coïndivisaires de se prévaloir de cet acte et de la qualification d'acte à titre onéreux qu'il révèle constitue une sanction suffisante leur permettant ensuite de réclamer la nullité de la cession sur le fondement de l'article 815-16 sauf prescription (Cass. 1e civ. 18-10-2005 n° 02-14.219 F-PB : RJDA 6/06 n° 617).

FISCALITÉ DES CESSIONS DE DROITS INDIVIS

89180 **Plus-values de cession** Un **indivisaire** qui cède ses droits indivis est imposable sur la plus-value constatée à cette occasion.

S'il s'agit d'une **personne physique,** la plus-value relève en principe du régime de taxation prévu par les articles 150-0 A et suivants du CGI, qui est exposé en détail aux nos 50020 s. Les règles spécifiques applicables lorsque les droits indivis portent sur l'usufruit ou la nue-propriété de titres démembrés sont exposées aux nos 89410 s. Les plus-values de cession de titres de sociétés à prépondérance immobilière échappent au régime de l'article 150-0 A du CGI et sont soumises au régime des plus-values immobilières des particuliers (situation très rare s'agissant de titres de sociétés commerciales) : voir nos 51700 s.

Lorsque les droits indivis figurent à l'actif d'une **entreprise** soumise à l'impôt sur les sociétés, le régime des plus-values professionnelles s'applique. Il en va de même lorsque les droits sont inscrits au bilan d'une entreprise relevant de l'impôt sur le revenu et utilisés pour les besoins de l'activité professionnelle.

Le régime des plus-values professionnelles fait l'objet d'une étude d'ensemble aux nos 52000 s. Il concerne également, avec des possibilités d'exonération spécifiques (nos 53170 s.), les plus-values réalisées par une personne physique lors de la cession des **parts** qu'elle détient en indivision dans une **société de personnes** soumise à l'impôt sur le revenu dans laquelle elle exerce son activité professionnelle (pour les règles applicables dans le cas où les droits indivis portent sur l'usufruit ou la nue-propriété des parts, voir nos 89450 s.).

89181 **Droits d'enregistrement** La cession de droits indivis donne lieu au paiement de droits d'enregistrement. Conformément aux règles de droit commun, le **montant** des droits peut varier selon la nature des titres (actions, parts sociales, titres de sociétés à prépondérance immobilière) : voir nos 41000 s.

Lorsque les droits indivis portent sur l'usufruit ou la nue-propriété des titres, l'**évaluation** des droits d'usufruit ou de nue-propriété cédés se fait obligatoirement selon le barème fiscal unique prévu par l'article 669 du CGI, dans les conditions exposées aux nos 89500 s.

SECTION 2 CESSION DE DROITS DÉMEMBRÉS SUR LES PARTS OU ACTIONS

A. Cession de la pleine propriété des parts ou actions

DROITS LIMITÉS DU NU-PROPRIÉTAIRE ET DE L'USUFRUITIER

89250 Ni l'usufruitier ni le nu-propriétaire ne peuvent céder seuls la pleine propriété des parts ou actions sur lesquels portent leurs droits démembrés : les prérogatives de chacun sont réduites à leurs droits et limitées par les droits de l'autre. Le respect de cette règle s'impose aussi au juge de l'exécution qui ne peut, sans excéder ses pouvoirs, ordonner la vente forcée de la pleine propriété de biens

grevés d'un usufruit contre la volonté du nu-propriétaire (Cass. 3e civ. 18-11-2009 no 08-19.875 FS-PB : RJDA 4/10 no 455).
Les droits sociaux, y compris les titres au porteur, ne sont pas consomptibles par le premier usage (Cass. 1e civ. 4-4-1991 no 89-17.351 P : Rev. sociétés 1991 p. 737 note P. Didier ; Cass. com. 12-7-1993 no 91-15.667 P : RJDA 3/94 no 329, Rép. Defrénois 1993 p. 1463 note H. Hovasse ; Cass. 1e civ. 12-11-1998 no 96-18.041 P : Bull. civ. I no 315). Les droits de l'**usufruitier** doivent s'exercer sur les titres selon des modalités sauvegardant ceux du nu-propriétaire. Ainsi, un nu-propriétaire a été déclaré fondé à réclamer des dommages-intérêts à la banque dépositaire des titres (en l'espèce des titres de rente) qui n'avait pas pu représenter les titres car elle avait accepté de les transférer dans un autre établissement sur instruction de l'usufruitier (Cass. com. 12-7-1993 no 91-15.667 P, précité).
Le **nu-propriétaire** n'a pas non plus le droit de céder seul la pleine propriété des droits sociaux ; la cession de titres grevés d'usufruit, sans l'accord de l'usufruitier, ne modifie pas le droit de ce dernier qui continue à jouir de son usufruit s'il n'y a pas expressément renoncé (C. civ. art. 621, al. 2). En conséquence, il n'y a pas lieu de prononcer la nullité de la cession du bien sur lequel porte l'usufruit mais d'en constater l'inopposabilité aux usufruitiers (Cass. 3e civ. 28-3-1990 no 88-16.418 P : Bull. civ. III no 92, D. 1991. som. p. 163 note G. Paisant).

GESTION DES PARTS OU ACTIONS PAR L'USUFRUITIER

Des règles particulières, examinées aux nos 89350 s., ont été dégagées en matière de **gestion d'un portefeuille** de valeurs mobilières **par l'usufruitier.** 89260
En outre, il semble admis que les parties puissent prévoir par **convention** des modalités plus souples pour la gestion incluant des possibilités d'accomplir des actes de disposition portant sur les titres démembrés. Elles peuvent ainsi retenir des techniques telles que la société civile de portefeuille ou le mandat de gestion, voire la qualification volontaire des valeurs mobilières en choses consomptibles permettant l'**établissement d'un quasi-usufruit** (en ce sens, G. Hublot, Quasi-usufruit : limites et perspectives d'avenir : Dr. et patrimoine décembre 2003 p. 48 ; Mémento Patrimoine no 3277).
Rappelons qu'en vertu de l'article 587 du Code civil relatif au quasi-usufruit (même s'il n'utilise pas expressément cette expression) « si l'usufruit comprend des choses dont on ne peut faire usage sans les consommer, comme l'argent, les grains, les liqueurs, l'usufruitier a le droit de s'en servir, mais à la charge de rendre, à la fin de l'usufruit, soit des choses de même quantité et qualité soit leur valeur estimée à la date de la restitution » : le quasi-usufruit sur des titres déclarés conventionnellement consomptibles permettrait à l'usufruitier de céder les titres bien qu'il n'en soit pas propriétaire ; le prix de cession – une somme d'argent – étant par nature consomptible, le quasi-usufruit serait reporté sur les sommes correspondantes que l'usufruitier pourrait utiliser comme bon lui semble, mais à charge pour lui de restituer les biens acquis en remploi ou la valeur estimée en fin d'usufruit.
Rappelons également que, par application de l'article 601 du Code civil, l'usufruitier est tenu de donner caution de jouir raisonnablement s'il n'en est dispensé par l'acte constitutif de l'usufruit, dispense qui est très généralement prévue. Signalons enfin que l'obligation de restitution peut être source d'incertitudes et qu'il peut être opportun de la préciser et de l'organiser par une clause expresse de la convention.
À cet égard, une décision de la chambre des requêtes de la Cour de cassation – sur laquelle de nombreux auteurs se fondent pour admettre la validité du quasi-usufruit de valeurs mobilières – a considéré qu'en se fondant sur les termes des conventions intervenues et sur la commune intention des parties pour décider que, le droit de disposer du mobilier ayant été réservé à l'usufruitière, celle-ci n'était plus comptable vis-à-vis des intéressés que de sa valeur, dans les termes de l'estimation originaire, conformément aux règles relatives au quasi-usufruit, une cour d'appel n'avait fait qu'user de son pouvoir d'appréciation, sans violer l'article 587 du Code civil (Cass. req. 30-3-1926 : DH 1926 p. 217).

La **possibilité d'instaurer conventionnellement un quasi-usufruit sur des parts sociales** est controversée en doctrine. Pour certains, elle serait exclue compte tenu des caractéristiques des parts et en particulier de leur absence de fongibilité (I. Robert-Cadet, L'usufruit des droits sociaux : Petites affiches 19-5-2000 p. 54). Pour d'autres, sans rendre consomptibles les choses qui ne le sont pas, par convention les parties peuvent soumettre l'usufruit à l'article 587 du Code civil, la volonté des parties étant de conférer à l'usufruitier un droit d'aliénation à charge de restitution en nature, ou en valeur lorsque la restitution en nature est impossible (C. civ. art. 1352) ; qu'il s'agisse de valeurs mobilières ou qu'il s'agisse de parts sociales, la convention des parties peut instaurer un quasi-usufruit ; pour les parts sociales, de telles conventions devraient être notifiées à la société et être déposées au greffe pour être opposables aux tiers (J.-P. Ferret, Démembrement, utilisation du quasi-usufruit-montages : Dr. et patrimoine novembre 1999 p. 78). 89263

Soulignons toutefois que les cessions de parts – démembrées ou non – ne sont pas soumises aux mêmes impératifs de rapidité que les transactions sur valeurs mobilières, y compris de remploi des fonds, rapidité qui seule permet une gestion optimale de titres admis aux négociations sur un marché réglementé ou organisé.

89264 La possibilité d'instaurer conventionnellement un **quasi-usufruit sur des actions,** et plus généralement sur toutes valeurs mobilières, a été admise par certains auteurs (M. Grimaldi et J.-F. Roux, La donation de valeurs mobilières avec réserve de quasi-usufruit : Defrénois 1994 art. 35677 p. 3 ; M. Grimaldi, L'usufruit et le quasi-usufruit, questions de droit civil : Dr. et patrimoine novembre 1999 p. 55 ; L. Aynès, note sous Cass. 1e civ. 12-11-1998 : D. 1999 p. 167 ; A. Rabreau, L'usufruit des droits sociaux : Litec, Bibliothèque de droit de l'entreprise 2006 nos 42 s. ; H. Hovasse et R. Mortier, L'usufruit de droits sociaux : Actes pratiques & ingénierie sociétaire mai-juin 2009 p. 5 § 124 s.) ; d'autres auteurs sont plus réservés (R. Libchaber, Le portefeuille de valeurs mobilières : bien unique ou pluralité de biens ? : Defrénois 1997 art. 36464 p. 65).

B. Cession de la nue-propriété ou de l'usufruit des parts ou actions

LIBERTÉ DE PRINCIPE ET LIMITATIONS CONVENTIONNELLES

89280 Le nu-propriétaire peut en principe céder la nue-propriété des parts ou actions. De même, l'usufruitier peut en principe céder l'usufruit des parts ou actions. Mais rien n'interdit de limiter conventionnellement cette liberté. Peuvent ainsi être prévues des clauses telles que (en ce sens, J.-P. Ferret, Démembrement sur les titres : Dr. et patrimoine janvier 1995 p. 34 ; Mémento Patrimoine nos 3278 s.) :
– une clause de cession conjointe imposant à celui qui envisage de céder son droit démembré d'obtenir de l'acquéreur qu'il propose de racheter l'autre fraction du droit démembré ;
– une clause de préemption unilatérale ou réciproque, la cession de son droit démembré par l'un des titulaires emportant faculté pour l'autre de le préempter ;
– une clause permettant à l'un des titulaires de proposer à l'autre d'acheter son droit démembré et, à défaut d'acceptation de cette offre, d'acheter le droit de l'autre.
L'application de ces clauses nécessite une évaluation des droits de chacun pour permettre la fixation du prix d'acquisition du droit en cause, ce qui n'est pas toujours aisé en pratique et peut être source de conflits.
Il est également possible de prévoir une clause d'inaliénabilité, chacun des titulaires d'un droit démembré ou l'un d'entre eux seulement s'interdisant de céder son droit ; cette interdiction doit être justifiée par un intérêt sérieux et légitime et limitée dans le temps en fonction de cet intérêt, conformément au régime de droit commun des clauses d'inaliénabilité (cf. Cass. 1e civ. 31-10-2007 n° 05-14.238 FS-PB : RJDA 4/08 n° 390).
Soulignons par ailleurs que, sauf stipulation d'une réserve d'usufruit, la promesse de vente de la nue-propriété d'un bien grevé d'un usufruit a nécessairement pour objet, en cas d'extinction de l'usufruit, la pleine propriété de ce bien (Cass. 3e civ. 28-1-2009 n° 08-12.649 FS-PB : RJDA 8-9/09 n° 724).

CESSION ISOLÉE DE L'USUFRUIT DE DROITS SOCIAUX

89300 En matière de cession isolée d'usufruit, une cour d'appel avait été saisie d'une action tendant à faire prononcer la nullité de la convention comportant la cession entre successibles de l'usufruit de parts que le défunt détenait dans une SARL, aux motifs que cette convention ferait suite à un accord intervenu entre les parties pour faire front contre un autre associé et dissimulerait une **cession de droit de vote** illégale ; il a été jugé que la cour d'appel avait à bon droit rejeté cette demande ; en effet, elle n'avait fait qu'user de son pouvoir souverain d'appréciation en décidant que la convention litigieuse constituait une vente de droits héréditaires définitive et sans réserve, ayant une existence indépendante de l'acte précédent, et qu'on ne pouvait la ramener à une simple clause ayant pour objet ou pour effet de porter atteinte à l'exercice du droit de vote dans la société (Cass. 1e civ. 28-12-1960 : Bull. civ. I n° 576).
Il a à l'inverse été jugé qu'étaient nulles d'une nullité d'ordre public les conventions intervenues entre associés d'une SARL, par lesquelles l'un des associés avait cédé à un autre associé, moyennant le prix symbolique de un franc, l'usufruit de parts lui appartenant dans la société, étant précisé, d'une part, que l'usufruitier représenterait seul le nu-propriétaire aux assemblées et qu'il aurait seul le droit de vote et, d'autre part, que l'usufruitier renonçait en faveur du nu-propriétaire aux dividendes et aux droits financiers attachés aux parts ; il a été relevé que, « sous l'apparence d'une cession d'usufruit à titre gracieux qui eût été valable », les parties avaient eu pour commune intention une cession du droit de vote attaché aux parts sociales (CA Paris 17-11-1965, 3e ch. : JCP G 1966 II n° 14553 obs. J. R.).

AGRÉMENT DE L'ACQUÉREUR DE LA NUE-PROPRIÉTÉ OU DE L'USUFRUIT

Cession de la nue-propriété Le nu-propriétaire de parts ou d'actions a la qualité d'associé. La qualité de propriétaire des droits sociaux confère en effet celle d'associé ; or la loi accorde la qualité de propriétaire des biens faisant l'objet d'un usufruit au seul nu-propriétaire, à l'exclusion de l'usufruitier (C. civ. art. 578). Les tribunaux ont d'ailleurs explicitement reconnu à plusieurs reprises la qualité d'associé du nu-propriétaire (notamment Cass. com. 4-1-1994 n° 91-20.256 P : RJDA 5/94 n° 526 ; Cass. 2e civ. 13-7-2005 n° 02-15.904 FS-PB : RJDA 11/05 n° 1224 ; Cass. 3e civ. 17-1-2019 n° 17-26.695 FS-PBI : RJDA 4/19 n° 258 ; Cass. com. avis 1-12-2021 n° 20-15.164 FS-D : RJDA 2/22 n° 79). En cas de cession isolée de la nue-propriété, la procédure d'agrément qu'elle soit d'origine légale ou statutaire est donc applicable, étant rappelé qu'en cas de cession de la nue-propriété d'actions émises par une SA ou une SCA la clause d'agrément ne pourra jouer que si le tiers acquéreur n'est pas un descendant, un ascendant ou le conjoint du cédant (C. com. art. L 228-23). **89305**

Cession de l'usufruit L'application de la procédure d'agrément en cas de cession de l'usufruit de parts ou actions est encore controversée, comme l'était précédemment l'attribution ou non de la **qualité d'associé** à l'usufruitier. **89308**

La question de savoir si l'usufruitier a la **qualité d'associé** n'est pas réglée par la **loi** (que ce soit par le Code civil ou par le Code de commerce). **89310**

Mais elle est tranchée par la **Cour de cassation,** qui considère qu'en vertu de l'article 578 du Code civil l'usufruitier de parts sociales ne peut pas se voir reconnaître la qualité d'associé, qui n'appartient qu'au nu-propriétaire (Cass. com. avis 1-12-2021 n° 20-15.164 FS-D : RJDA 2/22 n° 79 et Cass. 3e civ. 16-2-2022 n° 20-15.164 FS-B : RJDA 5/22 n° 273 rendus en matière de société civile mais à notre avis transposables aux sociétés commerciales).

Précédemment, la reconnaissance à l'usufruitier de la qualité d'associé faisait débat. En effet, on ne pouvait déduire de deux décisions de la troisième chambre civile de la Cour de cassation (Cass. 3e civ. 29-11-2006 n° 05-17.009 FS-PB : RJDA 4/07 n° 368 ; Cass. 3e civ. 16-11-2011 n° 10-19.538 FS-D : RJDA 2/12 n° 163) que cette chambre avait tranché la question : à notre avis, elle n'avait fait que répondre aux pourvois qui soulevaient d'autres questions, tenant aux conséquences de la cession de la nue-propriété de parts sociales et à la recevabilité d'une action en responsabilité contre un gérant par l'usufruitier. Par ailleurs, si la Cour de cassation a régulièrement affirmé la qualité d'associé du nu-propriétaire, rien ne permettait d'interpréter ces décisions comme déniant pour autant cette qualité à l'usufruitier. **89312**

Nous avons toujours considéré qu'on ne peut pas reconnaître à l'usufruitier de parts sociales ou d'actions la qualité d'associé pour les raisons suivantes.

Il résulte de l'article 1832 du Code civil que c'est la personne qui a la qualité de partie au contrat de société qui a la qualité d'associé (cf. al. 1 et 3). Si l'on peut admettre que l'usufruitier a l'affectio societatis et qu'il participe aux bénéfices et aux pertes, force est de constater qu'il est étranger aux apports, alors que les apports (ainsi que les droits et obligations qui s'y rapportent) sont un élément indispensable au contrat de société et, partant, à la qualité d'associé (cf. C. civ. art. 1832, al. 1). Lorsqu'on apporte à une société un bien grevé d'usufruit, c'est le nu-propriétaire qui fait l'apport, l'usufruitier n'intervenant à l'acte que si une modification est apportée à ses droits (par exemple, l'usufruitier exercera son droit, non plus sur un bien en nature, mais sur des parts sociales ou des actions). Par ailleurs, si des parts sociales ou des actions existantes viennent à être grevées d'un usufruit, seul le nu-propriétaire a la qualité d'associé puisque l'usufruitier n'a, quant aux apports, ni obligation ni droit. Seul le nu-propriétaire sera tenu, éventuellement, d'achever la libération des apports promis par celui dont il est l'ayant droit (cédant ou de cujus). De même, en cas de liquidation de la société, seul le nu-propriétaire a le droit de reprendre les apports.

Il apparaît donc que l'usufruitier exerce simplement, conformément aux dispositions statutaires ou légales, certaines prérogatives attachées à la qualité d'associé sans avoir pour autant cette qualité reconnue au nu-propriétaire (n° 89310).

Notre position était d'ailleurs confortée par un arrêt de la troisième chambre civile de la Cour de cassation rendu avant que la loi 2019-744 du 19 juillet 2019 ne confère à l'usufruitier, comme au nu-propriétaire, le droit intangible de participer à toutes les décisions collectives sans que les statuts puissent y déroger (C. civ. art. 1844, al. 3 et 4) : sans refuser clairement la qualité d'associé à l'usufruitier, cet arrêt a jugé qu'une assemblée générale ayant pour objet des décisions collectives pour lesquelles le droit de vote est exercé par le nu-propriétaire ne peut pas être annulée au motif que l'usufruitier n'a pas été convoqué pour y participer (Cass. 3e civ. 15-9-2016 n° 15-15.172 FS-PB : RJDA 12/16 n° 869, rendu en matière de société civile mais à notre avis transposable aux sociétés commerciales). Or, aux termes de l'article 1844, al. 1 du Code civil, tout associé a le droit de participer aux décisions collectives : la troisième chambre civile ne reconnaissait donc pas la qualité d'associé à l'usufruitier.

Par ailleurs, le Comité de coordination du registre du commerce et des sociétés a estimé que seul le nu-propriétaire a la qualité d'associé et que, dès lors, seul le nu-propriétaire doit être mentionné au RCS (Avis 05-27 : Bull. RCS 30, 31 et 32/2005 p. 35). De même, saisi d'une question concernant le régime fiscal et social applicable à une EURL dont les parts sociales sont grevées d'un usufruit, le ministre du budget a affirmé que l'usufruit grevant les parts ne remet pas en cause le caractère unipersonnel de l'entreprise dès lors que le nu-propriétaire a seul qualité d'associé, de sorte qu'il est seul redevable des impôts et cotisations sociales (Rép. Valleix : AN 23-12-1996 n° 24606), affirmation vivement critiquée par J. Derruppé (Defrénois 1997 art. 36514).

89313 Quelques **juridictions du fond** avaient déjà refusé de reconnaître la qualité d'associé à l'usufruitier, estimant qu'elle était l'apanage du nu-propriétaire (T. com. Roanne 13-9-1991, ord. réf. : RTD com. 1992 p. 201 obs. Y. Reinhard reconnaissant au seul nu-propriétaire la faculté de demander une expertise de gestion ; T. com. Lyon 27-9-1993 : Dr. sociétés 1993 comm. n° 217 obs. Th. Bonneau ; dans le même sens, CA Amiens 3-5-2005, ch. éco., certes confirmé par Cass. 3e civ. 29-11-2006 n° 05-47.009 FS-PB : RJDA 4/07 n° 368 mais sans qu'on puisse y voir une validation du principe par la Cour de cassation).

La jurisprudence rendue **en matière fiscale** était plus tranchée. Ainsi, statuant à propos de l'application du régime fiscal des sociétés mères, le Conseil d'État a refusé d'assimiler l'usufruit dont une société mère est titulaire sur les titres de sa filiale à la détention d'une participation au sein de cette filiale au sens des articles 216 et 145 du Code général des impôts car, si la qualité d'usufruitier permet une participation aux éventuels bénéfices, elle ne confère pas à son titulaire des droits équivalents, notamment vis-à-vis du capital et de l'exercice du droit de vote, à ceux d'un propriétaire détenteur du titre (CE 20-2-2012 n° 321224 : RJF 5/12 n° 54). Pour écarter aussi cette assimilation à propos du régime fiscal commun applicable aux sociétés mères et filiales implantées dans différents États européens, la Cour de justice des Communautés européennes avait retenu que l'usufruitier des parts d'une société (ici la société mère) reçoit les dividendes distribués par celle-ci en vertu de son usufruit et que sa situation juridique vis-à-vis de la société filiale n'est pas de nature à lui conférer la qualité d'associé, cette situation découlant uniquement de l'usufruit que lui a transféré le propriétaire des parts dans le capital de la filiale (CJCE 22-12-2008 aff. 48/07 : RJF 3/09 n° 305 considérant 41).

89314 L'attribution de la qualité d'associé à l'usufruitier de parts ou d'actions a aussi fait l'objet d'une **controverse doctrinale.**

Pour certains auteurs, la qualité d'associé ne peut être reconnue qu'au nu-propriétaire, à l'exclusion de l'usufruitier (notamment, A. Viandier, La notion d'associé : LGDJ 1978 n° 173 s. ; Th. Revet, note sous Cass. 3e civ. 29-11-2006 n° 05-17.009 FS-PB : RTD civ. 2007 p. 153).

D'autres auteurs pensent que la qualité d'associé peut être reconnue au nu-propriétaire comme à l'usufruitier (Y. Paclot, Remarques sur le démembrement des droits sociaux : JCP E 1997 I 674 § 7 ; A. Rabreau, L'usufruit des droits sociaux, Litec, Bibliothèque de droit de l'entreprise 2006 nos 165 s. ; F.-X. Lucas, La qualité d'associé de l'usufruitier de parts sociales : Bull. Joly 2007 p. 923 ; voir aussi M. Cozian, Du nu-propriétaire ou de l'usufruitier, qui a la qualité d'associé ? : JCP E 1994 I n° 374). Pour J. Deruppé, il est inexact de dire que l'usufruitier n'a pas la qualité d'associé au motif qu'il ne fait pas d'apport. Pour cet auteur, que l'usufruit soit constitué lors de l'apport en société ou postérieurement, il correspond toujours à un apport fait par l'usufruitier lui-même ou par celui dont il est ayant droit. En outre, l'usufruitier exerce, dans la société, des prérogatives d'associé : notamment, la loi lui accorde le droit de vote à certaines assemblées. De surcroît, ces règles ne sont que supplétives et, en pratique, les statuts de bon nombre de sociétés prévoient un droit de vote plus large pour l'usufruitier (J. Derrupé, Un associé méconnu, l'usufruitier de parts ou actions : Rép. Defrénois 1994 art. 35894 p. 1137). Pour C. Régnault-Moutier (Vers la reconnaissance de la qualité d'associé à l'usufruitier de droits sociaux ? : Bull. Joly 1994 p. 1155), l'usufruitier a par ailleurs des prérogatives patrimoniales sur ses parts comme celle de céder son droit d'usufruit. Enfin, même si des décisions de la Cour de cassation ont consacré la qualité d'associé du nu-propriétaire, elles n'ont pas pour autant dénié la qualité d'associé à l'usufruitier.

Pour M. Cozian, il convient de tenir compte du développement des démembrements de propriété, notamment sous forme de donation avec réserve d'usufruit, et il faudrait reconnaître que la réserve d'usufruit entraîne un démembrement des prérogatives de la qualité d'associé, lesquelles, au lieu d'être concentrées sur une même tête, sont réparties sur deux personnes, chacune étant considérée comme associée dans la limite des prérogatives qui lui sont reconnues par la loi ou par les statuts.

Sur la possibilité de prévoir une clause statutaire reconnaissant la qualité d'associé à l'usufruitier et les incertitudes sur la portée d'une telle clause, voir P. Le Cannu, note sous Cass. 3e civ. 29-11-2006 n° 05-47.009 FS-PB : Defrénois 2007 art. 38582.

Bien que l'usufruitier n'ait pas la qualité d'associé et que, sauf clause expresse contraire, l'acquisition de la qualité d'usufruitier ne requière pas l'**agrément,** nous pensons que, dans les **sociétés de personnes,** compte tenu de l'intuitus personae qui régit les rapports entre associés, la possibilité pour l'usufruitier de participer à la vie sociale, et en particulier de prendre part aux décisions collectives, est subordonnée à son agrément par les autres associés dans les conditions fixées pour les cessions de parts (dans le même sens, A. Le Bayon, L'usufruit des parts sociales : Rev. sociétés 1973 p. 435 § 11 ; I. Robert-Cadet, L'usufruit des droits sociaux : Petites affiches 19-5-2000 p. 54 n°s 11 s.). 89315

À défaut d'agrément, le nu-propriétaire exercerait toutes les prérogatives attachées aux parts, quitte à restituer à l'usufruitier les dividendes qu'il aurait perçus (en sens contraire, I. Robert-Cadet, art. précité n°s 12 et 13).

Dans les **sociétés par actions** dont les statuts ont prévu une clause d'agrément, on peut être tenté de soutenir que l'insertion de cette clause traduit la volonté des actionnaires de renforcer l'intuitus personae dans la société et que, même en l'absence de clause expresse en ce sens, la procédure d'agrément s'appliquerait en cas de cession isolée de l'usufruit. Toutefois cette solution est aléatoire et il est opportun de viser expressément la cession isolée de l'usufruit dans la clause d'agrément si telle est la volonté des actionnaires. 89316

La possibilité d'insérer dans les statuts d'une SA, d'une SCA ou d'une SAS une clause d'agrément en cas de cession de l'usufruit d'actions est communément admise (par exemple, R. Besnard Goudet : J.-Cl. Stés fasc. 1792 § 13 ; M. Germain et P.-L. Périn, La société par actions simplifiée : Joly 2016 n° 413). Dans les SA et les SCA, la clause ne peut pas jouer si la cession est faite au profit du conjoint, d'un descendant ou d'un ascendant du cédant (C. com. art. L 228-23, al. 3), alors qu'il n'est pas interdit de la prévoir pour ce type de cession dans les SAS. En effet, l'article L 227-14 du Code de commerce ouvre la possibilité aux statuts de ces sociétés de soumettre toute cession à l'agrément préalable de la société et déroge ainsi à l'article L 228-23 du même Code (dans le même sens S. Castagné, L'usufruit et la nue-propriété des actions dans la société par actions simplifiée : Dr. sociétés 1996 n° 4 chron. § 40 ; A. Rabreau, L'éviction des héritiers d'actions de SAS : quels aménagements statutaires ? : Bull. Joly 2011 p. 740 ; M. Germain et P.-L. Périn, La société par actions simplifiée, Joly 2016 n° 368-1).

Toute cession effectuée au mépris de la clause statutaire d'agrément est nulle (C. com. art. L 227-15 pour les SAS et L 228-23, al. 5 pour les SA et les SCA).

C. Cession conjointe de l'usufruit et de la nue-propriété de droits sociaux

L'article 621, al. 1 du Code civil dispose que, « en cas de vente simultanée de l'usufruit et de la nue-propriété d'un bien, le prix se répartit entre l'usufruit et la nue-propriété selon la valeur respective de chacun de ces droits, sauf accord des parties pour reporter l'usufruit sur le prix ». Cet article, issu de la loi 2006-728 du 23 juin 2006, a consacré sur le plan légal, tout en les précisant, un certain nombre de solutions dégagées par la jurisprudence et par la pratique sur les points ci-après. 89325

Lorsque l'usufruitier et le nu-propriétaire cèdent ensemble et pour un même prix l'usufruit et la nue-propriété des parts ou actions, chacun d'eux a droit à une **portion du prix total** correspondant à la valeur comparative de l'usufruit avec la nue-propriété (Cass. 1e civ. 20-10-1987 : D. 1988 p. 85 note G. Morin, JCP N 1988 p. 165 note Ph. Rémy ; Cass. 1e civ. 7-6-1988 n° 86-14.809 : Bull. civ. I n° 181 ; Cass. 3e civ. 3-7-1991 n° 89-21.541 P : Bull. civ. III n° 203 ; Cass. 1e civ. 25-2-1997 n° 94-20.785 P : RJDA 8-9/97 n° 1099). 89330

L'usufruit n'est pas reporté sur le prix de vente et l'usufruitier ne peut recevoir que la valeur de son usufruit (Cass. 1e civ. 20-10-1987, précité), sauf accord contraire des parties. En effet, l'usufruit ne revêt la forme d'un quasi-usufruit que lorsqu'il porte sur les deniers qui existaient dans la succession au jour du décès et non lorsqu'il s'exerce sur d'autres biens qui ne sont pas consomptibles par le premier usage (Cass. 1e civ. 7-6-1988, précité).

Usufruitier et nu-propriétaire peuvent toutefois **prévoir conventionnellement** les modalités de **répartition du prix** entre eux ; ils peuvent aussi, solution expressément consacrée par l'article 621, al. 1 du Code civil, prévoir que l'usufruit est reporté sur le prix de cession, ce qui lui donne alors la nature d'un quasi-usufruit par application de l'article 587 du même Code (en ce sens, G. Morin et Ph. Rémy, notes sous Cass. 1e civ. 20-10-1987, précitées au n° 89330). 89331

En l'absence de clause conventionnelle prévoyant la répartition du prix, l'**évaluation de l'usufruit** n'est pas nécessairement celle de l'article 669 du Code général des impôts dont l'application ne s'impose qu'en matière fiscale (Cass. 1e civ. 25-2-1997 n° 94-20.785 P : RJDA 9/97 n° 1099). Outre l'âge de l'usufruitier, divers éléments peuvent être retenus pour apprécier la valeur de l'usufruit.

ILLUSTRATIONS

Est justifiée une évaluation de l'usufruit d'actions prenant en compte non seulement l'âge de l'usufruitier mais aussi le revenu net qu'il pouvait espérer obtenir des actions vendues.
Cass. 1e civ. 25-2-1997 n° 94-20.785 P, précité.

Pour évaluer l'usufruit d'un immeuble dont la valeur en pleine propriété n'est pas contestée, il convient de retenir l'évaluation de l'expert qui, compte tenu de l'âge de l'usufruitière, s'est fondé sur l'espérance de vie admise pour une femme, sur la nature du bien et sur la jouissance réelle de ce bien productif de revenus.
CA Bordeaux 26-6-1990 n° 85-4878.

Pour évaluer une libéralité en usufruit afin de déterminer si elle excède ou non la quotité disponible, il y a lieu de retenir toutes circonstances de fait concernant la personne de l'usufruitier (état de santé notamment) ainsi que, s'agissant de biens productifs de revenus, le revenu probable de l'usufruit, c'est-à-dire le produit net procuré au bénéficiaire déduction faite des impôts, primes d'assurance, réparations et autres charges usufructuaires.
CA Rouen 26-9-1972, 1e ch. civ. : J. not. 1974 p. 587 n° 51702 obs. A. Raison.

Sur cette question, voir aussi R. Micha Goudet, Évaluation économique de l'usufruit et cession d'actions : JCP E 1997 I n° 690.

89335 S'ils agissent ensemble, l'usufruitier et le nu-propriétaire peuvent également, à notre avis, obtenir le **report du démembrement sur d'autres parts ou actions achetées** ou souscrites avec le prix de cession (cf. aussi Rapport AN n° 2850 p. 295 relatif à la loi du 23-6-2006 portant réforme des successions et des libéralités). Tel est le cas s'ils cèdent ensemble la nue-propriété et l'usufruit de leurs titres et placent les fonds qu'ils reçoivent sur un compte lui-même démembré qu'ils apportent ensuite à une société : on assiste en effet à une cascade parfaite de démembrements qui permet le report des démembrements, ce qui est admis à condition qu'il n'y ait pas eu de rupture. Le report du démembrement sur les parts ou actions nouvellement souscrites se produit en raison du caractère conjonctif des actes à l'occasion desquels usufruitier et nu-propriétaire ont agi ensemble comme s'ils formaient une seule personne disposant chaque fois de la pleine propriété du bien concerné. Toutefois, pour que le démembrement soit bien opposable à tous, il convient que le nu-propriétaire et l'usufruitier en informent la société émettrice des « titres nouveaux » pour que leur inscription dans les livres de la société ou dans un dispositif d'enregistrement électronique partagé (telle une blockchain) mentionne cette situation.

89340 En cas d'**acquisition de l'usufruit et de la nue-propriété** des parts ou actions **par la même personne,** celle-ci acquiert la pleine propriété des titres et l'usufruit s'éteint par « la consolidation ou la réunion sur la même tête des deux qualités d'usufruitier et de propriétaire » (C. civ. art. 617).
Toutefois, les effets reconnus à cette extinction sont controversés. S'agissant de l'usufruitier d'un immeuble qui avait conclu un bail commercial sans le concours du nu-propriétaire en violation des dispositions de l'article 595, al. 4 du Code civil, la Cour de cassation a jugé qu'une cour d'appel avait à tort décidé que la cession à une même société par deux actes distincts de la nue-propriété et de l'usufruit par les deux titulaires respectifs de ces droits avait éteint l'usufruit par consolidation ; la Cour suprême a considéré que les conditions de l'extinction de l'usufruit n'étaient pas réunies et que, du fait de la persistance de l'usufruit, l'acquéreur de cet usufruit était tenu à garantie à l'égard du preneur du bail commercial dont il poursuivait la nullité en tant que nu-propriétaire (Cass. 3e civ. 26-1-1972 : JCP G 1972 II n° 17104 obs. G. Goubeaux, D. 1975 p. 22 note J. Penneau).
Dans un ordre d'idées voisin, la Cour de cassation a jugé que le nu-propriétaire qui, lors du décès de l'usufruitière et après le partage de sa succession, réunit en sa personne les qualités d'usufruitier et de nu-propriétaire d'un bien agricole et en devient pleinement propriétaire n'est pas pour autant privé de la faculté de contester le non-respect des dispositions de l'article 595, al. 4, « la confusion sur sa propre personne de la qualité de nu-propriétaire et d'usufruitier, du fait de la dévolution successorale, n'éteignant pas son droit personnel à se prévaloir de la nullité d'un bail rural consenti par la seule usufruitière » (Cass. 3e civ. 9-12-2009 n° 08-20.133 FS-PB : Bull. civ. III n° 271).
Selon un certain nombre d'auteurs, la formule « l'usufruit s'éteint » ne doit pas être prise à la lettre en cas de consolidation ; il n'y a plus lieu de respecter les règles fixant les droits et obligations respectifs de l'usufruitier et du nu-propriétaire qui deviennent sans objet puisque les deux qualités sont réunies sur la même personne ; mais, malgré la consolidation, les tiers continuent à pouvoir se prévaloir de l'existence de l'usufruit pour faire valoir leurs droits nés de cet usufruit (voir G. Goubeaux et J. Penneau, notes précitées, et les auteurs qu'ils citent ; P. Veaux-Fournerie, D. Veaux et L. Tranchant : J.-Cl. Civil fasc. 617 à 624 nos 33 s. ; A. Chamoulaud-Trapiers : Rép. civ. Dalloz v° Usufruit § 460 ; P. Malaurie et L. Aynès, Les biens, Defrénois 2007 n° 834 ; voir aussi F. Terré et Ph. Simler, Les biens, Dalloz 10e éd. n° 847).

D. Usufruit d'un portefeuille de valeurs mobilières

Tout en rappelant que les valeurs mobilières ne sont pas consomptibles par le premier usage, la Cour de cassation a reconnu à l'**usufruitier** d'un portefeuille de valeurs mobilières des pouvoirs de gestion étendus : elle a d'abord jugé que les **cessions de valeurs mobilières,** dans la mesure où elles ont été suivies de leur remplacement par d'autres titres de bourse, s'analysent en des **actes de gestion normale** du patrimoine et doivent être assimilées à des actes d'administration et non à des actes de disposition (Cass. 1e civ. 2-6-1993 n° 91-16.370 P : D. 1993 p. 613 note D. R. Martin). La Cour en a déduit qu'un portefeuille de titres, objet d'un legs de residuo (c'est-à-dire d'un legs dans lequel le testateur désigne une personne à laquelle le légataire devra laisser à son décès ce qui restera de la chose léguée), est composé non des seuls titres qui subsistent parmi ceux le composant au décès du testateur mais de ceux qui résultent des opérations réalisées par le légataire depuis ce décès. En l'espèce, le portefeuille au décès du testateur représentait un capital de 140 000 F environ (soit 21 340 €) alors qu'au décès de la légataire la valeur de ce portefeuille était d'environ 475 000 F (soit 72 400 €) du fait des opérations réalisées par elle ; c'est sur le portefeuille dans cette dernière substance que le legs de residuo a été réputé porter. 89350

Puis, saisie d'un litige qui était relatif au sort d'un portefeuille de valeurs mobilières dépendant d'une succession et qui opposait l'un des nus-propriétaires aux autres nus-propriétaires et à l'usufruitier, la Cour de cassation (Cass. 1e civ. 12-11-1998 n° 96-18.041 P : D. 1999 p. 167 note L. Aynès, RTD com. 1999 p. 459 obs. M. Storck, RTD civ. 1999 p. 422 obs. F. Zénati, JCP G 1999 II n° 10027 note S. Piédelièvre) a dégagé les principes suivants :

– le nu-propriétaire indivis avec ses cohéritiers d'un portefeuille de valeurs mobilières peut prendre les mesures nécessaires à la conservation des biens indivis et en demander le partage ; il est donc fondé à demander à l'**usufruitier** de ce portefeuille de lui en **indiquer la consistance et la valeur,** éléments nécessaires pour que la nue-propriété en soit partagée ;

– « si l'usufruitier d'un portefeuille de valeurs mobilières, lesquelles ne sont pas consomptibles par le premier usage, est autorisé à gérer cette universalité en cédant des titres dans la mesure où ils sont remplacés, il n'en a pas moins la charge d'en **conserver la substance** et de le rendre, la circonstance que l'usufruitier ait été dispensé de donner caution étant indifférente à cet égard ».

Saisie sur renvoi, la cour d'appel de Toulouse (Arrêt du 15-5-2000 : Dr. fam. 2001 p. 20 et note D. Fiorina p. 14) puis à nouveau la Cour de cassation saisie sur pourvoi (Cass. 1e civ. 3-12-2002 n° 00-17.870 F-D : RJDA 2/04 n° 174, RTD civ. 2003 p. 118 obs. Th. Revet, JCP E 2003 n° 1511 obs. S. Piédelièvre) ont apporté les précisions complémentaires suivantes :

– les titres vendus se trouvent remplacés au sein de l'universalité soit par une somme représentant le produit de la vente soit par d'autres valeurs mobilières après remploi du numéraire provenant de la vente. Pour déterminer la substance conservée et la valeur du bien à partager, il est nécessaire que l'usufruitier donne tous les éléments nécessaires pour déterminer si les seules valeurs subsistantes au jour du partage représentent bien toute la substance de l'universalité qu'il était chargé de conserver ;

– il apparaît nécessaire d'apprécier quelle serait la valeur du portefeuille au jour du partage dans le cadre d'une gestion normale par rapport à sa substance au jour de l'ouverture de la succession et d'ordonner sur ce point une expertise. En effet, l'usufruitier étant tenu de conserver la substance, c'est cette substance qui doit faire l'objet du partage de l'indivision existant entre les nus-propriétaires, cette substance devant être appréciée en valeur en l'absence de représentation par l'usufruitier d'un portefeuille composé effectivement des titres initiaux ou de titres venus en remplacement de ceux qui ont pu être légitimement négociés par lui.

Puis, après avoir rappelé que l'usufruitier d'un portefeuille de valeurs mobilières est autorisé à gérer seul cette universalité en cédant des titres à charge d'en conserver la substance et de le rendre, la Cour de cassation en a déduit que le titulaire d'un compte-titres ne pouvait pas reprocher à la banque dépositaire des titres d'avoir exécuté ses ordres de cession après qu'il avait **donné la nue-propriété** de ces titres sans les avoir isolés sur un compte distinct du sien. Elle a précisé que le devoir de neutralité de la banque l'autorisait seulement à s'assurer de la régularité formelle et extérieure des opérations (Cass. com. 27-11-2007 n° 05-21.262 F-D : RJDA 3/08 n° 283).

En définitive, l'**usufruitier** du portefeuille de valeurs mobilières a certes le pouvoir de céder les titres qui composent le portefeuille sans avoir à faire intervenir le nu-propriétaire. Mais, à la différence d'un quasi-usufruitier, il est **astreint à des obligations** strictes en matière de réinvestissement du produit de la cession, de justification du réinvestissement et d'information du nu-propriétaire ainsi que de conservation de la substance du portefeuille qu'il est tenu de restituer. Cette obligation de conservation doit être respectée scrupuleusement par l'usufruitier. 89351

Ainsi, une épouse mariée sous un régime de communauté avait, à la suite du décès de son mari, opté pour l'usufruit sur l'universalité de la succession ; lors des opérations de liquidation et de partage de cette succession, un litige avait opposé les successibles sur le sort du portefeuille de valeurs mobilières dépendant de la communauté ; il était apparu qu'en sa qualité d'usufruitière de l'universalité des biens de son époux elle avait commis un abus de jouissance en effectuant des prélèvements sur ce portefeuille. Il a été jugé que, déchue de son droit d'usufruit, elle aurait dû être condamnée à rapporter à la succession une somme correspondant à la valeur qui aurait été celle du portefeuille en l'absence des prélèvements litigieux, et pas simplement une somme fixée en considération du montant des dissipations commises (Cass. 1e civ. 16-6-2011 no 10-17.898 F-D : RJDA 10/11 no 814).

Sur ces questions, et les conséquences pas toutes favorables qu'implique le fait de qualifier le portefeuille d'universalité (y compris en matière de régimes matrimoniaux et de gestion des biens des mineurs), voir R. Libchaber, Le portefeuille de valeurs mobilières : bien unique ou pluralité de biens ? : Defrénois 1997 art. 36464 p. 65. Dans cet article, l'auteur soulignait déjà les difficultés qui résultent de cette qualification en matière d'évaluation du fructus du portefeuille et le risque de perte d'avantages pour l'usufruitier « en ce qu'il ne pourrait pas se contenter (...) de prélever les fruits de chaque titre, mais deviendrait comptable des pertes que sa gestion aurait contribué à réaliser ». Voir aussi H. Lécuyer, Usufruit et portefeuille de valeurs mobilières : Dr. et patrimoine 2005 p. 57, qui estime que la Cour de cassation aurait pu aboutir au même résultat que celui dégagé par les arrêts de 1998 et 2002 (cités au no 89350) sans avoir à recourir aux notions floues d'universalité et de substance du portefeuille.

E. Fiscalité des cessions de droits démembrés

1. IMPOSITION DES PLUS-VALUES

89400 Il convient de distinguer selon que la cession de droits démembrés sur les parts ou les actions relève du régime des plus-values des particuliers (CGI art. 150-0 A s.) ou du régime des plus-values professionnelles (CGI art. 39 duodecies et 219, I).

a. Plus-values des particuliers

89410 Les plus-values de cession de parts ou d'actions réalisées par des personnes physiques dans le cadre de la gestion de leur patrimoine privé sont en **principe** soumises au prélèvement forfaitaire unique (PFU). Lorsque le contribuable exerce l'**option** globale pour l'imposition selon le barème progressif de ses plus-values mobilières et revenus mobiliers, les plus-values de cession de titres acquis avant le 1er janvier 2018 sont réduites, le cas échéant, d'un **abattement** proportionnel pour durée de détention. Sous certaines conditions, les dirigeants de PME qui cèdent les titres de leur société entre le 1er janvier 2018 et le 31 décembre 2024 à l'occasion de leur départ en retraite peuvent bénéficier d'un abattement fixe de 500 000 €, quelles que soient les modalités d'imposition des plus-values (PFU ou barème progressif). Les plus-values sont également soumises aux prélèvements sociaux (mais sans aucun abattement).

Le régime d'imposition des plus-values des particuliers fait l'objet d'une étude d'ensemble aux nos 50010 s. Nous exposons ci-après ses particularités s'agissant des titres démembrés (en ce qui concerne toutefois l'application de la règle du prix moyen pondéré, voir no 50283). Sur les risques liés à l'abus de droit en cas de donation suivie de cession, voir nos 50240 s.

Issues de la doctrine administrative, ces règles spécifiques concernent les titres dont la **propriété** a été **démembrée depuis le 3 juillet 2001** (BOI-RPPM-PVBMI-20-10-20-60 nos 40 s.). Pour les plus-values de cession de titres dont la propriété a été démembrée **avant le 3 juillet 2001,** voir nos 89435 s.

On notera que les solutions apportées sur le plan fiscal ne préjugent pas de la validité des opérations envisagées sur le **plan civil.**

Ces règles s'appliquent aussi bien en cas de **cession** proprement dite qu'en cas d'opérations assimilées à des cessions, telles que des **apports** ou des **échanges de titres.** Dans ce dernier cas, il y a lieu de distinguer selon que les titres reçus en échange sont eux-mêmes reçus en pleine propriété, auquel cas les solutions mentionnées des nos 89415 à 89418 sont applicables, ou en démembrement de propriété, qui relèvent alors des nos 89420 et 89421. Par ailleurs, les opérations d'échange et d'apport de valeurs mobilières ou de droits sociaux sont, sous certaines conditions, susceptibles d'ouvrir droit, selon le cas, à un sursis d'imposition conformément aux dispositions de l'article 150-0 B du CGI (nos 50805 s.) ou à un report d'imposition en application des dispositions de l'article 150-0 B ter du CGI (nos 50810 s.).

Certaines **plus-values ne relèvent pas du régime des plus-values privées.** Nous les mentionnerons seulement pour mémoire car il s'agit de situations exceptionnelles qui concernent : 89411
– les plus-values provenant d'opérations de bourse effectuées à titre habituel, imposables selon le régime des bénéfices non commerciaux ;
– les plus-values de cession de titres de sociétés à prépondérance immobilière soumises au régime des plus-values immobilières des particuliers (situation très rare s'agissant de titres de sociétés commerciales).

Par **dérogation** aux dispositions régissant les plus-values, le produit résultant de la première cession à titre onéreux d'un **usufruit temporaire** est imposé au barème progressif de l'impôt sur le revenu dans la catégorie des revenus de capitaux mobiliers, en application de l'article 13, 5 du CGI (voir nº 89445). 89412

CESSION CONJOINTE AVEC RÉPARTITION DU PRIX DE VENTE OU CESSION ISOLÉE DE LA NUE-PROPRIÉTÉ OU DE L'USUFRUIT

Les **opérations visées** sont les suivantes : 89415
– la cession isolée de l'usufruit par l'usufruitier ;
– la cession isolée de la nue-propriété par le nu-propriétaire ;
– la cession conjointe des titres avec répartition du prix de vente entre l'usufruitier et le nu-propriétaire, étant précisé que l'apport conjoint de titres démembrés rémunéré par l'attribution de titres d'une société en pleine propriété est assimilé à une cession avec répartition du prix de cession en pleine propriété.

Personne imposable La cession d'un droit démembré entraîne l'imposition du cédant. En cas de cession conjointe avec répartition du prix entre le nu-propriétaire et l'usufruitier, l'opération est donc susceptible de dégager une plus-value imposable au nom de chacun des titulaires de droits démembrés. 89416

Prix ou valeur d'acquisition à retenir Lorsque **le cédant n'a pas détenu la pleine propriété avant le démembrement,** le prix de revient pour le cédant est le prix d'acquisition de ses droits (usufruit ou nue-propriété) ou, en cas d'acquisition à titre gratuit, la valeur retenue pour la détermination des droits de mutation (valeur déterminée en fonction du barème fiscal de l'usufruit applicable lors de la mutation). 89417
Lorsque **l'un des cédants a détenu la pleine propriété des titres avant leur démembrement,** le prix d'acquisition peut être déterminé, au choix du contribuable, par valorisation économique ou en appliquant le barème fiscal prévu à l'article 669 du CGI (BOI-RPPM-PVBMI-20-10-20-60 nº 80). Le calcul est établi en fonction de l'âge de l'usufruitier au jour de la cession des titres (et non au jour de l'acquisition des titres par le cédant). Quelle que soit la méthode retenue, il faut cependant que cela soit la même pour les deux droits ; on ne peut pas, par exemple, appliquer la méthode économique pour l'usufruit et la méthode fiscale pour la nue-propriété.
Pour la méthode de valorisation économique des droits démembrés, voir Mémento Patrimoine F. Lefebvre nºˢ 3021 s. Pour le barème fiscal, voir ci-après nº 89505.
Le **choix de la méthode de valorisation** est neutre en ce qui concerne le montant total de la plus-value imposable, dès lors que la même méthode doit être retenue pour la valorisation de chacun des droits démembrés. Toutefois, que le total de la plus-value imposable soit équivalent quelle que soit la méthode de valorisation retenue ne signifie pas que le montant de l'impôt sera le même. En effet, un des cédants peut être en situation de bénéficier d'un abattement pour durée de détention ou disposer de moins-values antérieures restant à reporter. La résidence fiscale des cédants peut également avoir une incidence sur le montant de l'impôt dû.

EXEMPLE

Titres détenus par U pour l'usufruit et N pour la nue-propriété suite à une donation avec réserve d'usufruit.
Le prix de revient des titres en pleine propriété était de 20.
Le prix de cession est de 100.
U a 58 ans au jour de la cession.
1ᵉ hypothèse : U et N choisissent de répartir entre eux le prix de cession selon la valeur économique de leurs droits et de retenir cette même méthode pour l'évaluation du prix d'acquisition.
L'usufruit est cédé pour 45 (valeur économique estimée).
La fraction correspondant à l'usufruit dans le prix d'acquisition est de :
20 × 45/100 = 9. La plus-value imposable est de 45 − 9 = 36.
Parallèlement, la nue-propriété est cédée pour 55 (100 − 45).
Le prix de revient est de 11 pour le nu-propriétaire, soit une plus-value de 55 − 11 = 44.

La plus-value globale imposable, avant abattement pour durée de détention, est donc de 36 + 44 = 80.
2e hypothèse : U et N choisissent de répartir entre eux le prix de cession selon le barème fiscal et de retenir la méthode fiscale pour l'évaluation du prix d'acquisition.
L'usufruit est cédé pour 50 (valeur déterminée par application de l'article 669 du CGI, en fonction de l'âge de l'usufruitier au jour de la cession). La fraction correspondant à l'usufruit dans le prix d'acquisition est de 20 × 50/100 = 10. La plus-value imposable est de 50 - 10 = 40.
Parallèlement, la nue-propriété est cédée pour 50 (100 - 50).
Le prix de revient est également de 10 pour le nu-propriétaire, soit une plus-value de 50 - 10 = 40.
La plus-value globale imposable, avant abattement éventuel pour durée de détention, est donc de 40 + 40 = 80.

Le tribunal administratif de Paris a jugé que pour procéder à l'**évaluation du prix de cession** pour le calcul de la plus-value réalisée par un nu-propriétaire, l'administration ne peut faire usage du barème fiscal. Par suite, le contribuable est fondé à appliquer une méthode d'évaluation économique pour calculer la valeur de la nue-propriété des titres cédés, alors même que la valeur d'acquisition des titres a été fixée par application du barème fiscal, l'application d'un **mode de calcul différent** pour l'évaluation du prix de cession et pour celle du prix d'acquisition ayant conduit à la constatation d'une moins-value (TA Paris 11-6-2008 n° 03-904 : RJF 12/08 n° 1324). Rendue pour l'application de l'ancien article 92 B du CGI, cette solution conserve un intérêt pour l'application du régime actuel. Elle devra toutefois être confirmée dans son principe avant d'en évaluer les conséquences.

89418 **Abattement pour durée de détention** Les plus-values résultant de la cession de titres démembrés ouvrent droit aux abattements pour durée de détention (abattement de **droit commun** ou abattement **majoré** : nos 50375 s.) lorsque les titres ont été acquis ou souscrits avant le 1er janvier 2018 et que le contribuable a exercé l'option globale pour le barème progressif de l'IR. La durée de détention est décomptée à partir de la date d'acquisition du droit démembré par le cédant (BOI-RPPM-PVBMI-20-20-20-20 n° 40).
On rappelle que dans le cadre du régime spécial prévu pour les **dirigeants prenant leur retraite,** l'abattement fixe de 500 000 € n'est pas cumulable avec les abattements pour durée de détention en cas d'option globale pour le barème progressif de l'IR (nos 50460 s.).

CESSION CONJOINTE SANS RÉPARTITION DU PRIX DE VENTE

89420 **Opérations visées** Deux hypothèses sont expressément envisagées par l'administration (BOI-RPPM-PVBMI-20-10-20-60 nos 100 s.).
1e hypothèse : remploi du prix de cession avec report du démembrement. La doctrine administrative vise seulement le remploi dans « l'acquisition d'autres valeurs, droits ou titres eux-mêmes démembrés ». Mais le remploi du prix de vente dans d'autres actifs démembrés, tels que des actifs immobiliers, relève également de cette hypothèse. Par ailleurs, est également concerné l'apport de titres à une société non soumise à l'impôt sur les sociétés, lorsque l'apport est rémunéré par des titres démembrés.

ILLUSTRATIONS

La jurisprudence incite les parties à veiller à respecter un certain **formalisme** pour établir le remploi. Selon le Conseil d'État, la pratique – courante – qui consiste à **déposer le produit de la vente des titres sur un compte ouvert au nom de l'usufruitier et des nus-propriétaires** ne suffit pas pour établir le report du démembrement affectant le droit de propriété des titres cédés sur le droit de propriété des titres acquis, en l'absence « d'**acte ayant date certaine** » le corroborant (CE 30-12-2009 n° 307165 : RJF 3/10 n° 226). Pour échapper à l'impôt sur la plus-value, l'usufruitier de titres cédés pour un prix non réparti en vue d'un remploi doit justifier d'une **convention de remploi avec report du démembrement antérieure ou concomitante à la cession** ; cette convention ne peut résulter des seules modalités de remploi du prix (CE 28-1-2019 n° 407305 : RJF 4/19 n° 345). En outre, le **caractère obligatoire du remploi** est décisif : lorsque l'acte de donation à l'origine du démembrement stipule que « l'usufruit réservé se reportera en vertu des règles de la subrogation réelle conventionnelle sur le prix de cession » et qu'il laisse la **faculté** à l'usufruitier **de remployer ou non** le produit de la cession des titres, le droit d'usufruit doit être regardé, pour l'imposition des plus-values résultant de la cession, comme reporté sur le produit de cette cession, rendant ainsi l'usufruitier intégralement redevable de l'impôt (CE 2-4-2021 n° 429187 : RJF 6/21 n° 594). Jugé par ailleurs que l'**usufruitier** est seul imposable sur la plus-value de cession lorsque l'acte à l'origine du démembrement lui donne **pouvoir de réaliser seul la cession** et prévoit le **report du démembrement sur le prix de cession,** ouvrant ainsi un quasi-usufruit à son profit ; est sans incidence à cet égard la circonstance qu'une **autre clause** de l'acte à l'origine du démembrement prévoit que, dans l'**hypothèse d'un remploi du prix de cession,** le démembrement initial de propriété sera reporté sur le bien acquis en remploi, cette dernière clause n'offrant qu'une **simple faculté** au demeurant **non exercée** (CE 12-12-2012 n°s 336273 et 336303 : RJF 3/13 n° 296). Dans une espèce où une condition particulière insérée dans l'acte de donation de la nue-propriété de parts sociales prévoyait qu'en cas de cession des titres, **à défaut de remploi** du prix pour une nouvelle acquisition de titres, les donataires nus-propriétaires seraient tenus de placer le produit de la cession sur un compte bancaire indivis sur lequel les donateurs **usufruitiers** disposeraient d'un **mandat de gestion exclusif,** et où les parties n'avaient pas exercé l'option d'un remploi, il a été jugé que les donateurs devaient être regardés comme ayant bénéficié du **report de leurs droits d'usufruitiers sur le prix de cession,** justifiant l'imposition de l'intégralité de la plus-value entre leurs mains (CE 17-11-2021 n° 437329 : RJF 2/22 n° 149).

2e hypothèse : attribution de la totalité du prix à l'usufruitier dans le cadre d'un quasi-usufruit. Cette hypothèse vise incontestablement les quasi-usufruits résultant d'une convention postérieure à la réalisation du démembrement, qu'elle soit antérieure ou concomitante à la cession des titres. Elle concerne également à notre avis les quasi-usufruits constitués lors du démembrement (donation avec réserve de quasi-usufruit, par exemple, sous réserve de la validité juridique d'une telle opération), bien que l'administration ne les vise pas expressément.

Personne imposable En cas de clause de remploi avec report du démembrement, le nu-propriétaire est en **principe** redevable de la totalité de l'imposition frappant la plus-value de cession (CE 17-4-2015 n° 371551 : RJF 7/15 n° 594). Ce principe comporte toutefois plusieurs **exceptions.** 89421

1° Lorsque la cession conduit à la **première cession d'un usufruit temporaire,** l'imposition est établie (BOI-RPPM-PVBMI-20-10-20-60 n° 140) :
– au nom du nu-propriétaire dans la catégorie des plus-values de cession de valeurs mobilières, pour la plus-value afférente à la nue-propriété ;
– au nom de l'usufruitier dans la catégorie des revenus de capitaux mobiliers, sur le produit de la cession de l'usufruit conformément aux dispositions de l'article 13, 5 du CGI.

2° La plus-value est par ailleurs imposable au nom de l'**usufruitier** seul dans deux cas :
– lorsque le prix de vente des titres est attribué à l'usufruitier dans le cadre d'un **quasi-usufruit** (BOI-RPPM-PVBMI-20-10-20-60 n° 100) ;

ILLUSTRATIONS

Selon le Conseil d'État, la **clause de report de l'usufruit sur le prix de vente** suffit à fonder l'imposition de la plus-value entre les mains de l'usufruitier sans qu'il soit nécessaire que la convention consacre expressément son droit à un quasi-usufruit sur le prix de cession. En l'espèce, les clauses de la donation-partage à l'origine du démembrement autorisaient l'usufruitier des parts sociales à aliéner ces parts et interdisaient au contraire au donataire de les aliéner ou de les nantir. La circonstance que la convention de donation-partage ait par ailleurs prévu que, dans l'hypothèse d'un remploi du prix de cession, le démembrement initial du prix de cession serait reporté sur le remploi ne fait pas obstacle à l'imposition de l'usufruitier (CE 12-12-2012 n°s 336273 et 336303 : RJF 3/13 n° 296). L'administration ne peut pas se prévaloir de cette dernière jurisprudence pour demander, par voie de substitution de base légale (rectification fondée sur l'abus de droit : n°s 50242 s.), l'imposition sur la plus-value aux donateurs usufruitiers, même si le quasi-usufruit résultait, en l'espèce, de la nature des biens acquis en remploi (en l'espèce des contrats de capitalisation) (CAA Douai 23-10-2015 n° 13DA02138 : RJF 3/16 n° 267).

– en cas de cession de titres d'un **portefeuille de valeurs mobilières démembrées,** si l'usufruitier et le nu-propriétaire ont adressé à la banque une option expresse et irrévocable pour que l'imposition de la plus-value soit établie au nom de l'usufruitier (BOI-RPPM-PVBMI-20-10-20-60 n° 180). L'administration tient ici compte du fait que l'usufruitier a le pouvoir de disposer seul des titres. Cependant, faisant une lecture restrictive de la jurisprudence de la Cour de cassation ayant consacré ce pouvoir (n° 89350), elle n'autorise l'option que pour les portefeuilles de titres dont le **démembrement** est **d'origine successorale.** Faisant sienne la position restrictive de l'administration, le tribunal administratif de Paris a jugé que lorsque le démembrement du portefeuille résulte d'une **donation,** il n'y a pas d'exception au principe de l'imposition du nu-propriétaire (TA Paris 1-7-2008 n° 03-1547 : RJF 3/09 n° 210). Cette restriction est regrettable et non fondée en droit : la possibilité donnée à l'usufruitier de décider, seul, de vendre les titres composant un portefeuille de valeurs mobilières sous réserve du réinvestissement du produit de cession dans l'acquisition d'autres titres est liée à la qualification d'universalité de biens de ce portefeuille et non à l'origine du démembrement.

Cela dit, l'imposition des plus-values au nom de l'usufruitier peut être obtenue par un autre moyen : l'interposition d'une société civile non soumise à l'impôt sur les sociétés. Le portefeuille-titres sera apporté à la société, avec report du démembrement sur les parts de celle-ci, et une clause sera insérée dans les statuts de la société pour attribuer à l'usufruitier tout ou partie des plus-values mobilières sur lesquelles il sera par suite imposé en application de l'article 8 du CGI.

L'**option pour l'imposition de l'usufruitier** doit être expresse et irrévocable et concerne semble-t-il toutes les opérations réalisées sur le portefeuille-titres, sans qu'il soit possible d'exercer une option distincte pour chaque cession de titres considérée individuellement. La question de savoir si le nu-propriétaire et l'usufruitier désireux de modifier les règles de répartition de l'imposition pour l'avenir sont autorisés à ouvrir un nouveau compte démembré, pour y transférer tout ou partie des titres figurant sur le premier compte, n'est pas tranchée.

Ajoutons que selon le tribunal administratif de Paris, c'est l'**usufruitier** qui est seul imposable lorsqu'il cède, en sa qualité d'**administrateur légal,** des titres dont il a donné la nue-propriété à un enfant mineur (TA Paris 19-3-2008 n° 02-17385 : RJF 11/08 n° 1190).

89422 **Calcul de la plus-value imposable** Il faut distinguer selon l'origine du démembrement.

1ᵉ hypothèse : ni le nu-propriétaire ni l'usufruitier n'a disposé de la pleine propriété des titres avant leur démembrement.

Cette situation se présente lorsque les titres cédés ont été reçus simultanément par deux personnes distinctes, l'une en tant qu'usufruitier, l'autre en tant que nu-propriétaire, à la suite :

– d'une transmission à titre gratuit (cas le plus courant) : par exemple lorsque, au décès du détenteur d'un portefeuille-titres, le conjoint survivant hérite de l'usufruit et les enfants de la nue-propriété du portefeuille ;

– ou d'une acquisition à titre onéreux (situation plus exceptionnelle) : les deux titulaires des droits démembrés ont acquis les titres en démembrement (par exemple, acquisition par remploi d'un prix démembré ou avec des fonds en pleine propriété).

La plus-value est égale à la différence entre le prix de cession des titres et leur prix de revient déterminé dans les conditions de droit commun, à savoir :

– le prix d'acquisition de la pleine propriété des titres lorsque la **nue-propriété et l'usufruit ont été acquis à titre onéreux** ;

– la valeur globale retenue pour la détermination des droits d'enregistrement lors de la mutation à titre gratuit qui a donné lieu au démembrement de propriété lorsque la nue-propriété et l'usufruit ont été acquis **à titre gratuit** (BOI-RPPM-PVBMI-20-10-20-60 n° 120). La circonstance que le déclarant bénéficie d'une exonération ou d'un abattement de droits de mutation à titre gratuit est à cet égard sans incidence.

EXEMPLE

Mᵐᵉ A a hérité en 2017 de l'usufruit du portefeuille de titres de son mari et sa fille Julie en a reçu la nue-propriété.

Le portefeuille comprend des actions de la société X d'une valeur de 200 au décès, que Mᵐᵉ A revend 250 en 2022.

Les frais de succession (droits de succession et frais de notaire) correspondant à ces titres se sont élevés à 20.

La plus-value de cession, imposable au nom de Julie, sauf option contraire, est de : 250 − (200 + 20) = 30 (avant abattement éventuel pour durée de détention).

Pour l'application de la règle générale de calcul des plus-values selon laquelle le prix ou la valeur d'acquisition peut être majoré du montant des **frais d'acquisition,** le Conseil d'État a jugé, dans le cas d'une vente conjointe de la nue-propriété et de l'usufruit de titres avec remploi du prix de vente et report du démembrement, que le nu-propriétaire, seul redevable de l'impôt sur la plus-value, était en droit de retenir l'ensemble des frais et taxes qui ont grevé l'acquisition, tant de la nue-propriété que de l'usufruit, alors même que ces frais ont été acquittés par l'usufruitier (CE 11-5-2017 n° 402479 : RJF 8-9/17 n° 808). Cette solution est selon nous transposable au cas où la plus-value est imposable au nom du seul usufruitier, lorsque le prix de vente des titres est attribué à celui-ci dans le cadre d'un quasi-usufruit : dans cette situation, l'usufruitier devrait pouvoir déduire l'ensemble des frais acquittés lors du démembrement de propriété, tant par lui-même au titre de l'acquisition de son usufruit que par le nu-propriétaire au titre de l'acquisition de sa nue-propriété.

89423 **2ᵉ hypothèse : le nu-propriétaire ou l'usufruitier a disposé de la pleine propriété des titres avant leur démembrement.**

Le prix de revient est déterminé comme suit. C'est le prix ou la valeur d'acquisition initiale de la pleine propriété des titres, majoré de l'accroissement de valeur du droit transmis constaté entre la date d'acquisition initiale de la pleine propriété et la date de transmission à titre gratuit (cas courant) ou à titre onéreux (cas plus exceptionnel) (BOI-RPPM-PVBMI-20-10-20-60 n° 150).

Deux situations peuvent se présenter selon que le démembrement a eu pour objet de transférer la nue-propriété ou l'usufruit.

Situation 1 : la nue-propriété a été transmise lors du démembrement. Dans ce cas, le prix de revient est égal au prix ou à la valeur d'acquisition initiale de la pleine propriété (PP), majoré de

l'accroissement de la valeur de la nue-propriété (NP) constaté entre la date de l'acquisition initiale de la pleine propriété (PP) et la date de transmission de la nue-propriété (NP). Autrement dit, si une fraction de la plus-value relative à la nue-propriété est neutralisée (puisque la valeur de la nue-propriété a déjà été imposée aux droits de donation), celle relative à l'usufruit conservé par le donateur ne l'est pas et doit être imposée.
La fraction du prix d'acquisition de la pleine propriété des titres afférente à la nue-propriété peut être déterminée par l'application du barème de l'article 669 du CGI, en retenant l'âge de l'usufruitier à la date de la cession (BOI-RPPM-PVBMI-20-10-20-60 n° 170).

EXEMPLE

En 2014, M. X a consenti à ses enfants une donation avec réserve d'usufruit portant sur un portefeuille de valeurs mobilières. Les titres ont été acquis par M. X au prix de 100 et ils sont cotés 300 au jour de la donation. Les titres sont revendus en 2022 par M. X, alors âgé de 75 ans, au prix de 400.

Acquisition à titre onéreux en PP par le donateur	Puis donation de la NP	Puis cession à titre onéreux
PP = 100	PP = 300	PP = 400
US = 30 % = 30	US = 30 % = 90	US = 30 % = 120
NP = 70 % = 70	NP = 70 % = 210	NP = 70 % = 280

Calcul de la plus-value imposable (avant abattement pour durée de détention) :
Prix de cession de la pleine propriété : 400.
Prix d'acquisition revalorisé : 240, soit 100, valeur de la pleine propriété originelle, majorée de 140 correspondant à la revalorisation de la nue-propriété entre la date d'acquisition (70) et la date de donation (210).
Plus-value imposable : 160.
Cela correspond à la plus-value économique globale (400 − 100 = 300), moins la fraction de la plus-value soumise aux droits de mutation à titre gratuit (210 − 70 = 140), soit 300 − 140 = 160.

Situation 2 : l'**usufruit** a été **transmis lors du démembrement.** Le prix de revient est égal au prix ou à la valeur d'acquisition initiale de la pleine propriété (PP), majoré de l'accroissement de la valeur de l'usufruit (US) constaté entre la date de l'acquisition initiale de la pleine propriété (PP) et la date de transmission de l'usufruit (US).
La fraction du prix d'acquisition de la pleine propriété des titres afférente à l'usufruit peut être déterminée par l'application du barème de l'article 669 du CGI, en retenant l'âge de l'usufruitier à la date de la cession (BOI-RPPM-PVBMI-20-10-20-60 n° 170).

EXEMPLE

En 2014, M. X a transmis à son fils Y l'usufruit portant sur un portefeuille de valeurs mobilières. Les titres ont été acquis par X au prix de 100 et ils sont cotés 300 au jour de la donation. Les titres sont revendus en 2022 par Y, alors âgé de 49 ans, au prix de 400.

Acquisition à titre onéreux en PP par le donateur	Puis donation de l'US	Puis cession à titre onéreux
PP = 100	PP = 300	PP = 400
US = 60 % = 60	US = 60 % = 180	US = 60 % = 240
NP = 40 % = 40	NP = 40 % = 120	NP = 40 % = 160

Calcul de la plus-value imposable (avant abattement éventuel pour durée de détention)
Prix de cession de la pleine propriété : 400.
Prix d'acquisition revalorisé : 220, soit 100, valeur de la pleine propriété originelle, majorée de 120 correspondant à la revalorisation de l'usufruit entre la date d'acquisition (60) et la date de donation (180).
Plus-value imposable : 180.
Cela correspond à la plus-value économique globale (400 − 100 = 300) moins la fraction de la plus-value soumise aux droits de mutation à titre gratuit (180 − 60 = 120), soit 300 − 120 = 180.

Abattement pour durée de détention Pour l'application de l'abattement pour durée de détention dont bénéficie, le cas échéant, la plus-value de cession (pour les titres acquis avant le 1er janvier 2018 et en cas d'option du contribuable pour l'imposition de l'ensemble de ses gains et revenus mobiliers au barème progressif de l'impôt sur le revenu), la durée de détention doit être 89424

calculée à partir de la date d'acquisition par le cédant – entendu ici au sens de redevable de l'impôt sur la plus-value – de son droit démembré (BOI-RPPM-PVBMI-20-20-20-20 n° 40) :
– soit la date d'acquisition de l'usufruit lorsque le cédant est l'usufruitier ;
– soit la date d'acquisition de la nue-propriété lorsque le cédant est le nu-propriétaire. De ce fait, en cas de cession conjointe des titres démembrés (avec remploi du prix de cession dans d'autres titres démembrés) réalisée immédiatement après la donation de la nue-propriété, aucun abattement pour délai de détention n'est applicable.

CESSION DE LA PLEINE PROPRIÉTÉ DES TITRES APRÈS RÉUNION DE L'USUFRUIT À LA NUE-PROPRIÉTÉ

89430 Dans ce cas, la **personne imposable** est bien sûr le cédant, qui est titulaire de la pleine propriété des titres cédés. Pour la **détermination de la plus-value** imposable, il faut distinguer selon que l'usufruit a été acquis par voie d'extinction (par le décès de l'usufruitier) ou par mutation entre vifs à titre gratuit ou onéreux.

89431 **Usufruit acquis par voie d'extinction** L'administration pose un principe général qu'elle assortit d'une exception (BOI-RPPM-PVBMI-20-10-20-60 n°s 200 et 210).
En **principe,** que la nue-propriété ait été acquise à titre onéreux ou à titre gratuit, il est fait abstraction de la valeur de l'usufruit, celui-ci ayant été acquis pour une valeur nulle. Le prix d'acquisition à retenir pour le calcul de la plus-value est donc celui de la seule nue-propriété ou sa valeur vénale retenue lors de la transmission à titre gratuit. Cette solution s'explique par le fait que l'extinction de l'usufruit s'est effectuée en franchise d'impôt (CGI art. 1133).
La cour administrative d'appel de Versailles a également fait sienne cette solution, jugeant sans incidence au cas d'espèce la circonstance que l'acquisition des titres ait été financée par des disponibilités provenant d'un compte détenu en indivision par le nu-propriétaire et l'usufruitier (CAA Versailles 5-5-2009 n° 08-17 : RJF 12/09 n° 1094).

EXEMPLE

M. X, âgé de 55 ans, propriétaire d'un portefeuille-titres acquis pour 60, donne la nue-propriété de celui-ci à son fils et s'en réserve l'usufruit. Le portefeuille a une valeur en pleine propriété de 100 au jour de la donation, soit 50 pour la nue-propriété donnée. Quelques années plus tard, M. X, donateur usufruitier, décède. L'usufruit rejoint la nue-propriété détenue par son fils. Celui-ci vend le portefeuille peu après pour une valeur de 210.
Calcul de la plus-value imposable
Prix de cession de la pleine propriété : 210.
Prix d'acquisition (valeur vénale de la nue-propriété retenue lors de la donation) : 50.
Plus-value imposable (avant abattement pour durée de détention) : 160.

Par **exception,** lorsque l'**usufruit** qui s'est éteint **avait été transmis à l'usufruitier à titre gratuit en même temps que la nue-propriété au nu-propriétaire,** le prix de revient pour le nu-propriétaire est égal à la somme des valeurs vénales déclarées pour chacun de ces droits lors de la transmission à titre gratuit qui est à l'origine du démembrement de propriété.

EXEMPLE

M. X et son épouse B, mariés sous le régime de la séparation de biens, ont un enfant : C. M. X décède, laissant un actif successoral comprenant notamment des titres qu'il avait acquis pour 20. Au jour de son décès, la valeur des titres est de 100. B, âgée de 56 ans, en reçoit l'usufruit et C, la nue-propriété. Trois ans plus tard, B décède. Son usufruit rejoint la nue-propriété détenue par C en franchise d'impôt (CGI art. 1133). Peu importe la valeur des titres au jour du décès de B, cela étant sans incidence sur le calcul de la plus-value ultérieure. Deux ans plus tard, les titres sont cédés par C pour 210.
Calcul de la plus-value imposable
Prix de cession de la pleine propriété : 210.
Prix d'acquisition (somme des valeurs vénales déclarées pour chacun de ces droits lors de la transmission à titre gratuit qui est à l'origine du démembrement de propriété : 50 + 50) : 100.
Plus-value imposable (avant abattement pour durée de détention) : 110.
On notera, en revanche, que, si le nu-propriétaire décède avant l'usufruitier, au décès de l'usufruitier, le prix de revient du nouveau nu-propriétaire devenu plein propriétaire sera égal à celui de la seule nue-propriété pour la valeur retenue dans la succession du nu-propriétaire initial. Le prix de revient du nouveau nu-propriétaire ne sera pas majoré de la valeur de l'usufruit au jour où l'usufruitier avait acquis ce droit.

89432 **Usufruit acquis à titre gratuit ou onéreux** Le prix d'acquisition à retenir est la somme des prix d'acquisition de la nue-propriété et de l'usufruit, ou la somme des valeurs vénales en cas de transmission à titre gratuit (BOI-RPPM-PVBMI-20-10-20-60 n° 220).

EXEMPLE

M. X, âgé de 55 ans, propriétaire d'un portefeuille-titres acquis pour 60 donne la nue-propriété de celui-ci à son fils et s'en réserve l'usufruit. Le portefeuille a une valeur en pleine propriété de 100 au jour de la donation, soit 50 pour la nue-propriété donnée. Quelques années plus tard, M. X, âgé de 62 ans, décide de donner son usufruit à son fils. Les titres ont alors une valeur en pleine propriété de 200. L'usufruit donné est valorisé à 40 % × 200 = 80. Le donataire vend le portefeuille peu après pour une valeur de 210.

Calcul de la plus-value imposable

Prix de cession de la pleine propriété : 210.

Prix d'acquisition (valeur vénale de la nue-propriété retenue lors de la donation initiale, soit 50, majorée de la valeur vénale de l'usufruit retenue lors de la donation de celui-ci, soit 80) : 130.

Plus-value imposable (avant abattement pour durée de détention) : 80.

Abattement pour durée de détention L'administration admet le décompte de la durée de détention à partir de la date d'acquisition du premier des deux droits démembrés (BOI-RPPM-PVBMI-20-20-20-20 n° 40). 89433

CESSION DE TITRES DONT LE DÉMEMBREMENT EST ANTÉRIEUR AU 3 JUILLET 2001

Les cessions de titres qui ont été démembrés avant le 3 juillet 2001 sont soumises au régime suivant, quelle que soit la date de la cession (BOI-RPPM-PVBMI-20-10-20-60 n°s 5 à 30). 89435

Cession en pleine propriété Le plus souvent, les titres sont cédés en pleine propriété : le nu-propriétaire cède les titres mais doit remployer le prix de cession dans l'acquisition d'autres titres dont les revenus reviennent à l'usufruitier (sur la nécessité d'un acte écrit pour justifier de l'existence d'un remploi, voir n° 89420). 89436

Dans cette hypothèse, la plus-value est imposable au nom du **nu-propriétaire** ; elle est égale à la différence entre le prix de cession de la pleine propriété des titres et :

– soit le prix d'acquisition des titres, s'ils ont été acquis à titre onéreux ;

– soit la valeur globale retenue pour la détermination des droits d'enregistrement lors de la mutation à titre gratuit qui a donné lieu au démembrement de la propriété, lorsque les titres ont été acquis à titre gratuit et immédiatement démembrés.

En cas de cession de titres ayant fait l'objet d'une **donation préalable de la nue-propriété avec réserve d'usufruit,** le prix de revient à retenir pour le calcul de la plus-value reste donc la valeur en pleine propriété actualisée au jour de la donation, et non la valeur actualisée de la seule nue-propriété donnée. Les donations avec réserve d'usufruit réalisées avant le 3 juillet 2011 sont donc placées de ce point de vue sous un régime plus favorable que celles réalisées depuis cette date.

La possibilité de formuler une **option expresse** auprès de l'établissement financier teneur du compte **pour que la plus-value soit imposable au nom de l'usufruitier** en cas de cession de titres démembrés à la suite d'une succession n'existe pas. Cette possibilité est réservée aux cessions de titres démembrés à partir du 3 juillet 2001.

ATTENTION

La coexistence de deux régimes différents peut susciter des difficultés d'application lorsqu'un contribuable cède des **titres d'une même série dont certains ont été démembrés par donation avant le 3 juillet 2001 et d'autres depuis cette date.** Comment appliquer la règle du prix moyen pondéré dans ce cas ? Faut-il retenir pour certains titres le prix de revient en pleine propriété et pour d'autres la valeur de la seule nue-propriété ?

Comment exercer l'option expresse pour l'imposition de l'usufruitier, puisqu'elle n'est possible que pour les titres démembrés depuis le 3 juillet 2001 ?

L'administration n'a pas apporté de réponse à ces questions, dont l'importance diminue toutefois au fur et à mesure de la disparition des opérations soumises à l'ancien régime.

Cession conjointe par le nu-propriétaire et l'usufruitier de leurs droits respectifs avec répartition du prix de vente En pareille hypothèse, l'opération est susceptible de dégager une plus-value imposable au nom de chacun des titulaires des droits démembrés. 89437

Pour la détermination des gains nets réalisés à l'occasion de ces opérations, il convient de retenir le prix de cession des droits respectifs du nu-propriétaire et de l'usufruitier.

La plus-value réalisée par le **nu-propriétaire** est égale à la différence entre le prix de cession de ses droits et leur prix d'acquisition ou, en cas d'acquisition à titre gratuit, leur valeur vénale appréciée au jour de leur entrée dans son patrimoine.

La plus-value réalisée par l'**usufruitier** doit être déterminée par différence entre le prix de cession de ses droits et la fraction du prix d'acquisition de la pleine propriété afférente à ces mêmes droits. À titre de règle pratique, il est admis que cette fraction soit appréciée à l'aide du barème prévu à l'article 669 du CGI, en tenant compte de l'âge de l'usufruitier au jour de la cession des titres.

89438 **Cession portant uniquement soit sur l'usufruit, soit sur la nue-propriété des titres** Dans ces cas – sans doute exceptionnels –, la plus-value imposable au nom du cédant est déterminée à partir du prix d'acquisition, selon le cas, de l'usufruit ou de la nue-propriété.

CESSION D'USUFRUIT TEMPORAIRE

89445 **Opérations visées** Par dérogation aux dispositions régissant les plus-values, le produit résultant de la **première cession à titre onéreux** d'un usufruit temporaire est imposé, depuis le 14 novembre 2012, au barème progressif de l'impôt sur le revenu selon le régime d'imposition des revenus susceptibles d'être procurés par le bien ou le droit sur lequel porte l'usufruit cédé (CGI art. 13, 5).

Selon l'administration l'opération est imposable au barème progressif non seulement lorsqu'il s'agit d'une **cession isolée** de l'usufruit temporaire d'un bien dont le cédant conserve la nue-propriété mais aussi lorsque le contribuable cède **concomitamment** l'usufruit des titres à un acheteur et la nue-propriété à un autre (Rép. Lambert : AN 2-7-2013 p. 6919 n° 15540 ; BOI-IR-BASE-10-10-30 n° 90 ; CAA Marseille 18-2-2021 n° 19MA03657 : RJF 7/21 n° 685).

> **Précisions** **a.** En cas de **cessions successives** portant sur un **même usufruit temporaire,** seule la première mutation à titre onéreux donne lieu à taxation suivant les dispositions de l'article 13, 5 du CGI, les autres cessions réalisées par le nouvel usufruitier étant imposées dans les conditions de droit commun applicables aux plus-values.
> **b.** En revanche, lorsque l'**usufruit temporaire** consenti par le contribuable **s'éteint** à l'arrivée du terme et que ce dernier consent un **nouvel usufruit** temporaire, chacune de ces cessions s'analyse comme une première cession portant sur un usufruit temporaire, dès lors qu'il ne s'agit pas du même usufruit (BOI-IR-BASE-10-10-30 n° 70).

89446 **Personnes imposables** Les dispositions de l'article 13, 5 du CGI s'appliquent aux **cédants** assujettis à l'impôt sur le revenu, qu'il s'agisse de **personnes physiques** ou de **sociétés** ou groupements mentionnés aux articles 8 à 8 ter du CGI (relevant du régime fiscal des sociétés de personnes).

L'administration a précisé qu'en cas de **cession ou apport d'un usufruit en société,** le dispositif trouve à s'appliquer dès lors que l'usufruit consenti à une société constitue par principe un usufruit temporaire, la durée de cet usufruit ne pouvant excéder trente ans conformément aux dispositions de l'article 619 du Code civil (Rép. Lambert citée au n° 89445). On notera que l'administration ne limite pas cette solution au cas où c'est la cession qui opère le démembrement. La solution s'applique aussi lorsque l'usufruit viager préexistant est vendu ou apporté à une société pour une durée fixe (BOI-IR-BASE-10-10-30 n° 90).

Ces dispositions sont également applicables en cas de cessions d'usufruit temporaire réalisées par des **non-résidents,** sous réserve des stipulations des conventions internationales relatives aux plus-values auxquelles il convient de se référer pour déterminer si la France dispose du droit de les imposer.

89447 **Modalités d'imposition** Dès lors que l'usufruit temporaire cédé est relatif à des valeurs mobilières, droits sociaux, titres ou droits s'y rapportant, ou à des titres représentatifs des mêmes valeurs, droits ou titres, mentionnés à l'article 150-0 A du CGI, le produit de cession est imposable dans la catégorie des **revenus de capitaux mobiliers**. Les revenus sont soumis au prélèvement forfaitaire unique (PFU) au taux de 12,8 % (auquel s'ajoutent les prélèvements sociaux au taux de 17,2 %, soit une imposition globale de 30 %). En cas d'option pour l'imposition au barème de l'IR, le cédant ne peut pas bénéficier de l'abattement de 40 % prévu à l'article 158, 3-2° du CGI (BOI-IR-BASE-10-10-30 n° 210). En effet, même si ce produit est censé correspondre à des revenus futurs, les conditions requises pour le bénéfice de cet avantage fiscal ne sont pas remplies au jour de la cession (absence de distribution régulière).

En revanche, l'**acquéreur de l'usufruit** temporaire pourra, le cas échéant et dans les conditions de droit commun, bénéficier de cet abattement au titre des revenus de capitaux mobiliers qui lui seraient distribués par la suite.

89448 Le **revenu imposable** est égal au prix de cession de l'usufruit (ou sa valeur vénale réelle si elle est supérieure) minoré des charges déductibles déterminées suivant les règles propres aux revenus

mobiliers. Dès lors que les critères qui permettent de qualifier de **revenu exceptionnel** le produit de la cession, à la fois par sa nature et son montant, sont remplis, le mécanisme du quotient mentionné à l'article 163-0 A du CGI peut être appliqué lorsque le produit de la cession est soumis au barème de l'IR (BOI-IR-BASE-10-10-30 n° 220).
Lorsque la cession est réalisée par un **non-résident,** l'impôt sur le revenu ne peut pas être inférieur à un montant calculé en appliquant un taux de 20 % à la fraction du revenu net imposable inférieure ou égale à une certaine limite, fixée à 26 070 € pour les revenus de 2021, et un taux de 30 % à la fraction supérieure à cette limite (ou de 14,4 % et 20 % pour les revenus ayant leur source dans les DOM), sauf si le contribuable justifie que le taux de l'impôt français sur l'ensemble de ses revenus français et étrangers serait inférieur à ces minima (CGI art. 197 A). La retenue à la source libératoire de l'impôt dû sur les revenus de capitaux mobiliers (prévue à l'article 119 bis du CGI) n'est pas applicable (BOI-IR-BASE-10-10-30 n° 220). Bien entendu, si les intéressés sont domiciliés dans un pays lié à la France par une convention fiscale, l'imposition minimale ne s'applique qu'aux seuls revenus effectivement imposables en France en vertu de la convention.

b. Plus-values professionnelles

Les plus-values de cession de parts ou actions démembrées sont susceptibles de relever du régime des plus-values professionnelles dans deux cas : **89450**
– lorsque les **droits démembrés figurent à l'actif d'une entreprise** (entreprise individuelle ou société) et à condition, si l'entreprise relève de l'impôt sur le revenu, d'être utilisés pour les besoins de l'activité professionnelle ;
– lorsqu'une personne physique cède des **parts** qu'elle détient en usufruit ou en nue-propriété dans une **société de personnes** soumise à l'impôt sur le revenu dans laquelle elle exerce son **activité professionnelle** (CGI art. 151 nonies, I).
Les plus-values professionnelles font l'objet d'une étude d'ensemble aux n°s 52000 s. Bien que les cessions de titres démembrés soulèvent des problèmes spécifiques, il existe peu de solutions administratives ou jurisprudentielles en la matière. Cela s'explique sans doute par le fait que de telles cessions sont relativement rares, même si le démembrement conventionnel de la propriété d'actions est parfois utilisé par les entreprises comme **technique d'ingénierie financière** : la cession d'usufruit d'actions permet notamment à une société mère de lever des fonds en constituant pour une certaine durée, au profit d'un investisseur financier, un droit d'usufruit portant sur un certain pourcentage, voire sur la totalité des actions d'une filiale.
Mais, le plus souvent, le démembrement sur les titres de société concerne les personnes physiques qui l'utilisent dans des **stratégies d'optimisation du patrimoine privé** ou qui le subissent à la suite du **décès de l'associé**. Dans ce contexte, les parts sociales relevant de l'article 151 nonies du CGI sont peu affectées. En cas de décès par exemple, les clauses d'agrément, spécialement dans les SNC, font fréquemment obstacle à l'entrée des héritiers dans la société ; si l'agrément a néanmoins été demandé et obtenu par les enfants nus-propriétaires (et, le cas échéant, par le conjoint usufruitier), c'est généralement dans le but de conserver les parts, non pour les vendre.
Rappelons que le produit de la **première cession à titre onéreux d'un usufruit temporaire** portant sur des droits sociaux effectuée par une personne (physique ou morale) relevant de l'impôt sur le revenu n'est pas soumis au régime des plus-values professionnelles mais est imposable au barème progressif de l'impôt sur le revenu dans la catégorie des revenus de capitaux mobiliers (CGI art. 13, 5) : voir n°s 89445 s.

REDEVABLE DE L'IMPÔT

En cas de **cession isolée de l'usufruit ou de la nue-propriété,** le redevable de l'impôt est le cédant, usufruitier ou nu-propriétaire. **89455**
En cas de **cession conjointe** par l'usufruitier et le nu-propriétaire, la plus-value est établie au nom de chacun d'eux au prorata des droits qu'il détient.
Dans l'hypothèse où le prix de cession ne serait pas réparti entre l'usufruitier et le nu-propriétaire (attribution à l'usufruitier de la totalité du prix de cession dans le cadre d'un quasi-usufruit ou report du démembrement), il n'est pas certain que les règles exposées aux n°s 89420 s. à propos des plus-values privées soient applicables.
S'agissant des **parts** sociales démembrées **relevant de l'article 151 nonies du CGI,** ajoutons que, dans le cas fréquent où seul l'un des deux titulaires de droits démembrés exerce son activité professionnelle dans la société, deux plus-values différentes doivent à notre avis être déterminées : une plus-value professionnelle pour celui qui exerce son activité dans la société et une plus-value privée pour l'autre titulaire de droits démembrés, cette plus-value privée étant déterminée dans les conditions de droit commun de l'article 150-0 A du CGI.

CALCUL DE LA PLUS-VALUE

89460 **Titres démembrés figurant à l'actif d'une entreprise** Fiscalement, la plus-value de cession imposable (ou la moins-value déductible) coïncide à notre avis en principe avec la plus-value enregistrée en comptabilité et suit le régime des plus-values à long terme lorsque les titres y ouvrent droit.

La Compagnie nationale des commissaires aux comptes (CNCC) a précisé le mode de calcul de la plus-value en cas de **cession de l'usufruit** d'actions jusqu'alors détenues en pleine propriété (Bull. CNCC septembre 1995 p. 346 s.). Le résultat de cession est constaté comptablement par différence entre :

– le prix de vente de l'usufruit (enregistré en produits),

– et la valeur comptable des titres représentative de l'usufruit (portée au débit du compte « Valeur comptable des éléments d'actif cédés »).

Pour la **décomposition de la valeur comptable** des titres, la CNCC indique que l'estimation de la valeur de l'usufruit cédé dans le coût des titres préalablement acquis en pleine propriété peut être effectuée selon différents critères dont il conviendra de pouvoir suivre l'évolution dans le temps et qu'il faudra pouvoir rapprocher des critères d'évaluation des titres en pleine propriété. Les critères à prendre en compte n'étant toutefois pas précisés, certains comptables considèrent que la valeur comptable théorique de l'usufruit cédé peut être calculée à partir de la valeur des titres en pleine propriété, par analogie avec la solution retenue en matière de cession de droits de souscription attachés à des actions (voir en ce sens Mémento Comptable n° 37705).

EXEMPLE

– Prix de cession de l'usufruit : 30.
– Coût d'acquisition de l'action : 100.
– Valeur de la pleine propriété de l'action lors du démembrement : 110.
Il en résulte que :
– la valeur comptable théorique de l'usufruit est de : 27 = [(30/110) × 100] ;
– la plus-value de cession de l'usufruit est alors de 3 (= 30 − 27).
Le coût d'acquisition de la nue-propriété des titres demeure au bilan pour 73 (= 100 − 27).

Nous ajouterons que les **titres privés d'usufruit** ne semblent pas pouvoir figurer parmi les titres de participation (voir Mémento Comptable précité). Par suite, si les titres démembrés figuraient initialement en titres de participation, leur reclassement dans un autre compte sera soumis au régime fiscal des transferts (voir n°s 52340 s.).

89461 S'agissant de **l'entreprise qui acquiert l'usufruit** des titres, le tribunal administratif de Poitiers a par ailleurs jugé :

– d'une part, que l'usufruit constitue une immobilisation incorporelle ;

– d'autre part, que cette immobilisation est amortissable sur la durée de l'usufruit, au motif que ses effets bénéfiques sur l'exploitation sont nécessairement limités à cette durée et qu'il en résulte chaque année un amoindrissement irréversible de sa valeur pour l'entreprise (TA Poitiers 21-11-1996 n° 95-1701 : RJF 1/97 n° 7).

Par suite, au cas où l'usufruit viendrait à être cédé, la plus-value devra selon nous être calculée à partir de la valeur nette comptable de l'usufruit et soumise au régime des plus-values à court terme à hauteur de l'amortissement pratiqué.

89465 **Parts sociales démembrées relevant de l'article 151 nonies du CGI** Deux questions doivent être successivement résolues :

– la détermination du prix de revient des parts ;

– l'application au prix de revient ainsi déterminé des correctifs issus de la jurisprudence Quémener (CE 16-2-2000 n° 133296 : n°s 52390 s.).

89466 Pour la **détermination du prix de revient des parts,** il n'existe à notre connaissance aucune solution administrative ou jurisprudentielle. Deux situations doivent à notre avis être distinguées :

– la plus-value sur les titres, constatée au moment du décès de l'associé, a été effectivement imposée (ou elle a bénéficié d'un report qui s'est transformé en exonération définitive du fait de la poursuite de l'activité pendant cinq ans) : le prix de revient des titres cédés devrait être la valeur retenue pour la liquidation des droits de succession ;

– la plus-value sur les titres constatée au moment du décès a fait l'objet d'un report d'imposition qui prend fin avec la cession des titres (celle-ci intervenant par hypothèse moins de cinq ans après le décès). Qu'il y ait cession isolée de l'usufruit ou de la nue-propriété, ou cession conjointe par les deux titulaires de droits démembrés, il faut déterminer la fraction de cette plus-value en report qui correspond à chaque droit démembré. En l'absence de toute solution, cette fraction pourrait être

déterminée par application du barème fiscal, l'âge de l'usufruitier étant apprécié au moment du décès de l'associé. Quant à la plus-value acquise par les titres depuis le décès, elle serait déterminée par rapport à la valeur retenue pour le calcul des droits de succession.
En cas de cession des titres après réunion de l'usufruit et de la nue-propriété (cession par l'enfant après le décès du conjoint survivant), les mêmes principes devraient s'appliquer, la plus-value étant naturellement imposable au nom du seul nu-propriétaire devenu plein propriétaire, qu'il s'agisse de la plus-value en report ou de la plus-value acquise par les titres depuis le démembrement.

En ce qui concerne les **correctifs à apporter au prix de revient,** rappelons qu'en application de la jurisprudence Quémener précitée le prix de revient des parts doit en principe : 89467
– être majoré de la quote-part des bénéfices (y compris les plus-values) ayant été précédemment ajoutée aux résultats imposés de l'associé, ainsi que des pertes antérieures qui ont été comblées ;
– et minoré des déficits que l'associé a déduits et des bénéfices qui ont été répartis.
Compte tenu des règles de répartition du résultat des sociétés de personnes entre usufruitier et nu-propriétaire, ces corrections à apporter au prix de revient des titres posent évidemment difficulté lorsque les titres sont démembrés. Dès lors que les corrections ont pour objet d'éviter une double taxation ou une double déduction, c'est à notre avis seulement en fonction de ce qui a été effectivement imposé ou déduit chez l'un ou l'autre des titulaires de droits démembrés que le prix de revient des titres devrait être corrigé.
En cas de **cession de la nue-propriété,** on voit mal pourquoi le nu-propriétaire serait autorisé à majorer le prix de revient des titres qu'il détient en nue-propriété du montant des bénéfices courants, qui ont par hypothèse été imposés chez l'usufruitier.
Concernant la cession de l'**usufruit,** il convient de relever que le tribunal administratif de Montreuil a étendu l'application des correctifs issus de la jurisprudence Quémener dans le cas où, à l'occasion d'une opération de fusion-absorption, une société retire de l'actif de son bilan l'usufruit des parts de la société de personnes absorbée et y inscrit l'usufruit des parts de la société de personnes absorbante. Par suite, le résultat de l'opération d'échange doit être calculé en retenant, comme prix de revient de l'usufruit retiré de l'actif, sa valeur d'acquisition majorée notamment de la quote-part de bénéfice courant réalisé par la société que l'usufruitier est réputé appréhender et ajoutée au revenu imposé de celui-ci antérieurement à la cession et pendant la période d'application du régime des sociétés de personnes (TA Montreuil 27-1-2022 n° 1908418 : RJF 6/22 n° 566, concl. G. Thobaty). Le rapporteur public souligne dans ses conclusions que les raisons de neutralité fiscale qui ont conduit le Conseil d'État à adopter la jurisprudence Quémener (élimination du risque de double imposition des résultats de la société de personnes et des risques de double déduction des pertes) sont aussi impérieuses dans le cas d'un échange d'usufruit de parts d'une société de personnes que dans celui d'une cession de telles parts.

EXONÉRATION DES PETITES ENTREPRISES

Les cessions de titres démembrés peuvent bénéficier du régime d'exonération totale ou partielle prévu par l'article 151 septies du CGI lorsque les conditions d'application de ce régime sont réunies. Ainsi, une personne physique qui détient depuis au moins cinq ans des **parts d'une société de personnes** relevant de l'article 151 nonies du CGI peut bénéficier de l'exonération si sa quote-part dans les recettes de la société (majorée le cas échéant de ses recettes individuelles) n'excède pas le plafond légal (sur ce plafond, voir n°s 53180 s.). Cette exonération a vocation à s'appliquer lorsque les parts sont démembrées, dès lors que le cédant – usufruitier ou nu-propriétaire – exerce son activité professionnelle dans la société (à défaut, la plus-value relèverait à notre avis du régime des plus-values des particuliers de l'article 150-0 A du CGI). 89470
Les personnes physiques détentrices de droits dans une société de personnes au sein de laquelle elles exercent leur activité professionnelle peuvent également bénéficier, sous certaines conditions, de deux autres possibilités d'exonération lorsqu'elles cèdent l'intégralité de leurs droits pour une valeur inférieure à 1 M€ (CGI art. 238 quindecies : n° 53190) ou à l'occasion de leur départ à la retraite (CGI art. 151 septies A : n°s 53200 s.).

2. DROITS D'ENREGISTREMENT

La cession d'usufruit ou de nue-propriété portant sur des parts ou actions de société donne lieu au paiement de droits d'enregistrement. Le montant des droits varie selon la nature des titres cédés (actions, parts sociales, titres de sociétés à prépondérance immobilière) : voir n°s 41000 s. 89500
Mais, dans tous les cas, l'évaluation des droits d'usufruit ou de nue-propriété se fait selon un **barème fiscal unique,** prévu par l'article 669 du CGI, qui s'impose en matière de droits d'enregistrement. La valeur de l'usufruit et de la nue-propriété des titres transmis est constituée par une quote-part de la valeur en pleine propriété de ces titres, qui diffère selon la nature de l'usufruit, viager ou à durée fixe.

USUFRUIT VIAGER

89505 L'usufruit viager est celui qui ne s'éteint que par la mort du ou des bénéficiaires.

La valeur imposable de l'usufruit viager et de la nue-propriété correspondante est fixée forfaitairement à une fraction de la valeur de la propriété entière, à partir du chiffre des dizaines de l'âge de l'usufruitier, conformément au barème ci-après (CGI art. 669, I).

Âge de l'usufruitier	Valeur de l'usufruit	Valeur de la nue-propriété
Jusqu'à 20 ans	90 %	10 %
De 21 à 30 ans	80 %	20 %
De 31 à 40 ans	70 %	30 %
De 41 à 50 ans	60 %	40 %
De 51 à 60 ans	50 %	50 %
De 61 à 70 ans	40 %	60 %
De 71 à 80 ans	30 %	70 %
De 81 à 90 ans	20 %	80 %
À partir de 91 ans	10 %	90 %

89506 **Usufruit conjoint** Lorsque l'usufruit est détenu simultanément par plusieurs personnes sur le même bien, il y a lieu de partager fictivement ce bien en autant de parts qu'il y a de bénéficiaires de l'usufruit et d'appliquer le barème de l'article 669 du CGI à chacune des parts en fonction de l'âge de l'usufruitier de la part concernée.

Si l'usufruit conjoint comporte une **clause d'accroissement,** le survivant est censé tenir son droit directement du disposant. Il n'y a donc aucune transmission taxable entre l'usufruitier prédécédé et le ou les bénéficiaires de l'accroissement. En revanche, la perception initiale doit être révisée en fonction du nombre et de l'âge des usufruitiers survivants. Cette révision peut entraîner un complément de droits si l'usufruitier est plus jeune que le bénéficiaire prédécédé. Parallèlement, l'excédent de perception fait sur la valeur en pleine propriété est restituable au profit du nu-propriétaire (CGI art. 1965 B ; BOI-ENR-DMTG-10-40-10-50 n° 50).

EXEMPLE

M. X et son épouse Mme Y, âgés respectivement de 55 ans et 49 ans, cèdent la nue-propriété des actions d'une SA dépendant de la communauté de biens existant entre eux, d'une valeur en pleine propriété de 600 000 €. Ils se réservent dans l'acte de vente, à leur profit et au profit du survivant d'eux, sans diminution au décès du prémourant, l'usufruit viager des parts cédées.

La pleine propriété est fractionnée fictivement en deux parts (M. X – Mme Y), puis la valeur en nue-propriété et en usufruit de chacune des deux fractions est fixée comme s'il s'agissait de deux usufruits divis. Le calcul est le suivant compte tenu de l'âge des usufruitiers :

Valorisation fiscale de la moitié de M. X en pleine propriété : 300 000 € ;
Valorisation fiscale de la moitié de M. X en nue-propriété : 150 000 € ;
Valorisation fiscale de la moitié de M. X en usufruit : 150 000 € ;
Valorisation fiscale de la moitie de Mme Y en pleine propriété : 300 000 € ;
Valorisation fiscale de la moitié de Mme Y en nue-propriété : 120 000 € ;
Valorisation fiscale de la moitié de Mme Y en usufruit : 180 000 € ;
Base de l'assiette de l'impôt de mutation dû : 150 000 + 120 000 = 270 000 €.

Si Mme Y survit à son mari et si, de ce fait, la réversion s'opère à son profit, l'acquéreur aura droit à la restitution d'une somme égale à ce qu'il aurait payé en moins si le droit acquitté par lui avait été calculé d'après l'âge de Mme Y.

89507 **Usufruit successif** Pour la détermination des **droits afférents à la transmission de la nue-propriété,** il n'est tenu compte que des usufruits qui sont ouverts au jour de cette transmission (CGI art. 669, 1-al. 2). La constitution d'usufruits successifs est donc sans effet immédiat sur la valorisation fiscale de la nue-propriété transmise. Ainsi, la clause de réversibilité d'usufruit au profit du conjoint, qu'il soit plus jeune ou plus âgé que le cédant, est sans incidence immédiate sur la valorisation fiscale de la nue-propriété cédée.

De même, la valorisation de la nue-propriété cédée par un nu-propriétaire (alors qu'il n'est pas encore plein propriétaire) sous réserve d'un usufruit à son profit (qui s'ouvrirait au décès du premier usufruitier) avec constitution d'un usufruit successif au profit de son conjoint sera établie en fonction de l'âge de l'usufruitier titulaire de l'usufruit ouvert au jour de la cession.

L'ouverture de l'usufruit successif peut déclencher un **droit à restitution partielle au profit du nu-propriétaire.** En effet, le nu-propriétaire a droit à la restitution d'une somme égale à ce qu'il aurait payé en moins si le droit acquitté par lui avait été calculé d'après l'âge de l'usufruitier éventuel (CGI art. 1965 B). Ces dispositions sont applicables lorsque l'usufruit successif s'ouvre

effectivement au profit d'un bénéficiaire plus jeune que le premier (plus précisément d'un âge situé, au jour de la cession à l'origine du démembrement, dans une dizaine inférieure à celle dans laquelle se situe l'usufruitier initial). Ce droit à restitution n'est toutefois accordé que si le nu-propriétaire a acquitté les droits de mutation à titre gratuit. La restitution n'est en effet justifiée que si le nu-propriétaire a souffert d'une « surtaxation », ce qui n'est pas le cas lorsque les droits de mutation ont été pris en charge par le donateur ; la succession du donateur décédé ne peut pas non plus bénéficier de cette restitution (Rép. Duby-Muller : AN 2-6-2020 n° 26892).
Dans le cas inverse, celui de **l'usufruitier successif plus âgé que l'usufruitier initial,** aucun versement complémentaire ne sera demandé au nu-propriétaire.

USUFRUIT À DURÉE FIXE

L'usufruit constitué pour une durée fixe est évalué à 23 % de la valeur en pleine propriété pour chaque période de dix ans, sans fraction et sans égard à l'âge de l'usufruitier (CGI art. 669, II). **89510**
Toutefois, cette règle ne peut pas avoir pour effet de donner à l'usufruit une valeur supérieure à celle de l'usufruit viager, qui constitue une évaluation maximale. Ainsi, un usufruit constitué pour une période de douze ans aura une valeur de 40 %, et non de 46 %, si l'usufruitier a 62 ans.
D'autre part, l'usufruit consenti au profit d'une personne morale ne peut avoir une durée supérieure à 30 ans : il a donc une valeur fiscale maximale égale à 69 % de la valeur de la pleine propriété.

Table alphabétique

Les chiffres renvoient aux paragraphes. La mention « s. » signifie que l'étude de la question se prolonge sur le ou les numéros suivants.

A

E

F

G

Certifié PEFC
Ce produit est issu de forêts gérées durablement, de sources recyclées et contrôlées
PEFC/04-31-0658
www.pefc-france.org

Photocomposé par LUMINESS SAS
561, rue Saint Léonard - 53100 MAYENNE
N° 5017181T. Dépôt légal : Novembre 2022

36893-614 (I) - PRL 39 g - J (LC)
Achevé d'imprimer en octobre 2022 sur les presses de C.H.BECK
Dépôt légal : novembre 2022
Imprimé en Allemagne